D1639858

Heinz Bühler

Adel, Klöster und Burgherren
im alten Herzogtum Schwaben

H<small>EINZ</small> B<small>ÜHLER</small>

Adel, Klöster und Burgherren im alten Herzogtum Schwaben

Gesammelte Aufsätze
Herausgegeben von Walter Ziegler

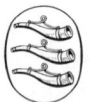

Anton H. Konrad Verlag

Umschlagbild
Reichsadler und staufisches Wappen: drei schreitende Löwen, auf der Deckplatte
des Staufer-Hochgrabs (um 1475), das die im Zuge von spätgotischen Baumaßnahmen gestörte Staufergrablege im Benediktinerkloster Lorch im Remstal ersetzen
sollte. Bauherr war Abt Nicolaus Schenk von Arberg. Inschrift, auf dem Tumba-
Deckel umlaufend:
»Anno mcii wart diß closter gestift / Hie lit begraben herzog fridrich von swaben / Er
und sin kind dieß closters stiffter sind / Sin nachkimling ligent och hie by / Got in
allen gnadig sy / Gemacht im 1475 jar in gloriam deo.«

Das Register zu diesem Band,
bearbeitet von Hans Peter Köpf,
erscheint, vor allem aus Gründen
der besseren Handhabung und Erschließung
des Werkes, als Separatum

Die Deutsche Bibliothek – CIP-Einheitsaufnahme

Bühler, Heinz:
Adel, Klöster und Burgherren im alten Herzogtum Schwaben :
gesammelte Aufsätze / Heinz Bühler. Hrsg. von Walter Ziegler.
– Weissenhorn : Konrad, 1996
  ISBN 3-87437-390-8
  NE: Ziegler, Walter [Hrsg.]

© 1997   Anton H. Konrad Verlag   89264 Weißenhorn
Herstellung   MZ-Verlagsdruckerei GmbH, Memmingen
              Buchbinderei Norbert Klotz, Jettingen
ISBN   3-87437-390-8

Inhalt

Vorwort

Studiendirektor i. R. Dr. Heinz Bühler, Heidenheim, verstarb am 9. Mai 1992 völlig unerwartet im Urlaub in seinem geliebten Südtirol. Mit ihm verlor die süddeutsche Landesgeschichtsforschung einen Wissenschaftler von Rang. In der Genealogie der Adelsgeschlechter des frühen und hohen Mittelalters kannte er sich aus wie kein anderer.

Geboren wurde Heinz Bühler am 17. Juni 1920 in Heidenheim. Gleich nach dem Abitur mußte er zur Wehrmacht einrücken. Den Zweiten Weltkrieg überlebte er, wenn auch gesundheitlich bleibend angeschlagen. Ab 1946 studierte er die Fächer Geschichte, Geographie und Französisch in Erlangen und dann vor allem in Tübingen, um die Laufbahn des höheren Schuldienstes einzuschlagen. Von bleibender Wirkung waren die Anregungen, die er von Professor Otto Herding empfing. 1952 promovierte er mit dem Thema »Geschichte der Herrschaft Heidenheim bis zum Ende des XVI. Jahrhunderts«. In seiner Heimatstadt war er dann als pflichtbewußter und sehr geschätzter Lehrer tätig. Die längste Zeit wirkte er am Hellenstein-Gymnasium, seit 1972 als Studiendirektor und Fachabteilungsleiter.

Seine leider ungedruckt gebliebene Dissertation diente ihm ab 1962 als Ausgangspunkt für die nun immer tiefer gehende Erforschung der Geschichte seiner Heimatstadt und ihrer näheren Umgebung. Bahnbrechend waren seine Beiträge über »Die Wittislinger Pfründen« und damit verknüpfend »Die Vorfahren des Bischofs Ulrich von Augsburg«. Seine Erkenntnisse über die Sippe des hl. Ulrich, insbesondere die Hupaldinger und die Grafen von Dillingen und Kyburg, erweiterte er immer mehr. Sie führten ihn zu seinem gewichtigsten Themenkreis, den Staufern. Er legte ihren gräflichen Rang klar und spürte ihre Herkunft aus dem Ries auf. Zusammen mit Horst Gaiser und Albrecht Rieber identifizierte er Berta von Boll als Schwester von König Konrad III. Er wies die staufische Seitenlinie der schwäbischen Pfalzgrafen nach und ging auf den Übergang des Amtes an die Grafen von Tübingen ein. Wesentliches verdanken wir ihm zur Herkunft des hl. Bischofs Otto von Bamberg. Grundlegende Ausführungen machte Heinz Bühler zur Ehe Friedrichs von Büren mit

Hildegard von Schlettstadt. Zu anderen Eheverbindungen der frühen Staufer stellte er scharfsinnige und bestens untermauerte Hypothesen auf.

Die immer dichter werdende Folge von Abhandlungen griff auf weit über 70 Adelsgeschlechter des frühen und hohen Mittelalters aus. Sie zeigt deren Einbindung in größere Zusammenhänge, verwandtschaftliche Verbindungen und die Vererbung ihres Besitzes. Da Heinz Bühler Königsgut herausarbeitete, führten ihn seine Forschungen auch in die merowingische und karolingische Zeit. Die Arbeiten hierüber sind in ihrer Bedeutung bei weitem noch nicht erkannt. Deutlich wird in seinen Beiträgen dazu die Gründung und Ausstattung von Klöstern wie Elchingen, Herbrechtingen, Langenau-Anhausen/Brenz und Steinheim-Königsbronn. Virtuos handhabe er die Kombination der aus den Regeln familiärer Namensgebung sich ergebenden Bezüge mit Besitznachweisen, wobei er alle nur irgendwie erreichbaren Einzelbelege berücksichtigte. Dank seiner grenzüberschreitenden genealogisch-besitzgeschichtlichen Forschung gelangen ihm dadurch Ergebnisse, die sich nur so erzielen lassen.

Eine mit unendlicher Mühe und Kosten aufgebaute außergewöhnliche Bibliothek mit Quellen und Literatur aus dem gesamten deutschen Sprachraum lieferte ihm das Rüstzeug für seine exzellente Quellenkenntnis. Bei allem unterstützend zur Seite stand ihm seine Gattin. Von seinen Forschungen machte der begnadete Historiker Heinz Bühler nie viel Aufhebens. Ratsuchenden gab er bereitwilligst Auskunft und seinen Freunden in selbstloser Bescheidenheit stets Einblick in seine Forschungen.

Durch den Neu-Ulmer Arbeitskreis im »Verband für Kreisbeschreibungen e.V.« um Horst Gaiser lernte ich Anfang der 70er Jahre Heinz Bühler kennen und als Mensch und Wissenschaftler schätzen. Ich bin dankbar, daß ich das Glück hatte, zu seinen Freunden zählen zu dürfen. Nach seinem überraschenden Tode half ich bei der Aufstellung seiner Bibliographie mit. Dadurch wurde die Fülle seines Schaffens sichtbarer. So hatte er seit 1962 in Süddeutschland in 18 verschiedenen Zeitschriften und Publikationen 37 eigenständige Beiträge mit rund 1 200 Seiten veröffentlicht. Deutlich wurde dabei, daß diese grenzüberschreitenden Forschungen, da auch grenzüberschreitend veröffentlicht, wohl nirgends komplett vorhanden oder ohne großen zeitlichen Aufwand erreichbar sind. Um seinem Lebenswerk gerecht zu werden, und es einem noch größeren Kreis zugänglich zu machen, entschlossen sich Verlag und Herausgeber, diese Beiträge als Gesamtwerk herauszugeben. Die Abbildung auf dem Umschlag zeigt den Sarkophag im staufischen Hauskloster Lorch. Ihn schmückt das staufische bzw. schwäbische Herzogswappen. Es schlägt den Bogen zu dem Titel »Adel, Klöster und Burgherren im alten Herzogtum Schwaben«, unter dem das Lebenswerk von Heinz Bühler erscheint.

Zum Abschluß möchte ich danken: Frau Dr. Renate Bühler, Studiendirektorin i. R., für die harmonische Zusammenarbeit und die großzügige finanzielle Unterstützung des Werks. Herrn Hans Peter Köpf, Historiker in Nagold, für die sorgfältige und unermüdliche Arbeit am Registerteil. Dem Verleger, meinem Freund Anton H. Konrad in Weißenhorn. Er mußte zahlreiche Beiträge und Stammtafeln neu setzen lassen, da sie im Erstdruck in unterschiedlichen Formaten veröffentlicht worden waren. Ihm sei auch gedankt für das Wagnis, einen so umfangreichen Band in sein Verlagsprogramm aufzunehmen.

WALTER ZIEGLER
Kreisarchivar in Göppingen

Die Entwicklung der Stadt Heidenheim

Der Talpaß von Kocher und Brenz ist einer der bequemsten Übergänge über die Schwäbische Alb vom Main-Neckar-Gebiet ins Alpenvorland. Wegen seiner ziemlich zentralen Lage im süddeutschen Raum ist ihm früher erhebliche Bedeutung zugekommen. Aber infolge der territorialen Entwicklung ist er an den Rand des württembergischen Staats gerückt und von den auf die Hauptstadt ausgerichteten Hauptverkehrslinien gemieden worden. Verhältnismäßig spät, in den Jahren 1864 bis 1876, hat er mit der Brenztalbahn Aalen-Ulm Anschluß an das Eisenbahnnetz erhalten, und erst der moderne Straßenverkehr weiß die direkte Verbindung von Norddeutschland über Würzburg-Aalen-Ulm zum Bodensee und ins Allgäu zu schätzen.

Ziemlich halbwegs zwischen Albtrauf und Südrand der Alb mündet ins Haupttal von W das Stubental ein, das die Verbindung zum Fils- und Neckartal herstellt, bzw. zweigt nach NO das Lindletal ab, das ins Egautal und Ries hinüberführt. An der Kreuzung dieser natürlichen Verkehrswege entwickelte sich Heidenheim.

Spuren menschlichen Lebens lassen sich hier über 100 000 Jahre zurückverfolgen. Mitten in der Heidenheimer Altstadt findet sich unterhalb der SO-Bastion des Schlosses ein Felsüberhang, die »Heidenschmiede« (so bereits bei Christoph Lindenmaier Mitte des 17. Jahrhunderts; als »Heydenloch« bei Joh. Hornung 1618). Sie hat schon zur Würmeiszeit Neandertalmenschen als Unterschlupf gedient. In den Jahren 1930 bis 1940 sind dort viele altsteinzeitliche Faustkeile und Breitklingen neben Knochen von Mammut, Fallnashorn, Rentier und Wolf ausgegraben worden.

Seit der Hallstattzeit (etwa 800 bis 400 v. Chr.) war die engere Umgebung Heidenheims ohne längere Unterbrechung besiedelt. Im Scheiterhau 1,5 km westlich Mergelstetten und in den Seewiesen 1 km südlich Schnaitheim fanden sich Gruppen von Grabhügeln, aus denen prächtige Tongefäße geborgen wurden; und am NW-Hang des Heidenheimer Siechenbergs stieß man auf Siedlungsreste jener Periode. Aus der folgenden Latènezeit stammen die Schanzen im Lehrhau 2,5 km östlich Mergelstetten und im Röserhau 4,5 km nordöstlich Schnaitheim. Träger jener Kulturen waren die Kelten, auf die auch der Name der Brenz zurückgeht.

Um 75 n. Chr. wurde der Bezirk dem Imperium Romanum eingegliedert. Um den Winkel zwischen Rhein und Donau abzuschneiden, rückten römische Truppen von S auf die Alb vor und sicherten sie durch Kastelle. Bei Heidenheim, in der Talsohle zwischen Ottilienberg und Totenberg, wurde ein Kastell erbaut, das nach der Peutingerschen Straßenkarte »Aquileja« hieß. Mit 270 x 195 m war es eines der größten im Dekumatland, Garnison einer Reitertruppe von 1000 Mann. Es nahm das Geviert zwischen Paulinenstraße-Karlstraße-Brenzstraße und Bahnhofsplatz ein. Kürzlich wurden die Apsis des Prätoriums und ein Turm des Südtores freigelegt. Südlich und südöstlich vom Kastell schloß sich eine römische Bürgersiedlung an. Jenseits der Brenz, am Südhang des Totenbergs, lag der römische Friedhof. Als mit der Vorverlegung der Grenze um 150 n. Chr. die Besatzung nach Aalen kam, blieb unser Ort Etappenstation und wichtiger Knotenpunkt. Denn den natürlichen Verkehrslinien folgend, strahlten nach allen Seiten Straßen aus. Im Talzug verlief die Verbindung von Günzburg über Aquileja nach Aalen; durch das Stubental kam eine Straße vom westlichen Nachbarkastell Urspring und führte weiter nach NO zum Kastell Oberdorf am Ipf. Um die Mitte des 2. Jahrhunderts wurde eine Verbindungsstraße vom Rhein zur Donau ausgebaut, die über Cannstatt durchs Filstal und die Messelsteige herausführte, bei Söhnstetten in die Stubentalstraße mündete und über Aquileja nach Faimingen an der Donau verlief. Auf dieser Straße hat sicher ein lebhafter Durchgangsverkehr geherrscht.

Der Alamannensturm um 259/260 machte der Römerherrschaft im Bezirk ein Ende. Nach den jüngsten Ausgrabungen darf man annehmen, daß das Kastell damals ausgebrannt ist; doch die weitere Geschichte des Platzes zeigt, daß die Zerstörung nicht nachhaltig gewesen sein kann.

Die Alamannen haben sich nicht gleich nach der Eroberung hier angesiedelt, denn solange die Römer sich noch an der Donau behaupteten, war unsere Gegend ein unsicheres Grenzland. Erst nachdem sie um 450 das Gebiet zwischen Iller und Lech den Alamannen überlassen hatten, traten ruhigere Verhältnisse ein. Unser Bezirk wurde nun offenbar vom Donautal her besiedelt.

Die ersten Siedler ließen sich auf den fruchtbaren Ebenen der Flächenalb nieder und machten halt am »Kliff«, dem als Geländestufe ausgeprägten tertiären Meeresstrand; denn die anschließende Kuppenalb war überwiegend bewaldet und hätte erst gerodet werden müssen. Nur im Brenztal selbst stießen sie bis ins Talbecken von Aquileja vor und siedelten sich dort an. Von hier stammen die frühesten alamannischen Bodenfunde der Gegend, nämlich aus der Zeit um 500. Sie fanden sich mitten im römischen Friedhof am Südhang des Totenbergs, und jüngere Funde beweisen, daß derselbe Begräbnisplatz bis gegen 700 weiterbenutzt wurde. Später bestattete man ganz in der Nähe bei der oben auf dem Totenberg gegründeten Pfarrkirche St. Peter. Wir haben so den gewiß nicht häufigen Fall, daß der römische Begräbnisplatz von den Alamannen bis zur Christianisierung weiterbenutzt und auch danach im wesentlichen dasselbe Gelände als christlicher Friedhof bis heute beibehalten wurde.

Beachtet man weiter, daß das mittelalterliche Dorf, das doch wohl aus dieser Alamannensiedlung hervorging, im Gelände der römischen Bürgersiedlung lag, nämlich beiderseits der Brenz- und nördlichen Friedrichstraße, so muß man annehmen, daß die Alamannen auch den Wohnplatz von den Römern übernommen haben.

Der Name dieser Alamannensiedlung aus der Zeit um 500 ist nicht bekannt. Daß er »Heidenheim« gelautet habe, ist sehr unwahrscheinlich: weder das Grundwort »-heim« noch das Bestimmungswort »Heiden«, althochdeutsch »heidan«, passen in jene frühe Zeit. Man müßte eher einen Namen vom Typus »-ingen«, wie z. B. Hermar-ingen, erwarten.

Der Name »Heidenheim« wird nur aus der Siedlungsgeschichte des Bezirks verständlich: Die »-heim«-Orte des Bezirks liegen fast durchweg nördlich des »Kliffs« in einem größtenteils erst in der Ausbauzeit gerodeten Gebiet. Sie sind damit eindeutig jünger als die in die Landnahmezeit um 500 gehörigen »-ingen«.

Die Lage der »-heim«-Orte zueinander deutet auf planmäßige Gründung hin; sie gruppieren sich um einen Mittelpunkt, nämlich »Heidenheim«, und stehen offenbar in Beziehung zu den von dort ausstrahlenden römischen Straßen. Steinheim im W, Nattheim im O, Bolheim im S liegen vom Mittelpunkt je etwa 7 km, Schnaitheim im N nur halb soweit entfernt. Es handelt sich um ein einheitliches Siedlungssystem.

In der Namengebung ist gleichfalls ein Schema zu erkennen: »Stein« und »Bol« bezeichnen die Lage der Siedlung am Stein(hirt) bzw. auf einem Hügel: »Sneite« weist auf eine Schneise im Wald. Man benannte die Siedlungen einfach nach Geländeeigenheiten. Entsprechendes dürfte auch für »heidan« gelten: es drückt den Gegensatz zu »christiâni« aus und hat einen Sinn erst zu einer Zeit, in der christliches Denken allgemein verbreitet war.

Alle genannten Gesichtspunkte deuten auf planmäßige Kolonisation in der Ausbauzeit, und zwar kolonisierte so systematisch nur ein mächtiger Herr, nämlich der fränkische Staat, der auf diese Weise das Land fest in seine Hand bekommen wollte. Am ehesten käme hierfür die Regierungszeit des Königs Dagobert I. (625–639) in Betracht.

Durch Bodenfunde wird diese Annahme gestützt: Wir kennen Reihengräber des frühen 7. Jahrhunderts von Steinheim und Schnaitheim, vielleicht auch von Nattheim und Bolheim. Auch auf dem Boden Heidenheims hat man ein zweites großes Reihengräberfeld entdeckt, das im Gegensatz zu dem am Totenberg erst im 7. Jahrhundert belegt wurde und somit gleichzeitig mit denen von Steinheim und Schnaitheim ist. Es befindet sich zwischen Brenz- und Christianstraße, dicht südlich des Kastells; daher liegt der Gedanke nahe, es müsse eine Beziehung zum Kastell bestanden haben, sei es, daß dieses der neuen Siedlung lediglich Rückhalt geboten, sei es, daß es einer fränkischen Milizeinheit, welche den Albübergang sichern sollte, als Stützpunkt gedient hat. Einzelfunde aus dem Kastell selbst sprechen dafür, daß es um jene Zeit benützt worden ist. Auf jeden Fall ist durch dieses Reihengräberfeld eine zweite frühmittelalterliche Siedlung auf dem Boden Heidenheims nachgewiesen. Unter den Funden aus diesem Gräberfeld verdient eine kostbare goldene Gewandscheibe mit kunstvollen Schlangenornamenten und eingelegten Steinen Beachtung, Grabbeigabe einer vornehmen Dame, und dies läßt vermuten, daß im 7. Jahrhundert hier ein vornehmes Geschlecht seinen Sitz hatte, dem vielleicht eine führende Rolle in dem erwähnten Siedlungsverband zukam.

Auf diese Siedlung des 7. Jahrhunderts paßt der Name »Heidan-hein«. Er bezeichnet die Siedlung bei dem römisch-heidnischen Mauerwerk. Als »Heidanheim« ist er im späten 8. Jahrhundert für die Schwesterstadt am Hahnenkamm überliefert. Die älteste Originalurkunde über unseren Ort von 1216 hat bereits »Heidenheim«. Die Erklärung vom römisch-heidnischen Ursprung des Namens gab schon um 1650 Christoph Lindenmaier.

Demnach wäre der Name »Heidenheim« zunächst einer im 7. Jahrhundert im Anschluß an das Kastell gegründeten (Militär-)Siedlung zugekommen, doch nicht viel später – infolge Verschmelzens dieser Siedlung mit der älteren Alamannenniederlassung an der Brenz – auch auf diese übertragen worden und hätte deren ursprüngliche, unbekannte Bezeichnung verdrängt.

Ein drittes Gräberfeld in der unteren Steinstraße am Südhang des Siechenbergs scheint etwas jünger als die vorgenannte zu sein, gehört aber noch ins 7. Jahrhundert. Die zugehörige Siedlung darf man aus der Flurbezeichnung »Niederhofen« erschließen, die an dem südlich anschließenden Gelände zwischen Siechenberg und Eisenberg haftet. Der Name deutet auf eine von Heidenheim aus gegründete Tochtersiedlung. Diese muß schon im hohen Mittelalter abgegangen sein, denn 1336 werden lediglich Äcker »hinter dem Stein im Niederhofer Tal« erwähnt – gemeint ist das Heintal; von der Siedlung selbst ist nie die Rede.

Als seit der Mitte des 7. Jahrhunderts die fränkische Reichsgewalt erschlaffte, büßte Heidenheim die Stellung, die es in römischer und offenbar auch in merowingischer Zeit gehabt hatte, ein. Es wird in den nächsten Jahrhunderten kaum erwähnt. Seit der endgültigen Unterwerfung Alamanniens durch die Karolinger um 746 tritt *Herbrechtingen* in den Vordergrund. Es erscheint um 774 als Königsgut und Vorort des »comitatus Hurnia«; wenig später als von der Abtei Saint-Denis abhängiges Kloster und somit kirchlicher Mittelpunkt der Gegend. 1046 ist es Aufenthaltsort König Heinrichs III. und 100 Jahre später staufisches Kloster, das von Kaiser Friedrich I. 1171 reformiert wird.

Ab 1171 wendet der Kaiser jedoch sein Interesse *Giengen* zu, das schon im 11. Jahrhundert Hochadelssitz – vielleicht Mittelpunkt einer Grafschaft – gewesen ist und nun unter den Staufern seinen Aufschwung nimmt, bis es 1279 als Stadt erscheint.

Heidenheim bleibt in dieser Zeit völlig im Schatten jener Nachbarorte. Das mittelalterliche Dorf wird erstmals zwischen 750 und 802 erwähnt, als ein gewisser Rathpraht dem Kloster Fulda sein Gut in Heidenheim schenkt. Im 10. oder 11. Jahrhundert gibt ein Laie namens Grifo eine Hube ans Augsburger Hochstift, und 1108 überträgt Frau Luitgard – sie ist neuerdings als Tochter Herzog Bertholds II. von Zähringen, Gemahling Gottfrieds von Calw angesprochen worden – zwei Mansen in Heidenheim an Kloster Blaubeuren. Letztere scheinen später an Kloster Anhausen gekommen zu sein. Näheres über das Dorf erfahren wir erst im 14. und 15. Jahrhundert. Es lassen sich 48 Hofstätten ermitteln. Den Kern bildeten einige größere Bauerngüter. Sie gingen von verschiedenen Grundherrn zu Lehen: sechs halbe Höfe wurden von der Ortsherrschaft verliehen, drei Güter zinsten dem Abt von Anhausen, und je ein Lehen gehörte den Klöstern Herbrechtingen, Königsbronn und Ellwangen. Das stattlichste Gut war der Widumhof der Pfarrei. Neben diesen geschlossenen grundherrlichen Gütern finden wir viel Ackerland in Eigenbesitz. Wohl zu jeder Hofstatt gehörten wenigstens einige eigene oder lehenbare Äcker, oft jedoch nicht so viel, daß die Inhaber davon hätten leben können; sie mußten dann noch einer gewerblichen Tätigkeit nachgehen.

Kirchlicher Mittelpunkt des Dorfes war St. Peter auf dem Totenberg, unweit des römisch-alamannischen Begräbnisplatzes. Das Patrozinium läßt darauf schließen, daß die Kirche wohl im 8. Jahrhundert gegründet worden ist. 1323 erhielt sie durch einen Ablaßbrief Bedeutung als Wallfahrtskirche. An der Ostmauer des damals viel kleineren Friedhofs stand eine St. Michaels-Kapelle, später Beinhaus, und unten im Dorf, nahe der Brenz im Plitz'schen Anwesen, eine Liebfrauen-Kapelle.

Zu Heidenheim gehörte auch die Brunnenmühle weit unterhalb des Dorfes am rechten Ufer der Brenz, die 1333 erwähnt wird.

Das Dorf wurde jedoch im Reichskrieg gegen Bayern 1462 völlig zerstört. Das heutige Heidenheim ist also nicht aus diesem Dorf hervorgegangen, sondern aus einer Ansiedlung am Fuße des Hellenstein. Auf dem Hellenstein war nämlich in der frühen Stauferzeit eine Burg erbaut worden, welche die Straßen zu sichern hatte. Ihr erster bekannter Inhaber ist »Tegenhardus de Haelenstein«. Er erscheint 1150 auf einem Hoftag König Konrads III. in Langenau und ist bis 1182 häufig in der Umgebung Kaiser Friedrichs I. anzutreffen, u.a. 1161/62 in Italien. (Er ist auch an der Reform des Herbrechtinger Stifts 1171 beteiligt.) Obwohl adeligen Standes (vir nobilis), steht Degenhard in einem Dienstverhältnis zum Kaiser, der ihn zum »Procurator« aller Königsgüter in Schwaben macht. Es ist also wahrscheinlich, daß er Hellenstein samt Heidenheim nicht als Eigengut, sondern vom Kaiser zu Lehen gehabt hat. 1312 wird Hellenstein tatsächlich als »castrum Imperii« (Reichsburg) bezeichnet, und noch jahrhundertelang gelten Hellenstein und Heidenheim als »Lehen vom Reich«. Dies wird auch für das 12. Jahrhundert zutreffen.

Die Burg Hellenstein war das Bindeglied zwischen dem staufischen Kernland um Schwäbisch Gmünd und Göppingen einerseits und den von Friedrich I. erworbenen Besitzungen um Giengen, Gundelfingen und Lauingen andererseits; über Heidenheim lief auch die Verbindung von Ulm ins krongutreiche Ries. Daher dürfte die Burg für die staufische Reichslandpolitik wichtig gewesen sein.

Dies war wohl die Voraussetzung dafür, daß sich unter dem Hellenstein, nicht weit vom Dorf an der Brenz entfernt, eine Burgsiedlung entwickeln konnte, der Kern des heutigen Heidenheim. Die Konkurrenz des benachbarten Giengen sowie häufiger Wechsel der Ortsherrschaft hemmten jedoch ihre stetige Entwicklung.

Nachweislich seit 1251 waren Hellenstein und Heidenheim in Händen der Herren von Gundelfingen, die sich auch »von Helenstein« nannten. Sie behandelten Hellenstein wie Familiengut, denn um 1273 wies die

Witwe Ulrichs d. J. die Burg ihrem Bruder, dem Markgrafen von Burgau, zu. König Rudolf (1273/1291) scheint das Lehen wieder an sich gezogen zu haben; 1292 wird nämlich ein Vogt auf Hellenstein erwähnt aus dem damals in Heidenheim ansässigen Geschlecht der Vetzer, und um die Jahrhundertwende haben die Herren von Weinsberg die Pflegschaft von »Heilstein und Haidenhein« inne. Danach diente die Burg mit Zubehör als Pfandobjekt. König Albrecht versetzte sie um 1303 an Rechberg. Ludwig d. Bayer löste das Pfand zwar 1333 ein, aber nicht für das Reich, sondern für seine Hausmacht; dies zeigt sich im Landsberger Vertrag von 1349, wo Ludwigs Söhne Hellenstein und Heidenheim als vom Vater überkommenes Hausgut betrachtet haben. Inzwischen hatte Ludwig d. Bayer Hellenstein und Heidenheim wie auch Giengen den Grafen von Helfenstein verpfändet. Als nun Karl IV. zum Gegenkönig erhoben wurde, schlugen sich die Helfensteiner auf seine Seite und erreichten, daß er ihnen in Prag am 21. Mai 1351 die Pfandschaft der »Burgen und Städte Giengen, Hälenstein und Haydenhain« bestätigte. Und da Karl gefunden hatte, daß die Pfandsumme von 24 000 Gulden höher sei als der Wert der Pfandobjekte und keiner seiner Nachfolger am Reich wohl in die Lage käme, sie auszulösen, überließ er sie den Helfensteinern als Erblehen. Damit war Heidenheim endgültig landesherrlich geworden.

Seit dem frühen 14. Jahrhundert erfahren wir, wie die Burgsiedlung ausgesehen hat. 1333 wird das »Nidere Thor« (Untere Tor) erwähnt; 1335 ist die Rede von Gärten »hinder der Stat … an dem Graben«, womit der Wedelgraben gemeint ist, der die Altstadt im O begrenzte; damals gab es auch schon eine Nikolaus-Kapelle, von welcher 1397 gesagt wird, sie liege »innerhalb der Mauer … am Fuß des (Schloß-)Bergs« – es ist die heutige Michaelskirche. Diese Angaben genügen, um die Burgsiedlung im Grundriß zu rekonstruieren. Sie erstreckte sich vom Oberen Tor, das östlich der Michaelskirche am Eugen-Jaekle-Platz stand, rund 230 m weit nach S, wo bei der Schloßapotheke das Untere Tor gesucht werden muß. Im W schmiegte sie sich an den Schloßberg an und im O war sie vom Wedelbett begrenzt, das hier als Stadtgraben diente. Das Straßensystem ist leiterförmig angelegt, d. h. die breite Vordere Gasse, die später als Marktstraße gedient hat, verläuft als Längsachse von Tor zu Tor; von ihr zweigt nahe beim Oberen Tor die Hintere Gasse ab, um in flachem Bogen beim Unteren Tor wieder in die Vordere Gasse einzumünden. Sonst sind nur schmale Quergäßchen vorhanden.

Die Siedlung ist planmäßig angelegt nach dem Schema der zweitorigen Stadtanlage. Mit Toren, Graben, Mauern bzw. Erdbefestigungen machte

sie einen wehrhaften Eindruck; und so galt sie bei den Bewohnern, die
sich wegen der schützenden Befestigungen hier niedergelassen hatten und
stolz »Bürger« nannten, als »Stadt« (1335). Die Urkunde Karls IV. von
1351 verwendet den Ausdruck »civitas«.

Trotz der äußeren Merkmale der Stadt und deutlich erkennbarer Anfänge städtischer Selbstverwaltung – 1346 ist vom Bürgerausschuß der
»Zwölfer« die Rede – fehlte aber dem Platz etwas Entscheidendes zur
Stadtfreiheit, nämlich das Marktrecht. Ohne dieses war Heidenheim lediglich ein befestigtes Dorf. Doch am 16. August 1356 erlaubte Karl IV.
dem Grafen Ulrich d. J. von Helfenstein, »daz er uz seinem Dorff ze
Heydenheim ainen Markte machen und ufrichten müge«, der alle Freiheit, Gnade, Recht und Gewohnheit haben sollte wie andere Märkte. Ein
aus der Zeit um 1600 stammendes Stadtsiegel zeigt neben der Umschrift
»S. CIVIUM. IN. HAIDENHAIM« die Jahreszahl »1356«; seither also
gab es in Heidenheim eine autonome Stadtgemeinde.

Heidenheim stand noch immer hinter Giengen zurück, das Mittelpunkt der helfensteinischen Besitzungen im Brenztal geworden war.
Aber nachdem sich Giengen im Städtekrieg 1378 die Reichsunmittelbarkeit erkauft hatte, änderte sich dies. Jetzt wurde Heidenheim Verwaltungsmittelpunkt der »Herrschaft«, die Helfensteiner übersiedelten auf
den Hellenstein, und Giengen wurde allmählich von Heidenheim über-
flügelt.

Die Helfensteiner wandten der neuen Residenzstadt ihre besondere
Fürsorge zu. Sie förderten das kirchliche Leben, indem sie der Pfarrei den
Großzehnten schenkten, damit der Pfarrer einen Helfer anstellen konnte;
Gräfin Anna stiftete eine Frühmeß-Pfründe in die Nikolaus-Kapelle in
der Stadt (1400) und eine eigene Pfründe in die Kilians-Kapelle auf der
Burg (1405).

Sie bemühten sich um den Heidenheimer Markt: Laut Privileg von 1356
durfte jeden Samstag Wochenmarkt abgehalten werden; schon damit war
der Heidenheimer Markt vor den jährlich stattfindenden Krämer- und
Viehmärkten in Steinheim, Gerstetten, Herbrechtingen und Dettingen
begünstigt. Graf Johann erwirkte 1434 von Kaiser Sigismund ein Privileg
für einen zweiten Wochenmarkt am Mittwoch und drei Jahrmärkte. In
friedlichen Zeiten hätte dies der Stadt Auftrieb als Handelsplatz geben
können. Aber in den Wirren um die Mitte des 15. Jahrhunderts war das
Brenztal Kriegsschauplatz und der Handel kam zum Erliegen. Damals
wurde das Dorf an der Brenz zerstört (1462), und die Stadt selbst wechselte zweimal den Herren: sie wurde 1448 württembergisch und fiel schon

1450 an Bayern. So sah sich der neue Landesherr, Herzog Ludwig von Bayern, 1468 veranlaßt, das Privileg Sigismunds zu bestätigen, weil die Bürger »solche Freiheit und Gnad der mercklichen Krieg und schwehren Läuff halben, so etwoviel Jahr gewesen sein, nicht gebraucht« hatten. Er erlaubte 1471 der Gemeinde, von jedem Wagen oder Karren mit Wein oder anderem Kaufmannsgut einen Pflasterzoll zu erheben; damit verband er die Auflage, die Straßen zu pflastern, Brücken zu den beiden Stadttoren aufzurichten und diese zu befestigen und instand zu halten.

Unruhige Zeiten waren auch dem Wachstum der Bevölkerung nicht günstig. Schon in den Pestjahren seit der Mitte des 14. Jahrhunderts scheint die Einwohnerzahl zurückgegangen zu sein, so daß ein Teil der Dorfbewohner ins Städtchen in freigewordene Wohnungen gezogen, noch ehe das Dorf vollends zugrunde gegangen ist. Dort liegen um 1463 alle Hofstätten wüst bis auf sieben, und wenig später ist auch das letzte Haus verschwunden.

Die Häuserzahl des Städtchens wird damals mit 70 angegeben. Aus späteren Quellen ergibt sich ihre Lage: an der Vorderen Gasse mit Seitengäßchen standen 48 und an der Hinteren Gasse 22 Gebäude. Da das Städtchen schon um 1335 dieselbe Ausdehnung hatte, dürfte für damals auch etwa dieselbe Häuserzahl, also rund 70, anzunehmen sein.

Von 1335 bis 1463 sind also die Häuserzahl und somit wohl auch die Bevölkerung des Städtchens ziemlich unverändert geblieben; im selben Zeitraum ist aber das Dorf mit seinen Bewohnern verschwunden. Nach Abgang des Dorfes war den Bürgern der Weg zur Pfarrkirche St. Peter zu unbequem geworden, weshalb laut Äußerung des Rats »der Gotzdienst und alle Sacrament« in die Nikolaus-Kirche in der Stadt übertragen wurden.

In der zweiten Hälfte des 15. Jahrhunderts ist die Bevölkerung wieder angewachsen. Damals dürfte in Verlängerung der Vorderen Gasse die »Untere Stadt« gebaut worden sein. 1492 wird nämlich erstmals das Mittlere Tor erwähnt, das am Ende der Pfluggasse gegen den Wedelgraben stand, unweit des seitherigen Unteren Tors. Das neue Untere Tor aber wurde etwa 100 m weiter nach S gerückt, wo nunmehr ein massiger Turm die Untere Stadt abschloß. In der erweiterten Stadt lassen sich für 1526 82 Gebäude ermitteln und um 1556 sind es 100.

Infolge des Bayerischen Erbfolgekrieges war Heidenheim 1504 für dauernd an Württemberg gekommen – abgesehen von der Ulmischen Pfandherrschaft 1521 bis 1536 und der Zugehörigkeit zu Bayern 1635 bis 1648. Die räumliche Trennung vom übrigen Staatsgebiet ließ aber das Städtchen

nicht so recht zum Aufblühen kommen, und die Reformation, die von
Ulm eingeleitet und ab 1536 von Württemberg entschieden durchgeführt
worden war, lockerte die seither vielfältigen Beziehungen zum katholisch
gebliebenen Hinterland an der Donau. So suchte der Staat wiederholt mit
Sonderrechten und Begünstigungen zu helfen. Besonders Herzog Friedrich I. (1593–1608) nahm sich seiner »Herrschaft Heidenheim« an. Er
ließ die Burg Hellenstein, die nach einem Brand (1530) unter Herzog Ulrich wieder aufgebaut worden war, um den Nordflügel von der Schloßkirche bis zum Altanbau erweitern und durch eine Hochdruckleitung von
der Brunnenmühle mit Wasser versorgen – eine technische Leistung! Hellenstein war nun landesfürstliche Nebenresidenz.

Herzog Friedrich kaufte 1598 die hiesigen Eisenwerke zurück und
nahm sie in staatliche Regie. Auch erwarb er 1607 von Ulm die Zölle in der
»Herrschaft« und namentlich in der Stadt. »Zur Anzeigung besonderer
Gnad« gewährte er 1599 einen vierten Jahrmarkt, wöchentlich einen
Garnmarkt und einen Weinmarkt, damit alle Wirte in der »Herrschaft«
dort ihren Wein kauften; ferner einen Roß- und Viehmarkt, der in der
Fastenzeit und im Herbst je an vier Montagen abzuhalten war, sowie das
Recht, Salz zu handeln. Hausieren wurde bei Strafe verboten; Lebensmittel durften nur auf dem Heidenheimer Markt gehandelt werden, und
Kramläden sollten nur die Bürger der Stadt halten. Alle Frucht sollte auf
dem Heidenheimer Fruchtmarkt verkauft und alles Holz in der Stadt gehandelt werden. Auch durfte keine Wolle verkauft werden, ohne daß sie
in Heidenheim gegen eine Gebühr gewogen war.

Salzhandel und Fruchtmarkt sind neben dem Pflasterzoll für die Stadt
recht einträglich gewesen.

Mit diesen Maßnahmen hängt ein rasches Anwachsen der Bevölkerung
und der Häuserzahl zusammen. 1614 zählte man in der Stadt 152 Gebäude, darunter etwa 35 in der Unteren Stadt und 19 an der Halde unter
dem Schloß neu erbaute Häuslein. Da innerhalb der Mauern bald kein
Platz mehr war, ging man mit Genehmigung des Herzogs daran, Vorstädte zu bauen.

Vor dem Oberen Tor (Eugen-Jaekle-Platz) waren im 15. Jahrhundert
einige Häuser gestanden, aber im Krieg 1462 abgerissen worden. 1492
steht dort der erste Neubau und 1526 sind es fünf Häuser am Bach, am
Brunnen und an der Schnaiter Gasse (Schnaitheimer Straße), die Anfänge
der Oberen Vorstadt. Danach nahm die Zahl der Gebäude rasch zu; 1614
waren es 42, darunter der Widumhof an der Zanger- oder Galgengasse

(Bergstraße). Damit kündigt sich die künftige Ausdehnung der Stadt nach NW an.

1601/02 wurden Bauplätze vor dem Mittleren und vor dem Unteren Tor verkauft. Hieraus erwuchsen die Mittlere und die Untere Vorstadt, die 1614 bereits 8 bzw. 19 Häuser zählten. Mit dem Bau der Unteren Vorstadt ergab sich die Notwendigkeit, das Untere Tor, das man zugemauert hatte, wieder aufzubrechen.

In der Stadt wurde 1621/22 die alte Nikolaus-Kapelle, nun Michaelskirche, durch Anbau eines Querflügels erweitert, so daß eine Winkelhakenkirche nach dem Muster von Schickhards Stadtkirche in Freudenstadt entstand.

Für 1614 zählte man insgesamt 221 Gebäude in dem nach allen Seiten über seine Mauern hinausgewachsenen Heidenheim. Man hätte mit einer stetigen Weiterentwicklung rechnen dürfen, wären nicht Stadt und Amt vom Dreißigjährigen Krieg ab 1634 aufs schwerste betroffen worden. Nach der Nördlinger Schlacht (6. September 1634) erschienen die Kaiserlichen und Spanier vor Heidenheim. Die Besatzung des Schlosses leistete Widerstand; dafür brannten die Sieger die Vorstädte nieder, zerstörten

Stadtplan von Heidenheim aus dem Jahr 1844 mit eingezeichnetem Römerkastell. Nach O. Paret, Württemberg in vor- und frühgeschichtlicher Zeit, 1961

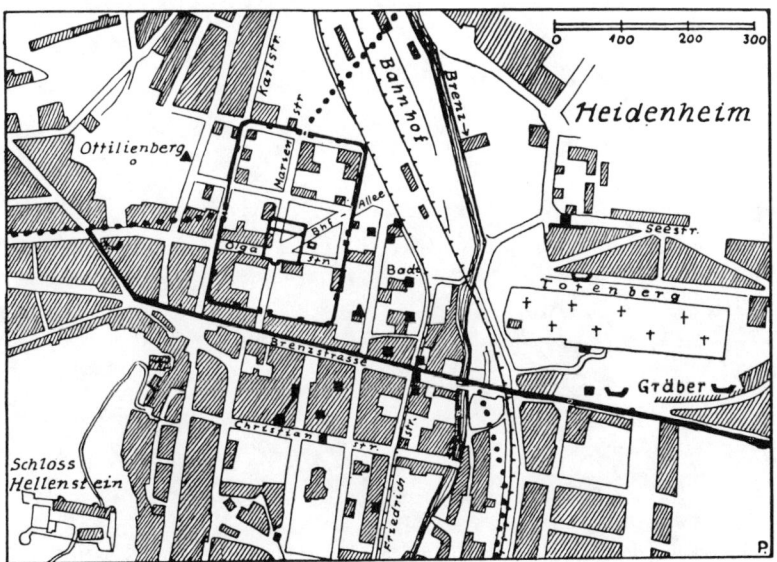

Papiermühle und Eisenwerke sowie die kunstvolle Wasserleitung zum Schloß und plünderten die Stadt, die zwar unversehrt blieb, aber mit Flüchtlingen aus der Umgebung vollgestopft war. Bald gingen die Lebensmittel zur Neige, die Pest brach aus und wütete 16 Monate lang. Laut Heidenheimer Totenbuch sind 1634 an der Seuche hier 687 Menschen gestorben, 447 aus der Stadt, 240 aus benachbarten Orten. Bis Ende 1635 starben weitere 241 Heidenheimer. Im Jahre 1652 zählte man nur noch 97 wehrfähige Männer, gegenüber 273 vor Ausbruch der Pest. Die Zahl der Häuser ging auf 112 zurück.

Hatten die Jahre der bayerischen Herrschaft (1635 bis 1648) der Bürgerschaft gewisse Erleichterungen gebracht, so dauerte es nach Friedensschluß noch Jahrzehnte, bis die Verluste der Bevölkerung ausgeglichen und die zerstörten Gewerbebetriebe neu aufgebaut waren.

Im 18. Jahrhundert bahnt sich bereits die Entwicklung Heidenheims zur modernen Industriestadt an.

Die Entwicklung der Stadt Heidenheim. In: Schwäbische Heimat. Jg. 1962, S. 98-105.

Degenhard von Hellenstein

Der Name der Burg Hellenstein, nach welcher unser Gymnasium benannt ist, tritt mit Degenhard von Hellenstein in die Geschichte ein. Degenhard wird als Zeitgenosse des Staufers Kaiser Friedrich Barbarossa in den Jahren 1150–1182 bezeugt. Der Name unserer Schule ist somit reichlich 800 Jahre alt.

Degenhard von Hellenstein ist der erste Heidenheimer, von dessen Leben und Wirken man etwas weiß. Er hat über den Umkreis seines Bergfrieds hinausgeblickt und aktiv Anteil genommen am Geschehen seiner Zeit. Siebzehn Quellenstellen geben Auskunft über Degenhard; vierzehn dieser Stellen erwähnen nicht mehr als seinen Namen unter den Zeugen, welche zugegen waren, als der Kaiser eine Verfügung oder ein Rechtsgeschäft beurkunden ließ. Drei Quellenstellen bleiben, in denen er selbst handelnd erscheint. Somit tritt Degenhard fast immer im Gefolge des Kaisers auf. Es fällt daher auf ihn ein Abglanz der Taten des bedeutenden Staufenkaisers, in dessen Dienst er stand.

Von dieser schmalen Quellenbasis her ein vollständiges Bild von Degenhards Leben und Persönlichkeit zu geben, ist nicht möglich. Was sich über ihn berichten läßt, beschränkt sich auf einzelne Szenen.

Man muß die Quellenlage freilich auf die richtige Weise sehen. Im quellenarmen 12. Jahrhundert ist der Personenkreis gar nicht so groß, über den man ebensoviele oder wesentlich mehr Nachrichten zusammentragen kann. Wer nicht zu den Ersten der Zeit gehörte – Könige, Erzbischöfe und Bischöfe, Herzöge und Markgrafen – hat den damaligen Chronisten kaum interessiert, und daher ist es zum Beispiel schon um den doch sehr angesehenen und mächtigen Stand der Grafen mit Nachrichten schlecht bestellt. Eine neuere Arbeit hat unter anderem die am Hofe des Kaisers nachweisbaren schwäbischen Grafen statistisch zu erfassen gesucht. Schwaben war ja ein Kernland des Stauferreiches. In dem Zeitraum von 1150 bis 1182, der uns interessiert, sind es von insgesamt 48 Grafen aus 22 schwäbischen Geschlechtern nur drei, die in der Umgebung des Kaisers häufiger erwähnt sind als Degenhard von Hellenstein. Dabei war Degenhard noch nicht einmal Graf, sondern gehörte dem Stand der Edelfreien (nobiles) an, die rangmäßig unter den Grafen standen. Unter seinen eigenen Standesgenossen wird sich im fraglichen Zeitraum kaum ein Schwabe finden, der so häufig am Hofe war wie er.

Das zeigt, daß Degenhard kein beliebiger kleiner Edelmann war, sondern größere Bedeutung gehabt haben muß, als seinem Rang und Stand entsprochen hätte.

Die erste Burg auf dem Hellenstein war wohl im Investiturstreit oder spätestens in den Kämpfen um die Erbschaft der Salier nach 1125 erbaut worden. Sie sperrte den bequemen Weg durch die Alb entlang den Tälern von Kocher und Brenz gerade am Schnittpunkt mit den Verbindungen von West nach Ost, so daß hier ein ganzes Bündel von Straßen zusammenlief: durch das Stubental mündete wie noch heute die Straße vom Filstal her ein; von NW über Lauterburg und den Albuch kam eine alte Verbindung vom Remstal an die Brenz; nach NO durchs Lindletal führte die Straße über Nattheim nach Bopfingen und ins Ries; und in südlicher Richtung gingen Wege nach Ulm, Günzburg und Gundelfingen. Dem Hellenstein kam somit eine hervorragende strategische Bedeutung zu.

Als die rechtliche Stellung der Burg Hellenstein 1312 erstmals deutlich wird, ist sie ein »castrum imperii«, eine Reichsburg; und später gilt Hellenstein mit dem zugehörigen Dorf Heidenheim immer als ein Lehen des Reichs. Ob für die Mitte des 12. Jahrhunderts dasselbe galt, ist ungewiß. Vielleicht war die Burg damals Eigenbesitz.

In der Umgebung findet sich jedoch viel Königsgut schon in karolingischer Zeit: Herbrechtingen, Steinheim, Brenz und Sontheim an der Brenz. Dasselbe war mittlerweile durch kaiserliche Schenkung an die großen Kirchen Saint-Denis, Fulda, St. Gallen und Bamberg gelangt, aber von diesen wieder den Staufern als Lehen überlassen worden. Außerdem hatte Herzog Friedrich III. von Schwaben, der spätere Kaiser, 1147 einen großen Güterkomplex mit Giengen als Mittelpunkt, dabei viel Lehengut von Fulda, durch Heirat erworben. Da auch in Heidenheim alter Besitz des Klosters Fulda bezeugt ist, könnte Hellenstein mit Heidenheim auf einem der beiden Wege – direkt als Lehen von Fulda oder durch die Heirat – staufisch geworden sein.

Die Staufer pflegten ihre Burgen in der Form des Dienstlehens an Ministerialen zu übertragen, die zu Gehorsam verpflichtet waren und in einem jederzeit lösbaren Dienst- und Beamtenverhältnis standen. Doch der Hellenstein war sicher kein Dienstlehen. Der erste Inhaber, Degenhard, war kein Ministeriale, sondern ein Edelfreier. Falls er Hellenstein mit Heidenheim nicht als Eigengut besaß, sondern von den Staufern zu Lehen trug, war es ein echtes Lehen. Denn wir wissen ziemlich sicher, daß sich der Hellenstein auf seine Nachkommen vererbte, sogar in weiblicher Linie. Gegen Ende des 13. Jahrhunderts wurde er dann unter nicht näher bekannten Umständen ans Reich gezogen.

Sicher waren die Staufer an dem strategisch wichtigen Platz interessiert, der die Verbindung zwischen ihren Besitzungen im Remstal und im unteren Brenztal bzw. an der Donau beherrschte. Ihnen mußte daran liegen, daß auf Hellenstein ein verläßlicher Burgherr saß. Der Hellensteiner seinerseits legte Wert auf ein gutnachbarliches Verhältnis zu den mächtigen Staufern. Dies wird der Grund für seine enge Anlehnung an die Staufer gewesen sein, unabhängig davon, ob er ihr Vasall war oder nicht.

Wir kennen Degenhards Eltern und sein Geburtsdatum nicht. Ihm selbst begegnen wir erstmals im September 1150 in Langenau auf dem Hoftag König Konrads III. Er bezeugt einen Gütertausch zwischen den Klöstern Elchingen und St. Blasien. Dem Langenauer Hoftag kommt einige Bedeutung zu: Herzog Welf VI. von Ravensburg hatte nach dem unglücklich verlaufenen zweiten Kreuzzug (1147/48) eine Fehde gegen die Staufer angezettelt, war aber am 8. Februar 1150 zwischen Flochberg bei Bopfingen und Neresheim entscheidend geschlagen worden. Der König, der an den Kämpfen selbst nicht hatte teilnehmen können, war jetzt nach Schwaben gekommen, um die Gegensätze vollends zu bereinigen und den Frieden zu sichern. Welf war in Langenau nicht zugegen, dafür sein Parteigänger Herzog Konrad von Zähringen und dessen alter Widersacher, der Staufer Herzog Friedrich III. von Schwaben, der nachmalige Kaiser Barbarossa.

Degenhard war als Begleiter des Herzogs Friedrich erschienen. Wenn man ihn zu so wichtigen Verhandlungen zuzog, dann hatte er vielleicht Anteil am Sieg über Welf; der Schauplatz der Schlacht lag ja ganz in der Nähe des Hellenstein. Auch mag ihn schon damals ein engeres Verhältnis mit dem erst in der Mitte der zwanziger Jahre stehenden Herzog verbunden haben, dem er an Lebensalter und Erfahrung sicher überlegen war.

In Langenau wurde auch wegen des Italienzuges verhandelt, den der König betrieb, um sich die Kaiserkrone zu holen. Degenhard war dabei, wie der König dem Bischof von Konstanz, seinem Gesandten nach Rom, die letzten Instruktionen erteilte.

In den ersten Jahren der Regierung Friedrich Barbarossas hören wir nichts von Degenhard von Hellenstein. Der Kaiser war durch seine Italienpolitik in Anspruch genommen. Seinem unnachgiebigen Kanzler Rainald von Dassel hatte er es zu verdanken, daß er ab 1158 in einen langwie-

rigen Kampf mit der Kurie und den lombardischen Städten verwickelt
war. Die Beschlüsse von Roncaglia (November 1158) hatten vor allem den
Widerstand Mailands geweckt.

Für 1161 waren energische Maßnahmen gegen die Mailänder angekün-
digt, und im Frühjahr dieses Jahres kam mit anderen Kontingenten aus
Deutschland auch der junge Herzog Friedrich von Schwaben, der Vetter
des Kaisers, mit 600 »gut gerüsteten« Rittern nach Oberitalien, unter ihnen Degenhard von Hellenstein. Er muß an den Kämpfen des Sommers
1161 vor Mailand teilgenommen haben. Am 1. September ist er in Land-
riano südlich Mailand in der unmittelbaren Umgebung des Kaisers und
leistet als einziger Schwabe Zeugenschaft in einer Urkunde für den Erzbischof von Trier.

Im Herbst wurde ein Großteil der Deutschen nach Hause entlassen.
Doch behielt der Kaiser, der in Lodi Winterquartier bezog, seinen Vetter
Herzog Friedrich mit dem schwäbischen Kontingent bei sich. So dürfte
Degenhard den Verhandlungen beigewohnt haben, die im März 1162 zur
Kapitulation Mailands führten. Er wird den triumphalen Einzug des Kai-
sers in die Stadt am 26. März mitgemacht haben und Zeuge der Zerstörung
der Stadt geworden sein.

Am Karfreitag (6. April) ist Degenhard beim Kaiser in Pavia und bezeugt den Bündnisvertrag mit der Stadt Pisa zum Kampf gegen Genua und
Sizilien. Daß man diesem Vertrag besondere Bedeutung beimaß, zeigt die
lange Reihe fürstlicher Zeugen: sie wird angeführt von Rainald von Dassel, dem Erzkanzler und Erzbischof von Köln; an der Spitze der weltlichen Fürsten steht der Herzog Friedrich von Schwaben, zu dessen Gefolge Degenhard gehört hat.

Am Osterfest (8. April) wird Degenhard in Pavia an der denkwürdigen
Festprozession teilgenommen haben, bei der der Kaiser mit der Krone
geschmückt war; er hatte diese drei Jahre nicht getragen und sich nicht
eher wieder aufs Haupt setzen wollen, als bis Mailand gefallen sei.

Wir haben über Degenhard keine weiteren Nachrichten aus Italien.
Doch dürfen wir annehmen, daß er wie das übrige schwäbische Kontingent unter seinem Herzog Friedrich an den weiteren Untersuchungen des
Kaisers in der Lombardei und Romagna teilgenommen hat. Vielleicht hat
er wie sein Herzog den Kaiser auch nach Burgund begleitet, wo zur Regelung der Kirchenfrage eine Begegnung mit dem König von Frankreich am
Grenzfluß Saône verabredet war (29. August), aber kein Ergebnis
brachte.

Der Kirchenstreit war Anlaß, daß sich Degenhard Pfingsten 1165 (23.

Mai) im Gefolge des Schwabenherzogs zum Reichstag in Würzburg einfand. Seine Teilnahme ist bezeugt in einer Urkunde Kaiser Friedrichs für
das Bamberger Domkapitel. Der in der Politik Barbarossas hochbedeut-
same Würzburger Reichstag sollte die Kirchenspaltung beseitigen. Da
sich aber der Kaiser und die anwesenden Fürsten sowie Bevollmächtigte
des Königs von England durch Eid zur unbedingten Unterstützung des
Papstes Paschalis verpflichteten, verhärtete sich der Konflikt eher noch,
und eine Verständigung mit Papst Alexander war kaum mehr möglich.

Übrigens war der Schwabenherzog Friedrich, der Vetter des Kaisers,
mit dieser Politik nicht einverstanden. Es wird berichtet, er sei, sobald er
vom Schwure hörte, entwichen. Er ist also abgereist. Damit wird auch für
Degenhard der Würzburger Reichstag ein vorzeitiges Ende gefunden haben.

An Fastnacht (8. März) 1166 ist Degenhard auf einem Reichstag in
Ulm. Er leistet Zeugenschaft in zwei Urkunden des Kaisers für den Erzbischof von Magdeburg. Außer Geistlichen und Edlen aus dem Gefolge des
Erzbischofs erwähnen die Urkunden fast ausschließlich Fürsten und Herren aus Schwaben. Sie hatte der Kaiser eigens herbeschieden. Es waren die
Häupter der streitenden Parteien in der »Tübingischen Fehde«. Auf der
einen Seite Herzog Welf und sein Neffe Herzog Heinrich der Löwe, auf
der anderen Seite Herzog Friedrich von Schwaben und Ludwig von
Württemberg.

Die Tübingische Fehde hatte seit Herbst 1164 in Schwaben getobt. Anlaß war ein Erbstreit zwischen Welf und dem Pfalzgrafen von Tübingen.
Bald war aber der alte staufisch-welfische Gegensatz wieder aufgelodert,
denn Friedrich von Schwaben hatte sich als treibende Kraft hinter den
Tübinger gestellt. Degenhard von Hellenstein dürfte zur Partei des Herzogs gehört haben, während fast der gesamte übrige schwäbische Adel die
Partei des Welfen ergriffen hatte.

Der eigentliche Zweck des Reichstags war, den Frieden in Schwaben
wiederherzustellen, damit der Kaiser ungestört den bereits beschlossenen
vierten Italienzug antreten konnte.

Im Winter 1170 begleitete Degenhard den Kaiser ins Erzbistum Salzburg. In Salzburg war der Sohn des Böhmenkönigs zum Erzbischof gewählt worden, ohne daß der Kaiser davon gewußt hatte, und überdies war
der Gewählte ein Anhänger des Papstes Alexander. Hier mußte der Kaiser
eingreifen und die Interessen des Reiches wahren.

Degenhard erscheint am 22. Februar 1170 in Salzburg als Zeuge einer
Kaiserurkunde für Kloster San Zeno in Reichenhall. Der Hof zog dann

weiter über Friesach in Kärnten nach Leibnitz südlich Graz, in die äußerste Ecke des Reiches. Dort bezeugt Degenhard am 19. März eine kaiserliche Verfügung zu Gunsten des Klosters St. Paul in Kärnten. Den Rückweg nahm man über Garsten bei Steyr nach Regensburg.

Degenhard hatte zu dieser Zeit bereits eine besondere Vertrauensstellung beim Kaiser erlangt: Der vierte Italienzug des Kaisers hatte mit einem Mißerfolg geendet. Sein Kanzler Rainald und sein Vetter, Herzog Friedrich von Schwaben, waren der Seuche vor Rom erlegen. Der Kaiser sah sich veranlaßt, seine Politik neu zu orientieren. Er betrieb jetzt zielstrebig Hausmachtpolitik und blieb deswegen die nächsten sieben Jahre im Reich. Für Schwaben hatte das Jahr 1167 besonders einschneidende Veränderungen gebracht. Herzog Friedrich hatte sich durchaus bewährt. Grundsätzlich hatte er die Politik Barbarossas unterstützt, andererseits aber seinem Herzogtum Schwaben doch eine gewisse Eigenständigkeit bewahrt. Nach Friedrichs Tod hatte nun der Kaiser seinen eigenen erst etwa dreijährigen Sohn zum Herzog von Schwaben erhoben. Naturgemäß trug das Kind lediglich den Titel eines Herzogs. Die herzoglichen Rechte übte der Kaiser selbst aus, und das Herzogtum wurde damit eigentlich ein Teil der staufischen Hausmacht. Für die praktische Verwaltung vor allem des Haus- und Kronguts, das der Kaiser weiter zu mehren bestrebt war, brauchte er jedoch Helfer, auf die er sich unbedingt verlassen konnte.

Degenhard von Hellenstein war dem Kaiser schon aus seiner Herzogszeit wohl bekannt. Im Laufe der Jahre hatte er ihn so schätzen gelernt, daß er ihn jetzt zu seinem »Prokurator über alle königlichen Güter in Schwaben« (procurator per omnia predia regalia Sueviae) erhob. Dies berichtet der wohlinformierte Propst Burchard des Klosters Ursberg (bei Krumbach) in seiner 1230 verfaßten und dem Ereignis zeitlich somit nahestehenden Chronik.

Unter den späteren Staufern und nach ihrem Vorbild unter den Habsburgern kennt man die Prokurationen oder Landvogteien als Einrichtungen zur Verwaltung des Reichsguts. Sie umfaßten allerdings räumlich enger umgrenzte Bezirke. Dem Landvogt oblagen die Steuererhebung, hochrichterliche Befugnisse und militärische Befehlsgewalt.

Degenhard von Hellenstein ist der erste überhaupt, für den sich Titel und Amt des Prokurators nachweisen lassen. Die Chronik Burchards spricht auch von Amtleuten (officiales), die Degenhard unterstellt waren und wohl einem kleineren Krongutsbezirk vorstanden.

Solange der Herzog ein unmündiges Kind und somit nicht regierungsfähig war, gebot Degenhard tatsächlich über all das an Gütern und Rechten, was als Machtgrundlage der Staufer in Schwaben zu gelten hatte, freilich nur treuhänderisch. Er stand damit in einem unmittelbaren, engen Vertrauensverhältnis zum Kaiser.

Von nun ab wird man Degenhard nicht mehr auf Feldzügen außerhalb des Reiches suchen dürfen. Das Amt erforderte seine persönliche Anwesenheit in seinem Amtsbereich.

Zu den Krongütern, die der Verwaltung Degenhards unterstanden, gehörten in unserer nächsten Nachbarschaft Giengen und die Vogtei der beiden Klöster Anhausen und Herbrechtingen.

In Herbrechtingen hatte der jetzige Kaiser noch als Herzog von Schwaben ein weltliches Kanonikatstift eingerichtet. Die Zustände dort waren jedoch recht unerfreulich (saeculares clerici ordinem et cultum speculativae vitae nimium excesserant), und der Kaiser wird durch Degenhard davon Kenntnis erhalten haben. So kam der Kaiser im Frühjahr 1171, wohl zum ersten Mal, nach Giengen, wo der Hof in der Burg Unterkunft fand. Die Prälaten von acht benachbarten Klöstern, verschiedene Grafen, mehrere Edelfreie – unter ihnen Degenhard –, und einige Ministrialen hatten sich eingefunden. In ihrer Gegenwart ordnete nun der Kaiser die Stiftung in Herbrechtingen neu. Die Weltgeistlichen mußten gehen, und mit Billigung des zuständigen Bischofs von Augsburg führte nun der Kaiser den Propst Adalbert und seine Mönche, die er aus dem Augustinerkloster Hördt bei Germersheim hatte kommen lassen, in ihre neue Wirkungsstätte ein. Er übertrug ihnen die Dionysiuskirche in Herbrechtingen samt all dem, was die Weltgeistlichen seither zur Nutznießung gehabt hatten. Er schenkte ihnen obendrein seinen Fronhof in Herbrechtingen und noch andere Güter, die er selbst erst hatte kaufen müssen. Außerdem bestätigte er, was seine Ministerialen und andere Leute aus seinem Gefolge der Kirche übertragen hatten. Zu den Wohltätern des reformierten Stifts gehörte auch Degenhard. Er schenkte sein Eigengut in Herbrechtingen zum Seelenheil seines bereits verstorbenen Bruders Bernger. Das alles mag sich an Ort und Stelle zugetragen haben. Die Beurkundung erfolgte am 1. Mai in Giengen. In der Urkunde werden Diepold Güsse, Otto von Hürben und ein gewisser Sefrid als Ministerialen des Kaisers genannt. Sie unterstanden dem Prokurator Degenhard und gehörten wohl zu der Burgmannschaft, die im Ernstfalle die Burg Giengen zu verteidigen hatte.

Von Giengen nahm der Kaiser seinen Prokurator mit nach Donauwörth, das kurz zuvor als erledigtes Reichslehen dem Kaiser heimgefallen war. Die Vermutung liegt nahe, daß der Kaiser an Ort und Stelle mit

Degenhard Fragen besprochen hat, die die Eingliederung Donauwörths
in die neue Krongutsverwaltung betrafen.

Im Juli 1174 ist Degenhard wieder beim Kaiser in Donauwörth. Damals
wurden möglicherweise ähnliche Dinge erörtert und ihm ein Auftrag erteilt, den wir aus der Schilderung des Propstes Burchard von Ursberg
genauer kennen:

Nach dem Tode des letzten Herren von Schwabegg (bei Schwabmünchen) 1167 hatte Barbarossa die Güter dieses Hauses eingezogen und damit die Schirmherrschaft über das Prämonstratenserstift Ursberg übernommen. Der Chronist erzählt nun, daß die Kanoniker nach dem Tode
des Propstes Grimo (1173) einen völlig untauglichen Mann aus ihrer Mitte
zu ihrem »Rektor« gewählt hätten. Als dieser sich beim Kaiser vorgestellt
habe, sei er vom Kaiser und vom ganzen Hofe abgelehnt worden. Diese
Abneigung, ja Haß gegen den Propst sei der Grund gewesen, daß der
Kaiser den Degenhard von Hellenstein, seinen »Prokurator«, beauftragt
habe, er solle persönlich das Kloster Ursberg aufsuchen und im Einvernehmen mit den Brüdern diejenigen Güter des Klosters, die nicht zum
eigentlichen Klosterbetrieb und zu den Wirtschaftshöfen gehörten, mit
einer jährlichen Abgabe belegen. Diese Abgabe, nämlich ein Malter Hafer
von jedem Hof (mansus), war als Vogtabgabe an den Prokurator zu entrichten; sie sollte zum Futter für die Pferde seiner Amtleute dienen. Das
Kloster wurde dafür in kaiserlichen Schutz genommen.

Degenhards Auftrag bestand somit darin, die nicht zum Immunitätsbezirk des Klosters gehörigen Höfe und Güter der Vogtherrschaft (advoca-
tia) des Kaisers zu unterwerfen. Im Falle Ursberg lief dies auf eine
Verschlechterung der Rechtslage des Klosters hinaus, da es als Prämonstratenserstift das Vorrecht gehabt hatte, kaiserlichen Schutz (defensio)
zu genießen, ohne deshalb mit Vogtabgaben belastet zu werden und in
weltliche Abhängigkeit zu geraten. Was den Kaiser zu dieser ungewöhnli-
chen Maßnahme veranlaßt haben mag, läßt der Bericht des Chronisten
erahnen: er wollte Einfluß auf künftige Propstwahlen gewinnen und sicherte sich zu diesem Zweck die Herrschaft über das Klostergut. – Für
uns ist der Bericht von größter Bedeutung, weil er wenigstens in diesem
einen konkreten Fall Einblick in die Tätigkeit Degenhards als Prokurator
gewährt.

Wir treffen Degenhard danach erst wieder im Juli 1180 in der bayerischen Hauptstadt Regensburg. Der Kaiser war vier Jahre in Italien gewesen und hatte den Konflikt mit der Kurie und mit den Lombardenstädten
zu einem befriedigenden Abschluß gebracht (Friede von Venedig 1177).

Der Regensburger Landtag befaßte sich mit der Lage, die sich für Bayern
ergab aus der Ächtung und Absetzung Heinrichs des Löwen als Herzog
von Sachsen und Bayern. Von der Haltung der bayerischen Großen hing
es ab, wie sich die Dinge für den Kaiser in Süddeutschland gestalteten.

In Schwaben, wo Heinrich der Löwe auch Anhänger besaß, hatte man
sich gegen einen etwaigen Angriff von Bayern her auf Verteidigung einge-
stellt. Man nimmt an, daß damals im gefährdeten Grenzgebiet auf Krongut »burgi«, das heißt stadtähnliche befestigte Plätze gegründet wurden,
woran Degenhard als Prokurator maßgeblich beteiligt gewesen wäre. Bei
diesen »burgi« ist unter anderen zu denken an Höchstädt, Lauingen und
Gundelfingen an der Donau sowie Giengen. An diesen Plätzen sind in
jener Zeit Burgsiedlungen vorwiegend militärischen Charakters entstanden, die sich im 13. Jahrhundert zu Städten im Rechtssinn entwickelt haben.

Degenhard war einer der wenigen Schwaben im Gefolge des Kaisers,
die am Regensburger Landtag teilnahmen, der ja bayerische Belange betraf. Seine Anwesenheit beim Kaiser in Regensburg erklärt sich daraus,
daß er einer der wichtigsten Männer war, falls Schwaben verteidigt werden mußte.

Die bayerischen Großen stellten sich jedoch hinter den Kaiser und verzichteten darauf, für ihren geächteten Herzog das Schwert zu ziehen. Der
Landtag bestätigte vielmehr die Beschlüsse des Würzburger Reichstags
vom Januar 1180, daß der Löwe das Herzogtum Bayern und seine bayerischen Güter verlieren müsse. Ein altes Unrecht wurde wieder gutge-
macht, das Heinrich der Löwe als Herzog am Bischof von Freising begangen hatte: er hatte 1158 die freisingische Zollbrücke über die Isar bei
Oberföhring zerstören lassen und den Markt von Oberföhring nach
München übertragen, da er diese junge Siedlung zu fördern gedachte.
Dies wurde rückgängig gemacht. Degenhard ist Zeuge der Urkunde, die
am 13. Juli hierüber ausgestellt wurde.

Ob Degenhard an dem anschließenden Feldzug nach Sachsen teilgenommen hat, wissen wir nicht. Es ist wenig wahrscheinlich, daß sein Amt
dies zuließ, und außerdem hatte er mittlerweile wohl ein Alter erreicht, in
dem er den Anstrengungen einer solchen Heerfahrt nicht mehr ohne weiteres gewachsen war.

Ein letztes Mal ist Degenhard beim Kaiser Anfang Oktober 1182 in
Augsburg. Friedrich Barbarossa wurde damals in die Bruderschaft des
Klosters St. Ulrich und Afra in Augsburg aufgenommen; er bestätigte
dafür die Besitzungen des Stifts. Damals wohl traf Degenhard eine Verfü-

gung, die ihn als einen im Sinne des Mittelalters frommen Mann zeigt. Das Ursberger Schenkungsbuch vermerkt, Degenhard habe in Augsburg in Gegenwart des erhabenen Kaisers Friedrich und des ehrwürdigen Bischofs Hartwig dem Stifte Ursberg sein »predium« Hausen bei Mindelheim geschenkt, nämlich das ganze Dorf, das er auf 100 Mark Geldeswert veranschlagt habe – fürwahr unter den damaligen Verhältnissen ein reiches Vermächtnis. Degenhards fromme Gesinnung kommt auch bei seiner Schenkung an Herbrechtingen zum Ausdruck.

Degenhard war zur Zeit seines Aufenthaltes in Augsburg wohl schon recht alt. Wir hören später nicht mehr von ihm. Es fällt auf, daß unter denen, die im Herbst 1183 der Stiftung des Spitals auf dem Michelsberg bei Ulm beiwohnten, sein Name nicht genannt wird; er war damals sicher nicht mehr am Leben. Nun ist im Totenbuch des Klosters Ursberg, wo man Degenhard seiner Schenkung wegen in ehrendem Angedenken behielt, der 3. Februar als Gedenktag für die Laiin Margarete und ihren Vater Degenhard eingetragen. Möglicherweise ist dies Degenhards Todestag. Er wäre dann zu Anfang des Jahres 1183 gestorben, und die Schenkung an Ursberg ist somit wohl im Angesicht des nahen Todes erfolgt. Vielleicht war es auch ein Vermächtnis zum Seelenheil der schon vor ihm verstorbenen Tochter Margarete.

Degenhard ist also wohl 1183 gestorben. Er hat nicht das Leben eines durchschnittlichen Edelmannes geführt. In den 32 Jahren seines Lebens, die wir überschauen, ist er zu vier Angehörigen des Stauferhauses in nähere Beziehung getreten: er lernte König Konrad III. kennen. Dessen Sohn und nunmehriger Schwabenherzog Friedrich IV. begleitete er auf mehreren Zügen, wobei der Feldzug nach Italien 1161/62 wohl der denkwürdigste war. Auch mit dessen Nachfolger, dem jugendlichen Herzog Friedrich V., dem Sohne Barbarossas, trat er in Verbindung; ihre gemeinsame Anwesenheit in Augsburg 1182 ist Zeugnis dafür. Während der ganzen Zeit seines Wirkens aber war er mit Friedrich Barbarossa verbunden. Dies reicht zurück bis in dessen Herzogszeit. Durch seine Mitwirkung bei wichtigen Entscheidungen gewann Degenhard das Vertrauen des Kaisers in besonderem Maß, was sich in seiner Erhebung zum Prokurator zeigt. Degenhard war nach allem ein hochangesehener Mann.

Das Ansehen, das er genoß, spiegelt sich in den Zeugenreihen der Urkunden wieder. Grundsätzlich bestimmte sich die Reihenfolge der Zeugen streng nach Rang und Geltung. Hierbei ist Degenhards Stellung unter seinen Standesgenossen, den Edelfreien, aufschlußreich. Sein Name findet sich in zwölf nach Ausstellungsort und -tag verschiedenen Urkunden.

In den fünf Urkunden aus der Zeit vor 1167 ist er dreimal an zweiter Stelle aufgeführt; einmal steht er als vierter verzeichnet, und in einer weiteren Urkunde, in der die Zeugen landsmannschaftlich gruppiert sind, nimmt er unter seinen Landsleuten einen führenden Platz ein.

In den sieben Urkunden, die nach 1167 ausgestellt sind, erscheint er viermal an der Spitze der Standesgleichen, zweimal nimmt er den zweiten Platz ein und einmal folgt er an dritter Stelle. Dabei ist bemerkenswert, daß ihm einmal der Graf von Tirol und der Burggraf von Nürnberg nachgestellt wurden.

Im Vergleich zu anderen Edelfreien, die am Hofe erschienen sind, hat Degenhard unverkennbar eine außergewöhnliche Rolle gespielt; besonders deutlich ist dies ab 1167.

Über Degenhards persönliche Verhältnisse ist wenig überliefert. Wir hören nur von einem Bruder Bernger und einer Tochter Margarete. Eine unbestimmte Nachricht nennt uns einen Sohn namens Reinhard; daran ist richtig, daß Degenhard männliche Nachkommen hatte, wie aus dem Erbgang des Besitzes zu erkennen ist.

Nach Degenhards Herkunft zu forschen, wird erschwert dadurch, daß der Beiname »von Hellenstein« mit ihm erstmals genannt wird. Degenhard ist somit »Stammvater« einer neuen Familie, die sich von einem unter anderem Namen bekannten Geschlecht abgespalten hat. Einen Hinweis auf mögliche Vorfahren oder doch Verwandte können nur die bekannten Vornamen Degenhard und Bernger geben. Der Name Degenhard ist im 12. Jahrhundert und früher noch äußerst selten und findet sich in keinem auf der Alb beheimateten Geschlecht. Wir treffen ihn aber im heute bayerischen Schwaben bei den Herren von Rettenbach (bei Marktoberdorf): zwischen 1105 und 1130 ist mehrfach ein Edelfreier Degenhard von Rettenbach bezeugt. Da der Name so selten vorkommt, darf man von vornherein annehmen, daß die Namensträger verwandt sind. Nun kennen wir Degenhards Besitz in Hausen bei Mindelheim; wir erfahren außerdem, daß Degenhard in jener Gegend Güter von Kloster Ottobeuren zu Lehen getragen hat. Dies macht durchaus wahrscheinlich, daß ein Elternteil Degenhards aus der Familie der Rettenbacher stammt und den Besitz in jener Gegend als Erbteil eingebracht hat.

Der Name des Bruders Bernger hingegen weist auf die Alb. Dort ist der Name gebräuchlich in den Familien von Stubersheim-Ravenstein (seit 1092) und von Albeck (seit 1128). Beide Familien sind in der Nachbarschaft des Hellenstein begütert und zudem untereinander verschwägert.

So wird der andere Elternteil Degenhards aus einer der genannten Familien stammen.

Wir kennen somit wenigstens die Sippenkreise, denen Degenhard zugehört. Es sind angesehene Edelgeschlechter; indes ist nicht bekannt, daß sie zu den führenden Familien der Zeit engere Beziehungen gehabt hätten.

Degenhards Besitzungen liegen in der mutmaßlichen Heimat beider Elternteile. Mittelpunkt seiner Herrschaft war die Burg Hellenstein, nach der er sich benannte. Zu ihr gehörte wohl der meiste Grundbesitz im Dorfe Heidenheim, das draußen lag an der Brenz, etwa zwischen der heutigen Brenzstraße und dem Bahnhof.

An Besitzungen in der näheren Umgebung lernen wir nur das Gut in Herbrechtingen kennen, das Degenhard 1171 dem dortigen Stift übertrug. Höfe in Nattheim und Bolheim, die im 13. Jahrhundert im Besitz der Herren von Gundelfingen, damals Inhaber des Hellenstein, begegnen, mögen hellensteinisches Erbe sein.

Von ähnlichem Umfang wie die Güter auf der Alb sind die uns bekannten Besitzungen im heute bayerischen Schwaben. Es ist das Dorf Hausen bei Mindelheim, das Degenhard um 1182 dem Stift Ursberg schenkte. Es sind die Güter, die er in jener Gegend von Kloster Ottobeuren zu Lehen trug, deren genaue Lage jedoch nicht überliefert ist.

Was wir kennenlernen, ist sicher nicht Degenhards gesamter Grundbesitz. Doch scheint er nicht sonderlich reich begütert gewesen zu sein. Was er besaß, lag weit verstreut und war offenbar nur zum geringeren Teil Eigengut, im übrigen Lehen von Ottobeuren und vielleicht auch von den Staufern.

Wir dürfen abschließend wohl sagen, daß es nicht die äußeren Dinge wie vornehme Familie und Reichtum an Besitz gewesen sein dürften, durch die Degenhard das Vertrauen des Kaisers gewonnen hat. Es war viel eher sein menschlicher Wert: seine Persönlichkeit, seine Loyalität und Zuverlässigkeit.

Wir haben Degenhard kennengelernt als einen tüchtigen Kriegsmann, als verantwortlichen Verwalter des Kronguts in Schwaben, als mutmaßlichen »Städtegründer« sowie als frommen Menschen seiner Zeit, der einen erheblichen Teil seines Vermögens den Kirchen zugewandt hat. Die Forschung hat ihm das Prädikat »getreu und hochverdient« (K. Weller) verliehen.

Degenhard von Hellenstein. In: Hellenstein-Gymnasium Heidenheim an der Brenz 1838 bis 1964.

Die Wittislinger Pfründen —
ein Schlüssel zur Besitzgeschichte Ostschwabens
im Hochmittelalter

An der Pfarrkirche in Wittislingen gab es im Hochmittelalter vier geistliche Pfründen unter vier verschiedenen Patronatsherren[1]. Auf diesen Tatbestand hat Anton v. Steichele im dritten Band seines Werks „Das Bistum Augsburg", 1872, aufmerksam gemacht[2]. Seitdem ist kaum versucht worden, den Ursachen dieser eigenartigen Aufteilung des Wittislinger Kirchenguts, das ursprünglich sicher Zubehör einer Eigenkirche der Sippe des Bischofs Ulrich von Augsburg (923—973) war, nachzugehen. Grund hiefür dürfte in erster Linie der Mangel an Nachrichten für das 10. bis 12. Jahrhundert sein. Gelänge es jedoch, die Ursachen aufzuhellen, so ließen sich wahrscheinlich zugleich interessante Gesichtspunkte gewinnen für den Ablauf der Besitzgeschichte nicht nur in Wittislingen selbst, sondern wohl auch in dessen Umgebung, soweit dort dieselben Herren begütert waren, die uns als Teilhaber am Wittislinger Kirchengut begegnen.

In den letzten Jahren ist zur Klärung ähnlicher Verhältnisse die genealogisch-besitzgeschichtliche Arbeitsmethode mit Erfolg angewendet worden[3]. Sie geht davon aus, daß die herrschaftlichen Rechte an einem Ort, insbesondere Grundherrschaft und Kirchensatz, ursprünglich geschlossen in einer Hand gewesen sind. Gibt sich dann in späterer Zeit am selben Ort eine Gemeinschaft mehrerer Grundbesitzer zu erkennen, so besagt das in der Regel, daß es sich um eine Erbengemeinschaft handelt und daß die einzelnen Gütergruppen letzten Endes auf einen gemeinsamen Erblasser zurückzuführen sind[4].

---

[1] „ecclesia Witeslingen, que quatuor prebendis subdivisa dinoscitur et fundata", Urk. von 1269. Juni 4., Bayer. Hauptstaatsarchiv München Abt. I — Allgem. Staatsarchiv (= AStAM), Klosterurkunden Kaisheim Nr. 152.

[2] Anton v. Steichele, Das Bistum Augsburg, 3. Bd., 1872, S. 210 ff.

[3] Hans Jänichen, Die schwäb. Verwandtschaft des Abts Adalbert von Schaffhausen (Schaffhauser Beiträge z. vaterländ. Geschichte, Heft 35, 1958), S. 5 ff. Hans Jänichen, Herrschafts- u. Territorialverhältnisse um Tübingen u. Rottenburg im 11. u. 12. Jh., 1. Teil (Schriften z. südwestdeutschen Landeskunde, 2. Bd.), 1964. Hans Jänichen, Zur Genealogie der älteren Grafen v. Veringen (Zeitschr. f. Württ. Landesgesch., XXVII. Jahrg., 1968), S. 1 ff. Hans-Martin Maurer, Die hochadeligen Herren v. Neuffen u. Sperberseck (Zeitschr. f. Württ. Landesgesch., XXV. Jahrg., 1966), S. 59 ff.

[4] Vgl. Karl Schmid, Zur Problematik von Familie, Sippe u. Geschlecht (Zeitschrift f. d. Gesch. d. Oberrheins, 105, 1957), S. 1 ff., insbes. S. 29 u. 42.

Im Falle Wittislingen hätte man die vier Patronatsherren als eine solche Erbengemeinschaft zu betrachten. Zur Aufhellung der Geschichte Wittislingens wäre der Erbgang der einzelnen Pfründen nach rückwärts soweit zu verfolgen, bis man auf den gemeinsamen Erblasser stößt.

Es ist zweckmäßig, eine solche Untersuchung nicht auf den einzelnen Ort zu beschränken, da für ihn die Quellenbasis meist zu schmal ist. Vielmehr lassen sich in Nachbarorten mit ähnlicher Besitzverteilung mitunter Beobachtungen anstellen, die für die Geschichte des primär interessierenden Ortes aufschlußreich sind. Umgekehrt lassen sich Ergebnisse, die man für einen Ort gewonnen hat, unter Umständen verallgemeinern und auf Nachbarorte mit ähnlicher Besitzstruktur übertragen. Eine Untersuchung in größerem Rahmen verspricht jedenfalls eher zum Erfolg zu führen als eine lokal begrenzte Arbeit. Ließe sich diese Methode auch auf die Wittislinger Pfründen anwenden, dann könnten diese Pfründen der Schlüssel sein für die noch weitgehend ungeklärte Besitzgeschichte des Hochmittelalters in einem ziemlich weiten Bereich um Wittislingen diesseits und jenseits der Donau.

Unsere Untersuchung geht von den bekannten Verhältnissen des 13. Jahrhunderts aus. Damals stand das Patronatsrecht der vier Pfründen folgenden Herrschaften zu:

1. Die Pfarrpfründe St. Martin war gräflich-dillingischen Patronats. Sie fiel nach dem Tode des letzten weltlichen Dillingers, Graf Hartmann IV., 1258 an seinen Sohn, den Bischof Hartmann von Augsburg (1248–1286), und dieser schenkte sie 1265 seinem Hochstift. Die Dillinger waren auch sonst in Wittislingen begütert[5].

2. Eine zweite Pfründe stand unter markgräflich-burgauischem Patronat. Mit ihr scheinen gleichfalls pfarrliche Rechte verbunden gewesen zu sein. Das Patronatsrecht dieser Pfründe samt sonstigem Besitz im Ort schenkte Markgraf Heinrich I. von Burgau aus dem Hause Berg 1231 dem Kloster Kaisheim. Die Pfründe wurde 1235 dem Kloster inkorporiert[6].

3. Das Patronatsrecht der dritten Pfründe stand den Herzögen von Kärnten aus dem Hause Spanheim zu. Herzog Ulrich schenkte es um 1260 gleichfalls dem Kloster Kaisheim. Das Kloster gab es 1266 dem Augsburger Domkapitel weiter[7], und von dort gelangte es zwischen 1282 und 1316 an das Hochstift[8].

4. Über die vierte Pfründe läßt sich urkundlich nichts in Erfahrung bringen. Sie muß aber gleichfalls an das Hochstift Augsburg gelangt sein, und zwar wohl schon vor dem 13. Jahrhundert. Im Jahre 1318 war das Hochstift

---

[5] Monumenta Boica (= MB), XXXIIIa, S. 108 f., Nr. 99; Steichele, Bistum Augsburg, Bd. 3, S. 210.

[6] Dritter Jahresbericht d. histor. Vereins im vorigen Oberdonaukreis f. d. J. 1837, S. 64, Nr. 1; Steichele, Bistum Augsburg, Bd. 3, S. 211.

[7] AStAM, Klosterurkunden Kaisheim Nr. 152; MB XXXIIIa, S. 110, Nr. 101; Steichele, Bistum Augsburg, Bd. 3, S. 212 f.

[8] Siehe die folgende Anm.

im Besitz von drei Wittislinger Pfründen[9]. Dem entsprechend verzeichnet
das Hochstiftsurbar von 1316 unter Wittislingen „II curie dicte widenhof"
und an anderer Stelle noch eine „curia dotalis"[10], ein Gut also, das gleichfalls
zur Ausstattung einer Pfründe gehörte. Offensichtlich handelt es sich bei der
„curia dotalis", die als letzte unter den Höfen in Wittislingen aufgeführt
wird, um die Ausstattung der nicht allzu lange vorher (nach 1282) vom Domkapitel erworbenen, ursprünglich spanheimischen Pfründe. Von den beiden
Widumhöfen gehörte dann einer zu der von Bischof Hartmann übereigneten
Pfarrpfründe, der andere aber zu einer weiteren, schon länger im Besitz des
Hochstifts befindlichen Pfründe, wohl unserer Pfründe IV.

Wir lernen also als letzte weltliche Patronatsherren der Wittislinger Pfründen den Grafen Hartmann IV. von Dillingen, den Markgrafen Heinrich I. von
Burgau aus dem Hause Berg und den Herzog Ulrich von Kärnten aus dem
Hause Spanheim kennen. Auch die vierte Pfründe muß ursprünglich einem
weltlichen Patronatsherren unterstanden haben, doch kennen wir sein Geschlecht vorerst nicht.

Wie sind diese Herren zu ihren Rechten am Wittislinger Kirchengut ge-
kommen? Falls unsere Annahme zutrifft, sind die vier Patronatsherren eine
Erbengemeinschaft; ihre Besitzteile rühren dann von einem gemeinsamen
Ahnherrn her.

Wittislingen darf für das frühe Mittelalter als einer der bedeutendsten
Plätze im weiten Umkreis gelten. Schon bei der ersten Erwähnung 973 wird
Wittislingen „oppidum" genannt[11]; man hat sich darunter wohl einen
befestigten Herrensitz vorzustellen. Der Ort war damals in Händen zweier
Neffen des Bischofs Ulrich von Augsburg, namens Richwin und Hupald. Die
Martinskirche war Begräbnisstätte der Eltern des Bischofs, Hupald († um 909)
und Dietpirch. Man darf Wittislingen deshalb als den Stammsitz der Sippe
des Bischofs Ulrich, der sogenannten „Hupaldinger", betrachten. Für die frühe
Bedeutung des Orts zeugt sodann das berühmte Grab einer alemannischen
„Fürstin" des ausgehenden 7. Jahrhunderts, das 1881 aufgedeckt worden
ist[12]. Demzufolge war Wittislingen schon im 7. Jahrhundert Sitz eines bedeutenden Adelsgeschlechts[13]. Es lag nahe, die „Fürstin" des 7. Jahrhunderts mit
den „Hupaldingern" des 10. Jahrhunderts in Verbindung zu bringen und in
ihr die Ahnfrau der „Hupaldinger" zu sehen[14]. Schließlich hielt man die

---

[9] MB 33a, S. 427; Steichele, Bistum Augsburg, Bd. 3, S. 213.

[10] MB 34a, S. 401 u. 402; vgl. Das Urbar des Hochstifts Augsburg von 1366, hrsg.
von R. Dertsch (Allg. Heimatbücher, Bd. 44, 1954), S. 21.

[11] Vita Udalrici cap. 25, MG. SS. IV., S. 410.

[12] J. Werner, Das alamannische Fürstengrab von Wittislingen (Münchner Beiträge
z. Vor- u. Frühgesch., Bd. 2, 1950), S. 11 f. u. S. 78.

[13] J. Werner, a.a.O. S. 8 u. 10.

[14] J. Werner, a.a.O. S. 78; A. Bigelmair, Der Geburtsort des hl. Bischof Udalrich
von Augsburg (Zeitschr. d. Histor. Vereins f. Schwaben, Bd. 61, 1955), S. 161 ff.,
insbes S. 166 f.

„Hupaldinger" für Abkömmlinge des altalemannischen Herzogshauses, eine Kombination, die uns nicht so abwegig erscheinen will[15].

Alles was sich über die ältere Geschichte Wittislingens ermitteln läßt, spricht eindeutig dafür, daß der Ort und damit auch die Rechte am Kirchengut um 900 in einer Hand vereinigt waren, in der Hand des Stammvaters der Ulrichssippe, Hupald (✝ um 909). Demgegenüber dürften die Verhältnisse des 13. Jahrhunderts das Ergebnis wiederholter Erbteilung sein. Eine erste Teilung muß schon im 10. Jahrhundert stattgefunden haben. Im Jahre 973 hatten die Neffen des Bischofs Ulrich, nämlich Richwin, der Sohn des 955 auf dem Lechfeld gefallenen Grafen Dietpald, und Hupald (II.), der Sohn von Ulrichs Bruder Manegold, den Bischof eingeladen, nach Wittislingen zu kommen. Er sollte ihnen an Ort und Stelle zeigen, wie die Kirche, bei der Ulrichs Eltern, ihre Großeltern, begraben lagen, in Stand gesetzt und erweitert werden könnte[16].

Zu dieser Zeit waren also zwei Vettern die Herren der Wittislinger Kirche. Man darf daraus entnehmen, daß gleich nach dem Tode des Stammvaters Hupald seine beiden weltlichen Söhne Dietpald und Manegold den Stammsitz

---

[15] Hans-Martin Decker-Hauff, Die Ottonen u. Schwaben (Zeitschr. f. Württ. Landesgesch., XIV. Jahrg., 1955), S. 233 ff., insbes. S. 293, 303 u. 309 ff. – Der Versuch H.-M. Decker-Hauffs, die Hupaldinger von Hucbald, dem Laienabt von Cysoing, Schwiegersohn Eberhards von Friaul und der Karolingerin Gisela, herzuleiten und den Besitz der Hupaldinger auf Hildegard, die Gemahlin Karls d. Gr., eine Angehörige des aleman. Herzogshauses, zurückzuführen, ist von G. Tellenbach mit Recht abgelehnt worden (Kritische Studien . . ., Zeitschr. f. Württ. Landesgesch., XV Jahrg., 1956, S. 169 ff., insbes. S. 184). Daß aber das alemannische Herzoghaus in Ostschwaben reich begütert gewesen sein muß, und zwar im Herrschaftsbereich der späteren Hupaldinger, ergibt sich nicht nur aus einigen typischen Ortsnamen wie „Chuocheim" (Groß-Kuchen, Kr. Heidenheim) u. „Huchilingen" (Heuchlingen, Kr. Heidenheim), beide von Huoching bzw. Huchilo abzuleiten; Huoching hieß der Urgroßvater der Hildegard; vgl. J. Siegwart, Zur Frage d. aleman. Herzogsguts (Schweiz. Zeitschr. f. Gesch. 8, 1958), S. 145 ff., insbes. S. 158 u. 161; ferner Diepertsbuch (Kr. Aalen) u. Diepertshofen (1150 „Diepolzhofen", Kr. Neu-Ulm), beide von Dietpald-Theutebald herzuleiten; Theutebald war ein Sohn Herzog Gottfrieds und wahrscheinlich ein Bruder Huochings. Für unsere Annahme spricht auch die Masse von Königsgut längs der Donau zwischen Ulm u. Donauwörth: Ulm, Elchingen, Günzburg, Sontheim a. Br., Brenz, Lauingen, Bergheim, Höchstädt, Glauheim, Blindheim, Donau-Münster, aber auch Herbrechtingen u. Nattheim, Zusmarshausen u. Mindelheim; es läßt sich durchweg bis in karoling. Zeit zurückverfolgen u. stammt mit größter Wahrscheinlichkeit aus konfisziertem aleman. Herzogsgut. Da es offensichtlich aus dem Besitz der Hupaldinger oder ihrer Vorfahren herausgeschnitten ist, ergibt sich, daß dieses Konfiskationsgut und der Besitz der Hupaldinger aus ein und derselben Besitzmasse stammen. Schließlich führen die Hupaldinger als einziges bedeutendes schwäb. Geschlecht seit dem 10. Jh. den Namen Dietpald-Theutebald weiter, was auf einen genealogischen Zusammenhang mit dem Herzogshaus, insbesondere mit Herzog Theutebald (✝ um 746) schließen läßt. In den Urk. des Kl. St. Gallen findet sich der Name Dietpald-Theutebald im 8. u. 9. Jh. recht häufig, nicht selten in Verbindung mit anderen Namen, die bei den Hupaldingern üblich sind.

[16] Wie Anm. 11.

Wittislingen samt den Rechten an der dortigen Kirche unter sich geteilt und ihre Anteile ihren Söhnen Richwin und Hupald (II.) weitervererbt hatten.

Somit waren bereits um 973 zwei Linien der „Hupaldinger" am Wittislinger Kirchengut beteiligt. Wir wollen sie wegen der bekannten Namen die „Dietpald-Richwin-Linie" und die „Manegold-Hupald-Linie" nennen.

Wir stellen sodann die These auf: jede der beiden Linien von 973 hat ihren Anteil am Kirchengut noch einmal geteilt, so daß von den vier Pfründen des 13. Jahrhunderts je zwei auf die „Dietpald-Richwin-Linie" und die „Manegold-Hupald-Linie" zurückgehen. Diese These erklärt die Verhältnisse des 13. Jahrhunderts am einfachsten. Sie gilt es zu beweisen.

1. Die Pfründe der Markgrafen von Burgau

a) Die Grafen von Berg in Ostschwaben

Quellenlage und methodischer Aufbau unserer Untersuchung erfordern, daß wir mit der Pfründe der Markgrafen von Burgau aus dem Hause Berg beginnen. Wenn wir das Geschlecht der Markgrafen von Burgau im Mannesstamm zurückverfolgen, so kommen wir von Markgraf Heinrich I. (c. 1205–1241), dem Inhaber der Wittislinger Pfründe, nur bis zu seinem Großvater, dem Grafen Diepold von Berg (c. 1123–1160)[17]. Diepold ist der erste seines Hauses, der sich in Ostschwaben, im Bereich der späteren „Markgrafschaft Burgau", nachweisen läßt. Er begegnet uns dort zunächst in seiner Eigenschaft als Graf, und zwar 1123 in Lauchdorf „in pago Augustensi"[18], ferner 1127 in dem Orte „Ruten" (wahrscheinlich Reuthen südl. Ottobeuren)[19].

Die Wettenhauser Annalen legen ihm den Titel „comes de Burgowe" bei[20]; dies ist zwar ein Anachronismus, da Burgau erst um 1211 in den Besitz der Grafen von Berg gelangt ist, kennzeichnet aber Diepolds Amtsbereich. Diepold ist sodann bezeugt als Vogt des Klosters Wettenhausen[21], und er darf wohl auch als Vogt von Edelstetten gelten; seine Gemahlin Gisela war die Gründerin oder doch Wohltäterin dieses Klosters, und deren Schwester Mechthild hat dort einige Zeit (c. 1153–1159) als Äbtissin gewirkt[22]. Sodann ist Die-

---

[17] Vgl. Chr. Fr. Stälin, Wirt. Gesch. II, 1847, S. 353 ff.

[18] Gerbert, Codex Diplomaticus Historiae nigrae silvae, S. 50 f., Nr. 33. — Der Name des zuständigen Grafen ist mit „D." abgekürzt, was Baumann, Gesch. d. Allgäus I, S. 292, richtig mit „Dietpold" auflöst. Mit Dietpold kann aber nur der gleichnamige Graf v. Berg gemeint sein, der sonst ab 1127 urkundlich bezeugt ist.

[19] MB XXII, S. 13 f., Nr. 7. — Die Gleichsetzung von „Ruten" mit Reuthen südl. Ottobeuren liegt nahe, wenn man die an jenem Rechtsgeschäft beteiligten Personen betrachtet; sie sind fast alle im westl. Bayer.-Schwaben zu Hause; dies gilt insbes. auch für den Treuhänder Berthold v. Routenbach (Rettenbach).

[20] Dritter Jahresbericht d. histor. Vereins i. vorigen Oberdonaukreis f. d. J. 1837, S. 53; v. Raiser, Guntia, 1823, S. 35.

[21] Wie Anm. 20.

[22] Daß Gisela, die Gründerin oder Wohltäterin von Edelstetten, die Gemahlin Diepolds v. Berg ist, hat Jos. Zeller aus der stark getrübten Überlieferung des Kl. Edel-

pold in diesem Raum auch als Grundherr nachzuweisen, nämlich in Dürr-
lauingen[23].

Wenn dann in Händen seiner direkten Nachkommen beträchtlicher Besitz
nicht allein südlich der Donau, auf dem Boden der späteren „Markgrafschaft
Burgau" begegnet, sondern auch nördlich der Donau — in Frauenriedhausen,
Lauingen, Tapfheim und Wittislingen[24] — so darf mit Sicherheit angenommen
werden, daß es sich um ererbtes Gut handelt, das auch schon Graf Diepold
innegehabt hat. Somit muß bereits Diepold am Wittislinger Kirchengut Anteil
gehabt haben.

Es fragt sich nur, wie Graf Diepold von Berg zu seinen Besitzungen und
Rechten in Ostschwaben gekommen ist. Die Grafen von Berg nannten sich
nach ihrem Sitz bei Ehingen an der Donau. Aus den Zwiefalter Quellen kennt
man als Eltern Diepolds den Grafen Heinrich von Berg und seine Gemahlin
Adelheid „von Mochental"; ferner die Großeltern, den Grafen Poppo und
seine Gemahlin Sophia[25].

Das höchst vornehme Geschlecht der Grafen von Berg rühmte sich, mit dem
Kaiserhaus der Salier und Staufer verwandt zu sein[26]. Die Art dieser Verwandtschaft ist für unsere Frage insofern wichtig, als sich zeigen läßt, daß die
bergischen Güterkomplexe um Ehingen und die in Bayerisch-Schwaben verschiedener Herkunft sind. Der erstere stammt aus schwäbischem Herzogsgut,
das um 1000 in Händen Herzog Hermanns II. († 1003) und seiner Gemahlin
Gerberga war. Deren Tochter Gisela war die Mutter Kaiser Heinrichs III.
Die Stammutter der Berger, Gräfin Sophia, muß eine Enkelin Heinrichs III.
gewesen sein aus der Ehe von Heinrichs III. Tochter Judith-Sophia mit dem

---

stetten überzeugend herausgearbeitet (Stift Edelstetten, Archiv f. d. Gesch. d. Hochst.
Augsburg, Bd. 4, S. 369 ff., insbes. S. 378, Anm. 1, S. 384 ff.).

[23] „Liber Censualis" des Kl. St. Ulrich u. Afra von c. 1180–1190 unter (Dürr-)
Lauingen: „decima a publica curte Dietpoldi comitis", MB XXII, S. 137.

[24] Betr. Frauen-Riedhausen s. Urkk. von 1269 u. 1297 (Wirt. U.B. VII, S. 36,
Nr. 2078; Dritter Jahresbericht f. d. J. 1837, S. 62, Nr. 54; betr. Lauingen s. Urk. von
1415. Aug. 24 (= Urk. Nr. 104, Jahrb. d. Histor. Ver. Dillingen XIV, 1901, S. 129 f.);
betr. Tapfheim s. Urk. von 1241. Apr. 28. (Reg. Boica II, S. 318); Schröder, Schwenningen, Jahrb. d. Histor. Ver. Dillingen XXXVII, 1924, S. 38 f.; Steichele-Schröder,
Bistum Augsburg, Bd. 5, S. 775 f.; betr. Wittislingen s. Anm. 6.

[25] Ortliebs Chronik cap. 21 (Zwiefalter Chroniken, hrsg. von E. König u. K. O.
Müller = Schwäb. Chroniken der Stauferzeit, Bd. 2, 1941, S. 92–93); vgl. Bertholds
Chronik im selben Band, S. 172–173; Zwiefalter Nekrolog, MG. Necrol. I, S. 255
(Poppo), S. 255 (Sophia), S. 261 (Heinrich d. Ä., Sohn Poppos), S. 266 (Adelheid „de
Mochental"), S. 255 (Diepold); vgl. Stälin, Wirt. Gesch. II, S. 353.

[26] Diepold, Bischof von Passau 1172–1190, der Sohn des Grafen Diepold v. Berg,
wird „de sanguine imperialis propaginis ortus" genannt; Ansbert, Hist. de expedit.
Friderici imp., SS. rer. germ. ed. Chroust, S. 93. Dessen Bruder, Bischof Manegold von
Passau (1206–1215), heißt „Suevus de semine regis"; Kl. Tegernseer Aufzeichnung,
s. Stälin, Wirt. Gesch. II, S. 230. Derselbe wird in Urk. Kg. Friedrichs II. von 1215.
Apr. 5. „dilectus fidelis et consanguineus noster" genannt; Huillard-Bréholles, Hist.
Dipl. Friderici II, Bd. I, 2, S. 368.

Ungarnkönig Salomon († 1087). Sophia hat damit dem Hause Berg die Güter um Ehingen zugebracht[27]. Sophias Gemahl, Graf Poppo, war wohl fremd in der Ehinger Gegend. Er ist höchst wahrscheinlich ein Lauffener, vermutlich personengleich mit dem Remstalgrafen Poppo von 1080[28]. Sein Sohn Heinrich, der sich als erster urkundlich nach Berg benennt, hat die dortige Burg wohl erst um 1100 auf seinem mütterlichen Erbe erbaut und im Auftrag seines Vetters, Kaiser Heinrichs V., Grafenrechte in einem Bezirk um Ehingen ausgeübt[29].

Haben somit die Grafen von Berg ihren Besitz an der oberen Donau zwar auch nicht sehr lange vorher angetreten, so sind sie dort immerhin eine Generation früher anzutreffen als in Bayerisch-Schwaben. Dies berechtigt uns, für den letztgenannten Besitz eine andere Herkunft anzunehmen. Diepold von Berg kann diesen Besitz nur erheiratet oder von Mutterseite ererbt haben. Die erste der beiden Möglichkeiten kommt kaum in Betracht. Diepolds Gemahlin Gisela war die Tochter des Grafen Berthold II. von Andechs († 1151). Besitz der Andechser aber ist in Ostschwaben unbekannt, und auch Giselas mütterliche Vorfahren hatten keine Beziehungen zu diesem Raum[30]. So bleibt die andere Möglichkeit, die Erbschaft von Mutterseite, von Adelheid „von Mochental". Mochental bei Munderkingen ist nicht etwa ein Edelsitz, der namengebend für ein bestimmtes Geschlecht geworden wäre. Es handelt sich um ein Gut, das Adelheid ihrerseits von der Mutter ererbt und in ihre Ehe eingebracht hat. Die Zubenennung ist nur im Zwiefalter Nekrolog überliefert. Sie besagt nichts über Adelheids Abstammung, die nirgends ausdrücklich bezeugt ist[31].

---

[27] Das Ergebnis eigener, bisher unveröffentlichter Studien sei hier vorweggenommen.

[28] Nur der Zwiefalter Nekrolog gibt ihm u. seiner Gemahlin Sophia den Beinamen „de Berge"; MG. Necrol. I., S. 255; wegen des Remstalgrafen Poppo s. MG. Dipl. Heinr. IV., Nr. 325; Poppo ist Leitname im Hause Lauffen a. Neckar; vgl. Stälin, Wirt. Gesch. II, S. 416 f. u. 417, Anm. 1. G. Nebinger, Vorderösterreich, Bd. 2, 1959, S. 740, Anm. 8: „Nach freundl. Mitteilung von H. M. Decker-Hauff stammen die Grafen v. Berg aus dem Hause der Grafen v. Lauffen a. Neckar".

[29] „comes Hainricus de Berga" ist Spitzenzeuge, als Liutpolt v. Warthausen um 1116 dem Kl. Rottenbuch Güter in Öpfingen, Rißtissen u. Imihesfurt (abgeg.) schenkte, A. Greinwald, Origines Raitenbuchae I, S. 192. Als „Heinricus comes senior de Monte" schenkt er dem Kl. Zwiefalten 6 Mansen in Hoppetal (abgeg. zw. Jungnau u. Hornstein, Kr. Sigmaringen); Bertholds Chronik von Zwiefalten, a.a.O., S. 172–173. Von seinem Sohn Diepold sagt der Chronist Ortlieb von Zwiefalten: „nunc usque patris comitatum regens", a.a.O., S. 126–127.

[30] Franz Tyroller, Genealogie des altbayer. Adels (Genealog. Tafeln z. mitteleurop. Gesch., hrsg. von Wilh. Wegener, 1962 ff.), Tfl. 10, 1. Hälfte, S. 158–159.

[31] H. Jänichen, Die schwäb. Verwandtschaft des Abts Adalbert von Schaffhausen (Schaffhauser Beiträge, H. 35), S. 29 f., hat erkannt, daß Mochental ursprünglich mit dem benachbarten Kirchen (bei Ehingen) zusammengehörte u. daß beide Güter aus derselben Erbschaft stammen. — Werner „v. Kirchen" († vor 1116) hatte Kirchen von seiner Mutter Richinza v. Spitzenberg. Diese war höchst wahrscheinlich eine Tochter

b) Adelheid „von Mochental", eine Diepoldingerin

Adelheid müßte einem Geschlecht entstammen, das in Ostschwaben begütert war, und zwar sowohl im Burgauischen als auch im Raum Wittislingen.
Einen Hinweis, welcher Abstammung sie war, können zunächst nur die Taufnamen ihrer Kinder geben. Diese heißen Heinrich, Diepold, Rapoto, Salome,
Richinza und Sophia [32]. Nehmen wir an, daß die sechs Namen je zur Hälfte
von Vater- wie von Mutterseite stammen, dann erweisen sich als Namen von
Vaterseite Heinrich (nach dem Vater) und Sophia (nach der Großmutter väter-
licherseits), sehr wahrscheinlich aber auch Salome (nach dem vermutlichen
Urgroßvater Salomon, König von Ungarn, dem Gemahl von Kaiser Hein-
richs III. Tochter Judith-Sophia bzw. nach der vermutlichen Schwester des
Vaters, Salome von Emerkingen) [33]. Es bleiben dann Diepold, Rapoto und
Richinza als Namen, die wahrscheinlich von Mutterseite vermittelt sind. In
Adelheids Familie müßten diese Namen gebräuchlich und zugleich müßte ihre
Familie in Ostschwaben begütert sein.

Suchen wir also nach Trägern dieser Namen, die in der zweiten Hälfte
des 11. Jahrhunderts gelebt haben und in Ostschwaben angesessen
waren.

Im Jahre 1077 hatte Heinrich IV. in Canossa die Lösung vom Kirchenbann
erlangt. Ins Reich zurückgekehrt, sah er sich einer mächtigen Opposition der
Fürsten gegenüber, die seinen Schwager Rudolf von Rheinfelden zum Gegenkönig erhoben hatten, und Heinrich mußte um Krone und Reich kämpfen.
Unter denen, die Heinrich die Treue hielten, begegnet in den ersten Urkunden, die der König in Nürnberg im Juni 1077 ausstellen ließ, ein „Tieboldus

---

Bertholds I. v. Zähringen u. seiner Gemahlin Richwara. Adelheid „v. Mochental" ist
generationsgleich mit Werner „v. Kirchen". Sie muß also mit Richinza v. Spitzenberg
u. somit auch mit Berthold I. u. Richwara eng verwandt gewesen sein, u. zwar über
ihre Mutter; vgl. Anm. 83.

[32] Vgl. Stälin, Wirt. Gesch. II, S. 353. Ein jung verstorbener Diepold ist weggelas-
sen, da sich sein Name ja wiederholt.

[33] Vgl. Anm. 27. – Daß Salome v. Emerkingen eine Schwester Heinrichs v. Berg
sein dürfte, ergibt sich einmal aus dem überaus seltenen Namen, der auf den Ungarnkönig Salomon weist, zum andern aus der Verzahnung des Besitzes der Grafen v.
Berg mit dem derer v. Emerkingen. Salome v. Emerkingen u. die Grafen v. Berg haben
je eine der 7 Marchtaler Pfründen inne (Unterwachingen bzw. Kirchbierlingen; Hist.
monast. Marchtelanensis c. 4 u. c. 29 = Württ. Gesch. Quellen IV, 1891, S. 6 f. u.
S. 11); sie sind also beide am Marchtaler Erbe beteiligt, und zwar gemeinsam mit
rund einem Drittel. Marchtal war um 1000 in Händen Herzog Hermanns II. († 1003)
und der Gerberga. Deren Tochter Gisela war die Mutter K. Heinrichs III. Unter Heinrichs III. drei Kindern ging das Marchtaler Erbe in drei Teile. Eine der Erben Heinrichs III. war seine Tochter Judith-Sophia, die Gemahlin des Ungarnkönigs Salomon.
Es ist folgerichtig, wenn bei ihren Nachfahren sich ein Drittel des Marchtaler Erbes
wiederfindet. Vgl. H. M. Schwarzmaier, Emerkingen (Zeitschr. f. Württ. Landesgesch. XXV, 1966, S. 182 ff., insbes. S. 198).

marchio" als einer seiner „vertrauten Freunde"[34]. Dieser Markgraf „Tieboldus" verdient unser Interesse, denn er trägt den gleichen Namen wie Adelheids Sohn, Graf Diepold von Berg.

Diepold war Markgraf vom bayerischen Nordgau. Heinrich IV. hatte ihm die Mark um die Feste Nabburg (östlich Amberg) eben erst verliehen, nachdem der seitherige Inhaber zum Gegenkönig übergetreten war[35]. Als es bei Mellrichstadt an der fränkischen Saale im August 1078 zum ersten bedeutenden Kampf zwischen den beiden Königen kam, war unter den Gefallenen auch der Markgraf Diepold. Der Chronist des Klosters Petershausen bei Konstanz, der die Schlacht schildert, nennt den Gefallenen „Diepoldus marchio de Giengin"[36]. Er meint Giengen an der Brenz. Der Chronist will also wissen, daß der Markgraf Diepold in Beziehung zu Giengen und damit zu Ostschwaben stand. Es fragt sich, ob wir dieser Nachricht Glauben schenken dürfen.

Der Chronist erwähnt unter den Gefallenen den Markgrafen Diepold als einzigen mit Namen. Somit scheint der Gefallene eine in Petershausen bekannte Persönlichkeit gewesen zu sein. Daher ist Diepolds Todestag, der 7. August, auch im Totenbuch des Klosters vermerkt[37] und der Tote somit der besonderen Fürbitte der Brüder empfohlen.

Die Kenntnis des Chronisten dürfte sich daraus erklären, daß Petershausen Beziehungen zum Nordgau unterhielt, wo Diepold kurze Zeit als Markgraf gewirkt hatte. Diese Beziehungen zum Nordgau reichen ins Jahr 1103 zurück. Damals hatte der Diözesanbischof Gebhard von Konstanz einem dem Kaiser ergebenen Gegenbischof weichen müssen, und der Konvent von Petershausen, wegen seiner kirchlichen Haltung bekannt, war mit dem Bischof ins Exil gegangen. Durch Vermittlung des Bischofs hatten die Mönche schließlich in Kastl im Nordgau Zuflucht gefunden, wo durch Mitwirken einer Frau Liutgard, einer Verwandten des Bischofs, eben ein neues Kloster entstanden war. Kastl war auf diese Weise Tochterkloster von Petershausen geworden, und man hielt dort noch lange die Verbindung nach dem Bodensee aufrecht. Die Chronik des Klosters Kastl, im 14. Jahrhundert nach älteren Vorlagen in Reimen verfaßt[38], macht uns nun mit dem Sippenkreis der Klosterstifter bekannt: die

---

[34] MG. Dipl. Heinr. IV., Nr. 295 u. 296. Der „Tiebaldus marchio" ist unter den Intervenienten, die als „familiares nostri ... amici" bzw. „nostri fideles ... familiares" bezeichnet werden.

[35] Vgl. K. Bosl, Markengründungen K. Heinrichs III. (Zeitschr. f. Bayer. Landesgesch. XIV, 1944), S. 177 ff., insbes. S. 208, 217 ff. u. 224 f.

[36] Chronik des Klosters Petershausen, hrsg. von O. Feger (Schwäb. Chroniken d. Stauferzeit, Bd. 3), 2. Buch, cap. 34, S. 112–113.

[37] MG. Necrol. I, S. 673.

[38] Jos. Moritz, Stammreihe u. Gesch. d. Grafen v. Sulzbach (Abhandl. d. Hist. Kl. d. Bayer. Akad. d. Wiss., I. Bd., 2. Teil, München 1833), Beil. 2, S. 120 ff.; K. Bosl, Das Nordgaukloster Kastl (Verhandl. d. Hist. Vereins v. Oberpfalz u. Regensburg, Bd. 89, 1939), S. 3 ff., insbes. S. 21 ff.; Franz Tyroller, Die Herkunft der Kastler Klostergründer (Verhandl. d. Hist. Vereins v. Oberpfalz, Bd. 99, 1958), S. 77 ff., insbes. S. 78 ff.

Mitstifterin Liutgard war die Tochter einer Frau Reitz[39] und gehörte zu den Nachkommen eines Herzogs Ernst (Ernst I. von Schwaben, † 1015). Liutgard hatte einen Sohn namens Diepold, der sich Markgraf von Vohburg nannte. Der Gemahl der Liutgard wird nicht erwähnt; offenbar war Liutgard zur Zeit der Klostergründung (1103) schon Witwe.

Die Angaben der Kastler Reimchronik sind für uns aufschlußreich: Liutgards Sohn, der Markgraf Diepold von Vohburg († 1146), trug denselben Namen und Rang wie der Markgraf Diepold von Giengen. Er ist seit 1093 oft bezeugt und somit wohl bekannt. Die Herrschaft Vohburg, nach der er sich nannte, hatte er 1099 von einem Vetter namens Rapoto geerbt. Sein Markgrafentitel bezog sich auf den Nordgau. Er heißt auch Markgraf von Nabburg (1118)[40], nach eben jener Burg, die Heinrich IV. dem Diepold von Giengen zugleich mit dem Markgrafentitel verliehen hatte. Somit ergibt sich aus Namensgleichheit und Nachfolge im Amt, daß Diepold von Vohburg der Sohn Diepolds von Giengen war. Damit erklärt sich auch, weshalb die Kastler Überlieferung Liutgards Gemahl nicht erwähnt: als Mutter Diepolds von Vohburg war Liutgard ja die Witwe des 1078 gefallenen Diepold von Giengen.

Liutgard aber, die Tochter der Reitz (= Richwara), hatte — wie anderweitig berichtet wird — Herzog Berthold I. von Zähringen († 1078) zum Vater und war somit die Schwester des Bischofs Gebhard von Konstanz[41]. Diese Familienbeziehungen machen verständlich, wie die Petershauser Mönche nach Kastl gekommen sind. Liutgard, die ihnen dort Zuflucht gewährt hatte, wurde zum Dank im Mutterkloster am Bodensee hoch in Ehren gehalten. Kein Wunder, daß man dort auch über den Markgrafen Diepold von Giengen bestens informiert war, da er als Gemahl der Liutgard zur Sippe der Gründer von Kastl gehörte.

Der Petershauser Chronist, der den Markgrafen Diepold († 1078) mit Giengen in Verbindung bringt, verdient somit unser vollstes Vertrauen.

Wir haben damit auch die nächsten Verwandten Diepolds von Giengen kennengelernt, nämlich seine Gemahlin Liutgard und beider Sohn, den Markgrafen Diepold von Vohburg; ferner kennen wir die Eltern der Liutgard, nämlich den Herzog Berthold I. von Zähringen und seine Gemahlin Richwara oder Reitz, eine Enkelin des Herzogs Ernst I. von Schwaben[41a].

In diesem Verwandtenkreis finden sich die Namen Diepold und Richwara

---

[39] Reimchronik, s. Moritz, vorige Anm., S. 123 ff., Verse 65 f., 166 ff., 180 ff.; Reitz und Richinza sind Koseformen von Richwara; vgl. K. Lechner, Genealogie d. ält. österreich. Markgrafen (MIÖG LXXI, 1963), S. 260, A. 56 u. S. 262 ff.

[40] M. Doeberl, Regesten u. Urkunden z. Gesch. der Diepoldinger Markgrafen, 1893, S. 2, Nr. 2, u. S. 4, Nr. 11a.

[41] Wibald von Stablo-Corvey, Tabula consanguinitatis Friderici I regis (Jaffé, Bibliotheca Rerum Germanicarum I, 1864, S. 547); Rotulus Sanpetrinus (Freiburger Diözesan-Archiv 15, 1882), S. 138 f.

[41a] S. Anm. 83.

(= Reitz, Richinza), zwei der Namen, die uns unter den Kindern der Adelheid „von Mochental" begegnet sind. Mit Diepold von Giengen ergeben sich zugleich die erwünschten Beziehungen nach Ostschwaben. Offenbar sind wir der Familie der Adelheid „von Mochental" auf der Spur.

Giengen an der Brenz muß der Wohnsitz des älteren Diepold gewesen sein, ehe ihm Heinrich IV. 1077 die Markgrafschaft im Nordgau übertrug. Von Giengen aus hat er sehr wahrscheinlich zeitweilig auch eine Grafschaft verwaltet. Sicher ist es kein Zufall, daß Diepold von Giengen aus Anlaß seines Todes verschiedentlich nur mit dem Grafentitel erwähnt wird. Daß ihm zuletzt noch der vornehmere Rang eines Markgrafen für den Nordgau verliehen worden war, scheint nicht so allgemein bekannt geworden zu sein. Als Graf war er — nach den Aufzeichnungen der Augsburger Kirchen — gerade in Ostschwaben bekannt[42].

Nun wird bereits 1062 ein „Tietpoldus comes" erwähnt, der gemeinsam mit einem Grafen Rapoto, offenbar einem nahen Verwandten, in Krain begütert war. Dieser Graf Diepold ist mit Diepold von Giengen personengleich[43]. Das besagt, daß Diepold von Giengen schon um 1062 und somit mindestens 15 Jahre lang Graf gewesen ist, ehe ihm 1077 der Markgrafenrang verliehen wurde. Graf ist damals noch kein leerer Titel, sondern besagt, daß der so Titulierte ein Grafenamt bekleidet hat. Diepold von Giengen hat sicher eine Grafschaft innegehabt, und diese Grafschaft ist nicht etwa in Krain zu suchen, sondern ist Ostschwaben, nicht allzu weit von seinem Burgsitz Giengen.

Höchst aufschlußreich ist in diesem Zusammenhang der Bericht des Augsburger Annalisten zum Jahr 1059: Bischof Heinrich von Augsburg war mit einem Grafen Dietpald in Streit geraten wegen einer Grafschaft, die der Augsburger Kirche „per cartae firmitatem" (vom König) übertragen worden war. Im Verlauf des Streits hatte der Sohn jenes Grafen Dietpald, namens Rapoto, mit einem Gefolge bayerischer Krieger das der Augsburger Kirche gehörige Schwabmünchen überfallen, war aber unter Verlusten zurückgeschlagen worden. Graf Dietpald hatte daraufhin Schwabmünchen und andere Dörfer in Brand gesteckt. Schließlich konnte die Königinmutter (Agnes), die mit dem

---

[42] „Dietpaldus comes" (Annal. Mellic., MG. SS. IX, S. 499); „Dietpoldus comes", Nekrol. St. Ulrich u. Afra, Petershausen, Domkapitel Augsburg (MG. Necrol. I, S. 125, S. 673 u. S. 66).

[43] MG. Dipl. Heinr. IV., Nr. 96; Genealog. Handbuch z. bairisch-österreich. Gesch., hrsg. von O. Dungern, 1931, S. 55; Tyroller, Genealogie des altbayer. Adels (genealog. Tafeln, hrsg. v. W. Wegener), Tfl. 13 u. S. 184, Nr. 6 u. 8. — Die Identität ergibt sich dadurch, daß um 1097 Pfalzgraf Rapoto v. Vohburg, der Sohn des Grafen Rapoto von 1062 († 1080), ein großes Besitztum in Krain an das Augsburger Domstift schenkte, wobei Markgraf Diepold v. Nabburg, der Sohn Diepolds v. Giengen († 1078), als Spitzenzeuge auftrat, weil er an dem Gut Anteil hatte; Oefele, Gesch. d. Grafen v. Andechs, 1877, S. 225 f., Urk. Nr. 2. Die Grafen Tietpold u. Rapoto von 1062 sind Brüder.

jungen König (Heinrich IV.) zu Allerheiligen nach Augsburg kam, die Inva-
soren zu einer Übereinkunft veranlassen [44].

Uns interessieren zunächst die am Streit beteiligten Personen. Der Graf,
der den Streit vom Zaun gebrochen hat, trägt wieder den Namen Dietpald-
Diepold, wie Diepold von Giengen. Der Sohn des streitenden Grafen heißt
Rapoto, wie jener Graf Rapoto, der gemeinsam mit Diepold von Giengen
1062 in Krain begütert war. Kein Zweifel, daß es sich um die nächsten Ver-
wandten Diepolds von Giengen handelt, nämlich um Vater und Bruder. Mit
dem Grafen Dietpald von 1059 lernen wir die nächstältere Generation unseres
Geschlechts kennen, ein Geschlecht, das in den drei uns bisher bekannten
Generationen den Namen Diepold führt und in der Forschung deshalb die
„Diepoldinger" heißt. Der am Streit beteiligte Rapoto nennt sich später (1073)
Graf von Cham († 1080) [45]. Er trägt wieder einen Namen, der uns bei einem
der Söhne der Adelheid „von Mochental" begegnet ist. Das erhärtet unsere
Vermutung, daß wir es mit der Familie zu tun haben, der Adelheid „von
Mochental" entstammt.

Die umstrittene Grafschaft muß einen Bezirk unweit von Augsburg umfaßt
haben. Wir suchen sie aus verschiedenen Gründen im Raum zwischen Iller
und Lech. Nach Süden wird sie sich bis in die Gegend von Ottobeuren und
Kaufbeuren erstreckt haben. Im Norden hat sie offenbar zeitweilig über
die Donau gereicht und das untere Brenztal sowie vielleicht einen Streifen am
Südrand der Alb mit umfaßt; denn frühere Inhaber dieser Grafschaft, von
denen noch die Rede sein wird, hatten Rechte in Sontheim an der Brenz und
vielleicht auch in Langenau ausgeübt. Es handelt sich vor allem um den Landstrich „Duria", der mit dem angrenzenden schwäbischen Teil des „Augstgaus"
verbunden und bis ins 12. Jahrhundert als Grafschaft organisiert war [46].

Schwieriger ist es, den Anlaß des Streites zu ergründen. Soviel dürfte indessen sicher sein, daß der frühere Inhaber der Grafschaft ohne direkten Erben
gestorben und die Grafschaft als erledigtes Lehen ans Reich zurückgefallen
war. Der König hatte sodann neu darüber verfügt. Der damals erst neun-

---

[44] Annales Augustani; MG. SS. III, S. 127. Vgl. auch F. Zoepfl, Das Bistum Augsburg und seine Bischöfe im Mittelalter, München u. Augsburg 1955, 93.

[45] Genealog Handbuch, hrsg. v. O. Dungern, S. 55, Nr. 4; Tyroller, Genealogie d.
altbayer. Adels . . ., S. 184, Nr. 6.

[46] Die Umgrenzung ergibt sich aus den Orten, die urkundl. als im Bezirk „Duria"
gelegen bezeugt sind, nämlich: Roth-Remeltshofen (898 „ad Rotu"), Kr. Neu-Ulm;
MG. Dipl. Arnulfs, Nr. 159; Langenau (1003 „Navua"), Kr. Ulm; MG. Dipl. Heinr. II.,
Nr. 55; Sontheim a. d. Brenz (1007 „Suntheim"), Kr. Heidenheim; MG. Dipl. Heinr. II.,
Nr. 147; Mindelheim (1146); MG. Dipl. Heinr. III., Nr. 170. — Wegen der Gleich-
setzung von „ad Rotu" mit Roth-Remmeltshofen s. J. Matzke, In loco ad Rotu (Das
Obere Schwaben Folge 3, 1956, S. 197 ff.). Im übrigen verweise ich auf eigene Unter-
suchungen, über die ich im Neu-Ulmer Arbeitskreis im April 1964 referiert habe.
Dazu kommen die Orte Lauchdorf „in pago Augustensi" (s. Anm. 18) u. Reuthen b.
Ottobeuren (s. Anm. 19), wo Diepold v. Berg Grafenrechte ausgeübt hat. Denn wir
werden sehen, daß er ab 1123 Inhaber der fraglichen Grafschaft war (vgl. Anm. 78).

jährige Heinrich IV. wird aber schwerlich aus freiem Entschluß gehandelt haben. Seine Mutter Agnes übte für ihn die Regentschaft aus, und Bischof Heinrich stand bei ihr in besonderer Gunst. Dies erklärt, wieso die Grafschaft an die Augsburger Kirche gelangt war.

Graf Dietpald und sein Sohn Rapoto, die sich gegen diese Regelung auflehnten, konnten offenbar Erbansprüche an die Hinterlassenschaft des letzten Inhabers der Grafschaft stellen. Als letzter Inhaber des Bezirks „Duria" ist ein Graf Udalrich 1046 und vielleicht noch 1053 bezeugt; er hatte unter anderem Rechte in Mindelheim [47]. Zweifellos gehört er zu den Nachkommen der im 10. Jahrhundert im selben Bezirk tätigen Grafen Dietpald und Richwin aus dem Geschlecht der „Hupaldinger". Irgendwie muß er auch mit dem Grafen Dietpald von 1059 verwandt gewesen sein, aber jedenfalls nicht in direkter Linie [48].

Worauf der von der Kaiserin Agnes herbeigeführte Vergleich hinauslief, läßt sich nur mit einiger Wahrscheinlichkeit erahnen. Graf Dietpald wird sich kaum mit einer Lösung zufriedengegeben haben, die seinen Interessen zuwiderlief. Die Tatsache, daß die diepoldingischen Brüder, nämlich Diepold von Giengen und der am Streit aktiv beteiligte Graf Rapoto, später treu zu Heinrich IV. standen und beide für ihn im Kampf gefallen sind, spricht eher dafür, daß die Kaiserin den Wünschen des alten Dietpald entgegengekommen ist. Auch der Umstand, daß dieselbe Grafschaft 60 Jahre später wieder ein Diepold in Händen hatte, nämlich Diepold von Berg — wie wir längst ahnen, ein naher Verwandter —, spricht dafür, daß Graf Dietpald seinen Willen damals durchgesetzt hat.

Aber andererseits durfte auch der Bischof nicht vergrämt werden, und so stellen wir uns folgende Kompromißlösung vor: dem Bischof wird die Lehenshoheit der strittigen Grafschaft verblieben sein, das Grafenamt aber wurde tatsächlich vom Grafen Dietpald und seinen Erben ausgeübt. Dieser Weg war gar nicht ungewöhnlich; irgendwie mußte ja der Bischof die mit der Grafschaft verbundenen Hoheitsrechte delegieren. So war es natürlich, daß er sie einem ihm genehmen Adeligen übertrug. In unserem Falle war ihm freilich die Wahl des Lehensinhabers vorgeschrieben [49].

Warum Diepold von Giengen in jenem Streit nicht in Erscheinung tritt,

---

[47] MG. Dipl. Heinr. III., Nr. 170; in Dipl. Heinr. III., Nr. 303 von 1053 sind zwei Grafen namens Odalrich erwähnt, wovon einer mit dem „Duria"-Grafen identisch sein dürfte.

[48] Vgl. unten S. 50.

[49] Wenn die Wettenhauser Annalen berichten, K. Heinrich II. habe die Grafen v. Vohburg mit der „Markgrafschaft Burgau" belehnt (L. Brunner, Beiträge z. Gesch. d. Markgrafschaft Burgau im 29.—30. Jahresbericht d. hist. Kreisvereins i. Reg. Bezirk Schwaben f. 1863 u. 1864, S. 18), so ist das keinesfalls aus der Luft gegriffen. Nur ist Heinrich IV. mit Heinrich II. verwechselt. Auch ist die Benennung der Diepoldinger nach Vohburg insofern verfrüht, als erst Rapoto, der Sohn Rapotos v. Cham, die Herrschaft Vohburg um 1086 erheiratet hat.

läßt sich nicht sagen. Tatsächlich aber dürfte er nach dem Tode des alten Grafen Dietpald († um 1061) die Grafschaft in Bayer.-Schwaben übernommen haben. Denn er führt 1062 den Grafentitel und war auf seiner Burg in Giengen dieser Grafschaft am nächsten. Sein Bruder Rapoto war anderweitig versorgt als Inhaber der Grafschaft Cham im Nordgau (1073)[50].

Giengen mit der zugehörigen Herrschaft läßt sich nach dem Tode Diepolds von Giengen 1078 nur undeutlich weiterverfolgen. Man kennt aus dem Zwiefalter Totenbuch einen Markgrafen Berthold von Giengen, der um die Wende des 11. zum 12. Jahrhundert gelebt haben muß[51]. Es kann sich nur um einen Sohn Diepolds von Giengen handeln; der Name Berthold stammt ja aus dem Zähringerhaus und muß durch Diepolds Gemahlin Liutgard in die Familie der Diepoldinger gekommen sein.

Wenn sich Berthold nun nach Giengen, sein Bruder Diepold aber nach Nabburg bzw. Vohburg nennt[52], so ist offenbar der Hausbesitz geteilt worden. Berthold wird also Giengen samt zugehörigen Besitzungen eine Zeitlang verwaltet haben. Urkundlich tritt er nie in Erscheinung, und er ist wohl noch in jungen Jahren ohne direkten Erben verstorben. Giengen samt Zubehör fiel damit an seine Geschwister bzw. deren Erben.

Diepold hat zunächst vor allem die Güter im Nordgau übernommen und dort auf Betreiben seiner Mutter Liutgard im Jahre 1118 das Kloster Reichenbach (nördlich Regensburg) gestiftet und mit Mönchen aus Kastl besiedelt[53]. Auch das Zisterzienserkloster Waldsassen nahe der böhmischen Grenze bei Eger verdankt ihm seine Gründung (um 1133). Er hat sowohl seinen Vetter Rapoto von Vohburg († 1099) beerbt als auch — wenigstens teilweise — seinen Bruder Berthold von Giengen. Letzteres ergibt sich aus der Besitzgeschichte Giengens.

---

[50] Die Grafschaft Cham war vielleicht Erbe seines Oheims Sizo, der 1050 als Graf „in pago Campriche" bezeugt ist; MG. Dipl. Heinr. III., Nr. 248; vgl. K. Bosl, Markengründungen K. Heinrichs III. (Zeitschr. f. bayer. Landesgesch. XIV, S. 206 ff.). — Wenn die Augsburger Annalen zu 1083 berichten, daß ein Graf Rapoto an der Zerstörung der welfischen Feste Siebnach (b. Schwabmünchen) beteiligt gewesen sei (MG. SS. III., S. 130), so könnte es sich sehr wohl um den „Duria-Augstgau"-Grafen gehandelt haben, zu dessen Amtsbereich Siebnach wohl noch gehörte (vgl. Baumann, Gesch. d. Allgäus I., S. 292). Jener Rapoto war der Sohn Rapotos v. Cham († 1080) u. Neffe Diepolds v. Giengen. Man hätte sich dann vorzustellen, daß nach dem Tode Diepolds v. Giengen 1078 die Grafschaft auf seinen Neffen übergegangen ist, weil seine eigenen Söhne damals möglicherweise noch unmündig waren. Nach Rapotos Tod 1099 müßte die Grafschaft in jedem Fall an die Nachkommen Diepolds v. Giengen zurückgefallen sein, da diese auch sonst den kinderlosen Rapoto beerbten, z. B. in der Herrschaft Vohburg.

[51] Nekrolog Zwiefalten; MG. Necrol. I, S. 249.

[52] Nach Vohburg erstmals um 1125–1130; MB XXII, S. 25, Nr. 26; Diepold selbst nennt sich 1135 anläßlich der Kirchweihe im Kl. Reichenbach: „Diepoldus divina gratia marchio de Voheburch"; MB XXVII, S. 10 f.

[53] Doeberl, Regesten u. Urkunden, S. 4, Nr. 11a u. b.

Diepold von Vohburg war schon tot († 1146), als sich seine Tochter Adela 1147 in Eger mit dem Schwabenherzog Friedrich III. von Staufen, dem nachmaligen Kaiser Friedrich Barbarossa, vermählte. Man könnte denken, es sei eine reine Zweckheirat gewesen, und Friedrich habe es nur auf das Erbe der Adela abgesehen. Adela war beträchtlich älter als ihr Gemahl[54]; die Ehe war nicht glücklich und blieb kinderlos. Seit seinem Regierungsantritt 1152 betrieb Friedrich die Auflösung dieser Ehe. Im Interesse einer künftigen Wiederverheiratung Friedrichs wurde als Grund die zu nahe Verwandtschaft der Eheleute herausgestellt und zu diesem Zweck eine höchst interessante Stammtafel angefertigt, die „Tabula consanguinitatis Friderici I regis et Adelae reginae"[55]. Sie zeigt, daß Adela über ihre zähringische Großmutter Liutgard mit den Vorfahren Barbarossas im 6. Grad verwandt war. An einer Ehe zwischen tatsächlich doch recht weitläufig Verwandten hätte die Kirche kaum Anstoß genommen. Aber der Papst hatte Anlaß, Friedrich entgegenzukommen. So wurde die Ehe auf einer Synode in Konstanz 1153 geschieden.

Giengen erscheint nun im Besitz Friedrich Barbarossas[56]. Es kann kein Zweifel bestehen, daß er Giengen samt beträchtlichem Zubehör in der weiteren Umgebung seiner Heirat mit Adela von Vohburg verdankt. Dies bestätigt uns, wenn auch indirekt, der Mönch Eberhard von Fulda, wenn er als Zeitgenosse berichtet, Friedrich sei noch als Herzog von Schwaben — somit vor 1152 — vom Abt von Fulda mit denjenigen Gütern belehnt worden, die vorher der Markgraf Diepold (von Vohburg) innegehabt hatte[57]. Ein Anrecht an die fuldischen Lehen Diepolds von Vohburg, seines Schwiegervaters, hatte er durch die Heirat mit Adela erworben. Das Lehen von Fulda muß jene Güter umfaßt haben, die das Kloster aus karolingischer Zeit im Donau- und Brenztal besaß, nämlich in Gundremmingen, Horbach (abgeg. bei Klein-Kötz), Gundelfingen, Helmeringen, Lauingen mit Weihengäu, Donaualtheim und Tapfheim; sodann in Heidenheim, Schnaitheim, Großkuchen, Dettingen mit Gisenbrunnen und vielleicht in Hohenmemmingen bei Giengen[58]. Denn die Mehrzahl dieser Güter läßt sich von nun an in staufischem Besitz nachweisen. Sie haben offensichtlich das Schicksal von Giengen geteilt, d. h. sie sind als

---

[54] Friedrich ist wohl noch 1122 geboren (H. Heimpel i. Neue Deutsche Biographie V, S. 459). Adela stammte aus der ersten Ehe Diepolds v. Vohburg mit der poln. Prinzessin Adelheid. Diese Ehe dürfte kaum später als 1100 geschlossen worden sein. 1127 starb Adelheid. Die Geburt der Adela wird eher am Anfang des Zeitraums von 1100–1127 gelegen haben, somit um 1110–1112.

[55] S. Anm. 41.

[56] Aufenthalte Friedrichs I. in Giengen sind bezeugt 1171 (Stumpf 4123), 1187 (Stumpf 4477) u. 1189 (Stumpf 4518).

[57] Dronke, Traditiones et Antiquitates Fuldenses c. 63, S. 141.

[58] Urkundenbuch des Kloster Fulda, hrsg. von E. E. Stengel, 1958, S. 59 ff., Nr. 35; S. 429, Nr. 311, 312 u. 313; S. 430, Nr. 316; S. 431, Nr. 319 u. 321; S. 432, Nr. 322; Dronke, Traditiones et Antiquitates cap. 40, Nr. 51, 52, 58, 62 (muß sich wegen des dabei genannten Gisenbrunnen auf Dettingen, Kr. Heidenheim, beziehen), 65, 66, 67, 68 (wie Nr. 62).

Zubehör der Herrschaft Giengen an den Staufer gelangt. Giengen selbst war jedoch Eigengut[59].

Ziehen wir Zwischenbilanz, dann sind die Diepoldinger das Geschlecht, in dem die Namen Diepold, Rapoto und Richinza-Richwara üblich sind, Namen, die wir zunächst im Hause Berg unter den Kindern der Adelheid „von Mochental" angetroffen haben. Sie machen es wahrscheinlich, daß Adelheid eine Diepoldingerin war. Die Diepoldinger hatten Beziehungen zu Ostschwaben. Sie übten dort zeitweilig Grafenrechte aus, in demselben Raum, in welchem ab 1123 Graf Diepold von Berg als Graf tätig gewesen ist. Mit der Herrschaft Giengen hatten sie auch Besitz in Ostschwaben. Doch ist dieser Besitz, soweit wir ihn bisher kennen, an die Staufer gelangt. Es steht somit der Beweis noch aus, daß Graf Diepold von Berg, der Sohn der Adelheid „von Mochental", seine Herrschaft auf diepoldingischem Erbe aufgebaut hat. Daher bleibt zu untersuchen, ob und inwieweit der bergische Besitz in Ostschwaben aus Diepoldingergut stammen könnte.

Eine mittelalterliche Herrschaft ist undenkbar ohne niederadelige Dienstmannschaft für Zwecke der Hofhaltung, Burghut und Verwaltung. Nach Giengen nannte sich ein Ministerialengeschlecht, das seit dem ausgehenden 11. Jahrhundert nachweisbar ist und zunächst im Dienste der Diepoldinger, dann der Staufer stand. Als erster erscheint Rapoto von Giengen; er ist um 1097 Zeuge einer Schenkung Diepolds von Vohburg in Aichach an Kloster St. Ulrich und Afra in Augsburg[60]. Eberhard von Giengen ist 1125 mit Diepold von Vohburg im Kloster Reichenbach (Oberpfalz)[61]. Hermann von Giengen hat um 1160 als nunmehr staufischer Ministeriale Güter in Ettenbeuren (bei Günzburg) von Friedrich Barbarossa zu Lehen. Dieses Lehen ist also staufischer Besitz aus dem Heiratsgut der Adela; der Ort liegt jedoch in der

---

[59] Man mag sich fragen, weshalb Friedrich bei der Trennung seiner Ehe die Güter, die von Adela herrührten, nicht wieder herausgegeben hat. Offenbar war eine Abmachung getroffen worden, die Adela anderweitig entschädigte und Friedrich jene für ihn wichtigen Güter beließ. Diese fügten sich in idealer Weise Besitzungen an, die ihm über seine Großmutter Agnes aus dem salischen Erbe zugefallen waren: Herbrechtingen (wahrscheinlich mit Bolheim) sowie Nattheim, wohl auch Teile von Brenz (als Lehen von St. Gallen) u. Sontheim a. d. Brenz (als Lehen von Bamberg). Die Diepoldinger hatten seit 1147 in Ostschwaben keine Besitzungen mehr, d. h. sie hatten in Verbindung mit Adelas Heirat bzw. jener Abmachung alles abgestoßen, was ihnen dort noch verblieben war.

[60] Die Schenkung wird von Wittwer überliefert (Catalogus Abbatum monast. SS. Udalrici et Afrae, Archiv f. d. Gesch. d. Bistums Augsburg, hrsg. von A. Steichele III, 1860, S. 84). Die zugehörige Zeugenliste ist im „Codex Traditionum" des Klosters überliefert (MB XXII, S. 21, Nr. 20). Die Zeitstellung ergibt sich durch Vergleich mit der Schenkung des Pfalzgrafen Rapoto v. Vohburg in Krain an das Domstift (Oefele, a.a.O., s. Anm. 43). Die an der Schenkung Rapotos beteiligten Personen erscheinen großenteils in Urk. K. Heinrichs IV. von Verona 1096 (Sommer); MG. Dipl. Heinr. IV., Nr. 451.

[61] Doeberl, Regesten u. Urkunden, S. 6, Nr. 19.

späteren „Markgrafschaft Burgau", welcher das Grundeigentum der meisten übrigen Güter im Ort zustand[62].

Auch die von Brenz sind aus dem Dienst der Diepoldinger in staufische Dienste übergetreten: Hildebrand von Brenz heißt 1118 ausdrücklich „ministerialis marchionis", d. i. Diepolds von Vohburg. Heinrich von Brenz war später Hofkapellan Friedrich Barbarossas und wurde auf dessen Veranlassung 1187 Propst von St. Moritz in Augsburg[63]. Man darf annehmen, daß mindestens ein Teil des Ortes Brenz ursprünglich diepoldingisch war und durch Adela an die Staufer kam.

Im Jahre 1135 ist Arnolf von Binswangen als Ministeriale Diepolds von Vohburg erwähnt[64]. Der Ort Binswangen, nach dem sich Arnolf nannte, liegt in der späteren „Markgrafschaft Burgau". Die Markgrafen von Burgau aus dem Hause Berg hatten dort namhaften Besitz.

Diepold von Vohburg hat auch Dienstleute aus seinen nordgauischen Besitzungen nach Schwaben gebracht. So war 1135 Gottfried von Wetterfeld (bei Cham) in (Frauen-)Riedhausen belehnt[65]. In eben diesem Ort sind auch die Markgrafen von Burgau aus dem Hause Berg begütert. Noch 1232 ist Reimboto von Vohburg als nunmehr staufischer Ministeriale Inhaber eines Lehenguts in Ziertheim (bei Dillingen)[66].

Es ergeben sich somit für die diepoldingisch-staufische Ministerialität mehrfach Beziehungen in den Begüterungsbereich der Grafen von Berg, so daß man annehmen muß, die Herrschaft Giengen habe zunächst auch in die spätere „Markgrafschaft Burgau" hineingereicht. Ab Mitte des 12. Jahrhunderts, genau genommen seit der Heirat der Adela von Vohburg 1147, ist eine gewisse Verzahnung des Besitzes der nunmehr staufischen Herrschaft Giengen mit der der Grafen von Berg zu erkennen. Weitere Zusammenhänge ergeben sich, wenn wir die Besitzlandschaft der Diepoldinger mit Hilfe der Güter abstecken, die aus Schenkungen der Diepoldinger an verschiedene Kirchen mehr zufällig bekannt geworden sind.

Markgraf Diepold von Giengen († 1078) schenkte dem Augsburger Domkapitel Güter in Ammerfeld und „Waltstat" (Walestat), das als Waldstetten, Landkreis Donauwörth, gedeutet wird[67]. Seine Witwe Liutgard († 1119) gab an St. Ulrich in Augsburg, wo sie bestattet wurde, Besitz in Kicklingen[68]. Auf

---

[62] L. Brunner, Beiträge z. Gesch. d. Markgrafschaft Burgau (29.–30. Jahresbericht d. hist. Kreis-Vereins f. 1863–64), S. 40; Steichele-Schröder, Bistum Augsburg, Bd. 5, S. 184.

[63] Doeberl, Regesten u. Urkunden, S. 4 f., Nr. 12; Stumpf 4484.

[64] Doeberl, a.a.O., S. 11, Nr. 36.

[65] Doeberl, a.a.O., S. 11, Nr. 36.

[66] Wirt. U. B. III., S. 312, Nr. 817.

[67] Liber anniversariorum ecclesiae maioris August.; MG. Necrol. I, S. 66; vgl. Obleigüterverzeichnis d. Domkapitels Augsburg (7. Jahresbericht d. hist. Vereins f. Schwaben f. 1841, S. 72).

[68] Wittwer (wie Anm. 60), S. 84; vgl. MB XXII, S. 138.

Schenkung der Liutgard oder ihrer Kinder gehen Güter in Zöschingen zurück, die das Hauskloster der Zähringer, St. Peter im Schwarzwald, besaß[69]. Diepold von Vohburg stattete das Kloster Reichenbach 1118–1135 mit Gütern in Riedlingen (bei Donauwörth), Steinheim, Binswangen, (Frauen-)Riedhausen, Wittislingen und Beuttenstett (bei Wittislingen) aus[70].

Auch für Rapoto von Cham († 1080), den Bruder Diepolds von Giengen, bzw. dessen Söhne läßt sich Besitz in Ostschwaben nachweisen. Es muß Erbteil von dem alten Grafen Dietpald († um 1061) sein. Wir lernen diesen Besitz kennen in Verbindung mit der Investitur Hermanns, eines Sohnes Rapotos von Cham, auf den Augsburger Bischofsstuhl 1097. Dazu weiß der Abt von St. Ulrich in Augsburg zu berichten: In Verona, wo der kaiserliche Hof Ende 1096 weilte, habe sich ein Graf namens Ulrich an Kaiser Heinrich IV. herangemacht und ihm Geld und Begleitmannschaft für den Zug über die Alpen angeboten, wenn er seinem Bruder Hermann das eben frei gewordene Augsburger Bistum verleihe. Der Kaiser sei darauf eingegangen, und so habe Hermann durch Simonie sein Bischofsamt angetreten[71]. Da eine solche Praxis bei den reformerisch gesinnten Klerikern Anstoß erregt hatte, waren die Brüder Hermanns bemüht, die Kirche durch Schenkungen zu versöhnen. So gab der erwähnte Graf Ulrich an das Kloster St. Ulrich eine „curia" in Finningen[72]. Der andere Bruder Bischof Hermanns, Pfalzgraf Rapoto von Vohburg († 1099), schenkte an St. Ulrich gleichfalls in Finningen und in Gundelsheim (bei Donauwörth)[73]. Bischof Hermann selbst gab seinem Domkapitel ein „predium" in Jettingen[74]. Die Schenkungen der Diepoldinger lassen erkennen, daß sich ihr Besitz über einen weitgedehnten Landstrich beiderseits der Donau von Günzburg bis über Donauwörth hinaus erstreckt haben muß. Die Orte Ammerfeld, Gundelsheim und Waldstetten bezeichnen einen etwas entlegenen Besitzkomplex jenseits Donauwörth bis zur oberen Altmühl. Riedlingen, Steinheim, Finningen, Wittislingen, Beuttenstett, Frauenriedhausen und Zöschingen umschreiben den Gebietsstreifen der Jurahöhen östlich Giengen bis gegen Donauwörth. Jettingen, Kicklingen und Binswangen weisen in den mittelschwäbischen

[69] Hauptstaatsarchiv Stuttgart, Lagerbücher der Herrschaft Heidenheim von 1463 u. 1492–94, WLB N 173 u. 174.

[70] Urk. Diepolds v. Vohburg von 1135 (MB XXVII, S. 12 f., Nr. 11); vgl. dazu Bestätigungsurk. K. Friedrichs I. von 1182. Sept. 9. (MB XXVII, S. 32 f., Nr. 41); die geringen Besitzungen in Wittislingen u. Beuttenstett, die ohne Zweifel in jener Schenkung inbegriffen waren, werden erst 1407 u. 1408 erwähnt (MB XXVII, S. 407, Nr. 445, u. S. 416, Nr. 454).

[71] Uodalscalch, De Eginone et Herimanno c. 12; MG. SS. XII, S. 436 f.

[72] Traditionsnotiz bei Wittwer (wie Anm. 60), S. 84; der Ort ist dort mit „Winnigen" angegeben; Wittwer erwähnt aber S. 131 den Schenker als „Ulricus comes de Viningen" u. S. 148 „Ulricus comes de Vinnigen (alias de Winningen)". Die Identität des Schenkers mit dem Bruder des Bischofs Hermann ergibt sich unten Anm. 147.

[73] Wittwer (wie Anm. 60), S. 84. Die Trad.-Notiz hat „Wihingen", was offensichtlich verschrieben ist; vgl. in Anm. 72 „Winnigen" bzw. „Winningen" für Finningen.

[74] Liber anniversariorum; MG. Necrol. I, S. 59.

Raum, in das Gebiet der späteren „Markgrafschaft Burgau". Dort liegt auch der Ort Roppeltshausen (bei Ziemetshausen, im 14. Jahrh. Rapoltshausen), höchst wahrscheinlich die Gründung eines Rapoto aus dem Geschlecht der Diepoldinger. In den so umschriebenen Landschaften dürfen wir den Hauptteil des Diepoldingerbesitzes erwarten.

Kommen wir noch einmal auf das Erbe der Adela von Vohburg zurück. Wir haben gehört, daß sie als Zubehör von Giengen beträchtlichen diepoldingischen Besitz 1147 an die Staufer gebracht hat. Mit diesem Besitz macht uns ein Urbar bekannt, das Herzog Ludwig der Strenge von Bayern um 1280 hat aufzeichnen lassen. Erläuternd sei dazu gesagt, daß der letzte Staufer, Herzog Konradin, im Jahre 1266, ehe er seinen verhängnisvollen Zug nach Italien antrat, sein gesamtes Erbe seinem Oheim Ludwig dem Strengen, dem Bruder seiner Mutter Elisabeth, vermacht hatte. Nach Konradins Ende in Neapel 1268 war das Vermächtnis in Kraft getreten. Im bayerischen Herzogsurbar sind die bisher staufischen Güter an der Donau zusammengefaßt im „Amt Höchstädt" und den kleinen Vogteien Gundelfingen und Lauingen. Es handelt sich um Güter und Rechte in nicht weniger als 36 Orten des heutigen Landkreises Dillingen[75]. Darunter sind auch die schon erwähnten Lehengüter des Klosters Fulda in Gundelfingen, Lauingen, Donaualtheim und Tapfheim. Dies ist ein neuer Beweis, daß die nunmehr bayerischen Erbgüter Konradins von den Diepoldingern stammen[76].

Das bayerische Herzogsurbar lehrt uns zweierlei:

1. Die 1268 aus dem Erbe Konradins an Bayern gefallenen Güter, die wir jetzt mit Sicherheit als ursprünglich diepoldingisch ansprechen dürfen, erstrecken sich ziemlich genau über die Besitzlandschaft der Grafen von Dillingen[77]. Sie sind mit dem Besitz der Dillinger vielfach so eng verzahnt, daß kaum daran gezweifelt werden kann, daß die Güter der Dillinger und der Diepoldinger auf einen gemeinsamen Erblasser zurückzuführen sind. Wir behalten dies für später im Auge.

---

[75] MB XXXVIa, S. 308 ff., 313 f. u. 322 ff. – Zur Datierung zwischen 1279 u. 1284 s. W. Volkert, Die älteren bayer. Herzogsurbare (Blätter f. oberdt. Namenforschung, Jahrg. 7, 1966), S. 22 u. 31. Betr. Tapfheim vgl. Steichele, Bistum Augsburg, Bd. 4, S. 748 f.

[76] Giengen a. d. Brenz findet sich nicht unter den Erbgütern Konradins, die an Bayern fielen. Die Gründe hiefür kennen wir nicht. Vermutlich war der Platz im Interregnum verpfändet und fiel deshalb nicht in die Erbmasse, die Bayern an sich ziehen konnte. Als ehemals staufischer Besitz wurde Giengen von Rudolf v. Habsburg, der sich wenige Wochen nach seiner Wahl zum König in Giengen aufhielt (April 1274), für das Reich beansprucht u. konnte so zur reichsunmittelbaren Stadt aufsteigen.

[77] Die Besitzlandschaft der Dillinger umreißen zwei Urkk. des Bischofs Hartmann von 1258. Dez. 29.: „universas possessiones nostras inter Danubium et terminos, qui Rieszhalde dicuntur, nec non inter villam Nawe (Langenau) et Blinthain sitas" (Wirt. U.B.V., S. 278 ff., Nr. 1512) und von 1286. Juni 28.: „possessiones, predia et

2. Die im Herzogsurbar verzeichneten Güter aus diepoldingischem Erbe liegen fast ausschließlich nördlich der Donau. Unter den Schenkungen der Diepoldinger sind uns aber auch Orte südlich der Donau begegnet, nämlich Jettingen, Kicklingen und Binswangen. Sie liegen im Bereich der späteren „Markgrafschaft Burgau". Daraus ergibt sich, daß die Staufer nicht die alleinigen Rechtsnachfolger der Diepoldinger gewesen sein können. Sie sind auf jeden Fall auch nicht in die Grafenrechte der Diepoldinger im Bezirk „Duria-Augstgau" eingerückt. Diese Grafschaft, die sich weitgehend mit dem Hoheitsbereich der späteren „Markgrafschaft" deckt, ist seit 1123 in Händen Diepolds von Berg. Die Grafen von Berg hatten seit dieser Zeit im fraglichen Raum beträchtlichen Eigenbesitz, und zwar gerade auch in den nachweislich früher diepoldingischen Orten Jettingen und Binswangen[78]. Es darf mit Sicherheit angenommen werden, daß diese bergischen Güter aus Diepoldingererbe stammen. Zudem hat sich bereits gezeigt, daß in Ettenbeuren (bei Günzburg), in Frauenriedhausen, aber vor allem auch in Wittislingen Besitz der Diepoldinger bzw. Staufer mit solchem der Grafen von Berg verzahnt gewesen ist. Das spricht dafür, daß beider Besitz ursprünglich eine Einheit darstellte. Da aber die bergischen Besitzungen alle erst nach dem Verschwinden der Diepoldinger aus Ostschwaben erwähnt sind, ergibt sich wiederum mit hoher Wahrscheinlichkeit, daß die bergischen Güter aus Diepoldingererbe stammen. Schließlich hatten die Grafen von Berg auch Lehengüter von Fulda[79]. Es kann sich nur um die seit alters im Besitz von Fulda befindlichen Güter in Gundremmingen und Horbach (abgeg. bei Kleinkötz) handeln, wo die Grafen von Berg begütert waren. Diese fuldischen Lehengüter waren aber früher mit ziemlicher Sicherheit in den Händen der Diepoldinger[80]. All dies zeigt deutlich genug, daß neben den Staufern auch die Grafen von Berg zu den Rechtsnachfolgern der Diepoldinger gehören. Wenn nun der erste aus dem Hause Berg, den wir in Ostschwaben treffen, den Namen Diepold

---

alia iura a Blinthain usque in villam Ruedlingen, que sive citra Danubium sive trans Danubium proprietatis titulo nos respiciunt" (Ulm. U.B., S. 187 f.).

[78] Betr. Jettingen s. Steichele–Schröder, Bistum Augsburg, Bd. 5, S. 662 ff.

[79] Urk. des Abts Heinrich von Fulda von 1301. Okt. 9., mit welcher er den Herzögen von Österreich verleiht: „universa bona et homines a nobis et nostra fuldensi ecclesia feudaliter descendentia ... eo iure sicut quondam Heinricus Marchio de Burgowe habuit"; v. Raiser, Urkundl. Gesch. d. Stadt Lauingen, 1822, S. 58, Anm. 81.

[80] Fuld. Besitz in Gundremmingen u. Horbach, s. Anm. 58. Bergischer Besitz in Gundremmingen, s. Reg. Boica III, S. 83, sowie L. Brunner, Beiträge z. Gesch. d. Markgrafschaft Burgau, Teil II (31. Jahresbericht d. hist. Kreisvereins f. 1865), S. 138; ebenda S. 137 wird der Zehnte in Horbach als burgauisches Lehen verzeichnet. Daß diese Güter früher diepoldingisch waren, läßt sich entnehmen aus der Tatsache, daß K. Friedrich I. noch als Herzog 1148 über Güter in Gundremmingen verfügte, die von Adela v. Vohburg stammen müssen (Steichele–Schröder, Bistum Augsburg, Bd. 5, S. 492 f.). Zu den fuld. Lehen der Markgrafen v. Burgau könnte auch Laugna bei Wertingen gehört haben (Urkundenbuch d. Kl. Fulda I., S. 78, Nr. 45).

trägt; wenn dieser Diepold das Grafenamt bekleidet, das vordem die Diepoldinger innegehabt haben, und wenn mit Diepold beginnend die Grafen von Berg im Besitz von Gütern erscheinen, die früher diepoldingisch waren, dann bleibt kein anderer Schluß, als daß er mit den Diepoldingern aufs engste verwandt gewesen sein muß. Wenn dann unter seinen Geschwistern ein Rapoto und eine Richinza begegnen, Träger typischer Diepoldingernamen, dann ist das ein zusätzlicher Verwandtschaftsbeweis und zugleich eine Hilfe, die genealogische Brücke von den Diepoldingern zum Hause Berg zu schlagen. Die erwähnten Namen sind von Mutterseite ins Haus Berg gekommen, von Adelheid „von Mochental". Sie ist eine Diepoldingerin. Sucht man Adelheid in die Stammtafel der Diepoldinger einzuordnen, so kommt nur die Generation der Kinder Diepolds von Giengen († 1078) und der Zähringerin Liutgard († 1119) in Betracht. Hiefür sprechen einmal ihre Lebensdaten [81], zum andern die Namen ihrer Kinder. Diepold von Berg trägt den Namen des Großvaters von Mutterseite; sein Bruder Rapoto ist nach dem Bruder des Großvaters von Mutterseite, Rapoto von Cham († 1080), oder nach dem Vetter der Adelheid, dem Pfalzgrafen Rapoto († 1099), benannt. Richinza aber heißt nach der Urgroßmutter von Mutterseite, Richwara-Reitz, der Gemahlin Bertholds I. von Zähringen. Da gerade der Name Richinza nur durch die Zähringerin Liutgard vermittelt sein kann, ist die Einreihung der Adelheid „von Mochental", die den Namen weitergibt, unter die Kinder aus der Ehe Liutgards mit Diepold von Giengen einwandfrei. Die quellenmäßige Bestätigung ist aus der Überlieferung des Klosters Reichenbach (Oberpfalz) unschwer zu gewinnen [82].

---

[81] Ihre Tochter Richinza heiratete offenbar sehr jung im J. 1109; ihre eigene Heirat dürfte wegen des Alters ihres Gemahls um 1095 liegen; sie selbst wird um 1075 geboren sein.

[82] Adelheids Tochter, Richinza v. Berg, hat sich 1109 mit Herzog Wladislaw I. v. Böhmen vermählt. Sie hat 1115 das Kloster Kladrau gegründet u. mit Mönchen aus Zwiefalten besiedelt. Sie starb 1125. Sept. 27. auf der Flucht im Kloster Reichenbach. Durch ihre Mutter war sie — nach unserer Darlegung — eine Nichte Diepolds v. Vohburg, des Gründers von Kl. Reichenbach. Diepold war vermählt mit Adelheid, Tochter des Herzogs Wladislaw Hermann von Polen (Genealog. Handbuch, hrsg. von O. Dungern, S. 56, Nr. 10). Richinza hatte somit nicht nur eine Mutter namens Adelheid, sondern auch eine gleichnamige Tante.

Der anonyme Verfasser des „Chronikon Reichenbacense" (1. Hälfte 15. Jh.) berichtet zum J. 1127: „Anno Domini MCXXVII. VII. kal. Aprilis, obiit Alhaidis Marchionissa uxor Diepoldi (fundatoris). Domina Reuza (= Richinza) duxtrix Bohemiae *filia Marchionis*, quae construxit Monasterium Chladrima (Kladrau) transitum faciens in Reuchenbach, periclitabatur in puerperio. Et vocatis ad se Erchengario abbate ... testabatur monasterio Aspach superius et inferius, ... et obiit et sepulta est in capitulo cum parvulo, quem genuerat, apud parentes suos, qui ibidem cum aliis suis liberis sunt sepulti" (Oefele, Rerum Boicarum Scriptores I [1763], S. 402 b; vgl. I. B. Mencken, Scriptores Rer. Germanicarum III, Leipzig 1730, S. 127 ff. = Anm. zum „Chronicon Pegaviense").

Der „Anonymus" kannte aus dem Traditionskodex seines Klosters die Schenkung, mit der Richinza kurz vor ihrem Tod (1125. Sept. 27.) in Reichenbach in Gegenwart des

Adelheid „von Mochental" [83], die Mutter Diepolds von Berg, war eine Schwester Diepolds von Vohburg († 1146) und Bertholds von Giengen und somit die Tante der Adela von Vohburg, der ersten Gemahlin Friedrich Barbarossas. Sie hat ihrem Sohn ein Anrecht an die Grafschaft im Bezirk „Duria-Augstgau" und zugleich beträchtlichen diepoldingischen Hausbesitz vererbt. Lag derselbe zwar vorwiegend südlich der Donau, im Bereich der späteren „Markgrafschaft", so ist es doch von Wichtigkeit für unsere Frage, daß zum Erbe der Adelheid auch Güter nördlich der Donau gehörten, nämlich in

Markgrafen Diepold dem Kloster das Gut Ober- u. Unter-Asbach übertrug (MB XXVII, S. 8, Nr. 6). Er wußte ferner um die nahe Verwandtschaft der Richinza zu Diepold v. Vohburg. Er verwechselte aber Richinzas Mutter Adelheid, die Schwester des Markgrafen Diepold, mit dessen Gemahlin Adelheid, und so wurde der Richinza die Ehre zu Teil, als „Tochter" des Markgrafen Diepold in die Überlieferung des Klosters einzugehen und die Forschung zu narren, vgl. K. Bosl, Das Nordgaukloster Kastl (wie Anm. 38), S. 48 f. Lioba Throner, Die Diepoldinger . . . (Diss. München 1944), S. 101 f. glaubt, „daß Reitza (= Richinza) eine Tochter Diepolds (v. Vohburg) ist". Tyroller, Genealogie des altbayer. Adels, Tfl. 13 nach S. 181 u. S. 185, Nr. 9, macht wegen des unverkennbaren Zusammenhangs zwischen Diepoldingern u. Grafen v. Berg, den Grafen Heinrich v. Berg, Gemahl der Adelheid „v. Mochental" u. Vater der Richinza, zu einem Bruder Diepolds v. Giengen († 1078) u. Rapotos v. Cham († 1080). Dies wäre schon aus rein zeitlichen Gründen völlig unmöglich.

Haben wir den Irrtum des „Anonymus" erkannt, so bleibt an der Überlieferung des Kl. Reichenbach immerhin für uns wertvoll, daß Richinza in die Generation nach Diepold v. Vohburg, somit unter die Enkel Diepolds v. Giengen und der Liutgard v. Zähringen, einzureihen ist. Damit wird unsere, auf genealogisch-besitzgeschichtlichem Wege ermittelte Einordnung der Richinza bzw. ihrer Mutter Adelheid „v. Mochental", indirekt bestätigt.

[83] Wir können jetzt wohl die Frage vollends beantworten, woher das Gut Mochental stammt, das Adelheid in die Ehe mit Heinrich v. Berg eingebracht hat (vgl. Anm. 31). Adelheids Mutter Liutgard war die Tochter Bertholds I. v. Zähringen († 1078) und der Richwara. Beziehungen der Zähringer in den Raum um Munderkingen sind für die Zeit vor der Eheschließung Bertholds mit Richinza (um 1045–1050) nicht nachzuweisen. Nach der Reimchronik des Klosters Kastl (vgl. Anm. 38), Verse 165–171, war Richwara-Reitz eine Enkelin Herzog Ernsts I. v. Schwaben († 1015). Dessen Mutter hieß gleichfalls Richwara (Nekrolog von S. Emmeram, MG. Necrol. III, S. 319). Ernsts Gemahlin und somit Großmutter der Richwara war Gisela, die Tochter Hermanns II. († 1003) und der Gerberga von Burgund. Dieses Paar hatte um 1000 das Mochental benachbarte Marchtal sowie die spätere Herrschaft Berg (bei Ehingen) in Händen (vgl. Anm. 33). Wegen der Nachbarschaft der Güter Marchtal u. Mochental besteht kaum ein Zweifel, daß Mochental vom Marchtaler Erbe der Gisela stammt. Zwischen Gisela u. Richwara fehlt ein Zwischenglied. Gisela hatte aus ihrer Ehe mit Herzog Ernst zwei Söhne, Ernst II. († 1030) u. Hermann IV. († 1038). Während Ernst II. offenbar unvermählt u. auf jeden Fall kinderlos blieb, war Hermann IV. vermählt mit Adelheid von Susa. Nachkommen dieses Paares sind zwar nicht bezeugt. Aber die Geschichte Mochentals u. anderer Güterkomplexe in Schwaben ist kaum anders sinnvoll zu erklären, als daß man Richwara u. ihre Brüder Gebhard I. v. Sulzbach (1043–1071) u. Hermann I. v. Kastl († 1056) als Kinder Herzog Hermanns IV. nimmt. Dann erklärt sich der Name Hermann ihres ältesten Sohnes (vgl. Abt Angelus Rumpler von Formbach, 1501–1503, der die Herzöge v. Zähringen von Herzog Ernst I. über einen seiner Söhne abstammen läßt; MB XVI, S. 582). Am Beispiel

Tafel I: *Verwandtschaft der Adelheid „von Mochental"*

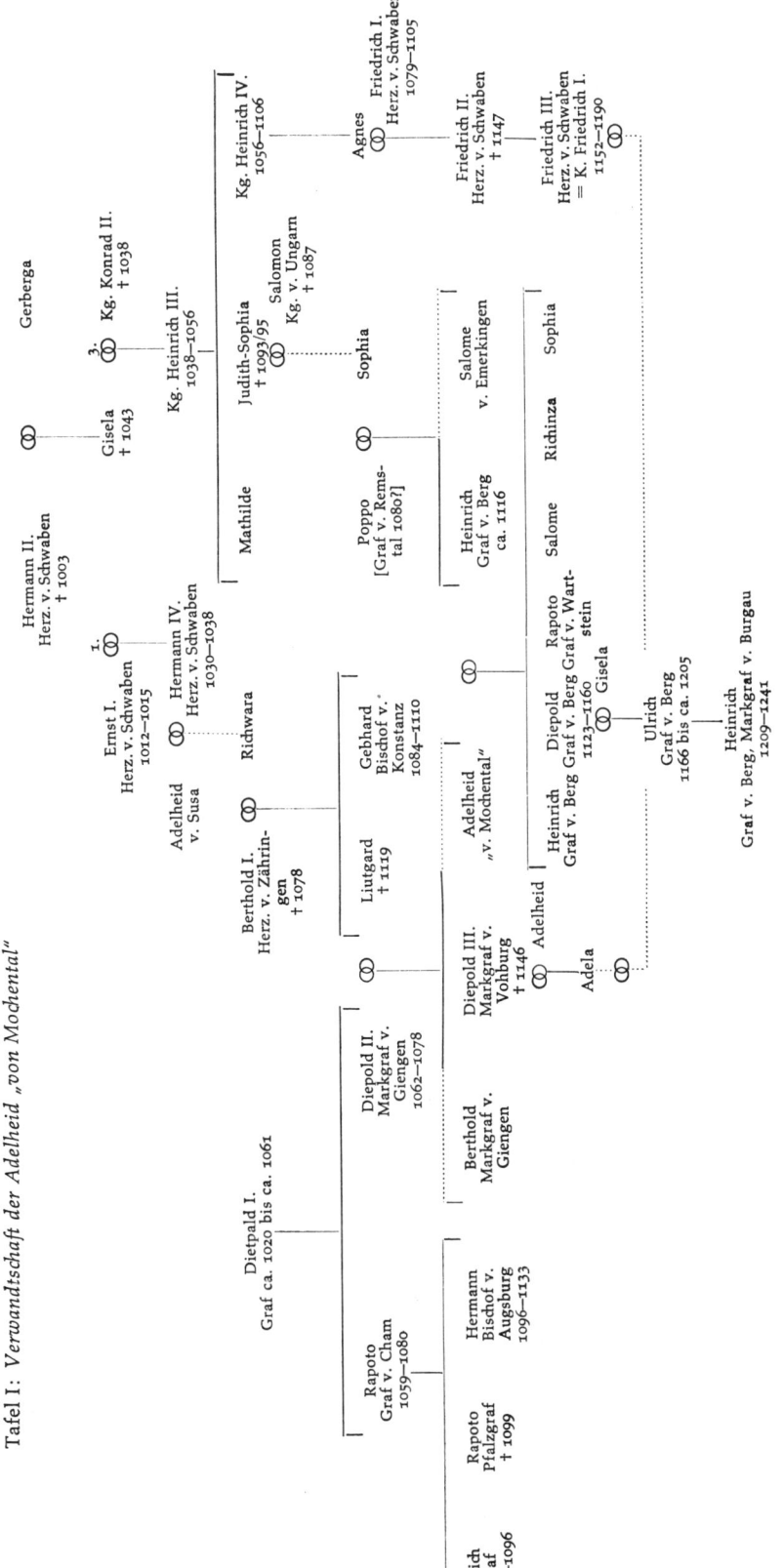

Frauenriedhausen, Lauingen, Tapfheim und Wittislingen; darunter war bestimmt auch das Patronatsrecht einer Wittislinger Pfründe[84].

Das Haus Berg hat durch die Verbindung mit den Diepoldingern neuen Reichtum und Glanz gewonnen. Die Töchter der Adelheid sind sehr vorteilhafte Ehen eingegangen: Richinza wurde Herzogin von Böhmen, Sophia heiratete den Herzog von Mähren, und Salome wurde die Gemahlin des Polenherzogs Boleslaw III. Wenn man bedenkt, daß ihr Oheim, Diepold von Vohburg, vom Nordgau aus gutnachbarliche Beziehungen nach Böhmen unterhielt und daß er durch seine erste Gemahlin Adelheid († 1127) mit dem polnischen Hof verbunden war (seine Gemahlin war die Stiefschwester von Boleslaw III., dem Gemahl seiner Nichte Salome), wird man nicht zweifeln, daß Diepold von Vohburg diese Heiraten mit gestiftet hat.

c) Die Herkunft des Diepoldingerbesitzes in Ostschwaben

Vom Gesamtbesitz der Diepoldinger in Schwaben kann man sich ein einigermaßen zutreffendes Bild nur machen, wenn man den seit 1268 bayerischen Besitz im heutigen Landkreis Dillingen und den berg-burgauischen Besitz in den Landkreisen Günzburg und Wertingen, aber auch Neu-Ulm und Krumbach addiert. Die Frage liegt nahe: Woher stammt dieser Besitz der Diepoldinger?

Der erste Diepoldinger, der sich in Ostschwaben nachweisen läßt, ist jener ältere Graf Dietpald, der 1059 in den Streit um die Grafschaft im Bezirk „Duria-Augstgau" verwickelt war. Er hatte den von Giengen aus verwalteten Güterkomplex offenbar noch ungeteilt in Händen. Erst unter seinen Söhnen Diepold von Giengen und Rapoto von Cham bzw. deren Erben begann er zu

---

Mochental bestätigt sich somit die These, die Franz Tyroller für die Abstammung der Gründer des Klosters Kastl von Herzog Hermann IV. aufgestellt hat (vgl. Anm. 38). Für die Richtigkeit der These lassen sich weitere Argumente aus der Geschichte Innerschwabens beibringen. So müssen die Herrschaften Teck–Aichelberg–Spitzenberg, die ursprünglich eine Einheit gebildet haben, auf demselben Weg an die Zähringer u. ihre Erben gekommen sein wie Mochental, nämlich über Herzog Hermann IV. u. seine Tochter Richwara. Dasselbe dürfte für Stuttgart gelten: der von Kg. Konrad II. 1025 belehnte „Harminus Graf zu Baden" des Chronisten Feßler muß mit Hermann IV. personengleich sein; auf ihn muß der markgräflich-badische (= zähringische) Besitz in Stuttgart zurückgehen (vgl. H. M. Decker–Hauff, Gesch. d. Stadt Stuttgart I., 1966, S. 100).

[84] Der bergische Besitz nördlich der Donau war zunächst wohl noch umfangreicher. Ab Mitte des 13. Jh. sind in Donaualtheim u. Mörslingen die Grafen v. Öttingen begütert. Donaualtheim war Lehen von Fulda u. später teilweise staufisch; somit sind Beziehungen zurück zu den Diepoldingern gegeben. Nun war eine Tochter des Markgrafen Heinrich I. v. Burgau († um 1241) mit dem Grafen Ludwig III. v. Öttingen (1223–1279) vermählt. Der Übergang der Güter in Donaualtheim u. Mörslingen an die Öttinger ließe sich am ehesten durch diese Heirat erklären. Damit wären Donaualtheim u. Mörslingen wahrscheinlich gleichfalls unter die Güter zu rechnen, die von den Diepoldingern über Adelheid „v. Mochental" an das Haus Berg gelangt sind.

zerbröckeln. Schwaben scheint nicht die Heimat jenes Dietpald gewesen zu sein; er hat sich dort vermutlich nur zeitweilig aufgehalten. Wenn wir Näheres über ihn erfahren und wenn wir seine Vorfahren ermitteln wollen, müssen wir anderwärts Umschau halten.

Im Jahre 1060 war in Ungarn ein Thronstreit ausgebrochen. Der eine der beiden Bewerber, Andreas, unterlag, obwohl ein deutsches Heer ihm zu Hilfe gekommen war. So brachte er seinen Schatz in der Burg Melk an der Donau in Sicherheit; seine Gemahlin, seinen Sohn Salomon und dessen Verlobte Judith-Sophia, eine Schwester König Heinrichs IV., aber schickte er in Begleitung eines Grafen Tietbald an den deutschen Königshof[85]. Graf Tietbald wird allgemein und zu Recht mit dem Grafen Dietpald von 1059 gleichgesetzt[86]. Die ehrenvolle Mission, die ihm übertragen worden war, läßt darauf schließen, daß er Ansehen und höchstes Vertrauen genoß. Er war wohl mit dem deutschen Hilfsheer nach Ungarn gezogen; doch hatte er nahe der ungarischen Grenze offenbar auch persönliche Interessen. Eine Passauer Urkunde aus der Zeit des Bischofs Berengar (1013–1045) erweist, daß Dietpald der Sohn eines Grafen Ratpot bzw. Radpoto war[87], welcher 1006 als Inhaber der Grafschaft im oberösterreichischen Traungau bezeugt ist[88]. Ein gleichnamiger Verwandter dieses Radpoto, wahrscheinlich sein Vater, wird 977 als Besitzer großer Waldungen im benachbarten Salzkammergut (bei Ischl) genannt[89]. Im alten Traungau, in der Gegend nördlich von Melk, finden sich die bezeichnenden Ortsnamen Rappoltenreith, Rappottenstein und Rappoltschlag, zweifellos Rodesiedlungen eines Rapoto. In dieser Gegend also scheinen die Vorfahren der Diepoldinger tätig gewesen zu sein[90].

---

[85] Bertholdi Annales; MG. SS. III., S. 271; Chronici Herimanni Continuatio; MG. SS. XIII., S. 731.

[86] Genealog. Handb., hrsg. v. O. Dungern, S. 54; Tyroller, Genealogie d. altbayer. Adels, Tfl. 13, Nr. 4; vgl. K. Bosl, Markengründungen (a.a.O), S. 241, wo das Ereignis zu 1062 angegeben u. für Dietpald der Markgrafentitel seines Sohnes u. Enkels antizipiert wird.

[87] Quellen u. Erörterungen z. Bayer. Geschichte N. F. VI, S. 85, Nr. 99; Tyroller, Genealogie d. altbayer. Adels, Tfl. 13, Nr. 2, datiert die Urk. auf c. 1020.

[88] MG. Dipl. Heinr. II., Nr. 122.

[89] MG. Dipl. Otto II., Nr. 165. – Daß es sich um Vorfahren unserer Diepoldinger handelt, wird dadurch bestätigt, daß letztere Güter u. Rechte um Passau hatten, so Bischof Hermann von Augsburg (s. Quellen u. Erört. N. F. VI, Nr. 481; MB V, S. 117, Nr. 17).

[90] Radpoto ist in der Traungaugrafschaft Nachfolger des Babenberger Markgrafen Liutpold († 994), der 977 als Graf im Traungau bezeugt ist (MG. Dipl. Otto II., Nr. 167a). Vielleicht beruht die Nachfolge im Amt auf Verwandtschaft, denn Radpoto war (in 2. Ehe) mit Hemma vermählt, die als Tochter Liutpolds angesehen werden muß (vgl. Überlieferung von Hohenwart – Cod. Lat. Monac. 7384, Hohenwart fol. 82b u. 108b = Steichele, Bistum Augsburg, Bd. 4, S. 858 f.; Genealog. Handb., ed. Dungern, S. 18; K. Lechner, Beiträge z. Genealogie d. ält. österr. Markgrafen, MIÖG LXXI, 1963, S. 271, Anm. 104 u. S. 263, Anm. 68). – Die Sippe des Grafen Radpoto war auch im bayer. Augstgau, um Aichach u. Schrobenhausen, begütert. Vielleicht

Ziehen wir die Donau weiter abwärts, so finden wir in der Gegend der Leiserberge nördlich Wien um 1050 die Erbgüter (patrimonium) eines jüngeren
Grafen Ratpoto (Ernstbrunn) und die eines Richwin (Gaubitsch und Groß-
Krut) dicht benachbart. Die Grundbesitzer Ratpoto und Richwin waren offenbar untereinander eng verwandt, wahrscheinlich Brüder[91]. Nach der Zeit
müßte es sich um Söhne des Traungaugrafen Radpoto von 1006 handeln und
damit um Brüder unseres Tietbald, der 1060 die ungarische Königsfamilie geleitet hat[92]. Dieser Tietpald muß ganz in der Nähe der beiden, nämlich in
und um Hollabrunn, begütert gewesen sein[93]. Sein Enkel Diepold von Voh-

war dies ihre eigentliche Heimat. Radpoto ist sehr wahrscheinlich identisch mit dem
Grafen Radpoto „v. Hohenwart" (Steichele, Bistum Augsburg, Bd. 4, S. 862 u. 859).
Dieser war ein Bruder Bischof Gebhards I. von Regensburg (995–1023) u. eines Gra-
fen Otto, der von 985–1005 als Graf im Inn- u. Noritaltal (Tirol) nachzuweisen ist.
Gebhard u. Rapoto haben gemeinsam das Kloster Prüll bei Regensburg u. das Kloster
Thierhaupten im Lech-Donau-Winkel erneuert u. dotiert (Steichele, a.a.O., S. 862).
In der späteren Überlieferung werden sie als „Wittelsbacher" bezeichnet: „Rapoto
comes in alta specula (Hohenwart) frater eius (i. e. Gebhardi) de Widelspach" (Steichele, a.a.O., S. 862). Daß es sich zunächst um Vorfahren unserer Diepoldinger handelt, ergibt sich daraus, daß in Aichach noch Rapoto v. Cham u. Diepold v. Vohburg
begütert waren (s. Anm. 60; Obleigüterverzeichnis d. Domkapitels Augsburg, 7. Jahresbericht d. hist. Ver. f. Schwaben 1841, S. 72, berichtigt bei Fr. Zoepfl, D. Bistum
Augsburg, Bd. 1, S. 110, Anm. 2). Somit ist nicht zu verwundern, wenn Rapoto
(v. Cham) in den Streit mit Bischof Heinrich 1059 mit einem Gefolge bayerischer
Krieger eingreifen konnte (s. oben S. 34). Von dem erwähnten Grafen Otto (985–1005)
führen Beziehungen unseres Geschlechts nach Südtirol, in die Gegend von Brixen –
Bozen – Grödner Tal. Schon um 901 war ein Rapoto Graf im Inn- u. Eisacktal (MG.
Dipl. Ludwig d. K., Nr. 12). Alle diese Beziehungen zu verfolgen, wäre Gegenstand
einer eigenen Abhandlung.
[91] Tradition des Grafen Ratpoto an Passau in Ernstbrunn um 1050, Fontes rer.
Austriacarum Abt. II, Bd. 69, Nr. 426; Dipl. Heinr. III., Nr. 361 u. Nr. 367. Grundsätzlich sei verwiesen auf H. Mitscha-Märheim, Zur ältesten Besitzgeschichte d. nord-
östl. Niederösterr. (Jahrb. f. Landesk. v. N. Österr. XXVI, 1936, S. 80 ff.); ders., Zur
ältesten Besitzgesch. d. Zayagegend (Jahrb. XXVIII, 1939–43, S. 121 ff.); ders., Hoch-
adelsgeschlechter u. ihr Besitz im nördl. N. Österr. (Jahrb. XXIX, 1944–48, S. 416 ff.).
Die Verwandtschaft Rapotos mit Richwin ergibt sich nicht nur aus der Besitznachbarschaft, sondern daraus, daß 1039 Richwin u. Rapoto nebeneinander als Zeugen einer
Schenkung an Kl. Geisenfeld im Stammland der Rapotonen erscheinen (MB XIV,
S. 187, Nr. 7).
[92] Richwin gehörte in die Generation Tietbalds; er war in einen Hochverratspro-
zeß verwickelt, weshalb ihm 1055 seine Güter aberkannt wurden (MG. Dipl. Heinr.
III., Nr. 361 u. 367). Ratpoto „v. Ernstbrunn" wird gelegentlich mit Rapoto v. Cham
(† 1080) gleichgesetzt (Genealog. Handb., ed. Dungern, S. 55; Tyroller, Genealogie,
Tfl. 13, Nr. 6). Mitscha-Märheim, Jahrbuch XXIX, S. 427 f., datiert die Schenkung
Ratpotos „v. Ernstbrunn" auf 1045–50. Da Ratpoto damals verheiratet u. offenbar in
vorgerücktem Alter stand, kann er kaum mit Rapoto v. Cham gleichgesetzt werden.
Er ist vielmehr ein Sohn des Traungaugrafen Radpoto, vielleicht identisch mit dem
Zeugen Ratpot einer Freisinger Urk. 1030 (Quell. u. Erört. N. F. V., S. 271, Nr. 1414).
[93] Ein Enkel Tietbalds, Bischof Hermann, war in Erdberg b. Groß-Krut begütert
(Fontes II, Bd. 51, Nr. 9, vgl. Fontes II, 69, Nr. 241, Anm.). Ein anderer Enkel, Die-
pold v. Vohburg, schenkt an Kl. Reichenbach in Hollabrunn, Wilvolvisdorf (abgeg.)

burg, wenn nicht schon sein Sohn Diepold von Giengen, war mit ausgedehnten Gütern zwischen Fischa und Leitha belehnt[94]. Im nördlichen Niederösterreich finden sich wiederum Orte, deren Namen auf Gründung durch Angehörige unseres Geschlechtes deuten: Rappoltenkirchen (südlich Tulln), Reipersdorf (bei Pulkau) und Reibensdorf (abgeg. bei Krut, beide enthalten den Namen Richwin), Dippersdorf (bei Hollabrunn) und Diepolz (bei Mailberg).

Alles zusammen zeigt deutlich, daß in Niederösterreich ein großes zusammenhängendes Gebiet in Händen der Nachkommen des Traungaugrafen Radpoto war. Diese hatten an der Kolonisation bzw. Neusiedlung des Landes nach den Ungarnkriegen in der ersten Hälfte des 11. Jahrhunderts Anteil. Auf sie geht daher zweifellos auch die Gründung der Kirchen (nach Eigenkirchenrecht) zurück. Nun finden wir dort unten Orte wie Ulrichskirchen (bei Wolkersdorf), St. Ulrich (bei Groß-Krut), Ulrichsberg (nördlich Krems); ferner das Afra-Patrozinium in Eggendorf (bei Hollabrunn) und Kloster-Neuburg. Die Kulte der Heiligen Ulrich und Afra aber stammen aus Augsburg. Sie können kaum auf anderem Wege dorthin gekommen sein als durch unsere Diepoldinger, die Söhne des Traungaugrafen Radpoto. Die Diepoldinger standen ja durch ihren ostschwäbischen Besitz in engster Beziehung zu Augsburg[95].

Wir haben die Beziehungen unserer Diepoldinger nach Niederösterreich hier nur kurz gestreift. Doch hat uns der Ausflug in die Wiener Gegend die Erkenntnis eingetragen, daß der Traungaugraf Radpoto (1006) außer dem bezeugten Sohn Dietpald offenbar noch zwei weitere Söhne namens Richwin und Ratpoto hatte. Soweit sich das Geschlecht des Traungaugrafen zurückverfolgen läßt, sind die Namen Dietpald und Richwin vordem unbekannt. Sie müssen von Mutterseite in die Familie gekommen sein, und von Mutterseite stammt auch der ausgedehnte ostschwäbische Besitz und die Verehrung der Augsburger Bistumsheiligen Ulrich und Afra.

Sieht man sich in Ostschwaben um, dann findet man die Namen Dietpald und Richwin in der fraglichen Zeit, nämlich vor 1000, einzig in der Familie des heiligen Ulrich, Bischof von Augsburg 923–973. Bischof Ulrich hatte ja einen Bruder namens Dietpald, der sich als Graf in der Ungarnschlacht auf dem Lechfeld hervorgetan hatte und gefallen war. Am Abend nach der Schlacht hatte daher König Otto d. Gr. die Grafschaften des Gefallenen dessen Sohn Richwin verliehen[96]. Hier also begegnen wir den Namen Dietbald und Richwin bei Vater und Sohn. Dietbald hatte nach der „Vita" des Bischofs

---

u. Judenau, ferner an Kl. Göttweig in Wielantisdorf (abgeg. b. Ernstbrunn); MB XXVII, S. 12 f., Nr. 11; Fontes II, 69, Nr. 38.

[94] Fontes II, 51, Nr. 5; Fontes II, 69, Nr. 4; vgl. II, 69, Nr. 145 u. 165.

[95] Bischof Ulrich von Augsburg (923–973) wurde 993 heilig gesprochen. Von da ab kommt das Ulrichs-Patrozinium auf.

[96] Vita Udalrici c. 12, MG. SS. IV, S. 402.

Ulrich mindestens zwei Grafschaften inne. Darunter sicher auch die im Bezirk „Duria-Augstgau"[97]. Mit Bestimmtheit läßt sich sein Sohn Richwin als Inhaber der Grafschaft erweisen, die seit 1059 in Händen der Diepoldinger gewesen ist[97a]. Richwin ist uns ferner 973 als Teilhaber an der Wittislinger Kirche begegnet. Er bewohnte damals das „castellum Dilinga", das man wohl bei Oberdillingen, westlich der heutigen Stadt, zu suchen hat.

Da Wittislingen und Dillingen später zum guten Teil im Besitz der Grafen von Dillingen waren, hat nie ein Zweifel bestanden, daß die Dillinger von der Sippe des heiligen Ulrich, den „Hupaldingern", abstammen. Wenn wir uns jetzt erinnern, daß die im bayerischen Herzogsurbar verzeichneten Güter, die von den Diepoldingern stammen, sich über die Besitzlandschaft der Dillinger erstrecken und mit deren Besitz vielfach verzahnt sind, dann gibt es keinen Zweifel mehr, daß das Diepoldingergut in Schwaben gleichfalls auf die „Hupaldinger" zurückgeht. Denn Dillingerbesitz und Diepoldingergut im Raum um Dillingen fügen sich zu einer einheitlichen Gütermasse zusammen, so daß ihre Trennung nur durch Erbteilung zu erklären ist. So kommen wir zu dem Ergebnis, daß eine Tochter des Grafen Richwin (I.), deren Name uns nicht überliefert ist, den Grafen Radpoto vom Traungau geheiratet hat[98]. Die Ehe dürfte mit Rücksicht auf das Alter der Kinder um 975–980 geschlossen worden sein. Die Tochter Richwins (I.) hat je einem ihrer Söhne den Namen ihres eigenen Vaters und den ihres Großvaters Dietpald gegeben. Zugleich hat sie den Diepoldingern eine beträchtliche Gütermasse in Ostschwaben zugebracht. Diese Gütermasse entsprach aber nicht allein ihrem väterlichen Erbe; es hat den Anschein, daß darunter auch das Erbteil ihres Bruders bzw. ihres Neffen war.

Um dies verständlich zu machen, greifen wir noch einmal auf den Streit um die Grafschaft im Bezirk „Duria-Augstgau" 1059 zurück. Damals erhob Graf Dietpald, den wir jetzt als Enkel des „Hupaldingers" Richwin (I.) kennen, Anspruch auf jene Grafschaft, die einst sein Großvater innegehabt und die von Heinrich IV. nach dem Tode des letzten Inhabers dem Bischof von Augsburg übertragen worden war. Der vorige Inhaber war offenbar ohne direkten Erben verschieden. Gaf Dietpald muß ein naher Verwandter von ihm gewesen sein. Letzter bezeugter Inhaber der Grafschaft im Bezirk „Duria"

---

[97] Vgl. Schenkung der Azila de Mursteten von 919, in der Dietpald als „comes provinciae eiusdem" erwähnt ist. Die Urk. ist freilich grob verfälscht (Steichele, Bistum Augsburg, Bd. 4, S. 371 ff., Anm. 58; Zoepfl–Volkert, Regesten Nr. 100). Für den schwäb. Augstgau ist 929 ein Graf Ruodpert bezeugt (MG. Dipl. Heinr. I., Nr. 19), der jedoch mit der Ulrichssippe verwandt gewesen sein dürfte (Schwarzmaier, Königtum, Adel u. Klöster, S. 50) u. nur dies eine Mal in Erscheinung tritt.

[97a] Zoepfl–Volkert, Regesten Nr. 156 Anm.

[98] Genealog. Handb., ed. Dungern, S. 54; Mitscha-Märheim, Jahrb. XXVI, S. 83. Im Hinblick auf das in Anm. 90 Gesagte muß es sich hier um Radpotos erste Ehe gehandelt haben.

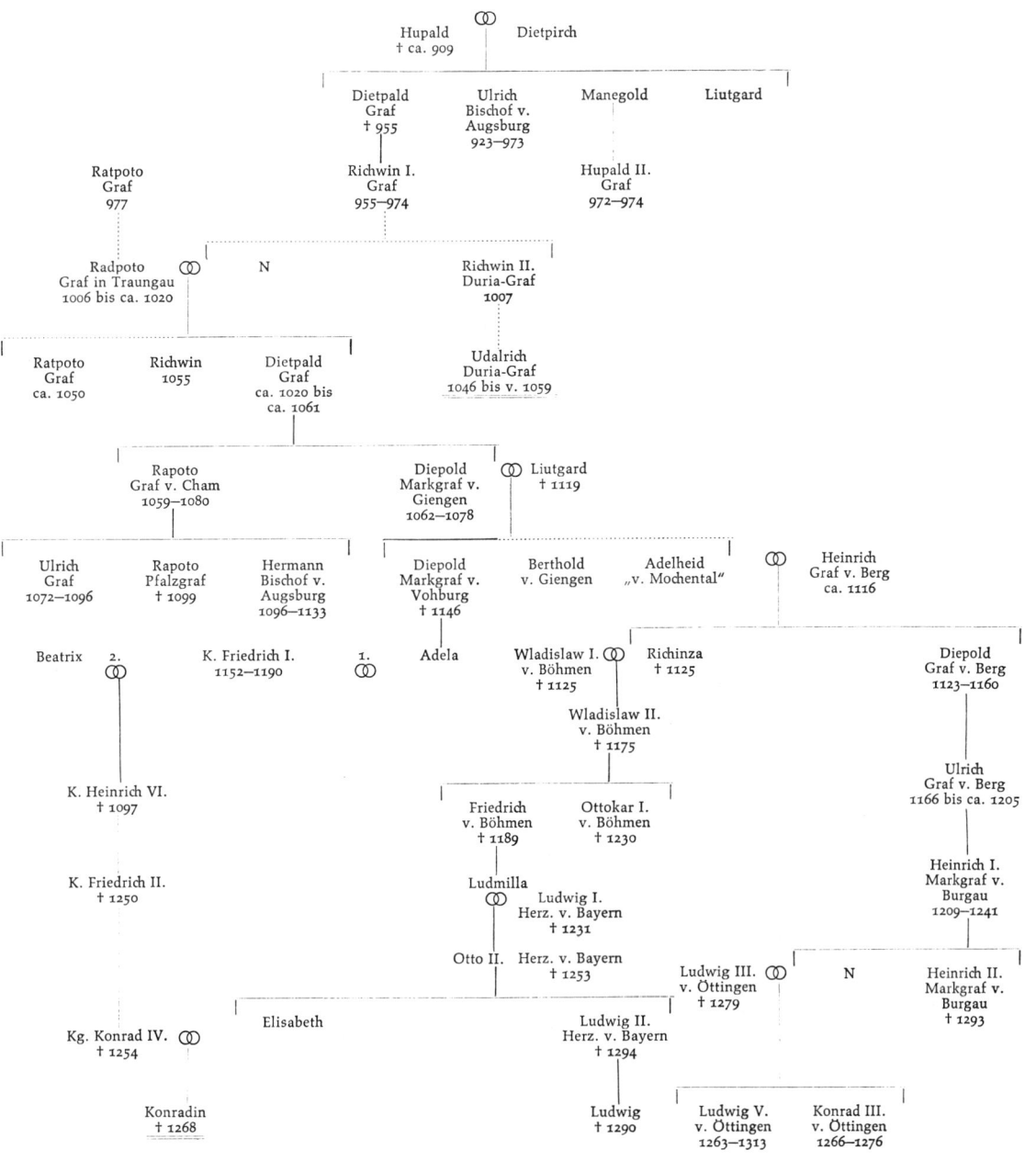

war ein Graf Udalrich, 1046 und vielleicht noch 1053 bezeugt[99]. Ihm war ein
Graf Richwin vorausgegangen, 1007 bezeugt[100]. Dieser Richwin dürfte mit
Richwin (I.) kaum noch identisch sein; es sei denn, man nähme für ihn ein
Alter von über 80 Jahren an. Eher dürfte es der Sohn Richwins (I.) und somit
Richwin (II.) sein, ein Bruder also jener „Hupaldingerin", die den Traungau-
grafen Radpoto geheiratet hat. Betrachtet man dann den Grafen Udalrich als
Sohn Richwins (II.), fügt sich alles aufs beste zusammen: mit dem Grafen
Udalrich ist der Mannesstamm der „Dietpald-Richwin-Linie" vor 1059 er-
loschen. Die Diepoldinger als Seitenverwandte traten in das Allodialerbe der
„Dietpald-Richwin-Linie" ein, und selbstverständlich erhoben sie auch Anspruch auf deren Lehen, nämlich die Grafschaft im Bezirk „Duria-Augstgau".
Somit hilft uns die Geschichte jener Grafschaft, die beiden Grafen Richwin (II.)
und Udalrich, die ihrer Namen wegen zweifelsohne „Hupaldinger" sind, in
die Stammtafel der „Hupaldinger" sinnvoll einzuordnen; sie erklärt uns
weiterhin, wieso eine Tochter Richwins (I.) so ungewöhnlich reichen Besitz
an die Diepoldinger bringen konnte[101]. Unter den dargelegten Umständen
sind die Diepoldinger die Gesamterben der „Dietpald-Richwin-Linie" der
„Hupaldinger". Es fragt sich dann, wie die übrigen Erben und Teilhaber am
Wittislinger Kirchengut an die „Hupaldinger" anzuschließen sind. Sie müssen
der „Dietpald-Richwin-Linie" auf jeden Fall ferner stehen als die Diepoldinger.

II. Das dillingische Kirchenpatronat

Es ist nie bezweifelt worden, daß die Grafen von Dillingen direkte Nachkommen und (Teil-)Erben der „Hupaldinger" gewesen sind. Gehören sie doch
in Wittislingen und Dillingen offensichtlich zu deren Besitznachfolgern[102].
Heikler ist die Frage, wie die Dillinger an die „Hupaldinger" anzuknüpfen
sind. Alle älteren Stammtafeln bringen zum Ausdruck, die Dillinger seien
Nachkommen der „Dietpald-Richwin-Linie", und zwar — ziemlich übereinstimmend, über einen Grafen Hupald (III.), der zwischen den Grafen Richwin I. (955—974) und den gesicherten Stammvater der Dillinger, einen 1074
verstorbenen Grafen Hupald (IV.), als Zwischenglied eingeschoben wird[103].

---

[99] Vgl. Anm. 47.

[100] MG. Dipl. Heinr. II., Nr. 147.

[101] Im Böhmenkrieg 1040 ist ein Richwin gefallen (MG. Necrol. I, S. 479); es
könnte sich um einen Bruder oder Sohn des Grafen Udalrich gehandelt haben.

[102] Urk. Bischof Hartmanns von 1265 betr. Kirchensatz in Wittislingen (MB
XXXIIIa, S. 108 f., Nr. 99); Urk. K. Heinrichs V. von 1111, in welcher Graf Hartmann I. erstmals nach Dillingen benannt wird (Stumpf 3071); Urk. Bischof Hartmanns von 1258 betr. sein Vermächtnis an das Hochstift, worin aufgeführt sind
„castrum et oppidum Dilingen" (Wirt. U. B. V, S. 278 ff., Nr. 1512).

[103] C. Königsdorfer, Gesch. d. Klosters z. Heil. Kreuz in Donauwörth, 1. Bd., 1819,
Tfl. nach S. 22. Pl. Braun, Gesch. d. Grafen v. Dillingen u. Kiburg (Hist. Abhandl. d.

Die Quellen bieten für dieses Zwischenglied keinen Anhalt. Es ist eine frühe genealogische Konstruktion, die kritiklos übernommen wurde und sich auch leicht erklärt: Graf Richwin I. ist im Jahr 973 als Inhaber des „castellum Dilinga" bezeugt, offenbar derselben Burg, nach welcher sich im Jahre 1111 erstmals Graf Hartmann I. benennt, der Gründer von Neresheim, Sohn des 1074 verstorbenen Grafen Hupald (IV.). Um den Übergang des „castellum" von Richwin I. auf die Dillinger verständlich zu machen, galt es einen möglichst einfachen Erbgang zu konstruieren; man glaubte wohl, mit Hilfe dieses Zwischenglieds dem Erfordernis am ehesten zu entsprechen[104].

Die „Manegold-Hupald-Linie" dagegen ließ man schon mit Hupald II. (972–974) unvermittelt abbrechen[105].

Nach diesem Schema, das man durch die Ergebnisse unserer Untersuchung der Diepoldinger ergänzen müßte, wären also sowohl die Diepoldinger als auch die Dillinger und schließlich — wie die Stammtafeln dartun — sogar noch die Herren von Werd (Donauwörth) mit dem Hausnamen Manegold samt und sonders Nachkommen Richwins I. (955–974).

Nun ist aber die Ableitung der Dillinger von der „Dietpald-Richwin-Linie" quellenmäßig keineswegs belegt. Das Ergebnis unserer bisherigen Untersuchung weckt zudem erhebliche Zweifel, ob das geltende Schema richtig ist. Wir sind ja zu dem Ergebnis gelangt, daß die „Dietpald-Richwin-Linie" „en bloc" von den Diepoldingern beerbt worden ist und daß die übrigen Erben der „Hupaldinger" — somit zunächst also die Dillinger — der „Dietpald-Richwin-Linie" ferner stehen als die Diepoldinger. Die Dillinger können somit nicht der gleichen Linie entstammen wie die Diepoldinger. Zum selben Ergebnis führt uns eine Überprüfung des Namenbestands. Sieht man die bekannten Stammtafeln durch, so fällt auf, daß die Namen Dietpald und Richwin, Namen, die durch bedeutende Vorfahren bekannt geworden sind, bei den Dillingern nirgends wiederkehren. Wären die Dillinger tatsächlich Abkömmlinge der „Dietpald-Richwin-Linie", dann wäre das Ausbleiben die-

---

bair. Akad. d. Wiss. V, 1823), Tfl. I. Chr. Fr. Stälin, Wirtemberg. Gesch., Bd. 1, 1841, S. 562. L. Schmid, Die Stifter d. Klosters Anhausen a. d. Brz. (Beiträge z. Gesch. d. Bist. Augsburg, hrsg. v. A. Steichele, Bd. 3, 1851, S. 143 ff.), Tafel nach S. 146. A. v. Steichele, Das Bistum Augsburg, Bd. 3, S. 55. — Diese Arbeiten fußen auf Markus Welser, der 1682 eine „Stemma Kyburgensium Comitum" auf Grund einer Handschrift des Kl. St. Ulrich in Augsburg herausgegeben hat (Marcus Velser, Opera, Nürnberg, 1682). Gewisse Abweichungen von Welser zeigt das Schema, das sich nach Joh. Knebels „Chronik der Stadt Donauwörth" ergibt, welche zwischen 1500 u. 1530 verfaßt wurde (handschriftl. in der Fürstl. Oettingischen Sammlung auf Schloß Harburg). Auf der Donauwörther Chronik basiert der Stammbaum auf Schloß Kyburg (Kt. Zürich).

[104] M. Welser hat allerdings außer Hupald (III.) noch einen Albert als dessen Sohn vor dem 1074 verstorbenen Hupald (IV.) eingeschoben. Der Stammbaum auf der Kyburg schiebt gar drei Zwischenglieder zwischen Richwin I. und Hupald (IV.) ein: Hartmann, Hupald u. Albert.

[105] So bereits Welser (1682) u. Knebel (um 1530).

ser Namen höchst ungewöhnlich. Die Dillinger können also nicht Abkömmlinge der „Dietpald-Richwin-Linie" sein[106].

Wir ziehen daraus die einzig mögliche Konsequenz: wir streichen jenes zwischen Richwin I. und Hupald (IV.) eingeschobene rein hypothetische Zwischenglied und trennen so die Dillinger von der „Dietpald-Richwin-Linie". Dadurch wird der Weg frei zu einem Neuaufbau des Geschlechtsschemas. Wenn sich die Dillinger nicht an die „Dietpald-Richwin-Linie" anschließen lassen, dann bleibt kaum ein anderer Weg, als daß man sie mit der „Manegold-Hupald-Linie" in Verbindung bringt.

Verfolgen wir die Grafen von Dillingen im Mannesstamm zurück, so stoßen wir auf den mehrfach erwähnten Grafen Hupald, der 1074 gestorben ist[107]. Er ist der Vater Hartmanns I., der Kloster Neresheim 1095 gestiftet hat. Der Name Hartmann ist neu in die Familie gekommen durch Hupalds Gemahlin Adelheid[108]. Adelheid dürfte einem Geschlecht entstammen, das im Blautal (westlich Ulm) begütert war und sich später „von Gerhausen" nannte (nach 1116 erloschen)[109]. In diesem Geschlecht war der Name Hartmann zu Hause. Durch Adelheid erwarben die Dillinger auch Besitz im Blautal und auf dem Hochsträß (Söflingen und Harthausen)[110]. Hupald aber, der älteste bekannte Dillinger, trägt den Hausnamen der „Hupaldinger", den der Stammvater Hupald I. († um 909), wie auch dessen Enkel Hupald II. (972—974), der Sohn Manegolds, getragen haben. Schon auf Grund dieses Tatbestands halten wir es für gerechtfertigt, die Dillinger an die „Manegold-Hupald-Linie"

---

[106] Dasselbe gilt für die Herren v. Werd. Nachdem bereits Steichele, Bistum Augsburg, Bd. 3, S. 693 f., darauf aufmerksam gemacht hat, daß nicht Graf Richwin I., sondern ein sonst bisher unbekannter Aribo der Stammvater der Herren v. Werd sei, können die Manegolde v. Werd höchstens in weiblicher Linie von den „Hupaldingern" hergeleitet werden. Dann aber ist ihre Ableitung von der Dietpald-Richwin-Linie vollends unwahrscheinlich, da der Hausname Manegold viel zu weit hergeholt wäre, nämlich vom Bruder des Großvaters.

[107] Annales Neresheimenses (Württ. Gesch. Quellen II, 1888), S. 17; MG. Necrol. I, S. 96.

[108] Es handelt sich um eine der Frauen namens Adelheid, die im Neresheimer Nekrolog zum 3. I., 9. I. u. 23. VI. eingetragen sind (MG. Necrol. I, S. 95 f.). — Welser hat zwar einen Hartmann gleich an der Spitze seiner Stammtafel als Vater Hupalds I. († um 909), ferner einen Hartmann als Sohn des hypothetischen Hupald (III.). Knebel legt den Namen Hartmann einem Sohn des Grafen Richwin I. bei. Für alle diese Konstruktionen gibt es keinen Beleg.

[109] 1116 sind „Hartmannus comes de Gerohusen et frater eius Adelbertus comes" letztmals erwähnt (Wirt. U. B. I, S. 341 f., Nr. 270).

[110] Vielleicht vorübergehend auch die spätere Herrschaft Herrlingen (im Blautal), falls die Vermutung zutrifft, daß die Mutter Ulrichs I. von Hurningen-Hirrlingen, namens Uta, eine Tochter unseres Hupald u. seiner Gemahlin Adelheid „v. Gerhausen" war. Dafür spricht, daß die v. Hurningen nahe Verwandte Bischof Ulrichs I. von Konstanz (1111—1127), eines Sohnes Hartmanns I. v. Dillingen, waren (vgl. Jänichen, Herrschafts- u. Territorialverhältnisse, wie Anm. 3, S. 14 u. Tfl. 16, S. 67). Nach unserer Annahme wären Bischof Ulrich u. Ulrich v. Hurningen direkte Vettern.

der „Hupaldinger" anzuschließen. Es werden sich aber noch weitere Argumente ergeben, die unsere Ansicht bestätigen, und zwar zunächst einmal aus der Grafschaftsgeschichte.

Nach dem Tode des Grafen Dietpald 955 hat König Otto d. Gr. die Grafschaften („comitates") Dietpalds dem Sohne Richwin übertragen. Dietpald hat demzufolge mindestens zwei Grafschaften innegehabt[111]. In den Jahren 972 und 973 sind sowohl Richwin I. als auch sein Vetter Hupald II. mit dem Grafentitel bezeugt[112]. Es bekleideten also damals gleichzeitig zwei „Hupaldinger" ein Grafenamt. Wir gehen sicher nicht fehl mit der Annahme, daß Richwin I. eine der vom Vater überkommenen Grafschaften — auf wessen Veranlassung auch immer — seinem Vetter Hupald II. überlassen hat. Dem entspricht, daß die Erben der „Hupaldinger" noch lange zwei Grafschaften verwalteten, die etwa durch die Donau von einander getrennt waren. Die eine, uns längst bekannte Grafschaft, die zunächst in Händen Richwins I. geblieben war, hatte sich über Richwin II. und Udalrich schließlich auf die Diepoldinger (1059) und dann (vor 1123) auf die Grafen von Berg vererbt. Sie erstreckt sich — soweit wir sehen — fast ausschließlich auf das Gebiet südlich der Donau, das etwa der späteren „Markgrafschaft Burgau" entspricht. Die Grafschaft, welche die Dillinger später innehatten, scheint dagegen auf den Raum nördlich der Donau beschränkt gewesen zu sein. Es liegt nahe, diese Grafschaft mit derjenigen gleichzusetzen, die um 972—973 in Händen Hupalds II. gewesen ist. Es muß dieselbe sein, da es eine andere nicht gibt, die Hupalds II. Grafschaft hätte sein können. Damit hätte sich die eine der beiden Hausgrafschaften über die „Dietpald-Richwin-Linie" und deren Nachkommen vererbt, die andere wäre der „Manegold-Hupald-Linie" verblieben. Wir hätten damit ein weiteres Argument gewonnen für die Ansicht, daß die Dillinger Rechtsnachfolger und Erben Hupalds II. sind. Das dillingische Kirchenpatronat in Wittislingen würde dann gleichfalls aus dem Anteil Hupalds II. am dortigen Kirchengut stammen.

Nun trennt freilich den Stammvater der Dillinger, Hupald († 1074), vom „Hupaldinger" Hupald II. (972—974) ein Zeitraum von 100 Jahren. Bei den Altersverhältnissen der beiden bleibt also Platz genug für (mindestens) ein Zwischenglied, das wir vorläufig nicht kennen. Vielleicht gelingt es, dieses Zwischenglied greifbar zu machen. Wenn wir die Stammtafeln durchsehen, mag auffallen, daß der Name Manegold, den der Vater Hupalds II. trug, sich bei den Dillingern nicht findet. Manegold ist aber ausgesprochener Hausname in verschiedenen Geschlechtern, die sicher irgendwie zu den Nachkommen der „Hupaldinger" gehören. Es sind zunächst die schon erwähnten Herren von Werd zu nennen, die von der älteren Forschung fälschlicherweise

---

[111] Vita Udalrici c. 12, MG. SS. IV, S. 402; Fr. Zoepfl, Gesch. d. Stadt Dillingen, 1964 (Sonderdruck), S. 17.
[112] MG. Dipl. Otto I., Nr. 419b von 972; Vita Udalrici c. 25, MG. SS. IV, S. 410 zu 973.

an die „Dietpald-Richwin-Linie" angeschlossen worden sind. Daß sie zu den
Erben der „Hupaldinger" gehören, ergibt sich aus der teilweisen Verzahnung
ihres Besitzes mit dem der „Hupaldinger". Nachdem jedoch A. v. Steichele zu
Recht darauf hingewiesen hat, daß man den urkundlich bezeugten Stammvater Aribo nicht einfach mit dem Grafen Richwin I. identifizieren könne[113],
ist klar, daß die von Werd nicht zum Mannesstamm der „Hupaldinger" gehören. Es ist aber sehr wahrscheinlich, daß jener Aribo (980?–999) eine
Tochter des „Hupaldingers" Manegold, des Bruders Bischof Ulrichs, zur
Gemahlin hatte. Dann nämlich kommt die Genealogie derer von Werd in
Ordnung und erklärt sich die teilweise Herkunft ihres Besitzes aus Hupal-
dingererbe[114].

Manegold ist aber auch bevorzugter Name der schwäbischen Pfalzgrafen,
der Stifter des Klosters Langenau-Anhausen. Der Name begegnet dort in zwei
aufeinanderfolgenden Generationen (Manegold d. Ä., 1070–1113; Manegold d. J. 1143 erwähnt, aber wohl schon vor 1125 verstorben)[115].

Die Pfalzgrafen gelten seit Ludwig Schmid[116] als eines Stammes mit den
Grafen von Dillingen; doch ist nie versucht worden, sie genealogisch einzuordnen. Daß sie mit den Dillingern verwandt sind, dafür spricht, daß Dillinger und Pfalzgrafen mehrfach in denselben Orten begütert sind. Es darf ausdrücklich betont werden, daß diese Besitzgemeinschaft gerade in solchen
Orten festzustellen ist, in denen sich Besitz der „Dietpald-Richwin-Linie" und
ihrer Erben nicht findet. Dies besagt zunächst, daß Dillinger und Pfalzgrafen
untereinander enger verwandt gewesen sind, als sie es mit den Diepoldingern
waren, und stützt sodann erneut unsere Ansicht, daß sie einer anderen Linie
der „Hupaldinger" entstammen müssen als die Diepoldinger, nämlich der
„Manegold-Hupald-Linie".

So hatten z. B. in Mergelstetten bei Heidenheim die Pfalzgrafen ihrer
Stiftung Anhausen vor 1143 die Mühle, das Fischrecht und den Fronhof (cur-
tis) übertragen, wogegen das Patronatsrecht der dem hl. Ulrich geweihten
Kirche nebst anderem Grundbesitz den Grafen von Dillingen zustand[117].

---

[113] S. Anm. 106. – Aribo ist bezeugt für 999. Apr. (Reg. Imp. II Otto III.,
Nr. 1316 = Insert in Dipl. Konrads II., Nr. 144 von 1030. Jan. 17.). Er ist wohl per-
sonengleich mit dem Zeugen Aribo i. Urk. Bischof Heinrichs von Augsburg von 980.
Okt. 4. (Vita Udalrici c. 28; MG. SS. IV, S. 417 f.).

[114] Als Beispiel diene (Nieder-, Ober-)Stotzingen, Kr. Heidenheim: nach der Chronik
Knebels hat Manegold I. dem Kl. Heiligkreuz in Donauwörth vor 1049 u. a. Besitz in
Stotzingen übertragen (Chronik fol. 42). Daß das Kloster dort begütert war, bestätigt
das Güterverzeichnis aus der Mitte des 13. Jh. („Sorzingen", Wirt. U. B. XI, S. 481).
Mitbeteiligt am Besitz Stotzingens sind die Grafen v. Dillingen, die Pfalzgrafen, die
Stifter des Kl. Elchingen u. die v. Albeck. Diese alle lassen sich als Erben jenes „Hupal-
dingers" Manegold (Mitte 10. Jh.) erweisen. Dagegen war keiner der Erben der Dietpald-Richwin-Linie in Stotzingen begütert.

[115] S. Steichele, Bistum Augsburg, Bd. 3, S. 55 (Pfalzgräfl. Linie v. Dillingen).

[116] Vgl. Anm. 103.

[117] Urk. Bischof Walters von 1143, Wirt. U. B. II, S. 26 ff., Nr. 318; Urk. des

Gemeinsamer Besitz findet sich auch in Langenau. Der der Pfalzgrafen wird relativ früh erwähnt und läßt sich noch erheblich weiter zurückverfolgen. Pfalzgraf Manegold d. Ä. hatte um 1110 beabsichtigt, in Langenau sein Familienkloster zu gründen. Die dortige Kirche war sein Erbgut (er besaß sie „hereditario iure"); neben sonstigem Eigengut verfügte er dort auch über eine „fiscalis curtis" — später der „Münchhof" des nach Anhausen verlegten Klosters, der als Freiung galt[118]. Die Vorfahren des seit 1070 bezeugten Pfalzgrafen Manegold saßen also mindestens eine Generation früher schon in Langenau. Nun stand Langenau im Jahre 1003 in der Verwaltung eines Grafen Manegold, der als Graf des Bezirks „Duria" bezeichnet wird[119]. König Heinrich II. hatte damals eine „cortis" in Langenau vom Bischof von Freising eingetauscht. Daß die „cortis", die Heinrich II. 1003 erwarb und die in der Verwaltung des „Duria"-Grafen Manegold stand, identisch ist mit der „fiscalis curtis", über die Pfalzgraf Manegold 100 Jahre später verfügte, läßt sich zwar nicht schlüssig beweisen, ist aber doch recht wahrscheinlich. Demzufolge hätte der König seine „cortis" einem der beiden Manegolde zu freier Verfügung überlassen. Es ist also nicht ausgeschlossen, daß Pfalzgraf Manegold die „cortis" vom „Duria"-Grafen Manegold geerbt hat.

Wichtiger als diese spekulative Überlegung aber ist, daß Pfalzgraf Manegold in Langenau von den Vorfahren ererbtes Eigengut besaß und daß wir einen älteren Manegold gefunden haben, der zu Langenau in Beziehung stand. Man wird kaum daran zweifeln wollen, daß zwischen den beiden Manegolden ein Zusammenhang besteht. Der „Duria"-Graf Manegold von 1003 gehört wegen seines Amtes und Namens mit Sicherheit in die Sippe der „Hupaldinger". Sein Name weist ihn näherhin als Sproß der „Manegold-Hupald-Linie" aus. Nach der Zeit müßte er ein Sohn Hupalds II. (972—974) sein[120]. Da nun

---

Propst Rapoto von Herbrechtingen von 1252; WUB IV, S. 283 f., Nr. 1215; vgl. Urk. von 1256, WUB V, S. 141, Nr. 1256 u. WUB XI, S. 491, Nr. 5613.

[118] Urk. Bischof Walters von 1143 (s. Anm. 117). Dilling. Besitz ist belegt durch Urkk. von 1238, 1258 u. 1261 (WUB III, S. 408, Nr. 905; V, S. 278, Nr. 1512; VI, S. 20, Nr. 1628).

[119] MG. Dipl. Heinr. II., Nr. 56. — Daß „Navua" unser Langenau ist, habe ich in einem Referat vor dem Neu-Ulmer Arbeitskreis im April 1964 nachgewiesen. Vgl. M. Weikmann, Gerichtsstätten bei Königshöfen (Deutsche Gaue 48, 1956), S. 67 ff., insbes. S. 70 f., Anm. 5.

[120] Man wollte den „Duria"-Grafen mit Manegold v. Sulmetingen gleichsetzen, einem Neffen des Bischofs Ulrich von dessen Schwester Liutgard; so zuletzt H. Schwarzmaier, Königtum, Adel u. Klöster, 1961, S. 49. — Die v. Sulmetingen, die sich im ausgehenden 11. u. im 12. Jahrh. von Neuffen, Weißenhorn, Billenhausen bzw. Neuburg a. d. Kammel nennen, sind zwar Miterben der „Hupaldinger", u. zwar sind gerade die Herrschaften Weißenhorn u. Billenhausen—Neuburg, aber wohl auch Sulmetingen, Erbe der Luitgard von Vaterseite. Besitz dieser Herrschaften überschneidet sich verschiedentlich mit dem Markgrafen v. Burgau aus dem Hause Berg (Erben der Diepoldinger), so z. B. in Oberrohr bei Ursberg: die Kirche samt Vogtei ist im 13. Jahrh. im Besitz Bertholds v. Neuffen, der Maierhof mit Mühle, Fischrecht

in Langenau sowohl die Pfalzgrafen als auch die Dillinger begütert waren und
da wir die letzteren als Rechtsnachfolger und Erben der „Manegold-Hupald-
Linie" mit ziemlicher Sicherheit nachweisen konnten, ergibt sich der Schluß,
daß der „Duria"-Graf Manegold von 1003 höchst wahrscheinlich das fehlende
Zwischenglied zwischen Hupald II. (972–974) und dem Dillinger Hupald
(† 1074) darstellt und daß er zugleich ein Vorfahr des Pfalzgrafen Manegold
war[121].

Der „Duria"-Graf Manegold müßte dann auch die Rechte an der Wittislinger Kirche von Hupald II. überkommen und weitervererbt haben, und zwar
die Pfarrpfründe an die Dillinger, die bisher unbekannte vierte Pfründe aber
sehr wahrscheinlich an die Pfalzgrafen. Die vierte Pfründe war im 13. Jahrhundert schon im Besitz des Augsburger Hochstifts. Der Zeitpunkt des Übergangs an das Hochstift muß also früher, wohl schon im 12. Jahrhundert, liegen. Das paßt recht gut zu unserer Vermutung, daß die vierte Pfründe einst
den Pfalzgrafen gehörte. Der letzte aus pfalzgräflichem Geschlecht, Bischof
Walter von Augsburg, hatte nämlich all seinen Besitz dem Augsburger Hochstift vermacht. Der Erbfall ist 1153 eingetreten. Damals müßte also die vierte
Pfründe ans Hochstift gelangt sein.

Durch die Verbindung des Pfalzgrafen Manegold mit dem „Duria"-Grafen
Manegold von 1003 ist freilich die Frage der Abstammung der Pfalzgrafen
nur teilweise geklärt. Wir wissen noch nicht, ob die Pfalzgrafen im Mannesstamm auf den „Duria"-Grafen zurückzuführen sind, oder ob dieser ein Vorfahr von weiblicher Seite ist. Daß Pfalzgraf Manegold Güter in Langenau und
dessen näherer Umgebung für seine Klosterstiftung bestimmt hat, läßt vermuten, daß in jener Gegend nicht das Zentrum seiner Herrschaft war, sondern daß es sich eher um entlegenere Besitzteile handelte. Der Kern der pfalzgräflichen Güter lag wohl eher am Nordrand der Alb. Nannte sich doch
Manegolds Sohn und Amtsnachfolger, Pfalzgraf Adalbert, „von Lauterburg"
(bei Heubach). Auch weiß die Überlieferung, daß die Erbgüter, die Bischof
Walter seinem Hochstift zukommen ließ, in der Gegend von Lorch und

---

u. zwei Selden in Händen der Markgrafen v. Burgau (Schenkungsbuch des Kl. Ursberg, Jahrb. d. Hist. Vereins Dillingen VII, 1894, S. 21 u. 22). Aber abgesehen davon,
daß die Sulmetinger nie den Grafentitel trugen, waren sie im Raum Langenau bestimmt nicht begütert; der Neffe Bischof Ulrichs müßte zudem ein ungewöhnlich hohes
Alter erreicht haben. – Wenn Manegold als „Duria"-Graf bezeugt ist, heißt das nicht,
daß er dieselbe Grafschaft innegehabt hat, in der uns bisher Angehörige u. Erben der
Dietpald-Richwin-Linie als „Duria"-Grafen begegnet sind. Denn deren Grafschaft
erstreckte sich südlich der Donau. Der Bezirk „Duria" aber hat mit Langenau u. Sontheim a. d. Brenz über die Donau gereicht u. war somit offenbar auf zwei Grafschaften
verteilt. Manegold hätte wohl die nördlich der Donau gelegene Hausgrafschaft der
Manegold-Hupald-Linie verwaltet.
[121] Daß jener Manegold von 1003 ein Vorfahr sowohl der Dillinger als auch der
Pfalzgrafen war, läßt sich durch eingehende besitzgeschichtliche Studien beweisen; vgl.
Anm. 123.

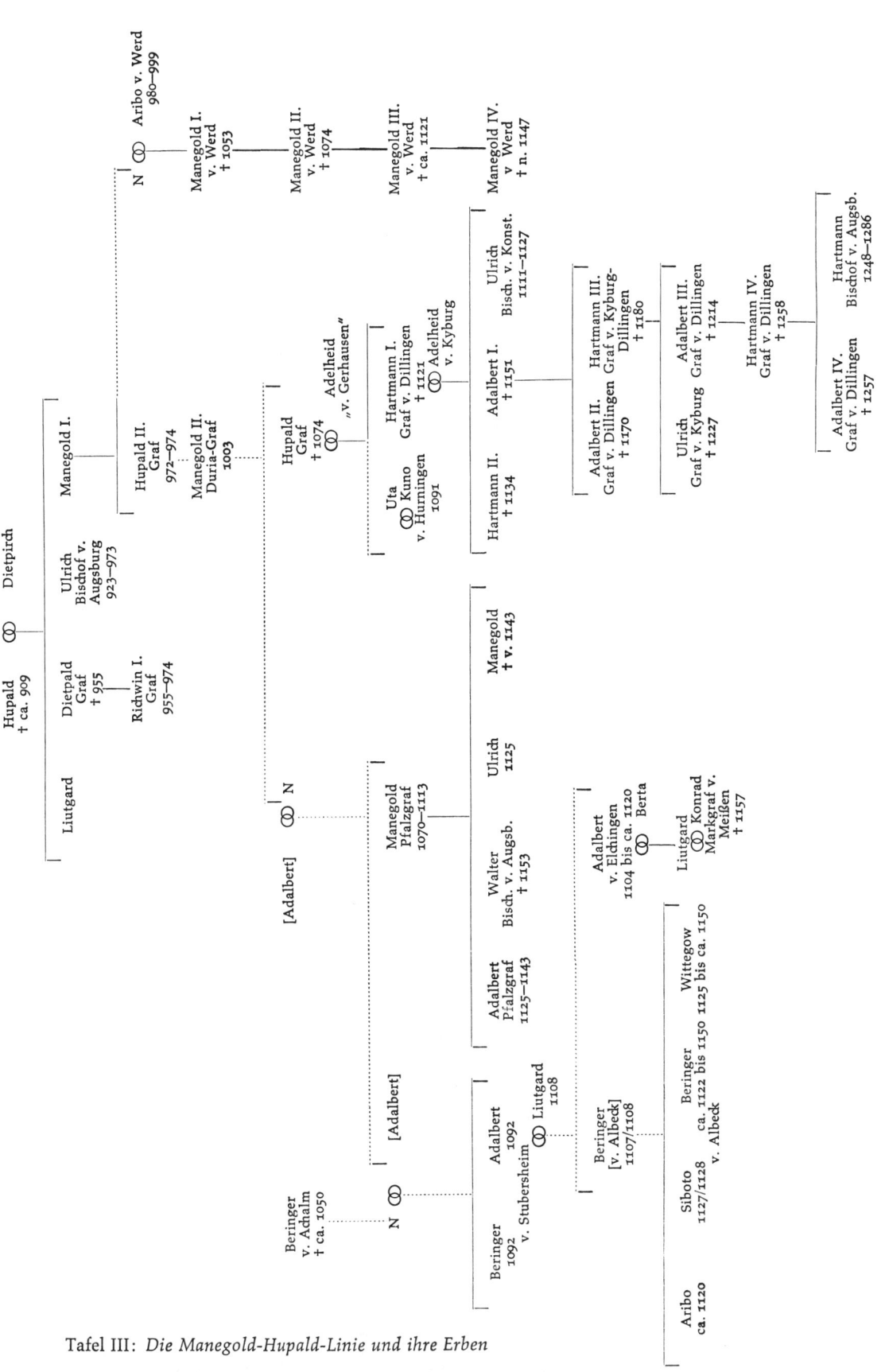

Tafel III: *Die Manegold-Hupald-Linie und ihre Erben*

Schwäb. Gmünd gelegen waren[122]. Der Frühbesitz des Klosters Anhausen, der sich aus einer Urkunde des Bischofs Walter von 1143 ergibt, erstreckte sich über die Alb und den Albuch bis an die Rems und Fils — somit weit über das Gebiet hinaus, in welchem hupaldingischer Besitz sonst bekannt oder zu erschließen ist. Er kann also zum großen Teil nicht von den „Hupaldingern" stammen. Die Verteilung des pfalzgräflichen Besitzes zeigt vielmehr, daß die Pfalzgrafen im Mannesstamm ein eigenes Geschlecht sind und daß sie die hupaldingischen Güter in Mergelstetten, Langenau und benachbarten Orten am südöstlichen Albrand wohl erheiratet haben. Da nun Pfalzgraf Manegold d. Ä. (1070–1113) selbst wie auch seine Söhne Manegold d. J. und Ulrich typische Hupaldingernamen tragen, dürfte die Mutter Manegolds d. Ä. eine „Hupaldingerin" gewesen sein, und zwar eine Tochter des „Duria"-Grafen Manegold von 1003 und damit eine Schwester des Grafen Hupald († 1074), der die Geschlechtsreihe der Dillinger eröffnet. Im Mannesstamm dagegen gehören die Pfalzgrafen einer Sippe an, die den Namen Adalbert bevorzugte und auf der Ulmer, Heidenheimer und Geislinger Alb begütert war. Aus ihr stammen auch die Herren von Stubersheim-Ravenstein, die Stifter des Klosters Elchingen und die Herren von Albeck[123].

---

[122] „Adelbertus palatinus de Luterburch" in Urk. von 1128, Wirt. U. B. I, S. 376, Nr. 293; Braun, Bischöfe II, S. 103; Fr. Zoepfl, Bistum Augsburg I, 1955, S. 126, Anm. 6.

[123] Will man den Mannesstamm der Pfalzgrafen ermitteln, muß man den Namen Adalbert im Auge behalten, der unter den Söhnen des Pfalzgrafen Manegold begegnet. Der Name Adalbert findet sich in Ostschwaben erstmals 1026 bei einem Grafen Adalbert, der mit seiner Gemahlin Judith das Kloster (Unter-)Liezheim an die Augsburger Domkirche übertrug (Steichele, Bistum Augsburg, Bd. 4, S. 759 f.). Die Mitwirkung der Judith läßt daran denken, daß das Gut Liezheim von ihrer Seite stammte. Da Liezheim im Begüterungsbereich der „Hupaldinger" liegt, könnte Judith eine „Hupaldingerin" sein. Man könnte sie für die Mutter des Pfalzgrafen Manegold (1070–1113) halten. Freilich wäre die Mutter Manegolds im J. 1026 noch sehr jung, wohl erst kurz vermählt, und Manegold noch kaum geboren gewesen. Wahrscheinlich gehört das Paar Adalbert u. Judith einer früheren Generation an. Nach den Regeln der Namensvererbung muß Manegolds Vater aber Adalbert geheißen haben.
Es fällt auf, daß der Frühbesitz des Klosters Anhausen sich mehrfach mit dem des Klosters Elchingen (gegründet um 1120) überschneidet, u. a. gerade in einer Reihe von Orten am südöstlichen Albrand um Langenau u. Stotzingen, wo uns hupaldingisches Erbe begegnet. Gründer des Kl. Elchingen ist ein Graf Adalbert (1104–um 1120), MG. Dipl. Heinr. IV., Nr. 483 u. 484). Die Tradition bringt ihn in Verbindung mit dem Hause (Stubersheim-)Ravenstein, das im gleichen Raum begütert war u. den Namen Adalbert bevorzugte. Von den Stubersheimern — 1092 sind die Brüder Adalbert u. Beringer v. St. bezeugt (WUB. I, S. 296 f., Nr. 241) — weisen verwandtschaftliche Beziehungen einmal ins Haus Achalm (von dort stammt der Name Beringer u. Besitz in Metzingen), zum anderen zu den Herren v. Albeck. Deren Stammvater Beringer ist in einer nur von Tubingius u. Gabelkover überlieferten Urkunde mit völlig verballhorntem Namen zu 1107 bzw. 1108 bezeugt (Gabelkover nennt ihn „de Arnegge"; s. Klemm, Württ. Vierteljahreshefte 7, 1884, S. 257); Tubingius auf-

III. Die spanheimische Pfründe in Wittislingen

Wir haben gehört, daß auch die Herzöge von Kärnten aus dem Hause Spanheim als Patronatsherren einer Pfründe am Wittislinger Kirchengut beteiligt waren. Gehen wir davon aus, daß diese Pfründe gleichfalls durch Erbschaft erworben worden ist, so müssen wir versuchen, ob sich von den Spanheimern eine genealogische Brücke zurück zu den „Hupaldingern" oder deren Erben schlagen läßt. Um die Basis der Untersuchung zu verbreitern, beziehen wir die sonstigen Besitzungen der Spanheimer in der weiteren Umgebung ein, da sie zweifellos dieselbe Geschichte haben wie die Wittislinger Pfründe und uns Anhaltspunkte liefern könnten, die der Untersuchung dienlich sind. A. v. Steichele hat die Güter der Spanheimer zusammengestellt; es bleibt dazu wenig zu ergänzen[124].

1. 1256 verlieh Herzog Ulrich von Kärnten auf Wunsch seines Bruders Philipp, des Erwählten von Salzburg, dem Dietrich von Altheim zwei Höfe und eine Hofstatt in Tapfheim, dazu die Flur Heiternau bei Tapfheim, einen Hof in Kicklingen und einen in Osterhofen (abgeg. bei Wittislingen)[125].

2. Derselbe schenkte 1269 dem Kloster Kaisheim das Patronatsrecht in Tapfheim; gleichzeitig bestätigte er die 1260 erfolgte Schenkung des Patronatsrechts der Wittislinger Pfründe und gestattete überdies seinen Vasallen und Ministerialen im Bistum Augsburg, Güter im Ertrag von bis zu 10 Mark Silber an das Kloster zu veräußern[126].

3. 1275 gab Herzog Philipp — sein Bruder Ulrich war 1269 gestorben —

---

grund eines offenkundigen Versehens, indem er ihm den Beinamen eines in derselben Zeugenliste stehenden Herrn v. Gruol b. Haigerloch gibt, „Beringerus de Grüre"; Tubingius Burrensis Coenobii Annales, hrsg. v. G. Brösamle, 1966, S. 84). Dieser Beringer ist der Vater von vier Brüdern namens Aribo, Siboto, Beringer u. Witegow v. Albeck, die zwischen 1120 u. 1150 bezeugt sind.
Eigene besitzgeschichtliche Untersuchungen haben ergeben, daß alle hier angeführten Geschlechter sich reibungslos in ein genealogisches Schema einfügen lassen: Pfalzgraf Manegold muß einen Bruder namens Adalbert gehabt haben, vermählt mit einer Achalmerin, die den Namen Beringer in die Sippe brachte. Söhne jenes Adalbert sind die 1092 bezeugten Brüder Adalbert u. Beringer v. Stubersheim. Während sich von Beringer die späteren Herren v. Stubersheim–Ravenstein ableiten, ist Adalbert der Vater sowohl des Adalbert v. Elchingen (1104–um 1120) als auch des ältesten Albeckers namens Beringer (1107–1108). Dann erklärt sich nämlich, wieso in den Orten Stotzingen, Asselfingen, Öllingen u. Ballendorf jeweils sowohl die Pfalzgrafen, die Stifter von Kl. Elchingen und die v. Albeck begütert waren und wieso in Langenau u. Setzingen Pfalzgrafen u. Herren v. Albeck sich nebeneinander finden (an Stelle von Einzelnachweisen sei auf die Ortsgeschichten in „Beschreibung des Oberamts Ulm", Bd. II, 1897, verwiesen). Nur angedeutet sei, daß die Pfalzgrafen auch mit den Staufern verwandt waren und daß letztere die Vogtei des Klosters Anhausen (nach 1143) erbten.
[124] Steichele, Bistum Augsburg, Bd. 3, S. 5 ff., Bd. 4, S. 589.
[125] AStAM, Klosterurkunden Kaisheim, Nr. 89.
[126] AStAM, Klosterurkunden Kaisheim, Nr. 152.

seinem Notar Rudolf zwei Höfe samt vier Hofstätten in Binswangen als Erblehen[127].

4. 1280 schenkte Heinrich von Höchstädt dem Kloster Mödingen einen kärntnerischen Lehenhof in Schabringen; dazu gab Herzog Ludwig der Strenge von Bayern seine Zustimmung, da er nach dem Tode Herzog Philipps (1279) die Lehenshoheit über die kärntnerischen Güter für sich und seinen Sohn beanspruchte und sich dabei auf Blutsverwandtschaft zu den Spanheimern berief[128].

5. 1287 übergab Konrad von Lutzingen dem Kloster Kaisheim einen Hof in Tapfheim, den eine Frau namens „Fürhin" von Herzog Ulrich von Kärnten († 1269) gekauft hatte[129].

Außer in Wittislingen ist Besitz der Spanheimer somit in Tapfheim, in der Heiternau, in Osterhofen (abgeg.), Schabringen, Kicklingen und Binswangen nachgewiesen, d. h. Besitz teils nördlich der Donau, im Begüterungsbereich der Dillinger, teils südlich der Donau, im Bereich der „Markgrafschaft Burgau".

6. Schließlich besagt eine Nachricht von 1320, daß Heinrich, König von Böhmen und Herzog von Kärnten (Sohn Meinhards II. von Görz, Tirol), dem Bischof von Augsburg seinen gesamten Besitz in und um Dillingen geschenkt habe, nämlich „intra muros oppidi Dillingen et extra, in monte S. Udalrici et in suburbiis"; mit diesen Gütern waren die von Eselsburg (bei Herbrechtingen) vom Herzogtum Kärnten („a ducatu Carinthiae") belehnt[130].

Hier haben wir möglicherweise einen Sonderfall, mit dem wir uns auseinandersetzen wollen: der schenkende Herzog Heinrich war kein Allodialerbe der Spanheimer; doch könnte man der Nachricht entnehmen, Heinrich habe Güter, die nach dem Erlöschen der Spanheimer in und um Dillingen noch übriggeblieben waren, nicht als Allod, sondern als Zubehör des Herzogtums Kärnten betrachtet und sodann in seiner Eigenschaft als Nachfolger der Spanheimer im Herzogtum Kärnten darüber verfügt. Es könnte sein, daß er auf diese Weise Ansprüchen der Herzöge von Bayern an diese Güter begegnen wollte[131].

Doch liegt auch eine andere Deutung nahe: Heinrich war durch seine Mutter Elisabeth, die in erster Ehe mit dem Staufer Konrad IV. († 1254) vermählt war, Stiefbruder Herzog Konradins († 1268). Elisabeth konnte Witwengut, das aus der staufischen Besitzmasse stammte, ihrem Sohn aus zweiter Ehe, eben dem erwähnten Heinrich, vererbt haben. Das Gut in und um Dillingen,

---

[127] MB XXXIIIa, S. 135 f., Nr. 122.
[128] AStAM, Klosterurkunden Maria-Mödingen, Nr. 31; vgl. Urk. Herzog Ludwigs II. von Bayern von 1280. Febr. 18., Quellen u. Erörterungen, Bd. V, S. 325 f., Nr. 133. Vgl. Tfl. IV.
[129] Reg. Boica IV, S. 331.
[130] Steichele, Bistum Augsburg, Bd. 3, S. 8, Anm. 11 (nach Raiser).
[131] Vgl. Anm. 128.

über das Heinrich verfügte, wäre dann als ehemals staufischer Besitz zu betrachten, der aus dem Heiratsgut der Adela von Vohburg stammte und somit vordem diepoldingischer und letztlich hupaldingischer Besitz (der Dietpald-Richwin-Linie) war. Dazu würde die Nachricht, daß Graf Richwin I., der Vater der diepoldingischen Stammutter, Inhaber des „castellum Dilinga" war, trefflich passen[132]. Man müßte dann annehmen, daß Dillingen zum Teil zeitweilig staufisch war. Die Handlungsweise Herzog Heinrichs wäre wiederum damit zu erklären, daß er etwaige Ansprüche Bayerns — in diesem Falle an das Erbe Konradins — abwehren wollte.

Die Orte, in denen wir eindeutig spanheimischen Besitz erkannt haben, liegen teils im Begüterungsbereich der Dillinger, teils auf dem Boden der „Markgrafschaft Burgau". Nach unserer bisherigen Erfahrung könnten die spanheimischen Güter sowohl aus dem Erbe der „Manegold-Hupald-Linie" als auch aus dem der „Diepald-Richwin-Linie" herausgeschnitten sein. Die Frage läßt sich auf Anhieb nicht entscheiden. Wir müssen uns etwas eingehender mit der Besitzgeschichte befassen.

Wittislingen, Osterhofen, Schabringen und Dillingen liegen zwar im engsten Herrschaftsbereich der Dillinger (Manegold-Hupald-Linie), doch sind die Dillinger hier nicht die alleinigen Grundherrn. In Wittislingen waren immerhin ja auch die Markgrafen von Burgau als Erben der Diepoldinger begütert; in Schabringen hatte Kloster Reichenbach geringen Besitz, der von den Diepoldingern stammte; daß auch in Dillingen die Diepoldinger Grundbesitz hatten, wurde als Möglichkeit soeben erwähnt. Also neben Besitz der Mangold-Hupald-Linie" auch solcher der „Diepald-Richwin-Linie". Eine eindeutige Antwort auf unsere Frage läßt sich aus den Besitzverhältnissen dieser Orte nicht finden.

Anders in Tapfheim mit Heiternau: hier ist staufischer und burgauischer Besitz[133], beides aus Diepoldingererbe. Dillingischer Besitz dagegen scheint zu fehlen. Ähnlich in Kicklingen rechts der Donau: hier ist uns diepoldingischer Besitz begegnet und findet sich solcher der Staufer[134], letzterer aus Diepoldingererbe. Dillingischer Besitz fehlt offenbar. Ähnliche Verhältnisse liegen in Binswangen vor: wir finden dort gegen Ende des 13. Jahrhunderts vier größere Gütergruppen in Händen der Markgrafen von Burgau, des Klosters Reichenbach, des Herzogs von Bayern (aus dem Erbe Konradins) und der Spanheimer. Die drei erstgenannten Gütergruppen gehen sicher auf die Diepoldinger zurück. Dillingischer Besitz fehlt[135].

[132] Vita Udalrici c. 24, MG. SS. IV, S. 409.

[133] Betr. Tapfheim s. Steichele, Bistum Augsburg, Bd. 4, S. 748 f.; Quellen u. Erörterungen, Bd. V, S. 270 u. Anm. 24.

[134] Vgl. Anm. 68; Steichele, Bistum Augsburg, Bd. 4, S. 686.

[135] Betr. Burgau, s. Urk. von 1300, AStAM — Klosterurkk. Reichsstift Kempten, Nr. 31. Betr. Kl. Reichenbach, s. Anm. 70 u. Urk. von 1270, MB XXVII, S. 64, Nr. 95. Betr. Bayern, s. Herzogsurbar von c. 1280, MB XXXVIa, S. 318. Betr. Spanheimer, s. Anm. 127.

Da nun in Tapfheim, Kicklingen und Binswangen kein Dillingischer Besitz festzustellen ist, dagegen alle erfaßbaren Besitzteile auf die Diepoldinger (Dietpald-Richwin-Linie) zurückzuführen sind, folgern wir, daß diese Orte einst als Ganzes den Diepoldingern (Dietpald-Richwin-Linie) gehört haben müssen und daß demzufolge auch der Anteil der Spanheimer irgendwie von den Diepoldingern stammt. Einer solchen Annahme widersprechen die Besitzverhältnisse in Wittislingen, Osterhofen, Schabringen und Dillingen nicht. Sie wird vielmehr entscheidend bestätigt dadurch, daß sich in einem recht langwierigen Prozeß um die restlichen spanheimischen Rechte in Binswangen nur die Teilhaber am Diepoldingererbe stritten, nämlich neben dem Herzogtum Kärnten die bayerischen Herzöge (unter Berufung auf Blutsverwandtschaft zu den Spanheimern) und die Markgrafen von Burgau. Die Dillinger oder deren Rechtsnachfolger hatten daran keinen Anteil [136]. Dies beweist, daß die Spanheimer den Erben der Diepoldinger weit näher standen als den Dillingern. Wir dürfen daher sagen, daß die Spanheimer den Diepoldingern verwandtschaftlich verbunden sind und somit zu den Erben der „Dietpald-Richwin-Linie" gehören [137].

Da es sich nun darum handelt, die Beziehungen der Spanheimer zu den Diepoldingern aufzudecken, ist wichtig zu wissen, wie weit sich der spanheimische Besitz in den fraglichen Orten zurückverfolgen läßt. Die spanheimischen Güter — namentlich die in Binswangen — werden als von den Vorfahren ererbtes Gut bezeichnet [138]. Herzog Bernhard von Kärnten (1202–1256), der Vater der Herzöge Ulrich und Philipp, ist als Lehensherr der Güter in Binswangen bezeugt. Hat nun Bernhard die Güter seinerseits bereits geerbt oder erheiratet? Letztere Möglichkeit soll geprüft werden: Herzog Bernhard war vermählt mit Jutta, der Tochter Ottokars I. von Böhmen († 1230). Dessen Großmutter war Richinza, die Tochter der Adelheid „von Mochental". Letztere hat dem Hause Berg beträchtlichen Besitz in jener Gegend und gerade auch in Binswangen zugebracht. Dieser Besitz stammte von Adelheids Vater, dem Markgrafen Diepold von Giengen († 1078). Somit ließe sich die Herkunft auch des spanheimischen Besitzes aus dem Erbe der Diepoldinger erklären. Wir wollen diese Möglichkeit im Auge behalten. Wir halten sie jedoch für nicht sehr wahrscheinlich. Nichts deutet nämlich darauf hin, daß auch die Töchter der Adelheid „von Mochental" am schwäbischen Diepoldingererbe beteiligt gewesen wären. Somit hat Richinza ihrer Enkelin Jutta, Gemahlin des Herzogs Bernhard, wohl keinen Besitz im Ostschwäbischen ver-

---

[136] Vgl. Urkk. von 1289, 1293, 1304 u. 1339 = MB XXXIIIa, S. 192, Nr. 173, S. 221, Nr. 190, S. 314, Nr. 257; MB XXXIIIb, S. 73 f., Nr. 75.

[137] Hierauf weisen auch die Besitzverhältnisse in Ernstbrunn (N. Ö.) u. dem dicht benachbarten Thomassl: dieser alte Besitz der Rapotonen–Diepoldinger (Rapoto „v. Ernstbrunn" um 1050, vgl. Anm. 91) ist vor 1256 im Besitz der Spanheimischen Linie Ortenburg-Kraiburg; vgl. Fontes II, 11, S. 133; Mitscha–Märheim, Jahrbuch XXIX, S. 427; Tyroller, Genealogie, Tfl. 20 nach S. 277.

[138] S. Urk. von 1275; MB XXXIIIa, S. 135, Nr. 122.

erbt. Sie dürfte anderweitig abgefunden worden sein. Wahrscheinlicher ist, daß Herzog Bernhard die schwäbischen Güter bereits geerbt hat. Halten wir unter seinen Vorfahren Umschau, so kommt als Erblasser kaum jemand anderer in Frage als Graf Ulrich „der Vielreiche" von Passau († 1099). Denn dessen Tochter Uta war die Gemahlin Engelberts II. von Spanheim, Markgrafen von Istrien und Herzogs von Kärnten († 1141), und dadurch die Stammutter aller späteren Spanheimer[139]. Ulrich „der Vielreiche" war mit Diepoldingern eng verwandt. Daran kann nicht gezweifelt werden. Die überlieferten Verwandtschaftsbeziehungen lassen sich allerdings nicht leicht in Einklang bringen und haben deshalb verschiedene Deutung erfahren, ja man hat sich neuestens sogar vollkommen über sie hinweggesetzt. Das scheint uns weder gerechtfertigt noch notwendig.

Ulrich „der Vielreiche" wird einerseits „patruelis" (Vetter von Vaterseite) des Pfalzgrafen Rapoto († 1099) genannt[140]. Nach dieser Aussage ist er ein Angehöriger der Diepoldingersippe, generationsgleich mit dem erwähnten Pfalzgrafen Rapoto, Sohn Rapotos von Cham († 1080), und mit Diepold von Vohburg († 1146). Im Nekrolog des Klosters Baumburg wird Ulrich andererseits als „filius palatini" vermerkt und unter die „fundatores" dieses Klosters gezählt[141]. Demnach müßte er ein Sohn des bayerischen Pfalzgrafen Kuno d. Ä. von Rott († 1086) gewesen sein.

Nähme man die beiden Aussagen wörtlich und versuchte man, sie miteinander in Einklang zu bringen, dann müßte Kuno von Rott ein Bruder Diepolds von Giengen († 1078) und Rapotos von Cham († 1080) gewesen sein. Das stimmt auf keinen Fall; denn Kuno von Rott ist als Sohn des Grafen Poppo von Rott (1037 bis um 1040) bezeugt[141a]. Auch kennen wir den Mannesstamm der Diepoldinger ziemlich genau; ein weiterer Bruder Diepolds von Giengen und Rapotos von Cham ist nirgends bezeugt. Somit kann die Verwandtschaft Ulrichs „des Vielreichen" zu den Diepoldingern nur über seine Mutter gehen. Sie müßte eine Schwester Diepolds von Giengen und Rapotos von Cham gewesen sein. Aber auch die Vaterschaft Kunos von Rott ist zweifelhaft. Aus einer Urkunde Kaiser Heinrichs IV. von 1086, die freilich verfälscht ist, sind uns die Kinder und Erben Kunos von Rott bekannt, nämlich Kuno d. J. († 1081) und Irmgard[142]; unser Ulrich ist nicht mit aufgeführt. Demzufolge kann Kuno von Rott auch nicht der leibliche Vater Ulrichs „des Vielreichen" gewesen sein. Das schließt aber nicht aus, daß er Ulrichs Stiefvater war. Da Ulrich offenbar von früher Kindheit an im Hause Kunos von

---

[139] Tyroller, Genealogie, Tfl. 20.

[140] Ekkehard–Frutolf, Chronicon, MG. SS. VI, S. 218 u. 220; Annalista Saxo, MG. SS. VI, S. 732.

[141] MG. Necrol. II, S. 238; MB II, S. 264. – Zum Kreis der Gründer Baumburgs gehörte er durch seine Gemahlin Adelheid, Tochter des Grafen Kuno v. Frontenhausen-Lechsgmünd († 1092).

[141a] MB XIV, S. 181, Nr. 2.

[142] MG. Dipl. Heinr. IV., Nr. 263.

Rott herangewachsen ist, ist es verständlich, daß er als „filius" des Pfalzgrafen Kuno galt. Ulrich stammte dann aus einer früheren Ehe der Gemahlin
Kunos von Rott, einer Diepoldingerin, und war deshalb vom Erbe Kunos ausgeschlossen. Kunos Gemahlin hieß Uta[143]. Sie trug also denselben Namen
wie Ulrichs „des Vielreichen" Tochter, die Stammutter der Kärntner Herzöge
aus dem Hause Spanheim. Derselbe Name bei Großmutter und Enkelin kann
kaum Zufall sein, sondern entspricht genau den Regeln der Namensvererbung.
Wir sehen darin eine Bestätigung, daß unsere Interpretation der Quellen, die
über Ulrichs Verwandtschaft aussagen, grundsätzlich richtig ist. Diepoldingischer Besitz kann somit nur durch Ulrichs Mutter Uta, die eine Schwester
Diepolds von Giengen († 1078) und Rapotos von Cham († 1080) gewesen sein
muß, über ihre Enkelin Uta an die Spanheimer gelangt sein. Unter diesem Besitz befand sich ein Anteil am Wittislinger Kirchengut[144]. Als Vater Ulrichs „des
Vielreichen" und somit als erster Gemahl der Uta gilt Ulrich von Formbach
(† um 1055), Sohn des Grafen Tiemo II. von Formbach[145].

Wir glauben, für unsere Ansicht noch ein triftiges Argument ins Feld führen zu können: Pfalzgraf Kuno d. Ä. von Rott besaß aus seiner Ehe mit Uta
den schon erwähnten Sohn Kuno, der gleichfalls den Pfalzgrafentitel trug
und sich nach Vohburg an der Donau nannte[146]. Er fiel als Parteigänger
Kaiser Heinrichs IV. 1081 bei Höchstädt an der Donau. Seine Witwe Elisabeth heiratete noch vor 1086 Rapoto, den Sohn Rapotos von Cham, und
brachte diesem, ihrem zweiten Gemahl, die Herrschaft Vohburg sowie — spätestens 1086 nach dem Tode Kunos d. Ä. — den Pfalzgrafentitel zu. Diese
Dinge sind nicht neu. Die Heirat Rapotos, die den Diepoldingern nicht nur
einen Teil des Rottschen Erbes, sondern mit der Pfalzgrafenwürde auch ver-
mehrtes Ansehen einbrachte, erscheint unseres Erachtens aber in etwas ande-

---

[143] Nekrolog des Kl. Rott, MB I, S. 359 f.; vgl. MB I, S. 350 (Nota).

[144] Vgl. L. Throner, Die Diepoldinger u. ihre Ministerialen. Diss. München 1944,
Stammtafel. – Unsere Ansicht über Herkunft Ulrichs „des Vielreichen" hat sich in
Auseinandersetzung mit Mitscha-Märheim (Jahrbuch XXIX, S. 422 f.) gebildet. Die
Herkunft der älteren Uta, Gemahlin Kunos d. Ä. v. Rott, ist nirgends überliefert.
Mitscha-Märheim, a.a.O., S. 422, möchte sie zwar identifizieren mit einer Matrone
Uta, Schwester des Erzbischofs Siegfried von Köln, die vor 1068 an Bischof Gundekar
von Eichstätt Besitz in Eysölden schenkte (Heidingsfelder, Regesten, S. 82, Nr. 237,1),
denn er sieht in dem Spitzenzeugen Chuono den Pfalzgrafen Kuno d. Ä. v. Rott u.
hält ihn für den Gemahl der Schenkerin. Dagegen ist einzuwenden, daß Kuno v. Rott
bereits 1055 als Pfalzgraf bezeugt ist; wäre er mit jenem Chuono identisch, hätte man
seinen Titel wohl kaum vergessen. Der Zeuge Chuono könnte ebensogut Kuno v.
Harburg-Lechsgmünd gewesen sein (s. Tyroller, Genealogie, Tfl. 19, Nr. 1). Die
Matrone Uta war sehr wahrscheinlich eine ältere Dame. – Tyroller hat Uta, die Gemahlin Kunos v. Rott, als Tochter des Grafen Friedrich II. v. Dießen, lediglich erschlossen; Beweiskraft kommt seiner Argumentation kaum zu (Genealogie, Tfl. 10,
Andechs, Nr. 17).

[145] Mitscha-Märheim, Jahrbuch XXIX, S. 423 u. Stammtafel I nach S. 439; Throner,
Die Diepoldinger (vgl. Anm. 144), Stammtafel.

[146] Chronik des Klosters Petershausen (wie Anm. 36) 2. Buch c. 40, S. 116.

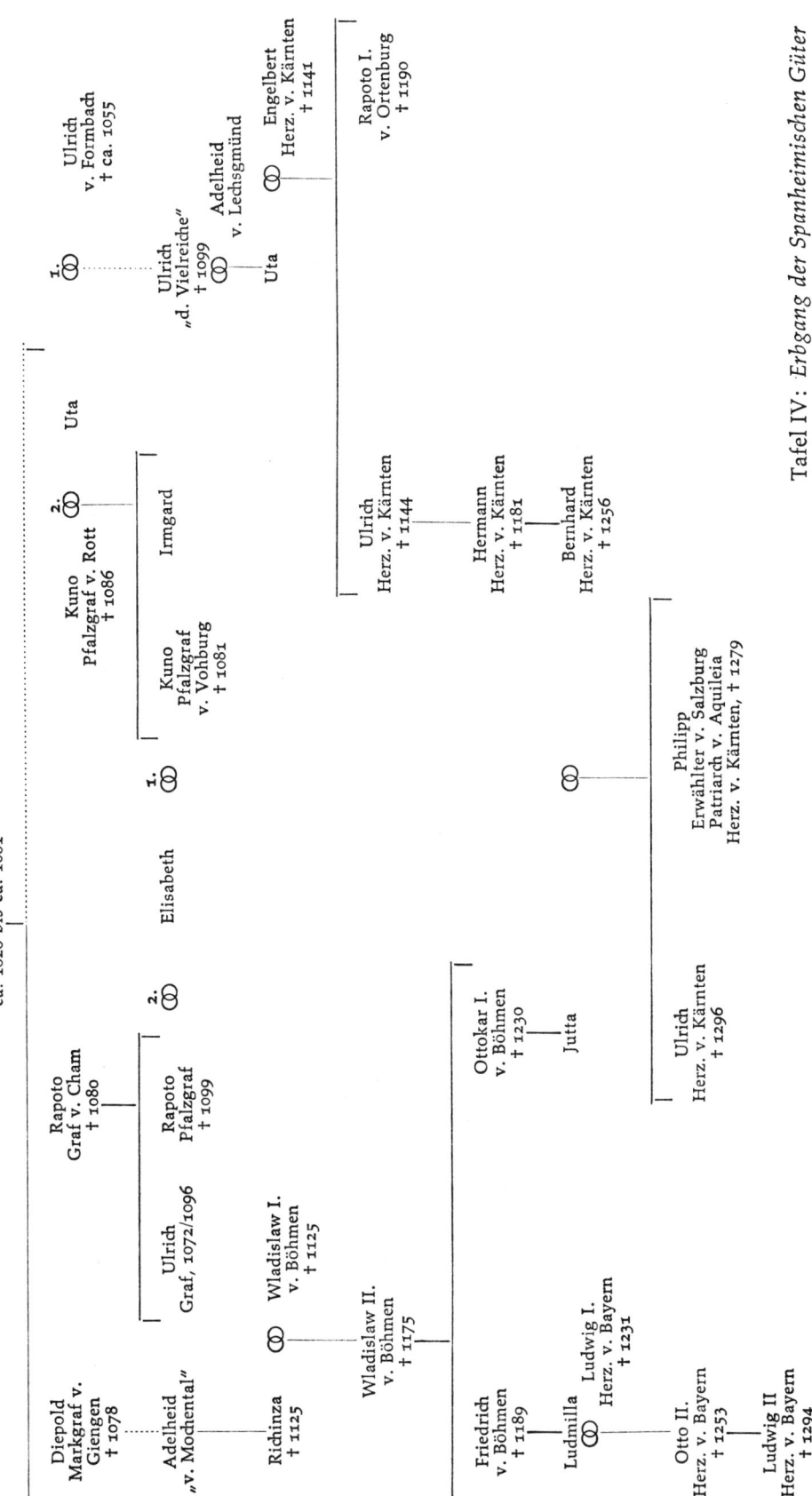

Tafel IV: *Erbgang der Spanheimischen Güter*

rem Licht, wenn Rapoto durch seine Tante Uta dem Hause Vohburg-Rott
bereits verwandt war. Seine Heirat mit der Witwe seines Vetters Kuno offen-
bart sich dann als ein Akt diepoldingischer Hausmachtpolitik: es galt zu verhindern, daß das Rottsche Erbe und darunter wohl auch Teile diepoldingischen
Erbes, die Uta eingebracht hatte, in fremde Hände geriet. Dies wäre eingetreten, falls sich Elisabeth etwa anderweitig wieder verheiratet hätte[147].

Unsere Untersuchung hat, wenn auch auf Umwegen, wohl zu brauchbaren
Ergebnissen geführt; sie hat insbesondere das Resultat erbracht, daß die vier
Wittislinger Pfründen zurückzuführen sind auf ein ursprünglich einheitliches
Kirchengut, das zuletzt in Händen des um 909 verstorbenen Hupald I. geschlossen beieinander war. Die vier Pfründen sind entstanden durch wiederholte Teilung dieses Kirchenguts; seine Teile haben sich samt und sonders
innerhalb eines Kreises naher Verwandter vererbt. War bereits vor 973 eine
erste Teilung unter die beiden Vettern Richwin I. und Hupald II. erfolgt, so
muß im Laufe des 11. Jahrhunderts jeweils eine nochmalige Teilung eingetreten sein. Aus dem Halbteil Richwins I. wurden die markgräflich-burgau-

---

[147] Franz Tyroller (Genealogie, Tfl. 13, Nr. 13) hat sich über die überlieferten Angaben zur Verwandschaft Ulrichs „des Vielreichen" hinweggesetzt. Er betrachtet ihn
als Bruder (nicht Vetter) des Pfalzgrafen Rapoto († 1099) und damit als Sohn Rapotos
v. Cham († 1080). – Ist Tyrollers Verfahren methodisch zwar ungewöhnlich, so dürften die Folgerungen freilich einer ernsthaften Diskussion wert sein. Tyroller konnte
für seine Ansicht immerhin beachtliche Argumente beibringen. Überdies paßt sie zu
unseren besitzgeschichtlichen Erwägungen, die Tyroller nicht kannte.

1. Zunächst ist urkundlich bezeugt, daß Pfalzgraf Rapoto († 1099) einen Bruder
Ulrich hatte (Urk. von 1072, Salzb. U. B. I, S. 773). Es ist jener Ulrich, der 1096 bei
Heinrich IV. intervenierte, um seinem Bruder Hermann das Bistum Augsburg zu
verschaffen. Auf ihn bezieht Tyroller einen Eintrag im Nekrolog von St. Ulrich in
Augsburg zum 24. II. Dieses Datum kommt dem Todestag Ulrichs „des Vielreichen",
dem 20. II. laut Nekrolog von Baumburg, so nahe, daß anzunehmen ist, daß der im
Nekrolog von St. Ulrich Verzeichnete mit Ulrich „dem Vielreichen" identisch ist. Den
im Nekrolog von St. Ulrich (zum 24. II.) Verzeichneten identifiziert Tyroller weiterhin
mit Ulrich „von Finningen", der zu den besonderen Wohltätern des Klosters zählte
(vgl. Anm. 72). Somit sind für ihn Rapotos Bruder Ulrich, Ulrich „von Finningen"
und Ulrich „der Vielreiche" eine Person.

2. Für Tyrollers Ansicht spricht ferner, daß unter den Söhnen, Enkeln u. Urenkeln
der Uta, Tochter Ulrichs „des Vielreichen", der Name Rapoto wiederkehrt. Man
müßte daraus schließen, daß unter Utas direkten Vorfahren, und zwar in der Generation des Großvaters, möglichst der Großvater selbst, ein Rapoto war. Nach Tyrollers
Ansicht wäre Rapoto v. Cham († 1080) der Großvater der Uta.

Wenn wir uns der Ansicht Tyrollers trotz allem nicht anschließen, dann vor
allem aus folgendem Grund: es ist keineswegs sicher, daß der im Nekrolog von St.
Ulrich zum 24. II. verzeichnete Ulrich, der mit Ulrich „dem Vielreichen" identifiziert
werden kann, auch mit Ulrich „von Finningen" und Rapotos Bruder Ulrich identisch
ist. Im Nekrolog von St. Ulrich sind nämlich drei Grafen namens Ulrich ohne jeden
Beinamen verzeichnet: zum 24. II., 11. III. u. 15. VIII. (MG. Necrol. I, S. 121, 122
u. 125). Man muß sie unbedingt auseinander halten. Wenn man nun den zum
24. II. Verzeichneten mit Ulrich „dem Vielreichen" gleichsetzt, dann bleiben immer
noch zwei Grafen namens Ulrich übrig. Wir halten einen davon für den vor 1059

ische und die Pfründe der Spanheimer dotiert. Das Halbteil Hupalds II. diente zur Ausstattung der dillingischen Pfarrpfründe und jener vierten Pfründe, die höchst wahrscheinlich den Pfalzgrafen eigen war.

Die Aufteilung des Wittislinger Kirchenguts ist beispielhaft für die Aufteilung einer um 900 ziemlich geschlossenen, sehr bedeutenden Besitzmasse beiderseits der Donau. Reiht man für jede Pfründe alle Personen, durch deren Hände sie gegangen sein muß, in chronologischer Folge aneinander, so ergibt sich ein verläßliches genealogisches Gerüst, das seinen Ausgang von Hupald I. nimmt, und in das sich die meisten der im fraglichen Raum vor dem 13. Jahrhundert Begüterten einordnen lassen. Insofern sind die Wittislinger Pfründen tatsächlich ein Schlüssel zur Besitzgeschichte eines beträchtlichen Teils von Ostschwaben.

---

verstorbenen Grafen im Bezirk „Duria", den anderen für jenen Bruder des Pfalzgrafen Rapoto, der seinem anderen Bruder Hermann das Bistum Augsburg verschafft hat; er dürfte identisch sein mit Ulrich „von Finningen". Andere Ulriche im Grafenrang kennen wir für die Zeit vor 1100 nicht.

Die Ansicht Tyrollers weicht von der unserigen nur wenig ab. Nach Tyrollers Auffassung müßten die spanheimischen Güter aus dem Erbteil Rapotos v. Cham († 1080) stammen, nach unserer aus dem seiner (erschlossenen) Schwester Uta. In beiden Fällen stammen sie von dem Grafen Dietpald († um 1061) und gingen letzten Endes auf die Dietpald-Richwin-Linie der „Hupaldinger" zurück.

Zu einem ähnlichen Ergebnis kommen wir mit der oben S. 26 erörterten Möglichkeit, daß Herzog Bernhard v. Kärnten (1202–1256) die schwäbischen Güter erheiratet habe. Dann nämlich rührten sie von Adelheid „von Mochental" bzw. deren Vater, Diepold v. Giengen († 1078) her. Er ist aber gleichfalls ein Sohn des um 1061 verstorbenen Grafen Dietpald. Somit führen alle drei Versionen auf ihn als Erblasser zurück. Strittig ist, über welches seiner Kinder das Erbe weitergegeben wurde.

Die Wittislinger Pfründen – ein Schlüssel zur Besitzgeschichte Ostschwabens im Hochmittelalter. In: JHVD Jg. 71. 1969, S. 24-67.

Die Edelherren von Gundelfingen-Hellenstein
Ein Beitrag zur Geschichte des ostschwäbischen Adels im hohen Mittelalter

Die Edelherren von Gundelfingen-Hellenstein sind bisher nicht unter genealogischem Gesichtspunkt bearbeitet worden. Alfred Schröder, einer der besten Kenner der Geschichte Ostschwabens, hat sich in seiner Arbeit über „Die Edelfreien von Gundelfingen in Bayern"[1] darauf beschränkt, einen „Überblick über Charakter und Leistungen des Geschlechts" zu bieten. Er war sich offenbar der Schwierigkeiten bewußt, die urkundlich bezeugten Herren von Gundelfingen an der Brenz zu trennen von denen aus dem Lautertal (Krs. Münsingen), die ersteren nach Generationen zu gliedern und ihre Familienbeziehungen darzulegen. Die Gundelfinger von der Brenz und vom Lautertal sind nicht immer klar auseinanderzuhalten, weil nämlich mitunter in beiden Familien zur selben Zeit die gleichen Namen auftauchen und ihre Träger oft nur als Zeugen erwähnt sind, auch Gundelfinger von der Lauter nicht selten in ostschwäbische Angelegenheiten verwickelt erscheinen. Hier schafft die umfassende und sehr verdienstvolle Regestsammlung zur Geschichte derer von Gundelfingen an der Lauter, die Alfons Uhrle zusammengetragen hat[2], die Voraussetzung auch für die Bearbeitung der Gundelfingen von der Brenz, da sie alle diejenigen Belege aussondert, die auf die Gundelfingen an der Lauter zu beziehen sind. Sodann sind die ältesten Gundelfinger meist nur durch ungenau datierbare Traditionsnotizen bezeugt, was die Abgrenzung der Generationen erschwert.

Wenn im folgenden eine Genealogie der Herren von Gundelfingen erstellt wird und aus der Besitzgeschichte Folgerungen auf die mögliche Herkunft der Gundelfinger gezogen werden, handelt es sich um einen Versuch. Das Quellenmaterial ist im Laufe der Jahre mehr zufällig zusammengekommen; die eine oder andere Nachricht könnte dem Verfasser entgangen sein. Er stellt seine Auffassung von der Geschichte des Geschlechts zur Diskussion.

Die von Gundelfingen rechnen aufgrund ihrer Stellung in den Zeugenreihen wie auch aufgrund ausdrücklicher Zeugnisse zu den „nobiles"[3]. Sie gehören

---

[1] Historisch-polit. Blätter f. d. kathol. Deutschland, Bd. 163, 1919, S. 422 ff.

[2] Alfons Uhrle, Regesten z. Geschichte der Edelherren v. Gundelfingen, v. Justingen, v. Steußlingen u. v. Wildenstein, Phil. Diss. Tübingen 1960.

[3] Z. B. Degenhardus nobilis de Gundoluingen, 1257. III. 20; MB XXXIIIa, S. 84; Ulricus nobilis vir de Gundelfingen, 1260. V. 2.; KlU Obermedlingen 1 und oft.

damit zu der verhältnismäßig zahlreichen Schicht der Freiadeligen, aus der nicht wenige in frühstaufischer Zeit den Grafenrang erlangt und in nachstaufischer Zeit sich zu Landesherren aufgeschwungen haben. Das ist den Gundelfingern nicht geglückt, auch wenn einer ihrer letzten sich gelegentlich als „Graf" tituliert. Vielleicht deshalb nicht, weil ihre Besitzbasis zu schmal, ihre Güter zu weit verstreut waren und durch Vergabungen an Klöster und Kirchen sich ständig minderten. Vielleicht auch, weil sie zwischen mächtigen Nachbarn — den Grafen von Dillingen bzw. dem Hochstift Augsburg einerseits, den Staufern bzw. den Herzögen von Bayern andererseits — zu wenig Spielraum hatten, sich ein eigenes Territorium zu schaffen. Um so mehr haben ihre Vertreter als Inhaber hoher kirchlicher Ämter Bedeutung erlangt. Ihre Heiratsverbindungen dokumentieren ihren Rang. Gundelfinger holten sich ihre Gemahlinnen aus den Häusern Dillingen, Berg-Burgau, Kirchberg und Albeck; sie verheirateten ihre Töchter in die Familien Kirchberg, Hohenlohe, Gundelfingen an der Lauter, Faimingen und Hürnheim.

Die Burg der Herren von Gundelfingen ist nicht einmal ihrer Lage nach genau bekannt. Lokalkenner vermuten sie auf dem Buschelberg (Buschel = Burgstall) beim heutigen Bahnhof[4], vielleicht die einzige Stelle in der Nähe der Siedlung Gundelfingen, die sich für eine Burganlage eignete. Weil nun der Buschelberg keine dominierende Höhe mit entsprechend klingendem Namen war, mag der Erbauer der Burg einfach den Namen der benachbarten Siedlung auf seinen neuen Burgsitz übertragen haben. Doch gelten Burgen, die ihren Namen von der benachbarten Siedlung herleiten, im allgemeinen als die ältesten; man denke an das benachbarte „castellum Dilinga", das schon 973 genannt wird, oder an die Hochadelsburg Giengen beim gleichnamigen Dorf, die für 1078 bezeugt ist. Im Investiturstreit haben sich die Burgherren von Dillingen und Giengen heftig bekämpft. Spätestens damals ergab sich für den Gundelfinger, der dazwischen saß und seine Hintersassen in der Umgebung wirksam zu schützen hatte, die Notwendigkeit, sich gleichfalls einen Burgsitz zu schaffen, gleichgültig, ob er sich aus dem Streit der Nachbarn heraushielt oder für einen von ihnen Partei ergriff. Somit dürfte die Zeit um 1080 als Entstehungszeit der Burg Gundelfingen anzusehen sein.

1. Die Gundelfinger des 12. Jahrhunderts

Der erste unseres Geschlechts, der sich quellenmäßig fassen läßt, ist „Pillunc de Gundolvingen". Er wirkte als Zeuge mit, als eine gewisse Hiltimageth ein Gut in Möggingen im Ries an das Kloster St. Ulrich und Afra in Augsburg tradierte[5]. Da einige der Mitzeugen für die Zeit um 1096 anderweitig belegt

---

[4] R. H. Seitz, Hist. ONB Land- und Stadtkreis Dillingen, S. 68; 1373 ist ein Burgstall erwähnt, R. H. Seitz, Gundelfingen a. d. Donau, S. 31.

[5] MB XXII, S. 22, Nr. 23.

sind, darf man die Nachricht über Billung von Gundelfingen auf 1090—1100 datieren[6]. Der Name Billungs ist in Schwaben äußerst selten. Deshalb darf er versuchsweise in Verbindung gebracht werden mit einem Pileund, der mit anderen „optimates" Ostschwabens und Frankens seine Zustimmung gab, als Kaiser Heinrich III. 1053 dem Bischof von Eichstätt einen Wildbannbezirk beiderseits der mittleren Wörnitz übertrug[7]. Die Urkunde darüber ist nur in späten Abschriften erhalten, der Name des Zeugen Pileund zweifellos verballhornt; er dürfte Pillunc gelautet haben. Somit könnte der Zeuge von 1053 ein Vorfahr oder sonst Verwandter Billungs von Gundelfingen sein. Für Billung ergäbe sich nicht nur aus dem Besitz der Hiltimageth, für die er zeugt, sondern auch vom Namen her eine Beziehung zum Ries. Wir kommen darauf noch einmal zurück.

Wahrscheinlich schon der folgenden (2.) und übernächsten (3.) Generation gehören vier Gundelfinger an, die ein Gütergeschäft für Kloster Rottenbuch bei Schongau bezeugen. Diemo von Michelstein verkaufte dem Kloster mit Zustimmung seiner mit Namen nicht genannten Gemahlin und seiner Söhne (Kinder) sein „predium" in Schwabmühlhausen (Krs. Schwabmünchen) um 130 Mark Silber. Dies bezeugten neben Edlen aus der Umgebung von Schwabmühlhausen auch Reginhart von Michelstein, Sifrid von Gundelfingen, Rudprecht vom selben Ort (de eodem), . . . Reginboto von Gundelfingen, . . . Gerung von Gundelfingen[8]. Da der Zeuge Reginhart von Michelstein anderweitig von 1101—1122 nachzuweisen ist, dürfen wir den Vorgang in denselben Zeitraum, mithin auf c. 1115 datieren[9]. Die Urkunde muß uns näher beschäftigen, da sie Einblicke in die Familienverbindungen der Gundelfinger gewährt.

Der Verkäufer Diemo und der Zeuge Reginhart nennen sich nach der Burg Michelstein bei Sontheim im Stubental (Gemeinde Steinheim am Albuch, Krs. Heidenheim)[10]; Reginhart hatte aber auch einen Burgsitz in Dapfen bei Münsingen und in Oberböbingen bei Schwäbisch Gmünd. Sie dürften Brüder sein. Die Zeugenschaft Reginharts erklärt sich ja am ehesten, wenn auch er ein Anrecht an das verkaufte Gut Schwabmühlhausen hatte, auf das er nun verzichtete, ein Anrecht, das auf Erbschaft beruhte. Da Schwabmühlhausen den Burgsitzen der Michelsteiner ziemlich entfernt lag, war es wahrscheinlich ein Erbgut von Mutterseite, das eben wegen seiner Entlegenheit veräußert wurde.

Auffallend ist das stattliche Zeugenaufgebot der Gundelfinger. Sie müssen

---

[6] Oefele, Gesch. d. Grafen v. Andechs, S. 225 f., Urk. Nr. 2.

[7] MG. Dipl. Heinr. III., Nr. 303; vgl. Heidingsfelder, Regg. d. Bisch. v. Eichstätt, Nr. 196.

[8] KL Rottenbuch, Nr. 1, fol. 1'; Greinwald, Origines Raitenbuchae, S. 188.

[9] Jänichen, Die schwäb. Verwandtschaft d. Abtes Adalbert von Schaffhausen (Schaffhauser Beiträge, H. 35, 1958), S. 11 ff.

[10] Urk. v. 1343. V. 31. in BM XXXX, S. 490 f., Nr. 218; HStA. Stgt., Lagerbuch Königsbronn von 1471, G 1295, fol. 58.

mit dem Verkäufer verwandt oder in Schwabmühlhausen begütert gewesen sein; wahrscheinlich traf beides zu. Auffallend ist ferner, daß sie nicht alle vier hintereinander àufgeführt, sondern in der Reihenfolge durch andere Namen getrennt sind. Da unter den Zeugen Rangunterschiede nicht festzustellen sind, welche die Reihenfolge bestimmt haben könnten, bleibt nur zu vermuten, daß sie nach dem Alter geordnet waren. Dann gehören die vier Gundelfinger nicht alle der gleichen Generation an. Sifrid und Rudprecht, die zusammen gleich hinter Reginhart von Michelstein stehen und als Brüder zu betrachten sind, waren älter und wohl generationsgleich mit den Michelsteinern. Die gegen Schluß der Zeugenreihe stehenden Reginboto und Gerunc dürften eine Generation jünger und Söhne der ersteren gewesen sein. Sifrid und Rudprecht, die durch ihre Zeugenschaft dem Rechtsgeschäft zustimmten, könnten Schwäger des Verkäufers Diemo von Michelstein gewesen sein. Doch hatten sie wohl auch ein unmittelbares Anrecht an das verkaufte Gut. Daß nämlich die Gundelfinger selbst in Schwabmühlhausen begütert waren, geht aus einer etwas später zu datierenden Tradition an Kloster Ursberg hervor. Ihr zufolge übertrug der Freie Wittigo von Eberstall (bei Jettingen) mit seiner Schwester Hiltrud dem Kloster Eigengut in Schwabmühlhausen, wobei Diemo von Gundelfingen und Siboto von Albeck mit seinen Brüdern (Wittigo und Berenger) ihm ihre ererbten Anrechte käuflich überließen[11].

Der Vorgang ist wegen der genannten Personen auf etwa 1145–1150 zu datieren. Die Personen dürften folglich eine Generation jünger sein als die Brüder von Michelstein und die Brüder Sifrid und Rudprecht von Gundelfingen. Der an der Tradition nach Ursberg beteiligte Gundelfinger heißt Diemo, trägt also den gleichen Namen wie der eine Generation ältere Diemo von Michelstein. Für Gundelfingen und Michelstein ergibt sich somit nicht nur gemeinsame Begüterung in Schwabmühlhausen, sondern auch die Gemeinsamkeit des Namens Diemo. Beides weist auf gemeinsame Vorfahren hin. Da es nun ein eigenes Edelgeschlecht von (Schwab-)Mühlhausen gegeben hat, in welchem der Name Diemo üblich war[12], ist klar, daß für Michelstein und Gundelfingen der Besitz in Schwabmühlhausen wie auch der Name Diemo Erbe mütterlicher Vorfahren aus dem Hause (Schwab-)Mühlhausen sind. Diemo und Reginhart von Michelstein waren dann die Söhne einer (Schwab-)Mühlhauserin. Dasselbe könnte für die Gundelfinger Brüder Sifrid und Rudprecht gelten; ihre Mutter müßte eine Tante der Michelsteiner gewesen sein. Wahrscheinlicher ist uns aber, daß einer der Gundelfinger Brüder eine (Schwab-)Mühlhauserin zur Frau hatte. Diemo von Gundelfingen war dann der Sohn jener (Schwab-)Mühlhauserin aus ihrer Ehe mit Sifrid oder Rudprecht von Gundelfingen. — Wir halten fest, daß die Gundelfinger der 2. und

---

[11] Traditionsbuch von Ursberg (Jahresbericht d. Histor. Vereins Dillingen VII, 1894), S. 11, Nr. 22.
[12] MB XXII, S. 60, Nr. 94; MB X, S. 16.

3. Generation mit dem Hause Michelstein, aber auch mit Albeck und Eberstall verschwägert waren über gemeinsame Vorfahren aus dem Hause (Schwab-) Mühlhausen.

Erweist sich Schwabmühlhausen als ein erster Kristallisationspunkt unseres Geschlechts, so bleibt doch das weitere Schicksal der meisten in Verbindung mit Schwabmühlhausen erwähnten Gundelfinger unbekannt. Wenn wir auch einen der mutmaßlichen Brüder Sifrid und Rudprecht als Vater des Diemo von Gundelfingen erschließen konnten, so verliert sich von den übrigen jede Spur. Offenbar haben sie das Geschlecht nicht weiter fortgepflanzt[13]. Die späteren Gundelfinger stammen nach allem von Diemo von Gundelfingen ab. Er begegnet uns wieder in Verbindung mit dem Kloster Echenbrunn, das sich als ein zweiter Kristallisationspunkt der Familie erweist. Einer Urkunde des Papstes Calixt II. von 1122 entnehmen wir, daß das Kloster von dem Edlen Gumpert, seinem Sohn Kuno und deren Blutsverwandten gestiftet und der römischen Kirche übertragen worden war[14]. Die Stiftung dürfte wenige Jahre zuvor, mithin um 1120 erfolgt sein. Den Klosterbrüdern war das Recht eingeräumt, ihren Vogt selbst zu wählen, doch sollte er jeweils aus der „consanguinitas" (Blutsverwandtschaft) des Vorgängers genommen werden. Die Vogtei blieb auf diese Weise erblich im Verwandtenkreis der Stifter. Als erster Vogt ist Diemo bezeugt in einer Urkunde des Bischofs Hermann von Augsburg von 1127[15]. Zwar wird nur sein Taufname genannt, doch läßt die Vogtgeschichte des Klosters keinen Zweifel, daß es sich um einen Gundelfinger handelt[16]. Wir setzen ihn unbedenklich mit jenem Diemo von Gundelfingen gleich, der uns in der Tradition an Ursberg begegnet ist[16a]. Unklar ist allerdings Diemos Verhältnis zu den Stiftern Gumpert und Kuno. Daß sie zu den Blutsverwandten des Vogtes Diemo gehören, ist nicht zu bezweifeln. Das Stiftungsgut des Klosters in Echenbrunn, Peterswörth, Hygstetten und Gundelfingen stammt unverkennbar aus gundelfingischem Besitz[17]. Doch ist damit

---

[13] Es ist doch fraglich, ob man den „liber homo Gerungus", der um 1150 „cum uxore et filiis" seinen Anteil eines Guts in Ritha durch die Hand Berengers v. Albeck an Kl. Ursberg übertrug, mit Gerung v. Gundelfingen gleichsetzen darf; Traditionsbuch von Ursberg, S. 13, Nr. 33.

[14] Pflugk-Harttung, Acta Pontif. Roman. inedita I, S. 120 f., Nr. 137.

[15] Urk. Pf.-Neubg. Kl. u. Pfarr., Nr. 512; Jahrb. Hist. Ver. Dillingen XXV, 1912, S. 312, Anh. Nr. 2.

[16] Vgl. Urk. von 1271. XII. 12, WUB VII, S. 164, Nr. 2241.

[16a] Diemo v. Gundelfingen ist dort allein neben Wittigo und Hiltrud v. Eberstall und den Brüdern v. Albeck erwähnt; er ist also wohl als einziger Gundelfinger an Schwabmühlhausen beteiligt. Wollte man ihn mit dem Diemo v. Gundelfingen der folgenden Generation gleichsetzten, so wäre auch dessen Bruder Gottfried als Mitteilhaber zu erwarten.

[17] Vgl. die im bayer. Herzogsurbar von c. 1270 verzeichneten Güter des Kl. Echenbrunn, von denen dem Herzog von Bayern ein Vogtrecht zustand; MB XXXVIa, S. 324 f.; vgl. Rückert, Die Äbte des Kl. Echenbrunn (Jahrb. Hist. Ver. Dillingen XXV, 1912), S. 292.

nicht gesagt, daß die Stifter dem Mannesstamm der Gundelfinger zuzurechnen
sind. Es könnte sich um Sohn und Enkel oder auch um Gemahl und Sohn einer
Gundelfingerin handeln, die anderswo ansässig waren und den ererbten Besitz
um Echenbrunn für eine fromme Stiftung verwendeten, weil er ihrem Hausgut
zu entlegen war. Daß ihr Verwandter Diemo vom nahen Gundelfingen die
Vogtei übernahm, war dann ganz natürlich. Die Tradition, die sich bis ins
16. Jahrhundert zurückverfolgen läßt (Bruschius), nennt die Stifter „Domini
de Fachberg"[18]. Doch ist ein Geschlecht dieses Namens sonst nicht bekannt[19].

Die vierte Generation der Gundelfinger repräsentieren Diemo (II.) und
Gottfried, die 1171 als Brüder bezeugt sind[20]. Könnte man im Zweifel sein,
ob der 1163 in Würzburg nachweisbare Diemo von Gundelfingen noch als der
bekannte Vogt des Klosters Echenbrunn oder schon als Diemo II. aufzufassen
ist, so ist doch Gottfried als der jüngere der Brüder schon 1170 in Mengen
im Gefolge Kaiser Friedrichs I. erwähnt[21]. Beide Brüder waren dabei, als Friedrich I. im Mai 1171 von Giengen aus das Herbrechtinger Stift reformierte.
Diemo begleitete den Kaiser anschließend nach Donauwörth. Beide sind sie
im April 1172 am Hofe in Würzburg[22]. Gottfried verschwindet danach aus
den Quellen; möglich, daß er beim Feldzug Barbarossas gegen die Lango-
barden umgekommen ist. Diemo II. nahm 1183 teil an der Stiftung des Klosters auf dem Michelsberg bei Ulm durch Wittigo von Albeck. Dem Kloster
Wettenhausen vermachte er ein Gut in Hafenhofen bei Burgau. Er findet sich
1189 in Ansbach noch einmal am Kaiserhofe ein. Noch um 1200 hat er gelebt,
denn aus einer Urkunde des Bischofs Ekbert von Bamberg erfahren wir, daß
König Philipp ihm die Vogtei über Güter des Klosters Heilsbronn in der Gegend von Gunzenhausen übertragen habe[23]. Danach hören wir auch von
Diemo II. nichts mehr.

War Diemo II. selbstverständlich nach Diemo, dem Echenbrunner Vogt, benannt, so trug sein jüngerer Bruder Gottfried offenbar den Namen des Großvaters von Mutterseite; der Vogt Diemo war also mit der Tochter eines Gottfried vermählt. Leider findet sich kein Hinweis, welchem Geschlecht sie entstammte. Der Name Gottfried findet sich eine Generation früher erstmals bei
den Ronsbergern (Gottfried von Ronsberg, 1130—1166), gleichzeitig mit
Gundelfingen auch bei Spitzenberg-Helfenstein (Gottfried, 1147—1190, Kanz-

[18] Vgl. Bauhofer, Die ehemal. Benediktiner-Abtei Echenbrunn (Jahrb. Hist. Ver.
Dillingen IX, 1896), S. 1 ff. mit Anm. 1; Raiser, Lauingen, S. 15, Anm. 20.

[19] Fachberg auf Flochberg zu beziehen (Handbuch d. Histor. Stätten, Bd. Bayern,
S. 145 u. Enßlin, Bopfingen, S. 39 f.) und die Gundelfinger auf die v. Flochberg zurückzuführen, ist u. E. nicht statthaft.

[20] WUB II, S. 162 ff., Nr. 394 = Stumpf 4123.

[21] Nürnberger UB, S. 47, Nr. 70; Bündner UB I, S. 278 f., Nr. 373.

[22] Stumpf 4123, 4124, 4132 u. 4135.

[23] WUB II, S. 233 f., Nr. 438; Stumpf 4512; Steichele—Schröder, Bist. Augsbg. V,
S. 648; Heidingsfelder, a.a.O., Nr. 534.

ler Friedrichs I. und Bischof von Würzburg), doch ist auch in diesen Häusern
die Herkunft des Namens ungeklärt. Für Gundelfingen hatte er erhebliche
Bedeutung, hielt er doch offenbar die Erinnerung an vornehme Verwandte
wach. Noch drei Generationen später wird er uns im Hause Gundelfingen selbst
begegnen; über Töchter Gottfrieds ist er in andere Familien weitergetragen
worden.

Die Verbindung der vierten zur fünften Generation unseres Geschlechts
läßt sich wiederum nur erschließen. Diemo II. hatte offenbar keine männlichen Nachkommen, denn sein Name begegnet uns künftig nicht mehr. Beerbt haben ihn möglicherweise zwei Töchter. Die eine namens Adelheid war
vermählt mit Heinrich von Schlaitdorf (bei Tübingen). Heinrich und Adelheid
verkauften ihr Erbteil, womit nur Adelheids Erbe gemeint sein kann, dem
Kloster Kaisheim. Es handelt sich um das Patronatsrecht der Kirche in Holzen
(Holzhof, Gemeinde Wolpertstetten), eine Kapelle und andere Güter in Wolpertstetten, das Patronatsrecht in Ostheim (abgegangen bei Wolpertstetten),
ein „predium" in Sonderheim sowie je einen Hof in Appetshofen und Schrattenhofen im Ries. König Friedrich II. bestätigte 1215 in Ulm dem Kloster diese
Güter[24]. Später erfolgte anscheinend noch ein Vermächtnis an Kaisheim, das
aber nach dem Tode der Adelheid von ihrem Gemahl angefochten wurde, so
daß ein von der Kurie bestelltes Gericht eingeschaltet werden mußte, das zu
Gunsten des Klosters entschied. Strittig war das Erbe „ab inferiori parte Gundelvingen", also Adelheids Erbteil in Gundelfingen selbst. Vor Gericht erklärte
Siboto von Albeck, daß Adelheid mit Gemahl ihm als Mittelsmann ihre Leute
und Güter in Gundelfingen übertragen habe, worauf er alles dem König übergeben, der es wiederum in Ulm im August (1216 oder 1218) dem Kloster
übereignet habe[25]. Aus der Tatsache, daß Adelheid einen Anteil an Gundelfingen geerbt hatte, der nicht gering gewesen sein kann, schließen wir, daß
sie selbst eine Gundelfingerin war. Aus dem Umfang ihres Besitzes und seiner
Streuung über den gesamten damaligen Begüterungsbereich der Gundelfinger
folgern wir, daß sie (Teil-)Erbin eines Zweigs der Gundelfinger und somit
eine Erbtochter Diemos II. war.

Eine weitere Tochter Diemos II. könnte die Gemahlin Walters I. von Faimingen (1220–1227) gewesen sein, der wohl aus dem Geschlecht der Herren
von Hageln (Burghagel) stammt. Der Besitz seiner Erben zeigt eine auffallend
weitgehende Übereinstimmung mit dem der Gundelfinger, und zwar gerade
am Rand des beiderseitigen Begüterungsbereichs. Deshalb drängt sich die Vermutung auf, im Hause Gundelfingen habe eine Teilung unter zwei gleichberechtigten Erben stattgefunden, wie es Diemo II. und Gottfried waren, und
von der einen Hälfte sei ein beträchtlicher Teil durch Heirat an die Faiminger
gelangt.

---

[24] MB XXXa, S. 29 f., Nr. 612.
[25] KlU Kaisheim, Nr. 30a.

Herren von Gundelfingen-Hellenstein

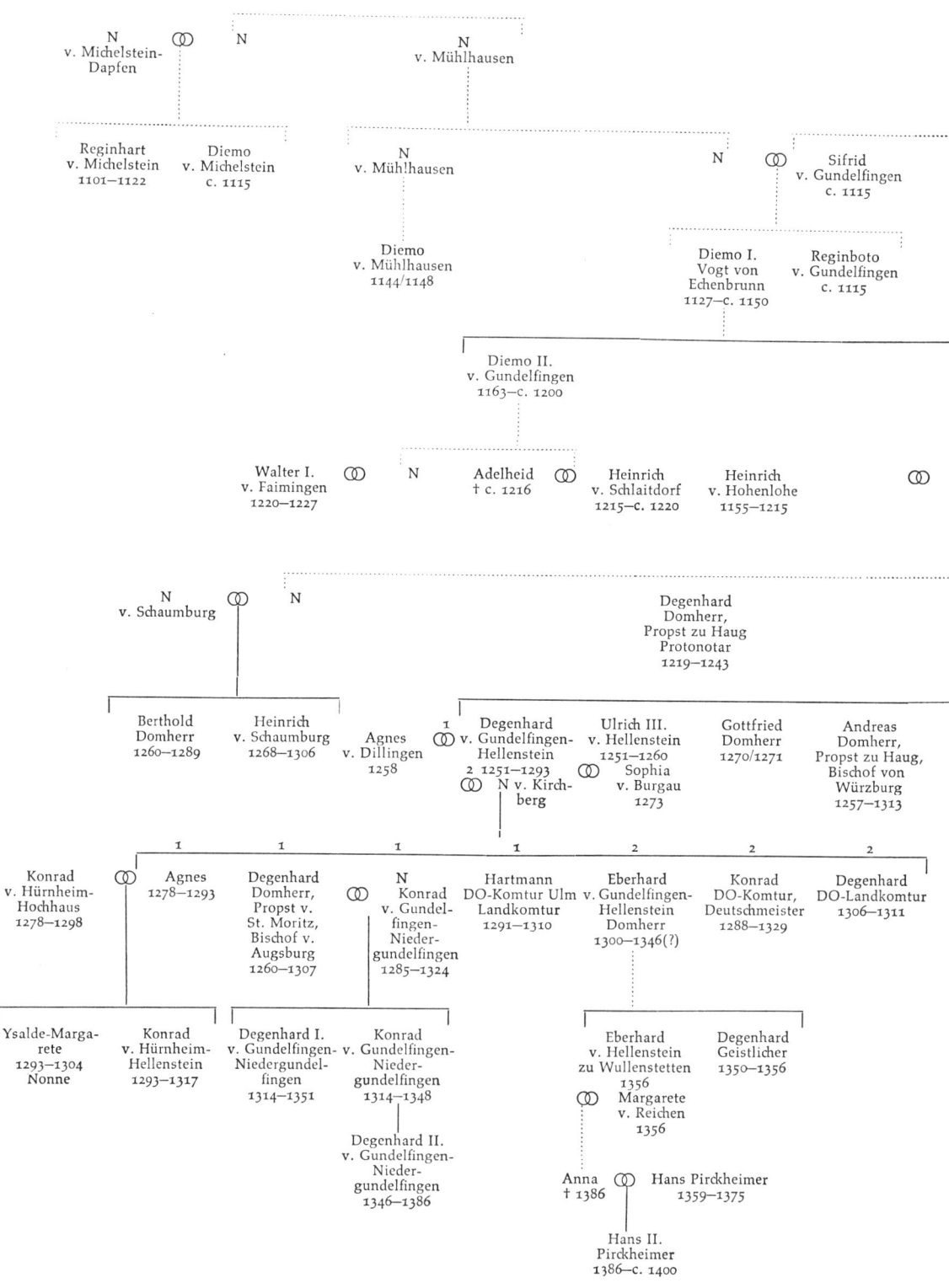

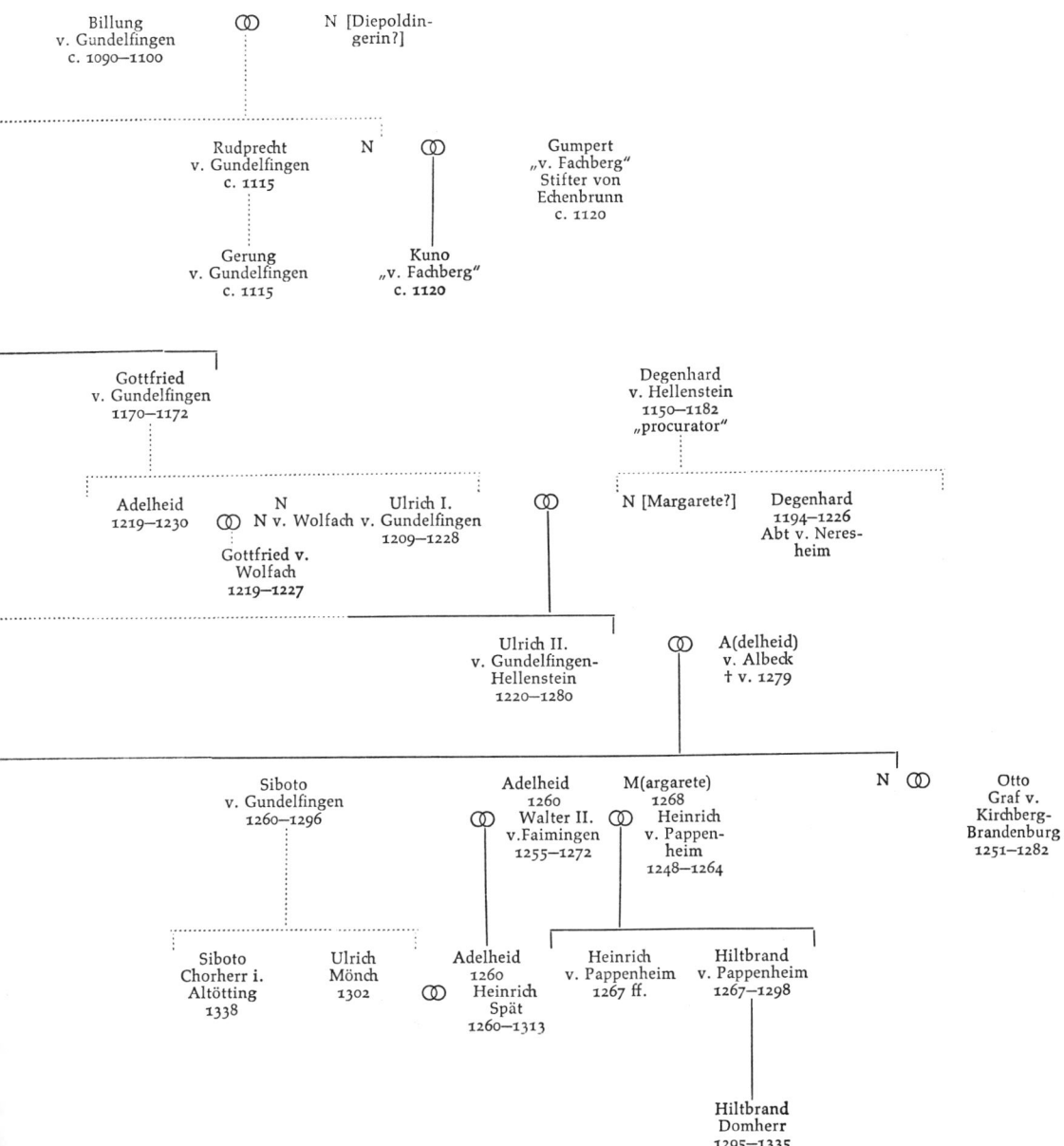

Billung
v. Gundelfingen
c. 1090—1100
∞
N [Diepoldin-
gerin?]

Rudprecht
v. Gundelfingen
c. 1115
N
∞
Gumpert
„v. Fachberg"
Stifter von
Echenbrunn
c. 1120

Gerung
v. Gundelfingen
c. 1115

Kuno
„v. Fachberg"
c. 1120

Gottfried
v. Gundelfingen
1170—1172

Degenhard
v. Hellenstein
1150—1182
„procurator"

Adelheid
1219—1230
∞ N v. Wolfach
N
Ulrich I.
v. Gundelfingen
1209—1228
∞
N [Margarete?]
Degenhard
1194—1226
Abt v. Neres-
heim

Gottfried v.
Wolfach
1219—1227

Ulrich II.
v. Gundelfingen-
Hellenstein
1220—1280
∞
A(delheid)
v. Albeck
† v. 1279

Siboto
v. Gundelfingen
1260—1296
Adelheid
1260
∞ Walter II.
v.Faimingen
1255—1272
M(argarete)
1268
∞ Heinrich
v. Pappen-
heim
1248—1264
N ∞
Otto
Graf v.
Kirchberg-
Brandenburg
1251—1282

Siboto
Chorherr i.
Altötting
1338

Ulrich
Mönch
1302

Adelheid
1260
∞ Heinrich
Spät
1260—1313

Heinrich
v. Pappenheim
1267 ff.

Hiltbrand
v. Pappenheim
1267—1298

Hiltbrand
Domherr
1295—1335

H. Bühler, August 1971

Da der Name Gottfried im Hause Gundelfingen auch künftig begegnet und
sich im Verwandtenkreis der Gundelfinger vererbt hat, stammen die späteren
Gundelfinger von Gottfried ab. Als dessen Sohn muß daher Ulrich I. gelten,
der von 1207 bis 1228 bezeugt ist. Daß er als Zeuge unmittelbar hinter den
Grafen steht, beweist, daß er bei seinem ersten Auftreten kein junger Mann
mehr gewesen ist. Der erhebliche Zeitabstand vom Verschwinden seines
Vaters bis zu seiner ersten Erwähnung braucht uns daher nicht zu stören,
zumal sein Vater verhältnismäßig jung gestorben oder umgekommen ist.
Ulrichs Name ist neu im Hause Gundelfingen und durch seine Mutter, die
Gemahlin Gottfrieds, vermittelt worden. Im Jahre 1220 verkaufte Ulrich I.
gemeinsam mit seinem noch recht jungen Sohn Ulrich II. all seinen Besitz in
Dintenhofen und Herbertshofen bei Ehingen an das Kloster St. Georgen. Nach
dem Kaufpreis von 230 Mark zu schließen, war es ein ansehnliches Gut, zu
dem auch eine Kapelle gehörte[26]. Möglicherweise war es das Erbteil einer Vor-
fahrin aus dem Hause Berg, vielleicht das der unbekannten Mutter Ulrichs I.
Wir finden Ulrich I. zuerst 1207 im Gefolge König Philipps in Augsburg, 1209
bei Otto IV. in Aufkirchen am Hesselberg; 1221 bezeugt er in Augsburg den
Friedensschluß zwischen dem Bischof von Brixen und dem Grafen Albert von
Tirol; 1228 ist er in einer Urkunde Friedrichs von Truhendingen für Kloster
Kaisheim erwähnt[27]. Alle späteren Nachrichten über einen Ulrich von Gundelfingen müssen sich aus zeitlichen Gründen auf seinen Sohn Ulrich II. be-
ziehen.

Als Schwester Ulrichs I. dürfen wir eine Adelheid betrachten, die mit Heinrich von Hohenlohe (1155—1215), danach mit Konrad von Lobenhausen—
Werdeck (c. 1195—1221) vermählt war[28]. Adelheids gundelfingische Herkunft
ist nirgends ausdrücklich bezeugt; sie ergibt sich jedoch unseres Erachtens
zweifelsfrei, wenn wir einerseits die in Urkunden der Hohenlohe gar nicht
seltenen Hinweise auf Blutsverwandtschaft zu den Gundelfingern Andreas,
Bischof von Würzburg 1307—1314, und Konrad, Deutschordensmeister
(† 1329), beachten[29] und wenn wir andererseits die Vererbung des Namens

---

[26] WUB III, S. 104 f., Nr. 632.

[27] Salzb. UB III, S. 101 ff., Nr. 611; KlU Kaisheim, Nr. 17; Urkk. d. Brixner Hoch-
stiftsarchivs I, S. 71 ff., Nr. 66; Reg. Boica IV, 743.

[28] Weller, Gesch. d. Hauses Hohenlohe I, S. 19.

[29] 1307. IX. 10. Andreas nennt Kraft d. Ä. v. Hohenlohe seinen „avunculus carissimus", Hohenloh. UB I, S. 506, Nr. 692.

1312. IX. 6. Andreas nennt Andreas v. Brauneck u. Konrad v. Hohenlohe seine
„consanguinei", Hohenloh. UB II, S. 31 f., Nr. 43.

1313. V. 10. Andreas nennt Konrad v. Hohenlohe, Gottfried u. Gebhard v. Brauneck seine „consanguinei predilecti", Hohenloh. UB II, S. 46, Nr. 59.

1313. XI. 29. Andreas nennt Kraft d. J. v. Hohenlohe seinen „consanguineus",
Hohenloh. UB II, S. 57 f., Nr. 73.

1312. V. 14.—20. Konrad ist „oehein" zu den Brüdern Gottfried, Gebhard u.
Andreas v. Brauneck, Hohenl. UB II, S. 25 ff., Nr. 36.

Gottfried, den sie ins Haus Hohenlohe gebracht hat, in dessen verschiedenen Linien verfolgen[30]; alle Linien laufen in dem Paar Heinrich und Adelheid zusammen.

Eine weitere Schwester Ulrichs I. dürfen wir vermuten in der Mutter Gottfrieds von Wolfach (1219–1227). Dieser hatte Erbgüter in Ebermergen bei Harburg sowie in Hürben (Kreis Heidenheim); von Friedrich II. wurde ihm die Vogtei des Herbrechtinger Stifts übertragen. Im Jahre 1227 sah er sich jedoch zum Verkauf aller seiner Güter wie auch der Herbrechtinger Vogtei an den Grafen Hartmann IV. von Dillingen genötigt[31].

Da die von Wolfach in Ostschwaben sonst nicht begütert waren, läßt sich Gottfrieds Besitz kaum anders erklären, als daß man ihn als sein mütterliches Erbteil betrachtet. Sein Name, der im Hause Wolfach sonst nicht bekannt ist, legt gundelfingische Abkunft der Mutter nahe. Sein Besitz liegt zwar am Rande des gundelfingischen Begüterungsbereichs, doch war es durchaus üblich, Töchter mit Randbesitz abzufinden[32].

2. Die Gundelfingen-Hellenstein des 13. und 14. Jahrhunderts

Die Nachkommen Ulrichs I. von Gundelfingen waren für einige Jahrzehnte im Besitz von Burg und Herrschaft Hellenstein bei Heidenheim, die offenbar von den Staufern zu Lehen ging. Sie nannten sich auch noch lange, nachdem diese Herrschaft verloren war, ja bis in die letzte Generation nicht selten nach Hellenstein. Damit unterstrichen sie nicht nur die Bedeutung, die diese Erwerbung für sie gehabt hatte, sondern hielten wohl auch einen Anspruch aufrecht. Indessen kann kein Zweifel bestehen, daß alle künftigen Gundelfingen-Hellensteiner dem Mannesstamm der Gundelfinger angehörten. So bleibt nur die Möglichkeit, daß Ulrich I. sich mit der Erbin des Hellenstein vermählt und so den Anspruch auf das Lehen wie auch etwaige Eigengüter der Hellensteiner an sich und sein Haus gebracht hat.

Nach allem, was sich in Erfahrung bringen läßt, hat der bekannte „procurator" Friedrich Barbarossas, Degenhard von Hellenstein, der von 1150 bis 1182 nachzuweisen ist, keine Söhne weltlichen Standes hinterlassen. Bei der Seltenheit seines Namens ist es aber wahrscheinlich, daß ein „presbyter" des Klosters Neresheim, der 1194 erwähnt wird, von 1199 bis 1219 Abt des

---

1318. XI. 8. Konrad ist „oheym" der Brüder Emich, Gottfried, Philipp u. Gottfried v. Brauneck, Hohenl. UB II, S. 100 ff., Nr. 142.

1325. I. 1. Konrad ist Oheim der Ofmya, Wwe. des Andreas v. Brauneck, Hohenl. UB II, S. 196, Nr. 233.

[30] Weller, a.a.O. I, S. 20 (Stammtafel), II Stammtafeln – gegen Bauer (Wtt. Franken VIII, 1868, S. 8, der Adelheid für eine Langenburgerin hielt.

[31] WUB III, S. 214, Nr. 728.

[32] Vgl. Disch, Chronik d. Stadt Wolfach, 1920, S. 5 f.

Klosters war und 1226 starb[33], ein Sohn des „procurators" Degenhard gewesen ist. Im Nekrolog des Klosters Ursberg, dessen Vogt der „procurator" war und das er reich beschenkt hatte[34], ist der 3. Februar als Gedenktag für „Margareta laica, Degenhardus pater eius" eingetragen[35]. Da der Name Margarete unter den Frauen des Hauses Gundelfingen eine Rolle spielt, dürfte die Genannte die Erbtochter des „procurators" und Stammutter der späteren Gundelfingen-Hellensteiner sein. Nur die Tochter des „procurators" konnte den Namen Degenhard vermitteln, der von nun an in jeder Generation des Hauses Gundelfingen zu finden ist.

Ulrich I. von Gundelfingen hatte, wie erwähnt, einen Sohn Ulrich II. (6. Generation). Als noch junger Mann wirkte er 1220 beim Verkauf von Dintenhofen und Herbertshofen mit. Erst 1246 treffen wir ihn wieder in Augsburg, wo er in Anwesenheit König Konrads IV. ein Rechtsgeschäft Gottfrieds von Hohenlohe, seines Vetters, bezeugte[36]. Mit seinen Söhnen Degenhard und Ulrich III. wohnte er 1251 in Neresheim dem Begräbnis des Grafen Ludwig von Dillingen bei. Er nennt sich hier erstmals „de Helenstein"; in seiner Begleitung befindet sich ein Ritter Ulrich genannt Hirsch von Helenstein, offenbar ein Ministeriale, der mit der Burghut auf Hellenstein betraut war[37]. Ulrich hatte also sein mütterliches Erbe angetreten. In den zahlreichen Urkunden, in denen er bis 1280 teils als Aussteller, teils als Bürge oder Zeuge erwähnt ist, nennt er sich bis Anfang der siebziger Jahre anscheinend wahllos bald „von Hellenstein", bald „von Gundelfingen", seit 1276 nur noch „von Gundelfingen". Bis 1265 verwendet er stets denselben Siegelstock mit der Umschrift „HAELLVNSTAEIN"; ab 1276 ist ein neuer Siegelstock in Gebrauch mit der Umschrift „GVNDELVINGEN"; vermerkt sei, daß aus der Zwischenzeit Siegel offenbar nicht erhalten sind. Der Wechsel in Titel und Siegelführung erklärt sich aus dem Verlust der Herrschaft Hellenstein um 1273, worauf wir noch zurückkommen. 1276 urkundet Ulrich II. in Gundelfingen, wahrscheinlich auf seiner Burg[38].

Ulrichs Gütergeschäfte gewähren Einblick in den Besitz der Gundelfinger. 1251 gab er alle seine Güter in Nördlingen, die teilweise der Ritter Heinrich von Hürnheim innegehabt hatte, dem Nördlinger Bürger Konrad von Höchstädt zu Lehen[39]. Als Lehensherr gestattete er seinem Ritter Eggehard von Hohenberg, 1265 Güter in Birkhausen bei Wallerstein dem Nördlinger Spital

[33] WUB III, S. 478 ff., Nachtr. Nr. 19 u. 20; Annales Neresheim (Wtt. Gesch. Qu. II, 1888), S. 19; MG. Necrol. I, S. 74 (Necrol. Deggingense).

[34] Burchard von Ursberg (MG. SS. in usum scholar.), S. 93; Traditionsbuch von Ursberg, S. 16 f., Nr. 51.

[35] MG. Necrol. I, S. 130.

[36] Hohenloh. UB I, S. 131 f., Nr. 226.

[37] Urkk. d. Stadt Nördlingen I, Nr. 10.

[38] KlU Kaisheim, Nr. 198.

[39] S. Anm. 37.

zu verkaufen und 1279 Güter in Hohenberg bei Bopfingen dem Kloster Zimmern zu vermachen[40].

Er wirkte als Siegler mit, als sein Schwiegersohn Walter II. von Faimingen 1260 das Frauenkloster Obermedlingen stiftete[41]. Als Patronatsherr der Kirche in Obermedlingen tauschte er 1264 mit dem Kirchherrn, seinem Neffen Berthold von Schaumburg, einen seither zur Kirche gehörigen Hof gegen einen anderen am selben Ort[42].

Seinem Ministerialen Konrad Raspe erlaubte er 1263, Güter in Weisingen, die Konrad selbst erworben hatte, sowie ebenso solche in Holzheim und Eppisburg dem Kloster Fultenbach zu übergeben; Konrad erhielt dafür als Leibgeding einen Hof in Wengen. Wohl eben diesen Hof in Wengen überließ Ulrich 1270 gleichfalls dem Kloster Fultenbach[43].

Als Treuhänder übergab er 1267 dem Kloster Maria Medingen einen Acker vor dem Kloster, den sein Ritter Eberhard von Haunsheim geschenkt hatte[44]. Demselben Kloster übertrug er 1268 und 1270 das Eigentumsrecht an Huben bzw. Mansen in Mörslingen, mit denen der Ritter Sifrid von Mörslingen genannt Stulfus belehnt war[45].

Zugunsten des Klosters Kaisheim verzichtete er 1267 auf seine lehensherrlichen Rechte an die Fischenz in Mollberg (abgegangen bei Höchstädt), die Ulrich von Münster innegehabt hatte[46]. Der Witwe seines Ritters Marquard Blenchelin erlaubte er 1268, ihren Hof in Obermedlingen an Kaisheim zu übergeben[47]. Er bestätigte diesem Kloster 1276 den Kauf eines Gütleins in Knobershausen (abgegangen bei Dattenhausen) von seinem Getreuen Wittigo von Albeck[48]. Schließlich schenkte er demselben Kloster 1276 und 1280 das Eigentumsrecht an einem Hof bzw. einem Gut in Mörslingen, womit die Ritter Heinrich und Sifrid von Sontheim belehnt waren, und dazu 1280 auch noch das Lehengut des Friedrich von Finningen[49].

Im Jahre 1271 gab er als Vogt des Klosters Echenbrunn zusammen mit seinen Söhnen Degenhard, Gottfried, Andreas und Siboto seine Zustimmung, als der Abt zwei Höfe in Altenholz (abgegangen bei Bergheim) und einen Hof in Demmingen verkaufte[50].

Dem Kloster Herbrechtingen eignete er 1279 einen Hof in Bolheim, den der

---

[40] Urkk. d. Stadt Nördlingen I, Nr. 17; WUB VIII, S. 164, Nr. 2868.
[41] KlU Obermedlingen, Nr. 1.
[42] KlU Obermedlingen, Nr. 7.
[43] KlU Fultenbach, Nr. 5; Urkk. d. Reichsstifts St. Ulrich u. Afra, Nr. 41.
[44] KlU Maria Medingen, Nr. 20.
[45] KlU Maria Medingen, Nr. 21 u. 26.
[46] KlU Kaisheim, Nr. 143.
[47] Reg. Boica III, 303.
[48] KlU Kaisheim, Nr. 198.
[49] KlU Kaisheim, Nr. 194 u. 227.
[50] WUB VII, S. 164, Nr. 2241.

Lehensmann Konrad Merkinger, ein Bopfinger Bürger, verkauft hatte[51], und dem Kloster Anhausen 1280 einen Hof in Nattheim, mit dem der Ritter H. von Natten belehnt war[52].

In Angelegenheiten des Reichs tritt Ulrich II. selten in Erscheinung. Wir finden ihn Ende August 1246 bei König Konrad IV. in Augsburg, wenige Wochen nach dessen Niederlage gegen Heinrich Raspe bei Frankfurt. So zeugt Ulrichs Anwesenheit am Hofe Konrads IV. für seine unerschütterte staufertreue Haltung. Diese Treue bewahrte er dem jungen König Konradin. Er war im Oktober 1266 wieder in Augsburg, als Konradin von Bischof Hartmann mit der Vogtei über das Hochstift belehnt wurde[53], und er bezeugte das Vermächtnis Konradins, mit welchem Konradin seinen Oheimen, den Herzögen von Bayern, für den Fall seines kinderlosen Todes all seinen Besitz schenkte[54]. Am 30. April 1280 ist Ulrich II. gestorben[55] im Alter von wohl über 80 Jahren. – Ulrichs Gemahlin namens A. wird 1279 als bereits verstorben erwähnt[56]. Aus der Tatsache, daß einer von Ulrichs Söhnen den Namen Siboto trägt, der ins Haus Albeck weist, daß Ulrich einen niederadeligen Wittigo von Albeck seinen Getreuen nennt und daß seine Söhne in Asselfingen im Bereich der Herrschaft Albeck begütert waren, entnehmen wir, daß Ulrichs Gemahlin eine Tochter Sibotos von Albeck (1209–c. 1220) gewesen ist; sie dürfte Adelheid geheißen haben, da dieser Name bei den Albeckern geläufig war. Da aber Siboto der jüngste von Ulrichs fünf Söhnen war, ist es nicht unwahrscheinlich, daß die Albeckerin A(delheid) Ulrichs zweite Gemahlin gewesen ist.

In der Generation Ulrichs II., die ja von der hellensteinischen Erbtochter stammt, erwartet man einen Träger des Namens Degenhard. Wir finden ihn sehr wahrscheinlich in der Person des „magister Thegenhardus", der als Würzburger Domscholaster und Archidiakon erstmals 1219 in einer Urkunde des Würzburger Bischofs begegnet[57]. Daß Degenhard ein Gundelfinger, und zwar ein Sohn Ulrichs I. gewesen sein dürfte, ergibt sich nicht allein aus dem Namen, der auf den mütterlichen Großvater weist, sondern auch aus der Beziehung zu Würzburg, die für die Gundelfinger später noch Bedeutung haben sollte. Diese Beziehung wurde durch die Heirat der Adelheid, Schwester Ulrichs I. von Gundelfingen, mit Heinrich von Hohenlohe geknüpft. Ein Sohn der Adelheid, Heinrich, ist etwas früher als Degenhard im Würzburger Domkapitel nachzuweisen. Degenhard wäre ein Neffe der Adelheid von Hohen-

[51] WUB VIII, S. 167 f., Nr. 2876.

[52] WUB VIII, S. 219, Nr. 2961.

[53] Urkk. d. Hochst. Augsburg, Nr. 85.

[54] Qu. u. Erört. VI, S. 219 ff., Nr. 90.

[55] Necrol. Kaisheim, MG. Necrol. I, S. 91; noch am 29. IV. 1280 hatte er geurkundet (s. Anm. 52); vor 20. VII. 1280 siegeln seine Söhne Degenhard u. Siboto mit ihres Vaters Siegel, WUB VIII, S. 234 f., Nr. 2984.

[56] WUB VIII, S. 164, Nr. 2868.

[57] WUB III, S. 74 f., Nr. 611.

lohe. Er müßte freilich um einiges älter gewesen sein als sein (mutmaßlicher) Bruder Ulrich II. — Degenhard ist seit 1226 als Propst des Stiftes Haug bei Würzburg bezeugt, und zwar zuerst in einer Urkunde des Deutschordens-hochmeisters Hermann von Salza, die in Mantua ausgestellt wurde[58]. In Urkunden König Heinrichs (VII.) erscheint er seit 1234 als „imperialis aule prothonotarius" und „vicedominus Magdeburgensis"[59]. In letzterer Eigen-schaft erwirkte er Privilegien Heinrichs (VII.) für die von ihm verwalteten Güter sowie für sein Stift Haug. Er beteiligte sich an der Rebellion Heinrichs (VII.) gegen Friedrich II. und verhandelte im Auftrag Heinrichs in Mailand mit den Lombarden. Er wurde deshalb von Papst Gregor IX. nach Rom zitiert, auch als Protonotar abgesetzt[60]. Die Propstei Haug behielt er noch bis 1240, als Domscholaster ist er zuletzt im Mai 1243 bezeugt[61].

Ulrich II. muß schließlich noch eine Schwester gehabt haben, vermählt mit einem Herren von Schaumburg (abgegangen bei Murnau?). Ihre Söhne Bert-hold, Domherr zu Augsburg und Archidiakon, und Heinrich von Schaumburg, leisten wiederholt Zeugenschaft in Urkunden Ulrichs II. und seiner Söhne. Berthold nimmt als „rector ecclesiae" in Obermedlingen 1264 einen Güter-tausch vor mit seinem „avunculus" Ulrich II., dem Patronatsherrn der Kirche[62]. Im Jahre 1268 übergeben die Brüder eine Fischenz in Wechingen im Ries an Kloster Zimmern, wobei Ulrich II. und sein Sohn Degenhard Zeugen waren[63]. Wechingen liegt noch im Begüterungsbereich der Gundelfinger, somit stammt die Fischenz sicher aus dem gundelfingischen Erbe ihrer Mutter. Auch hatten die Brüder einen Wohnsitz in Gundelfingen; 1289 stellten die Gundelfinger Degenhard und Siboto im Haus der Herren von Schaumburg eine Urkunde aus[64].

Ulrich II. hatte fünf Söhne (7. Generation): Degenhard, Ulrich III., Gott-fried, Andreas und Siboto[65] und mindestens zwei, wahrscheinlich drei Töchter, von denen jedoch nur eine sicher mit Namen bekannt ist: Adelheid.

---

[58] Hohenloh. UB I, S. 138 f., Nr. 236, 13.

[59] Böhmer—Ficker—Winkelmann, Reg. Imp. V, 1, Nr. 4313, 4322, 4330, 4364.

[60] Reg. Imp. V, 1, Nr. 4358; V, 2, Nr. 7071; zuletzt als Protonotar 1235. V. 10. Reg. Imp. V, 1, Nr. 4382.

[61] Hohenloh. UB I, S. 109 f., Nr. 188; MB XXXVII, S. 303 ff., Nr. 273 u. 274.

[62] KlU Obermedlingen, Nr. 7.

[63] Urkk. d. Fürstl. Oetting. Archive, Nr. 46.

[64] WUB IX, S. 317, Nr. 3911. — Der Erbe der Schaumburger Brüder, der Straß-burger Domherr Walter v. Schaumburg (Schowenburg) verkaufte 1341 an den Augs-burger Bürger Johann Diepold sein „Gesäzze" (Hof) zu Gundelfingen samt einer großen Wiese und 17 Jauchert Acker. Diesen Verkauf focht Engelhard v. Hirschhorn an als Gemahl der Elsbeth v. Schaumburg, Tochter Heinrichs v. Schaumburg, welche diese Güter sowie solche in Bechenheim (Bächingen) als väterl. Erbe beanspruchte. Herzog Ludwig v. Teck als Hofrichter K. Ludwigs d. B. wies 1342. VI. 26. die An-sprüche der Elsbeth zurück; MB XXXIIIb, S. 81 ff., Nr. 81, 82 u. 100.

[65] Reihenfolge nach urkundl. Erwähnung 1251 und 1271; Urkk. d. Stadt Nördl., Nr. 10; WUB VII, S. 164, Nr. 2241.

Degenhard, der älteste Sohn Ulrichs II., ist von 1251 bis 1293 bezeugt, und zwar zunächst wechselnd als „von Hellenstein" und „von Gundelfingen", ab 1276 jedoch nur noch als „Gundelfingen". Sein Siegel, das sich erstmals 1258 nachweisen läßt, zeigt die Umschrift „GVNDELVINGEN"[66]. Degenhard war (in erster Ehe) vermählt mit Agnes, einer Tochter des Grafen Hartmann VI. von Dillingen. Deshalb wirkte er als Siegler mit, als sein Schwiegervater und sein Schwager, Bischof Hartmann von Augsburg, 1257 das Spital in Dillingen dotierten zum Seelenheil für den kurz zuvor verstorbenen Grafen Albert von Dillingen[67]. Deshalb finden wir ihn auch öfters als Zeugen in Urkunden des Bischofs Hartmann.

Wenn Degenhard 1264 zu Gunsten des Klosters Oberschönenfeld auf alle seine Rechte an dessen Güter in Altenmünster verzichtete und dafür 25 Pfund Augsburger erhielt, so waren das ganz bestimmt Rechte, die von seiner Gemahlin Agnes herrührten[68]. Wenn er 1270 in einer Urkunde seines Vaters den auffallenden Titel „von Asilingen" führt und sich damit als Herr der Burg Aislingen erweist, dann war die Burg höchst wahrscheinlich Mitgift seiner dillingischen Gemahlin[69]. Freilich ist die Herrschaft Aislingen schon bald an die Markgrafen von Burgau gelangt, ohne daß sich Zeit und Umstände ermitteln lassen[70].

Auch sonst ist Degenhard bis 1280 meist in Verbindung mit seinem Vater als Zeuge zu finden, so 1266 in Augsburg in der Urkunde König Konradins für die Herzöge von Bayern. Seit dem Tode Ulrichs II. war Degenhard meist gemeinsam mit seinem Bruder Siboto in Güterangelegenheiten tätig. 1280 belehnten sie Lauinger und Augsburger Bürger mit den Zehnten zu Donaualtheim, die sie selbst von Ellwangen zu Lehen trugen[71]. 1282 gaben sie ihre Zustimmung zum Verkauf eines Hofes in Deisenhofen an Kloster Niederschönenfeld[72]. Dem Kloster Kirchheim eigneten sie 1283 Güter in Waldhausen auf dem Härtsfeld, die Rabeno von Waldhausen von ihnen zu Lehen gehabt; im folgenden Jahr übertrugen sie dem Kloster ein Gut in Birkhausen (bei Wallerstein), Güter in Waldhausen, Breitenbach (abgegangen bei Waldhausen) und Langenwald (abgegangen bei Bopfingen); dazu schenkten sie 1291 noch sieben „predia" in Deiningen im Ries, die von den Lehensleuten Rudolf d. Ä. und d. J. von Gundelsheim aufgegeben worden waren, sowie Eigenleute in

[66] WUB V, S. 328 ff., Nr. 1472.

[67] Urkk. d. Hochst. Augsburg, Nr. 70.

[68] Urkk. d. Kl. Oberschönenfeld, Nr. 21, vgl. Nr. 14.

[69] Urkk. d. Reichsstifts St. Ulrich u. Afra, Nr. 41. — Die v. Aislingen 1255, 1257 u. 1264 sind wohl als dillingische, dann als gundelfingische Ministerialen aufzufassen; WUB V, S. 120, Nr. 1352, Urkk. d. Hochst. Augsburg, Nr. 70, Urkk. d. Kl. Oberschönenfeld, Nr. 21.

[70] Vgl. Urk. von 1291 VIII. 28. = KlU Obermedlingen, Nr. 28; R. H. Seitz, Hist. ONB Land- u. Stadtkreis Dillingen, S. 2; Dillingen ehedem u. heute, S. 277.

[71] WUB VIII, S. 234 f., Nr. 2984; Urkk. d. Hochst. Augsbg., Nr. 114.

[72] MB XVI, S. 283, Nr. 22.

Birkhausen[73]. Dem Kloster Anhausen erneuerten oder bestätigten sie 1289 die Schenkung eines Hofs in Nattheim durch ihren Vater, nachdem inzwischen der Lehensträger, Ritter H. von Natten, verstorben war[74]. Dem Kloster Kaisheim eigneten sie 1290 drei Hofstätten in Oberdorf bei Bopfingen, mit denen der Bopfinger Bürger Heinrich Saxo belehnt war[75], und dem Kloster St. Margareten in Augsburg 1293 eine Hofstatt in Eppisburg[76]. Die letztere Urkunde ist ausgestellt in Gundelfingen, wo demzufolge Degenhard oder Siboto wohl ihren Wohnsitz hatten.

Degenhards Bruder Ulrich III. ist gleichfalls seit 1251 bezeugt, läßt sich jedoch nur bis 1260 nachweisen. Er nennt sich stets „von Helinstein"; sein Siegel ist nicht erhalten. Im Jahre 1257 ist er mit dem Markgrafen Heinrich II. von Burgau Gläubiger des Ulrich von Wahrberg (Kreis Feuchtwangen) und 1260 bezeugt er die Stiftung des Klosters Obermedlingen durch seinen Schwager Walter II. von Faimingen[77]. Dagegen vermißt man ihn 1271 in einer Urkunde des Abtes von Echenbrunn, in welcher Ulrich II. und seine vier übrigen Söhne Degenhard, Gottfried, Andreas und Siboto als Vögte des Klosters genannt sind[78]. Offenbar war er schon tot. Nun bekundet der schon erwähnte Markgraf Heinrich II. von Burgau im Jahre 1273, daß seine Schwester Sophia „von Haelenstein" ihm das „castrum Haelenstein" mit allen Zugehörden auf Grund einiger Abmachungen (quibusdam interpositis pactis) überschrieben habe, vorbehaltlich einer Hube in Birkhausen bei Wallerstein[79]. Daraus schließen wir, daß Sophia von Burgau die Gemahlin Ulrichs III. war. Da sie bei Übergabe der Burg an ihren Bruder offenbar als Witwe handelte, dürfte Hellenstein ihr als Morgengabe bzw. Witwengut überschrieben worden sein. Die erwähnte Hube in Birkhausen vermachte Sophia dem Kloster Kirchheim, was ihr Bruder, Markgraf Heinrich II. von Burgau, nach ihrem Tode 1284 bestätigte[80]. Es fällt auf, daß die beiden Urkunden des Markgrafen von 1273 und 1284 einen Gundelfinger als Siegler oder Zeugen nicht erwähnen, und man könnte daraus entnehmen, daß die Abmachungen der Sophia mit ihrem Bruder nicht die Billigung ihres Schwiegervaters und ihrer gundelfingischen Schwäger fanden. War deswegen das Verhältnis Gundelfingen—Burgau gespannt? Der Verlust des Hellenstein hatte jedenfalls zur Folge, daß Ulrich II. von Gundelfingen und sein Sohn Degenhard seitdem die Benennung „von Hellenstein" vermieden und Ulrich II. sich ein neues Siegel zulegte (siehe

---

[73] WUB VIII, S. 417, Nr. 3277; S. 456, Nr. 3344; IX, S. 436 f., Nr. 4089; S. 481, Nr. 4153.
[74] WUB IX, S. 317, Nr. 3911.
[75] WUB IX, S. 393 f., Nr. 4027.
[76] Urkk. d. Hochst. Augsbg., Nr. 152.
[77] Urkk. d. Fürstl. Oetting. Archive, Nr. 32; KlU Obermedlingen, Nr. 1.
[78] WUB VII, S. 164, Nr. 2241.
[79] WUB VII, S. 254, Nr. 2356.
[80] WUB VIII, S. 453, Nr. 3340.

oben). Nachkommen Ulrichs III. und der Sophia von Burgau sind nicht bekannt.

Der dritte Sohn Ulrichs II., Gottfried, war seit etwa 1255 Domherr in Straßburg[81]. Nur zweimal ist er in Familienangelegenheiten als Zeuge festzustellen: 1270, als sein Vater dem Kloster Fultenbach ein Gut in Wengen überließ, und 1271, als er mit seinem Vater und den Brüdern einem Verkauf zustimmte[82], den der Abt von Echenbrunn vornahm. — Als vierter Sohn Ulrichs II. muß Andreas gelten. Im Jahre 1257 wurde auf Vorschlag des Würzburger Dompropsts Poppo von Trimberg sein „nepos ... de Gundelwingen" zum Domherren auf eine frei gewordene Pfründe ernannt[83]; dies ist die erste Nachricht über Andreas. Seine Verwandtschaft zu dem genannten Dompropst läßt sich vorläufig nicht ermitteln. Als Würzburger Kanoniker ist er seit 1270 in vielen Urkunden bezeugt, auch in solchen seines Vaters und seiner Brüder, die Familienangelegenheiten betreffen. Im Jahre 1280 bezeugt „dominus Andreas rector ecclesiae in Giengen" eine Verfügung Ulrichs II. für Kloster Anhausen, welcher die Söhne Degenhard, Siboto und Andreas zustimmten[84]. Sicher ist der Kirchrektor Andreas mit dem Sohn Ulrichs II. identisch. Seit Oktober 1291 erscheint Andreas als Propst von Öhringen[85]. Als solcher verschaffte er seinem Neffen Degenhard Aufnahme ins Würzburger Domkapitel und Anwartschaft auf eine freiwerdende Pfründe[86]. Seit März 1296 kennen wir Andreas auch als Propst von Ansbach und seit Januar 1297 als Archidiakon[86a]. — Vom Abt des Hausklosters Echenbrunn ließ er sich 1297 mit Weingütern in der Gemarkung Sulzfeld (Kreis Kitzingen) und bei Iphofen belehen[87]. Gemeinsam mit seinem „patruus" (hier als Neffe aufzufassen) Eberhard schenkte er 1300 eine aus väterlichem Erbe stammende Wiese bei Birkach dem Kloster Kaisheim[88]. Dem Kloster Zimmern eignete er 1305 Äcker in der Dorfmark Forheim (Kreis Nördlingen), die ihm von alters her erblich gehörten und die der Edelknecht Konrad von Kötz zu Lehen getragen hatte[89], ferner dem Kloster Kirchheim 1310 eine Wiese in der Markung Oberdorf bei Bopfingen, die der Ritter Heinrich Gallus von Bopfingen von ihm als Herr von Gundelfingen zu Lehen gehabt hatte[90]. Im August

---

[81] Zoepfl, Das Bistum Augsburg I, S. 243; Hessel—Krebs, Regg. d. Bisch. v. Straßburg II erwähnen ihn nicht.

[82] Urkk. d. Reichsstifts St. Ulrich u. Afra, Nr. 41; WUB VII, S. 164, Nr. 2241.

[83] MB XXXVII, S. 373, Nr. 331.

[84] WUB VIII, S. 219, Nr. 2961.

[85] Urkundenregesten des Zisterzienserklosters Heilsbronn I, Nr. 200.

[86] MB XXXVIII, S. 82.

[86a] MB XXXVIII, S. 134, Nr. 79; WUB XI, S. 9 f., Nr. 4955.

[87] Reg. Boica IV, S. 643.

[88] KlU Kaisheim, Nr. 369.

[89] Urkk. d. Fürstl. Oetting. Archive, Nr. 202.

[90] Urkk. d. Fürstl. Oetting. Archive, Nr. 227.

1303 wurde Andreas zum Bischof von Würzburg gewählt, und er bekleidete dieses Amt bis zu seinem Tode im Dezember 1313[91].

Siboto, der jüngste Sohn Ulrichs II., ist von 1260 bis 1296 bezeugt und nennt sich immer „von Gundelfingen"; entsprechend lautet die Umschrift seines Siegels, das er seit 1285 führt[92]. Siboto handelt meist gemeinsam mit seinem Vater und seinen Brüdern. Nur einige Male ist er selbständig tätig: 1267 verpflichtet er sich gemeinsam mit dem Grafen Ulrich von Berg gegenüber Kloster Heggbach als Lehenträger für das Patronatrecht in Maselheim, das Konrad von Maselheim dem Kloster verkauft hatte[93]. 1285 siegelt er, als Bernold von Staufen zwei Höfe in Harthausen (abgegangen bei Staufen) an Kloster Kaisheim übergibt, und 1289, als er selbst mit seinem Bruder Degenhard dem Kloster Anhausen einen Mansus in Nattheim schenkt[94]. 1295 und 1296 eignet er dem Kloster Kaisheim Güter in Asselfingen, die teils Ulrich von Stotzingen mit seiner Schwester Elisabeth, teils Ulrich Rieter von ihm zu Lehen gehabt hatten; 1296 spricht er dem Kloster ferner zwei Höfe in Holzheim zu, mit welchen Sifrid von Riedsend von ihm belehnt war[95]. Sibotos Gemahlin wird nirgends erwähnt.

Von den Töchtern Ulrichs II. kennen wir nur eine sicher mit Namen: Adelheid. Sie war mit Walter II. von Faimingen vermählt. Dieser schenkte 1269 dem Kloster Obermedlingen einen Hof in (Frauen-)Riedhausen zu einem Jahrtag für seine Eltern und für seine Ehefrauen Adelheid von Gundelfingen und Adelheid von Falkenstein (Gemeinde Dettingen Kreis Heidenheim)[96]. Adelheid war also damals längst tot. Die Ehe dürfte um 1240 geschlossen worden sein, denn schon 1260, als Walter von Faimingen das Kloster Obermedlingen stiftete, war seine Tochter Adelheid bereits mit Heinrich Spät verheiratet[97].

Eine zweite Tochter Ulrichs II. war vermählt mit dem Grafen Otto von Kirchberg-Brandenburg (1251—1282). Als dieser 1258 zu Gunsten des Klosters Maria Medingen auf Rechte an ein Gut verzichtete, das dem Kloster übertragen worden war, siegelt Ulrich II. als sein „socer" (Schwiegervater)[98]. — Als weitere Tochter Ulrichs II. ist sodann die Gemahlin des Reichsmarschalls Heinrich von Pappenheim (1248—1264) anzusehen. Im Jahre 1268 teilten die Söhne Heinrichs von Pappenheim, die Marschälle Heinrich und Hiltbrand, mit dem Bischof von Eichstätt die Kinder eines Eigenmannes. Dies geschah

---

[91] Wegen seiner Tätigkeit als Diözesanbischof und in der Reichspolitik sei verwiesen auf A. Wendehorst, Germania Sacra. Das Bistum Würzburg II, S. 36 ff.

[92] KlU Kaisheim, Nr. 293, weist ihn als Siegler aus.

[93] Regesta Heggbacensia (Wtt. Vierteljahresh. III, 1880), S. 204.

[94] KlU Kaisheim, Nr. 293; WUB IX, S. 317, Nr. 3911.

[95] WUB X, S. 331, Nr. 4649; S. 448, Nr. 4799; KlU Kaisheim, Nr. 352.

[96] KlU Obermedlingen, Nr. 15.

[97] KlU Obermedlingen, Nr. 1.

[98] KlU Maria Medingen, Nr. 12.

mit Rat und Willen ihres Großvaters (avus) „domini … de Gundelfingen"
und ihrer Mutter M.[99] Aus zeitlichen Gründen kommt als Großvater der
Pappenheimer niemand anderer in Frage als Ulrich II. von Gundelfingen; ihre
Mutter M. war dann natürlich eine Tochter Ulrichs II. Dazu paßt, wenn der
Sohn des beteiligten Marschalls Hiltbrand (1267–1298), der Augsburger Domherr Hiltbrand (1295–1335), den Bischof Degenhard von Augsburg, einen
Enkel Ulrichs II., seinen „carissimus avunculus" nennt[100]. Die Gundelfingerin
M. hat sich nach dem Tode Heinrichs von Pappenheim († c. 1264) erneut ver-
mählt mit einem Grafen (Hugo?) von Montfort. Sie dürfte Margarete geheißen
haben, denn dieser Name hatte unter den Gundelfingerinnen einige Bedeutung[101].

Von den fünf Söhnen Ulrichs II. haben offenbar nur Degenhard und Siboto
Nachkommen hinterlassen (8. Generation).

Nachkommen Sibotos sind zwar nirgends ausdrücklich bezeugt, doch wird
man ohne Bedenken als seinen Sohn ansehen dürfen jenen Siboto-Seibot von
Gundelfingen, der 1338 als Chorherr von Altötting bezeugt ist und in diesem
Jahr den Erzbischof Heinrich von Salzburg an den päpstlichen Hof nach
Avignon begleitet hat[102].

Ein Sohn Sibotos (oder Degenhards) war wohl auch Ulrich von Gundelfingen, der 1302 als Mönch in Heilsbronn bezeugt ist[103].

Degenhard, der offenbar zweimal verheiratet war, hat dagegen eine zahl-
reichere Nachkommenschaft hinterlassen. Als er 1286 dem Kloster Kirchheim
Eigenleute schenkte, geschah dies mit Zustimmung seiner „Söhne"[104].

Aus der Ehe Degenhards mit Agnes von Dillingen stammt Degenhard. Er
erscheint bereits 1260 als Kanoniker von St. Moritz in Augsburg, seit 1277
als Domherr[105]. Den Weg ins Augsburger Domkapitel wird ihm sein Mutterbruder geebnet haben, Bischof Hartmann von Augsburg (1248–1286), den
Degenhard seinen „avunculus" nennt[106]. Ab 1283 ist er als Archidiakon nachweisbar, seit 1285 als Propst von St. Moritz[107]. Auf Betreiben seines Vaterbruders Andreas wurde er 1293 ins Würzburger Domkapitel gewählt[108]. Er
stieg 1302 zum Dompropst auf und wurde Anfang Mai 1303 Bischof von
Augsburg. In Familienangelegenheiten vermögen wir ihn nicht nachzuweisen.
Doch fällt auf, daß er sich fast durchweg „von Hellenstein" nennt, obwohl

[99] Regg. d. frühen Pappenheimer Marschälle, S. 117 f., Urk.-Beil. Nr. 33.
[100] MB VI, S. 562 f.
[101] Regg. d. frühen Pappenheimer Marschälle, Nr. 573, 602 u. 603.
[102] Martin, Regg. d. Salzburger Erzbischöfe III, Nr. 1087 u. 1114.
[103] Urkundenregesten d. Zisterzienserklosters Heilsbronn I, Nr. 262; MG. Necrol. I,
S. 92 (Nekrolog Kaisheim).
[104] WUB IX, S. 58, Nr. 3500.
[105] KlU St. Moritz, Nr. 15; Meyer, Urkk. d. Stadt Augsburg I, S. 40 f., Nr. 55.
[106] Urk. von 1303. V. 30.; MB XXXIIIa, S. 306 f., Nr. 252.
[107] MB XVI, S. 284 f., Nr. 24; KlU St. Moritz, Nr. 26.
[108] MB XXXVIII, S. 82.

diese Burg der Familie längst entfremdet war. Im Spätherbst 1307 ist Degenhard gestorben. Wegen seiner Tätigkeit als Diözesanbischof sei auf die aus-
führliche Darstellung Friedrich Zoepfls verwiesen[109].

Als Sohn der Agnes von Dillingen muß sodann Hartmann gelten; sein
Name weist eindeutig auf den mütterlichen Großvater, den Grafen Hartmann
IV. von Dillingen. Hartmann „von Helinstein" (so statt „Helmstein") urkundet 1291 als Deutschordenskomtur zu Lauterbach (südlich Donauwörth)[110].
Im Jahre 1299 erscheint er unter dem Namen „von Gundelfingen" als Bruder
der Kommende Virnsberg[111]. 1301 ist er Provinzial und Präzeptor des Deutschen Hauses zu Bozen, Lengmoos und Sterzing, und 1305 urkundet er als
Landkomtur des Deutschen Ordens an der Etsch und im Gebirge[112]. Die Verbindung zum Deutschritterorden mögen ihm seine Hohenlohischen Vettern
geknüpft haben. Schon ein Neffe Ulrichs I. von Gundelfingen, Heinrich von
Hohenlohe, war Deutschmeister (1232—1242) und Hochmeister (1244—1249)
gewesen. Gottfried von Hohenlohe, der derselben Generation angehört wie
unser Hartmann von Gundelfingen, war gleichfalls Hochmeister von 1297
bis 1303.

Eine Tochter der Agnes von Dillingen, die den Taufnamen ihrer Mutter
trug, ist 1278 als Gemahlin Konrads von Hürnheim-Hochhaus bezeugt[113].
Im Jahre 1293 ist sie bereits Witwe, hat aber einen Sohn namens Konrad und
eine Tochter Ysalde oder (seu) Margarete, letzteres ein Name, der sich bei den
Gundelfingerinnen wiederholt findet[114]. Margarete trat als Nonne ins Kloster
Zimmern ein. Ihr Bruder Konrad urkundet 1310 als „nobilis de Hurnhein
dictus de Haeilenstein", während er sich sonst nach Härtsfeldhausen nennt[115].
Sollte er als Sohn einer Gundelfingerin Anspruch auf die Burg Hellenstein
erhoben haben, die um diese Zeit vom Reich denen von Rechberg verpfändet
war? Als weitere Tochter Degenhards läßt sich erschließen die dem Namen nach
unbekannte erste Gemahlin Konrads von Gundelfingen im Lautertal (Nieder-
gundelfingen, 1285—1324), da sie den Namen Degenhard in jene Familie
bringt[116]. Ihr Sohn Degenhard I. von Gundelfingen-Niedergundelfingen
(1314—1351) ist der Erbauer der Burg Derneck im Lautertal und Stammvater
der bis 1546 währenden Linie[117]. Sein Bruder Konrad (1314—1348) war Hof-

---

[109] Das Bistum Augsburg I, S. 243 ff.

[110] Königsdorfer, Gesch. d. Klosters z. heil. Kreutz in Donauwörth III, 2, S. 292;
vgl. Zelzer, Gesch. d. Stadt Donauwörth I, S. 333.

[111] Urkk. Geistl. Ritter-Orden, Nr. 5308.

[112] Redlich-Ottenthal, Archivberichte aus Tirol, Bd. I, S. 280, Nr. 1577; Bd. II,
S. 366, Nr. 1785.

[113] WUB VIII, S. 142 f., Nr. 2833.

[114] Urkk. d. Fürstl. Oetting. Archive, Nr. 144.

[115] Urkk. d. Fürstl. Oetting. Archive, Nr. 217, 223 u. 275.

[116] Uhrle, Regesten z. Gesch. der Edelherren v. Gundelfingen ... Phil. Diss. Tübingen 1960, S. 74, Anm. 89, S. 144, Nr. 52, S. 149, Nr. 83, u. S. 153, Nr. 109.

[117] Uhrle, a.a.O., S. 76 f.

richter Kaiser Ludwigs, und Konrads Sohn Degenhard II. (1346–1386) ist
wiederholt als Landrichter der Grafen von Oettingen wie auch der Grafschaft
Graisbach bezeugt.

Etwas schwierig ist die Einreihung zweier Brüder namens Eberhard, der
seit 1300 begegnet und sich meist „von Hellenstein" nennt[118], und Konrad,
den wir als Deutschherren vielleicht schon 1288, sicher aber 1305 antreffen[119].
Daß sie Brüder waren, erfahren wir 1316, als sie beide ihrem Oheim, dem
Grafen Ludwig VI. von Oettingen, alle ihre Mannschaft und Lehenschaft in
Bopfingen, ihre Liegenschaften in Pfarrei und Gericht übergeben, wie alles
schon ihr Vater zu Lehen gehabt hatte[120]. Ihre Einordnung ergibt sich zunächst
aufgrund folgender Nachrichten:

1. Im Jahre 1300 schenken Andreas von Gundelfingen, damals Propst zu
Ansbach, und sein „patruus" Eberhard von Hellenstein dem Kloster Kaisheim
eine große Wiese beim Hofe Birkach (bei Frauenriedhausen), welche sie „ex
paterna et heredum nostrorum successione" als Eigen besaßen und welche
ihnen die seitherigen Lehensträger aufgelassen hatten[121]. Eberhard und Andreas sind also nahe verwandt. Die Bezeichnung Eberhards als „patruus"
(Oheim) des Andreas ist freilich irreführend, denn Eberhard war eindeutig
der jüngere, so daß eher Andreas als „patruus" Eberhards zu bezeichnen wäre.
Da sie beide über väterliches Erbe verfügen, kann frühestens Ulrich II., der
Vater des Andreas, sonst Ulrich I., ihr gemeinsamer Vorfahr sein. Weil aber
Ulrich II. keinen weltlichen Bruder und somit auch keine Neffen hatte, kommt
als Vater Eberhards nur einer der weltlich gebliebenen Brüder des Andreas in
Frage: Degenhard, Ulrich III. oder Siboto.

2. Im Jahre 1310 nennt Graf Ulrich III. von Helfenstein den Landkomtur
Konrad von Gundelfingen seinen „Oehain"[122]. Ulrich III. von Helfenstein war
der Sohn der Dillingerin Willibirg, einer Schwester der Agnes, die mit Degenhard von Gundelfingen vermählt war. Der Begriff „Oehain" (Oheim) ist
wiederum nicht wörtlich zu nehmen; faßt man ihn allgemein als Verwandter
von Mutterseite, dann weist er Konrad als einen Sohn Degenhards aus, denn
mit dessen Brüdern Ulrich III. und Siboto war der Helfensteiner nicht verwandt.
Daß Degenhard der Vater Eberhards und Konrads war, bestätigt sich auch insofern, als von Eberhard offensichtlich wieder ein Sohn namens Degenhard
stammt (siehe unten).

Kann aber Agnes von Dillingen, die als Degenhards Gemahlin bezeugt ist,
die Mutter der beiden sein? Die Namen Eberhard und Konrad sind nicht nur
im Hause Gundelfingen neu (von Kuno, dem Sohn des Stifters von Echen-

---

[118] KlU Kaisheim, Nr. 369.
[119] Grupp, Oetting. Regesten, Nr. 297; Reg. Boica V, S. 82.
[120] Urkk. d. Fürstl. Oetting. Archive, Nr. 272; Urkk. Geistl. Ritter-Orden, Nr. 3029.
[121] KlU Kaisheim, Nr. 369.
[122] Pfaff, Gesch. d. Klosters Königsbronn (Württ. Jahrbücher, Jg. 1856, 2, S. 101 ff.),
S. 130 ff. Beil. Nr. I.

brunn, kann wohl abgesehen werden), sie sind auch den Dillingern völlig fremd, so daß sie kaum durch Agnes vermittelt sein können. Sie weisen unverkennbar in das Haus der Grafen von Kirchberg-Wullenstetten. Somit muß die Mutter der beiden eine Kirchbergerin sein, am ehesten eine Tochter des Grafen Eberhard von Kirchberg (1254–1281), der ein Bruder des Bischofs Bruno von Brixen war. Vielleicht hieß sie Gisela; die Jahrzeitbücher des Stifts St. Stephan in Augsburg verzeichnen zum 26. Oktober „Eberhard von Helenstein und Gizla seine můter"[123].

Degenhard von Gundelfingen war also in zweiter Ehe mit einer Kirchberger Grafentochter vermählt und hatte von ihr die Söhne Eberhard und Konrad. Von Eberhard ist zu berichten, daß er als einziger Gundelfinger sich den Titel eines „Grafen" zugelegt hat, vielleicht im Hinblick auf die gräfliche Abkunft seiner Mutter. Erstmals nennt er sich so im Jahre 1313[124]. Von seinem Siegel ist anscheinend nur ein einziger und zudem stark beschädigter Abdruck erhalten, dessen Umschrift unseres Erachtens als „HAEILENSTEIN" zu entziffern ist[125]. Ab 1316 ist Eberhard als Augsburger Chorherr bezeugt, 1343 auch als Chorherr zu Regensburg[126]. Jedoch war er offenbar zuvor vermählt und ist erst als Witwer ins Domkapitel eingetreten, denn er hat allem Anschein nach Söhne hinterlassen. In den Jahren 1335 und 1336 siegelt er bei Gütergeschäften Heidenheimer Bürger mit Kloster Anhausen, und 1346 ist von des „Graven Eberharts Gesesse" in Heidenheim die Rede[127]. Er hatte also wenigstens noch einen Wohnsitz in Heidenheim, wohl ein massiv gebautes Haus im Städtlein unter dem Hellenstein.

Sein Bruder Konrad ist seit 1300 als Komtur des Deutschen Hauses in Nürnberg bezeugt; seit 1306 war er gleichzeitig Landkomtur in Franken; 1315 erscheint er auch als Komtur zu Aichach und Blumental, 1319 als Komtur zu Würzburg[128]. Im Jahre 1311 zog er mit König Heinrich VII. nach Italien und erwirkte im Lager vor Brescia speziell wegen seiner Verdienste in Italien, daß der König dem Orden alle seine Rechte und Güter in Pommerellen bestätigte[129]. 1313 und 1326 weilte er selbst auf der Marienburg. König Johann von Böhmen nannte ihn „seinen und des Reiches lieben Getreuen" (fidelis noster ac imperii), als Konrad 1313 in Löpsingen im Ries einen Streit zwischen dem Bischof von Eichstätt und Kraft II. von Hohenlohe beilegte[130]. In besonderem Ansehen stand er bei Ludwig dem Bayern. Von Ludwig erwirkte

---

[123] Schröder, Alt-St. Stephan in Augsburg, S. 112.
[124] Reg. Boica V, S. 264; vgl. HStA Stgt. KlU Anhausen, Nr. 146 (1335. IV. 25.) u. Nr. 147 (1336. I. 2.).
[125] KlU Kaisheim, Nr. 369.
[126] Urkk. d. Fürstl. Oetting. Archive, Nr. 272; Reg. Boica VII, S. 369.
[127] HStA Stgt. KlU Anhausen, Nr. 146, 147 u. 149.
[128] Urkk. Geistl. Ritter-Orden, Nr. 3486 u. 3489; Reg. Boica V, S. 297 u. S. 412.
[129] Heidingsfelder, a.a.O., Nr. 1491.
[130] Hohenloh. UB II, S. 52 ff., Nr. 68.

er Privilegien für die Ordenshäuser Virnsberg (1317) und Ellingen (1322)[131].
In Ludwigs Namen verhandelte er 1320 und 1324 mit der Stadt Rotenburg[132].
Im November 1323 wurde Konrad zum Deutschmeister gewählt. Kurz darauf
gewährte Ludwig das Stadtrecht für Neubronn (bei Wertheim) auf Bitten
Konrads, „seines lieben heimlichen Rats"[133]. Konrad war als Vermittler tätig,
als die Könige Ludwig und Friedrich der Schöne sich 1325 in München über
die gemeinsame Regierung des Reiches einigten[134]. Er zog auch mit Ludwig
nach Italien, wo Ludwig „seinem Heimlichen zuliebe" 1329 dem Ordenshaus
Nürnberg die Dörfer Schwarzach und Niederbeuensbach schenkte[135]. Wegen
seines bedingungslosen Eintretens für den Kaiser zog sich Konrad den Zorn
des Papstes zu und wurde noch nach seinem Tode (März 1329 in Italien) ex-
kommuniziert[136].

Konrad hatte noch einen weiteren Bruder, der gleichfalls dem Deutschorden angehörte und 1310 Komtur zu Ulm war[137]. Leider wird sein Name
nicht genannt, doch ist er sicherlich identisch mit dem Deutschordensbruder
Degenhard von Gundelfingen, der gemeinsam mit Konrad 1306 in einer Urkunde der Kommende Nürnberg erwähnt ist[138]. Dieser Degenhard war 1311
Landkomtur in Franken[139], offenbar in Vertretung seines Bruders Konrad, der
damals mit Heinrich VII. auf dem Romzug weilte. Der Deutschherr Degenhard dürfte aus der zweiten Ehe des Vaters Degenhard mit der Kirchberger
Grafentochter stammen, denn dieser hatte aus erster Ehe mit Agnes von Dillingen bereits einen Sohn Degenhard, den späteren Bischof.

Ein Brüderpaar namens Eberhard und Degenhard, das um die Mitte des
14. Jahrhunderts lebte (9. Generation), hat gewiß den „Grafen" Eberhard zum
Vater. Degenhard war Kirchherr zu Pflaumloch im Ries, verzichtete aber vor
1350 gegenüber den Lehensherren der Kirche, den Herren von Hürnheim-
Katzenstein, auf seine Rechte[140]. Wir finden ihn 1356 wieder als Kirchherrn
zu Inningen (Krs. Augsburg). Er bürgte damals für seinen Bruder Eberhard
von Hellenstein, der zu Wullenstetten saß. Eberhard verkaufte mit seiner
Gemahlin Margarete von Reichen ein Gütlein zu Saulach bei Oberschöneberg
(Krs. Augsburg), welches Lehen vom Bischof von Augsburg war[141]. Wullen-

---

[131] Urkk. Geistl. Ritterorden, Nr. 5312a; K. Ludw.-Selekt, Nr. 219a.
[132] Reg. Boica VI, S. 27 u. S. 146 f.
[133] Böhmer, Acta Imperii selecta, S. 494, Nr. 721.
[134] Regg. Habsburg. III, Nr. 1586.
[135] Reg. Boica VI, S. 283.
[136] Ten Haaf, Deutschordensstaat, S. 67; Weller, Gesch. d. Hauses Hohenlohe II,
S. 278; vgl. ADB VII, S. 314.
[137] Pfaff, Gesch. d. Kl. Königsbronn, a.a.O., S. 130 ff. Beil. Nr. I.
[138] Urkk. Geistl. Ritterorden, Nr. 3489.
[139] Reg. Boica V, S. 192.
[140] Urkk. d. Stadt Nördlingen, Nr. 220.
[141] HStA Stgt. Gabelkofer, Genealog. Collect. I, Fol. 231.

stetten, wo Eberhard seinen Wohnsitz hatte, war Erbteil seiner Kirchbergischen Großmutter, der zweiten Gemahlin des älteren Degenhard. Auch Saulach dürfte kaum altgundelfingischer Besitz gewesen sein, sondern stammte eher von Eberhards Frau.

Mit Eberhard und Degenhard verschwindet das Geschlecht der Herren von Gundelfingen-Hellenstein, das noch zu Beginn des Jahrhunderts mit den Bischöfen Andreas und Degenhard und dem Deutschmeister Konrad eine Reihe führender Persönlichkeiten gestellt hatte, offenbar kaum beachtet aus der Geschichte[142]. Weder die Brüder Eberhard und Degenhard noch die Glieder der vorausgehenden Generation hatten irgendwelche erkennbaren Beziehungen zum Stammsitz Gundelfingen. War das die Folge einer Entwicklung, die wir ab Mitte des 13. Jahrhunderts deutlich verfolgen können? Ein Edelgeschlecht, das nicht zu den reichsten gehörte, verfügte in äußerst großzügiger Weise über seinen Besitz zugunsten von Klöstern und Kirchen und stellte gleichzeitig in zunehmendem Maß seine Söhne in den Dienst der Kirche. Sicher bedingte das eine das andere. Aber die Schenkungen minderten nicht nur rapide den Besitz, die geistlich gewordenen Söhne begaben sich auch der Möglichkeit, die Einbußen an Besitz durch zweckmäßige Heiraten auszugleichen. Die sieben nachweisbaren Enkel Ulrichs II. waren schließlich alle Inhaber kirchlicher Würden oder trugen das Ordenskleid. War es sicher in erster Linie fromme Gesinnung, was zu diesem Verhalten Anlaß gab, so doch wohl auch das Bewußtsein, in einem hohen kirchlichen Amt größeres Ansehen zu genießen und mehr Wirkungsmöglichkeit und Einfluß zu gewinnen, denn als vergleichsweise bescheiden begüterter Edelmann. Bei dauernder Minderung des Hausguts mag auch der Gedanke, als Inhaber einer Pfründe versorgt zu sein, mitgespielt haben.

Es mag auffallen, daß nirgends von Erben der Gundelfinger die Rede ist[142a].

---

[142] Unserem Geschlecht gehört auch an Anna von Gundelfingen († 1386), vermählt mit Hans (I.) Pirckheimer (1359–1375), die Ahnfrau der Nürnberger Patriziergeschlechter Pirckheimer und Imhof. Anna könnte die Tochter von Eberhard (1356) gewesen sein. —
Hierher gehört ferner Rudolf Gundelfinger, Hauptteilhaber der Pirckheimergesellschaft, der 1387 als Vertreter des Hans Pirckheimer in Venedig war und 1429 mit Unterstützung des Rats der Stadt Nürnberg die Handelsbeziehungen zu der Republik Venedig wieder aufnahm. Seine Einreihung ist jedoch ungewiß. — Herr Dr. Layer, Dillingen, machte mich freundlicherweise auf diese beiden Nachkommen des Geschlechts aufmerksam und stellte die Daten zur Verfügung, wofür ihm herzlich gedankt sei.
Nicht einzureihen wissen wir den „frater Benedictus de Gundelfingen" vom Ulmer Predigerkloster, der 1299 bezeugt ist (Ulm. UB I, S. 262 f., Nr. 219), und „Briccius de Gundelfingen", Chorherr zu Ansbach, der 1307 erwähnt wird (Reg. Boica V, S. 110).
[142a] Herr Dr. Layer, Dillingen, nimmt an, daß das Erbe der Anna von Gundelfingen die Grundlage für den Aufstieg der Nürnberger Geschlechter Pirckheimer—Gundelfinger—Imhof gebildet habe; siehe Anm. 142. Vgl. auch Anm. 64.

Am ehesten würde man solche als Inhaber der Vogtei des Klosters Echenbrunn oder der Burg Gundelfingen erwarten.

Echenbrunn stand 1271 noch unter der Vogtei Ulrichs II. und seiner Söhne, und noch für 1289 lassen sich enge Beziehungen zwischen Kloster und Gundelfingern erweisen, denn damals besiegelte der Abt eine Urkunde der Brüder Degenhard und Siboto für Kloster Anhausen[143]. Doch beanspruchte schon aufgrund des Urbars von c. 1270 der Herzog von Bayern, offenbar als Erbe Konradins, Vogteiabgaben von den Gütern des Klosters in Peterswörth, Bächingen, Berg (Albhof, Gemeinde Haunsheim), Gundelfingen, Hygstetten, Burghagel und einigen abgegangenen Höfen der Umgebung[144]. Die Vogtei der Gundelfinger beschränkte sich daher wohl auf die engere Immunität des Klosters in Echenrunn und etwaigen entfernteren Streubesitz. Wohl bald nach dem Tode Sibotos (um 1296), als kein Gundelfinger weltlichen Standes mehr vorhanden war, scheint Bayern, das ja die Masse der Klostergüter ohnehin schon unter seiner Botmäßigkeit hatte und das als Inhaber der „Grafschaft Dillingen", die freilich zeitweilig verpfändet war, auch die Hochgerichtsbarkeit im Klosterbereich beanspruchte, Zug um Zug sich die Befugnisse des Klostervogts vollends angeeignet zu haben. Von irgendwelchen konkurrierenden Ansprüchen anderer an die Vogtei ist nirgends die Rede. Ein Privileg Ludwigs des Bayern von 1334, mit welchem er das Kloster seines kaiserlichen Schutzes versicherte[145], dürfte das Geschick des Klosters praktisch besiegelt haben, denn den kaiserlichen Schutz übte Ludwig in seiner Eigenschaft als Inhaber des Landgerichts der „Grafschaft Dillingen" aus. Ob Ludwig diesen Schritt bewußt erst nach dem Tode des ihm so vertrauten Deutschmeisters Konrad von Gundelfingen († 1329) vollzogen hat?

Die Burg Gundelfingen war vielleicht noch 1293 in Händen der Brüder Degenhard und Siboto, die damals in Gundelfingen urkundeten[146]. Danach ist von einer Burg Gundelfingen erst wieder die Rede 1329 im Hausvertrag der bayerischen Herzöge von Pavia: „Gundolfingen burch und stat" erscheint im Besitz Ludwigs des Bayern und seiner Söhne[147]. Man könnte sich streiten, ob die hier erwähnte Burg identisch ist mit der alten Stammburg der Gundelfinger, die dann 1373 als „Burgstall" bezeichnet wird; in diesem Fall hätte sich Bayern auf unbekannte Weise in den Besitz der noch benutzbaren Burg gesetzt; oder ob es sich bereits um eine von Bayern innerhalb der Stadt an der Stelle des späteren Schlosses neu erbaute Burg handelt. Auf jeden Fall muß die

---

[143] WUB VII, S. 164, Nr. 2241; IX, S. 317, Nr. 3911.
[144] MB XXXVIa, S. 324 f.
[145] Rückert, Die Äbte des Kl. Echenbrunn (Jahrb. HV. Dillingen XXV, 1912), S. 296.
[146] Urkk. d. Hochst. Augsburg, Nr. 152.
[147] Qu. u. Erört. VI, S. 298 ff., Nr. 277.

Burg oder Burgstelle der Gundelfinger von Bayern eingezogen worden sein, denn nie mehr ist bei Gundelfingen von einer anderen Burg die Rede, als derjenigen der Herzöge von Bayern, und Bayern beanspruchte im gesamten Bereich der Germarkung Gundelfingen weitestgehende Hoheitsrechte. So darf Bayern zwar nicht als Erbe, wohl aber als Rechtsnachfolger der Gundelfinger in einigen wichtigen Positionen gelten.

3. Folgerungen aus der Besitzgeschichte

Die Herren von Gundelfingen sind kurz vor 1100 ebenso unvermittelt aufgetaucht, wie sie um die Mitte des 14. Jahrhunderts wieder verschwinden. Anhaltspunkte, woher sie gekommen sein könnten, lassen sich mit Hilfe der Besitzgeschichte gewinnen. Dazu gilt es zunächst, alle diejenigen Besitztitel auszusondern, die eindeutig als spätere Erwerbungen erkennbar sind. Damit wird man das Stammgut des Hauses feststellen können.

Die gundelfingischen Rechte in Schwabmühlhausen stammen entweder von der Mutter Sifrids und Rudprechts von Gundelfingen oder eher von der Gemahlin eines der beiden und dürften gegen 1110 angefallen sein.

Dintenhofen und Herbertshofen bei Ehingen sind vielleicht Mitgift der Gemahlin Gottfrieds von Gundelfingen, die dem Hause Berg entstammen könnte. — Hellenstein mit Heidenheim wurde von der Erbtochter des „procurators" Degenhard von Hellenstein ihrem Gemahl Ulrich I. von Gundelfingen zugebracht. Güter in Asselfingen stammen von der Gemahlin Ulrichs II., A(delheid) von Albeck.

Die Rechte in Altenmünster sind Mitgift der Agnes von Dillingen, Gemahlin Degenhards I. von Gundelfingen; wahrscheinlich hat Agnes auch die Herrschaft Aislingen eingebracht.

Wullenstetten kam durch eine Kirchberger Grafentochter ins Haus, die wir als zweite Gemahlin Degenhards I. und Mutter Eberhards, des Deutschmeisters Konrad und wohl auch des Deutschherren Degenhard ermittelten.

Wenn wir diese erheirateten Güter einmal außer acht lassen, bleiben hauptsächlich zwei recht stattliche Besitzkomplexe übrig:

a) Im Bereich von Brenz und Donau der Stammsitz Gundelfingen mit Gütern im Ort, in Bechenheim (Bächingen), Obermedlingen, Holzheim, Eppisburg, Birkach, Mödingen, Knobershausen (abgegangen bei Dattenhausen), Forheim, Nattheim und Bolheim; dann in Mörslingen, Deisenhofen, Mollberg (abgegangen bei Höchstädt), Sonderheim, Wolpertstetten, Holzen (Holzhof bei Wolpertstetten), Ostheim (abgegangen bei Wolpertstetten) und Finningen.

Dazu darf man die Stiftungsgüter des Klosters Echenbrunn in Echenbrunn, Peterswörth, Hygstetten und Berg (Albhof bei Haunsheim) rechnen.

b) Im Ries Bopfingen mit Gütern in Oberdorf und Hohenberg, Waldhausen mit Breitenbach (abgegangen) und Langenwald (abgegangen), Birkhausen bei Wallerstein; ferner Güter in Nördlingen, Deiningen, Wechingen, Schrattenhofen, Appetshofen und vielleicht Reimlingen [148].

Die Güter im Bereich von Brenz und Donau finden sich größtenteils schon im Besitz Ulrichs II., ja einige im Besitz der Adelheid von Schlaitdorf, der Tochter Diemos II. Sie reichen sicher ins 12. Jahrhundert zurück. Nimmt man die Stiftungsgüter des Klosters Echenbrunn hinzu, so kommt man mindestens bis ins frühe 12. Jahrhundert. Es handelt sich gewiß um das Stammgut der Herrschaft Gundelfingen.

Dieses Stammgut liegt im Begüterungsbereich der „Hupaldinger", wie wir die Sippe des heiligen Ulrich nennen. Es flankiert im Westen und Osten den Kernbesitz der Grafen von Dillingen, die als ein Zweig der „Hupaldinger" zu betrachten sind. Diese Verteilung spricht dafür, daß es aus der Gütermasse der sogenannten „Dietpald-Richwin-Linie" der „Hupaldinger" stammt, der die Markgrafen von Giengen und Vohburg (Diepoldinger) angehören. Gerade von Gundelfingen war ein beträchtlicher Teil in der Verfügungsgewalt der Markgrafen, und zwar als Lehen des Klosters Fulda. Er kam durch die Heirat der Adela von Vohburg mit Friedrich Barbarossa 1147 an die Staufer und nach dem Tode Konradins 1268 an Bayern. Der Anteil der Herren von Gundelfingen dürfte bei einer Erbteilung abgetrennt worden sein. Diese wäre nach dem Auftreten des ersten Gundelfingers, Billung, und nach der mutmaßlichen Bauzeit der Burg Gundelfingen im letzten Drittel des 11. Jahrhunderts erfolgt. Es spricht also einige Wahrscheinlichkeit dafür, daß das gundelfingische Stammgut um die Burg Gundelfingen aus dem Besitz der Diepoldinger oder ihrer engsten Verwandten stammt. Damit ist nicht gesagt, daß Billung von Gundelfingen zum Mannesstamm der Diepoldinger gehört.

Der Besitz im Ries gliedert sich geographisch und vielleicht auch der Herkunft nach in zwei Gruppen: einmal die Güter um Bopfingen, Oberdorf, Waldhausen und Birkhausen im westlichen Ries; zum anderen Nördlingen, Reimlingen, Deiningen, Wechingen, Schrattenhofen und Appetshofen.

Die erste Gruppe läßt sich urkundlich auf Ulrich II. zurückführen. Nach allem, was wir über seine albeckische Gemahlin wissen, hat er die Güter nicht erheiratet, sondern seinerseits geerbt. Sie erinnern auffallend an eine Gruppe von Gütern, die wir aus dem Heiratsvertrag des Herzogs Konrad von Rotenburg, eines Sohnes Barbarossas, mit Berengaria von Kastilien von 1188 kennen: „mediam partem castri Walrstein cum omnibus suis pertinenciis, castrum Flochberch cum omnibus pertinenciis, burgum Bebphingin, castrum Walthusin

---

[148] 1300. I. 18. Güter zu Reimlingen gen. Herrn Degenharts Gut; Urkk. d. Stadt Nördlingen, Nr. 46.

cum omnibus pertinenciis"[149]. Die hier erwähnten staufischen Güter dürften mit zu den ältesten des Hauses gehören; vielleicht reichen sie zurück auf den Riesgrafen Friedrich (1027—1053) bzw. den Pfalzgrafen Friedrich, der 1053 zu den „optimates" Ostschwabens und Ostfrankens zählt und wie der Riesgraf als ein Vorfahr der Staufer gilt[150]. Wahrscheinlich gehen die ihnen benachbarten, mit ihnen in Gemenge liegenden Güter der Gundelfinger auf dieselben Besitzvorgänger zurück und sind früher einmal vom staufischen Besitz abgetrennt worden. Das heißt jedoch nicht, daß die Gundelfinger als Inhaber dieser Güter Erben der Staufer wären. Denn die Güter der Gundelfinger waren nicht Allod, sondern Lehen. Als nämlich die Brüder Eberhard von Gundelfingen und Konrad, damals Landkomtur, 1316 alle Mannschaft und Lehenschaft, die sie in Bopfingen hatten, dem Grafen Ludwig VI. von Oettingen abtraten, werden diese Rechte und Güter ausdrücklich als vom Vater ererbte Lehen bezeichnet[151]. Doch wer war der Lehensherr? Einen Hinweis gibt uns die Nachricht des Markgrafen Heinrich II. von Burgau von 1273: als seine Schwester Sophia ihm das „castrum Haelenstein" mit all seinen Zugehörden übergab, behielt sie sich eine Hube in Birkhausen zurück[152]. Die gundelfingischen Güter in Birkhausen gehörten demzufolge zur Herrschaft Hellenstein, und da Birkhausen eng mit den Gütern um Bopfingen verbunden war, galt für diese dasselbe. Die Herrschaft Hellenstein aber war ein Lehen der Staufer. Die Güter um Bopfingen müßten also durch die Erbtochter des „procurators" Degenhard von Hellenstein an die Gundelfinger gelangt sein. Daß die Gundelfinger später so frei darüber verfügten, erklärt sich wohl aus den unklaren Rechtsverhältnissen des Interregnums wie überhaupt der nachstaufischen Zeit.

So bleiben noch die Güter im südlichen Ries. Sie lassen sich zum Teil auf Adelheid von Schlaitdorf und damit auf ihren Vater Diemo II. zurückführen. Doch erinnern wir uns, daß schon der erste Gundelfinger, Billung, Zeugenschaft leistete, als ein Gut in Möggingen in eben dieser Gegend veräußert wurde[153]. Sehr wahrscheinlich war schon er dort begütert. In Wechingen,

---

[149] Rassow, Der Prinzgemahl (Quellen u. Studien z. Verfassungsgesch. VIII, 1), S. 1 ff.

[150] MG. Dipl. Heinr. III., Nr. 303; vgl. Klebel, Zur Abstammung d. Hohenstaufen (ZGO 102, 1954, S. 137 ff.), S. 139 f.

[151] Urkk. d. Fürstl. Oetting. Archive, Nr. 272; in der Gegenurkunde Ludwigs VI. v. Oettingen vom selben Tag heißt es von den gundelfingischen Gütern in Bopfingen: „di si an geerbet und an gevallen was von iren vorderin"; Urkk. Geistl. Ritter-Orden, Nr. 3029.

[152] WUB VII, S. 254, Nr. 2356. — Birkhausen war mit Bopfingen eng verbunden; 1265 ist der Ritter Eggehard (v. Hohenberg b. Bopfingen) mit Gütern in Birkhausen belehnt; Urkk. d. Stadt Nördlingen, Nr. 17.

[153] MB XXII, S. 22, Nr. 23.

Schrattenhofen und Reimlingen ergeben sich Überschneidungen gundelfingischen Besitzes mit solchem der Herren von Truhendingen, die auch in den benachbarten Orten Alerheim, Enkingen, Pfäffingen und Zimmern begütert sind. Die Truhendingen haben mit den Gundelfingern gemeinsam den Namen Sifrid (2. Generation Gundelfingen) bzw. Siegfried (Domherr und Bischof zu Würzburg 1128–1150 aus dem Hause Truhendingen) sowie das dreifach geteilte Wappenschild[154]. Truhendingen und Gundelfinger sind also wohl Stammesgenossen. — Es sei abschließend erwähnt, daß wir fast alle Namen, die uns in den drei ersten Generationen der Gundelfinger begegnet sind, bei den führenden Geschlechtern des Rieses wiederfinden: Guntipert (Vogt des Bischofs von Augsburg), Pileund (= Pillunc) und Gerung sind unter den „optimates" Ostschwabens und Ostfrankens, die 1053 einer Wildbannverleihung an den Bischof von Eichstätt zustimmen[155]. Kuno = Konrad ist Graf des Sualafelds 1044 und 1053[156]; sein Name findet sich wieder bei den Staufern (Konrad, 1089–1094, Bruder Herzog Friedrichs I.), bei denen von Wallerstein (Konrad c. 1109–1147) und Oettingen (Konrad I. 1142–1153). Sifrid ist uns bei den Truhendingen schon begegnet, und Rudprecht ist im Hause Lierheim geläufig (Rudprecht I. 1147–1167). Damit ergeben sich vom Namensgut, vom Besitz und nicht zuletzt vom Wappen enge Beziehungen der Gundelfinger zum Ries. Wir folgern daraus, daß der Ahnherr der Gundelfinger offenbar aus dem Ries gekommen ist. Er war wohl gleichen Stammes wie die von Truhendingen und mit den führenden Geschlechtern des Rieses versippt und verschwägert. Durch Einheirat in einen Zweig der „Hupaldinger" (Dietpald-Richwin-Linie) gewann er beträchtlichen Besitz an Brenz und Donau, erheblich mehr, als sein väterliches Erbe ausmachte. Daher verlegte er seinen Sitz an die Brenz und baute dort die für das Geschlecht namengebende Burg Gundelfingen.

Nachtrag. Nachdem das Manuskript abgeliefert war, machte mich Herr Hans-Peter Köpf, Nagold, auf eine Urkunde von 1296. März 11. aufmerksam, die sich abschriftlich im Krafftschen Archiv (Stadtarchiv Ulm — G 2/39, Bd. II) befindet. Dort ist als Zeuge einer Jahrtagstiftung der „Bruder Hartmann ain Halenstainar, komentor der Tüschen herrn zi Ulme" erwähnt. Auf Grund dieser Nachricht sind die Ausführungen zu den Anm. 110–112 zu ergänzen:

a) Hartmann, der als Deutschordenskomtur zu Lauterbach 1291 erstmals bezeugt ist, war laut obiger Urkunde spätestens seit 1296 auch Komtur zu Ulm.

---

[154] Englert, Gesch. d. Grafen v. Truhendingen, 1885, S. 29 ff., Reg. 116–151; S. 125 ff. (Siegel); Wendehorst, Germania Sacra. Bistum Würzburg I, S. 151 ff; Enßlin, Bopfingen, S. 39: Truhendingen rot-gold, Gundelfingen weiß-schwarz.

[155] MG. Dipl. Heinr. III, S. 411 f., Nr. 303.

[156] MG. Dipl. Heinr. III, Nr. 119 u. 303.

b) Er ist sodann personengleich mit dem 1310 (ohne Namensnennung) erwähnten Komtur zu Ulm, der als Bruder des Landkomturs Konrad von Gundelfingen bezeichnet wird (vgl. Anm. 137 ff.; der zugehörige Text ist entsprechend zu berichtigen).

Hartmann hat also auch während seiner Tätigkeit als Landkomtur an der Etsch (1305) das Amt des Komturs zu Ulm beibehalten und noch 1310 gelebt. Seine Bruderschaft (sprich: Stiefbruderschaft) zum Landkomtur Konrad von Gundelfingen wie auch zu dessen Bruder Eberhard von Hellenstein, die im Text (zu Anm. 118—122) erschlossen wurde, ist durch die Urkunde von 1310 ausdrücklich bezeugt. Gemeinsamer Vater war Degenhard von Hellenstein-Gundelfingen (1251—1293). In der Stammtafel ist die Änderung berücksichtigt.

Die Edelherren von Gundelfingen-Hellenstein. Ein Beitrag zur Geschichte des ostschwäbischen Adels im hohen Mittelalter. In: JHVD Jg. 73. 1971, S. 13-40.

Die »Duria-Orte« Suntheim und Navua

Ein Beitrag zur Geschichte des »pagus Duria«

Den Begriff »pagus« verwenden schon die ältesten Urkunden, die uns erhalten sind, wenn sie die geographische Lage eines Ortes näher bestimmen wollen, z. B. »locus X in pago Y«. Mit Hilfe solcher Nennungen suchte die landeskundliche Forschung seit jeher, eine Gliederung Schwabens in früher Zeit zu rekonstruieren. Der Begriff »pagus« wird gewöhnlich mit »Gau« übersetzt. Jedoch ist der verfassungsrechtliche Inhalt des »pagus« keineswegs geklärt. Wir wollen den Begriff »pagus« daher einfach im Sinne von Gebiet oder Landstrich verwenden. Absicht dieser Arbeit ist ja nicht, Grundsätzliches zur Frage des »pagus« vorzutragen. Es soll vielmehr versucht werden, zwei im »pagus Duria« gelegene Orte zu identifizieren und damit die Ausdehnung des »pagus Duria« zu bestimmen. Wenn dies gelingt, lassen sich neue Gesichtspunkte für die Besiedlungs- und ältere Herrschaftsgeschichte Bayerisch-Mittelschwabens gewinnen.

I. Zum Stand der Forschung

Vier Orte sind es, die urkundlich als »in pago Duria (Durihin)« gelegen bezeugt sind. Von ihnen ist auszugehen, wenn man die Ausdehnung des »pagus Duria« bestimmen will. Es sind dies:

»ad Rôtu«	(898) [1]
Nâvua	(1003) [2]
Suntheim	(1007) [3]
Mindelheim	(1046) [4]

Von diesen Orten ist nur Mindelheim eindeutig bestimmt. Für die übrigen drei hatte die Forschung jeweils mehrere Lokalisierungsvorschläge. Geht man unbefangen daran, sie zu lokalisieren, so bieten sich folgende Möglichkeiten:

Nachstehende Untersuchung geht zurück auf ein Referat, das der Verf. vor dem Neu-Ulmer Arbeitskreis im April 1964 gehalten hat.

1 »in pago, qui vulgo Duria nuncupatur ... in loco ad Rôtu vocitato«, MG. Dipl. Arn. Nr. 159.
2 »cortis in Alemannia pago Duria ... nomine Nâvua«, MG. Dipl. Heinr. II. Nr. 55
3 »locus Suntheim dictus in pago Durihin«, MG. Dipl. Heinr. II. Nr. 147
4 »curtis Mindelheim dicta sita in pago Duria«, MG. Dipl. Heinr. III. Nr. 170

»Ad Rôtu« bezeichnet einen Ort am Flusse Roth[5]. Es könnte Ober-
bzw. Unterroth an der Roth (Kr. Illertissen) oder Roth an der Rot
bei Remmeltshofen (Kr. Neu-Ulm) sein.

Nâvua wird man in erster Linie in Langenau (Kr. Ulm) suchen, das
seit 1143 vielfach unter den Namen Nawe, Nawa, Nawen bezeugt ist.
Man könnte aber auch an das spätrömische Kastell Navoa denken, das
man dicht bei Eggental (Kr. Kaufbeuren) vermutet[6].

Für Suntheim bietet sich die Gleichsetzung mit Sontheim an der
Günz (Kr. Memmingen), Sontheim an der Zusam (Kr. Wertingen) und
Sontheim an der Brenz (Kr. Heidenheim).

Wer die zur Diskussion stehenden Orte auf der Karte sucht, erkennt
sofort das Problem: je nachdem man die »Duria-Orte« festlegt, verschiebt sich das Gebiet »Duria«; es erweitert oder verengt seinen Bereich[7].

So bleibt nichts anderes übrig, als die Geschichte aller in Betracht
kommenden Orte zu untersuchen und danach zu entscheiden, welcher
der möglichen Orte sich am ehesten mit dem fraglichen »Duria-Ort«
gleichsetzen läßt.

Die Forschung der letzten hundert Jahre ist freilich meist den um-
gekehrten Weg gegangen. Jeder Forscher hatte bestimmte Vorstellungen von Lage und Ausdehnung des Gebiets »Duria«, und entsprechend
dieser Vorstellung legte er die bezeugten »Duria-Orte« geographisch
fest.

Franz Ludwig Baumann[8] ging von der Annahme aus, daß sich die
Grafschaften des hohen und späten Mittelalters jeweils auf der Grundlage alter »Gaue« gebildet hätten. Wo also eine Grafschaft faßbar
wurde, war seiner Theorie zufolge früher ein entsprechend großer
»Gau«. So hätte die »Grafschaft Kirchberg« dem alten »Illergau« entsprochen und dieser den »Duriagau« im Westen begrenzt. Für das Gebiet um Leibi und Roth im heutigen Landkreis Neu-Ulm ist im Jahre
1303 eine »Grafschaft Holzheim« bezeugt. Auch sie hätte einem alten
»Gau« entsprochen, der den »Duriagau« im Nordwesten begrenzte.
In der Gegend um Laugna bei Wertingen erstreckte sich nach Brunner[9],
dessen Ansicht Baumann übernahm, ein »Gau Falaha«; er war Angrenzer des »Duriagaus« im Nordosten. Im Osten und Südosten

---

5   J. Schnetz, Flußnamen des Bayerischen Schwabens, 1950, S. 43
6   A. Steichele, Das Bistum Augsburg II, 1864, S. 301
7   vgl. Karte bei J. Matzke, In loco ad Rotu vocitato (Das Obere Schwa-
     ben 3, 1956) S. 198
8   F. L. Baumann Die alamannische Niederlassung in Rhaetia secunda
     (Ztschr. Hist. Ver. f. Schwaben und Neubg. II, 1875, S. 172 ff = For-
     schungen z. Schwäb. Gesch., 1898, S. 473 ff. – Derselbe, Gaugrafschaften
     im Wirt. Schwaben, 1879 S. 86. – Derselbe, Gesch. d. Allgäus I, 1883,
     S. 176 f und 507.
9   L. Brunner, Beiträge z. Gesch. d. Markgrafschaft Burgau I (29. und 30.
     Jahresbericht d. hist. Kreis-Vereins i. Reg. Bez. Schwaben und Neubg.
     f. 1863 und 1864), S. 5 ff

schließlich stieß an den »Duriagau« der »Augstgau« an. Somit verblieb
für Baumanns »Duriagau« im wesentlichen die Gegend um den Oberlauf von Günz, Mindel und Schmutter mit dem Zentrum Mindelheim.
In dieser Gegend also waren die fraglichen Orte unterzubringen; und
so verlegte er den Ort Suntheim nach Sontheim a. d. Günz (Kr. Memmingen), Nâvua identifizierte er mit Navoa = Eggental und »ad
Rôtu« setzte er mit Ober- bzw. Unterrothan (Kr. Schwabmünchen)
gleich. Die Identität von Nâvua mit Navoa = Eggental war nach
Baumann dadurch erwiesen, daß im 12. Jahrhundert Herren von Eggental und von Nawe teilweise die gleichen Namen trugen. Er folgerte daraus, daß es sich um ein und dieselbe Familie handeln müsse[10]
und lediglich der alte Ort Navoa = Nâvua in Eggental umbenannt
worden sei.

Dieses Argument Baumanns hat lange Zeit Anklang gefunden. Nicht
so überzeugend war die Gleichsetzung von »ad Rôtu« mit Ober- bzw.
Unterrothan. Denn diese Orte liegen auf der Hochfläche zwischen
Neufnach und Schweinbach; »ad Rotu« aber weist auf die Lage an
einem Fluß namens Roth.

Dennoch hat sich Baumanns These behauptet, bis im Jahre 1950
Josef Schnetz den Versuch unternahm, den Namen »Duria« von der
Sprachgeschichte her zu deuten[11]. Schnetz sah in »Duria« den vordeutschen Namen des Flusses Zusam. Dies veranlaßte ihn, das ganze
Zusamtal in seinen »Duriagau« einzubeziehen. Sein »Duriagau« wei-
tete sich dadurch nach Nordosten bis zur Donau aus. Schnetz konnte
unbedenklich so verfahren, denn inzwischen hatte sich herausgestellt,
daß der »Gau Falaha«, den Brunner und Baumann um Laugna bei
Wertingen und damit im Bereich der unteren Zusam gesucht hatten,
überhaupt nicht existierte und daß der entsprechende urkundliche Beleg einen Bezirk in Norddeutschland bezeichnete[12]. Schnetz setzte sich
(im Anschluß an Bauer)[13] grundsätzlich über Baumanns Theorie von
der Identität von »Gau« und Grafschaft hinweg und leugnete mit
Recht, daß man aus spätmittelalterlichen Herrschaftsverhältnissen auf
die Ausdehnung alter »Gaue« schließen könne. Aber auf die »Grafschaft Holzheim« als nordwestlichen Angrenzer des »Duriagaues«
wollte er nicht verzichten. Dies hinderte ihn daran, den Bezirk »Duria«
auch im Bereich von Roth und Leibi (Kr. Neu-Ulm) bis zur Donau
auszuweiten. Entsprechend seiner neuen Vorstellung von der Ausdehnung des »Duria« suchte Schnetz sodann den »Duria-Ort« Suntheim
in Sontheim an der Zusam (Kr. Wertingen); »ad Rôtu« verlegte er
auf Grund der richtigen Überlegung, daß es sich um einen Ort am
Flusse Roth handle, nach Ober- bzw. Unterroth an der Roth (Kr.

---

10 Baumann, Allgäu I S. 506 f – seine Argumentation übernimmt Schnetz,
    Flußnamen S. 40 f und 102 f.
11 Schnetz, Flußnamen S. 36 ff, insbes. S. 43 ff
12 Schnetz, Flußnamen S. 39; UB d. Kl. Fulda I S. 78 Nr. 45
13 A. Bauer, Gau und Grafschaft in Schwaben, 1927.

Illertissen); Nâvua aber deutete er mit Baumann auf Navoa = Eggental (Kr. Kaufbeuren). — Die Schnetz'sche Ansicht bedeutet einen gewissen Fortschritt gegenüber Baumann insofern, als sie mit unhaltbaren Ansichten bricht. Aber sie ist nicht konsequent. Sie beruht auch nicht auf historischer Quellenforschung, sondern dient der Rechtfertigung einer Namenstheorie, die nicht eigentlich überzeugt. Insofern befriedigt sie nicht und hat bei den Späteren auch wenig Beachtung gefunden.

Hansmartin Schwarzmaier hat sich 1961 ebenfalls mit dem »Duriagau« befaßt[14]. Er prüft kritisch alle Argumente Baumanns für die Gleichsetzung von Nâvua mit Navoa = Eggental. Er entkräftet Baumanns Hauptbeweis, nämlich daß die von Nawe und die von Eggental die gleiche Familie seien[15]. Aber er zieht daraus nicht den notwendigen Schluß. Er vertritt die These, daß die Edlen von Ursin, späteren Markgrafen von Ronsberg, ihre Herrschaft auf einen Komplex alten Königsguts aufgebaut haben müßten[16]. Dieser Theorie zuliebe spricht er sich dafür aus, daß »Navoa (gemeint ist das Königsgut Nâvua) im Bereich des Mindelursprungs zu suchen« sei[17]. Mit Baumann entscheidet er sich also doch für die Gegend um Eggental. Aus demselben Grund verlegt er Suntheim wieder an die Günz (Kr. Mindelheim); »ad Rôtu« beläßt er mit Schnetz in Oberroth an der Roth (Kr. Illertissen). Trotz aller Einwände gegen Baumanns Beweisführung dürfte seine Vorstellung vom »Duriagau« der Baumann'schen ziemlich nahe kommen.

Schwarzmaier hat offenbar übersehen, daß sich mittlerweile die Lokalforschung in die Diskussion um den »Duriagau« eingeschaltet und mit gewichtigen Argumenten die bisher herrschende, im wesentlichen auf Baumann fußende Auffassung ins Wanken gebracht hat.

Josef Matzke hat 1956 in dieser Zeitschrift einen Aufsatz unter dem Titel »In loco ad Rôtu vocitato« veröffentlicht und darin nachgewiesen, daß »ad Rôtu« nicht in Ober- bzw. Unterroth an der Roth (Kr. Illertissen) gesucht werden dürfe, sondern daß es ein Ort an der unteren Roth zwischen Roth und Remmeltshofen (Kr. Neu-Ulm) gewesen sei, den er »Urroth« nennt. Mit diesem Ergebnis, das durch genaue Kenntnis der Quellen und der örtlichen Verhältnisse gewonnen wurde, darf »ad Rôtu« neben Mindelheim als zweiter »Duria-Ort« gesichert gelten. Wenn »ad Rôtu« an der unteren Roth lag, dann reichte der »Duriagau« in breiter Front auf alle Fälle bis zur Donau; die alte Auffassung, daß der »Grafschaft Holzheim« ein eigener »Gau« zu Grunde gelegen habe, muß aufgegeben werden.

Meinrad Weikmann handelte 1956 über »Gerichtsstätten bei Königshöfen«[18] und führte gewichtige Gründe gegen die Gleichsetzung von

---

14 Königtum, Adel und Klöster im Gebiet zwischen ob. Iller und Lech, 1961, insbes. Exkurs III S. 180 ff
15 Schwarzmaier, a. a. O. S. 184
16 Schwarzmaier a. a. O. S. 102 f
17 Schwarzmaier, a. a. O. S. 184

Nâvua mit Navoa = Eggental ins Feld. Er stützte damit die Auffassung, die schon der ältere Stälin vertreten hatte, daß nämlich
Nâvua in Langenau (Kr. Ulm) zu suchen sei. Weikmann geht aus von
dem Gütertausch König Heinrichs II. mit dem Bischof von Freising
im Jahre 1003, bei welchem der König die »cortis Nâvua« erwarb im
Tausch gegen den bedeutenden Königshof Roding in der Oberpfalz.
Weikmann überschlägt den Wert des Königshofes Roding und kommt
zu dem Ergebnis, »daß Eggental (das man seither meist mit Nâvua
identifiziert hatte) mit seiner geringen Feldflur als Tauschstück nicht
in Frage kommen kann.« Ferner müsse Eggental als »Duria-Ort« ausscheiden, weil der Ort Lauchdorf, der im selben Tal wie Eggental 6 km
weiter abwärts liegt, 1123 »in pago Augustensi« bezeugt ist, also im
»Augstgau«, wohin folglich auch Eggental gehören müßte. Er folgert
daraus, daß Nâvua nur mit Langenau identifiziert werden könne.
Langenau allein komme wegen seiner großen Gemarkung als Tauschobjekt gegen Roding in Frage. Auch gehöre der 1003 für Nâvua zuständige Graf Manegold sehr wahrscheinlich zum »Dillinger Grafen-
haus« (gemeint sind die Hupaldinger), das in Langenau begütert war.
Weikmann setzt also die »cortis Nâvua« mit Langenau gleich und
bringt dieses nunmehrige Königsgut in Verbindung mit einem Hoftag,
den König Konrad III. 1150 »apud villam Nawen« (d. i. Langenau)
abhielt, ferner mit einer Gerichtsstätte des Ulmer Landgerichts »apud
lapidem in Nawe« (d. i. Langenau), die 1255 bezeugt ist. Auf diese
Weise sieht er am Beispiel Langenau seine These bestätigt, daß sich
Gerichtsstätten nicht selten bei Königshöfen finden.

Die Argumente Weikmanns sind wirklich beachtenswert. Nachdem
Baumanns Hauptbeweis, die von Nawe und von Eggental seien ein
und dieselbe Familie, von Schwarzmaier schon erschüttert worden ist,
wird die Gleichsetzung von Nâvua mit Navoa = Eggental schwerlich
aufrecht zu erhalten sein. Zieht man dagegen einmal die Möglichkeit
in Betracht, daß Nâvua mit Langenau identisch sein könnte, so ergibt
sich, daß der Bezirk »Duria« die Donau übersprungen und damit den
ganzen weiten Raum vom Südostrand der Alb bis südlich Mindelheim
umfaßt haben müßte.

Der vierte »Duria-Ort« ist Suntheim. Mit Ausnahme von Schnetz
hat man es als Sontheim an der Günz (Kr. Memmingen) bestimmt.
Gegen diese Ansicht sind sachliche Gründe kaum vorgebracht worden,
aber andererseits hat man sich auch keine sonderliche Mühe gegeben,
diese Ansicht zu beweisen. Sie scheint hinreichend gesichert. Der Band
»Memmingen« des »Historischen Atlas von Bayern«, den Peter Blickle
bearbeitet und 1967 herausgegeben hat, übernimmt sie mit größter

---

18 Gerichtsstätten bei Königshofen (Deutsche Gaue Jg. 48, 1956) S. 67 ff,
insbes. S. 70 f
19 Wirtemberg. Geschichte I, 1841 S. 292, 524, 539 Anm. 6, 599; vgl. WUB I,
S. 238 f, Nr. 203

Selbstverständlichkeit[20]. Dabei hätte dem Verfasser dieser material-reichen Arbeit auffallen müssen, daß die Geschichte von Sontheim an der Günz, die vom 12. Jahrhundert ab verhältnismäßig klar zu über-schauen ist, kaum in Einklang steht mit dem, was uns über den »Duria-Ort« Suntheim berichtet wird.

II. »Suntheim in pago Durihin« ist Sontheim an der Brenz

Mit Diplom vom 1. November 1007 schenkte König Heinrich II. in Frankfurt dem von ihm gegründeten Bistum Bamberg »nostrae quendam proprietatis locum Suntheim dictum in pago Durihin et in comitatu Riwini comitis situm«[21]. Der »locus Suntheim«, der im Gebiet »Duria« und in der Grafschaft des Grafen Riwin lag und bis dahin in der Verfügungsgewalt Heinrichs II. gewesen war, ging damit in den Besitz des Bamberger Hochstifts über. Bamberg hat von Heinrich II. reichen Besitz gerade auch in Schwaben erhalten, außer in dem frag-lichen Suntheim noch in Deggingen im Ries, in Kirchentellinsfurt, Holzgerlingen, Nagold, Seedorf, Nußbach, sowie die Abteien Stein am Rhein und Gengenbach[22]. Ein anderes Suntheim als das im Gebiet »Duria« wird unter den beurkundeten Schenkungen Heinrichs II. nicht erwähnt. Für die meisten Besitztümer, die Bamberg damals erhielt, lassen sich noch in späterer Zeit Beziehungen zu Bamberg nachweisen, und sei es auch nur in Form bambergischer Lehenshoheit[23]. Es wäre eigentlich verwunderlich, wenn sich für jenes Suntheim im Gebiet »Duria« keine Spur einer Verbindung zu Bamberg mehr finden ließe. Falls sich jedoch für eines der fraglichen Sontheim Beziehungen zu Bamberg ermitteln lassen, muß dies der gesuchte »locus Suntheim dictus in pago Durihin« sein.

Nun ist aus dem Kloster Obermedlingen (Kr. Dillingen) eine Ur-kunde des Bischofs Wulfing von Bamberg vom 20. Dezember 1306 überliefert, die einen Ort Suntheim betrifft. Bischof Wulfing tut kund, daß die Klosterfrauen von Obermedlingen von dem Grafen Rudolf von Werdenberg und seiner Gemahlin Udilhildis eine Mühle in Sunt-heim gekauft haben, die Lehen vom Hochstift Bamberg ist (molendi-num situm in Suntheim ... a nobis et a nostra ecclesia in feodum procedens). Er billigt und bestätigt diesen Kauf und eignet die Mühle dem Kloster (molendinum ... monasterio et sororibus approbamus ac

20 P. Blickle, Histor. Atlas von Bayern Tl. Schwaben Heft 4, Memmingen, 1967, S. 18 und 104 ff
21 s. Anm. 3
22 MG. Dipl. Heinr. II. Nr. 149, 150, 154, 155, 156, 161, 166, 167.
23 H. Jänichen, Der Besitz d. Kl. Stein am Rhein nördlich der Donau (Jahrb. f. Statistik und Landesk. von Baden-Württ. 4. Jg. 1958), S. 76 ff insbes. S. 82 ff

in proprietatem ipsarum redigimus)[24]. Hier ist also 300 Jahre nach der Schenkung Heinrichs II. eine Beziehung Bambergs zu einem Ort Suntheim gegeben. Dieses Suntheim muß mit dem »locus Suntheim dictus in pago Durihin« Heinrichs II. identisch sein. Wo dieses Suntheim zu suchen ist, kann kaum zweifelhaft sein: Kloster Obermedlingen als Käufer der dortigen Mühle wie auch Graf Rudolf von Werdenberg als Verkäufer beweisen eindeutig, daß es sich nur um Sontheim a. d. Brenz (Kr. Heidenheim) handeln kann. Dieses Sontheim liegt etwa fünf km von Obermedlingen entfernt. Die Mühle des Klosters Obermedlingen in Sontheim a. d. Brenz wird später noch des öfteren erwähnt[25]. Graf Rudolf von Werdenberg war Inhaber der Herrschaft Albeck, zu der Sontheim an der Brenz gehörte. Seine Gemahlin Udilhild, eine Tochter des Markgrafen Heinrich II. von Burgau († 1293) hatte die Herrschaft Albeck als mütterliches Erbe mit in die Ehe gebracht. Weder in Sontheim an der Günz noch in Sontheim an der Zusam hatten die Herrschaft Albeck oder Kloster Obermedlingen jemals Besitz.

Die mit obiger Urkunde vollzogene Eignung durch Bischof Wulfing ist nur der letzte Schritt im Rechtsgeschäft um die Sontheimer Mühle. Voraus gehen der Verzicht des alten Markgrafen Heinrich II. von Burgau sowie der eigentliche Kaufvertrag. Die Urkunden, die darüber erhalten sind, geben weitere Aufschlüsse:

Am 6. Juli 1291 verzichten Markgraf Heinrich II. von Burgau und sein Enkel Heinrich IV. zu Gunsten des Klosters Obermedlingen auf alle Rechte an die Mühle in »Suntheim«, die der Markgraf samt anderen Gütern in »Suntheim« seiner Tochter Udilhilt als Heimsteuer verschrieben hatte[26].

Am 28. August 1291 urkundet Gräfin Udelhildis von Werdenberg, daß sie mit Zustimmung ihres Gemahls, des Grafen R(udolf) von Werdenberg, ihr Dotalgut, nämlich die Mühle in »Sunthain« (molendinum situm in Sunthain... quod in dotem a patre meo michi fuerat assignatum) dem Kloster Obermedlingen als *Eigen* verkauft habe. Sie verpflichtet sich, die Mühle innerhalb von fünf Jahren freizumachen (expedire et omnimodo liberare), und zwar »ab omni impetitione cuiuscumque persone, collegii et universitatis et etiam imperii a quo idem molendinum ego et prenominatus maritus cum meis predecessoribus dicimur in feodum hactenus possedisse«[28].

Die Gräfin, welche also die Mühle selbst als ererbtes Lehen besessen, aber als Eigen verkauft hatte, verpflichtet sich, den Verzicht des Le-

24 Bayer. Hauptstaatsarchiv München Abt. I – Allg. Staatsarchiv (= AStAM), Klosterurkunden Obermedlingen Nr. 42
25 Herzog, Gesch. d. ehemal. Kl. Obermedlingen, 1918 S. XI Nr. 3
26 AStAM. Klosterurkunden Obermedlingen Nr. 27
27 AStAM. Klosterurkunden Obermedlingen Nr. 28
28 s. Beschreibg. des OA Ulm II, 1897, S. 366 f

hensherrn zu erwirken und alle etwaigen Ansprüche von dritter Seite abzuwehren. Als ihren Lehensherrn betrachtet sie das Reich.

Den lehensherrlichen Verzicht jedoch sprach 15 Jahre später der Bischof von Bamberg aus. Aus der Verzögerung des Handels darf man entnehmen, daß es gar nicht so einfach war, das Versprechen der Gräfin einzulösen. Die Gräfin dürfte um den Verzicht ihres Lehensherrn, des Königs, bemüht gewesen sein. Dabei aber stellte sich heraus, daß der König selbst nicht befugt war, den erbetenen Verzicht auszusprechen, da er seinerseits an die Zustimmung des Bischofs von Bamberg als dem Oberlehensherrn gebunden war. Wie verzwickt das Lehensverhältnis tatsächlich war, scheint den Beteiligten erst im Laufe des Verfahrens klar geworden zu sein. Dies deutet darauf hin, daß es sich um einen Zustand aus sehr alter Zeit handelte und daß seit langem nichts vorgefallen war, was Anlaß geboten hätte, sich über die tatsächlichen Verhältnisse zu unterrichten. Die Gräfin wie auch ihre Vorfahren hatten nur mit ihrem unmittelbaren Lehensherren zu tun, das war der König bzw. das Reich. Die Lehensabhängigkeit des Königs von Bamberg war ihnen nicht gegenwärtig. Möglich, daß diese Abhängigkeit, die aus der Stauferzeit herrühren dürfte, in den Wirren des Interregnums in Vergessenheit geraten war.

Es gibt Anhaltspunkte, das Alter des Lehensverhältnisses annähernd zu bestimmen. Sontheim an der Brenz war Bestandteil der Herrschaft Albeck. Herren von Albeck als frühere Inhaber der Herrschaft und Vorfahren der Gräfin Udilhild von Mutterseite lassen sich bis ins frühe 12. Jahrhundert zurückverfolgen. Die Albecker hatten auf der Ulmer Alb sowie auf dem Albuch um Steinheim Besitz[28]. In der Gegend des Albuch war auch Bischof Otto I. von Bamberg, der Heilige (1102—1139), begütert und möglicherweise beheimatet[29]. Nicht unwahrscheinlich ist, daß er mit den Albeckern verwandt war. Auf ihn dürfte die erstmalige Belehnung mit den bambergischen Besitzungen in Sontheim an der Brenz und vielleicht auch mit solchen um Deggingen im Ries zurückzuführen sein. Eine Urkunde von 1147 erweist Berenger von Albeck als Inhaber bambergischer Lehen[30]. Berenger von Albeck und Konrad von Riedfeld wurden damals angeklagt, bambergische Ministerialen im Ries bedrückt zu haben. Die Beklagten behaupteten aber, jene Ministerialen seien ihnen von den Vorgängern des damals regierenden Bischofs Eberhard II. (1146—1170) zu Lehen übertragen worden, somit also sehr wahrscheinlich von Otto I., dem Vorvorgänger Eberhards. Auf Bitten des Bischofs nahm König Konrad III. die Ministerialen in seinen Schutz und übergab sie der Pflege seines Bruders, des Herzogs Friedrich II. von Schwaben. Es wäre denk-

---

29 G. Bossert, Herkunft Bischof Ottos d. Heiligen (Wtt. Vierteljahreshefte VI, 1883) S. 93 ff
30 Stumpf, Acta imperii adhuc inedita (Die Reichskanzler III) S. 137 f Nr. 406

bar, daß der staufische Herzog von Schwaben die Verpflichtung zum
Schutz der bambergischen Ministerialen und ihrer Güter zum Anlaß
genommen hat, sich von Bamberg die Lehenshoheit über diese Güter
übertragen zu lassen, da sich auf diese Weise die bambergischen Interessen gegenüber den Lehensinhabern — Riedfeld und Albeck — wirksamer vertreten ließen. Der Staufer hätte sich also in das Lehensverhältnis Bamberg — Albeck als Zwischeninstanz eingeschaltet. 150 Jahre
danach waren diese Dinge niemandem mehr bewußt. Für die Inhaber
der Herrschaft Albeck galten die staufischen Herrscher und seit dem
Interregnum das Reich als Lehensherren.

Wie wir uns erinnern, hatte Heinrich II. im Jahre 1007 den »locus
Suntheim« an Bamberg übertragen. Unter dem Begriff »locus« kann
selbstverständlich nicht nur die Mühle verstanden werden, die uns als
bambergisches Lehen bzw. Reichslehen begegnet ist. Er besagt, daß der
damals bambergisch gewordene Besitz recht bedeutend gewesen sein
muß. Zumindest in Sontheim selbst dürfte er den Hauptteil des
Grundbesitzes umfaßt haben; sehr wahrscheinlich haben auch noch
Güter in den Nachbarorten Brenz und Bechenheim (heute Bächingen)
dazugehört. Wenn sich im 12. Jahrhundert Bamberg genötigt sah, den
entlegenen und damit schwer zu verwaltenden und zu beaufsichtigenden Besitz als Lehen zu vergeben, so wird es ihn nach Möglichkeit
geschlossen verliehen haben. Wir dürfen also erwarten, daß außer der
bekannten Mühle weiterer beträchtlicher Besitz in Sontheim letztlich
aus der Schenkung Heinrichs II. an Bamberg stammt. Da mit der Zeit
die Lehensoberhoheit Bambergs kaum noch bewußt war oder respek-
tiert wurde, die Lehensabhängigkeit vom Reich dagegen praktische
Bedeutung hatte, wird man nach dem Beispiel der Mühle für etwaige
reichslehenbare Güter, die sich in Sontheim an der Brenz nachweisen
lassen, eine wenigstens nominelle Lehensoberhoheit Bambergs annehmen dürfen. Reichslehenbarer Besitz in Sontheim an der Brenz ist
sodann ein zusätzlicher, wenn auch nur mittelbarer Beweis, daß es mit
dem Suntheim des Jahres 1007 identisch ist.

Die Masse der Güter in Sontheim an der Brenz hatte sich zunächst
im Hause Werdenberg weitervererbt. Am 27. März 1349 verkauften
die Enkel der Gräfin Udilhild, die Brüder Eberhard und Heinrich
Grafen von Werdenberg, ihrer Muhme, Frau Agnes Witwe von
Schlüsselberg, geborene von Wirtemberg, »den fronhof ze Sunthan und
allez daz wir da haben, leut und gut, mit allen ehaftin und mit allem
dem, daz dar zu gehört«; Gerwig der Güsse war seither damit von
ihnen belehnt. Sie versprechen der Käuferin, die Güter gegen jedermann zu »vertigun (fertigen) ... für ain ledigs aigens gut nach Landes
Recht und als aigens Recht ist«[31].

31 Hauptstaatsarchiv Stuttgart (=HStA Stgt) B 95–97 Grafen zu Helfen-
    stein Nr. 406

Da die Verkäufer die Eignung des Gutes versprechen, sind sie selbst damit nur belehnt. Die Eignung seitens des Lehensherrn, der hier nicht genannt wird, scheinen sie indes nicht erreicht zu haben, wie sich aus der weiteren Geschichte des Gutes ergibt.

Nach dem Tode der Agnes von Schlüsselberg 1373 war das Gut zunächst an ihren Enkel, Grafen Ulrich von Helfenstein, Inhaber der Herrschaft Heidenheim († 1375), dann an dessen Sohn, den Grafen Johann von Helfenstein, gefallen. Dieser ersuchte den König Wenzel am 20. Mai 1387 um Bestätigung seiner ererbten Reichslehen und erbat für sich und seine Erben das Recht, »daz si uff iren gütern, die sie von . . . dem Rich ze lehen haben, zwu Mulin (Mühlen) buen . . . mugen, by namen ain ze Haidenheim an der Brentz und die andern ze Sunthain an irem wazzer«[32].

Daß Heidenheim ein Reichslehen der Helfensteiner war, ist bekannt und wird durch eine Reihe von Urkunden bestätigt. Hier erfährt man nun, daß auch der einst albeck-werdenbergische und nunmehr helfensteinische Besitz in Sontheim an der Brenz vom Reich zu Lehen ging. Als Zubehör des 1349 erwähnten Fronhofs umfaßte er mindestens zehn weitere Höfe, die zusammen einen Fronhofsverband (Villikation) bildeten, ferner Täfer (Wirtshaus), Schmiede und eine Anzahl Selden, alles in allem mehr als die Hälfte des gesamten Grundbesitzes im Ort, und dazu alle ortsherrlichen Rechte, womit die »ehaftin« der Urkunde von 1349 gemeint sind.

Man ist geneigt, in diesem Fronhofsverband den Kern des Gutskomplexes wiederzuerkennen, den Heinrich II. 1007 als »locus Suntheim« an Bamberg übertragen hatte.

Ein anderer Hof in Sontheim an der Brenz war den Reichsmarschällen von Pappenheim verliehen und von diesen um 1214 einem »Ritter« Berenger von Albeck verpfändet[34].

Für einen weiteren Hof in Sontheim an der Brenz ist die Reichslehenschaft bis ins 18. Jahrhundert zu verfolgen: 1485 verlieh ihn Kaiser Friedrich III. einem Giengener Bürger, und nach mehrfachem Besitzerwechsel wurde derselbe Hof 1732 ausdrücklich als Reichslehen an das Giengener Spital verkauft[35]. Bei allen sonstigen Gütergeschäften in Sontheim wird jeweils Werdenberg als Lehensherr genannt[36]; dies

32 HStA Stgt. B 95–97 Kopialbuch d. Helfenstein. Kanzlei; gedruckt: R. Stein, Heidenheim i. Mittelalter 1918, S. 15 ff Nr. 5
33 HStA Stgt. H 127 Lagerbücher der Herrschaft Heidenheim von 1463 und 1492–1494, H 61 und H 62
34 W. Kraft, Urbar d. Reichsmarschälle von Pappenheim, 1929, S. 113 Nr. 365 a
35 Chmel, Regg. K. Friedrichs IV. S. 719 Nr. 7751; StA Ludwigsburg A 206 Repert S. 431 und 427; Stadtarchiv Giengen a. Br. Urk. 19
36 HStA Stgt. A 353 Heidenheim, Rep. S. 64; AStAM. Klosterurk. Obermedlingen Nr. 74; Pfalz-Neubg. Urkk. Klöster und Pfarreien Nr. 880; HStA Stgt. B 176 Giengen Nr. 55

beweist, daß der Verkauf von 1349 sich nicht auf den gesamten werdenbergischen Besitz am Ort bezogen hatte, sondern nur auf den Teil, den Gerwig Güsse zu Lehen gehabt hatte. Wahrscheinlich darf man hinter der werdenbergischen Lehenshoheit entsprechend den erörterten Beispielen gleichfalls eine Lehenshoheit des Reiches und letztlich bambergische Lehensoberhoheit annehmen. Diese hätte dann praktisch für den ganzen Ort gegolten, was dem Begriff »locus« in der Urkunde von 1007 entspräche.

Sontheim an der Brenz kann nach all dem mit vollem Recht für sich in Anspruch nehmen, das »Suntheim in pago Durihin« des Jahres 1007 zu sein. Im Gegensatz dazu sind weder für Sontheim an der Günz noch für Sontheim an der Zusam irgendwelche lehensrechtlichen Abhängigkeiten von Reich geschweige denn von Bamberg nachweisbar. In Sontheim an der Günz hatte Kloster Ottobeuren im frühen 12. Jahrhundert die Grundherrschaft aus den Händen der Adelheid von Sontheim erworben[37]. In Sontheim an der Zusam waren das Domkapitel Augsburg, die Augsburger Klöster St. Moritz, St. Georg, St. Katarina, St. Margareta, der Augsburger Rat sowie die Herrschaft Bocksberg begütert[38].

Schließlich spricht auch der »Duria-Graf« Riwin, in dessen Amtsbereich Suntheim im Jahre 1007 lag, entschieden dafür, daß es sich um Sontheim an der Brenz gehandelt haben muß. Riwin ist ein Name, der beim ostschwäbischen Hochadel nur im Hause der »Hupaldinger« vorkommt. Deren Stammsitz Wittislingen liegt von Sontheim an der Brenz nur rund zwölf km entfernt[39]. Bischof Ulrichs Bruder Dietpald, der in der Ungarnschlacht auf dem Lechfeld 955 fiel, hatte einen Sohn namens Riwin. Diesem Riwin verlieh Otto I. noch am Abend nach der Schlacht die Grafschaften (comitates), die durch den Tod des Vaters Dietpald dem König heimgefallen waren[40]. Riwin dürfte damals 25

---

37 Schenkung der Adelheid von Sontheim a. d. Günz; Ältestes Chronicon und Schenkungsbuch d. Kl. Ottobeuren (Steichele, Archiv f. d. Gesch. d. Bist. Augsbg. II, 1859) S. 28; vgl. Blickle, Histor. Atlas Memmingen S. 104 ff

38 Fehn, Histor. Atlas von Bayern, Tl. Schwaben H. 3, Wertingen S. 21 f; L. Brunner Beiträge z. Gesch. d. Markgrafschaft Burgau II (31. Jahresber. d. hist. Kreis-Vereins i. Reg. Bez. Schwaben f. 1865), S. 108, 110, 113; Nebinger-Schuster, Das Burgauer Feuerstattguldenregister (Das Obere Schwaben 7, 1963) S. 96, 109, 112, 113, 114.

39 L. Brunner, Beiträge z. Gesch. d. Markgrafschaft Burgau I. a. a. O. S. 28, wollte die »Duria-Grafen« Manegold (1003), Ulrich (1046) und Riwin (1007) den »Grafen« von Sulmetingen zurechnen ohne dafür eine überzeugende Begründung zu geben. Ihm hat sich Steichele, Bistum Augsburg III, S. 39 angeschlossen. – Indes ist nicht nachzuweisen, daß die Sulmetinger jemals ein Grafenamt bekleidet hätten, noch kommt der Name Riwin im Hause Sulmetingen vor. Die drei genannten »Duria-Grafen« lassen sich mit triftigen Gründen dem Mannesstamm der »Hupaldinger« zuordnen; vgl. Bühler, Die Wittislinger Pfründen (Jahrb. d. Hist. Ver. Dillingen LXXI, 1969), S. 50 f und 56 f

40 Vita Udalrici c. 12, MG. SS. IV S. 402 f

bis 30 Jahre alt gewesen sein. Er wird noch 972 und 973 erwähnt, im letztgenannten Jahr als Inhaber des »castellum Dilinga«[41]. Wollte man diesen Riwin mit dem »Duria-Grafen« von 1007 gleichsetzen, müßte der letztere bereits im Alter von 77 bis 82 Jahren gestanden sein; das ist zwar nicht unmöglich, aber unwahrscheinlich. Eher ist der »Duria-Graf« als Sohn des von 955–973 bezeugten Riwin I., somit als Riwin II. aufzufassen. Daß ein Angehöriger der »Hupaldingersippe«, der als Erbe seines Vaters sehr wahrscheinlich seinen Sitz in Dillingen hatte, Grafenrechte in Sontheim an der Brenz wahrnahm, leuchtet ohne weiteres ein. Jedenfalls liegt weit näher, daß er in Sontheim an der Brenz amtierte, als etwa in Sontheim an der Günz.

Unter diesen Umständen kann nur Sontheim an der Brenz auch mit jenem Ort Suntheim gemeint sein, in welchem Heinrich II. am 1. Juli 1002 auf dem Weg vom Bodensee nach Bamberg Aufenthalt genommen und geurkundet hat[42]. Von der Donaunordstraße, die wiederholt als »Reichsstraße« bezeugt ist, zweigte in Sontheim an der Brenz eine Route nach Norden ab, die durch die Täler von Brenz und Kocher in den fränkischen Raum und damit nach Bamberg führte. Sontheim an der Brenz lag somit an der direkten Verbindung vom Bodensee über Ulm nach Bamberg[43]. Es paßt genau in den Reiseweg des Königs, weit besser jedenfalls als das abseits gelegene Sontheim an der Günz oder gar Sontheim an der Zusam. Sontheim an der Brenz ist somit bereits 1002 erstmals urkundlich bezeugt, und zwar als Königsort.

III. Zur älteren Geschichte von Sontheim an der Brenz

Es stellt sich die Frage, ob die Geschichte Sontheims als Königsort sich noch weiter erhellen läßt und ob von ihr aus etwa Einblicke in die frühen Herrschaftsverhältnisse des »pagus Duria« zu gewinnen sind. Es ist zugleich die Frage, ob Sontheim ein seit alter Zeit dem jeweiligen Herrscher vorbehaltenes »Reichsgut« war oder vielmehr ein Familienbesitz, den Heinrich II. ererbt hat.

In der Schenkungsurkunde für Bamberg von 1007 bezeichnet Heinrich II. Sontheim als seine »proprietas«[44]. Wir glauben nicht, daß der Begriff lediglich formelhaft gebraucht wurde, sondern daß Sontheim tatsächlich Eigenbesitz Heinrichs II. war. Dafür dürfte allein schon der Umstand sprechen, unter dem Heinrich II. über Sontheim ver-

---

41 MG. Dipl. Otto I. Nr. 419 a und b; Vita Udalrici c. 24 f; MG. SS. IV S. 409 f
42 MG. Dipl. Heinr. II. Nr. 2
43 Heinrich II. ist noch am 28. Juni im Bodenseegebiet und bereits am 10. Juli in Bamberg. Vgl. zu dieser Frage Schwarzmaier, a. a. O. S. 181 f Anm. 12. Die Argumente für Sontheim a. Günz entfallen, nachdem »Suntheim« (1007) mit Sontheim a. d. Brenz identifiziert ist.
44 vgl. Th. Mayer Das schwäb. Herzogtum (Hohentwiel, 1957) S. 88 ff. insbes. S. 105.

fügte. Am selben 1. November 1007, an dem er Sontheim dem soeben
gegründeten Bistum Bamberg übertrug, schenkte er diesem Bistum
weitere 27 Güter und Abteien, die er als »nostrae proprietatis locus«
oder als »iuris nostri abbatia« und in einem Fall ausdrücklich als mütterliches Erbgut (bona atque predia, qualia beatae memoriae mater
nostra in loco Halla dicto ... visa est proxime vivens possedisse) bezeichnet[45]. Wären diese Güter und Abteien insgesamt oder doch
größtenteils »Reichsgut« gewesen, dann hätte jene Serie von Schenkungen einen ganz gewaltigen Eingriff in den Reichsbesitz bedeutet;
ein solcher Eingriff wäre nur verständlich, wenn Heinrich dem »Reich«
dafür irgendwie Ersatz geleistet hätte, wofür es unseres Wissens keinen Anhalt gibt. Sodann liegen die Güter fast ausschließlich in Baiern
und Schwaben, den beiden Herzogtümern, in denen Heinrichs Vorfahren beheimatet und begütert waren; auch dies spricht für Eigenbesitz. Zudem fällt es schwer zu glauben, daß sich etwa Reichsbesitz
aus karolingischer Zeit über den Umbruch von 911 hinweg in den
beiden zeitweilig nach möglichster Selbständigkeit strebenden süddeutschen Herzogtümern sollte erhalten haben. Müßte man nicht erwarten, daß er von den eben zur Macht gelangten Herzögen oder vom
Adel vereinnahmt und als Familienbesitz behandelt worden wäre?

Nun steht aber mindestens für eines der schwäbischen Güter, die
damals an Bamberg kamen, unseres Erachtens eindeutig fest, daß es
sich um ererbtes Gut Heinrichs II. gehandelt hat. Es ist die Abtei Stein
am Rhein. Heinrich II. bezeichnet sie als »nostri iuris abbatia«. Stein
geht zurück auf das Kloster Hohentwiel, das Herzog Burchard II.
(† 973) mit seiner Gemahlin Hadwig um 970 gestiftet hat[46]. Die Stiftung eines Klosters durch Burchard II. spricht dafür, daß der Hohentwiel zu dieser Zeit im Eigenbesitz Burchards II. war (er gründete das
Kloster »in castello suo«). Nach Hadwigs Tod (28. August 994) ist
Otto III. Inhaber des Hohentwiel[47]. Daß Otto III. erst nach dem
Tode der Herzogin vom Hohentwiel Besitz ergriffen, zeigt, daß der
Hohentwiel Witwengut der Herzogin war und Otto ihn nach Erbrecht
auf Grund seiner Verwandtschaft zu den Burchardingern erworben
hat, nicht etwa als heimgefallenes Lehen. Der Hohentwiel war also
Eigengut Ottos III., nicht Reichsbesitz. Nach Ottos Tod im Jahre 1002
fiel der Hohentwiel samt der Verfügungsgewalt über das Kloster nach
Erbrecht an Heinrich II., was wiederum aus seiner Verwandtschaft zu
Burchard II. und Hadwig zu erklären und überdies urkundlich bezeugt ist (hereditario iure ... post mortem Hadewigae Purchardi ducis

---

45 MG. Dipl. Heinr. II. Nr. 144–171, insbes. Nr. 157.
46 Chronik des Kl. Petershausen (Schwäb. Chroniken d. Stauferzeit III)
    S. 74 ff; Th. Mayer, Das schwäb. Herzogtum a. a. O. S. 95; G. Tellen-
    bach, Kritische Studien (Ztschr. f. Wtt. Landesgesch. XV, 1966) S. 173 f
47 Otto III. urkundet dort wenige Wochen nach dem Tode der Herzogin
    Hadwig, am 14. Nov. 994 (Dipl. Otto III. Nr. 154) und wiederum im
    Juni 1000 (Dipl. Otto III. Nr. 370–372)

viduae). Heinrich II. verlegte sodann auf Grund seiner Verfügungsgewalt als Eigenkirchenherr das Kloster nach Stein am Rhein und
dotierte es zusätzlich mit gleichfalls ererbten Gütern[48]. All diese Vorgänge lassen deutlich erkennen, daß der Hohentwiel wie auch Stein
am Rhein zu dieser Zeit keineswegs »Reichsgut« waren, sondern sich
nach privatrechtlichen Regeln in einem bestimmten Verwandtenkreis
vererbten. — Früher war der Hohentwiel zwar Zubehör des »Fiskus
Bodman«, eines Gutsbezirks, der den Karolingern wahrscheinlich
durch Konfiskation alemannischen Herzogsguts (vor 724) zugefallen
war. Fast alle karolingischen Herrscher seit Ludwig dem Frommen
(814—840) lassen sich in Bodman nachweisen. Hier könnte man noch
an »Reichsgut« denken. Wenn aber nach dem Tode des letzten ostfränkischen Herrschers aus karolingischem Stamm, Ludwigs des Kindes († 911), und zweimaligem Aufenthalt König Konrads I. in Bodman (912) der seither mit Bodman verbundene Hohentwiel in den
Händen der »Kammerboten« Erchanger und Berthold († 917) begegnet
und bald danach im Besitz der Burchardinger erscheint, möchte man —
in Analogie zu der späteren Geschichte des Berges — eher an einen auf
privates Erbrecht gegründeten Anspruch an das ehemals karolingische
»Reichs-« oder Königsgut denken[48a].
    Der am Beispiel des Klosters Hohentwiel-Stein am Rhein erkenn-
bare Erbgang ist insofern interessant, als er beispielhaft sein dürfte für

---

48   MG. Dipl. Heinr. II. Nr. 511 vom 1. Okt. 1005. — Von dem Kloster auf
     dem Hohentwiel wird ausdrücklich gesagt, es sei »patratu ducis Purchardi
     eiusque Hadewige« errichtet worden. In Bezug auf seine schwäb. Güter
     bezeichnet sich Heinrich II. als Erbe der Hadwig, Witwe Herzog Bur-
     chards II.: »praedia . . . que nobis hereditario iure contigerunt in istis
     partibus Alemannie post mortem Hadewige Purchardi ducis vidue«.
48 a Th. Mayer, Pfalz Bodman (Deutsche Königspfalzen I, 1963) S. 107 und
     111 f
48 b Derselbe Erbgang wie für den Hohentwiel gilt für den Hof Nußbach
     in der Ortenau: Otto III. bezeichnet sich 994 als Erbe des Kl. Waldkirch
     aus dem Nachlaß des Herzogs Burchard II. und der Hadwig (Dipl
     Otto III. Nr. 157). Diesem Kloster schenkt er den ihm gleichfalls von
     Herzog Burchard und Hadwig übertragenen Hof Nußbach (Dipl. Otto
     III. Nr. 158). Im J. 1007 verfügt Heinrich II. über dasselbe Nußbach zu
     Gunsten von Bamberg (nostrae quendam proprietatis locus Nuzpach;
     Dipl. Heinr. II. Nr. 156); vgl. Th. Mayer, Das schwäb. Herzogtum
     a. a. O. S. 100. — Unter den Besitzungen des vom Hohentwiel nach
     Stein a. Rh. verlegten Klosters finden sich auch solche in Nagold (Dipl.
     Heinr. II. Nr. 511). Wenn dann Heinrich II. 1007 Nagold als »proprie-
     tas« an Bamberg schenkt dürfte dieses Eigentum wiederum aus derselben
     Erbschaft stammen (Dipl. Heinr. II. Nr. 154). Vgl. Jänichen, Der Besitz
     des Klosters Stein a. Rh. a. a. O. S. 80 und 82. — In Deggingen im Ries
     wird die Schenkung Heinrichs II. von 1007 (Dipl. Heinr. II. Nr. 155)
     ergänzt durch die Übergabe einer dortigen Abtei an Bamberg 1016, von
     der es heißt, sie sei von seinen »parentes« (Vorfahren) gegründet worden
     (Dipl. Heinr. II. Nr. 357). Auch hier also ein Hinweis auf ererbtes
     Familiengut).

den Erbgang der übrigen Güter Heinrichs II. in Schwaben[48b], insbesondere auch für unser Sontheim an der Brenz. Wenn Heinrich II. Sontheim als seine »proprietas« bezeichnet, muß er es ererbt haben, und zwar müßten die burchardingischen Herzöge Vorbesitzer gewesen sein. Ehe wir der Frage des Erbgangs im einzelnen nachgehen, erscheint es zweckmäßig, zunächst die ältere Geschichte Sontheims aufzurollen.

Sontheim steht, wie sein Name andeutet, seit seiner Gründung in engster Beziehung zum nördlich benachbarten Ort Brenz. So haben die Ausgrabungen von Bodo Cichy in Brenz und von Christiane Neuffer in Sontheim ergeben, daß ein auf Markung Sontheim, westlich des heutigen Bahnhofs gelegener Alemannenfriedhof, der Bestattungen schon des 6. Jahrhunderts aufweist (Sontheim II), als Vorgänger des christlichen Friedhofs bei der Brenzer Urkirche (Brenz I, ca. 680–690) anzusehen ist[49]. Daraus ist zu erschließen, daß beide Orte aufs engste zusammengehören und ursprünglich demselben Herren unterstanden. In kirchlicher Hinsicht blieb Sontheim bis ins 16. Jahrhundert Filiale der Pfarrei Brenz (die Erwähnung von »aecclesiae« unter den Zugehörenden der Urkunde von 1007 betreffs Sontheim ist formelhaft). Andererseits haben zum »locus Suntheim« offenbar noch bis ins späte Mittelalter Güter in Brenz wie auch in Bechenheim (Bächingen) gehört[50]. Angesichts dieser noch bis in sehr späte Zeit wirksamen Verbindungen zwischen Sontheim und Brenz können Nachrichten über Brenz aus älterer Zeit auch Aufschluß über die Geschichte Sontheims geben.

Brenz wird 875 urkundlich erstmals genannt als Besitztum Ludwigs d. Dt. Er schenkte damals auf Bitten seines Diakons Luitbrand dem Kloster Faurndau bei Göppingen sein Eigengut (res proprietatis nostrae), nämlich die »capella ad Prenza« (an der Stelle der St. Gallus-Kirche in Brenz) samt Zubehör an Zehnten, Leibeigenen, Ländereien, Feldern, Wiesen, Weiden, Wäldern und Mühlen; alles in allem war das sicher kein unbedeutender Besitz[51].

Dreizehn Jahre danach, am 11. Februar 888, gab König Arnulf dem inzwischen zum Kaplan aufgestiegenen Luitbrand das Kloster Faurndau samt der »capella« in Brenz zu eigen und ermächtigte ihn, jene Güter einem der beiden Klöster Reichenau oder St. Gallen zu übertragen[52]. Im Jahre 895 bestätigte sodann König Arnulf dem Klo-

---

49 B. Cichy, Die Kirche von Brenz, 1966, S. 30 ff; Christiane Neuffer-Müller, Ein Reihengräberfriedhof in Sontheim a. d. Brenz (Veröffentl. d. Staatl. Amtes f. Denkmalpflege Stuttgart, Heft 11, 1966) S. 41 f

50 Vgl. Anm. 36. – In beiden Orten sind werdenbergische bzw. montfortische Lehengüter. Bezüglich Brenz s. Württ. Reg. 7638 (1447. VI. 1.); AStAM – GU Gundelfingen Nr. 282 (1454. VIII. 28.); Beschreibg. d. OA.Heidenheim S. 160 (1615. VII. 1.); bezügl. Bechenheim s. Wtt. Reg. 7652 (1490. V. 18.), 7653 (1492. XI. 11.) und 7656 (1497. IV. 4.)

51 MG. Dipl. Ludw. d. Dt. Nr. 164; WUB I S. 176 Nr. 150

52 MG. Dipl. Arn. Nr. 11; WUB I S. 186 f Nr. 161

ster St. Gallen die ihm mittlerweile von Luitbrand übertragenen Güter
Faurndau und Brenz[53].

Brenz befand sich also im Besitz der Karolinger. Ludwig d. Dt.
verfügte darüber wie über Eigengut (res proprietatis nostrae). Auch
Arnulfs Rechte an Brenz gründen sich keineswegs allein und in erster
Linie auf sein Königtum; er ist zu dem Zeitpunkt, als er über Brenz
verfügt, der letzte volljährige Karolinger im Ostreich, nachdem sein
Oheim Karl III. erst vier Wochen zuvor verstorben war († 13. Januar 888). Arnulf ist also der einzige rechtmäßige Erbe des karolingischen Hausbesitzes, soweit er auf dem Boden des Ostreiches lag. Brenz
vererbte sich somit wie ein Eigengut unter den Karolingern. Die Verhältnisse dürften ganz genauso liegen, wie wir es für Bodman festgestellt haben.

Als Ursprung der karolingischen Rechte in Brenz bieten sich zwei
Möglichkeiten an: einmal Konfiskation alemannischen Herzogsguts im
frühen 8. Jahrhundert (spätestens 746); zum anderen Erbe der Hildegard, der Gemahlin Karls des Großen, die von Mutterseite dem alemannischen Herzogshaus entstammte. Auf welchem der beiden Wege
die Karolinger zu ihrem Besitz in Brenz gekommen sind, wird sich
kaum mit letzter Sicherheit klären lassen. Die Frage ist auch nicht
entscheidend, denn in beiden Fällen stammte Brenz aus alemannischem
Herzogsgut. Darf im einen Fall Herzog Theudebald († nach 746) oder
sein Neffe Landfried II. († 751) als Vorbesitzer angenommen werden,
so im anderen Fall die Linie Nebis, des Großvaters der Hildegard[54].
Daß Brenz als »proprietas« behandelt wurde, könnte als Hinweis gewertet werden, daß es sich um rechtmäßig erworbenes, d. h. ererbtes
Gut handelte und somit aus dem Erbe der Hildegard stammte.

Angesichts der engen Verbindung zwischen Brenz und Sontheim
glauben wir, die für Brenz ermittelten Ergebnisse sinngemäß auf
Sontheim übertragen zu dürfen. Es war also zunächst wohl gleichfalls
alemannisches Herzogsgut und vererbte sich sodann unter den Karolingern, nur mit dem Unterschied, daß es nicht an Faurndau und somit auch nicht an St. Gallen fiel, sondern bis 911 in Händen der Karolinger blieb. Danach vererbte es sich unter deren Rechtsnachfolgern,
um über die burchardingischen Herzöge schließlich an Heinrich II. zu
gelangen. Es fragt sich nur, wie man sich den Erbgang vom letzten
Karolinger, Ludwig dem Kind, auf die burchardingischen Herzöge
vorzustellen hat.

Nach dem Tode Ludwigs des Kindes 911 lebten im Ostreich von
den Nachkommen Karls des Großen und seiner Gemahlin Hildegard
nur noch Abkömmlinge Ludwigs des Frommen aus seiner zweiten Ehe
mit der Welfin Judith. Deren Tochter Gisela hatte sich mit Eberhard
von Friaul († 864) vermählt, und dieser Ehe entsprossen fünf Söhne

53 MG. Dipl. Arn. Nr. 133; WUB I S. 199 Nr. 171
54 siehe Tafel

und vier Töchter. Da mehrere der Kinder unverheiratet geblieben bzw. früh verstorben sind, eine Tochter sich nach dem Hennegau, eine andere sich nach Ostfranken verheiratete und der Sohn Berengar König von Italien, ja schließlich sogar Kaiser wurde († 924), dürften in erster Linie die Abkömmlinge der Tochter Judith, die man nach ihrem Erbgut »von Balingen« nennen könnte († um 870), als Erben der schwäbischen Güter Ludwigs des Kindes in Frage kommen. Judiths Gemahl ist vorläufig noch unbekannt; u. E. müßte er der Sippe angehören, die Kloster Rheinau bei Schaffhausen gegründet hat[55]. An Hand der Ortsgeschichte von Balingen glauben wir nachweisen zu können, daß Judith »von Balingen« die Mutter jener Gisela war, die im Jahre 911 als Mutter der Herzogin Reginlind und damit als Schwiegermutter Herzog Burchards I. von Schwaben (917–926) bezeugt ist[56]. Gisela bzw. ihre Tochter Reginlind waren somit Erben Ludwigs des Kindes und damit Teilerben des karolingischen Hausbesitzes in Schwaben. Reginlind brachte ihrem Gemahl, Burchard I., nicht nur ehemals karolingischen Hausbesitz zu, der damit schwäbisches Herzogsgut wurde; sie vermittelte ihm zugleich auch den Anspruch auf das Herzogtum in Schwaben, einen Anspruch, der legitimer war als der Anspruch seines Vaters Burchard († 911) und der seines Rivalen Erchanger († 917). Das nunmehrige Herzogsgut erbten die Kinder der Reginlind, in erster Linie ihr Sohn, Herzog Burchard II., der Mitbegründer des Klosters auf dem Hohentwiel, sowie ihre Tochter Berta, die Gemahlin König Rudolfs von Burgund († 937). Nach dem kinderlosen Tode Burchards II. 973 fiel sein Erbteil gleichfalls den Nachkommen seiner Schwester Berta zu. Daraus erklärt sich das Anrecht Ottos III. am Hohentwiel; denn er war ein Urenkel Bertas. Durch Berta wurde also die Masse dessen, was einst karolingisches Königsgut, dann burchardingisches Herzogsgut war, in Händen der burgundischen Welfen wieder vereinigt.

Nachdem schon das Beispiel des Klosters Hohentwiel-Stein am Rhein gezeigt hat, daß Heinrich II. der Erbe der Burchardinger war, ist es nicht mehr schwer, den für seinen schwäbischen Besitz und damit

---

55 Der früher weit verbreiteten Ansicht L. Schmids (Ältere Gesch. d. Hohenzollern I, 1884 S. 306 f Anm. 95 f), Judith sei mit dem Hunfridinger Adalbert d. Erl. († 894) vermählt gewesen, können wir ebensowenig zustimmen wie der Auffassung von Prof. Dr. Hansmartin Decker-Hauff, Ottonen und Schwaben (Ztschr. f. Wtt. Landesgesch. XIV, 1955, S. 308 und Tafel S. 293), der Judith mit Heinrich von Ostfranken († 886) vermählen wollte; letzterer ist eher der Gemahl von Judith's Schwester Angiltrud (K. A. Eckhardt, Genealog. Funde, 1963, S. 50).

56 Annales Alamannici a. 911; MG. SS. I S. 55

57 Gisela ist u. E. eine *Schwester* der beiden Grafen Eberhard und Berengar zu 888 (Dipl. Arn. Nr. 37), keinesfalls die Gemahlin Eberhards, wie seit Neugart fast allgemein angenommen wurde, so auch von Decker-Hauff a. a. O. S. 291 mit Anm. 209 a und S. 293 und Hans Kläui, Gesch. von Oberwinterthur im Mittelalter, 1968–69, S. 55.

auch für unser Sontheim an der Brenz einzig möglichen Erbgang zu
rekonstruieren[58]. Er lief über Bertas Sohn, König Konrad von Burgund († 993), den Bruder der Kaiserin Adelheid. Konrad von Burgund hatte aus erster Ehe eine Tochter Gisela, welche Herzog Heinrich II. von Baiern heiratete († 995). Beider Sohn ist König Heinrich
II., der 1002 und 1007 als Inhaber von Sontheim an der Brenz bezeugt ist, der in Schwaben aber auch über die Güter Deggingen im
Ries, Kirchentellinsfurt, Holzgerlingen, Nagold, Seedorf, Nußbach
sowie die Abteien Stein am Rhein und Gengenbach verfügt hat.

Wir haben für die schwäbischen Güter Heinrichs II. und damit auch
für unser Sontheim an der Brenz also diese Besitzabfolge ermittelt:
Alemannisches Herzogsgut — karolingisches »Reichs-« bzw. Königsgut — burchardingisches Herzogsgut — Hausgut der burgundischen
Welfen. Dies soll als Regelfall gelten, schließt freilich nicht aus, daß
sich vielleicht für das eine oder andere Besitztum bei genauer Untersuchung auch eine andere Herkunft ergeben könnte. Daß aber unsere
Überlegungen grundsätzlich richtig sein dürften, scheint das Beispiel
der Abtei Gengenbach im Kinzigtal zu bestätigen. Heinrich II. nennt
sie im Jahre 1007 »nostri iuris abbatia«[59]. Wenn wir die ältere Geschichte der Abtei untersuchen, dann werden uns als Gründer einerseits der dem alemannischen Herzogshaus entstammende Baiernherzog
Odilo († 748), andererseits der fränkische Graf Ruthard (ca. 748—780)
genannt. Beide sollen der Überlieferung zufolge in Gengenbach bestattet sein[60]. Welchen Anteil Odilo, welchen Ruthard an der Gründung des Klosters gehabt haben, wird sich schwerlich entscheiden
lassen. Da die beiden Männer verschiedenen Generationen angehören,
Odilo der ältere, Ruthard der jüngere ist, wird man Odilo als denjenigen ansehen dürfen, der den ersten Anstoß zur Gründung gab,
aber entweder wegen seiner Tätigkeit in Baiern oder vorzeitigen Todes (748) nicht mehr zur Vollendung seines Vorhabens kam. Ruthard
hätte sodann das Werk vollendet, weshalb ihn ein gefälschtes, inhaltlich aber glaubwürdiges Diplom Karls III. von 887[61] als Gründer
nennt.

Für uns ist entscheidend, daß der schwäbische Besitz beider Stifter
und damit das Gut, das sie Gengenbach zugewendet haben, aus alemannischem Herzogsgut stammt. Der Besitz Odilos war wohl vom

---

58 siehe Tafel
59 MG. Dipl. Heinr. II. Nr. 167
60 Odilo als Gründer von Gengenbach im Nekrolog des Kl. Altaich; MG.
    Necr. IV, S. 30; vgl. MG. SS. XXV S. 640 (De origine et ruina mona-
    sterii Cremifanensis). Daß Odilo dem aleman. Herzogshaus angehört
    als Sohn Herzog Gottfrieds, berichtet glaubhaft die Chronik des Gallus
    Öhem, hrsg. von K. Brandi, 1893, S. 8. – Ruthard ist als Stifter nach-
    gewiesen durch Urk. Karls III. von 887; Dipl. Karls III. Nr. 324; Böh-
    mer-Mühlbacher Nr. 1764; Gengenbacher Nekrolog zitiert bei Mone,
    Quellensammlung d. bad. Gesch. III S. 57
61 Mg. Dipl. Karls III. Nr. 324

Vater, Herzog Gottfried († 709), ererbt; der Besitz Ruthards war konfisziertes Herzogsgut[62]. Wenn man für die Folgezeit Gengenbach als »Reichskloster« aufgefaßt hat, dann will das gewiß besagen, daß die Abtei in der Verfügungsgewalt der karolingischen Herrscher war. Dafür spricht auch das Diplom Karls III. von 887[63]. Wie die Karolinger zu ihren Rechten gekommen sind, ist wohl nicht eindeutig zu bestimmen. Zwei Möglichkeiten bieten sich an: da Ruthard vielleicht allzu eigenmächtig über Konfiskationsgut verfügt haben mag, könnte Karl der Große Ruthards Gründung für sich beansprucht haben. Näher scheint uns die andere Lösung zu liegen: Ruthard ist ein Vorfahr, wahrscheinlich der Großvater der Judith, der zweiten Gemahlin Ludwigs des Frommen[64]. Judith könnte Gengenbach als ererbtes Eigenkloster ihrem Gemahl zugebracht bzw. ihren Kindern weitervererbt haben. Über ihre Tochter Gisela, die Gemahlin Eberhards von Friaul, wäre Gengenbach schließlich an die Burchardinger und damit an den Sippenkreis gelangt, den wir als Vorbesitzer auch der übrigen Güter Heinrichs II. ermitteln konnten[65].

Nach diesem Exkurs, der uns notwendig erschien, unsere Ergebnisse zu erhärten, wagen wir es, für einige weitere ostschwäbische Güter, die im 11. Jahrhundert in Händen der salischen Könige Konrad II., Heinrich III. und Heinrich IV. begegnen und die zum Teil auf dem Boden des »pagus Duria« liegen, einen ähnlichen Erbgang anzunehmen: Mindelheim, Günzburg, Blindheim; sodann Ulm, Herbrechtingen, Nattheim; aber auch Waiblingen und Winterbach im Remstal[66]. König Konrad von Burgund († 993) hatte aus zweiter Ehe eine Tochter Gerberga, vermählt mit Herzog Hermann II. von Schwaben († 1003). Dieser Ehe entstammte u. a. Gisela, die in dritter Ehe mit

---

62 Fleckenstein, Über die Herkunft der Welfen (Forschungen z. Oberrhein. Landesgesch. IV) S. 71 ff, insbes. S. 113
63 H. Büttner Breisgau und Ortenau (ZGORh. NF. 52, 1939) S. 340; Fleckenstein, a. a. O. S. 109; Dienemann-Dietrich, Der fränk. Adel ... (Grundfragen der Alemann. Gesch. 1955) S. 149 ff, insbes. S. 156. – Andernfalls wäre ein Erbgang im Mannesstamm der burgund. Welfen bis Kg. Konrad I. († 993) denkbar (vgl. Anm. 64); von ihm hätte Gisela, die Mutter Heinrichs II., geerbt.
64 Fleckenstein, a. a. O. S. 114 f
65 Möglich wäre auch Erbgang über Judiths Schwester Hemma, die Gemahlin Ludwigs d. Dt. († 876), bis zu Ludwig d. Kd. († 911), danach Übergang an Reginlind. Alle diese Varianten führen letztlich in denselben Sippenkreis. Ähnliches wie für Gengenbach könnte man für den Besitz Heinrichs II. in Stein a. Rh. annehmen: da im gegenüberliegenden Eschenz Ruthard um die Mitte des 8. Jh. an Fulda schenkt (UB d. Kl. Fulda I S. 194 Nr. 138) könnte auch Stein von Ruthard stammen und einen ähnlichen Weg genommen haben wie Gengenbach.
66 Mindelheim – Schenkung Heinrichs III. an Speyer 1046 (vgl. Anm. 4). Mindelheim, das Heinrich III. zum Seelenheil seiner Eltern Konrad II. und Gisela wie auch seiner Gemahlin Agnes schenkt, war ganz entschieden Eigengut des Saliers; dies ergibt sich deutlich daraus, daß Heinrich unter gewissen Bedingungen seinem nächsten Erben (proximus heres) das Recht auf Rückkauf und erblichen Besitz der »curtis« einräumt.

dem Salier König Konrad II. (1024–1039) vermählt war. Aus dieser Ehe ging Heinrich III. hervor, der Vater Heinrichs IV. Für die
genannten Güter ergibt sich damit eine Besitzabfolge von den alemannischen Herzögen über die Karolinger, Burchardinger, burgundischen Welfen zu den Saliern; sie führt über Heinrichs IV. Tochter
Agnes sogar noch weiter zu den Staufern (Ulm und Herbrechtingen).
Diese Besitzabfolge kennt zwar eine Reihe von Königen als Zwischenbesitzer, muß aber trotzdem als Erbgang nach rein privatrechtlichen Regeln angesehen werden.

IV. Nâvua ist Langenau

Darf nunmehr als erwiesen gelten, daß der »Duria-Ort« Suntheim
mit Sontheim an der Brenz identisch ist, so ist zugleich erwiesen, daß
der »pagus Duria« die Donau übersprungen hat. Die seitherige Forschung, mit Ausnahme Stälins und Weikmanns, hat dies entschieden
in Abrede gestellt und sich damit die Möglichkeit verbaut, sich unvor-
eingenommen mit dem vierten »Duria-Ort«, nämlich Nâvua, zu befassen. Nâvua wird ja trotz der Vorbehalte Schwarzmaiers und der
Gegenargumente Weikmanns, die leider zu wenig bekannt geworden
sind, überwiegend in Eggental (Kr. Kaufbeuren) gesucht[67]. Nachdem
aber von Suntheim her neue Gesichtspunkte gewonnen wurden bezüglich der Ausdehnung des »pagus Duria«, müssen unbedingt noch einmal alle Nachrichten und Gesichtspunkte kritisch geprüft werden, die
für die Gleichsetzung mit Navoa = Eggental vorgebracht wurden;
zum anderen muß untersucht werden, ob nicht eher Langenau den
Anspruch erheben kann, mit dem »Duria-Ort« Nâvua von 1003
identisch zu sein.

Wer den »Duria-Ort« Nâvua gleichsetzt mit dem Römerkastell
Navoa = Eggental, geht ja von der Annahme aus, das spätrömische

Günzburg – Aufenthalt Heinrichs IV. 1065; Mg. Dipl. Heinr. IV.
Nr. 152.
Blindheim – Schenkung Heinrichs IV. an Speyer (Blindheim ist Zubehör
der Abtei Limburg); MG. Dipl. Heinr. IV. Nr. 165; vgl. Steichele,
Bist. Augsburg IV, S. 600 ff.
Ulm – Aufenthalte Konrads II. 1025 und 1027; MG. Dipl. Konr. II.
Nr. 281, 107, 108; Wipo c. 20 (Ausgew. Qu. XI S. 576); Hermanni
Chronicon a. 1027 (Ausgew. Qu. XI S. 664); Aufenthalte Heinrichs III.
Herbrechtingen – Aufenthalt Heinrichs III. 1046; Annal. S. Benigni
Divion. a. 1046 (MG. SS. V, S. 41); Chron. S. Benigni (MG. SS. V,
S. 237).
Nattheim – Aufenthalt Heinrichs III. 1050; MG. Dipl. Heinr. III. Nr.
251, 252.
·Winterbach – Aufenthalte Heinrichs III. 1046 und 1048; MG. Dipl.
Heinr. III. Nr. 166; 227. Schenkung Heinrichs IV. an Speyer 1080 in
Winterbach und Waiblingen; vgl. Schenkung Heinrichs IV. 1086 in Waib-
lingen; MG. Dipl. Heinr. IV. Nr. 325 und 380.
67 Dertsch, Hist. ONB Kaufbeuren Nr. 53 und 216; Schwarzmaier, a. a. O.
S. 184

Kastell Navoa sei von den Alemannen übernommen, sein Name zu Nâvua-Nawe eingedeutscht worden. Erst Jahrhunderte später, um die Mitte des 12. Jahrhunderts, habe der Name Nâvua-Nawe der rein deutschen Bezeichnung Eggental endgültig Platz gemacht. Hier wird also das römische Navoa zunächst mit dem frühmittelalterlichen Nâvua-Nawe gleichgesetzt, sodann dieses mit Eggental identifiziert.

Hierzu wäre zu bemerken:

1) Die Lokalisierung des Römerkastells Navoa bei dem heutigen Ort Eggental beruht auf den Entfernungsangaben der »Tabula Peutingeriana« für die zwischen Kempten und Augsburg gelegenen Kastelle Rapis und Navoa. Sie ergaben, daß Navoa an der Stelle Eggentals liegen müsse[68]. Gegen die Gleichsetzung des Kastells Navoa mit Eggental ist somit nichts einzuwenden, obgleich endgültige Klarheit nur durch eine erfolgreiche Grabung gewonnen werden könnte.

2) Es scheint vom rein Sprachlichen her denkbar, daß der Name des Römerkastells Navoa in der eingedeutschten Form Nâvua-Nawe weiterlebte. Somit bestünde theoretisch zwar die Möglichkeit, daß auf dem Boden des Römerorts Navoa eine Alemannensiedlung namens Nâvua-Nawe entstehen konnte[69]. Allein die bloße Möglichkeit ist kein Beweis. Ein solcher müßte erst mit geschichtlichen Argumenten erbracht werden. Solange dies nicht gelingt, ist die Gleichsetzung des Römerorts Navoa mit dem »Duria-Ort« Nâvua von 1003 eine äußerst fragwürdige Angelegenheit.

3) Höchst fragwürdig ist sodann, ob man das frühmittelalterliche Nâvua-Nawe mit Eggental gleichsetzen kann. Baumann führte als Beweis an, daß Glieder des Geschlechts von Eggental zu Beginn des 12. Jahrhunderts »auch den alten Namen dieses Ortes Nawe als den ihrigen zuweilen noch gebrauchten«[70]. Er will damit sagen, daß die »von Eggental« und die »von Nawe« ein und dasselbe Geschlecht seien, und zwar wegen teilweiser Übereinstimmung der Rufnamen. Eine Erklärung für den Namenswechsel Nawe-Eggental bzw. eine Erklärung für das (angebliche) Verschwinden des Namens Nawe um die Mitte des 12. Jahrhunderts bleibt er jedoch schuldig.

Was die von Nawe betrifft, hat Baumann offenbar nur die Belege aus der ersten Hälfte des 12. Jahrhunderts gekannt; sonst wäre er sicher zu einem anderen Ergebnis gelangt. Mittlerweile hat Schwarzmaier gezeigt, daß die Gleichsetzung beider Geschlechter nicht berech-

---

68 Steichele, Bistum Augsburg II, 1864, S. 301
69 vgl. Schwarzmaier, a. a. O. S. 180; Schnetz, Flußnamen S. 41
70 Baumann, Gesch. d. Allgäus I, S. 507

tigt ist, ohne freilich daraus Folgerungen zu ziehen. Wir glauben, Schwarzmaiers negatives Ergebnis mit weiteren Belegen und Argumenten erhärten und damit Baumanns Hauptbeweis endgültig widerlegen zu können.

Zu diesem Zweck stellen wir noch einmal die Nachrichten über die von Nawe und von Eggenthal zusammen, soweit sie uns bekannt geworden sind:

A. Die von Nawe:

1109—1122 Hermannus de Nawe
im Gefolge des Augsburger Hochvogts Werner unter Hochstiftsministerialen Zeuge der Schenkung des Chuno von Baltesheim in Breitenbrunn an St. Ulrich u. Afra.   71)

1145—1160 Werinher de Nawe
Zeuge unter Ministerialen betr. Schenkung der Rilint von Mörgen in Welden an St. Ulrich u. Afra.   72)

1152—1164 Marchward de Nawe
Zeuge unter augsburg. Hochstiftsministerialen betr. Schenkung des Wortwin von Emersacker in Hirblingen an St. Ulrich u. Afra.   73)

1152—1164 Rudolph de Nawe et Oudelr.
Zeugen unter Hochstiftsministerialen betr. Verzicht Ulrichs vom Steinhaus auf Hirblingen zu Gunsten von St. Ulrich u. Afra.   73)

1194   Sifrid de Navi
Zeuge unter Hochstiftsministerialen in Urkunde Bischof Udalskalks für St. Mang in Füssen.   75)

1219—1239 Ulricus de Nawe, vicedominus
erwähnt in vier Urkk. als augsburg. Domherr.   76)

1235   Rudolphus de Nawe
erwähnt bei Memminger, OA. Ulm 1836 S. 197; nach Crusius, Schwäb. Chronik I, S. 751 unter Berufung auf Lazius.

71 Mon. Boica. XXII S. 36 Nr. 44
72 Mon. Boica. XXII S. 81 Nr. 135
73 Mon. Boica. XXII S. 90 Nr. 154
74 Mon. Boica. XXII S. 92 f Nr. 156
75 Braun, Bischöfe II S. 167
76 Mon. Boica XXXIIIa S. 54 f Nr. 55 und 59; WUB V S. 413 Nr. 27 Nachtr.; Augsb. UB. I S. 2.

1251   Conradus de Nawe
                    Zeuge unter Hochstiftsministerialen betr.Ver-
                    zicht des Conrad von Mattsies auf Wider-
                    geltingen zu Gunsten des Kl. Steingaden. 77)
1258   frater H. de Nawe, Minorit
                    Zeuge in Urkunden des Grafen Hartmann IV.
                    von Dillingen und des Bischofs Hartmann
                    von Augsburg für Kl. Söflingen.   78)
1263   nostri ministeriales de Nawe
                    in Urkunde Bischof Hartmanns von Augs-
                    burg für Kl. Söflingen.   79)
1273   Waltherus de Nawe, dictus Gnitebuhse
                    Schenker von Gütern in »Nawe« (Langenau)
                    an Kl. Anhausen.   80)
1281—1291 Sifrid de Nawe, Predigerbruder in Augsburg
                    in mehreren Urkk. der Kll. Kaisheim u. Ober-
                    medlingen.   81)

B. Die von Eggental:

1123   Reginhardus, . . . Rudolfus (vermutlich »v. Eggental«)
                    Zeugen unter Edelfreien, als Vogt Werner
                    dem Kl. St. Blasien das Dorf Warmisried
                    überträgt.   82)
1116—1130 Herimannus de Eggintale
                    Zeuge der Schenkung des Wolftrigel von
                    Beuren in Tabratshoven (abgeg.) an St. Ul-
                    rich u. Afra.   83)
1130   Reginhart, Rudolf de Egginthal
                    Zeugen unter Edelfreien, wahrscheinlich im
                    Gefolge Gottfrieds von Ronsberg, als Bischof
                    Hermann von Augsburg die Stiftung des Kl.
                    Ursberg bestätigt.   84)
vor 1145   liber homo Rudolfus nomine et fratres eius
                    (wahrsch. »v. Eggental«; Baumann, Allgäu I,
                    S. 437) schenken an Kl. Ottobeuren ihr Gut
                    Kölberg.   85)

77 Winkelmann, Acta Imperii II S. 726 Nr. 1043
78 WUB V S. 238 ff Nr. 1472 und 1473
79 WUB VI S. 129 f Nr. 1729
80 WUB VII S. 222 Nr. 2314
81 Urkunden des Reichsstiftes Kaisheim Nr. 338; AStAM. – Klosterurkk.
    Obermedlingen Nr. 20 und 28.
82 Gerbert, Hist. Nigr. Silv. III, S. 51.
83 Mon. Boica XXII S. 67 Nr. 106; vgl. Dertsch, Hist. ONB Kaufbeuren
    Nr. 290
84 Lünig, Specileg. Ecclesiast. III S. 675
85 Chron. Ottenbur. (Steichele, Archiv II) S. 27

1145—1160 Rudolph de Eggintale
     Zeuge im Gefolge des Grafen Gottfried (von
     Ronsberg) betr. Schenkung der Rilint von
     Mörgen in Welden an St. Ulrich u. Afra. 86)

1145—1180 Rudolph liber homo de Eggintal
     schenkt auf dem Sterbebett dem Kl. Otto-
     beuren zwei Huben in Kölberg.   87)

1160—1170 Heinricus de Enggintal
     Zeuge einer Schenkung an St. Ulrich u. Afra.
                88)

um 1170 Heinrich und dessen Bruder Konrad von Eggental
     Lehenträger des Kl. Ottobeuren z. Zt. des
     Abtes Isengrim.   89)

1182   Heinricus et Kunradus de Eggental
     Zeugen, als Markgraf Heinrich von Rons-
     berg dem Kl. Ottobeuren Güter in Altingen
     schenkt.   90)

1227   Rudolphus de Eggenthall
     Zeuge, als Kg. Heinrich (VII.) das Kl. Irsee
     in seinen Schutz nimmt.   91)

1228   dominus Rudolfus de Eggental, advocatus de Paysweil
     Zeuge der Schenkung des Swigger von Min-
     delberg an Kl. Rottenbuch.   92)

1239   Rudolfus de Ekkental
     Zeuge der Schenkung der Berchta, Gräfin von
     Marstetten, für Kl. Kaisheim 92 a)

1241   Rudolfus de Eggental
     Zeuge, als Graf Ulrich von Ulten für Kl.
     Wilten urkundet.   93)

1246   R. de Eggintal miles
     trägt von Kl. Ottobeuren einen Hof »in villa
     Eggintal« zu Lehen (Aufzeichnung des 14.
     Jh., datiert nach Feyerabend, Jahrb. Otten-
     beuren II, S. 394)   94)

1294   Hainricus dictus de Eckental u. sein Bruder Ulricus dictus
     de Mindelhaim haben mit anderen Verwand-
     ten Güter in Niederrieden als mindelbergi-
     sches Lehen.   95)

86 Mon. Boica XXII S. 81 Nr. 135
87 Chron. Ottenbur. (Steichele, Archiv II) S. 33
88 Mon. Boica XXII S. 112 f Nr. 196
89 Feyerabend, Jahrb. Ottenbeuren II S. 184
90 WUB II S. 422 f Nr. 1
91 Lünig, Specileg. Ecclesiast. III S. 320
92 Greinwald, Origines Raitenbuchae S. 202
92a Urkk. des Reichsstiftes Kaisheim Nr. 80
93 Tiroler UB III S. 179 Nr. 1137

Nach vorstehender Aufstellung sind die von Nawe wie auch die von Eggental innerhalb des gleichen Zeitraumes von etwa 1110 bis gegen 1300 bezeugt. Es trifft daher keinesfalls zu, daß die Bezeichnung »von Eggental« die Bezeichnung »von Nawe« um die Mitte des 12. Jahrhunderts abgelöst habe.

Ein exakter Vergleich der unter dem Namen »von Nawe« und »von Eggental« bezeugten Personen ist nicht möglich, da sie zum Teil in undatierten Traditionsnotizen überliefert und deshalb zeitlich nur grob zu bestimmen sind. Wie die »von Nawe« untereinander verwandt waren, erfahren wir nirgends; wie die »von Eggental« zusammenhingen, ist nur in wenigen Fällen bezeugt. Somit lassen sich die Generationen schwer auseinander halten. Es bleibt die Möglichkeit, die innerhalb eines bestimmten Zeitraumes bezeugten Namen beider Geschlechter einander gegenüberzustellen. Am ehesten vergleichbar sind die etwa zwischen 1110 und 1165 belegten Namen. Mit ihrer Hilfe wollte ja Baumann beweisen, daß die »von Nawe« und »von Eggental« die gleiche Familie seien. Bei denen »von Nawe« sind es die Namen Hermann, Werner, Marchward, Rudolf und Udalrich; die beiden letztgenannten könnten Brüder oder Vater und Sohn gewesen sein. Bei denen »von Eggental« sind es Reginhard, Rudolf und Hermann; Reginhard könnte der Vater Rudolfs gewesen sein oder aber sind alle drei als Brüder aufzufassen (mit Rücksicht auf die Nachricht von v. 1145, wonach Rudolf »fratres« hatte). — Wir ersehen, daß die Namen Hermann und Rudolf denen »von Nawe« und »von Eggental« gemeinsam sind. Dies ist gewiß auffällig, aber für sich allein noch kein Beweis, daß die gleichnamigen »von Nawe« und »von Eggental« auch personengleich gewesen wären. Jene Namen sind damals durchaus nicht so selten, daß man sie als charakteristisch für ein ganz bestimmtes Geschlecht als sogenannte »Leitnamen« ansprechen könnte. In den folgenden Generationen taucht nur der Name Rudolf noch einmal auf beiden Seiten auf; doch sei dazu bemerkt, daß der Beleg für Rudolphus de Nawē zu 1235 mit Vorbehalt zu verwerten ist. Der Ansicht Baumanns, die »von Nawe« und »von Eggental« seien dasselbe Geschlecht, wird man kaum Beweiskraft zubilligen, denn sie stützt sich lediglich auf die Übereinstimmung weniger Namen.

Andererseits sprechen recht gewichtige Argumente entschieden gegen eine Gleichsetzung derer »von Nawe« und »von Eggental«, und zwar sind dies ihre unterschiedliche soziale Stellung und ihre unterschiedlichen Beziehungen:

a) Wie Schwarzmaier bereits festgestellt hat, leisten zwischen 1145—1160 sowohl Rudolpf de Eggintale als auch Werinher de Nawe Zeugenschaft, als Rilint von Mörgen an St. Ulrich und Afra

94 Chron. Ottenbur. (Steichele, Archiv II) S. 66
95 Steichele, Bistum Augsburg II S. 342; Zoepfl, Mindelheim S. 10 f

schenkt[96]. Sie stehen in der Zeugenreihe durch vier andere Namen
getrennt. Dies ist ein Umstand, der gewiß nicht für nahe Verwandtschaft oder gar Bruderschaft spricht. Zudem kann man unter
den Zeugen derselben Urkunde unschwer zwei Gruppen unterscheiden, nämlich einerseits die von Eggental, Waal, Apfeltrach
und Pforzen, die zum Gefolge Gottfrieds von Ronsberg gehören,
und andererseits die Gruppe der augsburgischen Ministerialen, die
mit Werinher von Nawe beginnt[97].

b) Die »von Nawe« werden 1263 ausdrücklich als Ministerialen bezeichnet. Der nämliche soziale Rang ergibt sich auch aus ihrer
Stellung in den Zeugenreihen. Sie leisten Zeugenschaft für den
Bischof von Augsburg und bei Schenkungen an das Augsburger
Kloster St. Ulrich und Afra. Somit gehörten sie wohl zur Ministerialität des Hochstifts Augsburg. Im 13. Jahrhundert scheinen
sie auch Hausministerialen der Dillinger Grafen gewesen zu sein.
Der 1273 bezeugte Walther von Nawe genannt »Gnitebuhse« ist
in »Nawe« selbst begütert. Da er sein Gut an Kloster Anhausen
schenkte, ist mit »Nawe« ganz eindeutig Langenau gemeint.

Die Eggentaler hingegen sind ausdrücklich als edelfrei bezeugt. Als
Zeugen treten sie im Gefolge der Ronsberger bzw. Ulrichs von Ulten
als deren Rechtsnachfolger auf oder sie zeugen für den standesgleichen
Wolftrigel von Beuren. Sie stehen in enger Beziehung zu Kloster
Ottobeuren, dem sie Besitz zuwenden und von dem sie Gut zu Lehen
tragen, so in Eggental selbst. — Damit dürfte klar sein, daß man die
»von Nawe« und »von Eggental« nicht gleichsetzen kann. Es sind
zwei verschiedene Geschlechter, die außer wenigen Namen nichts miteinander gemein haben.

Untersucht man die Ortsgeschichte von Eggental, so ergibt sich
keinerlei Hinweis, daß dort jemals Königsgut gewesen wäre. Es gibt
also keinen historischen Anhaltspunkt, der es rechtfertigen würde,
Eggental mit dem Art Nâvua von 1003 in Verbindung zu bringen[98].

Vergleicht man schließlich die geographische Lage Eggentals mit der
Lage der benachbarten Orte Pforzen, Schlingen, Hugeshus-Hugshofen
(aufgeg. in Weicht?) und Lauchdorf, die urkundlich alle zum »Augstgau« gerechnet werden[99], so muß man zu der Überzeugung kommen,
daß auch Eggental viel eher gleichfalls dem »Augstgau« zugeteilt

---

96 Schwarzmaier, a. a. O. S. 184
97 Mon. Boica XXII S. 81 Nr. 135 — Zeugenreihe: »Eberhard canonicus,
frater eiusdem matrone; Gotefridus comes, Ruodolph de Eggintale,
Heinricus de Sundernhaim, Dieto de Wale, Volchmar de Aphaltranc,
Heriman de Phorzhaim, Werinher de Nawe, Egilolf et Adalbero de
Waeldiu, Ovdalricus, Ovdalricus, Adalbero de Aug.«
98 Steichele, Bistum Augsburg II S. 341 ff; Weikmann (vgl. Anm. 18);
Dertsch Hist. ONB Kaufbeuren S. 15 f Nr. 53
99 MG. Dipl. Arn. Nr. 156; Gerbert, Hist. Nigr. Silv. III S. 51.

werden muß als dem »pagus Duria«. Eggental kann somit auch wegen seiner geographischen Lage nicht mit »Nâvua« gleichgesetzt werden, das im »pagus Duria« lag.

Unsere Untersuchung hat also ergeben, daß Nâvua nicht Navoa = Eggental sein kann. Es ist zu vermuten, daß der römische Name Navoa mit dem Kastell untergegangen ist. Möglicherweise blieb der Platz danach längere Zeit unbewohnt. Jedenfalls läßt der topographische Befund wie auch der Name »Eggental« — ursprünglich wohl eine Flurbezeichnung — darauf schließen, daß die Siedlung dieses Namens an der Stelle des Römerorts Navoa erst in der späteren Ausbauzeit gegründet worden ist.

Als einzige Alternative bleibt also: Nâvua ist Langenau (Kr. Ulm). Die Ministerialen von Nawe gehören dorthin[100]. Der 1273 bezeugte Walther von Nawe genannt »Gnitebuhse« war dort begütert. Was die Urkunde von 1003 vom Ort Nâvua überliefert, fügt sich unseres Erachtens trefflich in die Ortsgeschichte von Langenau.

Am 9. September 1003 übertrug König Heinrich II. dem Hochstift Freising auf Bitten des Bischofs Gottschalk bedeutende Eigengüter um Roding am Flusse Regen in der Oberpfalz im Tausch gegen die seither der Kirche Freising gehörige »cortis in Alemannia pago Duria et in comitatu Manegoldi comitis sita nomine Nâvua cum omnibus utilitatibus, appendiciis, mancipiis et pertinentiis suis«[101].

Gemessen am Tauschobjekt um Roding muß die »cortis Nâvua« einen stattlichen Güterkomplex umfaßt haben. Wir denken an einen zentralen Wirtschaftshof, dem ein bischöflicher Verwalter vorstand. Dieser beaufsichtigte den Wirtschaftsbetrieb auf den abhängigen Hofstellen und besorgte den Einzug und die Verwaltung der grundherrlichen Gefälle. Ob zu der »cortis« auch eine Kirche gehörte, wie vermutet wurde,[102] ist recht fraglich; man hätte sie sonst wohl eigens erwähnt.

Unsere Aufmerksamkeit verdient zunächst der »Duria-Graf« Manegold. Er trägt einen Namen, der unseres Wissens um jene Zeit nur in zwei schwäbischen Hochadelssippen üblich ist, und zwar einmal im Hause Nellenburg,[103] zum andern in der Sippe des heiligen Ulrich,

---

100 Der bischöfl. Kirche Augsburg wird Besitz in »Nawen« 1186 von Papst Urban II. bestätigt; WUB II S. 245 f Nr. 447. Dieser Besitz könnte zwar aus dem Vermächtnis des Bischofs Walter, eines Angehörigen der Pfalzgrafenfamilie († 1153), stammen. Doch ist es ebenso gut möglich, daß bereits frühere Angehörige der »Hupaldingersippe« dortigen Besitz an die Bischofskirche übertrugen. Daraus würde sich das Dienstverhältnis deren von Nawe zu Augsburg am ehesten erklären.

101 vgl. Anm. 2

102 Dies vermutet B. Cichy, Die Ev. Stadtpfarrkirche... in Langenau (Nachrichtenblatt d. Denkmalspflege i. Bad.-Württ. Jg. 5, 1962, H. 3) S. 68

103 P. Kläui, Hochmittelalterl. Adelsherrschaften i. Zürichgau, Tafel S. 52 (ergänzungsbedürftig)

die wir nach dem Stammvater Hupald die »Hupaldinger« nennen.
In beiden Häusern geht der Name Manegold offenbar auf einen gemeinsamen Ahn zurück, nämlich Manegold, einen Sohn Adalberts des
Erlauchten († 894). Er wird im Jahre 880 als bevollmächtigter Gesandter Karls III. an den päpstlichen Hof erwähnt[104]. Jener Manegold
stammt also aus dem Geschlecht der Hunfridinger oder Burchardinger,
die 911 erstmals nach dem schwäbischen Herzogtum trachteten. Die
Nellenburger können hier außer Betracht bleiben. Umso wichtiger
sind die »Hupaldinger«. In diesem Geschlecht ist der Name Manegold
zum ersten Mal für einen Bruder des Bischofs Ulrich (923—973) bezeugt. Von Ulrich wird berichtet, er habe »machinatione nepotis sui
Burchardi ducis« sein Bischofsamt erlangt[105]. Ulrich und sein Bruder
Manegold waren also »nepotes« des Herzogs Burchard I. (917—926).
Man hat die Verwandtschaft der beiden zu Herzog Burchard schon
immer über ihre Mutter Dietpirch gesucht und in Dietpirch eine Schwester Herzog Burchards I. und folglich eine Tochter Burchards d. Ä.
(† 911) sehen wollen. Ulrich und Manegold wären damit richtige
Neffen des Herzogs. Die Lebensdaten der Brüder wie auch die des
Herzogs entsprächen durchaus einem solchen Verwandtschaftsverhält-
nis. Eine solche Verwandtschaft erklärt jedoch nur unbefriedigend die
Tatsache, daß der Name Manegold unter den Nachkommen der Dietpirch eine ganz hervorragende Rolle spielt, ja geradezu als Indiz für
Zugehörigkeit zur Sippe des heiligen Ulrich gilt. Die Bedeutung, die
der Name Manegold für die Ulrichssippe gewinnt, beruht unseres
Erachtens einfach darauf, daß dieser Name die Verwandtschaft zum
Herzogshaus der Burchardinger dokumentiert. Da dieser Name den
»Hupaldingern« durch Dietpirch vermittelt wurde, muß Dietpirch die
direkte Nachfahrin eines Manegold sein. Daher setzen wir Dietpirch
als Tochter des Manegold von 880 an. Die Verwandtschaft ihrer Söhne
Ulrich und Manegold zu Herzog Burchard I., dem Brudersohn jenes
Manegold von 880, war dann eine Vetternschaft ungleichen Grades,
was dem Begriff »nepos« durchaus entspricht. Da nun der »Duria-
Graf« von 1003 gleichfalls den Namen Manegold trägt, erweist er sich
mit Sicherheit als ein »Hupaldinger«. Er dürfte nach der Zeit ein
Enkel von Dietpirchs Sohn Manegold gewesen sein. Zudem wissen
wir, daß die »Hupaldinger« in Langenau begütert waren[107]. Der
Name des »Duria-Grafen« ist damit ein Beweis, daß der in seinem
Amtsbereich gelegene Ort Nâvua mit Langenau identisch ist.

---

104 Jaffé-Löwenfeld, Regesta Pontif. Roman. I S. 412 Nr. 3288; Dümmler,
    Gesch. d. Ostfränk. Reiches III S. 110; H. Keller, Kloster Einsiedeln,
    1964, S. 22 f
105 Vita Udalrici c. 1; MG. SS. IV S. 387
106 Volkert-Zoepfl, Regesten d. Bischöfe von Augsburg Nr. 102; vgl. da-
    gegen Decker-Hauff, Ottonen und Schwaben ... a. a. O. S. 278
107 Besitz der Grafen von Dillingen als Erben der »Hupaldinger« in Lan-
    genau nachgewiesen durch Urkk. von 1238, 1258 und 1261 (WUB III
    S. 408 Nr. 905; WUB V S. 278 Nr. 1512; WUB VI S. 20 Nr. 1628)

Was ist nun aus der »cortis Nâvua« geworden, die Heinrich II.
1003 von Freising eingetauscht hat? Fest steht nur soviel, daß sie sich
nicht unter den zahlreichen schwäbischen Gütern findet, die Heinrich II. im Jahre 1007 dem neugegründeten Bistum Bamberg übereignet hat. Folglich müßte sie im Besitz eines der erbberechtigten Verwandten Heinrichs II. erscheinen oder als Lehen in die Verfügungsgewalt eines Vasallen übergegangen sein.

Langenau begegnet im frühen 12. Jahrhundert in Verbindung mit
der Gründung des Klosters Langenau-Anhausen. Die Söhne des Pfalzgrafen Manegold (1070 – ca. 1095) hatten dem Wunsche ihres Vaters entsprechend in Langenau ein Benediktinerkloster gestiftet, dieses aber
vor 1125 nach dem ruhigeren Anhausen an der Brenz verlegt. Bischof
Walter von Augsburg (1133–1152), der letzte der pfalzgräflichen
Familie, bestätigte 1143 die Stiftung und zählte aus diesem Anlaß das
reiche Stiftungsgut auf. Es gehörten dazu:

»Ecclesia in Nawe cum familia, tributariis, decimis, omni proprietatis iure ad stipendium eorundem fratrum apostolice sedis et nostra
tam hereditarii quam pontificalis potestatis auctoritate delegatis, fis-
cali curte, ubi eadem decimae recollectae componantur, insuper et
aliis in eodem villa prediis, molendinis, agris, pratis, curtilibus«[108].

Es handelt sich um die Kirche (St. Martin) in Langenau samt
»familia«, Zinsbauern und Zehnten. Sie war mit Zustimmung des
apostolischen Stuhles von Bischof Walter in seiner doppelten Eigenschaft als erblicher Inhaber dieser Kirche und als Diözesanbischof den
Klosterbrüdern zum Unterhalt als Eigentum übertragen worden. Es
handelt sich ferner um die »fiscalis curtis«, in welcher die Kirchenzehnten gesammelt wurden, und überdies noch um andere Ländereien
(Salland?), Mühlen, Äcker, Wiesen und Hofstellen im Bereich des
Dorfes.

Lassen sich diese Güter mit der »cortis Nâvua« von 1003 in Verbindung bringen? – Um eine Antwort auf diese Frage zu finden,
müssen wir uns etwas eingehender mit dem Stiftungsgut des Klosters
Anhausen in Langenau befassen.

a) Die Kirche St. Martin in Langenau, die der Bischof kraft Erbrechts
   den Klosterbrüdern übertrug, hatte schon sein Vater, der alte
   Pfalzgraf Manegold (1070 – ca. 1095), als Erbgut besessen (hereditario
   iure ad se transmissa)[109] und zum kirchlichen Mittelpunkt des
   Klosters ausersehen. Sie war somit mindestens schon zur Zeit von
   Manegolds Eltern, wahrscheinlich aber noch weit früher in Fami-

---

108 WUB II S. 26 ff Nr. 318.
109 WUB II S. 20 ff Nr. 318. »Vgl. Urk. Papst Eugens III. von 1150:«
     ecclesia sancti Martini de Nawa, in qua collegium vestrum per ...
     Manegoldum palatinum comitem, patrem videlicet prefati G., Augu-
     stensis episcopi, in cuius erat allodio, monastice religionis auctore
     domino exordium habuit«; WUB II S. 55 f Nr. 333.

lienbesitz. Es ist deshalb wohl erlaubt, in dem »Duria-Grafen« Manegold, der 1003 in Beziehung zu »Nâvua«-Langenau bezeugt ist, einen Vorfahren des Pfalzgrafen Manegold und möglichen Vorbesitzer der Martinskirche zu sehen. Nach den Altersverhältnissen müßten die beiden Manegolde Großvater und Enkel gewesen sein.

Es fragt sich allerdings, ob sie als Verwandte im Mannesstamm zu betrachten sind. Zwei Umstände dürften dagegen sprechen: 1) Jener Manegold von 1003 war Graf; der jüngere Manegold (1070– ca. 1095) nennt sich Pfalzgraf. Da der Titel des Pfalzgrafen sich offenbar im Mannesstamm vererbte (auch Manegolds Sohn Adalbert, 1125–1143, hat ihn geführt)[110], müßte Manegold ihn vom Vater und vielleicht schon vom Großvater überkommen haben[111]. Der »Duria-Graf«, den wir für einen »Hupaldinger« halten, kann unter diesen Umständen kaum ein Vorfahr von Vaterseite sein; er gehört vielmehr zur mütterlichen Vorfahrenschaft.

2) Ein ähnliches Resultat erbringt die Besitzgeschichte. Die Güterliste der Urkunde des Bischofs Walter für Kloster Anhausen zeigt nämlich, daß die Besitzungen der pfalzgräflichen Stifter größtenteils auf der Ulmer und Heidenheimer Alb sowie im oberen Remstal und Filstal lagen, in Gegenden also, in denen die »Hupaldinger« unseres Wissens nicht begütert waren. Folglich gehörten die Pfalzgrafen nicht zum Mannesstamm der »Hupaldinger«. Der »Duria-Graf« Manegold, den wir der Großelterngeneration des Pfalzgrafen Manegold zurechnen, müßte somit der Großvater des Pfalzgrafen Manegold von Mutterseite gewesen sein.

Wir müssen demzufolge die Martinskirche in Langenau als alten »hupaldingischen« Familienbesitz betrachten. Sie wäre im Erbgang über eine Tochter des »Duria-Grafen« Manegold in den Besitz der pfalzgräflichen Familie gelangt. Zu dieser Annahme paßt, daß in Langenau auch die Grafen von Dillingen begütert waren, die wir als agnatische Abkömmlinge des »Duria-Grafen« Manegold betrachten müssen[112]. Wenn die Martinskirche somit schon um 1003 und wahrscheinlich noch viel früher im Besitz der »Hupaldinger« war, ist sie schwerlich mit der »cortis Nâvua« in Verbindung zu bringen. Die letztere war ja im Besitz der Freisinger Kirche und ist erst 1003 in die Hände König Heinrichs II. gelangt.

---

110 1125 Adalbertus palatinus comes (WUB I S. 366 f Nr. 286); 1128 Adelbertus palatinus de Luterburch (WUB I S. 376 Nr. 292); 1143 Adelbertus palatinus comes (Mon. Boica XXIXa S. 279 f Nr. 470)

111 Als Vater des Pfalzgrafen Manegold ist auf Grund der Regeln der Namensvererbung ein Adelbert zu erschließen, der jedoch urkundl. nicht nachzuweisen ist. – Das Verhältnis unserer Pfalzgrafen zu den dem Stauferhaus angehörigen Pfalzgrafen Friedrich 1053 (Dipl. Heinr. III. Nr. 303) und Ludwig († v. 1103), Bruder Herzog Friedrichs I. von Schwaben (Stälin, Wirt. Gesch. II S. 39; Reg. Boica I S. 111) kann hier nicht erörtert werden.

112 vgl. Anm. 107; s. Bühler, Die Wittislinger Pfründen ... a. a. O. Tfl. III.

b) Wenn wir uns nun mit der »fiscalis curtis« beschäftigen, ist zunächst einmal zu klären, in welchem Verhältnis sie zu der Martinskirche stand. Dies scheint uns nämlich durch den Wortlaut der Urkunde des Bischofs Walter nicht eindeutig bestimmt zu sein. Einerseits bestand offenbar ein enger Zusammenhang zwischen »fiscalis curtis« und Kirche insofern, als die »curtis« als Sammelstelle der Kirchenzehnten diente. Sie könnte daher eine Art Zehnthof der Pfarrei gewesen sein. Zum andern aber werden »fiscalis curtis« und Kirche wohl unterschieden insofern, als der Bischof die Kirche samt den Zehnten als sein Erbgut bezeichnet; dagegen scheint der »fiscalis curtis« wie auch den übrigen Gütern diese Eigenschaft nicht zuzukommen. Wir hätten es also mit zwei Objekten verschiedenen Rechtscharakters zu tun. Daraus könnte man schließen, daß sie wahrscheinlich verschiedener Herkunft waren.

Gehen wir vom Terminus »fiscalis curtis« aus, so stellen wir fest, daß er ungewöhnlich ist für einen Hof, der lediglich als Sammelstelle für die Zehnten diente. Üblicherweise bezeichnet der Ausdruck einen Fron- oder Pfleghof und damit den Verwaltungsmittelpunkt einer Villikation.

In diesem Sinne möchte man auch die Aussage des Bischofs Walter über die »fiscalis curtis« in Langenau verstehen; denn die Aufzählung der »predia, molendina, agri, prata, curtilia« erinnert doch sehr an die Zugehörden eines Fronhofs. Die Funktion, als Sammelstelle für die Zehnten zu dienen, konnte zusätzlich sein. — Um einen Fron- oder Pfleghof handelt es sich bestimmt, wenn der Abt von Anhausen 1359 in »unserem hof zu Naw« einer Witwe Wohnung und Unterhalt anweist oder wenn 1439 im »Münchhof zu Naw« ein Kaufvertrag abgeschlossen wird, wobei der »hofmeister im Münchhof zu Naw« — also der Verwalter des Hofes — als Zeuge fungiert. Derselbe Hof wurde auch »Freihof« genannt, da dort laut kaiserlichen Privilegs von 1433 gerichtlich verfolgte Verbrecher Asylrecht genossen[113]. Das Salbuch des Klosters Anhausen von 1474 gibt über ihn folgende Beschreibung:

»Das Gotzhaus zu Ahausen hat zu Naw ein Münchhoff, der ist bezymmert mit einem gutten hauß und mit einem grossen gemawrtten stadell und einem futter stadel, und hat darumb ein Bawmgartten, umbmawrtt auff der III ortt, und in dem hoff ist ein kayserliche freyung.«

Dieser »Münchhof« war Verwaltungsmittelpunkt des anhausischen »Ampts zu Naw«. Dazu gehörten nach Ausweis des Salbuchs alle Güter des Klosters in Langenau, Albeck, Osterstetten, Stuppelau, Wettingen, Öllingen, Rammingen, Setzingen, Börslingen, Mindel-

---

113 Ulm. U. B. II/2 S. 508 Nr. 555; Steichele, Gesch. des Klosters Anhausen (Beiträge z. Gesch. d. Bist. Augsbg. II, S. 327 Nr. 116; Wtt. Vierteljahreshefte NF. IV S. 17

altheim und Roth jenseits der Donau. Die anhausischen Lehenbauern in den genannten Orten lieferten dort ihre Zinsen und
Gülten ab[114].

Als Herzog Ulrich von Wirtemberg im Jahre 1536 von Ulm die
Herrschaft Heidenheim zurückerwerben wollte, trat er in seiner
Eigenschaft als Vogt und Herr des Klosters Anhausen im Göppin-
ger Vertrag die zum Langenauer Amt gehörigen Klostergüter förm-
lich an Ulm ab. Obendrein noch verpfändete er den Ulmern auf
Wiederlösen für die Summe von 30 000 Gulden die Zehnten zu
Langenau und »den freien hove daselbst, darinn man sollichen
zehenden zusameln und zufieren pflegt«[115].

Diese Nachrichten helfen vollends, das Verhältnis der »fiscalis
curtis« zur Martinskirche zu klären.

1) Der Frei- oder Münchhof diente als Sammelstelle für die Zehnten. Er hatte die gleiche Funktion wie die »fiscalis curtis« von
1143. Es besteht also kein Zweifel: Freihof und »fiscalis curtis«
sind ein und dasselbe Objekt.

2) Der Frei- oder Münchhof war aber keinesfalls ein Zugehör der
Pfarrei. Während nämlich im Göppinger Vertrag die Rechte an
der Pfarrei und deren Zugehör förmlich abgetreten wurden, blieb
der Freihof nominell im Besitz des Herzogs; er war lediglich auf
Zeit verpfändet. Was für den Freihof galt, muß auch für die »fiscalis curtis« von 1143 gelten; sie war von der Pfarrei rechtlich
unabhängig.

3) Der Frei- oder Münchhof war bestimmungsgemäß ein Fron-
oder Pfleghof, in welchem die grundherrlichen Gefälle gesammelt
wurden. Gleiches gilt für die »curtis fiscalis« von 1143. Die Aufgabe, als Sammelstelle für die Zehnten zu dienen, kann nur eine
sekundäre gewesen sein; offenbar boten die Vorratshäuser aus-
reichend Raum auch für die Speicherung der Zehntfrüchte. Diese
zusätzliche Aufgabe erwuchs ganz einfach aus der Tatsache, daß
die »curtis« sich schon lange vor 1143 in der Hand des gleichen
Herren befand, dem auch die Kirche gehörte, nämlich in der Hand
des Pfalzgrafen Manegold.

Für die »fiscalis curtis« ergibt sich sodann folgender Tatbestand:
Sie hatte rechtlich nichts mit der Martinskirche zu tun. Sie war auch
nicht wie diese altes Erbgut der Pfalzgrafen. Sie hatte vielmehr ihre
eigene Geschichte und war auf irgendeinem anderen, vorläufig nur zu
vermutenden Weg in die Hände des Pfalzgrafen Manegold gelangt.
Die »fiscalis curtis... in Nawe« war ihrer Bestimmung gemäß das
Verwaltungszentrum eines Fronhofverbands. Genau die gleiche Be-

114 HStA Stgt. Lagerbuch Anhausen G. 197 Fol. 201 ff; »Ampt zu Naw«
     ebenda Fol. 251 ff
115 HStA Stgt. A 488 Kl. Herbrechtingen Bschl. 4 (Kopie d. Göppinger
     Vertrags)

stimmung hatte die »cortis Nâvua«, die der Bischof von Freising im Jahre 1003 an König Heinrich II. vertauschte. Mit dieser »cortis Nâvua« war offenbar ebensowenig eine Kirche verbunden wie mit der »fiscalis curtis«; andernfalls hätte man bestimmt nicht versäumt, die Kirche zu erwähnen. Beide Objekte, die »fiscalis curtis ... in Nawe« und die »cortis Nâvua«, weisen also die gleichen besonderen Merkmale auf. Nimmt man die Namensgleichheit Nawe ⟶ Nâvua hinzu, kann kein Zweifel mehr bestehen, daß man die »fiscalis curtis ... in Nawe« von 1143 gleichsetzen muß mit der »cortis Nâvua« von 1003. Damit erweist sich der Ort »Nâvua« eindeutig als das heutige Langenau. Die Geschichte der »cortis Nâvua« ergänzt und erweitert unsere Kenntnis der Ortsgeschichte von Langenau. Da nun »Nâvua« im Jahre 1003 »in pago Duria« bezeugt ist, gilt der gleiche Tatbestand auch für Langenau: es gehörte damals zum »pagus Duria«, ebenso wie das nur knapp 14 km entfernte Sontheim an der Brenz.

Es bleibt noch zu klären, wie die »cortis« an die Stifter von Langenau-Anhausen gelangt sein mag. An einen Erbgang ist nicht zu denken ,denn wir sehen keine Möglichkeit, die Pfalzgrafen unter die Erben König Heinrichs II. († 1024) einzureihen; auch hätte Bischof Walter in diesem Falle nicht versäumt, die »fiscalis curtis« gleichfalls als sein Erbgut zu bezeichnen. Da Bischof Walter sich über die Herkunft des Gutes ausschweigt, liegt die Vermutung nahe, es könnte auf nicht ganz legale Weise in die Hände der Pfalzgrafen bzw. ihrer »hupaldingischen« Vorfahren gelangt sein. Die Übertragung der »fiscalis curtis« an das neugestiftete Kloster Anhausen wäre dann als eine Art Sühne aufzufassen. Doch brauchen wir uns nicht in derlei Spekulationen zu ergehen. Wir halten für das wahrscheinlichste, daß Heinrich II. selbst die von Freising ertauschte »cortis« dem »Duria-Grafen« Manegold zu Lehen gegeben hat. Nach Heinrichs Tod mag der Lehenscharakter tatsächlich in Vergessenheit geraten oder von den Erben des »Duria-Grafen« verschwiegen worden sein. Diese Erben haben das Gut offenbar unter sich geteilt. Auf diese Weise erklärt sich am einfachsten der Tatbestand, daß in Langenau später sowohl die Grafen von Dillingen als agnatische Abkömmlinge des »Duria-Grafen« Manegold begütert waren, wie auch die Pfalzgrafen und die mit den letzteren eng verwandten Herren von Albeck, die wir beide als Nachkommen einer Tochter des »Duria-Grafen« betrachten. Die »fiscalis curtis« mit ihrem Zubehör wäre dann freilich nur ein Teil der ursprünglich viel größeren freisingischen Villikation. Denn diese müßte, gemessen am Tauschobjekt, das Heinrich II. an Freising gab, den Großteil des Grundbesitzes in Langenau umfaßt haben.

Langenau tritt später noch einmal als Aufenthaltsort des Königs und als Dingstätte eines Landgerichts in Erscheinung. Dies hat sicher nichts zu tun mit etwaigen altüberkommenen Rechten des »Reiches« aus der Zeit Heinrichs II.; sondern dies ergibt sich aus der Vogtei über das Kloster Anhausen und dessen Güter, die 1143 nach dem Tode des Pfalzgrafen Adalbert an die Staufer übergegangen war[116]. Als König

Konrad III. im Jahre 1150 in Langenau mit den Fürsten des Reiches
ein »colloquium«, einen Hoftag, hielt[117], diente die geräumige Basilika
von St. Martin, die ursprünglich zur Klosterkirche bestimmt und im
frühen 12. Jahrhundert um einen Langchor erweitert worden war[118],
wohl als Tagungsort. Im Zuge der Hausmachtpolitik Friedrich Barbarossas wurden die aus der Vogtei Anhausen resultierenden Rechte
der Staufer in und um Langenau mit dem staufischen Hausgut vereinigt. Sie gaben mit anderem die materielle Grundlage ab, als noch
unter Barbarossa eine Dingstätte des Landgerichts Ulm eingerichtet
wurde. Dieses unterstand zunächst dem jeweiligen Herzog von Schwaben aus staufischem Geschlecht, nach Erlöschen des schwäbischen Herzogtums unmittelbar dem König, wurde aber einem der benachbarten
Dynasten verliehen[119]. Der »lapis in Nawe«, der Stein zu Langenau,
der im Jahre 1255 als Gerichtsplatz erwähnt wird[120], dürfte nach dem
Urteil der Lokalkenner der Rest eines gewaltigen römischen Grab-
monuments gewesen sein. Von diesem wurden Reliefs, die in der
Westfassade der Martinskirche vermauert waren, 1897 ins Landesmuseum Stuttgart verbracht. Teile von Sockel und Gebälk kamen bei
den Grabungen 1954 und 1961 (A. Rieber) bzw. 1962 (B. Cichy) zum
Vorschein[121]. Der Befund ist typisch für die Lage eines Gerichtsplatzes.
So war der »Stein« zu Langenau sicherlich eine uralte Gerichtsstätte,
womöglich aus der Zeit des »pagus Duria«. Bei Einrichtung des Ulmer
Landgerichts unter Barbarossa wird man bewußt an alte Gerichts-
plätze angeknüpft haben. Damit wäre der »Stein« ein Zeugnis für die
Bedeutung Langenaus in früher Zeit.

116   Daß die Vogtei Anhausen nach dem Aussterben der Pfalzgrafen an die
      Staufer und schließlich an das Reich fiel, läßt sich aus den späteren
      Verhältnissen erschließen, wo die Vogtei Anhausen immer als Reichs-
      lehen erscheint. Im Sühnevertrag zwischen Kg. Rudolf und dem Gra-
      fen Eberhard von Wirtemberg von 1286 heißt es: »Der von Helfensten
      sol ouch den cloestern Ahusen unde Herbrehtingen dekainen schaden
      noch unlust tuen unde solz han, als ers her hat gehapt von dem ober-
      sten tage über ain jar, also daz dem *riche* an sinem rehte kain schade
      si« (WUB IX S. 104 ff Nr. 3576). Im Interregnum hatten sich die Hel-
      fensteiner in den Besitz der Vogtei zu setzen gesucht. So wird schon
      1274 von einem Streit des Klosters mit Helfenstein berichtet (Steichele,
      Gesch. d. Kl. Anhausen ... a. a. O. S. 265 Nr. 13)
117   Gerbert, Hist. Nigr. Silv. III S. 76 ff Nr. 51
118   B. Cichy, Die Ev. Stadtpfarrkirche ... zu Langenau, a. a. O. S. 68 f
119   Vgl. Vogtvertrag von 1255 und Urk. Herzog Konradins von 1259;
      WUB V S. 118 f Nr. 1352 = UB Ulm I S. 93 ff Nr. 73; WUB V S. 289
      Nr. 1522 = UB Ulm I S. 110 Nr. 87. – Vgl. M. Ernst, Zur älteren
      Gesch. Ulms (Ulm und Oberschwaben H. 30, 1937) S. 32 ff, bes. S. 37
      und 47; Feine, Die kaiserl. Landgerichte ... (ZRG 66, 1948) S. 148 ff,
      bes. S. 178 f und 181; Schlesinger, Pfalz und Stadt Ulm (Ulm und
      Oberschwaben Bd. 38, 1967) S. 9 ff bes. S. 25 f.
120   s. Vogtvertrag von 1255, vor. Anm.
121   Vgl. Cichy, Die Ev. Stadtpfarrkirche ... a. a. O. S. 63 f. – Freundl:
      Mitteilung der Herren Dr. med. M. Reistle, Langenau, und A. Rieber,
      Ulm.

V. Zur älteren Geschichte von Langenau

Es hat in älterer Zeit in Langenau zwei verschiedene Besitzteile gegeben, nämlich einmal die St. Martins-Kirche samt Zubehör, die sich mit großer Wahrscheinlichkeit auf die »hupaldingischen« Vorfahren der Pfalzgrafen zurückführen läßt, und andererseits die »cortis« des Hochstifts Freising mit den dazu gehörigen Hufen. Auf welchem Wege mag Freising zu dem offenbar recht namhaften Besitz gekommen sein, den es schließlich im Jahre 1003 an Heinrich II. vertauschte?

Im reichen Urkundenschatz der Freisinger Kirche findet sich leider kein Hinweis. Angesichts des Fehlens jeglicher Nachricht wird man annehmen dürfen, daß der freisingische Besitz in sehr frühe Zeit zurückreicht. Um der Klärung der Frage näher zu kommen, empfiehlt es sich, von der ältesten Geschichte Langenaus auszugehen.

Der Name des Ortes ist vordeutsch und geht auf den Namen des Flüßchens Nawa (Nau) zurück[122]; eine ähnliche Situation also wie bei Brenz. In römischer Zeit war Langenau eine wichtige Straßenstation, vielleicht ein Kastell, an der Römerstraße, die von Urspring (Ad Lunam) nach Faimingen (Ponione) führte. Nach M. Reistle zweigte in Langenau eine Verbindungsstraße nach Süden durch das Donauried ab, welche bei Straß die Donausüdstraße erreichte und über Günzburg (Guntia) nach Augsburg (Augusta Vindelicum) führte[123]. Der Vorgängerbau der Martinskirche in Langenau, eine der ältesten Steinkirchen des Landes noch aus dem 7. Jahrhundert, hat sich in der Ruine eines gallorömischen Tempels eingenistet[124]. Da im römischen Tempelbezirk alemannische Gräber freigelegt wurden, darf man vermuten, daß die Besiedlung des Platzes durch den Alemannensturm um 260 n. Chr. nur für verhältnismäßig kurze Zeit unterbrochen war.

Nun berichtet der Reichenauer Chronist Gallus Öhem, Karl der Große (768—814) habe dem Kloster Reichenau Güter in Ulm, Elchingen und anderen Orten längs der Donau geschenkt, und in einer Version der Überlieferung, die allerdings nicht zweifelsfrei ist, werden darunter auch Güter in »Naw« genannt[125]. Damit zeichnet sich in

122 Schnetz, Flußnamen S. 113 f
123 M. Reistle, Römerstraßen um Günzburg (Das Obere Schwaben, 1963) S. 31 ff. bes. S. 32 ff
124 Cichy, Die Ev. Stadtpfarrkirche ... a. a. O. S. 63 f und 66
125 Die Chronik des Gallus Öhem, hrsg. von K. Brandi, 1893, S. 46; vgl. S. 17; dazu Beschreibg. d. OA Ulm II S. 517. – Da der reichenauische Besitz im benachbarten Elchingen auch später gut bezeugt ist, wäre eine Schenkung Karls in Naw nicht unwahrscheinlich. Erwähnt sei, daß 1238 der »Berhtoldus miles de Hohsteten, Augensis ecclesie ministerialis« dem Kl. Kaisheim »predium suum in villa Nawe situm«, das er vom Grafen Hartmann IV. von Dillingen zu Lehen hatte, verkaufte (WUB III S. 408 Nr. 905). Man könnte den Grafen Hartmann als Lehenträger der Reichenau auffassen, der das Gut an Berthold von Höchstädt weiter verliehen hätte. Ähnliche Fälle hat J. Matzke im Ulmer Raum wiederholt festgestellt (Die ehemal. Besitzungen d. Kl. Reichenau ... in Ulm und Oberschwaben Bd. 36, 1962, S. 57 ff)

etwa die frühmittelalterliche Geschichte des Ortes ab und wird auch
der Besitz des Hochstifts Freisig erklärlich. Langenau als ehemaliger
Römerplatz von einiger Bedeutung dürfte höchst wahrscheinlich in die
Gewalt der alemannischen Herzöge gelangt sein. Vielleicht wurde
schon zu ihrer Zeit am »Stein« in Langenau Gericht gehalten. Ein
Teil des Herzogsguts in Langenau könnte tatsächlich wie in Ulm und
Elchingen entweder durch Konfiskation (vor 746) oder aber als Heiratsgut seiner Gemahlin Hildegard an Karl des Großen gelangt und
durch ihn der Reichenau geschenkt worden sein. Ein wesentlicher Teil
des Herzogsguts in Langenau aber ist wahrscheinlich unmittelbar an
die Freisinger Kirche gelangt. Denn als Schenker kommen unseres
Erachtens am ehesten Glieder des alemannischen Herzogshauses in
Frage, die im Verlauf des 8. Jahrhunderts nacheinander in Baiern eine
führende Rolle spielten und dadurch in enge Beziehung zur Freisinger
Kirche traten. Man mag an die Herzöge Odilo (ca. 736—748) und
Tassilo III. (748—788) denken, Sohn und Enkel des Alemannenherzogs Gottfried († 709)[126], oder an den »Präfekten« Gerold (788—799),
den Bruder der Hildegard und Schwager Karls des Großen.

Denkbar wäre freilich auch, daß die einer Seitenlinie des Herzogshauses entstammende Kunigunde, die Schwester Erchangers und Bertholds († 917), die in erster Ehe mit dem baierischen Markgrafen Luitpold († 907) vermählt war, Besitz in Langenau an Freising vermittelt
hätte[127]. Mit dieser Annahme ließe sich die Nachricht in Verbindung
bringen, daß Kunigundes Urenkel Berthold im Jahre 955 kurz vor
Beginn der Lechfeldschlacht, von der Reisensburg bei Günzburg kommend, dem Anführer der Ungarn das Heranrücken des Heeres Ottos
des Großen meldete: »Perehtoldus ... de castello Risinesburc vocitato venit ad regem Ungrorum, adnuntians ei adventum Ottonis
gloriosi regis«[128]. Die Nachricht ist meist dahingehend interpretiert
worden, daß die Reisensburg ein Besitztum Bertholds gewesen sei[129],
eine Auffassung, die tatsächlich einiges für sich hat[130]. Die Reisensburg
konnte dann nur von Bertholds Urgroßmutter Kunigunde stammen.
Die Vermutung, Kunigunde könnte auch in Langenau begütert gewe-
sein, würde dadurch gestützt.

Letztlich deutet auch diese Möglichkeit ebenso wie die zuvor erör-
terte darauf hin, daß der Besitz der Freisinger Kirche wahrscheinlich
aus alemannischem Herzogsgut stammt. Freising hat sodann zur Ver-

126 vgl. Anm. 60; Kläui, Hochmittelalterl. Adelsgeschlechter i. Zürichgau
      S. 76 f, Handbuch d. Bayer. Geschichte I, 1967, S. 167.
127 Reindel, Die bayerischen Luitpoldinger (Qu. und Erört. NF. XI, 1953)
      Tafel S. VIII
128 Vita Udalrici c. 12; MG. SS. IV S. 401 f
129 Steichele-Schröder, Bistum Augsburg V S. 270; Schröder, Ungarnschlacht
      (Archiv f. d. Gesch. d. Hochst. Augsb. I, 1909 ff) S. 453 ff, bes. S. 463;
      Reindel, a. a. O. S. 219.
130 Steichele-Schröder, Bistum Augsburg V S. 271

waltung seines verhältnismäßig entlegenen Besitzes in Langenau eine
»cortis« eingerichtet, einen Wirtschaftshof, wie er uns im Tauschvertrag von 1003 begegnet.

Wir wissen, daß die St. Martins-Kirche in Langenau, die sich bis
ins 7. Jahrhundert zurückverfolgen läßt, nicht zu den Gütern gehörte,
die an Freising gelangt waren; sie hatte ihre eigene Geschichte. Und
doch wird man annehmen dürfen, daß sie in ältester Zeit in Händen
derselben Ortsherrschaft war wie die später freisingischen Güter. Denn
sie ist ja wohl als Eigenkirche vom Ortsherren gegründet worden.
Ortsherr aber war nach unseren Überlegungen sehr wahrscheinlich
ein Glied der alten Herzogsfamilie. Im Herzogshaus wird schon früh
eine Teilung stattgefunden haben, durch welche die Martinskirche vom
übrigen Grundbesitz am Ort getrennt wurde und sich von da an gesondert weitervererbte. Wenn sich dann die Kirche laut Urkunde des
Bischofs Walter von 1143 als altererbtes Familiengut der Pfalzgrafen
erweist, als ein Gut, das sich mit größter Wahrscheinlichkeit auf den
»Duria-Grafen« Manegold von 1003 zurückverfolgen läßt und wohl
schon früher im Besitz der »Hupaldinger« vermutet werden darf,
dann liegt der Verdacht nicht allzu fern, es könnte ein Zusammenhang
bestehen zwischen den »Hupaldingern« und dem altalemannischen
Herzogshaus; die Martinskirche hätte sich dann von den Herzögen
auf die »Hupaldinger« vererbt.

Die »Hupaldinger« lassen sich immerhin bis ins ausgehende 9. Jahrhundert zurückverfolgen[131]. Sie sind damit das älteste in Ostschwaben
eingesessene Geschlecht. Stammvater ist jener Hupald (=Hucpald),
der als Vater des Bischofs Ulrich bezeugt und um 909 gestorben ist.
Der Name Hupald—Hucpald ist verwandt mit dem Namen Huoching,
den der Urgroßvater der Hildegard, ein Sohn des Herzogs Gottfried
(† 709), getragen hat. Unter Hupalds Söhnen und ferneren Nachkommen begegnet uns der Name Dietpald = Theudebald, der an den
Herzog Theudebald († 747), einen anderen Sohn Gottfrieds, erinnert.
Es sei betont, daß die »Hupaldinger« als einziges Geschlecht in Schwaben um diese Zeit den Namen Dietpald pflegten. Ob es da zu kühn
ist, die »Hupaldinger« als Nachkommen des Herzogshauses aufzufassen? Am ehesten möchte man sie als Nachkommen Theudebalds
betrachten, obwohl gerade von Theudebald Nachkommen nicht bezeugt sind.

Ziehen wir das Fazit aus der älteren Geschichte von Langenau, so
ist sie nicht so sehr verschieden von der Sontheims verlaufen. Für beide
Orte steht am Anfang der mittelalterlichen Geschichte offenbar das
alemannische Herzogshaus. Zu entsprechenden Ergebnissen kommen
wir auch für die übrigen »Duria-Orte«: »Ad Rôtu« = Remmeltshofen erscheint im Jahre 898 als Lehen Kaiser Arnulfs[132]. Der dortige
Besitz der Karolinger hatte sicher eine ähnliche Geschichte wie der in

131 vgl. Bühler, Die Wittislinger Pfründen... a. a. O. Tafeln II und III

Brenz, d. h. er stammte aus Herzogsgut und war entweder durch Konfiskation oder als Erbe der Hildegard an die Karolinger gelangt.

Für Mindelheim haben wir schon oben einen der Geschichte Sontheims weitgehend analogen Erbgang nachgewiesen[133]; er führt letztlich
zurück auf das alemannische Herzogshaus. Ist es unter diesen Umständen wohl Zufall, daß die nur zwei km südlich Mindelheim gelegene Ortschaft Gernstall den Namen von Hildegards Bruder Gerold
trägt (1295 »Geroldestal«)[133a]?

VI. Folgerungen für den »pagus Duria«

Sind nunmehr die bisher fraglichen »Duria-Orte« Suntheim und
Nâvua als Sontheim an der Brenz und Langenau bestimmt, bleibt die
Folgerung aus diesem Ergebnis zu ziehen hinsichtlich der Ausdehnung
des »pagus Duria«. Die seither ziemlich allgemein geltende Vorstellung, dieser »pagus« habe lediglich die Gegend um den Oberlauf von
Günz, Mindel und Schmutter umfaßt (Baumann) oder im Nordosten,
im Bereich der Zusam, bestenfalls bis zur Donau gereicht (Schnetz),
muß aufgegeben werden. Wenn die vier urkundlich bezeugten »Duria-
Orte« nunmehr mit Mindelheim, Roth-Remmeltshofen, Sontheim an
der Brenz und Langenau identifiziert werden müssen, verschiebt sich
der »pagus Duria« und wächst um ein beträchtliches nach Norden,
mindestens bis an den Südostrand der Schwäbischen Alb. Er verlagert
aber auch sein Gewicht. Hat nach der bisherigen Auffassung Mindelheim als sein Zentrum gegolten, müssen wir jetzt annehmen, daß
Mindelheim eher im südlichsten Zipfel des »pagus« lag[134]. Als Kernraum des »pagus Duria« muß nun die breite Donauniederung mit den
sie begleitenden lößbedeckten Terrassen von unterhalb Ulm bis in die
Nähe der Kesseleinmündung angesehen werden. Denn hier ist Altsiedlungsland. Den Gebietsstreifen nördlich der Donau haben die
Alemannen vielleicht sofort nach der Erstürmung des Limes um 260
n. Chr. in Besitz genommen; den Streifen südlich der Donau sicher
erst nach Abzug der Römer um das Jahr 406.

Zu beiden Seiten der Donau liegen neben vereinzelten Orten mit
vordeutschen Namen (Langenau, Brenz, Günzburg) dicht gereiht die
alten »-ingen-« und »-heim-Orte«, die urkundlich mit am frühesten
erwäht sind. Hier ist die Reisensburg bei Günzburg schon für das

---

132 MG. Dipl. Arn. Nr. 159
133 vgl. Anm. 66 mit zugehörigem Text.
133a Urkunde von 1295 aus dem Augustiner-Archiv Mindelheim; Zoepfl,
     Mindelheimer Augustinerkloster (Archiv f. d. Gesch. d. Hochst. Augs-
     burg V, S. 273)
134 Mit Rücksicht auf die zum »Augstgau« gehörigen Orte Pforzen, Schlin-
     gen und Hugeshus = Weicht? sowie Lauchdorf; vgl. Dertsch, Hist. ONB
     Kaufbeuren S. 4 Nr. 14 a.

frühe 6. Jahrhundert als Feste »Rizinis« bezeugt[135]; sie könnte Sitz eines alemannischen »Gaufürsten« zur Zeit der ostgotischen Oberhoheit (ca. 496—537) gewesen sein. Aus diesem Raum kennt man die meisten Bodenfunde aus alemannischer Zeit (6. und 7. Jahrhundert), darunter die sensationellen Funde der letzten Jahre von Langenau (Steinkirche des 7. Jahrhunderts in den Ruinen eines gallorömischen Tempels)[136], Niederstotzingen (ungewöhnlich reiche Adelsgräber des frühen 7. Jahrhunderts mit Lamellenharnisch und Lamellenhelm)[137], Sontheim an der Brenz (Goldblattkreuz mit Christuskopf aus der zweiten Hälfte des 7. Jahrhunderts)[138], Brenz (Holzkirche des ausgehenden 7. Jahrhunderts mit Stiftergrab)[139], sodann die schon seit längerer Zeit bekannten Funde von Wittislingen (Grab einer alemannischen »Fürstin« des ausgehenden 7. Jahrhunderts)[140]. Man lebt hier auf geschichtsträchtigem Boden.

Der Raum südlich davon, vor allem das Gebiet der Iller-Lech-Platten, wurde politisch erst etwas später erfaßt (sicher erst nach 406) und nach und nach von Norden den Flußtäler entlang, aber auch vom Illertal im Westen bzw. von den Tälern des Lech und der Wertach im Osten her aufgesiedelt. Die Orte in den Tälern der Roth, Günz, Kammel, Mindel, Zusam und Schmutter wie auch auf den Hochflächen der Iller-Lech-Platten verraten sich nach Namen und Siedlungsstruktur wie auch wegen des weitgehenden Fehlens von Bodenfunden als größtenteils jüngere Gründungen. Es ist in erster Linie Ausbauland[141]. So umfaßt der »pagus Duria« zwei recht unterschiedliche Landschaften. Er wird vielleicht erst allmählich mit dem Fortschreiten der Siedlung von Norden her in den mittelschwäbischen Raum hineingewachsen sein[142]. Doch muß er spätestens um die Mitte des 8. Jahrhunderts seine größte Ausdehnung etwa erreicht haben; denn für diese Zeit sind schon die Namen der Nachbarbezirke überliefert[143].

---

135 Fr. Beyerle, Süddeutschland in der polit. Konzeption Theoderichs d. Gr. (Grundfragen d. Alemann. Gesch.) s. 65 ff, bes. S. 73 Nr. 31 und Karte nach S. 76.

136 B. Cichy, Die Ev. Stadtpfarrkirche ... zu Langenau ... a. a. O. S: 63 ff

137 P. Paulsen, Alemannische Adelsgräber von Niederstotzingen (Veröffentl. d. Staatl. Amtes f. Denkmalpflege Stuttgart H. 12) 1967

138 Christiane Neuffer-Müller, Ein Reihengräberfriedhof in Sontheim a. d. Brenz (Veröffentl. d. Staatl. Amtes f. Denkmalpflege Stuttgart H. 11) 1966

139 B. Cichy, Die Kirche von Brenz, 1966

140 J. Werner, Das Alamannische Fürstengrab von Wittislingen, 1950

141 R. Dertsch, Schwäb. Siedlungsgeschichte (Schwäb. Heimatkunde II), 1949; J. Matzke, Zur Siedlungsgesch. des Rothtals (Das Obere Schwaben 1) S. 7 ff

142 Rössler-Franz, Sachwörterbuch z. Deutschen Geschichte, 1958, Art. »Gau« S. 327.

143 Die Nennungen des »pagus Duria« setzen mit 898 verhältnismäßig spät ein. Umso wertvoller ist es daher, daß der Name auch chronikalisch überliefert ist in der Ende des 9. Jahrh. entstandenen »Translatio S. Magni« (MG. SS. IV S. 426). Ihr zufolge lebte im Kl. St. Mang in

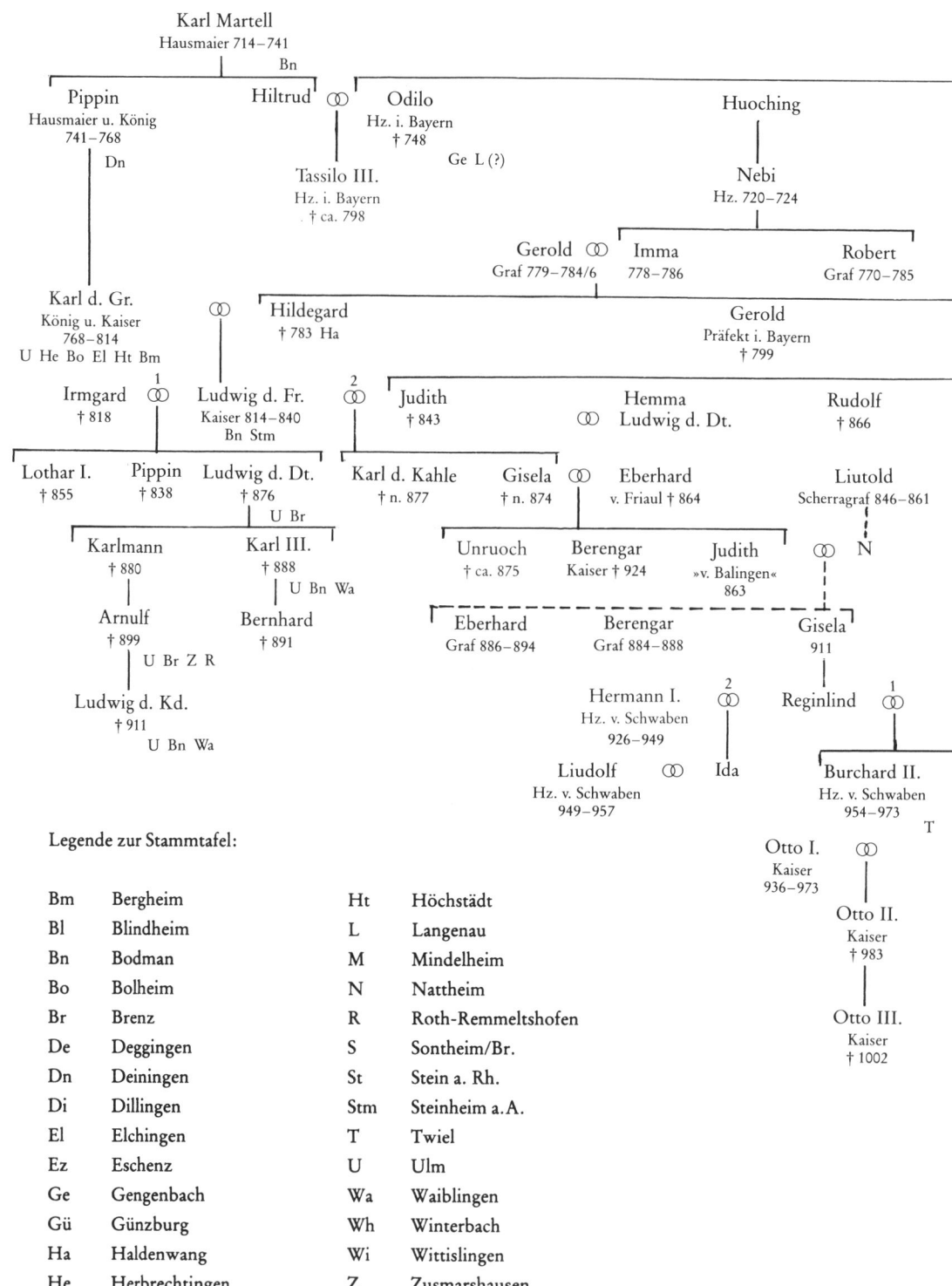

Legende zur Stammtafel:

Bm	Bergheim	Ht	Höchstädt
Bl	Blindheim	L	Langenau
Bn	Bodman	M	Mindelheim
Bo	Bolheim	N	Nattheim
Br	Brenz	R	Roth-Remmeltshofen
De	Deggingen	S	Sontheim/Br.
Dn	Deiningen	St	Stein a. Rh.
Di	Dillingen	Stm	Steinheim a. A.
El	Elchingen	T	Twiel
Ez	Eschenz	U	Ulm
Ge	Gengenbach	Wa	Waiblingen
Gü	Günzburg	Wh	Winterbach
Ha	Haldenwang	Wi	Wittislingen
He	Herbrechtingen	Z	Zusmarshausen

Zur älteren Besitzgeschichte des »pagus Duria«

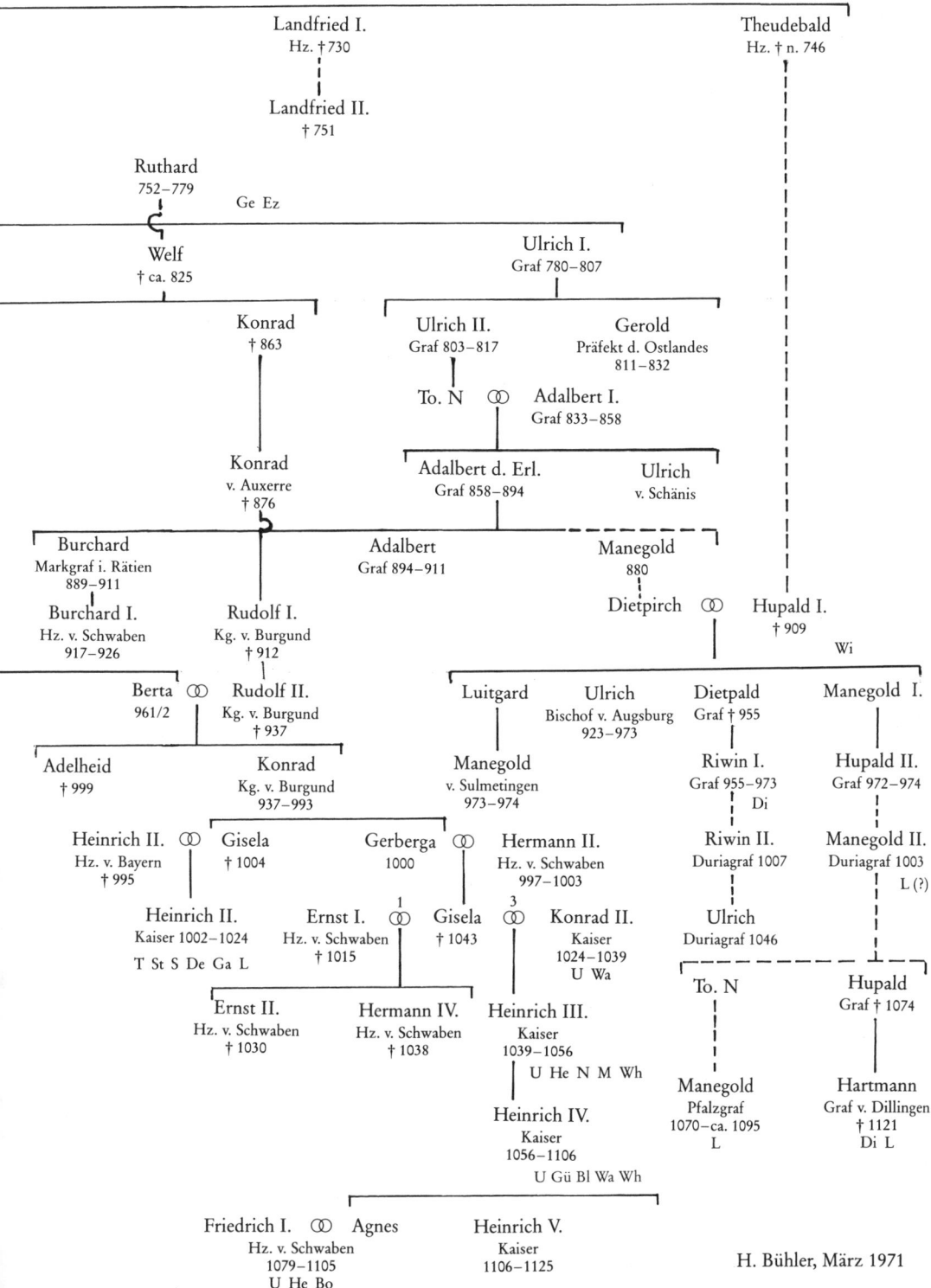

Gotefried
Hz. d. Alamannen
† 709

Landfried I.
Hz. † 730

Landfried II.
† 751

Theudebald
Hz. † n. 746

Ruthard
752–779   Ge Ez

Welf
† ca. 825

Ulrich I.
Graf 780–807

Konrad
† 863

Ulrich II.
Graf 803–817

Gerold
Präfekt d. Ostlandes
811–832

To. N   ⚭   Adalbert I.
Graf 833–858

Konrad
v. Auxerre
† 876

Adalbert d. Erl.
Graf 858–894

Ulrich
v. Schänis

Burchard
Markgraf i. Rätien
889–911

Adalbert
Graf 894–911

Manegold
880

Burchard I.
Hz. v. Schwaben
917–926

Rudolf I.
Kg. v. Burgund
† 912

Dietpirch   ⚭   Hupald I.
† 909

Wi

Berta   ⚭   Rudolf II.
961/2   Kg. v. Burgund
                        † 937

Luitgard

Ulrich
Bischof v. Augsburg
923–973

Dietpald
Graf † 955

Manegold I.

Adelheid
† 999

Konrad
Kg. v. Burgund
937–993

Manegold
v. Sulmetingen
973–974

Riwin I.
Graf 955–973
Di

Hupald II.
Graf 972–974

Heinrich II.   ⚭   Gisela
Hz. v. Bayern   † 1004
† 995

Gerberga   ⚭   Hermann II.
1000   Hz. v. Schwaben
                            997–1003

Riwin II.
Duriagraf 1007

Manegold II.
Duriagraf 1003
L (?)

Heinrich II.
Kaiser 1002–1024

T St S De Ga L

Ernst I.   ⚭   Gisela
Hz. v. Schwaben   † 1043
† 1015

1

3
Konrad II.
Kaiser
1024–1039
U Wa

Ulrich
Duriagraf 1046

Ernst II.
Hz. v. Schwaben
† 1030

Hermann IV.
Hz. v. Schwaben
† 1038

Heinrich III.
Kaiser
1039–1056

U He N M Wh

To. N

Hupald
Graf † 1074

Heinrich IV.
Kaiser
1056–1106

U Gü Bl Wa Wh

Manegold
Pfalzgraf
1070–ca. 1095
L

Hartmann
Graf v. Dillingen
† 1121
Di L

Friedrich I.   ⚭   Agnes
Hz. v. Schwaben
1079–1105
U He Bo

Heinrich V.
Kaiser
1106–1125

H. Bühler, März 1971

Es fragt sich, inwieweit unsere Vorstellung vom »pagus Duria« in
Einklang steht mit dem, was die Quellen über die benachbarten »pagi«
berichten. Als Nachbarn des »Duria« sind im Osten und Südosten der
»Augstgau«, im Süden und Südwesten der »Illergau«, im Westen wohl
auch der »Rammagau«, im Norden das »Ries« und der »Albgau« bezeugt.

Der »Augstgau« erstreckte sich beiderseits des Lech und umfaßte
somit heute baierisches und schwäbisches Stammesgebiet. Im schwäbischen Teil werden ihm urkundlich zugerechnet Stöttwang (831),
Hirschzell (839), Waal (890), Pforzen, Schlingen und Hugeshus =
Weicht? (897), Hausen (929), Lauchdorf (1123) — alle im heutigen
Kr. Kaufbeuren — sowie Mertingen (1111) im Kr. Donauwörth[144].
Da Lauchdorf im »Augstgau« von dem »Duria-Ort« Mindelheim
nur etwa 10 km entfernt ist, müßten die beiden »pagi« etwa halbwegs
zwischen diesen Orten, ungefähr auf der Linie Dirlewang — Dorsch-
hausen — Kirchdorf — Ober- und Unterrammingen aneinanderge-
stoßen sein. Schwieriger ist es, die Bereiche »Duria« und »Augstgau«
weiter nach Norden bis zur Donau abzugrenzen. Dort kennt man ja
nur den »Augstgauort« Mertingen im Winkel zwischen Donau und
Lech; da aber Augsburg zweifellos auch im »Augstgau« lag, muß man
einen nicht zu schmalen Gebietsstreifen westlich des Lech dem »Augstgau« zurechnen und darf vermuten, daß »Augstgau« und »Duria«
etwa im Bereich des Streitheimer Forsts sowie längs der Wasserscheide
zwischen Zusam und Neufnach aneinanderstießen[145].
Der »Illergau« erstreckte sich über die Gegend zu beiden Seiten der
Iller. Folgende Orte sind darin bezeugt: Kempten (833), Heimertingen (ca. 851), Kirchdorf und Mosbrunge bei Mooshausen (972),
Aichstetten, Breitenbach, Rieden, Oberhausen und Steinbach (ca. 980),
Erolzheim (1040), Kirchberg und Balzheim (1087) sowie Adelgiseshofen (1090)[146]. Mit Kirchberg ist zweifellos Oberkirchberg (Kr. Ulm)

Füssen z. Zt. des Bischofs Lanto (833–860?) bzw. z. Zt. Ludwigs d. Dt.
(833–876) und des Mainzer Erzbischof Otgar (826–847) ein »frater ex
pago Duria ortus«. Wir gewinnen damit einen Beleg für den Namen
unseres »pagus« für die Zeit zwischen 833 und 847, mithin um 840, der
also um rund 60 Jahre weiter zurückreicht als die erste urkundliche
Nennung. Dies gestattet, den Namen »Duria« für etwa ebenso alt zu
halten wie die Namen der benachbarten »pagi« »Rezi« (Ries, 760),
»Augstkov« (Augustgoae, c. 765 = Breves Notitiae c. XIII, Salzb.
UB I, 34) und »Rammackevvi« (778). Wir dürfen somit den »pagus
Duria« wie die benachbarten »pagi« unbedenklich in die Zeit des altalemannischen Herzogtums vor der Unterwerfung durch die karolingischen Hausmaier (Blutbad von Cannstatt 746) zurückführen.

144   Nachrichten zusammengestellt bei Dertsch, Hist. ONB Kaufbeuren S. 4
      Nr. 14 a; betr. Mertingen s. Mon. Boica XXIX a S. 224 Nr. 438
145   Vgl. Steichele, Bistum Augsburg II S. 6
146   Zusammengestellt bei Baumann, Gaugrafschaften im Wirt. Schwaben.
      1879, S. 62

gemeint, Sitz der Grafen von Kirchberg; Adelgiseshofen wird von G. Bossert wohl zu Recht auf Olgishofen bei Babenhausen bezogen[146a]. Für die Abgrenzung des »Illergaus« gegen den Bezirk »Duria« kommen nur die rechts der Iller gelegenen Orte Olgishofen, Heimertingen und Kempten in Frage. Sie erlauben freilich nur eine sehr grobe Markierung. Vermutlich verlief die Grenze von Süden her auf den Höhen rechts der östlichen Günz bis in die Nähe von Olgishofen. Weiter nach Norden dürfte die Iller selbst die »Gaugrenze« gebildet haben. Dafür spricht die Lage des »Duria-Ortes« Roth-Remmeltshofen an der unteren Roth. Überdies kam der Iller ja zu allen Zeiten eine wichtige Grenzfunktion zu. So ist sie schon für die Zeit um 630 als Diözesangrenze bezeugt und im 4. und frühen 5. Jahrhundert war sie Grenze des Römerreichs gegen die Alemannen. Links der unteren Iller müßte der »Illergau« als schmaler Streifen bis Oberkirchberg gereicht haben. Anreiner des »Illergaus« im Westen war dann der »Rammagau«, in welchem wir die Orte Laupheim (778), Schönebürg (894), Sulmetingen (1087), Dellmensingen (1093) und Ochsenhausen (1099) kennen[147].

Im »Ries«, dem Angrenzer im Nordosten, sind Deiningen (760), Herbrechtingen (866), Reimlingen (868), Nördlingen (898), Hohenaltheim (916), Deggingen (1007) und Donauwörth (1030) urkundlich bezeugt[148]. Außerdem werden in Fuldaer Traditionen mehrere Orte dem »Ries« zugerechnet, die jedoch außer Betracht bleiben können, da sie für die Abgrenzung gegen den »Duria« unwichtig sind. Als grenznahe Orte interessieren Donauwörth, Deggingen, Hohenaltheim und Herbrechtingen. Die Grenze gegen den »Duria« muß also westlich Donauwörth, etwa an der Einmündung der Kessel, die Donau überquert haben und von da ab in allgemein westlicher Richtung verlaufen sein. Wenn in einer relativ späten Nachricht von 1258 von der »Rieszhalde« die Rede ist[149] und damit der Höhenzug des Rennwegs von Oberliezheim bis südlich Amerdingen angesprochen wird, so darf man darin wohl einen Hinweis sehen, wo einst sich »Ries« und »Duria« schieden. Weiterhin müßte die Grenze zwischen »Ries« und »Duria« das Egautal gequert und bis zur Brenz gereicht haben, da Herbrechtingen zum »Ries«, Sontheim an der Brenz dagegen zum »Duria« gerechnet werden muß. Wenn sodann Anhausen, das dicht westlich Herbrechtingen liegt, 1125 als »in pago Albae« bezeugt[150], Langenau dagegen dem »Duria« zuzurechnen ist, wäre vom mittleren Brenztal nach Westen bis in die Gegend von Ulm der »Albgau« als nördlicher

---

146a Württ. Vierteljahreshefte II, 1893, S. 107 f
147 Zusammengestellt bei Baumann, Gaugrafschaften im Wirt. Schwaben, 1879, S. 67
148 Steichele, Bistum Augsburg III S. 555 f
149 WUB V S. 278 ff Nr. 1512
150 WUB I S. 366 f Nr. 286

Anrainer des »Duria« zu betrachten[151]. Als Grenze könnte man sich sehr gut das Lonetal vorstellen.

Nach Aussage der königlichen Diplome muß man also auch im Bereich von Brenz und Egau »Ries« und »Duria« als unmittelbare Angrenzer betrachten. Dies berührt die Frage des »Brenzgaus«, der in der Literatur eine gewisse Bedeutung hat, da er die Grundlage der späteren »Grafschaft Dillingen« abgegeben haben soll[152]. Diese Bedeutung steht ihm sicher nicht zu; denn wenn Herbrechtingen zum »Ries« gehörte, Sontheim an der Brenz aber im »Duria« lag, bleibt für ihn überhaupt kein Platz mehr. Tatsächlich wird der »pagus Brenzegewe« nur ein einziges Mal erwähnt, und zwar nicht in einer original überlieferten Königsurkunde, sondern anläßlich einer privaten Schenkung an Kloster Fulda, die lediglich als Notiz in einer Abschrift des 12. Jahrhunderts erhalten ist. Ihr zufolge wäre (Groß- bzw. Klein-) Kuchen auf dem Härtsfeld (Kr. Heidenheim) im »Brenzgau« gelegen[153]. Da aber anderseits die im Brenztal selbst liegenden Orte Herbrechtingen (laut Königsurkunde) und Schnaitheim (laut Fuldaer Tradition)[154] dem »Ries« zugerechnet werden, ist die Erwähnung eines »Brenzgaus« zur Bestimmung von (Groß- bzw. Klein-) Kuchen, das nur 7 km nordöstlich Schnaitheim liegt, widersinnig und ohne Gewicht. Man mag darin eine geographische Verlegenheitsbezeichnung des Schreibers im Kloster Fulda sehen; keinesfalls hat sie denselben Charakter wie die durch Königsdiplome überlieferten Gebietsbezeichnungen. Falls sich die Grafenrechte der »Hupaldinger« bzw. der späteren Grafen von Dillingen räumlich überhaupt jemals auf einen alten »pagus« bezogen haben, dann muß es der »pagus Duria« gewesen sein, wie sich aus den Urkunden von 1003 betreffs Langenau und 1007 betreffs Sontheim an der Brenz ergibt.

Ziehen wir aus unserer Untersuchung die Schlußfolgerung für den »pagus Duria«, so spricht manches dafür, daß an der politischen Erfassung und Besiedlung dieses »pagus« das altalemannische Herzogshaus maßgeblichen Anteil hatte. Dies zeigt sich, wenn man die Ortsnamen des von uns als »Duria« umrissenen Gebiets untersucht und dabei feststellen kann, daß im Bestimmungswort der Ortsnamen gar nicht so selten Personennamen wiederkehren, die für das Herzogshaus Gottfrieds typisch sind: Huc-Huchilo, Uto-Odilo, Gerold-Gerilo, Imma, Hildegard. Untersucht man dann die Besitzgeschichte der betreffenden Orte wie auch der ihnen benachbarten, so stößt man im Hochmittelalter immer wieder auf Angehörige eines ganz bestimmten

151 Der »Albgau« ist wohl identisch mit dem »comitatus Alpium«, in welchem 1127 Ursprung bei Schelklingen bezeugt ist; WUB I S. 372 f Nr. 290.
152 Vgl. Baumann, Gaugrafschaften . . . S. 89 f; Steichele, Bistum Augsburg III, S. 4
153 Dronke, Tradit. et Antiquitates Fuldenses c. 40 S. 94 Nr. 58
154 Dronke, Tradit. et Antiquitates Fuldenses c. 40 S. 94 Nr. 52

Sippenkreises. Es sind die »Hupaldinger« und ihre Erben, nämlich Dillinger, Pfalzgrafen und Herren von Albeck (Erben der Manegold-Hupald-Linie); sodann Diepoldinger, Staufer und Markgrafen von Burgau aus dem Hause Berg (Erben der Dietpald-Richwin- Linie); aber auch Sulmetinger und Neuffen (Erben der Luitgard, Schwester Bischof Ulrichs).

Die »Hupaldinger«, dieses älteste Hochadelsgeschlecht Ostschwabens, hatten nachweislich seit dem Ende des 9. Jahrhunderts ihren Herrschaftsmittelpunkt in Wittislingen. Man hat sie kaum zu Unrecht mit der dort bestatteten »Fürstin« des ausgehenden 7. Jahrhunderts in Verbindung gebracht. In diesem Geschlecht sind zwei Namen maßgebend, die unverkennbar an das alte Herzogshaus erinnern, nämlich die Namen Hupald = Hucpald und Dietpald, die als Huoching und Theudebald unter den Söhnen Herzog Gottfrieds († 709) im frühen 8. Jahrhundert begegnen. Sehr wahrscheinlich besteht ein genealogischer Zusammenhang zwischen den »Hupaldingern« und dem alten Herzogshaus, selbst wenn etwa zwischen Theudebald († ca. 747) und Hupald I. († ca. 909) fünf Generationen gelebt haben dürften, für die wir bislang keine Namen kennen[155]. Man findet sodann dem Nordufer der Donau entlang, aber auch sonst im Bereich des »Duria« oder in seiner nächsten Nachbarschaft eine Reihe von Königsgütern, die auf Grund unserer genealogisch-besitzgeschichtlichen Überlegungen sämtlich bis ins 8. Jahrhundert zurückzuführen sind. Teils wurden sie offenbar im Verlauf der Kämpfe der karolingischen Hausmaier gegen den einheimischen Adel und insbesondere gegen das Herzogshaus Gottfrieds bis 746 konfisziert[156], teils wurden sie wohl durch die dem Herzogshaus entstammende Gemahlin Karls des Großen, Hildegard, dem Karolingerhaus zugebracht[157]. Es sind die Orte Ulm, Elchingen, Langenau (?)[158], Sontheim an der Brenz, Brenz[159], Bergheim[160], Lauin-

---

155 Diesen Fragen soll in anderem Zusammenhang nachgegangen werden.
156 Die »villa Thininga« wird schon 760 von Kg. Pippin an Fulda geschenkt; MG. Dipl. Karol. Nr. 13. Herbrechtingen wird c. 774 als »fiscus« bezeichnet; MG. Dipl. Karol. Nr. 83.
157 Erinnert sei an die Schenkung der Hildegard an Ottobeuren in Haldenwang (Kr. Kempten); MG. Necrol. I S. 106, sowie an die Hildegard-Tradition in Ulm, Kempten und Ottobeuren, in welcher vielleicht doch mehr an wahrem Gehalt steckt, als eine überkritische Forschung zuzugeben bereit ist. Vgl. Schwarzmaier, a. a. O.; Blickle, Histor. Atlas Bd. Memmingen und Bd. Kempten. – An Hildegard erinnert der Ort Hilgertshofen (abgeg. bei Schnerzhofen Kr. Mindelheim); Steichele-Zoepfl, Bistum Augsburg IX, 205. Auf Hildegards Bruder Gerold weist der ON Gernstall südl. Mindelheim (1295 »Geroldestal«); vgl. Anm. 133 a.
158 Chronik des Gallus Öhem S. 17 und 46
159 vgl. Anm. 51–53
160 vgl. Nr. 158

gen[161], Höchstädt[162], Blindheim[163]; dazu südlich der Donau Roth-Remmeltshofen[164], Günzburg[165], Zusmarshausen[166] und Mindelheim[167]. Bezeichnenderweise sind darunter die alten Orte mit vordeutschen Namen und römischer Tradition: Langenau, Brenz und Günzburg sowie die vier »Duria-Orte«.

Die genannten Güter, die uns in älterer Zeit immer in der Hand des Königs begegnen, haben sich in Wirklichkeit nach privatrechtlichem Brauch in einem Kreis nahe Verwandter vererbt. Sie schließen sich mit den Orten, die wir dem Sippenkreis der »Hupaldinger« zuschreiben dürfen, zu einem riesigen und annähernd geschlossenen Güterkomplex zusammen, der sich sowohl nördlich als auch südlich der Donau erstreckt und letzlich aus Herzogsgut stammen muß. Wir ziehen daraus den Schluß, das der »Duria« zum unmittelbaren Herrschaftsbereich des altalemannischen Herzogshauses gehört hat.

161 UB d. Kl. Fulda I S. 59 ff Nr. 35
162 vgl. Anm. 158
163 vgl. Anm. 66
164 vgl. Anm. 1
165 vgl. Anm. 66
166 MG. Dipl. Arn. Nr. 96
167 vgl. Anm. 66; vgl. auch Schenkung Kg. Arnulfs 897 in Pforzen, Schlíngen, Hugeshus = Weicht? »in pago Ougesgouue«; MG. Dipl. Arn. Nr. 156.

Sonderdruck 1983

Woher stammt der Name Gerlenhofen?
Königin Hildegard und ihre Sippe
im Ulmer Winkel

Die Vorgänge in Gerlenhofen im Frühsommer 973 sind für uns insofern von Bedeutung, als sie auf die damaligen Besitzverhältnisse schließen lassen. Unwillkürlich fragt man sich nämlich, ob Bischof Ulrich zu Gerlenhofen eine nähere Beziehung gehabt haben könnte. Sicher ist es nicht Zufall, daß der Chronist den Namen des Rastortes — „Gerilehova" — festgehalten hat. Andere Orte, durch die der Bischof auf seinen vielen Reisen gekommen ist, findet er kaum der Beachtung wert. Es sieht so aus, als ob der Bischof dort wie „zu Hause" war: sei es, daß Gerlenhofen der Augsburger Kirche gehörte — wofür es sonst allerdings keinen Hinweis gibt —, sei es, daß es Hausgut von Ulrichs Sippe war. Wir werden sehen, daß einiges für die zweite Annahme spricht.

Der Ortsname „Gerilehova" setzt sich aus dem Grundwort „-hova" (= -hofen) und dem Bestimmungswort Gerilo zusammen. Wir kennen aus dem Neu-Ulmer Kreisgebiet eine stattliche Zahl von „-hofen"- und „-hausen"-Orten. Sie unterscheiden sich voneinander durch ihr Bestimmungswort. In ihm steckt häufig ein Personenname. Ganz gewiß gilt dies für „Gerilehova". Gerilo ist die Verkleinerungsform des Namens Gerold. Nach einem Gerilo/Gerold ist also der Ort benannt, offenbar dem Angehörigen eines mächtigen Adelsgeschlechts.

Halten wir Umschau danach, so stoßen wir auf die Sippe der Königin Hildegard, der Gemahlin Karls des Großen. Der Geschichtsschreiber Thegan rühmt Hildegards Herkunft aus sehr edlem schwäbischen Geschlecht. Ihre Mutter Imma war eine Urenkelin des Herzogs Gotefrid, der um 700 ganz Alemannien beherrschte. Ihr Vater war ein reicher Franke namens Gerold, der in den Jahren 779 bis 784 als Graf im Nagold- und Kraichgau begegnet. Er brachte den Namen Gerold in die Sippe, den Namen, der uns in „Gerilehova" entgegentritt. Als Nachfahren des Herzogs Gotefrid hatten Hildegard und ihre Brüder Anteil am reichen Gut des alemannischen Herzogshauses. Hatte sich doch die Linie, der Hildegard entstammte, rechtzeitig mit den Machthabern des Frankenreiches, den karolingischen Hausmaiern, arrangiert. Dafür zeugt auch die Ehe der Imma mit dem Franken Gerold. So war Hildegards Sippe der Katastrophe des Jahres 746 entgangen. Hildegards Heirat mit Karl dem Großen im Jahre 771 verschaffte ihren Verwandten erneuten Einfluß. Sie eröffnete aber auch Karls Nachkommen von Hildegard die Aussicht auf ein reiches schwäbisches Erbe.

Wir haben Grund zu der Annahme, daß das alte Herzogshaus und damit auch die Sippe der Hildegard in Ulm und im Ulmer Winkel reich begütert war. Freilich läßt sich ihr Besitz zum größten Teil nur auf Umwegen erschließen. Am Anfang der Geschichte Ulms steht eine Urkunde Karls des Großen vom Jahre 813, mit welcher er seine „regalis villa" Ulm samt Zugehör und umliegenden Orten dem Kloster Reichenau schenkt. Die Urkunde ist zwar nach Form und Inhalt unschwer als grobe Fälschung zu erkennen, doch ist nicht zu bezweifeln, daß Karl dem Kloster Reichenau tatsächlich eine reiche Schenkung zukommen ließ. Der Chronist Gallus Öhem nennt Ulm und Unterelchingen als Orte, die Karl dem Kloster übertragen hat. Max Ernst und Josef Matzke haben den Besitz der Reichenau in Ulm und um Ulm untersucht und nachgewiesen, daß in Ulm selbst die Marienpfarrkirche, der spätere Stadtteil Pfäfflingen und der Michelsberg bis ins hohe Mittelalter reichenauisch waren. Ferner gehörten der Reichenau die Orte Böfingen, Örlingen, Unterelchingen, Burlafingen, Pfuhl und Striebelhof sowie einzelne Güter in benachbarten Orten. Für den Anfall an Reichenau gibt es kein anderes Zeugnis als die Schenkung Karls des Großen. Freilich, die „regalis villa", das heißt der Königshof, gehörte nicht zu den nachweislich reichenauischen Gütern. Die Fälschung verfolgte aber den Zweck, einen Anspruch der Reichenau auch auf diese „villa" sowie auf gewisse Vogteirechte zu begründen. Berücksichtigt man dies, so ist die Urkunde Karls inhaltlich insoweit glaubwürdig, als sie reichenauischen Grundbesitz in und um Ulm begründete; vielleicht stimmt auch der Zeitpunkt der Schenkung Karls mit dem genannten Datum überein.

Das Gut, über das Karl der Große und seine Nachfolger in Schwaben verfügten, stammte in jedem Fall aus alemannischem Herzogsgut. Entweder handelte es sich um Gut, das bei der Zerschlagung des alemannischen Herzogtums konfisziert oder das durch die Hand der Hildegard erworben worden war. Nun gibt es gerade für Ulm eine alte Hildegard-Tradition. Sie läßt sich immerhin bis ins 16. Jahrhundert zurückverfolgen. Sinnfällig erinnert daran die Statue der Hildegard im Hof des Neuen Baues, die um 1590 aufgestellt worden ist. Der Neue Bau war an der Stelle des alten Königshofes aufgeführt worden. Offensichtlich sollte die Hildegard-Plastik die Erinnerung wachhalten, daß Hildegard einst den späteren Königshof als mütterliches Erbe in die Eheverbindung mit Karl dem Großen eingebracht hat. Der Königshof ist ja nicht gleichzusetzen mit jenem Gut, das durch die Schenkung Karls des Großen an die Reichenau gelangt war. Denn für Ulm liegen ab 854 Nachrichten vor, welche zeigen, daß der Ort zum guten Teil auch weiterhin den karolingischen Herrschern zur Verfügung stand.

Wenn in Urkunden Ludwigs des Deutschen, Karls des Dicken, Arnulfs und Ludwigs des Kinds vom „palatum regium", von der „curtis regis" oder „curtis imperialis" gesprochen wird, so meint dies eben den Königshof, der dem Neuen Bau vorausging und der nach der Überlieferung aus Hildegards Muttererbe stammte. Die genannten Herrscher sind ja allesamt Nachkommen der Hildegard und Teilhaber ihres Erbes. Ihre Rechte in Ulm konnten mindestens ebensogut aus dem Erbe der Hildegard stammen wie etwa aus konfisziertem ehemaligen Herzogsgut, über das sie als Herrscher des Frankenreichs Verfügungsgewalt hatten.

Auch der an die Reichenau gelangte Besitz könnte aus Hildegards Erbgut stammen. Zur Zeit, als Karl die Reichenau beschenkte, war Hildegard schon 30 Jahre tot. So mochte Karl — mit Zustimmung seiner noch lebenden Kinder aus der Ehe mit Hildegard, die ja erbberechtigt waren — über Erbgut Hildegards verfügen, und zwar umso eher, als es zugunsten jenes Klosters geschah, in welchem Hildegards Bruder Gerold, der verdiente und von Karl hoch geschätzte Baiernpräfekt, im Jahre 799 seine Grablege gefunden hat. Betrachtet man nämlich Karls Verfügung als Schenkung für Gerolds Seelenheil, so leuchtet ein, daß er dafür etwa Gut verwendete, das aus dem Familienbesitz der Hildegard und somit auch Gerolds stammte. Die Ulmer Hildegard-Tradition ist keinesfalls als legendär von der Hand zu weisen.

Wenn Kaiser Arnulf im Jahre 898 Güter in Remmeltshofen seinem Verwandten, dem Grafen Sigihard, schenkte, so ist auch dies ein Hinweis wenn nicht auf Erbgut der Hildegard, so doch auf ehemaliges Herzogsgut.

Kloster Kempten hatte bis ins späte Mittelalter lehensherrliche Rechte in Senden, Biberach, Unterroth (Kreis Neu-Ulm) und Happach (Gemeinde Anhofen, Kreis Günzburg). Diese Rechte des Klosters Kempten sind für uns ähnlich aufschlußreich wie der Besitz der Reichenau. Ihre Herkunft läßt sich zwar urkundlich nicht erweisen, doch reichen sie gewiß in die Frühzeit des Klosters zurück. Nach der Tradition hatte Hildegard entscheidenden Anteil an der Gründung Kemptens. Von Karl dem Großen und Ludwig dem Frommen, Hildegards Sohn, wurde Kempten reich beschenkt und privilegiert. So ist recht wahrscheinlich, daß die kemptischen Rechte in den genannten Orten von Hildegard oder ihren Erben stammen.

All dies zusammen gibt einen weiten Bereich zu erkennen, in welchem zunächst altes Herzogsgut nachweisbar und sodann Besitz der Sippe Hildegards möglich oder wahrscheinlich ist. Umso wertvoller ist, daß sich sehr viel später noch Besitz von Nachkommen der Sippe Hildegards findet. Der Chronist Berthold von Zwiefalten vermeldet, daß Ulrich von Zeil, der als Mönch in Zwiefalten eintrat, dem Kloster im frühen 12. Jahrhundert Güter in Echlishausen und Opferstetten (Kreis

Günzburg) schenkte. Ulrich von Zeil aus dem Hause der Grafen von Bregenz war ein direkter Nachkomme von Hildegards Bruder Ulrich.

Wie die Besitzgeschichte zeigt, war die Sippe Hildegards im Ulmer Winkel sehr wahrscheinlich begütert. Somit könnte Gerlenhofen nach einem Gerold aus der Sippe Hildegards benannt sein. Vielleicht war er sogar der Gründer.

Hildegards Vater, der Franke Gerold (I.), der 779–784 als Graf im Nagold- und Kraichgau nachzuweisen ist, wird nicht in Betracht kommen, da die Gegend nicht ihm selbst, sondern seiner Gemahlin Imma, der Erbin alemannischen Herzogsguts, gehörte. Unter den Nachkommen Gerolds (I.) und der Imma taucht der Name Gerold in nicht weniger als vier Generationen auf, die sich auf den Zeitraum von etwa 780 bis 900 verteilen.

Königin Hildegard hatte einen Bruder Gerold (II.). Er ist seit 786 bezeugt. Spätestens 791 betraute ihn sein Schwager Karl der Große mit der Oberleitung Bayerns, das unter die Reichsgewalt zurückgeführt worden war. Seitdem war Gerold wohl die längste Zeit seiner schwäbischen Heimat fern. Er fiel im Jahre 799 im Kampf gegen die Awaren und wurde im Kloster Reichenau bestattet. Sein schwäbischer Besitz ist aus Schenkungen an die Reichenau und St. Gallen zum Teil bekannt. Der Ulmer Raum ist darunter nicht vertreten. Doch will dies wenig besagen, denn wir wissen nicht, was er seinen Neffen und Nichten hinterließ. Gerold soll nämlich ohne Nachkommen gestorben sein.

Gerold III. war ein Neffe der Königin Hildegard, der Sohn ihres Bruders Ulrichs I. Er ist von 803 bis 832 bezeugt. Auch er hat seit etwa 806 als Präfekt im Ostland gewirkt. Wiederholt ist er in diplomatischer Mission wie auch in der Reichspolitik hervorgetreten.

Gerold IV. war wohl ein Neffe des Vorgängers, ein Sohn Ulrichs II. Als Graf des Zürichgaues ist er 826–867 nachzuweisen, jedoch hat er zeitweilig auch den Thurgau und den Scherragau verwaltet.

Gerold IV. oder sein mutmaßlicher Bruder Ulrich III. hatte einen Sohn Ulrich IV., und dieser wieder einen Sohn namens Gerold (V.), der im Jahre 886 als bereits erwachsen und verheiratet bezeugt ist.

Die weiteren Verwandtschaftsbeziehungen der Hildegards-Sippe sind aus der beigefügten „Stammtafel zur Besitzgeschichte des Ulmer Winkels" zu ersehen.

Gerlenhofen ist nicht der einzige Ort im Ulmer Winkel, dessen Name in die Sippe der Hildegard weist.

Der Nachbarort Jedelhausen führt in älterer Zeit den Namen Uttel- bzw. Uetelhusen. Das Bestimmungswort Udal bzw. Odal verrät einen Personennamen, der in seiner Vollform Udalrich lautet, aber auch in der Kurzform Udo bzw. Odo und in der Verkleinerungsform Odilo gebräuchlich war. Alle diese Namensvarianten finden sich in der Sippe der Königin Hildegard. Udalrich = Ulrich hießen ein Bruder, ein Neffe und ein Großneffe der Hildegard. Uto = Udo nannte sich ein anderer Bruder. Odilo aber hieß ein Sohn des Herzogs Gotefried; er regierte als Herzog in Bayern († 748).

Gleichfalls im Landkreis Neu-Ulm, am Osterbach, liegt der dem Namen nach verwandte Ort Ettlishofen. Denn urkundlich als Oettlishofen überliefert, verrät sein Bestimmungswort denselben Namen Udo/Odilo/Udalrich.

Dicht jenseits der Günzburger Kreisgrenze, auf der Hochfläche zwischen Osterbach und Günz, findet sich Autenried. Es ist im Jahre 1264 als Utenried bezeugt und somit wohl von einem Uto/Udo als Rodesiedlung angelegt worden. Wie erwähnt, hieß so ein Bruder Hildegards.

Unweit von Autenried, auf derselben Hochfläche, liegt Emmenthal (Gemeinde Anhofen, Kreis Günzburg). Die urkundlich bezeugte Namensform ist Immenthal. Man ist versucht, darin den Namen von Hildegards Mutter wiederzuerkennen.

In unserem Untersuchungsgebiet lagen einst zwei Orte namens Heuchlingen: der eine unweit Riedheim (Kreis Günzburg), der andere zwischen Buch und Ritzisried (Kreis Neu-Ulm). Nur in alten Güterbeschreibungen und als Flurbezeichnungen sind sie noch nachzuweisen. Der Ortsname Heuchlingen ist auch sonst in Ostschwaben verbreitet. Regelmäßig geht er auf die alte Namensform Huchilingen zurück. Es steckt darin der Personenname Huchilo, eine Verkleinerungsform von Huc = Hug. Vom Wortstamm Huc aber ist der Personenname Huoching abgeleitet. Huoching hieß derjenige Sohn Herzog Gotefrids, auf den Hildegards Ahnenreihe zurückgeht.

Wir haben einige wenige Orte der Umgebung Gerlenhofens herausgegriffen. Gewiß machen sie an der Gesamtzahl der Siedlungen jenes Raumes nur einen Bruchteil aus. Was jene sieben Orte heraushebt, ist die Tatsache, daß ihre Namen alle in einem ganz engen Verwandtenkreis geschichtlich nachweisbar sind, nämlich in einem Zweig jenes Hauses, an dessen Spitze Herzog Gotefrid steht. Wir erinnern uns, was sich für die frühe Besitzgeschichte des Ulmer Winkels ermitteln ließ. In Verbindung damit kommt den Namen jener Orte erhebliche Beweiskraft zu. Der Bereich, der als alemannisches Herzogsgut angesprochen werden darf, läßt sich mit ihrer Hilfe um ein beträchtliches erweitern. Es hat ganz den Anschein, daß das alte Herzogshaus reichster Grundherr im Ulmer Winkel war.

Jetzt drängt sich natürlich die Frage auf, ob Bischof Ulrich von Augsburg, den wir 973 in Gerlenhofen treffen, vielleicht auch mit der Sippe der Königin Hildegard verwandt war, so daß man sich vorstellen könnte, Gerlenhofen sei im Erbwege auf ihn gekommen. Beachtung

verdient die Nachricht, die Ulrichs vierter Nachfolger auf dem Augsburger Bischofsstuhl, Gebehard, überliefert. Sie besagt, daß Bischof
Ulrich „aus dem erlauchtesten Geschlecht der Herzöge und Grafen
Alemanniens" stamme. Damit kann nur an Abkunft vom Hause Herzog Gotefrids gedacht sein. Freilich erfahren wir nicht, ob diese Abkunft über Ulrichs Vater Hupald († ca. 909) oder über seine Mutter
Dietpirch ging. Oder sollte sie vielleicht über beide Elternteile gelaufen sein?

Für Verwandtschaft des Bischofs Ulrich zur Sippe Hildegards spricht
der Name Ulrich. Der Name Ulrich geht in dieser frühen Zeit mit
ziemlicher Sicherheit auf Hildegards Sippe zurück. Ein Bruder Hildegards hieß Ulrich (780–807). Unter seiner Nachkommenschaft findet
sich der Name fast in jeder Generation. Von jenem Ulrich stammen
auch drei der Gerolde ab, die für die Namengebung Gerlenhofens in
Betracht zu ziehen sind. Bischof Ulrich hat seinen Namen von Mutterseite überkommen. Dies ergibt sich aus anderen Untersuchungen. Seine
Mutter Dietpirch war aus dem Haus der Burchardinger oder Hunfridinger, die 917 den schwäbischen Herzogsstuhl erlangten. Herzog
Burchard I. (917–926) war ein „nepos" (Vetter) des Bischofs Ulrich.
Mit dieser „Vetternschaft" hat sich die Forschung schon des öfteren
beschäftigt, denn sie ist offenbar nicht wörtlich zu nehmen. Den Weg
zur Lösung des Problems weisen wiederum die Namen. Bischof Ulrich
hatte einen Bruder und einen Neffen namens Manegold. Dieser Name
ist in der Sippe des Bischofs auch in den folgenden Generationen wiederholt zu finden. Er muß gleichfalls durch Dietpirch in die Familie
gekommen sein. Im Hause der Burchardinger, dem Dietpirch entstammte, trägt den Namen Manegold einer der Söhne des Grafen
Adalbert des Erlauchten († 894), des Großvaters Herzog Burchards I.
Dieser Manegold ist im Jahre 880 als bevollmächtigter Gesandter
König Karls des Dicken an den päpstlichen Hof erwähnt. Wir dürfen
in ihm den Vater der Dietpirch und somit den mütterlichen Großvater
des Bischofs Ulrich und seines Bruders Manegold sehen. Damit ist die
Verwandtschaft Ulrichs zu den Burchardingern am einleuchtendsten
erklärt. Die Burchardinger aber waren mit der Sippe der Königin
Hildegard verwandt. Es gibt dafür mehrere Anhaltspunkte, nicht
zuletzt den Namen Ulrich, der auch im Hause der Burchardinger zu
finden ist, und zwar zuerst bei Ulrich von Schänis (zweite Hälfte des
9. Jahrhunderts), einem Bruder Adalberts des Erlauchten († 894). Dies
läßt vermuten, daß die Mutter Ulrichs von Schänis und Adalberts des
Erlauchten die Tochter eines Ulrich aus der Sippe der Königin Hildegard war. Der zeitlichen Einordnung wegen müßte sie eine Tochter
Ulrichs II. († nach 815), eines Neffen der Hildegard, gewesen sein.

Bei dieser Sachlage müßte auch Bischof Ulrich mit der Sippe Hildegards verwandt gewesen sein, nämlich durch Hildegards Bruder

Ulrich I. Die Verwandtschaft lief über die Burchardinger. Sie wurde zweimal durch Frauen vermittelt: einmal durch eine Tochter Ulrichs II., die die Mutter Adalberts des Erlauchten geworden ist, zum anderen durch Dietpirch, die durch ihren Vater Manegold eine Enkelin Adalberts des Erlauchten war. Bischof Ulrich und seine Brüder konnten daher durchaus Gerlenhofen im Erbwege über ihre Mutter Dietpirch überkommen haben.

Die Nachkommen von Hildegards Bruder Ulrich I. hatten sich im Bereich des Bodensees, um Buchhorn und Bregenz, eine Machtposition aufgebaut. Güter im Ulmer Winkel waren davon ziemlich abgelegen, und es war durchaus üblich, solch entlegenen Besitz einer Tochter als Heiratsgut mitzugeben. So mag Gerlenhofen an die Burchardinger gelangt sein. Deren Hausmacht lag in Raetien und um den westlichen Bodensee. So dürfte der Burchardinger Manegold Gerlenhofen seiner Tochter Dietpirch überlassen haben, als sie sich um 887 mit Hupald, dem Herren von Wittislingen und Dillingen, vermählte. Dessen Güter lagen ja nicht allzu fern von Gerlenhofen. Hupalds Nachkommen hatten alte Rechte in Ulm; diese konnten aus Hupalds Hausgut, aber ebensogut aus der Mitgift der Dietpirch stammen. Vielleicht erklärt sich aus Dietpirchs Mitgift sogar die Stellung, die ihre Nachkommen als Reichsvögte in Ulm bis ins 13. Jahrhundert bekleideten. Daß sich die Sippe der Hildegard aus dem Ulmer Bereich jedoch nicht ganz zurückgezogen hat, zeigt die uns bekannte Schenkung Ulrichs von Zeil in Echlishausen und Opferstetten im frühen 12. Jahrhundert.

Woher stammt der Name Gerlenhofen? Königin Hildegard und ihre Sippe im Ulmer Winkel. In: »Gerilehoua«. Beiträge zur Geschichte von Gerlenhofen. (Das obere Schwaben vom Illertal zum Mindeltal. 9.) Neu-Ulm 1973, S. 14-20.

STAMMTAFEL ZUR BESITZGESCHICHTE DES ULMER WINKELS

(H. Bühler, April 1973)

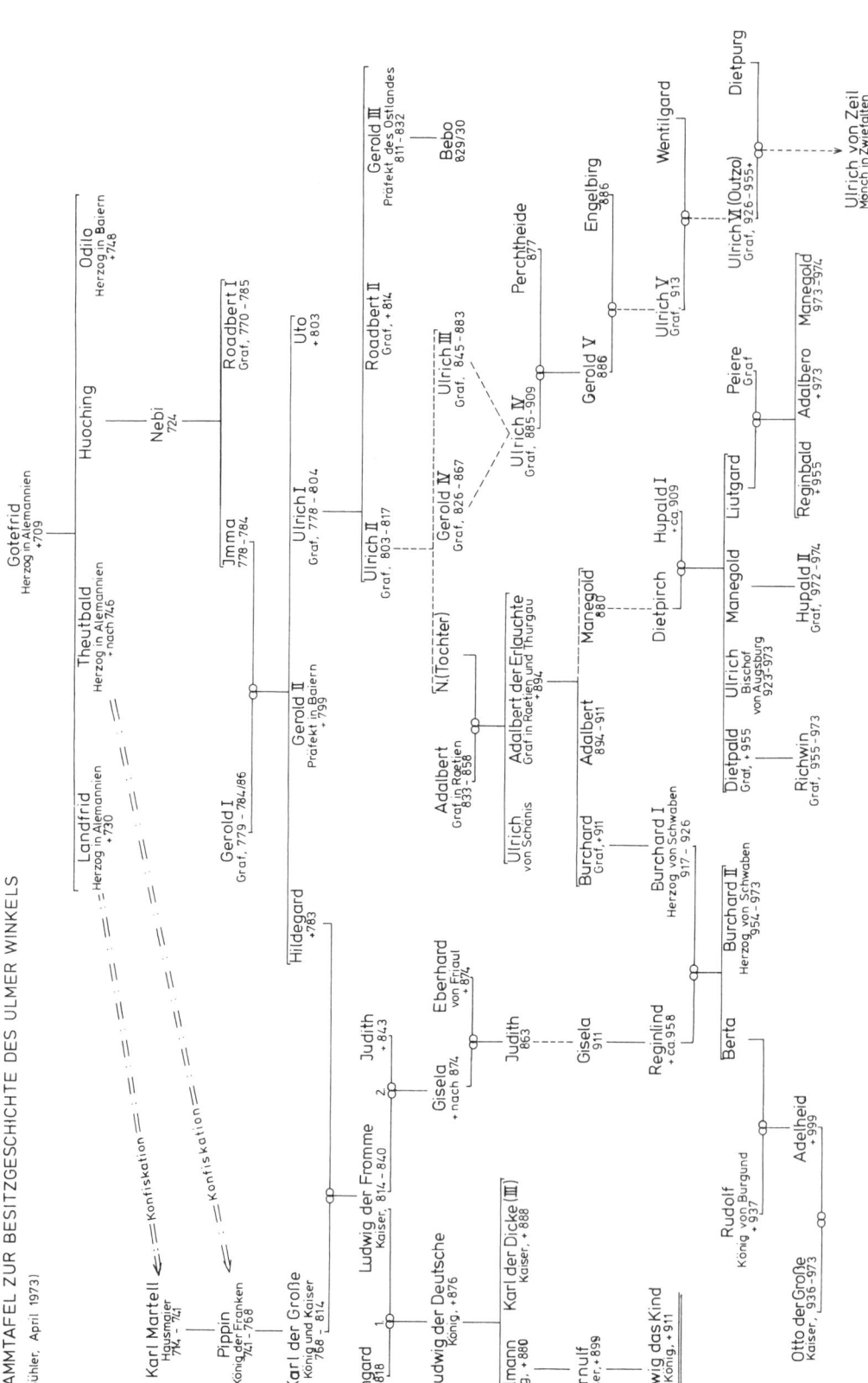

Die Vorfahren des Bischofs Ulrich von Augsburg (923–973)

Aus der „Vita sancti Oudalrici episcopi", die der Augsburger Dompropst Gerhard kaum zwanzig Jahre nach Ulrichs Tod zum Zwecke seiner Heiligsprechung verfaßt hat[1], kennen wir recht gut die nächsten Verwandten des Bischofs, und zwar seine Eltern Hupald und Dietpirch, seine Geschwister Dietpald, Manegold und Liutgard, sowie seine Neffen Riwin (Sohn Dietpalds) Hupald (Sohn Manegolds), Reginbald, Adalbero und Manegold (Söhne Liutgards aus der Ehe mit dem Grafen Peiere)[2].

Wir erfahren, daß Ulrich auf Betreiben seines „nepos", des Herzogs Burchard I. (917—923), dem König Heinrich I. als Nachfolger des verstorbenen Bischofs Hiltine (909—923) empfohlen wurde[3].

Als nach Ulrichs Tod sein Nachfolger, Bischof Heinrich, den Neffen des Verstorbenen, Manegold und Hupald, ihre augsburgischen Lehen entziehen wollte, suchten diese Unterstützung bei der Königinwitwe Adelheid, die sich als Verwandte (propinqua) für die beiden einsetzte[4].

Adelheid war eine Enkelin Herzog Burchards I. Da Burchard als „nepos" Ulrichs bezeichnet wird, kann Adelheids Verwandtschaft zu Ulrichs Neffen nur über Burchard gelaufen sein.

Außer diesen wenigen Nachrichten enthält Gerhards „Vita" nichts, was auf Verwandtschaft Ulrichs zu bekannten Geschlechtern seiner Zeit schließen

---

Folgende Abkürzungen wurden verwendet:

HONB   = Historisches Ortsnamenbuch
JbHV   = Jahrbuch des Historischen Vereins
MB   = Monumenta Boica
MG. Dipl. = Monumenta Germaniae historica Diplomata regum et imperatorum Germaniae
MG. SS. = Monumenta Germaniae historica Scriptores in folio
UB.   = Urkundenbuch
Urkk   = Urkunden
WUB   = Wirtembergisches Urkundenbuch
ZBLG   = Zeitschrift für Bayerische Landesgeschichte
ZGO   = Zeitschrift für die Geschichte des Oberrheins
ZWLG   = Zeitschrift für Württembergische Landesgeschichte

[1] MG. SS. IV. S. 384 ff.
[2] Volkert—Zoepfl, Die Regesten d. Bischöfe u. d. Domkapitels v. Augsburg Nr. 102.
[3] MG. SS. IV. S. 387.
[4] MG. SS. IV. S. 416.

ließe. Wohl rühmt die „Vita" Ulrichs Herkunft aus sehr edlem alemannischem Geschlecht und betont die Gottesfurcht und den Adel seiner Eltern[5], sie bleibt aber jede konkrete Angabe über deren Herkunft schuldig.

Um so beachtenswerter ist daher eine Nachricht, die Gebehard überliefert, der vierte Nachfolger Ulrichs auf dem Augsburger Bischofsstuhl (996–1001), der die „Vita" bearbeitet hat. Ihr zufolge stammte Ulrich „aus dem erlauchtesten Geschlecht der Herzöge und Grafen Alemanniens"[6].

Wir sehen keinen Grund, Gebehards Nachricht zu bezweifeln. Sie kann sich nicht auf Ulrichs Verwandtschaft zu Herzog Burchard I. beziehen, da Burchard erst im Jahre 917, und zwar als erster seines Geschlechts, die schwäbische Herzogswürde erlangte. Wenn Ulrich wirklich dem „erlauchtesten Geschlecht der Herzöge und Grafen Alemanniens" entstammte, kann nur das altalemannische Herzogshaus Gotefrids († 709) gemeint sein. Diese u. E. ganz eindeutige Aussage Gebehards ist ein wichtiger Fingerzeig. Haben doch genealogische Überlegungen bereits zu der Vermutung geführt, der Besitz der „Hupaldinger" um Wittislingen und Dillingen könnte aus altalemannischem Herzogsgut stammen[7]. Überlegungen zur Besitzgeschichte führen grundsätzlich zum gleichen Ergebnis.

1. Der Besitz der „Hupaldinger" stammt aus alemannischem Herzogsgut

Eigene Untersuchungen des Vf. haben ergeben, daß der Raum beiderseits der Donau von Ulm bis Donauwörth, vom Härtsfeld bis in die Gegend von Krumbach als Besitzlandschaft der „Hupaldinger" zu gelten hat. Denn was in diesem Raum seit dem 11. Jahrhundert in Händen der Grafen von Dillingen, der Herren von Werd (Donauwörth), der Pfalzgrafen von Lauterburg, der Herren von Albeck, der Stifter des Klosters Elchingen, der Markgrafen von Burgau, der Staufer und der Herren von Sulmetingen-Neuffen-Weißenhorn nachzuweisen ist, geht zum allergrößten Teil auf die „Hupaldinger" zurück. Es müßte sich um 900 in Händen von Bischof Ulrichs Eltern, Hupald und Dietpirch, befunden haben[8].

In diesem Bereich steckt jedoch auch einiges an Fremdbesitz, d. h. an Besitz, der sich nicht auf die „Hupaldinger" zurückführen läßt. Dieser Fremd-

---

[5] „excelsa prosapia Alamannorum ex religiosis et nobilibus parentibus ortus", MG. SS. IV. S. 385.

[6] „clarissima ducum et comitum Alamanniae prosapia oriundus extitisse dignoscitur", M. Welser, Opera S. 591; MG. SS. IV. S. 385 Anm.

[7] H. Decker-Hauff, Die Ottonen u. Schwaben, ZWLG. XIV, 1955, S. 233 ff. insbes. S. 311 ff.

[8] H. Bühler, Die Wittislinger Pfründen, JbHV Dillingen LXXI, 1969, S. 24 ff. insbes. Tafel II und III.

besitz verteilt sich punktförmig über die Besitzlandschaft der „Hupaldinger"
und erweckt so den Eindruck, als sei er aus einem ursprünglich einheitlichen
Besitzkomplex herausgeschnitten. Es ist daher zu vermuten, daß das Gut
der „Hupaldinger" und der Fremdbesitz ursprünglich in einer Hand vereinigt
waren. Unter dieser Voraussetzung sind Hinweise auf die Herkunft des
Fremdbesitzes auch Hinweise auf die Herkunft des „Hupaldingerguts". Im
Besitzbereich der „Hupaldinger" steckt zunächst auffallend viel Königsgut:
Ulm mit seinen Nachbarorten Pfuhl, Burlafingen und Böfingen, sodann
Unterelchingen, Langenau (?), Sontheim a. d. Brenz, Brenz, Herbrechtingen
und Nattheim; ferner Bergheim, Lauingen (?), Höchstädt, Blindheim,
Glauheim und Donaumünster sowie Roth-Remmeltshofen, Günzburg und
Zusmarshausen. Dieses Königsgut ist zum guten Teil schon in karolingischer
Zeit nachweisbar. Soweit es erst in der Regierungszeit Kaiser Heinrichs II.
(Sontheim a. d. Brenz) oder der salischen Herrscher Heinrich III. (Her-
brechtingen, Nattheim) und Heinrich IV. (Günzburg, Blindheim) urkundlich
faßbar wird, läßt es sich u. E. genealogisch einwandfrei aus karolinigschem
Besitz herleiten[9].

Karolingisches Königsgut stammt nach unserer Kenntnis der Dinge regelmäßig aus alemannischem Herzogsgut. Für den Übergang alemannischen
Herzogsguts auf die Karolinger bieten sich zwei Rechtsgründe an:

1. Konfiskation alemannischen Herzogsguts im Zuge der Zerschlagung
des alemannischen Herzogtums in der Zeit von 730 bis 746. Hievon war
vielleicht der Besitz des Herzogs Landfrid I. († 730), vor allem aber der
Besitz Herzog Theutbalds († n. 746) betroffen.

2. Heiratsgut und Erbe der Hildegard, Gemahlin Karls d. Gr. Hildegard
war durch ihre Mutter Imma eine Urenkelin Huochings und somit eine Ururenkelin des Herzogs Gotefrid († 709). Da sich die Sippe Hildegards offenbar rechtzeitig mit den Karolingern arrangiert hatte, war sie der Katastrophe
des Jahres 746 (Blutbad von Cannstatt) entgangen und hatte ihren Besitzstand wahren können. So vermittelte Hildegard ihren Nachkommen von Karl
d. Gr. einen namhaften Anteil am altalemannischen Herzogsgut.

Im Einzelfall wird sich schwerlich unterscheiden lassen, was Konfiskationsgut war und somit wohl von Theutbald stammte bzw. was als Erbe der
Hildegard legal an ihre Nachkommen, die späteren Karolinger, gelangt war.
Immerhin darf man Gut, über das bereits König Pippin (741–768) und Karl
d. Gr. (768–814) selbst verfügten, als Konfiskationsgut betrachten. Dies gilt
für Herbrechtingen und vielleicht für Lauingen, aber auch für Ulm (teilweise),
Unterelchingen, Langenau (?), Bergheim, Höchstädt und Glauheim[10]. Sodann

---

[9] H. Bühler, Die „Duria-Orte" Suntheim und Nâvua, „Das Obere Schwaben"
H. 8, 1973; zu Ulm u. Umgebung: J. Matzke, Die ehemal. Besitzungen d. Klosters
Reichenau im heutigen Kreis Neu-Ulm, Ulm u. Oberschwaben Bd. 36, 1962, S. 57 ff.

[10] MG. Dipl. Karls d. Gr. Nr. 83 von ca. 774; UB Kl. Fulda Nr. 35; Die Chronik
des Gallus Öhem, bearb. v. K. Brandi, Heidelberg 1893, S. 17 u. S. 46.

wird man Güter, denen eine gewisse strategische Bedeutung zukam, da sie an alten Straßen liegen — wie Sontheim, Brenz, Nattheim, Blindheim, Zusmarshausen — oder wichtiger Brückenort sind — wie Günzburg — eher für Konfiskationsgut halten. Das übrige Königsgut kann ebensogut von Königin Hildegard vererbt worden sein. Für Ulm gibt es sogar eine alte Überlieferung, die besagt, daß zumindest ein Teil, und zwar der spätere Königshof, aus dem Muttererbe der Hildegard stamme[11].

In der Besitzlandschaft der „Hupaldinger" — entlang der Donau, im Brenz- und Egautal — hat Kloster Fulda im ausgehenden 8. und frühen 9. Jahrhundert viel Gut geschenkt erhalten[12]. Schenkungen König Pippins in Deiningen im Ries sowie vielleicht in Lauingen gaben den Anstoß dazu[13]. Es fällt auf, daß der Bereich, in dem an Fulda tradiert worden ist, sich auf Ostschwaben beschränkt; er hängt unmittelbar mit dem ostfränkischen Begüterungsbereich des Klosters zusammen und greift nur gelegentlich über die Donau nach Süden aus. In Innerschwaben hat Fulda kaum Fuß fassen können. Denn Innerschwaben war die Besitzlandschaft der von den Alemannen bevorzugten Klöster St. Gallen und Reichenau. Allein dieser Tatbestand läßt vermuten, die Tradenten an Fulda seien keine alteingesessenen Alemannen gewesen, sondern landfremde, erst in jüngster Zeit zugewanderte Leute, die von ihrer Heimat her enge Beziehungen zu Fulda hatten. Karl Bosl und Winfried Böhne haben für eine Anzahl jener Personen, die in Ostschwaben an Fulda schenkten, erwiesen oder doch wahrscheinlich gemacht, daß sie mit dem Rhein-Main-Gebiet verbunden und dort wohl beheimatet waren[14]. Offenbar handelt es sich bei den Schenkern an Fulda um „eine Schicht von fränkischen oder fränkisch orientierten Adeligen" (Kudorfer). Ihr Gut dürfte dann ebenso wie ein Teil des Königsguts aus konfisziertem alemannischem Herzogsgut stammen, das ihren als Lohn für treue Dienste zu Lehen oder Eigen übertragen worden war.

Im Süden und Südwesten des Untersuchungsgebiets hatte auch Kloster Kempten bis ins späte Mittelalter Besitz, und zwar in Bernstadt (bei Lan-

---

[11] K. Schreiner, Hildegard — Schwabens heilige Königin, Schwäb. Heimat 1972, H. 2 S. 111 ff., insbes. S. 121.

[12] UB Kl. Fulda Nr. 35, 45, 311, 312, 313, 316, 319, 321, 322; Dronke, Traditiones et Antiquitates Fuldenses, 1844, S. 94 ff. Nr. 51, 52, 58, 62, 65, 66, 67, 68, 71, 72, 75.

[13] UB Kl. Fulda Nr. 34 u. 35.

[14] K. Bosl, Franken um 800, 2. Aufl. 1969, S. 63 ff.; W. Böhne, Zur frühmittelalterl. Geschichte Ellwangens nach Fuldaer Quellen, Festschrift Ellwangen 764–1964 Bd. I S. 73 ff.; D. Kudorfer, Das Ries zur Karolingerzeit, ZBLG. 33, 1970, S. 470 ff.

Zu Scoran, Schenker in Lauingen und Weihengau, s. Böhne S. 99.

Zu Egilof, Schenker in Schnaitheim, s. Böhne S. 101 f.; Bosl S. 70.

Zu Walter, Schenker in Tapfheim, s. Böhne S. 102.

Zu Hiltwin, Schenker in Gundremmingen, s. Böhne S. 103.

Zu Ratpraht, Schenker in Heidenheim, s. Böhne S. 103; Bosl S. 86.

genau), Senden, Unterroth, Biberach, Happach (bei Anhofen), Billenhausen, Berg-Geismarkt und Winterbach[15]. Die Herkunft dieser kemptischen Güter läßt sich zwar in keinem Fall urkundlich ermitteln. Offenbar aber reicht der Klosterbesitz in sehr frühe Zeit zurück. Hiefür spricht, daß die Kirchen in Unterroth, Billenhausen, Berg-Geismarkt und Winterbach den Titelheiligen Kemptens, Gordian und Epimachus, geweiht und daher unter dem Einfluß Kemptens gegründet worden sind. Der Tradition zufolge hatte Königin Hildegard entscheidenden Anteil an der Gründung Kemptens; sie hatte u. a. die Reliquien der genannten Klosterheiligen vermittelt. Von Karl d. Gr. und Ludwig d. Fr., Hildegards Sohn, wurde Kempten reich dotiert und privilegiert. So ist recht wahrscheinlich, daß die kemptischen Rechte in jenen Orten von Hildegard oder ihren Erben stammen. Sie waren dann ursprünglich alemannisches Herzogsgut. Das gleiche gilt von den Gütern, die König Pippin und Karl d. Gr. der Augsburger Hochkirche übertrugen. Leider läßt sich der aus königlicher Schenkung stammende Besitz des Hochstifts nicht genauer lokalisieren[16].

Im Begüterungsbereich der „Hupaldinger" steckt — nach unseren Kenntnissen — nur wenig adeliger Fremdbesitz. Als solcher erscheint zunächst die Reisensburg bei Günzburg. Zur Zeit der Lechfeldschlacht 955 befand sie sich offenbar in Händen Bertholds aus dem baierischen Hause der „Liutpoldinger"[17]. Berthold war ein Urenkel und somit Erbe der Kunigunde, Schwester Erchangers und Bertholds († 917), die dem Hause der Marchtaler „Bertholde" entstammte. Die „Bertholde" erweisen sich vielfach als Teilhaber am Erbe der Sippe Huochings und gelten daher selbst als ein Zweig des alemannischen Herzogshauses[18]. Da das benachbarte Günzburg Königsgut und somit ursprünglich alemannisches Herzogsgut war, darf gleiches mit Recht auch für die Reisensburg angenommen werden.

In Mörslingen (bei Höchstädt) gehörten die Zehntrechte dem Frauenkloster Buchhorn (Friedrichshafen). Dieses war zwischen 1085 und 1089 von der Gräfinwitwe Bertha von Buchhorn gegründet worden und seit etwa 1095

---

[15] Betr. Unterroth s. Urkk. d. Hochstifts Augsburg (Schwäb. Forschungsgemeinschaft) Nr. 151; betr. Biberach s. Kl. Kreisbeschreibung Neu-Ulm S. 20; betr. Senden, Bernstadt u. Happach s. Lehenbuch d. Fürstl. Stifts Kempten (Allg. Heimatbücher Bd. 8) S. 4 u. 43; betr. Billenhausen und Berg-Geismarkt s. Hilble, HONB Krumbach S. 6 u. 28; betr. Winterbach s. Kl. Kreisbeschreibung Günzburg S. 98.

[16] Volkert-Zoepfl, Die Regesten d. Bischöfe v. Augsburg Nr. 7 u. 11.

[17] MG. SS. IV. S. 401 ff. — „Perehtoldus, filius Arnolfi, de castello Risinesburg vocitato, venit ad regem Ungrorum, adnuntians ein adventum Ottonis gloriosi regis" wird im allgemeinen so interpretiert, als ob Berthold Inhaber der Reisensburg gewesen sei, vgl. P. Auer, Gesch. d. Stadt Günzburg S. 26. Die Vf. der Kl. Kreisbeschreibung Günzburg S. 7 sprechen nur von einem Aufenthalt Bertholds auf der Reisensburg und lassen die Frage, wem die Burg damals gehörte, offen.

[18] H. Jänichen, Baar u. Huntari, Grundfragen der Alemann. Gesch. S. 83 ff., insbes. S. 102 ff. u. 105 f.

der Abtei Weingarten unterstellt[19]. Die Mörslinger Zehnten waren offenbar
Ausstattungsgut des Klosters und stammten daher sehr wahrscheinlich aus
buchhornischem Hausgut. Die Grafen von Buchhorn aber sind ein Zweig der
„Udalriche". Diese leiten sich vom Bruder der Königin Hildegard, Graf Ulrich I. (778–804) ab und sind über Imma-Nebi-Huoching auf Herzog Gotefrid († 709) zurückzuführen. Somit dürften die Mörslinger Zehnten aus
altem Herzogsgut stammen.

In Riedlingen (bei Donauwörth) sowie in Echlishausen und Opferstetten
(bei Leipheim) waren die Grafen von Bregenz begütert, gleichfalls ein Zweig
der „Udalriche". Das „predium" in Riedlingen verkauften Graf Rudolf von
Bregenz und Burchard von Birnau 1127 an das Kloster St. Ulrich in Augs-
burg[20]. Die Güter in Echlishausen und Opferstetten übergab Ulrich von
Zeil, ein Sproß der Bregenzer, vor 1131 dem Kloster Zwiefalten, wo er einige
Jahre später als Mönch eintrat[21]. Beidesmal handelte es sich wohl um altes
Hausgut der „Udalriche" und somit letztlich um Herzogsgut.

Ziehen wir das Fazit, so weisen sowohl das Königsgut als auch der Besitz
der Tradenten an Fulda, das Gut des Klosters Kempten und des Hochstifts
Augsburg sowie der adelige Fremdbesitz übereinstimmend auf altes Herzogsgut. Auf Herzogsgut deuten auch gewisse Ortsnamen des Untersuchungs-
bereichs. Das Gebiet südlich der Donau weist überwiegend Ortsnamentypen
auf, die man der „Ausbauzeit" des 7. bis 10. Jahrhunderts zurechnet. Das Bestimmungswort nicht weniger Orte dieser relativ spätbesiedelten Landschaft,
aber auch des übrigen Untersuchungsgebietes enthält Personennamen, die wir
im alten Herzoghaus und seinen Zweigen finden. Erinnert sei an Orte wie
Geratshofen, Gerlenhofen, Geroltzweiler (Gerold-Gerilo), an Jettingen und
Autenried (Uto), an Edelstetten, Ettlishofen, Jedelhausen, Ettelried (Uto,
Udal-, Odilo), an Diepertsbusch und Diepertshofen (?) (Theutbald-Dietpald),
aber auch an Groß- und Klein-Kuchen, Ugendorf und Oggenhausen (Huc =
Huch) und die verschiedenen Heuchlingen (Huchilo). Alle diese Namen
lassen vermuten, daß die betreffenden Orte entweder von Gliedern des Herzoghauses gegründet wurden oder in deren Besitz gelangt und deshalb nach
ihnen benannt worden sind. So dürften auch diese Ortsnamen ein Hinweis
auf altes Herzogsgut sein[22].

---

[19] Weingartener Codex, WUB IV, Anh. S. X; A. Dreher, Zur Gütergeschichte des
Klosters, Festschrift Weingarten 1056–1956 S. 138 ff., insbes. S. 140.

[20] MB XXII S. 13 Nr. 7.

[21] Die Zwiefalter Chroniken Ortliebs und Bertholds, hrsg. v. E. König u. K. O.
Müller, 1941, S. 246. Zu Ulrich von Zeil vgl. H. Jänichen, Zur Genealogie der
älteren Grafen v. Veringen, ZWLG XXVII, 1968, S. 1 ff., insbes. S. 27.

[22] Vf. hat beträchtliches Material gesammelt über Orte, deren Bestimmungswort
an Personen aus der altalemann. Herzogssippe erinnert, und die Besitzverhältnisse
dieser Orte untersucht. Platzmangel verbietet, dieses Material hier auszubreiten.
Verwiesen sei auf die Abhandlung „Woher stammt der Name Gerlenhofen?" in
„Das Obere Schwaben" H. 9, 1973, S. 14 ff.

Es ist also kaum zu bezweifeln, daß es in Ostschwaben Herzogsgut beträchtlichen Umfangs gegeben hat. Herzog Gotefrid († 709) muß es noch als
Ganzes verwaltet haben. Unter seinen Söhnen wurde es aufgeteilt. Was als
Konfiskationsgut anzusprechen ist, dürfte im wesentlichen dem Anteil Theutbalds († n. 745) entsprochen haben, denn er hatte sich am entschiedensten
den Absichten der karolingischen Hausmaier widersetzt und dafür gebüßt.
Ein Teil des Königsguts und des Ausstattungsguts für Kempten ist als Erbe
der Königin Hildegard zu betrachten; es entspricht ebenso wie der Besitz
der „Udalriche" dem Anteil Huochings, dessen Nachkommen sich der Politik
der Karolinger angepaßt hatten. Auf Huochings Zweig weist auch die
Mehrzahl der charakteristischen Ortsbenennungen. Somit dürfte sein Anteil
bedeutender gewesen sein als der seiner Brüder.

Wenn sich nun all das, was aus der Besitzmasse der „Hupaldinger" herausgeschnitten scheint, als altes Herzogsgut erweist, dann muß der Besitz der
„Hupaldinger" selbst aus Herzogsgut stammen. Dieser Schluß ist umso eher
berechtigt, als die Mehrzahl der Orte, die sich durch ihr Bestimmungswort
als Gut der Herzogssippe verraten, später in Händen jener Geschlechter erscheint, die wir als Erben der „Hupaldinger" kennen. Sind aber die „Hupaldinger" die Besitznachfolger in einem Großteil des ostschwäbischen Herzogsguts, dann sind sie mit dem alten Herzogshaus verwandt. Diese Verwandtschaft erklärt, weshalb sie als einziges Geschlecht in Schwaben den Namen
Theutbald-Dietpald pflegten, der an Herzog Theutbald, den Sohn Gotefrids,
erinnert, und weshalb sie im Namen Hucpald-Hupald offenbar die Erinnerung an Huoching, den anderen Sohn Gotefrids, wach hielten. Wahrscheinlich geht auf diese beiden die Ahnenreihe der Eltern Bischof Ulrichs
zurück.

2. Dietpirchs Ahnen

So wertvoll die Nachricht Gebehards ist, daß Bischof Ulrich „aus dem erlauchtesten Geschlecht der Herzöge und Grafen Alemanniens" stammte, so
wenig hilft sie uns zunächst weiter; denn sie besagt ja nicht, ob diese Abstammung durch Ulrichs Vater Hupald († ca. 909) oder durch seine Mutter
Dietpirch vermittelt wurde. Oder konnten gar beide Elternteile sich so vornehmer Herkunft rühmen?

Der Verfasser der „Vita", Gerhard, teilt mit, Ulrich sei nach dem Tode des
Bischofs Hiltine (909–923) „machinatione nepotis sui Burchardi ducis et
aliorum propinquorum suorum" — also auf Betreiben seines „nepos", des
Herzogs Burchard, und anderer aus seiner Verwandtschaft — König Heinrich I,
als Nachfolger vorgeschlagen und empfohlen worden.

Ulrich war also ein „nepos" Herzog Burchards I. von Schwaben (917–926).
Mit diesem „Nepotismus" hat sich die Forschung schon des öfteren befaßt.
Einig ist sie sich nur darin, daß er durch Ulrichs Mutter Dietpirch vermittelt

wurde; diese muß somit dem Haus der „Burchardinger" sehr nahe gestanden
sein.

Placidus Braun nahm an, Dietpirch sei eine Tochter des Markgrafen Bur-
chard († 911) und damit eine Schwester des Herzogs Burchard I. gewesen.
Er stützte sich offenbar auf die Überlieferung der Klöster Heiligkreuz in
Donauwörth und St. Ulrich in Augsburg[23]. Ihm folgten Chr. Fr. Stälin,
A. v. Steichele und Fr. Zoepfl[24]. Bischof Ulrich wäre demnach ein Schwester-
sohn des Herzogs. Hansmartin Decker-Hauff setzte Dietpirch eine Generation
früher an und machte sie zur Schwester des Markgrafen Burchard († 911).
Demnach wäre Ulrich ein richtiger Vetter Herzog Burchards I.[25].

Lore Sprandel meint, der Zusammenhang (zwischen der Sippe Ulrichs und
den Burchardingern) sei mit Sicherheit kein direkter gewesen, sondern über
mehrere Glieder gelaufen. Als Begründung führt sie an, daß keiner der
männlichen Leitnamen der bekannten engeren Verwandtschaft um Dietburg
(= Dietpirch) mit einem Mitglied von Familie und Geschlecht Burkhards
(= Herzog Burchard I.) zu identifizieren sei[26].

Diese Begründung ist jedoch nicht stichhaltig. Hagen Keller hat auf einen
bisher unbekannten „Burchardinger" namens Manegold, Sohn Adalberts, aufmerksam gemacht. Dieser Manegold ist 880 bezeugt, und zwar sollte er als
bevollmächtigter Gesandter am päpstlichen Hof Bürgschaft für die Politik
König Karls III. leisten[27].

Der Name Manegold schlägt die Brücke von den „Burchardingern" zu den
„Hupaldingern". Manegold hieß ja einer der Brüder Bischof Ulrichs; durch
ihn kam der Name auch in die Sippe der Herren von Werd (Donauwörth).
Manegold hieß einer der Neffen Ulrichs, der Sohn seiner Schwester Liutgard;
durch ihn wird der Name Manegold zum Leitnamen im Hause Sulmetingen-
Neuffen und bei den Grafen von Altshausen. Manegold hieß auch der Graf
im Bezirk Duria, der 1003 für Langenau zuständig war[28]. Er war bestimmt
ein Nachfahre (Enkel) von Ulrichs Bruder Manegold und hat seinen Namen den schwäbischen Pfalzgrafen von Lauterburg vererbt. Im 11. und 12.
Jahrhundert dokumentiert der Name Manegold geradezu die Zugehörigkeit

---

[23] Pl. Braun, Gesch. d. Grafen v. Dillingen u. Kiburg, Hist. Abh. d. baier. Akad.
d. Wissensch. Bd. 5, 1823, S. 404; A. Schröder, Der „Stammbaum St. Ulrichs",
Der Wormsgau Bd. I, 1933, S. 164 ff.; „Stemma Kyburgensium Comitum" hrsg.
von M. Welser, Opera historica, 1682, S. 589.

[24] Chr. Fr. Stälin, Wirt. Gesch. Bd. I, 1841, S. 562 Anm. 4; A. v. Steichele,
Das Bistum Augsburg Bd. III, 1872, S. 31 f. Anm. 3; Fr. Zoepfl, Das Bistum
Augsburg Bd. I, 1955, S. 63; Volkert–Zoepfl, Die Regesten... Nr. 102 u. 104.

[25] H. Decker-Hauff, Die Ottonen u. Schwaben, ZWLG XIV, 1955, S. 278.

[26] L. Sprandel, Untersuchungen z. Gesch. Bischof Ulrichs von Augsburg, Diss.
Freiburg 1962 S. 56 mit zugehör. Anm. 13 auf S. 152.

[27] H. Keller, Kloster Einsiedeln (Forschungen z. Oberrhein. Landesgesch. Bd.
XIII), 1964, S. 22; Jaffé–Löwenfeld, Reg. Pontif. Romanorum I Nr. 3288; vgl.
Dümmler, Gesch. d. Ostfränk. Reiches III S. 110.

[28] MG. Dipl. Heinr. II Nr. 55.

zu Bischof Ulrichs weiterem Verwandtenkreis. In die Sippe Bischof Ulrichs kann der Name eigentlich nur durch Dietpirch gekommen sein. Sie vermittelt ja die Verwandtschaft zu den „Burchardingern". Dort ist — wie erwähnt — im Jahre 880 ein Manegold bezeugt. Wie wir aus seiner Mission erschließen, stand er in mittleren Jahren. Er dürfte der Vater der Dietpirch sein[29].

Es bleibt dann nur die Frage, wie Dietpirchs Vater Manegold unter die „Burchardinger" einzureihen ist bzw. wer jener Adalbert, Manegolds bezeugter Vater, war. Keller identifiziert Adalbert mit Graf Adalbert dem Erlauchten (858–894), dem Großvater Herzog Burchards I. Diese Annahme hat wohl die meiste Wahrscheinlichkeit für sich[30]. Damit wären Dietpirch und Herzog Burchard I. Base und Vetter. Bischof Ulrich wäre eine Generation jünger als der Herzog, d. h. sie wären Vettern ungleichen Grades — eine Verwandtschaft, die dem Begriff „nepos" durchaus entspricht. Ulrichs Neffen Manegold und Hupald sind dann generationsgleich mit der Königinwitwe Adelheid, die sich 974 für sie verwendete.

Bischof Ulrich könnte dann nach Ulrich von Schänis (2. Hälfte 9. Jahrh.) dem Bruder Adalberts des Erlauchten, benannt sein. Doch war der Name Ulrich in der Sippe der „Burchardinger" auch sonst vertreten; ein Bruder Herzog Burchards I., somit ein Vetter der Dietpirch, hieß so. Auch der Name von Bischof Ulrichs Schwester Liutgard kommt wohl von Mutterseite; vielleicht hieß so Dietpirchs Mutter, die Gemahlin des „Burchardingers" Manegold[31].

Adalbert der Erlauchte, Bischof Ulrichs Urgroßvater von Mutterseite, war mit der Sippe der „Udalriche" eng verwandt. Darauf weist mehrfache Besitzgemeinschaft, u. a. in Gurtweil (Kr. Waldshut)[32], aber auch der Name von Adalberts Bruder, Ulrich von Schänis. Beider Mutter dürfte eine „Udalrichingerin" gewesen sein, und zwar — aufgrund der Lebensdaten — eine Tochter Graf Ulrichs II. (803–817). Unter diesen Umständen war auch Bischof Ulrich, der Urenkel Adalberts des Erlauchten, mit der Sippe der „Udalriche" verwandt. Schon sein Name weist ja darauf hin. Und wir erinnern uns nun

---

[29] Dietpirch mag um 870 geboren sein; vgl. M. Welser: „nata circa an. 870".

[30] Keller stützt sich auf Gedenkbucheinträge aus Brescia u. Remiremont, a.a.O. S. 22 f. Nicht völlig auszuschließen wäre u. E., daß Manegolds Vater Adalbert mit Adalbert I. (838–858), dem Vater Adalberts d. Erl., personengleich ist.

[31] Der Name Liutgard dürfte auf Grund von Gedenkbucheinträgen ziemlich sicher aus der Sippe der „Burchardinger" stammen; vgl. K. Schmid, Zur Problematik von Familie, Sippe u. Geschlecht .., ZGO 105, 1957, S. 58 f.; H. Keller, Kl. Einsiedeln a.a.O. S. 22 Anm. 57.

[32] Siehe Urk. Adalberts von 873 für Kl. Rheinau, Quellen z. Schweizer Gesch. III, 1883, Tl. 2 S. 17 Nr. 12 und Urk. Ulrichs IV. von 894 für Kl. Adorf, Wartmann, UB d. Abtei St. Gallen Tl. II Nr. 691. Vgl. Th. Mayer, Die Anfänge d. Stadtstaates Schaffhausen, Schaffh. Beitr. z. vaterl. Gesch. 31, 1954, S. 18; H. Maurer, Das Land zwischen Schwarzwald u. Randen (Forschungen z. Oberrhein. Landesgesch. Bd. XVI), 1965, S. 58 f.

der Nachricht Gebehards, wonach Bischof Ulrich dem „erlauchtesten Geschlecht der Herzöge und Grafen Alemanniens" entstammte. Ohne Zweifel
meint sie das altalemannische Herzogshaus. Diesem Haus gehörten — wie
wir wissen — die „Udalriche" über ihre Stammutter Imma (778–784) an,
denn Imma war ja die Tochter Nebis, dieser ein Sohn Huochings und Huoching ein Sohn Herzog Gotefrids († 709)[33]. Des Bischofs mütterliche Ahnenreihe würde somit die Nachricht Gebehards bestätigen. Die dargelegte Verwandtschaft macht immerhin möglich, ja sogar wahrscheinlich, daß Bischof
Ulrich und seine Brüder über ihre Mutter Dietpirch Anteil am ehemaligen
Herzogsgut erlangten[34]. Dies schließt jedoch nicht aus, daß die „Hupaldinger"
auch noch auf andere Weise mit dem alten Herzogshaus verbunden waren.

3. Hupalds Ahnen

Dietpirch hat ihren Nachkommen aus der Ehe mit Hupald die Namen
Manegold, Ulrich und Liutgard vermittelt. Die Namen Dietpald und Riwin
müssen somit wohl von Hupalds Seite stammen.

Hansmartin Decker-Hauff hat versucht, den Stammvater Hupald von Hucbald, dem Laienabt von Cysoing (Flandern), dem Schwiegersohn Eberhards
von Friaul († 874) und der Karolingerin Gisela, Tochter Ludwigs d. Fr.
(814–840), herzuleiten. Diese Ansicht ist — mit Recht — auf Widerspruch
gestoßen[35]. Bestechend freilich sind die Folgerungen, die Decker-Hauff für
die Besitzgeschichte des Raumes um Wittislingen und Dillingen zieht. Denn
ihm zufolge wäre der Besitz der „Hupaldinger" von Königin Hildegard, der
Mutter Ludwigs d. Fr., und letztlich von Herzog Gotefrid († 709), dem Ururgroßvater der Hildegard, herzuleiten. Daß Herzog Gotefrid der Besitzvorgänger der „Hupaldinger" gewesen sein muß, hat auch unsere Untersuchung der Besitzgeschichte ergeben. Nur müßte der Besitz der „Hupaldinger" vom Herzogsgut Gotefrids auf anderem Wege herzuleiten sein.

Als einzige Möglichkeit, Bischof Ulrichs Ahnen von Vaterseite zu ermitteln, bleibt, nach älteren Trägern der Namen Hupald, Dietpald und Riwin
(= Richwin) Ausschau zu halten, da sie als Taufpaten und Namengeber für
Ulrichs nächste Verwandte in Betracht kommen können. Sind doch diese Namen im 9. und 8. Jahrhundert nicht gerade häufig, so daß den Namen allein

---

[33] Stammreihe nach Thegan, „Vita Hludowici Imperatoris" (Ausgew. Qu. Bd. V)
S. 216; vgl. Stammtafel bei Jänichen, Baar u. Huntari, a.a.O. nach S. 148 u. bei
Mitterauer, Karolingische Markgrafen im Südosten, Archiv f. österr. Gesch. Bd. 123,
1963, S. 25.

[34] Vgl. H. Bühler, Woher stammt der Name Gerlenhofen? „Das Obere Schwaben"
H. 9, 1973, S. 14 ff.

[35] H. Decker-Hauff, Die Ottonen u. Schwaben, a.a.O. S. 293, 303 u. 309 ff.;
dagegen G. Tellenbach, Kritische Studien . . ., ZWLG XV, 1956, S. 184.

schon eine nicht geringe Aussagekraft zukommt. Als ergiebigste Sammlung von Namen für das Schwaben jener frühen Zeit erweist sich der Urkundenbestand des Klosters St. Gallen. Leider gibt er für unseren ostschwäbischen Raum unmittelbar nichts her. Denn St. Gallen hatte dort kaum Besitz. Der Adel des frühen und hohen Mittelalters war jedoch keineswegs so eng regional gebunden, wie es eine lokal verhaftete Forschung lange Zeit geglaubt hat. Angehörige ein und derselben Familie, ja sogar die gleiche Person konnten in recht verschiedenen Gegenden begütert sein und sind demzufolge in Quellen der verschiedensten Gegenden zu finden. Insbesondere gilt dies für die führenden Geschlechter. Da wir Grund zu der Annahme haben, daß auch Ulrichs Vorfahren von Vaterseite dem alemannischen Herzogshaus nahestanden, müßten sie in all den Gegenden Schwabens anzutreffen sein, in denen das alte Herzogshaus sonst noch begütert war. Dies ermutigt uns, im übrigen Schwaben nach möglichen Ahnen des Bischofs Ulrich Ausschau zu halten. Es ist zugleich der Versuch, mit Hilfe von Quellen, die man bisher hiefür kaum herangezogen hat, eine Lücke in der frühmittelalterlichen Geschichte Ostschwabens zu schließen.

a) Ahnen Hupalds im Thurgau?

Die Urkunden St. Gallens sind naturgemäß am ergiebigsten für die unmittelbare Nachbarschaft des Klosters, den alten Thurgau. Wenn überhaupt, dann müßten am ehesten hier Träger der gesuchten Namen zu finden sein. Überdies war der alte Thurgau, insbesondere die Gegend um Winterthur, eine Domäne des Herzogshauses[36].

Im Jahre 897 wurde in Wiesendangen (bei Oberwinterthur) ein Gütertausch zwischen Abt Salomon von St. Gallen und einem gewissen Othere beurkundet. Der Abt gab Höfe und Güter in Jonschwil (Kt. St. Gallen) und erhielt dafür solche in den Nachbarorten Bazenheid, Wilen, und (Ober-, Nieder-)Uzwil. Unter den 28 weltlichen Zeugen, die in Wiesendangen zugegen waren, hat man sich Grundbesitzer aus der Gegend der vertauschten Güter vorzustellen, Leute, die Othere nahestanden. Die Zeugenreihe eröffnen die Namen Richine, Huppold, Thiotpold[37].

Das gemeinsame Auftreten Richines (= Richwin — Riwin), Huppolds und Thiotpolds in Wiesendangen und die Tatsache, daß sie hintereinander als Zeugen eingetragen sind, ist kein Zufall. Sie müssen untereinander eng verbunden gewesen sein. Es sind sodann die gleichen Namen, die in der Familie Bischof Ulrichs bei dessen Vater, Bruder und Neffen wiederkehren; Namen, die durch Ulrichs Vater Hupald in die Familie gekommen sind. Dies läßt keinen anderen Schluß zu, als daß die Zeugen von 897 nächste Verwandte von Ulrichs Vater Hupald waren.

---

[36] P. Kläui, Hochmittelalterl. Adelsherrschaften i. Zürichgau, 1950, S. 75 ff.
[37] Wartmann, UB d. Abtei St. Gallen Tl. II (= Wartmann II) Nr. 712.

Bischof Ulrichs Vater Hupald ist um 865 geboren (M. Welser). Er könnte daher mit dem Zeugen Huppold sogar personengleich sein. Richine könnte dann der Vater oder ältere Bruder, Thiotpold ein jüngerer Bruder sein. Freilich können die Zeugen von 897 ebensogut älter und damit die Vater-Onkel-Generation Hupalds sein. Halten wir zunächst Umschau, ob die St. Galler Urkunden weiteren Aufschluß gewähren und vielleicht auch diese Frage klären helfen.

Der Name Riwin, der sonst recht selten ist, ist im Thurgau seit dem ausgehenden 8. Jahrhundert bekannt. Im Jahre 788 ist Richin (I) Zeuge, als in Elgg (bei Winterthur) Abt Werdo mit einem gewissen Werinbert Güter tauschte. Der Abt gab Klostergut in Fridapertesvilare (?) gegen Gut Werinberts in Zuckenriet[38].

Im Jahre 806 sowie von 817 bis 822 war ein jüngerer Riwin (II) als Graf im Thurgau tätig, vermutlich des ersteren Sohn[39]. Er ist vor 838 gestorben. In diesem Jahr urkundet sein Sohn Riwin (III), und zwar schenkt er dem Kloster St. Gallen zum Seelenheil seines Vaters und seiner Mutter Kunigunde Besitz zu Lenzwil (bei Langrickenbach) und Wolfertswil (bei Flawil)[40]. Wolfertswil liegt in nächster Nachbarschaft der Güter, die 897 in Gegenwart von Richine, Huppold und Thiotpold vertauscht worden sind. Auf Grund dieser Besitznachbarschaft dürfte eine enge Verbindung bestehen zwischen dem Thurgaugrafen Riwin (II) und seinem Sohn Riwin (III) einerseits und der Zeugengruppe von 897, die von Richine angeführt wird, andererseits. Die ersteren sind gewiß Vorfahren der letzteren. Die zeitliche Lücke von 838 bis 897 läßt sich durch weitere Zeugnisse schließen. Im Jahr 839 schenkt Richinus in Diessenhofen am Rhein dem Kloster St. Gallen seinen Besitz in dem Ort „. . . rninga" (?)[41]. 840 ist Rihchin in St. Gallen Spitzenzeuge für den Priester Adalrich, der einen Weiler am „Ostinesperg" (Ottenberg?) schenkt[42]. 855 vergleicht sich Rihwin mit dem Abt wegen

---

[38] Wartmann I Nr. 118.

[39] Wartmann I Nr. 191, 225, 226, 229, 232, 233, 238, 239, 244, 249, 271, 272, 273, 274, 275; Wartmann II Anh. Nr. 17. — Wahrscheinlich ist er personengleich mit dem Rifoinus comes, der 802 in Legau (Nibelgau) bezeugt ist; Wartmann I Nr. 168. Er hätte denn einige Jahre das Grafenamt im Nibelgau bekleidet und wäre dann in den Thurgau übergewechselt, wo noch im Mai 806 Graf Ruadpert II. aus der Sippe der „Udalriche" bezeugt ist; Wartmann I Nr. 190. — Vgl. G. Tellenbach, Studien und Vorarbeiten . . . (Forschungen z. Oberrhein. Landesgesch. Bd. IV), 1957, S. 65 f. — 817 schenkt K. Ludwig d. Fr. die gräflichen Einkünfte aus einer Reihe von Gütern an St. Gallen, darunter den „mansum Rihwini de Stetim" (= Stetten bei Meersburg), Wartmann I Nr. 226. 827 verleiht der Abt von St. Gallen die Richineshufe zu Berg (bei Rorschach), Wartmann I Nr. 304. Vielleicht dürfen diese Güter mit dem Grafen Richwin oder seiner Sippe in Verbindung gebracht werden.

[40] Wartmann I Nr. 374.

[41] Wartmann II Anh. Nr. 26.

[42] Wartmann II Nr. 393.

strittigen Besitzes zu Seppenwang (abgeg. bei Diessenhofen) und erwähnt dabei seine Brüder Otger und Gerolo[43]. Alle diese Nachrichten dürften sich auf Riwin (III), den Sohn des Thurgaugrafen, beziehen. Sein Bruder Otger mag in Beziehung stehen zu Othere, für den Richine, Huppold und Thiotpold 897 zeugten. Gerolo ist die Verkleinerungsform von Gerold, ein Name, der sich im Hause der „Udalriche" mehrfach findet. Die Mutter Kunigunde, die Gemahlin des Thurgaugrafen Riwin (II), könnte eine „Udalrichingerin" sein[43a]. Im Jahr 859 schenken Wita und ihr Sohn Richini an St. Gallen Güter zu Fägswil (bei Rapperswil Kt. Zürich) und behalten dagegen eine mit dem Kloster strittige Hufe in Hadlikon[44]. Vermutlich handelt es sich hier um Witwe und Sohn Riwins (III). Der Sohn Richini (IV) würde als Zwischenglied zwischen Riwin (III) und die Zeugengruppe von 897 passen; er könnte am ehesten ein Verwandter der Zeugen von 897 von deren Mutterseite sein[45].

So fassen wir im Thurgau eine Sippe, die den Namen Richwin-Riwin als Leitnamen führte. Sie war möglicherweise mit den „Udalrichen" verschwägert, die im Thurgau reichen Besitz aus ehemaligem Herzogsgut hatten, und sie verband sich wohl um die Mitte des 9. Jahrhunderts mit dem Geschlecht, welches die Namen Hupald und Thietpald bevorzugte.

Der Name Hupald ist in den frühesten Urkunden des Thurgaus nicht zu finden, vielleicht ein Hinweis, daß der Name nicht aus diesem sich sonst durch reiche Überlieferung auszeichnenden Raume stammt. Erstmals im Jahre 808 ist ein Hunpold (= Huginpold I) im Kloster St. Gallen Zeuge, als Cunderat seinen Besitz in Höchst an der Rheinmündung (Vorarlberg) an das Kloster schenkt[46]. Sodann leistet 827 ein Hugibold Zeugenschaft in Elgg (bei Winterthur), als Immo an St. Gallen Güter zu Affeltrangen, Stettfurt, Immenberg (bei Schönholzersweilen), Wezikon, Zezikon, Tekinhova (?), Wirinchova (?), Zutereswilare (?), Märwil, Wilen und Battlehausen (bei Tobel) übergibt[47]. Der zeitliche Abstand zu Hunpold (I) läßt vermuten, daß

---

[43] Wartmann II Nr. 439.

[43a] Dafür würde auch sprechen, daß Graf Richwin im J. 806 den „Udalrichinger" Ruadpert II. im Grafenamt ablöst (vgl. Anm. 39), er seinerseits aber im J. 814 von dem „Udalrichinger" Ulrich II., dem Bruder Ruadperts II., vertreten wird, Wartmann I Nr. 212. Es sieht so aus, als sei das Grafenamt im Thurgau damals wechselnd von Angehörigen der Sippe der „Udalriche" verwaltet worden. Richwin als Gemahl der Kunigunde könnte der Schwager oder angeheiratete Vetter Ruadperts II. und Ulrichs II. und damit selbst ein Angehöriger der Sippe der „Udalriche" im weiteren Sinne gewesen sein. Vgl. auch Anm. 58.

[44] Wartmann II Nr. 468.

[45] Nach 890 leistet in Mappach (bei Lörrach) ein Richine Zeugenschaft, als Rihsind(!) Besitz im Breisgau an St. Gallen schenkt, Wartmann II Nr. 777. Richine steht am Ende der Zeugenreihe, war daher noch jung. Es geht wohl nicht an, ihn mit dem Zeugen Richine von 897 zu identifizieren; überhaupt ist es fraglich, ob er mit unserer Sippe zu tun hat.

[46] Wartmann I Nr. 108.

[47] Wartmann I Nr. 307.

er der nächstjüngeren Generation angehörte (= Huginpold — Hupald II). Gewiß war er selbst in der durch die genannten Orte umschriebenen Gegend begütert. Erst wieder 852 treffen wir einen Hugibold als Zeugen in Romanshorn, als Wolverat Besitz in Kesswil an St. Gallen übertrug[48]. Er dürfte wiederum eine Generation jünger sein (= Huginpold — Hupald III). Wohl derselbe Hugibold (III) ist 869 Zeuge in Götzenwil (bei Winterthur), als Hiltigart Gut in Schneit (bei Elgg) an St. Gallen übergibt[49].

Im Jahre 883 findet in Oberwinterthur ein Gütertausch Thiotpolds mit St. Gallen statt. Thiotpold gibt dem Kloster 55 Jauchert zwischen den Orten Zihlschlacht, Schocherswil, Aach und Hefenhofen nebst Waldland bei Wilen. Er erhält dafür Klostergut zu Kradolf an der Thur. Spitzenzeuge nach dem Amtsgrafen Adalbert dem Erlauchten ist Hupold; ein weiterer Zeuge ist Othere[50]. Ganz gewiß handelt es sich um die gleichen Personen, die uns bei dem Tauschgeschäft von 897 schon begegnet sind. Hupolds Stellung als Spitzenzeuge spricht für engste Beziehung zu Thiotpold; wir betrachten sie am besten als Brüder. Sie sind dann sicher eine Generation jünger als der 852 und 869 bezeugte Hugibold (III).

Wohl der gleiche Hupold (IV) wie 883 und 897 begegnet uns 899 mit einem Reginbold in der St.-Mang-Kirche zu St. Gallen, wo sie als Spitzenzeugen für Cinzo auftraten, der dem Kloster Besitz in Zihlschlacht übertrug[51].

Bei Zihlschlacht war ja auch Thiotpold begütert, für den Hupold (IV) 883 als Spitzenzeuge tätig war. Die Urkunden von 883, 897 und 899 gehören also zusammen; die uns darin interessierenden Personen gleichen Namens sind identisch. Der Mitzeuge Reginbold von 899 wird ein Verwandter sein. Wir erinnern uns, daß ein Neffe des Bischofs Ulrich den Namen Reginbald trug.

Hupold (IV) dürfte in näherer Beziehung zu den „Udalrichen" gestanden sein. 886 nämlich ist Hugebald (= Hupold IV?) in Adorf zugegen, als die Äbtissinnen des dortigen Frauenklosters Irmintrud und Perehtrud, die Töchter des Grafen Ulrich IV., mit ihrer Schwägerin Engilbirc einen Prekarienvertrag über Güter in Hettlingen und Hochfelden (Kt. Zürich) eingingen[52]. Es handelte sich um ein vorwiegend familieninternes Gütergeschäft. Wer dem als Zeuge beiwohnte, wird der Familie der „Udalriche" enger verbunden gewesen sein. Im Jahre 894 übertrug Graf Ulrich IV. dem Kloster Adorf beträchtlichen Besitz in verschiedenen Orten, u. a. in Wittershausen, und zwar

---

[48] Wartmann II Nr. 494; wegen des Datums vgl. Thurgauer UB I Nr. 80.
[49] Wartmann II Nr. 544.
[50] Wartmann II Nr. 631. Im selben Jahr 883 zeugt Hubolt in Zürich, als Adalbert mit dem Kloster St. Felix und Regula Güter tauscht. Unter den Zeugen ist auch ein Theobolt, UB Zürich I Nr. 145.
[51] Wartmann II Nr. 717.
[52] Wartmann II Nr. 655.

zwei Huben, dazu das Eigengut Hugibalds und das Eigengut der freien Leute sowie das Widumgut der Kirche[53]. Hugibald hatte somit Eigengut im selben Ort Wittershausen, in dem Graf Ulrich IV. begütert war und ortsherrliche Rechte besaß. Man wird die Besitzgemeinschaft Hugibalds mit Ulrich IV. wohl als Erbengemeinschaft deuten dürfen. Ist dem so, dann waren die beiden verwandt; dann hatte Hugibald Anteil an einem Gut, das höchst wahrscheinlich einst Herzogsgut gewesen war. Hugibald tritt bei diesem Rechtsgeschäft zwar selbst nicht in Erscheinung; er wird zuvor dem Grafen Ulrich IV. das Verfügungsrecht über seinen Eigenbesitz übertragen haben.

Unter den Zeugen von 897 sicher der jüngste war Thiotpold. Er ist uns schon 883 als Eigentümer von Grundbesitz um Zihlschlacht begegnet. Sehr wahrscheinlich er identisch mit jenem Thietpold, der 882 als Zeuge in Romanshorn erscheint[54]. Sicher ist er es, der 894 in Wertbühl (bei Sulgen) als Spitzenzeuge für Engilpret auftritt, als dieser Gut in Wuppenau, Zuckenriet, Zuzwil und Hagenbuch an St. Gallen übertrug[55]. Denn diese Güter liegen den in den Urkunden von 883 und 897 erwähnten Orten benachbart. Man muß überhaupt die Urkunden von 883, 894 und 897, in denen Thiotpold erscheint, im Zusammenhang sehen. Umreißen doch die darin genannten Orte ein verhältnismäßig geschlossenes Gebiet von beträchtlichem Umfang. Offenbar ist es die Besitzlandschaft einer Sippe, die den Namen Thiotpold-Dietpald schätzte. Denn in diesem Bereich sind Träger dieses Namens schon 762 bezeugt[56]. In Zuckenriet, das mitten in diesem Bezirk gelegen ist, fand 782 ein Rechtsgeschäft statt, bei dem Roadpert die Hälfte seines Besitzes in Zuckenriet an St. Gallen übertrug. Zweiter Zeuge nach Wurmher war Deotpalt[57]. Der Zeuge Deotpald stand dem Schenker Roadpert offenbar recht nahe; vermutlich waren sie verwandt. Roadpert aber ist wohl kein anderer als der Sohn Nebis, der seinerseits ein Enkel Herzog Gotefrids († 709) gewesen ist[58]. Daß Roadpert hier ohne den üblichen Grafentitel genannt wird,

---

[53] Wartmann II Nr. 691: „Trado etiam duas hobas in Witherreshusa necnon et proprietatem Hugibaldi similiter et proprietatem liberorum hominum et dotem ipsius ecclesiae".

[54] Wartmann II Nr. 621.

[55] Wartmann II Nr. 692.

[56] Wartmann I Nr. 34 (762) und Nr. 64 (772); schon 751 ist ein Teubaldus Zeuge in der Nähe von Lörrach, Wartmann I Nr. 14.

[57] Wartmann I Nr. 98; dieselben Zeugen treten 779 bei der Schenkung Hisos in der gleichen Gegend auf, Wartmann I Nr. 86.

[58] Roadpert läßt sich nicht ganz eindeutig identifizieren. Die ältere Forschung kennt nur zwei Roadperte = Roberte, nämlich 1. Robert I., den Sohn Nebis, bezeugt ab 770 bis 799, Graf im Linz- und Argengau; 2. Robert II., den Sohn Ulrichs I., bezeugt ab 800, Graf im Linz- und Argengau, Thur- und Alpgau, zuletzt 813 erwähnt. Vgl. E. Knapp, Die älteste Buchhorner Urkunde, Württ. Vierteljahresh. f. Landesgesch. NF XIX, 1910, S. 205 ff. — Der Schenker Roadpert (782) kann nur mit Robert I., dem Sohn Nebis, gleichgesetzt werden.

Die neuere Forschung bezieht die Nachricht, daß ein „dux Rodbertus" 785 bei Bozen im Kampf gegen die Bayern gefallen sei, auf Robert I.; vgl. G. Tellenbach,

dürfte nicht viel besagen[58a]. Zuckenriet war ehemaliges Herzogsgut, und in der nächsten Umgebung befand sich viel altes Herzogsgut. So schenkte König Karl III., der am Erbe der Hildegard teilhatte, 879 Güter in Zuckenriet und (Ober-, Nieder-)Uzwil an St. Gallen[59]. In Zuckenriet und Glattburg war ein Petto begütert, der zur Sippe der „Udalriche" gehören dürfte[60]. Wenige Kilometer von Zuckenriet liegt der Ort Oettlishausen (bei Bischofzell), der seinen Namen von Odilo erhalten haben dürfte, einem Sohn Herzog Gotefrids, der bis 748 als Herzog in Bayern regierte.

Höchst wahrscheinlich hatte auch die Sippe der Thiotpolde-Dietpalde, deren Besitz mit dem der „Udalriche" im Gemenge lag, Anteil am alten Herzogsgut. Wir erinnern uns, daß Herzog Gotefrid einen Sohn namens Theutbald hatte. Dieser ist nach mehreren vergeblichen Versuchen, sich gegen die karolingischen Hausmaier zu erheben, nach 746 in Gefangenschaft gestorben. Von Nachkommen Theutbalds ist nichts bekannt. Das besagt jedoch nur, daß er offenbar keine Söhne hinterlassen hat, schließt aber nicht aus, daß er Töchter hatte. Diese vererbten den Namen des Vaters und wohl auch einiges

---

Studien u. Vorarbeiten... a.a.O. S. 67. — Damit ergibt sich die Frage, auf wen Nennungen eines Grafen Robert im Linz- und Argengau zwischen 786 und 799 zu beziehen sind. Sie auf Robert II. zu beziehen, dürfte altershalber nicht zulässig sein.

J. Siegwart, Zur Frage des alemann. Herzogsgutes um Zürich, Schweizer. Zeitschrift f. Gesch. Bd. 8, 1958, S. 145 ff. unterscheidet drei Roberte. Auf Robert I., den Sohn Nebis, bezieht er die Daten bis 788. Auf Robert II., den er als Sohn Roberts I. und Enkel Nebis einreiht, bezieht er die Daten von 794 bis 807. Für Robert, den Sohn Ulrichs I., der als solcher erstmals 800 erwähnt ist, bleiben nur Nennungen zu 808 und 813. Siegwart identifiziert den Schenker Roadpert (782) mit seinem Robert II. (vgl. Siegwart a.a.O. S. 177). — Für diese Auffassung könnte sprechen, daß a) der Schenker Roadpert nicht den Grafentitel führt. Nach Siegwart wäre er ja der Sohn Roberts I., der bis 788 als Graf amtierte; b) Roadpert (782) einen „filius" als seinen Rechtsnachfolger erwähnt, ohne ihn namentlich zu nennen, und zwar wohl deshalb, weil dieser noch recht jung war. Einen noch unmündigen Sohn könnte Siegwarts Robert II., der um 750 geboren sein müßte, eher gehabt haben als Robert I., der wohl um 720 geboren ist. — Gegen diese Auffassung spricht, daß bei näherer Betrachtung der Urkunden die Verteilung der Daten auf drei Personen und deren zeitliche Abgrenzung recht willkürlich erscheint. Auch ist die Identität des „dux Rodbertus" mit Robert I. und damit dessen Tod 785 keineswegs erwiesen. — Für uns ist die Frage nicht entscheidend. Auch wenn man den Schenker Roadpert (782) mit Robert II. (Siegwart) gleichsetzt, ist er in jedem Fall ein Nachkomme Nebis.

[58a] Man vermißt in der Urkunde von 782 auch die Erwähnung des zuständigen Amtsgrafen. Für den Thurgau ist ab 779 bis 787 überhaupt kein Amtsgraf bekannt. So wäre wohl denkbar, daß Robert I., der gleichzeitig als Graf im Linz- und Argengau bezeugt ist, den Thurgau mit verwaltet hat. Er, der Aussteller der Urkunde, wäre dann selbst der zuständige Amtsgraf. Bei einer so allgemein bekannten Persönlichkeit, wie er es war, erübrigte sich die Erwähnung eines Titels.

[59] Wartmann II Nr. 613.

[60] Wartmann I Nr. 116; vgl. Jänichen, Baar u. Huntari a.a.O. S. 89 u. 105 f.

von dessen ehemaligem Besitz auf ihre Nachkommen. Wie erwähnt, ist ein Teotbold-Thiotbold seit 762 im Thurgau bezeugt (= Thiotpold I)[61].

Es ist gewiß derselbe, der 782 Zeugenschaft leistete, als Roadpert über Güter in Zuckenriet verfügte. Auf Grund der bekannten Lebensdaten könnte er ein Enkel Herzog Theutbalds von einer Tochter desselben sein. Das würde seine Zeugenschaft für Roadpert erklären, denn nach unserer Annahme wären Thiotpold und Roadpert Vettern zweiten Grades. Thiotpolds Vater hieß Graloh; er ist 776 als Grundbesitzer im Thurgau bezeugt[62]. Er müßte sodann der Gemahl der Tochter Herzog Theutbalds sein.

Ein jüngerer Theotpald (II) wie auch ein Craloh finden sich in derselben Gegend seit 818 wiederholt als Zeugen. 824 stehen beide unmittelbar nebeneinander in derselben Zeugenreihe[63]. Offenbar sind sie nah verwandt, vielleicht Brüder.

Die Verbindung der Namen Thiotpold-Graloh deutet jedenfalls darauf hin, daß es sich um Nachkommen Thiotpolds (I) und seines Vaters Graloh handelt. Man wird sie als Enkel Thiotpolds (I) betrachten dürfen. Als Zwischenglied käme ein Craloh in Betracht, der 806 als Zeuge erscheint[64]. Der jüngere Graloh ist bis 831 bezeugt, mehrmals gemeinsam mit einem Thiotpold[65]. Doch fällt auf, daß bei einer Beurkundung in Elgg 827 unter insgesamt 28 Zeugen Graloh an 12., Thiotpold dagegen erst an 25. Stelle erscheint. So ist zu vermuten, daß es sich hier bereits um einen jüngeren Thiotpold (III) handelt.

Sicher wieder um eine Generation jünger ist ein Thiotpold (IV), der sich seit 853 nachweisen läßt. Er war 862 in Binzen (bei Lörrach) zugegen, als über Güter im Breisgau verfügt wurde († Theotpold. De Durgauge. † Craloh.), und bezeugte 863 in Ewattingen (bei Bonndorf) die Schenkung eines Priesters Reginbold[66]. Er leitet über zu jenem Thiotpold (V), der uns zwischen 882 und 897 begegnet ist und zu Richine und Huppold (IV) in engster Beziehung stand[67].

Im Thurgau ist also ab der Mitte des 8. Jahrhunderts eine Sippe nachweisbar, die den Namen Thiotpold pflegte. Der Name weist — wie gesagt — ins alte Herzogshaus, auf den Sohn Herzog Gotefrids namens Theutbald († n. 746). Die Sippe ist in einer Gegend begütert, in welcher Besitz des Herzogshauses nachgewiesen ist. Es ist daher sehr wahrscheinlich, daß die

---

[61] Wartmann I Nr. 34, 37, 62, 64, 86, 89.

[62] Wartmann I Nr. 80.

[63] Wartmann I Nr. 238, 232, 244, 287.

[64] Wartmann I Nr. 190.

[65] Wartmann I Nr. 307, 335, 337, 345.

[66] Wartmann II Nr. 471, 472, 490, 493, 548, 555; die letzten Nennungen ab 870 könnten auch auf eine jüngere Person bezogen werden.

[67] Sicher jünger ist ein Thiotpold, der 903 zu Bütswil erscheint, 907 in Uster (bei Zürich) und 913 in St. Gallen Zeugenschaft leistet; Wartmann II Nr. 725, 753 und 774. Er könnte ein Bruder Hupalds von Wittislingen sein.

Die Vorfahren Bischof Ulrichs von Augsburg (923–973)

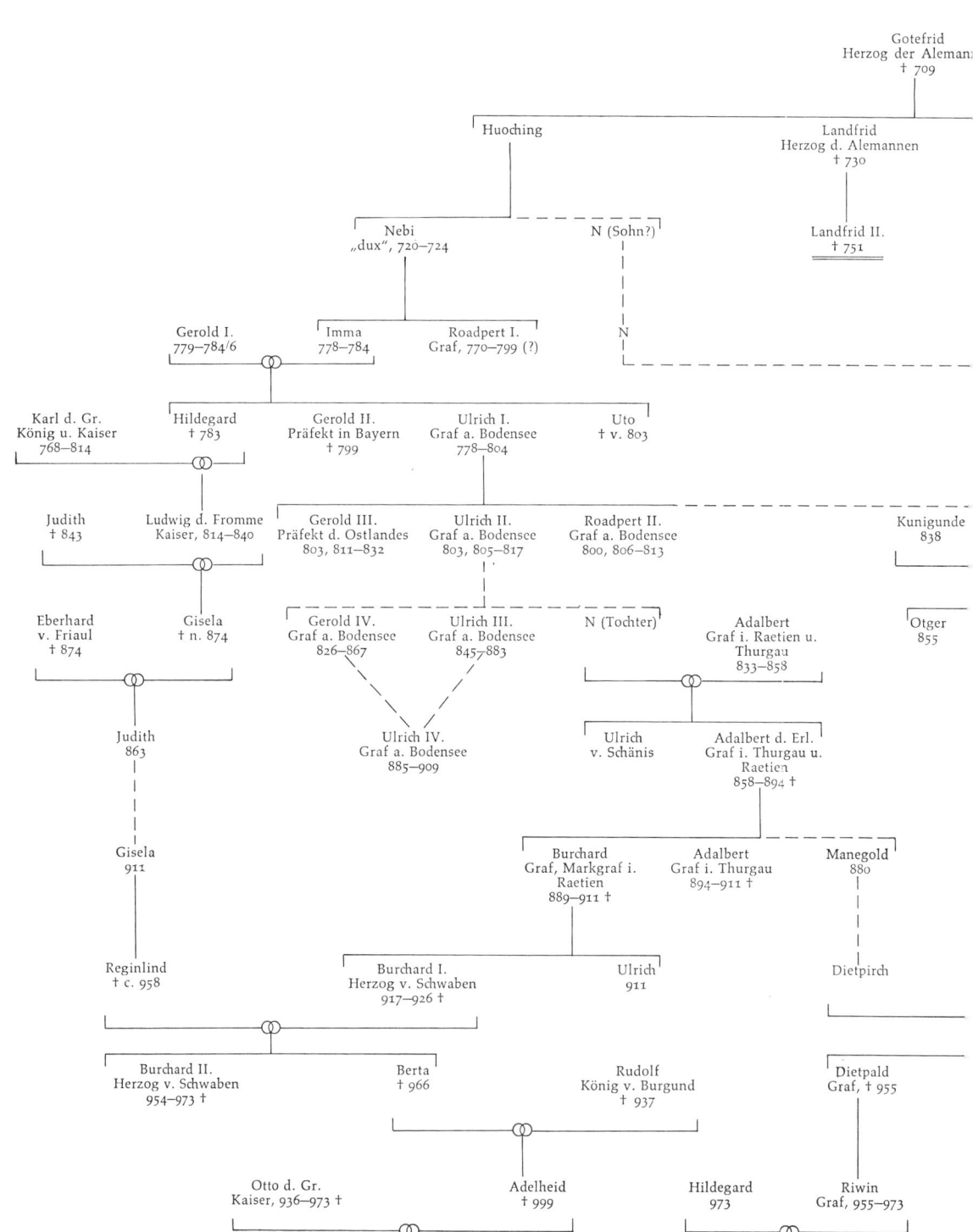

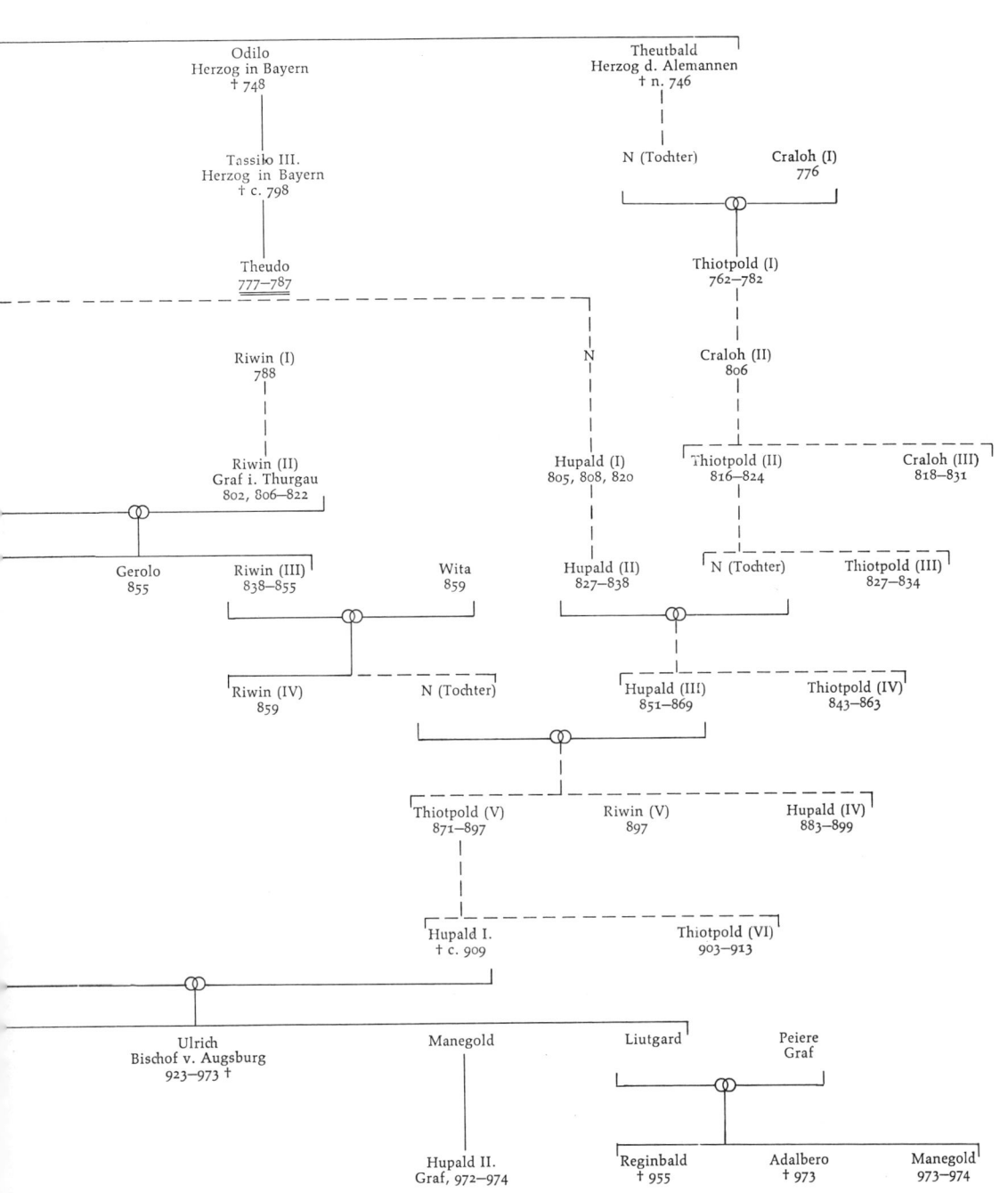

Odilo
Herzog in Bayern
† 748

Theutbald
Herzog d. Alemannen
† n. 746

N (Tochter)   Craloh (I)
776

Tassilo III.
Herzog in Bayern
† c. 798

Thiotpold (I)
762–782

Theudo
777–787

Riwin (I)
788

N

Craloh (II)
806

Riwin (II)
Graf i. Thurgau
802, 806–822

Hupald (I)
805, 808, 820

Thiotpold (II)
816–824

Craloh (III)
818–831

Gerolo
855

Riwin (III)
838–855

Wita
859

Hupald (II)
827–838

N (Tochter)

Thiotpold (III)
827–834

Riwin (IV)
859

N (Tochter)

Hupald (III)
851–869

Thiotpold (IV)
843–863

Thiotpold (V)
871–897

Riwin (V)
897

Hupald (IV)
883–899

Hupald I.
† c. 909

Thiotpold (VI)
903–913

Ulrich
Bischof v. Augsburg
923–973 †

Manegold

Liutgard

Peiere
Graf

Hupald II.
Graf, 972–974

Reginbald
† 955

Adalbero
† 973

Manegold
973–974

H. Bühler, Juli 1973

Thiotpold-Sippe über eine Tochter Herzog Theutbalds mit dem Herzogshaus
verbunden war. Als Stammvater der Sippe wäre der 776 bezeugte Graloh (I)
zu betrachten. Daß die Angehörigen dieser Sippe im karolingischen Frankenreich keine hohen Ämter, wie etwa das Grafenamt, bekleideten, wundert uns
nicht angesichts der grausamen Härte, mit der die Karolinger gegen den unbotmäßigen Theutbald und seine Anhänger vorgegangen sind (Blutbad von
Cannstatt 746). Dem Ansehen der Sippe tat dies keinen Abbruch, und ein
Teil des alten Herzogsguts wird den Erben Theutbalds geblieben oder später
zurückgegeben worden sein.

Die Thiotpold-Sippe verband sich offenbar im frühen 9. Jahrhundert mit
einer Sippe, in der der Name Hupald Leitname war und die seit 827 in
engerer Beziehung zum Thurgau nachzuweisen ist[68]. Wohl eine Generation
später kam die Verbindung mit der Sippe der Riwine zustande, der Sippe,
welcher der gleichnamige Thurgaugraf (806–822) entstammt. Wahrscheinlich
war die Mutter der Zeugen von 897 — Richine, Huppold, Thiotpold, die wir
als Brüder betrachten — aus diesem Geschlecht. Das Zusammentreffen der
drei Namen Richine, Huppold und Thiotpold in engstem Verwandtenkreis
ist u. E. ein untrüglicher Beweis, daß es sich um Angehörige der Familie des
Bischofs Ulrich handelt. Wir möchten sie jetzt, wo wir ihre Lebensdaten
etwas genauer kennen, eher als die Generation von Ulrichs Großvater ansehen.

Wenn Bischof Ulrichs Vorfahren von Vaterseite her wirklich im Thurgau
namhaften Besitz und verwandtschaftliche Beziehungen hatten, so müßten
Spuren dieses Besitzes eigentlich auch noch in den Händen der „Hupaldinger"
oder ihrer Erben zu finden sein. Wir glauben solchen Besitz tatsächlich ermitteln zu können, und zwar in Händen der Herren von Sulmetingen, die sich
von Ulrichs Schwester Liutgard ableiten. Berthold von Sulmetingen, der
1087 beurkundet ist, schenkte dem Kloster Allerheiligen zu Schaffhausen
reichen Besitz in Affeltrangen (darunter einen Teil der Kirche) und in
Wigoltingen[69]. Beide Orte schließen sich an den Bereich an, den wir als
Besitzlandschaft der Thiotpold-Sippe umreißen konnten. Hugibold (II) hatte
827 Zeugenschaft geleistet, als Immo über Güter in Affeltrangen und benachbarten Orten verfügte[70].

Es stellt sich nun auch die Frage, ob nicht einiges vom Besitz der Grafen
von Dillingen, die nachweislich seit 1079 auf der Kyburg bei Winterthur
saßen und sich nach ihr benannten, aus dem Hausgut der Thiotpolde stammen könnte, ja, ob nicht vielleicht die Heirat Graf Hartmanns I. von Dillingen
(† 1121) mit der Kyburgischen Erbtochter Adelheid (um 1065) vielleicht
auch den Zweck verfolgte, Restbesitz aus dem Erbe der Thiotpolde mit dem

---

[68] Vgl. Zeugenliste der Urk. von 827. Aug. 26. (Wartmann I Nr. 307):
„. . . sig. Hugibold (Nr. 11) . . . sig. Craloh (Nr. 13) . . . sig. Theotpold (Nr. 26) . . ."
[69] Quellen z. Schweizer Gesch. III Tl. 1 S. 133.
[70] Wartmann I Nr. 307.

Kyburgischen Hausgut zu vereinigen, um so eine wirkliche Machtposition im Thurgau zu erlangen. — Zu denken gibt die weit ins Mittelalter zurückreichende Überlieferung der Klöster St. Ulrich in Augsburg, Heiligkreuz in Donauwörth und Neresheim, die mit Entschiedenheit bereits den Vater Hupalds I. sowie diesen selbst als „Grafen von Kyburg" apostrophiert[71]. Ob diese zweifellos anachronistische Benennung nicht vielleicht darin ihren Grund hat, daß man im späten Mittelalter noch davon wußte, daß die „Hupaldinger" auch im Thurgau verwurzelt waren?

Auch müßten die Beziehungen Ulrichs von Ebersberg (ca. 969–1029) und seiner Sippe zu Kloster Einsiedeln und der heutigen Schweiz genauer untersucht werden. Die These Paul Kläuis, daß Ulrich von Ebersberg die Güter des geächteten Werner von Kyburg († 1030) übertragen bekommen habe, überzeugt nicht recht, zumal die Folgerungen, die er daraus für die Besitzgeschichte zieht, recht fragwürdig sind[72]. Ulrich von Ebersberg war ein Verwandter des Bischofs Ulrich durch seine Mutter Liutgard, und Bischof Ulrich selbst hatte ihn aus der Taufe gehoben[73]. Über seine Mutter könnte er „hupaldingische" Güter, die zuvor der Hupald-Thiotpold-Sippe gehört hatten, geerbt haben. Seine Beziehungen zu Einsiedeln wären dann wohl eher aus seiner Verwandtschaft zu den „Hupaldingern" zu erklären. Bischof Ulrich hatte namhaften Anteil an der Gründung Einsiedelns und ist zeitlebens mit dem Kloster in enger Verbindung geblieben[74].

Bischof Ulrich hatte auch engste Beziehungen zu St. Gallen: dort hatte er seine Ausbildung erhalten; der St. Galler Konvent bemühte sich, nach dem Tode Abt Salomons III. 919 Ulrich als Nachfolger zu gewinnen[75]. Dies wird um so leichter verständlich, wenn Ulrichs Angehörige in nächster Nachbarschaft des Klosters begütert waren und wenn seine Vorfahren zu den Wohltätern des Klosters zählten. Schließlich begreifen wir die Heirat Hupalds I. mit Dietpirch aus dem Hause der „Burchardinger", wenn Hupald I. im Thurgau begütert war, wo die Verwandten der Dietpirch lange Zeit das Grafenamt verwalteten.

---

[71] „Stemma Kyburgensium Comitum" des M. Welser (1595) in Marci Velseri Opera historica, 1682, S. 589; A. Schröder, Der „Stammbaum St. Ulrichs", Der Wormsgau Bd. I, 1933, S. 164 ff.; „Vita b. Hucbaldi", MG. SS. X S. 20 Anm. 23.

[72] P. Kläui, Hochmittelalterl. Adelsherrschaften i. Zürichgau S. 20 ff., 23 ff. u. 34 f.; vgl. Keller, Kloster Einsiedeln a.a.O. S. 124 f. mit Anm. 212 u. S. 128 mit Anm. 231.

[73] Volkert–Zoepfl, Regesten Nr. 131. Genealog. Tafeln z. mitteleurop. Geschichte, hrsg. von W. Wegener, 1962–69, Tfl. 2 nach S. 61 Nr. 6.

[74] Keller, Kloster Einsiedeln a.a.O. S. 16 f. u. 21 f.

[75] Volkert–Zoepfl, Regesten S. 63; vgl. Verbrüderungseinträge von Ulrichs Familie in St. Gallen und Reichenau bei K. Schmid, Zur Problematik von Familie, Sippe u. Geschlecht ... ZGO 105, 1957, S. 57 ff.

b) Ahnen Hupalds im Nibelgau?

Träger der für Hupalds Sippe charakteristischen Namen finden sich im
9. Jahrhundert auch im Nibelgau. Im Jahre 820 ist Hupald in Lauben Zeuge,
als Adalhart seinen Besitz zu „uf Hova" (Leutkirch) dem Kloster St. Gallen
überträgt[76]. Ein jüngerer Hucpold leistet 856 Zeugenschaft in Ausnang, als
Haycho einen Neubruch in Ausnang an St. Gallen überläßt[77]. Ausnang liegt
nur etwa 6 Kilometer von Leutkirch entfernt. Somit war Hucpold in der
gleichen Gegend zu Hause wie jener Hupald von 820. Man darf annehmen,
daß zwischen beiden engere Beziehungen bestanden; es könnte sich um Vater
und Sohn oder eher um Großvater und Enkel gehandelt haben.

860 urkundet in Aufhofen (Leutkirch) ein Priester namens Huppold. Er
übergibt an St. Gallen Güter im Nibelgau in „Cruoninberc" (abgeg. bei
Herlazhofen) und Umgebung, welche er von neun verschiedenen Männern
erworben hatte, darunter ein Hucpold[78]. Der letztere ist gewiß identisch
mit dem Zeugen von 856. Noch im selben Jahr 860 urkundet der Priester
Hupold in „Huppoldescella" (Frauenzell Kr. Kempten). Diese Mönchsniederlassung verdankte wohl ihm selbst oder einem gleichnamigen Vorfahren
ihre Gründung. Hupold schenkt an St. Gallen seinen gesamten Besitz in
„Huppoldescella", nämlich die Kirche mit allen Gebäuden und Grundstücken[79].

Im Jahre 871 findet in Willeratshofen (bei Leutkirch) ein Gütertausch
statt. Die Brüder Cundpert und Mouvo geben an St. Gallen ihren Besitz
in Langenargen gegen Klostergut inn Willeratshofen. Zeuge ist ein Thiotpold.
Da er in der Reihe der 26 Zeugen erst an 22. Stelle steht, war er ein noch
verhältnismäßig junger Mann[80]. Er bezeugt auch 884 die Schenkung von
Gütern in der Ausnanger Mark durch einen gewissen Moyses, diesmal an
8. Stelle unter 17 Zeugen. Mitzeuge ist ein Reginbold[81]. Thiotpold war
also mit derselben Gegend um Leutkirch verbunden wie die Hupalde. Vielleicht stand er in Beziehung zu dem bei Leutkirch gelegenen Ort Diepoldshofen?

Das Zusammentreffen der Namen Hupald und Thiotpold in der gleichen
eng umgrenzten Gdgend läßt darauf schließen, daß die Träger zunächst
untereinander verwandt und sodann mit den Namensvettern im Thurgau

---

[76] Wartmann I Nr. 252.

[77] Wartmann II Nr. 447.

[78] Wartmann II Nr. 470; zur Lokalisierung s. Diehl, ZWLG IV, 1940, S. 328.

[79] Wartmann II Nr. 474 – der Priester Hupold erwähnt die Söhne seines Bruders, Hartinc und Uogo (= Hugo, Kurzform des Namens Hucpald). Letzterer ist
872 in St. Gallen und 879 in Urlau Zeuge; Wartmann II Nr. 560 u. 610.

[80] Wartmann II Nr. 554.

[81] Wartmann II Nr. 639 – die Identität ergibt sich mit großer Wahrscheinlichkeit dadurch, daß in den Zeugenlisten von 871 und 884 sieben Namen übereinstimmen.

wie auch mit den „Hupaldingern" aufs engste verbunden waren. So könnte der ältere Hupald (820) identisch sein mit Hunpold (= Huginpold I), der 808 in St. Gallen wegen Besitzes in Höchst (Vorarlberg) Zeuge war[82]. Der jüngere Hucpold (856–860) mag personengleich sein mit Hugibold (III), der 852 und 869 im Thurgau nachzuweisen ist[83]. Der Priester Hupold könnte vielleicht ein Vetter des letzteren sein oder — da er wohl in vorgerücktem Alter stand — eher einer früheren Generation angehören. Thiotpold könnte sehr wohl personengleich sein mit jenem Thiotpold (V), der uns im Thurgau zwischen 882 und 897 wiederholt begegnet ist. Dieser wäre ja zur Groß-vater-Generation des Bischofs Ulrich zu rechnen.

Diese Kombinationen hängen freilich in der Luft, solange nicht eine Spur „hupaldingischen" Besitzes im Nibelgau nachgewiesen ist. Da aber scheint beachtenswert, daß ein Besitzkomplex ganz in der Nähe von Leutkirch, näm-lich um Isny, im frühen 11. Jahrhundert in Händen des Grafen Wolfrad von Altshausen (1009–1065) erscheint. Die Herkunft dieses Besitzes ist bislang ungeklärt[84]. Graf Wolfrad, der vor 1042 die Kirche in Isny erbauen ließ, war ein Urenkel von Bischof Ulrichs Schwester Liutgard und somit Teil-haber am Erbe der „Hupaldinger". Könnte er nicht „hupaldingische" Güter um Isny geerbt haben? — Die „Hupaldinger" sind uns anderwärts als Teil-haber am Erbe des altalemannischen Herzogshauses begegnet. Das Herzogs-haus muß in der Gegend um Leutkirch und Isny begütert gewesen sein. Sein Besitz ging — wenigstens zum Teil — an die „Udalriche" über[85]. Nun wird der Besitz derer von Altshausen um Isny im Süden, der der Hupald-Thiot-pold-Sippe um Leutkirch im Norden flankiert von Gütern der „Udalriche", die aus Herzogsgut stammen. Im Begüterungsbereich derer von Altshausen und der Hupald-Thiotpold-Sippe selbst weist manches auf altes Herzogsgut: Der Name des Ortes Diepoldshofen bei Leutkirch (Herzog Theutbald † n. 746), vielleicht auch Immenried bei Kißlegg (Imma war die Mutter der Königin Hildegard). Das Kirchenpatronat in Diepoldshofen befand sich spä-ter in Händen der Herrschaft Zeil, die sich vom Besitz der „Udalriche" ab-gespalten hat, war also ursprünglich Herzogsgut. Das Partozinium Gordian und Epimachus in Merazhofen zwischen Leutkirch und Isny weist auf alte Rechte des Klosters Kempten. Diese stammen wohl von Hildegard oder ihren Erben und sind somit letztlich Herzogsgut. Liegt es bei diesem Sachverhalt nicht nahe, die zwischen lauter altem Herzogsgut gelegenen Güter derer von Altshausen wie der Hupald-Thiotpold-Sippe gleichfalls aus Herzogsgut her-zuleiten? Die Hupald-Thiotpold-Sippe wäre neben den „Udalrichen" Mit-erbin des Herzogsguts. Sie hätte ihren Teil den „hupaldingischen" Nach-

[82] Wartmann I Nr. 198.
[83] Wartmann II Nr. 494 u. Thurg. UB I Nr. 80; Wartmann II Nr. 544.
[84] J. Kerkhoff, Die Grafen von Altshausen-Veringen, Hohenzoll. Jahresh. Bd. 24, 1964, S. 33 ff.
[85] F. L. Baumann, Geschichte des Allgäus Bd. I, 1883, S. 422 f.

kommen hinterlassen, und Bischof Ulrichs Schwester Liutgard hätte ihren Anteil denen von Altshausen vererbt.

c) Ahnen Hupalds im Bereich der oberen Donau?

Im Bereich der oberen Donau und um den Bussen begegnet der Name Hupald im 9. Jahrhundert in vier offenbar aufeinanderfolgenden Generationen. Im Jahr 805 bezeugt Hugibold (I) in Zell (bei Zwiefaltendorf) Schenkungen der Brüder Wago und Chadaloh, Söhne des Grafen Perahtold aus der Sippe der „Bertholde", an Kloster St. Gallen. Die geschenkten Güter lagen in Marchtal, Bussen und Seekirch, Dachdorf (abgeg. bei Marchtal), Möhringen, Daugendorf, Grüningen, Ensenheim (abgeg. bei Unlingen), Wolpoldsießen (abgeg. bei Unlingen), Emerkingen, Wachingen, Sembinwang (abgeg. bei Zell), Stiviloheim (abgeg. bei Wachingen), Erbstetten, Wilzingen sowie in Heisterkirch, Wengen, Hochdorf und Weiler (bei Waldsee)[86]. Der Zeuge Hugibold (I) mag den Schenkern Wago und Chadaloh persönlich nahegestanden sein; jedenfalls war er im Bereich der genannten Orte selbst begütert.

838 bezeugt Hunpold in Bettighofen (bei Emerkingen) Schenkungen der Brüder Pato und Engilram in Bettighofen und Rißtissen an St. Gallen. Er war samt einem Großteil der übrigen Zeugen auch zugegen, als kurze Zeit vor jener Vergabung beurkundet wurde, daß der Schenker Pato Güter in Bettighofen und (Kirch- bzw. Alt-)Bierlingen von seinem „nepos" Isanhari erworben hatte[87]. Hunpold war offenbar in derselben Gegend begütert wie jener Hugibold von 805. Deshalb darf man sie zueinander in Beziehung setzen. Wegen der zeitlichen Differenz zwischen ihrem Auftreten — es sind 33 Jahre — wird man sie aber verschiedenen Generationen zurechnen und den jüngeren Hunpold (II) als Sohn oder Neffen des Hugibold (I) betrachten.

Im Jahre 851 findet in Laupheim ein Gütertausch statt zwischen Bischof Erkanbert von Freising, der zugleich Abt von Kempten war, und dem Priester Milo. Milo gibt dem Kemptener Abt Güter im Illergau in der Mark Heimertingen (Kr. Memmingen) und erhält dafür solche in Langenschemmern, Altheim, Griesingen und Sulmetingen. Diesen Tausch bezeugt u. a. Hucpald[88]. Er muß in der Gegend der vertauschten Güter selbst Besitz gehabt haben, und zwar möchten wir mit Rücksicht auf seine Namensvettern von 805 und 838 meinen, daß sein Besitz eher im Bereich Langenschemmern, Altheim, Griesingen und Sulmetingen lag als in der Gegend von Heimertin-

---

[86] Wartmann I Nr. 185 u. 186; zur Identifizierung der Orte vgl. Jänichen, Baar u. Huntari a.a.O. S. 108 f.

[87] Wartmann I Nr. 372 samt angefügter „commemoratio" u. Nr. 373. — 843 bezeugt in Altheim (bei Riedlingen) ein Diotbald die Schenkung von Gütern in Andelfingen; Wartmann II Nr. 387.

[88] WUB I Nr. 120; vgl. Quellen u. Erörterungen NF IV Nr. 730.

gen. Liegen doch jene Orte zwischen denen, die 838 im Beisein Hunpolds vergeben wurden. Damit wären Hunpold 838 und Hucpald 851 in der nämlichen eng umgrenzten Gegend begütert. Vielleicht war Hucpald (III) der Besitznachfolger des Hunpold und somit dessen Sohn oder Neffe?

Die Nachricht von 851 läßt noch weiterreichende Schlüsse zu. Hucpald (III) bezeugte ein Gütergeschäft, das — wie erwähnt — die Orte Langenschemmern, Altheim, Griesingen und Sulmetingen betraf. Rund 120 Jahre später — im Jahre 973 — ist Sulmetingen im Besitz eines Neffen des Bischofs Ulrich namens Manegold[89]. Manegold war der Sohn von Ulrichs Schwester Luitgard und damit ein Enkel Hupalds, den wir aus der „Vita Oudalrici" als Stammvater der „Hupaldinger" kennen. Manegold „von Sulmetingen" aber wird der Stammvater des Hauses Sulmetingen-Neuffen. Seine direkten Nachkommen hatten noch um 1100 Besitz in Langenschemmern und Altheim, der zu ihrer Herrschaft Sulmetingen gehörte[90]. Ganz offensichtlich besteht ein enger Zusammenhang zwischen Hucpald (III) von 851 und Hupald, dem Vater Bischof Ulrichs und Großvater Manegolds „von Sulmetingen". Der letztere Hupald ist um 865 geboren und um 909 in den besten Mannesjahren umgekommen[91]. Nach den Lebensdaten müßte er am ehesten ein Enkel des Hucpald (III) von 851 gewesen sein. Der Zwischengeneration gehört dann jener Hupold (IV) an, der 892 ein Rechtsgeschäft Chadalohs bezeugt. Die Handlung geschah in Dieterskirch, die Beurkundung wurde auf dem Bussen vollzogen[92]. Uns scheint damit erwiesen, daß die spätere „Herrschaft Sulmetingen" während des 9. Jahrhunderts in Händen einer Sippe war, die den Namen Hupald als Leitnamen führte. Es ist ein Zweig der Vorfahren Bischofs Ulrichs von Vaterseite.

Natürlich wäre es interessant zu erfahren, wer der Besitzvorgänger der Hupalde in der Gegend um Sulmetingen gewesen sein könnte. Auch für diese Frage scheint uns die Urkunde von 851 aufschlußreich. In Langenschemmern, Altheim, Griesingen und Sulmetingen war bis 851 das Kloster Kempten begütert. Es handelt sich also um Besitz aus der allerfrühesten Zeit des Klosters. Daher liegt auch hier die wiederholt geäußerte Vermutung nahe, es könnte Gut sein, das dem Kloster von Königin Hildegard oder ihren Erben zugewendet worden ist. Es wäre damit letztlich Herzogsgut, das nach dem Tode Herzog Gotefrids († 709) der Linie Huochings zugefallen war. Diese Folgerung ist um so weniger von der Hand zu weisen, als in der weiteren Umgebung tatsächlich viel Herzogsgut war. Schon der ausgedehnte Besitz der „Bertholde" spricht dafür. Die „Bertholde" gelten ja als eine Linie des

---

[89] Vita Oudalrici c. 25, MG. SS IV S. 410; Volkert–Zoepfl, Regesten Nr. 155.

[90] Zur Herkunft des Hauses Sulmetingen-Neuffen s. H. Maurer, Die hochadligen Herren von Neuffen und von Sperberseck, ZWLG XXV, 1966, S. 59 ff.

[91] H. Decker-Hauff, Die Ottonen u. Schwaben a.a.O. S. 310; „Stemma Kyburgensium Comitum" a.a.O. S. 589.

[92] Wartmann II Nr. 684.

alten Herzogshauses; anderwärts sind Besitzungen der „Bertolde" nicht selten mit Gütern der Linie Huochings verzahnt[93]. Zudem wurde in der Gegend von Ehingen, Riedlingen und Buchau — mitten im Begüterungsbereich
der „Bertholde" und der späteren „Herrschaft Sulmetingen" — viel Herzogsgut konfisziert. Es wurde teils vom Grafen Warin um 770 zur Ausstattung
des Klosters Buchau, teils vom Grafen Rudhard um 749 zur Dotation des
Klosters Schwarzach in der Ortenau verwendet. So waren neben Kempten
in Griesingen das Kloster Schwarzach, in Langenschemmern und Altheim
das Kloster Buchau begütert[94]. Unter diesen Umständen liegt es nahe, den
Besitz der Hupalde gleichfalls aus ehemaligem Herzogsgut herzuleiten; sie
dürfen am ehesten Teilhaber am Gute Huochings gewesen sein, auf den auch
der kemptische Besitz um Sulmetingen zurückgeht.

d) Die Hupald-Thiotpold-Sippe

Bischof Ulrichs Vater Hupald hat außer seinem eigenen Namen die Namen Riwin und Dietpald in die Sippe der „Hupaldinger" gebracht. Träger
dieser Namen haben wir im 9. und zum Teil schon im 8. Jahrhundert sowohl
an der oberen Donau als auch im Nibelgau und besonders zahlreich im Thurgau gefunden. Sie sind nicht allein wegen der Namensgleichheit, sondern vor
allem auch auf Grund besitzgeschichtlicher Kriterien — in allen drei Gegenden
sind Beziehungen zum alten Herzogsgut zu erkennen — mit größter
Wahrscheinlichkeit als Vorfahren Bischof Ulrichs von Vaterseite zu betrachten. Die in den verschiedenen Gegenden ermittelten Hupalde, Dietpalde
(Thiotpolde) und Riwine gehören somit alle *einem* großen Sippenverband an.
Das besagt, daß die Träger des gleichen Namens, die um dieselbe Zeit in
den verschiedenen Gegenden bezeugt sind, personengleich gewesen sind, auf
jeden Fall zu einem guten Teil. Es gilt also festzulegen, welche Nennungen
gleichen Namens sich wohl auf die gleiche Person beziehen. Sodann muß
versucht werden, die verbleibenden Personen in ein Stammschema zu bringen.

1. Die Riwine sind allein auf den Thurgau beschränkt und deshalb verhältnismäßig leicht zu identifizieren. Ihre Beziehungen untereinander haben
wir bereits so dargelegt, wie sie uns am wahrscheinlichsten sind.

2. Auch die Dietpalde-Thiotpolde sind die längste Zeit allein im Thurgau
anzutreffen. Erst 843 ist ein Diotbald an der oberen Donau nachweisbar;
in Altheim (bei Riedlingen) bezeugt er die Übergabe von Gut in Andelfingen an St. Gallen[95]. Er mag personengleich sein mit Thiotpold (IV), den
wir seit 853 im Thurgau und anderwärts nachweisen können. Sodann erscheint in den Jahren 871 und 884 ein Thiotpold im Nibelgau. Wir setzen

---

[93] Vgl. Anm. 18.
[94] H. Jänichen, Warin, Rudhard und Scrot, ZWLG XIV, 1955, S. 372 ff., insbes.
S. 372 f., 375 u. 383.
[95] Wartmann II Nr. 387.

ihn — wie erwähnt — mit Thiotpold (V) aus dem Thurgau, der von 882–897 bezeugt ist, gleich.

3. Die Hupalde tauchen fast zur selben Zeit an der Donau wie auch im Nibelgau und an der Rheinmündung auf, wenig später im Thurgau. So bietet sich die Möglichkeit, Hugibold (I) von der Donau (805) gleichzusetzen mit Hupald vom Nibelgau (820) und mit Hunpold (I), der 808 in St. Gallen wegen eines Guts in Höchst (Vorarlberg) Zeugenschaft leistet. Denkbar wäre auch, daß Hugibold (I) von der Donau (805) der vorhergehenden Generation angehörte.

In der darauffolgenden Generation dürfte der Thurgauer Hugibold (II) von 827 wohl personengleich sein mit Hunpold (II) von der Donau (838). Etwa gleichaltrig mag der Priester Hupold vom Nibelgau gewesen sein, der zur Zeit seiner Beurkundung (860) wohl schon in vorgerücktem Alter stand. In der dritten Generation entspräche Hugibold (III) vom Thurgau (852–869) dem Hucpald (III) von der Donau (851) und dem Nibelgauer Hucpold von 856–860.

In der vierten Generation setzen wir den Thurgauer Hupald (IV), der von 883–899 bezeugt ist, gleich mit Hupold (IV) von der oberen Donau (892).

Wenn wir nun versuchen, die verbleibenden Personen in ein Schema zu bringen, so gehen wir zweckmäßigerweise wieder von der Zeugenreihe von 897 aus: Richine (= Riwin V), Huppold (= Hupald IV), Thiotpold (= Thiotpold V). Wir betrachten sie — wie erwähnt — als generationsgleich, und zwar am ehesten als Brüder. Auf Grund der bekannten Lebensdaten sehen wir in ihnen die Großvatergeneration des Bischofs Ulrich. Wer von ihnen nun der Großvater Ulrichs und somit der Vater Hupalds († ca. 909) gewesen ist, wird sich kaum mit Sicherheit entscheiden lassen; aus Gründen der Namensvererbung möchte man am ehesten an Thiotpold (V) denken. Unsere Zeugenreihe bringt zum erstenmal den Namen Richine (= Riwin) in Verbindung mit Huppold und Thiotpold, die auch früher gelegentlich gemeinsam auftreten und daher wohl schon länger verwandtschaftlich verbunden sind. So dürfte der Name Richine — Riwin von der Mutter der Brüder stammen; sie war die Tochter eines Riwin, und zwar wohl Riwins (III), den wir 838–855 fassen, und seiner Gemahlin Wita (859).

Die Riwine lassen sich nun zurückverfolgen bis auf den Grafen Riwin aus dem Nibel- und Thurgau (802–822). Vermutlich war Richin (788) dessen Vater. Vielleicht darf man die Riwine zur fränkischen Reichsaristokratie zählen, kommt doch der Name in Lothringen und Westfranken vor[96].

Graf Riwin hatte einén Sohn Gerolo (Verkleinerungsform von Gerold). Der Name läßt vermuten, Riwins Gemahlin Kunigunde (838) könnte aus der Sippe der „Udalriche" (auch Geroldinger genannt) stammen, zu der die Kö-

---

[96] G. Tellenbach, Studien u. Vorarbeiten a.a.O. S. 65 f.; vgl. E. Hlawitschka, Franken, Alemannen, Bayern u. Burgunder in Oberitalien (Forschungen z. Oberrhein. Landesgesch. Bd. VIII) 1960, S. 296 f.

nigin Hildegard gehörte. Träfe diese Vermutung zu, so bestünde über Kunigunde Verwandtschaft zu einem Zweig des alten Herzogshauses (Huoching)
und Teilhabe am Erbe der Herzöge.

Vater der drei Brüder von 897 dürfte dann jener Hupald (III) gewesen sein,
der zwischen 851 und 869 sowohl im Thurgau als auch im Nibelgau und an
der Donau erscheint, und zwar hier in eindeutiger Beziehung zu Sulmetingen.
Als dessen Vater wäre ehestens Hupald (II), 827–838, zu betrachten. Wir
vermuten, daß er in die Sippe der Thiotpolde eingeheiratet hat; erscheint
er doch 827 in Ellg als erster seines Namens in echter Beziehung zum Thurgau, wo die Thiotpolde seit Generationen verwurzelt waren. Andererseits
ist 843 erstmals ein Diotbald in Altheim (bei Riedlingen) an der Donau
nachzuweisen, vermutlich ein Sohn Hupalds (II) und somit ein Bruder
Hupalds (III). Somit wären die Hupalde als der Mannesstamm zu betrachten.—
Mit Hupald (II) generationsgleich, aber wohl verschwägert, ist dann Thiotpold (III), der 827–834 bezeugt ist. Als sein Vater und zugleich wohl als
Schwiegervater Hupalds (II) wäre dann jener Thiotpold zu betrachten, der
818–824 nachweisbar ist. Ihm sehr nahe — als Bruder oder Vetter — steht
Graloh (818–831). Über einen älteren Craloh (806) stehen beide in Verbindung mit Deotpald-Theotbald (762–782), dem Sohn Gralohs (776). Deotpald-Theotbald war offenbar ein naher Verwandter Roadperts, für den er
782 zeugte. Roadpert aber gehört zu den Nachkommen des „princeps" und
„dux" Nebi; am ehesten läßt er sich mit Nebis Sohn Rotbert I (770–785)
identifizieren, der freilich sonst den Grafentitel führt. Der Name Deotpalt-
Theotbald und die Verwandtschaft zu Roadpert machen in höchstem Maße
wahrscheinlich, daß Deotpalt-Theotbald ein Nachkomme des Herzogs Theutbald war († n. 746). Im Thurgau ist reiches Herzogsgut nachweisbar. Auf
dem Wege über eine Tochter des Herzogs Theutbald konnten Teile davon an
die Sippe der Thiotpolde gelangt sein.

Als Mannesstamm der Sippe Bischof Ulrichs wären — wie gesagt — die
Hupalde zu betrachten. Der älteste Hugibold-Hupald, den wir ermitteln
können, erscheint 805 in Zell (bei Zwiefaltendorf), 808 in St. Gallen wegen
eines Guts in Höchst an der Rheinmündung und 820 in Leutkirch im Nibelgau; wir setzen voraus, daß es sich tatsächlich um ein und dieselbe Person
handelt. Er war offenbar sowohl an der oberen Donau als auch im Nibelgau
und am Bodensee begütert. Der Besitz im Nibelgau und am Bodensee legt
nahe, daß Hugibold-Hupald in Beziehung zu den „Udalrichen" stand, die dort
begütert waren. Dasselbe gilt wahrscheinlich für den Besitz an der oberen
Donau (siehe oben); doch wäre im Bereich der Donau auch an Beziehung zu
den „Bertholden" zu denken. Die „Udalriche" stammen mütterlicherseits von
Huoching ab, einem der Söhne Herzog Gotefrids († 709). Der Name
Hupald = Hucpald ist mit dem Namen Huoching verwandt; beiden gemeinsam ist der Wortstamm „Huc-". Ein Sohn oder vielleicht auch eine
Tochter Huochings könnte den Namensstamm „Huc-" samt Besitz im Nibel-

gau sowie an der oberen Donau vermittelt haben. Somit wäre Hupald (I), 805–820, wohl ein Nachkomme — Urenkel oder Ururenkel — Huochings und hätte von ihm Teile des alten Herzogsguts geerbt. Die Besitznachbarschaft zu den „Udalrichen" würde sich so am besten erklären. Vor allem würde sich dann aufs glänzendste die Aussage Gebehards bestätigen, daß Bischof Ulrich „aus dem erlauchtesten Geschlecht der Herzöge und Grafen Alemanniens" stammte, könnte sich doch Ulrichs Vater Hupald von zwei Linien des Herzogshauses, von Huoching und von Theutbald, herleiten.

4. Ergebnis

Auf Grund des Stammschemas, das sich aus den St. Galler Urkunden ergibt, wäre Bischof Ulrich in drei- oder gar vierfacher Weise mit dem alten Herzogshaus verbunden. Sein Vater Hupald dürfte sich der Abstammung von Huoching und Theutbald rühmen; über seine Urgroßmutter aus dem Hause der Riwine wäre er möglicherweise mit den „Udalrichen" und damit ein zweites Mal mit Huoching verbunden. Seine Mutter Dietpirch stammte über ihre „burchardingischen" Vorfahren gleichfalls von den „Udalrichen" und somit von Huoching ab. Doch dieses Ergebnis beruht hauptsächlich auf Nachrichten, die sich auf andere Teile Schwabens beziehen. Dürfen wir es ohne weiteres auf Ostschwaben, die Kernlandschaft der „Hupaldinger", übertragen? Entscheidend hiefür ist, ob die in der Kernlandschaft der „Hupaldinger" erkennbaren älteren Besitzverhältnisse eine solche Herleitung der Eltern Bischof Ulrichs rechtfertigen oder gar bestätigen.

Wir haben erschlossen, daß der Besitz der „Hupaldinger" in Ostschwaben aus Herzogsgut stammt. Gründe hiefür waren gewisse charakteristische Ortsnamen im Begüterungsbereich der „Hupaldinger", deren Bestimmungswort auf Angehörige der Herzogsfamilie weist; ferner der in das „Hupaldingergut" eingesprengte Fremdbesitz: Königsgut, Besitz der Klöster Fulda und Kempten, des Hochstifts Augsburg und des fremden, nicht von den „Hupaldingern" abstammenden Adels. Ein Gutteil des Königsgutes und der Besitz des Klosters Fulda stammt wohl aus konfisziertem Herzogsgut; es müßte zuvor in erster Linie Herzog Theutbald († n. 746) eigen gewesen sein. Das übrige Königsgut, der Besitz Kemptens und der adelige Fremdbesitz geht auf die „Udalriche" und damit letztlich auf Huoching zurück. Auf Huochings Zweig weisen auch die meisten Namen der charakteristischen Orte. Somit muß Huochings Zweig des Herzogshauses in Ostschwaben beträchtliche Güter besessen haben. Da nun ein Gutteil der Orte mit den für Huochings Sippe typischen Namen im Besitz der „Hupaldinger" und ihrer Erben nachweisbar ist — erwähnt seien (Klein-)Kuchen und Oggenhausen (Kr. Heidenheim), Gerlenhofen (?) und Ettlishofen (Kr. Neu-Ulm), Emmenthal und Jettingen (Kr. Günzburg), Edelstetten (Kr. Krumbach), Ettelried und Uttenhofen (Kr. Augsburg) — müßte der Besitz der „Hupaldinger" im wesentlichen von Huoching herzuleiten sein. Außerdem könnten die „Hupaldinger" einiges aus dem Erbe Herzog Theutbalds übernommen haben, sofern dessen Nachkommen nach 746 etwas vom Familiengut verblieben oder später zurückerstattet worden ist.

Vom Herzogsgut Huochings dürfte nun zwar einiges über die „Udalriche" auf die „Burchardinger" und damit auf Dietpirch gekommen sein; zu denken wäre hier etwa an Güter in der Nähe von Ulm[97]. Daß Dietpirch jedoch Wesentliches oder gar den Hauptteil des enormen Besitzes der „Hupaldinger" zugebracht haben könnte, ist ganz unwahrscheinlich. Dann müßte man in Ostschwaben die älteren „Burchardinger" selbst oder ihre Erben, die Nellenburger und burgundischen Welfen, begütert finden. Das trifft nicht zu[98]. Die Masse des „hupaldingischen" Hausguts in Ostschwaben hatte Bischof Ulrichs Vater Hupald († ca. 909) sicher bereits ererbt; außer seinem väterlichen Erbteil mochte er auch Erbe seiner Vaterbrüder überkommen haben, von denen Nachkommen nicht bekannt sind[99]. Die ziemlich geschlossene Masse des „Hupaldingerguts" zeigt u. E. deutlich genug, daß es nicht zufällig zusammengewachsen sein kann aus dem, was etwa „hupaldingische" Ahnfrauen im Laufe der Zeit eingebracht haben oder was durch gelegentliche Erbschaften hinzugekommen ist. Es muß vielmehr seit eh und je ein beachtlicher und relativ geschlossener Komplex gewesen sein. Ein solcher kann eigentlich nur direkt von Huoching stammen. Wir möchten daher annehmen, daß sich die „Hupaldinger" väterlicherseits herleiten von einem sonst nicht bekannten Sohn oder Enkel Huochings, der vielleicht den Namen Hucpald getragen hat. Er wäre der Erblasser für die Masse des „hupaldingischen" Besitzes gewesen. Daß es im Begüterungsbereich der „Hupaldinger" lange vor Bischof Ulrichs Vater Hupald († ca. 909) mächtige Grundherren namens Hupald gegeben haben muß, beweisen die Ortsnamen Hubatsweiler (abgeg. bei Großkuchen, Kr. Heidenheim, 1298 Hubolzwiler) und Haupeltshofen (Kr. Krumbach, 1384 Hupoltzhofen). Damit stehen die Verhältnisse im Kernland der „Hupaldinger" offenbar ganz in Einklang mit den anderwärts gewonnenen Ergebnissen. Die mit Hilfe der St. Galler Urkunden erstellte Genealogie zeigt, wie man sich die Abstammung Bischof Ulrichs in etwa vorzustellen hat. Gebehards Bericht, daß sich Ulrichs Sippe von dem „erlauchtesten Geschlecht der Herzöge und Grafen Alemanniens" herleite, wird

---

[97] H. Bühler, Woher stammt der Name Gerlenhofen? a.a.O. S. 14 ff.

[98] Die jüngeren „Burchardinger" und als ihre Erben die burgundischen Welfen dürften zwar im 10. Jahrhundert vorübergehend Güter in Ostschwaben innegehabt haben — Ulm, Sontheim a. d. Brenz, Herbrechtingen, Nattheim, Mindelheim, Günzburg und Blindheim; doch stammten diese nicht von den „Udalrichen", sondern aus dem Karolingererbe der Reginlind, der Gemahlin Herzog Burchards I. Sie gingen auf K. Heinrich II. bzw. auf die salischen Herrscher über. Vgl. H. Bühler, Die „Duria-Orte" Suntheim u. Nâvua a.a.O.

[99] Vgl. jedoch Anm. 67.

sowohl von der Besitzgeschichte als auch von der Genealogie her voll bestätigt.

Vor diesem Hintergrund gewinnt eine Nachricht wieder an Interesse, die man in den Bereich der Fabel verwiesen hat, die Nachricht nämlich, daß Herzog Tassilo III. von Bayern († ca. 798) in Neresheim im Jahre 777 ein Kloster gegründet habe[100]. Diese Nachricht ist insofern bedeutsam, als Tassilo ein Sohn Herzog Odilos von Bayern († 748) und dieser wiederum ein Sohn des Alemannenherzogs Gotefrid († 709) gewesen ist[101]. Tassilo müßte seine Gründung Neresheim mit alemannischem Herzogsgut ausgestattet haben.

Die Neresheimer Tassilo-Tradition geht auf Kremsmünster zurück, das zweifelsfrei von Tassilo gegründet wurde. Sie ist dort immerhin schon im ausgehenden 13. Jahrhundert nachzuweisen und verdient Beachtung. Bei den Besitzverhältnissen, die wir nunmehr in Ostschwaben für das 8. und 9. Jahrhundert annehmen dürfen, halten wir es für sehr wahrscheinlich, daß auch Tassilo durch seinen Vater Odilo Anteil am dortigen alemannischen Herzogsgut erworben hat. Da ihm als Herzog in Bayern dieser Besitz zu entlegen war, mochte er ihn zu einer Klosterstiftung verwendet haben. So steht die Neresheimer Tassilo-Tradition mit unseren Ergebnissen in Einklang und erhärtet sie. Da Tassilo keine Erben hinterließ, fiel das Kloster als Eigenkirche an seine nächsten Verwandten. Spätestens im ausgehenden 11. Jahrhundert war Neresheim in Händen der Grafen von Dillingen, der direkten Nachkommen und Erben der „Hupaldinger". Die letzteren waren — nach unseren Ergebnissen — die Nachkommen Huochings und Theutbalds und gehörten somit zu den nächsten Verwandten Tassilos, die berechtigt waren, sein Erbe anzutreten. Somit stimmt auch die Geschichte Neresheims nach Tassilo völlig mit unseren Vorstellungen überein. Nun bringt die „Vita beati Hucbaldi" schon Hupald, den Vater Bischof Ulrichs, mit Neresheim in Verbindung. Ihr zufolge soll Hupald im Jahre 908, nachdem er in Frankfurt eines gewaltsamen Todes gestorben war, in Neresheim beigesetzt worden sein. Die Nachricht der „Vita" beruht auf alter Neresheimer Überlieferung, wird aber für wenig glaubenswürdig gehalten[102]. Nach unserer Vorstellung müßte Neresheim tatsächlich im Besitz Hupalds gewesen sein; die Klosterkirche aus der Zeit Tassilos könnte jene Kirche sein, in der Hupald beigesetzt wurde. So gewinnt die Aussage der „Vita beati Hucbaldi" an Wahrscheinlichkeit. Sie steht keineswegs in Widerspruch zu der Nachricht der „Vita sancti Oudalrici", daß Ulrichs „parentes" in der Kirche zu Wittislingen bestattet seien[103].

---

[100] Chronik des Bernhardus Noricus, MG. SS. XXV S. 641 u. 660.

[101] E. Zöllner, Die Herkunft der Agilulfinger, MIÖG Bd. 59, 1951, S. 245 ff., insbes. S. 259 ff.

[102] MG. SS. X S. 20 Anm. 23 im Auszug; Pl. Braun, Geschichte d. Grafen v. Dillingen u. Kiburg a.a.O. S. 402; Annales Neresheimenses zu 1477, Württ. Gesch. Qu. II, 1888, S. 26. — Vgl. Steichele, Das Bistum Augsburg III S. 32 Anm. 4.

[103] MG. SS. IV S. 410; Volkert–Zoepfl, Regesten Nr. 155.

Denn der Begriff „parentes" meint ja nicht nur die Eltern im engeren Sinn, sondern die Vorfahren im allgemeinen. Die Annahme, Ulrichs Vorfahren im weiteren Sinne seien in Wittislingen bestattet, steht in Einklang mit der sicher berechtigten Auffassung, daß Wittislingen seit alters Sitz der Ahnen der „Hupaldinger" war. Als uralter Adelssitz ist Wittislingen ja ausgewiesen durch das Grab der „Fürstin" aus der zweiten Hälfte des 7. Jahrhunderts, das 1881 aufgedeckt worden ist. Die „Fürstin" gilt bald als Ahnfrau der „Hupaldinger", bald als Angehörige des alemannischen Herzogshauses, etwa als Mutter oder Großmutter Herzog Gotefrids († 709)[104]. Nach unseren Ergebnissen könnte sie beides zugleich gewesen sein. Sie wäre dann die älteste Person, die sich mit einiger Wahrscheinlichkeit den Ahnen Bischof Ulrichs zuzählen läßt. Die Grabbeigaben beweisen, daß das linksrheinische Franken ihre Heimat war. Genealogische Überlegungen kommen zu dem Schluß, daß Herzog Gotefrid durch seine Gemahlin oder Mutter mit dem Adel Moselfrankens verwandtschaftlich verbunden war (Sippe der Plectrudis, Gemahlin Pippins II., † 714). Die Ahnenreihe Bischof Ulrichs würde damit in die vornehmsten Geschlechter der Merowingerzeit hinaufreichen.

---

[104] J. Werner, Das alemannische Fürstengrab von Wittislingen, 1950, S. 78; H. Decker-Hauff, Die Ottonen u. Schwaben a.a.O. S. 313.

Die Vorfahren des Bischofs Ulrich von Augsburg (923-973). In: JHVD Jg. 75. 1973, S. 16 bis 45.

Richinza von Spitzenberg und ihr Verwandtenkreis
Ein Beitrag zur Geschichte der Grafen von Helfenstein

Vor 15 Jahren untersuchte Hans Jänichen „die schwäbische Verwandtschaft des Abtes Adalbert von Schaffhausen (1099-1124)" und widmete ein eigenes Kapitel der Großmutter des Abtes, Richinza von Spitzenberg[1]. Jänichen wertete den reichen Urkundenbestand des Klosters Allerheiligen in Schaffhausen aus und zog ergänzend Nachrichten der Zwiefalter Chronisten, des „Codex Hirsaugiensis", des Reichenbacher Schenkungsbuchs und des Tubingius heran[2]. Er ermittelte folgende Nachkommen der Richinza von Spitzenberg:

		Richinza v. Spitzenberg 1092		
Eberhard v. Metzingen 1075-1112	∞ Richinza 1102	Werner v. Kirchheim Graf v. Frickingen 1091-1112	Mathilde v. Spitzenberg 1116	∞ Aribo v. Wertingen

Er konnte feststellen, daß Richinza von Spitzenberg zweimal verheiratet war und daß die Kinder Werner und Richinza aus der einen, Mathilde aber aus der anderen Ehe stammten. Er folgerte: „Mathildes Vater ist ein Angehöriger des Geschlechts, das sich abwechslungsweise von Helfenstein, von Spitzenberg oder von Sigmaringen nannte, während Werners Vater ein Frickinger gewesen sein muß"[3].

Auf die Herkunft der Richinza von Spitzenberg, die sich auch „de Simeringen" (Sigmaringen) nennt[4], ging Jänichen nicht ein, und auch die Helfensteiner klammerte er aus seiner Untersuchung aus. Richinzas Herkunft und ihr Verhältnis zu den Helfensteinern sollen nun Gegenstand unserer Untersuchung sein. Wir glauben damit Fragen anzuschneiden, die in das Interessengebiet des Jubilars gehören, dem diese Zeilen gewidmet sind. Da Jänichen entscheidende Vorarbeit geleistet hat, werden wir öfters auf seine Argumente und Folgerungen zurückkommen.

---

[1] Schaffhauser Beiträge z. vaterländ. Geschichte Heft 35, 1958 S. 5 ff, inbes. S. 22 ff.
[2] Das Kloster Allerheiligen in Schaffhausen, hrsg. v. F. L. Baumann, Quellen zur Schweizer Geschichte Bd. III, 1883 S. 1 ff; Die Zwiefalter Chroniken Ortliebs und Bertholds, hrsg. v. E. König u. K. O. Müller, Schwäb. Chroniken der Stauferzeit Bd. 2, 1941; Codex Hirsaugiensis, hrsg. v. E. Schneider, Württ. Gesch. Quellen I, 1887; Das Schenkungsbuch des Klosters Reichenbach, WUB II S. 389 ff; Christian Tubingius, Burrensis Coenobii Annales, hrsg. v. G. Brösamle, Schriften zur südwestdeutschen Landeskunde Bd. 3, 1966.
[3] Jänichen a. a. O. S. 24.
[4] Cod. Hirsaug. a. a. O. S. 35.

1. Das Vermächtnis Werners von Kirchheim

Unter den Urkunden des Klosters Allerheiligen in Schaffhausen ist das Vermächtnis Werners von Kirchheim für dieses Kloster für unsere Fragen besonders aufschluß- reich. Der Inhalt soll in Kürze wiedergegeben werden[5]. Anläßlich der großen Versammlung der Welfenpartei in Ulm am 2. Mai 1092 übertrug „Werinharius de Chilicheim" mit seiner Mutter Richinza dem Kloster Allerheiligen seinen Eigen- besitz (quicquid proprietatis habere videor) in folgenden Orten: Pliezhausen (Kr. Tübingen), Butinsulz (abgeg. bei Pliezhausen), Degerschlacht (Kr. Reutlingen), Irmelbrunnen (= Unterweiler Kr. Ulm)[6], Fleischwangen (Kr. Saulgau). Dazu über- gab er „cetera omnia ad illud patrimonium pertinentia". Der tradierte Eigenbesitz (proprietas) war also „patrimonium", d.h. Erbe von Vaterseite. Werner verfügte darüber völlig frei. Er übergab die genannten Güter in die Hand Ottos von Kirch- berg mit der Bedingung, daß sie ihm bzw. seiner Mutter – sofern sie ihn überleben sollte – auf Lebenszeit zur Nutznießung verblieben, danach aber dem Kloster übereignet würden.

Die Übergabe an das Kloster durch Otto von Kirchberg erfolgte erst auf Drängen des Abtes Adalbert von Schaffhausen, eines Neffen Werners von Kirchheim, im Jahre 1116 im schwäbischen Herzogsgeding zu Rottenacker. Werner von Kirch- heim war inzwischen längst verstorben. Er wird im April 1112 urkundlich letztmalig erwähnt und ist in der Marienkirche zu Schaffhausen beigesetzt worden. Seine Mutter Richinza war einige Jahre vor ihm verschieden (um 1110), und Werner hatte sie noch persönlich im Kloster Allerheiligen bestattet. Nunmehr übergab der Treuhänder dem Kloster alle die Güter, die in Werners Vermächtnis genannt sind, und dazu noch Güter in anderen Orten, die dem Kloster übertragen worden waren, nämlich die „munitio" Kirchheim samt Rechten und Nutzungen sowie die Orte Kehlen (abgeg. bei Ehingen) und Schlechtenfeld (bei Ehingen). Dies alles, nämlich alles, was Werner an „patrimonium" und „hereditas" besessen hatte, ging damit zugleich in die Gewalt und das Eigentum des Klosters Allerheiligen über.

Uns scheint sehr wesentlich, festzuhalten, daß die Urkunde zwischen „patrimonium" und „hereditas" unterscheidet. Während das „patrimonium" – wie gesagt – diejenigen Güter umfaßt, die bereits Werners Vermächtnis verzeichnet, sind die Güter Kirch- heim, Kehlen und Schlechtenfeld, die dem Kloster zusätzlich übertragen worden waren, als die „hereditas" anzusehen. „Patrimonium" und „hereditas" aber hatten verschiedenen Rechtscharakter. War das eine Werners Erbe von Vaterseite, so dürfte das andere, die „hereditas", von Werners Mutter Richinza stammen. Diese Auf- fassung wird bestätigt dadurch, daß Werners (Halb-)Schwester Mathilde in Rotten-

---

[5] Das Kloster Allerheiligen a. a. O. S. 31 ff Nr. 15; WUB I S. 296 ff Nr. 241 u. S. 341 f Nr. 270.
[6] H. Gaiser, Das „abgegangene" Dorf Irmelbrunnen, Aus Archiv u. Bibliothek, Max Huber zum 65. Geburtstag, 1969 S. 53 ff.

acker zugegen war und der Übergabe der Güter ausdrücklich zustimmte. Ihr Einverständnis war nur dann von Bedeutung, wenn auch über Gut verfügt wurde, an das sie selbst ein Anrecht hatte. Das traf für das Erbe ihrer Mutter Richinza zu, nicht dagegen für Werners Vatererbe.

Aus Werners Vermächtnis lassen sich verschiedene Folgerungen ziehen, die für unsere Untersuchung wichtig sind:

1. Werner war unverheiratet oder zum Zeitpunkt des Vermächtnisses bereits Witwer. Sicher hat er keine Nachkommen hinterlassen. Die Klausel, daß nach seinem Tode seine Mutter Richinza – falls sie ihn überlebte – die Nutznießung der tradierten Güter haben sollte, wäre sonst ohne Sinn. Jänichen hat gezeigt, daß ein Teil von Werners Erbe an die Nachkommen seiner Schwester Richinza fiel[7]; auch das wäre unverständlich, wenn er selbst Nachkommen hinterlassen hätte.

2. Werners Mutter Richinza war zur Zeit des Vermächtnisses Witwe, und zwar schon zum zweiten Mal. Daß ihr erster Gemahl, Werners Vater, nicht mehr am Leben war, geht ja schon daraus hervor, daß Werner über sein Vatererbe frei verfügen konnte. Daß er seine Mutter an dem Vermächtnis teilhaben ließ, war mehr ein Akt der Pietät; Richinza hatte keinen Rechtsanspruch an Werners Vatererbe, sondern lediglich ein Nutzungsrecht, das ihr Werner auf Lebenszeit einräumte für den Fall, daß sie ihn überleben sollte. Aber auch der zweite Gemahl der Richinza dürfte nicht mehr am Leben gewesen sein. Er hätte sonst gewiß nicht versäumt, dem Vermächtnis seines Stiefsohnes zuzustimmen, zumal es ja auch Bestimmungen zu Gunsten seiner Gemahlin enthielt.

Angesichts dieser Sachlage stellen sich verschiedene Fragen:

1. Woher stammte Richinza von Spitzenberg?
2. Wer war Richinzas erster Gemahl?
3. Wer war Richinzas zweiter Gemahl?

2. Die Herkunft der Richinza von Spitzenberg

Richinzas Herkunft läßt sich vielleicht erschließen, wenn wir den Besitz untersuchen, den sie ihrem Sohn Werner hinterlassen hat, nämlich die „munitio" Kirchheim, Kehlen und Schlechtenfeld. Hans Jänichen hat erkannt, daß Kirchheim in dem heutigen Kirchen bei Ehingen zu suchen ist[8]. Kirchen, Kehlen und Schlechtenfeld sind einander dicht benachbart. Nahe bei Kirchen liegt Mochental. Arsenius Sulger berichtet in seinen Zwiefalter Annalen, wie Papst Leo IX. im Jahre 1052 die dortige Burgkapelle dem heiligen Nikolaus weihte[9]. Jänichen betont, daß Kirchen ursprünglich zu der Burg Mochental gehört haben müsse, wie umgekehrt Mochental

---

[7] Jänichen a. a. O. S. 25 f.
[8] Jänichen a. a. O. S. 20.
[9] A. Sulger, Annales imperialis monasterii Zwifaltensis, 1698, Tl.1 S. 161.

bis 1215 ein Filial der Pfarrei Kirchen war. Er folgert daraus: „Mochental und Kirchen müssen aus der selben Erbschaft stammen"[10]. Diese Erkenntnis ist wesentlich. Denn möglicherweise gibt die Geschichte Mochentals Aufschluß über die Geschichte Kirchens und damit einen Hinweis auf die Herkunft der Richinza. Im Nekrolog des Klosters Zwiefalten wird zum 1. Dezember einer „Adelheit comitissa de Mochintal et conversa" gedacht[11]. Es ist die Gemahlin des Grafen Heinrich von Berg (c. 1116-1122), die nach dem Tode ihres Gatten in das Kloster Zwiefalten eingetreten war. Unter den Töchtern der Adelheid von Mochental findet sich eine Richinza. Diese war mit dem Herzog Wladislaw von Böhmen († 1125) vermählt und hatte ihrerseits wieder eine Enkelin namens Richinza. Wie Jänichen mit Recht betont, muß eine enge Verwandtschaft bestanden haben zwischen Richinza von Spitzenberg, der Mutter Werners von Kirchheim, und Adelheid von Mochental bzw. ihrem Gemahl Heinrich von Berg, den Eltern der Herzogin Richinza von Böhmen[12]. Auf diese Verwandtschaft weisen sowohl der Name Richinza als auch die Teilhabe beider Familien an dem ursprünglich eine Einheit bildenden Güterkomplex Mochental-Kirchen. Es gilt also den gemeinsamen Ahn zu finden, den Vorbesitzer der noch ungeteilten Herrschaft Mochental-Kirchen. Eine Untersuchung der Wittislinger Pfründen hat den Vf. veranlaßt, sich mit Adelheid von Mochental und den Anfängen des Hauses Berg zu befassen[13]. Auf diese Untersuchung sei für das folgende verwiesen. Sie hat ergeben, daß Adelheid von Mochental eine Tochter des Markgrafen Diepold vom bayerischen Nordgau war, der sich auch nach Giengen an der Brenz benannte. Diepold hatte beträchtlichen Güterbesitz in Ostschwaben im Raume Giengen-Gundelfingen-Lauingen-Höchstädt sowie südlich der Donau im Bereich der späteren Markgrafschaft Burgau. Er ist im Jahre 1078 in der Schlacht bei Mellrichstadt als Parteigänger Heinrichs IV. gefallen. Seine Gemahlin, die Mutter der Adelheid von Mochental, war Liutgard, die Tochter Herzog Bertholds I. aus dem Hause Zähringen († 1078) und seiner Gemahlin Richwara oder Reitz[14]. Liutgard war die Mitstifterin der Klöster Kastl in der Oberpfalz und Reichenbach am Regen. In Reichenbach wurde die erwähnte Herzogin Richinza von Böhmen, die Tochter der Adelheid von Mochental, im Jahre 1125 beigesetzt. Denn sie hatte nach dem Tode ihres Gemahls aus Böhmen fliehen müssen.

Richwara oder Reitz war somit die Urgroßmutter der Herzogin Richinza von Böhmen. Beide Frauen, Urgroßmutter und Urenkelin, trugen den gleichen Namen; kann doch

---

[10] Jänichen a. a. O. S. 29 f.

[11] MG. Necrol. I S. 266.

[12] Jänichen a. a. O. S. 30.

[13] Die Wittislinger Pfründen – ein Schlüssel zur Besitzgeschichte Ostschwabens im Hochmittelalter, Jahrb. Hist. Vereins Dillingen LXXI, 1969 S. 24 ff.

[14] Rotulus Sanpetrinus hrsg. v. F. v. Weech, Freib. Diözesan-Archiv XV, 1882 S. 139 f; Wibald von Stablo-Corvey, Tabula consanguinitatis Friderici I regis, Bibliotheca Rerum Germanicarum I, 1864 S. 547; Reimchronik des Klosters Kastl bei Moritz, Stammreihe u. Gesch. der Grafen von Sulzbach, Abh. d. hist. Kl. d. k. bair. Akad. d. Wiss. XII, 1833, 2. Abt. S. 120 ff, insbes. S. 129 f Verse 181 ff.

kein Zweifel bestehen, daß Reitz und Richinza nur Koseformen des alten, voll-
klingenden Namens Richwara sind[15]. Die Vermutung liegt nahe, auch Richinza
von Spitzenberg, die ja mit Adelheid von Mochental verwandt gewesen sein muß,
könnte – wegen ihres Namens – zu den Nachkommen Herzog Bertholds I. und der
Richwara zählen. Berthold I. und Richwara könnten dann die Vorbesitzer der noch
ungeteilten Herrschaft Mochental-Kirchen gewesen sein.

Wie die Besitzgeschichte des Raumes Ehingen-Marchtal lehrt, darf Mochental –
wonach sich Adelheid, die Gemahlin Heinrichs von Berg, benennt – keinesfalls
als ein Gut betrachtet werden, das aus dem Besitz des Hauses Berg stammte und
Adelheid etwa als Witwengut überlassen worden wäre. Bei der Nachbarschaft
bergischer Güter zu Mochental läge eine solche Annahme zugegebenermaßen recht
nahe und auch Sulger hat sie vertreten[16]. Aber sie würde nicht den Anteil der
Richinza von Spitzenberg und ihres Sohnes Werner an der Herrschaft Mochental-
Kirchen erklären. Mochental ist vielmehr ein Gut, das Adelheid zu eigen gehörte
und das sie von ihren Vorfahren geerbt hatte. Da sich für die Familie ihres Vaters
Diepold im Raume Ehingen-Marchtal keinerlei Besitzrechte nachweisen lassen,
muß Mochental aus dem Erbe ihrer Mutter Liutgard stammen. Mochental wäre
somit altes Zähringergut! Zähringischer Besitz in jener Gegend aber stammte viel
eher von der Seite Richwaras als von der Bertholds I. Denn Richwara gehörte zu
den Erben Herzog Hermanns II. von Schwaben († 1003) und seiner Gemahlin
Gerberga von Burgund[17]. Dieses Paar hatte um die Jahrtausendwende die bedeutende
Herrschaft Marchtal inne, die Mochental dicht benachbart lag und sehr wahrscheinlich mit umfaßte. Franz Tyroller hat gezeigt, wie man sich den Erbgang in
Wirklichkeit vorzustellen hat[18], und besitzgeschichtliche Erwägungen, die sich in
anderen Teilen Schwabens anstellen lassen, geben ihm recht. Die Tochter des
Herzogspaares, Gisela, hatte aus der Ehe mit Herzog Ernst I. (Haus Babenberg)
zwei Söhne, Ernst II. und Hermann IV., die nacheinander das Herzogtum Schwaben
verwalteten. Während Ernst kinderlos blieb, muß Hermann IV. († 1038) aus seiner
Ehe mit Adelheid von Susa zwei Söhne und die Tochter Richwara hinterlassen haben.
Richwara trug den Namen ihrer Urgroßmutter von Vaterseite, den Namen der
Gemahlin des Markgrafen Liutpold von der Ostmark († 994). Richwara erbte ein
Gutteil der schwäbischen Güter ihrer Großmutter Gisela († 1043), darunter offenbar
die Herrschaft Mochental-Kirchen[19], während ihre Brüder babenbergische Haus-
güter im bayerischen Nordgau erhielten. Richwara wäre also die Inhaberin der Burg

---

[15] Vgl. K. Lechner, Genealogie der älteren österr. Markgrafen, MIÖG LXXI, 1963 S. 260 Anm. 56
u. S. 262 ff.
[16] A. a. O. S. 161.
[17] F. L. Baumann, Forschungen zur Schwäb. Geschichte, 1898 S. 288 ff.
[18] Die Herkunft der Kastler Klostergründer, Verhandl. Hist. Vereins Oberpfalz Bd. 99, 1958 S. 77 ff,
insbes. S. 127 ff.
[19] Bühler, Die Wittislinger Pfründen a. a. O. S. 45 Anm. 83.

Mochental gewesen, als Papst Leo IX. im Jahre 1052 die dortige Kapelle weihte. Die Erben Richwaras und Herzog Bertholds I. teilten die Herrschaft Mochental-Kirchen erneut. Mochental fiel an Richwaras Tochter Liutgard und gelangte von Liutgard an Adelheid „von Mochental". Kirchen samt Kehlen und Schlechtenfeld aber müßte an Richinza von Spitzenberg übergegangen sein. Es fragt sich nur, wie Richinza von Spitzenberg in den dargelegten Erbgang eingegliedert werden kann. Wenn wir die Lebensdaten der am Komplex Mochental-Kirchen beteiligten Personen vergleichen, so ergibt sich, daß Werner von Kirchheim, der von 1091-1112 bezeugt ist, in dieselbe Generation gehört wie Adelheid von Mochental[20]. Werners Mutter Richinza von Spitzenberg (1092- c. 1110) ist sodann generationsgleich mit Liutgard († 1119). Liutgard ist eine Tochter der Richwara und Herzog Bertholds I. Folglich muß auch Richinza von Spitzenberg eine Tochter dieses Paares sein. Sie hat den Namen ihrer Mutter Richwara geerbt, freilich in seiner Koseform; den Namen, den man unter den bisher bekannten Kindern der Richwara vermißt. Sie hat ihren Namen der ältesten Tochter aus erster Ehe weitergegeben. Auch eine Enkelin, Urenkelin und Ururenkelin tragen diesen Namen[21]. Den Namen ihres Vaters Berthold führen ein Sohn ihrer Tochter Richinza aus der Ehe mit Eberhard d. Ä. von Metzingen sowie ein Enkel. Der Name Berthold war bis dahin im Hause Metzingen unbekannt; er kann nur durch Richinza von Spitzenberg vermittelt sein. Der dargelegte Erbgang macht verständlich, weshalb Richinza von Spitzenberg über das Gut Kirchen frei verfügte, denn es war ihr Erbgut. Sie übergab es zu Lebzeiten, vielleicht als sie sich zum zweiten Mal vermählte, ihrem Sohne Werner, mit dem sie offenbar besonders eng verbunden war, zur Verwaltung. Dieser nennt sich schon bei seinem ersten Auftreten im Jahre 1091 nach Kirchen. Nach Richinzas Tod fiel das Gut als „hereditas" an Werner und ging nach seinem Tod – vielleicht auf Grund einer Verfügung, die beim Begräbnis der Mutter getroffen worden war – an Allerheiligen in Schaffhausen über.

Für die Herleitung Richinzas aus dem Hause Zähringen gibt es ein weiteres Argument, das unsere Beweisführung stützt. Ihr Sohn Werner von Kirchheim hat als Treuhänder und Vollstrecker seines Vermächtnisses den Otto von Kirchberg (Kr. Ulm) bestimmt. Dieser hat Werners Vermächtnis 1116 in Rottenacker vollzogen. Ottos Bruder, Graf Hartmann von Kirchberg, ist Spitzenzeuge sowohl 1092 in Ulm, als Werners Vermächtnis beurkundet wurde, als auch 1116 in Rottenacker bei der Übergabe der Güter an Allerheiligen. Dies spricht für enge Beziehungen der Kirchberger zu Werner von Kirchheim und seiner Mutter Richinza.

Aus Hirsauer Traditionen ergibt sich eine nahe Verwandtschaft der Kirchberger

---

[20] Adelheid ist c. 1070-1075 geboren; ihre Tochter Richinza heiratete 1109 den Herzog Wladislaw von Böhmen. Adelheid überlebte ihren Gemahl Heinrich von Berg († c. 1122) und ist offenbar erst nach 1138 gestorben.

[21] Vgl. Jänichen a. a. O. S. 81 Tafel 1.

zum Hause Zähringen. Herzog Berthold II. von Zähringen, der das von seinen Eltern gegründete Kloster Weilheim als selbständige Abtei wiederherstellen wollte, übergab um das Jahr 1095 dem Kloster Hirsau im Tausch gegen die Propstei Weilheim namhaften Besitz in Gültstein bei Herrenberg, nämlich 9 Huben samt der Hälfte des Marktrechts und der Kirche. Später gab er noch einmal 5 Huben im selben Ort[22]. Im nämlichen Gültstein schenkte auch Graf Berthold von Kirchberg 6 Huben[23]. Berthold von Kirchberg ist 1105 urkundlich bezeugt[24]. Er muß mit Herzog Berthold II. von Zähringen verwandt gewesen sein; darauf weisen sowohl der Name als auch die Besitzgemeinschaft in dem von Kirchberg weit entfernten Gültstein. Die Verwandtschaft kann nur durch die Mutter Bertholds von Kirchberg vermittelt sein; sie war offenbar eine Tochter Herzog Bertholds II. Als ihr Gemahl und somit als Vater Bertholds von Kirchberg kommt aber nur Otto von Kirchberg in Frage. Die Nachkommenschaft seines Bruders Hartmann ist hinreichend bekannt; eine Zähringerin als Hartmanns Gemahlin und ein Sohn namens Berthold sind höchst unwahrscheinlich. Otto von Kirchberg, der Schwiegersohn Herzog Bertholds II. von Zähringen, ist nun der Treuhänder für Werner von Kirchheim. Werner von Kirchheim, der Sohn der Richinza von Spitzenberg, ist aber der Neffe Herzog Bertholds II. und der Vetter der Gemahlin Ottos von Kirchberg. So erklärt sich die Treuhänderschaft Ottos von Kirchberg für Werner von Kirchheim aus ihrer beider Verwandtschaft zum Hause Zähringen. Die Mitwirkung Herzog Bertholds II. bei Werners Vermächtnis in Ulm 1092 wird vollends verständlich.

3. Wer war Richinzas erster Gemahl?

Einen Hinweis, wer der erste Gemahl der Richinza von Spitzenberg, der Vater Werners von Kirchheim und seiner Schwester Richinza gewesen sein könnte, mögen die Güter geben, die Werner als „patrimonium" überkommen und über die er in seinem Vermächtnis 1092 verfügt hat. Aufschlußreich scheint vor allem die Gütergruppe am mittleren Neckar: Pliezhausen, Butinsulz (abgegangen bei Pliezhausen) und Degerschlacht. Nach späteren Aufzeichnungen gehörten zum Besitz des Klosters Allerheiligen auch Güter in Dörnach und Gniebel (beide Kr. Tübingen), Neckartenzlingen (Kr. Nürtingen), Altenburg, Mittelstadt, Oferdingen, Sickenhausen und Riederich (alle Kr. Reutlingen), die man der Schenkung Werners wird zurechnen dürfen[25]. Mitten in dem Bezirk, der durch die genannten Orte umrissen wird, lag eine Hochadelsburg namens Mörsberg (bei Dörnach). Als Erbauer der Burg betrachtet Jänichen den Grafen Adalbert von Mörsberg (bei Winterthur, 1094-1124).

[22] Cod. Hirsaug. a. a. O. S. 25 u. 49.
[23] Cod. Hirsaug. a. a. O. S. 25 u. 49.
[24] M. Gerbert, Hist. nigr. Silvae III S. 40 Nr. 28.
[25] Jänichen a. a. O. S. 16 f.

Dieser hatte nach dem Erlöschen des Mannesstammes der Nellenburger die Vogtei des Klosters Allerheiligen sowie einen Teil des nellenburgischen Hausguts geerbt[26]. In nächster Nachbarschaft der Burg Mörsberg (bei Dörnach) und der Erbgüter Werners von Kirchheim waren die Herren von Metzingen begütert, in deren Familie Werners Schwester Richinza einheiratete, nämlich in Metzingen, Oferdingen, Reutlingen, Altenriet und Neckartailfingen[27]. Man hat neuerdings auch die von Metzingen als einen Zweig der Nellenburger angesehen, u. E. mit gutem Grund[28]. So liegt es nahe, den ersten Gemahl der Richinza von Spitzenberg, den Vater Werners von Kirchheim, irgendwie der Nellenburger Sippe zuzuordnen. Es ergäbe sich damit ein beträchtlicher Komplex altnellenburgischer Güter am mittleren Neckar. Die Vermutung, Werners Vater könnte ein Nellenburger sein, gewinnt an Wahrscheinlichkeit, wenn wir erfahren, daß Werner sich auch „Graf von Frickingen" (Kr. Überlingen) nannte[29]. Er führte diesen Titel offensichtlich in Nachfolge des Grafen Burkhard von Ramsen-Frickingen (1094-1101)[30]. Dieser Graf Burkhard muß ein naher Verwandter Werners gewesen sein, am ehesten sein Vaterbruder. Burkhard hatte keine direkten Erben, weshalb sein Titel und Besitz auf Werner übergingen. Diesen wiederum beerbten seine Neffen, die Söhne seiner Schwester Richinza und Eberhards d. Ä. von Metzingen[31]. Der Name Burkhard sowie die Benennung nach Ramsen (Kanton Schaffhausen) weisen den Grafen Burkhard in die Sippe der Nellenburger. Denn Ramsen war ein Gut der Nellenburger[32]. Graf Burkhard könnte nach der Zeit der Sohn jenes Burkhard, Bruder Eberhards d. Sel. von Nellenburg († 1078), sein, der 1040 oder 1053 gefallen ist[33]. – Besitz der Nellenburger am mittleren Neckar paßt u. E. durchaus in die Besitzgeschichte dieser Gegend. Im Zentrum des Besitzkomplexes um die Burg Mörsberg liegt Oferdingen. Dort waren offenbar sowohl Werner von Kirchheim als auch die Herren von Metzingen begütert. Oferdingen aber war vor 916 im Besitz des „Kammerboten" Erchanger, der nach dem schwä-

---

[26] Jänichen, Die Burg Mörsberg bei Mittelstadt, Heimatkundl. Bll. f. d. Kr. Tübingen 10. Jg. Nr. 1, Juni 1959; Jänichen, Zur Übertragung von Burgnamen, Alemann. Jahrb. 1959 S. 34 ff, insbes. S. 36; P. Kläui, Hochmittelalterl. Adelsherrschaften im Zürichgau, 1960 S. 58 ff.

[27] Jänichen a. a. O. S. 10 u. 22.

[28] K. H. May, Verwandtschaftl. Voraussetzungen der Schenkung Lipporns an das Kloster Allerheiligen . . . , Nassauische Annalen Bd. 72, 1961 S. 1 ff, insbes. S. 17.

[29] Zwiefalter Chroniken a. a. O. S. 214.

[30] Baumann, Das Kloster Allerheiligen a. a. O. S. 41 f Nr. 20 u. S. 61 ff Nr. 36 u. 37. – Jänichen a. a. O. hält den Grafen Burkhard von Ramsen-Frickingen für Werners Vater und Gatten der Richinza. Dies erscheint uns unmöglich, denn Werner verfügt 1092 über „patrimonium"; Werners Vater war schon tot. Burkhard von Ramsen-Frickingen lebt noch 1101; wäre er Werners Vater, müßte er auf alle Fälle dem Vermächtnis Werners zugestimmt haben.

[31] Jänichen a. a. O. S. 24 ff.

[32] Laut Urk. von 1056 übergab Eberhard d. Sel. v. Nellenburg († 1078) dem Kl. Reichenau zum Seelenheil seines Vaters und seiner verstorbenen Brüder Manegold († 1030) und Burkhard († 1040 - nach Hils S. 24 - oder 1053 - nach Kläui S. 51) Besitz in Ramsen; Baumann, Das Kloster Allerheiligen a. a. O. S. 8 ff. Nr. 4.

[33] Vgl. Kläui a. a. O. S. 52: Stammtafel der Grafen v. Nellenburg.

bischen Herzogtum trachtete und dafür mit dem Tode büßte. Seine Güter wurden
von Herzog Burchard I. (917-926) konfisziert[34]. Sie vererbten sich später unter den
Nachkommen Herzog Burchards I. weiter. Dies zeigt die Geschichte von Kirchentellinsfurt. Dieser Ort, der dem Komplex um Mörsberg dicht benachbart liegt, wurde
von Kaiser Heinrich II. im Jahre 1007 an das Hochstift Bamberg übertragen.
Heinrich II. bezeichnet Kirchentellinsfurt - „Kirihheim . . . in pago Sulichgouue" -
als seine „proprietas[35]. Es ist ein Erbgut, das er von seiner Mutter Gisela überkommen hat. Gisela war aber über ihren Vater König Konrad von Burgund († 993)
eine Urenkelin Herzog Burchards I. und somit Teilhaberin an dessen Erbe[36]. Auch
die Nellenburger sind unter die Erben Herzog Burchards I. einzureihen, u. E. über
eine Tochter Burchards I. namens Gisela, die mit Eberhard II. aus dem Hause
Nellenburg († n. 979) verheiratet war[37]. Wahrscheinlich aber hatte die Sippe der
Eberharde (ältere Nellenburger) auch noch ältere Besitzrechte in jener Gegend,
von denen einiges über Reginlind, die Gemahlin Herzog Burchards I., an die
„Burchardinger" und ihre Erben, anderes direkt an die späteren Nellenburger gelangt
sein könnte[38].
Läßt sich so die Sippe, aus der Werners Vater kam, mit einiger Wahrscheinlichkeit
erschließen, so bleibt sein Name unbekannt. Natürlich könnte er Werner geheißen
haben wie sein Sohn oder Adalbert wie sein Enkel, der Abt von Schaffhausen
(1099-1124). Verlockend wäre, ihn mit jenem Rudolf von Fricke (= Frickingen?)
zu identifizieren, dessen ungenannter Sohn (= Werner?) die Schenkung von Gütern
in Metzingen durch Berenger von Stubersheim an Kloster Hirsau anfocht[39]. Berenger
und sein Bruder Adalbert von Stubersheim hatten Werners Vermächtnis im Jahre
1092 bezeugt. Sie könnten mit Werner verwandt gewesen sein. Die strittigen Güter
in Metzingen stammten von der achalmischen Großmutter der beiden Stubersheimer.
Nach all dem, was sich über Richinzas ersten Gemahl in Erfahrung bringen läßt,
ist soviel gewiß, daß die Benennung Richinzas nach Spitzenberg wie auch nach
Sigmaringen mit dieser ersten Ehe nichts zu tun hat.

[34] Ekkeharti (IV.) Casus sancti Galli c. 20, hrsg. v. G. Meyer von Knonau, Mittheil. z. vaterländ.
   Gesch. XV u. XVI, 1877 S. 77.
[35] MG. Dipl. Heinr. II. Nr. 161; WUB I S. 246 Nr. 208.
[36] Vgl. Bühler, Die „Duria-Orte" Suntheim und Nâvua, Das Obere Schwaben H. 8, 1973 (im Druck). -
   Auf entsprechendem Wege dürfte Richinza v. Spitzenberg die Güter Riederich und Burghausen
   (abgeg. b. St. Johann Gde. Würtingen) überkommen haben, von denen sie das erstere selbst an
   Kl. Hirsau verkaufte (Cod. Hirs. a. a. O. S. 32 u. 35), während das letztere ihre Tochter Mathilde an
   Kl. Zwiefalten schenkte (Zwiefalter Chroniken a. a. O. S. 214). Wir haben am Beispiel Kirchen
   gesehen, daß Richinza durch ihre Mutter Richwara von Herz. Hermann II. und Gerberga abstammte.
   Gerberga war ebenfalls eine Tochter Kg. Konrads v. Burgund († 993) und somit Teilhaberin am
   Erbe Herz. Buchards I.; vgl. Anm. 19.
[37] L. Schmid, Der Urstamm der Hohenzollern, 1884 S. 149; H. Decker-Hauff, Die Ottonen u. Schwaben,
   ZWLG XIV, 1955 S. 251 u. 257; G. Tellenbach, Kritische Studien . . ., ZWLG XV, 1956 S. 176;
   Kläui a. a. O. S. 50.
[38] Vgl. Urk. von 888, WUB I S. 187 f Nr. 162. - Die Grafen Berenger und Eberhard sind die Brüder der
   Gisela, die als Mutter der Herzogin Reginlind bezeugt ist; vgl. Bühler, Die „Duria-Orte" . . . a. a. O.
[39] Cod. Hirsaug. a. a. O. S. 39

4. Wer war Richinzas zweiter Gemahl?

Die Burgsitze, nach denen sich Richinza nennt, waren im 12. und 13. Jahrhundert in Händen von Angehörigen des Geschlechts, das man gemeinhin die „von Helfenstein" nennt. Dieses Geschlecht ist in seinen Anfängen wenig erforscht. Seine Güter lagen an der oberen Fils um die Burgen Helfenstein (bei Geislingen) und Spitzenberg (bei Kuchen) sowie an der oberen Donau um Sigmaringen. Es handelt sich um zwei, wenn nicht eher um drei ursprünglich getrennte Herrschaften, die wohl nur durch Heirat oder Erbschaft zusammengekommen sein können. Ungewiß ist, von welcher Burg der Mannesstamm der späteren Helfensteiner seinen Ausgang nahm. Ungewiß ist, auf Grund welcher Rechtstitel sich Richinza nach den Burgen Spitzenberg und Sigmaringen benennen konnte. Am nächsten liegt die Annahme, daß eine der beiden Burgen ihrem zweiten Gemahl gehörte, die andere ihr selbst als ererbtes Gut zustand. Welchen Titel sie ererbt, welchen sie erheiratet hat, ist nicht so leicht zu entscheiden, da sie alle ihre Rechtsgeschäfte selbständig, ohne Mitwirkung eines Gatten, getätigt hat. Offenbar war sie ja schon 1092, zur Zeit des Vermächtnisses ihres Sohnes Werner, zum zweiten Male Witwe. So bleibt kein anderer Weg, als zu untersuchen, was über die beiden Burgen und ihre Inhaber in Erfahrung zu bringen ist. Sigmaringen scheint die ältere der beiden Burgen zu sein; jedenfalls ist sie früher bezeugt, und zwar zuerst im Frühjahr 1077 als Schauplatz der Auseinandersetzung zwischen König Heinrich IV. und dem Gegenkönig Rudolf von Rheinfelden. Rudolf zog, von Augsburg kommend, vor das „castellum Sigimaringin" und belagerte es. Als er aber erfuhr, daß König Heinrich mit seinem Heer über die Alpenpässe herannahte, um die Feste zu entsetzen, zog er ab und ging nach Sachsen[40]. Wir erfahren nicht, wer der Herr der Burg war, dürfen aber mit Bestimmtheit annehmen, daß er auf seiten Heinrichs IV. stand. Einige Jahre später, 1083, begegnen in Heratskirch (bei Saulgau) als Zeugen einer Urkunde für das Kloster Königseggwald die Brüder Manegold und Ludwig von Sigmaringen[41]. Sie könnten die Inhaber der Burg Sigmaringen zur Zeit der Belagerung durch König Rudolf 1077 gewesen sein. Der Name Ludwig verdient Beachtung. Findet er sich doch im Hause Helfenstein mehrfach bis gegen Ende des 13. Jahrhunderts, so daß er geradezu als ein Leitname der Helfensteiner gelten kann. Es ist daher ziemlich sicher, daß Ludwig von Sigmaringen (1083) ein Vorfahr der Helfensteiner ist. Er müßte derselben Generation angehören wie Richinza von Spitzenberg-Sigmaringen. Da wir diese als Tochter Bertholds I. und der Richwarna erschlossen haben, müßte Ludwig von Sigmaringen ihr zweiter Gemahl gewesen sein[42]. Er wäre vor 1092 gestorben; das Vermächtnis

---

[40] Die Chronik des Klosters Petershausen, hrsg. v. O. Feger, Schwäb. Chroniken der Stauferzeit Bd. 3, 1956 S. 113.

[41] Die notitia fundationis des Klosters St. Georgen, ZGO 9, 1858 S. 197.

[42] Vgl. S. Locher, Beiträge z. Gesch. d. Stadt Sigmaringen, Mittheil. d. Vereins f. Gesch. u. Altertumsk. Hohenz. I, 1867-1868 S. 44.

Werners von Kirchheim zeigt ja deutlich, daß Richinza zu dieser Zeit Witwe war[43]. Richinza hätte also in zweiter Ehe einen Sigmaringer geheiratet. Ihre Zubenennung nach Sigmaringen im Codex Hirsaugiensis würde sich aus dieser Heirat erklären. Die Benennung nach Spitzenberg müßte sich dann auf ein Gut beziehen, das sie selbst ererbt hat. Damit im Einklang steht, daß sie als „Richinsa vidua de Spitzenberg" über das Gut Riederich im Ermstal verfügte[44]. Denn ihr Erbgut Spitzenberg muß ihr nach dem Tode des zweiten Gemahls zunächst verblieben sein, während Sigmaringen etwaigen Söhnen aus zweiter Ehe zugefallen sein dürfte (siehe unten). Damit im Einklang steht auch, daß ihre Tochter aus zweiter Ehe, Mathilde, vom Chronisten Berthold als „Mathild de Spizzinberc" bezeichnet wird[45]. War es doch üblich, eine Tochter mit Erbgut von Mutterseite auszustatten (vgl. Kirchen und Mochental).

Im Codex Hirsaugiensis finden sich in höchst auffälliger Weise hintereinander drei Nachrichten eingetragen, die sich auf Richinzas Familie beziehen. Gerade deswegen sind sie für uns aufschlußreich:

„Richinsa de Simeringen dedit nobis Waleheim (Kr. Ludwigsburg) terciam partem quarte partis ville.

Ab ipsa domna Richinsa emimus predium in Ruderchingen (Riederich im Ermstal) septuaginta octo marcis. Conrado insuper cognato eius de Wirtenberg pro sedanda querimonia, quam pro ipso predio habuerat, date sunt triginta marce.

Udalricus clericus, Ludewicus et Manegoldus germani frates de Simeringen dederunt nobis in Dalvingen, quod iuxta Gilsten situm est (Tailfingen bei Herrenberg), dimidiam ecclesiam et quatuor hubas arabilis terre"[46].

Daß diese drei Traditionen im Codex zusammengefaßt sind, mag dem Leser vor Augen führen, wie wohltätig ein eng zusammengehöriger Personenkreis sich dem Kloster Hirsau erwiesen hat. Daß diese Traditionen gleichzeitig erfolgt wären, braucht damit nicht gesagt zu sein. Auf die Schenkung der Richinza in Walheim soll hier nicht näher eingegangen werden. Der Herausgeber des Codex datiert sie „um 1110" und dürfte damit recht haben; sie wäre dann in den letzten Lebensjahren Richinzas erfolgt. Die zweite Notiz wiederholt die zeitlich früher liegende und daher fol. 34b-35a bereits verzeichnete Erwerbung des Gutes Riederich von der „Richinsa vidua de Spitzenberg", wohl um daran zu erinnern, daß die Wohltäterin in Walheim identisch ist mit der Person, der das Kloster seinen Besitz in Riederich verdankte. An jener früheren Stelle werden die näheren Umstände mitgeteilt, unter denen das Gut

---

[43] Als das Vermächtnis Werners i. J. 1116 vollzogen wurde, gab Werners Schwester Mathilde ihre Zustimmung. Sie wird in Bertholds Chronik als „Mathild de Spizzinberc" bezeichnet (Zwief. Chron. a. a. O. S. 214) u. heißt im Zwiefalter Nekrolog „Mathilt I. de Sigemaringin" (MG. Necrol. I S. 250), stammte also mit Sicherheit aus Richinzas 2. Ehe. Sie muß i. J. 1116 mindestens volljährig gewesen sein. Vergleicht man das Alter ihrer Halbgeschwister, so kann sie nicht später als um 1090, aber auch 10 J. früher geboren sein.

[44] Cod. Hirsaug. a. a. O. S. 32.

[45] Vgl. Anm. 43.

[46] Cod. Hirsaug. a. a. O. S. 35.

Riederich erworben wurde. Sie gestatten, dieses Geschäft in die Regierungszeit des Abtes Bruno (1105-1120) zu datieren. Es muß also ab 1105, aber früher als die Schenkung in Walheim (um 1110), mithin um 1107 erfolgt sein[47]. Die Schenkung der drei leiblichen Brüder Ulrich, Ludwig und Manegold von Sigmaringen in Tailfingen muß auf alle Fälle einige Jahre später erfolgt sein, als der Verkauf von Riederich durch die „Richinsa vidua de Spitzenberg"; sie könnte annähernd gleichzeitig mit der Schenkung Richinzas in Walheim oder auch später, nach dem Tode der Richinza, erfolgt sein.

Unter diesen Umständen darf man die drei Sigmaringer Brüder auf gar keinen Fall personengleich setzen mit Manegold und Ludwig von Sigmaringen des Jahres 1083, wie es seither geschah. Man vergleiche nur einmal die Reihenfolge der Namen, die sich doch wohl nach dem Alter der Träger richtet! Wir haben Ludwig von Sigmaringen von 1083 als Richinzas zweiten Gemahl zu betrachten; er muß schon vor 1092 gestorben sein. Die drei Sigmaringer Brüder, die in Tailfingen begütert waren, können sodann nur Söhne der Richinza aus ihrer zweiten Ehe mit Ludwig d. Ä. von Sigmaringen von 1083 sein. Sie repräsentieren damit die zweite uns bekannte Generation der Sigmaringer. Die mehrfach erwähnte „Mathild de Spizzinberc" ist ihre leibliche Schwester.

Offenbar hatten die drei Brüder nach dem Tode ihres Vaters Ludwig († v. 1092) die Herrschaft Sigmaringen geerbt. Nach Richinzas Tod († c. 1110) war ihnen auch die Herrschaft Spitzenberg zugefallen. Wahrscheinlich haben sie zudem noch ihre Schwester Mathilde beerbt, denn deren Ehe mit Aribo von Wertingen scheint kinderlos geblieben zu sein.

Daß es so gewesen ist, dürfte sich aus einer Notiz des Reichenbacher Schenkungsbuchs ergeben, wo zwei Brüder von Tailfingen namens Werner und Walto als „clientes" Ludwigs von Spitzenberg bezeichnet werden. Die Beziehung zu Tailfingen schließt jeden Zweifel aus, daß dieser Ludwig mit dem vorerwähnten Ludwig von Sigmaringen (um 1110) personengleich ist[48]. Tailfingen war ein von der Herrschaft Sigmaringen weit entlegenes, völlig isoliertes, aber nicht unbedeutendes Gut. Die drei Sigmaringer Brüder verfügten dort über die Hälfte der Kirche und 4 Huben; wahrscheinlich war dies nicht einmal ihr gesamter dortiger Besitz[49]. Anscheinend stand ihnen die Herrschaft über die Hälfte des Ortes zu. Wie mögen die Sigmaringer zu diesem Gut gekommen sein?

Nachbarort zu Tailfingen ist Gültstein bei Herrenberg. Dort ist uns Besitz der Zähringer begegnet. Herzog Berthold II. und sein Enkel, Berthold von Kirchberg, übergaben

---

[47] Vgl. A. Klemm, Beiträge z. Gesch. von Geislingen . . . Württ. Vierteljahresh. VI, 1883 S. 273.
[48] WUB II S. 400.
[49] Derselbe Werner von Tailfingen schenkt an Hirsau ein Gut in Tailfingen mit Zustimmung seines Herren (domini sui) Udalrich; sicherlich handelt es sich um den oben erwähnten Kleriker Ulrich v. Sigmaringen; Cod. Hirsaug. a. a. O. S. 38.

an Hirsau die Hälfte des Marktrechts und der Kirche sowie insgesamt 20 Huben[50]. Es fällt auf, daß es sich in Gültstein wie vorher in Tailfingen um Halbteile handelt. Wahrscheinlich hatten die beiden Nachbarorte die gleiche Geschichte. Wir erinnern uns der durch Richinza von Spitzenberg vermittelten Verwandtschaft der Sigmaringer zu den Zähringern, die in Gültstein begütert waren. Diese Verwandtschaft dürfte den sigmaringischen Besitz in Tailfingen erklären. Stellt man sich nämlich vor, die beiden Nachbarorte hätten früher einmal derselben Herrschaft gehört, dann verstünden sich die Halbteile als Folge einer Erbteilung, an der irgendwelche Vorfahren der Zähringer beteiligt waren. Auf dem Erbwege müßten die Halbteile der beiden Orte an Herzog Bertold I. bzw. seine Gemahlin Richwara gelangt sein. Diese vererbten den Halbteil an Gültstein ihrem Sohn Berthold II., den Anteil an Tailfingen ihrer Tochter Richinza. Richinza aber brachte Tailfingen in ihre zweite Ehe mit Ludwig d. Ä. von Sigmaringen ein[51].

So liefern die Besitzverhältnisse in den Nachbarorten Gültstein und Tailfingen ein neues Argument für die zähringische Abstammung der Richinza. Sie bestätigen zugleich, daß die drei Sigmaringer Brüder, die über Tailfingen verfügten, die Söhne der Richinza sind. Denn nach Lage der Dinge konnten sie den dortigen Besitz nur von ihrer Mutter Richinza überkommen haben. Wir halten also fest: Richinza ist durch ihre zweite Heirat mit Ludwig d. Ä. von Sigmaringen (1083) Herrin der Burg und Herrschaft Sigmaringen geworden. Aus der zweiten Ehe sind nicht nur die bekannte Tochter Mathilde, sondern auch drei Söhne namens Ulrich, Ludwig und Manegold entsprossen, von denen der erstere Geistlicher wurde. Man mag sich wundern, daß die drei Söhne – im Gegensatz zu ihrer Schwester Mathilde – nicht in Erscheinung traten, als 1116 in Rottenacker das Vermächtnis ihres Halbbruders Werner von Kirchheim vollzogen wurde. Ihr Fehlen erklärt sich wohl einfach daraus, daß sie die Übergabe des Gutes Kirchen an Kloster Allerheiligen nicht billigten. Kirchen war ja ein Erbteil Werners von seiner Mutter Richinza, die auch ihre Mutter war, weshalb sie einen Erbanspruch daran besaßen. Ihr Widerstand mag den Vollzug des Vermächtnisses so verzögert haben.

Das Schenkungsbuch des Klosters Reichenbach verzeichnet für die Jahre 1133-1137 eine Tradition des Edlen Guntram von Hausen, an deren Vollzug im Kloster Reichenbach Rudolf von Sigmaringen als Spitzenzeuge teilhatte[52]. Er ist personengleich mit jenem Rudolf von Spitzenberg, der im Jahre 1147 gemeinsam mit seiner Gemahlin Adelheid und seinen Söhnen Ulrich, Ludwig und Gottfried einige Zehnten,

---

[50] Cod. Hirsaug. a. a. O. S. 25 u. S. 49.
[51] Im benachbarten Altingen sind die von Achalm-Gammertingen begütert. Es wäre noch genauer zu untersuchen, ob nicht auch dieser Besitz von den Zähringern stammt; denn Graf Ulrich II. v. Achalm-Gammertingen hatte Judith, eine Tochter Bertholds II. v. Zähringen, zur Gemahlin; H. Maurer, Die hochadligen Herren v. Neuffen . . ., ZWLG XXV, 1966 S. 59 ff, insbes. S. 90 ff; H. Schwarzmaier, Königtum, Adel u. Klöster im Gebiet zwischen oberer Iller u. Lech, 1961 S. 173 ff.
[52] WUB II S. 409.

die zu der Kirche in Reimlingen (bei Nördlingen) gehörten und die er nach Erbrecht besaß, der Kirche zurückgab[53]. Die beiden Nachrichten gestatten, die Genealogie der Sigmaringen-Spitzenberger zu ergänzen. Rudolf, der sich sowohl nach Sigmaringen als nach Spitzenberg nannte, kann nur ein Nachkomme Ludwigs d. Ä. von Sigmaringen (1083) und der Richinza von Spitzenberg sein, und zwar nach der Zeit ein Enkel. Wegen des Namens Ludwig, den einer seiner Söhne trägt, muß er als Sohn Ludwigs d. J. von Sigmaringen-Spitzenberg betrachtet werden, der uns in Verbindung mit Tailfingen begegnet ist. Rudolf und seine Söhne aber stehen an der Spitze der gesicherten Genealogie der „Helfensteiner", die dem Mannesstamme nach eigentlich Sigmaringer sind.

Die Herkunft der ältesten Sigmaringer, der Brüder Manegold und Ludwig von 1083, ist leider nicht geklärt. Sicher sind sie nah verwandt, wahrscheinlich stammesgleich mit denen von Pfullendorf. Darauf weisen die Besitznachbarschaft und die Namen Ludwig und Ulrich, die sich in beiden Familien finden. Die Herrschaft Sigmaringen scheint im wesentlichen aus Gut der „Udalriche" erwachsen zu sein. Als ein Vorfahr darf der „Udalrichinger" Marquard gelten, der Graf in der Goldineshuntare (Herbertingen – Worndorf – Krumbach) war (993-1019). Er müßte der Urgroßvater der Brüder Manegold und Ludwig von 1083 gewesen sein, und zwar am ehesten über ihre Mutter oder Großmutter. Der Name Manegold weist in die Sippe Altshausen-Sulmetingen. Wahrscheinlich war ein Altshausener unter den Vorfahren des Brüderpaares von 1083 als deren Vater oder Großvater. Zur Klärung der Zusammenhänge sind noch eingehendere Untersuchungen nötig[54].

5. Die Herrschaft Spitzenberg

Nach den bisherigen Ergebnissen muß Spitzenberg ein Erbgut der Richinza sein. Damit steht im Einklang, daß die Burg Spitzenberg überhaupt erstmals in Verbindung mit Richinza erwähnt ist in Traditionsnotizen der Klöster Hirsau und Reichenbach[55]. Diese Traditionen lassen sich annähernd datieren[56]. Sie sind auf keinen Fall früher anzusetzen als 1092, in welchem Jahr Richinza im Vermächtnis ihres Sohnes Werner

[53] Mon. Boica XXXIIIa S. 27 f Nr. 29.

[54] S. Locher, Beiträge z. Gesch. d. Stadt Sigmaringen . . . a. a. O. S. 40 ff u. S. 47 ff; K. Schmid, Graf Rudolf v. Pfullendorf und Kaiser Friedrich I., 1954 S. 7 f; H. Jänichen, Baar und Huntari, Grundfragen der Alemann. Geschichte, 1955 S. 120 ff; J. Kerkhoff, Die Grafen v. Altshausen-Veringen, Hohenzoll. Jahresh. 24, 1964 S. 1 ff, insbes. S. 78 f.

[55] (c. 1107) Predium in Ruderchingen emptum est a domna Richinsa vidua de Spitzenberg septuaginta octo marcis; Cod. Hirsaug. a. a. O. S. 32. (v. 1110) Richinza de Spizzenberc dedit sancto Gregorio hóbam in Buggenesheim (Bickesheim BA Rastatt), dedit etiam hóbam in Róde (Rödt i. Murgtal); Reichenbacher Schenkungsbuch WUB II S. 403 vgl. S. 450. Die Handschrift in St. Paul im Lavanttal hat an Stelle von „Róde" den Namen „Gephinen", womit Göppingen gemeint sein dürfte; WUB VI S. 443.

[56] Vgl. Anm. 47.

Tafel I: Richinza v. Spitzenberg und ihr Verwandtenkreis

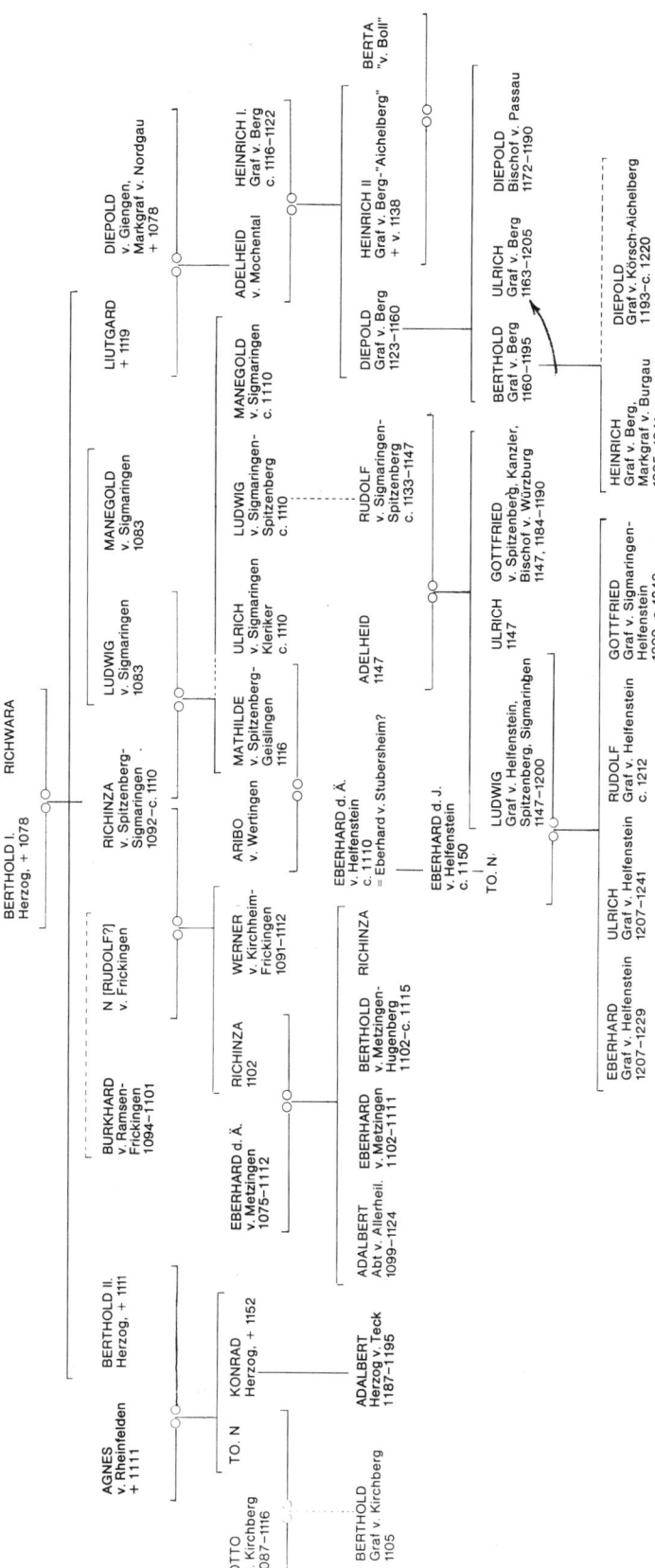

H. Bühler, Sept. 1973

urkundlich zum ersten Mal bezeugt ist, und zwar ohne jede Zubenennung. Die
Benennungen Richinzas nach Spitzenberg gehören somit in ihre Witwenzeit. Die
Burg Spitzenberg wird nicht allzu lange vorher erbaut worden sein. Das Zubehör
der Herrschaft Spitzenberg läßt sich mit Hilfe von Urkunden aus späterer Zeit
annähernd erschließen. Gabelkover rechnet für die Zeit um 1350 folgende Orte
zum „Amt Spitzenberg": Kuchen, Gingen, (Groß- und Klein-)Süßen, (Unter-)Böh-
ringen, Reichenbach, Rechte in Schlat, Eschenbach, Wangen (abgeg. bei Bad Überkingen). Sehr wahrscheinlich hat zur alten Herrschaft Spitzenberg aber auch das
„Amt Hiltenburg" gehört mit Wiesensteig, Gruibingen, Westerheim, Machtolsheim,
Merklingen, Gosbach, Ditzenbach, Ganslosen (heute Auendorf), Deggingen,
Mühlhausen und Aufhausen[57]. Überdies gehörte zu Spitzenberg noch Streubesitz
in einem weiteren Bereich. In diesem Bereich vergabte Richinza selbst eine Hube
in Göppingen an Kloster Reichenbach[58]. Ihre Tochter Mathilde, die sich auch nach
Geislingen (Altenstadt bei Geislingen) benannte, schenkte an Kloster Blaubeuren
einen halben Mansus in Oppingen und eineinhalb Mansen in Achstetten bei Urspring (beide Kr. Ulm)[59].

Nicht zu verkennen ist die Verzahnung der zu Spitzenberg gehörigen Güter mit
denen der Herrschaft Aichelberg, teilweise auch mit denen der Herrschaft Teck.
Der Ort Gruibingen z. B. gehörte teils zur Herrschaft Hiltenburg (früher Spitzenberg),
teils zu Aichelberg. Schon 1237 erscheint ein Ritter Berthold von Gruibingen im
Gefolge des Grafen Egino von Aichelberg[60]. 1267 sind die Brüder Hugo, Berthold
und Rugger von Gruibingen – Nachkommen jenes Berthold – Truchsessen des
Grafen Ludwig von Spitzenberg[61]. Dieselben hatten 1279 vom Grafen Ulrich II.
von Helfenstein, einem Vetter Ludwigs von Spitzenberg, eine Hube in Heiningen
zu Lehen. Der Ort Heiningen aber erweist sich im übrigen als zur Herrschaft
Teck gehörig[62]. Ein Rudolf von Machtolsheim (Herrschaft Hiltenburg-Spitzenberg)
ist 1268 Lehensmann des Grafen Diepold von Aichelberg[63]; Hermann von Westerheim (Herrschaft Hiltenburg-Spitzenberg) erscheint um 1250 als Truchseß des Herzogs Ludwig von Teck[64]. Die Beispiele ließen sich vermehren.

Schon lange hat man die mannigfaltige Verzahnung der Herrschaften Teck und
Aichelberg erkannt[65]. Die Herrschaft Teck geht mit Sicherheit auf zähringischen
Hausbesitz zurück; nennt sich doch Adalbert, der Sohn Herzog Konrads I. von

[57] H. F. Kerler, Geschichte der Grafen v. Helfenstein, 1840 S. VII Anm.; vgl. Ortsbeschreibungen
der OAB Geislingen und Göppingen; Das Land Baden-Württemberg II, 1971 S. 512 ff (Kr. Göppingen).
[58] Vgl. Anm. 55.
[59] Tubingius a. a. O. S. 84; Hastetten ist Achstetten bei Urspring, OAB Ulm II S. 601.
[60] WUB III Nr. 893.
[61] WUB VI Nr. 1896.
[62] WUB VIII Nr. 2880.
[63] WUB XI Nr. 5659.
[64] I. Gründer, Studien z. Geschichte der Herrsch. Teck, 1963 S. 65 f Reg. 5 u. 7.
[65] Gründer a. a. O. S. 12 f; W. Grube, Heimatbuch Nürtingen I, 1950 S. 289 und II, 1953 S. 364.

Zähringen, 1187 erstmals nach seinem neuen Burgsitz Teck[66]. Ebenso gewiß ist, daß die Zähringer im 11. Jahrhundert die Vorbesitzer zahlreicher Güter der späteren Herrschaft Aichelberg gewesen sind, so z. B. Weilheim, Jesingen, Ohmden, Eckwälden und Ochsenwang[67]. Somit ist kaum zu bezweifeln, daß die Herrschaft Aichelberg von der Herrschaft Teck bzw. vom zähringischen Hausbesitz auf Grund einer Erbteilung abgetrennt wurde. Dies müßte wohl schon im ausgehenden 11. Jahrhundert geschehen sein.

Die Inhaber der Herrschaft Aichelberg führten den Grafentitel und nannten sich zunächst nach ihrer Burg Körsch bei Denkendorf. Als erster ist im Jahre 1193 der „comes Diepoldus de Kerse" urkundlich bezeugt[68]. Der Name Diepold kehrt in mehreren Generationen wieder, so daß man ihn als Leitnamen der Körsch-Aichelberger ansprechen kann. Er weist unverkennbar in das Haus der Grafen von Berg; daher dachte schon Paul Stälin an eine Verwandtschaft der Häuser Berg und Aichelberg[69]. Letztlich aber weist er ins Haus der Markgrafen von Giengen-Vohburg, der sogenannten „Diepoldinger"[70]. Nun gibt es eine Ahnenreihe, die das Haus Berg mit dem Hause Zähringen verbindet auf dem Umweg über den Markgrafen Diepold von Giengen († 1078). Falls sich die auf Grund des Namens Diepold anzunehmende Verwandtschaft der Häuser Berg und Aichelberg erhärten ließe, würde sie die Abspaltung der Herrschaft Aichelberg vom zähringischen Hausbesitz um die Teck erklären.

Wir erinnern uns an den Erbgang des Gutes Mochental: Liutgard, eine Tochter Herzog Bertholds I. von Zähringen († 1078) und der Richwara, vermählte sich mit dem Markgrafen Diepold von Giengen († 1078). Ihre Tochter Adelheid von Mochental wurde die Gemahlin des Grafen Heinrich von Berg (c. 1116-1122) und brachte so den Namen ihres Vaters Diepold in das Haus der Grafen von Berg. Dort trug den Namen zunächst Adelheids Sohn Diepold von Berg (1123-1160), der die diepoldingischen Hausgüter im Bereich der späteren Markgrafschaft Burgau erbte, sodann dessen Sohn, Bischof Diepold von Passau (1172-1190), der auf dem Kreuzzug Friedrich Barbarossas umkam. Mit ihm verschwindet der Name Diepold im Hause Berg. Aber in der folgenden Generation wird er wieder aufgenommen von Diepold von Körsch-Aichelberg (1193- c. 1220), dem Stammvater der Grafen von Aichelberg. Die Verbindung Berg-Aichelberg wäre hergestellt, wenn man Diepold von Körsch-Aichelberg als einen Sohn des Grafen Ulrich von Berg (1166-1205) betrachten dürfte, der ein weiterer Sohn des Grafen Diepold von Berg (1123-1160) und ein Bruder des

---

[66] Gründer a. a. O. S. 3.
[67] Über die Zugehörden der Herrschaft Aichelberg s. Grube, Heimatbuch Nürtingen I S. 289; H. Maurer, Heimatbuch Weilheim a. d. Teck III, 1969 S. 38 ff; im Einzelfall s. Ortsgeschichten im Heimatbuch Nürtingen II.
[68] Regesta Imperii IV, 3 Nr. 324.
[69] Geschichte Württembergs, 1882, S. 405.
[70] Bühler, Die Wittislinger Pfründen a. a. O. S. 31 ff.

Bischofs Diepold von Passau war. Diese Verbindung würde erklären, weshalb im
Hause Aichelberg der Name Ulrich in mehreren Generationen wiederkehrt. Die
Zähringerin Liutgard hätte unter diesen Umständen nicht nur das doch etwas
bescheidene Gut Mochental geerbt, sondern einen namhaften Anteil am zähringischen Hausgut im Bereich des Neckarknies. Sie hätte all dies den Nachkommen
ihrer Tochter Adelheid mit Heinrich von Berg hinterlassen. Diese hätten das um
Adelheids Erbe beträchtlich gemehrte bergische Hausgut geteilt und einen Zweig
mit den Gütern am Neckarknie ausgestattet.

Es gibt deutliche Hinweise dafür, daß die Entwicklung tatsächlich so verlaufen ist.
Die Burgauer Linie des Hauses Berg, die von Graf Diepold von Berg (1123-1160)
ausgegangen ist, hat noch im 13. Jahrhundert Rechte in Heinbach bei Eßlingen[71] sowie in Plieningen auf den Fildern[72]. Deren Herkunft läßt sich u. E. nicht anders
erklären als durch den dargelegten Erbgang. Es dürfte sich um alte Zugehörden
der Burg Körsch handeln. Umgekehrt haben die von Aichelberg Besitzungen und
Ministerialen im Begüterungsbereich der Herrschaft Berg[73]. Dies zeigt wohl deutlich
genug, woher die Körsch-Aichelberger kommen.

Die Herrschaft Aichelberg muß sodann rund ein Jahrhundert in bergischem Besitz
gewesen sein, ehe 1193 der erste Graf von Körsch-Aichelberg urkundlich faßbar
wird; ein Jahrhundert, aus dem kein urkundliches Zeugnis dafür beizubringen ist,
daß ein Angehöriger des Hauses Berg Hoheitsrechte im Bereich der Herrschaft
Aichelberg ausgeübt hätte. Immerhin weiß die Zimmerische Chronik von einem
Grafen Heinrich von Aichelberg und seiner Gemahlin Berta, angeblich einer
Gräfin von Ravenstein. Diese habe in Boll ein Stift gegründet, in welchem sie begraben wurde. Sie habe auch eine Wohnung bei Elchingen unweit der Donau gehabt.
Im Kloster Elchingen sei möglicherweise noch etwas über sie in Erfahrung zu
bringen[74].

In dieser Überlieferung steckt gewiß ein wahrer Kern. Sie führt uns in die erste
Hälfte des 12. Jahrhunderts. Das Stift Boll ist 1155 erstmals bezeugt als eine dem
Hochstift Konstanz zinspflichtige Propstei. Seine Gründung kann frühestens in den
zwanziger Jahren des Jahrhunderts, eher später erfolgt sein. Die Stifterin Berta
hatte Beziehungen zu Kloster Elchingen (Kr. Neu-Ulm). Untersuchungen, die im
Neu-Ulmer Arbeitskreis angestellt wurden, haben ergeben, daß die Stifterin von
Boll höchstwahrscheinlich personengleich ist mit der Stifterin von Elchingen. Diese
hat sich nach dem Tode ihres ersten Gemahls, des Grafen Albrecht von Elchingen

---

[71] Urkundenbuch d. Stadt Eßlingen I Nr. 141, 160 u. 760.
[72] WUB IX Nr. 3643, X Nr. 4248 u. 4688; Regesta Habsburgica III Nr. 714.
[73] 1237 Konrad v. Dellmensingen im Gefolge Eginos v. Aichelberg, WUB III Nr. 396 u. 397; 1268
     Diepold v. Aichelberg ist Lehenherr der Wissmühle (bei Blaubeuren), WUB XI Nr. 5659; 1314 Diepold
     v. Aichelberg tradiert eine Hube in Langenschemmern an das Spital Biberach, Das Spitalarchiv
     Biberach I U 43.
[74] Zimmerische Chronik, neu herausgeg. v. P. Hermann III S. 200 ff.

aus dem Geschlecht von Stubersheim-Ravenstein († c. 1120), ein zweites Mal verheiratet mit einem Grafen Heinrich. Bertas beide Heiraten sind bezeugt in den Meßbüchern der Pfarreien St. Maria und St. Martin in Tomerdingen (Kr. Ulm)[75]. Graf Heinrich ist also eine historische Gestalt. Die Herkunft der Berta soll hier nicht erörtert werden. Berta war im Jahre 1142 nicht mehr am Leben. Die Stiftung in Boll hat sie offenbar nach dem Tode des zweiten Gemahls, des Grafen Heinrich, vorgenommen[76]. Somit fällt ihre zweite Heirat in die Jahre zwischen 1120 und 1140. Suchen wir nach einem Grafen Heinrich, der in dem fraglichen Zeitraum gelebt hat und um 1120 in heiratsfähigem Alter war, so stoßen wir auf den Grafen Heinrich II. von Berg, einen Sohn der Adelheid von Mochental. Dieser Heinrich tritt urkundlich nicht in Erscheinung. Er ist kurz vor seinem Ende als Mönch in Zwiefalten eingetreten, nachdem er diesem Kloster Güter in Indelkofen (abgeg.) geschenkt hatte, und er ist dort vor 1138 gestorben. Nachkommen hat er offenbar nicht hinterlassen[77].

Diesen Grafen Heinrich von Berg mit dem zweiten Gemahl der Berta gleichzusetzen, liegt sehr nahe insofern, als sich unter den frühen Besitzungen des Klosters Elchingen eine Gruppe von Gütern im Bereich zwischen Roth und Günz findet, die aus bergischem Besitz stammen dürften, und zwar aus dem Erbe, das Adelheid von Mochental von Vaterseite überkommen und ins Haus Berg gebracht hat. Sie könnten am ehesten durch Adelheids Sohn Heinrich von Berg an das Kloster Elchingen gelangt sein. Er hätte sich damit der Stiftung seiner Gemahlin wohltätig erwiesen[78].

Die Zubenennung des Grafen Heinrich nach Aichelberg in der Zimmern-Chronik wäre wohl antizipiert, da die Burg Aichelberg zu seinen Lebzeiten wahrscheinlich noch gar nicht erbaut war[79]. Sie spräche immerhin dafür, daß man in Heinrich einen Angehörigen des Geschlechtes erkannte, das später auf dem Aichelberg Wohnung nahm.

Die Stichhaltigkeit unserer Überlegungen vorausgesetzt, müßte der Güterkomplex, aus dem die Herrschaft Aichelberg erwachsen ist, nach dem Tode des Grafen Heinrich († v. 1138) an seine Neffen, die Söhne seines Bruders Diepold (1123-1160), gefallen sein. Von diesen hat allein Ulrich I. (1166-1205) einen Sohn namens Heinrich (1205-1240)

---

[75] Heinrich als zweiter Gemahl der Berta ist bezeugt im Meßbuch der Pfarrei St. Maria in Tomerdingen (Kr. Ulm) von 1503: „darumb sollen sie han Graff Hainrichs und fraw Berchten seiner hußfrawen Jartag und aller der, die in irem geschlecht verschaiden sein". Im Meßbuch der Pfarrei St. Martin in Tomerdingen, deren Patronat dem Kl. Elchingen zustand, findet sich ein entsprechender Eintrag für den „Graven Albrecht und Berchten sein gemahl". Diese Nachrichten verdanke ich Herrn Dr. med. M. Reistle, Langenau.

[76] Im Seelbuch des Stifts Boll wird am 27. Aug. der „Berchta vidua collatrix collegii in Boll" gedacht; Caspart, Die Urheimat der Zähringer . . ., Württ. Vierteljahreshefte III, 1880, S. 1 ff, insbes. S. 246.

[77] Die Zwiefalter Chroniken a. a. O. S. 92 u. 172; MG. Necrol. I S. 245.

[78] Bühler, Die Wittislinger Pfründen a. a. O. S. 28 ff.

[79] 1193-1194 begegnet in Urkk. K. Heinrichs VI. ein Walther v. Eichelberg, der zum Gefolge Diepolds v. Körsch bzw. Bertholds v. Berg gehören könnte; Reg. Imp. IV, 3 Nr. 324, 347, 348 u. 352.

hinterlassen. Ihm wäre als weiterer Sohn Graf Diepold von Körsch-Aichelberg (1193-c. 1220) zuzurechnen[80].

Wir sind der Meinung, daß die Historie der Berta von Boll und ihres Gemahls, des Grafen Heinrich „von Aichelberg", auf ungezwungene Weise die Überlieferungslücke überbrücken hilft, die zwischen dem Verschwinden der Zähringer aus dem Bereich der späteren Herrschaft Aichelberg und dem Auftauchen des ersten Körsch-Aichelbergers klafft. Der Exkurs über die Herrschaft Aichelberg schien uns nötig, um zu zeigen, daß Liutgard von Zähringen († 1119) am zähringischen Hausgut südlich des Neckarknies namhaften Anteil gehabt und ihren Nachkommen vererbt hat. Hieraus erwuchs die Herrschaft Aichelberg.

Wenn aber Liutgard dort geerbt hat, so muß auch ihre Schwester Richinza einen annähernd gleichwertigen Anteil an der zähringischen Besitzmasse erhalten haben. Dafür spricht ja die Tatsache, daß Richinza selbst über ein Gut in Göppingen verfügte[81], daß Richinzas Enkel aus erster Ehe, Berthold von Metzingen-Hugenberg, in Jesingen (bei Kirchheim) und Eckwälden begütert war[82] und daß Richinzas Tochter aus zweiter Ehe, Mathilde, sich nach Geislingen (Altenstadt) benannte[83]. An der Verzahnung der Herrschaften Aichelberg und Spitzenberg kann man erkennen, daß beide ursprünglich eine Einheit gebildet haben. Wenn nun die Herrschaft Aichelberg dem Erbteil der Liutgard entsprach, dann muß die Herrschaft Spitzenberg das Erbteil der Richinza gewesen sein[84]. Die Herrschaften Aichelberg und Spitzenberg haben sich somit in genau der gleichen Weise vererbt wie wir es für Mochental und Kirchen feststellen konnten. Zusammen mit der Herrschaft Teck hatten sie ursprünglich eine einheitliche Gütermasse zwischen Alb und Neckar von der Lauter bis zur Fils gebildet mit Streubesitz in einem noch erheblich weiteren Bereich. Diese Gütermasse hatte sich seit der Mitte des 11. Jahrhunderts in den Händen Herzog Bertholds I. von Zähringen und seiner Gemahlin Richwara befunden. So ist nicht ausgeschlossen, daß Spitzenberg als zähringische Burg in den Anfängen des Investiturstreits erbaut worden ist zu dem Zweck, den zähringischen Besitzkomplex zu schützen gegen etwaige Angriffe der Kaiserlichen aus dem Raume Ulm.

Daß der Bereich der Herrschaften Teck, Aichelberg und Spitzenberg ursprünglich eine Einheit war, lassen auch die freilich spärlichen Nachrichten aus weiter zurückliegender Zeit erkennen. Um die Mitte des 9. Jahrhunderts war der nämliche Raum Besitzlandschaft der Stifter des Klosters Wiesensteig, Rudolfs und seines Sohnes

---

[80] H. Maurer, Heimatbuch Weilheim a. d. Teck III, 1969, S. 39 u. 41 betrachtet Hartmann v. Körsch, der 1220 bezeugt ist, als Bruder Diepolds. Wir glauben, daß Hartmann viel eher ein Sohn Diepolds gewesen ist.

[81] Schenkung an Kl. Reichenbach, WUB VI S. 443 = Ergänzung zu WUB II S. 403.

[82] Rotulus Sanpetrinus a. a. O. S. 142 u. 160.

[83] Tubingius a. a. O. S. 84.

[84] Vgl. S. Locher, Beiträge z. Gesch. d. Stadt Sigmaringen a. a. O. S. 44.

Erich[85]. Nach ziemlich allgemeiner Auffassung ist der Stifter Rudolf mit dem Pfalzgrafen Ruadolt personengleich, der in den Jahren 854-857 als Graf in der Ostbaar tätig war[86]. Er gehörte damit zu der Sippe der Bertholde, in denen man einen Zweig des altalemannischen Herzogshauses sieht[87]. Diesem Geschlecht entstammten auch die sogenannten „Kammerboten", Pfalzgraf Erchanger und Graf Berthold, sowie deren Schwester Kunigunde, die Gemahlin König Konrads I. Kunigunde schenkte im Jahre 915 mit Zustimmung ihres königlichen Gemahls dem Kloster Lorsch an der Bergstraße ihr Eigengut Gingen an der Fils (proprietatis suae locus Ginga) samt Zugehörden in Grünenberg, Reichartsweiler (bei Hohenstaufen), Winterswang (abgeg.), Hürbelsbach, Markbach (abgeg.) und Birkwang (abgeg.)[88]. Die Güter der Kunigunde lagen größtenteils im Bereich der späteren Herrschaft Spitzenberg. Ihr Bruder Erchanger war Inhaber der Thietpoldispurch, wo er seinen Widersacher, den Bischof Salomon III. von Konstanz, 914 gefangen setzte. Diese Thietpoldispurch kann nirgends anders gesucht werden als in der Diepoldsburg bei Unterlenningen, ganz in der Nähe der jüngeren Burg Teck[89]. Die Diepoldsburg liegt im Begüterungsbereich des mit Erchanger verwandten Stifters von Wiesensteig. Erchanger hatte auch das nicht weit entfernte „castellum Onfridinga", d. i. Oferdingen am Neckar, inne[90]. Wir dürfen somit am Nordrand der Alb einen ausgedehnten Besitzkomplex der Bertholdsippe vermuten.

Erchangers Besitz wurde – wie bereits erwähnt – von Herzog Burchard I. (917-926) konfisziert[91] und vererbte sich unter dessen Nachkommen. Kirchheim u. Teck erscheint im Jahre 960 im Besitz des Königs Konrad I. von Burgund (937-993)[92]. Dieser war durch seine Mutter Berta ein Enkel Herzog Burchards I. und somit Teilhaber an dessen Erbe. Billizhausen (abgeg. bei Bezgenriet) im Bereich der späteren Herrschaften Aichelberg-Spitzenberg war im Jahre 998 in Händen Kaiser

---

[85] Im Wiesensteiger Stiftungsbrief von 861 werden die Orte Wiesensteig, ein Ort am Filsursprung u. Tiefental (abgeg. b. Mühlhausen) als in Gruibinger Mark gelegen verzeichnet; ferner erscheinen die Orte Hohenstadt, Weichstetten (abgeg. b. Laichingen), Westerheim, Donnstetten, sodann Nabern, Bissingen, Weilheim und Neidlingen, Eislingen; Zehnten in Mühlhausen, Ditzenbach, Aufhausen und Merklingen; WUB I S. 159 ff Nr. 136.

[86] E. Krüger, Zur Herkunft der Zähringer II, ZGO NF VII, 1892 Tfl. II nach S. 478; K. Weller, Württ. Kirchengeschichte, 1936 S. 86 f; W. Grube, Heimatbuch Nürtingen I S. 278, II S. 672; Jänichen, Baar u. Huntari a. a. O. S. 113 u. Tafel 2 nach S. 148; Akermann-Schmolz, Fußtapfen der Geschichte im Landkreis Göppingen, 1964 S. 13; vgl. H. Schwarzmaier, Über die Anfänge d. Klosters Wiesensteig, ZWLG XVIII, 1959 S. 228 ff.

[87] G. Meyer von Knonau, Mittheil. z. vaterländ. Gesch. XIII S. 232 f; Th. Mayer, Das Schwäbische Herzogtum . . . , Hohentwiel, 1957 S. 89.

[88] WUB IV S. 332 f. Nachtr. Nr. 26; Cod. Lauresham. Nr. 3676 = Württ. Gesch. Qu. II, 1895 S. 214 Nr. 472.

[89] F. L. Baumann, Forschungen z. Schwäb. Geschichte, 1898 S. 274; Regg. der Bisch. von Konstanz Nr. 318; zweifeld: Böhmer-Mühlbacher, Reg. Imp. I Nr. 2094a; Dümmler, Gesch. d. Ostfränk. Reichs III S. 595; W. Grube, Heimatbuch Nürtingen I S. 281 u. II S. 1150.

[90] Annales Alamannici, MG. SS. I S. 56; Mittheil. z. vaterländ. Gesch. XIX S. 262; Regg. der Bisch. von Konstanz Nr. 319.

[91] Ekkeharti (IV.) Casus sancti Galli c. 20, Mittheil. z. vaterländ. Gesch. XV-XVI S. 77.

[92] WUB I S. 213 Nr. 184; vgl. H. Keller, Kloster Einsiedeln, 1964 S. 102.

Ottos III. Er schenkte vier Huben an diesem Ort als Seelgerät dem Kloster Einsiedeln[93]. Otto III. aber war ein Urenkel Herzog Burchards I. durch seine Großmutter Adelheid, die Schwester König Konrads I. von Burgund. Es ist also nicht zu
verkennen, innerhalb welchen Personenkreises sich das Gut vererbte, das einst
dem „Kammerboten" Erchanger gehört haben muß: Über Herzog Burchard I.
gelangte es an die burgundischen Welfen und deren Erben[94]. Über den gleichen
Personenkreis müßte sich ein Großteil derjenigen Güter vererbt haben, die später
in Händen der Zähringer begegnen, um sich dann in die Herrschaften Teck,
Aichelberg und Spitzenberg aufzuspalten. Der erwähnte König Konrad I. von
Burgund (937-993), der Enkel Herzog Burchards I., ist seinerseits der Vater der
Gerberga, die mit Herzog Hermann II. von Schwaben († 1003) vermählt war.
Dieses Paar ist uns schon als Inhaber von Marchtal und der zugehörigen Herrschaft
Mochental-Kirchen begegnet. Der dort dargelegte Erbgang müßte auch für einen
Gutteil des später zähringischen Besitzes am Albrand gelten und damit für die
Herrschaft Spitzenberg. Er führte von Herzog Hermann II. und Gerberga über die
Tochter Gisela auf deren Söhne aus erster Ehe mit Herzog Ernst I. von Schwaben
(1012-1015), nämlich Ernst II. († 1030) und Hermann IV. († 1038). Da Ernst II.
keine Nachkommen hinterließ, fiel auch sein Anteil Hermann IV. bzw. dessen
Erben zu. Für die schwäbischen Güter war dies nach allem, was sich ermitteln läßt,
Hermanns IV. Tochter Richwara. Der zähringische Besitz am Albrand muß
mindestens zu einem guten Teil von Richwara stammen. Dies erklärt, weshalb
Richwara an der Gründung des Hausklosters Weilheim einen wesentlichen Anteil
hatte, stammte doch die Kirche in Weilheim offenbar aus ihrem Erbgut[95].
Wir halten es durchaus für möglich, daß ein Teil des zähringischen Besitzes am Albrand
sich schon in Händen von Herzog Bertholds I. Großvater befand, des Grafen
Berthold vom Thur- und Breisgau (998-c. 1005). Auch dieser Teil müßte jedoch
letztlich aus der gleichen Gütermasse stammen wie der Anteil der Richwara. Er
ginge auf Erchangers Bruder Berthold († 917) zurück. Bertholds Nachkommen haben
zumindest einen Teil von dessen Besitz zurückerhalten, und zwar wohl deshalb,
weil Bertholds Gemahlin mit Herzog Burchard I. offenbar nahe verwandt war.
Der Name von Bertholds Sohn, Adalbert, läßt erkennen, daß die Mutter aus dem
Hause der Burchardinger stammte[96]. Adalbert hatte um die Mitte des 10. Jahrhunderts die Herrschaft Marchtal inne. Er ist 954 im Kampf gegen die Pfalzgrafen
Arnulf von Bayern bei Schwabmünchen gefallen. Von ihm leitet sich vielleicht
eine Sippe her, die auf der Ostalb und im Filstal begütert war und den Namen
Adalbert bevorzugte. Aus ihr gingen die schwäbischen Pfalzgrafen von Lauterburg

---

[93] MG. Dipl. Otto III. Nr. 285; WUB IV S. 338 Nachtr. Nr. 33.
[94] Vgl. den Erbgang von Kirchentellinsfurt oben Text zu Anm. 36.
[95] Rotulus Sanpetrinus a. a. O. S. 139 f; E. Heyck, Gesch. d. Herzöge v. Zähringen, 1891 S. 26 f u.
    94 f; H. Maurer, Heimatbuch Weilheim a. d. Teck III, 1969, S. 26 ff.
[96] L. Schmid, Der Urstamm der Hohenzollern, 1884 S. 274 Anm. 60.

Tafel II: Zur Besitzgeschichte des Albvorlandes am mittleren Neckar und an der Fils

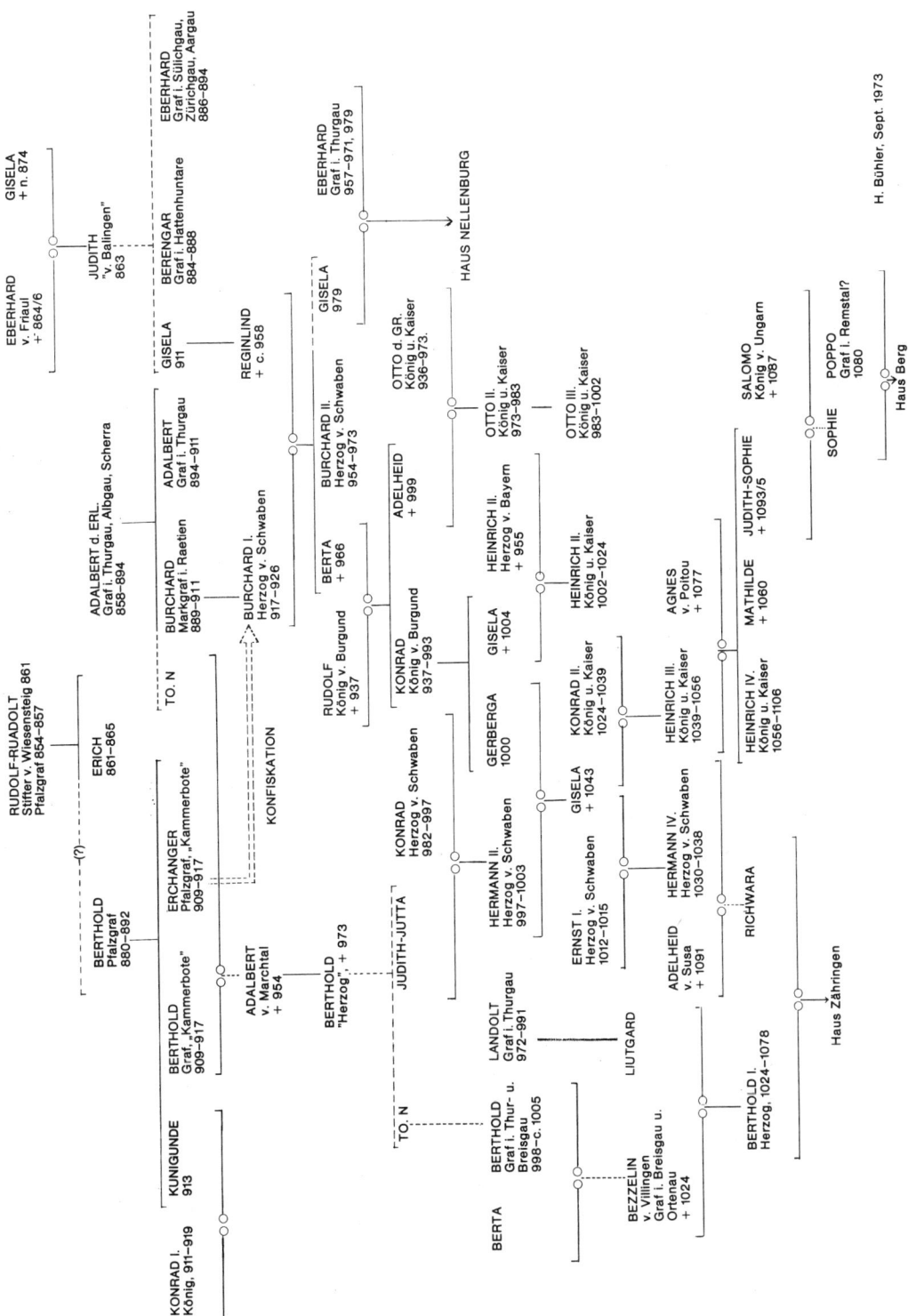

H. Bühler, Sept. 1973

und die von Stubersheim-Ravenstein hervor. Adalberts Sohn Berthold († 973) vermachte vor seinem Tode dem Kloster Reichenau namhaften Besitz nicht nur im Bereich der Herrschaft Marchtal, sondern auch in der Westbaar bei Villingen. Berthold hat offenbar keine Söhne hinterlassen. Die Herrschaft Marchtal ging über seine Tochter Jutta-Judith an ihren Gemahl, den Herzog Konrad von Schwaben (982-997)[97], und vererbte sich auf den Sohn der beiden, Herzog Hermann II., den Gemahl der Gerberga von Burgund, die ihrerseits am Erbe der Burchardinger Anteil hatte (siehe oben). Namhafter Besitz in der Westbaar um Villingen und wahrscheinlich auch am Albrand bei Kirchheim aber muß irgendwie an den Großvater Herzog Bertholds I., den erwähnten Grafen Berthold vom Thur- und Breisgau, gelangt sein, der 999 für Villingen ein Marktprivileg erwirkt hatte. Name und Besitz dieses Berthold, des ältesten Zähringers, den wir kennen, lassen mit einiger Sicherheit darauf schließen, daß er ein nah Verwandter Bertholds von Marchtal († 973) war. Er könnte ein Enkel durch eine zweite Tochter Bertholds von Marchtal gewesen sein. Träfe unsere Annahme zu, dann wäre durch die Heirat Herzog Bertholds I. († 1078) mit Richwara eine Gütermasse wieder vereinigt worden, die 150 Jahre früher der Vater der „Kammerboten", Pfalzgraf Berthold (892), schon einmal als Ganzes verwaltet hatte[97a].

---

[97] Mainzer Urkundenbuch, bearb. v. M. Stimming, 1932, S. 461 ff Nr. 553; vgl. E. Kimpen, Zur Königsgenealogie . . ,ZGO 103, 1955 S. 35 ff, insbes. S. 65 u. S. 82; H. Keller, Kloster Einsiedeln, 1964 S. 63 mit Anm. 99. – Daß Judith-Jutta, die Gemahlin Herz. Konrads, eine Tochter Bertholds († 973) war, ergibt sich aus der Geschichte Marchtals, vgl. Historia monast. Marchtelanensis, Württ. Gesch. Qu. IV, 1891, S. 6.

[97a] Die ältere Forschung hat Rudolf, den Stifter des Klosters Wiesensteig 861 an die Spitze der Genealogie der Helfensteiner gestellt (Kerler a. a. O. S. 2ff nach Gabelkover) und den Herzog Burchard II. († 973) für einen Helfensteiner gehalten (Kerler S. 7 ff nach Crusius). Offenbar war doch das Bewußtsein lebendig, daß diese Personen irgendwie zu den Ahnen der Helfensteiner gehörten. Unsere Untersuchung dürfte gezeigt haben, daß diese Anschauung nicht so ganz abwegig ist. Von den gesicherten Helfensteinern führt möglicherweise über den „Kammerboten" Berthold († 917) eine lückenlose Ahnenreihe zurück bis auf den Gründer von Wiesensteig; eine zweite Ahnenreihe weist als einzige Zäsur die Konfiskation der Güter Erchangers durch Herzog Burchard I. auf. Herzog Burchard II. fügt sich als Sohn Herzog Burchards I. in ein Schema der Vorfahren und Verwandten der Helfensteiner ein. Freilich ist es nicht derselbe Mannesstamm, der alle Glieder dieser Ahnenreihen verbindet; mehrfach laufen die Ahnenreihen über eine Frau.

[98] c. 1112. Eberhardus de Helffenstein zweiter Zeuge nach Gotefridus comes de Calwa in Urkunde Bertholds u. der Adelheid von Eberstein für Kloster Hirsau; Cod. Hirsaug. a. a. O. S. 30.
      c. 1150. Eberhardus Eberhardi filius de Helffenstein vierter Zeuge nach Fridericus dux, Adalbertus comes et Bertoldus frater eius de Calwa in Urkunde Wolfgangs und Heilwigs von Witingen für Kloster Hirsau; Cod. Hirsaug. S. 37.

6. Woher stammt der Helfenstein?

War der bekannte Stammvater der „Helfensteiner" in Wirklichkeit ein Sigmaringer, der mit der Hand der Richinza die Feste Spitzenberg erwarb und damit erst im Filstal Fuß faßte, so bleibt zu klären, wie sein Geschlecht zu der späteren Hauptfeste Helfenstein kam, nach der er sich schließlich benannte.

In Hirsauer Traditionen begegnen zwei Eberharde von Helfenstein, Vater und Sohn[98]. Das Auftreten des ersteren darf man in die Jahre zwischen 1105 und 1113 datieren und ihn daher als Zeitgenossen der drei Brüder von Sigmaringen betrachten, die uns in Tailfingen begegnet sind. Die Nachricht über Eberhard d. J. gehört in die Zeit um 1150, als Rudolf von Sigmaringen-Spitzenberg wohl noch am Leben war. Die Zeugenschaften der Helfensteiner lassen jedoch keine Beziehungen zu ihren Nachbarn auf Spitzenberg erkennen; sie scheinen vielmehr mit Geschlechtern aus dem Nordschwarzwald enger verbunden gewesen zu sein; vielleicht stammte die Gemahlin des älteren Eberhard von dort.

Der Besitz der Helfensteiner erstreckte sich vorwiegend über die Hochfläche der Alb östlich der Fils und Geislinger Steige. Er dürfte ursprünglich nicht sehr bedeutend gewesen sein[99]. Keinesfalls darf alles, was dort auf der Alb seit dem 13. Jahrhundert in Händen der Helfensteiner erscheint, als altes Zubehör der Burg Helfenstein betrachtet werden. Denn ein Gutteil des dortigen Besitzes wurde erst im Laufe des 13. Jahrhunderts mit der Hand ravensteinischer und albeckischer Erbtöchter erworben. Die Nachbarschaft der Burg Helfenstein zu Stubersheim und die Tatsache, daß ein Eberhard von Stubersheim zeitlich kurz vor Eberhard d. Ä. von Helfenstein bezeugt ist, hat zu der Vermutung geführt, die beiden könnten personengleich sein[100]. Demzufolge hätte Eberhard von Stubersheim um 1100 die Burg Helfenstein erbaut und sich nach ihr benannt. Diese Auffassung hat in der Tat vieles für sich; schließt sich doch der erkennbare Altbesitz der Helfensteiner eng zusammen mit dem, was wir für das 12. und 13. Jahrhundert als Gut der Stubersheim-Ravensteiner ansprechen müssen[101]. Möglicherweise geht dieses Gut auf Adalbert von Marchtal († 954) zurück (siehe oben).

Im Hause Sigmaringen-Spitzenberg findet sich die Benennung nach Helfenstein erstmals 1171 für Ludwig, einen Sohn Rudolfs von Sigmaringen-Spitzenberg (c. 1133-1147)[102]. Ludwig führt zugleich als erster des Geschlechts den Grafentitel.

---

[99] Bezeugt ist die Schenkung von drei Mansen in Eislingen (Fils) an Kl. Zwiefalten durch „Eberhardus de Helpinstain" in der Zeit vor 1138. Sie könnte sich sowohl auf Eberhard d. Ä. als auch auf Eberhard d. J. beziehen; Die Zwiefalter Chroniken a. a. O. S. 282.

[100] Cod. Hirsaug. a. a. O. S. 28; vgl. J. Caspart, Die Urheimat der Zähringer . . . , Württ. Vierteljahreshefte III, 1880 S. 7; I. Fischer, Festschrift zum 100jähr. Jubiläum des Reform-Realgymnasiums Geislingen, 1929, S. 113 f.

[101] Referat d. Vf. über den Gründer des Klosters Elchingen im Neu-Ulmer Arbeitskreis im Nov. 1972.

[102] WUB II S. 162 f Nr. 394.

Er ist vom Kreuzzug Friedrich Barbarossas heil zurückgekehrt und noch bis 1200 bezeugt. Einer seiner Söhne trägt den Namen Eberhard. Damit ist wohl klar, daß Ludwigs Gemahlin, die Mutter Eberhards, die Erbtochter der Helfensteiner war. Sie brachte mit der Burg und Herrschaft Helfenstein auch den Namen Eberhard ins Haus der Sigmaringer. Der Helfenstein, der dem Geschlecht schließlich den Namen gab, ist somit erst um die Mitte des 12. Jahrhunderts erheiratet worden.

Richinza von Spitzenberg und ihr Verwandtenkreis. Ein Beitrag zur Geschichte der Grafen von Helfenstein. In: Württembergisch Franken. Bd. 58. 1974 (= Festschrift für Gerd Wunder). S. 303 bis 326.

Aus der Geschichte der Gemeinde Herbrechtingen

Siedlungsgeschichte

Herbrechtingen wird erstmals genannt in einer Urkunde Karls d. Gr., die wahrscheinlich am 7. September 774 in Düren ausgefertigt wurde. Dieses Ereignis ist Anlaß genug, zwölfhundert Jahre danach über die Geschichte Herbrechtingens Rechenschaft zu geben. Über das tatsächliche Alter des Ortes ist damit wenig ausgesagt. Er ist zweifellos einige Jahrhunderte älter als dieses erste Schriftzeugnis. Will man über sein wirkliches Alter Aufschluß gewinnen, muß man seine Lage in Betracht ziehen und die Bodenfunde und den Ortsnamen sprechen lassen.

Für die Lage Herbrechtingens ist zunächst maßgebend der Verlauf der Brenz. Diese kommt von Süden aus dem Eselsburger Tal und biegt kurz nach der Einmündung des Gänsbrunnens scharf nach Osten um. Sie umschließt damit den Ortskern im Westen und Norden und gewährt ihm einen gewissen Schutz. Sie bestimmt den Grundriß der Siedlung, ein Dreieck, sowie den Verlauf des Wegenetzes (Lange- und Mühlstraße). Der flache Gleithang, den das Brenzknie ausgebildet hat, erleichtert den Flußübergang, und zwar umso eher, als der gegenüberliegende Prallhang nur geringe Höhe aufweist und sich ohne Mühe soweit abgraben ließ, daß ihn Gespannfahrzeuge erklimmen konnten.

Diese Gunst der Lage haben bereits die Römer genutzt, als sie gegen Ende des ersten nachchristlichen Jahrhunderts ihre Nachschubstraße von Guntia (Günzburg) nach Aquileia (Heidenheim) bauten. Sie führten die Straße entlang der alten Steige vom Radberg herab und nahezu geradlinig im Zuge der heutigen Lange Straße durch die Talniederung, um sie dann dicht östlich der Einmündung des Gänsbrunnens mittels einer Furt oder einfachen Brücke die Brenz überqueren und jenseits in kurzem Anstieg den Sattel zwischen Buigen und Wartberg etwa beim heutigen Bahnhof gewinnen zu lassen.

Ein römischer Gutshof, der im Hinteren Feld dicht westlich vom Bernauer Weg, rund 300 m nördlich der Brenz entdeckt und im Jahre 1890 teilweise ausgegraben wurde, beweist, daß die Römer auf Herbrechtinger

Gemarkung gesiedelt haben. Es ist möglich, daß im heutigen Ortskern, entlang der Römerstraße, weitere römische Gebäude stecken, deren Reste bei der späteren Überbauung gestört oder verschleppt worden sind. So war Herbrechtingen sicher schon in römischer Zeit ein Brückenort von einiger Bedeutung.

Nach Vertreibung der Römer um 260 n. Chr. übernahmen die Alamannen das bereits von den Römern bebaute Land. In der Besiedelung des Platzes dürfte keine allzu lange Unterbrechung eingetreten sein. Haben doch jüngste Grabungen erbracht, daß in anderen Teilen des Kreises schon im 4. Jahrhundert n. Chr. Alamannen siedelten, und zwar an weit weniger günstiger Stelle als Herbrechtingen. Die alamannischen Grabfunde auf Herbrechtinger Gemarkung, insbesondere die aus der Gegend des Gänsbrunnens, reichen immerhin bis ins 6. Jahrhundert zurück. Spätestens zu dieser Zeit hat also eine alamannische Ansiedlung bestanden. Die Grabbeigaben werden an anderer Stelle Würdigung finden. Ihr Reichtum und künstlerischer Rang lassen darauf schließen, daß die Sippe, die hier ihre Toten bestattet hat, dem Adel zuzuzählen ist. Ihr unterstand die Siedlung auf dem Boden Herbrechtingens, und diese Siedlung darf wohl als Hauptort einer kleineren alamannischen Stammesgruppe angesehen werden. Die ältesten Namensformen für diese Siedlung lauten Hagrebertingas (774), Aribertingas bzw. Haribertingas (777), Hairbertingas, Herbertingas und Harbrittinga (9. Jahrhundert). Hiervon sind die Überlieferungen von 777 die sprachlich besten; die anderen hat der Urkundenschreiber je nach Gehör oder Vorlage mehr oder weniger verderbt.

Aribert, Haribert oder Charibert ist ein Personenname fränkischer Herkunft. Er findet sich wiederholt im merowingischen Königshaus. Der früheste Träger des Namens, den wir kennen, ist der Frankenkönig Charibert, ein Enkel König Chlodwigs († 511). Charibert residierte in Paris und starb dort um 567. Einer Nebenlinie der Merowinger rechnet man den Grafen Charibert von Laon (721) zu, der durch seine Tochter Bertrada der Großvater Karls d. Gr. wurde. So wird man nicht ausschließen können, daß Herbrechtingen seinen Namen einem mächtigen Franken verdankte, der nach Eingliederung Alamanniens ins Frankenreich 537 den Ort in seine Gewalt gebracht hat. Jener Aribert-Charibert, der Herbrechtingen seinen Namen gab, muß ja nicht notwendig der Gründer des Ortes gewesen sein. Immerhin hat er den Ort so geprägt, daß dieser bei den Umwohnern für alle Zeit die »Siedlung der Leute des Aribert« war.

Kaum jünger als Herbrechtingen dürfte Bissingen sein, die Niederlassung der Leute des Buzzo. Für ihr hohes Alter spricht nicht allein der

-ingen-Name, sondern auch die Lage auf der fruchtbaren Flächenalb, die sich südlich des tertiären Meeresstrandes (Kliff) erstreckt. So gehört Bissingen wohl mit Dettingen, Heuchlingen, Heldenfingen sowie Setzingen, Öllingen, Rammingen, Asselfingen und Stotzingen in einen Verband von Siedlungen, der annähernd gleichzeitig entstanden ist.

Etwas jünger als die -ingen-Orte sind im allgemeinen die Orte mit dem Grundwort -heim. Nicht nur bei uns im Brenztal, sondern auch anderwärts fallen sie dadurch auf, daß sie meist in Gruppen beisammen liegen, daß sie Siedlungsverbände bilden, die nach strategischen Gesichtspunkten angeordnet erscheinen. Zudem sind sie vielfach nicht nach Personen, sondern nach Sachbezeichnungen benannt.

In Bolheim steckt das Bestimmungswort Bol, ein Begriff, über dessen Bedeutung sich die Forscher nicht einig sind. Die einen setzen Bol = Bühl und leiten sodann den Namen des Orts von der flachen Kuppe um die Kirche ab, wo ja der Ortskern liegt. Diese Deutung leuchtet ein; sie stellt Bolheim in eine Reihe mit Orten wie Steinheim oder Bergheim, die es in verschiedenen Gegenden gibt und die nach ihrer Lage benannt sind. Nach anderer Auffassung wäre Bol ein Rechtsbegriff wie Brühl und Breite und würde bestimmte Ländereien bezeichnen, die der Herrschaft zustanden.

Man muß Bolheim in Verbindung mit den übrigen -heim-Orten des mittleren Brenztals – Heidenheim, Steinheim, Schnaitheim, Nattheim – sehen. Sie sind auf Heidenheim ausgerichtet, und zwar liegen sie in den aus allen vier Himmelsrichtungen auf Heidenheim als Kreuzungspunkt zuführenden Tälern, unweit der in diesen Tälern verlaufenden alten Römerstraßen. Aus der Vogelschau ergibt sich die Form eines Kreuzes, dessen Endpunkte vom Mittelpunkt nahezu gleich weit entfernt sind, ausgenommen Schnaitheim, das geringeren Abstand hat. Die unverkennbare Zuordnung zu Heidenheim, das wegen seiner verkehrsgünstigen Lage im Zuge des Albübergangs in römischer Zeit Bedeutung hatte, dazu die gleichartige Benennung der Orte nach ihrer Lage oder nach Sachbezeichnungen, verrät einen einheitlichen Plan und läßt erkennen, daß dieses System der Sicherung des Albübergangs und seiner Querverbindungen diente. Es war dann gewiß auf Veranlassung eines mächtigen Herren angelegt. Da die meisten unserer -heim-Orte Reihengräber der Merowingerzeit aufweisen, darf geschlossen werden, daß das System der -heim-Orte im 6. Jahrhundert entstanden ist. Sucht man zu ergründen, aus welchem Anlaß es geschaffen sein könnte, so bietet sich die Eingliederung Alamanniens ins Frankenreich nach 537 unter dem Frankenkönig Theudebert (534–548) an. Es wäre dann als ein System von Siedlungen zu betrachten, in welchem dem Frankenkönig verpflichtete Bauernkrieger auf Königsland als Besatzung in einem noch nicht befriedeten Gebiet angesetzt wurden.

Bolheim stand innerhalb des Systems der -heim-Orte in Beziehung zu Heidenheim; es muß aber auch sehr alte Beziehungen zu Herbrechtingen gehabt haben. Auf einem Teil der Bolheimer Gemarkung besaß die Pfarrei Herbrechtingen bis weit in neuere Zeit Zehntrechte. Dies spricht dafür, daß Bolheim ursprünglich zur Pfarrei Herbrechtingen gehörte. Kirchliche Abhängigkeit aber bedeutet in früher Zeit Abhängigkeit vom gleichen Grundherrn, dem der Mutterort gehört. Nun erinnern wir uns, daß Herbrechtingen seinen Namen womöglich einem mächtigen Franken verdankt. Der Frankenkönig Charibert († um 567) war der Vetter und Teilerbe des Königs Theudebert, den wir als Urheber des Systems der -heim-Orte betrachten. Ist es zu kühn, wenn man angesichts solcher Zusammenhänge nähere Beziehungen der Merowingerkönige zum Brenztal vermutet?

Die beiden -hausen-Orte Hausen ob Lontal und Anhausen dürften annähernd gleichzeitig entstanden sein in der Zeit des frühen Siedlungsausbaus, der gegen 700 beginnt. -hausen-Orte liegen in der Regel am Rand des siedlungsgünstigen Geländes und sind daher meist klein geblieben. Anderwärts hat man erkannt, daß sie vielfach alten Herrschaftssitzen zugeordnet sind. Für Hausen und Anhausen könnte dies Dettingen gewesen sein, wohin alte kirchliche Bindungen bestanden. Die alte Namensform für Anhausen lautet Ahusen und bedeutet das Hausen am Wasser der Brenz.

Etwa in die gleiche Zeit wie die -hausen-Orte gehört Ugendorf. Der Ort war zeitweilig ganz verlassen und ist im 16. Jahrhundert als Schafhof neu besiedelt worden. Eine verhältnismäßig frühe Siedlung war gewiß auch Wickenstetten, dicht bei Asbach gelegen, aber im 14. Jahrhundert abgegangen. Wesentlich jünger sind dagegen Bernau, dessen Name möglicherweise auf eine Flurbezeichnung zurückgeht, Eselsburg, das erst lange nach der gleichnamigen Burg entstanden ist, und Asbach, von dem wir erstmals 1495 hören.

Die Ortsherren der frühesten Zeit

Die Geschichte Herbrechtingens vor Einsetzen der urkundlichen Überlieferung läßt sich durch Rückschluß aus den Verhältnissen späterer Zeit
etwas erhellen. Seine Lage und die hohe Qualität der Bodenfunde aus
alamannisch-merowingischer Zeit lassen auf einen Adelssitz und Herrschaftsmittelpunkt schließen. Unverkennbar ist die Anlehnung an die alte
Römerstraße und die Übernahme bereits von den Römern genutzten Landes. Orte dieser Lage und solchen Ranges sind meist in der Verfügungsgewalt der jeweils Mächtigen geblieben. Als früheste Obrigkeit mag man
einen alamannischen Gaukönig annehmen. Er saß allerdings wohl nicht in
Herbrechtingen, weil es am Rande seines Machtbereichs lag. Nach urkundlichen Zeugnissen gehörte Herbrechtingen nämlich zum Gau Raetia, d.h. zum Ries. Dicht südlich, etwas längs der jetzigen Gemeinde-
grenze im Lonetal, stieß daran der Gau Duria, in welchem Sontheim an
der Brenz und Langenau gelegen waren. Anhausen zählte nach einem
Zeugnis von 1125 zum Gau Alba.

Mit der Eingliederung Alamanniens ins Frankenreich 537 wird der Merowingerkönig Theudebert (534–548) und sein Sohn Theudebald
(548–555) den wichtigen Ort mit seiner römischen Tradition als Königsgut an sich gezogen haben. Diesem Theudebert möchten wir das System
der -heim-Orte zuschreiben. Da Bolheim deutliche Bindungen an Herbrechtingen zeigt, dürfte das ganze System der -heim-Orte irgendwie mit
Herbrechtingen verbunden gewesen sein.

Die merowingischen Könige setzten als Statthalter in Alamannien einen
Dux (Herzog) ein, der wohl fränkischer Herkunft war. Diesem Dux unterstand das Gut des Königs. Je schwächer aber im Verlauf des 7. und
frühen 8. Jahrhunderts das Königstum wurde, desto selbstherrlicher verfügten die Herzöge über dieses Königsgut. Es wurde zum Herzogsgut.
Um 700 muß der Alamannenherzog Gotefrid († 709) über reichen Besitz
in Herbrechtingen wie auch in der Nachbarschaft verfügt haben. Nach
seinem Tode ging dieser Besitz auf seine Söhne Theutbald und Huoching
über. Auf diese beiden lassen sich nämlich die aus späterer Zeit bekannten
Grundherren des Ortes mit einiger Wahrscheinlichkeit zurückverfolgen.

Mit dem Erstarken der Hausmaier aus karolingischem Geschlecht änderte sich die Lage. Karl Martell (714–741) und seine Söhne Karlmann
und Pippin der Mittlere zogen mehrfach gegen die Alamannenherzöge zu
Feld, um sie ihrer Botmäßigkeit zu unterwerfen. Der Widerstand Theutbalds war mit dem Blutbad von Cannstatt 746 gebrochen. Sein Besitz

wurde größtenteils für den fränkischen Staat, in Wirklichkeit für den Hausmaier Pippin eingezogen, der sich bald selbst zum König erhob (751). Dadurch wurde Herbrechtingen mindestens zu einem guten Teil karolingisches Königsgut, so wie es uns in der Urkunde Karls d. Gr. von 774 entgegentritt. Theutbalds Bruder Huoching und dessen Erben hatten sich mit den Karolingern besser verstanden und ihren Besitz gerettet. Huochings Enkelin Imma heiratete einen reichen Franken namens Gerold. Aus dieser Ehe stammt Hildegard, die im Jahre 771 die Gemahlin Karls d. Gr. wurde. Sie brachte in ihre Ehe reichen Grundbesitz aus alamannischem Herzogsgut; ob auch in Herbrechtingen, sei dahingestellt. Andere Nachkommen Huochings aber werden uns als Inhaber von Gütern in Herbrechtingen und Umgebung begegnen.

Die Fulrad-Zelle in Herbrechtingen

Die Urkunde Karls d. Gr. von 774 berichtet, daß Abt Fulrad von Saint-Denis bei Paris in Herbrechtingen auf seinem eigenen Grund und Boden eine Kirche zu Ehren des heiligen Dionysius erbaut und darin die Gebeine des heiligen Veranus (Bischof von Cavaillon, Provence, gest. n. 589) beigesetzt habe. Kraft der genannten Urkunde schenkte Karl dem Abt seine »villa« Herbrechtingen, nämlich aus dem »fiscus« Herbrechtingen all das, was zur »curtis« Herbrechtingen an Ländereien, Wohn- und Wirtschaftsgebäuden, an Huben (Bauernstellen), Leibeigenen, Bauern, Hörigen und Freigelassenen, an Wäldern, Wiesen und Weiden, an Fischereirechten, Mühlen und an Vieh gehörte. All das sollte zum Unterhalt der Mönche, die an der neuerbauten Kirche tätig waren, und zur Bestreitung des Gottesdienstes dienen. Damit wurde aus der Gründung Fulrads ein kleines Kloster, das früheste und vorerst einzige im weiteren Umkreis.

Uns interessieren zunächst die damaligen Besitzverhältnisse am Ort. Karl d. Gr., Sohn des Hausmaiers und Königs Pippin (741–768), besaß Königsgut in Herbrechtingen, das zweifellos aus der Beschlagnahme ehemaligen Herzogsguts nach 746 stammte. Dieses Gut wird in der Urkunde bald als »villa«, »fiscus« oder »curtis« bezeichnet. Die Begriffe »villa« und »curtis« dürfen als gleichbedeutend angesehen werden; sie bezeichnen den zentralen Wirtschaftshof einer königlichen Domäne, einen Fronhof mit den zugehörigen Huben. »Fiscus« dagegen ist die übergeordnete Verwaltungseinheit des Königsguts, die mehrere »villas« umfaßt. Demzufolge war Herbrechtingen zunächst Mittelpunkt eines größeren Bezirks zur Verwaltung des Kronguts. Diesem »fiscus« unterstand sodann die örtliche »villa« oder »curtis« mit einer Anzahl abhängiger Huben. Zum »fiscus« Herbrechtingen gehörten aber gewiß noch andere »villae«, etwa in Bolheim, Steinheim, Nattheim, Brenz und Sontheim an der Brenz, wo für diese Zeit ebenfalls Krongut nachzuweisen oder mit einiger Sicherheit anzunehmen ist. Dies unterstreicht erneut die Bedeutung Herbrechtingens in früher Zeit. Karl d. Gr. aber trennte nun die örtliche »villa« von seinem »fiscus« ab und übertrug sie dem Abt Fulrad und seinen Brüdern zum Unterhalt.

Wie die Urkunde Karls vermeldet, hatte Fulrad selbst schon zuvor Eigenbesitz in Herbrechtingen, auf dem er die Dionysiuskirche erbaute. Fulrad war kein Alamanne; er verfügte daher in Herbrechtingen über keinen ererbten Familienbesitz. Fulrads Heimat ist das Elsaß oder Moselfranken. Was er in Herbrechtingen sein Eigen nennen konnte, stammte gleichfalls aus königlicher Schenkung. Fulrad war Kaplan des Hausmaiers Pippin gewesen. In dessen Auftrag war er zusammen mit Bischof Burchard von Würzburg zu Papst Zacharias nach Rom gereist, um zu erfahren, wie sich der Papst zu Pippins Absicht stellte, sich zum König der Franken zu machen. Wenn der Papst nun zwar salomonisch, letztlich aber doch im Sinne Pippins sich äußerte, dürfte dies nicht zuletzt das Verdienst der beiden Gesandten gewesen sein. Zweifelsohne hat sich Fulrad um Pippin und das karolingische Haus verdient gemacht. Dies wurde belohnt. So mag Fulrad sein Gut in Herbrechtingen als Dank von Pippin erhalten haben, vielleicht von vornherein mit der Bestimmung, es für kirchliche Zwecke zu verwenden.

Die Urkunde Karls d. Gr. läßt uns auch einen Blick in die Verfassungsgeschichte Schwabens zu jener Zeit tun. Um die Lage Herbrechtingens näher zu bestimmen, wird es als »in comitato Hurnia« – in der Grafschaft Hurnia – gelegen bezeichnet. Es ist dies wohl die früheste Erwähnung einer Grafschaft in Schwaben. Die Grafschaftsverfassung war ja eine Neuerung, die die Karolinger nach 746 aus Westfranken nach Alamannien gebracht hatten. Rätsel gibt der Name »Hurnia« auf. Er ist in der Urkunde deutlich so zu lesen; ein Irrtum scheint ausgeschlossen. Mit Sicherheit handelt es sich um einen geographischen Begriff, die Bezeichnung eines Gewässers oder einer Landschaft. Man hat daran gedacht, ein ortsunkundiger Schreiber habe sich vertan; das Wort müsse »Hurvia« heißen und beziehe sich auf das Flüßlein Hürbe. Mehr Wahrscheinlichkeit hat wohl die Deutung, die »Hurnia« als Landschaftsbezeichnung begreift und in eine Reihe mit den Bezirken Scherra, Swerzza und Flina stellt. Da

Tafel I: Zur Besitzgeschichte Herbrechtingens

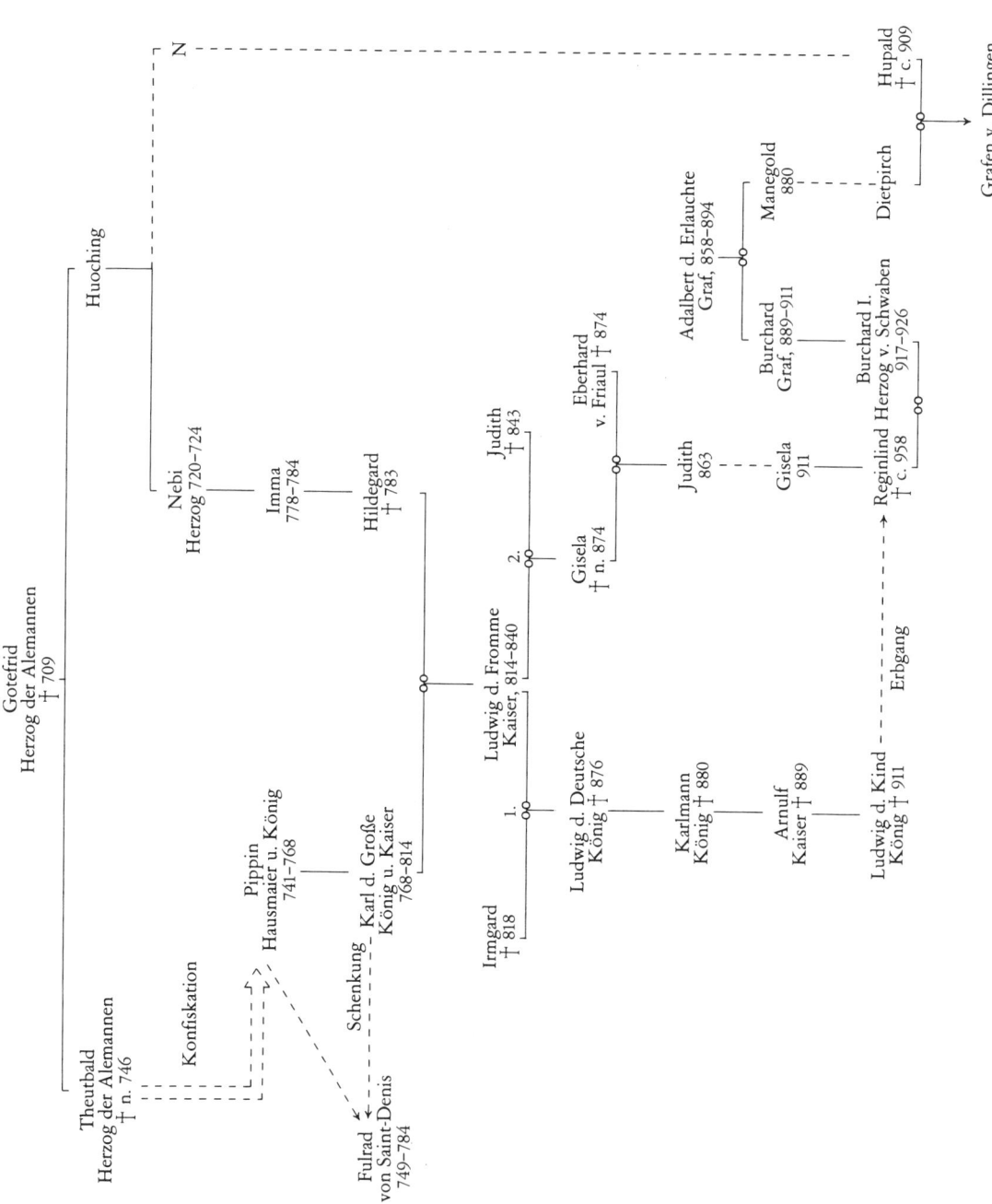

der Name nur dieses eine Mal bezeugt ist und die so benannte Grafschaft offenbar bald in einem anderen Bezirk aufging, ist es kaum möglich, ihre Ausdehnung näher zu bestimmen. Man möchte an einen Bezirk um das mittlere Brenztal denken, der außer Herbrechtingen das System der -heim-Orte umfaßte. Erwähnt sei, daß uns die Urkunde mit der ältesten Form des Namens Brenz, Brancia, bekannt macht.

Abt Fulrad übertrug das von Karl d. Gr. so reich beschenkte und geförderte Klösterlein in Herbrechtingen laut Testament von 777 seiner Abtei Saint-Denis. Aus dem Eigenkloster Fulrads wurde eine von Saint-Denis abhängige Cella; ihr Vorsteher wurde vom Abt des Mutterklosters bestimmt. Für die Herbrechtinger Cella mag es zunächst kaum von Nachteil gewesen sein, das angesehene und reiche Kloster Saint-Denis als Rückhalt zu haben. Sie erhielt von dort stets neue Impulse und strahlte ihren Einfluß als geistlicher und kultureller Mittelpunkt des Brenztals aus. Als jedoch seit dem Vertrag von Verdun 843 das Frankenreich Zug um Zug zerfiel, war auch die Cella im Brenztal gefährdet. Saint-Denis ließ sich seinen Außenbesitz wiederholt von den Herrschern bestätigen, zuletzt von König Ludwig d. Deutschen im Jahr 866. Auch später erhob das Mutterkloster noch Anspruch auf seinen entlegenen schwäbischen Besitz mit Hilfe von Urkunden, die auf den Namen Karls d. Gr. und Karls d. Kahlen gefälscht waren. In Wahrheit war ihm dieser Besitz längst entfremdet.

Mit dem Tode Ludwigs des Kindes 911 war im Ostreich die männliche Nachkommenschaft Karls d. Gr. erloschen. Der neue König Konrad I. (911–919) und erst recht Herzog Burchard I. von Schwaben (917–926) negierten die Ansprüche von Saint-Denis. Die Gemahlin Herzog Burchards I., Reginlind, war von Mutterseite ein Abkömmling Karls d. Gr. So erhob Herzog Burchard als Anwalt seiner Gemahlin Erbansprüche an das ehemals karolingische Königsgut in Schwaben, darunter Herbrechtingen. Angesichts der realen Machtverhältnisse war es kein Wunder, daß er sich durchsetzte. Damit hörte die Cella wohl überhaupt auf zu bestehen. Die künftigen Inhaber Herbrechtingens sind die Erben Herzog Burchards I. und seiner Gemahlin Reginlind.

König Heinrich III.
und das Kollegiatstift Herbrechtingen

In der Kanzlei Kaiser Friedrich Barbarossas ist am 1. Mai 1171 in Giengen eine Urkunde ausgefertigt worden, die für Herbrechtingen kaum weniger bedeutend ist als das Diplom Karls d. Gr. Wir entnehmen ihr, daß in Herbrechtingen bis zu dieser Zeit ein Kollegium von Weltgeistlichen bestand, ein sogenanntes Kollegiatstift.

Über die Entstehungszeit dieses Stifts ist urkundlich nichts bekannt. Anhaltspunkte bieten der Befund der Grabung, die im Jahre 1954 in der Kirche anläßlich ihrer Restaurierung durchgeführt wurde, und die Nachricht eines Chronisten, daß im Jahre 1046 in Herbrechtingen in Gegenwart König Heinrichs III. eine höchst bedeutsame kirchliche Weihehandlung vorgenommen wurde.

Die Grabung hat ergeben, daß an der Kirche, die Abt Fulrad einst erbaut hat, im 11. Jahrhundert erhebliche bauliche Veränderungen vorgenommen worden sind. Sicher ist, daß der Chor beträchtlich erweitert wurde. Davon zeugen ein romanisches Fenster in der Nordwand des Chores und ein gemaltes Mäanderband, von dem sich ein Stück erhalten hat. Bauliche Veränderungen am Chor gehen mit organisatorischen Veränderungen in der Regel Hand in Hand. So könnte man sich die Erweiterung des Chores etwa damit erklären, daß die Kirche mit der Ansiedlung eines Priesterkollegiums eine neue Bestimmung erhielt.

Nun hielt sich König Heinrich III. Ende August bis Anfang September 1046 mit einem stattlichen Gefolge weltlicher und geistlicher Würdenträger in Herbrechtingen auf. So berichtet der Chronist des Klosters St. Benignus in Dijon. Heinrich III. kam von Speyer am Rhein und zog über Winterbach im Remstal, wo er Aufenthalt genommen hatte, nach Augsburg. Dort sammelte sich sein Heer für den Zug nach Italien. In seinem Gefolge befanden sich auch der Erzbischof Hugo von Besançon und der zum Erzbischof von Lyon bestimmte Abt Halinard von St. Benignus in Dijon. In Herbrechtingen fand die Ordination (Weihe) des Abtes Halinard zum Erzbischof von Lyon statt. Die Weihehandlung nahm der Erzbischof von Besançon in Gegenwart des Königspaares vor. Es ist gewiß erstaunlich, daß diese Handlung gerade in Herbrechtingen und nicht etwa wenige Tage zuvor in Winterbach oder einige Tage später in Augsburg vorgenommen wurde. Dies setzt doch wohl voraus, daß in Herbrechtingen ein geräumiger und zugleich würdiger Kirchenbau zur Verfügung stand. Die von Fulrad einst erbaute Kirche, die man sich relativ bescheiden vorzustellen hat, hätte dem kaum entsprochen. So dürften die baulichen Veränderungen, von denen wir wissen, schon vor dem Aufenthalt des Königs, vielleicht erst kurz vorher, vorgenommen und beendigt worden sein. Ebenso darf vorausgesetzt werden, daß zu dieser Zeit bereits ein mehrköpfiges Priesterkollegium an der Kirche tätig war, das den ordinierenden Erzbischof bei der Weihehandlung unterstützte.

So wird man wohl Heinrich III. als den Begründer des Herbrechtinger Kollegiatstifts ansehen dürfen. Das frühe 11. Jahrhundert, die Zeit der beginnenden Kirchenreform, hat ja auch anderwärts solche Stiftungen entstehen lassen, z.B. in Obermarchtal an der Donau und in Lorch im Remstal. Heinrich III. war der Reformbewegung besonders zugetan.

Wir sind damit bei der Frage, was Heinrich III. eigentlich mit Herbrechtingen zu schaffen hatte und was ihn berechtigt haben könnte, über die dortige Kirche zu verfügen. Wir haben Grund zu der Annahme, daß Herzog Burchard I. von Schwaben (917–926) und seine Gemahlin Reginlind diejenigen waren, die die Cella Fulrads dem Kloster Saint-Denis vollends entfremdet haben und die Mönchsniederlassung eingehen ließen. Von diesen beiden führt eine Blutlinie direkt zu König Heinrich III. Herzog Burchard I. hatte nämlich eine Tochter Berta, die sich mit König Rudolf von Burgund († 937) vermählte. Aus dieser Ehe stammte Adelheid, die Gemahlin Kaiser Ottos d. Gr. (936–973), aber auch König Konrad von Burgund (937–993). Dessen Tochter Gerberga wurde die Gemahlin des Herzogs Hermann II. von Schwaben (997–1003) und brachte ihm viel ehemaliges Herzogsgut der Burchardinger zu. Hermanns II. Tochter Gisela aber war in dritter Ehe vermählt mit dem Salier Kaiser Konrad II. (1024–1039) und hatte aus dieser Ehe den Sohn Heinrich, der als Heinrich III. den Thron bestieg (1039–1056). Auf ihn gingen Giselas Mitgift und Erbe zum guten Teil über. Auf dem hier beschriebenen Weg muß auch Herbrechtingen an Heinrich III. gelangt sein. Bei seiner Einstellung zur Kirche wäre sehr naheliegend, daß er die Verpflichtung fühlte, das von seinen Vorfahren der Kirche entfremdete Gut zu einer neuen kirchlichen Stiftung zu verwenden.

Nach der Rechtsauffassung der Zeit war das Kollegiatstift eine Eigenkirche des Gründers. Er hatte Einfluß auf die Leitung und besetzte die Stellen der Stiftsherren; außerdem standen ihm gewisse Einkünfte zu. Eine Eigenkirche vererbte sich wie anderes Gut unter den Nachkommen des Stifters. Im Jahre 1171 war das Herbrechtinger Stift in der Verfügungsgewalt Kaiser Friedrich Barbarossas (1152–1190) aus dem Hause der Staufer. Der Erbgang von Heinrich III. auf Friedrich Barbarossa liegt klar zutage. Heinrich III. hinterließ das Stift seinem Sohne Heinrich IV. (1056–1106). Dessen Tochter Agnes wurde die Gemahlin Herzog Friedrichs I. von Schwaben und damit die Großmutter Friedrich Barbarossas. Da der Sohn Heinrichs IV., Kaiser Heinrich V. (1106–1125), kinderlos blieb, erbten die Nachkommen seiner Schwester Agnes. Spätestens 1125 also muß das Herbrechtinger Stift an Friedrich II., den Sohn der Agnes und Vater Barbarossas, gefallen sein.

Wie kam Bolheim an Kloster Lorch?

Ehe die Staufer das Stift Herbrechtingen erbten, müssen sie schon im Besitz namhafter Güter im Brenztal gewesen sein. Es handelt sich um kleinere Besitzungen in Rudelsberg (abgegangen bei Schnaitheim), Walkersdorf (abgegangen bei Fleinheim), Nattheim und Oggenhausen, sodann um einen Anteil an Dettingen, mit dem ein Patronatsrecht verbunden war, insbesondere aber um den Hauptteil des Grundbesitzes und der herrschaftlichen Rechte in Bolheim. Diese Güter erscheinen später in Händen des Klosters Lorch im Remstal.

Die Abtei Lorch war von Herzog Friedrich I. von Schwaben und seiner Gemahlin Agnes, der Tochter Kaiser Heinrichs IV., gegründet worden. Zusammen mit ihren Söhnen Friedrich und Konrad übertrugen die beiden die Abtei im Jahre 1102 dem Heiligen Stuhl. Eine eigentliche Stiftungsurkunde ist nicht erhalten. So müssen wir auf Umwegen Schlüsse darauf ziehen, was zur Ausstattung des Klosters gehörte.

Wir haben schon dargelegt, daß das Kloster Saint-Denis seinen Besitzanspruch auf die Fulrad-Zelle in Herbrechtingen lange Zeit aufrechterhalten und verfochten hat. Zu diesem Zweck sind in Saint-Denis nicht nur wiederholt Urkunden gefälscht worden, und zwar auf den Namen Karls d. Gr., da man diese Urkunden für besonders beweiskräftig ansah. Man hat auch die echte Urkunde Karls d. Gr. von 774 beim Abschreiben durch eine Zutat erweitert, um auf diese Weise den Anspruch auf ein weiteres Gut zu dokumentieren, das dem Kloster tatsächlich oder vermeintlich zustand. In Kopialbüchern aus dem Archiv des Klosters Saint-Denis haben sich Abschriften der Urkunde Karls d. Gr. gefunden, die vorgeben, Karl habe dem Abt Fulrad mit der »villa« Herbrechtingen auch die »villa Bolamen« geschenkt. Der Ortsname Bolamen in einer Urkunde, die sonst nur Herbrechtingen betrifft, kann allein auf Bolheim bezogen werden. Daß der Name verstümmelt ist, muß dem Schreiber, der um 1200 am

Tafel II: Wie sich Herbrechtingen und Bolheim vererbten

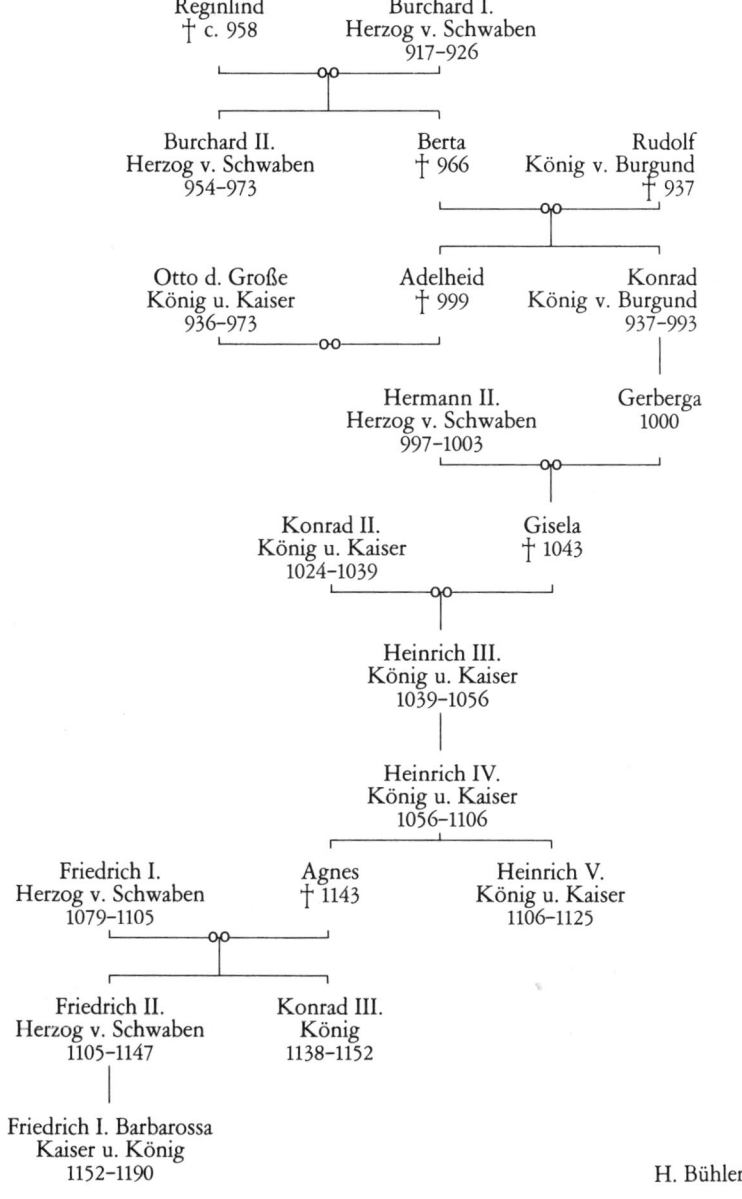

Reginlind
† c. 958

Burchard I.
Herzog v. Schwaben
917–926

Burchard II.
Herzog v. Schwaben
954–973

Berta
† 966

Rudolf
König v. Burgund
† 937

Otto d. Große
König u. Kaiser
936–973

Adelheid
† 999

Konrad
König v. Burgund
937–993

Hermann II.
Herzog v. Schwaben
997–1003

Gerberga
1000

Konrad II.
König u. Kaiser
1024–1039

Gisela
† 1043

Heinrich III.
König u. Kaiser
1039–1056

Heinrich IV.
König u. Kaiser
1056–1106

Friedrich I.
Herzog v. Schwaben
1079–1105

Agnes
† 1143

Heinrich V.
König u. Kaiser
1106–1125

Friedrich II.
Herzog v. Schwaben
1105–1147

Konrad III.
König
1138–1152

Friedrich I. Barbarossa
Kaiser u. König
1152–1190

H. Bühler, 1974

Werk war, nachgesehen werden. Er war der deutschen Sprache sicher nicht mächtig und hatte den Namen von irgendeiner schwer leserlichen Vorlage falsch abgeschrieben. Diesem Dokument zufolge erhob also Saint-Denis Anspruch auch auf Bolheim, und zwar – wie wir nicht bezweifeln – mit vollem Recht. Möglich, daß in der Schenkung Karls d. Gr. an Fulrad Güter in Bolheim inbegriffen waren, die von der »villa« Herbrechtingen aus verwaltet und deshalb nicht eigens erwähnt wurden. Wahrscheinlicher ist, daß Karl d. Gr. selbst oder einer seiner Nachfolger bei einem späteren Anlaß die »villa« Bolheim tatsächlich der Fulrad-Zelle geschenkt hat. Falls überhaupt jemals eine Urkunde darüber ausgestellt worden war, mag sie verloren gegangen sein. Um den Anspruch auf Bolheim glaubhaft vertreten zu können, griff man in Saint-Denis zu dem zweifelhaften Mittel, die Schenkung Bolheims nachträglich in die echte Urkunde Karls einzuschieben.

Bestanden aber die Ansprüche des Klosters Saint-Denis auf Bolheim zu Recht, dann mußte bei Aufhebung der Fulrad-Zelle durch Herzog Burchard I. (917–926) auch Bolheim in dessen Verfügungsgewalt fallen. Es ging nach Burchards Tod durch die gleichen Hände wie Herbrechtingen und kam schließlich in die Gewalt Kaiser Heinrichs IV. (1056–1106). Dieser muß Bolheim seiner Tochter Agnes als Heiratsgut überlassen haben, und durch sie wurde Bolheim in das Ausstattungsgut des Klosters Lorch eingebracht. Lorch besaß in Bolheim einen Maierhof samt 15 Huben – genau das, was man sich unter einer »villa« vorstellt –, dazu die Mühle, das Fischrecht und das Kirchenpatronat.

Daß Bolheim schon zur frühesten Ausstattung des Klosters Lorch gehört haben muß, wird klar, wenn man bedenkt, daß in Bolheims nächster Nachbarschaft um 1125 das Kloster Anhausen gegründet wurde, und zwar von nahen Verwandten der Staufer, und daß Kaiser Friedrich Barbarossa 1171 das Stift in Herbrechtingen reformierte und neu ausstattete. Wäre Bolheim nicht bereits im Besitz des Klosters Lorch gewesen, wäre es sicher einem dieser benachbarten Klöster übertragen worden.

So fügt sich alles zusammen; der Übergang Bolheims an Lorch findet die wahrscheinlichste Erklärung, und es ist durchaus glaubhaft, daß Bolheim tatsächlich einst mit der Fulrad-Zelle verbunden war. Herzog Friedrich I., der Gemahl der Agnes, die Bolheim zugebracht hat, muß jedoch selbst auch in der Gegend begütert gewesen sein. Darauf weisen die Rechte des Klosters Lorch in Dettingen.

Die schwäbischen Pfalzgrafen und die Gründung der Abtei Anhausen

Nicht lange nachdem Bolheim an Kloster Lorch gelangt war, entstand die Abtei Anhausen, in älterer Zeit regelmäßig Ahausen genannt oder auch Brenz-Ahausen, um Verwechslungen mit dem Kloster Auhausen an der Wörnitz zu vermeiden. Gründer war eine Hochadelssippe, die im 11. und frühen 12. Jahrhundert im Wechsel mit den Staufern das Pfalzgrafenamt im Herzogtum Schwaben verwaltete. So mächtig und einflußreich dieses Geschlecht gewesen ist, so schwer läßt es sich näher charakterisieren. Es war wohl stammesgleich mit den Edelherren von Albeck und denen von Stubersheim-Ravenstein. Wenn man die Stifter Anhausens vielfach als einen Zweig der Grafen von Dillingen angesprochen hat, so ist das streng genommen nicht richtig. Doch sind sie über eine Ahnfrau, die in der ersten Hälfte des 11. Jahrhunderts lebte, mit den Dillingern verwandt. Diese Ahnfrau hat Güter um Niederstotzingen und Langenau eingebracht. Enger war die Verwandtschaft zu den Staufern. Aus der Lebensbeschreibung der seligen Herluka kennen wir Adelheid, die Gemahlin des Pfalzgrafen Manegold (1070–1113). Sie muß eine Stauferin gewesen sein, und zwar eine Schwester Friedrichs von Büren, der der Vater Herzog Friedrichs I. (1079–1105) war. Adelheid hat außer Gütern im Remstal einen Anteil an Dettingen und vielleicht sogar Anhausen eingebracht. Die Verwandtschaft zu den Staufern erklärt, weshalb das Pfalzgrafenamt in beiden Häusern wechselte. Aus der erwähnten Lebensbeschreibung erfahren wir, daß Pfalzgraf Manegold und vor allem seine Gemahlin Adelheid der Reformbewegung in der Kirche zugetan waren. Wenn aber dort das »castrum Moropolis« als Sitz des Pfalzgrafen genannt ist, stehen wir vor einem Rätsel. Denn der von dem gelehrten Chronisten Paul von Bernried auf Griechisch überlieferte Name läßt sich vorerst mit keiner bekannten Burg unserer Gegend in Verbindung bringen. Sicher ist damit nicht Lauterburg bei Essingen gemeint, wo der Sohn Manegolds, Pfalzgraf Adalbert (1125–1143) seinen Sitz hat.

Der alte Pfalzgraf Manegold (1070–1113) hatte die Absicht, bei seiner Eigenkirche in Langenau, die ihm durch Erbschaft (von Mutterseite) zugefallen war, ein Benediktinerkloster zu gründen. Er starb jedoch, ehe er seinen Plan verwirklichen konnte. Seine Söhne, nämlich der erwähnte Pfalzgraf Adalbert, sodann Walter, der Domherr und seit 1133 Bischof von Augsburg war, Manegold d. J. und Ulrich, verwirklichten das Vorhaben des Vaters. So entstand um 1115 ein Kloster in Langenau. An der

Tafel III: Die Stifter des Klosters Anhausen

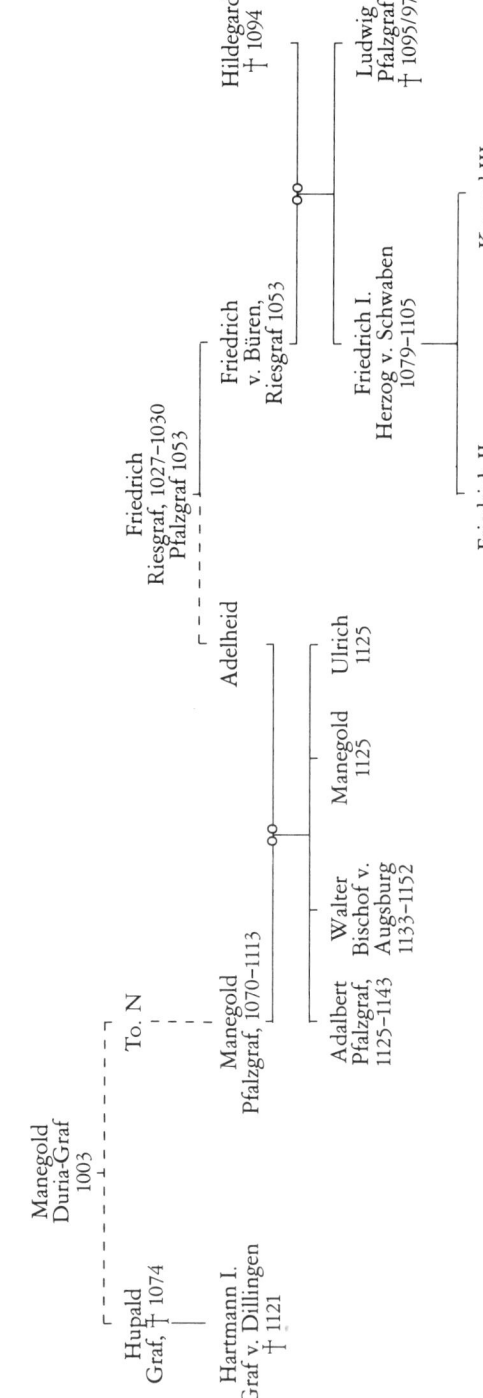

Manegold
Duria-Graf
1003

To. N

Friedrich
Riesgraf, 1027–1030
Pfalzgraf 1053

Hildegard
† 1094

Ludwig
Pfalzgraf
† 1095/97

Hupald
Graf, † 1074

Hartmann I.
Graf v. Dillingen
† 1121

Manegold
Pfalzgraf, 1070–1113

Adelheid

Friedrich
v. Büren,
Riesgraf 1053

Friedrich I.
Herzog v. Schwaben
1079–1105

Konrad III.
König, 1138–1152

Adalbert
Pfalzgraf,
1125–1143

Walter
Bischof v.
Augsburg
1133–1152

Manegold
1125

Ulrich
1125

Friedrich II.
Herzog v. Schwaben
1105–†1147

Friedrich I. Barbarossa
König u. Kaiser
1152–1190

H. Bühler, 1974

dortigen Martinskirche wurden umfassende bauliche Veränderungen vorgenommen, damit sie ihrer Bestimmung als Klosterkirche entspräche. Aus dem Reformkloster Hirsau im Schwarzwald kam Reginbald, der der neuen Mönchsgemeinde als Abt vorstand, und einige Jahre später sein Nachfolger Adalbert. Dies besagt, daß das Kloster in Langenau immerhin eine Reihe von Jahren Bestand hatte. Nun lag aber Langenau an einer belebten Fernstraße und erwies sich wenig geeignet für eine Mönchsniederlassung. Die Stifter fanden schließlich eine passendere Stätte in Anhausen, das recht abgeschieden am Beginn der großen Talschlinge der Brenz um den Buigen lag. Hier gab es Wasser, und in den umliegenden Wäldern war Bauholz in überreichem Maße vorhanden.

Anhausen war ein Eigengut der Stifter; möglicherweise stammte es aus dem Erbe ihrer staufischen Mutter Adelheid. Dafür spricht, daß Anhausen zum Bezirk der Pfarrei Dettingen gehörte. Dettingen aber dürfte nach allem, was sich ermitteln läßt, staufisch gewesen sein. Anhausen wurde nun aus dem seitherigen Pfarrbezirk gelöst, und dem Dettinger Pfarrer wurden als Ersatz für den künftig entfallenden Zehnten von den Anhauser Gütern zwei Huben in Ratfelden (oder Rotfelden, abgegangen bei der Burg Falkenstein) übertragen. Dann begann man mit dem Bau der Klosterkirche. Sie wurde dem heiligen Martin geweiht, der Titelheiliger in Langenau war, wo das Kloster seinen Anfang genommen hatte. Die Gründer unterstellten das Kloster dem Heiligen Stuhl. Papst Honorius II. verlieh 1125 einen Schutzbrief, der die Frage regelt, auf welche Weise künftig der Abt und der Schutzvogt des Klosters gewählt werden sollten.

Anhausen war bis dahin ein Weiler oder kleines Dorf, sind doch – wenn auch summarisch – Gesinde, Zinsbauern, Zehntrechte, Mühlen, Äcker, Wiesen und Wälder erwähnt. Später war die gesamte Feld- und Wiesenflur, die zu Anhausen gehörte, dem Wirtschaftsbetrieb der Mönche einverleibt. Die Bauern hat man offenbar anderswo angesiedelt.

Von seinen Stiftern erhielt das Kloster reichen Grundbesitz in insgesamt 55 Orten. Sie alle sind aufgezählt in einem Privileg, das der hochbetagte Bischof Walter, der als letzter der Stifter noch am Leben war, 1143 ausstellen ließ, wohl in der Absicht, künftigem Streit der Erben mit dem Kloster vorzubeugen. Dieses Privileg ist so wichtig für die Geschichte des Bezirks, weil darin zahlreiche Orte erstmalig erwähnt sind. Im Besitz Anhausens waren damals Güter in Langenau und den Nachbarorten Öllingen, Aspach, Osterstetten, Niederstotzingen, Asselfingen, Setzingen, Ballendorf auf der Ulmer Alb; ferner Grundbesitz in Heuchlingen, 9 Gütlein in Dettingen, Güter in Sachsenhart (abgegangen), Küpfendorf,

Heutenburg, Gussenstadt, Söhnstetten, Irmannsweiler, der Maierhof samt Mühle und Fischereirecht in Mergelstetten und Güter in Sachsenhausen, aber auch recht entfernter Besitz im Filstal, im Remstal, im Ries und im Donautal. Aus dem kleinen und abgeschiedenen Anhausen wurde fast mit einem Schlag der Mittelpunkt einer weitgedehnten Klosterherrschaft.

Die Vogtei des Klosters Anhausen fiel nach dem Tode des Pfalzgrafen Adalbert 1143 an die Staufer. Als König Konrad III. 1150 in Langenau einen Hoftag abhielt und dabei vor vielen Zeugen einen Gütertausch der Klöster Elchingen und St. Blasien beurkundete, dürfte die Martinskirche als Versammlungsraum gedient haben. Über sie konnte der staufische König in seiner Eigenschaft als Vogt von Anhausen verfügen. In der Folgezeit begegnen uns die Äbte von Anhausen gelegentlich im Gefolge der Staufer, so bei Kaiser Friedrich Barbarossa 1171 in Giengen und 1181 auf dem Hohenstaufen.

Die Gründung des Augustiner-Chorherrenstifts in Herbrechtingen 1171

Friedrich Barbarossa hatte die ersten 15 Jahre seiner Regierungszeit vorwiegend in Italien im Kampf mit der Kurie und den Lombardenstädten zugebracht. Die Katastrophe vor Rom 1167 veranlaßte eine Änderung seiner Politik. Er suchte seine Stellung im Reich durch eine starke Hausmacht zu festigen. In diesen Zusammenhang gehört die Reform des Herbrechtinger Stifts. Bis zum Kaiser war nämlich vorgedrungen, daß die Kleriker ein wenig geistliches Leben führten. Die Urkunde, die am 1. Mai 1171 in Giengen ausgefertigt wurde, zeigt, daß sich der Kaiser mit zahlreichem Gefolge auf der Giengener Burg aufhielt. Genannt sind die Äbte von Anhausen, Lorch, Echenbrunn und Donauwörth, die Pröpste von Wettenhausen, Roggenburg, Ursberg und Heiligkreuz in Augsburg, die Grafen von Kirchberg, Lechsgmünd und Helfenstein, die Edelherren von Hellenstein, Gundelfingen, Biberbach und Türkheim sowie mehrere Ministerialen.

Die Burg zu Giengen samt vielen Gütern im Brenz- und Donautal hatte Barbarossa als Mitgift seiner ersten Gemahlin Adela von Vohburg 1147 erhalten und nach Auflösung dieser Ehe durch den Papst 1153 nicht wieder herausgegeben.

Die Geistlichen, die den Kaiser in Giengen umgaben, hatten offenbar die Klagen über Mißstände am Herbrechtinger Stift zu prüfen und über die Stiftsherren ein nach kirchlichem Recht gültiges und unanfechtbares Urteil zu fällen, welches erlaubte, sie ihrer Pfründen zu entheben. Als dies erreicht war, setzte der Kaiser mit Zustimmung des Bischofs und Domkapitels von Augsburg sowie der genannten Prälaten den Propst Adalbert und seine Gefährten ein. Diese lebten nach der Regel des heiligen Augustin und kamen aus dem Kloster Hördt bei Germersheim am Rhein. Ihnen übertrug er die jetzt ledige Kirche, die gegen jeden Rechtsanspruch von anderer Seite abgesichert war, und dazu die Familia (Dienerschaft), das Widumgut, die Zehnten, die Zinsbauern, die dem Vogt Abgaben zu entrichten hatten, sowie Wiesen, Weiden und alles, was die bisher hier wohnenden Kleriker besessen hatten.

Um die neue Stiftsgemeinschaft wirtschaftlich auch wirklich sicherzustellen, übertrug ihr der Kaiser obendrein seinen Maierhof, den er vom Bischof von Augsburg zu Lehen hatte, weiterhin das Lehen, das Diepold Güsse in Herbrechtingen von ihm gehabt, das Lehen Ottos von Hürben, nämlich das Marktrecht im Ort und einen Acker beim Friedhof, ferner das Lehen des Heinrich von Staufen. Er bestätigte ihnen das Gut im Ort, das Degenhard von Hellenstein zum Seelenheil seines Bruders Berenger dem Stift übereignete, und das Gut, das er von Hermann von Herbrechtingen mit eigenen Mitteln gekauft, auch das Lehen Sefrids in Bindstein samt der dortigen Burg, das er gegen Geld zurückerworben, und schließlich ein Gut in Winnenden (bei Blaubeuren), das er um 250 Pfund vom Kloster Kaisheim gekauft hatte. Auch verfügte er, daß, wenn künftig jemand ein Lehen aufgeben sollte, das rechtlich mit dem Maierhof verbunden war, es der Stiftung gehören solle.

Friedrich Barbarossa blieb für sich und seine Erben Lehensmann der Augsburger Kirche. Er bestimmte, daß das Recht, den Propst einzusetzen, demjenigen seiner Erben zustehe, der das Augsburger Kirchenlehen innehabe. Der Bischof übertrug dem Propst das Altarsakrament und die Seelsorge; er hatte aber keinerlei Mitspracherecht bei dessen Einsetzung. Die Stiftsherren sollten vielmehr in freier kanonischer Wahl denjenigen bestimmen, den sie für den geeignetsten hielten, und falls es deshalb Zwietracht geben sollte, habe der jeweilige Inhaber des Augsburger Lehens zu vermitteln und gemeinsam mit ihnen eine ehrbare Person zu wählen.

Damit waren die Rechtsgrundlage und wirtschaftliche Existenz des Stifts gesichert.

Die Klosterherrschaft Herbrechtingen

Seit 1171 war das Stift bedeutendster Grundherr in Herbrechtingen. Dazu hatte es ein Gut in Bindstein und namhaften Besitz in Winnenden. Der letztere ging bald an das Kloster Blaubeuren über, vielleicht im Tausch gegen andere Güter.

Aus der Frühzeit des Stifts ist wenig überliefert über Gütererwerb, umso mehr über Streit mit den Vögten und mit der Nachbarstadt Giengen. Barbarossa hatte über die Vogtei (Schutzherrschaft) des Stifts keine besonderen Bestimmungen erlassen. Folglich hatte der jeweils älteste Staufer die Aufgaben des Vogtes wahrzunehmen. Als König Philipp von Schwaben, ein Sohn Barbarossas, sich 1206 in Giengen aufhielt, erteilte er dem Propst ein Schutzprivileg. Er versprach, das Stift in seinem Besitzstand zu verteidigen und unter seinen besonderen Schutz zu nehmen. Ein königliches Schutzprivileg war zwar sehr wertvoll, aber der König selbst war oft gar nicht in der Lage, den Schutz auch wirksam auszuüben. War er doch mit anderen Dingen beschäftigt und oft jahrelang außerhalb des Reiches. Kaiser Friedrich II. betraute deshalb den Ortsherren des benachbarten Hürben, den Edlen Gottfried von Wolfach (bezeugt 1219–1227), mit dem Schutz des Stifts. Dies sei auf dringende Bitte der Stiftsherren geschehen. Gottfried von Wolfach handhabe also die Vogtei als ein königliches Lehen.

Wir wissen nicht recht, wie dieser Edelherr aus dem Schwarzwald nach Hürben kam. Wahrscheinlich stammte seine Mutter aus unserer Gegend und hat ihm das Gut Hürben zugebracht. Vielleicht war sie aus dem Hause Gundelfingen, wo der Name Gottfried gebräuchlich war.

Von Gottfried von Wolfach wird wenig Rühmliches berichtet. Offenbar hatte er Schulden und verlangte, daß das Stift ihn samt 12 Gesellen ein ganzes Jahr lang unterhalte. Die Stiftsherren klagten über diese untragbare Belastung und erreichten immerhin, daß ihnen Gottfried als Entschädigung seine Pfarrkirche in Hürben samt Widumgut überließ.

Bald darauf verkaufte er die Vogtei des Stifts wie auch die Burg Hürben und all seinen dortigen Besitz dem Grafen Hartmann IV. von Dillingen. König Heinrich VII., Sohn und Stellvertreter Friedrichs II., belehnte den Grafen 1227 mit der Vogtei. Mit dem neuen Vogt kam ein für das Stift vorteilhaftes Gütergeschäft zustande. Es ertauschte gegen seinen Hof in Bernau 1252–1256 vom Grafen Hartmann und seinem Sohn Adalbert zwei Huben in Mergelstetten sowie den dortigen Kirchensatz (Kirchenpatronat). Bischof Hartmann von Augsburg, ein Sohn des Grafen, inkorporierte die Pfarrei Mergelstetten 1280 dem Stift, das damit in den Genuß der Zehnten und des sonstigen Vermögens der Mergelstetter Pfarrei gelangte.

Graf Hartmann IV. starb im Jahre 1258. Sein Schwiegersohn, Graf Ulrich II. von Helfenstein, fiel »mit bewaffneter Hand« ins Stift ein und drängte sich mit Gewalt als »Beschützer« auf. Zweifellos berief er sich auf einen Erbanspruch, den ihm seine Gemahlin Willibirg vermittelt hatte. Der Propst beschwerte sich bei König Rudolf von Habsburg, als dieser 1274 nach Giengen kam, desgleichen 1276 in Nürnberg, Donauwörth und Augsburg. Er legte die Privilegien des Stifts vor, nach denen der König verpflichtet war, das Kloster zu schirmen, und er erreichte, daß der Ritter von Weitingen, der damals im Namen des Königs die Stadt Giengen regierte, mit dem Schutz des Stifts betraut wurde. Als aber der von Weitingen nach Jahresfrist abberufen wurde, riß der Graf von Helfenstein die Vogtei erneut an sich und drangsalierte das Stift umso mehr.

Da der Helfensteiner mit der Stadt Giengen Streit hatte, wurde das Stift auch darein verstrickt. Die Giengener fielen in Herbrechtingen ein und beraubten die Leute und Güter des Stifts. Im Jahre 1279 kam schließlich ein Vergleich zustande. Die Giengener sahen ihre Untat ein und gelobten, das Stift bei künftigen Händeln mit dem Vogt aus dem Spiel und nicht für dessen Taten büßen zu lassen. Als Sühne sicherten sie für alle Zeit Steuerfreiheit für die Güter zu, die das Stift innerhalb und außerhalb ihrer Stadtmauern hatte, sowie Zollfreiheit für Nahrungsmittel und Wein, die das Stift in Giengen ein- und ausführte.

Angesichts der prekären Lage seines Stifts erwirkte der Propst 1284 bei Papst Martin IV. ein Schutzprivileg. Das Stift gehörte dem Wortlaut der Urkunde gemäß unmittelbar der römischen Kirche.

Wegen der Übergriffe des Grafen von Helfenstein beschwerte sich der Propst erneut 1286 in Ulm bei König Rudolf, doch ohne Erfolg. Dies ist umso verwunderlicher, als der Graf zu den heftigsten Gegnern des Königs gehörte bei dessen Bemühen, das schwäbische Herzogtum zu erneuern. Doch lag dem König an einem gütlichen Ausgleich mit dem Grafen, da er ihn für den geplanten Romzug gewinnen wollte. Als König Rudolf im November 1286 vor Stuttgart eine Sühne (Sühnevertrag) mit seinen Gegnern in Schwaben schloß, bestätigte er dem Grafen Ulrich sogar die Vogteien Anhausen und Herbrechtingen mit den Worten: »Der von Helfenstein sol ouch den cloestern Ahusen unde Herbrehtingen dekainen schaden noch unlost tuon unde solz han, als ers (bis)her hat gehapt von dem obersten tage (Erscheinungsfest) über ain jar, also daz dem Riche an sinem rehte kain schade si«. Nach Ablauf des Jahres sollten der König und der Graf im selben Recht sein wie zu der Zeit, als sie von Ulm schieden, vorausgesetzt, daß der Graf mit nach Italien ziehe. Sollte er aber nicht mitziehen und das Jahr vergehen, so hätte er einen Monat danach, falls er gemahnt würde, dem König wegen der Klöster Rechenschaft abzulegen.

Die Romfahrt kam nicht zustande. Dennoch blieb das Stift – der Form nach als Reichslehen – in der Vogteigewalt des Grafen Ulrich und seiner Rechtsnachfolger. Die Stiftung Barbarossas sank von nun an zu einem landsässigen Kloster herab.

Seinen Besitzstand hat es im Laufe der Zeit ausgebaut. An planmäßige Erwerbspolitik war zwar kaum zu denken; dafür waren die Mittel vergleichsweise bescheiden, Seuchen und Kriege brachten Rückschläge. Manches Gut, das hinzu kam, rührt aus frommer Stiftung.

Im Jahre 1279 wurde ein Hof in Bolheim angekauft, den Konrad Merkinger, ein Bopfinger Bürger, von den Herren von Gundelfingen zu Lehen gehabt hatte. In Herbrechtingen erwarb man 1295 ein weiteres Gut von dem Amman Walter von Giengen. Ein Gut in Hohenmemmingen, der »Wingart« genannt, wurde 1304 einem Giengener Bürger zu Lehen gegeben.

Schon früher hatte das Stift in Setzingen auf der Ulmer Alb Fuß gefaßt. Einen seiner Höfe mußte es 1276 dem Grafen Ulrich II. von Helfenstein überlassen. Um einen zweiten Hof prozessierte man mit einem gewissen Rudolf, bis Graf Ulrich und Ulrich von Überkingen 1281 entschieden, daß das Eigentum daran dem Stift zustehe. Im Jahre 1328 erwarb man das dortige Kirchenpatronat von dem Ritter Hans Lienung von Albeck um 260 Pfund Heller, und gegen weitere 70 Pfund verzichtete der Lehensherr, Graf Ludwig von Oettingen, auf sein Eigentumsrecht und auf eine Hube. Ein anderes Gut stiftete der alte Werner Lienung zu einem Seelgerät (Stiftung mit der Auflage, Messen lesen zu lassen).

Das Kirchenpatronat in Niederstotzingen kaufte man 1329 samt einer Selde um 700 Pfund Heller von dem Ritter Heinrich von Stotzingen. Einen stattlichen Hof in Niederstotzingen gab 1332 Diemar von Kaltenburg mit der Auflage, am Jahrtag seines Vaters den Armen ein Almosen zu geben und einen Teil der Einkünfte den Klöstern Echenbrunn und Anhausen zukommen zu lassen. Eine halbe Hube, ein Gütlein und zwei Hofstätten in Niederstotzingen stiftete Friedrich von Riedheim 1336 als Widumgut einer Messe, die in der Stiftskirche in Herbrechtingen zu halten war. Fünf Gütlein dienten zur Ausstattung der Frühmesse in der Pfarrkirche Niederstotzingen, die Heinrich von Stotzingen 1355 ins Leben rief. Der Propst sollte die Frühmesse verleihen und von den Einkünften den Meßpriester besolden.

Im Jahre 1341 stifteten Johann und Hartmann die Ehinger von Steinheim im Ries eine Katharinenkapelle in Herbrechtingen zum Seelenheil ihres verstorbenen Bruders Ulrich. Sie gaben als Ausstattung zwei Höfe und mehrere Selden in Bissingen. Ein weiteres Gut in Bissingen kaufte man 1350 vom Deutschordenshaus Giengen. Das Stift hatte damit eine recht kräftige Position auf der Ulmer Alb.

Einzelne Güter an verschiedenen Orten verdankte das Kloster frommen Stiftungen des Rittergeschlechts der Vetzer. Rudolf Vetzer schenkte 1335 ein Gütlein in Schnaitheim. Ulrich Vetzer von Oggenhausen stiftete mit seinen Söhnen 1350 eine Messe für seine verstorbene Gemahlin und gab dazu je ein Gut in Schnaitheim, Heuchlingen und Öllingen. Im folgenden Jahr gab er eine Hube in Oberbechingen zum Seelgerät für seine beiden jüngst verstorbenen Söhne. Diese wie auch ihre Mutter waren wohl Opfer der damals wütenden Pest. Schließlich stiftete er 1356 für einen Jahrtag Güter in Oggenhausen.

In Heidenheim hatte das Stift seit 1331 Einkünfte aus einem Haus und einigen Wiesen. Weitere Güter erwarb es 1333.

In Herbrechtingen selbst hatten sich als Grundherren neben dem Stift nur die Ritter von Eselsburg noch behauptet. Sie verfügten über 13 Güter. Im Jahre 1343 verkauften die Brüder Hans, Rudolf und Konrad von Eselsburg ihren Besitz um 270 Pfund Heller an das Stift. Die Grafen von Helfenstein als dessen Vögte beanspruchten kein »Vogtrecht« (Abgabe an den Vogt) von diesen Gütern, die deshalb noch lange die »dreizehn gefreiten Güter« hießen, im Unterschied zum übrigen Klosterbesitz.

Hatten sich die Helfensteiner hier einmal großzügig erwiesen, so brachte ihre Vogtherrschaft mancherlei Nachteil. Im Thronstreit zwischen Friedrich dem Schönen von Oesterreich und Ludwig dem Bayern (1313–1322) hatten sie zunächst zum Habsburger gehalten. Die Anhänger Ludwigs des Bayern – Gundelfingen, Lauingen und die Burgen im Bachtal waren bayerisch – hatten dafür das Kloster heimgesucht und seine Güter verwüstet. Nach der Niederlage Friedrichs bei Mühldorf am Inn 1322 hatten sie sich auf Ludwigs Seite geschlagen, waren dadurch aber in Gegensatz zum Papst geraten. Propst und Konvent von Herbrechtingen wie auch ihre Hintersassen in Herbrechtingen, Hürben und Mergelstetten verfielen deshalb dem Kirchenbann. Sie wurden erst losgesprochen, als die Vogtherren 1347 ins Lager Karls IV. überwechselten. Dieser übertrug dem Stift als Ersatz für erlittenen Schaden 1348 das Patronatrecht in

Giengen. Schon im folgenden Jahr wurde die Pfarrei Giengen inkorporiert. Dasselbe war mit der Pfarrei Niederstotzingen bereits 1347 geschehen.

Einen Akt der Wiedergutmachung darf man auch darin sehen, daß die Vormünder des Grafen Ulrich d. J. von Helfenstein 1365 das Kirchenpatronat in Nattheim schenkten. Auch der Kirchensatz in Hohenmemmingen gelangte um diese Zeit aus den Händen derer von Riedheim an das Stift. Die Pfarrei Hohenmemmingen wurde auf Betreiben des Markgrafen Bernhard von Baden 1412 inkorporiert.

In Bernau erwarb der Propst 1404 und 1419 je einen Hof. Schließlich wurde 1440 ein Gütlein in Sachsenhausen angekauft.

Um die Jahrhundertmitte tobte der Städtekrieg in unserer Gegend. Die Ulmer und vor allem die von Giengen haben das Kloster, das in die Vogteigewalt des Grafen Ulrich von Württemberg übergegangen war, im Sommer 1449 schwer heimgesucht. Noch 50 Jahre später klagte der Propst, daß sein »Gotzhus und Dorff in dem Stett Krieg gantz usgebrant und verdörpt worden« sei. Papst Nikolaus V. zitierte deshalb die Giengener 1451 nach Rom. Nach längerem Hin und Her brachte der neue Landesherr, Herzog Ludwig der Reiche von Bayern-Landshut, mit seinen Räten 1453 einen Vergleich zustande, und die Stadt Giengen zahlte eine Entschädigung.

Um die Einkünfte des verarmten Stifts zu verbessern, inkorporierte Kardinal Peter, Bischof von Augsburg, 1467 die Pfarrei Setzingen. Dasselbe mag um diese Zeit mit den Pfarreien Nattheim und Weiler ob Helfenstein geschehen sein; sie sind als dem Stift inkorporierte Pfarreien in einer Bestätigungsurkunde Papst Alexanders VI. von 1497 aufgeführt. Inkorporiert war auch die St. Leonhardspfründe in Giengen, die einen Hof und mehrere Selden in Bachhagel besaß.

Der Besitzstand, den damit das Kloster am Vorabend der Reformation erreicht hatte, war vergleichsweise bescheiden. Auch um den Konvent war es nicht zum besten bestellt; wird doch berichtet, die Klosterzucht sei zerfallen. Die Pröpste vom Wengenkloster in Ulm und von St. Georg in Augsburg bemühten sich 1520 vergeblich um eine Reform.

Die Klosterherrschaft Anhausen

Wenn Herbrechtingen als Klostergrundherrschaft nie größere Bedeutung erlangt hat, so ist der Hauptgrund wohl darin zu sehen, daß die benachbarte Abtei Anhausen von Anfang an reicher ausgestattet war und zeitweilig eine recht geschickte Erwerbspolitik betrieb. Sie engte den Spielraum der Herbrechtinger Chorherren ein.

Von Anhausen ist ein verhältnismäßig reicher Urkundenbestand erhalten, der es erlaubt, die Besitzgeschichte in den Grundzügen zu verfolgen. Freilich sind urkundliche Überlieferungen erst vom Ausgang des 13. Jahrhunderts an häufiger zu finden. Was in den einundhalb Jahrhunderten vorher geschah, läßt sich nur zum Teil erschließen. Von den Stiftungsgütern ist in dieser Zeit manches abhanden gekommen. Manches entlegene Gut mag im Tausch gegen solches in der Nachbarschaft weggegeben worden sein. Anderes wurde dem Kloster wohl auch gewaltsam entfremdet.

In den Jahren 1241 und 1274 ist von Streitigkeiten mit den Grafen von Helfenstein die Rede. Unklar ist, ob es um strittige Güter oder um die Vogtei ging. Die Helfensteiner waren als Miterben der Grafen von Dillingen die mächtigsten Herren der Gegend. Wahrscheinlich hatten sie jetzt auch die Anhauser Vogtei in Besitz. Ob sie diese von den Staufern rechtmäßig als Lehen erhalten oder in der kaiserlosen Zeit (1245–1273) einfach an sich gerissen hatten, läßt sich nicht eindeutig entscheiden. Nach dem Wortlaut des Sühnevertrags, den König Rudolf mit den Grafen von Württemberg und Helfenstein 1286 vor Stuttgart abschloß, möchte man eher an letzteres denken. Jedenfalls bestätigte der König dem Grafen Ulrich II. die Vogtei Anhausen unter den gleichen Bedingungen wie die von Herbrechtingen. Sie ist damit als Reichslehen in Händen der Helfensteiner und wird zu einem festen Bestandteil ihrer Herrschaft Heidenheim.

Wir wollen die Besitzgeschichte Anhausens nur insoweit erörtern, als sie für die heutige Gemeinde Herbrechtingen und deren unmittelbare Nachbarschaft von Bedeutung ist. Zu den frühesten Erwerbungen gehört der Kirchensatz in Heldenfingen. Auf Klagen des Abtes, sein Kloster sei zu arm, um die altersschwach gewordenen Dächer ausbessern zu lassen, wurde die Pfarrei 1231 inkorporiert und ihre Einkünfte damit dem Kloster überwiesen. Um diese Zeit hat das Kloster in Hausen ob Lontal Fuß gefaßt. Es besaß dort gleichfalls den Kirchensatz und mehrere Höfe; die Art des Erwerbs läßt sich nicht näher bestimmen. Im Jahre 1280 übereigneten die Herren von Gundelfingen einen Hof in Nattheim, mit dem zuvor ein Ritter H. von Nattin belehnt war.

Naturgemäß waren die Äbte bemüht, den Besitz zu arrondieren, d.h. in der Nachbarschaft des Klosters zu verdichten und dort zu mehren, wo es bereits verheißungsvolle Ansatzpunkte gab.

Im Jahre 1291 trat Walter von Treppach (bei Wasseralfingen) ein Gut in Ugendorf ab. Ein anderes Gut in Ugendorf verkaufte Heinz von Böbingen zu Michelstein (bei Sontheim im Stubental) 1333 an den Konvent.

Sehr zustatten kam die Zwangslage, in welche das Kloster Lorch geraten war. In den Kriegen, die sein Vogt, Graf Eberhard von Württemberg, gegen König und Reich geführt hatte, war es schwer in Mitleidenschaft gezogen worden und nun verschuldet. Es verkaufte 1320 um den Preis von 465 Pfund Heller seinen gesamten Besitz in Bolheim – Maierhof samt 15 Huben, Mühle mit Fischereirecht und den Kirchensatz – an Kloster Anhausen. Dieses brachte so mit einem Schlag das ihm am nächsten gelegene Dorf fast ganz in seinen Besitz.

Eine weitere sehr wertvolle Erwerbung machte das Kloster 1326. Die Grafen Johann und Ulrich von Helfenstein schenkten das ganze Dorf Gussenstadt mit allen Rechten und Gütern zu einem Seelgerät und zur Wiedergutmachung allen Schadens, den sie oder ihre Vorfahren dem Kloster zugefügt hatten.

Die Äbte suchten sodann in Dettingen und Heuchlingen ihren Besitz zu mehren. Aus dem Erbe der pfalzgräflichen Stifter war einiges auf Umwegen an die Grafen von Oettingen gelangt. Graf Ludwig von Oettingen schenkte 1304 ein Gut in Heuchlingen und 1311 das Patronatrecht der Pfarrkirche in Dettingen samt einer Hube in Heuchlingen. Die Pfarrei Dettingen, der Heuchlingen als Filialort angehörte, wurde dem Kloster 1312 einverleibt. Da nach dem Verkauf von Bolheim der Besitz des Klosters Lorch in Dettingen isoliert und zudem entlegen war, vertauschte es diesen 1327 gegen anhausische Güter in Alfdorf bei Welzheim. Um diese Zeit waren die Ritter Hürger von Hürgenstein (nördlich Falkenstein im Eselsburger Tal), die in Dettingen und Heuchlingen begütert waren, zum Verkauf gezwungen. Aus der Hürgerschen Gütermasse waren drei Huben und zwei Hofstätten an Konrad Schnapper von Öllingen gelangt, der damit 1329 eine Marienmesse im Kloster Anhausen stiftete. Von Ulrich Hürger erwarb der Abt 1339 das Patronatsrecht der St. Bonifaziuspfründe in Dettingen und eine Selde in Heuchlingen. Einige Güter in den beiden Orten kamen auf dem Umweg über die Ritter von Sontheim 1338 und 1356 an das Kloster.

Schließlich erwarb der Abt ein Gut in Dettingen 1363 aus dem Besitz der Grafen von Helfenstein. Anhausen hatte damit etwa die Hälfte des

Grundbesitzes in diesen beiden benachbarten Orten erworben. Die andere Hälfte gehörte der Herrschaft Falkenstein.

Seit 1333 faßte das Kloster auch in Heidenheim Fuß. Es erwarb mehrere Häuser in der Stadt und zwei Halbhöfe, letztere wahrscheinlich im Tausch von Kloster Blaubeuren.

König Karl IV. übertrug 1353 das Patronatsrecht der Pfalzkapelle in Ulm, die dem heiligen Kreuz geweiht war. Bei dieser Schenkung könnte die Erinnerung mitgespielt haben, daß einst ein Verwandter der Stifter Anhausens, Bischof Walter von Verona, der Pfalzkapelle 1052 Reliquien des heiligen Zeno verschafft hatte.

Kloster Anhausen besaß neben einzelnen Gütern in verschiedenen Orten auch Weingüter in Eßlingen, Cannstatt, Fellbach, Heilbronn, Winterbach und Schorndorf.

Seit der Mitte des 14. Jahrhunderts ist nur noch selten von Neuerwerbungen die Rede. Dies ist sicher nicht zuletzt auf die allgemein schlechte Wirtschaftslage zurückzuführen, eine Folge der seit 1348 in Europa wütenden Pest. Der Abt hatte Mühe, Pachtbauern für seine Güter zu finden; viele Güter lagen brach und erbrachten keinen Zins. Manche Kleinsiedlung auf dem Albuch ist damals verödet. Gegen Ende des 14. Jahrhunderts war die Lage so mißlich geworden, daß die Mittel fehlten, Gäste aufzunehmen, Almosen zu verteilen, Gottesdienst zu halten und die Klostergebäude vor dem Verfall zu bewahren. Man war gezwungen, Klostergut für dauernd zu veräußern. In dieser Notlage erwirkte der Abt, daß 1406 die Pfarrei Bolheim einverleibt wurde. Er bemühte sich auch um Einverleibung der Pfarrei Gussenstadt. Doch der Papst ließ zunächst die Vermögenslage des Klosters untersuchen, und erst als sich herausstellte, daß die Klagen berechtigt waren, wurde die Inkorporation 1421 vollzogen.

Im Städtekrieg haben die Städter 1449 das Kloster »zerbrochen und verbrannt«. Abt Georg von Sontheim war nicht der Mann, der durch sparsames Wirtschaften die Schulden gemindert und für den Wiederaufbau gesorgt hätte, im Gegenteil. Klosterzucht und Ordnung lockerten sich in bedenklichem Maße. Der Diözesanbischof Peter von Augsburg und der Landesherr, Herzog Georg von Bayern-Landshut, sahen sich zum Eingreifen genötigt. Der Abt wurde suspendiert und im Turm des Klosters eingesperrt. Man holte Mönche aus dem Nachbarkloster Elchingen, die den Anhauser Konvent ergänzten und reformierten.

Abt Martin Hering (1465–1474) und seine Nachfolger Ulrich Legerlin (1474–1477) und Jakob Legerlin (1477–1501) stellten die Klosterzucht wieder her und brachten die Finanzen in Ordnung. Päpstliche Legaten, die das Kloster 1471 und 1474 visitierten, bewilligten Ablässe, deren Ertrag die Tilgung der Schulden und wohl auch Rücklagen für den Wiederaufbau des Klosters ermöglichten. Abt Ulrich ließ 1474 ein Salbuch anlegen, die Grundlage einer geordneten Wirtschaftsführung. In ihm sind sämtliche Güter des Klosters beschrieben mit Gebäuden, Äckern und Wiesen und den Abgaben, die die Inhaber zu entrichten hatten. Aus den Namen der Pachtbauern ergibt sich für manchen Ort ein erster Überblick, welche Familien schon vor der Reformation ansässig waren. Der Grundbesitz des Klosters verteilte sich auf 50 Orte. Er wurde von den drei Ämtern Anhausen, Langenau und Gussenstadt verwaltet. Dem Kloster gehörten folgende Pfarreien und Patronate: Die Pfarrei, Frühmesse und Leonhardspfründe in Langenau, die Pfarreien Heldenfingen, Dettingen mit Heuchlingen, Bolheim, Gussenstadt, Hausen ob Lontal, Hürbelsbach bei Süßen und die Heiligkreuzkapelle in Ulm.

Abt Jakob konnte mit dem Wiederaufbau beginnen. Erst unter seinem Nachfolger, Johannes Weidenkranz aus Heidenheim (1501–1517), scheinen die Arbeiten fertig geworden zu sein. Ein Chronist des 16. Jahrhunderts berichtet, diese beiden Äbte hätten das Kloster in alter Herrlichkeit wieder aufgebaut.

Wie das Kloster damals ausgesehen hat, zeigt der ziemlich getreue Stich von G. A. Wolfgang (?), den Karl Stengel, 1630–1648 katholischer Abt in Anhausen, einer »Monasteriologia« beigegeben hat. Er zeigt die Kirche als dreischiffige romanische Basilika ohne Querhaus. Sie schloß die fast quadratische Klosteranlage nach Norden ab. An die Basilika fügt sich gegen Osten leicht schräg ein Chorbau an, der mit dem First das Hauptschiff noch überragt. Seine Fensteröffnungen lassen auf gotische Bauformen schließen. Dieser Chor gehört gewiß der Periode des Wiederaufbaus an. An der Nordseite des Chores ragt der aus Quadern gemauerte romanische Turm empor; sein Obergeschoß ragt ein wenig vor und trägt ein Pyramidendach. Die Kirche wurde 1831–1835 leider abgebrochen, nachdem sie zwar längst unbrauchbar geworden, aber immer noch als »eine sehr malerische Ruine« das Brenztal geziert hatte.

Die Darstellung der übrigen Klosteranlage stimmt weitgehend mit dem heutigen Baubefund überein. Sie stammt vorwiegend aus spätgotischer Zeit, d.h. aus der Zeit des Wiederaufbaus ab etwa 1480: Westflügel, Teile des Kreuzgangs, Prälatur. In der Prälatur haben sich Gewölbe von der alten romanischen Anlage erhalten. Die welsche Haube, die den Eckturm krönt, stammt wohl aus der Zeit um 1600.

Außerhalb der Klostermauern, am Waldrand, wo der Weg ins Eselsburger Tal führt, ist die im Jahr 1404 geweihte St. Nikolauskapelle zu
erkennen.

Die Reformation der Klöster Herbrechtingen
und Anhausen

Seit die Klöster Anhausen und Herbrechtingen unter die Vogteiherrschaft
der Grafen von Helfenstein geraten waren, verlief ihre äußere Geschichte
völlig gleich. Die Vogtei, ein Reichslehen, war Zubehör der Herrschaft
Heidenheim, und so wechselten die Klöster den Vogt wie die »Herrschaft« den Landesherrn. Graf Ulrich von Helfenstein verkaufte 1448 an
den Grafen Ulrich von Württemberg, dieser bereits 1450 an Herzog Ludwig von Bayern-Landshut. Im Pfälzischen oder Landshuter Erbfolgekrieg fiel die »Herrschaft« 1504 wieder an Württemberg. Nachdem Herzog Ulrich 1519 durch das Heer des Schwäbischen Bundes aus seinem
Land vertrieben war, wurde sie österreichisch, kam aber als Pfand 1521 an
Ulm. Herzog Ulrich verglich sich nach seiner Rückkehr mit der Stadt
Ulm im Göppinger Vertrag von 1536 und gewann so die »Herrschaft« für
Württemberg zurück.

Der Inhaber der »Herrschaft« hatte als Vogt die Klöster und ihren Besitz zu schützen und in weltlichen Rechtshändeln zu vertreten. Er wurde
dadurch zum Gerichtsherrn über die Mehrzahl der Klosterinsassen. Sie
waren ihm »vogtbar, steuerbar und dienstbar«, d.h. sie mußten für
Schutz und Schirm, den er gewährte, Vogtabgaben von ihren Gütern entrichten, in der Regel eine bestimmte Menge »Vogthafer« und eine »Fastnachtshenne«; auch zahlten sie der »Herrschaft« gleich wie deren eigene
Hintersassen die »gewöhnliche« Oster- und Herbststeuer und von Fall zu
Fall einen Beitrag zu den Landessteuern; schließlich waren sie zu Fron-
und Wehrdienst verpflichtet.

Entsprechende Verpflichtungen lasteten auf den Klöstern selbst. So leisteten sie ihren Beitrag zu den Landessteuern für die klostereigenen Güter
und für diejenigen Hintersassen, die der Niedergerichtsbarkeit des Prälaten unterstanden, wie z.B. die Inhaber der »dreizehn gefreiten Güter« in
Herbrechtingen. Die »Herrschaft« durfte jedes Jahr bis zu sechs Wochen
ihre Jäger samt Knechten, Pferden und Hunden in die Klöster legen, wo
sie verpflegt wurden. Ferner durfte sie eine Anzahl Schweine für sechs
Wochen zur Mast in die Klöster schicken. Die Klöster hatten jedes Jahr

auf ihre Kosten einen Wagen zu stellen, wenn für die »Herrschaft« Wein
aus dem Neckarland zu holen war, und auch sonst bei Bedarf Fuhrdienste
zu leisten. Die herrschaftlichen Beamten – Pfleger, Vögte, Diener, Amtleute und Knechte – hatten im Kloster Anspruch auf Speise und Trank.

Herbrechtingen und Anhausen waren als landsässige Klöster seit 1504
durch ihre Prälaten auf den Landtagen vertreten und bestimmten die Geschicke des Landes mit. Sie nahmen am großen Tübinger Landtag von
1514 teil und steuerten namhafte Summen zur Tilgung der Schulden des
Herzogs bei.

Aus der Landstandschaft leitete der Landesherr das Recht ab, sich in die
inneren Angelegenheiten der Klöster einzumischen, wie dies bei Anhausen schon zur Zeit des untauglichen Abtes Georg von Sontheim geschah.
In der Reformation nahm sich der Herzog von Württemberg sogar das
Recht heraus, die Klöster aufzuheben und über ihren Besitz zu verfügen.

Die neue Lehre fand im Brenztal früh Eingang. Der Rat von Giengen
stellte 1529 einen evangelischen Prediger an. Er amtierte neben dem alt-
kirchlichen Pfarrer, der vom Propst von Herbrechtingen eingesetzt war.
Ulm führte 1531 die Reformation in seinem Gebiet durch. Dies betraf
auch die den Brenztalklöstern gehörigen Pfarreien Langenau, Setzingen
und Weiler ob Helfenstein. Zwei ehemalige Stiftsherren aus Herbrechtingen wurden im ulmischen Gebiet als Prediger angestellt. Fünf Anhauser
Mönche, die bis 1534 ihr Kloster verlassen hatten, wollten, daß der Rat
von Ulm für sie vom Abt eine Abfindung erwirke. So waren die Konvente
der beiden Klöster schon zusammengeschmolzen, ehe eigentlich reforma-
torische Maßnahmen erfolgten.

Als Propst Pantaleon von Herbrechtingen 1534 starb, drängten die im
Dienste Ulms stehenden ehemaligen Konventualen, der Rat möge die Gelegenheit nützen und das Kloster reformieren. Der Rat zögerte; er nahm
in seiner Pfandherrschaft Heidenheim noch Rücksicht auf Erzherzog Ferdinand, den Bruder Kaiser Karls V. Auf die Wahl des neuen Propstes
Valentin Bainhardt scheint er aber doch Einfluß genommen zu haben,
denn dieser war nun bereit, den entlaufenen Stiftsherren eine Pension zu
zahlen.

Weniger behutsam verfuhr Herzog Ulrich von Württemberg, als er
wieder im Besitz der »Herrschaft« war. Er hatte den Ulmern im Göppinger Vertrag 1536 die Klostergüter auf der Ulmer Alb in Altheim, Ballendorf, Nerenstetten, Osterstetten, Wettingen, Öllingen, Setzingen und
Langenau abgetreten, um damit ihre Ansprüche, deretwegen ihnen die
»Herrschaft« verpfändet war, zu befriedigen. Dazu mußten die Prälaten

ihre Zustimmung geben. Wenige Tage nach Abschluß des Göppinger Vertrags, am 15. Mai 1536, verzichteten Abt Johannes Bauer von Anhausen und Propst Valentin Bainhardt von Herbrechtingen auf ihre Rechte, so daß der Herzog mit den Klöstern schalten und walten konnte, wie er wollte. Beide erhielten ein angemessenes Leibgeding (jährlich 250 bzw. 200 Gulden und ein Fuder Wein) und verheirateten sich. Abt Johannes zog nach Bolheim und widmete sich der Landwirtschaft; dem Propst Valentin überließ der Herzog das Fischerhaus in Herbrechtingen. Er lebte noch 1545 und versteuerte zur Türkensteuer ein Vermögen von 200 Gulden.

Der Prior von Anhausen, zwei Mönche, ein Laienbruder und die schon vorher ausgetretenen Konventualen erhielten gleichfalls eine Abfindung. Ein Konventuale von Herbrechtingen wurde abgefunden, die anderen, die bei der alten Kirche verbleiben wollten, wurden mit Gewalt aus dem Stift entfernt.

Der Herzog setzte in Anhausen und Herbrechtingen Beamte als Klosterverwalter ein. Die Pfarreien Herbrechtingen mit Hürben und Bolheim wurden seit 1536 von evangelischen Geistlichen versehen.

Schmalkaldischer Krieg und Interim

Der Versuch Kaiser Karls V., die Glaubenseinheit im Reich wiederherzustellen, führte zum Schmalkaldischen Krieg. Von Mitte Oktober bis 22. November 1546 war das untere Brenztal Kriegsschauplatz. Der Kaiser hatte bei Sontheim ein Lager bezogen. Das Heer des Schmalkaldischen Bundes – angeblich 80 000 Mann – setzte sich um Giengen fest; die württembergischen Truppen lagen bei Herbrechtingen. Regen und Schneegestöber machten das Lager und die Wege grundlos. Der Hunger trieb das Kriegsvolk beider Parteien zum Raub. Es war eine Erlösung für die ganze »Herrschaft«, als das Heer der Schmalkaldener am 21. November über Heidenheim nach Norden abzog. Der Kaiser rückte zwei Tage danach bis Herbrechtingen; seine Truppen streiften plündernd bis Mergelstetten. Den Truppen folgten Seuchen, die unzählige Opfer unter der Bevölkerung forderten.

Die Stimmung jener Zeit kennzeichnet eine Schrift mit dem Titel »Ein überauß feine schöne Vermanung zur Buß und Besserung unsers sündtlichen Lebens, umb welchs willen wir ietz zu disen letsten gefärlichen Zeiten mit Kriegen, Theürungen und von Got heimgesucht und gestraffet worden«. Sie hat den Pfarrer von Bolheim, Johann Klopfer, zum Verfasser. Die Schrift war entstanden, noch ehe die Kriegsfurie das Brenztal selbst erreichte; die Mannschaft aber war erfaßt, die Bolheim für den Krieg stellen sollte.

Es gab Stimmen im Volk, die das Evangelium und seine Diener für den Krieg verantwortlich machten. Dagegen ereifert sich der Verfasser der Schrift und schiebt die Schuld allein dem Papst und den Gegnern der Reformation zu. Er klagt über lästerliches und unchristliches Leben und kündigt ein Strafgericht an. Warnend verweist er auf ein furchtbares Hagelwetter, das unlängst Bolheim heimgesucht habe, wobei Hagelsteine »so groß wie Henneneier« das Obst von den Bäumen geschlagen hätten.

Das Bekenntnis der Gemeinde ist nicht einheitlich. Die Leute stehen größtenteils zum Evangelium, aber es gibt Altgäubige, die sich nach der Messe sehnen, das Evangelium verachten und nun beim Ausbruch des Krieges Stimmung zu machen suchen.

Auf dem »geharnischten Reichstag« zu Augsburg 1547–1548 setzte der siegreiche Kaiser im »Interim« eine Glaubensordnung durch, die bis zu einer Reformation durch ein allgemeines Konzil gelten sollte. Sie gestand den Protestanten Laienkelch und Priesterehe zu. Aber die Messe wurde wieder eingeführt.

Infolge des »Interim« zogen wieder katholische Ordensleute in die Klöster ein. Ein früherer Konventuale von Anhausen, Onophrius Schaduz, hatte schon 1547 vom Herzog die Rückgabe des Klosters verlangt. Im Januar 1548 war er in Augsburg vom Domklerus und den Prälaten fremder Benediktinerklöster zum Abt gewählt worden. Im November 1548 kehrte er ins Kloster zurück. Wie er schreibt, habe er das Gotteshaus »geplündert, zerrissen, erschlagen und gar auf den Grund verderbt« gefunden. Die Klostergüter auf der Ulmer Alb wurden ihm vorenthalten und die Rückgabe wichtiger Archivalien verweigert. Er mußte den Herzog als Erbschirmherren und Kastenvogt anerkennen, auf den Landtagen erscheinen; seine Hintersassen hatten dem Herzog zu huldigen. Nur ein Mönch und ein Weltpriester standen ihm zur Seite, um die Pfarreien Bolheim, Dettingen, Heldenfingen, Hausen und Gussenstadt zu versorgen. Auch in den folgenden Jahren zählte der Konvent höchstens vier Mitglieder.

Unter ähnlichen Umständen kehrte Propst Ruland Mercator, der in Augsburg von seinen beiden Mitkonventualen gewählt worden war, nach Herbrechtingen zurück. Sie hatten die Pfarreien Herbrechtingen samt Hürben, Mergelstetten, Hohenmemmingen und Nattheim zu versehen.

Erstaunlich, wie sie es schafften, innerhalb von drei Jahren das neue Dormitorium »geschmackvoll und großartig« zu bauen.

Die Fürstenverschwörung protestantischer Reichsstände unter Führung des Kurfürsten Moritz von Sachsen brachte 1552 eine neue Lage. Markgraf Albrecht von Brandenburg-Kulmbach hauste im Brenztal mit Feuer und Schwert; er »ließ gegen das Kloster Anhausen arg verfahren«. Das »Interim« wurde aufgehoben. Der Herzog verbot den Prälaten, neue Zöglinge aufzunehmen, und verlangte, daß die bisherigen in der württembergischen Konfession, d.h. evangelisch, erzogen wurden. Propst Ruland starb am 16. November 1554. Sein Nachfolger wurde in Gegenwart zweier herzoglicher Räte, des Oberpflegers und des Kastners der Herrschaft Heidenheim und der Prälaten von Anhausen und Königsbronn gewählt. Kein Wunder, daß die Wahl im Sinne des Herzogs ausfiel. Ulrich Schmid war der erste evangelische Propst in Herbrechtingen. Er wie auch Abt Onophrius von Anhausen anerkannten im März 1556 die neue Klosterordnung. Dem Abt Onophrius persönlich waren Glaube und Gewissen freigestellt. Er starb, nachdem ihm Karl V. noch den Rang eines kaiserlichen Hofkaplans verliehen hatte, am 11. September 1558. Der Konvent überließ es dem Herzog, einen neuen Abt aufzustellen, und so wurde Johannes Eisenmann erster protestantischer Abt in Anhausen.

Die evangelischen Prälaten hatten mit der Regierung ihres Klosters nur noch wenig zu tun. Es waren Ehrenstellen für verdiente Geistliche mit reichlicheren Einkünften als eine gewöhnliche Pfarrei. Unter den Herbrechtinger Pröpsten ragt hervor Johann Albrecht Bengel (1741–1749). Er war zuvor Klosterpräzeptor in Denkendorf und wurde später Konsistorialrat in Alpirsbach. Die Klosterherrschaft wurde zum Klosteramt, an dessen Spitze ein Klosterverwalter stand. Er war dem Oberpfleger der Herrschaft Heidenheim unterstellt. Der Herbrechtinger Klosterverwalter Kaspar Daur (1583–1598) hatte seinen Sitz in der alten Amtsbehausung, dem heutigen evangelischen Pfarramt.

Die Klosterschule Anhausen (1556–1584)

Nach der herzoglichen Klosterordnung sollte in Anhausen wie in den anderen Mannsklöstern des Landes eine Klosterschule eingerichtet werden. Die Instruktion für den Präzeptor datiert von Mai 1556 und trägt die Unterschrift des Abtes Onophrius. Indes scheint der Präzeptor erst 1558 seine Stelle angetreten zu haben.

Anhausen war eine Grammatistenschule oder niedere Klosterschule für Schüler der unteren Jahrgänge. Eine Aufnahmeprüfung war in Stuttgart abzulegen. Der Unterricht sollte auf das Studium der Theologie vorbereiten. Anhausen erhielt zwölf Schüler. Davon hatte das Kloster acht auf eigene Kosten zu unterhalten, für die übrigen vier leistete Kloster Herbrechtingen einen Beitrag, da es wegen seiner geringen Einkünfte keine eigene Klosterschule unterhielt. Der Beitrag Herbrechtingens belief sich zunächst auf 25 Gulden pro Jahr und Schüler, »daß den Jungen Kleid, Zwilch und Bibeln, auch den armen notdürftige Unterhaltung gegeben werde«; er wurde bald auf 31 Gulden erhöht.

Unter Herzog Ludwig wurden mehrere Klosterschulen aus Ersparnisgründen zusammengelegt. Die von Anhausen wurde 1584 geschlossen mit der Begründung, der Abt sei in seiner Schule unfleißig gewesen. Die Schüler übersiedelten nach Königsbronn. Dorthin hatte Anhausen nun jährlich 360 Gulden, Herbrechtingen 180 Gulden zu zahlen.

Der Dreißigjährige Krieg (1618–1648)

Württemberg war Mitglied der evangelischen Union und somit Feindesland für die Truppen der Liga und des Kaisers. Im großen und ganzen kam die Gegend in der ersten Phase des Krieges bis zum Restitutionsedikt 1629 glimpflich davon. Freilich zogen wiederholt Truppen durch und benahmen sich oft recht zügellos. Pfarrer Schlayß von Gerstetten teilt in seiner Chronik manche Einzelheit auch für die Orte im Brenztal mit. So sind im Februar 1628 etliche hundert Reiter ins mittlere Brenztal eingefallen. In Bolheim haben sie dem Müller alle Rosse genommen, dem Amtmann »sein Roß, Wehr, Büchsen und alles, was zur Kriegsnotdurft gehörig, entführt, sein Haus alles geplündert«, den Pfarrer Zacharias Uranius »umb 21 Reichsthaler ranzioniert, gefangen und gebunden bis ins Dettinger Feld geschleppt, ihn suspendieren (hängen) wöllen«.

Im Frühjahr 1630 lagen »etliche Compagnia Fußvolk« vornehmlich in Herbrechtingen. Damals kam Wallenstein nach Heidenheim und Giengen. Herzog Ludwig Friedrich von Württemberg verhandelte mit ihm, um eine Erleichterung der Quartierlasten zu erwirken.

Auf Grund des Restitutionsedikts mußten die Klöster den Katholiken zurückgegeben werden. Eine kaiserliche Kommission nahm im August 1630 Anhausen und Herbrechtingen in Besitz. Sie war von 100 Reitern und 300 Mann Fußvolk begleitet, »die liegen zu Polheim und anderstwo«.

Aus St. Ulrich in Augsburg und aus Elchingen kamen Benediktinermönche und wählten den gelehrten Karl Stengel zum Abt (16. Dezember 1630). Kaiser Ferdinand II. nahm das Kloster in den Schutz des Reiches. Am Kloster und seinen Höfen sollte der Kaiseradler als »salva Guardia« angeschlagen werden. Der Landesherr wurde ermahnt, das Kloster nicht zu beeinträchtigen. Aber die württembergischen Amtleute verjagten die vom Abt eingesetzten Geistlichen. In Herbrechtingen waren inzwischen Augustinerchorherren aus Wettenhausen eingezogen.

Die Truppendurchzüge hielten an. Im Herbst 1631 lagen zehn Fahnen Landsknechte in Herbrechtingen. Ende Oktober kam »ein groß Volk von sechs Fahnen« auf mehrere Tage nach Bolheim; die Soldaten »haben sich mehrer Teils übel gehalten, den Leuten großen Plagen angethan«. Im Januar 1632 lagen kaiserliche Truppen unter Oberst Aldringer in Herbrechtingen und im unteren Brenztal; sie haben »ein Sterbend verursacht, daß viel Leut mit ihnen sterben«.

Der Sieg bei Breitenfeld 1631 hatte den Schweden den Weg nach Süddeutschland geöffnet. Ihr Vorrücken zwang die Mönche im Frühjahr 1632 zur Flucht. Schlayß schreibt: »Freitag den 30. Martii (= 9. April neuen Stils) ist der papistisch Probst zu Herbrechtingen selbs dritt entritten, und ist am 1. Ostertag in der Klosterkirchen evangelisch gepredigt und hl. Nachmahl gehalten worden. Zu Anhausen hat der Abt samt seinen München auch ausgerissen«. Der Prior von Anhausen, Friedrich Planck, schildert selbst seine abenteuerliche Flucht. Die Nachricht, daß in Königsbronn der Abt von Soldaten überfallen und aus dem Bett in Gefangenschaft verschleppt worden sei, gab das Signal. Am 9. April »ritt der Abt mit seinen Begleitern am frühen Nachmittag nach Riedhausen ab, wohin auch der Verwalter von Anhausen aufbrach. Ich blieb noch eine Weile da, damit die Bevölkerung unser Vorhaben nicht so leicht bemerkte, und hielt mich bis zur vierten Stunde auf. Inzwischen zeigte ich mich allen als Schicksalsgefährte, freigebig und heiter, wobei ich ... allen etwas zum Trinken anbot. Sobald ich aber merkte, daß sich die Menge ... mehrte, daß die Nacht hereinbrach und sich im Eifer des Gesprächs die Zeit hinzog, riß ich durch die Hintertür in Begleitung des Kochs heimlich aus, und ... entkam unter Benützung vieler Um- und Waldwege.

Doch sieh! Ich glaubte mich schon außer Gefahr. Da bemerkte ich hinter der St. Nikolauskapelle zwei Soldaten, die auf der Lauer lagen und die zweifellos, wenn ich den Weg nicht geändert hätte, sich mir entgegengestellt und mich mit sich geschleppt hätten... Sobald ich die Gefahr erkannte und wußte, daß bei der nächsten Burg (Falkenstein) weitere sechs

Soldaten sich versteckt hielten, eilte ich mit zurückgeworfener Toga, so schnell ich konnte, auf dem Weg zur Kaltenburg hin und kam dort wohlbehalten um die sechste Stunde an. Nachdem ich dort ein Weilchen Atem geschöpft und den Herrn der Burg begrüßt hatte, sagte ich Lebewohl und nahm mir einen wegekundigen Boten, der ... mich nach Niederstotzingen bringen sollte. Dieses Städtchen gehört den Herren vom Stein, die die lutherische Partei und die katholische Religion bei ihren Untertanen dulden... Als ich um acht Uhr abends hinunterkam, fand ich bei einem freundlichen und freigebigen Schulleiter Unterkunft« (nach der Übersetzung von Julius Alfred Jäger, Heidenheim).

Der zügellosen Soldateska gegenüber verhielt sich die Bevölkerung durchaus nicht nur passiv. Pfarrer Schlayß berichtet: »Samstag, den 7. September (1633) haben die streifende Reiter Bolheim angefallen, welche aber starken Widerstand befunden, abzogen und uf den Wangenhof zu marschieret, nichts tentieret; sein von dar aus uf Dettingen kommen, den Flecken feindlich angefallen; weil sich aber die Inwohner tapfer zur Wehr gestellt, sein sie ohnverrichter Sachen abgezogen, wieder uf Wangenhof zu, und weil sie ein' schönen Haufen Schaf angetroffen, selbige hinweggetrieben; und weil sie Dettingen hart genärret, auch in selbiger Nachbarschaft Bissingen, Hausen, Stetten das Vieh erstlich alles wegtrieben und endlich schrecklich ausgeplündert«. Größeren Truppenverbänden gegenüber war Widerstand freilich sinnlos, reizte die Soldaten höchstens zu noch ärgerem Tun. Schlayß fährt fort: »Montags, den 14. Oktober (1633), haben wir in der Nähe ein große Brunst ... gesehen, ist zu Bissingen gewesen; da sein 18 Häuser verbrunnen«.

»Umb den 11., 12., 13. Dezembris (1633) ist Herbrechtingen, Hausen, Hirben ... rein ausgeplündert worden, welches mehrer Teil die Bürkenfeldische und Hornische Reiter (Schweden) sollen getan haben... Zu Herbrechtingen und in den Mühlinen doselbsten und zu Anhausen haben sie die Früchten aufgefasset und alles hinweggeführt; was sie an Vieh und Rossen bekommen, alles hinweggenommen«.

Die Chronik des Pfarrers Schlayß bricht mit September 1634 ab. Da aber setzte die eigentliche Leidenszeit der Herrschaft Heidenheim erst ein. Am 6. September waren bei Nördlingen die Schweden und die württembergische Landmiliz entscheidend geschlagen worden. Die Trümmer der geschlagenen Armee und die siegreichen Kaiserlichen überfluteten die Gegend. Wenige Tage nach der Schlacht brannte die Stadt Giengen nieder. Auch Herbrechtingen ging größtenteils in Flammen auf. Die Kaiserlichen wurden dafür verantwortlich gemacht.

Vermehrte Truppendurchmärsche brachten Hungersnot und Seuchen. Im Jahre 1634 sind in Herbrechtingen 364 Personen verstorben, die meisten im Oktober und November, unter ihnen 152 Fremde – teils Soldaten, teils Flüchtlinge aus Giengen und anderen Nachbarorten.

Nach der Nördlinger Schlacht kehrten die katholischen Prälaten in ihre Klöster zurück. Die Herrschaft Heidenheim wurde im Oktober 1635 von Bayern in Besitz genommen zum Lohn für Dienste, die Kurfürst Maximilian dem Kaiser erwiesen hatte. Die evangelischen Kirchen- und Schuldiener wurden entlassen, ebenso Beamte, die dem evangelischen Glauben anhingen. Die Bevölkerung sollte zum Katholizismus zurückgeführt werden.

Die Zugehörigkeit zu Bayern brachte der Bevölkerung manche Erleichterung. Seit 1637 läßt sich eine langsame Erholung feststellen. Im Westfälischen Frieden 1648 fielen die »Herrschaft« und damit auch die Klöster wieder an Württemberg. Die Mönche zogen endgültig ab. Die Schäden des Krieges waren noch lange zu spüren. Auf Anfrage der herzoglichen Regierung berichteten die Amtleute 1652, daß die Zahl der »Mannschaften« (wehrfähige Männer) seit 1634 erheblich zurückgegangen war, nämlich in Herbrechtingen von 185 auf 33, in Bolheim von 140 auf 30, in Hausen von 25 auf 13. Dieser Rückgang der Bevölkerung ist der Pest der Jahre 1634–1635 zuzuschreiben. Im gleichen Zeitraum von 1634 bis 1652 hatte sich die Zahl der Häuser vermindert: In Herbrechtingen von 151 auf 40, in Bolheim von 133 auf 33, in Hausen von 32 auf 25. In jeder Gemeinde gab es erhebliche Flächen unbebauten Landes. Von Eselsburg heißt es, der Ort sei »öd und unbewohnt«. Rund 100 Jahre nach dem Krieg, 1744, war der alte Stand noch kaum erreicht.

Vom Westfälischen Frieden bis zur Zeit Napoleons

Nach einem halben Jahrhundert des Wiederaufbaus und der Erholung brachte der Spanische Erbfolgekrieg (1701–1714) erneut Not und Elend über unsere Gegend. Bayerische und französische Truppen, die von Ulm aus operierten, hielten die Bevölkerung in Atem. Ein Bericht von Januar 1704 besagt, daß die Soldateska in Bolheim, Dettingen, Stetten, Lontal, Herbrechtingen, Hermaringen, Hohenmemmingen, Sachsenhausen, Sontheim, Heuchlingen und Hausen durch »Plündern, Mißbrauchen der Weiber, Rauben des Viehs, Ausziehen der Leute bis aufs Hemd, auch öfters bis zur gänzlichen Entblößung argen Unfug« trieb. Giengen blieb längere Zeit von Franzosen besetzt, die von dort die Umgebung unsicher machten.

Im Juni vereinigten sich im Brenztal die Truppen des Markgrafen Ludwig von Baden und die Engländer unter Marlborough. Der letztere schlug sein Hauptquartier im Giengener Rathaus auf, das des Markgrafen befand sich in Herbrechtingen. Die Stärke des verbündeten Heeres wird mit 63 000 Mann angegeben. Es lagerte mehrere Tage auf dem Giengener, Herbrechtinger, Hermaringer und Hürbener Feld bis auf den Güssenberg. Da es an Gras fehlte, wurde durch Abmähen der grünen Frucht zum Füttern der Pferde viel Schaden angerichtet. Auch sollen die Verbündeten beinahe ebenso arg geplündert haben wie die Franzosen. Nach vier Tagen rückten die Verbündeten ab zu ihrem Sieg am Schellenberg bei Donauwörth (2. Juli) und – nachdem Prinz Eugen mit seinem Heer zu ihnen gestoßen war – bei Höchstädt (13. August). Danach bekam die Gegend wieder Ruhe.

Im Jahre 1805 hatten sich England, Rußland und Oesterreich gegen Napoleon I. verbündet. Eine oesterreichische Armee unter dem General Mack verharrte seit Mitte September bei Ulm in unbegreiflicher Passivität, bis französische Truppen sie nahezu vollständig eingeschlossen hatten. Während Mack bei Ulm stehen blieb, brach ein Korps unter Erzherzog Ferdinand (20 000 Mann) nach Norden durch und erreichte am 14. Oktober Aalen. Ein weiteres Korps unter Feldmarschall-Leutnant von Werneck sollte die Straße von Ulm nach Heidenheim und Nördlingen frei halten. Es hatte am 13. Oktober Herbrechtingen erreicht und Giengen besetzt. Infolge des für die Franzosen siegreichen Gefechts bei Elchingen (14. Oktober) sah sich Werneck vom Haupteer abgeschnitten. Er suchte die Verbindung mit diesem wieder herzustellen und den Gegner im Rükken anzugreifen.

Ein Augenzeuge, Johann Gottfried Pahl, eigentlich Pfarrer in Neubronn, wo Werneck vor dem Krieg seinen Wohnsitz hatte und jetzt in der Kanzlei des Generals tätig, schildert die Vorgänge, die man etwas großspurig die »Schlacht bei Herbrechtingen« nennt. Werneck ließ am 15. Oktober eine Kolonne über Nerenstetten, eine andere über die Brenz vorrücken, aber der anhaltende Regen hatte die Wege so grundlos gemacht, daß erst am 16. Oktober das Korps bei Nerenstetten zusammengezogen werden konnte. Mittlerweile war der französische General Klein dem Werneck'schen Korps entgegengerückt und hatte es zur Übergabe aufgefordert, da es bereits von allen Seiten umringt sei. Als diese Aufforderung unbeantwortet blieb, griff die französische Reiterei Wernecks

Vorhut an, die sich gegen Herbrechtingen zurückzog. Zwei Bataillone rückten als Flankendeckung von Ballendorf in Richtung Heidenheim. Die feindliche Reiterei vermehrte sich schnell und zerstreute die Nachhut in den Waldungen. Es galt, den Rückweg durch die Talenge von Herbrechtingen zu sichern. »Der FML von Werneck stellte deßhalb seine ganze Cavallerie und den größten Teil seines Fußvolks auf der Höhe vor dem besagten Orte auf, ließ die Kanonen der Infanterie und das Cavalleriegeschütz vorfahren, rückte mit der Infanterie, unter Begleitung eines heftigen Kartätschenfeuers, gegen den Feind an und brachte ihn zum Weichen«. Dagegen wurde seine Seitenabteilung, die den Weg über Ballendorf genommen hatte, abgeschnitten und gefangen. Ähnlich ging es einer anderen Abteilung bei Langenau. Von einem Vordringen nach Ulm konnte keine Rede mehr sein. Deshalb beschloß Werneck, sich der Brenz entlang in Richtung Aalen zurückzuziehen, wo Erzherzog Ferdinand stand. Während der Vorbereitungen zum Rückzug rückte die französische Infanterie erneut vor und drohte Herbrechtingen zu umgehen. »Es gelang ihr auch durch die in das Tal hereinragenden Schluchten in das Ort einzudringen, während die Arriergarde (Nachhut) des Corps noch durch dasselbe defilierte. Es kam hier zu einem lebhaften Gefechte, in dem von beiden Seiten viele Todte und Verwundete fielen. Indessen machte die Überzahl des Feindes allen Widerstand vergeblich. Auch die zu beiden Seiten der Straße detachierten Infanterieabteilungen wurden größtenteils abgeschnitten und gefangen, und viele einzelne Soldaten, die den Anstrengungen der Märsche, der Entbehrung und der stürmischen Witterung unterlagen, gerieten in Gefangenschaft«. Das Korps Werneck hatte seit dem Ausmarsch aus Ulm bereits 3500 Mann verloren. Es setzte in der Nacht den Rückzug fort und erreichte völlig erschöpft am 17. Oktober Oberkochen. Auf Befehl des Erzherzogs rückte es nach Neresheim, wurde dort vom Gegner eingeholt, zersprengt und mit dem Rest von 1500 Mann am 18. Oktober bei Trochtelfingen zur Übergabe gezwungen.

Württembergs Erhebung zum Königreich 1805 und die Notwendigkeit, neu erworbene Gebietsteile einzugliedern, führten zur Neuordnung der Verwaltung. Die Unterscheidung von Kammergut und Kirchengut entfiel. Die Klosterämter Herbrechtingen und Anhausen wurden mit der Herrschaft Heidenheim 1810 zum neuen Oberamt Heidenheim vereinigt. Den Gemeinden gab König Wilhelm I. 1818–1822 weitgehende Selbstverwaltung. Der Gemeinderat wurde auf Lebenszeit gewählt. Er verwaltete das Gemeindevermögen und übte die freiwillige Gerichtsbarkeit aus. Der Schultheiß wurde von der Gemeinde aus drei Bewerbern gewählt.

Häufig versah er sein Amt im Nebenberuf und benötigte daher einen Verwaltungsaktuar. Ratschreiber und Gemeindepfleger standen ihm zur Seite.

König Wilhelm I. sah die Entlastung der Bauern als eine der vornehmsten Aufgaben an. Edikte von 1817 hoben die Leibeigenschaft auf; bestimmte Abgaben und Dienste konnten abgelöst werden. Im Revolutionsjahr 1848 wurden die Lasten, die auf Grund und Boden ruhten, beseitigt; sie mußten abgelöst werden. Das folgende Jahr brachte die Ablösung der Zehnten. Die letzten Überbleibsel der Feudalzeit waren gefallen.

Ortsgeschichten

Herbrechtingen

Seit Kaiser Friedrich I. das Kollegiatstift Herbrechtingen 1171 in ein Augustiner-Chorherrenstift umgewandelt und neu dotiert hatte, war dieses der wichtigste Grundherr in Herbrechtingen. Die Urkunde Friedrich Barbarossas nennt das Stiftungsgut im Detail; gerade deswegen gestattet sie interessante Rückschlüsse auf die Besitzverhältnisse früherer Zeit.

Das Ausstattungsgut der Dionysiuskirche, das die Weltgeistlichen bisher zur Nutznießung gehabt und das nun auf die Augustiner überging, stammt gewiß aus der Stiftung des Abtes Fulrad und aus der Schenkung Karls d. Gr. von 774.

Ein zweiter bedeutender Besitzkomplex war die »curia«, der Maierhof samt Zugehör, den Barbarossa vom Bischof von Augsburg zu Lehen trug. Woher hatte der Bischof von Augsburg Grundbesitz in Herbrechtingen? Die Frage läßt sich kaum mit Sicherheit beantworten. Manches spricht dafür, daß er aus dem Vermächtnis des Bischofs Walter von Augsburg (1133–1152) stammte. Wir kennen ihn als ein Glied des Pfalzgrafengeschlechts und Mitstifter des Klosters Anhausen. Von ihm ist bekannt, daß er – der letzte seines Geschlechts – die ihm verbliebenen Familiengüter seinem Hochstift vermachte. Darunter könnte sehr wohl Grundbesitz in Herbrechtingen gewesen sein. Trifft dies zu, dann läßt sich dieser Besitz noch weiter zurückverfolgen. Walters Großmutter war eine Grafentochter aus dem Hause Dillingen, das auch in Bernau und Mergelstetten begütert war. Sie hätte diesen Besitz den Pfalzgrafen vererbt. Das Gut der Grafen von Dillingen aber läßt sich bis auf Huoching zurückverfolgen, den Sohn Herzog Gotefrids († 709). Die vom Bischof von Augsburg lehenbare »curia« ginge damit auf den gleichen Ursprung zurück wie das Gut, das Karl d. Gr. 774 schenkte, nämlich auf alamannisches Herzogsgut.

Einen dritten Besitzteil bilden die Lehengüter, die die Dienstmannen Diepold Güsse und Heinrich von Staufen seither inne hatten. Es wäre denkbar, daß Barbarossa diese Güter von seinen salischen Vorfahren ererbt hat. Ein anderer Weg dünkt uns wahrscheinlicher. Der Name des Güssen, Diepold, läßt vermuten, er könnte ursprünglich im Dienste des Markgrafen Diepold von Vohburg († 1146) gewesen sein. Dienstmannen trugen ja nicht selten den Namen ihres Herren. Diepolds von Vohburg Tochter Adela hatte sich 1147 mit Friedrich Barbarossa vermählt, als er noch Herzog von Schwaben war, und viele Güter um Giengen, im Bachtal und an der Donau in die Ehe gebracht. Man möchte annehmen, daß auch Güter in Herbrechtingen zu ihrer Mitgift gehörten. So wären Diepold Güsse und wohl auch Heinrich von Staufen infolge dieser Ehe in die Dienste Barbarossas gelangt. Die Urgroßmutter des Markgrafen Diepold aber stammte wiederum aus dem Hause Dillingen. Sie hätte diesen Besitz vermittelt. Er stammte letztlich aus dem gleichen Erbe wie das Gut, das Bischof Walter seinem Hochstift vermacht hat.

Schließlich macht uns die Urkunde Barbarossas mit zwei freiadeligen Grundbesitzern in Herbrechtingen bekannt. Der eine, Degenhard von Hellenstein (1150–1182), Inhaber der Feste über Heidenheim, war eine bekannte Persönlichkeit der Zeit. Barbarossa hatte ihn zum »procurator« über alle königlichen Güter in Schwaben ernannt. So hatte Degenhard bisher wohl auch die Güter verwaltet, die jetzt auf das Stift übergingen. Er selbst schenkte dem Stift zum Seelenheil seines verstorbenen Bruders Berenger sein Eigengut in Herbrechtingen. Die von Hellenstein waren Verwandte der Pfalzgrafen. Über die gleiche Ahnfrau wie Bischof Walter war auch Degenhard mit dem Hause Dillingen verwandt. Somit stammte auch sein Gut letztlich aus der gleichen Erbschaft, aus der die Güter des Bischofs Walter und des Markgrafen Diepold kamen: es war ursprünglich alamannisches Herzogsgut.

Der andere Edelherr, Hermann von Herbrechtingen, hat sein Gut in Herbrechtingen an den Kaiser verkauft. Über sein Geschlecht ist wenig bekannt. Einige Jahre später wird Gerhard von Herbrechtingen als Lehensherr eines Gutes in Michelbuch (abgegangen bei Wiesensteig) genannt; vielleicht der Bruder oder Sohn Hermanns.

Jahrzehnte später begegnet uns ein Dienstmannengeschlecht, das sich nach Herbrechtingen nennt. Doch ist sehr fraglich, ob es mit den genannten Edelherren zusammenhängt. Ritter Ulrich von Herbrechtingen findet sich 1251 und 1256 im Gefolge der Grafen von Dillingen. Heinrich von Herbrechtingen ist 1302 Bürge für den Grafen Ulrich III. von Helfenstein. Heinrich von Herbrechtingen mag auf dem Erbwege in die Dienstmannschaft des Helfensteiners geraten sein; denn Graf Ulrich III. war von Mutterseite ein Enkel Graf Hartmanns IV. von Dillingen.

Nach 1171 ist nur noch selten von Gütergeschäften in Herbrechtingen die Rede. Im Jahre 1220 hatte der Propst Streit mit dem Ritter Berthold von Plochingen, der Zinsleute in Herbrechtingen unrechtmäßigerweise für sich beanspruchte. Vom päpstlichen Stuhl beauftragte Richter bewirkten auf einem Gerichtstag in Giengen, daß Berthold zu Gunsten der Propstei verzichtete. Der Propst kaufte ein Gut in Herbrechtingen 1295 von dem Giengener Bürger Amman Walter und eine Hube 1317 von dem Scholaren Rudolf Ulmer.

Nun waren außer dem Stift praktisch nur noch die Ritter Esel von Eselsburg in Herbrechtingen begütert. Sie hatten auch Anteil an der Ortsherrschaft. Das führte zu Reibereien mit den Grafen von Helfenstein, die als Vögte des Stifts die Herrschaftsrechte für sich beanspruchten. Schließlich kam 1328 ein Vertrag zwischen dem Grafen Johann und dem Propst einerseits und Rudolf Esel von Eselsburg andererseits zustande, der die beiderseitigen Rechte regelte.

Herbrechtingen hatte ein Dorfgericht, das sich aus zwölf gewählten Richtern zusammensetzte und unter Vorsitz des helfensteinischen Vogts oder Amtmanns tagte. Dieses Gericht ahndete Vergehen, die mit einer Geldbuße zu sühnen waren, und verhängte je nach Schwere des Falles einen kleinen oder großen Frevel. Dieses Gericht war zunächst für die Hintersassen des Stifts, die zugleich Vogtholden (Untertanen) des Grafen waren, zuständig. Die Hintersassen des Eselsburgers hatten jedoch unaufgefordert zu den drei ordentlichen Gerichtstagen – Herbstgeding, Hornunggeding und Maiengeding – zu erscheinen und »des rechtens gehorsam sein allermaniglich, wer sy anzusprechen hat«. Im übrigen stellten die eselburgischen Güter eine Art Immunität dar. Ihre Inhaber oder solche, die sich in diese Güter flüchteten, waren dem Zugriff des Amtmanns und Gerichts entzogen; doch war der Eselsburger gehalten, sie gegebenenfalls dem Gericht zu überstellen. Wer ein todeswürdiges Verbrechen beging, konnte jedoch überall gefaßt werden, d.h. die hohe Gerichtsbarkeit stand der »Herrschaft« uneingeschränkt im ganzen Ort zu.

Wichtig war die Aufteilung der Bußgelder, stellten sie doch eine bedeutende Einnahmequelle dar. Der Eselsburger erhielt alle kleinen Frevel (5 Schilling Heller), soweit die Tat innerhalb der Feldsäule und der Brücke, d.h. innerhalb des Dorfetters, begangen wurde. Alle anderen Frevel, d.h. die kleinen Frevel, wenn die Tat außerhalb des Ortes auf dem Feld begangen wurde, und alle großen Frevel, wenn die Tat im Dorf oder auf dem Feld begangen wurde, gehörten der »Herrschaft«.

Die Hintersassen des Eselsburgers sollten die »Einung« (Dorfordnung) einhalten, die Propst, Amtmann und Richter gemeinsam aufstellten. Auch sollten sie ohne Zustimmung der »Herrschaft« keinerlei Ware feilhalten, außer an St. Dionysiustag, St. Martinstag und an Fastnacht. Die Untergänger, eine Art Feldgericht, traten in der Weise zusammen, daß zunächst der Propst und der Eselsburger je einen Mann bestimmten. Diese wählten einen dritten als gemeinen Mann hinzu. Die drei konnten nun beliebig viele geeignete Männer hinzuwählen, und diese Kommission nahm den Untergang vor. Die drei ersten Untergänger bestimmten auch drei ihrer Mituntergänger, die die Gemeindeäcker verteilten, so daß jeder Hof gleich viel, jede Hube gleich viel und jede Selde oder Hofstatt gleich viel Gemeindeäcker erhielten. Die Inhaber der Gemeindeäcker entrichteten dem Propst jeweils die sechste Garbe und den Zehnten.

Rudolf von Eselsburg überlebte den Vertrag nicht lange. Seine Enkel Hans, Konrad und Rudolf verkauften 1343 ihren Besitz in Herbrechtingen – zwei Höfe, zwei Gütlein, die alte Badstube und acht Selden – um 270 Pfund Heller an das Stift. Die Rechte der Eselsburger aus dem Vertrag von 1328 gingen auf den Propst über, d. h. die dreizehn Güter unterstanden seiner Niedergerichtsbarkeit, zumal die Grafen von Helfenstein von diesen Gütern kein Vogtrecht beanspruchten. Diese Regelung blieb bis zur Aufhebung des Klosteramts in Geltung. Als Herzog Ludwig von Bayern-Landshut 1460 in Heidenheim eine St. Michaels-Pfründe stiftete, bewidmete er sie auch mit einem Lehen in Herbrechtingen. Die Michaels-Pfründe war der einzige auswärtige Grundherr in Herbrechtingen. Alle anderen Güter gehörten dem Stift, einzelne Äcker auch der Gemeinde oder Privatleuten. Auch daran änderte sich später nichts mehr.

Der bayerische Landesherr ließ 1463 das erste Sal- oder Lagerbuch der Herrschaft Heidenheim anlegen. Es gibt Auskunft über deren Rechte und Einkünfte in Herbrechtingen. Dieses Salbuch wurde bis 1689 wiederholt erneuert, die letzte Fassung durch Nachträge bis gegen 1800 fortgeführt. Jede Neufassung übertrifft ihre Vorgängerin an Ausführlichkeit. Die Angaben der herrschaftlichen Lagerbücher werden ergänzt durch die des Klosters Herbrechtingen von 1537 und 1685. Diese Lagerbücher sind eine unerschöpfliche Fundgrube für die Ortsgeschichte.

Kloster und Markt Herbrechtingen waren zwei verschiedene Rechts- und Verwaltungsbezirke. Das Kloster mit Kirche, Kirchhof, Vor- und Bauhof, Mühle, Wohn- und Wirtschaftsgebäuden war mit Mauern umgeben. Es stellte eine Art Immunitätsbezirk dar. Hier hatte der Propst die niedere Gerichtsbarkeit.

An der Klosterkirche ist kurz vor der Reformation gebaut worden. Bei Restaurierungsarbeiten im Chor 1954 wurde die Jahreszahl 1516 entdeckt; sie erlaubt eine genaue Datierung dieses Kleinods der späten Gotik. Das Schiff hingegen gibt kaum noch einen Eindruck der alten Stiftskirche. Es wurde 1835 verkleinert und mit einem neuen Dachstuhl versehen. Dabei verlor es seine Wölbung und die Säulenreihen; statt der alten gotischen erhielt es neue Fensteröffnungen.

Das Schlafhaus der Mönche wurde während des Interims (1548–1552) unter Propst Ruland Mercator neu gebaut. Mehrere Kapellen werden erwähnt, die dem Kloster eigen waren. So ist 1332 eine Marienkapelle bezeugt, wahrscheinlich eine Seitenkapelle der Klosterkirche. Im Jahre 1494 wird der St. Nikolaus-Turm erwähnt, auf dem eine große Glocke die Stunden schlug. Sicherlich handelt es sich um den frei am Eingang zum Friedhof stehenden Glockenturm, dessen Glockenstuhl 1683 erneuert wurde. Ein kleines Kirchlein ragte in den Friedhof hinein; es ist die 1341 von den Ehingern gestiftete Katharinenkapelle. Sie war nach dem Dreißigjährigen Krieg »in zimblichem Abgang begriffen«. Außerhalb der Klostermauern an der Straße befand sich das Kirchlein zu Unsers Herrn Ruhe. Nach der Reformation wurde es vom Holzwart, später vom Klosterboten bewohnt. Ein Kirchlein auf dem St. Stephansberg wird 1494 erstmals genannt. Seine Glocke diente in Kriegszeiten als Warnsignal. Die zugehörige Behausung, als Bruderhaus gebaut, war schon damals verlassen und 1685 nur noch eine leere Hofstatt. Die St. Leonhardskapelle bei der Brücke ist 1486 bezeugt. Die Brücke heißt später »Siechenbruck«, woraus man schließen darf, daß die Kapelle als Siechenhaus Verwendung fand.

Dem Kloster eigen war die Zehntscheuer im Ort und der Ziegelstadel außerhalb Etters gegen Eselsburg. Zum Kloster gehörten Gärten und Fischgruben sowie ein stattlicher Feldbau, nämlich 94 Jauchert Äcker im Feld am Bach (1 Jauchert = 1 1/2 Morgen), 70 Jauchert im Feld an der Hürbener Steige, 76 Jauchert im Feld gegen Bernau sowie 44 Tagwerk Wiesen und 34 Tagwerk Riedmahd (1 Tagwerk = 1 1/2 Morgen).

In diesem Feldbau waren die Güter der alten Höfe, die dem Stift seit seiner Gründung zugefallen waren, aufgegangen. Denn wir finden daneben nur wenige geschlossene Bauerngüter in Herbrechtingen. Doch wurde nach der Reformation der Klosterbau zwecks rationeller Nutzung auf herzoglichen Befehl 1585 in drei Klosterhöfe und zehn Klosterlehen aufgeteilt. Im Dreißigjährigen Krieg sind die Inhaber dieser Höfe »gesto -

ben und verdorben«; es fehlte an Leuten, und so wurden die drei Höfe auf zwei Güter mit je 52 Jauchert und 22 Tagwerk verteilt. Die zehn Lehen umfaßten je rund 12 Jauchert und 5 Tagwerk.

Der Markt Herbrechtingen unterstand mit der Ortsherrschaft und Gerichtsbarkeit der Herrschaft Heidenheim, mit Ausnahme der »dreizehn gefreiten Güter«. An geschlossenen Bauerngütern gab es hier nur das »Vetzers-Lehen« (23 Jauchert und 6 Tagwerk), dessen Inhaber dem jeweils ältesten Vetzer einen Zins entrichtete in Erinnerung daran, daß ein Vetzer das Gut zu einem frommen Zweck gestiftet hatte; ferner das Gaffers-Lehen (30 Jauchert und 7 1/2 Tagwerk); ein weiteres Lehen mit 17 Jauchert und 9 Tagwerk sowie sechs Feldlehen unterschiedlicher Größe. Letzteres waren Güterverbände, zu denen keine Hofstatt im Ort gehörte. Zu der oberen Mühle (1448 bezeugt) und unteren Mühle (1463) gehörten gleichfalls einige Jauchert Ackerland.

Die Masse der Ortsbewohner besaß nur eine Hofstatt mit Haus, Scheune und Garten. Sie bebaute dazu einige eigene oder Gemeindeäcker oder ging einem Handwerk nach; manche hatten eines der Kloster- oder Feldlehen in Pacht.

Die wechselnde Zahl der Hofstätten und Häuser läßt gewisse Schlüsse auf die Bevölkerungsbewegung zu; doch ist zu beachten, daß sich die Zahl der Häuser mit der der Hofstätten nicht immer deckt, da in Krisenzeiten manche Hofstatt unbebaut war. Ab 1463 war die Zahl der Hofstätten lange Zeit konstant 120 (davon 107 der »Herrschaft« vogtbar, die übrigen gefreit). Bis 1526 mehrte sich die Zahl der vogtbaren Hofstätten um 5, so daß es nun insgesamt 125 waren. Bis 1556 kamen 9 vogtbare Häuser hinzu, die auf Gemeindeland erbaut worden waren (insgesamt 133). Für 1624 werden 151 Häuser genannt; der Zuwachs erklärt sich aus dem Bau weiterer Gemeindehäuser. Durch den Krieg sank die Zahl der Häuser bis 1652 auf 40. Die Salbücher von 1685–1689 verzeichnen wieder 159 Hofstätten (109 vogtbar, 37 auf Gemeindeland, 13 gefreit). Für 1744 wird die Häuserzahl mit 150 angegeben; es ist fast dieselbe Zahl wie 1624! Im Jahre 1844 zählte Herbrechtingen 204 Wohngebäude und 1576 Einwohner.

Die Herbrechtinger der früheren Jahrhunderte waren in der Regel drei Herren zu Abgaben und Dienstleistungen verpflichtet.

1) Dem Grundherren, d.i. fast durchweg das Kloster, waren die Zinsen und Gülten als Pacht für das geliehene Gut zu entrichten. Sie betrugen z.B. für den Inhaber des Gaffers-Lehens laut Erbbrief von 1519 jährlich 2 Pfund Heller, 1 Malter Vesen (Dinkel), 1 Malter Hafer, zwei Herbsthüh-

ner und 1 Fastnachtshenne. Die Inhaber einer einfachen Hofstatt entrichteten einen Hellerzins von 6–8 Schilling und 2 Herbsthühner. Falls sie Gemeindeäcker bebauten, leisteten sie dem Kloster einen Tag Frondienst.

2) Der Herrschaft Heidenheim als dem Vogt entrichteten die Inhaber aller vogtbaren Hofstätten 1 Herbsthuhn und 1 Fastnachtshenne zu »Vogtrecht«. Dazu trugen sie ihren Anteil an der der ganzen Gemeinde auferlegten jährlichen Oster- und Herbststeuer; entsprechend ihrem Vermögen wurden sie auch zu Landessteuern und Türkensteuern herangezogen. Sie hatten gewisse Dienste zu leisten, z. B. die Güter des Amtmanns bebauen, sein Brennholz schlagen, aufbereiten und einfahren, auch Fuhrfronen zum Bau und Unterhalt des Schlosses Hellenstein verrichten. Schließlich waren sie wehrpflichtig und hatten sich im Kriegsfall und zur Verfolgung von Verbrechern »mit Harnisch und Wöhr« bereit zu halten.

3) Dem Kloster als dem Zehntherren entrichteten sie den großen Zehnten, nämlich die jeweils zehnte Garbe auf dem Feld, ferner den Heu- und Öhmdzehnten von Wiesen und den kleinen Zehnten von allen Gartenfrüchten.

Wie ein Vergleich der Lagerbücher zeigt, hat sich daran im Lauf der Jahrhunderte kaum etwas geändert. Die Abgaben blieben ziemlich gleich, nur wurden sie seit der Mitte des 16. Jahrhunderts in der neuen württembergischen Landeswährung (1 Gulden = 60 Kreuzer) bzw. nach dem württembergischen Landmeß (Scheffelmeß) entrichtet. Die Güter waren früher leibfällig, d. h. sie fielen beim Tod des Inhabers an den Grundherren zurück, der sie nach Belieben weiter verleihen konnte. Im Laufe des 16. Jahrhunderts wurden weitaus die meisten Güter in Erblehen verwandelt.

Der Herbrechtinger Markt

Das Marktrecht ist in der Urkunde Friedrich Barbarossas von 1171 zum ersten Mal erwähnt. Es war damals als Lehen in der Hand Ottos von Hürben, eines königlichen Dienstmannes, den man als Inhaber der Ortsherrschaft und somit als Vorgänger des Amtmanns der »Herrschaft« ansehen darf. Friedrich Barbarossa übertrug das Marktrecht samt allen damit verbundenen Rechten auf den Propst. Er wurde nun der Marktherr. Wie lange Herbrechtingen schon Marktrecht besaß, wird sich kaum mit Sicherheit sagen lassen. In karolingische Zeit, als in Herbrechtingen die von Abt Fulrad gegründete Cella bestand, reicht es bestimmt nicht zurück. Es wäre in den Urkunden, mit denen sich Saint-Denis seinen Besitz in Herbrechtingen und sonst in Schwaben bestätigen ließ, bestimmt erwähnt worden, wie das beim Eßlinger Markt geschah. So bleiben die dreihundert Jahre von 870 bis 1170 als mögliche Entstehungszeit. In diesem Zeitraum ist kein anderes Ereignis von einschneidender Bedeutung in der Geschichte Herbrechtingens bekannt, als der Aufenthalt König Heinrichs III. im Jahre 1046. Etwa hier den Beginn des Herbrechtinger Marktes anzunehmen, ist wohl nicht verfehlt. Das Recht, einen Markt zu verleihen, stand allein dem König zu. In dem fraglichen Zeitraum ist außer Heinrich III. kein König im Brenztal, geschweige denn in Herbrechtingen selbst nachzuweisen. Heinrich III. hatte die Verfügungsgewalt über die Dionysiuskirche von seiner Mutter geerbt. Der Ort stand zu einem guten Teil in seiner Gewalt. Wenn er als König hier auf seinem Eigengut einen Markt errichtete, um Handel und Wandel zu beleben, wohl auch, um sich daraus Einkünfte zu verschaffen, bedurfte es keines besonderen Privilegs. Die Annahme, daß er die Erlaubnis, einen Markt abzuhalten, während seines Aufenthalts in Herbrechtingen Ende August oder Anfang September 1046 erteilte, liegt am nächsten.

Der Markt wurde lange als Jahrmarkt, Vieh- und Krämermarkt am St. Dionysiustag (22. April), St. Martinstag (11. November) und an Fastnacht (Febr.) gehalten. St. Dionysius war der Kirchenpatron Herbrechtingens. Wir haben also den Fall, der sich auch sonst beobachten läßt, daß der Markt am Namenstag des Kirchenpatrons und anderen Festen stattfand.

Seit 1171 war der Propst Marktherr. Eigentlich wäre ihm jetzt die Aufgabe zugekommen, den Markt zu ordnen und die hochrichterlichen Befugnisse auszuüben, die zur Wahrung des Marktfriedens erforderlich waren. Symbole dieser Gerichtsbefugnis waren Stock und Galgen. Daran erinnert noch heute der Herbrechtinger Galgenberg. Als Geistlicher aber konnte der Propst diese Befugnis nicht selbst wahrnehmen; er mußte damit einen weltlichen Richter betrauen. Es lag auf der Hand, damit den Stiftsvogt zu betrauen, der als solcher die Hochgerichtsbarkeit über das Kloster und den Ort besaß. In seiner Hand flossen die Gerichtsbefugnisse aus der Vogtei und aus dem Marktrecht zusammen. Daß die letzteren ein vom Propst lediglich delegiertes Recht waren, kommt aber darin zum Ausdruck, daß der Propst den Vogt oder Amtmann der »Herrschaft« mit dem Gerichtsstab belehnte.

Ob jemals todeswürdige Vergehen in Herbrechtingen abgeurteilt oder gar am Herbrechtinger Galgen vollstreckt worden sind, ist recht fraglich.

Sicher ist, daß im 15. Jahrhundert ein todeswürdiges Verbrechen einer Herbrechtingerin vor dem Stadtgericht in Heidenheim abgeurteilt und das Urteil dort vollstreckt wurde. Später war es ganz selbstverständlich, daß die »hohen Malefiz Sachen« vor das Hochgericht der »Herrschaft« in Heidenheim kamen.

Das Marktrecht bot den Bewohnern von Herbrechtingen Vorteile. Im Unterschied zu den umliegenden Dörfern und Weilern war Herbrechtingen eben ein Markt. Seine Bewohner nannten sich Bürger, wie es auch die Städter taten. Das war kein leerer Begriff, sondern besagte, daß die im Marktrecht lebenden Bürger persönlich frei und deshalb von Leibeigenschaftsabgaben entbunden waren. Dies war umso wichtiger, als die württembergische Regierung die sogenannte Lokalleibeigenschaft durchsetzte, die jeden zu Leibeigenschaftsabgaben verpflichtete, der nicht in einem Marktrecht saß. Die Herbrechtinger genossen also die gleiche Ausnahmestellung wie die von Heidenheim und Gerstetten, und zwar bis zur förmlichen Aufhebung der Leibeigenschaft im Jahre 1817.

Über das eigentliche Marktgeschehen wird auffallend wenig berichtet. Man darf sich vom Herbrechtinger Markt keine übertriebenen Vorstellungen machen. Er wird zu allen Zeiten vergleichsweise bescheiden gewesen sein.

Der Nutzen des Marktes bestand hauptsächlich darin, daß die Ortsansässigen am Platz Waren erstehen konnten, die anderwärts hergestellt wurden. Dagegen hatten sie selbst außer Vieh und Erzeugnissen der Landwirtschaft nicht viel zum Verkauf zu bieten. Die Einwohnerlisten führen nur wenige Handwerks- und Gewerbebetriebe auf, sieht man von den Hauswebern ab, die ihre Ware anderweitig absetzten. Immerhin besagt der Vertrag von 1328, daß ohne Erlaubnis des Vogtes niemand Waren feilbieten durfte, außer an den drei bekannten Markttagen. Diese Regelung mag einerseits den Marktbetrieb belebt, andererseits aber dafür gesorgt haben, daß dem Marktherren keine Gebühren entgingen.

Nun kamen an Markttagen nicht nur auswärtige Händler nach Herbrechtingen, es fanden sich kauflustige Bauern aus den umliegenden Dörfern ein. Die Auswärtigen haben im Ort gewiß einiges verzehrt. War in den Nachbarorten der Ausschank von Wein und Bier und die Ausgabe von Speisen wie auch das Beherbergen von Gästen der »Täfer« (Gasthaus) vorbehalten, die vom Ortsherrn konzessioniert war, so galt diese Einschränkung in Herbrechtingen nicht, vielleicht mit Rücksicht auf den Markt. Wer hier Wein oder Bier »vom Zapfen« schenkte, entrichtete lediglich dem Stift als dem Grund- und Marktherren die »Bodenmaß«. Im

Laufe der Zeit entstanden aber doch eigene Gastbetriebe. Das Stift hatte vor 1492 auf einer Selde ein »Gasthaus« eingerichtet, um dort Gäste des Stifts zu beherbergen. Vielleicht ist daraus eine der öffentlichen Gaststätten erwachsen. Im Jahre 1559 ist ein »Gastgeber und Weinschenckh« erwähnt. Erstmals 1618 ist von einem Bierbrauer die Rede. Das Lagerbuch von 1685 verzeichnet das »Brauhaus zum Hirsch in der langen Gasse«, seit 1681 im Besitz des Nikolaus Banzhaff, Schwiegersohn seines Vorgängers Georg Vitsch. Jakob Hopphan erhielt 1659 die Konzession für eine zweite Braustatt, das spätere »Roß«. Um 1790 erscheint der »Grüne Baum«, und im frühen 19. Jahrhundert zählte man außer diesen drei Schildwirtschaften noch vier Bierbrauereien.

Sicher nicht günstig für den Herbrechtinger Markt war die wachsende Konkurrenz benachbarter Märkte, die von Kaiser Karl IV. in der zweiten Hälfte des 14. Jahrhunderts privilegiert worden sind. Sie haben das Einzugsgebiet des Herbrechtinger Markts immer mehr beschränkt. Dazu kam das Bestreben des Landesherrn, Heidenheim als Zentrum der »Herrschaft« und zeitweilige Residenz (1356–1448) auch wirtschaftlich möglichst zu fördern. So wundern wir uns nicht, wenn der Herbrechtinger Markt in Kriegs- und Krisenzeiten völlig zum Erliegen kam. Nachdem im Dreißigjährigen Krieg die Mehrzahl der Bewohner umgekommen war, wußte niemand mehr, an welchen Tagen früher Markt gehalten worden war. Auf Ansuchen bewilligte die herzogliche Regierung 1664 der Gemeinde neuerdings »einen Jahrmarkt wie zu Gerstetten abzuhalten«, und zwar am Bartholomäustag (24. August). Dieser Tag fiel oft mitten in die Erntezeit und war den Bauern höchst ungelegen. Deshalb nahm der Bartholomäusmarkt keinen sonderlichen Aufschwung. Er ging in der zweiten Hälfte des 18. Jahrhunderts sogar wieder ein. Auf erneutes Ansuchen genehmigte »die Regierung des Jaxtkreises in Ellwangen im Mai 1822 die Verlegung des Marktes auf Lichtmeß und Abhaltung eines Viehmarkts«.

Die Wundergeschichte
der Barbara Rümlyn von Herbrechtingen

Jakob Issickemer, geistlicher Verwalter der Kapelle Unserer Lieben Frau in Altötting, hat 1497 das »Büchlein der Zuflucht zu Maria« herausgegeben. Es enthält Altöttinger Mirakelberichte. Davon ist einer so merkwürdig und zugleich aufschlußreich für die Heimatgeschichte, daß er etwas gekürzt wiedergegeben werden soll.

Barbara Rümlyn, genannt Jägerin, von Herbrechtingen bei Heidenheim hatte aus bösem Argwohn das Haus einer Nachbarin angezündet, wodurch noch viele andere Häuser und Städel verbrannten. Sie kam deshalb ins Gefängnis. Obwohl sie eine große Sünderin gewesen, hatte sie von Jugend auf in der Rosenkranzbruderschaft fleißig gebetet. Darum erschien ihr im Kerker die Jungfrau Maria und tröstete sie. Maria wolle bei Gott erwirken, daß Barbara, obgleich sie gerichtet werde, mit dem Leben davonkomme, ihre Sünden zu büßen. Sie möge dann nach Altötting in die Frauenkapelle kommen und Gott und seine reine Mutter loben. Barbara verkündigte dies dem Pfarrer von Heidenheim als ihrem Beichtvater sowie dem Vogt und Pfleger zu Heidenheim und auch vor Gericht. Sie wurde zum Feuertod verurteilt, aber Maria zu Ehren zum Ertränken bestimmt, in die Brenz geworfen und vom Züchtiger mit einer Stange drei Viertelstunden zu Boden gedrückt. Viele andächtige Leute waren dabei und beteten. Danach wurde sie an einem Strick aus dem Wasser gezogen und nach dem Beschluß des Gerichts den andächtigen Frauen vor die Füße geworfen, damit sie sie begruben. Aber auf Bitten des Pfarrers trug man sie in die Frauenkapelle, die vor der Stadt (an der Brenz) lag. Auf Ermahnen beteten die Anwesenden inständig, und so erwachte die Sünderin wieder zum Leben. Man entledigte sie ihrer Bande und des Richtkleids und gab ihr ein anderes Gewand. Sie ging aus eigener Kraft in die Stadt, wurde wieder gefangengesetzt, aber zum Lobe Gottes und um Maria zu ehren freigelassen. Da sie nach der Erscheinung Marias ein Gelübde getan hatte, sie wolle – falls ihr Gnade widerfahre – das Gotteshaus in Altötting aufsuchen und im Büßerkleid ein Jahr lang in der Fremde umherziehen, zog sie nun nach Altötting in Begleitung des Pfarrers von Heidenheim, eines anderen Priesters und dreier weiterer glaubhafter Bürger von Heidenheim, um das Wunder zu verkünden, das Gott und die Jungfrau Maria vollbracht. Sie brachte auch einen Brief »zu Gezeugnis der Wahrheit und das Wunderwerk zu glauben«, der versiegelt war mit den Siegeln des Kastners Ulrich Tengler, des Forstmeisters Hans Jäger und der Stadt Heidenheim. Er war datiert »an Sankt Alexientag des Beichtigers (17. Juli) nach Christi unseres lieben Herrn Geburt vierzehnhundertneunzigundfünf Jahre«.

Dieser Bericht ist nebenbei die einzige Quelle für einen Großbrand in Herbrechtingen durch Brandstiftung im Jahre 1495. Er gewährt Einblick in die Justizpraxis der Zeit. Die als Zeugen genannten Personen sind durch vielfältige Nachrichten bekannt.

Eselsburg

Im Jahre 1244 standen einer Pfründe in Wittislingen die Zehnten von der »curia« des Gerwig von Eselsburg und Abgaben von zwei Tafernen des Herrn von Eselsburg zu. Es ist die erste Erwähnung von Eselsburg. Daß Gerwig in Wittislingen, am Stammsitz der Grafen von Dillingen, begütert war, zeigt deutlich, daß er zu deren Dienstmannschaft gehörte. Die Dillinger hatten auch in Mergelstetten, Bernau und wahrscheinlich in Herbrechtingen Besitz. Es liegt nahe, daß die Burgstelle Eselsburg mit dem umliegenden Gelände ihnen eigen war. Gerwig ist 1256 Zeuge, als der Propst von Herbrechtingen mit den Grafen Hartmann IV. und Adalbert von Dillingen Güter tauscht. Rudolf von Eselsburg, wahrscheinlich Gerwigs Sohn, bezeugt 1264 in Dillingen ein Rechtsgeschäft des Bischofs Hartmann von Augsburg, eines Dillinger Grafensohns. Im Jahre 1270 taucht er in Augsburg im Gefolge des Grafen Ulrich II. von Helfenstein auf. Graf Ulrich war der Schwiegersohn des Grafen Hartmann IV. von Dillingen. So war Rudolf bei der Erbauseinandersetzung nach dem Tode des Grafen Hartmann 1258 in helfensteinische Dienste gelangt. Ab 1284 wird ein jüngerer Gerwig von Eselsburg genannt, fast durchweg in Geschäften in der Gegend um Dillingen. Es dürfte Rudolfs Bruder sein. Der Bischof von Augsburg nennt ihn einen Ministerialen seiner Kirche. Er hatte zu Lauingen Bürgerrecht.

Um die Jahrhundertwende tritt eine neue Generation von Eselsburgern auf. Otto ist 1299 Bürge für Otto von Berg (Burgberg) beim Verkauf eines Hofes in Öllingen. Er erscheint mit seinem Bruder Rudolf 1302 im Gefolge des Grafen Ulrich III. von Helfenstein. Beide stimmen im folgenden Jahr dem Verkauf von Gütern in Birkach bei Lauingen durch ihren Bruder Gerwig zu. Sie sind 1305 in Herbrechtingen zugegen, als Ulrich III. von Helfenstein ein Gütergeschäft tätigt. Einblick in die Familienverhältnisse gewährt eine Urkunde von 1317. Rudolf von Eselsburg verkauft mit Zustimmung seines Sohnes Rudolf und seines Neffen Gerwig, Ottos (1299–1305) Sohn, der ein Sohn Rudolfs des Alten (1264–1270) war, Güter bei Maulbronn, die seinem Bruder Gerwig (1299–1313) gehört hatten. Rudolf und sein Sohn Rudolf leisten 1318 Verzicht auf Güter in Eppisburg; Graf Johann von Helfenstein, »ihr gnädiger Herr«, siegelt für sie. Gerwig und Konrad, Söhne des verstorbenen Otto (1299–1305), vermachen dem Stift Herbrechtingen 1327 Einkünfte aus einem Gut in Wittislingen. Ihr Vetter Rudolf bürgt 1328 für Johann Lienung von Albeck und 1328 für Heinrich von Stotzingen. Er ist derselbe, der 1328 mit dem Grafen Johann von Helfenstein und dem Propst von Herbrechtingen einen Vertrag zur Abgrenzung ihrer Rechte schloß. Seine Witwe Agnes stiftete 1332 einen Jahrtag mit Einkünften aus einer Hube in Herbrechtingen. Ihr Sohn Hans war Zeuge, als sein Vetter Gerwig 1335 dem Herbrechtinger Stift die Hälfte eines Gutes in Rumpshofen bei Höchstädt verkaufte, dessen andere Hälfte sein Bruder Konrad zu einem Seelgerät gestiftet hatte. Allmählich zogen sich die Eselsburger aus unserer Gegend zurück.

Die Brüder Hans, Konrad und Rudolf verkauften 1343 all ihren Besitz in Herbrechtingen an das Stift. Auch Eselsburg kam in fremde Hände. Spätestens 1385 sitzt dort Wilhelm von Riedheim. Möglicherweise war seine Gemahlin Agnes eine von Eselsburg und hatte ihm die Burg verschafft. Um 1414 ist Heinrich von Bopfingen Inhaber von Eselsburg. Auf ihn folgen die Söhne Rudolf und Sigmund. Der erstere klagt 1441 vor dem Hofgericht zu Rottweil gegen die Stadt Lauingen, deren Kriegsknechte seine Untertanen in Ziertheim mit Brand und Raub geschädigt hatten. Eselsburg war ein Lehen des Reichs geworden. Kaiser Friedrich III. belehnte 1444 Rudolf von Bopfingen mit dem Halbteil des Felsens Eselsburg und der darauf liegenden Behausung. Rudolf verkaufte noch im selben Jahr an Heinrich Krafft zu Ulm. Im kaiserlichen Lehenbrief für Heinrich Krafft werden die Zugehörden von Eselsburg erstmals einzeln aufgeführt, nämlich: die Hälfte des Burgbaus, 11 Tagwerk Wiesmahd, die Mühle, der Hof, den Brachat bewirtschaftet, und das obere Fischwasser. Diese Güter werden als zu Eselsburg gelegen bezeichnet. Wir erfahren also, daß unterhalb der Burg eine kleine Siedlung entstanden war. Im folgenden Jahr erwarb Heinrich Krafft von Sigmund von Bopfingen den anderen Halbteil der zu Eselsburg gehörigen Güter. Er hatte nun ganz Eselsburg in Händen und erreichte 1453 beim Kaiser, daß ihm Eselsburg als freies Eigen überlassen wurde, wofür er dem Reich sein Gut Hohenstein (bei Bermaringen) zu Lehen machte. Im Reichskrieg gegen Bayern nahm Herzog Ludwig im Juli 1462 Eselsburg ein und »verprant das«. Der knappe Vermerk läßt offen, ob die Burg oder der Weiler oder gar beides in Flammen aufging. Danach kam Eselsburg in den Besitz des Eitelhans von Knöringen. Er prozessierte 1479 gegen Margarete von Rechberg zu Falkenstein wegen eines Werds (Insel) in der Brenz. Er starb 1503. Darauf sind die Ebner (von Eben) Inhaber von Eselsburg.

Sie waren auch in Fleinheim begütert und hatten die Burg in Schnaitheim inne. Sigmund von Eben zu Eselsburg gesessen leistet 1528 Bürgschaft für seinen Schwager Werner von Schwendi zu Klingenstein. Seine Witwe Juliana, eine geborene von Burtenbach, ist 1537–1542 Inhaberin von Eselsburg. Ihr Sohn Christoph Friedrich verkaufte 1559 seine Güter in Fleinheim an Württemberg und 1562 auch Eselsburg an seinen Schwager Ulrich von Rechberg zu Falkenstein. Schon im Jahre 1593 ging die gesamte Herrschaft Falkenstein durch Kauf an Württemberg über. Zu dem »adelichen Schloß und Sitz Eselspurg an der Brentz« gehörten Äkker, Hölzer und das Fischwasser von der Mühle in Eselsburg bis an das Herbrechtinger Gemeindewasser, drei Fallhöfe, die Mühle, eine Behausung samt dem Fischwasser vom großen Hohlenstein hinab bis Eselsburg, acht Selden und ein Hirtenhaus. Diese Güter waren dem Inhaber der Burg »vogtbar, gerichtbar, steurbar, pottbar und mit aller nidern Obrigkaitt underworffen«. Ihm gehörten alle Frevel, Bußen und Strafen im Weiler bis zu den Steinen, die oberhalb des Schlosses aufgerichtet waren. Den Zustand von Burg und Weiler gibt die Renlin'sche Forstkarte von 1591 wieder. Das Schloß war nun nicht mehr bewohnt und kam sehr herunter. Der Untervogt in Heidenheim berichtet 1609, man habe ihm für die Materialien des baufälligen Burgstalls 40 Gulden geboten. Zeitweilig war Achatius von Laimingen vom Herzog mit Eselsburg belehnt.

Im Dreißigjährigen Krieg litt der Ort so sehr, daß er noch Jahre danach »öd und unbewohnt« war. Laut Salbuch von 1690 war das Schloß »abgangen und gänzlichen eingefallen ... und nichts daran als etliche Stuckh alt Gemäuers annoch zusehen«. Die Güter im Weiler waren wieder besetzt, an Stelle des Hirtenhauses befand sich »nur noch eine leere Hofstatt«. Um 1744 zählte man 10 Häuser und 11 ortsansässige Bürger. Im Jahr 1844 hatte der Ort 154 Einwohner. Eselsburg gehörte seit alter Zeit zur Pfarrei Herbrechtingen und entrichtete dorthin den Zehnten.

Bernau

Bernau wird 1252 erwähnt, als der Propst von Herbrechtingen mit den Grafen Hartmann IV. und Adalbert von Dillingen Güter tauscht. Diese übereigneten dem Stift zwei Mansen (Huben) und den Kirchensatz in Mergelstetten und erhielten vom Propst die »curtis dotaria« seiner Kirche in Bernau. Unklar ist, was man unter der »curtis dotaria« verstehen soll. Man könnte an den Widumhof einer Kirche in Bernau denken, die dem Stift einverleibt war. Doch ist ganz unwahrscheinlich, daß Bernau je Pfarrort war. Eher dürfte ein Hof gemeint sein, der zur Ausstattung der Herbrechtinger Dionysiuskirche gehörte. Der Tausch scheint nicht rechtskräftig geworden zu sein, denn er wurde 1256 wiederholt. Die Grafen übertrugen den Hof einem Giengener Bürger namens Otto, Bruder des Ammans von Giengen, zu Lehen.

Bernau hatte Ortsadel. Fraglich, ob Appelin von Bernau dazu gehörte, der 1279 für Konrad Merkinger bürgte. Dagegen ist Albert von Bernau, ab 1283 bezeugt, ein Angehöriger des niederen Adels. Er wie auch der Ritter Diepold Güß von Stronburg (bei Hermaringen) hatten Zehntrechte in Bernau von Bischof Hartmann von Augsburg zu Lehen. Diese verkauften sie 1283 bzw. 1284 dem Herbrechtinger Stift, und Bischof Hartmann verzichtete auf seine Rechte. Bischof Hartmann war der Sohn des Grafen Hartmann IV. von Dillingen. Nach dem Tod des Vaters 1258 hatte er den Rest der Hausgüter seinem Hofstift übertragen, wohl um Erbstreitigkeiten mit seinen Schwägern vorzubeugen. Seine Rechte in Bernau stammten gewiß aus dillingischem Erbe.

Albert von Bernau bekennt 1299, daß er von den Gütern in Bernau, die dem Stift Herbrechtingen gehörten, jährlich ein Malter Roggen zu entrichten habe. Dies war ein Zins zur Anerkennung der Lehenshoheit des Stifts. Er verpflichtet sich auch für seine Nachfolger, die Einung des Dorfes Herbrechtingen einzuhalten. Daraus erklärt sich, daß Bernau immer der Niedergerichtsbarkeit des Propstes von Herbrechtingen unterstand.

Der meiste Grundbesitz in Bernau war in Händen der Giengener Bürgerfamilie Mörlin. Einen Hof hatte Stephan Mörlin seinem Schwiegersohn Konrad von Asch in Ulm vererbt; dieser verkaufte den Hof 1404 als freies Eigen um 98 Gulden an das Herbrechtinger Stift.

Ein anderer, weit größerer Hof, war durch Erbschaft an die Brüder Hans, Stephan und Mathis Mörlin gelangt. Sie verkauften ihn 1393 um 150 Gulden ihrem Vetter Hans Mörlin in Ulm. Dieser überließ ihn 1406 seinem Vetter Stephan Mörlin in Ulm um ein jährliches Leibgeding von 8 Gulden. Der Hof war Lehen vom Hochstift Augsburg (zu 8/9) und von dem Ritter Fritz von Schnaitberg (zu 1/9). Es ist derselbe Hof, den die Grafen von Dillingen 1256 eingetauscht und weiterverliehen hatten. Ihre Lehensrechte waren 1258 an das Hochstift Augsburg gelangt.

Nach dem Tod des alten Stephan Mörlin verkaufte sein Sohn den Hof 1411 um 300 Gulden an Hans Schatzmann von Geislingen. Dieser vertauschte ihn 1418 dem Propst von Herbrechtingen gegen Güter zu Schalkstetten und Gussenstadt. Die Lehensherren verzichteten auf ihre Rechte, doch bedangen sich die von Schnaitberg eine Jahrzeit aus.

Der Hof wurde geteilt in zwei Güter mit 52 und 63 Jauchert Ackerland und je 14 Tagwerk Mahd. Somit erscheinen künftig in allen Lagerbüchern drei Höfe zu Bernau. Sie wurden 1596 bzw. 1616 den Inhabern erblich verliehen. Im Jahre 1844 zählte man 21 Bewohner in Bernau. Der Ort gehörte wohl seit jeher zur Pfarrei Herbrechtingen.

Asbach: In Prozeßakten von 1495 werden 35 Tagwerk »zu Aspach und Wigkenstetten« erwähnt. Laut herbrechtingischem Salbuch von 1537 befand sich zu »Aspach« bei den drei Weihern eine Behausung samt Stall und Anbau. Dazu gehörten 14 Tagwerk Holzmahd zu Asbach, 4 Tagwerk zu Wickenstetten, 34 Tagwerk zu Heudorf und 12 Tagwerk im Brühl. Dieses Anwesen war 1685 nur eine leere Hofstatt. Doch befand sich dabei ein Forsthaus, auf einer Karte von 1710 »Spieß« genannt. Um 1844 war Asbach ein Hof mit 5 Einwohnern, die nach Oggenhausen gepfarrt waren.

Bindstein (abgegangen): Im Jahre 1171 kam das Lehen Sefrids in »Binstein« samt der Burg (castrum) an das Stift Herbrechtingen. Der Propst verlieh 1474 das Fischwasser mit der Weilerstatt zu »Binstain« an Hans Ludwig von Bächingen und Kaspar und Klaus von Bindstein. Nach deren Absterben wurde die Weilerstatt zunächst nicht mehr verliehen. Um 1537 gehörten dazu zwei baufällige Häuser samt Stadel und etlichen Äckern, Gärten und Wiesmähdern sowie das Fischwasser von der Bindsteinmühle bis zum Hohlenstein. Das »viechhauß Bintzstein« war 1556 eine Filiale der Pfarrei Herbrechtingen. Das Landbuch von 1624 verzeichnet einen Hof; 1686 waren es zwei öde Hofstätten, 1744 wieder ein Hof, der 1844 zehn Bewohner hatte.

Bolheim

Bolheim wird erst 1279 in einer Originalurkunde erwähnt. Doch läßt sich die Ortsgeschichte erheblich weiter zurückverfolgen. Bei Erneuerungsarbeiten in der Bolheimer Kirche in den Jahren 1956–1957 wurde festgestellt, daß die heutige Kirche – ein Bau des 16. Jahrhunderts, der 1780 verändert wurde – eine Vorgängerin aus dem 11. Jahrhundert hat. Spätestens im 11. Jahrhundert also hatte Bolheim eine Kirche und war wohl selbständige Pfarrei. Leider ist der Bolheimer Kirchenheilige nicht bekannt; er könnte weitere Aufschlüsse geben.

Bolheim gehört dennoch nicht zu den ältesten Pfarreien im Bezirk. Dies erhellt daraus, daß Anhausen – dicht bei Bolheim gelegen – bis 1125 nach Dettingen gepfarrt war. Andererseits erhob die Pfarrei Herbrechtingen auf einem Teil der Bolheimer Gemarkung, im »Herbrechtinger Feld«, den Zehnten. Dies ist nur so zu verstehen, daß die Pfarrei Bolheim einst vom Pfarr- und Zehntsprengel der älteren Pfarrei Herbrechtingen abgetrennt worden ist. Gehörte Bolheim ursprünglich zur Pfarrei Herbrechtingen, dann hatte es auch denselben Herren wie Herbrechtingen: es war karolingisches Königsgut. Dies wird sichtbar in dem Anspruch, den das Kloster Saint-Denis nicht nur auf die »villa« Herbrechtingen, sondern auch auf die »villa Bolamen« (Bolheim) erhob. Der Anspruch konnte sich nur auf eine königliche Schenkung gründen.

Saint-Denis büßte seinen Besitz in Schwaben im frühen 10. Jahrhundert ein. Bolheim vererbte sich nun innerhalb des gleichen Personenkreises wie die Dionysiuskirche in Herbrechtingen und gelangte schließlich an Kaiser Heinrich IV. (1056–1106). Dessen Tochter Agnes brachte Bolheim in die Ehe mit Herzog Friedrich I. von Schwaben und übertrug es gemeinsam mit ihrem Gemahl um 1102 dem neugegründeten Kloster Lorch. Kloster Lorch mußte diesen Besitz 1320 verkaufen und fand als Käufer das Kloster Anhausen. So erwarb der Abt von Anhausen um 465 Pfund Heller die »curia villicalis« (Maierhof), die Mühle, das Fischrecht, 15 Huben am Ort und das Patronatsrecht der Kirche. Anhausen war damit der mächtigste Grundherr in Bolheim. Sein Besitz mehrte sich später kaum noch. Der Priester Ulrich Nagengast, der aus Herbrechtingen stammte, verkaufte dem Kloster 1336 eine Wiese an der Brenz und ein Gütlein an der Hausteige. Ein Giengener Bürgerssohn, Jakob Staudenmayer, Frühmeßpriester zu Langenau, verkaufte 1425 eine Anzahl Äkker, Mähder und Waldparzellen, die im Morstal, im Ugental, am Adelgotzweg, zu Wangen, zu Wilafeld, zu Ugendorf und am Rezenberg lagen. Sie wurden später meist einzeln verliehen.

Die anhausischen Güter sind im Lagerbuch des Klosters von 1474 beschrieben. Die Lagerbücher von 1538 und 1687 lassen keine wesentlichen Veränderungen erkennen. Der ehemalige Maierhof umfaßte 23 Jauchert Äcker und 5 Tagwerk Wiesen. Die 15 Huben waren verschieden groß; sie hatten an Ackerland 4 1/2 bis 12 1/2 Jauchert, an Wiesen 1 bis 5 Tagwerk. Dazu kam die Mühle, die Badstube und eine wachsende Zahl von Selden (1474 waren es 33, 1538: 34, 1685: 43).

Ein Hof in Bolheim hatte den Herren von Gundelfingen gehört. Er stammte wohl aus dem Erbe der Herren von Hellenstein, die auch in Herbrechtingen begütert waren, und war über Margarete von Hellenstein auf ihren Sohn Ulrich II. von Gundelfingen (1220–1280) übergegangen. Mit diesem Hof war Konrad Merkinger, ein Bopfinger Bürger, belehnt.

Er hatte ihn seiner Gemahlin als Sicherheit für ihre Mitgift überschrieben, verkaufte ihn aber mit ihrer Zustimmung 1279 dem Propst von Herbrechtingen. Ulrich II. von Gundelfingen und seine Söhne verzichteten um ihrer Seele Heil willen auf ihr Eigentumsrecht. Der Hof wurde durch Zuteilung weiterer Grundstücke vergrößert und 1400 einem Bauern aus Bolheim verliehen. Im Jahre 1492 sprachen Amtmann und Gericht zu Bolheim einem herbrechtingischen Pachtbauern sein Lehen ab, weil er es vernachlässigt hatte. Dieses Lehen muß von jenem Hof abgeteilt oder vom Stift neu erworben worden sein. Das herbrechtingische Lagerbuch von 1537 verzeichnet den Hof mit 27 Jauchert Äckern und 8 Tagwerk Mahd, ferner das erwähnte Lehen mit 8 Jauchert und 8 Tagwerk sowie eine Selde. Dieselben Güter finden sich auch im Lagerbuch von 1686. Herbrechtingen hatte noch Anrecht an 27 Tagwerk Wiesmähder im Brühl. Der Propst verglich sich 1493 mit den Inhabern wegen des Zehnten. Nach neuem Streit brachte der Pfleger der Herrschaft Heidenheim, Rudolf von Westerstetten, 1522 einen Ausgleich zustande, der die Pachtbedingungen wie auch die Abgaben für Pachtzins und Zehnten regelte.

Zu den Gütern der beiden Klöster kamen die Schmiede, die der Gemeinde eigen war, ein Forsthaus, das 1607 im Wege des Tausches von Ulm an Württemberg kam, und noch eine Anzahl Selden, die seit 1610 auf Befehl der »Herrschaft« auf Gemeindegrund erbaut worden waren; um 1690 waren es 47.

Die Abgänge infolge des Dreißigjährigen Krieges werden deutlich aus der wechselnden Zahl der Häuser: 1634 waren es 133, 1652 nur noch 33, 1744 wieder 96. Bis 1844 stieg die Zahl der Wohngebäude auf 143. Man zählte 948 Einwohner.

Die Herrschaft Heidenheim als Vogt der Klöster Anhausen und Herbrechtingen nahm die Ortsherrschaft wahr. Ihr Lagerbuch von 1463 sagt: »Die Herschafft zu Haydenhaim und Helenstain ist Vogt und Herr über den Kirchensatz und das Dorf zu Bolhaim und über alles, das darzw gehört«. Sie bestellte den Amtmann, der dem Dorfgericht vorstand. Dieses wird seit 1433 erwähnt. Alle Frevel, die es verhängte, gehörten der »Herrschaft«. Die Inhaber sämtlicher Güter waren der »Herrschaft« vogtbar, steuerbar und dienstbar und entrichteten einheitlich 1 Käse, 1 Viertel Hafer, 2 Herbsthühner und 1 Fastnachtshenne als Vogtrecht.

Das Patronatsrecht der Kirche gehörte seit 1320 dem Kloster Anhausen. Als es 1406 in wirtschaftlichen Schwierigkeiten war, wurde ihm die Pfarrei einverleibt; die Güter des Widumhofs wurden damals dem Klosterbau in Anhausen zugeschlagen. Bis zur Reformation wurde die Gemeinde vom Kloster aus seelsorgerisch betreut. Nach dessen Aufhebung bekam Bolheim einen protestantischen Geistlichen, für den 1538 eine dem Kloster zinsbare Selde als Wohnhaus gekauft wurde.

Ugenhof: In der alten Siedlung Ugendorf erwarb Kloster Anhausen Güter 1291 von Walter von Treppach und 1333 von Heinz von Böbingen zu Michelstein. Im 14. Jahrhundert dürfte der Ort abgegangen sein. Die Güter lagen nun lange Zeit teils wüst, teils wurden sie von den Bewohnern der umliegenden Orte bebaut, teils gehörten sie in den Anhauser Klosterbau. Im Jahre 1562 regte die Klosterverwaltung an, eine Weide zu Ugendorf gegen die Nachbargemeinden abzugrenzen. Herzog Ludwig von Württemberg erlaubte dem Leonhard Straub von Degenfeld 1571, ein Bauernhaus mit Scheune auf seine Kosten zu bauen; Bauholz wurde ihm aus den Klosterwaldungen zur Verfügung gestellt. Nach Straubs Tod verlieh Herzog Friedrich den Ugenhof 1605 dem Landprokurator Georg Eßlinger. Dieser verkaufte seine Rechte 1617 dem Heidenheimer Obervogt Achatius von Laimingen. Der trat das Gut 1618 wieder an den Herzog ab, als er mit Falkenstein belehnt wurde. Im Dreißigjährigen Krieg war der Hof zeitweilig verlassen. Er wurde 1652 von Georg Junginger um 410 Gulden angekauft und vererbte sich unter seinen Nachkommen. Jakob Bosch und Martin Junginger sind 1685 als Inhaber genannt. Sie betrieben Feldbau und Schafzucht.

Wangenhof: Unter den Gütern, die Kloster Anhausen 1425 von Jakob Staudenmayer gekauft hatte, waren auch solche zu Wangen. Zum Klosterbau gehörten 80 Jauchert im Feld gegen Wangen. Vor 1591 wurde der Klosterbau aufgeteilt und die Güter gegen jährlichen Zins verliehen. Das Landbuch von 1624 erwähnt erstmals den Wangenhof. Laut Lagerbuch von 1687 war Georg Junginger Inhaber des Guts. Er bebaute 124 Jauchert Äcker, 10 Tagwerk Wiesmahd und 38 Tagwerk Ried- und Holzmahd. Die Staatsdomäne Wangenhof wurde 1840 auf 18 Jahre um jährlich 1000 Gulden verpachtet. Sie zählte damals 7 Bewohner.

Hausen ob Lontal

Hausen wird erst 1356 erwähnt. Als die Grafen Ulrich d. Ä. und Ulrich d. J. von Helfenstein damals ihre Besitzungen teilten, fiel »die Vogtay über die Kirchen ze Husen uff Luntal« an die Herrschaft Ulrichs d. J. im Brenztal. Die Kirche war der hl. Margarete geweiht. Der Pfarrer entrichtete für die Vogtei jährlich 6 Malter Korn. Graf Johann von Helfenstein verzichtete 1434 darauf unter der Bedingung, daß Opferwein gekauft und die Jahrtage seiner Angehörigen begangen würden. Das Patronatsrecht der Kirche und der halbe Ort gehörten dem Kloster Anhausen. Zeitpunkt und Art des Erwerbs lassen sich nicht mehr feststellen. Die Salbücher, die ab 1474 vorhanden sind, verzeichnen im Besitz des Klosters zwei große Höfe mit 58 bzw. 51 Jauchert Ackerland, je 2 Tagwerk Wiesen und 66 bzw. 62 Jauchert Wald; ferner ein Lehen, das um 1526 in zwei kleinere Güter zu 10 bzw. 9 Jauchert, einigen Tagwerk Wiesen und je 20 Jauchert Wald geteilt war.

Der Pfarrei gehörte der Widumhof mit 38 Jauchert und 4 Tagwerk sowie eine Selde. Der Pfarrer verlieh den Hof und nahm die Zinsen und Gülten ein. Seit der Reformation wurden die Abgaben an die Geistliche Verwaltung in Heidenheim entrichtet, die den Ortsgeistlichen besoldete. Der örtlichen Heiligenpflege gehörten die Schmiede und eine Selde.

Über alle diese Güter hatte die Herrschaft Heidenheim als Vogt des Klosters Anhausen die Gerichtsbarkeit. Die Inhaber unterstanden dem Amtmann in Herbrechtingen und mußten sich vor dem dortigen Gericht verantworten.

Etwa ein Viertel des Ortes gehörte der Herrschaft Falkenstein, die auch in Dettingen und Heuchlingen begütert war. Die Erbtochter Adelheid von Falkenstein brachte die Herrschaft ihrem Gemahl Walter von Faimingen (1255–1272) zu. Durch Erbschaft gelangte Faimingen samt Falkenstein an die Speth von Faimingen und an die von Laber (Oberpfalz). Letztere verkauften an Helfenstein. Bei der Teilung der helfensteinischen Güter 1356 fiel Faimingen samt Falkenstein an Graf Ulrich d. J. von Helfenstein. Er gab Falkenstein seiner Tochter Anna in die Ehe mit Herzog Friedrich von Teck. Dieser ist seit 1362 als Inhaber von Falkenstein bezeugt, verkaufte aber 1390 an Albrecht von Rechberg. Das rechbergische Salbuch von 1478 beschreibt den Besitz zu Hausen. Es ist ein Hof mit 50 Jauchert Ackerland, 7 Tagwerk Mahd und 30 Jauchert Wald, der Eutenberg genannt. Bauern aus Hausen bewirtschafteten einige Feldlehen zu

Redern bei Falkenstein. Schließlich wird noch eine Selde verzeichnet; um 1593 sind es deren zwei und um 1690 sogar drei.

Die Herrschaft Falkenstein hatte die Gerichtsbarkeit über ihre Untertanen und stellte sie in Donzdorf vor Gericht. Nachdem die Herrschaft Heidenheim 1504 an Württemberg übergegangen war, beanspruchte Herzog Ulrich die hohe Gerichtsbarkeit in Hausen. Eine kaiserliche Kommission entschied 1512 tatsächlich zu Gunsten Württembergs und beließ der Herrschaft Falkenstein lediglich die niedere Gerichtsbarkeit auf ihren Gütern innerhalb des Etters. Dabei blieb es, bis Konrad von Rechberg 1593 an Württemberg verkaufte. Von nun an zinsten die zu Falkenstein gehörigen Güter in die Kastnerei (Finanzverwaltung) nach Heidenheim.

Ein weiterer Hof in Hausen war 1466 im Besitz des Ritters Hans von Ufenloch. Er stammte von der längst verschwundenen Burg Aufenloh (1451) bei Hörvelsingen. Hans von Ufenloch war Ortsherr in Straßdorf bei Schwäbisch Gmünd. Er übertrug seinen Hof in Hausen 1466 dem Kloster Ellwangen zu Lehen im Tausch gegen einen Hof in Straßdorf. Der Hof in Hausen kam 1471 durch Kauf an Fritz von Grafeneck zu Burgberg und Kaltenburg. Dessen Söhne verkauften 1498 an Klaus von Stadion. Der Sohn Hans von Stadion wurde 1508 vom Abt von Ellwangen belehnt. Dann gelangte der Hof an Rudolf von Westerstetten zu Altenberg, dem der Abt 1528 das Eigentumsrecht überließ. Im Dreißigjährigen Krieg wurde die Kirchenpflege zu Giengen Eigentümerin des Hofs samt zweier zugehöriger Selden.

Infolge reger Bautätigkeit stieg die Zahl der Häuser bis 1634 auf 32 an. Sie sank bis zum Ende des Dreißigjährigen Krieges auf 25 und verminderte sich bis 1744 auf 15 Gebäude. Um 1844 zählte man wieder 25 Wohnhäuser und 124 Einwohner. Von den Inhabern landwirtschaftlicher Anwesen galten 6 als Bauern, 12 als Seldner.

Nachdem Hausen seit dem Mittelalter eine Parzelle von Herbrechtingen gewesen war, erlangte es 1831 den Status einer eigenen bürgerlichen Gemeinde. Die Pfarrei sollte 1821 mit Bissingen vereinigt werden, blieb aber erhalten, nachdem sich die Gemeinde auf ihr altüberkommenes Recht, einen eigenen Geistlichen zu haben, berufen hatte.

Der Zehnte in Hausen gehörte in alter Zeit dem Ortspfarrer, seit der Reformation der Geistlichen Verwaltung Heidenheim. Nur zwei Höfe waren nach Dettingen gepfarrt und entrichteten den Zehnten dorthin.

Bissingen

Bissingen gehörte ursprünglich zur Herrschaft Albeck. Albeckische Erbtöchter brachten im 13. Jahrhundert Besitzteile an die Grafen von Helfenstein und an die Markgrafen von Burgau, die von den Grafen von Werdenberg beerbt wurden. Als Grundherren erscheinen zunächst die Ritter von Rammingen, Vasallen der Helfensteiner und der Werdenberger.

Hertnid von Rammingen hatte den »Althaimershof« bei Bissingen zu eigen. Er verschrieb den Hof 1278 dem Kloster Kaisheim (bei Donauwörth) unter der Bedingung, daß er auf Lebenszeit das Nutzungsrecht behalte und daß er und sein Bruder Konrad einst im Kloster bestattet würden. Ein jüngerer Hertnid von Rammingen übergab mit seinem Sohn Ulrich 1304 dem Kloster Obermedlingen die Vogtei über zwei Huben in Bissingen; diese waren offenbar im Eigentum des Klosters, aber mit Vogtabgaben belastet. Ulrich von Rammingen und seine Brüder Heinrich und Wernhart verzichteten 1319 auch auf ihre Rechte an gewisse Huben in Bissingen, die das Kloster Obermedlingen von Konrad von Berg zu Schelklingen gekauft hatte. Später ist vom Besitz der Klöster Kaisheim und Obermedlingen nicht mehr die Rede; er muß irgendwie an die Ortsherrschaft übergegangen sein.

Im Jahre 1347 waren die Brüder Johann und Heinz von Rammingen im Besitz des Patronatsrechts und der Vogtei über die St. Martinskirche in Bissingen. Sie verliehen die Kirche dem Pfaffen Johann von Dattenhausen, behielten sich aber den Großzehnten als Vogtrecht vor und überließen dem Pfarrer den Kleinzehnten und 12 Malter Korn zum Unterhalt. Bald darauf kam das Kirchenpatronat an Kloster Königsbronn. Der Abt machte 1383 geltend, daß sein Kloster schon an die 50 Jahre (!) im Besitz des Kirchensatzes sei. Wegen der Schäden, die das Kloster durch Sterblichkeit, Krieg und Plünderung erlitten hatte, inkorporierte ihm Papst Urban VI. die Pfarrei. Königsbronn war nunmehr Zehntherr auf der gesamten Markung Bissingen.

Inzwischen hatte das Stift Herbrechtingen in Bissingen Fuß gefaßt. Propst Ulrich bekundet 1341, daß Johann der Steinheimer und sein Bruder Hartmann, die Ehinger genannt, eine Katharinenkapelle im Kloster gestiftet hätten zum Seelenheil ihres verstorbenen Bruders Ulrich. Die Pfründe war mit Gütern in Bissingen dotiert, nämlich mit einem Hof, in den 4 Selden gehörten, einem zweiten Hof, mit dem ein Gütlein verbunden war, und einem weiteren Gut. Dies waren keine Erbgüter der Ehinger, sondern Güter, die sie vom Erbe ihres Bruders angekauft hatten. Die

Stifter behielten sich und ihren Nachkommen die Gerichtsbarkeit vor. Das Stift Herbrechtingen mehrte seinen Besitz 1350 durch Ankauf eines Gütleins, das dem Deutschordenshaus Giengen gehört hatte. Ein Teil von Bissingen gehörte zur Herrschaft Kaltenburg. Die Ritter von Kaltenburg, ursprünglich albeckische, später helfensteinische Vasallen, sind seit etwa 1240 bezeugt. Sie gaben die Stammburg um die Mitte des 14. Jahrhunderts auf und übersiedelten nach Möhnstetten (bei Burgau). Auf Kaltenburg saß 1349 ein helfensteinischer Vogt, Heinz Vetzer. Bei der Teilung der helfensteinischen Güter 1356 fiel Kaltenburg dem Grafen Ulrich d. J. zu. Er verkaufte im folgenden Jahr Kaltenburg mit dem Kirchensatz zu St. Ulrich im Lontal an die Brüder Wilhelm, Johann und Otto von Riedheim. Ein jüngerer Hans von Riedheim, vielleicht Wilhelms Sohn, machte Kaltenburg samt Zugehör 1359 dem Herzog Stephan von Bayern zu Lehen. So erwarb Bayern lehensherrliche Rechte auch in Bissingen. Nach dem Tode des Hans von Riedheim nahmen die Vormünder des minderjährigen Sohnes Jörg 1424 ein Darlehen auf von den riedheimischen Vettern zu Remshart und verpfändeten dafür Kaltenburg; sie nahmen davon jedoch die Güter in Bissingen aus, die von Bayern zu Lehen gingen. Die Pfandschaft wurde nie eingelöst, und so verblieb Kaltenburg der Linie Riedheim-Remshart. Die bayerischen Lehengüter in Bissingen gingen ihren eigenen Weg. Die Riedheim-Remshart zu Kaltenburg kamen rasch herunter. Die Brüder Konrad, Jörg und Hans waren in eine Fehde mit der Stadt Nürnberg verwickelt. Die Kaltenburg wurde 1435 belagert und teilweise zerstört. Schließlich mußten sie eine hohe Summe als Schadensersatz bezahlen. Jörg von Riedheim, bayerischer Pfleger zu Höchstädt, raubte augsburgische Untertanen aus, wurde gefangen und 1441 vor den Toren von Donauwörth hingerichtet. Sein Sohn Ulrich mußte Kaltenburg mit Zugehör 1459 seinem Vetter Fritz von Grafeneck zu Burgberg verkaufen. Dieser erwarb 1470 zwei Höfe in Bissingen von Konrad von Riedheim zu Stetten hinzu, welche Lehen vom Hochstift Augsburg waren. So kam die Herrschaft Kaltenburg wieder zu Besitz in Bissingen.

Das Schicksal der bayerischen Lehengüter in Bissingen ist nicht ganz klar. Ulrich von Riedheim-Remshart, derselbe, der Kaltenburg 1459 verkauft hatte, erhob Anspruch auf die bayerischen Lehen und setzte sich in einem Prozeß vor dem Landgericht in Neuburg 1488 durch. Er überließ aber dann die Güter in Bissingen seinem Bruder Albrecht und bemühte sich um den Rückkauf von Kaltenburg. Sein Schwager Klaus von Stadion trat als Mittelsmann auf. Er erwarb 1496 die ganze Herrschaft Kaltenburg von den Söhnen des Fritz von Grafeneck und verkaufte sie wenige Monate später an Ulrich von Riedheim weiter. Ulrichs Sohn Christoph erbte auch den Anteil seines Onkels Albrecht und vereinigte so einen Großteil von Bissingen in seiner Hand.

Christoph von Riedheim war ein strenger Herr. Die Bissinger Bauern benahmen sich 1525 »sträflich und aufrührerisch« gegen ihn; er wandte sich um Hilfe an den Schwäbischen Bund, damit die Ungehorsamen nach Gebühr bestraft würden. Es kam schließlich zu einem Vergleich.

Die reichlich verzwickten Besitzverhältnisse in Bissingen führten zu Reibereien der verschiedenen Grundherren, die die Gerichtsbarkeit über ihre Hintersassen beanspruchten. Eine Schiedskommission verglich 1527 den Propst von Herbrechtingen und die Verwalter der Ehinger Stiftung, Sebastian und Hartmann Ehinger, mit den Brüdern Christoph von Riedheim zu Kaltenburg und Jakob von Riedheim zu Remshart. Das Dorfgericht wurde nun in der Weise besetzt, daß man zunächst 6 Richter aus den riedheimischen Hintersassen und 3 aus den Untertanen des Stifts und der Ehinger wählte; die restlichen drei konnten dann beliebig aus der gesamten Gemeinde ermittelt werden. Das Recht, den Amtmann einzusetzen und mit dem Gerichtsstab zu belehnen, stand drei Jahre den Riedheimern, im vierten Jahr dem Propst und den Ehingern zu. Beiden Herrschaften leistete der Amtmann den Richtereid. In diese Regelung wurde 1529 Bernhard vom Stein zu Niederstotzingen einbezogen, der über drei Güter in Bissingen die Gerichtsbarkeit hatte, die seiner Kaplaneipfründe in Niederstotzingen zinsten.

Der Abt von Königsbronn dagegen stellte seine Hintersassen in Steinheim vor Gericht. Ihm unterstanden das Pfarrhaus samt Scheune, Bad und Backhäuslein, die Zehntscheuer, der Widumhof, eine Widumselde und eine Selde, die der Heiligenpflege zinste.

In der Reformation traten die herbrechtingischen und königsbronnischen Hintersassen zum neuen Glauben über, die riedheimischen dagegen blieben bei der alten Kirche. Deshalb wurde 1568 zwischen Eglof von Riedheim und dem Abt von Königsbronn ein Vertrag geschlossen, der die Benutzung der Kirche durch beide Konfessionen regelte. Den katholischen Gottesdienst versah der riedheimische Pfarrer von St. Ulrich im Lontal.

Die Stadt Ulm, seit 1385 Inhaber der Herrschaft Albeck, beanspruchte hoheitliche Rechte auch auf der Gemarkung Bissingen. Ulm nahm bereits die Niedergerichtsbarkeit auf einem Hof in Bissingen wahr, den Walter Ungelter 1459 der Heiligenpflege in Mähringen verkauft hatte. Im Jahre 1594 erwarb Ulm von Rudolf Ehinger von Balzheim die Vogteirechte auf den Gütern der Ehingerstiftung und den vierten Teil des niederen Gerichtszwangs. Als Ulm und Württemberg 1607 ihre im fremden Territorium gelegenen Güter austauschten, bekam Ulm auch die grundherrlichen Rechte des Stifts Herbrechtingen an den Gütern der Ehingerstiftung – es waren ein Hof, zwei Halbhöfe, Zinsen aus einem weiteren Hof, ein Lehen und sieben Selden – sowie die Rechte des Klosters Königsbronn samt Kirchensatz und Zehnten.

Ulm hatte jetzt eine kräftige Position in Bissingen. Es regelte 1608 durch Vertrag mit Hans Friedrich von Riedheim die Hoheitsrechte neu. Ulm hatte die hohe, forstliche und geleitliche Obrigkeit allein. Das Gericht setzte sich nunmehr aus 8 riedheimischen und 4 ulmischen Untertanen zusammen. Der Gerichtsstab wurde zwei Jahre lang von Riedheim, im dritten Jahr von Ulm verliehen. Die Gerichtsbußen standen zu zwei Dritteln Riedheim und zu einem Drittel Ulm zu. Im Jahre 1661 starb Hans Christoph von Riedheim. Sein Sohn Johann Friedrich erhielt Kaltenburg; dazu gehörten die beiden Höfe in Bissingen, die vom Hochstift Augsburg zu Lehen gingen. Die Tochter Isabella, mit Philipp Marquart Tänzel von Tratzberg zu Oberbechingen vermählt, brachte den Hauptteil der riedheimischen Güter in Bissingen ihrem Gemahl zu. Die Tänzel von Tratzberg waren jetzt die reichsten Grundherren im Ort. Ihr Anteil bildete ein eigenes Rittergut, das zum Ritterkanton Donau zählte. Ein Baron Tänzel ließ um 1700 die alte St. Leonhardskapelle wieder aufbauen. Von 1773 liegt ein Lehensbrief vor, mit welchem Franz Christoph Tänzel die Badstube in Bissingen verlieh. Damals hatten Baron Tänzel 34 Untertanen, Ulm 18, Riedheim-Kaltenburg 2, Baron Stein-Niederstotzingen 4. Im Jahre 1836 zählte Bissingen 479 Einwohner, davon 192 evangelische und 287 katholische.

Nach dem Tode Joseph Tänzels 1847 gingen seine Rechte an Württemberg über. Die riedheimischen Höfe wurden mit Kaltenburg 1821 an den Grafen Leopold von Maldeghem zu Niederstotzingen verkauft.

Aus der Geschichte der Gemeinde Herbrechtingen. In: Herbrechtingen 1200 Jahre. Gerlingen 1974, S. 49-103.

Heidenheim im Mittelalter
Besitzgeschichte – Topographie – Verfassung

Vorbemerkung

Die Geschichte Heidenheims im Mittelalter ist wenig erforscht und
daher kaum bekannt. Das zeigt die gegenwärtige Diskussion um die
Erneuerung der Innenstadt. Das Interesse galt und gilt mehr der
Frühgeschichte und der Römerzeit; es gilt auch der jüngsten Vergangenheit, in der sich Heidenheim zur bekannten Industriestadt
entwickelt hat.

Das mittelalterliche Heidenheim wird in der sehr geschätzten Meck-
schen Chronik (1904–1910) verhältnismäßig knapp behandelt, zudem die Geschichte der Ortsherren in den Vordergrund gestellt.

Professor Dr. Friedrich Hertlein hat als erster ''Die Entwicklung der
Stadtanlage von Heidenheim'' untersucht und seine Ergebnisse in
den Blättern des Schwäbischen Albvereins 1917 mitgeteilt.

Stadtpfarrer Richard Stein veröffentlichte 1918 einige wichtige Urkunden zur Stadtgeschichte und beschrieb ''Heidenheim im Mittelalter''.

Seitdem ist keine ausführlichere, aus den Quellen erarbeitete Darstellung der älteren Stadtgeschichte mehr erschienen. Doch hat man
inzwischen manches anders aufzufassen gelernt; neue Quellen sind
erschlossen worden; Untersuchungen, die sich nicht speziell auf Heidenheim beziehen, haben auch Licht in die Geschichte unserer Stadt
gebracht.

Die folgende Arbeit ist die erweiterte Fassung eines Referats, das der
Verfasser im April 1974 vor dem ''Verein der Freunde und Förderer
des Hellenstein-Gymnasium'' 'gehalten hat. Sie greift einige Gesichtspunkte heraus, die dem Verfasser wichtig erscheinen: Besitzgeschichte, Topographie und Verfassung des mittelalterlichen Heidenheim.

I. Zur Besitzgeschichte des mittelalterlichen Heidenheim

1) Heidenheim als Reichslehen und Reichspfandschaft

Im Jahre 1463 wurde auf Befehl des damaligen Landesherren, des Herzogs Ludwig von Bayern-Landshut, das erste Sal- und Lagerbuch der Herrschaft Heidenheim angelegt. Es heißt dort: "Das Gsloss Helenstain und die Stat Haydenhaim mitsambt dem Dorf und Vorstat daran gelegen . . . sind Lehen von dem Römischen Reich".[1]

Dieser Satz ist sowohl für die Topographie als auch für die Besitzgeschichte aufschlußreich. Für die Topographie besagt er, daß das Schloß, die Stadt Heidenheim und das Dorf als getrennte Ansiedlungen betrachtet wurden; für die Besitzgeschichte sagt er aus, daß Schloß, Stadt und Dorf als L e h e n galten, nämlich als Lehen vom Römischen Reich.

Im Rahmen der Besitzgeschichte interessiert zunächst die Reichslehenschaft. Wie weit läßt sie sich zurückverfolgen und worauf beruht sie?

Herzog Ludwig von Bayern-Landshut hatte im Jahre 1450 Hellenstein und Heidenheim mit der gesamten Herrschaft im Brenztal vom Grafen Ulrich V. dem Vielgeliebten von Württemberg erworben. Dieser hatte alles erst zwei Jahre zuvor, 1448, vom Grafen Ulrich von Helfenstein gekauft. Schon der Kaufbrief von 1448 besagt, daß das Schloß Hellenstein samt Stadt und Dorf Heidenheim Lehen vom Reich seien.[2] Der Käufer, Graf Ulrich V. von Württemberg, hatte daher beim Kaiser um Belehnung nachgesucht und diese auch erhalten. Die Reichslehenschaft ist also ein altüberkommener Rechtszustand. Fast alle Grafen von Helfenstein, die vordem Hellenstein und Heidenheim innehatten, besaßen einen solchen kaiserlichen Lehenbrief, zurück bis zum Jahr 1351.

Damals regierte König Karl IV. aus dem Hause Luxemburg. Er hatte sich im vorausgegangenen Thronstreit mit Ludwig dem Bayern in

[1]) *Hauptstaatsarchiv Stuttgart, H 127 Nr. 60 Fol. 14*
[2]) *Hauptstaatsarchiv Stuttgart, B 95 - 97 Helfenstein PU 133*

ziemliche Unkosten gestürzt, um Parteigänger zu gewinnen. Den beiden Grafen Ulrich d. Ä. und Ulrich d. J. von Helfenstein schuldete er für ihre Dienste 24 000 Gulden. Dafür hatte er ihnen die Burgen und Städte Giengen, Hellenstein und Heidenheim verpfändet. Nun war er der Meinung, daß die Schuldsumme höher sei als der Wert der verpfändeten Güter und daß er oder seine Nachfolger kaum in die Lage kämen, die Pfänder wieder einzulösen. Deshalb übertrug er die Burgen und Städte Giengen, Hellenstein und Heidenheim mit allen Nutzungen den Grafen von Helfenstein als Erblehen.[3]) Die Inhaber konnten das Lehen vererben und frei darüber verfügen; die Lehenshoheit des Königs beschränkte sich darauf, das Lehen dem jeweiligen Inhaber förmlich zu bestätigen.

Der Erblehensbrief Karls IV. von 1351 ist also die Grundlage für die Reichslehenschaft von Hellenstein und Heidenheim. Vordem müßten Hellenstein und Heidenheim in der Verfügungsgewalt des jeweiligen Reichsoberhaupts und somit R e i c h s g u t gewesen sein. Vorgänger Karls IV. war Kaiser Ludwig der Bayer (1314–1347). Aus seiner Kanzlei liegen zwei Urkunden vor, die Hellenstein und Heidenheim betreffen. Die erste ist am 6. Dezember 1322 in Augsburg ausgestellt, drei Wochen nach Ludwigs Sieg bei Mühldorf über seinen Rivalen Friedrich den Schönen von Österreich. Mit ihr bestätigt Ludwig als nunmehr allgemein anerkannter König dem Edlen Albrecht von Rechberg den Pfandbesitz der Güter Hellenstein, Heidenheim und Böhmenkirch. Es heißt darin, König Albrecht I. (1298–1308) habe die Güter dem Rechberger verpfändet, König Heinrich VII. (1308–1313) diese Verpfändung erneuert.[4]) In der zweiten Urkunde von 1333 vereinbarte Kaiser Ludwig mit den Brüdern Konrad und Albrecht von Rechberg, daß sie ihm die Pfandschaft Hellenstein (samt Heidenheim) wieder herausgaben, aber für eine Restschuld Böhmenkirch auch weiterhin behielten.[5])

---

[3]) *Kopialbuch der helfenstein. Kanzlei, B 95 - 97 Helfenstein Bschl. 1; s. Stein, Heidenheim i. Mittelalter S. 11 f. Nr. 1*

[4]) *Joh. Friedr. Boehmer, Die Urkunden Kaiser Ludwigs des Baiern, 1839, S. 30 Nr. 508*

[5]) *Joh. Friedr. Böhmer, Acta Imperii Selecta, 1870, S. 512 Nr. 755.*

Hellenstein und Heidenheim waren also in rechbergischem Pfandbesitz gewesen. Ludwig der Bayer löste die Güter wieder aus. Woher er das Geld für die Auslösung hatte, wissen wir nicht. Jedenfalls betrachtete Ludwig die ausgelösten Güter nun als sein Eigentum; er dachte wohl, sie seinen Hausgütern zuzuschlagen. Paßten doch Hellenstein und Heidenheim zu dem reichen Besitz, den die Wittelsbacher um Staufen im Bachtal sowie um Gundelfingen, Lauingen und Höchstädt hatten. Später beanspruchte einer von Ludwigs Söhnen, Markgraf Ludwig von Brandenburg, Hellenstein und Heidenheim als vom Vater ererbten Besitz (Vertrag von Landsberg 1349).[6]) Doch ließ sich der Anspruch nicht halten. Wie wir wissen, zog Karl IV. die Güter wieder an das Reich und übertrug sie den Grafen von Helfenstein.

Die Verpfändung von Hellenstein und Heidenheim an Albrecht von Rechberg durch König Albrecht I. (1298–1308) hängt zusammen mit der Gründung des Klosters Königsbronn. König Albrecht hatte im Jahre 1302 die Burg Herwartstein samt Springen, Itzelberg und anderen Orten vom Grafen Ulrich III. von Helfenstein gekauft, in der Absicht, am Brenzursprung ein Zisterzienserkloster zu stiften. Herwartstein aber war damals um 800 Mark an Albrecht von Rechberg versetzt. Um dessen Forderung zu befriedigen, überließ ihm König Albrecht die "Reichsburg" Hellenstein samt Heidenheim und Böhmenkirch als Pfand und erreichte so die Freigabe von Herwartstein.[7])

Aus all dem geht hervor, daß Hellenstein samt Heidenheim etwa ein halbes Jahrhundert als Pfandobjekt gedient hatte, ehe es 1351 in den erblichen Besitz der Helfensteiner gelangte. Die Verpfändungen erklären sich aus der ständigen Geldnot der Könige. Doch standen Hellenstein und Heidenheim auch während dieser Zeit rechtmäßig dem jeweiligen Reichsoberhaupt zu. Sie waren also Reichsgut.

---

[6]) *F. M. Wittmann, Monumenta Wittelsbacensia (Quellen u. Erörterungen zur Bayer. u. Deutschen Geschichte Bd. 6) 1861, S. 407 ff Nr. 324.*

[7]) *Joh. Friedr. Böhmer, Acta Imperii Selecta, 1870, S. 452 ff Nr. 646.*

2) Heidenheim als staufisches Lehen der Herren von Hellenstein-Gundelfingen

Wie aber sind Hellenstein und Heidenheim an das Reich gelangt? Unser Heidenheimer Chronist Christoph Lindenmaier, der kurz nach dem Dreißigjährigen Krieg geschrieben hat, weiß zu berichten: "So hat diese Herrschaft vorhin aigene Herren gehapt, ... Allein ist der letstere diß Geschlechts, namens Degenhardt, Herr zu Haidenheimb und Freiherr zu Haidenheimb (gemeint ist Hellenstein) anno 1301 zu einem Bischof zu Augspurg erwehlet, welcher in 6 Jahren hernach ohne Leibs Erben abgestorben (1307) und mit ihm Schilt und Helm begraben worden ... Nach Absterben des letstern Herrens von Hellenstein ist solche Herrschafft dem Hailigen Römischen Reich heimgefallen".[8])

Daran ist zweifellos richtig, daß die Edelherren von (Gundelfingen-) Hellenstein die Burg Hellenstein samt Heidenheim eine Zeitlang innehatten und daß das Römische Reich die Rechtsnachfolge dieser Herren angetreten hat. Dieses Geschlecht ist jedoch nicht 1307 erloschen. Es läßt sich in lückenloser Stammfolge noch ein weiteres halbes Jahrhundert nachweisen; mit Hellenstein und Heidenheim hatte es längst nichts mehr zu tun. Auch muß der Heimfall von Hellenstein und Heidenheim ans Reich schon wesentlich früher erfolgt sein, auf alle Fälle vor ihrer Verpfändung durch König Albrecht I. an Albrecht von Rechberg. Dies geschah ja in Verbindung mit der Gründung des Klosters Königsbronn, die im Jahre 1303 erfolgte. Da zuvor die Ansprüche des Rechbergers an Herwartstein abzugelten waren, müßte die Verpfändung von Hellenstein und Heidenheim um 1302 geschehen sein. Vordem, um die Jahrhundertwende, aber hatten die Herren von Weinsberg Hellenstein und Heidenheim kurze Zeit im Besitz, und zwar im Namen des Reichs.[9])

Tatsächlich stammt die letzte Nachricht, die das Haus Gundelfingen-Hellenstein im Besitz der Feste Hellenstein zeigt, vom Jahre 1273.

---

[8]) *Württ. Landesbibliothek Stuttgart, Cod. Hist. fol. 320 S. 548. – Degenhard war tatsächlich von 1303 - 1307 Bischof in Augsburg.*

[9]) *Mehring, Zur Geschichte der Herren von Weinsberg, Württ. Vierteljahreshefte XV, 1906, S. 282.*

Damals bekundet der Markgraf Heinrich II. von Burgau, daß seine
Schwester Sophia von Hellenstein die Burg Hellenstein samt Zubehör ihm auf Grund gewisser Abmachungen übergeben habe.[10])
Sophia von Hellenstein war die Witwe Ulrichs III. von Gundelfingen-
Hellenstein. Ulrich III., der vor 1271 gestorben war, hatte sich in Urkunden stets "von Hellenstein" genannt.[11]) Er war offenbar der letzte seines Geschlechts, der die Burg Hellenstein innehatte. Wenn danach seine Witwe darüber verfügte, so vielleicht deshalb, weil ihr die
Burg als Witwengut oder Morgengabe verschrieben war. Die Abmachungen, die sie mit ihrem Bruder, dem Markgrafen, getroffen hatte,
kennen wir nicht. Wir wissen nur, daß der Hellenstein damit dem
Hause Gundelfingen-Hellenstein endgültig verloren ging.
Auch der Markgraf von Burgau durfte sich des Besitzes der Burg
nicht lange erfreuen. Im Jahre 1292 saß auf Hellenstein ein Vogt aus
dem Geschlecht der Vetzer.[12]) Nachkommen dieses Vogts waren in
Heidenheim noch bis ins 15. Jahrhundert begütert. Die Vetzer
stammten aus Schwäb. Gmünd. Sie waren im Dienste der Staufer
aufgestiegen. Ein Zweig zählte zum Gmünder Patriziat. Ein anderer
Zweig war von den Staufern mit Verwaltungsaufgaben betraut worden und auf diese Weise in unsere Gegend gelangt. Die Vetzer
hatten auch in Schnaitheim, Aufhausen, Oggenhausen und Mergelstetten Besitz. Seit dem Untergang der Staufer (1268) standen sie
im Dienst des Reiches. Der Vogt auf Hellenstein war ein Reichsvogt.
Der Übergang von Hellenstein und Heidenheim an das Reich muß in
den 70er Jahren des 13. Jahrhunderts erfolgt sein, in der Regierungszeit König Rudolfs I. von Habsburg (1273–1291). Dieser erste Herrscher nach der kaiserlosen Zeit war bemüht, die Reichsgewalt zu
stärken. Er forderte für das Reich all das Gut, das früher den staufischen Königen zur Verfügung gestanden hatte. Es kann als Regel
gelten: Was seit der Zeit König Rudolfs I. als Reichsgut bezeugt ist,
muß vordem im Besitz der Staufer gewesen sein. Dies muß auch für
Hellenstein und Heidenheim gegolten haben. Dafür spricht, daß die

---

[10]) *Wirtemberg. Urkundenbuch Bd. VII S. 254 Nr. 2356.*

[11]) *Vergl. H. Bühler, Die Edelherren v. Gundelfingen-Hellenstein, Jahrb. Hist.
       Verein Dillingen LXXIII, 1971, S. 13 ff, insbes. S. 27.*

[12]) *Wirtemberg. Urkundenbuch Bd. X S. 87 Nr. 4304.*

Vetzer als ehemals staufische Ministerialen in Heidenheim begütert waren. Aber auch die Herren von Gundelfingen-Hellenstein müssen dann Lehensleute der Staufer gewesen sein.

Ursprünglich gab es zwei getrennte Edelgeschlechter, von denen sich das eine "von Hellenstein", das andere "von Gundelfingen" nannte. Ulrich I. von Gundelfingen (1209—1228) hatte die Erbtochter der Hellensteiner, Margarete (?), geheiratet und dadurch Ansprüche an Hellenstein und Eigenbesitz in Heidenheim erworben. Seine Nachkommen nannten sich nun sowohl "von Gundelfingen" als auch "von Hellenstein". Dies geschah noch lange nach 1273, als ihnen Hellenstein mit Sicherheit nicht mehr gehörte. Wahrscheinlich wollten sie damit einen Rechtsanspruch dokumentieren. Übrigens ist fraglich, ob die von Gundelfingen jemals selbst auf Hellenstein residierten. Im Jahre 1251 ist nämlich ein Ritter Ulrich genannt Hirsch von Hellenstein erwähnt, der zum Gefolge Ulrichs II. von Gundelfingen-Hellenstein gehörte.[13] Wahrscheinlich saß er als gundelfingischer Burgmann auf dem Hellenstein.

Die echten Hellensteiner, die von denen von Gundelfingen beerbt wurden, waren ein recht interessantes Geschlecht. Ihr bekanntester Vertreter ist Degenhard von Hellenstein, von 1150 bis 1182 häufig in Urkunden des Kaisers Friedrich I. Barbarossa erwähnt. Degenhard war mit dem Kaiser in Italien und nahm an der Belagerung der Stadt Mailand (1161—1162) teil. Der Kaiser bestellte ihn zu seinem "procurator", d. h. Pfleger oder Verwalter, über alle Königsgüter in Schwaben. Degenhard war nach allem wohl ein Lehensmann des Kaisers. Bislang hielt man ihn für den ersten Vertreter des Geschlechts. Doch schon um 1096 wird ein Gozpert "de Halensteine" erwähnt unter den Gefolgsleuten des Markgrafen Diepold III. von Vohburg (Donau), die ein Gütergeschäft bezeugten.[14] Der Urkundenschreiber schied die Zeugen nach ihrer Nationalität in Schwaben und Bayern. Gozpert ist unter die Schwaben eingereiht. Seine Landsleute, die mit ihm zeugen, sind durchweg in Ostschwaben zu Hause. Damit ist gesichert, daß auch Gozpert nach Ost-

---

[13] *Puchner-Wulz, Die Urkunden der Stadt Nördlingen 1233 - 1349, S. 3 Nr. 10.*
[14] *E. v. Oefele, Gesch. der Grafen v. Andechs, 1877, S. 225 f, Urk. Nr. 2.*

schwaben gehört und daß sich seine Benennung "de Halensteine" auf unseren Hellenstein bezieht. Obwohl aber Gozpert hier
unter die Schwaben gerechnet wird, hatte er doch engste Beziehungen zum bayerischen Nordgau (Oberpfalz). Dort ist er bis 1138
wiederholt als Urkundenzeuge nachzuweisen, einmal gemeinsam mit
seinem Sohn Adalbert, der ab 1125 genannt wird. [15]) Vater und
Sohn treten auch dort häufig im Gefolge des Markgrafen Diepold III.
von Vohburg auf. Meist werden sie "de Holinsteine" genannt.

Die bayerische Forschung nimmt die beiden für Holnstein bei Beiln-
gries im Altmühltal in Anspruch. Sie tut das offenbar mit vollem
Recht. Die Burg Holnstein ist älter als Hellenstein. [16]) Der Name
Gozpert ist in der dortigen Gegend auch schon früher bezeugt. Ein
Kuno von Holinsteine, der 1097 in Regensburg im Gefolge Kaiser
Heinrichs IV. erscheint, dürfte der Stammvater des Geschlechtes
sein. [17])

So stammte Gozpert eigentlich aus dem bayerischen Nordgau. Sein
Geschlecht stand offenbar in einem Vasallenverhältnis zu den Markgrafen des Nordgaus, die man wegen des bevorzugten Namens Diepold die "Diepoldinger" nennt. Diese Markgrafen waren auch in Ostschwaben, im Brenz- und Donautal, begütert. Diepold II. (+1078)
hatte zeitweilig auf seiner Burg in Giengen residiert. Sein Sohn, Diepold III., verlegte seinen Sitz nach Vohburg, behielt jedoch die Familiengüter im Brenz- und Donautal bei. [18]) Diepold III. hat offenbar
den Gozpert mit nach Schwaben genommen und mit Gütern in und
um Heidenheim belehnt. Dort hat Gozpert um 1090 die Burg auf
dem Hellenstein gebaut. Dies geschah natürlich auf Veranlassung seines Herren. Auf Grund seines in Schwaben gelegenen Lehens wurde
er nun zu den Schwaben gerechnet.

---

[15]) *Quellen u. Erörterungen NF VIII S. 346 Nr. 728; Monumenta Boica XIV,*
S. 408 ff Nr. III, VI u. IX; Heidingsfelder, Regesten der Bischöfe von Eich-
stätt S. 111 Nr. 350.

[16]) *Heidingsfelder a. a. O. S. 85 Nr. 251; D. Deeg, Die Herrschaft der Herren*
v. Heideck, 1968, S. 150.

[17]) *Knöpfler, Bruchstück eines Traditionsbuches des Stiftes St. Paul in Regens-*
burg, Archival. Zeitschr. NF XI. 1904, S. 267.

[18]) *Vergl. H. Bühler, Die Wittislinger Pfründen, Jahrb. Hist. Verein Dillingen*
LXXI, 1969, S. 24 ff, insbes. S. 31 ff u. Tafel II. nach S. 50.

Der Name Hellenstein wird als der "häle" d. h. glatte oder schlüpf-
rige Stein gedeutet. Es sei dahingestellt, ob diese Deutung für den
Heidenheimer Schloßberg zutreffend ist. Viel eher dürfte der Name
von der Stammburg Holnstein bei Beilngries herzuleiten sein. Es läge somit der gar nicht seltene Fall einer Namensübertragung vor.
Holnstein im Altmühltal bedeutet der "hohle Stein" oder besser
"Höhlenstein" wegen einer mächtigen Höhle in einem gewaltigen
Tuffelsen. Wie sich an Hand der Urkunden verfolgen läßt, wurde
der alte nordbayerische Name "Holinsteine" im Schwäbischen "Ha-
linsteine" geschrieben und entwickelte sich über Haelenstein und
Helenstein allmählich zu Hellenstein. Möglicherweise hat der Felsüberhang unserer Heidenschmiede die Namensübertragung mit verursacht.

Gozpert heiratete ein Edelfräulein aus dem Hause derer von Stubersheim. Dafür sprechen die Namen Adalbert und Berenger unter seinen Nachfahren. Er erwarb dadurch Eigenbesitz in der Gegend, sehr
wahrscheinlich in Heidenheim, aber auch in Herbrechtingen, Bolheim
und Nattheim, wo wir seine Erben später begütert finden. Von Gozperts Sippe saß offenbar einer auf der Stammburg bei Beilngries,
wahrscheinlich jener Adalbert, der seit 1125 in bayerischen Urkunden erscheint. Ein anderer bewohnte die Burg Hellenstein, und zwar
als Lehensmann des Markgrafen Diepold III. von Vohburg.
Markgraf Diepold starb 1146. Im folgenden Jahr heiratete seine
Tochter Adela den Herzog Friedrich III. von Schwaben aus dem Geschlecht der Staufer, der 1152 als Friedrich I. Barbarossa den Königsthron bestieg. Adela brachte eine reiche Mitgift in die Ehe, in erster Linie Giengen, Gundelfingen, Lauingen und Höchstädt, aber
offenbar auch die lehensherrlichen Rechte an Hellenstein und einem
Teil von Heidenheim.[19] So wurde der Inhaber des Hellenstein ein
Lehensmann Barbarossas. Seit 1150 war dies der schon bekannte
Degenhard von Hellenstein. Er dürfte ein Enkel Gozperts gewesen
sein. Seine Mutter stammte wohl aus dem Geschlecht derer von Rettenbach (Marktrettenbach a. d. Günz?), die den Namen Degenhard

---

[19] *Wie Anm. 18, S. 38.*

bevorzugten. [20]) Degenhards Tochter Margarete (?) vererbte die Anwartschaft an das staufische Lehen Hellenstein auf die von Gundelfingen, die Hellenstein samt Heidenheim bis 1273 innehatten.
So war die Lehenshoheit des Reiches vordem eine Lehenshoheit der
Staufer, letztlich aber der Diepoldinger. Die Besitzgeschichte Heidenheims läßt sich damit bis in die Zeit kurz vor 1100 zurückverfolgen.

3) Heidenheim im 10. und 11. Jahrhundert

Wer aber war vorher, vor Erbauung des Hellensteins, Herr in Heidenheim? Da sich nur spärliche Nachrichten erhalten haben, ist es nicht
leicht, ein einigermaßen klares Bild zu gewinnen.
Das Lehen, das Markgraf Diepold III. von Vohburg dem Gozpert von
Halensteine gegeben hatte, umfaßte zunächst Güter, die der Markgraf selbst vom Kloster Fulda (Hessen) zu Lehen trug. Dieses Kloster war seit alter Zeit in Heidenheim wie auch in Schnaitheim begütert. [21]) Im übrigen bestand Gozperts Lehen aus altem Familienbesitz der Diepoldinger. Dieser läßt sich über Markgraf Diepold II.,
der in Giengen residierte (+1078), zurückverfolgen bis auf Graf Diepold I. (c. 1020-1060). Dessen Vater, Graf Rapoto (1006-c.1020),
stammte aus Bayern. Die Mutter aber war die Erbtochter eines Zweiges der älteren Grafen von Dillingen, die man die "Hupaldinger"
nennt. [22]) Sie brachte reichen Besitz im Brenz- und Donautal sowie
um Burgau ins Haus. Darunter muß auch Besitz in Heidenheim gewesen sein. Wir dürfen dies daraus erschließen, daß die Hupaldinger
und ihre Erben in einer Reihe von Orten um Heidenheim begütert
waren, die eine ähnliche Besitzgeschichte hatten wie Heidenheim.
Es sind die Orte Mergelstetten, Herbrechtingen, Oggenhausen, Bernau und Giengen.

[20]) *Vergl. H. Bühler, Degenhard v. Hellenstein, Festschrift Hellenstein-Gymnasium Heidenheim, 1964, S. 30 ff, insbes. S. 44.*

[21]) *Württ, Geschichtsquellen Bd. II, 1895, S. 258 Nr. 91; S. 250 f. Nr. 56, 60
u. 63; S. 253 f Nr. 74 und 79.*

[22]) *Wie Anm. 18, Tafel II nach S. 50.*

Das Gut der Hupaldinger kann man zurückverfolgen bis in die Zeit um 900. Damals hatten Hupald und Dietpirch, die Eltern des Bischofs Ulrich von Augsburg (923-973), das hupaldingische Hausgut in Händen.

Ein zweiter Grundbesitzer in Heidenheim um 1100 war die edle Frau Liutgard. Sie schenkte im Jahre 1108 ihre ererbten Güter an Kloster Blaubeuren; darunter waren zwei Mansen (Bauerngüter) in Heidenheim. [23] Liutgard stammt aus dem Edelgeschlecht derer von Stubersheim. Einer ihrer Brüder stiftete um 1120 das Kloster Elchingen (Kr. Neu-Ulm), ein anderer erbaute um 1105 die Burg Albeck (Kr. Ulm). [24] Wir erinnern uns, daß auch die Gemahlin Gozperts von Halensteine eine Stubersheimerin war. Liutgard und die Gemahlin Gozperts dürften etwa gleichaltrig gewesen sein; sie waren offenbar die Töchter zweier Brüder. Die beiden Mansen, über die Liutgard in Heidenheim verfügte, wie auch das Gut, das Gozperts Gemahlin in die Ehe gebracht hatte, waren aber nicht stubersheimisches Familiengut, sondern von einer Ahnfrau eingebracht worden, die wiederum aus dem Hause der Hupaldinger kam. Der Besitz der beiden Damen stammte damit aus der gleichen Erbmasse, wie das Gut der Diepoldinger. Es ist das Gut, das Hupald und Dietpirch um 900 innehatten. Diese beiden müssen damals die weitaus reichsten Grundbesitzer in Heidenheim gewesen sein.

Zu den Nachkommen Hupalds und der Dietpirch und damit zu Teilhabern an deren Erbe gehörten auch die Stifter des Klosters Langenau-Anhausen, nämlich der schwäbische Pfalzgraf Manegold d. Ä. (1070-c.1095) und seine Söhne, die Pfalzgrafen Manegold d. J. (1113-c.1125) und Adalbert (1125-1143), Bischof Walter von Augsburg (1133-1152) und Ulrich. [25] Sie waren mit Liutgard und der Gemahlin Gozperts nahe verwandt, und zwar Nachfahren der glei-

---

[23] *Wirtemberg. Urkundenbuch Bd. XI S. 449 f Nr. 5552.*

[24] *Referat d. Vf. im Neu-Ulmer Arbeitskreis über den Stifter des Klosters Elchingen im Nov. 1972.*

[25] *Wie Anm. 18, S. 55 ff u. Tafel III nach S. 58. – Vgl. H. Bühler, Schwäbische Pfalzgrafen, frühe Staufer u. ihre Sippengenossen, Jahrb. Hist. Verein Dillingen LXXVII, 1975 Tafel I. S. 122.*

chen Ahnfrau aus dem Hause der Hupaldinger. Somit waren sie gewiß auch in Heidenheim begütert.

Paul von Bernried, der 1130 eine Lebenbeschreibung der seligen
Herluka verfaßt hat, berichtet, die fromme Herluka habe um 1080-
1085 auf der Burg des Pfalzgrafen Manegold gelebt.[26] Herluka war
mit der Pfalzgräfin Adelheid sehr vertraut; möglicherweise hat sie
die Stiftung des Klosters Langenau-Anhausen angeregt. Dieses Kloster erhielt von seinen Stiftern reichen Güterbesitz in der Umgebung
Heidenheims geschenkt: in Anhausen, Mergelstetten, Küpfendorf,
Aufhausen (abgeg. bei Küpfendorf), in Dettingen, Heuchlingen,
Sachsenhardt (abgeg.), Heutenburg, Gussenstadt, Söhnstetten und
um Irmannsweiler auf dem Albuch[27] Zweifellos lag die Burg des
Pfalzgrafen Manegold im Bereich dieser Orte und somit in unserer
nächsten Umgebung. Der gelehrte Chronist überliefert sie unter dem
griechischen Namen "Moropolis".

Es ist nicht ganz einfach, diesen Namen zu verdeutschen. Das griechische Adjektiv "moros" bedeutet "stumpfsinnig, einfältig oder tö-
richt '; im Neuen Testament aber wird es im Sinne von "gottlos"
oder "heidnisch" gebraucht.

"Polis" heißt "Stadt", doch hat das Wort im Mittelalter darüberhinaus die allgemeinere Bedeutung von "Siedlung" oder "Heim".
Interessant ist, daß Felix Fabri, ein Chronist des ausgehenden 15.
Jahrhunderts, für Kirchheim (Teck) den gelehrten Namen "Ecclesia-
polis" verwendet.[28] Er gibt also das Grundwort "-heim" mit "polis"
wieder. Dem entsprechend kann "Moropolis" nur mit "Heidenheim"
übersetzt werden.

Die Burg Moropolis=Heidenheim, auf der Pfalzgraf Manegold um
1080 residierte, war also eine Burg in oder dicht bei Heidenheim.
Sie darf keinesfalls gleichgesetzt werden mit Hellenstein. Denn die
Burg Hellenstein dürfte erst um 1090 erbaut worden sein; sie hatte

---

[26]   *Vita B. Herlucae Virginis Cap. V., Jacobi Gretseri Opera Omnia Tom. VI,*
        Ratisbonae 1735, S. 168.

[27]   *Urkunde des Bischofs Walter von Augsburg von 1143, Wirtemberg, Urkun-*
        denbuch Bd. II S. 26 ff Nr. 318.

[28]   *Tractatus de civitate Ulmensi, Bibliothek des literar. Vereins in Stuttgart*
        CLXXXVI, 1889, S. 110.

ZUR BESITZGESCHICHTE
===================
HEIDENHEIMS I
=============

INHABER DES LEHENS HELLENSTEIN-HEIDENHEIM

Lehenherren

Kaiser Karl IV., 1346-1378

Kaiser Ludwig d. Bayer, 1314-1347

König Heinrich VII., 1308-1313

König Albrecht I., 1298-1308

König Adolf v. Nassau, 1292-1298

König Rudolf I. v. Habsburg, 1273-1291

(Rückforderung als Reichsgut)

Konradin, Herzog v. Schwaben
+ 1268

König Konrad IV.
1250-1254

Kaiser Friedrich II.
1212-1250

Kaiser Heinrich VI.
1191-1197

Kaiser Friedrich I. Barbarossa
1152 - 1190

(Inhaber von Lehengütern
des Klosters Fulda)

(erbliche Belehnung 1351)→
←(Auslösung 1333)
(Verpfändung ca. 1302)→
←
(Auslösung)
(Verpfändung vor 1300)→

Ulrich d.Ä. u. Ulrich d.J. Grafen v. Helfenstein

Konrad u. Albrecht v. Rechberg

Albrecht von Rechberg

Konrad u. Engelhard v. Weinsberg

(hat ein Haus
in Heidenheim)

Eberhard von
Gundelfingen-
Hellenstein

Degenhard
Propst zu St. Moritz
Bischof v. Augsburg
1303-1307

Domherr 1300 (?
Siboto   1346 (?
v. Gundelfingen
-Hellenstein
1260-1296

Degenhard
v. Gundelfingen
-Hellenstein
1251 - 1293

Ulrich II.
v. Gundelfingen-Hellenstein
1220 - 1280

∞

Margarete (?)
v. Hellenstein

Ulrich III.
v. Gundelfingen
-Hellenstein
1251 - 1260

∞

Sophia
v. Burgau
1273

Heinrich II.
Markgraf v. Burgau
1231-1293

Übergabe

Ulrich I.
v. Gundelfingen
1209-1228

Degenhard
v. Hellenstein
1150 - 1182

Berenger
v. Hellenstein
+ v. 1171

Adalbert II.
v. Holnstein
c.1160 - 1202

Otto
v. Holnstein
1202

N v. Hellenstein To.N v. Rettenbach

Adalbert I. v. Holnstein
1125- c. 1160

Gozpert v. Halenstein O To.N v. Stubersheim
c. 1096-1138

Degenhard
v. Rettenbach
1105-1123

Diepold III.
Markgraf v. Vohburg
1093-1146

Adela v. Vohburg
1147 - 1153

∞

----------- →
Belehnung

H. Bühler, 1974

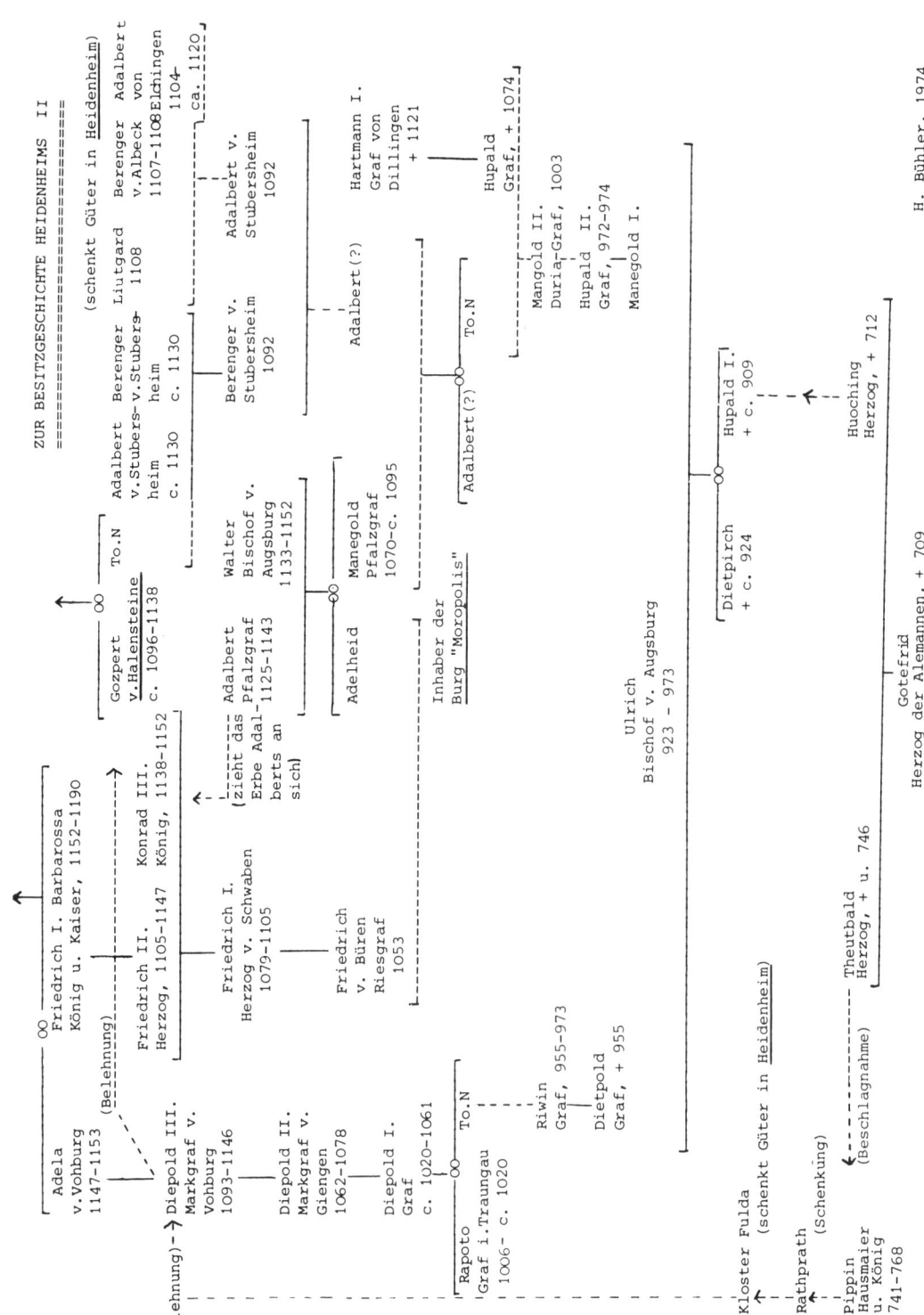

ZUR BESITZGESCHICHTE HEIDENHEIMS II

H. Bühler, 1974

einen anderen Besitzer und trug schließlich einen anderen Namen. Wir müssen mit einer zweiten, und zwar älteren Burg im Bereiche Heidenheims rechnen. Sie war der Sitz des Pfalzgrafen, des zweitwichtigsten Mannes im Herzogtum Schwaben nach dem Herzog selbst. Pfalzgraf Manegold war durch seine Gemahlin Adelheid mit dem Herzoghaus der Staufer verschwägert. Wo aber soll diese Burg gestanden sein?

Hervorragend geeignet für eine Burg war der Totenberg, und zwar dessen höchster Punkt nördlich der Peterskirche. Er beherrschte sowohl das Brenztal wie auch die einmündenden Seitentäler. Der Westfuß des Totenbergs wurde von der Brenz bespült, ehe im Zuge des Eisenbahnbaus der Fels teilweise abgetragen und der sich heute darbietende Steilhang künstlich geschaffen wurde, um Platz für Bahn und Straße zu gewinnen. Die Westflanke war also durch ein natürliches Hindernis gesichert. Die Nordflanke war geschützt durch den Alten See (Seestraße); er wurde erst unter den Helfensteinern trocken gelegt und in Wiesenland verwandelt. Der Totenberg überhöhte sodann die beiden einzigen Übergänge über die Brenz, nämlich die Brücke im Zuge der heutigen Brenz- und Römerstraße sowie die Furt beim jetzigen Bahndurchlaß in Richtung Schlachthof. Hier auf dem Totenberg wird man die Burg "Moropolis" suchen müssen. Sprechen doch Kenner der Landesgeschichte seit langem den Totenberg als einen alten Adelssitz an, ohne Kenntnis zu haben von der Burg Moropolis-Heidenheim. [29]

Der Totenberg ist ein alter Umlaufberg der Brenz, ähnlich dem Rukken im Blautal bei Blaubeuren. Der Rucken trug die älteste Burg im Blautal. Erst später wurden Hohengerhausen und Blauenstein als typische Höhenburgen — dem Hellenstein vergleichbar — gebaut. Frühe Burgen trugen nicht selten den Namen der benachbarten Siedlung, wo ursprünglich der Herrenhof des Burgherren stand, wie etwa die Burgen Giengen, Gundelfingen, Dillingen und Neresheim. Diesen ist Moropolis-Heidenheim zuzuzählen.

---

[29] *H. Jänichen, Zur Frühgeschichte des Brenzgaus, "Hellenstein" Bd. I Nr. 22 vom 23. 9. 1950; HM. Decker-Hauff, Die alemann. Landnahme, Konstanzer Protokolle Nr. 22 vom 26. Aug. 1954.*

In die Burganlage auf dem Totenberg dürfte der Friedhof der Peterskirche als eine Art Vorburg mit einbezogen gewesen sein. In ihr
konnten die Bewohner des Dorfes Heidenheim notfalls Zuflucht finden, mußten sie aber auch verteidigen. Sie bildete mit der Kernburg
eine fortifikatorische Einheit, ähnlich wie Burg und Kirchhof in
Brenz. Es fehlt nicht an Spuren im Totenberggelände, die auf eine
Befestigungsanlage deuten. Aus Akten und alten Abbildungen ist die
starke Wehrmauer bekannt, die den Friedhof einst umgab, und alte
Heidenheimer wissen noch von einem tiefen Graben, der den ältesten, höher gelegenen Teil des Friedhofs gegen Osten begrenzte und
schützte.[30] Diese Anlagen reichen gewiß in sehr frühe Zeit zurück;
sie waren nicht mehr sinnvoll, seit das Dorf Heidenheim im 15. Jahrhundert von seinen Bewohnern aufgegeben wurde, ja seit am Fuß
des Hellenstein sich die Stadt Heidenheim zu entwickeln begann.
Klarheit über Moropolis wäre freilich nur durch Grabung zu gewinnen.

Eine Burg des Pfalzgrafen in Heidenheim setzte natürlich voraus,
daß der Pfalzgraf dort begütert war. Doch ist dies schon auf Grund
seiner Herkunft fast mit Sicherheit anzunehmen; er ist ja ein Nachfahre der Hupaldinger. Sodann hatte Kloster Anhausen, die Stiftung
der Pfalzgrafensippe, namhaften Besitz in Heidenheim, Besitz, der
größtenteils im Dorf Heidenheim lag.[31] Er muß vorwiegend aus
der Frühzeit des Klosters stammen, am ehesten aus dem Gut der
Stifter, da anderweitige Herkunft nicht ermittelt werden kann.

Es ist verständlich, daß dieser Besitz nicht unter der Erstausstattung
des Klosters erscheint, die in einer Urkunde von 1143 aufgezählt
wird; die Stifter behielten natürlich die Güter in der Nähe ihrer
Burg solange für sich, als die Burg ihr Wohn- und Herrschaftssitz war.
Im frühen 12. Jahrhundert jedoch zogen sich die Pfalzgrafen aus
dem Brenztal zurück. Pfalzgraf Adalbert verlegte vor 1128 seinen
Sitz nach Lauterburg (bei Essingen).[32] Als er 1143 starb, ohne

[30] *Vergl. W. Schneider, Die Michaelskirche in Heidenheim, S. 25.*
[31] *Hauptstaatsarchiv Stuttgart, Lagerbuch des Klosters Anhausen von 1474,*
      G 197, Fol. 32 ff
[32] *Wirtemberg. Urkundenbuch Bd. I S. 376 Nr. 293.*

männliche Nachkommen zu hinterlassen, verlor die Burg Moropolis-Heidenheim vollends ihre frühere Funktion. Jetzt mögen die Erben des Pfalzgrafen jene Güter in Heidenheim dem Kloster übertragen haben. Die Burg auf dem Totenberg verfiel. Die Burgstelle samt dem Patronatsrecht der Peterskirche, das wahrscheinlich damit verbunden war, fiel an die Staufer und wurde dem Lehen derer von Hellenstein einverleibt.

4) Heidenheim im frühen Mittelalter

Wie erwähnt, muß Heidenheim ums Jahr 900 größtenteils im Besitz von Hupald und Dietpirch, den Eltern des Bischofs Ulrich von Augsburg (923-973), gewesen sein. Diese beiden gehören zu den Vorfahren der Diepoldinger wie der Stubersheimer und der Pfalzgrafen und wurden von diesen Familien beerbt. Wir versuchen, Einblick auch in die noch weiter zurückliegende Zeit zu gewinnen.

Für die Geschichte Heidenheims vor 900 ist aufschlußreich die Nachricht, daß ein gewisser Rathpraht seinen Eigenbesitz in Heidenheim an Kloster Fulda (in Hessen) schenkte. Dieses Ereignis fällt in die zweite Hälfte des 8. Jahrhunderts, in den Zeitraum zwischen 750 und 802.[33] Wie kommt dieser Rathpraht dazu, das ferne Kloster Fulda zu beschenken und nicht die in Alemannien liegenden Klöster St. Gallen oder Reichenau oder Ellwangen?

Fulda hat um jene Zeit auch sonst in Ostschwaben viel Gut geschenkt erhalten, u. a. in Schnaitheim und Steinheim. Rathpraht, der in Heidenheim begütert war, wie auch ein gewisser Egilolf, der über reichen Besitz in Schnaitheim verfügte, erweisen sich bei näherem Zusehen als Männer, die im Maingebiet verwurzelt waren und von daher Beziehungen zu Fulda hatten. Dies erklärt, warum sie an Fulda schenkten.[34] Das Gut, über das sie verfügten, war offenbar

---

[33]) *Württ. Geschichtsquellen Bd. II, 1895, S. 251 Nr. 60; Urkundenbuch des Klosters Fulda Bd. I, S. 432 Nr. 322.*

[34]) *Vergl. H. Bühler, Die Vorfahren des Bischofs Ulrich von Augsburg (923 - 973), Jahrb. Hist. Verein Dillingen LXXV, 1973, S. 16 ff, insbes. S. 19.*

nicht ihr ererbter Familienbesitz, sondern ihnen von den Machthabern des Frankenreichs, den Hausmaiern und Königen aus dem Geschlecht der Karolinger, wohl als Lohn für treue Dienste übertragen worden. Es stammte aus alemannischem Herzogsgut.

Solches hatten die Hausmaier in den Kämpfen gegen die alemannischen Herzöge beschlagnahmt. Denn die Herzöge hielten zum legitimen Königshaus der Merowinger und wehrten sich gegen die Unterwerfung unter die Karolinger, letzten Endes freilich vergebens. Von Beschlagnahme betroffen war hauptsächlich das Gut des Herzogs Theutbald (+ n. 746).[35] Theutbald war ein Sohn des Herzogs Gotefried, der um 700 ganz Alemannien verwaltete. Wenn Gut in Heidenheim wie auch in Schnaitheim und Steinheim an Kloster Fulda geschenkt wurde, so darf dies als Beweis gelten, daß jene Orte alemannisches Herzogsgut gewesen sind. Ein gleiches gilt für Herbrechtingen, Bolheim und Nattheim, auch Brenz und Sontheim an der Brenz, wo die Karolinger selbst über Gut verfügten. Es hat im Brenztal offenbar eine Menge Herzogsgut gegeben.[36]

In Heidenheim machte das Gut, das Rathpraht an Fulda schenkte, nur einen geringen Teil der gesamten Besitzmasse aus. Der weitaus größere Teil ist uns ja in den Händen von Hupald und Dietpirch bzw. ihrer Nachfahren begegnet. Doch Hupalds Gut geht sehr wahrscheinlich gleichfalls auf das Herzogshaus zurück. Genealogische Forschung zeigt nämlich, daß Hupald=Hucpald ein Nachkomme des Herzogs Huoching (+712) gewesen ist.[37] Huoching aber war ein anderer Sohn des Herzogs Gotefried (+709). Nur hatten sich Huoching und seine Sippe besser mit den Karolingern gestellt. Huochings Enkelin Imma hatte einen vornehmen Franken namens Gerold geheiratet. Deren Tochter Hildegard wurde die Gemahlin Karls d.Gr.. Hildegards Bruder Gerold d. J. fiel als Feldherr Karls 799 im Kampf gegen die Awaren. Dank ihrer klugen Politik hatte Huochings Sippe den Besitzstand zu wahren vermocht und den Nachkommen weitervererbt. Ein gut Teil war so an Hupald gelangt, den wir als Vorfah-

---

[35] *Wie Anm. 34. S. 18.*

[36] *Wie Anm. 35.*

[37] *Wie Anm. 34, S. 42 ff u. Tafel nach S. 44.*

ren der Diepoldinger, der Stubersheimer und der Pfalzgrafen kennen.

Weil wir Heidenheim wohl mit Recht als alemannisches Herzogsgut betrachten dürfen, reichen unsere freilich bruchstückhaften Kenntnisse immerhin bis ins ausgehende 7. Jahrhundert zurück. Wir gewinnen Anschluß an jene Zeit, die durch Gräberfunde besser bezeugt ist als die an Schriftdenkmälern so armen Jahrhunderte des frühen Mittelalters. Von der Römerzeit Heidenheims, die um 260 n. Chr., wenn nicht erst gegen 350 n. Chr. endete, trennt uns noch eine Spanne von dreieinhalb bis vier Jahrhunderten. Wie darf man sich die Geschichte Heidenheims in diesem Zeitraum vorstellen?

Die Alemannenherzöge waren zunächst Beauftragte des merowingischen Frankenkönigs. Ihre Machtgrundlage war das merowingische Königsgut, das ihnen zur Verwaltung anvertraut war. Mit dem Niedergang des merowingischen Königtums seit dem 7. Jahrhundert wurden die Herzöge selbstherrlicher und verfügten über das Königsgut, als sei es ihr Eigentum. Das Königsgut war zum Herzogsgut geworden. Durch Rodung und Gründung neuer Siedlungen mehrten sie ihren nutzbaren Besitz.

Königsgut der Merowinger war grundsätzlich alles Land, das ehemals dem römischen Staat gehört hatte. In Heidenheim und Umgebung betraf dies das Kastell, das Gelände der römischen Bürgersiedlung südlich und östlich vom Kastell wie auch des Gutshofs an der Seestraße, ferner alles von den Römern bebaute Land sowie die römischen Straßen, die in Heidenheim zusammenliefen. [38]) Die Römerstraßen wurden fränkische Heerstraßen. Die von Bopfingen-Oberdorf nach Faimingen an der Donau führende Römerstraße wurde noch im vorigen Jahrhundert "Frankensträßle" genannnt. [39])

Die Übernahme des römischen Staatslandes durch die Franken erfolgte nach 536, als Alemannien nach vorübergehender Zugehörigkeit zum Ostgotenreich Theoderichs d. Gr. unter die Oberhoheit des Frankenkönigs Theudebert (+548) geriet.

Die Franken fanden auf dem Boden Heidenheims schon eine kleine

[38]) *Vergl. B. Cichy, Das römische Heidenheim S. 75.*
[39]) *Beschreibung des Oberamts Neresheim, 1872, S. 162.*

Alemannensiedlung vor. Sie war wohl im 5. Jahrhundert gegründet
worden und schmiegte sich an die Brenz und den Totenberg an. Ihr
dürfen wir die alemannischen Gräber zuweisen, die sich am Südhang
des Totenbergs, mitten im römischen Gräberfeld, fanden. Sie ent-
hielten die frühesten datierbaren Grabbeigaben von Heidenheim. [40]
Diese Siedlung hat kaum schon den Namen Heidenheim getragen;
nach der Entstehungszeit wäre eher ein auf ''-ingen'' endender Name
zu vermuten.

Um einiges jünger als die Funde vom Südhang des Totenbergs sind
die Grabfunde aus dem Bereich zwischen Graben-, Brenz-, Kirchen-
und Christianstraße. Sie gehören zu einer zweiten Siedlung, die
sich an die Südfront des ehemals römischen Kastells anlehnte. Die
Funde stammen sicher aus der Zeit der fränkischen Oberhoheit
nach 536. [41] Sie sind weitgehend ähnlich und zeitgleich mit Funden aus Steinheim und Schnaitheim. [42] Diese beiden Orte wie auch
Nattheim und Bolheim weisen sonst noch auffallende Gemeinsam-
keiten mit Heidenheim auf. Sie liegen in den aus allen vier Himmelsrichtungen auf Heidenheim als Kreuzungspunkt zuführenden Tälern,
nahe den darin verlaufenden Römerstraßen. Sie sind gleichartig
benannt: allen gemeinsam ist das Grundwort ''-heim''; als Bestimmungswort dient eine Sachbezeichnung, wie Stein- oder Bol-
(=Bühl). Alle diese Orte waren um 700 alemannisches Herzogsgut
und hatten somit die gleiche Geschichte. [43] Dies alles deutet darauf

---

[40] *Fr. Hertlein, Die Altertümer des Oberamts Heidenheim, 1912, S. 64 f.*

[41] *Wie Anm. 40, S. 66 f*

[42] *W. Veeck, Die Alemannen in Württemberg, 1931, S. 177 f; Fundberichte
       aus Schwaben NF IX, 1935 - 1938, S. 139 f; NF XII, 1938 - 1951 Tl. 2.
       S. 128 u. S. 131; NF XIII, 1952 - 1954, S. 103.*

[43] *Dies ergibt sich durch Rückschluß: Bolheim (villa Bolamen) kam durch
       Karl d. Gr. an Kloster Saint-Denis, war also Königsgut; Böhmer-Mühlba-
       cher, Regesta Imperii I S. 77 Nr. 170. In Nattheim urkundet 1050 K.
       Heinrich III.; der Ort war seit karolingischer Zeit Königsgut; MG. Dipl.
       Heinrich III. Nr. 251 und 252. In Schnaitheim schenkte Egilolf 750 -
       802 an Kloster Fulda; das geschenkte Gut stammte aus Königsgut; Württ.
       Geschichtsquellen Bd. II S. 250 Nr. 56. In Steinheim ist im frühen 9.
       Jahrh. Besitz des Klosters Fulda nachgewiesen; er stammte ebenfalls aus
       Königsgut; Württ. Geschichtsquellen II S. 254 Nr. 81. Somit waren alle
       vier Orte im 8. Jahrh. Königsgut. Dieses aber stammte aus beschlagnahm-*

hin, daß die genannten Orte gleichzeitig und nach einem einheitlichen Plan angelegt worden sind. Gewiß waren strategische Überlegungen dabei mit im Spiel: Sicherung des Albübergangs von Kocher und Brenz samt dessen Querverbindungen. So liegt die Vermutung auf der Hand, daß der fränkische König hier auf Königsgut ihm verpflichtete Bauernkrieger angesiedelt hat, um noch nicht gänzlich befriedetes Land zu sichern. Dies dürfte noch im 6. Jahrhundert geschehen sein. Dazu würde der Name passen, den der Mittelpunkt des Siedlungssystems erhielt, nämlich ''Heidenheim''. Er hält die Erinnerung wach an die frühgeschichtlich- römische und somit heidnische Vergangenheit des Platzes (vergleiche ''Heidenschmiede''). Daher muß er aufgekommen sein unter Menschen, die sich schon zum Christentum bekannten und die die Überreste einer früheren Zeit als ''heidnisch'' empfanden. Dies traf am ehesten auf die bereits christlichen Franken zu.

Heidenheim mit seinem Kastell war Mittelpunkt dieses Siedlungsverbandes und Sitz des Befehlhabers der fränkischen Truppe. Es wurde zum Herrschaftsmittelpunkt. Als solcher hatte Heidenheim mindestens bis um die Mitte des 7. Jahrhunderts Bedeutung. Dafür zeugt die aus der Zeit um 650 stammende große goldene Rundfibel mit kunstvollen Schlangenornamenten und eingelegten Steinen, die im Grab einer vornehmen Dame an der Ecke Kirchen- und Christianstraße gefunden wurde.[44]

Sie zeigt stilistische Übereinstimmung mit der noch größeren Fibel aus dem Grab der ''Fürstin'' von Wittislingen. Sehr wahrscheinlich gehörte die in Heidenheim Bestattete einem edlen Geschlecht an, das in und um Heidenheim herrschaftliche Rechte ausübte, sei es im Auftrag des Frankenkönigs oder des alemannischen Herzogs.

Auf einen frühen Herrschaftssitz deutet auch das Siedlungsbild um Heidenheim. Der Kranz der ''-heim-Orte'' wird ergänzt und zum Teil erweitert durch einen Kranz von ''-hausen''-Orten, die jünger sind als die ''-heim'' und wohl im 7. Jahrhundert entstanden sind:

---

tem Herzogsgut. – Vgl. H. Bühler Herbrechtingen 1200 Jahre, 1974 Tafel I S. 57 u. Tafel II S. 59.

[44] *Fr. Hertlein a. a. O. S. 66 mit Abb.*

Aufhausen nördlich Schnaitheim, Aufhausen südlich Steinheim
(abgeg. bei Küpfendorf), Anhausen südlich Bolheim und Oggenhausen südlich Nattheim. Alle diese Orte sind nach Heidenheim als
Mittelpunkt ausgerichtet. Anderwärts hat man erkannt, daß solche Ringe oder Gruppen von "-hausen-Orten" für frühe Herr-
schaftssitze typisch sind. Auch Niederhofen südlich Heidenheim (abgegangen)mag in dieses System gehören.

Daß die Orte so planmäßig verteilt und so schematisch nach ihrer
Lage benannt sind, könnte dafür sprechen, daß sie auf Veranlassung
des fränkischen Staates gegründet wurden. Oggenhausen, jedoch
macht eine Ausnahme. Es ist nach einer Person benannt: Hug bzw.
Huch. Derselbe Name steckt in Ugendorf (heute Ugenhof). Er erinnert an Huoching (+712), den Sohn des Herzogs Gotefrid, vielleicht auch an Hupald=Hucpald, einen Nachfahren Huochings. Die
Verkleinerungsform des gleichen Namens, Huchilo, hat sich in
Heuchlingen erhalten. Der Ort Geroldsweiler (abgegangen nw.
Steinheim) erinnert an Gerold (+799), den Schwager Karls d. Gr.,
einen Urenkel Huochings. Itzelberg (1302 Utzelenberg), das den
Namen Utzilo, die Verkleinerungsform von Udalrich=Ulrich, enthält, könnte nach Gerolds Bruder Ulrich (778-804) oder nach einem anderen Ulrich aus der Sippe Gerolds benannt sein.

Bei einer solchen Häufung von Namen, die an Glieder des Herzogshauses erinnern, ist kaum von der Hand zu weisen, daß Angehörige
des Herzogshauses bei der Benennung der betreffenden Orte Pate gestanden und wohl auch an ihrer Gründung Anteil hatten. Die Orte,
die Namen aus der Herzogssippe tragen, durchsetzen und umschließen das System der älteren "-heim-" und "-hausen-Orte". Sie sind
ein zusätzlicher Hinweis, daß das Herzogshaus dieses ältere Siedlungssystem übernommen und im 8. Jahrhundert weiter ausgebaut
hat. Es mehrte auf diese Weise seinen nutzbaren Besitz.

Nach 746 wurden Teile des Herzogsguts beschlagnahmt und als Königsgut an Vasallen der Karolinger gegeben. Daraus stammt der Besitz Rathprahts in Heidenheim und der Egilolfs in Schnaitheim. Anderes Königsgut diente im ausgehenden 8. Jahrhundert zur Ansiedlung von zwangsweise aus ihrer Heimat weggeführten Sachsen; so
entstanden Sachsenhausen und Sachsenhardt (abgegangen südlich
Sontheim i. St.). In der Siedlungsgeschichte des Heidenheimer Rau-

mes scheint sich ein Stück fränkischer Reichspolitik widerzuspiegeln. Unsere Auffassung wird dadurch nur bestätigt. – Das Gut der Sippe Huochings aber blieb erhalten. Von Huochings Erbe leitet sich ja der Besitz der in Heidenheim begüterten Diepoldinger, Stubersheimer und Pfalzgrafen her.

II. Zur Topographie des mittelalterlichen Heidenheim

1) Das Dorf Heidenheim am Totenberg

Eingangs wurde erwähnt, daß wir für das Mittelalter das Dorf Heidenheim und die Stadt Heidenheim unterscheiden müssen.

Das D o r f hat sich nach Ausweis der Salbücher und Aussage des Chronisten Lindenmaier entlang der heutigen Brenzstraße erstreckt und vor allem das Gelände nördlich davon bis nahe an den Bahnhof umfaßt.[45] Es lag also vorwiegend östlich des römischen Kastells, zum Teil im Ruinengelände der römischen Bürgersiedlung. Auf den Flurplänen des vorigen Jahrhunderts ist noch deutlich das Wegenetz des Dorfes zu erkennen.

Nach Ausweis der Reihengräber ist dieses Dorf nicht in einem Zuge entstanden. Neben einer älteren Alemannensiedlung aus dem 5. Jahrhundert an der Brenz mit Begräbnisplatz am Südhang des Totenbergs muß eine merowingerzeitliche Militärkolonie wohl des 6. Jahrhunderts südlich der Brenzstraße angenommen werden. Sie hatte ihren eigenen Begräbnisplatz im Gelände zwischen Brenz-, Graben-, Christian- und Kirchenstraße. Offensichtlich lehnte sie sich an das römische Kastell an, das damals noch in wesentlichen Teilen erhalten gewesen sein dürfte und der Siedlung als Rückhalt diente. Nach Lage und Funktion war sie die wichtigere der beiden Siedlungen. Für letzteres spricht, daß aus ihrem Bereich die reicheren Bodenfunde stammen; vor allem war hier das Grab jener vornehmen Dame, die dem ortsansässigen Adel angehört haben mag.[46]

---

[45] *Hauptstaatsarchiv Stuttgart, H. 127 Nr. 60, Salbuch von 1463 Fol 3 v ff;*
[46] *Vergl. Text zu den Anm. 40 u. 41.*

Womöglich hatte dieser Adel im Kastell seinen Sitz. Wahrscheinlich
trug zunächst auch nur diese Siedlung den Namen Heidenheim. [47]
Trotz enger Nachbarschaft dürften die beiden Siedlungen bis gegen
700 getrennt geblieben sein. Dies ergibt sich aus der Belegungsdauer
der beiden Friedhöfe am Totenberg und südlich des Kastells. Die Zu-
sammenlegung beider Siedlungen zu e i n e m relativ großen Dorf
erfolgte wohl mit der Einführung der Dreifelderwirtschaft. Sie bedingte eine Neuordnung der Feldmarkung, die nun einer einheitlichen Bewirtschaftung und dem Flurzwang unterworfen wurde.
Voraussetzung war, daß beide Siedlungen der gleichen Grundherrschaft unterstanden. Nach unseren Überlegungen zur Besitzgeschichte war dies bis um die Mitte des 8. Jahrhunderts der Fall.
Hierbei ging der Name Heidenheim auf die Gesamtsiedlung über.
Bemerkenswert ist aber, daß nicht die Siedlung beim Kastell, die diesen Namen ursprünglich trug, zum Kern der Gesamtsiedlung wurde,
sondern vielmehr die alte Alemannensiedlung an der Brenz, die sich
an den Totenberg anlehnte. Das Kastell in der Talmitte, das seither
einen gewissen Rückhalt geboten hatte, scheint seine Bedeutung als
Schwerpunkt verloren zu haben. Schwerpunkt der Gesamtsiedlung
war jetzt ganz eindeutig der Totenberg.
Auf dem Totenberg war die erste christliche Kirche am Ort, St. Peter, erbaut worden; zunächst vielleicht als einfache Holzkirche, wie
wir sie von Brenz durch die Grabungen in der dortigen St. Gallus-
Kirche kennen. Bei ihr wurden nun die Toten der Gesamtgemeinde
bestattet. St. Peter war Pfarrkirche zunächst nicht nur für Heidenheim, sondern auch für Mergelstetten und vielleicht für Oggenhausen und Küpfendorf. Dies war ein Grund, die Kirche an erhöhter
Stelle in möglichst zentraler Lage zu erbauen; sie sollte von weither
sichtbar, ihr Geläut weithin hörbar sein. Aber auch ganz praktische
Gesichtspunkte werden für ihre Erbauung auf beherrschender Höhe
bestimmend gewesen sein. Der Ortsherr und Stifter der Kirche wird
ihre Umfriedung von vornherein so angelegt haben, daß sie als Fliehburg für Notzeiten dienen konnte. Vielleicht hatte er auch selbst
schon einen befestigten Sitz auf dem Totenberg, wie im 11. Jahr-

---

[47] *H. Jänichen a. a. O.*

hundert die Pfalzgrafen, und war darauf bedacht, die Kirche in seiner nächsten Nähe zu haben, womöglich noch innerhalb des befestigten Bereichs. Dies würde die Verlagerung des Siedlungsschwerpunkts
vom Kastell zum Totenberg am besten erklären.

Eine dritte Siedlung des frühen Mittelalters auf Heidenheimer Boden
ist durch Gräberfunde vom Südhang des Siechenberges nachgewiesen. [48]) Man bringt sie wohl zu Recht mit dem Flurnamen Niederhofen in Verbindung, der am Gelände südlich der Giengener Straße
haftet. Das Grundwort "-hofen" als Siedlungsbezeichnung paßt zeitlich zu den dortigen Bodenfunden: beide gehören dem 7. Jahrhundert an. Niederhofen war nach seiner Lage unterhalb Heidenheims
benannt. Eine Urkunde von 1336 erwähnt Äcker "hinder dem Staine
in Niderhover Tale" [49]); damit ist das Haintal gemeint. Die Siedlung
war damals längst abgegangen, ihre Bewohner waren nach Heidenheim übersiedelt. In den Salbüchern, die seit 1463 angelegt wurden,
wird zusätzlich zu den drei Feldern der Heidenheimer Gemarkung
noch das "Feld zu Niederhofen" geführt. Dessen Parzellen liegen aber
nicht geschlossen in einem bestimmten Gemarkungsteil, etwa südlich des Siechenbergs, sondern verteilen sich fast über die gesamte
Gemarkung. Daß sich das "Feld zu Niederhofen" als Sonderverband
erhalten hat, scheint dafür zu sprechen, daß die einst zu Niederhofen gehörigen Güter erst lange nach Einführung der Dreifelderwirtschaft in den Wirtschaftsverband der Heidenheimer Bauernschaft einbezogen wurden. Doch waren die einzelnen Parzellen
nicht mehr im ursprünglichen Hofverband, sondern durch Tausch
ziemlich durcheinander geraten.

Das Dorf Heidenheim zählte im 15. Jahrhundert 40 Hofstätten. Es
gab damals nur wenige geschlossene Bauerngüter. Das größte war
der Widumhof der Pfarrei. Sechs halbe Höfe zinsten der Ortsherrschaft. [50]) Sie stammten zum Teil aus einem Verkauf Rudolf Vetzers

---

[48]) *Fr. Hertlein a. a. O.S. 67 f*

[49]) *Hauptstaatsarchiv Stuttgart, A 471 Kl. Anhausen PU 147.*

[50]) *Hauptstaatsarchiv Stuttgart, Lagerbücher H 127 Nr. 60 (1463) und 61
(1492 - 94), W 576 (1526), W 579 (1556 - 57) u. G 1016 (1556)*

von 1359 an den Grafen Ulrich d. J. von Helfenstein. [51]) Ebenfalls im
Besitz der Ortsherrschaft aufgegangen sind die Güter, die Kloster
Fulda einst besessen hatte. Zwei Halbhöfe und ein größeres Lehen
wurden vom Kloster Anhausen verliehen; sie stammten wahrscheinlich aus dem Erbe der Klosterstifter. Je ein größeres Gut zinste den
Klöstern Herbrechtingen, Königsbronn und Ellwangen [52]). Das ell-
wangische Gut war durch Zusammenfassung zweier Lehen gebildet,
die seit 1363 nachweisbar sind [53]); vermutlich sind sie durch Tausch
vom Kloster Blaubeuren erworben worden und gehen letztlich auf
die Schenkung der Frau Liutgard von 1108 zurück. Ein Gut, das ein
gewisser Grifo im 10. oder 11. Jahrhundert dem Augsburger Domkapitel geschenkt hatte, läßt sich später nicht mehr nachweisen [54]);
ebensowenig ein Hof, der sich noch 1343 im Besitz derer von Blindheim (bei Höchstädt), ehemals staufischer Ministerialen, befand [55]).

Die Mehrzahl der Hofstätten war mit einfachen Seldhäusern bebaut. Ihre Inhaber bewirtschafteten kleinere Lehengüter und zinsten
dafür teils der Ortsherrschaft, teils den Klöstern und sonstigen kirchlichen Stiftungen; manche bebauten auch eigene Äcker und gingen
im übrigen einem Handwerk nach.

Zum Dorf gehörte die Badstube an der Brenz (1470 bezeugt) und
die Brunnenmühle, die seit 1333 bekannt ist [56]).

Auch gab es im Dorf mehrere Kirchen und Kapellen. Wir kennen bereits die Pfarrkirche St. Peter auf dem Totenberg. Der Inhaber der
Pfarrei wird 1216 erstmals erwähnt; er war damals Dekan des Landkapitels, zu dem Heidenheim gehörte [57]). Die Pfarrkirche selbst und
der Friedhof werden 1323 genannt, als für sie in Avignon ein Ablaß-

[51]) *Hauptstaatsarchiv Stuttgart, B 95 - 97 Helfenstein PU 352.*

[52]) *Hauptstaatsarchiv Stuttgart, Lagerbücher G 197 (Anhausen 1474),*
G 1031 (Herbrechtingen 1537) u. G 1295 (Königsbronn 1471).

[53]) *Laun, Aus den Ellwanger Lehenbüchern Nr. 756, frdl. Mitteilung von*
K. Fik, Ellwangen.

[54]) *Liber Anniversariorum ecclesiae maioris Augustensis, MG. Necrol. I,*
S. 59; Siebenter Jahres-Bericht d. hist. Vereins f. Schwaben f. 1841, S. 72.

[55]) *Hauptstaatsarchiv Stuttgart, A 471 Kl. Anhausen PU 148.*

[56]) *Hauptstaatsarchiv Stuttgart, A 471 Kl. Anhausen PU 145.*

[57]) *Wirtemberg. Urkundenbuch Bd. III S. 50 ff Nr. 594.*

brief ausgestellt wurde [58]). Auf dem Friedhof, östlich der Peterskirche, befand sich eine kleine Michaelskirche; sie wird 1460 erwähnt
und diente nach der Reformation als Beinhaus [59]).

Unten im Dorf, nahe der Brenz, am Durchlaß zum Schlachthof,
stand eine Liebfrauenkapelle. Sie wird seit 1359 genannt; um 1490
wurde ihr Dach repariert, bis zur Reformation hat man in ihr Gottesdienst gehalten [60]). Schließlich hat man 1480 eine Kapelle auf
dem Ottilienberg den Heiligen Ottilie und Wolfgang geweiht [61]).

Das Dorf Heidenheim wurde um die Mitte des 15. Jahrhunderts aufgegeben. Ursache waren die kriegerischen Ereignisse jener Zeit. Der
Chronist Lindenmaier nennt den Städtekrieg von 1449 als Ursache,
daß "das Dorf bei Haidenheimb . . . nahend in Grund ruiniert" wurde [62]). Doch mag man auch an die Schlacht denken, die im Verlauf
des Reichskriegs gegen Bayern im Juli 1462 vor den Toren Heidenheims zwischen den Truppen Herzog Ludwigs von Bayern-Landshut
und denen des Grafen Eberhard von Württemberg und des Markgrafen Albrecht von Ansbach geschlagen wurde. Der Name "Streitwiese"
im Bereich der Olgastraße erinnert an diese Schlacht. Laut Lagerbuch von 1463 waren nur noch sieben Hofstätten im Dorf überbaut.
Die übrigen Dorfbewohner waren in die ummauerte Stadt gezogen.

2. Die Stadt Heidenheim unter dem Hellenstein

Die Stadt Heidenheim ist in Anlehnung an die Burg Hellenstein entstanden. Der Grundriß der Altstadt verrät deutlich die geplante Anlage. Es ist ein langgestrecktes Rechteck von rund 320 Meter Länge,
aber ungleichmäßiger Breite, da sich die Westseite dem Schloßberg
anschmiegt. Längsachse ist die heutige Hauptstraße. Sie verbreitert
sich gegen die Mitte der Stadt ein wenig und bietet so Platz für den

---

[58]) *Binder, Studien der evangel. Geistlichkeit Bd. 15, 1843, S. 68 f.*

[59]) *Stein, Heidenheim i. Mittelalter, S. 31 ff Nr. 12.*

[60]) *Wie Anm. 51; Hauptstaatsarchiv Stuttgart, A 353 Heidenheim W. Bschl. 81.*

[61]) *Wie Anm. 58.*

[62]) *Wie Anm. 8, S. 550.*

Markt, verengt sich aber gegen die beiden Tore, die sich im Norden
beim Haus Raichle und im Süden bei Gubi befanden. Die Häuser
stehen giebelseitig zur Straße. Die Hofstätten erstrecken sich nach
rückwärts bis zur Mauer am Graben bzw. zur Hinteren Gasse. Die
Hintere Gasse verläuft parallel zur Hauptstraße, jedoch nur durch
den Nordteil der Stadt, wo der Schloßberg mehr Raum nach Westen
gibt. Auch sie ist an ihrer Westseite giebelständig bebaut. Lediglich
die Häuser, die dahinter an der Halde stehen, weisen ungeregelte,
sich dem Gelände anpassende Bauweise auf; sie sind jüngeren Datums.

So macht die Altstadt noch heute den Eindruck einer einheit-
lichen Anlage, obwohl die Mauern und Tore beseitigt wurden, die
Hauptstraße beim ehemaligen unteren Tor den Erfordernissen des
Verkehrs entsprechend verbreitert wurde und das Stadtbild durch
einige moderne Bauten schwer beeinträchtigt ist.
Die Altstadt entspricht dem Typus der Stauferstadt [63]. Wir finden
das gleiche Grundrißschema in Göppingen, Schwäb. Gmünd und
Geislingen, auch in Giengen, Lauingen, Wangen im Allgäu und
Schongau am Lech. Alle diese Plätze haben sich unter dem Einfluß
der Staufer seit dem 12. und 13. Jahrhundert zu Städten entwickelt.
In jene Zeit muß auch die Heidenheimer Altstadt zurückreichen.
Keinesfalls ist sie erst auf Grund der Verleihung des Marktrechtes
im Jahre 1356 angelegt worden, wie vielfach angenommen wird.
Einer solchen Annahme steht nämlich entgegen, daß schon einige
Zeit vor bzw. um 1356 Häuser in der Altstadt urkundlich erwähnt
sind: 1331 verkauft ein Heidenheimer Bürger einen Zins aus seinem
"Haws und Hofraitin" an Kloster Herbrechtingen [64]; an Hand des
Lagerbuchs ergibt sich eindeutig, daß es sich um ein Haus in der
Stadt handelt. 1333 wird eine Hofstatt beim Unteren Tor erwähnt;
sie liegt also gleichfalls in der Stadt [65]. 1335 verkauft ein Bürger
an das Kloster Anhausen "ain Hofrait mit aim Garten an der Gaszen,
da man uf die Burk gaut"; es ist das jetzige Haus Schweikhardt in

---

[63] *W. Lipp, Alt-Göppingens bauliche Entwicklung, 1962, S. 20 ff.*

[64] *Hauptstaatsarchiv Stuttgart, A 488 Kl. Herbrechtingen PU 136 Insert.*

[65] *Hauptstaatsarchiv Stuttgart, A 471 Kl. Anhausen PU 145.*

der Hinteren Gasse am Schloßaufgang [66]). 1346 ist das "Gesesse",
d.h. der Wohnsitz, des Augsburger Domherren Eberhard von (Gun-
delfingen-)Hellenstein bezeugt [67]). Nach der Lagebeschreibung muß
es in der Stadt gelegen sein, vielleicht an der Stelle des ältesten Heidenheimer Rathauses. Es ist übrigens der letzte nachweisbare Besitz
der ehemaligen Herrschaft auf Hellenstein in Heidenheim. 1359
schließlich verkauft Rudolf Vetzer Güter zu Heidenheim an den
Grafen Ulrich d.J. von Helfenstein; darunter sind Häuser in der
Stadt. Rudolf Vetzer behält sich zunächst noch sein "neues Haus"
vor, das dann 1403 gleichfalls verkauft wird, wobei sich eindeutig
dessen Lage in der Stadt ergibt [68]). Es hat also bestimmt schon vor
1356 eine Stadt Heidenheim gegeben.

Auch die Vorgängerin der jetzigen Michaelskirche, eine Nikolauskapelle, ist schon 1335 urkundlich bezeugt [69]). Äußerst wichtig für
die Stadtgeschichte ist aber der Befund der Grabung in der Michaelskirche von 1965. Sie hat ja erbracht, daß jene ältere Nikolauskapelle
schon in den ersten Jahrzehnten des 13. Jahrhunderts, in der Zeit
zwischen 1210 und 1220, erbaut worden ist [70]). Ganz eindeutig ist
die Nikolauskapelle in die Stadtanlage eingeplant. In der Nordwestecke der Stadt, auf dem Ausläufer des Schloßbergs gelegen, war sie
für die Bewohner der Altstadt wie auch für die Herrschaft auf dem
Hellenstein, wo es zunächst wohl noch keine Burgkapelle gab, be-
quem zu erreichen. Man wird annehmen dürfen, daß die Kapelle
nicht gerade als eine der ersten Bauten in der Altstadt errichtet
wurde, sondern erst, nachdem dort schon eine Reihe von Häusern
stand und eine größere Zahl von Menschen wohnte. Somit wird man
die Gründung der Altstadt noch etwas früher ansetzen dürfen als
den Bau der Nikolauskapelle. Man geht dann kaum fehl in der Annahme, daß Degenhard von Hellenstein (1150–1182), der "procu-

---

[66]) *Hauptstaatsarchiv Stuttgart, A 471 Kl. Anhausen PU 146.*

[67]) *Hauptstaatsarchiv Stuttgart, A 471 Kl. Anhausen PU 149.*

[68]) *Hauptstaatsarchiv Stuttgart, B 95 - 97 Helfenstein PU 352 u. 353.*

[69]) *Wie Anm. 66.*

[70]) *G.P. Fehring, Ehemal. Stadtpfarrkirche St. Nikolaus u. Michael, Nachrichtenblatt d. Denkmalpflege in Baden-Württ. Jahrg. 13, 1970, Heft 3-4, S. 81 f.*

rator" Kaiser Friedrichs I. Barbarossa, oder Barbarossa selbst als Lehensherr, der Urheber der Stadtanlage war. Die Verwirklichung des Plans zog sich über mehrere Jahrzehnte hin.

Man darf freilich nicht erwarten, daß die Stadt von Anfang an mit einem geschlossenen Mauerring, Toren und Türmen versehen war. Bescheidene Verteidigungsanlagen waren gewiß vorhanden; sie wurden, wie es Zeit und Mittel erlaubten, weiter ausgebaut. Immerhin ist schon 1333 vom "Nideren Tor" die Rede, womit das Untere Tor am Ende der Hauptstraße gemeint ist [71]. Es gab folglich auch ein Oberes Tor (1463 erwähnt). Tore aber sind nur denkbar als Durchlaß in einer sich um die Stadt ziehenden Befestigung. Der "Graben", der an der Nordostecke der Stadt fast im rechten Winkel abknickt und sich der Ostfront der Stadt entlangzieht (Grabenstraße), ist bewußt so angelegt, daß er diese Front mit schützt. Er ist seit 1335 erwähnt [72].

Um 1400 ist die Stadtmauer bei der Nikolauskapelle bezeugt, wenig später, 1446, die Mauer im Osten gegen den Graben [73]. Diese Mauerabschnitte können freilich erheblich älter sein, denn die Ersterwähnung ist gewöhnlich vom Zufall abhängig und sagt nichts über das wirkliche Alter aus.

Um 1417 wurde der Mauerabschnitt an der Halde unter dem Schloß gebaut, nachdem hier bisher "dehain Maur noch Thurn" gewesen. Klaus Müller sagt 50 Jahre später aus, er und sein Vater, der damals die Brunnenmühle innegehabt, hätten "Stain und anders, was nottürfftich gewesen sey zu solchem Pau", geführt, sooft die Heidenheimer sie dazu aufgefordert. Er wollte damit betonen, daß sie ihrer Bürgerpflicht stets willig nachgekommen seien [74]. Der Bericht zeigt, daß dieser Mauerabschnitt als letzter gebaut wurde und daß die anderen Teile schon früher fertig waren. Man hatte sich die Mauer im Westen bis zuletzt aufgespart, da die Westseite ja durch

---

[71]) *Wie Anm. 65.*

[72]) *Wie Anm. 66.*

[73]) *Stein, Heidenheim im Mittelalter, S. 21 ff Nr. 9; Hauptstaatsarchiv Stuttgart, B 207 Ulm, PU 483.*

[74]) *Stadtarchiv Heidenheim, Stadt-Protokoll- oder Kauff- u. Fertigungsbuch Nr. 1 (B 462).*

das Schloß einigermaßen geschützt war. Den Weg von der Stadt zum Schloß sicherte jetzt das "Marstall Törlin" (1473 erwähnt) [75]).

Da der Bericht hervorhebt, daß seither an der Halde zum Schloß weder Mauer noch Turm gewesen sei, so darf man folgern, daß im übrigen - außer den beiden Tortürmen - auch Stadttürme vorhanden waren, die die Mauer verstärkten und flankierten. Ja, wir sind wohl berechtigt, für das frühe 15. Jahrhundert bereits alle die Türme als vorhanden anzunehmen, die später genannt werden. Dies gilt umso eher, als der Baubefund der letzten beiden Türme, die sich erhalten haben, erkennen läßt, daß sie gleichzeitig mit der Mauer errichtet und nicht etwa nachträglich angefügt worden sind. Auch hören wir später zwar von Reparaturen an Mauern und Türmen - so nach dem Dreißigjährigen Krieg, - aber nicht von einem Neubau.

Der älteste Stadtplan, aus herzoglich württembergischer Zeit um 1800, weist noch vier Stadttürme auf. Einer stand an der Halde unterhalb des Schlosses, ein anderer hinter dem alten Pfarrhaus nahe der Michaelskirche, der dritte an der Nordwestecke der Stadt bei der Michaelskirche und der vierte am Graben hinter dem Gasthaus "Rößle". Merian (1643) und ein unbekannter Künstler (um 1700) verzeichnen in ihren Ansichten der Stadt zwei weitere Türme an der Nordostecke der Stadt bei der Biegung des Grabens; nach der jüngeren Ansicht war der eine eckig, der andere rund. Es waren somit insgesamt sechs Stadttürme vorhanden, von denen zwei jedoch schon im 18. Jahrhundert abgebrochen wurden.

Für diese sechs Türme sind fünf Namen überliefert: Runder Turm, Eckturm, Bürgerturm, Schandturm, Hexen- oder Katharinenturm; die letzten beiden Namen bezeichnen ein und denselben Turm. Bekannt ist, daß Bürger-, Schand-, Hexen- oder Katharinenturm sowie der Turm hinter dem alten Pfarrhaus bei der Michaelskirche nach 1800 noch vorhanden waren [76]). Es sind die Türme, die der

---

[75]) *Stadtarchiv Heidenheim U 5.*

[76]) *Siehe Stadtplan von ca. 1800 im Stadtarchiv Heidenheim; vgl. K.K. Meck, Chronik von Heidenheim Bd. II, 1910, S. 19 (Bürger- u. Katharinenturm); S. 45 (Turm hinter dem Diakonatgebäude); Plan von 1620 im Ev. Dekanat Heidenheim, s. W. Schneider, Die Michaelskirche in Heidenheim, S. 37 (Hexenturm); der Schandturm steht noch.*

Stadtplan von etwa 1800 zeigt. Runder Turm und Eckturm waren
also die beiden Türme, die schon im 18. Jahrhundert abgebrochen
wurden. Im 19. Jahrhundert sind zwei weitere Türme verschwunden,
nämlich der Turm hinter dem alten Pfarrhaus bei der Michaelskirche.
Er wurde 1828 abgebrochen, ohne daß wir seinen Namen erfahren;
offenbar hatte er keinen eigenen Namen [77]. Verschwunden ist auch
der Turm an der Nordwestecke der Stadt bei der Michaelskirche.
Er ist 1620 als Hexenturm bezeugt, hieß später - wie erwähnt, -
Katharinenturm und wurde 1845 zum Abbruch verkauft [78]. Erhalten geblieben sind der Turm an der Halde unter dem Schloß, der
noch heute Schandturm heißt, sowie der Turm hinter dem "Rößle",
für den der Name Bürgerturm bleibt.

Als 1448 die Stadt aus den Händen der Grafen von Helfenstein in
den Besitz Württembergs und dann Bayerns gelangte, dürfte die Befestigung zu einem gewissen Abschluß gelangt sein. Doch hielten
Schloß und Stadt einer Belagerung durch die Truppen Ulrichs von
Württemberg und der Stadt Ulm im Februar 1462 nur kurze Zeit
stand. Andererseits konnte Herzog Ludwig von Bayern-Landshut die
Stadt wenige Monate später ohne sonderliche Mühe zurückgewinnen.
Die Befestigung reichte sichtlich nicht aus, um einem stärkeren Angriff zu trotzen. So erklären sich Maßnahmen des Bayernherzogs,
die Verteidigungsanlagen zu verstärken. Im Jahre 1471 ordnete er
an, daß Brücken zu den beiden Stadttoren zu errichten und diese
"mit Werren (Gatter oder Falltore), Plancken und Schrancken wol
zu versehen und in Wesen zu halten" seien [79]. Wahrscheinlich
wurden erst jetzt Gräben vor den Toren ausgehoben.
1474 hören wir von einem "newen Bach", den man durch die Äcker
entlang der Schnaitheimer Gasse gegraben hatte [80]. Es ist der Stadtbach, der vom See bei der heutigen WCM abgeleitet wurde, dann
westlich der Schnaitheimer Straße bis zum heutigen Eugen-Jaekle-

---

[77] *K. K. Meck a.a.O. Bd. II S. 45.*

[78] *Plan von 1620; K. K. Meck a. a. O. Bd. II S. 91*

[79] *Hauptstaatsarchiv Stuttgart, Württ. Regesten Nr. 9030.*

[80] *Hauptstaatsarchiv Stuttgart, Lagerbuch G 197 Kl. Anhausen Fol. 34 v.*

Platz (Haus Scheuble) verlief und sich am Oberen Tor verzweigte; während ein Arm durch die Hauptstraße bis zum Unteren Tor lief und dort die Stadt wieder verließ, zog der andere der östlichen Mauer entlang, wo er ein zwar bescheidenes Hindernis für einen Angreifer bildete, aber notfalls den Graben mit Wasser füllen konnte; beide Arme vereinigten sich wieder an der Südostecke der Stadt und flossen durch die Ulmer Straße (St. Pöltener Str.) zur Brenz. Kein Zweifel, daß auch dieses Werk vom Herzog veranlaßt wurde.

Im Jahre 1474 wird erstmals ein "Neues Tor" als drittes Tor am Ende der jetzigen Pfluggasse erwähnt [81]. Es heißt bald darauf das "Mittlere Tor" [82], zeitweilig auch das "Untere Tor". Dies erklärt sich daraus, daß das seitherige Untere Tor am Ende der Hauptstraße um 1519 zur leichteren Verteidigung der Stadt zugemauert und erst 1601 auf Bitten der Anwohner wieder ausgebrochen und benutzbar gemacht wurde.

Somit hat unter bayerischer Verwaltung in der zweiten Hälfte des 15. Jahrhunderts die Stadtbefestigung ihre endgültige Gestalt bekommen.

Die Straßen wurden als "Vordere Gasse" (1556) und "Hintere Gasse" (1492) bezeichnet [83]. Man unterschied, ob die Häuser "oben in der Stadt" (1570) oder "unten in der Stadt" (1556) oder ob sie "auf dem Markt" (um 1601) standen [84]. Dieser reichte vom jetzigen Alten Stadthaus bis zum Haus Conrad; in diesem Abschnitt ist nach den Plänen des 19. Jahrhunderts und noch heute die Baulinie deutlich nach Osten gerückt. Das Straßennetz reicht natürlich in die Anfänge der Stadt zurück. Schon 1335 ist als Quergasse erwähnt "die Gaszen, da man uf die Burk gaut" (Schloßaufgang beim Alten Oberamt) [84a]. Die "Kirchgasse" (1480) verband Vordere Gasse und Hintere Gasse und führte weiter zum alten Pfarrhaus bei der Michaelskirche [85].

---

[81]) *Wie Anm. 80, Fol. 39 v.*

[82]) *Hauptstaatsarchiv Stuttgart, Lagerbuch G 198 Kl. Anhausen Fol. 143 ff.*

[83]) *Vgl. Anm. 50.*

[84]) *Stadtarchiv Heidenheim, Gerichtsprotokoll Nr. 2 (Contract-Buch Fol. 67).*

[84a]) *Wie Anm. 66.*

[85]) *Stadtarchiv Heidenheim, Stadt-Protocoll-Buch Nr. 1 Fol. 9 ff.*

Um die Mitte des 15. Jahrhunderts zählte man in der Stadt gegen 70 Häuser. Die Inhaber entrichteten der Herrschaft einen Feuerzins von 9 Pfennigen; doch waren die drei "Pfaffenhäuser" - es sind die Pfründhäuser der Frühmesse, von St. Kilian und St. Michael -, ferner das Haus des Ammanns, die Häuser der zwölf Richter, das ulmische Zollhaus und das Haus Heinrich Beheims befreit. Von 22 Häusern waren einem Grundherren Abgaben zu entrichten; nämlich vier Häuser gehörten der Herrschaft, sechs der Frühmesse, drei der St. Michaels-Pfründe, fünf dem Kloster Anhausen, drei dem Kloster Herbrechtingen und eines dem Kloster Königsbronn. Die übrigen Gebäude waren meist Privateigentum. [86])

Kurz nach 1500 wurden 82 Häuser gezählt. Man hatte an der ostwärtigen Mauer auf den alten Hofstätten sowie an der Halde gebaut. Um 1556 waren es 100 Häuser und um 1600 sogar schon 110.

Bemerkenswerte Gebäude sind: Graf Eberhards "Gesesse", 1346 erwähnt [87]). Graf Eberhard war einer der letzten aus dem Hause Gundelfingen-Hellenstein und Domherr zu Augsburg, von 1300 bis 1343 bezeugt. Sein "Gesesse" muß ein stattlicheres Gebäude in der Stadt gewesen sein. Leider läßt sich sein Standort nicht mit Sicherheit bestimmen; es stand wahrscheinlich an der Ostseite der Hauptstraße am Markt, vielleicht da, wo sich im 16. Jahrhundert das älteste Rathaus befand.

Der Ritter Rudolf Vetzer, von dem mehrfach bezeugt ist, daß er in Heidenheim gewohnt hat, besaß 1359 ein "neues Haus" samt Garten dahinter in der Stadt. Auch dieses Haus wird man - wegen des zugehörigen Gartens - in der östlichen Reihe der Hauptstraße suchen. Sein Sohn Ulrich Vetzer, der in Staufen (Kr. Dillingen) saß, verkaufte das Haus 1403 an Gräfin Anna von Helfenstein [88]).

Im Jahre 1447 freiten die Grafen Ulrich und Konrad von Helfenstein das Haus Heinrich Beheims, der sich als ihr Schreiber verdient gemacht hatte, für alle Zeit von Abgaben, Steuern, Diensten, Wachtdienst und Torhüten. Das Haus stand neben dem Badhaus (1447)

[86])   *Wie Anm. 50 u. 52.*
[87])   *Wie Anm. 67.*
[88])   *Wie Anm. 68.*

in der jetzigen Pfluggasse. Es wechselte verschiedentlich den Eigentümer und war um 1556 im Besitz Michael Daurs, Mitgewerken des Bergwerks im Brenz- und Kochertal. 1648 kaufte Bernhard Hafner das Daur'sche Haus und richtete darin eine Braustatt ein, die 1690 als "Pflugwirtshaus" bezeugt ist [89].

Die Grafen von Helfenstein hatten (bis 1448) einen Marstall am Aufgang zum Schloß beim Marstall-Törlein. Es ist das jetzige Alte Oberamt. In bayerischer Zeit wurden Böden eingebaut zur Lagerung des Getreides, das der Kastnerei (Finanzverwaltung) abzuliefern war. Seit 1609 ist das Gebäude als Amtsbehausung bekannt; hier amtete der Untervogt, ein Bürgerlicher, der die praktische Verwaltungsarbeit im Amt Heidenheim leistete und in Personalunion oft auch noch die Kastnerei versah [90]. Der Obervogt, meist vom Adel, residierte dagegen auf dem Schloß.

Die Grafen von Helfenstein hatten 1446 die Zölle in der Herrschaft Heidenheim endgültig an die Stadt Ulm abgetreten. Ulm errichtete eine Zollstätte in Heidenheim und erwarb zu diesem Zweck 1446 von dem Bürger Jörg Amman dessen Haus und Hofraite samt Gärtlein [91]. Das Grundstück reichte rückwärts bis an die Stadtmauer am Graben. Es ist das jetzige Haus Foto-Ludwig. Die ulmische Zollstation blieb bis 1607. Damals tauschte Ulm mit Württemberg Güter und Rechte aus, wobei der Heidenheimer Zoll und das Zollhaus württembergisch wurden. Später befand sich hier die Kastnerei-Amtswohnung.

Gräfin Anna von Helfenstein und ihr Sohn, Graf Johann, hatten im Jahre 1400 eine Frühmesse in die Nikolauskapelle (später Michaelskirche) gestiftet. Dazu gehörte ein Haus in der Hinteren Gasse als Wohnung für den Kaplan. 1535 wurde die Frühmesse eingezogen und das Haus zum Schulhaus bestimmt. Seit 1548 diente es zugleich

[89]) *Hauptstaatsarchiv Stuttgart, Württ. Regesten Nr. 9023; Lagerbuch W 579; P. Wiedenmann, Zur Geschichte einzelner Braustätten, "Heydekopf" IV, S. 42; Lagerbuch W 600.*

[90]) *Hauptstaatsarchiv Stuttgart, Lagerbuch H 127 Nr. 61 Fol. 2 v; Stadtarchiv Heidenheim, Gerichtsprotocoll Nr. 2 (Contract Buch Fol. 114 v).*

[91]) *Hauptstaatsarchiv Stuttgart, B 207 Ulm PU 483.*

als Wohnung für den Diakon, d.h. den Helfer des Pfarrers, der den
Unterricht in der Lateinschule zu halten hatte. Nachdem das Haus
ziemlich baufällig geworden war, wurde es 1587 mit einem Aufgeld
gegen das Haus des Hans Guckenlocher in der Hinteren Gasse am
Schloßaufgang (Haus Schweikhardt) vertauscht [92]. Dieses Gebäude
stand auf einer Hofraite, die seit 1335 dem Kloster Anhausen gehörte. Es wurde nun zum Schulhaus und Diakonat umgebaut; in
den oberen Geschossen lagerte die Geistliche Verwaltung ihr Getreide. Seit 1711 wurde das ganze Gebäude als Fruchtkasten verwendet. [93].

Die Schule hatte sich verselbständigt. Um 1568 hatte die Stadt ein
Haus als Wohnung für den "deutschen Schulmeister" gebaut. Dieses
wurde 1600 zum "deutschen Schulhaus" bestimmt. Da es aber
bald zu klein war, errichtete man 1614 ein eigenes Schulgebäude
sowohl für die deutsche Schule als auch für die Lateinschule auf dem
freien Platz bei der Michaelskirche. Dieser Bau erfüllte seinen
Zweck bis zum Jahre 1783. Damals wurde ein neues Schulhaus in
der Hinteren Gasse dicht beim jetzigen alten Rathaus errichtet, das
alte Schulhaus bei der Michaelskirche wieder abgebrochen. [94].

Die von Gräfin Anna und Graf Johann von Helfenstein 1405 gestiftete Kilianspfründe hatte gleichfalls ein Pfründhaus in der Hinteren Gasse bei der Zehntscheuer. Nach der Reformation war es
baufällig, wurde aus Mitteln des Geistlichen Einkommens neu gebaut und 1553 auf Bitten der Stadt dem Stadtschreiber auf Widerruf zur Verfügung gestellt. 1588 ersteigerte die Stadt das Haus um
290 Gulden, verkaufte es aber 1611 an Hans Georg Gandermann.

[92]) *Stein, Heidenheim im Mittelalter, S. 21 ff Nr. 9; Bossert, Die Herrschaft
Heidenheim in der Reformationszeit, Bll. f. württ. Kirchengesch. NF II,
1898, S. 7; Hauptstaatsarchiv Stuttgart, Lagerbuch G 1016 von 1556,
Fol. 81 ff; G 1019 von 1699.*

[93]) *Wie Anm. 66; Stein, Das Schulwesen Heidenheims, Württ. Vierteljahreshefte
XXIII, 1914, S. 298 f; Hauptstaatsarchiv Stuttgart, G 1019 von 1699.*

[94]) *Stadtarchiv Heidenheim, Stadt-Protocoll- oder Kauff- und Fertigungsbuch
Nr. 1; Stadtrechnungen Bd. 37 (1600-1601); K. H. Meck, Heidenheim nebst
Hellenstein Bd. I, 1904, S. 150.*

Der Standort ist nicht eindeutig auszumachen; wahrscheinlich handelt es sich um das Haus Widmann (Nr. 10) [95].

Die Stadtschreiberei war 1611 in das jetzige Eichamt übersiedelt. Das alte Gebäude machte 1688 einem Neubau Platz, wie die Inschrift im Türsturz ausweist.

Zur Michaelspfründe, einer Stiftung des Herzogs Ludwig von Bayern-Landshut von 1460, hatte dessen Schwager, Graf Ulrich von Württemberg, ein Pfründhaus bei der Nikolauskapelle (jetzt Michaelskirche) gegeben. Es wurde in der Reformation zum Pfarrhaus bestimmt. Seit 1711 diente es als Wohnung für den Diakon oder Helfer, d.h. den zweiten Geistlichen, und ist noch heute zweites Stadtpfarrhaus. Für den ersten Geistlichen oder Spezial war 1711 ein Haus am Oberen Tor, am "Gäßlein wodurch man gegen der Kirchen hinaufgeht", aus der Erbschaftsmasse des Bürgermeisters Moll angekauft worden. Es ist das jetzige Haus Raichle [96].

Die Geistliche Verwaltung erwarb 1609 von dem Bürger Kaspar Daur ein kurz zuvor erbautes Haus in der Hauptstraße unterhalb des Gasthauses "zum Rößle". Es diente später der Forstverwaltung und mußte unlängst einem Neubau weichen (Steinhardt) [97].

Im Jahre 1530 ist zum ersten Mal vom **Rathaus** die Rede. Es kann nicht lange vorher erbaut oder seiner Bestimmung übergeben worden sein, denn eine Beschreibung des betreffenden Straßenabschnitts von 1474 erwähnt es nicht. Dieses älteste Heidenheimer Rathaus stand an der Ostseite der Vorderen Gasse unterhalb des heutigen Alten Stadthauses, schräg gegenüber dem jetzigen alten Rathaus. Seit 1600 trug sich die Stadt mit dem Gedanken eines Neubaus. Dazu erwarb sie 1606 von Hans Schuhmachers Witwe den Platz, auf dem das jetzige alte Rathaus steht. Von der Hofstatt war dem Kloster Herbrechtingen ein Jahreszins von einem Pfund Heller zu

---

[95]) *Stein, Heidenheim im Mittelalter, S. 27 ff Nr. 11; Stadtarchiv Heidenheim, Urk. Nr. 3; Hauptstaatsarchiv Stuttgart, Lagerbuch G 1016 von 1556, Fol. 187 ff; Stein, Ev. Gemeindeblatt 2. Jahrg. Nr. 5, Mai 1910; Stadtarchiv Heidenheim, Gerichtsprotocoll Nr. 2 (Contract Buch Fol. 136 v).*

[96]) *Stein, Heidenheim im Mittelalter S. 31 ff Nr. 12; Hauptstaatsarchiv Stuttgart, Lagerbuch G 1016 von 1556, Fol. 31 ff; G 1019 von 1699.*

[97]) *Hauptstaatsarchiv Stuttgart, Lagerbuch G 1019 von 1699.*

entrichten. Diese Verpflichtung ging nunmehr auf die Stadt über.
Der Rathausneubau wurde im folgenden Jahr erstellt [98]).
Die erwähnten Amtsgebäude nahmen sich recht stattlich aus zwischen
den meist bescheideneren Bürgerhäusern. Respektable Gebäude waren aber auch die alten Gasthäuser mit Herbergsrecht. Erwähnt sind
schon 1587 die "Herberge zur Krone", bald darauf das "Weiße Roß"
(1593) und die "Herberge zum Goldenen Löwen" (1609). Daneben
gab es kurz nach 1600 ein halbes Dutzend Braustätten, von denen
einige zu Schildwirtschaften wurden, wie der "Schwarze Adler" und
der "Pflug" (1690) [99])

Was man im mittelalterlichen Heidenheim vermißt, sind diejenigen
Gebäude, die anderwärts durch Größe und reichere Architektur das
Stadtbild bestimmen, etwa den Pfleghof eines Klosters, ein Deutschordenshaus oder ein Heiliggeistspital. - Das Fehlen eines Spitals, das
zugleich Krankenhaus und Altenheim war und von den Stiftungen
der Bürger lebte, spricht doch dafür, daß es in Heidenheim höchstens
vereinzelt wirklich wohlhabende Bürger gab. Es wird zutreffen, wenn
der Rat der Stadt 1496 bemerkte, daß "zu Haydenheim vasst arm
und arbeytend Leut" seien. Lediglich ein Siechenhaus am Siechenberg ist bezeugt (1556). Es geht gewiß ins 15. Jahrhundert zurück,
denn 1492 wird der Siechensteg an der Brenz (bei Voith) erwähnt [100]).
Als das Dorf an der Brenz im 15. Jahrhundert aufgegeben wurde
und die Bewohner in die Stadt übersiedelten, waren dort bald alle
seither etwa noch unbebauten Hofstätten vergeben, so daß etliche
außerhalb der schützenden Mauern vor dem Oberen Tor am Graben
bauen mußten. Die Anfänge der Oberen Vorstadt um den Eugen-
Jaekle-Platz reichen somit in die Mitte des 15. Jahrhunderts zurück.

[98]) *Hauptstaatsarchiv Stuttgart, A 471 Kl. Anhausen PU 260; Stadtarchiv
        Heidenheim, Gerichtsprotokoll Nr. 3 Fol. 208 v.; Hauptstaatsarchiv Stutt-
        gart, Lagerbuch G 1046 Kl. Herbrechtingen von 1686.*

[99]) *Hauptstaatsarchiv Stuttgart, Lagerbuch G 1019 von 1699; Lagerbuch W
        600 von 1690. Stadtarchiv Heidenheim, Gerichtsprotocoll Nr. 2 (Contract
        Buch Fol. 42 u. 98);*

[100]) *Hauptstaatsarchiv Stuttgart, Lagerbuch G 1016 von 1556 Fol. 81 ff;
         H 127 Nr. 61 3 r.*

Die Lagerbücher von 1463 und 1474 verzeichnen die Plätze von sieben Häusern vor dem Oberen Tor. Die Häuser selbst waren im Städtekrieg 1449 auf Befehl des Grafen Ulrich von Württemberg abgebrochen worden, damit sie dem angreifenden Gegner keinen Unterschlupf boten. Die Stadtverwaltung wollte, daß dort nicht mehr gebaut werde. Doch um 1492 standen wieder mindestens drei Häuser und um 1526 waren es deren sechs. 1556 wird ein neu erbautes Schützenhaus vor dem Oberen Tor am Berg unter dem Schloß erwähnt [101]. Die Häuserzahl blieb eine Zeitlang konstant.

In den Jahrzehnten vor dem Dreißigjährigen Krieg wuchs die Bevölkerung Heidenheims rasch an. Herzog Friedrich I. von Württemberg war bemüht, das wirtschaftliche Leben in Heidenheim zu fördern. So wünschte er im Jahre 1600, daß an baulustige Leinen- und Barchentweber Bauplätze ausgegeben würden "zu Erweiterung und mehrerm Uffnehmen, auch besserm Wohlstand der Statt Heidenheim", und zwar sollte dies vor dem "Unteren Tor" geschehen, das am Ende der Pfluggasse stand [102]. Daß gerade dort gebaut würde, scheinen zwei "Vermögliche" betrieben zu haben, nämlich Kaspar Daur und der Geistliche Verwalter Johannes Plebst. Der letztere schrieb dem Herzog, "so gebe es ein Vorstatt biß zu der Papier Mulin hinuß" an der Brenz. Bürgermeister und Rat hatten andere Absichten. Sie wollten die Bauwilligen zum Schießhaus am Schloßberg verweisen, also vor das Obere Tor. Dies war denen wieder nicht recht wegen der Schwierigkeit, dort Brunnen zu graben. Auch der Herzog lehnte dies ab und befahl, Plätze vor dem "Unteren Tor" auszugeben. Schon hatte die Regierung dafür einen Almendeplatz (Gemeindeland) beschlagnahmen lassen und generell Bauerlaubnis erteilt. Aber Bürgermeister und Rat protestierten. Sie verwiesen die Bauwilligen jetzt an die Wehrenhalde unter dem Schloß (Flügel). Die Sache kreuzte sich mit einer Eingabe der Bürgerschaft in der Unteren Stadt, man möge das vor rund 80 Jahren vermauerte

[101]) *Hauptstaatsarchiv Stuttgart, Lagerbuch G 1016 von 1556 Fol. 31 ff.*

[102]) *Akten des Staatsarchivs Ludwigsburg A 206.*

ehemalige Untere Tor im Turm am Ende der Hauptstraße wieder
ausbrechen, was eine Reihe von Vorteilen bringe. Dem stimmte der
Herzog zu. Das Tor wurde 1601 ausgebrochen. Bürgermeister und
Rat aber beriefen sich den Baulustigen gegenüber nun auf den Wort-
laut des herzoglichen Befehls, wo vom "Unteren Tor" die Rede war.
Sie wollten dies auf das neugeöffnete Untere Tor in der Hauptstraße
bezogen wissen und verwiesen die Bauwilligen an die Wehrenhalde
(Flügel). Der Ausgang des Streits ist nicht bekannt. Doch wurde
1602 mit dem Bauen begonnen, und zwar vor allen drei Toren. In
der Oberen Vorstadt entstanden im Verlauf weniger Jahre 33 neue
Häuser, darunter der Widumhof (Bergstraße 2). Vor dem ehemaligen
Unteren, nunmehr aber Mittleren Tor, waren es 7 Häuser, vor dem
neuen Unteren Tor 18 Häuser. Die Untere Vorstadt (Flügel) wurde
zur eigentlichen Webersiedlung. Mit dem Bau dieser Vorstädte veränderte sich das Stadtbild in kurzer Zeit.

III. Zur Verfassung des mittelalterlichen Heidenheim

1) Marktrecht und Stadtrecht

Drei Dinge machen das Wesen der mittelalterlichen Stadt aus: die Befestigung, das Marktrecht mit dem Marktgericht und eine sich weitgehend selbstverwaltende Bürgerschaft. Wie stand es damit in Heidenheim? Nach Grundriß und Ortsbild war die Siedlung unter dem
Hellenstein eine Stadt schon seit dem 13. Jahrhundert, spätestens
seit dem frühen 14. Jahrhundert. Sie entsprach dem Typus der
Stauferstadt. Im Grundrißschema der Stauferstadt ist der Markt eingeplant als Erweiterung der die Stadt durchziehenden Fernstraße.
So ist es auch in Heidenheim. Die Straßenerweiterung in der Mitte
der Hauptstraße ist auf den alten Plänen und im Stadtbild zu erkennen. Der verbreiterte Straßenabschnitt heißt ausdrücklich der
"Markt". Die Erfahrung lehrt, daß man in früherer Zeit ohne
zwingenden Grund die Baulinie über Jahrhunderte nicht verändert
hat; sie mag bis in die Anfänge der Stadtgründung vor oder um

1200 zurückreichen. Somit war ein Platz für den Markt offenbar im Stadtplan vorgesehen.

Von der Befestigung war im vorigen Abschnitt schon die Rede. Sie ist seit 1333 nachzuweisen.

Urkundlich erscheint Heidenheim im Jahre 1335 erstmals als Stadt [103]. 1349 verzeichnet Markgraf Ludwig von Brandenburg "Haydenheim die statt" unter den Gütern, die ihm sein Vater, Kaiser Ludwig der Bayer, hinterlassen hat [104]. Auch im Erblehensbrief König Karls IV. von 1351 heißt Heidenheim ausdrücklich Stadt; die lateinische Fassung dieser Urkunde benützt den Begriff "civitas" [105], der eine Stadt im Rechtssinn bedeutet.

Für die Bewohner der Siedlung unter dem Hellenstein ist seit 1331 die Bezeichnung "Bürger" bezeugt [106]. Bürger nannten sich im allgemeinen nur die Bewohner solcher Orte, die Stadt- oder Marktrecht hatten. Bürger sein bedeutete Freiheit von Leibeigenschaft und den daraus resultierenden Abgaben.

Im Jahre 1346 werden die "Zwölfer" in Heidenheim erwähnt [107]. Es sind die zwölf Geschworenen, die aus der Bürgerschaft ausgewählt waren und sowohl das Gericht als auch das Verwaltungsorgan der Stadt bildeten. Somit darf man in ihnen ein Organ der sich entfaltenden städtischen Selbstverwaltung erkennen.

Demzufolge waren in Heidenheim im frühen 14. Jahrhundert wesentliche Merkmale einer Stadt gegeben: geplante Stadtanlage mit Marktstraße, Befestigung, Bürger, Gericht und Ansätze der Selbstverwaltung.

Sein Marktrecht aber hat Heidenheim auffallend spät, nämlich erst 1356 von Kaiser Karl IV. verbrieft erhalten. Die Urkunde des Kaisers liegt im Stadtarchiv [108]. Man hat bisher die Verleihung des Marktrechts als die Geburtsstunde der Stadt angesehen. Ein Siegel der

---

[103] *Wie Anm. 66.*

[104] *Wie Anm. 6.*

[105] *Wie Anm. 3.*

[106] *Wie Anm. 64.*

[107] *Wie Anm. 67.*

[108] *Urk. Nr. 1*

Stadtgemeinde, das seit 1600 in Gebrauch war, trägt die Jahreszahl 1356 und nimmt somit auf die Verleihung des Marktrechts Bezug[109]).

Diese Folgerung ist jedoch höchst eigenartig. Üblicherweise begründete das Marktrecht an sich noch keine Stadt. Wir kennen eine Reihe von Orten, die Marktrecht hatten, wie z.B. Herbrechtingen, Gerstetten und Steinheim; sie waren aber nicht befestigt und hatten nie den Rechtscharakter einer Stadt, sondern sie waren eben "Markt". Andererseits kennen wir außer Heidenheim keine Stadt, die nicht das Marktrecht besessen hätte. Denn wenn ein Ort als Stadt gegründet oder zur Stadt erhoben wurde, so war das Recht, Markt abzuhalten, ganz selbstverständlich damit verbunden.

Wir müssen uns mit der Geschichte des Heidenheimer Markts etwas eingehender befassen und versuchen, die widerprüchlichen Sachverhalte zu klären. Die beiden Grafen Ulrich d. Ä. und Ulrich d. J. von Helfenstein, zwei Vettern, hatten am 9. Mai 1356 ihre Besitzungen geteilt. Die Stammburg bei Geislingen mit den zugehörigen Gütern war an Ulrich d. Ä. gefallen; Ulrich d. J. hatte die Herrschaft Blaubeuren und die Güter im Brenztal bekommen. Verständlich, daß er Heidenheim, das bald Herrschaftsmittelpunkt im Brenztal werden sollte, fördern und dessen Handel und Wandel beleben wollte. Deshalb suchte er beim Kaiser um Bewilligung des Marktrechts für Heidenheim an. Mit Urkunde vom 16. August 1356, ausgestellt in Prag, wurde dem Grafen erlaubt, "daz er uz seinem **dorff** zu Heydenheim einen markte machen und ufrichten" möge. Man stutzt, wenn man hier Heidenheim als Dorf bezeichnet findet. Doch sollte dem nicht allzuviel Bedeutung beigemessen werden. Wir kennen ja die älteren Zeugnisse, vor allem die Lehensurkunde Karls IV. von 1351 - desselben Herrschers, in dessen Namen das Marktprivileg ausgefertigt wurde, - die Heidenheim als Stadt bzw. "civitas" bezeichnen. Dazu kommt der Tatbestand, daß Heidenheim alle äußeren Merkmale einer Stadt aufwies. Ob es sich nicht einfach um einen Fehler der Prager Kanzlei handelt? Der Schreiber in Prag kannte natürlich die örtlichen Verhältnisse nicht. Er wußte

---

[109])   *Stadtarchiv Göppingen, Mannrechtslehenbriefe Nr. 420.*

aber sehr wohl, daß das Marktrecht üblicherweise für ein Dorf verliehen wurde. Ganz ungewöhnlich war, für ein Siedlung, die sonst
alle städtischen Eigenschaften bereits besaß, das Marktrecht nachträglich zu verleihen. Deshalb setzte er als selbstverständlich voraus,
daß Heidenheim bisher ein Dorf gewesen sei. So erklärt sich der
Wortlaut der Urkunde. An der formalen Unrichtigkeit mag damals
niemand Anstoß genommen haben, wußte doch jeder, den es anging,
um den Charakter Heidenheims Bescheid. Später dagegen scheint
der Wortlaut der Urkunde, daß aus dem **Dorf** Heidenheim ein Markt
gemacht werden sollte, die Meinung bestimmt zu haben, Heidenheim
sei erst damit Stadt geworden.

Man möchte jedoch annehmen, daß Heidenheim wie andere Städte
tatsächlich bereits vom Zeitpunkt seiner Gründung vor oder um
1200 berechtigt war, Markt abzuhalten. Darüber gab es freilich ebensowenig ein Privileg, wie für andere Stauferstädte. Denn der König,
der das Marktrecht zu verleihen hatte, war hier selbst Stadt- bzw.
Lehensherr.

Man könnte sich denken, daß der Heidenheimer Markt sich nicht
recht entfalten oder nicht lange halten konnte. Angesichts der
Konkurrenz benachbarter Märkte wäre dies kein Wunder. Es gab
Märkte in Herbrechtingen, Giengen und Steinheim, vielleicht auch
schon in Gerstetten und Springen (Königsbronn). Wir werden sehen,
daß sich der Heidenheimer Markt auch später gegen jene Märkte
sowie gegen neuprivilegierte Märkte in Dischingen und Dettingen zu
wehren hatte und in Notzeiten mehrfach zum Erliegen kam. Möglicherweise mangelte es auch am Interesse der Ortsherren, die ja
häufig genug wechselten und zudem die Stadt vielfach nur pfandweise und somit auf Widerruf in Besitz hatten.

So wird die Entwicklung Heidenheims nicht ganz nach den Vorstellungen des Gründers verlaufen sein, und es ergab sich tatsächlich
der ungewöhnliche Fall, daß 1356 für eine längst bestehende Stadt
nachträglich das Marktrecht beantragt wurde. Die Verleihung des
Marktrechts von 1356 wäre jedoch im Sinne der Erneuerung eines
älteren Rechts zu verstehen, eines Rechts, auf das sich niemand
berufen konnte, weil es nirgends verbrieft war. Wie dem auch sei,
die Marktrechtsverleihung von 1356 ist auf keinen Fall als die

Geburtsstunde der Stadt Heidenheim zu betrachten; sie bezeichnet vielmehr den Abschluß der nicht ganz planmäßigen Entwicklung Heidenheims als Stadt.

Das Marktprivileg Karls IV. gestattete, jeden Samstag einen Wochenmarkt abzuhalten. Der Enkel des Grafen Ulrich d.J., Graf Johann von Helfenstein, erwirkte 1434 von Kaiser Sigismund die Erlaubnis, einen zweiten Wochenmarkt am Mittwoch sowie drei Jahrmärkte abzuhalten, und zwar an den Sonntagen nach St. Georg (23. April), vor Maria Magdalena (22. Juli) und vor St. Gallus (16. Oktober)[110].

Danach hören wir lange nichts mehr vom Heidenheimer Markt. Im Jahre 1468 bat die Stadtgemeinde den damaligen Landesherren, Herzog Ludwig von Bayern-Landshut, um Bestätigung ihres Marktrechts. Sie brachte vor, daß sie sich "der mergklichen Krieg und sweren Leuff, so etwevil Jar gewesen sein, solcher Freyhait und Gnad nicht gebrauchet" habe, so daß ihr Eintrag durch andere widerfahren könnte. Eigenartigerweise berief sie sich nur auf das Marktprivileg des Kaisers Sigismund von 1434 und den damit bewilligten Mittwoch-Wochenmarkt sowie die drei Jahrmärkte. Das Privileg Karls IV. von 1356 und der Samstag-Wochenmarkt werden mit keinem Wort erwähnt. Daher bezog sich die Bestätigung des Herzogs auch nur auf das Privileg des Kaisers Sigismund [111]. Offenbar hatte der Marktbetrieb geraume Zeit geruht, so daß der Samstag-Wochenmarkt gänzlich aus dem Bewußtsein entschwunden war. Die Urkunde Karls IV. von 1356 war anscheinend verschollen oder sie war beim Verkauf der Herrschaft 1448 nicht mit ausgefolgt worden und somit weder dem neuen Landesherrn noch der Stadtgemeinde zugänglich. Heidenheim hatte daher nur noch **einen** Wochenmarkt.

Ähnliches wiederholte sich achtzig Jahre später. Die Stadt wandte sich 1542 an den Herzog Ulrich von Württemberg. Sie gab zu bedenken, daß sie "etlich Zeit her durch verganngne Krieg und anndere beschwerliche Anfäll zu mercklichem Abganng, Nachteil und Schaden" gekommen sei. Wieder berief sie sich auf Kaiser

---

[110]) *Stadtarchiv Heidenheim, Urk. Nr. 4.*
[111]) *Stadtarchiv Heidenheim, Urk. Nr. 6.*

Sigismund, der sie einst mit einem "gewonlichen Wochenmarckt gnedigst begnadet" habe. Sie bat, ihr wiederum einen "fryen Wochenmarckt zu feilem Kauff" zu vergönnen. Dem entsprach der Herzog; er setzte aber den Wochenmarkt auf den **Samstag** fest [112]). Zweifellos war der Samstag als Markttag geeigneter als der Mittwoch. Daß man aber den von Sigismund einst für Mittwoch genehmigten Markt einfach auf den Samstag verlegte, bestätigt uns, daß der alte Samstagmarkt, den Karl IV. bewilligt hatte, nicht mehr im Bewußtsein war.

Allem Anschein nach lagen auch die von Sigismund privilegierten Jahrmärkte darnieder, denn von ihnen ist weder im Ansuchen der Stadt noch in der Bestätigung des Herzogs die Rede. Daß man diese Jahrmärkte seit langem tatsächlich nicht mehr abgehalten hatte, zeigt ein Schreiben des Herzogs Ludwig von Württemberg, mit dem er 1585 eine Anfrage der Stadt wegen "Haltung der Jarmärckt zu Haydenheim" beantwortete. Er befürwortete, daß man die Jahrmärkte wieder aufleben lasse, und befahl, dieselben auszuschreiben und der Nachbarschaft anzukündigen. Doch solle man den Grund, weshalb sie seither nicht stattgefunden hatten, nicht nennen, sondern einfach melden, daß die Stadt bedacht sei, die Jahrmärkte wie von alters her abzuhalten [113]).

Nunmehr also, im Zeichen günstigerer wirtschaftlicher Verhältnisse, war man in Heidenheim gewillt, die alten Privilegien zu nutzen. Offenbar hatte man in den Archiven geforscht und auch die Urkunde Karls IV. von 1356 wieder zutage gefördert. Als sich 1599 die Stadt in Marktangelegenheiten erneut an den Herzog wandte, war ihr bekannt, daß sie von Kaiser Karl IV. wie auch von Sigismund mit insgesamt drei Jahrmärkten und zwei Wochenmärkten begnadet war. Ihr war nun an einem vierten Jahrmarkt und etlichen besonderen Marktgerechtsamen gelegen. Auch bat sie, der Herzog möge ihr unter seinem "Secret Innsigel, auch aignen Handen underschriben, ein Privilegium und Marcktbrieff" erteilen. Anscheinend wehrten sich die umliegenden Marktorte gegen das Wiederaufleben der Hei-

---

[112]) *Stadtarchiv Heidenheim, Urk. Nr. 7.*

[113]) *Stadtarchiv Heidenheim, Urk. Nr. 9.*

denheimer Märkte. Der Herzog bestätigte die alten Märkte und bewilligte einen weiteren Jahrmarkt am Sonntag vor St. Thomas (21. Dezember). Auch gewährte er den Heidenheimern eine Reihe zusätzlicher Rechte, um die Stadt vor anderen Marktorten auszuzeichnen. Da der Mittwoch-Wochenmarkt den Bürgern für den Garnhandel ungelegen war, bestimmte er den Montag zum Garnmarkt. Am Montag sollte auch Weinmarkt sowie Roß- und Viehmarkt sein, der letztere allerdings nur im Frühjahr an den fünf Montagen in der Fastenzeit und im Herbst an den vier Montagen nach Michaelis (29. September). Die Stadt durfte auch Salzhandel betreiben.

Damit der Heidenheimer Markt nicht beeinträchtigt werde, bestimmte der Herzog, daß alles Getreide in Stadt und Amt, das zum Verkauf kam, öffentlich in Heidenheim "unter dem Kornhaus" verkauft werde; ebenso sollten alles Holz und alle Lebensmittel auf den Heidenheimer Markt gebracht werden. Wolle durfte nur dann außer Landes verkauft werden, wenn sie zuvor in Heidenheim gewogen und die Gebühr dafür erlegt war. Die Untertanen in der Herrschaft waren gehalten, ihr Vieh nur auf dem Heidenheimer Markt zu verkaufen, und die Wirte, die nicht mit eigenen Gespannen in den Wein fuhren, durften den Weinbedarf für ihre Wirtschaften nur in Heidenheim einkaufen. In Dörfern, die kein Marktrecht hatten, sollte es keine Kramläden mehr geben, und das Hausieren war streng untersagt [114]. Dadurch erhielt der Heidenheimer Markt eine Vorzugsstellung gegenüber den Nachbarmärkten, und es war hinreichend dafür gesorgt, daß der Markt nicht so leicht wieder zum Erliegen kam.

Nun war also auch das Privileg Karls IV. von 1356 wieder zum Vorschein gekommen. Darin war ja von der Verleihung des Marktrechts für das Dorf Heidenheim die Rede. Es lebte jetzt längst niemand mehr, der hätte sagen können, wie es in Heidenheim um 1356 ausgesehen hatte. Jene älteren Urkunden, die über den Stadtcharakter Heidenheims zu jener Zeit hätten Aufschluß geben können, lagen allesamt in fremden Archiven und waren daher unbekannt. So erklärt es sich, daß man jetzt die erste nachweisbare Verleihung des

---

[114]) *Stadtarchiv Heidenheim, Urk. Nr. 11.*

Marktrechts im Jahr 1356 als die Geburtsstunde der Stadt ansah. Man konnte sich dafür sogar auf eine Autorität allerersten Ranges berufen, auf den Historiker und Professor für alte Sprachen in Tübingen Martin Crusius. Dieser berichtet nämlich in seinen 1596 erschienenen "Annales Suevici" (übersetzt von J. J. Moser unter dem Titel "Schwäbische Chronick" 1723), daß der Heidenheimer Untervogt Georg Regel ihm am 5. April 1590 das Privileg Karls IV. übersandt habe. Offenbar war es nicht allzu lange vorher wieder aufgefunden worden. Crusius druckte die Urkunde in vollem Wortlaut in seiner Chronik ab unter der bezeichnenden Kapitelüberschrift: "Heidenheim zur Stadt gemacht" [115]). So ist also Crusius der Urheber der in der Literatur herrschenden Auffassung, Heidenheim sei 1356 mit Verleihung des Marktrechts zur Stadt erhoben worden. Seine Meinung hat die Heidenheimer bestimmt, in den neuen Siegelstock der Stadt, der seit 1600 in Gebrauch war, die Jahreszahl 1356 eingravieren zu lassen. Die Marktprivilegien Karls IV. und Sigismunds wurden nun in das neu angelegte Privilegienbuch eingetragen, damit man bei etwaigem Verlust der Originale wenigstens beglaubigte Abschriften als Beweis für die der Stadt zustehenden Rechte vorweisen konnte [116]).

2. Die Stadtverwaltung

Die Verwaltung der Stadtgemeinde läßt sich in ihren Anfängen bis in vorhelfensteinische Zeit zurückverfolgen. Im Jahre 1333 ist Heinrich genannt Ammann, Sohn des verstorbenen Ammann Grasse von Heidenheim, als Verkäufer einer Hofstatt in Heidenheim erwähnt, und 1346 werden die "Zwölfer" zu Heidenheim als Zeugen eines Gütergeschäfts genannt [117]). Beide Nachrichten ergänzen sich. Sie beziehen sich auf das Heidenheimer Gericht als das älteste und wichtigste städtische Gerichts- und Verwaltungsorgan.

[115]) *M. Crusius, Schwäbische Chronik, aus dem Lateinischen übersetzt von J. J. Moser, Bd. I, 1733, S. 931 f.*
[116]) *Stadtarchiv Heidenheim B 290.*
[117]) *Wie Anm. 65 u. 67.*

Die "Zwölfer" sind ja die zwölf Geschworenen des Gerichts. Sie wurden dem Kreis der angesehensten Bürger entnommen und bekleideten ihr Amt meist auf Lebenszeit. Nach dem Beispiel anderer Städte dürften sie ursprünglich vom Stadtherren eingesetzt worden sein. Später ergänzten sie sich durch Selbstwahl. Für Heidenheim ist dies spätestens im 16. Jahrhundert nachzuweisen.

Der Ammann war ebenfalls von der Herrschaft eingesetzt. Wie das Beispiel des Ammanns Grasse und seines Sohnes Heinrich zeigt, wählte die Herrschaft ihren Beauftragten offenbar aus der Bürgerschaft; fast sieht es so aus, als habe Heinrich das Amt des Ammanns in Nachfolge des Vaters ausgeübt.

So ist zwar nicht zu verkennen, daß die Gerichtsbesetzung stark vom Willen der Herrschaft geprägt war. Doch wurde den Wünschen und Interessen der Bürgerschaft insofern Rechnung getragen, als man die Inhaber von Ämtern aus ihrer Mitte nahm und somit die Voraussetzung für die Selbstverwaltung schuf.

Der Ammann hatte den Vorsitz im Gericht, und zwar in Sachen der Rechtssprechung wie auch in Sachen der Verwaltung der Stadt. In wichtigen Fällen mag ursprünglich der Stadtherr selbst den Vorsitz übernommen haben, später tat dies in seiner Vertretung der Pfleger (1529) [118]). Das Gericht urteilte über Strafsachen und verhängte als Buße einen kleinen oder großen Frevel (5 bzw. 10 Schilling Heller). Es behandelte bürgerliche Streitfälle, beurkundete Kaufverträge, Geldgeschäfte, letztwillige Verfügungen und beglaubigte Abschriften. Spätestens mit der Verleihung des Marktrechts 1356 bekam die Stadt das Recht, Stock und Galgen aufzurichten. Das Stadtgericht wurde zum Hochgericht und ahndete nun auch todeswürdige Verbrechen. Der "Galgenberg" ist als Flurbezeichnung seit 1448 bezeugt; später hieß er auch das "Hochgericht" (1557). An der Straße nach Steinheim befand sich die "Hauptstatt" (1474); hier wurden die zum Tod mit dem Schwert Verurteilten gerichtet [119]). Als sich die Besitzungen der Grafen von Helfenstein allmählich zur

---

[118]) *Hauptstaatsarchiv Stuttgart, A 471 Kl. Anhausen PU 259.*

[119]) *Hauptstaatsarchiv Stuttgart, B 95-97 Helfenstein PU 133; Forstlagerbuch 40 von 1557, Fol. 4ff; Lagerbuch G 197 Kl. Anhausen von 1474, Fol. 34.*

Herrschaft erweiterten, wurde das Stadtgericht zum Obergericht für die Dorfgerichte der Herrschaft; wenn diese sich über ein Urteil nicht schlüssig werden konnten, "schoben" sie es an das Stadtgericht. Dieses war nun auch zentrales Hochgericht für die ganze Herrschaft. Als 1488 Hans Schmid von Dettingen wegen eines schweren Vergehens angeklagt war, wurde auf Rückfrage beim kaiserlichen Hof ausdrücklich bestätigt, daß das Gericht auf Grund der "regalia", die der Landesherr empfangen habe, auch für die Rechtfertigung von "peinlichen Sachen" zuständig sei [120]). Im Jahre 1495 wurde eine Brandstifterin aus Herbrechtingen, Barbara Rümlyn, vom Heidenheimer Gericht zum Tod durch Ertränken verurteilt und das Urteil in der Brenz vollstreckt [121]). 1555 verurteilte man Urban König von Heidenheim wegen Übertretung ergangener Urteile und gegebener Urfehde zum Tod mit dem Schwert und gab ihn dem "Nachrichter (Scharfrichter) an die Hand" [122]).

Wie erwähnt, hatte die Gerichtsverfassung stark obrigkeitlichen Charakter. Die Grafen von Helfenstein, die auf dem Schloß residierten, konnten zudem unmittelbar in alle Bereiche eingreifen. Daher war der Einfluß der Bürger auf die Geschicke ihrer Stadt zunächst gering.

Während in den Jahren 1354 und 1356 die Stadt Giengen - nämlich Bürgermeister, Rat und Gemeinde - den Grafen von Helfenstein als den Stadtherren aus gegebenem Anlaß huldigten, ist von einer Huldigung der Stadt Heidenheim in dieser Form nichts bekannt. Man möchte daraus schließen, daß es in Heidenheim damals noch keine voll rechtsfähige Bürgergemeinde gegeben hat. 1388 treten jedoch die "Burger gemainlich der Stat ze Haidenhain" als Käufer von Gütern auf, die für die Frühmesse bestimmt waren [123]). Jetzt war die Bürgergemeinde eine rechtsfähige Körperschaft. Bald ist die Rede von der "Gemainschafft zu Haidenhaim" (1433). Als aber 1440 ein

[120]) *Stadtarchiv Heidenheim, Stadt-Protocoll- oder Kauff- und Fertigungsbuch Nr. 1.*

[121]) *Altöttinger Mirakelberichte, Ostbair. Grenzmarken 1964-65, S. 228.*

[122]) *Stadtarchiv Heidenheim, Gerichts-Protocoll Nr. 2.*

[123]) *Hauptstaatsarchiv Stuttgart, Württ. Regesten Nr. 9005.*

Streit der "Gemainschafft aller gemainlich der Statt zu Haydenhain"
mit dem Kloster Herbrechtingen wegen der Besteuerung der herbrechtingischen Güter in der Stadt beigelegt wurde, verfügte die
"Gemainschafft" noch über kein eigenes Siegel. Sie mußte die
Ritter Mang Vetzer von Oggenhausen und Jakob von Scharenstetten
von Schnaitheim bitten, daß sie ihre Siegel "zu warer Gezeugnuß"
an den Vertragbrief hängten [124]).

Mit dem Verkauf von Stadt und Herrschaft 1448 hörte Heidenheim
auf, Residenzstadt zu sein; es wurde Amtsstadt eines größeren
Territoriums - zunächst Württembergs, dann Bayerns, seit 1503
wieder Württembergs. Nunmehr nahm der adelige Pfleger, der auf
dem Schloß saß, als Vertreter des Landesherren ein gut Teil von
dessen Befugnissen wahr. Der Landesherr selbst war weit, und so
erlangte die Bürgerschaft größere Bewegungsfreiheit.
Im bayerischen Salbuch von 1463 ist der "Rat" bezeugt [125]). Bei
genauerem Zusehen ergibt sich jedoch, daß er dasselbe zwölfköpfige
Kollegium ist wie das seitherige Gericht. Es hat nur seinen Charakter
insofern geändert, als der Einfluß der Bürgerschaft gewachsen ist.
Spätestens jetzt muß die Ergänzung des Kollegiums durch Selbstwahl verwirklicht gewesen sein.
Seit 1468 ist das Amt des Bürgermeisters bezeugt [126]). Er war
Mitglied des Gerichts, wo er gelegentlich den Ammann vertrat.
Offenbar wurde er aus dem Kreis der Richter jeweils für ein Jahr
gewählt. In einem gewissen Turnus hatten immer wieder dieselben
Leute das Bürgermeisteramt inne. Sie nannten sich alle Bürgermeister,
meist mit dem Zusatz "alter" oder "gewesener" Bürgermeister, im
Gegensatz zum amtierenden Bürgermeister. Dessen Aufgabe war,
die städtische Rechnung zu führen und das Bauwesen zu beaufsichtigen. Erster namentlich genannter Bürgermeister ist Peter Preiß
1477 [127]). Seit 1468 kehrt die formelhafte Wendung "Bürgermeister,

[124]) *Hauptstaatsarchiv Stuttgart, A 488 Kl. Herbrechtingen PU 134.*
[125]) *Hauptstaatsarchiv Stuttgart, H 127 Nr. 60 Fol. 5 v*
[126]) *Wie Anm. 111.*
[127]) *A. Steichele, Geschichte des Klosters Anhausen, Archiv f. d. Pastoral-
Conferenzen im Bisthume Augsburg Bd. II, 1850, S. 335 Nr. 151 b.*

Rat und Gemeinde" in allen Schriftstücken wieder, die die Stadtgemeinde betreffen.

Das zum "Rat" umfunktionierte Gericht war jetzt mehr ein Organ
der Bürgerschaft als der Herrschaft; es war die eigentliche Verwal-
tungsbehörde der Stadtgemeinde. In deren Zuständigkeit gehörte
die Festsetzung und Einziehung der Steuern, die Feuerschau und
die Besetzung der Gemeindeämter. Es gab das Amt des Rindvieh-
und des Schmalviehhirten, zwei Torwarte, den Stadtknecht, den
Wächter, den Mesner, den Holzwart und Feldschützen sowie die
Wehmutter. Die Stadt hatte für den Bau und die Unterhaltung der
Mauern und Tore, der Wege und Straßen zu sorgen. Damit sie dieser
letzteren Verpflichtung nachkommen könne, wurde der Stadtgemeinde 1471 erlaubt, einen Pflasterzoll von jedem Fuhrwerk zu
erheben, das mit Wein oder Kaufmannsgut in oder durch die Stadt
fuhr [128]). Wegen der Instandhaltung der Straßen gab es einen lang-
währenden Streit mit der Stadt Ulm, die ja in Heidenheim eine
Zollstätte unterhielt. Im Jahre 1553 wurde die Sache in der Weise
beigelegt, daß die Stadtgemeinde die Straße vom Fallgatter des
damaligen Unteren Tores (Pfluggasse) bis zur Brenz auf ihre Kosten
bauen und in Stand halten sollte, während die Ulmer sich verpflichteten, für die Straße vom Brücklein am Oberen Tor in Richtung
Steinheim aufzukommen [129]).

Die Interessen der Bürgerschaft deckten sich nicht immer mit denen
des Landesherren und seiner mitunter recht selbstherrlichen Beamten.
Die letzteren mißachteten zuweilen die gewohnheitsmäßig überkommenen Rechte der Bürger. Bürgermeister, Rat und Gemeinde der
Stadt beschwerten sich beim Landesherren, Herzog Ludwig von
Bayern-Landshut, und erreichten, daß 1476 zwischen einer herzoglich bayerischen Kommission und der Stadt die "Stadt- und Bürger-
gerechtigkeiten" vertraglich geregelt wurden [130]).

Danach sollte der Rat als Vertretung der Bürgerschaft zugegen sein,

---

[128]) *Wie Anm. 79.*

[129]) *Hauptstaatsarchiv Stuttgart, A 353 Heidenheim W. PU 4.*

[130]) *Stadtarchiv Heidenheim, Urk. Nr. 4 (Papier-Abschrift)*

wenn der Ammann eingesetzt und verpflichtet wurde. Der Rat
wirkte auch mit bei der Mühlschau und bei der Vereidigung des
Mühlknechts. Die Stadtgemeinde bestellte geschworene Schau- und
Schätzmeister für Brot, Fleisch und Wein und wählte aus ihrer Mitte
die 13 Untergänger, die bei Nachbarschaftsstreitigkeiten den Augen-
schein zu nehmen und zu entscheiden hatten.

Kein eingesessener Bürger sollte wegen geringfügiger Vergehen gefangen gesetzt werden, falls er mit seinem Vermögen bürgte. Auch sollte
der Ammann niemand wegen geringer Vergehen vor Gericht ziehen,
es sei denn, er werde von der anderen Seite verklagt. Diese Anweisung ist vielleicht als Schutz aufzufassen, daß der Ammann nicht
jedem Klatsch von Gerichtswegen nachzugehen verpflichtet war.

   Die Diener und Knechte der Herrschaft sollten in Heidenheim
"Recht nehmen und geben"; sie sollten für ihre Habe der Stadt
Steuern zahlen und Wachtdienst leisten wie andere Bürger.

Wenn ein Bürger eine Frau ehelichte, die aus der Herrschaft stammte
und leibeigen war, so war sie der Leibeigenschaftsabgaben ledig,
solange sie in der Stadt wohnte. Wenn eine Erbschaft an Auswärtige
fiel oder wenn jemand aus dem "Burgrecht" wegzog, so stand der
Stadt der vierte Pfennig zu.

Den Bürgern sollte Holz zum Bauen nach Bedarf gegeben werden;
sie durften das Schilfgras im See schneiden, ihre Ziegen in die Wälder
und ihre Schweine im Herbst in das Eckerich (Eicheln und Bucheln)
treiben, ohne dafür Forsthafer zu entrichten.

Der Forstmeister war gehalten, für Bauten der Stadt, insbesondere
wenn sie der "Wehr" (Verteidigung) dienten, Holz aus den herrschaftlichen Wäldern zu geben. Schützen, die sich der Herrschaft mit dem
"Schießzeug" zur Verfügung stellten, durften Vögel, Hasen und
anderes jagen, "was einem Pirschschützen ziemt".

Einige Jahre später traf Herzog Georg der Reiche von Bayern-
Landshut (1479 - 1503) Anordnungen, die den Vertrag von 1476
ergänzten, aber auch die Rechte der Herrschaft stärker betonten.
Damit sich niemand seinen Pflichten gegenüber dem Landesherren
entziehen könne, sollten alle Bürger - gleichgültig, ob sie es durch
Geburt, Heirat oder Aufnahme ins Bürgerrecht waren, - nach einer
vorgeschriebenen Eidesformel erneut auf den Landesherren verpflich-

tet und in ein Register eingetragen werden. Wer den Bürgereid verweigerte, weil er einer fremden Herrschaft verpflichtet war, sollte die Stadt verlassen. Nur geschworene und eingetragene Bürger durften ein Gewerbe treiben. Auch sollten künftig nur solche ins Bürgerrecht aufgenommen werden, die keinem anderen Leibherren angehörten bzw. gegen die kein Rechtsfall anhängig war. Bisher hatte es in Heidenheim gewählte Steuerschätzer gegeben, die jedem die auf sein Gut entfallende Steuer festsetzten; das hatte zu Unwillen und Nachreden Anlaß gegeben. Deshalb sollte künftig jeder auf seinen Eid steuern, d.h. unter Eid angeben, was er zu versteuern habe, wie in anderen Städten des Landes [131]).

Die Stadtgemeinde, die durch den Vertrag mit dem Landesherren 1476 ihre volle Rechtsfähigkeit dokumentiert hatte, legte sich nun auch ein eigenes Siegel zu. 1495 ist sie erstmals als siegelführend nachzuweisen [132]). Der älteste Abdruck des Stadtsiegels, der sich erhalten hat, hängt an einer Urkunde von 1511. Er zeigt den ''Heidekopf'' - ähnlich dem heutigen Amtssiegel der Stadt - mit der Umschrift: ''S(igillum).opidi.Haidenhaim'' und die Zahl 86. Sie besagt, daß im Jahre 1486 dieses Siegel genehmigt und geschnitten wurde [133])⁻.
Wie erwähnt, kam um 1600 ein neuer Siegelstock in Gebrauch mit der Umschrift: ''S(igillum).civium.in.Haidenhaim'' mit der Zahl 1356 [134]). Diese nimmt ja Bezug auf die Verleihung des Marktrechts durch Karl IV., die man damals als entscheidend für die Stadtwerdung angesehen hat.
Um 1500 wird erstmals ein Stadtschreiber erwähnt [135]). Er war für sein Amt vorgebildet und von der Stadt hauptamtlich angestellt. Er führte auch Protokoll im Gericht.
Damit war unter bayerischer Herrschaft von 1450 bis 1503 die Stadtverfassung zu einem gewissen Abschluß gelangt.

[131]) *Hauptstaatsarchiv Stuttgart, A 353 Heidenheim W. Bschl. 77.*
[132]) *Wie Anm. 121.*
[133]) *Hauptstaatsarchiv Stuttgart, A 353 Heidenheim W. PU 7.*
[134]) *Wie Anm. 109.*
[135]) *Stadtarchiv Heidenheim, Stadt-Protocoll-Buch Nr. 1 S. 7.*

In württembergischer Zeit ab 1503 änderte sich der Titel des Beauftragten der Herrschaft: Der Ammann bzw. Amtmann (seit 1500)
wurde zum Unterpfleger (1538) und schließlich zum Untervogt
(1590). Meist versah er gleichzeitig auch das Kastneramt. Die formelhafte Wendung, die sich in allen Schriftstücken als Anrede der
Stadtgemeinde findet, betonte wieder stärker das Gericht; es heißt
jetzt "Bürgermeister, Gericht und Gemeinde" bzw. "Bürgermeister,
Gericht, Rat und Gemeinde". Gericht und Rat bezeichnen nach wie
vor das gleiche zwölfköpfige Gremium, bringen aber deutlicher die
Doppelfunktion dieser Körperschaft als Justiz- und Verwaltungsbe-
hörde zum Ausdruck. Heute ist uns selbstverständlich, daß Gericht
und Rat getrennte Körperschaften sind. Daß dies damals nicht der
Fall war, zeigen die Stellenbesetzungen, die in großer Zahl seit der
Mitte des 16. Jahrhunderts erhalten sind; sie verzeichnen jeweils
dieselben Personen bald unter dem Namen "Gericht", bald unter
dem Namen "Rat" [136]).

Erst 1604 wurde auf Befehl des Herzogs neben dem alten Gericht
ein von ihm personell völlig verschiedener zwölfköpfiger "Rat"
gebildet, gemäß den Gebräuchen im übrigen Fürstentum. Er wurde
bald auf sechs Köpfe vermindert [137]).

Vorläufer dieses neuen "Rats" mag ein Bürgerausschuß gewesen
sein, der seit 1538 unter dem Namen "von der Gemeinde" nachzuweisen ist [138]). So war zum Beispiel das Feldgericht der Untergänger aus sechs Mitgliedern des Gerichts und sieben "von der
Gemeinde" besetzt. Als 1555 die Zahl der Untergänger auf sieben
verringert wurde, waren noch drei vom Gericht und vier von der
Gemeinde [139]). Verschiedene Ausschüsse bestanden aus zwei Personen, von denen die eine dem Gericht, die andere der Gemeinde
angehörte; es waren dies die Stadtrechner, Steurer, Vierleute, Hei-

---

[136]) *Stadtarchiv Heidenheim, Gerichtsprotokoll Nr. 1; Hauptstaatsarchiv*
Stuttgart, Lagerbuch W 579 von 1556 Fol. 1 ff; G 1016 von 1556 Fol. 1
ff; Forstlagerbuch 40 von 1557 Fol. 22 ff.

[137]) *Stadtarchiv Heidenheim, Gerichtsprotokoll Nr. 3 Fol. 194*

[138]) *Hauptstaatsarchiv Stuttgart, Lagerbuch G 198 Kl. Anhausen Fol. 143 ff.*

[139]) *Stadtarchiv Heidenheim, Gerichtsprotokoll Nr. 1 Fol. 24 v.*

ligenpfleger, Almosen- bzw. Armenkastenpfleger sowie die Fleisch-
und Brotbeschauer.

Nachdem Herzog Christoph von Württemberg 1555 das erste Land-
recht erlassen hatte, wurden die Verhältnisse Heidenheims immer
mehr denen im übrigen Land angepaßt.

Heidenheim im Mittelalter. Besitzgeschichte, Topographie, Verfassung. (Veröffentlichungen des Stadtarchivs Heidenheim an der Brenz. 1.) Heidenheim 1975.

Schwäbische Pfalzgrafen, frühe Staufer und ihre Sippengenossen

Abkürzungen:

HStA = Hauptstaatsarchiv
JHVD = Jahrbuch des Historischen Vereins Dillingen
MG.Dipl. = Monumenta Germaniae historica Diplomata regum et imperatorum
Germaniae
MG.SS. = Monumenta Germaniae historica Scriptores in folio
PU = Pergamenturkunde
UB = Urkundenbuch
WUB = Wirtembergisches Urkundenbuch
ZGO = Zeitschrift für die Geschichte des Oberrheins
ZWLG = Zeitschrift für Württembergische Landesgeschichte

I. Die Familie der schwäbischen Pfalzgrafen

Die Pfalzgrafenwürde im mittelalterlichen Herzogtum Schwaben wurde zeitweilig von den Stiftern des Klosters Langenau-Anhausen bekleidet, und sie waren rund 80 Jahre eines der mächtigsten Geschlechter Ostschwabens. Eine stattliche Zahl von Orten wird anläßlich der Gründung ihres Hausklosters Langenau-Anhausen erstmals urkundlich genannt. Ungeachtet ihrer Bedeutung sind sie dennoch eines der Geschlechter, die dem Geschichtsforscher manches Rätsel aufgeben; denn sie lassen sich nur über zwei Generationen verfolgen, und schon um die Mitte des 12. Jahrhunderts ist ihr Geschlecht erloschen. Sie hinterlassen keine direkten Erben.

Die wenigen Urkunden, in denen sie bezeugt sind, stammen meist aus dem Archiv ihres Hausklosters. Es sind die Schutzbulle des Papstes Honorius II. für Anhausen von 1125[1], eine Urkunde des Bischofs Walter von Augsburg von 1143, mit der er als Mitstifter die Gründung Anhausens bestätigt[2], sowie die Schutzbulle des Papstes Coelestin II. von 1143[3]. Sonst sind Angehörige des Geschlechts seit 1070 einigemale als Zeugen erwähnt. Diese Nachrichten

---

[1] WUB I S. 366 f. Nr. 286.
[2] WUB II S. 26 ff. Nr. 318.
[3] WUB II S. 30 f. Nr. 319.

haben Ludwig Schmid, Christoph Friedrich Stälin und Anton von Steichele zusammengestellt[4].

Die genannten Urkunden machen uns mit der Pfalzgrafenfamilie bekannt. Es sind Pfalzgraf Manegold d. Ä. sowie seine Söhne Manegold d. J., Adalbert, Ulrich und Walter. Die Reihenfolge der Söhne ergibt sich aus den Urkunden von 1125 und 1143; sie entspricht offenbar dem Alter[5]. Manegold d. Ä. ist 1070 und 1076 urkundlich bezeugt[6]. Die Erwähnung eines Pfalzgrafen Manegold im Jahre 1113 wird von der bisherigen Forschung gleichfalls auf Manegold d. Ä. bezogen[7]. Sie nimmt an, daß er bald darauf, jedenfalls vor 1125, gestorben sei. Dieser Meinung hat sich auch der Vf., trotz gewisser Zweifel, in früheren Arbeiten angeschlossen. Nunmehr ist er jedoch überzeugt, daß die Nachricht von 1113 auf den Sohn Manegold den Jüngeren zu beziehen sei.

Dafür sprechen folgende Gründe: 1) Es fällt auf, daß in der Papsturkunde von 1125 sowie in Urkunden von 1128 und 1143 nicht der älteste Sohn Manegold, sondern der zweitälteste Sohn Adalbert den Pfalzgrafentitel führt. Des älteren Bruders Manegold wird lediglich in der Narratio der Urkunde des Bischofs Walter von 1143 gedacht, wo Manegold als Teilhaber an der Stiftung des Klosters Langenau-Anhausen erwähnt wird. Man vermißt dagegen seinen Namen in der päpstlichen Schutzbulle von 1125, in welcher nur Adalbert, Ulrich und Walter als diejenigen genannt sind, die das Kloster dem heiligen Stuhl übertragen haben. Dies läßt darauf schließen, daß Manegold d. J. 1125 nicht mehr am Leben war. Es ist das gar nicht so erstaunlich, wenn man sich die Lebensdaten seines jüngsten Bruders, Walter, vergegenwärtigt. Er war ein „homo senex et grandaevus", als er 1133 zum Bischof gewählt wurde, somit einiges über 60 Jahre alt. Neunzehn Jahre später trat er wegen Altersschwäche („nimio confectus senio") von seinem Amt zurück oder wurde abgesetzt[8]. Er stand damals wohl hoch in den Achtzigern und war somit 1065 geboren. Sein Bruder Manegold dürfte um fünf bis zehn Jahre älter gewesen sein. Nimmt man seine Geburt um 1060 an, dann war er im Jahre 1113 immerhin 53 Jahre alt und hatte bei seinem Tod vor 1125 ein Alter um oder über 60 Jahre erreicht. Der Vater Manegold d. Ä. mag dann um 1025 bis 1030 geboren sein. Diese Altersberechnung läßt es fraglich erscheinen, ob jener Pfalzgraf Manegold, der sich Ostern 1113 am Kaiserhof in

---

[4] L. Schmid, Die Stifter des Klosters Anhausen, Beiträge z. Gesch. d. Bist. Augsburg II, 1851, S. 143 ff.; Chr. Fr. Stälin, Wirt. Gesch. II, 1847, S. 653 f.; A. v. Steichele, Das Bistum Augsburg III, 1872, S. 39 ff.

[5] Vgl. Stälin a. a. O. S. 654; A. v. Steichele, Gesch. d. Klosters Anhausen, Beiträge z. Gesch. d. Bist. Augsburg I, 1850, S. 113 ff., insbes. S. 115.

[6] Mainzer UB I S. 217 f. Nr. 327; MG.Dipl. Heinr. IV. Nr. 281.

[7] Mittelrhein. UB I S. 488 f. Nr. 426.

[8] Fr. Zoepfl, Das Bistum Augsburg I, 1955, S. 126 u. 132 f.

Worms aufhielt, mit dem älteren Manegold gleichgesetzt werden kann, denn dieser wäre 83 bis 88 Jahre alt gewesen. Viel eher dürfte es sich um den jüngeren Manegold handeln, der vor 1125 gestorben ist. Damit wäre auch erklärt, weshalb seit 1125 der zweite Sohn Adalbert als Pfalzgraf erscheint. Das Amt des Vaters hätte zunächst, wie üblich, der älteste Sohn Manegold d. J. innegehabt; da dieser keinen Sohn hinterließ, ging das Amt auf den nächstjüngeren Bruder über.

2) Das Pfalzgrafenamt ist aber nicht ununterbrochen von Angehörigen unseres Geschlechts verwaltet worden. Es war um die Jahrhundertwende zeitweilig in Händen des Staufers Ludwig, eines Bruders des Herzogs Friedrich I. von Schwaben[9]. Ludwig ist im Juli 1095 noch ohne jeden Titel bezeugt[10]; 1103 aber ist von ihm als dem verstorbenen Pfalzgrafen die Rede. Seine Amtszeit fällt also in den Zeitraum zwischen 1095 und 1103. Sofern man nicht annehmen will, daß Manegold d. Ä. seines Amtes zugunsten des Staufers Ludwig enthoben und nach dessen Tod wieder eingesetzt worden sei, bleibt nur die Möglichkeit, den Pfalzgrafen Manegold von 1113 als Manegold d. J. zu betrachten. Somit dürfte Manegold d. Ä. um 1095 gestorben sein. Nach ihm bekleidete der Staufer Ludwig das Pfalzgrafenamt. Auf ihn folgte der älteste Sohn Manegolds, Manegold d. J., danach der zweite Sohn Adalbert. Somit hat das Pfalzgrafenamt zwischen den Stiftern des Klosters Anhausen und den Staufern gewechselt. Dies geschah nicht nur einmal, denn der Vorgänger Manegolds d. Ä. war ein Pfalzgraf Friedrich (1053), den man zu Recht gleichfalls für einen Staufer hält[11]. Man wird daraus schließen, daß die Stifter Anhausens und die Staufer sehr nahe verwandt waren. Darauf wird noch näher einzugehen sein.

3) Aufschlußreich ist schließlich die Liste der Intervenienten in der Urkunde von 1113, einem Diplom Kaiser Heinrichs V.[12]. Hier ist Pfalzgraf Manegold als letzter hinter Gottfried von Calw genannt, der erst wenige Tage zuvor zum rheinischen Pfalzgrafen erhoben worden war. Gottfried von Calw gehört dem Alter nach in die gleiche Generation wie die Söhne des Pfalzgrafen Manegold d. Ä. Er mag allenfalls wenige Jahre älter gewesen sein als Manegold d. J. Dies erklärt, daß er Manegold d. J. vorangestellt war. Unverständlich und kränkend wäre es dagegen gewesen, hätte man ihn dem weit älteren Manegold d. Ä. vorangestellt. So spricht auch die Reihenfolge der Inter-

---

[9] Regesta Boica I S. 111; vgl. Stälin, a. a. O. II S. 39.
[10] Regesten d. Bischöfe v. Straßburg I Nr. 352.
[11] MG.Dipl. Heinr. III. Nr. 303; E. Klebel, Zur Abstammung der Hohenstaufen, ZGO Bd. 102, 1954, S. 137 ff., insbes. S. 139.
[12] S. Anm. 7; dieses Diplom gilt dem Inhalt nach als Fälschung, s. Meyer von Knonau, Jahrbücher Heinrichs IV. u. V. Bd. VI S. 273 mit Anm. 6; doch erweckt die Liste der Intervenienten keine Bedenken.

venienten von 1113 dafür, in dem damals erwähnten Pfalzgrafen Manegold d. J. zu sehen.

Haben wir es aber 1113 mit Manegold d. J. zu tun, lösen sich Schwierigkeiten, die die Gründungszeit des Kloster Langenau, des Vorgängers von Anhausen, betreffen. Nach Aussage des Bischofs Walter hatte sein Vater, Pfalzgraf Manegold d. Ä., die Absicht, bei der ihm durch Erbschaft zugefallenen Kirche in Langenau ein Kloster zu gründen. Er starb aber, ehe er sein Vorhaben verwirklichen konnte. Dies taten nun die Söhne.

Da man die Erwähnung eines Pfalzgrafen Manegold im Jahre 1113 bisher auf Manegold d. Ä. bezog, dieser also 1113 als noch lebend angenommen wurde, konnte das Kloster in Langenau erst nach 1113 gegründet sein. Im November 1125 aber stellte Papst Honorius II. ein Schutzprivileg für das inzwischen bereits nach Anhausen verlegte Kloster aus. Das Jahr 1125 bezeichnet also das Ende des Klosters in Langenau. Dieses Kloster hätte somit höchstens zwölf Jahre bestanden. Was aber müßte in dieser Zeit alles geschehen sein! An der Kirche in Langenau wurde ein Langchor, von zwei Türmen flankiert, angebaut, um sie zur Klosterkirche auszugestalten[13]; dem Langenauer Konvent standen nacheinander zwei Äbte vor, Reginbald und Adalbert[14], und in Anhausen war bereits vor November 1125 eine neue Klosterkirche erbaut und dem hl. Martin geweiht worden („beati Martini ecclesia fabricata est"). Für all das muten höchstens zwölf Jahre doch reichlich knapp an! Bezieht man aber die Erwähnung Manegolds zu 1113 auf Manegold d. J., so entfällt 1113 als „terminus post quem", und die Gründung des Klosters in Langenau kann ohne weiteres um 15 bis 18 Jahre früher angesetzt werden.

Damit gewinnt ein weiterer Gesichtspunkt an Bedeutung. Aus der „Vita" der seligen Herluka des Paul von Bernried kennen wir die Gemahlin des Pfalzgrafen Manegold d. Ä., Adelheid. Herluka hielt sich in ihrer Jugend einige Zeit in der Burg des Pfalzgrafen Manegold, im „castellum Moropolis", auf. Sie trat in engere Beziehung zu Pfalzgräfin Adelheid als Genossin ihrer Andacht und ihrer Werke der Barmherzigkeit. Der Aufenthalt Herlukas in „Moropolis" fällt in die Zeit vor 1085, ehe Herluka nach Epfach ging. Herluka stand dem Reformkreis um Abt Wilhelm von Hirsau (1071—1091) nahe.[15] Von Hirsau kamen die ersten Äbte nach Langenau. So ist es nicht unwahrscheinlich, daß Herluka das Pfalzgrafenpaar bestimmt hat, ein Reformkloster Hirsauer Richtung zu stiften, wie es dann in Langenau geschah. Auch von daher möchte man die Gründung des Klosters Langenau möglichst früh an-

---

[13] B. Cichy, Die Ev. Stadtpfarrkirche St. Maria u. St. Martin zu Langenau, Nachrichtenblatt d. Denkmalspflege i. Baden-Württemberg, Jahrg. 5, 1962, H. 3 S. 63 ff.

[14] Codex Hirsaugiensis fol. 18a, Württ. Gesch. Quellen I, 1887, S. 20.

[15] Paulus Bernriedensis, Vita B. Herlucae Virginis in Jacob Gretser, Opera omnia Tom. VI, 1735, S. 168.

Die schwäbischen Pfalzgrafen, Stifter des Klosters Anhausen an der Brenz

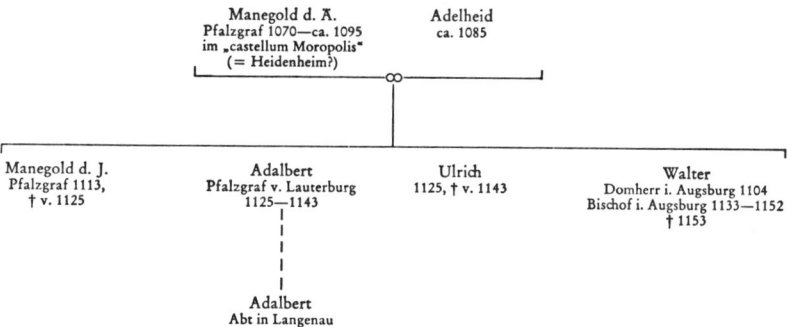

setzen, nicht allzu lange nach Herlukas Aufenthalt in „Moropolis", mithin um 1095[16].

Wir kennen nunmehr folgende Glieder der Pfalzgrafenfamilie: Pfalzgraf Manegold d. Ä. (1070 bis ca. 1085, † ca. 1095), seine Gemahlin Adelheid (ca. 1085), die Söhne Pfalzgraf Manegold d. J. (1113, † v. 1125), Pfalzgraf Adalbert (1125—1143), Ulrich (1125, † v. 1143) und Bischof Walter von Augsburg (1133—1152, † 1153). Der Pfalzgrafenfamilie zuzuzählen ist vielleicht der von Hirsau nach Langenau abgeordnete Abt Adalbert; es könnte sich um einen Sohn des Pfalzgrafen Adalbert handeln.

II. Der Sippenkreis der Pfalzgrafen

1. Pfalzgrafen und Grafen von Dillingen

Obwohl kein Quellenzeugnis Verwandtschaft der Pfalzgrafen zu bekannten Geschlechtern verrät, galten sie lange als Pfalzgrafen von Tübingen[17].

---

[16] Dem Einfluß der Herluka wird man zuschreiben dürfen, wenn Adelhelm v. Öllingen Güter in Wettingen u. Asselfingen an Kloster Hirsau schenkte; Tradit. Hirsaug. i. ZWLG Bd. 9, 1949—50, S.; Codex Hirsaug. fol. 35b, a. a. O. S. 32. Adelhelm v. Öllingen ist wohl identisch mit einem Ministerialen der Pfalzgrafen namens Adelhelm, der 1143 erwähnt ist; WUB II S. 26 ff. Nr. 318. Um dieselbe Zeit übertrug ein Diethelm eine Hube in Asselfingen, die ein gewisser Rupert geschenkt hatte, an Kloster Hirsau; Codex Hirsaug. fol. 70a, a. a. O. S. 58. In der „Vita" der Herluka wird ein Edler Rutbert erwähnt, in dessen Begleitung Herluka nach Epfach kam; Gretser, a. a. O. S. 169.

[17] C. Bruschius, Monasteriorum Germaniae praecipuorum centuria prima, 1551, S. 1; Friedr. Planck, Annales Anhusani (1630 verfaßt) i. Pl. Braun, Notitia historico-literaria, Vol. I, 1791, S. 127 ff.; Chr. Besold, Documenta rediviva, 1636, S. 328; C. Stengel, Monasteriologia II, 1638, S. 19ff.; F. Petrus, Sueviae ecclesiastica collegia, 1699, S. 89. Zum Gang der Forschung s. A. v. Steichele, Gesch. d. Klosters Anhausen, a. a. O. S. 116 f.

Seit Christoph Friedrich Stälin und Ludwig Schmid hält man die Pfalzgrafen für eine Seitenlinie der Grafen von Dillingen[18]. Um dies zu begründen, verwies man auf die Namen Manegold und Ulrich, die tatsächlich dem Verwandtenkreis der Dillinger eigen sind, sowie darauf, daß sich der Besitz der Pfalzgrafen mit dem der Dillinger überschneide. Auch behauptete man, die Vogtei Anhausen habe sich über die Grafen von Dillingen auf die Grafen von Helfenstein vererbt.

Um die angebliche Stammesgleichheit der Pfalzgrafen mit den Dillingern zu beweisen, hat L. Schmid eine Liste von Orten zusammengestellt, in denen seiner Meinung nach beide Geschlechter begütert waren[19]. Sie ist jedoch recht fragwürdig; Schmid wertet z. B. Vergabungen, die Bischof Walter in seiner Eigenschaft als Bischof vorgenommen hat, als Vergabungen von pfalzgräflichem Hausgut; sodann täuscht er sich in der Lokalisierung sowohl dillingischer als auch pfalzgräflicher Güter.

Einzig verläßliche Quelle, um den Besitz der Pfalzgrafen zu erfassen, ist die Güterliste in der Bestätigungsurkunde des Bischofs Walter für Kloster Anhausen von 1143. Sie nennt 60 Orte und Walddistrikte auf der Ulmer Alb um Langenau und Niederstotzingen, auf der Heidenheimer und Geislinger Alb, im Fils- und Remstal, auf dem Albuch, im Brenztal sowie im Ries. Dazu kommen die Burgen „Moropolis", wo Pfalzgraf Manegold d. Ä. seinen Sitz hatte, und Lauterburg, das als Sitz des Pfalzgrafen Adalbert bezeugt ist.[20]. „Moropolis" muß in Heidenheim gesucht werden; das „castellum" lag am ehesten auf dem Totenberg[21]. Gerhoh von Reichersberg berichtet, Bischof Walter habe sein reiches Erbgut seinem Hochstift testamentarisch vermacht[22]. Placidus Braun bemerkt dazu, es habe sich um Güter bei Lorch und Schwäb. Gmünd im Remstal gehandelt[23]. Dem kann zugestimmt werden, da sich in dieser Gegend tatsächlich Besitz des Hochstifts Augsburg findet, z. B. die Pfarrei Steinenberg sowie Güter in Bettringen und Zimmerbach[24]. Aus dem Vermächtnis Walters lassen sich wohl auch Hochstiftsbesitz in Langenau, das Patronatrecht in Steinheim am Albuch, die „curia" in Herbrechtingen sowie eine der vier Pfründen in Wittislingen herleiten[25]. Im frühen 14. Jahrhundert erscheinen Güter und Rechte auf der Alb und um Heubach-Lauter-

---

[18] Chr. Fr. Stälin, Wirt. Gesch. II, 1847, S. 654; Beschreibung des Oberamts Heidenheim, 1844, S. 105 u. 148; L. Schmid, Die Stifter des Klosters Anhausen, a. a. O. S. 143 ff.

[19] L. Schmid, Die Stifter des Klosters Anhausen, a. a. O. S. 151 ff., insbes. S. 160.

[20] Vgl. An. 15; WUB I S. 376 Nr. 293.

[21] H. Bühler, Heidenheim im Mittelalter, 1975.

[22] Fr. Zoepfl, Das Bistum Augsburg I, 1955, S. 126 mit Anm. 6 u. S. 132.

[23] Pl. Braun, Gesch. der Bischöfe von Augsburg II, 1814, S. 103.

[24] WUB III S. 352 Nr. 854; Urkunden u. Akten d. ehemal. Reichsstadt Schwäb. Gmünd I S. 26 f. Nr. 132.

[25] WUB II, S. 245 f. Nr. 447, S. 378 f. Nr. 547, S. 162 f. Nr. 394; H. Bühler, Die Wittislinger Pfründen, JHVD LXXI, 1969, S. 24 ff., insbes. S. 57.

burg, die letztlich von den Pfalzgrafen stammen, im Besitz der Grafen von Oettingen. Es sind der Kirchensatz in Dettingen samt Gütern in Heuchlingen (Kr. Heidenheim)[26], der Kirchensatz in Setzingen (Kr. Ulm)[27] und ein Gut in Asselfingen (Kr. Ulm)[28]. Von den Pfalzgrafen stammte auch der Kirchensatz in Öllingen (Kr. Ulm)[29].

Überblicken wir den pfalzgräflichen Begüterungsbereich im ganzen, so bleibt nicht viel an Überschneidungen mit dem Besitz der Grafen von Dillingen. Nachweisbar ist solche Überschneidung in Mergelstetten bei Heidenheim, in Niederstotzingen und Langenau; zu erschließen ist sie in und um Herbrechtingen[30], in einigen Nachbarorten von Langenau sowie in Wittislingen.

Während die Masse des dillingischen Hausguts sich östlich der Brenz und einer Linie von Sontheim an der Brenz bis Langenau erstreckt, liegt der Begüterungsbereich der Pfalzgrafen vorwiegend westlich der Brenz und nördlich der genannten Linie. Die Masse des beiderseitigen Besitzes ist also säuberlich geschieden. Auffallen muß, daß die Pfalzgrafen im Kernraum der Dillinger um Dillingen und Wittislingen so gut wie keinen Besitz hatten, abgesehen von der erschließbaren Teilhabe am Wittislinger Kirchengut[31].

Die Annahme, die Dillinger hätten die Pfalzgrafen beerbt, läßt sich in keinem Fall beweisen und trifft auf die Vogtei Anhausen gewiß nicht zu. So tragen die Hauptstützen für die behauptete Stammesgleichheit der Pfalzgrafen mit den Dillingern nicht. Auch befriedigt keiner der verschiedenen Versuche, die Pfalzgrafen genealogisch an die Dillinger anzuschließen.

Daß dennoch eine Verwandtschaft bestanden hat, ist nicht zu bezweifeln. Dafür sprechen die Namen Manegold und Ulrich im Pfalzgrafengeschlecht sowie die verbleibenden, freilich relativ geringfügigen Besitzüberschneidungen im Brenztal und im Raum Niederstotzingen—Langenau. Die Verwandtschaft kann jedoch nur kognatischer Natur gewesen sein. Der Vf. hat an anderer Stelle dargelegt, wie der Zusammenhang zu denken wäre[32]. Der Duria-Graf Manegold (1003), der gewiß zum Mannesstamm der Grafen von Dillingen gehörte, hatte eine Tochter, die sich mit dem Vater des Pfalzgrafen Manegold d. Ä. vermählte. Sie brachte die Namen Manegold und Ulrich in die pfalzgräfliche Familie und vererbte ihren Nachkommen Güter im Brenztal

---

[26] HStA Stuttgart, A 471 Kloster Anhausen PU 85 u. 171.

[27] Ulm. UB II, 1 S. 72 ff. Nr. 61.

[28] Grupp, Oetting. Regesten Nr. 466.

[29] Beschreibung des Oberamts Ulm, 2. Bearb. Bd. II S. 588; vgl. Beschreibung des Oberamts Geislingen S. 280.

[30] Herbrechtingen 1200 Jahre, 1974, S. 81 f., 89 u. 92 f.

[31] Daß die Pfalzgrafen Anteil an der Burg Dillingen gehabt hätten, ist auch nur eine allerdings ansprechende Vermutung; vgl. A. Layer, Die Grafen v. Dillingen, JHVD LXXV, 1973, S. 52.

[32] Die Wittislinger Pfründen a. a. O. S. 56 f.; Die „Duria-Orte" Suntheim und Navua, Das Obere Schwaben H. 8, im Druck.

sowie im Raum Niederstotzingen—Langenau. Wir kommen auf diese Dinge noch einmal zurück.

2. *Pfalzgrafen und Stifter des Klosters Elchingen*

Um den Mannesstamm der Pfalzgrafen zu ermitteln, sind weiter ausholende Untersuchungen nötig. Wir gehen vom Besitz der Pfalzgrafen aus. Er erstreckt sich, wie erwähnt, vornehmlich über die Ulmer, Heidenheimer und Geislinger Alb, das obere Filstal, das Remstal, den Albuch, das Brenztal und das Ries. Sicherlich waren die Pfalzgrafen mit den Geschlechtern, die in diesem Raum sonst begütert waren, verwandt, womöglich stammesgleich. Es sind dies die Stifter des Klosters Elchingen, sodann die Herren von Albeck und die Herren von Stubersheim-Ravenstein-Helfenstein. Ein Indiz für Verwandtschaft dürften die Namen Adalbert und Walter sein, da sie sich nicht aus der kognatischen Verbindung mit den Dillingern erklären lassen und somit vielleicht dem Mannesstamm des Pfalzgrafengeschlechts eigen sind.

Aufschlußreich ist es, die Güterliste der Urkunde des Bischofs Walter für Kloster Anhausen von 1143 zu vergleichen mit der Güterliste der Schutzbulle des Papstes Honorius III. für Kloster Elchingen von 1225[33]. Daß die beiden Listen zeitlich so weit auseinanderliegen, beeinträchtigt ihre Vergleichbarkeit nicht. Die Elchinger Liste wurde im Neu-Ulmer Arbeitskreis untersucht. Dabei hat sich ergeben, daß sie größtenteils aus einer älteren, nicht mehr erhaltenen Urkunde des Papstes Calixt II. (1119—1124) oder Innozenz II. (1130—1143) übernommen wurde und daß somit der überwiegende Teil der genannten Güter aus der Frühzeit des Klosters bzw. aus der Dotation der Stifterfamilie stammt. Er muß in der Zeit zwischen 1120 und 1150 an das Kloster gelangt sein[34]. Somit sind die beiden Listen annähernd zeitgleich und erlauben es, den Besitzstand der beiden Klöster bzw. ihrer Stifter zu vergleichen. Es ergeben sich Besitzüberschneidungen in folgenden Bereichen:

a) In nächster Nachbarschaft des Klosters Elchingen findet sich eine Gruppe anhausischer Güter in den Orten Osterstetten, Aspach (abgeg. b. Albeck), Hagenloch (abgeg. b. Thalfingen)[35], Auheim (abgeg. b. Nersingen)[36], Langenau, Öllingen, Setzingen, Ballendorf, Dickingen (abgeg. b. Ballendorf), Asselfingen und Niederstotzingen. In Auheim, Öllingen, Ballendorf, Asselfingen und Niederstotzingen ist Kloster Elchingen selbst auch begütert. Es ist dies der Bereich der Herrschaft Albeck.

---

[33] WUB V S. 415 ff. Nachtrag 29.

[34] J. Matzke, „Super ripam Danubii", Aus Archiv u. Bibliothek (Festschrift Max Huber), 1969, S. 152 ff. — Die Güterliste weist in ihrem älteren Teil Orte im schweizerischen Aargau auf, die im J. 1150 an St. Blasien vertauscht wurden. Die von St. Blasien dafür eingetauschten Güter sind im letzten und jüngsten Teil der Güterliste verzeichnet; s. M. Gerbert, Hist. silvae nigrae III S. 76 ff. Nr. 51.

[35] J. Matzke, Das Flurbild als Geschichtsquelle, Alemann. Jahrbuch 1960, S. 118.

[36] Kleine Kreisbeschreibung Neu-Ulm, 1959, S. 26.

b) Auf der Heidenheimer und Geislinger Alb finden sich anhausische Güter in Gussenstadt, Taubenlauch (abgeg. b. Gussenstadt), Heutenburg, Söhnstetten, Bräunisheim und „Immenburc" (Hofstett-Emerbuch). Ihnen stehen elchingische Besitzungen in Gerstetten, Walbach (abgeg. b. Gussenstadt), Böhmenkirch, Waldhausen und Wohlgradweiler (abgeg. b. Waldhausen) gegenüber. Es ist der Bereich der Herrschaft Stubersheim-Ravenstein, später Helfenstein.

Die auffallende Übereinstimmung der beiderseitigen Begüterungsbereiche läßt an enge Verwandtschaft, womöglich Stammesgleichheit der Klostergründer denken. Bemerkenswert ist, daß beide Klöster zunächst in engster Nachbarschaft — Langenau und Elchingen — und in geringem zeitlichen Abstand gegründet wurden und daß beide ihre ersten Äbte aus Hirsau erhielten. Nach unseren Überlegungen dürfte Langenau die ältere Gründung sein und könnte somit die Gründung Elchingens angeregt haben. Der Gründer Elchingens trägt den Namen Adalbert. Seine Gemahlin heißt Berta. Beider Tochter Lenugarda-Liutgard war mit dem Markgrafen Konrad von Meißen aus dem Hause Wettin († 1157) vermählt. Dies ergibt sich aus der Genealogie der „patroni" (Schutzherren) des Klosters im Papstprivileg von 1225 sowie aus der „Genealogia Wettinensis" und dem „Chronicon Montis Sereni" (Petersberg b. Halle a. d. Saale)[37].

Läßt sich vielleicht auf dem Umweg über Adalbert, den Gründer Elchingens, ermitteln, woher die Pfalzgrafen kamen?

Den sächsischen Quellen zufolge war Adalbert ein „nobilissimus de Suevia". In einem Verzeichnis, das Schenkungen an die Mainzer Domkirche zur Zeit des Erzbischofs Adalbert I. (1110—1137) enthält, wird er „comes Albertus" genannt. Der Gegenstand der Schenkung — „ministeriales . . . in montanis circa Nuenkirchen" — konnte bisher nicht identifiziert werden; vielleicht ist Neuenkirch bei Luzern gemeint?[38]

Schwäbische Quellen nennen ihn „Albertus comes de Ravenstein". Sie beruhen auf Nekrologsnotizen; der 12. September ist Adalberts Gedenktag[39]. Bruschius bezeichnet Adalbert, den er fälschlicherweise nicht als den Gründer des Klosters, sondern als dessen Erneuerer nach einem Brand ansieht, als „Sueviae Regulus" und gibt ihm den Titel eines „comes de Ravenstein et Ircenberg"[40].

Die Prädikate, die Adalbert zuerkannt werden, wie die vornehme Heirat seiner Tochter Luitgard sprechen für seinen hohen Rang.

Als einzige zeitgenössische Nachricht nennen zwei Diplome Heinrichs IV. aus dem Jahre 1104 unter den Zeugen einen „Adalpreht de Alechingen"[41].

---

[37] WUB V S. 415 ff. Nachtrag 29; MG.SS. XXIII S. 228 u. S. 139.
[38] Mainzer UB I S. 536 f. Nr. 616.
[39] HStA München, Klosterliteralien Elchingen Bd. 13.
[40] Monasteriorum Germaniae praecipuorum centuria prima S. 46.
[41] MG.Dipl. Heinr. IV. Nr. 483 u. 484.

Kein Zweifel, daß es sich um den Stifter des Klosters handelt. Adalpreht steht zwischen Angehörigen des Dynastenadels, die sonst regelmäßig den Grafentitel führen. Damit ist auch Adalprehts gräflicher Rang erwiesen.

Überdies wird die Gemahlin des Stifters in der Papsturkunde von 1225 „Berta comitissa" genannt[42].

Adalbert dürfte eine Grafschaft verwaltet haben, die sich aus Teilen des „pagus Duria" (um Sontheim a. d. Brenz und Langenau) und des „pagus Alba" (westlich der Brenz) zusammensetzte.

Die Benennung Adalberts nach Elchingen hilft nicht weiter; denn ein Dynastengeschlecht, das sich nach Elchingen benannt hätte, ist sonst nicht bekannt. Elchingen war eben nur einer von offenbar mehreren Burgsitzen Adalberts, und zwar eben die Burg, die er selbst oder die nach seinem Tode seine Gemahlin Berta bzw. seine Tochter Liutgard und deren Gemahl in das bekannte Kloster umgewandelt haben[43]. Erinnert sei, daß ihn die Überlieferung auch mit Ravenstein und Irzenberg in Verbindung bringt.

3. Adalbert von Elchingen und die Herren von Stubersheim-Ravenstein

Die Zubenennung „von Ravenstein" weist auf eine Burg über dem Roggental bei Steinenkirch (Kr. Göppingen). Diese Burg wird in der Chronik Bertholds von Zwiefalten für das frühe 12. Jahrhundert erwähnt[44]. Das Homiliar des Klosters Wettenhausen (Kr. Günzburg) berichtet zum Jahr 1091 von einem Gütertausch, den der Ministeriale Herbort von Ravenstein mit Bewilligung seines Herren Adalbert und dessen Bruder vorgenommen hat[45]. Diesen Nachrichten zufolge hat die Burg Ravenstein zu Lebzeiten des Adalbert mit Sicherheit bestanden, ja es gab schon um 1091 einen Adalbert, der als Herr eines Burgmannen „von Ravenstein" Verfügungsgewalt über diese Burg hatte.

Edelfreie, die sich „von Ravenstein" nennen, sind in zeitgenössischen Urkunden erst ab 1154 erwähnt, zu einer Zeit also, als Adalbert von Elchingen längst nicht mehr lebte. Die von Ravenstein tragen die Namen Berenger und Adalbert. Bald nach 1233 dürfte das Geschlecht im Mannesstamm erloschen sein. Die Burg Ravenstein war später in Händen der Grafen von Helfenstein,

---

[42] Über Berta hat Rechtsanwalt Horst Gaiser, Neu-Ulm, im Nov. 1972 im Neu-Ulmer Arbeitskreis referiert. Nach seinen Ergebnissen ist Berta eine Stauferin, und zwar die älteste Tochter Herzog Friedrichs I. v. Schwaben u. der Salierin Agnes. Der Vf. kann die Ergebnisse H. Gaisers auf Grund eigener Untersuchungen nur nachdrücklich bestätigen. Bertas Herkunft erklärt elchingischen Besitz in Oberurbach, Welzheim, Breitenfürst, Plüderhausen u. Haubersbronn im Remstal; vgl. Papsturkunde von 1225 und Mehring, Stift Lorch S. VI. Berta war in zweiter Ehe mit Graf Heinrich II. v. Berg vermählt u. gründete das Stift Boll bei Göppingen; vgl. H. Bühler, Richinza v. Spitzenberg, Jb. Württ. Franken 58, 1974, S. 317.

[43] Vgl. J. Matzke, „Super ripam Danubii" a. a. O. S. 154.

[44] Die Zwiefalter Chroniken, hrsg. v. E. König u. K. O. Müller, 1941, S. 212.

[45] Raiser, Die vorige Benedictiner-Reichs-Abtey Elchingen, Zeitschr. f. Baiern, 2. Jg. 1817, S. 129 ff., insbes. S. 258 f.

und zwar urkundet im Jahr 1259 Graf Ulrich II. von Helfenstein (1241 bis 1290) auf Burg Ravenstein[46]. Niederadelige „von Ravenstein" begegnen von nun an im Gefolge der Helfensteiner. Es spricht einiges dafür, daß Graf Ulrich II. von Helfenstein die Burg Ravenstein samt beträchtlichem Zugehör von Mutterseite geerbt hat. Seine Mutter müßte eine ravensteinische Erbtochter gewesen sein.

Paßt nun der Gründer Elchingens irgendwie in das Edelgeschlecht von Ravenstein? — Es ist beachtenswert, daß sich im Hause Ravenstein mehrfach der Name Adalbert findet und daß schon 1091 die Burg Ravenstein in der Verfügungsgewalt eines Adalbert stand. Somit könnte Adalbert von Elchingen mit den bekannten von Ravenstein nah verwandt gewesen sein, etwa als Oheim oder älterer Vetter des ersten bekannten von Ravenstein. Wie erwähnt, finden sich in der Güterliste des Klosters Elchingen Orte, die in den Begüterungsbereich der Herren von Ravenstein, später der Helfensteiner weisen. Es sind dies Gerstetten, Walbach (abgeg.), Böhmenkirch, Waldhausen und Wohlgradweiler (abgeg.).

Unser Interesse verdient Gerstetten. Kloster Elchingen hatte dort von seinem Stifter den halben Kirchensatz. Die andere Hälfte gehörte den Grafen von Helfenstein, und zwar offenbar aus ravensteinischem Erbe als Zugehör der Burg Ravenstein.

Daraus ergibt sich, daß sowohl Adalbert von Elchingen als auch die von Ravenstein an demselben Erbe beteiligt waren; sie hatten also gemeinsame Vorfahren.

Erwähnt sei, daß ein Edelfreier Adalpreht um 1116 ein „predium" in Gerstetten an Kloster Rottenbuch (bei Schongau) schenkte[47]. Er war ein Zeitgenosse des Adalbert von Elchingen, jedoch kaum mit ihm personengleich, da er nicht den Grafentitel führte, eher ein Vetter.

Sucht man nach den Vorfahren der Herren von Ravenstein, so stößt man auf die von Stubersheim. Sie sind im selben Raum begütert wie die von Ravenstein. Sie tragen wie diese die Namen Adalbert und Berenger, und zwar in zwei aufeinander folgenden Generationen. Andere Stubersheimer heißen Wolfgang und Eberhard. Eberhard von Stubersheim ist wahrscheinlich personengleich mit dem Erbauer der Burg Helfenstein[48]. Um 1150 verschwinden die Stubersheimer aus den Quellen, und eben um diese Zeit setzt die urkundliche Erwähnung der Ravensteiner ein. Daß die Ravensteiner direkte Nachkommen der Stubersheimer und deren (Teil-)Erben sind, dürfte daher keine Frage sein.

---

[46] WUB V S. 304 Nr. 1538.
[47] A. Greinwald, Origines Raitenbuchae I, 1797, S. 198 (mit dem Original verglichen).
[48] H. Bühler, Richinza v. Spitzenberg a. a. O. S. 322.

Im Jahre 1092 ist erstmals ein Brüderpaar Adalbert und Berenger von Stubersheim bezeugt[49]. Es ist wohl personengleich mit den für 1091 im Wettenhauser Homiliar erwähnten Herren des Burgmannen Herbort von Ravenstein, nämlich Adalbert und dessen namentlich nicht genanntem Bruder. Unter die Nachkommen der Stubersheimer Brüder müßte Adalbert von Elchingen einzureihen sein. Da nun Berenger von Stubersheim selbst Söhne namens Adalbert und Berenger hatte, die sich gleichfalls nach Stubersheim nannten[50], und da von dem ersten der Söhne die bekannten Ravensteiner abstammen dürften, bleibt nur die Möglichkeit, daß Adalbert von Elchingen ein Sohn des Adalbert von Stubersheim(1091—1092) war.

Diese Anknüpfung läßt sich u. E. auch anderweitig stützen. Im Hause Stubersheim-Ravenstein ist der Name Berenger bemerkenswert. Er findet sich nicht nur in der ersten bekannten Generation 1092, sondern kehrt in drei weiteren Generationen wieder und ist somit ein Leitname des Geschlechts. Der Name Berenger weist in das Haus der Grafen von Achalm. Daher wundern wir uns nicht, daß die Stubersheimer im Begüterungsbereich der Achalmer, nämlich in Metzingen und Neckartenzlingen, Besitzungen hatten[51]. Im Hause Achalm trug einer der Söhne des Grafen Rudolf und der Adelheid von Wülflingen (beide lebten in der ersten Hälfte des 11. Jahrhunderts) den Namen Berenger. Er ist 1048 als Graf im elsässischen Sundgau bezeugt, aber schon bald nach 1050 gestorben und in Dettingen (Erms) bestattet[52]. Offenbar hat eine Tochter dieses Berenger in die Stubersheimer Sippe geheiratet und jene Güter im Neckartal zugebracht. Sie wäre die Mutter der Stubersheimer Brüder Adalbert und Berenger von 1092 und die Großmutter des Adalbert von Elchingen. Ihr Gemahl tritt in den Quellen nicht in Erscheinung. Wenn man sich aber der Bedeutung des Namens Adalbert im Hause Stubersheim-Ravenstein erinnert, wird man nicht zweifeln, daß er Adalbert geheißen hat.

Unter den frühen Besitzungen des Klosters Elchingen finden sich auch solche in der Schweiz, und zwar an der unteren Limmat. Es sind dies Kirchdorf, Baden, Ehrendingen und Siggingen sowie Nußbaumen (bei Bülach i. Thurgau). Diese Güter vertauschte Elchingen schon im Jahre 1150 an St. Blasien[53]. Die Herkunft dieser Güter war der Schweizer Forschung bislang unbekannt[54]. Sie erklärt sich u. E. als Erbe der achalmischen Ahnfrau Adelheid

---

[49] WUB I S. 296 Nr. 241.

[50] Codex Hirsaug. fol. 44a, Württ. Gesch. Qu. I, 1887, S. 39 — der Sohn Adalbert dürfte personengleich sein mit jenem Adalbert, der an Kloster Rottenbuch schenkte; vgl. Anm. 47.

[51] Codex Hirsaug. fol. 30a u. fol. 44a, a. a. O. S. 28 u. 39.

[52] MG.Dipl. Heinr. III. Nr. 219; vgl. P. Kläui, Hochmittelalterliche Adelsherrschaften i. Zürichgau, 1960, Stammtafel.

[53] Vgl. WUB V S. 415 ff. Nachtrag 29; M. Gerbert, Hist. silvae nigrae III S. 76 ff. Nr. 51.

[54] Gg. Boner, Kirchdorf bei Baden, Argovia Bd. 72, 1960, S. 36 ff.

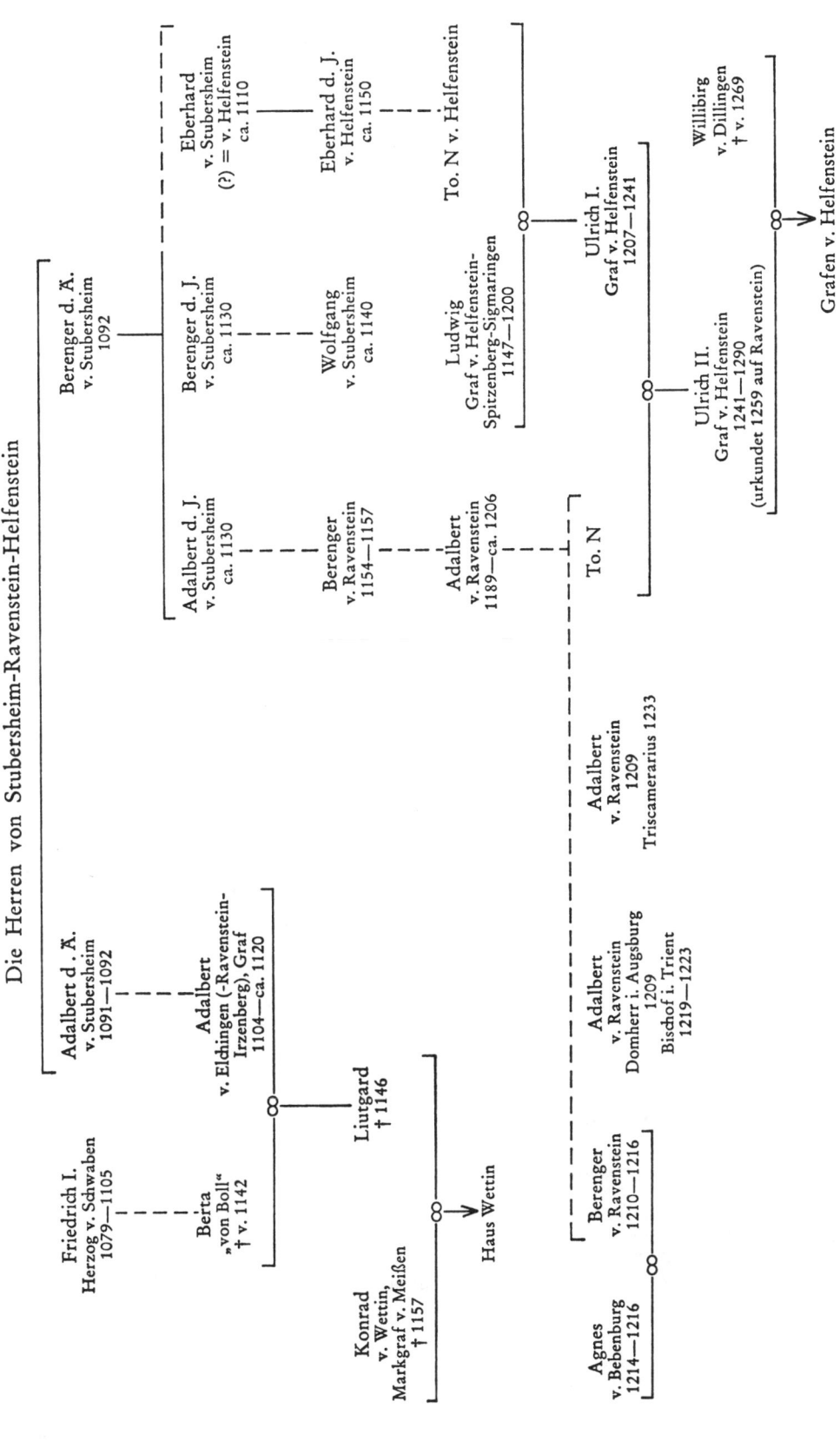

Die Herren von Stubersheim-Ravenstein-Helfenstein

von Wülflingen (Thurgau)[55]. Auch die Ministerialen, die Adalbert von Elchingen im Gebirge um „Nuenkirchen" (= Neuenkirch bei Luzern?) hatte und die seine Tochter Liutgard mit ihrem Gemahl an das Mainzer Domstift schenkte, könnten aus diesem Erbe stammen. Somit dürfte der schweizerische Besitz des Klosters Elchingen die Zugehörigkeit des Adalbert von Elchingen zum Hause Stubersheim bestätigen.

4. Adalbert von Elchingen und die Herren von Albeck

Wie erwähnt, beschränkte sich der Besitz des Elchinger Stifters wie auch der Pfalzgrafen nicht nur auf den Herrschaftsbereich derer von Stubersheim-Ravenstein; er erstreckte sich weit über die Ulmer Alb und reichte sogar bis jenseits der Donau. Es war dies vorwiegend das Gebiet der Herrschaft Albeck. So hatte Kloster Elchingen Besitz in nicht weniger als zehn Orten, in denen auch die Herrschaft Albeck begütert war. Es sind dies: (Unter-)Elchingen, Marchtal (abgeg. b. Witthau), Breitingen, Neenstetten, Altheim, Söglingen, Ballendorf, Öllingen, Asselfingen und (Nieder-)Stotzingen. Zu beachten ist die enge Nachbarschaft der beiden Herrensitze (Ober-)Elchingen und Albeck.

Die Besitzgeschichte spricht eindeutig für Verwandtschaft des Adalbert von Elchingen mit den Herren von Albeck. Diese sind seit etwa 1120 urkundlich nachzuweisen. Sie heißen Aribo, Berenger, Siboto und Wittigo[56]. Die beiden letzteren sind 1127 ausdrücklich als Brüder bezeugt; für Aribo und Berenger ist auf Grund der Lebensdaten dasselbe anzunehmen. Die Namen Berenger, Siboto und Wittigo kehren auch in den folgenden Generationen wieder. Bei den Frauen ist der Name Adelheid beliebt. Untersucht man die Namen auf ihre Herkunft, so ergibt sich, daß der Name Wittigo aus dem Raum um Augsburg stammt. Verwandte der Albecker sind dort Wittigo von Eberstall (ca. 1130—1150)[57] und offenbar auch Wittigo von Walkertshofen (ca. 1097)[58]. Die Albecker hatten dort Besitz, nämlich in Schwabmühlhausen und Siegertshofen[59]. Wahrscheinlich war die Mutter der vier Brüder von Albeck eine Tochter des Wittigo von Walkertshofen. Auch der Name Aribo weist in den Augsburger Raum. Er findet sich um dieselbe Zeit bei den Herren von Wertingen[60]. Der Name Siboto kommt bei den Gründern des

---

[55] P. Kläui, Hochmittelalterliche Adelsherrschaften i. Zürichgau, 1960, Karte u. Stammtafel.
[56] A. Greinwald, Origines Raitenbuchae I S. 193 f.; WUB I S. 375 Nr. 292, S. 376 Nr. 293.
[57] Das Traditionsbuch des Klosters Ursberg, JHVD VII, 1894, S. 11 Nr. 22.
[58] E. Oefele, Gesch. d. Grafen v. Andechs, 1877, S. 225 f. Nr. 2.
[59] Wie Anm. 57; WUB II S. 378 f. Nr. 547.
[60] A. Layer, Aus der Geschichte der Stadt u. Herrschaft Wertingen, JHVD LXXXVI, 1974, S. 33 f.

Klosters Blaubeuren vor: Siboto von Ruck (um 1085) mit seiner Gemahlin Adelheid vom Elsaß[61]. Wir werden darauf noch zurückkommen müssen.

Der Name Berenger aber ist in Ostschwaben im 12. Jahrhundert ein sicherer Hinweis auf die Zugehörigkeit zu der Sippe Stubersheim-Ravenstein. Wenn die von Albeck den Namen Berenger in verschiedenen Generationen gleichsam als Leitnamen führen, dann stammen sie von den Stubersheimer Brüdern Adalbert und Berenger von 1092. Dafür spricht vielleicht auch, daß die von Albeck gleichfalls Beziehungen zu Kloster Rottenbuch (bei Schongau) hatten, wie Adalbert (d. J. von Stubersheim?), der 1116 dorthin schenkte.

Da die Albecker Brüder größtenteils bis gegen 1150 beurkundet sind, gehören sie in die Generation der Enkel der Stubersheimer Brüder von 1092. Von diesen ist Berenger bereits als Stammvater der späteren Stubersheim-Ravensteiner bekannt. Somit bleibt Adalbert von Stubersheim von 1091 bis 1092 als Großvater der Albecker Brüder. Ihn aber haben wir bereits als Vater des Adalbert von Elchingen ermittelt. Dieser muß somit der Vaterbruder der Brüder von Albeck gewesen sein. Deren Vater ist vorläufig unbekannt; nach den Regeln der Namensvererbung müßte er Berenger geheißen haben. Wir dürfen also die von Albeck der Sippe Stubersheim-Ravenstein zurechnen.

5. Adalbert von Elchingen und die von Ruck-Gerhausen

Adalbert von Elchingen heißt bei Bruschius auch „Graf von Irzenberg". Im Bermaringer Wald soll eine Burg dieses Namens gestanden sein, Adalbert soll über diesen Wald verfügt haben[62]. Bermaringen gehörte nicht mehr zum sonst ziemlich geschlossenen Herrschaftsbereich derer von Stubersheim-Ravenstein-Albeck. Der Ort liegt bereits im Begüterungsbereich der Stifter des Klosters Blaubeuren. Kloster Elchingen besaß in diesem Bereich die Marienkirche in Lautern mit zugehörigen Gütern in Böhringen, Bermaringen, Temmenhausen, Denkental, Westerstetten und Wippingen, aber auch Besitz in Reutti und Ursprung.

Die Besitzgeschichte zeigt, daß zwischen Adalbert und den Stiftern Blaubeurens enge verwandtschaftliche Beziehungen bestanden haben. Einer der Stifter Blaubeurens aus dem Hause Ruck-Gerhausen hieß Siboto (ca. 1085); seine Gemahlin wird als Adelheid vom Elsaß bezeichnet[63]. Ihre Namen kehren im Hause Albeck, den nächsten Verwandten Adalberts von Elchingen, wieder.

Der Chronist Tubingius überliefert eine Gruppe von Wohltätern des Klosters Blaubeuren, die alle in Reutti, Ursprung und Umgebung begütert waren,

---

[61] Christian Tubingius, Burrensis Coenobii Annales, hrsg. v. G. Brösamle, 1966, S. 29, 33, 35.

[62] Beschreibung des Oberamts Blaubeuren S. 144 (nach Raiser).

[63] Tubingius a. a. O. S. 35.

wo auch Elchingen Besitz hatte. Sie müssen sowohl mit dem Hause Ruck-Gerhausen als auch mit Adalbert von Elchingen verwandt gewesen sein. So schenkte ein Kleriker aus Urspring namens Werner um 1108 dem Kloster Blaubeuren seine Güter in Lonsee, Urspring und Achstetten (bei Reutti), darunter die Marienkirche in Urspring[64]. Er war also der Kirchenherr.

Den Namen Werner trug (nach Tubingius) auch ein Sohn des Siboto von Ruck und der Adelheid vom Elsaß. Die Bearbeiterin des Tubingius, Gertrud Brösamle, hat diesen versuchsweise gleichgesetzt mit dem Schenker von ca. 1108; ob zu recht, wird sich zeigen müssen[65]. Auf alle Fälle weist der Name Werner auf Verwandtschaft mit dem Hause Ruck.

Der Schenkung Werners unmittelbar voran stellte Tubingius die Schenkung einer Frau Liutgard. Liutgard schenkte in der Klosterkirche zu Blaubeuren mit Zustimmung ihres namentlich nicht genannten Gemahls alles, was sie nach Erbrecht („universa quae haereditario iure possedit") — somit von Elternseite — besaß, nämlich in Lonsee, Urspring, Halzhausen, Reutti, Ruenbur (abgeg.) sowie zwei Mansen in Heidenheim[66]. Liutgard hatte offenbar keine Kinder. Interessant sind die Zeugen der Schenkung. Spitzenzeuge für Liutgard war Ulrich I. von Hurningen (1107—1123). Sicher war er mit Liutgard verwandt und hatte wohl irgendwelche Anrechte an die verschenkten Güter. Ulrich gehörte durch seine Mutter Uta, die eine Tochter der Adelheid „von Gerhausen" war[67], zum Sippenkreis Ruck-Gerhausen und damit zur Verwandtschaft Sibotos von Ruck. Er war im nahen Herrlingen an der Blau und sonst in der Umgebung begütert. Von Vaterseite aber hatte er Beziehungen zum Elsaß (Weilertal westlich Schlettstadt). Er war verwandt mit den Grafen von Achalm, die gleichfalls dort begütert waren. In Ebersheim und Scherweiler (bei Schlettstadt) überschnitt sich der Besitz derer von Hurningen mit dem der Achalmer[68]. Auffallend ist, daß der Schenkung Liutgards fünf Zeugen aus dem Elsaß beiwohnten: Trutwin und Winther von Sulzbach (Langensulzbach Kt. Wörth), Diepold von Nothalten (Kt. Barr), Berthold von Nordhausen (Kt. Erstein) und Berthold von Laubach (Kt. Wörth). Sie kommen teils aus eben jener Gegend, aus der die Herren von Hurningen stammten und in der auch die Achalmer begütert waren. Sicher sind sie nicht nur als Gefolgsleute Ulrichs von Hurningen nach Blaubeuren gekommen, um die Schenkung Liutgards zu bezeugen; werden sie doch als „nobiles" bezeichnet,

---

[64] Tubingius a. a. O S. 85.

[65] Tubingius a. a. O. S. 85 Anm. 145.

[66] Tubingius a. a. O. S. 83 f.; WUB XI S. 449 f. Nr. 5552.

[67] H. Bühler, Die Wittislinger Pfründen a. a. O. S. 53 mit Anm. 110.

[68] Die Zwiefalter Chroniken a. a. O. S. 28, 152; Codex Hirsaug. fol. 65a, a. a. O. S. 54 (Werner v. Grüningen ist der Sohn der Willibirg von Achalm); Schenkungsbuch des Klosters Reichenbach i. WUB II S. 154 ff. N. 388; vgl. H. Jänichen, Herrschafts- u. Territorialverhältnisse um Tübingen u. Rottenburg, 1964, S. 6.

waren also keine Ministerialen. Wahrscheinlich standen sie auch in engerer Beziehung zur Schenkerin Liutgard.

Nun erinnern wir uns, daß die Gemahlin Sibotos von Ruck, Adelheid, gleichfalls aus dem Elsaß stammte. Vielleicht hat sie die Beziehungen der Liutgard zu den Zeugen aus dem Elsaß vermittelt. Sie dürfte zu Liutgard, aber auch zu Ulrich von Hurningen verwandt gewesen sein. So zeichnet sich eine möglicherweise doppelte Verwandtschaft des Spitzenzeugen Ulrich I. von Hurningen zur Schenkerin Liutgard ab: sie war einerseits durch die Zugehörigkeit der beiden zum Sippenkreis Ruck-Gerhausen gegeben und könnte andererseits über Adelheid vom Elsaß, die Gemahlin Sibotos von Ruck, gelaufen sein. Wir wollen dies im Auge behalten.

Der zweite Zeuge für Liutgard trägt den Namen Berenger. Er gehört somit zur Sippe Stubersheim-Ravenstein-Albeck. Sein Beiname ist indes völlig entstellt. Tubingius nennt ihn „de Grüre" (Gruol bei Haigerloch); eine Verwechslung mit einem Zeugen der gleichen Urkunde, Walker de Gruron (Gruol bei Haigerloch)[69], ist offenkundig. Gabelkofer nennt ihn „de Arnegge". Edelfreie, die sich nach Arnegg im Blautal benannt hätten, sind aber sonst unbekannt. Gabelkofer erlag offenbar einem Lesefehler; in seiner Vorlage muß „de Albegge" gestanden sein[70]. Es handelt sich um Berenger von Albeck, den gesuchten Vater der vier Brüder von Albeck, die zwischen 1120 und 1150 bezeugt sind. Es ist der Bruder des Adalbert von Elchingen.

Jetzt wird eine dritte Schenkung an Blaubeuren, die wenig später erfolgte, verständlich. Ein Blaubeurer Mönch namens Berenger schenkte in Bernloch (Kr. Münsingen) sowie in Ursprung, im nämlichen Ursprung, in welchem Werner und Liutgard wie auch Kloster Elchingen begütert waren. Berenger schenkte ein Viertel der dortigen Kirche[71].

Berenger war offenbar erst in vorgerücktem Alter ins Kloster eingetreten, denn er war vorher verheiratet und hatte einen Sohn namens Berenger, der in Wilsingen (Kr. Münsingen) schenkte. Daß die beiden Berenger, Vater und Sohn, in den Sippenkreis Stubersheim-Ravenstein-Albeck gehören, dürfte keine Frage sein. Dafür spricht, daß sie in Bernloch und Wilsingen schenkten; denn diese Güter liegen im Begüterungsbereich der Grafen von Achalm und stammen von der achalmischen Ahnfrau dieser Sippe. Der gleiche Name Berenger bei Vater und Sohn kommt dort nur zweimal vor: 1) bei Berenger d. Ä. von Stubersheim (1092) und Berenger d. J. (ca. 1130). 2) bei dem ermittelten Stammvater der Albecker, dem sogenannten Berenger „de Arnegge", und dessen Sohn, der zwischen 1120 und 1150 beurkundet ist. Wir zweifeln nicht, daß es sich um die Albecker handelt. Berenger „von Arnegge"-Albeck,

---

[69] Vgl. Necrologium Alpirsbachense, Württ. Vierteljahreshefte XXXIX, 1933, S. 213.

[70] Klemm, Württ. Virteljahresh. VII, 1884, S. 257.

[71] Tubingius a. a. O. S. 141.

der Bruder Adalberts von Elchingen, war also nach dem Tode seiner Gattin Mönch in Blaubeuren geworden, Mönch in einem Kloster, mit dessen Stiftern er verwandt war. Dies erklärt, daß er — abgesehen von seiner Zeugenschaft für Liutgard — in Urkunden nicht hervortritt.

Adalbert von Elchingen und sein Bruder Berenger von Albeck müssen in engster Beziehung zu Liutgard und dem Kleriker Werner stehen; wahrscheinlich waren sie alle Geschwister. Dafür sprechen die Besitzverhältnisse in Urspring. Wenn nämlich die vier an diesem Gut Beteiligten Geschwister waren, dann erklärt es sich, daß Berenger ein Viertel der dortigen Kirche besaß. Bemerkenswert ist auch, daß der Name Liutgard bei der Tochter Adalberts von Elchingen, der Gemahlin des Markgrafen Konrad von Meißen, wiederkehrt. Die Tochter Adalberts wäre die Nichte der Liutgard, die 1108 an Blaubeuren schenkte[72]. Die vier waren eng verwandt mit Siboto von Ruck und seiner Gemahlin Adelheid. Dies erklärt viererlei: die Schenkungen an Kloster Blaubeuren, die Beziehungen der Liutgard zu den Zeugen aus dem Elsaß sowie die Namen Siboto und Adelheid im Hause Albeck. Offenbar hat eine Tochter des Siboto von Ruck (ca. 1085) und der Adelheid vom Elsaß sich mit Adalbert d. Ä. von Stubersheim (1091—1092) vermählt. Dadurch kam ruck-gerhausischer Besitz um Bermaringen und Urspring an die Sippe Stubersheim-Ravenstein-Albeck. Dazu mag eine Burg im Bermaringer Wald namens Irzenberg gehört haben, nach welcher sich Adalbert von Elchingen gelegentlich nannte. Die Genealogie der Sippe Stubersheim-Ravenstein-Albeck erfährt die gewünschte Ergänzung.

6. Die Sippe Stubersheim-Ravenstein-Albeck und die Pfalzgrafen

Es hat sich gezeigt, daß die Brüder Adalbert und Berenger von Stubersheim von 1092 die Stammväter sowohl der Herren von Stubersheim-Ravenstein als auch der Herren von Albeck und der Stifter des Klosters Elchingen sind. Der Besitz all dieser Familien stammt somit aus einer einheitlichen Gütermasse. Sie erstreckt sich vorwiegend über die Ulmer, Heidenheimer und Geislinger Alb.

Über denselben Bereich erstreckt sich der Hauptteil des Besitzes der Pfalzgrafen. Diese waren mit den Stubersheimer Brüdern von 1092 eng verwandt. Hierfür spricht auch der Name Adalbert. Auf Grund der Besitzverteilung sind die Stubersheimer Brüder und ihre Nachkommen als der eine Zweig einer mächtigen und reichen Sippe zu betrachten; die Pfalzgrafen sind deren anderer Zweig. Ein Vergleich der Lebensdaten ergibt, daß die Stubersheimer Brüder von 1092 generationsgleich sind mit den Söhnen des Pfalzgrafen Manegold

---

[72] Der Kleriker Werner hatte (nach Tubingius) einen „frater" namens Reinhard, der in Ehingen begütert war; S. 125. Vielleicht ist „frater" hier im Sinne von Schwager gemeint; es könnte sich dann um den Gemahl der Liutgard handeln; vgl. Tubingius S. 139 u. 153.

d. Ä. (1070 bis ca. 1095), nämlich Manegold d. J. (1113 bis ca. 1125), Adalbert (1125—1143), Ulrich (1125) und Walter (1133—1153). Der Vater der Stubersheimer Brüder, für den wir den Namen Adalbert erschlossen haben, war sodann generationsgleich mit dem Pfalzgrafen Manegold d. Ä. Da sich der Name Adalbert im Stubersheimer wie im pfalzgräflichen Zweig findet, müßte er von dem gemeinsamen Stammvater beider Zweige kommen. Dies wäre der Vater des Pfalzgrafen Manegold d. Ä. und der Großvater der Stubersheimer Brüder von 1092. Dieser Stammvater müßte gleichfalls Adalbert geheißen haben. Er hätte etwa zwischen 1020 und 1070 gelebt, doch können wir ihn urkundlich nicht fassen.

Die Besitzgeschichte bestätigt, daß die beiden Zweige in der dargelegten Weise verbunden waren. Wie erwähnt, hatte Pfalzgraf Manegold d. Ä. von Mutterseite altdillingische oder besser „hupaldingische" Güter in Mergelstetten, Herbrechtingen, Niederstotzingen, Langenau und Umgebung geerbt. Die Mutter des Pfalzgrafen Manegold d. Ä. war eine Tochter des Duria-Grafen Manegold von 1003. Von ihm leitet sich auch der Mannesstamm der späteren Grafen von Dillingen her[73]. Deshalb hatten in all den genannten Orten außer den Pfalzgrafen auch die Grafen von Dillingen Besitz. Doch finden sich dort gleichfalls die Nachkommen der Stubersheimer Brüder von 1092 begütert. Dies beweist, daß sie von derselben „hupaldingischen" Ahnfrau stammen wie der Pfalzgraf Manegold. Die „hupaldingische" Ahnfrau war auch die Großmutter der Stubersheimer Brüder. Deshalb finden wir in Niederstotzingen vier Geschlechter begütert: die Grafen von Dillingen als die agnatischen Nachkommen des Duria-Grafen Manegold von 1003, die Pfalzgrafen, Adalbert von Elchingen und die von Albeck. In Langenau treffen wir ebenfalls die Dillinger, die Pfalzgrafen und die von Albeck an. In Bissingen haben das Hochstift Augsburg als Rechtsnachfolger der Dillinger wie auch die Herrschaft Albeck Besitz. In Öllingen weist das St. Ulrichs-Patrozinium auf „hupaldingischen" Besitz; daneben finden wir wiederum die Pfalzgrafen, Adalbert von Elchingen und die Herrschaft Albeck. In Herbrechtingen läßt sich Besitz der Dillinger, der Pfalzgrafen und der Herren von Stubersheim erschließen[74].

Wenn die von Stubersheim-Ravenstein·Albeck sonst auf der Alb in den gleichen Orten Besitz haben wie die Pfalzgrafen, ist es klar, daß sie auf denselben Mannesstamm zurückgehen. Für diesen Mannesstamm ist ein historischer Name nicht bezeugt. Wir nennen ihn der Einfachheit halber die „Adalbert-Sippe". Läßt man nämlich alle diejenigen Namen außer acht, die nachweislich durch Heirat in die Sippe gekommen sind, so bleibt der Name Adalbert; er muß als der eigentliche Stammname gelten.

---

[73] H. Bühler, Die Wittislinger Pfründen a. a. O. S. 56 f.
[74] Herbrechtingen 1200 Jahre, 1974, S. 81 f.

Die „Adalbert-Sippe"

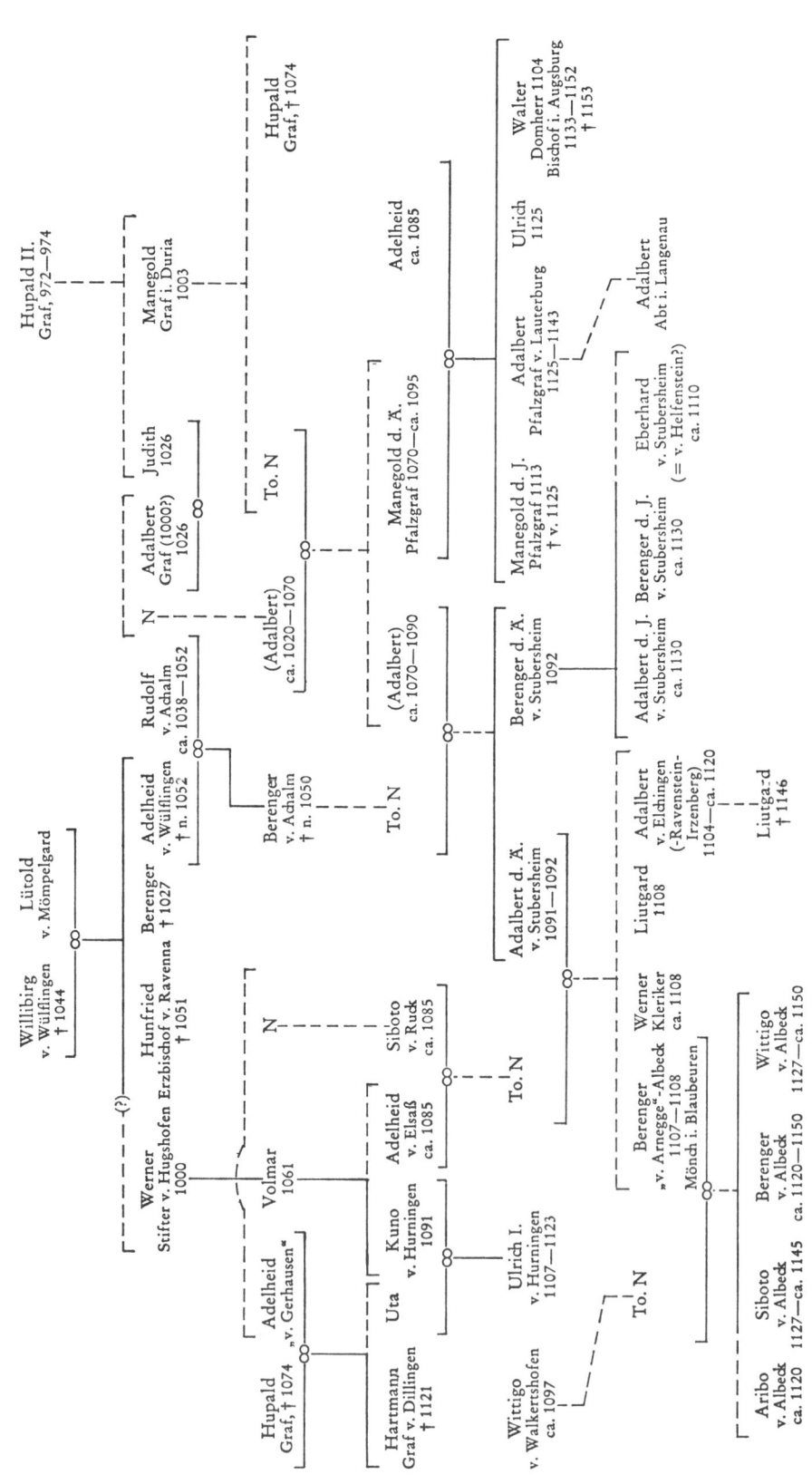

7. Die Herkunft der Adalbert-Sippe

Man fragt sich, woher wohl der Name Adalbert stammt. Auch hier mag die Besitzgeschichte weiterhelfen. Unter den Stiftungsgütern des pfalzgräflichen Klosters Anhausen finden sich die Orte Gosbach, (Unter-)Böhringen, Winegundwilare (abgeg. b. Unterböhringen), Holzheim und Hürbelsbach. Sie liegen alle um die obere Fils. Nicht weit davon entfernt hatten die von Stubersheim Besitz in Ritzenweiler (abgeg. b. Hegenlohe Kr. Schorndorf)[75]. Ein Adalbert von Ravenstein war vor 1206 in Göppingen und Umgebung begütert[76].

Somit finden wir in einem relativ eng umgrenzten Bereich um die Fils Besitz beider Zweige der Adalbert-Sippe. Es war alter Familienbesitz, der sich zumindest auf den gemeinsamen Stammvater im frühen 11. Jahrhundert zurückführen läßt.

Dieser Besitz liegt in einem Bereich, in welchem im 9. Jahrhundert die Stifter des Klosters Wiesensteig (861) begütert waren. Die Forschung ist sich nicht einig, welchem Geschlecht sie zuzuordnen seien. Die meiste Wahrscheinlichkeit hat immer noch diejenige Auffassung, die den Stifter Rudolf mit dem gleichzeitigen Pfalzgrafen Ruadolt (854—857) gleichsetzt. Pfalzgraf Ruadolt gehörte in die Sippe der Marchtaler Berthold. Zur gleichen Sippe gehörten die „Kammerboten" Pfalzgraf Erchanger (909—917) und Berthold (909 bis 917) und ihre Schwester Kunigunde. Erchanger war Inhaber der Diepoldsburg (bei Owen Kr. Kirchheim)[77]; er hielt dort kurze Zeit den Bischof Salomo von Konstanz gefangen, seinen Gegenspieler im Kampf um das schwäbische Herzogtum. Seine Schwester Kunigunde, in zweiter Ehe mit König Konrad I. (911—918) vermählt, schenkte im Jahre 915 dem Kloster Lorsch an der Bergstraße ihr Gut Gingen an der Fils. Aus späteren Aufzeichnungen geht hervor, daß dazu Güter in Grünenberg, Reichartsweiler (bei Hohenstaufen), Winterswang (abgeg.), Marchbach (abgeg. b. Gingen), Birkwang (abgeg.) und Hürbelsbach (bei Süßen) gehörten[78]. In Hürbelsbach war auch Kloster Anhausen begütert. Wahrscheinlich bestand eine Verwandtschaft zwischen den Bertholden des 9.—10. Jahrhunderts und der „Adalbert-Sippe". Bemerkenswert ist, daß Angehörige der Bertholdsippe damals über mehrere Generationen das Pfalzgrafenamt bekleideten!

Seit der Mitte des 11. Jahrhunderts war derselbe Bereich größtenteils im Besitz der Zähringer. Sie sind — z. T. auf Umwegen — die Rechtsnachfolger der Bertholdsippe geworden. Auf dreierlei Wegen konnten sie das Gut der

---

[75] Codex Hirsaug. fol. 44a, a. a. O. S. 39.
[76] WUB II S. 351 f. Nr. 527.
[77] H. Bühler, Richinza v. Spitzenberg a. a. O. S. 319.
[78] WUB IV S. 332 f. Nachtr. 26; Codex Lauresham. Nr. 3676, Württ. Gesch. Qu. II, 1895, S. 214 Nr. 472.

Bertholde übernehmen; am wahrscheinlichsten ist, daß es auf allen drei Wegen zugleich geschah.

1) Erchanger und sein Bruder Berthold wurden von ihrem Schwager, König Konrad I., wegen Hochverrats zum Tode verurteilt und 917 hingerichtet. Ihre Güter wurden konfisziert. Erchangers Besitz ging auf das Herzogshaus der Burchardinger über und vererbte sich unter deren Nachkommen. Dazu gehörte König Konrad von Burgund († 993). Dessen Tochter Gerberga brachte namhaften Besitz in die Ehe mit Herzog Hermann II. von Schwaben (997—1003).

2) Herzog Hermann II. hatte seinerseits bereits einen Teil des bertholdischen Gutes geerbt. Erchangers Bruder Berthold hatte nämlich einen Sohn namens Adalbert. Als Adalbert von Marchtal ging er in die Geschichte ein, denn er fiel 954 im Kampf für König Otto I. bei Schwabmünchen. Den Namen Adalbert hatte ihm seine Mutter vermittelt; sie war wohl eine Tochter Adalberts des Erlauchten († 894) und damit dem Herzoghaus der Burchardinger aufs engste verwandt. Wohl auf Grund dieser Verwandtschaft erhielt Adalbert von Marchtal, der Sohn des Rebellen Berthold, seine väterlichen Güter wenigstens teilweise zurückerstattet. Dies wiederum wird der Grund dafür sein, daß Adalbert im Jahre 954 so treu zum König hielt. Adalbert hinterließ einen Sohn namens Berthold († 973). Dessen Tochter Judith-Jutta wurde die Gemahlin Herzog Konrads I. von Schwaben (982—997). Sie vererbte ihre Güter auf ihren Sohn Herzog Hermann II. (997—1003), den wir bereits als Gatten der Gerberga von Burgund kennen. Hermann II. und Gerberga vereinigten also wieder Besitz von zwei Zweigen der Bertholdsippe. Beider Tochter Gisela hatte aus zweiter Ehe mit Herzog Ernst I. von Schwaben (1012—1015) die Söhne Herzog Ernst II. (1015—1030) und Herzog Hermann IV. (1030—1038). Ernst II. blieb kinderlos. Hermann IV. aber hinterließ eine Tochter Richwara, die sich mit Herzog Berthold I. von Zähringen († 1078) vermählte und diesem ihr väterliches Erbe, vorwiegend ehemaliges Gut der Bertholdsippe, zubrachte.

3) Vom Erbe Adalberts von Marchtal muß ein namhafter Teil über eine zweite Tochter seines Sohnes Berthold († 973) direkt an das Haus Zähringen gelangt sein. Urenkel dieser Tochter Bertholds ist Herzog Berthold I. († 1078), der sich mit Richwara vermählte. Diese beiden vereinigten ihr Erbe zu einem mächtigen Komplex im Umfang der späteren Herrschaften Teck, Aichelberg und Spitzenberg[79].

Die Besitzungen, die die „Adalbert-Sippe" im Filstal hatte, überschneiden sich überall mit denen der Zähringer. So liegen Gosbach, Unterböhringen, Winegundwilare, Holzheim und Hürbelsbach im Bereich der zähringischen Herrschaft Spitzenberg. In Göppingen war auch die Zähringerin Richinza

---

[79] Wie Anm. 77 S. 320 u. 321 (Tafel II).

von Spitzenberg begütert[80]. In Ritzenweiler hatte ein Vasall der Zähringer, Walter von Weilheim, Besitz[81].

So scheinen sich die Güter der „Adalbert-Sippe" von denen der Bertholde abgespalten zu haben, zumindest soweit sie im Filstal liegen. Wir erinnern uns an Adalbert von Marchtal. Er ist der erste Träger dieses Namens, der sich mit Ostschwaben in Verbindung bringen läßt. Unter seine Erben wäre die „Adalbert-Sippe" zu zählen. Da Adalbert von Marchtal nur den einen Sohn Berthold († 973) hinterließ, dessen Erben wir bereits kennen, wäre der Name Adalbert samt einem angemessenen Erbteil wohl über eine Tochter der „Adalbert-Sippe" vermittelt worden. Da man deren Gemahl nicht kennt, bleibt der Mannesstamm der „Adalbert-Sippe" seiner Herkunft nach weiterhin unbekannt. Vermutlich stand er an Vornehmheit hinter der Berthold-Sippe zurück, weshalb der Name des vornehmeren Ahns, Adalbert von Marchtal, bevorzugt und somit Leitname wurde.

Ein Zwischenglied zwischen Adalbert von Marchtal († 954) und dem erschlossenen Stammvater der „Adalbert-Sippe" (ca. 1020—1070) dürfte jener Graf Adalbert sein, der zusammen mit seiner Gemahlin Judith im Jahre 1026 das Kloster Unterliezheim (Kr. Dillingen) der Augsburger Domkirche übertrug[82]. Er könnte der Sohn einer Tochter Adalberts von Marchtal und zugleich Vaterbruder des erschlossenen Stammvaters der „Adalbert-Sippe" sein. Das Paar Adalbert und Judith selbst hatte wohl keine Kinder. Da Unterliezheim im Begüterungsbereich der „Hupaldinger" liegt, wäre Judith vielleicht eine „Hupaldingerin", und das Kloster wäre auf ihrem Erbgut errichtet worden[83].

III. Die frühen Staufer

1. Pfalzgrafen und Staufer

Der Hauptteil des pfalzgräflichen Besitzes geht offenbar auf die „Adalbert-Sippe" zurück. Die pfalzgräflichen Güter im Brenztal und um Nieder-

---

[80] Schenkungsbuch des Klosters Reichenbach, WUB II S. 403. Die Handschrift in St. Paul im Lavanttal hat an Stelle von „Roude" den Namen „Gephinen" (Göppingen), WUB VI S. 443.

[81] Rotulus Sanpetrinus, Freiburger Diözesan-Archiv XV, 1882, S. 163.

[82] A. v. Steichele, Das Bistum Augsburg IV, S. 759 f.

[83] Unter den Zeugen finden sich ein Manegolt u. ein Udalrich, Namen, die im Sippenkreis der „Hupaldinger" gebräuchlich sind. — K. Stengel kennt aus der Überlieferung des Klosters St. Ulrich u. Afra in Augsburg einen Adalbert, „Pfalzgraf von Tübingen, Herr von Gerenhusen und dem Brenzthal", der ums Jahr 1000 gelebt haben soll. Er könnte mit Adalbert „von Liezheim" personengleich sein. Seine Titel sind gewißt spätere Zutat; sie mögen jedoch seinen Herrschaftsbereich richtig wiedergeben u. seine Zugehörigkeit zu der Sippe dokumentieren, die später die Pfalzgrafen stellte; Commentar. rer. August. Vindel. VII c. 34.

stotzingen und Langenau rühren aus der Verschwägerung mit den „Hupaldingern", den späteren Grafen von Dillingen, her. Es bleiben zwei Begüterungsbereiche, in denen nur die Pfalzgrafen, nicht aber ihre Stubersheimer Vettern und deren Erben begütert waren, nämlich das Remstal mit dem angrenzenden Albuch und das Ries. Es kann sich somit nicht um Stammgut der „Adalbert-Sippe" handeln. Vielmehr muß der pfalzgräfliche Zweig diesen Besitz durch Heirat bzw. Erbschaft hinzuerworben haben[84].

a) Im Remstal hatte Kloster Anhausen aus der Dotation seiner Stifter Besitz in Alfdorf (bei Welzheim) und Maitishof (bei Hohenstaufen), ferner in Mögglingen, Hegeloch (abgeg. b. Mögglingen), Herbatsfeld, Sulbach (abgeg. b. Mögglingen) und Forst bei Essingen. Auf dem angrenzenden Albuch war das Kloster begütert in Irmannsweiler, Erchenbrechtsberg (abgeg.), Mackmannsweiler (abgeg.), Wenelenweiler (abgeg.), Hohensohl (abgeg. b. Bibersohl), Lovueswilare (abgeg. b. Bartholomä?), Banwang (heute Wald bei Irmannsweiler) und Kerben (abgeg. b. Zang). Die Feste Lauterburg ist 1128 als Sitz des Pfalzgrafen Adalbert bezeugt[85]. Steinenberg (bei Welzheim), Bettringen und Zimmerbach (bei Alfdorf) waren wohl aus dem Vermächtnis des Bischofs Walter an das Hochstift Augsburg gelangt[86].

b) Im Ries hatte Anhausen Besitz in Benzenzimmern, Dürrenzimmern, Laub (bei Monheim) und Fessenheim.

Der remstalische Besitz der Pfalzgrafen liegt im Begüterungsbereich der Staufer. Zentren staufischen Besitzes waren Lorch (Kollegiatstift an der Marienkirche, um 1060 gegründet, sowie Burg an Stelle der um 1102 gestifteten Benediktinerabtei), Büren (Wäschenbeuren, Sitz Friedrichs „von Büren", des Vaters Herzog Friedrichs I. von Schwaben) und Welzheim[87]. Die wohl früheste Zusammenstellung staufischen Besitzes, der Heiratsvertrag zwischen Herzog Konrad von Rothenburg und Berengaria von Kastilien von 1188, nennt ferner das „castrum Walthusin" (Waldhausen) und das „burgum Gemunde" (Schwäb. Gmünd) je mit Zugehör[88].

Derselbe Heiratsvertrag nennt aber auch staufische Güter im Ries, nämlich das „burgum Bobphingin", das „castrum Flochberch", die Hälfte des „castrum Walrstein", das „burgum Tinkelspuhel", das „burgum Ufkirchin", das „predium in Burberch" (Beyerberg nö. Hesselberg) und das „burgum Wicenburch" (Weißenburg a. Sand) je mit Zugehör. Das besagt, daß auch die pfalzgräflichen Güter im Ries in einem Bereich lagen, der zum guten Teil staufisch war.

---

[84] Zwar war auch Kloster Elchingen im Remstal begütert, vgl. Anm. 42. Dieser Besitz stammt aus dem Heiratsgut u. Erbe der Stauferin Berta, Gemahlin Adalberts v. Elchingen; er kann hier außer Betracht bleiben.

[85] WUB I S. 376 Nr. 293.

[86] S. Anm. 24.

[87] Urk. Bischof Hartwigs von Augsburg von 1181. VII. 8., WUB II S. 441 f. Nachtrag E.

[88] P. Rassow, Der Prinzgemahl, 1950, S.1 ff.

Die Vermutung drängt sich auf, Pfalzgrafen und Staufer müßten nah verwandt gewesen sein, und zwar müßten die Pfalzgrafen staufische Güter geerbt haben. Daß zwischen beiden Häusern eine Verwandtschaft bestand, wurde ja schon durch den Wechsel des Pfalzgrafenamtes nahe gelegt[89].

Sind wir erst einmal darauf aufmerksam geworden, wie sehr der pfalzgräfliche Besitz den der Staufer durchdringt, dann überrascht es uns nicht, daß umgekehrt Besitz des staufischen Hausklosters Lorch sich über die Besitzlandschaft der Pfalzgrafen und darüber hinaus weit in den ostschwäbischen Raum bis ins Ries erstreckt.

Die Stiftungsurkunde des Klosters Lorch hat sich leider nicht erhalten, daher kennen wir die Erstausstattung dieses Klosters nicht. Dessen Besitz wird zum guten Teil erst im Spätmittelalter urkundlich faßbar, als das Kloster entlegene Güter abstieß. Lorch hatte Besitz in Erpfenhausen (bei Gerstetten, 1262 beurkundet)[90], Bolheim (Maierhof, Mühle, Fischrecht, Kirchensatz und 15 Huben, 1320)[91], Dettingen (1327)[92], Rudelsberg (abgeg. b. Schnaitheim, 1427 und 1431)[93], Oggenhausen (1471)[94], Nattheim (1471), Walkersdorf (abgeg. b. Fleinheim, 1398)[95], Dischingen (1471), Groß- und Kleinkuchen (1471), Auernheim (1428)[96], Dossingen bei Neresheim, 1345)[97], Dorfmerkingen (1471), Fachsenberg (zwischen Dossingen und Dorfmerkingen, 1313)[98], Hohenlohe mit Stetten, Oberriffingen und Beuren (1471, Westerhofen (1471), Scherbach (1471), Goldburghausen (1471), Pflaumloch (1343) [99], Nährmemmingen, Utzmemmingen, Demmingen und Löpsingen (alle 1471) sowie Ebermergen (bei Harburg, vor 1152)[100]. Die weite Streuung des lorchischen Besitzes spricht dafür, daß er größtenteils aus der Gründungszeit des Klosters (um 1102) stammt, somit aus der Dotation der Stifter. Einiges mag auch noch später aus Schenkung von anderer Seite dazugekommen sein. Doch hatte der Konvent später kaum Interesse, weit entlegene Güter zu erwerben; eher stieß er solchen Streubesitz ab und suchte sein Gut in der Nähe des Klosters zu arrondieren.

---

[89] Vgl. oben Kap. I.
[90] WUB VI S. 70 Nr. 1667.
[91] HStA Stuttgart, A 471 Kloster Anhausen PU 65.
[92] HStA Stuttgart, A 471 Kloster Anhausen PU 88.
[93] HStA Stuttgart, B 95—97 Grafen zu Helfenstein PU 401 u. 402.
[94] HStA Stuttgart, B 330 Kapfenburg PU 42.
[95] HStA Stuttgart, A 499 Kloster Lorch PU 784; Heilbronner UB I S. 168.
[96] Archiv Kloster Neresheim, Grünes Documentenbuch S. 85 f.
[97] H. Bauer, Versuch einer urkundl. Gesch. der Edelherren v. Hürnheim, Jahresbericht d. histor. Kreisvereins von Schwaben u. Neuburg für 1863 u. 1864, S. 144; vgl. Beschreibung des Oberamts Neresheim S. 273.
[98] Archiv Kloster Neresheim, Grünes Documentenbuch S. 293.
[99] Beschreibung des Oberamts Neresheim S. 400.
[100] S. Anm. 87.

Stifter des Klosters waren Herzog Friedrich I. von Schwaben und seine Gemahlin Agnes, die Tochter Kaiser Heinrichs IV. Ein Teil des erwähnten lorchischen Besitzes kann als ehemals salisches Gut angesprochen werden, das Agnes in die Ehe gebracht und dem Kloster übertragen hat. Dies gilt für Bolheim[101] und Nattheim[102]. Diese Orte gehören somit gewiß zum ältesten Güterbestand des Klosters Lorch. Mit Nattheim könnten Rudelsberg, Oggenhausen, Walkersdorf, Dischingen, Kuchen und Auernheim verbunden gewesen sein. Der übrige lorchische Besitz aber war wohl altes Staufergut. Dies gilt insbesondere für Dettingen (Kr. Heidenheim). Die Verhältnisse dort sind recht aufschlußreich. Lorch hatte von seinen Stiftern ein Patronatrecht und nicht unbedeutenden Grundbesitz erhalten. Dies alles vertauschte der Abt 1327 an Kloster Anhausen gegen dessen Besitz in Alfdorf (bei Welzheim)[103]. Das Patronatrecht der Pfarrei St. Peter sowie neun Hofstätten waren in Händen der Pfalzgrafen, die diese Hofstätten ihrem Kloster Anhausen übergaben[104].

Staufisch-lorchischer Besitz und pfalzgräflich-anhausischer Besitz in Dettingen scheinen etwa gleichwertig gewesen zu sein. Es sieht so aus, als habe zwischen zwei gleichberechtigten Erben, nämlich Geschwistern, eine Erbteilung stattgefunden, wobei der eine Teil an die Staufer, der andere an die Pfalzgrafen fiel. Die Teilung müßte spätestens in der Generation der Eltern des Herzogs Friedrich I. und der Anhauser Stifter Manegold d. J., Adalbert, Ulrich und Walter erfolgt sein. Auf staufischer Seite sind dies Friedrich von Büren und Hildegard von Mousson-Mömpelgard; auf Seiten der Pfalzgrafen sind es Manegold d. Ä. und Adelheid. — Staufer und Pfalzgrafen haben den Namen Walter gemeinsam, und zwar in der gleichen Generation. Wir kennen den Pfalzgrafensohn Bischof Walter von Augsburg (1133—1152). Im Stauferhaus trug den Namen ein Bruder des Herzog Friedrichs I.; er war etwa gleichaltrig mit Bischof Walter, ist aber bald nach 1095 gestorben.

In die Familie der Pfalzgrafen kann der Name nur durch die Mutter Adelheid gekommen sein; sie entstammte offenbar einer Familie, in welcher der Name Walter Bedeutung hatte. Im Stauferhaus muß der Name von Vaterseite vermittelt sein, von Friedrich von Büren; denn im Sippenkreis seiner Gemahlin Hildegard von Mousson-Mömpelgard ist er unbekannt. Nun ist aber der Name der Pfalzgräfin Adelheid ein Name, der im Stauferhause üblich war; eine Schwester Herzog Friedrichs I., des Pfalzgrafen Ludwig und des eben erwähnten Walter hat ihn getragen. So kommen wir zu dem Ergebnis, daß die Pfalzgräfin Adelheid eine Stauferin, und zwar eine Schwester Friedrichs von Büren war.

[101] Herbrechtingen 1200 Jahre, 1974, S. 59 f.
[102] MG.Dipl. Heinr. III. Nr. 251 u. 252.
[103] S. Anm. 92.
[104] WUB I S. 366 f. Nr. 286; WUB II S. 26 ff. Nr. 318.

Welche Konsequenzen ergeben sich daraus? — Der pfalzgräfliche Besitz im Remstal: Alfdorf, Maitishof, Mögglingen, Lauterburg, Forst und die Güter auf dem angrenzenden Albuch um Irmannsweiler sind dann staufisches Erbe, das Adelheid in die Ehe mit Manegold d. Ä. gebracht hat. Ein gleiches gilt für Dettingen. Sogar die pfalzgräfliche Klosterstatt Anhausen, die ursprünglich zum Pfarr- und Zehntbezirk der St. Peters-Pfarrei in Dettingen gehörte, könnte aus staufischem Erbe stammen.

Noch nicht geklärt ist die Herkunft des Namens Walter, der Staufer und Pfalzgrafen verbindet. Er muß aus dem Stauferhause kommen, aber wohl nicht aus dessen Mannesstamm, den wir ja aus der „Tabula consanguinitatis" Wibalds kennen[105]. Denn nach Wibald hat der Vater Friedrichs von Büren gleichfalls Friedrich geheißen. Der Name Walter müßte folglich von der Mutter Friedrichs von Büren vermittelt sein. Dies würde erklären, daß sowohl Friedrich von Büren als auch seine Schwester Adelheid den Namen einem ihrer Söhne weitergaben.

Ein Zeitgenosse der Mutter Friedrichs von Büren und Adelheids ist Bischof Walter von Verona (1037—1055), ein Schwabe. Er brachte im Jahre 1052 Reliquien des hl. Zeno von Verona in die dem hl. Kreuz geweihte Pfalzkapelle in Ulm[106]. Dies geschah vermutlich deshalb, weil Walter persönliche Beziehungen zu Ulm hatte. Ulm war königliche Pfalz. Ihre Verwaltung und die Ausübung der zugehörigen Gerichtsbarkeit war Aufgabe des schwäbischen Pfalzgrafen. Das Pfalzgrafenamt bekleidete zu dieser Zeit ein Friedrich (1053), den man mit Recht für einen Staufer hält[107]. So darf man in Bischof Walter wohl einen Verwandten dieses Pfalzgrafen Friedrich sehen; nach den Lebensdaten dürfte er der Mutterbruder Friedrichs von Büren gewesen sein. Der Pfalzgraf Friedrich (1053) könnte mit Friedrich von Büren oder mit dessen Vater Friedrich personengleich sein; er wäre dann der Neffe oder der Schwager des Bischofs.

Forscht man nach des Bischofs Vater, der zugleich der Schwiegervater des ersten Friedrich der bekannten Staufergenealogie gewesen wäre, so stößt man auf den Filsgaugrafen Walter von 998[108]. In seinem Amtsbereich lag Billizhausen (abgeg. b. Bezgenriet Kr. Göppingen). Sein Eigenbesitz mag um die untere Fils, auf dem Schurwald und um die Rems bis hinauf zum Albuch gelegen haben. Seine Anrainer im Westen waren die Rechtsnachfolger der Berthold-Sippe. Deren Besitz überschnitt sich wohl stellenweise mit dem des Grafen Walter. Wir stehen damit vor der Frage nach den Anfängen und der Herkunft der Staufer.

---

[105] Ph. Jaffé, Bibliotheca Rerum Germanicarum I, 1864, S. 547.

[106] J. Zeller, Die Übertragung von Reliquien des hl. Zeno von Verona nach Ulm, Ulm-Oberschwaben H. 24, 1925, S. 113 ff.

[107] S. Anm. 11.

[108] MG.Dipl. Otto III. Nr. 285; WUB IV S. 338 Anh. 33.

2. Die Herkunft der Staufer

Wer sich in der Literatur über die Anfänge der Staufer unterrichten möchte, wird schwer enttäuscht. Ein Forscher von Rang bekennt: „Hätte nicht Friedrich Barbarossa selbst in das Dunkel seiner Ahnenreihe hineingeleuchtet, wüßten wir nichts von den Anfängen des staufischen Geschlechts"[109]. Doch auch die „Tabula consanguinitatis Friderici I regis" Wibalds, auf die er anspielt, enthält nur wenige Namen: „Friedrich zeugte Friedrich von Büren, Friedrich von Büren zeugte Friedrich, den Herzog, welcher Staufen erbaute"[110]. — Soviel scheint jedoch sicher, daß die Staufer im Rems- und Filsgebiet nicht beheimatet waren. Vor der Mitte des 11. Jahrhunderts haben sie dort jedenfalls keine Rolle gespielt. Erst mit Friedrich „von Büren" (Wäschenbeuren), dem Sohn des ersten Friedrich (nach Wibald), werden Beziehungen des Hauses zum Rems- und Filsgebiet quellenmäßig faßbar. Auf Friedrich von Büren und seine Gemahlin Hildegard von Mousson-Mömpelgard geht dann wohl die Umwandlung der Marienkirche in Lorch in ein Kanonikatstift (um 1060) zurück[111]. Beider Sohn Friedrich baute die Burg auf dem Hohenstaufen, die ungefähr im Herzen Schwabens liegt. Er bekam 1079 das schwäbische Herzogtum übertragen und die Hand der Kaisertochter Agnes. Mit ihm setzt der kometenhafte Aufstieg des Geschlechtes ein.

Das überraschende Auftreten der Staufer im Inneren Schwabens wird nur verständlich, wenn sie dort eingeheiratet haben. Der erste Friedrich der bekannten Staufergenealogie hat sich offenbar mit der Tochter des Filsgaugrafen Walter (998) vermählt. Das Geschlecht des Filsgaugrafen ist wohl mit ihm bald nach der Jahrtausendwende erloschen: sein einziger Sohn Walter war geistlich. Das Hausgut ging deshalb über die Tochter — sie hieß vielleicht Adelheid — auf deren Nachkommen aus der Ehe mit dem ersten Friedrich (nach Wibald) über. Es sind dies Friedrich „von Büren" und die Pfalzgräfin Adelheid. Der erstere, der den Hauptteil des mütterlichen Erbes antrat, baute sich darin seinen Burgsitz in Büren, nach welchem man ihn von nun an nennt. Die Tochter Adelheid brachte Teile des mütterlichen Erbes in die Ehe mit dem Pfalzgrafen Manegold d. Ä. So erklären sich die Besitzverhältnisse in Dettingen (Kr. Heidenheim), das aus dem Erbe des Filsgaugrafen Walter stammen muß. —

Die Heirat der Adelheid ins Pfalzgrafengeschlecht (Adalbert-Sippe) wird aus der Besitznachbarschaft zu verstehen sein. War doch der Besitz des Filsgaugrafen Walter mit dem der Adalbert-Sippe eng verzahnt. Das zeigt sich in der Nähe des Hohenstaufen, wo die „Adalbert-Sippe" seit alters Ritzenweiler und Güter in Göppingen, wahrscheinlich auch Hürbelsbach besaß. Das

---

[109] E. Maschke, Das Geschlecht der Staufer, 1943, S. 15.

[110] S. Anm. 105; Übertragung nach M. Akermann, Hohenstaufen S. 3.

[111] Vgl. Jacobi Spindleri Genealogia baronum de Hohenstauffen, Mehring, Stift Lorch, 1911, S. 1.

zeigt sich aber auch im Bereich Dettingen und Steinheim am Albuch: während Dettingen (vielleicht mit Anhausen) als ehemaliger Besitz des Grafen Walter wie ein Keil in den Bereich der „Adalbert-Sippe" hineingeragt hatte, lag Steinheim als Besitz der „Adalbert-Sippe" weit im Begüterungsbereich des Grafen Walter. Solche Überschneidungen und Verzahnungen des Besitzes wurden durch die Heirat teilweise bereinigt. Die Verzahnung des Walter'schen Besitzes mit dem der „Adalbert-Sippe" legt die Vermutung nahe, daß zwischen beiden Häusern schon ältere verwandtschaftliche Beziehungen bestanden. Jedenfalls gehörte Graf Walter gleichfalls zu den Nachfahren und Erben der Berthold-Sippe, die im 9. und 10. Jahrhundert im Filsgebiet begütert war; Kunigunde hatte Reichartsweiler am Hohenstaufen 915 dem Kloster Lorsch geschenkt[112].

Friedrich von Büren war — wie erwähnt — offensichtlich ein Neuling im Rems-Fils-Gebiet. Ein öffentliches Amt scheint er dort nicht bekleidet zu haben. Die Grafschaft im Remstal war noch um 1080 in der Hand eines Grafen Poppo aus dem Hause Lauffen, des Stammvaters der Grafen von Berg[113]. In dessen Amtbereich lagen Waiblingen und Winterbach; doch gehörte dazu vielleicht auch das Filsgebiet, wo wir für diese Zeit keinen eigenen Grafen nachweisen können.

Nach dem Zeugnis das Bischofs Otto von Freising, der als Verwandter in der Hausgeschichte der Staufer wohl bewandert war, hatte Herzog Friedrich I. vor seiner Erhebung zum Herzog (1079) den Grafentitel getragen und stammte „ex nobilissimis Sueviae comitibus"[114]. Dies besagt, daß auch schon seine Vorfahren Grafen und der Landsmannschaft nach Schwaben waren. Sie müssen dieses Amt wohl anderwärts, nicht im Rems-Fils-Gebiet, ausgeübt haben. Grafen namens Friedrich aber gab es innerhalb des Herzogtums Schwaben im 11. Jahrhundert allein im Ries. Hierauf hat Ernst Klebel schon vor zwanzig Jahren aufmerksam gemacht[115]. Dort ist 1030 ein Graf Friedrich in Beziehung zu Donauwörth genannt[116]. Er ist gewiß jener Graf Friedrich von 1027, der (nach Wipo) es abgelehnt hatte, für den rebellischen Herzog Ernst II. gegen König Konrad II. zu kämpfen[117]. Nach den Lebensdaten müßte er mit dem ersten Friedrich der Genealogie Wibalds, dem Schwiegersohn des Filsgaugrafen Walter, personengleich sein. Er ist u. E. auch gleichzusetzen mit dem Pfalzgrafen Friedrich von 1053, der in einer Urkunde Kaiser Heinrichs III. für das Hochstift Eichstätt unter den „Optimaten" des Ries- und Suala-

---

[112] S. Anm. 78.

[113] MG.Dipl. Heinr. IV. Nr. 325; H. Bühler, Die Wittislinger Pfründen a. a. O. S. 30.

[114] Ottonis Frisingensis Gesta Friderici I cap. 8, MG.SS. XX S. 357.

[115] S. Anm. 11; vgl. Chr. Fr. Stälin, Wirt. Gesch. I, 1841, S. 545.

[116] MG.Dipl. Konr. II. Nr. 144.

[117] Wipo cap. 21, Ausgew. Quellen XI S. 576.

feldgaues erscheint[118]. Er ist dann der Schwager des Bischofs Walter von Verona, der in Friedrichs Amtszeit die Zeno-Reliquien in die Ulmer Pfalz-kapelle brachte. Das Pfalzgrafenamt wird ihm noch Kaiser Konrad II. ver-liehen haben, vielleicht zum Dank für seine Haltung dem rebellischen Herzog Ernst II. gegenüber. Die Vorgänge von 1027 hatten sich ja gerade in der Pfalz Ulm abgespielt. Im Pfalzgrafenamt folgte ihm sodann sein Schwiegersohn Manegold (1070 bis ca. 1095 bezeugt). Er war möglicherweise noch von Kai-ser Heinrich III. (1039—1056), eher von Heinrich IV. (1056—1106) ein-gesetzt worden. Staufer und Pfalzgrafen hielten offenbar fest zusammen und waren stets kaisertreu.

Als Friedrichs Sohn und somit als Friedrich „von Büren" betrachten wir den in derselben Urkunde von 1053 erwähnten Riesgrafen Friedrich. Er muß einige Zeit vor 1079 gestorben sein, da sein gleichnamiger Sohn bereits Graf war, ehe er 1079 das schwäbische Herzogtum erlangte. Dessen Erhebung zum Herzog scheint allerdings in etwas anderem Licht, als in der bisherigen For-schung, wenn man bedenkt, daß sein Geschlecht schon seit Generationen das Grafenamt im Ries bekleidete und wenn sein Großvater und sein Oheim das Pfalzgrafenamt, das zweitwichtigste Amt im Herzogtum Schwaben, inne-hatten.

Die Heimat der Staufer war also das Ries. Dafür spricht 1) die dort nach-weisbare frühe Begüterung des Geschlechts. Im Jahre 1150 bezeichnet der junge Heinrich, Sohn König Konrads III., die Gegend um Bopfingen und Harburg als „terra nostra", als er die Vorgänge um den Einfall Welfs VI., die Belagerung von Flochberg durch Welf, sein Anrücken vom „castrum Harburg" und seinen Sieg über Welf zwischen Flochberg und Neresheim schildert[119].

Wenn Andreas von Regensburg, ein Chronist des frühen 15. Jahrhunderts, „Gibling" (= Waiblingen) als Geburtsort Herzog Friedrichs II. (1105—1147) nennt und die Lage des Orts beschreibt als in der Diözese Augsburg auf dem Härtsfeld zwischen Schloß Hochburg (= Harburg?) und Neresheim gelegen, so hat er sich zwar hinsichtlich der Lage Waiblingens gewaltig getäuscht, aber doch wohl insofern recht, als er mit dem Härtsfeld und Ries die Stammland-schaft der Staufer umreißt[120].

Nun wird ja Pfalzgraf Friedrich 1053 unter die „Optimaten" des Rieses und des Sualafeldgaues gerechnet; folglich war er dort auch begütert. Von dem, was den Staufern im Ries gehörte, ist Ebermergen (bei Harburg) mit am frühesten faßbar. Kloster Lorch hatte dort aus seiner Gründungszeit die Kirche samt zwei Teilen des Zehnten. König Konrad III. (1138—1152) erwarb dies für sich zurück und gab dem Kloster im Tausch die Kirche in

---

[118] MG.Dipl. Heinr. III. Nr. 303.
[119] Ph. Jaffé, Bibl. Rer. Germanicarum I S. 366—368.
[120] Quellen u. Erört. NF. I S. 538 f. u. 630.

Welzheim[121]. Ebermergen war also um 1100 staufisch. Der Tausch zeigt, daß die Staufer in der Nachbarschaft Ebermergens Besitz hatten und daran interessiert waren, ihn weiter auszubauen. In der Nähe lagen Gosheim, Alerheim und Harburg als staufische Güter. Harburg war wahrscheinlich durch Gertrud von Sulzbach († 1146), die Gemahlin König Konrads III., zugebracht worden[122].

Alter staufischer Besitz am Nordrand des Rieses war Bruck (abgeg. b. Gräfensteinberg). König Konrad III. übertrug das Gut 1146 dem Kloster Heilsbronn zum Seelenheil seiner jüngst verstorbenen Gemahlin Gertrud[123]. Wohl der früheste staufische Besitz, der sich ermitteln läßt, ist Reimlingen (bei Nördlingen). Rudolf von Spitzenberg (bei Geislingen) besaß 1147 die Kirchenzehnten sowie alle ortsherrlichen Rechte[124]. Rudolfs Vorfahren hatten die Kirche gegründet; Reimlingen war also sein Erbgut. Rudolf von Spitzenberg ist ein Enkel der Richinza von Spitzenberg (1092 bis ca. 1110). Diese wiederum war eine Urenkelin der Stauferin Berta, die in der „Tabula consanguinitatis" als Schwester des ersten Friedrich (1027—1053) ausgewiesen ist. Der gezeigte Erbgang scheint uns der einzig mögliche Weg, auf dem die Spitzenberger Besitz im Ries ererbt haben konnten. Reimlingen wäre damit schon um 1000 staufisch gewesen[125]. Namhafter staufischer Besitz im Ries war aus salischem Erbe spätestens 1125 angefallen, nämlich Weißenburg am Sand, Dietfurt, Pappenheim und Wettelsheim[126].

Wesentliche Teile des Stauferguts im Ries dürften auf Lehengut von Kloster Fulda zurückgehen[127], darunter gewiß Güter in Bopfingen, Nördlingen und Alerheim. Im übrigen sei auf die Güterliste im Heiratsvertrag von 1188 verwiesen sowie auf den weitgestreuten Besitz des Klosters Lorch im Ries und auf dem Härtsfeld.

Für Verwurzelung der Staufer im Ries spricht 2) ihre Verwandtschaft zu den Herren von Truhendingen (Hohentrüdingen am Hesselberg). In einer Urkunde Kaiser Friedrichs I. Barbarossa von 1165 wird Adalbert von Truhendingen „consanguineus" (Blutsverwandter) des Herzogs Friedrich von Rothenburg (1152—1167), Sohn König Konrads III. genannt[128]. Der Besitz der Truhendinger zieht sich von der Gegend um den Hesselberg herunter bis ins südliche Ries: Dürrenzimmern, Pfäfflingen, Wechingen, Alerheim, Enkin-

---

[121] S. Anm. 87.

[122] F. Tyroller, Die Grafen v. Lechsgemünd, Neuburger Kollektaneen-Blatt 107, 1953, S. 24.

[123] MG.Dipl. Konr. III. Nr. 152.

[124] A. v. Steichele, Das Bistum Augsburg III, S. 1076 f.

[125] H. Bühler, Richinza v. Spitzenberg a. a. O. S. 314 u. 321.

[126] MG.Dipl. Konr. II. Nr. 227; Dipl. Heinr. III. Nr. 119.

[127] Dronke, Tradit. et Antiquit. Fuld. c. 63 u. 62, Württ. Gesch. Quellen II S. 258 u. 257.

[128] S. Englert, Gesch. der Grafen v. Truhendingen, 1885, S. 15 Nr. 22.

gen, Reimlingen und Schrattenhofen[129]. Er überschneidet sich dort vielfach
mit dem der Staufer, so daß man den staufischen Besitz und den der Truhendinger auf einen gemeinsamen Vorfahren und Erblasser zurückführen möchte.
Die Abspaltung des truhendingischen Besitzes müßte allerdings schon erfolgt
sein, ehe die Staufer im Rems-Fils-Gebiet Fuß faßten, denn dort waren die
Truhendinger nicht begütert. Die von Truhendingen trugen die Namen
Friedrich und Adalbert, wovon der erstere zweifellos aus dem Staufergeschlecht stammt. Ein Adalbert, der 1053 unter den „Optimaten" des Rieses
erscheint, dürfte ein Vorfahr der Truhendinger sein. Er könnte eine Schwester
des Riesgrafen und Pfalzgrafen Friedrich (1027—1053) geheiratet haben.

Wenn die Staufer aus dem Ries kommen, dann ist auch klar, woher der
Besitz der Pfalzgrafen in Benzenzimmern, Dürenzimmern, Laub und Fessenheim stammt: es ist der Anteil der Pfalzgräfin Adelheid am staufischen Stammgut im Ries, das sie in die Ehe mit dem Pfalzgrafen Manegold d. Ä. eingebracht hat.

Die enge Verwandtschaft zwischen Staufern und Pfalzgrafen mag erklären,
daß beim Erlöschen des pfalzgräflichen Hauses 1143 die Vogtei des Klosters
Anhausen an den Staufer König Konrad III. überging. Konrad III. hielt 1150
in Langenau einen Hoftag ab und nahm hierbei als Vogt des Klosters Elchingen einen Gütertausch mit St. Blasien vor [129a]. Dies läßt darauf schließen, daß
er auch (Vogt-)Herr des Klosters Anhausen war. Der Hoftag fand wohl in
der Martinskirche in Langenau statt. Andere Rechte als die aus der Vogtei
Anhausen aber hatte der König in Langenau nicht.

Der Rest des pfalzgräflichen Besitzes, soweit er nicht durch das Vermächtnis des Bischofs Walter an das Hochstift Augsburg gelangte, fiel gleichfalls an
die Staufer. Es handelte sich um die Feste Lauterburg mit Zugehör, darunter
der Kirchensatz in Dettingen samt Gütern in Dettingen und Heuchlingen
sowie Güter und Rechte in Asselfingen und Setzingen.

3. *Ergänzungen zur Genealogie der Staufer*

a) Darf die Herkunft der Staufer aus dem Ries nunmehr als gesichert
gelten, so läßt sich ihre Genealogie wohl noch um eine Generation verlängern.
In einer Urkunde König Ottos III. für Kloster Ellwangen, ausgestellt in
Frankfurt 987, sind die beiden Grafen Sigehard und Friedrich erwähnt[130].
Sigehard ist für die Jahre 1007 und 1016 als Riesgraf bezeugt[131]. Er ist der
Amtsvorgänger des ersten Friedrich aus staufischem Hause und mit diesem
daher vielleicht verwandt. Graf Friedrich (987) muß gleichfalls eine Graf-
schaft in Ostschwaben verwaltet haben, am ehesten im Kocher- und Jagst-

---

[129] S. Englert, Gesch. der Grafen v. Truhendingen, Graph. Darstellung der Truhendingischen Besitzungen.

[129a] M. Gerbert, Hist. silvae nigrae III S. 76 ff. Nr. 51.

[130] MG.Dipl. Otto III. Nr. 38; WUB I S. 227 f. Nr. 194.

[131] MG.Dipl. Heinr. II. Nr. 155 u. 357.

bereich[132]. Er dürfte der Vater des ersten Riesgrafen namens Friedrich (1027 bis 1053) sein. Wir nehmen an, daß Graf Friedrich (987) mit der Schwester des Riesgrafen Sigehard (987—1016) vermählt war und daß nach dessen Tod der Neffe Friedrich (1027—1053) die Riesgrafschaft übernommen hat.

b) Man hat schon vermutet, daß Bischof Otto I. der Heilige von Bamberg (1102—1139) zum Verwandtenkreis der Staufer gehöre, und zwar durch seine Mutter Adelheid[133]. Adelheid heißt die Tochter Friedrichs von Büren und der Hildegard von Mousson-Mömpelgard. Über sie ist außer ihrer Mitwirkung bei der Gründung des St. Fides-Klosters in Schlettstadt im Jahre 1094 nichts bekannt[134]. Diese Adelheid mit der Mutter des Bischofs Otto gleichzusetzen, liegt aus folgenden Gründen nahe:

1) Ein Bruder des Bischofs Otto hieß Friedrich (von Mistelbach). Der Name dürfte vom Vater der Mutter, Friedrich von Büren, stammen.

2) Bischof Otto stiftete in Bamberg in den Jahren 1123—1124 eine Zelle St. Getreu (s. Fidis). Das Patrozinium St. Getreu-St. Fides ist so selten, daß man unwillkürlich an eine Verbindung mit Schlettstadt denkt. Dort hatte Hildegard auf ihrem Erbgut zusammen mit ihren Kindern, darunter Adelheid, 1094 das St. Fides-Kloster gegründet. So mag Pietät gegenüber seiner Großmutter Hildegard und seiner Mutter Adelheid den Bischof zu der Stiftung in Bamberg veranlaßt haben.

3) Bischof Otto übertrug dem Kloster St. Michael in Bamberg eine Kirche am Albuch („iuxta Albuch") zum Gedächtnis seiner Eltern Otto und Adelheid, die darin bestattet waren[136]. Zwar konnte diese Kirche am Albuch bis heute nicht ermittelt werden. Gustav Bossert hat an Heubach gedacht[137]. Nachdem wir jetzt wissen, daß der Albuch und sein Vorland zu den Gütern gehörte, die die Staufer aus dem Erbe des Filsgaugrafen Walter übernahmen, lag die Kirche am Albuch auf alle Fälle im staufischen Begüterungsbereich. Sie dürfte von Ottos Mutter Adelheid in die Ehe gebracht worden sein. Die Annahme, Ottos Mutter sei mit der Stauferin Adelheid personengleich, wird damit ganz entscheidend gestützt. Ist aber Ottos Mutter mit der Stauferin Adelheid identisch und diese in der Kirche am Albuch bestattet, dann ist auch der Streit, ob die Totenmaske in Schlettstadt die Mutter Hildegard oder die Tochter Adelheid darstellt, zugunsten der Mutter Hildegard entschieden.

c) War Hildegard von Mousson-Mömpelgard zweimal vermählt?

Anläßlich der Gründung des St. Fides-Klosters in Schlettstadt werden die Kinder der Hildegard genannt: Otto, Bischof von Straßburg (1082—1100),

---

[132] Vgl. Chr. Fr. Stälin, Wirt. Gesch. I S. 544 Anm. 11.

[133] E. Klebel, Zur Abstammung der Hohenstaufen, a. a. O. S. 162; E. Kimpen, Zur Königsgenealogie . . ., ZGO 103, 1955, S. 101.

[134] Regesten d. Bischöfe v. Straßburg I Nr. 347.

[135] Germania sacra I. Das Bistum Bamberg, S. 131 f.

[136] Ebonis vita Ottonis Lib. I cap. 17, Jaffé, Bibl. Rer. Germanicarum V S. 604.

[137] Die Herkunft Bischof Ottos . . ., Württ. Vierteljahresh. VI, 1883, S. 95 f.

Friedrich I., Herzog von Schwaben (1079—1105), Ludwig, Walter, Konrad und Adelheid[138]. Die Namen der Kinder Hildegards erklären sich größtenteils aus dem bekannten Sippenkreis. Herzog Friedrich hieß wie der Vater, Großvater und Urgroßvater; Ludwig trug den Namen des Großvaters von Mutterseite, Ludwig von Mousson-Mömpelgard († n. 1070); Walter war nach dem Urgroßvater, dem Filsgaugrafen Walter (998), oder nach dem Großonkel, dem Bischof Walter von Verona (1037—1055), benannt; Adelheid dürfte nach ihrer Vaterschwester, der Pfalzgräfin Adelheid, getauft worden sein. Unbekannt ist die Herkunft der Namen Otto und Konrad.

Ernst Klebel hat nun die These aufgestellt, Hildegard sei zweimal (oder gar dreimal) verheiratet gewesen; ihre Söhne Otto, Ludwig und Konrad stammten aus der zweiten Ehe mit einem Grafen Konrad. Er stützt sich auf eine Nachricht der Gallia Christiana, die sich auch schon bei Guilliman findet[139]. Auf den ersten Blick mag die These bestechen; sie hat auch Anhänger gefunden. Klebels Versuch, diesen Grafen Konrad als geschichtliche Persönlichkeit nachzuweisen, stößt aber auf ganz erhebliche Schwierigkeiten. Ein Pfalzgraf Kuno (1079), den er für Hildegards zweiten Gemahl hält, hat in der Reihe der schwäbischen Pfalzgrafen keinen Platz. Der genannte Kuno ist doch wohl eher der bayerische Pfalzgraf Kuno von Rott († 1086)[140].

Unmöglich ist sodann Klebels Versuch, den Staufer Konrad († ca. 1095), den Sohn der Hildegard, gleichzusetzen mit Konrad von Lechsgemünd (Klebel nennt ihn „Kuno von Horburg"), den Gemahl der Mathilde von Achalm. Das Diplom Kaiser Heinrichs IV. vom 21. September 1091, das Klebel zweifellos meint[141], führt als Intervenienten sowohl den Staufer Konrad als auch Konrad von Lechsgemünd nacheinander auf; sie können also nicht personengleich sein. Zudem ist der Lechsgemünder Konrad eine Generation älter als der Staufer.

Wichtig erscheint uns folgender Gesichtspunkt: Falls Bischof Otto von Straßburg (1082—1100) und sein Bruder Konrad nur Stiefbrüder Herzog Friedrichs I. von Schwaben wären, bliebe unverständlich, wieso gerade unter den Nachkommen Herzog Friedrichs I. die Namen Otto und Konrad wiederkehren. Ein Sohn Kaiser Friedrichs I. trägt den Namen Otto. Der Name Konrad findet sich in fast jeder Generation. Die Beliebtheit des Namens Konrad wird man nicht allein damit erklären können, daß Herzog Friedrichs I. Gemahlin, die Salierin Agnes, diesen Namen ins Haus gebracht habe. Denn unter den Nachkommen der Agnes aus ihrer zweiten Ehe mit Leopold III. von Babenberg (1102—1136) ist er sehr selten. Und schließlich bleibt die Tatsache bestehen, daß sich der Name Konrad schon vor jener Heiratsverbin-

---

[138] S. Anm. 134.
[139] E. Klebel, Zur Abstammung der Hohenstaufen, a. a. O. S. 141.
[140] MG.Dipl. Heinr. IV. Nr. 316.
[141] MG.Dipl. Heinr. IV. Nr. 426.

dung mit Agnes im Stauferhause findet, nämlich eben bei einem Bruder ihres Gemahls. So dürften die Namen Otto und Konrad dem staufischen Hause seit alters eigen gewesen sein. Die These, Hildegard sei zweimal vermählt gewesen, ihre Söhne Bischof Otto, Pfalzgraf Ludwig und Konrad seien gar keine Staufer, wird ihrer Stütze beraubt.

Nun ist bemerkenswert, daß Otto und Konrad als Namenspaar im Hause Lechsgemünd begegnen, und zwar in der gleichen Generation wie bei den Staufern. Die Lechsgemünder sind als Grafen des Sualafelds die Anrainer der Staufer als Grafen im Ries. Im Hause Lechsgemünd ist der Name Konrad schon früher üblich; so heißt der Vater der Brüder Otto „von Horeburc" (= Harburg? 1115) und Kuno von Horburg (Elsaß, ca. 1093—1110), Konrad von Lechsgemünd (1091), der Gemahl der Mathilde von Achalm; auch in der Generation der Großeltern gibt es einen Konrad, den Sualafeldgrafen Kuno (1044—1053)[142].

Bischof Konrad von Regensburg (1204—1226) aus dem Hause Lechsgemünd ist wiederholt als „consanguineus" König Friedrichs II. bezeugt[143]. Man bezieht diese Blutsverwandtschaft in erster Linie auf die gemeinsame Abstammung von der Salierin Agnes, der Tochter Kaiser Heinrichs IV.[144]. Dies schließt jedoch eine ältere Verbindung mit den Staufern nicht aus. Sie müßte eher bestanden haben als in der Generation Friedrichs von Büren und Konrads von Lechgemünd (1091), da andernfalls die Lechsgemünder am Erbe des Filsgaugrafen Walter (998) beteiligt gewesen wären, wofür es keinen Anhalt gibt. Doch könnte der Sualafeldgraf Kuno (1044—1053) sehr wohl ein Bruder oder Vetter des Riesgrafen und Pfalzgrafen Friedrich (1027—1053) gewesen sein.

d) Nach geltender Auffassung sollen die Grafen von Oettingen von den älteren Riesgrafen Sigehard (987—1016) und Friedrich (1027—1053) abstammen[145]. Demzufolge wären sie nahe Verwandte der Staufer. Tatsächlich bekleideten die von Oettingen seit 1147 das Grafenamt in einem Bereich, der etwa dem alten „pagus Raetia" entsprach. Man könnte sich wohl denken, daß König Konrad III., nachdem er als erster Staufer das Königtum erlangt hatte, die Hausgrafschaft der Staufer im Ries, in welcher viel staufisches Hausgut lag, einem nahen Verwandten übertragen hat.

---

[142] Berthold von Zwiefalten cap. 13, Die Zwiefalter Chroniken . . . a. a. O. S. 192; E. v. Guttenberg, Zur Genealogie der älteren Grafen v. Lechsgemünd-Horburg, Jb. f. Fränk. Landesforschung 8—9, 1943, S. 181 ff.; F. Tyroller, Die Grafen v. Lechsgemünd a. a. O. S. 17 ff.

[143] WUB III S. 33 f. Nr. 581; Huillard-Bréholles, Hist. Dipl. Friderici II, Bd. I, 2 S. 706.

[144] Agnes hatte aus ihrer zweiten Ehe mit Leopold III. v. Babenberg eine Tochter Uta, vermählt mit Liutold v. Plain († 1164); deren Tochter Adelheid war die Mutter des Bischofs Konrad.

[145] A. v. Steichele, Das Bistum Augsburg III S. 557 f.; W. Löffelholz v. Kolberg, Oettingana, 1883, S. 279 f. (Stammtafel); Gg. Grupp, Oettingische Regesten S. 1 f.

Der Besitz der Oettinger ist mit dem der Staufer eng verzahnt. Freilich sind aus dem 12. und frühen 13. Jahrhundert zu wenig Besitztitel der Oettinger bekannt, als daß man im Einzelfall mit Sicherheit feststellen könnte, ob es sich um ein zeitliches Nebeneinander der Staufer und Oettinger handelt, oder um ein Nacheinander, d. h. um Übernahme staufischen Gutes durch die Oettinger seit dem Interregnum. Besitznachfolge der Oettinger in ehemals staufischem Gut liegt z. B. in Wallerstein vor, das seit 1261 in Händen der Oettinger nachweisbar ist[146]. Auch im Brenztal haben die Oettinger staufisches Gut übernommen (Güssenberg bei Hermaringen ist 1328 oettingisch)[147], desgleichen im Remstal die Herrschaft Lauterburg mit Zugehörden in Dettingen, Heuchlingen, Setzingen und Asselfingen auf der Alb.

All dies spricht für Verwandtschaft der Oettinger mit den Staufern. Doch soll nicht verkannt werden, daß sich die Oettinger nicht nur mit den Staufern, sondern auch mit König Rudolf I. von Habsburg (1273—1291), mit dem sie blutsverwandt waren, gut stellten; daher mag dieser die Übernahme staufischen Gutes durch die Oettinger widerspruchslos hingenommen oder sogar gebilligt haben.

Eine Verwandtschaft zwischen Oettingern und Staufern ist nicht ausdrücklich bezeugt; es sei denn, man wertet die Aussage König Konrads IV. von 1251, Graf Ludwig III. von Oettingen sei sein „dilectus familiaris et fidelis", im Sinne einer Blutsverwandtschaft[148]. Da diese Verwandtschaft bis ins frühe 12. Jahrhundert zurückreichen müßte, wäre ihr Grad zur Zeit Konrads IV. doch nicht mehr so nah gewesen.

Wie die Verwandtschaft zu denken wäre, zeigt der Name Ludwig, der im Hause Oettingen besondere Bedeutung hatte. Dieser Name ist noch im 12. Jahrhundert in Ostschwaben sehr selten. Er findet sich bei den Grafen von Sigmaringen-Spitzenberg-Helfenstein, wo er sich von Ludwig von Sigmaringen (1083) herleitet. Er findet sich im Hause Württemberg, und zwar etwa zur selben Zeit wie bei den Oettingern (Graf Ludwig von Württemberg, 1139 — 1181), und erklärt sich möglicherweise aus einer Verbindung mit den Sigmaringen-Spitzenbergern. Er findet sich schließlich bei den Staufern unter den Söhnen der Hildegard von Mousson-Mömpelgard und ist eindeutig durch diese Frau vermittelt. Eine Verwandtschaft zwischen Oettingern und Staufern kann eigentlich nur über den Pfalzgrafen Ludwig (ca. 1095—1103), den Sohn der Hildegard, gegeben sein. Dies hat schon Ernst Klebel vermutet[149]. Söhne

---

[146] Grupp, Oetting. Regesten Nr. 97.

[147] HStA Stuttgart, B 95—97 Grafen zu Helfenstein PU 351.

[148] A. v. Steichele, Das Bistum Augsburg III S. 1212 Anm. 12. — Der Vf. folgt der herkömmlichen Zählung der Ludwige im Hause Oettingen, obwohl seiner Meinung nach die Genealogie der Oettinger in den ersten Generationen nicht in Ordnung ist; die Nennungen von 1141 bis 1220 sind auf drei Generationen zu verteilen, so daß der 1223—1279 beurkundete Ludwig als Ludwig IV. zu zählen wäre.

[149] Zur Abstammung der Hohenstaufen, a. a. O., Stammtafel nach S. 144.

Ludwigs sind nicht bekannt und auch nicht anzunehmen, da ja das Pfalzgrafenamt nach seinem Tod auf seinen Vetter Manegold d. J. (1113 — ca.
1125) überging. So müßte die Verbindung über eine (unbekannte) Tochter
Ludwigs gelaufen sein. Sie hätte sich mit dem Stammvater der Oettinger,
einem Edelfreien namens Konrad vermählt, denn der Name Konrad ist
neben Ludwig der zweite Leitname der Oettinger.

Die ältere Forschung rechnet Konrad von Wallerstein (ca. 1112—1147) zu
den Vorfahren der Oettinger[150]. Diese Annahme hat etwas Bestechendes, und
zwar nicht nur wegen des Namens Konrad. Konrad von Wallerstein genoß
großes Ansehen; dies ergibt sich aus seinen Zeugenschaften[151]. Er hatte offenbar enge Beziehungen zu den Herren von Truhendingen, die wir als Verwandte der Staufer betrachten dürfen[152]. Auch der Übergang Wallersteins auf
die Oettinger ließe sich auf einfache Weise erklären, wenn er deren Stammvater wäre.

Konrad von Wallerstein war wohl nicht im Ries zu Hause. Er steht in
Verbindung mit Edelgeschlechtern Bayrisch-Mittelschwabens; er leistet Zeugenschaft bei Schenkungen an Kloster Rottenbuch (bei Schongau) und verkauft selbst dem Kloster Ursberg (Kr. Krumbach) ein „predium" in Knöringen (bei Burgau)[153]. Anscheinend kam er erst durch seine Heirat (um 1100)
ins Ries. Wallerstein ist als alter staufischer Besitz zu betrachten, der sich zur
Hälfte unter den Nachkommen des Herzogs Friedrich I. vererbte und schließlich an Herzog Konrad von Rothenburg (1188—1196) gelangte (siehe Heiratsvertrag von 1188). Die andere Hälfte von Wallerstein dürfte an den
Pfalzgrafen Ludwig (ca. 1095—1103), den Bruder Herzog Friedrichs I., und
über dessen (erschlossene) Tochter an ihren Gemahl Konrad gelangt sein.
Dieser hätte mit ihr dort seinen Wohnsitz genommen und sich danach genannt. Der geschilderten Teilung entspricht, daß es in Wallerstein noch um
die Mitte des 14. Jahrhunderts eine obere und eine untere Burg gab. — Im
13. Jahrhundert, vielleicht nach dem Tode König Konrads IV. (†1254),
haben die Oettinger sich offenbar auch die staufische Hälfte übereignen lassen
oder unter Berufung auf einen Erbanspruch übernommen.

---

[150] K. F. B. Zinkernagel, Histor. Untersuchung der Grenzen des Riesgaues, 1802,
S. 63 f.

[151] S. Grupp, Oetting. Regesten S. 3 f.

[152] Er ist 1130 in Mainz Spitzenzeuge nach dem Grafen Emicho bei Güterverkauf
der Brüder Adalbert, Friedrich u. Siegfried v. Truhendingen an den Erzbischof
Adalbert I. von Mainz; Mainzer UB I S. 481 f. Nr. 566.

[153] A. Greinwald, Origines Raitenbuchae I S. 191 ff.; Monumenta Boica XXII
S. 13 Nr. 7, S. 36 Nr. 44; Traditionsbuch des Klosters Ursberg, JHVD VII, 1894,
S. 9 Nr. 6. — In Knöringen war auch Hermann v. Königsegg (1083—1094), der Mit-
stifter des Klosters St. Georgen, begütert; Notitia Fundationis, ZGO 9, 1858, S. 218.
Vielleicht bestand eine Verwandtschaft zwischen Konrad v. Wallerstein und Hermann
v. Königsegg?

Die frühen Staufer und ihr Verwandtenkreis

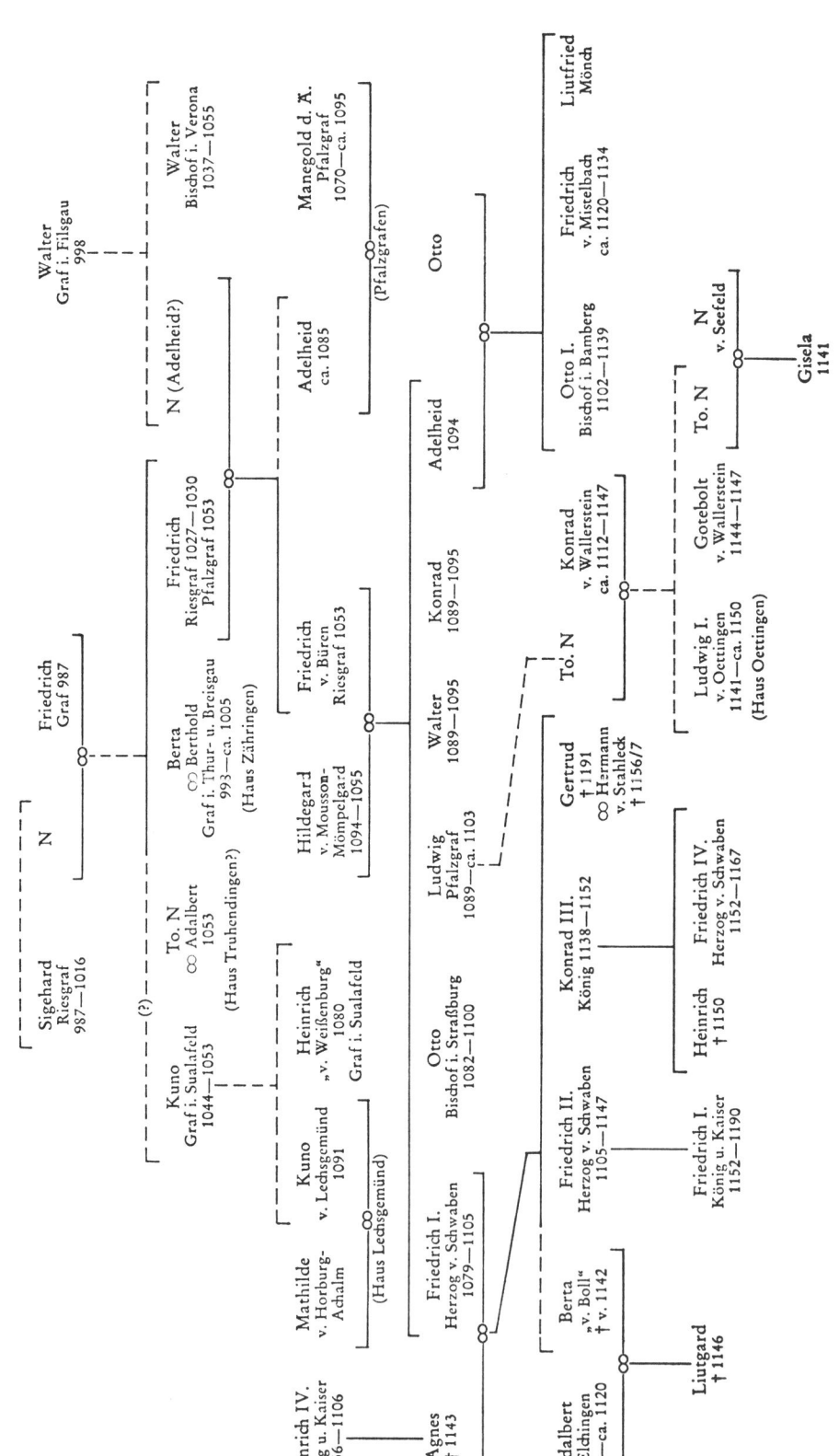

Man mag einwenden, daß Konrad von Wallerstein noch beurkundet ist zu einer Zeit, als bereits Ludwig I. von Oettingen (seit 1141) auftritt. Doch ist zu beachten, daß der letztere den Grafentitel erstmals im Juni 1147 führt, nachdem Konrad von Wallerstein im März desselben Jahres letztmals bezeugt ist[154]. Die Erhebung des Oettingers in den Grafenrang wäre also wohl erst erfolgt, nachdem Konrad von Wallerstein tot war. So wäre wohl denkbar, daß Konrad von Wallerstein und Ludwig von Oettingen Vater und Sohn waren. Daß die beiden nie gemeinsam bezeugt sind, ist kein Gegenargument, da sich feststellen läßt, daß wechselweise in bestimmten Zeitabständen bald der eine, bald der andere am Königshofe weilte. — Eine Verwandtschaft der Grafen von Oettingen mit den Staufern ist also sehr wahrscheinlich. Der oettingische Besitz im Ries wäre dann größtenteils vom staufischen Hausgut abgeteilt. Konrad von Wallerstein könnte der Stammvater der Grafen von Oettingen sein. Gotebolt von Wallerstein, der nur einmal (um 1144—1147) in einer Urkunde Herzog Welfs VI. für Kloster Polling als Zeuge auftritt, wäre dann ein Sohn Konrads von Wallerstein und personengleich mit dem namentlich nicht genannten Bruder Ludwigs I. von Oettingen.[155]

---

[154] MG.Dipl. Konr. III. Nr. 192 u. 175.
[155] Tiroler UB I S. 91 Nr. 216. Gotebolt tritt mit den gleichen Personen u. Familien auf wie Konrad v. Wallerstein. In den Bereich Konrads und Gotebolts paßt, daß die Schwester Ludwigs I. v. Oettingen (u. Gotebolts?) einen Herren v. Seefeld (bei Herrsching) heiratet; Codex Tradit. des Kl. Wessobrunn, Monumenta Boica VII S. 343 f.

Das württembergische Herzogswappen mit dem Heidenheimer Heidekopf.
Ausschnitt aus einem Kupferstich von J. F. Leybold, 1782

Die Herrschaft Heidenheim

Christoph Lindenmaier, 1602 in Heidenheim geboren und in den Jahren 1648 bis 1659 hier als Stadtpfarrer tätig, beschreibt die "Statt und Herrschaft Heydenheimb" wie folgt: "Zu dem löblichen Herzogthumb Württemberg gehört neben vielen andern Stätten und Ämptern auch die Herrschafft Heidenheimb, maßen die Herrren Herzogen von Württemberg in ihren Tituln sich Herren zu Heidenheimb schreiben. Welche Herrschafft nit inn oder nah am Land, sondern von der Hauptstatt Stutgard acht und von Göppingen vier Meilen Wegs gegen Laugingen und der Thonaw zu gelegen; hat gar kein Württembergischen Ort zu einem Gränz-Anstößer, sondern ist durchaus von frembden Herrschafften, als Pfalz-Neuburg, Freiherren von Stein zu Bechenheimb (Bächingen) und Stotzingen, Statt Ulm, Freiherren von Rechberg zu Weisenstein, Probstei Elwangen und der Grafen von Öttingen und Wallerstein Territoriis und Angrenzungen umgeben . . . Diese Herrschafft wird zu weilen auch genant die Herrschafft Hellenstein, und zwar beides von der Ampt Statt Heidenheimb und nechst auf dem Felsen darob liegenden Schloß Hellenstein".[1]

Lindenmaier nennt zwei Namen für unser Gebiet, nämlich "Herrschaft Heidenheim" und "Herrschaft Hellenstein". Der ältere Name ist "Herrschaft Hellenstein" (Dominium de Helenstein); er findet sich in einer Urkunde des Klosters Elchingen von 1404[2]. Im Jahre 1448 sprechen die Grafen Ulrich und Konrad von Helfenstein sehr allgemein von ihrer "Herrschaft das Brenztal", die sie dem Grafen Ulrich dem Vielgeliebten von Württemberg verkaufen[3]. Als König

---

Anmerkungen

Die im folgenden zitierten Archivalien (Urkunden, Akten, Sal- und Lagerbücher) stammen, soweit nichts anderes vermerkt ist, aus den Beständen des Hauptstaatsarchivs Stuttgart. Vf. hat mit dem Sammeln des Materials vor über 25 Jahren begonnen. In der Zwischenzeit wurden infolge organisatorischer Veränderungen im Hauptstaatsarchiv manche Signaturen geändert. Dem Vf. war es aus Zeitmangel nicht möglich, alle Signaturen im Hauptsaatsarchiv zu überprüfen und für vorliegende Arbeit auf den derzeitigen Stand zu bringen. Wer seine Aussagen prüfen möchte, wird die Belegstellen auch auf Grund der älteren Signaturen leicht finden.

1   Württ. Landesbibliothek, Cod. Hist. fol. 320 S. 540
2   W. Reg. 9050
3   B 95–97 Grafen zu Helfenstein PU 133; Ortsnamen werden in der heutigen Schreibweise angegeben.

Friedrich III. im selben Jahr den Käufer mit den Reichslehen der Herrschaft belehnt, spricht auch er von der "Herrschaft Hellenstein"[4]. Erstmals 1480 ist die Rede von der "Herrschaft Heidenheim"[5]. Diese Bezeichnung hat sich von da an mehr und mehr durchgesetzt.

Die Verkaufsurkunde von 1448 sagt uns erstmals Näheres über Zugehör und Ausdehnung dieser Herrschaft. Sie umfaßte damals: "Hellenstein, Hürben, Aufhausen und Güssenberg die Schlösser, Heidenheim die Stadt samt dem Dorf dabei gelegen, und unsere (d. h. der Inhaber) Gerechtigkeit an diesen Dörfern und Weilern: Itzelberg, Aufhausen, Schnaitheim, Mergelstetten, Bolheim, Herbrechtingen, Hürben, Hermaringen, Sontheim an der Brenz, Sachsenhausen, Hohenmemmingen, Nattheim, Fleinheim, Zöschingen, Steinheim, Sontheim bei Steinheim, Söhnstetten, Gerstetten, Heuchstetten, Heldenfingen, Dettingen, Heuchlingen, Hausen ob Lontal, unsere Gerechtigkeit und Freiheit zu Langenau, unsere Gerechtigkeit und Freiheit zu Setzingen, unsere Höfe und Güter zu Ballendorf, Öllingen, Nerenstetten, Altheim, Auernheim auf dem Härtsfeld, Bissingen und in dem Städtlein zu Albeck, und die Seen zu Heidenheim, zu Hürben und zu Kaltenburg, und unsere Gerechtigkeit, Gewaltsame und Kastvogtei der Klöster Königsbronn, Anhausen und Herbrechtingen . . . mit aller unserer Herrlichkeit, Wildbännen, Gewaltsamen, Lehenschaften, geistlichen und weltlichen Vogteien, Gerichten, Zwingen und Bännen, Freveln, Fällen, Diensten, . . . mit Leuten und Gütern, Zinsen und Gülten, Burgställen, Höfen, Holz, Feld und Wasser . . ."

Hinsichtlich ihres Rechtscharakters waren die genannten Orte und Güter nicht alle gleich. Die Urkunde bezeichnet "Hellenstein das Schloß und Heidenheim die Stadt und das Dorf dabei, Anhausen und Herbrechtingen die Klöster und den Wildbann als Lehen (von dem Reich) und Königsbronn als Pfand von dem Reich, und das andere alles als lediges und unverkümmertes Eigen".

Die Begriffe "Gerechtigkeit", "Freiheit", "Gewaltsame", "Herrlichkeit" sagen allgemein aus, daß die Herrschaft in den genannten Orten obrigkeitliche Rechte besaß. Worin diese Rechte im einzelnen bestanden, darüber gibt das älteste Salbuch der Herrschaft von 1463 Auskunft[6]. Sie werden im Kapitel V dargelegt. Aus dem Salbuch ergibt sich allgemein, daß die Rechte der Herrschaft nicht einheitlich, sondern in gewisser Hinsicht abgestuft waren, und zwar in folgender Weise:

1) Es gab Orte, in denen die Herrschaft die unmittelbare Ortsherrschaft besaß, nämlich Gericht, Zwing und Bann, d. h. das Recht, bei Strafe zu gebieten und zu verbieten. In diesen Orten verfügte sie zugleich über beträchtlichen Grundbesitz. Von den Inhabern ihrer Lehengüter bezog sie Pachtabgaben, die sogenannten Zinsen und Gülten, und sie zog diese zu Steuern und Diensten heran. Freilich war die Herrschaft nirgends alleiniger, vielfach nicht einmal reichster Grundherr am Ort; ein beträchtlicher Teil der bäuerlichen Lehengüter gehörte

4   B 95–97 Grafen zu Helfenstein PU 139
5   W. Reg. 9040
6   H 127 Nr. 60

jeweils anderen weltlichen oder geistlichen Grundherren, die in einem unterschiedlichen Rechtsverhältnis zur Herrschaft standen.

2) In anderen Orten war die Herrschaft Vogt und Herr über Gericht, Zwing und Bann. Hier nahm sie die Ortsherrschaft nur mittelbar wahr in ihrer Eigenschaft als Vogt (Schutzherr) über Klostergut und sie bezog von den Inhabern der Güter eine besondere Abgabe, das sogenannte Vogtrecht, als Entgelt für die Ausübung der Schutzherrschaft. Die Güter wurden als vogtbare Güter bezeichnet; die Inhaber hatten der Herrschaft Steuern zu bezahlen und Dienste zu leisten.

3) In einer Reihe von Orten hatte die Herrschaft obrigkeitliche Rechte lediglich auf den ihr eigenen oder vogtbaren Gütern. Die Ortsherrschaft war hier mit einem anderen Herren geteilt.

Es zeigt sich, daß die "Herrschaft Heidenheim" um die Mitte des 15. Jahrhunderts keineswegs ein "territorium clausum", d. h. ein in sich geschlossenes, nach außen klar umrissenes Herrschaftsgebiet im modernen Sinne war, in welchem der Herr auf allen Gütern und über alle Insassen gleichartige Hoheitsrechte hätte wahrnehmen können. Sie zeigt vielmehr die typische Form mittelalterlicher Adelsherrschaft, die sich um eine Burg, nämlich die Feste Hellenstein, als Mittelpunkt gebildet hatte und im Laufe längerer Zeiträume gewachsen war. Die Intensität der Herrschaft wechselte, je nachdem, ob mit der Grundherrschaft auch die Gerichts- und Ortsherrschaft zusammenfiel oder ob es sich um reine Vogtherrschaft über einen Ort oder nur über einzelne Güter handelte. Das Herrschaftsgebiet war durchsetzt mit ganzen Orten, Ortsteilen und zahlreichen einzelnen Gütern, die auswärtigen Grund- und Gerichtsherren unterstanden. So stellt sich die Frage, wie diese Herrschaft eigentlich entstanden ist.

I. Frühmittelalterliche Grundlagen

Der Bereich, in welchem die Herrschaft Heidenheim Güter und Rechte besaß, entspricht im großen und ganzen dem Oberamt Heidenheim, wie es bis zur Verwaltungsreform des Jahres 1938 bestanden hat. Die geschichtliche Überlieferung für dieses Gebiet in früherer Zeit ist nicht günstig. Vieles läßt sich nur durch Rückschluß ermitteln. Den so gewonnenen Ergebnissen mangelt die absolute Sicherheit unmittelbarer urkundlicher Überlieferung.

Die frühesten schriftlichen Nachrichten über den Bezirk sind einige Königsurkunden, eine chronikalische Nachricht sowie Notizen über Güterschenkungen an Kloster Fulda in Hessen. Die Königsurkunden berichten meist von Landvergabungen der Könige. Karl der Große muß über beträchtlichen Grundbesitz im Brenztal verfügt haben. Er schenkte im Jahre 774 seine "villa" Herbrechtingen an die von Abt Fulrad von Saint-Denis in Herbrechtingen neu erbaute oder erneuerte Kirche, die dem heiligen Dionysius geweiht war und in der die Gebeine des heiligen Varanus ruhten[7]. Karl der Große selbst oder einer seiner Nachkom-

---

7   MG. Dipl. Karol. Nr. 83

men erweiterte die Schenkung durch Zugabe der "villa Bolamen" (Bolheim)[8]. Wahrscheinlich gehörten zu den "villae" Herbrechtingen und Bolheim auch Güter in benachbarten, nicht eigens genannten Orten. Im frühen 9. Jahrhundert besaß Kloster Fulda Grundbesitz in Steinheim, nämlich 14 Huben und Wiesen, die 40 Fuder Heu lieferten. Wir wissen nicht, wie Fulda dazu gekommen ist. Dürfte man der Überschrift eines Güterverzeichnisses des Klosters glauben, handelte es sich um eine Schenkung König Pippins (751—768) oder Karls des Großen (768—814). Schenkung eines Frankenkönigs ist jedenfalls möglich[9]. Da der Sohn Karls des Großen, Ludwig der Fromme, im Jahre 839 einen Teil des fuldischen Besitzes in Steinheim an die Krone tauschte und einem Vasallen zu Lehen gab[10], darf man annehmen, daß Ludwig noch mehr Besitz in Steinheim oder dessen Nachbarschaft hatte, den es zu arrondieren galt. Der Enkel Karls, Ludwig der Deutsche, verfügte 875 über die "capella" in Brenz mit Zubehör. Er übertrug sie seinem Diakon Liutbrand als Zugabe zu dem Klösterlein Faurndau bei Göppingen[11].

Auch das benachbarte Sontheim an der Brenz war Königsgut. Es befand sich im Jahre 1002 im Besitz König Heinrichs II., der sich dort aufhielt und eine Urkunde ausstellen ließ[12]. Wenige Jahre später, 1007, schenkte Heinrich II. den "locus" Sontheim dem neugegründeten Hochstift Bamberg[13]. Heinrich II. war ein Nachkomme Karls des Großen, und zwar über seine Mutter Gisela († 1004), die aus dem burgundischen Königshause kam. Sein Gut Sontheim hatte er höchstwahrscheinlich von den Karolingern geerbt. Somit läßt sich Sontheim auf karolingisches Königsgut zurückführen.

Herbrechtingen, wo Karl der Große begütert war, befand sich 1046 in der Verfügungsgewalt König Heinrichs III. Er hielt sich Ende August bis Anfang September dieses Jahres mit Gemahlin und stattlichem Gefolge dort auf und ließ den Abt Halinardus von Dijon zum Erzbischof von Lyon ordinieren[14]. Derselbe Heinrich III. weilte 1050 in Nattheim und stellte Urkunden für das Bistum Chur aus[15].

Nattheim war wie Herbrechtingen zu dieser Zeit salisches Königsgut. Auch Heinrich III. stammte von Karl d. Gr. ab, und zwar durch seine Mutter Gisela († 1043), Tochter Herzog Hermanns II. von Schwaben († 1003) und der Ger-

---

8   Chartular 13. Jahrh. aus dem Kloster Saint-Denis, Archives Nationales, Paris (Vf. verdankt Herrn H. Wulz, Heidenh., eine Photokopie; vgl. MG. Dipl. Karol. Nr. 83 Einleitung; Reg. Imperii I Nr. 170; H. Bühler, Herbrechtingen 1200 Jahre, S. 59 f.

9   Dronke, Tradit. et Antiquitates Fuldenses c. 44 Nr. 17; Werner-Hasselbach, Die älteren Güterverzeichnisse der Reichsabtei Fulda, 1942, S. 28 f; vgl. Text zu Anm. 39.

10 WUB I S. 116 Nr. 101

11 WUB I S. 176 Nr. 150

12 MG. Dipl. Heinr. II. Nr. 2; H. Bühler, Die "Duria-Orte" Suntheim u. Navua, Das Obere Schwaben H. 8, im Druck.

13 MG. Dipl. Heinr. II. Nr. 147

14 MG. SS. V S. 41 und 237

15 MG. Dipl. Heinr. III. Nr. 251 und 252

berga von Burgund. Somit hatte er Nattheim wohl auf dem Erbwege von seinen karolingischen Vorfahren überkommen. Anders dürften die Dinge mit Herbrechtingen liegen. Was Karl d. Gr. dort besessen hatte, war ja an die Dionysiuskirche gelangt. Diese Kirche samt Zugehör aber befand sich 1046 in Händen Heinrichs III. Auf welche Weise mochte er dazu gekommen sein?
Abt Fulrad hatte die Dionysiuskirche testamentarisch seiner Abtei Saint-Denis vermacht. Aus Fulrads Gründung war eine von Saint-Denis abhängige "Cella" geworden. Noch 866 wurde dem Kloster Saint-Denis der Besitz dieser "Cella" bestätigt[16]. Dann reißen die Nachrichten über die Dionysiuskirche ab, und dies wohl deshalb, weil die Verbindung zu Saint-Denis abgerissen war. Ursache waren die Teilungen des Frankenreichs. Das Gut, das Karl d. Gr. einst der Kirche geschenkt hatte, beanspruchten Karls Erben. Mit Ludwig dem Kind war 911 der letzte männliche Karolinger im Ostreich gestorben, deshalb gingen die Erbansprüche auf die Seitenverwandten über. Die Gemahlin Herzog Burchards I. von Schwaben (917—926), Reginlind, war von Mutterseite ein Abkömmling Karls d. Gr. Daher zog Burchard als Anwalt seiner Gemahlin das ehemals karolingische Königsgut in Schwaben und damit auch die Kirche in Herbrechtingen mit Zugehör an sich. Die "Cella" hörte auf zu bestehen. König Heinrich III. war ein Nachkomme Herzog Burchards I. und der Reginlind. So erklärt sich sein Recht an Herbrechtingen.

Das Königsgut in Herbrechtingen, Bolheim, Steinheim (?), Brenz, Sontheim an der Brenz und Nattheim war also wohl samt und sonders schon in karolingischer Zeit Königsgut. Das Gut der Karolinger in Schwaben aber stammte in aller Regel aus alemannischem Herzogsgut[17]. Es gab zwei Wege, wie die Karolinger solches Herzogsgut übernehmen konnten: a) Die Hausmaier Karlmann und Pippin haben nach der Niederwerfung Alemanniens und Beseitigung des alemannischen Herzogtums (742—746) die Güter des Herzogs Theutbald († nach 746) und seiner Anhänger konfisziert. Karl d. Gr. erbte von beiden reichen Besitz. Herbrechtingen, das als "fiscus" bezeichnet wird, dürfte dazu gehört haben.
b) Karl hat sich 771 mit Hildegard vermählt, die von Mutterseite dem alemannischen Herzogshaus entstammte. Ihre Vorfahren hatten sich den karolingischen Hausmaiern und Königen gegenüber loyal gezeigt. Hildegards Mutter hatte den mächtigen Franken Gerold (779—786) geheiratet. So vermochte dieser Zweig des Herzogshauses seinen Besitz zu wahren. Vieles davon kam als Mitgift und Erbe Hildegards an ihre Nachkommen aus der Ehe mit Karl.
Wenn also Herbrechtingen, Bolheim, Brenz, Sontheim an der Brenz, Nattheim und wohl auch Steinheim sich als karolingisches Königsgut erwiesen haben, so betrachten wir diese Orte als ehemaliges alemannisches Herzogsgut. Um das zum Königsgut gewordene Herzogsgut zu verwalten, führten die Karolinger die Grafschaftsverfassung in Alemannien ein. Die früheste Grafschaft, die wir in

16   WUB I S. 166 f Nr. 141
17   H. Büttner, Zur frühmittelalterl. Reichsgeschichte, 1975, S. 123

I. Herkunft und Vererbung des Königsguts

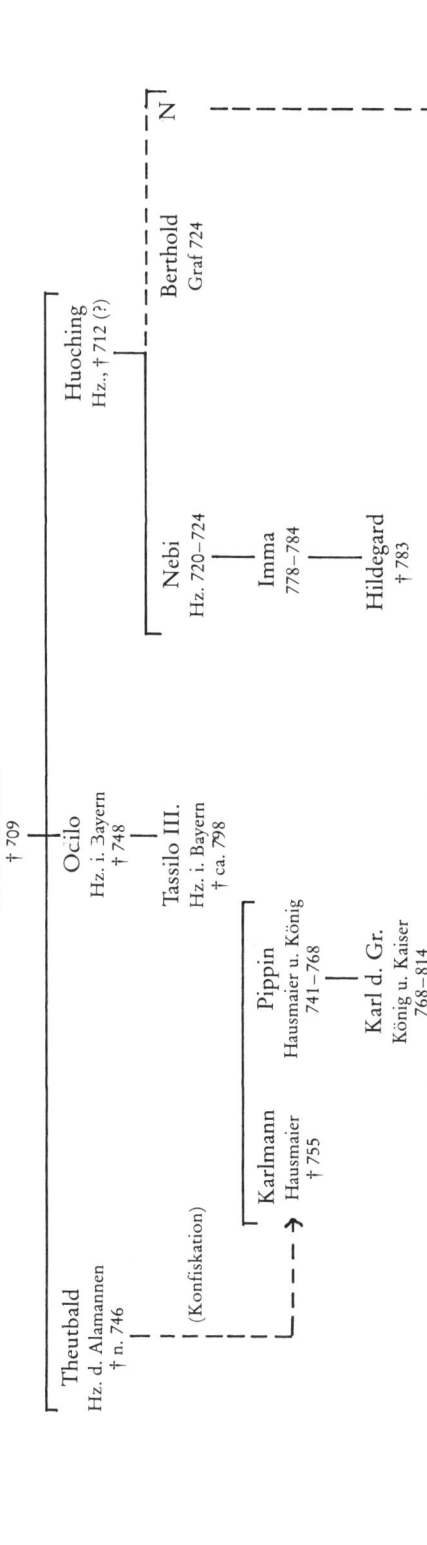

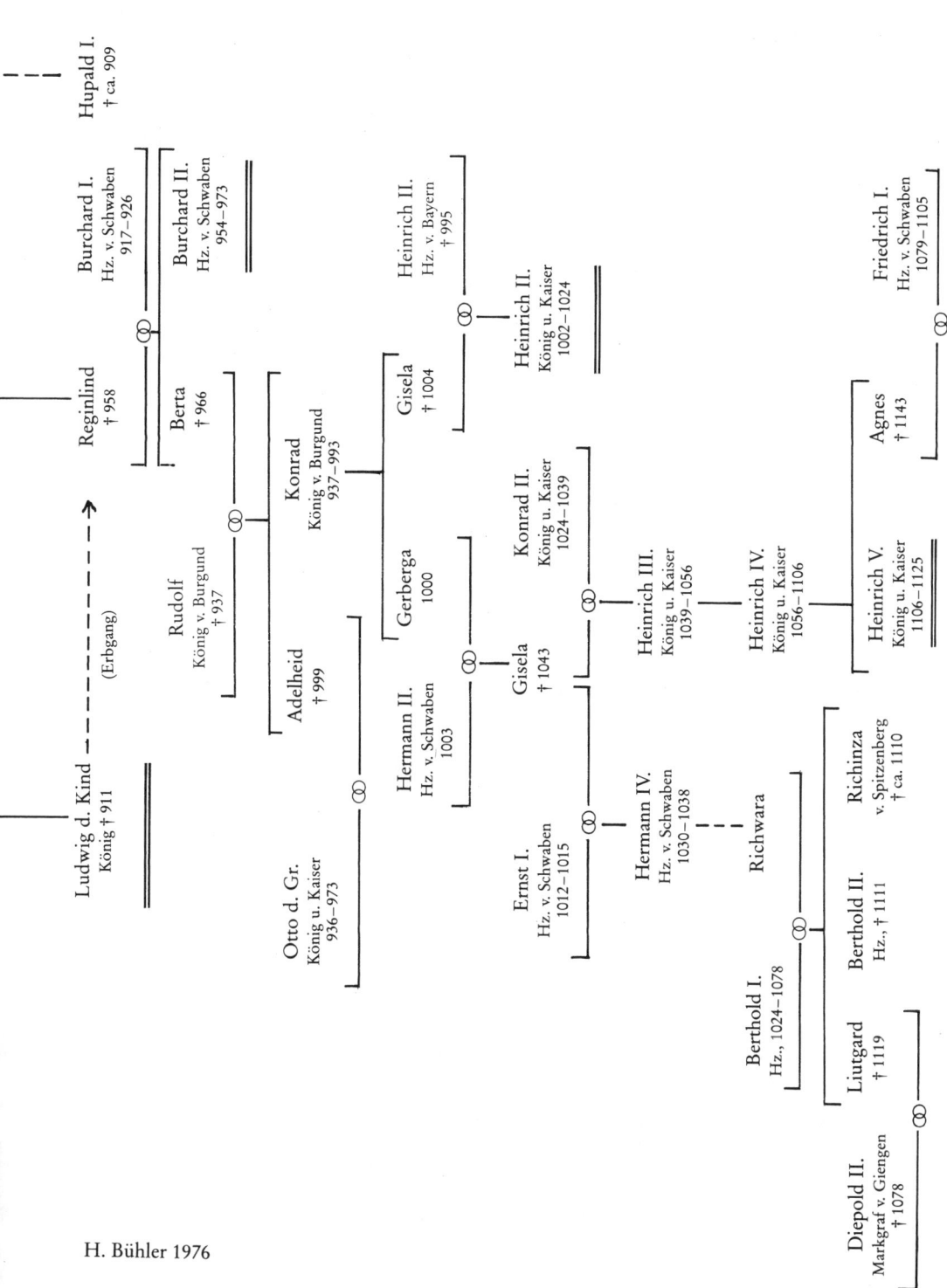

Hupald I.
† ca. 909

Burchard I.
Hz. v. Schwaben
917–926

Burchard II.
Hz. v. Schwaben
954–973

Heinrich II.
Hz. v. Bayern
† 995

Heinrich II.
König u. Kaiser
1002–1024

Friedrich I.
Hz. v. Schwaben
1079–1105

Ludwig d. Kind
König † 911

Reginlind
† 958

Berta
† 966

Gisela
† 1004

Agnes
† 1143

(Erbgang)

Rudolf
König v. Burgund
† 937

Konrad
König v. Burgund
937–993

Gerberga
1000

Konrad II.
König u. Kaiser
1024–1039

Heinrich III.
König u. Kaiser
1039–1056

Heinrich IV.
König u. Kaiser
1056–1106

Heinrich V.
König u. Kaiser
1106–1125

Otto d. Gr.
König u. Kaiser
936–973

Adelheid
† 999

Hermann II.
Hz. v. Schwaben
1003

Gisela
† 1043

Ernst I.
Hz. v. Schwaben
1012–1015

Hermann IV.
Hz. v. Schwaben
1030–1038

Richwara

Richinza
v. Spitzenberg
† ca. 1110

Berthold I.
Hz., 1024–1078

Berthold II.
Hz., † 1111

Liutgard
† 1119

Diepold II.
Markgraf v. Giengen
† 1078

H. Bühler 1976

Ostschwaben finden, ist der "comitatus Hurnia" 774[18]. Der Name "Hurnia" wird als Landschaftsbezeichnung aufzufassen sein, wie Scherra, Swerzza, Flina und Fildira[19]. Der "comitatus" umfaßte den "fiscus" Herbrechtingen, aber wohl auch das übrige Königsgut in Bolheim, Nattheim, Steinheim (?), Brenz und Sontheim an der Brenz. Er stellt den wohl frühesten Versuch einer politisch-verwaltungsmäßigen Organisation unseres Bezirks dar und war somit ein Vorläufer der Herrschaft Heidenheim. Daß die Karolinger auf dem ihnen durch Konfiskation oder Erbe zugefallenen Grund und Boden auch kolonisierten, zeigen die Ortsnamen Sachsenhausen und Sachsenhardt (abgeg. südl. Sontheim i. St.); hier wurden um 800 offenbar aus ihrer Heimat verschleppte Sachsen auf Königsgut angesiedelt.

Nachdem ein Gutteil des Königsgutes an Kirchen und Vasallen vergeben war, verlor der "comitatus Hurnia" seine Funktion. So erklärt sich das Verschwinden des "comitatus" wie des Namens "Hurnia".

In dem Zeitraum von 750 bis 820 war beträchtliches Gut im Heidenheimer Raum an Kloster Fulda gelangt. Fuldas Besitz in Steinheim stammte, wie erwähnt, vielleicht aus königlicher Schenkung. Fulda erhielt auch Güter in Heidenheim, Schnaitheim, (Groß- bzw. Klein-)Kuchen, Frickingen, Kösingen, Iggenhausen, Hohenstadt, Hohenmemmingen (?), Dettingen (?) und Gisenbrunnen (abgeg.b.Dettingen)[20].

Schon immer hat man die Schenkungen an das ferne Kloster Fulda als etwas Auffälliges gesehen und eine Erklärung dafür gesucht. Der alemannische Adel pflegte die einheimischen Klöster Reichenau und St. Gallen zu bedenken; deshalb ist das übrige Alemannien ziemlich frei von fuldischem Besitz. Nur in Ostschwaben nördlich der Donau hat Fulda Gut geschenkt erhalten; diese ostschwäbische Besitzlandschaft des Klosters ist ein Ausläufer seines ostfränkischen Begüterungsbereichs. Neuere Untersuchungen haben sich mit den Schenkern der ostschwäbischen Güter befaßt und festgestellt, daß zumindest einige im Rhein-Main-Gebiet beheimatet waren und von daher Beziehungen zu Fulda hatten[21]. Dies erklärt, daß sie an Fulda schenkten. Dort beheimatet dürfte Rathpraht gewesen sein, der in Heidenheim schenkte; er ist doch wohl personengleich mit jenem Rathpraht, der 806 Gut in Schweben (Kr. Fulda) an Kloster Fulda tradierte[22]. Rathpraht war also wohl kein Alemanne, sondern ein

18   MG. Dipl. Karol. Nr. 83
19   H. Jänichen, Baar und Huntari, Grundfragen der Alemann. Geschichte, 1955, S. 145; abwegig ist wohl die Annahme, "Hurnia" sei verschrieben für "Hurvia" und auf das Flüßlein Hürbe zu beziehen, Bohnenberger, Zur Gliederung Altschwabens, ZWLG X, 1951, S. 26
20   Dronke a.a.O. c. 40 Nr. 36, 24, 58, 62, 66, 68, 71; c. 44 Nr. 13
21   W. Böhne, Zur frühmittelalterl. Geschichte Ellwangens . . . , Ellwangen 764–1964 Bd. 1 S. 107 ff; K. Bosl, Franken um 800, 2. Aufl. 1969, S. 63 ff; G. Mayr, Studien zum Adel im frühmittelalterl. Bayern, 1974, S. 115 ff
22   Dronke a.a.O. c. 5 Nr. 34 u. 70; Cod. Dipl. Fuld. Nr. 236, 238, 239; Bosl, a. a. O. S. 86 f; Möglich auch, daß er mit jenem Rapraht identisch war, der mit seiner Gemahlin Lupirc Güter in "Alamannia regio" schenkte, Dronke a.a.O.c. 40 Nr. 46.

Franke. Die dem Kloster übereigneten Güter in Heidenheim waren dann kaum sein Familienbesitz, sondern Gut, das er möglicherweise durch Heirat erworben oder eher Gut, das ihm vom Frankenkönig als Lohn für treue Dienste übertragen worden war. Der Besitz stammte in diesem Fall aus konfisziertem alemannischen Herzogsgut. Daß Leute, die in Franken beheimatet waren, den entlegenen Besitz in Ostschwaben für fromme Stiftungen verwandten, liegt nahe. Dies wird auch für die übrigen Schenker an Fulda gelten.

Anders liegen die Dinge wohl bei Egilolf, der Besitz in Schnaitheim gemeinsam mit seiner Gemahlin Rilint an Fulda übertrug[23]. Egilolf dürfte personengleich sein mit jenem Träger des Namens, dessen Sippe im Grabfeld, Tullifeld und Saalegau, aber auch in Geisenheim bei Bingen begütert war[24]. Auch er war somit wohl Franke. Seine Schenkung aber war weit reicher als die der übrigen Wohltäter Fuldas. Nach einem Güterverzeichnis aus dem frühen 9. Jahrhundert besaß Fulda in Schnaitheim 108 Jauchert Land, das in Eigenwirtschaft bebaut wurde, sowie 20 Huben, die an Pachtbauern verliehen waren. Das alles stammte größtenteils aus dem Vermächtnis Egilolfs und seiner Gemahlin Rilint[25].

Schon der ungewöhnliche Reichtum des Besitzes läßt vermuten, er müßte auf anderem Wege an Egilolf gelangt sein als durch königlichen Gunstbeweis. Daß seine Gemahlin an der Schenkung beteiligt war, könnte dafür sprechen, daß es sich um ihre Mitgift handelte; sie wäre dann als Alemannin zu betrachten. Doch könnte das Gut ihr auch als Morgengabe verschrieben sein und käme dann von Egilolf.

Bemerkenswert ist der Name Egilolf; er ist nicht alltäglich. Er weist in das alemannisch-bayerische Herzogshaus der Agilolfinger. So dürfte Egilolf mit dem Herzoghaus nahe verwandt gewesen sein, etwa durch seine Mutter. Sein Besitz in Schnaitheim war dann wohl ererbtes Herzogsgut[26].

So spricht manches dafür, daß die Güter, die an Fulda tradiert wurden, aus alemannischem Herzogsgut stammten. Setzen wir den fuldischen Besitz auch nur zum Teil als ehemaliges Herzogsgut an, so ergibt sich um Heidenheim ein stattlicher Güterkomplex, der einst den alemannischen Herzögen zur Verfügung stand. Es sind darunter alle die Orte mit dem Grundwort -heim.

Betrachtet man die Besitz- und Herrschaftsverhältnisse im übrigen Heidenheimer Raum, so zeigt sich, daß die Brenz seit dem frühen Mittelalter die Nahtstelle zweier mächtiger Adelsherrschaften gewesen ist, nämlich der "Hupaldinger" im Osten und der "Adalbertsippe" im Westen.

Der Bereich dieser Adelsherrrschaften deckte sich teilweise mit den Gauen, die

---

Dieser ist kaum personengleich mit dem Schenker in Schweben, dessen Gemahlin Willicoma hieß.

23 Dronke a.a.O. c.40 Nr. 24
24 Mayr, a.a.O.S. 116 f.
25 Dronke a.a.O.c. 44 Nr. 16
26 Verwandtschaft mit Agilolf, der vor 776 an der Gründung des Klosters Marchtal teilhatte, ist wahrscheinlich. Der Vater des Marchtaler Agilolf hieß Halaholf; ein Alaholf war Zeuge für Egilolf aus dem Grabfeld; Mayr a.a.O. S. 117 f

bis in die Zeit der alemannischen Landnahme zurückreichen dürften. Westlich der Brenz erstreckte sich der "pagus Albae", in welchem Anhausen lag[27]. An ihn schloß sich östlich der Brenz der "pagus Raetia" an, dem Herbrechtingen und Schnaitheim zugerechnet wurden[28]. Im Süden stießen die Bezirke "Alba" und "Raetia" an den "pagus Duria", in welchem Langenau und Sontheim an der Brenz lagen[29]. Die Grenze mag zwischen den Orten Brenz und Hermaringen verlaufen sein, wo es dicht an der Markungsgrenze einen "Marbrunnen" (= Mark- oder Grenzbrunnen) gibt. Weiter nach Westen dürfte der Talzug der Hürbe und Lone die Bezirke "Alba" und "Duria" geschieden haben. Der Grenzverlauf zwischen den Bezirken "Raetia" und "Duria" östlich der Brenz ist unbestimmt.

Angehörige der Sippe der "Hupaldinger", die ihren Stammsitz in Wittislingen hatten, verwalteten seit dem frühen 10. Jahrhundert das Grafenamt im Bezirk "Duria", als erster Graf Dietpald, der 955 in der Ungarnschlacht auf dem Lechfeld fiel[30]. Ein Bruder Dietpalds war der heilige Ulrich, Bischof von Augsburg 923–973.

Wie genealogische Forschung zeigt, läßt sich die Sippe der "Hupaldinger" mit großer Wahrscheinlichkeit an das alemannische Herzogshaus anschließen, und zwar sowohl an die Linie des Herzogs Huoching († 712), aus der die Königin Hildegard von Mutterseite stammt, als auch an die Linie des Herzogs Theutbald († n. 746)[31]. Das Hausgut der "Hupaldinger" stammt also mindestens zu einem guten Teil aus alemannischem Herzogsgut.

Das Gut der "Hupaldinger" spaltete sich durch Erbteilungen immer weiter auf. Direkte Nachkommen der "Hupaldinger" sind die Grafen von Dillingen. Ihr Besitz begegnet uns in Mergelstetten, Herbrechtingen, Bernau, Eselsburg, Zöschingen, Ballmertshofen und Kleinkuchen. Graf Hartmann I. stiftete um 1095 das Kloster Neresheim und stattete es mit Gütern in Neresheim, Stetten, Elchingen, Nietheim und Gebstettten (heute Wahlberg b. Nattheim) aus[32].

Eine "Hupaldingerin" des 10. Jahrhunderts, wohl eine Nichte des Bischofs Ulrich, brachte Güter in Dischingen, Eglingen, Hohenmemmingen und Niederstotzingen (?) an die Herren von Werd (Donauwörth), die damit ihr Hauskloster Heiligkreuz in Donauwörth dotierten[33].

Die Erbtochter eines anderen Zweigs der "Hupaldinger" heiratete den Grafen Rapoto vom Traungau (1006-c. 1020). Ihre Mitgift umfaßte Giengen sowie Güter in Heidenheim, Oggenhausen, Fleinheim, Zöschingen, Sachsenhausen und Brenz.

27   WUB I S. 366 f Nr. 286

28   WUB I S. 166 f Nr. 141; Dronke a.a.O.c. 40 Nr. 52

29   WUB I S. 238 f Nr. 203; MG. Dipl. Heinr. II. Nr. 147; vgl. Anm. 12

30   H. Bühler, Die Wittislinger Pfründen, JHVD LXXI, 1969, S. 49 und 54

31   H. Bühler, Die Vorfahren des Bischofs Ulrich von Augsburg, JHVD LXXV, 1973, S. 42 f

32   WUB II S. 67 f Nr. 341

33   Joh. Knebel, Chronik von Donauwörth, Fol. 42, Fürstl. Oettingen-Wallerstein'sche Bibliothek Harburg

Wieder eine andere "Hupaldingerin" vermählte sich um 1020 mit einem Edlen namens Adalbert, dessen Hausgut westlich der Brenz lag. Sie brachte ihm Güter im Bereich Niederstotzingen — Langenau sowie in Sachsenhausen, Herbrechtingen, Mergelstetten und Heidenheim zu. Ihr Sohn, Pfalzgraf Manegold (1070-c. 1095), saß im "castellum Moropolis" (wohl auf dem Heidenheimer Totenberg), das vielleicht auf seinem mütterlichen Erbgut erbaut worden war. Er gab die Anregung zur Stiftung des Klosters Langenau-Anhausen (um 1095)[34].

Wir haben eben bereits den Machtbereich der "Adalbertsippe" westlich der Brenz, im Bezirk "Alba", berührt. Der Mannesstamm dieser Sippe läßt sich nur bis zur Jahrtausendwende zurückverfolgen; er scheint zunächst auch nicht allzu mächtig gewesen zu sein. Wesentlich zum Aufstieg und Reichtum trug offenbar die Verbindung mit der "Bertholdsippe" bei, die in Marchtal an der Donau und auf der Diepoldsburg bei Unterlenningen saß, aber aller Wahrscheinlichkeit nach auch auf der Geislinger und Heidenheimer Alb begütert war[35]. Zur "Bertholdsippe" gehören die "Kammerboten" Erchanger und Berthold, die 915 nach dem schwäbischen Herzogtum trachteten und schließlich auf Veranlassung König Konrads I., ihres Schwagers, wegen Hochverrats 917 hingerichtet wurden. Ihre Schwester Kunigunde, die Königin, schenkte 915 dem Kloster Lorsch an der Bergstraße Güter in Gingen an der Fils und in der Gegend des Hohenstaufen[36].

Diese "Bertholdsippe" gilt als Zweig des alemannischen Herzoghauses[37]. Ihr Hausgut war daher zum guten Teil wiederum ehemaliges Herzogsgut. Der "Kammerbote" Berthold († 917) hatte einen Sohn, Adalbert von Marchtal († 954). Eine Tochter dieses Adalbert von Marchtal war es offenbar, die einen Teil des bertholdischen Besitzes sowie den Namen Adalbert in die "Adalbertsippe" brachte.

"Die Adalbertsippe" spaltete sich um die Mitte des 11. Jahrhunderts in die Familie der schwäbischen Pfalzgrafen, die das Kloster Langenau-Anhausen stiftete (siehe oben) und schon um die Mitte des 12. Jahrhunderts erlosch, sowie in die Sippe der Herren von Stubersheim. Adalbert und Berenger von Stubersheim, zwei Brüder, die 1092 bezeugt sind, wurden die Stammväter der Herren von Albeck und der Stifter des Klosters Elchingen (Kr. Neu-Ulm) bzw. der Herren von Ravenstein und von Helfenstein[38].

Die beiden Adelsgeschlechter des Bezirks, die "Hupaldinger" und die "Adalbertsippe", lassen sich also mit dem alemannischen Herzogshaus verknüpfen; beider Besitz stammt wohl zum guten Teil aus Herzogsgut.

34 H. Bühler, Heidenheim im Mittelalter, 1975, S. 18 ff

35 F. L. Baumann, Die Abstammung der Kammerboten Erchanger und Berthold, Forschungen zur Schwäb. Geschichte, 1898, S. 262 ff; vgl. Anm. 26

36 WUB IV S. 332 f Nachtr. Nr. 26; Cod. Lauresham. Nr. 3676=Württ. Gesch. Qu. II, 1895, S. 214 Nr. 472

37 Chr. Fr. Stälin, Wirt. Geschichte I, 1841, S. 243; H. Jänichen, Baar und Huntari, a.a.O. S. 105 f

38 H. Bühler, Schwäbische Pfalzgrafen, frühe Staufer u. ihre Sippengenossen, JHVD LXXVII, 1975, S. 127 ff

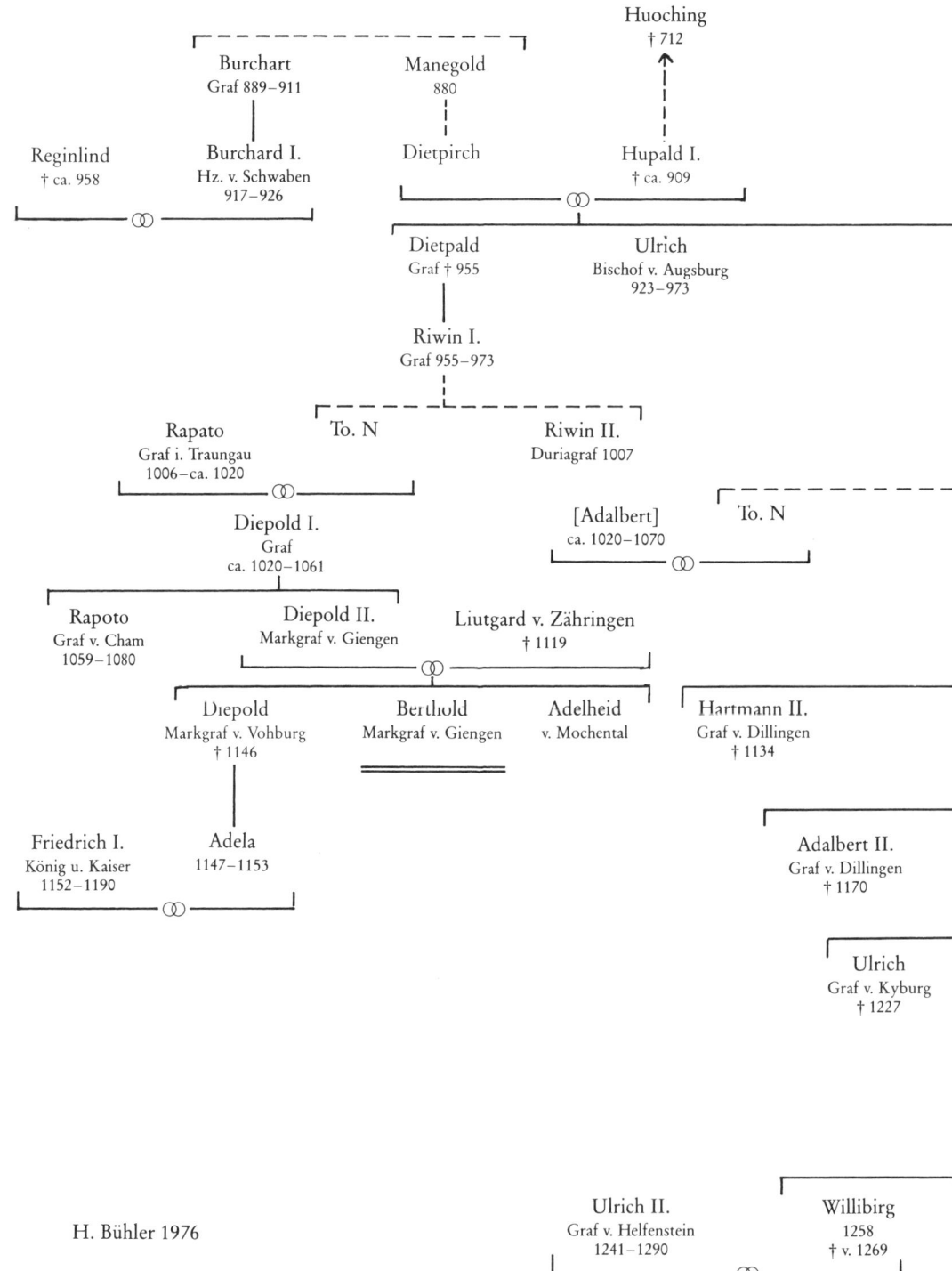

Huoching
† 712

Burchart
Graf 889–911

Manegold
880

Dietpirch

Hupald I.
† ca. 909

Reginlind
† ca. 958

Burchard I.
Hz. v. Schwaben
917–926

Dietpald
Graf † 955

Ulrich
Bischof v. Augsburg
923–973

Riwin I.
Graf 955–973

Rapato
Graf i. Traungau
1006–ca. 1020

To. N

Riwin II.
Duriagraf 1007

[Adalbert]
ca. 1020–1070

To. N

Diepold I.
Graf
ca. 1020–1061

Rapoto
Graf v. Cham
1059–1080

Diepold II.
Markgraf v. Giengen

Liutgard v. Zähringen
† 1119

Diepold
Markgraf v. Vohburg
† 1146

Berthold
Markgraf v. Giengen

Adelheid
v. Mochental

Hartmann II.
Graf v. Dillingen
† 1134

Friedrich I.
König u. Kaiser
1152–1190

Adela
1147–1153

Adalbert II.
Graf v. Dillingen
† 1170

Ulrich
Graf v. Kyburg
† 1227

H. Bühler 1976

Ulrich II.
Graf v. Helfenstein
1241–1290

Willibirg
1258
† v. 1269

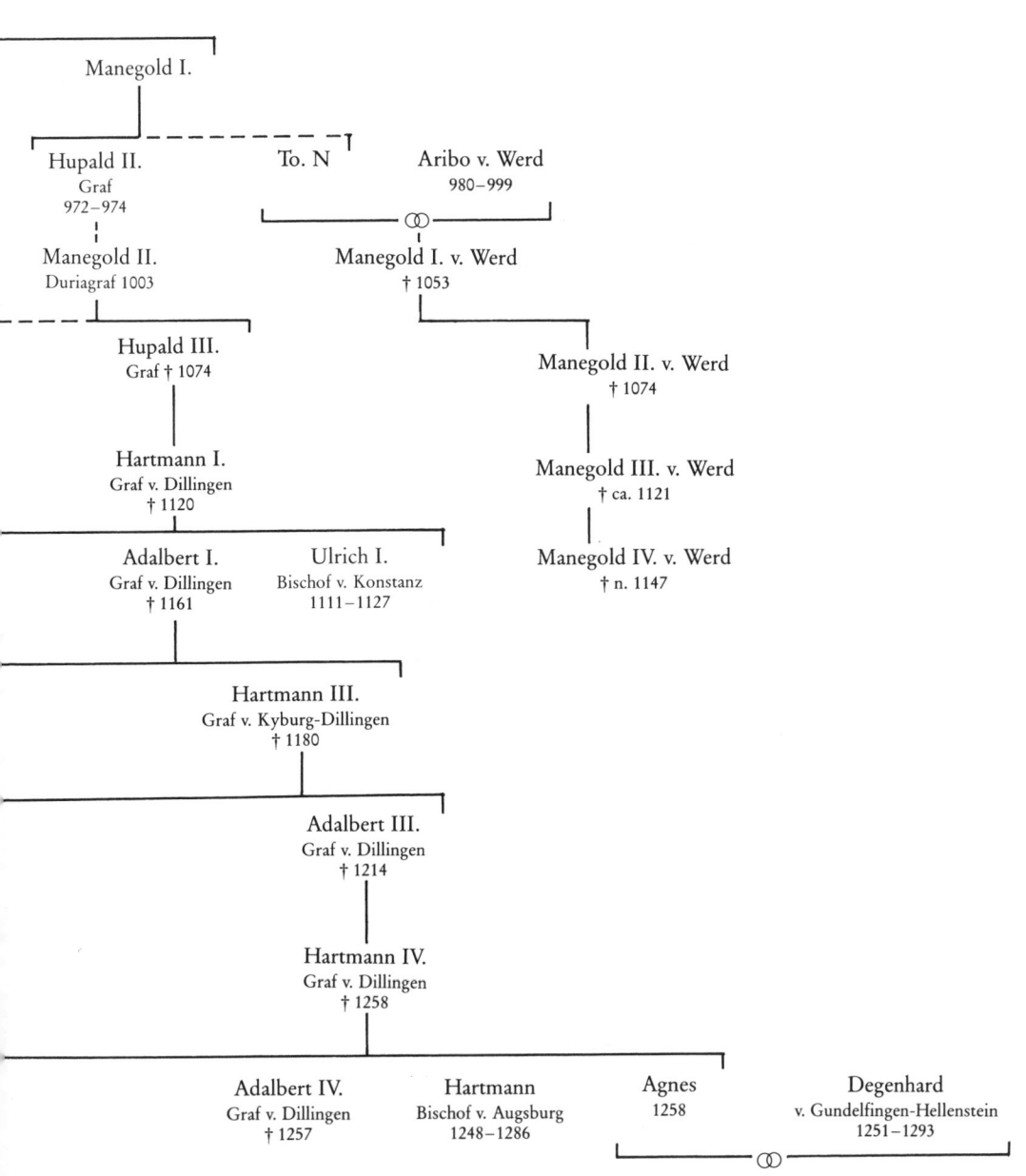

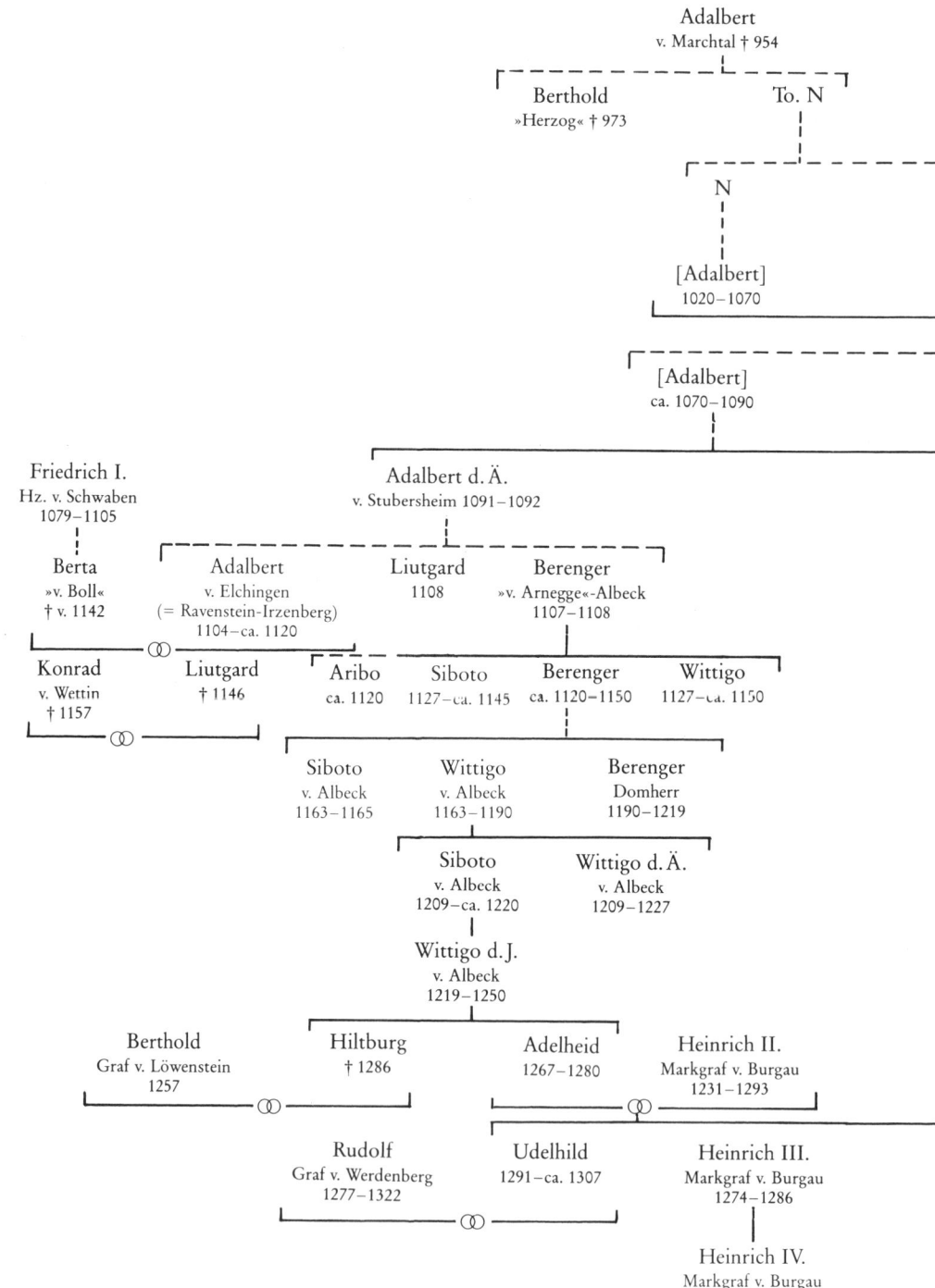

H. Bühler 1976

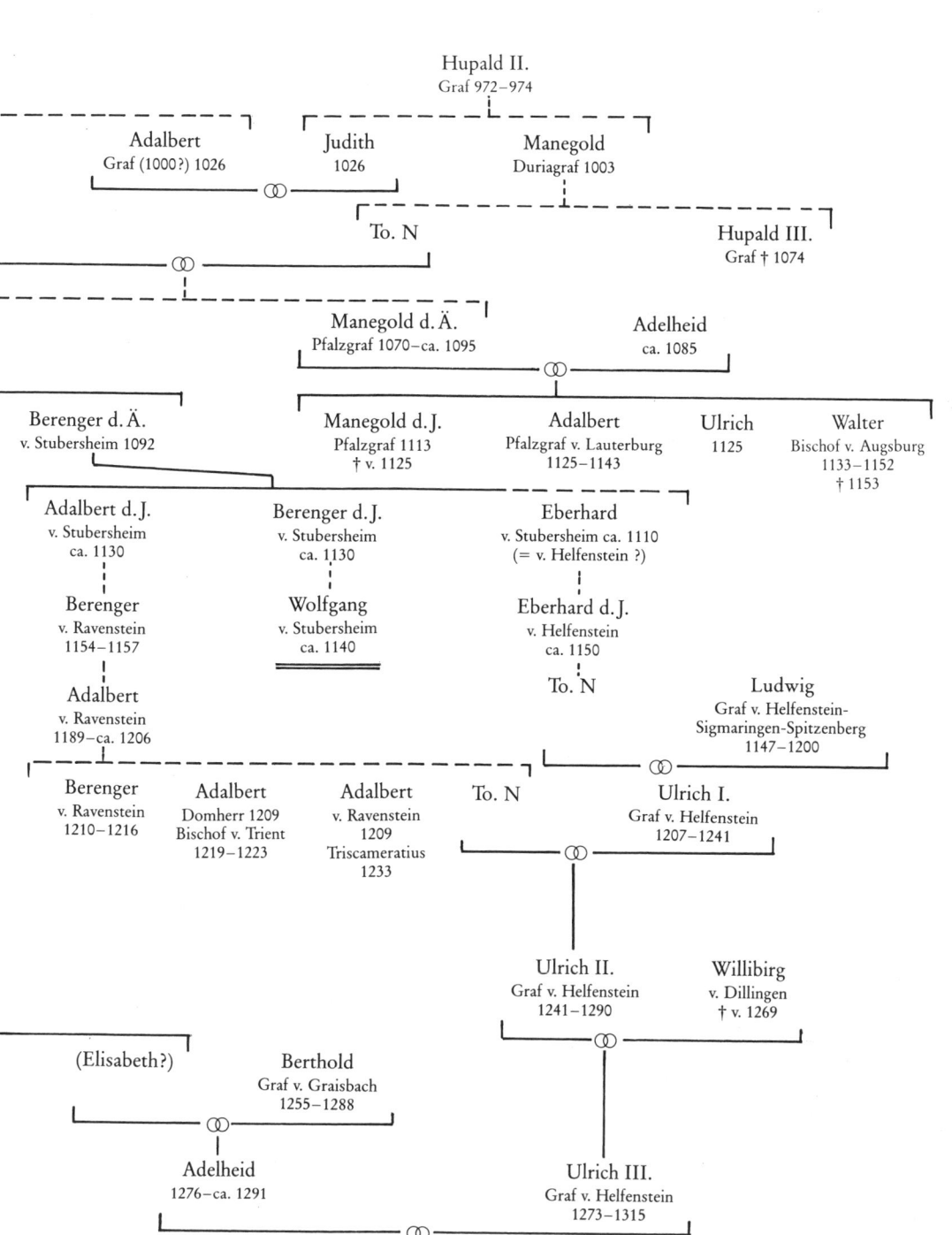

Hupald II.
Graf 972–974

Adalbert
Graf (1000?) 1026

Judith
1026

Manegold
Duriagraf 1003

∞

To. N

Hupald III.
Graf † 1074

∞

Manegold d. Ä.
Pfalzgraf 1070–ca. 1095

Adelheid
ca. 1085

∞

Berenger d. Ä.
v. Stubersheim 1092

Manegold d. J.
Pfalzgraf 1113
† v. 1125

Adalbert
Pfalzgraf v. Lauterburg
1125–1143

Ulrich
1125

Walter
Bischof v. Augsburg
1133–1152
† 1153

Adalbert d. J.
v. Stubersheim
ca. 1130

Berenger d. J.
v. Stubersheim
ca. 1130

Eberhard
v. Stubersheim ca. 1110
(= v. Helfenstein ?)

Berenger
v. Ravenstein
1154–1157

Wolfgang
v. Stubersheim
ca. 1140

Eberhard d. J.
v. Helfenstein
ca. 1150

Adalbert
v. Ravenstein
1189–ca. 1206

To. N

Ludwig
Graf v. Helfenstein-
Sigmaringen-Spitzenberg
1147–1200

∞

Berenger
v. Ravenstein
1210–1216

Adalbert
Domherr 1209
Bischof v. Trient
1219–1223

Adalbert
v. Ravenstein
1209
Triscameratius
1233

To. N

Ulrich I.
Graf v. Helfenstein
1207–1241

∞

Ulrich II.
Graf v. Helfenstein
1241–1290

Willibirg
v. Dillingen
† v. 1269

∞

(Elisabeth?)

Berthold
Graf v. Graisbach
1255–1288

∞

Adelheid
1276–ca. 1291

Ulrich III.
Graf v. Helfenstein
1273–1315

∞

Es ist somit nicht nur das Königsgut als ehemaliges Herzogsgut zu betrachten; die an Fulda tradierten Güter haben gleichfalls, wenigstens zum Teil, als ehemaliges Herzogsgut zu gelten, und schließlich kann der Hauptteil des Adelsbesitzes zum Herzogsgut gerechnet werden. Ein Großteil des Bezirks muß im Frühmittelalter den alemannischen Herzögen gehört haben.

Zu diesem Ergebnis paßt, daß eine Reihe von Ortsnamen unserer Gegend in ihrem Bestimmungswort Personennamen aufweisen, die in der Herzogsfamilie üblich waren. Es sind dies Oggenhausen und Ugendorf (heute Ugenhof); beide enthalten den Personennamen Huc bzw. Hug, der in der Herzogssippe durch Herzog Huoching († 712) vertreten ist. Heuchlingen ist aus der Verkleinerungsform desselben Namens, Huchilo, gebildet. Geroldsweiler (abgeg. nw. Steinheim) erinnert an Gerold, den Bruder der Königin Hildegard, der 797 im Kampf gegen die Awaren gefallen ist. Itzelberg (1302 Utzelenberg) ist aus der Verkleinerungsform des Namens Udalrich, Utzilo, gebildet; der Name findet sich mehrfach in der Sippe, aus der Königin Hildegard stammt. Itzelberg war bis zur Reformation Filial der alten Pfarrei Schnaitheim; Schnaitheim aber war nach unseren Ergebnissen ursprünglich Herzogsgut. Alle die genannten Personennamen finden sich unter den Nachkommen des Herzogs Huoching.

Auf der Ulmer Alb liegt der Ort Ettlenschieß (1333 Oetdelschiez), benannt nach Odilo. So hieß ein Bruder des Herzogs Huoching; er regierte als Herzog in Bayern († 748). Dicht benachbart ist Hofstett-Emerbuch (1143 Immenburc), das den Namen Immo der Imma enthält; Imma aber hieß die Mutter der Königin Hildegard. Ettlenschieß und Hofstett-Emerbuch gehörten später zum Begüterungsbereich der "Adalbertsippe"; deren Besitz aber stammte großenteils aus Herzogsgut.

Diese Häufung von Orten, die nach Gliedern der Herzogfamilie benannt sind, ist gewiß etwas Auffälliges. Offenbar haben Angehörige des Herzogshauses bei der Namengebung dieser Orte Pate gestanden und wohl auch an ihrer Gründung Anteil gehabt. Die Gründung müßte auf Herzogsgut erfolgt sein.

Auch die ältere Siedlungsgeschichte bestätigt die Erkenntnis, daß im Bezirk viel Herzogsgut war. Wir erinnern uns der verhältnismäßig zahlreichen Ortsnamen mit dem Grundwort -heim, die sich vorwiegend um Heidenheim, eine ehemalige Römersiedlung, gruppieren: Steinheim, Schnaitheim, Nattheim, Bolheim. Es handelt sich zweifellos um ein planmäßig angelegtes Siedlungssystem, das die auf Heidenheim zulaufenden Täler und Straßen deckt. Bodenfunde zeigen, daß es im 6. Jahrhundert entstanden ist.

Die genannten "-heim-Orte" erscheinen, wie erwähnt, seit karolingischer Zeit als Königsgut, Schnaitheim als Herzogsgut. Auch das Königsgut führen wir zurück auf Herzogsgut. Die alemannischen Herzöge waren zunächst Amtsherzöge der merowingischen Frankenkönige und verwalteten das fränkische Königsgut. Erst mit dem Niedergang des merowingischen Königtums erlangten sie größere Bewegungsfreiheit; sie betrachteten das ihnen anvertraute Königsgut jetzt als Herzogsgut. Angesichts dieser Sachlage liegt die Vermutung nahe, das System der "-heim-Orte" sei nach der Eingliederung Alemanniens ins merowingische Frankenreich (536) im Auftrag des Frankenkönigs angelegt worden, um den

Albübergang von Kocher und Brenz zu sichern, und zwar auf ehemals römischem Staatsland, das nun Königsland war. Dieses wurde später Herzogsgut. Wir hätten also mit folgender Besitzabfolge zu rechnen: römisches Staatsland — ab 536 merowinigsches Königsgut — Ende des 7. Jahrhunderts alemannisches Herzogsgut — nach 746 karolingisches Königsgut.

In die im Namen der merowingischen Frankenkönige betriebene Siedlungstätigkeit auf Königsland fügen sich auch die Ortsnamen auf -hausen ein, die das System der "-heim-Orte" umschließen; sie gehören wohl dem 7. Jahrhundert an: Aufhausen, Harthausen (abgeg.) und Brandelshausen (abgeg.) nördlich Schnaitheim, Aufhausen (abgeg.) bei Küpfendorf, Anhausen südlich Bolheim. Bemerkenswert ist eine Gruppe jüngerer "-heim-Orte" rund um Steinheim: Sontheim im Stubental, Ostheim (abgeg.), Westheim (1446, abgeg.) sowie Stockheim (abgeg.) und Scheffheim (abgeg.). Sie dürften mit den "-hausen-Orten" etwa gleichzeitig sein. Die "orientierten" "-heim-Orte" gelten als besonderes Indiz für Königsbesitz[39]. Er müßte gegen Ende des 7. Jahrhunderts zum Herzogsgut geworden sein.

So vervollständigt die Siedlungsgeschichte das Bild, das wir von der Verbreitung des Herzogsguts gewinnen konnten.

Nach dem Diplom Karls d. Gr. von 774 lag Herbrechtingen "in docato Alamannorum"[40]. Damit ist kaum an das altalemannische Herzogtum als Verfassungsinstituiton gedacht, denn dieses Herzogtum hatten Karls Vorgänger spätestens 748 beseitigt, vielmehr ist der Kernraum Alemanniens gemeint, jenes Gebiet, in dem die Herzöge ihren materiallen Rückhalt hatten, nämlich ihren Besitz[41]. Dazu fügt sich die alte Tradition, die im Kloster Kremsmünster (Niederösterreich) gepflegt wurde, wonach der Bayernherzog Tassilo III. um 777 in Neresheim ein erster Kloster gestiftet habe[42]. Tassilo war der Sohn des Bayernherogs Odilo († 748), der aus dem alemannischen Herzogshaus stammte. Seine Stiftung Neresheim wäre mit Herzogsgut ausgestattet worden. Neresheim findet sich um 900 im Besitz der "Hupaldinger", die wir als erbberechtigte Verwandte des ohne Nachkommen verstorbenen Tassilo betrachten dürfen[43].

II. Der Heidenheimer Raum zur Stauferzeit

Seit dem 11. Jahrhundert faßten die Staufer in unserem Raume Fuß und bauten sich nach und nach eine bedeutende Machtposition aus. Das Geschlecht der Staufer ist seit dem ausgehenden 10. Jahrhundert im Ries nachweisbar[44]. Es

---

39 M. Schaab, Früh- und Hochmittelalter, Das Land Baden-Württemberg I, 1974, S. 142.

40 MG.Dipl. Karol. Nr. 83

41 H. Büttner, Zur frühmittelalterl. Reichsgeschichte, 1975, S. 123 f

42 Chronik des Bernhardus Noricus, MG. SS. XXV S. 641 und 660

43 H. Bühler, Die Vorfahren des Bischofs Ulrich a.a.O. S. 44

44 Für das Folgende H. Bühler, Schwäbische Pfalzgrafen, frühe Staufer . . . a.a.O. S. 140 ff

verwaltete dort das Grafenamt, dazu seit der Mitte des 11. Jahrhunderts auch das Pfalzgrafenamt des Herzogtums Schwaben. Sein Hausbesitz scheint sich auch auf die Gegend um Bopfingen und das nördliche Härtsfeld erstreckt zu haben.

Der Riesgraf und spätere Pfalzgraf Friedrich (1027—1053) heiratete um 1020 die Erbtochter des Filsgrafen Walter (998) und erwarb dadurch reichen Besitz im Rems- und Filsgebiet mit den Zentren Lorch, Schwäb. Gmünd und Göppingen; doch strahlte dieser Besitz auch auf die Alb und den Albuch aus, wo wir Erpfenhausen (bei Gerstetten), Dettingen und Heuchlingen sowie Güter um Bartholomä und Irmannsweiler zu den an die Staufer übergegangenen Besitzungen rechnen dürfen.

Das Interesse der Staufer galt mehr dem innerschwäbischen Raum als dem Gebiet um die Brenz. Hier nahmen Verwandte der Staufer deren Interessen wahr. Die Tochter des erwähnten Riesgrafen Friedrich, Adelheid, hatte sich um 1055 mit Manegold aus der "Adalbertsippe" vermählt und ihm Güter in Dettingen und Heuchlingen, auf dem Albuch und an dessen Nordrand um Mögglingen zugebracht. Offenbar hatte sie ihrem Gemahl auch den Pfalzgrafentitel vermittelt; 1053 hatte ihn noch ihr Vater geführt, seit 1070 trug ihn Manegold. Manegold beherrschte von seiner Burg Moropolis — Heidenheim das mittlere Brenztal und das von Heidenheim ausstrahlende Straßennetz. Die Güter, die ihm Adelheid zugebracht hatte, erlaubten ihm auch, den damals wichtigen Weg über die Lauterburger Steige ins Remstal zu sperren. Dort baute sein Sohn Adalbert vor 1128 die Feste Lauterburg.

Pfalzgräfin Adelheid stand unter dem Einfluß der Seherin Herluka, die zum Reformkreis um Abt Wilhelm von Hirsau gehörte und eine Zeitlang auf der Burg Moropolis-Heidenheim weilte. Ihrem Einfluß wird man zuschreiben dürfen, daß Pfalzgraf Manegold sich entschloß, ein Reformkloster Hirsauer Richtung zu stiften. Er hatte seine Eigenkirche in Langenau als Klosterkirche vorgesehen, starb aber, ehe er sein Vorhaben verwirklichen konnte. Dies taten seine Söhne Manegold, Adalbert, Ulrich und Walter. So entstand bald nach 1095 in Langenau ein Benediktinerkloster, das die Pfalzgrafen reich dotierten. Langenau lag aber an einer belebten Straße, deshalb verlegten die jungen Pfalzgrafen das Kloster vor 1125 nach dem abgeschiedenen Anhausen im Brenztal. Der jüngste Pfalzgrafensohn, Walter, seit 1133 Bischof von Augsburg, bestätigte die Familienstiftung und den ihr übereigneten Besitz im Jahre 1143[45]. Die Urkunde nennt 60 Orte und Walddistrikte auf der Ulmer und Heidenheimer Alb, im Brenztal, auf dem Albuch, im Rems- und Filstal sowie im Ries, darunter namentlich Dettingen und Heuchlingen, Küpfendorf, Aufhausen (abgeg. b. Küpfendorf), Sachsenhardt (abgeg.), Heutenburg, Gussenstadt, Taubenlauch (abgeg.), Söhnstetten, Irmannsweiler und mehrere längst verschwundene Kleinsiedlungen auf dem Albuch, Mergelstetten und Sachsenhausen. Da die Pfalzgrafen keinen männlichen Erben hinterließen, fiel die Vogtei des Klosters nach dem Tode des

45   WUB II S. 26 ff Nr. 318

Pfalzgrafen Adalbert 1143 an die verwandten Staufer. Eine Erbabsprache mochte vorausgegangen sein.

Der Enkel des uns bekannten Riesgrafen Friedrich (1027—1053), gleichfalls Friedrich geheißen, war 1079 von König Heinrich IV. zum Herzog von Schwaben erhoben und mit dessen Tochter Agnes vermählt worden. Als Mitgift oder Erbe hatte ihm Agnes das salische Königsgut im Bezirk zugebracht, nämlich Bolheim, das dasselbe Schicksal gehabt hatte wie Herbrechtingen, und Nattheim. Herzog Friedrich I. und Agnes stifteten 1102 das Benediktinerkloster Lorch und verwendeten zu dessen Ausstattung auch Gut in unserer Gegend. Lorch erhielt bei seiner Stiftung oder kurz danach Gut in Erpfenhausen und Dettingen, dazu die Masse des Grundbesitzes und die ortsherrlichen Rechte in Bolheim, auch Güter in Nattheim, Rudelsberg (abgeg. b. Schnaitheim), Oggenhausen, Walkersdorf (abgeg.b.Fleinheim), Großkuchen, Demmingen und in einer Reihe von Orten auf dem Härtsfeld[46].

Wenn nicht schon als Erbe der Agnes, so spätestens 1125 nach dem Tode ihres Bruders, Kaiser Heinrichs V., muß Herbrechtingen an die staufischen Brüder Herzog Friedrich II. von Schwaben (1105—1147) und Konrad, den späteren König (1139—1152), gefallen sein. Herbrechtingen hatte Marktrecht; es war damals wohl der zentrale Ort des Brenztals. In Herbrechtingen bestand ein Kollegiatstift an der alten Dionysiuskirche. Marktrecht und Stift gehen vielleicht auf König Heinrich III. zurück, der sich 1046 in Herbrechtingen aufgehalten hatte[47].

Zunächst scheint Herbrechtingen der Kristallisationspunkt für das staufische Hausgut an der Brenz geworden zu sein. Wir wissen, daß 1143 die Vogtei des Kloster Anhausen an die Staufer fiel. Sie erlangten damit die Oberhoheit auch über den anhausischen Klosterbesitz. Ein gleiches galt für den Besitz ihres Hausklosters Lorch. Auch zogen die Staufer die Reste des pfalzgräflichen Hausguts an sich. Dazu gehörte die schon von den Pfalzgrafen aufgegebene Burg Moropolis-Heidenheim, das Kirchenpatronat in Dettingen samt Gütern in Dettingen und Heuchlingen. Diese Güter wurden von der Feste Lauterburg, die jetzt gleichfalls staufisch war, verwaltet. Vielleicht ist damals auch die Feste Herwartstein mit Springen und Itzelberg in den Besitz der Staufer gelangt.

Der Sohn Herzog Friedrichs II. (1105—1147), Herzog Friedrich III., der als Friedrich Barbarossa den Thron bestieg, heiratete 1147 in Eger Adela, die Tochter des Markgrafen Diepold III. von Cham-Vohburg († 1146) und erwarb so dessen Güter im Bezirk. Diepold III. war der Urenkel jener "Hupaldingerin" die den Grafen Rapoto vom Traungau (1006-c. 1020) geheiratet hatte. Diepolds III. Vater, Graf Diepold II., hatte sich nach seiner Burg Giengen benannt. Er war wegen seines Eintretens für Heinrich IV. 1077 mit der Markgrafschaft Cham im bayerischen Nordgau belehnt worden und 1078 als Parteigänger des Königs bei Mellrichstadt gefallen. Ein Chronist nennt ihn aus diesem Anlaß

---

46   H. Bühler, Schwäbische Pfalzgrafen, frühe Staufer . . . a.a.O. S. 142

47   H. Bühler, Herbrechtingen 1200 Jahre, 1974, S. 58 und 87

"Diepoldus marchio de Giengin"[48]. Diepold III. hatte 1099 die Herrschaft Vohburg an der Donau geerbt und seinen Sitz dorthin verlegt.

Zu Adelas Mitgift gehörten Burg und Dorf Giengen, Gundelfingen, Lauingen, Güter um Staufen im Bachtal, die Burg Hellenstein nebst Gütern in Heidenheim, Schnaitheim, Großkuchen, Oggenhausen, Herbrechtingen und Brenz. In dieser Gütermasse war enthalten, was Kloster Fulda einst in der Gegend besessen, aber den Diepolden zu Lehen gegeben hatte[49]. Lehenleute der Diepolde, nunmehr Barbarossas, waren die Edlen von Hellenstein sowie die Ministerialen von Giengen, von Staufen, von Brenz und wohl auch die Güssen, die den Namen Diepold durch viele Generationen als Leitnamen führten. Das staufische Hausgut im Bezirk mehrte sich beträchtlich.

Nun wurde das Hochstift Bamberg veranlaßt, seinen Besitz in Sontheim an der Brenz, desgleichen das Hochstift Augsburg, seine "curia" in Herbrechtingen dem Staufer zu Lehen zu geben[50].

Im Jahre 1171 kam Barbarossa mit stattlichem Gefolge nach Giengen. Da im Herbrechtinger Stift wenig erfreuliche Zustände eingerissen waren, sah er sich genötigt, es zu reformieren. Die Weltgeistlichen, die an der Dionysiuskirche tätig waren, wurden durch Augustiner-Chorherren aus dem Kloster Hördt bei Germersheim ersetzt. Ihnen übertrug der Kaiser die Kirche samt Zugehör sowie die "curia", die er vom Hochstift Augsburg zu Lehen hatte, dazu das Marktrecht und weitere Güter, die er zum Teil von seinen Lehenleuten zurückerworben hatte. Die Vogtei über das reformierte Stift wahrte der Kaiser für sich und seine Erben[51]. Nunmehr gab es in nächster Nachbarschaft zwei Klöster unter staufischer Vogtei, Anhausen und Herbrechtingen.

Die Burgen Giengen und Hellenstein waren Mittelpunkte der Verwaltung. Noch unter Friedrich Barbarossa wurde der Grund gelegt für die Städte Giengen und Heidenheim. Beides sind geplante Anlagen, etwas abgesetzt von älteren dörflichen Ansiedlungen gleichen Namens. An der Gründung Heidenheims dürfte Degenhard von Hellenstein (1150—1182) maßgeblich beteiligt gewesen sein[52]. Er war der "procurator" Barbarossas über die staufischen Königsgüter in Schwaben. Es spricht für die Bedeutung des staufischen Besitzes im Brenztal, daß ein dort angesessener Edler das gesamte staufische Gut zu verwalten hatte. Dieser Besitz schlug die Brücke vom Rems- und Filstal zur Donau und zum Ries.

Ministerialen der Staufer waren, außer den schon genannten, die von Hürben, von Hürgerstein, von Sontheim (?), die Schenken von Herwartstein, die Vetzer und die von Trugenhofen.

Es gab ein Hoheitsrecht, das geeignet war, den noch lückenhaften staufischen

48   Chronik des Klosters Petershausen, Schwäb. Chroniken der Stauferzeit 3. Bd., 1956, S. 112
49   Dronke a.a.O. c. 63
50   H. Bühler, Die "Duria-Orte" Suntheim und Navua, a.a.O.; WUB II S. 162 f Nr. 394
51   WUB II S. 162 f Nr. 394; vgl. WUB II S. 355 f. Nr. 531.
52   H. Bühler, Heidenheim im Mittelalter, 1975, S. 31

Begüterungsbereich zusammenzuschließen und auch auszuweiten. Das war der Wildbann, der sich vom Albtrauf im Norden bis zur Donau im Süden, von der Fils im Westen bis Bopfingen und zur Egau im Osten erstreckte. Wir wissen nicht, ob dieser königliche Wildbann aus dem salischen Erbe übernommen oder von Friedrich Barbarossa neu geschaffen wurde. In den Jahren 1209–1216 ist Ulrich von Furtheim (heute Ruine Hurwang) als staufischer Ministeriale mit dem Titel Forstmeister bezeugt[53]; er beaufsichtigte den Wildbann.

Als aber die Gerichtsbarkeit im staufischen Herzogtum Schwaben neu organisiert und wohl noch unter Barbarossa Landgerichtsbezirke mit klar umrissenen, im Gelände deutlich erkennbaren Grenzen abgeteilt wurden, hielt man sich nicht an den Wildbann. Vielmehr diente die Brenz fast in ihrem ganze Lauf wieder als Demarkationslinie, wie zur Zeit der frühmittelalterlichen Gaue. Östlich der Brenz erstreckte sich der Landgerichtsbezirk der Grafschaft Dillingen. Der "Landgraben" zwischen Sontheim an der Brenz und Niederstotzingen trennte diesen vom Ulmer Landgerichtsbezirk (1255)[54]. Westlich der Brenz und nördlich der Lone erstreckte sich ein Bezirk, in welchem offenbar die Grafen von Helfenstein das Landrichteramt bekleideten.

Seit dem frühen 13. Jahrhundert zerbröckelte das staufische Territorium. Dies mag durch den Thronstreit zwischen Philipp von Schwaben und dem Welfen Otto IV. eingeleitet worden sein. Um Anhänger zu gewinnen, wurde Krongut verpfändet und weggegeben. Brenz und Sontheim an der Brenz sind nun in den Händen der Herren von Albeck (1209 ?). Die Feste Hellenstein mit Heidenheim war als faktisch erbliches Lehen an die Herren von Gundelfingen gelangt. Die Vogtei Herbrechtingen hatte Kaiser Friedrich II. einem Herren von Wolfach (Schwarzwald) verliehen, der sie schuldenhalber 1227 an die Grafen von Dillingen veräußerte[55]. Die Vogtei Anhausen kam vor 1240 in die Hände der Grafen von Helfenstein. Die Feste Herwartstein mit Zugehör war offenbar von König Konrad IV. (1250–1254) seiner Gemahlin Elisabeth als Witwengut vermacht worden. Diese vermählte sich 1259 ein zweites Mal mit dem Grafen Meinhard II. von Görz-Tirol. Nachdem ihr Sohn aus erster Ehe, Konradin, 1268 so tragisch geendet hatte, vererbte sie Herwartstein ihren Söhnen aus zweiter Ehe, die Kärnten regierten.

Mit dem Tode Konradins 1268 war das staufische Herzogtum Schwaben erloschen. Die staufischen Ministerialen hatten niemanden mehr über sich als das Reich und sie betrachteten ihren seitherigen Lehensbesitz mehr und mehr als ihr Eigentum, so die Güssen, die von Schnaitheim und die Vetzer. Wahrscheinlich war es ein Ritter von Giengen, ehemals staufischer Ministeriale, der vor 1268 das Deutschordenshaus Giengen stiftete[56]. Dieser Deutschordenskommende floß reicher Besitz in Giengen, Oggenhausen, Schratenhof, Staufen, Zöschingen und Niederstotzingen zu, der wohl größtenteils vorher staufisch

53   WUB II S. 379 f Nr. 548; WUB III S. 50 ff Nr. 594
54   WUB V S. 118 ff Nr. 1352
55   WUB III S. 214 Nr. 728
56   K. Militzer, Die Deutschordenskommende zu Giengen, ZWLG XXVII, 1968, S. 31 ff

IV. Die Staufer und ihre Erben

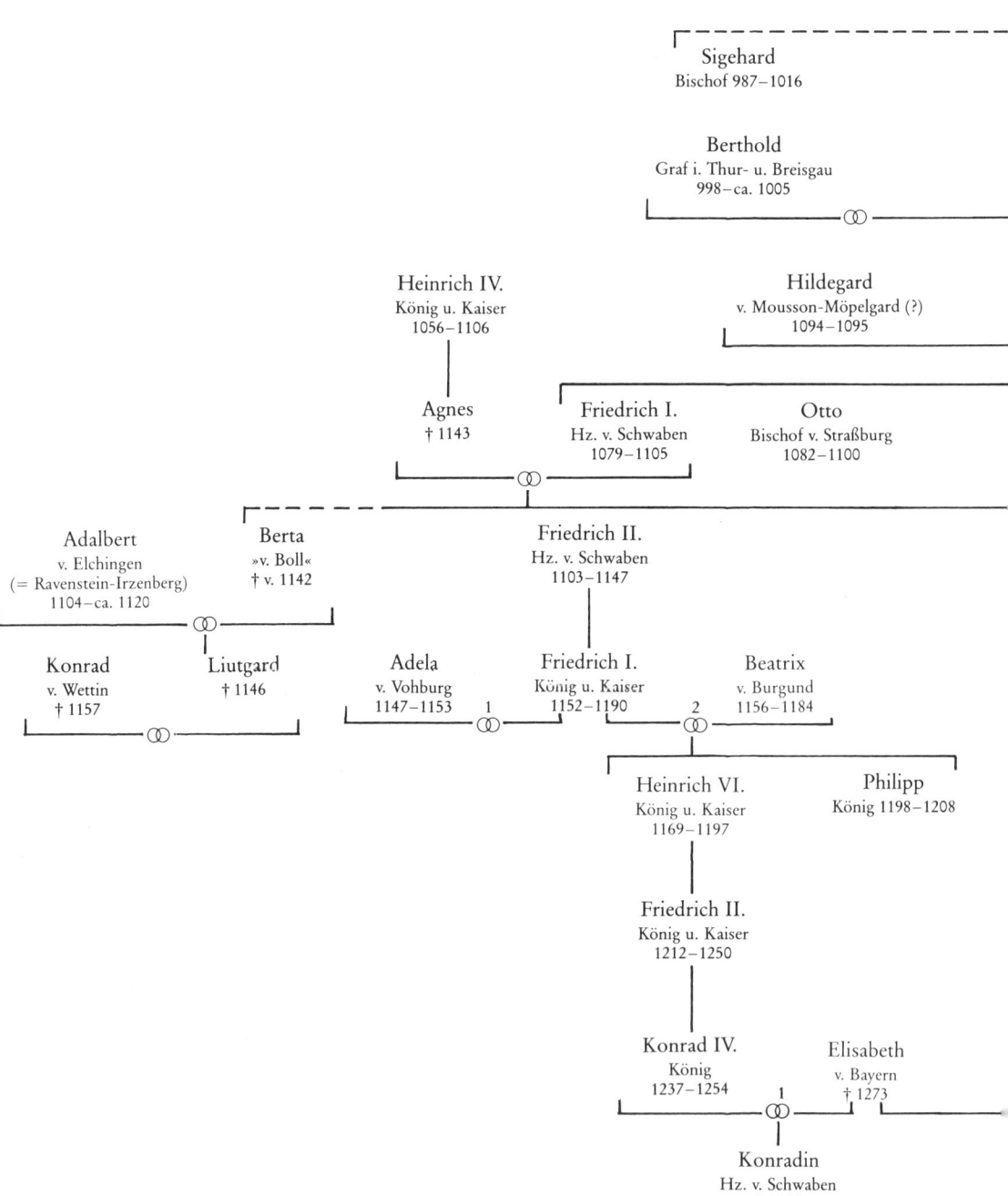

Sigehard
Bischof 987–1016

Berthold
Graf i. Thur- u. Breisgau
998–ca. 1005

Heinrich IV.
König u. Kaiser
1056–1106

Hildegard
v. Mousson-Möpelgard (?)
1094–1095

Agnes
† 1143

Friedrich I.
Hz. v. Schwaben
1079–1105

Otto
Bischof v. Straßburg
1082–1100

Adalbert
v. Elchingen
(= Ravenstein-Irzenberg)
1104–ca. 1120

Berta
»v. Boll«
† v. 1142

Friedrich II.
Hz. v. Schwaben
1103–1147

Konrad
v. Wettin
† 1157

Liutgard
† 1146

Adela
v. Vohburg
1147–1153

Friedrich I.
König u. Kaiser
1152–1190

Beatrix
v. Burgund
1156–1184

Heinrich VI.
König u. Kaiser
1169–1197

Philipp
König 1198–1208

Friedrich II.
König u. Kaiser
1212–1250

Konrad IV.
König
1237–1254

Elisabeth
v. Bayern
† 1273

Konradin
Hz. v. Schwaben
† 1268

H. Bühler 1976

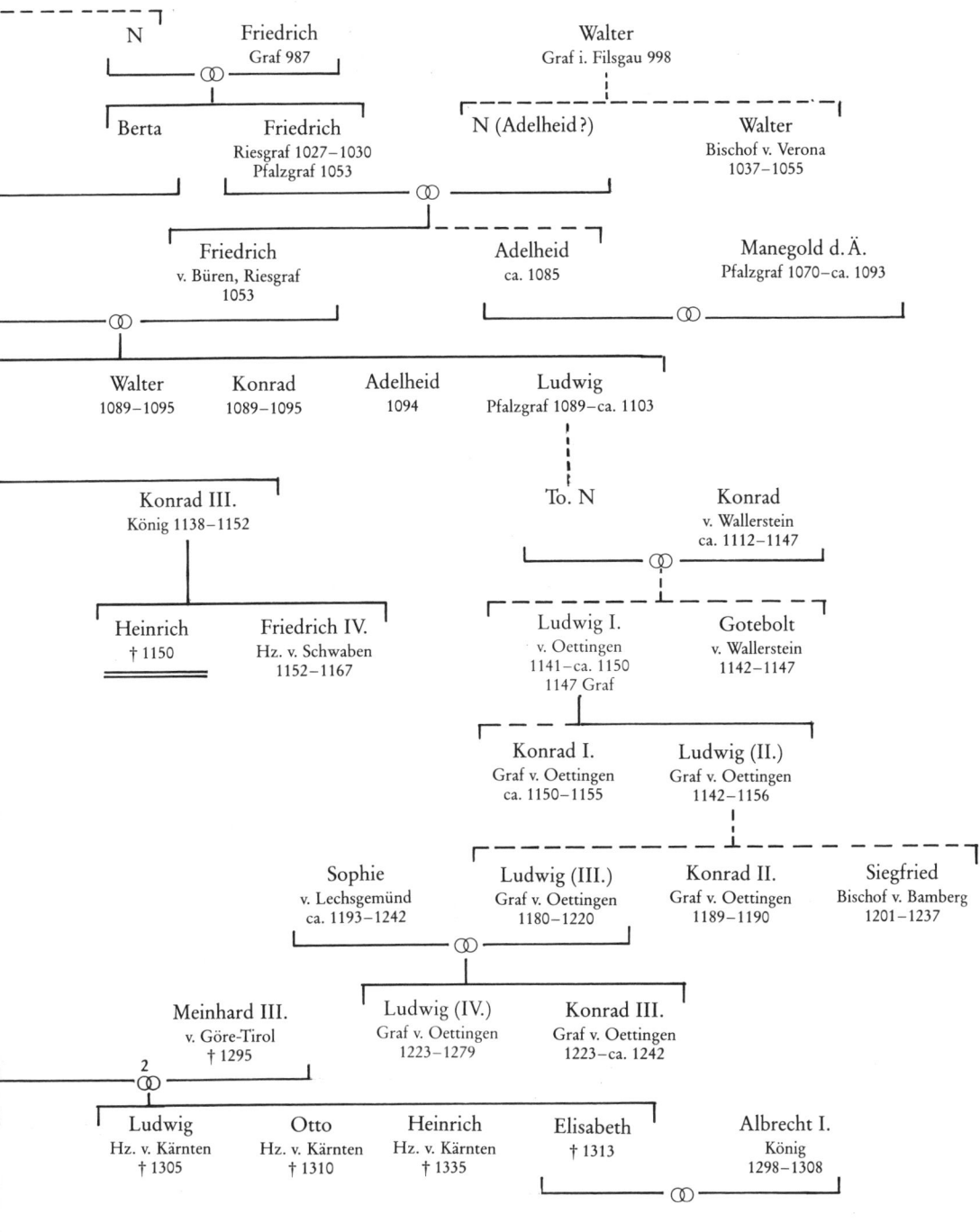

N   Friedrich
Graf 987

Walter
Graf i. Filsgau 998

Berta   Friedrich
Riesgraf 1027–1030
Pfalzgraf 1053

N (Adelheid?)

Walter
Bischof v. Verona
1037–1055

Friedrich
v. Büren, Riesgraf
1053

Adelheid
ca. 1085

Manegold d. Ä.
Pfalzgraf 1070–ca. 1093

Walter
1089–1095

Konrad
1089–1095

Adelheid
1094

Ludwig
Pfalzgraf 1089–ca. 1103

Konrad III.
König 1138–1152

To. N

Konrad
v. Wallerstein
ca. 1112–1147

Heinrich
† 1150

Friedrich IV.
Hz. v. Schwaben
1152–1167

Ludwig I.
v. Oettingen
1141–ca. 1150
1147 Graf

Gotebolt
v. Wallerstein
1142–1147

Konrad I.
Graf v. Oettingen
ca. 1150–1155

Ludwig (II.)
Graf v. Oettingen
1142–1156

Sophie
v. Lechsgemünd
ca. 1193–1242

Ludwig (III.)
Graf v. Oettingen
1180–1220

Konrad II.
Graf v. Oettingen
1189–1190

Siegfried
Bischof v. Bamberg
1201–1237

Meinhard III.
v. Göre-Tirol
† 1295

Ludwig (IV.)
Graf v. Oettingen
1223–1279

Konrad III.
Graf v. Oettingen
1223–ca. 1242

2

Ludwig
Hz. v. Kärnten
† 1305

Otto
Hz. v. Kärnten
† 1310

Heinrich
Hz. v. Kärnten
† 1335

Elisabeth
† 1313

Albrecht I.
König
1298–1308

war[57]. Die staufische Ministerialienburg Güssenberg kam in die Hände der Grafen von Öttingen.

III. Die Grafen von Helfenstein im Heidenheimer Raum
bis zum Teilungsvertrag von 1356

Das Territorium der Grafen von Helfenstein im Westen unseres Bezirks war aus bescheidenen Anfängen erwachsen. Die älteren Herren von Helfenstein sind, wenn nicht alles trügt, ein Zweig der "Adalbertsippe". Eberhard von Stubersheim, wahrscheinlich ein Sohn Berengers d.Ä. von Stubersheim (1092), hatte um 1100 auf beherrschender Höhe über der Geislinger Steige die Burg Helfenstein erbaut[58] und sich nach ihr benannt. Er ist wohl personengleich mit Eberhard I. von Helfenstein. Seine Herrschaft beschränkte sich zunächst auf den Bereich um die Burg, vornehmlich auf der Hochfläche der Alb.
Dem Helfenstein gegenüber, auf der Feste Spitzenberg bei Kuchen, saß seit etwa 1100 Ludwig von Sigmaringen auf dem Erbgut seiner Mutter Richinza und nannte sich von nun an von Spitzenberg[59]. Ihm gehörte eine weit mächtigere Herrschaft um die obere Fils mit (Alten-)Geislingen (heute Stadtteil Altenstadt). Sein Enkel, Ludwig von Sigmaringen-Spitzenberg (1147—1200), heiratete um 1150 die Erbtochter Eberhards II. von Helfenstein und faßte damit Fuß auf der Geislinger Alb. Er nannte sich jetzt auch "von Helfenstein" (1171). Von ihm stammen die jüngeren Helfensteiner ab, die dem Mannesstamme nach eigentlich Sigmaringer sind. Ludwig war ein treuer Anhänger Friedrich Barbarossas, dem er sicher die Erhebung in den Grafenrang verdankte[60]. Ludwigs Bruder Gottfried war lange Jahre Kanzler des Kaisers und kam 1186 auf den Würzburger Bischofsstuhl. Beide Brüder nahmen am Kreuzzug Barbarossas teil, aus dem Gottfried nicht zurückkehrte († 1190).
Ludwigs Söhne teilten zunächst die Hausgüter in der Weise, daß Gottfried die Herrschaft Sigmaringen, Eberhard die Herrschaft Spitzenberg und Ulrich I. (1207—1241) die Herrschaft Helfenstein verwaltete. Er und seine Nachfahren verstanden es, den Hausbesitz auf der Alb durch geschickte Heiratspolitik zu mehren. Ulrich I. vermählte sich mit der Tochter Adalberts von Ravenstein (bei Steinenkirch, 1189 — c.1206) und erwarb dadurch für sein Haus die Burg Ravenstein samt dem halben Kirchensatz in Gerstetten und dazu Güter in Gerstetten, Heuchstetten, Heldenfingen, Gussenstadt, Steinenkirch und Söhnstetten. Auf nicht näher bekannte Weise brachte er auch die Vogtei des Klosters Anhausen an sich[61].

---

57   Staatsarchiv Neuburg, Salbuch von 1391
58   H.Bühler, Schwäb. Pfalzgrafen, frühe Staufer . . . a.a.O. S. 130; Helfant=Elefant
       vielleicht unter dem Einfluß des 1. Kreuzzugs als Wappentier gewählt
59   H. Bühler, Richinza v. Spitzenberg, Württ. Franken Bd. 58, 1974, S. 310 ff
60   WUB II S. 162 f Nr. 394
61   H. Bühler, Schwäb. Pfalzgrafen, frühe Staufer. . . a.a.O. S. 127 f

Sein Sohn Ulrich II. (1241—1290) gewann durch seine Ehe mit Willibirg von Dillingen den Kirchensatz in Zöschingen und Güter in Fleinheim sowie die Anwartschaft auf die Vogtei Herbrechtingen, die er nach dem Tode seines Schwiegervaters, des Grafen Hartmann IV. von Dillingen († 1258), an sich zog. Ferner erhielt er von den Herzögen von Kärnten, den Söhnen Meinhards II. von Görz, die Herrschaft Herwartstein mit Springen, Itzelberg, Zahnberg, Bibersohl u. a. Weilern auf dem Albuch zu Lehen[62]. Er sperrte damit den wichtigen Talpaß von Kocher und Brenz an einer der engsten Stellen. Diese Position sollte Bedeutung erlangen, als der Graf mit dem König in Konflikt geriet. König Rudolf von Habsburg wollte nach dem Interregnum die Herzogsgewalt in Schwaben erneuern und einem seiner Söhne zuwenden. Einer der entschiedensten Gegner dieser Absicht war der Graf von Helfenstein. Der König hoffte ihn für den geplanten Romzug zu gewinnen und bestätigte ihm daher im Stuttgarter Sühnevertrag 1286 die Vogteien der Klöster Herbrechtingen und Anhausen, die nunmehr als Reichslehen galten[63]. Doch schon im folgenden Jahr lag der Graf erneut mit den König im Krieg. Jetzt wurde Herwartstein vom König belagert, eingenommen, zerstört und vorübergehend dem Grafen Ludwig von Öttingen übergeben.

Ulrich III. Von Helfenstein (1273—1315) war mit Adelheid von Graisbach vermählt († 1291). Als Enkelin der Adelheid von Albeck († 1280) vermittelte sie ein reiches Erbe.

Die Herren von Albeck stammten aus dem Hause Stubersheim (Adalbertsippe). Die Burg Albeck ist 1107/08 erstmals bezeugt[64]. Ein Domherr Berenger von Albeck (c.1165—1219) und sein Bruder Wittigo (1163—1190) hatten auf dem Steinhirt bei Steinheim 1190 ein Augustinerstift gegründet und mit Gütern in Sontheim im Stubental und den umliegenden Weilern ausgestattet. Wittigos gleichnamiger Sohn (1209—1227) hatte dem Stift 1209 den Ort Steinheim samt allen Rechten verkauft[65]. Die Vogtei dieser albeckischen Familienstiftung war durch Adelheid von Albeck († 1280) ihrem Gemahl, dem Markgrafen Heinrich II. von Burgau (1231—1293), zugebracht worden. Seine Enkelin, die erwähnte Adelheid von Graisbach, brachte die Vogtei sowie Güter auf der Ulmer Alb im Bereich der Herrschaft Albeck um 1270 an Ulrich III. von Helfenstein. Auf dem gleichen Weg mag der Graf auch Stadt und Herrschaft Blaubeuren erworben haben[66]. Nach dem Tode seines Mutterbruders, des Bischofs Hartmann von Augsburg († 1286), erbte er Burg und Dorf Hürben[67].

Unter Ulrich II. hatte die Grafschaft Helfenstein einen ersten Höhepunkt erreicht. Der Krieg gegen den König jedoch hatte den Grafen in arge Unkosten

---

62 Dambacher, Urkundenlese z. Gesch. schwäb. Klöster , 1. Königsbronn, ZGO Bd. 10, 1859, S. 122 f

63 WUB IX S. 104 ff Nr. 3576

64 H. Bühler, Schwäb. Pfalzgrafen, frühe Staufer . . . a.a.O. S. 134

65 WUB II S. 379 f Nr. 548

66 O. G. Lonhard, Die Gründung der Stadt Blaubeuren, Schwäb. Heimat 18. Jg. 1967 S. 226 ff

67 WUB V S. 278 ff Nr. 1512

gestürzt. Als Ulrich II. um 1290 starb, hinterließ er seinem Sohn beträchtliche Schulden, und dieser mußte sehen, wie er seine Gläubiger zufriedenstelle. Wir hören in den nächsten Jahren fast nur von Güterverkäufen. Das begann 1291 mit dem Verkauf der Burg Eybach an die Abtei Ellwangen[68]. Im folgenden Jahr veräußerte er den Weiler Emerstetten bei Gerstetten und im Jahre 1295 Güter in Schalkstetten und Stubersheim an Kloster Kaisheim[69]. Dann erfahren wir von einer etwas undurchsichtigen Transaktion des Helfensteiners. Er übergab 1295 seine ganze Herrschaft dem König Adolf von Nassau und behielt sich nur bestimmte Güter im Wert von 60 Goldmark für Seelgeräte vor, darunter je einen Hof in Sontbergen, Langenau, Dettingen und Walbach (abgeg.b. Gussenstadt)[70]. Anschließend nahm er am Feldzug des Königs nach Thüringen teil. Im Mai des folgenden Jahres war er schon wieder im Besitz seiner Herrschaft; er versprach den Bürgern von Konstanz Schirm und Geleit, "svenne sie durch unser Lant varent"[71]. Es sieht so aus, als sei die Übergabe an den König ein Manöver gewesen, sich seiner Gläubiger zu entledigen. Hatte etwa der König dafür, daß der Graf mit nach Thüringen zog, dessen Verpflichtungen übernommen?

Noch waren nicht alle Schulden beglichen. Ulrich III. hatte auf die Herrschaft Herwartstein Geld aufgenommen und veräußerte 1302 die Burg samt Springen, Itzelberg, Zahnberg, Bibersohl u.a. Weilern und die Vogtei des Steinheimer Stifts an König Albrecht, der damit 1303 das Kloster Königsbronn ausstattete[72]. Im nächsten Jahr verkaufte er auch die Eigentumsrechte an der Herrschaft Blaubeuren den Söhnen König Albrechts und nahm die Herrschaft von ihnen zu Lehen[73].

So machte die Grafschaft Helfenstein um die Wende des 13. bis zum 14. Jahrhundert eine Krise durch; mit dem Verkauf der Herrschaft Herwartstein war eine wichtige Position im Brenztal verloren. Dennoch gab es seit dem ausgehenden 13. Jahrhundert in unserem Raum keinen anderen Mächtigen mehr, der den Helfensteinern ernstlich hätte Konkurrenz bieten können. Die ehemals dillingischen Güter und Rechte waren zum Gutteil in ihren Händen. Sie waren Inhaber des Wildbanns geworden, der vom Reich zu Lehen ging[74]. Von den ehemals staufischen Ministerialen hatten sich die Güssen und die Vetzer ihnen angeschlossen. Vom staufischen Besitz waren lediglich Giengen sowie Hellenstein mit Heidenheim übriggeblieben, jetzt unter der Oberhoheit des Reiches.

Es scheint, die Söhne Ulrichs III., die Grafen Johann und Ulrich IV., hätten aus den Erfahrungen ihres Vaters und Großvaters gelernt; sie betrieben eine wendigere Politik. Hatten sie im Thronstreit zwischen Friedrich dem Schönen von Österreich und Ludwig dem Bayern zunächst auf der Seite der ersteren ge-

68	WUB IX S. 437 Nr. 4090
69	WUB X S. 44 Nr. 4253; WUB X S. 341 Nr. 4665
70	WUB X S. 398 Nr. 4732
71	WUB X S. 496 Nr. 4859
72	Dambacher, Urkundenlese . . . a.a.O. S. 116 ff
73	W. Reg. 7061
74	B 182 Reichsstadt Schw. Gmünd PU 1610

standen, so schwenkten sie wenige Wochen nach Ludwigs Sieg bei Mühldorf 1322 in dessen Lager über und gelobten, ihm gegen jedermann zu dienen[75]. Ludwig verpfändete ihnen im selben Jahr um 9000 Pfund Heller die Herrschaften Höchstädt und Hageln[76]. Diese Summe war offenbar als Entgelt für ihre Dienste ausgesetzt worden. Graf Johann wirkte infolgedessen 1323 als Landrichter des Landgerichts Höchstädt auf der Landschranne zu Demmingen[77].

Dem Kloster Anhausen, das ihrer Vogtherrschaft unterstand, schenkten die Grafen 1326 das Dorf Gussenstadt samt Kirchenpatronat, um wieder gutzumachen, was sie und ihre Vorfahren sich an Klostergut angeeignet hatten. Graf Ulrich II. war mit den Klöstern nicht gerade sanft verfahren[78].

Graf Johann tauschte 1328 von den Grafen von Öttingen die Eigentumsrechte der Feste Güssenberg bei Hermaringen ein; dafür gab er die Eigenschaft der halben Feste (Burg-)Berg, die ihm gehört hatte, und der Burgen Schnaitheim und Aufhausen, die ihm der Chorherr Friedrich von Schnaitheim und Ulrich der Schacher (wohl aus dem Geschlecht der Vetzer) zu Lehen aufgetragen hatten[79]. Güssenberg wurde zwar wieder als Lehen ausgegeben, doch hatte der Helfensteiner als Lehensherr damit einen wichtigen Stützpunkt im unteren Brenztal. Um die gleiche Zeit muß die Feste Kaltenburg aus den Händen der Ritter von Kaltenburg an Helfenstein gelangt sein; im Jahre 1349 saß dort ein helfensteinischer Vogt[80]. Zu Kaltenburg gehörten die Kirchenpatronate in Hermaringen und Lontal.

Im Jahre 1331 übergab ein gewisser Wörtwin den Kirchensatz mit der Vogtei zu Fleinheim dem Grafen Johann und gelobte, jährlich vier Malter Hafer zu Vogtrecht zu entrichten[81]. Um dieselbe Zeit war der Kirchensatz in Schnaitheim als helfensteinisches Mannlehen in Händen derer von Scharenstetten[82].

Graf Johann starb im Jahre 1332. Nun übernahmen die beiden Vettern Ulrich d. Ä., Sohn Johanns, und Ulrich d. J., Sohn Ulrichs IV. († 1326) die Verwaltung der Hausbesitzungen. Durch geschicktes Taktieren suchten sie ihre Position im Brenztal auszubauen. Es ging ihnen vorrangig um Giengen und Heidenheim, die zentralen Plätze im Brenztal, die formal dem Reich gehörten, aber wiederholt verpfändet waren.

75   J.F. Böhmer, Regesta Imperii 1314–1347 S. 309 Nr. 348
76   HStA. München, Kurbaiern U. 13485
77   HStA. München, Maria-Mödingen KU 45
78   A 471 Kloster Anhausen PU 127
79   B 95–97 Grafen zu Helfenstein PU 351; Ulrich Schacher wird als Vogt zu Höchstädt bezeichnet; Vogt zu Höchstädt aber war 1326 und noch 1332 Ulrich der Vetzer, Reg. Boica VI S. 200, VII S. 5
80   B 95–97 Grafen zu Helfenstein PU 404
81   B 95–97 Grafen zu Helfenstein PU 760; Wörtwin ist wohl personengleich mit Wörtwin von (Unter-)Schneidheim, 1278–1335 genannt und offenbar 1335 auch Kirchherr zu Utzmemmingen. Doch gibt es auch einen Augsburger Chorherren Wörtwin von Bollstadt, 1343– v. 1349.
82   B 95–97 Grafen zu Helfenstein PU 681

Die Feste Hellenstein mit Heidenheim war von König Albrecht um 1302 an Albrecht von Rechberg verpfändet worden, um diesen zufriedenzustellen wegen
einer Forderung von 800 Mark Silber, die auf Herwartstein lastete. Dieses
Pfand löste Ludwig der Bayer 1333 an sich[83]. Er verschrieb aber 1332 Giengen
seinen Söhnen als Pfand für 10 000 Pfund Heller, womit er Höchstädt aus helfensteinischer Pfandherrschaft löste[84]. Die Söhne gaben Giengen 1336 weiter
als Pfand an die Grafen von Öttingen. Kaiser Ludwig löste zwar 1342 diese
Afterpfandschaft aus, ohne indessen die Schuld, die er bei seinen Söhnen hatte,
zu begleichen[85].
Im Dezember 1343 gelobten die beiden Grafen von Helfenstein, dem Kaiser
Ludwig mit aller Macht zu dienen, und ließen sich dafür 3000 Pfund Heller auf
Burg und Stadt Giengen anweisen[86].
Giengen war also doppelt verpfändet, einmal den Söhnen des Kaisers, zum an-
deren den Grafen von Helfenstein. Daraus sollte später ein leidiger Streit er-
wachsen.
Als für weitere Dienste der Helfensteiner die Schuld des Kaisers wuchs, verpfän-
dete er ihnen um 1346 auch Hellenstein und Heidenheim[87]. Dann aber begann
Ludwigs Stern zu sinken. Seine Gegner hatten den Luxemburger Karl zum König
gewählt. Die Helfensteiner Grafen fürchteten um die Pfandobjekte, für die sie
Ludwig gedient hatten. Kurz entschlossen wechselten sie die Partei. Einer der
Grafen nahm im September 1347 in Prag an der Krönung Karls zum König von
Böhmen teil. Beide waren bei Karl, als er im Oktober 1347 in Taus ein Heer
gegen Ludwig sammelte. Sie ließen sich die Vogtei des Klosters Elchingen, die
ihnen Ludwig entzogen hatte, erneut übertragen[88]; überdies wurden sie von
Karl Ende 1347 mit der oberschwäbischen Reichslandvogtei betraut[89].

Es galt nun das neue Reichsoberhaupt dazu zu bewegen, daß es die Verpfändungen seines Vorgängers anerkannte. Die Forderungen der Grafen an das Reich
beliefen sich auf insgesamt 24 000 Florentiner Gulden. Diese Summe wurde
von Karl im Mai 1351 in Prag anerkannt. Da er aber der Meinung war, daß die
Pfandsumme beträchtlich höher sei als der Wert der Pfänder und daß wohl keiner seiner Nachfolger in der Lage sei, diese um eine so hohe Summe auszulösen,
überließ er den Grafen die Burgen und Städte Giengen, Hellenstein und Heiden-

---

83   Vgl. H. Bühler, Heidenheim im Mittelalter, 1975, S. 11 f
84   Chr. Fr. Stälin, Wirt. Geschichte III S. 224 Anm. 4; Beschreibung des Oberamts
      Heidenheim S. 200
85   J. F. Böhmer, Regesta Imperii 1314–1347 Nr. 2266
86   HStA. München, Kaiser-Ludwig-Selekt Nr. 934
87   "Allain vormauls den Edeln Ulrichen und Ulrichen Graffen zu Helffenstain . . . die
      Bürge und Stet Giengen, Hälenstain und Haydenhain . . . von uns und säliger Ge-
      dähtnüz unsren Voruarn und dem Rich . . . zu rehtem Pfand verseczt sint"; Urk.
      Karls IV. von 1351, vgl. Anm. 90
88   Reg. Boica VIII S. 111
89   Chr. Fr. Stälin, Wirt. Geschichte III S. 236

heim samt allen Nutzungen, Kirchensätzen, Gerichten und Zugehör als ein erbliches Lehen[90].

Wenn nicht alles trügt, haben die Helfensteiner Grafen die Forderungen, die sie an Ludwig den Bayern hatten, auch bei dessen Sohn, dem Markgrafen Ludwig von Brandenburg, geltend gemacht. Bald nach 1349 sind sie nämlich im Besitz der Herrschaft Faimingen an der Donau, zu der auch die Burg Falkenstein im Eselsburger Tal samt Gütern in Dettingen, Heuchlingen und Hausen ob Lontal gehörte. Diese Herrschaft war nach dem Tode Hermann Späts von Faimingen 1339 seinen vier unmündigen Enkelinnen zugefallen, die unter der Vormundschaft des Kaisers Ludwig, dann des Markgrafen Ludwig von Brandenburg standen. Obwohl sich drei der Spät'schen Enkelinnen mittlerweile verheiratet hatten, verfügte der Markgraf 1349 selbstherrlich über das Gut (Vertrag von Landsberg)[91]. Bald darauf hat er es den Grafen von Helfenstein überlassen, und zwar vermutlich als Entschädigung für deren Forderungen an das Haus Wittelsbach. Erst 1362 verzichteten zwei Herren von Laaber (Oberpfalz) als Ehemänner der rechtmäßigen Erbinnen gegenüber den damaligen Inhabern der Herrschaft Faimingen[92].

König Karl verpfändete 1353 den beiden Helfensteinern alles, was in Sulmetingen (bei Biberach) dem Reich gehörte[93], und für 600 Mark Silber auch die Vogtei des Klosters Königsbronn[94].

Nunmehr beherrschten die Grafen die wichtigsten Positionen im Brenztal und das Straßennetz. Wegen der Vogtei Königsbronn sollte es freilich noch harte und langwierige Auseinandersetzungen geben.

Im Jahre 1353 kauften die Grafen von Heinz Vetzer, dem Pfleger Georgs von Staufen, den Kirchensatz in Hohenmemmingen samt Widumhof und allen Selden im Ort. Im folgenden Jahr brachten sie Irmannsweiler, Rechenwasser, Rechenzell, Fachensohl und Mackmannsweiler auf dem Albuch an sich. Diese ehemaligen Stiftungsgüter des Klosters Anhausen waren pfandweise an Diemar von Essingen gelangt. Maria, die Gemahlin Graf Ulrichs d.Ä., löste die Pfandschaft 1354 aus und behielt die Güter zunächst für sich. Die Ansprüche des Klosters Anhausen wurden 1358 durch Überlassung des Hofes und Burgstalls Furtheim (Hurwang) bei Mergelstetten und durch Bestätigung der Schenkung Gussenstadts abgegolten[96].

Hatten die beiden Vettern Ulrich d. Ä. und Ulrich d. J. den Hausbesitz bisher gemeinsam verwaltet, so scheint es nun zu allerlei Reibereien gekommen zu

90 B 95–97 Grafen zu Helfenstein Bschl. 1 (Kopialbuch); Stein, Heidenheim im Mittelalter S. 11 f Nr. 1
91 Monumenta Wittelsbacensia II, S. 407 ff Nr. 324
92 G. Rückert, Die Herren von Faimingen und ihr Besitz, JHVD XXI, 1908, S. 65 Anm. 6
93 Chr. Fr. Stälin, Wirt. Geschichte III S. 252 Anm. 4
94 Kaiserselekt Nr. 557
95 B 95–97 Grafen zu Helfenstein PU 360
96 B 95–97 Grafen zu Helfenstein PU 41; A 471 Kloster Anhausen PU 128

sein. Nicht unschuldig war daran die Gemahlin Ulrichs d. Ä., Maria, eine geborene Herzogin von Bosnien. Kaiser Karl IV. hatte diese Verbindung gestiftet.
Marias reiche Mitgift hatte die Finanzlage ihres Gemahls wesentlich verbessert.
Ulrich d. J. konnte da nicht mithalten. Gräfin Maria aber war der Meinung, es
sei besser, die Herrin eines kleinen Territoriums, als nur Mitregentin der ganzen
Grafschaft zu sein, und so erwirkte sie deren Teilung. Der Vertrag datiert vom
9. Mai 1356. Durch das Los fielen die Burgen Helfenstein mit der Stadt Geislingen, Hiltenburg mit Wiesensteig, Spitzenberg mit Zugehör sowie Rommental an
Graf Ludwig d. Ä.

Eine Linie, die von Westerheim über Merklingen, den Wald Hagenbuch, den
Mönchhof zu Aichen, die Orte Scharenstetten, Lonsee, Hofstett-Emerbuch,
den Wald Rehhalde bei Zähringen und Walbach zum Fronhof bei Steinenkirch
verlief, markierte die Ostgrenze seiner Herrschaft. Innerhalb seines Bezirks gehörten ihm etliche Kirchensätze sowie die Vogtei der Kirche zu Lonsee und die
des Klosters Elchingen.

Der Anteil Graf Ulrichs d. J. dagegen umfaßte die Burgen Gerhausen, Ruck und
Blauenstein mit der Stadt Blaubeuren und dem Kloster, ferner Burg und Stadt
Giengen, Hellenstein mit Heidenheim, Kaltenburg, Hürben und Faimingen, die
Klöster Anhausen, Herbrechtingen und Königsbronn, die Vogtei über die Kir-
chen in Seißen bei Blaubeuren und Hausen ob Lontal, die Pfandschaft Sulme-
tingen bei Biberach mit dem Kirchensatz sowie die helfensteinischen Rechte an
Böhmenkirch und Langenau.

Die Linie Gerstetten, Heuchstetten, Söhnstetten, Hof Hohenberg, Irmannswei-
ler bestimmte die Westgrenze der Herrschaft im Brenztal. Zu ihr gehörten die
Kirchensätze in Gerstetten, Hermaringen, Hohenmemmingen, Heidenheim,
Schnaitheim, Fleinheim und Lontal (St. Ulrich).

Der Wildbann wurde entlang einer Linie geteilt, die von der Bargauer Steige bei
Heubach über Zang der Landstraße nach bis Heidenheim und von dort die
Brenz abwärts bis zu ihrer Einmündung in die Donau bei Faimingen führte. Der
südlich und westlich dieser Linie gelegene Teil kam zur Feste Helfenstein, der
nördlich und ostwärts davon sich erstreckende Teil, der den Albuch und das
Härtsfeld mit umfaßte, fiel an die Herrschaft im Brenztal. Es ist der künftige
Heidenheimer Forst.

Alle Zölle und Geleite in der gesamten Grafschaft Helfenstein sollten gemeinsam bleiben, ausgenommen den Zoll zu Kuchen, der allein zu Spitzenberg gehörte. Auch alle Mannlehen sollten gemeinsam sein[97].

Waren die Besitzungen und Rechte im Brenztal bisher nur Anhängsel der Grafschaft Helfenstein mit dem Schwerpunkt um Geislingen, so gab es von jetzt an
eine eigene Herrschaft im Brenztal. Sie verblieb samt der Herrschaft Blaubeuren
für fast 100 Jahre dem Grafen Ulrich d. J. und seinen Nachkommen, d. h. der
von ihm begründeten jüngeren Linie des Hauses Helfenstein.

Die ältere Linie ist für uns nicht mehr von Interesse. Bereits die Söhne Graf
Ulrichs d. Ä. steckten wieder dermaßen in Schulden, daß sie den Großteil ihres

Besitzes 1396 der Stadt Ulm überlassen mußten. Es verblieb ihnen nur ihre Herrschaft Wiesensteig.

IV. Die Herrschaft im Brenztal von 1356 bis zum Verkauf an Württemberg 1448

Wie der Teilungsvertrag von 1356 zeigt, bestand die Herrschaft zu dieser Zeit hauptsächlich aus einigen Burgen mit Zugehör, die von Vögten verwaltet wurden, dazu einigen Kirchenpatronaten und den Vogteien der drei Brenztalklöster. In nur wenigen Orten verfügte die Herrschaft über bedeutenderen Grundbesitz, den sie an Lehenbauern verpachten konnte, so etwa in Heidenheim, Gerstetten, Heldenfingen, Hürben und Fleinheim. In anderen Orten war ihr der Großteil der Bewohner wenigstens kraft Vogtherrschaft untertan, so in Herbrechtingen, Bolheim und Mergelstetten. Doch fehlte noch viel zu einem geschlossenen Territorium, auch gab es Rückschläge und empfindliche Einbußen.

Mittelpunkt der Herrschaft im Brenztal war zunächst Giengen, ein voll entwikkeltes städtisches Gemeinwesen. Burg und Stadt bildeten ein einheitliches Befestigungssystem. In Giengen stellten die Inhaber der Herrschaft in den nächsten Jahren die meisten ihrer Urkunden aus. Doch war Graf Ulrich d. J. auch um die Förderung Heidenheims bemüht. Er erwirkte 1356 bei Kaiser Karl IV. das Marktrecht für Heidenheim[98]. Wir dürfen wohl mit Recht annehmen, daß es sich eigentlich um die Erneuerung älterer Marktgerechtsame handelte, die infolge widriger Umstände lange nicht wahrgenommen wurden und daher erloschen waren.

Die Herrschaft änderte in der Folgezeit ihren Besitzstand fortwährend: Käufe und Verkäufe folgten in buntem Wechsel; eine klare Besitzpolitik ist kaum zu erkennen.

Die Mutter Graf Ulrichs d. J., Agnes, hatte schon im Jahre 1349 den Fronhof in Sontheim an der Brenz samt Gericht, Ehaften, zehn Höfen u.a. Gütern von den Grafen von Werdenberg, den Inhabern der Herrschaft Albeck, gekauft[99]. Gräfin Agnes behielt diese Erwerbung, ein Reichslehen, bis zu ihrem Tode 1373 für sich.

Graf Ulrichs d. J. Tochter Anna vermählte sich um 1357 mit dem Herzog Friedrich von Teck[100]. Als Heiratsgut bekam sie die Herrschaft Falkenstein, die mit Faimingen erworben worden war[101]. Dazu gehörten die Bindsteinmühle im Eselsburger Tal und etwa die Hälfte der bäuerlichen Güter in Dettingen und Heuchlingen sowie Güter in Hausen ob Lontal. Dies alles schied damit aus

98   Stadtarchiv Heidenheim U 1; vgl. H. Bühler, Heidenheim im Mittelalter S. 40 ff
99   B 95–97 Grafen zu Helfenstein PU 406
100 Schloßarchiv Harthausen, Bayer. Archivinventare H. 8, U 1; I. Gründer, Studien z. Geschichte der Herrschaft Teck, Reg. 255
101 Wie Anm. 92

dem Verband der Herrschaft aus. Herzog Friedrich von Teck erwirkte 1377 bei Karl IV. das Marktrecht für Dettingen[102].

Im Jahre 1357 verkaufte Graf Ulrich d. J. gemeinsam mit seiner Mutter Agnes die Feste Kaltenburg samt den Kirchensätzen St. Ulrich in Lontal, Hermaringen und Hohenmemmingen an die Brüder Wilhelm, Johann und Otto von Riedheim[103].

Andererseits erwarb der Graf 1361 von Diepold Güß von Haunsheim den Hof zu Stulen bei Hohenmemmingen[104].

Graf Ulrich d. J. starb schon 1361. Sein einziger Sohn, ebenfalls Ulrich d. J. genannt, stand zunächst unter der Vormundschaft seines Vetters Ulrich d. Ä. von der Geislinger Linie, seines Schwiegervaters, des Grafen Ludwig von Öttingen, mit dessen Tochter Anna man ihn 1357 noch jung verheiratet hatte[105], und seiner Großmutter Agnes. Noch im Jahre 1361 verkauften ihm die Grafen Ludwig d. Ä. und Ludwig d. J. von Öttingen die Burg Trugenhofen (heute Taxis) mit Zugehör. Doch veräußerten die Pfleger das Gut noch im selben Jahr an Wilhelm von Riedheim, wobei sie 500 Pfund Heller Gewinn erzielten[106].

Die Pfleger verkauften 1363 auch ein Gut in Dettingen an das Kloster Anhausen[107]. Andererseits schenkten sie 1365 den Kirchensatz in Nattheim samt Widumhof und Selde an das Kloster Herbrechtingen. Den Kirchensatz, der Lehen der Herrschaft Faimingen und dem Ritter Peter von Scharenstetten verliehen war, hatten sie kurz zuvor käuflich an sich gebracht[108]. Als Ulrich d. J. großjährig geworden war, übertrug ihm Kaiser Karl IV. 1367 in Prag die Reichslehen Burg und Stadt Giengen, die Burg Hellenstein und die Stadt Heidenheim[109].

Im Jahre 1369 kaufte er von Otto von Kaltenburg d. Ä. und d. J. den Hof Heukrampfen, der zwischen Sontheim an der Brenz und Schwarzenwang lag[110]. Die Güssen, ehemals staufische Ministerialen, hatten im unteren Brenztal viel Gut an sich gebracht, das sich jedoch auf mehrere Linien verteilte. Ritter Brun Güß von Brenz war in jungen Jahren ein gefürchteter Wegelagerer an der Handelsstraße von Augsburg über die Alb ins Rems- und Neckartal und an der Donaustraße von Ulm nach Regensburg. Auf Befehl Kaiser Ludwigs hatten die Städter 1340 die Burgen Brenz und Niederstotzingen zerstört[111]. Davon erholten sich die Güssen von Brenz nie mehr. Die wirtschaftlichen Schwierigkeiten,

102   W. Reg. 9002
103   Schloßarchiv Harthausen a.a.O. U 1
104   W. Reg. 9000
105   Papst Innozenz VI. erteilt 1357 Dispens; Württ. Gesch. Qu. II S. 441
106   Staatsarchiv Neuburg, Helfenstein Nr. 1 und 2
107   A 471 Kloster Anhausen PU 93
108   A 488 Kloster Herbrechtingen PU 214 und 215; Beschreibung des Oberamts Heidenheim S. 261 f
109   B 95–97 Grafen zu Helfenstein Bschl. 1 (Kopialbuch); Stein, Heidenheim im Mittelalter S. 12 f Nr. 2
110   B 95–97 Grafen zu Helfenstein PU 407
111   Ulmisches UB II, 1 S. 212 ff Nr. 186, 190, 192, 195, 196

die die Pestepedemie des Jahres 1348 mit sich brachte, gab ihnen wohl vollends den Rest. Graf Ulrich konnte 1372 alle Besitzungen der Brüder Brun und Hans Güß von Brenz in und um Hermaringen erwerben, nämlich deren Hälfte des Burgstalls Stronburg, des Hofes Kapfersfeld, der Ziegelmühle, das Fischwasser in der Brenz und rund 30 Jauchert Äcker; ferner die Hälfte des alten Burgstalls in Hermaringen mit der Hälfte der Täfer, der Dorfämter und der Hälfte an Zwing und Bann samt zwei Huben, vier Selden, zwei Hofstätten, Weiderechten und Waldparzellen; dazu die Feste Güssenberg — ein helfensteinisches Lehen — samt einem Hof, zwei Huben und vier Selden in Hermaringen, den Stettberghof, ein Fischwasser, einige Wiesmähder, rund 100 Jauchert eigene Äcker, die Wälder Hirschberg und Kupferschmied sowie eine Holzmark zu Zang[112].
Im selben Jahr 1372 erwarb Graf Ulrich auch alle Güter der Brüder Brun, Konrad und Diepold Güß von Staufen in Hohenmemmingen mit Ehaften, Vogtrechten, Gericht, Zwing und Bann[113].
Zusammen mit Sontheim an der Brenz, das 1373 aus dem Nachlaß seiner Großmutter Agnes an ihn fiel, hatte Graf Ulrich wieder eine feste Position im unteren Brenztal erlangt. Mit den Käufen aber hatte er sich offenbar übernommen. Als er 1375 starb, hinterließ er seinem Sohn Johann beträchtliche Schulden. Diese dürften jedoch auch durch den allgemeinen wirtschaftlichen Niedergang infolge der Pest von 1348 verursacht sein.
Graf Johann kam unter die Vormundschaft des Herzogs Leopold von Österreich. Dieser betraute mit der Wahrnehmung der vormundschaftlichen Aufgaben seinen Getreuen Eberhard von Lupfen, Landgrafen von Stühlingen und Burggrafen von Tirol. Die Verwaltungsgeschäfte aber führte Johanns Mutter, die Gräfin Anna. Um zu barem Geld zu kommen, verschrieb man 1378 dem Ulmer Bürger Rudolf von Sulmetingen gegen die Summe von 1800 Gulden ein jährliches Leibgeding aus den Gütern in Sontheim an der Brenz[114]. Im Jahre 1379 veräußerte Gräfin Anna an Gebhard von Rechberg die Feste Scharfenberg samt Eschenbach und Weckerstell[115]. Auf welchem Wege diese Güter an die Herrschaft gelangt waren, ist ungeklärt. Das reichte jedoch nicht aus, allen finanziellen Verpflichtungen nachzukommen. Daher verkaufte die Gräfin 1381 "wegen großer Notdurft" den Herzögen Stephan, Friedrich und Johann von Bayern um 4 000 Gulden die ganze Herrschaft Faimingen samt dem einträglichen Wasserzoll und den Rechten über das Kloster Obermedlingen[116]. Im Jahre 1385 mußte sie die Feste Hürben samt See und Dorf, auch die Orte Gerstetten, Heldenfingen und Heuchstetten mit Leuten, Gütern und Gülten und sogar den Wildbann um 8 000 Pfund Heller an Albrecht von Rechberg-Staufeneck verpfänden[117]. Im Vorjahr hatte sie schon Teile der Herrschaft Blaubeuren versetzt.

---

112   B 95–97 Grafen zu Helfenstein PU 410
113   B 95–97 Grafen zu Helfenstein PU 361
114   B 95–97 Grafen zu Helfenstein PU 408
115   Rechberg. Archiv; Beschreibung des Oberamts Geislingen S. 187
116   G. Rückert, Die Herren von Faimingen a.a.O. S. 67 ff
117   B 95–97 Grafen zu Helfenstein PU 369

In dieser Zeit wirtschaftlicher Schwierigkeiten ging der Herrschaft die Stadt
Giengen für immer verloren. Bürgermeister, Rat und Gemeinde der Stadt hatten 1354 und erneut nach der Teilung 1356 den Inhabern der Herrschaft gehuldigt[118]. Seit 1356 galt Giengen als Mittelpunkt der Herrschaft im Brenztal.
Noch 1375 hatte Karl IV. dem Grafen Johann in Prag die Reichslehen übertragen, wobei namentlich "Gyengen Burk und Stat" genannt sind[119].
Tatsächlich hatten sich die Giengener mit der Erblehensherrschaft der Helfensteiner nie abgefunden. Sie mochten sich erinnern, daß ihre Stadt schon 1307
im Landfriedensgebot unter die schwäbischen Reichsstädte gerechnet wurde[120].
Jetzt befand sie sich in einer denkbar heiklen Lage. Kaiser Ludwig hatte sie einerseits 1332 seinen Söhnen verpfändet, um von ihnen Geld für die Auslösung
von Höchstädt zu bekommen (siehe oben); deren Anspruch war nicht abgegolten. Andererseits hatte der Kaiser 1343 den Grafen von Helfenstein 3 000
Pfund Heller auf Giengen angewiesen[120 a].
Hierauf und auf weiteren Verpflichtungen des Kaisers basierte die Erblehensherrschaft der Helfensteiner. Diese Erblehensherrschaft aber mußte den Giengenern drückender erscheinen als eine bayerische Pfandherrschaft, wenn völlige
Reichsfreiheit im Augenblick nicht zu erlangen war. So trachteten sie, die Herrschaft der Helfensteiner loszuwerden. Daß ein noch Minderjähriger die Herrschaft innehatte, dürfte sie ermutigt haben. Im großen Städtekrieg wandte sich
Giengen um Hilfe an den Städtebund. Deshalb nahm Graf Eberhard von Württemberg, der Landvogt für Niederschwaben war, die Stadt 1378 ein[121]. Ende
August 1378 söhnte Karl IV. den Grafen Eberhard in Nürnberg mit den Städten
aus; man vereinbarte, daß "die Stat Giengen fürbaz py dem Rich beliben" soll[122].
Der Kaiser erklärte, Giengen habe von alters zum Heiligen Reich gehört, bei
welchem er die Stadt auch behalten wolle, und er sicherte den Giengenern dieselben Freiheiten und Rechte zu wie den anderen Reichsstädten in Schwaben.[123]
Er widerrief damit sein eigenes Privileg von 1351 für Helfenstein. Vier Wochen
später trat Giengen offiziell dem Bündnis der Städte bei[124].
Mit der Regelung, die Kaiser Karl 1378 getroffen hatte, waren weder Graf Johann von Helfenstein noch die Herzöge von Bayern einverstanden. Die Grafen
Ludwig und Friedrich von Öttingen griffen 1388 die Stadt Giengen an; dies geschah wohl im Auftrag des Helfensteiners, denn sie waren die Brüder der Grä-

118   B 95–97 Grafen zu Helfenstein Bschl. 1 (Kopialbuch); Stadtarchiv Hei-
       denheim U 59 (Photokopie)
119   Stein, Heidenheim im Mittelalter S. 13 f Nr. 3
120   Ulmisches UB I S. 287 ff Nr. 236
120a   Vgl. Anm. 86
121   Steinhofer, Neue Wirt. Chronik II S. 406 f
122   Die Chroniken der deutschen Städte, Augsburg Bd. I S. 58
123   Stadtarchiv Giengen U 2
124   Ulmisches UB II, 2 S. 872 Nr. 1081. – König Wenzel verpfändet Giengen erneut
       von 1379–1386 dem Herzog Leopold von Österreich; Stälin a.a.O. III S. 297; Ma-
       genau, Giengen S. 21

finmutter Anna[125]. Damit zogen sie sich aber die Feindschaft der Städte zu. Im folgenden Jahr kam Graf Johann mit den Herzögen von Bayern überein, ihre gemeinsamen Ansprüche auf Giengen und die daraus entstandenen Irrungen einem Schiedsgericht zu unterwerfen[126]. Graf Johann erwirkte 1391 einen Spruch des Landgerichts Nürnberg, daß Giengen ihm zustehe[127]. Doch König Wenzel hob diesen Urteilsspruch auf und erklärte, falls der Graf gegen Giengen etwas vorzubringen habe, möge er es vor dem König tun[128]. Von weiteren Versuchen des Helfensteiners, zu seinem Recht zu kommen, ist nichts bekannt. Man mag seine Forderung durch die 27 Jahre währende Nutznießung von Burg und Stadt Giengen für abgegolten erachtet haben.

Die Ansprüche der Herzöge von Bayern aber bestanden nach wie vor. Als sie 1392 ihre Lande teilten, rechneten sie Giengen zum Anteil des Herzogs Stephan III. (Ingolstädter Linie)[129]. Dieser verschrieb 1397 Giengen mit anderen Gütern dem Grafen Eberhard von Württemberg als Pfand für sein mütterliches Erbe[130]. Die Einhändigung stieß jedoch auf Schwierigkeiten, weshalb der Herzog den Grafen 1398 aufforderte, ihm behilflich zu sein, falls man Gewalt anwenden müsse[131]. Giengen war nämlich im Begriff, sich mit Hilfe König Wenzels aus der bayerischen Pfandschaft loszukaufen. Der König forderte im April 1399 die schwäbischen Reichsstädte auf, Giengen in ihre Einung aufzunehmen[132]. Wie Magenau überliefert, habe der Nördlinger Bürger Heinrich Tötter Giengen um 10 000 Pfund Heller aus der bayerischen Pfandschaft gelöst und solange innegehabt, bis sich die Stadt durch Erlegung dieser Summe ganz freigemacht habe[133]. König Ruprecht bestätigte 1401 Giengens Privilegien, nahm die Stadt, die sich selbst an das Reich gebracht, in seinen Schirm und befreite sie für elf Jahre von der Reichssteuer[134]. Damit war Giengens Reichsunmittelbarkeit gesichert. Mit der Herrschaft aber gab es noch manche Reiberei wegen der Gerichtsbarkeit außerhalb der Stadtmauern und wegen der Besitzungen von Giengener Stiftungen und Bürgern in den Orten der Herrschaft.

König Wenzel befreite den Grafen Johann 1379 von fremden Gerichten und bestimmte, daß nur vor dem König oder seinen Räten gegen ihn geklagt werden dürfe[135]. Dies mag als Entschädigung für den Verlust Giengens gedacht gewesen sein. Der König bestätigte auch das Reichslehen Hellenstein mit Heiden-

125	W. Reg. 5347
126	Reg. Boica X S. 244; Württ. Städtebuch S. 97
127	Beschreibung des Oberamts Heidenheim S. 201
128	1391. IV. 15. B 176 Reichsstadt Giengen PU 14
129	Monumenta Wittelsbacensia II S. 551 ff Nr. 372
130	Monumenta Wittelsbacensia II S. 563 ff Nr. 375
131	Steinhofer, Neue Wirt. Chronik II S. 550 f
132	W. Reg. 5373
133	Magenau, Giengen S. 18
134	Chr. Fr. Stälin, Wirt. Geschichte III S. 379
135	H. F. Kerler, Gesch. d. Grafen v. Helfenstein, 1840, S. 94 (nach Rüttel)

heim, übertrug es aber bis zu Johanns Volljährigkeit dessen Vettern Konrad und Friedrich von Helfenstein. Erst 1387 wurde Johann selbst belehnt[136].

Um jene Zeit mag der Name "Herrschaft Hellenstein" aufgekommen sein, der urkundlich bezeugt ist. Die Verwaltung lag weiterhin in den Händen der Gräfinmutter Anna. Sie war mit Heimsteuer und Morgengabe auf Hellenstein und Heidenheim, auf den Wildbann, die Zölle zu Geislingen, Kuchen und Heidenheim sowie auf die Vogtei der Klöster Herbrechtingen und Anhausen verwiesen. Graf Johann bat den König Wenzel 1397, den Grafen Friedrich von Öttingen als Träger mit diesen Reichslehen zu belehnen[137]. Dies mag ein wohlberechneter Schachzug gewesen sein. Denn falls Graf Johann von seinen Gläubigern bedrängt wurde, blieben diese Lehen seiner Mutter und letztlich ihm erhalten. König Ruprecht setzte 1401 den Grafen Johann selbst als Träger für seine Mutter ein[138].

Es dürften Einkünfte aus ihrem Vorbehaltsgut gewesen sein, mit denen Gräfin Anna eine Menge einzelner Gütlein in verschiedenen Orten zusammenkaufte; sie stattete damit Pfründen aus, die sie zusammen mit ihrem Sohn stiftete.

In Gerstetten stifteten beide gemeinsam mit dem Abt von Elchingen, dem Mitpatronatsherren der Pfarrei, 1396 eine Frühmesse in die Nikolauskapelle und statteten diese mit allen Gütern in dem abgegangenen Weiler Erpfenhausen, einem Hof in Heuchstetten, einer Hube in Gerstetten, einem Haus bei der Kapelle und Einkünften aus verschiedenen Selden und Gütern aus[138a].

Sodann waren sie bedacht, in Heidenheim, das jetzt Mittelpunkt der Herrschaft war, das kirchliche Leben zu bereichern. In den Jahren 1387/88 begannen die Vorbereitungen zur Stiftung einer Frühmesse in der Nikolauskapelle in der Stadt (heute Michaelskirche). Die offizielle Stiftung datiert vom Jahre 1400[139]. Sie gaben dazu ein Haus in der Stadt, einen Halbhof in Schnaitheim, je ein Gut in Mergelstetten, Kleinkuchen und Ohmenheim, eine Selde in Auernheim sowie Einkünfte aus Gütern in Heidenheim, Nattheim, Mergelstetten und Wettingen.

Da Schloß Hellenstein dem gräflichen Hause nun als Wohnsitz diente, stifteten sie 1405 eine Messe in die dortige Kilianskapelle und dotierten sie mit einem Hof und zwei Selden in Heuchlingen, einem Hof und acht Selden, einem Wald und Reutäckern in Dettingen sowie einem Hof in Ballhausen[140]. Die Güter in Dettingen und Heuchlingen samt ortsherrlichen Rechten in beiden Orten hatte die Gräfin 1404 von Hans Krafft, Bürger in Ulm, gekauft[141].

136   Stein, Heidenheim i. Mittelalter S. 14 ff Nr. 4 und 5
137   Stein a.a.O. S. 17 f Nr. 6
138   Stein a.a.O. S. 18 f Nr. 7
138a   W. Reg. 9053 und 9054; B 95–97 Grafen zu Helfenstein PU 762; Stadtarchiv Heidenheim U 2
139   Stadtarchiv Ulm, "Versuch einer zusammenhängenden Gesch. der Grafen von Helfenstein" (nach Gabelkover); W. Reg. 9005, 9056, 9057; Stein a.a.O. S. 21 ff
140   W. Reg. 9060; Stein a.a.O. S. 27 ff
141   B 95–97 Grafen zu Helfenstein PU 357

Gräfin Anna wird 1405 auch als Käuferin von Gütern in Küpfendorf genannt[142].
Sie starb im Jahre 1411. Ihrer Tatkraft war es gelungen, die wesentlichen Teile
der Herrschaft zusammenzuhalten. Was das heißt, ermißt man, wenn man bedenkt, daß die Geislinger Vettern den Großteil ihrer Güter 1396 an Ulm verkaufen mußten.

Der Gräfin ist wohl zu verdanken, daß die Position der Herrschaft im oberen
Brenztal verstärkt wurde. Dort, in Aufhausen und Schnaitheim, waren vorwiegend die Ritter Vetzer begütert, ehemals staufische Dienstleute.

Im Jahre 1400 hatte Jakob Vetzer mit Zustimmung seiner Söhne "Aufhausen
die Vest an der Prentz gelegen mit dem Baw und aller ander Zugehörde, es sey
an Weylern, an Mülin, an Höfen, an Selden" sowie seine Güter zu Rudelsberg
(abgeg.) und Enggassen (abgeg.) nebst den beiden Burgställen zwischen Aufhausen und Schnaitheim (Lage unbekannt) mit Ehaften und Rechten den Grafen Ludwig und Friedrich von Öttingen, den Brüdern der Gräfin Anna, verkauft.
Die Güter waren Eigen, ausgenommen die Feste, die von Öttingen zu Lehen
ging. Jakob Vetzer hatte sich lediglich seine Güter in Schnaitheim vorbehalten[143]. Alle die genannten Güter in und um Aufhausen sind kurz danach Bestandteile der Herrschaft geworden. Da eine Kaufurkunde nicht vorliegt, sind
sie vermutlich der Gräfin Anna von ihren Brüdern als Abfindung für ihre Erbansprüche verschrieben worden und aus ihrem Nachlaß an den Grafen Johann
gelangt.

Der Graf hatte 1418 von Ulrich Vetzer, dem Bruder Jakobs, der Aufhausen
innegehabt, den Kirchensatz in Schnaitheim, ein helfensteinisches Mannlehen,
samt sieben Selden u. a. Rechten in Schnaitheim gekauft[144]. Dazu erwarb er
die Güter in Schnaitheim, die Jakob Vetzer sich 1400 vorbehalten hatte. Sicher
ist, daß 1448 die Masse des Grundbesitzes in Schnaitheim der Herrschaft gehörte, ausgenommen die von Öttingen lehenbare Feste, die in Händen derer von
Scharenstetten war.

Zwar mußte Graf Johann 1418 das Dorf Gerstetten dem Ritter Wolf von Züllenhardt verpfänden[145]. Doch dann kam er durch einen glücklichen Prozeß
wieder zu Geld. Als seine Geislinger Vettern ihre Herrschaft 1396 an Ulm verkauften, hielten sie sich nicht an den Teilungsvertrag von 1356, der bestimmte, daß keine der beiden Linien ohne Einverständnis der anderen ein Schloß,
das Geleit, den Zoll oder den Wildbann verkaufen dürfe. Graf Johann klagte
auf Entschädigung. Er prozessierte vor dem Hofgericht in Rottweil und vor
dem Reichstag zu Nürnberg und schlug in direkten Verhandlungen mit Ulm
1424—1425 schließlich 12 000 Rheinische Gulden als Abfindung heraus[146].
Diese Summe scheint er zur weiteren Arrondierung seiner Herrschaft verwendet zu haben. Im Jahre 1430 kaufte er den Besitz des Hans Staufer von Blo-

142   B 95—97 Grafen zu Helfenstein PU 370; W. Reg. 9010
143   W. Reg. 9008
144   B 95—97 Grafen zu Helfenstein Nr. 785
145   B 95—97 Grafen zu Helfenstein Nr. 339
146   H. F. Kerler a.a.O. S. 90 ff

ßenstaufen (Alter Turm bei Staufen Kr. Dillingen) in Nattheim, nämlich einen Hof, die Täfer, sieben Selden, das Ziegelmahd, einige Reutäcker und Waldstükke, die Hirten- und Feldschützenämter sowie Zwing und Bann, ferner einen Hof und eine Selde in Auernheim[147].

Im unteren Brenztal erwarb er 1434 Güter und Rechte in Hermaringen und Sachsenhausen von Konrad vom Stein von Klingenstein. Sie waren Zugehör der Stronburg, deren eine Hälfte der Vater des Grafen 1372 von den Güssen gekauft hatte. Es handelte sich um einen Hof in Hermaringen, die Mühle, Täfer, fünf Selden, das Fischwasser, die Dorfämter, die Ottenhalde und die Reute an der Güssenberghalde, die Hälfte an Gericht, Zwing und Bann und was sonst zu Stronburg und Hermaringen gehörte; dazu in Sachsenhausen einen Hof und eine Selde, das Flurschützen- und Hirtenamt sowie alle Zwinge und Bänne[148].

Von Rudolf Häl kaufte Graf Johann 1442 Schloß und Dorf Haunsheim mit sieben Höfen und vielen Selden[149]. Etwa gleichzeitig erwarb er die Hälfte von Burg und Dorf Brenz. Vorbesitzer war Ulrich von Sontheim, der sich bis 1439 nachweisen läßt[150].

Die Herrschaft hatte damit den uns aus dem Jahre 1448 bekannten Umfang erreicht, ja mit den beiden letztgenannten Erwerbungen schon überschritten. Die Mittel des Grafen Johann aber waren aufgebraucht. Vielleicht hatte er die Grenzen seiner wirtschaftlichen Möglichkeiten nicht erkannt, sich übernommen und so den Niedergang seines Hauses eingeleitet.

Unklar war bis zu diesem Zeitpunkt das Rechtsverhältnis des Klosters Königsbronn zur Herrschaft. Wir erinnern uns, daß Karl IV. im Jahre 1353 die Vogtei des Klosters den Grafen von Helfenstein um 600 Mark Silber verpfändet hatte. Dies stand jedoch im Widerspruch zu dem Grundsatz der Zisterzienser, von jeder weltlichen Gewalt völlig unabhängig zu sein. Kaiser Friedrich I. hatte dem die Wendung gegeben, daß ihr einziger Vogt der Kaiser sei, der über die Klöster des Ordens allein eine Schirmherrschaft, ohne Anspruch auf Gegenleistung, auszuüben habe[151]. Schon 1361 widerrief daher der König die Verpfändung mit der Begründung, er sei "redlich und kündtlich underweiset", daß die Vogtei nicht hätte verpfändet werden dürfen, "wann niemand grawes Ordens (d. h. des Zisterzienserordens) Vogt sein soll, dann wir und das Reich alleine"[152]. Den Helfensteinern aber wurde weder die Pfandsumme ersetzt noch ein anderes Pfand angewiesen. Deshalb dachten sie nicht daran, ihre Ansprüche an die Vogtei aufzugeben. Der Pfandbrief von 1353 und die Widerrufung der Verpfändung von 1361 waren Ursache einer zwiespältigen Rechtsstellung des Klosters und

147   B 95–97 Grafen zu Helfenstein Nr. 387
148   B 95–97 Grafen zu Helfenstein Nr. 356
149   Th. Knapp, Gesammelte Beiträge z. Rechts- und Wirtschaftsgeschichte, 1902, S. 298
150   Vgl. W. Reg. 7639 von 1447. VIII. 19.
151   Th. Knapp, Zur Geschichte der Landeshoheit, Württ. Vierteljahresh. f. Landesgeschichte XXXVIII, 1932, S. 61 f; H. Hirsch, Klosterimmunität S. 107 ff
152   Chr. Besold, Documenta Rediviva, 1636, S. 646 f Nr. 4

ständigen Streits. Die Äbte mußten geschickt taktieren; einerseits durften sie nicht in die Abhängigkeit der Helfensteiner geraten, andererseits mußte ihnen an einem leidlichen Verhältnis zur Herrschaft liegen, war diese doch Inhaber des Wildbanns, in welchem das Kloster lag, und beteiligt an der Herrschaft über Orte, in denen das Kloster begütert war. Sie hatte Möglichkeiten genug, die Äbte unter Druck zu setzen.

Nach dem Tode Karls IV. nahm Herzog Leopold von Österreich als Nachfahre des Stifters das Kloster 1379 in seinen "Schirm und Vogtey"[153] und empfahl es 1384 seinem Landvogt in Schwaben, Konrad vom Stein von Reichenstein[154]. Da Herzog Leopold gleichzeitig Vormund des Grafen Johann war, hatte der Abt nichts zu fürchten.

Im Jahre 1408 nahm König Ruprecht das Kloster in den Schutz des Reiches und bestätigte ihm seine Privilegien[155]. Doch erwirkte Graf Johann 1425 von König Sigismund die Anerkennung der Pfandschuld von 600 Mark und die Bestätigung der Verpfändung von 1353[156]. Der Abt berief sich vergeblich auf die Sonderstellung der Zisterzienser. Bischof Peter von Augsburg brachte 1426 einen Vergleich zwischen dem Grafen und dem Abt zustande: Wegen aller schwebenden Fragen sollte Sühne und Freundschaft sein. Graf Johann sollte die nächsten acht Jahre bei seinem Herkommen bleiben, des Klosters gnädiger Herr sein und ihm in allen Dingen Rat und Beistand leisten; dagegen wollten Abt und Konvent des Grafen untertänige Kapläne sein[157].

Nun fühlte sich der Graf als Herr des Klosters und ließ es seine Macht spüren. Vielleicht rächte er sich auch dafür, daß die Äbte sich nicht schon früher ihm bedingungslos unterworfen hatten. Der Abt beschwerte sich beim König, das Kloster werde belästigt und durch Einlegen von Jägern, Pferden und Hunden, durch Dienste und Gebote übermäßig beschwert; zweimal seien die Reiter und reisigen Leute freventlich mit Gewalt ins Kloster eingefallen, hätten geraubt, zerstört und Kelche, Bücher, Meßgewänder, Betten und Hausrat weggeführt, so daß sich der Konvent bis auf zwei oder drei Brüder zerstreut habe.

König Sigismund empfahl das Kloster 1431 dem Schutz der Gräfin Henriette von Württemberg; 1434 nahm er es in des Reiches Schutz[158]. Grotesk mutet es daher an, wenn man hört, daß er drei Wochen zuvor dem Grafen Johann "die Pfantschaft über die Vogtye des Closters Kunigspronnen" bestätigt hatte[159].

War dies reine Gedankenlosigkeit oder empfand man am Königshofe gar nicht den Widerspruch, einerseits das Kloster schirmen zu wollen und als reichsunmittelbar zu betrachten und andererseits die Verpfändung zu erneuern und es

---

153   Chr. Besold a.a.O. S. 652 f Nr. 7
154   Chr. Besold a.a.O. S. 653 f Nr. 8
155   Chr. Besold a.a.O. S. 654 f Nr. 9
156   A 495 Kloster Königsbronn Bschl. 3
157   A 495 Kloster Königsbronn Bschl. 12
158   Chr. Besold a.a.O. S. 656 ff Nr. 10 und 11
159   H 51 Kaiserselekt PU 1344

damit der Gewalt und Willkür eines weltlichen Herren zu unterwerfen? Oder
entzog man sich so auf billigste Art der Verpflichtung, den Anspruch des Helfensteiners abzugelten?
Mit Friedrich III. kam 1440 wieder ein Habsburger auf den Thron, von dem
mehr Interesse für die Stiftung seines Vorfahren zu erwarten war. Er widerrief
1444 die Verpfändung der Vogtei und bestätigte die Privilegien des Klosters[160].
Abt Hildebrand klagte, seine Hintersassen würden oft vor fremde Gerichte gezogen, was beschwerlich sei und erhebliche Kosten verursache. Darauf verfügte
der König 1446, daß niemand die Hintersassen des Abtes vor ein fremdes Gericht laden dürfe; wer gegen sie etwas vorzubringen habe, solle dies vor des
Klosters Gericht in Steinheim tun[161]. Damit dieses Halsgericht mit der nötigen
Zahl von Richtern besetzt werden könnte, erlaubte er, auch geeignete Leute
aus dem Dorfe Westheim heranzuziehen, das an das Steinheimer Marktrecht
grenzte und in das Halsgericht gehörte[162]. Doch trieb auch Friedrich III. ein
doppeltes Spiel: wenige Wochen später anerkannte er die Pfandrechte der Grafen Ulrich und Konrad von Helfenstein, der Söhne des Grafen Johann, und bestätigte ihnen die Pfandschaft der Vogtei des Klosters Königsbronn[163]. So war
das Kloster weiterhin in einer zwiespältigen Lage.
Inzwischen zeigte sich immer deutlicher, daß die Helfensteiner ihre Herrschaft
nicht länger halten konnten. Graf Johann hatte schon 1442 mit dem Grafen
Ludwig von Württemberg wegen des Verkaufs der Herrschaft Blaubeuren verhandelt. Als sich dies zerschlug, war er genötigt, der Stadt Ulm um 24 000 Gulden seine Hälfte von Zoll und Geleit in Geislingen, Kuchen, Oberkochen, Itzelberg, Nattheim, Heidenheim, Hohenmemmingen, Gussenstadt, Stubersheim
und Gosbach samt Schloß und Dorf Hürben zu verpfänden[164].

Bald nach dem Tode Johanns teilten seine Söhne 1445 den Besitz in der Weise,
daß Konrad die Herrschaft Blaubeuren und Ulrich die Herrschaft im Brenztal
übernahm. Doch dann begann der Ausverkauf. Im Jahre 1446 veräußerten sie
gemeinsam ihren Halbteil der genannten Zölle sowie die Zölle in Merklingen,
Wippingen, Machtolsheim und Blaubeuren um 24 000 Gulden an die Stadt
Ulm[165]. Desgleichen verkauften sie 1446/47 Schloß und Dorf Haunsheim an
Lutz von Zipplingen[166] und 1447 ihre Güter und Rechte in Brenz an Hans vom
Stein von Ronsberg[167]. Doch blieb es nicht beim Verkauf einzelner Güter und
Rechte. Noch im selben Jahr veräußerte Graf Konrad seine Herrschaft Blaubeu-

160   Chr. Besold a.a.O. S. 661 ff Nr. 12
161   Chr. Besold a.a.O. S. 663 ff Nr. 13
162   Chr. Besold a.a.O. S. 667 ff Nr. 14
163   B 95–97 Grafen zu Helfenstein Nr. 3
164   B 95 Repertorium S. 449; H. F. Kerler a.a.O. S. 97
165   B 95–97 Grafen zu Helfenstein Nr. 249
166   Th. Knapp, Gesammelte Beiträge S. 309; Lutz v. Zipplingen heißt schon 1446. IV.
      12. "zu Haunsheim"
167   W. Reg. 7639

ren an den Grafen Ludwig von Württemberg (Uracher Linie)[168]. Im folgenden Jahr, am 17. Februar 1448, verkaufte auch Graf Ulrich unter Mitwirkung seines Bruders Konrad die "Herrschaft das Brenztal" an den Grafen Ulrich von Württemberg (Stuttgarter Linie)[169]. Auf Bitten der Verkäufer übertrug König Friedrich III. dem Grafen Ulrich von Württemberg am 8. Juni desselben Jahres die reichslehenbaren Teile der Herrschaft und bestätigte ihm die Pfandschaft der Vogtei des Klosters Königsbronn.

Die Kaufsumme betrug 58 300 Rheinische Gulden, die bis Mittfasten (3. März) bar bezahlt werden sollten. Außerdem wurde den Grafen Ludwig und Konrad von Helfenstein auf Lebenszeit für ein jährliches Leibgeding von 450 Gulden Burg und Stadt Leipheim verschrieben. Am Tage nach der Ausfertigung des Kaufvertrags bestätigten die Helfensteiner den Empfang von 12 150 Gulden, am 25. Februar und 4. März weitere Zahlungen[171]. Die Kaufsumme aber reichte nicht einmal, die Gläubiger zufriedenzustellen. Sie erwirkten 1453, daß von den 450 Gulden jährlichen Leibgedings vorweg 200 Gulden an sie entrichtet wurden. Da Graf Ulrich von Württemberg Leipheim im selben Jahr an Ulm verkaufte, verwies er den Grafen Ulrich von Helfenstein für das restliche Leibgeding auf Schloß Beilstein. Doch blieb auch dieses nicht lange in seiner Verfügung, und der Graf versetzte schließlich sogar den Leibgedingsbrief[172]. Damit war die Herrschaft offenbar restlos vertan.

V. Die Herrschaft im Brenztal um die Mitte des 15. Jahrhunderts

Zur Zeit des Verkaufs an Württemberg war die Herrschaft noch alles andere als ein geschlossenes Territorium. Sie war das unfertige Zufallsergebnis helfensteinischer Erwerbspolitik; zufällig, weil abhängig von der Gelegenheit, günstige Objekte kaufen zu können, und abhängig von den finanziellen Möglichkeiten der Helfensteiner. Fremdkörper mitten in der Herrschaft waren die Reichsstadt Giengen und das Rittergut Oggenhausen. Letzteres war helfensteinisches Mannlehen und somit vom Verkauf von 1448 ausgeschlossen. Im Jahre 1451 belehnten die Grafen Ulrich und Konrad von Helfenstein die Brüder Mang und Wilhelm Vetzer ihrer Dienste wegen mit der Behausung Oggenhausen, einem Hof und etlichen Grundstücken zu Hagen (?), Grundstücken zu Glöttweng und einer Selde in Sontheim an der Brenz. Schon im folgenden Jahr eigneten sie den Vetzern diese Güter unter Verzicht auf alle ihre Rechte[173]. Womöglich hatten sie auch bei den Vetzern Schulden.

Graf Ulrich von Württemberg war bemüht, das heikle Verhältnis des Klosters

168   H. F. Kerler, Urkunden z. Gesch. d. Grafen v. Helfenstein S. 33 f Nr. 10
169   B 95–97 Grafen zu Helfenstein PU 133
170   B 95–97 Grafen zu Helfenstein PU 139; A 495 Kloster Königsbronn Bschl. 3
171   B 95–97 Grafen zu Helfenstein PU 135, 136, 137
172   W. Reg. 6921; H. F. Kerler a.a.O. S. 98 ff
173   Lauinger Urkk. Nr. 332 und 345, JHVD XVIII, 1905, S. 22 und 25

Königsbronn zur Herrschaft in seinem Sinne zu bereinigen. König Friedrich III. hatte ihm ja die Pfandschaft der Vogtei bestätigt. Außerdem kam ihm zustatten, daß das Kloster in finanziellen Schwierigkeiten war. Gegen ein Darlehen von 1 200 Gulden nahmen Abt und Konvent "frei und ungezwungen" den Grafen Ulrich und seine Erben "zu rechten ewigen obersten Erbschirmern" an und versicherten, für ihre Leute und Güter "nymer mer deheinen andern Schirm zu suchen noch zu nemen in dehein Wise". Sie verpflichteten sich zu ähnlichen Diensten, wie sie die Klöster Anhausen und Herbrechtingen leisteten[174]. Allerdings mußte sich der Graf mit der Stellung eines Schirmherren begnügen; die Masse der Güter des Klosters blieb von Vogtabgaben befreit und der Niedergerichtsbarkeit des Abtes unterworfen.

Die Herrschaft war nicht lange bei Württemberg. Im Jahre 1449 begann der Krieg der Städte gegen den Markgrafen Albrecht Achilles von Brandenburg-Ansbach und den Grafen Ulrich von Württemberg. Die Städter, allen voran die von Ulm, fielen im Sommer in die württembergische Herrschaft ein, zerstörten am Johannistag (24. Juni) die Burgen Güssenberg und Hürben, vielleicht auch Aufhausen, und brannten im September die Klöster Anhausen, Herbrechtingen und Königsbronn nieder[175]. Heidenheim war bedroht; um die Stadt besser verteidigen zu können, ließ Graf Ulrich Häuser vor dem Oberen Tor abreißen, die dem Gegner die Annäherung erleichtert hätten.

Um die Kosten des Krieges zu decken, verkaufte Graf Ulrich die Herrschaft am 16. Oktober 1450 seinem Schwager Herzog Ludwig dem Reichen von Bayern-Landshut um 60 000 Rheinische Gulden[176]. Es hatte sich gezeigt, daß sie vom Kern des Landes Württemberg zu weit entlegen war und sich im Kriegsfalle kaum behaupten ließ. Anderseits grenzte sie an das bayerische Landgericht Höchstädt an und stärkte die Position der Wittelsbacher in Schwaben.

Herzog Ludwig stiftete 1460 eine neue Messe in Heidenheim zu Ehren der Heiligen Maria, Michael, Nikolaus und Kilian. Sie war ausgestattet mit Zinsen aus zwei Lehen, zehn Häusern und etlichen Grundstücken in Heidenheim, aus je einem Lehen in Herbrechtingen und Hohenmemmingen, aus Grundstücken in Mergelstetten und Nattheim und den Zehnten zu Nordholz (abgeg. bei Bergheim Kr. Dillingen). Graf Ulrich von Württemberg gab dazu ein Pfründhaus bei der Nikolauskapelle (heute zweites Stadtpfarrhaus)[177].

Als es wegen Bayerns Angriff auf die Reichsstadt Donauwörth zum Reichskrieg gegen Bayern und die Pfalz kam, nahm Graf Ulrich von Württemberg Ende Februar 1462 Schloß Hellenstein und Heidenheim ein[178]; doch wurden Burg und Stadt schon im Juli dieses Jahres vom Bayernherzog zurückerobert. Die zum Entsatz heranrückenden Truppen des Markgrafen Albrecht von Brandenburg

---

174   A 495 Kloster Königsbronn Bschl. 12; Repert. S. 105
175   Chr. Fr. Stälin, Wirt. Geschichte III S. 481; K. Pfaff, Geschichte des Klosters Königsbronn, Württ. Jahrbücher 1856 H.2, S. 113
176   W. Reg. 9027
177   W. Reg. 9063; Stein, Heidenheim im Mittelalter S. 31 ff Nr. 12
178   Chr. Fr. Stälin, Wirt. Geschichte III S. 533

und des Grafen Eberhard von Württemberg wurden am 17. Juli vor den Mauern der Stadt geschlagen (Streitwiese im Bereich der Olgastraße). Wenn nicht schon im vorausgegangenen Städtekrieg, so ist jetzt das Dorf Heidenheim draußen an der Brenz zerstört worden[179]. Zwei Tage später erlitten der Markgraf und die Württemberger eine neue Niederlage bei Giengen[180].

Die Herrschaft blieb für die nächsten 40 Jahre in bayerischer Hand. Aus dieser Zeit stammen die beiden ersten Salbücher von 1463 und 1492—94. Sie geben Aufschluß über die Rechte und Güter der Herrschaft in jedem Ort sowie über die Abgaben der Untertanen. Ein Vergleich beider Salbücher zeigt, daß sich der Güterbestand in der Zwischenzeit kaum verändert hat, doch sind im späteren Salbuch ausführlich alle Äcker und Wiesen beschrieben, die zu jedem bäuerlichen Lehengut gehörten. Im folgenden sollen die Rechte und Güter der Herrschaft nach dem Stand von 1463 kurz wiedergegeben werden[181]:

Heidenheim:	Gericht, Zwing und Bann, Ehaften, Hirtenämter. Kirchensätze der Pfarrei, Frühmesse, Schloßkapelle, Marien- und Michaelspfründe.
	In der Stadt Feuerzins aus 70 Häusern, Hofstattzins von 4 Häusern; Zinsen und Gülten von 6 halben Höfen, Brunnenmühle, Fischwasser, 6 Lohstöcken; Vogtrecht von St. Veits-Gut (Ellwangen) .
	Im Dorf und in der Vorstadt Hofstattzins von 40 Hofstätten, davon 7 überbaut.
Schnaitheim:	Vogt und Herr über das Dorf, Gewaltsame, Gericht, Zwing und Bann, Ehaften, ausgenommen der Scharenstetter Gut, Dorfämter, Kirchensatz.
	Zinsen und Gülten von Maierhof und 29 Höfen, Huben, Lehen und Gütlein, die an insgesamt 8 Bauern verliehen waren, 24 Selden, Täfer.
	Vogtrechte aus Badstube und 1 Selde des Heiligen, 1 Selde des Heiligen zu Heuchlingen.
Nattheim:	Zwing und Bann, Gewaltsame, Vogt und Herr über den Kirchensatz; gehört ins Gericht nach Heidenheim; Dorfämter.
	Zinsen und Gülten von 1 Hof, 7 Selden, Täfer, Reutäckern.
	Vogtrechte aus 1 Lehen und 1 Selde des Kl. Anhausen, 1 Selde des Kl. Herbrechtingen.
Auernheim:	Zinsen und Gülten aus 1 Hof und 1 Selde.
	Vogtrechte aus 1 Lehen des Kl. Anhausen.

179   Chr. Lindenmaier (s. Anm. 1) S. 550
180   Chr. Fr. Stälin, Wirt. Geschichte III S. 539
181   H 127 Nr. 60

Fleinheim: Zwing und Bann, Ehaften; gehört ins Gericht nach Heidenheim.

Zinsen und Gülten aus Maierhof, 1 Hube, 4 Lehen, 10 Selden, Täfer.

Vogtrechte aus 1 Hof des Kl. Herbrechtingen und 2 Selden der Pfarrei.

Weilermerkingen: Zinsen aus 1 Selde.

Zöschingen: Vogtrechte aus 2 Gütern des Kl. St. Peter/Schwarzwald.

Hohenmemmingen: Gericht, Zwing und Bann, Dorfämter.

Zinsen und Gülten von 1 Hof, 14 Selden, Täfer, Schmiede.

Vogtrechte aus Widumhof, 1 Hube des Kl. Heiligkreuz/Donauwärth, 1 Lehen des Kl. Herbrechtingen, 1 Heiligenlehen, 6 Selden.

Sachsenhausen: Die folgenden Güter gehören ins Gericht nach Hermaringen (1434 von Konrad vom Stein gekauft):

Zinsen und Gülten von 1 Hof und 1 Selde; Dorfämter.

Vogtrechte aus je 1 Lehen der Kll. Anhausen, Herbrechtingen und Königsbronn.

Die vogtbaren Güter gehören ins Gericht nach Hohenmemmingen: Vogtrechte aus 1 Hof, 1 Lehen und 1 Selde des Kl. Königsbronn, ferner aus 1 Lehen und 1 Selde des Kl. Königsbronn in Staufen.

Herbrechtingen: Vogt und Herr, ausgenommen die 13 gefreiten Güter, die das Kloster von denen von Eselsburg 1343 gekauft hat.

Vogtrechte aus 107 Hofstätten, 2 Mühlen des Kl. Herbrechtingen.

Bolheim: Vogt und Herr über Kirchensatz und Dorf, über Gericht, Zwing und Bann.

Vogtrechte aus 1 Hof, 15 Huben, Mühle und 46 Selden des Kl. Anhausen, 1 Hof und 1 Hube des Kl. Herbrechtingen.

Mergelstetten: Vogt und Herr über Kirchensatz und Dorf, Gericht, Zwang und Bann, ausgenommen Ulrich Hitzlers Hofraite, die er von Fritz von Blindheim gekauft hat.

Zinsen aus 1 Lehen und 1 Fischwasser.

Vogtrechte aus Maierhof, Mühle und 1 Selde des Kl. Anhausen, 2 Höfen, 6 Lehen, 19 Selden des Kl. Herbrechtingen, Hitzlers Lehen (2 Hofstätten).

Dettingen: Die vogtbaren Güter gehören ins Gericht nach Herbrechtingen; Dorfämter.

Vogtrechte aus 2 Höfen, 4 Lehen und 2 Selden des Kl. Anhausen, 1 Selde des Heiligen.

Heuchlingen:	Die vogtbaren Güter gehören ins Gericht nach Herbrechtingen. Vogtrechte aus 1 Hof, 1 Hube, 4 Lehen und 1 Selde des Kl. Anhausen.
Ballendorf:	Vogtrechte aus 1 Hof, 4 Lehen und Gütlein und 4 Selden des Kl. Anhausen, 1 Gütlein des Kl. Herbrechtingen.
Nerenstetten:	Vogtrechte aus 1 Lehen des Kl. Herbrechtingen.
Langenau:	Wenn die Vögte der Herrschaft nach Langenau kommen, werden sie vom Pfarrer verköstigt, ihre Pferde von den Vogtleuten gefüttert. Vogtrechte aus Mühle, 7 Gütern und Lehen, Täfer des Kl. Anhausen.
Osterstetten:	Vogtrechte aus 1 Gut des Kl. Anhausen.
Albeck:	Vogtrechte aus 1 Gut des Kl. Anhausen.
Öllingen:	Vogtrechte aus 1 Hof, 4 Lehen und 1 Selde des Kl. Anhausen.
Setzingen:	Wenn die Vögte der Herrschaft nach Setzingen kommen, werden sie vom Pfarrer verköstigt, ihre Pferde von den Vogtleuten gefüttert. Vogtrechte von 3 Höfen, Widumhof, 4 Lehen und 11 Selden der Kll. Herbrechtingen und Anhausen.
Asselfingen:	Vogtrechte aus 2 Gütern des Kl. Anhausen.
Hausen o. L.:	Vogt und Herr über den Kirchensatz. Vogtrechte aus 2 Höfen, Widumhof, 1 Lehen des Kl. Anhausen, 1 Heiligenselde, 1 Pfarrselde.
Altheim:	Vogtrechte aus 1 Hof des Kl. Anhausen.
Söhnstetten:	Vogtrechte aus 1 Hof, 2 Lehen, 1 Selde des Kl. Anhausen, 3 Lehen des Kl. Herbrechtingen, 1 Hof des Wolf v. Züllenhardt.
Steinheim:	Gehört ins Gericht nach Heidenheim. Vogtrechte aus 2 Höfen, 6 Selden und 3 öden Hofstätten des Kl. Herbrechtingen.
Sontheim i. St.:	Vogtrechte aus 1 Lehen und 1 Selde des Kl. Königsbronn.
Küpfendorf:	Ist vor Zeiten ein Dörfel gewesen . . . und ist öde worden.
Aufhausen:	Gehört ins Gericht nach Schnaitheim. Zinsen und Gülten aus Schloßgütern, Fischwasser, Mühle, 4 Höfen, 2 Lehen, 4 Selden.
Hürben:	Gericht, Zwing und Bann. Zinsen und Gülten aus Burgbau, 8 Höfen, 1 Hube, 21 Selden. Vogtrechte aus Widumhof, 1 Lehen, 7 Selden des Kl. Herbrechtingen.

Gerstetten:	Zwing und Bann, Ehaften, Dorfämter; Gerstetten hat Marktrecht, Stock und Galgen; Vogtei über die Kirche. Kirchensatz der Pfarrei und Frühmesse im Wechsel mit dem Abt von Elchingen.
	Zinsen und Gülten aus 2 Maierhöfen, 11 Huben, 1 Halbhube, 3 Lehen, Badstube, 17 Selden (?).
	Vogtrechte aus 2 Lehen und 1 Selde, die nach Lonsee gehören, 2 Lehen und 4 Selden des Spitals Geislingen, 1 Lehen und 3 Selden des Kl. Königsbronn, 1 Lehen und 3 Selden der Frühmesse, 31 Heiligenselden, 10 Widumselden, 1 Selde des Kl. Anhausen, 1 Selde des Kl. Elchingen, 7 eigenen Selden, 1 Gemeindeselde.
Meidstetten: (=Heuchstetten)	Gehört ins Gericht nach Gerstetten. Zinsen und Gülten aus 1 Hof, 1 Hube, 3 Selden.
	Vogtrechte aus 14 Höfen, Huben und Lehen, davon zinsen 3 dem Heiligen zu Gerstetten, 2 der Frühmesse Gerstetten, 1 dem Heiligen zu Böhmenkirch, 2 dem Spital Geislingen, 1 einem Geislinger Bürger, je 1 den Kll. Anhausen, Herbrechtingen und Königsbronn, 1 der Stadt Ulm, 1 Hof ist eigen.
Heldenfingen:	Gericht, Zwing und Bann, Gewaltsame. Zinsen und Gülten aus 1 Hof, 7 Selden.
	Vogtrechte aus 1 Hof, 1 Lehen, 4 Selden derer v. Degenfeld; 3 Höfen, 2 Lehen, 8 Selden des Kl. Anhausen, 1 Hof und 1 Selde des Kl. Königsbronn, 1 Halbhof, 1 Lehen und 3 Selden des Spitals Geislingen, 1 Lehen und 1 Selde des Heiligen zu Westerstetten.
Hermaringen:	Gericht, Zwing und Bann, Dorfämter. Zinsen und Gülten aus Schloßbau zu Güssenberg, 2 Höfen, 2 Huben, Stettberg, Kapfersfeld, Ziegelmühle, 13 Selden, 2 Fischwassern.
	Vogtrechte aus 2 Lehen des Kl. Elchingen, 1 Lehen des Kl. Heiligkreuz/Donauwörth, 1 Lehen des Spitals Giengen, 3 Selden der Klause zu Hermaringen.
Sontheim a. d. Brenz:	Gericht, Zwing und Bann, Dorfämter. Zinsen und Gülten aus Fronhof, 10 Höfen, Täfer, 15 Selden, 2 Schmieden, Gütern des aufgeteilten Hofs Heukrampfen.

Nicht erfaßt sind im Salbuch der Herrschaft die anhausischen Güter in Gussenstadt, denn dort stand nicht nur die Grundherrschaft, sondern auch die Ortsherrschaft und Niedergerichtsbarkeit dem Abt von Anhausen zu[182].

182   Lagerbuch des Kl. Anhausen von 1474, G 197 Fol. 303 v

Entsprechendes gilt für die Masse des königsbronnischen Besitzes. Stiftungsgüter des Klosters waren der Markt Springen am Brenzursprung, Itzelberg, der Großteil von Steinheim a. Albuch und Sontheim i. St. sowie einige Weiler auf dem Albuch. Dazu hatte das Kloster die Hälfte von Oberkochen (1358), Güter in Schnaitheim (1359) und Söhnstetten (1337) sowie einige Höfe um Steinheim (1368) hinzuerworben. In den genannten Orten hatte der Abt auch die Ortsherrschaft bzw. die Niedergerichtsbarkeit über seine Hintersassen. Das Lagerbuch des Klosters von 1471 gibt den Besitzstand annähernd gleichzeitig wieder wie das Salbuch der Herrschaft von 1463 und ergänzt somit dessen Angaben[183].

Abt und Konvent des Klosters Königsbronn hatten die Zeit der bayerischen Oberhoheit benützt, um sich wieder mehr Freiheit zu verschaffen. Sie wendeten sich 1481 an Herzog Georg von Bayern-Landshut und legten dar, wie sie von dessen Vater, Herzog Ludwig, in Schutz und Schirm gehalten worden seien. Sie baten, sie "von wegen und uss Bevelch der Fürsten von Österreich alls des Gotzhuss recht Stifft- und Erbherren" in gleicher Weise zu schützen bis auf deren Widerruf. Dem entsprach der Herzog, "in Ansehung, daß Ewer Gottshuss den Fürsten von Österreich und dem heiligen Reich zuegehörig"[184]. Bayern beschränkte sich also auf eine reine Schirmherrschaft und übte sie im Namen Österreichs und des Reiches auf Widerruf aus.

Ein Rechtsstreit erhellt die veränderte Situation. Im Jahre 1488 war ein königsbronnischer Hintersasse bei Sontheim im Stubental, wo die Steige nach Gerstetten und Küpfendorf hinaufzieht, im Feld erschlagen worden. Der herrschaftliche Pfleger, Kunz von Aufseß, wollte den Fall vor das Gericht in Heidenheim ziehen. Der Abt betonte, er habe in Steinheim ein Halsgericht und in Sontheim stehe ihm das Recht zu, alle kleinen und großen Frevel zu strafen. Der Streit, welches Gericht zuständig sei, zog sich zwei Jahre hin, bis ein neuer Pfleger, Wilhelm von Rechberg, sein Amt antrat. Der Abt wandte sich an den Herzog und dessen Oberbeamte. Auf einem Rechtstag in Heidenheim im Oktober 1490 legte der Abt die Urkunde Friedrichs III. von 1446 vor, die das Steinheimer Halsgericht als zuständig für alle Rechtsfälle königsbronnischer Hintersassen erklärt hatte. So wurde dem Abt zugestanden, den Fall abzuurteilen[185]. Damit er in seiner Rechtsprechung völlig unabhängig sei, ließ sich der Abt von Friedrich III. am 15. September 1491 den Blutbann für sein Halsgericht verleihen. Damit waren die Amtleute des Klosters befugt, in den Dörfern und Weilern des Klosters, wo sie seither schon die Niedergerichtsbarkeit besessen, auch schwere, todeswürdige Vergehen zu ahnden, ohne daß sich die Herrschaft einmischen konnte[185a].

---

183 Lagerbuch des Kl. Königsbronn von 1471, G 1295
184 Chr. Besold a.a.O. S. 673 ff Nr. 16
185 Lagerbuch G 1295 Fol. 203 v
185a A 495 Kloster Königsbronn Bschl. 4

VI. Der Ausbau der Herrschaft im 16. und 17. Jahrhundert

Im Dezember 1503 starb Herzog Georg von Bayern-Landshut. Er hatte sein
Fürstentum seiner Tochter Elisabeth, der Gemahlin des Pfalzgrafen Ruprecht,
zugedacht. Dagegen beriefen sich die Herzöge Albrecht und Wolfgang von
Bayern-München auf die bayerischen Hausverträge und machten Ansprüche geltend. Sie ließen sich von König Maximilian mit dem erledigten Fürstentum belehnen und verbündeten sich am 14. Dezember 1503 in Ulm mit Herzog Ulrich
von Württemberg, dem künftigen Schwiegersohn Herzog Albrechts. Dem Württemberger wurde "das Schloß Hellenstein, die Stadt Heidenheim mit dem
Brenztal", wie es 1450 an Bayern gelangt war, in Aussicht gestellt. Falls sich
ein Krieg vermeiden ließe, sollte die Herrschaft als Heiratsgut und Morgengabe
seiner Gemahlin Sabine an Herzog Ulrich fallen[186]. Doch begannen im Frühjahr die Feindseligkeiten, und die Truppen Herzog Albrechts nahmen im Mai
die schwäbischen Güter der Linie Bayern-Landshut ein. Am 16. Juli wurde die
Herrschaft dem Herzog Ulrich übergeben und im Friedensvertrag bestätigt[187].
Damit war die Herrschaft wieder bei Württemberg.
Während des Pfälzischen Erbfolgekriegs hatte König Maximilian den Abt von
Königsbronn wissen lassen, daß er das Kloster für sein "küniglich Interesse vorbehalten habe", er befahl dem Abt, niemandem zu huldigen, bis nach Kriegsen-
de die Stellung des Klosters geklärt sei[188]. Doch im Frieden fiel auch das
Kloster wieder an Württemberg.
Dessen ungeachtet wurde Königsbronn 1510 auf dem Augsburger Reichstag
zur Reichshilfe für den Venetianerkrieg gesondert veranschlagt. Herzog Ulrich
beklagte sich deshalb beim Kaiser, man wolle ihm das in seiner Herrschaft Heidenheim gelegene Kloster abziehen; es sei ja sonst bei solchen Anschlägen nie
gesondert aufgeführt worden[189]. Dennoch wurde der Abt 1517 zum Reichstag
nach Augsburg befohlen, damit er mit den anderen Ständen wegen der Türken-
hilfe ratschlagen helfe[190].
Als der Schwäbische Bund 1519 den Herzog aus seinem Land vertrieb, fiel die
Herrschaft noch einmal in fremde Hand. Das Bundesheer war am 28. März von
seinem Sammelplatz Langenau aufgebrochen und hatte am nächsten Tag Heidenheim mit der Feste Hellenstein eingenommen. Wie Lindenmaier berichtet,
war das Schloß nur mit einem Offizier und neun Knechten besetzt. Diesen habe
man mit unaufhörlichem Schießen dermaßen zugesetzt, daß sie sich andern
Tags ergaben. Doch sei dem Bund bei dieser Belagerung "ein groß Stuck oder
Bichssen zersprungen"[191].
Das Land kam unter österreichische Verwaltung. Kaiser Karl V. verkaufte am

186   A 353 Heidenheim W, Bschl. 3 (Kopie)
187   Chr. Fr. Stälin, Wirt. Geschichte IV S. 58 ff, bes. S. 61 Anm. 2
188   Chr. Besold a.a.O. S. 674 f Nr. 17
189   K. Pfaff a.a.O. S. 115
190   Chr. Besold a.a.O. S. 676 ff Nr. 18
191   Chr. Lindenmaier (s. Anm. 1) S. 552; Villinger Chronik, Mone, Quellensammlung
       d. Bad. Landesgesch, II S. 84

20. August 1521 Schloß Hellenstein mit Heidenheim und der ganzen Herrschaft samt dem Schirm der drei Klöster um 45 000 Rheinische Gulden an die Stadt Ulm, behielt sich aber das Rückkaufsrecht vor[192]. Zur Zeit der ulmischen Oberhoheit brach am 5. August 1530 auf Hellenstein ein verheerender Brand aus, der die aus dem Mittelalter stammende obere Burg weitgehend zerstörte.

Herzog Ulrich hatte 1534 sein Land zurückgewonnen und verlangte nun von Ulm, daß es die Herrschaft Heidenheim unentgeltlich zurückgebe. Wollte man das Bündnis von Schmalkalden, dem Ulm und Württemberg angehörten, nicht gefährden, mußte offener Streit vermieden werden. Deshalb brachte Landgraf Philipp von Hessen in Göppingen am 8. Mai 1536 eine Einigung zustande. Ulm gab die Herrschaft gegen Ersatz der 45000 Gulden heraus. Diese waren aber nicht in bar zu entrichten, vielmehr trat der Herzog die den Klöstern Anhausen und Herbrechtingen gehörenden, aber seiner Schutzvogtei unterstehenden Güter in Altheim, Ballendorf, Nerenstetten, Osterstetten, Wettingen, Öllingen, Setzingen und Langenau mit Vogtrechten, Zinsen und Gülten, Steuern und Dienstbarkeiten samt dem Kirchenpatronat in Langenau an Ulm ab, wofür man 15 000 Gulden veranschlagte. Für die verbleibende Schuld von 30 000 Gulden verpfändete er den Ulmern die Zehnten zu Langenau und den dortigen Freihof[193]. Dazu mußten die Prälaten von Anhausen und Herbrechtingen ihre Zustimmung geben[194].

Die Herrschaft büßte zwar fast alle ihre Rechte auf der Ulmer Alb ein. Vergegenwärtigt man sich aber, daß der Herzog für die Rückgabe der Herrschaft eigentlich nur deren Außenposten im ulmischen Territorium abzutreten brauchte, dann war der Handel für ihn nicht unvorteilhaft; man ermißt aber auch, um welchen Spottpreis die Herrschaft 1521 den Ulmern zugeschanzt worden war.

Der Göppinger Vertrag zeigt, wie ohnmächtig die bevogteten Klöster dem Landesherren gegenüber waren. Er verfügte über ihren Besitz wie über sein Eigengut. So hatte er um diese Zeit auch den dem Kloster Herbrechtingen zustehenden Zehnten in Niederstotzingen dem Ortsherren, Bernhard vom Stein, um 6 000 Gulden versetzt. Im folgenden Jahr verkaufte er die Lehenschaft der dortigen Pfarrei samt den Zehnten dem Abt von Königsbronn um 6 000 Gulden auf Wiederkauf[195].

Schon in helfensteinischer Zeit hatten die Klöster gewisse Verpflichtungen gegenüber dem Landesherren und seinen Beamten übernommen und zu den Landessteuern beigetragen. Seit 1504 waren sie durch ihre Prälaten auf den Landtagen vertreten und bestimmten die Geschicke des Landes mit. Sie nahmen am Tübinger Landtag von 1514 teil und steuerten namhafte Summen zur Tilgung der Schulden des Herzogs bei[196]. Aus der Landstandschaft aber leitete der Her-

---

192   A 495 Kloster Königsbronn Bschl. 4 (Kopie)
193   A 488 Kloster Herbrechtingen Bschl. 4 (Kopie)
194   A 471 Kloster Anhausen Bschl. 22
195   A 488 Kl. Herbrechtingen Bschl. 6; A 495 Kl. Köningsbronn Bschl. 76
196   Württ. Landtagsakten I S. 156 N. 6; A. Steichele, Gesch. d. Klosters Anhausen,
       Archiv f.d. Pastoral-Conferenzen i. Bistum Augsburg II S. 155

zog das Recht ab, sich in ihre inneren Belange einzumischen und sie zu reformieren. Wenige Tage nach Abschluß des Göppinger Vertrags, am 15. Mai 1536, mußten Abt Johannes von Anhausen und Propst Valentin von Herbrechtingen auf ihre Rechte verzichten, so daß der Herzog mit beiden Klöstern schalten und walten konnte, wie er wollte[197]. Der Herzog setzte einen Beamten als Klosterverwalter ein.

Infolge des Interims kehrten 1548 zwar noch einmal katholische Ordensleute nach Anhausen und Herbrechtingen zurück. Doch seit 1552 reformierte Herzog Christoph erneut, wenn auch behutsamer als sein Vater. Er wartete den Tod der katholischen Prälaten ab — Propst Ruland von Herbrechtingen starb am 16. November 1554, Abt Onophrius von Anhausen am 11. September 1558 — und setzte nach einer Scheinwahl protestantische Prälaten ein. Aus der Klosterherrschaft entstand ein Klosteramt, das dem herzoglichen Oberpfleger der Herrschaft Heidenheim unterstand.

Nicht ganz so leichtes Spiel hatte der Herzog mit Königsbronn. Abt Melchior war auf Grund des Göppinger Vertrags wieder unter württembergischen Schirm getreten, in der Erwartung, daß man sein Kloster nicht höher belaste als früher und bedenke, daß es dem Herzogtum nicht unmittelbar und mit dem Erbschirm unterworfen sei, wie die anderen Klöster in Brenztal, sondern "allein mit dem anhängigen Schirm". Er bat den Herzog um eine Verschreibung und Schirmseinung, die aber nur bis auf kaiserlichen Widerruf gelten sollte, da er ohne Vorwissen des Kaisers keine erblichen Abmachungen eingehen dürfe[198]. Der Herzog akzeptierte dies offenbar.

Ihre Sonderstellung ermöglichte es den Äbten Melchior Ruoff (1513—1539) und Ambrosius Boxler (1544—1553) — in der Zwischenzeit hatte der letztere das Kloster als Prior verwaltet — sich erfolgreich gegen Reformierungsversuche zu wehren[199]. Abt Ambrosius suchte sogar, sich von württembergischer Schirmherrschaft ganz loszumachen und weigerte sich beharrlich, die Landtage zu besuchen.

Die Widersetzlichkeit des katholischen Abts gegen den Herzog lieferte dem Markgrafen Albrecht von Brandenburg auf seinem Feldzug gegen den Kaiser 1552 den Vorwand, das Kloster zu brandschatzen. Als der Abt dies verweigerte, wurde das Kloster am 29. April gestürmt, geplündert und bis auf den Grund zerstört[200]. Die Zerstörung des Klosters wurde dem Abt zur Last gelegt und gab dem Herzog Christoph Anlaß, ihn verhaften zu lassen. An seine Stelle trat Johann Epplin, ein Mönch aus Maulbronn, der der reformatorischen Lehre anhing. Er anerkannte am 12. Juni 1553 den Herzog als einzigen Erb- und

---

197 Chr. Fr. Sattler, Gesch. d. Herzogt. Würtenberg unter der Regierung der Herzogen III Beil. 33 S. 149 ff; Lagerbuch G 1031 Fol. 1; Blätter f. Württ. Kirchengesch. 1904 S. 179

198 Chr. Besold a.a.O. S. 695 ff

199 K. Pfaff a.a.O. S. 121 f

200 K. Pfaff a.a.O. S. 122 Anm. 2; Lagerbuch G 1308 Fol. 1079 ff; K. Rothenhäusler, Die Abteien und Stifte des Herzogtums Württemberg, S. 100

Schirmherren und Kastvogt des Klosters, betrachtete dieses als dem Herzogtum inkorporiert und verpflichtete sich, den Landtag zu beschicken, die Landschaftslasten mitzutragen und einen künftig zu wählenden Abt dem Herzog vorzuschlagen[201]. Er mußte auch zugeben, daß der Herzog zur Abdeckung der Schulden des Klosters 1556 dessen Besitzanteil an Oberböbingen mit Kirchensatz, Widumhof, Frühmeßlehen, Heiligenpflegschaft und Mesnerei zu Heubach und Oberböbingen mit den Zehnten als Pfand für 7 000 Gulden an sich nahm. [202]. Das Kloster wurde reformiert und 1559 eine Klosterschule eingerichtet.

Kaiser Ferdinand hatte seine Ansprüche an das von seinem Vorfahren gestiftete Kloster nicht aufgegeben. Im Jahre 1563 kam es in Ansbach endlich zu einem Vergleich. Herzog Christoph trat sein Patronatrecht über das Kloster Päris im Elsaß an Ferdinand ab, worauf dieser auf Königsbronn verzichtete. Der Vertrag wurde jedoch erst 1588 von Kaiser Rudolf II. und Herzog Ludwig von Württemberg ratifiziert[203]. Württemberg war jetzt endgültig Herr über Königsbronn.

Noch in den Jahrzehnten vor der Reformation hatte das Kloster sein Territorium vorteilhaft ausbauen können, teils durch Kauf und Tausch, teils durch Neubesiedlung alter, längst verlassener Weiler und Höfe auf dem Albuch. Dies alles kam nun Württemberg zugute.

In Söhnstetten besaß Kloster Königsbronn bereits einen Hof, ein Lehen, einige Selden sowie das Kirchenpatronat; die Pfarrei war ihm seit 1423 inkorporiert [204]. Abt Emeran kaufte 1507 von Konrad von Züllenhardt um 2 050 Gulden das Dorf mit Höfen, Lehen und Selden, mit Zinsen und Gülten, Gericht, Ehaften, Zwing und Bann[205]. Im folgenden Jahr kam ein Tausch mit den Klöstern Anhausen und Herbrechtingen zustande, die dort auch begütert waren: von Anhausen übernahm er einen Hof, das Lehen auf dem Mühlberg, einige andere Lehen und Selden, von Herbrechtingen einen weiteren Hof, zwei Lehen und eine Selde; dafür trat er seine Güter in Sachsenhausen und Bachhagel ab[206]. Den letzten Fremdbesitz im Ort, nämlich ein Gut der St. Veitspfründe in Schwäb. Gmünd sowie ein Gütlein mit Selde des Wolf von Rechberg erwarb Abt Ambrosius 1545 und 1546 durch Tausch bzw. Kauf[207]. Das Gebiet von Springen im Brenztal bis Söhnstetten im Stubental war nun fast geschlossen in der Hand des Klosters. Aber die Hochfläche des Albuchs war menschenleer. Schlechter Boden und Wasserarmut hatten die Bewohner vieler Kleinsiedlungen zum Abwandern in die Dörfer und Städte veranlaßt, als dort im 14. Jahrhundert die Bevölkerung durch Seuchen dezimiert war. Der Abt

201   A 495 Kloster Königsbronn Bschl. 32
202   Lagerbuch G 1308 Fol. 1079 ff
203   Chr. Besold a.a.O. S. 701–710
204   A 495 Kloster Königsbronn Bschl. 1
205   Lagerbuch G 1306 Fol. 17 ff
206   A 471 Kl. Anhausen Bschl. 26; A 488 Kl. Herbrechtingen Bschl. 35; Lagerbuch
      G 1306 Fol. 27 ff und 35 ff
207   Lagerbuch G 1306 Fol. 48 ff und 55 ff

mußte riesige Flächen gegen geringen Zins als Weide an Bauern der umliegenden Ortschaften überlassen. Weite Strecken wurden von Gestrüpp überwuchert und gingen schließlich im Wald auf[208]. So waren gegen Ende des 14. Jahrhunderts die königsbronnischen Weiler und Höfe Spicht, Hermannsweiler, Ottmannsweiler (Utzmannsweiler), Bibersohl, Geroldsweiler, Hof Hohenberg, Felgenhof, Gnannenweiler u. a. abgegangen. Auch größere Siedlungen waren betroffen, wie Küpferdorf und Zang.

Von Küpfendorf heißt es im Salbuch von 1463: "Küpfendorf ist vor 60 Jaren ain Dorf gewesen, und hat der Abbt von Königsprunn daselbs ein Widumshof und sybenzehen Sellden und Hofstet gehabt, deßgleichen hat die Herrschaft daselbs ain Gut gehabt, auch der Abbt von Ahawsen ain Gut da gehabt. Dasselb Dorf ist ganntz unpewlich zu Dorff worden"[209]. Ein Versuch der drei Grundherren, den Ort neu zu besiedeln, war mißlungen, so daß die Herrschaft den Grund und Boden als Weide nutzte. Da aber die Obrigkeit und der meiste Grundbesitz dem Kloster Königsbronn zustand, überließ Herzog Georg von Bayern alles dem Kloster Königsbronn und handelte dafür dessen Güter in Gerstetten und Heuchstetten ein. Anhausen wurde mit einem Hof in Gussenstadt entschädigt[210].

Im Laufe des 15. Jahrhunderts erholte sich die Bevölkerung und war in rascher Zunahme begriffen. Abt Melchior Ruoff (1513—1539) begann, Küpfendorf u.a. Orte im Klostergebiet wieder zu besiedeln. Ihm verdanken wir das heutige Siedlungsbild des Albuchs. Das Kloster steigerte so seine Einkünfte.

In Küpfendorf baute man zwei stattliche Maierhöfe, die 1532 erblich verliehen wurden. Die Inhaber hielten je 700 Schafe. Dazu kam eine Selde, und um 1550 wurde eine vierte Hofstatt samt neugerodetem Ackerland als Lehen vergeben. Auf dem Gaisbühl nördlich des Orts entstand 1534 durch Rodung ein weiteres Gut[211].

In Zang erinnerte an eine frühere Siedlung nur der Kirchhof. Abt Melchior verkaufte 1537 Klostergut in Zöschingen und finanzierte mit dem Erlös den Neuaufbau von Zang[212]. Nach etwa Jahresfrist standen 20 Häuser und ein Forsthaus der Herrschaft. Bis 1583 wuchs die Zahl der Häuser auf 40. Die Inhaber standen im Dienst der Königsbronner Eisenwerke als Holzhauer, Köhler und Tagelöhner. Herzog Ludwig ließ auf Kosten des Klosters 1573 eine Kirche erbauen, die als Filiale zur Pfarrei Königsbronn gehörte[213].

Auf dem Ochsenberg entstanden 1538 sechs neue Häuser, und bis 1538 waren es deren zwölf[214].

---

208   H 127 Nr. 60 Fol. 12 v: "Weylerstett auf dem Alpuch, sind mit Holtz verwachssen . . ."
209   H 127 Nr. 60 Fol. 9 v; vgl. Lagerbuch G 1295 Fol. 13 f
210   H 127 Nr. 61 Fol. 70 ff; A 471 Kl. Anhausen Bschl. 16; A. Steichele a.a.O. S. 336 f Nr. 155
211   Lagerbuch G 1308 Fol. 722 ff und Fol. 2 ff
212   Lagerbuch G 1302 Fol. 915 ff
213   Lagerbuch G 1296 Fol. 122 ff; G 1303 Fol. 752 ff
214   Lagerbuch G 1296 Fol. 122 ff; G 1301 Fol. 507 ff

In Zahnberg, einem Stiftungsgut des Klosters, zählte man 1538 drei neuerbaute Selden, die mit einer vierten 1568 als Hof verliehen wurden[215].

Gnannenweiler, Bibersohl und Neuselhalden waren seit Mitte des 15. Jahrhunderts als Weiden verliehen[216]. Die Inhaber hielten den Sommer über Vieh, das sie in Bayern aufgekauft hatten und im Herbst weiterverkauften; sie selbst überwinterten in Steinheim. Auf Betreiben des Abtes begann man 1535 zu roden und Höfe zu bauen. In Gnannenweiler entstand ein Hof mit Schäferei. Die Söhne des Inhabers teilten um 1565 die Güter in drei Höfe und errichteten die notwendigen Gebäude[217]. Auch in Bibersohl und Neuselhalden entstanden je ein großer Hof mit Schäferei; der letztere wurde später geteilt[218].

Um dieselbe Zeit wurde der Seegartenhof bei Springen erbaut (Lehenbrief von 1554). Der Inhaber erwarb 1578 käuflich 40 Jauchert Land aus dem Klosterbau[219].

Dem Beispiel Königsbronns folgte die Stadt Ulm. Auf der Weide Kerben bei Zang, die sie 1529 von Wolf von Rechberg erworben hatte, ließ sie 1554 roden und ein Wohnhaus bauen[220].

Die Herrschaft erstellte in Irmannsweiler um 1576 ein Forsthaus und schuf durch Rodung zwei Maierhöfe[221].

Die Eingliederung des Klosters Königsbronn brachte der Herrschaft die erwünschte Abrundung nach Norden und Nordwesten. Nunmehr war Württemberg als Landesherr bemüht, möglichst alle fremden Insassen der Herrschaft sich untertan zu machen, um ein geschlossenes Territorium mit einheitlichem Untertanenverband zu erlangen. Dies geschah auf zweierlei Weise:

a) durch Ankauf der Güter fremder Grundherren;

b) dadurch, daß sich Württemberg die Güter und Hintersassen fremder Grundherren mittels der Vogtei unterwarf. Ansatzpunkt hiefür war die Ortsherrschaft, die Polizeibefugnisse innerhalb und außerhalb Etters beinhaltete, aber auch die Forsthoheit, die im Sinne der Landeshoheit ausgelegt wurde. Wir beschäftigen uns zunächst mit der letztgenannten Methode.

Mittels der Vogtei hatte sich die Herrschaft seit langem die Klöster Anhausen und Herbrechtingen samt deren Besitz unterworfen; ihrer Vogtei unterstanden die Güter der Kirchen und Pfründen, über die sie das Patronatsrecht besaß, aber auch der Besitz fremder Kirchen, Pfründen, Spitäler und Pflegschaften (siehe Salbuch von 1463); ihr unterstand aller frei eigene Besitz von Bürgern und Bauern innerhalb der Herrschaft, z. B. die meisten Häuser in Heidenheim, einige Güter in Gerstetten, Heuchstetten und Nattheim[222]. Seit helfensteinischer Zeit

---

215   Lagerbuch G 1296 Fol. 122 ff; G 1301 Fol. 507 ff
216   Lagerbuch G 1295 Fol. 11 ff; Urk. von 1485 und 1482; A 495 Kl. Königsbronn Bschl. 75; W. Reg. 9041
217   Lagerbuch G 1295 Fol. 58 ff; G 1308 Fol. 930 ff
218   Lagerbuch G 1308 Fol. 865 ff und 1003 ff
219   Lagerbuch G 1303 Fol. 600 ff
220   Lagerbuch G 1300 Fol. 141 ff; B 207 Reichsstadt Ulm PU 505
221   Lagerbuch G 1300 Fol. 141 ff
222   Lagerbuch W 680 Fol. 1 ff und Fol. 287 ff

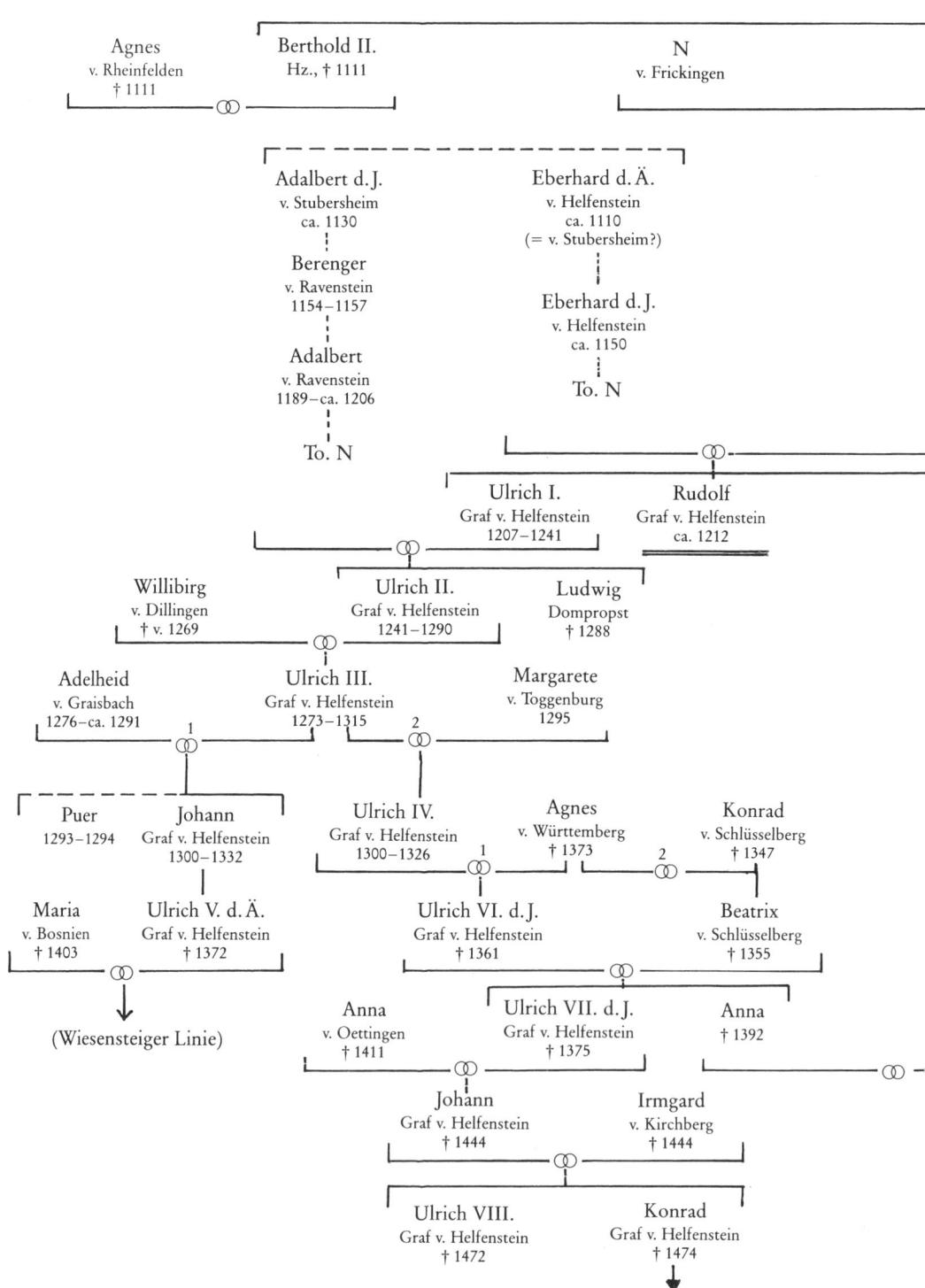

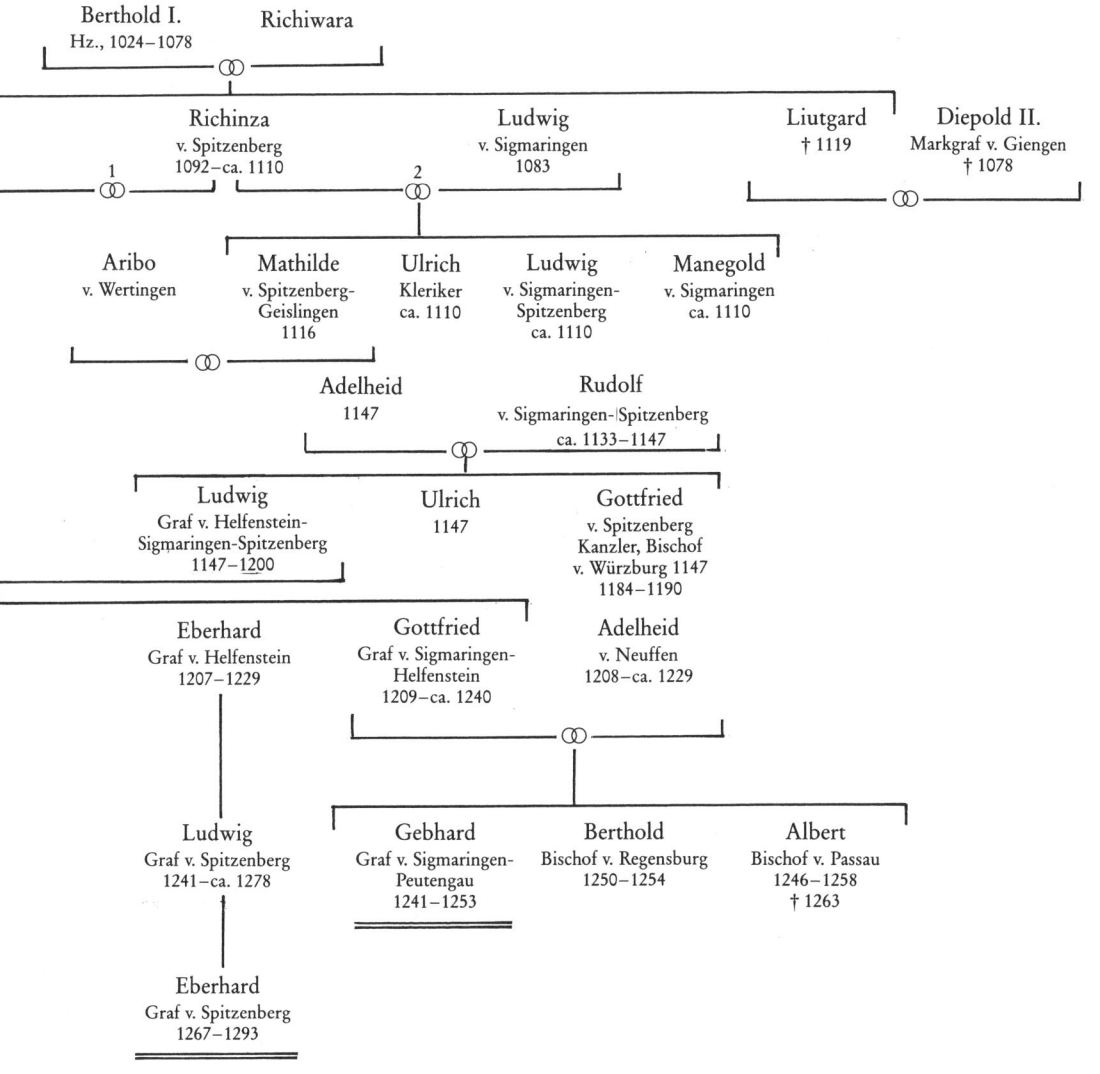

Berthold I.
Hz., 1024–1078   Richiwara

Richinza   Ludwig   Liutgard   Diepold II.
v. Spitzenberg   v. Sigmaringen   † 1119   Markgraf v. Giengen
1092–ca. 1110   1083   † 1078

1   2

Aribo   Mathilde   Ulrich   Ludwig   Manegold
v. Wertingen   v. Spitzenberg- Kleriker   v. Sigmaringen- v. Sigmaringen
                Geislingen   ca. 1110   Spitzenberg   ca. 1110
                1116   ca. 1110

Adelheid   Rudolf
1147   v. Sigmaringen-|Spitzenberg
                            ca. 1133–1147

Ludwig   Ulrich   Gottfried
Graf v. Helfenstein-   1147   v. Spitzenberg
Sigmaringen-Spitzenberg   Kanzler, Bischof
1147–1200   v. Würzburg 1147
                                            1184–1190

Eberhard   Gottfried   Adelheid
Graf v. Helfenstein   Graf v. Sigmaringen-   v. Neuffen
1207–1229   Helfenstein   1208–ca. 1229
                          1209–ca. 1240

Ludwig   Gebhard   Berthold   Albert
Graf v. Spitzenberg   Graf v. Sigmaringen- Bischof v. Regensburg   Bischof v. Passau
1241–ca. 1278   Peutengau   1250–1254   1246–1258
                 1241–1253   † 1263

Eberhard
Graf v. Spitzenberg
1267–1293

Friedrich
Hz. v. Teck
† 1390

H.-Bühler 1976

hatte sie auch auf den Gütern derer von Degenfeld in Heldenfingen die Vogtei mit Besteuerungsrecht und Dienstbarkeit.

Es gab aber immer noch viele Güter, die nicht nur fremden Grundherren, sondern auch fremden Vogt- und Gerichtsherren unterstanden, und zwar vorwiegend in den ehemals ritterschaftlichen Orten des unteren Brenztals. Offenbar hatten die früheren Ortsherren sich gegenüber mächtigeren Grundherren nicht mit dem gleichen Erfolg durchsetzen können wie etwa die Herrschaft, die in ihren alten Orten Gerstetten, Heuchstetten und Heldenfingen schon lange alle fremden Hintersassen ihrer Vogtei unterworfen hatte. Wir werden sehen, daß Württemberg die Vogtherrschaft nun mitunter recht gewaltsam durchzusetzen suchte.

Wohl in der Absicht, mit den vielerlei Immunitäten demnächst aufzuräumen, verlangte die herzogliche Regierung 1554 vom Kastner Auskunft, "was für Schlösser, Dörfer, Weiler und Höf in der Herrschaft Heidenheim gelegen und was unser gnädiger Fürst und Herr an jedem Ort für Obrigkeit hatt". Dieser berichtete eingehend über die Güter fremder Grundherren und deren Rechtsverhältnis zur Herrschaft[223]. So hatte in Hermaringen der Abt von Kaisheim das Kirchenpatronat und die Zehnten, ferner einen Hof, zwei Feldlehen, etwa 10 Selden, eine Mühle und ein Fischwasser. Denen von Giengen gehörten fünf Höfe und sieben Selden; Friedrich von Grafeneck zu Burgberg hatte fünf Selden und ein Feldlehen; Pfalz-Neuburg besaß sechs Selden. In Hohenmemmingen hatten die von Giengen drei Höfe, drei Lehen und sieben Selden; die Deutschordenskommende Ulm besaß gleichfalls drei Höfe und sechs Selden; Wolf von Westerstetten zu Staufen hatte eine Selde, der Abt von Kaisheim deren zwei. In Sachsenhausen hatten die Nonnen von Obermedlingen einen Hof, die von Giengen drei Höfe und der Abt von Echenbrunn eine Selde.

In Sontheim an der Brenz besaß die Deutschordenskommende Ulm zwei Höfe und drei Selden; Wolf von Westerstetten hatte einen Hof und eine Selde, das Lauinger Spital einen Hof, das Spital Gundelfingen zwei Selden; Bernhard vom Stein zu Niederstotzingen als Patronatsherr einer Pfründe hatte einen Hof, Mang Vetzer von Oggenhausen einen Hof und eine Selde; Giengen aber besaß vier Höfe, zwei Lehen und gegen 40 Selden.

In Nattheim gehörte ein Hof und eine Selde der Deutschordenskommende Kapfenburg, die auch in Fleinheim und Walkersdorf (abgeg.) begütert war; sodann besaßen in Nattheim die von Wöllwarth zu Lauterburg drei Höfe und sieben Selden, die von Giengen zwei Höfe und eine Selde; die von Westerstetten hatten einen Hof, der Abt von Neresheim vier Selden.

Der Kastner vermerkt bei Hermaringen: "Die vermellten Herren alle haben allein Zinss und Gült zu empfahen und sunst ainichs Gebot noch Verbott. Solliche Güetter alle syendt gegen dem Fürstenthumb Würtemberg nit steurbar noch dienstbar, aber sunst mit aller Oberkhait . . . im Etter oder außerhalb Etters unterworfen". Somit hatten nach Darlegung des Kastners die betreffenden Herren zwar keinen Anteil an der Ortsherrschaft, doch übten sie über ihre Hin-

223   A 353 Heidenheim W, Bschl. 10

tersassen die Niedergerichtsbarkeit mit Besteuerungsrecht und Dienstbarkeit aus. Gerade diese Rechte aber wollte Württemberg an sich bringen. Daß darüber hinaus der Bericht des Kastners nicht in allem den tatsächlichen Verhältnissen entsprach, sondern eher einen Anspruch der Herrschaft wiedergab, zeigt ein späterer Bericht. Im Jahre 1565 mußte der Kastner nach Stuttgart melden, daß die Deutschordenshintersassen in Sontheim, Hohenmemmingen, Nattheim, Fleinheim, Dettingen und Heuchlingen sich "von Ewer Fürstlichen Gnaden Amptleiten ainich Gebot zum Gericht, Rug und ander gmein Flecken Sachen nit gebrauchen lassen wöllen, sonder (sich) in Gericht außerhalb vermelter Flecken des Ordens Gfallen stellen[224]". Im Jahre 1590 aber ließ der Kastner in Nattheim die württembergische Landesordnung verlesen und den Ordenshintersassen erklären, sie hätten von nun an vor dem herrschaftlichen Gericht zu erscheinen. Einer, der sich weigerte, wurde kurzerhand gefangengesetzt. Die Ordenshintersassen in Hohenmemmingen und Sontheim wurden 1613 vom Heidenheimer Obervogt besteuert. Um nicht doppelt bezahlen zu müssen, gaben sie nach, weigerten sich aber, künftig dem Orden Steuern zu entrichten[225].

Wie erwähnt, hatten in Nattheim die von Wöllwarth-Lauterburg etliche Güter, die zu einer Pfründe in Essingen gehörten. Der Kaplan hielt einen eigenen Amtmann in Nattheim und stellte sein Leute vor Gericht, wo es ihm beliebte. Wenn in Nattheim jemand frevelte, so genoß er Freiung auf den Gütern der Pfründe.

Zur Zeit der ulmischen Herrschaft (1521—1536) war die Frage der Besteuerung erstmals aufgeworfen worden, und zwar auf recht eigenartige Weise. Wegen des Forstes stand der Herrschaft von den Einwohnern gewisser Orte ein "Forstrecht" zu als Entgelt für die Schweinemast im Wald. Die Ulmer hatten den "Forsthafer" als "Vogthafer" ausgelegt und so ihren Anspruch auf Steuer und Niedergerichtsbarkeit begründet. Württemberg griff den Prozeß auf. Er war 1586 noch nicht zu Ende; praktisch aber hatte sich die Herrschaft durchgesetzt. Sie tat sehr erstaunt, als die von Wöllwarth es wagten, einen Übeltäter vor Gericht nach Essingen zu zitieren, und wollten diese "Newerung" nicht stillschweigend hinnehmen. Die von Wöllwarth entschuldigten sich mit ihrer "Unwissenheit" und beteuerten, daraus keine Gerechtigkeit ableiten zu wollen[226]. Im Jahre 1611 vertauschte Georg von Wöllwarth seine Güter in Nattheim an die Herrschaft "gegen Einräumung etlicher Jagen"[227]. Offenbar war er des Streites leid.

Ähnlich ging es denen von Westerstetten mit ihren beiden Höfen in Sontheim an der Brenz und Hausen ob Lontal. Christoph von Westerstetten, Stiftsdekan in Ellwangen, wandte sich 1563 an den Landhofmeister und betonte, daß die Hintersassen seinem Bruder "vogt-, gericht-, steuer- und dienstbar" seien. Der

224 A 353 Heidenheim W, Bschl. 10
225 H. Greiner, Das Deutschordenshaus Ulm, Ulm und Oberschwaben H. 22, 1922, S. 89
226 A 353 Heidenheim W, Bschl. 35
227 Lagerbuch W 598 (Nattheim)

Prozeß zog sich bis 1595 hin. Schließlich konnte der Kastner darauf verweisen, daß die Westerstetten'schen Hintersassen Erbhuldigung geleistet hätten. Damit war der Fall im Sinne der Herrschaft entschieden[228].

Vergebens versuchte auch die Stadt Giengen die Gerichtsbarkeit, Steuer-, Reis- und Dienstbarkeit auf den Gütern des Spitals und ihrer Pflegeschaften zu behaupten. Ein Vergleich von 1589 bestimmte, daß die Hintersassen der Stadt die Zinsen und Gülten nach Giengen entrichten, die schuldige Dienstbarkeit leisten und "in gemeinen Reichssachen" von Giengen besteuert werden sollten; dagegen müsse die landesfürstliche und alle andere Obrigkeit, Gerichtsbarkeit und Botmäßigkeit auf ihren Gütern der Herrschaft verbleiben[229]. Im Jahre 1603 entbrannte der Streit erneut: Giengen hatte seine Hintersassen nicht nur mit der Türkenschatzung und anderen "Extraordinari-Anlagen" belegt, sondern auch mit den jährlichen "Ordinari-Anlagen", was dem Sinne des Vertrags von 1589 zuwiderlief. Der Rat von Giengen mußte erklären, sich künftig der ordentlichen Besteuerung sowohl in Reichs- als auch anderen allgemeinen jährlichen Anlagen zu enthalten; Württemberg dagegen versicherte, dem Rat in den "Reichskonstitutionen- und Türkenschatzungen" keinen Eintrag zu tun[230].

In einer Aufzeichnung des Klosters Kaisheim über seinen Besitz in der Herrschaft von 1631 tragen die Güter — insgesamt etwa 20 Höfe, Lehen und Selden in Hermaringen, Hohenmemmingen und Fleinheim — den Vermerk, sie seien "von ihrer Fürstlichen Gnaden zue Württemberg eingezogen", d. h. untertänig gemacht worden[231].

So war bis ins frühe 17. Jahrhundert der Fremdbesitz innerhalb der Herrschaft mit dem Eigenbesitz und dem der landsässigen Klöster und Kirchen insoweit verschmolzen, als die Herrschaft auf allen diesen Gütern und gegenüber allen Hintersassen die wichtigsten Hoheitsrechte wahrnahm.

Natürlich hat Württemberg in der Zwischenzeit kaum eine Gelegenheit ungenutzt gelassen, Fremdbesitz innerhalb der Herrschaft aufzukaufen, um so den Bereich intensivster Herrschaft, nämlich Grundherrschaft und Niedergerichtsbarkeit mit Steuerhoheit und Dienstpflicht, zu erweitern. Vom Abt des Klosters Elchingen erwarb Herzog Christoph im Jahre 1567 um 4 826 Gulden 45 Kreuzer drei Güter in Fleinheim, zwei Güter und eine Selde in Hermaringen sowie die Hälfte des Kirchensatzes samt 4/9 der Zehnten in Gerstetten[233]. Den letzten elchingischen Besitz in der Herrschaft, fünf Feldlehen in Walbach (abgeg. bei Gussenstadt), kaufte Herzog Ludwig im Jahre 1573[233].

Württemberg war besonders darauf aus, den ritterschaftlichen Adel auszukaufen.

Friedrich von Eben (1449—1475) war in Fleinheim, Walkersdorf (abgeg.) und

228   A 353 Heidenheim W, Bschl. 44
229   B 176 Reichsstadt Giengen U 5
230   Stadtarchiv Giengen Bschl. 54
231   B 176 Reichsstadt Giengen Bschl. 8
232   A 353 Heidenheim W, Bschl. 28
233   Gg. Thierer, Ortsgeschichte von Gussenstadt I S. 312

Zöschingen begütert. Im Jahre 1456 belehnten ihn die Grafen von Öttingen mit dem Burgstall Schnaitheim, den die von Scharenstetten innegehabt hatten[234]. Seine Söhne teilten den Besitz: Rudolf (1494—1533) übernahm Schnaitheim, Sigmund erhielt Fleinheim. Er erwarb dazu Eselsburg, wo bis um 1516 die von Knöringen saßen. Als er um 1537 starb, verwaltete die Witwe Juliana von Burtenbach die Güter für ihren Sohn Christoph Friedrich (1549—1562). Dieser verkaufte Fleinheim 1559 um 3 000 Rheinische Gulden an Herzog Christoph von Württemberg, und zwar zwei Höfe, 14 Selden, einige Mähder und Holzmarken, darunter Parzellen in Walkersdorf, sowie Mähder und Wälder in Zöschingen[235]. Sein Schloß Eselsburg mit allen Gütern im Ort — drei Höfe, die Mühle, ein Lehen mit Fischerei, sieben Selden — veräußerte er 1562 um 11 200 Gulden an Ulrich von Rechberg, den Inhaber von Falkenstein[236].

Die Herrschaft Falkenstein war, wie wir wissen, die Mitgift, die Anna von Helfenstein 1357 in die Ehe mit Herzog Friedrich von Teck gebracht hatte. Ihr Gemahl verkaufte 1390 kurz vor seinem Tode an Albrecht III. von Rechberg zu Staufeneck[237]. Was alles zu Falkenstein gehörte, erfahren wir aus dem Lagerbuch der Herrschaft Rechberg-Staufeneck von 1478. Es waren der Wirtschaftshof hinter der Burg und die Bindsteinmühle samt Fischwasser; dazu kamen in Dettingen sechs Höfe, eine Hube, zwei Lehen, zehn Feldlehen und 30 Selden; in Heuchlingen vier Höfe, drei Lehen und vier Selden; dazu in beiden Orten das Recht, die Dorfämter zu verleihen; in Heldenfingen waren es zwei Lehen und in Hausen ob Lontal ein Hof und eine Selde[238]. Die Herrschaft Falkenstein lag seit langem im Streit mit der Herrschaft Heidenheim wegen der Obrigkeit. Die letztere war Vogt der anhausischen Güter in Dettingen und Heuchlingen und Inhaber ortsherrlicher Rechte. Wiederholt hatte sie versucht, die Obrigkeit ganz an sich zu reißen. Eine kaiserliche Kommission entschied 1512, daß der Herrschaft Falkenstein in Dettingen und Heuchlingen lediglich die Niedergerichtsbarkeit, und zwar nur auf ihren Gütern innerhalb Etters, zustehe. Dabei blieb es trotz des Protests der Rechberger[239].

Ulrich von Rechberg, der 1562 Eselsburg erworben hatte, starb 1567 ohne Nachkommen. Sein Neffe und Erbe Konrad war verschuldet. Er schloß mit Herzog Ludwig von Württemberg 1592 einen Kaufvertrag über Falkenstein und Eselsburg. Der Kaufpreis betrug 79 275 Gulden. Nachdem die Vormünder seines Sohnes zugestimmt hatten, fielen die Burgen mit allen Gütern und Rechten, Zwingen und Bännen im folgenden Jahr an Württemberg[240]. Die Herrschaft Heidenheim war nunmehr auch Grundherr und alleiniger Gerichtsherr in Dettingen und Heuchlingen. Ihr Territorium reichte nach Südwesten bis zum Hungerbrunnental.

234   Oetting. Lehenbuch, hrsg. von E. Grünenwald (im Druck) Nr. 972
235   Lagerbuch W 581 Fol. 645 ff
236   A 353 Heidenheim W, Bschl. 57
237   W. Reg. 9006
238   A 353 Heidenheim W, Bschl. 54 (Kopie)
239   A 353 Heidenheim W, Bschl. 10 und 49; Lagerbuch W 580 Fol. 483 ff
240   A 353 Heidenheim W, Bschl. 54

Die zwischen Ulm und Württemberg noch bestehenden Überschneidungen von Besitz und Rechten bereinigte Herzog Friedrich im Jahre 1607. Ulm trat an Württemberg die Zoll- und Geleitsrechte in der Herrschaft Heidenheim samt den Zollstätten in Heidenheim, Schnaitheim, Nattheim, Hohenmemmingen, Oberkochen und Gussenstadt ab; dazu einen Forstbezirk, der sich vom Albuch nach Süden über Küpfendorf und Dettingen bis zur Mühle Bindstein erstreckte. Dafür erhielt Ulm die Kirchensätze und Zehnten in Bissingen, Setzingen und Weiler ob Helfenstein sowie alle noch von den Klöstern Anhausen und Herbrechtingen herrührenden Gefälle und Güter im ulmischen Territorium[241].

Seit 1567 lag die Ostgrenze der Herrschaft gegen Pfalz-Neuburg fest. Sie entsprach etwa der heutigen Landesgrenze[242]. Das Rittergut der Vetzer in Oggenhausen war jetzt ein Fremdkörper in der Herrschaft. Mit den Vetzern hatte es mehrfach Streit wegen der Jagd gegeben. Denn Oggenhausen lag im Heidenheimer Forst, und Württemberg leitete daraus die landesfürstliche Obrigkeit auf Oggenhauser Markung außerhalb Etters her. Nach dem Tode Jakob Vetzers teilten die Söhne Mang und Wilhelm 1587 ihr Gut Oggenhausen. Wilhelm erhielt durch Los das alte oder Untere Schloß samt einem Hof und 15 Selden; Mang übernahm das neue oder Obere Schloß mit einem Hof, einem Lehen und 16 Selden[243].

Wilhelm bot sein Gut 1608 Württemberg zum Kauf an, doch lehnte die Stuttgarter Regierung ab. Erst als er mit Giengen einig wurde, nötigte Herzog Johann Friedrich die Stadt, vom Kauf abzustehen, und ging 1612 selbst einen Kaufvertrag um 26 500 Gulden ein[244].

Mit diesem Teil Oggenhausens wurde 1617 der Bruder des regierenden Herzogs, Julius Friedrich, ausgestattet, dem Weiltingen als Wohnsitz angewiesen war[245]. Die andere Hälfte verkaufte Mang Vetzers Sohn, Wilhelm, im Jahre 1650 an Christoph Wilhelm von Erolzheim. Der Kaufpreis von 7 000 Gulden war erstaunlich gering. Man bedenke jedoch, daß der Dreißigjährige Krieg eben zu Ende war und daß es in diesem Teil Oggenhausens nur noch drei Haushaltungen gab! Der Käufer veräußerte sofort an Hugo von Vesten. Dessen Witwe brachte das Gut 1658 an ihren zweiten Gemahl, den Rittmeister Johann Paul, der 1661 starb. Nunmehr verkaufte die Witwe an Liborius Ebers zu Trochtelfingen. Dieser bot das Gut Giengen an. Doch Württemberg beharrte auf seinem Lösungsrecht und zwang auf recht gewaltsame Weise die Giengener zum Rücktritt[246]. Als "Kammergut" wurde dieser Teil Oggenhausens der Herrschaft Heidenheim einverleibt. Dazu kam der andere Teil, als 1705 die Linie Württemberg-Weiltingen erlosch.

241   Stadtarchiv Ulm, Repert. über das alte Archiv A–K, Fol. 441 f
242   A 353 Heidenheim W, Bschl. 7
243   A 353 Heidenheim W, Bschl. 37
244   Lagerbuch W 598 Fol. 736 ff; A. Ritz, Heimatbuch Nattheim und Oggenhausen S. 66 f
245   A. Ritz a.a.O. S. 65 ff; Beschreibung des Oberamts Heidenheim S. 266
246   A. Ritz a.a.O. S. 68 ff; vgl. Anm. 245

"Kammergut" war auch das ehemalige Rittergut Brenz. Schloß und Dorf befanden sich seit 1449 in Händen der Güssen von Güssenberg (Leipheimer Linie), teilweise als Lehen der Grafen von Montfort, die die Rechtsnachfolge der Herrschaft Werdenberg-Albeck angetreten hatten. Die Grundherrschaft lag ganz in Händen der Ortsherren.

Hans Konrad Güß, seit 1607 Inhaber von Brenz, hatte beträchtliche Schulden. Er verpfändete sein Gut im folgenden Jahr dem Pfalzgrafen Philipp Ludwig von Neuburg und dem Herzog Friedrich von Württemberg. Allein der Württemberger hatte 90 000 Gulden an Kapital und Zinsen zu fordern. Zunächst ordneten Württemberg und Pfalz-Neuburg eine gemeinsame Verwaltung an, wurden dessen aber bald überdrüssig, zumal es Streit wegen der landesherrlichen und langerichtlichen Obrigkeit gab — Brenz lag ja im Pfalz-Neuburgischen Landgericht Höchstädt[247]. Am 16. April 1613 wurde in Giengen der Übergabebrief ausgefertigt, auf Grund dessen Schloß und Dorf Brenz an Württemberg übergingen. Das Salbuch der Güssen von 1563 zählte in Brenz acht Höfe, zwei Mühlen, 54 Selden, eine Badstube und die Schmiede. Der Pfalzgraf von Neuburg und andere Gläubiger wurden abgefunden. Im Jahre 1615 erwarb Herzog Johann Friedrich von Württemberg auch die montfortischen Lehenrechte, nämlich den gemauerten Stock im Schloß, darauf das Haus gegen Bergenweiler zu gebaut, den Bauhof, die beiden Mühlen, Zwing und Bann und Ehaften[248].

Durch fürstbrüderlichen Vergleich von 1617 überließ Herzog Johann Friedrich Brenz samt halb Oggenhausen seinem Bruder Julius Friedrich († 1636). Im Jahre 1705 fiel Brenz an das regierende Haus zurück, diente aber samt Oggenhausen von 1727—1732 der Landhofmeisterin Gräfin von Würben, der berüchtigten Grävenitz, als Unterhalt[249].

Fremdbesitz in der Herrschaft war nur noch die von Öttingen lehenbare Feste Schnaitheim. Mit diesem sogenannten "Wasserhaus" war 1456 Friedrich von Eben belehnt worden. Es wurde damals als Burgstall bezeichnet, war also im Verfall begriffen. Seit 1494 ist Rudolf von Eben als Inhaber bezeugt. Sein Sohn Dietrich besaß nebst der Burg ein Lehen und vier Selden in Schnaitheim. Auf unbekannte Weise kam das Gut an einen Reuß von Reußenstein, der um 1576 an Puppelin vom Stein zu Niederstotzingen verkaufte[250]. Auf ihn folgte vor 1583 Hans Ludwig von Sperberseck, mit dem die Herrschaft wegen der Gerichtsbarkeit auf seinen Gütern stritt[251]. Philipp Ludwig von Sperberseck verkaufte 1630 an seinen Schwager Eitel Hieronymus Besserer von Schnirpflingen. Dessen Tochter Anna Salome brachte das Gut ihrem Gemahl Christoph Herwart von Bittenfeld zu[252]. Der Sohn Wolf Eberhard Herwart von Bittenfeld und Wolfgang Pfadler, Pfarrer zu Büchelsberg, als Miterbe verkauften 1680 an

247 A 433 Brenz Nr. 57
248 Beschreibung des Oberamts Heidenheim S. 160
249 Beschreibung des Oberamts Heidenheim S. 266
250 St. A. Ludwigsburg A 206 Oberrat Repert. S. 427
251 St. A. Ludwigsburg A 206 Oberrat Repert. S. 428
252 A 353 Heidenheim W, Bschl. 48; Pfister, Württ. Neujahrsbll. XII, 1895, S. 24

Württemberg[253]. Damit hatte die Herrschaft Heidenheim den Besitzstand erreicht, der bis zur Neuordnung der Verwaltung zu Beginn des 19. Jahrhunderts galt.

Die Herzöge von Württemberg hatten großes Interesse an der Herrschaft Heidenheim gewonnen. Dies kommt darin zum Ausdruck, daß Herzog Friedrich I. (1593–1608) den Titel "Herr zu Heidenheim" annahm und daß Herzog Eberhard Ludwig 1705 das Schild von Stadt und Herrschaft Heidenheim dem Wappen seines Hauses zufügte[254]. Seither ziert der Kopf des "Heiden", ein bärtiger Mann mit Zipfelmütze, das Wappen der Württemberger, neben den Hirschhörnern, den Wecken von Teck, der Reichssturmfahne und den Barben von Mömpelgard.

---

253   Lagerbuch W 595 (Schnaitheim)
254   O. v. Alberti, Württ. Adels- und Wappenbuch I S. XII; Chr. Fr. Sattler, Topograph. Geschichte des Herzogthums Würtemberg, 1784, S. 445

Abkürzungen

Bschl.	= Büschel
HStA	= Hauptstaarsarchiv
JHVD	= Jahrbuch des Historischen Vereins Dillingen
Kll.	= Klöster
MG.Dipl.	= Monumenta Germaniae hostorica Diplomata regum et imperatorum Germaniae
MG.SS.	= Monumenta Germaniae historica Scriptores in folio
PU	= Pergament-Urkunde
StA	= Staatsarchiv
U	= Urkunde
UB	= Urkundenbuch
W.Reg.	= Württembergische Regesten
WUB	= Wirtembergisches Urkundenbuch
ZGO	= Zeitschrift für die Geschichte des Oberrheins
ZWLG	= Zeitschrift für Württembergische Landesgeschichte

Die Herrschaft Heidenheim. In: 75 Jahre Heimat- und Altertumsverein Heidenheim 1901 bis 1976. Heidenheim 1976, S. 121-180.

Zur Geschichte der frühen Staufer
Herkunft und sozialer Rang – unbekannte Staufer

Über die glanzvolle Epoche der staufischen Kaiser — Friedrich I. Barbarossa, Heinrich VI., Friedrich II. — gibt es eine reiche Literatur. Wer sich indes über die Anfänge der Staufer unterrichten möchte, wer sich für ihre Herkunft, ihre Stellung vor der Erhebung in den Herzogsrang, ihre verwandtschaftlichen Beziehungen zu bekannten Geschlechtern ihrer Zeit interessiert, wer Antwort sucht auf die Frage, inwieweit sie nach Rang und Macht für ihre Aufgabe als Herzöge von Schwaben geeignet waren, der wird weitgehend enttäuscht. Die Aussagen der Literatur hierüber sind widerspruchsvoll und befriedigen nicht. Das ist auch kaum verwunderlich, denn die Quellen sind in ihrer Aussage dürftig und nicht einheitlich. So muß man auf andere Weise versuchen, auf die genannten Fragen Antwort zu finden. Sie zu klären, ist eine Aufgabe der Landesgeschichte. Wir versuchen im folgenden, hierzu einen Beitrag zu leisten[1].

I. Quellen und Stand der Forschung

Auf dem Höhepunkt des Investiturstreits, zu Ostern 1079, stellte König Heinrich IV. den etwa dreißigjährigen Friedrich von Staufen an die Spitze des Herzogtums Schwaben und verlobte ihm seine höchstens siebenjährige Tochter Agnes. Mit diesem Ereignis beginnt der Aufstieg des staufischen Hauses, das nun für nahezu zwei Jahrhunderte die Geschichte Europas bestimmt. Was berichten die Chronisten zu diesem Ereignis?
1. Berthold von Reichenau, ein Zeitgenosse († 1088), der dem König jedoch wenig freundlich gesonnen war, schreibt: „(Rex) denique pascha Ratisponae quomodocumque egit, ducatum Alemanniae in erroris irritamentum comiti Friderico ibidem commendans"[2].
(Zu deutsch: „Der König beging schließlich in Regensburg, auf welche

---

1 Vorstehende Arbeit ist das stark erweiterte Kapitel III eines Aufsatzes, der unter dem Titel „Schwäbische Pfalzgrafen, frühe Staufer und ihre Sippengenossen" im Jahrbuch des Historischen Vereins Dillingen an der Donau, LXXVII. Jahrgang 1975, S. 118—156 erschienen ist.
2 Bertholdi Annales A. 1079, MG. SS. V S. 319 Z. 15

Art auch immer, das Osterfest, übertrug dort das Herzogtum Alemannien dem Grafen Friedrich und leitete damit eine Fehlentwicklung ein")[3].

2. Der Augsburger Annalist, ebenfalls ein Zeitgenosse, berichtet (um 1080 bis 1090): „Fridericus dux Alemanniae praeponitur"[4].

(„Friedrich wurde als Herzog über Alemannien gesetzt")[5].

3. Der Petershauser Chronist, Zeitgenosse Kaiser Friedrichs I. Barbarossa, meldet (1156): „Rex Heinricus dedit Friderico de Stouphin ducatum Suevorum et filiam suam iunxit in matrimonium"[6].

(„König Heinrich gab das Herzogtum Schwaben an Friedrich von Staufen und vermählte ihn mit seiner Tochter")[7].

4. Bischof Otto von Freising, ein Vetter Kaiser Friedrichs I. Barbarossa, teilt in seinen „Gesta Friderici", die in den Jahren 1156—1158 entstanden sind, mit: „Ea tempestate comes quidam Fridericus, ex nobilissimis Sueviae comitibus originem trahens, in castro Stoyphe dicto coloniam posuerat . . . predictus Fridericus dux simul Suevorum et gener regis factus"[8].

(„In dieser Zeit hatte ein Graf namens Friedrich, der von den vornehmsten Grafen Schwabens abstammte, auf der Burg Staufen eine Siedlung angelegt . . . Genannter Friedrich wurde zugleich Herzog der Schwaben und Schwiegersohn des Königs")[9].

5. Propst Burchard von Ursberg schreibt in seiner Chronik, die er in den Jahren 1229—1230 verfaßte: „Filia . . . Hainrici senioris cuidam Friderico nobili de Stophen matrimonio iuncta fuit . . . Hainricus senior ducatum Sueviae prefato Friderico genero suo contulit"[10].

(„Die Tochter Heinrich des Älteren (IV.) wurde dem edlen Friedrich von Staufen vermählt . . . Heinrich der Ältere übertrug dem genannten Friedrich, seinem Schwiegersohn, das Herzogtum Schwaben")[11].

---

3 Eigene Übersetzung des Verfassers
4 Annales Augustani A. 1079, MG. SS. III S. 130 Z. 1
5 Übersetzung nach H. G. Grandaur, Die Jahrbücher von Augsburg, Geschichtschreiber der deutschen Vorzeit Bd. 58, 1879, S. 26
6 Die Chronik des Klosters Petershausen, neu herausgegeben und übersetzt von Otto Feger, Schwäb. Chroniken der Stauferzeit 3. Bd. 1956 S. 112
7 Übersetzung nach O. Feger, wie Anm. 6, S. 113
8 Die Taten Friedrichs, übersetzt von Adolf Schmidt, herausgegeben von Franz-Josef Schmale, Ausgewählte Quellen Bd. XVII S. 144
9 Eigene Übersetzung des Verfassers in Anlehnung an Adolf Schmidt, wie Anm. 8 S. 145; H.-M. Maurer, Die Entstehung der hochmittelalterlichen Adelsburg in Südwestdeutschland, ZGO 117. Bd., 1969, S. 297 gibt den Passus: „in castro Stoyphe dicto coloniam posuerat" wieder mit „Graf Friedrich habe die Wohnung in die Burg Staufen verlegt"
10 Die Chronik des Propstes Burchard von Ursberg, 2. Aufl., herausgegeben von O. Holder-Egger und B. v. Simson, Scriptores rer. Germanicarum in usum scolarum, 1916, S. 8

6. Von unschätzbarem Wert neben diesen Berichten zu 1079 ist die „Tabula consanguinitatis Friderici I regis", die Abt Wibald von Stablo und Corvey, der Ratgeber König Konrads III. und Vertraute Friedrichs I. Barbarossa, um 1153 aufgestellt hat. Sie diente der Scheidung Barbarossas von seiner ersten Gemahlin. Wibald schreibt: „Fridericus genuit Fridericum de Buren, Fridericus de Buren genuit Fridericum, qui Stophen condidit"[12].

(„Friedrich zeugte Friedrich von Büren, Friedrich von Büren zeugte den Friedrich, der Staufen erbaute")[13].

Wibald macht uns hier mit dem Vater und dem Großvater des Schwabenherzogs Friedrich bekannt. Friedrich ist der Leitname des Geschlechts.

Wir sehen, daß die Berichte der Chronisten zur Person Friedrichs nicht einheitlich sind. Die Zeitgenossen Berthold und der Augsburger Annalist verzichten darauf, auf Friedrichs Herkunft einzugehen. Erst die Quellen aus der Zeit Barbarossas legen ihm den von seiner Burg Staufen hergeleiteten Geschlechtsnamen bei. Allein Berthold und Otto von Freising geben ihm gräflichen Rang; Burchard von Ursberg nennt ihn einen „nobilis". So haben die Berichte unterschiedliche Interpretation erfahren, je nachdem, welcher Nachricht der Interpret den Vorzug gab.

Die ältere Forschung war fast allgemein der Auffassung, die Staufer seien seit Urzeiten im Rems-Fils-Gebiet eingesessen und sie seien bescheidener Herkunft gewesen[14]. Man dachte wohl, der Glanz des staufischen Hauses erstrahle desto heller, je geringer man seine Herkunft einschätze. Stellvertretend für die ältere Forschung mag die Ansicht Christoph Friedrich Stälins stehen: „Das Geschlecht der Hohenstaufen oder, wie die Zeitgenossen sagten, der Staufer, welches die größte weltgeschichtliche Rolle spielte, ging von einem kleinen Ursprung aus. Der Urgroßvater K. Friedrichs I. des Rotbarts nannte sich noch einfach von Büren (d. i. Wäschenbeuren ..., nordwestlich von Hohenstaufen). Er war ein freier Herr, dessen Besitz in enge Grenzen in der Nähe seiner Burg eingeschlossen sein mochte". Als Anmerkung fügt Stälin hinzu: „(Das Geschlecht der Staufer) gehörte nicht einmal zu der durch gräfliche Würden ausgezeichneten ersten Klasse der freien Herren ... Jedenfalls greifen keine Ahnen Herzog Fried-

---

11 Eigene Übersetzung des Verfassers
12 Monumenta Corbeiensia, ed. Ph. Jaffé, Bibl. rer. Germanicarum I S. 547
13 Übersetzung nach M. Akermann, Hohenstaufen S. 3
14 Hystoria Friderici imperatoris magni, MG. SS. XXIII S. 384 Z. 1; Joh. Naucler, Chronicon Vol. II, 1516, Fol. 163 v; Jac. Spindler, Genealogia baronum de Hohenstauffen, Stift Lorch, bearb. von G. Mehring, Württ. Geschichtsquellen Bd. XII S. 1; Martin Crusius, Schwäb. Chronick (1596), übersetzt von Joh. Jac. Moser, Bd. I, 1733, S. 369 und 479

richs I. in die schwäbische Geschichte, soweit wir wenigstens solche rückwärts kennen, als politisch bedeutende Männer ein"[15].

Eine solche Auffassung schienen der Augsburger Annalist, der Chronist von Petershausen und Burchard von Ursberg nahezulegen; die „Tabula consanguinitatis" Wibalds, welche die ersten Staufer einfach „Fridericus — Fridericus de Buren — dux Fridericus de Stophe" nennt, mochte geradezu als Kronzeuge hierfür gelten. Der Nachricht Ottos von Freising, Herzog Friedrich I. stamme „ex nobilissimis Sueviae comitibus", begegnete Stälin mit Mißtrauen; er hielt sie für „beabsichtigte Verherrlichung des hohenstaufischen Geschlechts"[16].

Gegen die Auffassung von der bescheidenen Herkunft der Staufer wandte sich Franz Ludwig Baumann[17]. Er hatte sicher recht, wenn er meinte, man dürfe die von Wibald überlieferte Reihe der Vorfahren des Herzogs Friedrich nicht in dem Sinne interpretieren, daß „dieselben nicht zu einer Grafenfamilie, sondern nur zu einem zudem noch unbedeutenden freiherrlichen Geschlecht gehört hätten". Wibald führt ja auch die zähringischen Ahnen von Barbarossas erster Gemahlin Adela von Vohburg ohne jeden Rang, lediglich als „Bezelinus de Vilingen" und „Bertolfus cum barba" vor, obwohl deren vornehme Herkunft außer Zweifel steht; für den ersteren ist der Grafenrang, für den letzteren der Herzogtitel bezeugt. Wenn aber dann Baumann mit Bezug auf Otto von Freising ganz entschieden den frühen Staufern gräflichen Rang zuspricht, so tut er es, weil er ein Grafengeschlecht für die von ihm konstruierte „Gaugrafschaft" im Drachgau (um die mittlere Rems) braucht. Für die Existenz einer solchen Grafschaft gibt es indes keinerlei urkundlichen Beweis.

Da Berthold und Otto von Freising dem Staufer Friedrich, ehe er Herzog wurde, den Titel eines „comes" geben, gestanden Heuermann und Diehl wenigstens ihm als dem ersten des Geschlechts gräflichen Rang zu; seine Grafschaft suchten sie, in Anlehnung an Baumann, wiederum im Drachgau[18]. Die Nachricht Ottos von den vornehmen gräflichen Ahnen Friedrichs aber wollte Heuermann insbesondere auf Friedrichs Vorfahren von Mutterseite — Hildegard von Schlettstadt aus dem Hause Mousson-Mömpelgard[19] —

---

15 Wirt. Geschichte Bd. II, 1847, S. 228 f mit Anm. 2
16 A. a. O. S. 229 Anm. 2
17 Die Gaugrafschaften im wirt. Schwaben, 1879, S. 93 ff
18 Hans Heuermann, Die Hausmachtpolitik der Staufer, 1939, S. 17; Adolf Diehl, Die Freien der Weibelhube, ZWLG VII, 1943, S. 220
19 H. Heuermann a. a. O. S. 142 hält Hildegard für eine Schwester des Grafen Ludwig von Mömpelgard († n. 1070); Hans Werle, Staufische Hausmachtpolitik am Rhein, ZGO 110. Bd., 1962, S. 351 Anm. 385 möchte Hildegard als Tochter des Grafen Ludwig von Mömpelgard betrachten

bezogen wissen[20]. Grundsätzlich neue Erkenntnisse waren damit nicht gewonnen.

Im Jahre 1954 äußerte sich Ernst Klebel „Zur Abstammung der Hohenstaufen"[21]. Er sprach einen Pfalzgrafen Friedrich, den ein Diplom Kaiser Heinrichs III. für das Hochstift Eichstätt 1053 unter den „Optimaten" des Rieses und Sualafelds nennt[22], für einen Staufer an. Er brachte dafür zwei Argumente bei. Das eine war der Heiratsvertrag von 1188 zwischen Herzog Friedrich von Rothenburg, dem Sohne Barbarossas, und Berengaria von Kastilien[23]. Er zeigt, daß die Staufer um 1188 im Ries reich begütert waren. Zu ihren Gütern gehörte Aufkirchen am Hesselberg; es grenzt an den Forstbezirk, der Gegenstand jener königlichen Verfügung von 1053 war. Wenn nun Pfalzgraf Friedrich als Anrainer des Forstbezirks diese Verfügung bezeugte, konnte er der Besitzer Aufkirchens sein. Traf dies zu, dann war er ein Ahn der Staufer.

Das andere Argument war Friedrichs Pfalzgrafentitel. Klebel machte darauf aufmerksam, daß ein Bruder des Herzogs Friedrich I., Ludwig (✝ ca. 1103), gleichfalls Pfalzgraf in Schwaben war[24]. Deshalb betrachtete Klebel den Pfalzgrafen Friedrich von 1053 als einen Vorfahren des Pfalzgrafen Ludwig und somit auch des Herzogs Friedrich I. und setzte ihn mit Friedrich von „Büren" gleich.

Ein Jahr nach Klebel, jedoch unabhängig von ihm, vertrat Emil Kimpen ähnliche Gedanken[25]. Auch er hielt den Pfalzgrafen Friedrich von 1053 für einen Staufer, personengleich mit Friedrich „von Büren". Den Pfalzgrafen Friedrich brachte er sodann in Verbindung mit Grafen namens Friedrich, die 1053 und 1030 im Ries bezeugt sind[26]. Seine Formulierung erweckt den Eindruck, er halte den ersteren für personengleich mit dem Pfalzgrafen, was jedoch nicht zutrifft, wie die Zeugenliste zeigt. Den letzteren hielt er für personengleich mit jenem Grafen Friedrich, der es auf dem Ulmer Hoftag 1027 ablehnte, für Herzog Ernst II. gegen Kaiser Konrad II. zu kämpfen[27]. Ob die Grafen Friedrich zu 1027 und 1030 mit Friedrich „von

---

20 H. Heuermann, a. a. O. S. 17
21 ZGO 102. Bd., 1954, S. 137 ff
22 MG. Dipl. Heinr. III. Nr. 303
23 P. Rassow, Der Prinzgemahl, 1950, S. 1 ff
24 Regesta Boica I S. 111; vgl. Stälin, a. a. O. II S. 39. Vgl. H. Werle, a. a. O. S. 244 mit Anm. 8; H. Jänichen, Die Pfalz Bodman und die schwäb. Pfalzgrafschaft, Konstanzer Protokoll Nr. 192 vom 10. 2. 1975, S. 7
25 Zur Königsgenealogie der Karolinger- bis Stauferzeit, ZGO 103. Bd., 1955, S. 35 ff, insbes. S. 99 ff
26 MG. Dipl. Heinr. III. Nr. 303; MG. Dipl. Konr. II. Nr. 144
27 Wipo cap. 21, Ausgew. Quellen XI S. 576

Büren" oder mit dessen Vater gleichzusetzen seien, ließ er unentschieden. War zwar Kimpens Ansicht nicht so überzeugend begründet wie die Klebels, so stützte sie diese dennoch.

Hätten Klebel und Kimpen recht, dann stünden die Staufer schon sehr früh in Beziehung zum Ries, vielleicht schon zu einer Zeit, da sie im Rems-Fils-Gebiet quellenmäßig noch gar nicht faßbar sind. Bekleidete sodann der Vater Herzog Friedrichs I. bereits das schwäbische Pfalzgrafenamt, wäre die Ansicht, die Staufer seien aus relativ bescheidenen Verhältnissen mit einem Male in die Reihe der Großen des Reiches aufgestiegen, kaum zu halten.

Die jüngere Forschung neigt zwar dazu, den Pfalzgrafen Friedrich von 1053 für einen Staufer zu halten; sie setzt ihn mit Friedrich „von Büren" gleich[28]. Weitergehende Folgerungen zieht sie jedoch nicht. Dagegen stehen neueste Arbeiten der Auffassung Klebels und Kimpens skeptischer gegenüber. So meinte unlängst ein Kenner der Geschichte des Rieses, „Klebels Hypothese, das Ries habe zu den ältesten Herrschaftsräumen des staufischen Hauses gehört", erscheine „nicht beweisbar"[29]; und die jüngste Arbeit über „Die Heimat der Staufer" bemerkt, ob Friedrich „von Büren" Graf oder schwäbischer Pfalzgraf gewesen sei, lasse sich nicht genau feststellen[30].

II. Was sagen die Quellen über den Rang der Staufer, ehe sie Herzöge von Schwaben wurden, und was erfahren wir über ihre Heimat?

Wenn es sich darum handelt, die soziale Stellung der Staufer und ihren Rang vor dem Aufstieg zum Herzogtum zu ermitteln, wird man der Aussage der zeitgenössischen Chronisten, nämlich Bertholds von Reichenau und des Augsburger Annalisten, den Vorzug geben. Beiden ist gemeinsam, daß sie Friedrich einfach mit seinem Namen nennen, ohne jede Herkunftsbezeichnung; Berthold gibt ihm zudem den Grafentitel.

Dies spricht gewiß nicht dafür, daß Friedrich ein „homo novus" war. Wäre er ein Emporkömmling gewesen, hätten die Chronisten nicht versäumt, dies als etwas Außergewöhnliches zu betonen, zumal Berthold, der die Ernennung Friedrichs keineswegs günstig beurteilte. Sie hätten sicher-

---

28 Odilo Engels, Die Staufer, Urban-Taschenbücher Bd. 154, 1972, S. 7; H.-M. Maurer, Burgen und Adel in staufischer und nachstaufischer Zeit, Der Kreis Göppingen, 1973, S. 196; H. Jänichen a. a. O. S. 7

29 Dieter Kudorfer, Nördlingen, Hist. Atlas von Bayern, Teil Schwaben H. 8, 1974, S. 60 und 65

30 H.-M. Schwarzmaier, Die Heimat der Staufer, 1976, S. 18

lich gesagt, woher Friedrich stammte, damit man wußte, mit wem man es zu tun hatte. So aber gingen sie offenbar davon aus, daß er eine bekannte Persönlichkeit sei, die keiner besonderen Einführung bedürfe. Daß er das war, dafür spricht das Verlöbnis mit der Königstochter Agnes. Ein unbedeutender Edelfreier wäre niemals der Schwiegersohn des Königs geworden. Auch hätte er, bei aller Tüchtigkeit im Kriegswesen, in jener turbulenten Zeit nie die Interessen des Königs in Schwaben zu vertreten vermocht. Wollte er sich als Herzog durchsetzen, mußte er geachtet, seinen Gegnern ebenbürtig und an Macht annähernd gewachsen sein.

Die Benennung nach dem Staufen findet sich erst bei den Chronisten der Barbarossazeit, bei Wibald, Otto von Freising und bei dem Petershauser Chronisten; seit 1156 kommt sie auch in Urkunden vor[31]. Wie Wibald und Otto von Freising bezeugen, war die Höhenburg auf dem Staufen erst wenige Jahre vor Friedrichs Erhebung zum Herzog, mithin um 1070, von ihm selbst erbaut worden. Es war gewiß nicht die einzige Burg, über die er verfügte. Sein Vater war, nach Wibalds Zeugnis, in Büren gesessen. Es ist das Dorf Wäschenbeuren nahe beim Hohenstaufen. Ob es sich dort nur um einen befestigten Herrenhof oder schon um eine wehrhafte Burg handelte, ist schwer zu entscheiden. Drei Plätze auf der Gemarkung Wäschenbeuren kommen nämlich als Standort eines frühen Adelssitzes in Betracht: der Ort der heutigen katholischen Pfarrkirche mitten im Dorf; der sogenannte „Burren", wo durch Ausgrabung Fundamente des 11. Jahrhunderts zutage gefördert wurden, und eine ältere Anlage an der Stelle des Wäscherschlosses, dessen älteste Teile kaum vor das Jahr 1200 zurückgehen[32]. Dieser Sitz in Büren bestand sicherlich noch zu Herzog Friedrichs I. Zeit. Sodann stand höchst wahrscheinlich auf dem Lorcher Klosterberg eine Burg, ehe Herzog Friedrich I. um 1102 das Benediktinerkloster St. Maria gründete[33]. Auch der Elisabethenberg bei Waldhausen trug eine staufische Burg (1188 bezeugt), die nach der Überlieferung bis in die Mitte des 11. Jahrhunderts zurückreichen mag[34]. Alle diese Sitze liegen in unmittelbarer Nachbarschaft des Staufen. Dies schließt nicht aus, daß Herzog Friedrich I. auch anderwärts Burgen besaß. Jedenfalls war die Höhenburg auf dem Staufen nur eine seiner Burgen, gewiß die wichtigste. Daß er seinen Wohnsitz unlängst auf den Staufen verlegt hatte, war jedoch kaum schon in das Bewußtsein der Zeitgenossen eingegangen. Auf jeden Fall hatte der Staufen noch keine namengebende Kraft.

31 MG. Dipl. Frid. I. Nr. 153; siehe Text zu Anm. 99
32 M. Akermann, Hohenstaufen S. 3 f
33 K. H. Mistele, Kloster Lorch, 4. Aufl. 1974, S. 15
34 Beschreibung des Oberamts Welzheim, 1845, S. 261 f

Fragen wir nach der Heimat der Staufer, so ist zu untersuchen, wieweit sie sich im Rems-Fils-Gebiet zurückverfolgen lassen. Wie erwähnt, hatte der Vater Herzog Friedrichs I. seinen Sitz in Büren. Dessen Vater wird von dem offenbar wohlunterrichteten Wibald ohne jeden örtlichen Beinamen eingeführt. Man möchte daraus schließen, daß er noch nicht in Büren saß, ja, daß er möglicherweise überhaupt nicht im Rems-Fils-Gebiet ansässig war. Somit hätte wohl erst Friedrich „von Büren" den Sitz in Wäschenbeuren neu geschaffen oder erworben, vielleicht geerbt. Da er um 1020—1025 geboren ist, wäre Büren kaum früher als um 1045 in seinen Besitz gelangt. Weiter führen unsere Quellen nicht zurück.

Zwar haben nach glaubhafter Überlieferung Jakob Spindlers (1550) schon die „antecessores" des Herzogs Friedrich I. an der Marienkirche in Lorch auf ihrem Eigengut ein Kollegiatstift ins Leben gerufen und dort ihre Grablege gehabt[35]. Die Gründung des Stifts wird um 1060 angesetzt. Spindler bleibt die Namen der „antecessores" schuldig. Es dürfte sich um Friedrich „von Büren" gehandelt haben (♱ um 1068); dessen Gemahlin Hildegard ist in Schlettstadt begraben. Man könnte auch Vorfahren Friedrichs „von Büren" von Mutterseite unter den „antecessores" verstehen. Kaum dürfte es sich um frühere Glieder des staufischen Mannesstammes handeln.

Kaiser Konrad II. übertrug 1027 in Ulm einen Wald- und Wildbannbezirk nördlich Welzheim an das Hochstift Würzburg[36]. Unter den „Provinzialen", die dieses Rechtgeschäft bezeugten, vermissen wir einen Träger des Namens Friedrich. Dies ist umso bemerkenswerter, als die kaiserliche Verfügung auf demselben Ulmer Hoftag von 1027 stattfand, auf dem ein Graf namens Friedrich so entschieden für den Kaiser gegen den Schwabenherzog Ernst II. Partei ergriff. Diesen Grafen Friedrich hält Kimpen für einen Staufer und setzt ihn mit dem Riesgrafen Friedrich von 1030 gleich[37]. Hätte Kimpen recht und hätte das Gebiet um Welzheim damals wie später den Staufern gehört, wäre schwerlich einzusehen, wieso der in Ulm anwesende Graf Friedrich die kaiserliche Verfügung nicht bezeugte. Könnte er doch nach der Zeit der Vater Friedrichs „von Büren" sein, der ja gleichfalls Friedrich hieß.

Da jedoch kein Friedrich als Zeuge auftritt, war offenbar auch kein Friedrich von der Verfügung des Kaisers berührt. Deshalb erscheint es fraglich,

---

35 Genealogia baronum de Hohenstauffen, Stift Lorch, bearb. von G. Mehring, Württ. Geschichtsquellen Bd. XII S. 1

36 MG. Dipl. Konr. II. Nr. 107

37 MG. Dipl. Konr. II. Nr. 144

ob die Staufer damals schon im Land um Rems und Fils ansässig und begütert waren und ob dieses Land als ihre Heimat gelten kann.

Für die Frage nach der Heimat der Staufer ist der Grafentitel wichtig, den Berthold von Reichenau jenem Friedrich gibt, der 1079 Schwiegersohn des Königs und Herzog von Schwaben wurde. Nach Otto von Freising wären auch dessen Vorfahren Grafen gewesen, und zwar in Schwaben. Man wird danach kaum bezweifeln, daß die Staufer unter die grafenwürdigen Geschlechter zählten. Schwieriger zu beantworten ist die Frage, wo die Grafschaft Friedrichs und seiner Vorfahren zu suchen ist. Das Gebiet um die untere Rems mit Winterbach und Waiblingen, das als Amtsbereich eines in der Gegend um den Staufen ansässigen Grafen am ehesten in Frage käme, unterstand um 1080 einem Grafen Poppo, den man für den Stammvater der Grafen von Berg hält[38]. Sollte Poppo, der wahrscheinlich älter war als Friedrich und ältere Beziehungen zum salischen Königshaus hatte als dieser, seine Grafschaft etwa erst ein Jahr zuvor als Amtsnachfolger des zum Herzog avancierten Friedrich übernommen haben? Dies wäre zwar nicht unmöglich, aber wenig wahrscheinlich.

Innerschwaben kennt für die Zeit vor 1079 keinen Grafen des Namens Friedrich. Nachdem Klebel und Kimpen Beziehungen der frühen Staufer zum Ries für möglich, ja wahrscheinlich gehalten haben, dürfte die Grafschaft Friedrichs und seiner Ahnen vielleicht doch dort zu suchen sein. Friedrich würde zwanglos die Reihe der dortigen Grafen namens Friedrich fortsetzen.

Ihm voraus gingen: 1053 Pfalzgraf Friedrich sowie Riesgraf Friedrich, beide „Optimaten" des Rieses und Sualafelds, erwähnt im Diplom Heinrichs III. für das Hochstift Eichstätt[39]. Möglicherweise handelt es sich um Vater und Sohn (siehe unten).

1030 Riesgraf Friedrich im Diplom Konrads III. für Donauwörth[40]. Er ist wahrscheinlich personengleich mit dem Grafen Friedrich, der 1027 auf dem Hoftag Konrads II. in Ulm sich von Herzog Ernst II. lossagte und auf die Seite des Königs stellte[41].

Die Nennungen der in Beziehung zum Ries bezeugten Friedriche verteilen sich nach der Urkunde von 1053 auf mindestens zwei Personen und wohl auf ebensoviele Generationen. Sie wecken die Erinnerung an den Vater und Großvater Herzog Friedrichs I. in Wibalds „Tabula", die etwa 1020—1025

---

38 MG. Dipl. Heinr. IV. Nr. 325; vgl H. Bühler, Die Wittislinger Pfründen..., JHVD LXXI, 1969, S. 30 mit Anm. 28
39 MG. Dipl. Heinr. III. Nr. 303
40 MG. Dipl. Konr. II. Nr. 144
41 Wipo cap. 21, Ausgew. Quellen XI S. 576

bzw. 990—995 geboren und ab etwa 1015 bis 1070 selbständig handelnd aufgetreten sind. Denkt man sodann an den Ulmer Hoftag von 1027, wo Graf Friedrich sich zum Wortführer der schwäbischen Grafen machte, so ist man geneigt, in ihm einen der „nobilissimi Sueviae comites" zu sehen, aus deren Geschlecht Herzog Friedrich I. nach dem Zeugnis Ottos von Freising stammte. Dieser Schluß liegt umso näher, als — wie erwähnt, — Grafen namens Friedrich im übrigen Schwaben vor 1079 nirgends zu finden sind. Falls die im Ries bezeugten Friedriche tatsächlich frühe Staufer sind, dann treten die Staufer dort um eine Generation früher auf als im Rems-Fils-Gebiet. Sollte etwa das Ries ihre eigentliche Heimat sein?

III. Die schwäbischen Pfalzgrafen des 11. und frühen 12. Jahrhunderts

Das Amt des schwäbischen Pfalzgrafen hatten in der zweiten Hälfte des 11. und im frühen 12. Jahrhundert die Stifter des Klosters (Langenau-) Anhausen inne. Wir kennen den Pfalzgrafen Manegold d. Ä., der 1070 und 1076 urkundlich bezeugt ist, aber nach der Vita der seligen Herluka des Paul von Bernried noch um 1085, ja — mit Rücksicht auf seinen Amtsnachfolger — bis gegen 1095 gelebt haben muß[42]. Er hatte vier Söhne: Manegold d. J., Adalbert, Ulrich und Walter. Die Reihenfolge ergibt sich aus Urkunden von 1125 und 1143 und entspricht offenbar dem Alter[43]. Manegold d. J. ist 1113 als Pfalzgraf bezeugt, aber vor 1125 gestorben[44]. Ihm folgte im Amt sein Bruder Adalbert, der 1125 bis 1143 nachzuweisen ist[45]. Ulrich ist 1125 bezeugt, aber offenbar vor 1143 gestorben; er hat kein Amt bekleidet. Der jüngste Bruder, Walter, wurde 1133 Bischof von Augsburg, resignierte 1152 wegen Altersschwäche und starb im folgenden Jahr als Mönch im Kloster Seligenstadt[46]. Paul von Bernried nennt uns den Namen der Gemahlin Manegolds d. Ä., Adelheid[47].

Die Amtszeit der Pfalzgrafen aus dem Hause der Anhauser Stifter wird

---

42 Mainzer UB I S. 217 f Nr. 327; MG. Dipl. Heinr. IV. Nr. 281; Paulus Bernriedensis, Vita B. Herlucae Virginis, Jacob Gretser, Opera Omnia Tom. VI, 1735, S. 168; vgl. H. Bühler, Schwäb. Pfalzgrafen, frühe Staufer..., JHVD LXXVII, 1975, S. 120

43 WUB I S. 366 f Nr. 286; WUB II S. 26 ff Nr. 318; WUB II S. 30 f Nr. 319

44 Mittelrhein. UB I S. 488 f Nr. 426; H. Bühler, Schwäb. Pfalzgrafen, frühe Staufer..., JHVD LXXVII, 1975, S. 119 ff

45 Wie Anm. 43; ferner WUB I S. 376 Nr. 293; Mon. Boica XXIXa S. 279 f Nr. 470

46 Fr. Zoepfl, Das Bistum Augsburg I, 1955, S. 126 ff

47 Paulus Bernriedensis, Vita B. Herlucae Virginis, Jacob Gretser, Opera Omnia Tom. VI, 1735, S. 168

unterbrochen durch den Pfalzgrafen Ludwig aus dem Stauferhaus, den Bruder Herzog Friedrichs I. Seine Amtszeit liegt zwischen der Manegolds d. Ä. und Manegolds d. J. Da er 1095 noch ohne Titel bezeugt und schon um 1103 gestorben ist[48], umfaßte sie den knappen Zeitraum von etwa sieben Jahren. Der Amtszeit Manegolds d. Ä. voraus geht die des Pfalzgrafen Friedrich von 1053, den Klebel und Kimpen — wohl mit Recht (siehe unten) — gleichfalls für einen Staufer halten. Das schwäbische Pfalzgrafenamt hätte somit zwischen Staufern und Anhauser Stiftern gewechselt. Ein Staufer jedoch hätte die Reihe der bekannten Pfalzgrafen eröffnet, was darauf schließen ließe, daß das Amt ursprünglich den Staufern zukam, selbstverständlich kraft königlicher Belehnung, und daß es nur zeitweilig auf Angehörige der Anhauser Stifterfamilie überging. Für diese Ansicht spricht auch, daß das Amt nach dem Tode des Pfalzgrafen Adalbert aus der Anhauser Stifterfamilie († um 1143) auf die Grafen von Tübingen überging, die mit den Staufern verschwägert waren[49].

Der nächstliegende Grund für den Wechsel des Pfalzgrafenamtes wäre enge Verwandtschaft zwischen den Staufern und den Stiftern Anhausens.

Die Stifter Anhausens haben seit Ludwig Schmid als eine Seitenlinie der Grafen von Dillingen gegolten[50]. Indes sind alle Versuche, sie dem Mannesstamm der Dillinger anzuschließen, gescheitert. Eine Verwandtschaft hat dennoch bestanden; sie war jedoch nur kognatischer Natur. Die Mutter Manegolds d. Ä. (1070— ca. 1095) muß eine Dillingerin oder — richtiger — eine „Hupaldingerin" gewesen sein. Sie brachte die Namen Manegold und Ulrich in die Anhauser Stifterfamilie und vermittelte ihr einigen Besitz in Orten längs der Brenz und auf der Ulmer Alb um Niederstotzingen und Langenau[51].

Wer den Besitz der Grafen von Dillingen und der Anhauser Stifter untersucht, wird schnell erkennen, daß die Besitzlandschaft beider Familien ziemlich klar geschieden ist: der Besitz der Dillinger beschränkt sich auf das Gebiet östlich der Brenz und südlich einer Linie von Niederstotzingen nach Langenau. Der Besitz der Anhauser Stifter dagegen erstreckt sich vorwiegend westlich der Brenz über die Heidenheimer, Geislinger und

---

48 Regesten d. Bischöfe v. Straßburg I Nr. 352; Regesta Boica I S. 111

49 Hemma von Arnstein, die Gemahlin Hugos III. von Tübingen, der seit 1146 mit dem Pfalzgrafentitel bezeugt ist, war eine nahe Verwandte der Staufer; ihr Neffe, Ludwig III. von Arnstein, wird „consanguineus" und „amicissimus" Herzog Friedrichs II. genannt; Joh. Fr. Boehmer, Fontes rer. Germanicarum III, 1853, S. 334. Die Genealogie der Pfalzgrafen von Tübingen wäre zu überprüfen

50 L. Schmid, Die Stifter des Klosters Anhausen, Beiträge z. Gesch. d. Bist. Augsburg II, 1851, S. 143 ff

51 H. Bühler, Schwäb. Pfalzgrafen, frühe Staufer . . . JHVD LXXVII, 1975, S. 122 ff

Ulmer Alb; er reicht mit Ausläufern ins Tal der oberen Fils, ins Tal der Rems, wo er sich um Heubach-Lauterburg-Mögglingen verdichtet und den anschließenden Albuch überzieht, und er entsendet einige Außenposten bis ins Ries[52].

Der Besitz der Anhauser Stifter deckt sich weitgehend mit der Besitzlandschaft der Stifter des Klosters Elchingen (Kr. Neu-Ulm), der Herren von Albeck und der Herren von Stubersheim-Ravenstein-Helfenstein. Besitzgeschichtliche Untersuchungen haben ergeben, daß die Anhauser Stifter und die eben genannten Geschlechter samt und sonders Zweige einer mächtigen und angesehenen Sippe sind, die man des vorherrschenden Namens wegen am zweckmäßigsten die „Adalbertsippe" nennt[53].

Lediglich die Güter der Anhauser Stifter um die obere Rems und auf dem Albuch sowie die im Ries lassen sich nicht aus ihrer Zugehörigkeit zur „Adalbertsippe" erklären[54].

a) Im Remstal hatte die Abtei Anhausen von ihren Stiftern Besitz in Alfdorf (bei Welzheim) und Maitishof (bei Hohenstaufen), ferner in Mögglingen, Hegeloch (abgeg. b. Mögglingen), Herbatsfeld, Sulbach (abgeg. b. Mögglingen) und Forst (bei Essingen). Auf dem sich anschließenden Albuch war Anhausen begütert in Irmannsweiler und einem halben Dutzend benachbarten Weilern, die alle abgegangen sind. Überdies ist Lauterburg 1128 als Sitz des Pfalzgrafen Adalbert bezeugt[55]. Steinenberg (bei Welzheim), Bettringen (bei Schw. Gmünd) und Zimmerbach (bei Alfdorf), die später im Besitz des Hochstifts Augsburg erscheinen, stammen offenbar aus dem Vermächtnis des Bischofs Walter († 1153)[56].

b) Im Ries hatte Anhausen Besitz in Benzenzimmern, Dürrenzimmern, Laub und Fessenheim.

Der remstalische Besitz der Anhauser Stifter berührt und durchdringt den der Staufer um Lorch, Wäschenbeuren, Welzheim, Waldhausen und Schwäb. Gmünd[57].

Ähnliches gilt für den anhausischen Besitz im Ries. Staufisch waren

---

52 WUB II S. 26 ff Nr. 318; vgl. Anm. 51
53 H. Bühler, Schwäb. Pfalzgrafen, frühe Staufer ... a. a. O. S. 135 ff
54 Etwas später als die Anhauser Stifter waren auch die Gründer des Kl. Elchingen im Remstal (Welzheim, Plüderhausen, Urbach) begütert; doch erklärt sich dieser Besitz auf andere Weise (s. unten: Berta v. Boll)
55 WUB II S. 26 ff Nr. 318; WUB I S. 376 Nr. 293
56 H. Bühler, Schwäb. Pfalzgrafen, frühe Staufer ... a. a. O. S. 123
57 Vgl. den Heiratsvertrag von 1188 bei P. Rassow, Der Prinzgemahl, 1950, S. 1 ff; doch ist dieser staufische Besitz größtenteils schon früher nachweisbar

dort spätestens um 1188 Bopfingen, Flochberg, Wallerstein, Dinkelsbühl, Beyerberg und Weißenburg am Sand[58].

Die Verzahnung des Besitzes der Anhauser Stifter mit dem der Staufer deutet in die gleiche Richtung wie der Wechsel der beiden Geschlechter im Pfalzgrafenamt: sie müssen nahe verwandt gewesen sein.

Ist uns erst einmal klar geworden, wie weit der Besitz der Anhauser Stifter die Besitzlandschaft der Staufer durchdringt, dann überrascht es nicht mehr, wenn sich auch umgekehrt Besitz des staufischen Hausklosters Lorch im Begüterungsbereich der Anhauser Stifter findet und sich darüberhinaus über das Härtsfeld und bis ins Ries erstreckt.

Stifter des Klosters Lorch waren Herzog Friedrich I. und seine Gemahlin Agnes, die Tochter König Heinrichs IV. Eine Stiftungsurkunde ist leider nicht erhalten, daher kennen wir die Erstausstattung dieses Klosters aus der Zeit um 1102 nicht. Der Klosterbesitz wird zum guten Teil erst im Spätmittelalter urkundlich faßbar, als der Abt entlegene Güter abstieß. Lorch hatte u. a. Besitz in Erpfenhausen (bei Gerstetten, 1262 bezeugt)[59], Bolheim (fast den gesamten Grundbesitz samt Kirchenpatronat und ortsherrlichen Rechten, 1320)[60], Dettingen (1327)[61], Rudelsberg (abgeg. bei Schnaitheim, 1427 und 1431)[62], Oggenhausen (1471)[63], Nattheim (1471), Walkersdorf (abgeg. b. Fleinheim, 1398)[64], Dischingen (1471), Groß- und Kleinkuchen (1471), Auernheim (1428)[65], Dossingen (bei Neresheim, 1345)[66], Dorfmerkingen (1471), Fachsenberg (abgeg. zw. Dossingen und Dorfmerkingen, 1313)[67], Hohenlohe mit Stetten, Oberriffingen und Beuren (1471), Westerhofen (1471), Scherbach (1471), Goldburghausen (1471), Pflaumloch (1280)[68], Nähermemmingen, Utzmemmingen, Demmingen (alle 1471) sowie Ebermergen (bei Harburg, 1144)[69].

Die weite Streuung des lorchischen Besitzes spricht wohl dafür, daß er

---

58 Wie Anm. 57
59 WUB VI S. 70 Nr. 1667
60 HStA Stuttgart, A 471 Kloster Anhausen PU 65
61 HStA Stuttgart, A 471 Kloster Anhausen PU 88
62 HStA Stuttgart, B 95—97 Grafen zu Helfenstein PU 401 und 402
63 HStA Stuttgart, B 330 Kapfenburg PU 42
64 HStA Stuttgart, A 499 Kloster Lorch PU 784; Heilbronner UB I S. 168
65 Archiv Kloster Neresheim, Grünes Documentenbuch S. 85 f
66 H. Bauer, Versuch einer urkundl. Gesch. der Edelherren v. Hürnheim, Jahresbericht d. histor. Kreisvereins von Schwaben und Neuburg für 1863 und 1864, S. 144; vgl. Beschreibung des Oberamts Neresheim, 1872, S. 273
67 Archiv Kloster Neresheim, Grünes Documentenbuch S. 293
68 WUB VIII S. 245 Nr. 3000
69 MG. Dipl. Konr. III. Nr. 114

größtenteils aus der Gründungszeit des Klosters (um 1102) stammt, somit aus der Dotation der Stifter. Dies gilt insbesondere für den Teil des lorchischen Besitzes, der ehemals salisches Gut war und durch die Königstochter Agnes in die Ehe gebracht und dem Kloster übertragen wurde, nämlich Bolheim[70] und Nattheim[71]. Zu Nattheim könnten Güter in Rudelsberg, Oggenhausen, Walkersdorf, Dischingen, Groß- und Kleinkuchen sowie Auernheim gehört haben. Der übrige lorchische Besitz aber war wohl größtenteils altes Staufergut. Gewiß gilt dies für Ebermergen, das schon 1144 vom Abt vertauscht wurde; es muß auch für Dettingen (Kr. Heidenheim) gelten. Die Verhältnisse in Dettingen sind besonders aufschlußreich. Die Abtei Lorch hatte dort — offenbar von ihren Stiftern — ein Patronatrecht und nicht unbedeutenden Grundbesitz erhalten. Das alles vertauschte der Abt 1327 an Kloster Anhausen gegen dessen Besitz in Alfdorf (bei Welzheim)[72]. Das Patronatrecht der Pfarrei St. Peter sowie neun Hofstätten im Ort waren in Händen der Anhauser Stifter, die diese Hofstätten ihrem Kloster übertrugen. Staufisch-lorchischer Besitz und Besitz der Anhauser Stifter scheinen etwa gleichwertig gewesen zu sein. Es sieht so aus, als seien Staufer und Anhauser Stifter gleichberechtigte Erben eines gemeinsamen Vorfahren und Erblassers. Wer war dieser gemeinsame Vorfahr?

Die Erbteilung müßte spätestens in jener Generation erfolgt sein, der die Eltern des Herzogs Friedrich I. und der Anhauser Stifterbrüder Manegold d. J., Adalbert, Ulrich und Walter angehörten.

Eltern Friedrichs I. sind Friedrich „von Büren" und Hildegard von Schlettstadt aus dem Hause Mousson-Mömpelgard. Eltern der Anhauser Stifterbrüder sind Manegold d. Ä. und Adelheid. Ein Elternteil von staufischer Seite müßte mit einem Elternteil der Anhauser Stifterbrüder ganz nah verwandt, am ehesten verschwistert gewesen sein.

Auf staufischer Seite kommt Hildegard von Schlettstadt von vornherein nicht in Betracht. Auf seiten der Anhauser Stifter scheidet Manegold d. Ä. aus, da er ja der „Adalbertsippe" angehört. So bleiben Friedrich „von Büren" und Adelheid als nah Verwandte. Wir betrachten sie als Bruder und Schwester.

Daß sie tatsächlich Geschwister waren, ergibt sich aus dem beiderseitigen Namensgut. Es geht hier um den Namen Walter, den Staufer und Anhauser Stifter gemeinsam haben, und zwar in der gleichen Generation. Wir kennen den jüngsten Sohn Pfalzgraf Manegolds d. Ä., nämlich Bischof Walter von Augsburg (1133—1152). Im Stauferhaus trug den Namen Walter ein Bruder

70 Herbrechtingen 1200 Jahre, 1974, S. 59 f
71 MG. Dipl. Heinr. III. Nr. 251 und 252
72 Wie Anm. 61

des Herzogs Friedrich I.; er war etwa gleichaltrig mit dem Bischof, ist aber bald nach 1095 gestorben. Der Name geht wohl auf einen gemeinsamen Vorfahren zurück, welcher Walter hieß.

Das Namensgut der Anhauser Stifter ist gründlich untersucht. Der Name Walter läßt sich weder aus der Zugehörigkeit zu der „Adalbertsippe" noch aus der kognatischen Verwandtschaft zu den „Hupaldingern" erklären; er kann nur durch Adelheid, die Mutter des Bischofs Walter, in die Familie gekommen sein.

Im Stauferhaus muß der Name von der Vaterseite stammen, von Friedrich „von Büren"; im Sippenkreis seiner Gemahlin Hildegard von Schlettstadt ist er unbekannt. Doch kommt er nicht von Friedrichs Vater, der ja gleichfalls Friedrich hieß, sondern muß von der Mutter Friedrichs „von Büren" vermittelt sein. Nach den Regeln der Namensvererbung wäre sie die Tochter eines Walter gewesen.

Betrachten wir die Mutter Friedrichs „von Büren" zugleich als die Mutter der Pfalzgräfin Adelheid, dann erklärt sich, daß sowohl Friedrich „von Büren" als auch Adelheid einem ihrer Söhne den Namen Walter gaben. Pfalzgräfin Adelheid war somit eine Stauferin, und zwar eine Schwester Friedrichs „von Büren". Ihr eigener Name unterstreicht die staufische Herkunft, denn eine Schwester Herzog Friedrichs I. hieß gleichfalls Adelheid. Die Anhauser Stifterbrüder sind somit Vettern Herzog Friedrichs I. und des Pfalzgrafen Ludwig (ca. 1095—1103).

Welche Folgerungen ergeben sich daraus? — In Dettingen (Kr. Heidenheim) war ursprünglich nicht nur der Teil des Ortes, der an Kloster Lorch gelangte, staufisches Gut, sondern auch das, was die Anhauser Stifter besaßen. Es war ihnen als Mitgift oder Erbe Adelheids zugefallen. Da Adelheid um 1055 geheiratet haben mag, wären der staufisch-lorchische Teil und der anhausische Teil vor dieser Zeit noch eine Einheit gewesen.

Verallgemeinern wir die in Dettingen gewonnenen Ergebnisse, und wir dürfen es unbedenklich tun, so haben wir für die Mitte des 11. Jahrhunderts mit einer staufischen Gütermasse zu rechnen, die sich von der Gegend um Wäschenbeuren, Welzheim, Lorch und Schwäb. Gmünd bis ins östliche Remstal sowie auf den Albuch und die Heidenheimer Alb mit Dettingen erstreckte. Ein solches Ergebnis paßt nicht recht zu der Meinung, die Staufer seien ein nicht sonderlich bedeutendes Edelgeschlecht gewesen.

Freilich blieb nicht diese gesamte Besitzmasse in staufischer Hand. Was die Anhauser Stifter später im Remstal besaßen: Alfdorf, Maitishof, Mögglingen, Forst, Lauterburg sowie die Güter auf dem Albuch um Irmannsweiler und in Dettingen, — Besitz, der sich aus der Zugehörigkeit der Anhauser Stifter zu der „Adalbertsippe" nicht erklären läßt, — ist staufisches Erbe, das Adelheid um 1055 in die Ehe mit Manegold d. Ä. gebracht hat. Sie dürfte ihrem Gemahl und ihren Söhnen auch das Pfalzgrafenamt vermittelt haben.

Noch bleibt zu klären, woher der Name Walter stammt, der Staufer und Anhauser Stifter verbindet. Wir wissen nur, daß er von der Mutter Friedrichs „von Büren" und Adelheids kommt. Sie muß einem Geschlecht entstammen, in welchem der Name Walter Bedeutung hatte, ja, nach den Regeln der Namensvererbung müßte sie die Tochter eines Walter sein.

Halten wir Umschau nach Trägern des im frühen 11. Jahrhundert gewiß nicht häufigen Namens, so stoßen wir zunächst auf Bischof Walter von Verona (1037—1055), der ein Schwabe und Zeitgenosse der Mutter Friedrichs „von Büren" war[73]. Name, Landsmannschaft und Lebensdaten machen wahrscheinlich, daß er mit der Mutter Friedrichs „von Büren" nah verwandt war; am nächsten liegt, ihn als ihren Bruder zu betrachten.

Bischof Walter brachte im Jahre 1052 Reliquien des hl. Zeno von Verona in die Ulmer Pfalzkapelle, die dem hl. Kreuz geweiht war. Dieses für Ulm höchst bedeutsame Ereignis läßt darauf schließen, daß Walter persönliche Beziehungen zu Ulm hatte.

Ulm war königliche Pfalz. Ihre Verwaltung samt Ausübung der damit verbundenen Gerichtsbarkeit oblag dem Pfalzgrafen des Herzogtums Schwaben. Dieses Amt bekleidete damals jener Pfalzgraf Friedrich (1053), den Klebel und Kimpen für einen Staufer halten. Die Übertragung der kostbaren Reliquien in die Pfalzkapelle ist gewiß nicht ohne Mitwirkung des Pfalzgrafen, viel eher auf dessen Veranlassung erfolgt, durfte er doch erwarten, daß das wunderwirkende Heiltum der Kapelle und dem Ort Ulm allgemein großen Zulauf bringe.

Freilich konnte man nicht irgendeinen Bischof bitten, wertvolle Reliquien an irgendeine Kirche zu schenken, sondern enge persönliche Beziehungen waren Voraussetzung, daß ein solches Werk zustande kam. So darf man annehmen, daß zwischen Bischof Walter und dem Pfalzgrafen Friedrich nicht nur freundschaftliche, sondern familiäre Bindungen bestanden.

War Bischof Walter sowohl zu der Mutter Friedrichs „von Büren" als auch zum Pfalzgrafen Friedrich verwandt, dann rücken Friedrich „von Büren" und der Pfalzgraf Friedrich einander sehr nahe. Man ist geneigt, sie entweder für einunddieselbe Person zu halten (wie Klebel und Kimpen) oder aber den Pfalzgrafen als den Vater Friedrichs „von Büren" zu betrachten. Im ersten Fall wäre der Pfalzgraf Friedrich der Neffe des Bischofs

73 J. Zeller, Die Übertragung von Reliquien des hl. Zeno von Verona nach Ulm, Ulm-Oberschwaben H. 24, 1925, S. 113 ff; Herimannus Augiensis Chronicon, Ausgew. Quellen XI, S. 700

Walter, im anderen Fall dessen Schwager. Wie dem auch sei, die Ansicht, Pfalzgraf Friedrich sei ein Staufer, wird durch ein neues Argument gestützt.

Forscht man nach dem Vater des Bischofs Walter, der zugleich der Schwiegervater des ersten Friedrich in Wibalds Staufergenealogie wäre, so stößt man auf den Filsgaugrafen Walter, der 998 beurkundet ist[74]. In seinem Amtsbereich lag Billizhausen (abgeg. b. Bezgenriet, Kr. Göppingen).

Kein Zweifel, daß der Filsgaugraf reichen Eigenbesitz in der weiteren Umgebung hatte. Da der Raum südlich der Fils um diese Zeit den Rechtsnachfolgern der „Kammerboten" Erchanger und Berthold (✝ 917) unterstand, nämlich dem Herzog Hermann II. von Schwaben (997—1003) und seiner Gemahlin Gerberga von Burgund, da sich auf der Geislinger Alb die Herrschaft der „Adalbertsippe" erstreckte[74a], muß der Eigenbesitz des Filsgaugrafen um die untere Fils, auf dem Schurwald und um die Rems gelegen sein und mag auch auf die Alb und den Albuch hinaufgereicht haben. Dieser Bereich aber befand sich später weitgehend in Händen der Staufer. Sie müssen wohl die Rechtsnachfolger des Filsgaugrafen Walter sein.

Immer deutlicher zeichnet sich ab, daß die Staufer im Rems-Fils-Gebiet nicht beheimatet waren. Vor etwa 1040 haben sie dort offenbar keine Rolle gespielt. Erst mit Friedrich „von Büren", dem Sohn des ersten Friedrich in Wibalds „Tabula", werden Beziehungen des Hauses zum Rems-Fils-Gebiet quellenmäßig faßbar. Auf Friedrich „von Büren" und seine Gemahlin Hildegard von Schlettstadt geht wohl die Umwandlung der Marienkirche in Lorch in ein Kanonikatstift (um 1060) zurück. Beider Sohn baute um 1070 die Burg auf dem Hohenstaufen. Nachdem Friedrich 1079 mit der Hand der Königstochter das schwäbische Herzogtum übertragen bekam, wurde der Hohenstaufen zur Trutzfeste nahe der Grenze seines unmittelbaren Machtbereichs gegen den seiner zähringischen Gegner um die Limburg (bei Weilheim) und um Spitzenberg (bei Kuchen). Mit Herzog Friedrich I., dem Schwiegersohn Heinrichs IV., setzte der kometenhafte Aufstieg des Geschlechtes ein.

Das überraschende Auftreten der Staufer im Inneren Schwabens wird nur verständlich, wenn sie dort eingeheiratet haben. Der erste Friedrich in Wibalds „Tabula" hat sich offenbar mit der Erbtochter des Filsgaugrafen Walter (998) vermählt. Das Geschlecht des Grafen Walter muß mit ihm im frühen 11. Jahrhundert erloschen sein; der anscheinend einzige Sohn Walter war ja geistlich. Daher ging das Hausgut über die Tochter — sie könnte Adelheid geheißen haben — auf ihre Nachkommen aus der Ehe mit dem

---

74 MG. Dipl. Otto III. Nr. 285; WUB IV. S. 338 Anh. 33
74a Vgl. H. Bühler, Richinza v. Spitzenberg, Württ. Franken Bd. 58, 1974, S. 318 f;
    ders., Schwäb. Pfalzgrafen, frühe Staufer . . ., JHVD LXXVII, 1975, S. 138 ff

Staufer Friedrich über. Es sind dies Friedrich „von Büren" (geboren um 1020—1025) und Adelheid. Friedrich, der den Hauptteil des mütterlichen Erbes antrat, mag sich darauf den Burgsitz in Büren (Wäschenbeuren), nach welchem ihn Wibald nennt, erst selbst erbaut haben. Die Tochter Adelheid brachte Teile ihres Muttererbes in die Ehe mit Manegold d. Ä. aus der Anhauser Stifterfamilie. So erklären sich die Besitzverhältnisse in Dettingen (Kr. Heidenheim), im östlichen Remstal und auf dem Albuch. Der dortige staufisch-lorchische Besitz und der Besitz der Anhauser Stifter stammt ja aus einer ursprünglich einheitlichen Gütermasse. Sie muß noch um die Jahrtausendwende in der Hand des Filsgaugrafen Walter gewesen sein.

Die Heirat der Enkelin des Filsgaugrafen Walter, Adelheid, in die Familie der Anhauser Stifter wird aus der Besitznachbarschaft zu verstehen sein. War doch schon der Besitz des Filsgaugrafen mit dem der „Adalbertsippe", der die Anhauser Stifter angehören, vielfach verzahnt. Das zeigt sich in der Nähe des Hohenstaufen, wo die „Adalbertsippe" seit alters Ritzenweiler (abgeg. b. Hegenlohe Kr. Schorndorf) und Güter in Göppingen und Hürbelsbach besaß. Das zeigt sich auf der Alb, wo Dettingen als ein Besitz des Grafen Walter wie ein Keil in den Bereich der „Adalbertsippe" hineinragte, wogegen Steinheim am Albuch als ein Gut der „Adalbertsippe" weit im Begüterungsbereich des Grafen Walter lag. Solche Überschneidungen und Verzahnungen wurden durch die Heirat teilweise bereinigt.

Die Verzahnung des Walter'schen Besitzes mit dem der „Adalbertsippe" legt die Vermutung nahe, daß zwischen beiden Häusern bereits ältere verwandtschaftliche Beziehungen bestanden. Wahrscheinlich gehörte Graf Walter ebenso wie die „Adalbertsippe" irgendwie zu den Nachfahren und Erben der Bertholdsippe, die im 9. und 10. Jahrhundert im Filsgebiet begütert war. So hatte Königin Kunigunde, die Schwester der „Kammerboten" Erchanger und Berthold († 917) zusammen mit Gingen (Fils) auch Reichartsweiler am Hohenstaufen 915 dem Kloster Lorsch (Bergstraße) geschenkt[75]. In Ritzenweiler (bei Hegenlohe) aber hatte Walter von Weilheim, ein Vasall der Zähringer, Besitz, der sich wohl auf die Bertholdsippe zurückführen läßt[76].

IV. Das Ries als Heimat der Staufer

Friedrich „von Büren" war — wie erwähnt, — ein Neuling im Rems-Fils-Gebiet. Ein öffentliches Amt hat er dort nicht bekleidet. Die Grafschaft im Remstal war bekanntlich um 1080 in der Hand des Grafen Poppo. In seinem Amtsbereich lagen Winterbach und Waiblingen; doch gehörte wohl auch das Filsgebiet dazu, wo wir für diese Zeit keinen eigenen Grafen nachweisen können.

Wie Berthold von Reichenau und Otto von Freising bezeugen, hatte aber Friedrich I. vor seiner Erhebung zum Herzog (1079) den Grafentitel getragen und somit gewiß eine Grafschaft verwaltet. Nach Otto von Freising stammte er „ex nobilissimis Sueviae comitibus", was besagt, daß schon seine Vorfahren — somit gewiß auch sein Vater Friedrich „von Büren" — Grafen und ihrer Landsmannschaft nach Schwaben waren. Sie müssen ihr Grafenamt anderwärts, nicht im Rems-Fils-Gebiet, ausgeübt haben. Grafen namens Friedrich aber gab es im 11. Jahrhundert innerhalb des Herzogtums Schwaben allein im Ries. Ernst Klebel und Emil Kimpen haben darauf aufmerksam gemacht. Ihre Hypothese wird fast zur Gewißheit, nachdem uns klar geworden ist, daß die Staufer im Rems-Fils-Gebiet erst seit etwa 1040 ansässig sind.

Wir kennen bereits den Riesgrafen Friedrich, der 1030 für Donauwörth zuständig war[77]. Gewiß ist er identisch mit jenem Grafen Friedrich, der auf dem Ulmer Hoftag 1027 als Wortführer in Erscheinung trat. Ihn etwa mit Friedrich „von Büren" gleichzusetzen, geht nicht an, da dieser erst um 1020—1025 geboren ist, wohl aber mit dessen Vater, dem ersten Friedrich in Wibalds „Tabula". Er ist somit der Schwiegersohn des Filsgaugrafen Walter.

Der Riesgraf von 1027 und 1030 ist u. E. sodann auch personengleich mit dem Pfalzgrafen Friedrich, der 1053 gemeinsam mit einem Riesgrafen Friedrich unter den „Optimaten" des Rieses und Sualafelds erscheint. Daß die beiden Friedriche von 1053 zusammengehören, kann wohl nicht bezweifelt werden. Daher darf der ranghöhere Pfalzgraf als der ältere, der rangniedrigere Riesgraf als der jüngere von beiden gelten. Wir betrachten sie als Vater und Sohn; dann erklärt sich nämlich am ehesten die Abfolge der Riesgrafen. Dem älteren Friedrich könnte das Pfalzgrafenamt vielleicht noch König Konrad II. (1024—1039) verliehen haben, etwa zum Dank für seine Haltung dem rebellischen Herzog Ernst II. gegenüber. Er wäre dann der Schwager des Bischofs Walter von Verona, der in Friedrichs Amtszeit die Zeno-Reliquien in die Ulmer Pfalzkapelle brachte. Pfalzgraf Friedrich dürfte um 1060—1065 gestorben sein.

Als seinen Sohn betrachten wir — wie erwähnt — den Riesgrafen Friedrich von 1053. Er übernahm das Grafenamt im Ries, als sein Vater, der Riesgraf von 1027 und 1030, zum Pfalzgrafen erhoben wurde. Er wäre personengleich mit Friedrich „von Büren". Auch er vererbte das Grafenamt

75 WUB IV S. 332 f. Nachtr. 26; Codex Lauresham. Nr. 3676, Württ. Geschichtsquellen II, 1895, S. 214 Nr. 472
76 Rotulus Sanpetrinus, Freiburger Diözesan-Archiv XV, 1882, S. 163
77 MG. Dipl. Konr. II. Nr. 144

dem Sohne weiter. Wissen wir doch, daß der Sohn Friedrichs „von Büren"
Graf war, ehe er 1079 Herzog wurde. Seine Grafschaft kann nur die im Ries
gewesen sein.

Wie es scheint, blieb die Riesgrafschaft auch nach 1079 in staufischen
Händen, und zwar in Personalunion mit dem Herzogtum. Im Jahre 1147
nämlich vertraute König Konrad III. bambergische Ministerialen im Ries
dem Schutz des Herzogs Friedrich II. an[78]. Herzog Friedrich erscheint hier
als der für das Ries zuständige Inhaber hoheitlicher Gewalt; einer Gewalt,
die u. E. weniger dem Herzogsamt als der Befugnis des Grafen entsprach[79].
Trifft dies für Herzog Friedrich II. (1105—1147) zu, dann muß es auch für
Herzog Friedrich I. (1079—1105), seinen Vater, gegolten haben. Der Eindruck, die Riesgrafschaft sei nach 1079 von den staufischen Herzögen mit-
verwaltet worden, verstärkt sich noch, wenn wir folgende Daten vergleichen: Herzog Friedrich II. starb am 4. oder 6. April 1147. Nur acht Wochen
danach, am 4. Juni 1147, ist Ludwig von Oettingen erstmals mit dem Grafentitel bezeugt[80]. Zwischen dem Tod des Herzogs, den wir auch als den Inhaber der Grafengewalt im Ries betrachten, und der Erhebung des Oettingers in den Grafenrang besteht offensichtlich ein Zusammenhang. Ludwig
von Oettingen muß der unmittelbare Nachfolger des Herzogs in der Riesgrafschaft gewesen sein. Wir gewinnen damit eine lückenlose Reihe von
Inhabern der Grafengewalt im Ries, während andernfalls zwischen 1079 und
1147 eine Lücke klafft, die sich nicht ausfüllen läßt. Daß die Riesgrafschaft
68 Jahre vakant gewesen wäre, wird man kaum annehmen können.

Friedrich „von Büren" hat nach seines Vaters Tod (um 1060—1065) vermutlich auch dessen Pfalzgrafenamt übernommen. Unter dieser Voraussetzung ergibt sich eine sinnvolle Abfolge der Inhaber der Pfalzgrafschaft.
Friedrich „von Büren" starb schon wenige Jahre nach seinem Vater (um
1068), zu einer Zeit, als sein eigener ältester Sohn, der nachmalige Herzog
Friedrich I. (geb. um 1050) zu jung war, als daß er das Pfalzgrafenamt hätte
übernehmen können. Daher ging dieses Amt auf den Schwager Friedrichs

---

78 K. Fr. Stumpf-Brentano, Acta Imperii inedita S. 137 f Nr. 113: „in manus
 Friderici ducis Suevie non in ius advocatie sed in graciam tuitionis et
 protectionis commisit"
79 Der in der Zeugenreihe genannte „Hartmannus comes de Alreheim" (Alerheim im Ries) darf keinesfalls als der zuständige Riesgraf betrachtet werden:
 1. die Zeugenreihe der Urk. gehört ins Jahr 1152; vgl. W. Bernhardi, Konrad
 III., 1883, S. 541, Anm. 11 und S. 923, Anm. 37. 2) Hartmann ist ein Angehöriger des Geschlechts Auhausen-Alerheim, das seinen Sitz zwischen 1129 und
 1133 auf die Lobdeburg in Thüringen verlegt hat; vgl. D. Kudorfer, Nördlingen a. a. O. S. 299
80 MG. Dipl. Konr. III. Nr. 192

„von Büren", auf Manegold d. Ä. aus der Anhauser Stifterfamilie (1070—
ca. 1095) über. Manegold und seine staufischen Schwäger hielten offenbar
eng zusammen und waren stets kaisertreu. Nach Manegolds Tod (um 1095)
fiel das Pfalzgrafenamt zurück an den Staufer Ludwig, den jüngeren Bruder
Herzog Friedrichs I. Als auch er schon nach wenigen Jahren starb (um 1103),
war im Stauferhaus wiederum keiner, der das Amt hätte ausüben können.
Die Söhne Herzog Friedrichs I., Friedrich und Konrad, waren erst 13 bzw.
10 Jahre alt und zudem wohl für höhere Aufgaben bestimmt. So kamen
Ludwigs Vettern, die Söhne Manegolds d. Ä., nacheinander zum Zug:
Manegold d. J. (1113, † v. 1125) und Adalbert (1125—1143). Auf den letzteren folgte Graf Hugo III. von Tübingen, der durch seine Gemahlin Hemma
von Arnstein mit den Staufern verschwägert war; er ist als Pfalzgraf von
1146—1152 bezeugt[81]. Die Söhne Herzog Friedrichs I., Friedrich und Konrad,
waren inzwischen mit wichtigeren Ämtern betraut; der erstere verwaltete
seit seines Vaters Tod 1105 das Herzogtum Schwaben, der letztere bekleidete seit 1116 das ostfränkische Herzogtum und trat 1127 als Gegenkönig
gegen Lothar von Sachsen auf, um dann 1138 rechtmäßiger König zu
werden.

Die Ereignisse von 1079, d. h. die Erhebung des Grafen Friedrich zum
Herzog von Schwaben und sein Verlöbnis mit der Königstochter Agnes,
erscheinen in einem anderen Licht, wenn man sich klar ist, daß die Staufer
das Grafenamt im Ries damals mindestens schon in der dritten Generation,
dazu das Pfalzgrafenamt als das zweithöchste Amt im Herzogtum Schwaben
wohl schon in zwei Generationen inne hatten. Friedrich brachte die besten
Voraussetzungen für die Übernahme des Herzogtums mit; sein Aufstieg
zum Herzog war folgerichtig und vollzog sich unter ähnlichen Bedingungen
wie hundert Jahre später (1180) der des Pfalzgrafen Otto von Wittelsbach
zum Herzog von Bayern.

Wenn wir die bezeugten Amtsträger des Rieses mit den in Wibalds
„Tabula" genannten Vorfahren Friedrichs I. jetzt mit vollem Recht gleichsetzen, kommen wir bis in die Zeit um 1020 zurück. Das heißt, daß das
Staufergeschlecht im Ries mit Sicherheit eine Generation früher nachzuweisen ist als im Rems-Fils-Gebiet. Freilich begegnen sie uns vorläufig nur
als Inhaber eines öffentlichen Amtes; doch läßt sich daraus schließen, daß
sie dort auch begütert waren. Werden doch Pfalzgraf Friedrich und sein
Sohn, der Riesgraf Friedrich, der mit Friedrich „von Büren" personengleich
ist, unter die „Optimaten" jener Gegend gerechnet.

Ist unserer Erkenntnis mit der Zeit um 1020 eine absolute Grenze gesetzt?
Wibalds „Tabula", welche doch die Blutsverwandtschaft Kaiser Friedrichs

81 Vgl. Anm. 49

I. Barbarossa mit seiner Gemahlin Adela von Vohburg dartun sollte, stellt an die Seite des ersten Friedrich eine Berta, die Mutter Bezelins von Villingen († 1024), und weist mit den Worten „ex uno patre et una matre nati" Friedrich und Berta als echte Geschwister aus. Es gibt einen Hinweis, daß über Berta Güter in Reimlingen im Ries an ihre zähringisch-spitzenbergischen Nachkommen vererbt wurden (vgl. unten). Aller Wahrscheinlichkeit nach hat Berta diese Güter ihrerseits als Erbe oder Mitgift erhalten. Somit dürfte zumindest ein Elternteil Bertas und ihres Bruders Friedrich bereits im Ries gesessen sein. Wie sich zeigen wird, dürfte es die Vaterseite sein.

Amtsvorgänger des ersten Riesgrafen und Pfalzgrafen Friedrich (1027—1053) war Sigehard, 1007 und 1016 ausdrücklich als Riesgraf bezeugt und beidesmal für Deggingen im Ries zuständig[82]. Gewiß derselbe Sigehard erscheint nebst einem Grafen Friedrich auch in einem Diplom König Ottos III. für die Abtei Ellwangen, das 987 in Frankfurt ausgestellt wurde[83]. Die Urkunde ist zwar interpoliert, und einer ihrer Bearbeiter meinte, die Namen der beiden Grafen seien willkürlich eingeschoben[84]. Ein solches Urteil geht doch wohl zu weit. Abgesehen davon, daß Graf Sigehard anderweitig einwandfrei bezeugt ist, kann Graf Friedrich sehr wohl der Vater des bekannten Riesgrafen und Pfalzgrafen Friedrich (1027—1053) und seiner Schwester Berta sein, und dies umso eher, als nach den Regeln der Namensvererbung im Stauferhaus ein Friedrich als Vater dieses Geschwisterpaares zu erwarten ist.

Die Beziehung zu Ellwangen besagt, daß der Amtsbereich dieses Friedrich in Ostschwaben lag. Stälin hat vermutlich recht, wenn er auch Friedrich als Riesgrafen betrachtet[85]. Das könnte bedeuten, daß das Ries zu dieser Zeit unter zwei Grafen aufgeteilt war und daß der Amtsbereich der späteren Riesgrafen aus diesen beiden Teilbereichen zusammengewachsen ist. Am einfachsten würde sich dies erklären, wenn die Grafen Sigehard und Friedrich Brüder waren[86], oder wenn Graf Friedrich mit der Schwester des benachbarten Grafen Sigehard verheiratet war. Während Graf Friedrich den uns bekannten Sohn Friedrich (1027—1053) und die Tochter Berta hinterließ,

---

82 MG. Dipl. Heinr. II. Nr. 155 und 357
83 MG. Dipl. Otto III. Nr. 38; WUB I S. 227 f Nr. 194
84 J. F. Böhmer, Regesta Imperii II Nr. 996
85 Wirt. Geschichte Bd. I, 1841, S. 544 Anm. 11
86 Die Namen Sigehard und Friedrich kommen im 10. Jh. nebeneinander im Hause der bayer. Sieghardinger vor; Fr. Tyroller, Genealogie des altbayer. Adels Tfl. 5,1 Nr. 3 ff., Genealog. Tafeln zur mitteleurop. Geschichte, 1962 ff., S. 89 ff. Somit könnte sich ein Sieghardinger (eine Sieghardingerin) mit der Erbin (dem Erben) eines im Ries einheimischen Geschlechts verbunden haben

wäre Sigehard ohne männliche Nachkommen gestorben. Der Sohn Friedrichs (987) hätte sodann zu der Grafschaft seines Vaters auch die seines Vaterbruders bzw. Mutterbruders geerbt und beide gemeinsam verwaltet. Die Stichhaltigkeit dieser Überlegungen vorausgesetzt, wäre der Mannesstamm der Staufer schon im letzten Viertel des 10. Jahrhunderts im Ries tätig gewesen.

Es gibt wohl keinen Zweifel mehr: die Heimat der Staufer ist das Ries. Dafür spricht außer der Grafengeschichte die dort nachweisbare frühe Begüterung des Geschlechts. Im Jahre 1150 bezeichnet der junge König Heinrich, Sohn Konrads III., die Gegend um Bopfingen und Harburg als „terra nostra"[87]. Dies besagt doch, daß ein ansehnlicher Komplex von Gütern in ziemlich geschlossener Lage samt hoheitlichen Rechten in staufischer Hand gewesen ist.

Wenn Andreas von Regensburg, ein Chronist des frühen 15. Jahrhunderts, „Gibling" (Waiblingen) als Geburtsort Herzog Friedrichs II. (geb. 1090) nennt und die Lage des Ortes beschreibt als in der Diözese Augsburg auf dem Härtsfeld zwischen Schloß „Hochburg" (Harburg?) und Neresheim gelegen[88], so hat er sich hinsichtlich der Lage Waiblingens zwar gewaltig getäuscht, aber doch wohl insofern recht, als er mit dem Härtsfeld und Ries die Stammlandschaft der Staufer umreißt.

Als im Jahre 1081 Herzog Friedrich I. gemeinsam mit dem bayerischen Pfalzgrafen Kuno von Vohburg einen Feldzug gegen bestimmte „munitiones" (befestigte Plätze) in Bayern unternahm, Donauwörth eroberte und sich bei Höchstädt an der Donau schlug, wobei Pfalzgraf Kuno fiel, hat er offenbar vom Ries aus operiert, das als seine Machtbasis zu gelten hat[89]. Nun werden ja schon 1053 Pfalzgraf Friedrich, den wir mit dem ersten Friedrich in Wibalds „Tabula" identifizieren, und der Riesgraf Friedrich, der mit Friedrich „von Büren" gleichgesetzt werden darf, unter die „Optimaten" des Rieses und Sualafelds gezählt; dies setzt voraus, daß sie zu den dort reich Begüterten gehörten.

Einen Überblick über den staufischen Besitz im Ries vermittelt erst die Güterliste von 1188 in dem schon erwähnten Heiratsvertrag zwischen Herzog Konrad von Rothenburg und Berengaria von Kastilien[90]. Sie nennt freilich nur Burgen (castra) und befestigte Marktorte oder Städte (burgi)

---

87 Monumenta Corbeiensia, ed. Ph. Jaffé, Bibl. rer. Germanicarum I S. 366 ff
88 Quellen und Erörterungen zur Bayer. und Deutschen Geschichte NF I S. 538 f und S. 630
89 Die Chronik des Klosters Petershausen, hrsg. von O. Feger, Schwäb. Chroniken der Stauferzeit 3. Bd. S. 116
90 P. Rassow, Der Prinzgemahl, 1950, S. 1 ff

als lokale Mittelpunkte, ohne deren Zugehör, nämlich den „burgus Bophin-
gin", das „castrum Flochberch", die Hälfte des „castrum Walrstein", den
„burgus Tinkelspuhel", den „burgus Ufkirchin", das „predium in Burberch"
(Beyerberg am Hesselberg) und den „burgus Wicenburch" (Weißenburg am
Sand). Das Zugehör dieser Plätze wäre im einzelnen noch zu ermitteln. Wie
weit der staufische Besitz tatsächlich streute, wird aus den an Kloster Lorch
gelangten Gütern ersichtlich.

Teile des Stauferguts im Ries waren Lehen von Kloster Fulda, darunter
gewiß Güter in Bopfingen sowie in Nördlingen, Reimlingen und Alerheim[91].
Anderes war als salisches Erbe spätestens 1125 angefallen, namentlich
Weißenburg am Sand sowie Dietfurt, Pappenheim und Wettelsheim[92].

Für den Großteil der 1188 genannten „castra" und „burgi" läßt sich Art
und Zeitpunkt des Erwerbs jedoch nicht feststellen; sie haben daher als
alter Hausbesitz zu gelten. Klebel hat wohl recht, wenn er Aufkirchen um
1053 für staufisch hält.

Einige Besitztitel werden anläßlich von Veränderungen erwähnt. Von
den staufischen Gütern im Ries ist Ebermergen (bei Harburg) mit am
frühesten faßbar. Kloster Lorch hatte dort aus seiner Gründungszeit (um
1102) die Kirche samt zwei Teilen der Zehnten. König Konrad III. erwarb
dies 1144 für sich zurück und gab dem Kloster im Tausch die Kirche in
Welzheim[93]. Ebermergen war also um 1100 staufisch. Der Tausch zeigt, daß
die Staufer in der Nachbarschaft Ebermergens Besitz hatten, den es zu
arrondieren galt. In der Nähe lagen Gosheim, Alerheim und Harburg als
staufische Güter. Harburg allerdings dürfte erst durch Gertrud von Sulzbach
(† 1146), die Gemahlin König Konrads III., zugebracht worden sein; ihr
Sohn Heinrich hielt sich 1150 hier auf seinem mütterlichen Erbgut auf (s.
oben). Alter staufischer Besitz schon jenseits des Hahnenkamms war Bruck
(abgeg. b. Gräfensteinberg). König Konrad III. übertrug das Gut 1146 dem
Kloster Heilsbronn zum Seelenheil seiner jüngst verstorbenen Gemahlin
Gertrud[94].

Wohl der früheste Besitz, der sich mit den Staufern in Verbindung
bringen läßt, ist Reimlingen (bei Nördlingen). Die Kirchenzehnten sowie
alle ortsherrlichen Rechte waren 1147 in Händen Rudolfs von Spitzenberg
(bei Geislingen)[95]. Rudolfs Vorfahren hatten die Kirche gestiftet; Reimlingen

91 E. Fr. Joh. Dronke, Traditiones et Antiquitates Fuldenses, 1844, c. 62 und 63;
   c. 40 Nr. 26, 28, 29, 34, 38, 43, 44, 47, 49; c. 44 Nr. 2, 7, 9
92 MG. Dipl. Konr. II. Nr. 227; Dipl. Heinr. III. Nr. 119
93 MG. Dipl. Konr. III. Nr. 114
94 MG. Dipl. Konr. III. Nr. 152
95 A. Steichele, Das Bistum Augsburg III, 1872, S. 1076 f

war also sein Erbgut. Rudolfs Vorfahren lassen sich ermitteln. Er war der Enkel der Richinza von Spitzenberg (1092— ca. 1110), die aus dem Zähringerhaus stammte: Herzog Berthold I. (✝ 1078) und Richwara waren ihre Eltern. Herzog Berthold I. aber war nach Wibalds „Tabula" ein Enkel der Stauferin Berta, der Schwester des ersten Friedrich, den wir mit dem Riesgrafen und Pfalzgrafen Friedrich (1027—1053) gleichsetzen. Offensichtlich stammt das Gut Reimlingen von Berta und hat sich unter ihren Nachkommen vererbt. Dies scheint uns der einzig mögliche Weg, auf dem die Spitzenberger Besitz im Ries ererben konnten[96]. Da Berta das Gut ihrerseits als Mitgift oder Erbteil überkommen hatte, müßte Reimlingen schon vor 1000 staufisch gewesen sein.

Kommen die Staufer aus dem Ries, dann ist klar, woher der Besitz der Anhauser Stifter in Benzenzimmern, Dürrenzimmern, Laub und Fessenheim stammt: es ist der Anteil der Pfalzgräfin Adelheid am staufischen Stammgut im Ries, den sie in die Ehe mit Manegold d. Ä. eingebracht hat. Wie erwähnt, dürfte die Ehe um 1055 geschlossen worden sein. Somit waren die fraglichen Güter um die Mitte des 11. Jahrhunderts noch in der Hand ihres Vaters, des Riesgrafen und Pfalzgrafen Friedrich (1027—1053).

Sucht man das Zentrum, von dem aus die frühen Staufer ihre Güter im Ries verwaltet haben dürften, so stößt man auf das „castrum" Wallerstein, das sich als die zentrale Burg auf einem imposanten Bergkegel inmitten der Riesebene erhob. Es ist die staufische Burg im Ries, die sich am weitesten zurückverfolgen läßt. Im Jahre 1188 befand sich Wallerstein nur zur Hälfte im Besitz des Barbarossasohnes Herzog Konrad von Rothenburg. Unter den zahlreichen staufischen Burgen, befestigten Plätzen und Gütern, die damals genannt sind, war Wallerstein als einzige geteilt. Dies hat wohl seinen besonderen Grund. Es muß eine Aufteilung unter zwei gleichberechtigte Erben stattgefunden haben. Man könnte sich denken, daß es sich um die Stammburg des Hauses handelt, an der nun zwei Linien Anteil hatten. Der Teilung könnte entsprechen, daß Wallerstein noch im 14. Jahrhundert aus einer unteren und einer oberen Burg bestand.

Der Halbteil Herzog Konrads von Rothenburg läßt sich mühelos bis auf Herzog Friedrich I. (1079—1105) zurückverfolgen. Wäre nämlich die Teilung der Burg erst unter den Söhnen Herzog Friedrichs I., Herzog Friedrich II. und König Konrad III., erfolgt, hätte der Anteil König Konrads III. nach dem Tode seines Sohnes, Herzog Friedrichs IV. (✝ 1167), an den Nachkommen Herzog Friedrichs II. zurückfallen müssen, somit an Friedrich

96 H. Bühler, Richinza v. Spitzenberg, Württ. Franken Bd. 58, 1974, S. 314 und 321

Barbarossa[96a], und wäre mit dessen Halbteil sicher wieder vereinigt worden. Herzog Friedrich I. hatte seinen Halbteil bereits von seinem Vater Friedrich „von Büren", der 1053 als Riesgraf bezeugt ist, geerbt. Friedrich „von Büren" ist der letzte, der die noch ungeteilte Burg besessen haben kann. So liegt es nahe, einen seiner übrigen Söhne als den Erben der anderen Hälfte zu betrachten. Von diesen ist Konrad schon 1095, Walter wenig später gestorben. Beide waren unverheiratet; von Nachkommen ist jedenfalls nie die Rede, so daß ihr Erbteil den überlebenden Brüdern bzw. Neffen und Nichten zufallen mußte. Auch Bischof Otto von Straßburg starb schon im Jahre 1100. Als Teilhaber an Wallerstein kommt somit der einzig überlebende Bruder Herzog Friedrichs I. in Frage, nämlich Pfalzgraf Ludwig (✝ um 1103). Auch von Ludwig sind Nachkommen nicht bezeugt, und es kann als sicher gelten, daß er keine Söhne hinterlassen hat. Diese wären ihm im Pfalzgrafenamt gefolgt; das aber ging an seinen Vetter Manegold d. J. aus der Anhauser Stifterfamilie über. Sehr wahrscheinlich ist indes, daß Pfalzgraf Ludwig eine Tochter hinterlassen hat. Es fällt nämlich auf, daß der Name Ludwig später im Hause Oettingen als Leitname begegnet, und zwar etwa gerade von der Zeit an, wo Enkel des Pfalzgrafen Ludwig Volljährigkeit erlangt haben mochten. Auch bekleidet Ludwig von Oettingen seit 1147 das Grafenamt im Ries, das noch kurz zuvor in staufischen Händen war (s. oben). Seit 1261 ist Wallerstein im Besitz der Grafen von Oettingen nachweisbar[97]. All dies macht wahrscheinlich, daß die Grafen von Oettingen die Rechtsnachfolger des Pfalzgrafen Ludwig über eine Tochter desselben sind. Doch wird uns diese Frage noch beschäftigen.

Wir halten fest, daß Wallerstein um die Mitte des 11. Jahrhunderts in den Händen Friedrichs „von Büren" gewesen sein muß. Nichts spricht dagegen, daß schon sein Vater, der Riesgraf und Pfalzgraf Friedrich (1027—1053) dort saß. Vielmehr zeigt sich, daß gerade diejenigen staufischen Güter, die wir mit Sicherheit bis in die Zeit des Riesgrafen und Pfalzgrafen

---

96a Die im Heiratsvertrag von 1188 genannten Güter stammten teils von K. Friedrich I. Barbarossa, teils von Herzog Friedrich IV. (✝ 1167): „totum alodium, quod contingit eum (d. i. Herzog Konrad v. Rothenburg) tam a nobis quam a nobilissimo patrueli nostro Frederico quondam duce de Rotenburch", P. Rassow, Der Prinzgemahl, 1950, S. 2

97 Gg. Grupp, Oettingische Regesten Nr. 97. Wenn Pfalzgraf Ludwig Anteil an Wallerstein hatte, erledigt sich wohl die These Klebels (Zur Abstammung der Hohenstaufen, a. a. O. S. 141 f und Stammtafel nach S. 144), Hildegard von Schlettstadt sei zweimal (oder dreimal) verheiratet gewesen und ihre Söhne Otto, Ludwig und Konrad stammten aus einer zweiten Ehe mit einem Grafen Konrad. Wäre Pfalzgraf Ludwig nicht ein Sohn Friedrichs „von Büren", hätte er keinen Anspruch an das staufische Gut Wallerstein. Vgl. H. Bühler, Schwäb. Pfalzgrafen, frühe Staufer . . . JHVD LXXVII, 1975, S. 150 ff

Friedrich und noch weiter zurückverfolgen können, in der Nachbarschaft Wallersteins liegen: Reimlingen, Benzenzimmern, Dürrenzimmern, Fessenheim. So wäre mit Wallerstein ein staufischer Herrschaftssitz im Ries gefunden, der mit Büren (Wäschenbeuren) zumindest zeitgleich, jedoch gewiß älter als der Hohenstaufen war. Er wurde unter die Söhne Friedrichs „von Büren", den künftigen Herzog Friedrich I. und den Pfalzgrafen Ludwig, geteilt. Daß Friedrich I. um 1070 die Burg auf dem Hohenstaufen erbaute, mag mit dadurch veranlaßt sein, daß er einen Herrensitz haben wollte, über den er allein verfügen konnte und mit niemandem zu teilen brauchte. Von daher würden wir auch verstehen, daß seine Nachkommen, d. h. die herzogliche und königliche Linie des Hauses, sich mehr und mehr nach dem Hohenstaufen ausrichtete, ihn zum namengebenden Familiensitz bestimmte, während sie die Herrschaft im Ries weitgehend den Rechtsnachfolgern des Pfalzgrafen Ludwig überließ.

Unsere Untersuchung hat folgende Ergebnisse erbracht:

1. die Ansicht, die Staufer seien bescheidener Herkunft gewesen, läßt sich gewiß nicht halten. Vielmehr bestätigt sich die Aussage Ottos von Freising, daß Herzog Friedrich I. „ex nobilissimis Sueviae comitibus" stamme. Sein Aufstieg zum Herzogtum dürfte für das Haus kaum völlig überraschend gekommen sein; hatten doch seine Vorfahren und er selbst über drei, wenn nicht vier Generationen das Grafenamt im Ries verwaltet, dazu sein Großvater und wohl auch sein Vater als Pfalzgraf das zweithöchste Amt im Herzogtum Schwaben bekleidet. Sie hatten demzufolge das Vertrauen der salischen Herrscher in besonderem Maße genossen. Somit war der gewiß kein Unbekannter, dem König Heinrich IV. seine einzige Tochter zur Frau gab.

2. Stammland der Staufer ist nicht das Gebiet um den namengebenden Hohenstaufen. Der Riesgraf und Pfalzgraf Friedrich (1027—1053) hat dort eingeheiratet; erst sein Sohn Friedrich ist als Herr „von Büren" im Rems-Fils-Gebiet selbst nachweisbar; er sitzt dort auf seinem mütterlichen Erbe. Das Stammland der Staufer liegt am Ostrand Schwabens, im Ries. Dort lassen sich ihre Spuren mindestens eine, aller Wahrscheinlichkeit nach zwei Generationen weiter zurückverfolgen. Sie sind dort schon 100 Jahre lang nachweisbar, ehe Graf Friedrich im Jahre 1079 Herzog von Schwaben wurde. Dies lehrt sowohl die Geschichte der Riesgrafschaft als auch die Besitzgeschichte. Die Feste Wallerstein als die zentrale Burg des Rieses läßt sich in staufischer Hand bis in die Zeit Friedrichs „von Büren", des 1053 bezeugten Riesgrafen, zurückverfolgen. Sehr wahrscheinlich war sie der eigentliche Stammsitz des Hauses.

Dennoch gilt das Land um Rems und Fils mit Recht als „Stauferland". Beziehen sich doch alle Nachrichten, die das Geschlecht lokalisieren, auf

diesen Raum: Büren (Wäschenbeuren), der Hohenstaufen und das Hauskloster Lorch. Seit der Mitte des 12. Jahrhunderts ist der Hohenstaufen
namengebend für das ganze Geschlecht geworden[98]. Erstmals in einer Urkunde von 1156 erscheint Herzog Friedrich IV. (1152—1167) mit dem Titel

Heport nro. duci. FREDERICO. de S toupha. pertinebat.

Die früheste urkundliche Erwähnung des Namens Staufen (Stoupha) 1156.

„dux Fredericus de Stoupha"[99]. Für den Neuaufbau des Herzogtums Schwaben nach den Wirren des Investiturstreits war der fast im Zentrum des
Landes gelegene Machtbereich um den Hohenstaufen zweifellos geeigneter
als das am Rande gelegene Ries.

V. Unbekannte Staufer

Wir haben bereits zwei Personen kennen gelernt, die mit größter Wahrscheinlichkeit der bekannten Genealogie des staufischen Hauses hinzuzu-
fügen sind:
1. *Adelheid, die Gemahlin des Pfalzgrafen Manegold d. Ä. aus der Familie
der Anhauser Klosterstifter*, ist die Schwester Friedrichs „von Büren". Sie
dürfte um 1025—1030 geboren sein und wird in der Vita der seligen
Herluka des Paul von Bernried um 1085 erwähnt[100].
2. *Graf Friedrich*, genannt im Diplom Ottos III. für Ellwangen von 987[101],
dürfte der Vater des ersten Friedrich in Wibalds „Tabula" und der Berta
sein, die die Stammutter des Hauses Zähringen wurde.
Damit erschöpfen sich die Ergänzungen zur Staufergenealogie keineswegs.
3. *Die Stammutter der Grafen von Oettingen:*
Die ältere Forschung vertrat die Auffassung, die Grafen von Oettingen

98 Vgl. Anm. 6 (Petershauser Chronik), 8 (Otto von Freising), 12 (Wibald)
99 MG. Dipl. Frid. I. Nr. 153; im Zwiefalter Nekrolog ist Herzog Friedrich II.
(† 1147) am 6. IV. als „Fridericus dux de Stouphin" eingetragen, MG. Necrol. I
S. 249
100 Paulus Bernriedensis, Vita B. Herlucae Virginis a. a. O. S. 168
101 MG. Dipl. Otto III. Nr. 38

stammten von den alten Riesgrafen Sigehard (987, 1007—1016) und Friedrich (1027, 1030 und 1053) ab[102]. Da wir die Riesgrafen namens Friedrich jetzt als Angehörige des Stauferhauses betrachten und auch den Grafen Sigehard ihrem Sippenkreis zurechnen dürfen, wären die Grafen von Oettingen Verwandte der Staufer.

Eine Verwandtschaft zwischen Oettingern und Staufern ist nirgends ausdrücklich bezeugt; es sei denn, man wertet die Aussage König Konrads IV. von 1251, Graf Ludwig IV. von Oettingen sei sein „dilectus familiaris et fidelis", in diesem Sinne[103]. Eine Verwandtschaft müßte auf alle Fälle bis ins frühe 12. Jahrhundert zurückreichen. Da König Konrad IV. bereits der fünften Generation nach Herzog Friedrich I. (1079—1105) angehörte, konnte es sich zu seiner Zeit ohnehin nur noch um eine entfernte Vetternschaft handeln, was seine ziemlich unbestimmte Aussage verständlich machen würde.

Wir sind jedoch bereits zweimal auf so enge Beziehungen der Oettinger zu den Staufern gestoßen, daß man tatsächlich eine Verwandtschaft annehmen muß. Es ist zum einen die Geschichte der Riesgrafschaft, zum anderen die Besitzgeschichte Wallersteins.

a) Die von Oettingen bekleideten, wie erwähnt, seit 1147 das Grafenamt in einem Bezirk, der offenbar der staufischen Grafschaft im „pagus Raetia" entsprach[104]. Wie es scheint, waren sie die unmittelbaren Nachfolger der staufischen Riesgrafen. Kein Zufall kann es sein, daß Ludwig von Oettingen am 4. Juni 1147 zum ersten Mal mit dem Grafentitel erscheint, nachdem acht Wochen zuvor, am 4. oder 6. April, der Staufer Herzog

---

102 A. Steichele, Das Bistum Augsburg III, 1872, S. 557 f; W. Löffelholz v. Kolberg, Oettingana, 1883, S. 279 f; mit Vorbehalt: Gg. Grupp, Oetting. Regesten S. 1 f

103 A. Steichele, Das Bistum Augsburg III, 1872, S. 1212 Anm. 12. — Vf. folgt nicht der herkömmlichen Zählung der Ludwige im Hause Oettingen, auch nicht der Stammtafel von E. Grünenwald, Das älteste Lehenbuch der Grafschaft Öttingen, Einleitung, 1975, Beilage. Seiner Meinung nach sind die Nennungen von 1141—1220 auf drei Generationen zu verteilen, so daß der 1223—1279 beurkundete Ludwig als Ludwig IV. zu zählen wäre; vgl. K. H. Bühler, Die Herrschaft Heidenheim, 75 Jahre Heimat- und Altertumsverein Heidenheim 1901—1976, 1976, S. 138 Tafel IV

104 MG. Dipl. Konr. III. Nr. 192 — Streitfrage ist, ob die Oettinger ihre Grafenrechte von Anfang an in einem ähnlich weiten Bereich ausübten wie die älteren Riesgrafen oder nur in einem Teil des Rieses (um Oettingen?); so D. Kudorfer, Nördlingen a. a. O. S. 65 ff. Tatsache ist, daß die Oettinger im 13. Jh., als das staufische Territorium zerfiel, sich sehr rasch Kirchenvogteien und staufische Rechte in einem weiten Bereich unterwarfen. Dies erklärt sich u. E. am ehesten, wenn ihnen in diesem Bereich die Grafenrechte (Gerichtsbarkeit) samt Wildbann und Geleit bereits zustanden

Friedrich II. von Schwaben, den wir auch als den Inhaber der Riesgrafschaft betrachten, gestorben war[105]. Zwischen dem Tod des Herzogs
Friedrich und der Erhebung des Oettingers in den Grafenrang besteht
offensichtlich ein Zusammenhang.

Mit dem Tod Herzog Friedrichs II. wurde die Riesgrafschaft frei, und
es bot sich Gelegenheit, sie neu zu besetzen. König Konrad III., der als
erster Staufer 1138 das Königtum erlangt hatte, mag es für ratsam erachtet haben, die Riesgrafschaft jetzt vom Herzogtum zu trennen und sie
jemandem anzuvertrauen, der im Bereich der Grafschaft selbst ansässig
war. Scheint es doch, daß der Sohn Friedrichs II., Herzog Friedrich III.,
der künftige Kaiser Friedrich I. Barbarossa, endgültig den Hohenstaufen
zum Herrschaftsmittelpunkt erwählt hatte und sich somit um das Grafenamt im Ries hätte wenig kümmern können. Die Söhne Konrads III.,
Heinrich und Konrad, aber waren erst zehn bzw. zwei Jahre alt und
kamen somit für das Grafamt nicht in Betracht. So erklärt sich die
Ernennung Ludwigs von Oettingen. Sicher hat er das Grafenamt nur
deshalb erhalten, weil er zur Sippe der Staufer gehörte. Einem Fremden
hätte Konrad III. die staufische Hausgrafschaft, in deren Bereich viel
staufisches Hausgut lag, kaum anvertraut.

So legt die Grafengeschichte des Rieses eine Verwandtschaft der
Oettinger mit den Staufern sehr nahe.

b) Der Besitz der Oettinger ist mit dem der Staufer so eng verzahnt, daß
man auf gemeinsame Abstammung schließen muß. Leider sind aus dem
12. und frühen 13. Jahrhundert zu wenig Besitztitel der Oettinger bekannt, als daß sich im Einzelfall mit Sicherheit feststellen ließe, inwieweit die Oettinger ihre Besitzrechte schon gleichzeitig mit den Staufern
ausübten bzw. inwieweit sie ehemals staufisches Gut erst seit dem
Interregnum übernahmen. Aber gerade die Tatsache, daß sie staufisches
Gut übernehmen und offenbar unangefochten behaupten konnten, spricht
eindeutig für ihre Verwandtschaft. Besitznachfolge der Oettinger in ehemals staufischen Gut liegt z. B. in Wallerstein vor, das seit 1261 — offenbar als Ganzes — in Händen der Oettinger nachweisbar ist[106]. Auch im
Brenztal haben die Oettinger staufisches Gut übernommen (Güssenberg
bei Hermaringen ist 1328 oettingisch), desgleichen im Remstal die Herrschaft Lauterburg mit Zugehörden in Dettingen, Heuchlingen, Setzingen
und Asselfingen.

Die erkennbare Verwandtschaft zwischen Oettingern und Staufern muß

105 Vgl. Text zu Anm. 80
106 Gg. Grupp, Oetting. Regesten Nr. 97
107 Vgl. Anm. 19
108 Zur Abstammung der Hohenstaufen, a. a. O., Stammtafel nach S. 144

über Träger des Namens Ludwig gelaufen sein. Dieser Name hat im Hause Oettingen besondere Bedeutung. Dabei ist er noch im 12. Jahrhundert in Ostschwaben sehr selten. Er findet sich im Hause Sigmaringen-Spitzenberg-Helfenstein und leitet sich dort von Ludwig von Sigmaringen (1083) her. Er findet sich im Hause Württemberg und erklärt sich hier möglicherweise aus einer Verbindung mit Sigmaringen-Spitzenberg. Er findet sich sodann bei den Staufern unter den Söhnen der Hildegard von Schlettstadt und stammt aus deren Familie[107]. So kann die Verwandtschaft zwischen Oettingern und Staufern nur von Hildegards Sohn, dem Pfalzgrafen Ludwig (ca. 1095—1103), ausgehen. Dies hat schon Ernst Klebel vermutet[108]. Söhne Ludwigs sind nicht bekannt und — wie die Geschichte des Pfalzgrafenamtes zeigt — auch nicht anzunehmen. Somit muß die Verbindung über eine (unbekannte) Tochter Ludwigs gelaufen sein. Sie hätte sich mit dem Stammvater der Oettinger vermählt, einem Edelfreien namens Konrad; der Name Konrad ist ja neben Ludwig der zweite Leitname der Oettinger; und sie hätte ihrem Gemahl beträchtlichen staufischen Besitz zugebracht.

Den Namen Konrad trug in der fraglichen Zeit ein Edelfreier, der sich nach Wallerstein nannte (ca. 1112—1147). Die ältere Forschung rechnet ihn zu den Vorfahren der Oettinger[109]. Diese Annahme ist bestechend, und zwar nicht nur wegen des Namens Konrad. Konrad von Wallerstein stand in hohem Ansehen; dies beweisen seine Zeugenschaften. Er hatte offenbar enge Beziehungen zu den Herren von Truhendingen, die mit den Staufern verwandt waren (s. unten), und zu denen von Ursin-Ronsberg. Er war Vogt der Abtei Ellwangen, vielleicht in Nachfolge der Staufer[110]. Abt Helmerich hatte ihm um 1136 das Truchsessenlehen in Rattstadt (Kr. Aalen) zugeschanzt. Helmerichs Nachfolger, Abt Adalbert von Ronsberg (1136—1173), dürfte ein Verwandter Konrads gewesen sein und vielleicht mit seiner Unterstützung die Abtswürde erlangt haben[111]. Der Übergang Wallersteins auf die Oettinger ließe sich auf einfache Weise erklären, wenn Konrad deren Stammvater wäre.

109 K. F. B. Zinkernagel, Histor. Untersuchung der Grenzen des Riesgaues, 1802, S. 63 f; Gg. Grupp, Oetting. Regesten S. 3 f, nimmt die Regesten Konrads v. Wallerstein mit auf und rechnet diesen daher, mit Vorbehalt, unter die Vorfahren der Oettinger

110 K. Fik, Gehörte Ellwangen einst zum Riesgau? Ellwanger Jahrbuch XVIII, 1958/59, S. 75; vgl. Diplom Ottos III. von 987 für Ellwangen, MG. Dipl. Otto III. Nr. 38

111 K. Fik und H. Häfele, Kloster Ellwangen in der Stauferzeit, Ellwanger Jahrbuch XXV, 1973/74, S. 141 ff; Konrad v. Wallerstein erscheint wiederholt gemeinsam mit denen von Ursin-Ronsberg und von Reichen als Zeuge; vgl. Anm. 112

Konrad von Wallerstein stammte selbst wohl nicht aus dem Ries. Er steht einerseits in Beziehung zu Edelgeschlechtern Bayrisch-Mittelschwabens, leistet Zeugenschaft bei Schenkungen an Kloster Rottenbuch (bei Schongau) und verkauft selbst ein „predium" in Unterknöringen an Kloster Ursberg (Kr. Krumbach). Andererseits, und zwar vielleicht von Mutterseite, scheint er mit der Vogtfamilie des Hochstifts Eichstätt, den Herren von Grögling, verwandt gewesen zu sein; dadurch würde sich der Name seines Sohnes Gotebolt und vielleicht auch oettingischer Besitz in Biberbach (bei Beilngries) erklären[112]. So kam Konrad wahrscheinlich erst durch seine Heirat (um 1100) ins Ries.

Wir kennen das „castrum" Wallerstein als alte Stauferburg; läßt es sich doch (mindestens) bis auf den Riesgrafen Friedrich „von Büren" 1053 zurückverfolgen. Unter dessen Söhnen wurde die Burg geteilt. Während sich die eine Hälfte unter den Nachkommen Herzog Friedrichs I. vererbte und 1188 in Händen Konrads von Rothenburg (1188—1196) war, muß die andere Hälfte an den Pfalzgrafen Ludwig (ca. 1095—1103) und über dessen (erschlossene) Tochter in die Verfügungsgewalt ihres Gemahls gelangt sein, der offensichtlich identisch ist mit Konrad von Wallerstein. Dieser hätte somit auf dem Heiratsgut seiner Frau Wohnung genommen und sich danach benannt. Er wäre der Stammvater der Grafen von Oettingen.

Konrad von Wallerstein ist noch beurkundet zu einer Zeit, als bereits Ludwig I. von Oettingen (1141— ca. 1150) auftritt. Dieser nannte sich nach einer Burg, die er vermutlich auf seinem mütterlichen Erbgut erbaut hatte. In Oettingen war seit dem frühen 9. Jahrhundert das Kloster Fulda begütert. Dessen Besitz im Ries war größtenteils als Lehen an die Staufer gelangt und so dem Kloster allmählich entfremdet worden[113]. So mag es auch mit Oettingen gegangen sein, das über den Pfalzgrafen Ludwig an seine Tochter gelangt wäre.

Es ist bemerkenswert, daß Ludwig I. von Oettingen den Grafentitel erstmals im Juni 1147 führt (s. oben), nachdem Konrad von Wallerstein

---

112 A. Greinwald, Origines Raitenbuchae Vol. I, 1797, S. 191 ff; Monumenta Boica XXII S. 13 Nr. 7, S. 36 Nr. 44; Traditionsbuch des Klosters Ursberg, JHVD VII, 1894, S. 9 Nr. 6; vgl. K. Fik, Gehörte Ellwangen zum Riesgau? a. a. O. S. 75; Monumenta Boica VII S. 343 f; vgl. Gg. Grupp, Oetting. Regesten Nr. 4 (Vorsicht gegenüber Grupps Deutungen!)

113 E. Fr. Joh. Dronke, Traditiones et Antiquitates Fuldenses, 1844, S. 125 c. 44 Nr. 12; vgl. UB des Klosters Fulda S. 59 ff Nr. 36. Vgl. Anm. 91

114 MG. Dipl. Konr. III. Nr. 175; Todestag ist vielleicht der 12. V.; Necrol. Elvac., Württ. Geschichtsquellen II, 1888, S. 60; vgl. dort S. 66 auch Eintrag zum 2. XI.: „Obiit Cunradus advocatus de Wa."

im März desselben Jahres letztmals bezeugt ist[114]. Auch das wird kein Zufall sein; vielmehr ersehen wir daraus, daß Ludwig I. erst in den Grafenrang erhoben wurde, nachdem Konrad von Wallerstein tot war. So spricht tatsächlich nichts gegen die Annahme, Konrad von Wallerstein sei der Vater Ludwigs I. von Oettingen. Daß sie nie gemeinsam bezeugt sind, ist kein Gegenargument, denn es läßt sich feststellen, daß wechselweise in bestimmten Zeitabständen bald der eine, bald der andere am Königshofe weilte.

Ein zweiter Sohn Konrads von Wallerstein, wohl personengleich mit dem namentlich nicht genannten Bruder Ludwigs I. von Oettingen, wäre Gotebolt von Wallerstein, der seinem Vater als Vogt von Ellwangen nachfolgte und in einer Urkunde Herzog Welfs VI. für Kloster Polling um 1144—1147 als Zeuge auftritt[115].

Indem wir die von Wallerstein — Konrad und Gotebolt — in die Genealogie der Oettinger einreihen, schließt sich die Lücke zwischen dem staufischen Pfalzgrafen Ludwig und Ludwig I. von Oettingen; es erklärt sich der Übergang von halb Wallerstein auf die Oettinger sowie deren Anspruch auf die Ellwanger Vogtei[116]. Waren die Oettinger die Rechtsnachfolger des Pfalzgrafen Ludwig, versteht man, weshalb sie im 13. Jahrhundert, spätestens nach dem Tode König Konrads IV. (✝ 1254), mit anderem staufischen Gut auch die staufische Hälfte Wallersteins sich angeeignet haben; konnten sie sich doch auf einen Erbanspruch berufen.

4. Die Stammutter der Edelherren von Truhendingen (Hohentrüdingen am Hesselberg):

In einer Urkunde Kaiser Friedrichs I. Barbarossa von 1165 wird Adalbert von Truhendingen „consanguineus" (Blutsverwandter) des Herzogs Friedrich von Rothenburg (1152—1167), des Sohnes König Konrads III., genannt[117]. Die Genealogie der Staufer ist hinreichend bekannt; unter den Vorfahren Friedrichs von Rothenburg zurück bis zu Friedrich „von Büren" (1053) bietet sich keine Möglichkeit, die bezeugte Verbindung zu den Truhendingern zu knüpfen. Sie muß noch früher zustande gekommen sein.

Ein ähnliches Ergebnis zeigt die Besitzgeschichte. Der Besitz der Truhendinger zieht sich von der Gegend um den Hesselberg herunter bis ins

---

115 Necrol. Elvac. a. a. O. S. 60 zum 31. VI.; Tiroler UB I. S. 91 Nr. 216. Gotebolt tritt mit den gleichen Personen und Familien auf wie Konrad v. Wallerstein. In den Bereich Konrads und Gotebolts paßt, daß die Schwester Ludwigs I. v. Oettingen (und Gotebolts?) einen Herren v. Seefeld (bei Herrsching) heiratet; Monumenta Boica VII S. 343 f

116 Briefl. Mitteilung von K. Fik, Ellwangen, vom 24. 8. 1976

117 S. Englert, Gesch. der Grafen v. Truhendingen, 1885, S. 15 Nr. 22

südliche Ries. Truhendingischer Besitz findet sich hier insbesondere in Dürrenzimmern, Pfäfflingen, Ehringen, Wechingen, Fessenheim, Alerheim, Enkingen, Kleinerdlingen, Herkheim, Reimlingen, Appetshofen und Schrattenhofen[118]. Er überschneidet sich mehrfach mit dem der Staufer, etwa in Alerheim und Reimlingen, aber auch mit dem der Anhauser Stifter, der letztlich staufischen Ursprungs war, und zwar in Dürrenzimmern und Fessenheim; er liegt zudem in nächster Nachbarschaft der staufischen Feste Wallerstein. Somit dürfte sich der Besitz der Truhendinger von dem der Staufer im Zuge einer Erbteilung abgespalten haben. Diese Abspaltung müßte allerdings schon erfolgt sein, ehe die Staufer im Rems-Fils-Gebiet Fuß faßten, denn dort waren die Truhendinger nicht begütert. Im Rems-Fils-Gebiet aber ist als erster Staufer Friedrich „von Büren" (1053) nachweisbar. Somit kann die Abspaltung spätestens in der Generation des Riesgrafen und Pfalzgrafen Friedrich (1027—1053) erfolgt sein.

Das führt uns zu folgendem Ergebnis: Eine Schwester des Riesgrafen und Pfalzgrafen Friedrich (1027—1053) dürfte einen Adalbert geheiratet haben, der 1053 unter den „Optimaten" des Rieses und des Sualafelds erscheint und als Vorfahr der Herren von Truhendingen zu betrachten ist. Sie hätte den Namen Friedrich samt staufischem Besitz ins Haus Truhendingen gebracht.

So erfahren wir auf dem Umweg über die Blutsverwandtschaft der Truhendinger zu den Staufern erneut, daß die letzteren spätestens im ersten Viertel des 11. Jahrhunderts im Ries ansässig waren. Wenn sodann die staufische Stammutter der Truhendinger den Namen Friedrich ins Haus brachte, dürfte sie selbst die Tochter eines Friedrich sein. Dies wäre eine Bestätigung, daß der 987 genannte Graf Friedrich ihr Vater und somit der Vater ihrer Geschwister Berta und Friedrich (1027—1053) war.

5. Adelheid, die Mutter Bischof Ottos I. des Heiligen von Bamberg:

Ernst Klebel und Emil Kimpen haben vermutet, daß Bischof Otto I. von Bamberg (1102—1139) zum Verwandtenkreis der Staufer gehöre, und zwar durch seine Mutter Adelheid[119]. So heißt ja die Tochter Friedrichs „von Büren" und der Hildegard von Schlettstadt. Über sie ist außer ihrer Mitwirkung bei der Gründung des St. Fides-Klosters in Schlettstadt durch ihre Mutter Hildegard und ihre Brüder Otto, Bischof von Straßburg, Friedrich I., Herzog von Schwaben, Ludwig, Walter und Konrad im Jahre 1094 nichts bekannt[120]. Daß diese Adelheid mit der Mutter des Bischofs Otto tatsächlich

---

118 S. Englert, Gesch. der Grafen v. Truhendingen, Graph. Darstellung der Truhending. Besitzungen; vgl. D. Kudorfer, Nördlingen a. a. O. S. 227 ff

119 E. Klebel, Zur Abstammung der Hohenstaufen, a. a. O. S. 162; E. Kimpen, Zur Königsgenealogie, a. a. O. S. 101

120 Regesten der Bischöfe von Straßburg I Nr. 347

gleichzusetzen ist, ergibt sich mit größter Wahrscheinlichkeit aus folgenden Gründen:

a) Bischof Otto stiftete 1123—1124 in Bamberg eine Zelle St. Getreu (St. Fides)[121]. Das Patrozinium St. Getreu-St. Fides ist so selten, daß man unwillkürlich an eine Verbindung mit Schlettstadt denkt. St. Fides in Schlettstadt aber war von Mönchen des südfranzösischen Klosters St. Foy in Conques besiedelt worden. Die Beziehung dorthin hatten die staufischen Brüder Herzog Friedrich I., Bischof Otto von Straßburg und Konrad anläßlich einer Wallfahrt nach Conques geknüpft. Es sind dies die Brüder der Stauferin Adelheid, die wir für die Mutter des Bischofs Otto von Bamberg halten. So verrät die Übertragung des Fides-Patroziniums nach Bamberg engste Beziehungen zum staufischen Haus. Es mag Pietät gegenüber seiner Mutter Adelheid und seiner Großmutter Hildegard gewesen sein, was den Bischof zur Stiftung der Zelle St. Getreu in Bamberg veranlaßte.

b) Ein Bruder des Bischofs Otto hieß Friedrich (von Mistelbach). Der Name dürfte vom Vater der Mutter, Friedrich „von Büren", stammen.

c) Bischof Ottos Brüder Friedrich und Liutfried schenkten an Kloster Hirsau, und zwar der eine ein Gut in Altheim bei Renningen, der andere in Schafhausen (Kr. Leonberg)[122]. Das Altheim dicht benachbarte Malmsheim war 1188 staufisch[123]. Man ist geneigt, den Besitz der Brüder Ottos in Altheim und Schafhausen sowie den der Staufer in Malmsheim als ursprünglich zusammengehörig und aus der Erbmasse eines gemeinsamen Vorfahren stammend zu betrachten. Erforscht man auf der Suche nach dem möglichen Erblasser die Besitzverhältnisse in den Nachbarorten, fällt auf, daß in Eltingen, Warmbronn und Gebersheim die Grafen von Arnstein (Nassau) begütert waren. Sie sind mit den Staufern blutsverwandt[124]. In mehreren aufeinanderfolgenden Generationen führen sie den Namen Ludwig, der sich im Stauferhause unter den Söhnen der Hildegard von Schlettstadt findet und durch sie, die aus dem Hause Mousson-Mömpelgard stammt, vermittelt ist[125]. So dürfte die Blutsverwandtschaft zwischen Staufern und Arnsteinern über Hildegard gelaufen sein[126]. Von ihrer Seite stammt am ehesten das staufische Gut Malmsheim. Dasselbe dürfte für Altheim und Renningen gelten. Diese Güter

---

121 Germania sacra I. Das Bistum Bamberg S. 131 f
122 Codex Hirsaug., Württ. Geschichtsquellen I, 1887, S. 36
123 P. Rassow, Der Prinzgemahl, 1950, S. 2 vgl. S. 24
124 Codex Hirsaug. a. a. O. S. 55; vgl. Anm. 49
125 Vgl. Anm. 18
126 E. Klebel, Zur Abstammung der Hohenstaufen, a. a. O. S. 167; E. Kimpen, Zur Königsgenealogie, a. a. O. S. 103

wären an Hildegards Tochter Adelheid gefallen, die wir mit der Mutter des Bischofs Otto und seiner Brüder Friedrich und Liutfried gleichsetzen möchten.

d) Bischof Otto übertrug um 1112 dem Kloster St. Michael in Bamberg eine Kirche am Albuch („iuxta Albuch"), die ihm nach Erbrecht gehörte, zum Gedächtnis seiner Eltern Otto und Adelheid, die darin bestattet waren („inibi corpore quiescentium")[127]. Diese Kirche am Albuch konnte zwar bis heute nicht mit Bestimmtheit ermittelt werden. Gustav Bossert hat an Heubach gedacht[128]. Seitdem wir aber wissen, daß der Albuch und sein Vorland staufisches Land war, das aus dem Erbe des Filsgaugrafen Walter (998) stammte, lag jene Kirche am Albuch auf alle Fälle im staufischen Begüterungsbereich. Sie wäre von Ottos Mutter Adelheid in die Ehe gebracht worden. Daß Otto am Albuch begütert war, ist für uns das entscheidende Argument dafür, daß seine Mutter Adelheid mit der Tochter Friedrichs „von Büren" namens Adelheid personengleich ist.

Ist aber Ottos Mutter mit der Stauferin Adelheid identisch und diese in der Kirche am Albuch bestattet, dann ist auch der Streit entschieden, wen die Totenmaske in Schlettstadt darstellt: es kann sich nicht um die Tochter Adelheid, sondern nur um die Mutter Hildegard handeln.

6. *Berta von Boll:*[128a]

Die Benediktinerabtei Elchingen (Kr. Neu-Ulm) hatte unter ihren ältesten Besitzungen eine Gruppe von Gütern im mittleren Remstal: (Ober-)Urbach, Welzheim, Breitenfirst und Druggis (unermittelt). Dies ergibt sich aus der Schutzbulle des Papstes Honorius III. von 1225[129]. Aus späteren Nachrichten geht hervor, daß dazu noch Zehntrechte und Güter in Unterurbach, Plüderhausen, Haubersbronn und Lorch gehörten[130].

Untersuchungen im Neu-Ulmer Arbeitskreis haben erbracht, daß die Güterliste der Papstbulle von 1225 größtenteils übernommen ist aus älteren,

---

127 Ebonis vita Ottonis Lib. I cap. 17, Jaffé, Bibl. rer. Germanicarum V S. 604
128 Die Herkunft Bischof Ottos..., Württ. Vierteljahresh. VI, 1883, S. 95 f
128a Der Neu-Ulmer Arbeitskreis, geleitet von Rechtsanwalt Horst Gaiser, Neu-Ulm, hat sich im Juli 1964 und Nov. 1972 eingehend mit den Stiftern der Abtei Elchingen (Kr. Neu-Ulm) befaßt. H. Gaiser hat im Nov. 1972 speziell über Berta referiert. Vf. war an den Veranstaltungen des Arbeitskreises beteiligt und in ständigem Gedankenaustausch mit H. Gaiser. Nachstehende Ergebnisse stimmen mit denen H. Gaisers überein und werden mit seinem Einverständnis vorgetragen. Vgl. H. Bühler, Richinza v. Spitzenberg, Jahrb. Württ. Franken 58, 1974, S. 317; ders., Schwäb. Pfalzgrafen, frühe Staufer..., JHVD LXXVII, 1975, S. 125 ff
129 WUB V S. 415 ff Nachtrag 29
130 G. Mehring, Stift Lorch, Württ. Geschichtsquellen XII Einl. VI und S. 18 Nr. 45; Beschreibung des Oberamts Schorndorf, 1851, S. 143 f und S. 169

nicht mehr erhaltenen Urkunden der Päpste Calixt II. (1119—1124) und
Innozenz II. (1130—1143); sie gibt somit den Besitzstand des Klosters aus
der Gründungszeit (um 1120) und den darauf folgenden Jahren wieder. Es
handelt sich also größtenteils um das Stiftungsgut des Klosters, das aus
den Händen der Stifterfamilie kam.

Der elchingische Besitz im Remstal liegt mitten im staufischen Begüterungsbereich. Im Welzheim z. B. war das Kirchenpatronat staufisch und
wurde von König Konrad III. 1144 an Kloster Lorch vertauscht[131]. So läßt
der elchingische Besitz im Remstal auf Verwandtschaft der Klosterstifter
mit den Staufern schließen. König Konrad III. ist 1150 als Vogt des Klosters
Elchingen bezeugt[132]. Auch dies deutet auf Verwandtschaft; ist er doch
offenbar der Rechtsnachfolger der Stifter.

Die Erkenntnis, daß die Stifter des Klosters Elchingen und die Staufer
verwandt seien, ist gewiß nicht neu.

Der erste, der darauf hinweist, ist Felix Faber (1488). In seinem „Tractatus de civitate Ulmensi" erzählt er, der Bruder des (1125) zum König
gewählten Lothar von Sachsen, Konrad (gemeint ist Markgraf Konrad von
Meißen, † 1157), habe die Schwester des Herzogs Konrad von Schwaben
namens Lucia (Liutgard) geheiratet, welcher die Burg Elchingen als Erbteil
zugefallen sei. Zwischen König Lothar und Herzog Konrad von Schwaben
sei es zu schweren Kämpfen gekommen, in deren Verlauf König Lothar Ulm
eingenommen und zerstört habe (1134). Nach Lothars Tod (1137) sei jedoch
Konrad von Schwaben König geworden (Konrad III., 1138—1152). Er habe
von seinem Schwager nun die Räumung und Herausgabe der Burg Elchingen
verlangt. Konrad und Lucia aber hätten durch göttliche Eingebung einen
heilsamen Ausweg gefunden und die Burg samt Zugehör 1142 der Jungfrau
Maria und dem Papst Lucius II. (!) (1144—1145) dargebracht. Der Papst habe
Elchingen in seinen Schutz genommen, Mönche dorthin geschickt und dem
Römischen Kaiser befohlen, daß er das so entstandene Kloster beschütze[133].

Wir können Fabers Gedankengang in etwa nachvollziehen. Entweder
erschloß er aus der Besitzgeschichte oder wußte er aus der Klostertradition,
daß eine Stauferin an der Gründung Elchingens maßgeblich beteiligt war.
Auch wußte er von einer Urkunde von 1142, die in Abschrift im Kloster-
archiv verwahrt wurde und fälschlicherweise als „Charta fundationis"

---

131 MG. Dipl. Konr. III. Nr. 114
132 M. Gerbert, Hist. nigrae Silvae III S. 76 ff Nr. 51
133 Fratris Felicis Fabri Tractatus de Civitate Ulmensi, hrsg. von G. Veesenmeyer,
     Bibl. des Literar. Vereins in Stuttgart CLXXXVI, 1889, S. 158 ff; Bruder Felix
     Fabris Abhandlung von der Stadt Ulm, verdeutscht von Prof. K. D. Haßler,
     Ulm-Oberschwaben H. 13—15, 1908 und 1909, S. 107 ff

galt[134]. Doch scheint er sie nicht selbst gesehen zu haben, weicht doch sein
Bericht von deren Inhalt ab. Dieser Urkunde zufolge hatten nämlich Markgraf Konrad, seine Gemahlin L. und deren Söhne die bereits bestehende
Abtei dem römischen Stuhl übertragen, und zwar dem Papst Innozenz II.
(1130—1143). Auf dieser Urkunde beruhte letztlich Fabers Kenntnis von
der Beteiligung des Markgrafen Konrad und seiner Gemahlin an der
Klostergründung. Folglich wurde die Gemahlin Konrads, L. (= Lucia-Liutgard), für ihn zur Stauferin. Da er weiterhin die Urkunde kannte, laut welcher König Konrad III. 1150 in Langenau als Vogt des Klosters Elchingen
tätig war[135], ergab sich für ihn die Folgerung, Lucia-Liutgard sei dessen
Schwester gewesen.

Die Ansicht, Markgraf Konrad von Meißen und seine Gemahlin Lucia-
Liutgard seien die Stifter bzw. Urheber der Stiftung Elchingens und Lucia-
Liutgard sei eine Schwester König Konrads III. gewesen, ist bis in die
jüngste Zeit vertreten worden[136]. Sie ist jedoch in dieser Form nicht haltbar;
hierauf hat Albert Brackmann aufmerksam gemacht[137]. Auch kennen wir die
Genealogie des Stauferhauses in dieser Generation soweit, daß sich mit
Bestimmtheit sagen läßt: eine Schwester Konrads III. namens Lucia-Liutgard
hat darin keinen Platz. Der Name Liutgard ist dem Stauferhause völlig
fremd. Überdies würden die Altersverhältnisse kaum passen; Liutgard ist
offenbar eine Generation jünger als Konrad III.

Den Gründungsbericht Fabers ergänzte Caspar Bruschius 1551 durch die
Nachricht, Elchingen sei wenige Jahre nach seiner Gründung durch Brand
zerstört worden. Aber ein „Albertus quidam Sueviae Regulus, comes de
Ravenstein et Irczenberg" (ein schwäbischer Fürst namens Albert, Graf von
Ravenstein und Irzenberg), habe nach Rückkehr vom zweiten Kreuzzug
(1147—1149) das Kloster auf Grund eines Gelübdes wieder aufgebaut.
Alberts Gemahlin Berta habe als eine Heilige gegolten, weil sie die Schnee-
gänse aus dem ganzen Donaubereich vertrieben habe[138].

Bruschius hatte das Paar Albert und Berta offenbar in einem Nekrolog
entdeckt, wo sie als Wohltäter des Klosters verzeichnet waren.

Somit kannte die Elchinger Überlieferung seit Bruschius zwei Paare, die
sich Verdienste um das Kloster erworben hatten: Markgraf Konrad von

---

134   Neues Archiv d. Gesellschaft f. ältere dt. Geschichtskunde VI, 1881, S. 634 f;
      vgl. A. Brackmann, Germania Pontificia II, 1, 1923, S. 87
135   Wie Anm. 132
136   A. Herrmann, Elchingen, eine staufische Klostergründung, Schwäb. Heimat
      5. Jg. 1954, H. 4, S. 163; Lexikon f. Theologie und Kirche III, 1959, S. 796;
      mit Einschränkung: Germania Benedictina II, 1970, S. 87
137   Germania Pontificia II, 1, 1923, S. 87
138   Monasteriorum Germaniae praecipuorum centuria prima, 1551, Fol. 46

Meißen und Lucia-Liutgard als die vermeintlichen Stifter (oder Urheber der Stiftung); Albert von Ravenstein und Berta als die Erneuerer nach dem erwähnten Brand.

Die schwäbische Forschung hat nie versucht, die beiden Paare zu einander in Beziehung zu setzen, obwohl die Vermutung nahe lag, sie könnten verwandt gewesen sein. Unbekannt geblieben ist in Schwaben offenbar die Arbeit des sächsischen Historikers Christian Schoettgen, „De Luitgardis quae Conradi Magni Marchionis Misnensis uxor fuit origine Suevica", Dresden 1740. Schoettgen kannte das „Chronicon Montis Sereni" (Petersberg bei Halle), welches die Gemahlin des Markgrafen Konrad, Lucardis-Liutgard, als die Tochter „Alberti cuiusdam nobilissimi de Suevia" (eines sehr edlen Schwaben namens Albert) bezeichnet[139]. Bei Christoph Lorenz Bilderbeck[140] fand er, daß dieser Albert ein Graf von Ravenstein (bei Steinenkirch Kr. Göppingen) gewesen sei, eine Nachricht, die letztlich wohl wieder auf Bruschius beruht. So kam Schoettgen zu dem Ergebnis, daß Albert den Anfang der Stiftung Elchingens gemacht, Markgraf Konrad und seine Gemahlin die Stiftung „zu Stande gebracht" hätten.

Die Rolle der beiden Paare, die sich um Elchingen verdient gemacht hatten, war damit vertauscht und zugleich waren diese Paare in engste verwandtschaftliche Beziehung zu einander gebracht: Albert von Ravenstein und Berta waren die Eltern der Lucardis-Liutgard, der Gemahlin des Markgrafen Konrad.

Schoettgens Ansicht bestätigte sich, als 1889 die Bulle Honoris III. von 1225 aus den päpstlichen Registern veröffentlicht wurde[141]. Als „patroni" (Schutzherren) des Klosters sind dort die „Berta comitissa", deren Tochter „Lenugarda" (Liutgard) und deren Gemahl „Corradus Marchio" genannt. So ergänzt die Papstbulle die Nachricht des „Chronicon Montis Sereni" und behebt die letzten Zweifel, wer als der eigentliche Gründer des Klosters Elchingen zu gelten hat: es ist das Paar Albert und Berta, die Eltern der Liutgard[142].

Über den Grafen Albert hat der Vf. an anderer Stelle gehandelt[143]. Hier

---

139 MG. SS. XXIII S. 139; vgl. die „Genealogia Wettinensis", MG. SS. XXIII S. 228; das Mainzer UB I S. 536 f Nr. 616 erwähnt den „comes Adelbertus" als Schwiegervater des „marchio Cunradus" (Konrad d. Gr. v. Wettin)
140 Teutscher Reichs Staat Tom. II p. 83, 3. Aufl. 1715, 4. Aufl. 1738
141 WUB V S. 415 ff Nachtrag 29
142 Leider hat die schwäb. Forschung dies bis in die jüngste Zeit nicht zur Kenntnis genommen. Vgl. H. Tüchle, Kirchengeschichte Schwabens I, 1950, S. 234; Handbuch der Histor. Stätten Deutschlands Bd. VII Bayern, 2. Aufl. 1965 S. 543 f sowie die unter Anm. 136 verzeichnete Literatur
143 Schwäb. Pfalzgrafen, frühe Staufer . . . JHVD LXXVII, 1975, S. 125 ff

DIE FRÜHEN STAUFER UND IHR VERWANDTENKREIS

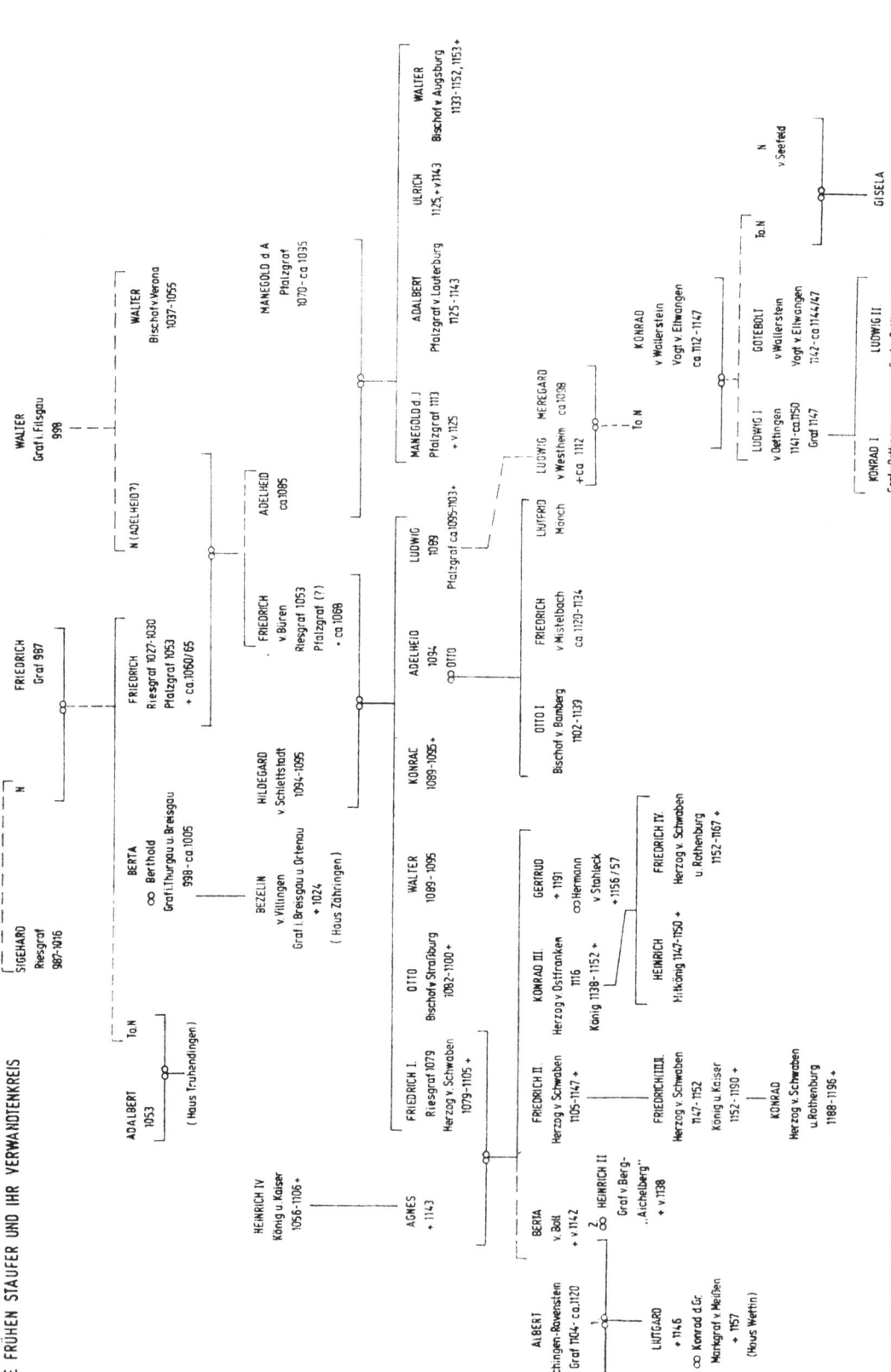

(Die Nachkommen Herzog Friedrichs II (+1147) wurden nur soweit aufgenommen, als sie im Text Erwähnung finden)

sei nur erwähnt, daß er sich auf Grund seines Besitzes und seines Namens als ein Glied der „Adalbertsippe" erweist, die sich auf der Geislinger, Heidenheimer und Ulmer Alb seit dem frühen 11. Jahrhundert nachweisen läßt. Die „Adalbertsippe" spaltete sich um die Mitte des 11. Jahrhunderts einerseits in den Zweig, der das Kloster Anhausen stiftete und aufgrund seiner Verschwägerung mit den Staufern zeitweilig das Pfalzgrafenamt bekleidete (s. oben), andererseits in die Familie von Stubersheim. Diese wird urkundlich faßbar in dem Brüderpaar Adalbert und Berenger, das 1092 in Ulm anläßlich der Versammlung der Welfenpartei in Erscheinung tritt. Berenger wurde der Stammvater der drei Linien Stubersheim, Ravenstein und Helfenstein; von Adalbert leiten sich die Herren von Albeck und unser Albert, Gemahl der Berta, her; er ist 1104 als „Adalpreht de Alechingen" urkundlich bezeugt[144].

Seine Tochter Lucardis-Liutgard hat sich um 1119 mit dem Markgrafen Konrad von Meißen vermählt. Sie hat damit in eines der vornehmsten Fürstenhäuser eingeheiratet und ist die Stammutter aller Wettiner geworden. Dies wirft ein Licht auf ihre eigene vornehme Herkunft. Wir erinnern uns der elchingischen Tradition, die uns zuerst bei Faber (1488) begegnet. Danach hätte an der Gründung Elchingens eine Stauferin Anteil gehabt, und zwar eine Schwester König Konrads III. Daß daran etwas Wahres ist, beweist ja der frühe elchingische Besitz im Remstal. Nur Berta, die Gemahlin des Grafen Albert, kann diese Stauferin gewesen sein; steht sie doch an der Spitze der „patroni" des Klosters. Sie hat den Besitz im Remstal vermittelt. Nach den Lebensdaten muß sie eine Schwester König Konrads III. gewesen sein. So hatte Faber im Grunde recht; er hat nur die Tochter Liutgard mit der Mutter Berta verwechselt, die in den ihm bekannten Quellen nicht genannt ist.

Berta ist wegen ihres Namens und Lebensalters als Tochter Herzog Friedrichs I. (1079—1105) und der Königstochter Agnes anzusetzen. Der Name Berta ist uns schon bei der Schwester des ersten Friedrich in Wibalds „Tabula" begegnet, die die Stammutter der Zähringer wurde und Reimlingen vererbte. Der Name erhielt erneut Gewicht durch die Verbindung Herzog Friedrichs I. mit Agnes, denn deren Mutter, die Gemahlin Heinrichs IV., war Berta von Savoyen. So ist es natürlich, daß Agnes ihrer Tochter den Namen der eigenen Mutter gab. Unter den zwölf Enkeln Bertas, den Kindern ihrer Tochter Liutgard, finden wir sodann nicht weniger als neun Namen, die bei Saliern und Staufern gebräuchlich waren und nur durch Berta, die Tochter der Salierin Agnes und des Staufers Friedrich I., vermittelt sein konnten. Es sind dies Berta (nach Bertas Großmutter Berta von Savoyen),

144 MG. Dipl. Heinr. IV. Nr. 483 und 484

Gertrud (nach Bertas Schwester Gertrud von Stahleck), Adelheid (nach
Bertas Vaterschwester, der Mutter des Bischof Otto von Bamberg), Sofie
(nach der Schwester Heinrichs IV.), Agnes (nach Bertas Mutter); ferner Otto
(nach Otto von Savoyen, dem Schwiegervater Heinrichs IV., und nach dem
Bruder Herzog Friedrichs I.), Heinrich (nach Heinrich IV.) und Friedrich
(nach Bertas Vater; doch war der Name auch im Hause Wettin üblich).

Liutgard hat sich — wie erwähnt — um 1119 vermählt. Sie dürfte damals
kaum älter als fünfzehn gewesen sein und wäre somit um 1104 geboren.
Ihre Mutter Berta muß gleichfalls im Alter von etwa 14 Jahren geheiratet
haben und wäre somit um die Wende der Jahre 1089—1090 geboren als
erstes Kind der Ehe Herzog Friedrichs I. mit Agnes.

Bertas Gemahl ist, wie wir sahen, früh gestorben (um 1120). Die Papstbulle von 1225 nennt ihn nicht unter den „patroni" des Klosters Elchingen,
so daß er zu der Zeit, als Papst Calixt II. (1119—1124) das erste Privileg
für Elchingen erließ, wohl schon nicht mehr am Leben war.

Berta, die um diese Zeit kaum mehr als 30 Jahre zählte, hat sich bald
darauf ein zweites Mal vermählt, und zwar mit einem Grafen Heinrich. Ihre
beiden Heiraten sind bezeugt in den Meßbüchern der Pfarreien St. Martin
und St. Maria in Tomerdingen (Kr. Ulm)[145]. Von Berta und ihrem (zweiten)
Gemahl weiß auch die Zimmern-Chronik (um 1566) zu berichten. Sie nennt
ihn einen Grafen von Aichelberg. Berta gilt dort als eine geborene Gräfin
von Ravenstein (!). Wichtig ist die Nachricht, daß Berta in Boll (bei Göppingen) gewohnt habe, das nach Meinung des Chronisten damals wohl zu
der Grafschaft Aichelberg gehörte. Aus Liebe zu dem Dorfe Boll habe sie
dort ein Stift gegründet, in welchem sie auch begraben sei. Doch habe sie
auch eine Wohnung unweit von Elchingen an der Donau gehabt. Ihr einziger Sohn sei durch einen Unfall in der Donau ertrunken. Im Kloster Elchingen und auch in Boll sei möglicherweise noch etwas über sie in Erfahrung
zu bringen. Als Verdienst der „heiligen und andechtigen Fraw" rühmt der
Chronist, daß sie ihre Bauern von der Plage der Schneegänse befreit
habe[146].

---

145 Meßbuch der oberen Pfarrkirche St. Martin in Tomerdingen, elching. Patronats,
     von ca. 1615: „Darumb soll ein Jahrtag gehalten werden am Mittwoch vor
     Laetare dem Wolgebornen Graven Albrecht und Berchten seinem gemahel,
     auch ihrer kinder und voreltern cum vigilia et missa . . ."
     Meßbuch der unteren Kirche St. Maria in Tomerdingen von 1503: „. . . darumb
     sollen sie han Graff Hainrichs und fraw Berchten seiner hußfrawen Jartag
     und aller der, die in irem geschlecht verschaiden sein, mit einer gesungen
     vigili, ainem gesungen selampt, ainer gesprochen selmeß und zwei schilling
     an die spend umb brott . . ." Diese Nachrichten verdankt Vf. Herrn Dr. med.
     M. Reistle, Langenau
146 Zimmerische Chronik, neu herausgeg. von P. Herrmann III, S. 200 ff

So vermittelt die Zimmern-Chronik eine Reihe höchst interessanter Nachrichten:

a) sie besagt, daß die Stifterin von Boll mit der Stifterin des Klosters Elchingen personengleich ist; hat doch Bruschius die Sage von den Schneegänsen auf die Stifterin Elchingens bezogen. Sie bestätigt damit zugleich, daß die Gemahlin des Grafen Albert mit der Gemahlin des Grafen Heinrich identisch ist.

b) Wir erfahren, um welche Zeit etwa das Stift Boll gegründet wurde, das 1155 erstmals als eine dem Hochstift Konstanz zinspflichtige Propstei erwähnt wird[147]. Es kann dies frühestens in den zwanziger Jahren des 12. Jahrhunderts, muß aber vor 1142 geschehen sein. In diesem Jahr übertrugen ja Bertas Tochter Liutgard und deren Gemahl, Markgraf Konrad, das Kloster Elchingen dem hl. Stuhl; dies setzt voraus, daß Berta nicht mehr am Leben war. Der Zeitraum läßt sich indes noch weiter einengen. Berta gründete das Stift offenbar als Witwe, nach dem Tod ihres zweiten Gemahls, der unter dem Namen Graf Heinrich von Aichelberg erscheint. Wie Vf. an anderer Stelle dargetan hat, handelt es sich um den Grafen Heinrich II. von Berg, der damals die spätere Herrschaft Körsch-Aichelberg verwaltet hat. Diese Herrschaft hatte ihm seine Mutter Adelheid „von Mochental" zugebracht, die ihrerseits durch ihre Mutter Liutgard († 1119) eine Enkelin Herzog Bertholds I. von Zähringen († 1078) war[148]. Heinrich von Bergs Tod wird von den Zwiefalter Chronisten erwähnt, liegt also vor 1138[149]. Seine Ehe war kinderlos. Dies ist dem Eintrag im Meßbuch von St. Maria in Tomerdingen zu entnehmen[150] und ergibt sich auch daraus, daß seine Herrschaft an seinen Neffen fiel. Die Gründung des Stiftes Boll wäre somit wohl um 1135—1140 erfolgt, und zwar auf Bertas Witwengut.

c) Nicht unwichtig ist die Nachricht, daß Berta aus erster Ehe außer der Tochter Liutgard einen Sohn hatte, der als junger Mensch in der Donau ertrank. Auch das Meßbuch der Tomerdinger Pfarrei St. Martin weiß von Bertas „Kindern"[151]. Nachdem Bertas Sohn umgekommen war, fiel das gesamte Erbe Alberts und Bertas an die Tochter Liutgard. Diese lebte im heutigen Sachsen; der schwäbische Besitz war von dort aus schlecht zu verwalten. Deshalb vermachte Liutgard ihr Erbgut im Schwäbischen

---

147 WUB II S. 75 ff Nr. 352
148 H. Bühler, Richinza v. Spitzenberg . . ., Württ. Franken 58, 1974, S. 316
149 Die Zwiefalter Chroniken Ortliebs und Bertholds, neu herausgeg. von E. König und K. O. Müller, Schwäb. Chroniken der Stauferzeit 2. Bd., 1941, S. 92 und S. 172; MG. Necrol. I S. 245
150 Vgl. Anm. 145
151 Wie Anm. 145

vollends dem Kloster Elchingen und übertrug dieses gemeinsam mit
Gemahl und Söhnen 1142 dem Römischen Stuhl. Die Vogtei aber ging an
Liutgards Vetter, König Konrad III, über, der wohl als Ersatz dafür
seinen sächsischen Verwandten 1143 das Land Rochlitz überließ[152].
Wenn die Zimmern-Chronik Berta eine geborene Gräfin von Ravenstein
nennt, ist das zwar objektiv falsch, doch verbirgt sich dahinter das Wissen
um ihre älteren Beziehungen zum Hause (Stubersheim-)Ravenstein, dem ihr
erster Gemahl Albert angehörte.

Wir sehen, daß sich die Genealogie der frühen Staufer durchaus erweitern
läßt. Weniger der Mannesstamm, der durch Wibald gut bezeugt ist; er
konnte lediglich um ein Glied nach rückwärts verlängert werden. Dagegen
waren in den ersten Generationen der staufischen Genealogie bisher nur
ganz wenige Frauen bekannt. Es liegt in der Natur der ohnehin spärlichen
Quellen, daß Frauen allenfalls dann genannt werden, wenn sie den höchsten
Kreisen angehörten. Für jede der vier ersten Generationen Wibalds ließ
sich mindestens eine Stauferin hinzugewinnen: in der ersten Generation ist
es die namentlich unbekannte Stammutter der Truhendinger; in der zweiten
die Pfalzgräfin Adelheid, Gemahlin Manegolds d. Ä. aus dem Anhauser
Stiftergeschlecht. In der dritten Generation erwies sich die bekannte Schwe-
ster Herzog Friedrichs I., Adelheid, als die Mutter des Bischofs Otto von
Bamberg. In der vierten Generation kam als Tochter Herzog Friedrichs I.
Berta von Boll hinzu sowie als Tochter des Pfalzgrafen Ludwig die dem
Namen nach unbekannte Stammutter der Grafen von Oettingen. Der Sippen-
kreis der Staufer erweitert sich damit ganz beträchtlich. Die Erhebung
Friedrichs I. zum Herzog von Schwaben 1079 wird vollends verständlich,
nachdem wir wissen, daß er sich als Herzog nicht allein auf seine eigene
Hausmacht zu stützen brauchte, sondern daß er mit der Unterstützung seiner
Oheime, Schwäger, Vettern und Neffen rechnen durfte, die vorwiegend in
Ostschwaben verwurzelt waren und ihm und seinem Nachfolger von vornherein einen beträchtlichen Einflußbereich sicherten. Nicht zuletzt die Tat-
sache, daß der Staufer in seinem eigenen Sippenkreis über einen stattlichen
Anhang verfügte, mag Heinrich IV. bestimmt haben, Friedrich I. zum Herzog
zu machen. Durch Übertragung von Ämtern, die von Haus aus den Staufern
zustanden, an deren nächste Verwandte, wurden diese noch enger an die
salisch-staufische Partei gebunden. So wird auf der Grundlage der familiären
Beziehungen klar, weshalb die nur in zwei Generationen bezeugten Stifter
Anhausens zeitweilig das wichtige Pfalzgrafenamt bekleideten und weshalb
die Vogtei Anhausen nach ihrem Erlöschen an die Staufer fiel. Wir ver-

---

152 Jos. Matzke, Super ripam Danubii, Aus Archiv und Bibliothek, Max Huber
   zum 65. Geburtstag, 1969, S. 154

stehen den Anfall der Vogtei Elchingen an die Staufer. Wir wissen jetzt, warum die Oettinger mit der Riesgrafschaft betraut wurden und wieso sie einen so erstaunlichen Aufstieg erlebten zu einer Zeit, als die Macht der Staufer zu zerbröckeln begann.

Nachtrag

Der Aufsatz war fertig gesetzt und umbrochen, als der Vf. am 19. 2. 1977 in Stuttgart im „Arbeitskreis für Landes- und Ortsgeschichte" über dessen Ergebnisse referierte.

Die Diskussion ergab, daß Ludwig von Westheim (bei Schwäb. Hall), † 1112, vermählt mit Meregard (ca. 1098) aus dem Hause der Grafen von Komburg-Rothenburg, als Sohn des staufischen Pfalzgrafen Ludwig (ca. 1095 bis 1103) anzusehen ist[153].

Es wäre denkbar, daß Ludwig von Westheim nach dem Tode seines Vaters, des Pfalzgrafen Ludwig († ca. 1103), dessen Pfalzgrafenamt kurze Zeit innegehabt hat, ehe es vor 1113 auf Manegold d. J. von der Anhauser Stifterfamilie überging.

Wenn Ludwig von Westheim ein Sohn des Pfalzgrafen Ludwig war, dann ist die Stammutter der Grafen von Oettingen, die mit Konrad von Wallerstein (ca. 1112–1147) vermählt war, als Tochter Ludwigs von Westheim und der Meregard anzusetzen. Der Name ihres Sohnes Gotebolt würde sich wohl auch aus einer durch Meregard vermittelten Verbindung zu dem Würzburger Burggrafen Gotebolt I. (1091 bis ca. 1110) aus dem Hause Henneberg erklären[154]. Der Text zu S. 16 sowie zu den Anm. 97 und 109 ist entsprechend zu berichtigen.

Nicht zu teilen vermag der Vf. die Ansicht, daß Pfalzgraf Manegold d. Ä. (1070 bis ca. 1095) dem staufischen Mannesstamm als (älterer) Bruder Herzog Friedrichs I. (1079–1105) anzugliedern sei, obwohl in diesem Falle die Pfalzgrafenwürde von der Mitte des 11. Jahrhunderts bis 1143 innerhalb des staufischen Hauses verblieben wäre.

Gegen diesen Ansatz sprechen nach Ansicht des Vf. folgende Gründe:

1. Pfalzgraf Manegold d. Ä. besaß die Kirche in Langenau (Kr. Ulm) nach Erbrecht (hereditario iure)[155]. Die Möglichkeit, daß etwa Manegolds Gemah-

---

153 Beschreibung des Oberamts Hall S. 316; Württ. Franken NF 26/27, 1952, S. 234; Mon. Boica XXXVII S. 30 f Nr. 71
154 siehe künftig H. M. Decker-Hauff, Das staufische Haus, Katalog der Staufer-Ausstellung 1977
155 WUB II, S. 26 ff Nr. 318

lin Adelheid (ca. 1085) die Kirche in die Ehe gebracht haben könnte, scheidet also aus. Manegold muß die Kirche von einem Elternteil überkommen haben; dies könnte nur der (angebliche) Vater Friedrich von Büren sein. In Langenau ist jedoch kein staufischer Besitz nachzuweisen. Dagegen sind dort und in den Nachbarorten außer den Anhauser Stiftern die Grafen von Dillingen sowie die Stifter des Klosters Elchingen (Kr. Neu-Ulm) und die Herren von Albeck begütert. Alle diese Geschlechter sind offenbar Nachkommen und Erben des Duria-Grafen Manegold aus dem Hause der „Hupaldinger", der 1003 für Langenau zuständig war[156]. Pfalzgraf Manegold d. Ä. hätte u. E. die Kirche in Langenau von seiner Mutter ererbt, die eine Tochter des Duria-Grafen Manegold (1003) gewesen sein dürfte.

2. Wären die Anhauser Stifter Angehörige des Stauferhauses, nämlich Nachkommen Friedrichs von Büren und der Hildegard von Schlettstadt, würde man unter ihnen den staufischen Leitnamen Friedrich bzw. einen Namen aus der Sippe Hildegards (etwa Ludwig) erwarten. Diese Namen treten nicht auf. Dagegen haben wir es mit den typischen „Hupaldingernamen" Manegold und Ulrich zu tun. Der Name Adalbert weist auf enge Beziehung zum Hause Stubersheim-Ravenstein bzw. zum Gründer des Klosters Elchingen (Kr. Neu-Ulm). Lediglich der Name Walter kommt aus dem Stauferhause, letztlich von dem Filsgaugrafen Walter (998).

156   MG. Dipl. Heinr. II. Nr. 55

Abkürzungen	HStA	= Hauptstaatsarchiv
	JHVD	= Jahrbuch des Historischen Vereins Dillingen
	MG. Dipl.	= Monumenta Germaniae historica Diplomata regum et imperatorum Germaniae
	MG. SS.	= Monumenta Germaniae historica Scriptores in folio
	PU	= Pergamenturkunde
	UB	= Urkundenbuch
	WUB	= Wirtembergisches Urkundenbuch
	ZGO	= Zeitschrift für die Geschichte des Oberrheins
	ZWLG	= Zeitschrift für Württembergische Landesgeschichte

Zur Geschichte der frühen Staufer. Herkunft und sozialer Rang, unbekannte Staufen. In: Hohenstaufen. 10. 1977, S. 1-44.

Die Heimat der Staufer ist das Ries

»Das Geschlecht der Hohenstaufer ... ging von einem kleinen Ursprung aus. Der Urgroßvater Kaiser Friedrichs I. des Rotbarts nannte sich noch einfach von Büren (d. i. Wäschenbeuren ..., nordwestlich von Hohenstaufen). Er war ein freier Herr, dessen Besitz in enge Grenzen in der Nähe seiner Burg eingeschlossen sein mochte«.

So schrieb 1847 der Altmeister der württembergischen Landesgeschichte, Christoph Friedrich Stälin. Er gab die bis in die jüngste Zeit herrschende Ansicht wieder, daß nämlich das Geschlecht, das sich nach dem Hohenstaufen bei Göppingen benannte, seit Urzeiten in der dortigen Gegend eingesessen sei. Wegen seiner bescheidenen Herkunft habe es keine erkennbare Rolle gespielt, bis jener Friedrich, der die Burg auf dem Hohenstaufen erbaute, im Jahre 1079 Herzog von Schwaben und Schwiegersohn König Heinrichs IV. wurde.

Abt Wibald von Stablo, der in seiner »Stammtafel« der frühen Staufer (1153) den Vater jenes Friedrich einfach als »Fridericus de Buren« bezeichnet und dessen Vater schlicht »Fridericus« nennt, ist der Urheber dieser Ansicht. Sie steht jedoch im Widerspruch zu den Nachrichten der zeitgenössischen Chronisten Berthold von Reichenau und des mit den Staufern nah verwandten Bischofs Otto von Freising, daß Friedrich vor seiner Erhebung zum Herzog bereits Graf gewesen sei, ja, daß er »von den vornehmsten Grafengeschlechtern Schwabens« abstamme.

Für eine Grafschaft Friedrichs und seiner Vorfahren ist im Raum um Rems und Fils kein Platz. Die Grafschaft im Remstal mit Winterbach und Waiblingen, die als Amtsbereich eines um den Hohenstaufen ansässigen Grafen am ehesten in Betracht käme, unterstand um 1080 einem Grafen Poppo. Es ist kaum anzunehmen, daß dieser sein Amt erst ein Jahr zuvor, etwa als Nachfolger des zum Herzog avancierten Friedrich, übernommen hätte. Der Vater Friedrichs, Friedrich von Büren, ist der erste Staufer, der sich mit einiger Sicherheit im Gebiet um Rems und Fils nachweisen läßt. Auf ihn und seine Gemahlin Hildegard mag sich die Nachricht beziehen, die »Vorfahren« Herzog Friedrichs hätten bei der Marienkirche in Lorch ein Kollegiatstift gegründet und dort ihre Grablege gehabt. Doch könnten auch »Vorfahren« von der Mutterseite Friedrichs von Büren gemeint sein. Kaum waren es frühere Angehörige des staufischen Mannesstammes. Denn das innere Schwaben kennt vor 1079 keinen Grafen namens Friedrich. Hat Otto von Freising recht, dann muß die Grafschaft Friedrichs, der 1079 Herzog wurde, und die seiner Ahnen anderswo zu suchen sein, nicht im Gebiet um Rems und Fils.

Vor über 20 Jahren nahm Ernst Klebel einen Pfalzgrafen Friedrich, der 1053 als Würdenträger des Rieses erwähnt ist, für das Stauferhaus in Anspruch und setzte ihn mit Friedrich von Büren gleich.

Er machte geltend, daß die Staufer später im Ries reich begütert waren und daß ein Bruder Herzog Friedrichs I., namens Ludwig, ebenfalls wie jener Friedrich von 1053 das Amt des schwäbischen Pfalzgrafen bekleidete. Deshalb lag es nahe, Friedrich und Ludwig als Vater und Sohn zu betrachten.

Emil Kimpen brachte Grafen namens Friedrich, die im Ries 1053 und 1030 bezeugt sind, sowie einen Grafen Friedrich, der 1027 in Ulm als Wortführer der schwäbischen Grafen hervortrat, mit den Staufern in Verbindung und setzte sie versuchsweise mit Friedrich von Büren und dessen Vater Friedrich gleich.

Der Verfasser beschäftigte sich mit den Stiftern des Klosters Anhausen an der Brenz (Kr. Heidenheim) und stellte fest, daß sie mit den Staufern eng verwandt gewesen sein müssen. Die Anhauser Stifter führten nämlich zwischen 1070 und 1143 gleichfalls den Pfalzgrafentitel, und zwar im Wechsel mit dem Staufer Ludwig und dem Pfalzgrafen Friedrich von 1053. Ihr Besitz überschnitt sich mit dem der Staufer, und zwar vor allem in der Gegend von Schwäbisch Gmünd, in Dettingen auf der Heidenheimer Alb sowie im Ries. In beiden Familien findet sich überdies der Name Walter, der auf einen gemeinsamen Vorfahren dieses Namens schließen läßt. Als gemeinsamer Vorfahr erwies sich ein Graf Walter, der 998 im Filsgau um Göppingen bezeugt ist. Seine Herrschaft muß sich über den Bereich erstreckt haben, der später in Händen der Staufer war. Seines Namens wegen kann er jedoch nicht zum Mannesstamm der Staufer gehören, sondern muß in weiblicher Linie ein Vorfahr der Staufer sein. Da diese im Gebiet um Rems und Fils erst mit Friedrich von Büren faßbar sind, ergibt sich, daß der Vater Friedrichs von Büren die Erbtochter des Filsgaugrafen Walter geheiratet und damit seinem Sohn Friedrich von Büren den Besitz des Filsgaugrafen Walter verschafft hat.

So bestätigt sich, daß die Staufer im Gebiet um Rems und Fils nicht beheimatet sind; und die These Klebels und Kimpens, die Vorfahren der

Staufer seien im Ries zu suchen, gewinnt sehr an Wahrscheinlichkeit, vor allem deshalb, weil es Grafen namens Friedrich im übrigen Schwaben vor 1079 nicht gibt.

Tatsächlich lassen sich die von Wibald bezeugten Ahnen Herzog Friedrichs I. unschwer mit den im Ries bezeugten Würdenträgern namens Friedrich identifizieren. Der Riesgraf Friedrich, der 1030 für Donauwörth zuständig war, muß aus Altersgründen mit dem Großvater des Herzogs Friedrich I. gleichgesetzt werden. Er ist auch personengleich mit jenem Friedrich, der sich 1027 in Ulm als Wortführer seiner schwäbischen Standesgenossen hervortat. Ihn darf man auch mit dem Pfalzgrafen Friedrich gleichsetzen, der 1053 gemeinsam mit einem Riesgrafen Friedrich erscheint. Kein Zweifel, daß die beiden Friedriche von 1053 zusammengehören. Daher hat der ranghöhere Pfalzgraf als der Vater, der rangniedrigere Riesgraf als der Sohn zu gelten. So erklärt sich die Abfolge der Riesgrafen. Der Riesgraf Friedrich von 1053 ist also mit Friedrich von Büren personengleich. Er übernahm die Riesgrafschaft, als sein Vater zum Pfalzgrafen erhoben wurde. Als dieser um 1060–1065 starb, mag Friedrich von Büren gleichfalls das Pfalzgrafenamt bekleidet haben. Doch folgte ihm darin vor 1070 sein Schwager Manegold d. Ä. von der Anhauser Stifterfamilie. Offenbar war Friedrich von Büren damals schon tot. Die Grafschaft im Ries hatte Friedrich von Büren seinem Sohn Friedrich vererbt, der 1079 Herzog wurde.

Es scheint, daß die Riesgrafschaft auch nach 1079 in Händen der Staufer blieb, und zwar in Personalunion mit dem Herzogtum. Im Februar 1147 wurden bambergische Ministerialen im Ries dem Schutz des Herzogs Friedrich II. (1105–1147) anvertraut. Friedrich II. war somit Inhaber hoheitlicher Gewalt im Ries; einer Gewalt, die weniger seinem Herzogsamt als der Befugnis des Grafen entsprach. Wenn dies für Friedrich II. galt, dann dürfte es auch für Friedrich I. (1079–1105) gegolten haben. Überdies ist zu beachten, daß ein eigener Graf im Ries erst wieder im Juni 1147 begegnet. Es ist Graf Ludwig von Oettingen. Er erscheint als Graf wenige Wochen, nachdem Herzog Friedrich II. im April 1147 gestorben war. Zwischen dem Tod des Herzogs und der Ernennung des Oettingers zum Grafen bestand ein Zusammenhang. Ludwig von Oettingen muß der unmittelbare Nachfolger des Herzogs in der Riesgrafschaft sein. So schließt sich die Lücke in der Reihe der Riesgrafen. Denn man wird nicht annehmen, daß die Riesgrafschaft von der Erhebung Friedrichs I. zum Herzog 1079 bis zur Ernennung des Oettingers 1147 – somit 68 Jahre – unbesetzt gewesen sei. Indem man die Amtsträger des Rieses mit den bezeugten

Vorfahren Herzog Friedrichs I. gleichsetzt, kommt man bis in die Zeit um 1020 zurück. Damit sind die Staufer im Ries eine Generation früher nachzuweisen als im Gebiet um Rems und Fils.

Amtsvorgänger des ersten Riesgrafen namens Friedrich war ein Sigehard, der 1007 und 1016 bezeugt ist. Gewiß derselbe Graf Sigehard erscheint nebst einem Grafen Friedrich schon 987 in einer Urkunde König Ottos III. für die Abtei Ellwangen. Die Beziehung zu Ellwangen besagt, daß auch der Amtsbereich des Grafen Friedrich in Ostschwaben lag. Sein Name weist ihn als Vorfahr der Staufer aus; am ehesten war er der Vater des ersten bezeugten Riesgrafen namens Friedrich. Möglicherweise war das Ries damals unter zwei Grafen geteilt und der Amtsbereich der späteren Riesgrafen ist aus den beiden Teilgrafschaften Friedrichs und Sigehards zusammengewachsen. Am einfachsten erklärt sich dies, wenn Sigehard und Friedrich Brüder waren oder wenn Graf Friedrich mit der Schwester des anscheinend kinderlosen Sigehard vermählt war. Dann erbte der Sohn Friedrichs sowohl das Amt seines Vaters als auch das Sigehards. Demzufolge wäre der Mannesstamm der Staufer schon im letzten Viertel des 10. Jahrhunderts im Ries tätig gewesen.

Verwalteten die Staufer das Grafenamt im Ries, dann müssen sie dort auch begütert gewesen sein. Tatsächlich läßt sich im Ries schon sehr früh staufischer Besitz nachweisen. Im Jahre 1150 bezeichnet der junge König Heinrich, der Sohn Konrads III., die Gegend um Bopfingen und Harburg als »unser Land« (terra nostra), als er den Einfall Welfs VI., die Belagerung von Flochberg durch Welf, sein Anrücken vom »castrum Harburg« und seinen Sieg über Welf zwischen Flochberg und Neresheim schildert. Das besagt doch, daß in dieser Gegend ein ansehnlicher Komplex von Gütern samt Hoheitsrechten in Händen der Staufer war. Als im Jahre 1081 Herzog Friedrich I. einen Feldzug gegen bestimmte Plätze in Bayern unternahm, Donauwörth eroberte und sich bei Höchstädt an der Donau schlug, hat er offenbar vom Ries aus operiert, das als seine Machtbasis gelten darf.

Schon 1053 werden Pfalzgraf Friedrich und sein Sohn, der Riesgraf Friedrich, der mit Friedrich von Büren personengleich ist, unter die »Optimaten« (Würdenträger) des Rieses gerechnet. Das setzt voraus, daß sie dort reich begütert waren. Einen Überblick über den staufischen Besitz im Ries vermittelt der Heiratsvertrag, der 1188 zwischen dem Barbarossasohn Herzog Konrad von Rothenburg und Berengaria von Kastilien vereinbart wurde. Er nennt freilich nur Burgen und befestigte Marktorte als lokale Mittelpunkte, ohne deren Zugehör. Es sind dies Bopfingen, Flochberg, halb Wallerstein, Dinkelsbühl, Aufkirchen, Beyerberg und Weißenburg am Sand. Teile des Stauferguts im Ries waren Lehen von Kloster Fulda in Hessen, darunter Güter in Bopfingen, Nördlingen, Reimlingen und Alerheim. Anderes war als salisches Erbe, das Agnes, die Gemahlin Herzog Friedrichs I., vermittelte, spätestens 1125 angefallen, namentlich Weißenburg am Sand sowie Dietfurt, Pappenheim und Wettelsheim.

Für den Großteil der 1188 genannten Plätze läßt sich Art und Zeitpunkt des Erwerbs nicht feststellen; sie haben als alter Hausbesitz der Staufer zu gelten, insbesondere Wallerstein, Dinkelsbühl und Aufkirchen. Einige Besitzungen werden anläßlich von Veränderungen bekannt, z.B. Ebermergen (bei Harburg). Kloster Lorch im Remstal, das von Herzog Friedrich I. und seiner Gemahlin Agnes vor 1102 gegründet wurde, hatte dort die Kirche samt Zehntrechten. König Konrad III. erwarb dies 1144 zurück im Tausch gegen die Kirche in Welzheim. Ebermergen war also um 1100 staufisch.

Wohl der früheste staufische Besitz, der sich ermitteln läßt, ist Reimlingen (bei Nördlingen). Die Kirchenzehnten und alle ortsherrlichen Rechte waren im Jahre 1147 in Händen Rudolfs von Spitzenberg (bei Geislingen). Rudolfs Vorfahren hatten die Kirche gestiftet; Reimlingen war somit Rudolfs Erbgut. Nun stammte Rudolf in der fünften Generation von einer Stauferin namens Berta ab, die nach Wibald eine Schwester des Riesgrafen und Pfalzgrafen Friedrich (1027–1053) war. Offensichtlich hatte Rudolf das Gut Reimlingen von Berta überkommen. Dies scheint der einzige Weg, auf dem der Spitzenberger Besitz im Ries ererben konnte. Da Berta das Gut ihrerseits als Mitgift oder Erbteil erhalten hat, wäre Reimlingen schon vor 1000 staufisch und wohl in der Hand des 987 bezeugten Grafen Friedrich gewesen. Als Zentrum, von dem aus die frühen Staufer ihre Güter im Ries verwalteten, kommt das »castrum Wallerstein« in Betracht, das sich auf einem imposanten Bergkegel inmitten der Riesebene erhob. Im Jahre 1188 befand sich Wallerstein zur Hälfte im Besitz des Barbarossasohnes Herzog Konrad von Rothenburg. Unter den staufischen Burgen und Plätzen, die damals genannt sind, war Wallerstein als einziger geteilt. Dies hat seinen besonderen Grund. Es muß eine Aufteilung unter zwei gleichberechtigte Erben stattgefunden haben. Wahrscheinlich war Wallerstein die Stammburg des Hauses, an der zwei Linien Anteil hatten. Das Halbteil Konrads von Rothenburg läßt sich bis auf Herzog Friedrich I. (1079–1105) zurückverfolgen. Wäre die Teilung erst nach 1105 unter dessen Söhnen erfolgt, nämlich unter Herzog Friedrich II. und König Konrad III., hätte der Anteil Konrads III. nach dem Tode seines Sohnes

Friedrich 1167 an Friedrich Barbarossa fallen müssen und wäre mit dessen
Anteil wieder vereinigt worden. So aber hatte Herzog Friedrich I. sein
Halbteil zweifellos bereits von seinem Vater Friedrich von Büren, dem
Riesgrafen von 1053, geerbt. Friedrich von Büren ist der letzte, der die
noch ungeteilte Burg Wallerstein besessen haben kann. Daher muß einer
seiner übrigen Söhne der Erbe der anderen Hälfte Wallersteins gewesen
sein. Als Teilhaber kommt der einzig überlebende Bruder Herzog Friedrichs I. in Betracht, nämlich Pfalzgraf Ludwig (ca. 1095–1103). Wallerstein muß also um die Mitte des 11. Jahrhunderts in den Händen Friedrichs von Büren gewesen sein. Als staufischer Herrschaftssitz im Ries war
es mit Büren (Wäschenbeuren) zumindest zeitgleich, jedoch sicher älter
als die Burg auf dem Hohenstaufen.

Was aber ist aus der Herrschaft der Staufer im Ries geworden? Wir
wissen, daß seit 1147 Graf Ludwig von Oettingen die staufische Hausgrafschaft im Ries innehatte. Seit 1261 ist Wallerstein im Besitz der Grafen
von Oettingen nachweisbar. Somit sind die Oettinger die Rechtsnachfolger der Staufer im Ries. Dies läßt darauf schließen, daß Staufer und Oettinger verwandt waren. Die Verwandtschaft muß durch Träger des Namens Ludwig vermittelt sein. Diesen Namen trug im Stauferhaus erstmals
Pfalzgraf Ludwig (ca. 1095–1103), der an Wallerstein Anteil hatte. Er
hinterließ einen gleichnamigen Sohn, der als Ludwig von Westheim (bei
Schwäbisch Hall) bezeugt ist, aber schon 1112 starb. Eine Tochter Ludwigs von Westheim muß die Stammutter der Oettinger sein; sie kann am
ehesten halb Wallerstein und die Anwartschaft auf die Riesgrafschaft vermittelt haben. Im Hause Oettingen begegnet der Name Ludwig tatsächlich gerade von der Zeit an, wo Enkel Ludwigs von Westheim Volljährigkeit erlangt haben mochten.

Der Gemahl der Tochter Ludwigs von Westheim muß Konrad geheißen haben; denn Konrad ist neben Ludwig der zweite Leitname der frü-
hen Oettinger. Den Namen Konrad aber trug in der fraglichen Zeit ein
Edelfreier, der sich nach Wallerstein nannte (ca. 1112–1147). Konrad von
Wallerstein stand in hohem Ansehen. Er hatte enge Beziehungen zu den
Herren von Truhendingen (Hohentrüdingen), die mit den Staufern blutsverwandt waren. Auch war er Vogt der Abtei Ellwangen, vielleicht in
Nachfolge der Staufer. Konrad von Wallerstein stammte wohl nicht aus
dem Ries. Denn er stand in Verbindung mit Edelgeschlechtern Bayerisch-
Mittelschwabens, leistete Zeugenschaft bei Schenkungen an Kloster Rot-
tenbuch (bei Schongau) und verfügte selbst über ein »predium« in Unterknöringen (bei Krumbach). Er war wohl erst durch seine Heirat ins Ries

DIE FRUHEN STAUFER UND IHR VERWANDTENKREIS

WALTER
Graf i. Filsgau
998

FRIEDRICH
Graf 987

WALTER
Bischof v Verona
1037-1055

SIGENARD
Riesgraf
987-1016

N

N (ADELHEID?)

FRIEDRICH
Riesgraf 1027-1030
Pfalzgraf 1053
+ ca 1060/65

MANEGOLD d A
Pfalzgraf
1070 - ca 1095

ULRICH
1125, + v 1143

WALTER
Bischof v Augsburg
1133 - 1152, 1153 +

ADALBERT
1053

BERTA
∞ Berthold
Graf i.Thurgau u. Breisgau
998 - ca 1005

BEZELIN
v Villingen
Graf i Breisgau u Ortenau
+ 1024
(Haus Zähringen)

HILDEGARD
v Schlettstadt
1094-1095

FRIEDRICH
v Buren
Riesgraf 1053
Pfalzgraf (?)
- ca 1068

ADELHEID
ca 1085

MANEGOLD d J
Pfalzgraf 1113
+ v 1125

ADALBERT
Pfalzgraf v Lauterburg
1125 - 1143

(Haus Truhendingen)

To N
(Haus Truhendingen)

LUDWIG
1089
Pfalzgraf ca 1095-1103 +

ADELHEID
1094
∞ OTTO

OTTO I
Bischof v Bamberg
1102 - 1139

FRIEDRICH
v Mistelbach
ca 1120 - 1134

LIUTFRID
Mönch

LUDWIG
v Westheim
+ ca 1112

MEREGARD
ca 1098

KONRAD
v Wallerstein
Vogt v Ellwangen
ca 1112 - 1147

N
v Seefeld

GISELA
1141

To N

To N

GOTEBOLT
v Wallerstein
Vogt v Ellwangen
1142 - ca 1144/47

LUDWIG I
v Oettingen
1141 - ca 1150
Graf 1147

LUDWIG II
Graf v Oettingen
1142 - ca 1155-1156

KONRAD I
Graf v Oettingen
1142, 1153 - 1155

HEINRICH IV
König u Kaiser
1056-1106 +

AGNES
+ 1143

FRIEDRICH I
Riesgraf 1079
Herzog v Schwaben
1079 - 1105 +

OTTO
Bischof v Straßburg
1082 - 1100 +

WALTER
1089 - 1095

KONRAD
1069-1095 +

KONRAD III
Herzog v Ostfranken
1116
König 1138 - 1152 +

GERTRUD
+ 1191
∞ Hermann
v Stahleck
+ 1156/57

HEINRICH
Mitkönig 1147-1150 +

FRIEDRICH IV
Herzog v Schwaben
u Rothenburg
1152 - 1167 +

BERTA
v Boll
+ v 1142

FRIEDRICH II
Herzog v Schwaben
1105 - 1147 +

FRIEDRICH I (II)
Herzog v Schwaben
1147 - 1152
König u Kaiser
1152 - 1190 +

KONRAD
Herzog v Schwaben
u Rothenburg
1188 - 1196 +

ALBERT
v Elchingen-Ravenstein
Graf 1104 - ca.1120

2 HEINRICH II
Graf v Berg-
„Aichelberg"
+ v 1198

LUTGARD
+ 1146
∞ Konrad d Gr
Markgraf v Meißen
+ 1157
(Haus Wettin)

gekommen. Seine Benennung nach Wallerstein erklärt sich, wenn er Wohnung auf dem Heiratsgut seiner Frau, der Tochter Ludwigs von Westheim und Erbin von halb Wallerstein, nahm. Konrad von Wallerstein ist noch bezeugt zu einer Zeit, als bereits Ludwig I. von Oettingen (1141 bis ca. 1150) auftritt. Dieser nannte sich nach einer Burg, die er offenbar auf seinem mütterlichen Erbgut neu erbaut hatte. In Oettingen war seit dem frühen 9. Jahrhundert das Kloster Fulda begütert. Dessen Besitz im Ries war größtenteils als Lehen an die Staufer gelangt und so dem Kloster entfremdet worden. So mag es auch mit Oettingen gegangen sein; das Gut wäre über den Pfalzgrafen Ludwig und Ludwig von Westheim an dessen Tochter gelangt.

Ein zweiter Sohn Konrads von Wallerstein war Gotebolt von Wallerstein, der seinem Vater als Vogt von Ellwangen nachfolgte und in einer Urkunde Herzog Welfs VI. für Kloster Polling um 1144–1147 als Zeuge erscheint. Sein Name erinnert an den Würzburger Burggrafen Gotebolt I. von Henneberg (1091 bis ca. 1110). Er dürfte durch die Gemahlin Ludwigs von Westheim, Meregard aus dem Hause Comburg-Rothenburg, vermittelt sein und stützt somit die Ansicht, daß die von Wallerstein-Oettingen mütterlicherseits von Ludwig von Westheim abstammen.

So schließt sich die Lücke zwischen Staufern und Oettingern. Es erklärt sich der Übergang von halb Wallerstein und der Grafschaft im Ries auf die Oettinger wie auch deren Anspruch auf die Ellwanger Vogtei. Wir verstehen jetzt, wie sich die Oettinger im 13. Jahrhundert, spätestens nach dem Tode König Konrads IV. († 1254), die einst im Besitz Konrads von Rothenburg gewesene Hälfte Wallersteins samt anderem staufischem Gut angeeignet haben. Einzelforschung wird zeigen, daß ein Gutteil des oettingischen Hausguts aus staufischem Erbe stammt.

Schrifttum

Heinz Bühler, Schwäbische Pfalzgrafen, frühe Staufer und ihre Sippengenossen, Jahrbuch des Historischen Vereins Dillingen/Donau, LXXVII. Jahrgang 1975, S. 118–156.

Heinz Bühler, Zur Geschichte der frühen Staufer – Herkunft und sozialer Rang – unbekannte Staufer. Hohenstaufen, Veröffentlichung des Geschichts- und Altertumsvereins Göppingen e. V., 10. Folge 1977.

Die Heimat der Staufer ist das Ries. In: Nordschwaben. Jg. 5. 1977 (= Der Daniel, Jg. 13.), S. 72–77.

Dettingen 600 Jahre Markt

Am 5. Dezember 1377 verlieh Kaiser Karl IV. in Aachen dem edlen Friedrich Herzog von Teck, seinem und des Reiches lieben Getreuen, das Recht, »daß Tottingen uff der Alb bey Falkensteyn gelegen, sein Dorff, fürbas ... eyn Markt sein und beleiben soll«, daß er in Dettingen einen gewöhnlichen Wochenmarkt an einem bestimmten Wochentag »mit aller Kawffmanschafft« von des Reiches wegen halten und in demselben Markt und seinen Gebieten »Stok und Galgen« nach Recht und Gewohnheit des Reiches haben und damit richten möge.

Die 600. Wiederkehr der Verleihung des Marktrechts an den damaligen Ortsherren ist Anlaß genug, Rückblick auf die Geschichte Dettingens zu halten. Nicht daß etwa der Markt für Dettingen entscheidende Bedeutung erlangt hätte; im Gegenteil: er wurde über lange Zeiträume wohl überhaupt nicht abgehalten und hat auch sonst keine wesentliche Rolle gespielt. Doch darf Dettingen ganz allgemein als einer der geschichtlich interessantesten Orte des Kreises gelten. Nachdem Dettingen nicht mehr selbständige Gemeinde ist, könnte das Bewußtsein seiner geschichtlichen Eigenart verlorengehen oder hinter die Geschichte der Gesamtgemeinde Gerstetten zurücktreten.

Eine politische Gemeinde war Dettingen während der letzten 170 Jahre. Württemberg war von Napoleon Gnaden zum Königreich erhoben und beträchtlich vergrößert worden. Damit ergab sich die Notwendigkeit, die Verwaltung neu zu organisieren. Die Gemeinde Dettingen entstand 1806, indem man für die seither teils zum Klosteroberamt Anhausen, teils zur Kastnerei (Finanzverwaltung) Heidenheim oder zur Geistlichen Verwaltung Heidenheim gehörigen und dorthin zinsenden Bauern eine einheitliche Ortsverwaltung unter einem Schultheißen schuf.

Die Einwohnerzahl Dettingens betrug nach dem Hof- und Staatshandbuch von 1831 einschließlich Bindstein und Falkenstein 1407; nach der Oberamtsbeschreibung von 1844 waren es 1466 Einwohner in 251 Wohngebäuden.

Die drei genannten Behörden – Klosteroberamt Anhausen, Kastnerei Heidenheim und Geistliche Verwaltung Heidenheim – waren zuvor

schon württembergisch und unterstanden der »Herrschaft Heidenheim«.
Das Klosteroberamt Anhausen war in der Reformation durch Aufhebung
des gleichnamigen Benediktinerklosters 1556 entstanden. Die Geistliche
Verwaltung bestand seit eben dieser Zeit und betreute die Güter der Pfarreien und eingezogenen geistlichen Pfründen. Der Kastnerei unterstanden die Güter, die Herzog Ludwig von Württemberg 1593 mit der Burg
Falkenstein angekauft hatte. Daher lautet die Obrigkeitsformel in dem
1690 angelegten, aber bis zur Neuordnung im 19. Jahrhundert gültigen
Lagerbuch:

»Der durchleuchtigste Fürst und Herr ... als Inhaber der Herrschaft
Hellenstein und Haydenheim hat zu Dötingen dem Dorf, so fern und
weit desselben Dorfs Marckhung, Zwäng und Bänn gehen und sich er-
streckhen, alle Hohe Obrigkeit, Herrlichkeit, den Stab, auch das Gelait,
Gebott, Verbott, hohe und niedere Gericht, Frävel, Strafen und Bueßen
bishero ruhig exercirt und ingehabt. Außgenommen: Was das Closter
Anhausen anberühren thut, hat dasselbige von alters und bißhero je und
allwegen auf dessen daselbst zu Dötingen habenden Zins- und Gültleu-
ten, welche der Herrschaft Heydenheim kein Vogtrecht geben, und deren
besitzenden Güetern innerhalb Etters die nidergerichtliche Obrigkeit,
Gebott und Verbott gehabt, wie dann Abt und Verwalter bemelten Closters Anhausen neben und mit denen Amtleuthen von Haydenheim das
Vogtgericht zue Dötingen halten, das Gericht besetzen und entsetzen helfen und einen aigenen Schultheißen, welcher von des Closters wegen zu
verbiethen und zu gebiethen hat, hieselbsten halten.«

Bei gemeinsamer württembergischer Oberhoheit, war Dettingen somit
in Sachen der Niedergerichtsbarkeit teils anhausisch, teils heidenhei-
misch. Schließlich gab es einen Hof, der der Stiftungspflege Ulm zinste.
Er war 1350 von dem Ulmer Bürger Walter Ehinger einer frommen Stiftung zugeführt worden.

Die Aufteilung Dettingens unter verschiedene Herren, die erst 1806
aufgehoben wurde, läßt sich weit ins Mittelalter zurückverfolgen. Wir
befassen uns zunächst mit dem Teil, der sich urkundlich am frühesten
erfassen läßt, nämlich mit der Klosterherrschaft Anhausen.

Der anhausische Teil Dettingens

Das anhausische Lagerbuch von 1685 nennt als Klosterbesitz den Kirchensatz der Pfarrei St. Peter sowie alle Zehnten zu Dettingen, Falkenstein, Jungholz, Berg, Rädern und Rotfelden, Meusenbrunnen, Geusenbrunnen, Rüblingen und Sillenstetten (es handelt sich um Feldbezirke bzw. um die Flur abgegangener Siedlungen, nicht um bewohnte Orte), ferner den Widumhof (Pfarrhof) samt einem damit vereinigten Lehen mit insgesamt 72 Jauchert Ackerland (1 Jauchert = 1 1/2 Morgen), 8 1/2 Tagwerk Wiesen (1 Tagwerk = 1 1/2 Morgen) und 32 Jauchert Wald sowie 6 zur Pfarrei gehörige Selden (Kleinbauerngüter).

Der Niedergerichtsbarkeit des Klosters unterstanden 8 größere Bauerngüter, die als Höfe, Huben oder Lehen bezeichnet werden; die zugehörigen Ackerflächen reichen von 15 1/2 bis 49 Jauchert, das Wiesenland von 1 bis 6 Tagwerk. Ferner 6 Feldlehen unterschiedlicher Größe, deren Felder meist zu Meusenbrunnen und Sillenstetten lagen; die Inhaber bewohnten in der Regel eine Selde im Ort. Schließlich 56 Selden, von denen 12 den von Wöllwarth zu Lauterburg ein Vogtrecht schuldeten und 5 andere der örtlichen Heiligenpflege zinspflichtig waren.

Gleichfalls dem Kloster Anhausen gehörig, aber der Niedergerichtsbarkeit der »Herrschaft Heidenheim« unterworfen waren zwei stattliche Höfe mit 56 1/2 bzw. 53 1/2 Jauchert, von denen der erstere seit 1653 in vier Teile zerschlagen war, ferner ein Feldlehen, ein kleines Lehen sowie 4 Selden.

Dem Kloster gehörten ferner die Hürgergärten, das Hürgersteiner Mahd, der Wald Hürgerhalde und etwa 195 Jauchert Landgarbäcker zu Hürgerstein.

Die Geschichte des anhausischen Ortsteils reicht zurück bis in die Gründungszeit des Klosters. Pfalzgraf Manegold d. Ä., der seit 1070 bezeugt ist und im »castellum Moropolis« (Heidenheim) seinen Sitz hatte, wollte ein Kloster gründen. Er starb um 1095, ehe er sein Vorhaben verwirklichen konnte. Dies taten nunmehr seine Söhne, die Pfalzgrafen Manegold d. J., Adalbert, Ulrich und Walter; der letztere wurde 1133 Bischof von Augsburg. Das Kloster entstand zunächst bei der pfalzgräflichen Eigenkirche in Langenau. Da sich dieser Ort wegen seines lebhaften Verkehrs jedoch als ungeeignet erwies, verlegten die Pfalzgrafen ihre Stiftung um 1125 nach Anhausen am Eingang zum »Eselsburger Tal«. Dort war mittlerweile eine Kirche erbaut und St. Martin eingeweiht worden. Da Anhausen bisher zum Sprengel und Zehntbezirk der Pfarrei Dettingen gehört hatte, lösten die Pfalzgrafen den Ort Anhausen aus dem alten Pfarrverband und übertrugen der Pfarrei Dettingen als Entschädigung zwei Bauerngüter in Ratfelden (Rotfelden). Bischof Walter bestätigte 1143 die Klosterstiftung unter Auszählung des gesamten Stiftungsguts; es waren darunter 9 Hofstätten in Dettingen sowie das Kerberholz und der Feldbezirk (oder Weiler?) Meusenbrunnen, ehemalige Besitzungen der Pfalzgrafen.

Den Kirchensatz der Pfarrei St. Peter und anderes Gut hatten sich die Pfalzgrafen vorbehalten. Nach dem Tode des Pfalzgrafen Adalbert, der auf Lauterburg (bei Essingen) saß, war dies um 1143 zunächst in die Hände der verwandten Staufer gelangt, aber um die Mitte des 13. Jahrhunderts aufgrund eines Erbanspruchs samt Lauterburg den Grafen von Oettingen zugefallen. Graf Ludwig d. J. von Oettingen überließ das Patronatsrecht der Pfarrei Dettingen samt der Filialkirche in Heuchlingen und einer Hube 1311 dem Kloster Anhausen, behielt sich aber das Vogtrecht vor. Dafür gebührten dem jeweiligen Inhaber von Lauterburg bis 1813 jährlich zwei Malter Hafer und zwei Hühner. Diese Vogtabgabe lastete später nicht mehr auf der Pfarrei, sondern wurde – wie erwähnt – von den Inhabern von 12 anhausischen Selden entrichtet. Bischof Friedrich von Augsburg bestätigte 1312 die Schenkung des Grafen Ludwig, verleibte die Kirche samt ihrem Vermögen dem Kloster ein und gestattete, daß ein Klosterbruder die Seelsorge in der Pfarrei wahrnahm.

Im Jahre 1327 mehrte das Kloster seinen Besitz in Dettingen, indem es von Kloster Lorch dessen Güter samt einem Patronatsrecht eintauschte und dafür anhausische Güter in Alfdorf (bei Welzheim) weggab.

Damals war beträchtlicher Grundbesitz in Dettingen und Heuchlingen in Händen der Ritter Hürger, die auf der Burg Hürgerstein nördlich Falkenstein am Rand des Eselsburger Tales saßen. Ein Ritter Hürger ist erstmals 1216 in der Gesellschaft staufischer Dienstmannen bezeugt, als in der Pfarrkirche in Giengen ein Rechtsstreit zwischen den Klöstern Ellwangen und Kaisheim beigelegt wurde. Die Umstände machen es sehr wahrscheinlich, daß der Ritter Hürger gleichfalls ein staufischer Dienstmann war. Die Hürger'schen Güter waren somit wohl staufische Lehengüter. Sie könnten entweder aus dem Erbe der Pfalzgrafen stammen, das um 1143 an die Staufer fiel, oder eher aus dem Heiratsgut, das Adela von Giengen-Vohburg 1147 in die Ehe mit Herzog Friedrich III. von Schwaben, dem nachmaligen Kaiser Friedrich I. Barbarossa, brachte (siehe unten). Die Hürger waren mit denen von Eselsburg und von Sontheim verschwägert. Hedwig von Hürgerstein war um 1264 Äbtissin im Kloster

Reistingen (Krs. Dillingen). Jakob Hürger ist seit 1373 als Mönch in Anhausen bezeugt; er stand von 1390 bis 1409 als Abt dem Kloster vor.

Seit dem frühen 14. Jahrhundert ging es mit den Hürgern bergab. Otto Hürger verkaufte drei Huben und zwei Hofstätten in Dettingen an Konrad Schnapper von Öllingen und dessen Gemahlin Anna, die 1329 damit eine Messe auf den Marienaltar im Kloster Anhausen stifteten. Die Güter dieser Messe erscheinen später unter den Huben und Lehen, die dem Abt in Sachen der Niedergerichtsbarkeit unterstanden. Werner von Sontheim, Gemahl der Agnes von Hürgerstein, hatte von seinem Schwiegervater Ulrich Hürger das Ziegelwerk zu Ringingen (?) bei Dettingen erworben und verkaufte dies 1338 dem Kloster. Direkt an das Kloster verkauften der genannte Ulrich Hürger und sein Sohn Konrad 1339 den Kirchensatz der St. Bonifatiuspfründe in Dettingen. Aus Hürgerschem Besitz stammte wahrscheinlich auch ein Gütlein, das Eberhard von Kemnat (bei Stuttgart) mit seiner Frau Agnes (wohl einer geborenen von Hürgerstein?) 1356 an Sifrid von Sontheim verkaufte, der es dem Kloster übertrug.

Die Burg Hürgerstein war durch Heirat an Benz den Schwelher gekommen, der auf Hoheneybach saß. Er trug die Burg 1399 dem Grafen Eberhard III. von Württemberg zu Lehen auf und räumte ihm das Öffnungsrecht ein. Dann wurde Burkhard von Gültlingen Inhaber der Burg. Dessen Sohn Heinrich ließ sie sich 1429 von den Grafen Ludwig und Ulrich von Württemberg eignen und verkaufte darauf den »Burgstall Hürgerstain« samt dem Bauhofe und den zugehörigen Landgarbäckern an Agnes Ferberin von Ulm. Die Burg war mittlerweile verfallen. Agnes und ihr Gemahl Ulrich Ferber wiederum veräußerten im folgenden Jahr alles an Kloster Anhausen gegen ein jährliches Leibgeding (Leibrente). Die Landgarbäcker wurden an Dettinger Bauern verliehen, die davon die 6. Garbe als Landgarbe entrichteten.

Bedeutenden Besitz in Dettingen hatte das Kloster Anhausen mittlerweile von den Grafen von Helfenstein erworben. Schon 1295 ist ein Hof in Händen des Grafen Ulrich III. von Helfenstein nachzuweisen. Möglich, daß er aus der Mitgift seiner Gemahlin Adelheid von Graisbach (1276–ca. 1291) stammte, die Anteil am Erbe der Herren von Albeck hatte. Eben dieser Hof wurde im Jahre 1363 von den Vormündern des jungen Grafen Ulrich VII. (1361–1375), Inhabers der »Herrschaft Heidenheim«, an das Kloster verkauft.

Die Witwe Ulrichs VII., Gräfin Anna, geborene von Oettingen, erwarb jedoch 1404 wieder namhafte Güter und Rechte in Dettingen und Heuchlingen, namentlich in Dettingen zwei Höfe, 8 Selden, Reutäcker, das Recht, die Dorfämter zu verleihen sowie weitere ortsherrliche Rechte. Vorbesitzer war Hans Krafft, Bürger zu Ulm. Dieser hatte alles dies erst 1402 von seinem Bruder Jos Krafft erworben, der es seinerseits wohl von seinem Vater Lutz Krafft (1372–1397), dem Gründer des Ulmer Münsters, geerbt hatte. Dieser wiederum mochte es am ehesten von seiner Großmutter väterlicherseits überkommen haben, die wahrscheinlich aus dem Hause der Güssen von Leipheim stammte. Von den beiden Höfen, die Gräfin Anna 1404 erworben hatte, erscheint der eine wenig später im Besitz des Klosters Anhausen, ohne daß sich Art und Weise des Besitzerwechsels feststellen läßt. Er ist unter den Gütern, über die der Abt die Niedergerichtsbarkeit hatte.

Die übrigen Krafftschen Güter verwendete Gräfin Anna 1405 zur Ausstattung der Kilianspfründe, die sie in die Kapelle auf Schloß Hellenstein stiftete. In der Reformation wurde die Pfründe eingezogen und ihr Vermögen der Geistlichen Verwaltung Heidenheim einverleibt.

Das Kloster Anhausen hatte bis 1430 den aus späteren Aufzeichnungen bekannten Besitzstand erreicht. Es stand schon seit der Mitte des 13. Jahrhunderts unter der Vogtei und Oberhoheit des jeweiligen Inhabers der »Herrschaft Heidenheim«. Neben einer allgemeinen Schutzherrschaft über das gesamte Kloster übte dieser auch die Niedergerichtsbarkeit auf denjenigen Gütern in Dettingen aus, von denen ihm ein Vogtrecht zustand; er stellte die Inhaber dieser Güter wegen irgendwelcher Vergehen oder in Streitfällen vor sein Gericht in Herbrechtingen.

Sicherte die Vogtherrschaft somit der »Herrschaft Heidenheim« bereits Einfluß in Dettingen, so verstärkte sich dieser Einfluß ganz erheblich, seit Gräfin Anna mit den Krafftschen Gütern 1404 auch ortsherrliche Rechte, nämlich Anteil an Zwing und Bann und an den Ehaften (Besetzung der Gemeindeämter) an sich gebracht hatte. Die Inhaber der »Herrschaft Heidenheim« benutzten dies, um der Herrschaft Falkenstein die Ortsherrschaft streitig zu machen.

Die Herrschaft Falkenstein

Das Lagerbuch der Kastnerei Heidenheim von 1690 nennt an ehemals falkensteinischen Gütern: ein Haus mit Hofraite, Stadel und Baumgarten, das der Amtmann bewohnte, sowie ein Haus, das dem falkensteinischen Holzwart als Wohnung gedient hatte.

Dazu 10 Feldlehen, »Räderlehen« genannt. Sie zählten je 12 1/2 bis 23 Jauchert Ackerland und einige Jauchert Wald am Räderhau, der sich früher offenbar weiter ausgedehnt hatte, aber durch Rodung verkleinert worden war. Ferner 4 Feldlehen, von denen eines die »Hasenheck« und ein anderes das »Kleemädlin« hieß. Sechs sogenannte »Rothfelder Lehen« mit zusammen 37 1/2 Jauchert Ackerland waren früher zum Schloß Falkenstein gebaut worden, aber »dermalen ganz mit Holz überwachsen«, so daß sie keinen Zins erbrachten.

Den Kern des ehemals falkensteinischen Besitzes bildeten 7 Höfe mit je 37 bis 55 1/2 Jauchert Ackerland, einigen Tagwerk Wiesen und etwas Wald. Dazu kamen noch 33 Selden, wovon eine der Heiligenpflege zinste, eine einem Wirt übertragen war und eine andere einen Biersieder zum Inhaber hatte und »zu einer Wirtschaft gerichtet« war. Die Bindsteinmühle gehörte ebenfalls zu Dettingen. Wie erwähnt, hatte Herzog Ludwig von Württemberg alle diese Güter samt solchen in Heuchlingen, Heldenfingen und Hausen 1593 mit der Burg Falkenstein von Konrad von Rechberg-Staufeneck um 79 275 Gulden gekauft.

Die Geschichte der Burg und Herrschaft Falkenstein führt zurück bis in die Zeit um 1160. Damals gab Gotebert von Falkenstein die Zustimmung, als sein Lehensmann Wezel von Merklingen ein Gut dem Kloster Ursberg (bei Krumbach) übertrug. Herren von Falkenstein begegnen dann erst wieder 100 Jahre später, nämlich 1252 Rudolf von Falkenstein als Zeuge einer Schenkung Ulrichs von Reisensburg an Kloster Kaisheim, und 1258 derselbe Rudolf mit seinem Bruder Swigger von Falkenstein als Lehensherren eines Hofes in Birkach (bei Lauingen), den die Brüder Marquard und Berthold von Giengen an Kloster Kaisheim verkauften. Die Erbtochter Adelheid von Falkenstein brachte die Burg und Herrschaft ihrem Gemahl Walter II. von Faimingen (1255–1272) zu. Dies sind die einzigen Nachrichten über die ursprünglichen Inhaber von Falkenstein. Wenn wir Schlüsse auf die Herkunft des Geschlechtes und seines Besitzes ziehen, kann dies nur mit aller Vorsicht geschehen. Der Name des ersten Falkensteiners, Gotebert = Gozpert, ist um diese Zeit in Schwaben äußerst selten. Er findet sich jedoch bei einem Herren von Hellenstein

(1096–1138). Von ihm kann als ziemlich sicher gelten, daß er aus der
Oberpfalz stammte (Holnstein bei Berching) und im Gefolge des
Markgrafen Diepold von Giengen-Vohburg († 1146) ins Brenztal gekommen war. In der Oberpfalz findet sich der Name Gozpert nämlich noch
früher. Gozperts mutmaßlicher Enkel, Degenhard von Hellenstein
(1150–1182), stand als »procurator« (Verwalter der Königsgüter) im
Dienste Kaiser Friedrichs I. Barbarossa. Der Übertritt des Hellensteiners
in den Dienst Barbarossas erklärt sich auf folgende Weise: die Tochter des
Markgrafen Diepold von Giengen-Vohburg, Adela, heiratete 1147 bald
nach dem Tode ihres Vaters den Staufer Herzog Friedrich III. von Schwaben, den nachmaligen Kaiser Friedrich I. Die Ehe wurde zwar 1153 geschieden, doch behielt Friedrich I. die Mitgift seiner Gemahlin für sich,
namentlich Giengen, die Feste Hellenstein, Güter in und um Herbrechtingen sowie in Birkach (bei Lauingen). So kam Degenhard von Hellenstein in den Dienst des Staufers.

Gotebert von Falkenstein scheint es ganz ähnlich ergangen zu sein. Sein
Name spricht dafür, daß seine Vorfahren gleichfalls aus der Oberpfalz
stammten. Vielleicht war er sogar ein Verwandter des Gozpert von
Hellenstein, und zwar am ehesten der Sohn einer Tochter desselben und
somit ein Vetter Degenhards von Hellenstein. Daß die Falkensteiner in
Birkach (bei Lauingen) begütert waren, macht sehr wahrscheinlich, daß
Gotebert von Falkenstein ein Lehensmann des Markgrafen Diepold war
und dann ein Vasall des Staufers wurde. Die Ritter Marquard und Bert-
hold von Giengen, die als Inhaber des falkensteinischen Hofes in Birkach
bezeugt sind, waren staufische Dienstleute, doch standen ihre Vorfahren
im Dienst des Markgrafen Diepold. So war der falkensteinische Besitz in
Birkach offensichtlich ein Lehen, das Gotebert zunächst vom Markgrafen
Diepold, dann von Friedrich Barbarossa hatte. Daß es sich mit Goteberts
Besitz in Dettingen ebenso verhielt, erhellt aus der Tatsache, daß zur
Herrschaft Falkenstein die Mühle Bindstein zählte. Der Ort Bindstein
samt der dortigen Burg war ein Lehen Friedrich Barbarossas und ging
1171 auf seine Veranlassung in den Besitz des Stifts Herbrechtingen über.
Die Mühle Bindstein war ursprünglich natürlich mit dem gleichnamigen
Ort verbunden und somit gleichfalls ein staufisches Lehen. Dasselbe gilt
wohl für den falkensteinischen Besitz in Dettingen; auch er war ein staufisches Lehen, und zwar ein Lehen, das aus der Mitgift der Adela von Giengen-Vohburg stammte. Dies paßt gut zu der Geschichte Dettingens (siehe
unten).

Wie erwähnt, ist das Geschlecht der Falkensteiner bald nach 1260 erloschen. Die Erbtochter Adelheid brachte die Herrschaft ihrem Gemahl
Walter II. von Faimingen zu. Er ist bis 1272 bezeugt. Erbin war die Tochter Adelheid, vermählt mit Heinrich Speth, der sich nun »von Faimingen«
nannte. Dessen Sohn Hermann ist wieder als Inhaber von Falkenstein
bezeugt. Er erwirkte vom Grafen Johann von Helfenstein 1331, daß dieser auf alle forsthoheitlichen Rechte in den zu Falkenstein gehörigen Wäldern verzichtete. Hermann veranlaßte seine Tochter Osanna, vermählt
mit dem Truchsessen Sifrid von Kühlenthal (bei Wertingen), und Margarete, Gemahlin des Grafen Konrad des Scherers von Tübingen, 1338 zum
Verzicht auf seine künftige Hinterlassenschaft und verschrieb ihnen dafür
je 1137 1/2 Pfund Pfennige auf die Burg Falkenstein; die übrigen Erben
sollten dereinst die Burg um diese Summe von ihnen auslösen. Als Hermann im folgenden Jahr starb, beerbten ihn die vier Töchter seines vor
ihm verstorbenen Sohnes Friedrich. Kaiser Ludwig der Bayer war deren
Pfleger.

Er behielt die Pflegschaft auch bei, als sich die drei älteren Schwestern
mit Hadmar und Ulrich von Laber (Oberpfalz) und Gottfried von Wolf-
stein vermählten. Die Pflegschaft vererbte sich sogar auf Ludwigs Söhne.
Als diese im Landsberger Vertrag 1340 ihre Güter teilten, fielen dem
Markgrafen Ludwig von Brandenburg u. a. zu »die Gut der edlen Manne
Hadmar und Ulrich von Laber, ... swaz sie ze Swaben habent, mit Namen Faymingen, Falkenstein und Stainberg halbes«. Doch verpfändete
Ludwig der Brandenburger noch im selben Jahr Faimingen und Falkenstein an den Herzog Konrad von Teck. Kurz darauf gelangten beide Burgen in die Hände der Vettern Ulrich d.Ä. und Ulrich d.J. Grafen von
Helfenstein. Offenbar hatte der Brandenburger das Pfand wieder ausgelöst und die Helfensteiner für Ansprüche, die sie an ihn hatten, mit den
Burgen entschädigt. Als die Helfensteiner 1356 ihre Besitzungen teilten,
fiel Faimingen mit den übrigen Gütern im Brenztal dem Grafen Ulrich
d.J. zu. Obwohl Falkenstein dabei nicht eigens erwähnt wird, war es doch
als Zugehör von Faimingen inbegriffen. Graf Ulrich d.J. verschrieb Falkenstein um 1357 seiner Tochter Anna als Mitgift, als sie sich mit dem
Herzog Friedrich von Teck vermählte. Die Spethschen Schwiegersöhne
Hadmar und Ulrich von Laber ließen sich 1362 zum Verzicht auf ihre
Ansprüche an Faimingen und Falkenstein bewegen. Damit war Falkenstein in Händen des Herzogs Friedrich von Teck. Er befand sich öfters in
Geldnöten, und so versetzte er das Heiratsgut seiner Gemahlin Anna zeitweilig an Wittegow von Villenbach.

Doch war ihm der Besitz der Herrschaft Falkenstein offenbar so wertvoll, daß er sich 1377 bei Kaiser Karl IV. das eingangs erwähnte Marktrecht für Dettingen, den Hauptort seiner Herrschaft, erwirkte.

Das Privileg Karls IV. gestattete die Abhaltung eines Wochenmarkts.
Gehandelt wurden hier die Erzeugnisse der einheimischen Landwirtschaft und was man in ländlichen Haushaltungen an Geräten und Ge-
brauchsartikeln benötigte.

Der Ortsherr dürfte sich vom Marktgeschehen einige finanzielle Vorteile versprochen haben. Schuldeten ihm doch die Händler ein Standgeld.
Da er für den Marktfrieden und somit für den ordnungsgemäßen Ablauf
des Marktes zu sorgen hatte, fielen ihm die Gerichtsbußen (Frevel) zu,
wenn es zwischen Käufern und Verkäufern Streit gab oder wenn sich gar
jemand an den feilgebotenen Waren vergriff. Deswegen war ihm ja auch
die Hochgerichtsbarkeit mit Stock und Galgen zuerkannt.

Einzugsbereich des Marktes waren in erster Linie die Orte Dettingen,
Heuchlingen und Hausen, die großenteils zur Herrschaft Falkenstein gehörten. Die Bewohner der im weiteren Umkreis gelegenen Orte besuch-
ten die Märkte in Heidenheim, Herbrechtingen, Gerstetten, Niederstotzingen und Langenau. Die Herren dieser Märkte waren aus Gründen der
Konkurrenz über den neu privilegierten Dettinger Markt sicher nicht er-
freut, der ja – wie es ausdrücklich heißt – anderen Märkten »inwendig
einer Meile darumb gelegen« (ca. 7,5 km) nicht schaden sollte. Zudem
waren die wirtschaftlichen Verhältnisse des ausgehenden 14. Jahrhunderts der Entwicklung eines neuen Marktes nicht günstig; hatten doch die
alten Märkte größte Mühe, sich zu halten.

Wenige Wochen vor seinem Tod, im Dezember 1390, verkaufte der
Herzog gemeinsam mit seiner Gemahlin Anna und seinen Söhnen die
Herrschaft Falkenstein, nämlich die Burg samt zugehörigem Bauhof, die
Mühle Bindstein und die Dörfer Dettingen, Heuchlingen, Ballendorf und
Mehrstetten – soweit sie ihnen gehörten – an Albrecht III. von Rechberg
zu Staufeneck. Es dürften finanzielle Schwierigkeiten gewesen sein, die
ihn bewogen, die von seinen übrigen Besitzungen isolierte Herrschaft zu
veräußern. Auch die Inhaber der ›Herrschaft Heidenheim‹ waren damals
knapp an Geld; sie hätten sich die Gelegenheit, mit Falkenstein ihr Territorium zu arrondieren, sonst kaum entgehen lassen.

So kam Falkenstein für rund 200 Jahre an Rechberg. Eigenartigerweise
erwähnt die Verkaufsurkunde das Dettinger Marktrecht nicht. Man hat
fast den Eindruck, als sei der Dettinger Markt angesichts der widrigen
Umstände rasch zum Erliegen oder überhaupt nicht zur Entfaltung ge-

kommen. Als gewiß darf gelten, daß die »Herrschaft Heidenheim«, trotz naher Verwandtschaft ihrer Inhaber zu Herzogin Anna von Teck, alles tat, die für ihre Märkte in Herbrechtingen und Gerstetten lästige Konkurrenz loszuwerden. So dürfte sie ihren anhausischen Untertanen in Dettingen und Heuchlingen ganz einfach den Besuch des Dettinger Marktes untersagt haben. Handhabe hierzu bot die Vogtherrschaft. Als sie 1404 dazu noch unmittelbaren Anteil an der Ortsherrschaft in Dettingen erwarb, konnte ohnehin kaum noch etwas gegen ihren Willen geschehen.

Der Enkel des Käufers von 1390, Albrecht IV. von Rechberg-Staufeneck († 1439), begründete eine eigene Linie, die auf Falkenstein Wohnung nahm. Die Witwe seines Sohnes Veit II., Margarete geborene von Stöffeln, ließ 1478 erstmals alle zur Herrschaft Falkenstein gehörigen Güter und Rechte in einem Lagerbuch verzeichnen. Es stimmt weitgehend überein mit dem von 1690, doch bilden die Güter in Rotfelden, die später »mit Holz überwachsen« waren, noch einen eigenen Hof, zu dem ein Wohnhaus in Dettingen gehörte. Einer der anderen falkensteinischen Höfe ist als Maierhof ausgewiesen; der Maier belehnte die Feldschützen, Kühhirten und Schafhirten mit ihrem Amt und erhielt dafür von ihnen einen Zins. Auch hatte die Herrschaft Falkenstein über ihre Hintersassen alle Obrigkeit, Gebot und Verbot und zog die Frevel (Gerichtsbußen) ein. Alle Einwohner von Dettingen, Heuchlingen, Ballendorf und Setzingen mußten der Inhaberin von Falkenstein jährlich einen Tag Frondienst leisten, gleichgültig, wem sie mit der Grundherrschaft zugehörten. Margarete von Rechberg stiftete 1506 eine Messe in die Maria-Magdalenenkapelle auf Schloß Falkenstein.

Die Anlage des Lagerbuchs erklärt sich, wenn man erfährt, daß Margarete von Rechberg sich ihrer Rechte gegen zudringliche Nachbarn erwehren mußte.

So lag die Inhaberin von Falkenstein im Streit mit der damals bayerischen »Herrschaft Heidenheim« wegen des Müllers zu Bindstein, der ihr Untertan, aber Leibeigener der »Herrschaft Heidenheim« war und sich wegen ungerechten Mahlens zu verantworten hatte. Margarete von Rechberg setzte durch, daß er vor ihr Gericht gestellt wurde; doch geschah dies nicht in Dettingen, sondern in Donzdorf. Dies läßt darauf schließen, daß das 100 Jahre zuvor durch Privileg Karls IV. mit dem Marktrecht bewilligte Hochgericht nicht in Übung war, ja, daß in Dettingen offenbar überhaupt kein Gericht bestand. Da das Hochgericht, wie gesagt, ein Zugehör des Marktrechts war, scheint auch dieses Marktrecht nicht ausgeübt worden zu sein, wird es doch im Lagerbuch von 1478 nicht erwähnt.

Nachdem die »Herrschaft Heidenheim« 1504 an Württemberg gelangt
war, begann ein langwieriger und zäher Prozeß, in dessen Verlauf Württemberg die Rechte der Herrschaft Falkenstein immer weiter zurückdrän-
gen konnte. So erkannte eine kaiserliche Kommission im Jahre 1512 dem
Herzog von Württemberg nicht nur die hohe und Malefizgerichtsbarkeit
in Dettingen und Heuchlingen zu, sondern bestimmte, daß die Herrschaft Falkenstein allein die niedere Gerichtsbarkeit lediglich auf ihren
eigenen Gütern und über ihre Leute innerhalb Etters auszuüben habe.
Daran änderte auch der Protest des Rechbergers nichts mehr. Im Jahre
1531 schließlich brachte der Bischof von Augsburg einen Vertrag zwischen der Stadt Ulm als damaligem Inhaber der »Herrschaft Heidenheim«
und Veit III. von Rechberg zustande, wonach alle Gemeindeangelegen-
heiten – Wahl der Vierer, Verleihung der Gemeindeämter, Ablegung der
Heiligenrechnung – von beiden Parteien gemeinsam bei gleichen Rechten
geregelt werden sollten.

Veit III. scheint nicht das beste Verhältnis zu seinen Bauern in Dettingen gehabt zu haben, so daß er im Bauerkrieg 1525 in Ulm Schutz suchen
mußte. Aus dem Briefwechsel des schwäbischen Bundeshauptmannes Ulrich Artzt von Augsburg erfahren wir, daß sich die rechbergischen Bauern
von Dettingen den aufrührerischen Bauern von Langenau angeschlossen
hätten. Sie wurden am 4. April bei Langenau von den Truppen des Schwäbischen Bundes geschlagen, flohen darauf nach Dettingen und verschanz-
ten sich im Friedhof. Der Pfleger der »Herrschaft Heidenheim«, Rudolf
von Westerstetten, rückte mit seinen Reitern und Fußknechten gegen sie
aus, hatte aber Bedenken, womöglich den ganzen Flecken, in dem es ja
auch Untertanen seiner »Herrschaft« gab, zu verwüsten. Er verlegte sich
aufs Verhandeln und forderte die Bauern auf, sich ihrer Herrschaft auf
Gnade und Ungnade zu ergeben. Sie entgegneten, sie hätten ihren Herren
gebeten, sie wiederum in Gnaden aufzunehmen, seien aber »dermaßen
mit Scheltworten abgefertigt, daß sy fro warn, von ime zu gehn«. Der
Pfleger zitierte sie darauf nach Heidenheim vor Gericht und belegte sie
insgesamt mit einer Schatzung von 90 Gulden. Diese Summe zu bezahlen,
verbot ihnen jedoch ihr Herr, der im Vorgehen des Pflegers einen Eingriff
in seine Befugnisse sah und sich beim Schwäbischen Bund beklagte.
Schließlich mußte der Pfleger rechbergische Untertanen, die er offenbar
als Geiseln gefangen gesetzt hatte, ohne Entgelt oder »auf Widerstellen
irer Gefengknus und Verhaft« entlassen.

Ulrich von Rechberg, der Großneffe Veits III., konnte seine Herrschaft 1562 erweitern, indem er von Christoph von Ebnen Eselsburg

ankaufte. Dafür veräußerte er im folgenden Jahr an Ulm den Hof Mehrstetten und Güter im Hungertal, die gegen Ballendorf, Altheim und
Mehrstetten zu gelegen waren. Er starb 1567 ohne Nachkommen. Sein
Neffe und Erbe Konrad war verschuldet. Er schloß mit Herzog Ludwig
von Württemberg 1592 einen Kaufvertrag über Falkenstein und Eselsburg, der nach Zustimmung der Vormünder seines Sohnes Albrecht Hermann im folgenden Jahr in Kraft trat. Damit kam die Herrschaft Falkenstein an Württemberg. Die Burg wurde Rentkammerschloß, mußte aber
um 1740 abgebrochen werden; die zugehörigen Güter in Dettingen wurden der Kastnerei Heidenheim einverleibt.

Von nun an gab es in Dettingen keine nennenswerten Besitzverände-
rungen mehr. Die Ereignisse bis zu der eingangs erwähnten Verwaltungsreform zu Beginn des 19. Jahrhunderts sind rasch erzählt.

Das ausgehende 16. und frühe 17. Jahrhundert war eine Zeit verhältnis-
mäßigen Wohlstands und rascher Bevölkerungszunahme. Nachdem Dettingen ganz unter württembergischer Oberhoheit stand, verfügte der
Herzog hier wie in anderen Orten, daß man für Bauwillige Gemeindeland
zur Verfügung stelle. Auf diese Weise wurden noch vor dem Dreißigjährigen Krieg 21 sogenannte »neue oder Gemeindeselden« gebaut. Das Landbuch von 1624 nennt für Dettingen 78 Untertanen (Haushaltsvorstände)
der »Herrschaft Heidenheim« und 70 anhausische Untertanen. Das entsprach etwa den Zahlen für Schnaitheim und Sontheim an der Brenz und
blieb wenig hinter denen für Gerstetten und Herbrechtingen zurück.

Auf jene Jahrzehnte gedeihlicher Entwicklung folgte die Katastrophe
des Dreißigjährigen Krieges. Vor allem seit 1629 hatte die Gegend unter
Einquartierung, Brandschatzung und Plünderung schwer zu leiden. Der
Gerstetter Pfarrer Schleyß weiß in seiner Chronik wiederholt über Dettingen zu berichten. So sagt er von den im Frühjahr 1630 in Dettingen
einquartierten Soldaten: »Wann sie aufbrechen werden, wissen wir nit. Es
hat jedermann gnug ihrer und wünschten, sie wären, wo der Pfeffer
wächst; treiben wahrlich großen Mutwillen«. In der Nacht vom 18. auf
19. Juni dieses Jahres lagen Heldenfingen, Dettingen und Heuchlingen
voller Soldaten, in manchem Seldhaus bis zu 25! – Als im August 1630
katholische Ordensleute ins Kloster Anhausen zurückkehrten, mußten
ihnen die anhausischen Untertanen schwören. Dem evangelischen Prediger, Johann Eger, wurde die Ausübung seines Amtes untersagt, und er
mußte das Pfarrhaus räumen. Doch setzten schon im Oktober die Ober-
amtleute aus Heidenheim die alten Prediger wieder ein. – Im Juni 1631
hatte Dettingen 700 Mann zu Fuß im Nachtquartier. Nach Schleyß haben

sie sich »mehrer Teils übel gehalten, die Leut ranzioniert (gebrand-schatzt), daß mancher Bauer 7, 8, 9 Gulden, ein Söldner ein Thaler geben müssen, haben sie's anderst hinausbringen wöllen«. Der zuchtlosen Soldateska gegenüber verhielt sich die Bevölkerung nicht nur passiv. Im September 1633 hatten streifende Reiter Bolheim angefallen, aber so starken Widerstand gefunden, daß sie sich nach Dettingen wandten und den Flekken feindlich anfielen. Weil sich aber auch dort die Einwohner »tapfer zur Wehr gestellt«, mußten sie unverrichteter Dinge abziehen. Die Dettinger hatten ihre beste Habe nach Heidenheim und all ihr Vieh nach Gerstetten in Sicherheit gebracht. Die eigentliche Leidenszeit setzte nach der Nörd-linger Schlacht (6. Sept. 1634) ein. Vermehrte Truppendurchmärsche brachten Hungersnot und Seuchen. Die Schäden des Krieges erhellen aus wenigen Zahlen. Hatte Dettingen im Jahre 1634 noch 96 »Mannschaften« (wehrfähige Männer) gezählt, waren es 1652, wenige Jahre nach dem Krieg, nur noch 44. Die Zahl der Häuser war im selben Zeitraum von 81 auf 55 zurückgegangen. Beträchtliche Teile der Flur waren unbebaut. Erst um die Mitte des 18. Jahrhunderts hatte sich die Bevölkerung wieder eini-germaßen erholt. Das Landbuch von 1744 nennt für den heidenheimi-schen Ortsteil 122 Bürger und 22 Witfrauen, die in 96 Häusern wohnten; anhausisch waren 68 Bürger und 8 Witfrauen in 63 Häusern.

In diesem Landbuch wird Dettingen »ein zimlicher Marckhtfleck« ge-nannt, was besagen will, daß es sich um einen recht ansehnlichen Ort mit Marktrecht handelte. Hier also ist vom Dettinger Markt die Rede.

Wir erinnern uns, daß der Dettinger Markt von Anfang an unter einem wenig günstigen Stern stand. Die »Herrschaft Heidenheim« scheint ihrer-seits alles getan zu haben, damit der Dettinger Markt nicht aufkam. Daher wundern wir uns nicht, wenn weder beim Verkauf der Herrschaft Falken-stein an Württemberg 1593 noch im Lagerbuch der Kastnerei von 1690 vom Markt die Rede ist. Offenbar ist er in all dieser Zeit nicht abgehalten worden. Dies bestätigt der Vermerk im Lagerbuch von 1690, daß nämlich die Leibeigenen der »Herrschaft Heidenheim« in Dettingen Leibeigen-schaftsabgaben zu entrichten hatten wie in anderen Dörfern, wogegen in den mit Marktrecht privilegierten Orten Gerstetten und Herbrechtingen jedermann davon befreit war. Dettingen galt eben zu dieser Zeit nicht als »Markt«.

Dagegen handelt ein Eintrag der Dettinger »Gemeinderechnung« von 1724/25 von dem jährlich auf Galli (16. Oktober) zu haltenden Jahrmarkt. Dem Wortlaut möchte man entnehmen, daß dieser Jahrmarkt schon einige Zeit bestand.

Er müßte also zwischen 1690 und 1724 bewilligt worden sein. Als sich Dettingen von den Folgen des Dreißigjährigen Krieges im wesentlichen erholt hatte, mag man sich in Heidenheim wie auch in Stuttgart überlegt haben, wie man Handel und Wandel beleben und wie man vor allem den zahlreichen Hauswerbern in Dettingen den Absatz ihrer Ware erleichtern könnte. Nachdem sich im herzoglichen Archiv ein kaiserliches Marktprivileg für Dettingen vorfand, lag es nahe, dies zu erneuern. Ein Wochenmarkt, wie ihn dieses Privileg vorsah, hatte wegen des geringen Einzugsbereichs freilich wenig Aussicht, sich zu halten, und entsprach auch nicht dem erwünschten Zweck. Den Märkten der Amtsstadt Heidenheim sollte er möglichst keinen Eintrag tun. So wurde ein jährlicher Krämermarkt bewilligt, wie ihn Gerstetten und Herbrechtingen hatten. Er lockte Kauflustige und Händler aus einem weiteren Bereich an. Was an Standgeld einging und die Unkosten überstieg, floß der Gemeinde zu.

Dieser Markt scheint sich während der letzten 250 Jahre ohne längere Unterbrechung gehalten zu haben. Laut herzoglichen Konzessionsbefehls vom 9. Juli 1766 wurde der Gallusmarkt auf Montag nach Michaelis (29. September) verlegt. Mit dem Krämermarkt war ein Viehmarkt verbunden. Seit wann er als Kirchweihmarkt jeweils am 3. Montag im Oktober stattfindet, ist nicht bekannt. Die Beschreibung des Oberamts Heidenheim von 1844 charakterisiert den Dettinger Markt zwar als »unbedeutend«. Dieses Urteil beruht offenbar auf dem nicht statthaften Vergleich mit städtischen Märkten und wird der Tatsache keinesfalls gerecht, daß der Markt für die Dettinger immer ein Ereignis war.

Zur älteren Geschichte Dettingens

Die verschiedenen Besitzteile, die an Kloster Anhausen gelangten, wie auch der Besitz der Herrschaft Falkenstein erlauben es, Rückschlüsse auf die ältere Geschichte Dettingens zu ziehen. Es sieht ganz so aus, als sei der Ort schon sehr früh zweigeteilt gewesen.

Wir erinnern uns, daß der Abt von Anhausen 1327 Güter in Dettingen samt einem Patronatsrecht erwarb, die dem Kloster Lorch (im Remstal) gehört hatten. Es war seit jeher ein Rätsel, wie Kloster Lorch zu jenen Gütern gekommen war. Ließen sich die früheren Eigentümer ermitteln, so gewänne man Einblick in eine Zeit, aus der urkundlich über Dettingen nichts überliefert ist.

Als sicher darf gelten, daß jene Güter nicht durch Kauf an das Kloster gekommen waren, sondern durch Stiftung. Denn dem Abt konnte es kaum darum gehen, verhältnismäßig weit entlegenen Besitz für sein Kloster zu erwerben. Auch wird der Stifter wohl nicht in der Umgebung Dettingens beheimatet gewesen sein; sonst hätte er eher das benachbarte Kloster Anhausen bedacht, das seit 1125 bestand, oder das Stift Herbrechtingen, das 1171 reformiert worden war. Aus diesem Grund wird die Schenkung an Lorch erfolgt sein, ehe es die Klöster Anhausen und Herbrechtingen gab. Dies führt uns in die Frühzeit des Klosters Lorch, das kurz vor 1102 gegründet worden war, und weist auf dessen Stifter, nämlich Herzog Friedrich I. von Schwaben aus dem Hause der Staufer und seine Gemahlin Agnes, die Tochter Kaiser Heinrichs IV. Auf diese beiden stößt man auch, wenn man sich mit der Herkunft der übrigen Güter des Klosters Lorch in unserer Gegend beschäftigt. Lorch hatte namhaften Besitz in Bolheim und Nattheim sowie Güter in Erpfenhausen (bei Gerstetten), Rudelsberg (abgegangen bei Schnaitheim) und Walkersdorf (abgegangen bei Fleinheim). Bolheim und Nattheim waren Besitztümer der salischen Kaiser; sie konnten nur durch Vermittlung der Herzogin Agnes an Lorch gelangt sein. In Dettingen aber gab es solchen salischen Besitz nicht. Daher müßten die lorchischen Güter in Dettingen von Herzog Friedrich I., dem Staufer, stammen. In Dettingen waren auch die Stifter des Klosters Anhausen begütert. Sie hatten das Patronatsrecht der Pfarrei St. Peter und Besitzteile, die den lorchischen etwa gleichwertig waren. Es sieht so aus, als stammten die lorchischen Güter wie auch die der Stifter Anhausens aus einer gemeinsamen Erbmasse. Der Staufer Herzog Friedrich I. und die Anhauser Stifter waren nah verwandt: der Vater Herzog Friedrich I., der sich Friedrich von Büren nannte, und die Mutter der Anhauser Stifter, Adelheid, waren Bruder und Schwester. Das besagt, daß Herzog Friedrich I. die an Lorch übereigneten Güter von seinem Vater Friedrich von Büren geerbt hatte, wogegen die Anhauser Stifter ihren Teil von der Mutter Adelheid überkommen hatten. Folglich war ein beträchtlicher Teil Dettingens samt der Kirche um die Mitte des 11. Jahrhunderts in Händen der frühen Staufer. Diesen Besitz hatte der Vater Friedrichs von Büren, der gleichfalls Friedrich hieß und als Graf im Ries amtierte, durch Heirat mit der Erbtochter des Grafen Walter vom Filsgau (998) erworben. Der später staufische Teil Dettingens war um das Jahr 1000 in Händen des Filsgaugrafen Walter. Walter aber muß einer der Rechtsnachfolger der »Kammerboten« Erchanger und Berthold gewesen sein. Diese hatten nach dem schwäbischen Herzogtum getrachtet und waren 917 wegen Hochverrats hingerichtet worden. Ihr Geschlecht besaß reiche Güter um die obere Donau, um die Fils und auf der Alb. Es gilt als ein Zweig des altalamannischen Herzogshauses. Der frühest bekannte Vertreter dieses Zweigs, Berthold, war 724 an der Gründung des Bodenseeklosters Reichenau beteiligt. Er war wohl ein Sohn des Herzogs Huoching († 712?) und wahrscheinlich einer der frühesten Grundbesitzer in Dettingen.

Die zu Falkenstein gehörigen Güter kommen allem Anschein nach gleichfalls aus staufischer Hand; sie sind jedoch erst 1147 durch die Heirat Friedrichs I. Barbarossa mit Adela von Giengen-Vohburg in die Verfügungsgewalt des Staufers gelangt. Adela war die Enkelin des Markgrafen Diepold von Giengen, der 1078 als treuer Anhänger Kaiser Heinrichs IV. bei Mellrichstadt fiel. Diepolds Ahnen im Mannesstamm kamen aus Bayern. Dagegen war Diepolds Großmutter die Erbtochter eines Zweiges der »Hupaldinger«, die ihren Stammsitz in Wittislingen bei Dillingen hatten. Bischof Ulrich der Heilige von Augsburg (923–973) stammte aus diesem Haus. Die »Hupaldinger« hatten reiche Güter in unserer Gegend, vornehmlich östlich der Brenz, aber auch im Brenztal selbst, insbesondere in und um Herbrechtingen. Daß die Mühle Bindstein zur Herrschaft Falkenstein gehörte, ist ein Hinweis, daß die Güter der Herrschaft Falkenstein letztlich aus hupaldingischem Erbe stammen. Die »Hupaldinger« ihrerseits aber lassen sich wiederum auf das altalamannische Herzogshaus zurückführen, und zwar gleich in mehrfacher Weise. So wäre auch der später falkensteinische Teil Dettingens altes Herzogsgut gewesen. Herzog Gotefrid, der um 700 regierte, der Vater des erwähnten Herzogs Huoching, hätte Dettingen wohl noch ungeteilt in Händen gehabt; unter seinen Söhnen und Enkeln müßte im frühen 8. Jahrhundert die Aufteilung erfolgt sein.

Daß dies nicht etwa vage Vermutung ist, sondern daß die Geschichte Dettingens tatsächlich so verlaufen sein muß, bestätigt sich auf überraschende Weise. Kloster Anhausen hatte 1339 von Ulrich Hürger und seinem Sohn Konrad das Patronatsrecht der St. Bonifatiuspfründe in Dettingen erworben. Von dieser Pfründe ist später nie mehr die Rede; offenbar ist sie dem Dettinger Pfarrgut einverleibt worden. Eine Bonifatiuspfründe ist aber ein eindeutiger Beweis dafür, daß Dettingen in Verbindung mit Kloster Fulda in Hessen stand, das der heilige Bonifatius selbst im Jahre 744 gegründet hatte. Wahrscheinlich war Fulda in Dettingen wie in anderen Orten der Umgebung begütert. Bekannt ist, daß das Kloster seinen Besitz um Donau und Brenz den Markgrafen von Giengen-Vohburg zu

Lehen gab und daß dieses Lehen über Adela von Giengen-Vohburg in die Verfügungsgewalt Friedrichs I. Barbarossa und seiner Nachkommen gelangte. So muß es mit der Dettinger Bonifatiuspfründe auch gegangen sein. Sie erscheint folgerichtig in Händen der Ritter Hürger, die als staufische Dienstleute anzusehen sind und diese Pfründe wie auch ihren sonstigen Besitz von den Staufern zu Lehen hatten.

Da die Bonifatiuspfründe nicht allein Beziehungen zwischen Dettingen und Fulda verrät, sondern fuldischen Besitz in Dettingen erwarten läßt, verdienen Nachrichten aus dem Archiv des Klosters Fulda unser Interesse. Ein Güterverzeichnis aus der Zeit des Abtes Hrabanus (822–842) faßt summarisch Besitz des Klosters »ad Tozingen et Heidenheim« zusammen, was besagt, daß die beiden Orte nicht weit voneinander entfernt lagen. Die Rechte des Klosters in »Tozingen« stammten aus Schenkungen, die ein Erkrich bzw. Woldrih und Haltwin wenige Jahre zuvor, nämlich zwischen 817 und 830, vorgenommen hatten; sie betrafen jeweils auch Güter in »Gisenbrunnen«. Gisenbrunnen aber ist eine Flur unweit von Dettingen auf Gemarkung Heldenfingen. Die Örtlichkeit wird mehrfach erwähnt. »Gysenbrunnen« bzw. »Gusenbrunne« erscheint 1471 als ein Zehntbezirk der Pfarrei Dettingen; 1538 heißt derselbe Bezirk »Geusenbrunnen«. Feldlehen zu »Geusenbrunnen« umfaßten Ackerstücke auf der Mönchhalde, zu Ugendorf und vor dem Bühl; eines dieser Feldlehen heißt 1687 »zu Meusen- oder im Oberbronnen«, ein anderes »beim Obernbronnen zu Riblingen«. Der Obere Brunnen liegt etwa 500 m südlich des Rüblingerhofs. Somit darf der Bezirk »Gisenbrunnen« nicht verwechselt werden mit der Flur »Gänsebrunnen« nördlich Heuchlingen.

Wenn sich »Gisenbrunnen« in der Nähe Dettingens lokalisieren läßt, entfällt jeder Zweifel, daß mit »Tozingen« nicht etwa Dossingen (bei Neresheim) gemeint ist, sondern Dettingen am Albuch. Die Nachrichten aus Fulda sind nicht in der Urschrift erhalten, sondern in Abschrift aus der Zeit um 1160. Der Mönch Eberhard, der sie angefertigt, mag sich verlesen oder verschrieben haben, so daß aus »Totingen«, wie wohl in der Urschrift stand, eben »Tozingen« wurde.

Fragt man nach den Schenkern Erkrich, Wolderih und Haltwin, so handelt es sich wohl nicht um in Dettingen alteingesessene Grundherren, die kaum das ferne Kloster Fulda bedacht hätten; wie die sonstigen Wohltäter, die Fulda in unserer Gegend beschenkten, waren sie Landfremde, die von ihrer Heimat im Rhein-Main-Gebiet her enge Beziehungen zu dem Kloster hatten. Tatsächlich gab es um jene Zeit Träger dieser Namen im Grabfeld und in der Gegend von Mainz. Der Grundbesitz, den sie verschenkten, stammte am ehesten aus jener Gütermasse, die nach 746 dem rebellischen Alamannenherzog Theutbald von den karolingischen Hausmaiern weggenommen und zuverlässigen fränkischen Vasallen übertragen worden war. Die Beziehungen Dettingens zu Fulda bestätigen also, daß Dettingen altalamannisches Herzogsgut war.

Auch der Ortsname spricht hierfür. In Dettingen – 1125 »Tetingen« – steckt der Wortstamm »Theud«. Er findet sich im alamannischen Herzogshaus bei dem erwähnten Theutbald († nach 746), einem Sohn des Herzogs Gotefrid, und mehrfach in dem mit den Alamannenherzögen verwandten bayerischen Herzogshaus der Agilolfinger bei Theudo († 716) mit den Söhnen Theudebert und Theutbald. Am frühesten aber treffen wir den Theud-Stamm im merowingischen Königshaus bei Theuderich I. († 534) mit Sohn Theudebert († 548) und Enkel Theutbald († 555). Der Theud-Stamm kam zweifellos von den Merowingern ins alamannisch-bayerische Herzogshaus. Dieses war mit den Merowingern offenbar verwandt und wurde von den Merowingern eingesetzt, um deren Interessen zuverlässig zu vertreten. Wenn Dettingen einen Namen trägt, den – in verschiedenen Variationen – zunächst die merowingischen Frankenkönige führten, dann stand der Ort wohl in enger Beziehung zu diesem Königshaus. Nicht daß ein Merowingerkönig Dettingen gegründet hätte; Reihengräber, die man gefunden hat, erweisen den Ort als eine Siedlung wohl des 5. Jahrhunderts n. Chr. und somit der vorfränkischen Zeit. Doch könnte der Ort zum engeren Herrschaftsbereich des Königs gehört haben, also Königsgut gewesen sein. Durch Übertragung auf den Alamannenherzog verwischte sich allmählich sein Charakter als Königsgut, er wurde Herzogsgut. Wir haben auf anderem Wege erschlossen, daß der Ort um 700 in der Hand des Herzogs Gotefrid († 709) gewesen sein muß.

Heuchlingen, der mit Dettingen politisch wie kirchlich stets eng verbundene Nachbarort, ist nach Huchilo benannt. Es ist dies die Verkleinerungsform des namens Huc bzw. Hug, der sich im Herzogshaus bei einem der Söhne Gotefrids, nämlich bei Huoching († 712?), findet. Auf eben diesen Huoching lassen sich die verschiedenen Besitzgruppen, die uns später in Dettingen wie auch in Heuchlingen begegnen, fast alle zurückführen. Dies stützt erneut die Ansicht, daß Dettingen und Heuchlingen altalamannisches Herzogsgut waren.

Von Dettingen aus sind die jüngeren Orte Hausen und Anhausen wohl im 7. Jahrhundert gegründet worden. Später kamen, teils durch Rodung, die Höfe oder Weiler Rotfelden (Ratfelden), Rädern, Berghof, Meusenbrunnen, Geusenbrunnen, Sisenbrunnen und Sillenstetten hinzu. Dettingen dürfte somit schon in sehr früher Zeit der Mittelpunkt einer kleinen Herrschaft gewesen sein. Es behielt diese Funktion auch im Verband der Herrschaft Falkenstein bis zu deren Übergang an Württemberg im Jahre 1593.

Dettingen 600 Jahre Markt. Dettingen am Albuch 1977.

Giengen im Mittelalter

Markgraf Diepold von Giengen und sein Verwandtenkreis

Am 7. August 1978 sind es 900 Jahre, daß König Heinrich IV. 1078 bei Mellrichstadt an der fränkischen Saale vom Gegenkönig Rudolf von Rheinfelden geschlagen wurde.

Der Chronist des Klosters Petershausen bei Konstanz berichtet: »Rex Heinricus cum suis terga vertit, et ibi Diepoldum marchionem de Giengin cum aliis multis perdidit« – König Heinrich wandte sich mit den Seinen zur Flucht; er verlor dort den Markgrafen Diepold von Giengen mit vielen anderen.

Es ist dies die erste Erwähnung Giengens in einem historischen Dokument, Anlaß genug, Rückblick auf die Geschichte Giengens zu halten. Uns beschäftigt zunächst die Frage, wer jener »Diepoldus« war, der damals als Parteigänger König Heinrichs IV. umkam. Was berechtigte ihn, den Titel eines Markgrafen zu führen und damit unter die Fürsten des Reiches gerechnet zu werden, und was hatte er mit Giengen zu schaffen?

Das Ereignis von Mellrichstadt führt uns mitten in den Investiturstreit, in jene Auseinandersetzung, in der es letztlich darum ging, wer höher stehe, der deutsche König und Kaiser oder der Papst.

Im Jahre 1076 war zwischen Heinrich IV. und Papst Gregor VII. der Konflikt offen zutage getreten. Heinrich war vom Papst gebannt, seine Vasallen ihres Treueids gegen den König entbunden worden. Wollte Heinrich an der Herrschaft im Reiche festhalten, mußte er binnen Jahresfrist die Lösung vom Kirchenbann erwirken. Dies war der Anlaß zu Heinrichs Bußgang nach Canossa 1077. Als er ins Reich zurückkehrte, sah er sich jedoch einer mächtigen Opposition der Fürsten gegenüber, die den Schwabenherzog Rudolf von Rheinfelden zum Gegenkönig erhoben hatten, und Heinrich war genötigt, um Krone und Reich zu kämpfen.

Unter denen, die Heinrich die Treue hielten, erscheint als Zeuge in den ersten Urkunden, die er nach Rückkehr aus Italien im Juni 1077 in Nürnberg ausfertigen ließ, ein »Tieboldus marchio« als einer seiner »vertrauten Freunde«. Es ist jener Diepold, der ein Jahr später bei Mellrichstadt fiel.

Sein Titel »marchio« bezieht sich auf die Markgrafenschaft im bayerischen Nordgau. Heinrich hatte ihm die Mark um die Feste Nabburg (östlich Amberg) eben erst verliehen, nachdem der seitherige Inhaber, Heinrich von Hildrizhausen, zum Gegenkönig übergetreten und deshalb seiner Stellung verlustig gegangen war.

Der Chronist von Petershausen gibt dem Markgrafen Diepold den Beinamen »de Giengin«. Das ist Giengen an der Brenz. Er weiß also, daß Diepold in Beziehung zu Giengen stand, ja, daß Diepold dort wohl eine Burg oder zumindest einen befestigten Herrenhof als Wohnsitz besaß.

Man mag sich wundern, wieso der König einen im Brenztal ansässigen Adeligen mit der Markgrafschaft im bayerischen Nordgau betraute. Oder soll man an der Glaubwürdigkeit des Petershauser Chronisten zweifeln, der erst 80 Jahre nach dem Ereignis schrieb? Wie kommt der Chronist zu seiner Information?

Es fällt auf, daß der Chronist unter den Gefallenen von Mellrichstadt den Markgrafen Diepold von Giengen als einzigen mit Namen nennt. Folglich muß Diepold eine in Petershausen bekannte Persönlichkeit gewesen sein. Diepolds Todestag, der 7. August, ist im Totenbuch des Klosters vermerkt und der Tote somit der besonderen Fürbitte der Petershauser Brüder empfohlen.

Die Kenntnis des Chronisten dürfte sich erklären, wenn wir erfahren, daß auch Petershausen Beziehungen zum Nordgau unterhielt, wo Diepold kurze Zeit als Markgraf wirkte. Diese Beziehungen reichen ins Jahr 1103 zurück. Damals hatte Bischof Gebhard von Konstanz einem der Kaiser ergebenen Gegenbischof weichen und seine Diözese verlassen müssen. Der Konvent des Klosters Petershausen war mit ihm ins Exil gegangen. Die Mönche hatten durch Vermittlung des Bischofs schließlich in Kastl im Nordgau Zuflucht gefunden. Dort war eben ein neues Kloster im Entstehen, an dessen Gründung eine Frau Liutgard, eine Verwandte des Bischofs, wesentlichen Anteil hatte. Kastl wurde auf diese Weise Tochterkloster von Petershausen; man hielt die Verbindung zum Bodensee aufrecht, als einige Jahre später ein Großteil der Mönche wieder ins Mutterkloster zurückkehren konnte. Eine Chronik, die im Kloster Kastl im 14. Jahrhundert nach älteren Vorlagen in Reimen verfaßt wurde, nennt uns die Klosterstifter. Die Mitstifterin Liutgard war die Tochter einer Frau Reitz (= Richwara). Sie selbst hatte einen Sohn namens Diepold, der sich Markgraf von Vohburg nannte. Auffallenderweise wird Liutgards Gemahl nicht erwähnt; er war zur Zeit der Klostergründung (1103) offenbar nicht mehr am Leben.

Die Angaben der Kastler Reimchronik sind höchst aufschlußreich. Liutgards Sohn, der Markgraf Diepold von Vohburg († 1146), trug denselben Namen und Rang wie der Markgraf Diepold von Giengen. Diepold von Vohburg ist eine bekannte Persönlichkeit. Die Herrschaft Vohburg, nach der er sich meist nannte, hatte er 1099 von einem Vetter namens Rapoto geerbt. Sein Markgrafentitel bezog sich auf den Nordgau; deshalb heißt er auch Markgraf von Nabburg (1118), nach jener Burg, die einst König Heinrich IV. 1077 dem Diepold von Giengen zugleich mit dem Markgrafentitel verliehen hatte. So ergibt sich aus der Namensgleichheit wie auch aus der Nachfolge im Amt, daß Diepold von Vohburg der Sohn Diepolds von Giengen war. Dies erklärt, weshalb der Kastler Chronist den Gemahl der Liutgard nicht unter den Klosterstiftern nennt: Liutgard war die Witwe des schon 1078, lange vor der Klostergründung, gefallenen Diepold von Giengen.

Ihrerseits war Liutgard die Tochter der Frau Reitz (Richwara) und somit auch des Herzogs Berthold I. von Zähringen († 1078). Damit war sie eine Schwester des Bischofs Gebhard von Konstanz.

Die Familienbeziehungen machen verständlich, wie die Petershauser Mönche 1103 gerade nach Kastl in den bayerischen Nordgau gekommen sind. Liutgard, die ihnen Zuflucht gewährt hatte, wurde zum Dank auch im Mutterkloster am Bodensee hoch in Ehren gehalten. Kein Wunder, daß man dort über den Markgrafen Diepold von Giengen wohl informiert war; als Gemahl der Liutgard gehörte er immerhin zur Sippe der Gründer des Klosters Kastl und war zugleich der Schwager des mit Petershausen eng verbundenen Bischofs Gebhard.

Der Petershauser Chronist, der den 1078 gefallenen Diepold mit Giengen in Verbindung bringt, verdient somit unser vollstes Vertrauen.

Giengen an der Brenz war Diepolds Wohnsitz, ehe ihm Heinrich IV. 1077 die Markgrafschaft im Nordgau übertrug. Von Giengen aus hat er seinen reichen Grundbesitz in der Umgebung, sehr wahrscheinlich aber auch eine Grafschaft verwaltet. Es ist bestimmt kein Zufall, daß Diepold aus Anlaß seines Todes verschiedentlich mit dem Grafentitel belegt wird. Daß ihm ein Jahr vor seinem Tode noch der vornehmere Rang eines Markgrafen verliehen worden war, mag nicht so allgemein bekannt geworden sein, zumal sich dieser Rang auf den fernen Nordgau bezog. In Ostschwaben war er – nach den Aufzeichnungen der Augsburger Kirchen – eben als Graf bekannt. Nun ist schon 1062 ein »Tietpoldus comes« bezeugt, der gemeinsam mit einem Grafen Rapoto in der Mark Krain an der oberen Gurk begütert war. Graf »Tietpoldus« muß mit Diepold von

Giengen personengleich sein. Dieser war somit schon mindestens 15 Jahre lang Graf, ehe ihm 1077 der Markgrafenrang verliehen wurde. Graf war damals kein leerer Titel, sondern besagt, daß der so Titulierte eine Grafschaft verwaltet hat. Diepolds Grafschaft ist aber nicht etwa in der Mark Krain zu suchen, sondern in Ostschwaben, nicht allzu weit entfernt von seinem Wohnsitz Giengen. Nun hat der Augsburger Annalist einen höchst interessanten Bericht zum Jahre 1059 überliefert: Bischof Heinrich von Augsburg war mit einem Grafen Dietpald in Streit geraten wegen einer Grafschaft, die der Augsburger Kirche »per cartae firmitatem«, d.h. mit Urkunde, vom König übertragen worden war. Im Verlauf des Streits hatte der Sohn jenes Grafen Dietpald, namens Rapoto, mit einem Gefolge bayerischer Krieger das der Augsburger Kirche gehörige Schwabmünchen überfallen, war aber unter Verlusten abgewiesen worden. Graf Dietpald hatte daraufhin Schwabmünchen und andere Dörfer in Brand gesteckt. Die Königinmutter Agnes, die mit dem jungen König Heinrich IV. zu Allerheiligen nach Augsburg kam, konnte schließlich den Streit schlichten.

Uns interessieren die Personen, die am Streit beteiligt waren. Der Graf, der die Händel vom Zaun gebrochen, trägt den gleichen Namen wie Diepold von Giengen. Der Sohn des streitenden Grafen Dietpald heißt Rapoto, wie jener Graf, der gemeinsam mit Diepold von Giengen 1062 in der Mark Krain begütert war. Rapoto hatte bayerische Krieger im Gefolge, war also wohl in Bayern begütert. Beziehungen nach Bayern hatte gewiß auch Diepold von Giengen; ihm wäre sonst kaum die Mark Nabburg im bayerischen Nordgau verliehen worden. Diese Mark aber grenzte an die Grafschaft Cham, die spätestens seit 1073 Diepolds Bruder Rapoto innehatte.

Somit besteht kein Zweifel, daß die mit dem Augsburger Bischof streitenden Personen die nächsten Angehörigen Diepolds von Giengen sind, nämlich sein Vater Dietpald und sein Bruder Rapoto. Mit dem Grafen Dietpald von 1059 lernen wir die nächstältere Generation unseres Geschlechtes kennen, eines Geschlechtes, das in den drei uns bisher bekanntgewordenen Generationen den Namen Diepold (= Dietpald) aufweist und deshalb als die »Diepoldinger« bezeichnet wird.

Die umstrittene Grafschaft muß einen Bezirk unweit von Augsburg umfaßt haben. Verschiedene Gründe sprechen dafür, sie im Raum zwischen Iller und Lech zu suchen. Nach Süden wird sie sich bis in die Gegend von Ottobeuren und Kaufbeuren erstreckt haben. Im Norden hat sie zeitweilig über die Donau gereicht und das untere Brenztal sowie einen

Streifen am Südrand der Alb mit umfaßt; frühere Inhaber dieser Grafschaft hatten nämlich Rechte in Sontheim an der Brenz und Langenau
ausgeübt. Es handelt sich um den Landstrich »Duria«, der mit dem angrenzenden schwäbischen Teil des »Augstgaus« verbunden und bis ins 12.
Jahrhundert als Grafschaft organisiert war.

Schwieriger ist es, den Anlaß des Streites zu ergründen. Doch dürfte
soviel sicher sein, daß der frühere Inhaber der Grafschaft ohne direkten
Erben verstorben und die Grafschaft als erledigtes Lehen ans Reich zurückgefallen war. Der König hatte sodann neu darüber verfügt. Der damals erst neunjährige Heinrich IV. handelte wohl schwerlich aus freiem
Entschluß. Seine Mutter Agnes übte die Regentschaft für ihn aus, und
Bischof Heinrich von Augsburg stand bei ihr in besonderer Gunst. Dies
erklärt, wie die Grafschaft an die Augsburger Kirche gelangt war. Graf
Dietpald und sein Sohn Rapoto, die sich gegen diese Regelung auflehnten,
stellten offenbar Erbansprüche an die Hinterlassenschaft des letzten Inhabers der Grafschaft. Dies war ein Graf Ulrich, der 1046 und wohl noch
1053 bezeugt ist; er hatte u. a. Rechte in Mindelheim. Seines Namens wegen gehört er zu der Sippe des heiligen Ulrich, Bischof von Augsburg
(923–973), und damit zu den Nachkommen der im 10. Jahrhundert im
selben Bezirk tätigen Grafen Dietpald und Richwin, des Bruders und des
Neffen des Bischofs Ulrich. Irgendwie muß er auch mit dem Grafen Dietpald von 1059 verwandt gewesen sein, aber jedenfalls nicht in direkter
Linie, da dieser die Grafschaft sonst wohl ohne Umstände geerbt hätte.
Wir wollen dies im Auge behalten.

Worauf der von der Kaiserin Agnes herbeigeführte Vergleich hinauslief, läßt sich erahnen. Graf Dietpald hätte sich kaum mit einer Lösung
abgefunden, die seinen Interessen nicht weitgehend entgegenkam. Er
scheint im Gegenteil sein Ziel so ziemlich erreicht und darüber hinaus ein
gutes Verhältnis zum Königshaus erlangt zu haben. Dies zeigt sich schon
im folgenden Jahr 1060, als Graf Dietpald ein deutsches Hilfsheer begleitete, das den Ungarnkönig Andreas gegen seine Widersacher unterstützen
sollte. Andreas unterlag aber. Während er selbst seinen Schatz in der Burg
Melk an der Donau in Sicherheit zu bringen suchte, schickte er seine Angehörigen – Gemahlin, Sohn und dessen Verlobte, eine Schwester König
Heinrichs IV. – in Begleitung des Grafen Dietpald an den deutschen Königshof. Dies läßt auf ein ausgesprochenes Vertrauensverhältnis Dietpalds zum König schließen. Daß Dietpalds Söhne, nämlich Diepold von
Giengen und Rapoto von Cham, im Investiturstreit unbedingt zu Hein-

rich IV. hielten und beide sogar für ihn im Kampf gefallen sind, wäre kaum begreiflich, wenn der Vergleich sie enttäuscht hätte.

Andererseits aber durfte auch der Bischof nicht vergrämt werden. Wir stellen uns daher folgende Kompromißlösung vor: dem Bischof verblieb die Lehenshoheit der strittigen Grafschaft, das Grafenamt aber wurde tatsächlich vom Grafen Dietpald und seinen Erben ausgeübt. Dieser Weg war nicht ungewöhnlich; irgendwie mußte ja der Bischof als Geistlicher die mit der Grafschaft verbundenen Hoheitsrechte einem Weltlichen delegieren. Es war natürlich, daß er sie einem ihm genehmen Adeligen der Umgebung übertrug. In unserem Falle war ihm freilich die Wahl des Lehensinhabers vorgeschrieben.

Diepold von Giengen tritt in jenem Streit nicht in Erscheinung. Weshalb er sich zurückhielt, läßt sich nicht sagen. Selbst wenn er vielleicht jünger war als sein Bruder Rapoto, dürfte er doch längst volljährig gewesen sein. Alles spricht dafür, daß nach dem Tode des alten Grafen Dietpald († um 1061) er die Grafschaft im Bereich »Duria-Augstgau« übernommen hat. Er führt 1062 den Grafentitel und war in Giengen dieser Grafschaft am nächsten. Auch findet sich dieselbe Grafschaft 60 Jahre später in Händen seines Enkels, des Grafen Diepold von Berg, der sie zweifellos im Erbgang übernommen hatte. Diepolds Bruder Rapoto war mit der Grafschaft Cham im Nordgau versorgt.

Die Herrschaft Giengen

Das Schicksal Giengens und der zugehörigen Güter läßt sich nach dem Tode Diepolds von Giengen 1078 nur undeutlich weiterverfolgen. Wir wissen, daß Diepold von Giengen einen Sohn hinterließ, der gleichfalls Diepold hieß und sich nach Nabburg bzw. Vohburg an der Donau nannte. Aus dem Zwiefalter Totenbuch kennt man ferner einen Markgrafen Berthold von Giengen, der gegen Ende des 11. Jahrhunderts lebte. Es muß sich um einen weiteren Sohn Diepolds von Giengen handeln; der Name Berthold stammt aus dem Zähringerhaus und kann nur durch Diepolds Gemahlin Liutgard in die Familie gekommen sein. Schließlich hinterließ Diepold von Giengen eine Tochter Adelheid, die sich mit dem Grafen Heinrich von Berg (bei Ehingen) vermählte.

Offenbar wurde bald nach Diepolds Tod (1078) der Hausbesitz geteilt. Berthold wird Giengen samt zugehörigen Besitzungen und wohl auch die Grafschaft im Bezirk »Duria-Augstgau« eine Zeitlang verwaltet haben.

Urkundlich tritt er nie in Erscheinung und er ist wohl schon in jungen Jahren ohne direkten Erben gestorben. Giengen samt Zugehör fiel damit an seine Geschwister bzw. deren Erben.

Diepold d. J. hat zunächst die Güter im Nordgau samt der Markgrafschaft übernommen und dort auf Betreiben seiner Mutter Liutgard im Jahre 1118 das Kloster Reichenbach (nördlich Regensburg) gestiftet und mit Mönchen aus Kastl besiedelt. Auch das Zisterzienserkloster Waldsassen nahe der böhmischen Grenze bei Eger verdankt ihm seine Gründung (um 1133). Von seinem Vetter Rapoto erbte er 1099 die Herrschaft Vohburg, von seinem Bruder Berthold übernahm er Giengen mit den zugehörigen Gütern. Die Grafschaft im Bezirk »Duria-Augstgau« und einiger Grundbesitz aber gelangte an den Sohn seiner Schwester Adelheid, den Grafen Diepold von Berg. Daß Giengen an Diepold d. J. gelangt war, ergibt sich aus der Besitzgeschichte Giengens. Leider läßt sich Diepold d. J. selbst dort nie nachweisen.

Diepold »von Vohburg«, wie er sich meist nannte, war schon tot († 1146), als sich seine Tochter Adela 1147 in Eger mit dem Schwabenherzog Friedrich III. von Staufen, dem nachmaligen Kaiser Friedrich I. Barbarossa, vermählte. Man möchte meinen, es sei eine reine Zweckheirat gewesen, und Friedrich habe es auf das Erbe der Adela, insbesondere auf ihre schwäbischen Güter, abgesehen. Adela war möglicherweise älter als Friedrich; die Ehe war nicht glücklich und blieb kinderlos. Seit seinem Regierungsantritt 1152 betrieb Friedrich die Auflösung der Ehe. Im Interesse einer künftigen Wiederverheiratung beider wurde als Grund die zu nahe Verwandtschaft der Eheleute vorgeschoben und zu diesem Zweck eine höchst interessante Stammtafel angefertigt, die »Tabula consanguinitatis Friderici I regis et Adelae reginae«. Sie zeigt, daß Adela über ihre zähringische Großmutter Liutgard mit dem Vorfahren Barbarossas im 6. Grad verwandt war. Daran hätte die Kirche kaum Anstoß genommen. Aber der Papst hatte Anlaß, Friedrich entgegenzukommen. So wurde die Ehe auf einer Synode in Konstanz 1153 geschieden. Die Güter, die Adela in die Ehe gebracht hatte, behielt Friedrich jedoch für sich; sie rundeten die Besitzmasse der Staufer in Ostschwaben in recht vorteilhafter Weise ab. Adela wurde wohl mit Geld abgefunden.

Giengen erscheint von nun an im Besitz Friedrich Barbarossas und seiner Erben. Es kann kein Zweifel bestehen, daß er Giengen samt beträchtlichem Zugehör in der Umgebung seiner Heirat mit Adela von Vohburg verdankt. Dies bestätigt indirekt der Mönch Eberhard von Fulda, wenn er berichtet, Friedrich sei noch als Herzog von Schwaben, somit vor 1152, vom Abt von Fulda mit denjenigen Gütern belehnt worden, die vordem der Markgraf Diepold (von Vohburg) innegehabt hatte. Das Lehen muß jene Güter umfaßt haben, die Fulda aus karolingischer Zeit im Brenz- und Donautal besaß, nämlich in Gundremmingen, Horbach (abgegangen bei Klein-Kötz), Gundelfingen, Helmeringen, Lauingen mit Weihengäu, Donaualtheim und Tapfheim; sodann in Heidenheim, Schnaitheim, Großkuchen, Frickingen, Iggenhausen, Hohenstadt, Dettingen mit Gisenbrunnen sowie (vielleicht) in Hohenmemmingen bei Giengen. Die Mehrzahl dieser Güter läßt sich von nun an in staufischer Hand nachweisen. Ein Anrecht an das fuldische Lehen, das Diepold von Vohburg innegehabt, hatte Friedrich durch die Heirat mit Adela erworben. Das Lehen hat das Schicksal Giengens geteilt, d. h. es ist als Zugehör der Herrschaft Giengen an den Staufer gelangt. Giengen selbst war jedoch Eigengut.

Was darf darüber hinaus an Eigengut und niederadeliger Dienstmannschaft zur Herrschaft Giengen gerechnet werden?

Nach Giengen nannte sich ein Ministerialengeschlecht, das ursprünglich die Burghut in der Giengener Burg versah. Es ist seit dem ausgehenden 11. Jahrhundert nachweisbar, zunächst im Dienst der Diepoldinger, dann der Staufer. Als erster wird Rapoto von Giengen genannt. Er ist um 1097 Zeuge einer Schenkung Diepolds von Vohburg an das Kloster St. Ulrich und Afra in Augsburg. Es ist gewiß kein Zufall, daß dieser Ministeriale einen Namen trägt, der sich mehrfach in der Familie seiner Dienstherren findet und als einer ihrer Leitnamen gilt! Eberhard von Giengen erscheint 1125 im Gefolge Diepolds von Vohburg im Kloster Reichenbach (bei Regensburg). Konrad von Giengen bezeugt um 1140 eine Schenkung in Gundelsheim (bei Monheim) an St. Ulrich und Afra. In Gundelsheim hatten die Diepoldinger Besitz. Hermann von Giengen trägt um 1160 als nunmehr staufischer Ministeriale Güter in Ettenbeuren (bei Günzburg) von Friedrich Barbarossa zu Lehen. Adalbert von Giengen bezeugt um 1190 eine Güterschenkung an das Kloster Prüfening (bei Regensburg). Er ist offenbar im Gefolge eines Diepoldingers in die Oberpfalz gelangt, dort mit einem Lehen ausgestattet und seßhaft geworden. Ritter von Giengen werden später noch des öfteren erwähnt, wobei oft fraglich ist, ob sie ihren Sitz in Giengen oder anderswo hatten.

Die von Brenz sind gleichfalls aus dem Dienst der Diepoldinger in staufische Dienste übergetreten. Hildebrand von Brenz wird 1118 ausdrücklich als »ministerialis marchionis«, d. i. Diepold von Vohburg, genannt. Heinrich von Brenz war Hofkaplan Friedrich Barbarossas und wurde auf dessen Betreiben 1187 Propst von St. Moritz in Augsburg. Offenbar war zumindest ein Teil des Ortes Brenz diepoldingisch und kam durch Adela von Vohburg an die Staufer.

Im Jahre 1135 wird Arnolf von Binswangen (bei Wertingen) als Ministeriale Diepolds von Vohburg erwähnt. In Binswangen hatten die Diepoldinger Grundbesitz. Die Ritter Güß, deren erster bekannter Vertreter, Diepold, im Jahre 1171 als Ministeriale Barbarossas bezeugt ist und von ihm ein Lehen in Herbrechtingen hatte, stehen in dem dringenden Verdacht, ursprünglich diepoldingische Dienstleute gewesen zu sein. Hierfür spricht der in diesem Geschlecht auch später vorherrschende Name Diepold sowie die Begüterung im unteren Brenztal.

Diepold von Vohburg hat auch Dienstleute aus dem Nordgau bzw. aus seiner Herrschaft Vohburg nach Schwaben gebracht. So war Gottfried von Wetterfeld (bei Cham) 1135 in (Frauen-)Riedhausen (bei Lauingen) belehnt. Ein Reimboto von Vohburg hatte als nunmehr staufischer Ministeriale noch 1232 ein Lehengut in Ziertheim (bei Dillingen) inne.

Zweifellos der bedeutendste Gefolgsmann, den Diepold von Vohburg ins Brenztal brachte, war Gozpert von Halensteine, ein Edelfreier. Er findet sich seit etwa 1097 im Gefolge Diepolds und wird ausdrücklich zu den Schwaben gezählt; er saß somit zu dieser Zeit auf seiner Burg Hellenstein über Heidenheim. Seine Heimat ist jedoch Holnstein bei Berching im Nordgau, von wo er offenbar den Namen seiner Burg mitbrachte, der als »Höhlenstein« zu deuten ist. Gozpert trug diepoldingische Güter zu Lehen, heiratete jedoch in ein im Brenztal begütertes Geschlecht und erwarb so namhaften Eigenbesitz für seine Familie. Sein Sohn Adalbert ist vorwiegend im nordgauischen Begüterungsbereich der Diepoldinger anzutreffen. Sein Enkel Degenhard dagegen findet sich seit 1150 häufig im Gefolge Friedrich Barbarossas, der ihn zum »procurator« (Pfleger) über alle Königsgüter in Schwaben ernannte.

Die Güter, die in Händen der diepoldingisch-staufischen Dienstmannschaft bezeugt sind, lassen bereits annähernd erkennen, wieweit das Zugehör der Herrschaft Giengen reichte. Dies wird deutlicher, wenn wir die Güter kennen lernen, die anläßlich von Schenkungen einzelner Diepoldinger an Kirchen mehr zufällig genannt sind.

Markgraf Diepold von Giengen († 1078) schenkte dem Augsburger Domkapitel Güter in Ammerfeld (östlich Donauwörth) und Waldstetten (bei Wemding). Seine Witwe Liutgard († 1119) gab an Kloster St. Ulrich und Afra in Augsburg, wo sie bestattet wurde, Besitz in Kicklingen (bei Dillingen). Von Liutgard oder ihren Kindern stammen Güter in Zöschin-

gen, die das Kloster St. Peter im Schwarzwald, das Hauskloster der Zähringer, besaß.

Diepold von Vohburg stattete das 1118 von ihm gestiftete Kloster Reichenbach (bei Regensburg) mit Gütern in Riedlingen (bei Donauwörth),
Steinheim (bei Höchstädt), Binswangen, (Frauen-)Riedhausen, Wittislingen und Beutenstett (bei Wittislingen) aus.

Auch Rapoto von Cham († 1080), der Bruder Diepolds von Giengen,
war in Ostschwaben begütert. Es muß sich um sein Erbteil vom alten
Grafen Dietpald († um 1061) handeln. Wir lernen einzelne Besitzstücke
kennen anläßlich der Investitur Hermanns, eines Sohnes Rapotos von
Cham, auf den Augsburger Bischofsstuhl im Jahre 1097. Über die näheren Umstände berichtet der Abt von St. Ulrich und Afra in Augsburg: ein
Graf namens Ulrich habe sich in Verona an Kaiser Heinrich IV. herangemacht und ihm Geld und Begleitmannschaft für den Zug über die Alpen
nach Deutschland angeboten, wenn der Kaiser das eben verwaiste Bistum
Augsburg Ulrichs Bruder Hermann verleihe. Der Kaiser sei darauf eingegangen, und so habe Hermann auf höchst verwerfliche Weise, nämlich
durch Simonie, sein Bischofsamt erlangt. Mit Güterschenkungen suchten
Bischof Hermann und seine Brüder die darüber aufgebrachten Kleriker
zu versöhnen. So gab Hermann selbst seinem Domkapitel ein Gut in Jettingen. Sein Bruder Ulrich, der in Verona die Sache mit dem Kaiser abge-
sprochen hatte, schenkte dem Kloster St. Ulrich und Afra einen Hof in
Finningen (bei Höchstädt), der andere Bruder, Pfalzgraf Rapoto von
Vohburg († 1099), gab demselben Kloster Güter in Finningen und Gundelsheim (bei Treuchtlingen).

Diese Schenkungen zeigen, daß der Besitz der Diepoldinger sich über
einen weitgedehnten Landstrich beiderseits der Donau erstreckte. Riedlingen, Steinheim, Finningen, Wittislingen, Beutenstett, Frauenriedhausen und Zöschingen umschreiben die sich zur Donau hin neigende Alb
zwischen den Tälern von Brenz und Wörnitz. Jettingen, Kicklingen und
Binswangen weisen in den mittelschwäbischen Raum südlich der Donau,
in das Gebiet, in welchem die Diepoldinger zeitweilig die Grafengewalt
ausübten. Die Orte Ammerfeld, Waldstetten und Gundelsheim schlagen
bereits die Brücke zu den nordbayerischen Gütern der Diepoldinger. In
denselben Bereichen waren die uns bekannten diepoldingischen Ministerialen begütert, lagen aber auch die Lehensgüter des Klosters Fulda, die
Diepold von Vohburg und später Friedrich Barbarossa innehatten. All
dies wurde ursprünglich offenbar von Giengen aus verwaltet, denn wir
kennen sonst keinen diepoldingischen Herrschaftssitz in Ostschwaben.

Die Masse dessen, was Adela von Vohburg in die Ehe mit Friedrich
Barbarossa eingebracht, erscheint in einem Urbar, das rund 130 Jahre später auf Veranlassung Herzog Ludwigs des Strengen von Bayern aufgezeichnet wurde. Der letzte Staufer, der die von Adela stammenden Güter
geerbt und verwaltet hatte, Herzog Konradin, hatte im Jahre 1266, ehe er
seinen verhängnisvollen Zug nach Italien antrat, seinen gesamten Besitz
seinem Oheim Ludwig dem Strengen, dem Bruder seiner Mutter Elisabeth, vermacht. Nach Konradins Ende in Neapel 1268 trat das Vermächtnis in Kraft. Im bayerischen Herzogsurbar von etwa 1280 sind die bisher
staufischen, nunmehr bayerischen Güter an der Donau zusammengefaßt
im »Amt Höchstädt« und den kleinen Vogteien Gundelfingen und Lauingen. Diese Verwaltungsbezirke wurden erst in staufischer Zeit aus Teilen
der alten Herrschaft Giengen gebildet. Dazu gehörten Güter und Rechte
in nicht weniger als 36 Orten des heutigen Landkreises Dillingen, darunter die schon erwähnten Lehengüter des Klosters Fulda in Gundelfingen,
Lauingen, Donaualtheim und Tapfheim. Daß Giengen selbst damals
nicht an Bayern fiel, ist wohl nur so zu erklären, daß die Stadt verpfändet
war und somit nicht zu den Gütern gehörte, über die Konradin hatte
verfügen können.

Die Ortsherren Giengens im frühen Mittelalter

In der Zeit vor 1078 wird Giengen in keiner geschichtlichen Quelle erwähnt. Jedoch können wir mit einiger Sicherheit erschließen, wer die früheren Besitzer Giengens und der zugehörigen Güter waren; damit fällt
zugleich ein wenig Licht auf die frühere Geschichte des Orts.

Das bayerische Herzogsurbar von etwa 1280 zeigt, daß der Begüterungsbereich der Diepoldinger ziemlich genau der Besitzlandschaft der
Grafen von Dillingen entsprach. Die Grafen von Dillingen waren auch in
der nächsten Umgebung Giengens begütert, z. B. in Bernau, Eselsburg,
Mergelstetten, Zöschingen und Ballmertshofen. Im einzelnen sind die
Güter der Diepoldinger mit denen der Dillinger so eng verzahnt, daß
kaum daran gezweifelt werden kann, daß der Besitz beider Geschlechter
auf einen gemeinsamen Vorfahren und Erblasser zurückgeht.

Der erste Diepoldinger, der sich in Ostschwaben nachweisen läßt, ist
jener Graf Dietpald, der 1059 in den Streit um die Grafschaft im Bezirk
»Duria-Augstgau« verwickelt war. Er hatte den von Giengen aus verwalteten Güterkomplex noch ungeteilt in Händen. Unter seinen beiden Söh-

nen Diepold von Giengen und Rapoto von Cham war bereits eine erste
Teilung erfolgt, unter deren Erben hatte sich die Aufsplitterung fortge-
setzt.

Schwaben scheint nicht die Heimat jenes Dietpald gewesen zu sein; er
hat sich dort wohl nur zeitweilig aufgehalten. Wenn wir Näheres über ihn
erfahren bzw. seine Vorfahren ermitteln wollen, müssen wir zunächst
anderwärts Umschau halten. Wir erinnern uns, daß Dietpalds Sohn Rapoto mit einem Gefolge bayerischer Krieger in den Streit um die Grafschaft im »Duria-Augstgau« eingriff. Rapoto und sein Bruder Diepold
von Giengen sind 1062 als Inhaber von Gütern in der Mark Krain bezeugt. Rapoto war spätestens seit 1073 Graf in Cham. Sein Bruder Diepold erhielt 1077 die Mark Nabburg übertragen. Dessen Witwe Liutgard
wirkte 1103 bei der Gründung des Klosters Kastl im Nordgau mit. Ihr
Sohn Diepold von Vohburg stiftete 1118 das Kloster Reichenbach (bei
Regensburg) und um 1133 das Zisterzienserkloster Waldsassen unweit
Eger, zwei Klöster, die vorwiegend mit Gütern im Nordgau ausgestattet
wurden. All das zeigt, daß die Diepoldinger in Bayern verwurzelt waren.
Freilich erstreckt sich ihr Hausgut so ziemlich über das ganze bayerische
Stammesgebiet, und es bleibt unklar, wo sie eigentlich beheimatet waren.

Eine Passauer Urkunde erweist, daß Graf Dietpald der Sohn eines
Rapoto war, welcher 1006 als Graf im oberösterreichischen Traungau bezeugt ist. Ein gleichnamiger Verwandter dieses Rapoto, höchst wahrscheinlich sein Vater, wird 977 als Besitzer großer Waldungen im Salzkammergut (um Ischl) genannt. Im Traungau, in der Gegend nördlich
von Melk, finden sich Ortsnamen wie Rappoltenreith, Rappottenstein
und Rappoltschlag, zweifellos Rodesiedlungen eines Rapoto. In dieser
Gegend scheinen die Vorfahren der Diepoldinger tätig gewesen zu sein.

Weiter donauabwärts, in der Gegend der Leiserberge nördlich Wien,
finden wir um 1050 dicht benachbart die Erbgüter eines jüngeren Grafen
Rapoto in Ernstbrunn und die eines Richwin in Gaubitsch und Groß-
Krut. Die Namen der beiden Grundbesitzer verdienen unser Interesse.
Die Nachbarschaft ihrer Güter legt nahe, daß sie verwandt waren, wahrscheinlich Brüder. Nach der Zeit ihres Auftretens müßte es sich um Söhne
des Traungaugrafen Rapoto von 1006 und damit um Brüder des älteren
Dietpald handeln, der 1059 um die Grafschaft im »Duria-Augstgau« stritt
und 1060 die ungarische Königsfamilie geleitete. Dieser Dietpald war
auch tatsächlich ganz in der Nähe seiner mutmaßlichen Brüder begütert,
nämlich in und um Hollabrunn. Sein Enkel Hermann, der 1097 den Augsburger Bischofsstuhl bestieg, hatte Besitz in Erdberg bei Groß-Krut; ein

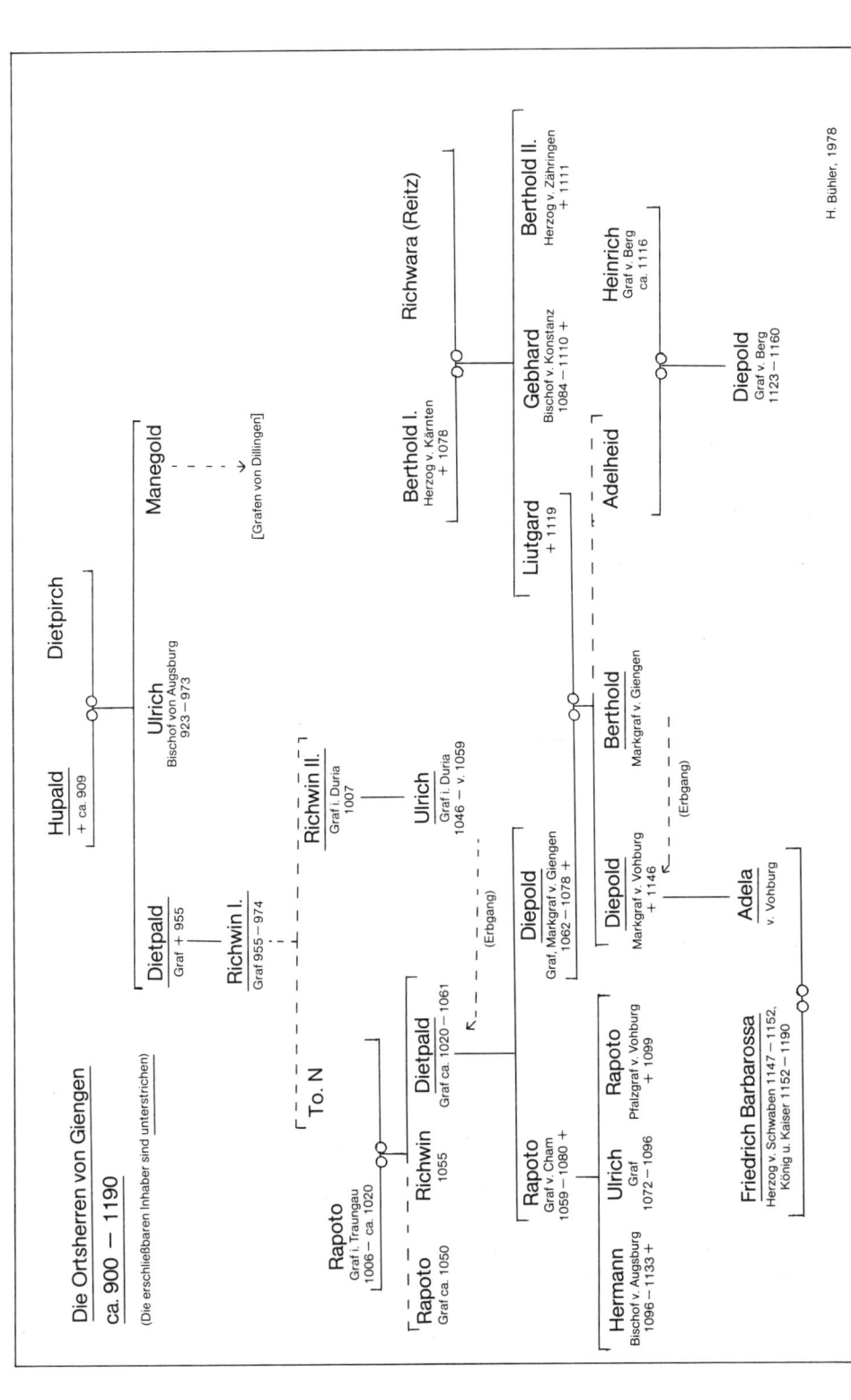

Die Ortsherren von Giengen
ca. 900 – 1190

(Die erschließbaren Inhaber sind unterstrichen)

Hupald
+ ca. 909

Dietpirch

Dietpald
Graf + 955

Ulrich
Bischof von Augsburg
923 – 973

Manegold

[Grafen von Dillingen]

Richwin I.
Graf 955 – 974

Richwin II.
Graf i. Duria
1007

Ulrich
Graf i. Duria
1046 – v. 1059

Berthold I.
Herzog v. Kärnten
+ 1078

Richwara (Reitz)

Gebhard
Bischof v. Konstanz
1084 – 1110 +

Berthold II.
Herzog v. Zähringen
+ 1111

To. N

Rapoto
Graf i. Traungau
1006 – ca. 1020

Rapoto
Graf ca. 1050

Richwin
1055

Dietpald
Graf ca. 1020 – 1061

(Erbgang)

Diepold
Graf, Markgraf v. Giengen
1062 – 1078 +

Liutgard
+ 1119

Heinrich
Graf v. Berg
ca. 1116

Rapoto
Graf v. Cham
1059 – 1080 +

Ulrich
Graf
1072 – 1096

Rapoto
Pfalzgraf v. Vohburg
+ 1099

Diepold
Markgraf v. Vohburg
+ 1146

Berthold
Markgraf v. Giengen

Adelheid

Diepold
Graf v. Berg
1123 – 1160

Hermann
Bischof v. Augsburg
1096 – 1133 +

Friedrich Barbarossa
Herzog v. Schwaben 1147 – 1152,
König u. Kaiser 1152 – 1190

Adela
v. Vohburg

(Erbgang)

H. Bühler, 1978

anderer Enkel, Diepold von Vohburg, verfügte über Güter in Hollabrunn, Wilvoldisdorf (abgegangen) und Judenau und trug ausgedehnten
Besitz zwischen Fischa und Leitha zu Lehen.

Im nördlichen Niederösterreich finden sich wiederum Orte, deren Namen auf Gründung durch Angehörige unseres Geschlechtes deuten: Rappoltenkirchen (südlich Tulln), Reipersdorf (bei Pulkau) und Reibensdorf
(abgegangen bei Krut) – letztere beide enthalten den Namen Richwin, –
ferner Dippersdorf (bei Hollabrunn) und Diepolz (bei Mailberg), beide
nach einem Diepold benannt.

Dies zeigt, daß in Niederösterreich ein großes, ziemlich geschlossenes
Gebiet in Händen der Nachkommen des Traungaugrafen Rapoto von
1006 war. Offenbar hatten sie Anteil an der Kolonisation bzw. Neubesiedlung des Landes nach den Ungarnkriegen in der ersten Hälfte des 11.
Jahrhunderts. Auf sie geht daher auch die Gründung der Kirchen (nach
Eigenkirchenrecht) zurück. Nun finden wir dort Orte wie Ulrichskirchen
(bei Wolkersdorf), St. Ulrich (bei Groß-Krut), Ulrichsberg (nördlich
Krems), ferner das Patrozinium der heiligen Afra in Eggendorf (bei Hollabrunn) und Klosterneuburg.

Die Kulte der Heiligen Ulrich und Afra stammen aus Augsburg. Sie
können nach Niederösterreich kaum auf anderem Wege gelangt sein als
durch unsere Diepoldinger, die Söhne des Traungaugrafen Rapoto
(1006). Die Diepoldinger standen in engster Beziehung zu Augsburg, und
zwar von ihren ostschwäbischen Besitzungen her. Sie hatten aber mindestens ebenso alte Beziehungen auch zum bayerischen Teil des Bistums
Augsburg im Lech-Donau-Winkel. Wir erinnern uns, daß der Sohn des
alten Grafen Dietpald, Rapoto, 1059 mit bayerischen Kriegern Schwabmünchen überfiel. Dies spricht dafür, daß Rapoto jenseits des Lech, unweit von Augsburg und Schwabmünchen, begütert war. Tatsächlich hatten eben dieser Rapoto sowie sein Neffe Diepold von Vohburg Besitz in
Aichach. Der erstere schenkte ein Gut in Aichach an das Domkapitel
Augsburg, der letztere ein Drittel der Aichacher Kirche an Kloster St.
Ulrich und Afra. Die uns aus Niederösterreich bekannten Rapoto und
Richwin begegnen um 1040 auch im Lech-Donau-Winkel als Zeugen einer Schenkung an Kloster Geisenfeld. Ihr mutmaßlicher Vater, der uns
bekannte Traungaugraf Rapoto von 1006, ist höchst wahrscheinlich personengleich mit Rapoto »von Hohenwart« (bei Schrobenhausen), der gemeinsam mit seinem Bruder, dem Bischof Gebhard von Regensburg
(995–1023), das Kloster Thierhaupten erneuert und dotiert hat. Im Lech-
Donau-Winkel lagen vielleicht die Stammgüter unseres Geschlechts.

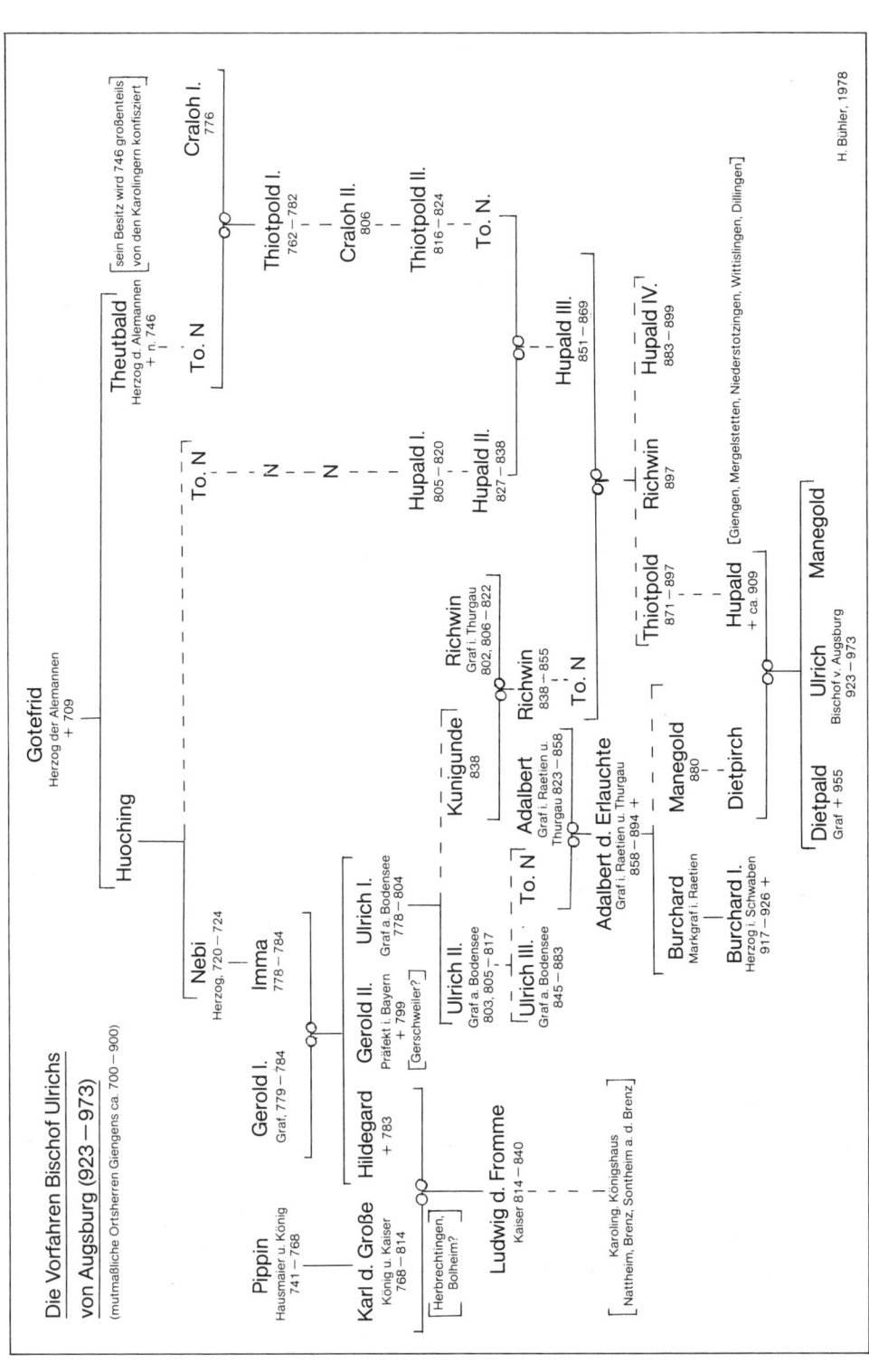

Die Vorfahren Bischof Ulrichs von Augsburg (923 – 973)

(mutmaßliche Ortsherren Giengens ca. 700 – 900)

H. Bühler, 1978

Gotefrid
Herzog der Alemannen
+ 709

Huoching

Theutbald
Herzog d. Alemannen
+ n. 746
[sein Besitz wird 746 großenteils von den Karolingern konfisziert]

Craloh I.
776

Thiotpold I.
762 – 782

Craloh II.
806

Thiotpold II.
816 – 824

To. N.

To. N.

Nebi
Herzog. 720 – 724

Imma
778 – 784

To. N

N

N

Hupald I.
805 – 820

Hupald II.
827 – 838

Hupald III.
851 – 869

Hupald IV.
883 – 899

Pippin
Hausmaier u. König
741 – 768

Gerold I.
Graf. 779 – 784

Gerold II.
Präfekt i. Bayern
+ 799
[Gerschweiler?]

Ulrich I.
Graf a. Bodensee
778 – 804

Ulrich II.
Graf a. Bodensee
803, 805 – 817

Richwin
Graf i. Thurgau
802, 806 – 822

Richwin
897

Karl d. Große
König u. Kaiser
768 – 814

Hildegard
+ 783

Ulrich III.
Graf a. Bodensee
845 – 883

To. N

Kunigunde
838

Richwin
838 – 855

To. N

Thiotpold
871 – 897

Hupald
+ ca. 909
[Giengen, Mergelstetten, Niederstotzingen, Wittislingen, Dillingen]

Manegold

[Herbrechtingen, Bolheim?]

Ludwig d. Fromme
Kaiser 814 – 840

Adalbert
Graf i. Raetien u.
Thurgau 823 – 858

Adalbert d. Erlauchte
Graf i. Raetien u. Thurgau
858 – 894 +

Manegold
880

Dietpirch

Ulrich
Bischof v. Augsburg
923 – 973

[Karoling. Königshaus
Nattheim, Brenz, Sontheim a. d. Brenz]

Burchard
Markgraf i. Raetien

Burchard I.
Herzog i. Schwaben
917 – 926 +

Dietpald
Graf + 955

Man mag sich fragen, was dieser Ausflug nach Österreich und in den Lech-Donau-Winkel mit Giengen zu tun habe. Er hat uns immerhin die Erkenntnis eingebracht, daß der Traungaugraf Rapoto von 1006 außer dem bezeugten Sohn Dietpald offenbar noch zwei weitere Söhne namens Richwin und Rapoto hatte. Letzterer war nach seinem Vater benannt; die Namen Dietpald und Richwin aber sind im Geschlecht des Traungaugrafen vordem unbekannt. Sie müssen von Mutterseite in die Familie gekommen sein. Von Mutterseite stammen offenbar auch die ostschwäbischen Güter, die von Giengen aus verwaltet wurden, sowie die Verehrung des Augsburger Bistumsheiligen Ulrich.

Halten wir in Ostschwaben Umschau, so finden wir die Namen Dietpald und Richwin in der fraglichen Zeit einzig in der Familie des Bischofs Ulrich von Augsburg (923–973), eben desselben, der 993 heilig gesprochen worden war. Bischof Ulrich hatte einen Bruder namens Dietpald, der sich als Graf in der Ungarnschlacht auf dem Lechfeld hervorgetan hatte und gefallen war. Am Abend nach der Schlacht verlieh König Otto d. Gr. die Grafschaften des Gefallenen dessen Sohn Richwin. Hier also begegnen uns die Namen Dietpald und Richwin bei Vater und Sohn. Dietpald hatte mindestens zwei Grafschaften verwaltet, darunter sicher die im Bezirk »Duria-Augstgau«. Mit Bestimmtheit läßt sich Richwin als Inhaber jener Grafschaft erweisen, die nach 1059 in Händen der Diepoldinger war. Sicherlich gehören Dietpald und Richwin in die Reihe der Vorfahren der Diepoldinger.

Graf Richwin hatte teil an der Kirche in Wittislingen (bei Dillingen). Er selbst bewohnte um 973 das »castellum Dilinga« (Dillingen). Wittislingen und Dillingen aber waren später größtenteils in Händen der Grafen von Dillingen. Diese stammten in direkter Linie vom zweiten Bruder des Bischofs Ulrich, namens Manegold, ab. Wir erinnern uns, daß die Güter der Diepoldinger sich über denselben Bereich verteilten wie die Güter der Dillinger und mit ihnen vielfach verzahnt waren, und es wird klar, daß das Diepoldingergut gleichfalls auf die Familie des Bischofs Ulrich zurückgeht. Denn das Gut der Diepoldinger und das der Dillinger schließen sich zu einer ursprünglich einheitlichen Besitzmasse zusammen; deren Trennung muß anläßlich einer Erbteilung erfolgt sein.

So kommen wir zu dem Schluß, daß eine Tochter des Grafen Richwin (I.) den Grafen Rapoto vom Traungau geheiratet hat, der auch im Lech-Donau-Winkel begütert war. Die Nachbarschaft des beiderseitigen Familienguts mag die Heirat gefördert haben. Die Ehe dürfte mit Rücksicht auf das Alter der Kinder um 985 geschlossen worden sein. Die Tochter Richwins (I.) gab einem der Söhne den Namen ihres Gemahls Rapoto, dem anderen den Namen ihres Vaters Richwin, dem dritten den Namen ihres Großvaters Dietpald. Sie brachte eine beträchtliche Gütermasse in Ostschwaben ins Haus der Diepoldinger; darunter war als einer der wichtigsten Plätze Giengen.

Die Gütermasse war so reich, daß man die Tochter Richwins (I.) als die Erbtochter eines ganzen Zweiges der Ulrichssippe ansprechen darf. Um dies zu verdeutlichen, kommen wir noch einmal auf den Streit um die Grafschaft im Bezirk »Duria-Augstgau« 1059 zurück. Graf Dietpald, den wir jetzt als Enkel des Grafen Richwin (I.) kennen, erhob damals Anspruch auf die Grafschaft, die einst sein Großvater Richwin (I.) und vordem sein Urgroßvater Dietpald verwaltet hatten. König Heinrich IV. hatte sie jedoch dem Bischof von Augsburg übertragen, nachdem der letzte Inhaber anscheinend ohne direkten Erben verstorben war. Graf Dietpald muß aber ein naher Verwandter dieses letzten Inhabers gewesen sein. Als solcher ist Graf Ulrich 1046 und wohl noch 1053 bezeugt. Ihm war ein Graf Richwin vorausgegangen, der 1007 beurkundet ist. Dieser Richwin kann mit Richwin (I.), dem Großvater Dietpalds, aus Altersgründen kaum personengleich sein; er ist eher dessen Sohn Richwin II. und somit ein Bruder jener Frau, die den Traungaugrafen Rapoto geheiratet hatte. Graf Ulrich, der Richwin II. im Amte folgte, muß wiederum dessen Sohn gewesen sein; dann nämlich fügt sich alles aufs beste zusammen: mit dem Grafen Ulrich erlosch vor 1059 der Mannesstamm einer Linie der Ulrichssippe, jener Linie nämlich, die von Ulrichs Bruder Dietpald († 955) ausgegangen war. Der Diepoldinger Graf Dietpald als Vetter Ulrichs von Mutterseite erbte dessen Eigengüter. Selbstverständlich erhob er auch Anspruch auf dessen Lehen, nämlich die Grafschaft im Bezirk »Duria-Augstgau«. Bischof Heinrich, dem Dietpald als Nachbar unbequem sein mochte, konnte dank seines Einflusses bei der Königinmutter, zunächst die Grafschaft für sein Hochstift gewinnen. Dietpald aber verschaffte sich durch den Appell an die Waffen Gehör und verstand es, seinen zweifellos berechtigten Anspruch weitgehend durchzusetzen. So hilft uns der Streit um jene Grafschaft die Brücke von den Diepoldingern zu der Sippe des heiligen Ulrich zu schlagen. Er macht uns bekannt mit all den Personen, durch deren Hände Giengen gegangen sein muß, ehe es 1078 im Besitz des Markgrafen Diepold erscheint; es sind dieselben, die nacheinander jene Grafschaft innehatten.

Wir können Giengen nun zurückverfolgen bis in die Zeit um 900, als die Eltern des Bischofs Ulrich, Hupald und Dietpirch, den riesigen Güterkomplex noch als Ganzes verwalteten, der später teils in Händen der Grafen von Dillingen, teils in Händen der Diepoldinger begegnet.

Ist mit der Zeit um 900 unserer Kenntnis von der frühen Geschichte Giengens eine absolute Grenze gesetzt?

Von Bischof Ulrich von Augsburg (923–973) berichtet einer seiner Biographen, er stamme »aus dem erlauchtesten Geschlecht der Herzöge und Grafen Alamanniens«. Die Eltern Ulrichs, Hupald und Dietpirch, lassen sich tatsächlich den führenden Geschlechtern ihrer Zeit zuordnen. Dietpirch kommt aus der Sippe der »Hunfridinger«, die sich mit Burchard I. im Jahre 917 zum schwäbischen Herzogtum aufschwangen. Ihre Hausgüter lagen in Raetien und im Thurgau. Daher ist wenig wahrscheinlich, daß Güter im östlichen Schwaben und somit auch Giengen von Dietpirchs Seite stammen. Somit käme das Hausgut der Ulrichssippe von Hupalds Ahnen. Hupald aber stammte wohl gleich mehrfach vom altalamannischen Herzogshaus ab. Huoching und Theutbald, zwei Söhne des Herzogs Gotefrid († 709), dürfen als seine Vorfahren gelten. An diese beiden erinnern schon die Namen der Ulrichssippe: Dietpald-Diepold sind jüngere Abwandlungen des alten Namens Theutbald; der Name Hupald = Hucpald ist mit Huoching verwandt, denn beide Namen haben den Wortstamm Huc = Hug gemeinsam. Wenn Hupald von Huoching und Theutbald abstammte, die wahrscheinlich Stiefbrüder waren, dann stammte er natürlich auch von deren Vater Herzog Gotefrid ab. Dieser regierte um 700 ganz Alamannien und hat zweifellos auch über Giengen verfügt, und zwar nicht nur aufgrund seines öffentlichen Amtes, sondern Giengen muß zum herzoglichen Hausgut gehört haben. Zur Nutznießung mag es der Herzog einem Vasallen überlassen haben. Der vornehme Reiterkrieger, der um 690 bei Altengiengen bestattet und dem ein Goldblattkreuz mit Christuskopf ins Grab gelegt wurde, mag ein Vasall des Herzogs Gotefrid gewesen sein.

Das Ergebnis, das wir für die Frühzeit Giengens gewinnen, stimmt grundsätzlich überein mit dem, was sich für die Nachbarorte teils aus Urkunden, teils durch Rückschluß aus der Besitzgeschichte oder auch aus den Ortsnamen ergibt. Wie erwähnt, waren in Bernau, Eselsburg, Mergelstetten, Zöschingen, Ballmertshofen und Niederstotzingen die Grafen von Dillingen begütert. Ihre Besitzrechte gehen zurück auf Manegold, den Bruder des Bischofs Ulrich; sie lassen sich über den Vater Hupald weiter bis auf den Herzog Gotefrid († 709) zurückverfolgen.

Herbrechtingen, Bolheim, Nattheim, Brenz und Sontheim an der Brenz waren in karolingischer Zeit Königsgut. Dieses stammt aus alamannischem Herzogsgut, sei es, daß es nach dem Blutbad von Cannstatt 746 als Besitztum des rebellischen Herzogs Theutbald von den karolingischen Hausmaiern konfisziert wurde, sei es, daß es Huochings Urenkelin Hildegard in ihre Ehe mit Karl d. Gr. brachte.

Aus konfisziertem alamannischen Herzogsgut dürfte auch stammen, was Emehart in Memmingen (Hohenmemmingen?) um 802–817 an Kloster Fulda schenkte. Emehart war wohl kein Alamanne, sondern ein Franke aus dem Rhein-Main-Gebiet; daraus erklärt sich sein enges Verhältnis zu Fulda, das ihn zur Schenkung veranlaßte. Das Gut in Memmingen aber mag ihm vom König für treue Dienste verliehen sein.

Königsgut war auch Sachsenhausen, wo gegen 800 Sachsen angesiedelt wurden, die im Verlauf der Sachsenkriege Karls d. Gr. aus ihrer Heimat verschleppt worden waren.

Oggenhausen könnte nach einem Angehörigen der alamannischen Herzogsfamilie benannt sein. Der Personenname Huc = Hug, der in diesem Ortsnamen steckt, kehrt wieder im Namen des Herzogs Huoching, aber auch im Namen Hupald = Hucpald, den Bischof Ulrichs Vater trug.

Schließlich verdient Giengens Nachbarort Gerschweiler unser Interesse. Die heutige Industrieansiedlung ist einem alten Ort nachbenannt, der in Urkunden und Akten bald als Gernswiler, Gerunswiler, 1534 aber Geroltzwiler heißt. Diese letztere Form entspricht offenbar dem ursprünglichen Namen; im Bestimmungswort »Gerns-« dagegen liegt eine Verkürzung von »Geroldes-« vor, wie wir dies von Gernstall (bei Mindelheim) aus Geroldestal bzw. von Gernsdorf (verschiedene) aus Geroltesdorf kennen. Gerold aber war zu der Zeit, als viele »-weiler-Orte« gegründet wurden, nämlich um 800, eine bekannte Persönlichkeit: so hieß der Bruder der Königin Hildegard, der Schwager Karls d. Gr., der zum Präfekten in Bayern ernannt wurde, aber 799 im Kampf gegen die Awaren fiel. Gerold und Hildegard stammten über ihre Mutter Imma von Herzog Huoching ab. »Geroltzwiler« wäre im Auftrag Gerolds gegründet oder in Erinnerung an ihn so benannt. Der Grund und Boden, auf dem der Ort steht, ist als Herzogsgut oder Königsgut zu betrachten.

Was sich aus der Besitzgeschichte Giengens und was sich aus der Deutung des Ortsnamens Gerschweiler-Geroltzwiler ergibt, stützt und bestätigt sich somit wechselseitig.

So ist die frühe Geschichte Giengens eingebettet in die Geschichte Ostschwabens, ja in die Reichsgeschichte. Wenn Giengen selbst dabei kaum genannt wird, erklärt sich das zum einen daraus, daß dort offenbar keine spektakulären Ereignisse wie Fehden oder Schlachten stattfanden, die des

Aufzeichnens wert gewesen wären; zum anderen – und vor allem – erklärt sich dies aber aus der Tatsache, daß Giengen als »ruhender Besitz« jahrhundertelang innerhalb eines Personenkreises, der zum höchsten Adel des Reiches zählte, ungeteilt von Generation zu Generation im Erbgang weitergegeben wurde. Darüber etwas aufzuzeichnen, bestand kein Anlaß. Daß Giengen in dem bisher behandelten Zeitraum weder als Ganzes noch in Teilen veräußert wurde, spricht eher für die Bedeutung des Platzes als Mittelpunkt einer Adelsherrschaft, den man nicht weggeben konnte und wollte.

Giengen wird Stadt

Was sich über Giengen vor 1078 ermitteln läßt, dürfte sich fast ausnahmslos auf das Dorf (Alten-)Giengen beziehen, das um die Pfarrkirche St. Peter in der Wanne beiderseits der Straße nach Heidenheim lag. Dieses Dorf hatte sicher schon sehr früh eine gewisse zentrale Bedeutung. Dafür zeugt das Grab des vornehmen Reiterkriegers aus der Zeit um 690, das mit Fug und Recht als Adelsgrab angesprochen wird.

Spätestens nachdem Graf Dietpald um 1059 das Erbe seines Vetters, des Grafen Ulrich, angetreten hatte, wurde Giengen Verwaltungsmittelpunkt für das reiche diepoldingische Hausgut in Ostschwaben sowie für die Grafschaft im Bezirk »Duria-Augstgau«. Wohl lag Giengen außerhalb dieser Grafschaft und für das diepoldingische Hausgut ziemlich peripher. Doch schwerer als zentrale Lage innerhalb des zu verwaltenden Bereichs wog offenbar die verkehrsgünstige Lage im Brenztal, jener bequemen Verbindung zwischen dem Neckar-Main-Gebiet und dem Vorland der Alpenpässe. Eben deshalb wurde die Brenztalstraße wiederholt von den Königen benützt, nachweislich von Heinrich II. im Jahre 1002, von Heinrich III. in den Jahren 1046 und 1050 sowie von Friedrich Barbarossa 1171, 1187 und 1189. Mit der Brenztalstraße kreuzte sich ein alter Verkehrsweg von Ulm ins Ries und nach Nürnberg, der bei Giengen die Brenz überquerte. Diese Lage hatte Giengen anderen Plätzen voraus.

Diepold, den der Petershauser Chronist »de Giengin« nennt, muß vor 1078, vielleicht schon seit Übernahme des väterlichen Erbes um 1061, einen Wohnsitz in Giengen gehabt haben. Hier hielt er sich auf, wenn er auf seinen schwäbischen Gütern nach dem Rechten sah. Es bleibt dahingestellt, ob er einen befestigten Herrenhof im Dorf (Alten-)Giengen bewohnte oder eher schon auf einer benachbarten Höhenburg residierte, auf die er den Namen des Dorfes übertragen hatte. Eine Burg muß es in Giengen spätestens im letzten Jahrzehnt des 11. Jahrhunderts gegeben haben, da um 1097 der erste Ministeriale bezeugt ist, der sich von Giengen nannte und dort zweifellos die Burghut versah.

Über die Lage dieser Burg besteht keine Einmütigkeit. Man sucht sie auf dem heute von einem Pavillon gekrönten, leicht nach Südwesten vorspringenden Sporn des Schießbergs. Das dortige Gebäude und die noch erkennbaren Gräben deuten auf eine Befestigungsanlage von freilich recht bescheidenem Umfang. Man fragt sich, ob ein Graf oder Markgraf sich mit einer derart einfachen Anlage als Residenz begnügt hätte. Auch ist die Lage nicht typisch für eine Hochadelsburg des 11. Jahrhunderts. Eher könnte man sich hier ein Vorwerk aus späterer Zeit vorstellen, das die Hauptburg samt der sich anlehnenden Stadt deckte und einem etwaigen Angreifer verwehrte, sich dort festzusetzen. Die Hauptburg aber dürfte von Anfang an auf jenem Ausläufer des Schießbergs gelegen sein, der sich weit ins Brenztal vorschiebt, vom eigentlichen Schießbergmassiv jedoch durch eine flache Einsattelung getrennt ist und nach Westen steil abfällt. Diese noch heute »Burg« genannte Erhebung überhöht die nähere Umgebung nach allen Seiten, sperrt das zwischen Schieß- und Bruckersberg ohnehin verengte Brenztal und überwacht den Brenzübergang. Sie bot Platz für eine relativ geräumige Burganlage und entspricht den Gegebenheiten anderer Hochadelssitze jener Zeit. Die Stadtansicht Giengens auf der Forstkarte Philipp Renlins von 1591 zeigt im Bereich der »Burg« westlich des Oberen Tores einige mächtige mehrstöckige Gebäude, die einen wehrhaften Eindruck erwecken und sicherlich von der damals längst aufgegebenen Burg stammen. Unmittelbar im Anschluß an die Burg erstreckt sich die Stadt über den nach Osten und Süden leicht abfallenden Hang, so daß Burg und Stadt einst ein gemeinsames Befestigungssystem zum gegenseitigen Schutze bildeten: die Burg schirmte die Stadt nach Westen und Nordwesten ab, wogegen die Stadt die Burg im Osten schützte, wo das Gelände am ehesten eine Annäherung an die Burg gestattet hätte. So spricht eigentlich alles dafür, daß die Burg von Anfang an da gestanden sein muß, wo sich der Name »Burg« erhalten hat.

Die Stadt Giengen ist in mehreren Etappen entstanden. Dies zeigt der Stadtplan aus dem frühen 19. Jahrhundert ebenso wie die Stadtansicht Merians, die den Zustand vor dem Brand Giengens im Jahre 1634 wiedergibt. Danach erweist sich als ältester Teil der sich direkt an die Burg anlehnende Bezirk der Tanzlaube und der Häuser westlich der Oberen Torgasse. Hier siedelten sich wohl Handwerker und das in der Burg beschäftigte Gesinde an. So entstand eine Burgsiedlung, ein kleines »oppidum«, die Keimzelle der späteren Stadt. Dies geschah wohl noch in vorstaufischer Zeit, somit in der ersten Hälfte des 12. Jahrhunderts.

Daran schloß sich später die Marktsiedlung an. Sie erstreckte sich längs der Marktstraße, die sich in Rathausnähe verbreitert und als Straßenmarkt diente, sowie der Scharenstetter Gasse. Die Pläne und Ansichten lassen die regelmäßige Bebauung entlang dieser beiden Straßen mit fast durchweg giebelständigen Häusern erkennen. Dieser Teil der Stadt verrät deutlich die geplante Anlage. Dagegen erweckt die weniger geregelte Bebauung an der Langen Gasse und nördlich davon bis zum Graben den Eindruck, als sei dieser Bereich erst später in die Stadt mit einbezogen worden. Eindeutig jünger ist sodann der Bereich südlich der Ledergasse.

Die Marktsiedlung an Marktstraße und Scharenstetter Gasse ähnelt in ihrem Grundriß der Heidenheimer und Geislinger Altstadt. Alle drei Siedlungen entsprechen dem Typus der Stauferstadt, doch dürfte Giengen die älteste von den dreien sein. Straßenmarktsiedlungen haben im allgemeinen zwei Tore, je eines an den Enden des Straßenmarktes. In Giengen war eine besondere Situation gegeben: die Marktsiedlung erstreckt sich, dem Verlauf des Brenztals folgend, von West nach Ost; der Burghügel verwehrte einen direkten Ausgang nach Westen in Verlängerung der Marktstraße und mußte daher umgangen werden; dies konnte nur innerhalb der Siedlung geschehen, da man ja den Nord-Süd-Verkehr durch die Stadt hindurch, nicht etwa westlich an ihr vorbeileiten wollte. So waren drei Tore erforderlich, nämlich im Norden östlich der Burg das Altengiener oder (später) Obere Tor, im Süden am Ende der Hohen Gasse ein Unteres Tor (Ledrer Tor?) und im Osten das Memminger Tor, das ursprünglich weiter südlich, am Ende der Marktstraße gestanden sein dürfte.

Wann wäre diese Marktsiedlung wohl angelegt worden? – In der ortsgeschichtlichen Literatur ist zu lesen, Giengen sei 1188 bereits als »Stadt« bezeugt. Diese Angabe stützt sich auf den Heiratsvertrag zwischen Herzog Konrad von Rotenburg, einem Sohn Friedrich Barbarossas, und Berengaria von Kastilien, der 1188 in Seligenstadt geschlossen wurde. Leider ist die wichtige Urkunde nicht im Original erhalten, sondern nur in zwei gleichzeitigen autorisierten Abschriften, die in spanischen Archiven aufbewahrt werden. Sie nennt eine Anzahl staufischer Güter als Heiratsgut Konrads, darunter ein »burgum Rine«. »Burgum« bezeichnet die befestigte Marktsiedlung. Der Begriff wird für die in staufischer Zeit gegründeten Kleinstädte verwandt und findet sich in der fraglichen Urkunde siebenmal. Ein Ort namens »Rine« läßt sich nicht ermitteln. Da ein Versehen des Abschreibers nicht auszuschließen ist, könnte der Name auch »Kine« oder »Kinc« gelautet haben; diese letztere Form findet sich in wissenschaftlichen Veröffentlichungen der Urkunde, die auf frühen spanischen, keineswegs fehlerfreien Drucken beruhen. »Kinc« wurde – mit Vorbehalt – auf Giengen gedeutet, obwohl die Reihenfolge der aufgeführten Namen eher für einen Ort im Ries oder im Bereich des unteren Nekkars spräche. Das unmittelbar vorausgehende »Burberch« ist jedenfalls nicht Burgberg bei Giengen, wie angenommen wurde, sondern Beyerberg bei Dinkelsbühl. Ist somit recht fragwürdig, ob sich die Nachricht von 1188 auf Giengen bezieht, so dürfte der Sachverhalt für Giengen dennoch zutreffend gewesen sein: Giengen war um diese Zeit aller Wahrscheinlichkeit nach ein »burgum«, eine befestigte Marktsiedlung. Diese müßte in der Regierungszeit Friedrich Barbarossas entstanden sein, in den Jahren zwischen 1152 und 1188. Manches spricht dafür, daß es eher in der zweiten Hälfte dieses Zeitabschnittes war. Bis 1167 war Barbarossa vornehmlich durch seine Italienpolitik in Anspruch genommen; daneben blieb wenig Zeit, sich um innerdeutsche Belange zu kümmern. Die Katastrophe seines Heeres vor Rom 1167, die ihn neben anderen seinen Vetter, Herzog Friedrich IV. von Schwaben, und seinen Kanzler Rainald gekostet hatte, veranlaßte ihn zu einer Änderung seiner Politik; er betrieb von jetzt an den Ausbau seiner Hausmacht im Reich. Dazu gehörte die Gründung von Städten, die Großburgen, Verwaltungsmittelpunkte und Märkte zugleich sein sollten.

Anfang Mai 1171 kam der Kaiser erstmals nach Giengen. Er kümmerte sich damals um das Stift in Herbrechtingen, wo wenig erfreuliche Zustände herrschten. Unter Mitwirkung zahlreicher Geistlicher wurden die Herbrechtinger Kleriker zum Verzicht auf ihre Rechte bewogen und an ihre Stelle Augustiner-Chorherren eingesetzt. Beteiligt waren Bischof Hartwig von Augsburg, der kaiserliche Kanzler Heinrich, die Äbte bzw. Pröpste der Klöster Anhausen, Lorch, Echenbrunn, Heiligkreuz in Donauwörth, Wettenhausen, Roggenburg, Ursberg und Heiligkreuz in Augsburg, die Grafen von Kirchberg, Lechsgemünd und Helfenstein, der Edelfreie Degenhard von Hellenstein, zwei Herren von Gundelfingen, die Herren von Biberbach und von Türkheim, die Ministerialen Konrad Schenk, Volknand von Staufen, Diepold Güß und einige weitere, die als Wohltäter des reformierten Stifts genannt sind. Die Rechtshandlung könnte in der Pfarrkirche St. Peter in (Alten-)Giengen geschehen sein oder aber auf der Burg. Von den Beteiligten mögen einige, die in der unmittelbaren Nachbarschaft zu Hause waren, nur dieses Anlasses wegen gekommen und am selben Tag wieder abgereist sein.

Das persönliche Gefolge des Kaisers aber sowie etliche der anwesenden Herren, die den Kaiser nachweislich auf seinem weiteren Zuge begleiteten, mußten samt Gefolge und Pferden untergebracht und verpflegt werden. Die Jahreszeit gestattete wohl noch nicht, im Freien zu lagern. So blieb ein stattlicher Personenkreis, der in der Burg, in der Burgsiedlung und im Dorfe unterkommen mußte. Dies mag mehr schlecht als recht gegangen sein. Damals wurde wohl erkannt, daß für den Fall künftiger Aufenthalte des Hofes die Unterbringungsmöglichkeiten verbessert werden müßten. Damit mag sich der Gedanke verbunden haben, den verkehrsgünstigen Ort ganz allgemein zu fördern und zu erweitern. Wo der Hof hinkam, strömte die Landbevölkerung zusammen, teils aus Neugier, teils weil sie Absatz ihrer Erzeugnisse erhoffte. Aus dem letzteren Grund fanden sich auch fahrende Händler ein. Es lag nahe, daraus einen geregelten Marktbetrieb mit Wochenmarkt und Jahrmarkt entstehen zu lassen. Dies veranlaßte Handwerker und Händler, sich dauernd niederzulassen und damit die Volkszahl zu mehren; dem kaiserlichen Ortsherren brachte es Einkünfte aus Standgeld, Zoll, Ungeld (Getränkesteuer) und Gerichtsbußen. So mag der Aufenthalt des Kaisers 1171 den Anstoß zur Gründung der Marktsiedlung in Giengen gegeben haben. Als befestigter Platz war sie militärischer Stützpunkt und Symbol der kaiserlichen Macht. Um 1250 wird das Giengener Getreidemaß erwähnt, Beweis, daß u.a. ein Kornmarkt stattfand. Die verhältnismäßig späte Erwähnung will nichts besagen; sie erklärt sich aus der Urkundenarmut der Zeit.

Sechzehn Jahre später, im April 1187, war der Kaiser wieder in Giengen, diesmal mit einem weit glänzenderen Gefolge, das ihn schon zu Ostern in Regensburg umgeben und über Augsburg hergeleitet hatte. Es waren die Erzbischöfe von Mainz, Salzburg und Magdeburg, die Bischöfe von Freising, Eichstätt, Brixen, Regensburg und Passau, Markgraf Berthold von Andechs und dessen Sohn, der Herzog von Meranien, ferner der Propst des Stiftes Innichen, der sich vom Kaiser Privilegien bestätigen ließ, sowie der kaiserliche Kanzler Johannes zugegen. Das Gefolge des Kaisers und all dieser Herren mag sich auf einige hundert Personen belaufen haben. Die Jahreszeit gestattete nicht, zu kampieren. Die benachbarten Klöster Herbrechtingen und Anhausen mögen zwar zur Beherbergung herangezogen worden sein, dennoch dürfte Giengen die Hauptlast getragen haben. Wäre dort nicht mittlerweile die Möglichkeit geschaffen worden, den Hof unterzubringen, hätte der Kaiser gewiß seinen Reiseweg anders gewählt und etwa in Ulm Aufenthalt genommen. Offenbar war Giengen mittlerweile zu einem »burgum« herangewachsen, zu einer Marktsiedlung in der oben umrissenen Dimension. Der Aufenthalt des kaiserlichen Hofes im Jahre 1187 dürfte hierfür ein gewichtigeres Zeugnis sein als die zweifelhafte Nachricht von 1188. Sollte sie sich dennoch auf Giengen beziehen, wäre sie nur die Bestätigung dessen, was das Geschehnis von 1187 lehrt.

Kurz vor dem Aufbruch zum Kreuzzug, Ende April 1189, hielt sich Barbarossa, von Lorch kommend, mehrere Tage in Giengen auf. Er war diesmal von seinen vier Söhnen – Herzog Friedrich V. von Schwaben, Pfalzgraf Otto von Burgund, Herzog Konrad von Rothenburg und Propst Philipp von Aachen – begleitet. Dazu fanden sich die Grafen von Berg und von Zollern sowie der Edelfreie Wittigo von Albeck, Stifter des Klosters auf dem Michelsberg bei Ulm, ein.

Dann ist von Aufenthalten des Königs in Giengen selten die Rede. In den Jahren des Thronstreits ist nur König Philipp einmal 1206 in Giengen nachzuweisen, als er das staufische Hauskloster Herbrechtingen in seinen Schutz nahm.

Als Mittelpunkt eines staufischen Amtes erscheint Giengen 1241 in der Reichssteuermatrikel neben Nördlingen, Donauwörth, Harburg, Bopfingen, Lauingen, Staufen, Essingen (bei Aalen) und Ulm mit einem Steuerbetrag von 30 Mark, der aus unbekannten Gründen auf 25 Mark reduziert wurde. Wirkt der Betrag vergleichsweise bescheiden, ist doch zu bedenken, daß ein Großteil der einst von Adela von Vohburg eingebrachten, seitdem staufischen Güter zu den mittlerweile errichteten Ämtern Lauingen (90 bzw. 80 Mark) und Staufen (Krs. Dillingen, 10 Mark) geschlagen worden waren, während andere staufische Güter in der Umgebung zum Amt Essingen (= Lauterburg, 5 Mark) zählten.

Giengens Rolle als Verwaltungsmittelpunkt und Marktort brachte es mit sich, daß dort Zusammenkünfte aller Art stattfanden. Im August 1216 war die Pfarrkirche in (Alten-)Giengen Versammlungsort einer von Papst Innozenz III. beauftragten Schiedskommission, die einen Zehntstreit zwischen den Abteien Ellwangen und Kaisheim beilegte. Anwesend waren 28 hohe Geistliche, nämlich Domgeistliche von Augsburg, Eichstätt und Regensburg, Prälaten benachbarter Klöster, Ordens- und Weltgeistliche, ferner 19 Konventualen des Klosters Ellwangen sowie 8 Niederadelige aus der Umgebung, wohl durchweg staufische Dienstleute.

Im Jahre 1220 trat in Giengen erneut ein vom Papst bestelltes Schiedsgericht zusammen, das den Ritter Berthold von Plochingen zum Verzicht auf Zinsleute zu Gunsten des Herbrechtinger Stifts veranlaßte. Wieder waren sieben Prälaten und Weltgeistliche sowie vier vom Niederadel versammelt. Der Tagungsort ist nicht genannt, wahrscheinlich war es wieder die Pfarrkirche.

Aus diesen Versammlungen lassen sich Rückschlüsse auf die bauliche Entwicklung Giengens ziehen. Daß die Tagung von 1216 mit Sicherheit in St. Peter zu (Alten-)Giengen stattfand, zeigt, daß in der noch jungen Marktsiedlung kein geeigneter kirchlicher Raum zur Verfügung stand und beweist jedenfalls, daß die Stadtkirche St. Maria noch nicht gebaut war. St. Peter in (Alten-)Giengen ist noch 1303 als Pfarrkirche bezeugt, wogegen die Marienkirche in der Stadt 1335 anläßlich einer Frühmeßstiftung auf den Johannesaltar erstmals als Pfarrkirche erwähnt wird. Sie mag frühestens in der zweiten Hälfte des 13. Jahrhunderts erbaut worden sein und hatte zunächst wohl nur die Rechte einer Kapelle. Mit dem Bau der Stadtkirche mag die Erweiterung der Stadt nach Norden bis zum Graben Hand in Hand gegangen sein; denn es ist wenig wahrscheinlich, daß man ein für die Bürgergemeinde in der Marktsiedlung bestimmtes Gotteshaus außerhalb der Befestigung errichtet hätte. Vielleicht stammt aus derselben Zeit der romanische Unterteil des Blasturms, der ursprünglich frei stand und wohl zur Stadtbefestigung gehörte. In der erweiterten Stadt fanden die Bewohner Alten-Giengens Aufnahme. Nachdem das Dorf zu Anfang des 14. Jahrhunderts offenbar ganz verlassen war, wurden die Rechte der Pfarrkirche auf St. Maria übertragen. Damit sind wir jedoch der Entwicklung vorausgeeilt.

Die Entwicklung Giengens zur Stadt nicht nur in topographischem Sinn, sondern auch in rechtlicher Hinsicht muß sich um die Mitte des 13. Jahrhunderts verhältnismäßig rasch vollzogen haben. Die spärliche Überlieferung erlaubt nicht mit Bestimmtheit zu sagen, wann dieser Vorgang tatsächlich abgeschlossen war. Wir müssen uns begnügen, festzustellen, ab wann gewisse zum Wesen einer richtigen Stadt gehörige Merkmale nachzuweisen sind. In Gütergeschäften, die 1252 und 1256 zwischen den Grafen von Dillingen und dem Propst von Herbrechtingen getätigt wurden, erscheinen erstmals Giengener Bürger. So wurde 1252 dem Otto »burgensis in Giengen« ein Hof in Bernau lehensweise übertragen, was u.a. Menwardus Berna und Heinricus servus sancti Antonii, beide »cives in Giengen«, bezeugten. »Civis« und »burgensis« sind gleichbedeutend und kennzeichnen den städtischen Bürger, der Glied einer sich selbst verwaltenden Gemeinde und persönlich frei ist. Menwardus Berna stammte gewiß aus Bernau. Im Jahre 1256 erscheinen als »burgenses in Giengen«

die eben genannten Otto, Meinwardus dictus Berna sowie Waltherus censuarius. Der Bruder des erwähnten Otto, Heinrich, hatte damals das Amt des »minister de Giengen« inne, d. h. er war der vom König eingesetzte und besoldete Verwaltungsbeamte für die Stadt Giengen.

Aus der Klageschrift des Propstes von Herbrechtingen von etwa 1286 geht hervor, daß König Rudolf von Habsburg, der 1273 die Regierung des Reiches angetreten hatte, sich im April des Jahres 1274 in Giengen aufhielt, welches der Propst aus diesem Anlaß als »civitas«, als Stadt mit rechtsfähiger Bürgergemeinde, bezeichnet. Es ging bei diesem Aufenthalt des Königs um das Verhältnis des Stifters Herbrechtingen zum Grafen von Helfenstein, der sich dem Stift als Vogt aufdrängte. Höchstwahrscheinlich wurde damals auch eine für Giengens Zukunft ganz entscheidende Frage geklärt, nämlich Giengens Verhältnis zum Reich.

Wir erinnern uns, daß ein Großteil der einst von Adela von Vohburg eingebrachten, nunmehr staufischen Güter durch Vermächtnis des jungen Herzogs Konradin 1268 Ludwig dem Strengen von Bayern zugefallen war. Daß Giengen nicht das gleiche Schicksal erlitt und bayerische Landstadt wurde, wird wohl nur so zu erklären sein, daß es zu dieser Zeit nicht in der Verfügungsgewalt Konradins stand, weil es irgendjemand verpfändet war. Dennoch dürfte Bayern Anspruch auf Giengen erhoben haben, auch der Graf von Helfenstein hatte offenbar Interesse an der Stadt. König Rudolf aber forderte das restliche Staufergut als Reichsgut für die Krone. Er wird damals Giengens Stellung zum Reich geklärt, seine Reichsunmittelbarkeit bekräftigt haben. Denn ein Ritter von Weitingen wurde nun als »Gubernator« der Stadt Giengen eingesetzt, gewiß um sie wirksamer gegen begehrliche Landesherren der Nachbarschaft zu schützen. Diesem »Gubernator« wurde auch der Schutz des Herbrechtinger Stifts anvertraut.

Als König Rudolf Mitte September 1287 erneut nach Giengen kam, um von dort zur Belagerung der helfensteinischen Feste Herwartstein zu schreiten, versöhnte er die Herzöge Ludwig und Heinrich von Bayern. Die Urkunde trägt den Actum-Vermerk »gegeben datz Giengen in unser stat«; sie unterstreicht damit den Charakter als königliche Stadt, ja als Reichsstadt. Auch Rudolfs Nachfolger, König Adolf von Nassau, war 1294 in Giengen.

Als die Giengener mit dem Grafen Ulrich von Helfenstein 1278 in Streit gerieten, ließen sie dies das Stift Herbrechtingen entgelten, das mittlerweile unter helfensteinische Herrschaft geraten war. Sie überfielen das Kloster und beraubten dessen Leute und Güter in Herbrechtingen. Am 4.

Februar 1279 kam in Giengen ein Vergleich zustande, den Walther Leo als Ammann(minister) mit den Richtern (iudices) und der gesamten Bürgerschaft (universitas civitatis) beurkundeten. Die Giengener gelobten, bei Händeln mit dem Vogt des Stifts dieses künftig aus dem Spiel zu lassen. Als Sühne sicherten sie Steuerfreiheit für die Güter des Stifts innerhalb und außerhalb der Stadtmauern (infra septa muri aut extra muros nostrae civitatis) zu sowie Zollfreiheit für Wein und Nahrungsmittel, die das Stift in Giengen ein- und ausführte. Der Vergleich wurde mit dem Stadtsiegel beglaubigt; neun Bürger sind als Zeugen genannt.

In diesem Vertrag erscheint Giengen als voll ausgebildete Stadt. Es war von Mauern umgeben. Zwar muß schon die Marktsiedlung des 12. Jahrhunderts befestigt gewesen sein, doch hatten dafür wohl Erdwerke und Planken ausgereicht. Die Mauern könnten in Verbindung mit der Erweiterung der Stadt nach Norden bis zum Graben gebaut worden sein, somit um die Mitte des 13. Jahrhunderts. Sie folgten im Süden dem Brenzarm nördlich der Ledergasse und zogen dem Launtel nach zur Burg. Im Norden verliefen sie dem Graben entlang; im Osten begleiteten sie die Memminger Torgasse.

Die Bewohner bildeten eine rechtsfähige Bürgerschaft, die ein Siegel führte; die Bürgerschaft wurde regiert von einem aus ihrer Mitte ergänzten Richterkollegium; dessen Vorsitz führte der Ammann, der zwar vom König eingesetzt, aber – wie sein Name verrät – aus der Bürgerschaft genommen wurde. Der Grundsatz der städtischen Selbstverwaltung war weitgehend verwirklicht.

Im Jahre 1293 nahmen der Ammann und die »consules ac sabini« von Giengen den Abt und Konvent des Klosters Kaisheim in ihr Bürgerrecht auf, d.h. sie erlaubten dem Kloster, zwei Häuser innerhalb oder außerhalb der Stadt zu erwerben, die von Zoll, Steuer, Wachdienst und Schatzung frei sein sollten. Der Verwalter sollte wie ein Bürger gehalten werden. »Consules ac scabini« sind Ratsherren und Richter; in ähnlicher Weise werden schon 1292 anläßlich einer Abmachung mit dem Stift Herbrechtingen die »iudices« und »consules« genannt. Beidesmal läßt der Wortlaut im Zweifel, ob dies zwei verschiedene Körperschaften waren oder ob es sich um dieselbe Personengruppe handelte, die bald als Gericht zusammentrat und Strafsachen bzw. bürgerliche Streitfälle behandelte, oder als Rat kommunale Verwaltungsaufgaben wahrnahm. Wenn 1319 von »den Richtern der Zwelfer« als einem zwölfköpfigen Richterkollegium die Rede ist, 1369 aber vom Rat, »den man haizt Zwelfer«, gesprochen wird und wenn schließlich 1407 sich einer gar als »ain geschworen

Richter des Rautz« (Rats) bezeichnet, darf man annehmen, daß in Gericht und Rat dieselben Personen tätig waren. Allerdings ist 1335 neben dem Gericht ein Kollegium der »Vierundzwanziger« bezeugt, das offenbar rein für kommunale Belange zuständig war; vermutlich vereinigten sich hier die 12 Richterräte mit 12 weiteren Personen, die nur dem Rat angehörten. Im Jahre 1354 sind sodann erstmals zwei Bürgermeister genannt, die Mitglieder von Gericht und Rat waren. Das Giengener Gericht stand zeitweilig in hohem Ansehen. Ein Codex aus der Zeit Kaiser Ludwigs des Bayern (1314–1347) berichtet: »Die Schwaben sezent wol ir Urtail under in selben auf Schwabischer Erden ..., und sie ziehent ir Urtail an Höhere Gericht gen Rotweile oder gen Giengen«. Demzufolge war das Giengener Gericht ein Appellationsgericht höherer Instanz, vergleichbar dem Rottweiler Hofgericht, das aus dem Domanialgericht des Königsgutsbezirks um Rottweil hervorgegangen war. Leider haben wir kein konkretes Zeugnis für die Tätigkeit des Giengener Gerichts als Appellationsgericht und wissen nicht, wie es in solchen Fällen personell besetzt war. Es müßte schon im frühen 14. Jahrhundert eingegangen sein, als Giengen eine wechselvolle, dem Gedeihen der Stadt wenig günstige Periode seiner Geschichte durchlebte.

Auf Grund des Vertrags mit Kaisheim 1293 richtete dieses Kloster einen Pfleghof in Giengen ein, der als Sammelstelle für die grundherrlichen Abgaben kaisheimischer Lehensbauern in den umliegenden Orten diente. Allerdings ist dieser Pfleghof nicht identisch mit dem späteren Kaisheimer Hof, der zwischen Scharenstetter Gasse und Ledergasse stand; den Grund des letzteren erwarb das Kloster erst 1467 und 1470.

Schon um 1270 gab es in Giengen ein Deutschordenshaus, wohl eine Stiftung des Ritters Friedrich von Giengen. Es entwickelte sich rasch zu einer selbständigen Kommende. Ein Salbuch von 1391 verzeichnet ihren reichen Grundbesitz in Giengen, Schratenhof, Oggenhausen und zahlreichen anderen Orten. Damals schon wurde die Kommende Giengen in Personalunion mit der von Kapfenburg verwaltet und schließlich völlig mit ihr vereinigt.

Im Jahre 1319 hören wir erstmals vom Spital zum Heiligen Geist in Giengen, das im Laufe der Zeit reichen Grundbesitz an sich brachte.

Giengen kämpft um seine Reichsfreiheit

Als König Albrecht I. 1307 in Speyer ein Landfriedensgebot für Schwaben erließ, nahm er auch Giengen mit 21 anderen schwäbischen Städten in diesen Landfriedensbund auf. Giengen erscheint hier als eine reichsunmittelbare Stadt. Sie hatte nur den König über sich, dem sie eine Reichssteuer entrichten mußte. Die Interessen des Königs der Stadt gegenüber vertrat der vom König bestellte Ammann als Vorsitzender des Gerichts. Ein adeliger Vogt als Vertreter des Königs hatte vorwiegend militärische Befugnisse in Burg und Stadt. Als Vögte kennen wir 1323 Sifrid von Blindheim, 1331 Ulrich den Vetzer, 1332 Heinrich den Vetzer, 1333 Rudolf von Berg, der zugleich Vogt von Lauingen und Höchstädt war. 1338 ist Rabe der Schlaiße als Vogt genannt, 1346 Sitz von Blindheim, vielleicht der Sohn des Vogtes von 1323.

Ein Übelstand im 14. Jahrhundert war, daß kleinere Reichsstädte nicht selten als Pfandobjekte dienten, da die Könige ständig in Geldverlegenheit waren. Wenn das Pfand nicht wieder ausgelöst werden konnte, ging es faktisch in das Eigentum des Pfandherren über, und die Reichsfreiheit war dahin. So verschrieb Ludwig der Bayer 1332 Giengen seinen Söhnen als Pfand für 10 000 Pfund Heller, die er benötigte, um Höchstädt aus helfensteinischer Pfandherrschaft zu lösen. Die Söhne gaben Giengen 1336 weiter als Pfand an den Grafen Ludwig von Oettingen. Kaiser Ludwig löste zwar diese Afterpfandschaft 1342 aus, ohne indessen die Schuld von 10 000 Pfund Hellern, die er bei seinen Söhnen hatte, zu begleichen.

Dies hinderte ihn aber nicht, schon im folgenden Jahr 1343 den beiden Grafen Ulrich d. Ä. und Ulrich d. J. von Helfenstein 3000 Pfund Heller auf Burg und Stadt Giengen anzuweisen, wofür sie gelobten, ihm mit all ihrer Macht zu dienen.

Somit war Giengen doppelt verpfändet, einmal den Söhnen des Kaisers, zum anderen den Grafen von Helfenstein. Für Giengen sollte daraus viel Ungemach erwachsen.

Vorläufig war Kaiser Ludwig auf die Hilfe der Helfensteiner angewiesen, und da für deren weitere Dienste seine Schuld wuchs, verpfändete er ihnen 1346 auch die Burg Hellenstein mit Heidenheim.

Dann aber begann Ludwigs Stern zu sinken. Seine Gegner wählten den Luxemburger Karl zum König. Die Helfensteiner bangten um die Summen, für die sie Ludwig gedient hatten, bzw. um die Pfandobjekte. Kurz entschlossen wechselten sie die Partei. Sie brachten es fertig, daß das neue Reichsoberhaupt die Verpfändungen seines Vorgängers anerkannte. Da sie nun in seinen Diensten standen, geriet er selbst in ihre Schuld, so daß sich ihre Forderungen an das Reich schließlich auf 24000 Florentiner Gulden beliefen.

Karl war der Meinung, daß diese Summe beträchtlich höher sei als der Wert der Pfänder und daß weder er noch einer seiner Nachfolger in der Lage sein werde, diese um eine so hohe Summe auszulösen. Deshalb überließ er mit Urkunde vom 21. Mai 1351, ausgestellt in Prag, die Burgen und Städte Giengen, Hellenstein und Heidenheim den Grafen von Helfenstein als ein erbliches Lehen.

Damit war abgegolten, was Ludwig der Bayer und Karl IV. den Helfensteinern geschuldet hatten, nicht aber die 10000 Pfund Heller, welche die Söhne Ludwigs des Bayern vorgestreckt und wofür ihnen Giengen verschrieben war. Sie beanspruchten Giengen samt Hellenstein und Heidenheim ohnedies als ihr väterliches Erbe. Als sie im Vertrag von Landsberg 1349 ihre Güter teilten, fielen Giengen Burg und Stadt sowie Hellenstein und Heidenheim dem ältesten Sohn Ludwigs des Bayern, dem Markgrafen Ludwig von Brandenburg, zu. Die Rechtslage Giengens war dadurch nur noch verzwickter.

Tatsächlich aber war Giengen in Händen der Helfensteiner und diente ihnen als Mittelpunkt für die Verwaltung ihrer Güter im Brenztal. In der Giengener Burg tätigten sie ihre Rechtsgeschäfte. So kamen die Grafen Ulrich d. Ä. und Ulrich d. J. 1352 in Giengen überein, ihre Schulden, die sie beim Abt von Wiblingen und einer Reihe von Adeligen hatten, zu teilen. Zu Karl IV. hielten sie weiterhin ein enges Verhältnis, denn dies war der sicherste Garant, daß niemand ihre Besitzrechte an Giengen und Heidenheim anfocht. Karl kam im August 1353 und im September 1354 nach Giengen und erteilte bei seinem zweiten Besuch den Helfensteiner Grafen ein Zollprivileg. Schon 1348 hatte er das Patronatsrecht der Pfarrkirche in Giengen, das noch dem Reiche gehört hatte, dem unter helfensteinischer Vogtei stehenden Stift in Herbrechtingen geschenkt. Den Giengenern blieb keine andere Wahl, als sich mit den Gegebenheiten abzufinden. So huldigten schließlich im Januar 1354 die beiden Bürgermeister, der Rat und die Gemeinde den Grafen von Helfenstein als ihren »rechten Herren«.

Im Jahre 1356 teilten die beiden Grafen von Helfenstein ihren Hausbesitz. Die Güter um Blaubeuren und im Brenztal fielen an Graf Ulrich d. J., Giengen diente ihm als Residenz, wenn er sich im Brenztal aufhielt. In seinem Namen sind in den folgenden Jahren wiederholt Urkunden in Giengen ausgestellt worden. Eine Urkunde von 1358, die dort ausgefertigt wurde, nennt als Siegler Sigfrid von Sontheim, Konrad von Riedheim, Wolfhart von Nenningen und Heinrich von Scharenstetten, »die dez mauls unser Raut waren« (die damals unsere Räte waren), nämlich des Grafen von Helfenstein. Heinrich von Scharenstetten hatte seinen Wohnsitz in Giengen. Ebenso Ruf (Rudolf) Vetzer, der Sohn des Giengener Vogts Heinrich Vetzer von 1332. Ruf Vetzer empfing 1355 überdies vom Abt von Neresheim zwei Häuser in der Stadt als Zinslehen. Er ist in den Jahren 1358 bis 1369 wiederholt als helfensteinischer Vogt in Giengen bezeugt. Doch taucht zwischendurch im Jahre 1363 Konrad von Riedheim als Vogt auf. In den Jahren 1374 und 1378 bekleidete Eberhard von Leimberg dieses Amt. Da wir in all den Jahren helfensteinischer Oberhoheit keinen Vogt auf dem Hellenstein bzw. in Heidenheim finden, ist mit großer Wahrscheinlichkeit anzunehmen, daß der helfensteinische Vogt in Giengen für die gesamte Herrschaft im Brenztal, Heidenheim eingeschlossen, zuständig war.

Im Grunde hatten sich die Giengener mit der helfensteinischen Lehensherrschaft nicht abgefunden. Nachdem Graf Ulrich d. J. 1361 gestorben war, hatte sein Sohn, gleichfalls Ulrich d. J. genannt, bis 1375 regiert. Ihm folgte der noch minderjährige Graf Johann, dem auf Bitten seiner Mutter, der Gräfin Anna, Karl IV. noch 1375 die Lehen Giengen Burg und Stadt nebst Hellenstein und Heidenheim bestätigte. Die Zeit der Vormundschaftsregierung für den minderjährigen Grafen Johann schien die günstigste Gelegenheit, von Helfenstein loszukommen. Durch den Sieg im Großen Städtekrieg bei Reutlingen war die Stellung der schwäbischen Städte gestärkt. König Wenzel, der Sohn Karls IV., mußte ihnen versprechen, sie nicht mehr zu verpfänden oder zu verkaufen. Giengen wandte sich um Hilfe an den Städtebund. Graf Eberhard von Württemberg suchte die Absicht der Giengener zu durchkreuzen und nahm die Stadt im Sommer 1378 ein. Doch Ende August brachte Karl IV. in Nürnberg eine Sühne zwischen dem Grafen von Württemberg und den Städten zustande. Er erklärte, Giengen habe von alters zum Heiligen Reich gehört, bei welchem er die Stadt auch behalten wolle, und er sicherte den Giengenern alle Freiheiten und Rechte zu wie den anderen Reichsstädten in Schwaben. Damit widerrief er seine eigene Verfügung zu Gunsten der Helfensteiner von 1351 und die Lehensbestätigung von 1375. Vier Wochen später trat Giengen offiziell dem Bündnis der Städte bei. Karl IV. erlaubte den Bürgern mit Urkunde vom 1. November 1378, den Ammann und Richter selbst zu wählen, ein Ungeld vom Wein zu erheben und einen Pflasterzoll von allen beladenen Wagen und Karren zu nehmen, die durch die Stadt fuhren, um davon die Wege in der Stadt in Stand zu halten.

Das Zugeständnis an die Bürger, den Ammann selbst zu wählen, besagt, daß das Reich darauf verzichtete, auf das Stadtregiment Einfluß zu nehmen. Auch verschwindet das Amt des (Reichs-)Vogts. Zuletzt ist im März 1378 Eberhard von Leimberg noch als helfensteinischer Vogt bezeugt. Er hatte seinen Sitz selbstverständlich in der Burg. Seit sich Giengen wieder unter der Hoheit des Reiches befand, wurde das Vogtamt offenbar nicht mehr besetzt. Damit hörte die Burg auf, Residenz zu sein. Ein Vertrag von 1392, der eine Anzahl Orte genau nach ihrem Rechtscharakter kennzeichnet, erwähnt lediglich »Giengen die stat«, ohne die Burg. Das kann nicht Zufall sein. Offenbar bestand die Burg als solche nicht mehr; ihre Wohnteile waren im Verfall begriffen; ihre Außenmauern waren ein Teil der Stadtbefestigung.

Mit der Regelung, die Karl IV. 1378 getroffen hatte, waren weder Graf Johann von Helfenstein noch die Herzöge von Bayern einverstanden. Wegen ihrer verschiedenen Interessen gerieten die beiden Parteien auch miteinander in Streit. Wir hören, daß die Grafen Ludwig und Friedrich von Oettingen sich 1388 zu Angriffen auf Giengen gebrauchen ließen. Sie taten dies offenbar im Interesse des Helfensteiners, denn sie waren die Brüder der Gräfinmutter Agnes. Sie zogen sich dadurch freilich die Feindschaft der Städte zu. Im folgenden Jahr 1389 kam Graf Johann von Helfenstein in Lauingen mit den Herzögen Stephan, Friedrich und Johann von Bayern überein, ihre Ansprüche auf Giengen und die daraus zwischen ihnen entstandenen Irrungen einem Schiedsgericht zu unterwerfen. Auch Giengen war bereit, die Forderungen Bayerns und Helfensteins auf einem Landfriedenstag zum Austrag zu bringen. Graf Johann klagte vor dem Nürnberger Landgericht gegen Giengen und erwirkte 1391, daß die Acht über die Stadt verhängt wurde. Das Urteil mochte sich auf das Erblehenspriveleg Karls IV. für die Grafen von Helfenstein 1351 und den Huldigungseid der Bürger stützen. Doch König Wenzel hob das Urteil auf und erklärte, falls der Graf gegen Giengen zu klagen habe, möge er es vor dem König tun, wo ihm vollkommenes Recht widerfahren werde. Diesem Machtwort des Königs scheint sich Graf Johann wohl oder übel gebeugt zu haben. Seine Ansprüche mochten durch die 27 Jahre währende Nutznießung aller Erträge der Stadt und dadurch, daß Hellenstein mit Heidenheim in seinem Besitz verblieb, abgegolten sein.

Die Forderung der Herzöge von Bayern aber bestand nach wie vor. Als diese 1392 ihre Länder teilten, fiel Giengen an Herzog Stephan III. (Ingolstädter Linie). Dieser verschrieb 1397 Giengen samt Höchstädt und Gundelfingen dem Grafen Eberhard von Württemberg als Pfand für sein mütterliches Erbe. Er versprach Einhändigung innerhalb Jahresfrist, stieß jedoch auf Schwierigkeiten. Deshalb forderte er den Grafen Eberhard auf, ihm behilflich zu sein, falls man Gewalt anwenden müsse. Giengen bemühte sich indessen nach Kräften, die Absichten des Herzogs zu vereiteln. Ein halbes Jahr später, im April 1399, erklärte König Wenzel, die Stadt habe sich mit ihrem eigenen Geld und seiner Hilfe von der bayerischen Pfandschaft losgemacht, und er forderte die schwäbischen Reichsstädte auf, Giengen in ihre Einung aufzunehmen. In Wirklichkeit hatte ein reicher Nördlinger Bürger, Heinrich Töter, die Stadt um die 10 000 Pfund Heller, um die sie Ludwig der Bayer einst seinen Söhnen verpfändet, wieder ausgelöst. Er behielt sie solange, bis sie sich durch Erlegung dieser Summe ganz freimachen konnte. König Ruprecht bestätigte im Jahre 1401 Giengens alte Privilegien, nahm die Stadt, die sich selbst an das Reich gebracht habe, in seinen Schirm und befreite sie für 11 Jahre von der Reichssteuer. Damit wollte er den Giengenern helfen, ihre Schulden abzutragen.

Herzog Ludwig VII. von Bayern, der Sohn und Erbe Stephans III., wollte sich noch immer nicht zufrieden geben. Der Streit zog sich weitere drei Jahrzehnte hin. Auf einem Rechtstag in Ulm 1430 machten seine Bevollmächtigten geltend, die Pfandsumme habe nicht 10 000 Pfund Heller, sondern 10 000 Gulden betragen, was einer Summe von 17 500 Pfund Heller entspräche. Dem widersprachen Bürgermeister Hans Vest und Peter Rot als Bevollmächtigte der Stadt. Sie konnten Briefe der Herzöge von Bayern vorweisen, worin diese bestätigten, daß Heinrich Töter die Stadt um 10 000 Pfund Heller ausgelöst habe, und auf Giengen Verzicht leisteten. Das Urteil lautete, Giengen solle zu gegebener Zeit auf Verlangen des Herzogs Ludwig eidlich beweisen, daß die Pfandsumme nur 10 000 Pfund Heller betragen habe, andernfalls solle die Stadt aller Ansprüche ledig sein. Dabei hatte es sein Bewenden.

Die Giengener nahmen erhebliche Opfer auf sich, um sich aus der unverschuldeten Abhängigkeit von Helfenstein und Bayern zu befreien, wahrlich ein Beweis für echten Bürger- und Gemeinschaftssinn. Die Reichsfreiheit ist der Stadt nicht gleichsam »im Schlafe« zugefallen. Der Stolz der alten Giengener auf ihre ehemalige Reichsstadtherrlichkeit hat seine tiefe Berechtigung.

Quellen und Literatur

Die Abhandlung stützt sich auf Urkunden und sonstige Archivalien, die der Verfasser im Verlauf von 30 Jahren aus den verschiedensten Archiven und Quellenveröffentlichungen gesammelt hat. Statt Einzelbelegen sei auf nachstehende Literatur verwiesen: Magenau, Rud. Friedr. Heinrich, Historisch-topographische Beschreibung der Stadt Giengen, Stuttgart 1830. – Beschreibung des Oberamts Heidenheim, Hrsg. v. d. Königlich statist.-topograph. Büreau, Stuttgart u. Tübingen 1844. – Renner, Arthur, Über Bau u. Geschichte der Stadtkirche zu Giengen a. Br., Inaugural-Dissertation, Eßlingen 1909. – Die Kunst- und Altertumsdenkmale im Königreich Württemberg, 49.–52. Lieferung: Jagstkreis Oberamt Heidenheim, bearb. von Eugen Gradmann, Eßlingen 1913. – Württembergisches Städtebuch, hrsg. von Prof. Dr. Erich Keyser, Stuttgart 1962. – Bühler, Heinz, Die Wittislinger Pfründen – ein Schlüssel zur Besitzgeschichte Ostschwabens im Hochmittelalter, Jahrbuch d. Histor. Vereins Dillingen, LXXI. Jahrgang 1969, S. 24 ff. – Ders., Die Vorfahren des Bischofs Ulrich von Augsburg (923–973), Jahrbuch d. Histor. Vereins Dillingen, LXXV. Jahrgang 1973, S. 16 ff. – Ders., Heidenheim im Mittelalter, Besitzgeschichte – Topographie – Verfassung, Heidenheim 1975. – Ders., Die Herrschaft Heidenheim, 75 Jahre Heimat- u. Altertumsverein Heidenheim 1901–1976, Heidenheim 1976, S. 121 ff.

Giengen im Mittelalter – Markgraf Diepold von Giengen und sein Verwandtenkreis. In: 900 Jahre Giengen an der Brenz. Giengen an der Brenz 2. Aufl. 1978, S. 25-46.

Der Kreis Heidenheim
Geschichte bis zum Ende des Alten Reiches

Zur Besiedlungsgeschichte des Kreises Heidenheim

Zwischen dem letzten Zeugnis der Römer in unserem Bezirk, einem Gedenkstein aus dem Jahre 255 n. Chr. in der Kirche zu Hausen ob Lontal, und dem ersten Zeugnis der mittelalterlichen Geschichte, einer Urkunde Karls des Großen von 774, liegen 500 Jahre. In dieser Zeit hat sich, wie Bodenfunde beweisen, die Besiedlung des Kreisgebiets vollzogen. Wann und wie dies im einzelnen geschah, läßt sich anhand der Bodenfunde nicht näher bestimmen. Berücksichtigt man aber die Lage der Orte und läßt die Ortsnamen sprechen, so gewinnt man ein differenziertes Bild vom Gang der Besiedlung. Im unteren Brenz- und Egautal sowie auf den Tafeln der Flächenalb, die sich beiderseits dieser Täler erstrecken, finden sich die ,,-ingen-Orte'', die als älteste Siedlungsschicht gelten und den landnehmenden Alamannen zugeschrieben werden.

Das Grundwort ,,-ingen'' bezeichnet einen Siedlerverband. Im Bestimmungswort steckt der Name einer Person. Man mag in ihr den Anführer des Siedlerverbandes und somit den Ortsgründer sehen; ebensogut kann es ein Grund- und Ortsherr etwas späterer Zeit sein. Einige unserer ,,-ingen-Orte'' mögen nach historischen Persönlichkeiten des 6. bis 8. Jahrhunderts benannt sein. In Herbrechtingen steckt der Name Heribert = Charibert. So hießen zwei Frankenkönige, von denen der eine um 567, der andere 631 gestorben ist. Dettingen ist nach Theudo benannt. Der Name läßt an die Könige Theudebert I. († 548), Theudebald († 555) oder Theudebert II. († 612) denken, aber auch an den Alamannenherzog Theudebald († nach 746). Der Nachbarort Heuchlingen verdankt seinen Namen Huchilo und erinnert an Herzog Huoching, einen Bruder des Herzogs Theudebald, die beide in unserer Gegend begütert waren. Frickingen ist nach Fridurich, Kurzform Fricho, benannt; ein Fricho war im ausgehenden 8. Jahrhundert Gutsbesitzer im benachbarten Großkuchen.

Jünger als die ,,-ingen'' sind die Orte mit der Endung ,,-heim''. Aufgrund der archäologischen Befunde dürften sie meist im 6. Jahrhundert entstanden sein. Sie fallen auf durch ihre Verteilung wie durch ihre Bestimmungswörter. Die markanteste Gruppe nimmt das mittlere Brenztal ein. Es handelt sich um Schnaitheim, Steinheim, Nattheim und Bolheim. Sie scheinen nach Heidenheim als Mittelpunkt orientiert und liegen an den von dort ausstrahlenden alten Straßen.

Um diese Orte anzulegen, wurde das Waldgebiet von Albuch und Härtsfeld gerodet. Die Gemarkungen von Schnaitheim, Steinheim und Nattheim nehmen sich auf der Karte als Rodeinseln aus. Das Bestimmungswort „sneite" im Ortsnamen Schnaitheim bezeugt die Rodetätigkeit und kennzeichnet die Lage des Orts in einer Waldschneise. „stein" und „bol" beziehen sich auf Geländeerhebungen. Das Bestimmungswort „heidan" erinnert an die Ruinen aus römischer Zeit, die für Heidenheim kennzeichnend gewesen sein müssen. Es kann erst aufgekommen sein, als das Christentum Wurzel geschlagen hatte.

Die Verteilung dieser „-heim-Orte" und ihre Benennung nach der Lage lassen auf planmäßige Gründung schließen. Sie dienten der Sicherung des Albübergangs von Kocher und Brenz.

Die Alamannen waren, seit der Frankenkönig Chlodwig sie 496 geschlagen hatte, in die Defensive gedrängt. 536 fiel Alamannien ganz dem Frankenkönig Theudebert († 548) zu, und auch Bayern kam unter dessen Botmäßigkeit. Die Franken zogen jetzt nach Italien und mischten sich in die dortigen Verhältnisse ein. Damals dürften die „-heim-Orte" entstanden sein: Dem Frankenkönig ergebene Bauernkrieger hatten die wichtige Aufmarschstraße nach Bayern und zu den Alpenpässen zu schützen.

Die genannten „-heim-Orte" begegnen im 8. Jahrhundert allesamt als alamannisches Herzogsgut bzw. Königsgut. Dies erklärt sich, wenn sie auf Grund und Boden entstanden sind, über den der Frankenkönig verfügte.

Das System wird ergänzt durch eine Gruppe von „-heim-Orten" am Austritt der Brenz in die Donauebene, wo der Brenztalweg auf die als West-Ost-Verbindung dienende römische Donaunordstraße trifft. Es sind Sontheim an der Brenz und Bechenheim (heute Bächingen), die nach Brenz, einem Ort mit römischer Tradition, ausgerichtet sind.

Eine dritte Gruppe von „-heim-Orten" findet sich im oberen Egautal um Neresheim, wovon im Kreisgebiet Nietheim, (Groß- und Klein-)Kuchen (Chuocheim), Auernheim, Fleinheim und Schrezheim liegen.

Auch später diente die Endung „-heim" zur Benennung von Orten, die nach einem bestimmten System angelegt waren. So finden sich um Steinheim die jüngeren Orte Sontheim im Stubental, Ostheim und Westheim sowie Stockheim und Scheffheim. Ostheim und Westheim sind in Steinheim aufgegangen, die letzteren beiden verschwunden.

Der Bruderkrieg zwischen den Merowingerkönigen ließ die fränkische Herrschaft im Laufe des 7. Jahrhunderts erlahmen. Seit 613 begegnet ein Herzog der Alamannen, der nicht nur Heerführer war, sondern Herrschaftsbefugnisse ausübte. Ursprünglich vom König eingesetzt und ihm ergeben, wurde der Herzog nun immer selbstherrlicher; er verfügte über das ihm anvertraute Gut wie über Eigenbesitz. Der Verband der „-heim-Orte" um Heidenheim verlor seine strategische Bedeutung. Heidenheim wurde Mittelpunkt einer Adelsherrschaft, die in enger Verbindung zum Herzog stand.

Bis zur Mitte des 7. Jahrhunderts hat sich die Bevölkerung Alamanniens stark vermehrt. Das nutzbare Land mußte erweitert werden. In dieser Zeit des Siedlungsausbaus wurde die Albplatte nördlich des Hungerbrunnentales, die man ihrer Höhenlage und des rauhen Klimas wegen seither gemieden hatte, besiedelt. Um den etwas älteren Ort Gussenstadt (richtiger Gussenstatt) lagerten sich die ,,-stetten-Orte'' Söhnstetten, Meidstetten (jetzt Heuchstetten) und Gerstetten. Andere ,,-stetten-Orte'' füllten Siedlungslücken aus wie Mergelstetten und Stetten ob Lontal. Vorwiegend durch Rodung wurde Land gewonnen für eine Gruppe von ,,-hausen'' und ,,-hofen-Orten'', die meist noch im 7. Jahrhundert entstanden sind. Manche stehen in Beziehung zu einem benachbarten ,,-heim'' und verraten damit ihre Abhängigkeit von diesem Siedlungs- und Herrschaftsverband. Dies gilt für Aufhausen nördlich Schnaitheim, Anhausen bei Bolheim (ursprünglich Ahusin, benannt nach der Lage am Wasser) und Niederhofen (abgegangen) südöstlich Heidenheim.

Oggenhausen ist eine Ausbausiedlung von Nattheim, Hausen ob Lontal von Dettingen, Erpfenhausen von Gerstetten. Iggenhausen steht in Beziehung zu Frickingen, Ballmertshofen und Trugenhofen zu Dischingen, Hofen zu Dunstelkingen, Osterhofen zu Eglingen, Wagenhofen zu Demmingen und Schratenhofen (heute Schratenhof) zu Giengen.

Kaum jünger sind Küpfendorf, Ugendorf (heute Ugenhof), Heudorf (heute Heuhof) und Reuendorf.

Dazu kam im Laufe des 8. und 9. Jahrhunderts eine Anzahl von ,,-weiler-Orten'' sowie Siedlungen mit den Grundwörtern ,,-berg'', ,,-sohl'' u. a.

Mehrere Orte der Ausbauzeit sind wohl nach Angehörigen der alamannischen Herzogsfamilie benannt: Ugendorf, Oggenhausen und Iggenhausen erinnern an Herzog Huoching (frühes 8. Jh.). Geroldsweiler (abgegangen) bei Steinheim und Gerschweiler (Geroltzwiler) bei Giengen werden nach dem Bayernpräfekten Gerold, einem Urenkel Huochings benannt sein, der 799 fiel. In Itzelberg steckt der Name Utzilo-Ulrich, den ein Bruder Gerolds trug. Die Herzogssippe war wohl maßgeblich an der Aufsiedlung des Bezirks beteiligt. Die Besitzgeschichte bestätigt dies. Wo Herzogsgut war, treffen wir später karolingisches Königsgut. Es stammt entweder von dem rebellischen Herzog Theudebald, dessen Besitz nach 746 beschlagnahmt wurde, oder von Hildegard, der Urenkelin Herzog Huochings, die es in ihre Ehe mit Karl dem Großen einbrachte. Die Ortsnamen Sachsenhausen und Sachsenhardt (abgegangen südlich Sontheim i. St. zeigen, daß verschleppte Sachsen gegen 800 hier auf Königsgut angesiedelt wurden.

Als im letzten Drittel des 8. Jahrhunderts die urkundliche Überlieferung einsetzte, war der Großteil der heutigen Ortschaften vorhanden. Die Zahl der Siedlungen war insgesamt größer als heute. Doch hat man sich die Orte des Typus ,,-stetten'', ,,-hausen'', ,,-hofen'' und ,,-dorf'' zunächst als weilerartige Hofgruppen vorzustellen. Daß nicht wenige Orte später abgegangen sind, dürfte vor allem eine Folge der Pestepidemien ab 1348 sein.

Kirchliche und weltliche Herrschaften des frühen Mittelalters

Eine Urkunde Karls des Großen von 774 führt in die mittelalterliche Geschichte ein. Sie macht uns mit der Grundherrschaft bekannt und gewährt Einblick in die politische Organisation des Bezirks. Herbrechtingen war Königsgut. Es gab dort eine ,,villa'' oder ,,curtis'' (Herrenhof), zu welcher Salland, Wohn- und Wirtschaftsgebäude, Huben (Bauernstellen), Leibeigene, Zinsbauern, Hörige und Freigelassene, Wälder, Wiesen und Weiden, Fischereirechte, Mühlen und Vieh gehörten. Die ,,villa'' war Teil des ,,fiscus'' Herbrechtingen als übergeordneter Verwaltungseinheit des Königsguts. Zum ,,fiscus'' gehörten noch andere ,,villae'', etwa in Bolheim, Steinheim, Nattheim, Brenz und Sontheim an der Brenz, wo ebenfalls Krongut nachzuweisen oder anzunehmen ist. Herbrechtingen zählte zum ,,comitatus Hurnia''. Der ,,comitatus'' (Grafschaft) war die von den Karolingern in Alamannien eingeführte Verfassungsinstitution. Er wurde in der Regel nach dem Inhaber, dem ,,comes'', benannt. ,,Hurnia'' ist aber kein Personenname, sondern ein geographischer Begriff. Man hat ihn gewiß zu Recht in eine Reihe mit historischen Landschaftsbezeichnungen der Alb gestellt, die sich auf markante Geländeformen oder Bodenverhältnisse beziehen. ,,Hurnia'' ist die Gegend mit Hirnen, d. h. steinigen, flachen Geländeerhebungen. Das trifft für die Ostalb mit Albuch und Härtsfeld zu. Wir bekommen eine Vorstellung, welchen Bereich der ,,comitatus Hurnia'' umfaßte.

Der ,,comes'' führte den Vorsitz im Gericht und übte die Oberaufsicht über das in direkter Verfügung des Königs stehende Gut und die Königsleute aus. Dem ,,comitatus Hurnia'' wären somit in erster Linie die ,,-heim-Orte'' des Brenztales zuzuordnen, in denen es Königsgut gab und die in wirtschaftlicher Hinsicht dem ,,fiscus'' Herbrechtingen angegliedert waren.

Der Krongutsbezirk im Brenztal zerfiel rasch durch Vergabungen an Kirchen. Dies ist der Grund, weshalb der ,,comitatus'' nicht lange Bestand hatte und auch der Name ,,Hurnia'' später nicht mehr erwähnt wird. Wenn Herbrechtingen 866 als ,,in pago Rehtsa'', d. h. im Ries gelegen bezeichnet wird, dann gab es damals keinen ,,comitatus Hurnia'' mehr.

Wie die Urkunde von 774 berichtet, hatte Fulrad, der Hofkapellan König Pippins (751–768) und Karls des Großen (768–814), seit 750 Abt des Klosters Saint-Denis bei Paris, in Herbrechtingen auf seinem Eigengut eine Kirche erbaut und dem Patron seines Klosters, dem heiligen Dionysius, geweiht. In dieser Kirche waren die Gebeine des hl. Veranus beigesetzt, weshalb sie auch Veranuskirche genannt wird.

Dieser Kirche schenkte Karl der Große einen Teil seines ,,fiscus'', nämlich die ,,villa'' Herbrechtingen, mit der Bestimmung, daß vom Ertrag der Gottesdienst und der Unterhalt der Mönche bestritten werden sollten. Wie das Testament Fulrads ergänzend berichtet, bestand nämlich in Herbrechtingen eine ,,cella'' des hl. Veranus, eine Mönchsniederlassung.

Herbrechtingen war also nicht nur Verwaltungsmittelpunkt des Kronguts, sondern zugleich geistlich-kulturelles Zentrum des Brenztales und damals wohl der wichtigste Ort des Bezirks. Geistliches Zentrum war es aber nicht erst seit Fulrads Auftreten. Die von Fulrad um 765 erbaute Dionysiuskirche war nicht die erste Kirche in Herbrechtingen. Ein Ort von solchem Rang wäre auch vordem nicht ohne Kirche denkbar. In Brenz ist schon für das frühe 7. Jahrhundert eine Kirche nachgewiesen.

Die Vorgängerin der Dionysiuskirche war dem hl. Veranus geweiht. Es mag eine Holzkirche gewesen sein wie in Brenz, die vielleicht einem Brand zum Opfer fiel. Nachdem der Grund und Boden – wohl durch Schenkung Pippins – in das Eigentum Fulrads übergegangen war, erbaute er eine neue Kirche und weihte sie dem Titelheiligen seines Klosters, Dionysius. In diese Kirche wurden die Gebeine des hl. Veranus aus der Vorgängerkirche überführt.

So erklärt sich, daß Fulrad die Mönchsniederlassung als Veranuszelle bezeichnet. Sie stand in Verbindung mit Veranus, nicht mit Dionysius. Sie war nicht Fulrads Gründung, sondern bestand schon vor seiner Tätigkeit in Herbrechtingen, vielleicht eine Missionszelle irofränkischer Mönche des 7. Jahrhunderts. Fulrad aber hat durch seinen Kirchenbau und dank seiner Beziehung zu Saint-Denis die ,,cella'' neu belebt. Er wird auch die Schenkung Karls veranlaßt haben, durch die die Zelle wirtschaftlich gestärkt und unabhängig wurde. Sie wurde erneut zum kulturellen Zentrum und zugleich zu einem Stützpunkt der fränkischen Königsmacht.

Nach Fulrads Tod 784 fiel die Veranuszelle an die Abtei Saint-Denis und war nun für mehr als 100 Jahre eine Expositur dieses mächtigen Klosters.

Saint-Denis verstand es, seinen Besitz im Brenztal zu mehren. In einem Kopialbuch des Klosters fand sich die Abschrift einer Urkunde Karls des Großen, die mit der von 774 nahezu übereinstimmt. Sie ist jedoch auf das Jahr 779 datiert und weist einen kleinen Einschub auf, der dartut, daß Karl der von Fulrad erbauten Kirche nicht nur die ,,villa'' Herbrechtingen, sondern auch die ,,villa Bolamen'' schenkte. Damit ist der Nachbarort Bolheim gemeint. Ist die Abschrift auch verfälscht, so bekundet sie doch, daß Saint-Denis einen Rechtsanspruch auf Bolheim hatte, und es ist nicht ausgeschlossen, daß er auf einer Verfügung Karls des Großen beruhte. Die Geschichte Bolheims macht wahrscheinlich, daß der Ort tatsächlich im Besitz von Saint-Denis gewesen ist.

Zur selben Zeit, als Saint-Denis im Brenztal Fuß faßte, dehnte das von Bonifatius 744 gegründete Kloster Fulda in Hessen seinen Besitz in unsere Gegend aus. Es erhielt Güter in Schnaitheim, Heidenheim, Großkuchen, Memmingen (Hohenmemmingen?), Iggenhausen, Hohenstatt (Hochstatterhof), „Tozingen" (Dettingen?), Frickingen und Steinheim geschenkt.

Daß Ostschwaben zum Einflußbereich des Bonifatiusklosters wurde, damit hatte König Pippin (751–768) den Anfang gemacht: Er übereignete dem Kloster 760 die „villa" Deiningen im Ries.

Ein Güterverzeichnis aus der Zeit Abt Hrabans (822–842) führt die schwäbischen Güter des Klosters summarisch auf Schenkungen der Könige Pippin und Karl des Großen zurück. Das mag für Frickingen und Steinheim tatsächlich zutreffen. Im übrigen handelt es sich um Vergabungen königlicher Vasallen, die mit Willen oder auf Veranlassung ihres Herrn erfolgten. Egilolf, der gemeinsam mit seiner Gemahlin Rilint den ganzen „locus" Schnaitheim schenkte, war wohl ein Verwandter des alamannischen Herzogshauses, ein Nachfahre Herzog Huochings; das geschenkte Gut war Herzogsgut.

Als drittes großes Reichskloster setzte sich St. Gallen im Brenztal fest. Brenz ist als einer der frühesten Kirchenorte des Bezirks bekannt. Die Holzkirche war im frühen 8. Jahrhundert durch eine Steinkirche ersetzt worden, die um die Jahrhundertmitte einen Choranbau erhielt. Dies wird mit den Besitzumschichtungen nach 746 in Verbindung gebracht. Brenz wurde Königsgut, die Kirche zur „capella" erhoben. Diese „capella" mit Zehnten, Ländereien und Manzipien schenkte Ludwig der Deutsche 875 seinem Diakon Liutbrand als Zugabe zu dem Klösterlein Faurndau bei Göppingen, der die beiden Gotteshäuser 895 dem Kloster St. Gallen übertrug. Für die St. Galler Mönche war Brenz ein isolierter und zudem entlegener Besitz, den sie bald als Lehen einem einheimischen Adeligen überließen.

Mit Brenz war das benachbarte Sontheim Königsgut geworden und über die Karolingerkönige und deren Erben schließlich an König Heinrich II. (1002–1024) gelangt. Er nahm in Sontheim Aufenthalt, als er 1002 vom Bodensee nach Bamberg zog, schenkte aber 1007 den „locus" Sontheim dem Hochstift Bamberg.

Vom karolingischen Königsgut blieb allein Nattheim in Händen der Karolingererben. Gisela von Waiblingen, die Gemahlin König Konrads II. (1024–1039) vererbte das Gut ihrem Sohn, der seit 1039 als Heinrich III. das Reich regierte. Er machte auf dem Weg von Zürich nach Nürnberg 1050 in Nattheim Station und erteilte dem Bischof von Chur Privilegien.

Im Besitz Heinrichs III. erscheint auch die Herbrechtinger Dionysiuskirche samt Zugehör. Wir wissen nicht genau, wie lange die Verbindung der Veranuszelle zu Saint-Denis bestand. Noch 866 bestätigte Ludwig der Deutsche dem Kloster seinen Außenbesitz. Die Teilungen des Frankenreichs im 9. Jahrhundert erschwerten jedoch den Zusammenhalt; die Mönchszelle hörte offenbar auf zu bestehen. Als mit Ludwig dem Kind 911 die männliche Nachkommenschaft Karls des Großen im Ostreich erlosch, negierten die Er-

ben des karolingischen Gutes die Rechte des Klosters Saint-Denis und rissen das, was
Karl einst der Dionysiuskirche überschrieben hatte, an sich. Haupterbin war Reginlind,
die Gemahlin Herzog Burchards I. von Schwaben (917–923). Er setzte im Bereich seines
Herzogtums rigoros die Ansprüche seiner Gemahlin durch. Herbrechtingen und Bolheim wurden unter ihren Nachkommen weitervererbt und gelangten über Gisela von
Waiblingen schließlich in die Hand Heinrichs III. Ende August 1046 kam Heinrich III.
von Winterbach im Remstal nach Herbrechtingen und zog von dort nach Augsburg, wo
sich sein Heer für den Zug nach Italien sammelte. Er hatte ein stattliches Gefolge bei
sich. In Herbrechtingen wurde Abt Halinard von Dijon zum Erzbischof von Lyon ordi-
niert. Die Handlung nahm Erzbischof Hugo von Besançon in Gegenwart des Königs vor.
Daß dies in Herbrechtingen geschah, spricht für die Bedeutung der Dionysiuskirche. Sie
war offenbar kurz zuvor vergrößert und zur Stiftskirche erhoben worden, an der nun
eine Gemeinschaft von Weltpriestern tätig war.

In der Frühzeit sind vor allem diejenigen Orte bezeugt, die aus der Hand des Königs in
kirchlichen Besitz übergingen. Für die übrigen Orte liegen meist keine direkten Nachrichten vor. Durch Rückschluß aus den Besitzverhältnissen späterer Zeit läßt sich indes
auch von ihrer Geschichte ein verhältnismäßig klares Bild gewinnen. Die Brenz scheint
seit dem frühen Mittelalter die Herrschaftsbereiche zweier mächtiger Adelsgeschlechter
getrennt zu haben. Der Ostteil des Bezirks war Herrschaftsbereich der ,,Hupaldinger''.
Sie sind ab der Wende des 9. zum 10. Jahrhundert aus der Lebensbeschreibung ihres be-
rühmtesten Abkömmlings, des Bischofs Ulrich von Augsburg (923–973), bekannt. Er
hatte Anteil am Sieg über die Ungarn auf dem Lechfeld 955 und wurde bald nach seinem
Tode heiliggesprochen. Seine Familie hatte ihren Sitz in Wittislingen; die dortige Martinskirche diente als Grablege seiner Ahnen. Das Geschlecht war blutsmäßig mit dem
alamannischen Herzogshaus verbunden. Seit dem frühen 10. Jahrhundert verwalteten
Angehörige das Grafenamt im Bezirk ,,Duria'', als erster Dietpald, der in der Lechfeldschlacht fiel, ein Bruder des Bischofs Ulrich.

Mehrfache Erbteilung spaltete das Hausgut der ,,Hupaldinger'' auf. Direkte Nachkommen sind die Grafen von Dillingen. Graf Hartmann I. stiftete 1095 das Kloster Neresheim und stattete es u. a. mit Gütern in Nietheim und Gebstetten (Wahlberg bei Nattheim) aus. Graf Adalbert I. († 1151) gab Kleinkuchen. Graf Hartmann IV. schenkte
1236 Ballmertshofen. Eine Papsturkunde von 1298 nennt neresheimischen Besitz in folgenden Orten des Bezirks: Großkuchen, Kleinkuchen, Auernheim, Ballmertshofen,
Nietheim, Nattheim, Heuhof, Gebstetten (Wahlberg), Fleinheim, Demmingen, Buch-
brunn (Buchmühle), Dischingen, Hochstatterhof, Iggenhausen u. a. Ein Großteil dieser
Güter wird von Angehörigen der Stifterfamilie oder deren Ministerialen an das Kloster
gelangt sein. Sonst ist dillingischer Besitz in Mergelstetten, Bernau, Eselsburg und Niederstotzingen nachgewiesen.

Eine Nichte von Bischof Ulrich, Tochter seines Bruders Manegold, brachte Güter in Eglingen, Dischingen, Hohenmemmingen und Niederstotzingen ins Haus der Herren von Werd, die damit um 1049 ihr Hauskloster Heiligkreuz in Donauwörth ausstatteten. Eine Enkelin des 955 gefallenen Grafen Dietpald heiratete den Grafen Rapoto vom Traungau (1006–1020) und begründete mit ihm das Geschlecht der „Diepoldinger". Zu dem Erbe, das sie ihren Nachkommen vermittelte, gehörten Giengen sowie Güter in Heidenheim, Oggenhausen, Fleinheim, Sachsenhausen und Brenz. Die „Diepoldinger" ließen sich mit den fuldischen Gütern im Brenztal und auf dem Härtsfeld belehnen und brachten auch die Rechte des Klosters St. Gallen in ihre Gewalt. Im Investiturstreit war Graf Diepold II. ein treuer Anhänger König Heinrichs IV. Nach des Königs Rückkehr von Canossa trat er sofort auf dessen Seite und wurde dafür mit der Mark Nabburg im bayerischen Nordgau belehnt. Er fiel 1078 in der Schlacht bei Mellrichstadt. Der Petershauser Chronist nennt ihn aus diesem Anlaß „Diepoldus marchio de Giengin". Die Burg in Giengen war sein Wohnsitz. Die Grafschaft, die er verwaltete, umfaßte das Gebiet zwischen Iller und Lech. Von seinen Söhnen residierte Berthold gleichfalls in Giengen; Diepold III. dagegen verwaltete in Vohburg an der Donau die bayerischen Güter.

Eine andere „Hupaldingerin", Tochter des Grafen Manegold II., der 1003 bezeugt ist, heiratete in ein Geschlecht, das man wegen des vorherrschenden Namens Adalbert die „Adalbertsippe" nennt. Als Mitgift und Erbe brachte sie Güter im Raum Niederstotzingen und Langenau sowie in Sachsenhausen, Herbrechtingen, Mergelstetten und Heidenheim in dieses Haus.

Die „Adalbertsippe" war im Westteil des Bezirks begütert. Sie läßt sich bis um die Jahrtausendwende zurückverfolgen. Zu ihrem Aufstieg und Reichtum hatte wesentlich die Verbindung mit einer Erbin der „Bertholdinger" beigetragen, welche in Marchtal an der Donau und auf der Diepoldsburg bei Unterlenningen saßen, aber auch im Filstal und auf der Alb begütert waren. Die Güter der „Bertholdinger" stammen aus alamannischem Herzogsgut. Eine Tochter des Herzogs Huoching namens Hiltburg hatte sich nämlich mit dem „princeps" Berthold vermählt, der 724 an der Gründung des Klosters Reichenau teilhatte, und ihren Nachkommen viel ehemaliges Herzogsgut vererbt. Zu ihren Nachkommen zählt Egilolf, den wir als Gutsbesitzer in Schnaitheim kennen. Dazu zählen auch die „Kammerboten" Erchanger und Berthold, die 915 nach dem schwäbischen Herzogtum trachteten, aber auf Veranlassung König Konrads I. wegen Hochverrats hingerichtet wurden. Der „Kammerbote" Berthold hinterließ einen Sohn Adalbert, genannt von Marchtal, der 954 im Kampf für Kaiser Otto den Großen umkam. Eine Tochter dieses Adalbert war es offenbar, die beträchtliches Gut der „Bertholdinger" samt dem Namen ihres Vaters in die „Adalbertsippe" brachte.

Die „Adalbertsippe" spaltete sich um die Mitte des 11. Jahrhunderts. Jene „Hupaldingerin", die in das Geschlecht eingeheiratet hatte, besaß zwei Söhne namens Adalbert und Manegold. Der erstere wurde Stammvater der Herren von Stubersheim, von denen die Stifter des Klosters Elchingen sowie die Herren von Albeck, von Ravenstein (bei Steinenkirch) und von Helfenstein ausgingen. Manegold erlangte durch seine Heirat mit der Tochter des Ries- und Pfalzgrafen Friedrich (1030–1053) dessen Pfalzgrafenamt, das zweithöchste Amt im Herzogtum Schwaben.

Der Heidenheimer Raum zur Stauferzeit

Das Geschlecht, das sich nach seiner Burg auf dem Hohenstaufen nannte, ist zuerst im Ries nachweisbar, und zwar seit dem ausgehenden 10. Jahrhundert. Es verwaltete dort das Grafenamt, dazu wohl schon um 1027 das Pfalzgrafenamt im Herzogtum Schwaben. Sein Hausbesitz erstreckte sich auf das Härtsfeld und reichte bis in unseren Bezirk, denn Rudelsberg (abgegangen bei Schnaitheim), Walkersdorf (abgegangen bei Fleinheim) sowie Güter in Großkuchen, Auernheim und Demmingen waren wohl schon damals in seiner Hand.

Riesgraf und Pfalzgraf Friedrich (1030–1053) heiratete um 1020 die Erbtochter des Filsgrafen Walter (998) und gewann damit reiche Güter im Rems-Fils-Gebiet um Welzheim, Lorch, Schwäbisch Gmünd und Göppingen, aber auch auf der Alb und dem Albuch, wo Erpfenhausen, Dettingen und Heuchlingen sowie Irmannsweiler und Güter um Bartholomä zum Erbe des Filsgrafen Walter zu rechnen sind.

Das Brenztal trennte die Herrschaftsbereiche des Pfalzgrafen Friedrich im Ries und im Rems-Fils-Gebiet. Wohl um auch dieses Zwischenland unter seinen Einfluß zu bringen, vermählte er seine Tochter Adelheid mit Manegold (1070–1095) aus der „Adalbertsippe". Dieser hatte seinen Wohnsitz im „castellum Moropolis" bei Heidenheim (wohl auf dem Totenberg). Adelheid brachte Güter in Dettingen und Heuchlingen, im Fils- und Remstal wie auf dem Albuch in die Ehe. Sie vermittelte ihrem Gemahl auch das Pfalzgrafenamt. Manegold wurde dadurch eng an den König gebunden. Von Moropolis-Heidenheim aus überwachte er das mittlere Brenztal. Die Feste Lauterburg, die wohl sein Sohn Adalbert auf mütterlichem Erbe erbaute, sicherte den Weg über den Albuch ins Remstal. Hochgeschätzter Gast auf Moropolis war die Seherin Herluka. Sie stand dem Reformkreis um Abt Wilhelm von Hirsau nahe. Ihr darf man wohl zuschreiben, daß Manegold und Adelheid sich entschlossen, ein Reformkloster Hirsauer Richtung zu stiften. Manegolds Eigenkirche in Langenau war als Klosterkirche vorgesehen. Er starb, ehe er das Vorhaben verwirklichen konnte. Das taten nun seine Söhne Manegold, Adalbert, Ulrich und Walter. Bald nach 1095 entstand in Langenau ein Benediktinerkloster, dem ein aus Hirsau entsandter Abt vorstand. Langenau lag an der belebten Donaunordstraße und erwies sich als nicht günstig für eine Mönchsniederlassung. Deshalb verlegten die Stifter das Kloster vor 1125 nach dem abgeschiedenen Anhausen im Brenztal. Der jüngste Pfalzgrafensohn, Walter, seit 1133 Bischof von Augsburg, bestätigte 1143 die Familienstiftung. Die Urkunde nennt Klosterbesitz in 60 Orten und Walddistrikten auf der Alb, auf dem Albuch, im Rems- und Filstal sowie im Ries, darunter Dettingen und Heuchlingen, Küpfendorf, Aufhausen (abgegangen bei Küpfendorf), Sachsenhardt(abgegangen), Heutenburg, Gussenstadt, Taubenlauch (abgegangen), Söhnstetten, Irmannsweiler mit mehreren benachbarten Weilern, Mergelstetten und Sachsenhausen.

Anhausen war das reichste Kloster im Brenztal. Es hat im Laufe der Zeit entlegene Güter abgestoßen, aber seinen Besitz in Dettingen und Heuchlingen arrondiert; es erwarb bedeutende Güter in Heldenfingen und Hausen ob Lontal sowie die Orte Bolheim (1320 von Kloster Lorch) und Gussenstadt (1326 von Helfenstein).

Der Enkel jenes Riesgrafen und Pfalzgrafen Friedrich (1030–1053), der die Güter im Rems-Fils-Gebiet erheiratet hatte, gleichfalls Friedrich mit Namen, residierte in der von ihm erbauten Burg auf dem Hohenstaufen. König Heinrich IV. erhob ihn 1079 zum Herzog von Schwaben und vermählte ihm seine Tochter Agnes. Als Mitgift erhielt Agnes das salische Königsgut im Bezirk, nämlich die Dionysiuskirche in Herbrechtingen samt Bolheim sowie Nattheim. Herbrechtingen wurde zunächst Mittelpunkt für das staufische Gut an der Brenz. Der Ort hatte Marktrecht und war zu dieser Zeit das gewerbliche Zentrum des Brenztals. An der Dionysiuskirche bestand ein Kollegium von Weltpriestern, ein sog. Kollegiatstift. Marktrecht und Stift gehen vielleicht auf König Heinrich III. zurück, der sich 1046 hier aufgehalten hatte.

Zum staufischen Gut zählte der Besitz der unter staufischer Vogtei stehenden Klöster. Herzog Friedrich I. und Agnes stifteten vor 1102 das Benediktinerkloster Lorch im Remstal und verwendeten zu dessen Ausstattung auch Güter in unserem Bezirk, namentlich Erpfenhausen und fast ganz Bolheim, dazu Höfe und Güter in Dettingen, Rudelsberg (abgegangen), Nattheim, Oggenhausen, Walkersdorf (abgegangen), Großkuchen, Auernheim, Demmingen und anderen Orten auf dem Härtsfeld. Auch die Vogtei des Klosters Elchingen, das eine Tochter Herzog Friedrichs I. namens Berta um 1120 gestiftet hatte, kam 1142 in staufische Hand und damit die Oberhoheit über die elchingischen Güter in Gerstetten, Walbach (abgegangen bei Gussenstadt), Hermaringen und Niederstotzingen.

Da die Stifter Anhausens keine Erben hinterließen, fiel nach dem Tode des Pfalzgrafen Adalbert 1143 die Vogtei gleichfalls an die verwandten Staufer. Sie zogen auch die Reste des pfalzgräflichen Hausguts an sich, nämlich die Burg Moropolis, die allerdings im Abgang begriffen war, sowie Güter und Rechte in Dettingen und Heuchlingen, die zur Feste Lauterburg gehörten. Wahrscheinlich ist auch die Feste Herwartstein samt Springen und Itzelberg aus dem Erbe der Pfalzgrafen an die Staufer gelangt. Das Hochstift Bamberg wurde veranlaßt, seinen Besitz in Sontheim an der Brenz, desgleichen das Hochstift

Augsburg, seine „curia" in Herbrechtingen dem staufischen Herzog zu Lehen zu geben. So war schon unter Herzog Friedrich II. (1105–1147) und seinem Bruder, König Konrad III. (1138–1152), das Brenztal eine Domäne des staufischen Hauses. Sie wurde zielstrebig weiter ausgebaut.

Der Sohn Herzog Friedrichs II., Friedrich III., der als Friedrich Barbarossa 1152 den Thron bestieg, heiratete 1147 in Eger Adela, die Tochter des im Vorjahr verstorbenen Markgrafen Diepold III. von Vohburg aus dem Haus der „Diepoldinger" und gewann so die Verfügungsgewalt über ihre Güter.

Adela war die Enkelin des Markgrafen Diepold von Giengen, der 1078 gefallen war. Sie hatte die schwäbischen Güter ihres Vaters sowie die ihres Vaterbruders Berthold geerbt, nämlich Burg und Dorf Giengen, dazu die Lehenshoheit der Burg Hellenstein, Güter in Heidenheim, Schnaitheim, Oggenhausen, Fleinheim, Dischingen, Trugenhofen, Herbrechtingen und Brenz samt namhaftem Besitz im Donau-Ries-Kreis. In diese Gütermasse war eingeschlossen, was Kloster Fulda Adelas Vorfahren zu Lehen gegeben hatte. Lehenleute Adelas waren die Edelfreien von Hellenstein sowie die Ministerialen von Giengen, von Brenz, von Staufen, die Güssen, die von Trugenhofen und von Dunstelkingen.

Die Ehe Barbarossas mit Adela von Vohburg war nicht glücklich. Als sie 1153 wegen zu naher Verwandtschaft der Eheleute geschieden wurde, behielt der König Adelas Güter in seiner Hand; Adela wurde wohl mit Geld abgefunden. Das staufische Gut hatte sich beträchtlich gemehrt. Giengen wurde jetzt Verwaltungsmittelpunkt der staufischen Güter. Den Edelfreien Degenhard von Hellenstein erhob Barbarossa nach 1167 zum „procurator" über das gesamte Königsgut in Schwaben. Dies zeigt, welche Bedeutung dem Besitz um das Brenztal für die staufische Hausmachtpolitik zukam.

Im Jahre 1171 erschien Barbarossa mit großem Gefolge in Giengen. Im Herbrechtinger Stift herrschten wenig erfreuliche Zustände; so sah er sich genötigt, persönlich einzugreifen. Die Weltgeistlichen, die die Dionysiuskirche betreut hatten, wurden durch Augustinerchorherren ersetzt. Ihnen übertrug der Kaiser die Kirche sowie die „curia", die Lehen vom Hochstift Augsburg war, das Marktrecht und andere Güter, die er von seinen Lehensleuten zurückerworben hatte. Die Vogtei des Stifts behielt er sich und seinen Erben vor. Es gab nun in engster Nachbarschaft zwei Klöster unter staufischer Vogtei, Anhausen und Herbrechtingen. Herbrechtingen hat nie größere Bedeutung erlangt. Immerhin konnte es fast alle Güter im Ort wie im benachbarten Bernau, dazu namhaften Besitz in Mergelstetten und Steinheim an sich bringen.

Noch unter Barbarossa wurde der Grund gelegt für die Städte Giengen und Heidenheim. Beides sind geplante Anlagen mit Straßenmarkt, abgesetzt von dörflichen Siedlungen gleichen Namens, jedoch eng angelehnt an die Burg, so daß Burg und Stadt ein einheitliches Befestigungssystem bilden.

Giengen scheint sich seit 1171 zu einem „burgum", einer befestigten Marktsiedlung, entwickelt zu haben, die sich an ein älteres „oppidum" bei der Burg anschloß. Als Barbarossa 1187 mit einer Reihe hoher Würdenträger wieder nach Giengen kam, mag die Anlage zu einem gewissen Abschluß gelangt sein. Heidenheim wurde etwas später angelegt, sicherlich unter dem maßgeblichen Einfluß Degenhards von Hellenstein († n. 1182). Entlang der Brenz reihten sich die Burgen staufischer Ministerialer, meist Höhenburgen in beherrschender Lage, auch Wasserburgen oder wehrhafte Türme im Ort: Herwartstein, Aufhausen, Schnaitheim, Furtheim (südlich Mergelstetten), Bindstein, Hürgerstein, Hürben, Stronburg, Güssenberg, Brenz und Sontheim. Im Egautal saßen staufische Dienstleute in Trugenhofen (Taxis), Duttenstein und Dunstelkingen.

Ein Hoheitsrecht, geeignet, den noch lückenhaften staufischen Besitz zusammenzuschließen und flächenhaft auszuweiten, war der Wildbann. Er erstreckte sich vom Albtrauf im Norden bis zur Donau im Süden; er reichte von der Fils im Westen bis Bopfingen und zur Egau im Osten. Unklar ist, ob dieser königliche Wildbann aus dem salischen Erbe an die Staufer gelangte oder von Barbarossa neu geschaffen wurde. Er läßt sich erst im beginnenden 13. Jahrhundert nachweisen: 1209 bis 1216 ist Ulrich von Furtheim (südlich Mergelstetten) als Forstmeister bezeugt; er beaufsichtigte den Wildbann.

Als im staufischen Herzogtum Schwaben die Gerichtsbarkeit neu geordnet und wohl noch unter Barbarossa Landgerichtsbezirke mit im Gelände deutlich erkennbaren Grenzen abgeteilt wurden, diente die Brenz fast in ihrem ganzen Lauf als Trennungslinie. Östlich der Brenz erstreckte sich der Landgerichtsbezirk der Grafschaft Dillingen (später Landgericht Höchstädt); Fleinheim und Demmingen waren Schrannen (Gerichtsstätten) dieses Landgerichts. Zwischen Sontheim an der Brenz und Niederstotzingen trennte der Landgraben den Dillinger vom Ulmer Landgerichtsbezirk. Westlich der Brenz und nördlich der Lone erstreckte sich ein Bezirk, in welchem vermutlich die Grafen von Helfenstein das Landrichteramt bekleideten.

Der Thronstreit zwischen Philipp von Schwaben und dem Welfen Otto IV. leitete 1197 den Zerfall des staufischen Territoriums ein. Um Anhänger zu gewinnen, wurde Krongut verpfändet und weggegeben. Brenz und Sontheim an der Brenz waren nun in Händen der Herren von Albeck. Die Feste Hellenstein war als Lehen an die Herren von Gundelfingen gelangt, die sich nun auch von Hellenstein nannten. Die Vogtei Herbrechtingen hatte Kaiser Friedrich II. einem Herren von Wolfach (Schwarzwald) verliehen, der sie samt Burg und Dorf Hürben 1227 an die Grafen von Dillingen veräußerte. Die Vogtei Anhausen gelangte in die Hände der Grafen von Helfenstein. Die Feste Herwartstein war von König Konrad IV. (1250–1254) seiner Gemahlin Elisabeth als Witwengut verschrieben worden. Nachdem ihr Sohn Konradin 1268 in Neapel umgekommen war und sie sich 1259 mit dem Grafen Meinhard II. von Görz-Tirol wiedervermählt hatte, vererbte sie die Burg ihren Söhnen aus zweiter Ehe.

Mit dem Tode Konradins war das staufische Herzogtum Schwaben 1268 erloschen. Die staufischen Ministerialen hatten niemanden über sich als das Reich, und sie betrachteten ihren seitherigen Lehensbesitz nunmehr als Eigentum, so die Güssen, die Vetzer, die von Schnaitheim und von Giengen. Ein Ritter von Giengen stiftete um 1268 das Deutschordenshaus Giengen. Ihm floß reicher Besitz in Giengen selbst, in Oggenhausen, Schratenhof und Niederstotzingen zu, der wohl vorher größtenteils staufisch war. Die staufische Ministerialenburg Güssenberg und ehemals staufische Güter in Dettingen und Heuchlingen, in Großkuchen und Auernheim sowie in Dunstelkingen und Trugenhofen gelangten in die Hände der Grafen von Oettingen, die mit den Staufern verwandt waren.

Die Grafen von Helfenstein fassen im Brenztal Fuß

Um 1113 nannte sich ein Edelfreier namens Eberhard erstmals nach der Burg Helfenstein über Geislingen. Es ist wohl Eberhard von Stubersheim aus der „Adalbertsippe". Die Burg Helfenstein hatte er kurz zuvor erbaut. Seine Herrschaft beschränkte sich auf ihre nächste Umgebung auf der Stubersheimer Alb. Dem Helfenstein gegenüber saß um diese Zeit Ludwig von Sigmaringen auf der Feste Spitzenberg, die ihm seine Mutter Richinza von Zähringen vererbt hatte. Sein Enkel Ludwig (1147–1200) gewann durch Einheirat den Helfenstein und nannte sich jetzt danach. Friedrich Barbarossa erhob ihn in den Grafenrang. Von ihm stammen alle späteren Helfensteiner ab. Ludwigs Söhne teilten das Hausgut: Gottfried übernahm die Herrschaft Sigmaringen, Eberhard die Herrschaft Spitzenberg, Ulrich I. (1207–1241) aber die Herrschaft Helfenstein. Sie allein interessiert uns.

Ulrich I. und seine Nachfahren mehrten durch kluge Heiratspolitik und geschicktes Taktieren ihren Besitz, mußten aber auch schmerzliche Verluste in Kauf nehmen. Ulrich I. vermählte sich mit der Erbtochter Adalberts von Ravenstein (1189–1206) und erwarb damit die Burg Ravenstein bei Steinenkirch samt Gütern in Gerstetten, Heldenfingen, Heuchstetten, Gussenstadt und Söhnstetten. Er brachte auch die Vogtei des Klosters Anhausen an sich.

Sein Sohn Ulrich II. (1241–1290) heiratete Willibirg von Dillingen und gewann auf diese Weise Güter in Trugenhofen. Nach dem Tode seines Schwiegervaters, des Grafen Hartmann IV. von Dillingen († 1258), zog er die Vogtei Herbrechtingen an sich. Von den Söhnen Meinhards II. von Görz und der Elisabeth von Bayern ließ er sich mit Herwartstein belehnen und brachte so den Talpaß von Kocher und Brenz in seine Hand. Ulrich III. (1273–1315) gewann das Erbe der Herren von Albeck. Der Domherr Berenger von Albeck (1165–1219) und sein Bruder Wittigo (1163–1190) hatten 1190 auf dem

Steinhirt bei Steinheim ein Augustinerstift gegründet und mit Gütern in Sontheim im Stubental und den umliegenden Weilern ausgestattet. Wittigos gleichnamiger Sohn hatte dem Stift 1209 den Ort Steinheim verkauft. Die Vogtei der albeckischen Familienstiftung war im Erbgang an Adelheid von Graisbach gelangt. Sie vermählte sich mit Ulrich III. und brachte die Vogtei Steinheim als Mitgift in die Ehe. Von seinem Mutterbruder, Bischof Hartmann von Augsburg, erbte Ulrich 1286 Burg und Dorf Hürben.

In drei Generationen hatten die Helfensteiner ihre Grafschaft vorteilhaft erweitert. Herwartstein, Hürben und die Vogteien Anhausen, Herbrechtingen und Steinheim sicherten ihnen eine starke Position im Brenztal. Ihr rascher Aufstieg aber führte zum Konflikt mit König Rudolf (1273–1291). Dieser wollte die Herzogsgewalt in Schwaben unter einem seiner Söhne erneuern. Die schwäbischen Großen bangten um die eben erlangte Reichsunmittelbarkeit. Auch beanspruchte Rudolf das ehemals staufische Gut für das Reich. Dies berührte die Helfensteiner als Vögte von Anhausen und Herbrechtingen. Graf Ulrich II. schloß sich den Gegnern des Königs an. Dieser aber wollte Ulrich für den geplanten Romzug gewinnen und bestätigte ihm im Stuttgarter Sühnevertrag 1286 die Vogtei der beiden Klöster, die seitdem als Reichslehen galten. Schon im folgenden Jahr aber lag Graf Ulrich erneut im Krieg mit dem König. Dieser zog vor Herwartstein, belagerte die Burg und nahm sie ein, gab sie aber bald wieder zurück.

Der Krieg hatte die Grafen schwer verschuldet. Ulrich III. nahm im Dienste König Adolfs 1295 am Feldzug nach Thüringen teil, wofür der König Ulrichs Gläubiger zufriedenstellte. Dennoch war er gezwungen, Güter zu verkaufen. Er veräußerte 1302 die gesamte Herrschaft Herwartstein mit Springen, Itzelberg, Zahnberg und Bibersohl und dazu die Vogtei Steinheim an König Albrecht. Dieser verwandte die Güter im folgenden Jahr zur Ausstattung seines Klosters Königsbronn.

Herwartstein war für die Grafschaft ein empfindlicher Verlust. Versuche, den Verkauf nach dem Tode König Albrechts 1308 rückgängig zu machen, scheiterten.

Die Söhne Ulrichs III., Johann und Ulrich IV., waren vorsichtiger in ihrer Politik. Dem Kloster Anhausen war von seiten der Helfensteiner wiederholt Unrecht geschehen. Um dies wiedergutzumachen, schenkten sie dem Kloster 1326 das Dorf Gussenstadt. Graf Johann ertauschte von den Grafen von Oettingen 1328 die Feste Güssenberg und gab dafür die halbe Feste Berg (Burgberg) sowie die Burgen Schnaitheim und Aufhausen, die ihm die Inhaber zu Lehen aufgetragen hatten. Er erwarb 1331 das Kirchenpatronat in Fleinheim und brachte um dieselbe Zeit die Feste Kaltenburg in seinen Besitz. Seit 1332 verwalteten die beiden Vettern Ulrich d. Ä. und Ulrich d. J. gemeinsam die Familiengüter. Ihr Sinn stand nach den zentralen Plätzen des Brenztales, Giengen und Heidenheim. Diese waren Reichsgut, wurden aber von den Herrschern behandelt, als seien sie ihr Eigentum.

König Albrecht hatte die Feste Hellenstein mit Heidenheim an Albrecht von Rechberg versetzt, um ihn wegen einer Forderung, die auf Herwartstein lastete, zufriedenzustellen. Ludwig der Bayer löste das Pfand an sich und betrachtete es als sein Hausgut. Ebenso verfuhr er mit Giengen. Er verschrieb die Stadt 1322 seinen Söhnen als Pfand. Als die Grafen von Helfenstein 1343 in seine Dienste traten, verpfändete er auch ihnen Giengen und später Hellenstein samt Heidenheim. Doch Ludwigs Stern war im Sinken. Seine Gegner wählten den Luxemburger Karl zum König. Die Grafen bangten um ihre Pfandobjekte und wechselten kurz entschlossen die Partei. Sie erreichten, daß Karl die Dienste, die sie Ludwig geleistet, als Dienst für das Reich anerkannte und ihnen Ludwigs Verpfändungen als Reichspfandschaften bestätigte. Ihre Forderungen an das Reich beliefen sich schließlich auf 24 000 Florentiner Gulden. Diese Summe schien dem König höher als der Wert der Pfänder, die wohl keiner seiner Nachfolger einlösen würde. Er überließ daher den beiden Grafen die Burgen und Städte Giengen, Hellenstein und Heidenheim 1351 als erbliches Lehen. Zwei Jahre später verpfändete er ihnen auch die Vogtei des Klosters Königsbronn. Von den Söhnen Ludwigs des Bayern aber ließen sie sich für ihre Forderungen mit den Herrschaften Faimingen und Falkenstein abfinden. Von Georg von Staufen kauften sie 1353 den Kirchensatz und einige Selden in Hohenmemmingen.

Nun aber gerieten die beiden Vettern in Streit. Nicht unschuldig war die Gemahlin Ulrichs d. Ä., Maria, eine Herzogin von Bosnien. Ihre Mitgift hatte die Finanzlage ihres Gemahls verbessert. Sie selbst wollte lieber Herrin eines kleinen Territoriums als Mitregentin der ganzen Grafschaft sein, und sie erwirkte deren Teilung. Der Vertrag datiert vom 9. Mai 1356. Durch Los fielen die Burgen Helfenstein mit Geislingen, Hiltenburg mit Wiesensteig, Spitzenberg und Rommental an Ludwig d. Ä. Zum Anteil Ulrichs d. J. gehörten die Burgen Gerhausen, Ruck und Blauenstein mit Stadt und Kloster Blaubeuren, ferner Burg und Stadt Giengen, Hellenstein mit Heidenheim, die Burgen Kaltenburg, Hürben und Faimingen, die Klöster Anhausen, Herbrechtingen und Königsbronn, die Vogtei über die Kirche in Hausen ob Lontal und die helfensteinischen Rechte in Böhmenkirch und Langenau. Die Orte Gerstetten, Heuchstetten, Söhnstetten, Hof Hohenberg und Irmannsweiler markierten die Westgrenze der Herrschaft im Brenztal. Ihr gehörten die Kirchensätze in Gerstetten, Hermaringen, Hohenmemmingen, Heidenheim, Schnaitheim, Fleinheim und Lontal. Der Wildbann wurde geteilt längs einer Linie, die von der Bargauer Steige über Zang der Landstraße nach bis Heidenheim und weiter brenzabwärts bis Faimingen führte. Der östlich davon gelegene, Albuch und Härtsfeld umfassende Teil fiel Ulrich d. J. zu; es ist der künftige Heidenheimer Forst. Die Zölle und Geleitsrechte in der gesamten Grafschaft Helfenstein blieben gemeinsam. Seitdem gab es eine eigene Herrschaft im Brenztal. Sie verblieb samt der Herrschaft Blaubeuren für fast 100 Jahre der von Graf Ulrich d. J. ausgehenden Linie des Hauses Helfenstein.

Die Herrschaft im Brenztal von 1356 bis zum Verkauf an Württemberg 1448

Der Teilungsvertrag nennt nur die Burgen und Städte als lokale Mittelpunkte, ferner die Patronatspfarreien und die Vogteien der Brenztalklöster. Was an Gütern zur Herrschaft gehörte, sagt eine etwa gleichzeitige Steuerliste. Steuerpflichtige Untertanen gab es in Gussenstadt, Gerstetten mit Heuchstetten, Hürben, Giengen, Herbrechtingen, Bolheim, Heldenfingen, Dettingen mit Heuchlingen, Setzingen mit Öllingen, Mergelstetten, Heidenheim, Küpfendorf, Schnaitheim, Hausen ob Lontal, Steinheim, Rammingen, Rudelsberg (abgegangen), Nattheim, Heudorf (Heuhof), Hohenmemmingen, Zöschingen, Langenau und Sontheim an der Brenz. Wir bekommen eine Vorstellung von ihrer räumlichen Ausdehnung. Die von Ort zu Ort recht unterschiedlichen Steuerbeträge zeigen, daß manche Orte ganz oder überwiegend der Herrschaft steuerpflichtig waren wie Gussenstadt, Gerstetten, Hürben, Giengen, Herbrechtingen, Bolheim, Heldenfingen und Heidenheim; in anderen war es nur ein Teil der Bewohner, wieder in anderen die Inhaber einzelner Güter. Die Liste unterscheidet nicht, ob die Steuerpflichtigen der Herrschaft grunduntertänig waren, oder ob es sich um Vogtleute handelte, die den Klöstern oder sonstigen Kirchen die Grundzinsen entrichteten. Vogtleute gab es in Herbrechtingen, Bolheim, Mergelstetten, Dettingen, Heuchlingen, Hausen ob Lontal, Steinheim, Setzingen, Öllingen, Rammingen, Langenau und Zöschingen. Sontheim an der Brenz war Vorbehaltsgut der Mutter des Grafen Ulrich d. J., die den Ort 1349 von den Grafen von Werdenberg gekauft hatte.

Mittelpunkt der Herrschaft war zunächst Giengen. Hier stellten die Grafen ihre Urkunden aus. Auf der Burg saß ein adeliger Vogt als Kommandant, aber auch als Vertreter des Grafen im Bereich der gesamten Herrschaft.

Graf Ulrich d. J. sorgte auch für Heidenheim und erwirkte von Karl IV. 1356 das Marktrecht. Es handelte sich offenbar um die Erneuerung älterer Rechte, die wegen widriger Umstände nicht wahrgenommen worden und daher erloschen waren. Die Siedlung unter dem Hellenstein besaß seit langem alle Merkmale einer Stadt.

Der Herrschaft gingen zunächst einige wichtige Besitzungen verloren. Die Tochter Graf Ulrichs d. J., Anna, vermählte sich mit Herzog Friedrich von Teck und bekam als Heiratsgut die Herrschaft Falkenstein, mit der je halb Dettingen und Heuchlingen verbunden waren. Die Kaltenburg mit den Kirchensätzen in Lontal, Hermaringen und Hohenmemmingen wurde 1357 an die Herren von Riedheim verkauft. Der Sohn Ulrichs d. J., gleichfalls Ulrich d. J. genannt, schenkte den Kirchensatz in Nattheim 1365 dem Kloster Herbrechtingen. Ihm bot sich dann Gelegenheit, im unteren Brenztal einiges hinzuzugewinnen. Von denen von Kaltenburg erwarb er 1369 den Hof Heukrampfen bei Sontheim an der Brenz. Von den Güssen von Brenz kaufte er 1372 die Feste Güssenberg, die helfensteinisches Lehen war, sowie die Hälfte des Burgstalls Stronburg bei Hermaringen mit Gütern und Rechten in diesem Ort. Von den Güssen von Staufen erwarb er im selben Jahr namhaften Besitz in Hohenmemmingen. Als Erbe seiner Großmutter fiel ihm 1375 Sontheim an der Brenz zu.

Er hinterließ allerdings beträchtliche Schulden. Gewiß waren es Auswirkungen der verheerenden Pestepidemie seit 1348, die ihn nahe an den Ruin brachten. Gräfin Anna, die für den jungen Grafen Johann die Geschäfte führte, verkaufte „wegen großer Notdurft" 1381 die Herrschaft Faimingen an Bayern und verpfändete zeitweilig wichtige Güter. In dieser kritischen Zeit sagte sich Giengen von der Herrschaft los. Kaiser Karl IV. hatte dem Grafen Johann 1375 seine Reichslehen bestätigt, darunter „Gyengen Burk und Stat". Die Giengener aber trauerten der Reichsunmittelbarkeit nach und warteten auf eine Gelegenheit, die Lehensherrschaft der Helfensteiner loszuwerden. Sie fanden Hilfe beim Städtebund, der durch den Sieg bei Reutlingen 1377 recht selbstbewußt geworden war. Graf Eberhard von Württemberg suchte die Absicht der Giengener zu vereiteln und besetzte die Stadt. Kaiser Karl aber versöhnte den Grafen Eberhard mit den Städten und nahm Giengen 1378 wieder an das Reich. Helfenstein prozessierte vergebens. Erst 22 Jahre später konnte sich Giengen auch aus der seit 1322 währenden Pfandschaft der Herzöge von Bayern befreien.

Nach dem Ausscheiden Giengens wurde die Feste Hellenstein Residenz des Grafen und Verwaltungsmittelpunkt der Herrschaft, für die 1404 der Name „Herrschaft Hellenstein" bezeugt ist. Gräfinmutter Anna sorgte für Bereicherung des kirchlichen Lebens in Heidenheim, indem sie 1387 bis 1400 eine Frühmesse in die Nikolauskapelle in der Stadt (heute Michaelskirche) und 1405 eine Meßpfründe in die Kilianskapelle auf dem Schloß stiftete.

Da die Residenz weiter nach Norden gerückt war, suchte Graf Johann die Herrschaft im oberen Brenztal zu arrondieren. Dort waren die Ritter Vetzer begütert. Jakob Vetzer hatte die Feste Aufhausen mit Zugehör 1400 den Grafen von Oettingen verkauft. Diese traten alles 1411 dem Grafen Johann, ihrem Neffen, ab. Johann kaufte 1418 von Ulrich Vetzer den Kirchensatz in Schnaitheim, ein helfensteinisches Lehen, samt Gütern und Rechten sowie alles, was Jakob Vetzer in Schnaitheim besessen hatte.

Von Hans Staufer von Bloßenstaufen (Alter Turm bei Staufen) erwarb er 1430 die Ortsherrschaft in Nattheim samt Gütern in Auernheim und erlangte auf unbekannte Weise auch bedeutenden Besitz in Fleinheim. Schließlich brachte er 1434 von Konrad vom Stein die noch fehlende Hälfte der Stronburg mit Gütern in Hermaringen und Sachsenhausen an sich.

Die Herrschaft hatte damit den Besitzstand erreicht, der für mehr als 100 Jahre gültig bleiben sollte. Strittig war nur die Rechtslage des Klosters Königsbronn. Karl IV. hatte die Vogtei an Helfenstein verpfändet; seit 1356 galt sie als Zugehör der Herrschaft im

Brenztal. Die Verpfändung widersprach dem Grundsatz der Zisterzienser, von welt-licher Gewalt unabhängig zu sein und allenfalls die Schirmherrschaft des Kaisers anzu-erkennen. Karl IV. widerrief daher 1361 die Verpfändung. Graf Ulrich aber bekam we-der die Pfandsumme erstattet noch ein anderes Pfand und beharrte deshalb auf seinen Vogtrechten. Diese zwiespältige Lage war Ursache ständigen Streits, bei welchem der Abt meist den kürzeren zog. Als Graf Johann 1425 von König Sigismund die Bestätigung der Verpfändung der Vogtei erwirkte, mußte sich der Abt beugen.

Inzwischen trat deutlich zutage, in welch schwierige finanzielle Lage Graf Johann gera-ten war. Die Güterkäufe hatten seine Mittel erschöpft, ja er hatte sich übernommen und den Niedergang seines Hauses eingeleitet. Nach seinem Tode 1444 teilten die Söhne: Konrad bekam die Herrschaft Blaubeuren, Ulrich die Herrschaft Hellenstein. Um die Gläubiger zufriedenzustellen, veräußerten sie 1446 gemeinsam ihre Zoll- und Geleits-rechte an die Stadt Ulm. Dann kam es zum Verkauf einzelner Güter. Im Jahre 1447 ver-äußerte Konrad die Herrschaft Blaubeuren dem Grafen Ludwig von Württemberg, und im folgenden Jahr verkaufte Ulrich seine ,,Herrschaft des Brenztal" an den Grafen Ul-rich von Württemberg.

Der Kaufbrief nennt: Hellenstein, Hürben, Aufhausen und Güssenberg die Schlösser, Heidenheim die Stadt samt dem Dorf dabei, die Gerechtigkeit an den Dörfern und Wei-lern Itzelberg, Aufhausen, Schnaitheim, Mergelstetten, Bolheim, Herbrechtingen, Hürben, Hermaringen, Sontheim an der Brenz, Sachsenhausen, Hohenmemmingen, Nattheim, Fleinheim, Zöschingen, Steinheim, Sontheim bei Steinheim, Söhnstetten, Gerstetten, Heuchstetten, Heldenfingen, Dettingen, Heuchlingen, Hausen ob Lontal, die Gerechtigkeit und Freiheit zu Langenau und zu Setzingen; ferner Höfe und Güter zu Ballendorf, Öllingen, Nerenstetten, Altheim, Auernheim, Bissingen und Albeck; die Seen zu Heidenheim, Hürben und Kaltenburg; die Kastvogtei der Klöster Königsbronn, Anhausen und Herbrechtingen samt aller Herrlichkeit, Wildbann, Gerichtsbarkeit und sonstigem Zugehör.

Das übrige Kreisgebiet bis zur Mitte des 15. Jahrhunderts

Neben der ,,Herrschaft das Brenztal" gab es im Bezirk eine Reihe kleiner und kleinster Territorien, die weitgehend ihre Selbständigkeit wahren konnten. Zum Teil lagen sie im Gebiet der Herrschaft eingeschlossen, wie die Stadt Giengen, die 1378 ihre Reichsunmit-telbarkeit wiedererlangt hatte, oder Oggenhausen, wo seit 1356 die Vetzer als Ortsher-ren nachweisbar sind. Fleinheim gehörte zur Hälfte den Herren von Eben. Söhnstetten hatten seit Mitte des 14. Jahrhunderts die von Zillenhardt in Besitz. Die Herrschaft Fal-kenstein war um 1357 durch Heirat an Herzog Friedrich von Teck gelangt, der 1377 das

Marktrecht für Dettingen erwirkte, aber 1390 zum Verkauf an Albrecht von Rechberg genötigt war. Eselsburg war vom namengebenden Geschlecht um die Mitte des 14. Jahrhunderts an die von Riedheim gelangt. Ihnen folgten um 1392 die von Bopfingen. Rudolf von Bopfingen verkaufte 1444/45 an Heinrich Krafft von Ulm. Die Burg brannte 1462 nieder; der Burgstall ging darauf an Eitelhans von Knöringen über.

Auch der Süden des Bezirks war vorwiegend in Händen der Ritterschaft. Brenz war werdenberg-montfort'sches Lehen und seit 1251 im Besitz der Güssen von Brenz. Wegen Wegelagerei des Brun Güß wurde die Burg auf Befehl Ludwigs des Bayern 1340 von den Städtern zerstört. Der güssische Besitz ging vor 1394 an die von Sontheim über. Von ihnen gelangte die Hälfte um 1440 an Helfenstein. Hans vom Stein zu Ronsberg brachte 1447/48 den ganzen Ort in seinen Besitz, um ihn seinem Schwiegervater Diepold Güß von Güssenberg zu übergeben. Dieser wiederum überließ ihn 1455 seinem Bruder Gerwig gegen ein Leibgeding.
Bergenweiler kam von den Güssen von Brenz 1376 an Wilhelm Vetzer. Dessen Enkel Mang und Wilhelm verkauften 1442 an Peter von Leimberg. Ihm folgten 1449 Jörg von Riedheim und bald darauf Diepold Güß von Güssenberg, der Bergenweiler mit Brenz seinem Bruder Gerwig überließ. Sixt Güß aber verkaufte Bergenweiler 1472 an Puppelin vom Stein zu Niederstotzingen.
Burgberg bestand nur aus der Feste Berg und einer Mühle an der Hürbe. Die Feste war zur Hälfte helfensteinisch und kam 1328 im Tausch an Oettingen. Den anderen Teil machten die von Böbingen den Grafen von Oettingen zu Lehen. Durch seine Ehe mit Anna von Böbingen kam Ulrich Vetzer in den Besitz der Burg. 1383 folgte als vetzerscher Schwiegersohn Walter vom Stein. Er verkaufte an die Gräter, von denen das Lehen an Hans Vetzer überging. Mang und Wilhelm Vetzer verkauften Berg mit Bergenweiler 1442 an Peter von Leimberg. Die Witwe des Blasius von Leimberg aber veräußerte Berg 1459 an Georg von Grafeneck.
Kaltenburg mit Lontal, Reuendorf und Güter in Bissingen waren 1357 von Helfenstein an die von Riedheim gelangt. Hans von Riedheim machte die Burg 1393 dem Herzog von Bayern zu Lehen. Wegen Verschuldung ging Kaltenburg pfandweise an die von Riedheim zu Remshart über. Sie waren in die Roßhaupterfehde verwickelt, weshalb die Burg 1435 von den Nürnbergern belagert und zerstört wurde. Ulrich von Riedheim verkaufte 1459 an Fritz von Grafeneck, bemühte sich aber um Rückkauf von dessen Söhnen, wobei ihm 1496 sein Schwager Klaus von Stadion als Mittelsmann behilflich war.
In Stetten saßen im 14. Jahrhundert die von Freiberg und von Riedheim. Ein Teil gelangte von Konrad und Ulrich von Riedheim 1461 an Fritz von Grafeneck. Den anderen Teil verkauften die Erben Jörgs von Riedheim 1514 an Ulrich von Riedheim zu Remshart und Sixt von Grafeneck.

Niederstotzingen war teils Lehen vom Hochstift Augsburg, teils von der Herrschaft Truhendingen, beide Rechtsnachfolger der Grafen von Dillingen. Inhaber der Lehengüter waren die von Stotzingen und von Kaltenburg, seit 1336 die von Riedheim. Wilhelm von Riedheim erhielt von Karl IV. 1366 das Stadtrecht für Niederstotzingen. Um 1400 ging die Ortsherrschaft an die von Leimberg über. Eberhard von Leimberg erwirkte bei König Sigismund 1430 das Wochenmarktrecht. Durch Heirat kam die Stadt an die von Westernach, die 1457 an Puppelin vom Stein verkauften.

In Oberstotzingen saß um 1400 ein Zweig derer von Sontheim. Ihnen folgten die von Leimberg und als deren Rechtsnachfolger um 1452 die Schenken von Geyern, die aus der Oberpfalz kamen.

Der Nordosten des Bezirks stand unter dem Einfluß der Grafen von Oettingen. Seit 1263 waren sie Vögte des Klosters Neresheim und besaßen damit die Landeshoheit in den Klosterorten Auernheim, Groß- und Kleinkuchen. Daneben hatte Oettingen lehenherrliche Rechte an den Burgen Dunstelkingen, Eglingen und Duttenstein, die aus dem staufischen Erbe stammten.

Dunstelkingen hatte Ortsadel, der seit 1270 im Gefolge der Grafen von Oettingen erscheint. Die Burg war seit 1338 zur Hälfte im Besitz derer von Gromberg. Ihr Teil kam über Hermann von Gotzfeld 1453 an Hans von Westerstetten. Den anderen Teil hatte Jörg von Knöringen, seit 1459 Georg von Grafeneck zu Burgberg inne; auch er kam vor 1469 an die von Westerstetten, die damit die ganze Burg und den Hauptteil des Ortes besaßen.

Auch Eglingen mit Osterhofen war oettingisches Lehen. Neben der Burg, mit der die Ortsherrschaft verbunden war, gab es eine adelige Behausung. Inhaber der Burg waren die von Eglingen, Vetzer, Schenk von Schenkenstein, seit 1453 Lutz von Zipplingen und um 1471 dessen Tochter Anna vom Stein. Herzog Ludwig von Bayern-Landshut besaß das Öffnungsrecht. Die Behausung hatten die von Scharenstetten, Eglingen, Schluttenhofen und seit 1401 die von Steußlingen inne. Ihnen folgten 1457 Kaspar Gräter, 1471 Wilhelm Schwarz und 1482 Hans Herwart. Mitten durch den Ort ging die Landgerichtsgrenze zwischen Oettingen und Höchstädt (Bayern).

Zur Herrschaft Duttenstein gehörten Demmingen und Wagenhofen. Demmingen war in zwei Gütergruppen geteilt: Die eine war oettingisches Lehen und somit ursprünglich staufisch, die andere augsburgisches Lehen und daher vor 1258 dillingisch. Beide Teile kamen 1319 an Rudolf vom Stein, den Inhaber von Duttenstein. Nach seinem Tod verkauften seine Brüder 1324 all ihren Besitz, Eigen und Lehen, den Grafen von Oettingen. Diese belehnten die von Bopfingen. Anna von Bopfingen aber veräußerte Duttenstein samt Demmingen und Wagenhofen 1374 an Konrad von Knöringen. Er löste die oettingische Lehenshoheit ab und machte Duttenstein samt Wagenhofen 1388 dem Herzog von Bayern zu Lehen. 1402 verkaufte er an Herdegen von Hürnheim, den Inhaber von

Trugenhofen. Demmingen ist als Schranne des bayerischen Landgerichts Höchstädt bezeugt.

Nach der Burg Katzenstein hatte sich seit 1252 ein Zweig der Herren von Hürnheim benannt. Ihnen gehörte der Burgweiler sowie Güter in Dischingen, Frickingen, Iggenhausen, Hohenstatt und Schrezheim. Herdegen von Hürnheim-Katzenstein verkaufte 1354 an die Grafen von Oettingen. Sie belehnten 1382 Berthold von Westerstetten von Drakkenstein. Dessen Sohn und Enkel verkauften 1431 Güter in Hohenstatt (Hochstatterhof) an Kloster Neresheim. Wie erwähnt, erhielten die von Westerstetten auch das Lehen Dunstelkingen.

Burg und Dorf Trugenhofen samt dem Hauptteil von Dischingen waren um 1330 von denen von Schwenningen an Oettingen gelangt, dann in rascher Folge über Helfenstein und Riedheim 1365 an Herdegen von Hürnheim, den früheren Inhaber von Katzenstein, verkauft worden. Er erhielt 1366 von Karl IV. das Marktrecht für Dischingen. Das Dorf Trugenhofen verkaufte er 1380 den Lauinger Bürgern Ulrich Roßhaupter und Heinrich Haid; 1387 kam der Ort an Ulrich Zan und 1398 an Kloster Christgarten.

Der Hauptteil der Herrschaft Trugenhofen gelangte nach dem Tode Georgs von Hürnheim 1428 an Hans von Westernach und Lutz von Zipplingen, der seinen Teil 1435 an Eitel von Westernach abtrat. Peter von Westernach wurde 1465 Landsasse Herzog Ludwigs von Bayern-Landshut und anerkannte die bayerische Landeshoheit.

Ballmertshofen war von den Grafen von Dillingen 1236 an Kloster Neresheim gelangt, aber später als Lehen an benachbarte Adelige gegeben worden, so die von Riedheim und von Westerstetten zu Altenberg. Rudolf von Westerstetten verkaufte seine Ortshälfte 1442 an die Stadt Ulm, die bis 1471 auch die übrigen Teile an sich brachte.

Die Herrschaft Hellenstein unter Bayern, Württemberg und Ulm

Im Jahre 1449 begann der Krieg der Städte gegen den Markgrafen Albrecht von Brandenburg-Ansbach und den Grafen Ulrich von Württemberg. Die Städter fielen in die Herrschaft ein, zerstörten am Johannistag (24. Juni) die Burgen Güssenberg, Hürben und Aufhausen und brannten im September die drei Brenztalklöster nieder. Um die Kriegskosten zu decken, verkaufte Graf Ulrich die Herrschaft 1450 seinem Schwager Herzog Ludwig dem Reichen von Bayern-Landshut.

Im Reichskrieg gegen Bayern nahm Graf Ulrich im Februar 1462 Schloß Hellenstein und Heidenheim ein. Doch eroberte Herzog Ludwig im Juli Burg und Stadt zurück. Er schlug am 17. Juli ein Hilfsheer ansbachischer und württembergischer Truppen vor den Toren der Stadt und brachte zwei Tage später dem Markgrafen Albrecht eine schwere Niederlage bei Giengen bei. Wenn nicht im Städtekrieg 1449, so ist jetzt das Dorf Heidenheim draußen an der Brenz zerstört worden.

Die Herrschaft blieb bei Bayern und wurde straff verwaltet. 1463 und 1492/94 wurden Salbücher angelegt, die alle Güter und Rechte der Herrschaft samt den ihr zustehenden Gefällen genau verzeichneten. Dem Kloster Königsbronn gegenüber beschränkte sich Bayern auf eine reine Schirmherrschaft, die im Namen Österreichs und des Reiches ausgeübt wurde. Kaiser Friedrich III. verlieh dem Abt 1491 den Blutbann für sein Gericht in Steinheim und stärkte so die Sonderstellung des Klosters.

Der Tod Herzog Georgs von Bayern-Landshut 1503 führte zum Erbfolgestreit. Die Herzöge von Bayern-München, Albrecht und Wolfgang, ließen sich vom Kaiser mit dem Fürstentum Landshut belehnen und verbanden sich mit Herzog Ulrich von Württemberg, Albrechts künftigem Schwiegersohn. Ihm wurde für seine Hilfe und als Heiratsgut seiner Gemahlin Sabine die „Herrschaft Heidenheim" in Aussicht gestellt und am 16. Juli 1504 übergeben. Sie war somit wieder bei Württemberg.

Der Bauernaufruhr des „Armen Konrad" 1514 fand auch im Brenztal Widerhall. Die königsbronnischen Bauern in Steinheim forderten, daß der Abt die ihnen nachteilige Schäferei auf dem Klosterhof aufgebe. Es kam zu Gewalttätigkeiten, was der Abt als „Conspiration" und „böse Vereinigung" ansah. Mit Hilfe der herrschaftlichen Beamten wurden die Rädelsführer verhaftet und mit einer Geldstrafe belegt. Die übrigen sollten 20 Tage fronen. Auf Fürsprache der benachbarten Prälaten jedoch wurde die Fron in eine Geldbuße umgewandelt.

Im März 1519 brach der Schwäbische Bund von Langenau zum Krieg gegen Herzog Ulrich auf und rückte in die „Herrschaft Heidenheim" ein. Schon am nächsten Tag fiel Schloß Hellenstein. Die Besatzung war durch unaufhörliches Schießen zermürbt, den Belagerern aber zersprang dabei „ein groß Stuck" (Kanone). Das Land kam unter österreichische Verwaltung. Die „Herrschaft Heidenheim" jedoch wurde um 45 000 Gulden an Ulm abgetreten. Unter ulmischer Hoheit brach 1530 auf Hellenstein ein Brand aus, der die stauferzeitliche obere Burg weitgehend zerstörte.

Im Bauernkrieg 1525 hatten sich die ulmischen Bauern im Leipheimer und Langenauer Haufen zusammengerottet und auch die der „Herrschaft Heidenheim" angesteckt. Zeitweilig fielen die meisten Landgemeinden zu den Aufrührern ab. Namentlich die Herbrechtinger rebellierten gegen ihren Propst. In Dettingen und Heuchlingen erhoben sich die Lehenbauern der Herrschaft Falkenstein, in Bissingen die riedheimischen Hintersassen, in Brenz die des Hans Güß. Auf dem Härtsfeld waren die neresheimischen Bauern in Aufruhr gegen den Abt, der sich in Wallerstein in Sicherheit brachte. Ein unzufriedener Priester in Auernheim tat sich als Anstifter hervor. Der Inhaber von Trugenhofen, Eitel von Westernach, schloß sich den Bauern an. Brenz war ein Zentrum der Bewegung; dort rückten im März die Aufrührer mit vier Fähnlein ein.

Doch die Sache nahm ein rasches Ende. Durch Plündern des Klosters Elchingen hatte sich der Langenauer Haufe ins Unrecht gesetzt. Er wurde am 4. April von Truppen des Schwäbischen Bundes geschlagen; Truchseß Georg von Waldburg hielt in Langenau hartes Gericht.

Nach der Niederlage waren die falkensteinischen Bauern nach Dettingen geflohen und hatten sich auf dem Friedhof verschanzt. Der Pfleger der Herrschaft, Rudolf von Westerstetten, konnte sie zur Unterwerfung bewegen; er belegte sie mit 90 Gulden Schatzung. Auch die von Brenz unterwarfen sich, wurden von ihrer Herrschaft „genidiglich angenommen" und mit 310 Gulden gebüßt. In Herbrechtingen wurden die Richter ihres Amtes enthoben und solche berufen, die es nicht mit den Aufrührern gehalten hatten. Die Beteiligten scheinen im allgemeinen glimpflich davongekommen zu sein.

Reformation und Schmalkaldischer Krieg

In die Zeit ulmischer Hoheit fallen die Anfänge der Reformation. Der Ulmer Rat hatte 1524 einen lutherischen Prediger, Konrad Sam, berufen. 1531 war die Stadt dem Bündnis der Protestanten in Schmalkalden beigetreten und hatte die Messe abgeschafft. Zu Pfingsten hatten Anhänger Luthers in Langenau, Leipheim und Geislingen gepredigt. Unter dem Einfluß Ulms hatten Giengener Bürger 1529 die Anstellung eines evangelischen Predigers erwirkt. All dies blieb nicht ohne Wirkung auf die Bevölkerung des Bezirks.

Während Ulm in seinem Gebiet der neuen Lehre zum Durchbruch verhalf, nahm es in der „Herrschaft Heidenheim" wegen des Kaufvertrags Rücksicht auf König Ferdinand. Doch erlaubte der Rat, daß Anhauser Mönche und Herbrechtinger Stiftsherren 1531 ihr Kloster verließen und heirateten. Als Herzog Ulrich 1534 sein Land zurückgewann, entfiel jegliche Rücksicht; der Ulmer Rat schickte den Reformator Martin Frecht nach Heidenheim, damit er die kirchliche Neuordnung beginne.

Herzog Ulrich verlangte von Ulm die Rückgabe der „Herrschaft Heidenheim". Um Streit zu vermeiden und das Bündnis von Schmalkalden, dem beide angehörten, nicht zu gefährden, brachte Landgraf Philipp von Hessen am 8. Mai 1536 in Göppingen eine Einigung zustande. Ulm gab die Herrschaft zurück gegen Ersatz der 45 000 Gulden. Dafür trat der Herzog die im ulmischen Gebiet gelegenen Güter und Rechte der Klöster Anhausen und Herbrechtingen, die zur Herrschaft gehört hatten, an Ulm ab. Unter Württemberg ging das Reformationswerk rasch voran. Seit 1536 wirkte Benedikt Wider als Prädikant in Heidenheim. Im Sommer 1540 war „Visitation": es galt, den Bestand an geistlichen Stellen aufzunehmen, ihre wirtschaftliche Grundlage zu ordnen und zu prüfen, ob man die Inhaber in die neue Landeskirche übernehmen könnte oder durch neue Prediger ersetzen müßte.

Der Göppinger Vertrag hatte gezeigt, wie ohnmächtig die Klöster waren, war doch über ihren Besitz verfügt worden, als sei er Eigengut des Herzogs. Wenige Tage danach verzichteten Abt Johannes von Anhausen und Propst Valentin von Herbrechtingen auf ihre Rechte; sie erhielten ein Leibgeding. Die seither im Kloster verbliebenen Konventualen wurden abgefunden und mußten gehen. Der Herzog setzte Beamte als Klosterverwalter ein. Evangelische Geistliche versorgten die Klosterpfarreien.

Königsbronn blieb von solchen Maßnahmen verschont. Abt Melchior Ruoff (1513 bis 1539) war aufgrund des Göppinger Vertrags unter württembergische Schirmherrschaft getreten, doch galt dies nur bis auf kaiserlichen Widerruf. Er wahrte so die Sonderstellung seines Klosters. Dieses erlebte unter ihm eine letzte Blütezeit. Ein Nachtrag des Salbuchs besagt, daß der Abt 1529 ,,ein newe Eysenschmidt zu dem Ursprung der Brentz zu setzen und zu pauen angefangen'', die jährlich 400 Gulden Gewinn abwarf. Wie Crusius weiß, wurden dort ,,durch besondere Kunst eiserne Öfen gegossen''. Bedeutendste und bleibende Leistung des Abtes war die Wiederbesiedlung des Albuchs. An der Stelle alter, im 14. Jahrhundert wüst gewordener Ortschaften ließ er unter deren Namen neue Siedlungen entstehen. Der Aufschwung der Königsbronner Eisenschmiede gab dazu Anlaß. Sie benötigte erhebliche Mengen Holzkohle und zu ihrer Bereitung zusätzliche Arbeitskräfte. So entstanden ab 1537 Zang, Zahnberg und Ochsenberg als Ansiedlungen für Holzmacher, Köhler und Tagelöhner. Als bäuerliche Siedlungen erstanden ab 1532 Küpfendorf, Gnannenweiler, Neuselhalden und Bibersohl. Die Bauern lebten vorwiegend von der Schäferei. Nachdem das Kloster 1507 von Konrad von Zillenhardt den Ort Söhnstetten erworben hatte, verfügte es über ein zusammenhängendes Territorium zwischen Stubental und Brenz. Abt Melchiors Beispiel machte Schule: Die ,,Herrschaft Heidenheim'' ließ Irmannsweiler aufbauen, und die Stadt Ulm gründete den Kerbenhof bei Zang.

Die Reformation war durch den Schmalkaldischen Krieg in Frage gestellt. Kaiser Karl V. hatte gerüstet, um im Einvernehmen mit der Kurie die Glaubenseinheit mit Gewalt wiederherzustellen. In den Monaten Oktober und November 1546 war das untere Brenztal Kriegsschauplatz. Das Heer der Schmalkaldener unter dem Kurfürsten von Sachsen und dem Landgrafen von Hessen – 80 000 Mann – hatte die Höhen bei Giengen besetzt und lagerte um Herbrechtingen. Der Kaiser hatte bei Sontheim an der Brenz ein Lager bezogen. Es kam zu Neckereien und blutigen Gefechten, aber zu keiner entscheidenden Schlacht. Regen und Schnee machten Lager und Wege grundlos. Der Hunger trieb das Kriegsvolk zum Raub. Für die Herrschaft war es eine wahre Erlösung, als das Heer der Schmalkaldener am 21. November über Heidenheim abzog. Moritz von Sachsen war in das Land des Kurfürsten Johann Friedrich eingefallen, was diesen bewog, schleunigst heimzumarschieren.

Der Kaiser rückte zwei Tage danach bis Herbrechtingen vor und ließ am 24. November Giengen besetzen. Seine Truppen durchstreiften plündernd die Brenztalgemeinden. Seuchen forderten Opfer unter der Zivilbevölkerung.

Oberdeutschland war für die Schmalkaldener verloren. Herzog Ulrich unterwarf sich und ließ im Juli 1548 das ,,Interim'' verkünden. Diese ,,Zwischenreligion'' hatte der siegreiche Kaiser auf dem Augsburger Reichstag 1548 verfügt; sie gestand den Protestanten Laienkelch und Priesterehe zu, führte aber die altkirchliche Lehre wieder ein. Katholische Ordensleute kehrten in die Klöster zurück. Ein früherer Mönch von Anhausen, Onophrius Schaduz, war in Augsburg zum Abt gewählt worden. Er fand das Kloster ,,geplündert, zerrissen, erschlagen und gar auf den Grund verderbt''. Nur ein Mönch und ein Weltpriester halfen ihm, die fünf Klosterpfarreien zu versorgen. Ähnlich ging es Propst Ruland Mercator in Herbrechtingen.

Unzufriedenheit mit den Maßnahmen des Kaisers gab Anlaß zur Fürstenverschwörung. Württemberg verhielt sich neutral. Dennoch fielen Truppen des Fürstenbundes unter Albrecht von Brandenburg-Kulmbach im Frühjahr 1552 ins Brenztal ein und plünderten das Kloster Anhausen. Königsbronn bekam eine Schatzung auferlegt. Als der Abt, Ambrosius Boxler (1544–1553), sich weigerte, wurde das Kloster gestürmt und bis auf den Grund zerstört.

Hatten schon 1549 in Heidenheim und anderen Gemeinden wieder evangelische Prädikanten gewirkt, so gab es seit dem Passauer Vertrag 1552 für den Herzog kein Hindernis mehr, die Klöster zu säkularisieren. Sie durften keine Novizen mehr aufnehmen. Als der Propst von Herbrechtingen 1554 starb, wurde sein Nachfolger in Gegenwart herzoglicher Räte gewählt. So fiel die Wahl im Sinne des Herzogs aus, und mit Ulrich Schmid zog der erste evangelische Propst in Herbrechtingen ein. Er wie der Abt von Anhausen anerkannten 1556 die neue Klosterordnung. Nach dem Tode des Abtes Onophrius 1558 überließ der Konvent dem Herzog, einen Nachfolger zu bestellen, und Johann Eisenmann wurde protestantischer Abt in Anhausen.

Jetzt wagte der Herzog, auch gegen Königsbronn vorzugehen. Die Zerstörung des Klosters wurde dem Abt zur Last gelegt und als Vorwand benützt, ihn zu verhaften. An seine Stelle trat Johannes Epplin, ein Mönch aus Maulbronn, der der Reformation anhing. Er anerkannte 1553 den Herzog als Erb- und Schirmherrn. Nun galt das Kloster als dem Herzogtum inkorporiert. Es wurde reformiert und wie in Anhausen eine Klosterschule eingerichtet. Die Klosterherrschaft wurde unter einem Klosterverwalter zum Klosteramt, das dem Oberpfleger der ,,Herrschaft Heidenheim'' unterstand.

Der Grundsatz, daß der Landesherr die Religion seiner Untertanen bestimme, fand im

Augsburger Religionsfrieden 1555 allgemeine Anerkennung. Hatte Herzog Christoph die „Herrschaft Heidenheim" schon in den fünfziger Jahren dem Protestantismus zugeführt, so wurden alle später an Württemberg fallenden Güter nach diesem Grundsatz reformiert (1593 die Herrschaft Falkenstein mit Eselsburg, 1612 und 1661 Oggenhausen, 1615 Brenz). Der Rat der Reichsstadt Giengen duldete seit 1556 keinen katholischen Geistlichen mehr. Heinrich vom Stein führte unter württembergischem Einfluß in seiner Hälfte von Niederstotzingen 1565 und in Bergenweiler 1588 die Reformation durch. Auf dem Härtsfeld waren die unter pfalz-neuburgischer Landeshoheit stehenden Güter 1542 vom Pfalzgrafen Ottheinrich reformiert worden, nämlich Schloß Trugenhofen mit Dischingen, Schloß Duttenstein mit Demmingen und Wagenhofen, der dem Kloster Christgarten gehörige Ort Trugenhofen, ferner Eglingen mit Osterhofen und schließlich Ballmertshofen. Der Pfalzgraf hatte deswegen im Schmalkaldischen Krieg sein Land verloren, aber nach seiner Rückkehr 1556 erneut reformiert. Als aber im jülich-kleve'schen Erbfolgestreit Pfalzgraf Wolfgang Wilhelm aus politischen Gründen 1613 zum Katholizismus übertrat, hatten ihm seine Untertanen zu folgen.

Unbeirrt bei der alten Kirche blieben die Grafen von Oettingen-Wallerstein. Sie waren Vögte und damit Landesherren über die neresheimischen Dörfer Auernheim, Groß- und Kleinkuchen. Ihrer Landeshoheit unterstanden auch die Herrschaft Katzenstein mit Frickingen, Iggenhausen und Schrezheim sowie Dunstelkingen mit Hofen.

Bei der alten Kirche blieben auch die eine Hälfte von Niederstotzingen, die 1661 an Kloster Kaisheim kam, ferner Oberstotzingen und Burgberg sowie die Herrschaften Kaltenburg und Stetten.

Wirtschaftlicher Aufschwung und Ausbau der Herrschaft vor dem Dreißigjährigen Krieg

Auf den Schmalkaldischen Krieg folgte eine siebzigjährige Friedenszeit, eine Epoche wirtschaftlichen Aufschwungs und relativen Wohlstands. Die Eisenwerke in Königsbronn, Itzelberg, Mergelstetten und Heidenheim florierten. Heidenheim hatte eine Drahtschmiede, eine Schleifmühle und eine Papiermühle. Die Bevölkerung nahm zu. Dies äußerte sich in gesteigerter Bautätigkeit. In allen Ortschaften wurden mit Erlaubnis des Herzogs auf Gemeindeland neue Selden gebaut. Wer in Heidenheim bauen wollte, mußte sich vor den Toren ansiedeln. Die Obere Vorstadt am Wedelgraben wuchs; Mittlere und Untere Vorstadt entstanden neu; letztere seit 1602 als Webersiedlung.

In diesen Jahrzehnten rundete die Herrschaft ihr Gebiet ab und gewann an innerer Geschlossenheit. Der Herzog nutzte jede Gelegenheit, Fremdbesitz aufzukaufen. Herzog Christoph erwarb 1559 Güter in Fleinheim von Christoph Friedrich von Eben. Herzog

Ludwig kaufte 1593 von Konrad von Rechberg die Herrschaft Falkenstein mit Bindsteinmühle, halb Dettingen und Heuchlingen sowie Eselsburg, das erst 1562 von denen von Eben an Rechberg gelangt war. Herzog Johann Friedrich erwarb 1612 von Wilhelm Fetzer halb Oggenhausen und 1613 von Hans Konrad Güß den Marktflecken Brenz. Beide Orte gingen 1617 an den Bruder des regierenden Herzogs, Julius Friedrich, über, der in Weiltingen residierte. Der andere Teil Oggenhausens ging durch mehrere Hände, bis Württemberg ihn 1661 an sich brachte. Er wurde als Kammergut der Herrschaft eingegliedert. Dazu kam 1705, als die Linie Weiltingen erlosch, deren Teil von Oggenhausen sowie Brenz.

Innere Geschlossenheit erreichte man, indem man Lehenbauern fremder Grundherren zur Huldigung nötigte und damit württembergischer Obrigkeit unterwarf. Ansatzpunkt boten die Ortsherrschaft, welche Polizeigewalt in Dorf und Flur einschloß, sowie die Forsthoheit, die als Landeshoheit ausgelegt wurde.

Fremdbesitz gab es vorwiegend im unteren Brenztal sowie in Nattheim und Fleinheim. Grundherren waren die Stadt Giengen mit ihren Pflegschaften, die Deutschordenskommenden Ulm und Kapfenburg, die Klöster Neresheim und Kaisheim, die Ortsherren von Burgberg und von Niederstotzingen, die von Westerstetten zu Staufen und die von Wöllwarth zu Lauterburg.

Bis gegen 1600 erreichte Württemberg, daß die Hintersassen dieser Herrschaften huldigten und Württemberg als Obrigkeit anerkannten, der sie „gerichtbar, steuerbar und dienstbar" waren; ihren Grundherren entrichteten sie nur noch die schuldige Pacht. Die „Herrschaft Heidenheim" war damit ein geschlossener Untertanenverband. Einziger Fremdkörper innerhalb ihres Territoriums war die Reichsstadt Giengen. Deren Hoheitsrechte endeten aber an den äußeren Stadttoren.

Herzog Friedrich (1593–1608) maß seinen Besitzungen an der Brenz keine geringe Bedeutung zu. Schloß Hellenstein wurde unter ihm zur Festung und Residenz ausgebaut; es erhielt die Gestalt, die es im wesentlichen heute noch zeigt. Er nahm die Eisenwerke 1598 in eigene Verwaltung, förderte die Weberei und den Heidenheimer Markt. Sein Interesse brachte er zum Ausdruck, indem er sich „Herr zu Heidenheim" nannte.

Dreißigjähriger Krieg

Dieser Zeit friedlichen Aufschwungs machte der Dreißigjährige Krieg ein Ende. Kein anderer Teil des Landes hatte unter ihm so zu leiden wie gerade unsere Gegend. Bis 1630 hatten die Truppen des Kaisers und der in der Liga vereinigten katholischen Stände in Süddeutschland eindeutig das Übergewicht. Württemberg verhielt sich neutral. Dennoch überfiel ein bayerisches Regiment 1620 den Flecken Sontheim an der

Brenz „mit gewalttätiger Hand" und richtete durch Plündern schweren Schaden an. Seit Mitte der zwanziger Jahre zogen wiederholt Truppen durch und benahmen sich oft recht zügellos. Pfarrer Schleyß von Gerstetten berichtet für die Jahre 1622 bis 1634 eine Fülle von Einzelheiten über die Vorgänge im Brenztal. Er bemerkt 1622: „Die Beschwerungen werden je länger je größer, wird Rauben und Plündern schier gemein." Er klagt über zunehmende Teuerung. Seit 1628 kamen immer häufiger Truppen ins Quartier. War ein Truppenteil am Morgen abgezogen, rückte oft am Abend schon der nächste ein. Berichte wie der folgende sind nicht selten: „Freitags, den 29. Februar (1628), haben etlich 100 Reiter Königsbronn, Schnaitheim, Aufhausen, Mergelstetten, Bolen feindlich angefallen, alles . . . geraubet und geplündert . . ., genommen was sie haben wegbringen können, dem Müller zu Bolen alle seine Ross' . . . genommen, dem Amtmann allda sein Roß, Wehr, Büchsen . . . entführt . . . Den frommen Herren Pfarrern M. Zachariam Uranium haben sie . . . umb 21 Reichsthaler ranzioniert, gefangen und gebunden bis ins Dettinger Feld geschleppt, ihn suspendieren (hängen) wöllen."

Im Juni 1630 hielt sich Wallenstein in Giengen und Heidenheim auf. Herzog Ludwig Friedrich von Württemberg suchte ihn auf und bat um Erleichterung der fast unerschwinglichen Besatzungslasten, freilich vergeblich.

Aufgrund des Restitutionsediktes von 1629 wurden die Klöster den Katholiken zurückgegeben. Eine kaiserliche Kommission nahm im August 1630 Anhausen und Herbrechtingen in Besitz. Nach Anhausen kamen Benediktinermönche aus Elchingen und St. Ulrich in Augsburg und wählten den gelehrten Karl Stengel zum Abt. Kaiser Ferdinand II. nahm das Kloster in seinen Schutz und ermahnte den Herzog, es nicht zu beeinträchtigen. In Herbrechtingen wurden Augustiner aus Wettenhausen eingesetzt. Im September erschien die Kommission in Königsbronn und brachte einen Abt aus Salem mit. Die Eisenschmiede sollte übergeben werden, die vom Kloster gegründet, aber inzwischen durch Kauf an den Herzog übergegangen war. Dies gab Streit mit den herzoglichen Beamten. Die Hintersassen wurden zum Gehorsam in Religionssachen ermahnt; sie sollten zur alten Kirche zurückkehren, wollten sich aber „nicht wendig machen lassen". So war das Verhältnis gespannt; auf den Abt wurde mehrfach geschossen.

Das Eingreifen Schwedens und der Sieg Gustav Adolfs bei Breitenfeld im September 1631 verschaffte den geängstigten protestantischen Ständen Luft. Württemberg rüstete, und auch in der „Herrschaft Heidenheim" trat man den Kaiserlichen energischer gegenüber. Gegen 400 Wehrpflichtige wurden in Heidenheim und Schnaitheim zusammengezogen, damit sie den einquartierten Reitern, „so sie Gwalt brauchen, uf der Hauben sein" möchten.

Ende Februar 1632 räumten die Kaiserlichen das Land. Die Mönche der Brenztalklöster ergriffen vor den Schweden die Flucht. Diese, obwohl Freunde, waren nicht weniger lästig als vorher die Kaiserlichen, denn sie hielten schlechte Manneszucht. Schleyß mel-

det: ,,Den 13. Oktober (1632) sein zu Heidenheim viel Reiter durchzogen, des Brunn-
müllers Knecht uf den Tod verwundet, die Ross' genommen und sich über die Maßen
unnütz gemacht, sonderlich zwei Quartiermeister die Stadt auf und abgerennet, geschossen und die Leut geschlagen. Darüber Allarm geschlagen, die Burgerschaft zu-
sammengeloffen, einen Quartiermeister über die Märren (Mähre) herabgeschlagen, daß
Unter- und Obervogt gnug zu stillen gehabt. Haben für solchen Handel die Reiter wöllen
2000 Reichsthaler haben, den Untervogt mit ihnen hinweggeführt, . . . und hat der
Obervogt sein besten Gaul müssen geben.''
Die Aufzeichnungen des Pfarrers Schleyß brechen mit September 1634 ab. Da aber
setzte die eigentliche Schreckenszeit erst ein. Unsere Gegend war Aufmarsch- und Ver-
sorgungsgebiet für die Nördlinger Schlacht. Anfang August erschienen 1000 Kaiserliche, brannten in Giengen das Wildbad nieder, wurden aber von den Bürgern abge-
wehrt. Am 20. August zogen Schweden unter Bernhard von Weimar über Giengen nach
Heidenheim, säuberten die Gegend von den Kaiserlichen und rückten vor, um Nördlingen zu entsetzen. Dort kam es am 6. September zur größten Schlacht des Krieges. Die
Schweden erlitten eine schwere Niederlage gegen die Kaiserlichen und Bayern unter König Ferdinand. Die Straßen, die über Neresheim nach Heidenheim und Giengen führen,
luden die Sieger zum Einfall in unser Gebiet ein. Die daran liegenden Orte hatten am
meisten zu leiden. In Nattheim sollen 120 Häuser eingeäschert und nur 16 elende Hütt-
lein stehengeblieben sein. Fleinheim sei zur Hälfte abgebrannt. Söhnstetten ging in
Flammen auf und war noch 1649 unbewohnt.
Besonders hart wurde die Reichsstadt Giengen betroffen. Am Tag der Nördlinger
Schlacht trafen Scharen von Flüchtlingen ein. Die schwedische Besatzung brach auf.
Auch viele Bürger suchten ihr Heil in der Flucht. Zwei Tage später brandschatzten und
plünderten kaiserliche Truppen die Stadt. Der Herzog von Parma, Befehlshaber der spanischen Hilfstruppen, hatte in Giengen sein Hauptquartier. Am 15. September, morgens um vier Uhr, brach plötzlich Feuer aus und nahm bei der allgemeinen Verwirrung
rasch überhand. Es sei bald da, bald dort ein Feuer aufgegangen, berichtet ein Augenzeuge. Die Bürger waren zu wenig, um zu löschen und wurden überdies von den Soldaten
gehindert. So kam es, ,,daß fast in 24 Stunden die ganze Stadt Giengen mit allen Gebäuden, Türmen und Toren bis auf vier kleine Häuser abgebrannt und jämmerlich zugrund
gegangen ist''. Sie war ein ,,Stein- und Kohlenhaufen'' geworden.
Wer sich retten konnte, flüchtete nach Ulm und genoß dort während des kommenden
Winters Schutz und Hilfe.
Schloß Hellenstein konnte sich eine Woche lang behaupten, dann wurde es wie die Stadt
Heidenheim von den Spaniern geplündert. Heidenheim blieb bis auf die Vorstädte unversehrt. Dies war um so wichtiger, als sich viele aus den Dörfern mit ihrer Habe hierher
geflüchtet hatten.

Verheerender als die kriegerischen Ereignisse wirkten Seuchen und Hunger. Infolge der Truppendurchzüge brach die Pest aus. Die mit Flüchtlingen vollgestopfte Stadt Heidenheim war Nährboden für ansteckende Krankheiten. Die Seuche dauerte hier 16 Monate. Überdies gingen die Lebensmittel zu Ende. Die durchziehenden Truppen hatten alle Vorräte aufgebraucht, so daß wirkliche Hungersnot herrschte. In Nattheim soll eine Mutter ihr totes Kind gekocht und gegessen haben. Das Heidenheimer Totenbuch weist Ende 1634 folgenden Eintrag auf: ,,Gott, der Rächer alles Bösen, hat uns um unserer Sünden willen . . . mit drei schweren Plagen bestraft: mit Krieg, in welchem die furchtbare Schlacht bei Nördlingen verloren wurde . . .; mit Hungersnot, die so groß war, daß in einigen Orten die Menschen Pferdefleisch, Mist vom Vieh und anderes der Art aßen; mit Pest, die bei uns so furchtbar hauste, daß durch die Seuche hier entschlafen sind 687 Menschen, 447 aus der Stadt, 240 aus benachbarten Gemeinden." Man bedenke, daß Heidenheim bei Ausbruch des Krieges kaum mehr als 1000 Seelen zählte.

Nach der Nördlinger Schlacht waren die katholischen Prälaten in ihre Klöster zurückgekehrt. Die ,,Herrschaft Heidenheim" wurde im Oktober 1635 von Bayern in Besitz genommen zum Lohn für die Dienste, die Kurfürst Maximilian dem Kaiser erwiesen hatte. Man entließ die evangelischen Kirchen- und Schuldiener, auch Beamte, die dem evangelischen Glauben anhingen. Die Bevölkerung sollte katholisch werden. In Heidenheim nahmen Kapuzinerpatres ihre Tätigkeit auf.

Die Zugehörigkeit zu Bayern brachte manche Erleichterung. Dennoch berichtet die Gemeinde Schnaitheim 1649: ,,Seit der Nördlinger Schlacht – somit seit 15 Jahren – sei nicht wohl eine Woche vergangen, wo sie nicht einen Durchzug oder Quartier, ja zum öfteren zwei oder mehrere auf dem Hals gehabt." Noch im Mai 1648 plünderten die Schweden Heidenheim und Umgebung, und im Oktober lagen Turennes Franzosen 13 Tage lang bei Giengen und verübten Erpressungen und Gewalttätigkeiten.

Im Friedensschluß von Münster und Osnabrück 1648 kam die ,,Herrschaft Heidenheim" dank der entschiedenen Haltung Schwedens endgültig an Württemberg. Die Schäden des Krieges waren noch Jahrzehnte zu spüren.

Die Amtleute berichteten 1652, wie stark die Zahl der ,,Mannschaften" (wehrfähige Männer) seit 1634 zurückgegangen war, nämlich in Heidenheim von 273 auf 97, in Herbrechtingen von 185 auf 83, in Gerstetten mit Heuchstetten von 248 auf 48, in Nattheim von 143 auf 19, in Fleinheim von 92 auf 13, insgesamt im Heidenheimer Amt (ohne Klosterflecken) von 2263 auf 639. Im selben Zeitraum hatte sich die Zahl der Häuser vermindert: in Heidenheim von 202 auf 112, in Herbrechtingen von 151 auf 40, in Gerstetten mit Heuchstetten von 250 auf 45, in Nattheim von 132 auf 19, in Fleinheim von 82 auf 13, in Sachsenhausen von 26 auf 3. Eselsburg war ,,öd und unbewohnt". In jeder Gemeinde gab es erhebliche Flächen unbebauten Landes.

Rund 100 Jahre nach dem Krieg, 1744, war der alte Stand noch kaum erreicht, obwohl sich Zuwanderer aus Österreich, Salzburg, Steiermark, Kärnten und Tirol – Gegenden, die vom Krieg weitgehend verschont geblieben waren – in den Dörfern an der Brenz, auf der Alb und auf dem Härtsfeld niedergelassen hatten.

Spanischer Erbfolgekrieg

Nach einem halben Jahrhundert des Wiederaufbaus brachte der Spanische Erbfolgekrieg (1701–1714) erneut Not und Elend. Württemberg hielt zum Kaiser. Das benachbarte Bayern stand auf Frankreichs Seite. Man bekam die Raubgier der bayerischen Nachbarn zu spüren: Stadt und Amt Heidenheim sollen 1702 durch Erpressung unerschwinglicher Kontributionen fast zugrunde gerichtet worden sein. Seit Oktober 1702 übernahmen kaiserliche und württembergische Truppen bei Lauingen den Schutz des Grenzgebiets. Heidenheim und die Amtsorte hatten wiederholt Einquartierung. Spanndienste mußten geleistet und große Mengen Verpflegung und Futter ans kaiserliche Proviantamt geliefert werden. Bayerische und französische Truppen operierten von Ulm aus und hielten die Bevölkerung in Atem. Im Januar 1704 nahmen sie Giengen ein, wurden aber am weiteren Vordringen gehindert. Dafür trieben sie im unteren Brenztal und auf der Alb ,,durch Plündern, Mißbrauchen der Weiber, Rauben des Viehs, Ausziehen der Leute bis aufs Hemd, auch öfters bis zur gänzlichen Entblößung argen Unfug''.
Im Juni 1704 vereinigten sich im Brenztal die Truppen des Markgrafen von Baden mit den Engländern unter Marlborough, der sein Hauptquartier im Giengener Rathaus aufschlug. Das Heer, 63 000 Mann, lagerte vier Tage auf dem Feld um Giengen, Herbrechtingen, Hermaringen und Hürben. Die Soldaten mähten die grüne Frucht zum Füttern der Pferde und richteten so großen Schaden an. Dann brach das Heer auf zu seinem Sieg am Schellenberg bei Donauwörth (2. Juli). Im Verein mit Prinz Eugen, der, vom Filstal über Heidenheim marschierend, zu ihm gestoßen war, errang es den entscheidenden Sieg bei Höchstädt (13. August). Damit bekam die Gegend Ruhe.

Die Herrschaft Thurn und Taxis auf dem Härtsfeld

Auf dem Härtsfeld, das zwischen Oettingen und Pfalz-Neuburg umstritten war, schuf das Haus Thurn und Taxis im 18. Jahrhundert ein neues fürstliches Territorium. Der junge Erbgeneralpostmeister Graf Eugen Alexander von Thurn und Taxis (1652–1714) hatte sich mit einer Prinzessin von Fürstenberg vermählt und war darauf 1695 in den Reichsfürstenstand erhoben worden. Um auch Aufnahme in den Reichsfürstenrat zu finden, war der Erwerb fürstenmäßigen Besitzes im Reich erforderlich. Dies sah der

Sohn, Anselm Franz, als seine Hauptaufgabe an. Er erwarb 1723 die Herrschaft Eglingen mit Osterhofen von Gottfried Anton Dominik Graf von Grafeneck, dessen Vorfahren das Gut seit 1530 innehatten. Fürst Anselm Franz wurde daraufhin in die Grafen- und Herrenbank des Schwäbischen Kreises aufgenommen. 1734 gelang der Ankauf des Schlosses Trugenhofen mit Dischingen und Gütern in Iggenhausen von Marquard Willibald Schenk von Castell. Seine Familie hatte die Herrschaft 1663 erheiratet. Das Schloß, seit 1819 Taxis genannt, wurde Sommerresidenz der neuen Inhaber. Schon 1735 erwarb der Fürst die Herrschaft Duttenstein mit Demmingen und Wagenhofen von Eustach Maria von Fugger. Die Fugger hatten Duttenstein 1551 von Hans Walter von Hürnheim gekauft.

Fürst Alexander Ferdinand setzte die Erwerbspolitik seines Vaters fort und kaufte 1741 das Dorf Trugenhofen sowie 1749 die Herrschaft Ballmertshofen von den Herren von St. Vincent. Diese hatten Ballmertshofen im Dreißigjährigen Krieg durch Heirat erworben, Trugenhofen erst 1728 von der Witwe Albrechts von Elstern gekauft.

Dem Fürsten brachte dies die ersehnte Aufnahme in den Reichsfürstenrat. Fürst Karl Anselm erwarb schließlich 1786 die sirgensteinischen, ehemals westerstetten'schen Güter in Dunstelkingen.

Neue Verwaltungsbezirke entstehen

Die napoleonische Zeit beseitigte rücksichtslos die überkommenen Ordnungen. Die geistlichen Reichsstände wurden säkularisiert, die Reichsstädte wie auch die kleineren Reichsfürsten, Grafen und Herren mediatisiert, d. h. unter die Oberhoheit ihrer mächtigeren Standesgenossen gestellt. Diese Maßnahmen mochten für die Betroffenen schmerzlich sein, doch waren sie Voraussetzung für eine großzügige Gebietsbereinigung und für die Verwaltungseinteilung, die – von unwesentlichen Änderungen abgesehen – bis heute gültig ist.

Durch den Vertrag von Paris vom 20. Mai 1802 bzw. durch den Reichsdeputationshauptschluß vom 25. Februar 1803 kam die freie Reichsstadt Giengen an Württemberg. Sie war 1806 bis 1809 Sitz eines Oberamts für die im unteren Brenztal gelegenen Ortschaften der alten „Herrschaft Heidenheim". Das Kloster Neresheim, das 1764 nach jahrelangem Prozeß von der oettingischen Vogtherrschaft frei und reichsunmittelbar geworden war, wurde dem Hause Thurn und Taxis zugesprochen als Entschädigung für an Frankreich verlorene Einkünfte. Mit Auernheim, Steinweiler, Groß- und Kleinkuchen sowie Hochstatterhof erlangte sein Territorium auf dem Härtsfeld die erwünschte Abrundung. Freilich erfreute es sich nicht lange des uneingeschränkten Besitzes.

Mit der Gründung des Rheinbunds im Juli 1806 bekamen die Könige von Württemberg und Bayern das Recht, die bisher reichsunmittelbaren Fürsten und Grafen innerhalb ihres Territoriums ihrer Landeshoheit zu unterwerfen. Bayern mediatisierte die thurn und taxisschen Besitzungen sowie die oettingische Herrschaft Katzenstein mit Frickingen, Iggenhausen und Schrezheim sowie Dunstelkingen mit Hofen, ferner Burgberg und Bergenweiler, halb Niederstotzingen, Oberstotzingen und die Herrschaft Kaltenburg mit Stetten und Bissingen. Den kaisheimischen Teil von Niederstotzingen hatte Bayern schon 1803 säkularisiert.

Infolge des Wiener Friedens vom 14. Oktober 1809 bzw. des Vertrags von Compiègne vom 24. April 1810 trat Bayern einen Landstrich an seiner Westgrenze an Württemberg ab, darunter die eben genannten mediatisierten Herrschaften.

Württemberg bildete mit Manifest vom 27. Oktober 1810 das Oberamt Heidenheim aus dem alten Amt bzw. der „Herrschaft Heidenheim", den seit der Reformation bestehenden Klosterämtern Anhausen, Herbrechtingen und Königsbronn, dem Stabsamt Brenz mit halb Oggenhausen, der ehemaligen Reichsstadt Giengen sowie den ritterschaftlichen Orten Burgberg und Bergenweiler.

Niederstotzingen, Oberstotzingen, Stetten, Lontal und Bissingen kamen zum Oberamt Ulm. Die thurn-und-taxisschen und oettingischen Besitzungen auf dem Härtsfeld wurden dem Oberamt Neresheim zugeteilt.

Der Kreis Heidenheim – Geschichte bis zum Ende des Alten Reiches. In: Der Kreis Heidenheim. (Heimat und Arbeit.) Stuttgart, Aalen 1979, S. 95-127.

Die Herkunft des Hauses Dillingen

Graf Hartmann I., Gemahl der Erbtochter Adelheid von Winterthur-Ky-
burg, wird in einem Diplom Kaiser Heinrichs V., das im August 1111 in
Speyer ausgefertigt wurde, erstmals »Hartmannus de Dilinga« genannt.[1]
Graf Hartmann nahm damals an der Beisetzung Kaiser Heinrichs IV. im
Dom zu Speyer teil. Erst von diesem Zeitpunkt an darf man, genauge-
nommen, vom »Hause Dillingen« sprechen.

Die Genealogie des Hauses ist von Hartmann I. ab ziemlich klar und
soll hier nicht erörtert werden. Nicht einig ist sich die Forschung über die
Abstammung Graf Hartmanns I.[2] Sie aufzuzeigen ist Gegenstand unserer
Abhandlung.

Zwei Fragen sollen geklärt werden.
1. Wie ist Graf Hartmann I. an die Sippe des hl. Ulrich, Bischof von
   Augsburg von 923 bis 973, anzuschließen?
2. Wieweit ist die Aussage des Biographen Gebehard glaubhaft, daß Bischof Ulrich »aus dem erlauchtesten Geschlecht der Herzöge und
   Grafen Alamanniens hervorgegangen« sei?[3,4]

---

[1] UB zur Geschichte der Bischöfe zu Speyer, hrsg. von Franz Xaver Remling, Bd. 1, S. 88,
Nr. 80.

[2] Königsdorfer, C.: Gesch. des Klosters z. Heil. Kreuz in Donauwörth, 1. Bd., 1819, Tfl.
nach S. 22. – Braun, Pl.: Gesch. d. Grafen v. Dillingen u. Kiburg, Histor. Abhandl. d.
bair. Akademie d. Wissensch. V, 1823, Tfl. 1. – Stälin, Chr. Fr.: Wirtemberg, Geschichte Bd. 1, 1841, S. 562. – Schmid, L.: Die Stifter des Klosters Anhausen a. d. Brenz,
Beiträge z. Gesch. d. Bistums Augsburg, hrsg. v. A. Steichele, Bd. 3, S. 143 ff. –
Steichele, A. v.: Das Bistum Augsburg Bd. 3, 1851, S. 55. – Brun C.: Geschichte der Grafen v.
Kyburg, Inaugural-Diss., Zürich 1913, Tfl. nach S. 201. – Bühler, Wittislinger Pfrün-
den, Tfl. III nach S. 58. – Layer, A.: Die Grafen v. Dillingen, JHV Dillingen a. D.
Jahrgang LXXV, 1973, S. 52.

[3] »clarissima ducum et comitum Alamanniae prosapia oriundus extitisse dignoscitur«,
Welser, M.: Opera, 1682, S. 591.

[4] Vf. stützt sich im wesentlichen auf eigene Vorarbeiten: Bühler, Wittislinger Pfründen;
Bühler, Vorfahren; ferner Köpf, Laupheim (Sonderdruck mit Quellen- und Literatuan-
gaben ist zu erwarten).

Die Abstammung Graf Hartmanns I.
von der Sippe des hl. Ulrich

Daß Graf Hartmann I. aus der Sippe des hl. Ulrich stammt, wird von der Forschung seit dem 16. Jahrhundert behauptet. Die Besitzgeschichte legt eine solche Verbindung nahe. Sie zeigt, daß die Grafen von Dillingen zu den Rechtsnachfolgern und Erben der Ulrichsippe gehören. Die Ulrichsippe nennt man nach Bischof Ulrichs Vater Hupald auch die »Hupaldinger«. Über sie informiert die »Vita« Ulrichs, die der Augsburger Dompropst Gerhard kaum zwanzig Jahre nach des Bischofs Tod zum Zwecke seiner Heiligsprechung verfaßt hat.[5]

Die »Hupaldinger« besaßen als Zentren ihrer Herrschaft das »oppidum« Wittislingen und das »castellum« Dillingen. In der Wittislinger Martinskirche waren die Vorfahren (parentes) Ulrichs bestattet, namentlich seine Mutter Dietpirch. Sein Vater Hupald hingegen soll nach einer zweifelhaften Nachricht in Neresheim ruhen.[6] An dieser Nachricht ist aber gewiß richtig, daß Neresheim zum »hupaldingischen« Hausgut gehörte.

Das zweite Zentrum, das »castellum« Dillingen, ist 973 als Residenz des Grafen Riwin, eines Neffen Ulrichs, bezeugt. Ein anderer Neffe namens Manegold, Sohn von Ulrichs Schwester Liutgard, saß auf der Burg Sulmetingen (bei Laupheim).

Ulrichs Bruder Dietpald führte – anscheinend als erster des Geschlechts – den Grafentitel. Sein Amtsbereich reichte von der Schwäbischen Alb im Norden über die Donau hinweg weit nach Süden in den bayrisch-mittelschwäbischen Raum. Er umfaßte mehrere »comitates«. Diese Stellung erlaubte ihm, 954 Bischof Ulrich zu entsetzen, der zur Zeit des Aufstandes des Königssohnes Liudolf in Schwabmünchen eingeschlossen war, und ihm 955 bei der Belagerung Augsburgs durch die Ungarn wirksame Hilfe zu leisten. Graf Dietpald kam in der Schlacht auf dem Lechfelde 955 um. König Otto I. verlieh darauf die »comitates« dem Sohne des Gefallenen, Riwin,[7] der als zuständiger Graf einen Grenzstreit zwischen den Klöstern

---

[5] MG.SS.IV, S. 385 ff.

[6] »Vita beati Hucbaldi«, MG.SS.X, S. 20, Anm. 23 im Auszug.

[7] MG.SS.IV, S. 402 f.; vgl. Volkert-Zoepfl, Regesten der Bischöfe von Augsburg, Nr. 100.

Kempten und Ottobeuren, weit im Süden des mittelschwäbischen Raumes, schlichten half.[8]

In einem wesentlichen Teil dieses »hupaldingischen« Besitz- und Interessenbereichs treffen wir später Güter und Rechte der Grafen von Dillingen. Wir lernen sie kennen anläßlich der Übereignung an ihr Hauskloster Neresheim wie an die Klöster Maria-Mödingen, Kaisheim, Herbrechtingen und an das Spital Dillingen. Dillingen selbst war ihr stark befestigter Herrschaftsmittelpunkt. Die Siedlung am Fuß der Burg wurde von Graf Hartmann IV. im frühen 13. Jahrhundert zur Stadt ausgebaut. Im nahen Wittislingen hatten sie das Patronatsrecht über die Pfarrkirche St. Martin.

Die Ausdehnung des dillingischen Herrschaftsbereichs wird sichtbar in den Vermächtnissen des Bischofs Hartmann von Augsburg. Dieser übertrug nach dem Tode seines Vaters, Graf Hartmanns IV. von Dillingen, 1257 seinem Hochstift Schloß und Stadt Dillingen samt all seinen Besitzungen zwischen Rieshalde und Donau von Langenau im Westen bis Blindheim im Osten[9], und er überließ 1286 seinem Domkapitel die restlichen Erbgüter beiderseits der Donau von Blindheim bis Riedlingen bei Donauwörth.[10]

Somit reichte ihr engerer Besitzbereich von Langenau im Westen bis dicht vor Donauwörth im Osten, von der Rieshalde im Norden bis zur Donau im Süden und darüber hinweg. Ihr Streubesitz verteilte sich über einen noch wesentlich weiteren Bereich.

Hier also waren die Grafen von Dillingen ganz offensichtlich die Rechtsnachfolger der »Hupaldinger«. Alle genealogischen Aufstellungen seit dem 16. Jahrhundert tragen dem Rechnung.

Die Tradition des Hauses Dillingen wurde besonders in den Klöstern Heiligkreuz in Donauwörth und St. Ulrich und Afra in Augsburg gepflegt. Auf der Überlieferung von Heiligkreuz beruht ein in kunstvoller Zierhandschrift auf Pergament gefertigter Stammbaum »des geschlechts sant Ulrichs« mit hübschen Brustbildnissen in Medaillonform.[11] Er ist um 1515 entstanden und gelangte nach der Säkularisierung des Klosters Heiligkreuz 1803 nach Worms. Bald nach seiner Fertigstellung, sicher noch im ersten Viertel des 16. Jahrhunderts, wurde davon eine Kopie auf Papier

[8] »Chronicon Ottenburanum«, MG.SS. XXIII, S.615; Volkert-Zoepfl, Regesten a.a.O., Nr.156 Anm.

[9] Wirtemberg. UB. Bd.V, S.278ff., Nr.1512.

[10] Ulmisches UB. Bd.1, hrsg. von Fr. Pressel, S.187f., Nr.157.

[11] Schröder, A.: Der »Stammbaum St. Ulrichs« in der Stadtbibliothek zu Worms, Der Wormsgau, Bd.I, 1933, S.164ff.

für das Stift auf dem Heiligberg bei Winterthur gefertigt, die sich heute auf der Kyburg befindet.

Wohl erheblich älter ist die Überlieferung der Abtei St. Ulrich und Afra in Augsburg. Aus einem handschriftlichen Kodex der alten Klosterbibliothek veröffentlichte Markus Welser 1595 ein »Stemma Kyburgensium Comitum«, das bald in andere Werke übernommen wurde.[12]

Leider sind beide Genealogien wenig zuverlässig, denn sie verzeichnen Personen, die quellenmäßig nicht zu belegen sind. Der Stammbaum von Heiligkreuz insbesondere vermehrt recht willkürlich die Zahl der Generationen. Zwischen Hartmann I. († 1121) und Hartmann IV. († 1257) zwängt er sieben Generationen ein, während es in Wirklichkeit nur drei sind; zwischen Bischof Ulrichs Neffen Riwin (955–973) und Hartmann I. kennt er vier Zwischenglieder, wogegen wir wohl nur mit zweien rechnen dürfen. Diese zusätzlichen Personen belegt er mit Namen, die im Hause Dillingen für diese Zeit nicht bezeugt, ja offensichtlich anachronistisch sind. Das »Stemma« von St. Ulrich und Afra gibt die Generationenfolge wirklichkeitsgetreuer wieder; nur zwischen Ulrichs Neffen Riwin und Hartmann I. hat es wohl eine Generation zu viel und für ihre Angehörigen Namen, die nicht glaubhaft sind.

Wie erwähnt, knüpfen sodann beide Genealogien den Mannesstamm der Grafen von Dillingen an Bischof Ulrichs Neffen Riwin (955–973) an, während sie vom zweiten Neffen Hupald (972–974) keine Nachkommen kennen. Hierin sind ihnen fast alle späteren Forscher gefolgt. Die Gründe liegen auf der Hand: Da Riwin laut Aussage des Ulrichs-Vita im »castellum« Dillingen residierte, folgerte man, die Grafen von Dillingen müßten seine direkten Nachkommen sein.

Uns erscheint diese Folgerung nicht zwingend; denn Bischof Ulrichs zweiter Neffe Hupald hat wohl gleichfalls in Dillingen gewohnt und könnte somit ebensogut ein direkter Vorfahr der Dillinger sein.

Die Unsicherheit entsteht dadurch, daß die »Vita« Bischof Ulrichs zwar dessen Geschwister und Neffen nennt, aber mit dem Tod des Bischofs 973 abbricht. Die gesicherte Stammfolge der Grafen von Dillingen dagegen beginnt erst mit dem Vater Hartmanns I., dem Grafen Hupald, dessen Tod 1074 die Annalen des Hausklosters Neresheim überliefern.[13]

---

[12] Welser, M.: De vita s. Udalrici Augustanorum Vindelicorum episcopi, Augsburg, 1595; wieder abgedruckt in Welser, M.: Opera, 1682, S. 589. – Goldast, M.: Rerum Alamannicarum Scriptores, 1606; Editio tertia 1730, Tom. I. nach S. 256. – Stengel, C.: Kurtze Kirchen Chronick von Augsburg, 1620, S. 69.

Dazwischen klafft eine Lücke von 100 Jahren. Sie läßt sich nicht so ohne
weiteres schließen, da mögliche Zwischenglieder eben nicht ausdrücklich
als Nachkommen der »Hupaldinger« oder Vorfahren der Dillinger bezeugt sind. Um dennoch eine Brücke zu schlagen, wurden Personen eingefügt, die offensichtlich gar nicht gelebt haben; insbesondere der Genealoge von Heiligkreuz hat ganz willkürlich kombiniert.

Will man einigermaßen festen Grund gewinnen, empfiehlt es sich, das
Namengut der »Hupaldinger« mit dem der Dillinger und ihrer nächsten
Verwandten zu vergleichen. Leider sind für die fragliche Zeit zu wenig
Frauen bekannt, als daß man auch mit ihren Namen arbeiten könnte; so
muß sich der Vergleich notgedrungen auf die Männernamen beschränken.

a) Die »Hupaldinger« führen die Namen Hupald, Ulrich, Dietpald, Manegold und Riwin.

b) Die Dillinger heißen Hupald, Ulrich, Hartmann und Adalbert. Sehr
spät erst treten auch die Namen Ludwig, Friedrich und Werner auf; sie
können außer acht bleiben. Dagegen ist der Name Manegold wichtig, der
sich bei ihrer nächsten Verwandtschaft findet.

Die Namen Hartmann und Adalbert sind offensichtlich durch Heirat
ins Haus Dillingen gekommen. Der Name Hartmann stammt aus einem
Sippenkreis, der westlich und südlich von Ulm begütert war und sich in
die Häuser Kirchberg und Gerhausen spaltete. Er geht zurück auf den
Grafen Hartmann der Munteriheshuntare von 980. Ins Haus Dillingen
kam er erst durch die Gemahlin des Grafen Hupald († 1074), die Mutter
Hartmanns I. Laut Neresheimer Nekrolog hieß sie Adelheid.[14] Sie
brachte Güter in Söflingen bei Ulm, Harthausen und sonst auf dem
Hochsträß zu, die zuerst bei ihrem Enkel Hartmann II. urkundlich faßbar
sind.[15]

Der Name Adalbert aber stammt aus dem Hause Winterthur-Kyburg
und wurde von der Gemahlin Graf Hartmanns I., Adelheid, der Tochter
Adalberts von Winterthur-Kyburg († 1053), eingebracht.[16]

Als echte »Hupaldingernamen« im Hause Dillingen bleiben somit Hupald und Ulrich. Hinzu kommt der Name Manegold, der sich bei zwei
Geschlechtern findet, die als nächste Verwandte (Cognaten) der Dillinger

---

[13] Die Ellwanger u. Neresheimer Geschichtsquellen, hrsg. von J.A. Giefel, Württemberg.
    Geschichtsquellen II, 1888, S. 17.
[14] MG. Necrol. I. S. 96 (Juni 23.).
[15] MG. Necrol. I. S. 97 u. 98. – Bühler, Wittislinger Pfründen, S. 53.
[16] Brun, C.: Geschichte der Grafen v. Kyburg, a.a.O., S. 16ff.

gelten müssen, nämlich die Herren von Werd, Stifter des Klosters Heilig-kreuz in Donauwörth, und die schwäbischen Pfalzgrafen, Stifter der Ab-tei Anhausen bei Heidenheim.[17]

Die Namen Dietpald und Riwin dagegen fehlen im Hause Dillingen und bei dessen Verwandten. Gerade von Bischof Ulrichs Bruder Dietpald und dessen Sohn Riwin aber leiteten die früheren Forscher das Haus Dil-lingen ab. Uns scheint dies unmöglich. Denn es widerspricht allen Re-geln, wie sich Namen im Mittelalter vererben. Nach diesen Regeln müß-ten die Dillinger von Bischof Ulrichs Bruder Manegold und dessen Sohn Hupald II. (972–974) abgeleitet werden.

Daß sie tatsächlich von Manegold und Hupald II. abstammen, läßt sich mit Hilfe der Besitzgeschichte beweisen.

Das Hausgut, über das Bischof Ulrichs Eltern Hupald und Dietpirch um 900 verfügten, wurde nach Hupalds Tod († ca. 909) säuberlich geteilt. Die Tochter Liutgard, vermählt mit dem Grafen Peiere, wurde mit Gü-tern um Billenhausen und Weißenhorn südöstlich Ulm sowie mit der et-was abgelegenen Herrschaft Sulmetingen (bei Laupheim) abgefunden.[18]

Der Güterkomplex zwischen Langenau und Donauwörth aber wurde gleichwertig zwischen der Dietpald-Riwin-Linie und der Manegold-Hu-pald-Linie geteilt. Es wurde darauf geachtet, daß einzelne Orte möglichst als Ganzes entweder der einen oder der anderen Linie zufielen, ausge-nommen die Stammgüter Wittislingen und Dillingen.

Die Geschichte des Besitzes der Dietpald-Riwin-Linie läßt sich deut-lich verfolgen.[19] Er ging samt Grafenrechten südlich der Donau durch Heirat und Erbschaft an das baierische Geschlecht der Rapotonen über, das den Namen Dietpald daraufhin zum Leitnamen erhob und somit zum Geschlecht der »Diepoldinger« wurde. Es residierte bis um 1100 in Gien-gen an der Brenz. Ein Teil des Diepoldingergutes samt den Grafenrechten gelangte durch Heirat an die Grafen von Berg (bei Ehingen an der Do-nau), die im Geltungsbereich ihrer Grafenrechte die Markgrafschaft Bur-gau schufen. Den Rest des Diepoldingerguts brachte Adela von Vohburg 1147 in ihre Ehe mit dem künftigen Kaiser Friedrich I. Barbarossa ein. Darunter waren Giengen, Leipheim, Gundelfingen und Lauingen. Diese

---

[17] Bühler, Wittislinger Pfründen, S. 54 ff. – Ders.: Schwäbische Pfalzgrafen, frühe Staufer u. ihre Sippengenossen, JHV Dillingen a.D. Jahrgang LXXVII, 1975, S. 118 ff., insbes. S. 122 ff.

[18] Bühler, Wittislinger Pfründen, S. 56, Anm. 120.

[19] Bühler, Wittislinger Pfründen, S. 28–51. – Ders.: Giengen im Mittelalter, 900 Jahre Giengen an der Brenz, 1978, S. 25 ff.

nunmehr staufischen Güter aber fielen aus dem Erbe König Konradins 1268 größtenteils an Bayern.

Kennt man den Weg, den der Besitz der Dietpald-Riwin-Linie nahm, und hat man eine grobe Vorstellung vom Umfang dieses Besitzes gewonnen, dann wird einem klar, daß der Besitz der Grafen von Dillingen nicht auch noch von dieser Dietpald-Riwin-Linie hergeleitet werden kann. Die dem Gut der Diepoldinger etwa gleichwertige Besitzmasse der Dillinger beweist vielmehr, daß sie einen eigenen Zweig der »Hupaldinger« repräsentierten und daß sie folglich von der Manegold-Hupald-Linie abstammen müssen.[20]

Nach der »Vita« des Bischofs Ulrich bricht diese Linie mit Hupald II. (972–974) ab. Zwischen ihm und dem gleichnamigen Vater des Grafen Hartmann I. klafft – wie erwähnt – eine Lücke von 100 Jahren. Berücksichtigt man, daß im Hause Dillingen die Männer meist spät geheiratet haben, so daß der Abstand der Generationen 30 bis 35 Jahre beträgt, dann fehlt nur ein einziges Zwischenglied, das etwa um 965–970 geboren sein müßte. In diese Lücke paßt trefflich Graf Manegold vom Duriagau, der 1003 für Langenau zuständig und offenbar dort auch begütert war.[21]

Daß er tatsächlich das fehlende Zwischenglied ist, zeigt die Besitzgeschichte von Langenau. Wir treffen hier keinen der Erben der Diepald-Riwin-Linie. Dagegen finden wir Besitz der Grafen von Dillingen und all der Geschlechter, die neben den Dillingern am Erbe der Manegold-Hupald-Linie beteiligt sein müssen: die schwäbischen Pfalzgrafen und die mit ihnen stammesgleichen Herren von Stubersheim-Ravenstein und von Albeck. Der Besitz all dieser Geschlechter läßt sich zurückführen auf den Duriagrafen Manegold von 1003.[22]

Mit Manegold als dem gesuchten Zwischenglied gewinnen wir eine ideale Abfolge von Namen für den hupaldingisch-dillingischen Mannesstamm, nämlich Hupald I. (Vater Bischof Ulrichs) – Manegold I. (Bruder Ulrichs) – Hupald II. (Neffe Ulrichs) – Manegold II. (Duriagraf 1003) – Hupald III. († 1074). Er ist der Vater Hartmanns I. Dieser ist somit der Ururenkel von Bischof Ulrichs Bruder Manegold.

Den Namen Manegold brachte eine Tochter von Bischof Ulrichs Bruder Manegold ins Haus der Herren von Werd (Donauwörth). Eine Toch-

---

[20] Bühler, Wittislinger Pfründen, S. 51 ff.
[21] MG. Dipl. Heinr. II. S. 66 f., Nr. 55.
[22] Bühler, H.: Schwäbische Pfalzgrafen, frühe Staufer ..., JHV Dillingen a.D. Jahrgang LXXVII, 1975, S. 135 ff.

I. Nachkommen der Hupaldinger (auszugsweise)

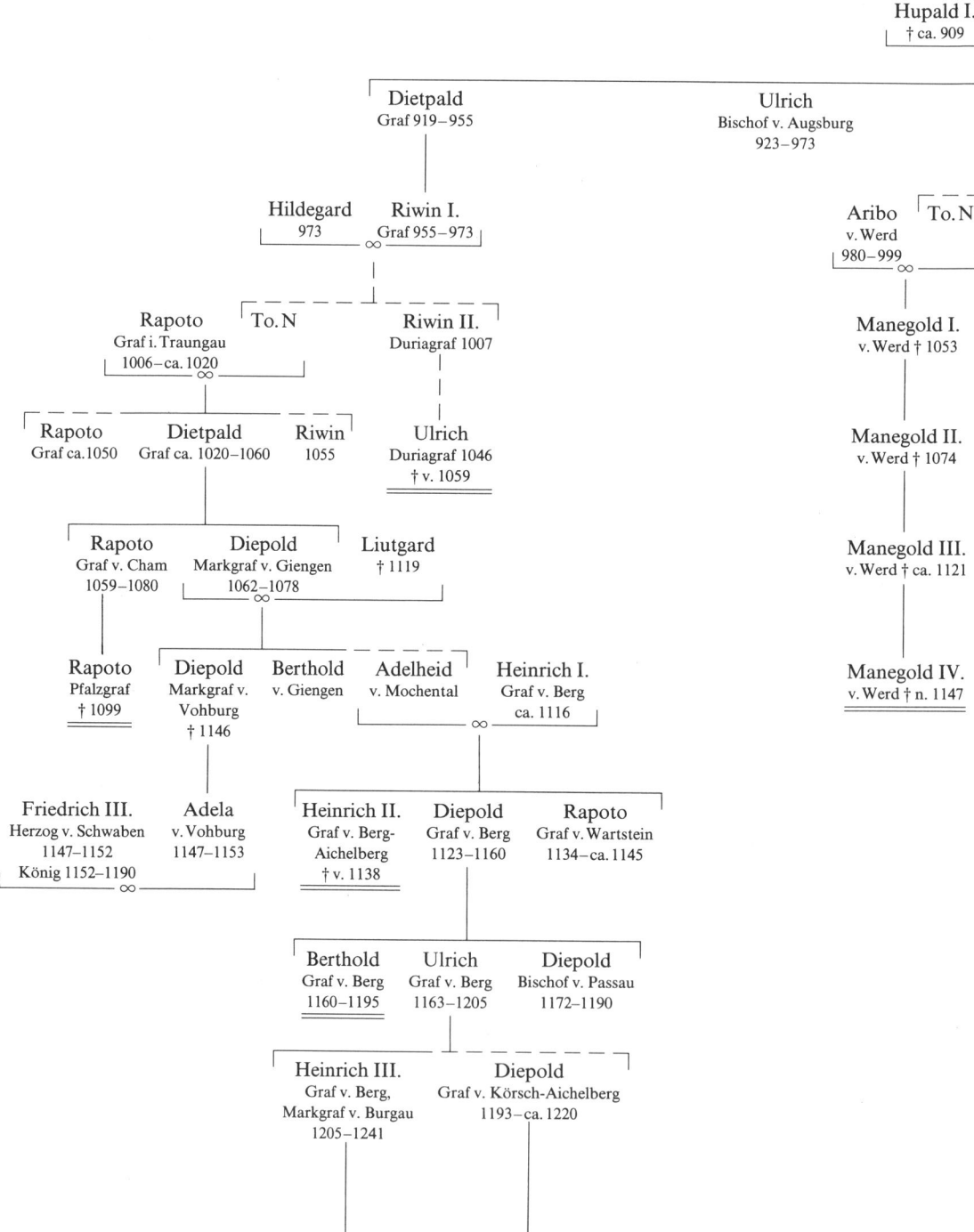

Hupald I.
† ca. 909

Dietpald
Graf 919–955

Ulrich
Bischof v. Augsburg
923–973

Hildegard
973

Riwin I.
Graf 955–973
∞

Aribo
v. Werd
980–999
∞

To. N

Rapoto
Graf i. Traungau
1006–ca. 1020
∞

To. N

Riwin II.
Duriagraf 1007

Manegold I.
v. Werd † 1053

Rapoto
Graf ca. 1050

Dietpald
Graf ca. 1020–1060

Riwin
1055

Ulrich
Duriagraf 1046
† v. 1059

Manegold II.
v. Werd † 1074

Rapoto
Graf v. Cham
1059–1080

Diepold
Markgraf v. Giengen
1062–1078
∞

Liutgard
† 1119

Manegold III.
v. Werd † ca. 1121

Rapoto
Pfalzgraf
† 1099

Diepold
Markgraf v.
Vohburg
† 1146

Berthold
v. Giengen

Adelheid
v. Mochental
∞

Heinrich I.
Graf v. Berg
ca. 1116

Manegold IV.
v. Werd † n. 1147

Friedrich III.
Herzog v. Schwaben
1147–1152
König 1152–1190
∞

Adela
v. Vohburg
1147–1153

Heinrich II.
Graf v. Berg-
Aichelberg
† v. 1138

Diepold
Graf v. Berg
1123–1160

Rapoto
Graf v. Wartstein
1134–ca. 1145

Berthold
Graf v. Berg
1160–1195

Ulrich
Graf v. Berg
1163–1205

Diepold
Bischof v. Passau
1172–1190

Heinrich III.
Graf v. Berg,
Markgraf v. Burgau
1205–1241

Diepold
Graf v. Körsch-Aichelberg
1193–ca. 1220

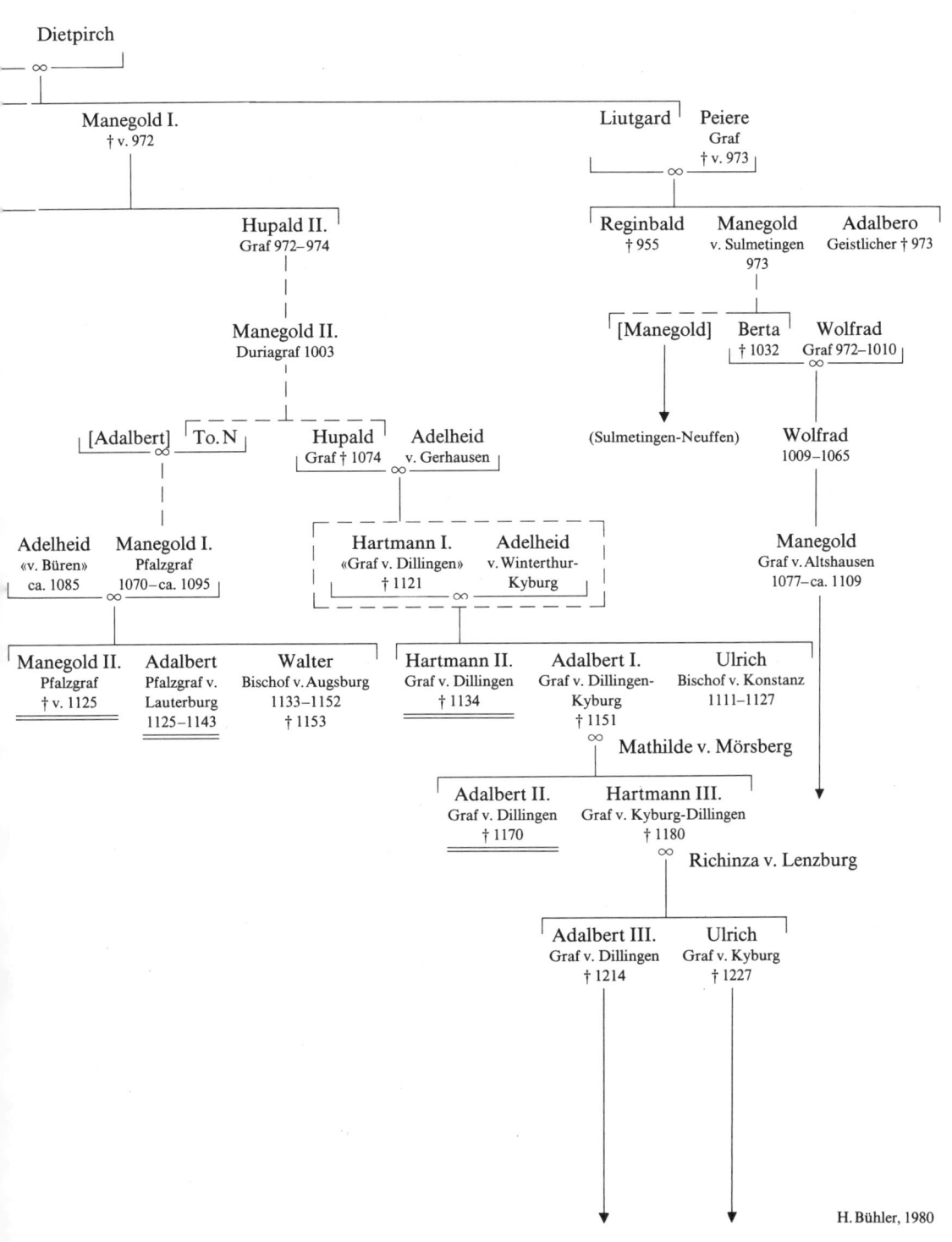

Dietpirch
∞

Manegold I.
† v. 972

Liutgard | Peiere
Graf
† v. 973

Hupald II.
Graf 972–974

Reginbald | Manegold | Adalbero
† 955 | v. Sulmetingen | Geistlicher † 973
973

Manegold II.
Duriagraf 1003

[Manegold] | Berta | Wolfrad
† 1032 | Graf 972–1010
∞

[Adalbert] ∞ To. N | Hupald | Adelheid
Graf † 1074 v. Gerhausen
∞

(Sulmetingen-Neuffen) | Wolfrad
1009–1065

Adelheid | Manegold I. | Hartmann I. | Adelheid | Manegold
«v. Büren» | Pfalzgraf | «Graf v. Dillingen» | v. Winterthur- | Graf v. Altshausen
ca. 1085 | 1070–ca. 1095 | † 1121 | Kyburg | 1077–ca. 1109
∞ | ∞

Manegold II. | Adalbert | Walter | Hartmann II. | Adalbert I. | Ulrich
Pfalzgraf | Pfalzgraf v. | Bischof v. Augsburg | Graf v. Dillingen | Graf v. Dillingen- | Bischof v. Konstanz
† v. 1125 | Lauterburg | 1133–1152 | † 1134 | Kyburg | 1111–1127
1125–1143 | † 1153 | † 1151
∞
Mathilde v. Mörsberg

Adalbert II. | Hartmann III.
Graf v. Dillingen | Graf v. Kyburg-Dillingen
† 1170 | † 1180
∞
Richinza v. Lenzburg

Adalbert III. | Ulrich
Graf v. Dillingen | Graf v. Kyburg
† 1214 | † 1227

H. Bühler, 1980

ter des Duriagrafen Manegold II. von 1003 vererbte ihn ins Haus der
schwäbischen Pfalzgrafen und vermittelte diesen zugleich namhaften
»hupaldingischen« Besitz, darunter die Martinskirche in Langenau.

So verbindet Graf Manegold II. das Haus Dillingen mit der Manegold-
Hupald-Linie der »Hupaldinger«. Die Besitzgeschichte Dillingens widerspricht dem nicht. Am »castellum« Dillingen hatte die Manegold-Hupald-Linie offenbar von jeher neben der Dietpald-Riwin-Linie Anteil.
Dies erklärt, warum die Dillinger Burg zwei Wehrtürme besaß.

Als um die Mitte des 11. Jahrhunderts die Dietpald-Linie im Mannesstamm erlosch, gewann die Manegold-Hupald-Linie in Dillingen die
Oberhand. Die Diepoldinger als Erben der Dietpald-Riwin-Linie übersiedelten nun nach Giengen an der Brenz. Noch 1320 aber ist von Gütern
innerhalb und außerhalb der Mauern Dillingens die Rede, die aus dem
Erbe der Dietpald-Riwin-Linie stammten.[23]

Die Herkunft der Hupaldinger

Eine Vorstellung von dem, was Bischof Ulrichs Eltern Hupald und Dietpirch um 900 besaßen, gewinnt man, wenn man zum Besitz der Grafen
von Dillingen hinzurechnet, was den nächstverwandten Geschlechtern
der Herren von Werd (Donauwörth), der schwäbischen Pfalzgrafen, der
Herren von Stubersheim-Ravenstein und von Albeck aus »hupaldingischem« Erbe zugefallen war.

Dazu kamen die Güter der Diepoldinger, die wir größtenteils erst in
Händen der Markgrafen von Burgau und der Herzöge von Bayern fassen
können. Schließlich ist hinzuzuzählen, was aus dem Erbe von Ulrichs
Schwester Liutgard an die von Sulmetingen-Neuffen und von Altshausen
gelangte.

Dies zusammen ergibt einen beachtlichen, in sich ziemlich geschlossenen Besitzkomplex beiderseits der Donau von Ulm bis über Donauwörth
hinaus; er reichte fast bis zum Nordrand der Alb und erstreckte sich nach
Süden weit in den bayerisch-mittelschwäbischen Raum.

Wer über solchen Besitz verfügte, muß unter die führenden Geschlechter der Zeit gerechnet werden. Den Bertholdingern, Udalrichingern,
Hundfridingern dürften die »Hupaldinger« wenig nachgestanden sein.

Doch sind wir über die »Hupaldinger« vergleichsweise schlecht informiert. Wie erwähnt, unterrichtet über sie fast ausschließlich die »Vita« des
Bischofs Ulrich, die der Augsburger Dompropst Gerhard bald nach Ul-

richs Tod verfaßt hat.[24] Sie rühmt Ulrichs Herkunft aus edlem alamannischen Geschlecht und betont die Gottesfurcht seiner Eltern. Sie enthält aber wenig konkrete Nachrichten, die auf Verwandtschaft Ulrichs zu bekannten Geschlechtern schließen ließen.

Wir erfahren lediglich, daß Ulrich auf Betreiben seines »nepos«, des Herzogs Burchard I. von Schwaben (917–926), dem König Heinrich I. für den Augsburger Bischofsstuhl empfohlen wurde.[25] Ferner hören wir, daß die Königin Adelheid, Witwe Ottos des Grossen, als Verwandte (propinqua) sich für Ulrichs Neffen Manegold und Hupald II. einsetzte, damit sie ihre augsburgischen Lehen behalten durften.[26]

Adelheid war eine Enkelin Herzog Burchards I. Da Burchard als »nepos« (Vetter) Ulrichs bezeichnet wird, kann Adelheids Verwandtschaft zu Ulrichs Neffen nur über Herzog Burchard gelaufen sein. Dieser war nach allgemeiner Ansicht mit Ulrichs Mutter Dietpirch verwandt. Doch über das »wie« der Verwandtschaft herrscht keine Einigkeit.[27]

Da die »Vita« so spärlich über Ulrichs Verwandtschaft informiert, ist die Nachricht um so wertvoller, die Gebehard überliefert, ein Nachfolger Ulrichs auf dem Augsburger Bischofsstuhl (996–1001). Ihr zufolge stammte Ulrich »aus dem erlauchtesten Geschlecht der Herzöge und Grafen Alamanniens«.[28] Angesichts des reichen Besitzes der »Hupaldinger« haben wir keinen Grund, diese Nachricht zu bezweifeln. Sie kann sich nicht auf Ulrichs Verwandtschaft zu Herzog Burchard I. beziehen, der 917 als erster seines Geschlechts die Herzogswürde erlangte, während Ulrich schon 890 geboren wurde. Wenn Ulrich wirklich dem »erlauchtesten Geschlecht der Herzöge und Grafen Alamanniens« entstammte, kann nur das altalamannische Herzogshaus Gotfrids († 709) gemeint sein. Die unseres Erachtens ganz eindeutige Aussage Gebehards ist um so wichtiger, als genealogische Überlegungen bereits zu der Vermutung führten, der reiche Besitz der Ulrichsippe um Wittislingen und Dillingen könnte auf altalamannisches Herzogsgut zurückgeführt werden.[29] Überlegungen zur Besitzgeschichte führen grundsätzlich zum gleichen Ergebnis.

[23] Steichele, A.v.: Das Bistum Augsburg, Bd. 3, S. 8, Anm. 11 (nach Raiser).
[24] MG.SS., VI. S. 384 ff.
[25] MG.SS., IV. S. 387.
[26] MG.SS., IV. S. 416.
[27] Bühler, Vorfahren, S. 23.
[28] Wie Anm. 3.
[29] Decker-Hauff, Hansmartin: Die Ottonen u. Schwaben, ZWLG XIV, 1955, S. 233 ff., insbes. S. 311 ff.

Der Besitz der »Hupaldinger« geht auf alamannisches Herzogsgut zurück

Über die Besitzlandschaft der »Hupaldinger« punktförmig verteilt findet sich beträchtlicher Fremdbesitz. Er erweckt auf den ersten Blick den Eindruck, als sei er aus einer ursprünglich geschlossenen Besitzmasse herausgeschnitten, habe also mit dem nunmehrigen »Hupaldingergut« früher einmal eine Einheit gebildet. Unter dieser Voraussetzung dürfen Erkenntnisse zur Herkunft des Fremdbesitzes als Hinweis gewertet werden, woher das »Hupaldingergut« stammt. Im Begüterungsbereich der »Hupaldinger« steckt viel Königsgut. Es scheint mit Bedacht ausgewählt, denn es findet sich vorwiegend an alten Verkehrswegen aufgereiht. So liegen an der Donaunordstraße Ulm-Regensburg die Königsgüter Ulm, Elchingen, Langenau, Sontheim an der Brenz, Brenz, Lauingen, Höchstädt, Blindheim und Donaumünster.

Mit der Donaunordstraße kreuzt sich die Nord-Süd-Verbindung über den Albpaß von Kocher und Brenz, die bei Günzburg die Donau überquert und in Richtung Mindelheim bzw. Augsburg führt. An ihr und ihren Querverbindungen liegen die Königsgüter Steinheim, Nattheim, Bolheim, Herbrechtingen, Günzburg, Mindelheim und Zusmarshausen.[30]

Die genannten Straßen wurden wohl in fränkischer Zeit als Aufmarschstraßen gegen Bayern und zu den Alpenpässen benutzt. Das Königsgut diente der Versorgung durchmarschierender Truppen. Es ist größtenteils in karolingischer Zeit bezeugt. Soweit es erst später urkundlich faßbar wird, ist es regelmäßig im Besitz von Karolingererben und kann daher auf karolingisches Königsgut zurückgeführt werden.

Karolingisches Königsgut aber stammt aus alamannischem Herzogsgut. Dieses wurde bei der Zerschlagung des alamannischen Herzogtums in den Jahren 730 bis 746 konfisziert. Davon betroffen war der Besitz der Herzöge Landfrid (✝ 730) und Theutbald (✝ n. 746). Anderes stammte aus dem Heiratsgut und Erbe der Hildegard, der Gemahlin Karls des Großen. Sie war durch ihre Mutter Imma eine Urenkelin Huochings und somit Teilhaberin am Herzogsgut. In der Besitzlandschaft der »Hupaldinger« bekam die Abtei Fulda in Hessen seit der Mitte des 8. Jahrhunderts viel Gut teils vom König, teils von privaten Wohltätern geschenkt. Mit den letzteren hat sich die Forschung befaßt und zum Teil interessante Ergebnisse erzielt. Ein Ebo (Apo), der in Gundelfingen schenkte, war auch am Rheinknie bei Lörrach, Rottweil am Neckar und Zuckenried im Thurgau begütert, und zwar jeweils in der Nachbarschaft von Herzogsgut, so daß es selbst als Abkömmling des Herzogshauses zu gelten hat.[31] Ähnliches gilt für Egilolf, der in Schnaitheim bei Heidenheim schenkte. Er dürfte ein Enkel der Stifter des Klosters Marchtal an der Donau, Halaholf und Hildiberga (776) sein[32] und stammt dann – nach den Erkenntnissen Hans Jänichens – von Herzog Huochings Tochter Hiltburg ab.[33] Damit stimmt überein, daß Schnaitheim nach anderweitig gewonnenen Erkenntnissen um 700 in Händen Herzog Gotfrids gewesen sein muß. Andere Schenker an Fulda haben sich als im Rhein-Main-Gebiet verwurzelte Franken erwiesen, was ihre Vorliebe für die Abtei Fulda erklärt.[34] Das Schenkungsgut aber stammte wohl größtenteils aus konfisziertem alamannischem Herzogsgut, das ihnen als Lohn für treue Dienste zu Lehen oder Eigen übertragen worden ist.[35]

Im Süden und Südwesten des Untersuchungsgebiets war die Abtei Kempten begütert. Die Herkunft dieses Besitzes läßt sich zwar in keinem Fall urkundlich ermitteln; aber gerade deshalb reicht er gewiß in sehr frühe Zeit zurück. Dies darf man um so eher annehmen, als in Unterroth (Kr. Illertissen), Billenhausen, Berg-Geismarkt (Kr. Krumbach) und Winterbach (Kr. Günzburg) die Kirchen den Titelheiligen von Kempten, Gordian und Epimachus, geweiht sind und daher unter dem Einfluß Kemptens gegründet wurden. Königin Hildegard hatte die Abtei Kempten entscheidend gefördert und ihr die Reliquien der erwähnten Heiligen verschafft. Ihr Gemahl Karl der Große und ihr Sohn Ludwig der Fromme haben Kempten reich dotiert und privilegiert. So spricht vieles dafür, daß die kemptischen Güter von Hildegard oder ihren Erben stammten. Sie waren dann ursprünglich Herzogsgut.[36]

Bemerkenswert ist das Schicksal der Reisensburg, die dicht neben dem

---

[30] Bühler, Vorfahren, S. 18. – Ders.: Die »Duria-Orte« Suntheim u. Navua, Das Obere Schwaben H. 8 (im Druck). – Matzke, J.: Die ehemaligen Besitzungen des Klosters Reichenau im heutigen Kreis Neu-Ulm, Ulm und Oberschwaben, Bd. 36, 1962, S. 57 ff.

[31] FUB, S. 430, Nr. 316. – Vgl. Köpf, Laupheim, S. 44.

[32] FUB, S. 429, Nr. 311. – Vgl. Böhne, W.: Zur frühmittelalterl. Geschichte Ellwangens nach Fuldaer Quellen, Festschrift Ellwangen 764–1964, Bd. 1, S. 73 ff. – Bosl, K.: Franken um 800, 2. Aufl. 1969, S. 70. – Mayr, G.: Studien zum Adel im frühmittelalterl. Bayern, Studien z. Bayer. Verfassungs- u. Sozialgeschichte Bd. V, 1974, S. 117.

[33] Jänichen, H.: Die alemannischen Fürsten Nebi und Berthold, Schriften des Vereins für Geschichte des Bodensees H. 94, 1976, S. 57 ff.

[34] Bühler, Vorfahren, S. 19.

[35] Vgl. Dronke, E. Fr. Joh.: Traditiones et Antiquitates Fuldenses, S. 125. Überschrift zu c. 44.

[36] Bühler, Vorfahren, S. 19 f.

Königsgut Günzburg liegt. Zur Zeit der Ungarnschlacht auf dem Lechfeld 955 befand sie sich offenbar in Händen Bertholds aus dem baierischen Geschlecht der Liutpoldinger. Berthold aber war ein Urenkel und Erbe der Kunigunde, Schwester Erchangers und Bertholds († 917), die dem Hause der Bertholdinger entstammten und ihren Besitz – wie Egilolf in Schnaitheim – über Huochings Tochter Hiltburg ererbt hatten. Im benachbarten Langenau, wo auch Königsgut bezeugt ist, hatte bis 1003 das Hochstift Freising namhaften Besitz, der ebenfalls von Kunigunde gestiftet oder aber schon durch Hildegards Bruder Gerold († 799) an Freising gelangt sein konnte.[37]

So erweist sich der Fremdbesitz im Begüterungsbereich der »Hupaldinger« letztlich fast durchweg als ehemaliges Herzogsgut. Es stand um 700 noch geschlossen in der Verfügungsgewalt des Herzogs Gotfrid. Soweit es danach an seine Söhne Landfrid und Theutbald übergegangen war, wurde es zumindest teilweise konfisziert und karolingisches Königsgut. Soweit es sich in den Händen seines Sohnes Huoching befand, vererbte es sich über dessen Tochter Hiltburg auf die Bertholdinger; anderes kam über seine Enkelin Imma an die Udalrichinger bzw. durch Immas Tochter Hildegard wiederum an die Karolinger.

Wenn nun das, was aus der ursprünglich einheitlichen Besitzmasse herausgeschnitten wurde, sich letztlich als Herzogsgut erweist, dann muß auch das »Hupaldingergut« ursprünglich Herzogsgut gewesen sein.

Zeigen läßt sich dies an den Siedlungs- und Herrschaftsverbänden der »-heim-Orte« um Günzburg und Heidenheim: In der zweiten Hälfte des 6. Jahrhunderts wohl auf merowingischem Königsgut gegründet, waren sie vor 700 in die Verfügungsgewalt des Herzogs Gotfrid gelangt. Nach seinem Tod 709 wurden sie aufgeteilt. Ein Teil ist später Königsgut (Anteil Landfrids und Theutbalds?), anderes erscheint in Händen der Bertholdinger und ihrer Verwandten (Nachkommen der Huoching-Tochter Hiltburg), wieder anderes ist im Besitz der »Hupaldinger«.[38]

Sind aber die »Hupaldinger« Teilhaber am ehemaligen Herzogsgut, ja Haupterben des ostschwäbischen Herzogsgut, dann sind auch sie mit dem Herzogshaus verwandt. Gebhards Nachricht von der Abstammung des Bischofs Ulrich findet in der Besitzgeschichte ihre Bestätigung.

---

[37] Bühler, Vorfahren, S. 20. – Ders.: Die »Duria-Orte« Suntheim und Navua, a.a.O., S. 25 f.

[38] Bühler, H.: Die Herrschaft Heidenheim, 75 Jahre Heimat- u. Altertumsverein Heidenheim 1901–1976, S. 121 ff., insbes. S. 133. – Ders.: Leipheim u. die Güssen, Leipheim, hrsg. von der Stadtverwaltung Leipheim, 1981 (im Druck).

Dietpirchs Ahnen

Leider verschweigt Gebehard, welcher Elternteil Ulrichs vornehme Abstammung vermittelte. Aus der »Vita« erfahren wir nur, daß Ulrich ein »nepos« Herzog Burchards I. (917–923) war. Die Forschung ist sich einig, daß diese »Vetternschaft« durch Ulrichs Mutter Dietpirch begründet wurde; sie muß dem Hause der Burchardinger oder Hunfridinger sehr nahe gestanden sein.

Die Überlieferung von St. Ulrich und Afra wie von Heiligkreuz sieht in Dietpirch eine Tochter des »Herzogs« Burchard von Schwaben[39]; sie meint tatsächlich den Markgrafen Burchard von »Rätien«, der 911 umkam, als er versuchte, sich zum Herzog zu erheben. Er ist der Vater Herzog Burchards I. Dieser und Dietpirch wären dann Geschwister. Ulrich wäre der Neffe des Herzogs. Dieser Meinung sind fast alle neueren Genealogen gefolgt. Sie befriedigt jedoch nicht. Wäre nämlich Dietpirch die Tochter des Markgrafen Burchard und Schwester des Herzogs Burchard I., dann müßte der Name Burchard unter ihren Nachkommen zu finden sein. Dies trifft aber nicht zu. Unter Dietpirchs Nachkommen nimmt der Name Manegold eine bevorzugte Stellung ein, ein Name, der durch Dietpirch in die Familie gekommen sein muß. So hießen ein Sohn und ein Enkel der Dietpirch. Diese gaben den Namen weiter an die von Werd (Donauwörth), an die schwäbischen Pfalzgrafen, an die von Sulmetingen-Neuffen und von Altshausen. So ist Manegold wohl der häufigste Name im Sippenkreis der »Hupaldinger«. Er geht auf einen Vorfahren Dietpirchs zurück.

Hagen Keller hat auf einen früher kaum beachteten Burchardinger namens Manegold aufmerksam gemacht, einen Sohn Adalberts d. Erl. († 894) und Bruder des Markgrafen Burchard. Dieser Manegold ging 880 an den päpstlichen Hof, um Bürgschaft für die Politik Karls III. zu leisten.[40] Kein anderer als er kann u. E. der Vater der Dietpirch sein; dann ist der Name Manegold unter ihren Nachkommen erklärt. Dietpirch und Herzog Burchard I. waren dann Vetter und Base. Bischof Ulrich war eine Generation jünger als der Herzog, der ihm zum Augsburger Bischofsstuhl verhalf, d. h. sie waren Vettern ungleichen Grades – eine Verwandtschaft, die dem Begriff »nepos« durchaus entspricht.

---

[39] Siehe Anm. 11 u. 12.
[40] Keller, H.: Kloster Einsiedeln, Forschungen z. Oberrhein. Landesgesch. Bd. XIII, 1964, S. 22. – Vgl. Dümmler, E.: Geschichte d. Ostfränk. Reiches Bd. 3, S. 110.

Bischof Ulrich selbst muß seinen Namen von Mutterseite erhalten haben; ein Vetter seiner Mutter und ein Bruder Adalberts d. Erl., Ulrich von Schänis, hießen so. Letztlich weist der Name ins Haus der Udalrichinger oder Geroldinger. Mehrfache Besitzgemeinschaft, u. a. in Gurtweil bei Waldshut, besagt, daß Burchardinger und Udalrichinger verwandt gewesen sind.[41] Die Mutter Adalberts d. Erl. und Ulrichs von Schänis müßte eine Udalrichingerin gewesen sein, nach den Lebensdaten am ehesten eine Tochter Graf Udalrichs II. (803–817). Die Udalrichinger aber waren über die Stammutter Imma (778–786) mit dem alten Herzogshaus verbunden.

Bischof Ulrichs mütterliche Ahnenreihe bestätigt also die Nachricht Gebehards, daß er »aus dem erlauchtesten Geschlecht der Herzöge und Grafen Alamanniens« stamme.

Über Dietpirch mag ehemaliges Herzogsgut an die »Hupaldinger« gelangt sein. Die Masse des »Hupaldingerguts« freilich stammt nicht von Dietpirch, denn so groß kann nach allem, was wir wissen, der Anteil der Udalrichinger am ostschwäbischen Herzogsgut nicht gewesen sein.

Die durch Dietpirch vermittelte Verwandtschaft erklärt auch nicht, weshalb die »Hupaldinger« als einziges Geschlecht in Schwaben den Namen Theutbald-Dietpald pflegten, der an Herzog Gotfrids Sohn Theutbald gemahnt, und weshalb sie im Namen Hupald-Hucpald offenbar die Erinnerung an Huoching, den anderen Sohn Gotfrids, wach hielten. Wie die Besitzgeschichte zeigt, müssen diese beiden in Ostschwaben reich begütert gewesen sein; Ulrichs Ahnenreihe müßte unmittelbar auf diese beiden zurückzuführen sein.

Hupalds Ahnen

Dietpirch hat ihren Nachkommen die Namen Ulrich und Manegold vermittelt. Die Namen Dietpald und Riwin müssen daher von Hupalds Seite stammen. Die Überlieferung gibt Hupald einen »Grafen von Kyburg« zum Vater.[42] Dies ist gewiß nicht wörtlich zu nehmen. Ist doch erst Graf Hartmann I. von Dillingen durch seine Heirat mit Adelheid von Winter-

---

[41] Siehe Urk. Graf Adalberts von 873 für Kl. Rheinau, Quellen z. Schweizer Geschichte, 3. Bd., 1883, Tl. 2, S. 17 Nr. 12 und Urk. Graf Udalrichs IV. für Kl. Aadorf von 894, Wartmann Nr. 691. – Vgl. Maurer, H.: Das Land zwischen Schwarzwald u. Randen. Forschungen z. Oberrhein. Landesgesch. Bd. XVI, 1965, S. 58 f.

[42] Wie Anm. 11 u. 12.

thur-Kyburg in den Besitz der Kyburg gelangt. Und doch mag die Überlieferung nicht völlig aus der Luft gegriffen sein. Sie gibt zumindest einen
Fingerzeig, wo man Vorfahren Hupalds finden könnte. Gilt es doch ältere
Träger der Namen Hupald, Dietpald und Riwin zu ermitteln, die als Vorfahren Bischof Ulrichs bzw. als Taufpaten seiner Geschwister und Neffen
in Betracht kommen könnten. Diese Namen sind im 8. und 9. Jahrhundert gewiß nicht häufig. Wenn man bedenkt, daß in dieser Zeit bestimmte
Namen ihre Träger als Angehörige bestimmter Sippenkreise ausweisen,
wird man die Aussagekraft von Namen gewiß nicht gering einschätzen.

Ostschwaben ist für das 8. und 9. Jahrhundert arm an Quellen. Dort zu
suchen, wäre aussichtslos. Doch war der Adel des frühen Mittelalters
nicht regional gebunden. Ein und dieselbe Familie, dementsprechend dieselben Personen konnten in recht verschiedenen Gegenden begütert und
somit bei Gütergeschäften anzutreffen sein; dies gilt insbesondere für die
führenden Geschlechter. Wenn Bischof Ulrich wirklich »dem erlauchtesten Geschlecht der Herzöge und Grafen Alamanniens« entstammte,
dann mußten seine Vorfahren auch in Gegenden anzutreffen sein, die
quellenmäßig besser erschlossen sind als Ostschwaben.

Für das Schwaben jener Zeit gibt es keine reichere Sammlung von Namen als den Urkundenbestand des Klosters St. Gallen. Sie ist am ergiebigsten für die nähere Umgebung des Klosters, den alten Thurgau. Gerade
der Thurgau aber war eine Domäne des alten Herzogshauses.[43] Hier müßten Vorfahren Ulrichs zu finden sein.

Im Jahre 897 wurde in Wiesendangen (bei Oberwinterthur) ein Gütergeschäft zwischen dem Abt von St. Gallen und einem gewissen Othere
beurkundet. Der Abt gab Güter in Jonschwil (Kt. St. Gallen) und erhielt
dafür solche in den Nachbarorten Bazenheid, Wilen und (Ober- bzw.
Nieder-)Uzwil. Unter den Zeugen, die zugegen waren, hat man sich
Grundbesitzer aus der Gegend vorzustellen, Leute, die Othere nahestanden. Die Zeugenreihe eröffnen Richine, Huppold, Thiotpold; das sind
Richwin/Riwin, Hupald und Dietpald.[44]

Ihr Auftreten als Gruppe in der Zeugenreihe besagt, daß sie untereinander eng verbunden waren. Sie tragen Namen, die in der Familie des Bischofs Ulrich bei dessen Vater, Bruder und Neffen wiederkehren; es sind

---

[43] Dienemann-Dietrich, I.: Der fränk. Adel in Alemannien, Vorträge u. Forschungen,
Bd. 1, 1955, S. 149 ff., insbes. S. 179. – Feger, O.: Zur Gesch. des alemann. Herzogtums, ZWLG XVI, 1957, S. 41 ff., insbes. S. 54 u. S. 69 f.

[44] Wartmann, Nr. 712.

Namen, die durch Ulrichs Vater Hupald in die Familie gekommen sind. Dies läßt keinen anderen Schluß zu, als daß es sich um nächste Verwandte von Ulrichs Vater Hupald handelt. Über die Art der Verwandtschaft läßt sich vorerst freilich nichts sagen.

Vierzehn Jahre früher, 883, fand in Oberwinterthur ein Gütertausch Thiotpolds mit dem Kloster statt. Thiotpold gab 55 Jauchert zwischen Zihlschlacht, Schocherswil, Aach und Hefenhofen nebst einem Wald bei Wilen. Dafür erhielt er Klostergut in Kradolf an der Thur. Zeuge nach dem Amtsgrafen Adalbert d. Erl. (Burchardinger) war Hupold; ein weiterer Zeuge war Othere.[45] Gewiß handelt es sich bei Thiotpold, Hupold und Othere um die gleichen Personen, die uns 897 begegnet sind. Hupolds Stellung als führender Zeuge spricht für seine enge Verbundenheit mit Thiotpold.

Thiotpold war schon 882 in Romanshorn Zeuge eines Gütertausches zwischen Bischof Salomo II. von Konstanz und dem Abt von St. Gallen, wobei letzterer Klostergüter in Lenzwil (bei Langenrickenbach) und Buch sowie in Sirnach (bei Wil) nebst Waldland zwischen Sirnach und Gloten weggab.[46]

Er begegnet wieder 894 in Wertbühl (bei Sulgen) als Spitzenzeuge für Engilpret, als dieser Gut in Wuppenau, Zuckenriet, Zuzwil und Hagenbuch an St. Gallen übertrug.[47] Diese Orte liegen den 883 und 897 genannten benachbart, so daß an der Identität Thiotpolds nicht zu zweifeln ist. Derselbe Hupold wie 883 und 897 aber ist 899 in der St.-Mang-Kirche zu St. Gallen Spitzenzeuge für Cunzo, der dem Kloster Besitz in Zihlschlacht übertrug.[48] Dort war ja auch Thiotpold begütert, für den Hupold 883 Zeugenschaft leistete.

Die Urkunden von 882, 883, 894, 897 und 899 gehören somit zusammen. Die darin genannten Personen gleichen Namens sind identisch. Da ihre Lebensdaten nun näher bekannt sind, darf man sie wohl als Angehörige der gleichen Generation betrachten, am ehesten als Brüder. Nach der Zeit handelt es sich wahrscheinlich um Angehörige von Bischof Ulrichs Großvatergeneration.

Die genannten Orte umreißen ein relativ geschlossenes Gebiet beträchtlicher Ausdehnung im östlichen Thurgau. Es ist offenbar die Besitz-

---

[45] Wartmann, Nr. 631 = Thurgauer UB I, Nr. 124.
[46] Wartmann, Nr. 621.
[47] Wartmann, Nr. 692.
[48] Wartmann, Nr. 717.

landschaft einer Sippe, die die Namen Riwin, Hupald und Thietpald pflegte. Für Hupald lassen sich engere Beziehungen zu den Udalrichingern wie zu den Bertholdingern feststellen. Beide Geschlechter hatten in Herzog Huoching den gemeinsamen Ahnherrn.

Hupald war im Jahr 886 in Aadorf zugegen, als die Äbtissinnen des dortigen Frauenklosters, Irmintrud und Perehtrud, die Töchter des Grafen Udalrich IV., mit ihrer Schwägerin Engilbirc einen Präkarienvertrag eingingen über Güter in Hettlingen (bei Winterthur) und Hochfelden (bei Bülach).[49] Es handelte sich um ein familieninternes Gütergeschäft. Wer dem als Zeuge beiwohnte, muß der Familie der Udalrichinger wohl näher verbunden gewesen sein.

Graf Udalrich IV. übertrug dem Kloster Aadorf, dem seine Töchter vorstanden, 894 beträchtlichen Besitz in verschiedenen Orten, u.a. in Wittershausen (bei Aadorf) zwei ihm gehörige Huben, das Gut der freien Leute, das Widumgut sowie das Eigengut Hugibalds (= Hupald).[50] Hupald hatte somit Eigengut im selben Wittershausen, in welchem Graf Udalrich IV. begütert war und ortsherrliche Rechte besaß. Diese Besitzgemeinschaft wird man als Erbengemeinschaft aufzufassen haben. Hupald hatte dann Anteil an einem Gut, das wahrscheinlich einst Herzogsgut war. Hupald war außerdem 892 auf dem Bussen (bei Riedlingen an der Donau) Zeuge eines Tauschs zwischen Chadaloh und dem Abt von St. Gallen.[51] Er steht somit in Verbindung zum nördlichen Oberschwaben, wo 80 Jahre später Bischof Ulrichs Neffe Manegold die Herrschaft Sulmetingen (bei Laupheim) innehatte. Zugleich aber hatte er enge Beziehungen zu Chadaloh, einem Angehörigen der Bertholdinger, die von Huochings Tochter Hiltburg abstammten und an der oberen Donau reichen Anteil am ehemaligen Herzogsgut hatten.[52] Hupalds örtliche und persönliche Beziehungen erklären sich, wenn auch er am dortigen Herzogsgut teilhatte.

Ältere Thiotpolde

Kehren wir in den Thurgau zurück. In dem Bereich, den wir als Besitzlandschaft der Riwin-Hupald-Thietpald-Sippe umrissen haben, sind Träger des Namens Thietpold/Thietpald seit der Mitte des 8. Jahrhunderts

---

[49] Wartmann, Nr. 655.
[50] Wartmann, Nr. 691.
[51] Wartmann, S. 684 = Wirtemberg. UB I, S. 195f., Nr. 168.
[52] Wie Anm. 33.

nachweisbar. Sicherlich handelt es sich um Vorfahren der Zeugen von 897. Ein erster Thiotpold bezeugte 762 in Weiern (Kt. St. Gallen) die Schenkung von Gut in Züberwangen (bei Wil).[53] Als 782 in Zuckenriet ein Rechtsgeschäft beurkundet wurde, bei welchem Roadpert die Hälfte seines Besitzes in Zuckenriet an St. Gallen gab, war Deotpald zweiter Zeuge nach dem Spitzenzeugen Wurmher.[54] Deotpald (= Thiotpold) stand dem Schenker Roadpert offenbar sehr nahe. Roadpert aber ist kaum ein anderer als der gleichnamige Sohn Nebis, der seinerseits ein Sohn Huochings und Enkel Herzog Gotfrids war.[54a]

Zuckenriet selbst war ehemaliges Herzogsgut, und in der Umgebung gab es viel Herzogsgut. So schenkte König Karl III. 879 Güter in Zuckenriet und in (Ober- oder Nieder-)Uzwil[55], Güter, die entweder aus konfisziertem Herzogsgut oder aus dem Erbe der Königin Hildegard stammten. An letzteres wäre etwa bei Uzwil zu denken, das urkundlich Uzzenwilare heißt und sich damit als Gründung oder früherer Besitz eines Uzzo = Ulrich aus der Sippe der Udalrichinger verrät. Wenige Kilometer von Zuckenriet entfernt liegt Oetlishausen (bei Bischofszell), das seinen Namen vom Bayernherzog Odilo († 748) erhalten haben dürfte, dem auch Pfungen bei Winterthur gehörte und der ein Sohn Herzog Gotfrids war.[56]

Um Zuckenriet war auch jener Ebo/Apo begütert, der uns als Schenker in Gundelfingen an der Brenz, unweit von Dillingen, begegnet ist. Er bezeugt 762 die Schenkung eines Joto in Tägerschen und 787 die Belehnung eines Waldbert in Zuzwil und Zuckenriet. Ebo/Apo muß (nach Koepf) ein direkter Nachkomme Huochings gewesen sein, nach der Zeit am ehesten ein Enkel.[57] Zu ihm hatte Thiotpold gleichfalls enge Beziehungen, denn er bezeugte 751 eine Schenkung Ebos und seiner Gemahlin Odalsind im südlichen Breisgau, in Wahinkofen (abgegangen bei Haltingen/Lörrach) und Rötteln.[58] Thiotpold selbst war im nahen Kandern und in Ober- bzw. Niederweiler (bei Badenweiler) begütert.[59] Die Gegend nördlich des Rheinknies bei Basel/Lörrach aber wimmelte geradezu von ehemaligem Herzogsgut. Die Könige Karl III. und Arnulf hielten sich 887

[53] Wartmann, Nr. 34.
[54] Wartmann, Nr. 98.
[54a] Bühler, Vorfahren, S. 30, Anm. 58.
[55] Wartmann, Nr. 613 = MG. Dipl. Karl III. Nr. 14.
[56] Chronik des Gallus Öhem, hrsg. von K. Brandi, S. 8 f.
[57] Wartmann, Nr. 35 u. 113. – Vgl. Köpf, Laupheim, S. 44.
[58] Wartmann, Nr. 14.
[59] CL, Nr. 2659, 2667 u. 2669.

bzw. 896 in Kirchen bei Lörrach auf, das als »curtis regia« bezeugt ist.[60] Karl III. verfügte 877 auch über Gut in Mühlheim und Kems.[61] In der unmittelbaren Nachbarschaft dieser Orte hatte 764 der damalige Statthalter Alamanniens, Graf Rudhart, reichen Besitz in den Orten Rümmingen, Tumringen, Küttingen, Wollbach, Haltingen, Eimeldingen, Binzen und Ötlingen an Kloster Saint-Denis (bei Paris) verkauft. Diese Güter waren zur Zeit Pippins d.J. und Karlmanns für den Fiskus eingezogen worden, aber danach an andere gelangt, die sie wie Eigengut behandelt und an Rudhart verkauft hatten. Auf ähnliche Weise hatte St. Martin in Tours Fiskalgüter in Steinenstadt von einem gewissen Fulrid erhalten.[62] Ohne Zweifel handelt es sich hier um Besitz, der nach der Niederwerfung des Herzogs Theutbald 746 beschlagnahmt worden war. Thiotpold war somit Anrainer an Gut, das Herzog Theutbald gehört hatte.

Thiotpold hatte auch Beziehungen zur Baar. Er leistete Zeugenschaft, als 765 Amalbert Hörige und Güter in Klengen (bei Villingen) und als 769 die Nonne Cotaniwi Besitzungen in Lauterbach (bei Schramberg) und Beffendorf (bei Oberndorf) an St. Gallen übertrug.[63] In Klengen erscheint 821 ein jüngerer Theotbald, wohl des ersteren Sohn.[64] Dies beweist, daß unsere Sippe mit der Gegend wirklich verbunden war. Klengen aber erweist sich 817 und 881 als Königsgut und war somit ehemaliges Herzogsgut.[65] Im Ortsnamen Klengen – urkundlich Chnevinga – steckt offenbar der Personenname Chneve (= Nebe/Genefus), den Siegwart auf Nebi, den Sohn Huochings, bezogen hat.[66]

Thiotpolds Beziehungen beschränken sich nicht auf das alamannische Stammesgebiet. Er stand auch in Verbindung zu Kloster Lorsch an der Bergstraße. Er schenkte dorthin 781 Güter in Ober- bzw. Niederweiler (bei Badenweiler) und 786/790 Güter in Kandern.[67] Gewiß ist er damit personengleich mit jenem Teutbald, der 767 eine Schenkung in Handschuhsheim (bei Heidelberg) an dieses Kloster bezeugte.[68] Er muß in jener Gegend begütert gewesen sein, denn ein jüngerer Teotbald – wohl sein

[60] Wartmann, Nr. 661. – MG. Dipl. Karl III. Nr. 159. – MG. Dipl. Arn. Nr. 191.
[61] Wartmann, Nr. 602. – MG. Dipl. Karl III. Nr. 2.
[62] Reg. Alsatiae, Nr. 198. – Vgl. MG., Dipl. Karl d. Gr. Nr. 166 u. 167.
[63] Wartmann, Nr. 48 u. 53.
[64] Wartmann, Nr. 269.
[65] Wartmann, Nr. 226 u. 615.
[66] Siegwart J.: Zur Frage d. alemann. Herzogsguts um Zürich, Zur Geschichte der Alemannen, Wege der Forschung Bd. C, 1975, S. 283.
[67] Wie Anm. 59.
[68] CL, Nr. 286.

Sohn – ist 821 im benachbarten Plankstadt Spitzenzeuge für Landbald und
Erhard.[69] In Handschuhsheim aber war Ruotpert begütert[70], der wohl mit
Roadpert, dem Sohne Nebis, identisch ist, den wir von Zuckenriet her
kennen. In Handschuhsheim treffen wir 768 auch Steinhart, später Graf
im Rammagau südwestlich Ulm, den Koepf als Enkel Huochings von
einer Tochter desselben ermittelt hat.[71] Im benachbarten Plankstadt aber
hatten Gerold und Imma, Schwager und Schwester Roadperts, Besitz.[72]
Auch im Gebiet um die Neckarmündung steht Thiotpold somit in enger
Beziehung zu Teilhabern am alamannischen Herzogsgut. So ergeben sich
für Thiotpold im Thurgau, am Rheinknie bei Lörrach, in der Baar und um
die Neckarmündung Beziehungen zu Herzogsgut. Geradezu frappierend
ist dies im südlichen Breisgau, wo sein Gut im Kandertal erschließbarem
Besitz des Herzogs Theutbald unmittelbar benachbart liegt. Dies kann
kein Zufall sein; zwischen Thiotpold und Herzog Theutbald besteht gewiß ein Zusammenhang.

Herzog Theutbald war nach seinem letzten Aufstand 746 in Gefangenschaft gestorben. Von Nachkommen ist nichts bekannt. Dies besagt, daß
er keine Söhne hinterließ, schließt jedoch nicht aus, daß er eine Tochter
hatte. Diese konnte den Namen des Vaters und wohl auch einiges von
seinem Besitz, der ihr verblieben war, auf etwaige Nachkommen vererben.

Thiotpold dürfte aufgrund der Lebensdaten ein Enkel Herzog Theutbalds sein. Dann erklärt sich seine Verbindung zu Roadpert in Zuckenriet
und Handschuhsheim, denn sie waren Vettern zweiten Grades.

Thiotpolds Vater hieß Graloh. Er ist als Grundbesitzer im Thurgau 776
posthum bezeugt.[73] Er wäre der Gemahl von Herzog Theutbalds Tochter.

---

[69] CL, Nr. 786; ebenfalls 821 ist Thiotbald in Weißenburg (Elsaß) Zeuge, als Erhard in
Büsweiler schenkt, Reg. Alsatiae, Nr. 453.

[70] CL, Nr. 319. – Vgl. Siegwart, J.: Zur Frage des alamannischen Herzogsguts, a.a.O.,
Nr. 253.

[71] CL, Nr. 302. – Vgl. Köpf, Laupheim, S. 36 u. S. 47 f. – Steinhart hatte einen Bruder
Isenhart, der 776 an Kloster Schlehdorf schenkte, wobei Deotpald Zeugenschaft leistete.
– Bitterauf, Th.: Die Traditionen d. Hochstifts Freising Bd. 1, Quellen u. Erört. z. bayr.
u. deutschen Gesch. NF. 4, S. 99 f., Nr. 75 u. 76. Vgl. auch Mitterauer, M.: Karolingische Markgrafen im Südosten, Archiv f. österreich. Gesch. 123. Bd., S. 214 f., der als
Vater Sieghars und damit wohl auch Steinharts einen in Mannheim begüterten Eberhard
nachweist, CL, Nr. 568, vgl. Nr. 315, 2729 u. 370.

[72] CL, Nr. 1880.

[73] Wartmann, Nr. 80.

In der Folgezeit sind die Namen Thiotpold und Graloh im Thurgau wiederholt bezeugt.[74] Thiotpolde finden sich ferner bei Lörrach[75], in der Baar[76], an der oberen Donau[77] und im Nibelgäu[78] – alles Gegenden mit Herzogsgut. Sie verteilen sich auf drei Generationen und überbrücken den Zeitraum vom Verschwinden des ersten Thiotpold (751–790) bis zum Auftreten der Zeugengruppe von 897.

Daß die Angehörigen dieser Sippe im karolingischen Frankenreich keine Grafenämter bekleideten, wundert uns nicht angesichts der grausamen Härte, mit der die Karolinger gegen den unbotmäßigen Herzog Theutbald und seine Anhänger vorgegangen sind (Blutbad von Cannstatt 746). Dem Ansehen der Sippe tat dies keinen Abbruch; und ein Teil des alten Herzogsguts wird den Erben Theutbalds geblieben oder später zurückerstattet worden sein.

Woher kommt der Name Hupald?

In den älteren St. Galler Urkunden sucht man den Namen Hupald vergebens. Doch trifft man in Urkunden der Klöster Lorsch und Fulda einen Hupald zuerst am Mittelrhein von 771 bis 796.[79] Dieser Hupald hat Besitz in Mainz, Plankstadt bei Heidelberg und Menzingen östlich Bruchsal, vielleicht auch in Edesheim nördlich Landau, wo nach seinem Tod 813 Güter für sein Seelenheil gestiftet wurden. Er ist in diesen Gegenden überdies mehrfach als Zeuge tätig.

Aufschlußreich sind die persönlichen Beziehungen, die sich für Hupald aus Besitznachbarschaft und Zeugenschaften ergeben.

In Mainz ist Hupald 785 Besitznachbar eines Klerikers Walther, an den wiederum das Gut eines Hug und eines Hrôdberct (Robert) angrenzten.[80] 789 folgt er unmittelbar hinter Uto in der Zeugenreihe einer Schenkung in Mainz.[81] Die Namen Robert und Uto verdienen unser Interesse; es sind

---

[74] Thiotpold: Wartmann, Nr. 86, 89, 238, 244, 287, 307, 335, 345, 471, 472, 548. – Graloh: Wartmann, Nr. 190, 232, 249, 287, 307, 335, 337.
[75] Wartmann, Nr. 490 u. 555.
[76] Wartmann, Nr. 269 u. 493.
[77] Wartmann, Nr. 387.
[78] Wartmann, Nr. 554.
[79] Bereits 754 bezeugt ein Humbald die Schenkung der Nonne Adala, Tochter Bodals (Etichone), in Wasselnheim und Elbersweiler im Elsaß an Kloster Hornbach. – Reg. Alsatiae, Nr. 174.
[80] FUB, S. 238 f., Nr. 161.
[81] FUB, S. 278 f., Nr. 184.

Namen, die in der Familie der Imma, der Enkelin Huochings und Schwiegermutter Karls d. Gr., bekannt sind. Robert heißt ein Bruder der Imma; er ist 770 bis 785 bezeugt und uns von Zuckenriet im Thurgau und von Handschuhsheim her bekannt. Mit ihm könnte der Mainzer Robert, der Nachbar Hupalds, sehr wohl identisch sein. Derselbe Robert ist es wohl, der 771 die Schenkung des Traher und Gerbert für ihren verstorbenen Bruder Adalbert in Flohnheim (bei Alzey) bezeugt.[82]

Uto heißt ein Sohn der Imma aus ihrer Ehe mit dem Grafen Gerold († 784/86). Dieser Uto offenbar schenkte 797 dem Kloster Fulda zum Seelenheil seiner Gemahlin Geilswind zwei Hofstätten in Mainz sowie Weinberge in Mainz und Bretzenheim (bei Bad Kreuznach); Zeuge war sein Bruder Megingoz.[83] Megingoz aber verfügte 801 über einen Anteil an der St. Lambertskirche in Mainz samt zugehörigen Gebäuden und Gütern, wie sie ihm sein Bruder Gerold hinterlassen hatte.[84] Es ist dies der Baiernpräfekt Gerold, der Schwager Karls d. Gr., der 799 im Kampf gegen die Awaren umkam und keine direkten Erben hinterließ. Megingoz verfügte 795 auch über Güter in Bodenheim (bei Mainz) und 784/795 über Weinberge in Rohrbach (bei Heidelberg) sowie über Güter in Malsch (südlich Wiesloch); letztere hatte ihm sein Vater Gerold († 784/86) auf dem Sterbebette übereignet.[85] Auch der Vater Gerold ist in Mainz bezeugt: als 762 Bernhari mit Gattin Waltheid und Schwester Hilitauc zwei Hofstätten in Mainz an die Abtei Fulda schenkten, sind Gerold und Agilulf als Angrenzer genannt.[86] Agilulf erinnert an den Sohn des Stifterpaares von Marchtal an der Donau, Halaholf und Hildiberga; die Mutter Hildiberga war eine Nichte Nebis. Agilulfs Bruder muß dann wohl jener Asulf sein, der 804 in Mainz Nachbar der Fastburg war.[87] Ein weiterer Angehöriger der Gerold-Sippe, Erbio, Sohn Gerolds und Bruder Adrians, bezeugt 796 und 800 Schenkungen in Mainz.[88] Adrian übertrug dem Kloster Lorsch 793 für Erbios Seelenheil Güter in Flohnheim.[89]

---

[82] CL, Nr. 935 – laut M. Gockel, Karoling. Königshöfe am Mittelrhein, S. 240 ist der Mainzer Robert nicht personengleich mit dem Rupertiner Rupert II. (770, 795–807), dem Sohn Turincberts.

[83] FUB, S. 353 ff., Nr. 248.

[84] CL, Nr. 1974.

[85] CL, Nr. 1327 u. 791.

[86] FUB, S. 63 ff., Nr. 37.

[87] Wartmann, Nr. 81. – Dronke, E. Fr. Joh.: Codex diplomat. Fuldensis, S. 118, Nr. 224. Asulf bezeugt 798 eine Schenkung in Dienheim bei Oppenheim, FUB, S. 367 f., Nr. 259.

[88] FUB, Nr. 245 u. 266.

[89] CL, Nr. 936.

Flohnheim aber ist uns schon in Verbindung mit Robert begegnet. Dies bestärkt uns in der Annahme, daß Robert tatsächlich zum Sippenkreis der Geroldinger gehört und daß es sich um Immas Bruder handelt. Erbio und Adrian aber müssen, wegen ihres Vaters Gerold (= Gerold d. Ä., † 784/86), als weitere Brüder von Uto und Megingoz und somit als Söhne der Imma gelten. Wir treffen also in Mainz und Umgebung fast die ganze Sippe Immas an.

In enger Verbindung zu diesem Personenkreis stand Hupald. Dies wird dadurch noch unterstrichen, daß Hugbald 785 in Paderborn die Schenkung eines Ratboto in Roxheim (bei Bad Kreuznach) bezeugte, während wenige Jahre später Megingoz und Erbio demselben Ratboto wegen Roxheim Beistand leisteten.[90] Ratboto ist vielleicht personengleich mit Ratbald, der gemeinsam mit Hugibald (= Hupald) 790 eine Schenkung in Gau-Heppenheim (bei Alzey) bezeugte.[91]

Imma und ihre Angehörigen sind für uns vor allem Abkömmlinge des alamannischen Herzogshauses, und wir zählen sie zu dessen Erben. Für Mainz und Umgebung gilt dies nicht uneingeschränkt. Imma ist ja auch Gemahlin des Grafen Gerold († 784/86). Gerade in Mainz, wo Gerold nachweislich begütert war und wo dessen gleichnamige Vorfahren nachzuweisen sind, dürfte manches, was uns im Besitz von Gerolds und Immas Söhnen begegnet, nicht Erbe der alamannischen Herzöge sein, sondern eben von Gerolds Seite stammen. Dies gilt insbesondere für den Anteil an der St. Lambertskirche in Mainz, über den Megingoz als Erbe seines Bruders Gerold († 799) verfügte.[92]

Neuere Forschung hat jedoch gezeigt, daß die Geroldinger ein Zweig des Geschlechts der Agilolfinger sind, denen das alamannische Herzogshaus auch angehört.[93] Die Ehe Gerolds d. Ä. († 784/86) mit Imma, der Tochter Nebis, verbindet nur erneut zwei Zweige ein und desselben Geschlechts. Dies will besagen, daß da, wo Geroldingergut nachzuweisen ist, auch Gut der Herzogsfamilie angenommen werden darf.

Daß der Zweig des Herzogshauses, dem Imma entstammte, selbst in Mainz Besitz hatte, ist schon dadurch belegt, daß Robert, den wir für den

---

[90] FUB, Nr. 165 u. 185.
[91] CL, Nr. 877.
[92] Gockel, M.: Karolingische Königshöfe am Mittelrhein, Veröffentlichungen des Max-Planck-Instituts für Geschichte 31, 1970, S. 239f. u. S. 242ff.
[93] Werner, K. F.: Bedeutende Adelsfamilien im Reich Karls d. Gr., Karl der Große Bd. 1, 1965, S. 83ff., insbes. S. 106ff. – Zöllner, E.: Die Herkunft der Agilulfinger, Zur Geschichte der Bayern, Wege der Forschung Bd. LX, S. 107ff., insbes. S. 124ff.

Bruder Immas halten, in Mainz Besitznachbar Hupalds war. Überdies waren dort Agilulf und Asulf begütert, wahrscheinlich Söhne der Hildiberga, die eine Nichte Nebis war.[94] Schließlich ist 763 ein Folcholt als Angrenzer an das Gut des Grafen Leidrat in Mainz bezeugt.[95] Folcholt aber ist wohl der Namengeber der alamannischen Folcholtsbaar und – wie Koepf zeigen konnte – ein Sohn von Nebis Schwester Hiltburg.[96] Er ist somit ein Vetter von Imma und Robert. Damit aber ist erwiesen, daß die Sippe der Imma in Mainz und Umgebung nicht nur über Gut von Gerolds Seite verfügte, sondern daß schon Immas Großvater Huoching oder ihre unbekannte Großmutter dort begütert war.

Dafür spricht auch das Auftreten eines jüngeren Nebi am Mittelrhein. Er schenkte für das Seelenheil seiner Gattin Herswind 774 Ackerland in Geinsheim (westlich Speyer) und wenig später einen Weinberg in Mettenheim (östlich Alzey), während ein Gundi 788 für Nebis und seiner Gemahlin Seelenheil erneut Güter in Geinsheim an Kloster Lorsch übergab.[97] In Mettenheim waren auch Gerold und Imma begütert.[98] Immas Mitwirkung an der Vergabung dortigen Besitzes 784 will doch wohl besagen, daß sie daran Anteil hatte, d. h. daß dieser Besitz zumindest teilweise von ihrer Seite kam. Die Besitzgemeinschaft Nebis mit Gerold und Imma aber bestätigt, daß sie verwandt gewesen sind. Nebi kann nach den Lebensdaten und wegen seines überaus seltenen Namens wohl nur ein Sohn Nebis d. Ä. und somit ein Bruder Immas sein.

Erwähnt sei schließlich, daß die Brüder des Rammagaugrafen Steinhart, den wir von Handschuhsheim her kennen, Sieghart und Isenhart, 771 über Gut in Freimersheim (südlich Alzey) verfügten.[99] Als Neffen Nebis d. Ä. hatten auch sie am Erbe der alamannischen Herzöge Anteil.[100]

Hupald, den wir in Mainz in Verbindung mit den Erben Huochings getroffen haben, war auch in Plankstadt (bei Heidelberg) begütert. Er ist dort 771 als Besitznachbar des älteren Gerold († 784/86) bezeugt.[101] Doch

---

[94] Wie Anm. 86 u. 87; vgl. Jänichen, (wie Anm. 33) S. 63; ders.: Baar und Huntari, Vorträge u. Forschungen Bd. 1, 1955, S. 83 ff., insbes. Tfl. 2 nach S. 148.

[95] FUB, Nr. 71.

[96] Köpf, Laupheim, S. 57 ff.

[97] CL, Nr. 2102, 1827 u. 2101 – eine Hersint war in Münsingen und Hayingen »in pago Alemannorum« begütert, CL, Nr. 3221, 3224 u. 3225.

[98] CL, Nr. 1880.

[99] CL, Nr. 1758.

[100] Köpf, Laupheim, S. 46 ff.; vgl. Anm. 71.

[101] CL, Nr. 776, vgl. Nr. 1880.

verfügten Gerold und Imma 784 gemeinsam über dortigen Besitz, so daß vermutet werden darf, daß er nicht ausschließlich von Gerolds Seite stammte, sondern daß Imma selbst ererbte Anrechte daran hatte. Dazu paßt, daß 821 ein Teotbald in Plankstadt bezeugt ist, sicherlich ein Nachfahre des Herzogs Theutbald aus der Thiotpold-Hupald-Sippe; er bestätigt unsere Annahme, daß es in Plankstadt Herzogsgut gegeben hat.[102] Im benachbarten Handschuhsheim war 767 Teutbaldus, der mutmaßliche Enkel Herzog Theutbalds, als Zeuge tätig.[103] In Mannheim aber ist der aus Mainz bekannte Folchold 766 als Grundbesitzer bezeugt.[104] Er vergab 770 dortige Güter an die Abtei Lorsch, wobei zwei Gerolde, offenbar Vater († 784/86) und Sohn († 799), sowie zwei Racher Zeugenschaft leisteten.[105] Der jüngere Racher ist es offenbar, der 813 für das Seelenheil des verstorbenen Hupald Güter in Edesheim (nördlich Landau) schenkte[106]; die Racher müssen also Verwandte sowohl Folcholds als auch Hupalds sein. Die Besitzverhältnisse in Plankstadt und Umgebung scheinen ganz dieselben zu sein wie in und um Mainz: neben Gut der Geroldinger bedeutendes Erbgut des alamannischen Herzogshauses. Hupald vergab schließlich 796 Ackerland in Menzingen im Kraichgau (bei Bruchsal).[107] Auch dort hatten Gerold und Imma gemeinsam Besitz. Eigenkirchenherr aber war Gundbald, der gleichfalls zu den Teilhabern am alamannischen Herzogsgut zu rechnen ist.[108] So entsprachen die Besitzverhältnisse in Menzingen denen in Plankstadt und Mainz.

Für den ältesten Hupald ergibt sich somit an drei relativ weit entfernten Orten des Mittelrheingebiets – Mainz, Plankstadt und Menzingen – Besitzgemeinschaft mit den Erben des alamannischen Herzogshauses, insbesondere mit den Nachkommen Huochings. Sehr eng sind offenbar die Beziehungen zu Nebis Zweig, so daß eine nahe Verwandtschaft anzunehmen ist. Hupalds Lebensdaten lassen ihn mit Nebis Tochter Imma generationsgleich erscheinen. Er könnte ein weiterer Bruder von Imma, Robert und Nebi d. J. sein; oder vielleicht eher ein Vetter derselben, Sohn

---

[102] CL, Nr. 786.
[103] CL, Nr. 286.
[104] CL, Nr. 548.
[105] CL, Nr. 561 – in Mannheim war auch Eberhard, der Vater Siegharts (und wohl auch Isenharts und Steinharts) begütert. – CL, Nr. 568; vgl. Mitterauer, Karolingische Markgrafen im Südosten, a. a. O., S. 214 f.
[106] CL, Nr. 2061.
[107] CL, Nr. 2213, vgl. Nr. 1880.
[108] Köpf, Laupheim, S. 46; vgl. Anm. 145.

eines Bruders oder einer Schwester Nebis. In jedem Fall mußte er unter die Enkel Huochings eingereiht werden, von dem er sicherlich den Namensstamm »Hug« geerbt hat. Der zweite Bestandteil seines Namens, »Pald«, könnte vom anderen Elternteil stammen.[108a]

Die enge Verbindung der Träger des Namens Hupald zu Huochings Familienzweig bestätigt sich in den folgenden Generationen. Ein jüngerer Hugibold, gewiß des ersteren Sohn, wohl derselbe, der 822 eine Schenkung in Dornheim (bei Darmstadt) bezeugt[109], erscheint 805 in Zell (bei Riedlingen) an der oberen Donau. Er leistet hier Zeugenschaft für die Brüder Wago und Chadaloh, die über Güter in vielen Orten Oberschwabens zwischen Riedlingen und Ehingen verfügten.[110] Wago und Chadaloh waren Söhne des Grafen Berthold (776–811), der durch seine Großmutter Hiltburg ein Urenkel Huochings und somit Teilhaber am Gut der Herzogsfamilie war. Hugibald/Hupald war nach unserer Annahme ein Vetter des Grafen Berthold im zweiten Grad. Gewiß hatte auch er Anteil am oberschwäbischen Herzogsgut. An die von Wago und Chadaloh vergabten Güter schließt sich östlich der Besitzkomplex um Sulmetingen (bei Laupheim) an, der 973 im Besitz von Bischof Ulrichs Neffen Manegold war.

In eben diesem Bereich bezeugt 838 ein Hunpold der folgenden (dritten) Generation cine Schenkung Pattos in Bettighofen, Rißtissen und Bierlingen.[111] 843 ist ein Diotbald in Altheim (bei Riedlingen oder Langenschemmern) Zeuge betreffs Andelfingen (bei Riedlingen).[112]

851 erscheint in Laupheim wieder ein Hupold der nächstfolgenden (vierten) Generation als Zeuge eines Gütertauschs zwischen dem Bischof Erchanbert von Freising, der als Abt von Kempten handelt, und dem Priester Milo, wobei es um Gut in Langenschemmern, Altheim, Griesingen und Sulmetingen geht.[113] Diese bisher kemptischen Güter stammen

---

[108a] Als Vater Hupalds kommt aus zeitl. Gründen kaum in Betracht jener Huoching, der 773 bzw. 782 Gut in Mundelfingen (b. Donaueschingen) u. Mulfingen (b. Schw. Gmünd) an Kl. Lorsch schenkte. CL, Nr. 3277, 3622. – Dieser Huoching war gewiß ein Enkel des Herzogssohnes Huoching. In Mundelfingen war auch Graf Berchtold begütert, der Sohn Hrodhochs u. Urenkel des älteren Huoching. – Wartmann Nr. 170. – Eher könnte ein 754 in Berg (Kr. Zabern/Elsaß) bezeugter Humbald (= Huginbald) als Vater Hupalds u. Sohn Huochings in Betracht gezogen werden; s. Anm. 79.

[109] Cl, Nr. 199.

[110] Wartmann, Nr. 185 u. 186.

[111] Wartmann, Nr. 372 u. 373.

[112] Wartmann, Nr. 387.

[113] Bitterauf, Th.: Die Traditionen des Hochstifts Freising Bd. I, Quellen u. Erörterungen zur bayr. u. deutschen Geschichte, NF 4, Nr. 730.

gewiß aus Zuwendungen der Königin Hildegard oder ihrer Erben an das Kloster und damit aus Herzogsgut. Sie liegen im Gemenge mit dem Zugehör der Herrschaft Sulmetingen, als deren Inhaber sicherlich Hupold diesem Tauschgeschäft beiwohnte.

Wie erwähnt, begegnet 843 erstmals ein Diotbald im oberschwäbischen Interessenbereich der »Hupaldinger«. Dies besagt wohl, daß sich die Sippe der Hupalde mit den Thiotpolden verbunden hat. Die Verbindung muß in der vorhergehenden Generation von Hupald II. geschlossen worden sein. Dieser Hupald, der 805 in Zell (bei Riedlingen) erstmals im schwäbischen Stammesbereich nachweisbar ist, bezeugte 808 im Kloster St. Gallen die Schenkung eines Cunderat in Höchst an der Einmündung des Rheins in den Bodensee und 820 in Lauben (bei Leutkirch) im Nibelgau die eines Adalhart in Leutkirch.[114] Im Jahr 827 erscheint er in Elgg im Thurgau und leistet zusammen mit Graloh und Thiotpold Zeugenschaft für Immo, der Güter in Affeltrangen, Stettfurt, Immenberg, Wezikon, Zezikon, Märwil, Battlehausen u. a. Orten an St. Gallen schenkte.[115]

Hier sind erstmals Hupald und Angehörige der Thiotpold-Sippe gemeinsam am selben Gütergeschäft interessiert, ein Beweis, daß sie zusammen geheiratet haben. Ein Angehöriger der vordem nur am Mittelrhein, dann an der oberen Donau und im Nibelgau nachweisbaren Hupalde hat in die vorwiegend im Süden Alamanniens begüterte Familie der Thiotpolde eingeheiratet und somit auch im Thurgau Fuß gefaßt.

Die Hupalde wie die Thiotpolde sind als mutmaßliche Abkömmlinge des Herzogs Gotfrid miteinander verwandt. Die seit 827 deutlich erkennbare Verbindung beider Familien ist offenbar zum frühestmöglichen Zeitpunkt geschlossen worden, den das kanonische Recht erlaubte, nämlich zwischen Hupald II. und einer Schwester Thiotpolds II. (816–824) und Gralohs II. (806–831) etwa um das Jahr 780. Die Ehegatten waren Vetter und Base dritten Grades. Die Mitzeugen Hupalds II. sind offenbar sein Schwager Graloh II. und sein Sohn Thiotpold III.; dieser dürfte nämlich wegen seines Platzes gegen Ende der Zeugenreihe erheblich jünger als die anderen gewesen sein.

Infolge dieser Verbindung finden wir in der darauffolgenden (dritten) Generation Träger des Namens Diotbald/Thiotpold an der oberen Donau (843)[116], in der übernächsten (vierten) Generation im Nibelgau (871)[117],

---

[114] Wartmann, Nr. 198 u. 252.
[115] Wartmann, Nr. 307.
[116] Wie Anm. 112.
[117] Wartmann, Nr. 554.

somit in Bereichen, die Stammgut der Hupalde gewesen zu sein scheinen. Umgekehrt tauchen Hupalde künftig nicht nur im Thurgau (852, 869)[118], sondern auch in der Baar (863)[119] auf, den Stammgütern der Thiotpolde. Sie schlagen die Brücke zu der Zeugenreihe von 897 (fünfte Generation). Dieselbe Verbindung beider Namen aber zeigt sich auch am Mittelrhein. Im Kloster Prüm in der Eifel wurde 844 ein Gütertausch zwischen dem Abt und dem Kraichgaugrafen Sieghart vereinbart. Dieser überließ dem Kloster Eigengüter im Bitgau in Idesheim, Hüttingen, Metterich und Eisenach sowie in Klüsserath an der Mosel und erhielt dafür Klostergut im Lobdengau in Hermsheim, Dossenheim, Mannheim, Kloppenheim (abgegangen), Handschuhsheim, Raubach, Wiblingen, Weinheim und Münchhof (bei Handschuhsheim). Unter den Zeugen sind ein älterer und ein jüngerer Hucbald sowie ein Teodbald.[120] Es handelt sich wohl um Hupald III., seinen Sohn oder Neffen Hupald IV. und dessen Vetter Thiotpold IV. An dem Gütertausch waren sie gewiß als in der Heidelberger Gegend Begüterte interessiert. Doch waren sie wohl auch mit dem Kraichgaugrafen Sieghart (844–858) verwandt. Dieser dürfte ein Enkel jenes Sieghart sein, der mit seinem Bruder Isenhart 771 über Gut in Freimersheim (südlich Alzey) verfügte.[121] Ein weiterer Bruder ist der Rammagaugraf Steinhart. Diese Brüder wurden von Koepf als Söhne einer Schwester Nebis und somit als Enkel Huochings erkannt. Demzufolge müßten der Kraichgaugraf Sieghart (844–858) und Hupald III. Urenkel von Geschwistern sein; Graf Sieghart hätte dann Anteil an Huochings Erbe. Sollte dazu etwa auch der von ihm vertauschte Besitz in der Eifel und an der Mosel gehören? Wir kommen darauf zurück.

Ältere Riwine

Die Thurgauer Urkunde von 897 ist die erste und einzige, die den Namen Richine (Riwin) in Verbindung mit Huppold und Thiotpold nennt. Da der Name Riwin bei einem Neffen und Großneffen des Bischofs Ulrich wiederkehrt, muß Richine/Riwin zu den nächsten Verwandten von Bi-

---

[118] Thurgauer UB, I, Nr. 80. – Wartmann, Nr. 544.
[119] Wartmann, Nr. 493.
[120] Beyer, H.: UB z. Geschichte der mittelrhein. Territorien Bd. 1, Nr. 58; wegen des Datums vgl. Bd. 2, S. 591.
[121] CL, Nr. 1758; vgl. Anm. 100. Zwischenglied dürfte jener Sieghart sein, der 812 in Handschuhsheim schenkte, CL, Nr. 367, vielleicht auch Graf Sicardus 812 in Aachen, MG. Dipl. Karl d. Gr., Nr. 216.

schof Ulrichs Vater Hupald gehören. Wir betrachten Richine/Riwin als einen Bruder der Zeugen Huppold und Thiotpold von 897. Da er in der Zeugenreihe den beiden vorausgeht, ist er als der Älteste zu betrachten. Sein Name ist neu in der Sippe. Er müßte vom Großvater von Mutterseite stammen, von einem Riwin, der zwischen 830 und 860 in Erscheinung treten müßte.

Der Name Riwin ist selten. Bedeutendster Träger des Namens in Alamannien ist Graf Riwin (Rifoin), der 802 die Grafschaft im Nibelgau verwaltete, dann 806 sowie von 817 bis 822 im Thurgau tätig war.[122] Er ist wohl personengleich mit dem alamannischen Grafen Ripoin, dem Karl d. Gr. sächsische Geiseln anvertraute und der 811 das Testament des Kaisers bezeugte.[123] Er starb vor 838. In diesem Jahr schenkte sein Sohn Riwin (II.) dem Kloster St. Gallen Besitz in Lenzwil (bei Langenrickenbach) und Wolfertswil (bei Flawil) zum Seelenheil seines Vaters und seiner Mutter Kunigunde.[124] In Berg südlich Arbon hatte St. Gallen eine »Richineshube«, offenbar aus der Schenkung eines Riwin.[125] Wolfertswil liegt in nächster Nachbarschaft der Güter, die 897 in Gegenwart von Richine, Huppold und Thiotpold vertauscht wurden. Bei einem Gütergeschäft, das Lenzwil betraf, leistete Thiotpold 882 Zeugenschaft.[126] Aufgrund dieser nachbarschaftlichen Beziehungen muß eine enge Verbindung bestanden haben zwischen der Familie des Thurgaugrafen Riwin und unserer Zeugengruppe von 897, die von Richine angeführt wird. Der Thurgaugraf ist sicherlich ein Vorfahr der letzteren. Seine Familie aber war ihrerseits offenbar am selben Erbe beteiligt, an dem die Thiotpolde Anteil hatten, nämlich am alten Herzogsgut.

855 vergleicht sich Rihwin – offenbar derselbe wie 838 – mit dem Abt von St. Gallen wegen strittigen Gutes in Seppenwang (abgegangen bei Dießenhofen) und erwähnt dabei seine Brüder Otger und Gerolo.[127] Otger dürfte ein Vorfahr jenes Othere sein, für den Richine, Huppold und Thiotpold 897 zeugten. Gerolo ist die Verkleinerungsform von Gerold.

---

[122] Wartmann, Nr. 168, 191, 225, 226, 229, 232, 233, 238, 239, 244, 249, 271, 272, 273, 274, 275. – Wartmann, Tl. II, S. 394f., Anhang Nr. 17.

[123] Böhmer-Mühlbacher, Regesta Imperii, I, Nr. 410. – Einhardi vita Caroli Magni, c. 33; Ausgewählte Quellen V, S. 210/211.

[124] Wartmann, Nr. 374.

[125] Wartmann, Nr. 304.

[126] Wartmann, Nr. 621.

[127] Wartmann, Nr. 439; vgl. die Nennungen zu 839, 840 u. 854. – Wartmann, Nr. 393, 426 und Tl. II, S. 400, Anhang Nr. 26.

Der Name ist dem Haus der Geroldinger oder Udalrichinger eigen, aus dem Karls d. Gr. Gemahlin Hildegard kam und das sich über deren Mutter Imma auf das alamannische Herzogshaus (Huoching) zurückführen läßt. Die Mutter Kunigunde, Gemahlin des Thurgaugrafen Riwin, dürfte aus dem Haus der Udalrichinger stammen.[128] Dazu paßt, daß der Thurgaugraf Udalrich III. dem Vergleich von 855 als Spitzenzeuge beiwohnte und ihn überdies als Amtsgraf bestätigte. Er muß in einem ganz engen Verhältnis zu Riwin (II.) und seinen Brüdern Otger und Gerolo gestanden sein.

Graf Riwin (802–822) war im Thurgau auf den Grafen Udalrich I. (787–799) gefolgt und hatte die Grafschaft im Wechsel mit dessen Söhnen Robert II. (806) und Udalrich II. (814–815) verwaltet.[129] Dies ist am ehesten verständlich, wenn er ein Schwiegersohn Udalrichs I. und damit Schwager Roberts II. und Udalrichs II. war. So wird auch sein enges Verhältnis zu Karl d. Gr. klar. Dessen Gemahlin Hildegard († 783) war die Vaterschwester seiner Gemahlin Kunigunde. Der Thurgaugraf Udalrich III. von 855 war ein jüngerer Vetter zu Graf Riwins Söhnen Riwin II., Otger und Gerolo. Riwin II. starb offenbar vor 859. Seine Witwe dürfte jene Wita sein, die mit ihrem Sohn Richini (Riwin III.) in diesem Jahr Güter in Fägswil (bei Rapperswil) schenkte und dagegen eine mit St. Gallen strittige Hube in Hadlikon behalten durfte.[130]

Eine Tochter Riwins II. stellte dann die Verbindung zur Thiotpold-Hupald-Sippe her. Sie hat sich um 830 aller Wahrscheinlichkeit nach mit jenem Hupald (IV.) vermählt, der uns 844 im Kloster Prüm, 851 in Laupheim, 852 im Thurgau und 863 in Ewattingen (bei Bonndorf) begegnet. Sie hat in diese Ehe den Namen ihres Vaters wie auch Besitz aus dem Erbe der Udalrichinger eingebracht. Es ist kein Zufall, daß dieser Hupald IV. 852 in Romanshorn eine Schenkung Wolverats in Keßwil bezeugt, einem Nachbarort von Lenzwil, wo Riwin II. 838 begütert war.[131] Es ist folge-

---

[128] Der Name Kunigunde scheint im Haus der »Udalrichinger« nicht neu zu sein: 788 schenkte eine Kunigunde in Handschuhsheim (bei Heidelberg), wo auch Ruotpert begütert war. – CL, Nr. 329 u. 293. 319. – Die Genealogien der Klöster St. Ulrich u. Afra in Augsburg und Heiligkreuz in Donauwörth verzeichnen eine Kunigunde, Klosterfrau in Buchau, als Nichte des Bischofs Ulrich, Tochter seiner Schwester Liutgard, wie Anm. 11 u. 12.

[129] Zu Udalrich I. siehe Wartmann, Nr. 113–155; zu Robert II. siehe Wartmann, Nr. 188 u. 190; zu Udalrich II. siehe Wartmann, Nr. 212 u. 215.

[130] Wartmann, Nr. 468.

[131] Wie Anm. 118.

richtig, wenn in der darauffolgenden Generation der Thiotpold-Hupald-
Sippe, bei den mutmaßlichen Söhnen Hupalds IV., der Namen Richine-
Riwin erscheint. So fügen sich die Thiotpolde, Hupalde und Riwine des 8.
und 9. Jahrhunderts in ein Schema, das als Diskussionsgrundlage dienen
kann.

Es lohnt, die Vorfahren des Thurgaugrafen Riwin (802–822) aufzuspü-
ren. Im Jahre 788 ist in Elgg (bei Aadorf) ein Richin Zeuge, als Abt Werdo
Güter mit einem gewissen Werinbert tauschte. Der Abt gab Klostergut in
Fridaperteswilare (?) gegen Gut Werinberts in Zuckenriet.[132] Dieser Ort
liegt in dem Bereich, in dem wir Güter der Riwine kennen. So darf man
den Zeugen Richin als älteren Verwandten des Grafen Riwin, am ehesten
als dessen Vater betrachten. Somit hat nicht erst Graf Riwin im Thurgau
eingeheiratet, sondern schon sein Vater war dort begütert. Der ältere Richin von 788 aber ist wohl personengleich mit Riphwin, der im Rheingau,
Wormsgau und Lobdengau reich begütert war. Er ist dort von 768 bis 806
bezeugt.[133] Als er sich 792 anschickte, mit Karl d. Gr. in die Lombardei zu
ziehen, übergab er seinen gesamten Besitz in Bensheim (Bergstraße) seinem Bruder Giselhelm.[134] Schon hier wird eine Beziehung der Riwine zu
Karl d. Gr. sichtbar. Diese kommen bezeichnenderweise aus derselben
Gegend, in welcher wir die Hupalde zuerst angetroffen haben. Der ältere
Richin-Riphwin hatte einen weiteren Bruder namens Stal (766–782).
Seine Eltern waren Liutwin († v. 766) und Massa (766–773).[135]

Ergebnis und Folgerungen

Ausgehend von der Thurgauer Zeugengruppe von 897 sind wir den Namen Thiotpold, Hupald und Riwin nachgegangen und haben Träger dieser Namen nicht nur im Interessenbereich des Klosters St. Gallen im
Thurgau, im südlichen Breisgau und an der oberen Donau angetroffen,
sondern auch im Bereich der Klöster Lorsch und Fulda am Mittelrhein.
Damit wird deutlich, daß zumindest ein Teil der Vorfahren der Thiotpolde, Hupalde und Riwine aus Rheinfranken stammt.

---

[132] Wartmann, Nr. 118.
[133] CL, Nr. 247, 344, 241, 610, 253, 245, 249, 246, 170, 228, 230, 255, 256, 878, 215, 257,
216, 259, 3605.
[134] CL, Nr. 256.
[135] CL, Nr. 231, 234, 235, 236, 240.

In allen Begüterungsbereichen ergaben sich enge Beziehungen zum alamannischen Herzogsgut. Sind es für die Thiotpolde deutliche Beziehungen zum Gute Herzog Theutbalds, so ist für die Hupalde und Riwine die
Verbindung zum Erbe Huochings offenkundig.

Besitzgemeinschaft, Namensgleichheit und Lebensdaten lassen den ersten Thiotpold als Enkel Herzog Theutbalds erscheinen. Dieselben
Gründe sprechen dafür, daß der älteste Hupald ein Enkel Herzog Huochings war. Für den Thurgaugrafen Riwin ergeben sich so deutliche Beziehungen zu den Udalrichingern, daß man ihn für den Schwiegersohn
des Grafen Udalrich I. (778–804), den Schwager Karls d. Gr., halten
muß.

Die Zeugen von 897 stammen damit in dreifacher Weise vom alten Herzogshaus und zugleich von den vornehmsten Grafen Alamanniens ab.

Die Kombination der Namen Richine, Huppold, Thiotpold in derselben Familie und Generation wie auch die Beziehung ihrer Träger zu der
Gegend um Sulmetingen in Oberschwaben beweisen, daß es sich um Vorfahren des Bischofs Ulrich handelt. Ihre Lebensdaten zeigen, daß es sich
um Ulrichs Großvatergeneration handeln muß (sie sind wohl um
830–835 geboren). Wer der Vater von Bischof Ulrichs Vater Hupald war,
läßt sich nur vermuten. Am meisten spricht wohl für Richine/Riwin, den
Ältesten, der im Thurgau nur einmal, eben im Jahr 897, auftritt, und zwar
doch wohl deshalb, weil er vorwiegend in Ostschwaben tätig war und das
umfangreiche Hausgut um Wittislingen und Dillingen verwaltete.

Wenn Bischof Ulrich der Enkel eines der Zeugen von 897 war, bestätigt
sich die Aussage des Biographen Gebehard, daß er »aus dem erlauchtesten
Geschlecht der Herzöge und Grafen Alamanniens« stamme.[136]

Über seine Mutter Dietpirch war er zudem ein Nachkomme der Burchardinger (Hunfridinger) und Udalrichinger, die seit Generationen Grafenrechte in Rätien und im Bodenseegebiet ausübten.

Der ostschwäbische Besitzkomplex der »Hupaldinger« zeigt etwa die
gleiche Zusammensetzung, die wir im Thurgau und anderwärts für das
Gut der Thiotpold-Hupald-Riwin-Sippe ermitteln konnten.

Wir fanden dort viel Königsgut, das in der Hauptsache wohl aus dem
nach 746 konfiszierten Besitz des Herzogs Theutbald stammt. Seiner (erschlossenen) Tochter muß jedoch einiges Gut verblieben sein, das sie auf
ihre Nachkommen aus der Ehe mit Graloh vererbte.

---

[136] Wie Anm. 3.

Reicher scheint das Gut Huochings gewesen zu sein. Die Reisensburg (bei Günzburg) und Langenau finden wir in Händen der Bertholdinger, denen auch die Schenker Ebo/Apo in Gundelfingen und Egilolf/Agilulf in Schnaitheim zuzurechnen sind. Ihr Gut leitet sich von Huochings Tochter Hiltburg her. Die Güter der Abtei Kempten aber stammen aus dem Besitz der Geroldinger oder Udalrichinger, die sich von Huochings Sohn Nebi ableiten. Daneben aber muß beträchtliches Gut Huochings an den ältesten Hupald gefallen sein, den wir als Enkel Huochings betrachten. Schließlich mag manches vom Gut der Udalrichinger über Kunigunde an die Sippe des Grafen Riwin (802–822) und über dessen Enkelin an die Thiotpold-Hupald-Sippe gelangt sein. Dies erklärt nämlich, daß Orte wie Gerolzweiler (abgegangen bei Giengen und Steinheim am Albuch) oder Gerlenhofen (bei Neu-Ulm) – wohl Gründungen oder Besitz des Bayernpräfekten Gerold († 799) – später im Besitz der »Hupaldinger« und ihrer Erben sind. Daß schon im 8. und 9. Jahrhundert mächtige Grundherren namens Thiotpold und Hupald in Ostschwaben tätig gewesen sind, zeigen die Ortsnamen Diepertshofen (Diepelzhofen, bei Neu-Ulm) und Diepertsbuch (Diepoldsbuch, bei Ebnat) bzw. Haupeltshofen (Hupoltzhofen, bei Krumbach) und Hubatsweiler (Hubolzweiler, abgegangen bei Großkuchen). Somit läßt sich das genealogische Schema, das wir gewonnen haben, auf Ostschwaben übertragen.

An Ausdehnung übertrifft der ostschwäbische Besitzkomplex der »Hupaldinger« alle anderen. Dies ist gewiß der entscheidende Grund, weshalb die Grafen von Dillingen ihn im wesentlichen bis zu ihrem Erlöschen im 13. Jahrhundert festgehalten haben. Hier war Wittislingen ein uralter Familien- und Herrschaftsmittelpunkt. Dort in der Martinskirche ruhten die »parentes« des Bischofs Ulrich, nämlich seine Vorfahren zurück bis ins frühe 8. Jahrhundert. Ein Adelsgrab mit Silbersporn aus dieser Zeit im Bereich der Martinskirche legt dafür Zeugnis ab.[137]

Herrschaftssitz aber war Wittislingen schon um die Mitte des 7. Jahrhunderts. Am Ortsrand des Dorfes wurde 1881 ein Frauengrab des späteren 7. Jahrhunderts freigelegt, das wegen seiner überaus reichen Ausstattung von Joachim Werner als »Fürstengrab« bekanntgemacht wurde.[138]

Wer war die Wittislinger »Fürstin«?

---

[137] Werner, J.: Das alamannische Fürstengrab von Wittislingen, Münchner Beiträge zur Vor- und Frühgeschichte, Bd. 2, 1950, S. 9 f. u. 78 f.
[138] Wie Anm. 137.

Die Wittislinger »Fürstin« wurde bald als Ahnfrau der »Hupaldinger«, bald als Angehörige des alamannischen Herzogshauses angesprochen (als Mutter oder Großmutter Herzog Gotfrids).[139] Da wir die »Hupaldinger« mit größter Wahrscheinlichkeit als Abkömmlinge des Herzogshauses betrachten dürfen, müßte sie beides zugleich gewesen sein.

Ihre Grabbeigaben zeigen, daß das linksrheinische Franken ihre Heimat war. In diese Gegend weisen Besitzbeziehungen der ersten Hupalde und Thiotpolde. Die Namensstämme Hug und Theud, die wir bei Herzog Gotfrids Söhnen Huoching und Theutbald und später bei den »Hupaldingern« finden, kommen offenbar aus dem moselfränkischen Raum.

Wir erinnern uns des Gütertauschs, den der Kraichgaugraf Sieghart 844 im Kloster Prüm in der Eifel in Gegenwart zweier Hucbalde und eines Teodbald vorgenommen hat. Graf Sieghart überließ dem Abt von Prüm Güter im Bitgau in Idesheim, Hüttingen, Metterich und Eisenach sowie in Klüsserath an der Mosel.[140] Graf Sieghart muß unter die Nachkommen und Erben des Herzogs Huoching gerechnet werden. Auch war er offenbar zu den Hucbalden und zu Teodbald verwandt, für die wir die gleiche Abstammung annehmen dürfen und die – wegen ihrer Zeugenschaft – womöglich in derselben Gegend begütert waren. Sollte der Besitz in der Eifel und an der Mosel etwa von einer Ahnfrau des Herzogshauses stammen?

Die Güter des Grafen Sieghart liegen im Begüterungsbereich der Klöster Echternach, Pfalzel und Prüm, die von Irmina von Oeren und ihren Töchtern Adela und Bertrada d. Ä. gestiftet wurden, Angehörigen der Hugobert-Irmina-Sippe, aus der die karolingischen Ahnfrauen Plektrudis, Gemahlin Pippins d. Mittl. († 714), und die eben genannte Bertrada d. Ä., Urgroßmutter Karls d. Gr., stammen.[141] In dieser Sippe sind u. W. erstmals die Namensstämme Hug und Theud vereinigt (den Theud-Stamm vermittelt Irmina). Sie kehren, wie erwähnt, unter den Söhnen des Alamannenherzogs Gotfrid bei Huoching und Theutbald wieder. Vordem sind sie im Herzogshaus unbekannt. Daher liegt die Vermutung nahe, sie könnten von Gotfrids Gemahlin vermittelt sein und diese gehöre

---

[139] Wie Anm. 137, S. 78. – Decker-Hauff, H.: Die Ottonen u. Schwaben, ZWLG XIV, 1955, S. 312 f.

[140] Wie Anm. 120 u. 121.

[141] Hlawitschka, Ed.: Zur landschaftl. Herkunft der Karolinger, Rhein. Vierteljahrsblätter, Jahrg. 27, 1962, S. 1 ff., insbes. S. 7 ff. – Ders.: Die Vorfahren Karls d. Gr., Karl der Große Bd. 1, 1965, S. 51 ff. u. Tfl. nach S. 72.

der Hugobert-Irmina-Sippe an. Nach der Zeit könnte es sich wohl nur um eine (weitere) Tochter Hugoberts († 697/98) und Irminas († v. 710) handeln. Als vielleicht älteste Tochter dieses Paares müßte sie in sehr jungen Jahren den um einiges älteren Gotfrid geheiratet und ihm in rascher Folge etwa zwischen 660 und 675 seine Söhne und Töchter geboren haben. Sie könnte Güter in der Eifel und an der Mosel ihren Nachkommen aus der Ehe mit Gotfrid vererbt haben, und davon könnte einiges im Erbgang an den Grafen Sieghart gelangt sein.

Es wäre also zu prüfen, ob in den Orten, in denen Graf Sieghart begütert war, sich tatsächlich Besitz der Hugobert-Irmina-Sippe findet und ob sich dort vielleicht noch auf andere Weise Gut des alamannischen Herzogshauses nachweisen oder wenigstens wahrscheinlich machen läßt. Ein Nebeneinander von Besitz der Hugobert-Irmina-Sippe und des alamannischen Herzoghauses am selben Ort könnte dann als Bestätigung dafür gelten, daß vom Besitz der Hugobert-Irmina-Sippe einiges durch Heirat und Erbschaft an das alamannische Herzogshaus gelangt ist.

In Idesheim, Hüttingen und Klüsserath, wo wir Besitz des Grafen Sieghart kennen, hatte die von Bertrada d. Ä. 721 gegründete Abtei Prüm laut eines Güterverzeichnisses von 893 Besitz.[142] Man könnte vermuten, daß es sich eben um die Güter handelt, die Graf Sieghart 844 an das Kloster vertauscht hatte. Vergleicht man jedoch die Zahl der Mansen, die das Güterverzeichnis in den genannten Orten ausweist und die der Tauschvertrag von 844 nennt, ergibt sich, daß zumindest in Idesheim (Kr. Bitburg) nicht alle Mansen aus dem Tausch von 844 stammen. Sie müssen teilweise von anderer Seite an das Kloster gelangt sein, und nichts liegt näher als die Annahme, daß sie aus dem Sippenkreis der Klosterstifter, der Hugobert-Irmina-Sippe, stammen. Möglicherweise ergibt sich dann für Idesheim ein Nebeneinander von Gut der Hugobert-Irmina-Sippe und von alamannischem Herzogsgut, das sich auf den Grafen Sieghart vererbt hatte.

In Eisenach (bei Welschbillig) übergab vor 835 ein Gerold seiner Gemahlin Irmintrud Güter als Morgengabe.[143] Gerold dürfte aus der uns bekannten Sippe der Geroldinger (Udalrichinger) sein, ja, nach der Zeit könnte es sich um den Präfekten des Ostlandes Gerold (803–832), den Sohn Udalrichs I. (778–804), handeln oder um den Zürichgaugrafen dieses Namens (821–867), den mutmaßlichen Sohn Udalrichs II. (803–817).

---

[142] Beyer, UB z. Geschichte der mittelrhein. Territorien Bd. 1, S. 142 ff., Nr. 135.
[143] Beyer, UB z. Geschichte der mittelrhein. Territorien Bd. 2, S. 10, Nr. 22. – Vgl. Mitterauer, Karolingische Markgrafen im Südosten, a. a. O., S. 17 ff. u. S. 25.

Er hätte dann sehr wahrscheinlich Anteil am alamannischen Herzogsgut. Dies würde die Vermutung stützen, daß es in der Eifel alamannisches Herzogsgut gab und daß auch Graf Sieghart offenbar daran beteiligt war.

In Klüsserath an der Mosel, wo Sieghart gleichfalls begütert war, schenkte im Jahre 699 Haderich sein Erbgut an die Abtei Echternach.[144] Haderich ist ein Sohn Adelas, der Stifterin von Pfalzel, und somit Enkel Hugoberts und Irminas. Somit ergibt sich hier ein Nebeneinander von Gut der Hugoberts-Irmina-Sippe und zu vermutendem Gut der alamannischen Herzogsfamilie, das im Erbgang auf Sieghart übergegangen war. Im dicht benachbarten Köwerich sind Irmina, ihre Töchter Adela und Chrodelind sowie der eben genannte Haderich begütert.[145] Klüsserath und Köwerich stammen offenbar aus Irminas Erbgut.

So ergänzen und stützen sich die Befunde von Eisenach und Klüsserath gegenseitig: ist in Klüsserath Besitz der Hugobert-Irmina-Sippe eindeutig nachgewiesen, so gab es in Eisenach mit hoher Wahrscheinlichkeit alamannisches Herzogsgut. Siegharts Besitz an beiden Orten würde sich leicht erklären, wenn er, der Nachkomme der alamannischen Herzöge, von einer Tochter Irminas abstammte.

Den Besitzverhältnissen von Klüsserath-Köwerich vergleichbar sind die von Echternach und Badelingen (Echternacherbrück). In Badelingen waren – soweit feststellbar – nur Angehörige der Hugobert-Irmina-Sippe

---

144 Halbedel, A.: Fränkische Studien, Historische Studien H. 132, 1915, S. 23, Anm. 20. –
     Hlawitschka, Die Vorfahren Karls d. Gr., a. a. O., S. 76, Nr. 24.
145 Goerz, A.: Mittelrhein. Regesten Tl. 1, 1876, Nr. 116. – Halbedel, a. a. O., S. 23,
     Anm. 20. – Vom Namen Haderich aus ergeben sich interessante Beziehungen: Ein Ha-
     derich, der wohl um zwei Generationen jünger war als der Teilhaber an Klüsserath und
     Köwerich, erscheint 778 in Laupheim (Kr. Biberach) zusammen mit dem Grafen Stein-
     hart (Bruder von Sieghart und Isenhart), Gundbald, Cherilo (= Gerold, † 799) als Zeuge
     für die Söhne Fuccos (= Folchold); Wartmann, Nr. 82. Schenker und Mitzeugen sind
     Teilhaber am Erbe des alamannischen Herzogshauses (Nachkommen Huochings). –
     Vgl. Köpf, Laupheim, S. 377 ff. u. 60 ff., somit wird dies auch für Haderich gelten. Ha-
     derich (767–796) verfügte um 789/92 über Besitz in Erfelden, Dornheim (beide bei
     Großgerau), Dienheim, Dalheim (beide Kr. Oppenheim) Mainz und Bretzenheim (bei
     Mainz), wobei Uoto, Gerold († 799) und Erbio Zeugenschaft leisteten (FUB, Nr. 213).
     Er war ferner Zeuge bei Vergabungen in Handschuhsheim (Mitzeuge Ruotbert, CL,
     Nr. 288, 289), Wallstadt bei Mannheim (Mitzeugen Gerold, Ruotbert, CL, Nr. 487,
     497), Schwetzingen (CL, Nr. 754, 755) und Pfungstadt (CL, Nr. 214). Somit ergeben
     sich auch am Mittelrhein Beziehungen zum gleichen Personenkreis, nämlich den Nach-
     kommen Huochings. Zugleich war Haderich wohl mit dem älteren Haderich, Teilhaber
     an Klüsserath und Köwerich 699, verwandt; zwar nicht als direkter Nachkomme, aber
     etwa als jüngerer Vetter. Dies stützt die Annahme, daß das alamannische Herzogshaus in
     weiblicher Linie von der Hugobert-Irmina-Sippe abstammte. Der Name Haderich käme
     wohl aus dieser Sippe.

begütert, nämlich Irmina und ihre Töchter Adela und Chrodelind.[146] Das
dicht benachbarte Echternach war Irminas väterliches Erbe, stammte also
aus dem Hause des Herzogs Theutarius († n. 682/83), wohl Vaterbruder
der Irmina. Dasselbe dürfte für Badelingen gelten. Dort aber erwarb
Adela um 700 Gut von Gauciofridus (Gotfrid) und Wighericus (Wigerich).[147] Es handelt sich wahrscheinlich um zwei Brüder, die über Erbgut
verfügten; wegen der Besitzverhältnisse in Badelingen gehören sie gewiß
in den Kreis der Hugobert-Irmina-Sippe. Sie müssen Nachkommen der
Irmina sein, und zwar – nach der Zeit – Söhne einer sonst nicht bekannten
Tochter Irminas. Als Vater der beiden kommt aus zeitlichen Gründen,
wegen des Namens Gotfrid und wegen der über das Gut des Grafen Sieghart zu erschließenden Besitzverhältnisse im Eifel-Mittelmoselgebiet
wohl kein anderer als Herzog Gotfrid von Alamannien in Betracht. Er
wäre der Schwiegersohn von Hugobert und Irmina.

Eine solche Verbindung könnte erklären, weshalb auch einer der Enkel
der Plektrudis den Namen Gotfrid trägt; er hieße nach dem vornehmen
Schwager der Großmutter bzw. nach dem älteren Vetter. Vielleicht
würde sich so auch der Name Nebi-Nebelung im alamannischen Herzogshaus und bei den Karolingern in der gleichen Generation erklären,
nämlich bei Huochings Sohn Nebi und bei Nebelung, dem Sohn von Pippins d. Mittl. illegitimem Sohn Childebrand.[148] Der Name käme wohl aus
der Hugobert-Irmina-Sippe. Herzog Gotfrid bekäme freilich auf diese
Weise zwei weitere Söhne, Gotfrid und Wigerich. Sie könnten aber früh,
vielleicht schon vor dem Vater, verstorben sein und hätten daher in Alamannien keine Rolle gespielt.

Unser besonderes Interesse verdient der mutmaßliche Gotfrid-Sohn
Wigerich. Sein Name stellt nämlich die Verbindung zu der Wittislinger
»Fürstin« her. Im Grab der »Fürstin« fand sich als wertvollste Beigabe
eine große goldene Bügelfibel mit Gedächtnisinschrift für Uffila, angefertigt in einer rheinischen Werkstatt kurz vor der Mitte des 7. Jahrhunderts.[149] Die Fibel wurde nicht der verstorbenen Uffila ins Grab gelegt,

---

[146] Goerz, Mittelrhein. Regensten, a. a. O., Nr. 110, 116 u. 117.

[147] Heyen, Franz-Josef; Untersuchungen zur Geschichte des Benediktinerinnenklosters
Pfalzel bei Trier, Veröffentlichungen des Max-Planck-Instituts für Geschichte 15, 1966,
S. 42. – Hlawitschka, E.: Zur landwirtschaftlichen Herkunft der Karolinger, Rhein.
Vierteljahrsblätter Jahrg. 37, 1962, S. 9.

[148] Siehe Hlawitschka, E.: Die Vorfahren Karls d. Gr., Karl der Große, Bd. 1, 1965, Tfl.
nach S. 72.

[149] Werner, J.: Das alamannische Fürstengrab von Wittislingen, a. a. O., S. 15 ff.

II. Die Vorfahren des Bischofs Ulrich von Augsburg (923–973) (auszugsweise)

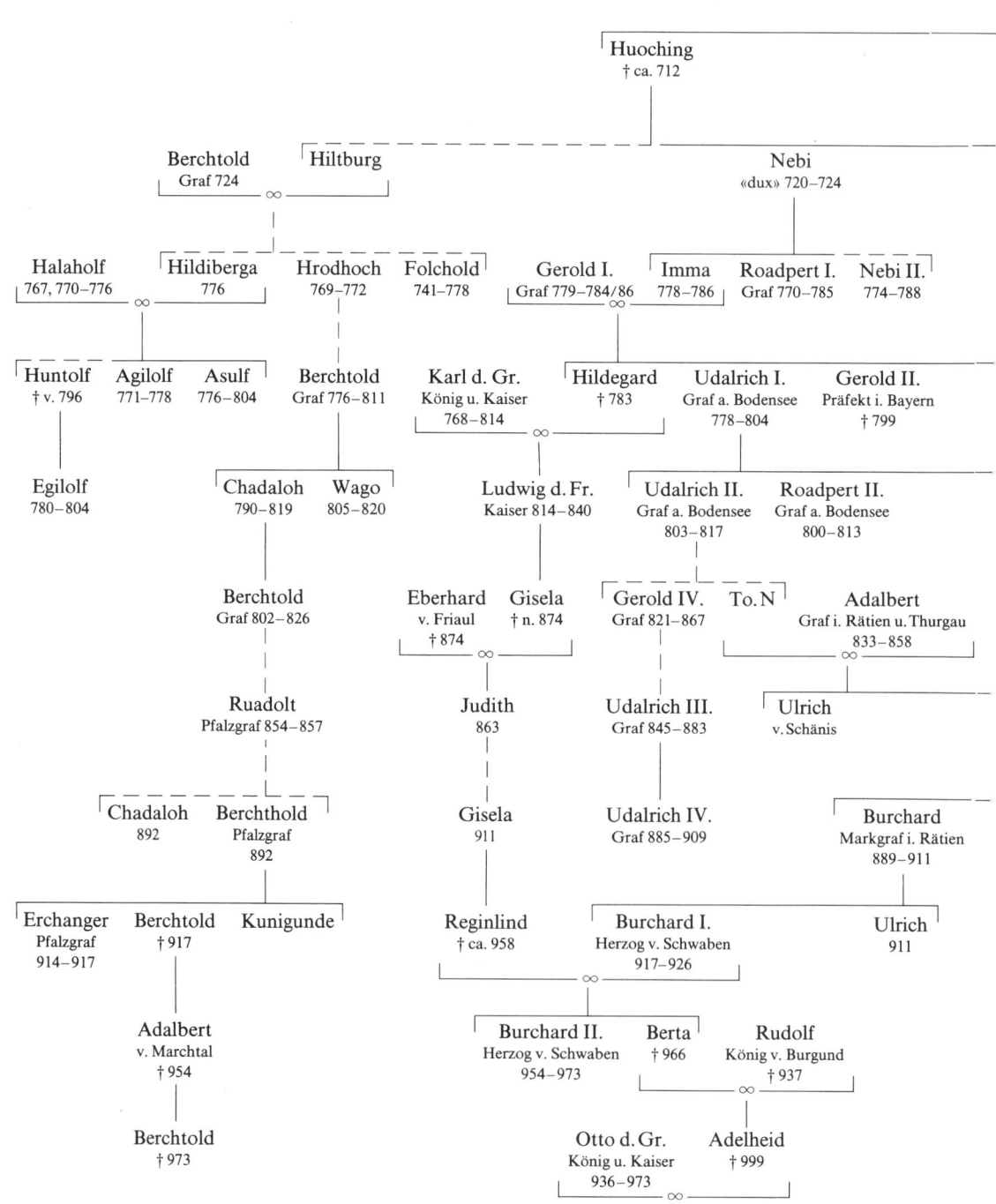

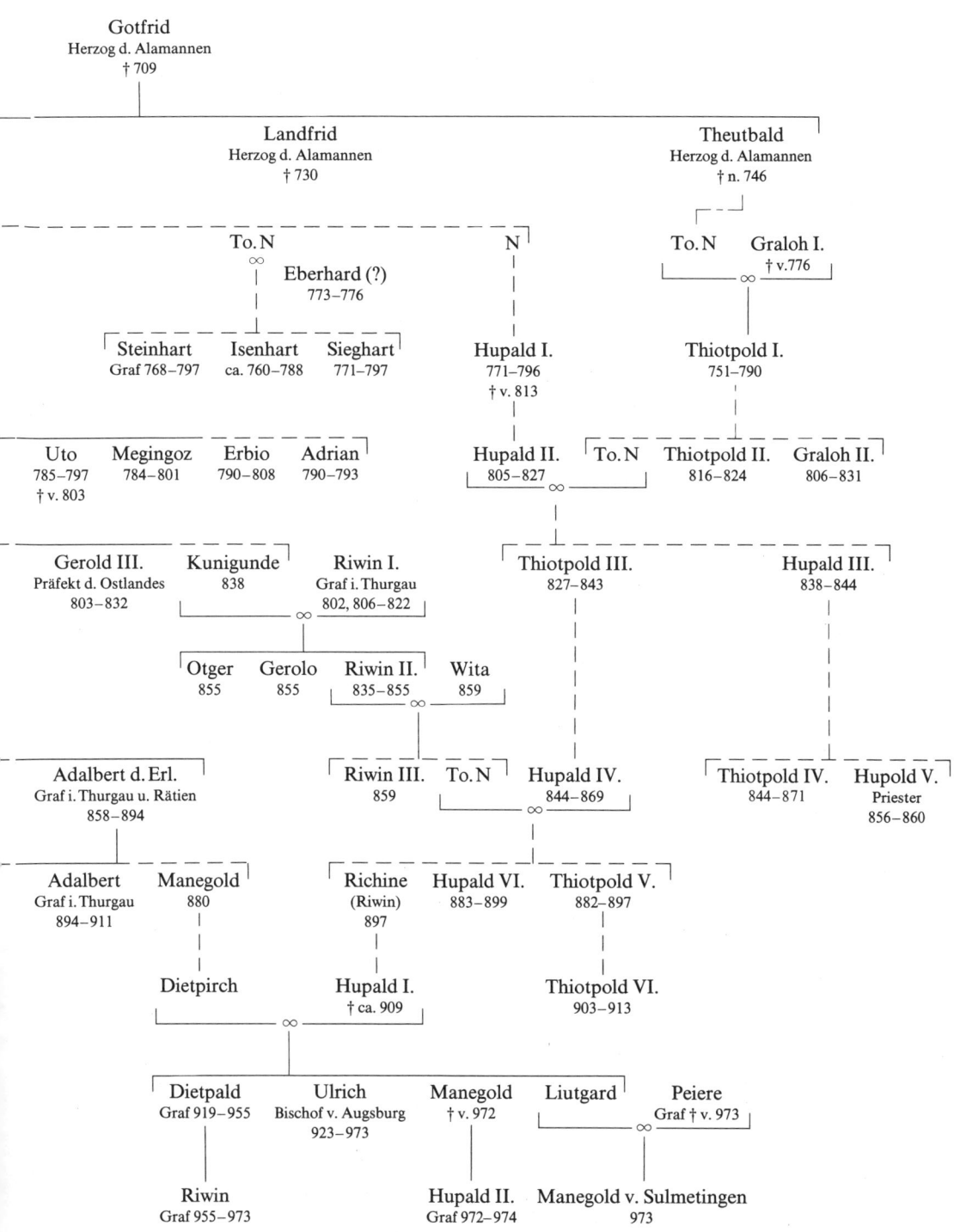

Gotfrid
Herzog d. Alamannen
† 709

Landfrid
Herzog d. Alamannen
† 730

Theutbald
Herzog d. Alamannen
† n. 746

To. N
∞
Eberhard (?)
773–776

N

To. N   Graloh I.
             † v. 776
∞

Steinhart   Isenhart   Sieghart
Graf 768–797   ca. 760–788   771–797

Hupald I.
771–796
† v. 813

Thiotpold I.
751–790

Uto   Megingoz   Erbio   Adrian
785–797   784–801   790–808   790–793
† v. 803

Hupald II.   To. N   Thiotpold II.   Graloh II.
805–827   816–824   806–831
         ∞

Gerold III.   Kunigunde   Riwin I.
Präfekt d. Ostlandes 838   Graf i. Thurgau
803–832   802, 806–822
              ∞

Thiotpold III.
827–843

Hupald III.
838–844

Otger   Gerolo   Riwin II.   Wita
855   855   835–855   859
                ∞

Adalbert d. Erl.
Graf i. Thurgau u. Rätien
858–894

Riwin III.   To. N   Hupald IV.
859   844–869
         ∞

Thiotpold IV.   Hupold V.
844–871   Priester
                  856–860

Adalbert   Manegold
Graf i. Thurgau   880
894–911

Richine   Hupald VI.   Thiotpold V.
(Riwin)   883–899   882–897
897

Dietpirch

Hupald I.
† ca. 909

Thiotpold VI.
903–913

Dietpald   Ulrich   Manegold   Liutgard   Peiere
Graf 919–955   Bischof v. Augsburg † v. 972   Graf † v. 973
                  923–973   ∞

Riwin   Hupald II.   Manegold v. Sulmetingen
Graf 955–973   Graf 972–974   973

H. Bühler, 1980

sondern sie gelangte als Geschenk an jene vornehme Dame, die aus dem Rheinland stammte und um 670–680 in Wittislingen bestattet wurde. Die Fibelinschrift ist signiert mit »Wigerig fe(ci)t«.[150] Man nahm an, es handle sich um den Goldschmied, der die Fibel angefertigt hat. Jedoch liegt viel näher, in ihm denjenigen zu sehen, der die Fibel in Auftrag gab. So war es auch Brauch bei vergleichbaren römischen Grabinschriften. Wigerig wäre somit wohl der Gemahl oder Sohn der um 645 verstorbenen Uffila. Der Name Wigerig-Wigerich stammt offenbar aus dem linksrheinischen Franken. Die von Wigerig im Gedenken an Uffila in Auftrag gegebene Fibel wurde – wie erwähnt – in einer rheinischen Werkstatt hergestellt. Sie gelangte in den Besitz einer sehr vornehmen Dame, die mit Uffila und Wigerig eng verbunden war, sich mit einem Vorfahren der »Hupaldinger« vermählte, mit ihm nach Ostschwaben zog und schließlich in Wittislingen ihr Begräbnis fand.

Zwei oder drei Generationen später, um 700, begegnet ein Träger des überaus seltenen Namens Wigerich, somit gewiß ein Verwandter des Auftraggebers der Fibel, im Besitzbereich der Hugobert-Irmina-Sippe in Verbindung mit einem Gotfrid, der wegen des gemeinsamen Besitzes als sein Bruder gelten darf. Der Name Gotfrid bringt die beiden in engste Verbindung zum gleichnamigen Herzog der Alamannen, dessen Familie – wohl von Frauenseite – in derselben Gegend begütert gewesen sein muß und für den Verschwägerung mit der Hugobert-Irmina-Sippe überaus wahrscheinlich ist. So könnte man sich folgenden Zusammenhang denken:

Die um 645 verstorbene Uffila könnte die Mutter Hugoberts oder Irminas gewesen sein. Wigerig, der die Fibel in Auftrag gab, war dann der Vater oder Bruder einer der beiden Personen. Er machte die Fibel einer Tochter Irminas, seiner Enkelin oder Nichte, zum Hochzeitsgeschenk, als sie sich um 660 mit Gotfrid, dem späteren Alamannenherzog, vermählte. Die Tochter Irminas zog mit Gotfrid nach Ostschwaben. Sie wurde die Mutter seiner Söhne und Töchter. Unter den Söhnen war ein nach dem Vater benannter Gotfrid und ein nach dem Großonkel oder Urgroßvater benannter Wigerich, die beide vielleicht den von der Mutter stammenden Besitz in der Eifel verwalteten, offenbar auch früh starben und daher in Alamannien nicht in Erscheinung traten.

---

[150] Werner, J.: Das alamannische Fürstengrab von Wittislingen, Epigraphisches Gutachten, II, S. 68 ff.

Die Wittislinger »Fürstin« wäre somit die um 675/680 im Alter von etwa 35 Jahren verstorbene Gemahlin des Alamannenherzogs Gotfrid und zugleich die Ahnfrau der »Hupaldinger«. Die Ahnenreihe des Hauses Dillingen reichte damit über das alamannische Herzogshaus in die vornehmsten Geschlechter der Merowingerzeit zurück. Wittislingen aber wäre dann ein frühes Machtzentrum des alamannischen Herzogshauses.

Dies würde erklären, warum sich in Ostschwaben in beträchtlicher Zahl Ortsnamen finden, deren Bestimmungswort an Angehörige der Herzogsfamilie (im weitesten Sinn) erinnert[151] und weshalb wir bei besitzgeschichtlichen Untersuchungen so häufig auf ehemaliges Herzogsgut stoßen.

[151] Bühler, Vorfahren, S. 21; ders.: Woher stammt der Name Gerlenhofen?, »gerilehova«, Beiträge zur Geschichte von Gerlenhofen, Das Obere Schwaben vom Illertal zum Mindeltal, Folge 9, 1973, S. 14 ff.; ders.: Die Herrschaft Heidenheim, a. a. O., S. 130 f.

Verzeichnis abgekürzt zitierter Literatur

Bühler, Wittislinger Pfründen
Bühler, Heinz: Die Wittislinger Pfründen – ein Schlüssel zur Besitzgeschichte Ostschwabens im Hochmittelalter, Jahrbuch des Historischen Vereins Dillingen an der Donau, LXXI. Jahrgang 1969, S. 24 ff.

Bühler, Vorfahren
Bühler, Heinz: Die Vorfahren des Bischofs Ulrich von Augsburg (923–973), Jahrbuch des Historischen Vereins Dillingen an der Donau, LXXV. Jahrgang 1973, S. 16 ff.

CL
Codex Laureshamensis, bearb. von Karl Glöckner, Bd. 1–3, 1929 ff.

FUB
Urkundenbuch des Klosters Fulda, bearb. von Edmund E. Stengel, Bd. 1, 1958

JHV
Jahrbuch des Historischen Vereins

Köpf, Laupheim
Köpf, Hans Peter: Der Laupheimer Raum im frühen und hohen Mittelalter bis zum Übergang an Österreich, in: Laupheim, hrsg. von der Stadt Laupheim in Rückschau auf 1200 Jahre Laupheimer Geschichte 778–1978, 1979

MG. Dipl.
Monumenta Germaniae historica Diplomata regum et imperatorum Germaniae

MG. Necrol.
Monumenta Germaniae historica Necrologia Germaniae

MG. SS:
Monumenta Germaniae historica Scriptores in folio

Reg. Alsatiae
Regesta Alsatiae aevi Merovingici et Karolini, bearb. von Albert Bruckner, 1949

UB
Urkundenbuch

Wartmann
Urkundenbuch der Abtei Sanct Gallen, bearb. von Hermann Wartmann, Teil I und II, 1863–1866

ZWLG
Zeitschrift für Württembergische Landesgeschichte

Die Herkunft des Hauses Dillingen. In: Die Grafen von Kyburg. (Schweizer Beiträge zur Kulturgeschichte und Archäologie des Mittelalters. Bd. 8) Olten, Freiburg/Breisgau 1981, S. 9-30.

Die Güssen – ein schwäbisches Niederadelsgeschlecht

Hundertsechzig Jahre sind vergangen, seit der Hermaringer Pfarrer Magister Rudolf Friedrich Heinrich Magenau 1821 sein Manuskript zum Thema „Der Güssenberg und die Güssen" vollendete und das kleine Werk zwei Jahre später in Ulm im Druck erscheinen ließ.[1]

Fünfundneunzig Jahre ist es her, daß Max Radlkofer seine Abhandlung über „Die Güssen von Leipheim" veröffentlichte.[2]

Beide Verfasser hatten eine Arbeit verwertet, die betitelt ist „Ex Genealogia Gyssiorum collecta ex vetustis libris, litteris, fundationibus, Verkündigungszetteln et monumentis". Johann Jakob Guth, Kammermeister in Stuttgart, ein güssischer Schwiegersohn, hatte sie um 1590 verfaßt, und Martin Crusius, Professor für alte Sprachen in Tübingen, hatte sie wenig später abgeschrieben und uns überliefert.[3] Sie schöpft aus heute teilweise nicht mehr erhaltenen Quellen und bietet insofern höchst dankenswerte Nachrichten zur Familiengeschichte der Güssen.

Seit Magenau und Radlkofer hat sich offenbar niemand mehr mit den Güssen beschäftigt, einem Geschlecht, das vom 12. bis zum frühen 17. Jahrhundert von erheblicher Bedeutung für die Geschichte des unteren Brenztales, des benachbarten Bachtales und des Städtleins Leipheim war, dann aber aus der Gegend fortzog und schließlich — soweit erkennbar — in ärmlichen Verhältnissen endete.

Untersuchungen zur Territorial- und Besitzgeschichte des heutigen Kreises Heidenheim und des benachbarten bayerisch-schwäbischen Landstrichs veranlaßten den Vf., auch Material zur Geschichte der Güssen zu sammeln. Es hat sich gezeigt, daß die Besitzgeschichte mancher Orte nur zu klären ist, wenn es gelingt, die Genealogie der dort begüterten Adelsgeschlechter aufzuhellen. Im Falle der Güssen heißt dies, die oft gleichnamigen Angehörigen des Geschlechts nach Generationen zu trennen und den verschiedenen Familienzweigen zuzuordnen. Das Material, das der folgenden Arbeit zu Grunde liegt, erhebt keinen Anspruch auf Vollständigkeit; insbesondere für die Spätzeit der Güssen, als diese Schwaben verlassen hatten, wäre aus fremden Archiven wohl noch manches beizubringen.

---

[1] Verlag der Stettin'schen Buchhandlung Ulm 1823
[2] Zeitschrift des Histor. Vereins für Schwaben u. Neuburg, 14. Jahrg. , Augsburg 1887, S. 50 ff.
[3] Universitätsbibliothek Tübingen, Scripta Crusiana 103, M. h. 369, p. 379–394

Es reicht jedoch aus, die erwünschte genealogische Übersicht über das Geschlecht der Güssen zu gewinnen. Als im Jahre 1975 die Gemeinde Brenz an der Brenz ihre Elfhundertjahrfeier beging, stellte auf Wunsch des Bürgermeisters Christian Kröner der Vf. gemeinsam mit Albrecht Rieber, Ulm, eine Geschlechtafel der Güssen zusammen, die sich im Rittersaal des Brenzer Schlosses befindet. Nachstehende Arbeit will diese Geschlechtafel erläutern und einen Beitrag zur Familiengeschichte der Güssen leisten.

1) Der Stammvater Diepold Gusse

Eine Urkunde Kaiser Friedrichs I. Barbarossa, ausgestellt am 1. Mai 1171 in Giengen an der Brenz für das reformierte Augustiner-Chorherrenstift in Herbrechtingen, nennt einen „Theobaldus" bzw. „Diepoldus Gusse". Es ist der erste urkundlich bezeugte Güsse.[4]

Diepold hatte ein Gut (feodum) in Herbrechtingen vom Kaiser zu Lehen getragen, das aber der Kaiser wieder an sich genommen und dem Stift Herbrechtingen übereignet hatte. Dies war in Diepolds Gegenwart und mit seinem Einverständnis geschehen, weshalb er auch unter den Urkundenzeugen aufgeführt wird, und zwar an letzter Stelle nach den Prälaten von Anhausen, Lorch, Echenbrunn, Donauwörth, Wettenhausen, Roggenburg, Ursberg und Heiligkreuz in Augsburg, den Grafen von Kirchberg, Lechsgemünd und Helfenstein, den Edelfreien von Hellenstein, Gundelfingen, Biberbach und Türkheim, dem Schenken Konrad Schüpf und Volknand von Staufen.

Diepolds Rang in der Zeugenreihe wie die Tatsache, daß er vom Kaiser ein Gut zu Lehen besessen hatte, besagt, daß er zum Stand der königlichen Ministerialen zählte. Auch wenn er als letzter Zeuge aufgeführt wird, so muß er innerhalb seines Standes dennoch eine gewisse Vorzugsstellung eingenommen haben; ist er doch von den im Text der Urkunde namentlich genannten Lehensleuten des Kaisers der einzige, der unter die Zeugen aufgenommen wurde, und zwar in Gesellschaft mit dem kaiserlichen Schenken, der als Inhaber eines Hofamtes weit vor den einfachen Königsdienstmannen rangierte, und mit Volknand von Staufen, dem die Verwaltung der kaiserlichen Stammburg auf dem Hohenstaufen oblag, der zudem zu den nächsten Beratern des Kaisers zählte und womöglich sogar mit ihm verwandt war.[5]

Dies ist Anlaß genug, auf das Verhältnis Diepolds zum Kaiser näher einzugehen. Giengen, wo das Rechtsgeschäft 1171 getätigt wurde, wie der Großteil des

---

[4] WUB 2 S. 162 f. Nr. 394
[5] Walter Ziegler: Der Gründer Adelbergs Volknand von Staufen-Toggenburg, ein Vetter Barbarossas. In: Hohenstaufen. Veröffentlichung des Geschichts- und Altertumsvereins Göppingen e. V. 10. Folge (1977) S. 49 ff. und 53 ff.

staufischen Besitzes, der sich im mittleren und unteren Brenztal um die Burg Giengen gruppierte, stammten aus dem Erbe und Heiratsgut der ersten Gemahlin Friedrichs Barbarossa, Adela von Vohburg an der Donau.[6] Die Ehe war 1147 in Eger geschlossen, aber auf Betreiben Barbarossas 1153 vom Papst getrennt worden. Doch hatte es Barbarossa verstanden, die Güter Adelas zu behalten und Adela offenbar anderweitig abzufinden. Adela entstammte dem Geschlecht der Markgrafen vom bayerischen Nordgau, das von einer schwäbischen Ahnfrau aus dem Haus der Hupaldinger reiche Güter im Brenz- und Donautal geerbt und durch diese Ahnfrau den Namen Diepold überkommen hatte, der dann zum Leitnamen des Geschlechts geworden war, so daß man es die „Diepoldinger" nennt.

Der Taufname des ersten Güssen, Diepold, spricht dafür, daß seine Vorfahren im Dienst der Markgrafen aus dem Haus der „Diepoldinger" standen. Er selbst ist sicherlich vor 1146 geboren, dem Todesjahr des Markgrafen Diepold III., des Vaters der Adela von Vohburg, der sein Taufpate gewesen sein dürfte.

Der Name Diepold ist nun über Jahrhunderte ein Leitname der Güssen und hält somit die Erinnerung wach an ihre Herkunft aus der diepoldingischen Dienstmannschaft, die infolge der Heirat Adelas von Vohburg in staufische Dienste getreten war. Auch die Güter, die uns in Händen der Güssen begegnen, dürften zu einem guten Teil aus dem Hausbesitz der „Diepoldinger" stammen,[7] so auch das „feodum" in Herbrechtingen, das Diepold zuletzt von Barbarossa zu Lehen getragen hatte. In Herbrechtingen ist auch später noch güssischer Besitz bezeugt.

So mögen schon Diepolds Vorfahren eine bevorzugte Rolle im Kreis der diepoldingischen Dienstmannschaft gespielt haben. Diepold Gusse behielt diese Rolle im Dienste Barbarossas bei; offenbar kam ihm eine führende Stellung in der Verwaltung der staufischen Güter im Brenztal zu, vielleicht sogar die eines Vogtes der königlichen Burg in Giengen.

Der Stammsitz seines Geschlechts aber dürfte vielleicht in Hermaringen zu suchen sein, wo noch 1372 ein „Burkstall" erwähnt wird, der nach späterer Beschreibung zwischen der Brücke und der Sankt Josen-Kapelle lag.[8]

Ungewöhnlich für die Zeit ist der Beiname Gusse, den Diepold führt und der zum Geschlechtsnamen wurde; handelt es sich doch nicht – wie sonst üblich – um die Benennung nach einem Ort oder einer Burg, sondern um einen Übernamen,

---

[6] Heinz Bühler: Die Wittislinger Pfründen. In: Jahrbuch des histor. Vereins Dillingen 71 (1969) S. 38 f.

[7] Bühler (wie Anm. 6) S. 39 f. — Derselbe: Giengen im Mittelalter. In: 900 Jahre Giengen an der Brenz. 1978, S. 30 f.

[8] StAL-B 95–97 Grafen zu Helfenstein Nr. 410; HStAMü -Kloster Kaisheim PU 1294 von 1452. März 26. — In letzterer Urkunde ist davon die Rede, der Burgstall sei „vor zeiten der Stauffer gewesen". Dies läßt mehrere Deutungen zu: 1) Es könnten die v. Staufen (Bachtal) gemeint sein; doch ist nicht erfindlich, wann sie die Burg innegehabt haben könnten, es sei denn, man denkt an das frühe 12. Jahrhundert. 2) Es meint die Güssen von Staufen (Leipheimer Linie), die im 14. Jahrhundert die Hälfte des Burgstalls innegehabt haben dürften. 3) Es könnte das staufische Kaiserhaus gemeint sein, das die Lehenshoheit über die Burg in der Rechtsnachfolge der Diepoldinger besessen haben muß

für den es keine klare Deutung gibt, der aber zweifellos von dem Zeitwort „gießen" abzuleiten ist.

Diepold ist noch zweimal urkundlich erwähnt. Von Giengen, wo er am 1. Mai 1171 zugegen war, begleitete er den Kaiser nach Donauwörth und bezeugte dort am 7. Mai ein Privileg für die Abtei Ottobeuren.[9] Er ist auch diesmal letzter in der Zeugenreihe, aber unter den kaiserlichen Ministerialen nach dem Truchsessen Walter, dem Schenken Konrad, dem Marschall Heinrich und dem Kämmerer Hartmann der einzige, der nicht schon durch ein Hofamt ausgezeichnet war. Dies zeigt, daß Diepold aufgrund seiner Persönlichkeit Ansehen genoß.

Erst wieder im Jahre 1209 begegnet Diepold in Aufkirchen im Ries in einer Urkunde des Klosters Kaisheim, die in Gegenwart König Ottos IV. ausgefertigt wurde.[10] Unter den Zeugen erscheint er in der Gruppe der insgesamt zehn „ministeriales" an dritter Stelle hinter Ulrich von Höchstädt, der wohl dem staufischen „Amt" Höchstädt vorstand,[11] und dessen Sohn Werner; auch dies ein Beweis für seine bevorzugte Stellung. Nach der Ermordung König Philipps von Staufen 1208 war Diepold mit den übrigen Gefolgsleuten der Staufer ins Lager des Welfen Otto IV. übergetreten, um den unseligen Thronstreit, der das Reich in zwei feindliche Lager gespalten hatte, zu beenden.

Diepold Gusse hinterließ anscheinend drei Söhne: Diepold, Heinrich und Albert. War Diepold nach dem Vater benannt, so Heinrich am ehesten nach dem Vater der Mutter. Vielleicht hatte der alte Diepold seine Gemahlin aus dem Hause derer von Staufen im Bachtal geholt, das über Generationen den Namen Heinrich führte. Eine solche Verbindung würde die Verzahnung güssischen und staufischen Besitzes in verschiedenen Orten erklären. Der Name des dritten Sohnes, Albert, könnte auf ein Dienstverhältnis des Vaters zu den Grafen von Dillingen deuten, bei denen der Name Adalbert-Albert gebräuchlich war.

Albert wurde Domherr in Augsburg. Er ist schon 1220 bezeugt, wird in den Jahren 1235 bis 1246 wiederholt genannt, war 1242 Propst zu Habach (bei Weilheim) und trug 1244 den Titel eines „procurator capituli".[12]

Die beiden weltlichen Brüder teilten offenbar den Hausbesitz und bauten sich jeder seine Burg: Diepold saß auf Stronburg (Flurname Strohnberg östlich Hermaringen), Heinrich auf Güssenberg (Schloßberg nordwestlich Hermaringen). Nach diesen beiden Burgen nannten sich die beiden Hauptlinien des Geschlechts.

[9] WUB 4 S. 369 f. Nachtrag Nr. 69

[10] Hermann Hoffmann: Die Urkunden des Reichstiftes Kaisheim 1135–1287. Schwäb. Forschungsgemeinschaft. 1972. S. 17 f. Nr. 20

[11] Adolf Layer: Von der staufischen Ministerialität zum Reichsstadtbürgertum. In: Jahrbuch des histor. Vereins Dillingen 80 (1978) S. 95 ff.

[12] Magenau (wie Anm. 1) S. 39; Hoffmann (wie Anm. 10) S. 49 f. Nr. 68 u. 69, S. 73 Nr. 109; Monumenta Boica XXXIII S. 70 f. Nr. 69; Placidus Braun: Geschichte der Bischöfe von Augsburg Bd. 2 (1814) S. 256

2) Die Güssen von Stronburg

Diepold, der die Stronburger Linie begründete, mag der ältere der Brüder gewesen sein; dies würde erklären, daß zur Herrschaft Stronburg auch der alte Burgstall in Hermaringen gehörte, den wir als den Stammsitz des Geschlechts vermuten. Als „D.(=Diepold) Gusso" ist er nur einmal ausdrücklich bezeugt in einer Urkunde von 1238 für Kloster Auhausen an der Wörnitz und indirekt 1258, als bereits ein „iunior Gusso de Stronburg" genannt wird.[13] Dies war zweifellos Diepolds Sohn, der sonst gleichfalls den Namen Diepold trägt. Der jüngere Diepold II. wirkte 1260 bei der Gründung des Klosters Obermedlingen durch Walter von Faimingen mit.[14] In den Jahren 1259 bis 1284 bezeugte er wiederholt Gütergeschäfte für die Klöster Kaisheim, Obermedlingen, Maria-Mödingen und Herbrechtingen.[15] Dem Kloster Kaisheim schenkte er 1267 gemeinsam mit seinem Vetter Diepold Güß von Brenz Güter in Gunzenheim bei Donauwörth, die wohl Erbe des Stammvaters Diepold (1171–1209) waren, sowie 1284 ein Gut in Deisenhofen.[16] Bischof Hartmann von Augsburg eignete 1284 dem Kloster Herbrechtingen einen Zehnten in Bernau bei Herbrechtingen, den Diepold II. vom Hochstift zu Lehen getragen hatte.[17]

Zweifellos ein Sohn Diepolds II. ist Konrad Güß von Stronburg, der 1311 einen Hof in Hermaringen, „der Gussin hofe" genannt, an Kloster Obermedlingen verkaufte.[18]

Ab 1329 begegnet wieder ein Diepold (III.) Güß von Stronburg, sicherlich Konrads Sohn, da er seinerseits einen Sohn dieses Namens hatte.[19] Bis 1365 ist er mehrfach Bürge und Zeuge bei Gütergeschäften benachbarter Adeliger mit den Klöstern Herbrechtingen, Anhausen und Obermedlingen wie auch mit dem Hochstift Augsburg.[20] Gemeinsam mit seiner Gemahlin Maya, einer geborenen von Sontheim (nach Guth), und seinen Söhnen Konrad II., Ludwig, Diepold IV. und Bruno verkaufte er 1351 einen Hof in Sontheim an der Brenz – vermutlich Mayas Heiratsgut – an Ott von Sontheim.[21] Mit den Klosterfrauen von Maria-

[13] Georg Grupp: Oettingische Regesten, 1896, S. 25 Nr. 68; WUB 5 S. 253 Nr. 1487
[14] HStAMü — Kloster Obermedlingen PU 1
[15] Hoffmann (wie Anm. 10) Nr. 157 u. 212; HStAMü — Kloster Obermedlingen PU 3 u. 7, Kloster Maria-Mödingen PU 21; WUB 8 S. 167 f. Nr. 2876
[16] Hoffmann (wie Anm. 10) Nr. 205 u. 387
[17] WUB 8 S. 459 Nr. 3348
[18] HStAMü — Kloster Maria-Mödingen PU 42
[19] HStAStgt. — A 488 Kloster Herbrechtingen Bschl. 32
[20] Ulmisches UB II/1 S. 143 Nr. 124; HStAStgt — A 471 Kloster Anhausen Bschl. 14; HStAMü — Kloster Obermedlingen PU 74; Monumenta Boica XXXIII/2 S. 242 Nr. 270 u. S. 354 f. Nr. 305; Richard Hipper: Die Urkunden des Reichsstiftes St. Ulrich u. Afra in Augsburg 1023–1440. Schwäb. Forschungsgemeinschaft. 1956. Nr. 285
[21] HStAStgt — Rep. A 353 Heidenheim W S. 64 (Original fehlt)

Mödingen einigte er sich 1357 wegen einer strittigen Wiese und eines Holzes zu Mödingen.[22] Gemeinsam mit dem Sohn Diepold IV. verkaufte er 1369 dem Kloster Herbrechtingen das Eigentumsrecht an Grundstücken bei Herbrechtingen.[23]

Wenig später mag die Stronburger Linie erloschen sein. Von Diepolds III. Söhnen werden Konrad II., Ludwig und Bruno nach 1351 nicht mehr genannt. Sein Sohn Diepold IV., der uns noch 1369 begegnet ist, könnte mit jenem Theobald Güß identisch sein, der in einem Kampfgericht auf dem Marktplatz in München 1370 von Seitz von Altheim tödlich verwundet wurde.[24]

Die Stronburg, die 1372 schon im Verfall begriffen war und als Burgstall bezeichnet wird, ging im Erbgang auf die Güssenberger Linie über, und zwar — wie es scheint — je zur Hälfte auf deren Brenzer und Leipheimer Zweig.

Was von der Herrschaft Stronburg übrig war, wird anläßlich von Verkäufen 1372 und 1434 aufgezählt.[25] Es sind der Burgstall Stronburg, der Hof Kapfersfeld, die Ziegelmühle, das Fischereirecht in der Brenz und rund 30 Jauchert Äcker, die größtenteils auf dem Hohenberg und zu Streichen lagen, dazu der Burgstall im Dorf Hermaringen mit Baumgarten, ein Hof, neun Selden, zwei Gärten, Vogtrechte aus vier Huben und Lehen, die Täfer, die Flurschützen- und Hirtenämter, Gericht, Zwing und Bann in Hermaringen, ferner die Ottenhalde und die Reute an der Güssenberghalde sowie die Holzmarken Grube, Rueler und Lindach. Die Stronburger Güssen hatten somit die Ortsherrschaft in Hermaringen besessen.

[22] Regesta Boica 8 S. 366
[23] HStAStgt — A 488 Kloster Herbrechtingen PU 142
[24] Radlkofer (wie Anm. 2) S. 61
[25] StAL — B 95–97 Grafen zu Helfenstein Nr. 410 u. 356

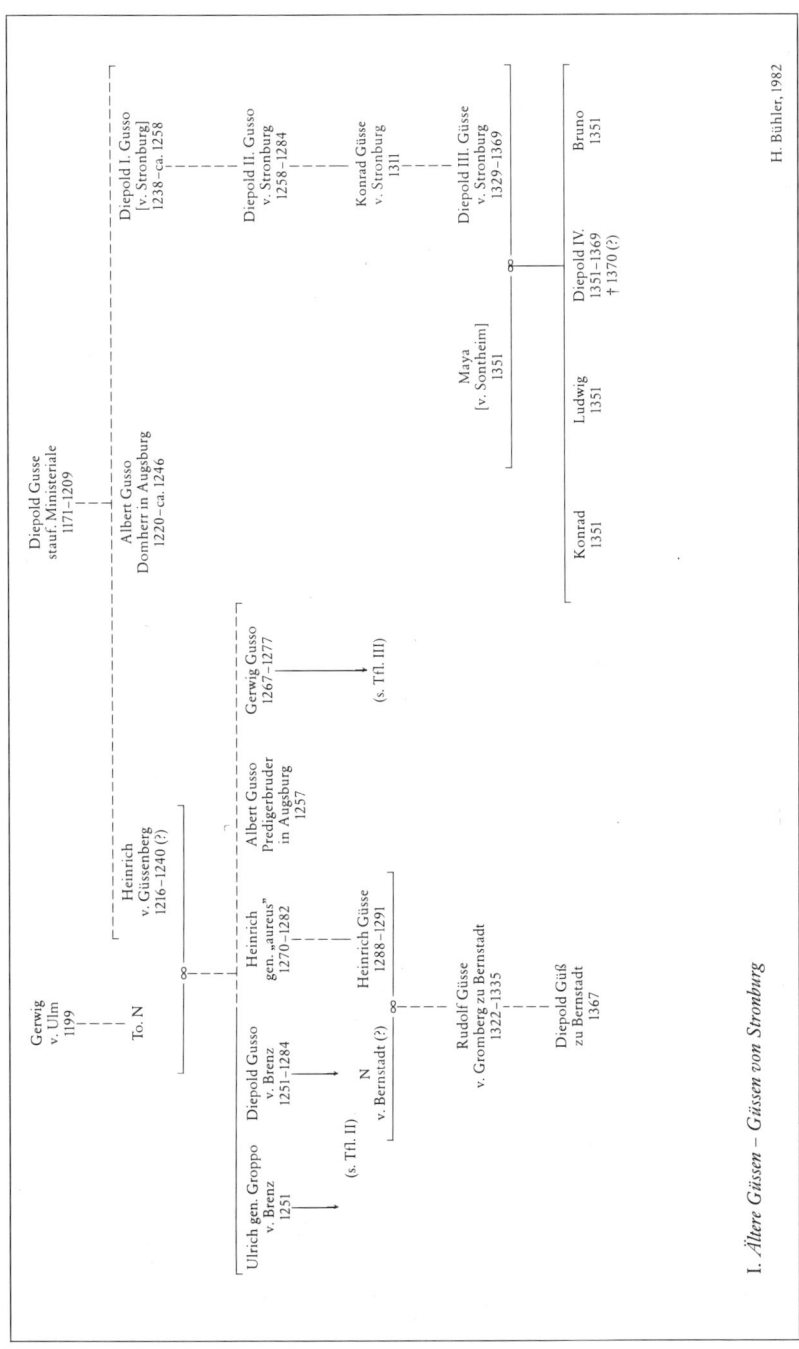

I. *Ältere Güssen – Güssen von Stronburg*

H. Bühler, 1982

3) Die Anfänge der Güssen von Güssenberg

Der jüngere weltliche Sohn des Stammvaters Diepold Gusso (1171–1209) erscheint als „Heinricus de Gussenberc" 1216 in Giengen unter den Zeugen, als eine vom päpstlichen Stuhl beauftragte Schiedskommission einen Streit zwischen den Klöstern Ellwangen und Kaisheim schlichtete.[26] Seine Stellung unter lauter Niederadeligen, die wohl alle zur staufischen Dienstmannschaft gehörten, weist auch ihn als staufischen Ministerialen aus.

Die Burg Güssenberg hatte wohl er selbst im Auftrag seines kaiserlichen Dienstherren auf einer ihm als Lehen überlassenen Geländeerhebung bei Hermaringen erbaut. Der Beiname seines Geschlechts, Gusse, war zur Geländebezeichnung geworden, um das Besitzrecht des Güssen an diesem Höhenzug zu dokumentieren; nun diente sie zur Benennung seiner dort errichteten Burg und später zur Herkunftsbezeichnung für seine zahlreiche Nachkommenschaft, die „Güssen von Güssenberg".

Nach Lazius, einem Geschichtsschreiber des 16. Jahrhunderts, hätte Heinrich „Gyß" noch um 1240 gelebt.[27] Er hinterließ fünf Söhne: Ulrich, Diepold, Albert, Gerwig und Heinrich. Sie sind zwar nirgends als Söhne Heinrichs bezeugt, und nur Ulrich und Diepold werden ausdrücklich Brüder genannt; doch ihre Lebensdaten und alle sonstigen Umstände machen es höchst wahrscheinlich, daß sie so einzuordnen sind.[28]

Diepold, Albert und Heinrich tragen Namen, die in der Familie schon bekannt waren. Die Namen Ulrich und Gerwig dagegen sind offenbar neu. Der Name Ulrich erklärt sich vielleicht aus einem Vassallitätsverhältnis zu den Herren von Gundelfingen, die diesen Namen bevorzugten und in deren Gefolge die Güssen häufig erscheinen. Der Name Gerwig, künftig einer der häufigsten der Linie Güssenberg, wie nunmehr faßbare Begüterung in der Umgebung Ulms weisen auf eine Verbindung mit den Herren von Ulm. Vermutlich war Gerwigs Mutter die Tochter des 1199 bezeugten Gerwig von Ulm.[29] — Von den fünf Brüdern wurde Albert Predigerbruder in Augsburg. Er war 1257 Zeuge, als Bischof Hartmann im Domchor zu Augsburg sein väterliches Erbgut in Dillingen und Umgebung seinem Hochstift übertrug.[30]

[26] WUB 3 S. 50 ff. Nr. 194

[27] Crusius (wie Anm. 3) p. 379 nach Lazius; De gentium magrationibus pag. 584

[28] Karl Puchner: Die Urkunden der Stadt Nördlingen 1233–1349. Schwäb. Forschungsgemeinschaft. 1952. S. 3 Nr. 10. Nicht zu unserem Geschlecht, sondern zu den Gissen zu Penzing bei Landsberg gehört wohl der Fultenbacher Abt Otto v. Gies, 1263–1295; vgl. Steichele-Schröder: Das Bistum Augsburg Bd. 8, S. 262.

[29] Ulmisches UB I S. 31 f. Nr. 19

[30] WUB 5 S. 278 ff. Nr. 1512; Walther E. Vock: Die Urkunden des Hochstifts Augsburg 769–1420. Schwäb. Forschungsgemeinschaft. 1959. S. 33 Nr. 71

Heinrich mit dem Beinamen „aureus" (Goldener) erscheint 1270 bis 1282 im Gefolge des Bischofs Hartmann von Augsburg, der ihn seinen Getreuen (fidelis) nennt.[31] Er bezeugte insbesondere 1270 den Verzicht Herzog Ludwigs II. von Bayern auf die Augsburger Hochstiftsvogtei.[32] Im Jahre 1281 heißt er „Herr Heinrich der Güsse von Dillingen"; da er im folgenden Jahr „castellanus" des Bischofs genannt wird, muß er bischöflicher Burgvogt in Dillingen gewesen sein.[33] Wahrscheinlich ist er jener Güsse, den König Rudolf 1282 zum Wahrer des Landfriedens in Niederschwaben einsetzte.[34] Er nämlich dürfte zu dieser Zeit der angesehenste seines Geschlechts und daher für diese Aufgabe am ehesten geeignet gewesen sein.

Daß Heinrich Nachkommen hinterlassen hat, ist zwar nicht ausdrücklich bezeugt. Er scheint jedoch vermählt gewesen zu sein. Im Jahre 1270 wird Albert von Villenbach als „frater" Heinrichs genannt.[35] Dies kann natürlich nicht im wörtlichen Sinn als „Bruder" aufgefaßt werden, sondern muß als „Schwager" verstanden werden. Somit war entweder eine Schwester Heinrichs mit Albert von Villenbach vermählt oder war dessen Schwester die Gemahlin Heinrichs; letzteres scheint uns eher der Fall zu sein.

Als Heinrichs Sohn wäre dann wohl der Ritter Heinrich Güsse zu betrachten, der 1288 in Ulm Bürgschaft für Gerwig den Güssen von Güssenberg wegen der Kapelle in Burlafingen leistet, im selben Jahr in Augsburg die Übereignung eines Eigenmannes durch den Markgrafen Heinrich von Burgau an Bischof Siegfried bezeugt und 1291 Zeuge für den Truchsessen Berthold von Kühlental war, als dieser einen Hof in Attenhofen verkaufte. Heinrich war offenbar augsburgischer Hochstiftsministeriale; dies paßt zur Stellung seines (mutmaßlichen) Vaters Heinrich „aureus".[36]

Ein Sohn des jüngeren Heinrich könnte Rudolf Güß gewesen sein. Er ist von 1322 bis 1335 bezeugt, und Diepold Güß von Haunsheim (1319–1345), ein Enkel Gerwigs I., nennt ihn seinen Vetter.[35] Rudolf war 1322 Pfleger des Klosters Obermedlingen und leistete Zeugenschaft, als die Priorin Adelheid von Gruwenberg (Gromberg bei Lauchheim) ein Gut verkaufte.[38] Er selbst nennt sich 1328 „her Ruodolf der Güsse von Gruwenberg" (Gromberg).[39] Seine Beziehung zu Gromberg bleibt unklar und war anscheinend nur von kurzer Dauer. Schon 1331 saß Rudolf zu Bernstadt. Dieses Gut könnte ihm seine Mutter zugebracht haben,

---

[31] Hoffmann (wie Anm. 10) Nr. 255 u. 256
[32] Vock (wie Anm. 30) S. 44 ff. Nr. 92
[33] Ordinariatsarchiv Augsburg — Mödinger Kopialbuch Fol. 44; Monumenta Boica XVI S. 282 f. Nr. 21
[34] WUB 8 S. 374 f. Nr. 3195
[35] Wie Anm. 32
[36] Stadtarchiv Ulm U 3032/1 Nc VI; Vock (wie Anm. 30) Nr. 133 u. 144
[37] HStAMü — Gerichtsurkunden Höchstädt Nr. 329
[38] HStAMü — Kloster Obermedlingen PU 59
[39] HStAMü — Kloster Obermedlingen PU 63

die wohl aus dem Geschlecht derer von Bernstadt stammte, in welchem der Name Rudolf üblich war. Rudolf bürgte damals für Diepold Güß von Haunsheim beim Verkauf eines Waldes zu Unterbechingen.[40] Im Jahr 1333 war er Zeuge für Friedrich von Riedheim wegen Gütern in Unterbechingen und 1335 bürgte er für Johannes von Plochingen und dessen Gemahlin Agnes wegen eines Gutes zu Nordholz (abgegangen bei Unterbechingen).[41] Agnes war eine Tochter Gerwigs des Güssen von Haunsheim (1312–1325); sie nennt Rudolf ihren Vetter.

Ein Sohn Rudolfs wiederum dürfte Diepold Güsse gesessen zu „Bertestadt" (=Bernstadt) sein, der 1367 bei der Erbteilung der Brüder Konrad und Wilhelm von Bebenburg mitwirkte.[42] Mit ihm scheint der von Heinrich „aureus" ausgehende Zweig der Güssen erloschen zu sein.

Die Linie Güssenberg wurde von Gerwig I. fortgepflanzt, wogegen die als Brüder bezeichneten Ulrich und Diepold eine Linie Brenz mit Seitenzweig Tapfheim-Donnersberg eröffneten, die uns zunächst beschäftigen wird.

4) Die Güssenberger Nebenlinie Brenz mit Seitenzweig Tapfheim-Donnersberg

Ulrich mit dem Beinamen „Groppo" und Diepold werden bei ihrem ersten Auftreten 1251 in Neresheim beim Gebräbnis des Grafen Ludwig von Dillingen nicht ausdrücklich als Güssen, sondern vielmehr als „fratres de Brenzz" bezeichnet; doch heißt Diepold bei anderer Gelegenheit „Gusso de Brenz", wodurch die Identität gesichert ist.[43] Als Ortsherren von Brenz sind die beiden anscheinend Rechtsnachfolger der staufischen Ministerialen von Brenz, die offenbar 1235 in die Rebellion König Heinrichs (VII.) gegen seinen Vater Kaiser Friedrich II. verwickelt und deshalb ihres Besitzes verlustig gegangen waren.[44] Die Güssen wären sodann von Friedrich II. mit ihren Rechten in Brenz belehnt worden. Dazu hatten sie auch albeck-werdenbergische Lehen inne.

Ulrich „Groppo" scheint entweder bald gestorben oder von Brenz weggezogen zu sein; sein Bruder Diepold wird künftig meist allein in Verbindung mit Brenz genannt. Doch hinterließ Ulrich anscheinend drei Söhne.

Ludwig Güß von Brenz, der 1319 gemeinsam mit Albrecht Güß von Brenz einen Vergleich der Herren von Rammingen mit Kloser Obermedlingen bezeugt,

---

[40] Wie Anm. 37

[41] HStAMü — Kloster Obermedlingen PU 66; Crusius (wie Anm. 3) p. 381

[42] Regesta Boica 9 S. 186 f.

[43] Puchner (wie Anm. 28) Nr. 10; HStAMü — Kloster Maria-Mödingen PU 21

[44] Martin Wellmer: Eine süddeutsche Proscriptionsliste. . . In: Aus Verfassungs- und Landesgesch. Festschrift zum 70. Geburtstag von Theodor Mayer Bd. 2, 1955, S. 118 — Zum Geschlecht derer v. Brenz, nicht zu den Güssen, gehört Heinrich v. Brenz, der Kaplan Friedrich Barbarossas, der 1187 zum Propst von St. Moritz in Augsburg gewählt wurde und noch 1190 bezeugt ist; Monumenta Boica XXIX/1 S. 451 ff. Nr. 544; A. Steichele: Das Bistum Augsburg Bd. 3 S. 1165 f. Anm. 37. Eine Verwandtschaft zu den Güssen ist jedoch nicht auszuschließen.

dürfte am ehesten ein Sohn Ulrich „Groppos" sein, der den vom Vater ererbten Anteil an Brenz verwaltete.[45]

Als Sohn Ulrich „Groppos" wird sodann Konrad „Guso von Tapfheim" zu betrachten sein, der seinerseits Söhne namens Ulrich und Konrad hatte. Das Gut Tapfheim bei Höchstädt könnte ihm seine Mutter, die Gemahlin Ulrich „Groppos", vermittelt haben. Konrad Güß von Tapfheim ist seit 1283 mehrfach als Zeuge bei Gütergeschäften des Klosters Kaisheim genannt, zuletzt 1297 in Donnersberg anläßlich einer Verfügung des Marschalls Heinrich von Donnersberg für Kloster Niederschönenfeld.[46] Seine Gemahlin Elisabeth stammte offenbar aus dem Haus der Marschälle von Oberndorf-Donnersberg, weshalb sich ihre Söhne später nach Donnersberg benannten. Für Konrad und Elisabeth wurde im Kloster Heilsbronn am 9. April ein Jahrtag gehalten.[47]

Als dritter Sohn Ulrich „Groppos" dürfte „Herr Uolrich der Guez" anzusehen sein, der 1326 Bürgschaft leistete, als Güter in Nordendorf an die Abtei St. Ulrich und Afra in Augsburg verkauft wurden.[48] Er siegelte im folgenden Jahr 1327 für Konrad und Ulrich „die Güssen von Donnersperch", Söhne des verstorbenen Ritters Konrad (= Konrad Güß von Tapfheim), als sie Güter in Buttenwiesen bei Wertingen an das Kloster St. Moritz in Augsburg verkauften.[49] Im Jahre 1328 bürgte „Herr Uolrich der Gues", und zwar einmal gemeinsam mit den Brüdern Konrad und Ulrich, ein andermal allein mit dem jüngeren Ulrich bei Gütergeschäften in Ellgau am Lech, wobei der ältere als Ritter, der jüngere als Knecht bezeichnet wird; es handelt sich zweifelsohne um Onkel und Neffen.[50]

Mit Ulrich dem Güssen von Nordendorf, der 1333 bezeugt ist, ist dann wohl der Neffe gemeint.[51] Er könnte seinen gleichnamigen Onkel beerbt haben, der uns 1326 in Beziehung zu Nordendorf begegnet war. Des jüngeren Ulrich Bruder Konrad wird noch 1341 genannt.[52] Eine Schwester der beiden war Hedwig „die Guesin von Norndorf", die 1332 ihren Zehnten in Nordendorf verkaufte. Sie wird 1337 ausdrücklich als Tochter des verstorbenen Konrad Güß von Tapfheim bezeichnet und war zu dieser Zeit mit einem Herrn von Herrieden vermählt.[53] Töchter (Konrads) des Güssen von Tapfheim waren auch Gertrud von Herrieden und Adelheid Güssin von Tapfheim, für welche am 13. Mai bzw. 17. November Jahrtage im Kloster Heilsbronn gehalten wurden, wozu Einkünfte aus Gütern in Haundorf bei Gunzenhausen dienten.[54]

[45] HStAMü — Kloster Obermedlingen PU 55
[46] Hoffmann (wie Anm. 10) Nr. 366, 367, 371, 415; Monumenta Boica XVI S. 305 f. Nr. 46
[47] Nekrolog des Kl. Heilsbronn. In: Stillfried: Kloster Heilsbronn, 1877 S. 347
[48] Hipper (wie Anm. 20) Nr. 110
[49] Regesta Boica 6 S. 223
[50] Hipper (wie Anm. 20) Nr. 120; Monumenta Boica XXXIII/1 S. 517 ff. Nr. 402
[51] Regesta Boica 7 S. 39
[52] Puchner (wie Anm. 28) Nr. 166
[53] Monumenta Boica XXXIII/2 S. 18 Nr. 15; Regesta Boica 7 S. 189
[54] Nekrolog des Kl. Heilsbronn (wie Anm. 47) S. 352 u. 377

Ein Siboto Güß, der im Kloster Heiligkreuz in Donauwörth 1348 Profeß ablegte,[55] könnte ein Angehöriger des Tapfheim-Donnersberger Zweigs gewesen sein, der im übrigen um die Mitte des 14. Jahrhunderts erlosch.

Die Güssenberger Nebenlinie Brenz wurde von Diepold weitergeführt, der uns zuerst 1251 in Neresheim begegnet ist. Als „Diepoldus Gusso advocatus de Brentz" besiegelte er 1260 die Stiftungsurkunde Walters von Faimingen für Kloster Obermedlingen.[56] Gemeinsam mit seinem gleichnamigen Vetter von der Stronburger Linie schenkte er 1267 dem Kloster Kaisheim Güter in Gunzenheim.[57] Sonst ist er bis 1284 wiederholt Zeuge für die Edelfreien von Gundelfingen-Hellenstein sowie für Heinrich Spät von Faimingen tätig.[58]

Schon seit 1279 begegnet jedoch Albert, zunächst als „iunior Gusso de Brenze".[59] Er wird bis 1326 wiederholt als Zeuge, Bürger oder Siegler in Anspruch genommen, so 1279 und 1300 von denen von Gundelfingen-Hellenstein, 1280 von Bruno von Reisensburg, 1307 von Ulrich Kämmerer von Wellenburg, 1318 von denen von Eselsburg. Im Jahr 1311 bürgte er für seinen Vetter Konrad Güß von Stronburg beim Verkauf eines Hofes in Hermaringen. 1319 war er mit Ludwig Güß von Brenz, seinem Vetter (?), Zeuge des Vergleichs der Herren von Rammingen mit Kloster Obermedlingen, und 1326 bürgte er für Diepold Güß von Haunsheim wegen Gütern in Unterbechingen.[60]

Er selbst übergab im Jahre 1300 dem Otto von Hausen, einem Donauwörther Bürger, ein Gut in Feldheim bei Rain am Lech.[61] 1306 erscheint er als Patronatsherr der Kirche in Brenz; er willigte ein, daß der Brenzer Pfarrer die Kleinzehnten von bestimmten Gütern dem Kloster Obermedlingen schenkte und übereignete seinerseits der Brenzer Kirche ein Grundstück in Sontheim.[62]

Ein Bruder Alberts ist vielleicht der Deutschordensbruder Konrad Güß, der von 1300 bis 1321 nachzuweisen ist. Er bezeugt 1300 eine Verfügung des Komturs zu Donauwörth, 1308 einen Güterkauf der Kommende Ellingen, erscheint 1319 im Deutschen Haus in Würzburg unter dem Komtur Konrad von Gundelfingen und wird 1321 vom Deutschen Haus in Ulm zum Generalbevollmächtigten in allen Rechtssachen bestellt.[63]

---

[55] MG Necrologia Germaniae I S. 119

[56] HStAMü — Kloster Obermedlingen PU 1

[57] Hoffmann (wie Anm. 10) Nr. 205

[58] HStAMü — Kloster Maria-Mödingen PU 21; Kloster Obermedlingen PU 17; Hipper (wie Anm. 20) Nr. 41; WUB 7 S. 164 Nr. 2241; WUB 8 S. 456 Nr. 3344

[59] WUB 8 S. 167 f. Nr. 2876

[60] WUB 8 S. 167 f. Nr. 2876; Vock (wie Anm. 30) Nr. 116 u. 219; Monumenta Boica XXXIII/1 S. 327 f. Nr. 269; HStAMü — Kloster Kaisheim PU 369, Kloster Maria-Mödingen PU 42, Kloster Obermedlingen PU 55, Gerichtsurkunden Höchstädt Nr. 319

[61] Regesta Boica 4 S. 716

[62] HStAMü — Kloster Obermedlingen PU 41

[63] Monumenta Boica XVI S. 310 Nr. 51; Regesta Boica 5 S. 134 f. u. S. 412; Ulmisches UB II/1 S. 42 f. Nr. 28

Ein Sohn Alberts muß Bruno Gusso gewesen sein, der zuerst 1317 als Student in Bologna nachzuweisen ist, dann seit 1329 als „Brun der Güss zu Brenz" Alberts Nachfolger in der Ortsherrschaft zu Brenz war.[64] Er bürgte in diesem Jahr gemeinsam mit seinem Vetter Diepold Güß von Stronburg für Heinrich von Stotzingen beim Verkauf des Kirchensatzes in Niederstotzingen an Kloster Herbrechtingen, ferner 1333 für die Herren von Ellerbach, als sie die Burg Zusameck an den Bischof von Augsburg verkauften. Im folgenden Jahr besiegelte er ein Gütergeschäft des Klosters Obermedlingen.[65]

Gewiß mit ihm personengleich ist Brun der Güsse „von Güssenberg", der 1335 für seine Base Agnes Güß von Haunsheim bürgt, als sie das Gut Nordholz (abgegangen bei Unterbechingen) an Hermann Spät von Faimingen verkauft.[66] Für die Gleichsetzung spricht, daß er vor seinem Vetter Rudolf Güß von Gromberg (1322–1335) genannt wird, der mit ihm generationsgleich war, wogegen ein allenfalls noch in Betracht zu ziehender Brun Güß von der Leipheimer Linie (1343–1368) der nächsten Generation angehörte und daher gewiß hinter Rudolf Güß rangiert hätte. Die Benennung „von Güssenberg" aber will besagen, daß er nunmehr der Inhaber der Stammburg seiner Linie war.

Wie wir wissen, war Güssenberg ursprünglich ein staufisches Lehen. Spätestens 1268, nach dem Tode König Konradins, war die Lehenshoheit über die Burg wohl aufgrund eines Erbanspruchs an die Grafen von Öttingen gelangt, die sie 1328 an den Grafen Johann von Helfenstein vertauschten.[67] Inhaber des Lehens waren natürlich zunächst die Nachkommen Heinrichs von Güssenberg (1216–1240), insbesondere Gerwig I. (1267–1277) und Gerwig II. (1280–1306). Wohl noch die Grafen von Öttingen hatten damit jedoch Ulrich von Bopfingen belehnt, der 1332 als Inhaber von Güssenberg bezeugt ist, dann 1334 „ze dem Werde" bei Dinkelsbühl saß.[68] Brun Güß wird somit um 1334 von den Grafen von Helfenstein mit Güssenberg belehnt worden sein. Dies spricht für sein enges Verhältnis zu diesem Haus.

1339 bürgte „Her Brune der ältere Güss von Brentze" für Hermann Spät von Faimingen.[69] Es war also bereits ein gleichnamiger Sohn Bruns volljährig geworden. Dieser jüngere Brun II. stand im Dienst der Grafen von Helfenstein. Zusammen mit dem Inhaber der Burg Niederstotzingen (Friedrich von Riedheim?) tat er sich als Wegelagerer und Straßenräuber hervor, weshalb Kaiser Ludwig der Bayer 1340 den Augsburgern und ihren Verbündeten befahl, „daz si

---

[64] Gustav Knod: Deutsche Studenten in Bologna Nr. 1264; HStAStgt — A 488 Kloster Herbrechtingen Nr. 32

[65] Vock (wie Anm. 30) Nr. 272; HStAMü — Kloster Obermedlingen PU 67

[66] Crusius (wie Anm. 3) p. 381

[67] StAL — B 95–97 Grafen zu Helfenstein Nr. 351

[68] Richard Dertsch: Die Urkunden der Fürstl. Oettingischen Archive in Wallerstein und Oettingen 1197–1350. Schwäb. Forschungsgemeinschaft. 1959. Nr. 370 u. 396; Elisabeth Grünenwald: Das älteste Lehenbuch der Grafschaft Oettingen. Schwäb. Forschungsgemeinschaft. 1976. Nr. 61

[69] HStAMü — Kloster Obermedlingen PU 71

für die Burg Brenz und Stotzingen varen und ziehen sullen und die zerbrechen und niderlegen".[70] Diesen Auftrag führten die Städter im Mai des Jahres aus. Wie gründlich sie dabei zu Werk gingen, ist nicht bekannt; die Burg scheint jedoch längere Zeit nicht bewohnbar gewesen zu sein (siehe unten). Die Grafen Ulrich der Ältere und Ulrich der Jüngere von Helfenstein als Dienstherren des jungen Güß gelobten, sie wollten die Städter „umb die getat, die ietzo vor Brenz geschehen ist... und besunderlich umb den jungen Brunen den Guzzen, der unser diener ist", weder an Leib noch Gut schädigen, d.h. sie wollten für das, was ihrem Diener widerfahren war, keine Rache üben.[71]

Die Vorgänge des Jahres 1340 scheinen Brun den Älteren nicht unmittelbar betroffen zu haben; seinem Ansehen taten sie jedenfalls keinen Eintrag, und seinen Wohnsitz hatte er wohl in Güssenberg.

Brun der Ältere ist noch bis 1361 bezeugt. Zwar wird er selten ausdrücklich als „der Ältere" gekennzeichnet, doch führt er fast regelmäßig den Titel „Ritter" oder „Herr" und verrät durch seine Stellung unter den Urkundenzeugen, Sieglern und Bürgen, daß er in reiferem Alter und hohem Ansehen stand. Offenbar hatte er sich durch sein Studium einige Rechtskenntnisse erworben, weshalb er mehrfach als Schiedsrichter in Streitfällen beigezogen wurde. Wohl deshalb machte ihn Bischof Markward von Augsburg zu seinem „fidelis et consiliarius".

Im Jahre 1343 trug er sein Gut in Heldenfingen (Kreis Heidenheim) dem Bischof von Würzburg zu Lehen auf, um Ansprüche des Bischofs an den Ritter Siegfried Truchseß von Kühlental zu befriedigen, der als Bruns Oheim bezeichnet wird.[72] Dies läßt vermuten, daß Bruns Mutter eine Truchsessin von Kühlental war. Wir treffen Brun daher auch sonst in enger Beziehung zu den Truchsessen. Gemeinsam mit dem Truchsessen Siegfried und mit Gerwig Güß von Güssenberg war er Pfleger (Vormund) der jungen Truchsessen von Reichen. Er leistete Bürgschaft, als diese 1348 ihre Stadt und Herrschaft Wertingen verkauften und wirkte mit, als 1361 die Witwe Susanna des Truchsessen Siegfried gemeinsam mit ihrem gleichnamigen Sohn die Burg Kühlental dem Bischof Markward von Augsburg veräußerte.[73]

Er bürgte 1343 für die Ritter von Eselsburg beim Verkauf ihrer Güter in Herbrechtingen, 1350 für seinen Vetter Brun Güß von Leipheim wegen eines Hofs in Sachsenhausen und 1351 für Werner von Sontheim beim Verkauf einer Hube in Sontheim an der Brenz.[74] In Schwäbisch Gmünd half er 1343 einen Streit zwischen Heinrich von Rechberg und Albrecht Hack um Güter in Bernhardsdorf schlichten; ferner wirkte er 1351 als „Gemeiner Mann" mit, um die Händel

---

[70] UB der Stadt Augsburg I S. 350 f. Nr. 370

[71] UB der Stadt Augsburg I S. 351 f. Nr. 371

[72] Monumenta Boica XXXX S. 492 Nr. 220

[73] Adolf Layer: Aus der Geschichte der Stadt und Herrschaft Wertingen I. In: Jahrbuch des histor. Vereins Dillingen 76 (1974) S. 52; Vock (wie Anm. 30) Nr. 414

[74] Regesta Boica 7 S. 363; HStAStgt — A 495 Kloster Königsbronn Bschl. 85; HStAMü — Kloster Obermedlingen PU 74

zwischen Heinrich von Lauterstein und Berthold vom Stein zu Klingenstein wegen ihrer Rechte in Bermaringen beizulegen.[75] Er trug 1357 zur Einigung zwischen Bischof Markward von Augsburg und Swigger von Gundelfingen um die Vogtei Ottobeuren bei und brachte 1359 in Giengen als Schiedsmann eine Übereinkunft des Bischofs Markward mit dem resignierten Bischof Heinrich von Schönegg zustande. Er war in Giengen zugegen, als 1354 Bürgermeister, Rat und Gemeinde den Grafen von Helfenstein den Huldigungseid leisteten und als 1357 die letzteren ihre Herrschaft Kaltenburg veräußerten.[76]

Er beschloß sein Lebenswerk 1354 mit der Stiftung zweier Altäre in der Pfarrkirche zu Brenz. Sie waren der Jungfrau Maria und dem Erzengel Michael geweiht und mit Zehnten in Bergenweiler und Brenz wie auch mit einem Hof in Brenz dotiert. Doch behielt Brun sich und seinen Erben das Recht vor, die Priester zu präsentieren.[77] Bald nach 1361 scheint Brun gestorben zu sein. Er war wohl der bedeutendste Vertreter des Brenzer Familienzweigs. Nirgends wird Bruns Gemahlin genannt. Da aber Bruns Söhne und Enkel über den Hauptteil des Dorfes Staufen verfügten, ein Gut, das nicht zum alten Hausbesitz der Güssen gehörte, liegt die Vermutung nahe, seine Gemahlin könnte es eingebracht haben, ja sie selbst könnte eine von Staufen sein. Andernfalls müßte Brun das Gut Staufen käuflich erworben haben.

Alle Nachrichten nach 1361 beziehen sich auf Brun den Jüngeren (II.). Er war 1363 Schiedsmann im Streit Herzog Friedrichs von Teck mit Beatrix von Urslingen um ein sankt-gallisches Lehen und bürgte im folgenden Jahr 1364 für die von Hirschstein beim Verkauf der Burg (Unter-)Bechingen an Johann Vetzer, ebenso 1367 für Ulrich von Rammingen beim Verkauf eines Gutes in Öllingen.[78]

Im selben Jahr 1367 wird Brun mit seinem Bruder Hans als ehemaliger Besitzer eines Hofs in Haunsheim genannt.[79]

1369 siegelte er als „Ritter" eine Urkunde des Grafen Ulrich des Jüngeren von Helfenstein; offenbar war er inzwischen in die Rolle des Vaters hineingewachsen, und seine Jugendtorheiten waren vergessen.[80] Er bürgte 1372 für seine Vettern, die Güssen von Staufen zu Bloßenstaufen, als sie Hohenmemmingen an den Grafen von Helfenstein veräußerten.[81] Zu diesem Schritt mochte sie der allgemeine wirtschaftliche Niedergang veranlaßt haben, den die Pestjahre seit 1348 zur Folge hatten. Viele Bauerngüter waren verwaist und brachten somit keinen Ertrag. Um die Lage der Brenzer Güssen war es auch nicht besser bestellt.

---

[75] Alfons Nitsch: Urkunden und Akten der ehemal. Reichsstadt Schwäbisch Gmünd I. Teil, 1966, S. 35 Nr. 178; Ulmisches UB II/1 S. 361f. Nr. 369; Vock (wie Anm. 30) Nr. 396

[76] StAL-B 95—97 Grafen zu Helfenstein, Kopialbuch in Bschl. 1; Ludwig Schnurrer: Schloßarchiv Harthausen. Bayer. Archivinventare H. 8, 1957, S. 1 Nr. 1; Vock (wie Anm. 30) Nr. 405

[77] Vock (wie Anm. 30) Nr. 381

[78] Irene Gründer: Studien zur Geschichte der Herrschaft Teck. 1963. S. 161 Nr. 275; HStAMü — Gerichtsurkunden Höchstädt Nr. 321; Ulmisches UB II/2 S. 648 Nr. 756

[79] HStAStgt — A 471 Kloster Anhausen Nr. 140

[80] Regesta Boica 9 S. 222

[81] StAL — B 95–97 Grafen zu Helfenstein Nr. 361

Brun der Jüngere und sein Bruder Hans hatten vom Vater die von Helfenstein
lehenbare Herrschaft Güssenberg übernommen und dazu um 1370 die halbe
Herrschaft Stronburg geerbt. Außerdem gehörte ihnen der Großteil des Dorfes
Staufen, und schließlich besaßen sie schon in der vierten Generation das Stammgut
ihres Familienzweigs, nämlich Brenz samt dem benachbarten Bergenweiler. All
das zusammen ergab einen respektablen Besitz. Bei Kaiser Karl IV. (1346–1378)
hatte Brun der Vater oder der Sohn die Hochgerichtsbarkeit für Brenz mit Stock
und Galgen erwirkt.[82] Doch nun begann dieser Besitzkomplex zu zerbröckeln.

Noch im selben Jahr 1372, in welchem die Vettern Hohenmemmingen verkaufen mußten, veräußerten Brun der Jüngere und sein Bruder Hans dem Grafen
Ulrich dem Jüngeren von Helfenstein um 3200 Pfund Heller ihre Hälfte der
Herrschaft Stronburg samt der von Helfenstein lehenbaren Herrschaft Güssenberg.[83] Zu ihrem Teil der Stronburg, die – wie wir wissen – im Verfall begriffen
war, gehörten je die Hälfte des Hofes Kapfersfeld, der Ziegelmühle, des Fischwassers von der Spindelfurt bis ins Dorf Hermaringen und rund 30 Jauchert Äcker;
ferner die Hälfte des Burgstalls und Baumgartens in Hermaringen samt vier Selden
und zwei Gärten, Vogtrechte aus zwei Huben und je die Hälfte der Täfer, der
Gemeindeäcker, des Gerichts, Zwings und Banns in Hermaringen, die Hälfte der
Holzmarken Ruelen und Lindach sowie die Holzmark Grube. Zur Herrschaft
Güssenberg gehörten ein Hof und zwei Huben in Hermaringen, das Fischwasser
von der Giengener Mühle bis zur Spindelfurt, vier Selden, 38 Tagwerk Wiesmahd,
100 Jauchert eigene Äcker sowie die Holzmarken Hirschberg, Kupferschmied
und zu Zang. Auf Güssenberg saßen künftig die von Sontheim als helfensteinische
Vögte.

Der Verkaufserlös half den Brüdern zunächst wohl über die größten finanziel-
len Schwierigkeiten hinweg. Brun der Jüngere siegelte, als 1373 die Güssen von
Haunsheim Güter und Rechte in Wittislingen an das Hochstift Augsburg
veräußerten und als 1374 Hanmann Güß seinen Anteil an Leipheim an Württemberg verkaufte.[84] Im selben Jahr 1374 bürgte er mit Graf Ulrich dem Älteren von
Helfenstein für Herzog Friedrich von Teck beim Verkauf von Rechberghausen.
Er nennt sich hier „Brune der Gusse von Brenz, Ritter, seßhaft zu Stuoffen".[85]
Offenbar hatte er nach dem Verkauf von Güssenberg in Staufen seinen Wohnsitz
genommen. Dies dürfte auch dafür sprechen, daß die 1340 zerstörte Burg in Brenz
noch nicht wieder aufgebaut war. Als sich 1376 die Finanzlage der Brenzer Güssen
erneut kritisch gestaltete, verkauften die Brüder Brun und Hans Bergenweiler mit
allem Zubehör um 2046 Pfund Heller an Wilhelm Vetzer.[86]

[82] Württ. Regesten Nr. 7637
[83] StAL — B 95–97 Grafen zu Helfenstein Nr. 410
[84] Vock (wie Anm. 30) Nr. 490; HStAMü — Gerichtsurkunden Neu-Ulm Nr. 24
[85] Gründer (wie Anm. 78) S. 175 Nr. 319
[86] Württ. Regesten Nr. 9001

Brun Güß gründete zusammen mit Berthold vom Stein von Klingenstein und Berthold von Westerstetten eine Rittergesellschaft ähnlich der vom Löwen. Die Grafen Konrad und Friedrich von Helfenstein-Geislingen waren daran interessiert; als sie sich 1380 mit den Grafen von Württemberg zum Schutz des Landfriedens verbündeten, bedangen sie sich aus, daß das Bündnis sich nicht gegen diese Rittergesellschaft richte.[87]

Brun hatte 1375 für die Grafen von Helfenstein-Geislingen gebürgt, als sie ihr Dorf Nellingen verkauften. Wiederholt bürgte und siegelte er auch für die Gräfinwitwe Anna von Helfenstein (Blaubeurer Linie), so 1379 beim Verkauf der Feste Scharfenberg, 1381 beim Verkauf der Herrschaft Faimingen an Bayern und als sie im selben Jahr der Stadt Blaubeuren ein Privileg erteilte.

Brun der Jüngere (II.) ist gewiß personengleich mit „Bonaventura Güß von Brenz", den die Gräfin Anna 1379 ihren „Rat" nannte.[88]

Gemeinsam mit seinem Bruder Hans verkaufte Brun II. 1381 einen Hof in Staufen an das Kloster Königsbronn sowie einen Hof in Untermedlingen an seinen Bruder Eberhard Güß.[89] Dieser Bruder wird sonst nicht erwähnt; vermutlich war er Geistlicher. Auch Hans tritt später nicht mehr in Erscheinung. Die letzte Nachricht von Brun II. ist von 1385, wo er der Stadt Nördlingen Hilfe versprach, falls es Feindschaft wegen der Tat an den Juden geben sollte. Am 17. März 1387 wird er als verstorben erwähnt. Sein Sohn Brun III. übereignete damals dem Spital Lauingen ein Zinslehen zu Veitriedhausen.[90]

Dieser Brun III. hatte von seinen Eltern Brun II. und Anna „der Marschalkin" beträchtliche Schulden übernommen. Nun verkaufte er 1390 auch im Namen seines abwesenden Bruders Konrad und seiner noch unmündigen Geschwister Sixt und Anna alle seine Leute und Güter zu Staufen an Rudolf von Westerstetten zu Altenberg. Es handelte sich um vier Höfe, elf Selden, die Badstube, Gericht, Zwing und Bann, wofür er 333 ungarische Gulden und 190 Pfund Heller löste. Um eben diese Summe waren die Güter bestimmten Gläubigern bereits versetzt, so daß den Geschwistern aus dem Verkauf nichts übrig blieb.[91]

Damit aber hatte der Ausverkauf der Brenzer Güssen noch kein Ende. Kurz darauf gingen ihnen auch Burg und Dorf Brenz verloren, ohne daß wir die genaue Zeit und die näheren Umstände erfahren. Neue Ortsherren wurden die von

---

[87] Chr. Friedr. Sattler: Gesch. des Herzogthums Würtemberg unter der Regierung der Graven. Erste Fortsetzung 1767, Beilagen S. 202 f. Nr. 166

[88] Ulmisches UB II/2 S. 809 Nr. 988; Magenau (wie Anm. 1) S. 82; HStAMü — Gerichtsurkunden Lauingen Nr. 192; Pfalz-Neuburg — Klöster u. Pfarreien Nr. 1289; H. F. Kerler: Urkunden zur Gesch. der Grafen von Helfenstein. 1840. S. 34 ff.

[89] HStAStgt — A 495 Kloster Königsbronn Nr. 163; HStAMü — Klosterurkk. Dillingen Nr. 21

[90] Karl Puchner: Die Urkunden der Stadt Nördlingen 1350–1399. Schwäb. Forschungsgemeinschaft. 1956. Nr. 657; Georg Rückert: Lauinger Urkunden 1226–1415. In: Jahrbuch des histor. Vereins Dillingen 14 (1901) S. 101 Nr. 39

[91] Carl August Böheimb: Staufen. In: Neuburger Collectaneen-Blatt 39 (1875) S. 35

Sontheim. Herbort von Sontheim ist 1394 als in Brenz gesessen bezeugt; seine Söhne Ulrich und Heinrich verfügten 1409 über den Großteil der Brenzer Bauerngüter und ließen sich 1417 von König Sigismund die Hochgerichtsbarkeit für Brenz bestätigen.[92]

Den Güssen blieb lediglich das Patronatsrecht über die Pfarrei und das Präsentationsrecht auf die beiden von Brun dem Älteren gestifteten Altarpfründen. So präsentierte Brun III. 1395 einen Priester auf den Marienaltar und gab als Patronatsherr 1401 seine Einwilligung, als der Kirchherr zu Brenz den zur Pfarrei gehörigen Widumhof in Gundelfingen verlieh.[93] Er scheint bald gestorben zu sein.

Seine Brüder Konrad und Seitz (Sixt) und die Schwester Barbara, vermählt mit Ulrich von Eisenhofen, verkauften schließlich 1409 dem Hochstift Augsburg auch noch ihre Widumhöfe in Brenz und Sontheim samt Zehntrechten und Kirchensatz um 2000 rheinische Gulden. Die genannten Objekte waren Reichslehen. Bischof Eberhard aber verlieh das Patronatsrecht der beiden Altarpfründen den güssischen Brüdern „ir lebtag und nach in irs libes erben, die knaben und mannesnamen sind". Im Jahr darauf übergab er ihnen auch den Kirchensatz der Pfarrei „in truewes mans handen" auf Widerruf, da es wegen der Ablösung der Reichslehenschaft Schwierigkeiten gegeben hatte. Den Güssen bezahlte er trotzdem den vollen Kaufpreis „von unßer (d.h. der Güssen) grosser nottdürfft wegen".[94]

Von der vor wenigen Jahrzehnten recht stattlichen Herrschaft der Brenzer Güssen war somit nur ein ganz kümmerlicher Rest geblieben. Es ist nicht auszumachen, wo die letzten Angehörigen dieses Zweiges ihren Wohnsitz hatten. Wie viele ihrer Standesgenossen traten sie offenbar in die Dienste mächtiger Landesherren.

Konrad und Seitz erscheinen 1414/15 auf dem Konstanzer Konzil, der letztere im Gefolge des Grafen Eberhard des Milden von Württemberg.[95] Seitz war später Hofmeister des Grafen Ludwig von Württemberg und trat der von diesem Grafen gegründeten Bruderschaft des Salve in Stuttgart bei. Er siegelte, als die Grafen Ludwig und Ulrich von Württemberg 1431 die Feste Rosenstein samt Heubach dem Konrad von Frauenberg als Leibgeding gaben. Seitz Güß hatte einen Sohn Hans, der Geistlicher und Kirchherr in Botenheim wurde.[96]

Konrad stritt sich lange Jahre mit dem Abt von Anhausen und der Bauernschaft von Bolheim und Herbrechtingen um Äcker zu Osterholz (abgegangen bei Herbrechtingen). Nachdem es 1423 zu einem Vergleich gekommen war, entschieden Graf Johann von Helfenstein und der Propst von Herbrechtingen 1436, daß

[93] HStAStgt — Repert. A 353 Heidenheim W S. 64 (Original fehlt); Regesta Boica 12 S. 31; Württ. Regesten Nr. 7637
[93] Vock (wie Anm. 30) Nr. 591 u. 625
[94] Vock (wie Anm. 30) Nr. 689, 690 u. 693
[95] Crusius (wie Anm. 3) p. 384; Sattler (wie Anm. 87). Zweite Fortsetzung S. 57
[96] Crusius (wie Anm. 3) p. 387; Württ. Regesten Nr. 9554

Konrad an rund 30 Jauchert „keinen anspruch noch recht ... immermehr gehaben soll", und 1440 eignete Konrad schließlich dem Kloster Anhausen zwei Jauchert in Herbrechtingen.[97] Konrad und sein Bruder Seitz gaben dem Abt von Ursberg 1429 ein Holz zu Helmeringen bei Lauingen zu Lehen, und Konrad eignete 1441 gemeinsam mit Hanmann Güß von Haunsheim dem Kloster Ettal Zehnten zu Lauingen.[98]

Nach einer Aufzeichnung von etwa 1468 waren Konrad Güß, seine Gemahlin Caecilia und ihre Söhne (filii) Mitglieder der „Fraternitas Sancti Udalrici" (Bruderschaft des hl. Ulrich).

Von ihren Söhnen ist nur einer namens Hans hervorgetreten. Er lag 1428 im Streit mit den Herzögen von Bayern. 1434 erscheint er im Pfandbesitz eines Viertels der Burg Mering bei Friedberg, die den Herzögen von Bayern gehörte. Diese Pfandschaft wurde ihm im selben Jahr auf dem Konzil zu Basel aberkannt und die Burg dem Herzog Wilhelm zugesprochen. Doch bestimmte im folgenden Jahr 1435 eine Schiedskommission unter Vorsitz des Bischofs von Augsburg, daß dem Hans Güß wegen seiner Forderung an Mering 1950 Gulden gegen Aushändigung der Schuldbriefe zu bezahlen seien.[99] Er verschwindet damit aus den Quellen.

Ein Nachkomme (Sohn?) des älteren Hans Güß von Brenz (1367–1381) könnte Hans Güß sein, der 1403 gemeinsam mit Ulrich Pfetner für Berthold Gossenbrot von Augsburg bürgte.[100] Mit ihm personengleich war vielleicht der Münchner Bürger Hans Güß, der 1414–1431 nachzuweisen ist, wogegen ein gleichnamiger Münchner Bürger um 1461/62 wohl der folgenden Generation angehört. Auch der Münchner Bürger Sigmund Güß 1439 mag diesem Familienzweig zuzuzählen sein.[101] In Geislingen lebte um diese Zeit der Krämer und Bürger Thoman Güß, der dort 1446 ein Haus erwarb.[102] Es gab somit schon im frühen 15. Jahrhundert verschiedentlich bürgerliche Güssen, deren Verbindung mit unserem Geschlecht nicht unwahrscheinlich ist.

---

[97] Württ. Regesten Nr. 9012; HStAStgt — A 471 Kloster Anhausen Nr. 281 u. 165
[98] Georg Rückert: Lauinger Urkunden 1416–1440. In: Jahrbuch des histor. Vereins Dillingen 15 (1902) S. 55f. Nr. 190 u. 192; HStAMü — Gerichtsurkunden Lauingen Nr. 149
[99] Regesta Boica 13 S. 280, 351 u. 359
[100] Hipper (wie Anm. 20) Nr. 419
[101] Monumenta Boica XX S. 168 Nr. 163, S. 188 Nr. 174, S. 208 Nr. 181; Monumenta Boica XIX S. 117 Nr. 68; Georg Rückert: Lauinger Urkunden 1451–1480. In: Jahrbuch des histor. Vereins Dillingen 17 (1904) S. 37 Nr. 389; Monumenta Boica XXI S. 105 u. 111
[102] Karlheinz Bauer: Geislinger UB, 1967, S. 83 Nr. 75. — Ein Epitaph in Brenz (aus der ersten Hälfte des 14. Jahrhunderts) für Gut von Faundorf und Margret von Rechberg mit dem Wappen der Güssen ist wohl güssischen Töchtern des Brenzer Zweigs gewidmet.

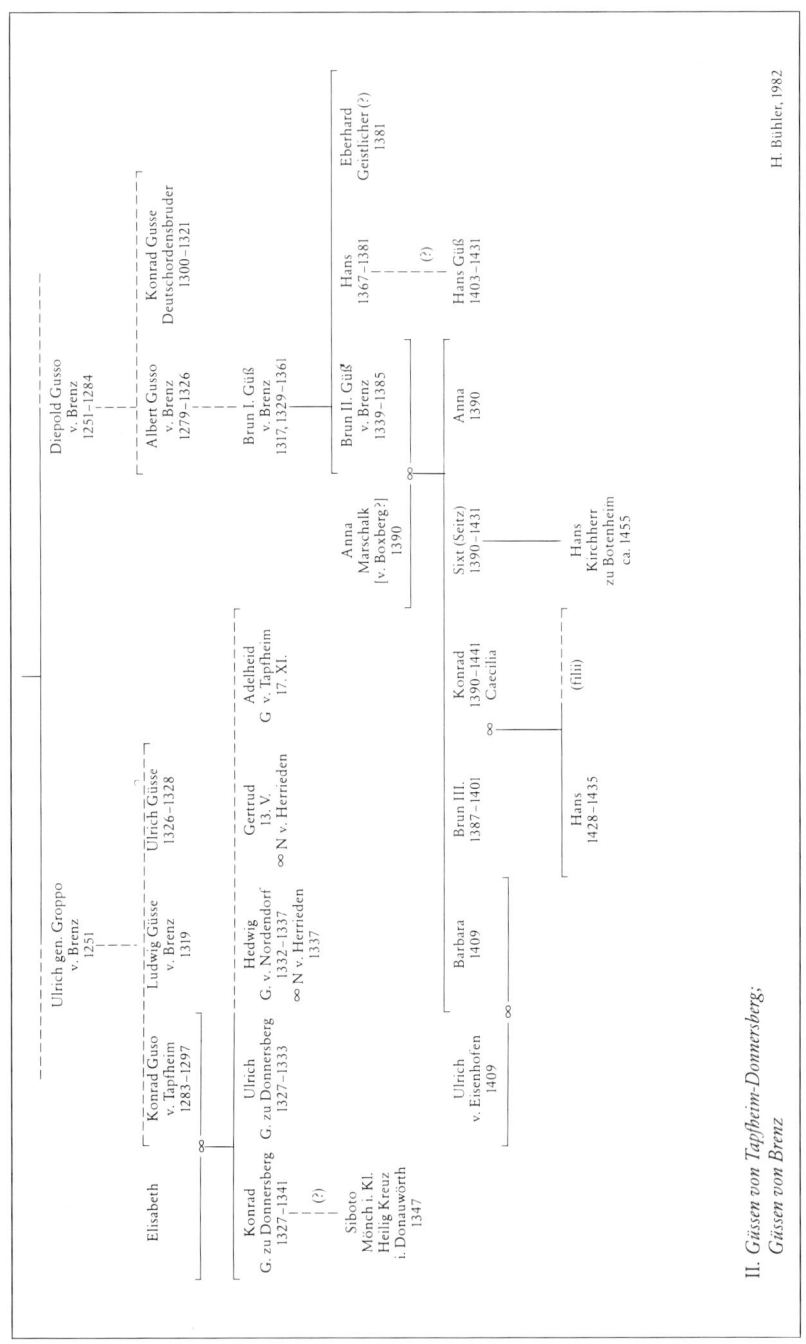

II. *Güssen von Tapfheim-Donnersberg;*
   Güssen von Brenz

H. Bühler, 1982

5) Die Güssenberger Nebenlinie Haunsheim

In der Linie Güssenberg ist der Name Gerwig Leitname über sechs Generationen. Von den Söhnen Heinrichs von Güssenberg (1216–1240) muß somit Gerwig (I.) derjenige sein, der diese Linie fortgepflanzt hat. Er ist von 1267 bis 1277 bezeugt.

Erstmals begegnet er uns im Mai 1267 in Augsburg in der Umgebung König Konradins und bezeugt dessen Verfügung für das Klarissenkloster in Söflingen bei Ulm[103]. Gerwig erscheint hier in der Gesellschaft von Volkmar von Kemnat, Hermann von Hegnenberg, Konrad von Haldenberg und Heinrich von Inningen — lauter staufischen Ministerialen; dies weist auch ihn als solchen aus.

Gerwig mag der älteste der Brüder gewesen sein, denn die Stammburg seines Familienzweigs, die staufische Lehenburg Güssenberg, ist über ihn an seine nächsten Nachkommen gelangt.

Er muß ferner Inhaber von Leipheim gewesen sein. Leipheim war ursprünglich ein Gut der Diepoldinger, das als Erbe und Heiratsgut der Adela von Vohburg 1147 bzw. 1153 in die Verfügungsgewalt Friedrichs I. Barbarossa übergegangen und in der Folgezeit staufisch geblieben war. Spätestens König Konradin dürfte dann unseren Gerwig I. mit Leipheim belehnt und diesem den Ort vor Antritt seines verhängnisvollen Zugs nach Italien vielleicht pfandweise überlassen haben. Dies darf deshalb angenommen werden, weil später nie von einer Reichslehenschaft Leipheim die Rede ist. So wäre der Ort nach Konradins Tod 1268 als nicht ausgelöstes Pfand Gerwig I. praktisch zu eigen verblieben.[104]

Auch Haunsheim dürfte schon in der Hand Gerwigs I. gewesen sein. Zwar ist die ältere Geschichte Haunsheims nicht geklärt. Doch wissen wir, daß auch die Güssen von Brenz im frühen 14. Jahrhundert dort begütert waren, so daß damit gerechnet werden darf, daß beträchtliche Teile des Ortes altgüssischer Besitz waren, der im Erbgang teils an die Nebenlinie Brenz fiel, teils bei der Linie Güssenberg verblieb.[105] Freilich sind 1267 auch noch Niederadelige „von Haunsheim" bezeugt, die im Dienst der Herren von Gundelfingen standen und sicherlich die Burg Haunsheim innehatten.[106] In den Besitz dieser Burg dürfte somit erst Gerwig I. gelangt sein. Mit ihr waren vielleicht Güter im benachbarten Unterbechingen verbunden, die im Besitz von Gerwigs Nachkommen faßbar sind.

Gerwig I. bezeugt im Jahre 1270 Urkunden des Bischofs Hartmann von Augsburg für Kloster Söflingen und eine Urkunde der Söflinger Klosterfrauen. Die Mitzeugen sind alle aus der Umgebung Ulms, und Gerwig selbst hatte enge Beziehungen dorthin. Sie dürften von seiner Mutter herrühren, die wir ja als eine

---

[103] WUB 6 S. 316 Nr. 1925
[104] Heinz Bühler: Leipheim und die Güssen (im Druck)
[105] Wie Anm. 79
[106] HStAMü — Kloster Maria-Mödingen Nr. 20; Hoffmann (wie Anm. 10) Nr. 205

Tochter Gerwigs von Ulm (1199) betrachten. Im Jahre 1277 erscheint er als Inhaber eines Hofes in Lehr bei Ulm, der Lehen der Herren von Bach war und nunmehr an Kloster Söflingen überging.[107] Weitere Nachrichten von Gerwig I. sind nicht bekannt.

Er hinterließ anscheinend drei Söhne: Gerwig II., Heinrich und Diepold. Die beiden ersteren sind als Brüder bezeugt; für Diepold machen es die Umstände so gut wie gewiß.

Wir wollen uns zuerst mit Heinrich befassen, der von 1287 bis 1316 nachweisbar ist und sich seit 1293 wiederholt „von Hundeshain" (Haunsheim) nennt. Offenbar bewohnte er die dortige Burg.

Nach dem Tod des Vaters oder eher nach dem frühen Ableben des Bruders Diepold (vor 1293, siehe unten) war das väterliche Erbe unter den überlebenden Brüdern sauber geteilt worden, wobei die Herrschaft Haunsheim an Heinrich fiel; sein Bruder Gerwig und dessen Nachkommen hatten an Haunsheim keinen Teil, wie andererseits Heinrich und seine Erben an Leipheim nicht beteiligt waren. Nur die Besitzungen in Söflingen, die wohl von der Großmutter herrührten, verblieben in gemeinsamem Besitz der beiden Brüder.

Heinrich ist 1287 zuerst genannt, als er Güter in Söflingen dem Ulmer Ammann Otto am Steg verkauft. Beim Weiterverkauf dieser Güter an Kloster Söflingen 1289 werden er und Gerwig II. als frühere Eigentümer und ausdrücklich als Brüder genannt. Auch eignen beide gemeinsam 1293 ein weiteres Gut in Söflingen dem dortigen Kloster.[108]

Im Jahre 1291 war Heinrich Zeuge für die Gräfin Udilhild von Werdenberg, die eine Mühle in Sontheim an der Brenz dem Kloster Obermedlingen übertrug. Er erscheint dann erst wieder 1304 als Zeuge für die Ritter von Rammingen.[109]

Mit seinem Bruder Gerwig II. bezeugt er 1306 in Augsburg eine Verfügung des Bischofs Degenhard für Kloster Obermedlingen. Dann bürgt er 1311 für seinen Vetter Konrad Güß von Stronburg. Er stand damals als Vogt zu Lauingen in bayerischen Diensten. Mit seinen Söhnen Gerwig und Diepold übereignete er 1312 dem Kloster Maria-Mödingen eine Hube in Fleinheim zum Seelenheil seiner verstorbenen Gemahlin Elsbeth. Nach Bucelin soll er 1316 gestorben und im Kloster Obermedlingen bestattet sein.[110]

Von Heinrichs Söhnen, die wir eben kennenlernten, hat Gerwig den Vater nicht lange überlebt. Er war 1319 wohl schon tot, als sein Bruder Diepold als Inhaber von Haunsheim erscheint.[111] Die Klosterfrauen von Maria-Mödingen berichten 1325, daß die „seligen Herren" Herr Heinrich Güß von Haunsheim (†1316) und

[107] Ulmisches UB I S. 130ff. Nr. 106, 107 u. 108, S. 152f. Nr. 124

[108] Ulmisches UB I S. 190 Nr. 160, S. 194 Nr. 164, S. 210 Nr. 179

[109] HStAMü — Kloster Obermedlingen PU 28 u. 39

[110] HStAMü — Kloster Obermedlingen PU 41, Kloster Maria-Mödingen PU 42; Ordinariatsarchiv Augsburg — Mödinger Kopialbuch Fol. 62f. ; Gabriel Bucelin: Germania II/3, 1662, Stammtafel „Güss a Güssenberg"

[111] HStAMü — Kloster Kaisheim PU 459

sein Sohn Herr Gerwig Güß „an ihrem Ende" dem Gotteshaus 100 Pfund Heller zu einem Jahrtag für sich selbst und ihre Gemahlinnen gestiftet und dafür ihre Höfe in Mödingen verschrieben hätten. Beide Frauen hießen Elsbeth, ihre Herkunft bleibt unbekannt.[112]

Gerwig hinterließ eine Tochter Agnes, die sich mit Johannes von Plochingen vermählte.

Als Inhaber von Haunsheim ist — wie erwähnt — seit 1319 Diepold Güß bezeugt. Er folgte dem Vater auch als Vogt in Lauingen nach. Er war zugegen, als 1319 ein Rechtsstreit zwischen Engelhard von Münster und Kloster Kaisheim beigelegt wurde. Im Jahr 1326 verkaufte er an Hermann Spät von Faimingen seine Güter in Unterbechingen, nämlich den Maierhof, eine Hube und sechs Selden, dazu 1331 das Holz Maierhau, das zu diesem Maierhof gehörte.[113] Hartmann von Münster als sein „Sweher" (Schwiegervater) hatte bei dem Verkauf mitgewirkt; Diepold war somit mit einer von Münster vermählt.

Diepold bürgte 1327, als die von Knöringen Güter in Schabringen verkauften und Walter von Staufen Besitzungen in Ballhausen veräußerte.[114] Auch willigte er ein, als seine Nichte Agnes und ihr Gemahl Johannes von Plochingen 1335 das Gut Nordholz (abgegangen bei Unterbechingen) an Hermann Spät von Faimingen abtrat.[115] Er leistete 1343 Zeugenschaft für die Truchsessen von Kühlental und siegelte 1345 für einen Lauinger Bürger. Dies ist die letzte Nachricht von ihm.[116]

Eine Schwester Diepolds und Gerwigs war Diemut, die Gemahlin Hermann Stegherrs zu Alerheim. Das Ehepaar verkaufte gemeinsam mit dem Sohne Hans 1362 Güter zu Appetshofen, die teilweise von Diemuts Vater Heinrich Güß an sie gekommen waren.[117] Eine weitere Schwester könnte die Priorin Adelheid Güß von Obermedlingen sein, die 1339 urkundete.[118]

Als Söhne Diepolds (I.) von Haunsheim lernen wir Diepold II., Heinrich II. und Gerwig II. kennen. Unter ihnen setzt der Niedergang dieses Familienzweiges ein.

Als Inhaber von Feste und Dorf Haunsheim sind im Jahre 1358 Berenger und Diepold Häl bezeugt.[119] Die näheren Umstände, wie sie dazu gekommen sind, erfahren wir nicht. Der Name Diepold des einen Häl spricht immerhin dafür, daß seine Mutter eine Güssin gewesen sein könnte und daß die Häl somit vielleicht einen Erbanspruch hatten. Doch ist auch nicht auszuschließen, daß die Güssen zum Verkauf gezwungen waren.

---

[112] Rückert (wie Anm. 90) S. 87 Nr. 5
[113] HStAMü — Kloster Kaisheim PU 459; Pfalz-Neuburg, Auswärt. Staaten PU 244; Gerichtsurkunden Höchstädt Nr. 329
[114] HStAMü — Kloster Maria-Mödingen PU 47; Gerichtsurkunden Höchstädt Nr. 3
[115] Crusius (wie Anm. 3) p. 381
[116] Regesta Boica 7 S. 368; Vock (wie Anm. 30) Nr. 325
[117] Puchner (wie Anm. 90) Nr. 311
[118] Vock (wie Anm. 30) Nr. 298
[119] HStAMü — Pfalz-Neuburg, Auswärt. Staaten PU 281

Von den güssischen Brüdern wird Heinrich II. im Jahr 1361 als „gesessen zu Günzburg" erwähnt.[120] Er stand jetzt wohl in habsburgischen Diensten. Er bürgte damals für Hans von Münster, als dieser seine Güter und Rechte in Staufen an Rudolf von Westerstetten veräußerte, desgleichen für seinen Bruder Diepold II., der den Hof Stulen bei Hohenmemmingen dem Grafen Ulrich dem Jüngeren von Helfenstein verkaufte. Diepold II. siegelte im selben Jahr 1361 für Albrecht von Waldkirch und verschwindet danach aus den Quellen.[121] Im Jahr 1373 wird er als verstorben erwähnt.

Heinrich II. und Gerwig II. verzichteten 1371 in Ulm auf Zehntrechte in Gremheim, die sie als ihr Lehen angesprochen hatten, zu Gunsten Hans Ehingers von Ulm. Die beiden Brüder gemeinsam mit Heinrichs Sohn Brünlin verkauften 1373 dem Hochstift Augsburg ihre Güter und Rechte in Wittislingen, nämlich den Hagelhof und die Hälfte der Gemeindeämter, beides öttingische Lehen, sowie die Badstube, einige Wiesmähder, Äcker, Selden, Hofstätten und Gärten.[122] Dies ist zugleich die letzte Nachricht von Heinrich II. und seinem Sohn Brun. Ein weiterer Sohn Heinrichs II. dürfte der gleichnamige Güß gewesen sein, der 1406 Grundstücke in Bernhausen auf den Fildern verkaufte und 1414 auf dem Konstanzer Konzil erschien.[123]

Gerwig II. ist noch bis 1412 bezeugt. Er nennt sich nach wie vor „von Haunsheim"; wo er tatsächlich wohnte, ist nicht zu erkennen. Vielleicht stand er in bayerischen Diensten. Er bürgte 1374 für die Laupheimer Vettern, als sie den Halbteil von Leipheim veräußerten, ebenso 1381 für die Güssen von Brenz beim Verkauf eines Hofes in Untermedlingen. Im Jahre 1405 trug er dem Bischof von Augsburg eine Holzmark bei Finningen zu Lehen auf, siegelte in diesem und im folgenden Jahr Urfehdebriefe und half 1407 einen Streit um Weiderechte der Bauern von Gundremmingen schlichten.[124] Er war um diese Zeit nicht unvermögend. Jedenfalls lieh er gemeinsam mit seinen Söhnen Wilhelm und Hanmann 1409 mehreren Edelleuten, die im Dienste des Herzogs Ludwig von Bayern standen, 800 rheinische Gulden, wofür sie ihm ein großes silbernes Schiff, zwei silberne Kannen, zwei kleine Kannen, vier Becken, ein goldenes „Goblet" und eine kleine goldene Kanne versetzten.[125] Er war im selben Jahr in Günzburg Beisitzer in der Streitsache des Herzogs Ludwig gegen Heinrich von Ellerbach. Im folgenden Jahr besiegelte er die Abmachung seines Brenzer Vetters mit dem Bischof von Augsburg, wegen des Kirchensatzes in Brenz sowie den Lehenrevers

[120] Böheimb (wie Anm. 91) S. 34f.
[121] Württ. Regesten Nr. 9000; Vock (wie Anm. 30) Nr. 415
[122] Vock (wie Anm. 30) Nr. 480 u. 490
[123] UB der Stadt Eßlingen Bd. 2, 1905, S. 441f. Nr. 1867; Crusius (wie Anm. 3) p. 384
[124] HStAMü — Gerichtsurkunden Neu-Ulm Nr. 1060; Klosterurkk. Dillingen Nr. 21; Gerichtsurkunden Höchstädt Nr. 534; Rückert (wie Anm. 90) S. 113 Nr. 66; Ludwig Oblinger: Höchstädter Urkunden 1334–1460. In: Jahrbuch des histor. Vereins Dillingen 13 (1900) S. 62 Nr. 66; Vock (wie Anm. 30) Nr. 654
[125] Regesta Boica 12 S. 36

des Pfarrers zu Brenz. Die letzte Nachricht von 1412 betrifft den Verkauf der ihm verbliebenen acht Selden in Wittislingen.[126] Gerwig II. war wohl mit einer von Bebenburg vermählt, da sein Sohn Eberhard als Neffe Lupolds von Bebenburg bezeichnet wird.

Von Gerwigs II. Söhnen treffen wir Hanmann wieder im Jahre 1420 als Siegler für die von Aichelberg, als sie sich mit dem Bischof wegen ihres Pfandes Schönegg einigten. Wilhelm und Hanmann gemeinsam eigneten 1423 dem Spital Lauingen Äcker im Gehörd bei Lauingen; Hanmann für sich allein übertrug 1431 einem Lauinger Bürger die Lehenschaft einiger Huben in Lauingen.[127]

Hanmann geriet auf die schiefe Bahn; er raubte mit anderen bei Leipheim Kaufmannsgut. Als er 1438 aus dem Gefängnis in Ulm entlassen wurde, mußte er geloben, sich auf Verlangen zu stellen, zehn Jahre lang nicht selbst „raisig" zu sein und zu reiten, sondern in frommer Leute Diensten seine Nahrung zu suchen.[128]

Gemeinsam mit Konrad Güß von Brenz eignete er 1441 dem Kloster Ettal Zehnten zu Lauingen. Im folgenden Jahr 1442 besiegelte er eine Urfehde und nannte sich dabei „Hanmann Güß von Güssenberg".[129] Er wollte damit nur dokumentieren, welchem Familienzweig er angehörte, denn Inhaber der Burg Güssenberg kann er nicht gewesen sein. Er starb 1446 und wurde (nach Guth) im Domkreuzgang in Augsburg beigesetzt. Wie Bucelin berichtet, war er mit einer von Rechberg vermählt.[130]

Sein Bruder Wilhelm war in den Deutschorden eingetreten; er ist 1446 Komtur des Deutschordenshauses Blumenthal und 1448 Komtur zu Obermässing (bei Schwabach).[131]

Ein weiterer Bruder Hanmanns und Wilhelms war der schon erwähnte Eberhard Güß von Güssenberg. Er urkundete 1431 als Freischöffe für den Grafen Eitelfritz von Zollern. Wegen seiner Feindschaft zur St. Georgengesellschaft wurde er 1432 samt seinen Helfern von Wilhelm von Willenholz in dessen Burg Burleswagen aufgenommen. Bucelin berichtet, er sei mit Margarete von Stöffeln vermählt gewesen.[132] Von Nachkommen der beiden ist nichts bekannt.

---

[126] Regesta Boica 12 S. 53; Vock (wie Anm. 30) Nr. 693, 694 u. 707.
[127] Vock (wie Anm. 30) Nr. 785; Rückert (wie Anm. 98) S. 46 Nr. 168 u. S. 59 Nr. 200
[128] Joh. Stephan Burgemeister: Status Equestris, 1629, S. 624
[129] HStAMü — Gerichtsurkunden Lauingen Nr. 149; Walther E. Vock: Die Urkunden der Stadt Nördlingen 1436–1449. Schwäb. Forschungsgemeinschaft 1968. Nr. 2222
[130] Crusius (wie Anm. 3) p. 386; Bucelin (wie Anm. 110)
[131] A. Steichele: Das Bistum Augsburg II S. 198; Crusius (wie Anm. 3) p. 387
[132] Klaus Schubring: Die Herzoge von Urslingen. Veröffentlichungen der Kommission f. geschichtl. Landeskunde in Baden-Württemberg. Reihe B. 67. Band, 1974, S. 203 f. Nr. 415; Beschreibung des Oberamts Crailsheim S. 435; Bucelin (wie Anm. 110)

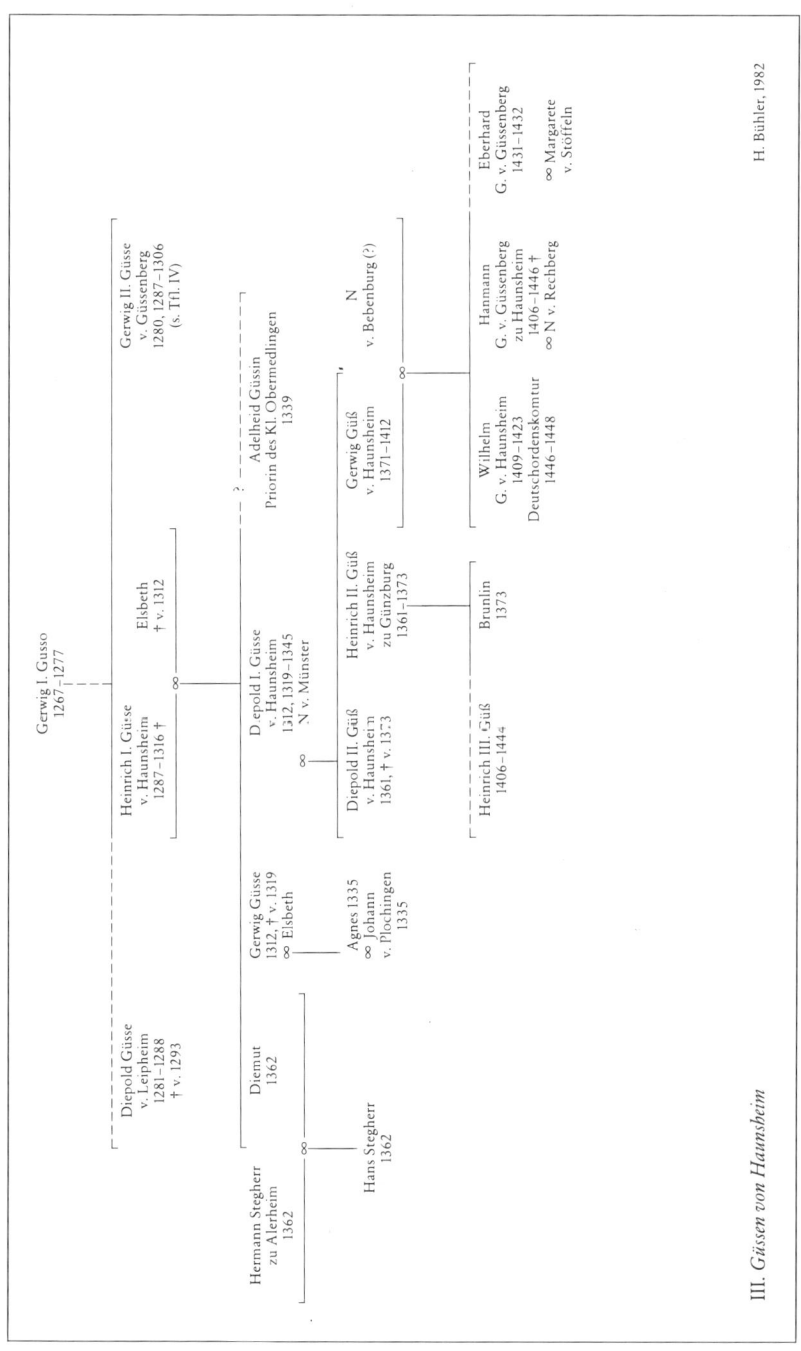

Gerwig I. Gusso
1267–1277

Heinrich I. Güsse
v. Haunsheim
1287–1316 †

Elsbeth
† v. 1312

Gerwig II. Güsse
v. Güssenberg
1280, 1287–1306
(s. Tfl. IV)

Diepold Güsse
v. Leipheim
1281–1288
† v. 1293

Gerwig Güsse
1312, † v. 1319
∞ Elsbeth

Diepold I. Güsse
v. Haunsheim
1312, 1319–1345
N v. Münster

Adelheid Güssin
Priorin des Kl. Obermedlingen
1339

Diemut
1362

Agnes 1335
∞ Johann
v. Plochingen
1335

Diepold II. Güß
v. Haunsheim
1361, † v. 1373

Heinrich II. Güß
v. Haunsheim
zu Günzburg
1361–1373

Gerwig Güß
v. Haunsheim
1371–1412

N
v. Bebenburg (?)

Hermann Stegherr
zu Alerheim
1362

Hans Stegherr
1362

Brunlin
1373

Heinrich III. Güß
1406–1444

Wilhelm
G. v. Haunsheim
1409–1423
Deutschordenskomtur
1446–1448

Hanmann
G. v. Güssenberg
zu Haunsheim
1406–1446 †
∞ N v. Rechberg

Eberhard
G. v. Güssenberg
1431–1432
∞ Margarete
v. Stöffeln

H. Bühler, 1982

III. *Güssen von Haunsheim*

6) Die Linie Güssenberg-Leipheim bis 1358

Wie bereits erwähnt, hatte Gerwig I. (1267–1277) einen Sohn namens Diepold, der freilich nur von 1281 bis 1288 nachzuweisen ist. Er war 1281 in Lauingen gemeinsam mit seinem Vaterbruder Heinrich dem Güssen von Dillingen Zeuge, als die Grafen von Kirchberg-Brandenburg das Dorf Bergheim an Kloster Maria-Mödingen verkauften; ferner bezeugte er 1287 in Ulm den Verzicht Konrads des Älteren und Konrads des Jüngeren von Kirchberg auf ihre Rechte in Burlafingen und bürgte 1288 für seinen Bruder Gerwig II. wegen Burlafingen.[133]

Diepold nennt sich stets „von Leipheim". Er hatte somit dieses Gut nach dem Tode Gerwigs I. geerbt. Diepold scheint nicht vermählt gewesen zu sein; jedenfalls hinterließ er keine leiblichen Erben. Nach seinem Tod (vor 1293 Mai 22.) fiel Leipheim im Zuge einer Neuregelung des väterlichen Erbes als Ganzes an die Söhne seines Bruders Gerwig II.

Dieser Gerwig II. begegnet zuerst im Jahr 1280. Er wirkte mit, als Markgraf Heinrich II. von Burgau in diesem Jahr Güter im Hainbach bei Esslingen verkaufte.[134] Er wird hier bereits „miles" (Ritter) genannt und heißt künftig fast regelmäßig „von Güssenberg". Als vielleicht ältester Sohn Gerwigs I. saß er auf der Stammburg seines Familienzweigs, deren Lehenshoheit mittlerweile auf die Grafen von Öttingen übergegangen war. Gerwig II. hatte in Burlafingen bei Neu-Ulm den Kirchensatz und andere Güter inne als Lehen der Grafen von Kirchberg und der Herren von Stöffeln, die ihrerseits vom Abt von Reichenau belehnt waren. Gerwig verkaufte diesen Besitz 1287 dem Kloster Söflingen. Dafür aber machte er dem Kloster Reichenau Höfe in Zöschingen, Munningen (bei Öttingen), Stillnau (bei Bissingen im Kesseltal), Hermaringen, (Nieder-)Stotzingen und Setzingen sowie eine große Wiese in Brenz zu Lehen.[135] Die Urkunde läßt die weite Streuung des güssischen Hausguts erkennen. Im folgenden Jahr 1288 bekundete er, daß er beim Verkauf von Burlafingen die dortige Kapelle ausgenommen und deren Nutznießung seinem Sohne Gerwig (III.) auf Lebenszeit vorbehalten habe. Dafür bürgten u. a. „Herr Heinrich der Güsse" und „Herr Diepolt der Güsse von Liphain"; der erstere war wohl sein Vetter, der Sohn Heinrich Goldeners (1270–1282), der andere sein Bruder.[136]

1289 verkaufte der Ulmer Ammann Otto am Steg dem Kloster Söflingen Güter in Söflingen, die er von Gerwig Güß und dessen Bruder Heinrich erworben hatte. Gerwig und Heinrich eigneten 1293 dem Kloster Söflingen ein dortiges Gut; Gerwig verlieh Zehntrechte in Söflingen, die er vom Abt von Reichenau zu Lehen

---

[133] Ordinariatsarchiv Augsburg Mödinger Kopialbuch Fol. 44 ff. ; Ulmisches UB I S. 191 Nr. 161; Stadtarchiv Ulm — U 3023/1 Nc VI

[134] UB der Stadt Eßlingen Bd. 1, 1899, S. 48f. Nr. 160

[135] WUB 9 S. 134 Nr. 3631

[136] Stadtarchiv Ulm — U 3023/1 Nc VI

trug, einem gewissen Gossolt, und er überließ schließlich 1298 dem Kloster alle seine Leute und Güter im Söflinger Bann.[137]

Gerwig II. war auch 1294 in Ulm Zeuge, als die Grafen von Helfenstein einen Hof in (Nieder-)Stotzingen dem Kloster Kaisheim übereigneten.[138] Jene Anna von Stotzingen, die Gemahlin eines Gerwig Güß, die für sich einen Jahrtag im Deutschen Haus in Ulm stiftete, dürfte höchst wahrscheinlich mit unserem Gerwig II. vermählt gewesen sein.[139]

Im Thronstreit Albrechts von Habsburg gegen König Adolf von Nassau 1298 hatte sich Gerwig II. — vielleicht im Gefolge seines Lehensherrn, des Grafen Ludwig von Öttingen — dem König Adolf angeschlossen und befand sich Ende Juni beim König im Lager bei Heppenheim. Der König hatte Gerwig, den er seinen „fidelis dilectus", seinen geschätzten Getreuen, nennt, 50 Mark Silber versprochen, damit er sich ein Streitroß beschaffe.[140] So nahm Gerwig gewiß am 1. Juli an der Schlacht bei Göllheim teil, in der König Adolf Krone und Leben verlor. Diese Schlacht und der dadurch bedingte Regierungswechsel scheint auch für Gerwig II. von einschneidender Bedeutung gewesen zu sein. Damals dürfte seinem Familienzweig die Stammburg Güssenberg, nach der er sich seither genannt hatte, verloren und in andere Hände übergegangen zu sein.

Gerwig II. tritt von nun an nur noch selten in Erscheinung, zuletzt 1306, als er gemeinsam mit seinem Bruder Heinrich in Augsburg eine Verfügung des Bischofs Degenhard zugunsten des Klosters Obermedlingen bezeugt.[141]

Noch zu Gerwigs II. Lebzeiten treten seine Söhne selbständig handelnd auf. Wir kennen bereits Gerwig III., dem der Vater 1288 die Nutznießung der Kapelle in Burlafingen gesichert hatte.[142] Er war damals gewiß noch nicht mündig. Fünf Jahre später, 1293 verzichtete Gerwig III. mit seinem offenbar älteren Bruder Diepold in Ulm auf alle Rechte an eine 14 Tagwerk große Wiese in Leipheim, die Kloster Söflingen an Bischof Wolfhart von Augsburg verkauft hatte. Sie nennen sich damals „Güssen von Leipheim" und betrachteten sich als Ortsherren von Leipheim.[143] Somit hatten sie das Erbe ihres Vaterbruders Diepold angetreten. Doch waren sie noch sehr jung und verfügten über kein eigenes Siegel, weshalb die Stadt Ulm an ihrer Stelle siegelte.

Diepold und Gerwig III. bestimmten gemeinsam die Geschicke Leipheims für die nächsten 65 Jahre.

Diepold soll 1293 den Stillhaltebrief einiger Grafen, Herren und Städte bezeugt haben, die mit Augsburg im Krieg gelegen hatten.[144] Beide Brüder erscheinen 1297

---

[137] Ulmisches UB I S. 194 Nr. 164; S. 210 Nr. 179; S. 207 Nr. 176; S. 247f. Nr. 206
[138] WUB 10 S. 227 Nr. 4501
[139] Anniversarienkalender des Deutschen Hauses zu Ulm. In: Ulm-Oberschwaben 37, 1964, S. 166
[140] WUB 11 S. 150f. Nr. 5145
[141] HStAMü — Kloster Obermedlingen PU 41
[142] Wie Anm. 136
[143] Ulmisches UB I S. 206 Nr. 175
[144] Magenau (wie Anm. 1) 78

im Gefolge des Markgrafen Heinrich III. von Burgau; Diepold war Zeuge der Übereignung eines Hofes in Frauenriedhausen an Kloster Kaisheim, Gerwig war zugegen, als der Markgraf den Ort Pfaffenhofen (bei Wertingen) dem Propst Degenhard von St. Moritz in Augsburg verkaufte.[145] Anscheinend standen beide in einem Dienstverhältnis zum Inhaber der Markgrafschaft Burgau, dem mächtigsten Territorialherren südlich der Donau im Bereich zwischen Iller und Lech. Seit 1301 waren die Söhne König Albrechts von Habsburg Inhaber der Markgrafschaft. Gerwig III. Güß erhielt 1303 vom Propst Seibot vom Zillertal 10 Mark Zwanziger für seine Dienste ausbezahlt, und zwar auf Weisung des Erzbischofs Konrad von Salzburg, der der Freund und Verbündete König Albrechts war.[146]

Nach dem Tode König Heinrichs VII. 1313 brach zwischen Friedrich dem Schönen von Österreich und Ludwig dem Bayern der Streit um den Königsthron aus. Die österreichische Markgrafschaft Burgau war vom bayerischen Landgerichtsbezirk Höchstädt nur durch die Donau getrennt. So war damit zu rechnen, daß hier die streitenden Parteien aneinandergerieten. Die Burg Leipheim deckte einen wichtigen Donauübergang. Ihr kam daher eine Schlüsselstellung zu, und beide Parteien warben um die Güssen.

Herzog Leopold von Österreich, der Bruder Friedrichs des Schönen, schloß am 27. August 1314 in Munderkingen einen Dienstvertrag mit Diepold Güß. Er sicherte ihm 40 Mark Silber zu und gab dafür als Pfand vier Güter in Bubesheim.[147] Infolgedessen erscheint Diepold Güß in den nächsten Jahren im habsburgischen Lager. Zusammen mit dem österreichischen Pfleger in Burgau, Burkhard von Ellerbach, war er 1318 in Ulm und bezeugte eine Vereinbarung wegen Gütern in Finningen, und 1319 weilte er in Augsburg, als die Anhänger Österreichs mit dieser Stadt einen dreijährigen Frieden schlossen.[148]

Nach Ludwigs des Bayern Sieg über seinen Rivalen Friedrich bei Mühldorf am 28. September 1322 war Friedrichs Bruder Leopold erst recht interessiert, die Parteigänger Österreichs fest an sich zu binden. Im Dezember dieses Jahres sicherte er den Brüdern Diepold und Gerwig 250 Pfund Heller für ihre Dienste zu und verpfändete ihnen dafür das Dorf Niederbubesheim. Im Juni des folgenden Jahres gab er ihnen erneut einen Schuldbrief über 180 Pfund Heller und versetzte für diese Summe seine Güter in Schadlug und Leibi.[149]

Nachdem Herzog Leopold 1326 gestorben war, verfocht Herzog Albrecht die Belange Habsburgs in Schwaben. In Konstanz 1327 schlug er den Brüdern Güß weitere 32 Mark Silber auf das Pfand Bubesheim, teils als Lohn für ihre Dienste,

[145] Johann Knebel: Die Chronik des Klosters Kaisheim, hrsg. von Franz Hütter. Bibliothek des literar. Vereins in Stuttgart Bd. 226, 1902, S. 103; Dritter Jahrs-Bericht des histor. Vereins im vorigen Oberdonau-Kreises für das Jahr 1837 S. 62 Nr. 56
[146] Franz Martin: Die Regesten der Erzbischöfe und des Domkapitels von Salzburg 1247–1343, 2. Band 1931, S. 77 Nr. 646
[147] Steichele-Schröder: Das Bistum Augsburg V S. 104; Regesta Habsburgica. III. Abt. S. 154 Nr. 1251
[148] Ulmisches UB II/1 S. 19 Nr. 15 u. S. 38 Nr. 23
[149] Ulmisches UB II/1 S. 49 Nr. 36 u. S. 50 Nr. 37

insbesondere aber um ihnen den Schaden zu ersetzen, den sie bei Burkhard von Ellerbach erlitten hatten.[150] Gemeint sind die Ereignisse des Winters 1324 und 1325, als Ludwig der Bayer das von Burkhard von Ellerbach geschickt und erfolgreich verteidigte Burgau belagert hatte. Die Güssen hatten getreu ihren Dienstverträgen Burkhard von Ellerbach unterstützt und waren dabei zu Schaden gekommen.[151]

Seit Mühldorf hatte Ludwig der Bayer seine Position in Schwaben zu verbessern vermocht; dies zeigt eben sein Vorstoß auf Burgau, der allerdings mißglückte. So schien den Güssen ratsam, sich mit König Ludwig gut zu stellen. Dies entsprach den beiderseitigen Interessen: Dem König war daran gelegen, über die Leipheimer Donaubrücke zu verfügen, zumal der Übergang beim benachbarten Günzburg fest in habsburgischen Händen war. Die Güssen aber waren auf sein Wohlwollen angewiesen, wenn sie ihre Pläne verwirklichen wollten: sie beabsichtigten, aus Leipheim eine Stadt zu machen.

Sicherlich noch in staufischer Zeit hatte sich bei der Leipheimer Burg eine kleine gewerbliche Siedlung entwickelt. Sie war befestigt, und es wurde dort Markt abgehalten. Auch einige jüdische Händler hatten sich darin niedergelassen.[152] Anscheinend aber war dieser Markt durch kein Privileg geschützt, und das benachbarte Günzburg, von Habsburg gefördert, wurde ein mächtiger Konkurrent.

Diepold Güß hatte den Ausbau Leipheims 1315 mit der Stiftung eines Spitals eingeleitet.[153] Im Dezember 1326 treffen wir die Brüder Diepold und Gerwig III. bei Ludwig dem Bayern in Lauingen, wo ihnen Ludwig das Recht verlieh, die in ihrem Markt Leipheim — „in foro Leypheim" — ansässigen Juden zu besteuern. Im Mai des folgenden Jahres freite er von Mailand aus ihren Markt, gewährte einen Wochenmarkt am Freitag und verlieh ihnen die Hochgerichtsbarkeit mit Stock und Galgen sowie alle Rechte und Freiheiten der Stadt Ulm.[154]

In den folgenden Jahren dürfte die sehr regelmäßig angelegte Leipheimer Oberstadt entstanden sein. Die Bevölkerung Leipheims vermehrte sich nun durch Zuzug aus den umliegenden Dörfern beträchtlich, und die alte Pfarrkirche St. Veit, die seit jeher auf der Höhe unweit der Burg und somit innerhalb der neuen Oberstadt stand, erwies sich als viel zu klein. Eine wesentliche Erweiterung der Kirche, die fast einem Neubau gleichkam, schien geboten. Eine solche Baumaßnahme war Sache des Patronatsherren. Das Leipheimer Kirchenpatronat war vom Kloster Elchingen, das schon 1225 als Patronatsherr bezeugt ist, mittlerweile an die von Ellerbach gelangt. Wohl auf Drängen der Ortsherren und mit Zustimmung des Bischofs Friedrich von Augsburg trat Burkhard der Alte von Ellersbach

---

[150] Regesta Habsburgica. III. Abt. S. 220 Nr. 1799
[151] Klaus v. Andrian: Die Belagerung von Burgau. In: Das Obere Schwaben 3, 1956, S. 210ff.
[152] Steichele-Schröder (wie Anm. 147) S. 555
[153] Crusius (wie Anm. 3) p. 380
[154] Wie Anm. 152; Ulmisches UB II/1 S. 71 Nr. 60

das Patronatsrecht 1329 an Diepold und Gerwig III. ab und machte damit den Weg frei zum Bau der heutigen Pfarrkirche in Leipheim.[155]

Mit Privileg vom 17. November 1330 verlieh Kaiser Ludwig Leipheim schließlich formell die Eigenschaft einer Stadt mit allen Rechten von Ulm und erlaubte damit, die Oberstadt mit Mauern zu befestigen.[156]

Ihre Beziehungen zu Österreich hatten die Brüder indessen nicht abreißen lassen, sondern sich vielmehr bemüht, aus der Geldnot der Herzöge für sich Nutzen zu ziehen. Herzog Otto von Österreich bekannte 1330, daß er ihnen 78 Pfund Heller schulde, und versetzte ihnen dafür seine Vogtei zu Echlishausen und Opferstetten. Wenige Wochen später erklärte er, daß alles, was Diepold und Gerwig Güß von ihm und seinen Brüdern pfandweise besäßen, ihr freies Eigentum sei. Zwei Jahre später, 1332, erlaubte er seinen „Getrewn" Diepold und Gerwig III., mehrere Höfe an sich zu lösen, die Herzog Leopold einst dem Ritter Wolf von Wasserburg verpfändet hatte.[157]

Ihr gutes Einvernehmen mit Kaiser Ludwig wurde davon nicht berührt. Sie verbürgten sich 1331 mit anderen für Lutz von Westernach, als dieser dem Kaiser gelobte, wegen erlittener Gefangenschaft nie gegen ihn und das Reich zu sein.[158]

Diepold Güß ist in den folgenden Jahren wiederholt in der Umgebung des Kaisers zu finden. So prüfte er 1335 in dessen Auftrag, ob die Deutschherren zu dem Bau, den sie in Mergentheim aufführten, berechtigt seien. Im Jahr darauf bezeugte er in Nürnberg ein kaiserliches Privileg für Kloster Heilsbronn.[159] Im Auftrag des Kaisers weilte Diepold auch in Krakau am Hofe König Kasimirs von Polen. Er führte mit anderen 1338 die vorbereitenden Verhandlungen mit dem Polenkönig wegen eines Bündnisses und wegen der Vermählung des Kaisersohnes, Ludwigs des Brandenburgers, dessen Hofmeister Diepold zeitweilig war, mit der Königstochter Kunigunde.[160] Freilich führten diese Verhandlungen zu keinem Ergebnis.

Gemeinsam mit dem Deutschordenskomtur Heinrich von Zipplingen vermittelte Diepold Güß im Streit des Kaisers mit der Stadt Regensburg. Die beiden empfingen im Januar 1340 als Ehrengabe der Stadt Regensburg 400 Florentiner Gulden und drei Jahre später weitere 300 Gulden derselben Währung „um die Suon (Sühne)", die der Kaiser der Stadt gewährte.[161] Diepold war 1340 in Ulm zugegen, als Ulrich von Brauneck seine Burgen Jagstberg und Haltenbergstetten

---

[155] Ulmisches UB II/1 S. 84 Nr. 70; vgl. WUB V S. 415 ff. Nachtr. Nr. 29

[156] Steichele-Schröder (wie Anm. 147) S. 555 Anm. 21

[157] Radlkofer (wie Anm. 2) S. 56 f. ; Ulmisches UB II/1 S. 121 f. Nr. 109

[158] Regesta Boica 6 S. 364

[159] Beschreibung des Oberamts Mergentheim S. 397; Regesta Boica 7 S. 163

[160] Max v. Freyberg: Beurkundete Gesch. Herzog Ludwigs des Brandenburgers. In: Abh. der Akademie der Wissenschaften 2. Bd. 1. Abt. , 1837, S. 43 u. S. 155; vgl. S. Riezler: Geschichte Baierns Bd. 2 S. 447 f.

[161] Regesta Boica 7 S. 269 u. S. 352

den Söhnen des Kaisers, Ludwig und Stephan, verkaufte.[162] Er wurde um diese Zeit vom Kaiser mit der Feste Staufen (Bloßenstaufen) belehnt, die dieser 1335 denen von Staufen abgekauft hatte.[163]

Während Diepold an der hohen Politik Anteil hatte, scheint sich sein Bruder Gerwig III. vorwiegend um die Verwaltung des Hausbesitzes gekümmert zu haben. Doch wurde er wiederholt auch in Rechtsstreitigkeiten tätig. Von den Richtern des Schwäbischen Bundes wurde er 1341 mit anderen zu einem Schirmer der Stadt Ulm bestellt: sie sollten dafür sorgen, daß Rüdiger von Westernach Unrecht wiedergutmache, das er der Augsburger Bürgerin Adelheid Schreier zugefügt hatte. Als die Sache im folgenden Jahr immer noch nicht erledigt war, griff der Kaiser selbst ein und beauftragte u. a. Gerwig III., der Schreierin bei ihrer Forderung behilflich zu sein.[164] Im Jahre 1343 war Gerwig III. Pfleger des Bischofs Heinrich von Augsburg und verpfändete in dieser Eigenschaft Güter in Wittislingen an Rudolf von Schwenningen.[165] Als Anwalt trat er für Kloster Maria-Mödingen ein, dem der Maier von Mörslingen, ein Eigenmann derer von Kühlental, Schaden zugefügt hatte.[166]

Im Oktober 1343 wandten sich die Leipheimer Stadtherren wiederum dem Hause Österreich zu. Die Brüder Diepold und Gerwig III. sowie Diepolds Sohn Brun gelobten dem Herzog Albrecht und dessen Neffen Friedrich und Leopold als Inhabern der Herrschaften Burgau und Reisensburg „mit ihrer Burg zu Liphain und mit der Stadt, die da gelegen ist, zu warten, so daß die Burg ihr offenes Haus seyn soll", d. h. sie räumten den Herzögen das Öffnungsrecht ein. Diese wiederum wollten die Güssen als ihre treuen Diener schirmen.[167] Nach dem Wortlaut des Vertrags wurde mit der Möglichkeit eines Krieges gerechnet. Wahrscheinlich richtete sich der Vertag gegen den Grafen Ulrich von Württemberg, der mit den Herzögen von Österreich in heftigem Streit lag, da sie ihm die Stadt Ehingen an der Donau weggeschnappt hatten, auf die er Anspruch erhob.

Der Öffnungsvertrag mit Habsburg hatte offenbar zur Folge, daß ein habsburgischer Vogt in der Leipheimer Burg seinen Wohnsitz nahm, während Diepold Güß und sein Sohn in die Feste Bloßenstaufen zogen.

Diepold Güß stand bereits in den siebziger Jahren; er trat von nun an kaum noch an die Öffentlichkeit. Dagegen scheint sein Bruder Gerwig III. noch recht rüstig gewesen zu sein; von ihm ist daher häufiger die Rede. Gerwig III. hatte an Bischof Heinrich von Augsburg eine Geldforderung von 370 Pfund Heller, wofür er pfandweise den Großzehnt, Widumhof, zwei Mühlen und drei Selden in Schretzheim sowie einen Hof in Dillingen besaß. Im Jahre 1344 gestattete er dem

---

[162] Hohenloh. UB Bd. 2 S. 492 ff. Nr. 590
[163] Regesta Boica 7 S. 124
[164] UB der Stadt Augsburg I S. 368 f. Nr. 384 u. S. 374 f. Nr. 392
[165] Vock (wie Anm. 30) Nr. 315
[166] Regesta Boica 7 S. 368
[167] Steichele-Schröder (wie Anm. 147) S. 553; Regesta Boica 7 S. 381

Bischof den Wiederkauf dieser Güter.[168] Um dieselbe Zeit war er auch Lehens-oder Pfandinhaber des Fronhofs in Sontheim an der Brenz samt zugehörigen Gütern und ortsherrlichen Rechten. Die Grafen Eberhard und Heinrich von Werdenberg als Eigentümer verkauften all dies 1349 an Frau Agnes von Schlüssel-berg, wobei Gerwigs Anrechte anscheinend abgegolten wurden.[169] Allerdings finden wir Gerwigs gleichnamigen Enkel später wiederum in Sontheim begütert.

Die neuerliche Bindung an Habsburg hatte Gerwig ins Elsaß geführt, wo er 1346 als Landvogt tätig war. Er gab dieses Amt bald wieder auf, schuldete aber aus dieser Zeit den Herren von Lichtenberg 100 Pfund Heller.[170] Danach wurde er Diener der Grafen Eberhard und Ulrich von Württemberg, die ihn zur Entloh-nung 1349 auf das Bußgeld verwiesen, das die Stadt Schwäbisch Hall wegen der Judenverfolgungen den Grafen in ihrer Eigenschaft als Landvögten für Nieder-schwaben zu bezahlen hatte. In ähnlicher Weise verwiesen sie ihn 1351 an die Stadt Nördlingen.[171]

Gemeinsam mit seinem Vetter Brun Güß von Brenz war Gerwig III. Pfleger der jungen Truchsessen von Reichen. Als solcher stimmte er 1348 dem Verkauf von Stadt und Herrschaft Wertingen an den Augsburger Kaufmann Johann Langen-mantel zu.[172]

Letztmalig treffen wir das Brüderpaar Diepold und Gerwig III. am 2. Februar 1353, als sie gemeinsam mit Gerwigs Sohn Güssenberg und Diepolds Sohn und Enkel Brun einen Jahrtag ins Kloster Elchingen stifteten. Sie dotierten ihn mit den Zehnten in Thalfingen bei Ulm, die sie von dem Ulmer Bürger Liuprand Arlapus gekauft hatten.[173] — Über die Sterbedaten und das Begräbnis der Brüder Diepold und Gerwig III. liegen unterschiedliche Aussagen vor. Martin Crusius berichtet in seiner „Chronick" (1596) von einem Grabstein in der Leipheimer Kirche für die Ritter und Herren Gerwig und Diepold die Güssen mit dem Todesjahr 1358. Er hatte diese Nachricht von dem Leipheimer Diakon Samuel Didymo.[174] Johann Jakob Guth kennt gleichfalls den Leipheimer Grabstein für Gerwig und Diepold Güß und nennt sogar den Todestag, nämlich „freitag nach dem weissen Sontag" (23. Februar). Er weiß aber andererseits von einem Leipheimer Priester, daß Diepold Güß in Thalfingen begraben liege und daß sein Jahrtag am Sankt Markustag (25. April) begangen werde.[175] So dürfte der 23. Februar der Todestag Gerwigs sein, der offenbar allein in Leipheim begraben lag, wenn auch das dortige Grabmal das Gedächtnis beider Brüder wach hielt.

---

168 Vock (wie Anm. 30) Nr. 321
169 StAL — B 95–97 Grafen zu Helfenstein Nr. 406
170 Joh. Daniel Schoepflin: Alsatia Illustrata Tom. II, 1761, p. 565
171 Chr. Fr. Stälin: Wirtemberg. Gesch. III S. 245 Anm. 4; Puchner (wie Anm. 90) Nr. 223
172 Layer (wie Anm. 73)
173 HStAMü — Kloster Elchingen PU 5
174 Martin Crusius: Schwäbische Chronick I S. 933 r
175 Crusius (wie Anm. 3) p. 381 f. ; zum J. 1358 vgl. p. 382; vgl. Radlkofer (wie Anm. 2) S. 58 f. mit Anm. 33. Ein Gewährsmann des Crusius nennt als Todestag Gerwigs „den nechsten Freytag vor den vier Tagen" (= 9. Febr.) vgl. Anm. 274

7) Die Linie Güssenberg-Leipheim mit Seitenzweig Staufen bis zum Verkauf von Leipheim 1373/74

Hatten die Brüder Diepold und Gerwig III. Leipheim gemeinsam verwaltet, so wurde nun unter den Söhnen geteilt.

Diepolds Sohn Brun I. nennt sich schon 1350, also zu Lebzeiten des Vaters, „Brun der Güß von Stoffen", d.i. Staufen im Bachtal.[176] Es handelt sich nicht um das Dorf Staufen, das sich um diese Zeit größtenteils in Händen der Güssen von Brenz befand, sondern um die Feste Bloßenstaufen (Alter Turm bei Altenberg-Sirgenstein). In dieser von Bayern lehenbaren Burg hatte wahrscheinlich sein Vater Diepold nach 1343 Wohnung genommen. Von dort aus verwaltete nun Brun seinen Anteil an Leipheim. Im Umkreis der Burg Bloßenstaufen besaß der Staufener Zweig der Güssen bedeutende Eigengüter, die wir bei Veräußerungen teilweise kennen lernen. So verkaufte Brun I. gemeinsam mit seiner Gemahlin Agnes von Rechberg 1350 ein Gut in Sachsenhausen (Kreis Heidenheim) an Kloster Königsbronn.[177] Er hatte auch grund- und ortsherrliche Rechte im benachbarten Hohenmemmingen und geriet im selben Jahr wegen des dortigen Hirtenamtes in Streit mit dem Komtur des Deutschen Hauses in Ulm[178] Im Jahre 1355 gaben Brun und seine Gemahlin Agnes Eigengüter in Knobershausen (abgegangen zwischen Staufen und Dattenhausen) um 400 Gulden dem Bischof von Würzburg auf und empfingen sie als Lehen zurück.[179] Brun I. war in diesen Jahren mehrfach als Urkundenzeuge und Siegler tätig. Dem Gemahl seiner Tochter Margarete, Hans von Gumpenberg, quittierte er 1357 die Rückzahlung von 318 Pfund Heller und erklärte zwei Jahre später, mit seinem Schwiegersohn wegen all seiner Forderungen verglichen zu sein.[180] Er stand zeitweilig im Dienste des Bischofs Berthold von Eichstätt, von dem er 1360 dafür 100 Pfund Heller erhielt.[181]

Von den Söhnen Gerwigs III. ist Güssenberg, den wir aus der Jahrtagsstiftung von 1353 kennen, schon früh (vor 1365) gestorben. Ein mit dem Vater gleichnamiger Sohn Gerwig IV. hatte 1345 gemeinsam mit seinem Vetter Brun I. Bürgschaft geleistet, als Reinhard von Griesingen der Stadt Ulm Urfehde schwor.[182] Dieser Gerwig IV. behielt seinen Wohnsitz in Leipheim. Er begründete die güssische Linie Güssenberg-Leipheim-Brenz, die alle anderen lange überdauerte.

---

[176] Ulmisches UB II/1 S. 349f. Nr. 353
[177] HStAStgt — A 495 Kloster Königsbronn Bschl. 85 (=ZGORh 10, 1859, S. 254f.)
[178] Wie Anm. 176
[179] Monumenta Boica XLII S. 129 Nr. 55
[180] Radlkofer (wie Anm. 2) S. 59
[181] Crusius (wie Anm. 3) p. 382
[182] Stadtarchiv Ulm — A Rep. 2 (1692) Fol. 1345 a^v

Die wirtschaftlichen Verhältnisse unserer Güssen gestalteten sich ab der Mitte des 14. Jahrhunderts nicht günstig. Dies findet seinen Niederschlag in einer Reihe von Verkäufen. Die Urkunden, die darüber ausgestellt wurden, machen nicht nur mit ihrem seitherigen Besitz bekannt, sie geben auch erwünschten Aufschluß über die Familienverhältnisse.

Im Februar 1365 verkauften Gerwig IV. Güß, der Sohn des verstorbenen Gerwig III., und Brun der alte (I.) Güß von Staufen gemeinsam mit den Pflegern Gerwigs IV. und seines noch unmündigen Brudersohnes Hanmann dem Spital zu Ulm um 850 Pfund Heller die Zehnten zu Bubesheim, die ihnen ihre Väter Diepold und Gerwig III. hinterlassen hatten. Dem Verkauf stimmten Anna vom Stein von Klingenstein, die Witwe des verstorbenen Herrn Güssenberg (und Mutter Hanmanns) sowie deren Tochter Adela zu.[183] Diesen Verkauf wiederholten und bestätigten wenige Tage später Brun der alte (I.) Güß von Staufen und sein Sohn Brun II., soweit er sich auf die Hinterlassenschaft ihres Vaters und Großvaters Diepold bezog, wozu ihre Ehefrauen Agnes von Rechberg und Margarete von Freiberg ihre Einwilligung gaben.[184]

Im April desselben Jahres 1365 verkauften die Vettern Gerwig IV. und Brun der alte Güß von Staufen gemeinsam mit den Pflegern Gerwigs IV. und seines Neffen Hanmann die Zehnten zu Remshart, die sie von ihren Vätern Diepold und Gerwig III. ererbt hatten, um 200 Pfund Heller an Frau Anna vom Stein, die Witwe Güssenbergs. Der junge Brun II. leistete dabei Bürgschaft.[185]

Im Februar des folgenden Jahres 1366 sicherte Gerwig IV. dem Ulmer Spital die Zustimmung seiner Schwester Ütel zum Verkauf der Bubesheimer Zehnten zu, wofür sein Bruder Johann Güß, Kirchherr zu Leipheim, sowie sein Oheim (Mutterbruder) Konrad der Jüngere von Hürnheim bürgten.[186]

Im April 1366 verkauften Gerwig IV. sowie seine und seines Neffen Hanmann Pfleger dem Ulmer Spital um 200 Pfund Heller ihren Hof und die Dorfrechte zu Oberbubesheim.[187]

Anna vom Stein von Klingenstein, die Witwe Güssenbergs, aber veräußerte um dieselbe Zeit die im Vorjahr erworbenen Zehnten zu Remshart an den Ritter Albrecht von Weisel, wobei ihre Schwäger Pfaff Johann Güß und Gerwig IV. sowie Brun der alte Güß und sein Sohn Brun II. bürgten.[188]

Im November 1366 überließen Brun der alte Güß und sein Sohn Brun II. im Einvernehmen mit ihren Frauen Agnes von Rechberg und Margarete von Freiberg dem Ulmer Spital um 550 Pfund Heller ihren Hof und ihre Zehnten zu Oberbubesheim.[189]

---

[183] Ulmisches UB II/2 S. 591 Nr. 677
[184] Ulmisches UB II/2 S. 592 Nr. 678
[185] Schnurrer (wie Anm. 76) S. 1 Nr. 2
[186] Ulmisches UB II/2 S. 606 Nr. 707
[187] Ulmisches UB II/2 S. 611 Nr. 717
[188] Schnurrer (wie Anm. 76) S. 2 Nr. 4
[189] Ulmisches UB II/2 S. 641 Nr. 745

Schließlich veräußerten Pfaff Johann, der Leipheimer Kirchherr, und sein Bruder Gerwig IV. im Jahr 1368 Äcker und Wald im Glassenhart (bei Straß) an Johann von Rot von Rieden.[190]

Diese Urkunden also nennen neben längst bekannten Gliedern der güssischen Familie zunächst die Gemahlin Bruns II. vom Staufener Zweig, Margarete von Freiberg. Wir erfahren weiter, daß Gerwig IV. noch einen Bruder, nämlich den Pfaffen Johann Güß, sowie eine Schwester Ütel (Udelhild) hatte, ferner daß Anna vom Stein von Klingenstein die Gemahlin seines verstorbenen Bruders Güssenberg war und daß dieser einen Sohn Hanmann und eine Tochter Adela hinterließ. Schließlich gibt sich als Mutter der Geschwister Güssenberg, Gerwig IV., Johann und Ütel eine von Hürnheim zu erkennen, für welche Guth den Namen Anna überliefert hat.

Die Verkäufe künden den wirtschaftlichen Niedergang der Güssen an. Gewiß täte man ihnen Unrecht, wollte man den Grund hiefür darin suchen, daß sie über ihre Verhätnisae gelebt hätten oder unfähig gewesen wären zu wirtschaften. Die wirtschaftlichen Verhältnisse hatten sich allgemein verschlechtert. Es zeigten sich die Auswirkungen des „Schwarzen Todes", jenes Massensterbens, das durch die Pest in den Jahren nach 1348 verursacht war. Dadurch verwaisten viele Bauerngüter und brachten den Grundherren keinen Ertrag. Die Herrschaften des niederen Adels, die sich in der Regel über wenige benachbarte Orte erstreckten, wurden von der grassierenden Seuche besonders hart betroffen, und die Herren gerieten in Geldnot und waren genötigt, Schulden zu machen.

Diese Schwierigkeiten erklären wohl auch, daß Brun der alte Güß und sein Sohn Brun II. gemeinsam mit ihren Vettern Gerwig IV. und Hanmann im November 1368 das Spital in der Stadt Leipheim, das der alte Diepold Güß 1315 gestiftet hatte, „lediglich und gar und gänzlichen" aufgaben und auf alle ihre Rechte und Nutzungen verzichteten.[191] Vermutlich waren sie Schuldner des Spitals geworden und bereinigten nun ihre Verbindlichkeiten, indem sie ihren von der Stiftung herrührenden Rechten entsagten, so daß das Spital zu einer völlig unabhängigen, sich selbst verwaltenden Einrichtung wurde.

Die Urkunde darüber wurde u. a. besiegelt von Heinz von Stotzingen, „gesessen zu Lipheim", und Heinz von Westernach, „Vogt zu Leipheim". Der letztere war gewiß ein Vertreter Habsburgs, der aufgrund des Öffnungsvertrags von 1343 in der Burg zu Leipheim saß, um die Interessen Österreichs wahrzunehmen. Heinz von Stotzingen, der auch 1387 als in Leipheim seßhaft bezeugt ist, wie ein Friedrich von Freiberg, der 1383 in Leipheim saß, mögen nahe Verwandte der Güssen gewesen sein; sie bewohnten wohl eigene Steinhäuser in der Stadt.

---

[190] HStA Mü — Gerichtsurkunden Neu-Ulm Nr. 21
[191] STA Neuburg/Do. — Gemeinde-Depot Leipheim Akt. Nr. 8

Brun der alte Güß von Staufen muß bald nach der Aufgabe des Leipheimer Spitals gestorben sein; im April 1371 war er nicht mehr am Leben. Sein Sohn Brun II. war 1362 erstmals selbständig handelnd in Erscheinung getreten, als er mit Bischof Johann von Gurk, dem Kanzler Herzog Rudolfs von Österreich und Landvogt in Schwaben, einen Dienstvertrag auf eineinhalb Jahr einging, den der Herzog im folgenden Jahr bestätigte.[192]

Herzog Rudolf stellte 1365 in Meran einen Schuldbrief über 1200 Gulden für Bruns Dienste aus und schlug diese Summe auf die Pfandschaft, die Brun und seine Vettern vom Hause Österreich hatten. Auch räumte er Brun die Nutznießung der herzoglichen Güter in Günzburg, Niederbubesheim, Schadlug, Leibi, Echlishausen sowie der Fischereirechte zu Weisingen und Fahlheim bis auf Wiederlösung ein. Im Jahr 1368 trat Brun II. mit sechs Gewappneten auf ein Jahr in die Dienste des Herzogs Leopold.[193]

Brun II. begegnet uns in diesen Jahren mehrfach als Bürge und Siegler, u. a. für seine Vettern Heinrich und Gerwig die Güssen von Haunsheim, die 1371 auf Güter in Gremheim verzichteten und 1373 ihre Besitzungen in Wittislingen verkauften, ferner 1372 für die Güssen von Brenz, als sie ihre Herrschaft Güssenberg samt der halben Herrschaft Stronburg veräußerten.[194]

Seit 1371 tritt nun Brun II. als Oberhaupt des Staufener Familienzweigs auf. Neben ihm erscheinen zwei Brüder, Konrad und Diepold, von denen der erstere schon 1354 als „Corradus Gizemburch" im Sold der kirchenstaatlichen Provinz Toskana gestanden hatte.[195] Die wirtschaftliche Lage der Güssen gestaltete sich immer ungünstiger. Zwar hatte Brun II. aus seinem Dienstverhältnis nicht unbeträchtliche Forderungen an Habsburg zu stellen. Habsburg aber verfügte selbst über kein Geld und hatte ihn deshalb mit Pfandgütern abgefunden. Um zu barem Geld zu kommen, waren die Güssen genötigt, ihrerseits ihren Eigenbesitz in Leipheim als Pfand einzusetzen. Am 10. April 1371 verpfändeten die Brüder Brun II., Konrad und Diepold ihre Hälfte von Burg und Stadt Leipheim samt den Vorstädten ihrem Mutterbruder Albrecht von Rechberg um 4000 Gulden. Sie handelten auch im Namen ihrer unmündigen Brüder. Nach dem Tode ihrer Ahne Güshilt geborene von Ellerbach, Witwe des 1358 verstorbenen Diepold, sollten deren Güter gleichfalls verpfändet sein. Ihre Mutter Agnes von Rechberg sowie ihr Vetter Johann Güß, der Leipheimer Kirchherr, stimmten dem zu.[196] Die Vettern Gerwig IV. und Hanmann leisteten Bürgschaft; sie verpfändeten ihren Anteil an Leipheim um dieselbe Zeit an Konrad Hundfuß von Ulm. Wenige Tage

[192] Radlkofer (wie Anm. 2) S. 59 (nach Schatz-Rep. II, 741); E. M. Lichnowsky: Gesch. des Hauses Habsburg IV Reg. Nr. 475
[193] Radlkofer (wie Anm. 2) S. 60 u. 61
[194] Vock (wie Anm. 30) Nr. 480 u. 490; StAL — B 95–97 Grafen zu Helfenstein Nr. 410
[195] O. v. Stotzingen: Schwäb. Ritter u. Edelknechte im italien. Solde. In: Württ. Vierteljahreshefte für Landesgeschichte 22 (1913) S. 86
[196] HStAMü — Gerichtsurkunden Neu-Ulm Nr. 1060

später überließen die Brüder Brun II., Konrad und Diepold dem Grafen Ulrich dem Älteren von Helfenstein um 900 Pfund Heller auch die Pfandschaft der Vogtei über Stoffenried und Hausen, die ihr Vater Brun I. einst von Österreich erhalten hatte.[197] Im folgenden Jahr 1372 veräußerten sie dem Grafen Ulrich dem Jüngeren von Helfenstein um 324 Pfund Heller alle ihre Güter und Rechte in Hohenmemmingen. Dies geschah auch im Namen ihrer unmündigen Brüder Erhard und Eitel.[198]

Diese Verpfändungen und Verkäufe mögen durch die kriegerischen Ereignisse des Jahres 1371 mit ausgelöst worden sein. Bayerische Truppen waren nämlich in die österreichische Markgrafschaft Burgau eingefallen und hatten Burgau sowie Leipheim erobert, das aufgrund des Öffnungsvertrags von 1343 als Stützpunkt Habsburgs galt. Anlaß für diesen Einfall war wohl der Streit um die Mark Brandenburg, in welchem Habsburg sich mit Bayern verfeindet hatte, weil es die Partei Kaiser Karls IV. einnahm. Rasch wendete sich jedoch das Blatt: Gerwig IV. Güß war württembergischer Diener. Wohl auf sein Betreiben griff der junge Graf Ulrich von Württemberg ein, schlug die Bayern im Verein mit Herzog Konrad von Teck zurück und brachte Burgau und Leipheim vorübergehend in seine Hand.[199] Zweimalige Eroberung aber dürften Leipheim und seine Herren kaum ohne Schaden überstanden haben; eher trug dies vollends zum Ruin der Güssen bei.

Mit dem Verkauf von Außenbesitzungen und der Kapitalaufnahme auf Leipheim war der Geldnot nur vorübergehend gesteuert. An Auslösung Leipheims war gar nicht zu denken, und ein regelrechter Verkauf schließlich nicht zu umgehen. Gerwig IV. Güß machte den Anfang. Er stand, wie erwähnt, im Dienste des Grafen Eberhard des Greiners von Württemberg, und dieser war an einem Stützpunkt an der Donau interessiert. So kam am 4. März 1373 in Stuttgart der Kaufvertrag zustande, aufgrund dessen Gerwigs Anteil an Burg und Stadt Leipheim samt seinem Viertel am Kirchensatz und Fronhof um den Preis von 2500 Pfund Heller und 2000 Gulden an den Grafen Eberhard den Greiner überging. Vom Verkauf ausdrücklich ausgenommen waren die Güter des Kirchherren Johann Güß.[200]

Ein Jahr später, am 14. Mai 1374, einigte sich auch Hanmann mit dem Grafen Eberhard wegen des Verkaufs seines Viertels an Leipheim. Er bekam dafür 4000 Pfund Heller. Gerwig und Hanmann beglichen daraufhin ihre Schulden bei der Witwe und den Söhnen des Konrad Hundfuß und lösten damit ihre Hälfte Leipheims aus deren Pfandherrschaft.[201]

[197] HStAMü — Kloster Elchingen PU 13

[198] StAL — B 95–97 Grafen zu Helfenstein Nr. 361

[199] Chr. Fr. Stälin: Wirtemberg. Gesch. III S. 306 Anm. 3; Luitpold Brunner: Beiträge z. Gesch. der Markgrafschaft Burgau (Fortsetzung). In: Einunddreißigster Jahres-Bericht des histor. Kreis-Vereins im Regierungsbezirke von Schwaben u. Neuburg für das Jahr 1865 (1866) S. 40f. mit Anm.

[200] HStAMü — Gerichtsurkunden Neu-Ulm Nr. 23

[201] HStAMü — Gerichtsurkunden Neu-Ulm Nr. 24 u. 25

Zwei Tage nachdem Hanmann mit Württemberg handelseins geworden war, am 16. Mai 1374, schlossen die Vettern von der Staufener Linie, Brun II., Konrad, Diepold und Erhard, wegen ihrer Hälfte Leipheims einen Kaufvertrag mit dem seitherigen Pfandinhaber, ihrem Oheim Albrecht von Rechberg, ab. Sie sollten 4950 Gulden und 485 Pfund Heller sowie die Pfandschaft Hettingen (Kreis Sigmaringen) erhalten, die der Rechberger um 2500 Pfund Heller von den Grafen von Veringen innehatte.[202]

Dieser Verkauf wurde jedoch nicht rechtskräftig. Graf Eberhard von Württemberg, der über ganz Leipheim verfügen wollte, hatte sich eingeschaltet. So verkauften Brun II. und seine Brüder Konrad, Diepold, Erhard und Güßlin (=Eitel) ein halbes Jahr später, am 9. November 1374, gleichfalls an Eberhard den Greiner von Württemberg. Der Kaufpreis betrug jetzt 8000 Pfund Heller. Dies war erheblich weniger, als was ihnen ihr Oheim von Rechberg geboten hatte.[203] Dieser aber willigte in den Handel ein, denn Graf Eberhard verpfändete ihm nun seinerseits diese Hälfte Leipheims um 4500 Gulden.[204] Nun verzichtete Pfaff Johann Güß dem Grafen Eberhard gegenüber auf seine Ansprüche an die Großzehnten der Leipheimer Pfarrei.[205] Er war 1372 Plebanus der Pfarrkirche in Ulm geworden, wo er bis 1396 nachweisbar ist. Mit einem Kollektebrief hatte er 1372 zur Beisteuer für den Bau einer Kapelle und für das Begräbnis der am 4. April dieses Jahres in der Schlacht bei Altheim Gefallenen aufgerufen.[206]

[202] HStAMü — Gerichtsurkunden Neu-Ulm Nr. 1060
[203] HStAMü — Gerichtsurkunden Neu-Ulm Nr. 1062
[204] HStAMü — Gerichtsurkunden Neu-Ulm Nr. 1063 u. 1069
[205] HStAMü — Gerichtsurkunden Neu-Ulm Nr. 26
[206] Magenau (wie Anm. 1) S. 104 ff.

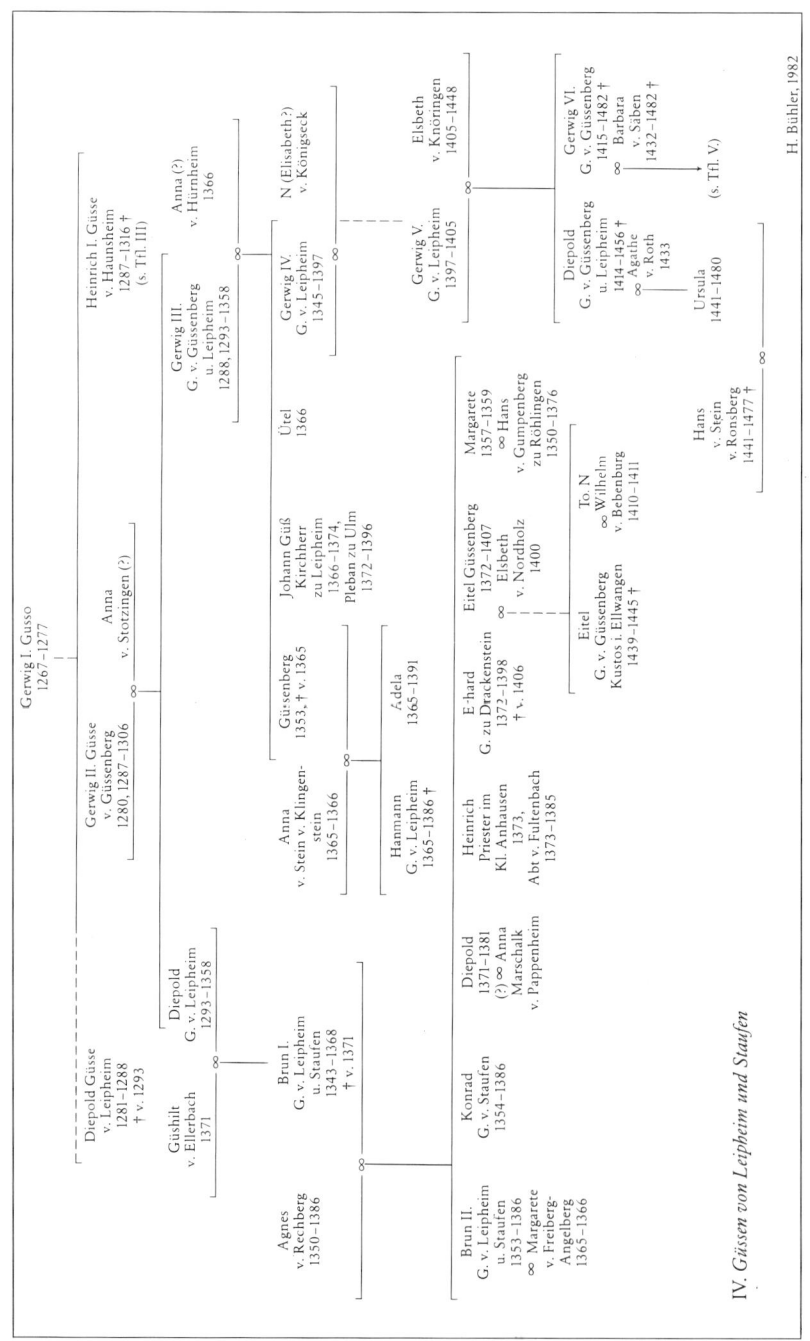

IV. *Güssen von Leipheim und Staufen*

H. Bühler, 1982

8) Die Linie Güssenberg-Leipheim bis zum Tode Diepolds Güß 1456

Die Angehörigen des Leipheimer und Staufener Zweigs hatten wegen der gemeinsamen Interessen, die sich aus der Teilhabe an Leipheim ergaben, seither im wesentlichen übereinstimmend gehandelt. Von nun an ging der Staufener Zweig seinen eigenen Weg, der freilich keine Höhepunkte aufweist.

Brun II., Konrad und Eitel (personengleich mit Güßlin) verkauften gemeinsam mit ihrer Mutter Agnes 1385 ihren halben Kornzehnt zu Remshart an Eglolf von Riedheim.[207] Ihr Bruder Diepold, anscheinend mit Anna Marschalk von Pappenheim vermählt, war wohl bereits tot. Im folgenden Jahr 1386 veräußerte die Mutter Agnes von Rechberg mit ihren Söhnen ein ihr verbliebenes Haus mit Garten und Hofstatt in Leipheim um 50 Pfund Pfennige an Wilhelm von Riedheim.[208] Der Verkauf geschah auch im Namen des abwesenden Sohnes und Bruders Heinrich; er war offenbar Geistlicher und dürfte personengleich sein mit dem 1373 bezeugten Priester Heinrich Güß im Kloster Anhausen wie mit dem Fultenbacher Abt Heinrich Güß, der von 1373 bis 1385 nachweisbar ist.[209] Konrad Güß wird anläßlich des Verkaufs von 1386 zum letzten Mal erwähnt.

Brun II. trat wieder in habsburgische Dienste. Gemeinsam mit seinem Vetter Hanmann zog er im Heere Herzog Leopolds gegen die Schweizer zu Felde und kam in der Schlacht bei Sempach am 9. Juli 1386 ums Leben.[210]

Sein Tod besiegelte den Niedergang des Staufener Zweigs. Seine Brüder Erhard und Eitel veräußerten nun die Feste Staufen an Herzog Stephan von Bayern, der sie im März des folgenden Jahres 1386 an Albrecht von Rechberg verpfändete.[211] Sie selbst übersiedelten nach Drackenstein und traten später in den Dienst der Herzöge Ernst und Wilhelm von Bayern[212]. Eitel Güß hatte kurze Zeit den Burgstall zu Daxberg mit Niederdaxberg und Frickenhausen in Besitz, verkaufte dies alles aber 1402 einem Memminger Bürger.[213]

Erhard Güß stritt sich seit 1398 mit Kloster Elchingen wegen der Vogtei über Stoffenried und Hausen. Seine Brüder hatten diese 1371 pfandweise dem Grafen Ulrich dem Älteren von Helfenstein überlassen, doch hatte das Kloster sie 1397 an

---

[207] Stadtarchiv Ulm A 80

[208] Crusius (wie Anm. 3) p. 383

[209] HStAStgt — A 471 Kloster Anhausen PU 280; A. Hafner: Gesch. des Klosters Fultenbach. In: Jahrbuch des histor. Vereins Dillingen 27 (1914) S. 17 u. 32

[210] Gottfried Boesch: Die Gefallenen der Schlacht bei Sempach. In: Alemannisches Jahrbuch 1958, S. 274; Crusius (wie Anm. 174) I S. 961

[211] HStAMü — Pfalz-Neuburg, Varia Nr. 2522

[212] Regesta Boica 11 S. 129

[213] Karl August Boeheimb: Der Markt u. die Herrschaft Illertissen. In: 21. und 22. combinirter Jahres-Bericht des histor. Kreis-Vereins im Regierungsbezirke von Schwaben u. Neuburg für die Jahre 1855 u. 1856 (1856) S. 35; vgl. Peter Blickle: Histor. Atlas von Bayern. Teil Schwaben Heft 4, Memmingen, S. 188 u. 385. — Eitel Güssenberg war vermählt mit Elsbeth v. Nordholz; Klaus v. Andrian-Werburg: Die Herren v. Nordholz. In: Das Obere Schwaben Folge 5 (1959/60) S. 313

sich gelöst. Erhards Ansprüche wurden daher abgewiesen.[214] Nach seinem Tod führte Eitel Güß den Prozeß mit Elchingen weiter. Er ließ sich von Herzog Friedrich von Österreich 1406 in Rottenburg bestätigen, daß die Vogtei von des Herzogs Vorfahren seinem Vater Brun I. Güß versetzt und an Elchingen weiterverpfändet worden sei. Auch bekannte der Herzog, daß Österreich dem Brun I. Güß für seine Dienste 1400 Gulden und 69 Pfund Wiener Pfennige schulde, die nach Erbrecht dem Sohn Eitel Güß gebührten. Mit Eitels Einverständnis wurde die Schuld nun auf 1000 rheinische Gulden ermäßigt und ihm auf die Pfandschaft Stoffenried und Hausen versichert, so daß er die Pfandschaft, falls er sie von Elchingen an sich gelöst, um diese Summe weiterversetzen könne oder diese Summe vom Herzog erhalte, falls dieser das Pfand einlöse.[215] Als aber Eitel Güß die Vogtei von Elchingen lösen wollte, legte der Abt Privilegien vor, wonach allein Österreich die Auslösung vornehmen dürfe. Auf einem Rechtstag in Ulm 1407 wurde daher gegen Eitel Güß entschieden.[216] Eitel verschwindet danach aus den Quellen. Bucelin zufolge wäre er in Lothringen (im Krieg?) umgekommen[216a] Sein Schwiegersohn, Wilhelm von Bebenburg, führte zwar namens seiner Gemahlin und der übrigen güssischen Kinder Beschwerde in dieser Sache beim Grafen Friedrich von Helfenstein und bekam 1410 insoweit recht, als ihm die Auslösung der Vogtei um 1050 Gulden gestattet wurde. Er verzichtete aber darauf;[217] vermutlich brachte er die erforderliche Summe nicht zusammen.

Ein Sohn Eitels dürfte der Ellwanger Mönch Eitel Güß gewesen sein, der seit 1439 bezeugt ist, zwei Jahre später Kustos des Klosters wurde und 1445 starb.[218] Mit ihm erlosch anscheinend der Staufener Zweig.

Wo war der Leipheimer Zweig der Güssen nach dem Verkauf Leipheims geblieben? Gerwig IV. wie auch sein Sohn Gerwig V. haben sich, soweit sie einen Beinamen führten, stets „von Leipheim" genannt. Gerwigs IV. Enkel Diepold heißt 1415 sogar ausdrücklich „Düpolt Güß *zu* Liphain".[219] Dies besagt, daß Gerwig IV. und seine Nachkommen trotz des Verkaufs weiterhin in dem nunmehr württembergischen Leipheim wohnten, und dies erklärt sich wohl aus ihrem Dienstverhältnis zu den Grafen von Württemberg. Deren Belange aber wahrte daneben ein württembergischer Vogt, denn als solcher offenbar ist Hartmann Steinheymer der Ältere 1415 bezeugt.

[214] N. v. Raiser: Die vorige Benedictiner-Reichs-Abtey Elchingen. In: Zeitschrift für Baiern, 2. Jahrg. 1817 S. 270f. ; Regesta Boica 11, S. 130
[215] Regesta Boica 11 S. 394
[216] Regesta Boica 11 S. 270 u. 412
[216a] Nach Gewährsmann des Crusius wäre Eitel Güssenberg „zu Bitringen"(?) geblieben. Vgl. Anm. 274
[217] C. Raiser (wie Anm. 214) S. 271; Steichele-Schröder (wie Anm. 147) S. 442f. Anm. 4
[218] Nitsch (wie Anm. 75) S. 191 Nr. 1117; Chronicon Elvacense. In: Württ. Geschichtsquellen II, 1888, S. 48f.
[219] Ulmisches UB II/2 S. 844 Nr. 1050; Beschreibung des Oberamts Urach. 2. Bearb. S. 724; StAL — B 95–97 Grafen zu Helfenstein Nr. 409; Vock (wie Anm. 30) Nr. 747

Ob auch Gerwigs IV. Neffe Hanmann in Leipheim wohnen blieb, ist ungewiß. Nach dem Verkauf Leipheims treffen wir ihn nur noch einmal zusammen mit Gerwig IV., als sie beide 1377 auf Ansprüche an den Hof in Oberbubesheim und die Zehnten in Unter- und Oberbubesheim verzichteten.[220] Hanmann folgte dem Beispiel seines Vetters Brun II. vom Staufener Zweig und trat in österreichische Dienste. Wie erwähnt, fand auch er bei Sempach 1386 den Tod.[221]

Es scheint, daß sein Tod den Verlust weiterer altgüssischen Besitzes zur Folge hatte. Gerwig IV. und Hanmann waren Bürgen gewesen, als ihre Vettern, die Güssen von Brenz, 1372 ihre Herrschaft Güssenberg samt der halben Herrschaft Stronburg an Helfenstein verkauften.[222] Die Herrschaft Stronburg war erst kurz zuvor nach Erlöschen der Güssen von Stronburg im Erbgang zur Hälfte an die Güssen von Brenz gelangt, zur Hälfte anscheinend den Güssen von Leipheim, und zwar speziell Hanmann, zugefallen. Diese Hälfte befand sich wenig später in der Hand Konrads vom Stein von Klingenstein.[223] Der Übergang auf ihn dürfte am ehesten nach Hanmanns Tod erfolgt sein. Konrad vom Stein war nämlich ein Neffe von Hanmanns Mutter Anna vom Stein und somit ein Vetter des kinderlosen Hanmann und seiner Schwester Adela, welche Hanmann beerbte. Konrad vom Stein war vermögend. So mag er seine Kusine Adela finanziell unterstützt und sich dafür ihr Erbe, die halbe Herrschaft Stronburg, gesichert haben.

Adela Güß ist 1391 ein letztes Mal bezeugt, als sie mit Gerwig IV. zwei Griese (Kiesplätze) unter der Steige bei Leipheim samt einer Holzmark an einen Ulmer Bürger verkaufte.[224]

Gerwig IV. allein setzte die Leipheimer Linie fort. Zusammen mit dem Grafen Heinrich von Werdenberg und Lutz von Ufenloch wurde er vom Rottweiler Hofgericht 1374 in die Reichsacht erklärt wegen eines Streits mit Lutz von Werdnau.[225] Er stand noch immer in württembergischem Dienst und siegelte 1392 in Gundelfingen den Vertrag des Grafen Eberhard III. von Württemberg mit Ulrich von Ahelfingen, genannt vom Horn, der Württemberg das Öffnungsrecht an Hohenalfingen und halb Wasseralfingen gewährte.[226] Gerwig wird im Jahre 1397 „senior" genannt (Guth); er hatte also einen gleichnamigen Sohn Gerwig

---

[220] Ulmisches UB II/2 S. 844 Nr. 1050

[221] Wie Anm. 210

[222] StAL — B 95–97 Grafen zu Helfenstein Nr. 410

[223] StAL — B 95–97 Grafen zu Helfenstein Nr. 356; Konrad vom Stein heißt schon 1387 „von Haunsheim", war also in der nächsten Nachbarschaft begütert; Lichnowsky (wie Anm. 192) IV Reg. Nr. 2051

[224] Stadtarchiv Ulm — U. Nr. A 471

[225] Magenau (wie Anm. 1) S. 81

[226] Württ. Regesten Nr. 6034

V.[227] Wahrscheinlich ist 1397 Gerwigs IV. Todesjahr. Die folgenden Nachrichten sind u. E. eher auf den jüngeren Gerwig V. zu beziehen, der anscheinend auch württembergischer Diener war.

So verkaufte 1397 der Edelknecht Gerwig Güß von Leipheim die Kastvogtei mit Kirchensatz, Widumgütern und Zehnten zu Wittlingen bei Urach um 250 Pfund Heller dem Kloster Güterstein. Die Güter waren Lehen von Konrad von Stöffeln zu Justingen. Dem Kloster Wettenhausen verkaufte Gerwig Güß 1401 ein Gut in Großanhausen im Kammeltal um 30 rheinische Gulden. Auch siegelte Gerwig Güß 1402 für seinen Vetter Eitel Güssenberg beim Verkauf von Daxberg.[229] Eindeutig mit Gerwig V. haben wir es 1405 zu tun, als Herzog Friedrich von Österreich seinem Diener Wilhelm von Knöringen gestattete, den ihm verpfändeten Hof in Weiler bei Glött an Gerwig Güß und dessen Gemahlin Elsbeth von Knöringen weiterzuversetzen.[229] Im August desselben Jahres 1405 lag Gerwig Güß im Streit mit dem Grafen Johann von Helfenstein wegen der Gerichtsbarkeit über die güssischen Hintersassen in Sontheim an der Brenz. Da Graf Johann auf seine ortsherrlichen Rechte (Zwing und Bann) pochen konnte, erreichte er, daß die güssischen Untertanen vor seinem Gericht zu erscheinen hätten.[230] Der Streit zeigt, daß es in Sontheim, wo schon Gerwig III. vor 1349 begütert war, noch immer güssische Besitzungen gab. Wie Guth berichtet, wäre Gerwig „iunior" (d. i. Gerwig V.) noch im Jahr 1405 gestorben.[231]

Seine Witwe Elsbeth (Elena) von Knöringen aber ist noch 1448 Hofmeisterin der Gräfin von Württemberg.[232] Sie wird dafür gesorgt haben, daß ihre beiden Söhne Diepold und Gerwig VI., die beim Tod des Vaters noch sehr jung waren, in württembergischen Diensten Verwendung fanden.

Diepold Güß erscheint Ende 1414 als ganz junger Mann im Gefolge des Grafen Eberhard des Älteren von Württemberg auf dem Konzil zu Konstanz.[233] Im folgenden Jahr 1415 siegelte er als Diepold Güß „zu Leipheim" für die Heiligenpfleger und Richter von Bubesheim, die dem Augsburger Domherren und Günzburger Kirchherren Friedrich von Ellerbach einen Widumhof stifteten, nachdem mit seiner Einwilligung die Kapelle zu Bubesheim zur Pfarrkirche

---

[227] Crusius (wie Anm. 3) p. 384. — Nach Crusius (wie Anm. 3 p. 380) war ein Gerwig Güß mit Elisabeth von Königseck (Kynigseccia) vermählt. U. E. müßte es sich um die Gemahlin Gerwigs IV. handeln. Zu diesem Ergebnis führt auch unsere Deutung der Leipheimer Totenschilde (s. unten). Freilich gibt Crusius (nach Guth) an, daß aus der Ehe Gerwigs mit Elisabeth v. Königseck „nullos libros reliquit". Somit wäre Elisabeth wohl Gerwigs IV. zweite Gemahlin, und der Sohn Gerwig V. würde aus Gerwigs erster Ehe stammen.

[228] Beschreibung des Oberamts Urach. 2. Bearb. S. 724; Radlkofer (wie Anm. 2) S. 64; wie Anm. 213

[229] Lichnowsky (wie Anm. 192) VI Nachtrag S. XXI Nr. 713 b

[230] StAL — B 95–97 Grafen zu Helfenstein Nr. 409

[231] Crusius (wie Anm. 3) p. 384. Irrig ist dort die Angabe, er sei mit Anna v. Hürnheim vermählt gewesen. Nach Gewährsmann des Crusius war er „tod am Sonntag nach Magni anno 1405" (13. Sept.), vgl. Anm. 274

[232] Württ. Regesten Nr. 2433

[233] Sattler (wie Anm. 87). Zweite Fortsetzung S. 57

erhoben worden war. Die Widumäcker hatten die Heiligenpfleger und Richter je
zur Hälfte von Diepold Güß und seinem noch unmündigen Bruder Gerwig VI.
gekauft.[234]

Diepold und Gerwig VI. verfügten wieder über reichere finanzielle Mittel.
Deren Herkunft ist nicht klar ersichtlich. Zwar hatte Diepold Burg und Dorf Bühl
an den Ulmer Bürger Hans Geßler verkauft; doch dürfte der Erlös, den er erzielte,
kaum ausgereicht haben, die Geschäfte der folgenden Jahre zu finanzieren.[235]
Vermutlich hatte ihr Vater einiges hinterlassen und hatten sie selbst von ihrem
Dienstgeld etwas erspart.

Herzog Friedrich von Österreich erlaubte den Brüdern im September 1420, die
Stadt Günzburg samt der Feste und Herrschaft Reisensburg, die denen von
Riedheim um 6000 Gulden verpfändet war, an sich zu lösen. Überdies liehen sie
dem Herzog weitere 3000 Gulden, die gleichfalls auf Günzburg und Reisensburg
geschlagen wurden, so daß sie diese Güter nunmehr als Pfand für 9000 Gulden
innehatten. Der Herzog sicherte zu, die Pfandschaft Günzburg und Reisensburg
nur gemeinsam mit der Herrschaft Burgau auszulösen, die am gleichen Tag
pfandweise an die Vettern der Güssen, Wilhelm und Hans von Knöringen,
übergegangen waren. Da diese Vettern sich wegen der Teilung Burgaus stritten,
wurde Diepold Güß mit anderen 1421 als Schlichter beigezogen.[236]

Diepold und Gerwig VI. heißen von nun an „Güß von Güssenberg", d.h. sie
legten die Zubenennung nach Leipheim ab. Das besagt wohl, daß sie ihren
seitherigen Wohnsitz Leipheim aufgegeben und sich in Günzburg oder auf der
Reisensburg niedergelassen hatten. Die Benennung „von Güssenberg" kennzeichnet sie lediglich als Angehörige der von dort ausgegangenen Linie der
güssischen Gesamtfamilie.

Im April 1422 vereinbarte Diepold Güß mit Herzog Friedrich einen Tausch,
wobei der Herzog ihm den in die Pfandschaft gehörigen Maierhof in Günzburg als
Eigentum überließ, wogegen Diepold dem Herzog einen Hof in Wiblishausen,
die Taferne in Bubesheim und andere Güter eignete. Doch sollten die Güter bei
der Herrschaft Günzburg bleiben.[237] Im folgenden Jahr ließ sich Diepold von
einer Reihe von Adeligen, darunter ehemalige Pfandinhaber von Günzburg,
bestätigen, daß die Günzburger ohne sein Wissen und Willen niemand um Geld
strafen dürften; er bestand also darauf, in Günzburg die Gerichtsherrschaft selbst
auszuüben.[238] Dem Herzog Friedrich lieh er im Jahr 1429 weitere 1000 Gulden,
wofür ihm das halbe Ungeld und die Eich in Günzburg verpfändet wurden.[239]

Die Pfandherrschaft über Günzburg und Reisensburg währte etwas länger als

[234] Vock (wie Anm. 30) Nr. 743 u. 747
[235] Stadtarchiv Ulm — Papierkonzept, dat. 1422. Febr. 17.
[236] Radlkofer (wie Anm. 2) S. 66
[237] Radlkofer (wie Anm. 2) S. 66
[238] Radlkofer (wie Anm. 2) S. 67
[239] Lichnowsky (wie Anm. 192) V Nr. 2801

zehn Jahre. Im Jahr 1431 löste der reiche Ritter Burkhard von Ellerbach um die beträchtliche Summe von 12898 Gulden alle den Güssen von Österreich verpfändeten Güter an sich, nämlich die Stadt Günzburg, die Herrschaft Reisensburg, die Dörfer Bubesheim, Schadlug, Leibi, Echlishausen, die Vogteien zu Echlishausen und Opferstetten sowie die Fischereigerechtigkeiten zu Weisingen, Fahlheim, Totzheim und bei Ulm.[240]

Diepold Güß stand damals in württembergischen Diensten. Wir treffen ihn im Heer, das Graf Ludwig von Württemberg Ende 1430 gesammelt hatte, um es dem Kaiser Sigismund gegen die Hussiten zuzuführen. Es sollen 232 Grafen, Freiherren und gemeine Edelleute gewesen sein. Unter denen, die zum Sammelplatz Göppingen beschieden waren, befand sich Diepold Güß.[241] Das Geld, das er von Burkhard von Ellerbach für Günzburg und Reisensburg erhalten, stellte er offenbar den Grafen Ludwig und Ulrich von Württemberg zur Verfügung, vielleicht zur Finanzierung des Hussitenkriegs. Dafür überließen sie ihm 1431 die Stadt Gundelfingen als Afterpfand.[242] Diepold und Gerwig VI. nahmen anscheinend in Gundelfingen ihren Wohnsitz. Jedenfalls stellte die Gemahlin Gerwigs VI., Barbara von Säben, dort 1432 eine Urkunde aus. Sie gab ihrem Gemahl mit anderen Vollmacht im Rechtsstreit um ihr Heiratsgut mit Sigmund von Annenberg, dem Anwalt ihrer Kinder erster Ehe. Gerwig konnte das Heiratsgut seiner Gemahlin, Witwe des Hans von Annenberg, sicherstellen.[243]

Schon zwei Jahre später bot sich Diepold Güß die gewiß höchst willkommene Gelegenheit, den alten Familienbesitz Leipheim zurückzuerwerben. Die Grafen Ludwig und Ulrich von Württemberg hatten halb Leipheim an sich gelöst, das die von Rechberg dem Grafen Friedrich von Helfenstein weiterversetzt hatten. Nun überließen die Grafen „ihrem Diener" Diepold Güß im November 1433 Burg und Stadt Leipheim um 13000 Gulden. Diepold brauchte nur 3000 Gulden in bar zu bezahlen; für das übrige nahmen die Grafen Burg und Stadt Gundelfingen wieder an sich. An Leipheim behielten sie sich freilich das Öffnungsrecht sowie das Wiederkaufsrecht innerhalb 13 Jahren vor.[244]

So brachte sechzig Jahre nach dem Verkauf von 1373/74 der Enkel eines der Verkäufer Leipheim wieder an sich; dreizehn Jahre nach seinem eigenen Wegzug von Leipheim kehrte Diepold wieder dorthin zurück. Er nennt sich künftig „Diepold Güß von Güssenberg zu Leipheim".[245]

Diepold durfte seine Gemahlin Agathe von Roth bis zur Höhe der Pfandsumme

[240] Brunner (wie Anm. 199) S. 56
[241] Joh. Ulrich Steinhofer: Neue Wirtenberg. Chronik, Zweyter Theil, S. 748f. insbes. S. 752; Sattler (wie Anm. 87) Zweite Fortsetzung S. 111ff.
[242] Regesta Boica 13 S. 222
[243] Archivberichte aus Tirol I S. 438 Nr. 2519 u. 2520 (Schloßarchiv Dornsberg)
[244] Steinhofer (wie Anm. 241) S. 742 u. 749; Württ. Regesten Nr. 1944 (Or. verbrannt); Sattler (wie Anm. 87) Zweite Fortsetzung S. 126
[245] Schnurrer (wie Anm. 76) S. 7f. Nr. 28

„beweisen", d. h. ihr Geld bis zu diesem Betrag anweisen; auch konnte er Teile des Pfandes an andere versetzen[246].

Im Jahre 1434 schlugen ihm die Grafen von Württemberg nochmals 421 Pfund, 15 Schillinge und 9 Heller auf das Pfand, einen Betrag, den er auf ihre Veranlassung in Leipheim verbaut hatte. Andererseits streckte Diepold den Leipheimern 1000 Gulden vor, um ihnen die Abtragung einer Schuld an die Grafen von Württemberg zu erleichtern.[247]

Diepold stand in hohem Ansehen. Als Diener des Grafen Ludwig von Württemberg wie auch als Mitglied der Rittergesellschaft St. Jörgenschilds entfaltete er eine rege Tätigkeit. So siegelte er 1437 im Namen der Ritterschaft von Niederschwaben an der Donau den Vertrag der Gesellschaft mit den Grafen Ludwig und Ulrich von Württemberg zwecks Handhabung des Landfriedens und ebenso die Aussöhnung des Hans von Stadion mit dem Grafen Johann von Helfenstein wegen seines in Blaubeuren gefangenen Knechts.[248] In gleicher Eigenschaft half er 1437 in Nördlingen und 1438 in Donauwörth Streitigkeiten zwischen dem Grafen Johann von Helfenstein und dem Abt von Neresheim wegen der Fischerei in der Brenz bei Aufhausen zu schlichten.[249] In Nördlingen war er 1444 Schiedsrichter im Streit des Grafen Ulrich von Öttingen mit dem Komtur von Kapfenburg, Simon von Leonrod, wegen der Lehenschaft zweier Pfründen in Lauchheim.[250]

Im Auftrag der Grafen von Württemberg half er 1439 Differenzen mit Ulm wegen des Geleits zwischen Geislingen und Göppingen beizulegen.[251] Auch wirkte er 1441 bei der Teilung des Landes Württemberg mit; Graf Ulrich wählte ihn aus den Räten des Grafen Ludwig zum Schiedsmann, falls es Unstimmigkeiten geben sollte.[252] Diepold unterschrieb ferner 1444 den Absagebrief des Grafen Ludwig an die Schweizer, die mit Herzog Sigismund von Österreich verfeindet waren, und in Urach bürgte er 1447 für die Schuldverschreibung des Grafen Ludwig gegenüber dem Grafen Konrad von Helfenstein wegen des Kaufs der Herrschaft Blaubeuren.[253]

Diepold ist in den Jahren 1441 bis 1448 wiederholt auch als Rat des Bischofs Peter von Augsburg bezeugt.[254] Dazu tritt er mehrfach als Bürger und Siegler bei Gütergeschäften in Erscheinung. Er bürgte 1438 für Hans von Knöringen beim

---

[246] Württ. Regesten Nr. 1946 u. 1947 (Or. verbrannt)
[247] Württ. Regesten Nr. 1962, 1968 u. 1979
[248] Sattler (wie Anm. 87) Zweite Fortsetzung S. 135f. ; Beil. Nr. 62 S. 105ff. ; Burgemeister (wie Anm. 128) S. 623f.
[249] Archiv Neresheim — Grünes Dokumentenbuch S. 144ff. u. S. 111ff.
[250] Vock (wie Anm. 129) Nr. 2274
[251] Steinhofer (wie Anm. 241) S. 807
[252] Württ. Regesten Nr. 86 (= Sattler (wie Anm. 87) Zweite Forts. S. 144ff. , insbes. S. 148)
[253] Steinhofer (wie Anm. 241) S. 859; Württ. Regesten Nr. 7115
[254] Karl Puchner: Die Urkunden des Klosters Oberschönenfeld. Schwäb. Forschungsgemeinschaft. 1953. Nr. 192; HStAMü — Gerichtsurkunden Höchstädt Nr. 175

Verkauf von Rettenbach an Diepold von Habsberg und 1446 für den letzteren, seinen Schwager, als er Rettenbach an Konrad von Riedheim weiterveräußerte; ferner 1441 für seinen Schwiegersohn Hans vom Stein von Ronsberg, den Gemahl seiner einzigen Tochter Ursula, als dieser das Gut Unterbechingen — ein Erbe von Konrad vom Stein von Klingenstein — an Ulrich von Rammingen verkaufte.[255]

Diepolds Bruder Gerwig VI. war in diesen Jahren Hofmeister beim Grafen Ulrich von Württemberg.[256]

Diepold Güß ließ in den vierziger Jahren die Familiengruft der Güssen in der Leipheimer Pfarrkirche neu gestalten und versah sie mit einem prächtigen Grabstein, den Guth und Crusius beschreiben, der aber offenbar mit der Gruft im Dreißigjährigen Krieg zerstört worden ist. Die Leipheimer Gruft sollte den Güssen wohl für alle Zeit als Erbbegräbnis dienen. Daher stiftete Diepold auch eine geistliche Pfründe, die Güssenpfründe, mit einem Pfründhaus für den Kaplan, Hofraite, Gärten und Äckern in Leipheim und Echlishausen und behielt sich und seinen Erben deren Patronatsrecht vor.[257] Anscheinend hegte Diepold die Hoffnung, die Grafen von Württemberg würden auf ihr Rückkaufsrecht an Leipheim ihm als langjährigem treuen Diener gegenüber verzichten, so daß die Stadt den Güssen für immer als freies Eigentum verbliebe. Ihm mochte nicht entgangen sein, daß Württemberg auf Leipheim nicht mehr so großen Wert legte wie 70 Jahre zuvor, als es die Stadt zusammengekauft hatte. Ob er aber wußte, daß es einen ernstlichen und recht finanzkräftigen Interessenten für Leipheim gab, der für den Platz erheblich mehr aufzuwenden bereit war, als Diepold dafür hatte geben müssen, nämlich die Stadt Ulm? Ob Ulm schon damals mit Württemberg in Unterhandlung stand, wissen wir freilich nicht.

Jedenfalls ging Diepolds Hoffnung, Leipheim behalten zu dürfen, nicht in Erfüllung. Württemberg machte offenbar termingerecht — das wäre im November 1446 gewesen — von seinem Rückkaufsrecht Gebrauch. Graf Ulrich von Württemberg räumte Leipheim 1448 den Grafen Ulrich und Konrad von Helfenstein ein als Pfand für ein jährliches Leibgeding von 450 Gulden, das er ihnen aus dem Kauf der Herrschaft im Brenztal (Heidenheim) schuldete.[258] Als im September des folgenden Jahres 1449 die Städter gegen Württemberg zu Felde zogen, wurde Leipheim nach achttägiger Belagerung eingenommen, dem Grafen Ulrich von Helfenstein jedoch alsbald zurückgegeben gegen das Versprechen, den Städtern von dort aus nicht zu schaden. Diepold Güß wirkte in dieser Sache als Schiedsrichter mit.[259]

---

[255] Schnurrer (wie Anm. 76) S. 7f. Nr. 28 u. 30; HStAMü — Pfalz-Neuburg, Varia Neoburgica Nr. 49

[256] Württ. Regesten Nr. 2432; Magenau (wie Anm. 1) S. 86

[257] Keidel: Ulmische Reformationsakten von 1531 u. 1532. In: Württ. Vierteljahreshefte für Landesgeschichte 4 (1895) S. 259; Radlkofer (wie Anm. 2) S. 70

[258] H. F. Kerler: Gesch. der Grafen Helfenstein, 1840, S. 98

[259] Chr. Fr. Stälin: Wirtemberg. Geschichte III S. 481; Steichele-Schröder (wie Anm. 147) S. 556; HStAMü — Gerichtsurkunden Neu-Ulm Nr. 1065. — Dem Kaisheimer Chronisten Knebel zufolge hätten sich „die Güssen", d.h. Diepold und Gerwig, selbst am Städtekrieg beteiligt und sich zu

Seit dem gewiß nicht freiwilligen Verzicht auf Leipheim war Diepold bemüht, das aus dem Rückkauf erlöste Kapital sinnvoll anzulegen und dafür eine rittermäßige Herrschaft zu erwerben. Als er am 12. März 1449 einen neuen Dienstvertrag mit Württemberg unterzeichnete, quittierte er den Empfang des Dienstgeldes als „Diepold Güß von Güssenberg zu *Brenz*".[260] Er war kurz zuvor Ortsherr in Brenz geworden, einem Gut, das ein anderer Zweig der Güssen von Güssenberg über eineinhalb Jahrhunderte in Besitz gehabt hatte. Sein Schwiegersohn Hans vom Stein von Ronsberg war beim Erwerb von Brenz als Mittelsmann tätig gewesen. Er hatte nämlich in den Jahren 1447 und 1448 die Feste Brenz samt Ortsherrschaft und dem meisten Grundbesitz zusammengekauft, und zwar je zur Hälfte von den Grafen Ulrich und Konrad von Helfenstein sowie zu je einem Viertel von den Brüdern Wilpolt und Ludwig von Sontheim.[261] Der Kaufpreis für den helfensteinischen Teil und das Viertel Wilpolts von Sontheim belief sich zusammen auf 6260 Gulden. Für den Anteil Ludwigs von Sontheim ist der Kaufpreis nicht genannt, doch dürfte er bei etwas mehr als 2000 Gulden gelegen haben, so daß eine Gesamtsumme von etwa 8300 Gulden angenommen werden darf. Hans vom Stein hatte alles sofort seinem Schwiegervater Diepold Güß überlassen, von dem offensichtlich das Geld für den Ankauf stammte. Diepold hatte um dieselbe Zeit auch das benachbarte Bergenweiler von Jörg von Riedheim erworben.

Als nun Hans vom Stein im September 1452 die österreichische Pfandschaft Günzburg und Reisensburg von Hans von Knöringen an sich löste, beteiligte sich Diepold Güß an diesem Geschäft mit einem Drittel des erforderlichen Kapitals.[262]

Um diese Zeit war Diepold Güß in Ulm ins Gefängnis geraten, weil er das Kloster Söflingen geschädigt hatte. Bei seiner Entlassung 1451 schwor er, Ulm auf fünf Meilen Abstand zu meiden. Er nennt sich hier Diepold Güß von Pfullingen; offenbar bekleidete er dort zeitweilig das Amt eines württembergischen Vogts.[263]

Diepold war mit anderen Gläubiger des Grafen Ulrich von Helfenstein. Da dieser selbst zahlungsunfähig war, aber wegen des Verkaufs der Herrschaft Heidenheim vom Grafen Ulrich von Württemberg ein Leibgeding zu beanspruchen hatte, erwirkten die Gläubiger 1453 ein Urteil des Rottweiler Hofgerichts, wonach der Graf von Württemberg einen erheblichen Teil des dem Helfensteiner jährlich zu zahlenden Geldbetrags ihnen auszufolgen habe.[264]

Diepold Güß verlieh 1454 einem Lauinger Bürger als Träger des Spitals Gülten aus Gütern zu Lauingen und Höttingen (abgegangen bei Lauingen). Die Lehen-

Weißenhorn, Hermaringen und Stötten (bei Dillingen) dadurch hervorgetan, daß sie die Bauern schädigten, gefangen nahmen und mit Schatzung belegten; wie Anm. 145 S. 299
[260] Württ. Regesten Nr. 2473
[261] Württ. Regesten Nr. 7639, 7640 u. 7641
[262] Radlkofer (wie Anm. 2) S. 69f. ; vgl. Württ. Regesten Nr. 7643
[263] Stadtarchiv Ulm — Rep. 2, 1692, Bd. III Fol. 1345 (Urfehden)
[264] Sattler (wie Anm. 87) Zweite Fortsetzung S. 209

schaft dieser Güter hatte früher seinem Vetter Hanmann Güß von Haunsheim (†1446) zugestanden; es handelte sich um alte güssische Mannlehen, die im Erbweg auf ihn übergegangen waren.[265]

Er siegelte im selben Jahr für den Grafen Wilhelm von Öttingen, der sein Schloß Lierheim verkaufte.[266] Mit seinem Bruder Gerwig VI. vermittelte er einen Kaufvertrag zwischen Hans von Sontheim und den Spitalpflegern zu Gundelfingen um Zehnten zu Sontheim, Heukrampfen und Höntschen, die zum Bereich der Pfarrei Brenz gehörten; sie bürgten auch, als dieser Vertrag im folgenden Jahr 1455 zustande kam.[267]

Diepold Güß hatte keinen Sohn. Um allem künftigen Streit um sein Erbe vorzubeugen, traf er „ain Gemechde und Ordenunge", das ihn als ordentlichen Hausvater, wirtschaftlich denkenden Gutsherren und traditionsbewußten Edelmann kennzeichnet. Am 12. August 1455 räumte er seiner Tochter Ursula vom Stein sein Drittel an der Pfandschaft Günzburg und Reisensburg nebst Bubesheim und der Gült zu Leibi und Fahlheim ein, was alles auf 6000 Gulden veranschlagt wurde. Damit waren Ursulas Ansprüche abgegolten, und sie verzichtete auf ihr väterliches und mütterliches Erbe. Seinem Bruder Gerwig VI. aber, der zwei Söhne namens Sixt und Sigmund besaß und das Geschlecht der Güssen fortpflanzte, überließ er am selben Tag aus „bruderlich Liebe, Truwe und Früntschafft" sein Schloß und Dorf Brenz samt Bergenweiler mit allem Zubehör gegen ein Leibgeding, das ihm Gerwig in einem versiegelten Brief zusicherte.[268]

Schon ein halbes Jahr danach, am 14. Februar 1456, starb Diepold Güß und wurde in der Gallus-Kirche in Brenz bestattet, wo sich sein prachtvolles Grabmal erhalten hat.[269]

Leipheim, das er selbst als Grablege für sich vorgesehen hatte, war im Februar 1453 vom Grafen Ulrich von Württemberg an die Stadt Ulm verkauft worden. Die Ulmer hatten dafür 23200 Gulden aufgewandt, fast den doppelten Betrag, um den Diepold das Städtchen dreizehn Jahre lang innegehabt hatte.[270] Die Güssenpfründe und die Güssengruft in der dortigen St. Veitskirche erinnerten zwar weiterhin an die ehemalige Herrschaft. Seit aber Ulm mit seinem Gebiet sich 1531 der Reformation angeschlossen hatte, war die Güssenpfründe anscheinend verwaist. So entschlossen sich Hans Georg und Friedrich Güß, die Urenkel Gerwigs VI., im Jahre 1581, das Patronatsrecht auf die Güssenpfründe samt Behausung, Grundstücken und Einkünften sowie das Familienbegräbnis um 6000 Gulden an Ulm zu verkaufen. Sie gaben damit die letzte Position der Güssen in Leipheim auf.[271]

---

[265] Rückert (wie Anm. 101) S. 28 Nr. 356
[266] HStAMü — Geistl. Ritterorden Urk. Nr. 3409
[267] HStAMü — Gerichtsurkunden Gundelfingen Nr. 282 u. 283
[268] Württ. Regesten Nr. 7643 u. 7644
[269] Die Kunst- u. Altertums-Denkmale im Königreich Württemberg, 49. –52. Lieferung: Jagstkreis, Oberamt Heidenheim, 1913, S. 102f. — Möglicherweise bezieht sich auf ihn die Nachricht des

9) *Die Gedenkstätte der Güssen von Güssenberg in der Leipheimer Pfarrkirche*

Das steinerne Grabmal der Güssen in der Leipheimer Pfarrkirche, jener „lapis sepulchralis", von dem Guth und Crusius in Verbindung mit dem Tod der Brüder Diepold und Gerwig III. im Jahre 1358 berichten, muß Anfang der vierziger Jahre des 15. Jahrhunderts errichtet worden sein. Nach Guth wies das Grabmal die sechs Allianzwappen Hürnheim, Knöringen, Rechberg, Säben, Rohr (richtig Roth) und Nordholz auf.[272]

Diese Wappen güssischer Ehefrauen lassen sich jetzt unschwer mit bestimmten geschichtlichen Personen in Verbindung bringen und diese Personen wiederum ihren Ehemännern zuordnen.

(Anna) von Hürnheim war die Gemahlin Gerwigs III. (1288–1358);
Elsbeth von Knöringen ist uns als Frau Gerwigs V. (1397–1405) bekannt;
Agnes von Rechberg war mit Brun I. vom Staufener Zweig (1343–1368) vermählt;
Barbara von Säben lernten wir als Gattin Gerwigs VI. (1415–1482) kennen;
Agathe von Roth war mit Gerwigs VI. Bruder Diepold (1414–1456) vermählt;
Elsbeth von Nordholz schließlich hatte Eitel Güssenberg (1372–1407) zum Gemahl.[273]

Man möchte annehmen, daß diese zwölf Personen alle in der Leipheimer Gruft ihr Begräbnis gefunden hätten. Dies trifft jedoch nicht zu. Die Brüder Diepold (1414–1456) und Gerwig VI. (1415–1482) wurden samt ihren Ehefrauen in der Pfarrkirche in Brenz bestattet, wo ihre Grabmäler erhalten sind. Das heißt, daß nach der Fertigstellung des Leipheimer Grabmals Umstände eingetreten sind, die die Absichten des Stifters zunichte machten. Es ist dies der endgültige Verlust Leipheims und die Übersiedelung der Güssen nach Brenz. Somit also muß das Grabmal in den frühen vierziger Jahren des 15. Jahrhunderts entstanden, und Diepold Güß, der seit 1433 pfandweise Stadt- und Patronatsherr in Leipheim war, muß sein Urheber und Auftraggeber gewesen sein. Wenig wahrscheinlich ist jedenfalls, daß man Diepold (†1456) und seinen Bruder Gerwig VI. (†1482) mit ihren Frauen zunächst in Leipheim bestattet, später nach Brenz umgebettet hätte und dort neue, und zwar für jedes der beiden Paare eigene Epitaphien hätte anfertigen lassen.

Wir erahnen die Absichten des Stifters. Da Diepold keinen Sohn hatte, traf er bei Lebzeiten Vorsorge für sein Begräbnis. Offenbar rechnete er nicht mit dem Rückkauf Leipheims durch Württemberg, der wohl im November 1446 erfolgte.

Gewährsmanns des Crusius, daß Diepold v. Gißenberg „zu der Hohe(?) geblieben", d. h. wohl im Krieg umgekommen sei; vgl. Anm. 274
[270] Steichele-Schröder (wie Anm. 147) S. 555
[271] Keidel (wie Anm. 257); Steichele-Schröder (wie Anm. 147) S. 557
[272] Crusius (wie Anm. 3) p. 381
[273] Grabmahl für Diepold Güß (†1456) und Agathe von Roth in Brenz; s. Kunst- und Altertums-Denkmale (wie Anm. 269) S. 102 f. ; Crusius (wie Anm. 3) p. 387; Radlkofer (wie Anm. 2) S. 58; v. Adrian-Werbung (wie Anm. 213) S. 313 u. Tfl. S. 321

Den Ankauf des Gutes Brenz, der dann in den Jahren 1447/48 stattfand, zog er damals noch gar nicht in Erwägung, und vor allem rechnete er nicht damit, daß er einst dort sein Grab finden würde.

Diepolds Wunsch war es, daß einst auch sein Bruder Gerwig VI., der den güssischen Mannesstamm fortpflanzte, mit seiner Gattin in der Leipheimer Gruft bestattet würden; deshalb ließ er das Wappen seiner Schwägerin, Barbara von Säben, auf dem Grabmal anbringen. Wie erwähnt, ruht aber auch Gerwig VI. mit Gemahlin in Brenz. Mit der Inschrift „Anno Domini M.CCC.LVIII starben die Ritter und Herrn, H. Gerwig und H. Diepold die Güssen von Güssenberg" (Crusius) wollte er überdies auch das Gedächtnis an jenen älteren Diepold wachhalten, der 1358 in Thalfingen beigesetzt worden war. Von jenem älteren Diepold hatte ja er, der Stifter des Grabmals, den Namen geerbt; jener Diepold hatte mit Gerwig III. das meiste zur Stadtwerdung Leipheims getan und das Ansehen des Leipheimer Familienzweigs der Güssen begründet. Jener Diepold war der Stammvater des Staufener Familienzweigs, welchem zwei der in der Leipheimer Gruft Ruhenden angehörten, Brun I. (1343–1368) und Eitel Güssenberg (1372–1407), und der eben in den vierziger Jahren des Jahrhunderts zu erlöschen drohte oder vielleicht schon erloschen war. So wollte der Stifter bekunden, daß sein Familienzweig auch die Tradition der Güssen von Staufen pflege.

Aus all dem spricht gewiß der in diesen Jahren berechtigte Stolz des Stifters Diepold, daß es ihm gelungen war, das Familiengut Leipheim zurückzugewinnen. Mit der Errichtung einer würdigen Familiengrabstätte bekundete er einen Anspruch auf dieses Gut und spornte zugleich die Erben an, dieses Gut auch zu behaupten. Leider wurde die Leipheimer Güssengruft und damit offenbar auch jenes Grabmal im Dreißigjährigen Krieg zerstört.

In enger Beziehung zum Grabmal steht die in der Leipheimer Pfarrkirche auf die Stirnwand des nördlichen Seitenschiffs gemalte Folge güssischer Totenschilde. Sie entspringt ähnlichen Motiven. Wie ein erster Überblick ergibt, sind Diepold Güß (†1456), der Stifter des Grabmals, und seine Gemahlin Agathe von Roth unter den jüngsten, deren Totenschilde dort aufgemalt wurden. Daraus ergibt sich ein erster Anhalt für die Entstehungszeit der Wappenfolge.

Den Zwickel der spitzbogenförmigen Wandfläche füllt, als Bekrönung des Ganzen, ein viergeteilter, von zwei Engeln gehaltener Wappenschild. Das linke obere und rechte untere Feld zeigen das Wappen der Güssen, drei goldene Sterne auf einem Schrägbalken. Was die beiden anderen Felder darstellen, ist nicht mehr zu erkennen. Vermutlich aber symbolisieren die beiden oberen Felder des Schilds die Allianz eines Güssen mit einer zunächst unbekannten Frau, wogegen die beiden Felder darunter einen vorläufig unbekannten Mann mit seiner güssischen Gemahlin darstellen dürften. Am sinnvollsten wird man dies auf die Paare Diepold Güß († 1456) und Agathe von Roth als Eltern sowie Hans vom Stein von Ronsberg († 1477) und Ursula Güß als Schwiegersohn und Tochter beziehen. Die

Aufschrift links und rechts der schildhaltenden Engel dürfte dies bestätigen: links „Gissen", rechts „Stain vogt". Es handelt sich offenbar um die Stifter der Wappenfolge. Diepold war der Urheber und Auftraggeber. Sein Schwiegersohn Hans vom Stein sollte nach dem Tod des söhnelosen Diepold auf dessen Wunsch die Vogtei der Familiengrabstätte und Güssenpfründe übernehmen. Demnach dürfte der Großteil der Totenschilde um die Mitte der vierziger Jahre des 15. Jahrhunderts aufgemalt worden sein.

Beschäftigt man sich mit der Folge der 28 Totenschilde etwas eingehender, erkennt man aufgrund ihrer Anzahl, daß sie — im Gegensatz zum Grabmal — nicht nur der in der Leipheimer Familiengruft Bestatteten und noch zu Bestattenden gedenkt, sondern daß sie eine ziemlich vollständige Genealogie der mit Leipheim verbundenen Güssen wiedergibt. Dafür spricht auch die Anordnung der Schilde.

Einige Wappen sind zwar kaum noch zu erkennen. Die Farben mögen schon früh verblaßt und bei Restaurierungsarbeiten aus Unkenntnis verändert, ja sogar verwechselt worden sein. Ähnliches gilt für die Beschriftung. Doch scheint schon im ausgehenden 16. Jahrhundert der Zustand so ziemlich derselbe wie heute gewesen zu sein; dies erhellt aus einer Aufzeichnung, die vielleicht von einem Gewährsmann des Crusius stammt.[274]

Die Anordnung der Totenschilde in vier waagrechten Reihen entspricht grundsätzlich den vier Generationen der Güssen, die die Geschichte Leipheims maßgeblich bestimmt haben. Aus Platzgründen konnte dieses Prinzip jedoch nicht konsequent eingehalten werden. Da am Ende der zweiten Reihe Raum für einen einzelnen siebten Schild frei war, brachte man hier den ledigen Konrad Güß (1354–1386) unter, der als Sohn Bruns I. eigentlich in die folgende dritte Generation gehört. In der vierten Reihe finden wir zwei Paare der dritten Generation, die in der dritten Reihe keinen Platz fanden; sie hatten jedoch die übrigen Angehörigen ihrer Generation zum Teil beträchtlich überlebt, was ihre Unterbringung in der vierten Reihe rechtfertigen mochte. Es sind dies Gerwig V. (1397–1405) mit Elsbeth von Knöringen († n. 1448) sowie Eitel Güssenberg (1372–1407) mit Elsbeth von Nordholz (1400). Dagegen weist die erste Reihe nur Angehörige der ersten, die dritte nur solche der dritten Generation auf. Auch war grundsätzlich der linke Teil der Wandfläche den Nachkommen Diepolds († 1358) vorbehalten, während der rechte Teil die Abkömmlinge seines Bruders Gerwig III. aufnahm; von einigen Regelwidrigkeiten sei hier abgesehen.

Hat man diese Prinzipien erkannt, wird es möglich, die vorhandenen Güssenschilde mit urkundlich bezeugten Familiengliedern zu verbinden, selbst wenn die heutigen Aufschriften anders lauten oder unleserlich sind, und man kann diesen Familiengliedern aufgrund der Wappen Ehefrauen zuordnen, selbst wenn in

---

[274] Vf. verdankt die Nachricht Herrn H. Gaiser, Neu-Ulm

einigen Fällen dafür keine urkundlichen Belege vorliegen. Wie kommen damit zu folgender Deutung:

Die erste Reihe zeigt von links nach rechts die fünf Wappen Güß, Ellerbach, Güß, Bibereck (angeblich), Hürnheim. Sie beziehen sich auf Diepold Güß (1293–1358) mit Gemahlin Güshilt von Ellerbach (1371) und dessen Bruder Gerwig III. (1288–1358) mit Gattin (Anna) von Hürnheim. Das Phantasiewappen „Bibereck" mag auf eine sonst unbekannte (erste) Gemahlin Gerwigs III. weisen; ein Geschlecht von Bibereck ist im 14. Jahrhundert nicht bekannt.

Zweite Reihe: Die sieben Wappen Güß, Rechberg, Güß, Königseck, Güß, Hürnheim (falsch statt Stein), Güß stehen für Diepolds Sohn Brun I. (1343–1368) mit Agnes von Rechberg (1350–1386), sodann für Gerwigs III. Söhne Gerwig IV. (1345–1397) mit (Elisabeth) von Königseck und Güssenberg (1353–v. 1365) mit Anna vom Stein von Klingenstein (1365–1366); als letzter folgt der ledige Konrad Güß (1354–1386), Sohn Bruns I.

Dritte Reihe: Die acht Wappen Güß (?), Freiberg-Angelberg, Güß, Marschalk von Pappenheim, Güß, Pfirt, Güß, unklar (nach alter Beschreibung Schild halb rot) beziehen sich zunächst auf Bruns I. Sohn Brun II. (1353–1386) mit Margarete von Freiberg-Angelberg (1365–1366), sodann wahrscheinlich auf dessen Bruder Diepold (1371–1381) mit Anna Marschalk von Pappenheim. Sofern das Prinzip eingehalten ist, müßte nun Bruns II. Bruder Erhard (1372–1398) mit N. von Pfirt folgen, während sich das vierte Wappenpaar auf Güssenbergs Sohn Hanmann (1365–1386) mit unbekannter Gemahlin bezöge.

Die vierte Reihe zeigt die acht Wappen Güß (?), Stein, Güß, Knöringen, Güß, Nordholz und Güß, Roth. Klar sind die Paare zwei, drei und vier; es handelt sich um Gerwigs IV. Sohn Gerwig V. (1397–1405) mit Elsbeth von Knöringen (1405–1448), ferner Bruns I. Sohn Eitel Güssenberg (1372–1407) mit Elsbeth von Nordholz (1400) und Gerwigs V. Sohn Diepold (1414–1456) mit Agathe von Roth (1433). Das erste Wappenpaar möchten wir auf Ursula Güß (1441–1480) und ihren Gemahl Hans vom Stein von Ronsberg (1441–1477) beziehen. Damit würden die beiden Stifterpaare, die im krönenden Wappenschild schon versinnbildlicht sind, die Genealogie der Leipheimer Güssen beschließen.

Die vierte Reihe weist hinsichtlich der Höhe der Wappenschilde einige Unregelmäßihgkeiten auf und erweckt den Eindruck, als sei sie nicht einheitlich mit den übrigen entstanden. So dürften zumindest die beiden äußeren Wappenpaare — rechts Diepold Güß († 1456) mit Agathe von Roth, links Ursula Güß mit Hans vom Stein von Ronsberg († 1477) — später, vielleicht jeweils nach dem Tod der betreffenden Personen hinzugefügt worden sein.

Die Folge der Wappentafeln bestätigt und ergänzt somit die anhand der urkundlichen Nachrichten erstellte Genealogie der Leipheimer Güssen.

---

[275] Crusius (wie Anm. 3) p. 387
[276] Rückert (wie Anm. 101) S. 29f. Nr. 361, 362 u. 365; Württ. Regesten Nr. 7645 u. 7646

10) Die jüngere Linie Güssenberg-Brenz bis zur Aufgabe von Brenz 1613

Gerwig VI. Güß pflanzte die Brenzer Linie fort. Im Namen seiner Tochter Hildegard verzichtete er 1455 auf Forderungen an seinen Schwiegersohn Lorenz von Trautson auf Matrei in Tirol.[275] Hildegard war noch 1470 mit Lorenz von Trautson vermählt, ging aber vor 1472 eine zweite Ehe mit Heinrich von Züllenhart ein.

Gerwig nennt sich „Güß von Güssenberg zu Brenz", als er 1456 Gülten aus Gütern in Lauinger Gemarkung verlieh, die früher sein Bruder Diepold vergeben hatte. Von Kardinal Peter empfing er 1459 in Dillingen die Lehenschaft des Marien- und Michaelsaltars in Brenz für sich und seine männlichen Nachkommenschaft.[276]

Brenz lag innerhalb der von Bayern beanspruchten Grenzen des Landgerichts Höchstädt, weshalb Herzog Ludwig der Reiche von Bayern-Landshut die Inhaber von Brenz als seine Landsassen betrachtete. Gerwig VI. hatte beim Herzog die Erlaubnis erwirkt, am Brenzübergang einen Zoll zu erheben. Daraufhin hatte er zur Erleichterung des Übergangs eine neue Brücke gebaut, um den Güterverkehr über den Flecken Brenz zu leiten und auf diese Weise seine Zolleinkünfte zu steigern. Dies wirkte sich nachteilig für die anderen Brenzüber-gänge aus. Von Landshut aus wurde deshalb 1462 befohlen, die neue Brücke „abzustellen", von der Zollbewilligung keinen Gebrauch mehr zu machen und das Privileg zurückzusenden.[277] Gerwig VI. zog sich daraufhin von den Geschäften zurück.

Seit 1461 begegnet sein Sohn Sixt. Er bürgte in diesem Jahr, als die Pfleger der Kinder Burkhards von Ellerbach das Dorf Vöhringen verkauften.[278] Sixt war mit Hiltgard von Ellerbach, einer Tochter des 1458 verstorbenen Burkhard von Ellerbach vermählt. Seine Eltern Gerwig VI. und Barbara von Säben sowie sein Bruder Sigmund hatten ihm als Heiratsgut, Widerlegung und Morgengabe seiner Gemahlin Hiltgard 3400 Gulden zugesichert, wofür ihm 1463 der Turm zu Bergenweiler samt Behausung und Weiler zugesprochen wurde.[279] Seine Schwester Margarete verheiratete sich mit Hiltgards Bruder, Burkhard dem Jüngeren von Ellerbach († 1498). Beide stifteten 1480 einen Jahrtag im Kloster Urspring.[280]

Sein Bruder Sigmund hatte 1462 auf Seiten des Grafen Ulrich von Württemberg an der für diesen unglücklichen Schlacht bei Giengen teilgenommen, dabei Hengst und Wagen verloren und war in bayerische Gefangenschaft geraten.[281] Sigmund

---

[277] Geiss: Beiträge... In: Oberbayerisches Archiv 9 (1847) S. 38 Nr. 3; Radlkofer (wie Anm. 2) S. 71 Anm. 106

[278] Horst Gaiser: Die Herren von Ellerbach zu Laupheim. In: Laupheim 778–1978, 1979, S. 108

[279] Württ. Regesten Nr. 7647

[280] Immo Eberl: Regesten zur Geschichte des Benediterinnenklosters Urspring bei Schelkingen 1127–1806. Schriften zur südwestdeutschen Landeskunde 14, 1978, S. 249 Nr. 547

[281] Magenau (wie Anm. 1) S. 87 (nach Steinhofer (wie Anm. 241) Tl. III S. 82f.)

heiratete 1464 Maya Speth, die Witwe des bei Seckenheim 1462 gefallenen Lux von Hornstein.[282] Er trat 1469 erneut in württembergische Dienste, starb aber schon 1471 und wurde in der Brenzer Kirche bestattet.[283] Seine Witwe Maya verwaltete die Herrschaft Brenz für ihre Kinder. Den Schwiegereltern Gerwig VI. und Barbara von Säben verschrieb sie 1472 ein Leibgeding und räumte ihnen Wohnung im alten Haus des Brenzer Schlosses, nämlich in dem in Richtung Bergenweiler gelegenen Nordtrakt, ein.[284]

Sixt Güß verkaufte 1472 sein Gut Bergenweiler um 2000 Gulden an Puppelin vom Stein zu Niederstotzingen.[285] Das Geld verwendete er allem Anschein nach zum Ankauf der Herrschaft Glött, die noch 1470 in Händen derer von Herwart war und nach Sixts Tod im Besitz seines Sohnes Wilhelm erscheint. Seine Cousine Ursula Güß, Gemahlin des Hans vom Stein von Ronsberg, bestimmte ihn zum Lehenträger, und so wurde er 1476 mit der Herrschaft Reisensburg belehnt, die Ursula als Heiratsgut verschrieben war.[286] Er starb am 15. Mai des folgenden Jahres 1477. Sein Epitaph befindet sich in der Brenzer Galluskirche. Nach Guth soll er jedoch in der Ritterkapelle in Ansbach beigesetzt sein. Hiltgard überlebte ihren Gemahl; ihre Sterbedaten sind auf dem Grabmal nicht ausgefüllt.[287]

Auch die Eltern Gerwig VI. und Barbara von Säben überlebten ihre beiden Söhne. Gemeinsam mit der Schwiegertochter Maya stifteten sie 1477 einen Jahrtag am Marienaltar in Brenz für den 1456 verstorbenen Diepold Güß und dessen Gemahlin Agathe von Roth sowie für ihre Söhne Sixt und Sigmund und deren Hausfrauen Maya und Hiltgard von Ellerbach.[288]

Gerwig VI. und Barbara von Säben starben im selben Jahr 1482 und wurden in Brenz bestattet, wo sich ihr Epitaph erhalten hat.[289]

a) Die Nachkommen des Sixt Güß und der Hiltgard von Ellerbach:

Sixt Güß hinterließ zwei Söhne namens Wilhelm und Sigmund sowie die beiden Töchter Maya († n. 1521), vermählt mit Albrecht II. von Rechberg zu Illeraichen († 1510), und Barbara (1529), Gemahlin Kaspars II. Schenk von Schenkenstein (1529–1542).[290]

[282] Edward v. Hornstein-Grüningen: Die von Horstein und von Hertenstein, S. 170 ff.

[283] Walther Pfeilsticker: Neues württemberg. Dienerbuch Bd. I, 1957 §1537; Kunst- und Altertums-Denkmale (wie Anm. 269) S. 103

[284] Württ. Regesten Nr. 7648 — „das alt Hus zu Brentz im Schloss gen Bergenweiler wärts hinaus gelegen mit aller Zugehördte"

[285] Beschreibung des Oberamts Heidenheim S. 141 f.

[286] Brunner (wie Anm. 199) S. 126 f.

[287] Kunst- und Altertums-Denkmale (wie Anm. 269) S. 103; Crusius (wie Anm. 3) p. 387

[288] Württ. Regesten Nr. 7649

[289] Kunst- und Altertums-Denkmale (wie Anm. 269) S. 103 — Horst Gaiser erkannte, daß dort der Name der Gemahlin Gerwigs verlesen und fälschlicherweise mit Magdalena von Ulm angegeben wurde.

[290] Bucelin (wie Anm. 110); Carl August Boeheimb: Die Grafschaft Illeraichen. In: Zwanzigster Jahres-Bericht des histor. Kreis-Vereins im Regierungsbezirke von Schwaben u. Neuburg für das Jahr 1854, 1854, S. 14 f. , H. Bauer: Die Schenken von Ehringen und Schenkenstein. In: Zweiunddreißigster Jahres-Bericht . . . für das Jahr 1866, 1867, S. 76

Wilhelm Güß nahm mit seinem Vetter Hans Güß 1484 am Turnier in Stuttgart teil.[291] Er wurde am 26. November 1486 in Wertingen von Bischof Friedrich von Augsburg mit Barbara Megenzer von Felldorf getraut.[292] Als Inhaber der offenbar vom Vater ererbten Herrschaft Glött war er Insasse der Markgrafschaft Burgau und entrichtete 1492 den Feuerstattgulden von 40 Feuerstätten zu Glött, fünf Feuerstätten zu Weiler und vier Feuerstätten zu Roßhaupten.[293]

Wilhelm war 1487 auf dem Nürnberger Reichstag Kaiser Friedrichs III. und wurde Mitglied des Schwäbischen Bundes. Er ist 1488 als bischöflich-augsburgischer Hofmarschall bezeugt; 1496 erscheint er als bischöflicher Pfleger zu Röthenberg und 1502 als Vogt zu Dillingen. 1492 wohnte er in der St. Ulrichskirche zu Augsburg der feierlichen Translation der Reliquien des heiligen Simpert in ein neues Grab bei.[294]

Seit 1505 begegnet er als Hauptmann des Schwäbischen Bundes und hatte teil an der Regelung verschiedener Streitigkeiten, so 1506, als die Stadt Augsburg als Inhaber der Herrschaft Schwabegg in Jagdstreitigkeiten mit Konrad von Riedheim von Irmazhofen verwickelt war. 1508 verglich er Bischof Heinrich mit der Stadt Lauingen wegen des Fischwassers und der Holzmarken an der Donau. 1509 vermittelte er zwischen seinem Schwager Albrecht II. von Rechberg-Illeraichen und dessen Brüdern Jörg und Gaudenz wegen der Schulden, die ihr Vater Gaudenz hinterlassen hatte. Seine inzwischen verwitwete Schwester Maya verglich er 1512 mit Jörg von Rechberg zu Kellmünz. 1520 schlichtete er Streit zwischen dem Antonierspital zu Memmingen und Gaudenz von Rechberg zu Kronburg und 1527 zwischen der Stadt Ulm und dem Deutschorden. Als Bundeshauptmann war er maßgeblich an der Vertreibung des Herzogs Ulrich von Württemberg 1519 und an der Übergabe des Landes Württemberg an König Karl V. 1520 beteiligt, ebenso 1524 bei Abwehrmaßnahmen gegen Herzog Ulrich, der seine Rückkehr betrieb.[295] Wilhelm Güß und Walter von Hürnheim als Bundeshauptleute bestraften 1521 einen Esslinger Bürger mit Gefängnis, weil er Wilhelms verwitwete Schwester Maya „mit Drohbriefen, die einer Fehde gleichen, schimpflich begegnet" war.[296]

---

[291] Crusius (wie Anm. 3) p. 387

[292] Placidus Braun: Gesch. der Bischöfe von Augsburg Bd. III S. 109

[293] Gerhart Nebinger und Norbert Schuster: Das Burgauer Feuerstattguldenregister. In: Das Obere Schwaben Folge 7, 1963, S. 106

[294] Martin Crusius: Schwäb. Chronick II S. 126; Magenau (wie Anm. 1) S. 87; Carl Stengel: Der Reichs Statt Augspurg in Schwaben kurtze Kirchen Chronick, 1620, S. 35f. ; Crusius (wie Anm. 3) p. 388; HStAMü — Kloster Holz PU 226

[295] Crusius (wie Anm. 3) p. 388; Georg Urban Zacher: Chronik der Herrschaft Schwabeck, 1846, S. 276f. ; Georg Rückert: Lauinger Urkunden aus der Zeit nach 1500. In: Jahrbuch des histor. Vereins Dillingen 19 (1906) S. 24f. Nr. 665; Boeheimb (wie Anm. 290) S. 14f. ; Klaus von Andrian-Werburg: Die Urkunden des Schloßarchivs Kronburg. Schwäb. Forschungsgemeinschaft, 1962, S. 46 Nr. 99; StAL — B 208 Reichsstadt Ulm Nr. 642 u. 643; Steinhofer (wie Anm. 241) Tl. IV S. 529 u. S. 715ff. ; K. Klüpfel: Urkunden zur Geschichte des Schwäb. Bundes, Tl. II S. 280

[296] Rink: Familiengeschichte Rechberg III S. 353 (freundl. Mitteilung von Kreisarchivar W. Ziegler, Göppingen)

Wilhelm Güß starb 1531 und wurde im Kloster Elchingen bestattet, dessen Vogt er war. Sein Epitaph aus rotem Marmor ist erhalten. Er hinterließ zwei Töchter. Die eine, Margarete, vermählte sich mit Ulrich Burggraf von Burtenbach. Sie erbte das Gut Glött, verkaufte es aber mit ihrem Gemahl 1537 an Anton Fugger.[297] Die zweite Tochter, deren Namen wir nicht erfahren, verheiratete sich mit Johann Ludwig von Gaisberg.[298]

Wilhelms Bruder Sigmund wurde Geistlicher. Er erlangte 1498 eine Domherrenpfründe in Augsburg, die ihm sein Vetter Joachim von Ellerbach resigniert hatte, wurde 1499 als Domherr vereidigt und starb 1534.[299]

b) Die Nachkommen des Sigmund Güß und der Maya Speth:

Sigmund hinterließ einen Sohn Hans, der erstmals 1484 auf dem Turnier in Stuttgart erscheint als Hans Güß „von Sachsenheim".[300] Vermutlich wirkte er dort als württembergischer Vogt, denn auch später treffen wir ihn in württembergischen Diensten. Die Verwaltung des Gutes Brenz lag vorerst in der Hand seiner Mutter Maya. Deshalb werden Mutter und Sohn öfters gemeinsam genannt, so 1488 als Mitglieder des Schwäbischen Bundes.[301]

Schon 1487 stritten sie sich mit der Gemeinde Sontheim an der Brenz wegen des Wasserflusses, Wörds und Wiesenplatzes bei der Weihermühle. 1494 lagen sie mit Kloster Obermedlingen in Streit wegen der Mühle zu Bechenheim (Bächingen) und wegen des Fischwassers in der Brenz.[302] Noch im Jahre 1500 nahm die Mutter Maya die Interessen der Herrschaft Brenz wahr. Ihr Todesjahr ist nicht bekannt.

Hans hatte seit 1493 die montfort'schen Lehen inne, nämlich „den gemuroten Stock zu Brenntz im Schloß, darauff daß Huß gegen Bergenwyler wert gebuwen ist, glich halb" (zur Hälfte), ferner die Hälfte von Hoch- und Niedergerichtsbarkeit und Ortsherrschaft (Zwing und Bann) sowie die Mühlstätten der Spindelmühle und Aumühle.[303] 1506 übte Hans Güß sein Präsentationsrecht auf die erledigte Michaelskaplanei in der Brenzer Pfarrkirche aus.[304]

Hans Güß wollte seine Einkünfte verbessern und griff daher die Idee seines Großvaters Gerwig VI. wieder auf, in Brenz eine Zollstätte einzurichten. Er wandte sich 1510 an Kaiser Maximilian mit der Bitte, ihm Zoll und Weggeld zu bewilligen, damit Brücke, Weg und Steg zu Brenz besser unterhalten werden könnten, und ihm auch den Blutbann zu bewilligen. Doch der Rat von Ulm vertrat die Interessen seiner Bürger zu Langenau, denen Zoll und Weggeld

---

[297] Magenau (wie Anm. 1) S. 89; Peter Reindl: Loy Hering S. 466; Steichele-Schröder (wie Anm. 147) S. 627f.
[298] Gabriel Bucelin: Germania IV S. 384 (Ahnentafel v. Holtz)
[299] Gaiser (wie Anm. 278) S. 110; Magenau (wie Anm. 1) S. 88; Radlkofer (wie Anm. 2) S. 72 Anm. 111
[300] Wie Anm. 291
[301] Datt, De pace publica, S. 313 (freundl. Mitteilung von H. Gaiser, Neu-Ulm)
[302] HStAL — Rep. A 353 Heidenheim S. 59; Württ. Regesten Nr. 7655 u. 7658
[303] Württ. Regesten Nr. 7654
[304] HStAStgt — A 433 Brenz Nr. 18

„unerleidlich" schien, und hintertrieb die Absicht des Güssen. Lediglich der Blutbann wurde ihm bewilligt und auch von Kaiser Karl V. 1532 bestätigt.[305]

Seit 1507 war Hans Güß wieder in württembergischen Diensten, und zwar zunächst für fünf Jahre, doch wurde der Dienstvertrag verlängert, denn in den Jahren 1514 bis 1516 versah er das Amt des Burgvogts auf dem Hohenstaufen.[306]

Im Jahre 1520 begegnet Hans Güß mit seiner Gemahlin Anna von Werdenstein. Sie verkauften gemeinsam einen Hof in Brenz an Erhart Vöhlin zu Frickenhausen. Eustach von Westernach wirkte als Vogt der Frau Anna mit, welcher der Hof offenbar als Wittum verschrieben war.[307]

Die Herrschaft Brenz geriet in den Strudel des Bauernkriegs. Am 24. März 1525 rückten die Bauern, hauptsächlich wohl die von Leipheim und Langenau, aber auch aus dem Ries, in Stärke von vier Fähnlein in Brenz ein und nötigten die güssischen Untertanen, sich anzuschließen. Die Schlacht bei Leipheim am 4. April setzte dem Aufruhr in der Gegend ein rasches und schreckliches Ende. Ob Brenzer Bauern daran teilgenommen haben und etwa dabei umgekommen sind, ist nicht bekannt. Doch wurden 45 namentlich genannte Brenzer von ihrem Herrn, Hans Güß, im Februar 1526 mit Geldstrafen gebüßt und daraufhin wieder in Gnaden angenommen.[308] Hans Güß aber wurde im selben Jahr auf Klage eines Augsburger Goldschmieds vom Hofgericht zu Rottweil in die Acht erklärt, ohne daß wir die näheren Umstände erfahren.[309] Im Jahr 1531 schloß Hans Güß einen Vertrag mit den Untertanen Bernhards von Westernach zu Bächingen wegen des Mühlbachs. Im selben Jahr schlichtete eine Schiedskommission, die in Giengen zusammentrat, einen alten Streit der Güssen mit der Stadt Ulm, damals Pfandinhaber der Herrschaft Heidenheim, wegen der Obrigkeit zwischen den Flecken Sontheim und Brenz.[310] Hans Güß zog sich darauf von der Verwaltung des Gutes Brenz zurück. Schon am 6. Dezember schworen „die armen Leut zu Brentz" dem Sohn Wilhelm Güß. Dies geschah im Beisein von Eitel Sigmund von Berg, dem ulmischen Pfleger zu Heidenheim, und Bernhard von Westernach zu Bächingen.[311] Im folgenden Jahr sagte Hans Güß dem Grafen Wolfgang von Montfort seine Lehen auf und bat, sie seinem Sohn Wilhelm zu übertragen, was im Januar 1534 geschah.[312] Hans Güß tritt nur noch selten in Erscheinung, so 1541 als Siegler für den Sohn Wilhelm beim Verkauf von Äckern im unteren Feld an Kloster Obermedlingen. In den Jahren 1545 bis 1548 war er wieder württembergischer Diener. Während des Schmalkaldischen Krieges, als im Herbst 1546 das Heer Kaiser Karls V. mehrere Wochen lang im unteren Brenztal bei Brenz, Sontheim

---

[305] Stadtarchiv Ulm — A Reichsstadt Nr. 2841; HStAStgt — A 433 Brenz Bschl. 1
[306] Pfeilsticker (wie Anm. 283) § 1537; Hans-Martin Maurer: Der Hohenstaufen S. 92 f.
[307] HStAStgt — A 433 Brenz Nr. 5
[308] HStAStgt — A 433 Brenz Nr. 28
[309] Rückert (wie Anm. 295) S. 36 Nr. 715
[310] HStAStgt — A 433 Brenz Nr. 9 u. 10
[311] Freundl. Mitteilung von Dr. A. Fetzer, Heidenheim
[312] HStAStgt — A 433 Brenz Nr. 23 u. 24

und Niederstotzingen lagerte, stand er somit auf seiten der Gegner des Kaisers, was sich für Brenz und seine Bewohner wohl kaum günstig ausgewirkt haben dürfte. Nicht verbürgt ist, daß sich der Kaiser in den kalten Oktobernächten am Kamin im Brenzer Schloß gewärmt oder gar dort Quartier genommen habe. Dagegen entgingen der Kaiser und sein Feldherr Alba bei einem Erkundungsritt am 13. Oktober zwischen Brenz und Hermaringen mit knapper Not der Gefangenschaft.[313]

Hans Güß starb (nach Bucelin) im Jahr 1549, seine Gemahlin Anna von Werdenstein im folgenden Jahr 1550.[314]

Leonhard Gys, der von 1512 bis 1538 als Komtur der Johanniter in Rottweil bezeugt ist, könnte ein Bruder des Hans Güß gewesen sein.[315]

Aus der Ehe des Hans Güß mit Anna von Werdenstein waren sechs Söhne und sieben Töchter hervorgegangen, von denen freilich Friedrich und Hans Georg sowie Katharina und Walpurgis in jungen Jahren starben; Barbara und Ursula wurden (nach Bucelin) Klosterfrauen in Gutenzell. Die Tochter Anna hatte sich vor 1518 mit Jakob II. Schenk von Stauffenberg vermählt. Nach dessen Tod 1529/31 schloß sie vor 1534/36 eine zweite Ehe mit Hans Christoph von Züllenhart († um 1558).[316]

Margarete war Gemahlin Jakobs von Werdnau zu Waltenhausen, Maya aber mit Otto von Gemmingen zu Liebenfels vermählt. Beide verzichteten 1530 ihrem Vater und ihren Brüdern Georg und Wilhelm gegenüber auf ihr väterliches und mütterliches Erbe.[317] Margarete verkaufte als Witwe 1541 die Orte Waltenhausen und Hairenbuch an Anton Fugger zu Babenhausen.[318] Nach Bucelin ging sie eine zweite Ehe ein mit Rumpold von Elrichshausen. Ihr Todesjahr ist nicht bekannt. Maya starb 1572, nachdem sie ihren Gemahl Otto von Gemmingen schon 1558 verloren hatte.[319]

Auch zwei Söhne des Hans Güß waren geistlich, nämlich Sigmund als Mönch in Kempten und Hans Diepold als Johanniter-Ritter. Er war Komtur der Häuser Tobel und Feldkirch. Auf einem Türkenzug geriet er im Juni 1531 in Gefangenschaft, kam aber dank eines Gelübdes zu Unserer Lieben Frau zu Einsiedeln wieder frei. Er starb auf der Rückkehr von einem zweiten Türkenzug 1542 in Nürnberg.[320]

---

[313] Magenau (wie Anm. 1) S. 29 f. ; Karl v. Martens: Gesch. der im Königreiche Württemberg vorgefallenen kriegerischen Ereignisse, 1847, S. 258 f. ; Brenz und seine Umgebung, 2. Bearb. 1973, S. 11

[314] HStAMü — Kloster Obermedlingen Nr. 125; Pfeilsticker (wie Anm. 283) § 1537; Bucelin (wie Anm. 110)

[315] Beschreibung des Oberamts Rottweil S. 285

[316] Gerd Wunder: Die Schenken von Stauffenberg. Schriften zur südwestdeutschen Landeskunde 11, 1972, S. 102 f. u. S. 109

[317] HStAStgt — A 433 Brenz Nr. 6

[318] Bavaria Bd. II/2 S. 1093 f.

[319] Damian Hartard von und zu Hattstein: Die Hoheit des Teutschen Reichs-Adels Tom. 3, Anhang S. 124

Der Sohn Georg Güß begegnet auf dem Augsburger Reichstag 1530 im Gefolge des Herzogs Ottheinrich und des Pfalzgrafen Philipp. Er war mit Magdalena von Waldstein vermählt, der Schwester des Eglolf von Waldstein zu Bauschlott. Nach Magdalenas Tod am 2. Februar 1540 verheiratete sich Georg erneut mit Anna von Stadion (Bucelin). Georg stand in bischöflich-augsburgischen Diensten; er bekleidete das Amt eines Hofmarschalls und war 1558 Pfleger zu Oberschönegg bei Babenhausen. Später trat er in den Dienst des Grafen Heinrich von Fürstenberg als Pfleger von Wartenberg (1561) und starb 1567.[321] Beim König von Frankreich hatte er ein Guthaben von 6000 Gulden, das seine Erben nach langen Bemühungen durch Vermittlung der Eidgenossen ausbezahlt erhielten.[322]

Wir fügen hier gleich an, was sich über Georgs Nachkommen ermitteln läßt. Aus erster Ehe mit Magdalena von Waldstein hatte Georg Güß einen Sohn Georg Christoph und eine Tochter Katharina. Georg Christoph war vermählt mit Agathe von Westernach, deren Bruder Eitelhans ihr 1556 bei der Übernahme des Gutes Bächingen die Auszahlung von 3000 Gulden als väterliches und mütterliches Erbe versprach[323]. Georg Christoph versah gleichfalls das Amt eines bischöflichen Pflegers zu Oberschönegg und war seit 1570 Vormund der ledigen Apollonia von Ellerbach. Er starb schon 1577; Nachkommen sind nicht bekannt.[324] Seine Schwester Katharina schloß am 1. Dezember 1558 den Ehekontrakt mit Hans Kaspar Renner von Allmendingen und ging nach dessen Tod (um 1561) eine zweite Ehe ein mit Bernhard von Liebenstein († 1583).[325]

Aus der zweiten Ehe des Georg Güß stammten eine Tochter Magdalena, vermählt mit Hans Wilhelm von Roppach (1565–1605), ferner ein Sohn Christoph Otto, der 1565 als Augsburger Domherr vereidigt wurde, aber schon 1573 starb,[326] sowie der Sohn Friedrich. Dieser übernahm nach dem Tode seines Bruders Georg Christoph 1577 die Vormundschaft für Apollonia von Ellerbach. Gemeinsam mit seinem Vetter Hans Georg Güß verkaufte er 1581 an die Stadt Ulm die Güssenpfründe in der Pfarrkirche zu Leipheim samt zugehörigen Gütern. Er war bischöflich-augsburgischer Kämmerer. Im Jahr 1591 verheiratete er sich mit Dorothea von Westerstetten (zu Dunstelkingen und Katzenstein), der Witwe des Schenken Wilhelm von Stauffenberg († 1587).[327] Im Auftrag seines

[320] Nekrolog Ottobeuren, MG Necrologia S. 114; Bucelin (wie Anm. 110); Henggeler: Einsiedeler Mirakelbücher I S. 118; Radlkofer (wie Anm. 2) S. 72

[321] Magenau (wie Anm. 1) S. 89; J. Kindler von Knobloch: Oberbad. Geschlechterbuch I S. 486

[322] v. Hornstein (wie Anm. 282) S. 224

[323] Klaus v. Andrian-Werburg: Kronburg, 1969, S. 57; Bucelin (wie Anm. 110)

[324] Gaiser (wie Anm. 278) S. 112; Pius Wittmann: Zwei Mortuarien des Hochstifts Augsburg. In: Jahrbuch des histor. Vereins Dillingen 12 (1899) S. 130

[325] Kindler von Knobloch (wie Anm. 321) S. 486; briefl. Mitteilung von W. v. Koenig-Warthausen am 26. 11. 1972

[326] Crusius (wie Anm. 3) p. 392; Magenau (wie Anm. 1) S. 89; Radlkofer (wie Anm. 2) S. 73

[327] Siehe Anm. 324; Radlkofer (wie Anm. 2) S. 70; Wunder (wie Anm. 316) S. 167, vgl. S. 469

Bischofs Johann Otto von Gemmingen leistete er 1594 in Kösingen Patenschaft für seinen jüngeren Vetter Hans Wilhelm Güß.[328]

Friedrich Güß wurde 1609 ermordet von Dr. Johann Aulber.[329] Sein einziger Sohn Hans Otto verlor 1616 etwa 24jährig sein Leben als Hauptmann im spanischen Krieg. Mit ihm erlosch der Zweig des Georg Güß.[330]

Von den Söhnen des Hans Güß pflanzte Wilhelm die Brenzer Linie fort. Er ist uns im Erbverzicht seiner Schwestern 1530 zuerst begegnet. Die Brenzer Untertanen hatten ihm am 6. Dezember 1532 gehuldigt, und Graf Wilhelm von Monfort hatte ihm im Januar 1534 die Lehen bestätigt.[331] Er war wohl bereits um diese Zeit vermählt mit Agnes Schad von Mittelbiberach. Gemeinsam mit seiner Gemahlin Agnes verkaufte er 1541 dem Kloster Obermedlingen Äcker im unteren Feld gegen Medlingen.[332] 1545 einigte er sich mit dem Ortsherren von Bächingen, Bernhard von Westernach, wegen ihrer Fischereigerechtigkeit in der Brenz und 1555 traf er eine Übereinkunft mit Magdalena vom Stein, der Witwe Puppelins vom Stein, wegen der Weiderechte der Bauern von Brenz und Bergenweiler.[333] Wiederholt hatte Wilhelm in Jagd- und Forstangelegenheiten mit der Stadt Ulm als Inhaberin der Forsthoheit zu tun. So schloß er 1536 einen Vertrag wegen des Forsthabers aus seinen Hölzern und Gütern.[334] Sein Schwager Hans Philipp Schad setzte sich 1553 beim Rat der Stadt dafür ein, daß er den güssischen Jagdbesitz, der hier näher beschrieben wird, erweitere, hatte jedoch keinen Erfolg.[335] Als man aber im November 1555 im Schloß zu Brenz die Hochzeit von Wilhelms Tochter Veronica mit Hans Sebastian Schertlin von Burtenbach feierte, erwies sich der Rat, der dem Brenzer Ortsherren sonst nur das kleine Waidwerk zugestand, großzügig und erlaubte, „ein frisches Wildbret gehn Brentz zu erschießen".[336]

Wilhelm Güß ist 1556 zum letzten Mal bezeugt; er stimmte zu, als der ulmische Vogt und die Bürgermeister von Leipheim ihren Zehntanteil im Wald zu Remshart verkauften.[337] Schon im folgenden Jahr 1557 starb er, während ihn seine Gemahlin Agnes um 30 Jahre überlebte († 1587).[338]

Aus der Ehe waren drei Söhne und vier Töchter hervorgegangen. Mit diesen

[328] Paulus Weißenberger: Bilder aus der kirchlichen Vergangenheit des Pfarrdorfs Kösingen/Härtsfeld. In: Jahrbuch des Vereins für Augsburger Bistumsgeschichte e. V. 4 (1970) S. 616

[329] Pfeilsticker (wie Anm. 283) §1302

[330] Wunder (wie Anm. 316) S. 167

[331] Siehe Anm. 311 u. 312

[332] HStAMü — Kloster Obermedlingen PU 125

[333] HStAStgt — A 433 Brenz Nr. 16 u. 17

[334] HStAStgt — A 433 Brenz Nr. 11

[335] Stadtarchiv Ulm — A Reichsstadt 2841; die Grenzbeschreibung lautet: „von Niederstotzingen den rechten weg uf Burckhberg, von dannen herab in die Hurbin, biß an die Ravenspurg, in die Brentz, volgends von der Brentz herab biß gehn Sontheim, von dannen wider gehn Stotzingen. "

[336] Ottmar F. H. Schönhuth: Leben und Thaten des Herrn Sebastian Schertlin von Burtenbach, 1858, S. 107f. ; wie Anm. 335

[337] Schnurrer (wie Anm. 76) S. 30 Nr. 127

[338] Crusius (wie Anm. 3) p. 393; Kunst- und Altertums-Denkmale (wie Anm. 269) S. 104

wollen wir uns zunächst befassen. Die Heirat der Tochter Veronica mit Hans Sebastian Schertlin, dem Sohn des bekannten Söldnerführers, im Jahre 1555 wurde schon erwähnt. Veronica überlebte ihren Gemahl, der 1596 starb. Katharina, mit Hans von Buchholz vermählt, verzichtete 1573 auf ihr väterliches und mütterliches Erbe. Sie starb 1579 im Schloß zu Hohentrüdingen und wurde in der ehemaligen Klosterkirche in Heidenheim am Hahnenkamm beigesetzt. Ihr Gemahl überlebte sie um 21 Jahre († 1600).[339] Maya verheiratete sich mit Hans Jakob Guth von Sulz, dem wir sehr wertvolle Nachrichten zur Genealogie der Güssen verdanken. Er war württembergischer Oberrat und Kammermeister (1576–1616). Mayas Todesjahr ist nicht bekannt. Ihr Gemahl ging eine zweite Ehe mit Ursula Fetzer von Oggenhausen ein, die als Witwe noch 1627 ein Leibgeding bezog.[340]

Die Tochter Anna Maria war mit Philipp von Wittstatt genannt Hagenbach vermählt. Für dieses Paar ließ die Witwe Agnes Güß um 1580 eine ehemalige Selde in Brenz zu einem standesgemäßen Wohnsitz umbauen; es ist das sogenannte „neue Schlößle", heute Gasthaus „zum Hirsch". Philipp von Wittstatt starb 1591 im 75.Lebensjahr und wurde in der katholischen Pfarrkirche in Niederstotzingen begraben, wo sich noch sein Epitaph befindet.[341]

Von den Söhnen des Wilhelm Güß erlangte Hans Diepold 1547 durch Vermittlung des päpstlichen Nuntius eine Konstanzer Dompfründe, in die er im folgenden Jahr eingewiesen wurde. Er studierte 1550 in Ingolstadt, 1554 in Padua und starb nach 1555 in Italien, wo er auch beerdigt wurde[342]. Die Brüder Hans Wilhelm und Hans Georg blieben weltlichen Standes. Im Beisein Hans Wilhelms erneuerte man 1567 das Hochgericht in Brenz mit Stock und Pranger[343]. Die Mutter Agnes übergab am 10. Mai 1574 den Söhnen Hans Wilhelm und Hans Georg ihr väterliches Erbteil an Schloß und Gut Brenz. Da das Schloß nicht für beide Wohnung bot, überließ Hans Georg, der ledig war, seinen Teil auf gütlichem Wege dem Bruder. Beide schlossen im folgenden Jahr einen Vertrag mit dem Bischof von Augsburg wegen der Obrigkeit auf dem der Pfarrei gehörigen Widumhof in Brenz, die die Beständer den Güssen bestreiten wollten.[344]

Hans Wilhelm war vermählt mit Regina von Wiesenthau (bei Forchheim). Er starb 1579, wogegen ihn seine Gemahlin um vier Jahre überlebte. Beider Epitaph befindet sich in der Galluskirche in Brenz. Es zeigt auch die Nachkommenschaft der beiden, nämlich vier Knaben und drei Mädchen. Diese sind meist jung

---

[339] HStAStgt — A 433 Brenz Nr. 7; Grabplatte in der ehemaligen Klosterkirche Heidenheim am Hahnenkamm, rechts vom Chor
[340] Pfeilsticker (wie Anm. 283) § 1194/95 u. § 1652
[341] Salbuch von 1563 mit Nachtrag (freundl. Mitteilung von Dr. A. Fetzer Heidenheim); Hattstein (wie Anm. 319) Tom. 2 S. 373; Die Kunstdenkmäler des ehemal. Oberamts Ulm, 1978, S. 499, Abb. 434 S. 497
[342] Knod (wie Anm. 64) Nr. 1263
[343] HStAStgt — A 433 Brenz Bschl. 9
[344] HStAStgt — A 433 Brenz Nr. 8 u. Rep. A 433

gestorben, so daß 1581 nur noch Anna Maria und Hans Konrad als Erben übrig waren.[345]

Hans Georg übernahm nach dem Tode seines Bruders die Verwaltung des Gutes Brenz zugleich im Namen seines erst vierjährigen Neffen Hans Konrad. Er stand vor keiner leichten Aufgabe. Das Gut war mit 17000 Gulden belastet. Dazu sollten 37000 Gulden den Miterben ausbezahlt werden. Diese Situation zwang dazu, die güssische Stiftung und Pfründe in der Pfarrkirche Leipheim mit den zugehörigen Gütern 1581 zu verkaufen, wofür freilich nur 6000 Gulden gelöst wurden.[346]

Dazu kamen 1586 widerwärtige Streitigkeiten mit Pfalz-Neuburg bzw. deren Landvogt zu Höchstädt wegen der hohen Obrigkeit der Güssen in Brenz, die Pfalz-Neuburg nicht anerkennen wollte. Es ging um den Körper eines Entleibten, den die pfälzischen Amtleute ausgegraben und in ihr Gebiet geführt hatten, aber auf kaiserliches Mandat schließlich herausgeben mußten.[347]

Hans Georg reversierte 1588 dem Grafen Georg von Monfort wegen der Lehen in Brenz. Der Graf trug sich damals mit dem Gedanken, die Lehen zu verkaufen und forderte Hans Georg zum Kaufe auf, da sonst Pfalz-Neuburg zugreifen würde.[348] Doch dürften dem Güssen die erforderlichen Mittel gefehlt haben. Er mußte nämlich für die Kosten eines Prozesses aufkommen, den seine Mutter Agnes zweiundzwanzig Jahre lang gegen die Stadt Ulm beim Reichskammergericht geführt hatte. Anlaß war, daß Agnes im ulmischen Forst etliche Jauchert Holz hatte ausstocken und zu Äckern herrichten lassen, ohne den Forstherren zu fragen.

Um den Güssen zur Zahlung zu zwingen, fiel im Auftrag des Kaisers der Landvogt von Günzburg, Dietrich von Horben, im Oktober 1597 in Brenz ein, nahm das Schloß mit Gewalt und wollte den Güssen verhaften, der jedoch entkommen konnte. Die Untertanen mußten dem Kaiser schwören. Als Georg Güß sich wieder einfand, wurde er in Günzburg bei einem Wirt „verstrickt", d.h. in Haft gehalten.[349]

Pfalz-Neuburg war nun der Meinung, das Vorgehen des Landvogts beeinträchtige ihre landgerichtliche Obrigkeit. Sie hatte erwartet, daß ihr die kaiserliche Kommission übertragen würde und sich Hoffnungen auf Brenz gemacht. So rückten eines Abends auch pfalz-neuburgische Truppen an, um das Brenzer Schloß einzunehmen. Die Kaiserlichen boten die Untertanen mit der Wehr auf und richteten sich im Schloß zur Verteidigung ein. Drei Tage und Nächte lagen sich beide Parteien kampfbereit gegenüber. Auch in der Herrschaft Heidenheim wurden alle Dörfer aufgemahnt, sich mit der Wehr bereitzuhalten, falls Pfalz-Neuburg Gewalt gebrauche.

---

[345] Kunst- und Altertums-Denkmale (wie Anm. 269) S. 104; HStAStgt — A 433 Brenz zu Nr. 8

[346] Dr. A. Fetzer, Heidenheim: Manuskript der Ortsgeschichten Brenz und Sontheim a. d. Brenz

[347] HStAStgt — A 433 Brenz, Repert.

[348] HStAStgt — A 433 Brenz Nr. 27 u. Repert.

Nun griff der Kaiser ein, und aufgrund seines Schutzbriefs kam Hans Georg Güß im August 1598 aus der „Verstrickung" frei. Jeder Monat Haft hatte ihn etwa 100 Gulden gekostet, und dazu mußte er die Kosten für die kaiserliche Exekution gegen Brenz bezahlen. Obendrein wurde ihm noch 108 Gulden Buße auferlegt, weil er das Hofgericht in Rottweil „zum höchsten iniuriert" (beleidigt) hatte.[350] Wegen all dem war er gezwungen, rund 15600 Gulden bei Pfalz-Neuburg aufzunehmen.

Mittlerweile war der Sohn Hans Wilhelms, der 1574 geborene Hans Konrad Güß, großjährig geworden. Er hatte sich etwa 18jährig mit Anna Maria Schertlin von Binswangen vermählt. Im Juni 1594 wurde ihnen in Kösingen ein Sohn Hans Wilhelm geboren.[351] Im Jahre 1595 erwarb Hans Konrad von David von Jagstheim Schloß und Gut Utzmemmingen, ein öttingisches Lehen, um 13000 Gulden, verkaufte es aber vor 1603 weiter an Hans Ludwig Schertlin von Binswangen, seinen Schwager (?).[352] Im Jahr 1603 lieh er Bernhard Schenk von Stauffenberg zu Amerdingen 1500 Gulden. Um dieselbe Zeit verlor er seine Gemahlin Anna Maria. Als auch Bernhard Schenk im Dezember 1610 verstarb, ging Hans Konrad mit dessen Witwe Anna Regina von Leonrod 1611 eine zweite Ehe ein.[353]

Seit seiner Großjährigkeit machte Hans Konrad Ansprüche auf das Gut Brenz geltend, klagte 1601 gegen seinen Vaterbruder Hans Georg beim Kaiser und suchte auch bei Pfalz-Neuburg Unterstützung. Er lieh dort 13000 Gulden und verschrieb dafür das Gut Brenz. Er brachte zuwege, daß Pfalz-Neuburg 1603 „armatu manu" in Brenz einfiel und Hans Georg Getreide wegnahm, das ihm für seinen Unterhalt und als Ersatz für die Prozeßkosten zugestellt wurde. Im September 1605 erging schließlich der kaiserliche Richterspruch, daß Hans Georg das Gut Brenz abzutreten habe. Eine Kommission, die in Lauingen tagte, regelte die Übergabe, und am 5. November 1606 huldigten die Brenzer dem neuen Herren. Hans Georg erhielt 18000 Gulden Abfindung und zog nach Offingen, wo er 1625 starb.[354]

Wie versprochen, trug Hans Konrad 1608 das Gut Brenz Pfalz-Neuburg zu Lehen auf. Er wurde pfälzischer Rat und war von 1609 bis 1615 Pfleger in Gundelfingen.[355]

Während des Prozesses hatte der frühere Kastner zu Heidenheim, Georg Regel, den Herzog von Württemberg auf Brenz aufmerksam gemacht. Er schilderte Brenz als ein Gut „dergleichen Euer fürstliche Gnaden keines in der Herrschaft

---

[349] A. Fetzer (wie Anm. 346)
[350] Gg. Grube: Die Verfassung des Rottweiler Hofgerichts, 1969, S. 198
[351] Wie Anm. 328
[352] Beschreibung des Oberamts Neresheim S. 444
[353] Wunder (wie Anm. 316) S. 162f.
[354] A. Fetzer (wie Anm. 346); Magenau (wie Anm. 1) S. 49f.
[355] Georg Rückert: Gundelfingen a. D. In: Jahrbuch des histor. Vereins Dillingen 34 (1921) S. 74 Anm.
31

Heidenheim haben; hat eine wolerpaute lustige und weytte adenliche Behausung, darinnen ein Graf zu wohnen sich nit schömen dörfe". Indem so Württembergs Interesse geweckt war, gelang es Hans Konrad Güß, bei Württemberg bis zum Jahre 1607 75 000 Gulden aufzunehmen, wofür er Brenz zum zweitenmal verschrieb. Doch wuchs seine Schuld noch weiter an.[356]

Im Februar 1609 schlossen Pfalz-Neuburg und Württemberg als Hauptgläubiger einen Vertrag wegen Brenz. Hans Konrads Schuld an Württemberg wurde auf 75 000 Gulden ermäßigt. Davon sollte er 30 000 Gulden innerhalb 8 Monaten abtragen, andernfalls Brenz sofort an Württemberg falle. Der Güß versäumte die Zahlung und wurde deshalb, als er zufällig nach Esslingen kam, im „Goldenen Adler" verstrickt. Dies benützte Pfalz-Neuburg, „occupierte" den Flecken Brenz und legte eine Besatzung ins Schloß, „damit die von Burgau (d. h. die Kaiserlichen) in Güssens Abwesenheit nicht etwa einfallen möchten". Daraufhin einigten sich Württemberg und Pfalz-Neuburg 1610 auf eine gemeinsame Verwaltung des Gutes Brenz. Hans Konrad entließ seine Untertanen des ihm geleisteten Eids.[357] Doch bewährte sich auch diese Regelung nicht. Schließlich wurde am 12. April 1613 in Giengen der Übergabebrief ausgefertigt, aufgrund dessen Brenz um 90 000 Gulden an Württemberg fiel. Freilich beglich Württemberg auch die Forderungen von Pfalz-Neuburg in Höhe von 15 593 Gulden sowie die der übrigen Gläubiger (74 000 Gulden), soweit der rechte Wert des Gutes reichte.[358]

Hans Konrad Güß hatte die auf Brenz geborgten Summen wohl restlos zur Begleichung anderweitiger Verpflichtungen aufgebraucht. Ein Bittbrief vom 11. Dezember 1620 an den Amtmann Funk zu Brenz zeigt ihn und seine Tochter Helena Sophia in den ärmlichsten Verhältnissen.[359] Diese besserten sich kaum, als nach dem Tode Hans Georgs 1625 dessen sicherlich bescheidene Hinterlassenschaft ihm und seiner Schwester Anna Maria zufiel. Diese war mit Wolfgang Christoph Marschall von Pappenheim vermählt und starb 1635.[360]

Hans Konrad lebte seit etwa 1637 bei seinem Schwiegersohn Gisbert du Bois in Herzogenaurach. Wie er 1641 schreibt, hätten er und seine liebe Frau sonst „Hungers und Durst sterben" müssen. Den Tod Hans Konrads zeigte der Sohn Hans Wilhelm dem Herzog Eberhard III. von Württemberg an mit den Worten, „der alleine wayse und gerechte Gott" habe seinen Vater am 1. Dezember 1643 in Herzogenaurach „durch ein sanftes und seliges Sterbestündlein auss dissem zeittlichen Jahmer und Schreckenthal abgefordert".[361]

---

[356] A. Fetzer (wie Anm. 346)

[357] HStAStgt — A 433 Brenz Bschl. 19; A. Fetzer (wie Anm. 346); Christian Friedrich Sattler: Geschichte des Herzogthums Wirtenberg unter der Regierung der Herzogen, 6. Teil S. 69

[358] HStAStgt — A 433 Brenz Nr. 57; Sattler (wie Anm. 357)

[359] Magenau (wie Anm. 1) S. 50f.

[360] Nikolaus Ritterhusen: Genealogia..., 1664, Tfl. 143

[361] Kindler von Knobloch (wie Anm. 321) S. 486; Beschreibung des Oberamts Heidenheim S. 231; HStAStgt — A 433 Brenz Bschl. 36 (nach A. Fetzer, wie Anm. 346)

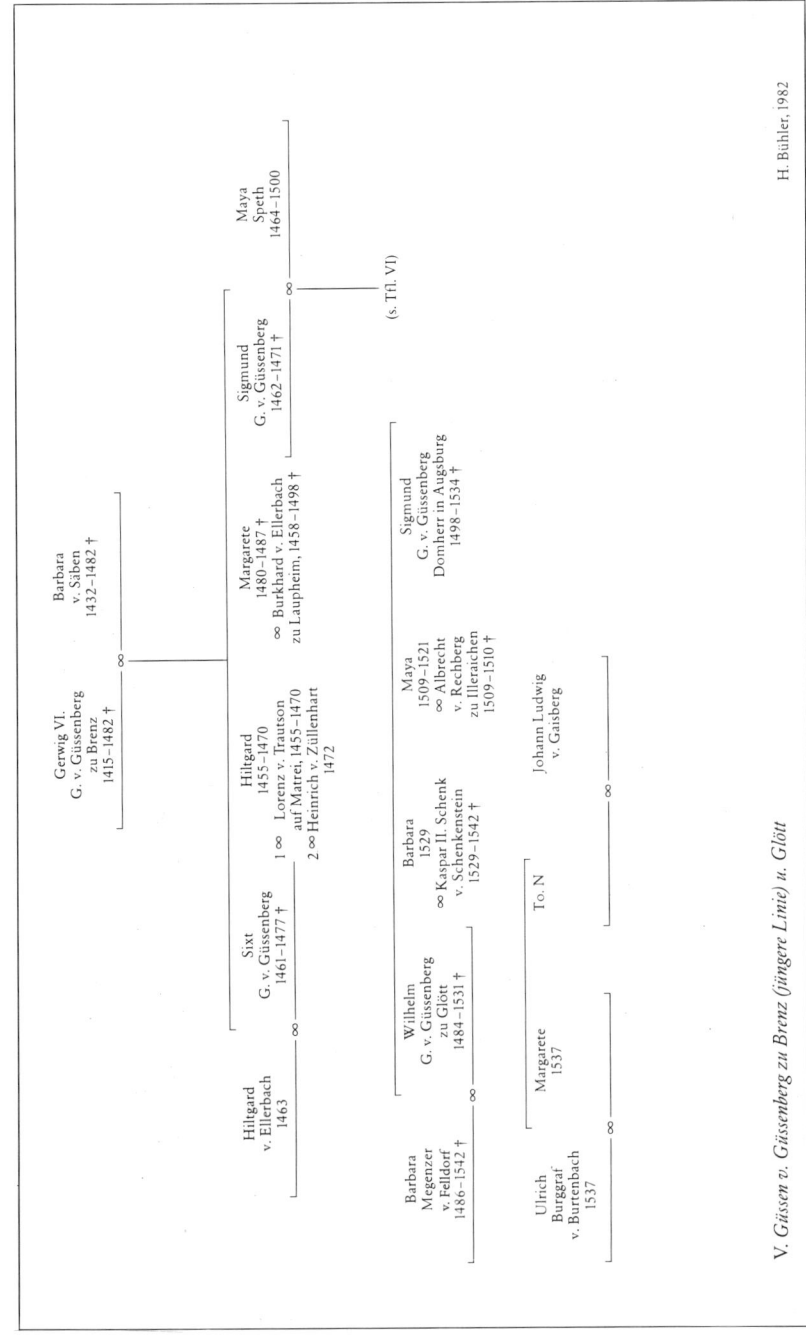

H. Bühler, 1982

V. Güssen v. Güssenberg zu Brenz (jüngere Linie) u. Glött

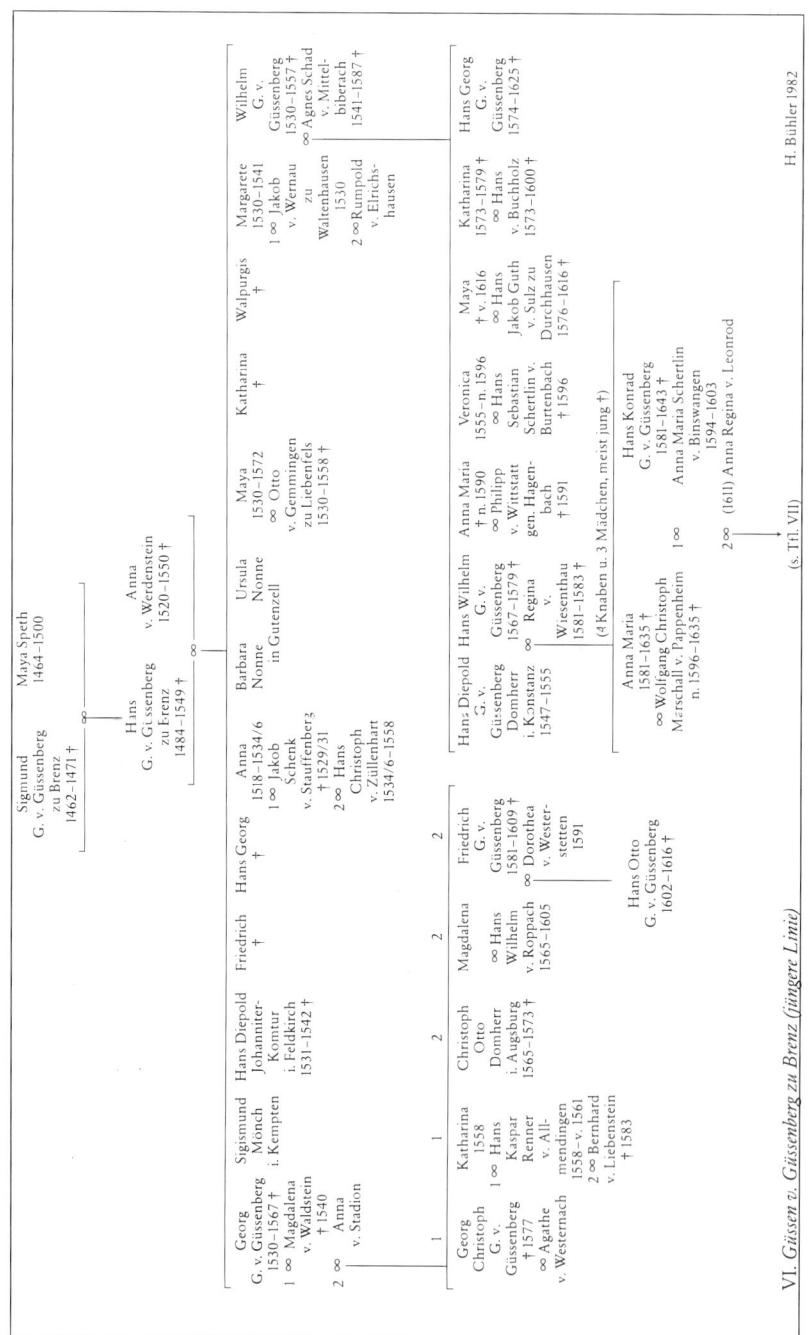

H. Bühler 1982

VI. *Güssen v. Güssenberg zu Brenz (jüngere Linie)*

11) Die letzten Güssen

Als Nachkommen Hans Konrads kennen wir den Sohn Hans Wilhelm aus der ersten Ehe mit Anna Maria Schertlin sowie die Tochter Helena Sophia, die möglicherweise aus der zweiten Ehe mit Regina von Leonrod stammte und sich mit Gisbert du Bois vermählte.

Um Hans Wilhelm scheint sich seine Tante Anna Maria gekümmert zu haben, so daß er in pappenheimischen Diensten sein Auskommen fand. Wir begegnen ihm um 1628 im Range eines Kapitäns als Rat und Hofmeister in Pappenheim.[362] Er vermählte sich mit Katharina Feulner „aus dem Braunschweigischen" und starb vor 1660. Seine Witwe lebte noch um 1700.

Aus einer Erbauseinandersetzung, einer „protension" von Hans Georg Güß (†1625) die 1660 nach Ableben Hans Wilhelms in Stuttgart geregelt wurde, kennen wir die zahlreiche Nachkommenschaft der beiden, nämlich zwei noch minderjährige Kinder, Hans Gottlieb und Anna Susanna, ferner die Söhne Christoph Konrad und Wolf Ernst sowie drei erwachsene Töchter, die mit Christoph Friedrich von Hartlieb, Hans Konrad Adam von Preysing und Hans Philipp Jakob von Preysing, letztere beide auf Lichteneck, verheiratet waren.[363]

Nachkommen Christoph Konrads und Wolf Ernsts sind uns nicht bekannt. Hans Gottlieb aber vermählte sich um 1665 mit Regina Katharina Mendel von Steinfels. Er erhielt in diesem Jahr 600 Gulden „uxurio nomine" vom Gut Hütten in der Oberpfalz. Sein Schwager Joachim Mendel hatte das Gut Hütten inne, richtete es aber nach Meinung Hans Gottliebs zugrunde. Dieser saß damals vermutlich in Nackendorf, wo ihm 1677 sein Sohn Albrecht Friedrich geboren wurde. Er kaufte 1685 das Gut Hütten und starb vor dem 26. Januar 1699.

Seine Schwester Anna Susanna hatte sich mit einem Herrn von Wurmrausch „zu Elmstorff in der Grafschaft Pyrbaum" (Ellmannsdorf Kr. Neumarkt?) verheiratet.[364]

Im Jahre 1700 wurde in Wolfenbüttel ein Erbschaftsprozeß um die Hinterlassenschaft Sebald Feulners, des Bruders der Katharina Feulnerin, geführt. Es war nachzuweisen, wieviele von den Kindern Hans Gottliebs noch lebten. Es waren sechs, nämlich: Susanna Philippina, Ehefrau des Herrn Moller von Heitzenstein; Regina Katharina, vermählt mit Philipp Andreas von Dankrieß; Sophia Louisa Maria Amalia, Gemahlin des Johann Friedrich von Stentz; die ledige Katharina Magdalena sowie die Söhne Hans Heinrich Christoph und Albrecht Friedrich.

Der letztere heiratete 1704 die Maria Elisabetha von Hahnstein. Er war zehn Jahre lang kurpfälzischer Hauptmann des Freydenbergischen Regiments und starb zu Hütten am 7. März 1714.[365]

---

[362] Briefl. Mitteilung von Dr. Reinhard H. Seitz, damals Amberg, vom 29. 7. 75
[363] HStAStgt — A 222 Oberrat Bschl. 388
[364] Wie Anm. 362
[365] Wie Anm. 362

Hans Heinrich Christoph, 1700 Leutnant, nahm Sophie Dorothea Charlotte von Seckendorff zur Frau. Er avancierte zum Major und starb von 1720.[366] Seine Witwe saß bis 1724 zu Hütten. Dann übernahm ihr Sohn Wilhelm Friedrich Christoph das Gut. Er war Hauptmann und Kammerjunker des Markgrafen Karl Wilhelm Friedrich von Brandenburg-Ansbach. Im Jahr 1743 verkaufte er gemeinsam mit seiner Mutter „das Ritter- und Landsassengut Hütten im Landrichteramt Parkstein" an Adam Heinrich von Wenkheim zu Schwanberg. Ob er verheiratet war, ist nicht bekannt.[367]

Mit dem Verkauf von Hütten scheint die Familie Güß den letzten rittermäßigen Sitz aufgegeben zu haben. Genealogische Einzelforschung wird vielleicht klären können, inwieweit bürgerliche Träger des Namens Güß mit unserem Geschlecht verbunden sind. Bezeichnend für den Niedergang des Hauses dürfte ein Eintrag im Kirchenbuch zu Nassach über Haßfurt sein, der vor wenigen Jahren bekannt wurde. Dort wird zum 1. Januar 1767 die Geburt der Tochter Barbara des Heinrich Krentzer vermerkt, eines armen abgedankten kaiserlichen Soldaten, gebürtig aus Brand im Fuldaischen. Die Mutter war Franziska Sophia Elisabetha Christina Friderica geborene Güssin von Güssenberg. Die armen Eltern hatten in Nassach „das Almosen gesucht", d. h. sie waren offenbar ohne ständigen Wohnsitz und lebten von der Mildtätigkeit ihrer Mitmenschen.[368] Wer die Eltern der Franziska Sophia Elisabetha Christina Friderica waren, ist schwer zu entscheiden. Sie könnte eine Tochter Wilhelm Friedrichs sein; wegen des Namens Elisabetha kämen als ihre Großeltern auch Albrecht Friedrich Güß und Maria Elisabetha von Hahnstein in Betracht, doch sind uns von diesen keine Nachkommen bekannt.

---

[366] Hattstein (wie Anm. 319) Tom. 2 S. 339 (Genealogie Seckendorff)
[367] Joh. Heinr. v. Falckenstein: Antiquitates Nordgaviae veteris 3. Tl., 1743, S. 666; Radlkofer (wie Anm. 2) S. 73
[368] Evangel. Kirchenbuch Nassach über Haßfurt. In: Genealogie 24 (1975), H. 3 S. 456.
Das von Reinhard H. Seitz bearbeitete und in Verbindung mit der Schwäbischen Forschungsgemeinschaft in Augsburg 1982 veröffentlichte Inventar des Schloßarchivs Bächingen an der Brenz konnte für vorstehende Arbeit nicht mehr benützt werden.

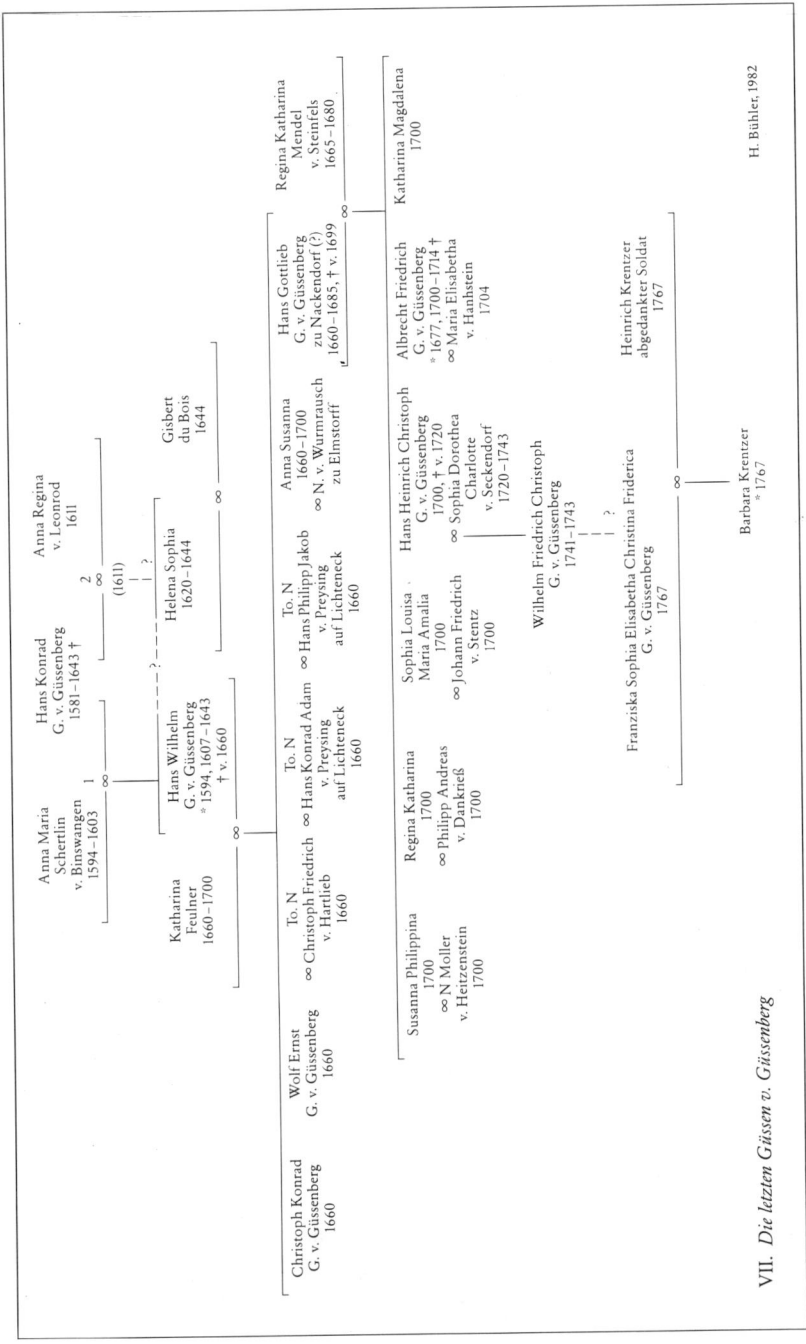

VII. *Die letzten Güssen v. Güssenberg*

H. Bühler, 1982

Abkürzungen:

Bschl.	=	Büschel
HStAMü	=	Hauptstaatsarchiv München
HStAStgt	=	Hauptstaatsarchiv Stuttgart
MG	=	Monumenta Germaniae historica
PU	=	Pergament-Urkunde
StAL	=	Staatsarchiv Ludwigsburg
U	=	Urkunde
UB	=	Urkundenbuch
WUB	=	Wirtembergisches Urkundenbuch

Die Güssen – ein schwäbisches Niederadelsgeschlecht. In: JHVD Jg. 84. 1982, S. 115-185.

„Verwiesen sei auf die Arbeit des Verfassers: Leipheim und die Güssen (abgeschlossen 1982), S. 17-45, in dem von Erich Broy herausgegebenen Band: Leipheim. Heimatbuch einer schwäbischen Stadt an der Donau. Weißenhorn 1991"

Wie gelangten die Grafen von Tübingen zum schwäbischen Pfalzgrafenamt?

Zur Geschichte der Grafen und Pfalzgrafen von Tübingen und verwandter Geschlechter

1. These: Die Tübinger verdanken das Pfalzgrafenamt ihrer Verwandtschaft zu den Staufern

Graf Hugo III. von Tübingen wird in einem Diplom König Konrads III., ausgestellt in Aachen am 6. Januar 1146, erstmals „comes palatinus" genannt[1]. Er und seine Nachkommen bekleideten seitdem das Amt des Pfalzgrafen in Schwaben bis zum Jahr 1268[2]. Die Frage, wie Graf Hugo III. zu der neuen Würde, dem zweithöchsten Amt nach dem Herzog, gekommen sein könnte, ist noch immer ungeklärt[3].

Vorgänger des Tübingers im Pfalzgrafenamt waren die Stifter des Klosters Anhausen an der Brenz, und zwar zuletzt Pfalzgraf Adalbert, bezeugt als Pfalzgraf von 1125 bis 4. September 1143 – er nennt sich 1128 nach seiner Burg Lauterburg bei Essingen –, vor diesem sein Bruder Manegold der Jüngere (1113) und der Vater der beiden, Manegold der Ältere (1070 bis ca. 1095)[4].

Allerdings klafft zwischen der Amtszeit des älteren und des jüngeren Manegold eine Lücke von 18 Jahren. In dieser Zeit bekleidete das Amt ein Angehöriger des staufischen Hauses, nämlich Ludwig, ein Bruder Herzog Friedrichs I. von Schwaben, von ca. 1095 bis zu seinem Tod 1103. Auf ihn war vielleicht sein Sohn Ludwig von Westheim gefolgt, der 1112 starb[5].

---

[1] MG DK III S. 262ff. Nr. 145.

[2] Hansmartin *Decker-Hauff:* Verkauf der Pfalzgrafenwürde? In: Die Pfalzgrafen von Tübingen. Hg. von Hansmartin Decker-Hauff, Franz Quarthal und Wilfried Setzler. 1981. S. 71–77.

[3] Jürgen *Sydow:* Geschichte der Stadt Tübingen I. Teil. 1974. S. 24f. – Hans *Jänichen:* Die Pfalz Bodman und die schwäbische Pfalzgrafschaft im Hochmittelalter. In: Bodman. Dorf, Kaiserpfalz, Adel. Hg. von Herbert Berner. 1977. S. 309–316.

[4] Heinz *Bühler:* Schwäbische Pfalzgrafen, frühe Staufer und ihre Sippengenossen. In: Jahrbuch des historischen Vereins Dillingen 77 (1975) S. 119ff.

[5] Hansmartin *Decker-Hauff:* Das Staufische Haus. In: Die Zeit der Staufer. Katalog der Ausstellung im Württembergischen Landesmuseum. Band III. 1977. S. 347.

Manegold dem Älteren vorausgegangen war ein Pfalzgraf Friedrich (1053), der sich mit dem Vater Friedrichs von Büren und somit mit dem Großvater des Herzogs Friedrich I. und des Pfalzgrafen Ludwig († 1103) identifizieren läßt; er stammte somit gleichfalls aus dem Geschlecht, das sich später nach dem Hohenstaufen benannte⁶.

Das Pfalzgrafenamt hatte also in den letzten 90 Jahren zwischen Angehörigen des staufischen Hauses und der Anhauser Stifterfamilie gewechselt. Nach einem Verzeichnis der Personen, die im Stift Lorch bestattet waren und um 1140 in das Kloster Lorch auf dem Berg umgebettet wurden – Hansmartin *Decker-Hauff* hat es bekannt gemacht⁷ – wäre schon der Vater des Pfalzgrafen Friedrich von 1053 Pfalzgraf in Schwaben gewesen. Seine Amtszeit müßte in die Jahre vor 1027 bis nach 1030 fallen (1030 war sein künftiger Nachfolger noch Riesgraf).

Überblicken wir die Reihe der Pfalzgrafen in dem nunmehr überschaubaren Zeitabschnitt von 120 Jahren, so gehören vier dem Geschlecht der Staufer an, drei waren Angehörige der Anhauser Stifterfamilie. Diese war mit den Staufern verschwägert und vervettert insofern, als Manegold der Ältere offenbar eine Tochter des Pfalzgrafen Friedrich von 1053 namens Adelheid zur Gemahlin hatte⁸. Manegold der Ältere war seinem Schwiegervater im Pfalzgrafenamt gefolgt, da dessen Sohn, Friedrich von Büren, schon vor dem Vater gestorben war. So hatte Adelheid ihrem Gemahl die Anwartschaft auf das Amt verschafft. Die Söhne der beiden, Manegold der Jüngere und Adalbert, waren dann mit den Staufern blutsverwandt. Man gewinnt den Eindruck, daß das Amt nach Geblütsrecht im Verwandtenkreis des Stauferhauses vergeben wurde. Manegold der Ältere in seiner Stellung als Schwiegersohn erscheint fast als Lückenbüßer, da nach dem Tod seines Schwiegervaters Friedrich (um 1069) dessen Enkel Friedrich, der spätere Herzog, erst um die zwanzig Jahre alt war und zudem die Hausgrafschaft im Ries zu verwalten hatte. Manegold der Jüngere, der wahrscheinlich noch 1112 eingesetzt wurde, verdankte seine Einsetzung wahrscheinlich der Tatsache, daß Konrad, der jüngere Bruder des regierenden Herzogs Friedrich II., erst 19 Jahre alt war. Als auf Manegold den Jüngeren vor 1125 sein Bruder Adalbert folgte, war der Staufer Konrad schon mit dem Herzogtum Franken betraut, so daß das Pfalzgrafenamt in Schwaben für ihn nicht mehr in Frage kam, und ein anderer Anwärter aus dem Stauferhaus war nicht vorhanden.

Neben dem Geblütsrecht scheint aber auch ein anderer Gesichtspunkt berücksichtigt worden zu sein, nämlich der, dem Amt, dem vor allem die übergreifende Gerichtsbarkeit innerhalb des Herzogtums Schwaben zukam⁹, eine gewisse Eigen-

---

⁶ *Bühler* (wie Anm. 4) S. 120. – *Decker-Hauff* (wie Anm. 5) S. 343.
⁷ *Decker-Hauff* (wie Anm. 5) S. 343.
⁸ *Bühler* (wie Anm. 4) S. 121 und 143.
⁹ *Decker-Hauff* (wie Anm. 2) S. 76 unter Berufung auf H. Jänichen. – Vergleiche die Gerichtstage der Tübinger Pfalzgrafen in Hochmauren bei Rottweil zwischen 1170 und 1182 bzw. in Schwäbisch Hall 1190 bei *Jänichen* (wie Anm. 3) S. 316.

ständigkeit und Unabhängigkeit vom jeweils regierenden Herzog zu wahren. Dieser Gesichtspunkt wurde wichtig, seit die Staufer selbst das Herzogtum bekleideten, und er wurde anscheinend seit der Regierungszeit König Heinrichs V. stärker beachtet. Dies schloß zum Beispiel aus, daß der Sohn des regierenden Herzogs das Pfalzgrafenamt übernahm oder daß sehr junge Leute damit betraut wurden. Man wählte lieber etwas entferntere Verwandte, die in gesetztem Alter standen, so dem Amt eher gewachsen waren und ihm Ansehen und Würde verliehen.

Wenn nun nach dem Tod des Pfalzgrafen Adalbert (nach 4. September 1143, vor 6. Januar 1146) das Amt vom damaligen staufischen König Konrad III. dem Grafen Hugo III. von Tübingen übertragen wurde, so dürften die eben genannten Gesichtspunkte maßgebend gewesen sein. Sicherlich war Hugo mit den Staufern verwandt, wenn wir auch noch nicht wissen wie; eine sehr nahe Verwandtschaft scheint es nicht gewesen zu sein. Hugo stand in gesetztem Alter; er dürfte um 1097 geboren sein. Daneben werden politische Gründe mitgesprochen haben, nämlich im westlichen Schwaben, im Raum zwischen Alb, Neckar und Schwarzwald, dem Durchgangsland zum Kraichgau und Elsaß wie zur Baar und zum Bodensee, eine verläßliche Stütze des staufischen Königtums zu haben. Auf Grund seiner Verwandtschaft besaß Hugo – neben anderen – eine Anwartschaft auf das Amt; seine Persönlichkeit, seine politische Zuverlässigkeit in Verbindung mit seiner Machtposition empfahlen ihn dem König.

Wie waren Staufer und Tübinger verwandt? Von einer Heiratsverbindung zwischen beiden Häusern ist nichts bekannt. So kann eine Verwandtschaft wohl nur auf dem Umweg über ein anderes Geschlecht bestanden haben. Wir meinen, daß eine derartige Verwandtschaft gegeben war, und zwar in doppelter Weise, nämlich zum einen über die Grafen von Arnstein in Nassau, zum anderen möglicherweise über die Grafen von Zollern.

2. Die Verwandtschaft Tübingen–Arnstein, Arnstein–Staufen im Licht der Quellen

Der Biograph des Grafen Ludwig III. von Arnstein (1135–1185), Gründer des Prämonstratenserklosters Arnstein 1139, berichtet: „Fuit in castro quod Arinstein ab antiquis temporibus nuncupatum adhuc hodie nomen obtinuit comes quidam Lodewicus qui sicut ab avorum suorum longa prosapia clarus, ita probitatis et virtutum extitit titulus gloriosus. Hic septem habebat sorores ... Tertia (soror) Palatini comitis de Thuyngin transiit in amplexus, quam ipsi comiti frater eius apud Sanctum Goarem honorifice presentavit, ipseque cum ducentis ipsam militibus et apparatu plurimo ambiciose recipit."[10] (Auf der Burg, die seit alter Zeit Arnstein

---

[10] Vita Lodewici comitis de Arnstein. In: Joh. Friedrich *Boehmer:* Fontes Rerum Germanicarum 3. Band. 1853. S. 327. – *Widmann:* Die Lebensbeschreibung des Grafen Ludwig III. von Arnstein. In: Annalen des Vereins für Nassauische Altertumskunde und Geschichtsforschung 18 (1883/84) S. 245f.

heißt und diesen Namen bis heute bewahrt hat, lebte ein Graf namens Ludwig, der nicht nur wegen der langen Reihe seiner Ahnen glänzte, sondern auch wegen seiner Rechtschaffenheit und Tugenden berühmt war. Dieser hatte sieben Schwestern . . . Die dritte (Schwester) heiratete den Pfalzgrafen von Tübingen. Ihr Bruder übergab sie diesem Grafen in St. Goar auf ehrenvolle Weise, und dieser, darauf bedacht, seinerseits Ehre einzulegen, nahm sie (d.h. seine Braut) mit einem Gefolge von 200 Rittern und großer Pracht in Empfang).

Der im Text genannte Graf Ludwig war Ludwig II. von Arnstein, der Vater des Klostergründers Ludwig III. (1135–1185). Ludwig II. ist von 1100 bis ca. 1117 nachzuweisen[11]. Er starb, als sein Sohn Ludwig III. eben ins Jünglingsalter eingetreten war. Dieser vermählte sich und lebte danach viele Jahre in kinderloser Ehe, bis er sich 1139 entschloß, seine Burg Arnstein in ein Prämonstratenserkloster umzuwandeln[12]. Ludwig III. dürfte demzufolge um 1105 geboren sein. Die Geburt Ludwigs II. wird dann um 1075–1080 anzusetzen sein. Seine sieben Schwestern wurden wohl in dem Zeitraum zwischen 1070 und 1090 geboren. Zu der Zeit, als sich die dritte Schwester mit dem Tübinger Grafen vermählte, war der Vater der Braut, Ludwig I., der bis 1095 bezeugt ist, anscheinend nicht mehr am Leben, weshalb ihr Bruder sie dem Bräutigam übergab. Die Heirat fiele somit in die Zeit um 1096. Ihr Gemahl war dann Hugo II. von Tübingen, der ab 1087 nachzuweisen ist und 1099 gemeinsam mit seinem Bruder Heinrich das Kloster Blaubeuren dem päpstlichen Stuhl übertrug[13].

Hugo II. soll einer Nachricht des Tubingius zufolge schon 1103 gestorben sein. In der Literatur dagegen wird sein Tod um 1120 angenommen[14]. Eine klare Entscheidung ist nicht zu treffen, da für den Zeitraum von 1099 bis 1125 nur wenige annäherungsweise zu datierende Traditionen der Tübinger vorliegen; ein darin genannter Graf Hugo von Tübingen läßt sich sowohl auf Hugo II. als auch auf seinen Sohn Hugo III. beziehen, der seit 1125 sicher bezeugt ist.

Die Arnsteiner Grafentochter hieß Gemma oder Hemma. Dies ergibt sich aus einer Schenkung der „Gemma comitissa de Tuwingen" und ihrer Söhne Heinrich und Hugo zum Seelenheil ihres bereits verstorbenen Gemahls Hugo in Eckenweiler (westlich Rottenburg) an Kloster Hirsau[15]. Die mit Gemma gewiß personengleiche „Hemma comitissa" starb laut Zwiefalter Nekrolog an einem 20. Februar vor dem Jahr 1150[16]. Diese Umstände passen nur auf Graf Hugo II. und seine arnsteinische

---

[11] Karl Hermann *May:* Beiträge zur Geschichte der Herren zu Lipporn und Grafen von Laurenburg. In: Nassauische Annalen 60 (1943) S. 53 mit Anm. 376.

[12] Vita Lodewici comitis de Arnstein (wie Anm. 10) S. 328 ff. – *Widmann* (wie Anm. 10) S. 249 ff.

[13] WUB 2 S. 395; WUB 1 S. 313 f. Nr. 253.

[14] Christian Tubingius, Burrensis Coenobii Annales. Die Chronik des Klosters Blaubeuren. Hg. Gertrud *Brösamle* (Schriften zur südwestdeutschen Landeskunde 3) 1966 S. 80. – KB Tübingen Band I, 1967, S. 215.

[15] Codex Hirsaugiensis. Hg. E. *Schneider.* In: WGQ ältere Reihe I. 1887. S. 26.

[16] Necrologium Zwifaltense. Hg. Franz Ludwig *Baumann* (MG Necrol. 1). 1888. S. 245.

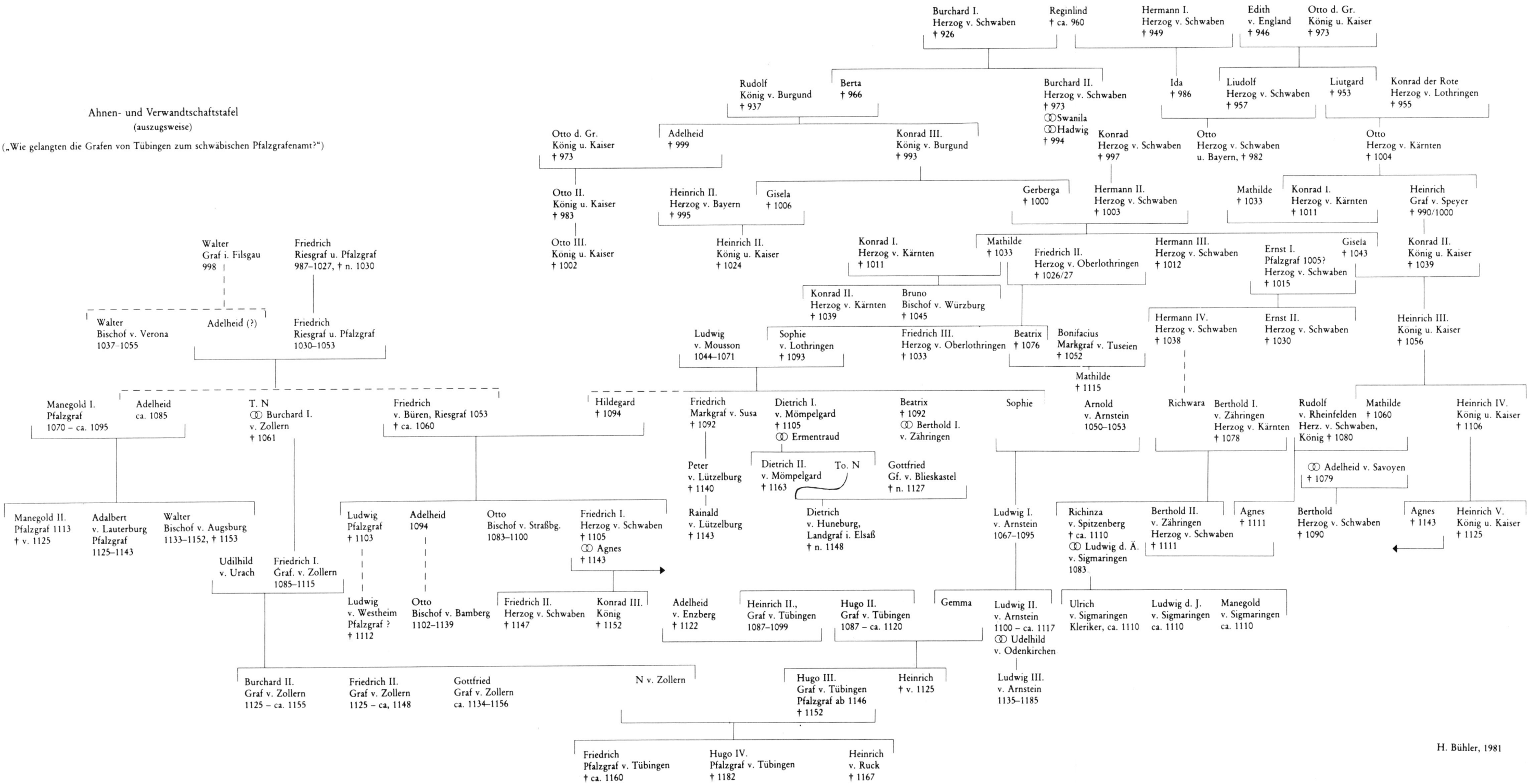

Ahnen- und Verwandtschaftstafel

(auszugsweise)

(„Wie gelangten die Grafen von Tübingen zum schwäbischen Pfalzgrafenamt?")

H. Bühler, 1981

Gemahlin. Ihr hier erwähnter Sohn Heinrich ist u. W. sonst nirgends bezeugt. Da 1125 der offenbar jüngere Sohn Hugo (III.) als regierender Graf beurkundet ist, war Heinrich damals wohl schon tot. Somit möchte man die Schenkung der Gräfin Gemma vor 1125 datieren.

Gemma (Hemma) von Arnstein und Graf Hugo II. waren die Eltern des ersten Tübinger Pfalzgrafen Hugo III. Daß der Arnsteiner Biograph schon Gemmas Gemahl Hugo II. als „palatinus comes" angesprochen hat, ist ihm nachzusehen, denn er schrieb rund 100 Jahre nach dem Ereignis. Er wußte, daß die Vaterschwester seines Helden in ein Haus geheiratet hatte, das zu seiner Zeit, um 1200, im Range höher stand als die gewöhnlichen Grafen und dessen Reichtum und Glanz umso bemerkenswerter war, als der Tübinger seiner Braut mit dem stattlichen Gefolge von 200 Rittern entgegengezogen war.

Der Arnsteiner Biograph berichtet an anderer Stelle, Herzog Friedrich II. von Schwaben habe den Grafen Ludwig III. von Arnstein, der Mönch in seinem Kloster geworden war, aufgefordert, gemeinsam mit ihm das heruntergekommene Chorherrenstift Münsterdreisen (bei Kirchheimbolanden) wieder aufzurichten. Graf Ludwig III. heißt hier „consanguineus" und „amicissimus" des Schwabenherzogs[17].

Graf Ludwig III. von Arnstein und Herzog Friedrich II. von Schwaben waren zufolge dieser Nachricht blutsverwandt. Freilich wird nicht gesagt, wie. Die Blutsverwandtschaft kann u. E. nicht von den Müttern herrühren, also weder von Friedrichs Mutter, der Königstochter Agnes, noch von Ludwigs III. Mutter, einer Udelhild von Odenkirchen[18]. Sie muß demnach von den Vätern der beiden Herren stammen, von Friedrichs Vater Herzog Friedrich I. (1079–1105) und Ludwigs Vater Ludwig II. von Arnstein (1100 bis ca. 1117). In diesem Fall ist aber auch Ludwigs II. Schwester Gemma (Hemma), die Hugo II. von Tübingen geehlicht hatte, mit dem Staufer blutsverwandt und ebenso ihr Sohn Hugo III. von Tübingen, der 1146 erstmals als Pfalzgraf erscheint.

3. Wie hat man sich die Blutsverwandtschaft zwischen Arnsteinern und Staufern vorzustellen?

Im Hause Arnstein finden wir in drei aufeinanderfolgenden Generationen den Namen Ludwig; hierauf hat schon Ernst *Klebel* aufmerksam gemacht[19]. Wir kennen Ludwig III. (1135–1185) und seinen Vater Ludwig II. (1100 bis ca. 1117). Dessen Vater ist Ludwig I. (1067–1095). Sein Vorgänger als Graf im Einrichgau war ein Graf Arnold, der von 1050 bis 1053 bezeugt ist und sich 1052 „Arnolfus de Arensten" nannte. Zweifellos ist er der Stammvater der Arnsteiner Grafen. Ein 1034

---

[17] Vita Lodevici comitis de Arnstein (wie Anm. 10) S. 334. – *Widmann* (wie Anm. 10) S. 258.

[18] *May* (wie Anm. 11) S. 65 Anm. 376.

[19] Ernst *Klebel:* Zur Abstammung der Hohenstaufen. In: ZGO 102 (1954) S. 167.

als Graf im Einrichgau genannter Arnold gehört gewiß der vorhergehenden Generation an[20]. War somit Arnold anscheinend der Leitname der älteren Einrichgaugra-
fen, so muß der Name Ludwig durch des jüngeren Arnold Gemahlin in die Familie
gekommen sein. Sie dürfte ihrerseits die Tochter eines Ludwig gewesen sein.

Ludwig I. von Arnstein wäre wohl um 1045 geboren. Seine Mutter dürfte dann
um 1025–1030, ihr mutmaßlicher Vater Ludwig um 1000–1005 das Licht der Welt
erblickt haben.

Die Mutter Ludwigs I. von Arnstein hatte offenbar Beziehungen zu Schwaben.
Wir wüßten jedenfalls nicht, von wem sonst, wenn nicht von ihr, Besitz in
Schwaben stammen sollte, den wohl ihr Enkel Ludwig II. dem Kloster Hirsau
übertrug, um dafür eine sehr wertvolle Hufe in Geisenheim bei Rüdesheim einzu-
tauschen. Es waren in Niefern an der Enz fünf Huben und eine Mühle, in
„Zutingen" (wohl verschrieben für Zeutern bei Bruchsal?) drei Huben, in Eltingen
10 Huben, in Warmbronn 10 Huben und in Gebersheim ein Drittel der Kirche[21].
Dieser Besitz könnte helfen, die Stammutter der Arnsteiner zu ermitteln.

Der Name Ludwig findet sich auch im Stauferhaus. Wir kennen dort bereits den
Pfalzgrafen Ludwig (ca. 1095–1103) und dessen mutmaßlichen Sohn Ludwig von
Westheim († 1112). Über eine Tochter des letzteren kam der Name wahrscheinlich
ins Haus Öttingen[22].

Pfalzgraf Ludwig war ein Sohn Friedrichs von Büren (1053) und seiner Gemahlin
Hildegard von Schlettstadt. Der Name Ludwig ist im Sippenkreis der Stauferahnen
früher unbekannt und daher bestimmt durch Hildegard vermittelt, in deren Familie
er verbreitet war.

Hildegard von Schlettstadt ist generationsgleich mit der Stammutter der Grafen
von Arnstein. Unter ihren Nachkommen begegnet uns Besitz in derselben Gegend
zwischen Pforzheim und Leonberg, in der wir die Arnsteiner begütert fanden. Wir
müssen uns mit diesem Besitz eingehender befassen und seine Herkunft zu erfor-
schen suchen. Wohl nur auf diesem Wege kommen wir den gemeinsamen Ahnen
der Staufer und Arnsteiner auf die Spur.

Wohl das früheste Verzeichnis staufischen Hausguts, das „pactum matrimoniale"
oder der Heiratsvertrag zwischen Herzog Konrad von Rothenburg und Berengaria
von Kastilien von 1188, nennt u.a. das „allodium" in Malmsheim bei Weil der
Stadt[23]. Wie Hans-Martin *Maurer* gezeigt hat, sind die im Heiratsvertrag genannten
„castra", „burga" und „allodia" Güter, die Herzog Konrad über seinen Vater
Friedrich I. Barbarossa von Herzog Friedrich IV. von Schwaben 1167 geerbt hat,

[20] *May* (wie Anm. 11) S. 52f.

[21] Codex Hirsaugiensis (wie Anm. 15) S. 55.

[22] Heinz *Bühler:* Zur Geschichte der frühen Staufer. In: Hohenstaufen. Veröffentlichungen
des Geschichts- und Altertumsvereins Göppingen e.V. 10. Folge (1977) S. 36.

[23] Peter *Rassow:* Der Prinzgemahl. Ein pactum matrimoniale aus dem Jahre 1188. 1950.
S. 1ff.

mit welchem die jüngere staufische Linie erloschen ist[24]. Herzog Friedrich IV. hatte Malmsheim bestimmt nicht von seiner Mutter Gertrud von Sulzbach († 1146) überkommen, vielmehr muß es schon sein Vater König Konrad III. besessen haben. Konrad III. könnte das Gut entweder nach dem Tode seines Oheims Kaiser Heinrichs V. 1125 oder aus der Mitgift seiner Mutter, der Kaisertochter Agnes, geerbt haben. In beiden Fällen wäre Malmsheim vordem salisches Hausgut gewesen. Es ginge dann wahrscheinlich zurück auf Gisela von Schwaben († 1043), die Gemahlin König Konrads II., die das Gut von ihren Eltern Herzog Hermann II. von Schwaben (997–1003) und Gerberga von Burgund (1000) überkommen hätte. Malmsheim könnte aber ebensogut auch schon im Besitz von Konrads III. Vater, Herzog Friedrichs I. von Schwaben (1079–1105), gewesen sein. Dieser hätte Malmsheim eher von seiner Mutter Hildegard von Schlettstadt erhalten, als von seinem Vater Friedrich von Büren, denn für den Mannesstamm der Stauferahnen lassen sich Beziehungen in den Raum westlich des Neckars nicht ermitteln. Stammte Malmsheim von Hildegard, dann ging es möglicherweise auf denselben Erblasser zurück wie die benachbarten arnsteinischen Güter in Niefern, Eltingen, Warmbronn und Gebersheim. Der Name Ludwig verbindet ja die Stammutter der Arnsteiner mit der Familie der Hildegard von Schlettstadt.

Dicht bei Malmsheim, in Altheim (abgegangen) westlich Renningen sowie in Schafhausen südlich Weil der Stadt, waren zwei Brüder des Bischofs Otto von Bamberg (1102–1139), Friedrich von Mistelbach und Liutfried, begütert. Sie schenkten diesen Besitz dem Kloster Hirsau[25]. Bischof Otto und seine Brüder sind Söhne eines Edelfreien Otto und der Adelheid, der Schwester Herzog Friedrichs I. von Schwaben bzw. Tochter Friedrichs von Büren und der Hildegard von Schlettstadt[26]. Daß die Güter von Adelheids Gemahl stammen könnten, einem Mann unbekannter Herkunft, ist nicht gerade wahrscheinlich. Stammen sie aber von Adelheid, dann waren sie schon in staufischer Hand, ehe die Verbindung der Staufer mit den Saliern durch die Ehe von Adelheids Bruder Friedrich mit der Königstochter Agnes geschlossen wurde. Die Möglichkeit, daß es sich um salisches Erbe handeln könnte, scheidet damit aus. Altheim und Schafhausen waren vielmehr Adelheids Erbgut. Dieses aber stammte wiederum eher von ihrer Mutter Hildegard von Schlettstadt als von ihrem Vater Friedrich von Büren. Wie wir gesehen haben, könnte Malmsheim auf demselben Wege an die Staufer gekommen sein.

Eine weitere Besitzgruppe soll mit Vorbehalt in unsere Untersuchung einbezogen werden. Ein Speyrer Bürger namens Bebo, der dem Kloster Hirsau schon wiederholt Zuwendungen gemacht hatte, erwarb für das Kloster um 33 Mark Güter in Tiefenbronn, Friolzheim und „Blancken" (offenbar verschrieben für Blanden, abgegangen zwischen Merklingen und Weil der Stadt)[27] von den Mönchen von

---

[24] Hans-Martin *Maurer:* König Konrad III. und Schwäbisch Gmünd. In: ZWLG 38 (1979) S. 70 ff.

[25] Codex Hirsaugiensis (wie Anm. 15) S. 36.

[26] *Bühler,* Zur Geschichte (wie Anm. 22) S. 28 f.   [27] WUB 1 S. 280 Anm. 23.

St. Petersberg und später (postea) um 90 Mark weitere Güter in Tiefenbronn und Friolzheim vom Abt von Hugshofen im Elsaß[28]. Der letztgenannte Kauf Bebos von Kloster Hugshofen muß in die Zeit zwischen 1124 und 1135 fallen, wohl eher gegen Ende dieses Zeitraums[29]. Der Kauf der Güter des Klosters St. Petersberg wäre einige Jahre früher anzusetzen, mithin gegen Ende der zwanziger Jahre des Jahrhunderts.

Wo lag das Kloster St. Petersberg (Mons sancti Petri)? Die Beschreibung des Oberamts Leonberg von 1930 denkt – mit Fragezeichen – an St. Petersberg bei Fulda. Dem sind die Bearbeiter der neuen Landesbeschreibung gefolgt, freilich ohne das Fragezeichen mit zu übernehmen[30]. Es fragt sich, ob die Deutung auf St. Petersberg bei Fulda so sicher ist. Beziehungen dieses Klosters, einer Gründung des Abtes Rabanus Maurus von Fulda (822–842), zu unserem Raum sind nicht zu erkennen. Auch möchte man meinen, das Kloster hätte so entfernten Besitz, der ihm am ehesten in seiner Anfangszeit zugefallen wäre, schon viel früher abgestoßen. Wir glauben, daß mindestens mit demselben Recht das Kloster St. Petersberg auf dem Lauterberg bei Halle in Betracht gezogen werden muß. Graf Dedo von Wettin hatte die Gründung eines Augustinerchorherrenstifts auf dem Lauterberg eingeleitet, war aber Ende 1124 auf einer Pilgerfahrt nach Jerusalem umgekommen. Sein jüngerer Bruder und Erbe, Markgraf Konrad von Meißen (✝ 1157), und dessen Gemahlin Liutgard hatten das Vorhaben verwirklicht und das Stift dotiert[31].

Markgräfin Liutgard stammte aus Schwaben. Sie war die Tochter des Grafen Adalbert von Elchingen-Ravenstein (✝ ca. 1120) und der Stauferin Berta, der Schwester Herzog Friedrichs II. von Schwaben und König Konrads III.[32]. Liutgard hatte von ihrer Mutter Güter im Remstal geerbt, die sie dem Kloster Elchingen übertrug[33]. Warum sollte sie nicht auch Anteil an dem staufischen Güterkomplex um Malmsheim erworben haben, und zwar wohl eben jene Güter in Tiefenbronn, Friolzheim und Blanden? Da sie in Sachsen lebte, waren diese fernen Güter für sie von geringem Wert, und so war es durchaus natürlich, daß sie sie für eine fromme Stiftung verwandte, in diesem Fall dem Stift St. Petersberg übertrug. Ebenso natürlich war, daß die Chorherren – der Hirsauer Codex redet irrtümlich von „monachi" – den für sie gleichfalls entlegenen Besitz bei der ersten sich bietenden Gelegenheit verkauften, um vom Erlös ein Gut in ihrer Nachbarschaft zu erwerben. Wir betrachten somit die sanktpetersbergischen Güter mit Vorbehalt als frühstaufischen Besitz. Er könnte von Bertas Mutter stammen, der Königstochter Agnes, und wäre dann ursprünglich salisches Hausgut. Ebensogut aber könnte er von Hildegard von Schlettstadt vermittelt sein, wie Altheim und Schafhausen.

---

[28] Codex Hirsaugiensis (wie Anm. 15) S. 34.

[29] Hans *Jänichen:* Herrschafts- und Territorialverhältnisse um Tübingen und Rottenburg im 11. und 12. Jahrhundert (Schriften zur südwestdeutschen Landeskunde 2) 1964. S. 6 f.

[30] OAB Leonberg. [2]1930. S. 722. – Das Land Baden-Württemberg. Band 5. Regierungs-Bezirk Karlsruhe. Hg. Landesarchivdirektion Baden-Württemberg. 1976. S. 555 und 582.

[31] Gustav *Köhler:* Das Kloster des heiligen Petrus auf dem Lauterberge bei Halle. 1857. S. 2 ff.

[32] *Bühler*, Zur Geschichte (wie Anm. 22) S. 30 ff.

Bestimmteres über die sankt-petersbergischen Güter ließe sich sagen, wenn man etwas über die Herkunft der hugshofischen Besitzungen in Tiefenbronn und Friolzheim wüßte. Das Kloster Hugshofen wurde angeblich im Jahre 1000 von Werner „comes de Ortenberg" gegründet[34]. Er ist der Stammvater der Herren von Hurningen (Hirrlingen bei Rottenburg). Hans *Jänichen* nahm an, die Güter in Tiefenbronn und Friolzheim stammten vom Enkel des Stifters, Kuno, oder eher von dessen Gemahlin Uta. Er vermutete, Uta komme aus dem Hause Calw[35]. Dies hätte die Herkunft der Güter verständlich gemacht. Uta ist jedoch wohl eine Dillingerin; sie vermittelte ihrem Sohn Ulrich von Hurningen den Besitz um Herrlingen im Blautal[36]. Althurningischer Besitz im Raum zwischen Pforzheim und Leonberg ist u. E. nicht bekannt. Im übrigen hatte schon der Sohn des Klosterstifters, Folmar, die Abtei Hugshofen 1061 der Straßburger Domkirche übertragen. Seitdem kommen als Wohltäter des Klosters durchaus auch Personen in Betracht, die nicht unmittelbar zum Kreis der Klosterstifter gehörten. Wer aber hatte sonst Verbindung zu diesem Kloster und war zugleich in Tiefenbronn und Friolzheim begütert?

Wir haben Grund zu der Annahme, daß die frühstaufischen Güter in Altheim und Schafhausen, aber vielleicht auch die in Malmsheim sowie die sankt-petersbergischen Besitzungen in Tiefenbronn, Friolzheim und Blanden von Hildegard von Schlettstadt stammen. Hildegard hielt sich als Witwe (nach ca. 1060) wohl häufig in Schlettstadt auf und trat gewiß in Verbindung zum nahen Kloster Hugshofen. So könnte sie die Schenkerin sein. Eher noch aber kommt wohl ihr Sohn Otto in Betracht, der als Bischof von Straßburg (1083–1100) seinem bischöflichen Eigenkloster mütterliches Erbgut übertragen haben könnte.

Somit paßt das, was sich über die sankt-petersbergischen Güter einerseits und über die hugshofischen Besitzungen andererseits vermuten läßt, wenigstens zusammen. Die Ermittlungen stützen einander. Beide Besitzgruppen gehen vielleicht auf den gleichen Erblasser zurück, nämlich Hildegard von Schlettstadt. Wir dürfen daher Tiefenbronn, Friolzheim und Blanden mit Vorbehalt in den frühstaufischen Besitzkomplex zwischen Pforzheim und Leonberg einbeziehen.

Unsere Untersuchung hat somit erbracht, daß dem Besitz der mit den Staufern blutsverwandten Grafen von Arnstein in Niefern, Eltingen, Warmbronn und Gebersheim ein frühstaufischer Besitzkomplex dicht benachbart liegt, der sich über die Orte Malmsheim, Altheim bei Renningen, Schafhausen und sehr wahrscheinlich auch über Tiefenbronn, Friolzheim und Blanden erstreckt.

Die Verwandtschaft der Arnsteiner zu den Staufern dürfte durch die Gemahlin

---

[33] WUB 5 S. 415ff. Nachtrag Nr. 29 – es dürfte sich vor allem um Urbach, Welzheim und Breitenfirst handeln.

[34] MG DF I Nr. 391.

[35] *Jänichen*, Herrschaftsverhältnisse (wie Anm. 29) S. 14 und 34.

[36] Heinz *Bühler:* Die Wittislinger Pfründen – ein Schlüssel zur Besitzgeschichte Ostschwabens. In: Jahrbuch des historischen Vereins Dillingen 71 (1969) S. 53 mit Anm. 110.

des Grafen Arnold von Arnstein (1050–1053) vermittelt sein; sie brachte offenbar den Namen Ludwig ins Haus und vermittelte den genannten Besitz.

Genealogische Kombination führt zu dem Ergebnis, daß diese Stammutter der Grafen von Arnstein die Tochter eines Ludwig sein müßte, der um das Jahr 1000 geboren wäre. Dies würde zeitlich zu Ludwig von Mousson (1044–1071) trefflich passen, dessen Geburt um 1005 angesetzt wird.

Der frühstaufische Besitz im Raum Pforzheim-Leonberg läßt sich zum guten Teil auf Hildegard von Schlettstadt zurückführen, die Gemahlin Friedrichs von Büren. Malmsheim und Teile von Tiefenbronn und Friolzheim könnten aber auch salisches Erbe sein, das durch die Königstochter Agnes vermittelt wäre, die Gemahlin Herzog Friedrichs I. von Schwaben. Es ginge wahrscheinlich auf ihre Urgroßmutter Gisela von Schwaben († 1043) zurück, die es von ihren Eltern Herzog Hermann II. von Schwaben († 1003) und Gerberga von Burgund geerbt haben müßte.

Es scheint uns bemerkenswert, daß der räumlich doch begrenzte frühstaufische Güterkomplex möglicherweise nicht einheitlicher Herkunft ist und daß seine Teile eventuell von zwei verschiedenen staufischen Ahnfrauen, Hildegard und Agnes, vermittelt und somit in zwei aufeinanderfolgenden Generationen an das staufische Haus gelangt sind. Dies legt die Vermutung nahe, ein alter einheitlicher Güterkomplex könnte durch Erbteilung aufgespalten sein, und die Erbteile wären durch die uns bekannten Heiraten Hildegards mit Friedrich von Büren bzw. Agnesens mit Herzog Friedrich I. wieder vereinigt worden. Hildegard und Agnes, die an der gleichen Erbmasse teilhatten, waren auf alle Fälle miteinander verwandt. Demselben Verwandtenkreis wäre aber auch die Stammutter der Grafen von Arnstein zuzuzählen.

4. Hildegard von Schlettstadt eine Tochter Ludwigs von Mousson und Sophies von Lothringen

Mit der Frage: Wer war Hildegard von Schlettstadt? rennt man scheinbar offene Türen ein. Hansmartin *Decker-Hauff* hat im Staufer-Katalog Hildegard ohne Vorbehalt als Tochter des Grafen Ludwig von Mousson (1044–1071) und der Sophie von Lothringen († 1093) angesprochen[37].

Wir kennen *Decker-Hauffs* Begründung nicht. Quellenmäßig ist Hildegards Herkunft nirgends bezeugt. Eine wichtige Quelle spricht sogar eher gegen ihre Abstammung von Ludwig von Mousson und Sophie von Lothringen. Es ist eine Urkunde von 1105 für das Kloster Froidefontaine, in welcher Ermentraud, die Witwe des Grafen Dietrich von Mousson-Mömpelgard († 1105) und Schwiegertochter des Grafen Ludwig von Mousson und der Sophie von Lothringen, die Mitglieder ihrer Familie aufzählt: „Ego Hermentrudis, filia Guillielmi comitis de Burgundia, pro salute anime mee . . . filiorumque meorum Friderici et Theoderici,

---

[37] *Decker-Hauff*, Das Staufische Haus (wie Anm. 5) S. 344.

parentum atque omnium antecessorum et successorum meorum, videlicet Ludovici, Sophie uxoris eius et filiorum eiusdem Brunonis, Theoderici, Ludovici et Friderici filiarumque eorum Mathildis, Sophie, Beatricis, filiorum autem Theoderici atque uxoris sue Hermentrudis Ludovici, Willermi, Hugonis . . . contrado"[38]. Es sind genannt die Ausstellerin Ermentraud, Tochter des Grafen Wilhelm I. von Burgund († 1087), und ihre Söhne Friedrich († 1160) und Dietrich II. († 1163), ferner ihre Schwiegereltern Ludwig von Mousson (1044–1071) mit Gattin Sophie von Lothringen († 1093) und deren Söhne Bruno, Dietrich I. († 1105), Ludwig II. (1080) und Friedrich († 1092) sowie deren Töchter Mathilde, Sophie und Beatrix, dann die Söhne Dietrichs I. und seiner Gemahlin, der Ausstellerin Ermentraud, soweit sie nicht schon eingangs erwähnt sind, nämlich Ludwig III., Wilhelm und Hugo.

Den Namen Hildegard sucht man in dieser Liste vergebens. Daher wurde gefolgert, Hildegard könne nicht den Kindern Ludwigs von Mousson und Sophies von Lothringen zugerechnet werden. Mit der Frage ihrer Herkunft befaßt sich eine reiche Literatur[39]. Daß Hildegard mit Ludwig von Mousson eng verbunden gewesen sein muß, unterliegt zwar keinem Zweifel, denn aus seiner Familie muß der Name Ludwig kommen, den Hildegard den Staufern vererbt hat; und den staufischen Besitz im Elsaß, der durch Hildegard vermittelt war, erklärt man sich meist aus einer Verbindung des Hauses Mousson mit dem im Elsaß begüterten Hause Egisheim. Die Frage ist nur, wie Hildegard mit Ludwig von Mousson verbunden war, ob als Schwester, Nichte oder Tochter. Davon hängt freilich die nicht weniger wichtige Frage ab, wer Hildegards Mutter war. Hierüber herrscht auch nach *Decker-Hauffs* Veröffentlichung im Staufer-Katalog offenbar keine einhellige Meinung[40].

Um es vorweg zu sagen: Es liegt uns völlig fern, etwa die Auffassung des Jubilars in Frage zu stellen. Ganz im Gegenteil, wir teilen die Meinung Hansmartin *Decker-Hauffs* – trotz der oben erwähnten Quelle[41]. Wir glauben, daß sich die Herkunft Hildegards am Erbgang des Heiligen Forstes bei Hagenau im Elsaß und der darin gelegenen Abtei St. Walburg am einleuchtendsten begründen läßt.

Die ältere Literatur über den Heiligen Forst krankt u.E. daran, daß man eine letztwillige Verfügung des Grafen Rainald von Lützelburg († 1143), nämlich die

---

[38] Léon *Viellard:* Documents et Mémoire pour servir à l'histoire du territoire de Belfort. 1884. S. 169f. Nr. 121.

[39] Hans *Heuermann:* Die Hausmachtpolitik der Staufer von Herzog Friedrich I. bis König Konrad III. (1079–1152). 1939. S. 137ff. – Ernst *Klebel* (wie Anm. 19) S. 177ff. – Hans *Werle:* Staufische Hausmachtpolitik am Rhein im 12. Jahrhundert. In: ZGO 110 (1962) S. 351 Anm. 385.

[40] Armin *Wolf* brieflich an Kreisarchivar W. Ziegler, Göppingen, am 10. 9. 1980: „Auch über Hildegard von Schlettstadt ist m.E. bisher keine Königsabstammung nachzuweisen, da diese Tochter Ludwigs von Mousson, wie es scheint, nicht aus der Ehe mit Sophie von Oberlothringen, sondern aus einer unbekannten früheren Ehe stammt."

[41] *Bühler,* Schwäbische Pfalzgrafen (wie Anm. 4) S. 143 in Anlehnung an Hans *Werle* (wie Anm. 39).

Übertragung des dritten Baumes im Heiligen Forst an die Abtei Neuburg, in der Weise interpretiert hat, daß der Heilige Forst in drei gleiche Teile aufgeteilt gewesen sei. Dies führte man auf drei Erblasser zurück und sah diese in den angeblich drei Töchtern Herzog Hermanns II. von Schwaben († 1003) und Gerbergas von Burgund. Letztere waren als Vorbesitzer des Heiligen Forsts bekannt. Seit Gerd *Wunder* nachwies, daß man von den angeblichen Töchtern dieses Paares eine, nämlich Beatrix, die Gemahlin Adalberos von Eppenstein († 1039), zu streichen hat, so daß nur Gisela und Mathilde als Erben Hermanns II. und Gerbergas in Betracht kommen[42], gestaltet sich der Erbgang des Heiligen Forstes in etwas anderer Weise.

Man darf ausgehen von einem angeblichen Diplom Ottos III. für die Abtei Selz vom Jahre 994. Es handelt sich in Wirklichkeit um eine Fälschung aus der zweiten Hälfte des 12. Jahrhunderts, deren Inhalt sich jedoch in der Rückschau als durchaus glaubhaft erweist[43]. König Otto III. schenkte auf Veranlassung seiner Großmutter Adelheid der Abtei Selz die Kirchen zu Lupstein und Schweighausen sowie die Kapellen zu Merzweiler und Reichshofen, welche der Kirche zu Schweighausen unterstanden. Und er bestätigte der Abtei ferner allen Zehent des „Heiligen Forstes" und der umliegenden Güter, welche ihm und seiner Großmutter Adelheid gehört hatten, die sie beide aber dem Herzog Hermann (II.) von Schwaben und seiner Gemahlin (Gerberga), der Tochter des Königs Konrad von Burgund, des Bruders der Kaiserin Adelheid, übertragen hatten[44].

Der Heilige Forst war demzufolge im Besitz von Herzog Hermann II. und Gerberga, und zwar als Eigengut. Den Fälschern war sehr wohl bewußt, daß dieses Paar zu den Vorfahren derer gehörte, die den Heiligen Forst im 12. Jahrhundert innehatten.

Wir hören vom Heiligen Forst wieder im Jahre 1065. Damals schenkte König Heinrich IV. auf Bitten seiner Mutter Agnes dem Grafen Eberhard dem Seligen von Nellenburg die beiden Dörfer Hochfelden und Schweighausen samt dem Heiligen Forst – „cum foresto Heiligenforst nominato" – zu eigen als Entschädigung für den Verzicht auf die Einkünfte aus der Grafschaft Chiavenna[45]. König Heinrich IV. muß hier als Rechtsnachfolger Herzog Hermanns II. und Gerbergas gehandelt haben. Seine Großmutter Gisela, die Tochter der beiden, hatte ihm seine Rechte am Heiligen Forst vererbt. Seine Verfügung zugunsten des Grafen Eberhard scheint jedoch rückgängig gemacht bzw. die Güter dem Grafen Eberhard oder seinen Erben wieder aberkannt worden zu sein[46]. Im Jahre 1106 hatte Heinrichs IV. Sohn

[42] Gerd *Wunder:* Beiträge zur Genealogie schwäbischer Herzogshäuser. In: ZWLG 31 (1972) S. 1 ff.

[43] MG DO III Nr. 430.

[44] Der Besitz der Kaiserin Adelheid stammte aus der Schenkung Ottos d. Gr. von 968; MG DO I Nr. 368.

[45] MG DH IV Nr. 152.

[46] Heinrich *Witte:* Der heilige Forst und seine ältesten Besitzer. In: ZGO 51 (1897) S. 215.

Heinrich V. Rechte im Heiligen Forst, wogegen von Rechten der Nellenburger nie mehr die Rede ist.

Laut einer „alten Designation", die der Chronist Bernhard Hertzog überliefert[47], kamen im Jahre 1074 zwei Benediktinermönche namens Wibert und Mancius und ein Konverse Adalbert zum Grafen Dietrich von Mousson-Mömpelgard und baten ihn um eine Hofstatt, wo sie sich ungestört vom Weltgetümmel ihrem Beruf widmen könnten. Er ließ sie in den Heiligen Forst führen „an ein statt genant S. Walpurgen Born nahe bey dem Bechlin Eberbach" und gestattete ihnen, dort den Wald zu roden. Damit nahm die Zelle St. Walburg ihren Anfang[48]. Graf Dietrich von Mousson-Mömpelgard, der hier als Teilhaber am Heiligen Forst erscheint, ist ein Sohn Ludwigs von Mousson (1044–1071) und Sophies von Lothringen. Analog zu König Heinrich IV., der sein Anrecht seiner Großmutter Gisela verdankte, muß Dietrich seinen Teil von seiner Mutter Sophie ererbt haben, die eine Tochter der Mathilde, der Schwester Giselas, war und damit gleichfalls von Hermann II. und Gerberga abstammte. Der Heilige Forst war also zunächst unter die beiden Töchter Hermanns II. und Gerbergas, Gisela und Mathilde, zweigeteilt worden, und die beiden Hälften hatten sich unter deren Nachkommen weitervererbt.

Der eine Teil begegnet, wie erwähnt, 1106 in Händen Heinrichs V. Auf Bitten des Mönches Wibert und auf Fürsprache des Eichstätter Bischofs Eberhard und anderer schenkte der König in diesem Jahr dem von Wibert erbauten Kloster im Heiligen Forst Land für drei Pflüge sowie das Recht, Bau- und Brennholz zu schlagen, das Vieh zu weiden und in den Gewässern zu fischen[49]. Diese Schenkung des Königs schuf die Grundlage zum weiteren Ausbau des Klosters.

Wie eine Inschrift besagt, die sich früher über der Sakristei von St. Walburg befand, hätten im Jahre 1116 Herzog Friedrich II. von Schwaben mit Gemahlin Judith sowie sein „coheres" Graf Peter von Lützelburg dem ersten Abt des Klosters, Berthold, Güter innerhalb und außerhalb des Heiligen Forsts geschenkt[50]. St. Walburg war also jetzt zur Abtei erhoben worden. Im folgenden Jahr 1117 übertrugen die Genannten die Abtei dem Heiligen Stuhl, und Papst Paschalis II. nahm die Abtei im gleichen Jahr in seinen Schutz, wobei er betonte, daß sie „a Friderico et Petro principibus in allodio eorum" gegründet sei[51].

Graf Peter von Lützelburg war der Sohn des Markgrafen Friedrich von Susa († 1092) und Neffe des 1074 die Zelle St. Walburg ausstattenden Grafen Dietrich

---

[47] L. *Pfleger:* Die Benediktinerabtei St. Walburg im Heiligen Forst. In: Archiv für Elsässische Kirchengeschichte 6 (1931) S. 4f.

[48] *Pfleger* (wie Anm. 47) S. 3 Anm. 2.

[49] Joh. Daniel *Schoepflin:* Alsatia diplomatica. Bd. 1, 1772, S. 187 Nr. 238.

[50] *Pfleger* (wie Anm. 48). – Vgl. Urkunde Bischof Gebhards von Straßburg von 1133; Regesten der Bischöfe von Straßburg. Veröffentlicht von der Kommission zur Herausgabe elsäß. Geschichtsquellen. Bd. 1, 1908, S. 319 Nr. 451.

[51] *Pfleger* (wie Anm. 47) S. 46 Reg. 3 und 4. – Germania Pontificia Vol. III Pars III. Hg. Albert *Brackmann.* 1935, S. 68 Nr. 1.

von Mousson-Mömpelgard. Er war damit ein Enkel von Ludwig von Mousson und Sophie von Lothringen und hatte als solcher teil am Heiligen Forst. Es scheint, als habe er die Anteile auch anderer Angehöriger des Hauses Mousson-Mömpelgard, seiner Geschwister und Neffen, an sich gebracht und repräsentiere somit das gesamte Haus Mousson-Mömpelgard bei der Erhebung von St. Walburg zur Abtei; von anderen Mitberechtigten dieses Hauses ist jedenfalls nicht mehr die Rede.

Herzog Friedrich II. von Schwaben war sein „coheres". Er hatte also Anteil am selben Erbe wie Peter von Lützelburg. Sein Anteil ging gleichfalls auf Sophie von Lothringen und über deren Mutter Mathilde auf Herzog Hermann II. und Gerberga zurück. Diesen Anteil konnte ihm aber nur seine Großmutter vermittelt haben, Hildegard von Schlettstadt[52]. Hildegard von Schlettstadt erweist sich hier als Miterbin der Sophie von Lothringen.

König Konrad III. soll 1138 seinen Bruder Herzog Friedrich II. von Schwaben zum Vogt des Klosters St. Walburg bestimmt haben[53]. Das Diplom ist wohl eine Fälschung Grandidiers. Tatsache ist aber, daß der Staufer mittlerweile in den Besitz des Großteils des Heiligen Forsts gelangt war und somit auch den Großteil der Dotation St. Walburgs als von seinen Vorfahren stammend ansah, was nach Eigenkirchenrecht seinen Anspruch auf die Vogtei verständlich machte. Zu dem von seiner Großmutter Hildegard ererbten Anteil war nach dem Tode Kaiser Heinrichs V. im Jahre 1125 dessen Anteil hinzugekommen. Da Heinrich V. der Rechtsnachfolger seiner Urgroßmutter Gisela war, die einst die Hälfte des Forstes von ihren Eltern Herzog Hermann II. und Gerberga geerbt hatte, muß seine Hinterlassenschaft die Hälfte der Gerechtigkeiten am Heiligen Forst ausgemacht haben. Herzog Friedrich II. verfügte somit seit 1125 über mehr als die Hälfte des Forsts.

Das Zusammenwirken der am Heiligen Forst Beteiligten zeigte sich erneut bei der Stiftung der Zisterzienserabtei Neuburg westlich Hagenau – nach Heuermann wohl im Jahre 1141 – durch den Sohn des Grafen Peter († 1140), Rainald von Lützelburg, und Herzog Friedrich II. von Schwaben. Es läßt sich denken, daß infolge gemeinschaftlicher Teilhabe beider am gleichen Erbe gar nicht eindeutig zu klären war, in wessen Eigentum sich die Klosterstatt und die zur Ausstattung bestimmten Güter befanden, so daß ein gemeinsames Handeln unumgänglich war[54]. Ehe Graf Rainald 1143 starb, vermachte er der Abtei Neuburg testamentarisch jeden dritten Baum im Heiligen Forst – „in sacra silva . . . in foresto cum aliis bonis tertiam arborem"[55].

---

[52] Papst Honorius II. bestätigte dem Kloster St. Walburg 1125 seinen Besitz, insbesondere die Waldnutzungen, welche Kaiser Heinrich V. und dessen „nepotes" Herzog Friedrich II. und Graf Peter ihm zuerkannt hatten; *Brackmann* (wie Anm. 51) S. 69 Nr. 3. – Hier werden sowohl Herzog Friedrich II. als auch Graf Peter als Vettern des Kaisers bezeichnet und somit auch die Verwandtschaft des Lützelburgers zu Heinrich V. hervorgehoben; diese aber lief über Herzog Hermann II. und Gerberga.

[53] MG DK III Nr. 278.

[54] *Heuermann* (wie Anm. 39) S. 73 ff. – Médard *Barth* nimmt 1133 als Gründungsjahr an; Handbuch der Elsäßischen Kirchen im Mittelalter. 1960. Sp. 906.

[55] Stephan Alexander *Würdtwein:* Nova subsidia diplomatica ad selecta iuris ecclesiastici

Diesen Anteil am Heiligen Forst erwarb Kaiser Friedrich I. nach 1158 von den Neuburger Mönchen für sich im Tausch gegen das Gut Selhofen[56]. Sein Vater Herzog Friedrich II. war 1147 in St. Walburg bestattet worden.

Durch Erwerb des ehemals lützelburgischen „dritten Baumes" von den Neuburger Mönchen war Kaiser Friedrich I. alleiniger Besitzer des Heiligen Forstes geworden. Das besagt, daß er zuvor schon zwei Drittel besessen haben muß. Diese setzten sich zusammen aus der Hälfte, die sein Vater Herzog Friedrich II. 1125 von Kaiser Heinrich V. geerbt hatte, sie entsprach dem Erbe der Gisela, Tochter Hermanns II. und Gerbergas. Ferner war vom Erbe Mathildens, der zweiten Tochter Hermanns II. und Gerbergas, ein Anteil auf ihn gekommen. Er umfaßte das, was von Mathildens Hälfte nach Abzug des lützelburgischen Drittels übrig blieb, nämlich ein Sechstel. Dieses Sechstel konnte ihm nur seine Urgroßmutter vermittelt haben, Hildegard von Schlettstadt. Diese muß am Erbe Mathildens über deren Tochter Sophie von Lothringen beteiligt gewesen sein. Nach den Lebensdaten kann sie nur Sophies Tochter gewesen sein.

Die Gründe, weshalb Hildegard als Familienmitglied des Hauses Mousson-Mömpelgard in der Urkunde ihrer Schwägerin Ermentraud von 1105 nicht mit aufgeführt wird, sind unerfindlich. Offenbar erhebt die Namensliste keinen Anspruch auf Vollständigkeit, denn es fehlen auch von Ermentrauds Kindern die Söhne Rainald († 1149) und Stephan (als Bischof von Metz † 1162) sowie die Töchter Gunthilde, Agnes und Mathilde[57].

Hildegard müßte ihren Anteil am Heiligen Forst spätestens nach dem Tod ihrer Mutter Sophie († 1093) erhalten haben. Wahrscheinlich aber konnte sie schon früher darüber verfügen, wie auch Graf Dietrich von Mousson-Mömpelgard († 1105), der 1074 von seinem Anteil die Zelle St. Walburg ausgestattet hat und den wir jetzt als Hildegards Bruder betrachten dürfen. Das Patrozinium der hl. Walburgis war bis zu dieser Zeit im Elsaß kaum bekannt. Zentrum der Walburgisverehrung war seit 871 Eichstätt in Mittelfranken. Von dort muß das Walburgispatrozinium stammen, das die Mönche Wibert und Mancius 1074 in den Heiligen Forst mitgebracht hatten. Die Quelle „S. Walpurgen Born", bei der sie ihre Zelle schufen, wird erst durch sie ihren Namen erhalten haben[58]. Die Verbindung der Walburgiszelle zu Eichstätt hielt über dreißig Jahre an: Es war Bischof Eberhard von Eichstätt (1097–1112), der 1106 bei König Heinrich V. für den Mönch Wibert und seine Zelle als Fürsprecher tätig war und erreichte, daß die wirtschaftliche Ausstattung der Zelle wesentlich verbessert wurde. Daß der Bischof ein Verwandter des Königs war, mag seiner Fürsprache besonderes Gewicht verliehen haben[59].

Germaniae. Tom. X. 1788. S. 60 ff. Nr. 24.

[56] Wie Anm. 55.

[57] Europäische Stammtafeln. Neue Folge Bd. VI. Hg. *Detlev Schwennicke*. 1978. Tafel 146.

[58] *Pfleger* (wie Anm. 47) S. 5 f.

[59] Hans *Jänichen:* Zur Geschichte des Schönbuchs. In: Der Schönbuch. Veröffentlichungen des Alemannischen Instituts Freiburg Nr. 27 (1969) S. 51. – Hansmartin *Decker-Hauff:* Der

Wer aber hatte die Verbindung zwischen Eichstätt und dem Elsaß hergestellt, wer die von Eichstätt kommenden Mönche dem Grafen Dietrich empfohlen, so daß er ihnen eine Hofstatt für ihre Zelle und Grund und Boden zur Rodung schenkte?

Es kann keinen Zweifel geben, daß Hildegard – die Schwester Dietrichs – die Urheberin war. Als Gemahlin und Witwe Friedrichs von Büren († ca. 1060), den wir als Riesgrafen kennen (1053), hielt sie sich mindestens zeitweilig in Ostschwaben (Wallerstein?) auf. Der Amtsbereich der Riesgrafen erstreckte sich in die Diözese Eichstätt, die im Westen bis zur Wörnitz reichte[60]. So unterhielten die Riesgrafen selbstverständlich Beziehungen zu Eichstätt und zu den dortigen Bischöfen. Hildegard also wird den Mönchen Wibert und Mancius den Weg ins Elsaß und speziell an den Hof ihres Bruders gewiesen haben. An dem Gut, das Dietrich den Mönchen schenkte, mag sie mitbeteiligt gewesen sein. So wird man Hildegard als Mitgründerin von St. Walburg betrachten dürfen. Dann wird verständlich, warum ihr Enkel, Herzog Friedrich II. von Schwaben, so großes Interesse für St. Walburg bekundete, die Erhebung zur Abtei betrieb und diese zu seiner Grablege bestimmte. Die Gründungsgeschichte von St. Walburg aber unterstreicht Hildegards Herkunft erneut.

5. Herleitung des staufischen Besitzes im Raum Pforzheim–Leonberg

Welche Konsequenzen hat unser Ergebnis für den staufischen Besitz im Raum Pforzheim–Leonberg? Auch dieser Besitz läßt sich – wie wir gesehen haben – zum guten Teil auf Hildegard von Schlettstadt zurückführen, die Gemahlin Friedrichs von Büren. Malmsheim und Teile von Tiefenbronn und Friolzheim könnten freilich ebensogut salisches Erbe sein, das durch die Königstochter Agnes vermittelt wäre, die Gemahlin Herzog Friedrichs I. von Schwaben.

Es sind dieselben Erblasser, die am Heiligen Forst beteiligt waren. Was wir als vermutlich salisches Erbe der Agnes betrachten, müßte somit über Gisela von Schwaben auf Herzog Hermann II. von Schwaben und Gerberga zurückzuführen sein. Auf dieses Paar ginge – in Analogie zum Heiligen Forst – sicherlich auch der Anteil Hildegards zurück. Gisela hatte ja eine Schwester namens Mathilde, die am gleichen Erbe beteiligt gewesen sein muß. Deren Söhne aus erster Ehe mit Herzog Konrad I. von Kärnten (1004–1011), nämlich Herzog Konrad II. von Kärnten (1036–1039) und Bischof Bruno von Würzburg (1034–1045), hinterließen keine Nachkommen. So ging Mathildens Erbe auf ihre Nachkommen aus der zweiten Ehe mit Herzog Friedrich II. von Oberlothringen († 1026/27) über. Dies waren Herzog Friedrich III., der 1033 gleichfalls kinderlos starb; sodann die Tochter Beatrix († 1076), die aus erster Ehe mit Bonifaz von Tuscien († 1052) die Tochter Mathilde († 1115) hatte – ihr Erbe ging an Kaiser Heinrich V.; schließlich die Tochter Sophie

---

Öhringer Stiftungsbrief. In: Württ. Franken 42 (1958) S. 7.

[60] Historischer Atlas von Bayerisch-Schwaben. Hg. Wolfgang *Zorn*. 1955. Kartenteil S. 8.

(† 1093). Sophie war die Gemahlin Ludwigs von Mousson (1044–1071). Durch diese Verbindung konnte schwäbischer Besitz an das Haus Mousson-Mömpelgard gelangen, der von Hermann II. von Schwaben und Gerberga stammte. Was wir in Händen Hildegards von Schlettstadt nachweisen können oder vermuten dürfen, ginge also über ihre Mutter Sophie und ihre Großmutter Mathilde auf Hermann II. von Schwaben und Gerberga zurück.

Der Nachweis, daß dieses Paar im fraglichen Bereich tatsächlich begütert war, soll im folgenden erbracht werden.

In Gültstein bei Herrenberg, rund 22 km von Malmsheim entfernt, und im benachbarten Tailfingen waren die Zähringer begütert. Herzog Berthold II. († 1111) gab um 1089 dem Kloster Hirsau in Gültstein neun Huben, die Hälfte der Kirche und die Hälfte des Marktrechts im Tausch gegen das „predium" in Weilheim, das sein Bruder Gebhard, Bischof von Konstanz (1084–1110) an Hirsau geschenkt hatte[61]. Später übergab der Herzog dem Kloster weitere fünf Huben in Gültstein, und Graf Berthold von Kirchberg, wohl der Sohn einer Tochter Bertholds II., fügte sechs Huben im selben Ort hinzu[62]. In Tailfingen schenkten um 1110 drei Brüder von Sigmaringen, nämlich der Kleriker Ulrich sowie Ludwig der Jüngere und Manegold, die Hälfte der Kirche und vier Huben an Hirsau[63]. Ferner gab Werner von Tailfingen Gut in diesem Ort mit Erlaubnis seines Herren Ulrich, womit offenbar der erwähnte Kleriker Ulrich von Sigmaringen gemeint ist[64]. Die Sigmaringer Brüder waren Söhne der Richinza von Spitzenberg, der Schwester Bertholds II. von Zähringen, aus ihrer zweiten Ehe mit Ludwig dem Älteren von Sigmaringen (1083)[65]. Tailfingen stammte aus Richinzas Erbe, war also zähringischer Besitz. Richinza selbst schenkte dem Kloster Reichenbach eine Hube in Röt im Murgtal bei Baiersbronn[66].

Was hatten die Zähringer mit Herzog Hermann II. und Gerberga zu tun? Herzog Berthold II. und Richinza hatten ihre Güter im Gäu kaum von ihrem Vater Berthold I. († 1078), sondern höchstwahrscheinlich von der Mutter Richwara geerbt. Sie aber muß eine Tochter Herzog Hermanns IV. von Schwaben (1030–1038) gewesen sein[67]. Dieser wiederum stammte aus der Ehe Herzog Ernsts I. (1012–1015) mit Gisela von Schwaben, der Tochter Herzog Hermanns II. und

---

[61] Codex Hirsaugiensis (wie Anm. 15) S. 25.

[62] Wie Anm. 61. – Heinz *Bühler*: Richinza von Spitzenberg und ihr Verwandtenkreis. In: Württ. Franken 58 (1974) S. 307f. – Berthold von Kirchberg könnte seine Güter in Gültstein auch von seiner Großmutter aus dem Hause Buchhorn geerbt haben; Franz Ludwig *Baumann*: Forschungen zur Schwäbischen Geschichte. 1898. S. 208f.

[63] Codex Hirsaugiensis (wie Anm. 15) S. 35.

[64] Codex Hirsaugiensis (wie Anm. 15) S. 38. – Vgl. Schenkungsbuch des Klosters Reichenbach. In: WUB 2 S. 400.

[65] *Bühler*, Richinza von Spitzenberg (wie Anm. 62) S. 311f.

[66] Schenkungsbuch des Klosters Reichenbach (wie Anm. 64) S. 403.

[67] *Bühler*, Die Wittislinger Pfründen (wie Anm. 36) S. 45 Anm. 83.

Gerbergas. Auf dieses Paar also gehen die zähringischen Anteile an Gültstein und Tailfingen und wohl auch an Röt mit größter Wahrscheinlichkeit zurück.

Daß Gisela von Schwaben auch ihren Nachkommen aus der Ehe mit König Konrad II. Güter in Schwaben vererbte, hat uns schon bei Malmsheim beschäftigt. Solches Gut gab es in Sülchen bei Rottenburg. Giselas Enkel König Heinrich IV. schenkte 1057 auf Intervention seiner Mutter Agnes der bischöflichen Kirche in Speyer das „predium" Sülchen mit der Auflage, die Jahrtage seiner Großeltern Kaiser Konrads II. und der Kaiserin Gisela sowie seines Vaters Heinrichs III. feierlich zu begehen[68]. Diese Bestimmungen machen es sehr wahrscheinlich, daß Sülchen nicht etwa königliches Amtsgut war, sondern salischer Hausbesitz, der zweifellos von Gisela stammte.

Ebenso wird es sich mit Pforzheim verhalten. Dort hielt sich Heinrich IV. 1067 auf und ließ eine Urkunde für den Grafen Eberhard von Nellenburg ausfertigen. Einige Jahre später, 1074, in der Fastenzeit, traf sich dort seine Mutter Agnes mit Gesandten Papst Gregors VII., nämlich den Bischöfen Hubert von Palestrina und Gerald von Ostia[69]. Nach dem Tode Heinrichs V. 1125 ging der salische Besitz in Pforzheim an den Staufer Herzog Friedrich II. von Schwaben über und gelangte 1156 an den Pfalzgrafen Konrad, den Halbbruder Friedrichs I. Barbarossa[70]. Alle diese Umstände machen es so gut wie sicher, daß Pforzheim salisches Hausgut war, das Gisela von Schwaben aus dem Erbe Hermanns II. und Gerbergas vermittelt hatte. Dies stützt zugleich unsere Vermutung, daß Teile des benachbarten frühstaufischen Güterkomplexes um Malmsheim sich auf demselben Wege vererbt haben könnten.

Was uns in Händen der zähringischen und salischen Nachkommen Hermanns II. und Gerbergas bekanntgeworden ist, kann nur eine vom Zufall der Überlieferung bestimmte kleine Auswahl aus deren Gesamtbesitz sein. Wir gewinnen ein vollständigeres Bild ihres Begüterungsbereichs, wenn wir auch mit einbeziehen, was in Händen ihrer Vorfahren und Seitenverwandten faßbar wird.

Herzog Hermann II. ist ein Sohn Herzog Konrads von Schwaben (982–997) aus dem Haus der Konradiner. In dessen Hand ist schwäbischer Besitz nicht mit Sicherheit nachzuweisen[71]. Was wir als Gut Hermanns II. und Gerbergas betrachten, dürfte größtenteils von Gerbergas Seite kommen. Sie war eine Tochter König Konrads von Burgund († 993). Jene Gisela, die die Mutter Kaiser Heinrichs II. (1002–1024) wurde, war ihre Stiefschwester; Adelheid, die zweite Gemahlin Ottos des Großen, war ihre Tante.

---

[68] MG DH IV Nr. 10.

[69] MG DH IV Nr. 193. – Gerold *Meyer von Knonau:* Jahrbücher des Deutschen Reiches unter Heinrich IV. und Heinrich V. Bd. 2, 1894. S. 377f.

[70] *Werle* (wie Anm. 39) S. 290 Anm. 177. – Codex Hirsaugiensis (wie Anm. 15) S. 41.

[71] Armin *Wolf:* Wer war Kuno „von Öhningen"? In: Deutsches Archiv für Erforschung des Mittelalters 36 (1980) S. 25–83 hat Herzog Konrad von Schwaben mit Kuno von Öhningen gleichgesetzt und des letzteren Gemahlin Richlind als Enkelin Ottos d. Gr. aus der Ehe von

König Konrad von Burgund und Kaiserin Adelheid aber hatten reichen Besitz in Schwaben über ihre Mutter Berta geerbt, die Tochter Herzog Burchards I. (917–926) und der karolingerblütigen Reginlind († ca. 960)[72]. Der Besitz dieses Sippenkreises ist aus einer Reihe von Nachrichten annähernd bekannt. Ein Zentrum der burchardingischen Herzöge scheint Nagold gewesen zu sein, rund 28 km von Malmsheim entfernt. Es hatte diese Funktion anscheinend vom altalemannischen Herzogshaus Gotefrieds († 709) übernommen[73]. Im Nagold- und Waldgau übte Gerold der Ältere, der Gemahl der Herzogstochter Imma, Grafenrechte aus[74]. Er schenkte 777 dem Kloster Lorsch Güter in Reistingen (abgegangen bei Herrenberg) und Gültstein[75], Güter, die gewiß von Imma stammten. Ein gewisser Isanhart war dabei als Treuhänder tätig, wohl ein Vetter Immas, der seinerseits an Lorsch Güter in Haslach, Mühlhausen (abgegangen) und Reistingen (abgegangen) bei Herrenberg sowie in Ober- bzw. Unterwaldach, Tumlingen, Ober- bzw. Untertalheim, Grünmettstetten und Eutingen bei Nagold schenkte[76]. Gerold der Jüngere († 799), Immas Sohn, stellte in Nagold 786 eine Urkunde für St. Gallen aus, mit welcher er diesem Kloster seinen Besitz in 15 Ortschaften der „Pirihtilinbaar" um den oberen Neckar übertrug[77]. Dem Kloster Lorsch schenkte er 794 Besitz in Ditzingen bei Leonberg[78]. Ein naher Verwandter namens Erlafried, wohl gleichfalls ein Vetter Immas, schenkte 769 ebenfalls in Gültstein[79]. Er ist wohl der Großvater jenes jüngeren „Grafen" Erlafried, der 830 mit seinem Sohn Noting, Bischof von Vercelli, das St.

Ottos Sohn Liudolf mit Ita, der Tochter Herzog Hermanns I. und Reginlinds, aufgefaßt. Dies hätte für die Geschichte Schwabens kaum abzusehende Folgerungen. – Eduard *Hlawitschka:* Wer waren Kuno und Richlind von Öhningen? In: ZGO 128 (1980) S. 1–49 hat die Thesen Wolfs, insbesondere die Herleitung Richlinds als Enkelin Ottos d. Gr., zurückgewiesen.

Die Diskussion ist damit wohl noch nicht abgeschlossen. – *Wolfs* Darlegungen veranlassen den Vf., seine früher geäußerte Ansicht zu revidieren, wonach Herzog Konrad von Schwaben eine Tochter des „dux" Berthold († 973) namens Judith-Jutta geheiratet und dadurch Güter um Marchtal und anderswo erworben habe; *Bühler*, Richinza von Spitzenberg (wie Anm. 62) S. 320; ders., Schwäbische Pfalzgrafen (wie Anm. 4) S. 139.

[72] Reginlinds Mutter Gisela (911) muß eine Tochter Judiths von Balingen (863) sein. Diese ist über ihre Mutter Gisela, vermählt mit Eberhard von Friaul († 864/66), eine Enkelin Ludwigs des Frommen. Siehe künftig Heinz *Bühler:* Die „Duria-Orte" Suntheim und Nâvua. In: Das Obere Schwaben 8 (im Druck).

[73] Hans Peter *Köpf:* Der Laupheimer Raum im frühen und hohen Mittelalter. In: Laupheim 778–1978. Hg. Stadt Laupheim. 1979. S. 47. – *Ders.:* Aus der Gründungszeit von Iselshausen. In: 900 Jahre Iselshausen. 1981. S. 32–41.

[74] Codex Laureshamensis. Bd. 3. Hg. Karl *Glöckner.* 1936. S. 160 Nr. 3637.

[75] Codex Laureshamensis. Bd. 3. S. 114 Nr. 3289.

[76] Codex Laureshamensis. Bd. 3. S. 157 Nr. 3617, Nr. 3616; S. 110 Nr. 3254; S. 117 Nr. 3305; S. 160 Nr. 3638. – Vgl. *Köpf,* Laupheim (wie Anm. 73) S. 46 f.

[77] Urkundenbuch der Abtei Sanct Gallen. Teil I. Hg. Hermann *Wartmann.* 1863. S. 101 f. Nr. 108. – Vgl. Gerolds Schenkung an Kloster Reichenau; Die Chronik des Gallus Öhem. Hg. Karl *Brandi.* 1893. S. 18.

[78] Codex Laureshamensis. Bd. 3 (wie Anm. 74) S. 157 Nr. 3614.

[79] Codex Laureshamensis. Bd. 3 S. 114 Nr. 3290.

Aureliuskloster in Hirsau stiftete[80]. Erlafried gab dazu Gut in Hirsau, Stammheim, Deckenpfronn, Gültstein (12 Huben), Maichingen, Döffingen, Münklingen, wohl auch in Merklingen[81] sowie eine Anzahl Weiler im Nagoldtal. Sein Sohn Noting aber schenkte dem Kloster Reichenau Gut in Hirsau, Stammheim, Gechingen, Möttlingen und anderen Orten, darunter solchen, in denen auch Gerold der Jüngere begütert war[82].

Wir sehen, daß im 8. und 9. Jahrhundert der Besitz der Herzogssippe den Bereich eng berührte und sogar teilweise umschloß, in welchem wir im 11. und 12. Jahrhundert staufischen und arnsteinischen Besitz ermitteln konnten.

Seit dem 9. Jahrhundert zersplitterte der Besitz der Herzogssippe immer mehr. Von Immas Sohn Graf Udalrich I. (778–804) stammten die Grafen von Buchhorn ab, die noch im späten 11. Jahrhundert Zehntrechte in Gültstein und Wöllhausen bei Nagold besaßen und damit ihr Kloster Buchhorn ausstatteten[83]. Eine Enkelin Udalrichs I., Tochter seines Sohnes Udalrich II. (803–817), hatte ins Haus der Hunfriedinger geheiratet und diesem Geschlecht Besitz zugebracht[84]. Ihr Sohn, Graf Adalbert der Erlauchte, Graf im Scherra- und Thurgau (858–894), der Großvater Herzog Burchards I., tauschte von Kloster Lorsch Güter in Gültstein ein gegen solche in Zimmern (abgegangen) bei Gemmingen[85]. Offenbar hatte er im Gäu weiteren Besitz von seiner Mutter, den es zu arrondieren galt.

Ein Gutteil des ehemaligen Herzogsguts aber muß über Immas Tochter Hildegard, die Gemahlin Karls des Großen, an die Karolinger gelangt sein. Dieses Gut vererbte sich über Ludwigs des Frommen Tochter Gisela, die Gemahlin Eberhards von Friaul, schließlich auf Reginlind, die mit Herzog Burchard I. (917–926) vermählt war. Dieser hatte wohl selbst von seinem Großvater Adalbert dem Erlauchten Güter um Herrenberg überkommen. Das alte Herrschaftszentrum Nagold aber war Reginlinds Erbe. Darauf weist der Flurname „Regental", früher „Reglintal", d.h. Tal der Reginlind[86]. Nagold ging auf Reginlinds Sohn Burchard II. über, der dort residiert haben mag, ehe er 954 die Verwaltung des Herzogtums Schwaben antrat. Im Kloster St. Felix und Regula in Zürich, wo er als „senior" galt[87] und wo seine Mutter Reginlind in ihren letzten Jahren als Äbtissin wirkte, gedachte man der „ducissa nomine Swanila" und ihres Gemahls, des „Burchardus dux dictus de

---

[80] Codex Hirsaugiensis (wie Anm. 15) S. 25. – Vgl. MG DH IV Nr. 280.

[81] MG DH IV Nr. 280.

[82] Die Chronik des Gallus Öhem (wie Anm. 77) S. 20; vgl. ebda. S. 18.

[83] J. *Zeller:* Zur ältesten Geschichte des Frauenklosters Hofen (Buchhorn). In: WVjH 22 (1913) S. 58ff. und S. 64f.

[84] Heinz *Bühler:* Die Vorfahren des Bischofs Ulrich von Augsburg (923–973). In: Jahrbuch des historischen Vereins Dillingen 75 (1973) S. 24.

[85] Codex Laureshamensis Bd. 3 (wie Anm. 74) S. 146 Nr. 3535.

[86] Freundliche Mitteilung von Herrn Hans Peter *Köpf,* Nagold.

[87] UB der Stadt und Landschaft Zürich. Hg. J. *Escher* und P. *Schweizer.* Bd. 1, 1888. S. 102f. Nr. 212.

Nagelton" (Nagold), die dem Kloster das Patronatrecht der St. Vincenzkirche in Schwenningen am Neckar geschenkt hatten[88].

Es kann sich nur um Herzog Burchard II. handeln. Swanila ist eine seither unbekannte erste Gemahlin Burchards. Man hat sich gewundert, daß Burchard II., der erst im Alter von fast 50 Jahren seine Ehe mit Hadwig einging, vordem unvermählt gewesen sein soll. Doch wird ihm von der Tradition eine erste Gemahlin zugeschrieben, und zwar eine Schwester des hl. Ulrich, Bischof von Augsburg, namens Liutgard[89], was jedoch wegen zu naher Verwandtschaft der Ehepartner nicht richtig sein kann (Verhältnis 3:3). Über Swanilas Herkunft ist nichts bekannt.

Burchard II. und Hadwig oder Hadwig allein nach Burchards Tod († 973) gründeten das Kloster auf dem Hohentwiel und übertrugen ihm Besitz in Nagold, Effringen, Rotfelden, Sindelstetten (abgegangen bei Egenhausen) im Nagoldtal und Oberiflingen westlich Horb[90].

Das Erbe Burchards II. ging nach dem Tode seiner Witwe Hadwig († 994) zunächst auf Kaiser Otto III. über, der durch seine Großmutter Adelheid mit den Burchardingern blutmäßig verbunden war, und fiel nach dessen Tod 1002 an Kaiser Heinrich II., der über seine Mutter Gisela von König Konrad von Burgund († 993) und über dessen Mutter Berta von den Burchardingern abstammte. Heinrich II. verlegte das Kloster vom Hohentwiel nach Stein am Rhein und unterstellte es dem neugegründeten Bistum Bamberg. Diesem Hochstift übertrug er 1007 wohl seinen ganzen übrigen ererbten Besitz in Schwaben, darunter Nagold, Holzgerlingen und Kirchentellinsfurt[91].

Wie erwähnt, war am burchardingischen Erbe Kaiserin Adelheid, die Schwester König Konrads von Burgund, beteiligt. Ihr Anteil wurde von ihrem Gemahl Otto dem Großen oder ihrem Sohn Otto II. verwaltet. Im Jahre 965 kam Otto der Große nach dreijährigem Aufenthalt in Italien ins Reich zurück. Auf dem Weg vom Bodensee nach Worms machte er in Heimsheim „in confinio Franciae et Alamanniae" halt, wohin ihm seine Söhne König Otto II. und Wilhelm, Erzbischof von Mainz, zum Empfang entgegengeeilt waren[92]. Der Treffpunkt Heimsheim war deshalb gewählt worden, weil man sich hier auf eigenem Grund und Boden befand. Heimsheim war sicherlich ein Gut aus der Mitgift der Kaiserin Adelheid, das ihrem Gemahl bzw. ihrem Sohn, die gewiß beide mit stattlichem Gefolge nach Heimsheim kamen, zur Nutznießung zur Verfügung stand.

---

[88] Die Statutenbücher der Propstei St. Felix und Regula zu Zürich. Hg. Dietrich W. H. Schwarz. 1952. S. 145.

[89] Markus *Welser*: Opera. 1682. S. 589. – Hansmartin *Decker-Hauff*: Die Ottonen und Schwaben. In: ZWLG 14 (1955) S. 253f.

[90] MG DH II Nr. 511. – Hans *Jänichen*: Der Besitz des Klosters Stein am Rhein (zuvor Hohentwiel) nördlich der Donau. In: Jahrbücher für Statistik und Landeskunde von Baden-Württemberg 5 (1958) S. 84.

[91] MG DH II Nr. 150, 154 und 161.

[92] Johann Friedrich *Böhmer*: Regesta Imperii Bd. 2. S. 177 Nr. 371 a.

Heimsheim war später in Händen von Barbarossas Stiefbruder, dem rheinischen Pfalzgrafen Konrad. Das ottonische Erbe muß demzufolge an Gerberga und über deren Tochter Gisela an die Salier gelangt sein. Nach Heinrichs V. Tod 1125 aber ging es an den Staufer Herzog Friedrich II. von Schwaben über, der es an den Pfalzgrafen Konrad weitervererbte[93].

Heimsheim ging also durch die Hände desselben Personenkreises, von dem wir die staufischen Güter im Raum Pforzheim–Leonberg herleiten möchten. Es liegt mitten in diesem staufischen Güterkomplex und müßte ihm eigentlich selbst zugerechnet werden. Pforzheim und Holzgerlingen mit ihrer weitgehend ähnlichen Geschichte umklammern diesen staufischen Begüterungsbereich. Dies bestätigt, daß unsere Überlegungen grundsätzlich richtig sein müssen.

Das Bild wäre unvollständig, würden wir nicht auch den Zweig des alemannischen Herzogshauses weiterverfolgen, dem die Erlafriede angehörten. Dieser Zweig müßte u.E. von einem Bruder oder einer Schwester des Herzogs Nebi (720–724) ausgehen. Zwar läßt sich keine Filiationsreihe von den bekannten Gliedern des 8. und 9. Jahrhunderts zu deren Rechtsnachfolgern erstellen. Doch werden Erlafried der Jüngere, der Gründer der Aureliuszelle in Hirsau 830, und sein Sohn Bischof Noting als „parentes" des Grafen Adalbert II. von Calw bezeichnet, der 1059 mit der Wiederherstellung des verfallenen und entfremdeten Aureliusklosters begann[94]. „Parentes" meint die Vorfahren allgemein, und zwar hier wohl in cognatischem Sinn[95]. Adalbert II., Sohn Adalberts I. (1037) und einer Schwester Papst Leos IX. namens Adelheid, hatte seinen Sitz vordem in Sindelfingen. Dem Kloster restituierte er nicht nur den meisten Besitz der früheren Aureliuszelle, sondern mehrte ihn durch Güter in Weil der Stadt (15 Huben), Blanden (abgegangen), Ottenbronn, Döffingen, Feuerbach, Botnang u.a. Orten. Er war auch in Merklingen begütert[96]. Diese Orte führen uns in die nächste Nachbarschaft der staufischen Güter um Malmsheim.

Zu den Nachkommen der Herzogssippe, speziell des Zweigs der Erlafriede, gehören gewiß auch die Nagoldgrafen, die in den älteren Generationen den Namen Anshelm bevorzugten und sich seit 1078/81 nach ihrem Sitz Tübingen benannten. Als Grafen sind sie die Rechtsnachfolger der Gerolde und mindestens seit 966, wenn nicht schon 911, nachweisbar[97]. Karl *Schmid* hat anhand von Verbrüderungseinträ-

---

[93] Das Land Baden-Württemberg. Band 5 (wie Anm. 30) S. 527 und 556. – Heinrich von Heimemesheim ist 1157 im Gefolge des Pfalzgrafen Konrad; WUB 2 S. 110 Nr. 359.

[94] MG DH IV Nr. 280.

[95] Hansmartin *Decker-Hauff:* Geschichte der Stadt Stuttgart. Band 1. 1966. S. 104: „Es ist denkbar, daß die Calwer – ursprünglich ein fränkisches Haus ... – irgendwann im 10. oder frühen 11. Jahrhundert in Stuttgarts Umgebung auf schwäbischem Boden zu Besitz gekommen sind." – Karl *Schmid:* Kloster Hirsau und seine Stifter. Forschungen zur Oberrheinischen Landesgeschichte 9 (1959) S. 108 ff.

[96] Codex Hirsaugiensis (wie Anm. 15) S. 25. – MG DH IV Nr. 280. – Annales Sindelfingenses. Hg. J. A. *Giefel.* In: WGQ ältere Reihe IV. 1890. S. 46.

[97] MG DO I Nr. 326. – Annales Alamannici. Mittheilungen zur vaterländischen

gen nachgewiesen, daß sie einerseits mit den Erlafrieden, andererseits mit den Grafen von Calw verbunden sind (Adalbert-Anshelm-Sippe)[98]. Fast noch eindrücklicher spricht dafür die Besitzgeschichte. Die Tübinger besitzen die Hälfte des Kirchenpatronats samt Kirchvogtei in Gültstein[99], dessen andere Hälfte samt reichem Grundbesitz (mindestens 14 Huben) in Händen der Zähringer als Rechtsnachfolger der Burchardinger war, während die den Tübingern näherstehenden Erlafriede dort über 13 Huben verfügt hatten, welche Adalbert II. von Calw dem Kloster Hirsau restituierte. Dies zeugt deutlich für eine frühe, offenbar ins 8. Jahrhundert zurückreichende Teilung der Herrschaftsrechte, die wir auch im benachbarten Tailfingen beobachten, wo die Tübinger neben den Zähringern begütert sind[100].

Die Tübinger waren auch westlich Nagold begütert in Pfalzgrafenweiler, Urnagold, Igelsberg, Schernbach, Göttelfingen und Hochdorf[101], in der Nachbarschaft der Güter, die Herzogin Hadwig dem Kloster Hohentwiel geschenkt, bzw. des Gutes Röt, das Richinza von Spitzenberg an Kloster Reichenbach gegeben hatte.

Wichtig aber ist, daß wir die Tübinger in Niefern bei Pforzheim treffen, wo uns arnsteinischer Besitz begegnet ist. Die Witwe des Grafen Heinrich II. von Tübingen, Adelheid, schenkte um 1100 an Kloster Reichenbach die Hälfte der Kirche in Niefern samt Gütern in Sindlingen bei Herrenberg[102].

In Eltingen, wo gleichfalls die Arnsteiner begütert waren, schenkten um 1112 der schwerkranke Berthold II. von Eberstein mit Gemahlin Adelheid und Söhnen Berthold III., Eberhard II. und Hugo ein Viertel des Dorfes an Kloster Hirsau[103]. Der Name des Sohnes Hugo wie die Tatsache, daß Graf Hugo (II. oder III.) von Tübingen als Zeuge mitwirkte, sprechen dafür, daß Adelheid von Eberstein eine Tübingerin war. Vielleicht kam das Gut Eltingen von Adelheids Seite, denn ebersteinischer Besitz ist sonst um diese Zeit in der Gegend nicht nachweisbar[104].

Mit Niefern wird die Verbindung hergestellt zu den Herren von Staufenberg (bei Offenburg), die gleichfalls Verwandte der Calwer und Tübinger sind (Adalbert-Anshelm-Sippe). Die Brüder Burchard und Berthold von Staufenberg hatten in Niefern zusammen ein Viertel der Kirche und sieben Huben (das letzte Viertel der Kirche gehörte den Grafen von Sulz). Sie hatten auch namhaften Besitz in Pforzheim, wo uns die Erben der Gisela von Schwaben begegnet sind, sowie in Weil der

Geschichte. Hg. Historischer Verein in St. Gallen 19 (1884) S. 260.
[98] K. *Schmid* (wie Anm. 95) S. 102 ff.
[99] Codex Hirsaugiensis (wie Anm. 15) S. 51. – Ottonis de Sancto Blasio chronica. MG Scriptores rerum Germanicarum in usum scholarum. Hg. Adolf *Hofmeister*. 1912. S. 21.
[100] L. *Schmid:* Geschichte der Pfalzgrafen von Tübingen. 1853. S. 114. – Vgl. Anm. 63.
[101] Siehe Urkunde von 1228; WUB 3 S. 239 Nr. 752.
[102] Schenkungsbuch des Klosters Reichenbach. In: WUB 2 S. 397.
[103] Codex Hirsaugiensis (wie Anm. 15) S. 30.
[104] Alfons *Schäfer:* Staufische Reichslandpolitik und hochadlige Herrschaftsbildung im Uf- und Pfinzgau und im Nordwestschwarzwald. In: ZGO 117 (1969) S. 235 ff.

Stadt (15 Huben), wo Adalbert II. von Calw ebensoviel an Hirsau gegeben hatte. Ihr Vater Ludebert und ein Neffe namens Adalbert waren in Mötzingen bei Nagold begütert[105].

Alle diese Güter umschließen und durchdringen den frühstaufischen wie auch den arnsteinischen Besitzkomplex. Es sieht ganz so aus, als hätten diese letzteren beiden Besitzgruppen einst gleichfalls zu dem nach Nagold orientierten Herrschaftsverband gehört. Es handelt sich um alemannisches Herzogsgut, das über Herzog Nebis Tochter Imma an die Geroldinger gefallen war. Deren Besitz gelangte zum guten Teil in die Hände der Burchardinger und ging über die burgundischen Welfen teilweise an Glieder des ottonischen Kaiserhauses (Otto II., Otto III., Heinrich II.). Ein Großteil aber muß an Gerberga gefallen sein, die Gemahlin Herzog Hermanns II. An deren Gut hatten die Nachkommen Giselas von Schwaben teil, nämlich die Zähringer sowie die salischen Herrscher und als deren Erben die Staufer. Auch Giselas Schwester Mathilde mußte daran in gleichem Maße beteiligt sein. Was wir als Anteil Hildegards von Schlettstadt betrachten, muß über Mathildens Tochter Sophie angefallen sein. Damit bestätigt sich erneut, daß Hildegard eine Tochter von Sophie von Lothringen und Ludwigs von Mousson gewesen ist.

Nun steckt im fraglichen Begüterungsbereich freilich auch noch anderes Gut. Überaus reicher Grundbesitz ist im 8. und 9. Jahrhundert aus den verschiedensten Händen an die Klöster Lorsch und Weißenburg im Elsaß gelangt. Von diesem Besitz ist im 11. und 12. Jahrhundert nur noch wenig die Rede. Er scheint weitgehend als Lehen in die Gewalt weltlicher Herren gelangt zu sein. Wir haben darüber ein Zeugnis gerade aus dem uns interessierenden Bereich. Herzog Otto von Kärnten († 1004), der Sohn Konrads des Roten († 955), hatte sich um 985 die Abtei Weißenburg unterworfen, ihr Güter, die als Lehen ausgegeben waren, weggenommen und unter seine Anhänger verteilt. Eine Aufzeichnung darüber aus dem Jahre 991 nennt 68 Orte in der Pfalz, am Oberrhein, im Kraichgau und am Neckar, darunter Renningen bei Leonberg, Simmozheim westlich Weil der Stadt sowie Bietigheim und Bissingen an der Enz[106].

Die Verteilung an Ottos Anhänger erfolgte wohl wieder in Form der Belehnung, so daß Otto als angemaßter Lehensherr eine Art Obereigentum behielt, das sich vererbte. Wer waren Ottos Erben?

Zunächst sein älterer Sohn Graf Heinrich von Speyer († 990/1000). Von ihm konnten die Güter an König Konrad II. und über die salischen Herrscher schließlich an die Staufer gelangen. Sein jüngerer Sohn Konrad I. Herzog von Kärnten († 1011) war vermählt mit Mathilde, der Tochter Herzog Hermanns II. und Gerbergas. Er hinterließ nur den kinderlosen Konrad II. († 1039) und den Bischof Bruno von Würzburg († 1045), weshalb sein Erbe an die Kinder Mathildens aus

---

[105] Codex Hirsaugiensis (wie Anm. 15) S. 25f. – Schenkungsbuch des Klosters Reichenbach. In: WUB 2 S. 402f.
[106] Aus Weißenburger Quellen. In: WGQ 2. 1895. S. 286ff. Nr. 36.

zweiter Ehe mit Herzog Friedrich II. von Oberlothringen († 1026/27) fiel. Das war u. a. wiederum Sophie, die Gemahlin Ludwigs von Mousson. Wenn wir in Altheim (abgegangen) dicht bei Renningen Besitz Friedrichs, eines Bruders des Bischofs Otto von Bamberg, getroffen haben, der von seiner Mutter Adelheid, der Tochter Hildegards von Schlettstadt, stammen muß, dann könnte es sich um solchen ehemals weißenburgischen Besitz handeln. Dies aber bestätigt wiederum Hildegards Abkunft von Sophie von Lothringen und Ludwig von Mousson.

6. Wer war die Ahnfrau, die den Grafen von Arnstein Güter in Schwaben vermittelte?

Die Grafen von Arnstein haben von einer Ahnfrau, nämlich der Gemahlin des Grafen Arnold (1050–1053), Güter im Raum Pforzheim–Leonberg geerbt und sind dadurch Besitznachbarn der Staufer geworden. Deren Besitz ist zumindest zum guten Teil von Hildegard von Schlettstadt vermittelt, die diesen Besitz ihrer Abstammung von Herzog Hermann II. von Schwaben und Gerberga über ihre Mutter Sophie von Lothringen und Großmutter Mathilde verdankt. Die Arnsteiner sind offenbar an der gleichen Erbmasse beteiligt. Darauf deutet nicht nur die Besitznachbarschaft zu den Staufern, sondern auch die Tatsache, daß an den arnsteinischen Orten Glieder der Adalbert-Anshelm-Sippe mitbeteiligt sind, die zu den Rechtsnachfolgern der Erlafriede, eines Zweigs der alemannischen Herzogs-sippe, gehört – nämlich in Niefern und vielleicht in Eltingen die Grafen von Tübingen, in Gebersheim die Grafen von Calw.

Hildegard von Schlettstadt brachte den Namen ihres Vaters Ludwig ins staufische Haus. Denselben Namen vererbte die arnsteinische Ahnfrau ihren Nachkommen. Er geht sicherlich gleichfalls auf das Haus Mousson-Mömpelgard zurück. Als Vater der Arnsteiner Ahnfrau kommt nach der Zeit nur Ludwig von Mousson (1044–1071) in Betracht. Damit wäre die Ahnfrau der Arnsteiner eine Schwester der Hildegard von Schlettstadt.

Zwar treten die Grafen von Arnstein als Teilhaber am Heiligen Forst nicht in Erscheinung. Dies besagt jedoch nicht viel. Vermutlich hatten sie – wie andere Nachkommen Sophies von Lothringen – ihre Rechte an die Lützelburger oder an die Staufer abgetreten. Sind doch von den zahlreichen Nachkommen Sophies nur Dietrich von Mömpelgard († 1105), Peter von Lützelburg und sein Sohn Rainald sowie Herzog Friedrich II. von Schwaben und dessen Nachkommen als Teilhaber am Forst bezeugt.

Dagegen dürften die Arnsteiner an einem anderen Objekt desselben Sippenkreises beteiligt gewesen sein, nämlich am Kloster St. Saturnin in Münsterdreisen (Donnersbergkreis). Wir lernen dessen Geschichte im wesentlichen aus einer Urkunde König Konrads III. von 1144 kennen, mit welcher er auf Bitten seines Bruders, des

Herzogs Friedrich II. von Schwaben, das verwahrloste Kloster wiederherstellte und
ihm seinen Besitzstand bestätigte[107].

Das Benediktinerinnenkloster St. Saturnin war um 863 vom „dux" Nanthar,
einem Vorfahren der Salier, und seiner Gemahlin Kunigunde gegründet worden,
aber bald verwaist. In den siebziger Jahren des 11. Jahrhunderts war St. Saturnin in
ein Chorherrenstift umgewandelt worden, offenbar vom Grafen Friedrich von
Mömpelgard und Markgrafen von Susa († 1092). Auf Veranlassung dieses Grafen
und des Propstes Anshelm hatten im Frühjahr 1076 die Damen Beatrix († April
1076) und ihre Tochter Mathilde von Tuscien Güter gestiftet zu ihrem und ihrer
verstorbenen Ehemänner Seelenheil, nämlich Herzog Gottfrieds III. von Lothringen († 26. Februar 1076) und Bonifazius' († 1052). Graf Friedrich und die Damen
Beatrix und Mathilde waren Rechtsnachfolger des „dux" Nanthar und an der
Wiederherstellung Münsterdreisens interessiert. Nun waren Beatrix und Mathilde
Tochter und Enkelin jener älteren Mathilde, die wir als Tochter Herzog Hermanns
II. von Schwaben und Gerbergas kennen, und zwar aus Mathildens zweiter Ehe mit
Herzog Friedrich II. von Oberlothringen († 1026/27). Graf Friedrich war gleich-
falls ein Enkel jener Mathilde durch seine Mutter Sophie († 1093). Ihre Rechte an
Münsterdreisen aber hatten sie weder von Mathildens Vorfahren noch von deren
zweitem Gemahl Herzog Friedrich von Oberlothringen geerbt; sie stammten von
Mathildens erstem Gemahl Herzog Konrad I. von Kärnten († 1011) aus der Worm-
ser Linie des salischen Hauses, der ein Nachkomme Nanthars war[108]. Aber nach dem
Tode der Söhne aus dieser Ehe, Herzog Konrads II. von Kärnten († 1039) und
Bischof Brunos von Würzburg († 1045), waren die Rechte den Töchtern Mathildens
aus zweiter Ehe, Beatrix und Sophie, zugefallen.

Nachdem das Chorherrenstift Münsterdreisen erneut völlig verwahrlost war,
beschlossen im Jahre 1144 Herzog Friedrich II. von Schwaben und Dietrich von
Huneburg, Landgraf im Unterelsaß (1121–1148), es in die Hände eines Reformor-
dens zu geben. Im Einvernehmen mit König Konrad III. übertrugen sie die
Neugründung dem Grafen Ludwig III. von Arnstein, Conversen des Prämonstra-
tenserordens, und seinen Mitbrüdern aus dem Kloster Arnstein und bestätigten alle
Güter des ehemaligen Benediktinerinnenklosters und Chorherrenstifts. Alle an der
Neugründung Beteiligten waren untereinander verwandt und hatten ein Erbrecht an
das Münsterdreisener Klostergut[109]. Dietrich von Huneburg (Haus der Bliesgaugra-
fen) muß von Mutterseite ein Enkel Dietrichs von Mömpelgard († 1105) gewesen
sein. Er war damit ein Großneffe Friedrichs von Mömpelgard († 1092) und ein
Urenkel Ludwigs von Mousson (1044–1071) und Sophies von Lothringen, die das
Anrecht an Münsterdreisen vermittelt hatte. Herzog Friedrich II. dürfte durch
seine Großmutter Hildegard Anrechte erworben haben, die auf Sophie von
Lothringen zurückgehen. Dafür spricht, daß Friedrichs II. Bruder, König Konrad

---

[107] MG DK III Nr. 104; vgl. MG DLdD Nr. 114.
[108] *Werle* (wie Anm. 39) S. 347.   [109] Wie Anm. 108 S. 352 Anm. 385.

III., den Grafen Friedrich von Mömpelgard († 1092) seinen „nepos" nennt. Er mag aber auch nach dem Tode Kaiser Heinrichs V. 1125 noch zusätzlich Anteile überkommen haben, die der Kaiser von Mathilde von Tuscien († 1115) geerbt hatte[110]. Unter diesen Umständen war Herzog Friedrich II. der meistbeteiligte an Münsterdreisen. Die Mitwirkung Ludwigs III. von Arnstein erklärt sich aus seiner „consanguinitas" zu Herzog Friedrich II.[111], die zugleich auch eine Blutsverwandtschaft zum Landgrafen Dietrich war. Diese Verwandtschaft aber begründete sicherlich auch ein Anrecht an das Klostergut. Es kann nur durch seine Urgroßmutter, die Gemahlin des Grafen Arnold (1050–1053), vermittelt sein, die damit in die Nachkommenschaft der Sophie von Lothringen und Ludwigs von Mousson eingereiht werden muß, und zwar – nach der Zeit – als deren Tochter.

Hildegard von Schlettstadt und die Stammutter der Grafen von Arnstein waren somit tatsächlich Schwestern. Welche der Schwestern Hildegards aber kommt als Stammutter der Arnsteiner in Betracht?

Wenn wir uns an die 1105 urkundlich bezeugten Töchter Ludwigs von Mousson und Sophies von Lothringen halten und nicht eine weitere, sonst unbekannte Tochter annehmen wollen, bleibt eigentlich nur die Tochter Sophie. Über sie ist am wenigsten bekannt. *Viellard* hatte sie vermutungsweise zur Gattin eines Herren von Rougemont gemacht[112]. Diese Annahme überzeugt jedoch keineswegs, wenn man Sophies vornehme Herkunft bedenkt. Neuerdings wurde Sophie als Gemahlin des Grafen Folmar von Froburg (1076–1114) angesprochen[113]. Walther *Merz*, der Bearbeiter der Grafen von Froburg und Homberg im Genealogischen Handbuch zur Schweizer Geschichte[114], weiß von dieser Verbindung nichts; ebensowenig die Herausgeber des Solothurner Urkundenbuchs[115].

Wir kennen die Argumente nicht, die dazu führten, Sophie mit dem Froburger zu verbinden, und wir wollen diese Verbindung auch nicht in Abrede stellen. Aufgrund der bekannten Daten könnte es sich um Sophies zweite Ehe handeln. Einer ersten Ehe mit Arnold von Arnstein (1050–1053) steht somit nichts im Wege. Arnold verschwindet nach 1053 aus den Quellen und ist wohl bald gestorben. Sein Sohn Ludwig I. ist ab 1067 als Inhaber der Grafschaft im Einrichgau bezeugt. Er stand sicher schon in den zwanziger Jahren und müßte daher um 1040–1045 geboren sein; das paßt zum Lebensalter seiner erschlossenen Mutter Sophie, die um 1025 geboren sein müßte.

---

[110] Wie Anm. 109.

[111] Wie Anm. 17.

[112] *Viellard* (wie Anm. 38) S. 170 Anm. 9. – Vgl. *Klebel* (wie Anm. 19) S. 172.

[113] Europäische Stammtafeln Bd. V. Hg. aus dem Nachlaß von Frank Freytag von Loringhoven von Detlev *Schwennicke*. 1978. Tafel 133. – Vgl. Europäische Stammtafeln Bd. VI. 1978. Tafel 146.

[114] Genealogsiches Handbuch zur Schweizer Geschichte. Hg. Schweizerische Heraldische Gesellschaft. Bd. I. 1900–1908. S. 26 Tafel VII und Text S. 28.

[115] Solothurner UB. Hg. Regierungsrat des Kantons Solothurn. Bearb. von Ambros *Kocher*. 1952. Tafel 4 bearb. von Hans *Sigrist*.

Wir nehmen also an, daß Sophie von Mousson-Mömpelgard die Stammutter der Grafen von Arnstein war. Als Schwester der Hildegard von Schlettstadt vermittelt sie die bezeugte Blutsverwandtschaft zwischen dem Staufer Herzog Friedrich II. von Schwaben und (ihrem mutmaßlichen Urenkel) Ludwig III. von Arnstein. Wie Hildegard mußte sie Anteil haben am Gut Herzog Hermanns II. von Schwaben und Gerbergas im Raum zwischen Pforzheim und Leonberg bzw. an der Hinterlassenschaft Herzog Konrads I. von Kärnten († 1011). Sie vererbte dies ihrem Enkel Ludwig II. von Arnstein, der es zu Beginn des 12. Jahrhunderts dem Kloster Hirsau im Tausch gegen den Hof Geisenheim bei Rüdesheim übertrug.

Auf demselben Weg wie Ludwig III. von Arnstein mit dem Staufer Herzog Friedrich II. blutsverwandt war, war es auch seine Vaterschwester Gemma (Hemma), die sich mit Graf Hugo II. von Tübingen vermählt hatte, und ebenso deren Sohn Hugo III., der 1146 erstmals als schwäbischer Pfalzgraf erscheint. König Konrad III., der ihm das Amt übertragen hatte, war natürlich in gleicher Weise mit ihm verwandt wie Herzog Friedrich II.; sie waren Vettern im zweiten bzw. dritten Grad. Fraglos hat diese Verwandtschaft die Anwartschaft Hugos III. auf das Pfalzgrafenamt begründet (Verhältnis 3 : 4).

Sehen wir uns im schwäbischen Hochadel der Zeit um, dann finden wir zu den staufischen Brüdern Herzog Friedrich II. und König Konrad III. näher verwandt nur den Grafen Ludwig I. von Öttingen (1141 bis ca. 1150), nämlich im Verhältnis 2 : 4[116], und vielleicht auch die Grafen von Zollern. Daß nicht einer von diesen dem Tübinger vorgezogen wurde, hatte wohl seinen besonderen Grund.

7. Begründet die Verwandtschaft Tübingen–Zollern auch eine Verwandtschaft Tübingen–Staufen?

Unter den Söhnen des ersten Tübinger Pfalzgrafen Hugo III. fällt der Name Friedrich auf. Er war im Hause Tübingen bisher unbekannt. Der Name stammt aus dem Hause Zollern.

Der Genealoge Erasmus Sayn von Freising bemerkt, eine Tochter des „Grafen" Burchard von Zollern habe sich mit einem „comes de Tuwig" vermählt und sei die Mutter des „Hugo palatinus" und des „Heinricus de Ruke". Der „Hugo palatinus" aber habe den „Rudolphus palatinus" gezeugt[117].

Verdient die Saynsche Genealogie zwar nicht in allem uneingeschränktes Vertrauen, so stimmen die Nachrichten über die Nachkommen der zollerischen Grafentochter mit der sonstigen Überlieferung überein. Der letztgenannte „Rudolphus palatinus" ist 1175–1219 bezeugt. Er ist der Sohn des Pfalzgrafen Hugo IV. (1139, 1160–1182) und Neffe des Heinrich von Ruck († 1167). Diese beiden sind Söhne

[116] *Bühler,* Zur Geschichte (wie Anm. 22) S. 45.
[117] Rudolf *Seigel:* Die Entstehung der schwäbischen und der fränkischen Linie des Hauses Hohenzollern. In: Zeitschrift für Hohenzollerische Geschichte 92 (1969) nach S. 32.

Hugos III. (1125, Pfalzgraf 1146–1152). Die Zollerngräfin war somit die Gemahlin Hugos III., des Tübingers, der als erster mit der Pfalzgrafenwürde ausgezeichnet wurde. Sie war dann auch die Mutter des in der Saynschen Genealogie nicht erwähnten Pfalzgrafen Friedrich (1152 bis ca. 1160). Friedrich aber war der unmittelbare Nachfolger Hugos III. im Pfalzgrafenamt und daher dessen ältester Sohn. Er hat kein hohes Alter erreicht und anscheinend keine Nachkommen hinterlassen (nach Tubingius war er vermählt[118]); dies mag erklären, weshalb ihn der Genealoge verschweigt.

In einem Punkt hat der Genealoge sicherlich geirrt. Die Zollerngräfin kann nicht die Tochter des „Grafen" Burchard von Zollern sein. Dieser ist schon 1061 umgekommen[119]. Er müßte wohl zwischen 1020 und 1030 geboren sein. Seine angebliche Tochter aber wäre etwa um 1090–1100 zur Welt gekommen. Die Unhaltbarkeit dieser Ansicht ist offenkundig. Der Genealoge hat sich in der Generation geirrt insofern, als er zwei aufeinanderfolgende Friedriche zu einer Person zusammengezogen und damit die Geschwister des jüngeren Friedrich, die Enkel Burchards I., zu Kindern Burchards gemacht hat. Tatsächlich muß zwischen Burchard I. († 1061) und die Generation unserer Zollerngräfin als deren Vater Graf Friedrich I. von Zollern (1085–1115) eingeschoben werden[120]. Wenn die mit Hugo III. von Tübingen vermählte Zollerin die Tochter eines Friedrich war, dann erklärt sich auch, warum sie ihrem eigenen ältesten Sohn den Namen Friedrich gab; überdies stimmen dann die Lebensdaten.

Es fragt sich nun, wie der Name Friedrich ins Haus Zollern kam. Die ersten Zollern hießen Burchard und Wezel (= Werner). Ludwig *Schmid* hat sich sehr eingehend mit der Herkunft der Zollern befaßt[121], ohne zu einem abschließenden Ergebnis zu gelangen. Der Name Burchard weist auf engste Beziehungen zum Hause Nellenburg und zu den Burchardingern. Wezel (Werner) ist ein im Hause Winterthur-Kyburg und bei den Habsburgern gebräuchlicher Name; auch der Stifter von Hugshofen im Elsaß, ein Verwandter der Achalmer, hieß so. Nicht zuletzt findet sich der Name bei den Nagoldgrafen, den Vorfahren der Tübinger, und bei der Tübinger Seitenlinie Ruck. In keinem dieser Häuser aber ist in der vorhergehenden Zeit der Name Friedrich zu finden. Friedriche gibt es im lothringischen Herzogshaus und bei den Sieghardingern, von denen der Name ins Haus der Riesgrafen und schwäbischen Pfalzgrafen kam, die sich später nach dem Hohenstaufen nannten[122]. Schon Ludwig *Schmid* nahm eine Verbindung der Zollern mit

[118] Tubingius (wie Anm. 14) S. 39.
[119] Rudolf *Seigel:* Die Überlieferung der ersten Erwähnung des Hauses Hohenzollern von 1061. In: Hohenzollerische Jahreshefte 84 (1961) S. 23 ff.
[120] Genealogie des Gesamthauses Hohenzollern. Hg. Julius *Grossmann*, Ernst *Berner*, Georg *Schuster* und Karl Theodor *Zingeler*. 1905. S. 523.
[121] Ludwig *Schmid*: Die älteste Geschichte des erlauchten Gesamthauses der Königlichen und Fürstlichen Hohenzollern. Erster Teil: Der Urstamm der Hohenzollern. 1884. S. 38 ff.
[122] *Decker-Hauff*, Das Staufische Haus (wie Anm. 5) S. 341 ff.

den Staufern an[123]. Rein genealogisch ist diese Verbindung leicht herzustellen: Burchard I. von Zollern († 1061) müßte mit der Tochter eines Friedrich vermählt gewesen sein. Nach den Lebensdaten kommt nur eine Tochter des Riesgrafen und Pfalzgrafen Friedrich in Betracht, der sich von 1030 bis 1053 nachweisen läßt. Es ist derselbe, der durch seine Heirat mit der Erbtochter des Filsgrafen Walter (998) die Position seines Hauses im Rems-Fils-Gebiet begründet hat[124].

Trifft dies zu, dann waren die Zollern mit den Staufern sehr nahe verwandt. Die Zollerngräfin, die sich mit Hugo III. von Tübingen vermählte, war dann zu König Konrad III. eine Cousine zweiten Grades (Verhältnis 3:3). Ihre Söhne und Enkel waren sowohl von Vater- als auch von Mutterseite mit den Staufern blutsverwandt.

Zunächst ist diese Verbindung freilich nur eine mögliche genealogische Konstruktion, die sich auf die der Regel entsprechende Vererbung des Namens Friedrich stützt und unserem Postulat einer möglichst nahen Verwandtschaft der Tübinger Pfalzgrafen zu den Staufern entgegenkommt. Sie gewönne sehr an Glaubwürdigkeit, wenn sie sich besitzgeschichtlich unterbauen ließe, d.h. wenn sich im frühen staufischen Begüterungsbereich Besitz der Zollern oder Tübinger fände, der sich mit einiger Wahrscheinlichkeit auf jene (erschlossene) staufische Stammmutter der Zollern zurückführen ließe.

Nun finden sich mitten im staufischen Begüterungsbereich zwischen Rems und Fils, in Endersbach und Strümpfelbach, noch im frühen 14. Jahrhundert hohenbergische Lehen[125]. Die Grafen von Hohenberg sind eine Nebenlinie des Hauses Zollern, die sich von einem Bruder jener Zollerngräfin abspaltete, die den Grafen Hugo III. von Tübingen heiratete. Die Hohenberger sind somit direkte Nachkommen Burchards I. von Zollern (†1061) und seiner mutmaßlich staufischen Gemahlin, die diese Güter vermittelt haben könnte. Die Möglichkeit eines Erbgangs der Güter in Endersbach und Strümpfelbach von einer Stauferin zu den Zollern und weiter zu den Hohenbergern ist also durchaus gegeben.

Dieser Erbgang gewinnt einen hohen Grad an Wahrscheinlichkeit, da sich bei näherer Prüfung ergibt, daß diese Güter kaum auf andere Weise erworben sein können. Die hohenbergischen Lehen in Endersbach und Strümpfelbach waren um 1330 an Albrecht von Frauenberg verliehen[126]. Dieser erscheint 1321 als Zeuge für Graf Bürgin den Jüngeren (= Burchard V. von der Nagolder Linie, 1302 bis ca. 1355)[127], auf dessen Veranlassung das Lehensverzeichnis offenbar angelegt worden war. Die Lehen in Endersbach und Strümpfelbach hatte er schon von seinem Vater

[123] Ludwig *Schmid:* Die älteste Geschichte (wie Anm. 121). Zweiter Teil: Die Geschichte der Grafen von Zollern. 1886. S. 46f.

[124] *Bühler,* Schwäbische Pfalzgrafen (wie Anm. 4) S. 145.

[125] Monumenta Hohenbergica. Urkundenbuch zur Geschichte der Grafen von Zollern-Hohenberg. Hg. Ludwig *Schmid.* 1862. S. 916ff. Nr. 889. – Vgl. Das Land Baden-Württemberg. Band 3. 1978. S. 482, 565 und 566.

[126] Monumenta Hohenbergica (wie Anm. 125) S. 917.

[127] Monumenta Hohenbergica S. 234f. Nr. 287.

Graf Burchard IV. (1260–1318) geerbt. Dessen Vater Burchard III. (1237–1253) war mit Mechthild von Tübingen vermählt, der Tochter des Pfalzgrafen Rudolf II. von Tübingen (1224–1247). So könnte Mechthild diese Güter zugebracht haben. Sie müßten aber letztlich von der erwähnten staufischen Ahnfrau, der Gemahlin Burchards I. von Zollern, stammen, da im Hause Tübingen vordem keine Verbindung bekannt ist, die eine anderweitige Herleitung dieser Güter naheleigen würde. Auch bei den älteren Hohenbergern ist keine Heiratsverbindung bekannt, durch welche jene Güter zugebracht sein könnten, bis zurück auf Burchard I. von Zollern († 1061), den wir als Gemahl einer Stauferin betrachten.

Wir werten dieses Ergebnis in positivem Sinn, daß nämlich die konstruierte Verwandtschaft der Zollern zu den Staufern sehr wahrscheinlich bestanden hat.

8. Ergebnis und Folgerungen

Waren die Grafen von Zollern mit den Staufern verwandt, dann war es selbstverständlich auch die zollerische Gemahlin Hugos III. von Tübingen. Hugo III. konnte seine Anwartschaft auf das Pfalzgrafenamt in diesem Falle nicht nur auf die eigene, durch seine arnsteinische Mutter vermittelte Blutsverwandtschaft zu den Staufern gründen; er war durch seine Eheverbindung mit einer stauferblütigen Zollerngräfin, der Urenkelin eines Pfalzgrafen, zusätzlich für dieses Amt prädestiniert. Neben seinen persönlichen Qualitäten mag diese doppelte Verbindung zum staufischen Haus den Ausschlag gegeben haben, ihn seinen zollerischen Schwägern Friedrich II. (1125 bis ca. 1148), Burchard II. (1125 bis ca. 1155) und Gottfried (ca. 1134–1156) oder dem Grafen Ludwig I. von Öttingen (1141 bis ca. 1150) vorzuziehen.

Daß er seinem ältesten Sohn und Nachfolger den Namen Friedrich gab, wird wohl nicht allein mit Rücksicht auf den Schwiegervater Friedrich I. von Zollern (1085–1115) geschehen sein, sondern sollte auch die durch seine Frau begründete Verbindung zu den staufischen Friedrichen dokumentieren. Das enge Zusammenspiel zwischen Herzog Friedrich IV. von Schwaben (1152–1167), dem Pfalzgrafen Hugo IV. von Tübingen und den Grafen von Zollern in der welfisch-tübingischen Fehde 1164–1166 dürfte nicht zuletzt Ausdruck der allseitigen Verwandtschaft gewesen sein.

Die Verwandtschaft Hugos III. von Tübingen zu den Staufern erklärt den Übergang der Herrschaft Hildrizhausen aus dem Besitz Herzog Friedrichs II. von Schwaben an den Tübinger. Friedrich II. hatte die Burgen Kräheneck (bei Pforzheim) und Hildrizhausen um 1122/24 von den Grafen von Cappenberg erworben[128]. In der welfisch-tübingischen Fehde 1165 erscheint die Burg Hildrizhausen in tübingischem Besitz und wird von Herzog Welf VI. zerstört[129].

---

[128] *Jänichen*, Schönbuch (wie Anm. 59) S. 52.
[129] Ottonis de Sancto Blasio chronica (wie Anm. 99) S. 21.

Hans *Jänichen* nahm an, der Übergang der Herrschaft Hildrizhausen sei in Verbindung mit der Verleihung des Pfalzgrafenamtes an Hugo III. erfolgt[130]. Dies trifft gewiß zu. Wahrscheinlich handelte es sich um einen Ausgleich für Güter und Rechte in und um Ulm, die Zugehör des Pfalzgrafenamtes waren und den Staufern früher, solange sie selbst das Pfalzgrafenamt bekleidet hatten, zur Verfügung standen. Mit dem Übergang der Pfalzgrafenwürde an den Tübinger hätten diese Güter und Rechte ihm ausgefolgt werden müssen.

Die staufischen Brüder Herzog Friedrich II. und Konrad III. waren dabei, sich in und um Ulm eine Machtposition ihres Hauses zu schaffen. Sie verfügten wahrscheinlich schon von ihrer Mutter Agnes her über Rechte in Ulm. Nach dem Tode Kaiser Heinrichs V. 1125 übernahmen sie kraft Erbrechts die Güter und Rechte der salischen Herrscher, insbesondere die Pfalz auf dem Weinhof samt den zugehörigen Wirtschaftshöfen Stadelhof (an der Blau) und Schwaighof (jenseits der Donau). Es handelte sich um die seit 854 bezeugte Königspfalz, die aber wohl von Herzog Burchard I., dem Gemahl der karolingerblütigen Reginlind, als Herzogspfalz beansprucht worden war und sich später unter den Nachkommen der beiden weitervererbt hatte, bis sie durch die Hand Giselas von Schwaben an König Konrad II. gelangt und nun unter den salischen Herrschern wieder die Funktion einer Königspfalz erhalten hatte[131]. Es sieht übrigens ganz so aus, als ob in Verbindung mit dieser Aufwertung der Ulmer Pfalz unter König Konrad II. das Amt des Pfalzgrafen in Schwaben als Vertreter des Königs erneuert und Ulm zu seiner mindestens zeitweiligen Residenz bestimmt worden sei, nachdem seit Erchanger (912) bis dahin kein Pfalzgraf in Schwaben begegnet[132].

---

[130] Wie Anm. 128 S. 53f.

[131] Heinz *Bühler*, Diskussionsbeitrag zum Referat von Ursula Schmitt: „Reichenau und Ulm" am 29. 10. 1973 in Ulm. – Die Ansprüche des Schwabenherzogs und Gegenkönigs Rudolf von Rheinfelden wie der Gegenherzöge Berthold von Rheinfelden und Berthold II. von Zähringen an die Pfalz Ulm im Investiturstreit erklären sich u. E. aus der z. T. von Frauenseite vermittelten Teilhabe am Erbe K. Heinrichs III. Vgl. *Wunder* (wie Anm. 42) S. 7ff.

[132] Der erste Friedrich aus staufischem Haus, der Großvater Friedrichs von Büren, wäre von König Konrad II. um 1025 als Pfalzgraf eingesetzt worden (vgl. *Decker-Hauff*, Das Staufische Haus [wie Anm. 5] S. 342 Nr. 4 und S. 343 Nr. 10), und zwar zunächst vielleicht nicht nur als Vertreter der Interessen des Königs, sondern als tatsächlicher Regent neben dem noch minderjährigen, gegen seinen königlichen Stiefvater rebellierenden, auch zeitweilig des Amtes enthobenen Herzog Ernst II. (1015–1030). Friedrichs gleichnamiger Sohn dürfte als Pfalzgraf mindestens zeitweilig seinen Wohnsitz in Ulm gehabt haben (vgl. *Bühler*, Zur Geschichte [wie Anm. 22] S. 12f.) – Unklar sind Person und Rolle des Pfalzgrafen Ernst, der in einer Urkunde des Bischofs Werner von Straßburg von 1005 überliefert ist (J. D. *Schoepflin*, Alsatia diplomatica Bd. 1 S. 147 Nr. 184). Die Urkunde, eine Fälschung des 12. Jahrhunderts, erweckt Bedenken. Als Pfalzgraf müßte Ernst wohl von K. Heinrich II. (1002–1024) eingesetzt sein, was ein Vertrauensverhältnis zwischen ihm und dem Kaiser voraussetzt. H. *Jänichen* sieht in Ernst den späteren Herzog Ernst I. († 1015; s. Konstanzer Protokoll Nr. 192 vom 10. 2. 1975). Dieser hatte zu K. Heinrich II. in dessen ersten Regierungsjahren ein sehr

Die Rechte der Salier beanspruchte auch König Lothar für das Reich. Es kam deshalb 1134 zum Kampf um Ulm und zur Zerstörung durch den Parteigänger des Königs, den Welfen Herzog Heinrich von Bayern. Mit dem Übergang der Krone auf Konrad III. 1138 war der Streit zugunsten der Staufer entschieden, und diese bauten nun Ulm systematisch zum Zentrum ihres schwäbischen Herzogtums aus. Im Jahre 1143 hatten sie sich die Vogtei des benachbarten Klosters Elchingen durch Übereinkunft mit Konrad dem Großen von Wettin, dem Gemahl ihrer Nichte Liutgard, gesichert[133]. Herzog Friedrich III., der nachmalige Kaiser Friedrich I., gewann 1147 durch seine Vermählung mit Adela von Vohburg das Verfügungsrecht über Giengen, Leipheim, Gundelfingen und Lauingen[134]. Mit dem Tod des Pfalzgrafen Adalbert (nach 1143) waren nicht nur die Vogtei Anhausen samt Rechten in Langenau und die restlichen Güter der Anhauser Stifter, sondern auch die mit der Pfalzgrafschaft verbundenen Rechte an König Konrad III. gefallen, darunter zumindest ein Haus in Ulm als Absteigequartier des Pfalzgrafen. Da Konrads Bruder Herzog Friedrich II. die zur Pfalzgrafschaft gehörigen Rechte um Ulm für sein schwäbisches Herzogtum bzw. für die staufische Hausmacht beanspruchte, mußte er den Tübinger Pfalzgrafen anderweitig entschädigen. Dies geschah durch Überlassung der Herrschaft Hildrizhausen, die zur Abrundung des Tübinger Territoriums geeignet war und mit der vermutlich Gerechtigkeiten im Schönbuch verbunden waren[135]. Als Ersatz dafür, daß man den Tübinger aus der Pfalz Ulm verdrängt hatte, verlieh ihm König Konrad III. die königlichen Rechte an der Pfalz Bodman mit dem zugehörigen Gericht auf dem Bühlhof in Bodman[136].

---

gespanntes Verhältnis (vgl. Gerd *Wunder:* Gisela von Schwaben. In: Lebensbilder aus Schwaben und Franken 14 [1980] S. 4), so daß man sich schwer vorstellen kann, daß Heinrich II. ihn als Pfalzgraf eingesetzt hätte. Seine spätere Erhebung zum Herzog verdankte Ernst seiner Vermählung mit der Herzogstochter Gisela um 1012. Um 1005 bestand diese Beziehung noch nicht, und man fragt sich, woher der landfremde Babenberger die für das Pfalzgrafenamt unerläßliche Machtbasis in Schwaben genommen hätte. Daher glauben wir, daß es sich bei den Pfalzgrafen Ernst um eine andere Person handelt, falls die Nachricht überhaupt Glauben verdient.

[133] *Bühler,* Zur Geschichte (wie Anm. 22) S. 35.

[134] Heinz *Bühler:* Die Herrschaft Heidenheim. In: 75 Jahre Heimat- und Altertumsverein Heidenheim 1901–1976. 1976. S. 136.

[135] *Jänichen,* Schönbuch (wie Anm. 59) S. 53f.

[136] *Jänichen,* Pfalz Bodman (wie Anm. 3) S. 310 und S. 314ff.

Wie gelangten die Grafen von Tübingen zum schwäbischen Pfalzgrafenamt? Zur Geschichte der Grafen und Pfalzgrafen von Tübingen und verwandter Geschlechter. In: ZWLG Jg. 40. 1981 (=Festschrift für Hansmartin Decker-Hauff zum 65. Geburtstag, Bd. 1.), S. 188-220.

Studien zur Geschichte der Grafen von Achalm und ihrer Verwandten[*]

I. Achalmischer Besitz in Ostschwaben

1. Essingen bei Aalen

Von achalmischem Besitz in Ostschwaben ist wenig bekannt. Essingen bei Aalen ist das einzige achalmische Gut in diesem Raum, von dem man unmittelbar aus den Zwiefalter und Hirsauer Quellen Kenntnis erhält. Der Hirsauer Codex berichtet, Graf Werner (IV.) von Grüningen († 1121) habe dem Kloster eine *curtis* in Essingen samt zugehörigen Leibeigenen und Huben geschenkt. Überdies habe er gegeben, was er in Scherweiler im Elsaß besaß sowie drei Huben in „Vilowa" (unbestimmt)[1].

Zu Essingen bemerkt der Zwiefalter Chronist Ortlieb ergänzend und erläuternd: Graf Liutold von Achalm († 1098), der Mitgründer des Klosters Zwiefalten, habe dem Kloster eine Hube in Steuchen (heute Wald zwischen Neuhausen an der Erms und Eningen) geschenkt, die Liutold von Abt Gebhard von Hirsau (1091–1105) erhalten habe mit der Auflage, auf alles zu verzichten, was er im Dorfe Essingen hätte beanspruchen können. Dieses Dorf war nämlich Liutolds Schwester Willibirg, der Mutter des Grafen Werner (IV.) von Grüningen, durch väterliche Schenkung zugefallen. Graf Werner hatte es sodann an Kloster Hirsau gegeben[2]. Seine Schenkung muß vor 1098 erfolgt sein, dem Todesjahr des Grafen Liutold.

Essingen war somit achalmischer Familienbesitz, den zumindest schon der Vater

[*] Nachstehende Studien wurden letztlich angeregt durch Hans *Jänichens* Arbeit über „Die schwäbische Verwandtschaft des Abtes Adalbert von Schaffhausen (1099–1124)". In: Schaffhauser Beiträge zur vaterländischen Geschichte 35 (1958). *Jänichen* hat als erster die von Böbingen-Michelstein untersucht und Beziehungen zu den Grafen von Achalm erkannt. Der Verfasser hatte das Glück, jahrelang mit Professor Jänichen brieflich in Gedankenaustausch zu stehen, auf diesem Wege Detailfragen diskutieren zu können und vielfältige Anregungen zu erhalten. Er bedauert, daß diese Studien erst Jahre nach Hans Jänichens Tod zu gewissen greifbaren Ergebnissen geführt haben. Viele Anregungen verdankt der Verfasser den Herren Horst *Gaiser* und Albrecht *Rieber* vom Neu-Ulmer Arbeitskreis.

[1] Codex Hirsaugiensis. Hg. F. *Schneider*. In: WGQ ältere Reihe I, 1887. S. 54.
[2] Die Zwiefalter Chroniken Ortliebs und Bertholds. Hg. von Erich *König* und Karl Otto *Müller*. Schwäbische Chroniken der Stauferzeit 2. 1941. S. 30.

des Grafen Liutold und der Willibirg, nämlich Graf Rudolf von Achalm, ein Zeitgenosse Kaiser Konrads II. (1024–1039), innegehabt und seiner Tochter Willibirg, der Mutter des Grafen Werner von Grüningen, übergeben hatte, vielleicht als Heiratsgut.

Mit der Verfügung des Vaters Rudolf mögen Willibirgs Geschwister nicht einverstanden gewesen sein. Wie wir hörten, erhob der Bruder Liutold Ansprüche an das Gut, die der Abt von Hirsau, der die *curtis* mittlerweile geschenkt erhalten hatte, abgelten mußte. Auch die Schwester Mathilde, die mit Kuno von Lechsgemünd (1091) verheiratet war, muß über Teile Essingens verfügt und sie an ihre Nachkommen vererbt haben. Wir erhalten davon nur auf Umwegen Kenntnis. In einem unechten Diplom Heinrichs IV. vom September 1073, mit welchem der „Kaiser" angeblich die Stiftung und Dotation des Klosters Rott am Inn bestätigte, wird unter den Klostergütern *in Suuevia villa que dicitur Essingin* genannt[3].

Das Diplom Heinrichs IV. für Rott ist, wie erwähnt, gefälscht. Es diente jedoch dem Zweck, den rechtmäßig erworbenen Besitz des Klosters gegen etwaige Ansprüche von anderer Seite abzusichern. Die Abtei Rott muß also in Essingen tatsächlich begütert gewesen sein. Es fragt sich nur, wie sie zu diesem Besitz gekommen ist. Kloster Rott ist nicht 1073, wie das Diplom Heinrichs IV. glaubhaft machen möchte, sondern erst um 1084 von dem bayerischen Pfalzgrafen Kuno dem Älteren von Rott gestiftet und ausgestattet worden, nachdem sein gleichnamiger Sohn in der Schlacht bei Höchstädt 1081 gefallen war. Der Klosterbesitz in Essingen findet sich nicht in der Güterliste einer Urkunde Papst Eugens III. von 1151, dem ältesten echten Privileg, das den Klosterbesitz nennt. Er kann also zu dieser Zeit noch nicht in der Hand des Klosters gewesen sein. Dagegen ist er 1179 erwähnt in einer Urkunde Papst Alexanders III.[4]. Somit müßte er zwischen 1151 und 1179 an das Kloster gelangt sein. Der Abt von Rott lag um jene Zeit im Streit mit seinem Vogt, dem Grafen Heinrich III. von Lechsgemünd-Frontenhausen (ca. 1135–1207). Graf Heinrich war der Urenkel des Klosterstifters Kuno des Älteren von Rott († 1086) und zugleich der Urenkel der Mathilde von Achalm, die sich mit Kuno von Lechsgemünd (1091) verheiratet hatte. Ein Sohn der Mathilde, Heinrich I. von Lechsgemünd, gefallen als Parteigänger Heinrichs IV. bei Mellrichstadt 1078, war mit der einzigen Tochter des Klosterstifters Kuno des Älteren von Rott, Irmgard, vermählt und hatte so die Vogtei des Klosters an das Haus Lechsgemünd gebracht, das auch über das Erbe der Mathilde von Achalm verfügte[5]. Der Abt von Rott klagte gegen den Grafen Heinrich III. wegen Entzugs von Klostergütern und erwirkte 1166 einen Urteilsspruch des Bischofs Albert von Trient gegen den Grafen[6]. Auf Grund dieses Urteils von 1166

---

[3] MG DH IV Nr. + 263. – Vergleiche Walter *Goldinger*: Die angebliche Stiftungsurkunde des Klosters Rott am Inn. In: Mitteilungen des österreichischen Instituts für Geschichtsforschung. XIV. Erg.-Band (1939) S. 109–120.

[4] Monumenta Boica 1. 1763. S. 359 ff. Nr. 7. – *Goldinger* (wie Anm. 3) S. 117.

[5] Franz *Tyroller*: Die Grafen von Lechsgemünd und ihre Verwandten. In: Neuburger Kellektaneen-Blatt 107 (1953) S. 9 ff. mit Beilage 1.

[6] Monumenta Boica 1. 1763. S. 362 f. Nr. 9.

dürfte Graf Heinrich dem Kloster das aus dem Erbe seiner Urgroßmutter Mathilde stammende Gut in Essingen als Sühne übereignet haben.

Später muß Essingen dem Kloster Rott entfremdet, vielleicht im Einvernehmen mit den Vögten abgetauscht worden sein. Es gelangte im Erbgang an die Grafen von Öttingen[7].

Die Grafen von Öttingen verfügten im 14. Jahrhundert über verschiedene Besitzteile in Essingen, die sich ihrer Herkunft nach nicht klar trennen lassen. Zu der ehemaligen *villa* des Klosters Rott, deren Zugehör wir nicht kennen, kam der hirsauische Besitz, eine *curtis* mit zugehörigen Huben. Mit ihr war offenbar ein Kirchenpatronat verbunden[8]. Die Vogtei über die hirsauischen Güter und Rechte in Essingen hatte im Jahre 1215 König Friedrich II. übernommen. Sie waren vielleicht dem Priorat Mönchsrot zugeteilt, dessen Vogtei erstmals 1251 durch König Konrad IV. dem Grafen Ludwig IV. von Öttingen verpfändet wurde[9]. Jedenfalls gingen die staufischen Vogtrechte spätestens 1268 endgültig an Öttingen über; von Rechten Hirsaus ist später nicht mehr die Rede. Anderes Gut in Essingen dürfte als Zugehör der Feste Lauterburg aus dem Erbe der schwäbischen Pfalzgrafen 1143 zunächst an die Staufer und 1268 an Öttingen gelangt sein. Dazu gehörte möglicherweise ebenfalls ein Kirchenpatronat.

Offenbar alle diese Güter, mit denen zwei Patronatsrechte verbunden waren, trug Graf Ludwig V. von Öttingen im Jahre 1313 dem Abt von Ellwangen zu Lehen auf[10]. Von diesen nunmehr ellwangischen Aktivlehen ist zu unterscheiden ein öttingisches Gut, das Konrad Tubenloch baute und mit welchem der Kirchensatz in Lautern bei Essingen verbunden war. Graf Ludwig der Ältere (VI.) von Öttingen verkaufte es 1345 an das Spital in Schwäbisch Gmünd um 200 Pfund Heller und um den Spitalhof

---

[7] Sophie von Lechsgemünd (ca. 1193–n. 1242), die Tochter Diepolds von Lechsgemünd, war die Gemahlin Graf Ludwigs III. von Öttingen (1180–ca. 1220); siehe Die Urkunden des Reichsstiftes Kaisheim 1135–1287. Bearb. von Hermann *Hoffmann*. Schwäbische Forschungsgemeinschaft bei der Kommission für bayerische Landesgeschichte. Reihe 2a. Urkunden und Regesten 11. 1972. S. 14f. Nr. 16. – Vergleiche Oettingische Regesten. Bearb. von Georg *Grupp*. 1896. S. 10 und Nr. 14. – Vergleiche Die Urkunden des Reichsstiftes Kaisheim S. 38 Nr. 50, wo die Neffen Bertholds von Lechsgemünd, Ludwig IV. und Konrad Grafen von Öttingen, als Spitzenzeugen erscheinen. – So auch Hans Peter Köpf, Nagold, freundliche Mitteilung vom 10. 4. 75 nach Aussagen von Professor Hans-Martin Decker-Hauff. – Anders Elisabeth *Grünenwald:* Das älteste Lehenbuch der Grafschaft Öttingen. Einleitung. 1975. S. 138 mit Anm. 713; sie hält Sophie für eine Hirschbergerin, hat dafür jedoch keine besitzgeschichtliche Begründung.
[8] Das Land Baden-Württemberg. Hg. von der Landesarchivdirektion Baden-Württemberg. Band 4. 1980. S. 673. – Der betreffende Passus geht nach Auskunft von A. Uhrle auf Hans Jänichen zurück.
[9] WUB 3 S. 27f. Nr. 576. – Die Urkunden der Fürstl. Oettingischen Archive in Wallerstein und Oettingen 1197–1350. Bearb. von Richard *Dertsch* unter Mitwirkung von Gustav *Wulz*. Schwäbische Forschungsgemeinschaft bei der Kommission für bayerische Landesgeschichte. Reihe 2a. Urkunden und Regesten 6. 1959. S. 8 Nr. 20.
[10] Oettingische Regesten (wie Anm. 7) Nr. 566. – Das Land Baden-Württemberg (wie Anm. 8) Band 4. S. 673.

in Osterbuch. An dieses Gut in Essingen und den zugehörigen Kirchensatz in Lautern hatte auch Konrad von Böbingen von Michelstein Anrechte, verzichtete aber 1346 zugunsten des Spitals[11].

Die weitere Geschichte Essingens interessiert für unsere Frage nicht. Wir stellen fest, daß sich der achalmische Besitz in Essingen über die beiden achalmischen Töchter Willibirg und Mathilde vererbt und sicher den Hauptteil des später öttingischen Besitzes gebildet hat.

2. Böbingen, Michelstein und Steinheim am Albuch

Essingen war sicherlich nicht der einzige achalmische Besitz in Ostschwaben. Wenn man sich eingehend mit besitzgeschichtlich-genealogischen Fragen dieses Raumes befaßt, drängt sich der Eindruck auf, die Grafen von Achalm müßten dort noch weitere Güter besessen haben. Freilich wird ihr Besitz erst mittelbar bei den Erben faßbar.

Einen ersten Hinweis, wer zu diesen Erben gehörte, bildet wohl die Nachricht, daß Konrad von Böbingen von Michelstein bis 1346 Anrechte an ein Gut in Essingen und den Kirchensatz im benachbarten Lautern hatte[12]. Es dürften ererbte Anrechte sein. Als Teilhaber an Essingen müßte Konrad von Böbingen-Michelstein daher ein Rechtsnachfolger und Erbe der Grafen von Achalm gewesen sein.

Hans *Jänichen* hat sich als erster eingehender mit jenem edelfreien Geschlecht befaßt, das sich bald nach Tapfheim, Böbingen und Michelstein benannte, und hat auf gewisse achalmische Beziehungen dieses Geschlechtes aufmerksam gemacht, das die typisch achalmischen Namen Rudolf und Konrad als Leitnamen führte[13].

Untersuchen wir also die Geschichte der Orte, nach denen sich Angehörige des Geschlechts benannten, und prüfen wir, ob sich von daher Beziehungen zum Hause Achalm ergeben.

Die Benennung nach Böbingen bezieht sich auf Oberböbingen, das etwa sieben Kilometer westlich von Essingen, nahe den Grundmauern des römischen Kastells Unterböbingen liegt. Wie Essingen kontrolliert es einen alten Albübergang. Die Straßen, die von Essingen und Böbingen ausgehen, vereinigen sich auf der Höhe des Albuchs beim heutigen Bartholomä und führen über Steinheim am Albuch ins Stubental. Dort treffen sie auf eine von Westen kommende Römerstraße, die nach Heidenheim im Brenztal, dem ehemaligen römischen Aquileia, führt. Diese Situation

---

[11] Das Spitalarchiv zum Heiligen Geist in Schwäbisch Gmünd. Bearb. von Alfons *Nitsch*. Inventare der nichtstaatlichen Archive in Baden-Württemberg 9. 1965. S. 6f. Nr. 28 und 31.

[12] Wie Anm. 11.

[13] Hans *Jänichen*: Die schwäbische Verwandtschaft des Abtes Adalbert von Schaffhausen (1099–1124). In: Schaffhauser Beiträge zur vaterländischen Geschichte 35 (1958) S. 5–83, hier S. 11 ff. – Vergleiche Adolf *Layer*: Die Edelherren von Tapfheim. In: Jahrbuch des historischen Vereins Dillingen 78 (1976) S. 66–72.

spricht für das hohe Alter dieses Albübergangs. An der Einmündung der Straßen ins Stubental, bei dem Orte Sontheim im Stubental, erhob sich die Burg Michelstein, erstmals 1101 urkundlich bezeugt, heute „Burstel" beim Wirtshaus im Stubental. Die Lokalisierung ist durch Eintrag im Lagerbuch des Klosters Königsbronn von 1471 gesichert[14]. Böbingen und Michelstein, zwei der Plätze, nach denen sich unser Geschlecht benannte, sind also Endpunkte eines wichtigen Albübergangs, zu denen sich als dritter das achalmische Essingen gesellt. Sie müssen alle drei im Zusammenhang unter dem Aspekt der Straßensicherung betrachtet werden[15]. Es gibt wohl keinen Zweifel, daß sie ursprünglich im Besitz ein und desselben Herren gewesen sind, und das waren – wie für Essingen bezeugt – bis um die Mitte des 11. Jahrhunderts die Grafen von Achalm.

Diese allgemeinen Überlegungen lassen sich durch zusätzliche Argumente stützen. In dem dicht südlich Michelstein gelegenen Örtchen Küpfendorf war im frühen 12. Jahrhundert Landfried von Gönningen (bei Pfullingen) begütert. Er schenkte eine dortige Hube an die Abtei Zwiefalten, wo er sich begraben ließ[16]. Landfried stammte aus dem Herrschaftsbereich der Grafen von Achalm und stand in Verbindung mit dem Hauskloster der Grafen von Achalm. Sein Besitz in dem von Gönningen weit abgelegenen Küpfendorf erklärt sich wohl am ehesten aus einem Lehensverhältnis zu den Grafen von Achalm.

Nur zweieinhalb Kilometer nördlich der Burgstelle Michelstein, an der Straße nach Oberböbingen, liegt das erwähnte Steinheim am Albuch. Es war Mittelpunkt eines alten Siedlungs- und Herrschaftsverbandes, zu dem neben Sontheim im Stubental, das später offenbar Zugehör von Michelstein war, die heute verschwundenen Orte Ostheim, Westheim, Stockheim und Scheffheim gehörten[17]. Die in späterer Zeit nachweisbaren Teilhaber an diesem Herrschaftsverband dürfen als eine Erbengemeinschaft betrachtet werden. Teilhaber sind nun die mehrfach erwähnten von Böbingen-Michelstein. Steinheim selbst aber befand sich am Beginn seiner urkundlich gesicherten Geschichte größtenteils im Besitz der Herren von Albeck. Sie gehören zu der Großfamilie Stubersheim-Ravenstein-Albeck. Für diese ist der Name Berengar kennzeichnend, ein Name, der im achalmischen Sippenkreis als typisch gelten darf. Überdies ist sie im Herrschaftsbereich der Grafen von Achalm, in Metzingen und Neckartenzlingen, begütert. Die von Albeck im besonderen hatten

---

[14] Das Kloster Allerheiligen in Schaffhausen. Hg. von F. L. *Baumann.* In: Quellen zur Schweizer Geschichte 3. 1883. S. 61 f. Nr. 36. Dort wird Michelstein irrtümlich auf Michelstein bei Egisheim OA Spaichingen gedeutet. – HStA Stuttgart, Lagerbuch G 1295 Kloster Königsbronn von 1471. Fol. 58.

[15] Einer jüngeren Entwicklung (Investiturstreit?) verdanken die von den schwäbischen Pfalzgrafen erbauten Burgen Lauterburg (1128 bezeugt) und Rosenstein ihre Entstehung. Sie kontrollierten die genannten Straßen, als das ältere achalmische System schon in Auflösung begriffen war.

[16] Die Zwiefalter Chroniken (wie Anm. 2) S. 276.

[17] HStA Stuttgart, Lagerbuch G 1295 (wie Anm. 14) Fol. 16 ff.

auch Besitz in Bernloch und Wilsingen auf der Münsinger Alb, im Kernland der Grafen von Achalm[18].

Als nun im Jahre 1209 Witegow von Albeck die *villa* Steinheim an das dortige Stift verkaufte, was Bischof Siegfried von Augsburg bestätigte, war Graf Egino IV. von Urach als naher Verwandter des Hauses Achalm als Spitzenzeuge beteiligt; vielleicht hatte er noch ererbte Ansprüche an Steinheim[18a]. Daß die von Albeck zu den Erben der Grafen von Achalm gehören, wird nach all dem kaum zweifelhaft sein. Überdies ist ihre Blutsverwandtschaft zu denen von Böbingen-Michelstein bezeugt[19]. Somit war der Komplex Steinheim aufgeteilt unter Nachkommen der Grafen von Achalm.

Nach welchem Tapfheim sich die von Böbingen-Michelstein nannten, ist in der Literatur umstritten[20]. Kein Zweifel dürfte bestehen, daß der erste Vertreter unseres Geschlechts, der als Rudolf „de Taphaim" 1067 mit vorwiegend ostschwäbischen Adeligen eine Urkunde des Augsburger Bischofs Embriko für das Stift St. Peter in Augsburg bezeugt, nach Tapfheim bei Höchstädt gehört[21]. Dasselbe gilt für seine (mutmaßlichen) Enkel und Urenkel, nämlich die Brüder Reginhard und Rudolf sowie des letzteren Sohn Reinhard „de Tabfhen" (Taphheim), die um 1140 und 1144 mit durchweg ostschwäbischen und ostfränkischen Zeugen bei Verfügungen der Herren von Fronhofen im Kesseltal (nördlich Höchstädt) zugunsten der Propstei Berchtesgaden zugegen waren[22].

Wenn dagegen Konrad „de Tapphen", den *Jänichen* sicher zu Recht mit Konrad von Böbingen, dem Sohn des vorgenannten älteren Reginhard identifiziert, um 1140 einen Acker in Ödenwaldstetten bei Münsingen dem Ritter Siegfried von Oberstetten als Sühne dafür gab, daß er ihm einen Eigenmann erschlagen hatte, könnte Dapfen bei Münsingen gemeint sein[23].

Dapfen und Ödenwaldstetten liegen im Begüterungsbereich der Grafen von

---

[18] Heinz *Bühler*: Schwäbische Pfalzgrafen, frühe Staufer und ihre Sippengenossen. In: Jahrbuch des historischen Vereins Dillingen 77 (1975) S. 129, 131 f. und 134.

[18a] WUB 2 S. 379 Nr. 548.

[19] WUB 2 S. 142 f. Nr. 380.

[20] Hans *Jänichen*: Die schwäbische Verwandtschaft (wie Anm. 13) S. 12 f. – Ders.: Zur Herkunft der Reichenauer Fälscher des 12. Jahrhunderts. In: Die Abtei Reichenau. Hg. von Helmut Maurer. 1974. S. 280 f. – Das Land Baden-Württemberg (wie Anm. 8) Band 7. 1978. S. 52. – Immo *Eberl*: Münsingen im Mittelalter. In: Münsingen – Geschichte, Landschaft, Kultur. Hg. von der Stadt Münsingen. 1982. S. 42. – *Layer* (wie Anm. 13) S. 66 ff.

[21] Alfred *Schröder*: Die älteste Urkunde für St. Peter in Augsburg. In: Zeitschrift des historischen Vereins für Schwaben und Neuburg 50 (1932) S. 9 ff.

[22] Schenkungsbuch der ehemaligen gefürsteten Probstei Berchtesgaden. Hg. von Karl August *Muffat*. In Schenkungsbücher bayerischer Klöster. Quellen und Erörterungen zur bayerischen und deutschen Geschichte. Alte Folge Band 1. 1856. S. 285 ff. Nr. 89 und S. 300 ff. Nr. 107. Auch: WUB 4 S. 350 f. und S. 353 f.

[23] Acta s. Petri in Augia. Hg. von L. *Baumann*. In: ZGO 29 (1877) S. 43. – Vergleiche *Jänichen*, Die schwäbische Verwandtschaft (wie Anm. 13) S. 14. – *Eberl*, Münsingen (wie Anm. 20) S. 42. – Dapfen ist als „Taffo" 904 bezeugt (MG DLdK Nr. 33); der Name „Taffo" ist wohl verballhornt; *Eberl* betrachtet Dapfen als alten „-heim"-Ort.

Achalm, als deren Miterben wir die Böbingen-Michelsteiner betrachten. In den Nachbarorten Bernloch und Wilsingen waren die von Albeck begütert, die wir gleichfalls zu den Miterben der Grafen von Achalm und zu den nächsten Verwandten der Böbingen-Michelsteiner rechnen[24]. Das paßt alles zu unseren Überlegungen. Zwar ist Konrad „de Tapphen" der einzige des Geschlechts, der in der Münsinger Alb auftritt.' Da der Ort Dapfen im 14. Jahrhundert mit der nahe dabei gelegenen Burg Blankenstein verbunden war, gelten die von Blankenstein, die seit etwa 1182 nachzuweisen sind, als Rechtsnachfolger und (Teil-)Erben derer „von Dapfen"[25].

Für Beziehungen unseres Geschlechts zur Münsinger Alb spricht auch, daß die Tochter des älteren Reginhard von Böbingen-Michelstein-Tapfheim, Richinza, in das Haus Hirschbühl (bei Hundersingen) heiratete[26]. Man wird also feststellen müssen, daß unser Geschlecht sowohl mit Tapfheim bei Höchstädt als auch mit Dapfen bei Münsingen verbunden war, wobei offen bleibt, ob es in beiden Orten Burgsitze besaß[27].

Begüterung auf der Münsinger Alb um Dapfen paßt, wie gesagt, zu der anzunehmenden Verwandtschaft der Böbingen-Michelsteiner zum Hause Achalm. Für Tapfheim bei Höchstädt lassen sich Beziehungen zu Achalm nicht ermitteln. In Tapfheim hatte die Abtei Fulda seit dem ausgehenden 8. Jahrhundert Besitz. Das Kirchenpatronat und mehrere Höfe und Güter befanden sich im 13. Jahrhundert im Besitz der Herzöge von Kärnten aus dem Hause Spanheim, die wir zu den Erben Ulrichs des Vielreichen von Passau († 1099) aus dem Hause der Diepoldinger rechnen dürfen[28]. Das *castrum* Tapfheim mit reichem Grundbesitz war staufisch und gelangte nach dem Tode König Konradins 1268 an Herzog Ludwig II. von Bayern[29]. Der staufische Besitz, der Lehengut von Fulda mit einschloß, dürfte aus dem Heiratsgut der Adela von Vohburg, der ersten Gemahlin Friedrich Barbarossas, stammen und ginge dann

---

[24] *Jänichen*, Die schwäbische Verwandtschaft (wie Anm. 13) S. 14. – *Bühler*, Schwäbische Pfalzgrafen (wie Anm. 18) S. 129, 131 f. und 134.

[25] OAB Münsingen. ²1912. S. 606 und 614. – *Layer* (wie Anm. 13) S. 69. – *Eberl*, Münsingen (wie Anm. 20) S. 42. – Eberl möchte den Besitz derer „von Dapfen" auf Königsgut zurückführen, was sich grundsätzlich mit unseren Überlegungen decken würde (siehe unten). Nicht geklärt ist, wie die „von Dapfen" mit denen von Blankenstein zusammenhängen; letztere führen andere Namen als die von Böbingen-Michelstein.

[26] *Jänichen*, Die schwäbische Verwandtschaft (wie Anm. 13) S. 12 f.

[27] Da es sich hier wie dort um alte Orte handelt, kommt eine Namensübertragung nicht in Betracht. Denkbar wäre, daß der Name Dapfen (904 Taffo, 1275 Tapphen) von Tapfheim bei Höchstädt (750–802 Tapfheim, 1067 Taphaim) beeinflußt ist.

[28] UB des Klosters Fulda. Bearb. von Edmund F. *Stengel*. Band 1. 1958. S. 429 Nr. 313. – Heinz *Bühler*: Die Wittislinger Pfründen. In: Jahrbuch des historischen Vereins Dillingen 71 (1969) S. 59 ff.

[29] Monumenta Wittelsbacensia. Hg. von Franz Michael *Wittmann*. Abt. I. Quellen und Erörterungen zur bayerischen und deutschen Geschichte. Alte Folge Band 5. 1857. S. 269 f. Nr. 113.

gleichfalls auf die Diepoldinger zurück. Für achalmisches Gut bleibt daneben offenbar kein Platz[30].

Böbingen und Michelstein mit Zugehör, aber auch Güter auf der Münsinger Alb dürften somit aus achalmischem Erbe an unser Geschlecht gelangt sein. Daneben wird Tapfheim bei Höchstädt als Erbgut des böbingen-michelstein-tapfheimischen Mannesstammes anzusprechen sein.

Wir stehen damit vor der Frage, wie man sich die Verwandtschaft der Böbingen-Michelstein-Tapfheim zum Hause Achalm vorzustellen hat.

Der 1067 genannte Rudolf von Tapfheim, ein damals noch junger Mann, gehört aus zeitlichen Gründen in die Generation, die unmittelbar auf die zehn achalmischen Geschwister folgt, die wir aus den Zwiefalter Quellen kennen[31]. Von diesen zehn sind mindestens sieben ohne legitime Nachkommen gestorben. Der einzige männliche Achalmer dieser letzten Generation, der vermählt gewesen ist, Egino, könnte allenfalls Töchter hinterlassen haben, obwohl auch darauf nichts hinweist. Somit scheidet auch er als Bindeglied aus, und es bleiben allein seine beiden Schwestern Willibirg und Mathilde, denn die dritte Schwester Beatrix war Äbtissin in Eschau. Rudolf von Tapfheim müßte folglich der Sohn einer dieser achalmischen Töchter gewesen sein, und zwar aus einer früheren, sonst nicht bekannten Ehe. Nun war Willibirg mit Werner III. von Grüningen aus dem Hause Winterthur-Kyburg vermählt. Dieser starb relativ jung im Jahre 1065 und hinterließ nur den einen Sohn Werner (IV.), der bis 1121 lebte[32]. Wir kennen ihn als denjenigen, der Essingen an Kloster Hirsau schenkte. Mathilde war die Gemahlin Kunos von Lechsgemünd (1091) und hatte aus dieser Ehe sechs Kinder, von denen der wohl älteste Sohn Heinrich im besten Mannesalter 1078 bei Mellrichstadt fiel[33]. Bedenkt man diese Umstände, so möchte man eher Willibirg, die um 1020–1025 geboren sein könnte, als die Mutter Rudolfs aus einer früheren Ehe betrachten.

Die Herkunft ihres ersten Gemahls läßt sich vielleicht mit Hilfe der Namen und des Besitzes Tapfheim (bei Höchstädt) erschließen. Wie erwähnt, begegnen um 1140–1144 die Brüder Reginhard und Rudolf von Tapfheim gemeinsam mit Rudolfs Sohn Reinhard als Zeugen für die Herren von Fronhofen[34]. Etwa gleichzeitig ist uns Reginhards Sohn Konrad auf der Münsinger Alb begegnet. Schon um 1120 verkaufte Tiemo von Michelstein mit Zustimmung von Frau und Kindern sein Gut in Schwabmühlhausen (bei Schwabmünchen) an Kloster Rottenbuch, wobei Reginhard – wohl

---

[30] *Layer* (wie Anm. 13) S. 70 vertritt die Ansicht, die von Tapfheim wären von der Abtei Reichenau mit deren Besitz um Höchstädt und im Kesseltal belehnt worden. Doch ist reichenauischer Besitz in Tapfheim selbst nicht bezeugt.

[31] Die Zwiefalter Chroniken (wie Anm. 2) S. 12.

[32] Paul *Kläui*: Hochmittelalterliche Adelsherrschaften im Zürichgau. Mitteilungen der antiquarischen Gesellschaft in Zürich 40. 1960. Beilage (Stammtafel).

[33] *Tyroller* (wie Anm. 5) Beilage 1.

[34] Wie Anm. 22.

sein Bruder – als Zeuge mitwirkte[35]. Wir haben es also mit den drei Brüdern Reginhard, Rudolf und Tiemo, ferner mit Reginhards Sohn Kuno und Rudolfs Sohn Reinhard zu tun. Neben den achalmischen Namen Rudolf und Konrad (Kuno) ist Reginhard-Reinhard ein beliebter Name im Hause Böbingen-Michelstein-Tapfheim. Die Brüder Reginhard, Rudolf und Tiemo verkörpern die Generation der Enkel des ältesten Rudolf von 1067. Aus der Zwischengeneration kennen wir zunächst nur einen Ulrich, der Geistlicher wurde und von 1088–1123 als Abt das Bodenseekloster Reichenau regierte[36]. Er muß einen weltlichen Bruder gehabt haben, von dem die Brüder Reginhard, Rudolf und Tiemo abstammten. Da Rudolf den Namen des Großvaters trägt, der zugleich die Verbindung zum Hause Achalm dokumentiert, die Mutter aber wohl den Namen des dritten Bruders Tiemo vermittelt hat, der offenbar aus dem Hause Schwabmühlhausen kommt[37], dürfte Reginhard nach dem Vater benannt sein. Ein Reginhard wäre also als Bruder des Abtes Ulrich anzunehmen. Der Name Reginhard findet sich im ostschwäbischen Adel mehrfach, so im frühen 12. Jahrhundert in den Häusern Flochberg und Trochtelfingen im Ries, die vielleicht sogar identisch sind, noch früher im Hause Ursin-Ronsberg. Den ältesten bekannten Namensträger in dem uns interessierenden Umkreis treffen wir 1053 in einem Forst- und Wildbannprivileg Kaiser Heinrichs III. für das Hochstift Eichstätt unter den Optimaten des Rieses und Sualafelds[38]. Dieser Reginhard würde unseres Erachtens nicht schlecht als Gemahl der Willibirg von Achalm und Ahnherr der Böbingen-Michelstein-Tapfheimer passen. Wir werden noch sehen, daß die Achalmer im Ries begütert waren. Von den Böbingen-Michelstein-Tapfheim aber wird berichtet, daß sie reichen Besitz nicht nur in Schwaben, sondern auch in Ostfranken hatten, wozu das dem Ries benachbarte Sualafeld zählte[39]. Reginhard war generationsgleich mit Willibirg von Achalm und könnte somit wegen seines Alters sehr wohl ihr erster Gemahl gewesen sein. Auf ihn wäre außer nicht näher bekanntem Besitz in Ostfranken das Gut Tapfheim zurückzuführen, nach welchem sich Willibirgs mutmaßlicher Sohn Rudolf 1067 nannte. Reginhard müßte dann mit den Hupaldinger-Diepoldingern verwandt gewesen sein, denn die bekannten Teilhaber am Tapfheimer Grundbesitz sind alle dieser Sippe zuzurechnen. Auf diese Weise würde sich der Name Ulrich erklären, den im Hause Böbingen-Michelstein-Tapfheim nicht nur der erwähnte Reichenauer Abt, sondern in der übernächsten Generation auch der Reichenauer

---

[35] Acta s. Petri in Augia (wie Anm. 23) S. 43. – Anselm *Greinwald*: Origines Raitenbuchae 1. 1797. S. 188.

[36] Aloys *Schulte*: Die Reichenau und der Adel. In: Die Kultur der Reichenau. 1925. S. 562. – Konrad *Beyerle*: Von der Gründung bis zum Ende des freiherrlichen Klosters. In: Kultur der Reichenau, S. 128 ff.

[37] *Steichele-Schröder:* Das Bistum Augsburg. Band 8. 1912–1932. S. 484 mit Anm. 15. – Vergleiche Heinz *Bühler*: Die Edelherren von Gundelfingen-Hellenstein. In: Jahrbuch des historischen Vereins Dillingen 73 (1971) S. 15 f. und Stammtafel nach S. 40.

[38] MG DH III Nr. 303.

[39] WUB 2 S. 142 f. Nr. 380.

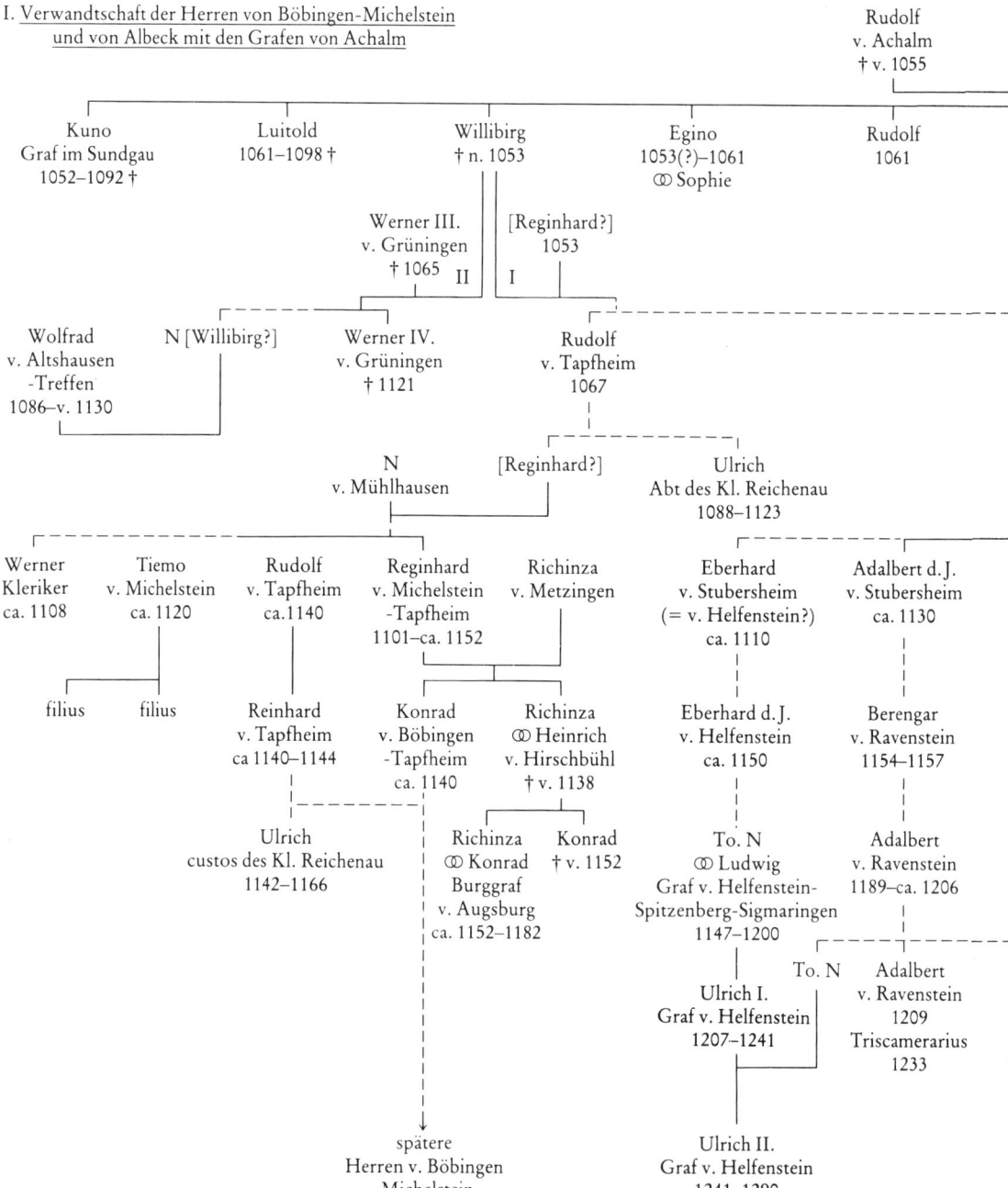

I. Verwandtschaft der Herren von Böbingen-Michelstein
   und von Albeck mit den Grafen von Achalm

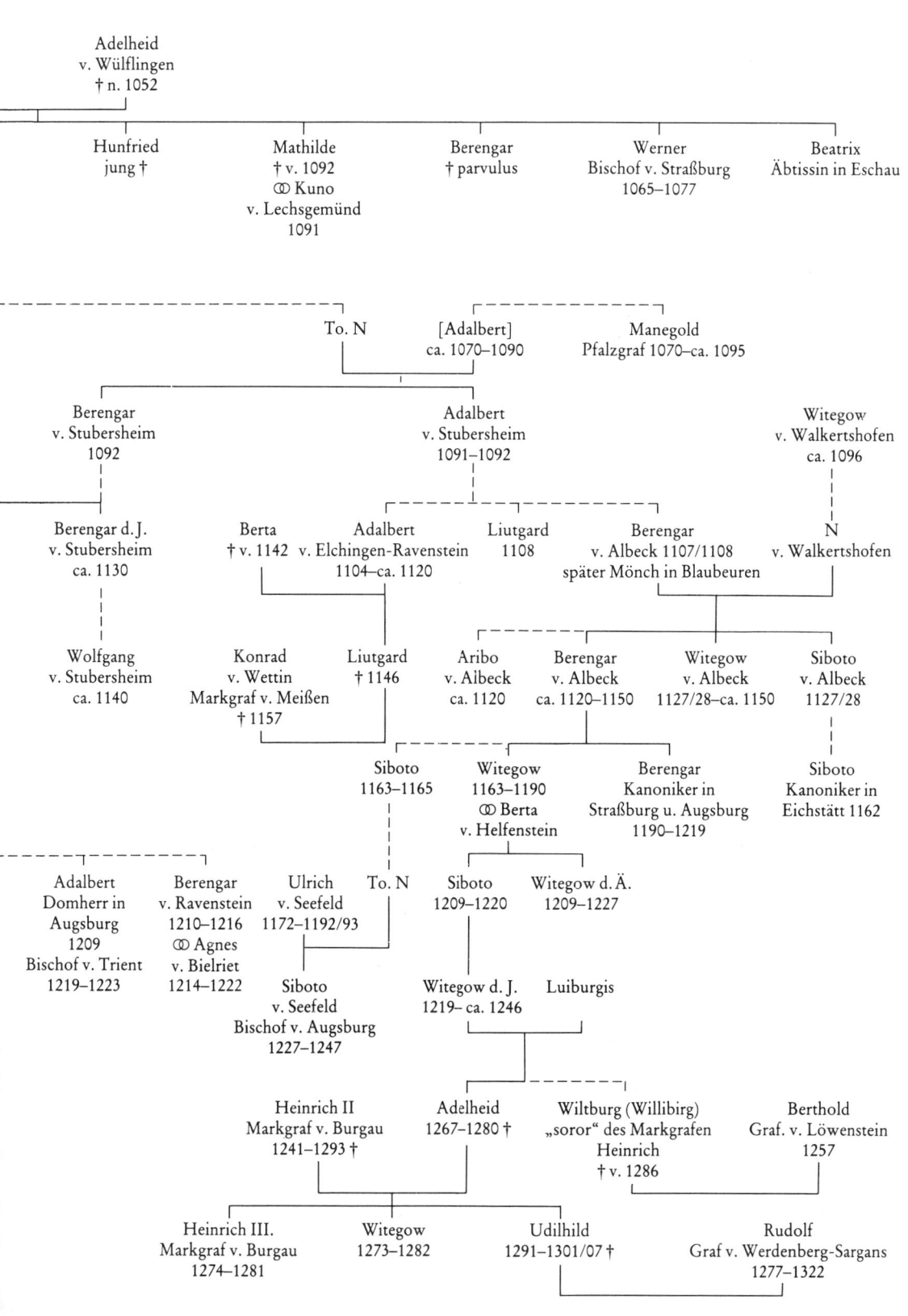

Adelheid
v. Wülflingen
† n. 1052

Hunfried
jung †

Mathilde
† v. 1092
∞ Kuno
v. Lechsgemünd
1091

Berengar
† parvulus

Werner
Bischof v. Straßburg
1065–1077

Beatrix
Äbtissin in Eschau

To. N

[Adalbert]
ca. 1070–1090

Manegold
Pfalzgraf 1070–ca. 1095

Berengar
v. Stubersheim
1092

Adalbert
v. Stubersheim
1091–1092

Witegow
v. Walkertshofen
ca. 1096

Berengar d. J.
v. Stubersheim
ca. 1130

Berta
† v. 1142

Adalbert
v. Elchingen-Ravenstein
1104–ca. 1120

Liutgard
1108

Berengar
v. Albeck 1107/1108
später Mönch in Blaubeuren

N
v. Walkertshofen

Wolfgang
v. Stubersheim
ca. 1140

Konrad
v. Wettin
Markgraf v. Meißen
† 1157

Liutgard
† 1146

Aribo
v. Albeck
ca. 1120

Berengar
v. Albeck
ca. 1120–1150

Witegow
v. Albeck
1127/28–ca. 1150

Siboto
v. Albeck
1127/28

Siboto
1163–1165

Witegow
1163–1190
∞ Berta
v. Helfenstein

Berengar
Kanoniker in
Straßburg u. Augsburg
1190–1219

Siboto
Kanoniker in
Eichstätt 1162

Adalbert
Domherr in
Augsburg
1209
Bischof v. Trient
1219–1223

Berengar
v. Ravenstein
1210–1216
∞ Agnes
v. Bielriet
1214–1222

Ulrich
v. Seefeld
1172–1192/93

To. N

Siboto
1209–1220

Witegow d. Ä.
1209–1227

Siboto
v. Seefeld
Bischof v. Augsburg
1227–1247

Witegow d. J.
1219– ca. 1246

Luiburgis

Heinrich II
Markgraf v. Burgau
1241–1293 †

Adelheid
1267–1280 †

Wiltburg (Willibirg)
„soror" des Markgrafen
Heinrich
† v. 1286

Berthold
Graf. v. Löwenstein
1257

Heinrich III.
Markgraf v. Burgau
1274–1281

Witegow
1273–1282

Udilhild
1291–1301/07 †

Rudolf
Graf. v. Werdenberg-Sargans
1277–1322

„custos" (1142–1166) trug, der als Urkundenfälscher zweifelhafte Berühmtheit erlangte[40].

Weitere Ermittlungen zur Verwandtschaft der Herren von Böbingen-Michelstein
mit dem Hause Achalm sind dadurch erschwert, daß sich unser Geschlecht nach der
Mitte des 12. Jahrhunderts nur noch undeutlich weiterverfolgen läßt. Es scheint in
sozialem Abstieg begriffen zu sein; der Besitz wurde offenbar geteilt und dadurch
allmählich gemindert. Beziehungen zu der Münsinger Alb sind nicht mehr erkennbar. Wie erwähnt, gelten dort die von Blankenstein als die Rechtsnachfolger der „von
Dapfen". Nach der Jahrhundertmitte auftretende „von Tapfheim" bei Höchstädt
tragen die Namen Engelhard, Ludwig, Ulrich und Berengar[41]. Zwar würden die
beiden letzteren Namen in unseren Familienzusammenhang passen, doch die Stan-
desbezeichnung „miles" und ihre Stellung in den Zeugenlisten lassen erkennen, daß
sie eher Ministerialen im Dienst der Grafen von Dillingen und der Staufer waren, und
es ist daher fraglich, ob sie überhaupt unserem Geschlecht zuzuordnen sind. Möglich, aber nicht beweisbar ist, daß sich hinter Gütern in Tapfheim, die im 13. Jahrhundert aus verschiedener Hand an Kloster Kaisheim gelangten, ehemals böbingen-
michelstein-tapfheimischer Besitz verbirgt.

Am besten noch sind wir über die Nachkommenschaft des älteren Reginhard
(1101–ca. 1152) informiert. Seine Tochter Richinza vermählte sich mit Heinrich von
Hirschbühl, der vor 1138 bei der Belagerung der Feste Nellenburg durch einen
Pfeilschuß ums Leben kam[42]. Für die aus dieser Ehe stammenden Kinder Richinza
und Kuno verwaltete ihr *cognatus* Witegow von Albeck eine Zeitlang das Erbe. Kuno
kam dann in die Pflege des Grafen Adalbert II. von Dillingen († 1170), ertrank aber
als Jüngling vor 1152 in der Donau. Richinza, inzwischen mit dem Burggrafen
Konrad von Augsburg (1156–1182) vermählt, mußte sich ihr Erbe, das die Brüder
Swigger und Heinrich von Gundelfingen (an der Lauter) an sich gerissen hatten, auf
einem Reichstag Friedrich Barbarossas in Ulm 1157 erstreiten[43].

Reginhards Sohn Konrad scheint als einziger das Geschlecht fortgepflanzt und
dieses das Hausgut in Böbingen sowie die Burg Michelstein behauptet zu haben.
Nach auffallend langer Pause begegnen nämlich im 14. Jahrhundert wieder Adelige,
die sich nach Böbingen und Michelstein nennen und ihrer Namen wegen mit den
älteren Herren von Böbingen-Michelstein in direkter Verbindung stehen dürften. Ein
Konrad von Böbingen, der seit 1321 nachzuweisen ist, hatte von seiner Frau Jutta
Schragin Besitz in Schabringen bei Dillingen. Im Jahre 1333 nennt er sich „von
Michelstein". Sein Sohn Heinz verfügte damals über ein Gut in Ugendorf (heute
Ugenhof bei Bolheim Kreis Heidenheim). Im Jahre 1337 ist Konrad Bürger zu

---

[40] Heinz *Bühler*: Die Herkunft des Hauses Dillingen. In: Die Grafen von Kyburg. Schweizer
Beiträge zur Kulturgeschichte und Archäologie des Mittelalters 8. 1981. S. 10 f. – *Jänichen*,
Reichenauer Fälscher (wie Anm. 20) S. 279 ff.

[41] Anton *Steichele*: Das Bistum Augsburg. Band 4. 1883. S. 748.

[42] *Jänichen*, Die schwäbische Verwandtschaft (wie Anm. 13) S. 13.

[43] WUB 2 S. 142 f. Nr. 380.

Schwäbisch Gmünd[44]. Es ist derselbe, der 1346 dem Gmünder Spital gegenüber auf seine Rechte an das Gut Essingen und den Kirchensatz in Lautern verzichtete. Sein gleichnamiger Sohn nennt sich 1358 „von Altenberg" (bei Staufen Kreis Dillingen), das wenig später an Rudolf von Westerstetten überging[45].

Während sich Angehörige unseres Geschlechts noch bis 1358 nach Michelstein benannten, war die Burg – unbekannt wann – in das Eigentum des Grafen Ludwig des Älteren (VI.) von Öttingen übergegangen, der sie 1343 dem Bischof von Würzburg zu Lehen auftrug[46]. Später gelangte sie auf nicht näher bekannte Weise an die Zisterzienserabtei Königsbronn. Was aus dem ehemals böbingen-michelsteinischen Besitz in Oberböbingen geworden ist, läßt sich nicht mehr feststellen. Die Güter und Rechte, die dort bis 1358 im Besitz der Hack von Rosenstein waren, gehörten ursprünglich wohl eher zur Herrschaft Lauterburg[47].

Ein Zweig der Herren von Böbingen hatte die halbe Feste Berg inne (heute Burgberg bei Hermaringen Kreis Heidenheim). Anna von Böbingen, die Witwe Friedrichs von Randeck (bei Ochsenwang), machte sie 1339 auf Rat ihres Großvaters Heinrich von Scheppach und ihres Oheims Heinrich von Scheppach den Grafen von Öttingen zu Lehen[48]. Diese hatten 1328 bereits die andere Hälfte tauschweise vom Grafen Johann von Helfenstein erworben[49]. Graf Johann aber dürfte diese Hälfte von Berg von seiner Mutter Adelheid von Graisbach (1276–1291), der Enkelin der Adelheid von Albeck († 1280), geerbt haben. Denn ursprünglich muß diese Hälfte den Herren von Albeck eigen gewesen sein, in deren Gefolge seit 1209 Ritter von Berg begegnen[50]. Die sich somit ergebende Teilung der Feste Berg zwischen Böbingen-Michelstein und Albeck bestätigt erneut die nahe Verwandtschaft der beiden Häuser. Sie spricht überdies dafür, daß Berg aus achalmischem Erbe stammt.

Wie schon das Beispiel des Gutes in Essingen mit dem Kirchensatz in Lautern gezeigt hat, so lehrt auch die Geschichte der Burgen Michelstein und Berg, daß die Grafen von Öttingen es verstanden, die Böbingen-Michelsteiner aus ihren letzten Positionen zu verdrängen. Ob hier etwa noch uralte Erbansprüche mitspielten?

Wir haben wiederholt betont, daß die von Albeck als Zweig der Großfamilie Stubersheim-Ravenstein-Albeck gleichfalls zu den Erben des Hauses Achalm gehö-

---

[44] HStA Stuttgart, B 182 Schwäb. Gmünd PU 1655. – Regesta Boica 6 S. 227f.; Regesta Boica 7 S. 225. – HStA Stuttgart, J 1–3 Gabelkofer, Genealog. Collectaneen Band 2. A–K. S. 540. – Urkunden und Akten der ehemaligen Reichsstadt Schwäbisch Gmünd 777–1500. Bearb. von Alfons *Nitsch*. I. Teil. Inventare der nichtstaatlichen Archive in Baden-Württemberg 11. 1966. S. 32f. Nr. 161.

[45] HStA Stuttgart, J 1–3 Gabelkofer, Genealog. Collectaneen Band 2. A–K. S. 540. – Ludwig *Zenetti*: Die Sürgen. Schwäbische Genealogie 1. 1965. S. 108.

[46] Monumenta Boica 40. S. 490f. Nr. 218.

[47] Urkunden und Akten der ehemaligen Reichsstadt Schwäbisch Gmünd (wie Anm. 44) S. 56 Nr. 292.

[48] Die Urkunden der Fürstl. Oettingischen Archive (wie Anm. 9) S. 161f. Nr. 442.

[49] StA Ludwigsburg, B 95–97 Grafen zu Helfenstein PU 351.

[50] WUB 2 S. 378f. Nr. 547.

ren müssen. Es ist nun an der Zeit, ihre mutmaßliche Verbindung zu Achalm zu erörtern. Das Gesamthaus Stubersheim-Ravenstein-Albeck bildet die eine Linie der sogenannten „Adalbertsippe", während die andere durch die schwäbischen Pfalzgrafen, die Stifter der Abtei Anhausen (bei Bolheim Kreis Heidenheim), verkörpert wird. Adalbert ist der Leitname der Gesamtsippe. Erste Vertreter des Hauses Stubersheim-Ravenstein-Albeck sind die Brüder Adalbert und Berengar von Stubersheim. Sie nahmen Anfang Mai 1092 in Ulm am *colloquium* der Herzöge Berthold II. von Zähringen († 1111), Welf IV. von Bayern († 1101) und anderer Großer teil, auf welchem Berthold II. zum Gegenherzog von Schwaben gewählt wurde, und sie bezeugten ein Vermächtnis Werners von Kirchen und seiner Mutter Richinza von Spitzenberg, der Schwester Bertholds II., für die Abtei Allerheiligen in Schaffhausen[51].

Der Name Berengar ist neu in unserem Sippenverband. Er weist eindeutig in das Haus Achalm. Besitzungen der Herren von Stubersheim in Metzingen und Neckartenzlingen wie solche derer von Albeck in Bernloch und Wilsingen liegen im altbekannten achalmischen Begüterungsbereich und bestätigen die Abstammung vom Hause Achalm. Auch wird sich erweisen, daß die von Stubersheim-Ravenstein-Albeck über das Haus Achalm zu den Herzögen Berthold II. und Welf IV. verwandt waren, was die Teilnahme der Brüder Adalbert und Berenger am Ulmer Colloquium 1092 erklären dürfte[52].

In einer früheren Arbeit hatte der Verfasser, der Ansicht Franz *Vollmers* folgend, den Sundgaugrafen Berengar vom Jahre 1048 mit Berengar von Achalm, einem Bruder der Willibirg, gleichgesetzt und diesen dann als Vater einer Achalmerin angenommen, die sich mit dem Vater der Stubersheimer Brüder von 1092 vermählt hätte[53]. Dem steht jedoch entgegen, daß Berengar von Achalm nach dem Zeugnis des Chronisten Ortlieb einer der jüngsten der zehn Achalmer Geschwister war. Er wurde als sechster Sohn geboren, ist als *parvulus* gestorben und in Dettingen an der Erms begraben worden[54]. Er hatte somit sicher keine Nachkommen. Der erwähnte Sundgaugraf von 1048 aber wurde in Murbach bestattet. Er kann mit dem Achalmer nicht identisch sein, war aber wohl ein älterer Verwandter[55]. Da also Berengar von Achalm als Vater einer Tochter, die den Namen Berengar weitergegeben hätte, ausscheiden muß, pflanzte sich achalmisches Blut nur in den Nachkommen der Töchter Willibirg und Mathilde fort. Von diesen kommt als Ahnfrau der Stubersheim-Ravenstein-Albeck wiederum am ehesten Willibirg in Betracht. Hierfür sprechen die bereits oben

[51] WUB 1 S. 296f. Nr. 241. – *Bühler*, Schwäbische Pfalzgrafen (wie Anm. 18) S. 135ff.

[52] Wie Anm. 18.

[53] *Bühler*, Schwäbische Pfalzgrafen (wie Anm. 18) S. 129. – Franz *Vollmer*: Die Etichonen. In: Studien und Vorarbeiten zur Geschichte des großfränkischen und frühdeutschen Adels. Forschungen zur oberrheinischen Landesgeschichte 4. 1957. S. 176 Anm. 290.

[54] Die Zwiefalter Chroniken (wie Anm. 2) S. 12 und 38.

[55] Aloys *Schulte*: Geschichte der Habsburger in den ersten drei Jahrhunderten. 1887. S. 83 Anm. 1.

bei den Böbingen-Michelstein dargelegten Gründe, zudem das Auftreten des Namens Willibirg im Hause Albeck und die mehrfach nachzuweisende enge Verzahnung der Besitzungen der Böbingen-Michelstein mit denen der Albeck, z. B. auf der Münsinger Alb, um Steinheim am Albuch und in Berg[56]. Auch sind Angehörige des Hauses Albeck verschiedentlich als Zeugen bei Gütergeschäften in der Gegend um Tapfheim bei Höchstädt tätig, so daß vermutet werden darf, daß sie dort ebenfalls begütert waren[57]. Ihr dortiger Besitz wäre auf denselben Ahnherren zurückzuführen, von dem die Böbingen-Michelstein ihre Güter in Tapfheim geerbt hatten. Überdies ist ja die Blutsverwandtschaft der Böbingen-Michelstein zu den Albeck ausdrücklich bezeugt[58].

So dürfte also eine Tochter Willibirgs aus ihrer ersten Ehe, eine Schwester Rudolfs von Tapfheim (1067), die Mutter der Brüder Adalbert und Berengar von Stubersheim von 1092 geworden sein. Unter diesen Umständen hätte Willibirg u. a. den Güterkomplex Böbingen-Michelstein-Steinheim als Heiratsgut in ihre erste Ehe mitbekommen. Ihre Kinder aus dieser Ehe wären damit abgefunden worden, so daß sie an das später anfallende Erbe der Brüder Willibirgs keinen Anspruch mehr hatten und daher bei den Erbauseinandersetzungen, welche die Zwiefalter Chronisten überliefern, nicht in Erscheinung treten[59].

---

[56] Willibirg = Wiltburg, comitissa de Lewenstain, Nekrolog des Klosters Kaisheim zum 21. Mai (MG Necrol. I S. 91). Vergleiche die Urkunde des Markgrafen Heinrich II. von Burgau von 1286. April 1. (WUB 9 S. 72 f. Nr. 3526). Er nennt die Gräfin von Löwenstein seine „soror", was hier „Schwägerin" bedeuten muß. Wiltburg war die Schwester von Heinrichs Gemahlin Adelheid von Albeck; die Güter Rammingen, Lindenau, Öllingen und Langenau stammen aus albeckischem Erbe.

[57] ca. 1140 Witegow und Berengar von Albeck bezeugen die Schenkung der Herren von Fronhofen an die Propstei Berchtesgaden (WUB 4 S. 350 f.).

1147 Berengar von Albeck, Zeuge für Walto von Straubing betreffs Weilheim bei Höchstädt;

1209 Siboto und Witegow von Albeck, Zeugen für Bischof Konrad von Speyer betreffs Weilheim bei Höchstädt;

1215 Siboto und Witegow von Albeck, Vermittler und Zeugen beim Verkauf von Gütern bei Höchstädt durch Heinrich von Schlaitdorf und Gemahlin Adelheid an Kloster Kaisheim. Siehe Die Urkunden des Reichsstiftes Kaisheim (wie Anm. 7) Nr. 3, 20, 29.

[58] WUB 2 S. 142 f. Nr. 380.

[59] Willibirg von Achalm hatte aus ihrer (zweiten?) Ehe mit Werner III. von Grüningen († 1065) einen Sohn Werner IV. († 1121). Nun fällt auf, daß sich der Name Willibirg später im Hause Altshausen-Treffen und im Hause Veringen findet, von wo er ins Haus Wirtemberg kam. Die Häuser Altshausen-Treffen und Veringen haben einen gemeinsamen Vorfahren in Wolfrad IV. von Altshausen-Treffen (1086–ca. 1130). Seine Gemahlin ist unbekannt. Nach Josef *Kerkhoff*: Die Grafen von Altshausen-Veringen. 1964. S. 71 kommt am wahrscheinlichsten eine schwäbische Adelige in Betracht. Wegen Besitzüberschneidung zwischen den Häusern Veringen und Achalm in der Umgebung Zwiefaltens glaubt Kerkhoff (S. 90 ff.) an einen besitzgeschichtlichen Zusammenhang, der am ehesten durch die Gemahlin Wolfrads IV. vermittelt sein dürfte. Nimmt man an, sie sei eine Tochter der Willibirg von Achalm, somit eine Schwester Werners IV. von Grüningen, die vermutlich den gleichen Namen wie die Mutter trug, so würde sich die Vererbung des Namens Willibirg in die Häuser Altshausen-Treffen und Veringen wie

Daß von den sieben Männernamen des Hauses Achalm gerade Berengar als Traditionsname in die Gesamtfamilie Stubersheim-Ravenstein-Albeck einging, mag damit zusammenhängen, daß man nach dem frühen Tod Berengars von Achalm und nachdem in der vorhergehenden Generation ein gleichnamiger Bruder Adelheids von Wülflingen gleichfalls in jungen Jahren umgekommen war, das Bedürfnis empfand, gerade diesen Namen weiterzutragen[60]. Wir werden sehen, daß der Name Berengar weit in die Ahnenreihe des Hauses Achalm zurückführt und dieses Haus mit höchst vornehmen Geschlechtern verknüpft. Für das Haus Stubersheim-Ravenstein-Albeck aber dokumentiert der Name Berengar den Anschluß an vornehme Ahnen und damit die eigene Vornehmheit.

II. Die Ahnen der Grafen von Achalm von Vaterseite

1. Die ältere Geschichte Steinheims weist auf karolingisches Königsgut

Wie kamen die Grafen von Achalm zu ihrem Besitz in Essingen, Böbingen und Steinheim am Albuch? Um diese Frage beantworten zu können, ist es notwendig, die Geschichte der fraglichen Orte soweit zu klären, daß sich von den urkundlich gesicherten Besitzverhältnissen des hohen und späten Mittelalters aus einigermaßen begründete Rückschlüsse auf die davorliegende urkundenarme bzw. urkundenlose Zeit ziehen lassen.

Wir nehmen Steinheim am Albuch als Beispiel, da hier die Voraussetzungen am günstigsten sind. Weitaus mächtigster Grundherr ist hier im Spätmittelalter das Zisterzienserkloster Königsbronn. Wie das Lagerbuch des Klosters von 1471 dartut, hatte Königsbronn in Steinheim das Kirchenpatronat und alle Zehnten. Die Pfarrei war dem Kloster inkorporiert. Der königsbronnische Grundbesitz zerfiel in zwei Gruppen, die wahrscheinlich verschiedener Herkunft waren. Zur ersten Gruppe zählte der Klosterhof sowie ein weiterer Hof, dessen Felder von dem Klosterbau abgetrennt worden waren, ferner die Behausung der Klosterschäferei. Die Gebäude dieser Anwesen lagen außerhalb des geschlossenen Ortes auf dem Steinhirt oder Klosterberg. Zur zweiten Gruppe gehörten im Dorf Steinheim und in den längst damit verwachsenen Ortsteilen Ostheim und Westheim 16 größere bäuerliche Anwesen, von denen vier als Höfe, drei als halbe Höfe, neun als Lehen bzw. halbe Lehen bezeichnet werden. Dazu kamen 24 Hofstätten, von denen gesondert gezinst wurde, die aber zum Teil von den Inhabern der genannten Höfe und Lehen bewohnt wurden, sowie 33 selbständige Selden und die Badstube. Bemerkenswert ist, daß mit fünf der größeren königsbronnischen Anwesen jeweils mehrere Tagwerk Holzmähder, insge-

---

ins Haus Wirtemberg erklären und ebenso der veringische Besitz im Bereich der Herrschaft Achalm.

[60] Zu Berengar († 1027) siehe Sigmund *Riezler*: Geschichte des Fürstlichen Hauses Fürstenberg. 1883. S. 19f.

samt 41 Tagwerk, verbunden waren, die zu Geroldsweiler lagen, einem abgegangenen Ost nordwestlich Steinheim, dicht neben der Straße, die über Bartholomä nach
Böbingen bzw. Essingen führt. Außerdem hatten weitere 12 königsbronnische Zinsbauern insgesamt 80 Tagwerk Mähder und Äcker zu Geroldsweiler in Nutzung, einer
sogar eine Hofstatt in dieser ehemals selbständigen Siedlung. Die nutzbaren Güter in
Geroldsweiler, soweit feststellbar insgesamt rund 120 Tagwerk, waren somit ebenfalls alter königsbronnischer Klosterbesitz; keiner der anderen Grundherren in Steinheim hatte Anteil an Geroldsweiler. Der Zehnte von Geroldsweiler stand der Pfarrei
Steinheim zu; dies spricht für die seit ältester Zeit bestehende kirchliche, aber auch
politische Abhängigkeit von Steinheim[61].

Neben Königsbronn war zweitwichtigster Grundherr in Steinheim das Stift Herbrechtingen. Es besaß laut Lagerbuch von 1463 in Steinheim zwei Höfe und sechs
Selden sowie drei damals öde Hofstätten[62]. Ein weiteres größeres Gut gehörte der
Herrschaft Rechberg-Weißenstein. Ein kleines Lehen zinste der Frühmesse in Heidenheim[63].

Wie war diese Besitzverteilung zustande gekommen? Die Abtei Königsbronn hatte
ihren Besitz in Steinheim nahezu als Ganzes von dem Augustiner-Chorherrenstift
Steinheim übernommen, das ihr bei der Gründung durch König Albrecht von Habsburg 1303 einverleibt worden war. Lediglich einzelne Grundstücke hatte der Abt
noch 1376 von einem Geislinger Bürger hinzugekauft[64]. Das Chorherrenstift Steinheim aber war eine Gründung der Herren von Albeck. Der Kleriker und spätere
Augsburger Domherr Berengar von Albeck und sein Bruder Witegow (II.) sind die
Stifter; als Gründungsjahr gilt 1190[65].

Die Klosteranlage mit Kirche wurde auf dem Berg Steinhirt errichtet, der damit
zum „Klosterberg" wurde. Stiftungsgut waren offenbar der Klosterhof und die später
davon abgetrennten Güter. Andere Stiftungsgüter dürften in den Nachbarorten
Sontheim, Küpfendorf, Gnannenweiler und Neuselhalden gelegen haben, doch sind
sie nicht mit Sicherheit auszumachen, da eine Stiftungsurkunde nicht vorhanden ist.
Der Sohn des Mitstifters Witegow, der gleichfalls Witegow (III.) hieß, verkaufte im
Jahre 1209 dem Stift um 100 Mark Silber die *villa* Steinheim mit aller Zugehör samt
dem Patronatsrecht der Pfarrei; er behielt sich lediglich ein Vogtrecht von den
Inhabern der Güter und die Gerichtsbarkeit über Unrecht und Frevel vor[66]. Unter
der Zugehör muß nach allem auch Geroldsweiler verstanden werden, doch läßt sich
nicht sagen, ob der Ort damals noch ständig bewohnt war. Das Patronatsrecht der

---

[61] HStA Stuttgart, Lagerbuch G 1295 (wie Anm. 14) Fol. 16ff.

[62] HStA Stuttgart, H 127 Nr. 60 (Salbuch Heidenheim von 1463). Fol. 44f.

[63] Siehe Verkaufsurkunde von 1529, HStA Stuttgart, B 207 Reichsstadt Ulm, PU 505.

[64] Chr. *Besold*: Documenta rediviva monasteriorum praecipuorum in ducatu Wirtenbergico.
1636. S. 641ff. – Rudolf *Moser*: Beschreibung von Württemberg 2. 1843. S. 491, wo irrtümlich
von dem „Esslinger" Bürger Conrad Schatzmann die Rede ist.

[65] *Memminger*: OAB Ulm. S. 152.

[66] WUB 2 S. 379 Nr. 548.

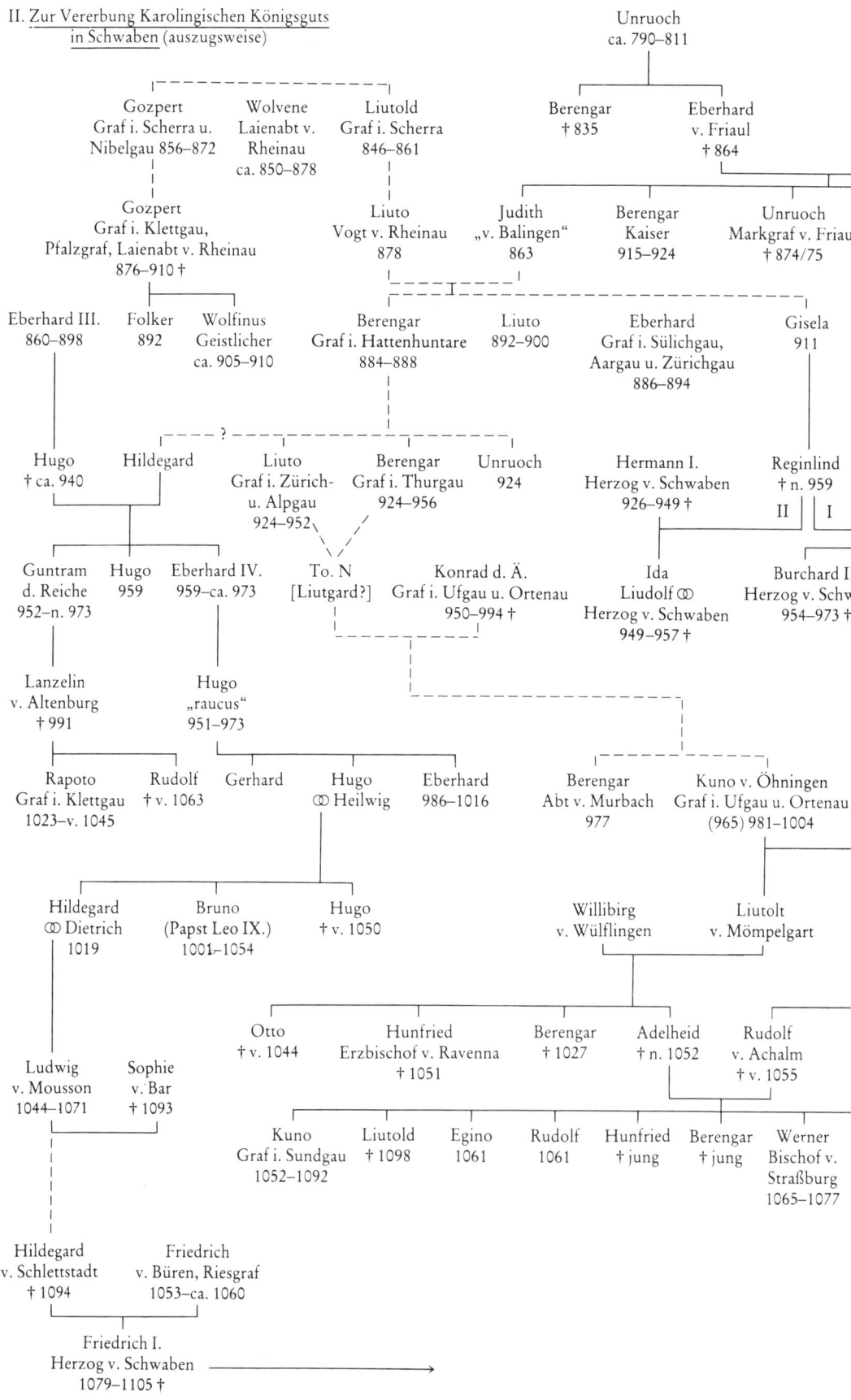

II. Zur Vererbung Karolingischen Königsguts
in Schwaben (auszugsweise)

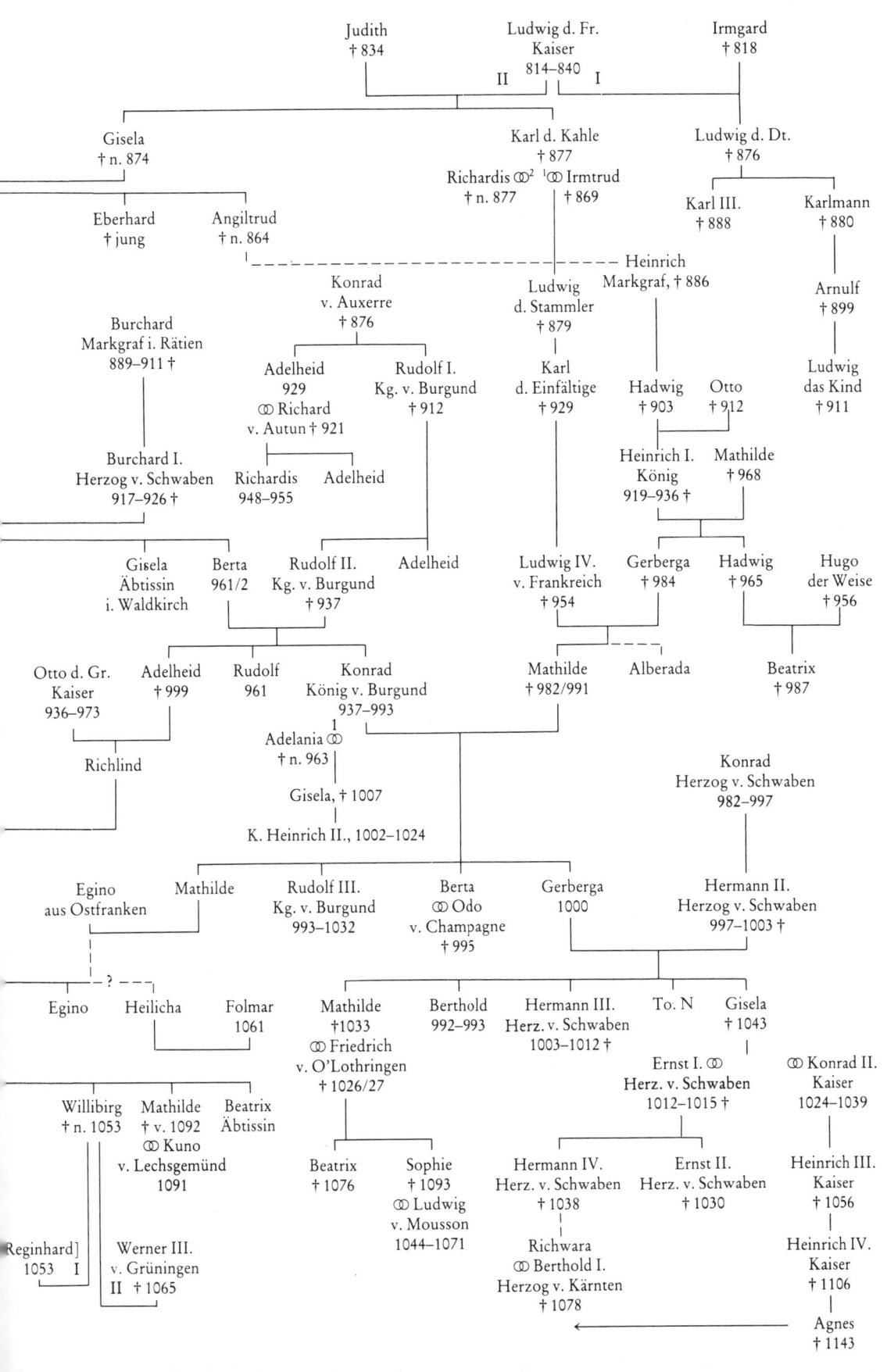

Pfarrei St. Peter ging vom Hochstift Augsburg zu Lehen. Auf Bitten Witegows eignete es Bischof Siegfried dem Stift, wogegen Witegow dem Bischof sein Patronatsrecht in Sigertshofen bei Augsburg überließ. Im Jahre 1238 wurde die Pfarrei dem Stift inkorporiert[67].

Wir ersehen, daß spätestens im ausgehenden 12. Jahrhundert die Ortsherrschaft samt der Masse der Bauerngüter in Steinheim den Herren von Albeck zustand. Nach unserer Überzeugung müssen sie dies alles im Erbgang von ihrer achalmischen Ahnfrau erhalten haben.

Nur das Kirchenpatronat scheint einen anderen Weg genommen zu haben. Die Herren von Albeck hatten es, wie erwähnt, vom Bischof von Augsburg zu Lehen. Die Eigentumsrechte des Hochstifts aber stammten aller Wahrscheinlichkeit nach aus dem Vermächtnis des Bischofs Walter von Augsburg († 1153), eines Mitstifters der Abtei Anhausen aus dem pfalzgräflichen Zweig der „Adalbertsippe"[68]. Ist diese Annahme richtig, dann waren für das Kirchenpatronat nicht die Achalmer die Vorbesitzer. Bischof Walter müßte das Patronatsrecht nebst anderen Gütern auf dem Albuch und in der Gegend von Schwäbisch Gmünd von seiner Mutter Adelheid erhalten haben, einer Angehörigen des Hauses, das sich später nach dem Hohenstaufen benannte, nämlich einer Schwester Friedrichs von Büren († v. 1070). Adelheids Mutter aber war allem Anschein nach eine Tochter des Filsgrafen Walter von 998. Von ihm führen Spuren zurück zur Sippe der Bertholde, die sich im frühen 8. Jahrhundert vom altalemannischen Herzogshaus abgespalten hatte[69].

Das rechbergische Gut in Steinheim könnte aus ursprünglich staufischem Besitz herrühren und ginge dann gleichfalls auf den Filsgrafen Walter zurück. Eher aber stammte es aus dem Besitz der „Adalbertsippe" und hatte sich über deren stubersheim-helfensteinischen Zweig vererbt; die früheren Inhaber der Herrschaft Weißenstein waren ja Dienstleute der Grafen von Helfenstein[70]. Für die weiter zurückliegende Zeit ergeben sich dann unseres Erachtens wieder zwei Möglichkeiten der Herleitung: zum einen von der Bertholdsippe, zum anderen von der achalmischen Ahnfrau.

Zur Herkunft der herbrechtingischen Güter kann erst Stellung genommen werden, wenn wir die frühmittelalterliche Geschichte Steinheims kennen.

Aus dem frühen 9. Jahrhundert stehen uns zwei Nachrichten über Steinheim zu Gebot. In einem Güterverzeichnis der Abtei Fulda, das Abt Hrabanus um 830 hat

---

[67] WUB 2 S. 378f. Nr. 547; WUB 3 S. 424 Nr. 922.

[68] *Bühler*, Schwäbische Pfalzgrafen (wie Anm. 18) S. 123f. – Die Urkunde Papst Urbans II. für das Hochstift Augsburg von 1186 nennt das Patronatsrecht in Steinheim nicht, weil es verliehen war; WUB 2 S. 245 Nr. 447.

[69] Heinz *Bühler*: Zur Geschichte der frühen Staufer. In: Staufer-Forschungen im Stauferkreis Göppingen. Veröffentlichungsreihe Hohenstaufen des Geschichts- und Altertumsvereins Göppingen 10 (1977) S. 11ff. – Hans *Jänichen*: Die alemannischen Fürsten Nebi und Berthold und ihre Beziehungen zu den Klöstern St. Gallen und Reichenau. In: Schriften des Vereins für Geschichte des Bodensees und seiner Umgebung 94 (1976) S. 63.

[70] Siehe WUB 4 S. 12f. Nr. 966; WUB 8 S. 257 Nr. 3020; WUB 10 S. 44 Nr. 4253. – Isidor *Fischer*: Heimatgeschichte von Weißenstein und Umgebung. 1927. S. 61ff.

aufzeichnen lassen, sind erwähnt: *Ad Steinheim . . . familie III. hube XIIII. lidi X. prata ad carradas XL. boves XXX.*[71]. Es handelt sich um drei Paare Leibeigener, 14 Hufen, 10 Hörige, 40 Fuder Heuertrag, 30 Ochsen. Wie die Überschrift des betreffenden Kapitels im Güterverzeichnis besagt, hätte die Abtei Fulda die darin verzeichneten Güter von dem Hausmaier und König Pippin (741–768) und von Karl dem Großen geschenkt erhalten. Königliche Schenkung läßt sich zwar nur für wenige in diesem Kapitel genannte Orte urkundlich beweisen; dennoch mag die pauschale Aussage der Kapitelüberschrift insofern ihre Berechtigung haben, als auch private Schenker, die anderweitig namentlich genannt werden, ihre Güter wohl mit Zustimmung oder gar auf Veranlassung der genannten Könige als ihrer Lehensherren dem Kloster übereignet haben. Im Falle Steinheim dürfte es sich tatsächlich um eine königliche Schenkung handeln. Dies wird die zweite Nachricht ergeben.

Im Jahre 839 beurkundete Kaiser Ludwig der Fromme, der Sohn Karls des Großen, einen Gütertausch mit Abt Hraban von Fulda[72]. Nach dem Wortlaut der Urkunde ging die Anregung von Abt Hraban aus, doch sollte der Tausch zum Nutzen beider Partner sein – *pro ambarum partium oportunitate.* Der Abt erhielt zehn öde Huben in Zimmern (bei Böbingen), die ein Vasall des Kaisers namens Helmerich zu Lehen hatte. Er gab dafür im Tausch dem Lehensmann des Kaisers vier Klosterhuben in Steinheim und eine in Hammerstadt bei Aalen samt drei zugehörigen Männern und 16 Leibeigenen. Diese Güter wurden damit Eigentum des Kaisers.

Auf Grund des Tausches minderte sich der fuldische Besitz in Steinheim, doch behielt das Kloster weiterhin zehn Huben. Diese zehn Huben müssen später an Herbrechtingen gelangt sein. Auf welche Weise dies geschah, läßt sich erahnen. Die Abtei Fulda hat ihren Fernbesitz im östlichen Schwaben zu Lehen vergeben. Als Lehensträger wird der Markgraf Diepold von Giengen-Vohburg († 1146) genannt, dessen Tochter Adela die erste Gemahlin Friedrich Barbarossas wurde und den Staufern reichen Besitz, darunter viel fuldisches Lehengut, im Brenz- und Donaubereich zubrachte. Auch Herzog Friedrich von Rothenburg, der Sohn König Konrads III., hatte fuldisches Lehengut, das nach seinem Tod 1167 gleichfalls an Friedrich Barbarossa fiel[73]. Dieser reformierte 1171 das Herbrechtinger Stift und übertrug es Augustiner-Chorherren aus Hördt am Rhein. Es scheint uns ziemlich sicher, daß die Güter in Steinheim durch ihn oder seine Erben an das Herbrechtinger Stift gelangt sind.

Der Gütertausch von 839 war, wie erwähnt, *pro ambarum partium oportunitate* erfolgt, d. h. auch Kaiser Ludwig hatte dabei seinen Vorteil. Der Tausch kam ihm offenbar gelegen, seinen Besitz in Steinheim und Umgebung zu arrondieren. Wir erinnern uns des Ortes Geroldsweiler, dessen Grundstücke später Eigentum des

---

[71] Traditiones et antiquitates Fuldenses. Hg. von Ernst Friedr. Joh. *Dronke.* 1844. S. 126 Nr. 17.
[72] WUB 1 S. 116f. Nr. 101.
[73] Traditiones et antiquitates Fuldenses (wie Anm. 71) S. 141 Cap. 63. – *Bühler*, Die Wittislinger Pfründen (wie Anm. 28) S. 38.

Stiftes Steinheim, dann der Abtei Königsbronn und lagerbüchlich bestimmten Anwesen in Steinheim zugeschrieben waren. Es muß sich um einen sehr alten Zustand handeln, der zumindest bis in die Zeit vor Gründung des Steinheimer Stifts zurückreicht. Das heißt, daß Geroldsweiler gleichfalls aus der Hand der Herren von Albeck an das Stift Steinheim gelangt ist.

Orte mit dem Grundwort „-weiler" wurden bei uns vorwiegend im 8. Jahrhundert gegründet. Die namengebende Person – in unserem Falle Gerold – mag der Ortsgründer gewesen sein oder ein Ortsherr, der so bekannt war, daß sein Name für alle Zeit an dem betreffenden Ort haften blieb. Der bekannteste Träger des Namens Gerold aber war Kaiser Ludwigs des Frommen Mutterbruder, der Bayernpräfekt Gerold, der 799 gegen die Awaren fiel[74]. Da er keine Nachkommen hinterlassen hatte, war sein Erbe an den Neffen Ludwig gefallen. So muß Kaiser Ludwig zur Zeit des Tausches mit Fulda 839 Inhaber von Geroldsweiler gewesen sein. Geroldsweiler aber wird von Steinheim aus gegründet worden sein, wohin es noch viele Jahrhunderte später zehntpflichtig war.

Steinheim und Umgebung war also im Besitz von Gerolds Familienangehörigen. Gerold stammte wie Kaiser Ludwigs Mutter Hildegard von Mutterseite aus dem alemannischen Herzogshaus. Das Herzogshaus muß in Steinheim und Umgebung begütert gewesen sein.

Steinheim gehört mit Schnaitheim, Nattheim und Bolheim zu dem Verband der „-heim-Orte" um Heidenheim (Römerkastell Aquileia), die wohl nach 536 bzw. in der zweiten Hälfte des 6. Jahrhunderts im Auftrag des merowingischen Frankenkönigs auf Königsland gegründet wurden. Rund um Steinheim entstanden dann als sekundäre „-heim-Orte" Sontheim im Stubental, Ostheim, Westheim, Scheffheim und Stockheim (außer Sontheim in Steinheim aufgegangen oder wüst geworden)[75]. Dies könnte zur Zeit des Königs Dagobert I. (629–639) geschehen sein. Mit der Erschlaffung der merowingischen Reichsgewalt aber wuchsen Einfluß und Macht der Herzöge Alemanniens. Das merowingische Königsgut, das ihnen zur Verwaltung anvertraut war, wurde von ihnen wie Eigengut behandelt, und im Zuge des Landesausbaus legten Angehörige der Herzogsfamilie neue Siedlungen an wie z.B. Geroldsweiler. Dessen Lage an der Straße Steinheim-Böbingen spricht für das Alter dieses Verkehrswegs und läßt vermuten, daß Steinheim und Böbingen als Endpunkte dieses Verkehrsweges schon im 8. Jahrhundert auch politisch verbunden waren. Für diese Vermutung spricht der Besitz Kaiser Ludwigs in Zimmern bei Böbingen, der anläßlich des Tausches von 839 bekannt wird.

Nach dem Tode Herzog Gotefrieds († 709) hatte sich das Herzogshaus in mehrere Linien geteilt, die sich zu den aufsteigenden Hausmaiern karolingischen Geschlechts,

---

[74] Hans *Jänichen*: Baar und Huntari. In: Grundfragen der alemannischen Geschichte. Vorträge und Forschungen, hg. vom Institut für geschichtliche Landesforschung des Bodenseegebiets in Konstanz 1 (1955) Tafel 1 nach S. 148.

[75] Heinz *Bühler*: Die Herrschaft Heidenheim. In: 75 Jahre Heimat- und Altertumsverein Heidenheim 1901–1976. 1976. S. 121–180, hier S. 133f.

die als Usurpatoren galten, unterschiedlich verhielten. Während Herzog Theutbald rebellierte und deshalb nach 746 seinen Besitz durch Konfiskation an die Karolinger verlor, arrangierten sich die Nachkommen Huochings mit den neuen Machthabern. Huochings Tochter Hiltburg vermählte sich mit Berthold, der wahrscheinlich aus dem Westen des Frankenreiches stammte und 724 m mit ihrem Bruder Nebi an der Gründung des Klosters Reichenau beteiligt war[76]. Hiltburg vererbte offenbar Besitz in Schnaitheim, den einer ihrer Nachkommen namens Egilolf an Fulda übertrug[77]. Sie könnte auch das Steinheimer Kirchenpatronat vererbt haben, sofern unsere Vermutung zutrifft, daß der Filsgraf Walter (998) zu den Rechtsnachfolgern der Bertholde gehört. Durch Karls des Großen Heirat mit Huochings Urenkelin Hildegard kam Herzogsgut teils als Mitgift, teils als Erbe an die Karolinger. Auf diese Weise müßte auch Gut in Steinheim an Hildegards Sohn, Ludwig den Frommen, gelangt sein.

Wir erinnern uns des fuldischen Besitzes in Steinheim und in Verbindung damit der Aussage des fuldischen Urbars, wonach der Klosterbesitz in Schwaben von Pippin und Karl dem Großen geschenkt worden sei. Es mag sich im Falle Steinheim um solches Gut handeln, das nach Herzog Gotefrieds Tod (709) an dessen Sohn Theutbald gefallen, ihm aber nach 746 aberkannt worden war. Es wäre dann am ehesten von Pippin († 768) dem Kloster Fulda geschenkt worden, wie dies für Deiningen im Ries urkundlich bezeugt ist[78].

Durch den Tausch mit Fulda 839 mehrte Ludwig der Fromme seinen Besitz in Steinheim. Was er dort seit 839 besaß, Geroldsweiler inbegriffen, müßte nach unserer Kenntnis der Ortsgeschichte ziemlich identisch sein mit dem, was die Herren von Albeck von ihrer achalmischen Ahnfrau überkommen und in den Jahren 1190 und 1209 dem Stift Steinheim übergeben haben. Es gilt nun einen Erbgang nachzuweisen, der den Übergang Steinheims aus den Händen Ludwigs des Frommen (814–840) an die Grafen von Achalm des 11. Jahrhunderts erklärt.

2. Zur Vererbung karolingischen Königsguts in Schwaben

Ludwig der Fromme besaß aus zwei Ehen eine zahlreiche Nachkommenschaft. In deren Händen begegnen nicht wenige Orte, in denen später die Grafen von Achalm oder mit ihnen Stammverwandte begütert waren, so daß man auf einen ähnlichen Erbgang schließen darf, wie er im Falle Steinheim vorgelegen haben muß.

Es hat den Anschein, daß nach dem Tode Ludwigs des Kindes († 911), des letzten Nachkommen Ludwigs des Frommen aus seiner ersten Ehe mit Irmgard, die Nachkommen aus der zweiten Ehe mit der Welfin Judith dessen Erbe angetreten haben.

---

[76] *Jänichen*, Die alemannischen Fürsten Nebi und Berthold (wie Anm. 69) S. 63 und 67.
[77] Traditiones et antiquitates Fuldenses (wie Anm. 71) S. 93 Nr. 24.
[78] MG DKdG Nr. 13.

Der Erbgang karolingischen Königsguts läßt sich unseres Erachtens am besten am Beispiel Waiblingens im Remstal verdeutlichen.

Nach glaubhafter Überlieferung hat sich schon Karl der Große im Jahre 801 in Waiblingen aufgehalten[79]. Sodann sind Aufenthalte Karls III. 885 und 887 sowie Ludwigs des Kindes 908 bezeugt[80]. Im 11. Jahrhundert war Waiblingen wie Winterbach und Beinstein in der Hand der salischen Herrscher Heinrich III. und Heinrich IV. und wurde von letzterem 1080 der Speyrer Kirche übertragen[81]. Nach später aufgezeichneter Überlieferung wird schon der Vater Heinrichs III., der Salier Konrad II., mit Waiblingen in Verbindung gebracht[82], und zwar bereits für die Zeit vor seiner Königswahl 1024. Ist diese Überlieferung richtig, dann war Waiblingen in den vorhergehenden Jahrhunderten sicherlich nicht immer Königsgut. Karl *Stenzel* hat überzeugend dargelegt, daß Waiblingen durch die Gemahlin Gisela an Konrad II. und das salische Haus gelangte[83]. Daß Gisela die Vermittlerin war, wird unterstrichen durch die Nachricht eines freilich nicht zeitgenössischen, aber offenbar gut unterrichteten Chronisten, der mitteilt, Konrad II. habe Gisela „von Waiblingen" (de Gwebinlingen) zur Gemahlin genommen[84].

Gisela ihrerseits muß Waiblingen auf dem Erbwege überkommen haben. Von ihr berichtet Wipo, der Biograph Konrads II.: *Ihr Vater war Herzog Hermann von Schwaben, ihre Mutter Gerberga, eine Tochter des Königs Konrad von Burgund, dessen Ahnen (parentes) aus dem Geschlecht Karls des Großen hervorgegangen waren*[85]. Hier wird ausdrücklich bezeugt, daß Gisela von Karl dem Großen abstammte, der 801 in Waiblingen weilte. Diese Abstammung erklärt, wie sie zu dem Gute Waiblingen kam. Gerd *Wunder* hat betont, daß Gisela sowohl von Vater- als auch von Mutterseite im 8. Grad von Karl dem Großen abstammte[86].

Giselas Ahnenreihen lassen sich lückenlos aufzeigen:

1) Giselas Vater Herzog Hermann II. von Schwaben (997–1003) war der Sohn des Herzogs Konrad von Schwaben (982–997), dieser der Sohn des Grafen Udo von der Wetterau († 949) und einer Tochter Heriberts von Vermandois (ermordet zwischen

---

[79] Wilhelm *Glässner*: Das Königsgut Waiblingen und die mittelalterlichen Kaisergeschlechter der Karolinger, Salier und Staufer. 1977. S. 23.

[80] MG DK III Nr. 127, 128, 158; MG DLdK Nr. 64.

[81] MG DH III Nr. 166 und 227; MG DH IV Nr. 325, 380 und 391.

[82] Annales Palidenses, MG SS XVI S. 67. – Codex Laureshamensis. Hg. von Karl *Glöckner*. Band 1. 1929. S. 378.

[83] Karl *Stenzel*: Waiblingen in der deutschen Geschichte. 1936. S. 30 ff. – Vergleiche *Glässner* (wie Anm. 79) S. 38 f. – Heinz *Bühler*: Die „Duria-Orte" Suntheim und Navua. Ein Beitrag zur Geschichte des „pagus Duria"(im Druck, Manuskript 1971 abgeschlossen).

[84] Historia universalis des Sifrid von Ballhausen, MG SS XXVI S. 696.

[85] Wipo, Gesta Chuonradi II. Imperatoris. Bearb. von W. *Trillmich*. In: Ausgewählte Quellen zur deutschen Geschichte des Mittelalters 11. 1961. S. 552–553.

[86] Gerd *Wunder*: Gisela von Schwaben. In: Lebensbilder aus Schwaben und Franken 14. 1980. S. 3. – Vergleiche *Glässner* (wie Anm. 79) S. 25.

900–908)[87]. Heribert aber stammte über seinen Vater Pippin († 840) von König Bernhard von Italien († 818), der wiederum ein Sohn von Karls des Großen Sohn Pippin († 810) war.

2) Giselas Mutter Gerberga war eine Tochter des Königs Konrad von Burgund (937–993) und der Mathilde aus dem westfränkischen Königshaus. Diese stammte in direkter Linie über ihren Vater Ludwig IV. den Überseeischen († 954) – Karl III. den Einfältigen († 929) – Ludwig III. den Stammler († 879) und Karl II. den Kahlen († 877) von Ludwig dem Frommen und dessen zweiter Gemahlin Judith ab.

Nun begründete die Abstammung Giselas über ihren Vater Herzog Hermann II. von Ludwigs des Frommen Bruder Pippin – falls sie den Zeitgenossen überhaupt bewußt war – kaum einen Anspruch an das Erbe der deutschen Karolinger, insbesondere des letzten ostfränkischen Karolingers, Ludwigs des Kindes († 911). Das tat die Abstammung ihrer Mutter Gerberga von Ludwigs des Frommen Sohn Karl dem Kahlen schon eher. Doch fragt es sich, ob den westfränkischen Karolingern soviel an Gütern im Ostreich gelegen war und ob sie nicht etwaige Ansprüche gegen entsprechenden Ausgleich an solche Verwandte abgetreten hätten, die daraus größeren Nutzen zogen.

Es muß noch eine andere Ahnenreihe geben, die Gisela mit Karl dem Großen bzw. Ludwig dem Frommen verband und die vor allem auch ihren eigenen karolingischen Namen Gisela erklärt. Diese Ahnenreihe offenbar hatte Wipo im Auge, wenn er davon spricht, daß die Ahnen König Konrads von Burgund (937–993) – nicht seiner Gemahlin Mathilde – aus dem Geschlecht Karls des Großen hervorgegangen seien. Der Name Gisela findet sich, soweit wir dies übersehen, in der Vorfahrenschaft ihres Vaters Hermann II. nicht und bei den westfränkischen Karolingern, von denen die Großmutter Mathilde abstammte, nur bei einigen Klosterfrauen.

Gisela aber hieß die Halbschwester ihrer Mutter Gerberga, die aus der ersten Ehe des Königs Konrad von Burgund († 993) stammte; sie war die Mutter Kaiser Heinrichs II. (1002–1024). Gisela hieß auch eine Mutterschwester König Konrads von Burgund, nämlich eine Tochter Herzog Burchards I. von Schwaben (917–926) und seiner Gemahlin Reginlind. Diese Gisela wirkte als Äbtissin in Waldkirch, einer Stiftung ihrer Eltern[88]. Nach dieser Burchardingerin war offenbar die Tochter König Konrads von Burgund benannt worden; der Name kam somit über die Burchardinger in das burgundische Königshaus. Gisela hieß sodann die Mutter der Herzogin Reginlind. Reginlinds Vater kennen wir nicht; er dürfte in jungen Jahren verstorben sein, denn Reginlind hatte allem Anschein nach keine Geschwister. So erklärt es sich,

---

[87] Eduard *Hlawitschka*: Wer waren Kuno und Richlind von Öhningen? In: ZGO 128 (1980) S. 42f.

[88] Thomas L. *Zotz*: Der Breisgau und das alemannische Herzogtum. Vorträge und Forschungen. Sonderband 15. Hg. vom Konstanzer Arbeitskreis für mittelalterliche Geschichte. 1974. S. 81 mit Anm. 122.

daß Reginlind ein überaus reiches Erbe vermittelte[89]. Reginlinds Mutter Gisela stammte zweifellos aus sehr vornehmem Geschlecht. Sie scheint an den Hochverratsplänen des Markgrafen Burchard von Rätien, des Schwiegervaters ihrer Tochter, 911, nicht ganz unbeteiligt gewesen zu sein, so daß während einer Reise nach Rom, wo sie die Hilfe des Papstes Anastasius erbat, ihre Güter eingezogen wurden[90]. Es scheint, als habe sie in Italien einflußreiche Verwandte gehabt.

Lassen wir uns weiter von dem Namen Gisela leiten, der – wie gesagt – im karolingischen Haus ganz besondere Bedeutung hatte, so stoßen wir zwei Generationen früher auf die gleichnamige Tochter Ludwigs des Frommen aus seiner zweiten Ehe mit der Welfin Judith. Diese Gisela, die Schwester Karls des Kahlen († 877), war mit dem Markgrafen Eberhard von Friaul († 864) vermählt. Sie hatte ihrerseits wieder eine Tochter Gisela, die als Nonne in Brescia um 863 starb. Vor nahezu dreißig Jahren hat Emil *Kimpen* jene Gisela, die Tochter Ludwigs des Frommen, völlig zu Recht als die Großmutter von Reginlinds Mutter Gisela angesprochen[91]; er hat sich nur hinsichtlich des Zwischenglieds geirrt.

Die Nachkommen Eberhards von Friaul und der Kaisertochter Gisela werden nach Eberhards Vater Unruoch (ca. 790–811) die „Unruochinger" genannt. Es war dies eines der reichsten und mächtigsten Geschlechter seiner Zeit und – wie sich aus Eberhards Testament von 863/64 ergibt – so ziemlich im ganzen Frankenreich begütert. Ihr Besitz stammte einerseits von Eberhards Vater Unruoch, für dessen Familie neuerdings Begüterung auf der Münsinger Alb nachgewiesen wurde[92], zum anderen aus Giselas Mitgift und Erbe; dies war teils Hinterlassenschaft ihrer Großmutter Hildegard, die mütterlicherseits dem alemannischen Herzogshaus entstammte, teils Erbe ihres Großvaters Karls des Großen, der in Alemannien über konfisziertes ehemaliges Herzogsgut verfügte. Als Abkömmlinge Ludwigs des Frommen konnten die „Unruochinger" am ehesten Ansprüche an das Erbe Ludwigs des Kindes stellen. Als dieser Erbfall 911 eintrat, waren Reginlinds Mutter Gisela und deren Brüder, die uns noch beschäftigen werden, erbberechtigt. Reginlinds Gemahl, der als Burchard I. 917 den schwäbischen Herzogsstuhl einnahm, verstand es, die von Gisela auf Reginlind übergegangenen Erbansprüche im Interesse seiner Nachkommen durchzusetzen.

Auf der Suche nach den karolingischen Ahnen Giselas „von Waiblingen" sind wir auf die „Unruochinger" gestoßen. Diese gelten auch als Vorfahren der Grafen von Achalm. Das wußte man im 12. Jahrhundert im Kloster Zwiefalten, als man Unruoch, den Vater Eberhards von Friaul, als *proavus Liutoldi comitis* – Ahnherr des

---

[89] Hansmartin *Decker-Hauff*: Reginlinde, Herzogin von Schwaben. In: Schwäbische Lebensbilder 6. 1957. S. 1 ff. – Derselbe: Geschichte der Stadt Stuttgart 1. 1966. S. 87 ff.

[90] Ernst *Dümmler*: Geschichte des ostfränkischen Reiches 3. ²1888. S. 570. – *Decker-Hauff*, Reginlinde (wie Anm. 89) S. 2. – Emil *Kimpen*: Zur Königsgenealogie der Karolinger- bis Stauferzeit. In: ZGO 103 (1955) S. 47.

[91] *Kimpen*, Königsgenealogie (wie Anm. 90) S. 49 f. und S. 69.

[92] *Eberl*, Münsingen (wie Anm. 20) S. 58.

Klostergründers Liutold von Achalm († 1098) – ins Totenbuch eintrug[93]. Gisela „von Waiblingen", die Gemahlin Kaiser Konrads II., und die Grafen von Achalm haben somit gemeinsame Ahnen. Da man die Ahnenreihe Giselas jetzt nahezu lückenlos kennt, läßt sich erahnen, wo von ihr das Haus Achalm abzweigt. Schon jetzt läßt sich sagen, daß Kaiserin Gisela und die Grafen von Achalm ganz nahe verwandt waren über das burgundische Königshaus.

Zunächst freilich gilt es, die Lücke zu schließen zwischen Ludwigs des Frommen Tochter Gisela († n. 874) und jener Gisela (911), die wir als Mutter der Herzogin Reginlind kennen. Eines der sieben Kinder Giselas mit Eberhard von Friaul hat diese Lücke zu füllen. Es kommen in Betracht die Söhne Unruoch, Berengar, Adalhard und Rudolf sowie die Töchter Engeltrud, Judith und Heilwig. Auf sie wurde laut Testament von 863/64 das reiche Erbe der Eltern verteilt, jedoch so, daß fünf der sieben Geschwister ausschließlich mit Gütern in Westfranken und Flandern ausgestattet wurden[94]. Wir dürfen sie wohl ohne Bedenken ausschließen, da sie als Eltern der jüngeren Gisela und letztlich als Vorfahren der Kaiserin Gisela wie der Achalmer kaum in Frage kommen.

Dem ältesten Sohn Unruoch (II.) dagegen wurden alle Ländereien in Italien und nahezu alle Güter in Alemannien zugeteilt, *praeter Balguinet et ea quae ad eam pertinere videntur* – ausgenommen Balingen und die Güter, die dazu gehören. Diesen aus dem alemannischen Besitz ausgeschiedenen Güterkomplex und dazu „Heliwsheim" (Hülst?) am Niederrhein erbte die Tochter Judith[95]. Wenn ihr Erbteil den übrigen sechs Teilen gleichwertig war, dürfte Balingen mit Zugehör eine beachtliche Gütermasse dargestellt haben.

Da der Hauptteil der alemannischen Güter an Unruoch gefallen war, hat Emil *Kimpen* ihn als das gesuchte Zwischenglied zwischen Gisela von Friaul und Gisela, der Mutter Reginlinds, angenommen[96]. Das kann jedoch nicht richtig sein. Unruoch hatte auch die italienischen Güter erhalten, weil er dort in Nachfolge des Vaters die Markgrafschaft übernehmen sollte. Er starb aber schon zehn Jahre später und hinterließ nur eine Tochter, die in Brescia den Schleier nahm, aber später entführt wurde. Unruoch scheidet somit als Vater der jüngeren Gisela aus. Das Markgrafenamt ging an den zweiten Sohn Berengar über, den späteren Kaiser († 924). Auf seine Unterstützung mag die jüngere Gisela, seine Nichte, gebaut haben, als sie – offenbar Witwe – infolge des mißglückten Aufstandes ihres Gegenschwiegers kompromittiert war und beim Papst in Rom Hilfe suchte. Das Erbteil, das Unruoch laut Testament erhalten hat, wurde unter die überlebenden Geschwister im wesentlichen wohl so verteilt, daß Berengar zum Markgrafenamt italienische Besitzungen erhielt, wogegen

---

[93] Necrologium Zwifaltense zu Nov. 18. In: MG Necrologia 1. S. 265.
[94] Paul *Hirsch*: Die Erhebung Berengars I. von Friaul zum König in Italien. Inaugural-Dissertation, Straßburg 1910. S. 61 f.
[95] *Hirsch* (wie Anm. 94) S. 62 mit Anm. 2 und S. 65 mit Anm. 1.
[96] *Kimpen*. Königsgenealogie (wie Anm. 90) S. 96.

die in Alemannien schon begüterte und interessierte Judith dort weiteren Besitz
bekam.

Von den Kindern Eberhards von Friaul und der Kaisertochter Gisela kommt somit
nur die Tochter Judith „von Balingen" als Zwischenglied, d.h. als Mutter der
jüngeren Gisela (911) in Betracht. Dafür spricht, daß in Balingen noch um die Mitte
des 13. Jahrhunderts die Grafen von Fürstenberg als Angehörige des mit den Achalmern stammverwandten Hauses Urach Rechte an die Kirche hatten[97]. Es gibt unseres
Erachtens keinen Anhaltspunkt, daß diese Rechte etwa erst später erheiratet sein
könnten; so ist damit zu rechnen, daß sie sich seit dem 9. Jahrhundert unter Verwandten weitervererbt hatten. Auch hat Hans *Jänichen* in Balingen bis ins 15. Jahrhundert Lehenrechte der Grafen von Nellenburg feststellen können[98]. Sie sprechen
gleichfalls für unsere Ansicht (siehe unten).

Nicht weit von Balingen treffen wir in der auf Judith folgenden Generation die
Grafen Berengar der Hattenhuntare und Eberhard des Sülichgaus, zuständig für
Dußlingen im Steinlachtal. König Arnulf bestätigte nämlich im Jahre 888 seinem
Kaplan Ortolf das Eigentum der Kirche in Dußlingen, die Kaiser Karl III. ihm auf
Lebenszeit überlassen hatte[99]. Im selben Dußlingen, in welchem die karolingischen
Herrscher Karl III. und Arnulf als Nachkommen Ludwigs des Frommen über die
Kirche verfügten, war im ausgehenden 11. Jahrhundert Graf Liutold von Achalm
(† 1098) begütert[100]. Dies ist ein Beweis, daß die Achalmer entweder am selben Erbe
teilhatten wie die Nachkommen Ludwigs des Frommen, also die gleichen Vorfahren
hatten wie diese, oder daß sie zu deren direkten Rechtsnachfolgern gehörten. Wichtig
sind zunächst die beiden Grafen Berengar und Eberhard. Sie tragen typische Unruo-
chingernamen[101]. Eberhard trägt denselben Namen wie Judiths Vater Eberhard von
Friaul. Berengar hieß ein Bruder und ein Sohn Eberhards von Friaul. Somit gibt es
kaum einen Zweifel, daß es sich bei Berengar und Eberhard um Enkel Eberhards von
Friaul handelt[102]. Da wir die Söhne und Töchter Eberhards von Friaul wie auch in
etwa deren Wirkungsbereiche kennen, liegt am nächsten, die Grafen Berengar und
Eberhard als Söhne der Judith „von Balingen" zu betrachten. Sie sind dann Brüder
der Gisela, die wir als Mutter der Herzogin Reginlind kennen[103].

---

[97] Fürstenbergisches UB. Bearb. von Sigmund *Riezler*. 1. 1877. S. 206 Nr. 438 und S. 240
Nr. 497. – Vergleiche KB Balingen 2. 1961. S. 33.
[98] Heimatkundliche Blätter Balingen. 10. Jahrgang 1963. S. 440.
[99] MG DArn Nr. 37.
[100] Die Zwiefalter Chroniken (wie Anm. 2) S. 26 und S. 150.
[101] Fürstenbergisches UB (wie Anm. 97) 1. S. 3. – *Kimpen*, Königsgenealogie (wie Anm. 90)
S. 49f.
[102] Siehe Fürstenbergisches UB (wie Anm. 97) 1. S. 4. – Hansmartin *Decker-Hauff*: Die
Ottonen und Schwaben. In: ZWLG 14 (1955) S. 293.
[103] Vergleiche Emil *Krüger*: Zur Herkunft der Zähringer. In: ZGO 45 (1891) S. 590. – In der
Forschung wurde Gisela als Gemahlin des Grafen Eberhard von 888 betrachtet. Dabei ist richtig
die enge Beziehung der beiden erkannt. Gisela ist jedoch selbst eine Unruochingerin mit
Karolingerblut. Wenn man Eberhard zu Recht als Enkel Eberhards von Friaul anspricht, kann

Die Grafen Berengar und Eberhard und ihr Familienkreis lassen sich noch deutlicher fassen. In den Jahren 886 bis 894 begegnet wiederholt ein Eberhard als Graf im Aargau und Zürichgau, den man mit dem Sülichgaugrafen Eberhard von 888 zu Recht für personengleich hält[104]. Den Zürichgaugrafen dieses Namens hat man seit langem als den Stammvater der Grafen von Nellenburg erkannt[105]. Wir erinnern uns der nellenburgischen Lehenrechte, die Hans *Jänichen* in Balingen feststellen konnte. Sie bestätigen, daß der Zürichgaugraf Eberhard mit dem Sülichgaugrafen Eberhard identisch ist und daß dieser ein Sohn der Judith „von Balingen" war. Andererseits hat man den Grafen Berengar von 888 unter die Ahnen der Achalmer eingereiht[106]. Über ihn oder über seine Schwester Gisela hätten sich die fürstenbergischen Rechte in Balingen vererbt. Man erahnte, daß Nellenburger und Achalmer gleichen Ursprungs sind.

Der Gemahl der Judith „von Balingen", der Vater der Geschwister Berengar, Eberhard und Gisela, ist nicht bekannt. Doch läßt sich zumindest der Familienkreis ermitteln, dem er angehörte. In der älteren Forschung wurde Graf Adalbert der Erlauchte († 894), der Großvater Herzog Burchards I. von Schwaben, als Gemahl der Judith „von Balingen" angenommen, und zwar offenbar deshalb, weil er als Graf den Scherragau verwaltete, zu dem Balingen gehörte[107]. Erich *Brandenburg* hat diese Ansicht nicht geteilt und K. F. *Werner* scheint sie zumindest für fragwürdig zu halten[108]. Hagen *Keller* betrachtet eine „illustris femina Rothildis" als Gemahlin Adalberts des Erlauchten und lehnt damit die ältere Auffassung ebenfalls ab[109].

Nun haben wir gesehen, daß Judiths (mutmaßlicher) Sohn Eberhard als Graf im Zürich- und Aargau Beziehungen zum südlichen Alemannien hatte. Dort treffen wir auch seinen Bruder Berengar. Er verfügte 884 über Besitz in Merishausen bei Schaffhausen, den er an St. Gallen gab im Tausch gegen Klostergut in Bargen (Kanton

Gisela unmöglich seine Gemahlin sein. Daß Berengar, Eberhard und Gisela Geschwister sind, wird die Besitzgeschichte zeigen. Siehe Heinz *Bühler*: Richinza von Spitzenberg und ihr Verwandtenkreis. In: Württembergisch Franken 58 (1974) S. 321 Tafel II.

[104] Karl *Schmid*: Zur Problematik von Familie, Sippe und Geschlecht. In: ZGO 105 (1957) S. 5 mit Anm. 9. – *Kimpen*, Königsgenealogie (wie Anm. 90) S. 49 f.

[105] Ludwig *Schmid*: Beleuchtung und schließliche Erledigung der bis daher noch schwebenden Frage von der Burkardinger Herkunft der Hohenzoller. 1897. S. 150. – *Krüger*, Zur Herkunft der Zähringer (wie Anm. 103) S. 589 f. – Otto *Feger*: Geschichte des Bodenseeraumes 1. 1956. S. 236. – Hans *Kläui*: Grafen von Nellenburg. In: Genealogisches Handbuch zur Schweizer Geschichte 4. 1980. S. 181 und Tafel IX nach S. 204.

[106] Fürstenbergisches UB (wie Anm. 97) S. 400. – *Decker-Hauff*, Ottonen (wie Anm. 102) S. 293.

[107] Ludwig *Schmid*: Der Urstamm der Hohenzollern und seine Verzweigungen. 1884. S. 106 f. und S. 306 Anm. 96.

[108] Erich *Brandenburg*: Die Nachkommen Karls des Großen. 1935. S. 86 Nr. 30–31. Karl Ferd. *Werner*: Die Nachkommen Karls des Großen bis um das Jahr 1000. In: Das Nachleben. Karl der Große 4. 1967. S. 412 und 452 f.

[109] Hagen *Keller*: Kloster Einsiedeln im ottonischen Schwaben. Forschungen zur oberrheinischen Landesgeschichte 13 (1964) S. 25.

Schaffhausen)[110]. Im selben Merishausen hatte 846 ein Graf Liutold einen Teil der Kirche, dazu im benachbarten Berslingen (abgegangen) eine Hube an St. Gallen geschenkt[111]. Dieser Liutold war auch Scherragraf; er ist von 846 bis 861 bezeugt[112]. Er war mit Berengar verwandt, wie sich aus verschiedenen Verbrüderungseinträgen ergibt[113] und wie es die gemeinsame Begüterung in Merishausen nahelegt. Liutold war nach seinen Lebensdaten zwei Generationen älter als Berengar. Da wir Berengar als Sohn der Judith „von Balingen" und Enkel Eberhards von Friaul von Mutterseite betrachten, müßte Liutold ein Verwandter Berengars von Vaterseite, und zwar sein Großvater sein. Dann hätte ein Sohn unseres Liutold Judith „von Balingen" geheiratet und wäre der Vater der drei Geschwister Berengar, Eberhard und Gisela. Die Besitzverteilung in Merishausen und im benachbarten Berslingen würde sich so erklären. Berengars Besitz in Merishausen wurde schon erwähnt. In Merishausen war später auch die Abtei Allerheiligen in Schaffhausen begütert; dieses Gut stammte offenbar von ihrem Stifter Eberhard dem Seligen von Nellenburg, der es über Berengars Bruder Eberhard ererbt haben müßte[114]. In Berslingen aber finden wir später Kaiser Heinrich IV. begütert; er wäre dazu auf die gleiche Weise gekommen, wie er zu Waiblingen kam, nämlich über Gisela, die Mutter Reginlinds, und deren Nachkommen bis zu Gisela, der Gemahlin Kaiser Konrads II.[115].

Graf Liutold (846–861) gehörte zur Sippe der Stifter des Klosters Rheinau am Hochrhein, die Karl *Schmid* eingehend untersucht hat. Sie repräsentiert sich für uns in der fraglichen Zeit in dem bekannten Grafen Liutold und seinen (mutmaßlichen) Brüdern Wolvene (ca. 850–878) und Gozbert (856–872)[116]. Wolvene hat das Kloster Rheinau, das seine Vorfahren gestiftet, seine Verwandten aber schwer geschädigt hatten, wieder aufgerichtet, dem Schutz des Königs unterstellt und selbst als Laienabt verwaltet. Von ihm sind keine Nachkommen bekannt. Gozbert war nach Liutold Graf im Scherragau sowie im Nibelgau[117]. Er hatte einen gleichnamigen Sohn, der ab 876 als Graf im Klettgau amtete, dem Kloster als Laienabt vorstand und nach 900 für einige Jahre das Amt des Pfalzgrafen bekleidete[118]. Sein Sohn Folker ist nur einmal im

---

[110] UB der Abtei St. Gallen. Bearb. von Hermann *Wartmann*. 2. 1866. S. 242 f. Nr. 636.

[111] UB der Abtei St. Gallen (wie Anm. 110) 2. S. 21 Nr. 400.

[112] *Jänichen*, Baar und Huntari (wie Anm. 74) S. 90 f.

[113] Karl *Schmid*: Königtum, Adel und Klöster zwischen Bodensee und Schwarzwald. In: Studien und Vorarbeiten zur Geschichte des großfränkischen und frühdeutschen Adels. Forschungen zur oberrheinischen Landesgeschichte 4 (1957) S. 265 f.

[114] Das Kloster Allerheiligen in Schaffhausen (wie Anm. 14) S. 79 f. Nr. 49. – Vergleiche Kurt *Hils*: Die Grafen von Nellenburg im 11. Jh. Forschungen zur oberrheinischen Landesgeschichte 19 (1967) S. 30.

[115] MG DH IV Nr. 239.

[116] *Schmid*, Königtum (wie Anm. 113) S. 267 mit Anm. 71.

[117] *Jänichen*, Baar und Huntari (wie Anm. 74) S. 91. – *Schmid*, Königtum (wie Anm. 113) S. 268.

[118] *Schmid*, Königtum S. 269 ff. – Otto P. *Clavadetscher*: Wolfinus Cozperti palatini comitis filius. In: Florilegium Sangallense. Festschrift für Johannes Duft zum 65. Geburtstag. 1980. S. 152 ff.

Jahre 892 bezeugt; er dürfte jung gestorben sein. Ein zweiter Sohn namens Wolvinus wurde Geistlicher. Nachkommen im Laienstand, die das Erwachsenenalter erreichten, hatte allem Anschein nach nur Liutold. Sein Name begegnet in dieser Gegend auch in den folgenden Generationen und findet sich noch im 12. Jahrhundert bei einem Rheinauer Vogt aus dem Hause Weißenburg und bei den verwandten Herren von Rüdlingen-Stühlingen[119].

So dürfte ein Liuto (= Liutold), der 878 als Vogt des Klosters Rheinau bezeugt ist, ein Sohn des Grafen Liutold und somit der gesuchte Gemahl der Judith „von Balingen" gewesen sein[120]. Dazu paßt, daß in der Generation von Berengar, Eberhard und Gisela, die als seine Kinder zu betrachten sind, auch ein Liuto auftaucht (892–900), der ein weiterer Bruder dieser Geschwister sein könnte[121]. Dazu paßt ferner, daß in der nächstfolgenden Generation der mutmaßlichen Söhne Berengars ein Zürich- und Alpgaugraf Liuto (924–952) neben einem Thurgaugrafen Berengar (924–956) und einem Unruoch ohne Amt (924) begegnen[122]. Ihre Namen kennzeichnen sie als Angehörige unserer Sippe. Daß sie in einer Urkunde des Herzogs Burchard I. von Schwaben für die Klosterfrauen in Zürich 924 alle drei hintereinander als Zeugen erscheinen, spricht dafür, daß sie unter sich nächste Verwandte, am ehesten Brüder, waren, und unterstreicht, daß sie in der dargelegten Weise in das Geschlechtsschema einzuordnen sind. Sie waren die Vettern der Herzogin Reginlind, was ihre Stellung als Zeugen in einer Urkunde von Reginlinds Gemahl erklärt. Ein Graf Liutold, der 972 genannt ist, gehört gewiß schon in die nächste Generation, wohl als Sohn des Zürichgaugrafen Liuto[123]. Eine Tochter des letzteren oder seines Bruders Berengar wird uns später beschäftigen.

Wir glauben, daß sich mit Judith „von Balingen" und dem Rheinauer Vogt Liuto als Gemahl die Lücke zwischen Ludwigs des Frommen Tochter Gisela und Reginlinds Mutter Gisela (911) sinnvoll schließen läßt.

Kehren wir nun zu Herzogin Reginlind und ihren Nachkommen zurück. Reginlind ist uns bekannt als Vermittlerin eines reichen Erbes. Über sie gelangte an ihre

---

[119] Helmut *Maurer*: Das Land zwischen Schwarzwald und Randen im frühen und hohen Mittelalter. Forschungen zur oberrheinischen Landesgeschichte 16 (1965) S. 97ff., 113f. und 153.

[120] Das Cartular von Rheinau. Hg. von G. *Meyer von Knonau*. In: Quellen zur Schweizer Geschichte 3. 1883. S. 28ff. Nr. 20.

[121] Das Cartular von Rheinau (wie Anm. 120) S. 32ff. Nr. 23. – UB der Abtei St. Gallen (wie Anm. 110) 2 Nr. 699, 710 (Luto), 712, 713, 714, 715, 719.

[122] Liuto: UB der Stadt und Landschaft Zürich 1. 1888. Nr. 188, 191, 197, 199, 200, 202; UB der Abtei St. Gallen 3 Nr. 788. – Vergleiche Heinrich *Witte*: Die ältern Hohenzollern und ihre Beziehungen zum Elsaß. 1895. S. 98.

Berengar: UB der Stadt und Landschaft Zürich 1 Nr. 188, 199; UB der Abtei St. Gallen 3 Nr. 795, 797, 799, 802 (Berichtigung S. X) 803. – Vergleiche *Witte*, Hohenzollern S. 107.

Unruoch: UB der Stadt und Landschaft Zürich 1 Nr. 188. – Vergleiche Fürstenbergisches UB 1. S. 17.

[123] MG DO I Nr. 419b.

Nachkommen sowohl Gut ihrer eigenen karolingisch-unruochingischen Ahnen, worunter ein Teil der »Herrschaft Balingen« zu verstehen ist, als auch ein Teil vom Erbe Ludwigs des Kindes († 911). Bei ihren Kindern aus der Ehe mit Herzog Burchard I. (917–926) vermischte sich mit ihrem Erbe das Hausgut ihres Gemahls und was dieser nach dem Zeugnis Ekkehards von St. Gallen vom Gut des gestürzten „Kammerboten" Erchanger († 917) zu Lehen erhalten hatte[124]. Die auf solche Weise verschmolzene Gütermasse nachträglich wieder in ihre Bestandteile zu zerlegen, dürfte schwierig sein. Wo sich jedoch ehemals karolingisches Gut, wie Waiblingen oder Steinheim am Albuch im Besitz der Erben Burchards I. und Reginlinds findet, darf unbedenklich die letztere als die Vermittlerin gelten.

Reginlinds zweiter Gemahl, Herzog Hermann I. von Schwaben (926–949), verdankte nicht nur das Herzogtum seiner Frau, sondern er dürfte auch seine Stellung in Schwaben hauptsächlich auf ihr Erbgut gegründet haben. Wenn Hermann I. 937 als Graf im Pfullichgau bezeugt ist und König Otto I. Hermanns Kaplan Hartbert das Fischwasser in der Echaz bei Honau schenkte, so darf man wohl annehmen, daß Hermann hier, im Bereich der späteren Herrschaft Achalm, Besitz seiner Gemahlin Reginlind als Vormund verwaltete[125]. Reginlinds Tochter Ida aus der Ehe mit Herzog Hermann I. brachte ihrem Gemahl Liudolf den Tiergarten im Stuttgarter Talkessel zu und wohl auch jene Güter in Truchtelfingen und Trossingen, die einst zu der Pfalz Kaiser Karls III. in Neudingen gehört hatten und nun im Jahre 950 zum Seelenheil des verstorbenen Herzogs Hermann unter Mitwirkung König Ottos I. dem Kloster Reichenau übertragen wurden[126]. Gewiß handelt es sich hier um Güter, die Reginlind vermittelt hatte.

Reginlinds Sohn aus erster Ehe, Herzog Burchard II. (954–973), residierte in den Jahren, ehe er das Herzogtum verwaltete, in Nagold, das Reginlind von ihren karolingischen Ahnen geerbt hatte[127]. Burchard II. war auch Inhaber des Hohentwiel, wo er mit seiner zweiten Gemahlin Hadwig ein Kloster stiftete. Im Falle Hohentwiel läßt sich freilich schwer entscheiden, ob die Burg als ehemaliges Zugehör der karolingischen Pfalz Bodman über Reginlind an Burchard II. gelangte oder ob sie nicht eher der Vater Burchard I. aus dem Besitz des „Kammerboten" Erchanger übernommen hatte.

Reginlinds Tochter aus der Ehe mit Herzog Burchard I., Berta, hatte sich mit König Rudolf II. von Burgund († 937) vermählt. Beider Sohn, König Konrad von

---

[124] St. Galler Klostergeschichten. Hg. von Hans F. *Haefele*. In: Ausgewählte Quellen zur deutschen Geschichte des Mittelalters 10. 1980. S. 52.

[125] MG DO I Nr. 8.

[126] *Decker-Hauff*, Stuttgart (wie Anm. 89) S. 85 ff. – MG DO I Nr. 116. – Vergleiche Theodor *Mayer*: Das schwäbische Herzogtum und der Hohentwiel. In: Hohentwiel. Hg. von Herbert *Berner*. 1957. S. 94 f., dem zuzustimmen ist.

[127] Heinz *Bühler*: Wie gelangten die Grafen von Tübingen zum schwäbischen Pfalzgrafenamt. In: ZWLG 40 (1981) S. 207 f.

Burgund (937–993), erscheint im Jahre 960 als Inhaber von Kirchheim unter Teck[128].
Konrads Tochter Gisela aus der ersten Ehe mit Adelania von Vienne heiratete ins
bayerische Herzogshaus und vermittelte ihrem Sohn Kaiser Heinrich II. die Güter
Nagold, Kirchentellinsfurt, Holzgerlingen, Stein am Rhein, Sontheim an der Brenz
und Deggingen im Ries[129].

Heinrich II. verfügte in Deggingen 1016 auch über ein Benediktinerkloster nach
Eigenkirchenrecht, das seine *parentes* gestiftet hatten[130]. Nach der Tradition soll das
Kloster von König Otto I. 959 gegründet worden sein. Dies paßt in unsere Vorstellung, sofern wir die Rolle König Ottos auf die eines *Mit*gründers reduzieren. Zur Zeit
der Stiftung 959 dürfte Deggingen in der Hand der Kinder Bertas gewesen sein,
nämlich König Konrads von Burgund und der Königin Adelheid, der Gemahlin
Ottos I. Dieser trat bei der Gründung als Vormund seiner Gemahlin Adelheid und
vielleicht auch als Bevollmächtigter seines Schwagers Konrad handelnd in Erscheinung und wurde somit als der eigentliche Stifter angesehen. Die Anrechte Adelheids
fielen nach dem Tode ihres Enkels Otto III. († 1002) im Erbgang an Kaiser Heinrich II., der den Anteil König Konrads von Burgund spätestens nach dem Tod seiner
Mutter Gisela 1007 erbte und somit die Stiftung seiner „parentes" dem Hochstift
Bamberg übertragen konnte.

Ein Gutteil vom ehemaligen Besitz Reginlinds und Herzog Burchards I. – darunter
Waiblingen und, wie wir meinen, auch Steinheim am Albuch – vererbte König
Konrad von Burgund (937–993) seinen Töchtern aus zweiter Ehe mit Mathilde von
Frankreich. Von diesen Töchtern war Berta mit Odo von der Champagne († 995)
vermählt. Sie dürfte im wesentlichen außerschwäbische Güter erhalten haben. Von
der Tochter Mathilde weiß man vorerst nur, daß sie eine Tochter Berta hatte, die
ihrerseits die Mutter des Grafen Gerold von Genf (1034–1061) wurde[131]. Sie wird
uns noch beschäftigen. Die Tochter Gerberga kennen wir als Gemahlin des Herzogs
Hermann II. von Schwaben (997–1003)[132].

Wegen des enormen Besitzes ihrer Nachkommen ist man geneigt, Gerberga als die
Haupterbin der schwäbischen Güter ihres Vaters zu betrachten. Doch muß betont
werden, daß nicht alles, was ihre Nachkommen besaßen, allein von Gerberga
kommt. Vielmehr verfügte Herzog Hermann II., als er um 985 die Ehe mit der

[128] WUB 1 S. 213f. Nr. 184. – Vergleiche *Zotz* (wie Anm. 88) S. 30f. – In Kirchheim hatten
auch die Grafen von Nellenburg Rechte, WUB 1 S. 275 Nr. 232.
[129] MG DH II Nr. 147, 150, 154, 155, 161, 166 und 511.
[130] MG DH II Nr. 357. – Inschrift im Chor über dem Chorbogen. Siehe Die Kunstdenkmäler von Schwaben 1. Bezirksamt Nördlingen. Bearb. von Karl *Gröber* und Adam *Horn*. 1938.
S. 108.
[131] Genealogisches Handbuch zur Schweizer Geschichte. Hg. von der schweizerischen
heraldischen Gesellschaft. 1. 1900–1908. S. 80f. Nr. 17.
[132] Vf. ist mit Gerd *Wunder*, Gisela von Schwaben (wie Anm. 86) S. 2 der Ansicht, daß
Gerberga in erster Ehe mit Hermann II. vermählt war und erst als Witwe nach 1003 den Grafen
(Hermann?) von Werl geheiratet hat.

burgundischen Prinzessin schloß, selbst über namhaften Besitz in Schwaben als Inhaber der Herrschaft Marchtal an der Donau.

Wir müssen uns in Form eines Exkurses mit dem Anfall der Herrschaft Marchtal befassen. Seit Franz Ludwig *Baumann* wurde wiederholt die Frage erörtert, wie die Herrschaft Marchtal an das Paar Hermann II. und Gerberga gelangt sein könnte, insbesondere wer von den beiden, Hermann oder Gerberga, diese Herrschaft zubrachte[133]. Der Marchtaler Chronist Walther berichtet aus einem „sehr alten Büchlein", daß in der Marchtaler Burg die Herzöge Berthold und Hermann *per successionem* residierten[134]. Mit „Herzog" Berthold ist der letzte Bertholdinger gemeint, der 973 starb und in der Reichenau bestattet wurde[135]. Herzog Hermann ist Hermann II. von Schwaben, Gerbergas Gemahl.

Dem Besitzerwechsel der Marchtaler Burg lag offenbar weder ein Kauf noch ein üblicher Erbgang zugrunde, wofür der Chronist sicherlich den Begriff „hereditas" verwendet hätte. Vergebens ist nämlich alles Bemühen, zwischen Berthold und Hermann eine Blutsverwandtschaft zu ermitteln. Es handelte sich um eine „successio", eine Nachfolge im Besitz, unter Umständen, die bei dem Nachfolger bzw. den Nachfolgern ein hohes Maß an Dankbarkeit und Verehrung für den Vorgänger wecken mußten. Hermann II. nämlich stiftete auf Gerbergas Betreiben ein Seelgerät für Berthold, der schon seit einer Reihe von Jahren tot war, und verwendete dafür Güter in Bettighofen, die sicherlich aus dem Besitz Bertholds stammten. Gerberga aber ließ ihren ältesten Sohn, der 992 geboren wurde, auf den Namen Berthold taufen, damit das Andenken des Vorgängers lebendig und sein Name der Nachwelt erhalten bleibe. Der Knabe starb freilich schon nach einem Jahr[136].

Offensichtlich hatte Berthold keinen männlichen Erben und zu der Zeit, als sein Ende nahte, wahrscheinlich überhaupt keine leiblichen Nachkommen. Dies erklärt seine reichen Güterschenkungen an die Abtei Reichenau[137]. Wieso aber fiel sein übriger Besitz an Herzog Hermann II.?

Eine Erklärung finden wir vielleicht, wenn wir die Lebensdaten Hermanns II. prüfen. Sein Großvater Udo, Graf in der Wetterau, war im Jahre 949 ums Leben gekommen. Er war damals etwas über fünfzig Jahre alt. Hermanns Vater, Herzog Konrad von Schwaben, dürfte um 925 bis 930 oder früher, Hermann selbst spätestens

---

[133] Franz Ludwig *Baumann*: Die angebliche Grafschaft und Grafenfamilie Kelmünz. In: Forschungen zur Schwäbischen Geschichte. 1898. S. 288 f. – Vf. hat sich in früheren Arbeiten – Richinza von Spitzenberg (wie Anm. 103) S. 320 und Schwäbische Pfalzgrafen (wie Anm. 18) S. 139 – im Anschluß an *Kimpen*, Königsgenealogie (wie Anm. 90) S. 65 und 82 für eine Lösung entschieden, die sich nicht aufrechterhalten läßt. Vergleiche *Bühler*, Grafen von Tübingen (wie Anm. 127) S. 205 Anm. 71.

[134] Historia monasterii Marchtelanensis. Hg. J. A. *Giefel*. In: WGQ ältere Reihe IV. 1891. S. 6.

[135] *Beyerle* (wie Anm. 36) S. 212 Anm. 100 b.

[136] Wie Anm. 134.

[137] Die Chronik des Gallus Öhem. Bearb. von Karl *Brandi*. Quellen und Forschungen zur Geschichte der Abtei Reichenau 2. 1893. S. 19 und 20.

um 950 geboren sein[138]. Das heißt, daß er zur Zeit seiner Eheschließung mit Gerberga (um 985) mindestens 35 Jahre alt war, wogegen Gerberga knapp 20 Jahre gezählt haben dürfte[139]. Hermanns Heiratsalter war nach dem Brauch jener Zeit ungewöhnlich hoch. So ist zu vermuten, daß die Ehe mit Gerberga nicht seine erste Ehe war. Nimmt man an, er sei in erster Ehe mit der Erbtochter Bertholds vermählt gewesen und diese sei gestorben, ohne Nachkommen zu hinterlassen, die das früheste Kindesalter überlebten, dann ging Bertholds Hinterlassenschaft „per successionem" an den Schwiegersohn, mit dem er ja nicht blutsverwandt war[140]. Man begreift dann die Dankbarkeit der „Erben" und ihre Verehrung für den „Erblasser".

Die Herrschaft Marchtal muß jedenfalls in Hermanns Besitz gewesen sein, ehe er zu seiner Ehe mit Gerberga schritt. Hatte sein Vater, soweit sich dies beurteilen läßt, keinen nennenswerten Besitz in Schwaben, so bot der Erwerb der Herrschaft Marchtal eine günstige Basis für Hermanns künftiges Herzogtum[141]. Auch war er so ein aussichtsreicher Werber um die Hand der burgundischen Königstochter Gerberga. Mit ihr hoffte er, ein Gutteil des ehemals burchardingischen Herzogsguts in Schwaben zu gewinnen. Der Anfall dieses Gutes spätestens nach dem Tode seines Schwiegervaters 993 stärkte seine Position in Schwaben. Die Ehe mit der burgundischen Prinzessin, die eine Reihe von Königen zu ihren Vorfahren zählte und über beide Eltern von Karl dem Großen abstammte, gab seiner Stellung als Herzog zusätzlich Gewicht und ermutigte ihn wohl auch, sich nach dem Tode Ottos III. im Jahre 1002 um das Königtum zu bewerben.

Die Nachkommen Herzog Hermanns II. und Gerbergas hatten also an zwei Besitzmassen teil, einmal am karolingisch-unruochingisch-burchardingischen Erbe, das Gerberga zugebracht hatte, zum anderen an dem Rest des bertholdingischen Hausguts, das Hermann II. offenbar in erster Ehe erheiratet hatte. Wiederum wird man im Einzelfall nicht unterscheiden können, ob ein Gut aus dieser oder jener Besitzmasse stammt. Durch die großen Güterschenkungen, die der „Herzog" Berthold vor seinem Tode 973 der Reichenau zuwandte, ist aber sein Begüterungsbereich in etwa abgesteckt, wobei seine Schenkung in der Westbaar eher Restbesitz umfaßte, während die Schenkung in der Ostbaar – in Orten auf der Donauseite der mittleren Alb und im nördlichen Oberschwaben – wohl in die Substanz der Herrschaft Marchtal eingriff[142]. Güter in diesem letztgenannten Bereich, die wir bei Erben Herzog

---

[138] *Hlawitschka*, Kuno und Richlind von Öhningen (wie Anm. 87) Tafel S. 36 f.

[139] Hermann *Bollnow*: Die Grafen von Werl. Inaugural-Dissertation. Greifswald 1930. S. 28 ff.

[140] Ähnlich Emil *Krüger*: Zur Herkunft der Zähringer. In: ZGO 46 (1892) S. 498 f. 519 ff. und 522.

[141] Die These Armin *Wolfs*, Herzog Konrad von Schwaben sei personengleich mit Kuno von Öhningen und dieser mit einer Enkelin Ottos I. vermählt gewesen, wird sich nicht halten lassen (Wer war Kuno „von Öhningen"? In: Deutsches Archiv für Erforschung des Mittelalters. 36 (1980) S. 25 ff.).

[142] Wie Anm. 137.

Hermanns II. und Gerbergas treffen, dürfen also mit großer Wahrscheinlichkeit zur Marchtaler Besitzmasse gerechnet werden.

Von den Töchtern Hermanns II. und Gerbergas brachte Gisela zunächst reiches Gut an ihre Nachkommen aus der Ehe mit Herzog Ernst I. von Schwaben (1012–1015). Es wurde über die Tochter ihres Sohnes Herzog Hermann IV. († 1038), Richwara, dem Hause Zähringen vermittelt. Dabei handelte es sich vor allem um Güter im Raum Kirchheim–Göppingen–Kuchen bei Geislingen, die die Grundlage der späteren Herrschaften Teck, Aichelberg und Spitzenberg abgaben, aber auch um Güter in Gültstein und Tailfingen bei Herrenberg sowie um Mochental und Kirchen bei Ehingen[143]. Ihren Nachkommen aus der Ehe mit Kaiser Konrad II. vererbte sie die Herrschaft Marchtal[144]. Dazu fielen ihren salischen Nachkommen Güter in Ulm, insbesondere der Weinhof, sowie Herbrechtingen mit Bolheim, Nattheim, Blindheim, Günzburg, Mindelheim und schließlich Waiblingen mit Winterbach und Beinstein zu[145].

Giselas Schwester Mathilde († 1033) vererbte ihren Anteil am schwäbischen Gut Hermanns II. und Gerbergas vorwiegend ihrer Enkelin Hildegard von Schlettstadt († 1094), die ihn wiederum in die Ehe mit dem Staufer Friedrich von Büren einbrachte. Darunter waren ausgedehnte Güter im Raum zwischen Pforzheim und Leonberg[146].

3. Mathilde von Burgund als Ahnfrau des Hauses Urach-Achalm

Wir haben uns mit den Vorfahren der Gisela „von Waiblingen" so eingehend befaßt, um zu zeigen, wie reich und weit verbreitet ihre Güter waren, und um die Personen kennenzulernen, durch deren Hände diese Güter gingen. Wir kennen jetzt insbesondere die Vorbesitzer Waiblingens, von dem wir angenommen haben, daß es sich auf ähnliche Weise vererbt haben müßte wie Steinheim am Albuch. Beide Güter

---

[143] *Bühler*, Richinza von Spitzenberg (wie Anm. 103) S. 305 ff., 310 ff. und 315 ff. – Derselbe, Grafen von Tübingen (wie Anm. 127) S. 204 f.

[144] *Bühler*, Wittislinger Pfründen (wie Anm. 28) S. 29 f., 31 mit Anm. 33, 45 mit Anm. 83.

[145] Ulm: Ursula *Schmitt*: Villa Regalis Ulm und Kloster Reichenau. Veröffentlichungen des Max-Planck-Instituts für Geschichte 42 (1974) S. 90 ff.
Herbrechtingen mit Bolheim: *Bühler*, Herrschaft Heidenheim (wie Anm. 75) S. 125 f. und S. 135.
Nattheim: MG DH III Nr. 251, 252.
Blindheim: MG DH IV Nr. 165.
Günzburg: MG DH IV Nr. 152.
Mindelheim: MG DH III Nr. 170.
Waiblingen mit Winterbach und Beinstein: MG DH III Nr. 166, 227; MG DH IV Nr. 325, 380, 391.

[146] *Bühler*: Grafen von Tübingen (wie Anm. 127) S. 203 ff.

dürften noch in der Hand König Konrads von Burgund (937–993) vereinigt gewesen sein. Wo trennten sich ihre Wege?

Wie wir wissen, hatte König Konrad aus seiner zweiten Ehe mit Mathilde von Frankreich auch eine Tochter Mathilde, die in der Forschung fast völlig vernachlässigt wurde. Dabei mußte man mit der Möglichkeit rechnen, daß sie ein ähnlich reiches Erbe wie ihre Schwester Gerberga vermittelt hat.

Man kennt Mathildes Gemahl nicht, weiß aber aus Flodoards „Annalen", daß sie eine Tochter Berta hatte, die wiederum die Mutter des Grafen Gerold von Genf geworden ist[147]. Neuerdings haben sich Hagen *Keller* und Constantin *Faußner* um Mathilde bemüht, und Keller hat sie versuchsweise mit der gleichnamigen Frau Ulrichs des Reichen von Schännis-Lenzburg identifiziert[148]. Dem wird man grundsätzlich zustimmen, unter dem Vorbehalt, daß dies nicht Mathildes einzige Heirat war. Was Mathilde gegebenenfalls dem Hause Lenzburg zubrachte und wodurch ihr Gemahl „der Reiche" wurde, dürften vorwiegend Güter im burgundischen Herrschaftsbereich der heutigen Schweiz gewesen sein, die von Mathildes väterlichen Ahnen stammten. Als Miterbin der Burchardinger aber müßte Mathilde auch in Schwaben Güter ähnlichen Umfangs wie ihre Schwester Gerberga erhalten haben.

Mathilde trug einen Namen, der damals gewiß nicht alltäglich war, sondern stets in höchst vornehme Häuser weist. Wir kennen ihre Mutter Mathilde, die zweite Gemahlin König Konrads von Burgund († 993), die aus dem westfränkischen Königshaus kommt. Sie hatte den Namen von ihrer Großmutter Mathilde, der Gemahlin des deutschen Königs Heinrich I. (919–936). Daher hießen auch eine Tochter und eine Enkelin Ottos I. so. In späterer Zeit finden wir den Namen unter den Nachkommen von Mathildes Schwester Gerberga. Wir finden den Namen aber auch in den Häusern Achalm und Urach, d. h. in den beiden Zweigen der jüngeren „Unruochinger", die von den Brüdern Egino und Rudolf, den Erbauern der Burg Achalm zur Zeit Kaiser Konrads II., abstammen. Der Name Mathilde geht hier auf eine gemeinsame Ahnfrau zurück, die die Mutter der Brüder Egino und Rudolf sein müßte. Da diese, wie erwähnt, in der ersten Hälfte des 11. Jahrhunderts lebten, könnte nach der Zeit Mathilde von Burgund ihre Mutter sein. Sie wird um 965 bis 970 geboren sein. Für die Brüder Egino und Rudolf läßt sich eine wahrscheinliche Geburtszeit zwischen 985 und 990 errechnen. Das Alter der Mutter und der Kinder würde trefflich zusammenpassen.

Sind wir einmal auf die „Unruochinger" aufmerksam geworden, wird uns sofort klar, daß der Name Rudolf, der sich im Hause Achalm in den beiden bekannten Generationen findet, gleichfalls aus dem Verwandtenkreis der Mathilde stammt.

---

[147] Wie Anm. 131.

[148] „Comes Uolricus de Schennis et Mechtild uxor eius" zum 16. IV.; Jahrzeitbuch des Liber Heremi. In: Hagen *Keller*, Kloster Einsiedeln (wie Anm. 109) S. 158. – Vergleiche *Keller* S. 128. – Aus dieser Ehe dürfte die Tochter Berta stammen, die Mutter des Grafen Gerold von Genf. – Vergleiche Constantin *Faußner*: Kuno von Öhningen und seine Sippe in ottonisch-salischer Zeit. In: Deutsches Archiv 37 (1981) S. 98 ff. und S. 133 Tafel VI.

Rudolf hieß ihr eigener Bruder, König Rudolf III. von Burgund († 1032); so hießen ein Bruder ihres Vaters sowie dessen Vater und Großvater. Sonst findet sich der Name Rudolf um diese Zeit nur bei den stammverwandten Welfen von Altdorf. Wir zweifeln nicht, daß die Namenskombination Mathilde-Rudolf im Gesamthause Urach-Achalm von den burgundischen Welfen kommt und nur durch unsere Mathilde vermittelt sein kann. Unter den zehn Kindern Rudolfs des Älteren von Achalm, den wir nun als Sohn Mathildes betrachten, treffen wir den überaus seltenen Namen Beatrix, den wir sonst um diese Zeit nur unter den Nachkommen von Mathildes Schwester Gerberga finden. Der Name weist nach Westfranken. Dort tragen diesen Namen eine Cousine von Mathildes Mutter Mathilde, nämlich eine Tochter Hugos des Weisen († 956), wie auch Hugos Mutter, die eine Tochter Heriberts von Vermandois († zwischen 900 und 908) war[149]. Wir fügen an, daß eine Beatrix, die sich mit Udo von Katlenburg (1002–1040) vermählte, das *predium* Nürtingen in diese Ehe brachte. Sie würde sich nach Zeit und Besitz in unseren Familienzusammenhang einfügen, sei es als Tochter der Mathilde von Burgund oder ihrer Schwester Berta, der Gemahlin Odos von der Champagne († 995)[150].

Mathildes Mutter Mathilde hatte eine Halbschwester, die den seltenen Namen Alberada trug, den wir im Hause Urach wiederfinden, und schließlich begegnet im Gesamthaus Urach-Achalm der Name Konrad (Kuno), der auf Mathildes Vater zurückgehen dürfte[150a].

Fassen wir zusammen: Die Namen Mathilde, Rudolf, Beatrix und Kuno im Hause Achalm, die Namen Mathilde, Alberada und Kuno im Hause Urach gehen offenbar auf eine gemeinsame Ahnfrau zurück. Im Hause Achalm lassen sich die genannten Namen, abgesehen von Kuno, aus keiner anderen Ahnenreihe erklären als aus der Ahnenreihe der Mutter der Brüder Egino und Rudolf (siehe unten). Die genannten Namen finden sich vorher alle im burgundischen Königshaus und dessen nächstem Verwandtenkreis. Das zwingt uns zu dem Schluß, daß sie durch Mathilde von Burgund vermittelt sind. Sie muß die Mutter der Brüder Egino und Rudolf gewesen sein, die die Burg Achalm erbauten. Damit findet der Eintrag im Totenbuch des Klosters Zwiefalten, wonach Graf Unruoch (ca. 790–811) der *proavus* des Klostergründers Liutold von Achalm sei, eine überraschende Bestätigung[151].

Einen besitzgeschichtlichen Beweis dafür, daß Mathilde von Burgund die Stammutter der Grafen von Urach und Achalm war, sehen wir u. a. darin, daß Graf Egino (II.) von Urach in Eltingen bei Leonberg begütert war. Eltingen stammte, wie an anderer Stelle gezeigt werden konnte, wohl zur Hälfte aus dem Erbe der Burgunderkönige[152]. Davon gelangte wiederum rund die Hälfte, nämlich zehn Huben, über

---

[149] Gerd *Wunder*: Beiträge zur Genealogie schwäbischer Herzogshäuser. In: ZWLG 31 (1972) S. 3f. – *Werner*, Die Nachkommen (wie Anm. 108) S. 413.

[150] Insert in Urkunde K. Friedrichs I. von 1158. Jan. 1.; MG DF I Nr. 200.

[150a] *Werner*, Die Nachkommen (wie Anm. 108) S. 413 und 464.   [151] Wie Anm. 93.

[152] Codex Hirsaugiensis (wie Anm. 1) S. 54. – *Bühler*, Grafen von Tübingen (wie Anm. 127) S. 203 ff. und 209 f.

Gerberga, die Gemahlin Herzog Hermanns II. († 1003), an die Tochter Mathilde, vermählt mit Herzog Friedrich II. von Oberlothringen († 1026/27), und über deren Tochter Sophie († 1093), die Gemahlin Ludwigs von Mousson, an die Enkelin Sophie, die die Stammutter der Grafen von Arnstein wurde[153]. Logischerweise ist ein entsprechender Anteil an Eltingen bei den Nachkommen von Gerbergas Schwester Mathilde zu erwarten. Hierzu muß der Anteil Eginos von Urach gerechnet werden. Aber auch die stammverwandten Achalmer müssen dort begütert gewesen sein. Tatsächlich finden wir an Eltingen Gerhard und Heilika von Schauenburg (bei Heidelberg) mit einer „salica terra", 2½ Hufen und einem Viertel der Kirche beteiligt[154]. Heilika von Schauenburg war die Enkelin der Mathilde von Achalm, die sich mit Kuno von Lechsgemünd (1091) verheiratet hatte, und somit die Ururenkelin der Mathilde von Burgund[155].

Der Besitz der Grafen von Urach und von Achalm im Bereich des mittleren Neckar und der südlich anschließenden Alb, der zu einem guten Teil von Mathilde eingebracht sein dürfte, fügt sich sehr wohl mit dem Gut zusammen, das wir bei Mathildes Vorfahren und Seitenverwandten, den Nachkommen ihrer Schwester Gerberga, angetroffen haben. Wir dürfen somit die Herleitung der Grafen von Urach und von Achalm mütterlicherseits von Mathilde von Burgund als gesichert betrachten.

Offenbar hat Mathilde den Grafen von Achalm auch Steinheim am Albuch eingebracht, das im frühen 9. Jahrhundert Ludwig der Fromme in Besitz hatte und das wir im 12. Jahrhundert in der Hand der Herren von Albeck wiederfinden. Unerheblich ist dabei, ob zunächst Ludwigs des Frommen Abkömmlinge erster Ehe bis zu Ludwig dem Kind († 911) die Ortsinhaber waren, oder ob Ludwigs Tochter Gisela aus der zweiten Ehe die Erbin war und dieses Erbe über Judith „von Balingen" an die jüngere Gisela (911) und an Reginlind weitergab. Reginlind müßte in jedem Falle Zwischenbesitzerin gewesen sein; sie hätte das Gut ihren burchardingisch-burgundischen Nachkommen weitergereicht bis zu Mathilde, die sich mit dem Stammvater der Urach-Achalmer vermählte.

Derselbe Erbgang dürfte für Essingen gelten, das als Besitz Rudolfs des Älteren von Achalm bezeugt ist, und wohl auch für Böbingen, das wir als Besitz der Herren von Böbingen-Michelstein kennen.

Zwar ist weder in Essingen noch in Böbingen selbst karolingischer Besitz bezeugt. Indes hat der Gütertausch Ludwigs des Frommen mit der Abtei Fulda 839 gezeigt, daß es im Nachbarort Böbingens, in Zimmern bei Schwäbisch Gmünd, karolingisches Königsgut gab und daß in Hammerstadt bei Aalen, unweit von Essingen, die Abtei Fulda begütert war[156]. Der fuldische Besitz dort mochte vom König oder von einem königsnahen Adeligen stammen. Daß ihn Ludwig der Fromme an sich tausch-

---

[153] Codex Hirsaugiensis (wie Anm. 1) S. 55.
[154] Codex Hirsaugiensis (wie Anm. 1) S. 47.
[155] *Tyroller*, Lechsgemünd (wie Anm. 5) Beilage 1.
[156] WUB 1 S. 116f. Nr. 101.

te, erscheint sinnvoll, wenn er dort noch weitere Güter besaß. Es gab somit im oberen Remstal durchaus karolingisches Königsgut. Solches ging in aller Regel auf alemannisches Herzogsgut zurück; sei es, daß es sich um Gut des Herzogs Theutbald handelte, das nach 746 konfisziert wurde, sei es, daß es Mitgift und Erbe der Königin Hildegard war. Wo sich Herzogsgut nachweisen läßt, ist die Wahrscheinlichkeit groß, daß es auch Königsgut gegeben hat. Nun schenkte im Jahre 782 in Mulfingen bei Böbingen ein Huoching mit Gemahlin Erchenswint an die Abtei Lorsch[157]. Der Name Huoching ist ungemein selten und weist ins alemannische Herzogshaus, so daß man den in Mulfingen begüterten Huoching unbedingt der Herzogssippe zuzurechnen hat; nach der Zeit dürfte er ein Enkel des um 712 verstorbenen Herzogs Huoching, des Urgroßvaters der Königin Hildegard, sein. Im benachbarten Iggingen hatte die Abtei Lorsch gleichfalls Besitz, wie sich anläßlich eines Tausches 855 ergibt[158]. Vielleicht stammte auch er aus der Schenkung Huochings von 782. Im Ortsnamen Iggingen – „Ucchinga" – steckt derselbe Personenname Hug, von dem Huoching abgeleitet ist; somit wird der Ort nach einem Angehörigen des Herzogshauses benannt sein, möglicherweise nach demselben Huoching, der in Mulfingen begütert war. Für das benachbarte Heuchlingen – „Huchelingen" – mag dasselbe gelten; Huchilo ist die Diminutivform des Namens Hug. Ein beliebter Name im Herzogshaus war Odalrich-Ulrich mit den Verkleinerungsformen Odo, Udo, Odilo und Utz. Er kehrt in vielen Ortsnamen wieder, so in Utzstetten bei Täferrot und Eutighofen (Utinkofen, abgegangen bei Schwäbisch Gmünd). So war Böbingen umrahmt von Nachbarorten mit Königsgut oder Herzogsgut. Böbingen selbst dürfte nach einem Angehörigen der Herzogssippe benannt sein; in Verbrüderungseinträgen der Klöster St. Gallen und Reichenau findet sich der Name Bebo in Gesellschaft mit Namen des Herzogshauses, auch hatte Königin Hildegard einen Neffen und Großneffen dieses Namens[159]. Im übrigen dürfte Böbingen schon wegen seines Kastells in karolingischer Zeit Königsgut gewesen sein.

Hammerstadt benachbart liegen Wasser- und Ober-Alfingen, ursprünglich Ahelfingen, worin wohl der Name Alaholf steckt. Dazu paßt, daß es dicht bei Wasseralfingen auch einen Ort namens Eglolf (Personenname Agilolf) gab. Alaholf mit Sohn Agilolf-Egilolf sind 776 als Angehörige eines Seitenzweigs der Bertholde bezeugt, die mütterlicherseits dem Herzogshaus entstammen[160]. Ein Egilolf derselben Sippe schenkte reiches Gut in Schnaitheim bei Heidenheim an die Abtei Fulda[161]. Wir haben somit Grund, auch für das nahe Essingen Herzogsgut bzw. Königsgut anzu-

---

[157] Codex Laureshamensis (wie Anm. 82) Band 3. S. 158 Nr. 3622.
[158] Codex Laureshamensis (wie Anm. 82) Band 3. S. 158 Nr. 3618.
[159] Michael *Mitterauer*: Karolingische Markgrafen im Südosten. Archiv für österreichische Geschichte. 123. 1963. S. 19 und S. 25.
[160] WUB 1 S. 16 f. Nr. 17. – Hof Eglolf in ellwangischen Lehenbüchern verzeichnet; freundliche Mitteilung von Herrn Bürgermeister Hegele, Wasseralfingen. – Vergleiche OAB Aalen S. 143 und 330.

nehmen. Die sehr alte Verbindung mit Böbingen und Steinheim setzt ja ohnehin für alle diese Orte gleichartige Besitz- und Herrschaftsverhältnisse voraus.

4. Egino, der Stammvater des Hauses Urach-Achalm

Wir haben erwähnt, daß Mathilde von Burgund möglicherweise zweimal verheiratet war. Erwägt man ihre eigene Geburtszeit und die ihrer Söhne Egino und Rudolf, dann wird klar, daß diese aus Mathildes erster Ehe stammen müssen. Ihr erster Gemahl muß also dem Mannesstamm des Geschlechtes angehören, das sich später „von Urach" und „von Achalm" nannte. Nach den Regeln der Namensvererbung müßte er Egino geheißen haben[162]. Leider ist er durch keine Quelle bezeugt. Er ist sicher früh gestorben, denn Mathilde hatte aus ihrer (mutmaßlichen) zweiten Ehe mit Ulrich von Schännis-Lenzburg noch mehrere Kinder.

Von dem Geschlecht, das sich in die Häuser Urach und Achalm teilte, erfahren wir erstmals bei den Zwiefalter Chronisten, und zwar unter Umständen, die darauf schließen lassen, daß es kein in der Gegend um Reutlingen und Urach alteingesessenes Geschlecht war. Die Forschung hat erkannt, daß sich ein Geschlecht im Anschluß an eine Burg als festen Wohnsitz und Herrschaftsmittelpunkt bildet[163]. Von Egino, dem älteren der Brüder, wird nun berichtet, er habe den Berg Achalm, auf dem er seine Burg errichten wollte, erst eintauchen müssen gegen Hingabe des Gutes Schlatt bei Hechingen[164]. Dieses Gut könnte nach seiner Lage durchaus ein Zugehör der alten Herrschaft Balingen gewesen sein, die laut Testament Eberhards von Friaul auf seine Tochter Judith, eine Ahnfrau von Eginos Mutter Mathilde, übergegangen war. Wer Vorbesitzer des Berges Achalm war, erfahren wir leider nicht. Egino begann mit dem Bau der Burg Achalm, wurde aber durch frühen Tod an der Fertigstellung verhindert, worauf sein Bruder Rudolf den Bau zu Ende führte. Wahrscheinlich hinterließ Egino nur unmündige Kinder, so daß Rudolf als ihr Vormund handelte. Egino wurde im Straßburger Münster beigesetzt; die Beziehung dorthin mochte durch die burgundischen Verwandten oder eher noch durch die Schwägerin Adelheid von Wülflingen vermittelt sein[165].

Nachdem Eginos Kinder großjährig geworden, teilte Rudolf das Erbe mit ihnen.

---

[161] Wie Anm. 77.

[162] Rolf *Deuschle* und Herbert *Raisch*: Kloster Denkendorf und sein Stifter Berthold, Graf von Hohenberg-Lindenfels. In: Esslinger Studien 20 (1981) Stammtafel nach S. 22 nehmen einen „Egino Graf v. Pfullingen" als Vater Eginos und Rudolfs an. Die Verfasser berufen sich auf Anregungen von Prof. Hansmartin Decker-Hauff.

[163] *Schmid*, Zur Problematik (wie Anm. 104) S. 34ff. – Hans-Martin *Maurer*: Die Entstehung der hochmittelalterlichen Adelsburg in Südwestdeutschland. In: ZGO 117 (1969) S. 320f.

[164] Die Zwiefalter Chroniken (wie Anm. 2) S. 10.

[165] Die Zwiefalter Chroniken (wie Anm. 2) S. 158. – Die Nachricht Ortliebs (ebda S. 12), daß Rudolf erst nach Vollendung der Burg geheiratet habe, ist nicht glaubhaft. Rudolfs Kinder müssen ab etwa 1015–1020 geboren sein.

Während der von Rudolf ausgehenden Linie die Burg Achalm verblieb, schufen sich die Nachkommen Eginos mit der Burg Hohenurach einen eigenen Herrschaftsmittelpunkt. Leider sind wir über die frühen Uracher schlecht informiert. Die um 1100 bezeugten Angehörigen des Hauses – Graf Egino (II.), Gebhard (Abt von Hirsau 1091–1105, Bischof von Speyer 1105–1107) und Mathilde (Gemahlin Manegolds von Sulmetingen, 1087–1122) – sind sicherlich nicht mehr Kinder des ersten Egino, sondern als dessen Enkel zu betrachten, die ab 1050 geboren sein dürften[166]. Eginos Nachkommen müßten ab etwa 1060 die Burg Hohenurach erbaut und mit der Ansiedlung von Handwerkern und Kaufleuten auf dem Boden der späteren Stadt Urach am Fuß der Burg begonnen haben. Franz *Quarthal* hat gezeigt, daß der heilige Clemens als Patron der Burgkapelle auf Hohenurach und der heilige Amandus als Patron der Uracher Pfarrkirche durch Kloster Hirsau vermittelt und daher wahrscheinlich während des Abbatiats Gebhards (1091–1105), des erwähnten Uracher Grafensohnes, ins Ermstal gelangt sind[167].

Wie die Vorgänge um die Erbauung der Burg Achalm gezeigt haben, war das Haus Urach-Achalm in der Reutlinger Gegend offenbar nicht alteingesessen. Woher kommt der Stammvater Egino[168]?

a) Ältere Eginonen in Schwaben und ihr Verwandtenkreis

Der Name Egino ist nicht gerade häufig, findet sich aber in Schwaben schon im 8. Jahrhundert. Wir treffen einen Hagino (= Agino/Egino) seit 759/60 u. a. als Zeuge für Wachar, der in Biesingen bei Donaueschingen schenkt, und für Hunger, den Sohn Teutgers, der Gut in Liptingen bei Neuhausen ob Eck an St. Gallen vergibt. Wohl derselbe Egino schenkt 786 Gut in Rietheim bei Tuttlingen und in Steinweiler (abgegangen bei Spaichingen). Im Jahre 793 ist er in Klengen Spitzenzeuge für Hiltiger, der seinen Besitz in Klengen, Beckhofen (?) und „Eiginhova" (Personenname Egino; heute Kirchdorf) vergibt[169]. Um Klengen ist viel ehemals alemannisches Herzogsgut, und Josef *Siegwart* hat den Ortsnamen Klengen (urkundlich Chnevin-

[166] Siehe *Riezler*, Geschichte (wie Anm. 60) Stammtafel II: Stammtafel der Grafen von Urach.

[167] Franz *Quarthal*: Clemens und Amandus. Zur Frühgeschichte von Burg und Stadt Urach. In: Alemannisches Jahrbuch 1976–78. S. 25 ff.

[168] Man wollte den Namen des Ortes Eningen unter Achalm mit Egino in Verbindung bringen – „Eginingen" (OAB Reutlingen ²1893. S. 269). Dies mag aus der Wunschvorstellung resultieren, daß der Mannesstamm des Geschlechts mit dem Leitnamen Egino seit Urzeiten in der Gegend ansässig gewesen sei. Die in den Zwiefalter Chroniken (S. 38) überlieferte älteste Namensform lautet „Eningin" und hat u. E. mit Egino wohl kaum etwas zu tun.

[169] UB der Abtei St. Gallen (wie Anm. 110) Band 1 Nr. 25 (vgl. Band 2 S. 381 f. Anhang Nr. 1), 30, 103, 136. – Betreffs Amulpertiwilari = Steinweiler, abgeg. bei Spaichingen, siehe *Jänichen*, Baar und Huntari (wie Anm. 74) S. 89; betreffs Eiginhova = Kirchdorf(?) siehe *Jänichen* S. 126.

ga) mit Herzog Nebi in Verbindung gebracht[170]. Dies läßt vermuten, Egino selbst könnte dem alemannischen Herzogshaus nahestehen. Diese Vermutung ist um so weniger von der Hand zu weisen, als ein jüngerer Egino, Bischof von Konstanz von 782 bis 811, engste Beziehungen zu diesem Haus hatte. Bischof Egino war 786 in Nagold zugegen, als Graf Gerold eine reiche Schenkung in der „Perihtilinpara" beurkundete. Aus seiner Stellung in der Zeugenreihe nach dem Aussteller Gerold, vor Gerolds Mutter Imma „genitrix" schloß man zu Recht auf Verwandtschaft des Bischofs zu Imma. Nach dem Wortlaut könnte man Egino für einen Sohn der Imma und damit Bruder Gerolds halten[171].

In denselben großen Sippenkreis, aber eine Generation früher, da schon um 715 geboren, gehört Bischof Egino von Verona (ca. 796–799). Nach seiner Resignation 799 gründete er das Stift St. Peter in Niederzell auf der Insel Reichenau und starb dort 802. Er hatte seine Stiftung mit Gütern in der Ostbaar in Dürmentingen, Winnenden, „Wilare", Burgau, Dietelhofen und „Restangiam" (= Reutlingendorf) dotiert[172]. Der Lage der Güter wegen wird er aber eher der Sippe der Berthole angehört haben, die sich mit Nebis Schwester Hiltburg vom Herzogshaus abgespalten hatte. Derselben Sippe dürfen wir sicher einen jüngeren Egino zuordnen, einen Zeitgenossen des Konstanzer Bischofs, der in einer St. Galler Verbrüderungsliste zwischen den Söhnen Hrodhochs (769–772), nämlich Perttolt (Berthold 776–805/811) und Wolvini (Wolfwin 776–ca. 790, Graf von Verona † v. 806) steht, denen die Söhne Bertholds, nämlich Wago (805–820), Chadaloh (790–805, „dux" in Friaul 817–819) und Paldebert (790–809) folgen[173]. Egino war demzufolge wohl ein Bruder von Berthold und Wolfwin. Er tritt 805 als Spitzenzeuge für Chadaloh, der Gut in Wengen bei Waldsee vergab, sowie für Wago und Chadaloh auf, die reichen Besitz in und um Marchtal an St. Gallen schenkten. Mit einer undatierten Urkunde übertrug er selbst um 820 einen Halbhof, eine „casa dominicata" und fünf „hobones servile" in Dettingen (bei Ehingen?) und eine Hube in Hochdorf (bei Schönebürg?)[174].

Ab 827 erscheint im Bodenseegebiet ein Egino, der 838 als Bruder eines Wolfwin bezeugt ist und von dem wir andererseits wissen, daß er ein Sohn Wurmhers und der Gebalind (815) war[175]. Ein jüngerer Wurmher (818–830), der 830 als „advocatus" einer Heresind bei einer Schenkung an St. Gallen mitwirkte, dürfte ein weiterer

---

[170] Joseph *Siegwart*: Zur Frage des alemannischen Herzogsguts um Zürich. In: Zur Geschichte der Alemannen. Wege der Forschung 100 (1975) S. 283.

[171] UB der Abtei St. Gallen (wie Anm. 110) Band 1 Nr. 108. – Vergleiche *Jänichen*, Baar und Huntari (wie Anm. 74) S. 94, 100 und Tafel nach S. 148.

[172] Die Chronik des Gallus Öhem (wie Anm. 137) S. 20. – Vergleiche *Jänichen*, Baar und Huntari (wie Anm. 74) S. 109.

[173] MG Libri confraternitatum 1, pag. VIII coll. 33, 3–10. – Vergleiche *Jänichen*, Baar und Huntari Tafel 2 nach S. 148.

[174] UB der Abtei St. Gallen (wie Anm. 110) Bd. 1 Nr. 185, 186; Bd. 2 S. 390f. Anhang Nr. 12.

[175] UB der Abtei St. Gallen Bd. 1 Nr. 310, 329, 334, 375, 214.

Bruder Eginos und Wolfwins sein[176]. Wolfwin erhielt 838 im Beisein Eginos Güter in und um Weinfelden und Romanshorn, die er an St. Gallen tradiert hatte, von Abt Bernwig als Prekarie zurück. Wolfwin und Egino hatten keine leiblichen Erben[177].

Die Kombination der Namen Egino und Wolfwin erinnert an dieselbe Kombination in der Sippe der Bertholde und läßt vermuten, daß beide Sippen nahe verwandt waren. Vielleicht war die Mutter Gebalind eine Schwester der Brüder Berthold, Wolfwin und Egino aus der Bertholdsippe. Für diese Annahme würde sprechen, daß der Vater Wurmher 802 in Pappenheim an der Altmühl einer Vergabung der Reginsind, der Witwe Hrodhochs, als Zeuge beiwohnte; Reginsind wäre nach unserer Annahme Wurmhers Schwiegermutter[178].

Wir müssen uns näher mit Wurmher (762–802, † v. 814) befassen, dem Vater der Brüder Wolfwin, Egino und (?) Wurmher. Er ist eine interessante Gestalt und steht ja als Vater und mutmaßlicher Schwager mit Trägern des Namens Egino in engster Beziehung. Wurmher vergab 799 zum Seelenheil seines Bruders Crimold einen Teil der Kirche in Eschenz-Burg (in castro Exsientie) samt Gütern in Seppinwanc (abgegangen bei Wagenhausen), Bleuelhausen und Schaffert (abgegangen bei Eschenz) an St. Gallen. Es handelte sich um das Erbe, das sein Vater Hufo hinterlassen, seinerseits aber von seinen „consortes" erhalten hatte[179]. Spitzenzeuge war Graf Ruadpert, der Neffe der Königin Hildegard. Der Name Hufo findet sich sonst nicht im St. Galler Urkundenbestand. Wurmhers Vater Hufo muß also ein Landfremder sein. Ein Hinweis, woher er kommt, könnte sich aus Urkunden der Klöster Lorsch und Fulda ergeben. Tatsächlich findet sich im Jahre 779 ein Hufo als Zeuge für den Grafen Kunibert, der an Kloster Fulda Güter in elf Orten um den unteren Neckar und im heute württembergischen Franken übertrug. Er könnte nach der Zeit mit Wurmhers Vater personengleich sein. Ein Hufo, der möglicherweise schon eine Generation jünger war, wirkte 790 im Kloster Lorsch als Salmann für Nacho, der in Dossenheim schenkte[180]. Ein Wurmher ist 790 in Lorsch Spitzenzeuge für Altolf und Hugibert, die in Eppelsheim bei Alzey schenkten, und 796 bzw. 799 Zeuge in Fulda bei Gütergeschäften in Dienheim bei Oppenheim. Er ließe sich zeitlich mit unserem Wurmher, dem Sohn Hufos, gleichsetzen. Im Jahre 806 begegnen uns Wurmher und Egino als Zeugen für Richart, der in Bad Kissingen an der fränkischen Saale schenk-

---

[176] UB der Abtei St. Gallen Bd. 1 Nr. 232, 336.

[177] UB der Abtei St. Gallen Bd. 1 Nr. 375.

[178] UB der Abtei St. Gallen Bd. 1 Nr. 171. – Gottfried *Mayr*: Studien zum Adel im frühmittelalterlichen Bayern. Studien zur bayerischen Verfassungs- und Sozialgeschichte 5 (1974) S. 135 möchte Gebalind, die Mutter Wolfwins von 815, gleichsetzen mit Gebalind, Tochter Maginberts, von 779, die in Löhningen schenkt (UB St. Gallen 1 Nr. 90). Rein zeitlich wäre Identität möglich, doch dürfte die Gebalind von 779 eine ältere Dame, offenbar Witwe, gewesen sein.

[179] UB der Abtei St. Gallen Bd. 1 Nr. 155.

[180] UB des Klosters Fulda Band 1. Bearb. von Edmund E. *Stengel*. 1958. S. 157ff. Nr. 86. – Codex Laureshamensis (wie Anm. 82) Band 2. S. 100 Nr. 406.

te[181]. Vielleicht handelt es sich hier um Vater Wurmher und Sohn Egino, die wir aus dem Bodenseegebiet kennen, denn sie stehen in der Zeugenreihe getrennt durch einen Werinher, was besagen mag, daß sie verschiedenen Generationen angehörten. Im Jahre 814 ist Wurmher mit einem Unruoch Zeuge, als Ferting dem Kloster Fulda einen Beifang im Saalegau überträgt, und um 817 wirken Egino und Wurmher bei einer Tradition Lustrats an dieses Kloster mit[182]. Es könnte sich um die Söhne des älteren Wurmher bzw. um die Enkel Hufos handeln. Der jüngere Wurmher schenkte 813 zum Seelenheil von Huocha und Blihtruda der Abtei Fulda Eigentumsrechte an Manzipien[183].

Hufos Sippe war demzufolge in Franken zu Hause. Dazu paßt, daß Hufo in Eschenz keine altererbten Güter vergab, sondern das, was von den „consortes" an ihn gelangt war.

Wer waren Hufos „consortes"? Hufos Lebenszeit fällt in die Mitte und zweite Hälfte des 8. Jahrhunderts. Seine „consortes" haben um dieselbe Zeit gelebt und müssen am thurgauischen Ufer des Untersees begütert gewesen sein. Hier treffen wir nun Ruthard, den Sachwalter Pippins und Karls des Großen in Alemannien (752–779), der Gut in Eschenz an Kloster Fulda tradierte, an dasselbe Kloster, zu dem Hufo und seine Angehörigen in enger Beziehung standen[184]. Als Besitznachbar Hufos in Eschenz dürfte er einer der „consortes" sein. Ein anderer war wohl Gozbert (754–766), dem Abt Otmar von St. Gallen während seiner Gefangenschaft auf der Insel Werd im Untersee zur Bewachung anvertraut war. Gozbert verfügte über die St.-Veits-Kirche in Unter-Eschenz; überdies gehörte ihm offenbar ein Gutteil vom Hang des Schiener Berges. Er war auch Graf im Nibelgau (766), wo uns hundert Jahr später ein jüngerer Gozbert aus der Rheinauer Sippe als Graf begegnet ist[185]. Gozbert wurde von Karl *Schmid* sicher zu Recht mit Gaustbert, dem Bruder des Abtes Fulrad von Saint-Denis, gleichgesetzt. Der letztere hatte die „Adalungocella" bei Hoppetenzell nördlich Stockach geschenkt erhalten[186]. Ruthard, Gozbert und ihr „consors" Hufo sind also mächtige Franken. Sie verfügten in Alemannien vor allem über konfisziertes Herzogsgut. Doch mochten sie auch durch Einheirat in einheimische Geschlechter zu Besitz gekommen sein.

Mit Gozbert nächst verwandt, wohl als Sohn, war ein jüngerer Gozbert (ca. 779–820), der über Teile des Schiener Berges und 816 über Gut in Ewattingen, Ühlingen

---

[181] Codex Laureshamensis Bd. 2 S. 263 f. Nr. 906. – UB Fulda (wie Anm. 180) Nr. 237 und 261. – Codex diplomaticus Fuldensis. Hg. von Ernst Friedrich Johann *Dronke*. 1850. S. 121 Nr. 231.

[182] Codex diplomaticus Fuldensis (wie Anm. 181) S. 146 f. Nr. 297 und S. 161 f. Nr. 333.

[183] Codex diplomaticus Fuldensis S. 142 f. Nr. 287.

[184] UB Fulda (wie Anm. 180) S. 194 Nr. 138.

[185] *Schmid*, Königtum (wie Anm. 113) S. 246 ff. und S. 324 Anm. 56 a. – UB der Abtei St. Gallen Bd. 1 Nr. 49.

[186] *Schmid*, Königtum (wie Anm. 113) S. 250 f.

und Achdorf verfügte[187]. Zu seinen „fratres" könnten möglicherweise Iring (763–788) und Wulfbert gehören; Iring hatte nämlich Besitz in Öhningen am Fuß des Schiener Berges und in Weiterdingen am Hohenstoffel[188]. Noch eher aber dürften Iring und Wulfbert Brüder Wurmhers sein. Ein Iring erscheint nämlich auch in Fuldaer Traditionen im Maingebiet; somit würde er zur Sippe Hufos passen.

Als „frater" Gozberts könnte man sodann einen Liutold betrachten, der 798 für Isanbard, den Sohn Warins, und 809 für Scrot von Schienen Zeugenschaft leistet und dem möglicherweise der Ort Litzelshausen (Liutoldeshusa) auf Gemarkung Öhningen seinen Namen verdankt[189].

Die Güter Gozberts des jüngeren in Ewattingen und Achdorf liegen dem Besitz Bertholds (776–805/811) in Mundelfingen und Aselfingen (Personenname Asulf; so hieß 776 ein Sohn Alaholfs und Vetter Bertholds) dicht benachbart[190]. Dies läßt vermuten, daß sich die Gozberte mit den Bertholden durch Heirat verbunden haben. Nach der Zeit könnte die Mutter Gozberts des Jüngeren und vielleicht auch Liutolds, somit die Gemahlin Gozberts des Älteren, aus der Bertholdsippe stammen, etwa als Schwester Hrodhochs (769–772). Das Gut Gozberts des Jüngeren in Ühlingen ist bemerkenswert, weil dort später das Stift Öhningen begütert war (siehe unten).

Hufos Sohn Wurmher hatte, wie erwähnt, Söhne namens Wolfwin, Egino und (vermutlich) Wurmher. Der Name Wolfwin-Wolvene ist uns aus der Sippe der Rheinauer Klosterstifter bekannt. In dieser Sippe fanden wir auch die Namen Gozbert und Liutold, die offenbar aus der Sippe des Abtes Fulrad stammen. Es sieht so aus, als habe sich im frühen 9. Jahrhundert ein Angehöriger der Sippe Hufos mit einem Angehörigen der Sippe Fulrads verbunden. Aus dieser Verbindung müssen die uns bekannten drei Brüder Liutold, Graf im Scherragau (846–861), Gozbert, Graf im Scherra- und Nibelgau (856–872) und Wolvene, Neugründer und Laienabt von Rheinau (ca. 850–878), hervorgegangen sein[191]. Da Hufos Enkel Wolfwin und Egino im Jahre 838 schon in vorgerücktem Alter standen und keine Nachkommen hatten, könnte eine Tochter des jüngeren Wurmher einen Angehörigen der Fulrad-Sippe geheiratet haben[192].

Wir haben uns mit der Rheinauer Sippe schon einmal befaßt und mit Grund vermutet, daß ein Sohn des Scherragrafen Liutold gleichen Namens sich mit Judith von Balingen, der Mutter Giselas (911) und der Grafen Berengar (884–888) und Eberhard (886–894) verbunden habe. Auf diese Weise wurde die Rheinauer Sippe mit den „Unruochingern" verknüpft. Jetzt bietet sich die Möglichkeit, die Rheinauer

---

[187] *Schmid*, Königtum S. 323. – UB der Abtei St. Gallen Bd. 1 Nr. 221.
[188] UB der Abtei St. Gallen Bd. 1 Nr. 38 und 115.
[189] UB der Abtei St. Gallen Bd. 1 Nr. 154 und 202.
[190] UB der Abtei St. Gallen Bd. 1 Nr. 170.
[191] Daß sie Brüder waren, nimmt *Schmid*, Königtum (wie Anm. 113) S. 267 Anm. 71 an.
[192] UB der Abtei St. Gallen Bd. 1 Nr. 375. – Vergleiche *Mayr*, Studien (wie Anm. 178) S. 137.

nach rückwärts mit den im 8. Jahrhundert am Untersee Begüterten, wenn auch nicht lückenlos, zu verbinden.

Die Rheinauer Brüder und ihre Nachkommen verfügen über Besitz in Öhningen (bezeugt in Händen des Wolfinus, des Sohnes des Pfalzgrafen Gozbert † 910), wo drei Generationen früher Iring begütert war[193]. Abt Wolvene von Rheinau vollzog 876 in Gegenwart des künftigen Königs Karl III. einen Gütertausch mit Gozbert († 910) in Eschenz, das man nach Lage der Dinge als Gut der Rheinauer Sippe zu betrachten hat[194]. In Eschenz aber fanden wir früher Wurmher, den Sohn Hufos, sowie Ruthard und den ältesten Gozbert, den Bruder Fulrads, begütert. Wolvene übertrug vor 858 dem Kloster Rheinau ererbten Besitz in den italienischen Gauen von Tortona und Verona, Besitz, den er von einem Verwandten namens Wolfwin aus der Generation der Urgroßeltern geerbt haben dürfte, der Graf in Verona († v. 806) gewesen war.

Wir können die fehlenden Zwischenglieder zwischen dem jüngeren Gozbert (ca. 779–820) aus der Fulradsippe und den drei Rheinauer Brüdern nur vermuten. Es fehlen zwei Generationen, in welche u. a. der Erstgründer des Klosters Rheinau gehört. Vielleicht paßt in diese Lücke ein jüngerer Gozbert, der 816 in Manzell gemeinsam mit Gozbert dem Jüngeren (ca. 779–820) und mit Liutold Zeugenschaft leistete[196]. Er könnte der Sohn Gozberts des Jüngeren sein. Auch wäre an das Paar Liuto (= Liutold) und Adalsind von 838 zu denken; die letztere verfügte über Besitz in „Puozzesrioda" (unbekannt), den ihr Liuto als Heiratsgut übereignet hatte[197].

Auf der Suche nach Trägern des Namens Egino sind wir erneut auf die Rheinauer Sippe gestoßen und haben dabei Zusammenhänge erkannt, die für die weitere Untersuchung von Wichtigkeit sein werden. Die Eginonen sind darüber nur scheinbar aus dem Blickfeld verschwunden. Träger des Namens finden sich weiterhin im Thurgau und Zürichgau, und zwar unter Umständen, die sie als zur weiteren Rheinauer Sippe gehörig erscheinen lassen. Wo sie dort anzuschließen sind, bleibt allerdings ungewiß. Da jener Egino (827–838), der Sohn Wurmhers, allem Anschein nach keine Nachkommen hatte, muß er als Vorfahr ausscheiden. Dagegen bietet sich die Möglichkeit, an seinen (mutmaßlichen) Bruder Wurmher anzuknüpfen. Im Jahre 854 sind in Lommis ein Wolfwin und ein Egino Zeuge, als sich Abt Grimald von St. Gallen mit Notger wegen eines strittigen Grundstücks in Brunnen (bei Mosnang, Kanton St. Gallen) vergleicht[198]. Sie stehen in der Zeugenreihe durch andere Namen getrennt; daraus muß geschlossen werden, daß sie nicht Brüder waren, sondern wohl

---

[193] *Clavadetscher* (wie Anm. 118) S. 151.
[194] Das Cartular von Rheinau (wie Anm. 120) S. 19 f. Nr. 14.
[195] MG DLdD Nr. 90. – Gerd *Tellenbach*: Der großfränkische Adel und die Regierung Italiens. In: Studien und Vorarbeiten zur Geschichte des großfränkischen und frühdeutschen Adels. Forschungen zur oberrhein. Landesgeschichte 4 (1957) S. 52 f.
[196] UB der Abtei St. Gallen Bd. 1 Nr. 219.
[197] UB der Abtei St. Gallen Bd. 3 S. 685 Anhang Nr. 3.
[198] UB der Abtei St. Gallen Bd. 2 Nr. 426.

verschiedenen Generationen angehörten. Im folgenden Jahr 855 war Egino Zeuge, als
Abt Grimald sich mit Rihwin und seinen Erben wegen Grundbesitzes in Seppenwang
(abgegangen bei Wagenhausen) einigte[199]. Im selben Seppenwang hatte einst Wurm-
her über Gut aus dem Erbe Hufos verfügt; man darf daher den Zeugen Egino als einen
Nachkommen Hufos betrachten. Vielleicht derselbe Egino hatte vor 888 ein Lehen in
(Ober-, Mittel-, Unter-)Schlatt bei Dießenhofen vom Abt von Rheinau, das nun ein
gewisser Udalgar für sich erwerben wollte[200]. In unseren Kreis gehört wohl auch ein
Vasall König Arnulfs namens Egino, dem der König 890 auf Intervention des Grafen
Iring 15 Hufen in den Gauen Bertholdsbaar, Alpgau und Breisgau schenkte[201]. Mit
dem Jahr 909 brechen die Nennungen ab, eine Folge des Versiegens der St. Galler
Traditionen. Irgendwelche Beziehungen dieser letzten Eginonen aus dem Bodensee-
bereich zum Raum Reutlingen–Urach haben sich nicht feststellen lassen. Auch
beträgt der zeitliche Abstand vom letzten Egino, der 909 einen Gütertausch zwischen
Winidhere und dem Abt Salomon im Kloster St. Gallen bezeugte, zum Gemahl der
Mathilde von Burgund ein volles Jahrhundert[202]. Die Uracher-Achalmer lassen sich
somit im Mannesstamm nicht mit den Eginonen des Bodenseeraumes verbinden.

b) Eginonen in Ostfranken

Hans *Jänichen* hat sich vom Sprachlichen her mit dem Namen Urach (= Auerochsenbach bzw. Ort am Auerochsenbach) befaßt und festgestellt, daß dieser Name
nicht im Ermstal entstanden sein kann, sondern dorthin übertragen wurde[203]. In
Schwaben gibt es weder ein Gewässer noch einen Ort, dem Urach nachbenannt sein
könnte. Dagegen finden wir Urach bzw. Aurach als Bezeichnung für Gewässer und
Orte recht häufig in Ostfranken. Dort trifft man zudem Träger des Namens Egino
mit reichem Grundbesitz und als Inhaber von Grafenämtern, somit in sehr angesehe-
ner Stellung. Ein Graf Egino war um 820 in einem Ort „Uraha" begütert, der mit
Aura an der Saale gleichgesetzt wurde[204]. Auch wenn diese Gleichsetzung fraglich ist,
so ist doch eine unmittelbare Verbindung des Personennamens Egino mit einem Ort
„Urach" gegeben, wie sie sich beim älteren Zweig der „Unruochinger" wiederfindet.
der sich Urach im Ermstal zum Sitz gestaltete. Schon *Stälin* und *Riezler* vermuteten
daher, der Name Egino könnte aus Ostfranken in das Haus Urach-Achalm gekom-

[199] UB der Abtei St. Gallen Bd. 2 Nr. 439.

[200] Das Cartular von Rheinau (wie Anm. 120) S. 30f. Nr. 21. – In Schlatt war später Graf
Gottfried von Nellenburg (ca. 966–968) begütert; siehe *Keller* (wie Anm. 109) S. 156.

[201] MG DArn Nr. 73.

[202] UB der Abtei St. Gallen Bd. 2 Nr. 757.

[203] Hans *Jänichen*: Die Grafen von Urach. In: Alemannisches Jahrbuch 1976–78. S. 6f.

[204] Walter *Mahr*: Zur Geschichte der ehem. Benediktinerabtei Aura/Saale. In: Mainfränki-
sches Jahrbuch für Geschichte und Kunst 13 (1961) S. 57. – Urkunden aus Karolingischer Zeit.
Mitgeteilt von G. *Waitz*. In: Forschungen zur Deutschen Geschichte 18 (1878) S. 181f.

men sein, und *Jänichen* brachte zusätzliche Argumente bei, die diese These nicht nur stützen, sondern die Umstände dartun sollten, die die Urach-Achalmer zur Abwanderung nach Schwaben veranlaßten[205].

Wir halten Jänichens Ansicht grundsätzlich für richtig. Manche seiner Argumente müssen jedoch bei eingehender Prüfung korrigiert werden. Kritisch glauben wir feststellen zu müssen:

1) Es ist fraglich, ob das Gut „Uraha", welches Graf Egino aufgrund der von Riezler und Jänichen angezogenen Urkunde an das Hochstift Würzburg schenkte, auf Aura an der Saale zu beziehen ist, wo später ein Benediktinerkloster gegründet wurde. Die nähere Bestimmung des Ortes „Uraha" als „in sclavis" gelegen bezieht sich eher auf den Bamberger Raum, weshalb Erich *von Guttenberg* „Uraha" mit Stegaurach gleichsetzen möchte[206].

2) Bei der Gründung des Klosters Aura an der Saale durch Bischof Otto von Bamberg 1108 ist eine Mitwirkung des Kardinals Kuno von Praeneste († 1122), den Jänichen für einen Uracher hält, u. E. nicht erkennbar[207].

3) Die Annahme, der Kardinal sei mit Bischof Otto verwandt gewesen, beruht auf einem Lesefehler, den freilich nicht Jänichen zu vertreten hat. Die sich darauf stützende Vermutung, der Kardinal habe zur Zeit der Klostergründung noch ererbte Ansprüche an das Gut Aura gehabt, entbehrt somit der Grundlage[208].

4) Ob Kardinal Kuno überhaupt ein Angehöriger des Hauses Urach war, ist sehr fraglich. Die Annahme beruht auf *Sulger*, der den Kardinal vermutlich mit dem Kardinalbischof und päpstlichen Legaten Konrad von Porto und Sta Rufina (1219–1227) verwechselt hat, bei dem es sich tatsächlich um einen Uracher handelt[209].

Dennoch spricht vieles für die grundsätzliche Richtigkeit der These Jänichens. Die gewichtigsten Argumente sind zweifellos, daß es nur in Ostfranken die Verbindung von Trägern des Namens Egino mit Orten des Namens Urach bzw. Aura gibt, daß sich dort Träger des Namens in kontinuierlicher Folge am längsten nachweisen lassen und daß die stammverwandten Grafen von Achalm noch in der zweiten Hälfte des

---

[205] Christoph Friedrich *Stälin*: Wirtembergische Geschichte 2. 1847. S. 451. – Fürstenbergisches UB 1. S. 5. – *Riezler*, Geschichte (wie Anm. 60) S. 18. – *Jänichen*, Grafen von Urach (wie Anm. 203) S. 9 ff.

[206] Wie Anm. 204. – Erich Frhr. *von Guttenberg*: Die Territorienbildung am Obermain. 1966. S. 9 Anm. 44 und S. 17 Anm. 75.

[207] Die Gründungsurkunde bei N. *Reininger*: Die Benedictiner-Abtei Aura. In: Archiv des historischen Vereins von Unterfranken und Aschaffenburg 16 (1862) S. 93 ff. – Germania Pontificia. Hg. von Albert *Brackmann*. Vol. III, Pars III (1960) S. 236 ff.

[208] Schreiben des Erzbischofs Friedrich von Köln an Bischof Otto von Bamberg von 1114–15 (Monumenta Bambergensia. Bibliotheca Rerum Germanicarum. Hg. von Philipp *Jaffé*. 5. 1869. S. 294 ff. Nr. 167), wo irrig „Chuono pronepos tuus episcopus" anstatt „Chuono Praenestinus episcopus" gelesen wurde. Vergleiche Paul *Stälin:* Württembergische Geschichte S. 256 Anm. 2.

[209] Arsenius *Sulger*: Annales Zwifaltenses. 1. 1698. S. 53. – Kardinal Kuno starb am 9. VIII. 1122; seine Geburt soll in die zweite Hälfte des 11. Jh. fallen. Siehe Neue Deutsche Biographie 13. 1982. S. 300.

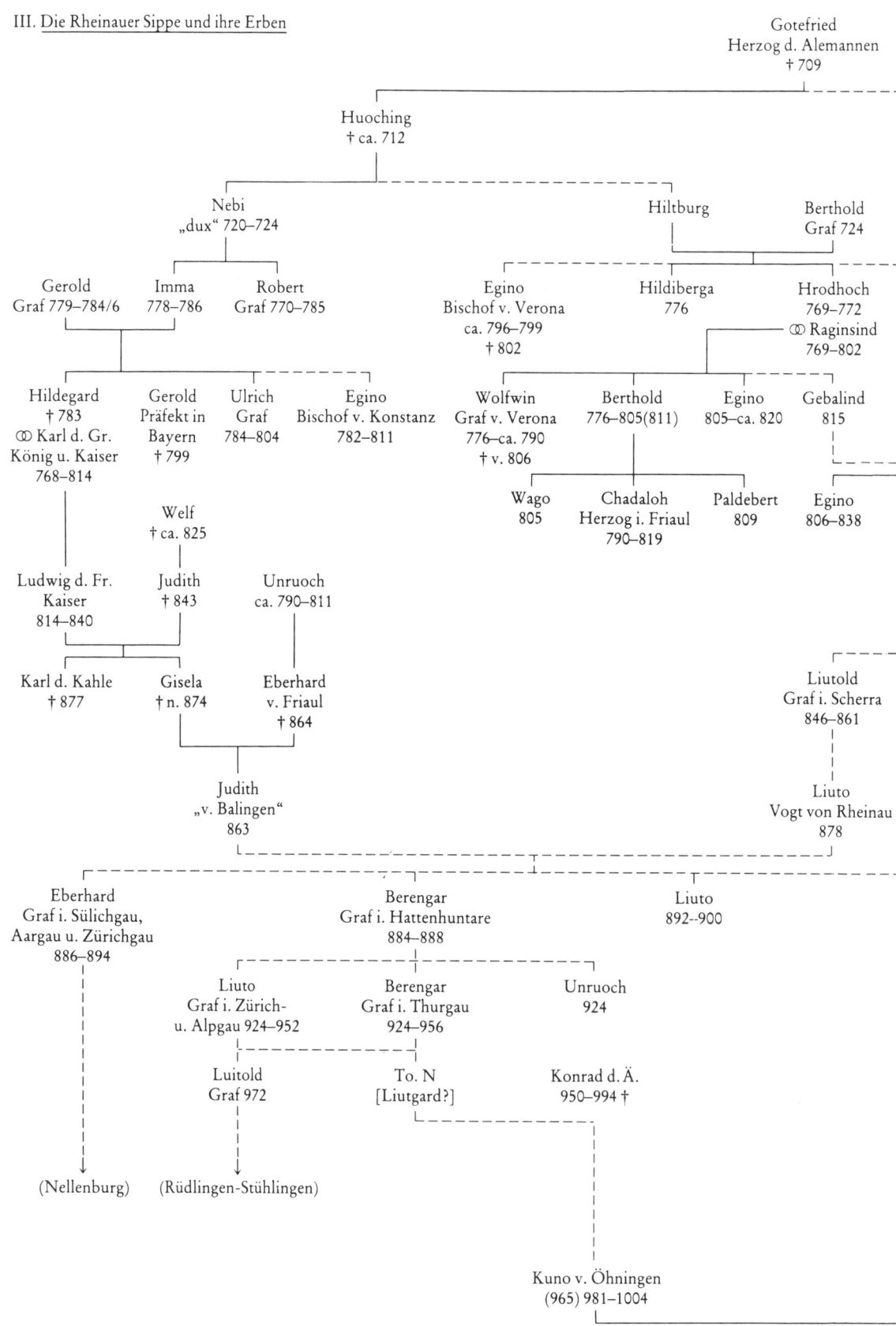

III. Die Rheinauer Sippe und ihre Erben

Gotefried
Herzog d. Alemannen
† 709

Huoching
† ca. 712

Nebi
„dux" 720–724

Hiltburg   Berthold
                  Graf 724

Gerold   Imma   Robert
Graf 779–784/6   778–786   Graf 770–785

Egino   Hildiberga   Hrodhoch
Bischof v. Verona 776   769–772
ca. 796–799   ∞ Raginsind
† 802   769–802

Hildegard   Gerold   Ulrich   Egino
† 783   Präfekt in   Graf   Bischof v. Konstanz
∞ Karl d. Gr.   Bayern   784–804   782–811
König u. Kaiser   † 799
768–814

Wolfwin   Berthold   Egino   Gebalind
Graf v. Verona   776–805(811) 805–ca. 820   815
776–ca. 790
† v. 806

Welf
† ca. 825

Wago   Chadaloh   Paldebert   Egino
805   Herzog i. Friaul 809   806–838
                  790–819

Ludwig d. Fr.   Judith   Unruoch
Kaiser   † 843   ca. 790–811
814–840

Karl d. Kahle   Gisela   Eberhard
† 877   † n. 874   v. Friaul
                                † 864

Liutold
Graf i. Scherra
846–861

Judith
„v. Balingen"
863

Liuto
Vogt von Rheinau
878

Eberhard   Berengar   Liuto
Graf i. Sülichgau,   Graf i. Hattenhuntare   892–900
Aargau u. Zürichgau   884–888
886–894

Liuto   Berengar   Unruoch
Graf i. Zürich-   Graf i. Thurgau   924
u. Alpgau 924–952 924–956

Luitold   To. N   Konrad d. Ä.
Graf 972   [Liutgard?]   950–994 †

(Nellenburg)   (Rüdlingen-Stühlingen)

Kuno v. Öhningen
(965) 981–1004

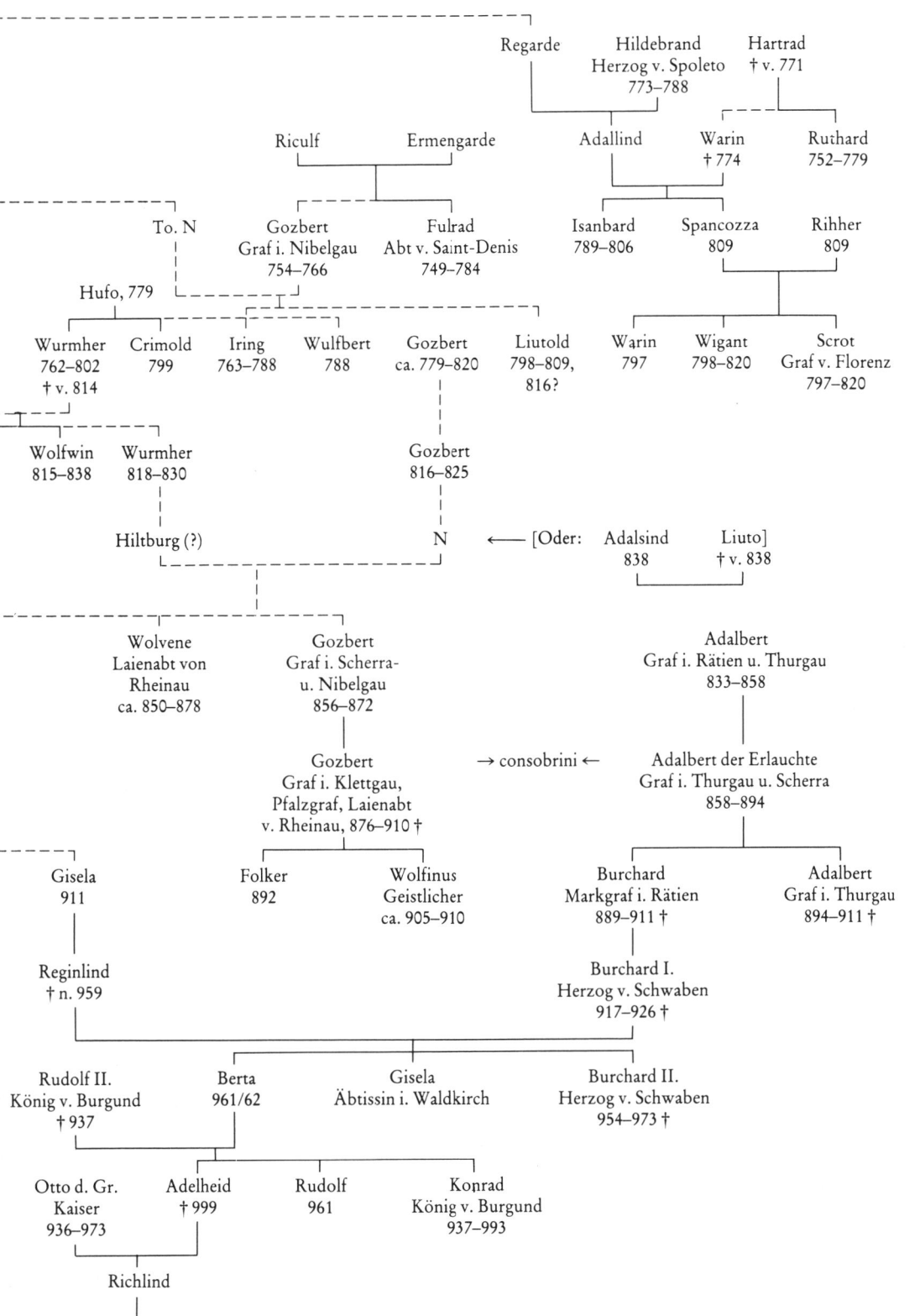

11. Jahrhunderts in Ostfranken ausgedehnten Besitz zu Lehen vom Hochstift Würzburg hatten[210].

Eginonen finden sich dort in einem nicht allzu weit gedehnten Bereich und in Verbindung mit immer wieder denselben Orten, so daß man sie wohl als Angehörige ein und derselben Sippe betrachten darf.

Woher die ostfränkischen Eginonen stammen, ist nicht sicher festzustellen. Namensträger gibt es im Elsaß seit 748, in Mainz 762[211]. In Weinheim an der Bergstraße erscheint Egino 766 neben den Grafen Warin und Cancor als Zeuge einer Güterschenkung in Wallstadt (östlich Mannheim) und Handschuhsheim. Ein Juncman schenkt um 771 einen Mansus in Wallstadt für Eginos Seelenheil. Egino selbst vergibt 779 Besitz in Höllenbach (abgegangen bei Handschuhsheim) und Dürrmenz[212]. Im Jahre 778 ist Egino als Sohn Hattos bezeugt, der in Mörsch bei Frankental schenkt, wo auch Egino mit Gemahlin Geila 792 ein Gut vergibt[213]. Es handelt sich seit 766 sicherlich immer um die gleiche Person. Ein Graf Hagino (= Egino) steht 772 in Herstal an der Spitze der „fideles" Karls des Großen, die in einem Rechtsstreit zwischen Abt Gundeland von Lorsch und Heimerich, dem Sohn des Klosterstifters Cancor, urteilten[214]. Am nördlichen Oberrhein dürfte somit die Heimat der Eginonen am ehesten zu suchen sein.

Über die Eginonen in Ostfranken, die sich von etwa 790 bis 956, also über rund 160 Jahre oder fünf bis sechs Generationen verfolgen lassen, berichten rund 50 Urkunden. Ihr Wirkungsbereich ergibt sich aus patronymischen Ortsnamen wie Egenhausen (westlich Schweinfurt, 906 Egininhusa), Eichenhausen (bei Neustadt an der Saale, 1010 Egininhusa) und Einhausen an der Werra (1151 Egenenhusen) sowie aus Besitztiteln und Zeugenschaften[215]. Er reicht von der Ostseite des Mainvierecks bis etwa zum Rand der Haßberge und hat einige Ausläufer in die Gegend um Bamberg und in die nördliche Rhön. In diesem Bereich trifft man den Namen Aura-Aurach für Orte und Flüsse: Aura (Herrenaura) an der Saale, Aura am gleichnamigen Flüßchen bei Burgsinn, Stegaurach bei Bamberg am Fluß Aurach sowie das Flüßchen Aurach, Nebenfluß der Ulster, bei Kaltennordheim.

Die Abgrenzung unserer Eginonen nach Generationen ist schwierig. Der erste Egino war um 790 Zeuge, als Adela Güter in Westheim (bei Hammelburg), Aschfeld (bei Karlstadt) und Gauaschach (bei Karlstadt) an Fulda schenkte[216]. Er hatte einen Bruder Burchard, für dessen Seelenheil er Gut in Salzschlirf bei Fulda tradierte.

---

[210] Die Zwiefalter Chroniken (wie Anm. 2) S. 156.

[211] Regesta Alsatiae. Bearb. von Albert *Bruckner*. 1. 1949. S. 95f. Nr. 165. – UB Fulda (wie Anm. 180) S. 63f. Nr. 37.

[212] Codex Laureshamensis (wie Anm. 82) Bd. 2 Nr. 482 und 492; Bd. 3 Nr. 2400.

[213] Codex Laureshamensis Bd. 2 Nr. 829 und 837.

[214] MG DKdG Nr. 65.

[215] Codex diplomaticus Fuldensis (wie Anm. 181) Nr. 652. – MG DH II Nr. 220. – Acta Imperii inedita. Hg. von Karl Friedrich *Stumpf-Brentano*. Die Reichskanzler 3. 1865–1881. S. 142ff. Nr. 116.

[216] UB Fulda (wie Anm. 180) Nr. 206.

Ferner schenkte er Gut in Albstadt (bei Alzenau in Unterfranken). Für Eginos Seelenheil gab ein Egilhart 814 Güter in Münnerstadt. Im Jahr 813 war Egino Zeuge für Atto, der in Geldersheim bei Schweinfurt begütert war[217]. Atto erinnert an Hatto, der 778 als Vater eines Egino in Mörsch Besitz vergab. Dies unterstreicht, daß die ostfränkischen Eginonen mit denen am Oberrhein zusammenhängen.

In den Jahren 806 bis 817 tritt ein Egino in Gemeinschaft mit Wurmher auf, in den Jahren 820 bis 830 zusammen mit Iring, der über Gut in Bad Kissingen und Langendorf verfügte[218]. Beides deutet auf Verbindung zu der Sippe Hufos am Bodensee (siehe oben).

Zwischen 817 und 830 erscheinen gleichzeitig zwei Eginos in den Zeugenlisten, durch andere Namen voneinander getrennt, was wohl dartut, daß sie verschiedenen Generationen angehörten; eventuell handelt es sich um Vater und Sohn, Onkel und Neffen[219]. Dazu kommt als dritter gleichzeitiger Namensträger von 820 bis 830 Graf Egino vom Saalegau, vermählt mit Wentilgard[220]. Graf Eginos Bruder Etilo war Priester[221]. Graf Egino muß mit den titellosen Namensträgern nah verwandt gewesen sein, denn sowohl er als diese leisteten 824 für den erwähnten Iring und in Verbindung mit ihm Zeugenschaft[222]. Graf Egino schenkte dem Hochstift Würzburg um 820 reiche Güter in Arinabrunn, Retzstadt, „Uraha", Breitengüßbach, Großbardorf und Wenkheim. Der Abtei Fulda tradierte er ferner Gut in Lengfurt bei Marktheidenfeld[223]. „Uraha" und Breitengüßbach nördlich Bamberg werden als „in sclavis" gelegen bezeichnet, was nach Guttenberg für die Gleichsetzung von „Uraha" mit Stegaurach bei Bamberg spricht[224].

Von 857 bis 882 setzt die Überlieferung aus, was damit zusammenhängen mag, daß die Welle der Schenkungen an Fulda abzuebben begann. In den Jahren 882 und 883 hören wir von kriegerischen Auseinandersetzungen zwischen dem Thüringerherzog Poppo und dem Grafen Egino vom Badenachgau, der sich sächsischer Hilfstruppen bediente[225]. Ab 888 ist Eginos gleichnamiger Sohn als Graf im Badenach- und Iffgau bezeugt[226]. In der Babenberger Fehde 906 ergriff er zunächst für den Babenberger Adalbert Partei, schwenkte aber rechtzeitig ins Lager König Ludwigs des Kindes um,

---

[217] Traditiones et antiquitates Fuldenses (wie Anm. 71) S. 113 Nr. 297; S. 22 Nr. 128 – Codex diplomaticus Fuldensis (wie Anm. 181) Nr. 288 und 298.

[218] Codex diplomaticus Fuldensis Nr. 231, 333, 392, 401, 405, 444, 445, 446, 480.

[219] Codex diplomaticus Fuldensis Nr. 330, 392, 446, 480.

[220] Codex diplomaticus Fuldensis Nr. 405. – *Mahr* (wie Anm. 204) S. 57.

[221] Traditiones et antiquitates Fuldenses (wie Anm. 71) S. 101 Nr. 98.

[222] Codex diplomaticus Fuldensis Nr. 405.

[223] *Mahr* (wie Anm. 204) S. 57f. – Traditiones et antiquitates Fuldenses S. 20 Nr. 81.

[224] *v. Guttenberg* (wie Anm. 206).

[225] Annales Fuldenses 882. In: Quellen zur karolingischen Reichsgeschichte. Dritter Teil. Bearb. von Reinhold *Rau*. Ausgewählte Quellen zur deutschen Geschichte des Mittelalters 7. 1960. S. 134. – Vergleiche *Dümmler* (wie Anm. 90) S. 206 und 213f. – Codex diplomaticus Fuldensis Nr. 625.

[226] MG DArn Nr. 19. – Codex diplomaticus Fuldensis Nr. 650.

wofür er mit Gut in Ingolstadt (westlich Ochsenfurt) belehnt wurde, das dem Babenberger durch Richterspruch aberkannt worden war. Auf Bitten Eginos ging dieses Lehen 908 durch königliche Schenkung an das Mainzer Hochstift über. Egino fiel wenige Wochen später, am 3. August 908, im Kampf gegen die Ungarn[227].

In der Folgezeit wird die Überlieferung merklich spärlicher. Die Zeugenschaften von Trägern des Namens Egino verlagern sich mehr nach der nördlichen Rhön[228]. Kurz nach der Mitte des 10. Jahrhunderts bricht die Überlieferung ab, weil die privaten Schenkungen an Fulda versiegen.

Auch wenn die Quellenlage nicht gestattet, unser Geschlecht bis zur Jahrtausendwende und darüber hinaus zu verfolgen, so glauben wir doch, in den ostfränkischen Eginonen Vorfahren des Gemahls der Prinzessin Mathilde von Burgund erkennen zu dürfen. Zu diesem Egino, der um 960 bis 965 geboren sein müßte und der um 985 bis 990 Mathilde als Gattin heimgeführt hätte, fehlen wahrscheinlich nur zwei urkundlich nicht faßbare Zwischenglieder. Mathildes Gemahl selbst tritt urkundlich gleichfalls nicht in Erscheinung, weil die Ehe anscheinend nicht lange gedauert hat.

Mathilde hatte, wie wir wissen, reiche Güter in Schwaben in die Ehe gebracht. Möglich, daß diese Mitgift und ihr Erbe umfangreicher waren als das, was Egino in Ostfranken besaß. Nach Eginos frühem Tod mag es zu Auseinandersetzungen mit Angehörigen seiner Familie gekommen sein, was Mathilde veranlaßte, mit ihren Kindern nach Schwaben zu ziehen, wo sie zunächst in Dettingen an der Erms auf ihrem Erbgut Wohnung nahm. In Dettingen war künftig die Grablege der Familie Achalm. Hier ruhen Mathildes zweiter Sohn Rudolf (✝ v. 1055), der Vollender der Burg Achalm, und dessen Söhne Hunfried und Berengar[229].

Stammsitz ihres Gemahls Egino dürfte, wie *Jänichen* wohl richtig vermutete, Aura an der Saale gewesen sein. Dort ist eine alte, sehr starke Burg bezeugt, die angeblich einst in Händen eines „Herzogs" Ernst von Ostfranken gewesen war[230]. Aura an der Saale lag zentral in dem Raum, den wir als Wirkungsbereich der Eginonen kennenlernten. Als Bischof Otto I. von Bamberg um 1108 in dieser Burg das Kloster Aura gründete, geschah dies *in patrimoniali fundo ecclesiae (Babenbergensis)*[231]. Erich *von Guttenberg* nimmt an, Kaiser Heinrich II. habe dem Bischof Eberhard I. von Bamberg (1007–1040) Aura geschenkt[132]. Das ließe sich mit unserer Vorstellung in Einklang bringen. Heinrich II. war durch seine Mutter Gisela ein jüngerer Vetter der

---

[227] *Böhmer-Mühlbacher*: Regesta Imperii I Nr. 2035b. – Reginonis chronica 906. In: Quellen zur karoling. Reichsgeschichte (wie Anm. 225) S. 318. – Vergleiche *Dümmler* (wie Anm. 90) S. 523 und 541. – MG DLdK Nr. 60. – *Dümmler* S. 551 Anm. 5.

[228] Vergleiche Karl *Bosl*: Franken um 800. ²1969. S. 85.

[229] Die Zwiefalter Chroniken (wie Anm. 2) S. 38.

[230] Wie Anm. 207.

[231] Herbordi dialogus Lib. I c. 12. In: Bibliotheca Rerum Germanicarum. Hg. von Philipp *Jaffé*. 5. 1869. S. 712 f. – Germania Pontificia (wie Anm. 207) S. 237.

[232] Die Regesten der Bischöfe und des Domkapitels von Bamberg. Bearb. von Erich Frhr. *von Guttenberg*. 1963. Nr. 64.

Mathilde und am selben Erbe beteiligt wie sie. Als er sich mit der Gründung des Hochstifts Bamberg trug, war ihm daran gelegen, dieses mit Gut in der Nähe Bambergs auszustatten. So mag es zu einem Gütertausch gekommen sein, bei welchem Heinrich etwas von seinem Erbgut in Schwaben an Mathilde überließ, während sie zu seinen Gunsten auf Aura verzichtete. Aus Pietät und Traditionsbewußtsein hielten jedoch ihre Kinder am Namen fest und übertrugen ihn auf die später im Ermstal neu errichtete Burg und Stadt Urach.

Ferdinand *Geldner* betrachtet zwar Aura als altbabenbergisches Gut. Doch braucht uns das nicht zu stören. Es wäre sehr wohl möglich, daß Graf Egino vom Badenachgau († 908) die Feste Aura wegen seines Parteiwechsels in der Babenberger Fehde 906 aus konfisziertem Babenbergerbesitz erhalten und an seine Nachkommen weitervererbt hat[233]. Die Abtei Aura an der Saale wurde mit Hirsauer Mönchen besetzt. Dies mag noch Gebhard aus dem Haus Urach, der bis 1105 als Abt in Hirsau regierte, dann Bischof von Speyer war († 1107), in die Wege geleitet haben[234].

5. *Besitz der Grafen von Achalm und ihrer Verwandten auf der Ulmer Alb*

Wir betrachten die von Stubersheim-Ravenstein-Albeck als Erben der Grafen von Achalm. Diese Sippe hatte unter anderem einen relativ geschlossenen Besitzkomplex um Lonsee – Ursprung – Reutti an der alten Fernstraße vom Neckar- und Filstal nach Ulm bzw. Langenau. An diesem Komplex waren nachweislich beteiligt der Gründer des Klosters Elchingen, Graf Adalbert von Elchingen-Ravenstein (1104–ca. 1120), mit zwei Mansen in Reutti und einem Mansus in Ursprung[235], ferner Berengar von Albeck (1107/1108–ca. 1120), später Mönch in Blaubeuren, mit einem Mansus und einem Viertel der Kirche in Ursprung[236] sowie eine Frau Liutgard (1108) mit Gütern in Lonsee, Ursprung, Halzhausen, Reutti und „Ruenbur" (abgegangen)[237]. Beteiligt war auch ein Kleriker Werner (ca. 1108) mit Gut in Lonsee, der Marienkirche in Ursprung, einem Drittel von Ursprung und der Hälfte von Achstetten bei Reutti. Werner hatte einen Bruder Reginhard, der in Ehingen begütert war[238]. Albrecht von Elchingen-Ravenstein, Berengar von Albeck und Frau Liutgard dürfen als Geschwister gelten[239]. Der Kleriker Werner mit Bruder Reginhard aber war bestimmt ein

---

[233] Ferdinand *Geldner*: Neue Beiträge zur Geschichte der „alten Babenberger". Bamberger Studien zur fränkischen und deutschen Geschichte 1 (1971) S. 44. – Josef *Hemmerle*: Die Benediktinerklöster in Bayern. Germania Benedictina 2. 1970. S. 54.

[234] Vergleiche *Jänichen*, Grafen von Urach (wie Anm. 203) S. 10.

[235] Urkunde Papst Honorius III. von 1225, WUB 5, S. 415 ff., Nachtrag Nr. 29.

[236] Christian Tubingius, Burrensis Coenobii Annales. Hg. von Gertrud *Brösamle*. Schriften zur südwestdeutschen Landeskunde 3 (1966) S. 140. – Vergleiche *Bühler*, Schwäbische Pfalzgrafen (wie Anm. 18) S. 134.

[237] Tubingius (wie Anm. 236) S. 82 f.

[238] Tubingius S. 84 und 124.

[239] *Bühler*, Schwäbische Pfalzgrafen (wie Anm. 18) S. 135. – Im nahen Oppingen hatte

ganz nah Verwandter. Der Name seines Bruders Reginhard weist ins Haus Böbingen-Michelstein-Tapfheim; nach der Zeit könnte Reginhard mit Reginhard von Böbingen-Michelstein-Tapfheim (1101–ca. 1152) identisch sein. Der Name Werner, dem wir in diesem Haus sonst nicht begegnen, würde dennoch passen; er käme aus dem Hause Achalm[240]. Wir hätten es bei der an Lonsee-Urspring-Reutti beteiligten Erbengemeinschaft also mit den Nachkommen der Willibirg von Achalm aus ihrer ersten Ehe zu tun.

Der Komplex Lonsee–Urspring–Reutti darf in ähnlicher Weise wie Steinheim am Albuch aus karolingischem Königsgut hergeleitet werden. Man hat bisher nicht zur Kenntnis genommen, daß Lonsee karolingisches Königsgut war. Es dürfte nämlich kaum zweifelhaft sein, daß der „actum-Ort" *Lunsee* eines Diploms Arnulfs vom 29. Mai 888 für St. Gallen in Lonsee dicht bei dem römischen Kastell „ad Lunam" zu suchen ist[241].

Lonsee paßt scheinbar nicht in das Itinerar König Arnulfs, der am 12. Mai 888 noch in Regensburg, am 26. Mai in Speyer und ab 8. Juni in Frankfurt war. Indes dürfte Arnulfs Reiseweg eindeutig festzulegen sein. Er benützte die Donaunordstraße von Regensburg bis Langenau, zog von dort auf der alten Römerstraße nach Lonsee und weiter über Stubersheim und durch die Battenau nach Geislingen, wo er Anschluß an den alten Fernweg durch die Täler von Fils und Neckar nach dem Kraichgau und zum Rhein gewann. Demzufolge dürften „actum" und „datum" des Diploms zeitlich und örtlich auseinanderfallen. Die Verfügung zu Gunsten St. Gal-

---

Markgraf Heinrich II. von Burgau noch 1282 einen Hof, der sicherlich aus dem Erbe der Herren von Albeck stammt; Die Urkunden des Reichsstiftes Kaisheim (wie Anm. 7) Nr. 364.

[240] Hans *Jänichen* (Die schwäbische Verwandtschaft [wie Anm. 13] S. 12) identifiziert mit Reginhard von Böbingen-Michelstein-Tapfheim auch einen „Reinhardus laicus", der dem Kloster Blaubeuren zwei Mansen in Suppingen sowie fünf Höfe und zwei Mansen in Laichingen schenkt (Tubingius S. 138). Man wird den letzteren zunächst gleichzusetzen haben mit „Reginhardus de Laichingen", der einen Schwestersohn Bernold hatte und an Blaubeuren die Kirche in Sontheim (bei Laichingen) sowie Teile von Laichingen und Feldstetten schenkte (Tubingius S. 152). Die Identifizierung mit Reginhard von Böbingen-Michelstein-Tapfheim wäre möglich, wenn man annimmt, daß die Benennung nach Laichingen lediglich eine im Kloster Blaubeuren aus der Situation entstandene und auf das Schenkungsgut bezogene Bezeichnung war. Denn wir haben sonst keinen Hinweis, daß sich die von Böbingen-Michelstein-Tapfheim auch nach Laichingen benannt hätten. Für diese Annahme spricht allerdings, daß in Suppingen auch Eberhard von Metzingen begütert war (Tubingius S. 140). Es handelt sich gewiß um Eberhard den Jüngeren von Metzingen, den Enkel der Richinza von Spitzenberg (1092–ca. 1110) und Schwager Reinhards von Böbingen-Michelstein-Tapfheim. Eberhards Besitz geht jedoch eher über Gisela von Waiblingen auf das Erbe der Gerberga von Burgund zurück. Man könnte dann annehmen daß sein Schwager Reginhard in Suppingen, Laichingen, Sontheim und Feldstetten über Gut seiner Gemahlin Richinza von Metzingen, der Enkelin der Richinza von Spitzenberg, verfügte (siehe Jänichen S. 81 = Tafel 1).

[241] MG DArn Nr. 25. – Der Ort heißt urkundlich 1268 „Luwense" (WUB 6 S. 374), 1288 „Lunse" (WUB 9 S. 223), bei Tubingius (16. Jh.) „Lonsen" bzw. „Lonsee" (S. 82 und 84). – Vergleiche Kommentar zu MG DArn Nr. 25 und Böhmer-Mühlbacher: Regesta Imperii I Nr. 1790.

lens geschah in Lonsee, das etwa in der Mitte des Reisewegs von Regensburg nach Speyer liegt und wo Arnulf etwa um den 19. Mai nächtigte; die Ausfertigung erfolgte erst während des offenbar längeren Aufenthalts in Speyer am 29. Mai.

Karolingisches Königsgut paßt zu Lonsee, ja es ist wegen des römischen Kastells zwischen Lonsee und Urspring und wegen Lonsees Verkehrsbedeutung geradezu zwingend zu erwarten. Für das hohe Alter des Orts zeugt ein großes Reihengräberfeld, das 1969 aufgedeckt wurde[242]. Um Lonsee gab es offenbar beträchtliches alemannisches Herzogsgut. Dafür spricht Besitz der Abtei Kempten in Bernstadt, zwischen Lonsee und Langenau, der wohl aus einer Schenkung der Königin Hildegard oder ihrer Erben stammt[243]. Dafür sprechen die Ortsnamen „Immenburg" (1143, heute Hofstett-Emerbuch), vielleicht nach Hildegards Mutter Imma benannt, und Ettlenschieß (1333 Oetdelschiez, 1373 Oetelschieß), wohl benannt nach dem alemannischen Herzogssohn Odilo, der um 736 Herzog in Bayern wurde[244]. Durch Odilo könnte das Hochstift Freising zu seinem reichen Besitz im nahen Langenau gekommen sein, den König Heinrich II. 1003 an sich tauschte[245].

Daß der Güterkomplex um Lonsee sich von den Karolingern auf die Grafen von Achalm in der früher dargelegten Weise vererbt haben muß, zeigt sich daran, daß auch die Zähringer und ihre Erben einen Anteil hatten. Sie stammten ja über Richwara, die Tochter Herzog Hermanns IV., von Gisela „von Waiblingen" bzw. deren Mutter Gerberga von Burgund[246]. In Achstetten bei Reutti und im benachbarten Oppingen schenkte Mathilde von Spitzenberg-Geislingen an Kloster Blaubeuren[247]. Wir kennen Mathilde dank der Untersuchungen Hans *Jänichens* als Halbschwester Werners von Kirchen und Tochter der Richinza von Spitzenberg aus ihrer Ehe mit Ludwig von Sigmaringen (1083)[248]. Richinza von Spitzenberg aber ist eine Tochter Herzog Bertholds I. von Zähringen († 1078) und der Richwara.

Auf dieselbe Weise erklärt sich der Besitz Eberhards von Kirchen-Hugenberg (ca. 1120) im nahen Beimerstetten[249]. Er war ein Urenkel Richinzas von Spitzenberg über deren Tochter Richinza, die mit Eberhard dem Älteren von Metzingen (1075–1112)

---

[242] Albrecht *Rieber*: -hausen-Orte und -heim-Orte um Ulm und Günzburg. In: ZWLG 41 (1982) S. 471.

[243] Lehenbuch des Fürstlichen Stifts Kempten von 1451. Hg. von Alfred *Weitnauer*. Allgäuer Heimatbücher 8 (1938) S. 43.

[244] Immenburc: - WUB 2 S. 28; Ettlenschieß: Ulmisches UB. Hg. von Gustav *Veesenmeyer* und Hugo *Bazing*. Band 2, Teil 1. 1898, S. 133 Nr. 119. – Geislinger Urkundenbuch. Bearb. von Karlheinz *Bauer*. 1967. S. 16.

[245] MG DH II Nr. 55 – Heinz *Bühler*: Die „Duria-Orte" Suntheim und Navua (im Druck).

[246] *Bühler*, Richinza von Spitzenberg (wie Anm. 103) S. 319.

[247] Tubingius (wie Anm. 236) S 84.

[248] *Jänichen*, Die schwäbische Verwandtschaft (wie Anm. 13) S. 23 f.

[249] Die Zwiefalter Chroniken (wie Anm. 2) S. 262. – Der Ort gehörte bis 1385 zum guten Teil der Herrschaft Albeck-Werdenberg, das Patronatrecht den Helfensteinern; OAB Ulm². Band 2 (1897) S. 404.

vermählt war. Sein Vaterbruder Eberhard der Jüngere von Metzingen, war in Suppingen begütert[250].

Auch der Name des Ortes Zähringen bei Altheim bekommt jetzt einen Sinn. Daß es sich um keinen „-ingen-Ort" der Landnahmezeit handelt, ist längst erkannt. Hans *Jänichen* hat gezeigt, daß bei Annahme einer Namensübertragung unmöglich der Name des spät gegründeten Ortes Zähringen von der Alb nach dem Breisgau übertragen sein kann, wie *Caspart* 1880 vermutete, sondern daß nur eine Übertragung in umgekehrter Richtung vom Breisgau auf die Alb in Frage kommt[251]. Dies setzt natürlich zähringischen Besitz auf der Alb voraus, wie wir ihn jetzt für Achstetten, Oppingen und Beimerstetten kennen. Der Erbauer der Burg Zähringen im Breisgau, Herzog Berthold II. († 1111), ist der Bruder der Richinza von Spitzenberg. Auch er wird am Erbe der Mutter Richwara auf der Alb beteiligt gewesen sein. Dorthin übertrug er den Namen seines breisgauischen Burgsitzes. Der Wald „Herzogslauch" westlich Zähringen dürfte an Herzog Berthold II. († 1111) erinnern, wenn nicht gar an einen seiner Vorfahren, wie Herzog Hermann IV. († 1038), Ernst II. († 1030), Ernst I. († 1015) oder Hermann II. († 1003)[252]. Später wird dieser zähringische Besitz an die von Albeck abgetauscht oder abgetreten worden sein.

Die helfensteinischen Rechte in Luizhausen (1275 Luiteltishausen, 1344 Luitolzhusen, PN Liutold) hängen wohl gleichfalls mit dem Güterkomplex um Lonsee zusammen[253]. Sie könnten durch Richinza von Spitzenberg ihren Nachkommen aus zweiter Ehe mit Ludwig von Sigmaringen (1083) vermittelt sein. Denkbar wäre aber auch, daß sie durch die achalmische Tochter Willibirg ihren stubersheim-helfensteinischen Nachkommen vererbt wurden. Der Name Liutold ist uns in der Rheinauer Sippe begegnet. Daß er in einem Ortsnamen auf der Ulmer Alb wiederkehrt, ist bemerkenswert; wir wollen dies für später im Auge behalten (siehe unten).

Der Abtei Elchingen, die Graf Adalbert von Elchingen-Ravenstein um 1120 gestiftet hatte, gehörte auch die Kirche St. Maria in Lautern (bei Herrlingen) mit reichem Zugehör an Mühlen, Fischereigerechtigkeit, Zinsbauern und Gütern in „Beringen" (verschrieben für Böttingen oder abgegangen westlich Lautern = Flur Böhringer), Bermaringen, Temmenhausen, (Hinter-)Denkental, Westerstetten und Wippingen[254]. Diese Zugehörden zeigen, daß die Marienkirche ussprünglich Mutterkirche eines weiten Bereiches und mehrerer später abgetrennter Tochterpfarreien, z. B. Wippingen, war. *Memminger* berichtet in der Beschreibung des Oberamts Blaubeuren von 1830, anscheinend aufgrund alter Überlieferung, die Marienkirche sei im 9. Jahrhundert von Ludwig dem Frommen gestiftet worden. Nach dem Baubefund

---

[250] Tubingius (wie Anm. 236) S. 140. – Vergleiche Anm. 240.

[251] Hans *Jänichen*: Zur Übertragung von Burgnamen. In: Alemannisches Jahrbuch 1959. S. 49f. – J. *Caspart*: Die Urheimat der Zähringer auf der schwäb. Alb. In: WVjH 3 (1880) S. 1ff.

[252] *Caspart* (wie Anm. 251) S. 2f.

[253] OAB Ulm ²Band 2. 1897. S. 544f. – *Bühler*, Richinza von Spitzenberg (wie Anm. 103) S. 310ff.

[254] Wie Anm. 235.

dürfte die Kirche tatsächlich aus dem frühen 9. Jahrhundert stammen[255]. Somit eröffnet sich die Möglichkeit, daß die Marienkirche in Lautern eine ähnliche Geschichte hatte wie der Gutskomplex um Lonsee. Das alles paßt trefflich zur Geschichte des benachbarten Ulm, wo sich wichtige Güter und Rechte über die burgundische Prinzessin Gerberga auf Gisela „von Waiblingen" vererbt hatten, die sie ihrem dritten Gemahl König Konrad II. in die Ehe brachte[256].

III. Die Ahnen der Grafen von Achalm von Mutterseite

1. Die kloster-elchingischen Güter im Aargau und ihre Herleitung

Für die Besitzkomplexe Essingen-Böbingen-Steinheim am Albuch wie auch Lonsee und Lautern, die einst karolingisches Königsgut waren, ließ sich ein Erbgang ermitteln, der über Herzogin Reginlind und ihre burchardingisch-burgundischen Nachkommen, insbesondere über Mathilde von Burgund, zum Hause Achalm und dessen Erben führte. Zu den Erben des Hauses Achalm gehört als Glied der Großfamilie Stubersheim-Ravenstein-Albeck der Gründer der Abtei Elchingen, Graf Adalbert von Elchingen-Ravenstein (1104–ca. 1120). Unter den Gütern, die er seiner Stiftung übereignete, finden sich welche, die zwar gleichfalls aus achalmischem Erbe stammen müssen, aber nicht in der dargelegten Weise hergeleitet werden können. Sie liegen im heutigen Schweizer Kanton Aargau. Die Vermutung liegt nahe, sie könnten durch die Gemahlin des Grafen Rudolf von Achalm, Adelheid, vermittelt sein. Deren mütterliches Erbgut Wülflingen bei Winterthur liegt ja von diesen elchingischen Besitzungen nicht allzuweit entfernt[257].

Wir kennen den elchingischen Besitz in der Schweiz aus zwei sich ergänzenden Quellen. Die Besitzbestätigungsurkunde des Papstes Honorius III. für Elchingen von 1225 nennt die Orte „Kirdorf, Siggingen, Mardingen". Es sind dies Kirchdorf bei Baden, (Ober- bzw. Unter-)Siggingen bei Baden und (Ober- bzw. Unter-)Ehrendingen[258]. Untersuchungen zur Gütergeschichte der Abtei Elchingen im Neu-Ulmer Arbeitskreis haben ergeben, daß es sich um Güter handelt, die zum ältesten Besitzstand des Klosters aus der Gründungszeit um 1120 gehören. Sie müssen also aus der Hand des Klosterstifters stammen. Eben diese Güter wurden schon im Jahre 1150 an die Abtei St. Blasien vertauscht. Dies geschah in Langenau in Gegenwart König

---

[255] OAB Blaubeuren S. 227f. – Freundliche Mitteilung von Dr. M. Reistle, Langenau-Hörvelsingen.

[256] *Bühler*, Grafen von Tübingen (wie Anm. 127) S. 219.

[257] *Bühler*, Schwäbische Pfalzgrafen (wie Anm. 18) S. 129f. – Aus dem Erbe Adelheids stammte sicher das Viertel des Dorfes Dietikon samt dem Viertel der Kirche und dem Viertel der Fischenz in der Limmat, das ihr Sohn Kuno in Besitz hatte; Die Zwiefalter Chroniken (wie Anm. 2) S. 36.

[258] Wie Anm. 235.

Konrads III. als Vogt der Abtei Elchingen. Die Urkunde, die darüber ausgestellt wurde, nennt „Aralingen (Ehrendingen), Siggingen, Kilchdorf, Baden, Nußbomen"[259]. Wenn hier zusätzlich Baden und Nußbaumen (bei Kirchdorf) erwähnt werden, so handelt es sich offenbar um die im Papstprivileg von 1225 nicht näher erwähnten Pertinenzien der übrigen Güter. Sie liegen alle im aargauischen Siggental. Wie gelangten diese Güter einst an die Grafen von Achalm? Eine Antwort finden wir vielleicht, wenn es gelingt, die Mitbesitzer des Siggentales zu ermitteln.

Im Siggental war auch die Abtei Einsiedeln begütert. Sie hatte vor 1040 Güter in Baden, Ehrendingen und Rieden (Gemeinde Obersiggental) aus Schenkungen eines Grafen Eberhard und seines Sohnes, des Grafen Tiemo, erhalten. Die Schenkungen gehören ins ausgehende 10. oder beginnende 11. Jahrhundert[260]. Wie Kurt *Hils* nachweist, muß die Schenkung Tiemos zwischen 1027 (Bestätigung des Klosterbesitzes durch Konrad II.) und 1040 (Bestätigung Heinrichs III.) erfolgt sein[261]. Er setzt, wenn auch mit Vorbehalt, den Schenker Eberhard mit Eppo von Nellenburg († 1030/ 34) gleich, dem Vater Eberhards des Seligen (1050–1078)[262]. Dem wird man zustimmen. Der Name Eberhard für den Inhaber eines Grafenamtes im Bereich südlich des Bodensees weist um diese Zeit fast untrüglich ins Haus Nellenburg[263]. Überdies war Eppo Vogt der Abtei Einsiedeln. Freilich hatte er das Kloster im Jahr 1029 niedergebrannt und dadurch die Vogtei verloren. Seine Schenkung könnte daher als Sühneleistung betrachtet werden. Auch schenkte Eppo ganz in der Nähe in Stetten an der Reuß[264]. Dies stützt die Ansicht, er sei mit dem Eberhard personengleich, der im Siggental begütert war.

Der nellenburgische Besitz im aargauischen Siggental müßte unseres Erachtens zurückgehen auf den Stammvater des Hauses Nellenburg, jenen Eberhard, den wir als Graf im Aargau, Zürichgau und Sülichgau (886–894) kennenlernten. Auf Grund der Besitzverhältnisse im Siggental müßte er nah verwandt gewesen sein mit einem Vorfahren des Hauses Achalm, auf den die elchingischen Güter zurückzuführen wären. Nun kennen wir den Grafen Eberhard (886–894) als Bruder Berengars, des Grafen der Hattenhuntare (884–888), und der Gisela (911). Über ihre Mutter Judith waren sie Enkel Eberhards von Friaul und der Karolingerin Gisela. Von Vaterseite waren sie Enkel des Scherragrafen Liutold (846–861) aus der Rheinauer Sippe, deren bekannte Güter vom Siggental nicht allzuweit entfernt lagen. Der Großvater Graf

[259] Martin *Gerbert*: Codex diplomaticus Historiae Silvae Nigrae (Tom. III) S. 76f. Nr. 51. – Vergleiche Urkunde Bischof Hermanns von Konstanz von 1158, WUB 2 S. 121f. Nr. 366. – Georg *Boner*: Kirchdorf bei Baden. In: Argovia. Jahresschrift der Histor. Gesellschaft des Kantons Aargau 72 (1960) S. 36ff.

[260] Das „Jahrzeitbuch" des Liber Heremi. In: Hagen *Keller*, Kloster Einsiedeln (wie Anm. 109) S. 157 und 160; vergleiche S. 81.

[261] *Hils*, Nellenburg (wie Anm. 114) S. 20.

[262] *Hils*, Nellenburg S. 20 und 30. – Im Genealogischen Handbuch zur Schweizer Geschichte. Band 4. 1980. S. 179ff. (Grafen von Nellenburg) ist Tiemo überhaupt nicht erwähnt.

[263] Siehe Genealogisches Handbuch (wie Anm. 262) S. 179ff. mit Tafel IX.

[264] *Hils*, Nellenburg S. 19.

Liutold war in Merishausen und Berslingen bei Schaffhausen begütert. Davon hatte sich Gut in Merishausen über Eberhard an seine nellenburgischen Nachfahren vererbt, anderes war an Eberhards Bruder Berengar gelangt[265]. Nun trägt Berengar einen Namen, den wir im Hause Achalm und bei dessen Erben, denen von Stubersheim-Ravenstein-Albeck, wiederfinden. Er war durch Adelheid von Wülflingen in die Familie gekommen, die einen Bruder Berengar hatte. Vermutlich besteht zwischen dem Grafen Berengar (884–888) und Adelheid von Wülflingen ein Zusammenhang.

Andererseits besteht offenbar ein Zusammenhang zwischen den Besitzverhältnissen in Merishausen-Berslingen und denen im Siggental. Wenn dort Eppo von Nellenburg als Nachkomme des Grafen Eberhard (886–894) begütert war, dann sind dort auch Güter in der Hand der Nachkommen Berengars (884–888) zu erwarten. Darunter müßten diejenigen Güter sein, die an die Grafen von Achalm gelangten, und zwar über Adelheid von Wülflingen.

Prüfen wir also, ob sich zwischen Berengar (884–888) und Adelheid von Wülflingen eine Verbindung herstellen läßt.

Wir kennen, wie gesagt, Berengar als Enkel des Grafen Liutold (846–861) und wahrscheinlich auch als Sohn eines Liuto (= Liutold, 878), ferner als (mutmaßlichen) Vater eines Liuto (924–952) sowie eines Berengar (924–956) und eines Unruoch (924), schließlich als (mutmaßlichen) Großvater eines Liutold (972). Durch ihre Namen sind diese Personen als zum rheinauischen und zum unruochingischen Sippenverband gehörig ausgewiesen. Liutold und Berengar sind offenbar die Leitnamen.

Dieselben Namen treffen wir in der Familie der Adelheid von Wülflingen, der Gemahlin Graf Rudolfs von Achalm. Ihr Vater war Liutold von Mömpelgart. Sie hatte einen Bruder Berengar, der als junger Mann im Gefolge König Konrads II. 1027 in Rom ums Leben kam[266]. Von ihren Söhnen hieß einer Liutold, ein anderer Berengar.

Die Kombination der beiden Namen Liutold und Berengar sowohl in der Familie der Adelheid von Wülflingen als auch in der Rheinauer Sippe berechtigt zu der Annahme, Adelheid von Wülflingen stamme über ihren Vater Liutold von Mömpelgart von einem Glied der Rheinauer Sippe, und zwar letztlich von dem Grafen Berengar (884–888), dem Enkel und (mutmaßlichen) Sohn eines Liutold, ab.

Zwischen dem Grafen Berengar (884–888) und Liutold von Mömpelgart fehlen zunächst drei Generationen. Da wir jedoch die Grafen Liuto des Zürich- und Alpgaus (924–952), Berengar des Thurgaus (924–956) und den funktionslosen Unruoch (924) als Söhne Berengars betrachten dürfen, verkürzt sich der Abstand auf zwei Generationen. Wie läßt sich diese Lücke schließen?

Wir kommen noch einmal auf die Aufteilung der Güter Merishausen und Berslingen zurück. Während der Scherragraf Liutold (846–861) in beiden Orten begütert war, ist uns Besitz in Merishausen später bei seinem Enkel Berengar (884–888)

---

[265] *Hils*, Nellenburg S. 71.
[266] Wie Anm. 60.

begegnet. Besitz in Merishausen gelangte über die von Berengars Bruder Eberhard (886–894) abstammenden Nellenburger an die Abtei Allerheiligen in Schaffhausen. Gut in Berslingen findet sich später in der Hand Kaiser Heinrichs IV., der es über die Schwester Berengars und Eberhards, Gisela (911), erhalten haben muß. Berslingen erscheint aber auch unter den Gütern der Propstei Öhningen. Es ist aufgeführt in einer auf das Jahr 965 datierten, in Wirklichkeit in der zweiten Hälfte des 12. Jahrhunderts gefälschten angeblichen Urkunde Ottos I. sowie in einer Bestätigungsurkunde Kaiser Friedrichs I. von 1166[267]. Dort findet sich ferner der Ort Öhningen, der uns in der Hand Irings 778 begegnet ist und wo um 905 Wolfinus, der Sohn des Pfalzgrafen Gozbert (876–910), aus der Rheinauer Sippe begütert war[268]. Dort findet sich auch „Liutoldeshusen" (Litzelhausen), das nach einem frühen Angehörigen der Rheinauer Sippe namens Liutold benannt sein muß[269].

Vergleicht man den bekannten Besitz der Rheinauer Sippe mit dem des Klosters Öhningen, wie er sich in den genannten Aufzeichnungen präsentiert, insgesamt, so ergeben sich Übereinstimmungen in acht Orten, nämlich in Öhningen, Bühl, Berslingen Lottstetten, Rafz, Mettingen, Ühlingen, Jestetten[270]. Als neunter Ort darf Litzelhausen bei Öhningen dazu gerechnet werden, da es ja einem Liutold der Rheinauer Sippe seinen Namen verdankt.

Man wird nicht zweifeln, daß das Stiftungsgut der Propstei Öhningen aus dem Besitz der Rheinauer Sippe herausgeschnitten ist. Von den drei Rheinauer Brüdern Liutold, Gozbert und Wolvene, die wir um die Mitte des 9. Jahrhunderts kennenlernten, hat sich allem Anschein nach nur der Zweig Liutolds über die Wende vom 9. zum 10. Jahrhundert hinaus fortgepflanzt. Liutold ist auch als erster Grundbesitzer in Berslingen bekannt. Er darf als ferner Vorfahr des Öhninger Stifters betrachtet werden. Von seinen Enkeln Eberhard, Berengar und Gisela aber kommt am ehesten Berengar dafür in Betracht, Gut in Berslingen und den übrigen genannten Orten dem Öhninger Stifter weitervermittelt zu haben. Der Stifter der Propstei Öhningen also ist offenbar ein Bindeglied zwischen dem Grafen Berengar (884–888) und Liutold von Mömpelgart.

Die Propstei Öhningen wurde von dem Grafen Kuno von Öhningen gegründet. So nennen ihn die gefälschte Urkunde Ottos I. von 965 und die welfische Überlieferung, die „Genealogia" und „Historia Welforum"[271]. Er soll mit einer Tochter Ottos des Großen namens Richlind vermählt gewesen sein und soll ein Vorfahr der Welfen, der Rheinfelder, der Zähringer, der Dießen-Andechser, der Staufer und anderer Ge-

---

[267] MG DO I Nr. 445; MG DF I Nr. 519.

[268] *Clavadetscher* (wie Anm. 118) S. 151.

[269] Erinnert sei, daß uns auf der Ulmer Alb der Ort Luizhausen begegnet ist, der gleichfalls nach einem Liutold benannt sein muß.

[270] *Schmid*, Königtum S. 324. – *Clavadetscher* (wie Anm. 268). – In Jestetten ist öhningischer Besitz erst in Papsturkunde von 1265 erwähnt, *Schmidt* S. 315 Anm. 18.

[271] MG DO I Nr. 445. – Historia Welforum. Hg. von Erich *König*. Schwäbische Chroniken der Stauferzeit 1 (1938) S. 76 und 12.

schlechter sein. Er muß unseres Erachtens auch zu den Vorfahren Adelheids von Wülflingen und der Grafen von Achalm gehören, denn er hatte wieder einen Sohn Liutold, der gewiß in engster Beziehung zu Adelheids Vater Liutold von Mömpelgart steht. Über ihn dürfte auch der Besitz im Siggental gelaufen sein, den wir unter den Elchinger Stiftungsgütern finden.

2. Adelheid von Wülflingen – eine Urenkelin Ottos des Großen

In welchem Verwandtschaftsverhältnis steht Liutold, der Sohn Kunos von Öhningen, zu Liutold von Mömpelgart, dem Vater Adelheids von Wülflingen?

Nimmt man die gefälschte Urkunde Ottos I. für das Stift Öhningen von 965 als groben zeitlichen Anhaltspunkt, so müßte Kuno von Öhningen ein Zeitgenosse des Burgunderkönigs Konrad (937–993), des Großvaters des Grafen Rudolf von Achalm, sein. Er wäre damit wohl der Großvater der Adelheid von Wülflingen, der Gemahlin Rudolfs von Achalm, bzw. der Vater ihres Vaters Liutold von Mömpelgart. Mit anderen Worten: Liutold von Mömpelgart und Kunos Sohn Liutold wären personengleich.

Prüfen wir, ob sich diese Annahme bestätigt, und vergegenwärtigen wir uns dazu die Namen der Nachkommen Liutolds von Mömpelgart. Es sind seine eigenen Kinder Hunfried, Erzbischof von Ravenna († 1051), Otto († v. 1044), Berengar († 1027) und Adelheid († n. 1052); sodann die zehn Kinder seiner Tochter Adelheid namens Kuno, Liutold, Egino, Rudolf, Hunfried, Berengar, Werner, Willibirg, Mathilde und Beatrix[272].

Adelheids Kinder Rudolf, Egino, Mathilde und Beatrix dürften, wie wir gesehen haben, ihre Namen von Vaterseite erhalten haben; sie berühren uns hier nicht mehr. Auch der Name Kuno stammt möglicherweise von Vaterseite, sofern Kuno nach dem Vater Mathildes von Burgund, König Konrad von Burgund (937–993), oder nach dem frühverstorbenen gleichnamigen Halbbruder Mathildes benannt ist. Nach unseren neuen Erkenntnissen könnte freilich auch Kuno von Öhningen als Namengeber in Betracht gezogen werden.

Die achalmischen Namen Liutold, Hunfried, Berengar, Werner und Willibirg sind auf alle Fälle durch die Mutter Adelheid von Wülflingen ins Haus gekommen. Liutold ist ja der Name von Adelheids Vater. Die Namen Hunfried und Berengar finden sich unter Adelheids Brüdern. Willibirg hieß Adelheids Mutter. Nicht so eindeutig festzustellen ist, woher der Name Werner kommt. Die Vermutung liegt nahe, daß Willibirg, die Mutter Adelheids, den Namen Werner vermittelt haben könnte. Sie hatte die Güter Wülflingen und Embrach eingebracht. Deren Lage unweit von Winterthur spricht dafür, daß Willibirg aus dem Hause Winterthur-Kyburg kommt, in welchem der Name Werner geläufig war. Nach der Zeit könnte sie eine

---

[272] *Kläui*, Adelsherrschaften (wie Anm. 32) Beilage (Stammtafel).

Schwester Werners von Kyburg († 1030) sein, der um 980 geboren wurde[273]. Willibirgs eigener Name deutet eine Verbindung der Winterthur-Kyburger zum Hause Ebersberg an[274].

Als Namengeber für Werner von Achalm könnte aber auch Werner „von Ortenberg" in Frage kommen. Dieser gründete im Jahre 1000 das Kloster Hugshofen im elsäßischen Weilertal[275]. Mit Adelheids Vater Liutold von Mömpelgart muß er ganz nah verwandt gewesen sein. Schon dessen Zubenennung nach Mömpelgart läßt auf Beziehungen zum Elsaß schließen. Als sein Sohn Hunfried 1044 Verfügungen über sein Erbe traf, lernen wir väterliches Erbgut im Elsaß kennen, nämlich Sulzmatt (bei Rufach) und Wolxheim (bei Molsheim)[276]. Zeugen aus dem „Alberichstal" (= Weilertal), die Hunfried beizog, zeigen, daß Liutolds Familie in derselben Gegend Interessen hatte, in der Werners Klosterstiftung lag. Dies bestätigt sich, als im Jahre 1061 die vier Achalmer Brüder Kuno, Liutold, Rudolf und Egino, die Enkel Liutolds, Zeugenschaft leisteten für Folmar, den Sohn Werners von Ortenberg, der das Kloster Hugshofen der Straßburger Kirche übertrug[277]. Schließlich ist Besitz der Achalmer in Scherweiler am Eingang des Weilertales bezeugt, wo auch die Nachkommen Werners von Ortenberg begütert waren[278]; der achalmische Besitz geht zweifellos auf Adelheid, die Tochter Liutolds, zurück. Liutold von Mömpelgart und Werner von Ortenberg dürften annähernd gleichaltrig gewesen sein. Sie waren sicher keine Brüder, aber sie könnten Vettern gewesen sein[279].

---

[273] *Kläui*, Adelsherrschaften S. 45 (Stammtafel). – Ihre Enkelin Willibirg, die sich mit Werner III. von Grüningen († 1065) vermählte, hätte dann (nach Kläui) eine Nahehe im Verhältnis 3:4 geschlossen, die aber dispensiert werden konnte.

[274] Zu letzterem vergleiche die Erbersberger Namen in Nekrolog von Einsiedeln (*Keller*, Kloster Einsiedeln [wie Anm. 109] S. 124 f., ferner mit Vorbehalt *Faußner* [wie Anm. 148] S. 132). – Abzulehnen ist mit *Keller* (S. 125 Anm. 212 und S. 128 Anm. 231) und *Zotz* (wie Anm. 88 S. 215) die These Paul *Kläuis*, welcher Willibirg als Tochter Ulrichs von Ebersberg († 1029) ansieht und diesen mit den konfiszierten Gütern Werners von Kyburg ausgestattet sein läßt (S. 20 ff. und S. 33 ff.). – Es fragt sich, ob die Ebersberger ihr Gedenken in Einsiedeln nicht vielleicht dem Umstand verdanken, daß sie über Ida von Öhningen zum weiteren Öhninger Sippenkreis gehören (siehe unten).

[275] Siehe MG DF I Nr. 391.

[276] UB der Stadt und Landschaft Zürich 1. S. 125 ff. Nr. 233.

[277] UB der Stadt Straßburg. Bearb. von Wilhelm Wiegand. Band 1. 1879. S. 48 Nr. 57.

[278] Wie Anm. 1 – MG DF I Nr. 391. – WUB 2 S. 154 f. Nr. 388.

[279] Wahrscheinlich bestand zwischen der Familie Werners „von Ortenberg" und dem Hause Achalm eine noch engere Verwandtschaft. Werners Enkel Kuno ist 1091 als „von Hurningen" bezeugt (Hirrlingen bei Rottenburg; Das Kloster Allerheiligen in Schaffhausen [wie Anm. 14] S. 17 Nr. 4); erstmals bei ihm und dann bei seinen Nachkommen findet sich Besitz in Schwaben (Pfullingen, Bühl, Eckhof, Frankenhofen, Weilderstadt; Hans *Jänichen*: Herrschafts- und Territorialverhältnisse um Tübingen und Rottenburg. Schriften zur südwestdeutschen Landeskunde 2 (1964) S. 26 ff. und 28 ff. mit Stammtafeln S. 16 und 33), den Kunos Mutter Heilicha zugebracht haben dürfte. Heilicha hieß auch eine Enkelin der Mathilde von Achalm; sie war mit Gerhard von Schauenburg vermählt (vgl. Anm. 155). Der Name ist von Heilwig abgeleitet; so hießen die Schwiegermutter Kaiser Ludwigs des Frommen und eine Enkelin dieses Kaisers.

Die elsäßischen Beziehungen Liutolds von Mömpelgart laufen vermutlich über Kuno von Öhningen, für den Thomas L. *Zotz* Verbindungen zum Elsaß wahrscheinlich gemacht hat[280]. Auf Beziehungen zum Elsaß und ins Geschlecht der Etichonen weist auch der Name Hunfried, den Adelheids Bruder, der Erzbischof von Ravenna († 1051), trug. Der Name begegnet 902 unter den Söhnen Liutfrieds II., Herrn von Münster-Granfelden (Kanton Bern). Liutfried und seine Söhne Hunfried, Liutfried III. und Hugo schenkten dem Kloster St. Trudpert im Münstertal (Schwarzwald) Güter in Oedenburg (bei Kunheim), Limersheim (Kreis Erstein), Kolmar, Königshofen, Sausheim (bei Mülhausen) und Egisheim sowie Zehnten in Sundhofen und Gundolsheim[281]. Ein Bruder des älteren Liutfried, Hugo, war in Sigolsheim westlich Kolmar begütert. In dieser Gegend hatten später die Achalmer Besitz. Mathilde von Achalm, die sich mit Kuno von Lechsgemünd (1091) vermählte, wird vom Zwiefalter Chronisten Ortlieb Mathilde „von Horburg" (bei Kolmar) genannt und brachte elsäßische Güter in das Haus Lechsgemünd[282].

Ehe wir die Verbindung Liutolds von Mömpelgart zu den elsäßischen Liutfrieden weiterverfolgen, müssen wir Klarheit gewinnen, woher die Namen von Liutolds übrigen Kindern stammen. Sie heißen Otto und Adelheid. Es sind die einzigen Namen im mömpelgart-wülflingischen Familienkreis, für die wir keine Möglichkeit der Anknüpfung an bisher bekannte Ahnenstämme sehen. Beide Namen kombiniert weisen jedoch eindeutig in das ottonische Königshaus. Wir erinnern uns der welfischen Tradition und der Überlieferung im Hause Dießen-Andechs, wonach die Gemahlin Kunos von Öhningen, Richlind, eine Tochter Ottos des Großen gewesen sein soll[283].

Eine Tochter Ottos des Großen dieses Namens ist der Wissenschaft zwar nicht bekannt. Die welfische Überlieferung wird daher in diesem Punkt für wenig glaubwürdig gehalten. Wir haben jedoch allen Grund, Richlinds Gemahl Kuno von Öhningen als einen Vorfahren Liutolds von Mömpelgart, und zwar aus zeitlichen Gründen am ehesten als seinen Vater, zu betrachten. Liutolds Kinder heißen Otto und Adelheid; sie tragen somit typische Ottonen-Namen. Angesichts dieses Tatbestands scheint uns die welfische Überlieferung gar nicht so abwegig zu sein. Nehmen wir einmal an, die Namen Otto und Adelheid wären von der Gemahlin Kunos von Öhningen, Richlind, vermittelt und Richlind wäre eine Tochter Ottos des Großen, dann wäre Liutolds von Mömpelgart Sohn Otto ein Urenkel Ottos des Großen.

Wäre Heilicha eine Tochter der Mathilde von Burgund und somit Schwester der Erbauer von Achalm, Egino und Rudolf, würden sich der Name Kuno wie auch der Name Rudolf und die schwäbischen Güter der Hurningen-Bühl leicht erklären. Bemerkt sei, daß Ulrich I. von Hurningen 1108 Spitzenzeuge für Liutgard aus dem Hause Stubersheim-Ravenstein-Albeck war, die Güter in und um Lonsee aus achalmischem Erbe vergab (Tubingius S. 82f.).

[280] *Zotz* (wie Anm. 88) S. 127.

[281] Regesta Alsatiae (wie Anm. 211) Nr. 662.

[282] Die Zwiefalter Chroniken (wie Anm. 2) S. 40.

[283] Wie Anm. 271. – Gründungsgeschichte des Klosters St. Stephan in Diessen, MG SS XVII S. 328 ff.; Monumenta Boica 8 S. 119f.

Liutolds Tochter Adelheid aber wäre nach Ottos des Großen zweiter Gemahlin Adelheid benannt. Das würde heißen, daß Richlind aus Ottos des Großen zweiter Ehe mit der burgundischen Prinzessin Adelheid († 999) stammt.

Hierfür spricht in der Tat die Kombination der Namen Adelheid und Richlind bei Mutter und Tochter. Der Name Adelheid ist im burgundischen Welfenhaus verbreitet. Kaiserin Adelheids Urgroßvater Konrad von Auxerre († 876) hatte eine Tochter Adelheid, vermählt mit Richard von Autun (876–921). Dessen Mutter und Schwester trugen den Namen Richardis (Variante zu Richlind)[284]. Unter den Töchtern Richards von Autun finden sich folgerichtig die Namen Richardis und Adelheid wieder. Adelheid hieß im Hause Burgund eine weitere Enkelin Konrads von Auxerre, nämlich eine Tochter König Rudolfs I. von Burgund (888–912). Nach ihr wird die spätere Kaiserin Adelheid, ihre Nichte, benannt worden sein. Die Kaiserin aber hätte dann ihre eigene Tochter Richlind-Richardis wohl nach ihrer älteren Base Richardis von Autun (948–955) benannt[285].

Ist Richlind eine Tochter Ottos des Großen aus der Ehe mit Adelheid, was uns jetzt nicht mehr fraglich erscheint, kann sie frühestens 954 geboren sein, sofern man nicht unterstellt, sie sei als Zwilling mit einem der älteren Brüder Heinrich (geboren 952) oder Brun (geboren 953) zur Welt gekommen.

Unter diesen Umständen bleibt aus zeitlichen Gründen tatsächlich keine andere Wahl, als denjenigen Sohn Richlinds und Kunos von Öhningen, der uns hier interessiert, nämlich Liutold, mit Liutold von Mömpelgart gleichzusetzen. Er dürfte um 970 bis 975 geboren sein. Seine Tochter Adelheid, die in Verbindung zum Hause Achalm trat, war dann eine Urenkelin Ottos des Großen.

Daß dieser Ansatz richtig sein muß, dürfte die Vererbung des Namens Otto beweisen: über Richlinds Sohn Liutold gelangte er ins Haus Mömpelgart (so hieß ja ein Bruder Adelheids); über ihre Tochter Judith ins Haus Rheinfelden (so hieß ein Sohn König Rudolfs von Rheinfelden) und über Judiths Tochter Ida, vermählt mit Rapoto von Habsburg, ins Haus Habsburg; über die Tochter Kunigunde ins Haus Dießen-Andechs. Der Name Richlind-Richardis aber gelangte über die Tochter Ida ins Welfenhaus.

Wir meinen, daß sich für diesen Ansatz auch ein besitzgeschichtlicher Beweis erbringen läßt. Im Jahre 974 schenkte Kaiser Otto II. dem Nonnenkloster Erstein im Elsaß auf Bitten seiner Mutter Adelheid das *predium* Ebersheim unter Vorbehalt der

---

[284] Karl *Lechner*: Beiträge zur Genealogie der älteren österreichischen Markgrafen. In: Mitteilungen des Instituts für österreichische Geschichtsforschung 71 (1963) S. 246ff.

[285] Wilhelm Karl Prinz *von Isenburg*: Stammtafeln zur Geschichte der europäischen Staaten. Band 2. Die außerdeutschen Staaten ²1960. Tafel 23. – G. *Schenk von Schweinsberg*: Genealogische Studien zur Reichsgeschichte. In: Archiv für Hessische Geschichte und Altertumskunde. NF 3 (1904, S. 375 gibt im Anschluß an Jaeckel ein Schema des mittelfriesischen Grafenhauses. Danach war Ottos d. Gr. Mutter Mathilde eine Tochter der Reginhilte von Friesland. Möglicherweise war Reginlind auch nach dieser Großmutter Ottos d. Gr. benannt.

lebenslänglichen Nutznießung durch Adelheid[286]. Die Schenkung Ottos II. wurde dem Kloster von keinem der folgenden Herrscher bestätigt, so daß angenommen werden darf, daß das „predium" in Wirklichkeit nie in den Besitz des Klosters Erstein gelangte, sondern in der Verfügungsgewalt von Adelheids Erben blieb. Nach dem Zeugnis der Zwiefalter Chronisten war das „predium" Ebersheim später im Besitz der Grafen von Achalm, die darüber wie über Eigengut verfügten; ihr Neffe Werner von Grüningen hatte ein Erbrecht daran[287]. Das heißt, daß die Grafen von Achalm die Erben der Kaiserin Adelheid waren. Nach unserer Vorstellung waren sie die Ururenkel der Kaiserin. Sie können das Gut nur über ihren Großvater Liutold von Mömpelgart erhalten haben, der ohnehin Beziehungen zum Elsaß hatte und dessen Besitzungen im Weilertal Ebersheim benachbart waren[288].

In ähnlicher Weise wie Ebersheim könnte sich die Herrschaft Mömpelgart auf Richlinds Sohn Liutold vererbt haben, falls Mömpelgart – wie wir vermuten – aus dem burgundischen Erbe der Kaiserin Adelheid stammte.

Ferner müssen Teile des burchardingischen Erbes in Schwaben über die Kaiserin Adelheid, ihre Tochter Richlind, deren Sohn Liutold von Mömpelgart und dessen Tochter Adelheid an das Haus Achalm gelangt sein[289]. Die Heirat Rudolfs von Achalm mit Adelheid von Wülflingen versteht sich dann auch aus dem Bestreben, die einst unter die Geschwister König Konrad von Burgund (937–993) und Kaiserin Adelheid († 999) geteilte burchardingische Besitzmasse wenigstens zu einem guten Teil wieder zusammenzubringen. Es ist eine Nahehe im Verhältnis 3:4, die nach den kanonischen Ehegeboten eigentlich unstatthaft war. Doch wurden vor der Kirchenreform diese Gebote nicht so streng gehandhabt und außerdem konnte unter besonderen Umständen ein Dispens erwirkt werden. Für das Haus Achalm aber bestätigt sich die Nachricht des Zwiefalter Totenbuchs, daß Unruoch, der Zeitgenosse Karls des Großen, der „proavus" des Klosterstifters Liutold von Achalm sei, nun auch über die mütterliche Ahnenreihe[290].

3. Kuno von Öhningen und seine Familie

Noch wissen wir nicht, wie Richlinds Gemahl, Kuno von Öhningen, an die Rheinauer Sippe anzuschließen ist. Es gilt zunächst, Kuno mit einer geschichtlichen Persönlichkeit zu identifizieren und seine Herkunft zu ermitteln.

Seit Gustav *Schenk von Schweinsberg* sieht man in Kuno einen Konradiner, der

---

[286] MG DO II S. 883f. Nr. 79a.

[287] Die Zwiefalter Chroniken (wie Anm. 2) S. 28f. und 152.

[288] In Ebersheim und Scherweiler war auch Eberhard von Krenkingen (ca. 1137–1139) begütert (Helmut *Maurer* [wie Anm. 119] S. 144). Vermutlich gehörte er zu den Miterben der Richlind.

[289] Vergleiche den Erbgang von Deggingen im Ries, Text zu Anm. 130.

[290] Wie Anm. 93.

Grafenrechte im Ufgau und in der Ortenau wahrgenommen hat. Karl *Schmid* und Thomas L. *Zotz* haben sich grundsätzlich dieser Meinung angeschlossen[291]. Aus der Verwandtschaftstafel Ottos von Hammerstein kennt man die Abfolge der Grafen im Ufgau und in der Ortenau in der fraglichen Zeit, nämlich Gebehard – Cono – Cono[292]. Ihre ungefähre Amtszeit ergibt sich aus dem Datum der Diplome, in denen sie als amtierende Grafen erwähnt sind. Dazu kommt die Nachricht von einer Skandalgeschichte, die sich 950 in Worms zugetragen habe und in welche Konrad, der Sohn des Grafen Gebhard, und eine „neptis" Ottos I. verwickelt gewesen seien[293]. Aus dem „Indiculus Loricatorum" von 981/83 kennt man sodann einen Kuno, Sohn eines Kuno[294]. Schließlich ist aus der Einsiedler Überlieferung ein Graf Konrad bekannt, der am 24. XI. 994 getötet wurde. Er war vermählt mit einer Liutgard, die in Aegeri und Wangen begütert war. Sein Bruder Bernhard verfügte über Besitz in Wittenheim im Elsaß[295]. Wir gewinnen folgende Übersicht:

Gebhard geboren um 890–900, urkundlich bezeugt von 940 bis 950, gestorben wohl vor 961.

Konrad der Ältere geboren um 920–930, 950 in die Wormser Skandalgeschichte verwickelt, 961 „comes", 969 Heerführer in Italien, 972 Zeuge in Konstanz, 981/83 Kuno der Ältere, 987, getötet am 11. November 994.

Er war mit Liutgard vermählt und hatte einen Bruder Bernhard, begütert in Wittenheim (Sundgau).

Konrad der Jüngere geboren um 945; 981/83 Kuno der Jüngere; 994. Nov. 21. Graf, ebenso 995, 998, 1003, 1004.

Karl *Schmid* hat mit Recht betont, daß der an der Wormser Skandalgeschichte beteiligte Konrad keinesfalls der Gemahl einer Tochter Ottos des Großen sein kann[296]. Dies und die Lebensdaten sprechen entschieden dafür, daß als Richlinds Gemahl nur der jüngere Kuno in Betracht kommen kann.

Da Konrads des Älteren Bruder Bernhard bereits im Elsaß (Wittenheim) begütert war, müßte die Mutter, das heißt die Gemahlin Gebhards, deren Namen wir nicht kennen, die Verbindung zu den Liutfrieden im Elsaß hergestellt und den Namen

---

[291] Wie Anm. 285 S. 370 ff. mit Tafel II. – Karl *Schmid*: Probleme um den Grafen Kuno von Öhningen. In: Dorf und Stift Öhningen. Hg. von Herbert *Berner*. 1966. S. 43 ff., hier S. 85 f. – *Zotz* (wie Anm. 88) S. 127 ff.

[292] MG Constitutiones I S. 639.

[293] Adalberti continuatio Reginonis. In: Quellen zur Geschichte der sächsischen Kaiserzeit. Bearb. von Albert *Bauer* und Reinhold *Rau*. Ausgewählte Quellen zur deutschen Geschichte des Mittelalters 8. 1971. S. 204. Vergleiche Thietmar, Chronicon II, 39. Ausgewählte Quellen zur deutschen Geschichte des Mittelalters 9. 1957. S. 76.

[294] MG Constitutiones I S. 632 f.

[295] Das „Jahrzeitbuch" des Lieber Heremi. In: *Keller*, Einsiedeln (wie Anm. 109) S. 162 (6. IX. und 24. XI.) mit Anm. 89; vergleiche ebda S. 76 f. mit Anm. 188. – *Hlawitschka* (wie Anm. 87) Tafel S. 36–37.

[296] *Schmid*, Probleme (wie Anm. 291) S. 85.

Hunfried vermittelt haben. Sie dürfte nach der Zeit eine Tochter des Hunfried von 902 gewesen sein.

Unter diesen Umständen hätte die Gemahlin Kunos des Älteren die Verbindung zur Rheinauer Sippe geknüpft. In der Einsiedler Überlieferung ist für Kunos des Älteren Gemahlin, wie erwähnt, der Name Liutgard bezeugt. Doch wollen wir uns nicht auf diesen Namen festlegen, denn Liutgard könnte ja eine zweite Gemahlin Konrads sein, die mit den Rheinauern nichts zu tun haben braucht[297]. Die Rheinauerin wäre nach der Zeit eine Enkelin des Grafen Berengar (884–888). Von dessen (erschlossenen) Söhnen Liuto (Zürich – und Alpgaugraf 924–952), Berengar (Thurgaugraf 924–956) und Unruoch (924) kommen wegen der Bedeutung ihrer Namen unter den Nachkommen sowohl Liuto als auch Berengar in Frage. Die gesuchte Rheinauerin wäre somit die Schwester oder Cousine des Grafen Liutold von 972, der wahrscheinlich ein Ahn der Herren von Rüdlingen-Stühlingen war.

Wir haben damit eine Ahnenreihe gewonnen, die abermals die Aussage des Zwiefalter Nekrologs bestätigt, daß Graf Unruoch (ca. 790–811) der „proavus" des Klosterstifters Liutold von Achalm war.

Die Rheinauerin hat sicher den Großteil der Güter eingebracht, die wir im Stiftungsgut des Klosters Öhningen wiederfinden, aber auch den elchingischen Besitz im Siggental.

Unter den Kindern Kunos von Öhningen treffen wir einen Liutpold und eine Kunigunde. Letztere ist die Stammutter der Grafen von Dießen-Andechs. Die Verbindung der Namen Liutpold und Kunigunde läßt darauf schließen, daß eine Verwandtschaft zum bayerischen Markgrafen Liutpold († 907) bestanden hat, der mit Kunigunde, der Schwester der „Kammerboten" Erchanger und Berthold († 917), verheiratet war. Kunigunde hatte von Haus aus Anteil am Erbe der Bertholdsippe im Bereich der oberen Donau. So dürfte eine Tochter des Markgrafen Liutpold und der Kunigunde den Zürich- und Alpgaugrafen Liuto (924–952) oder seinen Bruder, den Thurgaugrafen Berengar (924–956), geheiratet haben. Sie mag Kunigunde geheißen haben wie die Mutter. Diese Verbindung würde erklären, wie Gut im Begüterungsbereich der Bertholdsippe auf der Donauseite der mittleren Alb und an der oberen Donau um Zwiefalten an die Achalmer und deren Stammverwandte gelangte, die uns noch beschäftigen werden. So erklärt sich auch, daß Markgraf Liutpold im Nekrolog des Klosters Zwiefalten erscheint; er war ein Vorfahr der Klosterstifter[298].

---

[297] *Keller,* Einsiedeln (wie Anm. 109) S. 109 rechnet Liutgard zur Verwandtschaft des Bischofs Gebhard von Konstanz (Udalrichinger).

[298] Necrologium Zwifaltense zu 21. X. In: MG Necrologia 1 S. 263. – Liutpold ist am 4. Juli 907 gefallen, Kurt *Reindel:* Die bayerischen Luitpoldinger 893–989. Quellen und Erörterungen zur bayerischen Geschichte. NF 9. 1953. S. 69 f. Trotz dieser abweichenden Daten entscheidet sich Liutpold *Brummer* (Geschichte der Markgrafschaft Burgau. In: 29. und 30. combinierter Jahresbericht des histor. Vereins im Regierungsbezirk von Schwaben und Neuburg für 1863 und 1864. 1865. S. 21) für den 907 gefallenen Liutpold. Der allenfalls in Betracht zu ziehende Babenberger Liutpold starb am 10. VII. 994 (Lechner, wie Anm. 284 S. 252 f.).

Wir haben ein genealogisches Schema konstruiert; es bleibt zu prüfen, wie es sich in die geschichtliche Überlieferung einfügt und welche Folgerungen sich daraus ergeben.

1) Die Aussage der „Welfengenealogie" und „Welfengeschichte", daß die Gemahlin Kunos von Öhningen, Richlind, eine Tochter Ottos des Großen gewesen sei, findet ihre Bestätigung. Damit erweist sich die welfische Überlieferung als zuverlässiger, als man bisher anzunehmen bereit war. Wir können die Existenz einer weiteren Tochter Ottos des Großen aus der Ehe mit Adelheid erhärten[299]. Damit ergibt sich für die Welfen, die Rheinfelder, die Habsburger wie für die Dießen-Andechser eine Abstammung von Otto dem Großen.

2) Kuno von Öhningen wird zu einer historisch faßbaren Gestalt. Die These Armin *Wolfs*, Kuno von Öhningen sei mit Herzog Konrad von Schwaben (982–997) personengleich, seine Gemahlin Richlind sei eine Enkelin Ottos des Großen aus der Ehe von Ottos Sohn Liudolf mit Ida, der Tochter Herzog Hermanns I. und der Reginlind, muß wohl als verfehlt betrachtet werden[300].

3) Da wir die Gemahlin Kunos von Öhningen, Richlind, als Tochter Ottos des Großen aus seiner zweiten Ehe mit Adelheid von Burgund betrachten dürfen, so hat das Konsequenzen hinsichtlich der im Stift Öhningen überlieferten Gründungsgeschichte[301]. Die auf Otto den Großen mit dem Ausstellungsjahr 965 gefälschte Bestätigungsurkunde hat nur sehr begrenzten Quellenwert. Kuno kann im Jahre 965 noch nicht mit der kaum vor 954 geborenen Richlind vermählt gewesen sein, und völlig undenkbar ist, daß das Paar um diese Zeit die vier Söhne besaß, welche das Otto-Diplom nach der Vorlage der „Welfengenealogie" nennt. Richlinds Kinder können kaum früher als ab 970 geboren sein. Wollte man also am Datum des Diploms deshalb festhalten, weil es in das Itinerar Ottos des Großen paßt, so müßte man annehmen, daß der Stifter Kuno als etwa zwanzigjähriger unverheirateter, allenfalls verlobter Mann gehandelt hätte. Anerkennt man aber den narrativen Inhalt des Diploms als zutreffend, daß nämlich Richlind mit ihren vier Söhnen der Stiftung zugestimmt habe, kann dies nicht mehr in der Regierungszeit ihres Vaters Ottos des Großen († 973) geschehen sein, sondern muß in die Regierungszeit ihres Bruders Ottos II. (973–983) oder gar erst ihres Neffen Ottos III. (983–1002) fallen[302].

4) Die Gleichsetzung des Kuno-Sohnes Liutold mit Liutold von Mömpelgart ergibt auch für das Haus Achalm und das in weiblicher Linie damit zusammenhängende Haus Lechsgemünd sowie für die von Stubersheim-Ravenstein-Albeck und die

---

[299] *v. Isenburg*, Stammtafeln (wie Anm. 285) Band 1. Tafel 3.

[300] *Wolf* (wie Anm. 141) S. 25 ff.

[301] Stuckschmuck im Konventsaal von 1745 mit Darstellung der Klosterstiftung durch den Grafen Kuno von Öhningen und Richlindis, die Tochter Ottos des Großen, im Jahre 965. Siehe Dorf und Stift Öhningen (wie Anm. 291) Tafel 15 vor S. 97. Diese Darstellung fußt auf dem im 12. Jh. gefälschten Diplom Ottos I. Nr. 445.

[302] Vergleiche Paul *Zinsmaier:* Die gefälschte Urkunde Kaiser Ottos I. für die Propstei Öhningen. In Dorf und Stift Öhningen (wie Anm. 291) S. 95–106.

von Böbingen-Michelstein-Tapfheim eine Abstammung von Otto dem Großen. Die von Achalm und Lechsgemünd wiederum sind nunmehr mit den Welfen, Dießen-Andechsern, Rheinfeldenern und Habsburgern eng verwandt.

5) Für die Grafen von Achalm bestätigt sich die Aussage des Zwiefalter Nekrologs, daß Unruoch der „proavus" des Klosterstifters Liutold von Achalm sei, nun auch für die Mutterseite, und zwar gleich in doppelter Weise: die eine Ahnenreihe führt über Adelheid von Wülflingen-Liutold von Mömpelgart – Richlind – Kaiserin Adelheid – Berta – Reginlind – Gisela (911) – Judith „von Balingen" – Eberhard von Friaul zurück zu Unruoch (ca. 790–811); die andere läuft über Adelheid von Wülflingen – Liutold von Mömpelgart – Kuno von Öhningen – dessen Mutter (Liutgard?) – Liuto (924–952) bzw. Berengar (924–956) – Berengar (884–888) – Judith „von Balingen" – Eberhard von Friaul zu Unruoch[303].

6) Da wir die Sippe Kunos von Öhningen unter die Nachkommen der Kaiserin Adelheid einreihen und diese ja am burgundischen Erbe beteiligt war, findet unseres Erachtens die Teilnahme Welfs II. († 1030) am Aufstand des Herzogs Ernst II. von Schwaben († 1030) gegen Kaiser Konrad II. eine Erklärung. Als Urenkel der Kaiserin Adelheid hatte er ebenso wie Herzog Ernst II. Anspruch an das burgundische Erbe.

7) Unsere Ergebnisse tragen vielleicht dazu bei, die verwickelten Besitzverhältnisse am Ausfluß des Rheins aus dem Untersee zu klären. Wir wissen, daß dort im 8. und 9. Jahrhundert die Sippe der Gozberte begütert war. Sie erweiterte sich zur Rheinauer Sippe, die sich um die Mitte des 9. Jahrhunderts in den drei Brüdern Gozbert (856–872) Wolvene (ca. 850–878) und Liutold (846–861) präsentiert. Von ihr pflanzte sich allein der Zweig Liutolds über die Wende vom 9. zum 10. Jahrhundert fort. Von Liutolds Enkeln wurde Eberhard (886–894) der Stammvater des Hauses Nellenburg. Gisela (911) dürfen wir als die Ahnfrau der Burchardinger und burgundischen Welfen bezeichnen. Berengar (884–888) wurde zum Ahnherrn der Öhninger und Achalmer. Über ihn gelangte Kuno von Öhningen zu Gut in Öhningen und Litzelhausen. Das benachbarte Stein am Rhein vererbte sich über Gisela und ihre Nachkommen auf Kaiser Heinrich II., der das Kloster vom Hohentwiel nach dort verlegte. Eschenz erscheint vor 952 im Besitz Guntrams des Reichen, der als Stammvater der Habsburger gilt[304]. Sein Enkel Rudolf († v. 1063) verfügte auch über Besitz in Hallau bei Schaffhausen[305]. So dürfte auch Guntram mit den Rheinauern verwandt gewesen sein. Am einfachsten würden sich die habsburgischen Rechte erklären, wenn Guntrams Mutter Hildegard, deren Herkunft nirgends bezeugt ist, eine Tochter Berengars (884–888) wäre. Da Berengar über seine Mutter Judith ein Nachkomme Karls des Großen und seiner Gemahlin Hildegard war, würde der Name Hildegard für eine Tochter Berengars trefflich passen[306]. Auf diese Weise ergäbe sich eine Blutsver-

---

[303] Wie Anm. 93.
[304] MG DO I Nr. 189.
[305] Siehe MG DH IV Nr. 126.
[306] *Vollmer* (wie Anm. 53) Stammtafel S. 183. – *Zotz* (wie Anm. 88) S. 121 ff.

wandtschaft zwischen Adelheid von Wülflingen und Papst Leo IX., der ihr anläßlich eines Aufenthalts in Zwiefalten im Jahre 1052 sein Cingulum schenkte[307]. Leo IX. war ein Ururenkel der Hildegard.

Nachdem es gelungen ist, die Familie Kunos von Öhningen unter die Vorfahren der Adelheid von Wülflingen einzuordnen, erweitert sich der achalmische Verwandtenkreis beträchtlich. Mancher geschichtliche Vorgang, der bisher kaum verständlich war, findet vielleicht in den verwandtschaftlichen Beziehungen seine Erklärung.

Kuno von Öhningen und Richlind hatten vier Söhne und vier Töchter. Von den letzteren war Ida mit dem Welfen Rudolf II. vermählt. Diese Eheschließung wird von der welfischen Hausgeschichte hervorgehoben, um die Abstammung der jüngeren Welfen von Otto dem Großen zu betonen. Die zweite Tochter, Judith, heiratete in erster Ehe einen (Kuno?) von Rheinfelden; dessen Enkel Rudolf trat 1077 als Gegenkönig gegen Heinrich IV. auf; Rudolfs Tochter Agnes wurde die Gemahlin Herzog Bertholds II. von Zähringen († 1111). Aus Judiths zweiter Ehe mit Adalbert von Metz († 1033) gingen die Tochter Ida, die sich mit dem Klettgaugrafen Rapoto (1023–v. 1045), einem Habsburger, vermählte, und die Herzöge von Lothringen hervor[308]. Die dritte Tochter, deren Namen wir nicht erfahren, heiratete einen König der Rugier, womit wohl Wladimir der Heilige von Rußland gemeint ist[309]. Die vierte Tochter Kunigunde schließlich schloß die Ehe mit dem Grafen Friedrich von Dießen-Andechs († ca. 1030). Sie wurde die Stifterin des Klosters St. Stephan in Dießen[310].

Über Kuno von Öhningen waren die Welfen mit dem Hause Achalm verwandt. Diese Verwandtschaft erklärt den Anspruch der Welfen – es handelt sich um Welf IV., Herzog von Bayern von 1070 bis 1101, und seinen zweiten Sohn Heinrich den Schwarzen, Herzog von Bayern von 1120 bis 1126 – an das achalmische Erbe, wenigstens soweit es den Achalmern über die Mutter Adelheid von Wülflingen zugeflossen war (Dietikon und Wülflingen) und macht ihren Anspruch an die Vogtei des Hausklosters Zwiefalten verständlich[311].

Durch die Verwandtschaft zu den Welfen wird auch mit einem Male klar, weshalb Angehörige des Hauses Stubersheim-Ravenstein-Albeck, aber auch des Hauses Böbingen-Michelstein-Tapfheim als Wohltäter und Zeugen in Urkunden des Stiftes Rottenbuch bei Schongau in Erscheinung treten[312]. Rottenbuch war eine Gründung

---

[307] Die Zwiefalter Chroniken (wie Anm. 2) S. 268. – Von einer „consanguinitas" spricht *Sulger* (wie Anm. 209) S. 161.

[308] Hermann *Jakobs:* Der Adel in der Klosterreform von St. Blasien. Kölner historische Abhandlungen 16 (1968) S. 182 f.

[309] *Wolf* (wie Anm. 141) S. 31 f.

[310] Wie Anm. 283. – *Wolf* (wie Anm. 141) S. 33.

[311] Historia Welforum (wie Anm. 271) S. 20. – Die Zwiefalter Chroniken (wie Anm. 2) S. 44, 86 und 230.

[312] Anselm *Greinwald:* Origines Raitenbuchae 1. 1797. S. 188: Tiemo von Michelstein übergibt sein predium in Schwabmühlhausen; Zeuge ist sein Bruder Reginhard von Michelstein. S. 198: Adalpreht (von Stubersheim-Ravenstein) schenkt sein predium in Gerstetten. S. 193 f.: Aribo von Albeck und Berengar von Albeck sind Zeugen bei Güterübertragungen.

Welfs IV. Vielleicht erklärt sich aus der Verwandtschaft auch, daß der dem Hause Böbingen-Michelstein-Tapfheim angehörige Ulrich im Jahre 1088 „auf Geheiß" Welfs IV. gegen den Willen Kaiser Heinrichs IV., aber im Einvernehmen mit den Mönchen und Dienstleuten Abt des Inselklosters Reichenau wurde[313].

Von den Söhnen Kunos von Öhningen und der Richlind hat uns Liutold von Mömpelgart hinlänglich beschäftigt. Über die übrigen Söhne sind wir weit weniger gut unterrichtet als über die Töchter, obwohl jene als Abkömmlinge Ottos des Großen und Teilhaber sowohl am burchardingisch-burgundischen Erbe der Kaiserin Adelheid als auch am rheinauischen Erbe ihres Vaters Kuno kaum spurlos verschwunden sein können, sondern möglicherweise über Töchter in anderen Geschlechtern fortleben dürften.

Der wohl älteste Sohn Ekbert scheint nach Sachsen abgewandert zu sein, was für einen Enkel Ottos des Großen nichts Außergewöhnliches ist. Die Nachricht der „Welfengenealogie" und „Welfengeschichte" allerdings, er sei Markgraf von Stade geworden, wurde von der Forschung nicht bestätigt[314]. Die Annahme, er sei mit dem Grafen Ekbraht von Ostfalen identisch, dessen Söhne 1001 bereits Grafenrechte wahrnahmen und den Otto III. seinen „nepos" nennt, wird sich schon aus zeitlichen Gründen nicht halten lassen[315]. Wenn auch das Verwandtschaftsverhältnis zu Otto III. stimmen würde, so könnte doch Ekbert, der als Sohn Kunos von Öhningen frühestens 970 geboren wäre, im Jahre 1001 noch keine erwachsenen Söhne gehabt haben. Armin *Wolf* hat darauf verzichtet, Ekbert als historische Persönlichkeit nachzuweisen[316].

Es bleiben die Söhne Kuno und Liutpold. Der letztere hat in der Forschung bisher kaum Beachtung gefunden oder wurde einfach mit dem Babenberger Liutpold († 994) gleichgesetzt[317]. Hans *Jänichen* aber hat darauf aufmerksam gemacht, daß der Stammvater der Grafen von Gammertingen, Arnold, zwei Brüder namens Berthold und Liutpold hatte[318]. Dieser Hinweis ist wichtig, denn die Grafen von Gammertingen waren mit den Achalmern sicherlich verwandt[319]. Sie hatten am Erbe der Achalmer bedeutenden Anteil, darunter insbesondere Besitzrechte an der Burg Achalm, nach der sie sich auch nannten[320]. Die Verwandtschaft kann aber keinesfalls durch die achalmischen Töchter Mathilde oder Willibirg vermittelt sein.

Von Arnolds Bruder Berthold (1071–1077) wird berichtet, er sei Berater König

[313] Die Chronik des Gallus Öhem (wie Anm. 137) S. 102.
[314] *Schmid,* Probleme (wie Anm. 291) S. 48 ff. – *Wolf* (wie Anm. 141) S. 34 f.
[315] MG DO III Nr. 390.
[316] *Wolf* (wie Anm. 141) S. 35.
[317] Ernst *Klebel:* Zur Abstammung der Hohenstaufen. In: ZGO 102 (1954) S. 184. Vergleiche *Schmid,* Probleme (wie Anm. 291) S. 50.
[318] *Jänichen,* Die schwäbische Verwandtschaft (wie Anm. 13) S. 62 f.
[319] Die Zwiefalter Chroniken (wie Anm. 2) S. 92. – J. A. *Kraus:* Die Grafen von Gammertingen. In: Hohenzollerische Jahreshefte 4 (1937) S. 59 ff., hier S. 60 f.
[320] *Kerkhoff* (wie Anm. 59) S. 89.

Heinrichs IV. gewesen. Liutpold († 1071) nennt sich „von Meersburg" (am Bodensee); er war „familiaris regis" und „regi carissimus" und zugleich ein naher Verwandter des Straßburger Bischofs Werner von Achalm (1065–1077)[321]. Er hatte gleichnamige Nachkommen – wohl Sohn und Enkel – die sich ebenfalls nach Meersburg
nannten[322].

Jänichens Vermutung, daß die drei Brüder mütterlicherseits von den Grafen von
Achalm abstammten, ist dahingehend zu korrigieren, daß sie mit den Grafen von
Achalm gemeinsame Vorfahren hatten und offenbar von Liutpold, dem Bruder
Liutolds von Mömpelgart, abstammten[323]. Für ihre Zugehörigkeit zur Sippe der
„Öhninger" spricht, daß sie in der Bodenseegegend begütert waren, nennt sich doch
eine Linie nach Meersburg[324]. Aufgrund ihrer Zugehörigkeit zur „Öhninger" Sippe
konnten sie an das achalmische Erbe denselben Anspruch erheben wie die Welfen.

Zwischen den drei Brüdern und Liutpold „von Öhningen" fehlt ein Zwischenglied. Da von den dreien nur einer einen „Öhninger" Namen trägt, eben Liutpold,
und erst in späteren Generationen der Gammertinger der Name Konrad erscheint,
dürfte eine Tochter Liutpolds „von Öhningen" das gesuchte Zwischenglied sein,
wogegen ihr Gemahl die Namen Berthold und Arnold, vielleicht auch Ulrich,
vermittelte. Die Namen Arnold und Ulrich könnten ins Haus der Grafen von
Schännis-Lenzburg weisen[325]. Auf die von Schännis-Lenzburg könnten die gammertingischen Besitzungen im Engadin zurückgehen[326].

Die gammertingischen Güter in der Gegend Zwiefaltens aber sind eng verzahnt mit
Gütern, die die Stifter des Klosters Zwiefalten, Kuno und Liutold von Achalm,
diesem zugewendet haben[327]. Dies spricht für die Herkunft beider Besitzmassen aus
einem gemeinsamen Erbe, wobei Besitz in der Gegend um Zwiefalten am ehesten auf
das Erbe der Kunigunde (913–915), der Gemahlin des Markgrafen Liutpold († 907),
zurückgehen dürfte, die aus dem Haus der Bertholdinger kam. Dagegen wird gam-
mertingischer Besitz in Altingen bei Herrenberg und Umgebung von den Burchardingern stammen. Er hätte sich über Herzogin Reginlinds Tochter Berta auf Kaiserin

---

[321] MG DH IV Nr. 243. – Lambert, Annales ad 1071 und 1077. In: Ausgewählte Quellen zur
deutschen Geschichte des Mittelalters 13. S. 148 ff. und 418 f. – Brunos Buch vom Sachsenkrieg
c. 81. In: Ausgewählte Quellen 12. S. 320. – Annales Altah. maior. In: Gerold *Meyer von
Knonau:* Jahrbücher des Deutschen Reiches unter Heinrich IV. und Heinrich V. Band 2 (1894)
S. 33 Anm. 53. – Vergleiche *Jänichen,* Die schwäbische Verwandtschaft (wie Anm. 13) S. 62.

[322] Rotulus Sanpetrinus. Hg. von Friedrich *von Weech.* In: Freiburger Diözesan-Archiv 15
(1882) S. 157. – Codex diplomaticus Salemitanus. Hg. von Friedrich *von Weech.* Band 1. 1883.
S. 1 und 5.

[323] *Jänichen,* Die schwäbische Verwandtschaft (wie Anm. 13) S. 83 Tafel 3.

[324] Vergleiche *Jänichens* Ausführungen zu den von Hiltensweiler (S. 48 ff.), von Gmünd
(S. 54) und von Goldbach (S. 60 f.).

[325] *Kraus* (wie Anm. 319) S. 59. – *Jänichen,* Die schwäbische Verwandtschaft S. 59 f. denkt an
die Grafen von Eppan.

[326] Bündner UB. Bearb. von Elisabeth *Meyer-Marthaler* und Franz *Perret.* Band 1. 1955.
S. 218 ff. Nr. 297, 298, 299.

[327] *Kerkhoff* (wie Anm. 59) S. 90 und 94.

Adelheid und über deren Tochter Richlind auf Liutpold „von Öhningen" und die Gammertinger vererbt. Für diesen Erbgang spricht, daß im benachbarten Gültstein und Tailfingen die Zähringer und ihre Erben als Nachkommen von Kaiserin Adelheids Bruder, König Konrad von Burgund (937–993), bzw. dessen Erben Gerberga und Gisela „von Waiblingen" begütert waren[328].

Von den Söhnen Kunos von Öhningen bleibt als letzter Kuno. Er hat die seitherige Forschung vor keine Probleme gestellt, da im Anschluß an G. *Schenk von Schweinsberg* die Abfolge der Grafen im Ufgau und in der Ortenau – Gebhard – Kuno – Kuno – meist so interpretiert wurde, daß der ältere Kuno mit Kuno von Öhningen identisch sei. Der jüngere Kuno war dann der aus der welfischen Überlieferung bekannte Sohn Kunos von Öhningen und durch sein Grafenamt im Ufgau und in der Ortenau als historische Persönlichkeit belegt[329]. Diese Ansicht muß korrigiert werden, denn wir haben es in Wahrheit mit drei aufeinanderfolgenden Konraden zu tun, von denen der letzte, eben der Sohn Kunos von Öhningen, offenbar nicht mehr Graf im Ufgau und in der Ortenau war und daher noch keinen geschichtlichen Platz gefunden hat.

Nun gibt es ein altes schwäbisches Adelsgeschlecht, dessen Besitz sich vorwiegend über jenen Bereich der Schwäbischen Alb verteilt, der in unserer Untersuchung bisher ausgespart geblieben ist, weil er zwischen der urach-achalmischen Kernlandschaft auf der Reutlinger und Münsinger Alb und dem Güterkomplex um Lonsee und Lautern liegt. Es sind die Herren von Steußlingen, nach den Forschungen A. *Uhrles* stammesgleich mit denen von Gundelfingen (im großen Lautertal) und Justingen und sicher auch mit denen von Schelklingen, ferner verschwägert mit denen von Pfullingen[331]. Dieses Geschlecht hat sich bisher jeder Zuordnung zu einer der bekannten alten Familien entzogen[332]. Andererseits können Kuno der Jüngere „von Öhningen" und seine mutmaßlichen Nachkommen nicht spurlos verschwunden sein. Sie müßten ähnlich wie die von Gammertingen am Gut der Bertholdinger längs der Donau beteiligt gewesen sein. Eben dies trifft für die Steußlinger zu (Untermarchtal, Munderkingen und andere Orte). So wollen wir mit allem Vorbehalt prüfen, ob die von Steußlingen in die Sippe der „Öhninger" einzuordnen sind.

---

[328] Chronicon Ottenburanum. Hg. von A. *Steichele*. In: Archiv für die Geschichte des Bistums Augsburg 2 (1858) S. 36f. – *Bühler*, Grafen von Tübingen (wie Anm. 127) S. 204f., vergleiche ebda S. 208f. (Heimsheim).

[329] Wie Anm. 285 S. 372ff. und Tafel II. – Vergleiche *Schmid*, Probleme (wie Anm. 291) S. 50. *Zotz* (wie Anm. 88), der mit Vorbehalt den 994 erschlagenen Kuno d. Ä. mit Kuno von Öhningen gleichsetzt (S. 129 und 218).

[330] In der Ortenau ist 1007 Graf Hessinus bezeugt, MG DH II Nr. 156 und 167.

[331] Alfons *Uhrle*: Regesten zur Geschichte der Edelherren von Gundelfingen, von Justingen, von Steußlingen und von Wildenstein. Phil. Diss. Tübingen. 1960. S. 8ff. – Immo *Eberl*: Geschichte des Benediktinerinnenklosters Urspring bei Schelklingen 1127–1806. Schriften zur südwestdeutschen Landeskunde 13 (1978) S. 2ff. und S. 6.

[332] *Uhrle* (wie Anm. 331) S. 14f. nimmt Verwandtschaft mit dem Hause Achalm an. *Eberl*, Geschichte (wie Anm. 331) hebt auf Verwandtschaft der Herren von Schelklingen zu Achalm ab (S. 6f.).

Zunächst fallen uns bei denen von Steußlingen einige Besitztitel auf, die sehr wohl für unsere Annahme sprechen. Da ist zunächst ihre Begüterung in Dußlingen im Steinlachtal, wo uns karolingisches Königsgut begegnet ist, für welches im Jahre 888 die Brüder Berengar und Eberhard, die Söhne der Judith „von Balingen", als Grafen zuständig waren, und wo auch Graf Liutold von Achalm über Gut verfügte. Wer dort begütert war, muß wohl in den von uns behandelten Sippenverband gehören[333]. Gut in Dußlingen könnte an einen Nachkommen Kunos von Öhningen sowohl über die väterliche als auch über die mütterliche Ahnenreihe gelangt sein. Sodann besaß Eglolf von Steußlingen bis 1280 einen Hof in Wildberg (?), jetzt Büliberg in der Pfarrei Embrach bei Winterthur[334]. Er könnte auf die Rheinauer Sippe zurückgehen. Nehmen wir die von Schelklingen mit hinzu, die sich wohl um die Mitte des 11. Jahrhunderts vom Hause Steußlingen abzweigten, so fällt auf, daß sie in Oferdingen bei Metzingen ein Viertel der Kirche sowie drei Huben mit einem Obstgarten besaßen. Die Hälfte der dortigen Kirche samt vier Huben hatte Graf Liutold von Achalm an Kloster Zwiefalten geschenkt. Ein kleineres Gut war im Besitz Eberhards des Jüngeren von Metzingen[335]. Man könnte sich denken, daß der Besitz in Oferdingen zwischen König Konrad von Burgund (937–993) und seiner Schwester Adelheid, der späteren Kaiserin, aufgeteilt wurde. Konrads Erbe gelangte über seine Tochter Mathilde an die Grafen von Achalm; der Anteil der Herren von Metzingen ging über Richinza von Spitzenberg und Gisela „von Waiblingen" auf Konrads Tochter Gerberga zurück. Die Schelklinger aber waren am Erbe der Kaiserin Adelheid beteiligt.

Die von Schelklingen hatten auch in Marchtal und in dem angrenzenden Lucken (bei Zwiefaltendorf) Besitz, somit im Begüterungsbereich der Achalmer und Gammertinger, was wiederum für enge Verwandtschaft mit diesen Familien spricht[336]. Die stammverwandten von Justingen und von Gundelfingen aber waren im Bodenseegebiet begütert, zum Beispiel in Frickingen und im Raum Überlingen – Meersburg; dies läßt auf Zugehörigkeit zur „Öhninger" Sippe schließen[337].

Es fällt ferner auf, daß sich im Hause Steußlingen der Name Otto in mehreren Generationen wiederholt und auch im Hause Schelklingen wiederkehrt. In den uns bekanntgewordenen Geschlechtern der Mömpelgarder, Rheinfeldener, Habsburger und Dießen-Andechser geht der Name Otto regelmäßig über Richlind, die Gemahlin Kunos von Öhningen, auf Otto den Großen zurück. Wir wüßten nicht, auf wen sonst der Name Otto im Haus Steußlingen zurückgehen könnte, wo er sich erstmals bei einem Bruder des Erzbischofs Anno II. von Köln (1056–1075) findet, der um 1015

[333] Codex Hirsaugiensis (wie Anm. 1) S. 28.

[335] *Uhrle* (wie Anm. 331) Regest Steußlingen Nr. 78 S. 582. – 895 ist Liutold (Rheinauer Sippe?) Zeuge eines Gütergeschäfts in Wildberg; UB der Abtei St. Gallen (wie Anm. 110) Band 2 Nr. 699.

[335] Die Zwiefalter Chroniken (wie Anm. 2) S. 146 und 248.

[336] Die Zwiefalter Chroniken S. 262.

[337] *Uhrle* (wie Anm. 331) S. 11 Anm. 56.

bis 1020 geboren sein dürfte und damit in die Generation der Urenkel Richlinds bzw. der Enkel Kunos des Jüngeren „von Öhningen" gehören würde.

Über die ersten Generationen des Hauses Steußlingen sind wir fast ausschließlich aus niederdeutschen Quellen unterrichtet. Es sind die Lebensbeschreibungen der Erzbischöfe Anno II. von Köln (1056–1075) und Werner von Magdeburg (1063–1078) sowie die Totenbücher von Siegburg und Grafschaft im Sauerland[338]. Sie geben die Namen teilweise in der dort üblichen Form wieder. Wenn wir dies berücksichtigen, finden wir bei den Steußlingern wohl noch weitere „ottonische" Namen. So erscheint wiederholt der Name Heinrich, dem möglicherweise Heimo als Koseform gleichzusetzen ist. So hießen Annos Mutterbruder, der Propst an Maria ad Gradus in Köln war, sowie ein leiblicher Bruder Annos[339]. Eine Schwester Annos hieß Azecha (= Haziga-Hadwig); sie war mit Egilolf von Pfullingen vermählt und Mutter jenes Kuno, der 1066 erschlagen wurde, als er auf Betreiben seines Oheims Anno gegen den Willen der Trierer den dortigen Erzstuhl besteigen sollte[340]. Annos Mutter und eine andere Schwester hießen Engla, was in einer nichtschwäbischen Quelle wohl dem Namen Engeltrud entsprechen dürfte[341]. Alle diese Namen finden wir bei den Ahnen Ottos des Großen. Sie müssen wohl durch einen Angehörigen des ottonischen Hauses vermittelt sein; Richlind, die Gemahlin Kunos von Öhningen, kommt dafür am ehesten in Betracht. Die steußlingischen Namen Werner und Burchard sind im Umkreis der „Öhninger" ebensowenig fremd wie Ida oder Jutta (= Judith), den Annos Nichte, die Äbtissin von St. Caecilien in Köln (1056?–1074), trug[342].

Nach all dem halten wir es für möglich, ja für wahrscheinlich, daß die von Steußlingen mit der „Öhninger" Sippe zusammenhängen über den noch unversorgten Sohn Kuno. Er müßte nach der Zeit der Vater des Kölner Propstes Heimo und der Engla sein, die sich mit Walter I. von Steußlingen vermählte, dem Vater der Erzbischöfe Anno II. von Köln (1056–1075) und Werner von Magdeburg (1063–1078) und ihrer Geschwister Otto, Heimo, Adalbero, Walter, Azecha und Engla. Letztere war die Mutter des Bischofs Burchard von Halberstadt (1059–1088)[343]. Die späteren Steußlinger stammen am ehesten von Otto ab. Auffallen könnte lediglich, daß sich der Name Kuno im Hause Steußlingen nicht wiederfindet, wohl aber in dem damit verschwägerten Hause Pfullingen.

Die Stammmutter der Steußlinger, Engla, wäre nach unserer Annahme eine Urenke-

[338] Die Regesten der Erzbischöfe von Köln im Mittelalter. Bearb. von Friedrich Wilhelm *Oediger*. Band 1. 1954–1961. S. 242 ff. – Dieter *Lück*: Erzbischof Anno II. von Köln. Veröffentlichung des Geschichts- und Altertumsvereins für Siegburg und den Rhein-Sieg-Kreis 8 (1970–71) S. 9 ff.

[339] Regesten der Erzbischöfe von Köln (wie Anm. 338) Nr. 839.

[340] Wie Anm. 339. – *Lück* (wie Anm. 338) S. 36 ff.

[341] Wie Anm. 339. – *Lück* (wie Anm. 338) S. 36.

[342] Zu Ida bzw. Jutta siehe Regesten der Erzbischöfe von Köln (wie Anm. 338) Nr. 839. – *Lück* (wie Anm. 338) S. 55. – Beide Namen finden sich unter den Töchtern Kunos von Öhningen.

[343] Wie Anm. 339. *Lück* S. 36 und 45 f.

lin Ottos des Großen. Dazu dürfte trefflich passen, was die „Miracula s. Annonis" (12. Jahrhundert) von ihrem Sohn Anno sagen, nämlich: *Erat in regione Saxonum celebre tum Annonis nomen et meritum, nam et genus inde duxerat maternum*[344].

Damit wiederum im Einklang steht, daß ein ganzer Zweig der Familie Steußlingen in Sachsen, in den östlichen Ausläufern des Harzes, Fuß fassen konnte und dort noch lange eine Rolle spielte als Herren bzw. Grafen von Arnstein und Biesenrode[345]. Dies ist wohl nur denkbar, wenn die Familie dort begütert war, was bei Nachkommen Ottos des Großen freilich keine Frage wäre.

Das Urteil über Erzbischof Anno ist in der Forschung ziemlich einseitig von der „Vita Annonis" und von Lambert von Hersfeld bestimmt; daher wird meist Annos angeblich bescheidene Herkunft betont[346]. Der Aufstieg von Annos Bruder Werner und seines Neffen Kuno († 1066) zu hohen kirchlichen Ämtern wird fast ausschließlich durch Annos „Nepotismus" in der Zeit seiner Vormundschaftsregierung für den jungen Heinrich IV. ab 1062 erklärt[347]. Demgegenüber dürfte das Urteil der „Gesta archiepiscoporum Magdeburgensium" objektiver sein, die von Anno und seinem Bruder Werner berichten, sie seien *uterque oriundus ex alto sanguine Suevorum*[348]. Tatsache ist, daß mehrere Angehörige des Geschlechts gleichzeitig höchste kirchliche Ämter bekleideten und damit beträchtlichen Einfluß erlangten, daß Annos Neffe, Bischof Burchard von Halberstadt, sein Hochstift schon vor Annos Staatsstreich erlangte, nachdem er zuvor Propst des von Heinrich III. gegründeten vornehmen Domstifts Simon und Judas in Goslar war. Anno selbst wurde von Heinrich III. als Kaplan an den Hof geholt, 1054 zum Propst eben dieses Goslarer Stifts gemacht und 1056 – gegen den Willen der Kölner – als Erzbischof investiert. Die Steußlinger verdankten ihre kirchlichen Ämter somit in erster Linie ihren Beziehungen zum Königshaus, dem sie offenbar verwandtschaftlich verbunden waren.

4. Vorfahren der Grafen von Achalm im Elsaß

Es hat sich wiederholt gezeigt, daß der achalmische Sippenkreis Beziehungen zum Elsaß unterhielt. Sie sind durch Adelheid von Wülflingen vermittelt, und es hat den Anschein, als ließe sich über das Elsaß weiterer Aufschluß über Adelheids Ahnen und Verwandte gewinnen.

Adelheids Vater Liutold heißt beim Zwiefalter Chronisten Ortlieb „von Mömpelgart". Denselben Beinamen legt der Zwiefalter Annalist auch ihrem Bruder Hunfried

---

[344] Wie Anm. 339.

[345] Gerd *Heinrich:* Die Grafen von Arnstein. Mitteldeutsche Forschungen 21. 1961. S. 9 ff.

[346] Wie Anm. 339. – *Lück* (wie Anm. 338) S. 9 ff.

[347] Nach dem Urteil Adams von Bremen; siehe *Lück* S. 44 mit Anm. 213.

[348] MG SS XIV S. 403. – Vergleiche *Heinrich* (wie Anm. 345) Exkurs S. 466 f. – *Eberl,* Geschichte (wie Anm. 331) S. 3 Anm. 20.

bei, der später Erzbischof von Ravenna wurde († 1051)[349]. Ihre Tochter Mathilde, welche Güter im Elsaß in ihre Ehe mit Kuno von Lechsgemünd (1091) brachte, wird vom Chronisten „von Horburg (bei Kolmar) genannt[350]. Die Herrschaft Horburg war gewiß durch Adelheid an das Haus Achalm gelangt und geht somit gleichfalls auf ihren Vater Liutold zurück.

Mömpelgart und Horburg also sind die Herrschaftszentren Liutolds im Bereich der Burgundischen Pforte und des angrenzenden elsäßischen Sundgaus. Die Herrschaften Mömpelgart und Horburg dürften jedoch verschiedener Herkunft sein. Nach unseren Ermittlungen stammte das Gut Ebersheim (bei Schlettstadt) aus dem Erbe der Kaiserin Adelheid, gelangte über Richlind ins Haus „Öhningen" und schließlich über Adelheid an die Grafen von Achalm. Die Herrschaft Mömpelgart dürfte sich in der gleichen Weise vererbt haben; sie gehörte vermutlich zu den burgundischen Erbgütern der Kaiserin Adelheid, die ja Liutolds Großmutter war. Die Güter der Herrschaft Horburg aber gehen wohl auf die etichonischen Liutfride zurück. Die Verbindung zu ihnen stellte Gebhard, der Graf im Ufgau und in der Ortenau (940–v. 961), her, indem er sich mit der Tochter des Etichonen Hunfried (902) vermählte. Mit Gebhard also haben die konradinischen Ufgau- und Ortenaugrafen im Elsaß Fuß gefaßt. Dazu haben Gebhards Nachkommen offenbar den von Hunfrieds Bruder Liutfried III. (902–926) ausgehenden Zweig der Liutfride beerbt[351]. Als deren letzter ist der Sundgaugraf Liutfried V. von 973 bis 999 bezeugt[352]. Es scheint uns lohnend, seine Nachfolger näher zu betrachten.

Auf Liutfried V. folgt von 1003–1025 ein Graf Odo bzw. Udo oder Otto. Er paßt nicht ins Haus der Etichonen. Nach der Zeit kann er mit Otto, dem Bruder Adelheids von Wülflingen, nicht personengleich sein, da dieser kaum vor 990 geboren wurde[353]. Auch geht es nicht an, ihn mit Otto von Habsburg († 1045/50), dem Sohn Rapotos (1023–v. 1045) gleichzusetzen; auch der Habsburger muß mindestens eine Generation jünger sein[354]. Der Name des Sundgaugrafen Odo-Udo-Otto paßt jedoch ins Haus der Konradiner. Der uns bekannte Ufgau- und Ortenaugraf Gebhard (940–v. 961) hatte einen Bruder Udo (950–964/6); dessen Sohn Udo war Bischof von Straßburg (950–965)[355]. Der Sundgaugraf Odo-Udo-Otto aber hatte Beziehungen zu Einsiedeln; er schenkte dorthin eine Hube in Bartenheim (bei Mülhausen[356]). Er tritt

---

[349] Die Zwiefalter Chroniken (wie Anm. 2) S. 12. – Vergleiche *Kläui*, Adelsherrschaften (wie Anm. 32) S. 6 und 8. – Annales Zwifaltenses. In: WGQ ältere Reihe III, 1889. S. 8. – UB der Stadt und Landschaft Zürich 1. S. 125 f. Nr. 233.

[350] Die Zwiefalter Chroniken (wie Anm. 2) S. 40.

[351] Heinrich *Witte*: Der Heilige Forst II. In: ZGO 52 (1898) S. 421 f.

[352] MG DO I Nr. 51; DO III Nr. 27, 273, 325.

[353] MG DH II Nr. 57, 69, 80, 499. DK II Nr. 1, 42. – *Vollmer* (wie Anm. 53, S. 175 Anm. 290) hat dies erwogen. Dagegen *Witte* (wie Anm. 351) S. 422.

[354] Für den Habsburger halten ihn *Schulte* (wie Anm. 55) S. 78 und *Keller*, Einsiedeln (wie Anm. 109) S. 121 f.

[355] Siehe *Hlawitschka* (wie Anm. 87) Tafel S. 36–37.

[356] „Jahrzeitbuch" des Liber Heremi. In: *Keller*, Einsiedeln (wie Anm. 109) S. 162.

damit in nahe Verbindung zu Gebhard, der ins Elsaß eingeheiratet hatte und dessen Söhne Kuno der Ältere (950–994) und Bernhard Beziehungen zu Einsiedeln unterhielten. Wir dürfen Odo-Udo-Otto wegen seines konradinischen Namens und seines Besitzes im Elsaß somit als einen Nachkommen Gebhards betrachten. Nach seinen Lebensdaten war Odo-Udo-Otto ein Zeitgenosse Liutolds von Mömpelgart, folglich dürfte Gebhard sein Urgroßvater sein; zu Liutold ergibt sich eine Vetternschaft im zweiten Grad.

Es gilt nun, den Vater des Sundgaugrafen zu suchen. Im Jahre 977 bestätigte Kaiser Otto II. in Brumath eine Schenkung seiner Mutter Adelheid an die Abtei Murbach in Ammerschweier (bei Kaysersberg) sowie einen Gütertausch, den Abt Berengar von Murbach unter Mitwirkung des Vogtes Udo vorgenommen hatte[357]. Der Name des Abtes Berengar wie des Vogtes Udo würde in unseren Familienzusammenhang passen. Abt Berengar wäre wegen seines Namens als Nachkomme einer Rheinauerin zu betrachten; er wäre damit am ehesten ein Bruder Kunos von Öhningen. Vogt Udo aber könnte der Vater des Sundgaugrafen Odo-Udo-Otto sein. Er wäre seinerseits ein Bruder des Abtes Berengar oder ein Vetter desselben, etwa als Sohn des Grafen Bernhard vom elsäßischen Nordgau (953), den wir als Vaterbruder Kunos von Öhningen kennen. Auch Bernhard hatte ja Beziehungen zu Einsiedeln, dem er Gut in Wittenheim (bei Mülhausen) schenkte[358].

Auf den Sundgaugrafen Odo-Udo-Otto folgt 1027 ein Wezilo (= Werner), den *Witte* mit dem Gründer des Klosters Hugshofen, Werner „von Ortenberg", gleichsetzt[359]. Wir haben Werner „von Ortenberg" schon als Vetter Liutolds von Mömpelgart angesprochen. Da er einen Enkel namens Kuno (1091) hat, würde er durchaus in die Sippe der konradinischen Ufgau- und Ortenaugrafen passen. Ein Elternteil Werners, vermutlich seine Mutter, wäre unter die Geschwister Kunos von Öhningen einzureihen[360].

Als nächster Sundgaugraf ist im Jahre 1048 Berengar bezeugt. Franz *Vollmer* neigte dazu, ihn mit Berengar von Achalm gleichzusetzen[361]. Das geht jedoch nicht an; Berengar von Achalm verstarb, wie erwähnt, als „parvulus" und ruht in Dettingen an der Erms. Der Sundgaugraf Berengar aber wurde in Murbach bestattet[362]. Man wird Berengar wegen seines Amtes und seiner Beziehung zu Murbach zur Konradinersippe rechnen. Man muß ihn wegen seines Namens als Nachkommen einer Rheinauerin betrachten, womit er ein Sohn des Odo-Udo-Otto sein könnte, sofern dessen Vater Udo von Kuno dem Älteren (950–994) abstammte. Auf diese Weise wäre er ein Vetter zweiten Grads zu Adelheid von Wülflingen.

---

[357] MG DO II Nr. 323 (unecht).
[358] MG DO I Nr. 166. – Vergleiche *Keller*, Einsiedeln (wie Anm. 109) S. 162 f. mit Anm. 89.
[359] MG DK II Nr. 87. – *Witte*, Hohenzollern (wie Anm. 122) S. 5 ff. – *Klebel* (wie Anm. 317) S. 166.
[360] Wegen des Namens Kuno vergleiche jedoch oben Anm. 279.
[361] MG DH III Nr. 219. – *Vollmer* (wie Anm. 53) S. 176 Anm. 290.
[362] Die Zwiefalter Chroniken (wie Anm. 2) S. 38. – *Schulte* (wie Anm. 55) S. 83 Anm. 1.

Mit Berengar scheint die elsäßische Seitenlinie der Konradiner erloschen zu sein. Ihr Restbesitz dürfte an die Grafen von Achalm und an die Nachkommen Werners „von Ortenberg" gefallen sein. Seit 1052–1064 ist Kuno von Achalm († 1092) als Graf im Sundgau bezeugt[363]. Die Sundgaugrafschaft hätte sich nach unseren Vorstellungen in einem Sippenkreis gleichsam „vererbt", der mit den Liutfrieden aufs engste verwandt war. Aus der Verbindung zu diesem im Elsaß alteingesessenen Geschlecht erklären sich offenbar die Beziehungen des Hauses Mömpelgart-Achalm zur Straßburger Kirche: die Güterschenkungen des Straßburger Domherren Hunfried „von Mömpelgart" im Jahre 1044 und früher, die seine Schwester Adelheid mit ihren Söhnen nach Hunfrieds Tod († 1052) bestätigte; das Begräbnis Adelheids († n. 1052) und ihrer Söhne Egino und Rudolf im Straßburger Münster; daß Adelheids Sohn Werner die Straßburger Kirche von 1065–1077 als Bischof regierte[364].

Mömpelgart, wonach Adelheids Vater Liutold und ihr Bruder Hunfried benannt wurden, war der Familie inzwischen verloren gegangen. Nach Liutolds Tod müßte sein Sohn Otto als einziger überlebender männlicher Sproß die Herrschaft Mömpelgart angetreten haben. Auch er verstarb vor 1044. Paul *Kläui* nimmt an, daß von ihm die Herren von Affoltern-Regensberg im Zürichgau abstammen[365]. Diese haben jedoch, soweit ersichtlich, keine Rechte im Bereich der Burgundischen Pforte.

Die Burg Mömpelgart – *castellum quod Mons Peligardae dicitur* – erscheint 1044 bereits im Besitz des Grafen Ludwig von Mousson (1044–1071). Er verteidigte sie erfolgreich gegen den Grafen Rainald von Burgund († 1057), der Oheim der Königin Agnes, aber ein Gegner ihres Gemahls, des Königs Heinrichs III., war[366]. Graf Rainald besaß offenbar Grafenrechte um Mömpelgart. So mochte ihm ein königstreuer Inhaber der Burg lästig, ja gefährlich gewesen sein. Wie Ludwig von Mousson in den Besitz der Burg gelangte, ist unbekannt. Denkbar schiene uns, daß Ludwig die Herrschaft über eine Erbtochter Ottos erwarb, die nach kurzer kinderloser Ehe starb, worauf sich Ludwig in zweiter Ehe mit Sophie von Bar verband. Später erwarb Ludwigs Sohn Dietrich durch Heirat mit Ermentraud von Burgund, der Enkelin Rainalds, die Grafschaftsrechte um Mömpelgart hinzu und wurde somit *comes Montis Beligardi*[367].

Nachdem so Mömpelgart entfremdet und auch die Güter Ebersheim und Scher-

---

[363] MG DH III Nr. 289; UB der Stadt Straßburg (wie Anm. 277) Nr. 57; DH IV Nr. 126. – Im Jahre 1073 heißt Kuno „comes de Wulvelingen", Quellenwerk zur Entstehung der schweizerischen Eidgenossenschaft. Abt. I: Urkunden. Band 1. 1933. S. 40 f. Nr. 83 (Datierung nach *Kläui*, Adelsherrschaften (wie Anm. 32) S. 31). Im Sundgau ist 1084 ein Graf Heinrich bezeugt, MG DH IV Nr. 356.

[364] UB der Stadt und Landschaft Zürich 1 S. 125 f. Nr. 233 und S. 130 f. Nr. 237. – Die Zwiefalter Chroniken (wie Anm. 2) S. 158 f.

[365] *Kläui*, Adelsherrschaften (wie Anm. 32) S. 25 ff.

[366] Hermann von Reichenau zu 1044. In: Ausgewählte Quellen zur deutschen Geschichte des Mittelalters 11. 1961. S. 678.

[367] Alberich von Trois Fontaines, MG SS XXIII S. 784. – Vergleiche *Kläui*, Adelsherrschaften (wie Anm. 32) S. 8 ff.

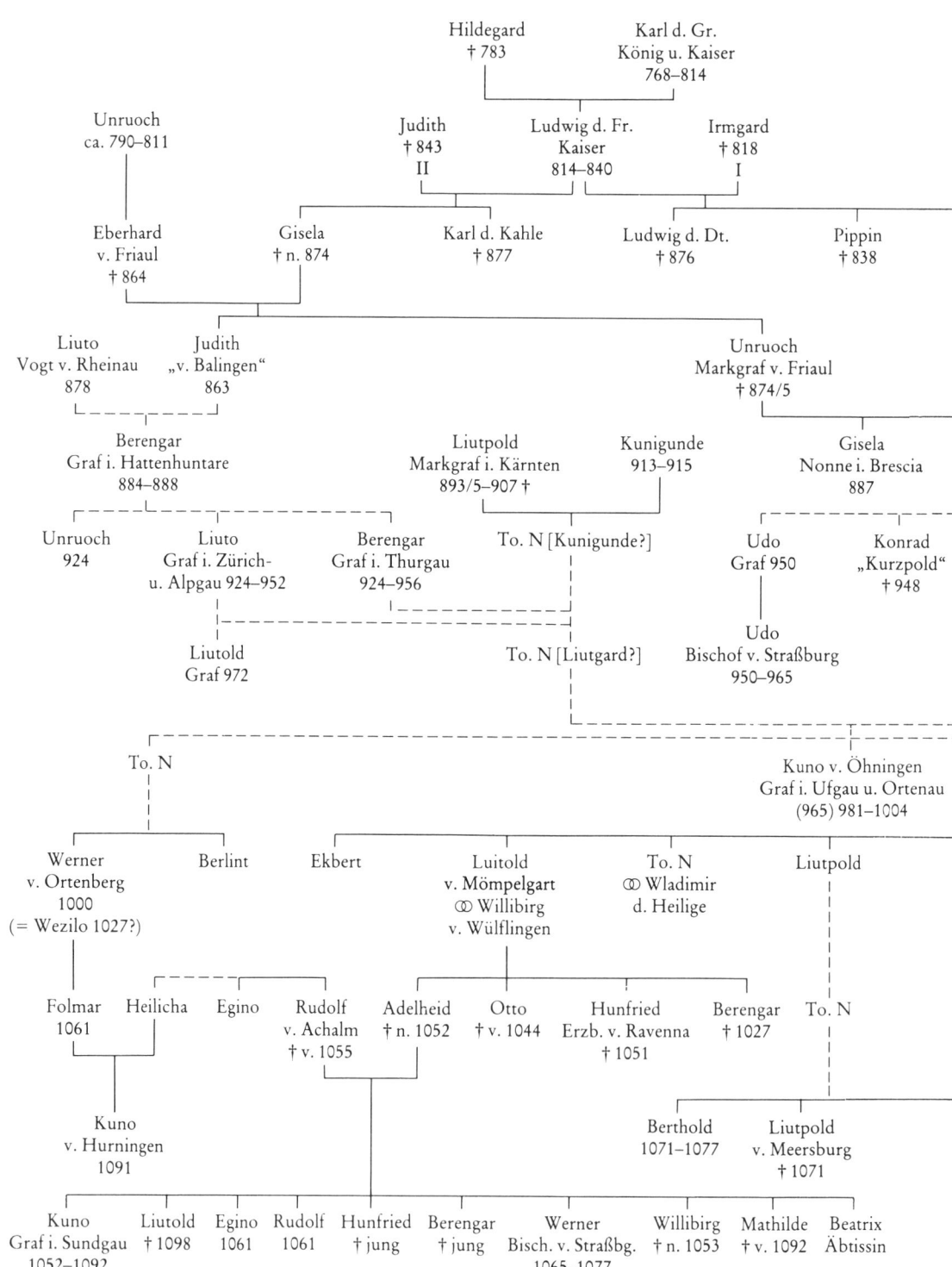

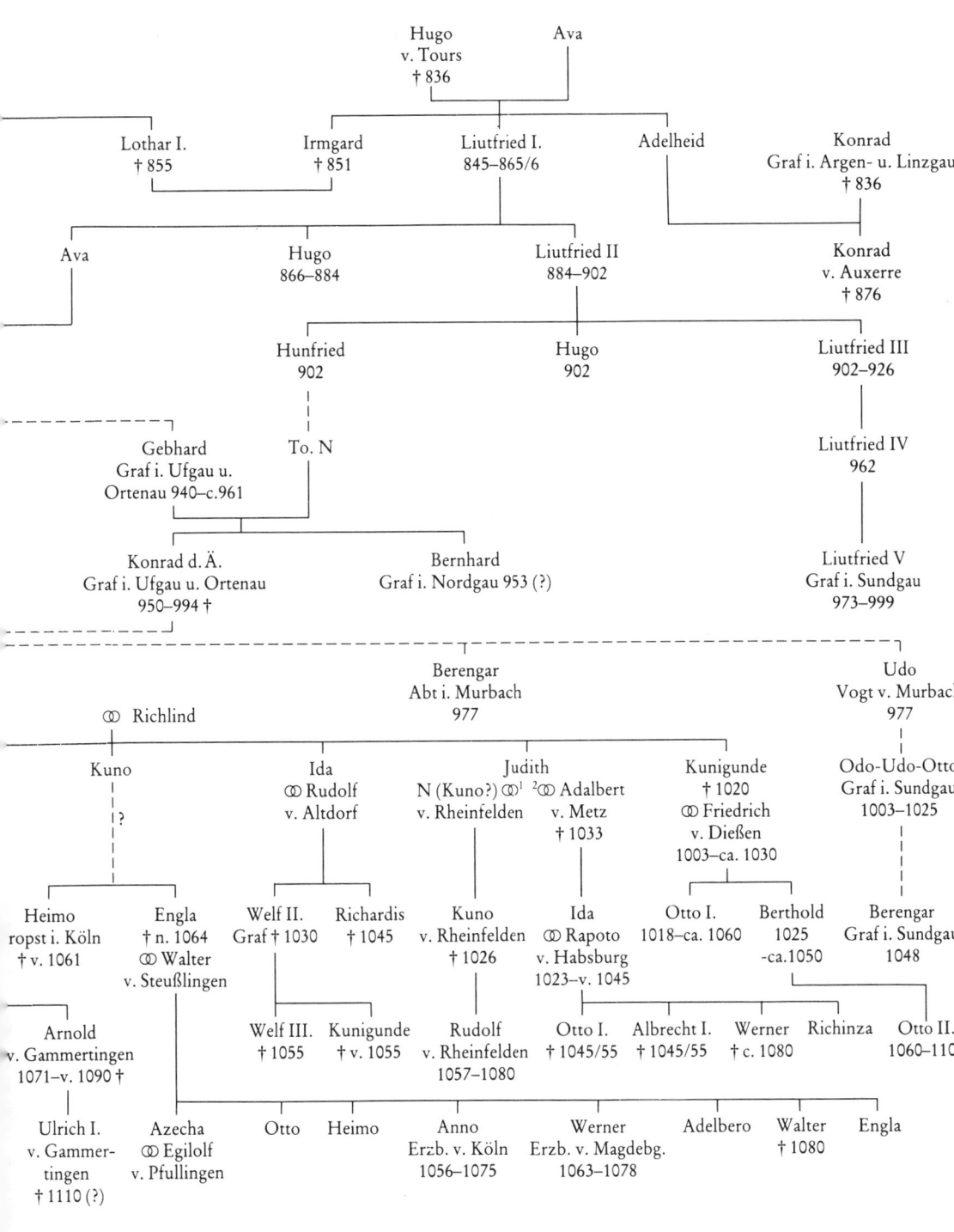

Hugo
v. Tours
† 836

Ava

Lothar I.
† 855

Irmgard
† 851

Liutfried I.
845–865/6

Adelheid

Konrad
Graf i. Argen- u. Linzgau
† 836

Ava

Hugo
866–884

Liutfried II
884–902

Konrad
v. Auxerre
† 876

Hunfried
902

Hugo
902

Liutfried III
902–926

Gebhard
Graf i. Ufgau u.
Ortenau 940–c.961

To. N

Liutfried IV
962

Konrad d. Ä.
Graf i. Ufgau u. Ortenau
950–994 †

Bernhard
Graf i. Nordgau 953 (?)

Liutfried V
Graf i. Sundgau
973–999

Berengar
Abt i. Murbach
977

Udo
Vogt v. Murbach
977

⚭ Richlind

Kuno

?

Ida
⚭ Rudolf
v. Altdorf

Judith
N (Kuno?) ⚭[1] [2]⚭ Adalbert
v. Rheinfelden   v. Metz
† 1033

Kunigunde
† 1020
⚭ Friedrich
v. Dießen
1003–ca. 1030

Odo-Udo-Otto
Graf i. Sundgau
1003–1025

Heimo
ropst i. Köln
† v. 1061

Engla
† n. 1064
⚭ Walter
v. Steußlingen

Welf II.
Graf † 1030

Richardis
† 1045

Kuno
v. Rheinfelden
† 1026

Ida
⚭ Rapoto
v. Habsburg
1023–v. 1045

Otto I.
1018–ca. 1060

Berthold
1025
-ca.1050

Berengar
Graf i. Sundgau
1048

Arnold
v. Gammertingen
1071–v. 1090 †

Welf III.
† 1055

Kunigunde
† v. 1055

Rudolf
v. Rheinfelden
1057–1080

Otto I.
† 1045/55

Albrecht I.
† 1045/55

Werner
† c. 1080

Richinza

Otto II.
1060–1101

Ulrich I.
v. Gammer-
tingen
† 1110 (?)

Azecha
⚭ Egilolf
v. Pfullingen

Otto

Heimo

Anno
Erzb. v. Köln
1056–1075

Werner
Erzb. v. Magdebg.
1063–1078

Adelbero

Walter
† 1080

Engla

weiler durch die Hand Werners IV. von Grüningen († 1121) in den Besitz Kaiser Heinrichs V. bzw. des Klosters Hirsau gelangt waren, verblieb im Elsaß allein die Herrschaft Horburg, die Mathilde von Achalm in ihre Ehe mit Kuno von Lechsgemünd (1091) einbrachte[368].

IV. Beziehungen der Grafen von Achalm zum Ries

Mathildes Heirat ins schwäbisch-bayerische Grenzgebiet ist verständlich, wenn das Haus Achalm schon vorher Beziehungen in diesen Raum bzw. ins Ries hatte. Die Vorfahren ihres Gemahls waren ja Grafen im Sualafeld[368a]. Mathildes Heirat führt uns also vom Elsaß noch einmal nach Ostschwaben und gibt uns Anlaß, den Beziehungen der Achalmer zum Ries nachzugehen.

Achalmischer Besitz in Ostschwaben stammt nach bisheriger Erfahrung zum guten Teil aus karolingischem Königsgut, das sich über Reginlind auf die Burchardinger und burgundischen Welfen vererbt hatte. Nun ist karolingisches Königsgut im Ries in reichem Maße bezeugt und folglich auch achalmischer Besitz zu erwarten.

Deiningen im Ries war durch Schenkung Pippins schon 760 an die Abtei Fulda gelangt[369]. Wemding hatte Karl der Große an St. Emmeram in Regensburg gegeben[370]. Graf Helmoin schenkte 793 an das Hochstift Freising Besitz in Gosheim, „Chuningesheid" und Kriegsstatthof (beides bei Gosheim), den ihm Karl der Große restituiert hatte. An die Mark Gosheim angrenzende Güter im Sualafeld trug Karls des Großen Schwager Gerold († 799) vom König zu Lehen[371]. Eine Edle namens Winpurc, Nebenfrau Kaiser Arnulfs und Mutter seines Sohnes Zwentibold, gab ihre „curtis" Nördlingen, die ihr Zwentibold übereignet hatte, 898 dem Hochstift Regensburg[372].

Dieses karolingische Königsgut geht auf alamannisches Herzogsgut zurück. Auf Herzogsgut geht auch zurück, was die Ulrichssippe in Geislingen im Ries besaß und was Graf Outzo (Ulrich VI.), der Vater Bischof Gebhards von Konstanz (979–995), dem Damenstift Lindau schenkte[373].

Die Geschichte Deggingens wurde schon dargelegt. Sie zeigt beispielhaft, wie Gut, das gewiß gleichfalls aus karolingischer Hand stammt, über die Burchardingerin

---

[368] Die Zwiefalter Chroniken (wie Anm. 2) S. 28 f. und 152. – Codex Hirsaugiensis (wie Anm. 1) S. 54. – Die Zwiefalter Chroniken S. 40.

[368a] Graf Kuno (1044–1053), MG DH III Nr. 119 und 303.

[369] MG DKarol. Nr. 13.

[370] Liber Probationum ad Hist. Monasterii S. Emmerami Ratisp. 1752. S. 8 f. Nr. 3.

[371] Die Traditionen des Hochstifts Freising. Hg. von Theodor *Bitterauf*. Bd. 1. Quellen und Erörterungen zur bayerischen und deutschen Geschichte NF 4. 1905. S. 161 ff. Nr. 166a und b.

[372] MG DArn. Nr. 160.

[373] Die Chronik des Klosters Petershausen. Hg. von Otto *Feger*. Schwäbische Chroniken der Stauferzeit 3. 1956. S. 42. – Lindauer Jahrzeitbuch zum 25. VIII. In: Geschichte der Stadt Lindau am Bodensee. Hg. von K. *Wolfart*. Band 2. 1909. S. 209.

Berta († ca. 961) an ihre Kinder aus der Ehe mit König Rudolf II. von Burgund († 937) gelangte, nämlich an Kaiserin Adelheid und König Konrad von Burgund (937–993). Nur so wird die Überlieferung verständlich, die Adelheids Gemahl, Otto den Großen, als Stifter der dortigen Abtei nennt, während Kaiser Heinrich II. als Enkel König Konrads von dessen Tochter Gisela die Abtei als Stiftung seiner *parentes* 1016 dem Hochstift Bamberg übertrug, nach dem er schon 1007 über den *locus* Deggingen als seine *proprietas* verfügt hatte[374].

Am Komplex Deggingen waren offenbar auch die Abkömmlinge König Konrads von Burgund (937–993) aus seiner zweiten Ehe mit Mathilde von Frankreich beteiligt, nämlich die Grafen von Achalm und ihre Erben. Im Jahre 1147 nämlich klagte Bischof Eberhard von Bamberg, daß Ministerialen seiner Kirche im Ries – von Ziswingen, von Balgheim, von Nördlingen – durch Berengar von Albeck und Konrad von Rietfeld geschädigt würden[375]. Wir kennen die Herren von Albeck als Erben der Grafen von Achalm. Offenbar hielt Berengar Ansprüche an ehemals achalmische Güter und Rechte wach. Noch im Jahre 1281 ist der Markgraf von Burgau als Lehenherr eines Hofes in Deggingen bezeugt[376]. Gemeint ist Markgraf Heinrich II., der nach dem Tode seiner Gemahlin Adelheid von Albeck († 1280) offenbar für seine erbberechtigten Söhne handelte.

Einen Hinweis auf achalmischen Besitz im Ries möchten wir auch darin sehen, daß im Jahre 1053 unter den Optimaten des Rieses und Sualafelds, die der Übertragung eines Wildbannbezirks durch Heinrich III. an das Hochstift Eichstätt zustimmten, ein Egino erscheint[377]. Es muß der Achalmer Egino sein, denn wir kennen in dieser Zeit keinen anderen Träger dieses Namens, der in Betracht zu ziehen wäre, und es wird sich zeigen, daß es nicht unberechtigt ist, ihn unter die Optimaten dieser Gegend zu zählen.

Im Jahre 868 hatte König Ludwig der Deutsche im Tausch von Kloster Lorsch an der Bergstraße Güter im Ries erworben. Sie stammten größtenteils aus der Schenkung eines gewissen Christian von 805 und lagen in Reimlingen, Bühl (bei Wörnitzostheim oder eher Bühlhof bei Ronheim), Gunzenheim, Mündling und Ronheim[378]. Dieser Tausch war wohl zwecks Arrondierung bereits vorhandenen Königsgutes erfolgt.

Nun erscheint Reimlingen 1147 im Besitz derer von Spitzenberg. Der Verfasser hatte in anderem Zusammenhang angenommen, die „Stauferin" Berta, Schwester des ältesten Friedrich der „Tabula consanguinitatis" Wibalds von Stablo, welche die Mutter Bezzelins von Villingen († 1024) wurde, habe das Gut vererbt. Richinza von Spitzenberg als Tochter Herzog Bertholds I. von Zähringen († 1078) ist ja eine Enkelin Bezzelins[379]. Unter neuem Gesichtspunkt wäre auch ein Erbgang denkbar,

---

[374] MG DH II Nr. 155 und 357.   [375] Acta Imperii inedita (wie Anm. 215) S. 137 Nr. 113.
[376] Die Urkunden der Fürstl. Öttingischen Archive (wie Anm. 9) S. 39 Nr. 98.
[377] MG DH III Nr. 303.
[378] Codex Laureshamensis (wie Anm. 82) Band 1 S. 320 Nr. 37; Band 3 S. 153 Nr. 3581 und S. 163 Nr. 3656.
[379] Monumenta Boica 33, 1. S. 27f. Nr. 29. – *Bühler*, Frühe Staufer (wie Anm. 69) S. 20.

der von Ludwig dem Deutschen über Reginlind zu Gisela „von Waiblingen" und deren Nachkommen erster Ehe mit Herzog Ernst I. von Schwaben († 1015) führte, nämlich Herzog Hermann IV. († 1038) – Richwara – Richinza von Spitzenberg († ca. 1110) – Ludwig von Sigmaringen-Spitzenberg (ca. 1110) – Rudolf von Spitzenberg (1147). Wir möchten dieser Herleitung jetzt den Vorzug geben. Man wird nämlich für die Güter Bühl, Gunzenheim, Mündling und Ronheim einen ähnlichen Erbgang annehmen dürfen.

Diese Orte liegen in unmittelbarer Nachbarschaft des Städtchens Harburg, das offiziell bis ins 18. Jahrhundert, bei *Steichele* noch 1872 „Horburg" heißt[380]. Es ist ein typisches Burgstädtchen, eingezwängt zwischen der Wörnitz und dem steil aufragenden Burgfelsen, mit geringer Gemarkung, die aus den Nachbargemarkungen herausgeschnitten zu sein scheint. Pfarrkirche für Harburg war bis ins 15. Jahrhundert die Schloßkirche, die auf eine rechteckige romanische Burgkapelle mit eingezogener halbrunder Apsis zurückgeht. Die Pfarrei hatte Besitz in Gunzenheim und Ronheim. Das Ganze macht deutlich den Eindruck einer jüngeren Gründung am Fuß der beherrschenden Burg, die um 1096 erstmals genannt wird[381].

Man geht sicher nicht fehl, wenn man annimmt, der Burgname sei hierher übertragen worden, und zwar von Horburg im Elsaß.

Wir gehen davon aus, daß der ehemals karolingische Besitz in Bühl, Gunzenheim, Mündling und Ronheim in ähnlicher Weise wie Steinheim am Albuch und Lonsee im Erbgang an das Haus Achalm gelangte und später der Tochter Mathilde in die Ehe gegeben wurde, als sie sich mit dem benachbarten Kuno von Lechsgemünd vermählte. Kaum entscheiden läßt sich, ob die Harburg schon von einem von Mathildes Brüdern, etwa von Egino, erbaut wurde, wofür dessen Auftreten in Angelegenheiten des Rieses 1053 sprechen könnte, oder ob dies nach ihrer Verheiratung durch ihren Gemahl oder einen ihrer Söhne geschah. Die Tatsache, daß Mathildes Enkel Kuno sich um 1096 erstmals zweifelsfrei nach der Rieser Harburg nennt, dürfte eher die letztere Annahme bestätigen[382]. Am Fuß der Burg siedelten sich Handwerker und Kaufleute in einem Burgweiler an, der in die Befestigung mit einbezogen wurde und sich zum Markt und zur Stadt – 1251 *civitas* – entwickelte[383]. Harburg im Ries ist also eine Tochtergründung von Horburg im Elsaß, dessen Burg sich auf dem Gelände eines römischen Kastells (Argentovaria?) erhebt.

Von den Söhnen Mathildes zog einer, der den Namen des Vaters, Kuno, trug, auf das Stammgut der Mutter, Horburg bei Kolmar, zurück und begründete dort einen Seitenzweig des Hauses Lechsgemünd[384]. Ein anderer Sohn namens Otto, der ein

---

[380] Das Bistum Augsburg. Band 3. 1872. S. 1209.

[381] Die Kunstdenkmäler von Schwaben 3. Landkreis Donauwörth. Bearb. von Adam *Horn.* 1951. S. 298 und 317. – Edmund *Oefele*: Geschichte der Grafen von Andechs. 1877. S. 225 f. Urk. Nr. 2.   [382] *Oefele* (wie Anm. 381) S. 225 f. Nr. 2.

[383] Die Urkunden der Fürstl. Öttingischen Archive (wie Anm. 9) S. 8 Nr. 20.

[384] Erich *von Guttenberg:* Gau Sualafeld und Grafschaft Graisbach. In: Jahrbuch für Fränkische Landesforschung 8–9 (1943) S. 185 ff.

Grafenamt an der unteren Naab bekleidete, nannte sich 1115 „von Horburg", womit wahrscheinlich Harburg im Ries gemeint ist. Sicher ist dies bei Mathildes Enkel Kuno von Horburg (ca. 1096–1138), Sohn des bei Mellrichstadt 1078 gefallenen Heinrich I. von Lechsgemünd[385].

Mathildes Kinder hatten auch am übrigen Erbe der Achalmer teil. So erscheint ihr Sohn Burchard, später Bischof von Utrecht (1100–1112), unter dem Namen Burchard von Wittlingen (bei Urach) 1090 als Spitzenzeuge im Bempflinger Vertrag[386]. In diesem Vertrag hatten sich die Brüder Liutold und Kuno von Achalm mit ihrem Neffen Werner IV. von Grüningen geeinigt; Werner verzichtete auf das Kloster Zwiefalten und dessen Güter, dafür traten ihm die Brüder die Hälfte von Dettingen an der Erms, Metzingen und Eningen ab. Nach dem Tode Kunos von Achalm († 1092) kamen Mathildes Söhne Burchard und Otto zu ihrem Mutterbruder Liutold von Achalm und baten ihn, sie von dem großen Erbe ihrer „parentes" doch nicht ganz auszuschließen. Dies traf zwar nicht zu, denn sie hatten aus der Mitgift ihrer Mutter einen Teil des erwähnten Dorfes Wittlingen erhalten, nach welchem sich Burchard nannte, sowie das Dorf Bichishausen bei Münsingen und den Hof Hirzenach am Rhein. Trotzdem gab ihnen Liutold auch die Burg Wülflingen im Thurgau samt Zugehör und das Gut Buch am Irchel, um das sie besonders gebeten hatten. Das letztere hatte Liutold schon dem Kloster Zwiefalten geschenkt und mußte es nun zurückerwerben[387].

An Wittlingen war auch Mathildes Sohn Berthold von Burgeck († 1123) beteiligt, der Mitstifter des Klosters Eisenhofen an der Glonn. Zu seinem Erbteil gehörten ferner die Weiler Hofstetten, Hennibrunnen und Winneden bei Wittlingen. Alle diese Güter überließ Bertholds Sohn Burchard bei verschiedenen Anlässen der Abtei Zwiefalten[388]. Burchard wird als etwas einfältig geschildert. Graf Heinrich II. von Lechsgemünd († 1142), sein jüngerer Vetter, war auf Burchards Erbe aus. Als dieser ohne Rat und Einverständnis Heinrichs eine rechtsgültige Ehe einging, wurde er von Heinrich all seiner in dessen Machtbereich gelegenen Güter beraubt und auf seiner Burg Burgeck (bei Wasenberg, Gemeinde Pöttmes) belagert, so daß er sich nur durch die Flucht retten konnte[389]. Heinrich von Lechsgemünd nahm den Zwiefalter Mönchen auch das Gut Wittlingen weg und gab es dem Herzog Friedrich II. von Schwaben († 1147). Burchards Schwester Heilika war mit dem Grafen Gerhard von Schauenburg (bei Heidelberg) vermählt. Sie erbte Gut in Eltingen bei Leonberg, das sie an Kloster Hirsau schenkte (siehe oben)[390].

Mathildes Enkel Kuno von Horburg (ca. 1096–1138) scheint auf der Harburg

---

[385] *Tyroller* (wie Anm. 5) Beilage 1. – Wie Anm. 382.

[386] Die Zwiefalter Chroniken (wie Anm. 2) S. 38 f.

[387] Die Zwiefalter Chroniken S. 40 f.

[388] Die Zwiefalter Chroniken S. 192.

[389] Rudolf *Wagner:* Graf Berthold und die Civitas Burgeck. In: Zeitschrift des Historischen Vereins für Schwaben 71 (1977) S. 89 ff.

[390] *Tyroller* (wie Anm. 5) Beilage 1. – Vergleiche Text zu Anm. 154.

residiert zu haben. Mit seiner Mutter Irmgard von Rott und seinem Halbbruder Berengar von Sulzbach († 1125), der mit Kunos Vaterschwester Adelheid in deren dritter Ehe verbunden war, gründete er das Chorherrenstift Berchtesgaden (1102–1105) und holte dazu Chorherren aus Rottenbuch am Lech, der Stiftung des verwandten Herzogs Welf IV. von Bayern[391]. Die Harburg aber gelangte nach Kunos Tod an seine Nichte Gertrud von Sulzbach, die um 1131/32 den Staufer Konrad heiratete, den späteren König Konrad III. (1138–1152). Sie ging auf deren Sohn Heinrich über, der 1150 als Inhaber der Harburg bezeugt ist; von da aus zog er gegen Welf VI. und brachte ihm bei Flochberg eine empfindliche Niederlage bei[392].

Nunmehr staufischer Besitz in den Nachbarorten, aus denen die „Herrschaft Harburg" erwachsen war, wird sich in aller Regel auf die Mitgift und das Erbe der Mathilde von Achalm zurückführen lassen. So schenkte König Heinrich (VII.) 1226 dem Kloster Heiligkreuz in Donauwörth das Patronatsrecht der Pfarrei Mündling[393]. Eine Hube in Mündling und Güter in Huisheim übergab der Königsministeriale Ramung von Harburg dem Kloster Kaisheim, ehe er 1240 mit Kaiser Friedrich II. nach der Lombardei zog. Güter in Gunzenheim übereigneten Diepold Güß von Brenz und sein Vetter Diepold von Stronburg (bei Hermaringen) 1267 demselben Kloster. Die Güssen waren staufische Ministerialien[394].

Das erwähnte Kloster Kaisheim war 1135 vom Grafen Heinrich II. von Lechsgemünd, einem Enkel der Mathilde von Achalm, gegründet worden. Wenn nun Güter in Gunzenheim, Mündling und Ronheim schon früh im Besitz dieses Klosters erscheinen, dürften sie zumindest teilweise aus der Hand des Stifters stammen. Damit ist schon gesagt, daß ein Teil des Besitzkomplexes um Harburg dem Hause Lechsgemünd verblieb, wie zum Beispiel Güter in Ebermergen und Marbach bei Brünnsee, die 1275 an Kloster Kaisheim verkauft wurden[395].

Interessant ist, daß in Ebermergen im frühen 12. Jahrhundert das staufische Hauskloster Lorch das Kirchenpatronat besaß, das dann König Konrad III. 1144 im Tausch an sich brachte, wohl um das von seiner Gemahlin Gertrud von Sulzbach eingebrachte Gut um Harburg zu arrondieren[396]. Der lorchische Besitz in Ebermergen stammte allem Anschein nach von der Gemahlin Herzog Friedrichs I. († 1105), der Salierin Agnes, die ihn am ehesten über Gerberga von Burgund und Gisela „von Waiblingen" geerbt hatte. Er ging also wohl über das burgundische Königshaus auf die Burchardinger zurück[397]. Damit bestätigt sich erneut die enge Verwandtschaft

---

[391] Schenkungsbuch der ehemal. gefürsteten Probstei Berchtesgaden (wie Anm. 22) S. 232 ff., S. 235 f.

[392] Wibalds Briefsammlung Nr. 244 und 245. In: Monumenta Corbeiensia. Hg. von Philipp *Jaffé*. Bibliotheca Rerum Germanicarum 1. 1864. S. 366 f.

[393] Monumenta Boica 16. S. 34 f. Nr. 10.

[394] Die Urkunden des Reichsstiftes Kaisheim (wie Anm. 7) Nr. 87 und 205.

[395] Die Urkunden des Reichsstiftes Kaisheim Nr. 285.

[396] MG DK III Nr. 114.

[397] Auf die Salier muß auch zurückgehen, was Gottfried von Wolfach 1227 als „patrimo-

der Salier zum Haus Achalm über das burgundische Königshaus. Wir folgern daraus, daß in der Nachbarschaft salischen Besitzes in Schwaben solcher der Grafen von Achalm und ihrer Stammverwandten angenommen werden darf und umgekehrt.

Mit den ehemals achalmischen Besitzungen im ostschwäbischen Ries ist unsere Untersuchung zu ihrem Ausgang zurückgekehrt. Es kam uns vor allem darauf an, eine Brücke zu schlagen von den Besitz- und Herrschaftsverhältnissen des hohen Mittelalters zurück zu denen der karolingischen Zeit. Über diese sind wir ja verhältnismäßig besser unterrichtet als über die dazwischenliegende quellenarme Epoche des 10. und 11. Jahrhunderts. Der einzige Weg, der hier Erfolg verspricht, ist die Anwendung der besitzgeschichtlich-genealogischen Arbeitsmethode. Die Grafen von Achalm und ihr Verwandtenkreis, der sich im Laufe der Untersuchung ständig erweiterte, schienen uns für unser Anliegen besonders geeignet; es reizt, der Aussage einer Quelle nachzugehen, daß ein blutsmäßiger Zusammenhang bestehe zwischen einem Ahnherrn zur Zeit Karls des Großen und dem letzten Vertreter des Geschlechts im ausgehenden 11. Jahrhundert. Mathilde von Burgund als Stammutter des Hauses Urach-Achalm sowie das in jüngster Zeit vieldiskutierte Paar Kuno von Öhningen und Richlind haben sich als Schlüsselfiguren erwiesen. Nachdem, wie wir meinen, ihre genealogische Einordnung grundsätzlich geglückt ist – einzelne Verbindungsglieder können möglicherweise ausgetauscht werden – und mit der Einordnung der letzteren die welfische Hausgeschichte bestätigt wurde, gewinnen wir unseres Erachtens ein klareres Bild vom Schwaben des 10. und 11. Jahrhunderts.

---

nium" in Ebermergen besaß (WUB 3 S. 214 Nr. 728). Doch ist nicht geklärt, wie er genealogisch mit den Saliern zu verbinden wäre. Seinen Besitz in Hürben (Kreis Heidenheim) müßte er auf die gleiche Weise erhalten haben.

Studien zur Geschichte der Grafen von Achalm und ihrer Verwandten. In: ZWLG Jg. 43. 1984, S. 7-87.

Noch einmal die Herren von Böbingen-Michelstein-Tapfheim

Der Verfasser hat sich in seinem letztjährigen Beitrag zu dieser Zeitschrift u. a. mit dem Geschlecht der Herren von Böbingen-Michelstein-Tapfheim beschäftigt[1]. Er hat jedoch, um den Beitrag nicht über Gebühr anschwellen zu lassen, darauf verzichtet, die genealogischen Probleme um dieses Geschlecht ausführlich zu erörtern. Dies hatte ja der leider verstorbene Professor Hans *Jänichen* in seiner Arbeit über „Die schwäbische Verwandtschaft des Abtes Adalbert von Schaffhausen (1099–1124)" getan[2].

Fast gleichzeitig mit dem Beitrag des Verfassers in der ZWLG veröffentlichte Klaus *Graf* im Heubacher Heimatbuch unter dem Titel „Beiträge zur Adelsgeschichte des Heubacher Raumes" eine Reihe „Collectaneen", in denen er sich in bewußt polemischer Weise u. a. mit der erwähnten Arbeit *Jänichens* sowie mit früheren Äußerungen des Verfassers zur Frage „Michelstein" auseinandersetzt[3]. *Graf* lehnt die Ergebnisse *Jänichens* ab oder stellt sie zumindest in Frage.

Da Hans *Jänichen* sich nicht selbst rechtfertigen kann, seine Ergebnisse jedoch eine wichtige Grundlage für obige Arbeit des Verfassers sind, sieht sich der Verfasser genötigt, zu den Angriffen *Grafs* bezüglich des Komplexes Böbingen-Michelstein-Tapfheim Stellung zu nehmen[4]. Dazu soll der Gedankengang *Jänichens* zu diesem Thema kurz dargestellt werden. Da Jänichens Arbeit an nicht leicht zugänglicher Stelle erschienen ist, ist sie wohl nicht so allgemein bekannt geworden. Dazuhin werden Nachrichten aus Ostschwaben beigebracht, die *Jänichens* Ergebnisse bestätigen. Andererseits wird es nötig sein, die Orte Michelstein und Tapfheim, die dem Geschlecht den Namen geben, anders zu lokalisieren, als dies *Jänichen* auf Grund der zu seiner Zeit herrschenden Auffassung tat.

---

[1] Heinz *Bühler*: Studien zur Geschichte der Grafen von Achalm und ihrer Verwandten. In: ZWLG 43 (1984) S. 7–87, hier S. 10–17 und S. 55 f.; dazu Verwandtschaftstafel I nach S. 87.

[2] In: Schaffhauser Beiträge zur vaterländischen Geschichte 35 (1958) S. 5–83.

[3] Heubach und die Burg Rosenstein. Geschichte – Tradition – Landschaft. Hg. von der Stadt Heubach. 1984. S. 76–89.

[4] Auf *Grafs* sonstige Angriffe wird bei anderer Gelegenheit eingegangen.

1. Jänichens Gedankengang

Hans *Jänichen* war in der genannten Arbeit bemüht, die Familienbeziehungen des Personenkreises, der an Kloster Allerheiligen in Schaffhausen schenkte, aufzudecken, und er führte den Nachweis, daß diese Personen unter sich verwandt und mit dem Hochadel des Investiturstreits verschwägert waren[5]. Zu den Schenkern an Allerheiligen gehörte die Familie des Abtes Adalbert (1099–1124), nämlich Eberhard der Ältere von Metzingen mit Gattin Richinza und den Söhnen Eberhard der Jüngere und Berthold. Sie schenkten 1102 Gut in Bleichstetten bei Urach[6]. Vermutlich stammte das Gut von der Gattin Richinza, die *Jänichen* als Tochter der Richinza von Spitzenberg und eines Grafen von Frickingen (Bodenseekreis) erwies[7]. Weiteren Aufschluß über die Familie Eberhards des Älteren von Metzingen gewann *Jänichen* aus der Chronik Bertholds von Zwiefalten. Eberhard hatte vom Grafen Kuno von Achalm († 1092) das Dorf Häselbuch bei Burghausen (abgegangen bei St. Johann) erworben. Er verteilte es später unter seine Töchter, von denen die eine namens Richinza gemeinsam mit ihrem Sohn Konrad von Böbingen ihren Teil dem Kloster Zwiefalten übertrug[8]. Böbingen, wonach sich Eberhards Enkel benannten, ist ohne Zweifel Ober- bzw. Unterböbingen im Ostalbkreis[9]. Ein anderer Ort dieses Namens ist unseres Wissens nirgends nachweisbar.

In der Familie Eberhards von Metzingen taucht, wie wir sahen, in zwei aufeinanderfolgenden Generationen der Name Richinza auf, und auch die von *Jänichen* ermittelte Schwiegermutter Eberhards des Älteren von Metzingen, die sich von Spitzenberg und von Sigmaringen nannte, hieß so.

Aus seiner Beschäftigung mit den Reichenauer Urkundenfälschungen kannte *Jänichen* den Reichenauer Kustos und Archivar Ulrich von Tapfheim (1142–1166), einen Neffen oder eher Großneffen des Reichenauer Abtes Ulrich von Tapfheim (1088–1123)[10]. *Jänichen* sah im Anschluß an Victor *Ernst* und Konrad *Beyerle* als deren Heimat Dapfen bei Münsingen an[11]. Dieser Kustos hatte im Jahre 1163 eine Urkunde ausgefertigt, der wichtige Nachrichten über seine eigene Familie zu entnehmen sind[12]. Der Edelfreie Reinhard *de Tapheim* hatte eine Tochter Richinza, vermählt mit

---

[5] *Jänichen* (wie Anm. 2) S. 7.

[6] Das Kloster Allerheiligen in Schaffhausen. Hg. von F. L. *Baumann*. In: Quellen zur Schweizer Geschichte 3. 1883. S. 1–218, hier S. 67f. Nr. 40.

[7] *Jänichen* (wie Anm. 2) S. 16ff. und S. 22ff.

[8] Die Zwiefalter Chroniken Ortliebs und Bertholds. Hg. von Erich *König* und Karl Otto *Müller*. Schwäbische Chroniken der Stauferzeit 2. 1941. S. 214.

[9] OAB Gmünd. 1870. S. 442.

[10] Die Kultur der Reichenau. Hg. von Konrad *Beyerle*. 1925. Band 1. S. 128 und S. 137. – Hans *Jänichen* in: Konstanzer Protokoll Nr. 140 vom 14. 1. 1967. S. 3. – Derselbe: Zur Herkunft der Reichenauer Fälscher des 12. Jahrhunderts. In: Die Abtei Reichenau. Hg. von Helmut *Maurer*. 1974. S. 277–287, hier S. 279ff.

[11] OAB Münsingen[2]. 1912. S. 614. – Die Kultur der Reichenau (wie Anm. 10) 1 S. 128.

[12] WUB 2 S. 142ff. Nr. 380.

Heinrich von Hirschbühl (abgeg. Burg Kreis Sigmaringen), dem Sohn Konrads von Hirschbühl. Aus dieser Ehe stammten ein Sohn Konrad und eine Tochter Richinza. Der Vater Heinrich von Hirschbühl kam im Kampf um die Feste Nellenburg (vor 1138) um. Für die unmündigen Kinder übernahm ihr Verwandter (cognatus) Witegow von Albeck eine Zeitlang die Vormundschaft. Dann kam der junge Konrad zu seinem *cognatus*, dem Grafen Adalbert von Dillingen – gemeint ist wohl Adalbert II. († 1170), doch käme auch noch Adalbert I. († 1151) in Betracht, – wo er einige Jahre blieb, aber beim Spiel mit anderen Jünglingen in der Donau ertrank. Nachdem König Friedrich I. 1152 an die Regierung gekommen war, gab Reinhard von Tapfheim seine Enkelin Richinza dem Burggrafen Konrad von Augsburg zur Frau.

Hier war also eine Familie von Tapfheim-Hirschbühl, die ebenfalls in zwei aufeinanderfolgenden Generationen je eine Richinza aufwies. Diese auffällige Tatsache muß jeden, der mit der Adelsforschung vertraut ist, aufhorchen lassen. Der Name Richinza (Richwara, Richardis) ist selten. Er war im 10., 11. und noch im frühen 12. Jahrhundert den vornehmsten Geschlechtern vorbehalten, die wiederum unter sich versippt und verschwägert waren. Angesichts der Bedeutung dieses Namens fordert das Aufeinandertreffen mehrerer Träger geradezu heraus, nach möglichen Zusammenhängen zu suchen. Die Familie Tapfheim war, wie *Jänichen* nach der geltenden Auffassung annehmen durfte, in Dapfen, ganz in der Nähe des Wirkungsbereichs der Metzinger, zu Hause. Metzinger und Tapfheimer waren gleichsam Nachbarn und kannten sich gewiß. So war es durchaus möglich und wegen der Seltenheit und besonderen Bedeutung des Namens Richinza sogar wahrscheinlich, daß zwischen ihnen eine Verwandtschaft bestand.

Reinhard von Tapfheim, der Vater jener Richinza, die den Heinrich von Hirschbühl geheiratet hatte, paßte zeitlich in die Generation der Kinder Eberhards von Metzingen. Wie die Gemahlin Reinhards hieß, ist nicht überliefert. Da ihre Tochter und ihre Enkelin jedoch Richinza hießen, liegt es nahe, anzunehmen, daß sie selber diesen Namen trug. Es ist auch nicht bekannt, wer im Hause Metzingen der Gemahl der Tochter Richinza und damit der Vater Konrads von Böbingen war. Wenn Reinhard von Tapfheim der Gemahl der Richinza von Metzingen und damit der Vater Konrads von Böbingen war, ergab sich eine Abfolge von vier bzw. fünf Richinzen. Das war zweifellos ein gewichtiges Argument, das für die Verbindung der Häuser Metzingen und Tapfheim sprach. Damit diese Verbindung an Wahrscheinlichkeit gewann, bedurfte es freilich zusätzlicher Kriterien.

Jänichen stellte fest, daß unter den Zeugen der Schenkung Eberhards des Älteren von Metzingen an Allerheiligen 1102 ein Reginhard (= Reinhard) erscheint, und zwar speziell in dieser Urkunde unter den Edelfreien an bevorzugter Stelle. Derselbe findet sich in weiteren vier Urkunden der Abtei Allerheiligen aus der Zeit zwischen 1101 und 1112, doch jeweils nur in solchen, die auch Eberhard den Älteren von Metzingen als Zeugen nennen[13]. Dies war auffallend, da die Zusammensetzung der Zeugenlisten

---

[13] Das Kloster Allerheiligen (wie Anm. 6) S. 61 f. Nr. 36; S. 63 f. Nr. 37; S. 67 f. Nr. 40;

sonst stark wechselt und sich nur wenige Namen wiederholen. Es ließ darauf schließen, daß Reginhard zu den Begleitern Eberhards von Metzingen gehörte und daß
zwischen ihnen eine enge Beziehung bestand.

Reginhard war ein noch junger Mann, denn anders als in der Urkunde von 1102
findet man ihn meist ziemlich am Schluß der Zeugenreihe. Er konnte nach der Zeit
sehr wohl der Schwiegersohn Eberhards von Metzingen sein, da er ja den gleichen
Vornamen trug wie Reinhard von Tapfheim. Der Zeuge Reginhard nannte sich
jedoch nicht „von Tapfheim", sondern „von Michel(n)stein".

Diese zunächst unerwartete Zubenennung brauchte aber nicht zu stören. Es war
nicht ungewöhnlich, daß sich ein und derselbe Herr nach verschiedenen Wohnsitzen
nannte; man vergleiche Graf Rudolf von Pfullendorf-Ramsberg-Schweinshut oder
Graf Ludwig von Helfenstein-Spitzenberg-Sigmaringen oder auch Richinza von
Spitzenberg-Sigmaringen[14]. So mochte sich ein Herr von Tapfheim auch von Michelstein nennen, sofern er eine Burg dieses Namens besaß. Wenn Reinhard von Tapfheim der Vater Konrads von Böbingen war, dann mußte er mit diesem Reginhard von
Michelstein personengleich sein[13a]. Dafür sprach die enge Nachbarschaft von Böbingen und Michelstein.

Auf dem Albuch nämlich gab es eine Burg Michelstein, nach welcher sich im frühen
14. Jahrhundert bezeugte Herren von Böbingen nannten. Nach der Ansicht A. H.
Nubers lag dieses Michelstein in Oberböbingen bei der dortigen Michaelskirche[15]. So
fügte sich alles zusammen: Reginhard der Vater nannte sich offenbar nach der Burg
Michelstein, die wohl kurz zuvor in (oder bei) Oberböbingen erbaut worden war,
während der Sohn Konrad den Maierhof der Familie im Ort bewohnte. Die Richtig-
keit dieser Überlegung wurde dadurch bestätigt, daß zeitgleich mit Konrad von
Böbingen ein Konrad „von Tapphen" (Tapfheim) bezeugt ist, der in Ödenwaldstet-
ten auf der Münsinger Alb, wenige Kilometer von Dapfen entfernt, begütert war[16].
Nach Lage der Dinge konnte er kein anderer als Konrad von Böbingen sein. Der
Beweis war somit erbracht, daß die Familie von Böbingen-Michelstein mit der von
Tapfheim eins war[17].

S. 71f. Nr. 44; S. 83 Nr. 50. – Die Zeugenliste von 1102 wird eröffnet vom Schenker Eberhard
d. Ä. von Metzingen und dessen Sohn Eberhard. Es folgen die Grafen Manegold von Altshausen
und Dietrich von Nellenburg, sodann Werner von Kirchen (Schwager des Ausstellers), Heinrich von Witlisberg, Trudewin von Immendingen, Reginhard von Michelstein, Meginfrid von
Orsingen, Bertold von Wittlekofen, Markward von Spaichingen, Adelbert von Wirnsweiler,
Wolfrad von Tautenhofen. – Siehe *Jänichen* (wie Anm. 2) S. 17.

[13a] Vergleiche Schlußabschnitt dieser Arbeit.

[14] Karl *Schmid:* Graf Rudolf von Pfullendorf und Kaiser Friedrich I. Forschungen zur
oberrheinischen Landesgeschichte 1 (1954) S. 257ff. (Regesten). – Christoph Friedrich *Stälin:*
Wirtembergische Geschichte 2. 1847. S. 394f.; dazu: Historia diplomatica Friderici secundi
Tom. 4/1. Hg. J. L. A. *Huillard-Bréholles.* 1854. S. 547. – *Jänichen* (wie Anm. 2) S. 22ff.

[15] OAB Gmünd. 1870. S. 308. – A. H. *Nuber* nach *Jänichen* (wie Anm. 2) S. 11.

[16] Acta s. Petri in Augia. Hg. von L. *Baumann.* In: ZGO 29 (1877) S. 43.

[17] In der Schaffhauser Urkunde von 1122, mit welcher Arnold die Zelle Hiltensweiler

Soweit die Überlegungen und Folgerungen Hans *Jänichens*. Sie sind, was die genealogische Seite betrifft, unseres Wissens nie angezweifelt worden, bis nun Klaus *Graf* gegen sie zu Felde zog. Wir wollen uns nicht mit jedem seiner Angriffspunkte auseinandersetzen, sondern anführen, was zur Rechtfertigung *Jänichens* zu sagen ist.

2. Ergänzende Nachrichten aus Ostschwaben

Hans *Jänichen* hat beiläufig zwei Traditionen an die Propstei Berchtesgaden erwähnt, in denen Herren von Tapfheim genannt sind. Um 1140 nämlich schenkten Wolftrigel und Tiemo von Fronhofen (bei Bissingen Kreis Dillingen) Besitz in zahlreichen Orten des Härtsfelds und Bayrisch-Schwabens an Berchtesgaden. An der Spitze der Zeugenliste stehen als Nächstverwandte der Schenker Ulrich und sein Sohn Friedrich von Hohenburg (bei Fronhofen); dahinter folgen *Reginhart et frater eius Rudolfus et filius Rudolfi, Reinhardus de Tabfhen* sowie Witegow von Albeck[18]. Um 1144 übergaben Wolftrigel und sein Sohn Konrad von Fronhofen Güter auf dem Härtsfeld und im Kesseltal an Manegold von Werd (Donauwörth), der dafür auf Bitten der Fronhofener von seinen Gütern, die vorwiegend in Bayern und im heutigen Österreich lagen, an Berchtesgaden übertrug. Die Zeugenliste führt ohne besondere Kennzeichnung zunächst die Zeugen der Tradition an Berchtesgaden auf (Heinricus dux Bauuarie. . . . Herman de Huntesheim et frater eius Reginhart) und anschließend die Zeugen der Übergabe der fronhofischen Güter an Manegold von Werd, beginnend mit Ulrich und seinem Sohn Friedrich von Hohenburg, denen *Reginhardus de Taphheim et Reginhardus de eodem loco* folgen[19].

Der beidesmal erwähnte Reinhard von *Tabfhen/Taphheim* ist natürlich derselbe, den wir aus der Urkunde des Kustos Ulrich von 1163 kennen. Hier lernen wir noch einen Bruder Rudolf und einen Brudersohn Reinhard kennen. Sie stehen offenbar in engster Beziehung zu denen von Fronhofen (siehe unten), höchst wahrscheinlich sind sie verwandt. Auch Witegow von Albeck, der Mitzeuge von 1140, gehört offenbar in diesen Verwandtenkreis. Auf alle Fälle ist er mit den Tapfheimern verwandt. Wir kennen ihn ja als *cognatus* des jungen Konrad von Hirschbühl, der in der Donau ertrank; die „cognatio" kann u. E. nur durch dessen Großvater Reinhard von Tapf-

stiftete, erscheinen als Zeugen *Adalbertus et Reinardus frater eius*. Adalbert ist der Abt von Allerheiligen. In dem „Reinardus frater eius" wollte *Jänichen* jenen Reginhard von Michelstein erkennen; er faßte „frater" als Verwandtschaftsbezeichnung im Sinne von „Schwager" auf und fand damit bestätigt, daß Reinhard der Schwiegersohn Eberhards d. Ä. von Metzingen ist. – Das Kloster Allerheiligen (wie Anm. 6) S. 98 f. Nr. 59. – U. E. dürfte Reinardus eher ein Konventuale des Klosters Allerheiligen sein. Siehe *Jänichen* (wie Anm. 2) S. 12.
[18] Schenkungsbuch der ehemaligen gefürsteten Probstei Berchtesgaden. Hg. von Karl August *Muffat*. In: Schenkungsbücher bayerischer Klöster. Quellen und Erörterungen zur bayerischen und deutschen Geschichte 1. 1856. S. 285 ff. Nr. 89. – Auch: WUB 4 S. 350 f. – *Jänichen* (wie Anm. 2) S. 13.
[19] Schenkungsbuch (wie Anm. 18) S. 300 ff. Nr. 107. – Auch: WUB 4 S. 353 f.

heim vermittelt sein, da im Hause Hirschbühl nichts auf eine Verwandtschaft zu Albeck hinweist[20].

Bereits 75 Jahre vorher, 1067, erscheint ein *Rûdolf de Tapheim* als Zeuge einer Schenkung Swiggers von Balzhausen (östlich Krumbach) in Lamerdingen (nördlich Buchloe) an St. Peter in Augsburg. Die Schenkung wurde von Bischof Embriko beurkundet[21].

Dieser Rudolf ist gewiß ein Vorfahr der uns bekannten Tapfheimer; er trägt denselben Namen wie der Bruder Reinhards (1140). Nach der Zeit dürfte er der Vater des Reichenauer Abtes Ulrich von Tapfheim (1088–1123) sein. Zu dem Brüderpaar Reinhard und Rudolf von Tapfheim müßte er der Großvater oder gar Urgroßvater sein; das Brüderpaar würde von einem (unbekannten) Bruder des Abtes Ulrich abstammen.

Rudolf von Tapfheim (1067) führt uns in den Raum südwestlich von Augsburg. Dort, zwischen Mindel und Lech, in einem Bereich, der etwa von Augsburg, Krumbach, Mindelheim und Landsberg begrenzt wird, sind die Herren von Balzhausen begütert und fast alle Zeugen von 1067 beheimatet. Diese Zeugen stehen entweder in persönlicher Beziehung zu Swigger von Balzhausen oder sind in der Nachbarschaft von Lamerdingen begütert. Das eine oder das andere muß auch für Rudolf von Tapfheim zugetroffen haben. Es sei erwähnt, daß in diesem Bereich, in Derndorf (bei Kirchheim), die von Fronhofen begütert waren und daß in Siegertshofen (an der Schmutter) die von Albeck das Kirchenpatronat besaßen[22]. Wir treffen also hier, unweit Augsburg, die Tapfheimer, Albecker und Fronhofener wieder, die uns aus den Traditionen an Berchtesgaden als Verwandte bekannt sind.

Noch ein weiteres Zeugnis führt uns in eben diesen Raum. Um 1120 übergibt der Edelfreie Tiemo von Michelstein mit Zustimmung seiner Gemahlin und seiner „filii" sein Besitztum in Schwabmühlhausen (südlich Schwabmünchen), darunter das Kirchenpatronat, um 130 Mark an das Welfenkloster Rottenbuch bei Schongau[23]. Dies bezeugen u. a. Reginhard von Michelstein und vier Herren von Gundelfingen an der Brenz. Der Zeuge Reginhard von Michelstein ist sicher derselbe, der uns im Gefolge Eberhards des Älteren von Metzingen zwischen 1101 und 1112 begegnet ist. Der Gutsbesitzer in Schwabmühlhausen, Tiemo von Michelstein, ist wohl am ehesten sein Bruder, denn die Zeugenschaft Reginhards erklärt sich, wenn er ein Mitspracherecht beim Verkauf des Gutes hatte. Schwabmühlhausen aber ist der Nachbarort zu Lamerdingen, bei dessen Vergabung 1067 Rudolf von Tapfheim Zeuge war. Tapfheimer wie Michelsteiner stehen somit in Verbindung mit benachbarten Orten des

[20] Wie Anm. 12.

[21] Alfred *Schröder*: Die älteste Urkunde für St. Peter in Augsburg. In: Zeitschrift des historischen Vereins für Schwaben und Neuburg 50 (1932) S. 9ff., hier S. 26ff. – *Steichele-Schröder*: Das Bistum Augsburg 8 (1912–1932) S. 349ff.

[22] Wie Anm. 18. – WUB 2 S. 378f. Nr. 547.

[23] Anselm *Greinwald*: Origines Raitenbuchae 1. 1797. S. 188. – *Steichele-Schröder* (wie Anm. 21) S. 483f.

Augsburger Raumes. Schon dies dürfte die von *Jänichen* erschlossene und begründete Gleichsetzung der beiden Familien bestätigen.

Über Schwabmühlhausen werden weitere Zusammenhänge klar. Zunächst deutet die Zeugenschaft der vier Herren von Gundelfingen für Tiemo von Michelstein darauf hin, daß sie mit diesem verwandt waren. Worauf diese Verwandtschaft beruhte, erfahren wir aus einer zweiten Urkunde, die Schwabmühlhausen betrifft. Um 1150 übergaben der Edelfreie Witegow von Eberstall (bei Jettingen) und seine Schwester Hiltrud gemeinsam mit Tiemo von Gundelfingen sowie mit Siboto von Albeck und dessen Brüdern (Witegow, Berengar, Aribo?) ihr ererbtes Gut in Schwabmühlhausen an das Kloster Ursberg (östlich Krumbach)[24]. Eberstaller, Gundelfinger und Albecker sind eine Erbengemeinschaft und somit unter sich ganz nahe verwandt. Wegen der Teilhabe am Grundbesitz in Schwabmühlhausen sind sie auch mit den Michelsteinern – zumindest mit Tiemo, aber auch mit seinem (mutmaßlichen) Bruder Reginhard – verwandt. Dies erklärt die Zeugenschaft der vier Gundelfinger Herren für Tiemo von Michelstein. Obendrein verbindet der Name Tiemo die Häuser Michelstein und Gundelfingen; er findet sich im Hause Gundelfingen in zwei aufeinanderfolgenden Generationen[25].

Der Name Tiemo dürfte beidesmal aus Schwabmühlhausen kommen, denn es gibt dort ein eingesessenes Edelgeschlecht von Mühlhausen, das den Namen Tiemo führt[26]. Andererseits sind in Schwabmühlhausen auch die von Walkertshofen (an der Neufnach) begütert, bei denen sich der Name Witegow (um 1096) findet, der dieses Geschlecht mit denen von Eberstall und von Albeck verbindet[27]. Aus einer Heiratsverbindung der (Schwab-)Mühlhauser mit denen von Walkertshofen stammen offenbar mütterliche Vorfahren der Michelsteiner, Eberstaller, Gundelfinger und Albecker, doch wohl auch derer von Fronhofen.

Wegen der Teilhabe an Schwabmühlhausen müssen auch die von Albeck mit den Michelsteinern Tiemo und Reginhard verwandt sein. Laut Urkunde des Kustos Ulrich von 1163 aber ist Witegow von Albeck ein „cognatus" des jungen Konrad von Hirschbühl über dessen Großvater Reinhard von Tapfheim[28]. Die von Albeck sind also sowohl mit denen von Michelstein als auch mit denen von Tapfheim verwandt. Zudem weisen die Häuser Michelstein und Tapfheim um dieselbe Zeit Träger des Namens Reinhard auf. Schließlich war Rudolf von Tapfheim (1067) Zeuge einer Güterschenkung in Lamerdingen, dem Nachbarort von Schwabmühlhausen, wo die

---

[24] A. *Schröder*: Das Traditionsbuch und das älteste Einkünfte-Verzeichnis des Klosters Ursberg. In: Jahres-Bericht des Historischen Vereins Dillingen 7 (1894) S. 3ff., hier S. 11 Nr. 22.

[25] Heinz *Bühler*: Die Edelherren von Gundelfingen-Hellenstein. In: Jahrbuch des Historischen Vereins Dillingen 73 (1971) S. 13–40, hier S. 14ff.

[26] Monumenta Boica 22 S. 60 Nr. 94. – Monumenta Boica 10 S. 16.

[27] Monumenta Boica 22 S. 24. – Edmund *Oefele*: Geschichte der Grafen von Andechs. 1877. S. 225f. Urk.Nr. 2.

[28] Wie Anm. 12.

Michelsteiner begütert sind. All dies spricht u. E. entschieden dafür, daß Michelsteiner und Tapfheimer identisch sind.

Der Name Tiemo, der Michelsteiner und Gundelfinger verbindet, findet sich, wie erwähnt, auch bei denen von Fronhofen und deren nächsten Verwandten, den Herren von Hohenburg[29]. Wahrscheinlich waren daher Michelsteiner und Fronhofener verwandt. Letztere sind ja auch in Derndorf (bei Kirchheim) begütert, eben in dem für uns so ergiebigen Raum südwestlich Augsburg. Andererseits kennen wir die von Fronhofen als Verwandte derer von Tapfheim, die an bevorzugter Stelle die Vergabungen der Fronhofener an Berchtesgaden bezeugten. Das heißt, daß auch die von Fronhofen sowohl zu den Michelsteinern als auch zu den Tapfheimern verwandt gewesen sind. Dies spricht wiederum dafür, daß diese Familien identisch sind.

Der Nachweis, daß Michelsteiner und Tapfheimer ein und dieselbe Familie waren, bestätigt die Überlegungen *Jänichens* grundsätzlich. Damit ist auch erwiesen, daß Tiemo von Michelstein, der Gutsbesitzer in Schwabmühlhausen, zu den Nachfahren (Enkel?) des Rudolf von Tapfheim gehört, der 1067 für das benachbarte Lamerdingen Zeuge war. Dies läßt den Schluß zu, schon dieser Rudolf dürfte das Gut in Schwabmühlhausen besessen haben, das im Besitz Tiemos bezeugt ist. Eine Durchsicht der Ortsgeschichten jener Gegend ergibt, daß tatsächlich Schwabmühlhausen am ehesten als Besitztum des Zeugen Rudolf von Tapfheim (1067) in Frage kommt[29a]. Rudolf könnte diesen Besitz erheiratet haben.

3. Wo liegen Michelstein und Tapfheim?

Unsere Ausführungen haben gezeigt, daß die Familie Böbingen-Michelstein-Tapfheim vorwiegend mit ostschwäbischen Geschlechtern verbunden war. Dies führt zu der Frage, ob Hans *Jänichen* den namengebenden Sitz Tapfheim mit Dapfen bei Münsingen richtig lokalisiert und ob die Burg Michelstein in (oder bei) Oberböbingen lag.

Eine Burg Michelstein hat es, wie wir wissen, auf dem Albuch gegeben. Sie ist durch die Nennung von Herren von Böbingen, die sich auch von Michelstein nannten, ab 1333 mehrfach bezeugt[30]. Der Albuch reicht gemeinhin vom Albtrauf zwischen Kocher und Lauter im Norden bis zum Stubental im Süden. Abgesehen vom Albtrauf bietet er nicht allzuviele Möglichkeiten für die Anlage einer Burg. Im Jahre 1343 trug Graf Ludwig der Ältere von Öttingen seine *burge Michelstain gelegen uf dem Aulbuech* dem Hochstift Würzburg zu Lehen auf[31]. Wir wissen nicht, wie der Graf von Öttingen zu Michelstein gekommen ist. Daß die von Böbingen-Michelstein

---

[29] Anton *Steichele*: Das Bistum Augsburg 3. 1872. S. 909 ff.

[29a] *Steichele-Schröder* (wie Anm. 21) Ortsgeschichten des Landkapitels Schwabmünchen.

[30] HStA Stuttgart J 1–3 Gabelkofer, Genealogische Collectaneen 2. A–K. S. 540. – B 181 Schwäb. Gmünd PU 1412. – B 95 Grafen zu Helfenstein PU 404.

[31] Monumenta Boica 40. S. 490 f. Nr. 218.

seine Lehenleute gewesen wären, ist nicht nachweisbar (siehe unten). Im Lehenbuch des Würzburger Bischofs Albrecht von Hohenlohe (1345–1372) wird das *castrum Michelstein prope Lutemburg* (= Lauterburg) *uffem Albuch* genannt[32]. In nächster Nachbarschaft der Lauterburg, am Albtrauf, findet sich jedoch keine Burg dieses Namens. Die Deutung *Nubers* auf Oberböbingen überzeugt nicht. Dagegen nennt das Salbuch des Klosters Königsbronn von 1471 den Burgstall bei Sontheim im Stubental *Michelstain*[33]. Es dürfte kaum zu bezweifeln sein, daß es sich um die gesuchte Burg auf dem Albuch handelt. Von ihr sind freilich nur unbedeutende Reste erhalten, so daß ohne Grabung und genaue Untersuchung eine Altersbestimmung so gut wie unmöglich ist. Die Angabe des Lehenbuchs, die Burg Michelstein sei bei Lauterburg gelegen, widerspricht unserer Deutung nicht. Lauterburg ist nur 14 Kilometer entfernt und war damals der bekannte Mittelpunkt der öttingischen Güter um Rems und Kocher, zu denen Michelstein nun als würzburgisches Lehen gehörte. So lag es nahe, daß der Schreiber Lauterburg als Bezugsort wählte. Kaum anzunehmen ist, daß es auf dem eng umgrenzten Albuch eine zweite Burg namens Michelstein gegeben haben könnte, die bis heute nicht entdeckt worden ist. Auch sonst ist im östlichen Schwaben keine zweite Burg dieses Namens bekannt[34].

Die Lokalisierung der Burg Michelstein bei Sontheim im Stubental, die der Verfasser schon 1965 vorgenommen hat[35], berührt die genealogischen Überlegungen, die *Jänichen* einst angestellt hat, nicht. Wenn sich noch im frühen 14. Jahrhundert Herren von Böbingen nach Michelstein nannten, beweist das vielmehr, daß damals wie offenbar auch vorher die Plätze Böbingen am Nordrand und Michelstein am Südrand des Albuchs in einer Hand gewesen sind[36].

Daß die Herren von Böbingen-Michelstein des 14. Jahrhunderts mit unserem Geschlecht Böbingen-Michelstein-Tapfheim unmittelbar zusammenhängen, wie *Jänichen* annahm und was dem Verfasser nach Lage der Dinge einleuchtet, wird sich freilich weder mit absoluter Sicherheit beweisen noch in Abrede stellen lassen[36a]. Der Ansicht *Grafs*, daß jener Konrad von Böbingen von Michelstein, der 1346 auf seine Rechte an ein Gut in Essingen und an das Kirchenpatronat in Lautern verzichtet, im Dienste der Grafen von Öttingen gestanden sei und die genannten Güter als öttingi-

---

[32] Hermann *Hoffmann*: Das Lehenbuch des Fürstbischofs Albrecht von Hohenlohe 1345–1372. 1982. S. 64 Nr. 544.

[33] HStA Stuttgart, Lagerbuch G 1295 Kloster Königsbronn von 1471. Fol. 16ff.

[34] Eine Burg Michelstein bei Egesheim unweit Spaichingen (Kreis Tuttlingen), für die sich einst *Baumann* entschieden hatte und die *Graf* als Sitz des Reginhard von Michelstein (1101–ca. 1120) betrachtet, hat als einziges Argument für sich, daß in drei Schaffhauser Urkunden, die Reginhard von Michelstein nennen, auch ein Markward von Spaichingen erscheint. *Baumann* (wie Anm. 6) S. 67 Nr. 40; S. 71 Nr. 44; S. 83 Nr. 50.

[35] Handbuch der historischen Stätten 6. Baden-Württemberg. Hg. von Max *Miller*. 1965. S. 640.

[36] Vergleiche *Bühler*, Studien (wie Anm. 1) S. 10f.

[36a] Wie Anm. 36. S. 16f.

sche Lehen besessen habe, kann der Verfasser nicht zustimmen[37]. Aufgrund des knappen Regests von *Nitsch* könnte man wohl zu dieser Ansicht gelangen[38]. Wer die Urkunde im Original betrachtet oder nur den ausführlichen Auszug *Denkingers* zu Rate zieht, wird nichts finden, was auf eine Lehenshoheit der Öttinger schließen läßt. Es ist vielmehr die Rede von den Rechten, *die ich oder min erben ietzund von erbescheffte wegen daran haben*[39]. Die Anrechte oder Ansprüche des Böbingers sind also ererbt und konkurrieren mit denen der Grafen von Öttingen. Überdies ist dem Verfasser keine Urkunde bekannt, in welcher ein Herr von Böbingen etwa für Öttingen Zeuge oder Bürge gewesen wäre, woraus man auf ein Dienstverhältnis schließen könnte. Damit erachten wir die Angriffe *Grafs* als gegenstandslos.

Der Ort Tapfheim, nach welchem sich unser Geschlecht meist nennt, dürfte wegen der Beziehungen zu Albeck, Dillingen, Balzhausen, Eberstall, Gundelfingen und Fronhofen eindeutig in Tapfheim bei Donauwörth zu suchen sein[40]. Keinerlei Schwierigkeit ergibt sich deshalb wegen der Begüterung Konrads von Tapfheim (-Böbingen) in Ödenwaldstetten unweit Dapfen[41]. Besitz des Geschlechts auf der Münsinger Alb erklärt sich u. E. als Erbteil von denen von Metzingen oder von Richinza von Spitzenberg oder, wie der Verfasser nachzuweisen suchte, von den achalmischen Vorfahren[42]. Ob die Familie zur Verwaltung des dortigen Besitzes einen eigenen Burgsitz in Dapfen hatte, sei dahingestellt. Die von Blankenstein gelten als Erben derer von (Böbingen-Michelstein-)Tapfheim auf der Münsinger Alb, vielleicht über eine Tochter aus diesem Hause[43].

Abschließend sei eine Überlegung zur Genealogie des Hauses zur Diskussion gestellt. Sie hat den Verfasser mehrfach beschäftigt, doch hat er sie in der Verwandtschaftstafel I seines Beitrages im letzten Band dieser Zeitschrift bewußt außer Betracht gelassen. Nach *Jänichens* Überlegung, der der Verfasser zustimmt, ist Reginhard von Michelstein als Gemahl der Tochter Eberhards des Älteren von Metzingen

[37] *Graf* (wie Anm. 3) S. 79.

[38] Urkunden und Akten der ehemaligen Reichsstadt Schwäb. Gmünd 777–1500. Teil 1. Bearb. von Alfons *Nitsch*. Inventare der nichtstaatlichen Archive in Baden-Württemberg 11 (1966) S. 36 f. Nr. 185.

[39] HStA Stuttgart B 181 Schwäb. Gmünd PU 1412. – J. N. *Denkinger*: Das Hospital des hl. Geistes in der früheren Reichsstadt Schwäb. Gmünd. In: A. *Wörner*: Das städtische Hospital zum hl. Geist in Schwäb. Gmünd. 1905. S. 274 Nr. 316.

[40] Heinrich *Dannenbauer*, Besprechung der Arbeit von Hans *Jänichen* (wie Anm. 2). In: ZWLG 17 (1958) S. 311 f. – Adolf *Layer*: Die Edelherren von Tapfheim. In: Jahrbuch des historischen Vereins Dillingen 78 (1976) S. 66 ff.

[41] Vf. teilt nicht die Ansicht H. *Dannenbauers* (wie Anm. 40), daß dieser ein kleiner Ritter gewesen sei und somit nichts mit der Familie zu tun habe. Dannenbauers Ansicht dürfte darauf beruhen, daß er für die doppelte Beziehung des Geschlechts zu Tapfheim und zur Münsinger Alb um Dapfen keine Erklärung hatte.

[42] *Bühler*, Studien (wie Anm. 1) S. 12 f. – Immo *Eberl*: Münsingen im Mittelalter. In: Münsingen. Geschichte – Landschaft – Kultur. Hg. von der Stadt Münsingen. 1982. S. 42.

[43] OAB Münsingen². 1912. S. 614. – *Jänichen*, Zur Herkunft (wie Anm. 10) S. 280 mit Anm. 10. – *Eberl* (wie Anm. 42) S. 42.

namens Richinza zu betrachten. Unter dem Namen „von Michelstein" ist er in Schaffhauser Urkunden von 1101 bis 1112, sodann als Zeuge für Tiemo von Michelstein um 1120 bezeugt[44]. Nun schenkte Richinza mit ihrem Sohn Konrad von Böbingen ihren Anteil des vom Vater überkommenen Dorfes Häselbuch an Kloster Zwiefalten. Ihre Schwester, deren Namen nicht genannt ist, übergab ihren Anteil zusammen mit ihrem Gatten Adelbero von Lupfen an dasselbe Kloster[45]. Diese Schenkungen dürften um 1120, spätestens jedoch 1138, erfolgt sein. Es fällt auf, daß Richinzas Gemahl nicht genannt ist; vielleicht war er zur Zeit der Vergabung schon verstorben. Wenn wir dies einmal voraussetzen und davon ausgehen, daß Richinza als Witwe gehandelt haben könnte, dann könnte sie nicht die Gemahlin Reinhards von Tapfheim gewesen sein, denn dieser begegnet uns als Zeuge in den Berchtesgadener Traditionen um 1140 und 1144 und er hat noch zu Beginn der Regierungszeit Königs Friedrichs I. 1152 gelebt[46]. Das heißt, daß Reginhard von Michelstein und Reinhard von Tapfheim als zwei Personen aus verschiedenen Generationen zu betrachten wären, und zwar – nachdem die Identität der Familien Michelstein und Tapfheim erwiesen sein dürfte – wohl als Vater und Sohn. Das bringt, soweit wir dies übersehen, keinerlei Schwierigkeiten, was die bekannten und erschließbaren Lebensdaten aller beteiligten Personen betrifft. Es hat vielleicht die eine Konsequenz, daß der Kustos Ulrich von Tapfheim, der 1142 bis 1166 bezeugt ist, in die Generation des jüngeren Reinhard von Tapfheim, dem Sohne Rudolfs, als dessen Bruder einzureihen wäre. Wir meinen, man sollte dieser Lösung den Vorzug geben.

---

[44] Wie Anm. 13 und 23.
[45] Wie Anm. 8.
[46] Wie Anm. 18 und 12.

Noch einmal die Herren von Böbingen - Michelstein - Tapfheim. In: ZWLG Jg. 44. 1985, S. 283 bis 293.

Zur Geschichte des Schnaitheimer Schlößleins

Die Geschichte des Schnaitheimer Schlößleins wurde noch nie zusammenhängend dargestellt, und es ist auch, wie die bisherige Literatur zeigt, wenig darüber bekannt.

Bei Forschungen im Fürstlich Öttingen-Wallersteinischen Archiv in Wallerstein stieß der Verfasser auf die fast vollständige Reihe der öttingischen Lehensurkunden, die das Schnaitheimer Schlößlein und seine Vorgänger betreffen, sowie auf Akten, die das Material, das sich im Stuttgarter Hauptstaatsarchiv befindet, weitgehend ergänzen.

Dieses Material erlaubt es, die Geschichte des Schlößleins bis in die Zeit nach dem Dreißigjährigen Krieg nahezu lückenlos darzustellen. Schwierigkeiten ergaben sich nur für das ausgehende 17. Jahrhundert, eine Zeit, für welche die Quellen im allgemeinen reichlich fließen. Leider aber sind für die fragliche Zeit wichtige Archivalien aus dem Schnaitheimer Ortsarchiv nicht mehr aufzufinden, Archivalien, die offenbar nach dem Zweiten Weltkrieg noch vorhanden waren und benutzt worden sind.

Die Gelegenheit, einen Beitrag zum Jahrbuch des Heimat- und Altertumsvereins zu liefern, benützt der Verfasser gerne, um die Geschichte des Schnaitheimer Schlößleins darzustellen. Dies möge als Beitrag verstanden werden zum 75jährigen Jubiläum der Eingemeindung Schnaitheims nach Heidenheim.

1. Wie das Schlößlein um 1580 ausgesehen hat

,,Dißes Schlößlin hat drey Stuben, sechs oder siben Camern, Keller, Kuchin, ain Frucht Schüttin. Item ain Stallung uff sechs Pferdt. Ist mit einer Rinckhmauer und vier kleiner Thürmlen umbmacht, hat ein uffziehenndt Bruckh und einen Wassergraben außerhalb der Maurn.

Vor dem Schlößlin hat es ain klains Gesündt Heuslin. Item ain Scheurn, Ross- und Viehstallung.

Item darzu gehören zwen Gärten und ain Wyßmadt, ungevarlich drey Tagwerk, am Schlößlin gelegen, darin es zwen Vischgräben und ain Grueben".

Mit diesen Worten beschreibt am 19. Mai 1580 der württembergische Forstmeister

Hans Jakob Koch der Jüngere in einem Bericht an den Herzog Ludwig das Schnaitheimer Schlößlein, das damals zum Verkauf stand[1].

Es ist nicht schwer, in dieser Beschreibung das Schlößlein in der Gestalt wieder zu erkennen, in der es sich noch heute präsentiert. Es hat vor rund 400 Jahren nicht wesentlich anders ausgesehen als heute. Charakteristisch sind die vier Ecktürme. Erst in den letzten 150 Jahren hat sich in seiner nächsten Umgebung manches verändert. Umso reizvoller ist es, den Bericht von damals mit der Flurkarte von 1830 zu vergleichen[2].

Dort nimmt das Schlößlein mit seinen vier Ecktürmen den Innenbereich einer rechteckigen Fläche von etwa 55 x 27,5 Meter ein. Die Nordseite wird begrenzt von einem langgestreckten Bau, der damals als Amtsdienerwohnung genutzt wurde. Fraglich ist, ob dieser Bau mit dem Gesindehäuslein von 1580 in Verbindung gebracht werden darf, das nach der Beschreibung wohl außerhalb der Mauer stand, wie auch Scheune und Viehstall. An die Südseite gerückt ist der Pferdestall, vielleicht derselbe, den wir 1580 erwähnt finden. Die Ringmauer von 1580 ist um 1830 noch an der Ostseite zur Brenz und an der Südseite erhalten, an der Nordseite wohl in die Amtsdienerwohnung einbezogen. Den Wassergraben zeigt die Flurkarte von 1830 nicht mehr. Er dürfte aber nicht allzu lange vorher zugeschüttet worden sein, denn in einer Beschreibung, die offenbar den Zustand des frühen 19. Jahrhunderts im Auge hat, ist noch von Gräben und Mauern die Rede, die das Schloß umgaben[3]. Die Flurkarte von 1830 weist sodann jenseits der Brenz, an deren Ostufer, zwei Schloßgärten aus, von denen der eine von einem langgestreckten Wassergraben (Schloßgraben) durchschnitten wird, der andere eine sich parallel zur Brenz erstreckende Fischgrube enthält. Das sind wohl die Gärten, die schon 1580 zum Schloß gehörten. Es sieht so aus, als habe sich zwischen 1580 und 1830 noch gar nicht so viel verändert.

Wie der Forstmeister 1580 berichtet, befand sich das Schlößlein im Besitz des Herrn Puppelin vom Stein, der fürstlicher Statthalter in Ellwangen war. Er hatte es vor wenigen Jahren gekauft. Damals war es noch ein Lehen der Grafen von Öttingen, doch hatte der vom Stein Öttingen die Lehenshoheit abgekauft, so daß das Schlößlein nunmehr sein Eigen war.

Zum Gut des vom Stein gehörten vier kleine Bauerngüter in Schnaitheim, sogenannte Sölden, sowie ein Lehen, außerdem Wiesen, Äcker und Wälder in der Gemarkung Schnaitheim. Diese Wälder vor allem hatten es dem Forstmeister angetan, denn es waren „fein junge Hölzer", und er meinte, man könnte allein aus diesen Wäldern fast soviel erlösen als man „umb das Schlößlin gebe". Er rät dem Herzog dringend zum Kauf. Der vom Stein würde dem Herzog das Schloß samt allem Zugehör um 5000 Gulden Bargeld überlassen. Doch der Kauf kam damals nicht zustande.

---

[1] Stgt. A 353 Heidenheim W., B.48

[2] Stadtmessungsamt Heidenheim — Auszug aus der Flurkarte nach den Ergebnissen der württ. Landesvermessung um 1830; Landesvermessungs-Brouillon, Abschrift Bd. 2, NO 1972. - Herrn Walter Vogel danke ich für freundliche Unterstützung.

[3] Rudolf Moser, Vollständige Beschreibung von Württemberg, Bd. 2, 1843, S. 39

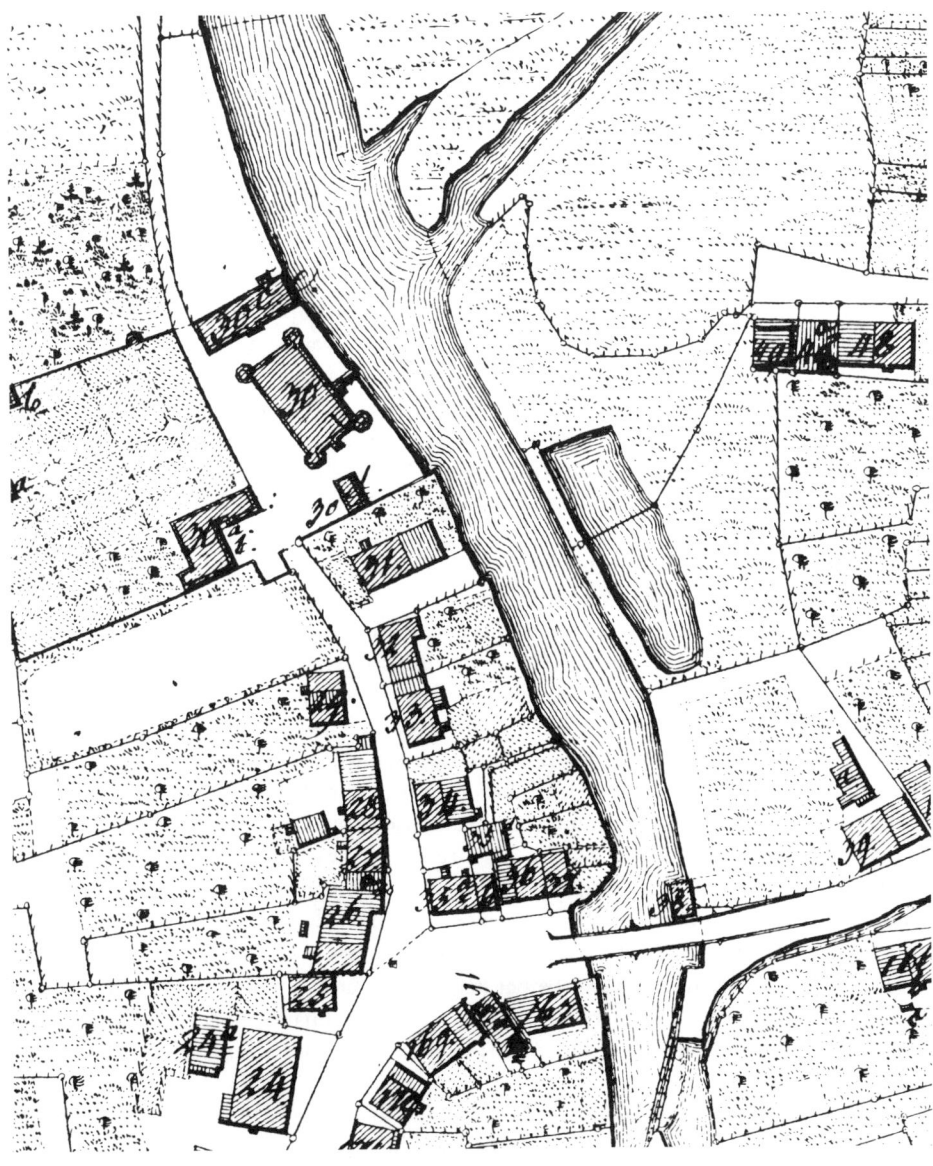

Ausschnitt aus dem Ortsplan von Schnaitheim. Kartiert nach der Aufnahme der Landesvermessung 1830

2. Ältere Befestigungen an der Stelle des Schlosses

Wir nehmen die Beschreibung von 1580 zum Ausgang, um der älteren Geschichte des Schlößleins oder vielmehr einer früher an seinem Platz stehenden befestigten Anlage nachzugehen. Der Hinweis des Forstmeisters, das Schlößlein sei bis vor kurzem öttingisches Lehen gewesen, ist hier von Wichtigkeit. Er gestattet uns, in einem großen Sprung 250 Jahre weiter zurückzugehen in das Jahr 1328, wo die öttingische Lehenshoheit ihren Anfang nahm.

Im Jahre 1328 wurde in Wallerstein bei Nördlingen ein Gütertausch vereinbart zwischen den Grafen Ludwig und Friedrich von Öttingen einerseits und dem Grafen Johann von Helfenstein andererseits. Graf Johann von Helfenstein war daran interessiert, von den Grafen von Öttingen die Lehenshoheit über die Burg Güssenberg bei Hermaringen zu erlangen, und er gab im Tausch dafür die Hälfte der Feste Berg (Burgberg), die sein Eigen war, sowie die Festen Schnaitheim und Aufhausen. Die Feste Schnaitheim (Veste Snaiten) war damals Eigenbesitz des Herrn Friedrich von Snaiten, der als Chorherr dem Augsburger Domstift angehörte; die Feste Aufhausen gehörte Ulrich dem Schacher zu eigen, der Vogt in Höchstädt war − vielleicht ein Angehöriger der Familie Vetzer. Beide verzichteten auf ihr Eigentumsrecht zu Gunsten der Grafen von Öttingen und nahmen ihre Festen von ihnen zu Lehen[4].

Auf diese Weise wurden der Chorherr Friedrich von Snaiten und Ulrich der Schacher Lehenleute der Grafen von Öttingen, ihre Burgen waren von nun an öttingische Lehen. Die öttingische Lehenshoheit über die Feste Aufhausen währte bis 1411, die über die Feste Snaiten gar bis 1574[5]. Wenn nun in der Zeit zwischen 1328 und 1574 vom öttingischen Lehen in Schnaitheim die Rede ist, wissen wir, daß immer das gleiche Objekt gemeint ist, gleichgültig, unter welcher Bezeichnung es erscheint.

Was die Inhaber der Festen Snaiten und Aufhausen vom Grafen von Helfenstein oder von Öttingen dafür bekamen, daß sie auf ihre Eigentumsrechte verzichteten, ist nicht bekannt. In der Regel erhielt derjenige, der sein Gut einem anderen zu Lehen auftrug, zu diesem Gut noch anderes als Lehen zurück. Jedenfalls dürfte der Handel für sie nicht von Nachteil gewesen sein. Als Lehensleute genossen sie auch den Schutz des Lehensherrn. Friedrich von Snaiten war offenbar der letzte seines Geschlechts und ohne nähere Erben. Als Augsburger Domherr hielt er sich selten in Schnaitheim auf und konnte sich um seinen dortigen Besitz wenig kümmern; so mochte ihm der Schutz eines Lehensherrn willkommen sein.

Dieser Friedrich von Snaiten (Snait) begegnet uns zwischen 1314 und 1337 in fünfzehn Urkunden als Augsburger Chorherr. Zunächst bekleidete er das Amt eines Magisters[6], stieg dann auf zum Archidiakon (1317)[7], war in den Jahren 1323 − 1324 Propst des

[4] Lb. B 95 Grafen zu Helfenstein U 351
[5] Wa. Urk. I. 773; Lehenarchiv 1471
[6] Monumenta Boica Bd. 33/1 S. 389 ff Nr. 311; S. 403 f Nr. 320

bischöflichen Eigenklosters Wiesensteig[8], kehrte aber später wieder an die Augsburger Domkirche zurück, vielleicht wegen seines vorgerückten Alters[9]. Am 22. August 1337 starb Friedrich von Snait. Sein Todestag ist im Jahrtagsverzeichnis der Augsburger Domkirche vermerkt[10].

Wir sind sicher, daß der Chorherr Friedrich von Snaiten nicht der Erbauer der Feste Snaiten war. Er hat sie vom Vater oder einem nahen Verwandten geerbt. Zwar kennen wir seine direkten Vorfahren nicht. Doch gab es Herren von Snait (Sneit), die als seine Vorfahren zu betrachten sind, schon 100 Jahre vorher um 1235.

Im Jahre 1235 hatte sich König Heinrich (VII.) gegen seinen Vater Kaiser Friedrich II. empört, sich aber dann dem Kaiser, der aus Italien herbeigeeilt war, unterwerfen müssen und war mit grausamer Härte bestraft worden. Heinrichs Anhänger waren der Acht verfallen. Da Heinrich auch Herzog von Schwaben gewesen war, hatte er dort, wo die Staufer reiches Hausgut besaßen, über beträchtlichen Anhang verfügt, einen Anhang, der sich vielleicht notgedrungen Heinrich angeschlossen haben mochte. In einer Liste von Geächteten finden sich unter lauter Leuten, die sich nach Orten unserer Umgebung nannten – Brenz, Wittislingen, Dischingen, Dattenhausen, Herbrechtingen, Giengen, Lobershofen, Medlingen, Elchingen auf dem Härtsfeld – ein Siboto von Sneit und seine beiden Brüder[11]. Es kann kein Zweifel bestehen, daß sie nach unserem Schnaitheim gehören. Es handelt sich um Angehörige eines im Ort ansässigen Geschlechts, das zur staufischen Ministerialität oder Dienstmannschaft gehörte. Höchst wahrscheinlich saßen Siboto und seine Brüder schon auf jener Feste, die uns 1328 im Besitz des Chorherren Friedrich von Snaiten begegnet ist. Nach Lage der Dinge hatten sie die Feste jedoch wohl nicht zu eigen, sondern als staufisches Lehen. So erklärt sich ihre Teilnahme am Aufstand König Heinrichs (VII.). Schnaitheim dürfte damals in staufischer Hand gewesen sein. Dies ergibt sich aus der älteren Geschichte des Ortes.

Schnaitheim war im frühen 8. Jahrhundert nach allem, was sich ermitteln läßt, alemannisches Herzogsgut[12]. Dem alemannischen Herzogshaus verwandtschaftlich verbunden war jener Egilolf, der gemeinsam mit seiner Gattin Rilint zwischen 750 und 802 den „locus Esnide" an der Brenz dem Kloster Fulda in Hessen schenkte[13]. Wenig später tradierte auch ein Wentilfrid Güter in Schnaitheim samt sechs Leibeigenen an dieses

---

[7] Mü. Kl. Obermedlingen U 51

[8] Monumenta Boica Bd. 6 S. 583; Bd. 33/1 S. 474 f Nr. 375

[9] Monumenta Boica Bd. 33/1 S. 436 ff Nr. 345, S. 495 ff Nr. 390, S. 499 Nr. 393, S. 526 Nr. 408, S. 548 ff Nr. 427, Bd. 33/2 S. 33 Nr. 32; Regesta Boica Bd. 6 S. 10 und S. 350; MG. Necrologia Bd. 1 S. 56

[10] MG. Necrologia Bd. 1 S. 67

[11] Martin Wellmer, Eine süddeutsche Proscriptionsliste im Staatsarchiv Wolfenbüttel, in: Aus Verfassungs- und Landesgeschichte. Festschrift zum 70. Geburtstag von Theodor Mayer, Bd. 2, 1955, S. 118

[12] Heinz Bühler, Die Herrschaft Heidenheim, in: 75 Jahre Heimat- und Altertumsverein Heidenheim 1901 – 1976, S. 133

[13] Traditiones Fuldenses, in: Württemberg. Geschichtsquellen Bd. 2, 1895, S. 250 Nr. 56

Kloster[14]. In einem Güterverzeichnis des Klosters aus der Zeit des Abtes Hrabanus um 830 ist dieser Besitz zusammenfassend beschrieben. Er umfaßte 108 Jauchert Land, das in Eigenwirtschaft bebaut wurde, und 20 Hufen, die an Zinsbauern verliehen waren[15]. Dies dürfte so ziemlich der gesamte Grundbesitz am Ort gewesen sein.

Später ist von diesem Besitz des Klosters Fulda nicht mehr die Rede. Doch wissen wir, daß die Äbte den dem Kloster entlegenen Besitz in Ostschwaben zu Lehen vergeben haben. Als Lehenträger werden für das 12. Jahrhundert genannt der Markgraf Diepold III. von Giengen-Vohburg und der Staufer Herzog Friedrich von Rothenburg, der Sohn König Konrads III.[16] Die Güter des Markgrafen Diepold III. (+ 1146) gelangten durch die Hand seiner Tochter Adela 1147 an Herzog Friedrich III. von Schwaben, den nachmaligen Kaiser Friedrich I. Barbarossa (1152 – 1190)[17]. Dieser erbte 1167 auch den Besitz seines Vetters Herzog Friedrich von Rothenburg, der einer Seuche vor Rom erlegen war. So muß Schnaitheim – gleichgültig, in wessen Händen es vorher war – spätestens seit 1167 im Besitz Friedrich Barbarossas gewesen sein und vererbte sich später auf dessen Nachkommen. Seit 1217 war Heinrich (VII.), der Sohn Kaiser Friedrichs II., Herzog von Schwaben. Er gebot somit auch über den staufischen Besitz in Schnaitheim und das dort ansässige Ministerialengeschlecht, das wohl mit der Ortsherrschaft belehnt war.

Wie sich für Siboto von Sneit und seine Brüder die Teilnahme am Aufstand Heinrichs (VII.) ausgewirkt hat, wissen wir nicht. Doch muß der Familie die Schnaitheimer Feste erhalten geblieben oder später zurückgegeben worden sein, da sie ja um 1328 im Besitz des Chorherren Friedrich von Snaiten war. In diese Ministerialenfamilie gehört möglicherweise eine Bertha von Sneit, die 1246 als Gemahlin des Konrad von Siebenbrunnen (Sinbronn bei Dinkelsbühl) in einer Urkunde des Abtes von Auhausen an der Wörnitz erscheint[18]. Ein Ritter Friedrich von Sneit (Sneite), der zwischen 1296 und 1302 in Urkunden des Bischofs von Bamberg erwähnt ist, gehört dagegen nach Schnaid LKr. Forchheim[19].

Wir müssen Siboto von Sneit und seine Brüder, wie erwähnt, als staufische Ministerialen betrachten. Als solche hatten sie die Feste Snaiten von den Staufern zu Lehen. Ihr Nachfahre, der Chorherr Friedrich von Snaiten, besaß die Feste jedoch zu Eigen. Wie mag er zum Eigentumsrecht gekommen sein?

Es gibt dafür nur eine Vermutung, die sich aber mit vielen ähnlich gelagerten Fällen begründen läßt. Mit dem Tode König Konradins 1268 erlosch das staufische Haus und auch das Herzogtum Schwaben. Die staufischen Städte wie die staufischen Haus-

---

[14] Wie Anm. 13 S. 251 Nr. 63

[15] Wie Anm. 13 S. 254 Nr. 80

[16] Wie Anm. 13 S. 258 Nr. 91

[17] Wie Anm. 16

[18] Anton Steichele, Das Bistum Augsburg Bd. 3 S. 514

[19] Nürnberger UB S. 537 f Nr. 905 Anm. 1; S. 615 Nr. 1045; Grupp, Öttingische Regesten S. 167 f Nr. 588; Regesta Boica Bd. 5 S. 27

ministerialen verloren damit ihren Stadt- bzw. Landes- und Lehensherrn, und soweit es ihnen gelang, sich dem Machtanspruch anderer Herren zu entziehen, unterstanden sie nun unmittelbar dem König und Reich. Dem Chorherren Friedrich von Snaiten wie auch den in Schnaitheim und Aufhausen begüterten Rittern Vetzer scheint es gelungen zu sein, sich zunächst die Unabhängigkeit zu wahren. Die Grafen von Öttingen aber zogen viele Güter und Rechte der Staufer an sich, wobei sie sich offenbar auf eine entfernte Verwandtschaft zu den Staufern beriefen. Wenn Friedrich von Snaiten sich nun 1328 ihrer Lehenshoheit unterstellte, dann lebte ein Abhängigkeitsverhältnis wieder auf, das für seine Vorfahren ganz selbstverständlich gewesen war.

Wie wir wissen, ist Friedrich von Snaiten 1337 gestorben. Sofern er das Lehen nicht schon früher aufgegeben, ist mit seinem Tode die Feste an Öttingen zurückgefallen und neu verliehen worden. Wer war der neue Lehensträger?

Wir erfahren eher beiläufig, daß dies Konrad von Scharenstetten war. Doch sind dazu einige Vorbemerkungen nötig. Der Gütertausch von 1328 hat gezeigt, daß in Schnaitheim auch der Graf von Helfenstein mitbestimmen konnte. Sonst hätte er den Friedrich von Snaiten kaum zu dem damaligen Handel zu bewegen vermocht. Der Graf von Helfenstein verfügte über das Schnaitheimer Kirchenpatronat, und dieses wichtige Recht neben bedeutendem Besitz in der Umgebung garantierte seinen Einfluß am Ort[20]. Mit dem Schnaitheimer Kirchensatz waren die Herren von Scharenstetten belehnt, die im Gefolge der Helfensteiner in unsere Gegend gekommen und seit dem beginnenden 14. Jahrhundert auch sonst im oberen Brenztal und Kochertal begütert waren. Spätestens seit 1325 lassen sich die Ritter Walter von Scharenstetten und sein Sohn Konrad in der Gegend nachweisen. Sie leisteten Zeugenschaft für Heidenheimer Bürger und traten 1332 gemeinsam mit dem Pfarrer Bernger von Schnaitheim auf, was dafür spricht, daß sie damals Rechte in Schnaitheim hatten[21]. Im Jahre 1344 nun verkauften Walter von Scharenstetten und sein Sohn Konrad ihrer Tochter bzw. Schwester Frau Agnes von Eglingen eine Sölde in Schnaitheim samt ihrem Teil des Kirchensatzes und der Vogtei als Lehen und dazu ihre Rechte an den beiden Lehen des Heiligen[22]. Zu diesem Verkauf mußte die Gemahlin Konrads von Scharenstetten, Gerhus von Blindheim, ihre Zustimmung geben, da sie wegen Heimsteuer und Morgengabe auf diese Güter verwiesen war. Sie tat dies, weil ihr Gemahl ihr als Ersatz „daz Berffrit und das Gesezz ze Schnaiten" zugewiesen hatte[23].

Mit „Berffrit und Gesezz" ist etwas präziser umschrieben, wie man sich die „Veste Snaiten" vorzustellen hat. Es handelt sich offenbar um einen Wehrturm (Bergfried)

---

[20] Lb. B 95 Grafen zu Helfenstein U 681

[21] Urkundenlese zur Geschichte schwäb. Klöster, in: Zeitschrift für die Geschichte des Oberrheins 10, 1859, S. 251 f; Stgt. A 488 Kl. Herbrechtingen U 133 (Insert); Monumenta Boica Bd. 33/2 S. 15 Nr. 13; Regesta Boica Bd. 7 S. 59

[22] Stgt. A 602 W.Reg. Nr. 8995

[23] Stgt. A 602 W.Reg. 8996

und ein Wohngebäude; möglicherweise war auch beides in einem Bauwerk vereinigt zu einem Wohnturm. Konrad von Scharenstetten, der darüber verfügen konnte, war also der neue Lehensträger. Er dürfte der unmittelbare Nachfolger des Chorherren Friedrich von Snaiten sein. Er war zwei verschiedenen Lehensherren verpflichtet gewesen; wegen der Mitinhaberschaft des Kirchensatzes war er helfensteinischer Vasall, wegen des „Berffrit und Gesezz" Lehensmann der Grafen von Öttingen.

Konrad von Scharenstetten ist bis 1363 noch wiederholt bezeugt, u.a. als Siegler für einen Heidenheimer Bürger und für seinen Vetter Ruff Vetzer[24]. Im Jahre 1359 verkaufte er dem Kloster Königsbronn seine „Gut ze Schnaiten" um 28 Pfund Heller für freies Eigen[25]. Diese Güter gehörten also nicht zum öttingischen Lehen. Es handelte sich um sieben Sölden, die alle westlich der Brenz in unmittelbarer Nachbarschaft der Feste lagen[25a]. Der Verkauf läßt erahnen, daß es mit diesem Zweig der Scharenstetter bereits bergab ging.

In den Jahren 1375, 1379 und 1410 lernen wir einen Jakob von Scharenstetten kennen, von dem es heißt, er sei „zu Schnaiten" gesessen[26]. Er muß also Inhaber der Feste gewesen sein. Er ist ein Vetter Konrads von Scharenstetten und hat das öttingische Lehen wohl nach dessen Tod übernommen.

Jakob von Scharenstetten starb im Laufe des Jahres 1426. Denn vom 25. November dieses Jahres datiert ein Lehenbrief des Grafen Ludwig von Öttingen für Jakob den Jüngeren von Scharenstetten und vom 6. April 1427 ein solcher für dessen Bruder Ulrich von Scharenstetten[27]. Beide Lehenbriefe lauten inhaltlich gleich. Gegenstand des Lehens ist „ein Wasserhawß zu Schnaiten an der Prenz", wie das ihr verstorbener Vater (Jakob der Ältere) innegehabt hat.

Hier also wird die Feste als ein „Wasserhaus" bezeichnet, d.h. als Wehranlage, die von einem Wassergraben umgeben war; er wurde aus der Brenz gespeist. Die Belehnung durch den Grafen von Öttingen enthebt uns allen Zweifels, es könnte damit etwa ein anderes Objekt gemeint sein als 1328 und 1344. Nicht auszuschließen ist freilich, daß daran bauliche Veränderungen vorgenommen worden sind.

Jakob der Jüngere von Scharenstetten residierte nunmehr in diesem Wasserhaus. Er besiegelte 1436 die Beilegung eines Streits zwischen dem Propst von Herbrechtingen und einem Heidenheimer Bürger sowie 1440 einen Vergleich der Stadt Heidenheim mit Kloster Herbrechtingen wegen der Besteuerung der Klostergüter in Heidenheim[28]. Im

---

[24] Stgt. A 602 W.Reg. 8997; Mü. Ritterorden U 3408 e; Kl. Obermedlingen U 75; Ulm. UB Bd. 2/1 S. 420 f Nr. 449; Archiv Kl. Neresheim, Grünes Documentenbuch S. 204 f.; Urkundenlese (wie Anm. 21) S. 347 ff

[25] Urkundenlese (wie Anm. 21) S. 345 f

[25a] Stgt. H 102/39 Lagerbuch Kl. Königsbronn von 1471 Fol. 102: Schn. Steuerbuch von 1706

[26] Ulm. UB Bd. 2/2 S. 790 Nr. 960; Die Urkunden der Stadt Dinkelsbühl, bearb. von Ludwig Schnurrer (Bayerische Archivinventare 15) S. 55 f Nr. 250; Mü.-Kl. Kaisheim U 1091

[27] Wa. U I, 924a und 924b

[28] Stgt. A 488 Kl. Herbrechtingen U 133 und 134

Jahre 1436 ist er als Forstmeister des Grafen Johann von Helfenstein bezeugt[29]. Er ist damit der erste dem Namen nach bekannte Forstmeister in dem ausgedehnten helfensteinischen, später Heidenheimer Forst und zugleich der erste in der langen, freilich nicht ununterbrochenen Reihe von Forstmeistern, die ihren Sitz in Schnaitheim hatten. Er wird 1447 letztmals erwähnt[30]. Sein Bruder Ulrich war mit Agathe von Kochen vermählt. Als Lehensträger für seine Frau wurde er vom Abt von Ellwangen mit Gütern in Oberkochen belehnt, die vordem sein Schwiegervater innegehabt hatte. Er wohnte zeitweilig in Oberkochen[31]. Im Jahre 1450 empfing er vom Grafen Ulrich von Öttingen die „Behausung Burgberg" zu Lehen[32]. Im selben Jahr ist er aber als in Schnaitheim wohnhaft bezeugt. Er verkaufte damals der Stadt Ulm seinen Wald „der Ger" hinter dem Schnaitheimer „Noltenberg"[33]. Die Beschreibung läßt erkennen, daß ihm auch ein Teil der Wälder gehörte, die an den verkauften „Gehren" angrenzten.

Ulrich von Scharenstetten wohnte 1457 wieder in Oberkochen. Das öttingische Lehen in Schnaitheim hatte seit 30. August 1456 Friedrich von Eben inne. Wir erfahren später, daß er es von den Brüdern von Scharenstetten gekauft hatte[34]. Das Lehen wird jetzt beschrieben als „Burgstal zu Schnaiten an der Prenntz . . . mitsambt baiden Hewsern". Anscheinend hat sich der bauliche Zustand verändert, jedenfalls gegenüber 1344. Der Bergfried mag mittlerweile verfallen sein, damit verlor die Anlage ihren Wehrcharakter. „Burgstall" bezeichnet ja in aller Regel eine nicht mehr verteidigungsbereite Burg bzw. die Stelle einer Burg, an der aber nach wie vor die Rechte der Burg haften. Mit den „beiden Häusern" mag das Wohngebäude des Inhabers sowie ein Wirtschaftsgebäude gemeint sein. Möglich, daß schon das „Wasserhaus" von 1426 das Aussehen der jetzt beschriebenen Anlage hatte.

Seit Beginn des 15. Jahrhunderts hatten sich die Herrschafts- und Machtverhältnisse in Schnaitheim verändert. Die Grafen von Helfenstein als Inhaber der Herrschaft im Brenztal hatten es verstanden, den größten Teil des bäuerlichen Grundbesitzes in ihre Hand zu bekommen. Wir sind über diesen Prozeß leider nur bruchstückhaft informiert[35]. Ein

---

[29] Archiv Kl. Neresheim, Grünes Documentenbuch S. 109 f

[30] Stgt. A 471 Kl. Anhausen U 152

[31] Beschreibung des Oberamts Aalen S. 295

[32] Das älteste Lehenbuch der Grafschaft Oettingen, bearb. von Elisabeth Grünenwald (Schwäbische Forschungsgemeinschaft Reihe 5 Bd. 2) S. 178 Nr. 823

[33] Stgt. A 602 W. Reg. Nr. 9029

[34] Wa. U I, 1232 und 1232 b

[35] Wenn mitunter angenommen wird, Schnaitheim sei altes Zubehör der Herrschaft Hellenstein gewesen, so ist das nicht richtig. Die Feste Hellenstein, zu der allein Heidenheim gehörte, war ein Reichslehen und kam als solches 1351 endgültig an die Grafen von Helfenstein (Lb. B 95 Grafen zu Helfenstein B. 1 (Kopialbuch); Stein, Heidenheim im Mittelalter S. 11 Nr. 1). In einem helfensteinischen Steuerregister von etwa 1355, somit nach dem Übergang der Herrschaft Hellenstein an Helfenstein, ist für Schnaitheim ein relativ geringer Steuerbetrag von 20 Pfund ausgewiesen. Das besagt, daß der helfensteinische Besitz im Ort damals noch gering war. Die Masse der Güter in Schnaitheim kam erst im frühen 15. Jahrhundert an Helfenstein.

namhafter Teil des nunmehr helfensteinischen Besitzes war 1418 aus der Hand Ulrich Vetzers gekommen[36]. Helfenstein beanspruchte die Ortsherrschaft in Schnaitheim, die in früherer Zeit sicher mit der Feste verbunden war. Die gesamte Herrschaft im Brenztal, nun Herrschaft Heidenheim genannt, gelangte durch Kauf 1448 zunächst an Württemberg, bereits 1450 jedoch an Bayern-Landshut[37]. Herzog Ludwig der Reiche von Bayern ließ 1463 in einem ersten Salbuch alle Güter und Rechte der Herrschaft Heidenheim verzeichnen. Folgender Passus im Salbuch zeigte, wie man im Falle Schnaitheim den Anspruch des Herzogs auf die Ortsherrschaft in Einklang zu bringen suchte mit den althergebrachten Rechten der Inhaber des öttingischen Lehens:

,,Item die Herschafft zw Haydenhaim ist Vogt und Herr über das Dorf Snaithain und über alles das dartzu gehört, . . . mit aller Gewaltsame, Gerichten und Fräveln in Ether, im Dorf, auf der Straß, in Holtz, in Feld, und alle Zwing und Pann mit aller Eehafftin, außgenomen der Scharrnstetter Gut, was inn derselben Ether gelegen inn des Dorfs Ether gefrävelt wirt, das sol man in pessern, und sunst all Frävel ist der Herrschaft[38]. Mit ,,der Scharenstetter Gut" ist der Burgstall gemeint. Die über hundertjährige Bindung der Scharenstetter an Schnaitheim war so lebendig, daß der Burgbezirk auch jetzt noch mit ihrem Namen identifiziert wurde[39]. Dieses Gut bildete innerhalb des Dorfes einen eigenen Gerichtsbezirk; alle Freveltaten, die innerhalb des Gutes begangen wurden, durften von den Inhabern geahndet werden. Sonst standen alle Hoheitsrechte dem Inhaber der Herrschaft Heidenheim zu.

Inhaber des öttingischen Lehens war, wie wir wissen, seit 1456 Friedrich von Eben. Die Herkunft seines Geschlechts, das sich auch von Ebnen, von Ebnet, von Ebny oder einfach Ebner nennt, ist unbestimmt; Ebnat auf dem Härtsfeld dürfte kaum als Heimat in Betracht zu ziehen sein[40]. Ein Rudolf Ebner wird 1419 in einem Urfehdebrief genannt. Er stand in Beziehung zu Oswald Gerst von Flynen (Fleinheim). Der uns bekannte Friedrich von Eben aber empfing als Träger für eben diesen Oswald Gerst 1449 öttingische Lehengüter in Auernheim[41]. Wir schließen daraus, daß Rudolf Ebner ein Verwandter, vielleicht der Vater, Friedrichs von Eben war. Dieser war selbst in Flein-

---

[36] Lb. B 95 Grafen zu Helfenstein U 785

[37] Lb. B 95 Grafen zu Helfenstein U 133; Stgt. A 602 W. Reg. 9027

[38] Stgt. H 127 Nr. 60 Folg. 19

[39] Der Name der Scharenstetter blieb in Schnaitheim noch einige Zeit lebendig. Ein Stephan Scharenstetter war nach 1463 mit mehreren Gütern belehnt, die der Herrschaft zinsten (wie Anm. 38 Fol. 15). Er versah um 1480 die Amtmann-Stelle im Ort, repräsentierte somit die Herrschaft und hatte den Vorsitz im Gericht (Stgt. A 602 W. Reg. 9040). Noch 1485 wird er als Leibvogt bzw. Hühnervogt der Herrschaft Heidenheim genannt und hatte von deren Leibeigenen, die außerhalb der Herrschaft wohnten, die üblichen Abgaben − Todfall, Brautlauf, Leibhennen − einzuziehen (Urkunden und Akten der ehemal. Reichsstadt Schwäb. Gmünd, bearb. von Alfons Nitsch, 2. Teil S. 106 Nr. 1978; Stgt. A 353 Heidenheim W., B. 80). Vielleicht war er ein illegitimer Nachkomme der Inhaber des Burgstalls.

[40] Otto von Alberti, Württ. Adels- und Wappenbuch Bd. 1 S. 147

[41] Regesta Boica Bd. 12 S. 321; Ötting. Lehenbuch (wie Anm. 32) S. 175 Nr. 812

heim begütert und verlieh 1475 eine Mahd bei Fleinheim zu Erblehen[42]. Im Jahre 1477 stellte er dem Grafen Ludwig von Öttingen einen Lehenrevers über „das Burgstal zu Snayten" aus, ebenso 1486 dem Grafen Wolfgang als dem ältesten Grafen von Öttingen[43].

Seit 1491 ist auch sein Sohn Rudolf bezeugt. Er stand damals im Dienst des Grafen und Herzogs Eberhard V. von Württemberg. Am württembergischen Hof lernte er wohl seine Gemahlin Margarete von Grafeneck kennen, durch die er das Verfügungsrecht über Güter in Ennabeuren und Magolsheim auf der Münsinger Alb erlangte[44].

Nach dem Tode des Vaters wurde Rudolf 1502 mit dem Schnaitheimer Burgstall belehnt[45]. Er tat sich hervor, indem er 1514 zwischen dem Abt von Königsbronn und dessen wegen Aufruhrs straffällig gewordenen Bauern in Steinheim vermittelte[46]. 1523 wurde er erneut mit Schnaitheim belehnt, und er stellte seinerseits 1528 für den Inhaber einer ihm zinsbaren Sölde in Schnaitheim einen Erblehensbrief aus[47]. 1533 begegnen wir ihm letztmals als Inhaber des Gutes Schnaitheim[48]. Im März 1535 wurde sein Sohn Sigmund damit belehnt[49]. Dieser war gleichzeitig Inhaber von Eselsburg[50]. Seine Gattin Juliana von Burtenbach hatte ihm überdies das Dorf Ried bei Walbach zugebracht[51]. Doch Sigmund verstand offenbar nicht zu wirtschaften. Er veräußerte um 1534 Ried und verkaufte 1536 auch das Gut Schnaitheim an Rudolf von Eltershofen[52]. Kurz darauf verstarb er in Eselsburg[53].

---

[42] Stgt. A 602 W. Reg. 9031

[43] Wa. U I, 1232 b und 1232 c

[44] Neues Württembergisches Dienerbuch, bearb. von Walther Pfeilsticker, 2. Bd. § 1526 und 397; Stgt. A 602 W. Reg. 589; Beschreibung des Oberamts Münsingen. 2. Aufl. S. 632 Anm. 4

[45] Wa. U I, 1698 a

[46] Stgt. H 102/39 Lagerbuch Kl. Königsbronn von 1471, Nachtrag

[47] Wa. U I, 1698 b; Stgt. A 353 Heidenheim W., B. 48

[48] Alberti (wie Anm. 40) Bd. 1 S. 147

[49] Wa. U I, 1698 c.

[50] Schloßarchiv Harthausen, bearb. von Ludwig Schnurrer (Bayerische Archivinventare 8) S. 26 Nr. 109

[51] Anton Steichele, Das Bistum Augsburg Bd. 5 S. 849 Anm. zu S. 728

[52] Wa. U II, 960 b; U I, 1698 d (= 2096)

[53] Die Witwe Juliana war bemüht, ihren Söhnen das Erbe zu erhalten (Matthias Graf, Zöschinger Heimatbuch S. 25 Nr. 27; Stgt. A 249 a U 8; A 353 Heidenheim W.; B. 23; H 102/30 Lagerbuch Kl. Herbrechtingen 1537 Bd. 2, Folg. 249 f). Der ältere Sohn Christoph Friedrich aber veräußerte 1559 die Güter in Fleinheim an Württemberg (Stgt. H 101 Lagerbuch Heidenheim 1556 Bd. 3 Fol. 645 ff) und verkaufte 1562 auch Eselsburg an Ulrich von Rechberg zu Falkenstein (Stgt. A 353 Heidenheim W., B. 57).

3. Aus dem Schnaitheimer Burgstall wird ein Schloß

In Schnaitheim, das nach mehrmaligem Wechsel der Landesherrschaft seit 1536 wieder württembergisch war[54], wechselten nun auch in rascher Folge die Inhaber des Burgstalls. Auf Rudolf von Eltershofen folgte 1539 Sigmund von Götzendorf[55]. 1548 ging der Burgstall durch Kauf an den Hauptmann Ludwig Schertlin über[56]. Er war ein Vetter des berühmten Söldnerführers Sebastian Schertlin von Burtenbach, aber auch des Franz Schertlin, der als württembergischer Forstmeister seit 1536 in Schnaitheim gewohnt hatte und dort 1543 verstorben war[57].

Ludwig Schertlin hatte in verschiedenen Feldzügen gegen die Türken, Frankreich und Braunschweig gekämpft und 1546 im Gefolge seines Vetters Sebastian als Söldnerführer am Schmalkaldischen Krieg teilgenommen[58]. Wahrscheinlich hatte er sich in diesen Feldzügen ein Vermögen verschafft, das er nun anlegen wollte. Auch er blieb nur rund sieben Jahre im Besitz des Gutes Schnaitheim. Wir haben keine konkreten Nachrichten, was in diesen Jahren geschah, und doch dürfen wir annehmen, daß sich unter Ludwig Schertlin der adelige Wohnsitz erheblich verändert hat.

Ludwig Schertlin verkaufte das Gut Schnaitheim wohl zu Anfang des Jahres 1556 und erwarb im Juni dieses Jahres das Schloßgut Oberringingen im Kesseltal[59]. Nach einer heftigen Fehde mit dem Grafen Ludwig von Öttingen, in die er durch seinen Vetter Sebastian Schertlin verwickelt wurde, verkaufte er Oberringingen 1568 und erwarb im folgenden Jahr 1569 Binswangen bei Wertingen[60].

Die Käufe und Verkäufe Schertlins tragen durchaus spekulativen Charakter. Oberringingen war sicher wertvoller, als das Gut Schnaitheim in seinem früheren Zustand gewesen war. Entweder hatte Schertlin zum Erlös für Schnaitheim erheblich zulegen müssen, um Oberringingen zu erwerben, oder er hatte in das Gut Schnaitheim soviel investiert, daß er es vorteilhaft veräußern konnte. Letzteres scheint der Fall zu sein. Doch lernen wir die Investitionen Schertlins erst bei seinem Nachfolger kennen.

Nachfolger Schertlins als Lehensinhaber in Schnaitheim wurde Haug-Dietrich von Eben, ein Sohn jenes Sigmund von Eben, der das Gut 1536 verkauft hatte. Haug-Dietrich hatte, nachdem er die Volljährigkeit erlangt, den Familienbesitz in Ennabeuren und

---

[54] Bühler (wie Anm. 12) S. 160 f

[55] Stgt. A 353 Heidenheim W., U 96

[56] Wa. Lehenarchiv 1471

[57] Gerd Wunder, Beiträge zur Genealogie Schertlin, in: Südwestdeutsche Blätter für Familien- und Wappenkunde Bd. 13, 1969, S. 44

[58] Leben und Thaten des Herrn Sebastian Schertlin von Burtenbach, hrsg. von Ottmar F.H. Schönhuth, 1858, S. 20, 26, 31, 39

[59] Anton Steichele, Das Bistum Augsburg Bd. 3 S. 1147 f

[60] Wie Anm. 58 S. 119 ff, 125, 127 f; Historischer Atlas von Bayern, Teil Schwaben Heft 3, bearb. von Klaus Fehn, 1967, S. 28

Magolsheim verwaltet[61]. Im September 1556, als das Lagerbuch der Herrschaft Heidenheim erneuert wurde, saß er jedoch in Schnaitheim[62]. Seine dortige Behausung, die er kurz zuvor von Schertlin erworben hatte, wird im Lagerbuch jetzt als „Burg" bezeichnet. Damit kann nicht mehr der „Burgstall mitsamt beiden Häusern" gemeint sein, von dem in allen Lehenbriefen seit 1456 die Rede war. Der Begriff „Burg" kommt nur einer wehrhaften Anlage zu; er besagt in unserem Falle, daß auf dem Platz des alten Burgstalls etwas Neues entstanden war, was den Namen „Burg" rechtfertigte, und dies konnte aus zeitlichen Gründen nur unter Ludwig Schertlin geschehen sein.

Worin das Neue bestand, erfahren wir zwei Jahre später. Im Oktober 1558 wandte sich der neue Inhaber, Haug-Dietrich von Eben, an den Grafen Ludwig von Öttingen und beschwerte sich wegen neuer, für ihn nachteiliger Bedingungen bei der Belehnung. Er benützte diesen Anlaß aber auch, um richtig zu stellen, was die Schreiber der öttingischen Kanzlei noch nicht zur Kenntnis genommen hatten, daß nämlich die seither übliche Bezeichnung des Lehenobjekts als „Burckstal oder beede Heußer" nicht mehr zutreffend war; er fügte dieser Formel in Klammern die Worte bei: „die doch jetzo nur ains"[63].

Damit wird gesagt, worin die Veränderung des alten Burgstalls bestand. Anstelle der beiden Häuser war ein stattlicher Neubau errichtet worden, der den gegebenen Platz zum guten Teil ausfüllte. Es muß dies jener Bau sein, den wir eingangs aus der Beschreibung des Forstmeisters von 1580 kennenlernten und der, kaum verändert, noch heute steht. Da er mit vier Ecktürmen versehen und von einer Mauer umgeben war, mochte man ihn als „Burg" bezeichnen, doch gebührt ihm viel eher der Name Schloß.

Das Schlößlein, wie es ja 1580 heißt, müßte demnach in den Jahren zwischen 1548 und 1556 gebaut worden sein, als Ludwig Schertlin Inhaber war. Dies paßt zu der Bauzeit des täuschend ähnlichen Schlößleins in Brenz (heute Gasthof zum Hirsch), das um 1580 entstanden ist. Vielleicht diente ihm der Schnaitheimer Bau als Vorbild.

Das neue Lagerbuch von 1556 betont deutlicher, als dies früher geschehen war, die Hoheitsrechte der Herrschaft, d.h. des Herzogs von Württemberg als Landesherr, und präzisiert infolgedessen die Rechte, die dem Inhaber der „Burg" zugebilligt wurden, freilich nicht zu dessen Vorteil. Württemberg beanspruchte in Schnaitheim alle Obrigkeit, hohe und niedere Gerichtsbarkeit, Frevel, Strafen und Bußen. „Doch wann Frevelhendel begangen werden inn der Burg daselbst zu Schnayten ... und den zwei Garten zu solcher Burg gehörig ... so gehern dieselben Frevell gemeltem Dieterich von Ebnen zu, ... und werden solche Frevel Hänndel gerechtfertigt unnder dem Stab und vor Gericht zu Schnaytten"[64].

Die Burg mit den zugehörigen Gärten bildete nach wie vor einen eigenen Rechtsbezirk.

---

[61] Beschreibung des Oberamts Münsingen. 2. Aufl. S. 735 Anm. 2

[62] Stgt. H 101 Lagerbuch 625 Heidenheim 1556 Fol. 82 ff

[63] Wa. Lehenarchiv 1471

[64] Wie Anm. 62

Doch der entscheidende letzte Satz im Lagerbuch besagt, daß dem Inhaber der Burg keine Strafgewalt zugestanden wurde. Ihm gebührten lediglich die Bußgelder für Freveltaten, die in der Burg und den Gärten begangen wurden, nachdem sie im herrschaftlichen Dorfgericht geahndet worden waren.

Dem Inhaber der Burg wurde auch zugestanden, auf den ihm zinsbaren Gütern — es waren vier Sölden und ein Lehen, — zu ,,gepieten". Was darunter zu verstehen sei, war später mehrfach Anlaß zu Streit.

Im Jahre 1563 wechselte das nunmehrige Schloß wiederum den Besitzer. Haug-Dietrich von Eben verkaufte es seinem Schwager Hans Kaspar von Wöllwarth um 5 400 Gulden[65]. Jetzt ist die Rede vom ,,Sitzlin Schnaiten an der Prenntz" oder auch vom ,,Purckhställin und Behawsung darauff". Hans Kaspar von Wöllwarth verstarb schon zu Beginn des folgenden Jahres 1564, ohne direkte Nachkommen zu hinterlassen. Sein Erbe ging teils an den Bruder Hans Georg von Wöllwarth zu Laubach, teils an die Witwe Cordula geborene von Schwendi. Da der Kaufpreis für Schnaitheim noch nicht abgegolten war, wurde bei der Erbteilung dem Bruder des damaligen Verkäufers, Christoph Friedrich von Eben, eine Verschreibung über 2000 Gulden auf Hans Jakob Fugger in Augsburg übergeben. Wegen einer Restschuld von 100 Gulden wollte man sich mit Haug-Dietrich von Eben einigen, sobald er ,,zu Landt kompt" — er war also außer Landes, — hoffte aber, er werde darauf verzichten[66].

Wegen dieser Restschuld kam es jedoch zu einem unerfreulichen Streit mit Haug-Dietrich von Eben. Dieser wandte sich an Öttingen um Vermittlung; er wollte die Insassen des ,,Sitzes Schnaitheim" ihrer Eidespflichten ihm gegenüber nicht eher entlassen, als bis er völlig bezahlt sei. Doch Öttingen riet ihm, sich selbst mit den Wöllwarth zu vergleichen[67]. Hans Georg von Wöllwarth ersuchte nun im Namen der Miterben bei Öttingen um Belehnung mit Schnaitheim nach. Dazu bevollmächtigte er seine Schwäger Christoph Leonhard von Diemantstein und Philipp von Warthausen zu Oberweiler. Sie sollten auch um die Genehmigung bitten, das Lehen gemeinsam verkaufen zu dürfen[68].

Im Januar 1565 gaben die Erben der württembergischen Regierung zu erkennen, daß sie das Gut verkaufen möchten und es vor anderen dem Herzog von Württemberg gönnen würden. Den Grund hiefür errieten die Regierungsräte sicher richtig: weil Württemberg in Schnaitheim die hohe und niedere Gerichtsbarkeit habe, werde ,,kheiner diß Guth zu behalten genaigt" sein[69]. Württemberg forderte von Oberpfleger und Kastner in Heidenheim Bericht an wegen des failen Gutes Schnaitheim. Diese erbaten von den Wöllwarth einen ,,Anschlag" und sie selbst erarbeiteten ihrerseits einen solchen

---

[65] Wa. Lehenarchiv 1471 (Insert in Teilungsvertrag von 1564. März 15.)

[66] Wa. Lehenarchiv 1471

[67] Wie Anm. 66

[68] Wie Anm. 66

[69] Stgt.A 353 Heidenheim W., B. 48

aufgrund ihrer Kenntnisse und Erkundigungen und schickten beides mit ihrer Stellungnahme am 23. März 1563 dem Herzog Christoph ein[70]. Sie schilderten das ,,Schlesslin" als ,,nach aller Notturfft woll erbaut, alles von newem, mit dreien Stuben, siben Camern, mit anndernn notturfftigen Eingebewen, ain Marstall zu sechs Pfertten, zwei guott gewelbt Keller, ain Wasser Grabenn inn und durch die Gertten fließen, ain Badt, Pfisterei (Bäckerei) und Weschheußlin vor der Bruckhenn und ein Stadl, auch ein Wagenn Heußlin anneinander, firmiter (fest, solid) zimblich, sonnderlich daß Wagenhauß, von newem erbawen".

Dem von den Wöllwarth eingereichten Anschlag entnehmen wir, daß ,,das Schlesslin gar lustig und woll erbawen unnd Ettingisch Mannlehen" war, doch ,,begrifft das Lehenn weiters nit, dann wie eß mit der Maur unnd dem Grundt umbfanngen ist".

An Eigenbesitz gehörte dazu ein Hof in Schnaitheim mit etwa 15 Jauchert Ackerland, vier Sölden, die Wälder Kleiner Wolfsbühl, Großer Wolfsbühl, Kleingehren, Großgehren, einige Holzmähder, acht Tagwerk im Brühl, Garten und Hirschwiese, Äcker am Kelchberg und in der Hirschhalde, insgesamt 412 Jauchert[71].

Die Beamten rieten, zwar diese Eigengüter der Wöllwarth zu erwerben. Wegen des ,,Schlößlin" stellten sie die Entscheidung dem Herzog anheim, gaben aber zu bedenken, daß der Herzog ,,ein wolerbaut Vorstbehausung aldo", d.h. in Schnaitheim, habe und brachten damit zum Ausdruck, daß sie keine Verwendungsmöglichkeit für das Schlößlein wußten.

Da die Wöllwarth nicht geneigt waren, ihre Eigengüter ohne das Schlößlein zu verkauften, rieten die Beamten schließlich vom Kauf ab[72].

Hans Georg von Wöllwarth bemühte sich nun um Belehnung von seitens Öttingen. Er starb aber 1567. Anspruch an das Lehen erhoben sein Bruder Hans Bartholomäus von Wöllwarth und die Ehemänner seiner beiden Schwestern, doch wurden letztere von Öttingen abgelehnt, das das Schlößlein ein reines Mannlehen sei[73].

Hans Bartholomäus suchte weiter nach einem Käufer und fand ihn 1571 in Georg Reuß von Reußenstein[74]. Dieser verkaufte schon nach etwa zweieinhalb Jahren weiter an Puppelin vom Stein[75]. Puppelin unterhandelte 1574 mit dem Grafen Friedrich von Öttingen wegen kaufweisen Erwerbs der Lehenshoheit. Dabei wies er erneut auf den Tatbestand hin, ,,das auß den zwayen Hewsern nur ains gemacht" sei, was die öttingischen Kanzlisten noch immer nicht registriert hatten. Gegen 1000 Gulden wurde ihm das

[70] Wie Anm. 69

[71] Laut Forstlagerbuch von 1557 umfaßten die Wälder Im Gehren etwa 100 Jauchert, Im Wolfsbühl etwa 100 Jauchert, Kleiner Wolfsbühl etwa 20 Jauchert, An der Hirschhalde etwa 20 Jauchert; Stgt. H 107/5 Forstlagerbuch 1557 Nr. 2 Fol. 70).

[72] Wie Anm. 69

[73] Wa. Lehenarchiv 1471

[74] Wie Anm. 73

[75] Stgt. A 206 Oberrat, B. 2298 (Schreiben vom 30.6.1576)

Eigentumsrecht am Schlößlein zugestanden[76]. Öttingen verzichtete damit auf ein Recht, das es seit 1328, also 246 Jahre lang, wahrgenommen hatte.

Puppelin vom Stein brauchte sich nun zwar nach keinem Lehensherren mehr zu richten, aber er verlor mit dem Lehensherren auch einen Schutzherren, der ihm notfalls Rückhalt hätte gewähren können gegenüber Württemberg, das ja alle Hoheitsrechte in Schnaitheim besaß und das kleine Rittergut als einen lästigen Fremdkörper betrachtete.

Im Jahre 1576 glaubte vom Stein Anlaß zu haben, sich bei Herzog Ludwig über das Vorgehen des württembergischen Forstmeisters und des Schnaitheimer Schultheißen zu beschweren. Die Frau eines ihm zinsbaren Söldners war „wegen eines gemeinen geringen Frevels" dem Flur- oder Feldknecht gegenüber vor Schultheiß und Gericht zitiert worden, hatte aber auf Anraten des vom Stein'schen Verwalters dem nicht Folge geleistet. Dann war sie mit ihrem Mann ins Forsthaus bestellt worden, was sie wiederum verweigerte. Darauf sei der Schultheiß mit anderen gewaltsam in ihr Haus eingedrungen, habe beide gefangen und gebunden. Im Forsthaus habe man ihnen ihren Ungehorsam vorgehalten. Der Mann sei längere Zeit in Heidenheim gefangen gehalten, die Frau bald um einen Gulden freigelassen worden, weil sie „ein saugend Khindt" hatte.

Die Übeltäter hatten sich darauf berufen, Untertanen „des Junckhers im Schloß" zu sein. Dies betonte auch vom Stein. Das „Heuslin oder Sitz Schnaitheim" sei von jeher „ein frey adenlich Guet gewesen", dessen Inhaber allein der Jurisdiktion der Römischen kaiserlichen Majestät unterworfen und im übrigen der freien Reichsritterschaft des Viertels am Kocher zugehörig seien. Er wollte den württembergischen Beamten keine Gerichtsbarkeit über seine Untertanen zugestehen.

Dem hielt jedoch Württemberg den Wortlaut der Obrigkeitsformel im Lagerbuch entgegen und wies alle weiteren Einsprüche Puppelins ab[77].

Unter diesen Umständen war Puppelin vom Stein seines Besitzes in Schnaitheim bald leid und suchte einen Käufer. Aus dieser Situation heraus entstand der eingangs zitierte Bericht des Forstmeisters Hans Jakob Koch an den Herzog vom 19. Mai 1580[78]. Während im Jahre 1565 die Oberbeamten in Heidenheim von einem Kauf abgeraten hatten, nahm jetzt der Forstmeister eine viel positivere Haltung ein. Doch konnte sich Württemberg auch diesmal nicht entschließen.

Vom Stein einigte sich daraufhin mit Hans Ludwig von Sperberseck und erlöste 6000 Gulden für sein Gut, 1000 Gulden mehr, als er von Württemberg verlangt hatte[79]. Auch der neue Schloßherr geriet bald in Streit mit den Beamten der Herrschaft Heidenheim. Denn er erlaubte sich, Enten auf der Brenz zu schießen, was nach der Forstordnung nicht gestattet war[80]. Dann strafte er eine „Wittfraw", die auf einer seiner Sölden saß,

---

[76] Wie Anm. 73

[77] Wie Anm. 75

[78] Wie Anm. 1

[79] Stgt. A 353 Heidenheim W., B. 81

[80] Stgt. A 227 Oberrat, Repert. S. 136 (Nr. 177)

wegen Ungehorsams „mit angelegter Geigen" und griff damit in die Gerichtshoheit Württembergs ein[81]. Es kam infolgedessen 1583 zu einem Vertrag:

Württemberg behauptete im ganzen Flecken Schnaitheim alle hohe, malefizische und landesfürstliche Obrigkeit allein. Der Inhaber des Schlößleins durfte die Inhaber seiner vier Sölden zwar besteuern und mit sonstigen Auflagen belegen. Doch die niedergerichtliche Obrigkeit auf diesen Sölden stand wiederum allein Württemberg zu, wie auch deren Inhaber Württemberg „underthonig, gelobt und geschworen" sein sollten. Der Inhaber des Schlößleins durfte ihnen nur wegen der schuldigen Dienste und Pachtzinsen gebieten, hatte aber keine Strafgewalt. Letztere stand im Falle des Ungehorsams auf Ansuchen allein den württembergischen Beamten zu. Die Inhaber der Sölden hatten beim Richten von Weg und Steg und beim Wachen der Gemeinde zu helfen. Im übrigen galt die Obrigkeitsformel des Lagerbuchs[82].

Württemberg ging also kein Jota von den beanspruchten Rechten ab, im Gegenteil, es interpretierte diese eher zu seinen Gunsten und zum Nachteil des Schloßherrn. Auch wachten die Beamten peinlich darüber, daß der Vertrag buchstabengetreu eingehalten wurde. So waren neue Konflikte fast unvermeidlich. Im März 1607 konnten die Beamten berichten, daß Sperberseck gegen den Vertrag verstoßen habe. Er habe nämlich schon vor etlichen Jahren, wie sie erst jetzt erfahren hätten, von seinen Söldnern bei Neubelehnung „Handtglübt" genommen, d.h. sie durch Handschlag Treue und Gehorsam geloben lassen[83]. Einige Zeit später klagte der Forstmeister, der älteste Sohn des inzwischen verstorbenen Hans Ludwig von Sperberseck habe einen seiner Zinsbauern selbst um einen Taler gestraft, weil er im Schlößlein den ehemaligen sperberseck'schen Vogt geschlagen habe. Auch würden die von Sperberseck sich unterstehen, die „Waldrugungen" (Bußgelder für Waldfrevel) selbst einzuziehen und dabei die Übertreter nach Willkür bestrafen[84]. Im Jahre 1612 war den Amtleuten zu Ohren gekommen, daß der von Sperberseck seine Gültleute zu hoch besteuert habe. Man verhörte darauf die sperberseck'schen Untertanen sowie Zeugen, wie sie bei den früheren Schloßherren besteuert worden und wie jetzt. Die Aussagen sind nicht einheitlich. Angeblich hatten sie unter den früheren Inhabern weniger oder gar keine Steuern bezahlt. Die Steuerleistung für Sperberseck wurde aber deswegen für unstatthaft angesehen, weil man ja „am gemeinen Ohncosten" mitzahlen müsse; zwei Herren wollte man nicht steuern[85]. Seit dem Tode Hans Ludwigs von Sperberseck wurde Schnaitheim von seinem Sohn Philipp Heinrich verwaltet. Dessen Familie erscheint in den Schnaitheimer Kirchenbüchern. Ihm und seiner Gemahlin Elisabeth von Lohausen wurde 1616 eine Tochter Elisabeth Christina geboren, für welche Herzog Julius Friedrich von Württemberg Taufpate war. Das

---

[81] Stgt. A 206 Oberrat B. 2299 (Insert im Bericht des Forstmeisters von 1607)

[82] Stgt. A 206 Oberrat B. 2299

[83] Wie Anm. 82

[84] Wie Anm. 82

[85] Stgt. A 206 Oberrat B. 2300

Mädchen starb freilich im selben Jahr[86]. Die Gattin Elisabeth von Lohausen nahm 1622 das Abendmahl und wurde damit „in unsere rechtgläubige Confession" aufgenommen – so der Eintrag des Schnaitheimer Pfarrers[87].

Im Dreißigjährigen Krieg hatte der im Herzogtum Württemberg eingesessene Adel einen Beitrag zur „Landesdefension" zu leisten. Das sperberseck'sche Gut in Schnaitheim wurde 1620 mit 39 Gulden 45 Kreuzern belastet[88].

Philipp Heinrich von Sperberseck nahm Kriegsdienst, wurde Hauptmann und Burgvogt in Kirchheim, später in Hohentübingen und schließlich Obristwachtmeister und Obervogt in Blaubeuren.

Das Gut Schnaitheim ging mitten im Krieg in andere Hände über. Der Schwager Philipp Heinrichs von Sperberseck, Eitel Hieronymus Besserer von Schnirpflingen, saß offenbar schon seit 1626 in Schnaitheim, obwohl der offizielle Kaufvertrag über den „adenlichen Sitz zu Schnaitheim" erst vom 25. Juli 1630 datiert. Der Kaufpreis betrug jetzt 13 500 Gulden und 150 Gulden zum Weinkauf[89]. Dies war mehr als das Doppelte des Kaufpreises von 1580, trug aber der kriegsbedingten Geldentwertung Rechnung. Besserer beklagte sich 1628 bei der Gemeinde wegen der Nutzung des Pferchs[90]. Dann gab es wieder Reibereien mit Württemberg. Schon 1627 war die Besteuerung seiner vier Söldner Gegenstand von Verhandlungen[91]. Im April 1630 beschwerten sich die Amtleute über ihn, weil er an seiner „Burg" und den Sölden kaiserliche „Salvas Guardias" (Schutzbriefe) angeschlagen habe, von seinen Söldbauern wöchentlich 28 Kreuzer Kontribution einziehe für die Einquartierung (im Schloß?), im übrigen aber nicht gestatte, daß diese Söldbauern wie andere Einwohner Schnaitheims Soldaten ins Quartier nähmen und zu den wöchentlichen Kontributionen des gemeinen Fleckens ihren Beitrag leisten[92].

Der Dreißigjährige Krieg, der ab 1634 unsere Gegend furchtbar heimsuchte, ruinierte auch den Schloßherrn und das Gut Schnaitheim. Als Eitel Hieronymus Besserer vor 1657 starb, hinterließ er beträchtliche Schulden bei der Kastnerei Heidenheim. Sie beliefen sich auf 2100 Gulden Kapital und weitere 997 Gulden 36 Kreuzer für angelaufene Zinsen. Zur Tilgung traten die Erben 1657 an Württemberg 120 Jauchert Wald

---

[86] Schloßarchiv Harthausen (wie Anm. 50) S. 40 Nr. 170a; frdl. Mitteilung von Herrn Dieter Weyhreter, Heidenheim, vom 24.10.1985; Eugen Eisele, Ortsgeschichte von Schnaitheim und Aufhausen, in: K. K. Meck, Die Industrie- und Oberamtsstadt Heidenheim a. Br. Bd. 2, S. 278 f; Die Kunst- und Altertums-Denkmale im Königreich Württemberg. Inventar Jagstkreis, Oberamt Heidenheim, bearb. von Eugen Gradmann, S. 226

[87] Stadtpfarrer Wagner-Schnaitheim, Die Pfarrer von Schnaitheim, in: Der Heydekopf 3. Bd. Nr. 10 S. 77

[88] Reichs-Ständische Archival-Urkunden und Documenta, 1750, S. 61 ff Nr. 23, hier S. 66

[89] Schn. Extractus Vogt-Rueg-Gerichts Protocolli de anno 1608; frdl. Mitteilung von Herrn Dr. Hofer, Staatsarchiv Ludwigsburg, aus B 575/576 Ritterkanton Kocher, Repert.; Stgt. A 353 Heidenheim W. U 98

[90] Mitteilung Dr. Hofer (wie Anm. 89)

[91] Schn. Extractus (wie Anm. 89)

[92] Stgt. A 206 Oberrat B. 2300

ab, nämlich die Parzellen Kleiner Wolfsbühl (17 Jauchert), Großer Wolfsbühl (96 Jauchert) und Kleiner Gehren (7 Jauchert)[93].

Als Erben sind damals genannt der Sohn Gottfried Eberhard Besserer von Schnirpflingen und die Töchter Anna Salome und Anna Sophia. Die letztere war mit dem Schorndorfer Bürger Wolfgang Pfadler vermählt. Anna Salome hatte um 1630 Christoph Herwarth von Bittenfeld (bei Waiblingen) geheiratet, der schon 1635 starb. Aus der Ehe waren zwei Söhne hervorgegangen, Eitel Heinrich und Wolfgang Eberhard. Die Witwe hatte sich während des Krieges und danach tapfer gewehrt, das Gut Bittenfeld zu erhalten, aber 1653 den Anteil ihrer Söhne verkaufen müssen. Seither lebte sie in denkbar bescheidenen Verhältnissen in einem Hofgut in Bittenfeld[94].

Weder ihr noch ihrer Schwester war im Krieg ein Heiratsgut zuteil geworden. Wohl auf ihr Drängen trat der Bruder Gottfried Eberhard Besserer in einem Erbvergleich, der am 30. Mai 1662 im Schlößlein zu Schnaitheim vereinbart wurde, den Schwestern für schuldiges Heiratsgut ,,das Rittergüettlin zue Schnaitheim" mit allen Gütern ab[95].

Anna Salome Herwarth und Anna Sophia Pfadler mit ihren Söhnen sind die letzten Inhaber des Schnaitheimer Ritterguts. Ob von ihnen jemals jemand im Schlößlein gewohnt hat, ist nicht bekannt. Die bescheidenen Erträgnisse des durch Waldverkauf geschmälerten Gutes waren unter zwei Familien zu teilen und reichten daher zum Leben wohl kaum aus. So blieb kein anderer Ausweg, als das Gut stückweise zu verkaufen. Wir sind darüber leider nur bruckstückhaft informiert. Im Jahre 1669 veräußerte Wolfgang Eberhard Herwarth für sich und seine Mutter gemeinsam mit seiner Tante Pfadler den Wald ,,der große Gehr", der 72 Jauchert 3 Viertel umfaßte, um 436 Gulden 30 Kreuzer[96].

Nach Aussage der Schnaitheimer Ruggerichtsprotokolle hätten die ,,Edelmannsgüter" im Dorf — es kann sich nur um die vier Sölden handeln — vor 1671 den Eigentümer gewechselt. Der offizielle Verkauf dieser vier Sölden an Württemberg erfolgte am 3. Dezember 1680. Verkäufer waren die Vettern Wolf Eberhard Herwarth und Wolfgang Pfadler der Jüngere, Pfarrer in Büchselsberg im Rosenfelder Amt. Sie erlösten dafür 118 Gulden[97].

Das Lagerbuch der Geistlichen Verwaltung Heidenheim von 1699 − 1719 wie auch das Schnaitheimer Steuerbuch von 1706 verzeichnen verschiedene Grundstücke auf Schnaitheimer Gemarkung, die zum Herwarth'schen Rittergütlein gehört hatten, aber angeblich um 1680 größtenteils in den Besitz der Gemeinde, aber auch in den Privatbesitz einzelner Bauern, wie etwa des Hirschwirts Melchior Faul, übergegangen waren. Es

[93] Stgt. A 555/II Forstamt Heidenheim B. 54; H 107/5 Nr. 2 Forstlagerbuch 1557, Fol. 100
[94] Albert Pfister, Drei Schwaben in fremden Kriegsdiensten (Württemberg. Neujahrsblätter 12, 1895) S. 24; Bittenfeld. Geschichte eines schwäbischen Dorfes, hrsg. von Joachim Peterke, 1985, S. 212 f
[95] Stgt. A 353 Heidenheim W., B. 48
[96] Stgt. A 353 Heidenheim W., U 99
[97] Schn. Extractus (wie Anm. 89); Stgt. H 101 Lagerbuch W 645 Heidenheim 1689, Fol. 67 f

sind rund 40 Jauchert Äcker an der Hirschhalde, die zum Teil öd lagen, zwei Stücke zu je sechs Jauchert im Möhntal, je ein Jauchert im Giengener und Heidenheimer Feld, zehn Jauchert auf dem Kelchberg, ferner zehn Jauchert im Hungertal (Kuchener Tal), das „Junkersfeld" genannt. Auch wird der Wald „Junkershau" (im Möhntal) erwähnt, der gewiß derselben Herkunft ist[98].

Hat somit der Verkauf der Sölden, Wälder und Ackerstücke in den Quellen doch irgendwie seinen Niederschlag gefunden, so fehlt seltsamerweise jeder direkte Hinweis, wann und unter welchen Umständen das Hauptobjekt des Rittergutes, nämlich das Schlößlein, an Württemberg überging[99].

Doch läßt sich wenigstens der Zeitpunkt annähernd ermitteln. Wie bekannt, gelangte das Schlößlein 1662 in den Besitz der Erbengemeinschaft Herwarth-Pfadler. Der Übergang an Württemberg kann somit erst nach 1662 erfolgt sein.

Zum andern war das Schloß spätestens 1689 in württembergischer Hand. Das in diesem Jahr erneuerte Lagerbuch schreibt nämlich für Schnaitheim sämtliche Hoheitsrechte ohne Einschränkung Württemberg zu[100]. Alle Sonderrechte, die früher den Schloß-inhabern zugebilligt wurden, waren somit entfallen. Dies setzt voraus, daß das Schloß württembergisch geworden war. Wie sich noch zeigen wird, war dies schon vor 1681 geschehen. Der Ankauf durch Württemberg muß also zwischen 1662 und 1681 erfolgt sein. Diese Zeitspanne läßt sich vielleicht noch weiter einengen. Beim Verkauf des Waldes „Großgehren" im Jahre 1669 wird gesagt, der Wald habe „zue dem vormahls sogenandten Rittergüthlen Schnaitheim" gehört[101]. Dieses „vormals" dürfte so zu verstehen sein, daß das Rittergut als solches 1669 nicht mehr bestand, und zwar einfach deshalb, weil das Schloß als sein Mittelpunkt bereits veräußert war. Trifft diese Deutung zu, müßte der Übergang an Württemberg schon zwischen 1662 und 1669, mithin um 1665, erfolgt sein. Damit wäre das Schloß wohl als erstes Objekt vom übrigen Besitz wegver-kauft worden.

---

[98] Schn. Außzug Von der Geistl. Verwaltung Anno 1699 erneuertem, Anno 1719 aber publicirt und authentisirtem Lagerbuch (betr. Schnaitheim) Fol. 31 b, 35 b, 41, 45; Steuerbuch Schnaitheim Nr. 2, 1706, Fol. 383 b, 384, 385 b

[99] Die Urkunde über diesen Kauf scheint seit langem verloren zu sein. Das Repertorium A 353 des Bestandes Heidenheim W im Hauptstaatsarchiv Stuttgart aus dem Jahre 1779 erwähnt in einer Übersicht über die das Amt betreffenden Verträge keine entsprechende Urkunde. Ebensowenig ein „Vertragsbuch" des Amtes Heidenheim aus dem 18. Jahrhundert (A 353 L, B. 35). Der Verfasser der geschichtlichen Teile der Beschreibung des Oberamts Heidenheim von 1844, Christoph Friedrich Stälin, der die staatlichen Archivbestände wohl kannte, wußte kein Datum zu nennen. Eigenartig, daß sich im Lagerbuch von 1689 keine Abschrift der Urkunde findet. Ein früheres Lagerbuch von 1620 ist im Schnaitheimer Gemeindearchiv nicht auffindbar (vgl. Robert Philipp, Aus der Ge-schichte des Vorortes Schnaitheim, in: Der Hellenstein Bd. 1 Nr. 24 vom 11. Nov. 1950, S. 110).

[100] Wie Anm. 95; Stgt. H 101 Nr. 645 Lagerbuch von 1689, Fol. 8

[101] Wie Anm. 96

4. Das Schlößlein wird Forsthaus

Ist es schon höchst eigenartig, daß Zeitpunkt und Umstände des Übergangs an Württemberg nirgends in den uns bekanntgewordenen Quellen festgehalten sind, so lassen die Archivalien auch klare Aussagen vermissen, wozu das Schlößlein in der Zeit danach gedient hat. Wir sind wieder darauf angewiesen, uns auf Umwegen Klarheit zu verschaffen[102].

Vom Schlößlein als Gebäude ist in württembergischer Zeit seltsamerweise kaum mehr die Rede. Das Schlößlein dient lediglich als Orientierungspunkt. So finden wir im Schnaitheimer Steuerbuch von 1706 den Standort von acht nahe beieinander liegenden Häusern beschrieben mit ,,bei dem Schlößlen", ,,gegen dem Schloß", ,,an dem Weg ins Schlößlen" und ähnlich[103]. Diese Wendungen wurden vermutlich aus dem alten Steuerbuch einfach übernommen, weil sie einen allgemein bekannten Zustand wiedergaben. Jene Häuser liegen alle westlich der heutigen Würzburger Straße im Bereich des ,,Hirscheck", für dessen nördlichen Teil sich laut Primärkataster bis ins 19. Jahrhundert der Name ,,Schloßgasse" erhalten hat.

Auch ist im Jahre 1790 von einem Schloßgarten die Rede, der sich damals im Besitz eines Schnaitheimer Handwerkers befand[104]. Er lag am linken Ufer der Brenz, dem Schlößlein gegenüber. Die Flurkarte von 1830 weist dort zwei Schloßgärten aus.

Was aber ist aus dem Schloß geworden?

Erst etwa 80 Jahre nach dem Übergang an Württemberg vermerkt das Landbuch von 1744 für Schnaitheim ein ,,herrschaftliches Schloß"[105]. Sodann wird von dem ehemaligen Forstmeister Wilhelm Ulrich Schilling von Canstatt überliefert, er sei 1737 ,,auf Schloß Schnaitheim" verstorben[106].

Unseres Wissens ist dies die früheste Nachricht, die eindeutig zum Ausdruck bringt, daß das Schloß als Wohnung für den Forstmeister diente, der den damaligen Heidenheimer Forst zu beaufsichtigen hatte. Sie stimmt überein mit dem Primärkataster von 1830, der das Schloß als ,,Wohnung des Oberförsters" ausweist[107]. Damit ist klar, daß mit

---

[102] Wichtige Archivalien aus dem Schnaitheimer Ortsarchiv, die vielleicht darüber Auskunft geben könnten, sind leider nicht auffindbar, obwohl sie anscheinend noch um 1950 benützt worden sind, nämlich ein Lagerbuch von 1620, das älteste Steuerbuch von 1657, aber auch die älteste Gemeinderechnung von 1579 (vgl. Robert Philipp (wie Anm. 99) in: Der Hellenstein Bd. 1 Nr. 24 S. 110, 111, 112, Nr. 25 S. 116).

[103] Schn. Steuerbuch Nr. 2 von 1706

[104] Schn. Extractus (wie Anm. 89)

[105] Georg Leonhard Andreä, Landbuch über das ganze Herzogtum Württemberg, angefangen anno 1736, beschlossen im Febr. 1744. Öff. Bibl. Cod. hist. Fol. 140. Es vermerkt bei Schnaitheim: ,,Ein Herrschaftl. Schloss. Eine Herrschaftl. Vorstbehausung". Die Erwähnung von Schloß und Forstbehausung trägt zur Verwirrung bei, da man annehmen muß, daß es sich um zwei verschiedene Gebäude handle.

[106] Pfeilsticker (wie Anm. 44) § 2390

[107] Wie Anm. 2

dem recht häufig erwähnten „Oberforsthaus" (nach 1765) bzw. „Forsthaus" das Schlößlein gemeint ist, jedenfalls zurück bis in die dreißiger Jahre des 18. Jahrhunderts. Auf das Schlößlein bezieht sich somit die folgende Beschreibung im Forstlagerbuch von 1742:

„Eine wohl erbaute Behaußung, Vichstall, Hoffraithen und einem kleinen Kuchengärttlen, so dißer Zeith von einem jedesmahligen Forstmeister bewohnt wird, aneinander mit allem Einbegriff, wie fornen und neben zu mit einer Maur umbfangen, auch übrigen Zugehörung und Gerechtigkeitten, zwischen der Brenz und der gemeinen Gassen gelegen . . ."[108].

Daß es sich um das Schloß handeln muß, dafür spricht die Ummauerung und sodann die Lage zwischen der Brenz und der gemeinen Gasse, denn dies trifft nur für die östliche Häuserzeile der ehemaligen Forstgasse (heute „Am Jagdschlößle") zu, deren Grundstücke rückwärts an die Brenz stoßen. Aus der Bemerkung, diese Behausung werde „von einem jedesmahligen Forstmeister bewohnt", dürfen wir schließen, daß dies schon seit längerem üblich war. Daher sind wir berechtigt, noch einen Schritt weiter zurück zu gehen.

Im Jahre 1706 erneuerte die Gemeinde Schnaitheim ihr Steuerbuch. Im Anhang ist auch das Forsthaus der „Gnädigsten Herrschaft" wie folgt beschrieben: „Eine Vorst Behausung (mit einer Mauren umfaßet), 2 Städel und 1 Vichhauß nebst einem kleinen Gärttlen (1 Fischgruben) daran, über dem Wasser stehend . . . vornen auf die Gaß und hinden auf die Brenz stoßend"[109]. Die Beschreibung stimmt zwar nicht genau mit der von 1742 überein. Wie dort werden jedoch Mauer, Viehhaus und Gärtlein erwähnt und die Lage genauso geschildert, so daß es sich zweifellos um das gleiche Objekt, nämlich das Schlößlein, handelt. Demzufolge muß schon um 1706 das Schloß als Wohnung für den Forstmeister gedient haben. Doch wie lange schon?

Die Frage ist berechtigt. Denn wir erinnern uns, daß viel früher, bereits in den Jahren 1565 und 1576, von einer herrschaftlichen „Vorstbehausung" in Schnaitheim die Rede war, zu einer Zeit, als das Schlößlein noch lange in ritterschaftlichem Besitz gewesen ist[110].

Diese alte Forstbehausung ist im Lagerbuch von 1556 bei „Der Herrschaft eigene Güter" folgendermaßen beschrieben: „Die drew Heußer und Hofraitinen, die diser Zyt ain Vorstmaister bewonnet, aneinander mit allem Begriff, Zugeherungen und Gerechtigkaiten, zwischen der Prennz und der gemain Straßen gelegen . . ."[111].

Was uns hier stutzig macht, ist die Lage dieser Forstbehausung „zwischen der Brenz und der gemeinen Straße". Sie stimmt überein mit der Lage des Schlößleins in den Beschreibungen von 1706 und 1742. Und doch kann 1556 keinesfalls das Schlößlein gemeint sein.

---

[108] Stgt. H 107/5 Forstlagerbuch von 1742, Fol. 21 b

[109] Schn. Steuerbuch Nr. 2 von 1706, Fol. 386 b. – „Über dem Wasser stehend" ist vom Ortskern her zu verstehen, der links der Brenz liegt; gemeint ist hier der Ortsteil rechts der Brenz.

[110] Stgt. A 353 Heidenheim W., B. 48; A 206 Oberrat, B. 2298; vgl. Anm. 105

[111] Stgt. H 101 Nr. 625 Lagerbuch von 1556, Fol. 89 f

Was uns weiter überrascht, ist die darauf folgende Beschreibung eines Gartens, der zu der Forstbehausung gehörte, nämlich ,,ain Tagwerckh ungevarlich Bomgartens samt der Scheuren darinnen steend und dem Keller unter der Scheuren, vor den obgeschriben Behausungen über (= gegenüber, jenseits der Straße), zwischen der gemeinen Straßen und den Äckhern gelegen . . .‘‘[112]. Denn auch 1742 wird ein Garten in genau derselben Lage, nämlich gleichfalls jenseits der Straße, und mit unterkellerter Scheune als zum damaligen Forsthaus (= Schloß) gehörig beschrieben[113].

Wie noch zu zeigen sein wird, ist der Garten von 1556 mit dem von 1742 tatsächlich identisch. Er stieß rückwärts an die Äcker ,,im Hagen‘‘. Da nun für das Forsthaus von 1556 wie für das Schlößlein die gleiche Lage ,,zwischen der Brenz und der gemeinen Gasse (Straße)‘‘ gegeben war, die nur für die östliche Häuserzeile der ehemaligen Forstgasse zutrifft, und beide Objekte ein und denselben Garten gegenüber liegen hatten, müssen Forsthaus und Schlößlein ganz nahe beieinander gestanden sein. Unseres Erachtens kann die Behausung des Forstmeisters von 1556 nur auf dem Grundstück der heutigen Gebäude Nr. 4 und 6 zu suchen sein. Das war ganz nahe beim Schloß.

Die 1556 beschriebene Forstbehausung wurde wahrscheinlich schon seit 1536 von allen früheren Forstmeistern bewohnt, nämlich Franz Schertlin (1536 – 1543, begraben in Schnaitheim), Hans Egen (1543 – 1547?), Kaspar Pfeffer (Forstverwalter 1548 – 1549), Wilhelm Arnsperger (1551 – 1574, von Wilderern erschossen), Hans Jakob Koch der Ältere (1574 – 1576, von Raubschützen erschossen), Hans Jakob Koch der Jüngere (1576 – 1609), Johann Koch (1609 – 1626), Wilhelm Burg (1626 – 1638?), Paul Kandler (1641 – 1648), Alexander von Wöllwarth (1648 – 1658)[114]. Während der Amtszeit seines Nachfolgers Friedrich Albrecht Schleicher (1658 – 1680) muß das Schlößlein in württembergischen Besitz übergegangen sein. Was geschah mit dem Schlößlein nach dem Ankauf, den wir um 1665 ansetzen dürfen?

Da das Schlößlein nicht als solches bezeichnet wird und außerdem seine Lage genauso beschrieben wird wie die des benachbarten alten Forsthauses, kann man für die Zeit vor 1706 im Zweifel sein, ob mit der Wohnung des Forstmeisters noch dieses alte Forsthaus oder schon das Schloß gemeint ist. So gibt das Lagerbuch der Herrschaft Heidenheim von 1689 folgende Beschreibung unter dem Titel ,,Der Herrschaft eigene Güter‘‘:

,,Eine Behausung, Städel, Ställ und Hofraitin, so diser Zeit von dem Vorstmeister bewohnet wird, aneinander mit allem Begriff, Zugehörungen und Gerechtigkeiten, zwischen der Printz und der gemeinen Gasse gelegen . . .‘‘[115].

Die Lagebeschreibung ,,zwischen der Brenz und der gemeinen Gasse‘‘ ist dieselbe wie 1556, wo sie sich auf das alte Forsthaus bezieht, und wie 1706 und 1742, wo das Schloß gemeint ist.

---

[112] Wie Anm. 111

[113] Wie Anm. 108

[114] Stgt. A 353 Heidenheim W., B. 36; Pfeilsticker (wie Anm. 44) § 2390 f

[115] Stgt. H 101 Nr. 645 Lagerbuch von 1689, Fol. 46

Auch ist im Anschluß daran wie 1556 und 1742 der gegenüberliegende Baumgarten samt unterkellerter Scheune erwähnt, nur ist dieser Garten jetzt auf drei Tagwerk erweitert durch Einbeziehung einiger Ackerstücke, die man 1681 von Schnaitheimer Bauern tauschweise erworben hatte. Davon wird noch die Rede sein.

Die Gebäudebeschreibung aber stimmt weder mit der von 1556 noch mit der von 1706 und 1742 überein. Sie liest sich wie die Beschreibung eines gewöhnlichen Bauernguts, und man käme kaum auf den Gedanken, daß damit das Schlößlein gemeint sein könnte.

So stellt sich tatsächlich die Frage, ob es sich hier noch um das alte Forsthaus von 1556 handelt, das in der Zwischenzeit baulich verändert sein mochte, oder um das Schlößlein, wie wir es 1706 und 1742 kennengelernt haben?

Hier dürfte eine allgemeine Überlegung mit zur Klärung verhelfen: Im Lagerbuch von 1689 ist unter dem Titel ,,Der Herrschaft eigene Güter" diese Forstmeisterbehausung als einzige verzeichnet. Wäre damit das alte Forsthaus von 1556 gemeint, müßte als zweites Objekt unbedingt auch das unlängst angekaufte Schloß erwähnt sein, und man müßte eigentlich etwas über dessen Nutzung erfahren. Da dies nicht der Fall und nur ein Objekt genannt ist, kann damit nur das Schloß gemeint sein. Als Folgerung ergibt sich daraus, daß das alte Forsthaus sich nicht mehr im Eigenbesitz der Herrschaft befand, ja vielleicht überhaupt nicht mehr vorhanden war.

Als ein weiterer Gesichtspunkt kommt hinzu: Das Steuerbuch von 1706 nennt als Nachbar des Forsthauses (= Schloß) im Süden die Hofstatt des Hans Leonhard Thumm[116]. Auch im Lagerbuch von 1689 wird ein Hans Leonhard Thuınm, Inhaber einer dem Kloster Königsbronn zinsbaren Sölde, als Anstößer der Forstbehausung im Süden erwähnt[117]. Es handelt sich beidesmal gewiß um dieselbe Person. Damit ist wohl erwiesen, daß die Beschreibungen von 1706 und 1689 das gleiche Objekt als Forsthaus im Auge haben, und wenn 1706 damit das Schloß gemeint war, dann war es 1689 ebenso.

Wenn somit die Frage, ob wir es 1689 mit dem alten Forsthaus oder dem Schloß zu tun haben, zugunsten des Schlosses entschieden ist, können wir noch einen Schritt weiter zurückgehen: Christoph Friedrich von Eyb war schon im Jahre 1664 zum Obervogt der Herrschaft Heidenheim ernannt worden. Er bekleidete einen hohen militärischen Rang und hatte sonst noch hohe Ämter inne, die ihn in Stuttgart festhielten, wo er auch ein Haus besaß[118]. Sein Amt als Obervogt scheint er viele Jahre in der Weise ausgeübt zu haben, daß er sich in seinem Amtsbezirk nur gelegentlich einmal zeigte, um nach dem Rechten zu sehen. Im Jahre 1681 aber trat er sein Amt ,,würcklich" an, wie es im Bericht eines Beamten heißt[119]. Der Obervogt war der Vertreter des Herzogs und somit ranghöchster Beamter in der Herrschaft Heidenheim. Er hatte Anspruch auf die geräumigste

---

[116]   Wie Anm. 109

[117]   Wie Anm. 115

[118]   Pfeilsticker (wie Anm. 44) § 2385

[119]   Stgt. A 249 Rentkammer B. 1009 (Schreiben des Untervogts vom 30.8.1684)

und repräsentativste Dienstwohnung, die diese Herrschaft zu bieten hatte. Eybs Vorgänger hatten auf Schloß Hellenstein residiert. Ihm behagte dies offenbar nicht, denn er verdrängte Forstmeister Marx Albrecht Schleicher aus dessen Amtswohnung in Schnaitheim und nötigte ihn, auf die Burg Falkenstein zu ziehen[120]. Dieses Vorkommnis erlaubt folgenden Schluß: Hätte der Forstmeister damals noch in dem vergleichsweise bescheidenen Forsthaus von 1556 gewohnt, so wäre er schwerlich vom Obervogt daraus verdrängt worden, dem ja das benachbarte Schlößlein hätte zur Verfügung stehen müssen. Offenbar aber wohnte der Forstmeister zu der Zeit selbst im Schloß, und dies mißgönnte ihm der Obervogt, weil er es für die ihm angemessene Wohnung ansah.

Damit dürfte klar sein, daß mit dem Schnaitheimer Forsthaus schon um 1680, wenn nicht früher, das Schlößlein gemeint ist.

Jetzt wird der Sinn zweier sich ergänzender Nachrichten klar. Die eine besagt, daß im Jahre 1657 der Forstmeister Wohnung im Schloß Hellenstein erhielt in den Räumen, die bisher der Zeugwart bewohnt hatte. Die andere weiß, daß 1660 in Schnaitheim ein neues Forsthaus auf Gemeindegrund gebaut werden sollte[121]. Aus beiden Nachrichten ist wohl zu entnehmen, daß das alte Schnaitheimer Forsthaus von 1556 nicht mehr bewohnbar war, daß aber andererseits das dortige Schlößlein noch nicht in württembergischem Besitz war und somit als Wohnung für den Forstmeister nicht in Betracht kam. Die Unterbringung des Forstmeisters auf Schloß Hellenstein sollte aber keine Dauerlösung sein. Deshalb plante man 1660 den Bau eines neuen Forsthauses.

Tatsächlich kann der Forstmeister nur wenige Jahre auf Hellenstein gewohnt haben. Denn schon der Nachfolger des dorthin übersiedelten Forstmeisters Alexander von Wöllwarth, Friedrich Albrecht Schleicher (1658 - 1680), wohnte wieder in Schnaitheim, wo er auch starb und begraben wurde. Vermutlich wurde das Schlößlein gleich nach dem Ankauf um 1665 zum neuen Forsthaus bestimmt, und der Forstmeister zog alsbald dorthin. Der Bau eines neuen Forsthauses erübrigte sich. Damals muß der Baumgarten des alten Forsthauses mit dem Schlößlein als der nunmehrigen Forstbehausung verbunden worden sein.

Ab 1681 war das Schnaitheimer Schloß für einige Jahre (bis etwa 1686) Sitz der „Obervogtey", der obersten Behörde in der Herrschaft Heidenheim. Diese Episode verbindet sich mit der Person des herrischen und wenig rücksichtsvollen Obervogts von Eyb. Da sich über diese Zeit aufschlußreiche Akten erhalten haben, wollen wir auf sie etwas näher eingehen.

Baron von Eyb begnügte sich nicht damit, den Forstmeister Schleicher aus dem Schloß verdrängt zu haben. Er wollte seinen neuen Wohnsitz mit ausgedehnten Gartenanlagen verschönern. Zunächst ging es ihm um Vergrößerung und Kultivierung des zu seinem Dienstsitz gehörenden, jenseits der Straße liegenden Baumgartens, der vom alten Forst-

---

[120] Stgt. A 249 Rentkammer B. 1017 (Schreiben vom 9.1.1699)

[121] Schloß Hellenstein zu Heidenheim an der Brenz, hrsg. von dem Verschönerungsverein Heidenheim, 1892, S. 44; Robert Philipp (wie Anm. 99), in: Der Hellenstein Bd. 1 Nr. 25 S. 116.

haus stammte. Mit Schreiben vom 6. Juli 1681 wandte sich der Untervogt an die Rentkammer und brachte vor, daß der Baum- und Küchengarten des Forsthauses zu klein sei;
man gewinne daraus nur wenig für die Küche und noch weniger Obst. Der Obervogt
hätte den Garten gerne um etliche angrenzende Ackerstücke, insgesamt 1 1/2 Jauchert,
,,extendiert" (erweitert). Er habe bereits die vier Eigentümer zur Herausgabe veranlaßt unter der Bedingung, daß ihnen dagegen ,,Wißwax" vom Heidenheimer See eingeräumt werde. Ein anderer Anlieger habe ein Stück seines Grasgartens hergegeben für das
Wagenhaus und für die Zufahrt zu demselben gegen Entschädigung im Heidenheimer
See. Der Obervogt beabsichtige, den Garten mit ,,allerhand guten Bäwmen" auf seine
Kosten zu besetzen und ,,Gartengewäxe" darin zu ziehen, auch eine Hecke darum zu
pflanzen, und zwar alles ohne Nachteil für die Herrschaft.

Die herzogliche Genehmigung kam schon vierzehn Tage später mit der Auflage, den
Gütertausch im Lagerbuch von 1620, das damals noch gültig war, zu vermerken[122]. Der
jetzt auf drei Jauchert erweiterte Forstgarten ist im Lagerbuch von 1689 wie auch im
Forstlagerbuch von 1742 beschrieben[123]. Er lag laut Primärkataster von 1830 dem Schloß
unmittelbar gegenüber, wurde aber beim Bahnbau 1863 ins Bahngelände einbezogen.

Schon im folgenden Jahr 1682 hatte der Obervogt von Eyb einen neuen Wunsch.
Gemeinsam mit dem Untervogt wandte er sich an den Administrator Herzog Friedrich
Karl und brachte vor, der Forstmeister Marx Albrecht Schleicher habe bei seinem Abzug
(1681) einen schönen Gras- und Baumgarten mit einem feinen Gartenhäuslein hinterlassen, der von einem lebenden Hag umgeben sei und auf zwei Tagwerk drei Viertel
geschätzt werde. Dieser Garten passe gut zum jetzigen Herrschaftsgarten (= Forstgarten), den er, der Obervogt, als ,,Wildnus" angetroffen habe; beide Gärten stießen
nämlich direkt aneinander. Zwar habe der Forstmeister Schleicher nie die Absicht gehabt,
seinen Garten zu ,,veralienieren" (veräußern), weil er das Gras und Obst einbringen und
nach Falkenstein führen lassen könne. Doch ,,auff beschehen Veranlaßung" sei er doch
dazu bereit, wenn ihm als Aequivalent ein Stück von sechs Jauchert mit Gartenrecht in
dem trockengelegten Hürbener See eingeräumt werde. Um den Tausch trotz der unterschiedlichen Grundstücksflächen als vorteilhaft darzustellen, wies Eyb darauf hin, daß
der Schleicher'sche Garten in Schnaitheim ,,guten süeßen Graßboden" mit fruchtbaren
Bäumen habe, wogegen im Hürbener See nur ,,saur und ungeschlachts Fueter"
wachse[124].

Der Herzog billigte auch diesen Tausch. Der Schleicher'sche Garten wurde vermessen.
Er grenzt nach Süden an den 1681 erweiterten Forstgarten und reicht nach Osten bis
an die Brenz[125]. Auch dieser Garten erscheint in den Lagerbüchern von 1689 und 1742
wie auch − anscheinend vergrößert − im Primärkataster von 1830.

---

[122] Stgt. A 249 Rentkammer B. 1009

[123] Stgt. H 101 Nr. 645 Lagerbuch von 1689, Fol. 46; H 107/5 Forstlagerbuch von 1742, Fol. 21 b

[124] Stgt. A 249 Rentkammer B. 1017

[125] Wie Anm. 124 (mit Plan)

Der Obervogt von Eyb erwies sich als ein recht selbstherrlicher und sehr auf seinen Vorteil bedachter Vorgesetzter. In einem Bericht des Untervogts an den Herzog-Administrator von 1684 heißt es, der Obervogt wolle zwar dafür angesehen werden, daß er der Herrschaft Interesse getreulich observiere, hingegen verkleinere er andere neben sich und haue aufs schärfste hinein – dies ist wohl nicht wörtlich gemeint. In diesem Bericht klagt der Untervogt, daß der Herzog von dem 1681 erweiterten Garten nur Schaden habe, da der Obervogt darin jedes Jahr auf des Herzogs Kosten bauen lasse und die armen Untertanen dabei viel Fronarbeit umsonst leisten müßten. Der Obervogt aber nütze diesen Garten ganz umsonst, gebrauche für die Gartenarbeit den Torwart vom Schloß Hellenstein, einen Gärtner, den der Obervogt selbst angestellt habe. Auch nehme er etliche Tagwerk Wiesen bei Aufhausen, die vorher der Forstmeister zu seiner Besoldung genossen, für sich in Anspruch und entrichte davon nur einen unbedeutenden Zins[126].

Der Bericht zeigt, daß das Verhältnis des Obervogts zu den übrigen Beamten nicht das beste war. Den Forstmeister Schleicher hatte er nicht nur aus der Wohnung verdrängt, sondern schließlich genötigt, sein Amt 1684 aufzugeben[127]. Schleichers Nachfolger Brandstetter ist wegen der Händel mit von Eyb sogar „durchgegangen"[128]. Ursache dieser Händel dürften u.a. übermäßige Anforderungen von Baumaterial seitens des Obervogts, aber auch Knauserigkeit des Forstmeisters gewesen sein. Im Jahre 1686 nämlich meldete der Untervogt, in der „Obervogtey" zu Schnaitheim müßten im Roßstall eine neue eichene Rinne gelegt und am Gartenzaun 200 neue „Thillstecken" gesetzt werden. Der Herzog-Administrator möge dem Forstmeister befehlen, die dafür benötigten vier Eichen „unwaigerlich" abfolgen zu lassen, denn sonst werde der Forstmeister keinen einzigen Zaunstecken für die Obervogtei hergeben[129].

Die Spannungen zwischen von Eyb und den übrigen Beamten mögen bewirkt haben, daß von Eyb seine letzten Amtsjahre (bis 1691) nicht in Schnaitheim verbrachte. Von 1686 datiert die letzte Nachricht von der dortigen „Obervogtey". Auch wissen wir, daß im Jahre 1689 der Forstmeister wieder im Schlößlein wohnte.

Nach Eybs Weggang ereiferten sich die Beamten wegen des Gartentauschs mit Forstmeister Schleicher von 1682. Hatte Eyb diesen Tausch als recht vorteilhaft für die Herrschaft geschildert, so behaupteten die Beamten jetzt das genaue Gegenteil und drängten darauf, den Tausch wieder rückgängig zu machen, da er „einig und allein in favorem (zum Vorteil) deß damaligen Obervogts von Eyb" eingegangen worden sei. Jetzt kam deutlich zum Ausdruck, daß Schleicher nicht nur die Forstbehausung dem

---

[126] Wie Anm. 122

[127] Pfeilsticker (wie Anm. 44) § 2390

[128] Pfeilsticker (wie Anm. 44) § 2388

[129] Wie Anm. 122. – Das Verhältnis des Obervogts zum Herzog-Administrator wurde durch diese Vorkommnisse offenbar nicht beeinträchtigt. Jedenfalls zeigte Eyb im Januar 1682 die Geburt eines Sohnes an und bat den Herzog zum Gevatter (A 202 Geheimer Rat, Amt Heidenheim, B. 978).

Obervogt hatte abtreten müssen, sondern daß er auch zu dem Gartentausch genötigt worden war. Wegen eines etwaigen Rücktausches kam es zum Prozeß, der sich mit Schleichers Witwe noch bis 1709 hinzog. Es blieb schließlich bei der Regelung von 1682. Der Garten wurde dem Forstmeister zur Nutzung überlassen, jedoch „nicht für ein Accidens" (Beinutz zum Amt), sondern gegen einen geringen Zins[130].

Im Verlauf des 18. Jahrhunderts ist vom Forsthaus (= Schlößlein) häufig die Rede, doch sind für uns nur einige Nachrichten von Interesse, die das Objekt selbst oder seine nächste Umgebung betreffen.

Zur Zeit des Spanischen Erbfolgekriegs (1701 – 1714) wurde auch Schnaitheim in Mitleidenschaft gezogen. Im Forsthaus lag zeitweilig eine „Salva Guardia" (Schutzwache) vom Durlachischen Regiment, die „bey gewisser Begebenheit" sich des Fleckens angenommen, weshalb ihr von der Gemeinde 1703 ein Geldbetrag verehrt wurde.[131] Durchmarschierende Truppen und Einquartierung dürften mit Schuld daran gewesen sein, daß der Pumpbrunnen beim Forsthaus „gantz und gar runiert" war. Der Forstmeister Wilhelm Ulrich Schilling von Cannstatt bat 1704 um die Erlaubnis, einen frischen Brunnen graben zu dürfen, der nicht mehr als zwölf Gulden kosten würde[132].

Das Steuerbuch der Gemeinde Schnaitheim von 1706 verzeichnet ein gemeindeeigenes Fischwasser, das „an dem Vorsthauß herunder fließet". Es hielt etwa 300 Schritt in sich, grenzte im Norden an das Fischwasser des Klosters Neresheim, das seit 1298 bekannt ist, und reichte im Süden bis zum Rechen bei der Mühle, wo das Fischwasser der Herrschaft Heidenheim anfing. Der Forstmeister hatte dieses Gemeindewasser eine Zeitlang gegen Zins genossen[133].

Im Jahre 1767 gab es Streit zwischen Stadt und Amt Heidenheim bzw. der in erster Linie betroffenen Gemeinde Schnaitheim und dem Forstmeister Johann Wilhelm Dietrich Schilling von Cannstatt. Der Forstmeister hatte in Stuttgart die Erlaubnis eingeholt, den Beinutzungsweiher hinter dem Forsthaus – es wird sich um die 1706 erwähnte Fischgrube handeln – trocken legen zu lassen, um den Einsturz des dabei stehenden Waschhauses zu verhüten. Dazu hatte er von Stadt und Amt Heidenheim täglich 20 Leiterwägen zum Steinführen und 25 Handfroner angefordert. Stadt und Amt wandten sich nun an den Herzog und beklagten sich. Sie hätten dem Ansinnen Schillings zunächst Folge geleistet, doch dann die Sache als zu beschwerlich und kostspielig angesehen. Sie meinten, die Trockenlegung erfordere mindestens 100 Fuhren und ebensoviele Handfronen. Auch behaupteten sie, dem Forstmeister sei es nur darum zu tun, statt des Weihers ein Krautland einzurichten, obwohl sich beim Oberforstamt Gärten und Länder im Überfluß befänden. Auch könnte ein künftiger Forstmeister auf den Gedanken kommen, den Weiher wieder anzulegen und Stadt und Amt neuerlich damit belästigen.

---

[130] Wie Anm. 124

[131] Schn. Bürgermeisterrechnung 1703/04

[132] Stgt. A 249 Rentkammer B. 1046

[133] Schn. Steuerbuch Nr. 2 von 1706, Fol. 358 b; Bürgermeisterrechnung 1720/21, Fol. 18 b

Der Forstmeister rechtfertigte sich und wies darauf hin, daß man andernfalls den Weiher hätte wiederherstellen müssen, da er „durch die Erde auseinander getruckt gewesen". Er verwies auf möglichen Schaden am Forstgebäude, „wie dann wirklich das Waschhaus durch Eindringen des Wassers vom Fluß in den Canal einen starken Sprung bekommen und zum Ruin und Einsturz gekommen wäre"[134].

Nun taten sich die Stadt Heidenheim und die Gemeinde Schnaitheim zusammen. Sie beriefen sich auf einen herzoglichen Befehl vom 22. Dezember 1766, wonach „werend höchstdero Abwesenheit die Untertanen unter kainerlay Vorwand mit Frohnen und Vorspan belästigt" werden sollten, und faßten den Entschluß, die Sache dem Landtag zu unterbreiten und die verlangte Fron inzwischen nicht zu stellen[135]. Der weitere Gang der Dinge ist nicht bekannt. Doch muß die Fischgrube vollends zugeschüttet worden sein, denn wir finden sie auf der Flurkarte von 1830 ebensowenig wie das Waschhäuslein.

Mit dieser Sache steht vielleicht folgende Anfrage in Zusammenhang. Ein mißgünstiger Mitbürger wollte 1770 wissen, warum der Barbierer keine Frondienste leiste. Darauf erging der Bescheid, der Barbierer sei befreit, da er tagtäglich im Forsthaus gebraucht werde und „wegen der täglichen Vorfallenheiten im Flecken" nicht von dort abwesend sein könne[136]. Der Sohn und Nachfolger des erwähnten Forstmeisters Schilling, Karl August Schilling von Cannstatt, erwarb 1787 von der Gemeinde Schnaitheim einen Gemeindeplatz von 280 Schuh Länge und 16 Schuh Breite, der sich hinter dem Oberforsthaus an der Brenz entlang zog, um zehn Gulden zu einem Krautland. Das Gerichtsprotokoll vermerkt, es sei dies ein „blosser Smuzfleck" und in seinem gegenwärtigen Zustand ohne den mindesten Nutzen[137]. Es handelt sich um einen Teil der späteren Parzelle 905, die im Jahre 1830 im Eigentum des Königlichen Kameralamts war.

5. War das Schnaitheimer Schlößlein ein Jagdschloß?

Wer sich mit dem Schnaitheimer Schlößlein befaßt, hat auch zu prüfen, ob und wann das Schlößlein als Jagdschloß gedient hat. Vom „ehemaligen königlichen Jagdschloß" spricht unseres Wissens zum ersten Mal die Beschreibung des Oberamts Heidenheim von 1844[138]. Aufgrund dieser Angabe wurde die ehemalige Forstgasse, spätere Bahnhofstraße in Schnaitheim, umbenannt und heißt jetzt „Am Jagdschlößle".

Unter einem Jagdschloß wird man sich im allgemeinen ein Schloß vorstellen, daß außerhalb der geschlossenen Ortschaft, am besten mitten im Wald, gelegen ist. Es wird

---

[134] Stgt. A 227 Oberrat: Forst, Wald, Jagd, B. 883
[135] Schn. Amts- und Gerichts Protocollum, angef. 1766, Fol. 41 f
[136] Schn. Vogt-Rueg-Gerichts Protocoll von 1608
[137] Schn. Amts- und Gerichts Protocollum 1786 – 1796, Fol. 33 b
[138] Beschreibung des Oberamts Heidenheim, 1844, S. 270

nicht dauernd bewohnt, sondern von einem Verwalter betreut; seine Räumlichkeiten werden bereit gehalten, die fürstliche Jagdgesellschaft aufzunehmen, wenn sie zu den üblichen Jagdzeiten der Hofjagd nachgeht.

Wir erinnern uns, daß das Schnaitheimer Schlößlein in allen amtlichen Schriftstücken immer nur als Forsthaus bezeichnet wird. Auch wissen wir aus den Beschreibungen, welche Räumlichkeiten im Schlößlein zur Verfügung standen: drei Zimmer, sechs oder sieben Kammern. Darin wohnten seit dem ausgehenden 17. Jahrhundert die Forstmeister, vorübergehend auch der Obervogt, mit ihren Familien und Dienstboten. Zumindest eine Stube wurde als Amtszimmer gebraucht, in welchem die bei der Forstverwaltung anfallenden Geschäfte erledigt wurden. Wir hören von einem Forst-Scribenten (1724 und später) bzw. Secretarius (1789), einem Schreiber, der dort gearbeitet, aber wohl auch im Schloß gewohnt hat[139]. Zeitweilig wohnte im Schloß noch die Witwe des alten Forstmeisters, ein andermal ein Adjunkt, der dem schon betagten Forstmeister zur Einarbeitung und als Hilfe beigegeben war[140]. Jede dieser Personen benötigte mindestens eine Kammer für sich. Es blieb daneben sicher nicht viel Raum, wo man den herzoglichen, später königlichen Hofstaat hätte beherbergen können, es sei denn, man hätte für die Dauer eines Jagdaufenthalts die Forstmeistersfamilie samt Anhang ausquartiert.

Unter den württembergischen Landesfürsten gab es passionierte Jäger. Der Heidenheimer Forst war jedoch beileibe nicht ihr einziges Jagdrevier[141]. Sie kamen allenfalls alle paar Jahre in den von der Residenz ziemlich abgelegenen Heidenheimer Forst. Wir kennen für das 18. und beginnende 19. Jahrhundert etwa ein Dutzend Jagdaufenthalte in diesem Forst, nämlich 1714 und 1716 (beidesmal Entenschießen), 1719/20, 1725, 1736, 1745, 1766, 1767, 1769, 1770, 1783, 1799 (?) und 1810/11[142].

Da zu einer solchen Hofjagd, die zum Teil vierzehn Tage bis drei Wochen, ja einmal sogar sechs Wochen dauerte, alles in allem mehrere hundert Personen angereist kamen, wurde ein Teil in den Amtsorten einquartiert, und sicher bekam dabei auch das Schnaitheimer Schlößlein den einen oder anderen prominenten Quartiergast. Soweit wir davon Kenntnis haben, wohnte aber der Herzog mit dem engsten Hofstaat jeweils in Heiden-

---

[139] Pfeilsticker (wie Anm. 44) § 2391; Schn. Amts- und Gerichts Protocollum 1766, Fol. 18 b; Amts- und Gerichts Protocollum 1786/1796, Fol. 73

[140] Tagebuch der Gräfin Franziska von Hohenheim, hrsg. von A. Osterberg, S. 245; Pfeilsticker (wie Anm. 44) § 2389 (betr. Philipp Christoph Leutrum von Ertingen)

[141] Man denke an den Tübinger Forst (Schönbuch), Uracher, Kirchheimer, Schorndorfer, Böblinger, Ludwigsburger, Stromberger und Freudenstadter Forst.

[142] K. K. Meck (wie Anm. 86) Bd. 1 S. 114 und 156 ff, Bd. 2 S. 19; Rudolf von Wagner, Das Jagdwesen in Württemberg unter den Herzogen, 1876, S. 339 f; Herzog Karl Eugen und seine Zeit, hrsg. vom Württ. Geschichts- und Altertumsverein, Bd. 1, S. 258 und 261; Tagebuch des Herzoglich Württembergischen Generaladjutanten Frh. von Buwinghausen-Wallmerode, hrsg. von Frh. Ernst von Ziegesar, S. 234 ff; Tagebuch der Gräfin Franziska (wie Anm. 140) S. 243 ff; Wilhelm Schneider, Heidenheimer Forst als Jagdgebiet, in: Heimatblätter, Beilage der HNN 6. Jahrg. Nr. 1 vom 18.1.1958.

heim, und zwar fast immer im Schloß Hellenstein, im Jahr 1770 logierte er in der „Krone"[143]. Wie ein solcher Jagdaufenthalt verlief, schildert der herzogliche Generaladjutant von Buwinghausen in seinem Tagebuch. Jeden Tag war Treibjagd in einer anderen Hut (Bolheimer, Aspacher, Schnaitheimer, Dettinger, Nattheimer, Aufhauser Hut). Dazwischen Rasttage oder auch Regentage, an denen der Herzog Besucher empfing oder selbst Besichtigungen vornahm[144]. Wir wissen von einem Jagdaufenthalt des Herzogs Karl Eugen im November 1783, bei welchem ihn Franziska von Hohenheim begleitete. Diese hatte an der Jagd selbst kein Interesse, sondern fuhr eines Nachmittags nach Schnaitheim, wo sie gewiß die Frau Oberforstmeisterin besuchte, und an einem anderen Nachmittag kamen die Witwe des Forstmeisters Schilling und ihre Schwiegertochter, die Frau des amtierenden Forstmeisters Schilling, zu ihr nach Heidenheim[145]. Nirgends ergibt sich ein Anhaltspunkt dafür, daß der Herzog selbst in Schnaitheim gewohnt hätte.

Nur einmal könnte man im Zweifel sein: Im Oktober 1799 hatte man den Herzog zur Jagd im Heidenheimer Forst erwartet. Er erschien aber nicht. Doch nachdem der Jagdaufenthalt abgeblasen war, holte ein herzoglicher Küfer in Schnaitheim „den in dem allhiesigen herzoglichen Oberforsthaus zurückgelassenen Wein" wieder ab und erhielt dafür von der Gemeinde Schnaitheim 5 Gulden 35 Kreuzer[146]. Ob dieser Wein im Forsthaus eingelagert worden war, weil der Herzog dort hätte Quartier beziehen sollen, oder ob er anläßlich einer „kalten Kuche" (Picknick) in der Schnaitheimer oder Aufhauser Hut hätte getrunken werden sollen, sei dahingestellt. Auch bei gründlicher Durchsicht nicht nur der Schnaitheimer, sondern auch der Heidenheimer Bürgermeisterrechnungen des 18. und beginnenden 19. Jahrhunderts dürfte sich kaum ein anderes Bild ergeben. Man sollte von den romantischen Vorstellungen, die sich von dem „Jagdschlößle" gebildet haben, wohl einiges abstreichen.

Liste der Forstmeister, die im Schnaitheimer Schlößlein wohnten:

Friedrich Albrecht Schleicher 1658 – 1680, begraben in Schnaitheim (Grabplatte in der Kirche)

Marx Albrecht Schleicher 1680 – 1684, wohnt im Schlößlein bis 1681, dann auf Falkenstein

Simon Brandstetter 1684 – 1686, Wohnung unbekannt, vielleicht auf Falkenstein

Georg Philipp Bidembach von Treuenfels zu Oßweil 1686 – 1695

Friedrich Christoph Leutrum von Ertingen 1695 – 1698

Wilhelm Ulrich Schilling von Canstatt 1701 – 1737, begraben in Schnaitheim (gußeiserne Grabplatte), stiftet Kanzel und silberne Hostiendose

---

[143] K.K. Meck (wie Anm. 86) Bd. 1 S. 114 und 157 f Tagebuch Buwinghausen (wie Anm. 142) S. 235
[144] Tagebuch Buwinghausen (wie Anm. 142) S. 234 ff
[145] Tagebuch der Gräfin Franziska (wie Anm. 140) S. 245
[146] Schn. Stadt- und Amtsvergleichung 1799/1800, Fol. 2

Philipp Christoph Leutrum von Ertingen 1735, 1737 – 1744
Johann August von Brandenstein 1744 – 1747/48
Christoph Ludwig von Brandenstein 1748 – 1760
Johann Wilhelm Dietrich Schilling von Canstatt 1760 – 1780, begraben in Schnaitheim
      (Grabdenkmal)
Karl August Wilhelm Schilling von Canstatt 1780 – 1798, 1799 – 1802, begraben in
      Schnaitheim (dreiseitiger Obelisk auf dem Friedhof)
Christian von Hunoltstein 1802 – 1806
von Gemmingen 1806 – 1812
von Steube 1812 – 1815
Christian Wilhelm Ludwig (?) von Schott 1815 – 1818
von Steube 1818 – 1826
Pfizenmaier, Amtsverweser 1826 – 1827
Friedrich von Lützow 1827 – 1838
von Blattmacher 1838 – 1841
Johann Jakob Kuttler 1841 – 1846
Christoph Heinrich von Seutter 1846 – 1849
Franz Ferdinand Niethammer 1849 – 1854
Eberhard Ludwig Wilhelm Mehl 1854 – 1877, übersiedelt 1864 nach Heidenheim[147].

6. Das Schlößlein wird Schulhaus

Über die Umwandlung des Schlößleins zum Schulhaus geben die Schnaitheimer Gemeinderatsprotokolle Bände XVIII (1860 – 1863) und XIX (1863 – 1865) Auskunft.

Der Bau der Eisenbahnlinie Aalen – Heidenheim beanspruchte die zum Forstamtsgebäude (= Schlößlein) gehörigen Gärten, so daß zu Beginn des Jahres 1863 die Verlegung des Forstamts nach Heidenheim erörtert wurde. Für die Gemeinde Schnaitheim bot sich damit die Möglichkeit, das Forstamtsgebäude „für Schulzwecke" zu erwerben. Bei den Verhandlungen mit dem Kameralamt Heidenheim bot die Gemeinde 9000 Gulden. Das Kameralamt verlangte darüber einen förmlichen Beschluß, der am 7. Februar des Jahres gefaßt wurde. Man hegte damals die Hoffnung, daß der geplante Bahnhof, der ja in nächste Nähe des Schlößleins kommen sollte, zu einer vermehrten Bautätigkeit im Hagen führen würde, wodurch sich dann das künftige Schulgebäude nach und nach zum Mittelpunkt des Ortes „qualifizieren" würde[148]. Im März des Jahres 1863 fragten die Gebrüder Schäfer, Heidenheim, an, ob der Beschluß der Gemeinde unumstößlich sei,

---

[147] Pfeilsticker (wie Anm. 44) § 2388-2390 (bis 1806); nach 1806: Eugen Eisele (wie Anm. 86) S. 285; wegen der in Schnaitheim Bestatteten siehe Gradmann (wie Anm. 86) S. 224 ff; Die Schnaitheimer Michaelskirche (Festschrift 1984), S. 25; Karl Müller, Eine Schnaitheimer Hostiendose von 1709, in: Heidenheimer Land. Beilage der HNP Nr. 83/1985

[148] Schn. Gemeinderaths-Protocoll Bd. XXVIII, Fol. 174 b – 175 b

weil in diesem Falle für sie wenig Aussicht bestehe, das Gebäude für ihre Zwecke zu erwerben. Doch die Gemeinde blieb bei ihrem Beschluß[149]. Die Oberschulbehörde hatte gegen den Kauf nichts einzuwenden, sofern einige Auflagen erfüllt würden.

Ende Juni 1863 war sicher, daß der zwischen der Gemeinde und der königlichen Finanzverwaltung geschlossene Kaufvertrag die „höhere Genehmigung" erhalten werde. Der Kaufvertrag verpflichtete die Gemeinde, auf ihre Kosten einen Teil der sogenannten Forstamtsdienerwohnung, d.h. des nördlich vom Schloß gelegenen Nebengebäudes, abzubrechen, da es in die künftige Straßenführung hineinragte. Man beauftragte jetzt den Werkmeister Wulz von Heidenheim, einen Überschlag zu fertigen. Das Gebäude sollte für Schulräume und zu Wohnungen für sämtliche drei Lehrer eingeteilt werden.

Am 11. Oktober 1863 legte Werkmeister Christian Laquai — von Wulz ist nicht mehr die Rede — Pläne und Zeichnungen für den Umbau vor. Diese wurden für gut befunden und dem Oberamt zugeleitet[151].

Am 19. Dezember 1863 beriet man wegen der Kosten. Der Kaufpreis für die „Realitäten" betrug tatsächlich 9 500 Gulden. Die baulichen Veränderungen würden 5 162 Gulden 32 Kreuzer kosten. Somit hatte die Gemeinde insgesamt 14 662 Gulden 32 Kreuzer aufzuwenden. Da man für diesen Zweck Rücklagen in Höhe von 15 838 Gulden angesammelt hatte, war die Finanzierung gesichert. Die Gemeinde bat um „hohe Genehmigung" des Finanzierungsplans[152].

Bis Ende Februar 1864 hatte ein Baurat den Überschlag geprüft, aber verschiedene Änderungen für zweckmäßig erachtet. So sollten in der Mitte des unteren Stockwerks ein Gang zu den Schullokalen und auf der Ostseite des Gebäudes zwei Schulaborte geschaffen werden; endlich sollten zwei Querdurchzüge mit Verstärkungspfeilern angebracht werden[153].

Im April 1864 übersiedelte Oberforstmeister Mehl nach Heidenheim[154]. Nun konnten die Umbauarbeiten beginnen. Die Baubehörde in Schwäbisch Gmünd wurde ersucht, einen geeigneten Techniker für die Bauaufsicht zu benennen[155]. Die Eisenbahnbauinspektion verlangte im Mai dieses Jahres den sofortigen Abbruch des Westteils der Forstamtsdienerwohnung, und zwar bis zur Ecke des Vorbaus[156].

Als am 12. September 1864 die Eisenbahnlinie Aalen — Heidenheim eröffnet wurde, schmückte man auf Beschluß der Gemeinde den Bahnhof und das neue Schulgebäude mit Laubwerk[157].

---

[149] Wie Anm. 148, Fol. 185 f
[150] Schn. Gemeinderaths-Protocoll Bd. XXIX, Fol. 22 b f
[151] Wie Anm. 150, Fol. 43 b
[152] Wie Anm. 150, Fol. 55
[153] Wie Anm. 150, Fol. 72
[154] Eisele (wie Anm. 86) S. 285
[155] Wie Anm. 150, Fol. 79 b
[156] Wie Anm. 150, Fol. 93 b
[157] Wie Anm. 150, Fol. 132

Nach mehr als einjähriger Bauzeit konnten im August 1865 Vorbereitungen für den Umzug der Schule ins neue Schulgebäude und für die Einweihungsfeierlichkeiten getroffen werden. Man wollte das Gebäude schmücken, auch eine ,,Musikgesellschaft'' beiziehen. Die drei Lehrer waren bereits umgezogen; ihnen wurde Ersatz ihrer Unkosten bewilligt[158]. Schließlich fand am 15. September 1865 der feierliche Umzug ins neue Schulhaus statt[159].

Die weitere Geschichte des Gebäudes als Schulhaus ist nicht mehr Gegenstand der Arbeit. Sie darf als weitgehend bekannt vorausgesetzt werden.

[158] Wie Anm. 150, Fol. 214 b ff
[159] Eisele (wie Anm. 86) S. 288

Abkürzungen

Lb.   = Staatsarchiv Ludwigsburg
Mü.   = Hauptstaatsarchiv München
Schn.   = Stadtarchiv Heidenheim, Ortsarchiv Schnaitheim
Stgt.   = Hauptstaatsarchiv Stuttgart
Wa.   = Fürstlich Öttingen-Wallersteinisches Archiv Wallerstein

B.   = Büschel
Kl.   = Kloster
MG.   = Monumenta Germaniae historica
U.   = Urkunde
UB.   = Urkundenbuch
W.Reg.   = Württembergische Regesten 1301 – 1500

Das Benediktinerkloster Anhausen an der Brenz

Es gab im Brenztal drei Klöster: Königsbronn, Herbrechtingen und Anhausen. Die Klosteranlage von Anhausen erweckt heute einen zwiespältigen Eindruck. Aus der Ferne betrachtet, fügt sich die ummauerte Gebäudegruppe mit ihren verschachtelten Dächern harmonisch ins Landschaftsbild. Freilich gleicht sie eher einem Gutshof, denn die Kirche, die ja für ein Kloster charakteristisch ist, fehlt. Die Lage am Eingang ins Eselsburger Tal, die einst die Mönche gelockt hat, hat ihren Reiz nicht verloren und regt noch in unserer Zeit zu künstlerischer Betätigung an. Wer aber als Fremder heute den Klosterhof betritt, ist möglicherweise enttäuscht von dem, was sich ihm bietet. Er vermutet wohl kaum, daß dies die Reste einer einst blühenden Benediktinerabtei sind. Kein Vergleich etwa mit Blaubeuren! Die Klostergebäude bieten äußerlich wenig Bemerkenswertes, von der Prälatur abgesehen. Einige moderne Bauten wollen mit den alten Gebäuden nicht recht harmonieren. Der Kreuzgang ist nicht zugänglich und befindet sich zudem in einem üblen Zustand. Auch sonst gibt es kaum etwas, was den kunstgeschichtlich Interessierten reizen könnte. Und dennoch mögen die Brenztäler ihr Anhausen. Das Urteil Gradmanns, vor 70 Jahren gefällt, gilt wohl immer noch: ,,Der klösterliche Charakter und die idyllische Stimmung ist trotz allem nicht ganz zerstört".

Wir wollen uns heute mit der Geschichte Anhausens beschäftigen. Sie soll uns zeigen, wie das Kloster geworden ist und welche Rolle es gespielt hat. Sie soll uns auch erklären, was zu seinem Niedergang und zu dem betrüblichen Zustand von heute geführt hat. Sie soll schließlich unser Interesse für Anhausen wecken. Es darf uns nicht gleichgültig sein, ob etwa in der Zukunft die Klosteranlage noch weiter verunziert oder gar dem Verfall preisgegeben wird.

1. Gründungsgeschichte und Stifterfamilie

Die Abtei Anhausen gehört mit Neresheim, Elchingen, Wiblingen, Blaubeuren, Zwiefalten, Alpirsbach, auch Lorch und Komburg in die Reihe der sogenannten Reformklöster. Sie alle sind in rascher Folge zwischen den Jahren 1080 und 1120 im Zuge der Reformbewegung des benediktinischen Mönchtums entstanden. Diese Reformbewegung ging von den Klöstern Cluny in Burgund und Hirsau im Schwarzwald aus. Sie wandte sich gegen die Verweltlichung, die in den älteren Klöstern vielfach eingerissen war, gegen die Vernachlässigung der Ordensregel und besonders gegen die Bevormundung durch die weltlichen Machthaber. Ziel der Reformbewegung war Freiheit. Man wollte völlig unabhängig sein sowohl von weltlicher Gewalt als auch vom Bischof und wollte sich nur direkt dem Papst unterstellen.

Alle die genannten Klöster und viele andere wurden von mächtigen und reichen Adeligen gestiftet, die dabei auf ihr eigenes Seelenheil und das ihrer Angehörigen bedacht waren. Das Kloster diente der Stifterfamilie als Grablege. Die Mönche schlossen die Stifter ins Gebet ein und lasen für sie Seelenmessen am Todestag.

Wichtigste Quelle für die Frühzeit Anhausens ist eine Urkunde von 1143. Bischof Walter von Augsburg, der letzte Angehörige des Stiftergeschlechts, hat sie ausgestellt. Die Urkunde zählt 55 Orte und einige Walddistrikte auf. In diesen Orten war das Kloster von seinen Stiftern mit Gütern ausgestattet worden. Die meisten Orte werden hier zum ersten Mal erwähnt, und ihre Existenz in damaliger Zeit ist somit erwiesen. Viele dieser Orte, besonders auf dem Albuch, sind später abgegangen; einige lassen sich geographisch überhaupt nicht mehr bestimmen. Neben Langenau, Niederstotzingen und verschiedenen Orten auf der Ulmer Alb erscheinen Dettingen und Heuchlingen, Küpfendorf, Gussenstadt, Söhnstetten, Irmannsweiler mit benachbarten Weilern, Mergelstetten und Sachsenhausen, ferner Orte im oberen Filstal, Orte um Mögglingen im Remstal, Orte im Ries und jenseits der Donau.

Nicht belanglos ist die Frage, was das für Leute waren, die so weitgestreuten Besitz hatten und damit ihr Familienkloster ausstatteten. Es war ja gewiß nicht ihr gesamter Besitz, im Gegenteil: sie dürften die Hauptmasse ihrer Güter zurückbehalten haben und sie gaben wohl nur her, was für sie geringeren Wert hatte, weil es so verstreut und zu weit entlegen war. Es müssen auf alle Fälle reiche und mächtige Leute gewesen sein!

Von der Stifterfamilie kennt man nur zwei Generationen, nämlich die Eltern Manegold und Adelheid sowie die vier Söhne Manegold, Adalbert, Ulrich und Walter. Die wenigen Urkunden, in denen sie erwähnt sind, verraten nicht, welchem bekannten Geschlecht sie zuzuordnen sind. Man erfährt nur, daß einer der Söhne, nämlich Adalbert, seinen Wohnsitz auf Lauterburg bei Heubach hatte. Mehrere Familienangehörige führten den Titel Pfalzgraf. Sie bekleideten damit ein hohes Amt, das der König verlieh. Es war das zweithöchste Amt in Schwaben nach dem Herzog.

Wegen ihres Pfalzgrafentitels hat man die Anhauser Stifter lange den bekannten Pfalzgrafen von Tübingen zugerechnet. Deshalb erscheint das Wappen der Tübinger – eine dreilatzige rote Fahne – seit dem Ende des 16. Jahrhunderts im Anhauser Klosterwappen. Sicher zu Unrecht. Die Tübinger haben mit den Anhauser Stiftern nichts zu tun. Sie hatten keinen Besitz in Ostschwaben, auch waren bei ihnen völlig andere Taufnamen gebräuchlich. Es muß erwähnt werden, daß gemeinsamer Besitz in den gleichen Orten als Folge von Erbteilungen sowie gleiche Taufnamen ganz wichtige Hinweise auf Verwandtschaft sind.

Wegen der Namen Manegold und Ulrich hielt man die Anhauser Stifter dann für eine

Seitenlinie der Grafen von Dillingen, bei denen diese Namen typisch sind. Man stellte fest, daß in Langenau und Umgebung wie auch in Mergelstetten sowohl die Dillinger als auch die Anhauser Stifter begütert waren. Dies spricht tatsächlich für eine Verwandtschaft. Diese Verwandtschaft reicht aber weit zurück und betrifft nicht den Mannesstamm. Vielmehr dürfte ein Ahnherr der Anhauser Stifter eine Dillingerin geheiratet haben, welche Güter in Langenau und Mergelstetten in die Ehe brachte.

Es gibt andere Geschlechter, mit denen die Anhauser Stifter näher verwandt waren. Interessant ist die Beobachtung, daß sich Besitz der Anhauser Stifter weitgehend in den gleichen Orten findet, in denen Kloster Elchingen bei Ulm begütert war. Dieses Kloster wurde von einem Zweig der Herren von Stubersheim und Ravenstein (bei Steinenkirch) gegründet. Zu diesem Sippenkreis gehören zweifellos auch unsere Anhauser Stifter, und zwar im Mannesstamm.

Der Besitz der Anhauser Stifter reicht aber auch auf den Albuch, ins Filstal, ins Remstal und ins Ries. Dort überschneidet er sich jeweils mit dem Besitz der Staufer. Die Staufer führten zeitweilig ebenfalls den Pfalzgrafentitel und zwar im Wechsel mit den Anhauser Stiftern (ein Staufer – ein Anhauser – ein Staufer – ein Anhauser). Dies sind deutliche Hinweise auf Verwandtschaft. Diese Verwandtschaft wurde sicherlich durch Adelheid vermittelt, die Gemahlin des älteren Manegold. Adelheid muß eine Stauferin gewesen sein.

Wir kennen Adelheid aus der Lebensbeschreibung einer frommen Frau. Es war die selige Herluka. Herluka stand mit dem Abt Wilhelm von Hirsau in Verbindung. Abt Wilhelm war das Haupt der kirchlichen Reformbewegung in Süddeutschland. Herluka lebte eine Zeitlang am Hofe des Pfalzgrafen Manegold und war die Vertraute der Pfalzgräfin Adelheid. In Herlukas Lebensbeschreibung wird als Wohnsitz des Pfalzgrafenpaares die Burg Moropolis genannt. Der griechische Name „Moropolis" kann wohl nur mit „Stadt bzw. Heim der Heiden" übersetzt werden und meint gewiß unser Heidenheim. In oder nahe bei Heidenheim also muß die Burg der Pfalzgrafen zu suchen sein. Man hat an den Heidenheimer Totenberg gedacht oder an den Ottilienberg. Dort wurde ein mittelalterlicher Brunnen ausgegraben, der am ehesten zu einer Burg gehört haben könnte.

Herluka hatte – wie erwähnt – enge Beziehungen zu Abt Wilhelm von Hirsau. Aus Hirsau kamen die ersten zwei Äbte in das von den Pfalzgrafen gestiftete Kloster. So darf man Herluka als diejenige betrachten, die das Pfalzgrafenpaar zur Stiftung eines Reformklosters veranlaßt und die Verbindung zu Hirsau hergestellt hat.

Das Kloster nahm seinen Anfang in Langenau. Pfalzgraf Manegold besaß dort die Martinskirche als Erbgut. Wie die Urkunde des Bischofs Walter von 1143 berichtet, wollte der alte Mangold bei dieser Martinskirche ein Kloster gründen. Sein plötzlicher Tod hinderte ihn daran. Die Söhne verwirklichten dann den Plan des Vaters. Dies geschah ums Jahr 1095.

Das Kloster in Langenau hatte etwa 25 bis 30 Jahre Bestand. Wie entsprechende Ausgrabungen belegen, wurde die Langenauer Kirche für ihre neue Funktion als Klosterkirche erheblich, d. h. um einen doppeltürmigen Chor, vergrößert. Hiefür wird man eine Bauzeit von etwa zehn Jahren ansetzen dürfen. Das Mutterkloster Hirsau schickte nacheinander zwei Äbte nach Langenau. Für sie darf man eine Regierungszeit von jeweils mehreren Jahren annehmen.

Im Gründungsbericht ist jedoch zu lesen, daß sich Langenau als Klosterstatt ungeeignet erwiesen habe wegen seiner vielen Menschen und wegen des regen Verkehrs. Durch Langenau führte ja eine alte Römerstraße, die von Lonsee her kam und nördlich der Donau in Richtung Regensburg führte. Auf der Suche nach einer geeigneten Klosterstatt verfiel man auf das abgeschiedene A n h a u s e n , wobei der Fischreichtum der Brenz und der Holzreichtum der umliegenden Wälder für die Wahl dieses Ortes von erheblicher Bedeutung waren. Der Ort hieß damals ,,Ahusen''. Dies ist zu deuten als ,,Ach-Husen'', d. h. ,,Husen an der Ach'', am Wasser. Das Kloster hieß meist Brenz-Ahusen bzw. Brenz-Anhausen zur Unterscheidung von Auhausen an der Wörnitz und Anhausen bei Crailsheim, wo sich auch Klöster befanden.

Anhausen war ein altes Erbgut der Stifter. Der Ort gehörte zum Pfarr- und Zehnt-bezirk der Peterskirche in Dettingen. Um ihn aus dieser Abhängigkeit freizumachen, wurden der Pfarrei Dettingen als Ersatz für den Anhauser Zehnt zwei Bauerngüter in Rotfelden (bei Falkenstein) überwiesen. Dies alles geschah vor 1125. Im November dieses Jahres 1125 erteilte Papst Honorius II. ein Schutzprivileg für Anhausen. Er nahm damit das Kloster in den unmittelbaren Schutz der römischen Kirche; er sicherte den Mönchen die freie Wahl des Abtes und des Vogtes zu. Anhausen genoß nun alle Rechte eines Reformklosters.

2. Der Konvent

Über die Insassen des Klosters Anhausen haben wir lediglich spärliche Nachrichten. Wir erfahren von den Mönchen in der Regel nur, wenn sie in Urkunden als Zeugen ge-nannt sind.

Schon die Ä b t e sind wohl nicht alle namentlich bekannt. Auch läßt sich über ihren Stand nichts Sicheres sagen, da sie bis ins 14. Jahrhundert nur mit ihren Taufnamen genannt sind (z. B. Berthold, Siegfried, Walter). Doch dürften die Äbte der früheren Zeit meist dem Niederadel der Umgebung entstammt sein. Noch im 14. und 15. Jahrhundert treffen wir zwei Herren von Sontheim (Brenz) und einen von Hürgerstein (abgeg. Burg zwischen Bindstein und Falkenstein) als Abt.

Ab der Mitte des 15. Jahrhunderts wurden nur Bürgerliche zum Abt gewählt. Ähnlich war die Zusammensetzung des Konvents. In ihm finden wir bis Ende des 14. Jahr-hunderts Adelige neben Bürgerlichen, später nur Bürgerliche.

Wieviel Mönche lebten im Kloster Anhausen? Im Jahre 1273 lernen wir fünf Mönche namentlich kennen; ob dies der gesamte damalige Konvent war, ist fraglich.

Im Jahr 1336 werden außer dem Abt zwölf Konventsmitglieder namentlich genannt. Im Jahr 1373 sind acht Mönche als Zeugen aufgeführt. Im Jahre 1501 waren neun Konvents-mitglieder þei der Abtswahl wahlberechtigt und um 1536 befanden sich zehn Mönche im

Kloster. Diese Zahlen sind vergleichsweise bescheiden; der Neresheimer Konvent zählte im 18. Jahrhundert 25 Mitglieder. Diese Zahlen entsprechen aber der Wirtschaftskraft des Klosters; sie war wohl nur durchschnittlich.

Innerhalb des Konvents hatte fast jeder Mönch seine besondere Aufgabe bzw. ein Amt. Erwähnt sind folgende Ämter:

> Der Prior als Stellvertreter des Abtes,
> der Kämmerer als Vermögensverwalter,
> der Custos oder Küster als Organisator des Gottesdienstes,
> der Cantor als Vorsänger bzw. Leiter des Chores.

Ein Scholasticus zur Unterweisung der Klosterschüler oder Novizen wird nicht erwähnt. Vermutlich oblag diese Aufgabe dem Abt oder dem Prior.

Besonders hervorgetreten ist ein Mönch namens Oswald, der im Jahre 1356 den Schwabenspiegel, ein Rechtsbuch, ins Lateinische übersetzte. Eine Gräfin von Helfenstein hatte ihm zu diesem Zweck das deutsche Original geliehen. Ein anderer Mönch, Leonhard, versuchte sich in der Dichtkunst. Er verfaßte 1494 ein Lobgedicht auf den Blaubeurer Abt Heinrich Fabri. Der wohl bedeutendste und produktivste Gelehrte, der in Anhausen wirkte, war Karl Stengel aus Augsburg, der während des Dreißigjährigen Krieges von 1630 bis 1648 als Abt dem Kloster vorstand. Stengel verfaßte nicht weniger als 64 lateinische und 28 deutsche Werke und er übersetzte 20 Schriften. Freilich sind diese Werke zum geringsten Teil in seiner Anhauser Zeit entstanden. Es sind Schriften religiösen und geschichtlichen Inhalts, darunter auch eine knappe Geschichte des Klosters Anhausen für seine ,,Monasteriologia" (Geschichte der Klöster) von 1638. Sonst ist über wissenschaftliche oder literarische Tätigkeit der Anhauser Mönche nichts bekannt; von den späteren evangelischen Äbten sei hier abgesehen.

3. Grundherrschaft und Vogtei

Ein Kloster war auch ein Wirtschaftsbetrieb, bestrebt, unabhängig zu sein. In Landwirtschaft und Werkstätten waren Laienbrüder tätig – wie heute noch in Neresheim. Die Äcker und Wiesen in der Nähe des Klosters, der sog. Klosterbau, wurde in Eigenwirtschaft bebaut. Entfernter Besitz wurde an Bauern verliehen gegen Zins und Gülten, d. h. Pachtabgaben in Geld und Naturalien.

Das Kloster Anhausen war bei seiner Stiftung reich ausgestattet worden. Allerdings lagen diese Güter weit verstreut. Vieles vom Stiftungsgut ist später nicht mehr im Besitz des Klosters nachzuweisen. Manches wurde vertauscht, verkauft, aber auch gewaltsam entfremdet. Darüber gibt es Nachrichten aus dem sogenannten Interregnum, der königslosen Zeit des 13. Jahrhunderts (1250–1273). So mahnte der Papst im Jahre 1274 Kleriker und Laien, dem Kloster entfremdete Güter zurückzugeben. Ob das wirkte, ist nicht bekannt.

Das Kloster suchte seinen Besitz zu arrondieren, vor allem in den Nachbarorten

Dettingen und Heuchlingen, Heldenfingen und Hausen ob Lontal. Ein reicher Urkundenbestand gibt Einblick in die Art der Güterpolitik. Vieles vom Klostergut
stammte aus frommen Stiftungen von Adeligen und Bürgern. Dabei handelte es sich
meist um einzelne Grundstücke oder kleinere Güter. Die Grafen von Helfenstein aber
schenkten im Jahr 1326 das ganze Dorf Gussenstadt. In Dettingen und Heuchlingen
suchte der Abt ein dort begütertes Adelsgeschlecht auszukaufen, die Hürger von Hürgerstein. Vom Kloster Lorch erwarb man durch Tausch ein Kirchenpatronat in Dettingen
und durch Kauf 1320 das ganze Dorf Bolheim. Auch in Heidenheim erwarb das Kloster
namhaften Besitz. Es hatte auch Weingüter bei Esslingen, Schorndorf und Heilbronn.
Den Grund und Boden abgegangener Orte auf dem Albuch nutzte man als Viehweide.

Das Kloster besaß eine Reihe von Kirchenpatronaten: Dettingen mit Heuchlingen,
Heldenfingen, Hausen ob Lontal, Gussenstadt, Bolheim, Langenau, ferner Hürbelsbach
bei Süßen und Heiligkreuz in Ulm. Die meisten dieser Pfarreien waren dem Kloster inkorporiert, d. h. das Kirchenvermögen und die Zehntabgaben der Gemeindeglieder – eine
wichtige Einnahmequelle – fielen dem Kloster zu. Dafür wurde mit der Seelsorge ein
Klosterbruder betraut. Wenn wir an die geringe Zahl der Mönche denken, verstehen wir,
wenn nicht selten über mangelhafte Seelsorge geklagt wurde.

Im Jahre 1474 wurde ein Salbuch angelegt, in welchem alle Güter und Einkünfte des
Klosters aufgezeichnet sind. Es ist eine wichtige Quelle zur Klostergeschichte und
befindet sich heute im Hauptstaatsarchiv Stuttgart. Der Klosterbesitz verteilte sich auf
50 Orte. Zu seiner Verwaltung waren drei Ämter eingerichtet: Anhausen, Langenau und
Gussenstadt. Dort hatten die Lehenbauern ihre Pachtabgaben abzuliefern.

Das Kloster, eine kirchliche Einrichtung, bedurfte eines weltlichen Schutzherren, Vogt
genannt. Er war zugleich Richter über die Klosterhintersassen. Diese waren ihm „vogtbar, steuerbar und dienstbar", d. h. er beanspruchte von ihnen eine Abgabe, das sogenannte Vogtrecht, als Entgelt für den Schutz. Die Klosterleute zahlten ihm eine
gleichbleibende Steuer, und er zog sie zu bestimmten Frondiensten heran, wie Burgen-
bau, Bau von Weg und Steg, aber er bot sie auch auf zur Verfolgung von Verbrechern
und zur Verteidigung. Im Kloster genoß der Vogt das Gastrecht, und das Kloster war
verpflichtet, die Jagdhunde seines weltlichen Beschützers zu unterhalten. Der Vogt
wurde so mehr und mehr zum Oberherren des Klosters.

Als Reformkloster hatte Anhausen theoretisch das Recht der freien Vogtwahl, das ihm
der Papst 1125 ausdrücklich verbrieft hatte. In Wirklichkeit übten in Anhausen wie
anderwärts die Stifter die Vogtei aus, und nach dem Erlöschen der Stifterfamilie taten dies
die verwandten Staufer. Ob dies aufgrund freier Wahl geschah, ist zumindest fraglich.
Häufig setzte sich der jeweilige Machtinhaber durch.

Seit der Mitte des 13. Jahrhunderts übten die Grafen von Helfenstein die Vogtei aus,
auch sie anscheinend auf nicht ganz legale Weise. Aber König Rudolf von Habsburg
bestätigte ihnen die Vogtei 1286 im Rahmen eines Friedensvertrags. Von nun an galt die
Vogtei als ein Reichslehen. Die aus der Vogtei abgeleitete Oberhoheit über das Klostergut war für die Helfensteiner wichtig beim Ausbau ihrer Herrschaft im Brenztal, denn

sie sicherte ihnen praktisch die Obrigkeit über mehrere Dörfer und viele Einzelgüter des Klosters.

Als die Helfensteiner im Jahre 1448 ihre Herrschaft im Brenztal, nun Herrschaft Heidenheim genannt, verkauften, war die Vogtei Anhausen ein fester Bestandteil dieser Herrschaft. Ebenso war es bei allen künftigen Besitzerwechseln: 1450 war dies Bayern, 1504 Württemberg. Auf diese Weise wurde das Kloster auch in die Händel und Kriege seiner Vögte verstrickt und hatte darunter zu leiden, so besonders im Städtekrieg 1449 und im Markgrafenkrieg 1552.

Unter Württemberg hatte der Abt Sitz und Stimme im Landtag. Infolgedessen mußte er aber dem Herzog gegenüber ebenso alle Verpflichtungen übernehmen wie die übrigen Stände und z. B. im Jahr 1514 einen hohen Beitrag zur Tilgung der Schulden des Herzogs leisten. Anhausen war ein ,,landsässiges Kloster'' geworden.

4. Das Kloster in der Reformation und im Dreißigjährigen Krieg

Herzog Ulrich von Württemberg war ein jähzorniger Mensch und ein gewalttätiger Machtpolitiker. Sein Versuch, die Reichsstadt Reutlingen seiner Herrschaft zu unterwerfen, führte zum Konflikt mit dem Schwäbischen Bund. Der Herzog wurde 1519 aus seinem Land vertrieben. Württemberg kam unter österreichische Verwaltung. Die Herrschaft Heidenheim samt den Brenztalklöstern aber fiel 1521 an die Stadt Ulm als Entschädigung für deren Beitrag zur Vertreibung Ulrichs.

In der Emigration machte Ulrich die Bekanntschaft des Landgrafen Philipp von Hessen. Philipp war eines der Häupter der Reformationsbewegung Luthers. Gegen das Versprechen, sein Land dem Luthertum zuzuführen, wurde dem Herzog Waffenhilfe zugesagt. In der Schlacht bei Lauffen 1534 wurden die Österreicher besiegt und aus dem Lande verjagt. Württemberg führte die Reformation durch. Dabei wurden die landsässigen Klöster säkularisiert, d. h. praktisch aufgehoben.

Die Herrschaft Heidenheim war vorläufig noch im Besitz der Stadt Ulm. Aber auch Ulm begann 1531 zu reformieren. Daraufhin verließen fünf Anhauser Mönche ihr Kloster, heirateten und wurden im ulmischen Kirchendienst angestellt.

Durch Vermittlung des Landgrafen Philipp von Hessen kam es 1536 zum G ö p p i n g e r Vertrag zwischen Württemberg und Ulm. Ulm gab den Hauptteil der Herrschaft Heidenheim an Württemberg zurück. Württemberg aber trat an Ulm alle Besitzungen der Brenztalklöster ab, die ins ulmische Gebiet eingestreut waren, und es verpfändete an Ulm den Langenauer Zehnt. So büßte Anhausen seinen reichen Besitz in Langenau und auf der Ulmer Alb ein. Dem Abt Johannes Bauer blieb nichts anderes übrig, als dies anzuerkennen. Er selbst, der Prior, die letzten beiden Mönche und ein Laienbruder mußten jetzt das Kloster verlassen, nachdem sie mit einem Leibgeding abgefunden waren. Abt Bauer zog nach Bolheim, heiratete und widmete sich der Landwirtschaft. Ein herzoglicher Beamter übernahm die Verwaltung des Klostergutes. Damit hatte das Kloster Anhausen zunächst zu bestehen aufgehört.

Im Schmalkaldischen Krieg aber erlitten die Protestanten eine Niederlage. Dies führte zum sogenannten Interim, einer Zwischenlösung, die bis zum allgemeinen Konzil gelten sollte. Der frühere Anhauser Mönch Onophrius Schaduz aus Burgau, der sich seither im Kloster St. Ulrich in Augsburg aufgehalten hatte, war um die Wiederherstellung des Klosters bemüht. Vom ehemaligen Konvent war sonst niemand mehr wahlberechtigt. So wurde Onophrius von den Prälaten fremder Benediktinerklöster 1548 zum Abt gewählt.

Die Lage des Abtes war jedoch schwierig. Er mußte den Herzog als Erbschirmherren und Kastenvogt seines Klosters anerkennen und auf den württembergischen Landtagen erscheinen. Seine Hintersassen hatten dem Herzog zu huldigen. Schlimmer war, daß ihm ein Teil der Klostergüter vorenthalten wurde, nämlich die an Ulm abgetretenen Besitzungen um Langenau, die Weingüter im Rems- und Neckartal und andere Güter, die inzwischen verkauft worden waren. Auch verweigerte man ihm unter allerlei Vorwänden die Rückgabe wichtiger Archivalien – nämlich die päpstlichen Privilegien, das Salbuch u.a.m. (man wollte in Stuttgart Zeit gewinnen, sie abzuschreiben). Selbst die Betreuung der Klosterpfarreien wurde von der Regierung erschwert.

Der Abt klagte, er habe das Kloster „gar geplündert, zerrissen, erschlagen und auf den Grund verderbt" angetroffen. Um es wieder einzurichten und den Haushalt zu bestreiten, mußte er Geld aufnehmen. Dies war dem Herzog ein willkommener Anlaß, die Geschäftsführung zu kontrollieren und sich in innere Belange des Klosters einzumischen. Der Konvent zählte in dieser Zeit nie mehr als vier Mitglieder.

Der Abt fand die Unterstützung beim Kaiser. Karl V. bestätigte dem Abt im Jahre 1550 den Stiftungsbrief des Bischofs Walter von 1143, die päpstlichen Privilegien und das Salbuch von 1474. Um den Abt persönlich zu ehren, verlieh er ihm den Rang eines kaiserlichen Hofkaplans.

Doch dann änderte sich die politische Lage erneut. Im sogenannten Markgräflerkrieg 1552 ließ Markgraf Albrecht Alcibiades von Brandenburg-Kulmbach gegen das Kloster Anhausen „arg verfahren", d.h. „alles Getreide, Wein, viel Vieh und Hauseinrichtung wurden weggenommen, die Türen zerschlagen", der Konvent mußte zweimal außerhalb des Klosters hausen.

Das Interim wurde aufgehoben. Nun verbot Herzog Christoph dem Abt, Novizen aufzunehmen. Er verlangte, daß die bereits eingetretenen Zöglinge ganz nach der württembergischen Konfession, also evangelisch, zu erziehen seien. Abt Onophrius, den man bei seinem Glauben beließ, starb im September 1558. Die drei übrigen Mönche wurden jetzt unter Druck gesetzt, und sie überließen es dem Herzog, einen neuen Abt aufzustellen. So wurde im November 1558 Johannes Eisenmann als erster evangelischer Abt eingesetzt. Er war bisher Pfarrer in Tübingen gewesen.

Eisenmann und die folgenden evangelischen Äbte waren Pfarrer des Klosters und der zugehörigen Pfarrei. Der Bolheimer Pfarrer war ihr Diakon oder Helfer. Zu Äbten berief der Herzog verdiente Geistliche, die so ihre Versorgung hatten. Auf den Wirtschaftsbetrieb nahmen sie keinen Einfluß. Sie sollen deshalb auch nicht weiter berücksichtigt werden.

Die Klosterherrschaft wurde in ein herzogliches Klosteramt verwandelt. Es gehörte in finanzieller Hinsicht zum Kirchengut, stand aber unter der Aufsicht des Obervogts in Heidenheim. Noch im Jahre 1558 richtete Herzog Christoph in Anhausen eine Klosterschule ein. Ihre zwölf Zöglinge mußten vom Stift Herbrechtingen mit unterhalten werden. Doch schon nach 26 Jahren, nämlich 1584, wurde die Anhauser Schule mit der von Königsbronn vereinigt. Dieser Zustand währte rund 70 Jahre.

Mitten im Dreißigjährigen Krieg mußte infolge des Restitutionsedikts das Kloster den Katholiken zurückgegeben werden. Eine kaiserliche Kommission nahm das Kloster im August 1630 in Besitz. Vier Mönche aus St. Ulrich in Augsburg und Elchingen besiedelten es aufs neue. Karl Stengel aus St. Ulrich wurde Abt. Er traf das Kloster in einem erbärmlichen Zustand an; angeblich fand er nichts als leere Wände.

Kaiser Ferdinand II. nahm das Kloster in den Schutz des Reiches. Er ermahnte die württembergische Regierung, den kaiserlichen Schutz zu achten und das Kloster nicht zu beeinträchtigen. Anhausen sollte eine reichsunmittelbare Abtei werden. Württemberg aber machte alle nur erdenklichen Schwierigkeiten. Als der Abt in Dettingen und Gussenstadt katholische Priester einsetzte, nahm der Amtmann von Heidenheim die Kirchen gewaltsam in Besitz, vertrieb die Priester und setzte wieder evangelische Prediger ein.

Im Frühjahr 1632 rückten die Schweden an, und so mußten die Mönche fliehen. Der Prior Friedrich Planck, Verfasser einer kurzen Klostergeschichte, schildert seine abenteuerliche Flucht, die ihn schließlich nach Tirol und in seine Heimatstadt Landshut führte. Vorübergehend zog in Anhausen wieder ein evangelischer Abt ein. Doch nach der Schlacht bei Nördlingen 1634 kehrte Abt Stengel zurück. Er hatte sich in Kremsmünster in Österreich aufgehalten. 1638 mußte er noch einmal fliehen. Der Westfälische Friede 1648 sprach das Kloster endgültig Württemberg zu. Anhausen war danach wieder Prälatur und Klosteramt bis 1806.

5. Bau- und Kunstgeschichte des Klosters Anhausen

Zur Baugeschichte des Klosters liegen nur wenige Daten vor. Alle Aussagen sind daher mit einem gewissen Vorbehalt zu nehmen.

Neben den wenigen Daten geben die alten Ansichten des Klosters noch am meisten Aufschluß. Es sind dies: Die Ansicht Philipp Renlins in seiner „Giengener Forstkarte" von 1591. Sie befindet sich im Germanischen Nationalmuseum in Nürnberg. Ein Kupferstich, den Abt Karl Stengel seiner „Monasteriologia" von 1638 beigegeben hat. Ein Ölgemälde aus der Zeit um 1730, das sich im Landesmuseum in Stuttgart befindet.

Diese Ansichten geben alle den Zustand erst nach der Aufhebung des Klosters 1536 bzw. 1558 wieder. Aber die beiden erstgenannten Ansichten sind der Klosterzeit nicht allzu fern. In den ersten Jahrzehnten nach Aufhebung des Klosters sind keine Baumaßnahmen durchgeführt worden, die das Aussehen des Klosters wesentlich verändert hätten. Daher darf man die Zustände von 1591 und 1638 mit gewissen Einschränkungen in die Klosterzeit zurückprojizieren.

Bei weitem am aussagekräftigsten ist der Kupferstich von 1638. Er zeigt die Klosteranlage halb aus der Vogelschau und läßt sowohl Grundriß als auch Aufriß deutlich erkennen. Was er zeigt, ist mit dem heutigen Zustand gut zu vergleichen. Der Kupferstich stammt - wie gesagt - aus einem Werk des Abtes Karl Stengel, der während des Dreißigjährigen Krieges dem Kloster vorstand. Er hat dieses Werk in seiner Anhauser Zeit verfaßt. Es enthält u. a. einen Abriß der Geschichte seines Klosters. Stengel dürfte Wert darauf gelegt haben, daß sein Kloster im Bild wirklichkeitsgetreu wiedergegeben wurde. Er stand aus seiner Augsburger Zeit in Verbindung mit den dortigen Kupferstechern. Unser Kupferstich ist nicht signiert. Vielleicht war Georg Andreas Wolfgang d. Ä. (1631-1716) der Stecher unserer Ansicht. Dieser signierte einen zwar verkleinerten, aber in allen Details mit unserer Ansicht übereinstimmenden Kupferstich von Anhausen, der einem späteren Werk Stengels beigegeben wurde. Stengel wird den Künstler nicht nur beauftragt, sondern ihm auch eingeschärft haben, ein naturgetreues Bild zu liefern.

Die Klosteranlage der Reformklöster entspricht einem allgemeinen Schema: Die Konventsgebäude bilden mit der Kirche ein Viereck, dessen Lichthof von einem offenen Kreuzgang umgeben ist. Die Konventsgebäude bergen Kapitelsaal, Schlafsaal, Speisesaal, Bibliothek, Wärme- oder Gemeindestube, Krankenzimmer sowie Küche und Vorratsräume. Außerhalb der Klausur, an die Umfassungsmauer gerückt, befinden sich die Stallungen, Scheunen und Werkstätten. So war es auch in Anhausen.

Für Anhausen lassen sich im wesentlichen drei Bauperioden unterscheiden: 1. Die romanische Anlage des 12. Jahrhunderts. 2. Eine spätgotische Bauperiode etwa ab 1480 bis 1536. 3. Nachklösterliche Baumaßnahmen des späten 16. und des 18. Jahrhunderts.

Zu 1: Die Papsturkunde von 1125 besagt, daß die Klosterkirche zu dieser Zeit fertiggebaut und dem hl. Martin geweiht war. Es handelt sich um eine dreischiffige romanische Basilika – ähnlich wie in Heidenheim am Hahnenkamm oder Alpirsbach. Sie entspricht dem Hirsauer Bauschema. An die Nordseite des Chores ist der Turm angefügt. Er besteht aus mächtigen Quadern, wie wir dem Kupferstich entnehmen.

Das Papstprivileg von 1125 setzt voraus, daß der Klosterbetrieb bereits im Gang war. Die wichtigsten Räume für den Konvent und die Wirtschaftgebäude müssen schon vorhanden gewesen sein, vielleicht zunächst in einfacher Form. Doch im Laufe des 12. Jahrhunderts muß die Anlage fertiggestellt worden sein. Wir haben vom Jahr 1231 die Nachricht, daß die Dächer von Kloster und Wirtschaftsgebäuden altersschwach und erneuerungsbedürftig waren. Sicher hatten sie schon etliche Jahrzehnte ihren Dienst getan. Details aus der romanischen Zeit sind heute äußerlich nicht mehr zu erkennen.

Zu 2: Der heutige Baubestand stammt im wesentlichen aus spätgotischer Zeit. Veranlaßt wurde die grundlegende Veränderung der Klosteranlage im gotischen Stil durch Zerstörungen, die das Kloster im Städtekrieg 1449 durch die Ulmer erlitten hatte. Sie hatten das Kloster „zerbrochen und verbrannt". Die Brandschäden müssen beträchtlich gewesen sein. Dennoch blieb das Kloster bewohnbar oder wurde notdürftig wieder in bewohnbaren Zustand versetzt. Der eigentliche Wiederaufbau verzögerte sich. Abt Georg II. von Sontheim (1446-1464), der damals regierte, war dazu nicht imstande. Seine Haushaltsführung trug eher zur Vermehrung der Schulden bei. Auch lockerten sich unter ihm Klosterzucht und Ordnung. Bischof und Landesherr mußten eingreifen. Der Abt wurde suspendiert und soll im Turm eingekerkert worden sein. Seine Nachfolger brachten zunächst die Finanzen in Ordnung. Dazu verhalf der Ertrag von Ablässen, die 1471 und 1474 bewilligt wurden.

Den Wiederaufbau leiteten die Äbte Jakob Legerlin (1477-1501) und Johannes Weidenkranz (1501-1517), der letztere aus Heidenheim. Von Abt Legerlin heißt es, er habe einen großen Teil seines Klosters, nachdem es abgebrannt war, aufs glänzendste erneuert und in alter Herrlichkeit wieder hergestellt. Abt Weidenkranz habe das Kloster mit verschiedenerlei Bauwerken bereichert. Man begnügte sich nicht damit, die Brandschäden zu beseitigen. Man wollte neu und großzügiger bauen und dies selbstverständlich im neuen Stil der Gotik, wie es dem Zeitgeschmack entsprach. In diese spätgotische Bauperiode gehören der Hauptteil der Konventsgebäude sowie die erhaltenen Teile des Kreuzgangs und die Prälatur.

Gotische Bauformen zeigt auf dem Kupferstich von 1638 auch der Chor der im übrigen romanischen Kirche. Der Dachfirst des Chores überragt den First des Hauptschiffes. Der Chor war demnach für eine größere Kirche dimensioniert. Offenbar bestand die Absicht, die Kirche insgesamt neu und größer zu bauen. Mit dem Bau des Chores als dem Raum des Altares wurde begonnen, und er wurde auch fertiggestellt. Dagegen unterblieb der Neubau der Kirche – vermutlich wegen der Aufhebung des Klosters 1536. Hierzu paßt die Nachricht, daß man Baumaterial von der Kirche und vom Schlafhaus in Anhausen verwendet habe, um das Schloß Hellenstein wieder aufzubauen. Wenn später von der schönen gotischen Kirche Anhausens die Rede ist, kann nur der damals neugebaute Chor gemeint sein.

Zu 3: Nach der Aufhebung des Klosters 1536 bzw. 1558 wurden anscheinend keine grundlegenden baulichen Veränderungen vorgenommen. Die Wohnräume für die Mönche waren überflüssig geworden. Der Staat war nur an der Erhaltung solcher Gebäude interessiert, die er als Wohnung für die Beamten und zur Einlagerung des Getreides brauchte, das die Zinsbauern ablieferten.

Für den Klosterverwalter baute man eine Wohnung in den Winkel zwischen West- und Südflügel der Klostergebäude ein; es ist die sogenannte Oberamtei. Ihren Eckturm mit Helm zeigen die Ansichten von 1591 und 1638. Auch die Prälatur wurde umgebaut. Neu ist offenbar der Erkerturm an der Westseite, vielleicht auch der nach Südwesten vorspringende Eckturm. Beide Türme erhielten damals ihren haubenartigen Abschluß, den die Ansichten von 1591 und 1638 zeigen. Die Prälatur gewann dadurch den Charakter eines Renaissancebaus. Sonst ist noch von der Wiederherstellung der Ringmauer im Jahre 1632 die Rede.

Größere Baumaßnahmen wurden wieder im 18. Jahrhundert notwendig. Die alte

Klosterkirche war zu Anfang dieses Jahrhunderts unbrauchbar geworden. Nun baute man in den Jahren 1726-1729 in den Südflügel der Klostergebäude die „Winterkirche" ein, versah sie mit Stichbogenfenstern und einer Kassettendecke aus Holz. Sie diente als Pfarrkirche für die kleine Gemeinde Anhausen. Die Prälatur, die angeblich baufällig war, wurde 1767 erneuert. Auch an der Oberamtei wurde gebaut. Die Jahreszahl 1792 über der Haustür und das Monogramm des Herzogs Karl Eugen dokumentieren den Abschluß dieser Arbeiten. An die Stelle des alten Torgebäudes, das Staffelgiebel und einen Dachreiter besessen hatte, trat um 1725 ein Torbau in recht einfacher Form.

Was hat sich an Kunstdenkmälern in Anhausen oder aus Anhausen erhalten? Man ist gewohnt, im Kreuzgang eines Klosters die Grabmäler der Äbte aufgestellt zu finden. Nicht so in Anhausen. Zwar waren während des Dreißigjährigen Krieges noch etliche Grabmäler erhalten, andere allerdings schon damals zerstört oder verschwunden. Den „Lutheranern" wurde dies damals bitter zum Vorwurf gemacht.

Erhalten geblieben ist aus der Klosterzeit lediglich der Grabstein für Abt Johannes Bauer, der 1536 das Kloster verlassen mußte. Der Stein befand sich früher im Kreuzgang, ist heute aber in der Kirche in Bolheim aufgestellt.

Einige Grabdenkmäler aus nachklösterlicher Zeit kamen ins Heimatmuseum auf Schloß Hellenstein, so Grabplatten für den Prälaten Christoph Heinrich Zeller († 1784, Gußeisen) und die Frau des Amtsmanns Wässerer († 1764, Holz), ferner ein hölzerner Wandobelisk für den Klosterreiter Joos († 1778) und Gedenktafeln für Karl Christoph Stuber und für Feldmayer (beide 18. Jh.).

Im Kreuzgang finden sich Reste von Malereien. Sie zeigen Wappen, Girlanden, ein jüngstes Gericht − leider ist alles sehr schlecht erhalten. Reste von Malereien aus dem 18. Jahrhundert finden sich auch in der Sakristei der Winterkirche.

Im Hauptstaatsarchiv hat sich eine Aufzeichnung aus der Zeit der katholischen Restitution im Dreißigjährigen Krieg erhalten. Sie berichtet von Wappen, die sich einst in der Kirche und im Kreuzgang befanden. Sie wurden − wie ausdrücklich und vorwurfsvoll vermerkt wird − „von den Lutherischen verweißt", d. h. übertüncht. Man hatte sie aber vorher abgezeichnet, und diese Nachzeichnungen sind erhalten. Es sind die Wappen von 32 Grafen und Rittern, die alle in der ersten Hälfte des 14. Jahrhunderts gelebt haben.

Wilhelm Schneider hat sodann in der Presse auf ein großes Ölgemälde aus Anhausen aufmerksam gemacht, das sich im Landesmuseum befindet. Es stellt Christus am Ölberg dar. Zu erkennen ist die Jahreszahl 1533 und eine Pflugschar als Wappenbild. Es ist das Wappen des Abtes Johannes Bauer. Abt Bauer dürfte das Bild wenige Jahre vor Aufhebung des Klosters in Auftrag gegeben haben.

Aus der Winterkirche stammen Bilder mit biblischen Szenen, die sich heute auf Schloß Hellenstein befinden, sowie Brustbilder der 12 Apostel von der Emporenbrüstung, die in der Bolheimer Kirche einen würdigen Platz gefunden haben. Alle diese Bilder stammen aus der Zeit um 1730.

6. Die Klostergebäude im 19. und 20. Jahrhundert

Im Jahre 1806 wurde das Klosteramt Anhausen aufgehoben. Damit war Anhausen nicht mehr Verwaltungssitz. Auch verlor die Pfarrei Anhausen 1821 ihre Selbständigkeit, nachdem der letzte evangelische Prälat Johann Christian Hiller gestorben war. In der Winterkirche wurde nur noch gelegentlich Gottesdienst gehalten, bis auch dies 1883 aufhörte. Der württembergische Staat benötigte die Klostergebäude jetzt größtenteils nicht mehr. Was sich nicht nutzbringend verwerten ließ, ließ man verfallen oder abbrechen. Die Beschreibung des Oberamts Heidenheim (1844) sagt, Anhausen sei ein sehr herabgekommener und immer mehr verfallender Überrest der ehemaligen Benediktinerabtei.

Schon unter dem letzten Klosterverwalter — somit vor 1806 — wurde die alte verfallene Nikolauskapelle südlich des Klosters, am Waldrand, abgerissen. Auch die Klostermühle brach man um diese Zeit ab. Dasselbe Schicksal erlitt nicht viel später die alte Klosterkirche, deren Umfassungsmauern um 1800 noch gestanden waren. An ihrer Stelle befand sich 1831 ein öder, mit Schutt angefüllter Platz. Nur der massive Turm war stehen geblieben.

Schon vor 1830 waren zwei Häuser, die zusammengebaut und an die östliche Umfassungsmauer angelehnt waren, in Privathand übergegangen, das eine an den Schreiner Rahn, das andere an den Färber Eichner.

Im Juli 1831 verkaufte der Staat einen Teil der eigentlichen Klostergebäude an den Mechaniker Peter Zimmermann aus Kaysersberg im Elsaß. Kommerzienrat Ludwig Hartmann hatte dies vermittelt, denn Zimmermann sollte Baumwollspinnmaschinen für Hartmanns Betriebe bauen. Rektor Bürkle hat den Kaufbrief, der im Bolheimer Rathaus liegt, veröffentlicht. Der Kauf ist von größter Wichtigkeit, denn er begründete weitgehend die noch heute geltenden Eigentumsverhältnisse und bestimmte damit auch das Schicksal der einzelnen Gebäude.

Zimmermann erwarb um den Preis von 1.500 Gulden fünf Gebäude, nämlich

1. das Prälaturgebäude mit zwei Erkern und einem Anbau; dieser Anbau erstreckte sich bis zum Brenzkanal;
2. den Kreuzgang, Schlafboden oder Schulgebäude mit Einschluß des unter Dach
   befindlichen Fruchtkastens. Ein Vergleich mit dem Primärkataster zeigt, daß
   es sich um das östliche Konventsgebäude handelt;
3. das Wasch- und Backhaus; es steht am Brenzkanal;
4. die Botenwohnung;
5. die Hirtenwohnung. Diese beiden sind zwei kleine Gebäude im Hof hinter der
   Prälatur.

In den Verkauf eingeschlossen waren einige Gärten, darunter der innere Klosterhof, eine große Wiese, ein erheblicher Teil der nördlichen und östlichen Umfassungsmauer, der Brenzkanal innerhalb der Klostermauer zwecks Nutzung der Wasserkraft, ferner insbesondere der öde Platz, auf dem die alte Kirche stand, sowie der Turm. Dieser war sechs Stockwerk hoch, davon die unteren fünf aus „Felsquadern" gefügt.

Zimmermann richtete im östlichen Konventsbau seine Fabrik ein. In dem Anbau der Prälatur betrieb er seine Schlosserei. Er soll sofort 30, dann 50 Arbeiter beschäftigt haben.

Zimmermann ließ nun den ihm gehörenden Turm abbrechen und verkaufte 1832 die Quader an die Stadt Heidenheim, die damit den Stadtbach in der Hauptstraße einfassen ließ und später die neue Christianstraße auffüllte. Darüber erregte sich die Öffentlichkeit. In den Württembergischen Jahrbüchern heißt es 1831: „Schade, daß die Errichtung der Fabrik mit Zerstörung alter, für die Geschichte merkwürdiger Denkmäler begonnen hat". Heidenheimer Altertumsfreunde traten in eine Pressefehde mit Zimmermann. Die Oberamtsbeschreibung (1844) bedauert „die Zerstörung der schönen gotischen Kloster- kirche, die zwar schon zu Anfang des vorigen (d. h. des 18.) Jahrhunderts unbrauchbar geworden, aber als eine sehr malerische Ruine mit ihrem noch wohl erhaltenen hohen und zierlichen Turm eine Zierde des Brenztales gewesen war".

Diese Sätze könnten den Eindruck erwecken, als seien Kirche und Turm zur gleichen Zeit, etwa in Verbindung mit der Einrichtung der Fabrik, abgebrochen worden. Das ist nicht richtig. Für den Verfall der Kirche ist wohl einzig und allein der Staat verantwort- lich. Zimmermann hat lediglich den isoliert außerhalb der nördlichen Umfassungs- mauer stehenden Turm beseitigt. Dies ist freilich sehr zu bedauern.

Andere Gebäude hat Zimmermann anscheinend nicht abgebrochen, dagegen für seine Zwecke umgebaut, auch ein Gießhaus neu errichtet.

Er mußte seinen Betrieb, dem er eine Baumwollspinnerei und eine Zwirnerei ange- schlossen hatte, 1837 einstellen. Er war hoch verschuldet; seine Maschinen hatten keinen Absatz mehr gefunden. Im Jahre 1838 bittet er den König um Erlaubnis, sein „Etablis- sement" im Wege einer Lotterie veräußern zu dürfen. Zimmermanns Besitz scheint an den Inhaber der Riedmühle übergegangen zu sein. Dieser beabsichtigte in den vierziger Jahren, die Prälatur abzubrechen. Doch zum Glück unterblieb dies.

In den Verkauf von 1831 nicht inbegriffen waren der Südflügel der Konventgebäude mit der Winterkirche sowie der Westflügel mit angebauter Oberamtei, in den Akten beschrieben als „Försterwohnung, Schulhaus und Fruchtkasten", ferner das Torgebäude und die daran nach Südosten anschließenden Stallungen und Scheunen.

Aus den Akten des Staatl. Vermessungsamtes ergeben sich für die Jahre 1857/58 erhebliche Veränderungen:

Der Staat verkaufte an Privatleute das Torgebäude mit dem südlich anschließenden Stall (heute Kegelbahn)

Der Staat ließ sodann die daran nach Südosten anschließenden Gebäude abbrechen, nämlich die ehemalige Kastenknechtswohnung, das Waschhaus mit Fruchtkasten sowie eine Stallung und einen Holzstall beim Gottesacker. Erhalten blieb dort nur die große Scheuer, die heute noch als modernisiertes Bauernhaus steht.

Veränderungen gab es auch an den ehemals Zimmermann'schen Privatgebäuden: Einige Anbauten der Prälatur sind nun verschwunden.

Verschwunden ist von Zimmermanns Fabrikgebäude der größere nördliche Teil. Geblieben ist dessen südlicher Teil, allerdings auf Stockwerkshöhe erniedrigt und mit einem Dachstuhl versehen, dessen First in west-östlicher Richtung zeigt. Dieser Bau diente als Schafstall, wird aber auch als Scheuer bezeichnet.

Für rund 100 Jahre gab es dann keine wesentlichen Veränderungen mehr, abgesehen davon, daß die Winterkirche nach 1883 profaniert, als Scheune genutzt und die beweglichen Reste der künstlerischen Ausstattung ins Museum auf Schloß Hellenstein verbracht wurden.

Nach dem Zweiten Weltkrieg, im Jahre 1960, wurde der Schafstall abgebrochen, und der Eigentümer errichtete an seiner Stelle ein modernes Stallgebäude mit weit vorgezogenem Dach. Er überbaute 1980 auch den dahinterliegenden Platz des ehemaligen Konventsgebäudes mit Stallungen, so daß der innere Klosterhof heute wieder auf drei Seiten umbaut ist.

Einiges Aufsehen hat erregt, daß die Durchfahrt durch das Torgebäude mit behördlicher Genehmigung vermauert wurde, so daß die Zufahrt zum Klosterhof weiter nach Süden verlegt werden mußte.

Was heute in Anhausen steht, ist ein Torso des ehemaligen Klosters. Prälatur und Oberamtei verleihen dem Ganzen aber heute noch ein gefälliges Aussehen. Möge uns dieser Anblick auch in Zukunft erhalten bleiben.

Vortrag, gehalten im November 1985 in Herbrechtingen

Literaturverzeichnis

Kaspar Bruschius, Ahusium. In: Monasteriorum Germaniae praecipuorum maxime illustrium Centuria Prima. Ingolstadt 1551. S. 1 ff

Karl Stengel, Ahusium Brentianum. In: Monasteriologia, Pars II. Augsburg 1638.

Friedrich Planck, Annales Anhusani. In: Notitia Historico-Litteraria de Codicibus Manuscriptis in Bibliotheca . . . Monasterii Ordinis s. Benedicti ad SS. Udalricum et Afram Augustae extantibus. Congessit P. Placidus Braun. Vol. I. Augsburg 1791.

Anton Steichele, Geschichte des Klosters Anhausen an der Brenz. Mit Urkunden. In: Beiträge zur Geschichte des Bisthums Augsburg. Hrsg. von Anton Steichele. 1. Band. Augsburg 1850. S. 193 ff.

Karl Rothenhäusler, Die Benediktiner-Abtei Anhausen an der Brenz. In: Die Abteien und Stifte des Herzogthums Württemberg im Zeitalter der Reformation. Stuttgart 1886, S. 68 ff.

Anhausen an der Brenz. In: Die Kunst- und Altertums-Denkmale im Königreich Württemberg. Inventar Jagstkreis. Oberamt Heidenheim. Bearb. von Eugen Gradmann. Eßlingen 1913. S. 65 ff.

Heinz Bühler,   Aus der Geschichte der Gemeinde Herbrechtingen. In: Herbrechtingen − 1200
                     Jahre. Hrsg. vom Bürgermeisteramt Herbrechtingen 1974. S. 49 ff, hier S. 60 ff,
                     66 ff, 71 ff.
     − ,   Anhausen. In: Germania Benedictina Bd.V: Die Benediktinerklöster in Baden-
                     Württemberg. Bearb. von Franz Quarthal. Augsburg 1975. S. 125 ff.
     − ,   Langenau. In: Germania Benedictina Bd.V (wie oben) S. 368 ff
     − ,   Schwäbische Pfalzgrafen, frühe Staufer und ihre Sippengenossen. In: Jahrbuch des
                     Historischen Vereins Dillingen an der Donau LXXVII. 1975. S. 118 ff.

Für freundliche Unterstützung und Auskunft dankt der Verfasser den Herren Ulrich Bürkle, Bolheim, Walter Vogel, Heidenheim und Jakob Wißmann, Anhausen.

Das Benediktinerkloster Anhausen an der Brenz. In: JHAVH 1985/86. 1986, S. 1-12.

Zur Genealogie der Herren von Gundelfingen an der Brenz

Vor sechzehn Jahren bereits hat sich der Verfasser im Jahrbuch des Historischen Vereins Dillingen mit der Genealogie der Edelfreien von Gundelfingen an der Brenz befaßt.[1] Es war dies ein Versuch, da keine Vorarbeiten vorlagen. Der Verfasser war sich klar, daß sich bei weiterer Forschung noch mancherlei Ergänzungen ergeben würden, daß sich aus der Erforschung verwandter Geschlechter neue Erkenntnisse insbesondere zur Herkunft der gundelfingischen Ehefrauen gewinnen ließen und daß dadurch Korrekturen am bisherigen Bild nötig werden könnten.

Mittlerweile ist die Forschung weitergeschritten und hat tatsächlich Ergebnisse erbracht, die für die Geschichte der frühen Gundelfinger von erheblicher Bedeutung sind. Gerd Wunder hat sich unlängst in der Zeitschrift „Württembergisch Franken"[2] mit der Frage befaßt, woher der Name Gottfried im Hause Hohenlohe kam, und dabei auf interessante Beziehungen aufmerksam gemacht. Wunder konnte zunächst ein Ergebnis aus der Arbeit des Verfassers von 1971[3] verwerten und bestätigen, nämlich: der Name Gottfried kam ins Haus Hohenlohe durch die Gemahlin Heinrichs von Hohenlohe (1189–1212) namens Adelheid.[4] Adelheid aber war eine Tochter Gottfrieds von Gundelfingen an der Brenz (genannt 1170–1172).

Weiterführend für die Genealogie der Gundelfinger sind Wunders Erkenntnisse, daß der Name Gottfried ins Haus Gundelfingen durch die Mutter jenes eben erwähnten Gottfried von Gundelfingen (1170–1172) gekommen ist bzw. durch die Gemahlin Diemos I. von Gundelfingen, des ersten Vogtes des Klosters Echenbrunn. Wunder erweist die ihrem Namen nach unbekannte Gemahlin Diemos I. von Gundelfingen als Schwester Gottfrieds von Ronsberg (1130–1166) bzw. Tochter Ruperts III. von Ronsberg (1102–1125).[5] Letzterer aber war vermählt mit Irmgard von Calw, der Schwester des Pfalzgrafen Gottfried von Calw (✝ 1132/33) bzw. Tochter des Grafen Adalbert II. von Calw (✝ 1099) und der

---

[1] 73. Jahrgang (1971) S. 13–40.

[2] Württembergisch Franken 70 (1986) S. 151–154.

[3] Wie Anm. 1, S. 20 f.

[4] G. Wunder hat die Daten für Heinrich v. Hohenlohe überprüft und ist zu dem Ergebnis gekommen, daß sie auf zwei Personen zu verteilen sind, nämlich auf Heinrich I. (1156–1182) und Heinrich II. (1189–1212). Letzterer kommt hier in Betracht; Württ. Franken 63 (1979) S. 3 f.

[5] Wie Anm. 2, S. 152

Wiltrud von Lothringen († 1093), welche ihrerseits eine Tochter Gottfrieds des Bärtigen, Herzogs von Ober- und Niederlothringen (1044–1069) war.[6] Unter dessen Vorfahren findet sich der Name Gottfried in jeder Generation, zurück bis ins frühe 10. Jahrhundert. Die Herren von Gundelfingen standen damit in Verwandtschaft zu den höchst vornehmen Häusern Ronsberg, Calw und Lothringen, wovon bisher nichts bekannt war. Für die Geschichte der Gundelfinger ergeben sich daraus in mehrfacher Hinsicht interessante Folgerungen.

1) Zur Stiftung des Klosters Echenbrunn

Die Großeltern der Gemahlin Diemos I. von Gundelfingen, nämlich Graf Adalbert II. von Calw (†1099) und Wiltrud von Lothringen, waren die Erneuerer des Klosters Hirsau im Schwarzwald, das als Reformkloster Vorbild für viele Klosterstiftungen geworden ist. Adalbert II. von Calw war ein Neffe des Reformpapstes Leo IX. (1048–1054) aus dem Hause Egisheim.[7] Papst Leo IX. hatte seinen Neffen Adalbert II. veranlaßt, das zerfallene Kloster Hirsau wiederherzustellen.

Die Verwandtschaft der Gundelfinger zum Hause Calw und zu Papst Leo IX. dürfte die kirchliche Gesinnung der Gundelfinger erklären; sie beleuchtet aber auch die Umstände um die Gründung des Klosters Echenbrunn (Lkr. Dillingen). Das um 1120 gestiftete Benediktinerkloster trug dasselbe Patrozinium wie die neue Klosterkirche zu Hirsau, nämlich Peter und Paul. Dieses Patrozinium wie auch die dem Echenbrunner Konvent von Papst Kalixt II. garantierte freie Wahl des Abtes und die Wahl des Vogtes aus dem Verwandtenkreis der Stifter zeigen deutlich, daß Echenbrunn unter dem Einfluß Hirsaus gegründet worden war.[8] Die Beziehung zu Hirsau war zweifellos durch die Gemahlin Diemos I. von Gundelfingen vermittelt worden. Als Stifter Echenbrunns werden zwar Gumpert und sein Sohn Kuno genannt, die aber gemeinsam mit ihren „consanguineis" das Kloster erbaut und dem apostolischen Stuhl übertragen hatten.[9] Unter diesen „consanguineis" müssen Diemo I. von Gundelfingen und seine Gemahlin verstanden werden, denn Diemo ist ja im Jahre 1127 als erster Vogt des Klosters bezeugt, und als solcher war er ein „consanguineus" der Stifter.[10] Er muß mit Gumpert und dessen Sohn Kuno ganz nahe verwandt gewesen sein. Man fragt sich nur, warum angesichts dieses Sachverhalts nicht Diemo I. und seine Gemahlin selbst als die Hauptstifter des Klosters in Erscheinung treten.

---

[6] Wie Anm. 2, S. 152 ff.
[7] Hansmartin Decker-Hauff: Geschichte der Stadt Stuttgart Bd. 1. 1966. S. 102.
[8] Georg Rückert: Die Äbte des Klosters Echenbrunn. In: Jahrbuch des Historischen Vereins Dillingen 25 (1912) S. 290 ff., hier S 290–292. Vgl. Albert Brackmann: Germania Pontificia Bd. II, 1. 1923. S. 89. Josef Hemmerle: Die Benediktinerklöster in Bayern. Germania Benedictina Bd. II, 1970. S. 83 f.
[9] Urkunde Papst Kalixt' II. von 1122. In: Georg Rückert, wie Anm. 8, S. 311 ff.
[10] Urkunde Bischof Hermanns von Augsburg von 1127. In: Georg Rückert, wie Anm. 8, S. 312 f.

Das Verwandtschaftsverhältnis Gumperts und Kunos zu Diemo I. von Gundelfingen läßt sich nicht exakt bestimmen. Wenn die (freilich späte) Überlieferung richtig ist, die den ersteren den Beinamen „von Fachberg" (Bruschius) gibt, dürfen wir sie wohl nicht dem Mannesstamm der Gundelfinger zurechnen.[11] Da Kuno, der Jüngere der Stifter, damals volljährig war (nach der Überlieferung soll er der erste Abt des Klosters gewesen sein),[12] gehörte er wohl derselben Generation an wie Diemo I. von Gundelfingen, wogegen sein Vater Gumpert generationsgleich mit Diemos Eltern war. Die unter diesen Umständen engste Verwandtschaft ergibt sich, wenn Gumpert „von Fachberg" mit einer Vaterschwester Diemos I. von Gundelfingen verheiratet war. Kuno und Diemo I. waren in diesem Fall rechte Vettern. Der Begriff „consanguineus" der Papstbulle war dann freilich in einem weiteren Sinn gebraucht; er traf nur für das Verwandtschaftsverhältnis zwischen Kuno und Diemo I. zu, nicht aber für das Verhältnis Gumperts zu Diemo I., es sei denn, daß zwischen diesen beiden bereits eine weiter zurückreichende Blutsverwandtschaft bestanden hätte.

2) Die Beziehungen der Gundelfinger zum Hochstift Würzburg

Im Anschluß an die Ergebnisse Gerd Wunders läßt sich die Stammtafel der Gundelfinger erweitern. Bisher war es einigermaßen erstaunlich, daß ein (mutmaßlicher) Gundelfinger namens Degenhard im frühen 13. Jahrhundert Domherr in Würzburg und Propst des Stiftes Haug werden konnte[13] und daß ein jüngerer Gundelfinger namens Andreas dort seit 1257 als Domherr wirkte, 1297 Archidiakon wurde und 1303 sogar den Würzburger Bischofsstuhl bestieg († 1313).[14] Diese Verbindung zum Hochstift Würzburg ließ sich eigentlich nur mit der Verwandtschaft der Gundelfinger zum Hause Hohenlohe erklären, das enge Beziehungen zu Würzburg unterhielt. Die Verwandtschaft zum Hause Hohenlohe war durch Adelheid von Gundelfingen (1219–1230) begründet worden. Wunder aber hat gezeigt, daß schon ein Gottfried, der im ausgehenden 12. Jahrhundert in Würzburg als Domscholaster (1179), Dompropst (1193) und kurze Zeit als Bischof Gottfried II. (1197) tätig war, mit größter Wahrscheinlichkeit gleichfalls dem Hause Gundelfingen zuzurechnen ist.[15] Er war nach allem ein Bruder jener

---

[11] Nach Raiser: Geschichte der Stadt Lauingen. 1822. S. 20 mit Anm. 20 sollen die „von Fachberg" die Burg im Bereich des ehemaligen Kastells Faimingen bewohnt haben. Vgl. Alfred Schröder: Die Edelfreien von Gundelfingen in Bayern. In: Historisch-polit. Blätter f. d. kathol. Deutschland 163 (1919) S. 422 ff., hier S. 424. Man wird die Burg Fachberg in unmittelbarer Nachbarschaft von Echenbrunn zu suchen haben. Jedenfalls scheint es uns nicht gerechtfertigt, Fachberg mit Flochberg gleichzusetzen (so u. a. bei Hemmerle, wie Anm. 8). Die bekannten Herren von Flochberg haben mit den Stiftern Echenbrunns keinen Namen gemeinsam. Die Begüterung der Herren von Gundelfingen in und um Bopfingen ist kein Argument für die Gleichsetzung von Fachberg mit Flochberg.

[12] Rückert (wie Anm. 8) S. 292; Hemmerle (wie Anm. 8) S. 84.

[13] Vgl. Bühler (wie Anm. 1) S. 24 f.

[14] Vgl. Bühler (wie Anm. 1) S. 28 f. Alfred Wendehorst: Das Bistum Bamberg Teil 2. Germania Sacra NF 4. 1969. S. 36 ff.

[15] Wie Anm. 2, S. 152.

Adelheid, die sich mit Heinrich von Hohenlohe vermählt hatte. Dieser Gottfried, der – wie erwähnt – bereits um 1179 dem Würzburger Domkapitel angehörte, könnte die Eheschließung seiner wohl etwas jüngeren Schwester um 1185–1190 gefördert haben.

Nun aber erhebt sich die Frage, welcher einflußreiche Gönner wohl jenem Gottfried seine Würzburger Domherrenpfründe verschafft haben könnte? Wieder mag der Name Gottfried als Fingerzeig dienen. Gottfried von Spitzenberg (bei Geislingen an der Steige) war wohl schon 1170, spätestens 1172 Domherr, seit 1174 Dompropst in Würzburg. Er übte in den Jahren 1172 bis 1186 das Amt des Kanzlers am Hofe Kaiser Friedrich Barbarossas aus und war an den Friedensschlüssen von Venedig 1177 und Konstanz 1183 maßgeblich beteiligt. Seit 1186 Bischof von Würzburg, nahm er am Kreuzzug Friedrich Barbarossas teil, auf dem er 1190 in Antiochia einer Seuche erlag.[16] Die Familie Gottfrieds von Spitzenberg war u. a. in Reimlingen im Ries begütert,[17] in dessen Nachbarschaft auch die Gundelfinger Besitz hatten. Daher dürfte Gottfried von Spitzenberg den jüngeren Gottfried von Gundelfingen gekannt haben. Wahrscheinlich war er sogar mit den Gundelfingern verwandt. Sein Name Gottfried weist darauf hin. Er war ins Haus Spitzenberg durch die Mutter des Bischofs Gottfried, Adelheid, gebracht worden, die mit Rudolf von Spitzenberg-Sigmaringen (ca. 1133–1147) vermählt war. Sie stammte vermutlich aus dem Hause Calw (vielleicht als Tochter Graf Adalberts III. von Calw, † 1094?), in welchem der Name Adelheid zurückgeht auf Adelheid von Egisheim, die Gemahlin Graf Adalberts I. von Calw (1037–1046).[18] Auch die verschiedenen Trägerinnen des Namens Adelheid im Hause Gundelfingen verdankten ihren Namen letztlich jener Adelheid von Egisheim. So spricht einiges dafür, daß die Häuser Gundelfingen und Spitzenberg über das Haus Calw verwandt waren. Gottfried von Spitzenberg dürfte sodann dem jüngeren Gottfried von Gundelfingen, seinem mutmaßlichen Vetter, zur Würzburger Domherrenstelle verholfen und damit die Verbindung der Gundelfinger zum Hochstift Würzburg und zum Hause Hohenlohe angebahnt haben.[19]

Noch ältere Beziehungen der Gundelfinger zum Würzburger Hochstift könnten freilich durch Siegfried von Truhendingen vermittelt sein, der spätestens seit 1128 Domherr und von 1146 bis 1150 Bischof von Würzburg war.[20] Die Truhendinger führten das gleiche Wappen wie die von Gundelfingen, jedoch mit verschiedenen Farben (Truhendingen: zwei rote Querbalken auf goldenem Grund; Gundelfingen: zwei schwarze Querbalken auf silbernem Grund);[21] sie

---

[16] Alfred Wendehorst: Das Bistum Bamberg Teil 1. Germania Sacra NF 1. 1962. S. 174ff.

[17] Mon. Boica XXXIII, 1 S. 27f., Nr. 29.

[18] H. Decker-Hauff, wie Anm. 7.

[19] Förderung durch G. v. Spitzenberg-Helfenstein nimmt auch G. Wunder an (wie Anm. 2, S. 152).

[20] A. Wendehorst (wie Anm. 16) S. 151ff.

[21] Sebastian Englert: Geschichte der Grafen von Truhendingen. 1885. S. 125f. Helmut Enßlin: Bopfingen. 1971. S. 39. Christian Friedr. Sattler: Topographische Geschichte des Herzogthums Würtemberg. 1784. S. 446f.

sind daher wohl mit ihnen stammesgleich. Die Gundelfinger hatten ja Besitz im südlichen Ries, im Begüterungsbereich der Truhendinger, nämlich in Deiningen, Wechingen, Schrattenhofen, Appetshofen und vielleicht in Reimlingen,[22] und zwar schon in der ersten bekannten Generation. Billung von Gundelfingen war nämlich um 1090–1100 Zeuge, als Gut in Möggingen bei Harburg an das Kloster St. Ulrich und Afra in Augsburg übertragen wurde.[23] Möggingen liegt in diesem truhendingisch-gundelfingischen Begüterungsbereich. Der Name Siegfried, den der Würzburger Bischof aus dem Hause Truhendingen trug, findet sich auch im Hause Gundelfingen, nämlich bei einem Sohne Billungs (Sifridt).[24] Der Name geht offenbar auf einen Vorfahren Billungs zurück, der zugleich die Verbindung zu den Truhendingern herstellen dürfte.[25]

Die Truhendinger waren Blutsverwandte der Staufer.[26] Diese Blutsverwandtschaft ist schon 1165 bezeugt und reicht gewiß in die Frühzeit beider Geschlechter zurück, in die Zeit vor 1079, als die Staufer noch nicht Herzöge von Schwaben waren und von den Truhendingern noch so gut wie nichts bekannt ist. Indes dürfte sicher sein, daß ins Haus Truhendingen der Name Friedrich durch die Verbindung mit den frühen Staufern kam. Der Name Adalbert dagegen dürfte der Stammname der Truhendinger sein. Ein Adalbert findet sich 1053 unter den „Optimaten" des Rieses und Sualafelds, die in einem Diplom Kaiser Heinrichs III. für das Hochstift Eichstätt genannt sind.[27] Der Verfasser hat in anderem Zusammenhang die Vermutung geäußert, dieser Adalbert von 1053 könnte ein Vorfahr der Truhendinger sein.[28] Er könnte sich mit einer frühen Stauferin vermählt haben, entweder mit einer Schwester des Riesgrafen und Pfalzgrafen Friedrich, der 1030 und 1053 bezeugt ist, oder mit einer Schwester Friedrichs von Büren, der um 1053 Riesgraf war.[29] Eine spätere Verbindung kommt wohl kaum in Betracht; denn die Staufer sind in den späteren Generationen zu gut bekannt, eine Stauferin, die sich mit einem Truhendinger verbunden hätte, hat darin keinen Platz. Nach unserer Vermutung wäre jener Adalbert von 1053 auch ein naher Verwandter Billungs von Gundelfingen, vielleicht sogar dessen Vorfahr. Damit ergäbe sich die Möglichkeit, daß Billung von Gundelfingen eine Stauferin unter seinen Vorfahren hatte. Die truhendingisch-gundelfingischen Güter im Südries, aber auch gundelfingische Besitzungen um Bopfingen und Wallerstein könnten in diesem Fall von der gemeinsamen staufischen Ahnfrau herrühren. Doch sind dies Vermutungen, die

---

[22] Bühler (wie Anm. 1) S. 37. S. Englert (wie Anm. 21) Besitzkarte.

[23] Die Traditionen und das älteste Urbar des Klosters St. Ulrich und Afra in Augsburg, bearb. von Robert Müntefering. Quellen und Erörterungen zur Bayerischen Geschichte NF 35, 1986, S. 18 Nr. 11. Die Datierung dort ist zu spät; vgl. Einleitung zu Nr. 11.

[24] Wie Anm. 31.

[25] Denkbar wäre, daß der Name Siegfried-Sifridt durch die Gemahlin Billungs ins Haus gebracht wurde; wir werden jedoch sehen, daß diese wohl aus einem anderen Sippenkreis stammt.

[26] MG. Dipl. Friedrichs I. Nr. 478.

[27] MG. Dipl. Heinrichs III. Nr. 303.

[28] H. Bühler: Schwäbische Pfalzgrafen, frühe Staufer... In: Jahrbuch des Histor. Vereins Dillingen 77 (1975) S. 148f.

[29] MG. Dipl. Konrads II. Nr. 144; Dipl. Heinrichs III. Nr. 303.

sich angesichts der Quellenarmut des 11. Jahrhunderts nicht so leicht erhärten lassen. Immerhin dürften die Gundelfinger auf dem Umweg über die Truhendinger auch in Beziehung zu den Staufern gestanden sein. Bei solchen Beziehungen ist es nicht verwunderlich, daß Gundelfinger ins Würzburger Hochstift gelangten.

3) Die Beziehungen der Gundelfinger nach Bayrisch-Mittelschwaben

Nachdem die Forschungen Gerd Wunders die Verbindung der Gundelfinger zum Hause Ronsberg klargelegt haben, bekommt ein Gundelfinger namens Růpert seinen festen Platz in der Genealogie des Hauses Gundelfingen. Dieser Růpert von Gundelfingen war am 25. Mai 1181 in der Burg Staufen (Hohenstaufen bei Göppingen) Zeuge, als Kaiser Friedrich Barbarossa bestimmte, daß der jeweilige Herr der Burg Staufen Vogt des Klosters Adelberg auf dem Schurwald sein solle. Růpert steht in der Zeugenreihe nach den Äbten von Lorch und Anhausen an der Brenz, dem Grafen Ludwig von Helfenstein, den Herren Gottfried von Winnenden, Billung von Justingen und Adalbert von Metzingen als letzter der Edelfreien vor den staufischen Hausministerialen von Staufen, von Urbach, von Rechberg, von Waldhausen, von Lorch und von Schlechtbach.[30]

Der Verfasser war früher im Zweifel, ob dieser Růpert nach Gundelfingen an der Brenz oder Gundelfingen im Lautertal gehört. Seit aber die Beziehung der Gundelfinger an der Brenz zum Hause Ronsberg bekannt ist, in welchem Růpert-Ruprecht ein Leitname ist, fügt sich unser Růpert trefflich in die Stammtafel der Gundelfinger an der Brenz, ja, er bestätigt geradezu die von Wunder entdeckte Verbindung zum Hause Ronsberg. Růpert ist nach der Zeit ein Sohn jener Ronsbergerin, die sich mit Diemo I. von Gundelfingen vermählt hatte und die ihrerseits eine Tochter Ruperts III. von Ronsberg (1102–1125) war. Růpert ist damit ein Bruder von Diemo II. (1163–ca. 1200) und Gottfried I. von Gundelfingen (1170–1172). Růpert hat anscheinend keine männlichen Nachkommen hinterlassen; jedenfalls findet sich sein Name später im Hause Gundelfingen nicht mehr. Gundelfingische Töchter, die der Verfasser früher vermutungsweise Diemo II. zuschrieb, könnten jedoch auch von Růpert abstammen.

Růpert könnte zugleich auch nach einem älteren Gundelfinger desselben Namens benannt sein. Um 1115–1120 nämlich sind gleichzeitig vier Gundelfinger namens Sifridt, Rudprecht, Reginboto und Gerunc Zeugen eines Güterverkaufs in Schwabmühlhausen (bei Schwabmünchen) durch den Edlen Diemo von Michelstein (abgeg. Burg bei Sontheim im Stubental Kr. Heidenheim).[31] Da sie in

---

[30] Wirt. UB. 2 S. 216 Nr. 428. – Es sei erwähnt, daß im Schenkungsbuch des Klosters St. Peter im Schwarzwald für die Zeit 1130–1140 ein Rüpertus de Gundelvingen, Vater eines Heinricus de G., verzeichnet ist, der jedoch nach Gundelfingen im Breisgau gehört; siehe Edgar Fleig: Handschriftliche, wirtschafts- und verfassungsrechtliche Studien zur Geschichte des Klosters St. Peter auf dem Schwarzwald. Beilage zum Jahresbericht des Friedrichsgymnasiums in Freiburg i. Br., 1907–08, S. 116 Nr. 134 f.; zur Datierung siehe S. 35 f. Dieser Rüpertus kann schon aus zeitlichen Gründen nicht mit unserem Růpert in Verbindung gebracht werden.

[31] Anselm Greinwald: Origines Raitenbuchae. 1797. S. 188.

der Zeugenreihe nicht alle hintereinander aufgeführt sind, sondern teilweise durch andere Namen voneinander getrennt sind, muß angenommen werden, daß die Zeugen nach dem Lebensalter geordnet waren. Die vier Gundelfinger gehörten dann nicht alle der gleichen Generation an: Sifridt und Rudprecht waren offenbar generationsgleich und wahrscheinlich Brüder; Reginboto und Gerunc waren jünger und Söhne der ersteren, zueinander vermutlich Vettern.[32]

Ihre Zeugenschaft bei einem Gütergeschäft in Schwabmühlhausen beweist, daß sie dort Interessen zu vertreten hatten. Offenbar waren sie dort begütert. Wir erfahren nämlich anderweitig, daß Diemo I. von Gundelfingen (1125–ca. 1150) gemeinsam mit Witegow von Eberstall und dessen Schwester Hiltrud sowie mit Siboto von Albeck und dessen Brüdern (Berenger, Witegow, Aribo?) über ein ererbtes Gut in Schwabmühlhausen verfügte.[33]

Diemo I. muß nach der Zeit der Sohn eines der beiden älteren Gundelfinger von ca. 1115–1120, Sifridt oder Rudprecht, gewesen sein. Während wir früher unsicher waren, welcher von diesen beiden als Vater Diemos in Betracht kommt, dürfen wir uns jetzt wohl für Rudprecht entscheiden, und zwar mit Rücksicht darauf, daß Diemo I. wiederum einen Sohn Rûpert (= Rudprecht) hatte.

Auch der ältere Rudprecht von ca. 1115–1120 mag seines typischen Namens wegen schon mit dem Hause Ursin-Ronsberg verbunden gewesen sein. Wegen der kanonischen Eheverbote und mit Rücksicht auf die Ehe seines (mutmaßlichen) Sohnes Diemo I. mit einer Ronsbergerin könnte jedoch allenfalls ein Großelternteil Rudprechts von Mutterseite mit dem Urgroßvater seiner (mutmaßlichen) Schwiegertochter verschwistert gewesen sein. Es wäre dann möglich, daß gundelfingischer Besitz in Schwabmühlhausen, an welchem anscheinend alle um 1115–1120 volljährigen Gundelfinger interessiert waren, aus ronsbergischem Erbe stammt.[33a]

[32] Der Name Gerung ist in Ostschwaben sehr selten. Er begegnet 1053 unter den „Optimaten" des Rieses und Sualafelds in einem Diplom Kaiser Heinrichs III. (MG. Dipl. Heinrichs III. Nr. 303), sodann im frühen 12. Jahrhundert bei einem Schenker in Aufhausen Gde. Forheim an St. Ulrich und Afra in Augsburg (wie Anm. 23 S. 250 Dep. 24). Der letztere könnte vielleicht mit Gerung von Gundelfingen personengleich sein, denn die Gundelfinger hatten im benachbarten Forheim Besitz (Bühler, wie Anm. 1, S. 28).

[33] Alfred Schröder: Das Traditionsbuch und älteste Einkünfte-Verzeichnis des Klosters Ursberg. In: Jahres-Bericht des Histor. Vereins Dillingen 7 (1894) S. 11 Nr. 22.

[33a] Es sei erwähnt, daß im J. 1067 Gut in Lamerdingen verschenkt wurde, dem Nachbarort von Schwabmühlhausen, wobei Rudolf von Tapfheim Zeuge war (Alfred Schröder: Die älteste Urkunde von St. Peter in Augsburg. In: Zeitschrift des histor. Vereins für Schwaben u. Neuburg 50 (1932) S. 9ff, hier S. 26ff). Rudolf von Tapfheim ist der (mutmaßliche) Großvater Diemos von Michelstein, der das Gut in Schwabmühlhausen verkaufte. Wahrscheinlich verfügte bereits Rudolf in Tapfheim über Besitz in oder um Schwabmühlhausen, den er erheiratet haben mag. Die als Zeugen für Diemo von Michelstein tätigen Gundelfinger könnten von einer ronsbergischen Ahnfrau gleichfalls Gut in Schwabmühlhausen überkommen haben.

Die frühen Herren von Gundelfingen an der Brenz und ihr Verwandtenkreis

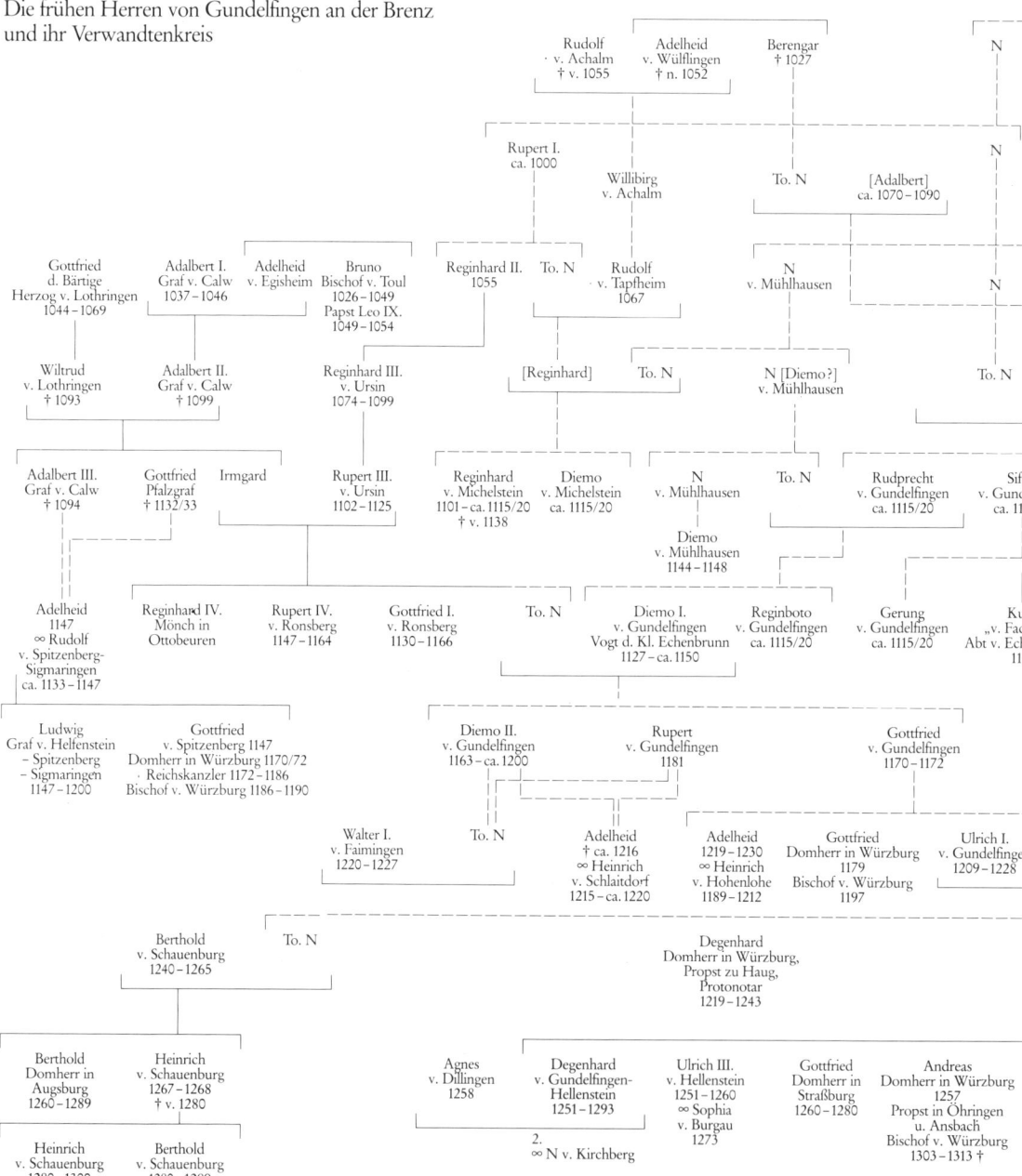

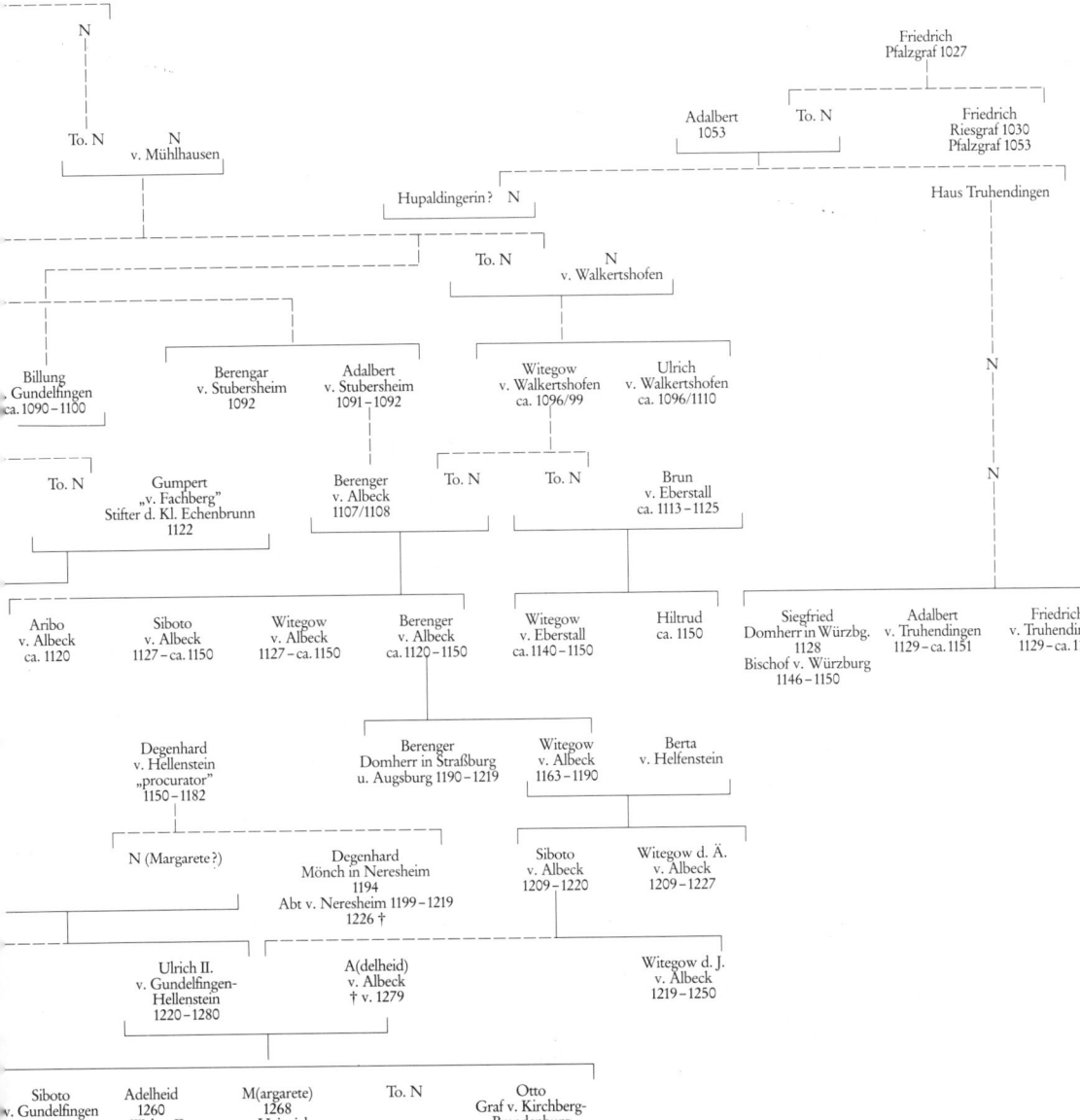

N

N
To. N

N
v. Mühlhausen

Friedrich
Pfalzgraf 1027

Adalbert
1053

To. N

Friedrich
Riesgraf 1030
Pfalzgraf 1053

Hupaldingerin? N

Haus Truhendingen

To. N

N
v. Walkertshofen

Billung
, Gundelfingen
ca. 1090–1100

Berengar
v. Stubersheim
1092

Adalbert
v. Stubersheim
1091–1092

Witegow
v. Walkertshofen
ca. 1096/99

Ulrich
v. Walkertshofen
ca. 1096/1110

N

To. N

Gumpert
„v. Fachberg"
Stifter d. Kl. Echenbrunn
1122

Berenger
v. Albeck
1107/1108

To. N

To. N

Brun
v. Eberstall
ca. 1113–1125

N

Aribo
v. Albeck
ca. 1120

Siboto
v. Albeck
1127–ca.1150

Witegow
v. Albeck
1127–ca.1150

Berenger
v. Albeck
ca. 1120–1150

Witegow
v. Eberstall
ca. 1140–1150

Hiltrud
ca. 1150

Siegfried
Domherr in Würzbg.
1128
Bischof v. Würzburg
1146–1150

Adalbert
v. Truhendingen
1129–ca. 1151

Friedrich
v. Truhendingen
1129–ca. 1151

Degenhard
v. Hellenstein
„procurator"
1150–1182

Berenger
Domherr in Straßburg
u. Augsburg 1190–1219

Witegow
v. Albeck
1163–1190

Berta
v. Helfenstein

N (Margarete?)

Degenhard
Mönch in Neresheim
1194
Abt v. Neresheim 1199–1219
1226 †

Siboto
v. Albeck
1209–1220

Witegow d. Ä.
v. Albeck
1209–1227

Ulrich II.
v. Gundelfingen-
Hellenstein
1220–1280

A(delheid)
v. Albeck
† v. 1279

Witegow d. J.
v. Albeck
1219–1250

Siboto
v. Gundelfingen
1260–1296

Adelheid
1260
∞ Walter II.
v. Faimingen
1255–1272

M(argarete)
1268
∞ Heinrich
v. Pappenheim
1248–1264

To. N

Otto
Graf v. Kirchberg-
Brandenburg
1251–1282

H. Bühler, 1987

Doch dürfte mindestens ein Teil des Besitzes in Schwabmühlhausen auf anderem Wege angefallen sein. Die Begüterung Diemos I. in Schwabmühlhausen läßt ja Verwandtschaft der Gundelfinger zu den Häusern Michelstein-Tapfheim,[34] Eberstall und Albeck erkennen. Die Verwandtschaft zu Michelstein scheint besonders eng zu sein, wie der Name Diemo anzeigt, der in beiden Häusern vorkommt. Da sich dieser Name auch in einem Geschlecht findet, das sich nach (Schwab-)Mühlhausen selbst nennt, liegt die Vermutung nahe, daß Frauen aus diesem Haus den Namen Diemo sowohl den Gundelfingern als auch den Michelsteinern vermittelt haben. Somit war wohl Rudprecht von Gundelfingen, der Vater Diemos I., mit einer (Schwab-)Mühlhauserin verheiratet und ebenso der Vater Diemos von Michelstein.

Die von Eberstall und von Albeck waren durch den in beiden Familien üblichen Namen Witegow enger verbunden, aber wegen des gemeinsamen Besitzes in Schwabmühlhausen auch mit den Gundelfingern und Michelsteinern verwandt. Der Name Witegow geht wohl auf Witegow von Walkertshofen (ca. 1096–1099) zurück; denn dessen Bruder Ulrich verfügte gleichfalls über Gut in Schwabmühl-hausen.[35] Anscheinend hatten sich Töchter Witegows von Walkertshofen einerseits mit Berenger von Albeck (1107–1108), dem Vater der in Schwabmühl-hausen begüterten Brüder von Albeck,[36] und andererseits mit Brun von Eberstall (ca. 1113–1125), dem Vater von Witegow und Hiltrud von Eberstall, verheira-tet.[37] Witegow und Ulrich von Walkertshofen aber waren offenbar Söhne einer (Schwab-)Mühlhauserin, welche die Verwandtschaft zu den Gundelfingern und Michelsteinern herstellte. Die von (Schwab-)Mühlhausen dürften letztlich wieder mit dem Hause Ursin-Ronsberg irgendwie verbunden gewesen sein.

Lassen sich nunmehr die älteren Gundelfinger heute besser in die Adelsgesell-schaft des 11. und 12. Jahrhunderts einordnen als noch vor sechzehn Jahren, so bleibt doch die Frage nach der Herkunft ihrer Güter um die Brenz und Donau in der Umgebung der namengebenden und geschlechtsbildenden Burg Gundelfin-gen. Diese Burg dürfte in der zweiten Hälfte des 11. Jahrhunderts erbaut worden sein.

Früher hat der Verfasser die Vermutung geäußert, der Stammvater der Gundel-finger, der mit denen von Truhendingen offenbar gleichen Stammes war, habe den Besitz um Gundelfingen erheiratet; dieser Besitz um Gundelfingen stamme aus der Gütermasse der Hupaldinger. Aus der Lage und Verteilung der gundelfingi-schen Güter um Brenz und Donau wird man auch nach dem derzeitigen Kenntnisstand kaum eine andere Folgerung ziehen können. Man müßte daher

---

[34] Vgl. Adolf Layer: Die Edelherren von Tapfheim. In: Jahrbuch des Histor. Vereins Dillingen 78 (1976) S. 66ff, hier S. 69. H. Bühler: Noch einmal die Herren von Böbingen-Michelstein-Tapfheim. In: Zeitschrift für Württ. Landesgeschichte 44 (1985) S. 283ff, hier S. 287ff.

[35] Edmund Oefele: Geschichte der Grafen von Andechs. 1877. S. 225f. Urk. 2. Die Traditionen und das älteste Urbar (wie Anm. 23) S. 28 Nr. 21; dort irrig auf Mühlhausen Gem. Affing Lk. Aichach-Friedberg bezogen, auch zu spät datiert.

[36] Der Stadt- und der Landkreis Ulm. Amtliche Kreisbeschreibung. Allgem. Teil. 1972. S. 329.

[37] Stammtafel von Hans-Peter Köpf, Nagold, 1974 (für den Neu-Ulmer Arbeitskreis vervielfältigt).

annehmen, daß der Vater jenes Billung, der sich als erster „von Gundelfingen"
nennt und der somit als Erbauer der Burg Gundelfingen anzusehen ist, eine
Hupaldingerin geheiratet hat. Diese müßte etwa um 1030 geboren sein. Sieht man
sich in den verschiedenen Zweigen der Hupaldinger oder ihrer Erben um, so
kämen aus zeitlichen Gründen als Mutter Billungs etwa eine Schwester des Grafen
Hartmann I. von Dillingen († 1121) oder eine Schwester des Markgrafen Diepold
II. von Giengen († 1078), vielleicht auch eine Schwester Manegolds III. von Werd
(Donauwörth, † 1126) in Betracht. Doch findet sich in den ersten Generationen
der Gundelfinger kein einziger Name, der auf einen dieser Zweige der Hupaldinger weist. So bleibt diese Vermutung doch fragwürdig. Möglicherweise gab es im
Raum um die untere Brenz und Donau im 11. Jahrhundert noch einen anderen
Zweig der Hupaldinger oder auch ein ganz anderes Geschlecht, der bzw. das sich
bisher nicht konkret fassen läßt. Aus ihm könnten außer den Gundelfingern etwa
die Geschlechter von Hageln, von Faimingen und von Fronhofen im Kesseltal
erwachsen sein.

4. Weitere Ergänzungen und Korrekturen

Eine Tochter Ulrichs I. von Gundelfingen (1209–1228) war vermählt mit einem
Herren „von Schauenburg". Gemeint ist nicht Schaumburg, abgegangen bei
Murnau, sondern Schauenburg bei Dossenheim (Rhein-Neckar-Kreis). Als
Gemahl der Gundelfingerin kommt wohl Berthold von Schauenburg (1240–1265)
in Betracht, ein Sohn des Grafen Gerhard III. von Schauenburg (1198–1240).[38]
Ein Sohn aus dieser Ehe namens Berthold ist seit 1260 als Domherr in Augsburg,
seit 1276 als Archidiakon bezeugt. Er wird 1289 letztmals erwähnt.[39] Sein Bruder
Heinrich läßt sich nur 1267 und 1268 nachweisen; er war 1280 tot.[40] In diesem Jahr
treten als seine Söhne auf Heinrich (1280–1300) und Berthold (1280–1289,
1291?).[41] In Bertholds Haus in Gundelfingen wurde 1289 ein Gütergeschäft
beurkundet.[42] Ein jüngerer Heinrich, vermutlich Bertholds Sohn, verheiratete
sich vor 1314 mit Margarete von Bebenburg.[43] Er verlieh 1315 sein Haus in
Gundelfingen, das er wohl vom Vater geerbt hatte, auf sechs Jahre an Ludwig von
Ramstein.[44] Dieses Haus gelangte um 1321 an Walter von Schauenburg, Domherr

[38] Vgl. Bühler (wie Anm. 1) S. 25. Stammtafel und Regesten von Karl Fik, Ellwangen, freundlicherweise
mitgeteilt am 9. 8. 1978.
[39] HStA. München – Kl. Obermedlingen U 1 und U 18; Wirt. UB 9 S. 317 Nr. 3911.
[40] HStA. München – Kl. Maria-Mödingen U 20 und 21. Die Urkunden des Reichsstiftes Kaisheim
1135–1287, bearb. von Hermann Hoffmann. Schwäbische Forschungsgemeinschaft, 1972, S. 126 Nr.
209.
[41] Mon. Boica IX S. 104 Nr. 12
[42] Wirt. UB 9 S. 317 Nr. 3911.
[43] Die Urkunden des Archivs der Reichsstadt Schwäb. Hall Bd. 1, bearb. von Friedrich Pietsch.
Veröffentlichungen der Staatl. Archivverwaltung Baden-Württemberg Bd. 21, 1967, S. 77 U 71.
[44] Wie Anm. 43, S. 78 U 75.

zu Straßburg, der es mit anderen Gütern 1341 verkaufte.[45] Er war wohl ein Sohn Heinrichs von Schauenburg (1280–1300). Den Verkauf des Hauses focht Elsbeth, eine Tochter des jüngeren Heinrich von Schauenburg (1314–1315) und der Margarete von Bebenburg, durch ihren Gemahl Engelhard von Hirschhorn an, da es ihr väterliches Erbe sei. Sie setzte sich jedoch nicht durch.[46]

Der Verfasser hatte 1971 als zweite Gemahlin Degenhards von Gundelfingen (1251–1293) eine Kirchberger Grafentochter erschlossen, nämlich eine Tochter des Grafen Eberhard von Kirchberg (1239–1282), der ein Bruder des Bischofs Bruno von Brixen (1247–1288) war. Diese zweite Gemahlin Degenhards hieß wahrscheinlich Gisela.[47] Wurde diese Ansicht damals noch mit Vorbehalt vorgetragen, so hat sie sich mittlerweile bestätigt.[48]

Nicht bestätigt hat sich dagegen die Vermutung, daß Gottfried von Wolfach (1219–1227), der zeitweilig Ortsherr in Hürben Kr. Heidenheim und Vogt des Stiftes Herbrechtingen war, der Sohn einer Gundelfingerin, und zwar einer Tochter Gottfrieds I. von Gundelfingen (1170–1172) sein könnte.[49] Somit ist diese mutmaßliche Gundelfingerin aus der Stammtafel zu streichen.

In der Stammtafel von 1971 (7. Generation) ist ein Satzfehler zu korrigieren: Andreas von Gundelfingen war nicht Propst des Stiftes Haug, sondern Würzburger Domherr seit 1257, Propst in Öhringen seit 1291, Propst in Ansbach seit 1296, Archidiakon seit 1297, Bischof von 1303 bis 1313.[50]

Schließlich wäre nachzutragen, daß der Bruder des Bischofs Andreas, Gottfried, seit 1260 als Domherr in Straßburg nachzuweisen ist und daß er noch 1280 als Zeuge für seine Vettern, die Herren von Schauenburg, tätig war.[51]

---

[45] Mon. Boica XXXIII, 2 S. 81 f. Nr. 85 und 87.

[46] Mon. Boica XXXIII, 2 S. 90 f. Nr. 100.

[47] Wie Anm. 1, S. 33.

[48] Hans-Peter Köpf: Die Herrschaft Brandenburg. In: Au an der Iller, hrsg. von der Stadt Illertissen, Weißenhorn 1987, S. 88.

[49] Wie Anm. 1, S. 21.

[50] Vgl. A. Wendehorst (wie Anm. 14) S. 36. Andreas ist jedoch bereits 1291 als Propst in Öhringen bezeugt; siehe Urkundenregesten des Zisterzienserklosters Heilsbronn Tl. 1, bearb. von Günther Schuhmann und Gerhard Hirschmann. Veröffentlichungen der Gesellsch. für Fränkische Geschichte, 1957, S. 104 Nr. 200.

[51] Vgl. Anm. 1 S. 28. René Pierre Levresse: Prosopographie du chapitre de l'Eglise Cathédrale de Strasbourg de 1092 à 1593. Archives de l'Eglise d'Alsace. N. S. 18, 1970, S. 1 ff. Mon. Boica IX S. 104 Nr. 12.

Zur Genealogie der Herren von Gundelfingen an der Brenz. In: JHVD Jg. 89. 1987, S. 51 bis 60.

Die frühen Staufer im Ries*

Das sogenannte »Stauferjahr« 1977 hat mancherlei Erkenntnisse zur Geschichte der Stauferzeit gebracht. Auch wurden einige Nachrichten bekannt, die es erlauben, die Genealogie der frühen Staufer zu erweitern und ihre Beziehungen zum Ries zu verdeutlichen.[1]

Die Ergebnisse, die zur Frühzeit der Staufer in Schwaben gewonnen wurden, befriedigen jedoch nicht in allen Teilen. Die Frage, woher der staufische Frühbesitz im Ries wie auch im Rems-Fils-Gebiet stammt, ist nicht befriedigend beantwortet. So wird die Diskussion weitergehen.[2]

---

* In gekürzter Form zuerst am 11. Dez. 1986 in Nördlingen vorgetragen im Rahmen der Veranstaltungen »75 Jahre Historischer Verein für Nördlingen und das Ries«.

1 HANSMARTIN DECKER-HAUFF, Das Staufische Haus. In: Die Zeit der Staufer. Katalog der Ausstellung, Stuttgart 1977, 3, S. 339 ff. Hier: S. 343 f., Nr. 10, 13, 15; S. 345 (Nachrichten aus dem »Roten Buch« des Klosters Lorch).

2 Der Verfasser war 1975 in einem Aufsatz, der sich mit den schwäbischen Pfalzgrafen und ihren Verwandten befaßte (Jahrbuch des Historischen Vereins Dillingen an der Donau 77 [1975], S. 118-156), mehr nebenbei zu der Auffassung gelangt, daß der staufische Frühbesitz im Rems-Fils-Gebiet durch die Heirat des ältesten Friedrich, der in Wibalds Verwandtschaftafel überliefert ist, mit der Erbtochter des Filsgrafen Walter (998) erworben worden sei. Diese Auffassung hat sich als zu pauschal und einseitig erwiesen. Nachdem neue Quellen bekanntgeworden sind, die es erlauben, die Ahnenreihe der Staufer zu verlängern, ist eine differenziertere Betrachtung ihres frühesten Besitzes möglich. Die Tochter des Grafen Walter dürfte jedoch Güter um Göppingen beigebracht haben.
HANSMARTIN DECKER-HAUFF leitete den staufischen Frühbesitz im Ries und anderwärts her aus der postulierten Heirat des ältesten Friedrich, den das »Rote Buch« von Lorch erwähnt, mit einer Tochter Kunos von Öhningen namens Kunigunde (wie Anm. 1, S. 342, Nr. 4 und S. 343). Zu diesem Zweck setzte er diesen Friedrich gleich mit Friedrich von Dießen (1003 - ca. 1030) (vgl. dazu EMIL KIMPEN, Zur Königsgenealogie der Karolinger- bis Stauferzeit. In: ZGO 103 [1955], S. 35-115, hier S. 84 f. und S. 107) und er identifizierte diesen wiederum mit dem »Sieghardinger« Friedrich (ca. 990-1000), dem Neffen des Erzbischofs Friedrich von Salzburg (958-991). Die letztere Gleichsetzung wäre wohl möglich (vgl. HERMANN JAKOBS, Der Adel in der Klosterreform von St. Blasien. 1968. Beilage Stammbaum D, und FRANZ TYROLLER, Genealogie des altbayerischen Adels im Hochmittelalter. In: Genealogische Tafeln zur mitteleuropäischen Geschichte. Hg. Wilhelm Wegener, 1962, S. 89 ff. = Sieghardinger und S. 148 f = Grafen von Andechs); die erstere erscheint fraglich. Nach Decker-Hauff wären Staufer und Dießen-Andechser stammesgleich. Die Welfengenealogie und Welfengeschichte, die von Kuno von Öhningen und seinen Nachkommen berichten, wissen davon nichts (Historia Welforum. Hg. ERICH KÖNIG, Schwäbische Chroniken der Stauferzeit 1, 1938, S. 12 und S. 76). Sie hätten wohl nicht unerwähnt gelassen, wenn die Staufer in ähnlicher Weise wie die Welfen sich über eine Ahnfrau von Kuno von Öhningen und dessen ottonischer Gemahlin hergeleitet hätten. Verwandtschaft der Staufer zum Hause Andechs seit der Mitte des 12. Jh. läßt sich auf andere Weise erklären (vgl. Kimpen, Königsgenealogie, S. 111 f.). Besitz der Dießen-Andechser läßt sich weder im Ries noch im Rems-Filsgebiet nachweisen.

Wenn das Thema »Die frühen Staufer im Ries« erneut aufgegriffen wird, kann es sich nur um einen Versuch handeln. Doch scheinen die Verhältnisse im Ries als einer Randlandschaft Schwabens am ehesten geeignet, die Anfänge der Staufer in Schwaben aufs neue zu untersuchen.

1. Zur Genealogie der frühen Staufer

Von »Staufern« sollte man eigentlich erst sprechen, seit der spätere Herzog Friedrich I. von Schwaben die Burg auf dem Hohenstaufen bei Göppingen erbaut und dort seinen Wohnsitz aufgeschlagen hatte. Das war um das Jahr 1070.[3] Seinen Vorfahren steht diese Geschlechtsbezeichnung noch nicht zu. Da für sie jedoch ein zeitgenössischer Familienname nicht bekannt ist, wollen wir sie der Einfachheit halber als »frühe Staufer« bezeichnen.

Um ihre Beziehung zum Ries zu klären, bedarf es einer einigermaßen gesicherten Generationenfolge. Zwei Quellen stehen uns zur Verfügung:

1. die Verwandtschaftstafel Wibalds von 1153.[4] Sie wurde erstellt, um die Scheidung der ersten Ehe Friedrich Barbarossas mit Adela von Vohburg wegen zu naher Verwandtschaft zu ermöglichen. Sie wird daher auch als Scheidungsprotokoll bezeichnet. Friedrich und Adela waren danach Vetter und Base im 5. bzw. 6. Grad. Die Tafel zeigt, daß man im Ganzen zutreffende Vorstellungen von den eigenen Vorfahren und Blutsverwandten hatte, zurück bis zu denen, die 150 Jahre früher gelebt hatten.

Die Tafel führt vier Generationen von Friedrichen als Ahnen Friedrich Barbarossas auf bzw. zwei Generationen, die dem Schwabenherzog Friedrich I. (1079-1105), dem Erbauer der Burg Hohenstaufen, vorausgingen.

Wer sich mit den genannten Personen näher befaßt und ihre Lebensdaten vergleicht, muß jedoch feststellen, daß in der staufischen Ahnenreihe offensichtlich ein Glied fehlt. Wurde es vergessen oder bewußt unterschlagen, um die Verwandtschaft zu Adela näher erscheinen zu lassen?

Die Ahnenreihe der Adela von Vohburg beginnt nämlich mit einer Berta, die angeblich die Schwester des ältesten Friedrich war. Nun muß Berta um 970 geboren sein.[5] Damit kann sie nicht die Schwester eines Friedrich sein, dem erst etwa 50 Jahre später, nämlich um 1020-1025, ein Sohn – Friedrich von Büren – geboren wurde. Hier fehlt ein Zwischenglied. Dieses Zwischenglied findet sich in der zweiten Quelle.

2. Das »Rote Buch« von Lorch, das aus dem späten 15. Jahrhundert stammt, im Zweiten Weltkrieg aber leider verlorenging, enthält ein Verzeichnis derjenigen Mitglieder des staufischen Hauses, die um 1140 aus dem Stift im Dorfe Lorch im Remstal in das Benediktinerkloster auf dem Berg umgebettet wurden.[6] Die Nachricht ist glaubhaft. Sie ergänzt die Verwandtschaftstafel Wibalds. Ihm zufolge gingen dem Schwabenherzog Friedrich I. nicht nur zwei, sondern drei Generationen von Friedrichen voraus. Damit stimmt die

3 Hans-Martin Maurer, Der Hohenstaufen, 1977, S. 20.
4 Monumenta Corbeiensia. Hg. Philipp Jaffé. Bibliotheca Rerum Germanicarum, 1, 1864, S. 547.
5 Decker-Hauff (wie Anm. 1), S. 342, Nr. 5.
6 Decker-Hauff (wie Anm. 1), S. 343, Nr. 10.

Ahnenreihe Friedrich Barbarossas mit der Ahnenreihe der Adela von Vohburg nach der Zahl der Generationen überein.

Die frühen Friedriche sind gerade im Hinblick auf das Ries von Interesse. In keinem anderen Teil Schwabens ist um diese Zeit der Name Friedrich bekannt. Aufgrund überlieferter Nachrichten und errechneter Lebensdaten lassen sich die ältesten Friedriche näher bestimmen und gegeneinander abgrenzen. Es handelt sich um Vater, Großvater und Urgroßvater des Herzogs Friedrich I., nämlich:

1. um Friedrich von Büren, den Vater des Herzogs. Er ist im Jahre 1053 als Riesgraf bezeugt und wird damals unter die »Optimaten« des Rieses und Sualafelds gerechnet, wo er demzufolge wohl auch begütert war. Er dürfte um 1020-1025 geboren sein und starb vor 1070. Vermählt war er mit Hildegard von Schlettstadt († 1094) aus dem Hause Mousson-Mömpelgard;[7]

2. Pfalzgraf Friedrich, der Großvater des Herzogs. Er ist als Pfalzgraf 1053 bezeugt, war offenbar um 1030 Riesgraf. Auch er galt 1053 als ein »Optimat« des Rieses und Suala-felds.[8] Sicher war er dies nicht auf Grund seines Pfalzgrafenamtes, das sich auf ganz Schwaben bezog, sondern aufgrund seines Besitzes in Ostschwaben. Er war aber auch im Remstal begütert, wo er um 1060 das Kanonikatstift im Dorf Lorch gründete.[9] Er dürfte um 1000 geboren sein und gab sein Pfalzgrafenamt vor 1070 ab, um Mönch zu werden. Doch wurde er im Stift Lorch begraben. Vermählt war er offenbar mit der Erbtochter des Fils-grafen Walter von 998;[10]

3. Friedrich, der Urgroßvater des Herzogs. Nach der Lorcher Quelle war auch er Pfalz-graf.[11] Er dürfte personengleich sein mit jenem Friedrich, der 1027 auf einem Hoftag in Ulm als Wortführer der schwäbischen Großen hervortrat.[12] Möglicherweise war er zuvor schon Riesgraf. Geboren um 970-975, starb er wohl nach 1030. Er ist demzufolge der Bruder jener Berta, welche die Ahnenreihe der Adela von Vohburg eröffnet. Seine Gemahlin ist u. E. vorläufig unbekannt.[13]

Mehr läßt sich u. E. über die direkten Vorfahren des Herzogs Friedrich I. nicht mit Sicherheit ermitteln, jedenfalls nicht in Schwaben.[14] Die Verwandtschaftstafel sagt zwar, daß der älteste Friedrich und Berta vom selben Elternpaar abstammen, doch nennt sie die Namen dieses Paares nicht. Vielleicht wurden diese Namen für unwichtig erachtet, oder sie waren um 1153 gar nicht mehr bekannt. Letzteres würde auf einen Bruch im Traditionsbewußtsein der Familie deuten, einen Bruch, der durch einschneidende Veränderungen in der Familie bedingt sein könnte, wie etwa Verpflanzung oder Zuwanderung aus einer fremden Gegend.

---

7 MG DH III, Nr. 303. – DECKER-HAUFF (wie Anm. 1), S. 344, Nr. 14.

8 MG DH III, Nr. 303. – MG DK II, Nr. 144.

9 DECKER-HAUFF (wie Anm. 1), S. 343, Nr. 10. – Das Stift Lorch hatte offenbar schon sehr früh Besitz in Lorch (OAB Welzheim. 1845, S. 182 und S. 194 f.), Wäschenbeuren (ebd., S. 250), Waldhausen (ebd., S. 259), Rattenharz (ebd., S. 260), Pfahlbronn (ebd., S. 212), Alfdorf (ebd., S. 150) und Schw. Gmünd (PETER SPRANGER, Geschichte der Stadt Schwäbisch Gmünd, 1984, S. 78).

10 Dies wird bestätigt durch das »Rote Buch« von Lorch, wonach dieser Friedrich u. a. einen Sohn namens Walter hatte. Vgl. DECKER-HAUFF (wie Anm. 1), S. 344, Nr. 13.

11 DECKER-HAUFF (wie Anm. 1), S. 343, Nr. 10 (Translationsverzeichnis).

12 Wipo Kap. 20. In: Ausgewählte Quellen zur Deutschen Geschichte des Mittelalters 9, 1961, S. 576.

13 DECKER-HAUFF (wie Anm. 1), S. 342, Nr. 4 und 5.

14 Vgl. Anm. 33.

Nun wissen wir, daß als Zeitgenosse des ältesten Friedrich ein Siegehard das Amt des Riesgrafen bekleidete. Er ist in den Jahren 1007 und 1016 als solcher bezeugt.[15] Siegehard war sicher ein naher Verwandter des ältesten Friedrich, wohl dessen Bruder.[16] Hierfür spricht sein Name, denn es gab ein Geschlecht, in welchem die Namen Siegehard und Friedrich nebeneinander üblich waren. Es sind die Sieghardinger aus dem bayerischen Chiemgau. Von ihnen leiten Elisabeth Grünenwald und Hansmartin Decker-Hauff den Mannesstamm der Staufer her.[17] Auch ging nach Siegehards Tod (vor 1030) die Riesgrafschaft auf Friedrichs Sohn über, so daß man an eine Art Erbfolge zwischen Nächstverwandten, in diesem Falle Onkel und Neffe, denken darf. Der söhnelose Siegehard hätte somit die Grafschaft seinem Neffen weitervererbt.

Doch mag Siegehard, der ja nicht direkt in die Ahnenreihe der Staufer gehört, seinerseits in der Riesgrafschaft seinem älteren Bruder Friedrich gefolgt sein oder dieses Amt vertretungsweise für seinen andernorts (als Pfalzgraf) beschäftigten Bruder verwaltet haben.[18] Zu dieser Überzeugung gelangt man, wenn man die weitere Geschichte der Riesgrafschaft verfolgt. Wie wir wissen, bekleideten Angehörige unseres Geschlechts über einen längeren Zeitraum gleichzeitig neben dem Amt des Riesgrafen auch das des Pfalzgrafen in Schwaben. Dabei wurde das wichtigere Pfalzgrafenamt vom jeweils älteren Vertreter der Familie ausgeübt, während der jüngere (Sohn oder Bruder) die Riesgrafschaft verwaltete. Nach dem Ausscheiden des Pfalzgrafen rückte offenbar der seitherige Riesgraf in dieses Amt nach. So war es jedenfalls um 1053, als der Vater Friedrich das Pfalzgrafenamt innehatte, während der Sohn Friedrich von Büren als Riesgraf amtierte.[19] So war es anscheinend auch um 1030. Damals übte der Sohn Friedrich das Amt des Riesgrafen aus[20] (es ist derselbe, der 1053 Pfalzgraf war), und zwar in Nachfolge seines Vaterbruders Siegehard, während sein Vater wohl noch das Pfalzgrafenamt innehatte. Entsprechend dürfte vordem das Verhältnis zwischen den Brüdern Friedrich und Siegehard gewesen sein. Der jüngere Siegehard war 1007 und 1016 Riesgraf, und zwar wohl deshalb, weil der Sohn seines Bruders Friedrich noch nicht erwachsen war. Der ältere Friedrich war damals wohl Pfalzgraf, wie uns das Lorcher Translationsverzeichnis bezeugt. Er hat die Pfalzgrafschaft wohl damals übertragen bekommen, als sein Bruder (vor 1007) Riesgraf wurde, vielleicht in Nachfolge des Pfalzgrafen Ernst (des späteren Herzogs Ernst I.?), der in einer gefälschten Straßburger Urkunde von 1005 genannt wird.[21] Vorher könnte Friedrich bereits Riesgraf gewesen sein.

Wir können nunmehr Stauferahnen mit Funktionen in Schwaben und insbesondere im Ries bis in die Zeit um die Jahrtausendwende zurückverfolgen. Sie sind die frühesten Inhaber der Grafschaft im Ries, die man kennt. Es hat ganz den Anschein, als sei die Riesgrafschaft damals für sie eingerichtet worden. Früher war das Ries vermutlich mit der Graf-

---

15 MG DH II, Nr. 155 und 357.

16 DECKER-HAUFF (wie Anm. 1), S. 342, Nr. 6.

17 ELISABETH GRÜNENWALD, Das älteste Lehenbuch der Grafschaft Öttingen. Einleitung, 1975, S. 126. – DECKER-HAUFF (wie Anm. 1), S. 341 f.

18 DECKER-HAUFF (wie Anm. 1), S. 342, Nr. 6 und S. 343.

19 MG DH III, Nr. 303.

20 MG DK II, Nr. 144.

21 Regesten der Bischöfe von Straßburg. 1. Hg. HERMANN BLOCH und PAUL WENTZCKE, 1908, S. 264, Nr. 221. – Sofern man die Erwähnung Ernsts für zuverlässig hält, dürfte dieser wegen Spannungen mit Kaiser Heinrich II. sein Amt vor 1007 an Friedrich abgetreten haben.

schaft im Sualafeld verbunden, wo man seit 889 Grafen kennt.[22] Auch das Amt des Pfalzgrafen in Schwaben könnte um diese Zeit erneuert worden sein; denn seit dem Tode
Erchangers († 917) ist uns aus sicherer Quelle kein schwäbischer Pfalzgraf bekannt.[23]

Da die Zugehörigkeit der Stauferahnen zu einem landfremden, aus Bayern stammenden
Geschlecht als ziemlich sicher gelten darf, liegt es nahe, ihre Einsetzung als eine Maßnahme
des damals regierenden Kaisers Heinrich II. zu betrachten. Als Motiv für ihre Einsetzung
bietet sich der Thronstreit des Jahres 1002 an. Heinrich II. war seinem Vetter Otto III. im
Königtum gefolgt. Doch Herzog Hermann II. von Schwaben hatte ihm den Thron streitig
gemacht[24] und anscheinend auch das Anrecht an Güter aus dem karolingisch-burchardin-
gischen Erbe in Schwaben, das Heinrich II. als Urenkel der Burchardingerin Berta († 966)
und als Neffe der Herzogin Hadwig († 994) hatte.

Nach der Unterwerfung Herzog Hermanns bzw. nach dessen Tod 1003 nahm Heinrich II. in Schwaben verschiedentlich Neubesetzungen von Grafschaften mit verläßlichen
Leuten vor, so im Elsaß,[25] im Breisgau,[26] in der Ortenau[27] und vielleicht auch im Sualafeld.[28] In diesem Zusammenhang würde die Abtrennung der Riesgrafschaft von der Grafschaft im Sualafeld und die Einsetzung Friedrichs bzw. Siegehards passen.[29]

Kaiser Heinrich II. war vorher Herzog in Bayern gewesen. Von daher waren ihm die
Brüder Friedrich und Siegehard sicher bekannt, und sie mußten ihm als zuverlässige
Anhänger erscheinen: Galt es doch, die konradinische Partei in Schwaben zu schwächen.
Möglicherweise war Friedrich sogar mit dem Kaiser verwandt.[30]

So erhielt zunächst wohl Friedrich die damals neugeschaffene Grafschaft im Ries. Als
ihm einige Jahre später (vor 1007) das wichtigere Amt des Pfalzgrafen übertragen wurde,
folgte sein Bruder Siegehard als Graf im Ries. Das Pfalzgrafenamt dürfte auf die Pfalz Ulm
bezogen gewesen sein.[31] Als Pfalzgraf mag Friedrich praktisch die Regentschaft des Herzogtums Schwaben für den minderjährigen Herzog Hermann III. († 1012) übernommen
und diese vielleicht auch zur Zeit des jungen Herzogs Ernst II. (1015-1030) ausgeübt
haben. In Ernsts Regierungszeit fällt jener Hoftag in Ulm 1027, auf welchem Friedrich –
offenbar als Pfalzgraf – energisch Partei für den König und gegen den rebellischen Herzog
ergriff.[32,33]

22 Grünenwald (wie Anm. 17), S. 126. – Wilhelm Kraft und Erich Frhr. von Guttenberg, Gau
   Sualafeld und Grafschaft Graisbach. In: Jahrbuch für Fränkische Landesforschung 8/9 (1943), S. 115.
23 Vgl. jedoch Anm. 21.
24 Thomas L. Zotz, Der Breisgau und das alemannische Herzogtum. Vorträge und Forschungen. Sonderband 15, 1974, S. 173 ff.
25 Zotz (wie Anm. 24), S. 177 f. und S. 183.
26 Zotz (wie Anm. 24), S. 181.
27 Zotz (wie Anm. 24), S. 183.
28 Im Jahr 996 Graf Adelhard, 1007 Graf Werner; s. Kraft – v. Guttenberg (wie Anm. 22), S. 116.
29 Zotz (wie Anm. 24), S. 204 f.
30 Vgl. unten Text nach Anm. 122.
31 Vgl. Heinz Bühler, Wie gelangten die Grafen von Tübingen zum schwäbischen Pfalzgrafenamt? In:
   ZWLG 40 (1981), S. 188-220, hier S. 219 mit Anm. 132.
32 Decker-Hauff (wie Anm. 1), S. 342, Nr. 4.
33 Gegen unsere Darlegung mag man einwenden, daß schon im Jahre 987 in einem Privileg Ottos III. für
   die Abtei Ellwangen zwei Grafen namens Siegehard und Friedrich genannt sind (MG DO III Nr. 38).
   Da sie die gleichen Namen tragen wie die bekannten Stauferahnen, hat man sie mit diesen gleichgesetzt

2. Früher staufischer Besitz im Ries

Wir gehen davon aus, daß der erste Friedrich der staufischen Ahnenreihe und sein Bruder Siegehard als Landfremde nach Schwaben gekommen und allem Anschein nach von Kaiser Heinrich II. in ihre Ämter als Riesgrafen und Pfalzgrafen eingesetzt worden sind.

Das setzt wohl voraus, daß sie im Ries, aber vielleicht auch sonst in Schwaben über eine Machtgrundlage verfügten, nämlich über Eigenbesitz. Es scheint uns jedenfalls kaum denkbar, daß jemand ein Grafenamt verwaltete, ohne daß er in der betreffenden Gegend eigenen Besitz hatte.

Als Landfremde dürften unsere Stauferahnen ihren ersten Besitz entweder von Mutterseite ererbt oder durch Heirat erworben haben, und zwar am ehesten schon vor ihrer Einsetzung. Ihr Gut müßte demnach aus der Hand eines Geschlechtes stammen, das vor ihnen im Ries begütert war. Freilich ist damit zu rechnen, daß die später greifbaren Staufergüter nicht alle »en bloc« angefallen sind, sondern nacheinander in verschiedenen Generationen. Deshalb ist zu untersuchen, wie weit sich die einzelnen Besitzteile in staufischer Hand zurückverfolgen lassen und wer nach Lage, Zeit und Umständen als Vorbesitzer in Frage kommen könnte.

Einen Überblick über den frühen staufischen Besitz im Ries und in dessen unmittelbarer Nachbarschaft vermittelt der Heiratsvertrag, der im Jahre 1188 zwischen dem Barbarossasohn Konrad von Rothenburg und Berengaria von Kastilien vereinbart wurde. Er nennt die Burgen Flochberg und Wallerstein – letztere freilich nur zur Hälfte –, sowie die Städte (burga) Weißenburg am Sand, Bopfingen, Dinkelsbühl, Aufkirchen und das Gut Beyerberg.[34]

Die genannten Plätze waren jeweils Mittelpunkte kleiner Verwaltungsbezirke, denen als

---

oder für deren Vorfahren gehalten. Wegen ihrer Erwähnung in einer Ellwanger Angelegenheit hat man sie sodann für Riesgrafen gehalten (vgl. Christoph Friedrich Stälin, Wirtembergische Geschichte, 1, 1841, S. 544; Heinz Bühler, Schwäbische Pfalzgrafen, frühe Staufer und ihre Sippengenossen. In: Jahrbuch des Historischen Vereins Dillingen an der Donau 77 [1975], S. 149f.; mit Vorbehalt Decker-Hauff [wie Anm. 1], S. 342, Nr. 4 und S. 343). Doch geht letzteres aus der Urkunde nicht hervor. Auch sonst bestehen gegen diese Urkunde formale und sachliche Bedenken: 1. Die Urkunde Ottos III. ist nur abschriftlich erhalten, und der Schlußsatz, der die Namen der Grafen enthält, ist interpoliert. Mathilde Uhlirz, die Bearbeiterin der Regesten Ottos III., hält die Namen für willkürlich eingefügt (wohl in Anlehnung an die späteren Riesgrafen Siegehard und Friedrich) und hat sie in ihr Regest nicht aufgenommen (vgl. J. F. Böhmer, Regesta Imperii. II. Sächsisches Haus. Dritte Abteilung: Die Regesten des Kaiserreiches unter Otto III. Neubearb. von Mathilde Uhlirz, 1956, S. 477, Nr. 996); 2. Selbst wenn man die Namen der Grafen für echt gelten lassen wollte, dürfte man sie u. E. nicht mit den bekannten Stauferahnen in direkte Verbindung bringen, und zwar zunächst aus zeitlichen Gründen: die uns bekannten Brüder Friedrich und Siegehard dürften kaum vor 970 geboren sein. Sie wären im Jahr 987 knapp volljährig gewesen und hätten schwerlich schon ein Grafenamt bekleidet. Falls man in ihnen (oder doch in Siegehard) Angehörige einer früheren Generation der Sieghardinger sehen möchte, dürfte sich ihr Grafenamt kaum auf Schwaben bzw. auf das Ries beziehen. Angesichts der Spannungen, die zwischen dem Königshaus der Liudolfinger (Ottonen) und der bayerischen Nebenlinie bestanden, halten wir es für wenig wahrscheinlich, daß Otto III. Bayern als Grafen in Schwaben eingesetzt hätte, dessen Herzöge zu Otto III. hielten. Wir meinen, daß auf die Urkunde von 987, deren Quellenwert sehr fragwürdig ist, verzichtet werden kann (vgl. Dieter Kudorfer, Die Grafschaft Oettingen. Historischer Atlas von Bayern. Teil Schwaben. Reihe 2, Heft 3 [1985], S. 3, Anm. 15).

34 Peter Rassow, Der Prinzgemahl. Quellen und Studien 8, Heft 1 (1950), S. 1 ff.

»Pertinenzien« zahlreiche Güter in den umliegenden Dörfern zugeordnet waren. Nur Bopfingen hatte keine »Pertinenzien«; die Stadt war wohl mit der Burg Flochberg enger verbunden.

Laut Heiratsvertrag handelt es sich um diejenigen Güter, welche 1167 nach dem Tode des Herzogs Friedrich IV. von Schwaben-Rothenburg an Kaiser Friedrich Barbarossa gefallen und von ihm seinem Sohne Konrad als Heiratsgut überschrieben worden waren.[35] Was läßt sich über die Herkunft dieser Güter sagen?

Wir wissen, daß bald nach dem Tode Herzog Friedrichs I. († 1105) eine regionale Güterteilung stattgefunden hat zwischen den Brüdern Herzog Friedrich II. von Schwaben und dem späteren König Konrad III.[36]

Damals waren u. a. die im oberen Remstal und im Ries gelegenen staufischen Güter an Konrad gefallen und nach dessen Tod 1152 an seinen Sohn Herzog Friedrich IV. gelangt. Die genannten Güter stellen somit einen Teil des Besitzes der »fränkischen Linie« des Hauses Staufen dar. Es mag auffallen, daß in der Liste von 1188 Harburg fehlt. Doch hatte das wohl seinen Grund: Konrad III. hatte Harburg erst nachträglich erworben; es gehörte nicht zu der Gütermasse, die nach 1105 geteilt worden war.[37] Dagegen liegt für keines der oben erwähnten und 1188 als staufisch bezeugten Güter irgendein Anhaltspunkt vor, daß es erst nach jener Teilung erworben worden wäre. Das erlaubt den Schluß, daß diese Güter alle zum Zeitpunkt jener Teilung in staufischer Hand waren; ja, sie müssen schon vorher im Besitz Herzog Friedrichs I. gewesen sein. Demnach müßten sie in dem Zeitraum zwischen 1000 und 1100 staufisch geworden sein.

Wann innerhalb dieses Zeitraumes die fraglichen Orte staufisch wurden, ist vorläufig unbekannt. Nur für Weißenburg dürfte feststehen, daß es aus der Mitgift der Königstochter Agnes stammt, der Gemahlin Herzog Friedrichs I., denn Weißenburg war salisches Königsgut. Kaiser Heinrich IV., Agnes' Vater, hat sich wiederholt in Weißenburg aufgehalten.[38] Der Ort wird somit wohl 1079 staufisch geworden sein. Weißenburg liegt zwar weder im Ries noch in Schwaben, doch mag seine Geschichte beispielhaft zeigen, wer als Vorbesitzer frühstaufischer Güter in Betracht kommt. Unter den 1188 genannten Gütern nimmt Wallerstein eine Sonderstellung ein. Die Burg war geteilt, und zwar als einziges unter allen damals genannten Objekten. Nach Lage der Dinge muß dies schon um 1105, ja schon zur Zeit Herzog Friedrichs I. so gewesen sein.[39]

Als nach Herzog Friedrichs I. Tod zwischen Herzog Friedrich II. und Konrad geteilt wurde, fiel halb Wallerstein mit den übrigen ostschwäbischen Gütern Konrad und somit der »fränkischen Linie« des staufischen Hauses zu. Wem die andere Hälfte Wallersteins gehörte, ist vorläufig unbekannt. Die »schwäbische Linie« kommt u. E. nicht in Betracht.

---

35 HANS-MARTIN MAURER, König Konrad III. und Schwäbisch Gmünd. In: ZWLG 38 (1979), S. 64-81, hier S. 71.
36 MAURER (wie Anm. 35), S. 72f. – GRÜNENWALD (wie Anm. 17), S. 129, Anm. 647.
37 Vgl. unten Text zu Anm. 62.
38 Siehe MG DH IV., Nr. 45 (1058), Nr. 61 (1059) und Nr. 235 (1070).
39 Nach Kenntnis der Arbeit von MAURER (wie Anm. 35) hat Vf. seine früher vorgetragene Ansicht zur Teilung Wallersteins modifiziert und präzisiert (vgl. HEINZ BÜHLER, Zur Geschichte der frühen Staufer. In: Hohenstaufen. Veröffentlichungen des Geschichts- und Altertumsvereins Göppingen 10 [1977], S. 1-44, hier S. 20f.).

Wir halten es nämlich für gänzlich unwahrscheinlich, daß bei jener Teilung nach dem Tode
Herzog Friedrichs I. die »schwäbische Linie« den von ihren sonstigen Gütern isolierten
Halbteil der Herrschaft Wallerstein für sich beansprucht hätte. Jene Teilung war doch
sicherlich vorgenommen worden, um beiden Linien die Verwaltung zu erleichtern und
Konflikte zu vermeiden. Die halbe Burg Wallerstein im Besitz der »schwäbischen Linie« –
mitten im Herrschaftsbereich der »fränkischen Linie« – hätte leicht zu Reibereien geführt.
Als nach dem Tode Herzog Friedrichs IV. von Rothenburg 1167 dessen Güter an Friedrich
Barbarossa und somit an die »schwäbische Linie« fielen, hätte die Möglichkeit bestanden
und wäre es sinnvoll gewesen, die beiden Teile Wallersteins wieder zu vereinigen. Daß dies
nicht geschah, beweist u. E. deutlich genug, daß die Teilung Wallersteins aus anderem
Anlaß und schon früher erfolgt sein muß. Die »schwäbische Linie« hatte daran offenbar
keinen Anteil.

Eine Erklärung finden wir, wenn wir die Geschichte Wallersteins von rückwärts aufrol-
len. Burg und Herrschaft waren 1261 als Ganzes im Besitz des Hauses Öttingen.[40] In den
Jahren von etwa 1112-1147 aber sind ein Konrad von Wallerstein und sein (mutmaßlicher)
Sohn Gotebolt bezeugt.[41] Sie müssen Inhaber bzw. Mitinhaber der Burg gewesen sein. Es
sind Edelfreie, keinesfalls Ministerialen oder niederadelige Burgmannen. Sie könnten
wegen ihres Standes allenfalls staufische Lehensleute gewesen sein. Genealogische Forschung hat jedoch erbracht, daß Konrad von Wallerstein sehr wahrscheinlich ein direkter
Vorfahr der Grafen von Öttingen war.[42] Wenn er die Hälfte der Burg Wallerstein in Besitz
hatte, erklärt sich u. E. der Übergang an Öttingen auf einfache Weise: Öttingen gliederte
dem von Konrad von Wallerstein ererbten Halbteil den 1188 als staufisch bezeugten Halbteil an, als der Niedergang der Staufer nach dem Tode Kaiser Friedrichs II. 1250 einsetzte.
Die Verwandtschaft der Öttinger zu den Staufern begünstigte dies.

Konrad von Wallerstein war nicht nur ein Vorfahr der Grafen von Öttingen, sondern
allem Anschein nach ein staufischer Schwiegersohn. Er besaß seinen Teil Wallersteins
offenbar als Mitgift seiner staufischen Frau. Diese dürfte vom Bruder Herzog Friedrichs I.
abstammen, vom Pfalzgrafen Ludwig († 1103), und dessen Enkelin gewesen sein.[43]

Unter diesen Umständen wird die Teilung Wallersteins klar. Pfalzgraf Ludwig muß
ursprünglich Inhaber der fraglichen Hälfte Wallersteins gewesen sein. Er und Herzog
Friedrich I. waren Söhne Friedrichs von Büren. Sie hatten noch drei Brüder, von denen der
eine namens Otto Bischof von Straßburg war (1083-1100). Konrad und Walter waren um
1095 kinderlos gestorben. Vermutlich nach deren Tod hatten die überlebenden weltlichen
Brüder Friedrich und Ludwig geteilt. Friedrichs Halbteil gelangte nach 1105 an seinen
Sohn Konrad, den späteren König Konrad III., weil er in dessen ostschwäbisch-fränki-
schem Herrschaftsbereich lag. Ludwigs Teil vererbte sich über seine Enkelin, die mit Konrad von Wallerstein vermählt war, an das Haus Öttingen, das vor 1261 auch den staufischen Halbteil an sich brachte.

Wallerstein als Ganzes dürfte somit wohl schon im Besitz Friedrichs von Büren gewesen

40 Oettingische Regesten. Bearb. GEORG GRUPP, 1896, S. 34, Nr. 97.
41 Vgl. Oettingische Regesten (wie Anm. 40), S. 3 f. – Mon. Boica 10, S. 16.
42 BÜHLER, Zur Geschichte der frühen Staufer (wie Anm. 39), S. 26 f.
43 BÜHLER (wie Anm. 39), S. 25 ff. und S. 36. – DECKER-HAUFF (wie Anm. 1), S. 345, Nr. 18; S. 347 f.,
    Nr. 28. – Sie brachte den Namen Ludwig ins Haus Öttingen.

sein. Dasselbe mag auch für den Kern der späteren Herrschaft Öttingen gelten, insbesondere für Öttingen selbst. Es war vermutlich mit halb Wallerstein an Pfalzgraf Ludwig gelangt und hatte sich gleichfalls über dessen Enkelin weitervererbt, die mit Konrad von Wallerstein vermählt war. Deren Nachkommen nannten sich dann »von Öttingen«.[44]

Daß Wallerstein mit zum ältesten staufischen Besitz im Ries gehörte, wird anderweitig bestätigt. Das Benediktinerkloster Anhausen an der Brenz (Kreis Heidenheim) hatte unter seinen ältesten Besitzungen auch Güter im Ries. Das Kloster war von den Söhnen des Pfalzgrafen Manegold (1070 - ca. 1095) und seiner Gemahlin Adelheid in Langenau gegründet, aber vor 1125 nach Anhausen verlegt worden. Der Frühbesitz des Klosters ist in einer Urkunde des Mitstifters Bischof Walter von Augsburg von 1143 aufgeführt.[45] Aus der Verteilung der Stiftungsgüter läßt sich auf enge Verwandtschaft der Klosterstifter zu den Staufern schließen.[46]

Der Frühbesitz Anhausens gliedert sich in regional zusammengehörige Gütergruppen, die sich ihrer Herkunft nach mit einiger Wahrscheinlichkeit bestimmen lassen. So stammen Güter in und um Langenau wohl von einer Ahnfrau der Stifter aus dem Hause Dillingen (Hupaldinger), und Güter auf der Ulmer und Heidenheimer Alb gehen wahrscheinlich auf das Haus Stubersheim (Adalbertsippe) zurück, dem der Mannesstamm der Stifter zuzurechnen ist. Güter im oberen Filstal könnten über die Erbtochter des Filsgrafen Walter (998), eine Ahnfrau der Staufer, vermittelt sein, während Güter im Remstal, darunter Alfdorf bei Lorch, und Güter auf dem Albuch unmittelbar staufischer Herkunft sind. An diese Güter schließt sich die Rieser Gruppe an mit den Orten *Cimbren, item Cimbren, ... Lôbon, Uezzenheim,* d.h. Benzenzimmern (Ostalbkreis), Dürrenzimmern, Laub und Fessenheim (alle Donau-Rieskreis).[47]

Die Rieser Güter müssen von einem Vorfahren der Klosterstifter stammen, der Beziehungen zum Ries hatte. Dies aber kann nur derjenige Vorfahr sein, der das Bindeglied zu den Staufern bildet, und dies war u.E. die Pfalzgräfin Adelheid. Sie dürfte eine Stauferin sein, und zwar wohl eine jüngere Schwester Friedrichs von Büren.[48]

---

44 BÜHLER (wie Anm. 39), S. 26f.

45 WUB 2, S. 26ff., Nr. 318.

46 BÜHLER, Schwäbische Pfalzgrafen (wie Anm. 33), S. 140ff.

47 Die Lokalisierung der Orte ergibt sich aus der geographischen Reihenfolge. Daher scheidet die sonst denkbare Gleichsetzung eines der beiden »Cimbren« mit Zimmern bei Schwäb. Gmünd aus, ebenso die Gleichsetzung von »Lôbon« mit Laubach bei Abtsgmünd. Obige Deutung schon bei LUDWIG SCHMID, Die Stifter des Klosters Anhausen an der Brenz. In: Beiträge zur Geschichte des Bisthums Augsburg. 2 (1852), S. 143-164, hier S. 156.

48 Es besteht allerdings keine Einmütigkeit, wer die Verwandtschaft der Stifter Anhausens zu den Staufern vermittelt, Pfalzgraf Manegold oder Adelheid. Die Stifter Anhausens galten der älteren Forschung als ein Zweig des Hauses Dillingen, so noch ADOLF LAYER, Die Grafen von Dillingen. In: Jahrbuch des Historischen Vereins Dillingen an der Donau 75 (1973), S. 46-101, hier S. 51ff. – Der Vf. hält sie für einen Zweig der Adalbert-Sippe, welcher kognatisch mit dem Hause Dillingen (Hupaldinger) verbunden war (wie Anm. 33, S. 124 und S. 135f.). Die Verwandtschaft zu den Staufern muß folglich durch Adelheid hergestellt sein. HANSMARTIN DECKER-HAUFF betrachtet Manegold als Angehörigen des Stauferhauses und reiht ihn »mit Vorbehalt versuchsweise« als ältesten Sohn Friedrichs von Büren ein, unter Berufung auf das Lorcher Translationsverzeichnis, welches schon in der vorhergehenden Generation einen Manegold kennt (wie Anm. 1, S. 345 und S. 344, Nr. 15). Er meint, daß Adelheid »vielleicht aus dem Geschlecht der schwäbischen Adalberte« stamme (wie Anm. 1, S. 345, Nr. 17). Damit wäre die

Adelheid hat dann die fraglichen Güter sicher vom Vater geerbt. Das ist jener Friedrich, der 1030 als Riesgraf und 1053 als Pfalzgraf bezeugt ist.[49] Ihre Mutter war die Erbtochter des Grafen Walter vom Filsgau (998); von ihr kann der Besitz im Ries wohl nicht kommen. Der später anhausische Besitz im Ries dürfte somit schon in der Hand des zweiten Friedrich der staufischen Ahnenreihe gewesen sein.[50]

Die Orte Benzenzimmern und Dürrenzimmern liegen im Bereich der Herrschaft Wallerstein.[51] Wir haben daher Grund zu der Annahme, daß dieser zweite Friedrich bereits Inhaber jener Güter war, die später zur Herrschaft Wallerstein vereinigt worden sind.

Laub gehörte später zum Amt Öttingen.[52] Der dortige Besitz Anhausens stützt unsere Vermutung, daß auch die Herrschaft Öttingen aus ältestem staufischen Besitz erwachsen ist.

Der eben erwähnte zweite Friedrich (urkundlich 1030-1053) hat dem Lorcher Translationsverzeichnis zufolge das Kanonikatstift an der Marienkirche in Lorch im Remstal (um 1060) gegründet.[53] Dieses Stift war bis ins Jahr 1306 in Löpsingen bei Nördlingen begütert.[54] Das dortige Gut dürfte vom Stifter selbst stammen; denn später, insbesondere nach der Gründung der Abtei Lorch (vor 1102), bestand keinerlei Veranlassung mehr, das

Herkunft von Manegold und Adelheid vertauscht und beide wären in die nächstjüngere Generation eingereiht.

Dazu ist zu bemerken: 1. Wenn Manegold ein Staufer wäre, bliebe die Pfalzgrafenwürde vom frühen 11. Jh. bis zur Mitte des 12. Jhs. ununterbrochen in staufischer Hand. Der Übergang der Vogtei Anhausen nach dem Tode des Pfalzgrafen Adalbert (um 1143) an die Staufer wäre ein normaler Erbgang. Stiftungsgüter Anhausens im Filstal, Remstal, auf dem Albuch und im Ries, die ihrer Herkunft nach als staufisch anzusprechen sind, könnten natürlich auch von Manegold eingebracht sein. All dies spricht für die Ansicht Decker-Hauffs. – 2. Bedenken erweckt jedoch der vergleichsweise geringe Besitz Anhausens im Ries, den in diesem Falle Manegold eingebracht hätte. Es sei an die Teilung der Herrschaft Wallerstein unter Friedrich und Ludwig erinnert, die nach dieser Version Manegolds Brüder wären. Man müßte erwarten, daß auch Manegold einen angemessenen Teil der Herrschaft Wallerstein erhalten hätte. – 3. Schwierigkeiten bereitet sodann, den Besitz Anhausens in Langenau und Umgebung sowie in Mergelstetten zu erklären. In Langenau besaß Manegold die Martinskirche als Erbgut (Vermittlung durch Adelheid scheidet somit aus). In Langenau und Umgebung ist keinerlei staufischer Besitz nachzuweisen, dagegen solcher der Grafen von Dillingen und der verschiedenen Zweige der Adalbert-Sippe, welcher letztlich auch von den Dillingern (Hupaldingern) stammen dürfte. In Mergelstetten sind allein die Dillinger mitbegütert. Diese Befunde sprechen u. E. dafür, daß der dortige Besitz Anhausens von Manegold stammt, der ihn seinerseits von einer Ahnfrau aus dem Hause Dillingen erhalten hätte. Schließlich vermißt man unter Manegolds Söhnen den staufischen Namen Friedrich. Dies alles führt zu dem Schluß, daß Manegold wohl doch kein Staufer sein kann, sondern daß er von Mutterseits ein Enkel des Duriagrafen Manegold von 1003 sein dürfte, in dessen Grafschaft Langenau lag. Er wäre generationsgleich mit dem Grafen Hartmann I. von Dillingen (geboren um 1035, gestorben 1121). Demzufolge muß Adelheid diejenige sein, die die Verwandtschaft zu den Staufern herstellt. Dort paßt sie am ehesten in die Generation Friedrichs von Büren, und zwar auch mit Rücksicht darauf, daß dieser eine Tochter Adelheid hatte, die als die Mutter des Bischofs Otto I. von Bamberg gilt. Vgl. auch Die Regesten der Bischöfe und des Domkapitels von Augsburg. 1. Bearb. Wilhelm Volkert. 1985, S. 284.

49 Vgl. Text zu Anm. 8 und 9.

50 Man vergleiche jedoch die Auffassung Decker-Hauffs in Anm. 48.

51 Vgl. Kudorfer, Grafschaft Oettingen (wie Anm. 33), S. 51f.

52 Kudorfer (wie Anm. 33), S. 49.

53 Siehe Anm. 9.

54 Martin Schaidler, Chronik des ehemaligen Reichsstiftes Kaisersheim, 1867, S. 51. – Dieter Kudorfer, Nördlingen. Historischer Atlas von Bayern. Teil Schwaben. Heft 8 (1974), S. 381.

Stift mit Gut im fernen Ries zu bedenken. Somit gab es in Löpsingen wohl um die Mitte des 11. Jahrhunderts staufischen Besitz. Im selben Löpsingen stand bis 1282 ein Hof unter der Lehenshoheit der Grafen von Zollern (schwäbische Linie), während ein Ministerialen-geschlecht, das sich nach Löpsingen benannte, im Dienst der zollerischen Burggrafen von Nürnberg stand.[55] Der Besitz beider zollerischer Linien war höchst wahrscheinlich gemeinsamen Ursprungs und reicht somit in die Zeit vor deren· Trennung um 1214 zurück.[56] Wahrscheinlich ist er aber noch viel älter. Der älteste Zoller namens Burkhard, der 1061 umkam, hatte offenbar eine Stauferin zur Frau, und zwar nach der Zeit eine Tochter des zweiten Friedrich der staufischen Ahnenreihe.[57] Sie brachte den Namen Fried-rich ins Haus Zollern und sehr wahrscheinlich auch den Besitz in Löpsingen. So hätten wir erneut ein Argument dafür, daß ein Teil Löpsingens unter dem zweiten Friedrich staufisch war.

Löpsingen gehörte offenbar gleichfalls zur Herrschaft Wallerstein.[58] Der dortige Besitz des Lorcher Stifts und der Grafen von Zollern stützt jedenfalls die Annahme, daß die spätere Herrschaft Wallerstein zu Lebzeiten des zweiten Friedrich staufisch war. Eben dieser zweite Friedrich wird ja im Jahr 1053 unter die »Optimaten« des Rieses und Suala-felds gerechnet. Sein Pfalzgrafenamt allein, das sich sicher auf ganz Schwaben bezog, würde diese Qualifizierung kaum rechtfertigen. Er muß im Ries über namhaften Besitz verfügt haben, und dazu gehörten nach allem diejenigen Güter, die später zur Herrschaft Wallerstein zusammengefaßt wurden.

Wir dürfen vielleicht noch einen Schritt weitergehen: der zweite Friedrich war Schwie-gersohn des Filsgrafen Walter. Von seiner Frau dürften die Güter um Wallerstein nicht stammen; sie hat eher Güter im Göppinger Raum zugebracht. So wird schon Friedrichs Vater diese Güter im Ries besessen oder seine Mutter sie in die Ehe gebracht haben. Es ergibt sich somit die Möglichkeit, daß der Güterkomplex um Wallerstein mit der älteste Besitz der Staufer im Ries war, das Gut nämlich, das dem ersten Friedrich zur Verfügung stand, als er mit der Riesgrafschaft bzw. Pfalzgrafschaft betraut wurde.

Auch die Abtei Lorch war im Ries und auf dem benachbarten Härtsfeld begütert. Von Interesse sind hier Besitzungen auf dem Härtsfeld in Hohenlohe, Beuren, Dorfmerkingen, Dossingen, Oberriffingen, sodann im Ries in Utzmemmingen, Nähermemmingen, Pflaumloch, Goldburghausen, wiederum in Löpsingen sowie die Kirche in Ebermergen.

Die Abtei Lorch war vor 1102 von Herzog Friedrich I. und seiner Gemahlin Agnes gegründet worden. Eine Stiftungsurkunde ist nicht vorhanden. Daher läßt sich nicht ein-deutig sagen, was Stiftungsgut war oder was dem Kloster später zugeflossen ist. Urkund-

55 Die Urkunden der Fürstl. Oettingischen Archive. Bearb. RICHARD DERTSCH. Schwäbische For-schungsgemeinschaft. Reihe 2a, 6 (1959), S. 42, Nr. 106. – KUDORFER (wie Anm. 33), S. 250 mit Anm. 174.

56 RUDOLF SEIGEL, Die Entstehung der schwäbischen und der fränkischen Linie des Hauses Hohenzol-lern. In: Zeitschrift für Hohenzollerische Geschichte 92 (1969), S. 9-44, hier S. 44.

57 LUDWIG SCHMID, Die älteste Geschichte des erlauchten Gesamthauses ... Hohenzollern. Zweiter Teil: Die Geschichte der Grafen von Zollern, 1886, S. 46 f. – BÜHLER, Wie gelangten die Grafen von Tübin-gen ... (wie Anm. 31), S. 216 f. – Burkhard von Zollern († 1061) ist vermutlich ein Sohn Burkhards von Nellenburg, der um 1009 geboren wurde. Vgl. HANS KLÄUI, Grafen von Nellenburg. In: Genealogi-sches Handbuch zur Schweizer Geschichte 4, 1980, S. 189, Nr. 17.

58 Wie Anm. 51.

lich faßbar werden die lorchischen Güter meist erst im Spätmittelalter, als sie veräußert wurden.[59] Indes darf man annehmen, daß die Güter im Ries und auf dem Härtsfeld aus der Frühzeit des Klosters und aus der Hand der Stifterfamilie stammen. Das Kloster selbst wird kaum bestrebt gewesen sein, relativ entfernten Besitz zu erwerben. Sodann sind im Ries selbst später Klöster gestiftet worden – Kirchheim, Klosterzimmern –, zu denen andere im Ries begüterte Adelsgeschlechter engere Beziehungen hatten und denen sie eher etwas zukommen ließen als dem fernen Kloster Lorch.

Bezeichnend ist die Lage der lorchischen Güter im Umkreis der staufischen Zentren Wallerstein und Flochberg-Bopfingen. Nachdem der Bereich um Wallerstein als frühester staufischer Besitz angesehen werden darf, findet nun die Ansicht eine Stütze, daß auch die Umgebung von Flochberg-Bopfingen zur Zeit der Lorcher Klostergründung zum staufischen Begüterungsbereich gehörte. Freilich läßt sich kaum entscheiden, ob Bopfingen mit Flochberg schon zum ältesten Stauferbesitz gehören oder ob etwa die Salierin Agnes als Mitstifterin des Klosters diese Güter eingebracht hat.[60]

Eine Sonderstellung nimmt die Kirche in Ebermergen ein. Sie ist vom übrigen lorchischen Besitz isoliert. Doch ist sie von allen lorchischen Gütern am frühesten bezeugt, nämlich schon 1144, als sie von König Konrad III. zurückgetauscht wurde gegen die Kirche in Welzheim.[61]

Dieser Rücktausch mag veranlaßt gewesen sein durch den Anfall der Herrschaft Harburg, zu der Ebermergen als Nachbarort paßte.

Die Harburg erscheint 1150 in staufischem Besitz, als der junge König Heinrich, der Sohn Konrads III., von dort aus gegen Welf VI. zu Felde zog, der Flochberg angegriffen hatte.[62] Harburg muß einige Jahre zuvor staufisch geworden sein, und zwar durch Vermittlung der Gertrud von Sulzbach († 1146), der zweiten Gemahlin König Konrads III. Bis gegen 1139 war Harburg im Besitz Kunos von Horburg aus dem Hause Lechsgemünd.[63] Dieser hatte keine direkten Erben, war aber mit dem Hause Sulzbach über seine Mutter eng verwandt.[64] Nach seinem Tode oder spätestens nach dem Tode seiner Gemahlin Adelheid († 1143) fiel Harburg an das Haus Sulzbach aufgrund einer Verfügung Kunos, welche andere Erben ausschloß. König Konrad III. reklamierte nun Harburg für seine Frau bzw. seinen Sohn Heinrich und entzweite sich darüber mit seinem Schwager Gebhard III. von Sulzbach.[65] Mit Harburg aber gewann Konrad III. einen strategisch ungemein wichtigen Punkt im Südries.

59 Nachweis bei BÜHLER, Zur Geschichte der frühen Staufer (wie Anm. 39), S. 10.
60 Wenn man sich an die Teilung Wallersteins unter die Brüder Herzog Friedrich I. und Pfalzgraf Ludwig erinnert und in Betracht zieht, daß damals möglicherweise auch Öttingen an Pfalzgraf Ludwig fiel (vgl. Text zu den Anm. 40-44), so ist damit zu rechnen, daß damals Herzog Friedrich I. als Ausgleich vielleicht die Herrschaft Flochberg-Bopfingen erhielt. Das würde bedeuten, daß Flochberg-Bopfingen wie Wallerstein und Öttingen (?) eventuell schon in der Hand ihres Vaters Friedrich von Büren waren, vielleicht auch von der Mutter Hildegard eingebracht wurden.
61 MG DK III, Nr. 114.
62 Monumenta Corbeiensia (wie Anm. 4), S. 366ff., Nr. 244f.
63 FRANZ TYROLLER, Die Grafen von Lechsgemünd. In: Neuburger Kollektaneen-Blatt 107 (1953), S. 9-56, hier S. 19ff.
64 Wie Anm. 63, S. 21.
65 Wie Anm. 63, S. 24.

Wenn Harburg im Heiratsvertrag von 1188 nicht mit aufgeführt ist, hatte Friedrich Barbarossa das Gut, das aus dem Erbe Herzog Friedrichs IV. 1167 an ihn gefallen sein muß, sich vorbehalten, und zwar wohl deshalb, weil es die Position, die Friedrich Barbarossa mit dem Erwerb von Donauwörth (vor 1169) gewonnen hatte, ergänzte und verstärkte.[66]

Ziehen wir nun Bilanz, so ist der Erwerb der Harburg nach Zeit und Umständen ziemlich klar erkennbar. Weißenburg am Sand wurde höchst wahrscheinlich von der Salierin Agnes eingebracht.[67]

Für die übrigen Burgen und Orte, die 1188 genannt sind, lassen sich weder der Zeitpunkt noch die Art des Erwerbs mit Gewißheit ermitteln. Gewichtige Gründe sprechen dafür, daß die spätere Herrschaft Wallerstein, dabei insbesondere Güter in Löpsingen und Fessenheim, schon im Besitz des zweiten Friedrich der staufischen Ahnenreihe waren. Er konnte sie nach Lage der Dinge eigentlich nur über seine Mutter erworben haben. Dasselbe gilt vielleicht für den Kern der späteren Herrschaft Öttingen.

Die Zentren Flochberg und Bopfingen müssen wegen der lorchischen Güter in ihrer Nachbarschaft spätestens um 1100, d. h. zur Zeit Herzog Friedrichs I., staufisch gewesen sein. Auch sie könnten schon zum ältesten staufischen Besitz zählen, aber auch von der Salierin Agnes eingebracht sein.[68]

Für Dinkelsbühl, Aufkirchen und Beyerberg, die bereits außerhalb des Rieses liegen, fehlen Anhaltspunkte. U. E. dürften sie am ehesten durch Agnes vermittelt sein, wie Weißenburg und andere ehemals salische Königsgüter in Franken.[69,70]

3. Wie vererbten sich Güter, die dem Stauferbesitz benachbart waren?

Die frühen Staufer waren bestimmt keine »kleinen Leute«. Die Heiratsverbindungen mit den (späteren) Zähringern, mit dem Hause Mousson-Mömpelgard und mit den Saliern, dazu die Betrauung mit dem Pfalzgrafenamt und Herzogtum zeigen, daß sie zu den wenigen mächtigen Familien gehörten, die untereinander vielfältig versippt und verschwägert waren. Sie haben sicher irgendwie an den großen Güterkomplexen Anteil, die durch die Hände der damals in Schwaben maßgebenden Familien gegangen sind. Auf der Suche nach möglichen Vorbesitzern ihrer Güter tappen wir daher nicht völlig im Dunkeln.

66 ANTON STEICHELE, Das Bisthum Augsburg, 3, 1872, S. 700 f. – Im Jahre 1169 hielt sich Kaiser Friedrich I. in Donauwörth auf; MG DF I, Nr. 555.

67 Schon Kaiser Konrad II. war 1029 im Besitz Weißenburgs (MG DK II, Nr. 140 mit Vorwort). Kaiser Heinrich III. verfügte 1044 über ererbte Güter in Dietfurt, Wettelsheim und Pappenheim – alle bei Treuchtlingen unweit von Weißenburg; MG DH III, Nr. 119.

68 Vgl. auch Anm. 60.

69 ERNST KLEBEL nimmt freilich an, daß Aufkirchen schon um 1053 staufisch war (Zur Abstammung der Hohenstaufen. In: ZGO 102 [1954], S. 139).

70 In einer Reihe von Orten im Westries, in denen staufischer Besitz bezeugt ist bzw. erschlossen wurde, war seit dem 8./9. Jh. die Abtei Fulda in Hessen begütert, so in Bopfingen, Utzmemmingen, Nähermemmingen, Dossingen, Dürrenzimmern (?), Löpsingen und Fessenheim (siehe KUDORFER, Nördlingen [wie Anm. 54], S. 23 ff.). Möglicherweise beruhte staufischer Besitz in diesen Orten auf entfremdetem Lehengut von Fulda. Herzog Friedrich IV. von Schwaben-Rothenburg hatte nachweislich Lehengut von Fulda (Aus den Traditiones Fuldenses. In: Württ. Geschichtsquellen 2 [1895], S. 258, Nr. 91). Doch dürften schon seine Vorgänger solches Gut besessen haben.

Die Geschichte des Rieses scheint ja nicht grundsätzlich anders verlaufen zu sein als die der angrenzenden ostschwäbischen Landstriche. Erkenntnisse, die dort gewonnen wurden, wird man mit Vorbehalt auf das Ries übertragen dürfen.

Um der Kernfrage: woher stammt der staufische Frühbesitz im Ries? näher zu kommen, soll gezeigt werden, wie sich einige bedeutende, dem Stauferbesitz benachbarte Güter im Südries vererbten. Vielleicht ergeben sich Anhaltspunkte, wer als Besitzvorgänger der Staufer in Betracht kommen könnte.

Kaiser Heinrich II. schenkte im Jahre 1007 den »locus« Deggingen (Mönchsdeggingen), der ihm eigen gehörte, an das Hochstift Bamberg.[71] Einige Jahre später, 1016, gab er dorthin auch das Kloster Deggingen, das von seinen »parentes« gestiftet und erbweise an ihn gelangt war.[72]

Heinrich II. war vorher Herzog in Bayern gewesen. Er ist ein Glied des jüngeren Zweigs der Liudolfinger oder Ottonen, der seit 945 in Bayern regierte. Aber seine Güter im Ries sind keinesfalls väterliches Erbe, sondern seine Mutter Gisela hat sie ihm zugebracht. Gisela war eine Tochter des Königs Konrad von Burgund (937-993), dieser ein Sohn des Königs Rudolf von Burgund († 937) und der Burchardingerin Berta († 966). Da das burgundische Königshaus ursprünglich in Ostschwaben kaum Besitz hatte, kamen die Güter sicherlich von Bertas Seite. Berta war eine Tochter der Reginlind aus ihrer ersten Ehe mit Herzog Burchard I. (917-926). Auch die Burchardinger waren von Haus aus im Ries sicher nicht begütert. Somit stammte das Gut Deggingen aller Wahrscheinlichkeit nach von Reginlind, welche über ihre Mutter Gisela reiches karolingisches Königsgut geerbt hatte.[73]

---

71 MG DH II Nr. 155.

72 MG DH II Nr. 357.

73 Über die Abstammung der Herzogin Reginlind besteht noch keine Übereinstimmung, doch sind die unterschiedlichen Auffassungen ohne grundsätzliche Bedeutung für unsere Frage. Sie ist die Tochter einer Gisela (911). Dieser Name verrät karolingische Abstammung (vgl. HANSMARTIN DECKER-HAUFF, Reginlinde, Herzogin von Schwaben. In: Schwäbische Lebensbilder 6 [1957], S. 1-4, hier S. 1).
Der Vf. hat zu zeigen versucht, daß Gisela eine Urenkelin Ludwigs des Frommen aus seiner zweiten Ehe mit der Welfin Judith sein könnte. Deren Tochter Gisela war vermählt mit Eberhard von Friaul († 864) und hatte ihrerseits eine Tochter Judith (863), die nach ihrem Erbgut Balingen gelegentlich als Judith »von Balingen« bezeichnet wird. Judith war offenbar mit einem Angehörigen der Gründersippe des Klosters Rheinau vermählt, vermutlich mit dem Rheinauer Vogt Liuto (878). Aus dieser Ehe stammen die Grafen Eberhard (886-894) und Berengar (884-888) sowie – nach Meinung des Verfassers aus besitzgeschichtlichen Gründen – Gisela, die Mutter der Reginlind (Studien zur Geschichte der Grafen von Achalm. In: ZWLG 43 [1984], S. 7-87, hier S. 28 ff.). Reginlind hätte über diese Vorfahren karolingisches Gut geerbt; sie hätte auch nach dem Tode Ludwigs des Kindes, des letzten ostfränkischen Karolingers, 911 ein Gutteil von dessen Hinterlassenschaft erhalten.
Mittlerweile hat HANSMARTIN DECKER-HAUFF den Versuch unternommen, Reginlinds Mutter Gisela noch enger mit den letzten Karolingern zu verknüpfen. Ausgehend von der Tatsache, daß Karl III. († 888) ein Königreich Schwaben verwaltet und somit gewiß über den Hauptteil des karolingischen Gutes in Schwaben verfügt hatte, folgerte er, daß Reginlinds Mutter Gisela nahe mit Karl III. verwandt sein müßte. Dieser hatte eine Schwester Gisela, von der kaum etwas bekannt ist. Decker-Hauff hielt es für möglich, diese Gisela mit der Mutter der Reginlind zu identifizieren. Reginlind wäre damit die Nichte Karls III. (Festvortrag in Waiblingen am 13. Jan. 1985. Vgl. HARTMUT HOFFMANN, So könnte es gewesen sein. In: Waiblingen in Vergangenheit und Gegenwart 9 [1987], S. 77-94, hier S. 89).
Gegen diese ansprechende These erheben sich freilich Bedenken aus zeitlichen Gründen: Reginlinds Mutter Gisela kann kaum eine Schwester Karls III. sein, sondern allenfalls eine Tochter der Schwester. Als Reginlinds Vater könnte in diesem Falle mit der älteren Forschung jener Graf Eberhard (886-894)

Der Weg, den Deggingen im Ries offenbar genommen hatte, führte daher von den Karolingern über Reginlind zu den Burchardingern und burgundischen Welfen und weiter zu Kaiser Heinrich II. Erwähnt sei, daß Mönchsdeggingen der Nachbarort von Hohenaltheim ist, wo 916 die Nationalsynode tagte und wo daher karolingisches Königsgut anzunehmen ist.[74]

Die Gründung des Klosters in Deggingen wird Kaiser Otto I. zugeschrieben (959).[75] Otto I. gehörte selbst zwar nicht zu den »parentes« Kaiser Heinrichs II., wohl aber darf man seine Gemahlin Adelheid dazu rechnen. Sie war ja die Schwester von Heinrichs Großvater König Konrad von Burgund (937-993). Man wird an eine gemeinschaftliche Stiftung der Geschwister Konrad und Adelheid denken, wobei Otto I. als Gemahl und Vormund Adelheids mitwirkte. Da er der ranghöchste und bekannteste unter den an der Stiftung Beteiligten war, wurde er besonders herausgestellt und so im Bewußtsein der Nachwelt zum eigentlichen Stifter. Heinrich II. hatte im Erbgang über seine Mutter Gisela die Rechte seines Großvaters König Konrad an der Stiftung erworben. Die Anrechte seiner Großtante Adelheid dürfte er sich nach dem Tode ihres Enkels, Ottos III., 1002 unter Berufung auf sein Erbrecht angeeignet haben.

Doch gab es außer Heinrich II. anscheinend noch andere Erben, die an Deggingen Anteil hatten. Im Jahre 1147 klagte der Bischof von Bamberg, daß Ministerialen seiner Kirche im Ries – nämlich von Ziswingen, von Balgheim, von Nördlingen – durch Berenger von Albeck und Konrad von Rietfeld geschädigt würden.[76] Berenger von Albeck hielt offenbar Erbansprüche aufrecht. Noch 1281 bzw. 1289 sind Höfe in Deggingen und im benachbarten Balgheim Lehen vom Markgrafen Heinrich II. von Burgau.[77] Sie stammten sicher von Heinrichs verstorbener Gemahlin Adelheid von Albeck (1267-1280), der Ururenkelin jenes Berenger von 1147, und der Markgraf verwaltete sie für seine Söhne.[78]

Die Herren von Albeck (bei Ulm) gehörten gleichfalls zu den Nachkommen und Miterben der Herzogin Reginlind. Sie sind ein Zweig des Hauses Stubersheim (bei Geislingen an der Steige), in welchem der Name Berenger ein Leitname war. Er geht gewiß zurück auf jenen Berengar, der 1027 in Rom umkam und von Kaiser Konrad II. an der Seite Ottos II. bestattet wurde, »*quoniam dilectus et familiaris fuerat*«.[79] Dieser Berengar muß der Ururgroßvater jenes Berenger von Albeck von 1147 gewesen sein. Er war seinerseits ein Sohn

---

angenommen werden, den der Vf. als Sohn der Judith »von Balingen« betrachtet hat (vgl. DECKER-HAUFF, Reginlinde (wie oben) S. 1). Reginlind wäre damit sowohl von Vaterseite wie von Mutterseite karolingischer Abstammung. Dies würde ihr überaus reiches Erbe erklären, denn sie hätte über den Vater Eberhard Anteil am Erbe Ludwigs des Frommen und sie hätte über die Mutter Gisela ein Anrecht an die Hinterlassenschaft Ludwigs des Kindes († 911) geerbt.

74 WALTER SCHLESINGER, Pfalzen und Königshöfe in Württembergisch Franken. In: Württembergisch Franken 53 (1969), S. 3-22, hier S. 11.

75 Kunstdenkmäler von Schwaben, 1. Bezirksamt Nördlingen. Bearb. KARL GRÖBER und ADAM HORN. 1938, S. 108.

76 KARL FRIEDRICH STUMPF-BRENTANO, Acta Imperii usque adhuc inedita. 1865-1881. S. 137f., Nr. 113.

77 Die Urkunden der Fürstl. Oettingischen Archive (wie Anm. 55), S. 39f., Nr. 98 und S. 54, Nr. 138.

78 Genealogie der Herren von Albeck in: Der Stadt- und Landkreis Ulm. Allgemeiner Teil. 1972, S. 329.

79 Wipo Kap. 16 (wie Anm. 12), S. 570.

Liutolds von Mömpelgard und damit ein Enkel Kunos von Öhningen und dessen ottonischer Gemahlin Richlind.[80]

Über die Person Kunos von Öhningen und seiner Gemahlin Richlind ist sich die Forschung noch nicht einig. Nach Aussage der Welfengenealogie und Welfengeschichte soll
Richlind eine Tochter Ottos des Großen sein.[81] Dieser Nachricht wird jedoch wenig Glauben geschenkt, da man eine Tochter Ottos des Großen dieses Namens sonst nicht kennt.[82]

Zunehmend Beifall findet die These Armin Wolfs, wonach Richlinds Gemahl Kuno von
Öhningen identisch sei mit Herzog Konrad I. von Schwaben (982-997), dem Vater Herzog
Hermanns II. (997-1003).[83] Für diese These spricht vor allem, daß Herzog Hermann II. im
Jahre 1002 als Rivale Herzog Heinrichs IV. von Bayern (= Kaiser Heinrich II.) um den
Königsthron antrat. Hermann II. konnte sich mit Aussicht auf Erfolg um den Thron nur
dann bewerben, wenn er zum Vorgänger Otto III. in ähnlich naher Verwandtschaft stand
wie Herzog Heinrich IV. von Bayern. Diese Verwandtschaft lief nach A. Wolf über die
Mutter Hermanns II., d. h. über die Gemahlin Herzog Konrads I. (= Kuno von Öhningen),
nämlich über Richlind. Richlind aber war (nach einer These Hansmartin Decker-Hauffs)
nicht die Tochter Ottos des Großen, sondern dessen Enkelin von Ottos Sohn Liudolf (†
957).[84] Liudolf war vermählt mit Ida, der Tochter Reginlinds aus ihrer zweiten Ehe mit
Herzog Hermann I. (926-949). Über Richlind vererbte sich somit das Gut, das ihre Großmutter Reginlind sich vorbehalten und in ihre zweite Ehe mit Herzog Hermann I. eingebracht hatte.

Der Besitz der Herren von Albeck in Deggingen und Balgheim geht also gleichfalls auf
Reginlind zurück wie die Güter, über die Kaiser Heinrich II. verfügt hatte. Er hätte sich
jedoch (nach Hansmartin Decker-Hauff und Armin Wolf) über ihre Nachkommen aus
zweiter Ehe mit Herzog Hermann I. weitervererbt.

Wir kommen zur Geschichte einer zweiten Gütergruppe im Ries: Im Jahre 868 hatte
König Ludwig der Deutsche im Tausch von der Abtei Lorsch an der Bergstraße Güter in
Reimlingen, Bühl, Gunzenheim, Mündling und Ronheim erworben.[85] Sie mögen dem
König zur Arrondierung seines eigenen Besitzes in diesen Orten gedient haben.[86]

Welchen Weg nahmen diese Güter in nachkarolingischer Zeit?

Reimlingen erscheint 1147 im Besitz derer von Spitzenberg (bei Geislingen an der

---

80 BÜHLER, Studien zur Geschichte der Grafen von Achalm (wie Anm. 72), S. 61. Auf diese Weise wird der
    Übergang von Lonsee von den Karolingern zu den Häusern Albeck und Ravenstein klar (ebd., S. 55 ff.),
    ebenso der Erbgang der kloster-elchingischen Güter im schweizerischen Siggental (ebd., S. 59 ff.). Ent-
    sprechend zu korrigieren ist ebd. Tafel I die Anknüpfung der Stubersheimer an Willibirg von Achalm, die
    Nichte jenes Berengar († 1027), und einen vermuteten ersten Gemahl Reginhard.

81 Historia Welforum (wie Anm. 2), S. 12 und S. 76.

82 Vgl. BÜHLER, Studien (wie Anm. 72), S. 65 f.

83 Wer war Kuno »von Öhningen«? In: Deutsches Archiv für Erforschung des Mittelalters 36 (1980), S. 25-
    83. Vgl. HANSMARTIN DECKER-HAUFF, Waiblingen einst. In: Waiblingen. Porträt einer Stadtlandschaft,
    1985, S. 12. – HOFFMANN (wie Anm. 72), S. 82 ff.

84 Die Anfänge des Kollegiatstifts St. Peter und Alexander zu Aschaffenburg. In: Aschaffenburger Jahrbuch
    4 (1957), S. 129-151, hier S. 147 ff.

85 MG DLdD, Nr. 126.

86 In Reimlingen und Ronheim läßt sich auch anderweitig karolingisches Königsgut ermitteln; vgl. DIETER
    KUDORFER, Das Ries zur Karolingerzeit. In: Zeitschrift für bayerische Landesgeschichte 33 (1970),
    S. 470-541, hier S. 506 f.

Steige). Deren Vorfahren (parentes) hatten die Kirche in Reimlingen (St. Georg) gegründet. Reimlingen war somit altererbter Besitz der Spitzenberger.[87] Es läßt sich auch mit großer Wahrscheinlichkeit ermitteln, wie sie dazu gekommen sind: Das Gut Ludwigs des Deutschen gelangte an Reginlind und vererbte sich über deren Nachkommen weiter auf das Paar Herzog Hermann II. (997-1003) und Gerberga von Burgund. Herzog Hermann II. war (nach A. Wolf) ein Sohn der Richlind, diese über ihre Mutter Ida eine Enkelin der Reginlind aus deren zweiter Ehe mit Herzog Hermann I. (926-949). Gerberga war eine Tochter König Konrads von Burgund († 993), dieser über seine Mutter Berta († 966) gleichfalls ein Enkel der Reginlind, jedoch aus ihrer ersten Ehe mit Herzog Burchard I. (917-926). Beide Partner, Hermann II. und Gerberga, hatten also Anspruch an das Erbe der Reginlind. Eine Tochter dieses Paares ist Gisela »von Waiblingen« († 1043). Sie brachte das Gut Reimlingen offenbar in ihre erste Ehe mit Herzog Ernst I. von Schwaben (1012-1015) und vererbte es ihrem Sohn Herzog Hermann IV. (1030-1038). Über dessen Tochter Richwara gelangte das Gut an Richinza von Spitzenberg († ca. 1110). Sie ist die Großmutter Rudolfs von Spitzenberg, der Reimlingen 1147 innehatte.[88]

Auch die Güter Bühl, Gunzenheim, Mündling und Ronheim müssen durch die Hand der Herzogin Reginlind gegangen sein. Sie liegen in der unmittelbaren Nachbarschaft von Harburg, das bis ins 19. Jahrhundert Horburg hieß.

Das Städtchen Harburg hat sich aus einem Burgweiler am Fuß der älteren Burg entwickelt. Bis ins 15. Jahrhundert diente die Burg- bzw. Schloßkapelle St. Michael als Pfarrkirche.[89] Die Pfarrei Harburg hatte Besitz in Gunzenheim und Ronheim.[90] Die Abhängigkeit des Städtchens von der Burg und die Verbindung mit den Nachbarorten sind unverkennbar.

Die Harburg sperrte die Talenge der Wörnitz, wo sie die Alb durchbricht. Sie war offenbar Herrschafts- und Verwaltungsmittelpunkt für die umliegenden Orte, in denen die einst von Ludwig dem Deutschen erworbenen Güter lagen.

Man liest, die Harburg sei um 1093 erstmals erwähnt. Dabei wird auf die Chroniken des Klosters Zwiefalten (Kreis Reutlingen) verwiesen, des Hausklosters der Grafen von Achalm.[91] Der Chronist Ortlieb gibt einer Schwester der Klosterstifter namens Mathilde den Beinamen »von Horburg«, während der Chronist Berthold berichtet, Mathilde sei mit Kuno von Lechsgemünd (1091) vermählt gewesen und habe u.a. einen Sohn Kuno »den Horburger« (Horburgensem) gehabt.[92]

Aus diesen Nachrichten und wegen der Nachbarschaft des lechsgemündischen Herrschaftsbereiches folgerte man, daß mit dem Horburg der Zwiefalter Chronisten das heutige

---

87 Monumenta Boica XXXIIIa, S. 27, Nr. 29. – Zum Patrozinium St. Georg, vgl. Gustav Hoffmann, Kirchenheilige in Württemberg, 1932, S. 28.

88 Vgl. Bühler, Richinza von Spitzenberg. In: Württembergisch Franken 58 (1974), S. 303-326 mit Tafel I (S. 314) und II (S. 321).

89 Kunstdenkmäler von Schwaben. 3. Landkreis Donauwörth. Bearb. Adam Horn, 1951, S. 298 und S. 317.

90 Steichele (wie Anm. 65), S. 1216.

91 Anton Diemand, Die Harburg im Ries. 1930, S. 31. – Die Zwiefalter Chroniken Ortliebs und Bertholds. Hrsg. Luitpold Wallach, Erich König und Karl Otto Müller. Schwäbische Chroniken der Stauferzeit. 2 (1978), S. 40.

92 Zwiefalter Chroniken (wie Anm. 91), S. 40 und S. 192.

Harburg im Ries gemeint und dieses ein alter Besitz (Reichslehen) des Hauses Lechsgemünd sei, und daß Mathilde erst durch ihre Heirat zur Herrin von Horburg-Harburg wurde.[93]

Die Zwiefalter Chronisten hatten die Geschichte ihres Klosters und die Familie der Stifter des Klosters im Auge. Über die Verhältnisse im Ries, das von Zwiefalten weit entfernt ist, wußten sie wohl weniger Bescheid. Sie wußten von der Beziehung der Mathilde zu Horburg, doch ist man im Zweifel, ob sie damit Harburg im Ries meinten.

Mathilde »von Horburg« war eine Tochter Rudolfs von Achalm und der Adelheid von Wülflingen. Beide Elternteile Mathildes waren Nachkommen der Reginlind, und zwar Rudolf von Achalm über seine Mutter Mathilde, eine Tochter Königs Konrad von Burgund († 993), der wiederum ein Sohn der Burchardingerin Berta († 966) war; Adelheid von Wülflingen über ihren Vater Liutold von Mömpelgard, der ein Sohn der Richlind und somit (nach Decker-Hauff) ein Urenkel der Reginlind war.[94] Beide Eltern Mathildes vermittelten somit Ansprüche an die Güter im Ries, die von Ludwig dem Deutschen stammten. Mathilde aber hatte über ihre Mutter Adelheid von Wülflingen offenbar auch die Herrschaft Horburg bei Kolmar im Elsaß geerbt. Einer ihrer Söhne – eben dieser Kuno »der Horburger« – begründete dort eine Seitenlinie des Hauses Lechsgemünd.[95] Die Feste Horburg im Elsaß war sicher älter als die Harburg im Ries. Sie steht auf dem Boden eines römischen Kastells. Ihr Besitz geht zurück auf Liutold von Mömpelgard bzw. dessen Vorfahren väterlicherseits.[96] Für das Problem Harburg im Ries zeichnet sich damit eine Lösung ab:

Als man die neue Burg zur Sperrung des Wörnitzdurchbruchs baute, übertrug man auf sie den Namen der im Familienbesitz befindlichen Horburg im Elsaß.[97] Dies geschah wohl um die Mitte des 11. Jahrhunderts. Wir erahnen, wer der Erbauer gewesen sein könnte. Im Jahre 1053 erscheint unter den »Optimaten« des Rieses und Sualafelds ein Egino.[98] Er muß somit im nordöstlichen Schwaben begütert gewesen sein. Es könnte sich um den Bruder Mathildes handeln, um Egino von Achalm. Denn um diese Zeit war der Name Egino allein in den stammesgleichen Häusern Achalm und Urach üblich, wobei für letzteres kein Besitz in Ostschwaben nachzuweisen ist. Egino von Achalm könnte demzufolge der Erbauer der Rieser Harburg und Inhaber der zugehörigen Herrschaft gewesen sein. Er ist bald nach 1061 kinderlos gestorben, so daß ihn seine Schwester Mathilde, die ins benachbarte Haus Lechsgemünd geheiratet hatte, beerben konnte.

Nach Mathildes Tod übernahm ihr Enkel Kuno »von Horburg« (ca. 1096-1139) die Harburg und hatte sie zeitlebens inne. Danach gelangte sie, wie wir wissen, über das Haus

---

93 Vgl. Steichele (wie Anm. 65), S. 1210. – Tyroller, Lechsgemünd (wie Anm. 63), S. 22.

94 Vgl. Bühler, Studien (wie Anm. 73), Tafel II.

95 F. A. Herrenschneider, Römerkastell und Grafenschloß Horburg, 1894, S. 134ff. – Erich v. Guttenberg, Zur Genealogie der älteren Grafen von Lechsgemünd-Horburg ... In: Jahrbuch für Fränkische Landesforschung 8/9 (1943), S. 176-218, hier S. 185ff.

96 Vgl. Bühler, Studien (wie Anm. 73), S. 78f.

97 Vgl. allgemein Hans Jänichen, Zur Übertragung von Burgnamen. In: Alemannisches Jahrbuch 1959. S. 34-53. – Hier lag die Übertragung des Namens Horburg um so näher, als beide Orte von stark versumpftem Gelände (ahd. horo = Sumpf) umgeben sind; vgl. Herrenschneider (wie Anm. 95), S. 93; Diemand (wie Anm. 91), S. 30.

98 MG DH III Nr. 303.

Sulzbach an die Staufer. In den Harburg benachbarten Orten Gunzenheim, Mündling und Huisheim ist später staufischer Besitz nachzuweisen.[99] Dies bestätigt den dargelegten Erbgang.

Wir sind schon früher auf die Kirche in Ebermergen gestoßen als eine der frühesten Besitzungen des Klosters Lorch.[100] Ebermergen dürfte ursprünglich mit der Gütergruppe um Harburg verbunden gewesen sein und sich zunächst in gleicher Weise vererbt haben wie diese. Es müßte jedoch wohl um die Jahrtausendwende abgetrennt worden sein und hätte einen etwas anderen Weg genommen: Herzog Hermann II. (997-1003) und Gerberga von Burgund waren die nächsten Verwandten der Inhaber der Gütergruppe. Eine ihrer Töchter war Gisela »von Waiblingen« († 1043). Sie hat offenbar die Kirche Ebermergen in ihre Ehe mit Kaiser Konrad II. eingebracht und ihren salischen Nachkommen vererbt bis auf Agnes, die Tochter Kaiser Heinrichs IV., die mit Herzog Friedrich I. vermählt und an der Stiftung des Klosters Lorch beteiligt war.

Damit bewegen sich alle Erbgänge, die sich ermitteln lassen, in einem kleinen Kreis untereinander nah verwandter Personen. Sie führen letztlich alle auf Herzogin Reginlind zurück, die Erbin reichen karolingischen Gutes.

4. Woher stammt der staufische Frühbesitz im Ries?

Aufgrund der vorausgehenden Untersuchung kann die Antwort auf diese Frage wohl kaum anders lauten als: Der staufische Frühbesitz im Ries geht gleichfalls irgendwie auf Herzogin Reginlind und letztlich auf karolingisches Königsgut zurück. Diese Prämisse scheint um so eher berechtigt, als es im Ries reiches karolingisches Königsgut gegeben hat. So ist Deiningen durch Schenkung König Pippins schon 760 an die Abtei Fulda gelangt.[101] An dieses Kloster kamen wohl gleichfalls durch königliche Verfügung Güter in Reimlingen[102] und vielleicht in Öttingen und Holzkirchen.[103] Karl der Große gab Wemding 798 an St. Emmeram in Regensburg.[104] Eine Edle namens Winpurc, Nebenfrau Kaiser Arnulfs und Mutter seines Sohnes Zwentibold, gab 898 die »curtis« Nördlingen dem Hochstift Regensburg.[105] Wie wir bereits wissen, gehörten König Ludwig dem Deutschen reiche Güter im Südries um Harburg. Schließlich lassen sich zahlreiche Schenkungen an die Abtei Fulda zwischen 750 und 817 von seiten fränkischer oder fränkisch orientierter Adeliger im Südries – in Bopfingen, Utzmemmingen (oder Utzwingen),

99 Siehe Bühler, Studien (wie Anm. 73), S. 86. – Das Hauskloster der Grafen von Lechsgemünd, Kaisheim, hatte Besitz in Bühl (vor 1216), Ronheim (vor 1147) und Mündling (vor 1216); Die Urkunden des Reichsstiftes Kaisheim 1135-1287. Bearb. Hermann Hoffmann. Schwäbische Forschungsgemeinschaft, Reihe 2a, Urkunden 11, S. 28, Nr. 35 und S. 5, Nr. 4.
100 Vgl. Anm. 61.
101 Urkundenbuch des Klosters Fulda. 1. Bearb. Edmund E. Stengel, 1958, S. 59ff., Nr. 34.
102 Traditiones et Antiquitates Fuldenses. Hg. Ernst Friedr. Joh. Dronke, 1844, S. 125, Nr. 7. Vgl. Anm. 86.
103 UB des Klosters Fulda (wie Anm. 101), S. 59ff., Nr. 35 und 36 (Fälschungen zur Sicherung begründeter Ansprüche).
104 Liber Probationum ad Hist. Monasterii S. Emmerami Ratisp. 1752, S. 8f., Nr. 3.
105 MG DArn. Nr. 160.

Nähermemmingen, Holheim, Ederheim, Schmähingen, Merzingen, Reimlingen, Nördlingen, Löpsingen, Wechingen, Fessenheim und Alerheim – wohl mit Königsgut in Verbindung bringen.[106]

Es ist zu bedenken, daß nur das Königsgut bezeugt ist, das an Kirchen vergeben wurde und somit den Gesamtbestand gemindert hat. Dies dürfte nur ein Teil des Ganzen gewesen sein. Man darf annehmen, daß es darüberhinaus reiches Königsgut gab, das nicht vergeben wurde, sondern sich als »ruhender Besitz« vererbte, ohne urkundlich faßbar zu werden. So konnte in Mönchsdeggingen karolingisches Königsgut erschlossen und darf in Hohenaltheim, wo 916 die Nationalsynode tagte, solches angenommen werden.[107]

Von den Orten, die durch königliche Schenkung bekannt geworden sind, liegen Deiningen, Nördlingen und Reimlingen nur wenige Kilometer von den später staufischen Zentren Wallerstein und Flochberg-Bopfingen entfernt. Es ist keinesfalls auszuschließen, eher anzunehmen, daß es auch dort Königsgut gegeben hat, das nicht vergeben wurde.[108] Dafür spricht der Reichtum an Zeugnissen aus römischer Zeit in dieser Gegend. Hat man doch erkannt, daß karolingisches Königsgut sich häufig an Plätzen mit römischer Tradition findet.[109] So liegt Bopfingen dicht beim Römerkastell Opie,[110] zum Amt Flochberg gehörte Sechtenhausen, wo man das Kastell Septemiacum sucht,[111] und auf dem Wallersteiner Fels wird eine römische Wehranlage vermutet.[112]

Dieses karolingische Königsgut müßte an Reginlind gelangt sein und über ihre Nachkommen irgendwie seinen weiteren Weg genommen haben. Um diesen Weg zu finden, lassen wir diejenigen Nachkommen Reginlinds, die uns als Grundbesitzer im Ries begegnet sind, noch einmal Revue passieren: Kaiserin Adelheid († 999), Tochter der Burchardingerin Berta († 966) und somit Enkelin der Reginlind aus erster Ehe, vererbte Rechte an Kloster Deggingen.

Adelheids Bruder König Konrad von Burgund († 993) gab seine Erbteile über seine Töchter weiter:

Die älteste Tochter Gisela hinterließ ihrem Sohn Kaiser Heinrich II. den Ort (Mönchs-) Deggingen und Anrechte an das dortige Kloster.

106 Zusammenstellung bei KUDORFER, Nördlingen (wie Anm. 54), S. 23 ff. – Es dürfte sich um Gut handeln, das den Tradenten vom König geschenkt oder verliehen war und das sie mit dessen Zustimmung vergaben.

107 Wie Anm. 74.

108 Vgl. dazu Anm. 106.

109 SCHLESINGER (wie Anm. 74), S. 8 f. – Man wird damit rechnen dürfen, daß römisches Fiskalgut zu merowingischem Königsgut, dann zu alemannischem Herzogsgut und schließlich zu karolingischem Königsgut wurde; vgl. die Geschichte von Rottweil, Bad Cannstatt, Günzburg und Lonsee.

110 Die Römer in Baden-Württemberg. Hg. PHILIPP FILTZINGER, DIETER PLANCK, BERNHARD CÄMMERER, 3. Aufl. 1986, S. 253.

111 Ebd., S. 254.

112 Kunstdenkmäler BA. Nördlingen (wie Anm. 75), S. 465 (Münzfunde). – Der darunterliegende Ort, der bis ins 16. Jh. Steinheim hieß, soll in der Karolingerzeit als »staatliche« Überwachungsstation zur Sicherung der Fernstraße planmäßig gegründet worden sein. Siehe ELISABETH GRÜNENWALD, Zur Geschichte von Burg und Markt Wallerstein. In: Jahrbuch des Historischen Vereins für Nördlingen und das Ries, 26 (1980), S. 15-36, hier S. 16. – Es sei erwähnt, daß Aufkirchen, mit dem einst Weiltingen eng verbunden war, sich nahe bei Kastell Ruffenhofen befindet; ferner daß Weißenburg am Sand, wo karolingisches Königsgut 867 und 889 bezeugt ist, neben dem Kastell Biriciana liegt.

Konrads Tochter Mathilde war die Stammutter der Grafen von Achalm; sie dürfte Anrechte an die Güter um Harburg vermittelt haben.

Die dritte Tochter Gerberga war die Mutter der Gisela »von Waiblingen«, der sie Anteile an Reimlingen und Ebermergen vererbt haben dürfte. An all die genannten Plätze erhoben jedoch auch Nachkommen der Richlind Anspruch, die (nach Decker-Hauff) Enkelin der Reginlind aus zweiter Ehe war:

Über Richlinds Sohn Liutold von Mömpelgard erwarb seine Enkelin Mathilde »von Horburg« Rechte um Harburg und gelangten die von Albeck zu ihren Gütern in (Mönchs-) Deggingen und Balgheim.

Richlinds Sohn Herzog Hermann II. (nach A. Wolf) mag Rechte an Ebermergen und Reimlingen weiter vermittelt haben.

Die Heiraten zwischen Herzog Hermann II. und Gerberga von Burgund sowie zwischen Rudolf von Achalm und Adelheid von Wülflingen, der Tochter Liutolds von Mömpelgard, verfolgten wohl auch den Zweck, strittige Ansprüche zu bereinigen.[113]

Überblicken wir nun die Verwandtschaftstafel der frühen Staufer, so zeigt sich, daß sie zweifach mit der Nachkommenschaft der Reginlind verbunden waren, nämlich über Hildegard von Schlettstadt, die Gemahlin Friedrichs von Büren, und über Agnes, die Tochter Kaiser Heinrichs IV., die mit Herzog Friedrich I. verheiratet war.

Agnes war von Vaterseite eine Urenkelin der Gisela »von Waiblingen« aus deren Ehe mit Kaiser Konrad II. (1024-1039). Gisela aber war bekanntlich eine Tochter von Herzog Hermann II. und Gerberga von Burgund, die (nach A. Wolf) beide von Reginlind abstammten. Wir kennen Agnes bereits als mutmaßliche Vermittlerin der Kirche in Ebermergen an die Staufer. Von ihr kommen das Gut Weißenburg am Sand und vermutlich auch die Güter Dinkelsbühl, Aufkirchen und Beyerberg, möglicherweise sogar Bopfingen und die Güter am Flochberg.[114]

Hildegard von Schlettstadt war die Tochter der Sophie von Bar († 1093), diese wiederum eine Tochter von Mathilde († 1033), der Schwester der Gisela »von Waiblingen«, aus der Ehe mit Herzog Friedrich von Oberlothringen († 1026/1027). Von Mutterseite stammte sie somit gleichfalls von dem Paar Herzog Hermann II. und Gerberga ab. Hildegard von

---

113 Besitz der Töchter der Richlind und deren Nachkommen – Welfen, Rheinfeldener, Zähringer, Habsburger und Dießen-Andechser – läßt sich im Ries nicht nachweisen.

114 Von den bereits außerhalb des Rieses gelegenen Gütern Dinkelsbühl, Aufkirchen, Beyerberg und Weißenburg am Sand hat letzteres einen anderen Weg genommen: Weißenburg ist 867 und 889 als karolingisches Königsgut bezeugt (MG DLdD Nr. 122; Arn. Nr. 72). Es erscheint dann nach glaubhafter Überlieferung im Besitz des Herzogs Ernst II. von Schwaben (1015-1030), des Sohnes der Gisela »von Waiblingen«. Es ist jedoch wenig wahrscheinlich, daß das Gut von seiner Mutter kommt; eher dürfte es vom Vater stammen, von Herzog Ernst I., der über seine Mutter Richarda mit den Sualafeldgrafen (Ernste) verbunden war [KARL LECHNER, Die Babenberger. 1976. S. 45]. (Ernst II. soll das Gut 1029 an seinen Stiefvater Kaiser Konrad II. abgetreten haben, der 1036 in Weißenburg urkundet (Regesta Imperii. 3. Salisches Haus: Die Regesten des Kaiserreiches unter Konrad II. [1951], Nr. 145 und 235). Von nun an ist Weißenburg salisches Königsgut. – Die ältere Geschichte von Dinkelsbühl, Aufkirchen und Beyerberg ist ungeklärt. Es wäre denkbar, daß diese Güter über die Nachkommen der Reginlind an das salische Königshaus gelangten; vielleicht aber handelt es sich um altkonradinischen Besitz, der von Herzog Konrad (982-997) eingebracht wurde (vgl. HANSMARTIN DECKER-HAUFF, Das Rätsel von Unterregenbach. In: Württembergisch Franken 66 (1982), S. 47-57, hier S. 51 f.).

Schlettstadt war in Schwaben begütert.[115] Bei ihrer Abstammung wäre es grundsätzlich möglich, daß die Güter im Ries, die wir vermutungsweise Agnes zugeschrieben haben, auch von Hildegard kommen könnten: die Kirche in Ebermergen, Stiftungsgüter des Klosters Lorch um Bopfingen, ja Bopfingen selbst und die Güter um Flochberg.[116]

Die Herkunft des frühesten Stauferbesitzes im Ries, der Güter um Wallerstein sowie Löpsingens, die offenbar schon in der Hand des zweiten Friedrich der staufischen Ahnenreihe gewesen sind, läßt sich jedoch auf diesem Wege nicht erklären. Und doch müßte nach allem auch dieser früheste Besitz einen ähnlichen Weg genommen haben.

König Konrad von Burgund († 993), dessen Töchter Gisela, Mathilde und Gerberga Güter im Ries vermittelt haben, hatte noch eine vierte Tochter namens Berta, vermählt mit Odo I. von Blois (975-996). Sollte etwa sie als einzige im Ries und sonst in Schwaben leer ausgegangen sein?[117] Man möchte meinen, daß auch Berta am Erbe ihrer Urgroßmutter Reginlind Anteil hatte.

Vor dreißig Jahren hat Ernst Klebel auf die Begleitumstände bei der Gründung des Klosters St. Fides in Schlettstadt aufmerksam gemacht.[118] Das Kloster war vor 1094 von Hildegard, der Witwe Friedrichs von Büren, gemeinsam mit ihren Söhnen gestiftet worden. Die Söhne hatten zuvor (zwischen 1087 und 1091) eine Wallfahrt nach Conques in Südfrankreich unternommen und von dort das Patrozinium der hl. Fides mitgebracht. Die Stiftung in Schlettstadt wurde von Mönchen aus Conques besiedelt und dem Kloster Conques als Priorat übereignet. Die Wallfahrt der Söhne also hatte den Anstoß zur Klostergründung gegeben.

Wie Klebel sicher richtig vermutet hat, sind die Reise nach Südfrankreich und ihre Konsequenzen nur verständlich, wenn zwischen den staufischen Brüdern und den damals lebenden Gönnern des Klosters Conques enge verwandtschaftliche Beziehungen bestanden. Unter den Familien, die sich um jene Zeit als Förderer des Klosters Conques erwiesen haben, ragt das Haus Blois hervor.[119] Mit diesem Hause waren die Wallfahrer über ihre Mutter Hildegard auch tatsächlich verwandt. Freilich war diese Verwandtschaft schon ziemlich entfernt, so daß es fraglich ist, ob sie die bekannten Folgerungen gezeitigt hätte. Sie lief über Hildegards Urgroßmutter Gerberga und deren Schwester Berta, vermählt mit Odo I. von Blois (975-996). So drängt sich der Gedanke auf, daß hier eine noch engere Verwandtschaft bestanden haben müßte. Zur Zeit der Wallfahrt lebten noch Theobald III. von Blois († 1089) und sein Neffe Odo III. als Enkel und Urenkel jener Berta. Theobald III. hat das Priorat Coulomiers in der Champagne an Conques übertragen und sich damit dem Kloster besonders wohltätig gezeigt.[120] Er oder sein Beispiel könnten am ehesten die staufischen Brüder veranlaßt haben, ein Tochterkloster zu gründen. Theobald III. müßte nach allem nahe mit ihnen verwandt gewesen sein.

Die gesuchte Verwandtschaft wäre dann gegeben, wenn eine Tochter jener Berta, die mit

115 Vgl. Bühler, Wie gelangten die Grafen von Tübingen … (wie Anm. 31), S. 193 ff und S. 203 ff.
116 Vgl. Anm. 60.
117 Der Bruder Rudolf († 1032) war dem Vater als König von Burgund nachgefolgt. Die Töchter hatten offenbar den von der Großmutter Berta († 966) herrührenden Besitz in Schwaben geerbt.
118 Klebel (wie Anm. 69), S. 151 ff.
119 Ebd., S. 159 f. und S. 161.
120 Ebd., S. 159.

Odo I. von Blois vermählt war, den ältesten Friedrich der staufischen Ahnenreihe geheiratet hätte. Theobald III. wäre dann ein älterer Vetter der staufischen Brüder, die nach Conques gereist sind.

Zwar wissen von einer solchen Heirat unsere Quellen nichts. Das dürfte jedoch nicht allzu viel besagen, ist doch auch die Existenz des ersten (oder zweiten) Friedrich der staufischen Ahnenreihe allein durch das Lorcher Translationsverzeichnis gesichert. Daß die fragliche Tochter in französischen Quellen nicht erscheint, erklärt sich aus dem Umstand, daß sie schon im Alter von etwa 16 Jahren ins Ausland geheiratet hätte.[121] Es gibt demgegenüber gewichtige Argumente, die für eine solche Verbindung sprechen:

1. Das Lebensalter der anzunehmenden Partner würde passen.[122]

2. Alle drei Schwestern der Berta von Blois sind uns als Vermittlerinnen bedeutender Güter im Ries begegnet und als Vermittlerinnen von Gütern im übrigen Schwaben nachgewiesen. Es ist schwer vorstellbar, daß Berta von dem reichen Erbe ausgeschlossen gewesen sein soll, das bei ihren Schwestern faßbar wird. Auch sie dürfte in Schwaben begütert gewesen sein. Sie hätte ihr Erbteil selbstverständlich ihrer Tochter überlassen, die sich nach Schwaben verheiratete.

3. Durch diese Heirat wäre der älteste Friedrich der staufischen Ahnenreihe zu jenem Besitz im Ries gekommen, der schon bei seinem Sohne erkennbar wird, bei jenem Riesgrafen und Pfalzgrafen Friedrich (1030-1053), der zu den »Optimaten« des Rieses und Sualafelds zählte, nämlich die spätere Herrschaft Wallerstein sowie Löpsingen und vielleicht auch Öttingen.

4. Durch diese Heirat wäre der älteste Friedrich mit Kaiser Heinrich II. verwandt geworden, der ihn und seinen Bruder Siegehard offenbar mit Ämtern in Schwaben betraut hat.

5. Die Verbindung zum Hause Blois würde den Namen Odo = Otto im Stauferhaus erklären. Er ist erstmals bei einem Sohne Friedrichs von Büren sicher bezeugt. –

Es sei abschließend bemerkt, daß wir kein gesichertes Ergebnis zu bieten haben, sondern eine Möglichkeit aufzeigen wollten, die Herkunft des frühstaufischen Besitzes im Ries zu erklären. Doch ist die Zahl der Möglichkeiten begrenzt.[123]

Unser Lösungsversuch würde wohl auch zur Erklärung des staufischen Frühbesitzes im Remstal passen. Das Gelände des ehemaligen Römerkastells Lorch dürfte im 7. Jahrhun-

---

121 GERD WUNDER sagt, daß Frauen von den schreibenden Mönchen wenn überhaupt nur sehr selten und dann am ehesten noch als Witwen oder Äbtissinnen zur Kenntnis genommen wurden (siehe HOFF-MANN [wie Anm. 73], S. 83).

122 Die burgundische Prinzessin Berta ist um 964/65 geboren; sie hat um 983, vielleicht schon 981/82 Odo I. von Blois geheiratet (vgl. ERICH BRANDENBURG, Die Nachkommen Karls d. Gr. Nachdruck 1984, S. 10, VIII, 60).

123 Ernst Klebel hat sich vielleicht eine ähnliche Lösung vorgestellt, wenn er die Staufer blutsmäßig vom burgundischen Königshaus ableiten wollte, indem er Berta († 966), die Tochter der Reginlind, als mögliche Ahnfrau der Staufer betrachtete und die Verwandtschaft der Staufer zum Hause Blois betonte (wie Anm. 69, S. 160f. und S. 163).
Hansmartin Decker-Hauff nimmt offenbar gleichfalls an, daß der staufische Frühbesitz auf Reginlind zurückgeht. Seine Auffassung weicht insofern von der unsrigen nur wenig ab. Doch betrachtet er Kunigunde von Öhningen, eine Tochter der Richlind und Urenkelin der Reginlind aus deren zweiter Ehe, als diejenige, welche den Besitz den Staufern vermittelt hat (vgl. dazu Anm. 113).

Die frühen Staufer im Ries
(auszugsweise)

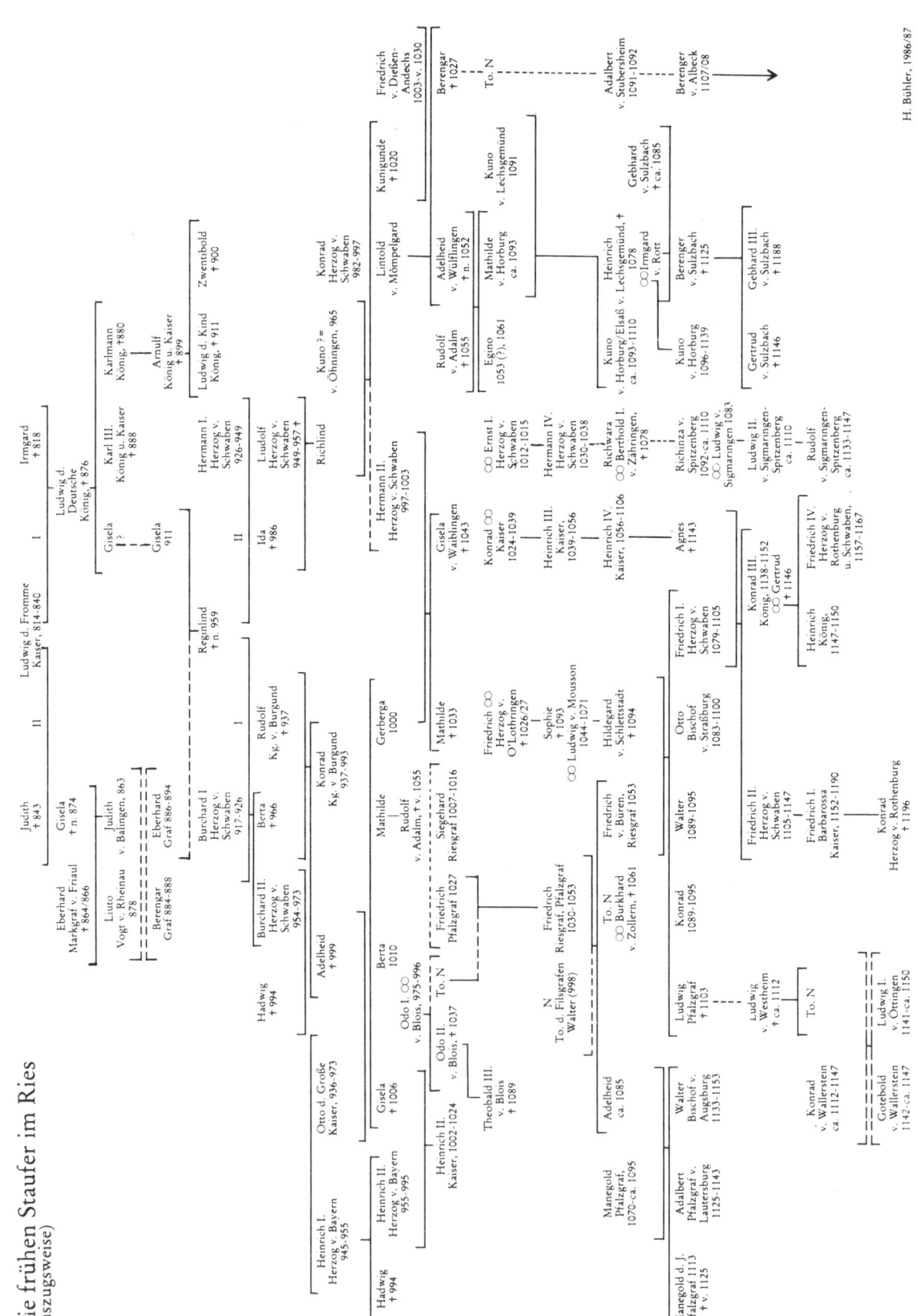

H. Bühler, 1986/87

dert in die Hand der alemannischen Herzöge, später der Karolinger gelangt sein.[124] Es muß vor der Mitte des 11. Jahrhunderts »staufisch« geworden sein, da der zweite Friedrich der staufischen Ahnenreihe der »fundator« des Stifts an der Lorcher Marienkirche war. Er könnte dazu auf demselben Weg gelangt sein wie zu seinem Besitz im Ries.

124 Vgl. DECKER-HAUFF, Waiblingen einst (wie Anm. 83), S. 8.

Die frühen Staufer im Ries. In: Früh- und hochmittelalterlicher Adel in Schwaben und Bayern. (Regio – Forschungen zur schwäbischen Regionalgeschichte. Bd. 1.) Sigmaringendorf 1988, S. 270-294.

Die Fetzer – ein ostschwäbisches Niederadelsgeschlecht

Das ostschwäbische Niederadelsgeschlecht der Vetzer oder Fetzer wurde noch nie im Zusammenhang behandelt, obwohl seine Geschichte für einige Orte des Brenztales von erheblicher Bedeutung ist. Angehörige des Geschlechts nahmen wichtige Aufgaben im Dienste der Grafen von Helfenstein und von Öttingen wahr, andere waren jahrzehntelang als ulmische Vögte in Geislingen an der Steige oder als bayerische Pfleger in Hagel und Staufen, Lkr. Dillingen, tätig.

Mehrere Zweige des Geschlechts sind allerdings schon im 14. und 15. Jahrhundert erloschen, zwei sind im Nördlinger Patriziat aufgegangen. Ein Großteil der ursprünglichen und hinzuerworbenen Besitzungen ging im frühen 15. Jahrhundert verloren. Schließlich blieb allein der Zweig übrig, der bis zur Mitte des 17. Jahrhunderts in Oggenhausen, heute Teilgemeinde von Heidenheim, saß. Dem Geschlecht wird daher gelegentlich summarisch die Bezeichnung „Fetzer von Oggenhausen" beigelegt, um es von anderen gleichnamigen Familien zu unterscheiden. Doch ist die Verbindung zu Oggenhausen erst seit dem frühen 15. Jahrhundert sicher bezeugt.

Der Verfasser hat im Laufe der Jahre Nachrichten über dieses Geschlecht gesammelt. Dieses Material dürfte freilich kaum vollständig sein. Es reicht jedoch aus, ein Geschlechtsschema zu erstellen und so die verschiedenen Zweige und Generationen auseinanderzuhalten. Erschwert wird die Trennung in Zweige dadurch, daß mitunter gleichzeitig mehrere Träger des gleichen Namens, etwa Rudolf oder Ulrich, bezeugt sind, so daß im Einzelfall nicht bei jedem Beleg zu entscheiden ist, auf welche Person er sich bezieht, zumal häufig die Siegelabdrücke fehlen.

Es war nicht Absicht des Verfassers, eine vollständige Familiengeschichte zu schreiben. Dazu dürfte das Material wohl doch nicht ausreichen. Deshalb wurden Familienmitglieder, die ihren Landbesitz veräußert haben, aus dem Brenztal weggezogen und beispielsweise im Nördlinger Patriziat aufgegangen sind, nach 1500 nicht weiter verfolgt.

Der Leser möge bedenken, daß die Quellen des 14. und 15 Jahrhunderts überwiegend von Gütergeschäften handeln; die Personen treten daher fast ausschließlich als Käufer, Verkäufer oder Schenker von Gütern, als Zeugen, Bürgen und Siegler auf.

Der Name Fetzer wurde sowohl mit „F" als auch mit „V" geschrieben. Die Schreibung mit „F" ist im 14. und 15. Jahrhundert äußerst selten, wird aber im 16. Jahrhundert häufiger und im 17. Jahrhundert vorherrschend, weshalb im Text einheitlich die spätere Schreibweise mit „F" verwendet wird.

In einem Exkurs, der am Schluß angefügt ist, wird versucht, die Herkunft des Geschlechts etwas zu erhellen.

A. Der Stammvater Rudolf Fetzer

Am 20. Dezember 1292 wird in Geislingen an der Steige im Gefolge des Grafen Ulrich III. von Helfenstein ein „advocatus de Helenstein dictus Vetzer" erwähnt, d. h. ein Vogt auf der Burg Hellenstein bei Heidenheim namens Fetzer. Er ist Zeuge einer Urkunde des Grafen Ulrich für das Kloster Bebenhausen.[1] Der Rufname des Vogtes Fetzer wird nicht genannt. Doch spricht vieles dafür, daß es sich um Rudolf Fetzer handelt, der bis 1335 bezeugt ist.

Unser „dictus Vetzer" war Vogt auf Hellenstein und zugleich Gefolgsmann des Grafen von Helfenstein. Wie sich diese beiden Stellungen in Einklang bringen lassen, bedarf einer Erklärung.

Hellenstein wird im Jahre 1312 „castrum Imperii", Reichsburg, genannt.[2] Das darunterliegende Städtlein und Dorf Heidenheim ist später wiederholt als Reichslehen bezeugt.[3] Die Verbindung zum Reich reicht mit ziemlicher Sicherheit in die Regierungszeit König Rudolfs von Habsburg (1273–1291) zurück. Vordem war Hellenstein mit Heidenheim wohl als staufisches Lehen im Besitz der Herren von Gundelfingen an der Brenz, die sich auch „von Hellenstein" nannten.[4] Im Jahre 1273 hatte die Witwe Ulrichs III. von Gundelfingen-Hellenstein, Sophia, die Burg ihrem Bruder, dem Markgrafen Heinrich II. von Burgau, übergeben auf Grund von Abmachungen, die nicht näher ausgeführt werden. Doch der Markgraf hatte die Burg anscheinend nicht lange im Besitz. König Rudolf, der alles ehemals staufische Gut für das Reich zurückforderte, muß Hellenstein mit Heidenheim in den Besitz des Reiches gebracht haben.[5] Jedenfalls verfügte Rudolfs Sohn, König Albrecht (1298–1308), über die Burg und verpfändete sie samt Heidenheim an Albrecht von Rechberg. Dies geschah in Verbindung mit der Gründung des Klosters Königsbronn. König Albrecht hatte 1302 die Herrschaft Herwartstein (bei Königsbronn) vom Grafen Ulrich III. von Helfenstein für sich persönlich erworben in der Absicht, am Brenzursprung ein Zisterzienserkloster zu errichten. Auf Herwartstein lastete damals eine Pfandschuld von 800 Mark zu Gunsten Albrechts von Rechberg. Um Herwartstein schuldenfrei zu bekommen,

---

[1] WUB 10, S. 87 Nr. 4304
[2] Joh. Friedrich Böhmer, Acta Imperii Selecta. 1870. S. 452ff. Nr. 646
[3] Vgl. Karl Heinz Bühler, Heidenheim im Mittelalter. 1975. S. 10ff.
[4] Wie Anm. 3 S. 12f.
[5] Wie Anm. 3 S. 13f.

räumte König Albrecht dem Rechberger als Ersatzpfand für seine Forderung die dem Reich gehörige Burg Hellenstein samt Heidenheim und Böhmenkirch ein.[6] Somit ist also sicher, daß der Hellenstein um 1302 Reichsbesitz war, und er muß es auch um 1292 gewesen sein.

Unser „dictus Vetzer" war somit Reichsvogt. Wir wissen nicht, ob er noch von König Rudolf (1273–1291) mit diesem Amt betraut wurde oder eventuell erst von dessen Nachfolger Adolf von Nassau (1292–1298). Man hat ihn zu diesem Amt wohl deshalb herangezogen, weil er in Heidenheim selbst und in dessen Umgebung begütert war (siehe unten). Als Vogt war er Vertreter des Königs; er hatte die Kommandogewalt in der Burg und die hohe Gerichtsbarkeit über die Bewohner der darunterliegenden Stadt.

Fetzers Gefolgschaft zum Grafen von Helfenstein beruhte wohl auf einem Vasallitätsverhältnis. Die Grafen von Helfenstein waren zu jener Zeit schon die mächtigsten Herren im Brenztal. Graf Ulrich I. (1207–1241) hatte mit der Hand der Erbtochter der Herren von Ravenstein (bei Steinenkirch) reichen Besitz auf der Heidenheimer Alb – Gerstetten, Heuchstetten, Gussenstadt und Söhnstetten – erworben. Die Machtstellung der Helfensteiner im Brenztal selbst gründete sich vor allem auf die Vogtherrschaft über die Klöster Anhausen, Herbrechtingen und Steinheim am Albuch. Die Vogtei Anhausen, seit etwa 1143 in staufischer Hand, war schon vor der Mitte des 13. Jahrhunderts auf nicht näher erkennbare Weise an Helfenstein gelangt. Die Vogtei Herbrechtingen hatte sich Graf Ulrich II. (1241–1290) sofort nach dem Tode seines Schwiegervaters, des Grafen Hartmann IV. von Dillingen, 1258 angeeignet. Die Vogtei Steinheim hatte sein Sohn Ulrich III. (1273–1315) offenbar durch die Heirat mit Adelheid von Graisbach, einer Nachfahrin der Klosterstifter aus dem Hause Albeck, erworben. Diese Vogteien erbrachten den Helfensteinern die Herrschaft über den reichen Klosterbesitz. Dazu hatten sie sich im Interregnum ehemals staufischen Besitz angeeignet. Graf Ulrich II. ließ sich von den Halbbrüdern König Konradins († 1268), den Herzögen von Kärnten aus dem Hause Görz-Tirol, die Herrschaft Herwartstein als Lehen übertragen. Ulrich III. erwarb aus dem Nachlaß seines Mutterbruders, des Bischofs Hartmann von Augsburg aus dem Hause Dillingen († 1286), den Ort Hürben.[7] Teile des nunmehr helfensteinischen Besitzes waren als Lehen vergeben. So besaßen die Fetzer den Kirchensatz in Schnaitheim als helfensteinisches Mannlehen.[8]

Die zweifache Verpflichtung dem König und dem Grafen von Helfenstein gegenüber mag unseren „dictus Vetzer" in Konflikte gebracht haben. Denn Graf Ulrich II. von Helfenstein, von dem Ulrich III. die Herrschaft 1290 übernommen hatte, war die meiste Zeit in Opposition zu König Rudolf (1273–1291) gestanden.

---

[6] Wie Anm. 3 S. 12
[7] Karl Heinz Bühler, Die Herrschaft Heidenheim. In: 75 Jahre Heimat- und Altertumsverein Heidenheim 1901–1976. 1976. S. 121–180, hier S. 139f.
[8] St. A 602 W. Reg. 8995 und 8997; vgl. Text zu Anm. 25.

Dagegen verstand sich Ulrich III. gut mit dessen Nachfolger Adolf von Nassau (1292–1298), der jedoch wiederum von Rudolfs Sohn Albrecht bekämpft und 1298 im Königtum abgelöst wurde.[9] Im Jahre 1292, in welchem unser Fetzer als Vogt auf Hellenstein bezeugt ist, scheint ein harmonisches Verhältnis zwischen seinen beiden Herren bestanden zu haben, welches ihm ermöglichte, beiden loyal zu dienen. Doch ließe sich denken, daß sein Dienstvertrag als Vogt auf Hellenstein mit dem Regierungsantritt König Albrechts 1298 endete.

Im Gefolge des Grafen von Helfenstein treffen wir ihn dagegen noch mehrfach. Im Oktober 1297 war „R. dictus Vetzer" im Kloster Kaisheim, um Bürgschaft zu leisten, als Graf Ulrich III. dem Kloster den ungestörten Besitz des Weilers Erpfenhausen (bei Gerstetten) und die Eignung der Ostermühle in Langenau versprach.[10] Die Abkürzung „R." ist zweifellos mit Rudolf aufzulösen, denn dies war ein Leitname der Fetzer. Rudolf erscheint hier in Gesellschaft einiger der Zeugen von 1292. Dies berechtigt uns, ihn für personengleich mit dem Vogt auf Hellenstein 1292 zu halten. Mit dem vollen Namen „Rudolf der Vezzer" ist er 1304 Spitzenzeuge, als Heinrich Grülich, Bürger der Stadt Giengen, dem Kloster Herbrechtingen bestätigt, daß er das Gut „Wingart" bei Hohenmemmingen zu Lehen empfangen habe.[11] Mitzeugen sind vor allem Leute aus Giengen, darunter die Brüder Albrecht und Düring Schopp. Rudolfs Zeugenschaft in dieser Sache läßt vermuten, daß er selbst Beziehungen zu Giengen hatte, und zwar nicht nur persönliche Beziehungen zu Heinrich Grülich, sondern daß er in Giengen begütert war, wo uns später Besitz seiner Nachkommen begegnet.

Nach längerer Pause erscheint Rudolf Fetzer im November 1320 im Gefolge der Grafen Johann und Ulrich IV. von Helfenstein, welche zugegen waren, als der Abt von Lorch das Dorf Bolheim an Kloster Anhausen verkaufte.[12] Fünf Jahre später, 1325, war er Zeuge des Verkaufs von Gütern in Herwartstein (= Springen, heute Königsbronn) an das Kloster Königsbronn durch Siegfried den Schönen, einen helfensteinischen Gefolgsmann.[13] Rudolfs Mitwirkung erklärte sich wohl dadurch, daß die Fetzer selber in Springen Besitz hatten.[14] Er siegelte 1331 die Urkunde des Heidenheimer Bürgers Macke Eberlin, der dem Kloster Herbrechtingen einen jährlichen Zins aus Haus und Hofraite in Heidenheim sowie aus einer Wiese im See verkaufte.[15] Wir werden erfahren, daß Rudolf selbst namhaften Besitz in Heidenheim hatte. Wir begegnen ihm wieder 1334 als Zeuge einer Verfügung des Johannes Lienung von Albeck zugunsten des Klosters Herbrechtingen.[16] Ein letztes Mal ist Rudolf Fetzer 1335 bezeugt, und zwar diesmal als

---

[9] Christoph Friedrich Stälin, Wirtembergische Geschichte 3. 1856. S. 87 und 92
[10] WUB 11, S. 79 Nr. 5049.
[11] St. A 488 Kl. Herbrechtingen U. 184
[12] St. A 471 Kl. Anhausen U. 65
[13] ZGO 10, 1859, S. 251 f
[14] Das älteste Lehenbuch der Grafschaft Öttingen. Bearb. Elisabeth Grünenwald. Schwäbische Forschungsgemeinschaft. Reihe 5. Urbare 2. S. 110 Nr. 583 und S. 114 Nr. 606
[15] St. A 488 Kl. Herbrechtingen, Insert in U. 136
[16] Ulm.UB. II/1 S. 143 Nr. 124

selbständig Handelnder: Er übergibt dem Kloster Herbrechtingen ein Gütlein in Schnaitheim und verspricht, dieses als freies Eigen nach Landesrecht zu „fertigen".[17] Wir erfahren dabei, daß er seinen Wohnsitz in Heidenheim hatte. Schon im Februar des folgenden Jahres 1336 war Rudolf Fetzer nicht mehr am Leben.

Diese wenigen Nachrichten lassen immerhin erkennen, daß Rudolf Fetzer kein unbedeutender Mann gewesen sein kann. Er war in Heidenheim und Schnaitheim begütert; seine Zeugenschaften lassen überdies auf Besitz in Giengen und Springen schließen. Weiterer Besitz läßt sich auf Umwegen ermitteln: In einer Urkunde des Papstes Bonifaz VIII. von 1298, mit welcher der Besitzstand der Abtei Neresheim bestätigt wurde, ist u. a. das Fischereirecht auf der Brenz bei Aufhausen (Stadtteil von Heidenheim) erwähnt.[18] Näheres darüber erfahren wir 140 Jahre später anläßlich eines Streits, der sich 1437 um dieses Fischereirecht erhob. Der Abt von Neresheim brachte vor, „daß Vischwasser wer ein Gotzgab von den Vetzern seelig an daß obgenante Gotzhuß (Neresheim), vor Zeyten ergeben für ein frey ledig unverkümmerts aigen Gut".[19] Es war also von einem Fetzer dem Kloster geschenkt worden, und zwar muß dies vor 1298 geschehen sein. Da Rudolf der erste Fetzer war, der sich im Brenztal nachweisen läßt, darf angenommen werden, daß er der Wohltäter des Klosters Neresheim war; sonst käme allenfalls ein unbekannter Vorfahr Rudolfs in Betracht. Wir erfahren damit zugleich, daß Aufhausen zu den ältesten Besitzungen der Fetzer gehörte. Die Fischerei war ein Vorrecht der Ortsherrschaft und dürfte ursprünglich mit der Burg Aufhausen verbunden gewesen sein. Das würde bedeuten, daß die Fetzer vor 1298 wohl schon Inhaber der Burg und Ortsherren in Aufhausen gewesen sind. Dazu paßt die Nachricht, daß Rudolf Fetzers gleichnamiger Sohn 1336 über vom Vater ererbte Güter in Aufhausen verfügte.[20] Es wird sich zeigen, daß es sich um den Großteil des dortigen Grundbesitzes handelte.

Es ist nicht ganz leicht, den sozialen Status Rudolf Fetzers zu bestimmen. Sein Beiname entsprach ja nicht der beim Adel sonst üblichen Herkunftsbezeichnung (z. B. „von Scharenstetten"), sondern war ein Übername, wie er sich eher bei bürgerlichen und bäuerlichen Familien findet. Wo er im Gefolge der Grafen von Helfenstein auftritt, ist er meist letzter der Zeugen oder Bürgen nach den Rittern und sonstigen Niederadeligen, selbst nach Siegfried Schön (1297), der einen vergleichbaren Beinamen trug; er wird jedoch 1320 vor den Gmünder Bürgern aufgeführt. Auch sonst wird er den Rittern nachgestellt, aber vor den Bürgern eingereiht. Er steht jedoch 1304 vor den Niederadeligen von Blindheim und 1324 vor Diepold Güß von Stronburg. Diese Rangfolge ließe sich damit erklären, daß er älter war als die Genannten oder daß er 1304 deshalb vorgezogen wurde, weil er in besonders enger Beziehung zum Aussteller stand. Aus all dem und weil er ein

---

[17] St. A 488 Kl. Herbrechtingen U. 268
[18] WUB 11, S. 109 ff. Nr. 5093
[19] Ne. Grünes Documentenbuch S. 114 ff.
[20] St. A 602 W. Reg. 8993

eigenes Siegel führte, wird man folgern dürfen, daß er selbst zum niederen Adel zählte. Die Heiratsverbindungen seiner Nachkommen mit Familien des niederen Adels sowie der Aufstieg eines Sohnes und eines Enkels in den Ritterstand bestätigen dies.

Rudolf Fetzer hinterließ mindestens drei Söhne – Heinz, Ulrich und Rudolf – sowie eine Tochter, die mit Walter von Scharenstetten (1323–1358) verheiratet war. Ein weiterer Sohn dürfte der Neresheimer Mönch Rüdiger Fetzer gewesen sein, der 1332 bezeugt ist.[21] Die drei weltlichen Söhne begründeten jeweils eigene Linien. Da sie vorwiegend getrennt auftreten, empfiehlt es sich, sie auch getrennt zu betrachten.

B. Heinz I. Fetzer und seine Söhne (Giengener Linie)

Heinz I. Fetzer ist nach den uns bekannten Quellen von 1327 bis 1349 bezeugt. Bei seinem ersten Auftreten im Jahre 1327 leistete er Bürgschaft, als Walter von Staufen (Lkr. Dillingen) mit Zustimmung des Grafen Johann von Helfenstein Güter in Ballhausen an Gisela, die Witwe des Giengener Vogtes Sifrit, verkaufte.[22] Die Urkunde läßt Beziehungen Heinz Fetzers zu Giengen erkennen, was wir schon bei seinem Vater Rudolf feststellen konnten. Sowohl der Verkäufer Walter von Staufen als auch das verkaufte Gut Ballhausen weisen in die Umgebung der Reichsstadt. Dazu kommen persönliche Beziehungen zu der Familie des verstorbenen Giengener Vogtes, eines Herren von Blindheim (bei Höchstädt): Heinz Fetzer war der Mutterbruder Konrads von Scharenstetten (1325–1363), welcher mit Gerhus, der Tochter des Giengener Vogtes Sifrit von Blindheim, vermählt war.[23] Auch die von Blindheim standen in enger Beziehung zu Giengen. Schon 1304 waren drei Brüder von Blindheim gemeinsam mit Heinz Fetzers Vater Rudolf Zeugen für Heinrich Grülich von Giengen gewesen. Heinz Fetzer hatte anscheinend vom Vater ererbten Besitz in Giengen. Kaiser Ludwig der Bayer übertrug ihm das Amt des Stadtvogtes in Giengen. Als solcher bürgte er 1332 für Agnes von Scheppach, die Witwe Rudolfs von Eselsburg, die dem Kloster Herbrechtingen eine Gült in Herbrechtingen verkaufte.[24] Er bürgte auch für seinen Schwager Walter von Scharenstetten, als dieser 1344 seiner Tochter Agnes von Eglingen seinen Teil des Schnaitheimer Kirchensatzes verkaufte. Der Kirchensatz in Schnaitheim befand sich sonst im Besitz der Fetzer. Der Teil, über den Walter von Scharenstetten verfügte, dürfte Heiratsgut gewesen sein, das ihm die

---

[21] Ne. Grünes Documentenbuch S. 152 ff

[22] Mü. Gerichtsurkunden Höchstädt Nr. 3

[23] Mü. Gerichtsurkunden Höchstädt Nr. 3; Geistl. Ritterorden Nr. 3408 d; St. A 602 W. Reg. 8995 und 8997; Lu. B. 95 Helfenstein U. 760

[24] St. A 488 Kl. Herbrechtingen U. 17

Schwester Heinz Fetzers zugebracht hatte.[25] Im Jahre 1349 erscheint Heinz Fetzer als helfensteinischer Vogt auf Kaltenburg. Er leistete damals Bürgschaft, als sein Neffe Rudolf III. Fetzer, der in Heidenheim saß, einen vom Vater ererbten Hof in Schnaitheim verkaufte.[26] Offenbar war er zeitweilig auch öttingischer Vogt auf Lauterburg. Denn auf ihn, wenn nicht auf seinen gleichnamigen Sohn, bezieht sich das Wappen „Hainrich des Fezers von Lauterburg", das ehemals im Kloster Anhausen zu sehen war und nach allem auf eine Persönlichkeit weist, die um die Mitte des 14. Jahrhunderts gelebt hat.[27]

Die Gemahlin Heinz Fetzers ist unbekannt. Er hinterließ zwei Söhne namens Heinz und Rudolf sowie eine Tochter, die anscheinend mit Heinz von Staufen (1347– v. 1353) vermählt war; dessen Sohn nennt den Sohn Heinz Fetzers, Rudolf IV., seinen Oheim.[28]

Heinz II. Fetzer ist nur von 1351 bis 1355 nachzuweisen. Im erstgenannten Jahr 1351 siegelte er eine Seelgerätestiftung seines Vaterbruders Ulrich I. Fetzer.[29] In den Jahren 1352 und 1353 war er Bürge für seinen Bruder Rudolf IV.[30] Er übernahm die Vormundschaft seines Neffen Georg von Staufen, Sohn seines verstorbenen Schwagers Heinz von Staufen, und verkaufte 1353 zu dessen „Nutzen und Notdurfft" den Grafen Ulrich dem Älteren und Ulrich dem Jüngeren von Helfenstein den Kirchensatz in Hohenmemmingen samt Widum und allen Selden.[31] Er siegelte schließlich 1355 einen Lehensrevers seines Bruders Rudolf IV., der damals in Giengen wohnte.[32] Heinz II. scheint nicht vermählt gewesen zu sein; von Nachkommen ist nichts bekannt.

Sein Bruder *Rudolf IV. Fetzer*, meist kurz Ruf(f) genannt, ist von 1352 bis 1381 bezeugt. Er erwarb 1352 von Heinrich Merkinger einen Hof samt drei Selden in Heuchlingen (Kr. Heidenheim), verkaufte jedoch im darauffolgenden Jahr eine zu diesem Hof gehörige Wiese von drei Tagwerk dem Kloster Anhausen. Er versprach, diese Wiese vom Lehensherren, dem von Hohenlohe, als eigen zu „fertigen".[33] Lehensherr war offenbar Ludwig von Hohenlohe (1312–1356), der über seine Mutter Adelheid von Öttingen (1303–1333) am ehesten Aktivlehen in Heuchlingen erwerben konnte. Ruf Fetzer wohnte 1355 und 1372 in Giengen. Vom Abt von Neresheim empfing er 1355 zwei Hofstätten in Giengen als Zinslehen.[34] Die Stadt Giengen war seit 1351 im Besitz der Grafen von Helfenstein und diente seit 1356 der jüngeren oder Blaubeurer Linie des Hauses zeitweilig als Residenz. Ruf Fetzer war als Bürge und Siegler beteiligt, als im Februar 1357 in

[25] St. A 602 W. Reg. 8995
[26] Lu.B 95 Helfenstein U. 404
[27] St.A 471 Kl. Anhausen B. 6
[28] Lu.B 95 Helfenstein U. 360.
[29] St.A 488 Kl. Herbrechtingen U. 271
[30] Ulm.UB.II/1 S.372 Nr. 385
[31] Lu.B 95 Helfenstein U. 360
[32] Ne. Grünes Documentenbuch S. 204 ff.
[33] Ulm. UB. II/1 S.372 Nr. 385; Hohenloh. UB. III S. 57 Nr. 35
[34] Wie Anm. 32

Giengen der Kaufvertrag abgeschlossen wurde, mit dem Graf Ulrich der Jüngere von Helfenstein die Herrschaft Kaltenburg an die Brüder Wilhelm, Johann und Otto von Riedheim veräußerte.[35]

In den Jahren 1358 bis 1371 war Ruf Fetzer helfensteinischer Vogt in Giengen. Er leistete mehrfach Bürgschaft, so 1358 für Otto von Kaltenburg, der seine Güter in Oberkochen dem Kloster Königsbronn verkaufte, und 1359 für seinen Vetter Rudolf III. Fetzer zu Heidenheim, der einen Großteil seines Besitzes in Heiden-heim an den Grafen Ulrich den Jüngeren von Helfenstein († 1361) veräußerte.[36] Er war 1359 in Dillingen zugegen, als Wilhelm von Riedheim dem Kloster Kaisheim das Patronatsrecht in Hermaringen schenkte, das zur Herrschaft Kaltenburg gehört hatte.[37] Er bürgte 1363 beim Verkauf eines Gutes in Dettingen an Kloster Anhausen durch Agnes von Schlüsselberg und Graf Ludwig den Jüngeren von Öttingen, die als Pfleger Ulrichs des Jüngeren von Helfenstein († 1375) handelten, ferner 1365, als Agnes von Schlüsselberg und ihr Enkel Graf Ulrich der Jüngere von Helfenstein den Kirchensatz in Nattheim von Peter von Scharenstetten erwarben, und auch 1366 beim Verkauf von Gütern und Zehntrechten in Oberbubesheim an das Ulmer Spital durch Brun Güß von Staufen.[38] Im Jahre 1367 siegelte er für seinen Neffen Georg von Staufen beim Verkauf einer Wiese zu Gerschweiler (bei Giengen) an Kloster Herbrechtingen.[39] In eigener Sache urkundete Ruf Fetzer 1368. Er gab bekannt, daß der Abt von Anhausen ihm den Hof des Klosters in Mergelstetten verliehen habe. Der Hof war der Herrschaft Helfenstein vogtbar; der Inhaber hatte davon Steuern zu entrichten und Fron-dienste zu leisten.[40]

Im Jahre 1369 bürgte er für Otto von Kaltenburg, der seinen Hof Heukrampfen (abgegangen bei Sontheim an der Brenz) an Helfenstein verkaufte, und er siegelte den Brief, mit welchem Graf Ulrich von Helfenstein sich verpflichtete, die Leute und Güter des Klosters Kaisheim in Rammingen zwanzig Jahre lang zu schirmen. Die Güssen von Leipheim zogen ihn zur Bürgschaft heran, als sie ihre Stadt 1371 an Albrecht von Rechberg verpfändeten.[41]

In den folgenden Jahren erscheint Rudolf Fetzer als Rat und Diener des Herzogs Friedrich von Teck, der mit Anna von Helfenstein, der Schwester Graf Ulrichs des Jüngeren († 1375), vermählt war. Der Herzog schuldete Ruf Fetzer 100 Gulden. Um sich dieser Schuld zu entledigen, wies er 1372 die Stadt Augsburg an, deren Gläubiger er war, die Forderung Ruf Fetzers zu übernehmen und zu befriedigen. Rudolf bürgte auch für den Herzog, als dieser 1374 Rechberghausen an Gebhard von Rechberg veräußerte.[42]

---

[35] Schloßarchiv Harthausen. Bearb. Ludwig Schnurrer. Bayerische Archivinventare 3. 1957. S. 1 Nr. 1
[36] ZGO 10, 1859, S. 399 ff.; Lu. B. 95 Helfenstein Nr. 352
[37] Mü. Kl. Kaisheim U. 724
[38] St. A 471 Kl. Anhausen U. 93; J 1 Bd. 48c Fol. 329; Ulm. UB. II/2 S. 641 Nr. 745
[39] St. A 488 Kl. Herbrechtingen U. 274
[40] St. A 471 Kl. Anhausen U. 251 und 252
[41] Lu. B. 95 Helfenstein U. 407; Reg. Boica 9 S. 222
[42] Reg. Boica 9 S. 277 und 288

Schon zuvor, im Jahre 1372, hatten ihn die Güssen von Brenz als Bürgen erbeten, als sie ihren Teil des Burgstalls Stronburg (bei Hermaringen) und die Burg Güssenberg samt zugehörigen Gütern in Hermaringen dem Grafen von Helfenstein verkauften.[42a] Letztmals erscheint Ruf IV. Fetzer 1381 als Siegler für seinen gleichnamigen Vetter von der Heidenheimer Linie.[43]

Ruf IV. Fetzer hat offenbar beträchtliches Ansehen genossen. Das kommt darin zum Ausdruck, daß er in der Regierungszeit des Grafen Ulrich VI. (†1361) und Ulrich VII. (†1375) von Helfenstein lange Jahre als Vogt ihrer Residenzstadt Giengen wirkte. Das zeigt sich auch darin, daß Herzog Friedrich von Teck ihn zu seinem Rat bestellte, und nicht zuletzt in den zahlreichen Bürgschaften, die er auch für Hochgestellte übernahm. Nirgends ist Ruf Fetzers Gemahlin erwähnt. Da jedoch von seinen Seitenverwandten niemand als etwaiger Erbe in Giengen nachzuweisen ist, wird man annehmen dürfen, daß er verheiratet war und eine uns unbekannte Tochter (bzw. Töchter?) hinterließ, über die sein Besitz in fremde Hände überging. Mit ihm endet somit die Giengener Linie der Fetzer.

C. Die Linie Ulrichs I. Fetzer (Aufhauser Linie)

1) Ulrich I. Fetzer:

Ulrich I. Fetzer ist von 1326 bis 1357 bezeugt. Im erstgenannten Jahr war er Vogt in Höchstädt und wirkte als Zeuge mit, als Jakob von Altheim dem Deutschen Haus in Donauwörth ein Gut in St. Johannsried eignete. Höchstädt war damals im Pfandbesitz der Grafen Johann und Ulrich IV. von Helfenstein. Ulrich Fetzer stand somit in ihren Diensten. Er war auch 1332 wieder Vogt in Höchstädt, nachdem er zwischendurch 1331 das Vogtamt in Giengen innegehabt hatte.[44] Im Jahre 1328 aber ist in Höchstädt ein Ulrich der Schacher als Vogt bezeugt. Er tritt uns in einer Sache und unter Umständen entgegen, die den Gedanken nahelegen, daß er mit Ulrich Fetzer identisch sei. Die Grafen Ludwig der Jüngere und Friedrich der Jüngere von Öttingen vereinbarten nämlich 1328 einen Gütertausch mit dem Grafen Johann von Helfenstein. Sie überließen diesem die Eigenschaft der Burg Güssenberg bei Hermaringen. Als Gegenleistung gab ihnen der Helfensteiner die halbe Feste Berg (Burgberg), die sein Eigen war, sowie die Feste Schnaitheim, die Eigentum des Chorherrn Friedrich von Snaiten war, und die Feste Aufhausen bei Schnaitheim, die Eigentum Ulrich des Schachers, Vogt zu Höchstädt, war. Die Eigentümer der Festen Schnaitheim und Aufhausen verzichteten dabei auf ihre Eigentumsrechte und empfingen die Festen wieder als öttingische Lehen.[45]

[42a] Lu. B 95 Helfenstein U. 410
[43] Mü. Kl. Kaisheim U. 2291
[44] Reg. Boica 6 S. 200; St. A 488 Kl. Herbrechtingen U. 17; Lu. B 95 Helfenstein U. 760
[45] Lu. B 95 Helfenstein U. 351

Wir wissen bereits, daß die Fetzer schon früher in Aufhausen begütert waren und dort anscheinend auch über ortsherrliche Rechte verfügten. Die Ortsherrschaft war mit der Burg oder Feste verbunden. Es liegt daher nahe, den damaligen Inhaber der Feste, Ulrich den Schacher, mit der Familie Fetzer in enge Verbindung zu bringen. Daß es in der Familie Fetzer um dieselbe Zeit einen Ulrich gab, der zwei Jahre vorher gleichfalls als Vogt in Höchstädt nachweisbar ist, läßt vermuten, daß Ulrich der Schacher mit Ulrich Fetzer personengleich ist. Die weitere Geschichte Aufhausens dürfte dies bestätigen. Doch verfolgen wir zunächst Ulrich Fetzers sonstige Tätigkeit.

Wie wir schon erfahren haben, war Ulrich Fetzer 1331 Vogt in Giengen. Er war zugegen, als ein gewisser Wörtwin, welcher Vogt und Kirchherr in Fleinheim war, seine Rechte an der Fleinheimer Kirche dem Grafen Johann von Helfenstein abtrat. Im folgenden Jahr 1332 bürgte er mit seinem Bruder Heinz I. für Agnes von Schlüsselberg.[46]

Ulrich genoß offenbar großes Ansehen. Er wird im Jahre 1334 neben dem Grafen Ulrich von Wirtemberg und Hans von Plochingen als Pfleger der Grafen Ulrich des Älteren und Ulrich des Jüngeren von Helfenstein genannt.[47] Im selben Jahr und später mehrfach ist er als Vogt in Geislingen bzw. auf dem Helfenstein bezeugt, u. a. mit dem Beinamen „iezze". So siegelte er 1335 für Ulrich von Nellingen, der dem Kloster Kaisheim einen Hof in Nellingen übergab.[48]

Im Jahre 1336 erwarb er von seinem Bruder Rudolf II. alle Güter in Aufhausen, wie sie dieser vom Vater ererbt hatte, als lediges Eigen.[49]

Er war 1338 Bürge für Otto von Kaltenburg, der ein Gut in Niederstotzingen an Kloster Herbrechtingen veräußerte, sowie für Jutta von Böbingen und ihren Sohn Heinrich, die sich wegen eines Gutes in Schabringen mit Kloster Maria-Mödingen verglichen.[50] Die letztere Nachricht macht uns zugleich mit der Verwandtschaft seiner zweiten Frau bekannt.

Ulrich Fetzer hatte sich in erster Ehe mit Agnes von Scharenstetten, einer Tochter Jakobs von Scharenstetten (1296–1339), vermählt. Aus dieser Ehe waren die Söhne Ulrich, Klaus, Jakob, Stephan und Hans hervorgegangen, die uns noch beschäftigen werden. Seine Gemahlin Agnes war vor 1338 gestorben. Um diese Zeit muß er eine zweite Ehe eingegangen sein mit Anna von Böbingen, der Witwe Friedrichs von Randeck. Sie war eine Cousine des oben erwähnten Heinrich von Böbingen. Anna hatte von ihrem namentlich nicht genannten Vater, einem Herren von Böbingen, die Hälfte der Feste Berg (Burgberg) geerbt. Auf Rat ihres Großvaters, Heinrich des Jüngeren von Scheppach, trug sie 1339 ihre Hälfte der Feste Berg den Grafen von Öttingen zu Lehen auf, die seit 1328 auch Lehensher-

[46] Lu. B 95 Helfenstein U. 760
[47] Reg. Boica 7 S. 77
[48] Reg. Boica 7 S. 107
[49] St. A 602 W. Reg. 8993
[50] Ulm. UB. II/1 S. 191 Nr. 161; Reg. Boica 7 S. 225

ren der anderen Hälfte waren, und erhielt die ganze Feste wieder als Lehen zurück. Dies besagt der Eintrag im Lehenbuch, wo Ulrich Fetzer als ihr Gemahl erwähnt, aber ihr Mutterbruder Heinrich der Jüngere von Scheppach zum Träger des Mannlehens bestimmt wird.[51]

Seit 1339 wird Ulrich Fetzer Ritter genannt. Er siegelte in diesem Jahr, als der Pfarrer von Rammingen Güter in Öllingen und Rammingen an Kloster Kaisheim verkaufte.[52] 1341 war er im Gefolge der Grafen von Helfenstein beim Propst von Herbrechtingen, der die Stiftung einer Katharinenkapelle beim Chor der Klosterkirche durch die Brüder Johann und Hartmann die Steinheimer, genannt Ehinger, von Ulm beurkundete.[53] Er leistete auch Bürgschaft, als Brun Güß von Leipheim 1350 ein Gut in Sachsenhausen an Kloster Königsbronn verkaufte.[54]

Ulrich Fetzer wird relativ häufig in eigenen Angelegenheiten genannt. So erwarb er 1339 von den Pflegern der Kinder Werners von Roden den Hof zu Rießen (Teil des heutigen Waldes Büchle südöstlich Oberkochen) sowie ein Zehntlein zu Wagrain (östlich Oberkochen).[55] Von seiner Nichte Agnes von Eglingen, geborene von Scharenstetten, erwarb er 1345 eine Selde in Schnaitheim samt ihrem Teil des dortigen Kirchensatzes und der Vogtei. Der Kaufvertrag wurde in Giengen ausgefertigt.[56]

Im folgenden Jahr 1346 gab Ulrich Fetzer seine Burg Aufhausen den Grafen Ludwig und Friedrich von Öttingen auf und empfing sie von ihnen als Mann- und Frauenlehen zurück.[57] Wir erinnern uns, daß 1328 Ulrich der Schacher zugunsten der Grafen von Öttingen auf seine Eigentumsrechte an der Burg verzichtet und sie zu Lehen genommen hat. Wollte man ihn als eine dem Hause Fetzer fremde Person betrachten, müßte die Burg wohl schon vor 1328 den Eigentümer (Fetzer – Schacher) und zwischen 1328 und 1346 den Lehensinhaber (Schacher – Fetzer) gewechselt haben, wofür es keinerlei Anhalt gibt. Hält man Ulrich Schacher dagegen für personengleich mit Ulrich Fetzer, dann hätte dieser die ihm bis 1328 eigene Burg seitdem ununterbrochen als öttingisches Mannlehen und nunmehr ab 1346 in der erweiterten Form als Mann- und Frauenlehen inne, das auch auf Töchter übertragen werden konnte. Dieser Sachverhalt dürfte sehr für die Identität Ulrich Schachers mit Ulrich Fetzer sprechen.

Um dieselbe Zeit empfing Ulrich Fetzer von den Grafen von Öttingen auch zwei Huben in Rudelsberg (abgegangen bei Schnaitheim) als Lehen.[58] Im Jahre

---

[51] Die Urkunden der Fürstl. Öttingischen Archive in Wallerstein und Öttingen. Bearb. Richard Dertsch. Schwäbische Forschungsgemeinschaft. Reihe 2a. Urkunden 6. 1959. S. 161f. Nr. 442; Ötting. Lehenbuch (wie Anm. 14) S. 44 Nr. 201 und S. 68 Nr. 373

[52] Reg. Boica 7 S. 264f.

[53] St. A 488 Kl. Herbrechtingen U. 18

[54] ZGO 10, 1859, S. 254ff.

[55] Wa. Kopialsammlung, Insert in Vidimus von 1478. Nov. 13.

[56] St. A 602 W. Reg. 8997

[57] Ötting. Urkunden (wie Anm. 51) S. 191f. Nr. 521 und 522; Ötting. Lehenbuch (wie Anm. 14) S. 44 Nr. 202 und S. 68 Nr. 374

[58] Ötting. Lehenbuch (wie Anm. 14) S. 71 Nr. 386

1350 erwarb er von Ott dem Irren dessen gesamten vom Vater ererbten Besitz in Aufhausen, wobei die Schwestern des Verkäufers auf ihre Rechte verzichteten.[59] Nunmehr scheint Ulrich Fetzer den gesamten Grundbesitz in Aufhausen in seiner Hand vereinigt zu haben.

Für das Seelenheil seiner verstorbenen Gemahlin Agnes von Scharenstetten stiftete Ulrich Fetzer mit Zustimmung seiner Söhne Ulrich, Klaus und Jakob 1350 dem Kloster Herbrechtingen je ein Gut in Öllingen, Heuchlingen und Schnaitheim.[60] Dem Kloster Neresheim eignete er 1351 mit Einwilligung der Söhne Jakob und Stephan die Hälfte der Weilerstatt „ zu dem Schönenberg" (bei Elchingen). Da dieses Gut Lehen vom Grafen von Werdenberg war, trug er diesem andere Güter zu Lehen auf.[61]

Ulrichs Familie wurde offenbar von der damals grassierenden Pest heimgesucht. Seine beiden Söhne Ulrich, Chorherr in Augsburg, und Ritter Klaus, die noch 1350 gemeinsam mit ihm geurkundet hatten, waren gestorben (vor 16. Mai 1351). Zu ihrem Seelenheil stiftete er gemeinsam mit den Söhnen Jakob und Stephan 1351 eine Hube zu Oberbechingen dem Kloster Herbrechtingen.[62] Dort befand sich anscheinend die Familiengrablege der Fetzer. Zu seinem eigenen Seelenheil schenkte er 1356 dem Kloster Königsbronn Güter in Oberkochen.[63]

Ulrich Fetzer siegelte 1352 in Giengen einen Vertrag der Grafen Ulrich des Älteren und Ulrich des Jüngeren von Helfenstein, der die Teilung ihrer gemeinsamen Schulden betraf.[64] 1355 war er mit Herzog Friedrich von Teck und anderen Schiedsmann im Streit Heinrichs von Westerstetten mit seinen Vettern Fritz, Hans und Heinrich, dem Kirchherren zu Westerstetten.[65] Ulrich Fetzer dürfte nach allem, was wir erfahren haben, in der Feste Aufhausen Wohnung genommen haben. Das Wappen des „Herrn Ulrich Fetzer von Auffhausen" zierte als Wandbild einst den Kreuzgang im Kloster Anhausen.[66] Daher überrascht eine Nachricht von 1356, wonach Ulrich Fetzer damals zu Oggenhausen bei Heidenheim saß und dem Kloster Herbrechtingen dortige Güter zu einem Jahrtag vermachte.[67] Die Nachricht ist nicht im Original erhalten und daher nicht nachprüfbar. Sie erweckt jedoch gewisse Zweifel, und zwar deshalb, weil der weitaus überwiegende Teil der Bauerngüter in Oggenhausen sich damals im Besitz der Deutschordenskommende Giengen befand.[67a] Auch hören wir hier erstmals

[59] St. A 602 W.Reg. 8998
[60] St. A 488 Kl. Herbrechtingen U. 21
[61] Ne. Grünes Documentenbuch S. 105 ff.
[62] St. A 488 Kl. Herbrechtingen U. 271
[63] Martin Crusius, Schwäbische Chronick 1. 1733. S. 932
[64] Lu. B. 95 Helfenstein U. 97
[65] Ulm. UB. II/1 S. 418 ff. Nr. 447
[66] Wie Anm. 27
[67] Beschreibung des OA Heidenheim. 1844. S. 265
[67a] Staatsarchiv Neuburg, Geistl. Ritterorden Kommende Ulm Lit. Nr. 3; vgl. H. Bauer, Versuch einer urkundl. Geschichte der Edelherren v. Hürnheim. In: 29. und 30. Jahresbericht des histor. Kreis-Vereins im Regierungsbezirk von Schwaben und Neuburg, 1865, S. 145

von Beziehungen der Familie Fetzer zu Oggenhausen. Wenn Ulrich Fetzer wirklich einen Wohnsitz in Oggenhausen hatte, kann damit nur ganz geringer Grundbesitz verbunden gewesen sein. Allerdings besaß Kloster Herbrechtingen, dem die Jahrtagsstiftung angeblich galt, später (1537) einige Wald- und Wiesmähder in Oggenhausen, die eventuell auf eine fetzersche Stiftung zurückgehen könnten.

Die letzte Nachricht von Ulrich Fetzer datiert aus Giengen vom 15. Februar 1357. Er bürgte damals gemeinsam mit seinem Giengener Vetter Ruf IV. Fetzer, als Graf Ulrich der Jüngere von Helfenstein die Herrschaft Kaltenburg den Brüdern von Riedheim verkaufte.[68] Am 11. Dezember 1362 wird er als verstorben erwähnt. Er hatte Zehntrechte in Scharenstetten besessen, die wohl aus der Mitgift seiner ersten Gemahlin stammten.[69] Ulrich Fetzer war nach allem wohl die bedeutendste Persönlichkeit in dieser Generation.

2) Jakob I. und Hans II. Fetzer (zweite Generation der Aufhauser Linie)

Von Ulrich Fetzers Söhnen kennen wir bereits den Augsburger Chorherren Ulrich II. und den Ritter Klaus, die beide im Februar 1350 bezeugt, aber vor dem 16. Mai 1351 verstorben sind, ferner Stephan, der 1351 erwähnt wird, aber auch vor dem Vater starb, sowie Jakob I., der 1350 genannt wird, und Hans II., der wohl mit Abstand der jüngste war.

Von Ritter Klaus liegen sonst keine Nachrichten vor; er wird im Dienst eines fremden Herren gestanden sein. Auch von Stephan ist nichts Weiteres zu berichten.

Ulrich II. hatte in Bologna studiert. Im Jahre 1342 zahlte er 24 Schillinge und wird dabei „pastor" der Kirche in Steinheim in der Diözese Augsburg genannt. Offenbar war ihm diese Pfründe schon vorher verliehen worden, so daß er mit deren Einkünften sein Studium bestreiten konnte. Um welches Steinheim es sich handelt, ist freilich nicht zu entscheiden; in Betracht kommen Steinheim am Albuch (Kr. Heidenheim), Steinheim bei Dillingen oder Steinheim bei Neu-Ulm. Im Jahre 1347 wird er in Bologna als „procurator substitutus" erwähnt, wohl als stellvertretender Prokurator der dort studierenden Deutschen.[70] Papst Clemens VI., versorgte ihn mit Urkunde vom 27. Januar 1347 mit einem Kanonikat und einer Pfründe am Augsburger Domstift.[71] Diese Domherrenpfründe hatte er freilich nur etwa vier Jahre inne.

Jakob I. Fetzer (1350–1400), der anscheinend ganz Aufhausen vom Vater geerbt hatte und dort wohnte, tritt 1359 erstmals selbständig handelnd auf. Er bürgte für seinen Vetter Rudolf III., der in Heidenheim saß und damals seine dortigen Güter dem Grafen Ulrich dem Jüngeren von Helfenstein verkaufte.[72] Im gleichen Jahr

---

[68] Wie Anm. 35
[69] Ulm. UB. II/2 S. 571 Nr. 641
[70] Deutsche Studenten in Bologna. Bearb. Gustav C. Knod. 1899. S. 589 Nr. 3985
[71] Württembergisches aus römischen Archiven. In: Württ. Geschichts-Quellen 2. 1895. S. 423 Nr. 119
[72] Lu. B. 95 Helfenstein U. 352

wird er in einer Urkunde seines Vetters Konrad von Scharenstetten genannt. Dieser verkaufte dem Kloster Königsbronn seine Güter in Schnaitheim, die Jakob dem Fetzer „von seiner Stiefmutter wegen" auf den Weißen Sonntag verfallen sein sollten.[73] Der etwas merkwürdige Sachverhalt erklärt sich wohl auf folgende Weise: Es handelte sich zweifellos um ursprünglich fetzersche Güter, welche der Verkäufer Konrad von Scharenstetten von seiner Mutter, einer Schwester Ulrichs I. Fetzer geerbt hatte. Dieselben Güter aber hatte offenbar Ulrich Fetzer auch seiner zweiten Gemahlin Anna von Böbingen, der Stiefmutter Jakob Fetzers, auf Lebenszeit verschrieben. Nach deren Tod mochte Jakob Fetzer Erbansprüche geltend gemacht haben. Der Verkäufer versprach dem Kloster Fertigung der Güter innerhalb vierzehn Tagen, was wohl heißen soll, daß er innerhalb dieser Frist die Zustimmung Jakob Fetzers zum Verkauf bzw. dessen Verzicht auf diese Güter erwirken wollte.

Jakob Fetzer ist wiederholt als Bürge und Siegler tätig geworden. So bürgte er 1363 für seinen Mutterbruder Fritz von Scharenstetten, der dem Kloster Königsbronn Güter und Rechte zu Oberkochen, auf dem Wollenberg, zu Seegarten und im Gaiental (alles zwischen Königsbronn und Oberkochen) verkaufte.[74] Er siegelte 1368 für seinen Vetter Ruff III. Fetzer und 1385 für Wilhelm Fetzer. 1391 war er mit seinem Bruder Hans in Gundelfingen zugegen, als eben dieser Wilhelm Fetzer dem Kloster Echenbrunn Höfe in Asselfingen und Höntschen zum Seelenheil seiner beiden verstorbenen Frauen Anna von Niefern und Anastasia von Altheim schenkte.[75]

Von seinem Bruder Hans II., der damals in Heidenheim wohnte, kaufte Jakob Fetzer 1378 eine Selde in Schnaitheim mit Anteil am Schnaitheimer Kirchensatz, den Hans vom Vater geerbt hatte, samt der Vogtei als (helfensteinisches) Lehen, ferner dessen Rechte an den Schnaitheimer Heiligenlehen, die Brunnenwiese, eine weitere Wiese, welche früher Ruff Fetzer zu Heidenheim gehabt, den Hof zu Rudelsberg und eine weitere Selde in Schnaitheim.[76] Man möchte meinen, dieser Kauf sei in der Absicht geschehen, seinen Besitz in der Nähe Aufhausens, wo er wohnte, zu arrondieren. Um so erstaunlicher ist dann, daß Jakob Fetzer mit seinen Söhnen Ulrich III. und Jakob II. im Jahre 1400 die Feste Aufhausen samt dem Bau und aller sonstigen Zugehörde, Mühle, Höfe, Selden, Holzmarken, dazu Rudelsberg, den Besitz zu Enggassen und die beiden Burgställe zwischen Schnaitheim und Aufhausen um 1800 Gulden den Grafen Ludwig XI. und Friedrich III. von Öttingen verkaufte.[77] Die wirtschaftliche Lage Jakob Fetzers hatte sich seit 1378 offenbar radikal verschlechtert.

[73] ZGO 10, 1859, S. 345 f.
[74] ZGO 10, 1859, S. 347 ff.
[75] St. A 471 Kl. Anhausen U. 251; Falkenstein, Analecta Nordgav. p. 361; Lauinger Urkunden. Bearb. Georg Rückert. In: Jahrbuch des Histor. Vereins Dillingen 14, 1901, S. 102 f. Nr. 41
[76] St. A 602 W. Reg. 9003
[77] St. A 602 W. Reg. 9008

Mit diesem Verkauf endet die fetzersche Ortsherrschaft in Aufhausen. Elf Jahre später, nach dem Tod der Gräfin Anna von Helfenstein, einer geborenen von Öttingen, kam es zum Streit zwischen ihrem Sohn, dem Grafen Johann von Helfenstein, und ihren Brüdern, den eben genannten Grafen Ludwig XI. und Friedrich III. von Öttingen, wegen Forderungen, welche Gräfin Anna an ihre Brüder gehabt hatte. Zum Ausgleich dieser Forderungen übergaben die Grafen von Öttingen ihrem Neffen, dem Grafen Johann von Helfenstein, 1411 die Feste Aufhausen mit aller Zugehör, wie sie diese von Jakob Fetzer erworben hatten. Dafür wurden 2000 Gulden veranschlagt.[78]

Aufhausen wurde damit ein Teil der helfensteinischen Herrschaft im Brenztal (später Herrschaft Heidenheim). Das älteste Lagerbuch der Herrschaft, das 1463 unter bayerischer Verwaltung angelegt wurde, führt auf: Das gebrochene Schloß (1449 zerstört) mit Baumgarten, Wiese, Mahd, Vorhof, einigen Äckern, Wassergraben, Weiherlein und Fischenz; sodann verschiedene Holzmarken, die Mühle, vier Höfe, zwei Lehen, vier Selden und einen Garten.[79] Dies alles dürfte bereits in dem Verkauf Jakob Fetzers von 1400 enthalten gewesen sein. Die Verkaufsurkunde von 1400 nennt ihn zum letzten Mal.

Jakob Fetzer war anscheinend mit einer von Westerstetten vermählt, denn im Jahre 1409 wird Heinrich von Westerstetten zu Westhausen (1374–1427) aus der Linie Westerstetten-Altenberg als „Öhem" (Mutterbruder) seines Sohnes Jakob II. bezeichnet.[80] Demzufolge dürfte Rudolf von Westerstetten zum Altenberg (1361–1364) der Schwiegervater Jakob Fetzers sein.

Hans II. Fetzer, Jakobs Bruder, wird wohl 1360 zuerst erwähnt, sofern die Nachricht nicht auf seinen gleichnamigen Vetter von der Heidenheimer Linie zu beziehen ist. Er kaufte damals zwei Seldengüter in Gerhausen (bei Blaubeuren) von Heinz dem Eglinger (?) von Grafeneck. Die Urkunde ist nicht im Original erhalten. Das Regest nennt den Käufer „Hans Vetzer von Oggenhausen".[81] Wie erwähnt, ist es fraglich, ob die Familie Fetzer um diese Zeit schon mit Oggenhausen in Verbindung stand.[82] So könnte die Herkunftsbezeichnung „von Oggenhausen" antizipiert sein und nur besagen, daß Hans Fetzer zu dem brenztalischen Geschlecht dieses Namens gehörte, das später in Oggenhausen saß, im Gegensatz zu den Fetzern von Brogenhofen bei Schwäbisch Gmünd. Doch ist nicht völlig auszuschließen, daß die Fetzer damals einen Wohnsitz in Oggenhausen besaßen, den in diesem Falle Hans Fetzer von seinem Vater Ulrich übernommen hätte, der nach einer gleichfalls zweifelhaften Nachricht 1356 „zu Oggenhausen" gesessen sein soll. Zu Skepsis mahnt, daß Hans Fetzer 1378 seinen Wohnsitz in Heidenheim hatte.

---

[78] Wa. U I/773
[79] St. H 127 Nr. 60, Fol. 47 ff.
[80] St. A 602 W. Reg. 9011
[81] St. C. Pfaff. Württ. Regesten 2. Abt. C. S. 423 Nr. 145
[82] Vgl. Text zu Anm. 67 und 67a

Unser Hans Fetzer ist es wohl, der 1374 Bürgschaft leistete, als Ritter Hans von Schwenningen die Burg Duttenstein mit Demmingen und Wagenhofen an Konrad von Knöringen verkaufte.[83]

Eindeutig auf ihn bezieht sich die Nachricht von 1378, die wir schon kennen: Hans Fetzer, „ze den Zieten ze Haydenhain gesessen", verkauft seinem Bruder Jakob die Selde in Schnaitheim samt dem vom Vater ererbten Teil des dortigen Kirchensatzes und der Vogtei, den Rechten an den Heiligenlehen und den Hof zu Rudelsberg.[84] Er bürgte 1386, als Gräfin Anna von Helfenstein von Kloster Herbrechtingen Güter in Blaubeuren erwarb und sie für eine Meßstiftung im Kloster Blaubeuren verwandte.[84a] Er siegelte für seinen Vetter Wilhelm Fetzer, der 1388 den Heiligenpflegern und Bürgern zu Heidenheim ein Gut in Mergelstetten für die Frühmesse verkaufte und 1391 dem Kloster Echenbrunn Höfe in Asselfingen und Höntschen zu einem Seelgerät schenkte.[85] Obwohl Hans Fetzer hier und bei anderen Anlässen als „von Uffhawsen" bezeichnet wird, hatte er an Aufhausen allem Anschein nach keinen Anteil. Den Verkauf Aufhausens im Jahre 1400 vollzogen, wie erwähnt, allein Jakob Fetzer und dessen Söhne, während Hans Fetzer „der Elter" (im Gegensatz zu seinem Vetter Hans III.) lediglich als Bürge mitwirkte.

Im Prozeß des Grafen Johann von Helfenstein gegen die Stadt Giengen, die sich der helfensteinischen Herrschaft entzogen hatte, wirkte Hans Fetzer als Anleiter für den Grafen mit und erreichte vor dem Nürnberger Landgericht, daß ihm Anleite (ein Pfandbesitzrecht) auf die Stadt gegeben wurde.[85a] Er besiegelte 1403 den Erbvergleich der Agnes von Bollstadt, Gemahlin seines Neffen Ulrich III. Fetzer, mit ihrem Bruder Hans von Bollstadt.[86] Dies ist die letzte Nachricht von ihm. Er war mit Elsbeth von Leineck vermählt[87] und hinterließ anscheinend zwei Söhne namens Ulrich und Hans, die uns gleich anschließend beschäftigen sollen.

Ein *Ulrich V. Fetzer* wird 1419 als „Hansen Vetzers seligen Sohn" bezeichnet. Er hatte „vor ettwieviel vergangen Zyten und Jaren" dem Hans von Westerstetten vom Altenberg (1378–1409), einem Schwager Jakob Fetzers, auf Wiederkauf seine Leute und Güter in Radelstetten (bei Scharenstetten), die er vom Vater geerbt hatte, verkauft. Die Rechte des Hans von Westerstetten hatte nach dessen Tod Heinrich von Westerstetten zu Westhausen (1374–1427) geerbt. Von diesem hatte sie ein Ulmer Bürger namens Auberlin Falb erworben. Nun einigte sich Ulrich Fetzer 1419 in Ulm mit Auberlin Falb und verkaufte ihm die Güter und Rechte in

---

[83] Die Urkunden der Stadt Nördlingen II. Bearb. Karl Puchner und Gustav Wulz. Schwäbische Forschungsgemeinschaft. Reihe 2a. Urkunden 5. 1956. S. 86 ff. Nr. 462
[84] Wie Anm. 76
[84a] St. J 1 Bd. 48c Fol. 383
[85] St. A 602 W. Reg. 9005; Lauinger Urkunden (wie Anm.. 75) S. 102 f. Nr. 41
[85a] St. J 1 Bd. 48c Fol. 385
[86] Wa. U II/123
[87] A. Klemm, Beiträge zur Geschichte von Geislingen. In: Württ. Vierteljahreshefte für Landesgeschichte 7, 1884, S. 18 ff, hier S. 24

Radelstetten, nämlich den Kirchensatz mit Widum und Zehnten, vier Höfe, ein Gut, Vogtrechte von fünf Gütern, das Holz Grafenberg, Steuer, Gericht, Ehaften, Zwing und Bann für eigen um 830 rheinische Gulden.[88]

Der Name Ulrich des Verkäufers, der dem Namen des Stammvaters unserer Linie der Fetzer entspricht, sowie der Besitz in Radelstetten, der am ehesten auf die Ahnfrau dieser Linie, Agnes von Scharenstetten, zurückgeht, und schließlich seine Beziehungen zu den Westerstetten von Altenberg sprechen für die Einreihung Ulrich Fetzers als Sohn des Hans Fetzer von der Aufhauser Linie. Weitere Nachrichten, die diesem Ulrich mit einiger Sicherheit zugeschrieben werden könnten, sind nicht bekannt.[88a]

Ein weiterer Sohn Hans Fetzers ist vermutlich jener *Hans IV. Fetzer*, der seit 1406 als Bürger in Nördlingen nachweisbar ist. Er steuerte bis 1426 auf dem Ledergraben (Gerbergasse). Im Jahre 1424 verkaufte er eine Gült aus seinem Haus und seiner Hofraite im Engergäßlein.[89]

Wiederum ein Sohn des eben Genannten dürfte *Hans VI. Fetzer* sein, der 1456 Reichsvogt in Nördlingen war.[90]

Eine Tochter Hans IV. war vermutlich mit einem von Nenningen vermählt und Mutter des Hans von Nenningen, der von 1457 bis 1481 als Stadtammann in Nördlingen bezeugt ist.[91] Letzterer heißt 1467 „Vetter" des Georg Fetzer (1457–1493), der in Nördlingen lebte (siehe unten). Wir verfolgen jedoch diesen Zweig nicht weiter, da er im Raum Heidenheim-Dillingen offenbar keine Rolle mehr spielte.

Eine Schwester von Jakob I. und Hans II. Fetzer war anscheinend *Rosalia Fetzer*, vermählt mit Hans von Killingen (1372–1401). Sie wurde 1389 vom Abt von Ellwangen mit Gütern in Erpfental bei Röhlingen belehnt, doch verkaufte sie diese Güter 1393 dem Abt. Im Jahre 1401 waren ihr Bruder Hans Fetzer und Peter von Nenningen im Pfandbesitz dieser Güter.[92] Dieser Bruder Hans dürfte identisch sein mit Hans II., wodurch sich die Einordnung Rosalias ergibt. Rosalia besaß um 1396 Güter und Rechte in Röhlingen als Leibgeding.[93]

[88] Stadtarchiv Ulm, Urkundensammlung Veesenmeyer Ve 92

[88a] Vgl. jedoch den Text zu Anm. 207. Vielleicht gehört hierher Ulrich Fetzer, der 1442 unter Lehenleuten des Grafen Ulrich V. von Wirtemberg verzeichnet ist, Joh. Ulrich Steinhofer, Neue Wirtenberg. Chronik Tl. II. 1746. S. 834

[89] Daniel Eberhard Beyschlag und Joh. Müller, Beyträge zur Nördlingischen Geschlechtshistorie. Tl. 2. 1803. S. 508; Die Urkunden der Stadt Nördlingen III (wie Anm. 83) Urkunden 9. 1965. S. 233 Nr. 1611

[90] Beyschlag-Müller (wie Anm. 89) S. 508 f.

[91] Wa U. I. 1239; II. 396; U. I. 1301; U. 5421b; Copialbuch Deggingen KG 15; U. I. 4595; U. I. 1387; I. 1456; I. 1459; I. 1470

[92] Otto Hutter, Das Gebiet der Reichsabtei Ellwangen. 1914. S. 217; Beschreibung des OA Ellwangen. 1886. S. 679 und 682

[93] Beschreibung des OA Ellwangen S. 674

Eine andere Tochter aus dem Hause Fetzer namens *Elisabetha* ist 1379 als Witwe Konrads von Westhausen bezeugt. Sie schenkte in diesem Jahr dem Kloster Königsbronn das Patronatsrecht in Jagsthausen bei Westhausen, das sie durch ihre Heirat erworben hatte.[94] Im Jahre 1384 verkaufte sie dem Abt von Ellwangen Höfe in Baiershofen, Jagsthausen und Frankenreute.[95]

Sie ging eine zweite Ehe ein mit Konrad Truchseß von Stetten und verkaufte nach dessen Tod 1417 ihren Anteil an Michelfeld bei Oberriffingen der Deutschordenskommende Kapfenburg.[96]. Leider läßt sich Elisabetha nicht genau einordnen.

3. Die Söhne Jakobs I., Jakob II. und Ulrich III. Fetzer

Die Söhne Jakob Fetzers, Jakob II. und Ulrich III., sind uns schon beim Verkauf Aufhausens im Jahre 1400 begegnet. Ulrich III. scheint der ältere von beiden gewesen zu sein, doch beschäftigen wir uns zuerst mit *Jakob II.*, der bis 1451 bezeugt ist.

Er zog sich aus unserer Gegend zurück und trat in den Dienst der Grafen von Öttingen. Seit 1403 läßt er sich als Vogt in Wemding nachweisen. Im Jahre 1409 verkaufte er seinen Anteil am Schnaitheimer Kirchensatz seinem Bruder Ulrich, dem der andere Teil bereits gehörte, und er gab damit anscheinend seinen letzten Besitz im Brenztal auf.[97] In der Folgezeit ist er mehrfach als Zeuge oder Bürge bei Gütergeschäften im Bereich der Grafschaft Öttingen anzutreffen, so 1409 beim Verkauf von Gütern in Alerheim durch Hans von Westerstetten, genannt Scheuch, an Kloster Solnhofen.[98] Er bürgte 1411 für den Grafen Ludwig XI. von Öttingen, der dem Georg von Lierheim 1000 Gulden aus dem Kauf von Lierheim schuldete.[99] 1415 siegelte er für Wilwold den Waler, Vogt zu Harburg, beim Verkauf des Salchhofs an Kloster Heiligkreuz in Donauwörth.[100]

Als die Brüder Ludwig XI. und Friedrich III. Grafen von Öttingen seit 1410 eine Teilung ihrer Herrschaft betrieben, war Jakob Fetzer Mitglied der Teilungskommission von seiten Friedrichs III., als dessen Hofmeister er seit 1417 erscheint.[101]

Zwischendurch hatte er sich auch mit Familienangelegenheiten zu befassen: er siegelte 1418 die Urkunde, mit welcher sein Bruder Ulrich den Schnaitheimer Kirchensatz samt sieben Selden dem Grafen Johann von Helfenstein verkaufte.[102]

---

[94] St. A 495 Kl. Königsbronn U. 110
[95] Hutter, Ellwangen (wie Anm. 92) S. 118f.
[96] St. A. 602 W.Reg. 11339; August Gerlach, Chronik von Lauchheim. 1907. S. 30
[97] Wa. U. I/683; St. A 602 W.Reg. 9011
[98] Reg. Boica 12 S. 54
[99] Regesten der Edelherren von Lierheim. Gesammelt von Adolf Meyer. 1932. S. 63 Nr. 307
[100] Wa. U. I. 4823
[101] Elisabeth Grünenwald, Das älteste Lehenbuch der Grafschaft Öttingen. Einleitung. 1975. S. 62; Die Urkunden der Stadt Nördlingen III (wie Anm. 89) S. 146 Nr. 1331
[102] Lu. B 95 Helfenstein U. 785

Im Jahre 1419 erscheint Jakob Fetzer als Vertreter der Grafen von Öttingen auf der Landschranne zu Meilenhart im bayerischen Landgericht Graisbach, um die Freiheiten der Grafschaft Öttingen zu bekunden. Es ging dort um die Streitfrage, ob das Kloster Kaisheim und seine Leute vor das Landgericht Graisbach gezogen werden dürfen oder nicht.[103]

Im Verlauf des Bayerischen Krieges 1422 eroberte Öttingen gemeinsam mit Brandenburg-Ansbach und Eichstätt die Grafschaft Graisbach, wo nun Jakob Fetzer als öttingischer Pfleger eingesetzt wurde.[104] Als einer der „consules et fideles" des Grafen Ludwig XI. von Öttingen siegelte er die Urkunde, mit welcher der Graf 1424 die beiden Kirchen in Trochtelfingen dem Kloster Kirchheim schenkte.[105] Er begleitete den Grafen Ludwig 1426 nach Augsburg, wo dieser für sich und für die Kinder seines verstorbenen Bruders Friedrich die Hochstiftslehen empfing.[106]

Im Jahre 1430 war Jakob Fetzer Pfleger in Monheim. Er schuldete damals dem Grafen Johann von Öttingen 460 Gulden und stellte ihm als Bürgen u. a. seinen Vetter (?) Rudolf von Westerstetten, seinen Bruder Ulrich III. Fetzer und seinen Schwiegersohn Rudolf Häl (1430–1452), den Gemahl seiner Tochter Walburga (1430–1478).[107]

Wir hören danach zwölf Jahre lang nichts von Jakob II. Fetzer. Offenbar hatte er den öttingischen Dienst verlassen. Als er uns nun im Jahre 1442 wieder begegnet, war er als Helfer Ulrichs von Westernach in eine Fehde verwickelt mit den Grafen von Wirtemberg, mit Fritz von Zipplingen und der Stadt Gundelfingen. Gundelfingen befand sich damals im wirtembergischen Pfandbesitz, war aber seit 1441 an Fritz von Zipplingen weiterverpfändet. Im Verlauf der Fehde geriet Jakob Fetzer in Gefangenschaft des von Zipplingen und der Stadt Gundelfingen. Nach seiner Entlassung gelobte er am 24. Februar 1442 gute Freundschaft. Den Grafen Ludwig I. und Ulrich V. von Wirtemberg aber mußte er sich verpflichten, ein Jahr lang mit zwanzig reisigen Knechten und Pferden auf ihre Kosten innerhalb des Landes und „in den vier Wällden" zu dienen.[108]

In den Jahren 1443 bis 1451 finden wir Jakob Fetzer wiederholt als Siegler von Urfehdebriefen der Stadt Lauingen; 1451 siegelte er mit seinem Schwiegersohn Rudolf Häl, der von 1440 bis 1452 Pfleger in Lauingen war, eine Urkunde des dortigen Spitals.[109] Es scheint, daß er in diesen Jahren in Lauingen gewohnt hat.

---

[103] Wa. U. II/168; Reg. Boica 12 S. 305

[104] J. A. v. Reischach, Geschichte der Grafen von Lechsmund und Graisbach. In: Histor. Abhandl. d. baier. Akad. d. Wissenschaften 2. 1813. S. 349–460, Hier S. 440

[105] Wa. U.I. 5374

[106] Das Lehenbuch des Hochstifts Augsburg von 1424. Bearb. Hermann Vietzen. Allgäuer Heimatbücher 11. 1939. S 7

[107] Reg. Boica 13 S. 174

[108] Stadtarchiv Gundelfingen U. 52

[109] Reinhard H. Seitz, Lauinger Urfehden des 15. Jahrhunderts. In: Jahrbuch des Histor. Vereins Dillingen LXX. 1968, S. 92 ff. Nr. 133, 166, 173, 179; Lauinger Urkunden. Bearb. Georg Rückert. In: Jahrbuch des Histor. Vereins Dillingen XVII, 1904, S. 23 Nr. 335

Zur Geschichte der Fetzer I.

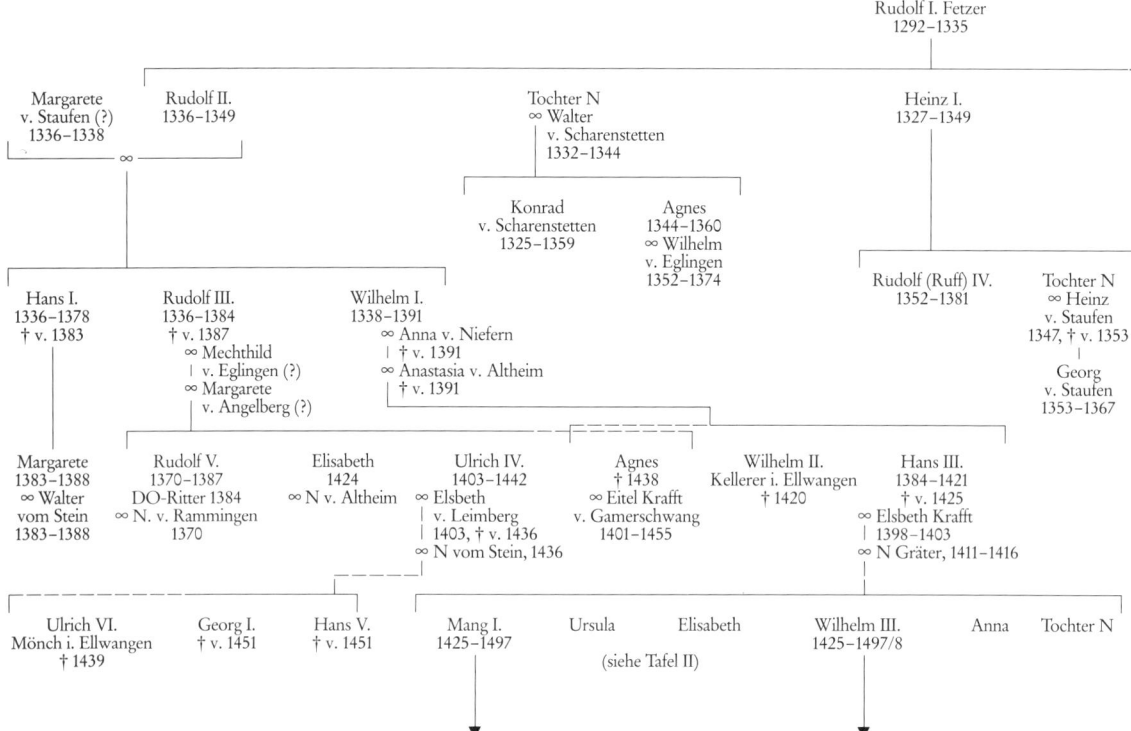

Rudolf I. Fetzer
1292–1335

Margarete
v. Staufen (?)
1336–1338
∞

Rudolf II.
1336–1349

Tochter N
∞ Walter
v. Scharenstetten
1332–1344

Heinz I.
1327–1349

Konrad
v. Scharenstetten
1325–1359

Agnes
1344–1360
∞ Wilhelm
v. Eglingen
1352–1374

Rudolf (Ruff) IV.
1352–1381

Tochter N
∞ Heinz
v. Staufen
1347, † v. 1353

Hans I.
1336–1378
† v. 1383

Rudolf III.
1336–1384
† v. 1387
∞ Mechthild
| v. Eglingen (?)
∞ Margarete
| v. Angelberg (?)

Wilhelm I.
1338–1391
∞ Anna v. Niefern
| † v. 1391
∞ Anastasia v. Altheim
| † v. 1391

Georg
v. Staufen
1353–1367

Margarete
1383–1388
∞ Walter
vom Stein
1383–1388

Rudolf V.
1370–1387
DO-Ritter 1384
∞ N. v. Rammingen
1370

Elisabeth
1424
∞ N v. Altheim

Ulrich IV.
1403–1442
∞ Elsbeth
| v. Leimberg
| 1403, † v. 1436
∞ N vom Stein, 1436

Agnes
† 1438
∞ Eitel Krafft
v. Gamerschwang
1401–1455

Wilhelm II.
Kellerer i. Ellwangen
† 1420

Hans III.
1384–1421
† v. 1425
∞ Elsbeth Krafft
| 1398–1403
∞ N Gräter, 1411–1416

Ulrich VI.
Mönch i. Ellwangen
† 1439

Georg I.
† v. 1451

Hans V.
† v. 1451

Mang I.
1425–1497

Ursula

Elisabeth

(siehe Tafel II)

Wilhelm III.
1425–1497/8

Anna

Tochter N

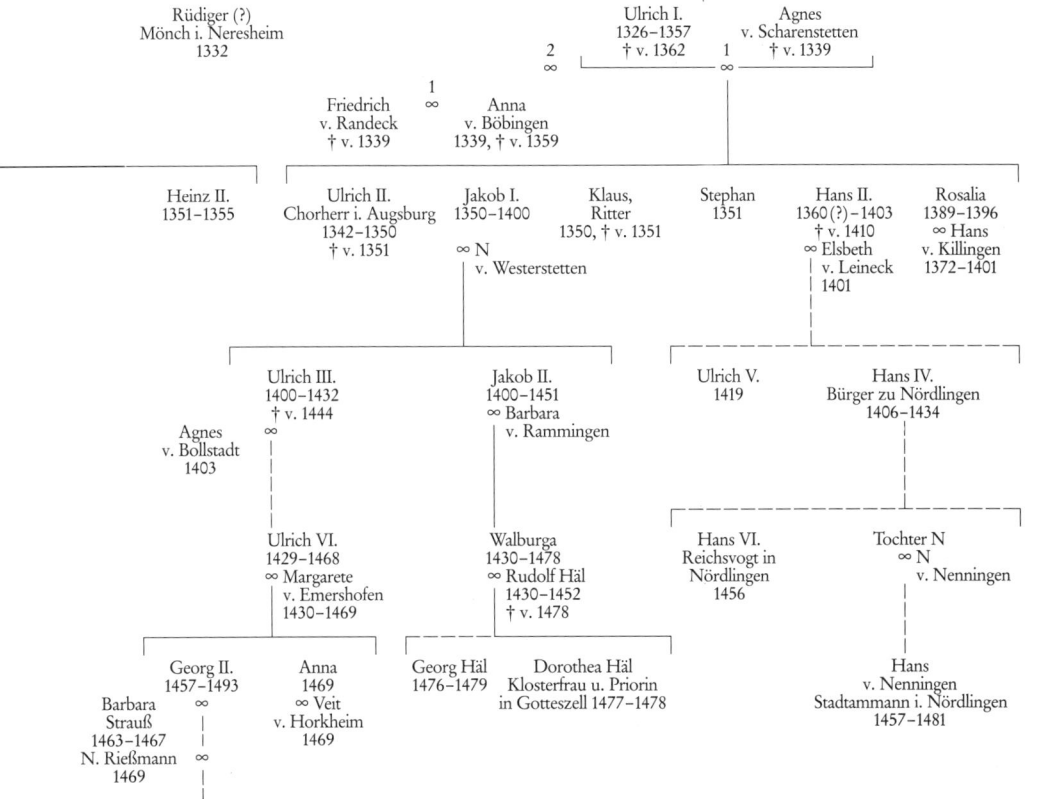

Rüdiger (?)
Mönch i. Neresheim
1332

2
∞

Ulrich I.
1326–1357
† v. 1362

1
∞

Agnes
v. Scharenstetten
† v. 1339

1
∞

Friedrich
v. Randeck
† v. 1339

Anna
v. Böbingen
1339, † v. 1359

Heinz II.
1351–1355

Ulrich II.
Chorherr i. Augsburg
1342–1350
† v. 1351

Jakob I.
1350–1400
∞ N
v. Westerstetten

Klaus,
Ritter
1350, † v. 1351

Stephan
1351

Hans II.
1360 (?) – 1403
† v. 1410
∞ Elsbeth
v. Leineck
1401

Rosalia
1389–1396
∞ Hans
v. Killingen
1372–1401

Ulrich III.
1400–1432
† v. 1444
∞

Agnes
v. Bollstadt
1403

Jakob II.
1400–1451
∞ Barbara
v. Rammingen

Ulrich V.
1419

Hans IV.
Bürger zu Nördlingen
1406–1434

Ulrich VI.
1429–1468
∞ Margarete
v. Emershofen
1430–1469

Walburga
1430–1478
∞ Rudolf Häl
1430–1452
† v. 1478

Hans VI.
Reichsvogt in
Nördlingen
1456

Tochter N
∞ N
v. Nenningen

Georg II.
1457–1493
∞

Barbara
Strauß
1463–1467
N. Rießmann
1469
∞

Anna
1469
∞ Veit
v. Horkheim
1469

Georg Häl
1476–1479

Dorothea Häl
Klosterfrau u. Priorin
in Gotteszell 1477–1478

Hans
v. Nenningen
Stadtammann i. Nördlingen
1457–1481

Georg III.
1500 ff

H. Bühler, 1988

Einer Nachricht Burgermeisters zufolge hätten sich Jakob Fetzer und seine
Hausfrau Barbara von Rammingen 1450 ins Ulmer Bürgerrecht begeben.[110] Jakob
II. Fetzer hat nach allem keinen Sohn hinterlassen, so daß mit ihm wieder ein
Zweig des Hauses erlosch.

Sein Bruder *Ulrich III. Fetzer* (1400–1432, † ca. 1444) war mit Agnes von
Bollstadt vermählt. Mit deren Bruder Hans von Bollstadt hatte es Streit wegen des
Erbes gegeben. Dieser wurde 1403 beigelegt, und Agnes wurde mit 100 Gulden
abgefunden.[111] Ulrich III. erwarb von seinem Bruder Jakob 1409 dessen Anteil am
Kirchensatz in Schnaitheim, nachdem ihm der andere Teil bereits gehört hatte.[112]
Dieser Kirchensatz war ein helfensteinisches Mannlehen, das je zur Hälfte von der
Wiesensteiger und von der Blaubeurer Linie des Hauses Helfenstein vergeben
wurde. Im Jahre 1413 wurde Ulrich III. demgemäß vom Grafen Friedrich
(Wiesensteiger Linie) mit der von ihm lehenbaren Hälfte belehnt.[113] Ulrich wird
hier „der Ältere" genannt, gewiß zur Unterscheidung von seinem gleichnamigen
Sohn, aber auch von seinem Vetter von der Heidenheimer Linie. Auch Ulrich III.
zog sich bald aus dem Brenztal zurück.[114] Er hatte in den Jahren 1418 und 1432
seinen Wohnsitz in Eglingen. Dem Grafen Johann von Helfenstein verkaufte er
1418 seinen Teil des Schnaitheimer Kirchensatzes samt sieben Selden um 300
Gulden.[115] Damit gehörte nunmehr der meiste Grundbesitz in Schnaitheim der
Helfensteinischen Herrschaft im Brenztal (Herrschaft Heidenheim). Das Salbuch
von 1463 vermerkt bei einem Lehen in Schnaitheim, daß es „des Vetzers
gewesen".[116]

Wir wissen schon, daß Ulrich Fetzer 1430 für seinen Bruder Jakob II. wegen
dessen Geldschuld beim Grafen von Öttingen bürgte. Zum letzten Mal begegnen
wir ihm 1432 als Bürgen für Rudolf Häl und dessen Frau Walburga Fetzer, welche
eine Selde in Mögglingen verkauften.[117] Wenn Ulrich hier „Schwager" des
Ausstellers genannt wird, so hat der Ausdruck die allgemeinere Bedeutung
„Verwandter der Frau", denn er war ja der Bruder von dessen Schwiegervater.
Ulrich III. scheint noch bis 1444 gelebt zu haben (siehe unten).

---

[110] Joh. Stephan Burgermeister, Status Equestris. 1709. S.601; laut Albrecht Weyermann, Neue
Nachrichten von Gelehrten und Künstlern. 1829. S.100 soll dies schon um 1440 geschehen sein.
[111] Wie Anm. 86
[112] St. A 602 W.Reg. 9011
[113] Lu. B 95 Helfenstein U. 682
[114] Laut Beschreibung OA Neresheim. 1872. S.424 soll er schon 1417 von Öttingen mit Gütern in
Trochtelfingen belehnt worden sein. Dies ist laut E. Grünenwald jedoch sehr fraglich; Brief
E. Grünenwald v. 22.12.83.
[115] Lu. B 95 Helfenstein U. 785; gemeint ist offenbar die von der Blaubeurer Linie der Helfensteiner
lehenbare Hälfte des Kirchensatzes.
[116] Wie Anm. 79, Fol. 15ff.
[117] Urkunden und Akten der ehemal. Reichsstadt Schwäb. Gmünd. Bearb. Alfons Nitsch. 1. Teil. 1966.
S. 175 Nr. 1024

4) Die Nachkommen Ulrichs III., Ulrich VI. und dessen Sohn Georg II. Fetzer
Ulrich VI. (1429–1468) wird nirgends ausdrücklich als Sohn Ulrichs III.
bezeichnet. Doch der unterscheidende Zusatz „der Jüngere" im Gegensatz zu
diesem als „dem Älteren" (1413) legt doch nahe, daß es sich um den Sohn handelt.
Da Ulrich VI. bis 1444 „der Jüngere" heißt, dürfte „der Ältere", also sein Vater,
noch solange am Leben gewesen sein. Hinzu kommt, daß Ulrich VI. fast
ausschließlich im Bereich der Grafschaft Öttingen und als Rat der Grafen von
Öttingen tätig war, wie vordem sein Onkel Jakob II. Da dieser allem Anschein
nach keinen eigenen Sohn hatte, wird er dem Neffen den Weg an den öttingischen
Hof geebnet haben. Ulrichs VI. Tätigkeit dort setzt ein, als Jakob II. ausscheidet.
Ulrich schuf sich zunächst eine Besitzbasis in seinem Tätigkeitsbereich. Von
Fritz von Zipplingen erwarb er 1429 Güter und Gülten in Nordhausen im Ries um
den namhaften Betrag von 973 Gulden.[118] Er siegelte am folgenden Tag für Fritz
von Zipplingen, der dem Neresheimer Konventualen Ulrich von Roden Wiesen
am Elbach (bei Trochtelfingen) verkaufte.[119] Dies mag als erster Hinweis gelten,
daß Ulrich auch in Trochtelfingen begütert war. Er wird im folgenden Jahr 1430
Schwiegersohn Eberhards von Emershofen genannt, mit dessen Tochter Margarete er vermählt war. Die von Emershofen saßen in Trochtelfingen. So dürfte
Ulrich durch seine Heirat zu Besitz in Trochtelfingen gekommen sein. Er gab 1430
dem Kloster Kirchheim seine Hofstatt zu Trochtelfingen „uff den Leorn vor dem
Dorfe", die er von Anton von Emershofen gekauft hatte, und erhielt im Tausch
Contzen Kaysers Hofstatt in Trochtelfingen. Die Mutter Antons von Emershofen
dürfte auch eine Fetzer gewesen sein (erste Gemahlin Wilhelms von Emershofen
† 1424). Ulrich Fetzer nahm Wohnung im Ort und heißt von nun an wiederholt
„zu Trochtelfingen".[120]
Im Jahr 1430 wird er Rat des Grafen von Öttingen genannt. Er schlichtete
damals und erneut 1435 Streitigkeiten zwischen der Äbtissin von Klosterzimmern
und dem Komtur zu Öttingen wegen Höfen bzw. wegen der Gerichtsbarkeit in
Pfäfflingen. Im Jahre 1437 war er Schiedsrichter in den Händeln der Äbtissin von
Kirchheim und Wilhelm Schenks von Schenkenstein mit dem Nördlinger Spital
wegen gewisser Rechte in Dehlingen.[121] Oftmals wurde er als Siegler herangezogen. Er siegelte u. a. den Lehensrevers des Hans Vetter von Augsburg, der von den
Öttinger Grafen die Waibelhube in Gremheim empfangen hatte, sowie mehrfach
bei Gütergeschäften in Trochtelfingen.[122]

---

[118] Beschreibung des OA Ellwangen S. 644
[119] Ne. Grünes Documentenbuch S. 278 ff; vgl. Die Urkunden der Stadt Nördlingen IV (wie Anm. 89)
Urkunden 10. 1968. S. 207 Nr. 2472
[120] Wa. U I/5384; IV/63; 5400; Kopial-Sammlung 6475; siehe Chronik der Familie von Emershofen.
Hrsg. E. Gebele. In: Familiengeschichtl. Beilage der Zeitschrift d. Histor. Vereins f. Schwaben u.
Neuburg. 1929. S. 17 und Tafel III.
[121] Wa. U. 961; Kopialsammlung; Die Urkunden der Stadt Nördlingen IV (wie Anm. 119) S. 17 f. Nr.
2017
[122] Wa. U. I/982; U. II. 224; I. 5396; I. 5397

Er siegelte auch 1438 den Revers des Grafen Wilhelm von Öttingen und seiner Brüder gegenüber Graf Ludwig XI., der zu ihren Gunsten auf seine Herrschaft verzichtete, und ebenso 1440 die Erbeinung zwischen den Grafen Johann und Wilhelm von Öttingen.[123] Als Rat des Grafen Wilhelm war er 1442 in Wemding mit anderen beauftragt, die Herrschaft Öttingen samt allen Regalien brüderlich zwischen den Grafen Johann, Ulrich und Wilhelm zu teilen.[124] Dies bereitete in der Praxis freilich einige Schwierigkeiten. Als sich im Jahre 1444 zunächst die Grafen Johann und Ulrich einig wurden, siegelte Ulrich Fetzer den Vertrag.[125] 1445 war er in Wemding wiederum unter denen, die den Auftrag bekamen, nochmals eine Einigung herbeizuführen, welche dann alle drei Grafen anerkennen wollten.[126] Schließlich benannte Graf Johann ihn zum Spruchmann, als er 1446 mit seinem Bruder Wilhelm stritt.[127]

Ulrich Fetzer „zu Trochtelfingen" machte 1443 bekannt, daß sein gnädiger Herr Graf Johann ihm 16 rheinische Gulden aus dem Zoll und Geleit zu Aalen auf Wiederkauf um 320 Gulden verkauft habe.[128] Er hatte dem Grafen Johann überdies 330 Gulden geliehen, wofür Graf Wilhelm die Bürgschaft übernommen hatte. Diese Summe wurde 1443 zurückbezahlt und Graf Wilhelm für schadlos erklärt.[129]

1451 vertrat Ulrich Fetzer die Grafen von Öttingen in ihrem Streit mit der Stadt Aalen, welche den öttingischen Zoller gefangengesetzt hatte. Von Bischof Peter von Augsburg wurde die Sache in Dillingen beigelegt.[130] Im selben Jahr wirkte er auch als Beisitzer im öttingischen Landgericht sowie im Lehengericht.[131] Er siegelte 1461 mehrere Reverse des Grafen Ulrich von Öttingen. Dieser hatte von seinem Bruder Wilhelm die Stadt Wemding und das Dorf Laub erworben. Nun versprach er Wilhelm, daß diese Plätze ohne Wiederkauf an ihn zurückfallen sollten, falls er ohne männliche Erben stürbe. Andererseits hatte Graf Ulrich seinem Bruder Wilhelm das Schloß Flochberg auf Wiederlösung verkauft. Aus diesen wechselseitigen Käufen hatte Ulrich noch Forderungen an Wilhelm, die nun geregelt wurden.[132] Bei all diesen Geschäften wirkte Ulrich Fetzer mit. Schließlich siegelte Ulrich Fetzer 1466 den Vertrag, durch welchen Flochberg wieder an Graf Ulrich fiel.[133]

Ulrich Fetzer wird nun „Junker" genannt. Er bürgte 1463 für seinen Sohn Jörg, der in Nördlingen wohnte.[134] Zum letzten Mal wird er erwähnt in einer Urkunde

---

[123] Wa. U. I/1028; U. I. I/1054a
[124] Wa. U. II/281
[125] Wa. U. I. 1104b
[126] Wa. U. II. 296
[127] Wa. U. II. 303
[128] Wa. U. II. 1085
[129] Wa. U. IV/63
[130] Wa. U. I. 1195
[131] Beyschlag-Müller (wie Anm. 89) S. 508; Materialien zur Oettingischen Geschichte IV.1774. S. 36 f.; Ötting. Lehenbuch (wie Anm. 14) S. 274 Nr. 1086
[132] Wa. U. I. 1260; 1262a; II. 389
[133] Wa. Kopialsammlung Nr. 6475
[134] Wa. U.1274; II. 396

seines Sohnes Jörg von 1467, als dieser seine Rechte an einer Hofraite in Nordhausen verkaufte.[135] Er starb im Jahre 1468 am Montag nach Martini (14. November). Zweifellos war er eine vertrauenswürdige und hochgeschätzte Persönlichkeit. Seine Gemahlin Margarete von Emershofen starb 1469 am Dienstag vor Ostern (28. März).[136]

Georg II. Fetzer (1457–1493) ist schon früh nach Nördlingen übersiedelt. Er heißt „der veste und erber Jorg Veczer", als er 1457 gemeinsam mit dem Nördlinger Stadtamtmann Hans von Nenningen, seinem Vetter, siegelt.[137] Als „Junckher Jörg Vetzer, wohnhaft zu Nördlingen", ist er 1463 bezeugt. Er verkauft in diesem Jahr gemeinsam mit seiner Gemahlin Barbara Strauß die vom Vater als Heiratsgut erhaltene Gült von 16 rheinischen Gulden aus dem Aalener Zoll an seinen Schwager Jörg von Horkheim.[138] Georg Fetzers Schwester Anna war mit Veit von Horkheim, dem Bruder Jörgs, vermählt. Sie hatte von ihrem Mann den Halbteil der Behausung in Trochtelfingen, ein öttingisches Mannlehen, als Heiratsgut erhalten. Als Träger wurde ihr Mann 1469 damit belehnt.[139]

Georg Fetzer siegelte den Stiftungsbrief der Witwe Agnes Fridlin für eine Frühmesse in Benzenzimmern. Im selben Jahr verkaufte er dem Kloster Kirchheim seine Rechte an der Hofraite in Nordhausen, die er vom Vater geerbt hatte.[140]

In diesem Jahr 1467, am Donnerstag nach Pfingsten (21. Mai), starb seine Gemahlin Barbara Strauß.[141] Georg heiratete 1469 erneut eine geborene Rießmann von Nördlingen.

Georg ist oftmals als Siegler bezeugt, so 1469, als sein Vetter Georg von Emershofen Güter in Schopfloch verkaufte, und 1476, als Graf Ulrich von Öttingen bekundete, daß Kloster Neresheim das Dorf Ohmenheim verpfändet habe.[142] Er siegelte ferner 1478 für seine Cousine Walburga, die Witwe Rudolf Häls zu Nördlingen, die ihrer Tochter Dorothea Hälin, Priorin zu Gotteszell, ein Leibgeding verschrieb.[143]

Im Jahre 1476 verkaufte Georg der Deutschordenskommende Ellingen die Güter in Nordhausen, welche er vom Vater geerbt hatte, nämlich drei Lehen, fünf Hofraiten und zwei Hofstätten.[144] Er stiftete 1480 einen Jahrtag in die Pfarrkirche

---

[135] Wa. U. I. 1301
[136] Beyschlag-Müller (wie Anm. 89) S. 509
[137] Wa. U. I. 1239
[138] Wa. U. I. 396
[139] Ötting. Lehenbuch (wie Anm. 14) S. 270 Nr. 1076
[140] Wa. U. 5418; I. 1301
[141] Wie Anm. 136
[142] Die Urkunden der Stadt Dinkelsbühl 1451–1500. Bearb. Ludwig Schnurrer. 1962. S. 66 Nr. 1186 und 1187; Ne. Grünes Documentenbuch S. 452 ff.
[143] Urkunden und Akten der ehem. Reichsstadt Schwäb. Gmünd. Bearb. Alfons Nitsch. 2. Teil 1967. S. 77 Nr. 1786. – Dorothea Häl und Magdalena Fetzer waren 1477 Klosterfrauen in Gotteszell; ebda. S. 216 A 483.
[144] Wa. Kopialsammlung Nr. 6510

St. Margaretha zu Trochtelfingen mit fünf Pfund ewiger Gült, die ihm seine Oheime Hans von Hausen, Pfleger zu Harburg, und Amaley von Nenningen verschrieben hatten. Dabei siegelte sein Schwager Ulrich Strauß.[145]

Georg Fetzer ist seit 1483 öfters als Mitglied des Nördlinger Rats bezeugt. Nach Beyschlag war er Pfleger in Alerheim, wurde 1484 Pfleger in Baldingen, dann 1486 der Karmeliten, Meßrichter, Oberhauptmann und 1448 Pfleger des ewigen Lichts. Er steuerte von 1457 bis 1493 und dürfte in diesem Jahr verstorben sein.[146]

Ein *Georg Fetzer*, der 1500 bezeugt ist, wird der Sohn Georgs II. aus erster Ehe sein. Der öttingische Landvogt Albrecht Mulfinger bediente sich damals seines Siegels.[147] Er nannte sich Junker Jörg Fetzer und wohnte zu Nördlingen in der Bopfinger Gasse.[148] Wir verfolgen ihn nicht weiter.

D. Die Linie Rudolfs II. Fetzer (Heidenheimer Linie)

1) Rudolf II. Fetzer (1336–1349) und seine Söhne Hans, Rudolf III. und Wilhelm

Von den Söhnen Rudolfs I. Fetzer (1292–1335) begegnet Rudolf II. (1336–1349), als letzter; er war wohl der jüngste. Es klingt daher fast grotesk, wenn er sich bei seinem ersten Auftreten 1336 „Rudolf der Vetzer der eltest" nennt. Doch sollte ihn dies von seinem gleichnamigen Sohn und seinem Neffen Rudolf IV. unterscheiden. Er verkaufte damals seinem Bruder Ulrich alle seine Güter in Aufhausen, die ihm vom Vater erbweise angefallen waren, sowie eine Holzmark, die ihm von seinem Vetter, dem Gruppen, zufiel, als lediges Eigen. Sein Sohn Rudolf III. siegelte. Sein Sohn Hans sollte „wenn er zu Lande kommt" den Vertrag innerhalb eines Monats bestätigen.[149] Zwei Jahre später leistete seine Gemahlin Margarete (von Staufen?) mit ihren Söhnen Hans, Ruoff (Rudolf III.) und Wilhelm Verzicht, nachdem der Gemahl und Vater Rudolf II. ihr diese Güter, die ihr für Heimsteuer und Morgengabe verschrieben waren, mit seinen Gütern in Heidenheim „widerlegt" hatte.[150] Der Sohn Wilhelm, der hier erstmals genannt wird, war noch jung und hatte kein eigenes Siegel. Rudolf II. Fetzer „zu Haidenhan" begegnet nur noch einmal 1349 als Bürge für seinen Sohn Rudolf III., der gleichfalls in Heidenheim wohnte und damals seinen vom Vater überkommenen Hof in Schnaitheim an Hans Vischer und Kunz Stauffer verkaufte.[151]

Hans I. Fetzer (1336–1378, † v. 1383) dürfte der älteste der Söhne Rudolfs II. gewesen sein. Wie wir wissen, war er im Februar 1336 außer Landes. Seine Zustimmung zum Güterverkauf des Vaters erfolgte im Januar 1338.[152] Er wäre

---

[145] Wa U. 5441
[146] Wa. U. III/468; II/576; wie Anm. 89 S. 508 f.
[147] Wa. Regest (Original nicht auffindbar)
[148] Wie Anm. 89 S. 508
[149] St. A 602 W.Reg. 8993
[150] St. A 602 W.Reg. 8994
[151] Lu. B 95 Helfenstein U. 404
[152] Wie Anm. 150

somit zwei Jahre oder länger in der Fremde gewesen. Vermutlich hatte er irgendwo Kriegsdienste genommen. Hierfür spricht, daß er 1349, als er für seinen Bruder Rudolf bürgte, „Her Johanns der Vetzer, Ritter", genannt wird. Er leistete auch Bürgschaft, als 1365 Frau Agnes von Schlüsselberg, geborene von Wirtemberg, und ihr Enkel, Graf Ulrich von Helfenstein, von Peter von Scharenstetten den Kirchensatz in Nattheim erwarben.[153]

Um die Mitte des 14. Jahrhunderts war er im Besitz der Mühle „an dem Berg" (Burgberg) an der Hürbe. Er trug sie dem Grafen Eberhard dem Greiner von Wirtemberg zu Lehen auf und empfing sie von ihm als erbliches Mann- und Frauenlehen zurück.[154] Wahrscheinlich hatte er um diese Zeit auch schon das öttingische Lehen Berg (Burgberg) inne, das 1339 der zweiten Gemahlin seines Vaterbruders Ulrich Fetzer verliehen worden war; jedenfalls ist er 1378 als Inhaber der Feste Berg bezeugt (siehe unten). Er kaufte im Jahre 1364 von den Brüdern Eckhart und Ulrich von Hirschstein sowie von den Brüdern Ulrich, Hertnit und Konrad von Rammingen die Burg zu Unterbechingen mit Kirchensatz und Widumhof, zwei weiteren Höfen, drei Huben, 19 Selden, einem Gütlein und verschiedenen Holzmarken.[155] Er stand offenbar in engerer Beziehung zu denen von Rammingen, denn er siegelte, als Hertnit von Rammingen und seine Söhne sich 1375 mit dem Grafen von Öttingen und der Stadt Nördlingen verglichen und gute Freundschaft gelobten.[156] Da auch er als Mitsiegler Freundschaft gelobte, dürfte er gleichfalls in den vorausgegangenen Streit verwickelt gewesen sein, dessen Ursachen wir nicht kennen, der sich jedoch auch gegen seinen Lehensherren, den Grafen von Öttingen, gerichtet hatte. Sein Lehensverhältnis zu Öttingen wurde dadurch anscheinend nicht beeinträchtigt.

Als „Herr Hans der Vetzer, Ritter, gesessen ze Berg" (Burgberg) bürgte er 1378, als sein Vetter Hans II. Fetzer den halben Kirchensatz in Schnaitheim an Jakob I. Fetzer verkaufte.[157] Dies ist die letzte Nachricht von Hans Fetzer. Er ist vor Oktober 1383 gestorben. Damals verliehen die Grafen Ludwig XI. und Friedrich III. von Öttingen die Feste Berg samt Zugehör Hansens Bruder Wilhelm Fetzer.[158] Doch wenige Wochen später wurde dies geändert, und zwar auf ausdrückliche Bitte der Tochter Margarete des verstorbenen Hans Fetzer, die mit Walter vom Stein von Reichenstein vermählt war und offenbar auf ihr Erbrecht pochte. Jetzt wurde nämlich Walter vom Stein mit der Feste belehnt. Dieser bekundete, daß die Feste den Herren von Öttingen „offenlich" sei, d. h. er räumte ihnen ein Öffnungsrecht ein.[159] Walter vom Stein wurde nun auch vom

[153] Wie Anm. 151; St. J 1 Bd. 48c Fol. 329
[154] Lehenbuch Graf Eberhard des Greiners von Wirtemberg. Hrsg. Dr. Schneider. In: Württ. Vierteljahreshefte für Landesgeschichte 8, 1885, S. 113 ff. Hier S. 121 Bl. 9b
[155] Mü. Pfalz-Neuburg, Varia Neob. Nr. 63
[156] Die Urkunden der Stadt Nördlingen II (wie Anm. 83) S. 99 Nr. 495.
[157] St. A 602 W.Reg. 9003
[158] St. A 602 W.Reg. 9004
[159] Wa. U. I/527; Ötting. Lehenbuch (wie Anm. 14) S. 103 Nr. 542 mit Anm.

Grafen von Wirtemberg mit der Mühle an der Hürbe belehnt.[160] Diese Vorgänge zeigen, daß Hans Fetzer keinen Sohn hatte, sondern daß die Tochter Margarete seine einzige Erbin war.

Walter vom Stein und seine Frau Margarete begaben sich 1388 ins Ulmer Bürgerrecht. Sie veräußerten ihre Güter in Berg (Burgberg) an Branthoch Gräter, der noch im Dezember 1388 von den Grafen von Öttingen mit der Feste Berg belehnt wurde und 1396 vom Grafen Eberhard III. von Wirtemberg auch die Mühle an der Brenz zu Lehen erhielt.[161] Gräter erreichte 1400 beim Grafen von Wirtemberg, daß er auf das Öffnungsrecht an der Feste Berg, von dem wir hier erstmals hören, verzichtete. Dafür trug Gräter dem Grafen Eberhard den Kirchensatz zu Unterbechingen zu Lehen auf.[162] Daraus geht hervor, daß die 1364 von Hans Fetzer erworbenen Güter und Rechte in Unterbechingen gleichfalls über die Tochter Margarete an Walter vom Stein und dann 1388 an Branthoch Gräter gelangt waren.

Berg kam später an Hans III. Fetzer, einen Neffen des früheren Inhabers. Dieser war mit einer Tochter Branthoch Gräters vermählt und kaufte das Gut 1416 seiner Schwiegermutter und seinen Schwägern ab.[163]

Rudolf III. Fetzer (1336–1384, † v. 1387) ist uns schon anläßlich des Verkaufs der Güter in Aufhausen 1336/38 begegnet. Nicht immer läßt er sich eindeutig von seinem gleichnamigen Vetter von der Giengener Linie unterscheiden, zumal die Lebensdaten beider ziemlich übereinstimmen. Auf ihn bezieht sich mit hoher Wahrscheinlichkeit eine Nachricht von 1345, die Gabelkover überliefert. Er heißt hier „Rufelinus Vezer nobilis armiger" (Edelknecht) und saß in Wiesensteig. Die Koseform „Rufelinus" weist ihn wohl als Sohn eines Ruf (Rudolf) aus. Er schenkte damals dem Kloster Blaubeuren zu einem Seelgerät zwei Höfe in Nellingen, Lehen von der Abtei Ellwangen, und seine Mühle am Filsursprung bei Wiesensteig.[164] Er war vielleicht mit Mechthilde von Eglingen vermählt, die eine Tochter Heinrichs von Grafeneck, genannt Eglinger, und seiner Gemahlin Mechthilde gewesen sein dürfte.[165] Im Jahre 1349 saß er in Heidenheim. Er verkaufte seinen Hof in Schnaitheim, der ihm als väterliches Erbe zugefallen war und den Hans Pfützmayer baute, den ehrbaren Leuten Hans Vischer und Kunz Stauffer. Als Bürgen hatte er seinen Vater Rudolf II., seine Brüder Hans und Wilhelm, seinen Vaterbruder Heinz I. Fetzer sowie Heinz von Böbingen von Michelstein (bei Sontheim im Stubental) gestellt.[166]

---

[160] Wie Anm. 154, S. 126 Bl. 17b
[161] Burgermeister (wie Anm. 110) S. 600; Ötting. Lehenbuch (wie Anm. 14) S. 122 Nr. 636; UB, der Stadt Stuttgart. Bearb. Adolf Rapp. 1912. S. 72 Nr. 171
[162] Steinhofer (wie Anm. 88a) S. 571 f.
[163] Ötting. Lehenbuch (wie Anm. 14) S. 151 Anm. 745
[164] St. C. Pfaff, Württ. Regesten 2. Abt. C, S. 423
[165] Christian Tubingius, Burrensis Coenobii Annales. Bearb. Gertrud Brösamle. Schriften zur südwestdeutschen Landeskunde 3. 1966. S. 107 mit Anm. 179
[166] Lu. B 95 Helfenstein U. 404

Rudolf III. siegelte 1351 für seinen Vaterbruder Ulrich I., als dieser dem Kloster Neresheim die Weilerstatt Schönenberg zu eigen machte und als er für die verstorbenen Söhne Ulrich II. und Klaus ein Seelgerät ins Kloster Herbrechtingen stiftete.[167] Er bürgte 1353 für seinen Vetter Ruff IV. Fetzer, der dem Kloster Anhausen ein Wiesmahd in Heuchlingen verkaufte, und er siegelte 1355 für denselben, als er dem Abt von Neresheim den Empfang eines Lehens in Giengen bestätigte.[168]

Er war 1358 zugegen, als Graf Ulrich der Jüngere von Helfenstein eine Verfügung wegen des Zolls zu Kuchen traf.[169] Eben diesem Grafen Ulrich verkaufte er 1359 alle seine Güter in Heidenheim, „ez sy in der Stat, an Velde", nämlich Häuser, Hofstätten, Äcker, Wald und Wiesen – ausgenommen sein neues Haus und den Garten dahinter, das er wie bisher „unsteuerbar" haben sollte.[170] Leider ist der Kaufpreis nicht genannt, so daß sich schwerlich auf den Umfang des verkauften Besitzes schließen läßt. Indes dürfte ein Gutteil der im Salbuch von 1463 verzeichneten und der Herrschaft zins- und gültbaren Güter in Heidenheim aus diesem Verkauf stammen, nämlich vier halbe Höfe und vier Häuser in der Stadt.[171]

Rudolf erwarb das Ulmer Bürgerrecht, behielt jedoch seinen Wohnsitz in Heidenheim bei. Als „Bürger zu Ulm" verkaufte er 1362 dem Ulmer Spital Zehntrechte in Scharenstetten, die seinem verstorbenen Vaterbruder Ulrich I. Fetzer gehört hatten. Doch als Rudolf Fetzer, „zu den Zeiten gesessen zu Haidenhaim", bürgte er 1365, als Frau Agnes von Schlüsselberg und Graf Ulrich von Helfenstein den Kirchensatz in Nattheim von Peter von Scharenstetten erwarben.[172]

Im selben Jahr 1365 wird als Bürge der Grafen von Öttingen, die damals dem Abt von Ellwangen die Vogtei über die Klostergüter außerhalb der Stadt verkauften, ein „Rudolf der Vetzer zu dem Hohenhaus" genannt.[173] Es dürfte sich um unseren Rudolf III., wenn nicht um seinen gleichnamigen Sohn, handeln. Er wäre demzufolge in öttingische Dienste getreten und Vogt auf der Feste Hochhaus im Kartäusertal geworden. Doch hätte es sich nur um ein Intermezzo gehandelt, denn schon 1372 heißt es von Rudolf III., daß er „ze den Ziten ze Haidenhain gesezzen" sei. Er leistete gemeinsam mit seinem Vetter Ruff IV. Fetzer von Giengen Bürgschaft, als die Güssen von Brenz den halben Burgstall Stronburg und die Feste Güssenberg samt Gütern in Hermaringen an den Grafen Ulrich von Helfenstein verkauften.[174] Er bewohnte wohl das neue Haus in Heidenheim, das er sich 1359 vorbehalten hatte.

---

[167] Ne. Grünes Documentenbuch S. 105 ff.
[168] St. A 471 Kl. Anhausen U. 172
[169] Lu. B 95 Helfenstein U. 47
[170] Lu. B 95 Helfenstein U. 352
[171] Wie Anm. 79, Fol. 1 ff.
[172] Ulm. UB. II/2 S. 571 Nr. 641; St. J 1 Bd. 48c Fol. 329
[173] Lu. B 389 Kl. Ellwangen U. 287
[174] Lu. B 95 Helfenstein U. 410

Als „Ruff Vetzzer von Merklistetten, gesessen zu Helffenstein" (bei Geislingen) verkaufte er 1375 seinem „Öhen" Utz von Staufen acht Selden in Heuchlingen.[175] Auf der Verwandtschaftsangabe „Öhen" (Mutterbruder) beruht die Annahme, daß seine Mutter eine von Staufen gewesen sei (siehe oben). Noch im selben Jahr siegelte er als „Ruff der Vetzer von Heidenheim" für den Herzog Friedrich von Teck, der seiner Gemahlin Anna von Helfenstein die Herrschaft Mindelberg als Pfand verschrieb.[176] Der Herzog von Teck ermächtigte 1378 unserern Ruf Fetzer, die Reichssteuer der Stadt Nördlingen in Empfang zu nehmen, die dem Herzog vom König angewiesen worden war.[177] Rudolf III. bürgte 1378 auch für seinen Vetter Hans II. Fetzer beim Verkauf des halben Kirchensatzes in Schnaitheim.[178] Dem Abt von Kaisheim gab er 1381 den Bestandhof zu Emerstetten bei Gerstetten auf, wobei sein Bruder Wilhelm und sein Vetter Ruff IV. siegelten.[179] Sein Sohn Ruff V. wurde 1384 in den Deutschorden aufgenommen. Aus diesem Anlaß gelobte Rudolf III. dem Orden Treue und Huld.[180] 1385 siegelte er eine Urkunde seines Bruders Wilhelm.[181] Dies ist die letzte Nachricht. Im Februar 1387 wird er als verstorben erwähnt.[182]

Rudolf III. war möglicherweise (in zweiter Ehe?) mit Margarete von Angelberg vermählt, die 1436 als „selig" (verstorben) genannt wird.[183] Als Frau Rudolfs III. müßte sie freilich lange vor diesem Zeitpunkt verstorben sein.

Wilhelm I. Fetzer (1338–1391) ist uns 1338 begegnet, als er mit seiner Mutter Margarete auf die Güter in Aufhausen verzichtete. Er war damals noch jung und hatte kein eigenes Siegel.[184] In der Folgezeit begegnen wir ihm nur selten, so 1349, als er für seinen Bruder Rudolf III. beim Verkauf eines Hofes in Schnaitheim bürgte, und in gleicher Eigenschaft 1359, als Rudolf III. seine Güter in Heidenheim verkaufte.[185] Er war auch Bürge, als Frau Agnes von Schlüsselberg und Graf Ulrich von Helfenstein 1365 das Kirchenpatronat in Nattheim erwarben.[186] Einige Male tritt er als Siegler in Erscheinung, so 1368 für seinen Vetter Ruf IV. Fetzer von Giengen, der vom Abt von Anhausen mit dem Hof in Mergelstetten belehnt wurde, ferner 1381 für seinen Bruder Ruff III., der den Hof in Emerstetten aufgab, und 1382 für Kunz von Knöringen zu Duttenstein, der dem Grafen von Wirtemberg den Empfang von 80 Gulden für ein Roß quittierte.[187]

---

[175] Ulm. UB II/2 S. 790 Nr. 960
[176] Mü. Gerichtsurkunden Mindelheim Nr. 35a
[177] Die Urkunden der Stadt Nördlingen II (wie Anm. 83) S. 38 Nr. 320
[178] St. A 602 W.Reg. 9003
[179] Mü. Kl. Kaisheim U. 2291
[180] Ulm. UB II/2 S. 732 Nr. 855
[181] Falkenstein (wie Anm. 75) p. 301
[182] Ulm. UB II/2 S. 790 Nr. 961
[183] Steichele-Schröder-Zoepfl, Das Bistum Augsburg IX S. 361 Anm. 85
[184] St. A 602 W.Reg. 8994
[185] Lu. B 95 Helfenstein U. 404 und 352
[186] St. J 1 Bd. 48c Fol. 329
[187] St. A 471 Kl. Anhausen U. 251; A 602 W.Reg. 2201; Mü. Kl. Kaisheim U. 2291

Im Jahre 1376 bot sich ihm die Gelegenheit, eigenen Besitz zu erwerben: von Brun und Hans den Güssen von Brenz kaufte er das Gut Bergenweiler samt allen zugehörigen Gütern und Rechten um 2046 Pfund Heller.[188] Die Nachbarschaft Bergenweilers zu Berg (Burgberg) mag ihn veranlaßt haben, nach dem Tode seines Bruders Hans I. sich um das Lehen Berg zu bemühen, und er wurde im Oktober 1383 auch tatsächlich von den Grafen von Öttingen belehnt. Doch, wie wir wissen, erwirkte die Tochter des Verstorbenen, Margarete, daß ihr Gemahl Walter vom Stein in den Genuß dieses Lehens kam.[189]

Wilhelm Fetzer war Bürge, als sein Neffe Ruff V. 1384 in den Deutschorden aufgenommen wurde, und er selbst gelobte dem Orden Treue und Huld. Er siegelte 1387 auch den Verzicht dieses Neffen auf Güter in Heuchlingen.[190] Wilhelm hatte jetzt seinen Wohnsitz in Asselfingen; er ist aber im selben Jahr auch als Pfleger in Gundelfingen bezeugt.[191] Gemeinsam mit seinem Sohne Hans III. verkaufte er 1388 den Heiligenpflegern von Heidenheim für die Frühmesse sein Gut in Mergelstetten samt allen zugehörigen Selden, wie er es von seinem Vetter Rudolf IV. Fetzer erworben hatte.[192] Zum Seelenheil seiner beiden verstorbenen Frauen Anna von Niefern und Anastasia von (Donau-)Altheim schenkte er dem Kloster Echenbrunn 1391 seinen Hof in Asselfingen und den Hof in Höntschen (abgegangen bei Bächingen). Er wohnte damals in Gundelfingen. Sein Sohn Hans III. und die Vettern Jakob I. und Hans II. Fetzer von Aufhausen siegelten diese Schenkung.[193] Weitere Nachrichten von Wilhelm Fetzer sind nicht bekannt.

2) Die Söhne Rudolfs III. Fetzer, Rudolf V. und Ulrich IV.

Daß Rudolf III. einen gleichnamigen Sohn hatte, ist uns bereits bekannt. Dieser Rudolf V. ist vielleicht identisch mit „Rudolf Vetzer zu dem Hohenhaus", der uns 1365 begegnet ist (siehe oben). „Ruefflin der Vetzer" erscheint sodann 1370 als Schwestermann Ulrichs von Rammingen, also mit einer von Rammingen vermählt. Er bürgte für Ulrich von Riedsend und dessen Gemahlin Anna von Rammingen beim Verkauf der halben Herrschaft Eppisburg an Hans von Reichen.[194] Seine Frau scheint bald gestorben und er kinderlos geblieben zu sein. Dies mag seinen Entschluß bestimmt haben, in den Deutschorden einzutreten. Er wurde 1384 aufgenommen, wobei sein Vater, sein Vaterbruder Wilhelm und dessen Sohn Hans III. Bürgschaft leisteten.[195] Er selbst verzichtete 1387 auf Rechte an Gütern in Heuchlingen. Diese Güter hatte Ulrich von Staufen dem inzwischen verstorbenen Rudolf III. abgekauft, aber dessen Erben ein Rückkauf-

---

[188] St. A 602 W.Reg. 9001
[189] St. A 602 W.Reg. 9004; Ötting. Lehenbuch (wie Anm. 14) S. 103 Nr. 542; Wa. U. I/527
[190] Ulm. UB II/2 S. 732 Nr. 855 und S. 790 f. Nr. 961 und 962
[191] Gerhart Nebinger und Friedrich Zoepfl, Gericht und Verwaltung im Gebiet des Land- und Stadtkreises Dillingen. In: Jahrbuch des Histor. Vereins Dillingen 54, 1952, S. 50 ff., hier S. 97
[192] St. A 602 W.Reg. 9005
[193] Lauinger Urkunden (wie Anm. 75) S. 102 f Nr. 41
[194] Die Urkunden des Hochstifts Augsburg. Bearb. Walther E. Vock. Schwäbische Forschungsgemeinschaft. Reihe 2a. Urkunden 7. 1959. S. 231 f. Nr. 476
[195] Ulm. UB II/2 S. 732 Nr. 855

recht zugesichert. Mittlerweile hatte Ulrich von Staufen die Güter mit Zustimmung des Deutschherren Rudolf V. an das Deutsche Haus in Ulm weiterverkauft.[196] Nach Weyermann soll Rudolf bis 1401 Komtur in Ulm gewesen sein. Dies trifft insofern nicht zu, als für diesen Zeitraum andere Personen als Komture bekannt sind, doch könnte er bis 1401 dem Ulmer Konvent angehört haben.[197]

Ulrich IV. Fetzer (1403–1442) ist nie zu Lebzeiten des Vaters und auch nie in Gesellschaft mit dem Bruder Ruf V. bezeugt. Doch kann seine Einordnung als Sohn Rudolfs III. keinem Zweifel unterliegen, wird er doch 1403 als „Rudolf Vetzers säligen Sun" bezeichnet.[198] Man wird annehmen dürfen, daß er in seinen jungen Jahren in der Fremde war. Er ist wohl mit jenem Ulrich Fetzer gemeint, dessen Ansprüche an den Stadelhof in Ulm 1403 durch Rechtsspruch abgewiesen wurden. Die Gräfin Maria von Helfenstein, geborene Herzogin von Bosnien, verpfändete damals den Stadelhof dem Bürgermeister Heinrich Besserer. Ulrich Fetzer hatte jedoch anscheinend ältere Pfandrechte, die er nun vergeblich geltend machte.[199] Offenbar hatten seine Beziehungen zu maßgebenden Ulmer Geschlechtern nichts genützt.

Ulrich IV. verkaufte im selben Jahr 1403 der Gräfin Anna von Helfenstein das neue Haus samt Garten in Heidenheim, das sich sein Vater Rudolf III. 1359 vorbehalten hatte, sowie alle seine sonstigen Güter in der Stadt und vor der Stadt in den Zwingen und Bännen von Heidenheim.[200] Ulrich wohnte damals zu Staufen, anscheinend bei Verwandten seiner Frau. Er ist nämlich im selben Jahr als Gemahl der Elsbeth von Leimberg bezeugt, der Tochter Berengers von Leimberg (1375–v. 1403) und der Anna Krafft (1393–1403), der Tochter Kraffts am Kornmarkt zu Ulm (1340–1367).[201] Die von Leimberg waren zu dieser Zeit Pfandinhaber der Feste Staufen.

Ulrich IV. Fetzer und seine Gemahlin Elsbeth waren beteiligt, als seine Schwiegermutter Anna, die Witwe Berengers von Leimberg, mit ihrem Sohn Berenger dem Jüngeren und den Töchtern Anna und Engla dem Rektor der Kartause Buxheim die Vogtrechte über die Klostergüter zu Buxheim verkauften.[202] Im Jahre 1409 siegelte Ulrich Fetzer, der damals zu Dillingen saß, für seinen Vetter Jakob II. Fetzer beim Verkauf des Schnaitheimer Kirchensatzes. Auch bürgte er 1413 für Eglof von Sontheim, der sein Gut Haldenwang und Güter in Hafenhofen veräußerte.[203] Gewiß ist er mit jenem Ulrich Fetzer gemeint, der 1416 siegelte, als Jakob Kottler zu Zöschingen der Giengener Pfarrkirche einen Zins aus seinem Gut zu Walkendorf (abgegangen bei Fleinheim) verkaufte;

[196] Ulm. UB II/2 S. 790 f. Nr. 961 und 962
[197] Weyermann (wie Anm. 110) S. 100; Hans Greiner, Das Deutschordenshaus Ulm im Wandel der Jahrhunderte. 1922. S. 136
[198] Lu. B 95 Helfenstein U. 353
[199] St. C. Pfaff, Württ. Regesten 2. Abt. C S. 423 Nr. 152
[200] Wie Anm. 198
[201] Reg. Boica 11, S. 325; Hans Peter Köpf, Lutz Krafft, der Münstergründer. In: „600 Jahre Ulmer Münster". Forschungen zur Geschichte der Stadt Ulm 19. 1977. S. 9 ff. hier S. 27 und 30
[202] Reg. Boica 11, S. 325
[203] St. A 602 W.Reg. 9011; Reg. Boica 12, S. 130

Mitsiegler war nämlich Eberhard von Leimberg, der zu Staufen saß und ein Vetter von Ulrichs Gemahlin war.[204] Sein Siegel hängt auch an dem Brief, mit welchem Wilhelm von Bach 1417 bekundete, daß Herzog Ludwig von Bayern die ihm verpfändete Feste Hageln ausgelöst habe.[205] Wenn in mehreren Urkunden des bayerischen Landrichters von Höchstädt von 1419 „der Fetzer" unter den Schirmern genannt ist, dürfte es sich gleichfalls um unseren Ulrich IV. handeln.[206] Wenn aber 1420 ein Edelmann Ulrich Fetzer im Absagebrief der Gräfin Henriette von Wirtemberg an die von Geroldseck aufgeführt ist, bleibt doch fraglich, ob es sich auf ihn oder auf seinen Vetter Ulrich V. von der Aufhausener Linie bezieht.[207]

Im Jahre 1424 wurde Ulrich IV. Fetzer von Gundelfinger Bürgern als Siegler gebeten, die dem dortigen Spital Äcker zu einer Pfründe gaben. Im selben Jahr empfing er vom Hochstift Augsburg einen Hof in Donau-Altheim zu Lehen, den er von seiner Schwester Elsbeth der Altheimerin gekauft hatte. Elsbeth war die Gemahlin des Jakob oder Hans von (Donau-)Altheim.[208]

Graf Ludwig von Öttingen lieh 1425 dem „erbern, vesten und weisen Ulrich Vetzer zu Bergenweiler" die Behausung Burgberg als Träger für die Söhne Mang und Wilhelm seines verstorbenen Vetters Hans III. Fetzer.[209] Unklar ist, in welcher Eigenschaft Ulrich IV. damals wie auch 1430 und 1432 zu Bergenweiler saß. Diesen Ort hatte ja sein Vaterbruder Wilhelm I. 1376 von den Güssen von Brenz als Eigen erworben. Wilhelms Enkel, die eben erwähnten Brüder Mang und Wilhelm, verkauften Bergenweiler 1442 als Eigen an Peter von Leimberg. Es darf daher angenommen werden, daß sich Bergenweiler in direkter Linie von Wilhelm I. Fetzer über seinen Sohn Hans III. auf die Brüder Mang und Wilhelm vererbte. Man kann nur vermuten, daß Ulrich IV. Fetzer Bergenweiler zeitweilig in Pfandbesitz hatte oder daß er bei seinen Neffen wohnte.

Im Jahre 1430 wird Ulrich Fetzer als Beisitzer in einem Rechtsstreit zwischen der Stadt Lauingen und Rudolf von Pfahlheim genannt.[210] Sein Siegel hängt am Heiratsvertrag des Pankraz von Stadion mit Agathe von Leimberg von 1432, deren Ehe er hatte stiften helfen.[211]

1434 wurde Ulrich Fetzer tätig als Fürsprecher des Propstes von Herbrechtingen in dessen Streit mit Hans Negelin um eine Wiese.[212] Die Beziehung zum Kloster Herbrechtingen läßt erahnen, daß Ulrich um diese Zeit einen neuen Wohnsitz gefunden hatte, nämlich Oggenhausen bei Heidenheim. Zwei Jahre

---

[204] Lu. B. 176 Giengen U. 24

[205] Lauinger Urkunden. Bearb. Georg Rückert. In: Jahrbuch des Histor. Vereins Dillingen XV, 1902, S. 28 Nr. 124

[206] Mü. Gerichtsurkunden Höchstädt Nr. 15 und 16

[207] Steinhofer (wie Anm. 88a) S. 700

[208] Stadtarchiv Gundelfingen U. 38; Lehenbuch des Hochstifts Augsburg (wie Anm. 106) S. 2; Reinhard H. Seitz, Die schwäbischen Herren von (Donau-)Altheim. In: Jahrbuch des Histor. Vereins Dillingen LXXI, 1969, S. 68 ff., hier S. 78 Anm. 67

[209] St. A 602 W.Reg. 9013

[210] Lauinger Urkunden (wie Anm. 205) S. 56 f. Nr. 195

[211] St. A 155 Adel II U. 271

[212] St. A 488 Kl. Herbrechtingen U. 147 Fol. 45 v ff.

später, 1436, verlautet tatsächlich, daß er „zu Oggenhausen" gesessen sei. Er
stiftete damals einen Jahrtag ins Kloster Herbrechtingen für seine erste Gemahlin
Elsbeth. Doch war er wieder verheiratet mit N. vom Stein.[213] Sicherlich hatte
Ulrich IV. die „Behausung" zu Oggenhausen inne, von der wir fünfzehn Jahre
später erfahren, daß sie ein helfensteinisches Mannlehen war. Damals, aber höchst
wahrscheinlich auch schon um 1436, gehörten zu diesem Lehen ein Hof samt
etlichen Selden in Hagen (bei Beimerstetten), einige Äcker und Wiesen in
Glöttweng (bei Burgau) und eine Selde in Sontheim an der Brenz.[214] In Oggenhausen selbst kann mit der Behausung nur ganz wenig landwirtschaftliche Nutzfläche
verbunden gewesen sein, kaum soviel, als für einen bescheidenen Bauhof erforderlich war. Denn der weitaus überwiegende Grundbesitz im Ort gehörte der
Deutschordenskommende Giengen.[215]

Wir erinnern uns, daß 1356 Ulrich I. Fetzer von der Aufhauser Linie und 1360
sein Sohn Hans II. bereits mit Oggenhausen in Verbindung gebracht wurden.
Doch sind diese Nachrichten nur mit Vorbehalt zu verwerten. Zwar wäre nicht
völlig auszuschließen, daß die Fetzer damals einen Wohnsitz in Oggenhausen
hatten. Skeptisch jedoch muß stimmen, daß wir in den rund 80 Jahren, die
dazwischenliegen, davon nie etwas erfahren.

Die Behausung Oggenhausen war, wie erwähnt, ein Mannlehen der Grafen von
Helfenstein, und zwar der jüngeren oder Blaubeurer Linie des Hauses; die Linie
Geislingen-Wiesensteig hatte daran keinen Anteil. Das besagt, daß das Lehensverhältnis wohl erst nach 1356 begründet wurde, dem Jahr, in welchem die
helfensteinischen Güter zwischen den beiden Linien aufgeteilt wurden, wobei die
damals schon bestehenden Mannlehen – wie z. B. der Kirchensatz in Schnaitheim – gemeinsam blieben. Ob nun der Lehenscharakter der Behausung Oggenhausen darauf beruhte, daß ein früherer Eigentümer (ein Fetzer?) sie irgendwann
den Grafen von Helfenstein zu Lehen aufgetragen hatte oder daß sie von Anfang
an helfensteinischer Besitz war, der aus Gründen der Zweckmäßigkeit an
Gefolgsleute zu Lehen ausgegeben wurde, sei dahingestellt. Wegen der zugehörigen Güter in Hagen, Glöttweng und Sontheim möchte man eher an die letztgenannte Möglichkeit denken. Daß wir erst jetzt, um 1436, sichere Nachricht von
ihr erhalten, scheint dafür zu sprechen, daß das Lehen eine noch junge Einrichtung war.

Ulrich IV., der jetzt regelmäßig mit dem Zusatz „zu Oggenhausen" genannt
wird, war von nun an vorwiegend in der Nachbarschaft seines Wohnsitzes tätig.
Als im Jahre 1436 ein Streit zwischen Kloster Anhausen und Konrad Güß von
Brenz wegen Äckern zu Osterholz (abgegangen zwischen Oggenhausen und

---

[213] St. J 1 Bd. 48g III, Fol. 924 (auf diese Urkunde machte mich Herr H. P. Köpf, Nagold, aufmerksam)
[214] Stadtarchiv Lauingen U. 332
[215] Siehe Salbuch von 1391 (wie Anm. 67a)

Heidenheim) beigelegt wurde, siegelte er die Verzichtsurkunde des Güssen, aber auch die Urkunde, mit der Konrad Güß 1440 Äcker zu Herbrechtingen dem dortigen Kloster schenkte.[216] Im Jahre 1437 war er als Schiedsmann tätig im Streit des Klosters Herbrechtingen mit Otto von Kaltenburg wegen eines Hofes in Niederstotzingen.[217]

Er siegelte 1440 für die Stadt Heidenheim, als sie sich mit Kloster Herbrechtingen wegen der Steuerleistung der Klostergüter in der Stadt einigte.[218] Er leistete Bürgschaft für seine Vettern Mang und Wilhelm Fetzer, welche 1442 ihre Güter in Bergenweiler und Burgberg veräußerten, und er siegelte im gleichen Jahr für Ulrich von Rammingen, der den Grafen von Öttingen den Empfang von 2000 Gulden quittierte.[219] Dann brechen die Nachrichten über Ulrich IV. Fetzer ab.

Wir kennen Ulrichs Schwester *Elsbeth* (Elisabeth), die 1424 mit einem Herren von (Donau-)Altheim vermählt war. Als weitere Schwester kommt möglicherweise *Agnes* († 1438) in Betracht, die Gemahlin Eitel Kraffts von Gamerschwang (1401–1455); doch könnte sie auch eine Schwester seines Vetters Hans III. Fetzer gewesen sein.

Als Söhne Ulrichs IV. müssen wir die Brüder *Jörg I.* und *Hans V.* betrachten, die beide am 20. Februar 1451 schon tot waren, aber zu ihren Lebzeiten die Behausung Oggenhausen als helfensteinisches Mannlehen innehatten.[220] Denn sie waren offenbar die direkten Rechtsnachfolger Ulrichs IV. in der Behausung Oggenhausen, die sie freilich höchstens achteinhalb Jahre innehatten. Sie sind unseres Wissens sonst nirgends erwähnt; das würde wohl besagen, daß sie die meiste Zeit außer Landes waren.

Als ein weiterer Sohn Ulrichs IV. darf wohl der Ellwanger Mönch *Ulrich Fetzer* gelten, der 1439 an der „pestilentia" gestorben war.[221] Damit ist ein weiterer Zweig der Heidenheimer Linie erloschen.

3) Die Söhne Wilhelms I., Hans III. und der Ellwanger Mönch Wilhelm Fetzer

Hans III. Fetzer (1384–1421, † v. 1425) bürgte 1384 für den Vetter Ruff V. Fetzer, der in den Deutschorden eingetreten war, und er siegelte 1387, als dieser Ruff auf seine Rechte an Gütern in Heuchlingen verzichtete.[222] Gemeinsam mit seinem Vater Wilhelm I. verkaufte er 1388 den Heiligenpflegern zu Heidenheim ein Gut in Mergelstetten für die Frühmesse.[223] Er siegelte 1391 die Seelgerätstiftung seines Vaters für die verstorbenen Frauen Anna von Niefern und Anastasia

[216] St. A 471 Kl. Anhausen U. 281 und 165
[217] St. A 488 Kl. Herbrechtingen U. 240
[218] St. A 488 Kl. Herbrechtingen U. 134
[219] St. A 602 W.Reg. 9020; Wa. U. II/278
[220] Wie Anm. 214
[221] Chronicon Elvacense. In: Württ. Geschichts-Quellen II, 1888, S. 48
[222] Ulm. UB II/S. 732 Nr. 855 und S. 791 Nr. 962
[223] St. A 602 W.Reg. 9005

von Altheim.[224] Von 1400 bis 1421 war er mit kurzen Unterbrechungen ulmischer Vogt in Geislingen. Sein Jahressold betrug 100 Pfund Heller.[225] Er tritt dort häufig als Zeuge und Siegler auf. Das Amt in Geislingen verdankte er gewiß seinen familiären Verbindungen zum Hause Krafft in Ulm. Er war mit Elsbeth Krafft (1398–1399) vermählt, der Tochter Heinrich Kraffts (1362–1399) und Enkelin Kraffts am Kornmarkt (1340–1367). Seine Gemahlin starb wohl schon im September 1403. Um diese Zeit stiftete er den Predigern in Ulm zwei Pfund Heller für einen Jahrtag, offenbar für seine Frau, und er verkaufte den Predigern am 19. Dezember 1403 dafür ein Gütlein in Setzingen.[226]

In Geislingen stiftete er um 1406 die St. Sebastiansbruderschaft, eine Schützengesellschaft. 1408 wird er „armiger" (Edelknecht) genannt.[227] Er siegelte 1409 für seinen Vetter Jakob II. Fetzer zu Wemding, der seinem Bruder Ulrich III. den halben Kirchensatz in Schnaitheim verkaufte.[228] Im Jahre 1411 wird er Schwager Branthoch Gräters des Jüngeren genannt, der damals seinen Hof zu Hageln verkaufte.[229] Er war also eine zweite Ehe mit einer Gräterin eingegangen. Von seiner Schwiegermutter Engelburg von Schwendi, der Witwe Branthoch Gräters des Älteren, und deren Söhnen erwarb er um 1416 käuflich die Feste Burgberg samt den öttingischen und wirtembergischen Lehensgütern. Sein Lehenrevers für die Grafen von Öttingen datiert vom 7. Mai 1416.[230]

Im Jahre 1419 leistete er in Ulm Bürgschaft für Ulrich V., den Sohn Hans II. Fetzer, der seine Güter in Radelstetten an Auberlin Falb verkaufte.[231] Er erscheint im April 1421 letztmalig als Vogt in Geislingen. Im April 1425 wird er als verstorben erwähnt.[232]

Ein Bruder Hans III. dürfte *Wilhelm II. Fetzer* sein, der Mönch in Ellwangen war, dort 1420 anstatt des verstorbenen Johann von Grünberg (Gromberg) das Amt des Kellerers übernahm, aber schon am 6. September des gleichen Jahres starb.[233]

---

[224] Lauinger Urkunden (wie Anm. 75) S. 102 f. Nr. 41

[225] Geislinger Urkundenbuch. Bearb. Karlheinz Bauer. Maschinenschriftlich vervielfältigt 1967. B. 27 ff.; Klemm (wie Anm. 87) S. 214

[226] Freundl. Mitteilung von Herrn H. P. Köpf, Nagold, vom 22. 11. 1987

[227] Klemm (wie Anm. 87) S. 24; Württ. Archivinventare Heft 16, Göppingen I, 1940, S. 12 f.

[228] St. A 602 W.Reg. 9011

[229] Höchstädter Urkunden. Bearb. Ludwig Oblinger. In: Jahrbuch des Histor. Vereins Dillingen XIII, 1900, S. 63 Nr. 69

[230] Wa. U. I/821; Ötting.Lehenbuch (wie Anm. 14) S. 151 Nr. 745 mit Anm.

[231] Wie Anm. 88

[232] St. A W.Reg. 9013

[233] Chronicon Elvacense (wie Anm. 221) S. 46

4) Die Söhne Hans III., Mang und Wilhelm III. Fetzer

Nachdem von der Heidenheimer Linie der Zweig Hans I. Fetzer schon 1383, der Zweig Rudolfs III. mit dessen Enkeln Georg I. und Hans V. um 1451 im Mannesstamm erloschen waren, bleiben nur noch aus dem Zweig Wilhelms I. die Nachkommen seines Sohnes Hans III. Es sind die Söhne Mang und Wilhelm III. sowie die Töchter Ursula, Anna, Elisabeth und eine unbekannten Namens.

Mang und Wilhelm werden erstmals 1424 als Söhne des verstorbenen Hans III. Fetzer genannt. Sie hatten von ihm die Anwartschaft auf das öttingische Lehen Burgberg geerbt. Als Träger an ihrer Statt wurden vom Grafen Ludwig XI. von Öttingen jedoch Ulrich IV. Fetzer, der Vetter ihres Vaters, und Gilg Krafft, Bürger zu Ulm, ein Vetter der Elsbeth Krafft, der ersten Gemahlin ihres Vaters, belehnt.[234] Man würde daraus entnehmen, daß sie noch nicht volljährig waren. Tatsächlich aber müssen sie vor 1403, wenn auch kurz zuvor, geboren sein. Der Name Mang (Magnus), der im Hause Fetzer neu ist, aber künftig in fast allen Generationen und Zweigen wiederkehrt, weist in die Familie Krafft, aus der Elsbeth, die erste Gemahlin ihres Vaters, stammte. Ein Vetter Elsbeths trug den Namen Mang (1397–1421). Er war ein Sohn Lutz Kraffts an der Herdbruck (1362–1397). Dieser Mang Krafft könnte der Taufpate des Mang Fetzer gewesen sein, der damit ganz sicher aus der ersten Ehe des Vaters stammt. Mangs lange Lebenszeit – er starb erst 1497 – läßt jedoch vermuten, daß er nicht lange vor dem Tod der Mutter († September 1403?) geboren wurde.[235] Aber auch sein Bruder Wilhelm III., der gleichfalls ein biblisches Alter erreichte – er starb 1497/98 – muß aus der ersten Ehe des Vaters stammen. Denn er war es, der den Mannesstamm der Fetzer fortpflanzte und den Namen Mang weitergab. Möglicherweise waren Mang und Wilhelm sogar Zwillinge.

Von den Töchtern Hans III. Fetzer war *Ursula* vermählt mit Heinrich von Eckental von Lauingen (1421–1429). Sie hatten mehrere Töchter, von denen Anna sich mit Gilg von Seckendorf verheiratete, Ursula (1473) die Frau Wilhelms Schenk von Geyern (1452–1482) wurde.

Hans Fetzers Tochter *Elisabeth* war 1447 mit Wilpolt von Sontheim (1442–1483) vermählt.[236]

Seine Tochter unbekannten Namens war die Frau Konrads von Hasberg (1413–1432). Sie hatten die Söhne Ulrich und Ludwig, ersterer von 1439 bis 1480 nachweisbar und vermählt mit Justina vom Stein (1439), der letztere von 1439 bis ca. 1487 bezeugt.[237]

---

[234] Wie Anm. 232
[235] Wie Anm. 226
[236] Wie Anm. 226; St. A 602 W.Reg. 7640
[237] Steichele-Schröder, Das Bistum Augsburg V, S. 732 und S. 791

Als vierte Tochter Hans Fetzers ist *Anna* anzuschließen, die 1442 Gemahlin Konrads von Mussingen (Mussinger), jedoch 1444 bereits Witwe war.[238] 1427 wird berichtet, daß „Hans Vetzers Kind" für ihren Besitz in Ulm, der wohl von Elsbeth Krafft stammte, zwei Gulden Steuer zu zahlen hatten.[239] Ob damit alle Geschwister gemeint sind? Von den Töchtern könnten welche auch aus der zweiten Ehe des Vaters stammen.

Die Brüder Mang und Wilhelm III. treten in den ersten zwanzig Jahren meist gemeinsam auf, so daß es sich empfiehlt, sie auch gemeinsam vorzustellen. Sie wurden beide 1436 von den Grafen von Öttingen mit der Behausung Burgberg belehnt.[240] Im Jahre 1439 waren sie beteiligt, als ihr Neffe Ulrich von Hasberg zu Waldkirch für sich und seinen unmündigen Bruder Ludwig Güter zu Winterbach und österreichische Lehengüter in Röfingen (beides bei Burgau) verkaufte. Ihre Mitwirkung dürfte sich aus der Vormundschaft für den minderjährigen Ludwig von Hasberg erklären.[241]

Am 8. März 1442 verkauften die beiden Brüder dem Peter von Leimberg ihren gesamten Besitz zu Bergenweiler und Burgberg mit allen Rechten um 4600 rheinische Gulden. Bürgen waren u. a. ihre Schwäger Konrad von Mussingen und Wilpolt von Sontheim sowie Eitel Krafft von Gamerschwang der Jüngere, Vogt zu Güssenberg, ein Neffe ihrer Mutter Elsbeth und durch seine eigene Mutter Agnes Fetzer ein Vetter der beiden.

Die Verkaufsurkunde nennt im einzelnen die Zugehörden der beiden Güter nämlich in Bergenweiler die Behausung mit dem Turm, einen Hof, dessen Inhaber um das Dritteil baute, zwei weitere Höfe, ein Gut, Mühle, Fischenz, sechs Selden, drei Gärten, ein Zehntlein, einige Äcker, die Burgäcker, eine Holzmark sowie ein Gütlein in Hermaringen.

Die Feste Burgberg war verfallen und wird als Burgstall bezeichnet; dazu gehörten ein ganzer Hof, zwei Halbhöfe, vier Selden, Mühle, Fischenz, ein Äckerlein und fünf Holzmarken.

Die Güter in Bergenweiler waren alle eigen; Burgberg war öttingisches Lehen, nur die Mühle war Lehen von Wirtemberg.[242]

Der Verkauf war aus wirtschaftlichen Gründen erfolgt („das wir mit dem mindern größern unsern wachsenden Schaden vorkämen"). Doch gaben die Brüder damit gleichsam ihre Heimat und wirtschaftliche Basis auf und waren nun gezwungen, sich anderweitig einen Erwerb zu suchen.

Mang Fetzer ist seit 1444 ulmischer Vogt in Geislingen. Seine Ulmer Verwandten dürften ihm zu diesem Amt verholfen haben. Er erscheint dort häufig als Zeuge und Siegler in Gütergeschäften.[243] Im Jahre 1445 war er verheiratet mit

[238] Schloßarchiv Harthausen (wie Anm. 35) S. 8 U. 29; St. A 602 W.Reg. 9020
[239] C. A. Kornbeck, Ulmische Miszellen. In: Württ. Vierteljahreshefte 8, 1885, S. 78
[240] Ötting. Lehenbuch (wie Anm. 14) S. 151 Nr. 745
[241] Wie Anm. 237
[242] St. A 602 W.Reg. 9020
[243] Klemm (wie Anm. 87) S. 214

Anna Hürger vom Hürgerstein (im Eselsburger Tal). Diese hatte die Anwartschaft auf einen Hof in Sontheim an der Brenz geerbt, welcher Mannlehen der Wiesensteiger Linie der Grafen von Helfenstein war und damals in Trägers Weise zunächst an Wolf von Sontheim und Krafft von Gamerschwang den Jüngeren verliehen wurde. Doch schon zwei Monate später, im Februar 1446, wurde der Hof auf Mang Fetzer übertragen, der noch im selben Jahr von Helfenstein-Wiesensteig auch mit der Hälfte des Schnaitheimer Kirchensatzes belehnt wurde.[244] Diesen Kirchensatz hatte zuletzt Ulrich III. Fetzer (1400–1432, † ca. 1444) innegehabt. Die Lehen garantierten Mang Fetzer ein bescheidenes Einkommen.

Mang siegelte für seinen Schwager Wilpolt von Sontheim, der 1447 sein Viertel an Burg, Gericht und Ortsherrschaft in Brenz an Hans vom Stein zu Ronsberg verkaufte, und er leistete Bürgschaft, als im darauffolgenden Jahr auch Ludwig von Sontheim seinen Anteil an Brenz an Hans vom Stein veräußerte.[245]

Von Wilhelm III. Fetzer haben wir seit dem Verkauf von Bergenweiler und Burgberg nichts vernommen. Doch muß auch er sich eine neue Existenz geschaffen haben. Der Erlös aus dem Verkauf von 1442 mag für die Tilgung der Schulden nicht völlig aufgebraucht worden sein, so daß ihm wohl ein Restkapital verblieb, mit dem sinnvoll zu verfahren war. Wenn nicht alles trügt, dann hat er sich in dieser Zeit in Oggenhausen angekauft. Wie wir wissen, gehörte der weitaus überwiegende Teil des dortigen Grundbesitzes der Deutschordenskommende Giengen. Deren Salbüchlein von 1391 verzeichnet drei Höfe, ein Lehen, ein Gut, sechs Zinslehen, zwei Hofstätten, 24 Selden, einen Garten und zwei Wiesen.[246] Dies entspricht ziemlich genau dem, was sich 1587 und später in fetzerschem Eigenbesitz nachweisen läßt, und zwar speziell im Besitz der Nachkommen Wilhelms III. Fetzer, der demnach der alleinige Erwerber war. Der fetzersche Besitz geht höchst wahrscheinlich auf den Deutschordensbesitz zurück.

Der Besitzübergang läßt sich leider mit keiner Urkunde belegen, sondern nur auf Umwegen erschließen. Er ist sicher nicht erfolgt, solange die Kommende Giengen selbständig war, denn ihr Komtur hätte den geschlossenen Besitz in Oggenhausen, in nächster Nachbarschaft seines Hauses in Giengen, zuallerletzt und nur in äußerster Not abgestoßen. Noch 1434 erscheint die Kommende Giengen als selbständige Institution.[247] Bald danach aber muß ihre Vereinigung mit der Kommende Kapfenburg erfolgt sein. Welche Gründe dafür bestimmend waren, wissen wir nicht. Für Kapfenburg aber lag der Besitz in Oggenhausen nicht mehr so günstig; man hat sich dort – sicher nicht ohne Not – anscheinend bald zur Veräußerung entschlossen. Das müßte in den Jahren zwischen 1445 und 1450 geschehen sein.

---

[244] Lu. B 95 Helfenstein U. 688 und 689; St. J 1 Bd. 48c, Fol. 421
[245] St. A 602 W.Reg. 7640 und 7641
[246] Wie Anm. 215
[247] Gerlach (wie Anm. 96) S. 32

Die Kommende Kapfenburg hatte später nur noch ganz unbedeutenden Besitz in Oggenhausen, der offenbar auf dem beruhte, was sie 1471 von Kloster Lorch erworben hatte. Das „Zünß- und Saal-Büech" des Vogtamtes Zöschingen der Kommende Kapfenburg von 1651 verzeichnet für Oggenhausen nur „vier Tagwerk Holzmahd im Kreben, zwei Tagwerk Holzmahd auf der Hörbstwaydt, zwei Tagwerk Holzmahd", insgesamt also 8 Tagwerk Mähder.[248]

Nachdem die Söhne Ulrichs IV. Fetzer, Jörg und Hans, wohl gegen Ende des Jahres 1450 gestorben (umgekommen?) waren, bemühten sich die Brüder Mang und Wilhelm III. um die helfensteinische Lehensbehausung Oggenhausen, und Graf Ulrich der Jüngere von Helfenstein übertrug sie ihnen ihrer treuen Dienste wegen am 20. Februar 1451 samt den zugehörigen Gütern in Hagen, Glöttweng und Sontheim als Mannlehen.[249] Fast genau ein Jahr später, am 15. Februar 1452, urkundete der Graf, daß er diese Güter den Brüdern Mang und Wilhelm Fetzer auf deren Bitte geeignet habe und daß er und sein Bruder Konrad auf alle Rechte daran verzichte.[250] Nach dem Verkauf der Herrschaft im Brenztal 1448 mag den Grafen von Helfenstein das Lehen Oggenhausen nicht mehr sonderlich wichtig gewesen sein.

Nunmehr war der Grundbesitz in Oggenhausen bis auf unbedeutende Reste, die sich im Besitz der Klöster Lorch (seit 1471 Kommende Kapfenburg) und Herbrechtingen befanden, in Händen der Fetzer, namentlich aber Wilhelms III., vereinigt. Die „Behausung" stand wohl an der Stelle des späteren Unteren Schlosses, das vor 1727 in ein Bauerngut umgewandelt wurde. Dort nahm Wilhelm III. seinen Wohnsitz und nennt sich nunmehr (seit 1456) „zu Oggenhausen".

Mit dem Ankauf des Ordensbesitzes in Oggenhausen mag zusammenhängen, daß Wilhelm III. 1454 andere Güter und Rechte verkaufte, so an Ulrich von Riedheim den Jüngeren zu Kaltenburg Hof und Hube zu Bechenheim (Bächingen an der Brenz), die er von Wilhelm von Bechenheim erworben hatte, sowie seine Hälfte der Ehaften, Ortsherrschaft, Taferne u. a. in Setzingen an den Deutschordenskomtur Simon von Leonrod, der den Kommenden Ulm und Kapfenburg vorstand.[251] Die Güter und Rechte in Setzingen dürften Mitgift seiner Gemahlin Barbara Ungelter gewesen sein, deren Brüdern Walter und Peter Ungelter die

---

[248] Lu. B. 330 Kapfenburg U. 42; freundl. Mitteilung von Herrn Staatsarchivdirektor Dr. R. H. Seitz, Neuburg, vom 16. 4. 1984

[249] Stadtarchiv Lauingen U. 332

[250] Stadtarchiv Lauingen U. 345

[251] Mü. Dillinger Kloster-Urkunden Nr. 46a; Greiner (wie Anm. 197) S. 28 Anm. 7

andere Hälfte von Setzingen gehörte. Der Erlös aus diesen Verkäufen mag zur Tilgung etwa noch vorhandener Schulden aus dem Ankauf des Ordensbesitzes in Oggenhausen gedient haben.[251a]

Wilhelms Bruder Mang Fetzer, Vogt zu Geislingen, leistete Bürgschaft für seine „Schwäger" Stephan und Wilhelm von Geyern, die 1453 ihre Güter zu Ganslosen (heute Auendorf, Kr. Göppingen) verkauften.[252] Wir erinnern uns, daß Wilhelm Schenk von Geyern mit Ursula von Eckental, der Nichte Mang Fetzers, verheiratet war.

Mang wurde 1454 vom Grafen Ulrich dem Älteren von Helfenstein (Wiesensteiger Linie) mit der Ostermühle und Ranenkopfselde in Langenau sowie mit dem Hof in Sontheim an der Brenz, den er schon vorher innegehabt hatte, belehnt. Im folgenden Jahr 1455 empfing er auch den halben Kirchensatz in Schnaitheim.[253]

Seine Rechte an der Behausung Oggenhausen, die aus der Belehnung bzw. Eignung durch Helfenstein 1451/52 stammten, scheint Mang seinem Bruder Wilhelm abgetreten zu haben, denn er wird nie in Verbindung mit Oggenhausen genannt. Möglicherweise erhielt er dafür die ursprünglich mit der Behausung verbundenen Güter in Hagen, Glöttweng und Sontheim an der Brenz. Jedenfalls werden sie nie mehr als Zugehör von Oggenhausen erwähnt. Im übrigen war er auf den Ertrag der helfensteinischen Mannlehen in Langenau, Sontheim und Schnaitheim angewiesen. Sein Geislinger Vogtamt scheint er zeitweilig aufgegeben zu haben, denn 1456 heißt es von ihm „derzeit wohnhaft zu Günzburg". Sein Bruder „Wilhelm Vetzer zu Ogkenhausen" erscheint im selben Jahr als Zeuge in einem herbrechtingischen Lehenbrief.[254]

Wilhelm III. Fetzer beteiligte sich offenbar 1449 auf seiten der Städte am Krieg gegen den Markgrafen Albrecht Achilles von Brandenburg-Ansbach und den Grafen Ulrich V. von Wirtemberg, der seit 1448 Inhaber der Herrschaft im Brenztal war. In dessen Verlauf wurden die Burgen Güssenberg, Hürben und Aufhausen von den Städtern zerstört und die Klöster Anhausen, Herbrechtingen

---

[251a] Korrektur-Nachtrag zum Text der Anm. 246–251: Dem Verfasser wurde nachträglich das Regest einer Urkunde von 1454 bekannt, wonach Wilhelm Fetzer von Oggenhausen sein Besitztum zu Setzingen an das Deutsche Haus in Ulm gegen dessen Güter zu Oggenhausen und ein Aufgeld vertauscht hat (Vidmus von 1463; Stadtarchiv Ulm, Urk.-Regesten Bd. VI. Freundliche Mitteilung von Herrn Joachim Glöggler, Gundelfingen). Vgl. dazu Anm. 251! – Entgegen der Annahme des Verfassers ist damit der Übergang des Deutschordensbesitzers in Oggenhausen an Wilhelm III. Fetzer erst nach der Belehnung der Brüder Mang I. und Wilhelm III. mit der Behausung Oggenhausen durch den Grafen von Helfenstein 1451 erfolgt. Der mit Wilhelm III. tauschende Komtur Simon von Leonrod stand sowohl der Kommende Ulm als auch der Kommende Kapfenburg vor. Wenn er die fetzerschen Güter in Setzingen für die Kommende Ulm erwarb, dürfte er die Kommende Kapfenburg für die ehemals giengischen Güter in Oggenhausen anderweitig entschädigt haben.

[252] Lu. B 95 Helfenstein U. 737

[253] Lu. B 95 Helfenstein, Repert. S. 1018; St. J I Bd. 48c, Fol. 423

[254] Die Urkunden der Stadt Dinkelsbühl (wie Anm. 142) S. 20 Nr. 992; Ne. Grünes Documentenbuch S. 47ff. (Insert in Urteil von 1493). – Wenn es 1460 von Wilhelm Fetzer heißt, er sitze zu „Aufhewsen", so liegt gewiß eine Verwechslung oder Verschreibung vor; Mü. Pfalz-Neuburg, Auswärt. Staaten U. 251

und Königsbronn schwer geschädigt, teilweise sogar niedergebrannt. Auf Betreiben des Abtes von Königsbronn beauftragte Papst Kalixt III. 1455 den Bischof von Augsburg, mit kirchlichen Strafen gegen einige Herren, darunter den „miles" (Ritter) Wilhelm Fetzer, sowie gegen die Bürgermeister und Gemeinden von Ulm und Giengen und deren Genossen vorzugehen, weil sie Güter des Klosters in Steinheim, Sontheim im Stubental und Springen sowie eine Mühle in Itzelberg „mit Feuer verwüstet", Vieh weggetrieben und Untertanen des Klosters getötet hätten.[255]

Wilhelm III. Fetzer war überhaupt ein streitlustiger Herr. Gemeinsam mit Reinhard von Deizisau schwor er der Stadt Ulm 1454 Urfehde; wir erfahren leider nicht, was vorausgegangen war.[256]

Im März 1463 sagte er gemeinsam mit Klaus Schmid von Neresheim dem Grafen von Öttingen Feindschaft an. Sie erstiegen das Schloß Kaltenburg, das Fritz von Grafeneck gehörte, nahmen es ein und setzten den Eigentümer darin gefangen.[257] Im Juli dieses Jahres schickten Wilhelm Fetzer, Hans von Reinau und Hans Ramung der Stadt Augsburg einen Fehdebrief. Dies geschah angeblich auf Anstiften des ehemaligen Stadtschreibers Heinrich Erlbach. Sie übten von Kaltenburg sogleich Feindseligkeiten aus, verbrannten und brandschatzten die nach Augsburg gehörigen Dörfer; sie fingen u. a. einen Wagenmann (Kaufmann), nahmen ihm zwölf Rosse und zwei Wagen weg. Sie selbst hatten angeblich 50 oder 60 Pferde (Reiter) und verbreiteten große Furcht. Anscheinend wurden sie von Herzog Ludwig von Bayern unterstützt. Nachdem aber im August Friede zwischen Herzog Ludwig und dem Kaiser geschlossen war, setzte der Kaiser einen Gerichtstag in Ulm auf November 1463 an. Dort soll Erlbach als Beistand der drei Edelleute die Vertreter Augsburgs aufs übelste angeschwärzt und des Meineids geziehen haben, so daß nichts ausgerichtet wurde. Nun appellierten die Vertreter Augsburgs an den Kaiser, der die drei Friedensbrecher am 14. November 1463 ächtete.[258] Fritz von Grafeneck teilte der Stadt Nördlingen Anfang Februar 1464 mit, daß ihm ein Rechtstag gegen Wilhelm Fetzer wegen des Schlosses Kaltenburg auf den Weißen Sonntag (17. Februar) in Ulm gesetzt sei, und er bat die Nördlinger um eine Ratsbotschaft als Beistand.[259] Leider ist uns das Ergebnis dieses Rechtstages nicht bekannt.

Mang Fetzer war seit 1459 Diener der Stadt Ulm mit fünf Pferden. Seit 1463 ist er wieder als Vogt in Geislingen bezeugt. In diesem Jahr bestätigte ihm Graf Friedrich von Helfenstein die Mannlehen in Langenau und Sontheim wie auch den

---

[255] St. A 495 Kl. Königsbronn U. 5
[256] Burgermeister (wie Anm. 110) S. 649
[257] Stadtarchiv Nördlingen, Missivbuch 1463, Fol. 24 (nach freundl. Mitteilung von Herrn M. Hummel, Giengen)
[258] Chronik des Burkard Zink Buch IV. In: Chroniken der Deutschen Städte V, S. 295 f.; Chronik des Hector Mülich. In: Chroniken der Deutschen Städte XXII, S. 198; Paul v. Stetten, Geschichte der Stadt Augsburg I. 1743. S. 194 f.
[259] Stadtarchiv Nördlingen, Missive 1464, Fol. 338

halben Kirchensatz in Schnaitheim.[260] Im Juni 1469 hielt Graf Friedrich ein Lehengericht in Heidenheim ab, dem Mang Fetzer, Vogt zu Geislingen, als Beisitzer angehörte. Es ging um den Zehnten in Asselfingen, der im Besitz des Hans von Rammingen war, aber zur Hälfte als helfensteinisches Lehen galt.[261]

Mang siegelte 1480 ein Vermächtnis der Gräfin Amalie von Helfenstein; sie verschrieb ihrem Neffen Graf Ludwig dem Jüngeren für den Fall, daß sie vor ihm sterben sollte, 500 Gulden, die ihr Gemahl Ludwig der Ältere ihr einst als Morgengabe auf Deggingen und Hiltenburg angewiesen hatte. Sein Siegel hängt auch an einer Vereinbarung, welche die Grafen Friedrich und Ludwig von Helfenstein 1482 mit der Stadt Ulm trafen.[262] Als Vogt in Geislingen erhielt er 1485 200 Gulden.[263]

Sein Bruder Wilhelm III. ist seit 1469 als bayerischer Pfleger in Hagel und Staufen bezeugt. Er verglich sich 1474 mit Kloster Herbrechtingen dahin, daß er für seine Schäferei in Oggenhausen zu bestimmten Zeiten den Trieb auf der Weilerstatt Heudorf (heute Heuhof bei Oggenhausen) haben solle, diese aber räumen müsse, falls das Kloster sie bebauen oder mit Weidevieh besetzen wolle.[264]

In Gemeinschaft mit anderen legte er 1479 den Streit zwischen Kloster Herbrechtingen und Lorenz Krafft, Bürger zu Ulm, wegen Äckern und Zehnten vor der Feste Eselsburg bei.[265] Er wird von nun an „Wilhelm Vetzer der Ältere" genannt, hatte also einen gleichnamigen Sohn.[266]

Im Jahre 1480 waren Wilhelm III. und seine Verwandten von Hasberg in eine Fehde verwickelt mit dem Bischof von Augsburg „und der gantzen Briesterschaft", wobei Leute gefangen und gebrandschatzt wurden.[267]

Er gab 1481 die Pflege Staufen ab, wo Melchior von Villenbach nun sein Nachfolger wurde. Doch hatte er das Amt von Februar 1483 bis Februar 1485 erneut inne.[268] Am 5. August 1483 starb seine Gemahlin Barbara Ungelter und wurde anscheinend in Oggenhausen begraben, wo sich in der Kirche noch ihr Grabstein findet.[269]

---

[260] Burgermeister (wie Anm. 110) S. 603; Lu. B 95 Helfenstein U. 608; St. J 1 Bd. 48c, Fol. 482f. – Der Kirchensatz in Schnaitheim ist hier letztmals als helfensteinisches Lehen bezeugt.

[261] Lu. B 95 Helfenstein U. 495

[262] Lu. B 95 Helfenstein U. 74

[263] Gg. Burkhardt, Aus und zu alten Rechnungen. In: Geschichtl. Mitteilungen von Geislingen 6, 1937, S. 47ff., hier S. 73

[264] Stadtarchiv Gundelfingen, U. 83/105; St. A 488 Kl. Herbrechtingen B 27

[265] St. A 488 Kl. Herbrechtingen U. 285

[266] St. A 488 Kl. Herbrechtingen U. 283

[267] Nicolaus Thoman, Weissenhorner Historie. In: Quellen zur Geschichte des Bauernkriegs in Oberschwaben. Hrsg. Franz Ludwig Baumann. 1876. S. 2ff., hier S. 14

[268] Mü. Gerichtsurkunden Höchstädt Nr. 194; Nebinger-Zoepfl (wie Anm. 191), S. 106

[269] Die Grabinschrift lautet: „Anno d(omini) mc) ccclxxx lll jar starb die erber edel frau frau barbara veczeri(n) gebor(n) u(n)gelteri(n) an (san)t osswal tag des haylige(n) ku(n)g"; Hans Wulz, Grabmäler der Oggenhauser Fetzer. In: Der Hellenstein. Beilage zur Heidenheimer Zeitung. Bd. 5 Nr. 31 vom 28. 3. 1959. – Die Oggenhauser Kirche wurde 1732 erbaut an Stelle einer alten Kapelle zum hl. Wendelin.

Noch mehrfach wurde Wilhelm III. als Schiedsrichter tätig, so 1486 im Streit des Propstes Georg mit der Gemeinde Herbrechtingen sowie 1491 und 1492 im Streit der Klöster Herbrechtingen und Neresheim wegen Iggenhausen.[270]

Sein Bruder Mang hatte mittlerweile eine zweite Ehe geschlossen. Im Jahre 1485 wird Lucia Krafft als seine Gemahlin genannt. Sie war die Tochter Peter Kraffts (1399–1426) und der Klara Lang (1410). Ihre Großeltern väterlicherseits waren Kräftlin (1355–1404) und Elsbeth Ehinger, Tochter Walter Ehingers.[271] Mang hatte seine Gemahlin wegen ihres Heiratsguts auf die Mühle und Selde zu Langenau und den Hof in Sontheim verwiesen. Da dies helfensteinische Mannlehen waren, wurden an Lucias Statt Peter Krafft von Dellmensingen und Jos Krafft als Träger belehnt.[272]

Zu dieser Zeit war Mang immer noch Vogt in Geislingen. Doch scheint er das Amt im Verlauf des Jahres 1491 abgegeben zu haben, da am 17. Juni Hans Speth von Ehstetten als Vogt bezeugt ist.[273]

Mang Fetzer und seine Gemahlin Lucia Krafft stifteten 1493 dem Geislinger Spital 100 Gulden, wohl um sich als Pfründner einzukaufen.[274] Im Frühjahr 1497 starb Mang Fetzer. Sein Totenschild in der ehemaligen Stiftskirche in Herbrechtingen, wo er begraben wurde, ist verschollen.[275] Seine Gemahlin Lucia scheint ihn um wenige Wochen überlebt zu haben, denn sie ist noch als seine Witwe bezeugt. Von 1497 vor dem 15. April datiert der Teilbrief der Erben der beiden Verstorbenen. Es sind in erster Linie die Töchter *Barbara* († n. 1521), vermählt mit Hans dem Jüngeren von Züllenhart († 1519), und *Walburga*, Ehefrau Ludwigs von Stadion. Diese beiden verkauften am 15. April dieses Jahres an Wilhelm III. Fetzer von Oggenhausen und seine Erben 42 Pfund Unschlitt Giengener städtische Gült.[276] Zwei Tage später bekundeten die Brüder Heinrich und Charius von Lichtenstein sowie Eberhard Lutz von Reutlingen und dessen Frau Elisabeth Krafft, daß sie die ihnen von Mang Fetzer und Lucia Krafft erblich zugefallenen Zinsen aus drei Häusern in Ulm an die dortige Kirchenbaupflege verkauft hätten.[277] Sie waren Verwandte der Lucia Krafft.

Wilhelm III. Fetzer, der am 15. April 1497 noch gelebt hatte, wird am 3. November 1498 als verstorben erwähnt.[278]

---

[270] St. A 488 Kl. Herbrechtingen, Insert in U. 147 von 1495; Neresheimer Deduktion. 1759. S. 552 Nr. 138 und S. 569 ff. Nr. 153

[271] Freundl. Mitteilung von Herrn A. Rieber, Ulm.

[272] Lu. B 95 Helfenstein U. 609

[273] Württ. Archivinventare (wie Anm. 227) S. 30

[274] Klemm (wie Anm. 87) S. 214

[275] Die Kunst- und Altertumsdenkmale im Königreich Württemberg. Oberamt Heidenheim. Bearb. Eugen Gradmann. 1913. S. 182

[276] St. J 1 Bd. 48c, Fol. 465; Stadtarchiv Ulm, Regesten Erbteilungen S. 236 f.; Stadtarchiv Giengen, Repert. Ratsprotokolle (nach H. Wulz)

[277] Urkunden zur Geschichte der Pfarrkirche in Ulm. Hrsg. H. Bazing und G. Veesenmeyer. 1890. S. 154 f. Nr. 326

[278] Mü. Gerichtsurkunden Höchstädt Nr. 499

E. Die Nachkommen Wilhelms III. Fetzer

Wilhelm III. Fetzer hinterließ zwei Söhne, Mang II. und Wilhelm IV., sowie zwei Töchter namens Ursula und Apollonia.

Ursula war vermählt mit Veit Raiser (1491–1519), Sohn des Anton Raiser von Kicklingen. *Apollonia* war Äbtissin zu Unterliezheim (1489–1535).[279]

Nach dem Tode Wilhelms III. gab es Streit unter seinen Erben. In der Wohnung des Kastners Veit Raiser in Gundelfingen wurde am 3. November 1498 beurkundet, daß vor etwa elf bis zwölf Jahren der Ritter Ludwig von Hasberg (ein Neffe Wilhelms III.) dem Veit Raiser „von seiner Schwäger, der Vetzer, wegen" einen im Wert überschätzten Hof zu Bachhagel als Heiratsgut seiner Frau Ursula geborene Fetzer eingeredet habe, was aber seine Frau nicht anerkannt habe. Diese habe vielmehr nach dem Tode ihres Vaters ihr Erbrecht gerichtlich gegen ihre Brüder Mang und Wilhelm geltend gemacht, welche das Erbe Oggenhausen und Stuhlweißenburg unter sich geteilt hätten.[280]

Was es mit dem Erbe Stuhlweißenburg (Ungarn) auf sich hat, ist nicht erfindlich; davon ist sonst nie die Rede.

Veit Raiser scheint mit Mang II. Fetzer wegen des Erbes seiner Frau Ursula einig geworden zu sein. Doch mit Wilhelm IV. ging der Prozeß weiter. Im Mai 1500 bestellte Veit Raiser einen Gundelfinger Bürger, Michael Steinmair, zu seinem Vertreter vor dem Hofgericht in Neuburg. Die Verhandlung im Oktober 1500 scheint jedoch kein abschließendes Ergebnis gebracht zu haben.[281]

Die Brüder Wilhelm IV. und Mang II. stritten auch unter sich wegen der Teilung der Erbgerechtigkeit an Oggenhausen und wegen der Lehen, die von ihrem Vaterbruder Mang I. an sie übergegangen waren. Im März 1501 entschieden Propst Georg von Herbrechtingen und Friedrich Schenk von Schenkenstein, Pfleger zu Heidenheim, den Streit in der Weise, daß Mang II. und seine Erben Oggenhausen mit allen Zugehörungen und Ehaften behalten sollten, ohne Eintrag von seiten Wilhelms IV. und seiner Erben. Wilhelm und seine Erben sollten die Lehen behalten, die von Mang I. herrührten, ohne Eintrag von seiten Mangs II. Da Mang versprochen hatte, seinem Bruder Wilhelm als Ausgleich eine Summe Geld herauszuzahlen und davon noch 800 Gulden schuldig war, sollte er diesen Betrag verzinsen und jährlich auf Lätare 40 Gulden entrichten. Die Schlußbestimmung betraf die Schwestern Apollonia und Ursula: Wilhelm und Mang sollten sich gegen ihre Schwestern, die „von Lietzenn" (Apollonia, Äbtissin zu Unterliezheim) und die Kastnerin von Gundelfingen (Ursula), „umb ir vermaint Spruch (Anspruch) jeder zu seinem Teil ohne des andern Schaden verantworten"[282] Veit Raiser starb am 16. Oktober 1519. Sein Grabmal in der Pfarrkirche St. Martin in Gundelfingen zeigt das Ehewappen Raiser und Fetzer.[283].

[279] Anton Steichele, Das Bistum Augsburg IV. S. 762
[280] Wie Anm. 278
[281] Mü. Gerichtsurkunden Höchstädt Nr. 499a und 500
[282] St. A 155 Adel II, B. 23
[283] Die Kunstdenkmäler von Schwaben VII. Landkreis Dillingen an der Donau. Bearb. Werner Meyer. 1972. S. 314. – Das Wappen Fetzer dort irrig auf Rot von Schreckenstein gedeutet.

1) Wilhelm IV. Fetzer und seine Nachkommen

Wir beschäftigen uns zuerst mit Wilhelm IV., der anscheinend der jüngere der Brüder war, dessen Zweig aber schon in der übernächsten Generation erlosch.

Da sein Vater 1479 „Wilhelm Vetzer der Ältere" genannt wird, ist zu folgern, daß der Sohn Wilhelm schon volljährig war. Tatsächlich dürfte Wilhelm der Jüngere damals um die 40 Jahre alt gewesen sein.

Wilhelm IV. trat in die Fußstapfen seines Vaters. Er war von Februar 1486 bis Juli 1492 und erneut von 1498 bis 1500 Pfleger zu Hagel und Staufen. In der Zwischenzeit hatte sein Bruder Mang dieses Amt inne.[284] Als Pfleger soll er jährlich 125 Gulden aus dem Schloß Staufen und den zugehörigen Gütern bezogen haben.[285] Vom Grafen Friedrich von Helfenstein empfing er 1495 die Lehen Ostermühle und Selde in Langenau sowie den Hof in Sontheim. Diese Lehen wurden ihm 1519 vom Grafen Ulrich bestätigt.[286]

Die Pfleger der Priesterbruderschaft in Giengen verkauften ihm 1499 einige Waldparzellen in der Umgebung von Oggenhausen und Staufen (an dem Steinriegel, Walberg, zu Spylen, der alt Roßstall, Schnitzerhau, Naglerholz, der neue Roßstall, in der Arskrynnen).[287] In den Jahren 1501 bis 1506 amtierte er als Pfleger in Gundelfingen.[288] Doch schon 1506 hatte er seinen Wohnsitz in Giengen. Im Auftrag des Herzogs Ulrich von Wirtemberg verglich er in diesem Jahr den Pfleger und Kastner zu Heidenheim mit Veit von Rechberg wegen der beiderseitigen Rechte in Hausen ob Lontal.[289]

Im Jahre 1509 wird Wilhelm IV. »Schwager« des Eustach von Westernach zu Landstrost genannt. Dieser verwies damals seine Gemahlin Katharina vom Stein zur Sicherung von Heiratsgut und Morgengabe auf Schloß und Dorf Konzenberg (bei Burgau), auf Güter in Mehrstetten und auf die Riedmühle unterhalb Burgau. Aus den Gütern in Mehrstetten und der Riedmühle sollte jedoch Wilhelm Fetzer jährlich 50 Gulden Zins aus 1000 Gulden Hauptgut erhalten.[290] Es handelte sich offenbar um die Mitgift seiner Frau. Deren Eltern waren demzufolge Rüdiger III. von Westernach zu Konzenberg (1458–1501) und Margarete von Plieningen (1495–1519).[291]

1511 wurde in Stuttgart die Hochzeit Herzog Ulrichs von Wirtemberg mit Sabine von Bayern gefeiert. Daran nahm im Gefolge des Grafen Wolfgang von Öttingen ein Wilhelm Fetzer teil.[292] Es läßt sich nicht entscheiden, ob dies Wilhelm IV. oder sein gleichnamiger Sohn gewesen ist.

---

[284] Nebinger-Zoepfl (wie Anm. 191) S. 106
[285] Bernhard Mayer, Herzog Ludwig der Reiche und die Stadt Gundelfingen. 1862. S. 37
[286] Lu. B 95 Helfenstein U. 610, 611 und 612
[287] Mü. Kl. Obermedlingen U. 113
[288] Wie Anm. 285
[289] St. C. Pfaff, Württ. Regesten C. S. 424 Nr. 164
[290] Die Urkunden des Schloßarchivs Kronburg. Bearb. Klaus Frh. von Andrian-Werburg. Schwäbische Forschungsgemeinschaft. Reihe 2a. Urkunden 8. 1962. S. 42 Nr. 86
[291] Klaus Frhr. von Andrian-Werburg, Kronburg. 1969. S. 61 f.
[292] Georg Grupp. Öttingische Reformationsgeschichte S. 30 Anm. 3; Steinhofer (wie Anm. 88a) Tl. III S. 965

Schon im Jahre 1520 starb Wilhelm IV. Sein Totenschild in der Stiftskirche in Herbrechtingen ist verschollen.[293]

Wilhelm IV. hatte die Söhne Wilhelm V. und Mang III. den Jüngeren (im Gegensatz zum Vaterbruder Mang II. dem Älteren) und die Tochter Maria, vermählt mit Hans von Zant (1554).[294]

a) Wilhelm V. Fetzer (1514–1549, † v. 1551):

Vielleicht war er jener Wilhelm Fetzer, der 1511 in Stuttgart an der Hochzeit Herzog Ulrichs von Wirtemberg teilnahm.[295] Im Jahre 1514 wurde er Diener der Stadt Ulm mit fünf Pferden gegen ein Dienstgeld von 395 Gulden. Dieses Dienstverhältnis soll 1523 erneuert worden sein.[296] Dazwischen war er 1519 Diener der Stadt Augsburg. Seine Name findet sich in dem Absagebrief des Truchsessen Wilhelm von Waldburg, Hauptmann der Stadt Augsburg, an Herzog Ulrich von Wirtemberg.[297] Somit nahm Wilhelm V. teil an der Vertreibung des Herzogs im Jahre 1519. Dazu mag ihn sein Schwiegervater veranlaßt haben, Dietrich Speth zu Zwiefalten († 1536). Denn Wilhelm war zu dieser Zeit vermählt mit Margarete, der Tochter Dietrich Speths und der Agathe von Neipperg. Freilich starb seine Gemahlin schon 1523 und wurde in der Pfarrkirche St. Michael in Zwiefaltendorf begraben, wo sich ihr Grabstein befindet.[298] Um diese Zeit, sicher vor Juli 1529, verkaufte ihm sein Schwiegervater, der vom Schwäbischen Bund bzw. der österreichischen Regierung zum Obervogt in Urach bestellt worden war, um 12000 Gulden das Dorf Neidlingen (bei Weilheim/Teck) samt dem Stab zu Ochsenwang und den Höfen Krebsstein, Randeck, Heimenstein und Pfundhart.[299]

Zur Zeit der österreichischen Regierung in Wirtemberg (1520–1534) war Wilhelm V. Fetzer österreichischer Hauptmann (1525) und Vogt zu Achalm (1529–1530). Er erhielt im August 1529 und Mai 1530 Zehrung als Diener Königlicher Majestät (König Ferdinand).[300]

Als Burgvogt auf Achalm geriet er in Streit mit der Stadt Reutlingen, weil etliche Reutlinger Bürger unerlaubt Grundstücke an der Achalm umgebrochen und zu Weingärten gemacht hatten. Die vormundschaftliche Regierung in Stuttgart legte den Streit 1530 bei, bestimmte jedoch, daß dem Burgvogt von diesen Gütern der achte Teil des Ertrags abzuliefern sei.[301]

---

[293] Wie Anm. 275

[294] Schloßarchiv Harthausen (wie Anm. 35) S. 29f Nr. 126

[295] Wie Anm. 292

[296] Friedrich Pressel, Nachrichten über das ulmische Archiv. In: Verhandlungen d. Vereins f. Kunst u. Altertum in Ulm u. Oberschwaben. N.R. 2, 1870, Anhang S. 29 Nr. 61; Burgermeister (wie Anm. 110) S. 605

[297] Steinhofer (wie Anm. 88a) Tl. IV S. 543

[298] Walther Pfeilsticker, Neues Württemberg. Dienerbuch. II. 1963. § 2948; Die Kunst- und Altertums-Denkmale in Württemberg, Kreis Riedlingen. Bearb. W. v. Matthey und H. Klaiber. 1936. S. 250

[299] Beschreibung des OA Kirchheim. 1842. S. 213 und 217

[300] Urkundenbuch der Stadt Heilbronn IV. Bearb. Moriz v. Rauch. 1922. S. 235f. Nr. 2994b; St. A. 488 Kl. Herbrechtingen B. 39; Pfeilsticker (wie Anm. 298) § 15230 und 2695

[301] Gayler, Historische Denkwürdigkeiten der ehem. freien Reichsstadt Reutlingen I. 1840. S. 439

Zwischendurch hatte sich Wilhelm V. auch mit Dingen in der engeren Heimat zu befassen. Er siegelte 1529 einen Vertrag über Gericht und Recht in Bissingen (Kr. Heidenheim), den die dortigen Grundherren, nämlich Kloster Herbrechtingen, die Brüder Christoph von Riedheim zu Kaltenburg und Jakob von Riedheim zu Remshart, die Brüder Sebastian und Hartmann Ehinger und Bernhard vom Stein zu Niederstotzingen ausgehandelt hatten.[302] Wir lernen in diesem Jahr auch seine zweite Gemahlin kennen: Anastasia von Züllenhart, Tochter Konrads von Züllenhart und der Anastasia von Wernau.[303]

1530 wurde Wilhelm vom Grafen Ulrich von Helfenstein mit der Ostermühle und Selde in Langenau sowie mit dem Hof in Sontheim belehnt.[304]

Die österreichische Regierung Wirtembergs machte ihn um 1532 zum Burgvogt auf Hohenneuffen, zum Oberamtmann zu Neuenstadt am Kocher (1532–1533) und Obervogt zu Weinsberg (1533).[305] Mit der Rückkehr Herzog Ulrichs in sein Stammland 1534 endete natürlich die Herrlichkeit Wilhelm Fetzers. Doch die Stadt Ulm nahm ihn in ihren Dienst: in den Jahren 1540 bis 1549 treffen wir ihn als Vogt in Geislingen.[306]

Wilhelm war Vormund der Kinder des 1536 verstorbenen Diepold von Westerstetten zu Katzenstein. Dadurch wurde er in den Streit verwickelt, den die Witwe Dorothea von Westerstetten, geborene von Reitzenstein, mit der Äbtissin von Kirchheim hatte, wegen der pfarrlichen Rechte und Pflichten des Pfarrers von Dunstelkingen im Schloß Katzenstein und gegen die katzensteinischen Untertanen. Im Verlauf des Streits waren die dem Kloster Kirchheim zustehenden Zehnten von Frickingen und Katzenstein wie auch der dem Pfarrer gebührende kleine Zehnte „inn Arrest gelegt" (zurückgehalten) worden. Die Sache wurde 1542 in Bopfingen beigelegt.[307]

Als im Zuge der Reformation 1543 in Geislingen Visitation gehalten wurde, stellten die Befragten dem Vogt Fetzer nicht das beste Zeugnis aus. Der Burgvogt auf Helfenstein, Ulrich Neithart, „sieht einen schlechten Geist vom Vogt und Pfleger, dann sie halten nit wol ob den Prädicanten (evangelische Prediger), das Zutrinken geht im Schwank, (es) wird nicht ob meiner Herren (Rat der Stadt Ulm) Ordnung gehalten". Der Prädikant berichtet: Bei der letzten Verlesung der „Christlichen Ordnung" für das kirchliche und bürgerliche Leben habe der Vogt gefehlt. Er habe sich mit dem Geislinger Stadtschreiber beim Vogt von Göppingen im Wirtshaus befunden und weidlich gezecht. Deshalb würden viele meinen, die ganze Verkündigung sei gar nicht auf Befehl des Rats erfolgt, sondern eine

---

[302] St. A 488 Kl. Herbrechtingen B. 39

[303] Die Urkunden des Schloßarchivs Bächingen a. d. Brenz. Bearb. Reinhard H. Seitz. Schwäbische Forschungsgemeinschaft. Reihe 2a. Urkunden 12. 1981. S. 86 Nr. 244

[304] Lu. B 95 Helfenstein U. 613

[305] Pfeilsticker (wie Anm. 298) § 2680, 2666 und 3028; fürstl. Württ. Dienerbuch. Hrsg. Eberhard Emil v. Georgii-Georgenau. 1877. S. 511 und 604

[306] Gg. Burkhardt, Aus Antonius Schermars „Descriptio" der Stadt Ulm. In: Geschichtl. Mitteilungen von Geislingen. H. 5. 1935. S. 106

[307] Wa. U. I/5513a

Erfindung der Prediger und daher nicht verbindlich. Man hielt den Vogt Fetzer für den „fürnemsten Zerstörer christlicher Religion". Zur Zeit des Gottesdienstes sitze er unter dem Tor oder spaziere umher und halte andere vom Besuch des Gottesdienstes ab. Dagegen feiere er die katholischen Feiertage, prange mit einem langen Paternoster und habe die Päpstler lieb. Dem Schulmeister habe er dringend empfohlen, seine zwei Knaben – Wilhelm und Georg Dietrich – nichts Lutherisches zu lehren, sie auch nie mit den andern in die Predigt zu führen. Seine erwachsene Tochter – Anna (aus erster Ehe) ← sei nicht mehr als zweimal in der Predigt gewesen. Übrigens sei der Vogt auch mit seiner Ehefrau im Verdacht und „gut Frewlin und Töchterlin haben einen gnädigen Vogt". Man habe ihn mehr als einmal betrunken heimgeführt.[308]

Wilhelm Fetzer hielt also streng am alten Glauben fest. Der Geislinger Pfarrer Dr. Georg Oßwald bestärkte ihn sicher darin. Doch sonst war sein Verhalten für viele ein Ärgernis und kaum ein Vorbild für seine Untergebenen. Vielleicht waren die Vorwürfe wegen seines Verhaltens Ursache, daß er 1545 selbst um Beurlaubung einkam. Doch wurde er gleich darauf wieder angestellt.[309]

Ein schwerwiegender Vorfall, der wohl zur endgültigen Verabschiedung Wilhelm Fetzers 1549 führte, ereignete sich im Dezember 1548. Wilhelms gleichnamiger Sohn und sein Jäger hatten einen Geislinger Bürger „entleibt". Die Täter waren entflohen. Aber hochgestellte Persönlichkeiten verwandten sich für den jungen Fetzer. Der kaiserliche Truchseß Lorenz von Altensteig und der „Prinz von Hispanien" (der nachmalige König Philipp II. von Spanien, der sich am 27. Februar 1549 in Ulm befand) baten – wohl auf Betreiben Wilhelms V. – die Ulmer Herrschaftspfleger, den jungen Fetzer „wieder einkommen zu lassen". Der Rat riet der Witwe des Ermordeten, sich ohne Einschaltung der Behörden mit dem Täter zu vergleichen. Als sich erneut einige Adelige für Begnadigung des Täters einsetzten, gab der Rat nach, den Fürbittern „zu Ehren und zu Gefallen", riet aber dem Täter, sich mit den Herrschaftspflegern wegen einer Geldbuße von 50 Pfund Heller „Frevels halb" zu vergleichen.[310]

Wir hören vom Vater Wilhelm V. Fetzer danach nichts mehr. Im Juli 1551 war er schon tot. Damals verkaufte sein Sohn *Jörg Dietrich Fetzer* das Schloß Neidlingen mit aller Zugehör, aller Herrlichkeit und Obrigkeit zu Neidlingen und Ochsenwang, die Schäferei zu Randeck und Krebsstein sowie alle Güter in Neidlingen (6 Höfe, 5 Baulehen, 59 Wieslehen, Mühle und Badstube), ein Lehen in Ochsenwang, gewisse Rechte an zwei Höfe in Krebsstein, Zinsen aus Weingärten und Wiesen in Neidlingen sowie Zinsen von außerhalb der Herrschaft Wohnenden um 29 400 Gulden an Eberhard von Freiberg. Aus diesem Anlaß

---

[308] Julius Endriß, Die Ulmer Synoden und Visitationen der Jahre 1531–47. 1935. S. 183–189; Gg. Burkhardt, Ein Neidlinger als Geislinger Vogt. In: Geschichtl. Mitteilungen von Geislingen. H. 13. 1952. S. 35f.

[309] Burkhardt (wie Anm. 308) S. 36

[310] Burkhardt (wie Anm. 308) S. 36

wurde ein „Neidlingisch Saal- und Grund-Buch" anstatt einer Verkaufsurkunde angelegt, welches Jörg Dietrich für sich selbst, für seinen Bruder Wilhelm VI. (der hier letztmals erwähnt wird) und für seine Schwestern Anna und Anastasia siegelte.[311]

Jörg Dietrich, von dessen weiterem Geschick wir keine Kunde haben, starb am 10. November 1567 im Kloster Wiblingen bei Ulm und wurde in der Klosterkirche bestattet, wo sich noch sein Grabmal, wohl ein Werk Hans Schalers, befindet. Es zeigt einen Ritter in voller Rüstung, etwas nach rechts gewandt, die Beine leicht gespreizt, mit dem Schwert gegürtet, in der Rechten den Dolch, die Linke am Wappenschild. Das geöffnete Visier läßt einen Mann mit energischen Zügen erkennen. An den seitlichen Pilastern befinden sich je zwei Wappen mit den Familiennamen: rechts oben Fetzer (der Vater Wilhelm Fetzer), links oben Züllenhart (die Mutter Anastasia von Züllenhart), rechts unten Westernach (die Großmutter von Vaterseite N von Westernach), links unten Wernau (die Großmutter von Mutterseite Anastasia von Wernau).[312] Sie besagen, daß Jörg Dietrich aus der zweiten Ehe Wilhelms V. mit Anastasia von Züllenhart stammte, wie auch seine Schwester Anastasia.

Georg Dietrich hatte keine Kinder. Wegen seines Nachlasses wurde 1568 in Munderkingen in Gegenwart des wirtembergischen Untervogts von Urach, Simplicius Vollmar, verhandelt. Erbansprüche stellten die leibliche Schwester Anastasia, vermählt mit Bartholomäus Sack zu Pirschen (Schlesien) und die Halbschwester (aus erster Ehe des Vaters) Anna, Gemahlin des Hans Jakob von Hausen. Dieser hatte, unter Berufung auf ein Testament, für seine Frau einen gleichen Erbteil wie Sack gefordert, war aber zu der Verhandlung nicht erschienen. Dort berichtete Hans Reinhard Speth auf Schilzburg, der zu dem Verstorbenen offenbar in engerer Beziehung gestanden hatte, Jörg Dietrich habe geäußert, da all sein Gut weder von seinem Vater noch von dessen erster Frau, der Spethin, herkomme, sondern von seiner eigenen Mutter, der Züllenhart, und deshalb die „Säckin" als seine „ehleibliche" Schwester die nächste Erbin sei, so wolle er das Testament (in welchem er auch seine Halbschwester bedacht hatte) kassieren und seine Verlassenschaft dahin fallen lassen, wohin sie von rechts wegen gehöre, nämlich zu seiner Schwester Anastasia. Das Testament wurde nachträglich gefunden; es war tatsächlich ungültig, da das Siegel abgeschnitten war.

Die Hinterlassenschaft bestand in vier Truhen mit Barschaft, Silbergeschirr, Briefen, einer versiegelten Reisetruhe, etlichen Harnischen, neu gegossenem Zinngeschirr und sonstigem Hausrat, Kleidern und Pferd. Ein Teil davon lagerte bei Hans Reinhard Speth auf Schilzburg, anderes war in einem Wirtshaus in Munderkingen deponiert, wieder anderes beim Schwager Hans Jakob von Hausen zu Munderkingen; das Pferd, die Kleider, die er getragen, und Ketten befanden

[311] St. H. 129 Nr. 320, Fol. 113v
[312] Josef Christa, Der Ulmer Bildhauer Hans Schaller. In: Ulm und Oberschwaben. H. 26. 1929. S. 31 ff., hier S. 43

sich im Kloster Wiblingen, wo Jörg Dietrich zuletzt, vielleicht als Pflegebedürftiger, gelebt hatte und gestorben war. Von Immobilien ist nicht die Rede. Somit scheint aus dem Erlös für Neidlingen nichts übriggeblieben zu sein für den Ankauf eines anderen Gutes.[313] Daher hatte Jörg Dietrich auch keinen festen Wohnsitz gehabt. Sein Epitaph, das ihn als Ritter zeigt, aber auch Pferd und Harnische in seinem Nachlaß lassen vermuten, daß er Kriegsdienste genommen hatte.

b) Mang III. Fetzer (1525–1555):

Dieser Sohn Wilhelms IV. Fetzer begegnet erstmals 1524 als „der Zeit zu Gundelfingen wonent", wo er den Urfehdebrief eines Gundelfinger Bürgers siegelt.[314] Sein Beiname „der Jüngere" unterscheidet ihn von seinem Vaterbruder Mang II. Fetzer zu Oggenhausen.

Im Mai 1525 waren im Gefolge des pfalz-neuburgischen Hauptmanns Reinhard von Neuneck, Pflegers zu Lauingen, zwei Fetzer, darunter höchstwahrscheinlich Mang der Jüngere, an einem bösen Überfall auf das Kloster Kaisheim beteiligt, von dem der Donauwörther Chronist Johannes Knebel berichtet. Reinhard von Neuneck sollte mit seinem Aufgebot die aufrührerischen Bauern in Schach halten. Er hatte sich mit seinem Gefolge in der Osterwoche mehrmals im Kloster Kaisheim einquartiert, sehr zu dessen Schaden. Deshalb war er abgewiesen worden, als er ein weiteres Mal Quartier begehrte, und war grollend davongezogen. Nachdem nun die Bauern geschlagen waren, kam Neuneck am 23. Mai, als der Abt nicht anwesend war, mit 160 Pferden und 600 Knechten, mit Geschützen und Leitern angerückt und verlangte, die Mönche sollten das Kloster in Gutem übergeben, andernfalls werde er Gewalt anwenden. Doch als die Tore geöffnet wurden, fielen die Knechte über die Weinfässer her und raubten die Kästen aus. Neuneck verlangte nun, die Mönche und ihre Untertanen sollten ihm anstelle des Fürsten Gehorsam schwören, wie zu Zeiten Herzog Georgs von Bayern († 1503). Notgedrungen schwor ihm der Konvent.[315] Die Rolle, die Mang Fetzer bei diesem Überfall spielte, ist nicht ersichtlich. Er war nicht der verantwortliche Anführer, wird aber als Unterführer sich wohl nicht völlig passiv verhalten haben. Auf Intervention des Schwäbischen Bundes kam 1526 ein Vertrag zwischen dem Kloster und den Herzögen Ottheinrich und Philipp zustande, demzufolge diese das Kloster in zeitlichen Schutz nahmen gegen eine jährliche Abgabe von 100 Gulden.[316]

Mang Fetzer der Jüngere vertrat 1526 seinen Vaterbruder Mang II. zu Oggenhausen in dessen Streitigkeiten mit dem Forstmeister zu Heidenheim.[317] Er wurde auch Zeuge, als man im Verlauf dieser Händel 1541 einen wirtembergischen

---

[313] St. A 155 Adel II, B. 23
[314] Stadtarchiv Gundelfingen, U. 139
[315] Aus der Donauwörther Chronik des Johannes Knebel, In: Quellen zur Geschichte des Bauernkriegs in Oberschwaben. Hrsg. Franz Ludwig Baumann. 1876. S. 247 ff., hier S. 265
[316] Martin Schaidler, Chronik des ehemal. Reichsstiftes Kaisersheim. 1867. S. 153 f
[317] St. A 353 Heidenheim W., B. 36

Zur Geschichte der Fetzer II.

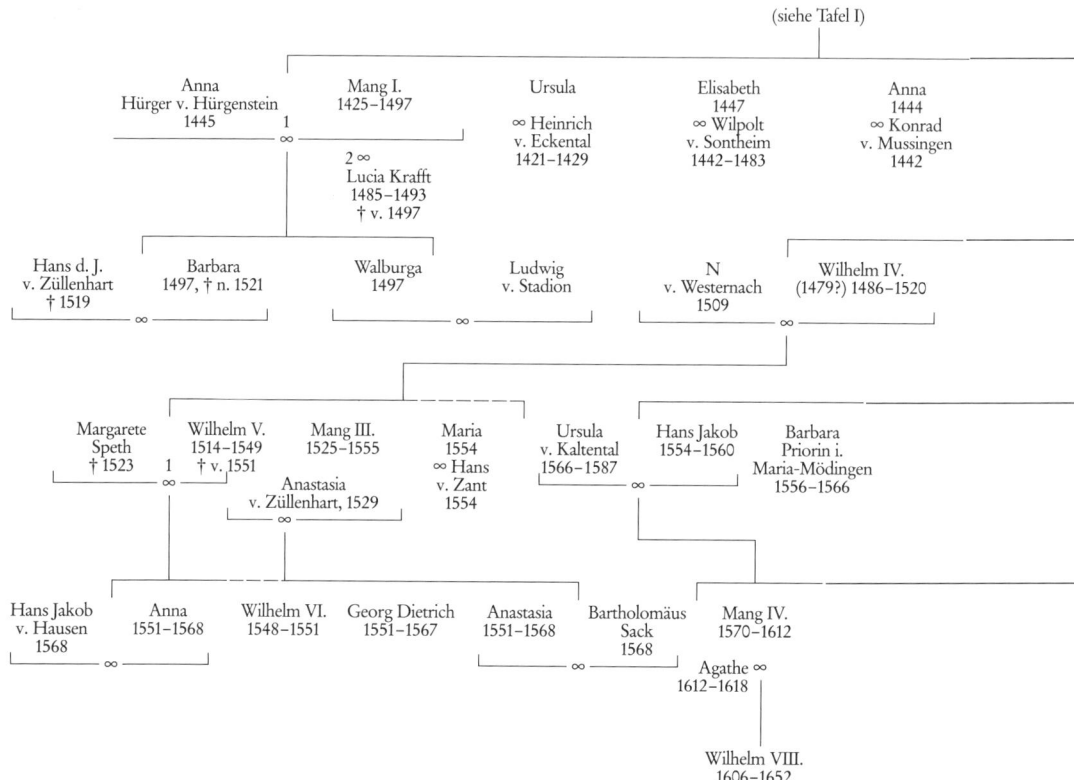

(siehe Tafel I)

Anna Hürger v. Hürgenstein 1445 1	Mang I. 1425–1497	Ursula ∞ Heinrich v. Eckental 1421–1429	Elisabeth 1447 ∞ Wilpolt v. Sontheim 1442–1483	Anna 1444 ∞ Konrad v. Mussingen 1442

∞
2 ∞
Lucia Krafft
1485–1493
† v. 1497

Hans d. J. v. Züllenhart † 1519 ∞ Barbara 1497, † n. 1521

Walburga 1497 ∞ Ludwig v. Stadion

N v. Westernach 1509 ∞ Wilhelm IV. (1479?) 1486–1520

Margarete Speth † 1523 1 ∞ Wilhelm V. 1514–1549 † v. 1551 Mang III. 1525–1555 ∞ Anastasia v. Züllenhart, 1529

Maria 1554 ∞ Hans v. Zant 1554

Ursula v. Kaltental 1566–1587 ∞ Hans Jakob 1554–1560 Barbara Priorin i. Maria-Mödingen 1556–1566

Hans Jakob v. Hausen 1568 ∞ Anna 1551–1568

Wilhelm VI. 1548–1551

Georg Dietrich 1551–1567

Anastasia 1551–1568 ∞ Bartholomäus Sack 1568

Mang IV. 1570–1612

Agathe ∞ 1612–1618

Wilhelm VIII. 1606–1652

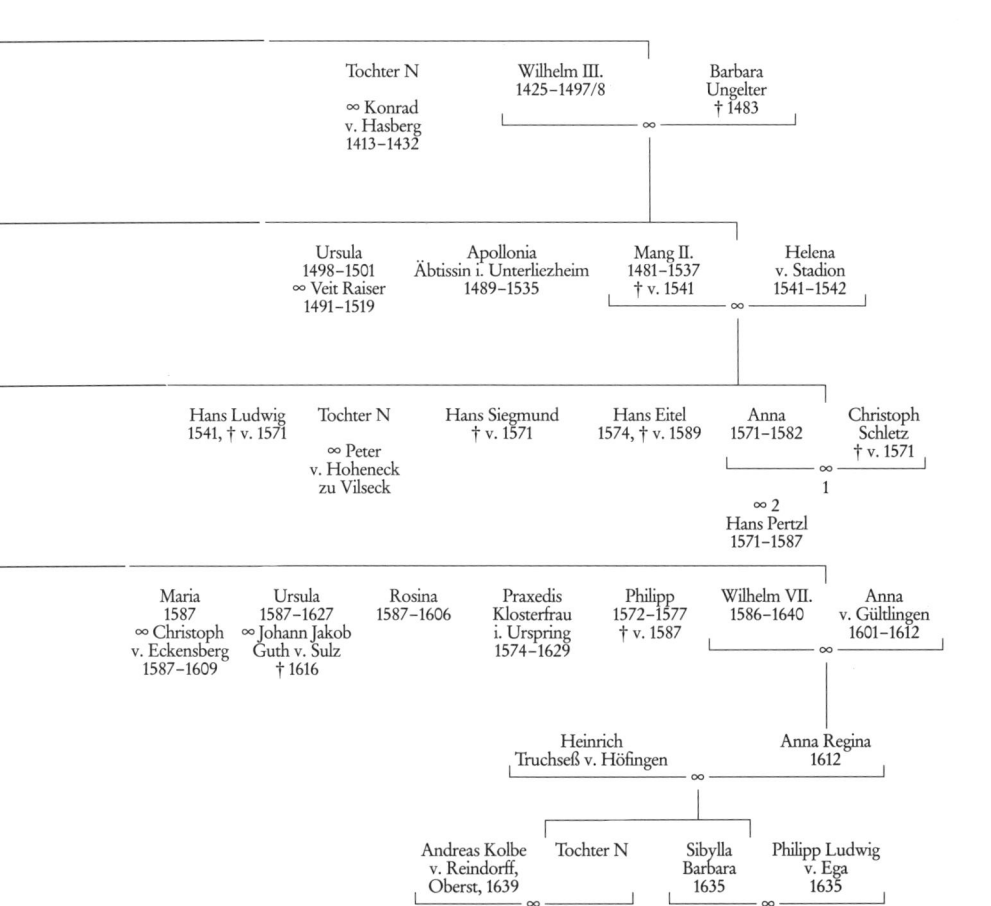

Tochter N

∞ Konrad
v. Hasberg
1413–1432

Wilhelm III.
1425–1497/8

∞

Barbara
Ungelter
† 1483

Ursula
1498–1501
∞ Veit Raiser
1491–1519

Apollonia
Äbtissin i. Unterliezheim
1489–1535

Mang II.
1481–1537
† v. 1541

∞

Helena
v. Stadion
1541–1542

Hans Ludwig
1541, † v. 1571

Tochter N

∞ Peter
v. Hoheneck
zu Vilseck

Hans Siegmund
† v. 1571

Hans Eitel
1574, † v. 1589

Anna
1571–1582

∞
1

Christoph
Schletz
† v. 1571

∞ 2
Hans Pertzl
1571–1587

Maria
1587
∞ Christoph
v. Eckensberg
1587–1609

Ursula
1587–1627
∞ Johann Jakob
Guth v. Sulz
† 1616

Rosina
1587–1606

Praxedis
Klosterfrau
i. Urspring
1574–1629

Philipp
1572–1577
† v. 1587

Wilhelm VII.
1586–1640

∞

Anna
v. Gültlingen
1601–1612

Heinrich
Truchseß v. Höfingen

∞

Anna Regina
1612

Andreas Kolbe
v. Reindorff,
Oberst, 1639

∞

Tochter N

Sibylla
Barbara
1635

∞

Philipp Ludwig
v. Ega
1635

H. Bühler 1988

Forstknecht, den der fetzersche Vogt gefangengenommen hatte, ins Schloß Oggenhausen brachte.[318] Er wurde Vormund der Kinder seines um diese Zeit verstorbenen Vaterbruders Mang II. und verfocht gemeinsam mit Hans von Hürnheim von Haheltingen (Hochaltingen) 1542 deren Interessen vor dem Hofgericht in Rottweil.[319]

Auf Bitten des Abtes von Echenbrunn (bei Gundelfingen) vidimierte er 1539 eine wichtige Urkunde.[320]

Im Schmalkaldischen Krieg wurde Herzog Ottheinrich vertrieben, und Pfalz-Neuburg stand unter kaiserlicher Verwaltung. In dieser Zeit (1546–1549) war Mang III. Fetzer „Statthalter und Pfleger zu Gundelfingen" und zugleich Pfleger zu Hagel. Auf seine Veranlassung ordnete Kardinal Truchseß von Waldburg den Spitalpfarrer von Dillingen nach Gundelfingen ab, damit er dort über die Weihnachtsfeiertage 1548 Gottesdienst halte.[321] Dies zeigt, daß Mang am alten Glauben festhielt.

Mang Fetzer siegelte 1554, als Hans von Zant und dessen Frau Maria den Flecken Harthausen (bei Günzburg) verkauften.[322] Er wird Schwager des Ausstellers genannt. Da Mang allem Anschein nach unverheiratet war, muß Maria von Zant als seine Schwester betrachtet werden. Im Jahr 1555 treffen wir ihn zum letzten Mal, als er für die unmündigen Kinder des verstorbenen Hans Raiser von Kicklingen, Nachkommen seiner Vaterschwester Ursula, siegelte.[323] Mang III. und sein Neffe Jörg Dietrich, den wir schon kennen, waren die letzten männlichen Nachkommen Wilhelms IV. Fetzer.

2) Mang II. Fetzer zu Oggenhausen (1481–ca. 1541)

Wir lernten Mang II. bereits kennen anläßlich der Erbauseinandersetzungen mit seinem Schwager Veit Reiser (1498) und seinem Bruder Wilhelm IV. (1501). Doch ist er auch schon früher bezeugt. Er trat 1481 in wirtembergische Dienste und wurde mit vier Pferden „zum Krieg bestellt".[324] Allerdings ist nicht ersichtlich, gegen welchen Feind er damals hätte Kriegsdienst leisten sollen. Im Juli 1492 folgte Mang seinem Bruder Wilhelm als Pfleger von Hagel und Staufen. Herzog Georg von Bayern hatte ihm die Stelle auf Lebenszeit zugesichert, doch gab Mang im Mai 1498 die Pflege zurück und verzichtete auf alle Ansprüche. Dennoch erscheint er 1506 sowie ab 1509 als Pfleger zu Staufen.[325] Vermutlich war er im Gefolge des Reinhard von Neuneck 1525 am Überfall auf Kloster Kaisheim beteiligt.[325a]

[318] Wie Anm. 317
[319] St. A 155 Adel II, B. 23
[320] Wa. U. I/2127
[321] Nebinger-Zoepfl (wie Anm. 191) S. 98 und 106; Georg Rückert, Geschichte der Pfarrei Gundelfingen a. d. Donau. In: Gundelfingen a. d. Donau I. 1962. S. 63 ff., hier S. 76
[322] Schloßarchiv Harthausen (wie Anm. 35) S. 29 f. Nr. 126
[323] Stadtarchiv Giengen, Repert. Ratsprotokolle (nach H. Wulz)
[324] Pfeilsticker (wie Anm. 298) § 1530
[325] Nebinger-Zoepfl (wie Anm. 191) S. 106; Mayer (wie Anm. 285) S. 37; Mü. Gerichtsurkunden Höchstädt Nr. 660 und 503; St. A 155 Adel II., B. 23
[325a] Wie Anm. 315

Mang II. wurde seines Besitzes in Oggenhausen nicht recht froh. Er lag die meiste Zeit im Streit mit den Forstmeistern der Herrschaft Heidenheim wegen des Jagdrechts um Oggenhausen, das im Bezirk des Heidenheimer Forstes lag. Der Streit war in der Zeit entbrannt, in der die Herrschaft und der Forst unter ulmischer Hoheit standen (1521–1536). Der Forstmeister Zimprecht Hitzler mußte 1522 zugeben, daß Mangs Vater Wilhelm III. (†1497/98), sein Bruder Wilhelm IV. (†1520) und Mang selbst als Diener Herzog Georgs von Bayern-Landshut, der die Herrschaft samt dem Forst bis 1503 innegehabt hatte, mitgejagt hätten, jedoch nur „auß Gnaden und anderer Gestallt". Dagegen berief sich Mang II. auf seine alten Rechte aus der Belehnung mit der Behausung Oggenhausen durch Helfenstein 1451, aus der Eignung 1452 und auf den Brauch unter bayerischer Obrigkeit (1450–1503).[326] Doch die österreichischen Statthalter und Regenten Wirtembergs gaben den ulmischen Gesandten 1527 strikte Anweisung, Mang Fetzer und Eitel von Westernach (Inhaber von Trugenhofen mit Dischingen) das Jagen „mit nichten (zu) gestatten".[327] Mang wandte sich daher 1528 und erneut 1534 um Hilfe an die Herzöge Ottheinrich und Philipp von Pfalz-Neuburg; er pochte auf seine alten Rechte, doch anscheinend ohne Erfolg.[328] Der Streit verschärfte sich 1530: ein Hirsch war nach Mangs Darstellung „in seinen Weyer geloffen und von den Hunden darin betroffen und alda gefangen", also nicht gejagt worden, welche Auffassung der Forstmeister nicht teilte.[329] Sogar König Ferdinand als Regent Wirtembergs wurde 1532 in der Streitsache bemüht, und er war für einen Kompromiß.[330]

Nachdem die Herrschaft samt dem Forst 1536 wieder wirtembergisch geworden war, wandte sich Mang Fetzer an den Herzog Ulrich und berief sich auf den Kompromißvorschlag des Königs Ferdinand.[331] Von den herzoglichen Räten wurde im November 1536 mit dem Forstmeister Franz Schertlin verhandelt. Als Beauftragte Mang Fetzers waren sein Neffe Mang III. und sein Sohn beteiligt. Doch die Räte überließen die Entscheidung dem Herzog. An diesen wandte sich Mang 1537 erneut.[332] Aber der Streit nahm kein Ende; er ging auch unter Mangs Nachfolgern weiter.

Mang II. war in all diesen Jahren noch Pfleger zu Staufen. Diese Tätigkeit dürfte im Sommer 1536 geendet haben, als die Herzöge von Pfalz-Neuburg die Güter, die zum oberen Schloßbau in Staufen gehört hatten und von den Pflegern genutzt worden waren, um eine Ewiggült dem Melchior Visel von Lauingen überließen.

---

[326] St. A 155 Adel II, B. 23
[327] St. A 353 Heidenheim W., B. 25
[328] Wie Anm. 326
[329] Wie Anm. 326
[330] St. A 353 Heidenheim W., B. 36
[331] Wie Anm. 330
[332] Wie Anm. 330

Dieser baute beim Dorf Staufen ein neues Schloß mit den Steinen des alten Schlosses Bloßenstaufen (heute Alter Turm).[333] Mang II. wurde seit 1536 „der allt" genannt, im Gegensatz zu seinem Neffen Mang III. Im Jahre 1541 war er tot. Seine Witwe Helena von Stadion beklagte sich damals bei Herzog Ulrich über einen Forstknecht: Er hatte eine der fetzerschen Töchter beim Baden gestört; auch war der fetzersche Vogt gefangengenommen worden. Der Forstmeister Franz Schertlin wurde zu dieser Sache gehört. Dabei wird ein Sohn der Ortsherrin namens Hans Ludwig erwähnt, und es ist die Rede vom Schloß zu Oggenhausen (Unteres Schloß)[334] Dies dürfte wohl ein relativ neuer Bau an Stelle der Behausung von 1451 gewesen sein.

3) Die Nachkommen Mangs II. Fetzer zu Oggenhausen

Aus der Ehe Mangs II. mit Helena von Stadion sind die vier Söhne Hans Jakob, Hans Ludwig, Hans Siegmund und Hans Eitel hervorgegangen sowie die Töchter Anna, Barbara und eine dritte unbekannten Namens. Anna war in erster Ehe mit Christoph Schletz vermählt, der vor 1571 starb, und hatte zum zweiten Gemahl den öttingischen Rat und Kanzler Hans Pertzl (1571–1587). Barbara war ins Kloster Maria-Mödingen eingetreten und dort von 1556 bis 1566 als Priorin tätig. Die dritte Tochter hatte sich mit Peter von Hoheneck zu Vilseck (bei Reute in Tirol) verheiratet.[335]

Im Verlauf der Streitigkeiten um das Jagdrecht um Oggenhausen wird 1536 und 1541 ein anscheinend schon erwachsener Sohn Mangs II. ohne Namensnennung erwähnt. Er ist wohl identisch mit Hans Ludwig Fetzer, der 1541 im Bericht des Forstmeisters und in einem Schreiben des Hans von Hürnheim von Hochaltingen an Herzog Ulrich von Wirtemberg erscheint.[336] Ob er der älteste Sohn war oder ob er sich als einziger damals in Oggenhausen aufgehalten hat, läßt sich nicht entscheiden.

Die Kinder Mangs II. standen damals unter der Vormundschaft des Hans von Hürnheim von Hochaltingen und Mangs III. Fetzer von Gundelfingen. Diese beiden vertraten 1542 die Interessen ihrer Mündel vor dem Hofgericht in Rottweil.[337]

Für die Jahre zwischen 1542 und 1554 liegen über den Oggenhauser Zweig der Fetzer keine Nachrichten vor. 1554 berichtete der Heidenheimer Kastner Johann Hitzler nach Stuttgart: „Ockenhawsen ... ein Schloß und Weyller daran, gehert Hanns Jakob Vezern für aygen". Wirtemberg hatte zu Oggenhausen außerhalb

---

[333] Mü. Gerichtsurkunden Höchstädt Nr. 674; Carl August Böheimb, Staufen. In: Neuburger Collecta-neen-Blatt. 39. Jahrg. 1875. S. 30 ff., hier S. 39 f
[334] Wie Anm. 330
[335] St. A 353 Heidenheim W. U. 76; Steichele, Das Bistum Augsburg III. S. 184; Damian Hartard von Hattstein, Die Hoheit des Teutschen Reichs-Adels III. 1751. A 147
[336] Wie Anm. 330
[337] Wie Anm. 319

Etters alle Frevel, hohe und niedere Obrigkeit; dem Ortsherren stand allein innerhalb Etters die niedere Obrigkeit zu.[338] Diesem Bericht zufolge war Hans Jakob Ortsherr. Entweder war er der älteste oder hatte der früher erwähnte Hans Ludwig, weil er unverheiratet war, zugunsten Hans Jakobs verzichtet.

Hans Jakob siegelte 1559 für Christoph von Ebnen zu Eselsburg, der seinen Besitz in Fleinheim an Wirtemberg verkaufte.[339] Auch Hans Jakob war zu Veräußerungen gezwungen. Wirtemberg erwarb von ihm mehrere Waldparzellen: Rötenberg, Reißerhäule, Hühnerfeldhäule, Hoher Stich, Magdalenenjauchert, Eierhäule, Wammesklopfer, Ascherhau, Bachhagler Hau und Memminger Hau, insgesamt 594 Jauchert.[340]

Hans Jakob ist 1560 letztmals erwähnt; 1566 war er tot. Seine Witwe Ursula von Kaltental empfing in diesem Jahr 300 Gulden 40 Kreuzer aus der Vergantung eines Heidenheimer Bürgers.[341] In einem Bericht des Forstmeisters Wilhelm Arnsberg an Herzog Christoph von 1568 wird sie wegen unrechtmäßiger Waldrodung bei Oggenhausen angeklagt, da auf ihre Anweisung ein Stück Wald abgebrannt worden war. Ihr Bruder Philipp Wolfgang von Kaltental zu Aldingen, der Vormund ihrer Kinder, schrieb in dieser Sache dem Forstmeister; auch entschuldigte er seine Schwester, die nicht zu Hause gewesen sei, als der Forstmeister unlängst nach Oggenhausen kam.[342]

Wir hören in diesen Jahren nichts von den Brüdern Hans Jakob Fetzers, die in erster Linie berufen gewesen wären, ihrer Schwägerin an die Hand zu gehen. Entweder waren sie in der Fremde oder schon nicht mehr am Leben. Im Jahre 1571 bestätigte die Schwester Anna, die kurz zuvor die zweite Ehe mit Hans Pertzl geschlossen hatte, daß sie 1000 Gulden Heiratsgut erhalten habe und damit auf ihre Ansprüche an Oggenhausen verzichte. Sie verzichtete auch auf das Erbe ihrer verstorbenen Brüder Hans Ludwig und Hans Siegmund.[343] Diese beiden waren unverheiratet geblieben; ihre Schwester hätte andernfalls gar keinen Erbanspruch gehabt. Hans Eitel Fetzer ist nur 1574 bezeugt, als er vom Grafen Schweikhard von Helfenstein die Mannlehen in Langenau und Sontheim empfing, die uns zuletzt im Besitz Wilhelms V. († v.1551) begegnet sind.[344] Er ist vor dem 23. Dezember 1589 gestorben. Die Schwester Anna Pertzl starb am 17. Dezember 1582, ihr Gemahl am 28. März 1587. Beider Grabmal befindet sich im Kloster Neresheim.[345]

---

338 St. A 353 Heidenheim W., B. 10
339 St. H 101 Lagerbuch W 581, Heidenheim 1556/57 Bd. III. Fol. 645 ff.
340 Heinrich Koch, Waldgeschichte des Heidenheimer Forsts. 1939. S. 8
341 Stadtarchiv Heidenheim, B 462 Stadt-Protocoll-Buch 1, S. 255; Gabriel Bucelin, Germania II. 1662. Genealogica Germaniae Notitia Partis secundae Pars Tertia (S. 144 Kaltental)
342 St. A 353 Heidenheim W., B. 36
343 St. A 353 Heidenheim W., U. 76
344 Lu. B 95 Helfenstein, Repert. S. 1027
345 Paulus Weißenberger, Baugeschichte der Abtei Neresheim. 1934. S. 179 f.

a) Die Kinder Hans Jakob Fetzers zu Oggenhausen:

Hans Jakob hinterließ drei Söhne namens Mang (IV.), Wilhelm (VII.) und Philipp sowie vier Töchter: Maria, Ursula, Rosina und Praxedis. Alle sieben müssen in den Jahren zwischen 1550 und 1560 geboren sein. Von den Töchtern verheiratete sich Maria, die älteste, mit Christoph von Eckensberg (1587–1609), Ursula mit Johann Jakob Guth von Sulz († 1616), Rosina blieb unverheiratet, Praxedis trat ins Kloster Urspring ein. Sie stiftete 1574 eine kunstvolle Buntglasscheibe für das Urspringer Refektorium (heute im Schloß Altshausen). Dargestellt ist die Heilige Ursula mit dem Pfeil (Namenspatronin der Mutter der Stifterin) zwischen den Heiligen Jakobus dem Älteren und Johannes dem Täufer (Namenspatrone des Vaters der Stifterin). Die vier Wappen dokumentieren die Abstammung der Stifterin: oben rechts Fetzer (der Vater Hans Jakob Fetzer), oben links Kaltental (die Mutter Ursula), unten rechts Stein (richtig Stadion, jedoch die Farben vertauscht: die Großmutter von Vaterseite, Helena von Stadion), unten links Wallstein (die Großmutter von Mutterseite, Maria von Wallstein).[346]

Zwischen der Oggenhauser Ortsherrschaft und den Forstmeistern gab es auch in dieser Generation ständig Reibereien. Der älteste Sohn erscheint ohne Namensnennung als etwa Siebzehnjähriger 1570 im Bericht des Forstmeisters Wilhelm Arnsberg an den Herzog wegen eines Frischlings, der nach Oggenhausen gebracht und dort beim Schäfer verzehrt worden war. In der Schilderung des beteiligten Schäfers heißt er Mang.[347] An ihn ergeht 1572 ein Schreiben des Forstmeisters wegen erneuten Forstfrevels. Dem Herzog teilte der Forstmeister mit, Mang habe sich „newlich verhewrtt" (verheiratet), doch habe er damals „bey der Muetter" gewohnt.[348] Der jüngste Sohn Philipp wurde 1572 in Dillingen immatrikuliert; er dürfte kaum älter als zwölf gewesen sein.[349]

Die Witwe Ursula Fetzerin, geborene von Kaltental, zu Oggenhausen verwaltete nach wie vor dieses Gut für ihre Kinder. Sie gab als Herrschaft ihr Einverständnis, als Lienhard Geßler von Heudorf (heute Heuhof) sein Holz „zur Laiß" an Giengener Bürger verkaufte.[350] Um die Jahreswende 1576/77 kam es zum Briefwechsel zwischen ihr und Herzog Ludwig wegen des Eckerichklaubens. Sie redete dabei von ihren „kleinen unerzogenen Kindern". Ihr Sohn Philipp wurde wenig später ertappt, wie er als etwa Siebzehnjähriger in des Herzogs „bester Wildfour" mit fünf Hetzhunden jagte. Die Mutter entschuldigte ihn, daß er noch ein Kind und erst von der Schule heimgekommen sei; sie selbst habe ihm befohlen, mit den Hunden das Wild von den Feldern „abzuschachen".[351]

---

[346] Markus Otto, Die Glasgemälde aus dem ehemal. Benediktinerinnenkloster Urspring. 1964. S. 31 und Abbildung Tafel 9
[347] St. A 353 Heidenheim W., B. 36
[348] Wie Anm. 347
[349] Archiv für die Geschichte des Hochstifts Augsburg. Hrsg. Alfred Schröder. Bd. II. S. 80
[350] St. A 353 Heidenheim W., U. 377
[351] Wie Anm. 347

Mang IV., der mittlerweile etwa 33 Jahre alt geworden sein mochte, trat in wirtembergische Dienste als „Provisioner von Haus aus" und wurde als Geleits-reiter der wirtembergischen Grenz- und Zollstation Hohenmemmingen zugeteilt. Im Herbst 1585 kam es zu einem üblen Zwischenfall mit einem Kaufmann aus Leipzig (nach anderem Bericht aus Lübeck), der zur Nördlinger Messe wollte. Der Bericht des Oberpflegers Heinrich vom Stein vom 20. Januar 1586 weicht von dem Mang Fetzers nicht unerheblich ab.

Der Kaufmann hatte bei Hohenmemmingen morgens zwischen drei und vier Uhr, ohne Geleit zu fordern, weil er das Geleitsgeld sparen wollte, einen „Abweg" eingeschlagen. Als die Geleitsreiter dies erfahren hatten, waren sie ihm auf getrennten Wegen nachgeritten. Ein Reiter hatte ihn bei Landshausen eingeholt und – einem fürstlichen Befehl gemäß – „zimlichermaßen unnd ohn ainige Blutts- oder Leibsverletzung abgeschmirt (verprügelt) und gestrafft". Mang Fetzer war bei diesem „Nacheilen" nach Zöschingen gelangt und hatte dort mit einem Bauersmann bei vier Maß Wein und damit „vast überflißig getrunckhen". Auf dem Rückweg nach Hohenmemmingen traf auch er den Kaufmann nahe Landshausen auf pfälzischem Grund und Boden an und wollte ihn „also bezechter Weiß" gleichfalls „abschmiren". Doch der Kaufmann rettete sich in ein Bauern-haus in Landshausen, worauf Fetzer „ainen Schuß gethon und sich sonsten so unngestüumb erzaigt", daß er vom pfälzischen Vogt zu Bachhagel gefangen, nach Höchstädt gebracht und dort fünfzehn Wochen lang im Wirtshaus „verstrickt" (eingesperrt) wurde. Dabei verzehrte er fast 100 Gulden. Wegen der begangenen „Unnfläterey und Schießen" sollte er obendrein 400 Gulden Strafe bezahlen. Fetzer wandte sich an seinen Herzog, daß er beim Pfalzgrafen Straferlaß erwirke.[351] Unbeschadet dieses Vorfalls war Mang Fetzer von Georgi (23. April) 1586 bis Georgi 1589 wirtembergischer Vasall.[352] In Verbindung mit dem „Unfall" bei Landshausen wird sein Bruder Wilhelm (VII.) erstmals erwähnt.

Die Witwe Ursula von Kaltental hatte seit dem Tode ihres Mannes das Gut Oggenhausen über zwanzig Jahre lang verwaltet. Ihre Kinder waren längst großjährig geworden. Der jüngste Sohn Philipp war offenbar schon tot, als sie mit ihren Söhnen Mang und Wilhelm sowie den Töchtern Maria, Ursula, Rosina und Praxedis den Besitz teilte.

Aus den Gütern in Oggenhausen machte man zwei Teile. Mang ließ seinem jüngeren Bruder Wilhelm die Vorwahl, und dieser entschied sich für das alte (untere) Schloß mit den dazugehörigen Gärten, Äckern, Wiesen und Weihern. Seinem Teil wurden ein Hof, 15 Selden und etliche Holzmarken zugeteilt. Das Ganze stellte einen Wert von 20 034 Gulden 50 Kreuzer und 3 Heller dar. Mang erhielt den zum Neubau (heute Gasthof „König") geschlagenen Teil, nämlich einen Hof, 17 Selden und einige Holzmarken im Gesamtwert von 19 868 Gulden und 13 Kreuzern. Sein Bruder zahlte den Wertausgleich. Die niedergerichtliche

---

[351] St. A 155 Adel II, B. 23; A 353 Heidenheim W., B. 36
[352] Pfeilsticker (wie Anm.. 298) § 1530

Obrigkeit samt Freveln und Bußen blieb gemeinsamer Besitz. Auch wollten sie gemeinsam den Unterhalt des Pfarrers bestreiten und das Patronatsrecht ausüben, wobei bestimmt war, daß der Priester katholisch sein müsse.

Innerhalb Jahresfrist sollten die Brüder aus den ererbten Gütern die Ansprüche ihrer Mutter befriedigen und ihr Heiratsgut jährlich verzinsen. Sollte sich einer der Brüder verheiraten, wie diesmal Mang (zum zweiten Male?), so sollten ihre Frauen wegen des Heiratsguts auf die ererbten Güter verwiesen und versichert sein.

Der älteren Schwester Maria, die mit Christoph von Eckensberg verheiratet war, sollte das versprochene Heiratsgut wie auch die Ausrichtung der Hochzeit und die Kleidung gemäß Heiratsabsprache verbleiben. Die noch ledigen Schwestern Ursula und Rosina sollten für Heiratsgut, Ausfertigung, Kleidung, Kleinodien und Ausrichtung der Hochzeit 1500 Gulden erhalten. Der Klosterfrau Praxedis stand zeitlebens ein Leibgeding von jährlich 15 rheinischen Gulden zu.[353]

Wie wir wissen, ehelichte Ursula später den wirtembergischen Kammermeister Johann Jakob Guth von Sulz auf Durchhausen, der in erster Ehe mit Maja Güß von Güssenberg verheiratet war. Er starb 1616. Seine Witwe Ursula bezog noch 1627 ein Leibgeding.[354]

Mang IV. Fetzer als der ältere wurde 1589 vom Grafen Schweikhart von Helfenstein mit den Gütern in Langenau und Sontheim belehnt, die zuletzt sein Vaterbruder Hans Eitel Fetzer innegehabt hatte.[355] Wegen dieser Lehengüter kam es im folgenden Jahr 1590 zu einem Vertrag zwischen den Brüdern Mang und Wilhelm, wobei Georg Wilhelm von Stadion zu Magolsheim und Wolf Hildebrand von Werdenstein als Schiedsleute mitwirkten. Mang als der ältere hatte die Lehen für sich beansprucht und, wie erwähnt, auch bereits erhalten. Doch auch Wilhelm machte Ansprüche geltend. Der Vergleich ergab: Die Nutzungen vom Hof in Sontheim sollten für 1590 beiden Brüdern zu gleichen Teilen zufallen. Künftig sollten von der Mühle in Langenau und vom Hof in Sontheim im Veränderungsfall Auf- und Abfahrt beiden Brüdern zu gleichen Teilen gegeben werden. Sooft Mang als derzeitiger Lehensträger vom Lehensherrn gerufen oder ermahnt würde, sollte Wilhelm die Hälfte der Reisekosten bestreiten. Die Gülten und Früchte von der Mühle und vom Hof sollten künftig Mang als dem älteren zustehen, doch sollte er seinem Bruder anstatt der Hälfte des Ertrags jeweils 50 Gulden in bar erlegen. Den Vertrag unterzeichneten die Schiedsleute und die Brüder Fetzer, die sich „von und zu Ockkenhaußen" nannten.[356]

Dem Vertrag gemäß empfing Mang IV. die Lehen im Jahre 1600 vom Grafen Rudolf und im Jahre 1604 vom Grafen Froben von Helfenstein.[357]

---

[353] St. A 353 Heidenheim W., B. 37
[354] Pfeilsticker (wie Anm. 298) § 1652
[355] Lu. B 95 Helfenstein U. 614
[356] St. A 206 Oberrat, B. 2244
[357] Lu. B 95 Helfenstein U. 615

Wilhelm VII. Fetzer war im Jahre 1601 vermählt mit Anna von Gültingen, der er einen Sicherheitsbrief über 5400 Gulden Heiratsgut und Morgengabe ausstellte.[358] Deren Mutter, Katharina von Gültingen, scheint beim Schwiegersohn in Oggenhausen gelebt zu haben. Sie starb am 22. Oktober 1610 und wurde in der Kirche in Nattheim begraben.[359]

Wilhelm VII. war Mitvormund des Georg Christoph von Horkheim, Sohn des verstorbenen Anton Christoph von Horkheim zu Trochtelfingen. Er bestätigte 1607 in Oggenhausen, daß Hans Siegmund von Wöllwarth zu Fachsenfeld im Namen des jungen von Horkheim die öttingischen Lehen empfangen habe, die dessen Vater innegehabt hatte. Ebenso bestätigte er 1611 als Mitvormund der Kinder des verstorbenen Ernst von Adelshofen, daß Öttingen ihm in Trägers Weise die Behausung des verstorbenen Wolf von Hausen zu Trochtelfingen verliehen habe.[360]

Wilhelm geriet in wirtschaftliche Schwierigkeiten. Schon 1597 hatte er dem Pfalzgrafen Philipp Ludwig das ererbte Holz „der Langenbucher" oberhalb Staufen bei dem Rotensteg um 180 Gulden verkauft.[361] Im Jahre 1605 verkaufte er dem Johann Ritter, bischöflich-speyerischem Schaffner zu Kirrweiler, um 3000 Gulden Hauptgut, die er bar erhalten hatte, 150 Gulden jährliche Gült aus seinen Gefällen in Oggenhausen.[362] Schließlich trug er sich mit dem Gedanken, sein Gut Oggenhausen zu veräußern. Er bot es der Regierung in Stuttgart um 36 000 Gulden an. Doch Stuttgart lehnte ab.[363] Mit der Verkaufsabsicht in Zusammenhang steht wohl der Verzicht seiner Schwestern Ursula Guth von Sulz und der ledigen Rosina Fetzer auf das Gut Oggenhausen von 1606 wie auch der Verzicht der Maria von Eckensberg gegen ihre beiden Brüder von 1609, nachdem sie 1000 Gulden Abfindung erhalten hatte.[364]

Wilhelm VII. verhandelte nun mit der Reichsstadt Giengen und war bereit, ihr seinen Teil Oggenhausens um 26 500 Gulden zu überlassen. Doch jetzt schaltete sich Stuttgart ein und verlangte von Giengen, „sich solchs anmaßenden Kaufs zu entschlagen", worauf Giengen „zur Erhaltung guter Nachbarschaft" vom Kauf zurücktrat unter der Bedingung, daß das ausgelegte Geld erstattet wie auch der Wein- und Leihkauf vergütet würde.

Diese Bedingungen wurden erfüllt, und am 3. Februar 1612 beurkundete man in Oggenhausen den Verkauf an Herzog Johann Friedrich von Wirtemberg. Wilhelm Fetzers Teil des adeligen Guts Oggenhausen, der seit 1587 „durch Käuf, Gebäu und Verbesserungen" etwas gemehrt war, ging damit samt Obrigkeit, Gerechtsamen, Gütern, Gefällen, Einkommen, Haus-, Feld- und Holzmarkun-

---

[358] St. A 353 Heidenheim W., U. 81

[359] Albrecht Ritz, Nattheim und Oggenhausen im Kranz der Nachbargemeinden. 1951. S. 64

[360] Wa. U. I. 3183 und II. 418

[361] Mü. Kl. Obermedlingen U. 152

[362] St. A 155 Adel II, B. 23

[363] Ritz (wie Anm. 359) S. 66

[364] St. A 353 Heidenheim W., B. 37

gen, Kirchensatz, Hirtenstab, Schäferei und Weidgang an Wirtemberg über. An
der Kaufsumme hatte Wirtemberg bereits 13 500 Gulden samt den 100 Gulden
Weinkauf bar entrichtet. Der Rest sollte in Jahresraten von 2000 Gulden jeweils
auf Martini zuzüglich Zins abbezahlt werden. Den Vertrag siegelten der Aussteller Wilhelm Fetzer und sein Schwager Johann Ernst von Gültlingen.[365] Wilhelms
Gemahlin Anna von Gültlingen verzichtete dem Herzog von Wirtemberg gegenüber auf ihre Rechte.[366]

Am 10. Juli desselben Jahres 1612 starb Wilhelms Bruder Mang IV. Sein
Grabstein befindet sich im Kreuzgang des Klosters Neresheim.[367]

Die helfensteinischen Mannlehen in Langenau und Sontheim gingen jetzt auf
Wilhelm VII. als nunmehr ältesten Fetzer über. Er stellte am 25. Juli 1612 dem
Hans Hetsch von Langenau einen Erblehensbrief für die Ostermühle und die
zugehörige Selde aus. Im folgenden Jahr bestätigte er dem Grafen Froben von
Helfenstein den Empfang dieser Lehen.[368] Deren Ertrag sicherte wohl seine
weitere Existenz.

Wo Wilhelm VII. sich seit dem Verkauf des unteren Schlosses in Oggenhausen
aufhielt, ist im einzelnen nicht bekannt. Zeitweilig besaß er das Gut Gärtringen.[369]
Als er 1624 vom Grafen Rudolf von Helfenstein belehnt wurde, hielt er sich in
Pforzheim auf. Anscheinend war er in markgräflich-badischen Diensten unterge-
kommen.[370] Anläßlich der Neubelehnung 1625 versicherte er, er wolle sich
baldmöglichst aus der Acht lösen, in welche ihn das Rottweiler Hofgericht getan
hatte.[371] Der Anlaß ist nicht bekannt. Im April 1634 wurden ihm die Lehen von
Gottfried Freiherrn von Eck und Hungersbach als damaligem Herren von
Wiesensteig bestätigt.[372]

Wilhelms Frau Anna von Gültlingen lebte damals wohl nicht mehr. Ihm war
darum zu tun, für sein Alter eine Bleibe zu finden. Kloster Urspring, wo seine
Tochter Praxedis eingetreten war († 1629), sollte ihn beherbergen. Die Meisterin
des Klosters hatte 1625 von ihm 1000 Gulden geliehen. Nun kam es am
9. September 1639 in Urspring zu einer Vereinbarung zwischen der Meisterin und
Heinrich Ulrich Cludien, Regimentsschultheiß und Beauftragter des Obersten
Andreas Kolbe von Reindorff, wegen des Junkers Wilhelm Fetzer von Oggenhausen. Für die 1000 Gulden, die er geliehen hatte, sollte das Kloster ihn in Kost und
Wohnung aufnehmen, und nach seinem Tode sollte er im Kloster begraben
werden. Die 1000 Gulden samt rückständiger Zinsen fielen dafür dem Kloster
zu.[373]

[365] Ritz (wie Anm. 359) S. 66; St. A 353 Heidenheim W. U. 79
[366] St. A 353 Heidenheim W., U. 82
[367] Weißenberger (wie Anm. 345) S. 181
[368] Lu. B 95 Helfenstein U. 618; Repert. S. 1031
[369] Beschreibung des OA Herrenberg S. 191 f.
[370] Lu. B 95 Helfenstein Repert. S. 1033
[371] Lu. B 95 Helfenstein U. 619
[372] Lu. B 95 Helfenstein Repert. S. 1035
[373] Regesten zur Geschichte des Benediktinerinnenklosters Urspring bei Schelklingen. Bearb. Immo
Eberl. Schriften zur südwestdeutschen Landeskunde 14. 1978. S. 337 f. Nr. 806 und 811

Der Vertragspartner Andreas Kolbe von Reindorff war der Großschwieger-
sohn Wilhelm Fetzers. Dieser hatte eine Tochter Anna Regina, die 1612 als
Jungfräulein mehrmals Taufpatin in Oggenhausen gewesen war. Sie hatte sich
später mit Heinrich Truchseß von Höfingen vermählt. Eine Tochter aus dieser
Ehe war die Frau des Obersten Andreas Kolbe von Reindorff; die andere Tochter
namens Sibylla Barbara heiratete Philipp Ludwig von Ega.[374]

Nachdem Wilhelm Fetzer ein halbes Jahr in Urspring gelebt hatte, gab er dem
Kloster freiwillig 1100 Gulden Kapital, wovon 600 Gulden bei der Markgrafschaft
(Baden-)Durlach, 500 beim Grafen von Hohenzollern standen. Sollte Durlach
oder Hechingen nicht bezahlen können, wäre Wirtemberg zuständig, das der
Familie Fetzer 5000 Gulden schuldete – vermutlich noch aus dem Kauf von 1612.
Das Kloster sollte die 1100 Gulden vor allen anderen Erben von Wirtemberg
fordern. Für den Fall seines Todes vermachte er dem Kloster all seinen Besitz, den
er im Kloster hatte. Falls er die Einlösung der Zinsgelder noch erleben sollte, wäre
er selbst verpflichtet, die 1100 zu bezahlen. Wilhelm siegelte am 22. Mai 1640 die
notarielle Bestätigung des Vermächtnisses.[375] Es ist zugleich die letzte Nachricht
von ihm.

b) Wilhelm Fetzer der Jüngere, der letzte Inhaber von Oggenhausen:

Mang IV. Fetzer hinterließ bei seinem Tod am 10. Juli 1612 seine Witwe
Agathe, deren Herkunft unbekannt ist, die aber bis 1518 als Taufpatin von
Oggenhauser Kindern genannt wird, und einen Sohn Wilhelm (VIII.).[376] Dieser
wurde 1606 in Dillingen immatrikuliert.[377] 1628 wird er mit seinem Vaterbruder
Wilhelm IV. erwähnt.

Der Dreißigjährige Krieg verschonte Oggenhausen nicht. Der Ort wurde im
Januar 1633 von schwedischen Truppen heimgesucht, dabei der Schultheiß
Thomas Brielmayer „mörderischerweis" angegriffen und durch drei Schüsse
tödlich verwundet, der Forstknecht am gleichen Tag erstochen.[378] Am 11. Juni
1634 bat Wilhelm Fetzer den Herzog von Wirtemberg, ihn bis zur Besserung der
Verhältnisse in Heidenheim wohnen zu lassen, da er auf seinem Gut, das
augesplündert sei, nicht mehr wohnen könne.[379] Das war noch vor der Nördlinger
Schlacht am 6. September 1634. Danach wurde die ganze Gegend erst recht
schwerstens in Mitleidenschaft gezogen.

Wilhelm Fetzer fand ein Unterkommen bei der österreichischen Statthalter-
schaft; als „Papist" war er 1635 Obervogt in Schorndorf. In den Jahren 1638 bis
1645 begegnet er als augsburgischer Rat und Pfleger der Herrschaft Rettenberg,
1650 als Pfleger der Herrschaft Schönegg.[380]

[374] Hattstein (wie Anm. 335) T. I, 302
[375] Regesten Urspring (wie Anm. 373) S. 339f. Nr. 815 und 818
[376] Ritz (wie Anm. 359) S. 63f.
[377] Archiv (wie Anm. 349) S. 326
[378] Ritz (wie Anm. 359) S. 75f.
[379] St. A 155 Adel II, B. 23
[380] Pfeilsticker (wie Anm. 298) § 2759; Ed. Zimmermann, Kempter Wappen und Zeichen. Allgäuer
Heimatbücher 60. 1963 S. 107 Nr. 951; Ritz S. 65.

Das Gut Oggenhausen war im Verlauf des Krieges arg heruntergekommen; nur ein geringer Teil der Selden war besetzt, daher warf es nur geringen Ertrag ab. So entschloß sich Wilhelm Fetzer zum Verkauf. Er veräußerte 1650 seine Ortshälfte mit dem oberen Schloß um 7000 Gulden an Christoph Friedrich von Erolzheim. Der Erlös beträgt nur etwa ein Viertel des Verkaufspreises von 1612! Christoph Friedrich von Erolzheim fungierte wohl nur als Mittelsmann, denn er verkaufte gleich an Hugo Friedrich von Vesten weiter. Vesten starb 1653 in Oggenhausen. Seine Witwe vermählte sich 1658 wieder mit dem kaiserlichen Hauptmann Johann Paul und brachte ihm das Gut zu. Paul aber starb schon am 9. März 1659. Sein Grabmal befindet sich in der Oggenhauser Kirche. Nun verkaufte die Witwe am 9. März 1661 an Liborius Ebers zu Trochtelfingen um 7300 Gulden ihren halben Teil des Rittergutes Oggenhausen. Dazu gehörten Haus und Schloß, Wirtschaftsgebäude und Stallungen, 7 Tagwerk Baumgarten, zwei weitere Gärten, 20 Selden und etliche Lehen, 60 Tagwerk Wiesen, 175 Jauchert Ackerland, 380 Jauchert Holz und ein Weiher.[381]

Ebers erlegte von der Kaufsumme vorläufig nur 2300 Gulden. Schon ein Halbjahr später war er das Gut leid und bot es der Stadt Giengen an um 7560 Gulden. Hievon erhielt der Heidenheimer Vogt Kenntnis und berichtete am 1. August 1661 nach Stuttgart. Wirtemberg erkundigte sich nach den Kaufbedingungen und entschloß sich im März 1662, in diese einzutreten. Obwohl die Reichsritterschaft sich für Giengen einsetzte, zwang Wirtemberg die Stadt, die bereits an Ebers bezahlte Summe wieder zurückzunehmen, und ergriff von Oggenhausen Anfang November 1661 mit der Huldigung der Untertanen Besitz.[382]

Über das weitere Schicksal Wilhelm Fetzers ist kaum etwas bekannt. Zwar ist von ihm ein Bericht von 1652 erhalten, der sich mit den Handdiensten der Untertanen in Oggenhausen befaßt. Auch ist gewiß er mit jenem „H. Rittmeister Fetzer von Oggenhausen" gemeint, der 1652 im Giengener Ratsprotokoll erscheint.[383] Doch wissen wir nicht, wo er nach 1650 lebte, ob er verheiratet war und Nachkommen hatte, ob ihm wenigstens die helfensteinischen Mannlehen in Langenau und Sontheim noch zur Verfügung standen. Diese Güter waren im frühen 18. Jahrhundert im Besitz des Barons Hack in Ansbach.[384] Ob er ein Verwandter (Nachkomme?) Wilhelm Fetzers war?

[381] Beschreibung des OA Heidenheim S. 266; Ritz (wie Anm. 359) S. 68; St. A 353 Heidenheim W. U. 83; A 353 L, B. 40; Stadtarchiv Giengen U. 83

[382] Ritz (wie Anm. 359) S. 68 f. und 72 f.; St. H 101 Lagerbuch W 598 von 1689, Fol. 736 ff.

[383] St. A 353 Heidenheim W., B. 38; Stadtarchiv Giengen, Repert. Ratsprotokolle

[384] Albert Fetzer, Heimatbuch Sontheim a. d. Brenz. 1984. S. 79; Mitteilung von Herrn Hans Bühler, Langenau, vom 7. 1. 1988. – Die von Hack hatten von 1646–1678 das Rittergut Stetten, Kr. Heidenheim, innegehabt.

Exkurs: Zur Herkunft der brenztalischen Fetzers

Die Herkunft der niederadeligen Familie Fetzer dürfte mit Hilfe ihres Wappens zu erschließen sein. Es ist ein gespaltener Schild, vorn in Rot ein silbernes Einhorn, hinten in Schwarz zwei (auch drei) goldene Schrägbalken.[385] Dieses Wappen, freilich ohne Farben, begegnet seit dem frühen 14. Jahrhundert auf Siegelabdrücken. Leider haben sich aus so früher Zeit nur wenige unbeschädigte Abdrücke erhalten, auf denen das Wappenbild klar zu erkennen ist. Indes gibt es Nachzeichnungen einer Wappenfolge, welche einst das Langhaus und den Kreuzgang vor dem Kapitelsaal des Klosters Anhausen (bei Herbrechtingen) zierte. Ihre Vorlagen dürften aus dem zweiten Drittel des 14. Jahrhunderts stammen, denn in dieser Zeit haben jene Personen gelebt, deren Wappen dargestellt sind.[386] Diese Folge enthält das Wappen Ulrich Fetzers von Aufhausen (1326–1357) und Heinrich Fetzers von Lauterburg (wohl 1327–1349), ersteres auch mit Angabe der Farben. Die Tinktur des Fetzer-Wappens ist u. W. erstmals sicher überliefert im Wappenbuch des Herzogs Albrecht VI. von Österreich (1418–1463), dem sogenannten Ingeram-Codex von ca. 1459.[387]

Das Einhorn erscheint im Wappen der Stadt Giengen, wo die brenztalischen Fetzer bei ihrem frühesten Auftreten begütert waren, und zwar zuerst auf einem Siegelabdruck von 1293.[388] Es erscheint aber auch im Wappen der Stadt Schwäbisch Gmünd. Während das Giengener Stadtwappen ein goldenes Einhorn auf blauem Grund zeigt, weist Schwäbisch Gmünd ein silbernes Einhorn auf rotem Grund auf. Das sind genau die gleichen Farben wie im Wappen der Fetzer. Das Giengener Wappen dürfte dem von Schwäbisch Gmünd nachgebildet sein, denn Gmünd war zweifellos die ältere der beiden Städte. Somit wäre Gmünd wohl der Ursprungsort des Einhornwappens, und die Gmünder Farben Silber in Rot müssen als die ursprünglichen angesehen werden. Das Wappen der Fetzer weist somit auf Schwäbisch Gmünd als Herkunftsort des Geschlechts.

Nun gab es auch in Schwäbisch Gmünd ein Geschlecht Fetzer, das sich später den Beinamen „von Brogenhofen" zulegte. Es führt im Wappen gleichfalls das silberne Einhorn auf rotem, durch schwarze Querbalken geteilten Schild.[389] Die Verwandtschaft dieses Wappens mit dem der brenztalischen Fetzer dürfte kaum zu bezweifeln sein. Letztere sind somit wohl ein Zweig der Gmünder Fetzer, der vermutlich zuerst in Giengen Fuß gefaßt und sich von dort aus im Brenztal weiter verbreitet hat. Zudem spricht der Beiname (Übername) „Fetzer" u. E. für die Herkunft aus dem Stadtbürgertum; denn der Landadel nannte sich in aller Regel nach seinem Herkunftsort oder seiner Burg. Die Fetzer sind aber nicht das einzige

---

[385] Otto v. Alberti, Württ. Adels- und Wappenbuch I. 1889–1898, S. 186

[386] Wie Anm. 27

[387] Die Wappenbücher Herzog Albrechts VI. von Österreich. Hrsg. Charlotte Becher und Ortwin Gamber. Jahrbuch der Heraldisch-Genealog. Gesellschaft Adler. 3. Folge Bd. 12. 1986. S. 55

[388] WUB 10 S. 107 f. Nr. 4329

[389] Wie Anm. 385

Geschlecht, das aus Schwäbisch Gmünd nach Giengen gelangte. Dank günstiger Überlieferung läßt sich der Weg der mit den Fetzern verwandten Schopp recht deutlich verfolgen, und dabei zeigt sich, welch enge Beziehung offenbar im Hochmittelalter zwischen den führenden Geschlechtern von Städten unter gleicher Herrschaft bestanden.

Die Gmünder Fetzer gelten als Zweig einer Großsippe, aus der sonst noch die Schopp und die Turn bzw. Zingge hervorgegangen sind. Nach Axel Nuber hatten die Fetzer, Schopp und Turn ihren aneinanderstoßenden Besitz im Westteil der Gmünder Gemarkung. Sie scheinen auf die ältesten Gmünder Geschlechter zurückzugehen, die 1162 genannt sind und wohl zur staufischen Ministerialität gehörten. Die damals erwähnten Brüder During und Siegfried werden als Vorfahren der Fetzer, Schopp und Turn angesehen, bei denen der Name During mehrfach wiederkehrt. Die Fetzer nahmen dazu den Namen Eppo (Eberhard, Eberwin) auf, und zwar wohl infolge Verschwägerung mit dem Geschlecht der Vaener.[390] In Gmünder Urkunden des ausgehenden 13. und beginnenden 14. Jahrhunderts erscheinen wiederholt Fetzer namens During und Eberwin in enger Verbindung mit Angehörigen der Familie Schopp, welche During und Konrad hießen, so 1288, 1293, 1296 und 1311.[391] Dies spricht für ihre Verwandtschaft.

Auch in Giengen gab es eine Familie Schopp: Albert (Albrecht) Schopp ist dort von 1279 bis 1304 bezeugt; in den Jahren 1293 bis 1295 und vielleicht 1301 bekleidete er das Amt des Ammans (minister), des vom König eingesetzten Richters.[392] Er hatte Brüder namens During (1285–1304) und Heinrich (1285). Im Jahre 1301 ist auch „der alte Durengk" (During) erwähnt, womit der Vater der Brüder gemeint sein könnte.[393] Später wurde During zum Beinamen: Hans Duryng (1331); Ital Durnge (During) und seine Schwester (?) Anne die Durgin, Meisterin zu Wihenberg (1340).[394]

---

[390] Axel Hans Nuber, Staufische Ministerialen in Gmünd. In: Stadt und Ministerialität. Hrsg. Erich Maschke und Jürgen Sydow. Veröffentl. der Kommission für Geschichtl. Landeskunde in Baden-Württemberg. Reihe B. 76. 1973. S. 46 ff., hier S. 47 f und 54 ff. sowie Karte nach S. 8

[391] Nitsch, Urkunden (wie Anm. 117) S. 12 ff. Nr. 58, 63, 69 und 95

[392] WUB 8, S. 163 f. Nr. 2867; 9, S. 4 Nr. 3409; 10, S. 107 f. Nr. 4329 und S. 353 Nr. 4677; 11, S. 228 ff. Nr. 5253 und 5257; Mü. Geistl. Ritterorden Nr. 3408a und 3408b; St. A 488 Kl. Herbrechtingen U. 184; Ötting. Urkunden (wie Anm. 51) S. 61 Nr. 157; Die Urkunden des Reichsstiftes Kaisheim. Bearb. Herm. Hoffmann. Schwäb. Forschungsgemeinschaft. Reihe 2a. Urkunden 11. 1972. S. 234 Nr. 406; Mittheil. der Dt. Gesellschaft in Leipzig I. 1856. S. 185 f. Nr. 47.

[393] WUB 9, S. 4 Nr. 3409; 10, S. 107 f. Nr. 4329; 11, S. 228 ff. Nr. 5253 und 5257; Mü. Ritterorden Nr. 3408b; St. A 488 Kl. Herbrechtingen U. 184; Ötting. Urkunden (wie Anm. 51) S. 61 Nr. 157; Kaisheimer Urkunden (wie Anm. 392) S. 234 Nr. 406; Mittheil. d. Dt. Gesellschaft (wie Anm. 392) S. 185 f. Nr. 47.

[394] Lu. B 95 Helfenstein U. 760; Mon. Boica XXXIII/2 S. 79 f. Nr. 83

Der seltene Name During in Verbindung mit dem Beinamen Schopp schließt wohl jeden Zweifel aus, daß es sich um Abkömmlinge der Gmünder Schopp handelt.

Die Giengener Schopp und During treten auch gemeinsam mit Angehörigen der Familie Fetzer auf. So leistete 1304 in einer Giengener Urkunde Rudolf Fetzer, der älteste des brenztalischen Zweigs, gemeinsam mit Albrecht Schopp und dessen Bruder Düring Zeugenschaft; 1331 ist Hans Duryng gemeinsam mit dem Vogt Ulrich Fetzer Zeuge für Wörtwin, den Kirchenherren zu Fleinheim.[395] Die gemeinsame Zeugenschaft der Fetzer und Schopp bzw. During mag bekunden, daß sie auch zueinander in engerer Beziehung standen.

Das Auftreten der Giengener Schopp fällt in die Regierungszeit König Rudolfs von Habsburg. Ihm lag daran, ehemals staufisches Gut für das Reich zu sichern oder zurückzugewinnen. Er hielt sich mehrfach in Giengen auf, so 1274 und 1287.[396] Er wird bei diesen Anlässen das Verhältnis der Stadt zum Reich geregelt haben. Man könnte sich denken, daß auf seine Veranlassung ein Zweig der Schopp von Schwäbisch Gmünd nach Giengen übersiedelte, um dort etwa aufgrund seiner Erfahrung in Fragen des Stadtregiments wichtige Positionen einzunehmen. Albert Schopp könnte noch von König Rudolf als Ammann eingesetzt worden sein. Daß die Giengener Schopp noch den gleichen Vornamen During pflegten wie ihre Namensvettern in Schwäbisch Gmünd, läßt jedenfalls darauf schließen, daß sie sich von diesen vor noch nicht allzu langer Zeit abgespalten hatten.

Die brenztalischen Fetzer dagegen tragen bei ihrem urkundlichen Auftreten um die Wende vom 13. zum 14. Jahrhundert die Namen Rudolf, Ulrich und Heinrich (Heinz) und somit gänzlich andere Vornamen als ihre Gmünder Stammesgenossen. Dies ist sicherlich die Folge ihrer Heiratsverbindungen und besagt wohl, daß sie sich schon früher von den Gmünder Namensvettern abgespalten haben und ins Brenztal übersiedelt sind. Ihre Heiratsverbindungen dürften auch erklären, daß sich ihr Wirkungsbereich um 1300 nicht allein auf Giengen beschränkte, sondern daß sie bereits über relativ ausgedehnten Landbesitz verfügten in Heidenheim, Schnaitheim und Aufhausen. Dieser Besitz dürfte mindestens zum Teil erheiratet oder bereits ererbt sein. Wie Giengen sind die genannten Orte als ehemals staufisch zu erweisen oder im Verdacht, staufisch gewesen zu sein.[397] Der dortige

---

[395] St. A 488 Kl. Herbrechtingen U. 184; Lu. B 95 Helfenstein U. 760

[396] WUB 9 S. 81 ff.; vgl. Böhmer-Redlich, Regesta Imperii VI/1 S. 47 Nr. 143 und 144; ebd. S. 461 Nr. 2120.

[397] Vgl. Text zu Anm. 4 und 5; zu Schnaitheim vgl. Heinz Bühler, Zur Geschichte des Schnaitheimer Schlößleins. In: Jahrbuch 1985/86 des Heimat- und Altertumsvereins Heidenheim a. d. Brenz. S. 228 ff., hier S. 231 f.

Besitz mag ihnen oder ihren Rechtsvorgängern einst zu Lehen gegeben worden sein; doch war der Lehenscharakter seit dem Interregnum in Vergessenheit geraten, wenn nicht bewußt verschwiegen worden. So wäre wohl möglich, daß noch einer der letzten Staufer einen Fetzer von Gmünd nach Giengen geholt hat. In Giengen werden um 1250 mit „Bürgern" und „Ammann" charakteristische Elemente städtischen Lebens greifbar.[398] Ein aus Gmünd abgeordneter Fetzer könnte den Giengenern geholfen haben, die Satzungen aufzustellen und die städtische Verwaltung zu organisieren.

---

[398] Im Jahre 1252 sind „cives" bzw. „burgenses" bezeugt (WUB 4, S. 283 f. Nr. 1215); 1256 wird ein „minister" (= Ammann) genannt (WUB 11, S. 491 Nr. 5613); um 1250 hat Giengen ein eigenes Getreidemaß (WUB 11, S. 480 f. Nr. 5597).

Abkürzungen

Lu.	= Staatsarchiv Ludwigsburg
Mü.	= Hauptstaatsarchiv München
Ne.	= Archiv der Abtei Neresheim
St.	= Hauptstaatsarchiv Stuttgart
Wa.	= Fürstlich Öttingen-Wallersteinisches Archiv Wallerstein
B.	= Büschel
Kl.	= Kloster
U.	= Urkunde
UB.	= Urkundenbuch
WUB	= Wirtembergisches Urkundenbuch
W.Reg.	= Württembergische Regesten 1301–1500
ZGO	= Zeitschrift für die Geschichte des Oberrheins.

Zur frühen Geschichte Heidenheims und vergleichbarer Orte auf der Alb

Die Ausgrabungen im Heidenheimer Römerkastell in den Jahren 1965 und 1966 sowie im Römerbad 1980, 1981 und 1987 haben eine Fülle neuer Erkenntnisse über das römische Heidenheim gebracht. Es war gewiß eine der wichtigsten Ansiedlungen auf der Schwäbischen Alb und im Nordteil der Provinz Raetien, vielleicht sogar Vorort eines Selbstverwaltungsbezirks (civitas).[1]

Von daher stellt sich die Frage nach der Bedeutung Heidenheims im frühen und hohen Mittelalter vor der Stadtgründung, die etwa in die Wende vom 12. zum 13. Jahrhundert verlegt werden darf.

Die Verkehrslage Heidenheims am Albübergang im Zuge der Täler von Kocher und Brenz, im Schnittpunkt mit den West-Ost-Verbindungen durch Stubental und Lindletal, welche die Römer zur Anlage des Kastells und eines sich in Heidenheim kreuzenden Straßensystems veranlaßt haben, behielt ihre Bedeutung durch das ganze Mittelalter. Man würde daher erwarten, daß der Platz auch in nachrömischer Zeit eine Art Mittelpunktsfunktion hatte. Die römische Vergangenheit des Platzes muß den späteren Bewohnern durchaus gegenwärtig gewesen sein. Mauerreste aus römischer Zeit waren sicher noch jahrhundertelang an der Oberfläche sichtbar oder traten bei Erdarbeiten zutage. Wohl nicht ohne Grund blieb das Gelände des Kastells bis ins 19. Jahrhundert von der Bebauung ausgespart. In der Literatur wird der Name „Heidenheim" seit alter Zeit mit der römischen, sprich heidnischen Vergangenheit in Verbindung gebracht. Der Chronist Paul von Bernried (um 1130) gebraucht zur Bezeichnung des Platzes das griechische Wort „Moropolis", das Heidenstadt oder Heidensiedlung bedeutet.[2] Auch die Lokalchronisten Johannes Hornung (1618) und Christoph Lindenmaier (um 1655) erklären den Namen Heidenheim mit der Ansiedlung der heidnischen Römer und

---

[1] Planck, Dieter: Museum im Römerbad Heidenheim. Faltblatt (Stuttgart 1985).

[2] Vita B. Herlucae Virginis a Paulo Bernriedensi conscripta. In: Jabobi Gretseri Opera Omnia Tomus VI. Ratisbonae 1735. P. 164 ff, hier P. 168.
Vgl. Schnitzer, Alois „Die selige Herluka von Bernried" in: Jahrbuch des Vereins für Augsburger Bistumsgeschichte 3 (1969) 5ff, hier 7.

noch älterer Völkerschaften (Silberschüsselchen, Heidenloch, Heidenschmiede).[3] Sie hatten offenbar eine vage Vorstellung, daß der Platz seit Urzeiten ziemlich kontinuierlich besiedelt war. Selbst das Stadtwappen, der Heidekopf, zuerst auf einem Siegelstock von 1486 überliefert, nimmt auf die ehemals heidnisch-römischen Bewohner Bezug.[4]

So fragt man sich, ob für Heidenheim auch in den Jahrhunderten nach der alemannischen Landnahme eine gewisse Zentralfunktion erwartet werden kann, ob man annehmen darf, daß es in der Hand der jeweils Mächtigen blieb und als Herrschaftsmittelpunkt eine gewisse übergeordnete Stellung einnahm.

1. Die Schenkung der Frau Liutgard von 1108

Leider ist es um die schriftliche Überlieferung Heidenheims im früheren Mittelalter schlecht bestellt. Abgesehen von sehr spärlichen Nachrichten aus den Archiven der Abtei Fulda aus dem 8. und 9. Jahrhundert, des Hochstifts Augsburg aus dem 11. und frühen 12. Jahrhundert, die kaum tiefere Einblicke in die Geschichte Heidenheims erlauben, ist es eine Urkunde von 1108, die erstmals weitere Zusammenhänge erkennen läßt, da sie Heidenheim mit anderen, besser bezeugten Orten und mit historisch faßbaren Personen in Verbindung bringt.

Die Urkunde ist nicht im Original erhalten, sondern nur in der Chronik des Blaubeurer Mönchs Christian Tubingius aus dem frühen 16. Jahrhundert (um 1521) überliefert. Aber auch diese Chronik ist nur in einer Abschrift des Archivars Andreas Rüttel des Jüngeren aus der Zeit um 1575 auf uns gekommen. Mehrfaches Abschreiben erklärt, daß in der Urkunde manche Namen verstümmelt oder offensichtlich verschrieben sind.

Es soll versucht werden, aus dieser Urkunde und ergänzenden Nachrichten unmittelbar bzw. durch Analogieschluß Erkenntnisse zur frühen Geschichte Heidenheims zu gewinnen. Daher wird zunächst der Wortlaut der Urkunde in der Übersetzung von Bruno Maier wiedergegeben. Nur für die Herkunftsorte der Zeugen wird die von Tubingius-Rüttel überlieferte Namensform beibehalten.

„Im Jahre 1108 seit der Menschwerdung des Herrn, am 7. November, im 7. Jahr der Erhebung des Herrn Otto zum Abt unseres Klosters, brachte Liutgard auf Grund ihres sehnlichen Wunsches mit der Erlaubnis ihres Gemahls heiteren Herzens auf dem Altar des heiligen Johannes des Täufers in Beuren (= Blaubeuren) alles dar, was sie nach Erbrecht besaß, und übergab es feierlich dieser Kirche und den dort lebenden Dienern Gottes ohne jeden Widerspruch zum Eigentum, nämlich: Lonsee, Urspring, Halzhausen, Reutti, Ruenbur und zwei Hufen bei (in) Heidenheim. Die Übergabe erfolgte

---

[3]   Johann Hornung: Beschreibung der Württembergischen Statt und Herrschafft Heydenheim inn dem Brenzthal gelegen (1618); Christoph Lindenmaier: Beschreibung der Statt und Herrschafft Heydenheimb Württ. Landesbibliothek. Cod. hist. Fol. 320. S. 540 ff, hier S. 547; Beschreibung des OA. Heidenheim (1844), 113 f.

[4]   HStA. Stuttgart, A 353 Heidenheim W.U 7.

öffentlich in der Kirche des heiligen Johannes des Täufers in Beuren zur obengenannten Zeit vor vielen adligen und glaubwürdigen Zeugen, deren Namen diese sind: Ulrich von Horningen, Beringer von Grüre, Konrad von Dürnnhaim, Rudolf von Epphingen, Heinrich von Zülnhart, Truttwin und Winther von Sultzbach, Walther von Gruron, Harliwin von Erstetten, Diepold von Nothalagen, Berthold von Northusen, Berthold von Lonbach".[5]

Dieser Urkunde gemäß schenkte Frau Liutgard dem Kloster Blaubeuren mit Einverständnis ihres nicht namentlich genannten Gemahls alles, was sie nach Erbrecht besaß, in den Orten Lonsee, Urspring, Halzhausen, Reutti, Ruenbur (abgegangen) und zwei Hufen in Heidenheim.

Liutgard vefügte über zwei räumlich getrennte Besitzgruppen:

a) Lonsee, Urspring, Halzhausen und Reutti liegen alle dicht benachbart zwischen Geislingen und Ulm; sie stellten Liutgards Hauptbesitz dar.

b) Heidenheim; die beiden Hufen dort erscheinen fast als eine Art Zugabe zu den Gütern um Lonsee; sie machen nur einen Bruchteil des gesamten bäuerlichen Besitzes im Dorf Heidenheim aus, das sich damals östlich des ehemaligen Kastells bis zur Brenz erstreckte.

Unter den Zeugen fallen Namen auf, die weder in die Umgebung Heidenheims noch Lonsees passen. Es sind darunter nicht weniger als fünf Elsässer, nämlich Truttwin und Winther von Sulzbach (im Münstertal), Diepold von Nothalten (Kanton Barr), Berthold von Nordhausen (Kanton Erstein) und Berthold von Laubach (Kanton Wörth).[6] Dies ist im Auge zu behalten. Die beiden Besitzgruppen müssen getrennt betrachtet werden. Das führt zunächst von Heidenheim weg. Doch dürfte sich der Umweg lohnen. Denn was sich für die Besitzgruppe um Lonsee ermitteln läßt, kann mit Vorbehalt auch für Heidenheim nutzbar gemacht werden.

2. Liutgards Besitz um Lonsee

Die Orte Lonsee, Urspring, Halzhausen und Reutti bilden einen Güterkomplex mit gemeinsamer Geschichte um den Mittelpunkt Lonsee, das 1268 als Stadt bezeugt ist (Luwense).[6a]

Lonsee ist als einziger dieser Orte schon früher genannt in einer Urkunde König Arnolfs (887 - 899), der sich um den 19. Mai 888 dort aufgehalten und ein Rechtsgeschäft getätigt hat, als er von Regensburg (12. Mai) kommend über Langenau nach Speyer (26. Mai) und Frankfurt (8. Juni) zog.[7]

---

[5] Christian Tubingius: Burrensis Coenobii Annales. Die Chronik des Klosters Blaubeuren. Textherstellung von Gertrud Brösamle. Deutsche Übersetzung von Bruno Maier. Schriften zur südwestdeutschen Landeskunde 3 (1966), S. XV ff; Text der Urkunde S. 82 ff. — Vgl. WUB IX, Nachtrag S. 449 f.

[6] Zur Lokalisierung siehe Brösamle (wie Anm. 5) S. 84.

[6a] WUB VI S. 373 f Nr. 1981.

[7] MG.Dipl.Arn. Nr. 25. — Vgl. Bühler, H. „Studien zur Geschichte der Grafen von Achalm" in: ZWLG 43 (1984) S. 7 ff, hier S. 56 f.

Lonsee (Lunsee), wie Ursprung dicht bei dem römischen Kastell „ad Lunam" gelegen, war karolingisches Königsgut. Dazu gehörten höchst wahrscheinlich schon damals die Nachbarorte Ursprung und Halzhausen, vielleicht auch noch andere Nachbarorte, wogegen Reutti als Rodesiedlung etwas jünger sein könnte. Bei Lonsee wurde 1969 bei Baggerarbeiten ein großes Reihengräberfeld angeschnitten, aber leider größtenteils zerstört. Doch ist damit das hohe Alter des Ortes belegt.[8]

Zwischen dem römischen Kastell „ad Lunam" (Fiskalgut) und dem karolingischen Königsgut Lonsee dürfte ein Zusammenhang bestehen, und zwar dürfte — in Analogie zu anderen Plätzen — folgender Ablauf mit einiger Wahrscheinlichkeit stattgefunden haben: Das römische Fiskalgut fiel bei der Landnahme zunächst wohl in die Hand eines alemannischen Großen (Gaufürst?), wurde nach 536 von den merowingischen Frankenkönigen als Königsgut übernommen, aber nach dem Tode König Dagoberts I. († 639) von den alemannischen Herzögen usurpiert. Das alemannische Herzogsgut gelangte an die Karolinger, und zwar teils durch Konfiskation nach 746, teils durch die Heirat Karls des Großen mit Hildegard, die von Mutterseite dem Herzogshaus entstammte.

Als eine Bestätigung für diesen Ablauf der Dinge könnte der Name des Nachbarortes Ettlenschieß dienen. Er heißt urkundlich Oetdelschiez (1333) bzw. Oetelschiezz (1356)[9], ist also nach einem Odilo benannt, der wohl im 8. Jahrhundert gelebt haben dürfte. Der Name Odilo ist äußerst selten. Er findet sich jedoch im alemannischen Herzogshaus bei einem Sohn Herzog Gotefrieds († 709). Dieser Odilio wurde um 736 Herzog in Bayern († 748). Durch ihn könnte auch Gut in Langenau an das Hochstift Freising bei München gelangt sein.[10] Der Ort „Immenburc" (1143), der wohl zwischen Gussenstadt und Bräunisheim lag, aber mit Hofstett-Emerbuch gleichgesetzt wird, ist vielleicht nach Hildegards Mutter Imma benannt.[11] Die Abtei Kempten war im nahen Bernstadt begütert; sie könnte dortigen Besitz am ehesten durch eine Schenkung der Königin Hildegard oder ihrer Nachkommen erhalten haben.[12] Offenbar gab es in der Gegend alemannisches Herzogsgut.

Zwischen König Arnolf, einem der letzten ostfränkischen Karolinger, und der Schenkerin Liutgard von 1108 dürfte eine Beziehung verwandtschaftlicher Art bestanden haben. Wir haben jedenfalls keinerlei Nachricht, daß in der Zwischenzeit — 220 Jahre — Lonsee oder die mit ihm verbundenen Orte etwa verschenkt, vertauscht oder ver-

---

[8] Der Stadt- und Landkreis Ulm. Archäologischer Fundkatalog (1972) S. 58.

[9] Ulm. UB II S. 133, Nr. 119; S. 448 Nr. 480.

[10] Bühler, H. „Die Duria-Orte Suntheim und Navua". Sonderdruck aus: Das Obere Schwaben 8 (1971). 1983; S. 30 f.

[11] WUB II S. 26 ff Nr. 318; zur Lokalisierung vgl. Caspart, Württ. Vierteljahreshefte für Landesgeschichte 1 (1878) S. 61 f.

[12] Lehenbuch des Fürstl. Stifts Kempten von 1451. Hg. Alfred Weitnauer. Allgäuer Heimatbücher 8 (1938) S. 43.

kauft worden wären. Daher darf angenommen werden, daß sie sich in einem durch Verwandtschaft verbundenen Personenkreis von Generation zu Generation als „ruhender Besitz" vererbt haben. Dies gilt es nun zu beweisen oder zumindest wahrscheinlich zu machen.

Liutgards Familienzugehörigkeit ist nicht direkt bezeugt; sie läßt sich aber erschließen einerseits aus den Mitteilhabern am Besitz in und um Lonsee und andererseits aus den Zeugen, die bei ihrer Schenkung in Blaubeuren zugegen waren. Insbesondere die an der Spitze der Zeugenliste stehenden Personen — Ulrich von Horningen, Beringer von Grüre, Konrad von Dürnnhaim — dürfen als nahe Verwandte der Schenkerin gelten; möglicherweise hatten sie selbst Anrechte an die verschenkten Güter und taten durch ihre Mitwirkung ihr Einverständnis oder den Verzicht auf ihre Rechte kund.

Mitbesitzer in den fraglichen Orten waren um dieselbe Zeit:

1) Ein Geistlicher namens Werner von (aus) Urspring, der 1108 seine Güter in Lonsee, die Marienkirche in Urspring, ein Drittel von Urspring und die Hälfte von Achstetten (abgegangen bei Reutti) an Blaubeuren schenkte. Werner hatte einen Bruder Reginhard, der in Ehingen begütert war.[13]

2. Berenger, Mönch im Kloster Blaubeuren, gab dorthin einen Hof und den vierten Teil der Kirche in Urspring sowie eine Hufe in Bernloch auf der Münsinger Alb. Sein Sohn Berenger gab eine Hufe in Wilsingen (südlich Bernloch).[14]

3. Die Abtei Elchingen besaß zwei Hufen in Reutti und eine Hufe in Urspring. Als Stifter kommen der Klostergründer Adalbert oder dessen Tochter Liutgard in Betracht. In letzterem Falle wäre die Schenkung eventuell erst um 1140 erfolgt.[15]

Bemerkt sei, daß die Orte Lonsee, Ursping, Halzhausen und Reutti später größtenteils im Besitz der Grafen von Helfenstein waren, die sie mit anderem 1382 an Ulm verpfändeten, 1396 verkauften.[16]

Nach obiger Annahme müssen die genannten Mitbesitzer alle irgendwie Teilhaber an der Hinterlassenschaft König Arnolfs und somit untereinander verwandt sein.

Eine Familienzugehörigkeit ist nur für den Elchinger Klosterstifter Adalbert bezeugt. In Urkunden von 1104 heißt er „Adalpreht de Alechingen" (= Elchingen), womit zunächst nicht viel anzufangen ist, da es ein Geschlecht, das sich nach Elchingen (bei Neu-Ulm) nennt, sonst nicht gibt. Spätere Quellen nennen ihn „Albertus comes de Ravenstein".[17] Ravenstein ist eine bis auf Reste abgegangene Burg über dem Roggental bei Steinenkirch; sie ist in der Chronik Bertholds von Zwiefalten für das frühe 12. Jahr-

---

[13] Tubingius (wie Anm. 5) S. 84 f. u. S. 124 f.

[14] Tubingius (wie Anm. 5) S. 140 f.

[15] WUB V. s. 415 ff. Nachtrag Nr. 29.

[16] Hohenstatt, Otto „Die Entwicklung des Territoriums der Reichsstadt Ulm" in: Darstellungen aus der Württ. Geschichte 6 (1911) S. 90 u. 98.

[17] MG. Dipl. Heinr. IV. Nr. 483 u. 484; HStA.München, Klosterliteralien Elchingen Nr. 13.

hundert bezeugt.[18] Adalbert gehörte damit in die Sippe der Herren von Stubersheim-Ravenstein, die in einem Brüderpaar Adalbert und Berenger von Stubersheim (nordöstlich Amstetten) von 1092 ihre ersten sicher bezeugten Vertreter hat.[19]

Adalbert von Elchingen-Ravenstein, der in einer Chronik „nobilissimus de Suevia" heißt, heiratete um 1105 die Stauferin Berta, die zweitälteste Tochter Herzog Friedrichs I. von Schwaben († 1105) und der Königstochter Agnes, und starb gegen 1120. Er ist eine Generation jünger als die Stubersheimer Brüder Adalbert und Berenger von 1092 und somit der Sohn eines dieser beiden. Berenger von Stubersheim (1092) hatte seinerseits Söhne namens Adalbert und Berenger, die sich gleichfalls von Stubersheim nannten; ihr Besitz ging später auf die Grafen von Helfenstein über (siehe oben).[20] Daher dürfte Adalbert von Elchingen-Ravenstein als ein Sohn Adalberts von Stubersheim zu betrachten sein.

Adalbert von Elchingen-Ravenstein hatte seinerseits einen Sohn, der als Knabe in der Donau ertrank, und eine Tochter Liutgard († 1146), die sich um 1119 mit dem Markgrafen Konrad von Meißen aus dem Hause Wettin († 1157) vermählte und Adalberts Alleinerbin wurde. Liutgard und Konrad von Meißen sind im Kloster Elchingen als (Mit-)Stifter verherrlicht.[21] Durch Liutgard dürften die oben erwähnten Güter in Reutti und Ursprung neben anderem Besitz an das Kloster gelangt sein.

Der Name Liutgard läßt aufhorchen, denn er ist damals noch nicht häufig. Es ist derselbe Name, den die Wohltäterin Blaubeurens von 1108 trägt. Die beiden Frauen müssen verwandt sein, zumal sie beide um Lonsee begütert sind. Sie gehören jedoch verschiedenen Generationen an. Die Schenkerin von 1108 ist gleichaltrig mit Adalbert von Elchingen-Ravenstein, dem Vater der Markgräfin Liutgard. Höchst wahrscheinlich war sie die Schwester Adalberts und die Taufpatin seiner Tochter.

Als nächster Teilhaber am Güterkomplex Lonsee interessiert der Mönch Berenger, der einen Sohn Berenger hatte und demnach vor dem Eintritt ins Kloster verheiratet war. Man wüßte gern, wie er sich im weltlichen Stand genannt hat. Wir erinnern uns, daß einer der Stubersheimer Brüder von 1092 gleichfalls Berenger hieß und daß unter den Zeugen für Liutgard 1108 an zweiter Stelle ein Berenger steht. Auch sei erwähnt, daß der Name Berenger, der sonst selten ist, speziell unter den Nachkommen der Stubersheimer Brüder von 1092 mehrfach wiederkehrt. Wegen seines Namens ist der Mönch Berenger mit Sicherheit ein Glied der Sippe Stubersheim-Ravenstein. Sein Besitz in Ursprung weist ihn als Verwandten Liutgards und Adalberts von Elchingen-Ravenstein aus, die mit ihm gleichaltrig sind. So ist auch er offenbar ein Sohn Adal-

[18] Die Zwiefalter Chroniken. Hg. E. König und K. O. Müller (1941) S. 212.

[19] WUB I S. 296 Nr. 241. — Vgl. Bühler, H. „Schwäbische Pfalzgrafen, frühe Staufer und ihre Sippengenossen" in: Jahrbuch des Histor. Vereins Dillingen 77 (1975) S. 118 ff, hier S. 128 f.

[20] Bühler (wie Anm. 19) S. 129 und Tafel S. 130.

[21] Bühler, H. „Zur Geschichte der frühen Staufer" in: Hohenstaufen. Veröffentlichungen des Geschichts-u. Altertumsvereins Göppingen 10 (1977) S. 1 ff, hier S. 30 ff.

berts von Stubersheim von 1092 und damit ein Bruder Liutgards und Adalberts von Elchingen-Ravenstein.

Ein Zeitgenosse des Mönchs Berenger ist der Zeuge Berenger von 1108. Gewiß ist auch er mit Liutgard und somit zugleich mit Adalbert von Elchingen-Ravenstein verwandt. Wegen seines Namens gehört er zur Nachkommenschaft der Stubersheimer Brüder von 1092. Wenn man bedenkt, daß der Mönch Berenger einst verheiratet war und wohl erst nach dem Tod seiner Frau ins Kloster eingetreten ist, liegt die Vermutung nahe, er könnte mit dem Zeugen Berenger personengleich sein.

Der Zeuge Berenger heißt bei Tubingius-Rüttel „de Grüre". Dies wird als Gruorn bei Urach gedeutet. Doch besteht der dringende Verdacht, daß dieser Beiname verwechselt wurde mit dem Beinamen des Zeugen Nr. 8, Walther von „Gruron". Diesen kennt man anderweitig; es ist in Wirklichkeit Walker von Gruol bei Haigerloch. Die Zeugenliste der Liutgard-Schenkung ist auch bei Gabelkofer überliefert, wo unser Berenger „von Arnegge" heißt.[22] Doch auch dies kann nicht stimmen, denn ein Geschlecht „von Arnegg" (bei Blaubeuren) ist um diese Zeit nicht bekannt. Gabelkofer hatte wohl ein schwer leserliches Original vor sich. Da sich der Name in einer Blaubeurer Urkunde findet, war die Lesart „von Arnegge" zwar naheliegend. Aber sie kann nicht richtig sein. In der Vorlage stand offensichtlich „de Albegge" (Albeck bei Ulm). Sie gibt in unserem Zusammenhang einen Sinn.[23]

Die von Albeck treten sonst erst ab etwa 1120 mit den Brüdern Aribo, Berenger, Siboto und Witegow in Erscheinung. Sie gehören sowohl wegen ihres Besitzes als auch wegen des Namens Berenger, der in ihrem Hause mehrfach vorkommt, gleichfalls zur Sippe Stubersheim-Ravenstein. Die vier Brüder von Albeck sind aus zeitlichen Gründen als Enkel der Stubersheimer Brüder von 1092 anzusehen. Es fehlt als Zwischenglied der Vater der vier Brüder. In dem Zeugen Berenger „von Arnegge" (= Albeck) ist er gefunden. Ihn mit dem Mönch Berenger gleichzusetzen, ist umso eher berechtigt, als dieser ja gleichfalls einen Sohn Berenger hatte. Es sei dazu bemerkt, daß wir sonst in keiner Familie gerade in den fraglichen Generationen den Namen Berenger bei Vater und Sohn antreffen.[24]

Berenger „von Arnegge" (= Albeck) trat, wie erwähnt, wohl nach dem Tod seiner Frau ins Kloster ein. Dies erklärt, daß wir ihn unter seinem eigentlichen Namen sonst nicht erwähnt finden. Dies erklärt aber auch, daß seine vier Söhne in noch relativ jungen Jahren selbständig handelnd auftreten.

Die um Lonsee Begüterten Adalbert von Elchingen-Ravenstein, Berenger von Albeck

[22] Notitia fundationis S. Georgii. In: ZGO 9 (1858) S. 219 Nr. 95. — Klemm, A. „Beiträge zur Geschichte von Geislingen u. Umgegend" in: Württ. Vierteljahreshefte 7 (1884) S. 257.

[23] Bühler (wie Anm. 19) S. 134.

[24] Genealogie der Herren von Albeck, bearb. von A. Rieber u. H. Bühler. In: Der Stadt- und Landkreis Ulm. Allgemeiner Teil (1972) S. 329.

und Liutgard müssen nach all dem als Geschwister und Nachkommen Adalberts von Stubersheim betrachtet werden.[25]

Für die weitere Untersuchung sind zwei Gesichtspunkte wichtig:

1) Der Name Berenger, der im Sippenkreis der Herren von Stubersheim-Ravenstein-Albeck als Leitname gelten darf.

2) Die Begüterung der Stubersheim-Ravenstein-Albeck in Bernloch und Wilsingen auf der Münsinger Alb, aber auch in Metzingen und Neckartenzlingen am mittleren Neckar.[25a]

Sowohl der Name Berenger als auch die Begüterung in den erwähnten Gegenden weisen auf Beziehungen zur Sippe der Grafen von Achalm. In dieser Sippe spielt der Name Berenger eine wichtige Rolle. Er geht zurück auf Ahnen, die schon im 9. und 10. Jahrhundert lebten und Grafenämter im Bereich der Westalb und im Thurgau innehatten (Unruochinger).[26] Der Anschluß der Sippe Stubersheim-Ravenstein-Albeck an den Sippenkreis der Achalmer ist über eine Frau zu suchen, die die Mutter der Brüder Adalbert und Berenger von Stubersheim 1092 gewesen sein müßte. Dieser Anschluß wollte dem Verfasser lange nicht gelingen, weil er meinte, unbedingt an die letztbezeugte Generation der Achalmer anknüpfen zu müssen. Dort gab es zwar einen Berenger, der aber schon in jungen Jahren starb, daher sicher nicht verheiratet war und keine Tochter hatte, die als Bindeglied zu den Stubersheimern in Betracht gekommen wäre.

Dabei liegt die offenbar richtige Lösung so nahe: Der jungverstorbene Achalmer namens Berenger war sicherlich nach dem gleichnamigen Bruder seiner Mutter Adelheid von Wülflingen benannt. Dieser Berenger ist 1027 als etwa Dreißigjähriger im Gefolge König Konrads II., der ihn seinen Vertrauten nannte, in Rom umgekommen.[27] Von ihm ist nicht ausdrücklich bezeugt, daß er vermählt war und Nachkommen hatte. Das will jedoch nur besagen, daß er keine Söhne hinterließ. Von Töchtern ist in den Quellen selten die Rede. Mehrere Kriterien sprechen dafür, daß eine Tochter dieses Berenger († 1027) mit dem Vater der Stubersheimer Brüder von 1092 vermählt war (siehe unten).

Jener Berenger war ein Sohn Liutolds von Mömpelgard und der Willibirg von Wülflingen.[28] Liutold und sein Sohn Hunfried waren im Elsaß begütert (Sulzmatt bei Rufach und Wolxheim bei Molsheim).[29] Die Tochter Adelheid von Wülflingen vermittelte ihren Nachkommen die Herrschaft Horburg bei Colmar.[30] Somit dürfte auch

---

[25] Bühler (wie Anm. 19) S. 135. — Hierfür spricht u. a. die gemeinsame Begüterung Adalberts von Elchingen-Ravenstein (Boller Güter) und der Herren von Albeck in Langenau. Die späteren Ravensteiner sind Nachkommen Berengers von Stubersheim (1092) und werden von den Grafen von Helfenstein beerbt.

[25a] Codex Hirsaugiensis. In: Württ. Geschichts-Quellen I (1887) Fol. 30a u. 44a (= S. 28 u. 39).

[26] Bühler, Achalmstudien (wie Anm. 7) Tafel II.

[27] Riezler, Sigmund: Geschichte des Fürstl. Hauses Fürstenberg (1883), 19 f.

[28] Bühler, Achalmstudien (wie Anm. 7) S. 61 und 63.

[29] UB. der Stadt und Landschaft Zürich I. S. 125 ff Nr. 233.

[30] Bühler, Achalmstudien (wie Anm. 7) S. 79.

Berenger im Elsaß begütert gewesen sein. Beim Stichwort Elsaß fallen uns die fünf Elsässer Zeugen in der Urkunde Liutgards von 1108 wieder ein: Truttwin und Winther von Sulzbach, Diepold von Nothalten, Berthold von Nordhausen und Berthold von Laubach.

Ob sie deshalb nach Blaubeuren gereist waren, weil Vorfahren Liutgards, die vor drei bis vier Generationen gelebt haben, im Elsaß begütert waren oder weil Liutgard selbst etwa noch ererbte Rechte im Elsaß hatte? Das wäre nicht sehr wahrscheinlich. Ein näherliegender Anlaß dürfte dafür bestimmend gewesen sein. Sie gehörten nämlich zum Gefolge des Spitzenzeugen von 1108, Ulrich I. von Horningen (Hurningen, 1108 - 1123).

Hurningen ist der alte Name für Hirrlingen bei Rottenburg am Neckar und für Herrlingen im Blautal. Letzteres war von den Herren von Hurningen gegründet worden, nachdem sie durch Ulrichs Mutter Uta Güter im Blautal erworben hatten.[31] Uta stammte aus dem Hause Dillingen; ihre Mutter Adelheid „von Gerhausen" hatte die Güter im Blautal zugebracht. Auf die Neugründung im Blautal hatten die von Hurningen den Namen ihres älteren Sitzes bei Rottenburg übertragen. Hans Jänichen hat die Familie Hurningen untersucht. Stammvater ist ein „Graf" Werner, der angeblich im Jahre 1000 das Kloster Hugshofen im elsäßischen Weilertal (westlich Schlettstadt) gegründet hat. Sein Sohn Folmar und dessen Gattin Heilicha übertrugen das Kloster 1061 dem Hochstift Straßburg. Dabei waren vier Brüder aus dem Hause Achalm, nämlich Kuno, Liutold, Rudolf und Egino, Zeugen. Sie müssen zu Folmar oder Heilicha ganz nahe verwandt gewesen sein. Die Verwandtschaft lief offenbar über Heilicha, die eine Tochter des schon bekannten Berenger (†1027) gewesen sein muß.[32] Die vier Achalmer Brüder waren dann echte Vettern zu Heilicha. Heilicha hatte allem Anschein nach Güter um Rottenburg und sonst im Schwäbischen ins Haus gebracht, darunter Hurningen (Hirrlingen), wonach sich ihr Sohn Kuno (1091) erstmals nannte. Er ist der Gemahl der Uta von Dillingen und Vater Ulrichs I. von Hurningen (1108 - 1123), des Spitzenzeugen von 1108. Die von Hurningen hatten auch weiterhin Besitz im Elsaß, wo die Burg Ortenberg am Eingang ins Weilertal einer ihrer Herrschaftsmittelpunkte war. Dies erklärt die Beziehungen Ulrichs I. von Hurningen zu den elsäßischen Mitzeugen.

Ist die Annahme richtig, daß Ulrichs Großmutter Heilicha eine Tochter Berengers (†1027) war, dann waren Ulrich und die Schenkerin Liutgard Vetter und Base im zweiten Grad. Denkbar wäre aber, daß Heilicha zweimal verheiratet war, und zwar in erster Ehe mit dem Vater der Stubersheimer Brüder von 1092, in zweiter Ehe mit Folmar. In diesem Fall verkürzt sich die Verwandtschaft Ulrichs zu Liutgard um einen Grad

---

[31] Jänichen, H. „Herrschafts- und Territorialverhältnisse um Tübingen und Rottenburg". Schriften zur südwestdeutschen Landeskunde 2 (1964) S. 20 ff.

[32] Wie Anm. 31 S. 5 ff.

zu einer richtigen Vetternschaft. Die Verwandtschaft Ulrichs zu Liutgard allein dürfte kaum rechtfertigen, daß Ulrich mit so großem Aufgebot nach Blaubeuren kam — nicht nur die fünf Elsäßer gehörten zu seinem Gefolge, sondern auch Walker von Gruol (bei Haigerloch) und sehr wahrscheinlich Rudolf von Öpfingen (bei Oberdischingen) und Harliwin von Erstetten (bei Pappelau auf dem Hochsträß). Ulrich, der unweit von Blaubeuren einen seiner Wohnsitze hatte, mag Liutgard veranlaßt haben, ihre Güter an Blaubeuren zu schenken, und er selbst mag einen Erbanspruch an die geschenkten Güter gehabt haben, auf den er nun verzichtete. Ein solcher Anspruch leitete sich von seiner Großmutter Heilicha her, die vielleicht auch die Großmutter der Liutgard oder doch die Schwester der Großmutter Liutgards war. Letztlich aber ging dieser Anspruch auf die beiderseitigen Ahnen Berenger (†1027) und Liutold von Mömpelgard zurück.

An Liutold erinnert vielleicht ein Ortsname in der unmittelbaren Nachbarschaft der verschenkten Güter, nämlich Luizhausen, das urkundlich Luiteltishusen (1275) bzw. Luitolzhausen (1344) hieß.[33] Doch könnte Luizhausen auch nach einem gleichnamigen Vorfahren Liutolds benannt sein, denn solche kennt man schon im 9. Jahrhundert.[34]

Liutold von Mömpelgard, Gemahl der Willibirg von Wülflingen (Zürichgau) hat um die Jahrtausendwende gelebt. Er ist ein Sohn Kunos von Öhningen (bei Stein am Rhein) und — angeblich — einer Tochter, sicher einer Verwandten Ottos des Großen. Er war nachweislich in der Bodenseegegend begütert, muß aber auch sonst in Schwaben über reichen Besitz verfügt haben.[35] Dank der Forschungen Armin Wolfs darf Kuno von Öhningen mit Herzog Konrad von Schwaben (983 - 997) gleichgesetzt werden.[36] Damit ist er auch der Vater Herzog Hermanns II. von Schwaben (997 - 1003), der u.a. in der Überlieferung des Klosters Marchtal eine Rolle spielt.

Die Schwabenherzöge aus konradinischem Haus, Konrad und Hermann II., stehen sicher in verwandtschaftlicher Verbindung zu Herzogin Reginlind (†n. 959), die in erster Ehe mit Herzog Burchard I. (917 - 926), in zweiter Ehe mit Herzog Hermann I. (926 - 949) vermählt war. Reginlind aber hat über ihre Mutter Gisela (911, Karolingername!) das reiche karolingische Königsgut geerbt, das zuletzt in der Hand Kaiser Arnolfs (†899) und seines Sohnes Ludwigs des Kindes (†911) gewesen ist.[37]

Die Forschung ist sich nicht einig, wie Herzog Konrad (983 - 997) mit Reginlind ver-

33) Beschreibung des OA. Ulm² Bd. 2 (1897) S. 544 f.

34) Bühler, Achalmstudien (wie Anm. 7) Tafel II.

35) Oexle, Otto Gerhard „Die älteren Quellen zur Geschichte der Propstei Öhningen" in: Dorf und Stift Öhningen. Hg. Herbert Berner (1966), 89-94.

36) Wolf, Armin „Wer war Kuno von Öhningen?" in: Deutsches Archiv 36 (1980), S. 25 ff.; Decker-Hauff, Hansmartin „Waiblingen einst" in: Waiblingen. Porträt einer Stadtlandschaft (1985), 7 ff.; Hlawitschka, Eduard „Untersuchungen zu den Thronwechseln in der ersten Hälfte des 11. Jahrhunderts" in: Vorträge und Forschungen Sonderband 35 (1987) S. 43 ff.

37) Decker-Hauff, Hansmartin: Geschichte der Stadt Stuttgart Bd. 1 (1966), 87 ff.; ders. „Waiblingen" (wie Anm. 36), 12 f.

38) Decker-Hauff, Stuttgart (wie Anm. 37) 85.

wandt gewesen ist. Daß die Verwandtschaft über Konrads Gemahlin lief, die angeblich Richlind hieß, dürfte jedoch kaum zu bezweifeln sein. Eine Nachricht der Welfenchronik, daß Richlind eine Tochter Ottos des Großen sei, wird als unmöglich verworfen. Doch hat Hansmartin Decker-Hauff einen einleuchtenden Weg gezeigt. Er korrigiert die Nachricht der Welfenchronik dahingehend, daß er die Gemahlin Kunos (= Herzog Konrad) zur Enkelin Ottos des Großen über dessen Sohn Liudolf (†957) erklärt. Liudolf aber war mit Ida vermählt, der einzigen Tochter der Reginlind aus ihrer zweiten Ehe mit Herzog Hermann I..[38]

Für den Güterkomplex um Lonsee, der sich 888 im Besitz König Arnolfs befand, wäre damit ein Erbgang gewonnen: Er führte über Reginlind, die Erbin der karolingischen Güter, zu Herzog Konrad (983 - 997). Dessen Söhne Herzog Hermann II. und Liutold von Mömpelgard teilten sich in das Erbe. Für uns sind hier die Nachkommen Liutolds von Interesse. Dessen Sohn Berenger (†1027) vererbte über eine Tochter (Heilicha?) auf die Brüder Adalbert und Berenger von Stubersheim (1092). Sie sind die Stammväter der Häuser Stubersheim-Ravenstein und Albeck, wahrscheinlich auch Helfenstein. Die Schenkerin Liutgard von 1108 ist als Tochter Adalberts von Stubersheim (1092) in diesen Sippenverband einzureihen.

Zum Beweis, daß der dargelegte Erbgang keine genealogische Konstruktion sondern historische Wirklichkeit ist, sei auf einige Tatbestände verwiesen, die sich jetzt einleuchtend erklären lassen:

1) Am Güterkomplex um Lonsee war der Geistliche Werner von (aus) Ursprung mit Gütern in Lonsee, der Marienkirche in Ursprung, dem dritten Teil von Ursprung und der Hälfte von Achstetten (abgegangen bei Reutti) beteiligt.[39] Auch er muß mit Liutgard und ihren Brüdern Adalbert von Elchingen-Ravenstein und Berenger von Albeck verwandt gewesen sein. Da der Mönch Berenger (= Berenger von Albeck) gleichfalls Anteil an der Marienkirche in Ursprung hatte, stammen die beiden sicher von gemeinsamen Ahnen ab. Werner hatte einen Bruder Reginhard. Dieser könnte helfen, die Familie Werners zu bestimmen. Reginhard ist nach Zeit und Umständen am ehesten gleichzusetzen mir Reginhard von Michelstein (bei Sontheim im Stubental, 1101 - c. 1125, † v. 1138). Damit wäre er und sein Bruder Werner ein Nachkomme (Enkel?) Rudolfs von Tapfheim (1067). Dieser aber muß von Mutterseite ein Abkömmling der Achalmer sein. Besitz der Achalmer um Lonsee aber geht sicherlich auf Adelheid von Wülflingen zurück, die Schwester Berengers (†1027), von dem der Besitz der Liutgard und ihrer Brüder herkommt. Auf diese Weise erklärt sich der relativ große Anteil Werners am Komplex Lonsee, der dem der Liutgard und ihrer Brüder in etwa entspricht. Adelheids Tochter Willibirg ist als Mutter Rudolfs von Tapfheim zu betrachten.[40] Der Geistliche Werner fügt sich damit gleichfalls in den bekannten Sippenkreis ein.

[39] Wie Anm. 13.

[40] Bühler, Achalmstudien (wie Anm. 7), 14 ff u. 55 f.; ders. „Noch einmal die Herren von Böbingen-Michelstein-Tapfheim" in: ZWLG 44 (1985) S. 283 ff, hier S. 285 f, 288 u. 293.

2) In der Nachbarschaft Lonsees war auch Mechthild von Geislingen begütert. Etwa gleichzeitig mit Liutgard schenkte sie dem Kloster Blaubeuren eine halbe Hufe in Oppingen und eineinhalb Hufen in Achstetten (abgegangen bei Reutti), wo auch der Geistliche Werner begütert war.[41] Mechthild ist die Tochter der Richinza von Spitzenberg (bei Geislingen) aus deren zweiter Ehe mit Ludwig I. von Sigmaringen (1083). Richinza wiederum ist eine Tochter Herzog Bertholds I. von Zähringen (†1078) und der Richwara, die aus der Ehe Herzog Hermanns IV. (1030 - 1038) und der Adelheid von Turin stammt.[42] Herzog Hermann IV. ist ein Sohn Herzog Ernsts I. (1012 - 1015) und der Gisela von Waiblingen (†1043), der Tochter Hermanns II. (997 - 1003). Damit sind wir beim konradinischen Herzogshaus angelangt. Das Gut der Mechthild von Geislingen geht somit auf die gleiche Erbmasse zurück, aus der das Gut der Liutgard und ihrer Brüder stammt. Während deren Gut sich von Liutold von Mömpelgard herleitete, geht Mechthilds Besitz auf dessen Bruder Hermann II. zurück.

3) Angehörige der Sippe Stubersheim-Ravenstein-Albeck erscheinen in auffälliger Beziehung zu Kloster Rottenbuch bei Schongau. Die Brüder Aribo und Berenger von Albeck, aber auch ein Werner von Gussenstadt sind Zeugen in Schenkungsurkunden für dieses Kloster und ein Edler Adalprecht schenkte um 1116 Gut in Gerstetten an dieses ferne Kloster.[43] Die inzwischen ermittelten Verwandtschaftsbeziehungen machen dies verständlich:

Der Edle Adalprecht, der in Gerstetten schenkte, ist ein Angehöriger des Hauses Stubersheim-Ravenstein, am ehesten identisch mit Adalbert dem Jüngeren von Stubersheim. Der Stifter des Klosters Elchingen, Adalbert von Elchingen-Ravenstein, verfügte in Gerstetten über die Hälfte des Kirchensatzes, während die andere Hälfte über eine ravensteinische Erbtochter im frühen 13. Jahrhundert an Helfenstein gelangte. Gerstetten war somit stubersheim-ravensteinisches Hausgut. Werner von Gussenstadt aber war wohl ein stubersheimischer Vasall. Die Zugehörigkeit der Brüder von Albeck zu diesem Sippenkreis ist bekannt.

Das Kloster Rottenbuch bei Schongau aber ist eine Stiftung Herzog Welfs IV. von Bayern (1070 - 1101). Er ist ein Urenkel der Ida „von Öhningen", der Schwester Liutolds von Mömpelgard, die sich mit Rudolf von Altdorf (Welfe) verheiratet hatte. Die Beziehungen der Albecker, des Stubersheimers und des Werner von Gussenstadt zu Rottenbuch beruhen auf Verwandtschaft der Sippe Stubersheim-Ravenstein-Albeck zu dem vornehmen Klosterstifter Welf IV. und dessen Nachkommen.[44]

4) Adalbert von Elchingen-Ravenstein hatte seinem Kloster Elchingen Güter um Kirchdorf im schweizerischen Siggental (Kanton Aargau) geschenkt. Es handelte sich

---

[41] Tubingius (wie Anm. 5) S. 84 f.

[42] Jänichen, Hans „Die schwäbische Verwandtschaft des Abtes Adalbert von Schaffhausen (1099-1124)" in: Schaffhauser Beiträge zur vaterländischen Geschichte 35 (1958) S. 5-83, hier S. 81.; Bühler, H. „Richinza von Spitzenberg" in: Württ. Franken 58 (1974) S. 303 ff, hier S. 305 ff.

[43] Anselm Greinwald, Origines Raitenbuchae I (1797) S. 193 f. und 198.

um altererbten Besitz, der sich auf Kuno „von Öhningen" (= Herzog Konrad 983 - 997) zurückführen läßt. War die Herleitung dieser Güter bisher nur vermutungsweise möglich, so ist sie nun über Kunos Sohn Liutold von Mömpelgard und dessen Sohn Berenger (†1027) anstandslos zu erklären.[45]

Von den Zeugen für Liutgard 1108 verbleiben Konrad von Dürnnhaim (Dürnau bei Göppingen) und Heinrich von Züllenhart (bei Göppingen), letzterer wohl ein Gefolgsmann des ersteren. Ihre Anwesenheit in Blaubeuren wäre am ehesten verständlich, wenn Konrad der in der Urkunde nicht namentlich genannte Gemahl der Liutgard wäre. Seine Rangordnung hinter den Blutsverwandten Liutgards, Ulrich von Hurningen und Berenger von Albeck, erklärt sich daraus, daß er ein Anrecht an die verschenkten Güter nur als Vormund seiner Frau hatte, wogegen jene selbst mitbeteiligt gewesen sein könnten. Die Ehe Liutgards war anscheinend kinderlos geblieben; andernfalls hätte sie zu Lebzeiten kaum so reichen Besitz, nämlich alles, was sie nach Erbrecht besaß, an ein Kloster gegeben, das gar nicht von ihren nächsten Verwandten gestiftet war.

Als Ergebnis wäre festzuhalten, daß sich von Liutgard und ihren Brüdern eine Ahnenreihe zurück zu König Arnolf (888) ermitteln läßt und Liutgard somit zu den Erben Arnolfs zählt.

Des weiteren scheint sich für Lonsee die These zu bestätigen, daß römisches Staatsgut in der Regel merowingisches Königsgut, dann alemannisches Herzogsgut, karolingisches Königsgut und schließlich schwäbisches Herzogsgut wurde. Dies gilt freilich nur unter der Voraussetzung, daß nicht durch besondere Verfügung, wie etwa Schenkung an Kirchen, diese Abfolge durchbrochen wurde.

3. Liutgards Besitz in Heidenheim. Welche Folgerungen ergeben sich für die ältere Geschichte Heidenheims?

Der Besitzkomplex um Lonsee hat uns lange beschäftigt. Gelten die dort gewonnenen Ergebnisse eventuell auch für Heidenheim?

Es sei bemerkt, daß wir über Heidenheim in der Frühzeit weit weniger gut informiert sind als über Lonsee, daß Analogieschlüsse daher nur mit großem Vorbehalt gezogen werden dürfen. Dennoch scheint es in der Geschichte Heidenheims und seiner Nachbarorte gewisse Parallelen zu Lonsee zu geben.

Bei der räumlichen Entfernung zwischen Lonsee und Heidenheim wäre es grundsätzlich möglich, daß die beiden Hufen, über die Liutgard in Heidenheim verfügte, nicht wie dort aus ihrem väterlichen Erbe stammten, sondern von Mutterseite kamen. Liut-

---

[44] Bühler, Achalmstudien (wie Anm. 7) S. 72 f. — Die Brüder Adalbert und Berenger von Stubersheim sind 1092 in Ulm mit Welf IV. Teilnehmer einer Zusammenkunft der süddeutschen Fürstenopposition gegen K. Heinrich IV. und erscheinen neben Welf IV. als Zeugen eines Gütergeschäfts; WUB I S. 296 Nr. 241.

[45] Bühler, Achalmstudien (wie Anm. 7) S. 59 ff.

gards Mutter kennt man nicht; immerhin könnte der Name Liutgard auf Verwandtschaft zum Hause Zähringen deuten. Doch beruhigt zunächst der Umstand, daß die
Zeugenliste von 1108 nur Namen enthält, die bereits mit der Vergabung Liutgards um
Lonsee in Verbindung gebracht werden können. Man darf daher annehmen, daß der
dort interessierte Personenkreis zumindest teilweise auch für Heidenheim mitzuspre-
chen hatte, daß also der Besitz Liutgards in Heidenheim aus der gleichen väterlichen
Erbschaft stammt, das heißt, daß auch in Heidenheim die Sippe der Herren von Stubersheim begütert war.

Am Anfang steht bei Heidenheim wie bei Lonsee das römische Kastell, das in Heidenheim allerdings größer und solider gebaut war. In dessen Schutz hatte sich eine
stattliche Zivilsiedlung entfaltet, die ihre Bedeutung behielt, nachdem die Garnison
wegverlegt worden war. Das Kastell und die Gebäude der Zivilsiedlung haben den Alemannensturm von 259/260 offenbar ohne nachhaltige Zerstörung überstanden.[46]

Im Nordteil des Kastells ließ sich wohl noch im dritten Jahrhundert eine erste Schar
von Alemannen nieder. Es ist allerdings fraglich, ob man in dieser Ansiedlung schon
die Keimzelle des Dorfes Heidenheim sehen darf.[47] Weitere Alemannenscharen folgten
seit dem 5. Jahrhundert und siedelten sich zunächst östlich, später, im 6. Jahrhundert,
auch südlich des Kastells an.

Die relativ frühe Besiedlung des engeren Heidenheimer Raumes durch die Alemannen ist offenbar durch die Verkehrsgunst des Platzes bedingt. Dies wird deutlich, wenn
man sich vergegenwärtigt, daß im Bezirk die „-ingen-Orte", die mit Recht als die
ältesten Ansiedlungen der Alemannen gelten, ausschließlich südlich der Klifflinie Heldenfingen — Wangenhof — Wartberg — Schratenhof — Staufen liegen, somit auf der
Flächenalb, die wegen ihrer guten Böden bevorzugt besiedelt wurde. Die „-ingen-Orte"
haben offenbar die nördlich des Kliffs sich erstreckende Kuppenalb, die stärker bewaldet ist, gemieden.

Dagegen fällt im Bereich der Kuppenalb eine Gruppe von Dörfern auf, die fast alle
gleich weit von Heidenheim entfernt in den von dort ausstrahlenden Tälern liegen und
sich offenbar nach den römischen Straßen oder anderen alten Verkehrswegen orientieren. Gemeint sind Steinheim, Schnaitheim, Nattheim und Bolheim. Sie haben in Heidenheim ihren natürlichen Mittelpunkt. Wurden die „-ingen-Orte" nach Personen
benannt, weisen ihre Namen meist auf die Lage, wie „am Stein", „an (in) der Waldschneise, „auf dem Bol" (Hügel); nur Nattheim soll nach einer Person Natto (?)
benannt sein.[48] Steinheim und Bolheim wie auch Heidenheim sind echte „-heim-
Orte"; für Schnaitheim und Nattheim wird dies aufgrund der überlieferten Namens-

---

[46] Planck, Dieter „Frühalemannische Funde aus dem Heidenheimer Raum" in: 75 Jahre Heimat- und
Altertumsverein Heidenheim 1901-1976 (1976) S. 97-120, hier S. 99.

[47] Wie Anm. 46 S. 102 ff.

[48] Reichardt, Lutz: Ortsnamenbuch des Kreises Heidenheim (1987), 129.

formen bestritten,[49] doch sollte man bedenken, daß aus der allein entscheidenden frühen Zeit für diese Orte kaum Namensbelege in originaler Überlieferung vorliegen. Reihengräber aus Steinheim und Schnaitheim lassen darauf schließen, daß diese Orte im 6. Jahrhundert entstanden sind. Sie sind gleichzeitig mit der Siedlung in Heidenheim südlich des Kastells, die als der Mittelpunkt des ganzen Verbandes anzusehen ist. Denn die fraglichen Orte sind offensichtlich planmäßig angelegt. Das kann nur ein Mächtiger veranlaßt haben, der über den Grund und Boden und die Leute verfügte, und das war seit 536 der merowingische Frankenkönig. Er hatte das ehemals römische Staatsland an sich gezogen. So entstanden die Siedlungen auf Königsland. Diese Folgerung ist nicht unbegründet. Sie fußt auf der Tatsache, daß diese Orte für kürzere oder längere Zeit die gleiche Geschichte hatten und dabei in der Hand der jeweils Mächtigen blieben. Sie bildeten einen eigenen Herrschaftsverband und müssen im Zusammenhang gesehen werden.[50] Unter der Oberhoheit der nominell christlichen Franken wird der Name „Heidenheim" aufgekommen sein, der sich an den aus römisch-heidnischer Zeit stammenden Ruinen des Kastells und der Bürgersiedlung orientiert. Diese Deutung des Namens dürfte zur historischen Gesamtsituation u.E. eher passen als die Annahme, ein Heido sei der Namenspatron gewesen.[51]

Der Siedlungs- und Herrschaftsverband um Heidenheim geriet im 7. Jahrhundert unter die Herrschaft der alemannischen Herzöge. Das Grab einer vornehmen Frau aus dieser Zeit (Mitte 7. Jahrhunderts), das im Areal der Brauerei Neff freigelegt wurde, enthielt eine goldene Gewandscheibe (Durchmesser 5,9 cm). Heidenheim scheint damals Sitz eines Adelsgeschlechts gewesen zu sein, das wohl in einem Vasallitätsverhältnis zum Herzog stand.[52]

Neue Siedlungen, die jetzt entstanden, wurden offenbar nach Angehörigen der Herzogssippe benannt, so Itzelberg (1302 Utzelenberg) nach Ulrich, einem in der Herzogssippe verbreiteten Namen, Geroldsweiler (zwischen Steinheim und Bartholomä) nach dem Vater oder Bruder der Königin Hildegard.

Teile des Herzogsgutes wurden nach 746 von den Karolingern konfisziert und fränkischen bzw. fränkisch orientierten Vasallen übergeben, die damit das in Franken gelegene Kloster Fulda bedachten. So kam beträchtliches Gut in Steinheim (14 Hufen) an die Abtei Fulda. Ein Rathpraht schenkte in der zweiten Hälfte des 8. Jahrhunderts Gut

[49] Wie Anm. 48 S. 129 f. u. 149 f.

[50] Die fraglichen Orte weisen frühe Kirchenpatrozinien auf: Heidenheim und Steinheim St. Peter, Nattheim St. Martin, Schnaitheim St. Michael. Das Bolheimer Patrozinium ist nicht bekannt; Bolheim war in früher Zeit kirchlich vielleicht mit Herbrechtingen verbunden; Hoffmann, Gustav: Kirchenheilige in Württemberg (1932), 73, 89, 90, 91.

[51] Bühler, H.: Heidenheim im Mittelalter (1975), 26 f. Anders Lutz Reichardt (wie Anm. 48), 84 f.

[52] Hertlein, Friedrich: Die Altertümer des Oberamts Heidenheim (1912), 66. Vgl. Decker-Hauff, H. „Die alemannische Landnahme" in: Konstanzer Protokoll Nr. 22 (26. 8. 1954).

Zur älteren Geschichte
von Lonsee und Heidenheim

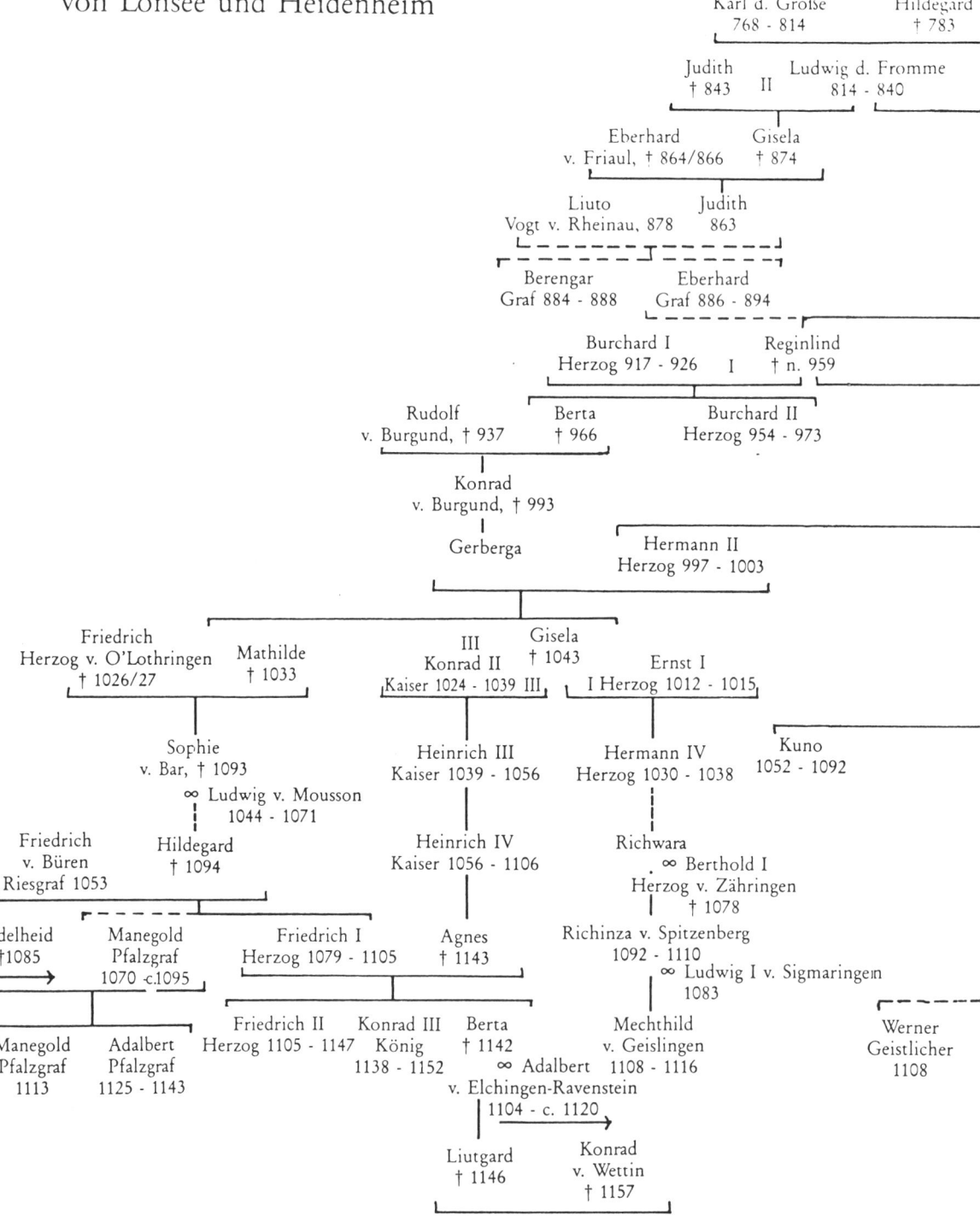

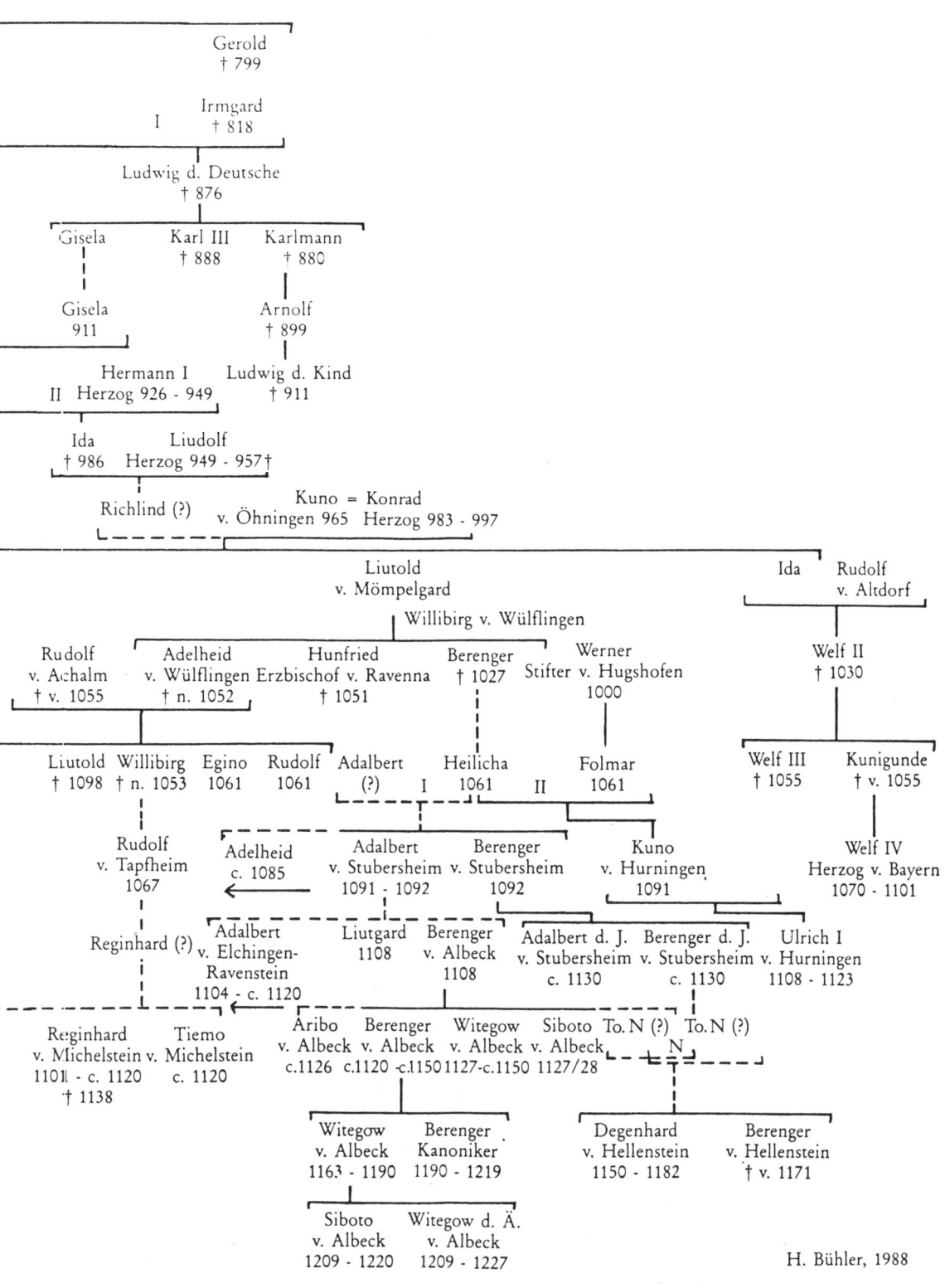

Gerold
† 799

I — Irmgard
† 818

Ludwig d. Deutsche
† 876

Gisela — Karl III — Karlmann
† 888 — † 880

Gisela — Arnolf
911 — † 899

Hermann I — Ludwig d. Kind
II Herzog 926 - 949 — † 911

Ida — Liudolf
† 986 — Herzog 949 - 957†

Richlind (?) — Kuno = Konrad
v. Öhningen 965 Herzog 983 - 997

Liutold — Ida Rudolf
v. Mömpelgard — v. Altdorf

Willibirg v. Wülflingen

Rudolf — Adelheid — Hunfried — Berenger — Werner — Welf II
v. Achalm — v. Wülflingen Erzbischof v. Ravenna — † 1027 — Stifter v. Hugshofen — † 1030
† v. 1055 — † n. 1052 — † 1051 — 1000

Liutold Willibirg Egino Rudolf Adalbert Heilicha Folmar — Welf III Kunigunde
† 1098 † n. 1053 1061 1061 (?) I 1061 II 1061 — † 1055 † v. 1055

Rudolf — Adelheid — Adalbert Berenger — Kuno — Welf IV
v. Tapfheim — c. 1085 — v. Stubersheim v. Stubersheim — v. Hurningen — Herzog v. Bayern
1067 — 1091 - 1092 1092 — 1091 — 1070 - 1101

Reginhard (?) — Adalbert — Liutgard Berenger — Adalbert d. J. Berenger d. J. Ulrich I
v. Elchingen- 1108 v. Albeck — v. Stubersheim v. Stubersheim v. Hurningen
Ravenstein 1108 — c. 1130 c. 1130 1108 - 1123
1104 - c. 1120

Reginhard Tiemo — Aribo Berenger Witegow Siboto To. N (?) To. N (?)
v. Michelstein v. Michelstein — v. Albeck v. Albeck v. Albeck v. Albeck N
1101 - c. 1120 c. 1120 — c.1126 c.1120 c.1150 1127-c.1150 1127/28
† 1138

Witegow Berenger — Degenhard Berenger
v. Albeck Kanoniker — v. Hellenstein v. Hellenstein
1163 - 1190 1190 - 1219 — 1150 - 1182 † v. 1171

Siboto Witegow d. Ä.
v. Albeck v. Albeck
1209 - 1220 1209 - 1227

H. Bühler, 1988

in Heidenheim, ein Wentilfried um 810 Besitz in Schnaitheim dorthin.[53] Rathpraht ist wohl personengleich mit jenem Rathpraht, der in Schweben (Kreis Fulda) begütert war.[54] So begreift man, daß er sich der Abtei Fulda wohltätig erwies. Egilolf dagegen, der mit seiner Gattin Rilint noch im 8. Jahrhundert reichen Besitz in Schnaitheim, nämlich den ganzen „locus" samt 30 Leibeigenen, nach Fulda schenkte, ist als Verwandter der Herzogssippe selbst zu betrachten (Nachkomme einer Tochter Huochings), doch hatte er offenbar auch Besitz im Grabfeld, Tullifeld und Saalegau, woher seine Beziehungen zu Fulda resultieren dürften.[55]

Schnaitheim scheidet damit nach etwa 200 Jahren als erster Ort aus dem bekannten Herrschaftsverband aus. Die übrigen Orte, dabei Heidenheim, dürften als Heiratsgut der Hildegard an Karl den Großen gefallen sein und waren damit karolingisches Königsgut. Sie mögen den Kern des 774 erwähnten „comitatus Hurnia" gebildet haben, zu welchem außerdem Herbrechtingen, vielleicht aber auch Dettingen und Heuchlingen sowie Hürben gehörten.[56]

Jetzt werden auf Königsgut die jüngeren „-heim-Orte" um Steinheim entstanden sein: Sontheim im Stubental, Ostheim, Westheim, Stockheim und Scheffheim (mit Ausnahme von Sontheim in Steinheim aufgegangen bzw. abgegangen)[57] und überdies Sachsenhart südlich Sontheim im Stubental als Niederlassung zwangsweise verpflanzter Sachsen.

Karl der Große minderte durch Schenkung das Königsgut im Brenztal, indem er 774 die „villa" Herbrechtingen und wenig später auch Bolheim (Bolamen) dem Kloster Saint-Denis bei Paris übertrug.[58] Heidenheim, Steinheim und Nattheim jedoch blieben in der Verfügungsgewalt der karolingischen Herrscher, wie aus ihrer weiteren Geschichte abzulesen ist.

In Steinheim ist 839 Besitz Ludwigs des Frommen (814 - 840) bezeugt. Er erwarb durch Tausch einen Teil der fuldischen Güter in Steinheim für sich bzw. seinen Vasallen Helmerich und gab dafür Güter in Zimmern (bei Böbingen) ab. Der Tausch war zum Nutzen beider Parteien erfolgt (pro ambarum partium oportunitate).[59] Der Nut-

---

[53] Traditiones et Antiquitates Fuldenses. Hg. Ernst Fr. Joh. Dronke (1844) S. 126 Nr. 17; S. 93 f Nr. 36 u. Nr. 52.

[54] Codex Diplomaticus Fuldensis. Hg. Ernst Fr. Joh. Dronke (1850) S. 122 ff. Nr. 236, 238, 239 u. 241.

[55] Traditiones (wie Anm. 53) S. 93 Nr. 24. Vgl. Jänichen, Hans „Baar und Huntari" in: Grundfragen der Alemannischen Geschichte. Vorträge und Forschungen 1 (1955) S. 83-148, hier Tafel 2 nach S. 148; Mayr, Gottfried „Studien zum Adel im frühmittelalterl. Bayern" in: Studien zur Bayer. Verfassungs- u. Sozialgeschichte 5 (1974) S. 116 ff.

[56] MG. Dipl. Carol. Nr. 83.

[57] HStA. Stuttgart, H 102/39 Bd. 1 (Lagerbuch Kl. Königsbronn von 1471), Bl. 22r (Ostheim); Bl. 25r (Scheffheim); Bl. 20r und oft (Stockheim). — Christoph Besold, Documenta rediviva. 1636. S. 667 f (Westheim).

[58] MG. Dipl. Carol. Nr. 83. — Regesta Imperii I S. 77 f. Nr. 170.

[59] WUB I S. 116 f. Nr. 101.

zen des Kaisers kann nur darin gelegen haben, seinen Besitz, den er im Ort bereits hatte, zu arrondieren. Wie die spätere Geschichte Steinheims zeigt, muß der größte Teil des Ortes in der Hand Ludwigs und seiner Nachkommen gewesen sein. Darunter war wohl auch Gut, das er aus dem Nachlaß seines Mutterbruders Gerold (†799) erhalten hatte. Wir erinnern uns des Ortes Geroldsweiler, der offenbar nach diesem Gerold benannt und in seinem Besitz gewesen war. Die Güter in Geroldsweiler waren später, nachdem der Ort verlassen war, fest mit einzelnen Höfen in Steinheim verbunden.[60]

In Nattheim ist Besitz der Karolinger zwar nicht direkt bezeugt, kann jedoch mit ziemlicher Sicherheit erschlossen werden. Nattheim begegnet erstmals im Jahre 1050 als Aufenthaltsort Kaiser Heinrichs III. (1039 - 1056), der dort Urkunden ausfertigen ließ.[61] Nattheim war damals salisches Königsgut. Die schon bekannten Ahnenreihen erklären, wie Heinrich III. zu Besitz in Nattheim gekommen ist: Als Sohn Kaiser Konrads II. (1024 - 1039) und der Gisela von Waiblingen (†1043) hat er mit Sicherheit von der Mutter Gisela geerbt. Sie ist die Tochter Herzog Hermanns II. (997 - 1003) und der Gerberga von Burgund. Beide Eltern können auf dem Erbweg zu Besitz in Nattheim gelangt sein und möglicherweise haben beide zu dem Gut Heinrichs III. beigesteuert. Herzog Hermann II. ist uns als Sohn Herzog Konrads (983 - 997) und der (mutmaßlichen) Enkelin Ottos des Großen namens Richlind (?) bekannt, die über ihre Mutter Ida eine Enkelin der Herzogin Reginlind aus deren zweiter Ehe mit Herzog Hermann I. (926 - 949) war. Gerberga aber war eine Tochter König Konrads von Burgund (937 - 993); dieser wiederum war über seine Mutter Berta (†966) ein Enkel der Reginlind aus deren erster Ehe mit Herzog Burchard I. (917 - 926)[62]. Bei Reginlind laufen somit die Ahnenreihen Hermanns II. und Gerbergas zusammen. Reginlind aber hatte über ihre Mutter Gisela (911) das karolingische Königsgut geerbt. Heinrich III., der 1050 in Nattheim Quartier nahm, war somit Teilhaber am ehemals karolingischen Königsgut, zu dem Nattheim offenbar ebenso wie Steinheim und Lonsee gehörte.

Später kam Gut in Nattheim an das staufische Hauskloster Lorch.[63] Agnes, die Tochter Kaiser Heinrichs IV. (1056 - 1106), die mit Herzog Friedrich I. von Schwaben (1079 - 1105) vermählt war, dürfte dieses Gut zur Ausstattung des Klosters um 1102 beigesteuert haben.

Die Geschichte Nattheims verlief demnach bis um die Jahrtausendwende parallel zu der von Lonsee. Nach dem Tode Herzog Konrads (983 - 997) teilten jedoch die Söhne Herzog Hermann II. und Liutold von Mömpelgard. Während dieser Lonsee seinen Nachkommen vererbte, hinterließ jener Nattheim seinen Erben. Entsprechendes darf mit guten Gründen für Steinheim und Heidenheim angenommen werden.

---

[60] Wie Anm. 57 (Lagerbuch Kl. Königsbronn von 1471), Bl. 20 v, 24 r, 32 r, 34 v, 40 ff.
[61] MG. Dipl. Heinr. III. Nr. 251 u. 252.
[62] Siehe Stammtafel.
[63] StA. Ludwigsburg, B 330 Kommende Kapfenburg U 42.

Steinheim war im 12. Jahrhundert größtenteils im Besitz der Herren von Albeck. Der Augsburger Kanoniker Berenger von Albeck (1190 - 1219) und sein Bruder Witegow (1163 - 1190) stifteten 1190 das Kloster auf dem Steinhirt (heute Klosterberg) und statteten es mit Gütern in Steinheim und den umliegenden Weilern aus. Der Sohn Witegows verkaufte dem Kloster 1209 den Ort Steinheim mit der Masse der dortigen Bauerngüter.[64] Wie erwähnt, waren einigen Höfen Grundstücke in Geroldsweiler angegliedert. Dies zeigt deutlich genug, welchen Weg sie genommen haben.

Auf Grund der bei Lonsee gewonnenen Erkenntnisse läßt sich der Besitz der Albecker in Steinheim ohne Bedenken zunächst um 100 Jahre zurückprojizieren zu den Brüdern Adalbert und Berenger von Stubersheim 1092. Von ihnen führt die Ahnenreihe über ihre Mutter zurück zu Berenger (†1027) und Liutold von Mömpelgard, dann weiter zu Herzog Konrad (983 - 997) und dessen Gemahlin Richlind (?), die wir als Enkelin der Herzogin Reginlind kennen. Reginlind aber hat über ihre Mutter Gisela die Güter geerbt, die vordem im Besitz Ludwigs des Frommen gewesen sind.

Daß die Geschichte Steinheims tatsächlich so verlaufen ist, läßt sich durch folgende Kriterien stützen:

1) In Küpfendorf, das zu allen Zeiten eng mit Steinheim verbunden war und wo das Steinheimer Kloster reichen Besitz offenbar aus der Hand der Herren von Albeck erhalten hatte, war vor 1138 Landfried von Gönningen (bei Reutlingen) begütert. Er schenkte sein Gut dem Kloster Zwiefalten, wo er sich begraben ließ.[65] Zwiefalten ist das Hauskloster der Grafen von Achalm. Seinen Besitz in Küpfendorf hatte Landfried wohl von den Achalmern zu Lehen. Diese verdankten jenen Besitz nach aller Wahrscheinlichkeit ihrer Mutter Adelheid von Wülflingen, der Schwester Berengers (†1027) und Tochter Liutolds von Mömpelgard. Ihn kennen wir als Vorbesitzer Steinheims.

2) Die bei Sontheim im Stubental gelegene Burg Michelstein (heute Burstel) war zu Beginn des 12. Jahrhunderts im Besitz der mutmaßlichen Brüder Reginhard und Tiemo von Michelstein. Sie sind Nachkommen (Enkel?) Rudolfs von Tapfheim, den wir bei Lonsee als Nachfahren und Miterben der Achalmer kennenlernten.[66] Ihr Besitz geht wie der Landfrieds von Gönningen zurück auf Adelheid von Wülflingen und ihren Vater Liutold von Mömpelgard. In dessen Hand müssen um die Jahrtausendwende somit auch die kleinen Nachbarorte Steinheims gewesen sein.

Die Geschichte Steinheims verlief demzufolge die längste Zeit völlig gleichartig wie die von Lonsee, und auch die Geschichte Nattheims war ihr bis zur Jahrtausendwende gleich.

Doch nun zurück zu Heidenheim! Die Ergebnisse, die für die Nachbarorte Steinheim im Westen und Nattheim im Osten gewonnen wurden, erlauben es, den Besitz

---

[64] Memminger, Beschreibung des OA. Ulm (1836), 152; WUB II S. 379 Nr. 548.

[65] Die Zwiefalter Chroniken (wie Anm. 18) S. 276.

[66] Vgl. Anm. 40.

Liutgards in Heidenheim auf entsprechende Weise herzuleiten. Es handelt sich offenbar gleichfalls um ihr Vatererbe wie bei Lonsee, und dieses ist wie dort zurückzuführen
auf Adalbert von Stubersheim 1092. Von ihm führt die bekannte Ahnenreihe über
seine Mutter zurück zu Berenger (†1027), dann zu Liutold von Mömpelgard, zu Herzog Konrad (983-997) und dessen Gemahlin Richlind (?) und schließlich zu Herzogin
Reginlind als der Erbin der karolingischen Güter. Der gleiche Erbgang ist uns von
Steinheim her bekannt; er besagt, daß zumindest ein Teil Heidenheims die gleiche
Geschichte hatte wie Steinheim.

Die beiden Hufen Liutgards stellen freilich nur einen Bruchteil der bäuerlichen
Lehengüter im Dorf Heidenheim dar. Wie vererbten sich die übrigen Güter?

Liutgards Brüder Adalbert von Elchingen-Ravenstein und Berenger von Albeck sind
in Heidenheim nicht nachzuweisen. Es ist jedoch höchst unwahrscheinlich, daß Liutgard als einzige ihrer Sippe dort begütert war. Weiterer Besitz ihrer Sippe läßt sich eventuell auf Umwegen ermitteln: Degenhard von Hellenstein (1150-1182), den Kaiser Friedrich I. zum „procurator" (Verwalter) aller Königsgüter in Schwaben bestellt hatte,
besaß einen Bruder Berenger, der vor 1171 starb.[67] Der Name Berenger spricht um
jene Zeit entschieden für Verwandtschaft zur Sippe Stubersheim-Ravenstein-Albeck. In
der Hand der Hellensteiner ist daher ehemals stubersheimischer Besitz zu erwarten.

Die Burg Hellenstein galt um 1300 als „castrum Imperii" (Reichsburg).[68] Sie müßte
demzufolge vor 1268 wohl von den Staufern zu Lehen gegangen sein. Mit dem Lehen
war sicherlich namhafter Besitz in Heidenheim und Umgebung verbunden. Dies
schließt aber nicht aus, daß die Inhaber der Burg auch über Eigenbesitz verfügten.

Die Herkunft der Herren von Hellenstein ist noch ungeklärt. Die Annahme, sie
seien stammesgleich mit denen von Holnstein bei Beilngries, die schon Matthäus von
Pappenheim (1495) und nach ihm Carl Stengel (1647) und Christian Friedrich Sattler
(1752) vertreten haben,[69] ist aus mehreren Gründen fragwürdig geworden. Die erste
sichere Nachricht von der Burg datiert von 1150 und besagt, daß Degenhard ihr Inhaber war.[70] Der Name Degenhard und Besitz der Familie weisen nach Bayrisch-Mittelschwaben, eine Gegend, zu der die von Albeck mancherlei Beziehungen hatten.[71] So
könnte der etwa von dort stammende Vater der Brüder Degenhard und Berenger durch
Einheirat in die Sippe Stubersheim-Ravenstein-Albeck zu Gut in Heidenheim gekommen sein.

---

[67] WUB II S. 162 Nr. 394.

[68] HStA. Stuttgart, A 602 Württ. Regesten Nr. 8990.

[69] Sattler, Christian Friedrich: Topograph. Geschichte des Herzogthums Würtemberg (1784), 446; Carl
Stengel, Commentarius Rerum August. Vindelic. (1647), 207. Zu Matthäus von Pappenheim vgl.
Zoepfl, Friedrich „Matthäus Marschalk von Pappenheim-Biberbach (1458-1541)" in: Lebensbilder aus
dem Bayerischen Schwaben 10 (1973) S. 15-34, hier S. 25 f.

[70] Martin Gerbert, Historia Silvae Nigrae III. Codex Diplomaticus. 1788. S. 76 ff. Nr. 51.

[71] Bühler, H. „Degenhard von Hellenstein" in: Hellenstein-Gymnasium Heidenheim a. d. Brenz (1964),
30-45, hier 44; ders. „Noch einmal die Herren von Böbingen . . ." (wie Anm. 40) 287 ff.

Bezeichnenderweise finden wir die Hellensteiner bzw. die von Gundelfingen als deren Rechtsnachfolger auch in den Heidenheim benachbarten Orten Nattheim, Bolheim und Herbrechtingen begütert,[72] alles Orte, die einst karolingisches Königsgut waren, und die ab dem 10. Jahrhundert die gleiche Geschichte hatten, die wir von Nattheim her kennen. In allen diesen Orten finden wir im 11. Jahrhundert salisches Königsgut. Dieses gelangte durch Agnes um 1079 oder spätestens nach dem Tode Kaiser Heinrichs V. (†1125) an die Staufer. So könnte in diesen Orten staufisches Gut den Hellensteinern zu Lehen übertragen worden sein. Wir wissen jedoch, daß das salisch-staufische Gut aus der gleichen Besitz- und Erbmasse stammt, aus der auch das Gut der Stubersheimer kommt. Daher ist es durchaus möglich, daß in diesen Orten auch die von Stubersheim Besitzanteile hatten, die über eine Tochter an die Hellensteiner gelangten.

Dem weiteren Sippenkreis der Stubersheimer wäre Ulrich I. von Hurningen (1108-1123) zuzuzählen. Es gibt zwar keinen konkreten Hinweis darauf, daß er in Heidenheim begütert war. Seine Zeugenschaft für Liutgard 1108 läßt dies jedoch möglich erscheinen. Etwaiger Besitz der Hurninger wäre über die Großmutter Ulrichs, Heilicha (1061), von Berenger (†1027) und dessen Vater Liutold von Mömpelgard herzuleiten. Später, nach dem Tode Ulrichs III. um 1173, wäre dieser Besitz an Friedrich Barbarossa gefallen und wohl dem Lehen Degenhards von Hellenstein zugeschlagen worden.[73]

Diese ersten Beobachtungen und Ergebnisse für Heidenheim besagen zunächst, daß die ältere Geschichte des Ortes wohl nichts mit dem Hause Dillingen (Hupaldinger) zu tun hat, wie meist angenommen wurde. Diese Annahme gründete darauf, daß die Stifter des Klosters Anhausen, das im Bezirk reich begütert war, für eine Seitenlinie des Hauses Dillingen gehalten wurden. Auch Liutgard wurde dem Hause Dillingen zugezählt. Dies ist jedoch nicht haltbar.

Die Stifter Anhausens, Pfalzgraf Manegold (1070-c. 1095) und seine Gemahlin Adelheid, hatten ihren Sitz im „castellum Moropolis" (= Heidenstadt bzw. Heidenheim), das nirgendwo anders gesucht werden kann als in unserem Heidenheim[74]. Auch mit der Pfalzgrafenburg müssen Güter beträchtlichen Umfangs in Heidenheim verbunden gewesen sein. Diese Güter fielen beim Erlöschen der pfalzgräflichen Familie nach 1143 an die verwandten Staufer und wurden wohl als Lehen denen von Hellenstein übertragen.

Woher aber stammten Grund und Boden der Burg „Monropolis" und die zugehörigen Güter? War es Erbgut des Pfalzgrafen Manegold oder seiner Gemahlin Adelheid? Oder war es gar ein königliches Lehen?

Die letztere Möglichkeit ist nicht von der Hand zu weisen. Unter dem frühesten

---

[72] WUB II S. 162 Nr. 394; VIII S. 167 f Nr. 2876; VIII S. 219 Nr. 2961.
[73] Jänichen, Herrschafts- und Territorialverhältnisse (wie Anm. 31) S. 23.
[74] Wie Anm. 2.

Besitz des Klosters Anhausen, der von den Stiftern herrührte und in einer Urkunde von 1143 verzeichnet ist, sind keine Güter in Heidenheim[75]. Das läßt sich am einleuchtendsten damit erklären, daß die Klosterstifter den bei ihrer Burg gelegenen Besitz für ihren eigenen Unterhalt zurückbehielten. Man könnte es aber auch damit erklären, daß dieser Besitz Lehen war und sie daher nicht frei darüber verfügen konnten.

In letzterem Falle wäre ihnen das Gut von König Heinrich IV. (1056 - 1106) übertragen worden. Es müßte salisches Königsgut gewesen sein und wäre, genau wie Nattheim, über Gisela von Waiblingen († 1043) auf Herzog Hermann II. (997 - 1003) und Gerberga und sodann über deren fernere Ahnen zurückzuführen auf Herzogin Reginlind.

Diese Annahme dürfte einiges für sich haben. Man hätte dann mit einer Teilung Heidenheims unter den Söhnen Herzog Konrads (983 - 997) zu rechnen, wobei der eine Teil, wie eben erwähnt, sich über Herzog Hermann II. auf das salische Königshaus, der andere Teil sich über Liutpold von Mömpelgard auf Liutgard (1108) und wohl auch auf die von Hellenstein vererbt hätte.

Wie aber stellt sich die Entwicklung dar, falls der pfalzgräfliche Besitz ererbtes Eigengut war? Der Verfasser nahm früher an, Pfalzgraf Manegold sei der Vaterbruder der Stubersheimer Brüder Adalbert und Berenger von 1092 und Adelheid sei eine Stauferin. In diesem Falle hätte Manegold schwerlich Anteil erlangen können an der Gütermasse, in die Heidenheim inbegriffen war und die letztlich auf Reginlind zurückging, und auch Adelheid wäre nicht problemlos unter die Teilhaber an diesem Erbe einzureihen.

Nun hat jedoch Hansmartin Decker-Hauff die Familienzugehörigkeit Manegolds und Adelheids vertauscht. Gestützt auf eine Notiz im „Roten Buch" des Klosters Lorch betrachtet er Manegold als einen Staufer, und zwar als ältesten Sohn Friedrichs von Büren (Riesgraf 1053). Adelheid dagegen weist er dem Hause Stubersheim zu.[76] Dort ist sie aus zeitlichen Gründen als Schwester Adalberts und Berengers von 1092 einzureihen. Vom Standpunkt der Heidenheimer Geschichte, wie sie sich nunmehr darstellt, kann dem zugestimmt werden. In diesem Falle können sogar beide Ehepartner, Manegold und Adelheid, als Zubringer von Gut in Heidenheim betrachtet werden: Adelheid als Schwester der Stubersheimer Brüder von 1092 hat dann über ihren Großvater Berenger (†1027) von Liutold von Mömpelgard geerbt. Manegold war dann über seine Mutter Hildegard von Schlettstadt (†1094) und deren Mutter Sophie von Bar (†1093) ein Urenkel der Mathilde (†1033), die eine Schwester der Gisela von Waiblingen (†1043) und Tochter Herzog Hermanns II. (997-1003) war. In Herzog Konrad (983-997) und Richlind (?) vereinigten sich dann die Ahnenreihen Adelheids und Manegolds.

Alle Teilhaber am Besitz Heidenheims, nachweisliche und vermutete, lassen sich

---

[75] WUB II S. 26 ff Nr. 318.

[76] Decker-Hauff, Hansmartin „Das Staufische Haus" in: Die Zeit der Staufer Bd. III (1977), 339-374, hier 345.

somit zurückführen auf Herzog Konrad (983-997) und seine Gemahlin Richlind (?).
Dies dürfte ein entscheidendes Kriterium dafür sein, daß die Dinge grundsätzlich so
abgelaufen sind, wenn auch im Detail einige Variationsmöglichkeiten offen bleiben. Bis
zur Jahrtausendwende war der Besitz in Heidenheim im wesentlichen in einer Hand.

Damit zeichnet sich deutlicher als bisher ab, welche Geschichte das Dorf Heidenheim vom frühen Mittelalter bis in die Zeit vor der Stadterhebung durchlaufen hat,
durch welche Hände es in diesen rund 600 Jahren gegangen ist. Ja, auch für Heidenheim dürfte sich die These bestätigen, daß römisches Staatsland in der Regel merowingisches Königsgut, dann alemannisches Herzogsgut, karolingisches Königsgut und
schwäbisches Herzogsgut wurde. Sie erweist sich als hilfreich, die urkundenarme Zeit
von 800 bis 1100 zu überbrücken.

Heidenheim, das in römischer Zeit ganz entschieden überörtliche Bedeutung besaß,
spielte demnach auch im frühen Mittelalter eine Rolle als Mittelpunkt eines merowin-
gerzeitlichen Siedlungs- und Herrschaftverbandes, dann vielleicht in karolingischer
Zeit als Hauptort des „comitatus Hurnia".[77] Mit der Aufteilung des karolingischen
Königsgutes im späten 8. Jahrhundert und der Aufsplitterung des ehemals karolingischen Gutes in mehrere Besitzgruppen als Folge immer weiterer Erbteilungen schwand
diese Funktion im 10. und frühen 11. Jahrhundert. Immerhin blieb Heidenheim selbst
bis um die Jahrtausendwende ziemlich geschlossen in einer Hand.

Daß sich keiner der mittelalterlichen Herrscher jemals in Heidenheim aufgehalten,
sondern in den aus heutiger Sicht unbedeutenderen Plätzen Sontheim an der Brenz
(Heinrich II. 1002), Herbrechtingen (Heinrich III. 1046) und Nattheim (Heinrich III.
1050) Quartier genommen hat, erklärt sich einfach daraus, daß diese Plätze zum jeweiligen Zeitpunkt im Besitz des betreffenden Herrschers waren, während es in Heidenheim in nachkarolingischer Zeit kein unmittelbar verfügbares Königsgut, sondern
allenfalls königliches Lehengut gab.[78]

Heidenheim gewann seine zentrale Funktion noch einmal zurück, als die Burg
„Moropolis" Sitz der Pfalzgrafen war, der Inhaber des zweitwichtigsten Amtes in
Schwaben nach dem Herzog (längstens von 1070 bis nach 1143; siehe unten). Doch mit
der Übertragung dieses Amtes auf die Grafen von Tübingen nach 1143 verlor Heidenheim wieder an Gewicht. Die Burg Hellenstein als Sitz eines edelfreien Geschlechts mit
doch begrenztem Besitz bot keinen vollwertigen Ausgleich, wenn auch der Inhaber der
Burg zeitweilig „procurator" aller Königsgüter in Schwaben war.

Hier stellt sich die Frage, in welchem Verhältnis die Burg „Moropolis" zum Hellenstein stand.

---

[77] Jänichen, Hans „Zur Frühgeschichte des Brenzgaues" in: Der Hellenstein. Beilage zur Heidenheimer
Zeitung 1 Nr. 22 (23. 9. 1950) S. 97 f.

[78] MG Dipl. Heinr. II. Nr. 2; zur Lokalisierung vgl. H. Bühler, Die „Duria-Orte" (wie Anm. 10) S. 12.
— Steindorff, Ernst: Jahrbücher des Deutschen Reiches unter Heinrich III. Bd. 1 (1874) S. 204 f. mit
Anm. — MG. Dipl. Heinr. III. Nr. 251 u. 252.

Man würde zunächst wohl vermuten, daß „Moropolis" und Hellenstein nur zwei Namen für die gleiche Anlage seien. Der Chronist Paul von Bernried, der den Namen „Moropolis" überliefert, könnte mit dem „castellum Moropolis" einfach die Burg (bei) Heidenheim gemeint haben, deren wirklicher Name, Hellenstein, ihm nicht bekannt war.[79] Das würde freilich bedeuten, daß Hellenstein schon Sitz der Pfalzgrafen war und wohl von ihnen erbaut wurde. Die Erbauung wäre dann in die Zeit um 1070 vorzuverlegen, und Hellenstein wäre damit eine der frühesten Höhenburgen im Lande.

Dagegen spricht, daß der letzte Pfalzgraf, Adalbert, 1128 seinen Wohnsitz in Lauterburg hatte.[80] Das besagt wohl, daß „Moropolis" um diese Zeit nicht mehr oder doch nicht mehr ständig bewohnt war. Man könnte dies in Verbindung bringen mit der Nachricht Pauls von Bernried, daß die Burg „Moropolis" um 1085 schwere Erschütterungen erlitten habe und in Gefahr gewesen sei, von Grund auf zerstört zu werden (Erdbeben?). Verursacher soll ein böser Geist gewesen sein.[81] Es wäre denkbar, daß infolge dieses Ereignisses die Burg aufgegeben wurde, wobei eventuell weniger die tatsächlich entstandenen Schäden als etwa die Furcht vor bösen Geistern bestimmend gewesen sein könnten.

Andererseits findet die Burg Hellenstein urkundlich erst im Jahre 1150 Erwähnung.[82] Sollte sie schon um 1070 erbaut worden sein, wie es obige Annahme voraussetzt, so wäre es gänzlich ungewöhnlich und unwahrscheinlich, daß sie erst rund 80 Jahre danach in den Urkunden erscheint. Sie ist sicherlich jünger und dürfte frühestens vom Vater der Brüder Degenhard und Berenger erbaut worden sein, mithin um 1120-1125. Das aber war etwa die Zeit, in der der Pfalzgraf schon nicht mehr oder nicht mehr dauernd auf „Moropolis" wohnte. Daraus geht hervor, daß „Moropolis" und Hellenstein zwei verschiedene Anlagen waren, die einander zeitlich abgelöst haben. Sie standen offenbar an verschiedenen Stellen. Zur Zeit, als man mit dem Bau der Burg Hellenstein begann, muß die Burgstelle „Moropolis" nach allem, was sich ermitteln läßt, noch im Besitz der Pfalzgrafenfamilie und somit nicht verfügbar gewesen sein. Man mußte für Hellenstein einen anderen Standort suchen, nämlich den heutigen Schloßberg. Wo aber stand Moropolis?

Auf dem Ottilienberg wurden neuerdings ein Brunnenschacht freigelegt, der 35 Meter tief in den Fels geschlagen worden war, und ein Stück eines Halsgrabens (?) entdeckt, Befunde, die auf eine mittelalterliches Burganlage auf dem Ottilienberg deuten könnten.[83] Sie mit „Moropolis" in Verbindung zu bringen, liegt nahe. Doch ergeben sich auch Schwierigkeiten. Fraglich ist, ob der Brunnenschacht in so frühe Zeit datiert

---

[79] Wie Anm. 2.
[80] WUB I S. 376 Nr. 293.
[81] Wie Anm. 2.
[82] Wie Anm. 70.
[83] Lehmann, Erhard/Heinzelmann, Peter: Der Heidenheimer Ottilienberg (1985), 6 ff.

werden kann, daß er zur Burg „Moropolis" paßt. Diese muß ja, wie erwähnt, um 1070 erbaut worden sein und wurde längstens bis gegen 1143 benützt, eher schon früher zu Gunsten von Lauterburg aufgegeben. Demnach müßte der Brunnenschacht schon zwischen 1070 und etwa 1120 geschlagen worden sein. Gewißheit, ob „Moropolis" auf dem Ottilienberg stand, kann nur eine Grabung bringen. Bis auf weiteres muß auch mit der Möglichkeit gerechnet werden, daß die Burg an anderer Stelle stand, etwa auf dem Totenberg, wie vermutet wurde.

Nach all dem muß Hellenstein als Nachfolgeburg von „Moropolis" angesehen werden; dies umso mehr, als ihre Inhaber nach 1143 offenbar die Güter zu Lehen nahmen, die einst zu „Moropolis" gehört hatten.

Um die gleiche Zeit, als Heidenheim mit dem Erlöschen der Pfalzgrafenfamilie an Bedeutung verlor, gelangte Giengen durch die Heirat Herzog Friedrichs III. mit Adela von Vohburg 1147 in die Hand des künftigen Kaisers Friedrich Barbarossa und wurde Mittelpunkt der staufischen Güter um die Brenz.[84] Aufenthalte des Herrschers in den Jahren 1171, 1187 und 1189 förderten die Entwicklung Giengens, das nun Heidenheim den Rang ablief.[85]

Erst mehr als zweihundert Jahre später, nach 1378, trat Heidenheim, inzwischen längst zur Stadt geworden, als Mittelpunkt der sich rundum gruppierenden Herrschaft im Brenztal (Herrschaft Heidenheim) erneut in Wettbewerb mit Giengen und gewann allmählich seine Stellung als Hauptort des Brenztales zurück.

---

[84] Bühler, H. „Die Herrschaft Heidenheim" in: 75 Jahre Heimat- und Altertumsverein 1901-1976 (1976) S. 121-180, hier S. 136.

[85] WUB II S. 162 Nr. 394. — Stumpf Nr. 4477 und 4518.

[86] Wie Anm. 84 S. 149 f.

Abkürzungen

MG.	—	Monumenta Germaniae historica
HStA.	—	Hauptstaatsarchiv
StA.	—	Staatsarchiv
U.	—	Urkunde
UB.	—	Urkundenbuch
WUB.	—	Wirtembergisches Urkundenbuch
ZGO.	—	Zeitschrift für die Geschichte des Oberrheins
ZWLG.	—	Zeitschrift für Württembergische Landesgeschichte

Zur frühen Geschichte Heidenheims und vergleichbarer Orte auf der Alb. In: JHAVH 1987/88. 1988, S. 51-73.

Zur Geschichte der Burg Herwartstein

In diesem Herbst (1987) sind es 700 Jahre, daß die Burg Herwartstein bei Königsbronn von König Rudolf von Habsburg belagert und eingenommen wurde. Die Burg ging damit in die Reichsgeschichte ein. Dies ist Anlaß, sich mit der Geschichte der Burg Herwartstein zu befassen.

1. Zur älteren Geschichte von Burg und Herrschaft Herwartstein

Der Name der Burg Herwartstein erscheint erstmals in einer Urkunde des Abtes von Ellwangen, die man annäherungsweise „um 1240" datiert. Der Abt hatte mit den Inhabern der Burg einen Vertrag geschlossen. Diese, zwei Brüder, werden als „pincernae dicti de Herwartstain" bezeichnet, d.h. als die Schenken von Herwartstein. Ihre Rufnamen bleiben unbekannt. Dies ist die einzige Erwähnung des Herwartstein vor 1287.

„Pincerna" oder Mundschenk ist ein Hofamt. Wir kennen die vier Hofämter des Marschalls, Kämmerers, Truchsessen und Mundschenks. Der Marschall ist Stallmeister und sorgt für die Gäste. Der Kämmerer ist Schatzmeister. Der Truchseß oder Seneschall steht der Hofverwaltung vor. Der Mundschenk ist Kellerer. Diese vier Hofämter finden sich an den bedeutenden Höfen. Die Schenken von Herwartstein standen demzufolge im Dienste eines mächtigen Herren.

Die Inhaber der Hofämter waren meist Ministerialen, also Angehörige des Dienstadels. Doch genossen sie eine Vertrauensstellung und waren dadurch vor anderen Ministerialen herausgehoben. Sie waren nicht Eigentümer der Burg, auf der sie saßen, sondern sie hatten diese zu Lehen oder waren als Burgmann mit der Burghut betraut.

Die Burg Herwartstein stand an strategisch hervorragender Stelle: sie überwachte und sperrte notfalls an einer besonders engen Stelle den sonst bequemen und daher verkehrswichtigen Albübergang im Zuge der Täler von Kocher und Brenz. Dieser Übergang war seit ältester Zeit befestigt: der äußere Burggraben auf Herwartstein soll von einer kleinen Fliehburg aus dem 7.-8. Jahrhundert stammen. Auf dem sogenannten „Schlegelsberg" im Tal stand eine Turmhügelburg des 8.-9. Jahrhunderts. Ein Turmstumpf, der auf dem Herwartstein freigelegt wurde, gehörte zu einer Befestigung aus der Mitte des 11. Jahrhunderts. Die Burg Herwartstein, die in der Hauptsache im frühen 12. Jahrhundert erbaut wurde, ließ sich leicht verteidigen, denn ein Gegner konnte sich ihr nur von der Hochfläche des Stürzelhofs auf Schußweite nähern. Die Annäherung von dieser Seite war noch dadurch erschwert, daß in Spicht und vielleicht auf dem Weikersberg kleinere Burgen als Vorwerke dienten.

Ihrer Wichtigkeit entsprechend vertraute man die Burg gewiß der Obhut eines hervorragenden Dienstmannengeschlechts an.

Wer aber war zu jener Zeit Eigentümer der Burg, der eigentliche Burgherr? Da unmittelbare Nachrichten fehlen, läßt er sich nur auf Umwegen erschließen. Sicher war es zu jener Zeit noch nicht der Graf von Helfenstein wie 1287. Denn die Helfensteiner spielten um 1240 in unserem Bezirk noch keine besondere Rolle. Auch ist an ihrem Hof das Amt des Mundschenken nicht bezeugt. An den bescheideneren Höfen der Grafen und freien Herren waren nicht alle vier Hofämter besetzt.

Licht auf die ältere Besitzgeschichte des Herwartstein wirft eine Urkunde von 1303. Die Herzöge Otto, Heinrich und Ludwig von Kärnten verzichteten auf Wunsch ihres Schwagers König Albrecht und ihrer Schwester, der Königin Elisabeth, auf alle ihre Besitzungen „in dicto loco Herwartstain". Diese Besitzungen hatte Graf Ulrich III. von Helfenstein bisher von ihnen zu Lehen getragen. Mit dem „locus Herwartstain" ist, wie sonst mehrfach, nicht nur die Burg gemeint, sondern auch der zur Burg gehörige Ort Springen. Nach Lage der Dinge möchte man meinen, daß er auch die umliegenden Weiler und Höfe mit einschloß. Der Verzicht der Herzöge steht im Zusammenhang mit der Gründung des Klosters Königsbronn. Im Vorjahr 1302 hatte der Graf von Helfenstein wegen wirtschaftlicher Schwierigkeiten die Burg Herwartstein samt Springen und dem Patronatsrecht der dortigen Pfarrei, auch den Weilern und Burgen — „villis seu opidis" — Spicht, Weikersberg, Utzmannsweiler, Hermannsweiler, Bibersohl, Zahnberg und Itzelberg sowie der Vogtei des Klosters in Steinheim an König Albrecht verkauft, der damit ein neu zu gründendes Zisterzienserkloster ausstatten wollte.

Aus dem Verzicht der Herzöge geht hervor, daß Herwartstein mit Springen und eventuell auch den genannten Weilern ein Lehen der Herzöge von Kärnten war. Dies ist zunächst verblüffend, und man fragt sich, wie sie wohl zu der Lehenshoheit über Herwartstein gekommen sein mögen.

Ein Blick in die Familiengeschichte der Kärntner Herzöge verhilft wohl zur Antwort. Die Herzöge Otto, Heinrich und Ludwig wie auch ihre Schwester, die Königin Elisabeth, waren Kinder Meinhards II. von Görz-Tirol, der seit 1286 auch mit Kärnten belehnt war. Ihre Mutter Elisabeth war eine Tochter Herzog Ottos II. von Bayern. Elisabeth war mit Meinhard in zweiter Ehe vermählt. Ihr erster Gemahl war der Staufer König Konrad IV. (1250 - 1254), ein Sohn Kaiser Friedrichs II. Aus ihrer ersten Ehe hatte Elisabeth den Sohn Konradin, der 1268 in Neapel enthauptet worden war.

Damit klärt sich wohl die Besitzgeschichte des Herwartstein. Er stammte gewiß nicht aus dem Familiengut Meinhards von Görz-Tirol, sondern eher aus dem Besitz Elisabeths. Elisabeth aber hatte diesen Besitz sicherlich nicht von ihrem Vater, dem Bayernherzog, als Mitgift oder Erbe erhalten. Vielmehr dürfte ihr erster Gemahl Konrad IV.

ihn ihr als Witwengut verschrieben haben. Nachdem der Sohn aus dieser Ehe, Konradin, zu Lebzeiten der Mutter 1268 umgekommen war, fiel ihr Witwengut nach ihrem Tod 1273 rechtmäßig an ihre Nachkommen aus der zweiten Ehe mit Meinhard von Görz-Tirol. Das aber waren die erwähnten Herzöge Otto, Heinrich und Ludwig von Kärnten sowie deren Schwester, die Königin Elisabeth.

Die Belehnung des Grafen Ulrich II. von Helfenstein mit Herwartstein war wohl kaum zu Lebzeiten Konradins erfolgt. Die Burg als Lehen zu vergeben, war erst nach Konradins Tod 1268 sinnvoll, denn die Burgherrin Elisabeth lebte seit 1259 am Hofe Meinhards in Tirol und konnte sich um ihre schwäbischen Güter selbst nicht kümmern.

Herwartstein war demnach eine ursprünglich staufische Burg. In der ehemaligen Herrschaft Herwartstein galt für Getreideabgaben noch lange (1471) das Gmünder Meß. Das spricht zunächst für alte Beziehungen zu Schwäbisch Gmünd, einem frühen Zentrum staufischer Herrschaft, und wohl auch für die staufische Vorgeschichte der Burg. Zu einer staufischen Burg passen die Schenken von Herwartstein. Aus deren nur einmaliger Erwähnung geht freilich nicht hervor, an wessen Hof sie das Schenkenamt ausübten; vielleicht war es der Hof Konrads IV., der seit 1237 erwählter König war. Die dürftige Überlieferung könnte mit den turbulenten, bürgerkriegsähnlichen Verhältnissen zusammenhängen, die sich seit der Absetzung Kaiser Friedrichs II. auf dem Konzil von Lyon 1245 und dem Abfall vieler schwäbischer Großen zur Papstpartei ergeben hatten (Wahl Heinrich Raspes zum Gegenkönig und Niederlage Konrads IV. gegen diesen bei Frankfurt 1246; vergebliche Belagerung Ulms durch Heinrich Raspe 1247 u.a.) Es ist überhaupt erstaunlich und ungewöhnlich, daß die Burg Herwartstein in den ersten 100 Jahren ihres Bestehens keinerlei Erwähnung findet.

Der Name der Burg geht auf einen Personennamen Herwart oder Herbert zurück. Aus der älteren Geschichte unserer Gegend ist allerdings keine Persönlichkeit dieses Namens bekannt, nach welcher die Burg benannt sein könnte.

Zur Burg Herwartstein gehörten vermutlich schon in staufischer Zeit außer Springen die Orte Spicht, Weikersberg, Utzmannsweiler, Hermannsweiler — sie sind alle abgegangen — sowie Bibersohl, Zahnberg und Itzelberg. Träfe dies zu, so könnte man — mit allem Vorbehalt — einen Rückblick in die noch ältere Geschichte der späteren Herrschaft Herwartstein wagen. Den staufischen Besitz hatte höchst wahrscheinlich Agnes vermittelt, die Tochter Kaiser Heinrichs IV., die im Jahre 1079 mit Herzog Friedrich I. von Schwaben aus staufischem Hause verlobt worden war. Das Gut des salischen Königshauses in Schwaben aber ging auf Gisela von Waiblingen († 1043) zurück, die Tochter Herzog Hermanns II. von Schwaben (997 - 1003) und der Gerberga von Burgund. Diese beiden waren Nachkommen der Herzogin Reginlind († n. 959), die über ihre Mutter Gisela (911) das Hausgut der Karolinger in Schwaben geerbt hatte. Das karolingische Hausgut wiederum stammte aus alemannischem Herzogsgut. Der Name Itzelberg (Utzelenberg) könnte auf Besitz der alemannischen Herzogsfamilie deuten, denn der Ort war nach einem Ulrich benannt; Ulrich aber war ein in der Herzogssippe verbreiteter Name.

Diese Herleitung ist nicht unbegründet: Der Ort Springen, benannt nach der Quelle der Brenz (vgl. Ursprung), besaß ein altes Marktrecht. Dessen Ursprung ist unbekannt; es reicht jedoch mindestens in staufische Zeit zurück, könnte vielleicht sogar noch älter sein. Dies ist gewiß auffällig und bemerkenswert. Denn Springen gehörte sicher nicht zu den ältesten dauernd besiedelten Plätzen des Bezirks, und seine bescheidene Feldmarkung konnte keine zahlreiche bäuerliche Bevölkerung ernähren; in der unmittelbaren Umgebung gab es nur einige kleine Weiler und Höfe. Wohl einzige Vorbedingung für einen Markt war die Lage Springens an einer vielbenutzten Durchgangsstraße. So erklärt sich das frühe Marktrecht am ehesten aus enger Bindung an das Königshaus. Der König konnte in Orten, die ihm gehörten, die Abhaltung eines Marktes gewähren oder anregen, ohne dafür ein besonderes Privileg zu erteilen. Die Verkehrslage Springens war dem Marktgeschehen günstig. So könnte er die Ansiedlung von Handwerkern gefördert haben, die auf dem Markt Absatz für ihre Waren fanden.

Springen war auch selbständige Pfarrei, allerdings nicht schon seit der Frühzeit der Christianisierung. Grabungen in der Kirche haben ergeben, daß der älteste Vorgängerbau der jetzigen Kirche um 1030 errichtet worden ist. Dabei wurde solide gearbeitet; die Bausteine wurden exakt behauen, wie es zu dieser Zeit von einheimischen Handwerkern beim Bau einer einfachen Dorfkirche nicht unbedingt erwartet werden konnte. Offenbar hatte man Bauleute von auswärts herbeigeholt. Dies vermochte nur ein einflußreicher Bauherr.

Die Pfarrei Springen hatte keinen großen Zehntbezirk. Ihr Bezirk war eingezwängt zwischen die Sprengel der gewiß älteren Pfarreien Schnaitheim (St. Michael), Steinheim (St. Peter) und Unterkochen (Maria). Es sieht so aus, als sei der Bezirk der Pfarrei Springen von einer der Nachbarpfarreien, am ehesten von Schnaitheim, wohin Itzelberg und Ochsenberg bis zur Reformation eingepfarrt waren, abgetrennt worden. Auch dies konnte nur ein mächtiger Ortsherr bewirken. So läßt auch die Gründung der Pfarrei im frühen 11. Jahrhundert auf einen einflußreichen Herren schließen, etwa einen Angehörigen des Herzogs- oder Königshauses.

2. Der Konflikt zwischen Graf Ulrich II. von Helfenstein und König Rudolf von Habsburg

Die Belagerung und Einnahme der Burg Herwartstein 1287 ist kein rein lokales Ereignis, sondern eine Episode im Konflikt der schwäbischen Großen mit König Rudolf und somit ein Stück Reichsgeschichte.

Worin sind die Ursachen dieses Konfliktes zu suchen?

Mit dem Tode König Konradins 1268 war das staufische Haus und zugleich das Herzogtum Schwaben erloschen. Die schwäbischen Grafen und Herren hatten nun keinen unmittelbaren Herren mehr über sich; sie waren reichsunmittelbar geworden und sie fühlten sich nahezu unabhängig, da in der Zeit des sogenannten Interregnums die Macht der meist landfremden Könige gering war und sie kaum erreichte.

Zum andern war das noch reichlich vorhandene staufische Königsgut herrenlos geworden: die seither staufischen Lehensleute waren plötzlich ihre eigenen Herren; die einst unter staufischer Vogtei stehenden Klöster waren schutzlos; die staufischen Städte und Dienstleute hatten nur noch den König über sich, der sie aber nicht wirksam zu schützen vermochte. Sie gerieten alle bald in den Sog der mächtigeren Nachbarn, die danach trachteten, sie ihrer Herrschaft einzuverleiben.

Bayern mochte das Beispiel gegeben haben: Herzog Ludwig II. berief sich auf ein Vermächtnis, das König Konradin ihm, dem Bruder seiner Mutter, vor dem verhängnisvollen Zug nach Italien erteilt hatte, und er zog die Städte Gundelfingen und Lauingen, die staufischen Güter im Bachtal und das ganze Amt Höchstädt an sich.

Die Grafen von Öttingen eigneten sich ehemals staufisches Gut im Ries und auf dem Härtsfeld an, aber auch die Herrschaft Lauterburg im Remstal und Güssenberg im Brenztal. Sie konnten sich dabei auf Verwandtschaft zu den Staufern berufen.

Diesem Beispiel folgten andere: das Kloster Lorch im Remstal geriet unter die Vogtei der Grafen von Wirtemberg.

Graf Ulrich II. von Helfenstein eignete sich staufische Güter und Rechte im Brenztal an. Schon in den vierziger Jahren des 13. Jahrhunderts gelangte die Vogtei des Klosters Anhausen in seine Gewalt, ohne daß wir die näheren Umstände erkennen. Nach dem Tode des Grafen Hartmann IV. von Dillingen, seines Schwiegervaters, zog er 1258 die Vogtei Herbrechtingen an sich. Er mochte die Vogtei als Erbteil seiner ersten Frau betrachten, in Wirklichkeit aber handelte es sich um ein dem König heimgefallenes Lehen. Über die Vogtei der beiden Klöster gewann der Graf Macht und Einfluß in vielen Orten des Bezirks, aber die Klosterleute klagten über seine drückende Vogtherrschaft. Die Ritter Fetzer, einst staufische Ministerialen, die in verschiedenen Orten des Brenztales begütert waren, in Heidenheim, Schnaitheim, Aufhausen, Mergelstetten und Giengen, suchten notgedrungen Anschluß an Helfenstein. Auch die Herrschaft Herwartstein erscheint jetzt in helfensteinischem Besitz (siehe oben).

So waren die schwäbischen Herren im Begriff, auf Kosten staufischer Güter und Rechte ihre Macht zu erweitern und ihre Territorien abzurunden.

In diese turbulente Zeit, in der auch Straßenraub gang und gäbe war, fällt die Wahl Rudolfs von Habsburg zum deutschen König 1273. Rudolf war kein Fürst, sondern ein Graf, freilich der mächtigste in Schwaben. Seine Wahl war unter dem doppelten Aspekt erfolgt, daß er zwar Ordnung und Sicherheit im Reich wiederherstellen sollte, daß er aber den Fürsten und Grafen möglichst freie Hand lassen möge.

Rudolf wollte aber kein Schattenkönig von der Gnade der Fürsten sein. Der Bischof von Basel, der mit ihm in Fehde lag und ihn wohl kannte, soll bei der Nachricht von Rudolfs Wahl ausgerufen haben: „Herrgott im Himmel, sitze fest, sonst nimmt Dir dieser Rudolf Deinen Platz". Dieser Spruch charakterisiert den neuen König.

Rudolf war auf Stärkung seiner Macht als König bedacht, indem er zunächst seinen

Hausbesitz zu mehren suchte. Sodann hatte er sich verpflichtet, für die Krone und das Reich das staufische Gut zurückzufordern, das seit der Absetzung Kaiser Friedrichs II. auf dem Konzil von Lyon 1245 entfremdet worden war.

Beide Bestrebungen ließen sich in seinem Sinn vereinigen, denn nach seinem Sieg über Ottokar von Böhmen verlieh König Rudolf die erledigten Herzogtümer Österreich und Steiermark 1282 seinen eigenen Söhnen.

In Schwaben galt es besonders viel ehemals staufisches Gut für das Reich zurückzufordern. Zu diesem Zweck richtete der König Reichslandvogteien ein und übertrug sie seinen Verwandten. Die Landvögte als Statthalter des Königs sollten in erster Linie das Reichsgut ihres Bezirks verwalten und Kirchen und Klöster, die unter Königsschutz standen, beschirmen. Sodann sollten sie diejenigen, die unberechtigt Reichsgut innehatten, zur Herausgabe veranlassen. Wenn dies nicht im Guten ging, dann mit Gewalt. Der Landvogt hatte auch den Landfrieden zu wahren und Verfehlungen dagegen zu ahnden, nötigenfalls mit Hilfe der Herren und Städte und auch des Königs. Wer sich seinen Maßnahmen mit Gewalt widersetzte, brach den Landfrieden und war damit im Unrecht.

Schließlich beabsichtigte der König, das Herzogtum Schwaben wieder aufzurichten und seinem jüngeren Sohne Rudolf zu verleihen. Die Selbstherrlichkeit der schwäbischen Grafen hatte dann ein Ende.

Aber gerade mit diesem Plan weckte Rudolf den Widerstand. Die Furcht der schwäbischen Herren vor einem habsburgischen Herzog von Schwaben verband sich mit dem Verlangen, die Reichsgüter zu behalten oder wiederzuerlangen. Dazu kam der Haß auf den mächtig aufstrebenden Landvogt, des Königs Schwager Albrecht von Hohenberg. So formierte sich eine Opposition; ihre Führer waren Graf Eberhard der Erlauchte von Wirtemberg und Graf Ulrich II. von Helfenstein. Beide hatten sie die Auswirkung von Rudolfs Politik selbst erfahren. Die Burg Ehrenstein im Blautal gehörte Wirtemberg und Helfenstein gemeinsam. Die Nonnen des benachbarten Klosters Söflingen, das unter Königsschutz stand, klagten, daß sie von der Burg aus geschädigt worden seien. Der König zwang nun 1281 den Grafen von Wirtemberg, die Burg um ein Spottgeld an Söflingen zu verkaufen, und er nötigte den Helfensteiner zum Verzicht auf seinen Anteil. Die Burg wurde daraufhin zerstört. Solche Maßnahmen mußten den Trotz der Betroffenen wecken.

Graf Ulrich von Helfenstein war zudem mit dem Landvogt persönlich verfeindet, denn dieser war der Vormund von Ulrichs Schwägern, den jungen Pfalzgrafen von Tübingen, mit denen Ulrich wegen des Heiratsguts seiner zweiten Gemahlin stritt. Es scheint dabei um Güter in der Herrschaft Blaubeuren gegangen zu sein.

Natürlich hatte auch der Landvogt seine Anhänger. Seit Beginn des Jahres 1286 herrschte allgemeiner Kriegszustand in Schwaben. Beide Parteien suchten mit Sengen und Brennen dem Gegner zu schaden. Der König kam im Februar nach Esslingen und vermittelte scheinbar erfolgreich, konnte aber nicht verhindern, daß die Streitigkeiten danach wieder ausbrachen. Auf einem Hoftag, den der König im Juli des Jahres nach

Ulm einberufen hatte, erschienen auch Eberhard von Wirtemberg und Ulrich von Helfenstein. Hier klagte der Probst von Herbrechtingen gegen Graf Ulrich wegen Bedrückung seines Klosters. Die streitenden Parteien wurden wiederum versöhnt. Doch im September brach der Krieg von neuem los. Eberhard von Wirtemberg, unterstützt von den Leuten des Helfensteiners, zerstörte den Ort Weil im Schönbuch, der den Pfalzgrafen von Tübingen gehörte.

Jetzt griff der König selbst ein. Sieben Wochen lang belagerte er Stuttgart. Dann mußte er die Belagerung abbrechen, um einen Gesandten des Papstes zu treffen, der angereist kam, um wegen Rudolfs Romzug zu verhandeln. Am 10. November 1286 wurde deshalb vor Stuttgart ein Sühnevertrag mit den Rebellen geschlossen. Der Vertrag bestimmte u.a., daß die Mauern Stuttgarts geschleift und die Burgen Wittlingen und Remseck dem Könige übergeben werden sollten.

Ein eigener Abschnitt des Vertrages befaßt sich mit dem Grafen Ulrich II. von Helfenstein. Wir erfahren daraus einiges über die Ursache des Konflikts.

1) Der Streit, den Graf Ulrich mit dem Grafen Albrecht von Hohenberg und den Pfalzgrafen von Tübingen hatte, soll vom Erscheinungsfest 1287 an auf ein Jahr ruhen, falls Graf Ulrich mit dem König über das Gebirge fährt, d.h. an Rudolfs Romzug zur Kaiserkrönung teilnimmt. Tut er dies nicht oder ist das Jahr verstrichen, soll der Graf einen Monat nach erfolgter Mahnung seinen Widersachern Recht tun, d.h. sich einer richterlichen Entscheidung stellen, und es sollen dann alle Parteien in dem Recht sein, wie es zu Ulm im Juli des Jahres bestimmt worden war.

2) Graf Ulrich soll den Klöstern Anhausen und Herbrechtingen keinen Schaden antun, soll sie aber vom kommenden Erscheinungsfest an ein Jahr lang im Besitz behalten, unbeschadet der Rechte des Reiches. Auch hier wird die Frist gewährt in der Erwartung, daß der Graf mit dem König nach Italien zieht. Andernfalls soll er einen Monat nach erfolgter Mahnung dem König wegen der Klöster Recht tun, und beide sollen in dem Recht sein, wie es zu Ulm bestimmt worden war.

3) Graf Ulrich soll Christen und Juden seine Schulden bezahlen. Der Schaden soll beiderseits ausgeglichen und die Gefangenen ledig sein.

Graf Ulrich beschwor den Sühnevertrag. Er hatte jedoch sein Siegel nicht bei sich. Man hat daraus gefolgert, daß er zu den Sühneverhandlungen nicht von seiner Burg Helfenstein angereist war, sondern daß er wohl zu denen gehörte, die bis vor kurzem Stuttgart verteidigt hatten.

Die Streitereien und Kämpfe des Jahres 1286 hatten den König gehindert, die Vorbereitungen zum Romzug nachhaltig und rechtzeitig zu betreiben. So konnte der festgesetzte Termin nicht eingehalten werden. Im Frühjahr 1287 starb der Papst, und die Kurie blieb längere Zeit unbesetzt. Damit zerschlug sich für Rudolf die Aussicht auf die Kaiserkrone und die Erbfolge seines Hauses. Daran war nicht zuletzt der Krieg in Schwaben schuld.

Die Stuttgarter Sühne war kein eigentlicher Friedensvertrag gewesen. Die Streitenden waren nur angewiesen worden, sich innerhalb bestimmter Fristen auf dem Rechtsweg zu vergleichen. Die opponierenden Grafen befürchteten offenbar, daß dies für sie Nachteile bringen könnte. So brach schon im Frühjahr 1287 der Kampf von neuem los. Wieder war Ulrich von Helfenstein der engste Verbündete Wirtembergs. Der König zog mit aller Macht zunächst gegen seinen Hauptgegner Eberhard von Wirtemberg. Er eroberte rasch sieben Burgen um Stuttgart, darunter Cannstatt, Brie und Berg. Dann wandte er sich gegen den Helfensteiner, der ihn im Rücken bedrohte. Über Schwäbisch Gmünd rückte der König nach Geislingen, einem helfensteinischen Städtchen, über dem die Stammburg des Grafen Ulrich aufragte. Am 15. August kam er dort an. Für die Zeit von Mitte August bis Mitte September schweigen die „Regesta Imperii", doch ist nicht zu zweifeln, daß der König in dieser Zeit die Burg Helfenstein belagerte. Am 16. September war der König in Giengen und traf Vorbereitungen für die Belagerung der Burg Herwartstein, welche den Albübergang sperrte. Beim König befanden sich sein Sohn Rudolf, sein Schwiegersohn Herzog Ludwig II. von Bayern, ferner die Grafen Ludwig von Öttingen und Gebhard von Hirschberg, Burggraf Friedrich von Nürnberg, Kraft und Gottfried von Hohenlohe sowie etliche freie Herren, alle mit ihrem kriegerischen Gefolge.

Über die Belagerung des Herwartstein berichten zwei Quellen. Nach der einen hätte der König Bergleute herangeholt, welche die Türme untergraben und zum Einsturz bringen sollten. Nach der anderen habe Rudolf sechs Wurfmaschinen aufbauen lassen, welche Tag und Nacht schwere Steine in die Feste geschleudert hätten. Die Besatzung behauptete sich anscheinend länger, als man erwartet hatte. Der König schrieb nämlich an die Stadt Konstanz, daß er mit der Belagerung einer Burg beschäftigt sei und nicht wisse, wie lange dies noch dauern werde. Er bat um Zufuhr von Getreide, um etwaigem Mangel an Lebensmitteln vorzubeugen. Im Lager vor Herwartstein blieb dem König Zeit, Regierungsgeschäfte zu erledigen. Der Abt von St. Gallen, der mit dem König im Streit lag, erschien dort, um zu verhandeln. Alle Bemühungen um Ausgleich scheiterten jedoch an den unannehmbaren Bedingungen des Königs.

Um die Mitte Oktober 1287 fiel schließlich die Burg Herwartstein. Offenbar hatte sich die Besatzung ergeben. Einer späteren Nachricht zufolge soll die Beschießung sie dazu gezwungen haben. Die Burg wurde dem Grafen von Öttingen überantwortet.

Mit dem Fall Herwartsteins war die Macht des Grafen Ulrich gebrochen. Auch Eberhard von Wirtemberg hatte aufgeben müssen. Am 23. Oktober kam in Esslingen ein für diesen drückender, im ganzen aber doch annehmbarer Friede zustande. König Rudolf verglich sich auch mit seinen übrigen Gegnern, doch wird der Graf von Helfenstein in diesem Zusammenhang nicht erwähnt. Anscheinend wurde mit ihm ein eigener Vertrag abgeschlossen, der uns nicht erhalten ist. Graf Ulrich scheint sich im wesentlichen behauptet zu haben. Jedenfalls blieb die Vogtei der Klöster Anhausen und Herbrechtingen, die u.a. Gegenstand des Streits gewesen war, in Ulrichs erblichem Besitz, wenn auch in der Form eines Reichslehens.

Auch Herwartstein war bald wieder in seiner oder seines Sohnes Hand. Öttingen beanspruchte freilich später noch lehensherrliche Rechte, die wohl aus der Übergabe von 1287 resultierten. Die Schäden, welche die Burg im Verlauf der Belagerung erlitten hatte, dürften nicht sehr nachhaltig gewesen sein. Sie ließen sich offenbar beheben. Von einer gründlichen Zerstörung kann kaum die Rede sein. In den Jahren 1302 bis 1310 ist wiederholt vom „castrum Herwartstein" die Rede, und zwar nicht etwa als einer Ruine, sondern als einer funktionstüchtigen Burganlage. Sie wurde offenbar erst beim Bau des Klosters Königsbronn als Steinbruch benützt und nach und nach abgetragen.

Das Kriegsführen hatte den Grafen Ulrich freilich in schwere Schulden gestürzt, für die dann sein Sohn Ulrich III. geradezustehen hatte. Er war gezwungen, namhafte Güter zu verpfänden und zu verkaufen, darunter im Jahre 1302 die ganze Herrschaft Herwartstein.

Für König Rudolf brachten die Kämpfe von 1286/87 keinen wesentlichen Erfolg, ja, schlimmer noch, sie wirkten sich für ihn eher nachteilig aus: er hatte den Romzug verschieben müssen. Damit schwand für ihn die Aussicht, die Kaiserkrone zu erlangen und einen seiner Söhne zum Römischen König und Nachfolger wählen zu lassen. Auch sein Ziel, das schwäbische Herzogtum neu zu errichten, mußte er aufgeben. So bestätigten diese Kämpfe die Reichsunmittelbarkeit der schwäbischen Grafen und Herren und damit die territoriale Zersplitterung Südwestdeutschlands.

(Vortrag im April 1987 bei der Hauptversammlung des
Heimat- und Altertumsvereins Heidenheim)

Quellen und Literatur

Bühler, Heinz „Königsbronn" in: Handbuch der historischen Stätten Deutschlands, Bd. 6, Baden-Württemberg (2. Aufl. 1980), 415 ff.

Dambacher „Urkundenlese zur Geschichte schwäbischer Klöster. 1. Königsbronn" in: Zeitschrift für die Geschichte des Oberrheins 10 (1859), 115 ff.

Regesta Imperii. Bd. VI, 1. Neu hrsg. von Oswald Redlich (1898).

Schneider, Eugen: Der Kampf Graf Eberhards des Erlauchten von Württemberg gegen König Rudolf von Habsburg (1886).

Weller, Karl „König Konrad IV. und die Schwaben" in: Württ. Vierteljahreshefte für Landesgeschichte. NF 6 (1897), 113 ff.

Weller, Karl „Die Grafschaft Wirtemberg und das Reich bis zum Ende des 14. Jahrhunderts" in: Württ. Vierteljahreshefte für Landesgeschichte 38 (1932), 113 ff.

Herrn Dieter Eberth, Königsbronn, dankt der Verfasser für freundliche Auskunft über die Ergebnisse der Ausgrabungen auf Herwartstein und in der Königsbronner Kirche.

Zur Geschichte der Burg Herwartstein. In: JHAVH 1987/88. 1988, S. 74-81.

Die Besitzungen des Klosters Elchingen
in der Schweiz

Es ist nicht allgemein bekannt, daß die um 1120 gegründete Abtei Elchingen (Lkr. Neu-Ulm) unter ihren frühen Besitzungen auch Güter in der Schweiz hatte, nämlich im aargauischen Siggental. Diese Güter wurden freilich schon im Jahre 1150 anläßlich eines Hoftages in Langenau vom damaligen Vogt des Klosters, dem Staufer König Konrad III. (1138–1152), abgetauscht gegen Güter des Klosters St. Blasien, die in Bayerisch-Mittelschwaben und somit dem Kloster günstiger lagen.

Die Urkunde, die über diesen Tausch ausgestellt wurde, nennt »Aralingen (Ehrendingen), Siggingen, Kilchdorf (Kirchdorf), Baden (Ennetbaden), Nußbomen (Nußbaumen bei Kirchdorf)«. Die von St. Blasien dafür eingetauschten Güter sind Ochsenbrunn, Diepertshofen und Leibi sowie Talheim bei Schwäbisch Hall oder Heilbronn.

Seltsamerweise erscheinen die abgetauschten Orte und zugleich auch die dafür im Tausch erworbenen Güter noch in einer jüngeren Urkunde des Klosters Elchingen, nämlich im Privileg des Papstes Honorius III. von 1225. Genannt sind hier »Kirdorf, Siggingen, Mardingen (Ehrendingen)« mit ihren Zugehörden, womit die nicht eigens erwähnten Orte Ennetbaden und Nußbaumen gemeint sein dürften. Daß die schweizerischen Orte fälschlicherweise noch 1225 als elchingischer Besitz erscheinen, läßt sich auf einfache Weise erklären. Die Papsturkunde des Jahres 1225 ist im wesentlichen eine Bestätigung älterer Privilegien des Klosters von den Päpsten Calixt II. (1119–1124) und Innozenz II. (1130 bis 1143). Im Jahre 1225 wurden in der päpstlichen Kanzlei einfach die Güterlisten, die diesen früheren Urkunden zugrunde gelegen hatten, abgeschrieben. So kamen die schweizerischen Orte erneut in das Privileg, welches dadurch auf den neuesten Stand gebracht wurde, daß man die von St. Blasien ertauschten Güter samt anderen Neuerwerbungen am Schluß der Güterliste anfügte.

Die schweizerischen Güter waren nur rund 30 Jahre im Besitz Elchingens. Lohnt es sich überhaupt, daß man sich mit ihnen näher befaßt? Offenbar doch, denn diese Güter, die aus dem Eigenbesitz des Klosterstifters Adalbert von Elchingen-Ravenstein (1104–ca. 1120) stammten, helfen, dessen Herkunft und Familienbeziehungen zu erhellen.

Adalbert galt als ein »nobilissmus de Suevia«, als einer der Edelsten Schwabens. Er war vermählt mit Berta, einer Tochter des Herzogs Friedrich I. von Schwaben (1079–1105) aus dem Hause Staufen und der Kaisertochter Agnes († 1143). Adalberts Sohn ertrank in jungen Jahren in der Donau. Die Tochter Liutgard († 1146) verheiratete sich mit dem Markgrafen Konrad von Meißen († 1157) aus dem Hause Wettin und wurde so die Stammutter der Kurfürsten und Könige von Sachsen. Die Witwe Berta gründete nach dem Tode ihres zweiten Gemahls, Heinrichs II. von Berg, um 1140 das Chorherrenstift Boll bei Göppingen, das in Langenau reich begütert war.

Obwohl Adalbert zu den Edelsten Schwabens zählte, berichtet keine Quelle über seine Herkunft. Wie die Forschung ergab, war er der Bruder Berengars von Albeck (1107/08) und einer Frau Liutgard, die sich als Wohltäterin des Klosters Blaubeuren hervortat. Vater dieser Geschwister war höchst wahrscheinlich Adalbert von Stubersheim (bei Geislingen), der im Jahre 1092 mit seinem Bruder Berengar in Ulm einer Versammlung der Welfenpartei beiwohnte und eine Güterschenkung bezeugte. Die Mutter der Geschwister kennt man nicht. Doch hat sie offenbar den Namen Liutgard in die Familie gebracht, der auf Verwandtschaft zu den Zähringern hinweisen könnte. Das Brüderpaar Adalbert und Berengar von Stubersheim (1092) hatte auf der Ulmer, Geislinger und Heidenheimer Alb reichen Besitz. Sein Vater, der vermutlich Adalbert hieß, besaß u. a. das Kirchenpatronat in Gerstetten (Kr. Heidenheim), das sich dann je hälftig über seine Söhne vererbte und dessen eine Hälfte in den Besitz des Klosters Elchingen gelangte. Von diesem Adalbert lassen sich keine Verbindungen in die Schweiz ermitteln.

Die Verbindungen in die Schweiz müssen über die Mutter der Stubersheimer Brüder Adalbert und Berengar gelaufen sein. Sie hat offenbar den Namen Berengar vermittelt, der sich unter den Nachkommen des Brüderpaares häufig findet. Sie dürfte ihrerseits die Tochter eines Berengar gewesen sein. Nun fällt auf, daß die Stubersheimer und ihre Erben am mittleren Neckar, in Metzingen und Neckartenzlingen, sowie auf der Münsinger Alb, in Bernloch und Wilsingen, begütert waren. Es ist dies der Begüterungsbereich der Grafen von Achalm und Urach und ihrer Verwandten.

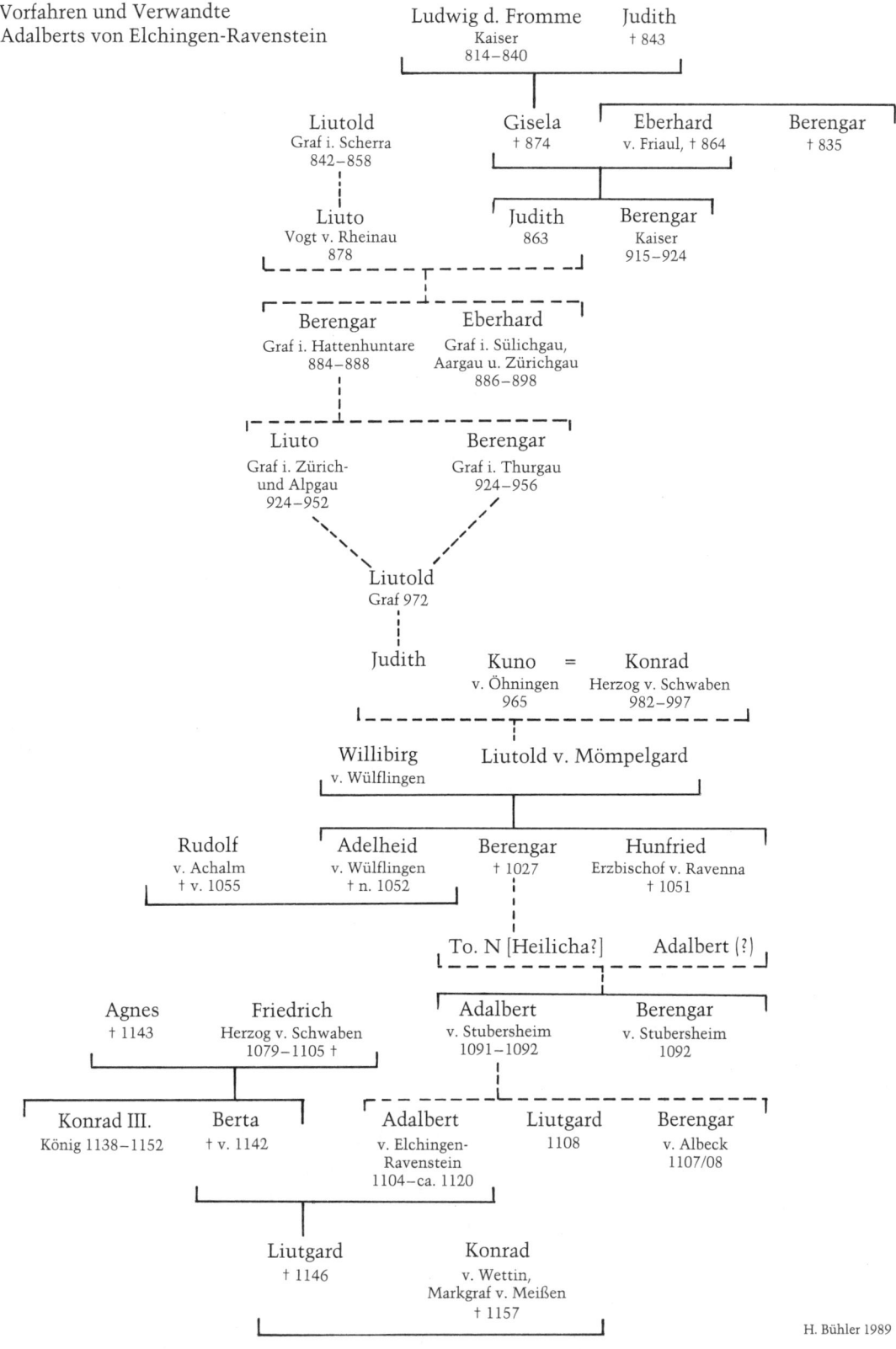

Vorfahren und Verwandte
Adalberts von Elchingen-Ravenstein

Ludwig d. Fromme
Kaiser
814–840

Judith
† 843

Liutold
Graf i. Scherra
842–858

Gisela
† 874

Eberhard
v. Friaul, † 864

Berengar
† 835

Liuto
Vogt v. Rheinau
878

Judith
863

Berengar
Kaiser
915–924

Berengar
Graf i. Hattenhuntare
884–888

Eberhard
Graf i. Sülichgau,
Aargau u. Zürichgau
886–898

Liuto
Graf i. Zürich-
und Alpgau
924–952

Berengar
Graf i. Thurgau
924–956

Liutold
Graf 972

Judith

Kuno   =   Konrad
v. Öhningen   Herzog v. Schwaben
965   982–997

Willibirg
v. Wülflingen

Liutold v. Mömpelgard

Rudolf
v. Achalm
† v. 1055

Adelheid
v. Wülflingen
† n. 1052

Berengar
† 1027

Hunfried
Erzbischof v. Ravenna
† 1051

To. N [Heilicha?]   Adalbert (?)

Agnes
† 1143

Friedrich
Herzog v. Schwaben
1079–1105 †

Adalbert
v. Stubersheim
1091–1092

Berengar
v. Stubersheim
1092

Konrad III.
König 1138–1152

Berta
† v. 1142

Adalbert
v. Elchingen-
Ravenstein
1104–ca. 1120

Liutgard
1108

Berengar
v. Albeck
1107/08

Liutgard
† 1146

Konrad
v. Wettin,
Markgraf v. Meißen
† 1157

H. Bühler 1989

In deren Sippenkreis findet sich ein Berengar, der im Jahre 1027 im Gefolge Kaiser Konrads II. in Rom umgekommen ist. Er war ein Bruder des Erzbischofs Hunfried von Ravenna († 1051) und der Adelheid von Wülflingen († n. 1052), die sich mit Rudolf von Achalm (bei Reutlingen, † v. 1055) vermählt hatte. Mit Wülflingen bei Winterthur (Kt. Zürich) ergibt sich eine Verbindung in die Schweiz. Auch Dietikon gehörte zu Adelheids Gütern, während ihr Bruder Hunfried über Embrach verfügte. Diese Orte liegen nicht weit von den elchingischen Gütern im Siggental. Die hier sichtbare Verbindung in die Schweiz stützt die Vermutung, daß Berengar († 1027) ein Vorfahr des Elchinger Stifters Adalbert war, nämlich der Vater von Adalberts Großmutter väterlicherseits, die vielleicht Heilicha hieß.

Doch von wem stammen die Güter in der Schweiz? Man kennt die Eltern Berengars und seiner Geschwister. Es sind Liutold von Mömpelgard (Montbéliard in der Burgundischen Pforte) und Willibirg von Wülflingen. Sie haben um die Jahrtausendwende gelebt. Es sieht so aus, als habe Willibirg die Güter Wülflingen, Dietikon und Embrach in die Ehe mit Liutold gebracht. Sie kommt vermutlich aus dem Hause Winterthur-Kyburg. Könnte sie auch die elchingischen Güter im Siggental zugebracht haben? Dies ist nicht auszuschließen, aber nicht sehr wahrscheinlich. Denn der Name Berengar, der offenbar aus der Vorfahrenschaft Liutolds stammt, scheint in Familienzusammenhänge zu weisen, die eher Verbindung zum Siggental hatten. Dort, nämlich in Baden, Ehrendingen und Rieden (bei Obersiggental), verfügten kurz nach der Jahrtausendwende Angehörige des Geschlechts über Besitz, das sich später nach der Nellenburg (bei Stockach) nannte. Die benachbarten elchingischen Güter stammen daher sicherlich von einem nahen Verwandten dieser Nellenburger. In deren Verwandtenkreis weist auch der Name Berengar.

Dies zu zeigen, macht einen kleinen Umweg erforderlich. Liutold von Mömpelgard darf als Sohn eines Kuno betrachtet werden, der vor 965 am Untersee das Kloster Öhningen gestiftet hat. Kuno wird neuerdings mit Herzog Konrad von Schwaben (982–997) gleichgesetzt, der zur Familie der Konradiner gehörte, also ein Franke war. Ist dies richtig, dann kam das Öhninger Stiftungsgut nicht von ihm, sondern von seiner Gemahlin. Deren Name und Herkunft ist umstritten. Die Welfenchronik will wissen, daß sie eine Tochter Ottos des Großen (936–973) gewesen sei und Richlind geheißen habe. Doch die kritische Forschung läßt dies nicht gelten. Für Herzog Konrad (982–997) ist anderweitig eine Judith als Gemahlin bezeugt. Möglich, daß Kuno-Konrad zweimal verheiratet war. Für uns dürfte jedoch Judith als verbindendes Glied wichtig sein.

Das Ausstattungsgut des Klosters Öhningen stammte aus dem Erbe der Stifter des Klosters Rheinau am Hochrhein. In dieser Sippe findet sich ein Liutold (842–858), der um Schaffhausen begütert und Graf im Bezirk Scherra auf der Westalb war. Erbe eines Teils seiner Güter und Graf in einem Bezirk, der an den Liutolds grenzte, war ein Berengar (884–888). Liutold und Berengar waren offenbar verwandt. Ein nah Verwandter dieses Berengar, wohl sein Bruder, hieß Eberhard (886–898). Er war u.a. Graf im Aargau, in welchem die später elchingischen Güter lagen, und er war offenbar ein Vorfahr der Nellenburger, die im frühen 11. Jahrhundert über jene Güter im Siggental verfügten, die den elchingischen benachbart waren. Die Namen Berengar und Eberhard weisen ins Haus der Unruochinger: Berengar hieß ein Bruder Eberhards von Friaul († 864), der mit Gisela, der Tochter Kaiser Ludwigs des Frommen (814–840) und der Welfin Judith, vermählt war. Ein Sohn Eberhards von Friaul und der Gisela war Kaiser Berengar (915–924). Dessen Schwester Judith (863) hatte das Gut Balingen geerbt, das in der Grafschaft Liutolds lag. Vielleicht bahnte sich so eine Verbindung zwischen den Unruochingern und den Rheinauer Stiftern an: Judith »von Balingen« vermählte sich allem Anschein nach mit dem Sohne Liutolds – es war wohl der Rheinauer Vogt Liuto von 878. Aus dieser Verbindung stammen dann die Brüder Berengar und Eberhard. So erklärt sich, daß Berengar Güter Liutolds, seines Großvaters, erbte, und so erklärt sich, daß unter Berengars Nachkommen außer seinem eigenen Namen auch die Namen Liutold und – offenbar – Judith wiederkehren. Auf diese Weise erklärt sich wohl auch die Begüterung im aargauischen Siggental, die letztlich von den Rheinauern herkommt. Nachkommen Berengars, wohl seine Söhne, waren die Grafen Liuto im Zürich- und Alpgau (924–952) und Berengar im Thurgau (924–956). Von einem dieser beiden stammt Graf Liutold ab, der 972 bezeugt ist. Die Kette zum Stifter des Klosters Öhningen, Kuno = Herzog Konrad (982–997), und weiter zu Liutold von Mömpelgard und Berengar († 1027) schließt sich, wenn Konrads Gemahlin Judith die Tochter dieses Grafen Liutold (972) war. Ihr Name Judith spricht für diesen Ansatz; er erinnert an Judith »von Balingen«, die dann ihre Ururgroßmutter war, und letztlich an Kaiserin Judith, die Gemahlin Ludwigs des Frommen.

Die Quellenlage gestattet nicht, alle Verbindungen durch Belege abzusichern; manches muß Vermutung bleiben. Doch der Name Berengar, für

die frühere Zeit kombiniert mit Liutold und Judith, weist in Familienbeziehungen, aus denen sich die schweizerischen Güter der Abtei Elchingen
mit großer Wahrscheinlichkeit herleiten lassen. Dabei wird deutlich, daß
die Vorfahren des Elchinger Stifters Adalbert den vornehmsten und angesehensten Geschlechtern entstammten und er selbst daher mit vollem
Recht als ein »nobilissimus de Suevia« gelten konnte.

Literatur

Johann Nepomuk *Raiser*, Die vorige Benedictiner-Reichs-Abtey Elchingen in Schwaben.
    In: Zeitschrift für Baiern und die angränzenden Länder. 2. Jahrgang 1817. S. 129–160 und
    257–366.
Heinz *Bühler*, Schwäbische Pfalzgrafen, frühe Staufer und ihre Sippengenossen. In: Jahr-
    buch des Histor. Vereins Dillingen LXXVII. 1975. S. 118–156.
Ders., Zur Geschichte der frühen Staufer. In: Staufer-Forschungen im Stauferkreis Göppin-
    gen = Hohenstaufen. Veröffentlichungen des Geschichts- und Altertumsvereins Göp-
    pingen e. V. 10. Folge. 1977. S. 1–44.
Ders., Studien zur Geschichte der Grafen von Achalm und ihrer Verwandten. In: Zeitschrift
    für Württembergische Landesgeschichte. 43. Jahrg. 1984. S. 7–87.
Ders., Zur frühen Geschichte Heidenheims und vergleichbarer Orte auf der Alb. In: Jahr-
    buch 1987/88 des Heimat- und Altertumsvereins Heidenheim an der Brenz. 1988.
    S. 51–73.

Die Besitzungen des Klosters Elchingen in der Schweiz. In: An Iller und Donau. Nr. 0.
Weißenhorn 1989, S. 16-19.

Zur Geschichte des Härtsfeldes und Kesseltales im Hohen Mittelalter

Eine Reihe von Orten des Härtsfeldes und Kesseltales – heute teils im Kreis Dillingen, teils im Donau-Ries-Kreis, im Kreis Heidenheim und im Ostalbkreis gelegen – wird erstmals um 1140 bzw. 1144 genannt in Traditionen der Herren von Fronhofen (im Kesseltal) an das Stift Berchtesgaden. Diese Traditionen sollen als Ausgang dienen für eine Studie, welche die Besitz- und Herrschaftsverhältnisse dieses Raumes im Hohen Mittelalter zu erhellen sucht.

1. Die Schenkungen der Herren von Fronhofen an Berchtesgaden

Um 1140 schenkten die Edlen Wolftrigel und Tiemo von Fronhofen dem Stift Berchtesgaden Güter in folgenden Orten: Derndorf (Kr. Mindelheim); Dornidorf villam dimidiam), Dattenhausen (Kr. Dillingen; Tatenhusen villam dimidiam), Ortlfingen (Kr. Augsburg-Land; in loco ... Artolfingin tres curtes villicas et aliud quoddam), Windhausen (Kr. Dillingen; Winedehusen curtem unam), Frickingen (Kr. Heidenheim; Fridechingin duas curtes cum suis pertinentiis), Iggenhausen (Kr. Heidenheim; Igenhusen quod ibidem habere visi sunt), Mörtingen (Ostalbkreis; Maerdingen curtem cum suis pertinentiis), Weihnachtshof (+bei Frickingen Kr. Heidenheim; Wihennahten curtem), Niuforhen (+nach der Reihenfolge der Aufzählung wohl bei Forheim, Donau-Ries-Kreis; predium quoddam), Waltherswilaere (+nach der Reihenfolge wohl bei Aufhausen oder Bollstadt, Donau-Ries-Kreis; quod ibidem habuerunt), Fronhofen (Kr. Dillingen; Fronhoven cum omnimodis usibus suis),

Wolferstadt (Donau-Ries-Kreis; Wolferstat duas curtes cum suis pertinentiis), Henthalhof (Donau-Ries-Kreis; allodium . . . in loco qui Hen-
nental dicitur), Waldstetten (Donau-Ries-Kreis; aliud allodium . . . in
loco qui Walstat nuncupatur), Gremheim (Kr. Dillingen; Gremheim
quoddam predium), Herretshofen (Kr. Illertissen?; Hartrateshoven
septem mansus)[1].

Wenige Jahre später, um 1144, vertauschten Wolftrigel von Fronhofen
und sein Sohn Konrad Güter an Manegold IV. von Werd (Donauwörth).
Die von Fronhofen gaben Manegold IV. folgende Güter: Wolferstadt
(Donau-Ries-Kreis; allodium . . . in loco . . . Wolferstat), Eglingen (Kr.
Heidenheim; aliud allodium . . .in loco . . . Egelingen), Crahstat (+wohl
bei Eglingen; vgl. Anm. 47; quod habebant), Seelbronn (bei Amerdingen,
Donau-Ries-Kreis; quod habebant . . . in loco . . . Saelichbrunne), For-
heim (Donau-Ries-Kreis; quod habebant . . . in loco . . . Vorren), Erlach-
höfe (Donau-Ries-Kreis, quod habebant in loco . . . Erlehe), → Ascŏwe
(unbekannt; quod habebant), Salchhof (Donau-Ries-Kreis; quod habe-
bant in . . . Salaha)[2]. Als Gegenleistung gaben Manegold IV. und seine
Gemahlin dem Stift Berchtesgaden von ihren Gütern in Aggsbach und
Diepoldsdorf (beide Niederösterreich), Aschau und Übersee (beide bei
Traunstein), Gremheim (Kr. Dillingen; dimidium mansum in loco . . .
Cremeheim) und Donauwörth (casale unum in loco . . . Werde)[3].

Für unser Thema sind in erster Linie die Güter in Dattenhausen,
Frickingen, Iggenhausen, +Weihnachtshof, Eglingen, +Crahstat, Seelbronn, Forheim, +Niuforhen, Mörtingen, +Waltherswilaere, Fronhofen
und Gremheim von Interesse. Doch zeigen die übrigen Namen, wie weit
gestreut der Besitz der Herren von Fronhofen war.

Die Schenkungen zugunsten Berchtesgadens waren ungewöhnlich
reich. Nach dem Wortlaut zu schließen war es in Ortlfingen, Iggenhausen,
+Waltherswilaere, Fronhofen, +Crahstat, Seelbronn, Forheim, Erlachhöfe, +Ascŏve und Salchhof der gesamte Besitz derer von Fronhofen;
dasselbe gilt wohl auch für Derndorf und Dattenhausen, wo sie jeweils

---

[1] Schenkungsbücher Bayerischer Klöster. In: Quellen u. Erörterungen zur
   Bayerischen u. Deutschen Geschichte 1, 1856, S. 285 ff. Nr. 89; WUB 4, S. 350 f.
   Anh. 52.
[2] In Aschowe (Lage unbekannt) war um 1250 das Kloster Heiligkreuz in
   Donauwörth begütert, ebenso in Salhach (= Salchhof); Archiv f. d. Gesch. des
   Bisthums Augsburg. Hrsg. A. Steichele, 2. 1859. S. 425.
[3] Wie Anm. 1 S. 300 ff. Nr. 107; WUB 4 S. 353 f. Anh. 54.

das halbe Dorf schenkten. Die tradierten Güter liegen zwar vorwiegend außerhalb oder am Rand des Kesseltales, wo der namengebende Sitz Fronhofen lag und die Hauptmasse ihrer Güter zu vermuten ist. Doch fällt auf, daß eben auch Fronhofen selbst mit allem, was die Herren dort besaßen, weggegeben wurde. Damit in Einklang steht, daß das Geschlecht derer von Fronhofen später überhaupt nicht mehr genannt wird. Es muß entweder erloschen oder auf eine andere Burg übersiedelt sein und sich von da an nach ihr benannt haben. In letzterem Falle dürfte ihm eine relativ bescheidene Herrschaft im Kesseltal verblieben sein[4].

2. Die Verwandtschaft der Herren von Fronhofen

Waren die von Fronhofen eines der vielen edelfreien Geschlechter, die schwer in einen Sippenverband einzuordnen sind, oder lassen sich engere Beziehungen zum ostschwäbischen Adel, ja überhaupt zu bekannten Geschlechtern ihrer Zeit ermitteln?

Auffallend und bemerkenswert reich sind die Zuwendungen derer von Fronhofen an das ferne Stift Berchtesgaden. Dies muß erneut hervorgehoben werden. Was sie diesem Stift zukommen ließen, wird man nicht nur als Streubesitz bezeichnen können, den man weggeben konnte, ohne die Substanz des Hausgutes wesentlich anzutasten. Zuwendungen solchen Umfangs an eine kirchliche Institution lassen sich kaum anders erklären, als daß die Schenker persönliche Beziehungen zu dieser Kirche bzw. zu deren Stiftern hatten; sie müssen mit diesen nahe verwandt gewesen sein.

Stifter Berchtesgadens sind Irmgard von Rott und ihre Söhne Berengar von Sulzbach († 1125) und Kuno von Horburg (= Harburg, ca. 1096–1138). Die Söhne stammten aus verschiedenen Ehen Irmgards. Kuno von Horburg entsproß ihrer ersten Ehe mit Heinrich von Lechsgemünd († 1078), Berengar von Sulzbach ihrer zweiten Ehe mit Gebhard von Sulzbach († ca. 1085)[5].

Die Nachbarschaft Fronhofens zu Harburg (Luftlinie etwa zehn Kilometer) läßt am ehesten Verwandtschaft zu Kuno von Horburg vermuten. Er ist von Vaterseite ein Angehöriger des Hauses Lechsgemünd

---

[4] H. Lausser nimmt an, daß die von Fronhofen von den Hohenburgern beerbt wurden; JHVD 91 (1989) S. 105.

[5] Franz Tyroller, Die Grafen von Lechsgemünd. In: Neuburger Kollektaneen-Blatt 107 (1953) S. 21 u. Tafel 1.

(Sohn Heinrichs von Lechsgemünd, +1078, Enkel Kunos von Lechsgemünd 1091). Seine Großmutter von Vaterseite ist Mathilde von Horburg
aus dem Hause Achalm (bei Reutlingen)[6].

Mit Horburg ist in diesem Falle Horburg bei Colmar im Elsaß gemeint,
das Mathilde über ihren Großvater Liutold von Mömpelgard geerbt hatte;
doch wurde der Name übertragen auf Mathildes Besitz im Südries, den
sie in ihre Ehe mit Kuno von Lechsgemünd eingebracht hatte. Dieser
Großmutter verdankte Kuno offenbar seinen Herrschaftssitz Harburg[7].

Das Stift Berchtesgaden war Tochterkloster von Rottenbuch (bei
Schongau), einer Stiftung Herzog Welfs IV. von Bayern (1070–1101) im
Jahre 1074. Zu Welf IV. laufen Fäden der Verwandtschaft über die
achalmischen Vorfahren Kunos von Horburg.

Die Vorliebe derer von Fronhofen für Berchtesgaden spricht entschieden dafür, daß sie mit dem achalmisch-welfischen Sippenkreis näher
verwandt waren, dem Kuno von Horburg entstammte. Denn sie selbst
hatten keinerlei Besitz in der Nähe Berchtesgadens und somit keine
nachbarschaftlichen Beziehungen zum Stift. Für eine solche Verwandtschaft spricht auch, daß ihre Vergabungen an Berchtesgaden von denen
von Tapfheim und von Albeck als führenden Zeugen bestätigt wurden[8].
Die von Tapfheim und von Albeck gehören gleichfalls zum achalmisch-
welfischen Sippenkreis; sie sind auch in den Traditionen an das
Welfenkloster Rottenbuch zu finden[9].

Wie aber hat man sich die Verwandtschaft derer von Fronhofen zu Kuno
von Horburg vorzustellen?

Ihren Lebensdaten nach dürften Wolftrigel und Tiemo von Fronhofen,
die offenbar Brüder sind, eine Generation jünger sein als Kuno von
Horburg. Da ihre deutlich erkennbare Verwandtschaft zum achalmisch-
welfischen Sippenkreis durch Mathilde von Horburg vermittelt wird,
müßten sie deren Urenkel sein. Somit bleiben zunächst zwei Zwischen-

---

[6] Wie Anm. 5 S. 17 ff. u. Tafel 1.

[7] Erich v. Guttenberg, Zur Genealogie der älteren Grafen v. Lechsgemünd-
Horburg. In: Jahrb. f. Fränk. Landesforschung 8/9 (1943) S. 185 ff. H. Bühler,
Studien zur Geschichte der Grafschaft Achalm. In: ZWLG 43 (1984) S. 84. Ders.,
Die frühen Staufer im Ries. In: Regio. Forschungen zur schwäb. Regionalge-
schichte 1. 1988. S. 270 ff., hier S. 286 ff.

[8] Ca. 1140: Reginhart et frater eius Rudolfus et filius Rudolfi Reinhardus de
Tabfhen, Withegǒe de Albege . . . Beringerus de Albegge . . . Ca. 1144:
Reginhardus de Taphheim et Reginhardus iunior de eodem loco.

generationen unbekannt. Ein Zwischenglied ist vielleicht Kuno von Magerbein. Magerbein (Burg-, Unter-, Ober-Magerbein) liegt Fronhofen unmittelbar benachbart. Kuno schenkte gemeinsam mit seiner Gattin um 1100 zwei Huben in Pfullingen (bei Reutlingen) an Kloster Hirsau[10]. Die Schenkung in Pfullingen läßt vermuten, daß er irgendwie zum Sippenkreis der Achalmer gehörte. Andererseits ist er einer der am frühesten bezeugten Grundherren im Kesseltal. Besitz in Magerbein findet sich später in Händen der Herren von Hohenburg (bei Fronhofen), die um 1140 und 1144 Spitzenzeugen für die von Fronhofen und mit ihnen sicher aufs engste verwandt, ja wohl stammesgleich sind.

3. Wer war Kuno von Magerbein?

Ganz sicher war Kuno kein kleiner Ortsadeliger, wie angenommen wurde. G. Bossert hielt ihn für identisch mit Kuno von Horburg (= Harburg, ca. 1096–1138), den er freilich auch mit Kuno von Horburg im Elsaß, dem Sohn der Mathilde von Horburg, gleichsetzte[11]. Er betrachtete Onkel und Neffen als eine Person, was natürlich nicht angeht. Für Bosserts Annahme scheint die Begüterung in Pfullingen zu sprechen. Kuno von

---

[9] A. Greinwald, Origines Raitenbuchae 1. 1797. S. 188: Tiemo von Michelstein übergibt sein predium in Schwabmühlhausen. Zeuge ist sein Bruder Reginhard von Michelstein. Die von Michelstein sind Angehörige des Hauses Tapfheim. Ebda. S. 193 f.: Aribo de Albego . . ., Berenger de Albegge als Zeugen genannt. Die v. Tapfheim-Michelstein haben als Erben der Grafen v. Achalm zu gelten, von denen sie den Standort der Burg Michelstein (bei Steinheim Kr. Heidenheim) und offenbar auch Böblingen (Ostalbkreis) übernahmen. Der Stammvater Rudolf v. Tapfheim erscheint in der Stammtafel als Schwiegersohn der Willibirg v. Achalm, die mit dem Grafen Werner III. († 1065) vermählt war. Dieser Ansatz ergibt sich aufgrund einer Urkunde von 1163 (WUB 2 Nr. 380), in welcher der junge Konrad v. Hirschbühl († v. 1152), Sohn der Richinza v. Tapfheim, als „cognatus" des Grafen Adalbert v. Dillingen bezeichnet wird. Gemeint ist wohl Graf Adalbert I. († 1151). Dessen Mutter stammte aus dem Hause Winterthur. Aus demselben Haus kam auch Graf Werner III., der Gemahl der Willibirg. Wenn der junge Konrad v. Hirschbühl bzw. dessen tapfheimische Vorfahren von dem Paar Werner III. und Willibirg abstammten, ergibt sich die bezeugte „cognatio" zu Graf Adalbert v. Dillingen. Eine etwaige noch engere Verwandtschaft ist nicht erkennbar.

[10] Cod. Hirsaug. Fol. 69b. In: Württ. Geschichtsquellen I (1887) S. 57.

[11] G. Bossert, Die Herkunft Bischof Siegfrieds von Speier. In: Württ. Vierteljahreshefte f. Landesgesch. 6 (1883) S. 260.

Magerbein wäre demzufolge von Vaterseite zwar ein Lechsgemünder, hätte aber von der Mutter Mathilde von Horburg den Besitz in Pfullingen geerbt. Dazu fügt sich, daß Angehörige des Hauses Achalm wiederholt an Kloster Hirsau schenkten, so die Brüder Mathildes von Horburg, die Grafen Liutold und Kuno von Achalm, in Neckartailfingen und Mathildes Neffe Werner von Grüningen in Essingen bei Aalen und in Scherweiler im Elsaß[12].

Gegen Bosserts These spricht jedoch Kunos Zubenennung „von Magerbein". Denn das Kesseltal gehört nicht zum Begüterungsbereich des Hauses Lechsgemünd; die übrigen Zweige dieses Hauses haben dort keinerlei Besitz. Auch die Herrschaft Harburg war im Kesseltal offenbar nicht nennenswert begütert.

Der Besitz in Pfullingen weist jedoch entschieden auf das Haus Achalm, näherhin auf Mathilde von Horburg, welche die Verbindung dieses Hauses nach Ostschwaben herstellte. Da an der Vergabung in Pfullingen Kunos Gemahlin ausdrücklich beteiligt ist, könnte das Gut auch von ihrer Seite stammen. Bei dieser Annahme würde sich alles zusammenfügen. Kunos Gemahlin wäre dann eine (bisher unbekannte) Tochter der Mathilde von Horburg. Kuno selbst würde ein eigenes Geschlecht repräsentieren, das wahrscheinlich im Kesseltal beheimatet war.

Burg-Magerbein ist später zu einem guten Teil in Händen der Herren von Hohenburg (bei Fronhofen). Deren erste bekannte Vertreter, Ulrich mit Sohn Friedrich, sind um 1140 und 1144 Spitzenzeugen für die von Fronhofen[13].

Die Hohenburg liegt im Pfarrsprengel von Fronhofen. Zur Herrschaft Hohenburg gehört noch später namhafter Besitz in Fronhofen (2 Höfe und 15 Sölden)[14]. Das spricht für die seither schon vermutete Stammesgleichheit der Hohenburger mit denen von Fronhofen; man hat deshalb die Hohenburger als die Erben des fronhofischen Restbesitzes angesehen[15], ob zu Recht, wird sich zeigen. Jedenfalls sind auch die Hohenburger Nachkommen Kunos von Magerbein und seiner lechsgemünd-achalmischen Frau.

Wenn nun die von Fronhofen und die von Hohenburg in den Jahren um 1140 und 1144 als zwei verschiedene, aber stammesgleiche Familien

---

[12] Cod. Hirsaug. Fol. 65a (wie Anm. 10) S. 54.
[13] Wie Anm. 1 und 3.
[14] R. H. Seitz, HONB Dillingen S. 57 Nr. 112.
[15] H. Lausser (wie Anm. 4).

in Erscheinung treten, ergibt sich als engstmögliche Verwandtschaft eine Vetternschaft. Zum gemeinsamen Ahnherren Kuno von Magerbein, den wir nun als Schwiegersohn der Mathilde von Horburg betrachten dürfen, fehlt dann eine Zwischengeneration, nämlich wohl zwei Brüder, die sich jeweils eigene Sitze in Fronhofen (auf dem Michelsberg?) bzw. auf der Hohenburg schufen und damit eigene Familien begründeten[16]. Durch ihre Frauen, deren Herkunft wir nicht kennen, kamen wohl z. T. neue Namen in die Sippe. Nur Konrad, der Sohn Wolftrigels von Fronhofen, trägt als einziger einen Namen aus der lechsgemünd-achalmischen Vorfahrenschaft und zugleich den Namen des Ahnherrn Kuno von Magerbein[17].

Die erschlossene Verwandtschaft der Herren von Fronhofen und Hohenburg mit Kuno von Horburg und dem Hause Achalm über die Frau Kunos von Magerbein erklärt die Schenkungen derer von Fronhofen an Berchtesgaden wie auch die Mitwirkung der Zeugen aus den Häusern Tapfheim und Albeck.

4. *Die Schenkung an Kloster St. Georgen in Magerbein und Ballmertshofen*

Die Einordnung Kunos von Magerbein in die Adelsgesellschaft Ostschwabens erlaubt es, sich einer bisher ungeklärten Frage zuzuwenden, nämlich von wem die Güter in Magerbein, Vvluolingen (+ Walbingen bei Neresheim-Stetten? oder Unter-, Ober-Wilflingen bei Bopfingen) und Ballmertshofen (Baltrameshoven) stammen könnten, die dem Kloster St. Georgen im Schwarzwald, das 1083 gegründet wurde, zugewendet worden sind. Sie wurden dem Kloster 1139 von Papst Innozenz II. bestätigt[18], müssen daher einige Zeit zuvor in den Besitz des Klosters

---

[16] Siehe H. Lausser (wie Anm. 4) S. 102.

[17] Der Name Wolftrigel findet sich schon 1035 unter den „testes bauuarici" einer Eichstätter Urkunde (F. Heidingsfelder, Regesten d. Bischöfe von Eichstätt S. 60 f. Nr. 166), ferner um 1084/1099 in der Zeugenreihe einer Tradition an St. Ulrich u. Afra in Augsburg (Die Traditionen u. das älteste Urbar des Klosters St. Ulrich u. Afra. Bearb. R. Müntefering. In: Quellen u. Erörterungen z. Bayer. Geschichte N. F. XXXV. 1986. S. 13 f. Nr. 6). Der Name Tiemo begegnet wenig später in den Häusern Gundelfingen und Tapfheim-Michelstein und weist wahrscheinlich nach Schwabmühlhausen; H. Bühler, Zur Genealogie der Herren von Gundelfingen. In: JHVD 89 (1987) 56 ff.

[18] WUB 2 Nr. 311.

gelangt sein. St. Georgen besaß einen Maierhof, 8 Huben, 3 Lehen und 8 Sölden in Unter-, Ober- und Burgmagerbein, die 1468 an Kloster Mönchs-Deggingen verkauft wurden[19], sowie eine Mühle in Ballmertshofen (Egau- oder Hannesmühle), die angeblich 1485 an die Stadt Ulm kam[20]. Über St. Georgener Besitz in Vvluolingen ist nichts Näheres in Erfahrung zu bringen.

Der Besitz in den drei Orten stammte höchst wahrscheinlich aus derselben Hand, und zwar wohl von einem Angehörigen der Sippe Fronhofen-Hohenburg. Dafür spricht die Schenkung reichen Guts in Magerbein. Aber auch in Ballmertshofen müssen die von Fronhofen-Hohenburg begütert gewesen sein, denn ein Rehewin von Baltrameshoven bezeugte um 1140 die Schenkung derer von Fronhofen an Berchtesgaden[21]; er wird ein Ministeriale derer von Fronhofen gewesen sein. Als Schenker kommen aus zeitlichen Gründen Kuno von Magerbein oder einer seiner (namentlich unbekannten) Söhne in Betracht. Motiv auch dieser Schenkung an ein weit entferntes Kloster dürfte Verwandtschaft zur Stiftersippe von St. Georgen sein. Eine solche Verwandtschaft bestand höchst wahrscheinlich über die Gemahlin Kunos von Magerbein. Als Tochter der Mathilde von Horburg war sie eine Schwester Bertholds von Burgeck (westlich Pöttmes, † 1123). Dessen Tochter Heilika war mit dem Grafen Gerhard von Schauenburg (bei Heidelberg, urk. 1130–1159) vermählt. Er

---

[19] A. Steichele, Das Bistum Augsburg 3, 1872, S. 1142.

[20] OAB Neresheim S. 212.

[21] Wie Anm. 1.

[22] Tyroller (wie Anm. 5) Tafel 1. G. Fritz, Kloster Murrhardt im Früh- u. Hochmittelalter. 1982. S. 137 u. Genealog. Tafel 2.

[23] H. J. Wollasch, Die Anfänge des Klosters St. Georgen im Schwarzwald. Forschungen z. Oberrhein. Landesgeschichte 14. 1964. S. 29 f. – Eine freilich wesentlich fernere Verwandtschaft bestand auch zu der Sippe Hezelos (1058–1088), des Mitstifters von St. Georgen. Dessen Sohn Hermann († 1094) war mit Heilika von Rammingen (bei Mindelheim) vermählt. Die Witwe Heilika ging um 1105 eine zweite Ehe ein mit Ulrich I. von Hurningen (Hirrlingen bei Rottenburg und Herrlingen bei Ulm, 1108–1123) ein. Dieser war sehr wahrscheinlich über Liutold von Mömpelgard, der sein Großvater gewesen sein dürfte, mit der Sippe Achalm und somit auch mit denen von Magerbein-Fronhofen-Hohenburg verwandt (H. Bühler, Zur frühen Geschichte Heidenheims u. vergleichbarer Orte auf der Alb. In: Jahrbuch 1987/88 des Heimat- und Altertumsvereins Heidenheim a. d. Brenz. 1988. S. 56 f. u. Stammtafel). Ulrich leitete aus seiner Ehe mit der Witwe des Gründersohnes Rechte an das Kloster ab; Wollasch, St. Georgen, S. 88.

gehörte ins Haus der Hessonen, das an der Stiftung St. Georgens beteiligt war; möglicherweise war er ein Enkel des Mitstifters Hesso (1083)[23].

Da die Verwandtschaft derer von Magerbein-Fronhofen-Hohenburg zum St. Georgener Stifterkreis offenbar erst durch die Heirat der Heilika von Burgeck mit Gerhard von Schauenburg gegeben war, liegt es nahe, als Schenker der Güter in Magerbein und Ballmertshofen einen mit Heilika generationsgleichen Angehörigen des Hauses Magerbein-Fronhofen-Hohenburg anzunehmen, somit einen Sohn Kunos von Magerbein. Die Schenkung fiele damit etwa in die Zeit zwischen 1120 und 1139. Hiefür würde auch folgende Überlegung sprechen: Kuno von Magerbein, der sicherlich in Burg-Magerbein seinen Sitz hatte, wird zu seinen Lebzeiten keine Güter von seinem Stammsitz weggegeben haben. Nach seinem Tode aber haben die Söhne den Burgsitz Magerbein offenbar verlassen und sich bei Fronhofen und mit Hohenburg neue Wohnsitze geschaffen. Das Stammgut Magerbein wurde geteilt. Davon mag einer der Söhne jetzt einen Teil weggegeben haben. Da zur Herrschaft Hohenburg später noch namhafter Besitz in Magerbein gehörte, darf angenommen werden, daß der Fronhofener die Schenkung an St. Georgen vorgenommen hat.

Wie die Schenkung an St. Georgen zeigt, müssen die von Magerbein-Fronhofen-Hohenburg auch in Ballmertshofen begütert gewesen sein. Bekannt sind zudem ihre Beziehungen zu Berchtesgaden. Deshalb ist von Interesse, daß um 1220 ein Wernher von Husen (Goldburghausen?) dem Stift Berchtesgaden eine Mühle in „Balthesraven" schenkte und verkaufte[24]. Der Ortsname ist verschrieben für Ballmertshofen. Das wird einmal dadurch bestätigt, daß ein Heinrich von Chazinstaeine (Katzenstein bei Frickingen) als Zeuge mitwirkte, zum andern dadurch, daß Graf Hartmann IV. von Dillingen, der in Ballmertshofen begütert war, sich die Vogtei über die dortige Mühle des Stiftes Berchtesgaden angemaßt hatte, aber 1258 Verzicht leistete[25]. Es kann sich dabei nur um die von Wernher von Husen geschenkte Mühle handeln. Der Schenker dürfte irgendwie zum Sippenkreis derer von Magerbein-Fronhofen-Hohenburg gehören, vielleicht über seine Mutter.

[24] Schenkungsbücher (wie Anm. 1) S. 358 f. Nr. 210.
[25] WUB 11 Nr. 5622.

5. Mögliche Rechtsnachfolger
derer von Magerbein-Fronhofen-Hohenburg

a. Die Herrschaft Diemantstein

Wir kennen die reichen Vergabungen der Herren von Fronhofen an das Stift Berchtesgaden. Sie umfaßten sogar den Stammsitz Fronhofen. Dennoch ist nicht anzunehmen, daß sich die Familie ihres gesamten Besitzes entäußert hat, zumal um 1144 zusammen mit Wolftrigel von Fronhofen ein Sohn Konrad aufgetreten ist, der damals noch nicht alt gewesen sein kann und kaum mittellos geblieben sein dürfte[25a]. Wäre es nicht denkbar, daß er auf eine andere Burg übersiedelte und sich nach ihr künftig benannte? Da sein Vater und Onkel vorwiegend Güter auf dem Härtsfeld und östlich der Wörnitz weggegeben hatten, könnten ihm Güter im Kesseltal selbst geblieben sein, und zwar etwa in derselben Verteilung, wie sie H. Lausser für die stammverwandten Hohenburger zusammengestellt hat[26].

Nun fällt auf, daß eben jene Verfügung Wolftrigels von Fronhofen von ca. 1144, die als einzige auch den Sohn Konrad erwähnt, bezeugt wird von Heinrich von Möttingen (sö. Nördlingen). Er steht in der Zeugenreihe an bevorzugter Stelle, unmittelbar hinter den mit den Schenkern verwandten Herren von Hohenburg und Tapfheim[27]. Somit scheint auch er in einer engeren Beziehung zu denen von Fronhofen gestanden zu sein. Derselbe Heinrich von Möttingen schenkt wenige Jahre später, wahrscheinlich im Jahre 1147, gleichfalls an das Stift Berchtesgaden ein Gut (predium) in +Teterloch[28]. Dieser Ort ist wohl nördlich Dischingen in der Gegend des heutigen Härtsfeldsees zu suchen[29]. An der Schenkung Heinrichs waren mitbeteiligt seine Frau Aegena, seine Tochter Tutich und

---

[25a] Wie Anm. 3.

[26] JHVD 91 (1989) S. 112 ff.

[27] Wie Anm. 3.

[28] Schenkungsbücher (wie Anm. 1) S. 291 f. Nr. 97. – Für die Datierung ist entscheidend das Auftreten des „Ludewicus comes de Oettingin" in der Zeugenreihe. Vgl. MG. Dipl. Konr. III., Nr. 152 (mit Jahresangabe 1147), Nr. 188 und 192; ferner H. Hoffmann, Die Urkunden des Reichsstiftes Kaisheim. Schwäb. Forschungsgemeinschaft. Urkunden u. Regesten Bd. 11. 1972. S. 4 Nr. 3 jeweils mit Zeugenreihe.

[29] Vgl. Grenzbeschreibung des ötting. Landgerichts von 1419 in: Materialien zur Ötting. Geschichte 4, 1774, S. 285 ff. P. Weißenberger, Eglingen. 1979. S. 40. – Das Gut +Teterloch könnte von Heinrichs Gemahlin Aegena stammen.

deren Gemahl Chônradus de Stein. Diese Zubenennung bezieht sich zweifellos auf das spätere Diemantstein im Kesseltal, das nur knapp zwei Kilometer von Fronhofen entfernt liegt. Daher ist zu vermuten, daß Konrad von Fronhofen und Konrad von Stein identisch sind. Konrad hätte sich mit der Burg Stein (Diemantstein) einen neuen Wohnsitz geschaffen, nachdem die Burg Fronhofen (Michelsberg?) sich aus irgendwelchen Gründen als unzweckmäßig erwiesen hatte und die dortigen Güter an Berchtesgaden weggegeben worden waren. Die von Diemantstein dürften somit die Nachkommen des Konrad von Fronhofen sein. Eine Stütze findet unsere Vermutung darin, daß sich 1236 ein Tiemo „vom Stein" (= Diemantstein) nennt und somit denselben Vornamen trägt, wie der Bruder Wolftrigels von Fronhofen[30]. Überdies ist 1364 ein Herbrand von Stein von Magerbein Bürge für Heinz vom Stein „zu Demenstain"[31]; er saß somit auf der Stammburg derer von Magerbein-Fronhofen-Hohenburg[31]. Die vom Stein (Diemantstein) waren offenbar die Rechtsnachfolger, wahrscheinlich sogar die direkten Nachkommen derer von Fronhofen. Die Herrschaft Diemantstein hatte noch um 1600 Besitz in Diemantstein, Oberringingen, Unterringingen, Zoltingen, Leiheim, Warnhofen, Hochdorf, Tuifstädt und Oberliezheim[32]. Dabei könnte es sich im wesentlichen um die ca. 1140/1144 zurückbehaltenen Güter der ehemaligen Herrschaft Fronhofen handeln[33].

[30] R. Dertsch – G. Wulz, Die Urkunden der Fürstlich Ötting. Archive. Schwäb. Forschungsgemeinschaft. Urkunden u. Regesten. Bd. 6. 1959. S. 3 f. Nr. 8. Diemantstein (früher Diemenstein) ist die Burg Stein, welche Tiemo erbaut oder besessen hat. Der Beiname unterscheidet sie von anderen Burgen namens Stein. Wohl möglich ist, daß bereits jener Tiemo, der sich um 1140 „von Fronhofen" nannte, in den folgenden Jahren unsere Burg Stein (= Diemantstein) erbaut oder zu bauen begonnen hat. Nach seinem Tod ging sie auf seinen Neffen Konrad über, der sich 1147 nach ihr benannte. Später erhielt sie den unterscheidenden Beinamen, der damit an den Erbauer erinnert. Der Name Tiemo, der sonst nicht häufig ist, findet sich bezeichnenderweise sowohl bei den eng verwandten Familien Fronhofen und Hohenburg als auch bei denen vom Stein vom Diemenstein. Dies spricht sehr dafür, daß letztere von denen von Fronhofen abstammen.

[31] R. Hipper, Die Urkunden des Reichsstiftes St. Ulrich u. Afra in Augsburg, Schwäb. Forschungsgemeinschaft. Urkunden u. Regesten. Bd. 4. 1956. S. 121 Nr. 298.

[32] R. H. Seitz, HONB Dillingen bei den genannten Orten.

[33] H. Lausser (wie Anm. 26) S. 111 f.

b. Die Herrschaft Katzenstein

Auffallend viel Besitz hatten die von Fronhofen im Bereich der späteren Herrschaften Katzenstein und Eglingen, nämlich in Frickingen, Iggenhausen, +Weihnachtshof, Eglingen, +Crahstat, Ballmertshofen und Dattenhausen. Die von den Herren von Fronhofen um 1140 an Berchtesgaden gestifteten Güter in Frickingen, Iggenhausen, +Weihnachtshof und dazu der +Spiegelhof erscheinen 1354 unter der Vogtei der Herrschaft Katzenstein, die damals den Herren von Hürnheim-Rauhhaus-Katzenstein gehörte. Diese bevogteten auch die Güter Berchtesgadens in Dattenhausen[34].

Die Burg Katzenstein ist zweifellos eine Hochadelsburg, wohl im frühen 12. Jahrhundert erbaut, um die ehemalige Römerstraße von Faimingen nach Oberdorf bei Bopfingen, später Frankensträßle genannt, zu decken. Wer hat diese Burg erbaut? Die Frage scheint müßig. Es gab ein Geschlecht, das sich „von Katzenstein" nannte und eine Katze im Siegel führte. Wer anders als dieses Geschlecht sollte die Burg erbaut haben? Doch gleich erheben sich Schwierigkeiten: Der seither meist für unser Katzenstein in Anspruch genommene Ödelrich de Cazzenstein, der 1099 und 1103 im Gefolge des Bischofs Emehard von Würzburg bzw. dessen Bruders Graf Heinrich von Rothenburg anzutreffen ist, gehört nach neuerer Erkenntnis eher nach Katzenstein bei Bächlingen (Kr. Schwäb. Hall)[35].

Die eindeutig nach unserem Katzenstein sich nennenden Herren, urkundlich sicher seit 1153 bezeugt, erscheinen schon im 12., vor allem aber im 13. Jahrhundert meist im Gefolge der Grafen von Dillingen, in den Zeugenlisten unter deren Dienstleute eingereiht, so daß man sie selbst eher als Ministerialen ansprechen möchte, denn als Edelfreie. Später, nachdem sie die Burg Katzenstein aufgegeben hatten, sind sie weiter im

---

[34] H. Bauer, Versuch einer urkundl. Geschichte der Edelherren von Hürnheim. In: 29. u. 30. combinirter Jahres-Bericht d. histor. Kreis-Vereins im Regierungsbezirke von Schwaben u. Neuburg f. d. Jahre 1863 u. 1864. 1865. S. 118 ff., hier S. 145 f. R. H. Seitz, Dattenhausen – eine Stadtgründung aus der Zeit Kaiser Ludwigs des Bayern. In: JHVD 66 (1964) S. 50.

[35] WUB 1 Nr. 252; Urkundenbuch der Benediktiner-Abtei St. Stephan in Würzburg 1. 1912. S. 41 f. Nr. 30. Vgl. Der Landkreis Crailsheim. 1953. S. 167. Dorthin gehört auch der Kanoniker Heinrich von Katzenstein zu Neumünster in Würzburg 1299–1315; Urkundenregesten des Zisterzienserklosters Heilsbronn 1. 1957. Nr. 231, 243, 247, 252, 262, 370.

Gefolge des Bischofs Hartmann von Augsburg, eines Dillinger Grafen-
sohnes, haben einen Wohnsitz (1291) und Grundbesitz (1311) in
Dillingen. Aufgrund dieser Sachverhalte gelten vielfach die Grafen von
Dillingen als die Erbauer der Burg und die von Katzenstein als deren
Burgmannen oder Ministerialen[36].

Seit 1262 erscheint die Burg im Besitz derer von Hürnheim-Rauhhaus[37].
Auf welche Weise die Burg an dieses Geschlecht gelangte, ist nicht geklärt.
Für denjenigen, der Katzenstein als eine Burg der Dillinger betrachtete,
ließ sich der Übergang an Hürnheim allgemein erklären als Folge des
Todes des Grafen Hartmann IV. von Dillingen bzw. der Übertragung der
Restherrschaft der Dillinger an das Hochstift Augsburg 1258. Dennoch
bleiben dabei mehrere Fragen offen.

1) Welcher Art war in diesem Falle die Bindung derer von Katzenstein
an die Grafen von Dillingen? War es etwa ein Lehensverhältnis, das mit
dem Tode Hartmanns IV. 1258 ein Ende gefunden hätte? Dies ist wenig
wahrscheinlich. Denn die Schwiegersöhne und Miterben Hartmanns IV.,
die von Helfenstein, von Zollern und von Gundelfingen, hätten wohl nicht
klaglos verzichtet, sondern ihrerseits lehensherrliche Rechte geltend
gemacht. Daß die von Hürnheim (ab 1262) lehensabhängig gewesen
wären, ist jedoch nicht ersichtlich.

Oder war es ein reines Dienstverhältnis? Dann hatten die Dillinger und
ihre Rechtsnachfolger keine weiteren Anrechte an die Burg, insbesondere
keine Eigentumsrechte, und die von Katzenstein konnten frei darüber
verfügen.

2) Kraft welchen Rechts haben die von Hürnheim-Rauhhaus die
Besitznachfolge angetreten? Etwa durch Erbschaft oder Kauf? Eine
Verwandtschaft derer von Hürnheim-Rauhhaus zu den Grafen von
Dillingen, der zufolge die ersteren erbberechtigt gewesen wären, ist nicht
bekannt. Die Möglichkeit der Erbschaft von den Dillingern scheidet wohl
aus. So bliebe allenfalls die Möglichkeit des Kaufs von Dillingen[38]. Doch
ist auch dies wenig wahrscheinlich.

---

[36] H. Bauer (wie Anm. 34) S. 123 f. u. S. 138. R. H. Seitz, Dattenhausen (wie
Anm. 34) S. 49. A. M. Seitz, Zur Entstehungsgeschichte von Burg Katzenstein.
In: JHVD 72 (1970) S. 88 f.
[37] Dertsch–Wulz, Ötting. Urkunden (wie Anm. 30) Nr. 36.
[38] Daran denkt offenbar R. H. Seitz, Dattenhausen (wie Anm. 34) S. 49.

Der Meinung, die Dillinger könnten Erbauer und Eigentümer der Burg gewesen sein, steht u. E. folgender Tatbestand entgegen: Die von Hürnheim-Rauhhaus, die sich seit 1262 „von Katzenstein" nannten, übernahmen im 14. Jahrhundert (vor 1352) in ihr Siegel die Katze der alten Herren von Katzenstein anstelle ihres eigenen Wappentieres, der Gans[39]. Dies geschah offenbar nach dem Erlöschen des Geschlechts „von Katzenstein"[40]. Die von Hürnheim-Rauhhaus übernahmen und pflegten auf diese Weise die Tradition derer von Katzenstein. Dies spricht sehr dafür, daß die von Hürnheim-Rauhhaus mit denen von Katzenstein verwandt waren und die Burg direkt von ihnen übernommen haben. Eine Verwandtschaft Hürnheim zu Katzenstein aber bedeutet gewiß, daß die von Katzenstein von Haus aus keine Ministerialen, sondern edelfreier Herkunft waren, trotz ihrer bescheidenen Rolle im Gefolge der Dillinger Grafen. Denn die Tradition einer Familie minderen, womöglich unfreien Standes hätten die von Hürnheim kaum besonders gepflegt. Das aber besagt weiterhin, daß die Grafen von Dillingen wohl keine Eigentumsrechte an der Burg hatten.

Die von Hürnheim-Rauhhaus hatten die Stammburg Rauhhaus bei Hürnheim offenbar mit dem Tode Rudolfs I., der nach 1258 starb, aufgegeben. Dessen Sohn Rudolf II. ist es, der sich seit seinem ersten Auftreten im Jahre 1262 „von Katzenstein" nennt[41]. Er könnte die Burg erheiratet oder – eher noch – über seine Mutter ererbt haben. Für sie ist der Name Adelheid, aber nicht die Herkunft bezeugt[42]. Adelheid könnte somit eine von Katzenstein gewesen sein, nach der Zeit etwa eine Schwester oder eher eine Kusine des Friedrich von Katzenstein, der

[39]　H. Bauer (wie Anm. 34) S. 156.

[40]　Die „von Katzenstein" sind 1342 offenbar letztmals bezeugt mit Johans v. K.; Vock, Die Urkunden des Hochstifts Augsburg. Schwäb. Forschungsgemeinschaft. Urkunden u. Regesten 7. 1959. Nr. 308. Dies ließe sich in Einklang bringen mit dem ersten bekannten Katzensiegel, das die seit 1351 bezeugten Brüder Jose und Herdegen II. von Hürnheim-Katzenstein im Jahre 1352 gebrauchten; H. Bauer (wie Anm. 34) S. 156. Doch wäre auch denkbar, daß die Katze schon früher übernommen wurde: Die Brüder Ulrich und Hermann I. von Hürnheim-Katzenstein führten noch 1315 die Gans im Siegel. Sie sind später nicht mehr bezeugt. Für die Zeit von 1315 bis 1352 ist kein Siegel der Hürnheim-Katzenstein bekannt. Die in diesem Zeitraum lebenden Brüder Hermann II. (1315–1342) und Herdegen I. (1315–1342) könnten daher vielleicht auch schon mit der Katze gesiegelt haben; vgl. H. Bauer (wie Anm. 34) S. 156.

[41]　Wie Anm. 37.

[42]　Siehe Stammtafel bei A. Steichele, Das Bistum Augsburg 3. 1872. S. 1229.

1236–1267 nachzuweisen ist. Man hätte dann eine Erklärung dafür, daß die von Katzenstein des 13. Jahrhunderts – eben jener Friedrich (1236–1267) sowie zwei Konrade, wohl Vater und Sohn (zusammen von 1257–1311 bezeugt), – eine so bescheidene Rolle als Gefolgsleute der Grafen von Dillingen spielten und sich in Dillingen niederließen. Sie repräsentierten vielleicht einen Zweig des Hauses, der mit der Burg selbst nichts mehr zu tun hatte, verarmt war und deshalb die Dienste der Dillinger gesucht hatte. Bei dieser Sicht lassen sich die verschiedenen Probleme in Einklang bringen. Denkbar wäre freilich auch, daß die von Hürnheim-Rauhhaus die Burg von den verarmten Katzensteinern kauften.

Als Ergebnis wäre festzuhalten, daß die Burg am ehesten von denen von Katzenstein erbaut worden und ihr Eigentum geblieben war bis zum Übergang an die von Hürnheim-Rauhhaus vor 1262.

Die Burg Katzenstein erscheint 1354 beim Verkauf an die Grafen von Öttingen als Mittelpunkt einer Herrschaft[43]. Die mit denen von Hürnheim-Rauhhaus-Katzenstein stammesgleichen Linien Hürnheim-Haheltingen (Hochaltingen) und Hürnheim-Hochhaus hatten im Umkreis der Burg Katzenstein keinen Besitz. Daher dürfte das Zugehör der Herrschaft Katzenstein, das 1354 faßbar wird, im großen und ganzen mit der Burg erworben sein und schon vor 1262, zur Zeit der Herren von Katzenstein, dazugehört haben. Diese Annahme wird bestätigt durch die Nachricht, daß ein Heinrich von Katzenstein dem Kloster Neresheim in dessen ersten Zeiten, somit wohl im frühen 12. Jahrhundert, ein Gut in Iggenhausen geschenkt habe[44]. Es ist dasselbe Iggenhausen, in welchem die Herren von Fronhofen um 1140 ihren gesamten Besitz an Berchtesgaden gegeben hatten. Allem Anschein nach war die Burg Katzenstein schon im 12. Jahrhundert Mittelpunkt einer kleinen Herrschaft, deren Zugehör im Begüterungsbereich der Sippe Magerbein-Fronhofen-Hohenburg lag. So gewinnt man den Eindruck, die von Katzenstein könnten selbst ein Zweig der Sippe Magerbein-Fronhofen-Hohenburg oder die Rechtsnachfolger eines Zweigs dieser Sippe sein.

Dieser Eindruck verstärkt sich, wenn man das Zugehör der Herrschaft Katzenstein näher betrachtet. Zu ihr gehörten 1354, wie erwähnt, Vogteirechte an den Gütern des Stiftes Berchtesgaden in Frickingen, Iggenhausen, +Weihnachtshof, +Spiegelhof und Riedmühle. Es erscheint

---

[43] H. Bauer (wie Anm. 34) S. 145 f.
[44] OAB Neresheim S. 310.

natürlich, daß das Stift Berchtesgaden mit der Vogtei die Verwandten oder Rechtsnachfolger der Schenker betraute bzw. daß diese die Vogtei für sich beanspruchten. Auch die Besitzungen Berchtesgadens in Dattenhausen standen um jene Zeit unter der Vogtherrschaft derer von Hürnheim-Katzenstein, waren aber verwaltungsmäßig von der Herrschaft Katzenstein unabhängig[45].

Zur Herrschaft Katzenstein gehörte sodann namhafter Eigenbesitz in Schrezheim, Hochstatterhof, Dischingen sowie Streubesitz in einigen Nachbarorten; vermutlich war dies schon zur Zeit der Herren von Katzenstein vor 1262 so[46].

Da die von Fronhofen anscheinend ihren gesamten Besitz in dieser Gegend um 1140/1144 an Berchtesgaden bzw. Manegold IV. von Werd gegeben hatten, könnte das zu Katzenstein gehörige Eigengut am ehesten von den stammverwandten Hohenburgern herrühren. Diese besaßen sicher Güter etwa gleichen Umfangs und ähnlicher Verteilung in dieser Gegend. Mit den Hohenburgern hatten die Herren von Katzenstein die Namen Ulrich und Friedrich gemeinsam. Das mag für eine Verwandtschaft Hohenburg-Katzenstein sprechen. Die von Katzenstein könnten somit ein Zweig der Hohenburger sein.

Da andererseits Besitz der Grafen von Dillingen und ihrer Rechtsnachfolger im Bereich der Herrschaft Katzenstein nicht erkennbar ist, wird man die Auffassung, daß Katzenstein eine Burg der Grafen von Dillingen gewesen sei, wohl nicht aufrechterhalten können.

c. Die Herrschaft Eglingen

Unter den Gütern, welche die von Fronhofen um 1144 an Manegold IV. von Werd vertauschten, sind unmittelbar hintereinander Eglingen (allodium) und +Crahstat (quod habebant) genannt. Der letztere Ort wird meist mit Brachstadt bei Tapfheim gleichgesetzt, was sicher nicht richtig ist, denn er muß bei Eglingen gesucht werden. Ein Mansus in Hofen bei Eglingen und eine „curia villicalis" in „Kraestat" erscheinen nämlich 1314 als Lehen des Grafen Ludwig von Öttingen im Besitz Heinrichs von Eglingen. Dieser überträgt die genannten Güter samt einer Summe Geldes dem Kloster Neresheim und bittet den Lehensherrn, die Güter dem Kloster zu eignen, damit dieses ihm dieselben mit anderen Klostergütern

---

[45] R. H. Seitz, Dattenhausen (wie Anm. 34) S. 50.
[46] Wie Anm. 43.

auf Lebenszeit zu Lehen gibt. Der Graf spricht die Eignung der Güter im Jahre 1319 aus. Dabei wird unser Ort „Craehstat" genannt[47]. Unseres Wissens kommt Crahstat bzw. Kraestat und Craehstat nur im Tauschvertrag von ca. 1144 sowie in den Neresheimer Urkunden von 1314 und 1319 vor. Es war sicher nur ein kleiner Ort, wahrscheinlich nur ein Hof. Die Vermutung liegt nahe, daß es sich um 1144 und 1314/1319 um das gleiche Gut handelt. Es gilt also, zwischen den Geschehnissen um 1144 und 1313/1319 einen Zusammenhang zu suchen. +Crahstat war um 1144 in den Besitz Manegolds IV. von Werd gelangt, des letzten Vertreters des Hauses Werd. Wie der Chronist Otto von St. Blasien berichtet, fiel der Restbesitz der Herren von Werd nach dem Tode Manegolds IV. (um 1147) und einer kurzen Zwischenherrschaft seines Schwiegersohnes, des Pfalzgrafen Friedrich von Werd aus dem Hause Wittelsbach (1156), an Kaiser Friedrich I. Barbarossa (vor 1171) und die Staufer[48]. Der staufische Besitz im Ries und auf dem Härtsfeld wiederum geriet beim Niedergang der Stauferherrschaft um die Mitte des 13. Jahrhunderts größtenteils in die Gewalt der Grafen von Öttingen, die mit den Staufern verwandt waren[49]. Damit ist wohl klar, welchen Weg das Gut +Crahstat seit ca. 1144 genommen hat: von denen von Fronhofen war es an Manegold IV. von Werd gelangt, sodann an die Staufer und weiter an die Grafen von Öttingen, die damit Heinrich von Eglingen belehnten, und schließlich an Kloster Neresheim, das an Heinrich von Eglingen rückverlieh. Denselben Weg nahm gewiß auch das ca. 1144 zusammen mit +Crahstat genannte Allod in Eglingen, auch wenn es 1314/1319 nicht erwähnt ist. Denn Öttingen hatte später in Eglingen Aktivlehen, nämlich eine Hube und den halben Kirchensatz sowie eine kleine (adelige) Behausung[50]. Es sei dahingestellt, ob man in umgekehrter Weise die 1314/1319 zusammen mit Kraestat genannte Manse in Hofen, die gleichfalls öttingisches Lehen war, über die Staufer auf die von Werd als ehemalige Eigentümer zurückführen darf. In diesem Zusammenhang ist zu bemerken, daß Manegold I. von Werd bereits im Jahre 1049 namhaften Besitz in Eglingen dem Kloster Heiligkreuz in Donauwörth übereignet hatte und daß dieses Kloster auch

[47] Archiv Kl. Neresheim, Grünes Documentenbuch S. 172 f. und 173 f.
[48] A. Steichele (wie Anm. 42) S. 699 f.
[49] H. Bühler, Zur Geschichte der frühen Staufer. In: Hohenstaufen. Veröffentlichungen d. Geschichts- u. Altertumsvereins Göppingen. 10. 1977. S. 24 ff.
[50] E. Grünenwald, Das älteste Lehenbuch der Grafschaft Öttingen. Schwäb. Forschungsgemeinschaft. Urbare 2. 1976. Nr. 83 u. 1095; dazu briefl. Mitteilung von Frau Dr. Grünenwald vom 24. 11. 89.

im benachbarten Osterhofen ein Gut besaß, das am ehesten aus einer Schenkung der Manegolde von Werd stammte[51]. Es wäre daher durchaus möglich, daß die von Werd auch in Hofen begütert waren.

Bedenkt man den Weg, den das Gut +Crahstat genommen hat, möchte man folgern, daß auch die Herrschaft Eglingen, die zum kleineren Teil öttingisches Lehen, zum größeren Teil Allod war, aus dem Gut derer von Magerbein-Fronhofen-Hohenburg erwachsen sei. Die allodialen Teile dieser Herrschaft könnten von den Hohenburgern stammen. Ein genealogischer Zusammenhang zwischen der Sippe Magerbein-Fronhofen-Hohenburg und denen von Eglingen ist zwar nicht nachzuweisen. Doch sind die von Eglingen mit denen von Diemantstein, die wir als Nachkommen derer von Fronhofen betrachten dürfen, zumindest verschwägert.

6. Mögliche Vorfahren und Verwandte der Herren von Magerbein-Fronhofen-Hohenburg

Wir kennen den Verwandtenkreis der Gemahlin Kunos von Magerbein. Sie könnte die um 1140 bzw. 1144 bezeugten fronhofischen Güter in Wolferstadt, Henthalhof, Waldstetten, Erlachhöfe und möglicherweise auch den Salchhof bei Harburg in die Ehe gebracht haben[52].

Dagegen wissen wir nicht, welchem Sippenverband Kuno selbst zuzuordnen ist. Vielleicht lassen sich aus der Besitzgeschichte Anhaltspunkte dafür gewinnen.

Voraussetzung ist eine, wenn auch nur grobe Bestandsaufnahme des Besitzes derer von Magerbein-Fronhofen-Hohenburg. Bekannt ist zunächst nur das Hausgut derer von Fronhofen, soweit es um 1140/1144 weggegeben wurde[53]. Auf die von Fronhofen darf jedoch mit einiger Wahrscheinlichkeit zurückgeführt werden, was zur Herrschaft Diemantstein gehörte. Ein Überblick über deren Besitzstand ergibt sich erst für die Zeit um 1600. Damals umfaßte sie Güter in Diemantstein, Oberrin-

---

[51] Joh. Knebel, Chronik von Donauwörth Fol. 41v u. 42 r. (früher Schloß Harburg, jetzt Univ.-Bibliothek Augsburg).

[52] In Wolferstadt waren das Domkapitel Eichstätt, die von Truhendingen u. von Pappenheim sowie die von Lechsgemünd-Graisbach begütert; zu letzteren siehe Reg. Boica 5, 76, ferner F. X. Buchner, Das Bistum Eichstätt 2. 1938. S. 792 ff.

[53] Siehe Kapitel 1.

gingen, Unterringingen, Zoltingen, Leiheim, Warnhofen, Hochdorf, Tuifstädt und Oberliezheim[54].

Über den Besitz derer von Hohenburg gibt es vereinzelt Nachrichten aus dem 13. Jahrhundert. Einen Überblick über den Gesamtbesitz der Herrschaft Hohenburg, die seit etwa 1275 den Grafen von Öttingen gehörte, gewinnt man anläßlich des Verkaufs von Öttingen an Hans Schenk vom Schenkenstein 1455 aufgrund des damals angelegten Salbuchs[55]. Damals umfaßte die Herrschaft Güter in Bissingen (25 Untertanen), Göllingen (22), Hochstein (18), Thalheim (14), Fronhofen (13), Burg-Magerbein (10), Stillnau (6), Steinhaussöld (+bei Bissingen, 6), Oberliezheim (4), Diemantstein (4), Zoltingen (4), Tapfheim, Brachstadt, Reimeltshof, Kessel-Ostheim, Bergmühle, Rohrbach, Oberringingen, Unterringingen, Leiheim, Warnhofen (je 1 Untertan), ferner Gaishardt, Dorf-Magerbein und Ober-Magerbein (letztere vielleicht bei Burg-Magerbein mit erfaßt?).

Zu vermuten ist, daß zur Herrschaft Hohenburg in früherer Zeit auch Güter auf dem Härtsfeld gehörten, wohl in ähnlicher Verteilung wie bei denen von Fronhofen.

Damit reichte der engere Begüterungsbereich derer von Magerbein-Fronhofen-Hohenburg etwa von der Egau bis zur Wörnitz und von den Höhen, die das Ries im Süden begrenzen, bis zur Donau.

Sucht man in diesem Bereich nach anderen Grundbesitzern, deren Güterbestand nach Umfang und Verteilung dem derer von Magerbein-Fronhofen-Hohenburg am nächsten kommt, so stößt man auf die Herren von Werd (Donauwörth). Dieses Geschlecht steht in naher Verwandtschaft zu den Grafen von Dillingen. Der Stammvater derer von Werd, Aribo, lebte zur Zeit Kaiser Ottos III. (983–1002) und kam wahrscheinlich aus Bayern (Haus der Aribonen?). Er heiratete offenbar eine Nichte des Bischofs Ulrich von Augsburg (923–973) und gewann auf diese Weise reiches hupaldingisches Gut, übernahm aber auch einen Leitnamen der Hupaldinger, Manegold, für seine eigene Nachkommenschaft[56].

Will man die Güter derer von Magerbein-Fronhofen-Hohenburg vergleichen mit denen der Herren von Werd, so bietet sich zunächst das Härtsfeld an. Dort kennen wir den Besitz derer von Fronhofen aus ihren

---

[54] Siehe Anm. 32.
[55] S. Steichele (wie Anm. 42) S. 912 mit Anm. 16.
[56] H. Bühler, Die Wittislinger Pfründen. In: JHVD 71 (1969) S. 54 f. u. Tafel III (nach S. 58).

Vergabungen um 1140/1144, nämlich Dattenhausen, Ballmertshofen, Frickingen, Iggenhausen, +Weihnachtshof, Eglingen, +Crahstat, Mörtingen, +Niuforhen, Forheim und Seelbronn.

Fast hundert Jahre früher, 1049, hatte Manegold I. von Werd das Kloster Heiligkreuz in Donauwörth mit Gütern in Gundelfingen, Lauingen, (Hohen-) Memmingen, (Nieder-, Ober-) Stotzingen (?), Aufhausen (bei Forheim), Dischingen und Eglingen ausgestattet[57]. Später (bis 1327) hatte Kloster Heiligkreuz auch Besitz in Osterhofen bei Eglingen, der sicherlich von denen von Werd herstammte[58]. Von den genannten Orten sind für uns Aufhausen, Dischingen, Eglingen und Osterhofen von Interesse. Sie liegen im Begüterungsbereich derer von Fronhofen; es ergibt sich Besitzüberschneidung mit denen von Fronhofen in Eglingen sowie Besitznachbarschaft in Dischingen-Ballmertshofen, Aufhausen-Forheim/Niuforhen und Osterhofen-Seelbronn.

Der Besitz Manegolds I. ist, wie erwähnt, rund hundert Jahre früher bezeugt als der Besitz derer von Fronhofen. Wollte man aufgrund der Besitzüberschneidung und Besitznachbarschaft auf eine Verwandtschaft derer von Fronhofen zu denen von Werd schließen, so müßte folglich der Besitz derer von Fronhofen bzw. der Sippe Magerbein-Fronhofen-Hohenburg vom Besitz derer von Werd etwa im Wege einer Erbteilung abgetrennt worden sein.

Unter diesem Gesichtspunkt verdient der Gütertausch derer von Fronhofen mit Manegold IV. von Werd in Eglingen, +Crahstat, Seelbronn, Forheim, aber auch in Salchhof, Wolferstadt und Erlachhof Beachtung. Man wird annehmen dürfen, daß Manegold IV. am Erwerb dieser Güter Interesse hatte, und zwar wohl deshalb, weil er selbst in diesen Orten oder deren Nachbarschaft begütert war. Sie mögen zur Abrundung seines Besitzes beigetragen haben. Er dagegen übertrug als Gegenleistung an das Stift Berchtesgaden hauptsächlich entfernte Güter in Oberbayern und Niederösterreich. Unter dieser Voraussetzung dürfen wir auf dem Härtsfeld wesentlich bedeutenderen Besitz derer von Werd erwarten, als aus ihren Vergabungen bekanntgeworden ist[59]. Damit erhöht sich die Wahrscheinlichkeit, daß der Besitz derer von Magerbein-Fronhofen-Hohenburg von denen von Werd stammen könnte. Freilich war das

---

[57] Wie Anm. 51.
[58] OAB Neresheim S. 291.
[59] Vgl. oben die Geschichte der Manse in Hofen (bei Eglingen), die 1314/1319 als öttingisches Lehen bezeugt ist.

Härtsfeld nur ein Randgebiet des Herrschaftsbereichs derer von Magerbein-Fronhofen-Hohenburg. Beschränkt man den Vergleich nicht allein auf das Härtsfeld, ergibt sich Besitzüberschneidung zwischen denen von Werd und von Magerbein-Fronhofen-Hohenburg auch in Gremheim sowie Besitznachbarschaft im weiteren Sinn südlich der Donau um Ortlfingen[60].

Wie war im Kesseltal, wo die von Magerbein-Fronhofen-Hohenburg die Masse ihrer Güter hatten, das Verhältnis zum Besitz derer von Werd? Diese besaßen um den Ausgang des Kesseltales Güter in Riedlingen, Dittelspoint, Seiberweiler und Tapfheim[61]. Noch Manegold IV. hatte dem Kloster Heiligkreuz Güter in Stillnau und den Spielberger Höfen geschenkt[62]. Laut eines Güterverzeichnisses um 1250 hatte dieses Kloster überdies Besitz in Bissingen, +Colenberch (bei Bissingen?), Kallertshofen, Gaishardt, Oppertshofen, Rapotenweiler (+südlich Mauren) und Stähelinsweiler (+bei Mauren[63]). Die Herkunft dieser Güter ist nicht ausdrücklich bezeugt, sie stammen jedoch am ehesten von denen von Werd als den Klostergründern oder deren Rechtsnachfolgern[64]. Denn im Bereich des Kesseltales läßt sich vor der Mitte des 13. Jahrhunderts sonst kein Geschlecht mit nennenswertem Besitz nachweisen. Somit ergibt sich auch in Tapfheim, Stillnau, Bissingen und Gaishardt Überschneidung mit Besitz derer von Magerbein-Fronhofen-Hohenburg. – Als Ergebnis lassen sich deutlich nachbarschaftliche Beziehungen zwischen dem Besitz derer von Werd und der Sippe Magerbein-Fronhofen-Hohenburg feststellen. Es besteht somit durchaus die Möglichkeit, ja Wahrscheinlichkeit, daß die beiderseitigen Gütermassen aus einer ursprünglichen Gesamtmasse durch Erbteilung unter annähernd gleichberechtigten Erben (Geschwistern) entstanden sind. Da die Manegolde von Werd das Geschlecht sind, das sich wesentlich weiter zurückverfolgen läßt, müßte das Gut derer von

---

[60] Vgl. die Schenkungen derer von Werd an Kloster Heiligkreuz bei Steichele (wie Anm. 42) S. 840.

[61] A. Steichele (wie Anm. 42) S. 840.

[62] Wie Anm. 61.

[63] A. Steichele, Einkünfte-Verzeichnis des Klosters Heilig-Kreuz in Donauwörth. In: Archiv f. d. Geschichte des Bisthums Augsburg 2. 1859. S. 416 ff.

[64] In den Orten Ascöve (unermittelt) und Salaha (Salchhof), die um 1144 an Manegold IV. vertauscht wurden, ist um 1250 das Kloster Heiligkreuz begütert (wie Anm. 63). Der im Einkünfte-Verzeichnis S. 424 zwischen Mündling und Haag bei Möhren eingetragene Ort Wolveserozzen ist möglicherweise mit Wolferstadt zu identifizieren.

Magerbein-Fronhofen-Hohenburg vom Gut der Manegolde von Werd abgeteilt sein, zwar wohl nicht im Ganzen, aber doch zu einem beträchtlichen Teil.

In diesem Falle könnten die von Magerbein-Fronhofen-Hohenburg selbst eine Nebenlinie derer von Werd verkörpern, wofür es u. E. keine Anhaltspunkte gibt, oder eine Tochter aus dem Hause Werd könnte in die Sippe derer von Magerbein-Fronhofen-Hohenburg eingeheiratet und ihr beträchtliche Teile vom Hausgut derer von Werd zugebracht haben. Die von Magerbein-Fronhofen-Hohenburg wären damit im Mannesstamm ein eigenes Geschlecht. Der werdische Besitz müßte ihnen schon sehr früh zugefallen sein, auf alle Fälle vor der Trennung der Sippe Magerbein in die Zweige Fronhofen und Hohenburg, die im frühen 12. Jahrhundert erfolgt sein muß. Da die Gemahlin Kunos von Magerbein, die zugleich die Mutter der Stammväter der Zweige Fronhofen und Hohenburg ist, als eine Dame aus der Sippe Lechsgemünd-Horburg ermittelt werden konnte, müßte die Ahnfrau aus dem Hause Werd mindestens noch eine Generation älter sein; sie könnte somit die Mutter Kunos von Magerbein sein. Im Hause Werd wäre sie am ehesten als Schwester Manegolds II. († 1074) einzureihen.

Nachdem aufgrund der Besitzgeschichte eine Verwandtschaft derer von Magerbein-Fronhofen-Hohenburg zu denen von Werd möglich, ja wahrscheinlich ist, kann vielleicht die Frage angegangen werden, wie das Kloster Ochsenhausen (bei Biberach) zu Besitz in Demmingen und Mutzen (+bei Demmingen) gekommen ist[65]. Ochsenhausen, um 1093 gegründet, war als Priorat der Abtei St. Blasien im Schwarzwald unterstellt. Verbindung zu St. Blasien hatte Manegold III. von Werd hergestellt, als er mit Genehmigung des Papstes Paschalis II. das Kloster Heiligkreuz in Donauwörth in ein Männerkloster umwandelte und mit Mönchen aus St. Blasien besiedelte. Das geschah zwischen 1101 und 1110[66]. Der Zeitpunkt, wann St. Blasien bzw. das Priorat Ochsenhausen den Besitz in Demmingen erhielt, ist nicht bekannt; es kann jedoch kaum vor 1130, eher später geschehen sein[67]. Von wem das Gut in Demmingen stammt, ist gleichfalls unbekannt. Der Schenker dürfte jedoch im Verwandtenkreis derer von Werd zu suchen sein, welche die Verbindung

---

[65] WUB 10 Nr. 4758.

[66] A. Steichele (wie Anm. 42) S. 696.

[67] H. Ott, Die Klostergrundherrschaft St. Blasien. In: Arbeiten z. Histor. Atlas von Südwestdeutschland 4. 1969. S. 11 f.

Die Verwandtschaft derer von Magerbein–Fronhofen–Hohenburg im Kesseltal

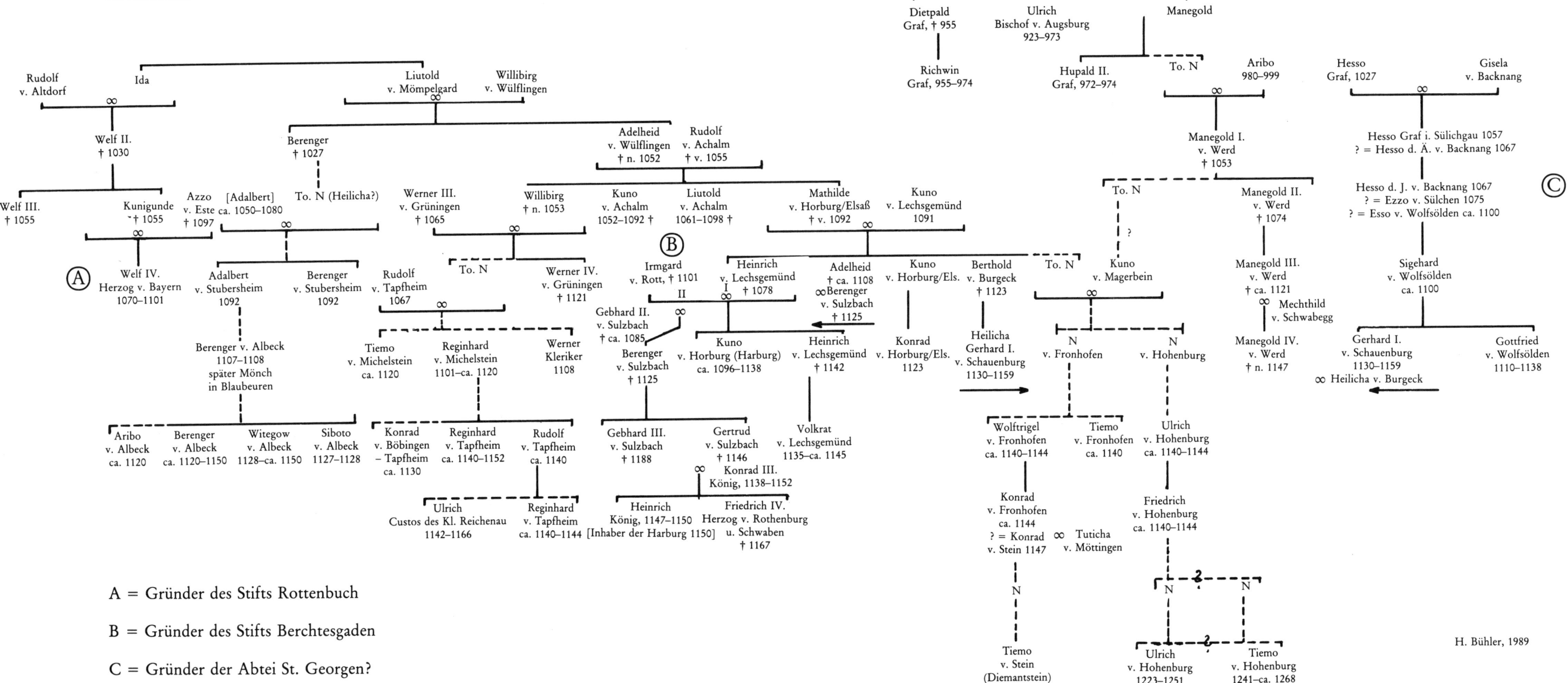

A = Gründer des Stifts Rottenbuch

B = Gründer des Stifts Berchtesgaden

C = Gründer der Abtei St. Georgen?

H. Bühler, 1989

zu St. Blasien geknüpft hatten; andernfalls hätte er sicher das nahe Kloster Neresheim beschenkt, das unter dem Einfluß der Grafen von Dillingen stand. Die von Werd selbst hätten wohl eher ihr eigenes Hauskloster Heiligkreuz bedacht. So fällt der Verdacht auf die von Magerbein-Fronhofen-Hohenburg, zu deren bekannten Besitzungen das Schenkungsgut in Demmingen und +Mutzen am ehesten passen würde.

Diesen Überlegungen kommt zwar keine Beweiskraft zu; eine solche ist dem spröden Quellenmaterial kaum abzugewinnen. Doch mögen sie ergänzen und eventuell bestätigen, was die Besitzgeschichte ergeben hat, daß nämlich zwischen denen von Magerbein-Fronhofen-Hohenburg und dem Hause Werd sehr wahrscheinlich eine Verwandtschaft bestanden hat.

Die Herkunft Kunos von Magerbein bleibt weiterhin unbekannt. Er mochte aus einer der nicht wenigen Familien von Edelfreien stammen, die durch die Verbindung mit einer Frau aus reichem und vornehmem Haus – in unserem Fall wohl das Haus Werd – selbst erst Macht und Ansehen erlangte. Zum engeren Sippenkreis Kunos von Magerbein könnte Wolfram „von Forren" (Forheim, Donau-Ries-Kreis) gehören, der um 1084/1099 eine Verfügung für die Abtei St. Ulrich und Afra in Augsburg bezeugte[67a]. Forheim liegt nur etwa elf Kilometer von Burgmagerbein entfernt; in Forheim hatten die von Fronhofen Besitz, später (bis 1352) auch die von Hürnheim-Rauhhaus als Inhaber der Herrschaft Katzenstein[68]. Mitzeuge Wolframs von Forheim ist ein Wolftrigil (von Diedorf?, Kr. Augsburg). Sein Name kehrt bei denen von Fronhofen wohl zwei Generationen später (um 1140/1144) wieder; der Zeuge Wolftrigil von ca. 1084/1099 könnte somit ein Vorfahr sein. Wolfram von Forheim seinerseits dürfte personengleich sein mit einem Wolfram, der um 1080 an Kloster Ellwangen Güter in Hürnheim, Hausen (Goldburghausen?) und Hohenaltheim samt einem Anteil der dortigen Kirche schenkte[69]. Er war damit wohl ein Vorfahr oder Verwandter der Herren von Hürnheim. Unter den Zeugen seiner Schenkung findet sich bezeichnenderweise ein Rudolf – dies ist später der Leitname derer von Hürnheim –, aber auch ein Gerolt, der schon unter den Mitzeugen Wolframs von Forheim auftrat und die Identität der beiden Wolframe unterstreicht. Damit ergibt sich

---

[67a] Die Tradition u. das älteste Urbar des Klosters St. Ulrich u. Afra (wie Anm. 17) Nr. 6, vgl. Nr. 7.

[68] Reg. Boica 8, 258.

[69] H. Schwarzmaier, Eine unbekannte Ellwanger Urkunde. In: Ellw. Jahrb. 19 (1960/61) s. 44 ff.

die Möglichkeit, daß die von Magerbein-Fronhofen-Hohenburg mit denen von Hürnheim verwandt, wenn nicht stammesgleich waren. Besitzüberschneidungen und Besitznachbarschaft der beiden Familien im Bereich zwischen Kesseltal und Ries würden sich auf diese Weise erklären.

Am Ende der Untersuchung läßt sich feststellen, daß die Familie derer von Fronhofen, die nur für zwei Generationen bezeugt ist, nicht mehr beziehungslos im Raume steht. Sie konnte in den größeren Verband der Sippe Magerbein-Fronhofen-Hohenburg eingeordnet werden. Damit wurde eine Sippe ermittelt, die in ihren verschiedenen Zweigen das Härtsfeld und das Kesseltal für nahezu zwei Jahrhunderte weitgehend beherrschte. Die Stammutter des Hauses war mit den höchst einflußreichen Familien Lechsgemünd, Achalm, ja sogar mit den Welfen verwandt. Der Stammvater Kuno von Magerbein steht wahrscheinlich in naher Verwandtschaft zu denen von Werd und von Hürnheim. Die Sippe Magerbein-Fronhofen-Hohenburg zeichnete sich durch ungewöhnliche Freigebigkeit gegenüber den Kirchen aus.

Zur Geschichte des Härtsfeldes und Kesseltals im Hohen Mittelalter. In: JHVD Jg. 92. 1990, S. 64-92.

Wer war der letzte Ravensteiner?

Als älteste Bestandteile der späteren „Herrschaft Heidenheim", die bis 1448 im Besitz der Grafen von Helfenstein war, haben die Orte auf der Heidenheimer Alb zu gelten, nämlich Gerstetten, Heuchstetten, Gussenstadt, Söhnstetten und Heldenfingen.[1]

Für die Geschichte der „Herrschaft" ist es wichtig zu wissen, wann und wie diese Orte helfensteinisch geworden sind.

Nach allem, was sich ermitteln läßt, gehörten sie ursprünglich zur Burg Ravenstein bei Steinenkirch. Nach dieser Burg, die im frühen 12. Jahrhundert erwähnt wird[2], nannte sich ein Zweig der Herren von Stubersheim, der sich von 1092 über fünf Generationen nachweisen läßt.[3]. Letzte bekannte Vertreter sind Albrecht (1209)[4] und Berenger (1210-1216)[5] sowie ein Ausgsburger Domherr namens Albrecht (ca. 1190-1209), der vielleicht auch einige Jahre (1219-1223) Bischof von Trient war.[6]. Alle drei sind sie wohl Brüder und Söhne eines Albrecht (Albert), der 1189-1192 genannt

---

[1] Gussenstadt kam 1326 bzw. 1358 an das Kloster Anhausen; HStA. Stgt. A 471 U. 127 und 128.— Söhnstetten gelangte mit der Burg Ravenstein wohl schon vor 1356 an die von Züllenhart; die Burg ist 1393, Söhnstetten 1404 im Besitz Sifrids von Züllenhart nachzuweisen; Urkunden und Akten der ehemal. Reichsstadt Schwäb. Gmünd. Bearb. Alfons Nitsch. I. Teil. 1966. S. 101 Nr. 573 und S. 117 Nr. 679.—1507 kam Söhnstetten an Kloster Königsbronn; HStA. Stgt. H 102/39 Kl. Königsbronn G 1306, Fol. 17 ff.

[2] Ein höchst trauriges Ereignis bot Anlaß zu ihrer Erwähnung. Bertholds Chronik von Zwiefalten c.22 berichtet: „Einige Ritter, die das Wort des Evangeliums: „Seid wachsam, denn ihr kennt nicht den Tag und die Stunde" zu wenig vor Augen hatten, stützten sich auf der Burg Ravenstein über einem Abgrund auf ein Holzgeländer und stürzten, als die Stütze brach, kopfüber ab. Mit gebrochenem Genick und schweren Verletzungen fanden sie alle den Tod...'; Die Zwiefalter Chroniken Ortliebs und Bertholds. Hrsg. Erich König und K.O. Müller (1941), S. 212/213.

[3] Bühler, H.: „Schwäbische Pfalzgrafen, frühe Staufer u. ihre Sippengenossen" in: Jahrb. Histor. Vereins Dillingen LXXVII (1975), S. 127 und 130. Nach erneuter Beschäftigung mit dem Thema hat Vf. seine Ansicht bezüglich der letzten Generation der Ravensteiner teilweise revidiert.

[4] WUB 2 Nr. 547 — fraglich ist dem Vf., ob Albrecht identisch ist mit dem Albertus triscamerarius de Rabinstaine, einem Reichsministerialen, der 1233 in einer Urkunde Kg. Heinrichs (VII.) erwähnt wird (MB.XXXa Nr. 717) oder ob dieser nicht einem anderen Geschlecht angehört.

[5] Reg. Imp. V/I Nr. 406; WUB 3 Nr. 561, 572, 592 und 593.

[6] Haemmerle, A.: Die Canoniker des Hohen Domstiftes zu Augsburg (1935), S. 125 Nr. 618.

wird und 1206 bereits verstorben war.[7] Wer von den beiden weltlichen Brüdern Albrecht und Berenger der letzte Burgherr von Ravenstein war, soll geklärt werden.

Im Jahre 1259 urkundet Graf Ulrich II. von Helfenstein (1241 - 1290) auf der Burg Ravenstein, und Ministerialen (Burgmannen), die sich gleichfalls „von Ravenstein" nennen, sind damals und später im Gefolge der Helfensteiner.[8] Offenbar war die Burg samt den genannten Orten in der Zwischenzeit in den Besitz Graf Ulrichs II. übergegangen.

Wann und von wem ist die Burg mit ihrem Zubehör an Helfenstein gelangt? Schon seither wurde vermutet, daß Graf Ulrich II. die Burg nicht etwa gekauft, sondern durch Heirat bzw. Erbschaft erworben hat.

Graf Ulrich II. war zweimal vermählt, nämlich zuerst mit Gräfin Willibirg von Dillingen (urk. 1258 - 1259)[9], dann mit einer Pfalzgräfin von Tübingen (urk. 1263 - 1267), einer Tochter Rudolfs des Scherers.[10] Keine dieser beiden Frauen kommt als Vermittlerin der Burg Ravenstein in Betracht. Doch könnte die Mutter Ulrichs II. und somit die Gemahlin Ulrichs I. (1207 - 1241), die man nicht kennt, Ravenstein in die Ehe gebracht haben. Ulrich II. hätte sodann die Feste als Muttererbe besessen.

Erneut stellt sich dann die Frage, wer war der letzte Burgherr aus dem Hause Ravenstein und zugleich der Großvater von Mutterseite des Grafen Ulrich II. von Helfenstein? In Betracht kommen, wie erwähnt, die weltlichen Brüder Albrecht und Berenger von Ravenstein. Weder der Name des einen noch des anderen findet sich später im Hause Helfenstein, so daß die Namensgebung keinen Anhalt bietet.

Zur Klärung der Frage trägt vielleicht ein Ausflug in die Gegend von Schwäbisch Hall und zu den Schenken von Limpurg bei. Denn die Schenken von Limpurg hatten gleichfalls irgendwie Anteil am Erbe der Ravensteiner.

Mit ihnen hat sich Gerd Wunder in verschiedenen Arbeiten befaßt und darüber auch mit dem Verfasser korrespondiert.[11] Ein abschließendes Ergebnis wurde bislang nicht erzielt.

Walter II. von Limpurg (1249 - 1283) nennt im Jahre 1255 in einer Urkunde für Kloster Lichtenstern (bei Löwenstein) den Grafen Ulrich II. von Helfenstein seinen „avunculus".[12] „Avunculus" ist der Oheim, Mutterbruder oder überhaupt der Verwandte von Mutterseite. Diese Verwandtschaftsangabe erklärt sich offenbar aus der beiderseiti-

---

[7] WUB 2 Nr. 459, 466, 470 und 527.

[8] WUB 5 Nr. 1538.

[9] WUB 5 Nr. 1472 und 1538; Mon. Zoll. I. Nr. 188.

[10] Schmid, L.: Geschichte der Pfalzgrafen von Tübingen (1853), S. 178, 182, 190 und 198.

[11] Wunder, G.: „Limpurg und Hohenlohe" in: Württ. Franken 67 (1983), S. 19-30; ders. „Die Schenken von Limpurg und ihr Land" in: Forschungen aus Württ. Franken 20 (1982), S. 9-77; ders. „Bielriet" in: Württ. Franken 71 (1987), S. 273-278.

[12] WUB 5 Nr. 1322.

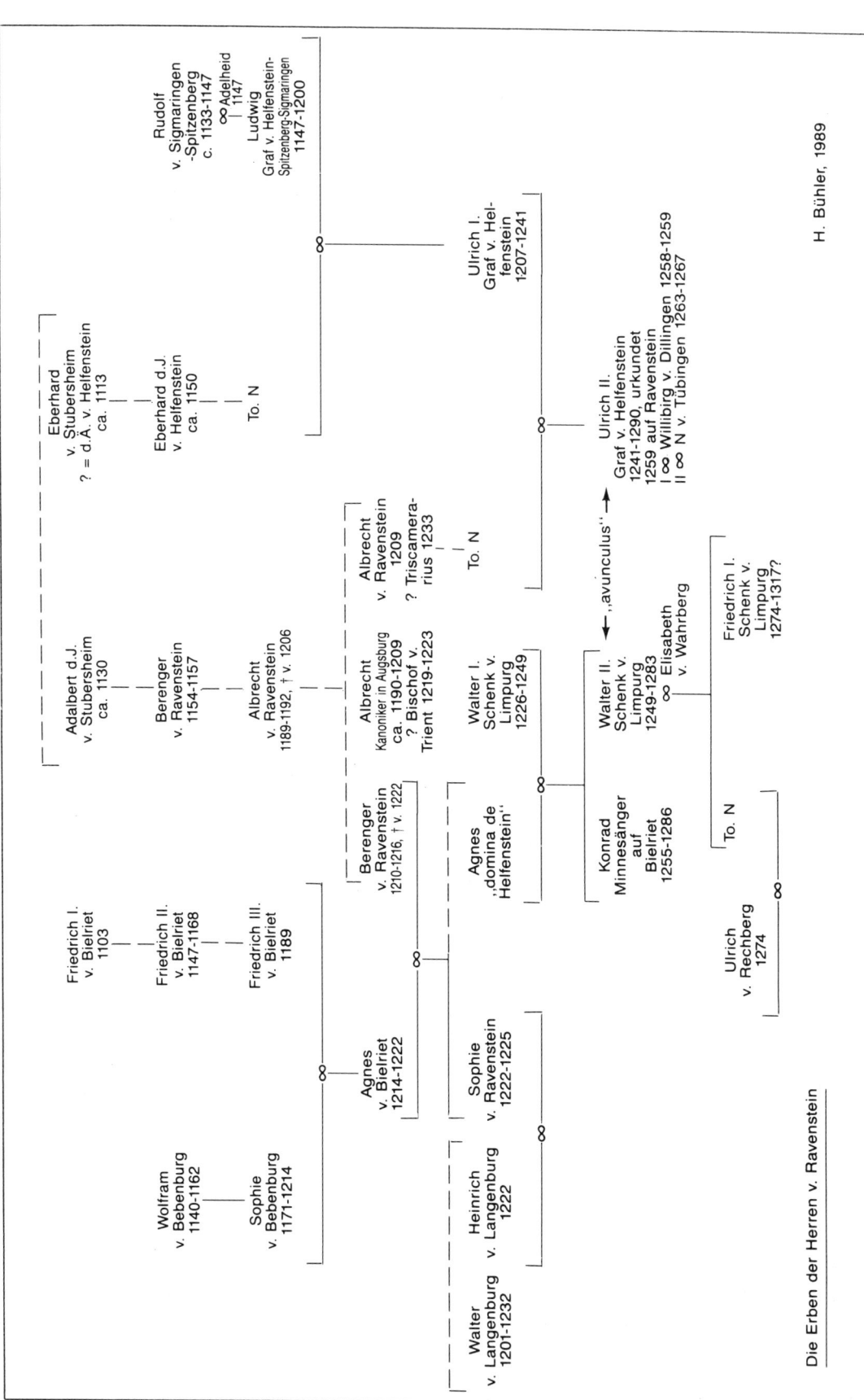

Die Erben der Herren v. Ravenstein

H. Bühler, 1989

gen Teilhabe am Erbe der Ravensteiner. Walter II. von Limpurg muß somit über seine Mutter mit den Ravensteinern verwandt gewesen sein.

Über die Vorfahren und Verwandten Walters II. von Limpurg sind wir glücklicherweise besser informiert, obgleich auch dort Fragen offenbleiben. Walters Vater, Walter I. von Limpurg (1226 - 1249), hat die Limpurg bei Schwäbisch Hall zwischen 1226 und 1230 erbaut.[13] Wie Wunder nachweisen konnte, stammt der Bauplatz der Limpurg wie der freieigene Besitz von Bielriet (über Cröffelbach), über den die Schenken verfügten, aus der Erbschaft der Agnes von Bielriet (1214 - 1222), die dieses Erbe in die Ehe mit Berenger von Ravenstein (1210 - 1216) eingebracht hatte.[14] Da Berenger ein Verfügungsrecht über das Erbe seiner Gemahlin hatte und dieses Erbe an die gemeinsamen Nachkommen weitergereicht wurde, kann man auch vom bielriet-ravensteinischen Erbe sprechen.

Bekannt ist, daß Agnes von Bielriet und Berenger von Ravenstein eine Tochter namens Sophie hatten, vermählt mit Heinrich von Langenburg (1222). Dieser verkaufte 1222 Güter in Bieringen (bei Schöntal) aus dem Bielrieter Erbe an das Kloster Schöntal. Doch erhob seine Schwiegermutter Agnes dagegen Einspruch (ihr Gemahl Berenger von Ravenstein war schon tot).[15] Aus diesem Einspruch wurde geschlossen, daß Agnes noch eine zweite Tochter gehabt haben müsse, deren Interessen gewahrt werden sollten.[16]

Wie erwähnt, hatte auch Schenk Walter I. von Limpurg Anteil am bielriet-ravensteinischen Erbe. Seine Gemahlin hatte es ihm zugebracht. Sie gehört unter die Nachkommen der Agnes von Bielriet und Berengers von Ravenstein, sei es als zweite Tochter (siehe oben) oder als Enkelin. Die letztere Möglichkeit hat G. Wunder erwogen aufgrund der Tatsache, daß Walter I. während des Bürgerkriegs von 1234/35 Anspruch auf Langenburg erhob und dabei von König Heinrich (VII.), dem Sohn Kaiser Friedrichs II., unterstützt wurde.[17] Einen legitimen Anspruch hatte Walter I., falls er Gemahl einer Tochter Heinrichs von Langenburg und damit einer Enkelin der Agnes von Bielriet und Berengers von Ravenstein war.

Die Gemahlin Schenk Walters I. von Limpurg hieß Agnes. Der Name ist nur überliefert durch einen nicht mehr erhaltenen Grabstein im Kloster Lichtenstern (bei Löwenstein). Die Inschrift lautet:

„Hoc sub lapide iacet Domina Agnes de Helffenstein cum filiis suis Walthero et Cunrado pincernis de Limpurg"[18]

---

[13] Wunder (wie Anm. 11) Württ. Franken 67. S. 21.
[14] Wunder (wie Anm. 13) S. 20 f.
[15] WUB 3 Nr. 659.
[16] Hermann Bauer, siehe Wunder (wie Anm. 13) S. 22.
[17] Wunder (wie Anm. 13) S. 23 f.
[18] Nach Wunder (wie Anm. 13) S. 22.

Man stutzt, wenn man hier die Gemahlin Walters I. als „Domina...de Helffenstein" genannt findet. Kann sie überhaupt eine Tochter oder Enkelin der Agnes von Bielriet und Berengers von Ravenstein sein?

Wie gesagt, ist der Grabstein nicht erhalten, die Inschrift jedoch durch drei Zeugen des 16. Jahrhunderts bestätigt. Er ist bestimmt für Agnes selbst und ihre beiden Söhne Walter II. (1249 - 1283) und Konrad (1255 - 1286) von Limpurg. Es handelt sich somit zweifelsfrei um die Gemahlin Schenk Walters I.

Der Grabstein dürfte wohl erst nach dem Tod der Söhne, — für die er mitbestimmt ist, — in Auftrag gegeben worden sein, somit frühestens nach 1286. Der zeitliche Abstand zu Agnes' Tod mag eine Unstimmigkeit erklären, nämlich den Passus „domina...de Helffenstein".

„Domina" ist die Herrin; so wird eine Frau aus edelfreiem Geschlecht tituliert. Edelfrei waren beispielsweise die von Ravenstein.

Die Helfensteiner aber waren Grafen; eine Helfensteinerin mußte als „comitissa" angeredet werden.

Nun ist es höchst unwahrscheinlich, daß in dieser Zeit eine Gräfin von Helfenstein einen (unfreien) Reichsministerialen geheiratet hätte; denn das war der Limpurger. Wäre dies dennoch der Fall gewesen, hätte man Agnes sicher den Titel „comitissa" gegeben, schon um ihre vornehme Herkunft und damit die eigene gräfliche Abstammung zu betonen. Das geschah jedoch nicht; man begnügte sich damit, Agnes eine „domina" zu nennen; sie war folglich keine „richtige" Helfensteinerin. Die Auftraggeber oder der Steinmetz haben sich geirrt.

Als der Grabstein in Auftrag gegeben wurde, war das Geschlecht der Ravensteiner mindestens seit etwa 60 bis 70 Jahren erloschen. In der damals lebenden Generation der Enkel oder Urenkel der Agnes wußte man wahrscheinlich noch, daß deren Vorfahren von einer Burg auf der Schwäbischen Alb stammten, die — vielleicht noch zu Agnes' Lebzeiten — im Erbgang in den Besitz der Grafen von Helfenstein gelangt war (die Burgen Ravenstein und Helfenstein sind in der Luftlinie nur ca. 7 km voneinander entfernt). Bekannt war die Verwandtschaft zu Helfenstein, nannte doch Schenk Walter II. den Grafen Ulrich II. von Helfenstein 1255 seinen „avunculus". Man wußte, daß diese Verwandtschaft über die „domina Agnes" lief. So lag es nahe, Agnes selbst für eine Helfensteinerin zu halten. Im Bewußtsein der Zeitgenossen verschmolzen so Ravensteiner und Helfensteiner zu einem Geschlecht. Mit dem Titel „domina...de Helffenstein" wollte man jedoch wohl zum Ausdruck bringen, daß man Agnes nicht der zur Zeit regierenden gräflichen Linie des Hauses Helfenstein zurechnete. Auf diese Weise mag für Agnes der Titel „domina...de Helffenstein" zustande gekommen sein.

Die Grabinschrift spricht damit u.E. entschieden dafür, daß Agnes nicht eine Enkelin (wie G. Wunder erwogen hat), sondern eine Tochter der Agnes von Bielriet und Berengers von Ravenstein war. Eine Enkelin dieser beiden und somit eine Tochter Heinrichs von Langenburg hätte man gewiß nicht als „domina...de Helffenstein" angesprochen.

Wenn aber Agnes eine Tochter der Agnes von Bielriet und Berengers von Ravenstein war, wird auch klar, weshalb der Anspruch des Schenken Walter I. von Limpurg auf Langenburg nicht durchzusetzen war. Denn er hatte an das Erbe seines Schwagers Heinrich von Langenburg (Ehemann der Schwester der eigenen Frau) bzw. dessen Bruders Walter von Langenburg (1201 - 1232) kein Anrecht, auch wenn König Heinrich (VII.) ihm Langenburg anscheinend gerne zugeschanzt hätte. Nunmehr fiel Langenburg durch kaiserlichen Spruch an Gottfried von Hohenlohe, der wohl besser begründete Ansprüche stellen konnte.[19] Agnes war in Wirklichkeit eine „domina...de Ravenstein".

Die Lichtensterner Grabinschrift, welche von einer Verwandtschaft Limpurg-Helfenstein wissen will, wie auch die Aussage Walters II. von Limpurg, daß Graf Ulrich II. von Helfenstein sein „avunculus" sei, bestätigen den eingangs als Vermutung geäußerten, jedoch nicht völlig gesicherten Erbgang der Burg Ravenstein an Helfenstein über die Mutter Graf Ulrichs II. Sie muß eine ravensteinische Erbtochter gewesen sein.

Hat die bisherige Untersuchung erbracht, daß Berenger von Ravenstein zwei Töchter hatte, die eine, Sophie, vermählt mit Heinrich von Langenburg (1222), die andere, Agnes, Gemahlin des Schenken Walter I. von Limpurg, so erhebt sich die Frage, wohin jene Erbtochter gehört, welche die Burg Ravenstein samt den eingangs erwähnten Orten auf der Alb vermittelt hat. Ist sie etwa eine weitere Tochter Berengers von Ravenstein? Wohl kaum. Dazu war das Erbe, das sie vermittelt hat, doch zu reich.

Alles, was über Berengers bekannte Töchter und deren Familien zu erfahren ist, spielt sich in der Umgebung von Schwäbisch Hall und im heute württembergischen Franken ab. Nichts deutet daraufhin, daß auch Interessen auf der Schwäbischen Alb wahrzunehmen gewesen wären. Sollte dies allein an den Zufälligkeiten der Überlieferung liegen?

Es könnte auch daran liegen, daß Berenger von Ravenstein mit der Stammburg Ravenstein selbst nichts mehr zu tun hatte, daß diese seinem Bruder Albrecht gehörte.

Die wenigen Daten, die über die Brüder von Ravenstein vorliegen, lassen zwar kaum sichere Schlüsse zu. Dennoch gewinnt man den Eindruck, daß Berenger der jüngere gewesen sei. Er begleitete im Jahre 1210 Kaiser Otto IV. nach Italien, nahm im Juni 1215 an einem Hoftag König Friedrichs II. in Ulm teil und ist sonst in Sachen tätig, die mit dem reichen Erbe seiner Frau in Franken zusammenhängen, über das er als ihr Vormund verfügte.[20] Er mochte ganz nach Franken übersiedelt sein. Deshalb dürfte ihm doch ein Teil des ravensteinischen Familiengutes auf der Alb geblieben sein (siehe unten). Im Jahre 1222 war er offenbar schon tot.

Die Stammburg Ravenstein samt den eingangs erwähnten Ortsherrschaften muß seinem Bruder Albrecht zugefallen sein. Dieser ist nur einmal, im Jahre 1209, sicher

---

[19] Vgl. Wunder (wie Anm. 13) S. 24.

[20] Wie Anm. 5

bezeugt in einer Urkunde des Bischofs Siegfried von Augsburg für das Augustiner-Chorherrenstift in Steinheim am Albuch.[21]

Immerhin zeigt dies, daß er auf der Alb, in der Umgebung der Stammburg, Interessen zu vertreten hatte. Wahrscheinlich war er in Steinheim begütert.

Er hatte nur eine Tochter, über die sich anscheinend das gesamte väterliche Gut weitervererbte. Anläßlich ihrer Verheiratung mit dem Grafen Ulrich I. von Helfenstein bald nach 1200 mag eine Absprache getroffen worden sein, die ihr als Mitgift und Erbe den Besitz der Burg Ravenstein samt zugehörigen Ortschaften garantierte. Eine solche Absprache, zumal wenn sie auch vom Bruder des Vaters, Berenger, gebilligt wurde, schützte vor künftigen Ansprüchen der Schwiegersöhne Berengers. Die Absprache sollte aber wohl auch den Interessen Berengers und seiner Erben gerecht werden. Im Jahre 1274 nämlich ist von limpurgischen Gütern südlich der Rems die Rede, welche Schenk Walter II. seinem Schwiegerson Ulrich von Rechberg verpfändete.[22] Hier mag es sich um Güter aus ravensteinischem Erbe gehandelt haben.

Albrechts Schwiegersohn, Graf Ulrich I. von Helfenstein, war am Erbe seiner Frau aufs höchste interessiert, denn die ravensteinischen Orte und Güter ergänzten und erweiterten den helfensteinischen Herrschaftsbereich auf recht vorteilhafte Weise.

Albrecht von Ravenstein war somit der letzte Ravensteiner. Wann er gestorben und der Erbfall eingetreten ist, läßt sich nicht näher bestimmen. Die Nachricht von 1233, die einen Albert von Rabinstaine als „Triscamerarius" (Schatzkämmerer) nennt, einen Reichsministerialen, ist nicht mit gutem Gewissen auf unser Ravenstein zu beziehen.[23] So bleibt für den Erbfall der Zeitraum zwischen Albrechts urkundlicher Erwähnung im Jahre 1209 und dem ersten Auftreten eines Helfensteiners auf der Burg Ravenstein im Jahre 1259.

[21] WUB 2 Nr. 547.
[22] WUB 7 Nr. 2419.
[23] Vgl. Anm. 4.

Wer war der letzte Ravensteiner? In: JHAVH 1989/90. 1990, S. 47-53.

Hatten die Grafen von Nellenburg Besitz in Langenau und im unteren Brenztal?

Zur älteren Geschichte der Orte Langenau, Brenz, Bächingen und Sontheim an der Brenz

Keine einzige Urkunde berichtet davon, daß die Grafen von Nellenburg (bei Stockach, LK. Konstanz) jemals Besitz auf der Ulmer Alb und im unteren Brenztal gehabt hätten. Die Geschichte Kirchheims unter Teck, wo die Grafen von Nellenburg im 11. Jahrhundert für rund 80 Jahre Ortsherren waren, und zwar in der Nachfolge Kaiser Heinrichs II. (1002-1024),[1] wies den Verfasser auf die Möglichkeit hin, daß die Nellenburger auch in der Geschichte der Orte Langenau, Brenz, Bächingen und Sontheim an der Brenz eine Rolle gespielt haben könnten. Liegen von Heinrich II. doch zwei Urkunden vor, die Sontheim an der Brenz betreffen, sowie eine Urkunde für Langenau.[2] Sie beweisen, daß dieser Herrscher dort, aber vielleicht auch in den Nachbarorten Brenz und Bächingen, begütert war. Die Vermutung liegt nahe, daß denjenigen Gütern, die bis zu seinem Tod im Jahre 1024 in seinem Besitz geblieben waren, danach ein ähnliches Geschick beschieden war wie Kirchheim unter Teck. Sollte sich diese Vermutung bestätigen, ließen sich nicht allein bedauerliche Lücken in der Geschichte der fraglichen Orte schließen, sondern es ließe sich allgemein die Geschichte der ganzen Gegend im 11. Jahrhundert erhellen, und es ergäben sich völlig neue Zusammenhänge, während Zusammenhänge, die sich bisher nur erahnen ließen, eine Bestätigung fänden.

---

[1] Heinz Bühler: Wie gelangte Kirchheim unter Teck in den Besitz der Grafen v. Nellenburg. In: Stadt Kirchheim unter Teck. Schriftenreihe des Stadtarchivs 13. 1991. Im Druck.
[2] MG D HII Nr. 2 und Nr. 147; MG D HII Nr. 55.

I. Zur älteren Geschichte von Langenau

König Heinrich II. erwarb im Jahre 1003 durch Tausch vom Hochstift Freising bei München die „cortis in Alemannia pago Duria et in comitatu Manegoldi comitis sita nomine Nâvua cum omnibus utilitatibus, appendiciis, mancipiis et pertinentiis suis".[3] Der Verfasser hat an anderer Stelle nachgewiesen, daß Nâvua das heutige Langenau im Alb-Donau-Kreis ist, im Gegensatz zur älteren Forschung, die darin den Ort Eggenthal bei Kaufbeuren sehen wollte.[4]

Als Äquivalent gab Heinrich II. dem Hochstift Freising den Königshof Roding im Bayerischen Wald. Vergleicht man die beiden Tauschobjekte, kommt man zu dem Schluß, daß die „cortis Nâvua" mit ihrem Zubehör gewiß den Hauptteil von Langenau und vielleicht auch noch Streubesitz in der Umgebung umfaßt hat.

Was hat König Heinrich II. bewogen, Langenau einzutauschen? Der Zeitpunkt des Erwerbs, das Jahr 1003, läßt vermuten, daß Heinrich II. damit einen politischen Zweck verfolgte. Heinrich war im Vorjahr nach dem Tode Kaiser Ottos III., seines Vetters, zum König gewählt worden. Doch war die Wahl nicht einhellig. In der Person des Schwabenherzogs Hermann II. (997-1003) hatte sich ein Mitbewerber gefunden, der Anhänger hatte und seine Ansprüche nicht kampflos aufgab. Er verfügte über beträchtliches Familiengut speziell im Schwaben. Heinrich II. ging es darum, sich eine eigene Machtposition aufzubauen. Dazu mochte ihm Langenau in der Nachbarschaft ihm bereits zu Gebote stehender Orte wie Sontheim, Brenz und wohl auch Bächingen willkommen sein. Sie bildeten ein Gegengewicht gegenüber Ulm, das offenbar in der Hand seiner Gegner war. Es fällt nämlich auf, daß Heinrich II. am 1. Juli 1002 auf dem Wege vom Bodensee nach Bamberg Aufenthalt in Sontheim an der Brenz nahm,[5] nicht in dem an der Reiseroute günstiger gelegenen Ulm, das wohl auch bessere Unterkunftsmöglichkeiten für ihn und sein Gefolge geboten hätte. Die naheliegendste Erklärung hiefür dürfte sein, daß ihm Ulm nicht zu Gebote stand, sondern in der Hand seines Gegners war.

---

[3] MG D HII Nr. 55.
[4] Heinz Bühler: Die „Duria-Orte" Suntheim und Nâvua. Sonderdruck aus Das Obere Schwaben 8 (1971). 1983. S. 18ff.
[5] MG D HII Nr. 2.

Sontheim an der Brenz wird bei dieser Gelegenheit zum ersten Mal und zugleich als Besitz Heinrichs II. erwähnt. Seine Geschichte war bisher sicher weitgehend parallel zu der des benachbarten Brenz verlaufen. Denn beide Orte gehörten seit ältester Zeit zusammen. Schon sein Name bringt Sontheim (= Südheim) in Beziehung zu Brenz, ist es doch offensichtlich von dort aus benannt. Sodann war Sontheim in kirchlicher Hinsicht ein Filialort von Brenz.[6] In Brenz, wo römische Funde zutage kamen, ist 875 karolingisches Königsgut bezeugt.[7] Dasselbe darf mit Fug und Recht für Sontheim angenommen werden. Dort wurde in den letzten Jahren in der Flur Braike eine ausgedehnte römische Straßenstation freigelegt.[8] Orte mit römischem Fiskalgut wurden in karolingischer Zeit meist Königsgut. So hat man sich die ältere Geschichte beider Orte etwa so vorzustellen: das ehemals römische Fiskalgut wurde zunächst von den merowingischen Frankenkönigen übernommen, gelangte im 7. Jahrhundert in die Verfügungsgewalt der alemannischen Herzöge und wurde um die Mitte des 8. Jahrhunderts karolingisches Königsgut, sei es durch Konfiskation alemannischen Herzogsguts nach 746 oder als Mitgift der Hildegard, der Gemahlin Karls d. Gr., die von Mutterseite dem alemannischen Herzogshaus entstammte. Ob Brenz und Sontheim auch in nachkarolingischer Zeit Königsgut waren, ist höchst fraglich. König Heinrich II. beanspruchte bei seinem Regierungsantritt das Erbe seines Vetters Kaiser Ottos III. († 1002). Neben Gut, das dieser von seinen Vorgängern Otto II. und Otto I. übernommen hatte, wie z. B. Kirchheim unter Teck,[9] handelte es sich vorwiegend um Gut, das Ottos III. Großmutter Adelheid († 999) zugebracht hatte. Sie war über ihre Mutter Berta († 966) eine Enkelin Herzog Burchards I. von Schwaben (917-926) und der karolingerblütigen Reginlind († 958). Dazu hatte Otto III. zunächst an sich gezogen, was Heinrichs II. Vaterschwester Hadwig († 994)

[6] Siehe Urkunden von 1409. IX. 5. und 1410. II. 27. in: Walther E. Vock: Die Urkunden des Hochstifts Augsburg 769-1420. Schwäb. Forschungsgemeinschaft. Urkunden u. Regesten 7. 1959. Nr. 689 und 694.

[7] Bodo Cichy: Die Kirche von Brenz. 2. Aufl. 1975. S. 13 ff. – WUB 1 Nr. 150.

[8] Ulrich Nuber: Archäologische Forschungen in Sontheim und Brenz, Kreis Heidenheim. In: Zivile und militärische Strukturen im Nordwesten der römischen Provinz Raetien. 3. Heidenheimer Archäologie-Colloquium. 1987. S. 97 ff. – Ders.: Sontheim und Brenz in frühgeschichtlicher Zeit. In: Person und Gemeinschaft im Mittelalter. Karl Schmid zum fünfundsechzigsten Geburtstag. 1988. S. 3 ff.

[9] Wie Anm. 1.

als Witwengut besessen hatte. Hadwig war mit Herzog Burchard II.
(†973) vermählt gewesen, dem Sohne Burchards I. und der Reginlind.
Nach Ottos III. Tod 1002 ging auch Hadwigs Erbe auf Heinrich II.
über. Sodann erbte Heinrich II. von seiner Mutter Gisela (†1006), der
Tochter König Konrads von Burgund (†993) und damit Enkelin der
Berta (†966), die als Tochter Herzog Burchards I. und der Reginlind
bereits erwähnt wurde. So stammten Heinrichs II. Güter in Schwaben
sicher zu einem erheblichen Teil von den Burchardingern. Da diese aber
von Haus aus in Ostschwaben kaum begütert waren, ging ihr Besitz
wohl auf Reginlind und damit letztlich auf die Karolinger zurück. Dies
dürfte jedenfalls für Brenz und Sontheim gelten. Diese Güter hatten sich
nach privatrechtlichen Regeln vererbt und galten daher nicht mehr als
Königsgut. In Brenz hatte die „capella" samt Zugehör an Zehnten, Ei-
genleuten, Ländereien und Mühlen bereits ihren eigenen Weg genommen. Sie war von Ludwig dem Deutschen 875 zusammen mit dem Kloster Faurndau seinem Diakon Liutbrand geschenkt worden, der beides
895 dem Kloster St. Gallen übertrug.[10]

Wie erwähnt, sollte Langenau offenbar die Position verstärken, die
Heinrich II. auf dem Erbwege an der Einmündung der Brenz in die
Donauniederung gewonnen hatte, und als Gegenpol gegen Ulm wirken.
Der Tod Herzog Hermanns II. im Jahre 1003 bereinigte den Thronstreit
endgültig und machte diese Aufgabe hinfällig. Wenige Jahre später
wandte sich Heinrich, der kinderlos war, dem Gedanken zu, bei seinem
Stammgut Bamberg ein Bistum zu gründen. Diesem Hochstift schenkte
er mit Urkunde von 1007 den „locus" Sontheim im Duriagau, d.h. seinen dortigen grundherrschaftlich organisierten Besitz.[11] Von Langenau
und Brenz ist dergleichen nicht bekannt. Sie blieben demzufolge wohl in
seiner Hand bis zu seinem Tode im Jahre 1024. Doch was geschah
nachher damit?

Heinrichs II. Tod bedeutet eine Zäsur in der Reichsgeschichte. Mit
ihm erlosch das liudolfingische oder ottonische Königshaus. Es folgten
die cognatisch verwandten Salier, deren Macht in Schwaben sich vorwiegend auf das Gut der Konradiner gründete. Nichts deutet daraufhin, daß
sie Langenau und Brenz jemals besessen hätten. In der Überlieferung
beider Orte klafft freilich eine erhebliche Lücke; sie beträgt für Langenau über hundert Jahre.

---

[10] WUB 1 Nr. 150 und 171.
[11] MG D HII Nr. 147. Vgl. Bühler, Duria-Orte (wie Anm. 4) S. 7ff.

Langenau wird wieder erwähnt in einer Urkunde von 1143. Sie berichtet von der Gründung eines Klosters in Langenau durch den Pfalzgrafen Manegold d. Ä. (1070 - ca. 1095) und seine Söhne Manegold, Adalbert, Ulrich und Walter, letzterer Bischof von Augsburg von 1133 bis 1152. Sie besaßen nach Erbrecht das Patronatsrecht der Martinskirche in Langenau samt den Zehnten und außerdem eine „curtis fiscalis", in welche die Zehnten abzuliefern waren, sowie andere Güter im Dorf, Mühlen, Äcker, Wiesen und Hofstätten.[12] Schon früher, ab etwa 1110, begegnen Ministerialen, die sich von „Nawe" nennen und offenbar im Dienste der Augsburger Hochkirche standen, für die 1186 auch Besitz in Langenau bezeugt ist.[13] Aus Nachrichten des 13. Jahrhunderts ergibt sich, daß auch die Grafen von Dillingen in Langenau begütert waren.[14] Der Besitz all dieser Herrschaften zusammengenommen machte jedoch nur den geringeren Teil des gesamten Grundbesitzes am Ort aus. Man könnte sich denken, daß die Güter der Pfalzgrafen, die zur curtis fiscalis gehörten, und die der Dillinger etwa auf Belehnung durch Heinrich II. beruhten; die der Augsburger Hochkirche stammten am ehesten von Heinrichs Bruder Bruno, welcher der Augsburger Kirche von 1006 bis 1029 vorstand.

Der Hauptteil von Langenau, die Masse dessen, was Heinrich II. 1003 von Freising eingetauscht hatte, muß einen anderen Weg gegangen sein. Er ist nur durch Rückschluß zu ermitteln. Im Jahre 1301 erhält Graf Rudolf von Werdenberg von König Albrecht für die „villa sua Nav" alle Rechte und Freiheiten der Stadt Ulm.[15] Der Graf von Werdenberg war also Ortsherr in Langenau. Er ist Rechtsnachfolger der Markgrafen von Burgau. Seine Gemahlin Udilhild, Erbtochter des Markgrafen Heinrich II. von Burgau († ca. 1293), hatte ihm Langenau samt der ganzen Herrschaft Albeck zugebracht. Markgraf Heinrich II. urkundete am 24. Dezember 1277 und am 23. Februar 1284 in der Burg Albeck.[16] Er übereignete dem Kloster Kaisheim 1286 neben anderen Gütern in der Herrschaft Albeck auch einen Hof in „Nawe".[17] Markgraf Heinrich wiederum hatte die Herrschaft Albeck und damit Langenau mit der Hand der

[12] WUB 2 Nr. 318.
[13] Bühler, Duria-Orte (wie Anm. 4) S. 19f. – WUB 2 Nr. 447.
[14] WUB 3 Nr. 905 (1238); WUB 5 Nr. 1512 (1258); WUB 6 Nr. 1628 (1261).
[15] Ulm. UB. 1 Nr. 223.
[16] WUB 8 Nr. 2734. MB 6 Nr. 49.
[17] WUB 9 Nr. 3526.

Erbtochter Adelheid von Albeck (†1280) erworben. Die von Albeck lassen sich somit als früheste Inhaber der Ortsherrschaft in Langenau nach Kaiser Heinrich II. ermitteln. Sie müssen die Rechtsnachfolger Heinrichs II. sein. Doch zwischen Heinrichs II. Tod im Jahre 1024 und ihrem Auftreten klafft eine Lücke von rund 80 Jahren. Auf welche Weise sind sie seine Rechtsnachfolger geworden?

Die Burg Albeck wurde wohl um 1100 erbaut. Als erster Inhaber läßt sich ein Berengar 1107/08 nachweisen.[18] Der Ort Albeck entstand sicher erst allmählich im Anschluß an die Burg, d.h. aus der Ansiedlung abhängiger Leute, Bauern und Handwerker beim Wirtschaftshof der Burg entstand ein Burgweiler, der später befestigt wurde und schließlich sogar Stadtrecht erhielt.[19] Die Gemarkung Albeck ist eigenartig zerlappt und erweckt den Eindruck, als sei sie aus Teilen der Nachbargemarkungen Langenau, Göttingen und Hörvelsingen zusammengestückelt. Die Gemarkungen von Hörvelsingen im Westen und Göttingen im Südosten reichen fast bis an den Ortsrand von Albeck. Nur nach Norden und Nordosten dehnt sich die Gemarkung Albeck weiter aus, umfaßt hier freilich auch die Feldmark der ehemals selbständigen Weiler Osterstetten und Stuppelau sowie der abgegangenen Höfe Hagen und Aspach. Stuppelau und Aspach sowie die Äcker, Wiesen und Gärten unterhalb Albeck gegen Langenau gehörten 1474 in den Zehntbezirk der Martinspfarrei Langenau.[20] Das spricht sehr dafür, daß Albeck von Anfang an eng mit Langenau verbunden war insofern als die Burg Albeck wohl am Westrand der ursprünglichen Gemarkung Langenau erbaut wurde und die Inhaber der Burg seit deren Erbauung um 1100 die Ortsherrschaft in Langenau ausübten.

Dies läßt sich mit einiger Sicherheit anhand der Geschichte der sogenannten „Boller Güter" in Langenau beweisen. Das Lagerbuch von 1515 verzeichnet zwölf solcher „Boller Güter", darunter den zweigeteilten Maierhof. Sie liegen alle relativ dicht beisammen im unteren Dorf, das

---

[18] Heinz Bühler: Zur frühen Geschichte Heidenheims und vergleichbarer Orte auf der Alb. In: Jahrbuch 1987/88 des Heimat- und Altertumsvereins Heidenheim an der Brenz. 1988. S. 51 ff, hier S. 53 ff.

[19] Erstmals 1377 „Albegg Burg und Statt". Stadtarchiv Ulm. Rep. 2 folg., Bl. 1432 v.

[20] Salbuch des Kl. Anhausen von 1474. HStA. Stuttgart. H 102/5 Bd. 1 Fol. 230 v-231 v.

auch Ostheim genannt wird.[21] Diese Güter gehörten zur Ausstattung des Chorherrenstifts Boll bei Göppingen, das um 1138 von Berta gegründet worden war, einer Tochter Herzog Friedrichs I. von Schwaben (†1105), die mit Adalbert von Elchingen-Ravenstein (1104-ca. 1120) vermählt war, dem Stifter der Abtei Elchingen (LK. Neu-Ulm). Dieser war ein Bruder des erwähnten Berengar von Albeck (1107/08).[22] Der Stifter Elchingens hatte die „Boller Güter" zunächst wohl seiner Gemahlin Berta als Witwengut übereignet, welche sie dann ihrem Stift Boll übertrug. Doch könnten sie auch über Adalberts Tochter Liutgard, die mit dem Markgrafen Konrad von Meissen aus dem Hause Wettin verheiratet war, an das Stift Boll gelangt sein. Auf jeden Fall lassen sich die „Boller-Güter" mit größter Wahrscheinlichkeit bis ins frühe 12. Jahrhundert zurückverfolgen. Sie beweisen, daß Langenau schon damals in Händen der gleichen Familie war, aus der der erste Herr von Albeck stammte. „Boller Güter" wie auch der erst später faßbare albeck-werdenbergische Besitz stammen aus derselben Erbmasse, und diese geht auf den Besitz Kaiser Heinrichs II. zurück.

Wie sind die Brüder Berengar von Albeck und Adalbert von Elchingen-Ravenstein zu diesem Besitz gelangt? Sie müssen Langenau ererbt haben; ein Elternteil der beiden muß Langenau bereits besessen haben.

Berengar und Adalbert konnten als Söhne Adalberts von Stubersheim ermittelt werden, der mit seinem Bruder Berengar im Jahre 1092 in Ulm das Vermächtnis Werners von Kirchen (bei Ehingen) und seiner Mutter Richinza an Kloster Allerheiligen in Schaffhausen bezeugte.[23]

Wie aber kommt der Stubersheimer in den Besitz von Langenau?

Der Mannesstamm des Geschlechtes Stubersheim (bei Geislingen) läßt sich nur bis zu dem erschließbaren Vater der Brüder Adalbert und Berengar von 1092 zurückverfolgen. Er hat um die Mitte des 11. Jahrhunderts gelebt und wahrscheinlich Adalbert geheißen. Nichts spricht dafür,

---

[21] Urbar von 1515 im Stadtarchiv Langenau. Frdl. Mitteilung von Herrn Hans Bühler, Langenau, der die Lage aller Langenauer Güter auf dem Ortsplan von 1827 verzeichnet hat.

[22] Heinz Bühler: Zur Geschichte der frühen Staufer. In: Hohenstaufen. Veröffentlichungen des Geschichts- und Altertumsvereins Göppingen 10.1977. S. 1 ff, hier S. 30 ff.

[23] Heinz Bühler: Schwäbische Pfalzgrafen, frühe Staufer und ihre Sippengenossen. In: Jahrbuch des Histor. Vereins Dillingen 77.1975. S. 118 ff, hier S. 130. – WUB 1 Nr. 241.

daß Langenau etwa ihm gehört hätte. Die Mutter der Stubersheimer Brüder ist der Sippe Mömpelgard zuzurechnen, und zwar als Tochter oder eher Enkelin Berengars (†1027). Die Mömpelgarder sind ein Zweig der Konradiner, mit denen Kaiser Heinrich II. in den Jahren 1002/03 im Streit gelegen hatte.[24] Langenau hatte ihm als Stützpunkt gegen sie gedient; von ihnen kann Langenau daher keinesfalls kommen.

Studiert man die Besitzverhältnisse Langenaus eingehender, so zeigt sich, daß dort anscheinend nur die Nachkommen Adalberts von Stubersheim (1092) beteiligt waren, nicht die seines Bruders Berengar, von dem die von Stubersheim-Ravenstein abstammten. Das läßt vermuten, daß die Gemahlin Adalberts von Stubersheim, somit die Mutter Berengars von Albeck (1107/08) und Adalberts von Elchingen-Ravenstein (1104- ca. 1120), Langenau zugebracht haben könnte. Welchem Geschlecht gehört sie an?

Einige Beobachtungen, die, jede für sich genommen, wenig besagen mögen, die sich aber wechselseitig stützen, weisen insgesamt in eine ganz bestimmte Richtung:

1) Erwähnt wurde bereits die Zeugenschaft der Brüder Adalbert und Berengar von Stubersheim beim Vermächtnis Werners von Kirchen für die Abtei Allerheiligen in Schaffhausen 1092. Schaffhausen ist das Hauskloster der Grafen von Nellenburg (bei Stockach). Werner von Kirchen, der sich auch Graf von Frickingen nannte, entstammte einem Zweig des Hauses Nellenburg.[25] Die Zeugenschaft der Stubersheimer Brüder für Werner bzw. für die Abtei Allerheiligen könnte in einer Verwandtschaft zu den Nellenburgern begründet sein.

2) Auffallend ist sodann das Auftreten des Namens Eberhard (um 1110) im Hause Stubersheim, und zwar in der Generation Berengars von Albeck und Adalberts von Elchingen-Ravenstein. Der Verfasser hat diesen Eberhard früher versuchsweise, jedoch ohne triftigen Grund, unter die Söhne Berengars von Stubersheim (1092) eingereiht. Er kann jedoch ebensogut, ja – unter neuen Aspekten – sogar viel eher ein Sohn Adalberts von Stubersheim (1092) und damit ein Bruder Berengars von Al-

---

[24] Eduard Hlawitschka: Untersuchungen zu den Thronwechseln in der ersten Hälfte des 11. Jahrhunderts und zur Adelsgeschichte Süddeutschlands. Vorträge und Forschungen. Sonderband 35. 1987. S. 103 f.

[25] Hans Jänichen: Die schwäbische Verwandtschaft des Abtes Adalbert von Schaffhausen. In: Schaffhauser Beiträge zur vaterländ. Geschichte 35. 1958. S. 5 ff, hier S. 16 ff und S. 24 ff.

beck (1107/08) und Adalberts von Elchingen-Ravenstein sein. Er ist
vielleicht personengleich mit dem Erbauer der Burg Helfenstein oberhalb Geislingen an der Steige.[26] Der Name Eberhard, der dem Gesamthaus Stubersheim-Albeck-Ravenstein sonst fremd ist, könnte von der
Gemahlin Adalberts von Stubersheim (1092) zugebracht sein. Eberhard
aber ist ein Name, der im schwäbischen Adel um diese Zeit fast ausschließlich dem Hause Nellenburg vorbehalten ist, sich dort in fast jeder
Generation findet und auf Vorfahren im 9. Jahrhundert zurückgeht.

3) Unter den Nachkommen Adalberts von Stuberheims (1092) tritt der
Name Liutgard auf. So hieß eine Tochter Adalberts, welche 1108 an
Kloster Blaubeuren schenkte, sowie eine Enkelin, Tochter Adalberts von
Elchingen-Ravenstein und seiner Gemahlin Berta, welche – wie erwähnt
– eine Tochter Herzog Friedrichs I. von Schwaben (†1105) und der
Kaisertocher Agnes war. Diese Liutgard vermählte sich mit dem Mark-
grafen Konrad d. Gr. von Meißen aus dem Hause Wettin.[27] Die vorneh-
men Verbindungen der Nachkommen Adalberts von Stubersheim (1092)
mit Staufern und Wettinern erklären sich, wenn sie selbst dem höchsten
Adel zugerechnet wurden. Tatsächlich galt Adalbert von Elchingen-Ravenstein als ein „nobilissimus de Suevia".[28] Dazu dürfte die Gemahlin
Adalberts von Stubersheim (1092) beigetragen haben, die am ehesten den
Namen Liutgard vermittelt hat. Der Name Liutgard findet sich um diese
Zeit bei den Wirtembergern, Zähringern und – schon früher – bei den
Nellenburgern. Die Wirtemberger könnten ihn von den Zähringern erhalten haben, diese wiederum haben ihn ziemlich sicher von den Nellen-
burgern.[29] So weist der Name Liutgard unter den Nachkommen Adalberts von Stubersheim (1092) wiederum auf die Nellenburger.

[26] Bühler, Schwäb. Pfalzgrafen (wie Anm. 23) S. 128 und 130.
[27] Bühler: Zur frühen Geschichte Heidenheims (wie Anm. 18) S. 54f.
[28] Wie Anm. 27 S. 54.
[29] Eine Tochter des Thurgaugrafen Eberhard III. (957-971) hieß Liutgard. Sie
vermählte sich mit Landolt, Grafen von Altenburg (976-991). Eine Tochter
dieses Paares, wahrscheinlich Liutgard geheißen, wurde die Gemahlin Bezzelins von Villingen (†1024) aus dem späteren Hause Zähringen. Dessen Enkelin, Gemahlin des Markgrafen Diepold II. von Giengen-Vohburg (†1078),
hieß wieder Liutgard. Diese Auffassung weicht z. T. ab von der Hans Kläuis:
Grafen von Nellenburg. In: Genealog. Handbuch zur Schweizer Geschichte
4. 1980. S. 179ff, hier S. 199f.

4) Adalbert von Elchingen-Ravenstein stattete die von ihm gestiftete Abtei Elchingen um 1120 mit namhaften Gütern im schweizerischen Siggental (bei Baden im Aargau) aus, nämlich in Kirchdorf, Siggingen, Ehrendingen, Baden und Nußbaumen.[30] Sie gingen dem Kloster schon 1150 im Tausch mit St. Blasien wieder verloren. Der Verfasser hat die Herkunft dieser Güter schon auf verschiedene Weise zu deuten versucht; die jetzt unter neuen Gesichtspunkten gewonnene Deutung dürfte überzeugen. Es zeigt sich nämlich, daß in derselben Gegend, teils in denselben Orten, nämlich in Ehrendingen, Baden und Rieden, ein Graf Eberhard und sein Sohn Thiemo zwischen 1027 und 1040 an Kloster Einsiedeln schenkten.[31] Graf Eberhard, der Vater Thiemos, kann kein anderer sein als der Thurgaugraf Eppo († ca. 1030/34) aus dem Hause, das sich später nach der Nellenburg bei Stockach nannte. Dafür zeugt der Name Eberhard (= Eppo) und sein Grafentitel. Daß es sich bei den dortigen Schenkern tatsächlich um Nellenburger handelt, wird dadurch bestätigt, daß im benachbarten Stetten an der Reuß Graf Eberhard der Selige von Nellenburg († ca 1078), ein Sohn Eppos, gleichfalls Einsiedeln bedachte.[32] Das Siggental war offenbar nellenburgische Besitzlandschaft. Die dortigen Güter des Klosters Elchingen dürften durch die Gemahlin Adalberts von Stubersheim (1092) vermittelt sein.

So führen alle Beobachtungen zum selben Ergebnis, nämlich daß die Gemahlin Adalberts von Stubersheim (1092), somit die Mutter Berengars von Albeck (1107/08), Adalberts von Elchingen-Ravenstein (1104-ca. 1120), Eberhards von Stubersheim (-Helfenstein?, ca. 1110) und der Liutgard, die 1108 an Blaubeuren schenkte, wohl dem Hause Nellenburg entstammte. Vielleicht trug sie selbst den Namen Liutgard und vererbte ihn auf Tochter und Enkelin. Aufgrund ihres Alters – sie dürfte um 1050/55 geboren sein – könnte sie eventuell noch eine Tochter Eberhards des Seligen von Nellenburg (geb. um 1010/15, † um 1078), eher aber eine Enkelin desselben sein, Tochter etwa seines Sohnes Eberhard († 1075). Sie müßte die elchingischen Güter in der Schweiz und vor allem Langenau samt der Burgstelle Albeck in die Ehe gebracht haben.

---

[30] Vgl. WUB 5 S. 415 ff, Nachtrag Nr. 29 und Martin Gerbert: Codex diplomaticus Historiae Silvae Nigrae. S. 76 f Nr. 51.

[31] Vgl. MG D KII Nr. 109 und MG D HIII Nr. 36.– Quellenwerk zur Entstehung der Schweizerischen Eidgenossenschaft. Abt. II. Urbare und Rödel 3. 1951. S. 365 und 368.

[32] Quellenwerk (wie Anm. 31) S. 373.

Freilich erhebt sich nun die Frage, was die Verbindung derer von Stubersheim-Albeck-Elchingen zu Nellenburg nützt, wo doch eine Verbindung zu Kaiser Heinrich II. gesucht wird.

Eberhard der Selige von Nellenburg († ca. 1078) war der Gründer des Klosters Allerheiligen in Schaffhausen. Sein Vater war der erwähnte Thurgaugraf Eppo († ca. 1030/34). Seine Mutter hieß Hadwig. Sie trug damit einen Namen, der für das Königshaus der Liudolfinger oder Ottonen typisch war. So hießen die Mutter König Heinrichs I. († 936) sowie eine Tochter Heinrichs I., vermählt mit Herzog Hugo von Franzien († 956), und sodann die Vaterschwester Kaiser Heinrichs II., die mit Herzog Burchard II. von Schwaben († 973) vermählt war. Die Überlieferung des Klosters Allerheiligen in Schaffhausen bestätigt, daß Hadwig höchst vornehmer Herkunft war. Die Schaffhauser Annalen nennen sie eine „consobrina", eine Base Kaiser Heinrichs II., und das „Buch der Stifter" spricht gar davon, sie sei „von kaiserlichem und künichlichem geslechte, si was des hohen kaiser Hainriches swester tochter".[33] Die Nellenburger stellen somit wohl die gesuchte Verbindung zu Kaiser Heinrich II. her, eine Verbindung, die einen Erbgang Langenaus von Heinrich II. auf die von Stubersheim-Albeck-Elchingen möglich, ja sehr wahrscheinlich macht.

Doch welcher Art war die Verwandtschaft Hadwigs zu Heinrich II. tatsächlich? Die Verwandtschaftsbezeichnung des „Buchs der Stifter", welches sie eine Schwestertochter Heinrichs nennt, eine Nichte also, scheint völlig eindeutig, aber sie deckt sich nicht mit dem Begriff „consobrina", der allgemein für „Base" steht, denn Base und Nichte bezeichnen verschiedene Verwandtschaftsverhältnisse. Welche Quelle hat recht? In Wirklichkeit läßt der Begriff „consobrina" mehrere Deutungen zu. Sie gilt es zu prüfen. Karl August Eckhardt hat die verschiedenen Möglichkeiten dargelegt.[34]

„Consobrina" ist danach zunächst die Tochter der Mutterschwester, allenfalls auch des Mutterbruders. Mutterbruder Heinrichs II. war König Rudolf III. von Burgund († 1032), der jedoch keine Kinder hatte. Somit scheidet diese Möglichkeit aus. Töchter von Mutterschwestern,

---

[33] Das Kloster Allerheiligen in Schaffhausen. Hg. F.L. Baumann. In: Quellen zur Schweizer Geschichte 3. 1883. S. 158. – Das Buch der Stifter des Klosters Allerheiligen. Hg. Karl Schib. 1934. S. 2.

[34] Karl August Eckhardt: Eschwege. Beiträge zur Hessischen Geschichte 1. 1964. S. 89.

genau genommen Mutterhalbschwestern, waren alle Töchter von Gerberga (vermählt mit Herzog Hermann II. von Schwaben), Berta (Gemahlin Odos von Blois) und Mathilde (vermutlich verheiratet mit Egino
von Ostfranken).[35] Die Töchter der Mutterhalbschwestern waren jedoch
allesamt keine Ottonennachkommen und daher allenfalls dann erbberechtigt, wenn keine näheren Verwandten vorhanden waren. Vor allem
findet sich unter ihnen keine Hadwig. Sie scheiden somit gleichfalls aus.

„Consobrina" kann sodann die Tochter der Vaterschwester sein. Daher hat Karl August Eckhardt angenommen, Hadwig sei die Tochter
jener Hadwig (†994), die mit Herzog Burchard II. von Schwaben (†973)
vermählt war. Doch hatte dieses Paar keine Nachkommen.[36]

„Consobrina" kann schließlich die Tochter der eigenen Schwester sein,
auch jede weibliche Verwandte, die nicht zu den Agnaten gehört, nicht
aber eine Verwandte der Frau.

Dieser letztere Passus richtet sich gegen die These von Wilhelm Gisi,
der aus besitzgeschichtlichen Gründen Hadwig als Tochter der Eva von
Lützelburg betrachtete, der Schwester von Kaiser Heinrichs Gemahlin
Kunigunde; diese Eva war mit dem Grafen Gerhard von Lothringen
(1002-1017) vermählt.[37] Doch Gisis Ansicht widerspricht der Aussage
der Schaffhauser Quellen; ihr zufolge hätte der Erbgang, der im Falle
Langenau offensichtlich vorgelegen hat, gar nicht erfolgen können, denn
die Nichte der Schwägerin ist normalerweise nicht erbberechtigt. Diese
Ansicht ist daher abzulehnen.

Zu „jede weibliche Verwandte, die nicht zu den Agnaten gehört", ist
einschränkend zu bemerken, daß Hadwig ihres Namens wegen sicherlich zur Sippe der Liudolfinger oder Ottonen gehörte. So kämen theoretisch allenfalls Nachkommen jener Hadwig in Betracht, die mit Hugo
von Franzien (†956) vermählt war. Doch deutet nichts daraufhin, daß
die Nellenburger in engerer Beziehung zu den Capetingern und deren
Nachkommen gestanden hätten. So bleibt die Bedeutung „Tochter der
eigenen Schwester". Sie entspricht der Aussage des „Buchs der Stifter".

---

[35] Heinz Bühler: Studien zur Geschichte der Grafen von Achalm. In: ZWLG
43. 1984. S. 7ff, hier S. 38ff.

[36] Wie Anm. 34 S. 90ff. – Hlawitschka (wie Anm. 24) S. 50 Anm. 152.

[37] W. Gisi: Haduwig, Gemahlin Eppos von Nellenburg. In: Anzeiger für
Schweizerische Geschichte. NF 4. 1985. S. 347ff, hier S. 349ff.

Unsere beiden Quellen haben somit dasselbe Verwandtschaftsverhältnis zu Heinrich II. im Auge. Es ermöglicht den einfachsten Erbgang. Ihm entsprechen die Lebensdaten, die sich für Hadwig und ihren Gemahl Eppo († ca. 1030/34) ermitteln lassen.[38] Hadwig ist in diesem Fall nach der Schwester des Großvaters benannt.

Doch wie hieß die Schwester Kaiser Heinrichs II., die die Mutter Hadwigs gewesen sein muß? Prinz Isenburg hat Hadwig, die Gemahlin des Thurgaugrafen Eberhard (= Eppo), als Tochter von Heinrichs Schwester Gisela angesetzt, die mit König Stephan dem Heiligen von Ungarn vermählt war.[39] Diese Lösung besticht im ersten Augenblick, denn sie scheint der Aussage des „Buchs der Stifter" zu entsprechen, wonach Hadwig „von kaiserlichem und künichlichem geslechte" war. Doch Scabolcz de Vajay, ein besonderer Kenner der Geschichte Ungarns im Mittelalter, hat dies abgelehnt.[40] So bleibt Heinrichs Schwester Brigida. Von ihr ist nur bekannt, daß sie Nonne in St. Paul in Regensburg und später Äbtissin in Andlau im Elsaß war.[41] Sie müßte vordem kurze Zeit verheiratet gewesen sein, und aus dieser Ehe müßte Hadwig stammen. Dies hat bereits Eduard Hlawitschka erwogen.[42] Fehlt für diesen Ansatz Hadwigs leider der Quellenbeweis, so sprechen dafür gewichtige Argumente:

1) die Aussage des „Buchs der Stifter", die von den Schaffhauser Annalen bestätigt wird.

2) der Name Hadwig, der für unmittelbare Zugehörigkeit zum liudolfingisch-ottonischen Sippenkreis spricht.

3) daß ein Enkel Hadwigs, Sohn Eberhards des Seligen von Nellenburg, den ottonischen Namen Heinrich trug († 1075), was darauf schließen läßt, daß er ottonische Ahnen hatte.

4) die Lebensdaten Hadwigs.

---

[38] Genealog. Handbuch zur Schweizer Geschichte 4. 1980. S. 179 ff, hier S. 187 f.

[39] Stammtafeln zur Geschichte der Europäischen Staaten. Bearb. Wilhelm Karl Prinz v. Isenburg 2. 1960. Tafel 104.

[40] Siehe Eckhardt (wie Anm. 34) S. 89 f.

[41] Hlawitschka (wie Anm. 24) S. 164 Anm. 227. – Eine angebliche Schwester K. Heinrichs II. namens Gerberga ist nur unsicher überliefert.

[42] Hlawitschka (wie Anm. 41).

5) der Erbgang von Langenau, der offenbar von keiner Seite angefochten wurde, wogegen die von Albeck, die nun als Nachkommen der Hadwig gelten dürfen, noch nach 120 Jahren und später Ansprüche an ehemalige Güter Heinrichs II. in Sontheim und Mönchsdeggingen im Ries stellten.[43]

6) schließlich dient die Geschichte von Kirchheim unter Teck als Bestätigung. Der Ort war im Jahre 960 in den Besitz Ottos d. Gr. (936-973) gelangt und erscheint 1059 in Händen Eberhards des Seligen von Nellenburg. Er hatte sich allem Anschein nach über Otto II. und Otto III. auf Heinrich II. vererbt und kann wohl nur über dessen Nichte Hadwig an den Nellenburger gelangt sein.[44]

So war also Langenau, jedenfalls der Großteil des Ortes, von Kaiser Heinrich II. im Erbgang über seine Nichte Hadwig auf die Nellenburger und über eine nellenburgische Tochter, die sich um 1075 mit Adalbert von Stubersheim (1092) vermählte, an die von Albeck und den Gründer des Klosters Elchingen, Adalbert von Elchingen-Ravenstein (1104-ca. 1120), gelangt. Der Ort befand sich demzufolge für rund 50 Jahre im Besitz der Nellenburger.

Dieses Ergebnis erhellt nicht allein die Geschichte Langenaus, sondern – wie zu zeigen sein wird – auch die der Orte Brenz, Bächingen und Sontheim an der Brenz.

Für Langenau erhebt sich nun die Frage, wo die „cortis" geblieben sein könnte, die beim Tausch vom Hochstift Freising an Heinrich II. im Jahre 1003 offenbar Verwaltungsmittelpunkt des Ortes gewesen ist. Früher, als die jetzt dargelegte Entwicklung noch nicht zu erkennen war, hatte der Verfasser die Meinung vertreten, die „cortis" sei in der „curtis fiscalis" wiederzuerkennen, die von den schwäbischen Pfalzgrafen vor 1143 ihrem Kloster Langenau-Anhausen übertragen worden war und später als Münchhof (1439), Freihof oder anhausischer Pfleghof Erwähnung findet.[45] Unter den jetzt gewonnenen Erkenntnissn dürfte eher ein anderer Schluß zu ziehen sein. Es war schon die Rede von den „Boller Gütern" in Langenau, die – insgesamt zwölf einschließlich des zweigeteilten Maierhofs – alle ziemlich geschlossen im unteren Dorfe (Ostheim) liegen. Sie gehören mit großer Wahrscheinlichkeit zu den Gütern, die sich von Heinrich II. über die Nellenburger auf Adalbert von Elchin-

---

[43] Vgl. unten Abschnitt III.
[44] Wie Anm. 1.
[45] Duria-Orte (wie Anm. 4), S. 25 ff.

gen-Ravenstein (1104-ca. 1120) vererbten und über seine Gemahlin Berta an das Stift Boll gelangten. Somit besteht eine direkte Verbindung zwischen der „cortis" und dem Boller Maierhof, und es liegt nahe, in diesem die alte „cortis" wiederzuerkennen. Es ergibt sich damit auch, daß der Besitz Heinrichs II. auf alle Fälle das untere Dorf Langenau (Ostheim) umfaßt hat, dazu freilich auch große Teile des Oberdorfs, denn die später faßbaren albeck-werdenbergischen Güter finden sich in beiden Ortsteilen.[46]

Es sei bemerkt, daß 1377 die beiden „dörffer Nau, unders und obers" unterschieden werden. Sie hatten bis in die Neuzeit hinein eine völlig getrennte Zelgverfassung. Später kam dazu noch die sich an das Oberdorf anschließende Marktsiedlung oder Mitteldorf (1515), die zusammen auch Westheim genannt wurden im Gegensatz zum unteren Dorf, das Ostheim hieß.[47]

Die Güter des Klosters (Langenau-)Anhausen, die von den schwäbischen Pfalzgrafen herrührten, lagen vorwiegend im Oberdorf um die Martinskirche: Münchhof, Hof hinter der Kirche, Hof beim Münchhof, ein weiterer Hof (= 1½ Gut), zwei halbe Lehen, Mühle und Täfer. Im Unterdorf lagen nur ein Hof und ein halbes Lehen, doch kam dazu 1273 ein weiteres Gut.[48] Diese Güter weiter zurück zu verfolgen, ist schwierig. Das Patronatsrecht der Martinskirche wird zwar ausdrücklich als Erbgut der pfalzgräflichen Klosterstifter bezeichnet. Es könnte zurückgehen auf den Grafen Manegold, der 1003 für Langenau zuständig und wahrscheinlich ein Vorfahr der Pfalzgrafen war. Nicht Erbgut der Stifter scheint dagegen die „curtis fiscalis" mit ihrem Zugehör gewesen zu sein; jedenfalls vermerkt die Urkunde von 1143 nichts dergleichen. Sie müßte auf andere Weise an die Pfalzgrafen gelangt sein. Wurde oben bereits die Möglichkeit in Erwägung gezogen, daß Heinrich II. einen Vorfahren der Pfalzgrafen belehnt haben könnte, so ist auch ein anderer Weg denkbar: die Gemahlin des Pfalzgrafen Manegold d. Ä. (1070-ca. 1095), Adelheid, die sicher regen Anteil genommen hatte an der Stiftung des Klosters Langenau-Anhausen, war aller Wahrscheinlichkeit nach eine Schwester Adalberts und Berengars von Stubersheim (1092) und damit die Schwä-

---

[46] Frdl. Mitteilung von Herrn Hans Bühler, Langenau.
[47] Stadtarchiv Ulm. Rep. 2 fol., Bl. 772 v. – Belege bei Lutz Reichardt: Ortsnamenbuch des Alb-Donau-Kreises und des Stadtkreises Ulm. 1986. S. 183 f. – Frdl. Auskunft von Herrn Hans Bühler, Langenau.
[48] Salbuch von 1474 (wie Anm. 20) Fol. 201 ff. – Auskunft Hans Bühler, Langenau.

gerin jener Nellenburgerin, die Langenau an das Haus Stubersheim brachte.[49] Aufgrund dieser Verwandtschaft könnte Gut der Nellenburgerin durch Tausch, Kauf oder Schenkung an die Pfalzgrafen und damit an das Kloster gelangt sein.

In Langenau hielt König Konrad III. im September 1150 ein „colloquium" mit den Fürsten des Reiches. Anwesend waren der Bischof von Konstanz, die Äbte von Reichenau, St. Gallen, Kempten, Wiblingen und Elchingen (letzterer nur im Kontext erwähnt), ferner Herzog Friedrich III. von Schwaben, Herzog Konrad von Zähringen, ein Friedrich, Bruder des Herzogs Friedrich (den man sonst nicht kennt), die Markgrafen von Baden und von Vohburg, die Grafen von (Pfullendorf-)Ramsberg, Kirchberg, Zollern, Veringen und Berg, sechs Edelfreie, darunter Berengar von Albeck und Degenhard von Hellenstein. Bei dieser Gelegenheit wurden Güter zwischen den Klöstern Elchingen und St. Blasien ausgetauscht, wobei König Konrad III. als Vogt von Elchingen, Herzog Konrad von Zähringen als Vogt von St. Blasien mitwirkten.[49a]

Tagungsort dürfte die Martinskirche gewesen sein. Über sie konnte der König bzw. sein Neffe Herzog Friedrich III. von Schwaben verfügen, nachdem die Vogtei des Klosters Anhausen infolge Erlöschens der pfalzgräfischen Familie im weltlichen Mannesstamm um 1143 an die verwandten Staufer gefallen war.

II. Brenz an der Brenz mit Bächingen

Wie bereits dargelegt, verlief die ältere Geschichte von Brenz wohl parallel zu der des benachbarten Sontheim, das 1002 im Besitz Heinrichs II. erscheint. Doch während Sontheim im Jahre 1007 an das Hochstift Bamberg gegeben wurde, ist von Brenz dergleichen nicht bekannt, so daß anzunehmen ist, daß es bis zum Tode Heinrichs II. im Jahre 1024 in dessen Hand verblieb wie Langenau. Was danach geschah, bleibt zu klären.

Durch die Schenkung Ludwigs des Deutschen an seinen Diakon Liutbrand 875 war die „capella" von der Ortsherrschaft abgetrennt worden und 895 an die Abtei St. Gallen gelangt.[50] Die Kirche hatte von nun an

[49] Bühler: Zur frühen Geschichte Heidenheims (wie Anm. 18) S. 68.
[49a] Martin Gerbert (wie Anm. 30) S. 76f Nr. 51.
[50] Wie Anm. 10.

ihre eigene Geschichte, die mit der der Ortsherrschaft nicht zu verwechseln ist, wenn auch das Patronatsrecht später zeitweilig in Händen der Ortsherrschaft war. Unter dem Abt von St. Gallen wurde die Kirche um einen Westchor erweitert und ihr der heilige Gallus zum Patron gegeben.[51]

Danach wird Brenz erst wieder im frühen 12. Jahrhundert erwähnt, zuerst mit Hildebrand „de Brenzi", der um 1118 als „ministerialis Marchionis", nämlich des Markgrafen Diepold III. von Vohburg, und ein zweites Mal um die Mitte des 12. Jahrhunderts bezeugt ist.[52] Er war allem Anschein nach mit dem Kirchenpatronat in Brenz samt zugehörigen Gütern belehnt, welches die Diepoldinger wohl als Lehen von St. Gallen erworben hatten. Durch die Heirat von Diepolds Tochter Adela mit Herzog Friedrich III. von Schwaben, dem nachmaligen Kaiser Friedrich I., gelangten das Brenzer Kirchenpatronat und die Ministerialen von Brenz 1147 in den Besitz der Staufer. Unter ihnen erhielt die Brenzer Kirche im wesentlichen ihre heutige Gestalt. Mit dem Bau des Westturmes mit Herrschaftsempore wurde um 1170 begonnen. Daran schloß sich zeitlich der Bau der dreischiffigen Basilika an, der wohl um 1220 vollendet war.[53] Maßgeblichen Anteil an diesem Bauwerk hatte vermutlich Heinrich von Brenz, der „capellanus" Kaiser Friedrichs I., der 1187 unter Mitwirkung des Kaisers zum Propst von St. Moritz in Augsburg gewählt wurde, später Domdekan war und bis 1234 bezeugt ist.[54] Als den Bau ausführender Patronatsherr kommt jener Sebolt (von Brenz?) in Betracht, dessen nach 1190 gefertigte Grabplatte in der südlichen Langhauswand ihn als Kreuzfahrer, d.h. als Teilnehmer am dritten Kreuzzug Barbarossas, ausweist.[55]

---

[51] Cichy: Brenz (wie Anm. 7) S. 52f.

[52] MB 14 S. 408 Nr. 3. – Die Traditionen und das älteste Urbar des Klosters St. Ulrich und Afra in Augsburg. Bearb. R. Müntefering. Quellen u. Erörterungen zur Bayerischen Geschichte. NF. 35. 1986. Nr. 163. Die entsprechende Tradition dürfte dort zu spät datiert sein. Obwohl Hildebrand dort „de Breginze" heißt, dürfte die Deutung auf Bregenz (Register S. 285) abwegig sein im Hinblick auf den Tradenten und die übrigen Zeugen sowie auf die Nennung zu ca. 1118.

[53] Cichy: Die Kirche von Brenz. ³1991, S. 61f und S. 72.

[54] MB 29a Nr. 544. – A. Steichele: Das Bistum Augsburg 3. S. 1165f Anm. 37. WUB 5 S. 413f Nachtr. Nr. 27. Vock: Hochst. Augsburg (wie Anm. 6) Nr. 56. WUB 3 Nr. 796, 854 und 858.

[55] Cichy: Brenz (wie Anm. 7) S. 71ff.

In der Proskriptionsliste der Anhänger König Heinrichs (VII.) von 1235 finden sich wieder Leute, die sich nach Brenz benannten, nämlich ein „Hemerlinus de Brenze" sowie „Otto de Brenze, filius Sifridi".[56] Sie sind wohl als staufische Ministerialen zu betrachten, zumindest Otto, der Sohn Sifrids. Vielleicht wurde ihnen aufgrund ihrer Parteinahme für den rebellischen Heinrich (VII.), den Sohn Kaiser Friedrichs II., ihr Lehen, das wohl die Brenzer Kirche mit Zugehör umfaßt hatte, aberkannt. Denn seit 1251 sind die Güssen, deren Stammburg Güssenberg bei Hermaringen stand, in Verbindung mit Brenz nachzuweisen.

Als erste begegnen die Brüder Ulrich, genannt Groppo, und Diepold von Brenz, Ritter, von denen der letztere 1260 mit dem Beinamen „Gusso" und dem Titel „advocatus de Brentz" erscheint.[57] Wohl sein Sohn ist Albert Güsse, der 1306 das Brenzer Kirchenpatronat innehatte.[58] Unter dessen Sohn Brun Güß von Brenz erscheinen Kirchenpatronat und Burg samt Ortsherrschaft vereinigt. Wegen Räubereien, die von Brenz und auch von Niederstotzingen ausgegangen waren, wurden auf Befehl Kaiser Ludwigs des Bayern 1340 die beiden Burgen von den Städtern zerstört und diesen als Ersatz für Schaden 1000 Mark Silber angewiesen, die sie sich durch Nutzung der zu den Burgen gehörigen Güter beschaffen sollten.[59]

Brun Güß stiftete 1354 einen Frauen- und einen Michaelsaltar in die Brenzer Kirche und dotierte diese mit einem Hof in Brenz und mit drei Zehntanteilen, nämlich dem Zehnt Sifrids von Sontheim, Heinrichs Güß und Dietrichs.[60] Brun war es wohl, der von Kaiser Karl IV. das Privileg erhielt, „ein offen gerichte über böße Leute mit Stockh und Galgen zurichten uf sinem aygen und Guete zu Brenz zu haben".[61] Doch bald darauf zogen sich die Brenzer Güssen aus dem Ort zurück. Brun Güß

[56] Martin Weller: Eine süddeutsche Proscriptionsliste im Staatsarchiv Wolfenbüttel. In: Aus Verfassungs- und Landesgeschichte. Festschrift für Theodor Mayer zum 70. Geburtstag 2. 1955. S. 105 ff, hier S. 118.

[57] Karl Puchner – Gustav Wulz: Die Urkunden der Stadt Nördlingen 1233-1349. Schwäbische Forschungsgemeinschaft. Urkundenregesten 1. 1952. Nr. 10; vgl. OAB Heidenheim. 1844. S. 158. – HStA. München. Kl. Obermedlingen. U 1.

[58] HStA. München. Kl. Obermedlingen. U 41.

[59] Ulm. UB. 2. Nr. 186 und 192.

[60] MB 33/2 Nr. 205.

[61] HStA. Stuttgart. A 602 Nr. 7637 (1417. Nov. 19).

d. J. war 1374 „seßhaft zu Stuoffen", d.i. Staufen LK. Dillingen.[62] Sie
behielten zunächst noch das Kirchenpatronat in Brenz. Doch 1409 verkauften die Söhne Bruns d.J., Konrad und Seitz, und die Tochter Barbara dem Bischof von Augsburg ihre Reichslehengüter, nämlich den
Kirchensatz, die Widumhöfe zu Brenz und Sontheim, drei Teile der
Brenzer Zehnten – offenbar diejenigen, die zu den beiden Altären gehörten – sowie alle sonstigen Zehnten der Pfarrei Brenz, die sie als
Laienzehnten innehatten.[63] Bei diesen Reichslehengütern handelt es sich
offenbar um den ehemals staufischen Besitz. Der Bischof überließ den
Brüdern und ihren männlichen Nachkommen das Verleihungsrecht der
beiden Pfründen, die 1354 gestiftet worden waren.[64] Da die Fertigung
des Kirchensatzes auf Schwierigkeiten stieß, überließ ihnen der Bischof,
der den Kaufpreis bereits bezahlt hatte, den Kirchensatz 1410 auf Widerruf „in trüwes mans handen".[65] Wann der Widerruf erfolgte, ist nicht
ersichtlich.

Mittlerweile hatten die von Sontheim in Brenz Fuß gefaßt. Die näheren Umstände lassen sich nicht ermitteln. Im Jahre 1394 wird Herbort
von Sontheim „zu Brenz" erwähnt.[66] Er ist der Sohn Werners von Sontheim, der 1338 zu Sontheim saß und bis 1351 bezeugt ist.[67] Herbort war
offenbar Inhaber der Brenzer Burg. Sein Bruder Georg, gewesener Abt
des Klosters Anhausen, erwarb vor 1409 von Herborts Söhnen Ulrich
und Heinrich neun Huben und vier Sölden in Brenz, die nach seinem
Tode offenbar an die Brüder zurückfielen.[68] Diese sind 1417 Ortsherren
und erhalten von König Sigismund, der sich 1413 in Brenz aufgehalten
hatte, das Privileg Karls IV. über Gericht, Stock und Galgen bestätigt.[69]
Von den Brüdern ist Ulrich im Jahre 1439 zuletzt „zu Brenz" bezeugt.[70]

[62] Irene Gründer: Studien zur Geschichte der Herrschaft Teck. 1963. S. 175
Nr. 319.
[63] HStA. Stuttgart. A 602 Nr. 7634.
[64] HStA. Stuttgart. A 602 Nr. 7635.
[65] HStA. Stuttgart. A 602 Nr. 7636.
[66] HStA. Stuttgart. Repert. A 353 S. 64 (Original fehlt).
[67] HStA. Stuttgart. A 471. U 288. – HStA. München. Kl. Obermedlingen. U 74.
[68] Reg. Boica 12. S. 31.
[69] OAB Heidenheim S. 249 und wie Anm. 61.
[70] Richard Hipper. Die Urkunden des Reichsstiftes St. Ulrich und Afra in Augsburg. Schwäbische Forschungsgemeinschaft. Urkunden u. Regesten 4. 1956.
Nr. 796.

Er scheint sich mit Heinrich oder dessen Söhnen Wilpolt und Ludwig vertraglich geeinigt zu haben, denn 1447 ist die Rede von einem „Teilbrief" und „Burgfriedbrief". Ulrichs Teil ging nun in den Besitz der Grafen Ulrich und Konrad von Helfenstein über, die 1447 als Inhaber erscheinen.[71] Schon in den Jahren 1447/48 gelangte Brenz in andere Hände. Am 19. August 1447 verkauften die Grafen von Helfenstein ihre Hälfte an Hans vom Stein von Ronsberg, nämlich ihren Teil und ihre Rechte der Behausung an der Feste zu Brenz samt dem gemauerten Vorhof, der darunter lag, ihren Teil des Baus, zwei Mühlen zu Sontheim, sechs Höfe oder Gutseinheiten, die jeweils mehrere Huben in einer Hand umfaßten, zwei Fischenzen, ihren Teil am Hirten- und Arwartamt, Täfer, Badstube, 17 Sölden sowie eine Sölde in Sontheim, einzelne Grundstücke und Holzmarken und was an Gerichten, Ehaften, Zwing und Bann dazugehörte.[72] Derselbe Hans vom Stein erwarb am 26. August 1447 den Anteil Wilpolts von Sontheim, nämlich sein Viertel an der Behausung der Feste Brenz, ein Viertel an Gericht, Zwing und Bann und Ehaften, ein Halbteil am Burghof, am Hirten- und Arwartamt, an dem Ziegelhaus, das er bewohnte, drei Höfe, eine Fischenz, zehn Sölden, eine Sölde in Sontheim sowie einzelne Äcker und Holzmarken.[73] Am 17. Februar 1448 veräußerte auch Ludwig von Sontheim seinen Teil an Hans vom Stein, und zwar ein Halbteil am Stock der Feste Brenz und seine Behausung darin, ein Viertel an Gericht, Zwing und Bann und Ehaften, sein Halbteil am Burghof, am Hirten- und Arwartamt, die Hälfte am Ziegelhaus, das sein Bruder bewohnte, einen Hof, die Mühle unterhalb des Schlosses, die Fischenz, zwölf Sölden und einige Holzmarken.[74]

Hans vom Stein war nur Mittelsmann. Denn er überließ alles sofort seinem Schwiegervater Diepold Güß von Güssenberg, der früher in Leipheim saß. Dieser heißt am 12. März 1449 Diepold Güß von Güssenberg zu Brenz.[75]

Die Verkäufe von 1447/48 weisen aus, daß die Bauerngüter fast durchweg als Allod galten. Dagegen waren das Schloß Brenz mit Burghof sowie Gericht, Zwing und Bann und alle Ehaften, d.h. alle ortsherrlichen Rechte, aber auch die beiden Mühlen in Sontheim Lehen, und zwar

---

[71] HStA. Stuttgart. A 602 Nr. 7639.
[72] Wie Anm. 71.
[73] HStA Stuttgart. A 602 Nr. 7640.
[74] HStA Stuttgart. A 602 Nr. 7641.
[75] HStA Stuttgart. A 602 Nr. 2473.

von den Grafen von Montfort-Tettnang. Deren Namen erfährt man erst einige Jahre später: 1455 erscheinen die Grafen Ulrich (1410–1495) und Hug (1410–1491) von Montfort-Tettnang, zwei Brüder, als Lehenherren des „Halptails" von Schloß und Dorf Brenz.[76] Daß hier wie auch 1493 nur noch die Hälfte von Schloß und Dorf Brenz als Lehen erwähnt wird, dürfte wohl so zu erklären sein, daß die Helfensteiner beim Verkauf 1447 den Verzicht der verwandten Montforter auf die Lehenhoheit erwirkt hatten.

Daß die zum Brenzer Schloß gehörigen Mühlen in Sontheim, Spindelmühle und Aumühle, gleichfalls Lehen von Montfort-Tettnang waren, unterstreicht die seit alters bestehende enge Verbindung zwischen Sontheim und Brenz; auch könnte es ein Hinweis sein, daß die montfort'schen Lehenrechte gleichen Ursprungs sind wie die werdenbergischen Lehenrechte, die in Sontheim anzutreffen sind (siehe unten). – Die erwähnten Grafen Ulrich und Hug von Montfort-Tettnang sind seit 1490/ 92 auch als Lehenherren im benachbarten Bächingen (früher Bechenheim) bezeugt, das zur Pfarrei Brenz gehörte und auch sonst mit Brenz eine weitgehend gemeinsame Geschichte hatte, wie nicht zuletzt die gemeinsame montfort'sche Lehenhoheit zeigt.[77] Sie erstreckte sich in Bächingen auf das Gericht und somit auf die Ortsherrschaft, ferner auf die Fischenz, vier Höfe und etliche Sölden.[78] Ortsherren in Bächingen waren im 13. Jahrhundert vielleicht die Herren von Gundelfingen bzw. die von Bechenheim als ihre Dienstleute; als Verwandte und Teilerben der Gundelfinger erscheinen nämlich 1342 die von Schauenburg (bei Heidelberg) als Grundbesitzer in Bächingen.[79] Seit dem ausgehenden 14. Jahrhundert waren die von Riedheim Ortsherren, und zwar die Linie Kaltenburg bis gegen 1500, dann die Linie Angelberg. Ihnen folgte 1527 Bernhard von Westernach, der zweite Gemahl der Witwe Wilhelms von Riedheim († v. 1517), welcher Vorbesitzer gewesen war.

Die von Montfort als Lehenherren in Brenz und Bächingen, wegen der beiden Mühlen auch in Sontheim, bieten einen Ansatz, die ältere Geschichte beider Orte durch Rückschluß aufzurollen. Zunächst sei festge-

[76] HStA Stuttgart. A 602 Nr. 7644; vgl. Nr. 7654 (1493. Febr. 27.).

[77] HStA Stuttgart. A 602 Nr. 7652 und 7653. – Vock: Hochstift Augsburg (wie Anm. 6) Nr. 694.

[78] Reinhard H. Seitz: Die Urkunden des Schloßarchivs Bächingen a.d. Brenz. Schwäbische Forschungsgemeinschaft. Urkunden u. Regesten 12. 1981. Nr. 207.

[79] Heinz Bühler: Zur Genealogie der Herren von Gundelfingen an der Brenz. In: Jahrbuch des Histor. Vereins Dillingen 89. 1987. S. 59f.

stellt, daß alle später erwähnten Inhaber der montfort'schen Lehen in Brenz und Bächingen Nachkommen bzw. erbberechtigte Verwandte der genannten Brüder Ulrich und Hug von Montfort-Tettnang waren. Die montfort'schen Lehen in Bächingen, wie erwähnt Gericht, Fischwasser, vier Höfe und vier Sölden, verkaufte Graf Ulrich (VIII.) „zu Mondtfort und Rottenvels, Herr zu Tettnang", 1566 an Eitelhans von Westernach.[80] Die Lehen in Brenz veräußerte Graf Johann (VI.) von Montfort 1615 an Württemberg. Es handelte sich damals um „den gemauerten Stock zu Brenz im Schloß, darauf das Haus gegen Bergenweiler wärts gelegen gebaut", um das Gericht, hoch und nieder, Zwing und Bänn sowie die Mühlstatt genannt Aumühle an der hintern Brenz bei Suntheim unten an dem Weiher gelegen".[81]

Die Brüder Ulrich und Hug von Montfort-Tettnang haben ihre Lehenrechte in Brenz und Bächingen sicher nicht durch Kauf erworben, sie dürften sie vielmehr erbweise von einem Elternteil überkommen haben. Ihre Eltern sind Graf Wilhelm von Montfort-Tettnang (1374-1439) und Kunigunde von Werdenberg (1412-1443). Sie ist eine Tochter Heinrichs V. von Werdenberg (1360-1397) und der Katharina von Werdenberg-Heiligenberg (1387-1395). Der Name Werdenberg läßt aufhorchen: die Grafen von Werdenberg waren ja die Erben der Herrschaft Albeck, zu der Langenau gehörte. Tatsächlich war Graf Heinrich V. von Werdenberg über seinen Vater Hartmann (1317-1353) ein Enkel der Udilhild von Burgau (1291), welche das albeck-burgauische Erbe an Werdenberg gebracht hatte. Damit dürfte so gut wie sicher sein, daß die montfort'schen Lehen in Brenz und Bächingen bis 1397 werdenbergische Lehen waren und höchst wahrscheinlich aus der albeck-burgauischen Erbschaft stammen. Kunigunde, die Mutter der Brüder Ulrich und Hug, hatte sie an das Haus Montfort-Tettnang gebracht. Der Sohn Hug hatte zusätzlich Anrechte erworben durch seine Heirat mit Elisabeth von Werdenberg-Heiligenberg (1455-1462). Denn diese stammte von Udilhilds von Burgau (1291) Sohn Heinrich (1307-1322) ab, dem speziell die Herrschaft Albeck als Erbteil zugefallen war. Dessen Söhne Eberhard und Heinrich hatten 1349 geteilt. Dabei waren Eberhard die Besitzungen Aislingen, Trochtelfingen, Schmalnegg, Erpfingen und auch Sontheim zugefallen.[82] In dem Gut Sontheim mögen Brenz und Bächingen inbe-

---

[80] Seitz: Schloßarchiv Bächingen (wie Anm. 78) Nr. 388.
[81] OAB Heidenheim S. 160.
[82] Johann Nepomuk Vanotti: Geschichte der Grafen von Montfort und Werdenberg. 1845. S. 356 ff, hier S. 370.

griffen gewesen sein. Elisabeth, die Gemahlin Hugs, war die Ururenkelin dieses Eberhard. Hugs Nachkommen hatten somit von Vater- wie von Mutterseite Anrechte an albeck-burgauische Güter geerbt.

Brenz und Bächingen lassen sich somit auf die Herren von Albeck zurückführen.

Nach diesem Ergebnis sei an die Vermutung erinnert, die am Anfang dieses Kapitels geäußert wurde, nämlich, daß Brenz ebenso wie Sontheim – mit dem es ja seit frühester Zeit aufs engste verbunden war – im Besitz Kaiser Heinrichs II. war und wohl bis zu dessen Tod im Jahre 1024 blieb, im Gegensatz zu Sontheim, das 1007 an Bamberg überging. Man steht damit vor der gleichen Frage wie im Falle Langenau: wie gelangte Brenz aus dem Besitz Heinrichs II. an die von Albeck? Die Antwort kann wohl nur ebenso lauten wie bei Langenau, nämlich die Grafen von Nellenburg haben Brenz über Heinrichs II. Nichte Hadwig geerbt; sie haben Brenz rund 50 Jahre lang besessen, bis es um 1075 als Mitgift der Gemahlin Adalberts von Stubersheim (1092) an die von Stubersheim-Albeck-Elchingen gelangte.

Dasselbe dürfte auch für Bächingen gelten. Wenn dort die Herren von Gundelfingen als Ortsherren im 13. Jahrhundert vermutet wurden, so hat das seinen guten Grund, denn sie dürften über die Gemahlin Ulrichs II. von Gundelfingen (1220-1280), Adelheid von Albeck, dazu gekommen sein.[83] Auf diese Weise wäre wohl erklärt, weshalb nur ein Teil der Bauerngüter in Bächingen – vier Höfe und etliche Sölden – später montfort'sches Lehen war, denn was gegebenenfalls Adelheid von Albeck als Mitgift einbrachte, war selbstverständlich Allod.

In Bächingen ist um 1270 Besitz der Herzöge von Bayern bezeugt. Er umfaßte eine „curia villicalis", einen weiteren Hof, Fischereirechte sowie Vogtrechte von Gütern des Klosters Echenbrunn und der Pfarrei Gundelfingen.[84] Dieser Besitz stammt aus dem Vermächtnis König Konradins (†1268), war somit vordem staufisch und geht vermutlich – die Vogtrechte ausgenommen – auf die Diepoldinger zurück. Denkbar wäre, daß es sich ursprünglich um Zugehör der „capella ad Prenza" von 875 handelte, das über St. Gallen (895) als Lehen an die Diepoldinger gelangt war.

---

[83] Heinz Bühler: Die Edelherren von Gundelfingen-Hellenstein. In: Jahrbuch des Histor. Vereins Dillingen 73. 1971. S. 13 ff, hier S. 25.

[84] MB 36/1 S. 322 ff. – Vgl. Seitz: Schloßarchiv Bächingen (wie Anm. 78) Einl. S. 6.

In Bächingen beanspruchte Bayern im 15. Jahrhundert – etwa 1415 bis 1431 – die Lehenshoheit über das Gericht und eine Anzahl Bauerngüter. Gerade das Gericht und eventuell ein Teil der betreffenden Höfe ist jedoch später als montfort'sches Lehen bekannt. Aufgrund vorstehender Darlegungen darf wohl ausgeschlossen werden, daß Montfort etwa die bayerischen Lehenrechte durch Kauf erworben haben könnte. Die Ansprüche Bayerns mögen sich darauf gegründet haben, daß Hans von Riedheim, der Inhaber von Kaltenburg, der damals auch Ortsherr in Bächingen war, seine Burg 1393 Bayern-Ingolstadt zu Lehen aufgetragen hatte. Daraus mag Bayern die Lehenhoheit auch über die riedheimischen Güter in Bächingen abgeleitet haben. Dieser Anspruch Bayerns ließ sich jedoch Montfort gegenüber nicht halten; von ihm ist später nicht mehr die Rede.[85] Wie erwähnt, erscheint in Brenz im 15. Jahrhundert nur noch die Feste samt Ortsherrschaft – Gericht, Zwing und Bann, Ehaften – als montfort'sches Lehen; die Bauerngüter dagegen waren Allod. Dies mag schon in der zweiten Hälfte des 14. Jahrhunderts so gewesen sein, denn im Gerichtsprivileg Kaiser Karls IV. ist von dem „aygen und Guete zu Brenz" die Rede.[86] Man darf wohl annehmen, daß die Güter im Laufe der Zeit durch Eignung, Kauf oder auch Tausch mit anderen Gütern, die dafür Lehen wurden, von der Lehenshoheit frei gekommen und in das Eigentum der Inhaber übergegangen sind.

III. Sontheim an der Brenz

Sontheim war durch Schenkung Kaiser Heinrichs II. im Jahre 1007 an das Hochstift Bamberg gelangt.[87] Danach verlautet 200 Jahre lang nichts über den Ort. Im Jahre 1209 erscheinen dann Niederadelige von Sontheim, Berenger und Otto, in einer Urkunde für das Stift Steinheim am Albuch im Gefolge Sibotos von Albeck.[88] Berenger verrät sich schon durch seinen Namen als Ministeriale des Hauses (Stubersheim-)Albeck. Um 1240 leistet Heinrich von Sontheim mit anderen dem Abt von Ellwangen Bürgschaft für das Lehen „domini de Albecke"; gemeint ist Witegow, der letzte Albecker, der um 1250 starb.[89] Wo das Lehen lag, wird nicht gesagt. Der Vorgang zeigt wiederum deutlich die Beziehung derer von Sontheim zum Hause Albeck.

---

[85] Seitz: Schloßarchiv Bächingen (wie Anm. 78) Einl. S. 7f.
[86] Wie Anm. 61.
[87] MG D HII Nr. 147.
[88] WUB 2 Nr. 548.
[89] WUB 5 S. 436 Nachtr. Nr. 49.

Otto und Albert von Sontheim sind dann 1291 Zeugen eines Rechtsge-
schäfts der Gräfin Udilhild von Werdenberg, der Tochter des Markgrafen Heinrich II. von Burgau († ca. 1293), welche die Herrschaft Albeck
geerbt und ihrem Gemahl Graf Rudolf I. von Werdenberg (1271-1322)
zugebracht hatte. Es ging damals um eine Mühle in Sontheim.[90] Albert
von Sontheim war 1298 Inhaber zweier Huben in Öllingen, die vom
Markgrafen von Burgau als Inhaber der Herrschaft Albeck zu Lehen
gingen.[91] Die von Sontheim – zumindest ein Zweig des Geschlechts
– standen somit nacheinander im Dienste der Herren von Albeck, der
Markgrafen von Burgau und des Grafen von Werdenberg, und die Inhaber der Herrschaft Albeck hatten Besitz in Sontheim. Sontheim scheint
ein Bestandteil der Herrschaft Albeck gewesen zu sein.

Ein Zweig derer von Sontheim hatte seinen Wohnsitz im Ort, so Werner 1338.[92] Er verkaufte 1351 eine dortige Hube an das Kloster Obermedlingen.[93] Andererseits erwarb Otto von Sontheim im selben Jahr
1351 einen Hof in Sontheim von den Güssen von Stronburg, welcher
Lehen der Grafen Eberhard und Heinrich von Werdenberg war.[94] Der
Sohn Werners von Sontheim, Herbort, der damals in Brenz saß, kaufte
1394 von Gundelfinger Bürgern eine Hube, eine Sölde und eine Hofstatt
in Sontheim.[95]

Wüßte man nicht, daß Heinrich II. Sontheim 1007 an Bamberg gegeben hatte, könnte man meinen, Sontheim hätte sich wie Langenau und
Brenz unmittelbar von Heinrich II. über die Nellenburger an die von
Albeck und ihre Rechtsnachfolger vererbt. So aber ist zu vermuten, daß
die von Albeck den Besitz des Hochstiftes Bamberg in Sontheim irgendwie an sich gebracht haben, wahrscheinlich indem sie einen Erbanspruch
geltend machten, den sie als Nachkommen der Hadwig, der Nichte
Kaiser Heinrichs II., tatsächlich hatten.

Freilich lagen die Dinge in Wirklichkeit nicht ganz so einfach. Im Jahre
1349 verkauften die Brüder Eberhard und Heinrich, Grafen von Werdenberg, an Frau Agnes von Schlüsselberg, geborene von Wirtemberg
(† 1373), um 2400 Pfund Heller „den fronhof ze Sunthan" mit aller Zuge-

---

[90] HStA. München. Kl. Obermedlingen. U 28.
[91] WUB 11 Nr. 5170.
[92] Wie Anm. 67 (A 471 U 288).
[93] Wie Anm. 67 (Kl. Obermedlingen. U 74.)
[94] HStA. Stuttgart. Repert. A 353 S. 64 (Original fehlt).
[95] Wie Anm. 66.

hör, Leuten und Gütern und allen Ehaften.[96] Der Kaufpreis läßt darauf schließen, daß es sich um einen ganzen Fronhofsverband handelte. Aus späteren Nachrichten ergibt sich auch, daß zu diesem Fronhof zehn sogenannte „Gnadenhöfe" gehörten, welche mehr als die Hälfte des gesamten Grundbesitzes im Ort ausmachten, sowie alle ortsherrlichen Rechte. Damals hatte Gerwig Güß (von Leipheim) diese Güter anscheinend pfandweise inne.[97] Die Verkäufer versprachen der Käuferin, den Fronhof samt Zugehör „für ein lediges aigenes Gut" zu fertigen. Das besagt, daß sie selbst nicht Eigentümer des Fronhofs, sondern ihrerseits damit belehnt waren. Wer aber war der Lehensherr?

Um diese Frage zu beantworten, ist es nötig, rund 60 Jahre zurückzugehen. Im Jahre 1291 hatte die Gräfin Udilhild von Werdenberg mit Zustimmung ihres Gemahls, des Grafen Rudolf von Werdenberg (1271-1322) ihr Dotalgut, die lehenbare Mühle in Sontheim, dem Kloster Obermedlingen verkauft und versprochen, sie aus dem Lehensverband freizumachen und etwaige Ansprüche von dritter Seite abzuwehren – „molendinum expedire et omnimodo liberare ab omni impetitione cuiuscumque persone, collegii et universitatis et etiam imperii a quo idem molendinum ego … cum meis predecessoribus dicimur in feodum hactenus possedisse".[98] Auch hier zeigt sich, daß die Gräfin nicht Eigentümerin der Mühle war, sondern einen Lehensherrn über sich hatte. Sie selbst und ihre Vorfahren waren der Meinung, die Mühle sei ein Lehen vom Reich. Udilhilds Vater, Markgraf Heinrich II. von Burgau († ca. 1293), und sein Enkel Heinrich verzichteten zugunsten des Klosters auf die Mühle, die der Markgraf seiner Tochter als Heimsteuer verschrieben hatte.[99] Als es jedoch darum ging, beim Lehensherrn die Eignung zu erwirken, gab es Schwierigkeiten. Statt der zu erwartenden Verzichtserklärung des Königs erhielt das Kloster 1306 eine Urkunde des Bischofs Wulfing von Bamberg, mit welcher er dem Kloster den Kauf der „vom bischöflichen Stuhl in Bamberg lehenbaren Mühle in Suntheim" genehmigte und sie dem Kloster übereignete.[100]

[96] St. A. Ludwigsburg. B 95. U 406.
[97] Vanotti: Montfort (wie Anm. 82) S. 370.
[98] Wie Anm. 90.
[99] HStA. München. Kl. Obermedlingen. U 27.
[100] HStA. München. Kl. Obermedlingen. U 42.

Hier erscheint der Bischof von Bamberg als Lehensherr, und zwar gewiß aufgrund der Schenkung Kaiser Heinrichs II. von 1007. Den Inhabern der Mühle, denen von Burgau und Werdenberg, war dieser Sachverhalt offenbar nicht bewußt gewesen, da sie das Reich als Lehensherrn betrachtet hatten.

Auch beim Reich war man der Meinung, Lehensherr zu sein. König Wenzel bestätigte 1387 dem Grafen Johann von Helfenstein, welcher den Sontheimer Fronhof mittlerweile geerbt hatte, seine Reichslehen und erlaubte dem Grafen und seinen Erben, auf ihren Gütern, die sie vom Reich zu Lehen hatten, zwei Mühlen zu bauen, „by namen ain ze Haidenhain an der Brentz und die andern ze Sunthain an irem wazzer".[101] Hier also wurden die Sontheimer Güter des Helfensteiners, nämlich der Fronhof mit Zugehör, als Reichslehen betrachtet.

Ein weiterer Hof in Sontheim galt immer als Reichslehen. Er befand sich 1485 bereits erbweise im Besitz Friedrich Hitzlers von Giengen, war 100 Jahre später in Händen derer von Westerstetten zu Staufen, gelangte 1638 an Nikolaus Deuring, Bürgermeister von Ravensburg, und wurde von dessen Nachkommen 1732 an die Stadt Giengen verkauft.[102] Vermutlich ist es derselbe Hof, den die Reichsmarschälle von Pappenheim um 1214 dem „Hern Ber(n)ger ritter von Albegg" um 16 Mark Silber versetzt hatten.[103]

Wie erklären sich diese verwickelten Lehensverhältnisse, die selbst von den Lehensinhabern nicht durchschaut wurden?

Im Jahre 1147 hatte Bischof Eberhard II. von Bamberg geklagt, daß bambergische Ministerialen im Ries – von Ziswingen, von Balgheim, von Nördlingen – von Konrad von Rietfeld und Berenger von Albeck bedrückt würden.[104] Diese Ministerialen gehörten zum bambergischen Besitz in Mönchsdeggingen (südlich Nördlingen), den Kaiser Heinrich II. in den Jahren 1007 und 1016 geschenkt hatte.[105] Die Beklagten behaupteten, jene Ministerialen seien ihnen von den Vorgängern des Bi-

---

[101] StA. Ludwigsburg. B 95 Kopialbuch der Helfensteinischen Kanzlei; gedruckt in: Richard Stein: Heidenheim im Mittelalter. 1918 S. 15 ff Nr. 5.

[102] Chmel: Regesten K. Friedrichs IV. S. 719 Nr. 7751. – HStA. Stuttgart. A 353. B. 10 und B. 44. A 206 B. 2307. – Stadtarchiv Giengen. U 19.

[103] Wilhelm Kraft: Das Urbar der Reichsmarschälle von Pappenheim. 1929. S. 113 Nr. 365 a.

[104] Karl Friedrich Stumpf: Acta imperii inedita. 1881. Nr. 406.

[105] MG D HII Nr. 155 und 357.

schofs Eberhard zu Lehen übertragen worden. Dies ist durchaus wahrscheinlich. Vermutlich hatte Berenger von Albeck Erbansprüche an das von Heinrich II. weggegebene Mönchsdeggingen, aber wohl auch an Sontheim gestellt. Um diese Ansprüche, die vermutlich wiederholt und mit Nachdruck vertreten wurden, zu befriedigen und damit Ruhe zu bekommen, mochte ein Vorgänger des Bischofs Eberhard dem Albecker das Gut Mönchsdeggingen zu Lehen überlassen haben. Am ehesten könnte dies Bischof Otto I. (1102-1139) gewesen sein, der Vorvorgänger Eberhards, der mit den Albeckern höchst wahrscheinlich verwandt war. Bischof Eberhard hatte die Ministerialen nun unter den Schutz König Konrads III. und Herzog Friedrichs II. von Schwaben gestellt. Das Schutzverhältnis mag in der Weise realisiert worden sein, daß sich Herzog Friedrich II. als der Ranghöhere vom Bischof mit den Ministerialen und ihren Gütern belehnen ließ und sich damit als Zwischeninstanz zwischen Bamberg und Albeck schob. Unter König Rudolf von Habsburg wurde aus der staufischen Lehenshoheit eine solche des Reiches. Der Lehensinhaber hatte normalerweise allein mit dem Lehensherrn zu tun, von dem er unmittelbar belehnt war. Daß dieser unter Umständen selbst belehnt war und wer der Oberlehensherr war, brauchte er nicht zu wissen. Auf diese Weise erklärt sich, daß Markgraf Heinrich II. von Burgau († ca. 1293) als Rechtsnachfolger der Herren von Albeck 1281 und 1289 als Lehensherr von Höfen in Mönchsdeggingen (Inhaber Konrad von Lierheim) und Balgheim (Inhaber Heinrich Spät von Faimingen) erscheint, von Gütern, die sicherlich aus den Schenkungen Kaiser Heinrichs II. an Bamberg 1007 und 1016 stammten.[106] Daß der Markgraf seinerseits das Reich und dieses den Bischof von Bamberg als Lehensherren über sich hatte, wird dabei nicht eigens erwähnt.

Man versteht jetzt die Unkenntnis der Gräfin Udilhild, wer letztlich Lehensherr der Sontheimer Mühle war. Sontheim muß auf ähnliche Weise wie Mönchsdeggingen als bambergisches Lehen, jedoch mit dem Reich als Zwischeninstanz, an die von Albeck und später an Werdenberg gelangt sein. Als es um die Eignung der Sontheimer Mühle ging, trat der Bischof von Bamberg 1306 in Erscheinung als oberster Lehensherr, was er aufgrund der Schenkung Heinrichs II. von 1007 war. An zweiter Stelle

---

[106] Richard Dertsch-Gustav Wulz: Die Urkunden der Fürstl. Oettingischen Archive in Wallerstein und Oettingen. Schwäbische Forschungsgemeinschaft. Urkunden u. Regesten 6. 1959. Nr. 98 und 138.

in der Lehenshierarchie stand das Reich als unmittelbarer Lehensherr der Gräfin Udilhild im Falle der Sontheimer Mühle 1291 wie ihrer Enkel Eberhard und Heinrich von Werdenberg im Falle des Sontheimer Fronhofs 1349. Dem Lehensinhaber, etwa dem Ritter von Sontheim, trat als unmittelbarer Lehensherr der Markgraf von Burgau bzw. der Graf von Werdenberg gegenüber. So klären sich die scheinbar so verwickelten Lehensverhältnisse in Sontheim.

In Sontheim gab es auch nach dem Verkauf des Fronhofs 1349 noch lehensherrliche Rechte der Werdenberger aus der Erbschaft Albeck: Graf Heinrich von Werdenberg eignete 1430 dem Hans von Asselfingen einen lehenbaren Hof in Sontheim.[107] Im Jahre 1512 verkauften Servatius und Dr. Wolfgang Räm dem Spital Giengen Zehntrechte in Sontheim samt der Hälfte von vier Huben, einem Halbhof und 25 Sölden, was alles vom Grafen Johann von Werdenberg-Heiligenberg zu Lehen ging, und ferner einen Hof und sechs Sölden, die nicht Lehen waren.[108] Diese Güter waren offenbar schon um 1349 im Besitz der Güssen von Leipheim. Gerwig Güß (V.) klagte 1405 gegen den Grafen Johann von Helfenstein, daß er ihn an seinen Gütern in Sontheim irre. Er brachte vor, er und seine Vorfahren hätten diese Güter innegehabt und hergebracht „lenger wan Lantzrecht were". Doch wurde entschieden, daß seine Leute Zwing und Bann halten und vor Gericht gehen sollten.[109]

Diese werdenbergischen Lehensgüter müssen somit vor 1349 vom Fronhofverband abgetrennt worden sein. Eine andere Möglichkeit wäre, daß sie gar nicht zu den Gütern gehörten, die im Verband des „locus" Sontheim 1007 an Bamberg gelangten, sondern daß sie sich direkt von Heinrich II. über die Nellenburger auf die von Albeck und Werdenberg vererbt hatten.

Die Beispiele Mönchsdeggingen und Sontheim zeigen, daß die von Albeck es verstanden haben, durch konsequente und beharrliche Geltendmachung von Erbansprüchen, die sich von ihren nellenburgischen Vorfahren herleiteten, auch diejenigen Güter an sich zu bringen, die einst Heinrich II. an Bamberg gegeben hatte. Auf diese Weise konnten sie in ihrer Hand so ziemlich alles wieder vereinigen, was dieser Herr-

---

[107] Seitz: Schloßarchiv Bächingen (wie Anm. 78) Nr. 13.
[108] HStA. München. Pfalz-Neuburg, Klöster und Pfarreien. U 880.
[109] HStA. Stuttgart. A 602. Nr. 7631 („Alte Brentzisch Pfarr Zehend Beschreybung"). – StA. Ludwigsburg. B 95. U 409.

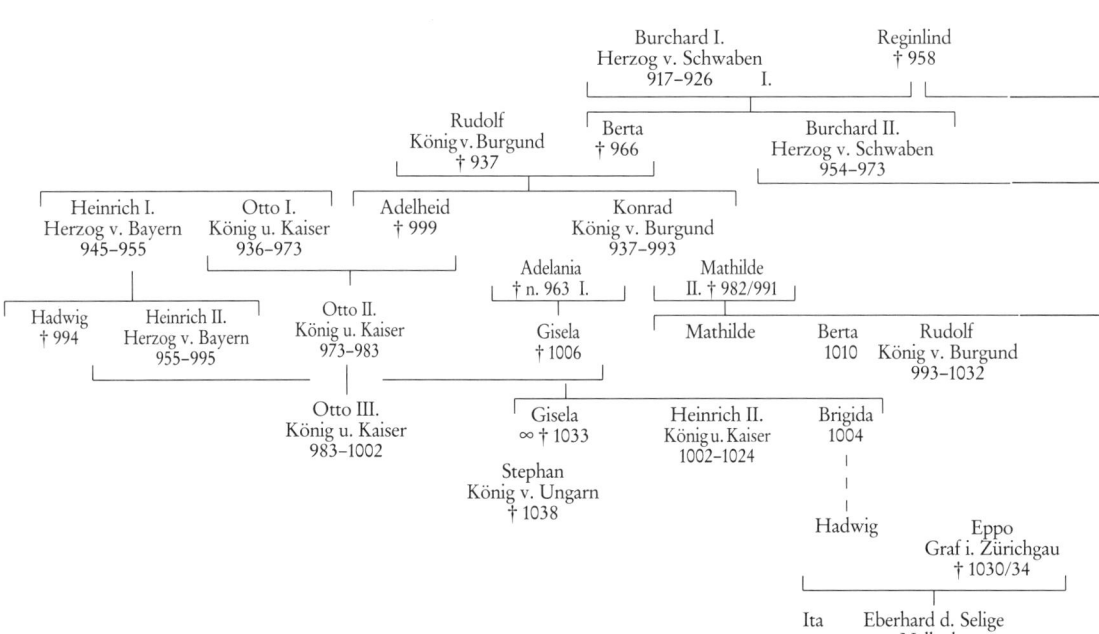

Burchard I.
Herzog v. Schwaben
917–926   I.

Reginlind
† 958

Rudolf
König v. Burgund
† 937

Berta
† 966

Burchard II.
Herzog v. Schwaben
954–973

Heinrich I.
Herzog v. Bayern
945–955

Otto I.
König u. Kaiser
936–973

Adelheid
† 999

Konrad
König v. Burgund
937–993

Adelania
† n. 963 I.

Mathilde
II. † 982/991

Hadwig
† 994

Heinrich II.
Herzog v. Bayern
955–995

Otto II.
König u. Kaiser
973–983

Gisela
† 1006

Mathilde

Berta
1010

Rudolf
König v. Burgund
993–1032

Otto III.
König u. Kaiser
983–1002

Gisela
∞ † 1033

Stephan
König v. Ungarn
† 1038

Heinrich II.
König u. Kaiser
1002–1024

Brigida
1004

Hadwig

Eppo
Graf i. Zürichgau
† 1030/34

Ita

Eberhard d. Selige
v. Nellenburg
† ca. 1078

Burkard
Graf v. Nellenburg
† ca. 1105

Eberhard
† 1075

To. N.

Eberhard
v. Stubersheim ca. 1110
? = v. Helfenstein ca. 1113

Aribo
v. Albeck
ca. 1120

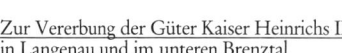

I. Zur Vererbung der Güter Kaiser Heinrichs II.
   in Langenau und im unteren Brenztal

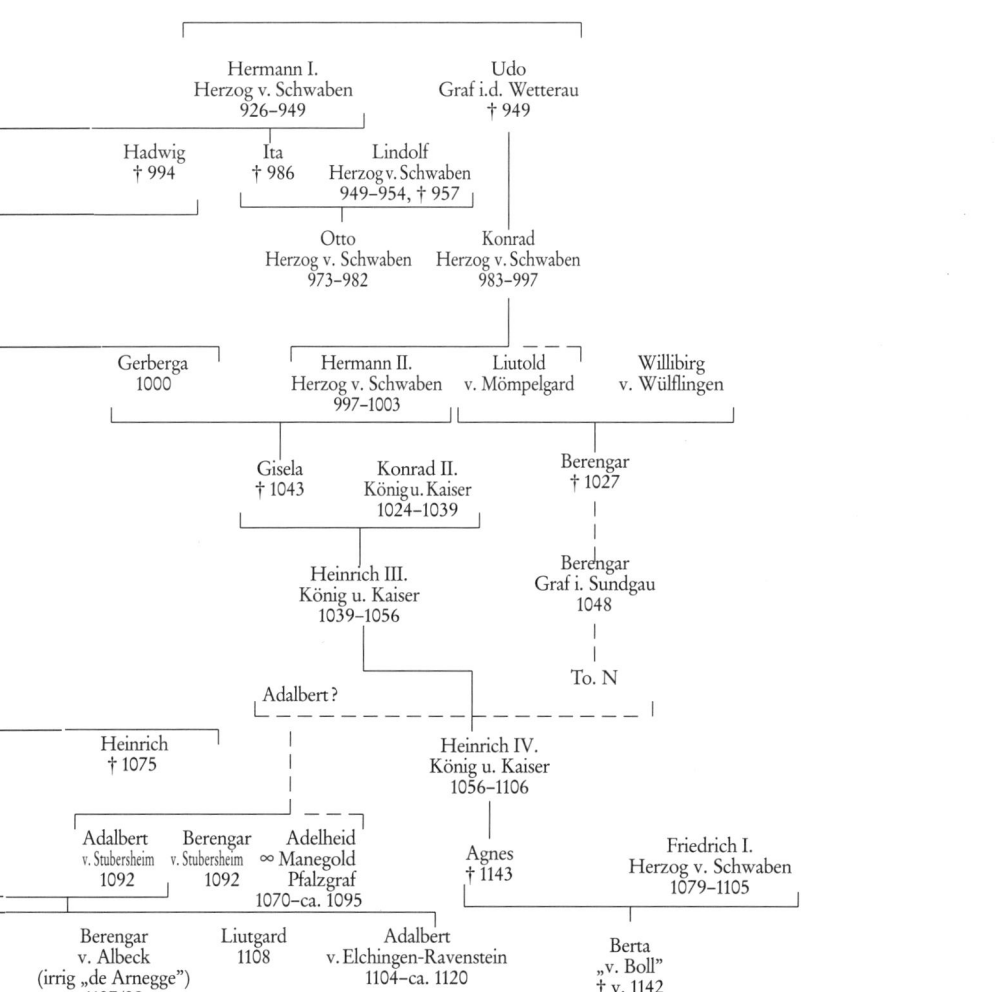

H. Bühler, 1991

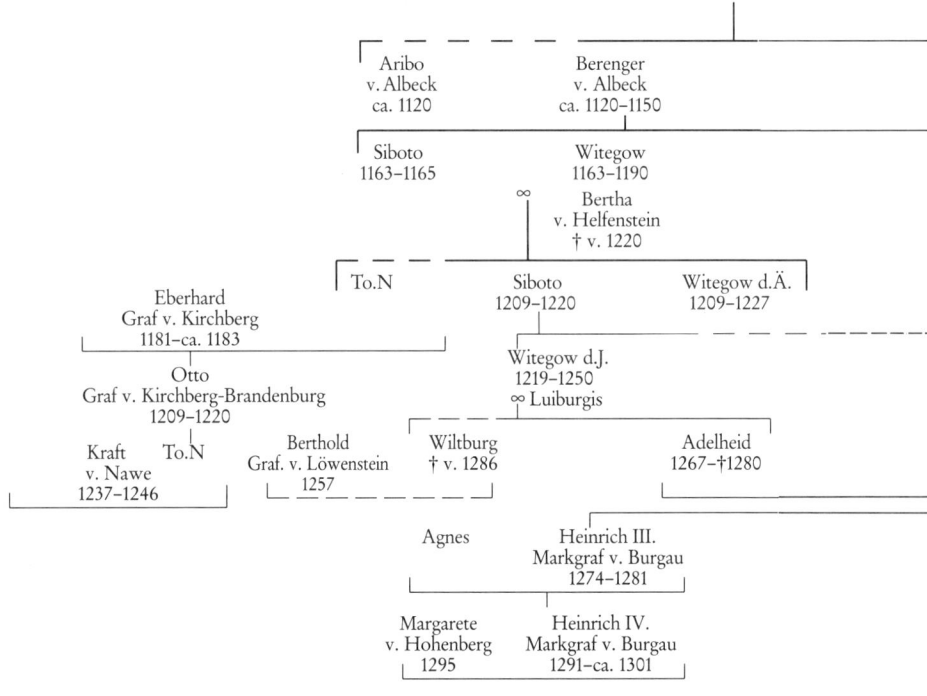

II. <u>Die Herren von Albeck und ihre Erben.</u>

(Nach „Der Stadt- und der Landkreis Ulm" 1972 und
J. N. Vanotti: Geschichte der Grafen v. Montfort und Werdenberg. 1845)

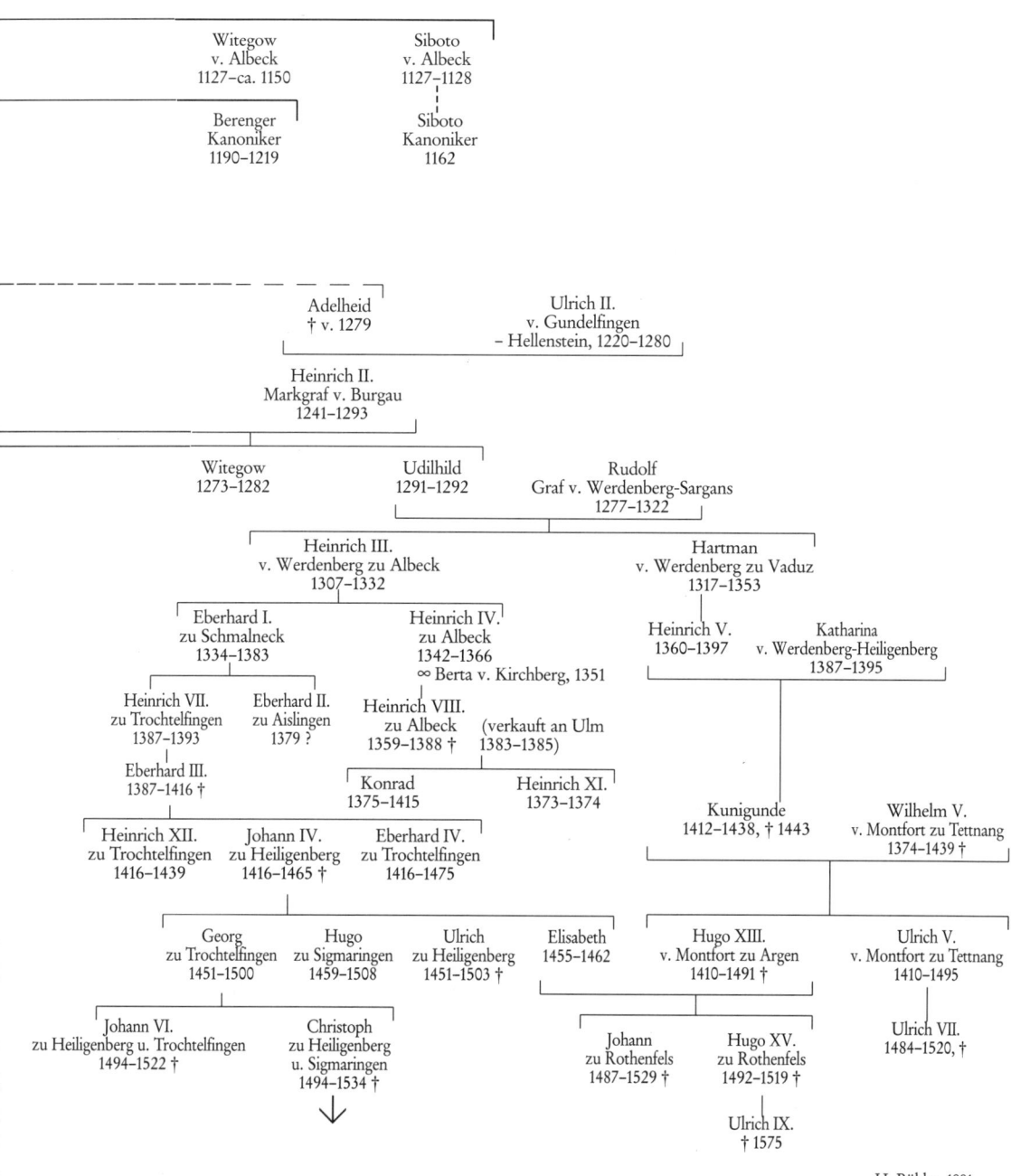

Witegow
v. Albeck
1127–ca. 1150

Siboto
v. Albeck
1127–1128

Berenger
Kanoniker
1190–1219

Siboto
Kanoniker
1162

Adelheid
† v. 1279

Ulrich II.
v. Gundelfingen
– Hellenstein, 1220–1280

Heinrich II.
Markgraf v. Burgau
1241–1293

Witegow
1273–1282

Udilhild
1291–1292

Rudolf
Graf v. Werdenberg-Sargans
1277–1322

Heinrich III.
v. Werdenberg zu Albeck
1307–1332

Hartman
v. Werdenberg zu Vaduz
1317–1353

Eberhard I.
zu Schmalneck
1334–1383

Heinrich IV.
zu Albeck
1342–1366
∞ Berta v. Kirchberg, 1351

Heinrich V.
1360–1397

Katharina
v. Werdenberg-Heiligenberg
1387–1395

Heinrich VII.
zu Trochtelfingen
1387–1393

Eberhard II.
zu Aislingen
1379 ?

Heinrich VIII.
zu Albeck
1359–1388 †

(verkauft an Ulm
1383–1385)

Eberhard III.
1387–1416 †

Konrad
1375–1415

Heinrich XI.
1373–1374

Kunigunde
1412–1438, † 1443

Wilhelm V.
v. Montfort zu Tettnang
1374–1439 †

Heinrich XII.
zu Trochtelfingen
1416–1439

Johann IV.
zu Heiligenberg
1416–1465 †

Eberhard IV.
zu Trochtelfingen
1416–1475

Georg
zu Trochtelfingen
1451–1500

Hugo
zu Sigmaringen
1459–1508

Ulrich
zu Heiligenberg
1451–1503 †

Elisabeth
1455–1462

Hugo XIII.
v. Montfort zu Argen
1410–1491 †

Ulrich V.
v. Montfort zu Tettnang
1410–1495

Johann VI.
zu Heiligenberg u. Trochtelfingen
1494–1522 †

Christoph
zu Heiligenberg
u. Sigmaringen
1494–1534 †
↓

Johann
zu Rothenfels
1487–1529 †

Hugo XV.
zu Rothenfels
1492–1519 †

Ulrich VII.
1484–1520, †

Ulrich IX.
† 1575

H. Bühler, 1991

scher im frühen 11. Jahrhundert im unteren Brenztal, in Langenau und auch im Ries besessen hatte. Dies wirft ein neues Licht auf die Güterpolitik dieses Hauses. Zugute kam ihm dabei wohl die Verwandtschaft zu den Nellenburgern, auch zu den Staufern und Wettinern, durch welche es selbst in den höchsten Adel des Reiches erhoben wurde. Verwunderlich ist, daß es für seine Herrschaft nicht den Rang einer Grafschaft erlangte. Seine Erben haben offenbar weniger geschickt taktiert und im Verlauf von rund 130 Jahren das meiste verloren.

Ergebnis

Es ließ sich zeigen, daß der beträchtliche Besitz, über den Heinrich II. im frühen 11. Jahrhundert im unteren Brenztal und auf der Ulmer Alb verfügt hatte, zum großen Teil auf dem Erbwege an die Grafen von Nellenburg gelangte, ausgenommen Sontheim, das 1007 an das Bistum Bamberg fiel. Die Nellenburger besaßen damit für rund 50 Jahre eine beachtliche Position im fraglichen Raum. Doch waren diese Güter der nellenburgischen Besitzlandschaft um den Bodensee entlegen. Dies dürfte die Entscheidung erleichtert haben, sie einer Tochter als Mitgift zu überlassen, die sich auf die Alb, in das Haus Stubersheim, verheiratete. Auf diese Weise wurden die nellenburgischen Güter wichtige Bausteine der Herrschaft Albeck. Das gilt insbesondere für Langenau. Dessen seither reichlich kompliziert erscheinende Geschichte findet durch die Erkenntnis der nellenburgischen Zwischenherrschaft eine überraschend glatte Lösung; der Ort erweist sich dadurch als ein wesentlich älterer Bestandteil der Herrschaft Albeck, als gemeinhin angenommen wurde. Seine Lage in der Nachbarschaft der namengebenden Burg Albeck prädestinierte ihn zum Mittelpunkt und Hauptort der Herrschaft.

Die von Albeck verstanden es, den Besitz in Sontheim, den Heinrich II. an Bamberg geschenkt hatte, dadurch zurückzugewinnen, daß sie sich vom Bamberger Bischof belehnen ließen. Dies gelang nicht zuletzt deshalb, weil sie einen Erbanspruch geltend machen konnten, der sich auf ihre Abkunft von den Nellenburgern stützte.

Die Erkenntnis, daß der Ahnherr des Hauses Albeck, Adalbert von Stubersheim (1092), eine Nellenburgerin zur Frau hatte, erweitert das genealogische Umfeld derer von Stubersheim-Albeck. Dabei fällt vielleicht auch neues Licht auf die Anfänge der Edelfreien von Helfenstein (bei Geislingen). Die Herkunft des schweizerischen Besitzes der Abtei Elchingen klärt sich nun auf überzeugende Weise.

Sodann erweitern sich die allgemein-geschichtlichen Kenntnisse der Ulmer Alb und des unteren Brenztales. Als bedauerlich empfundene Lücken in der Geschichte der Orte Brenz, Sontheim und Bächingen lassen sich schließen. Von einer relativ sicheren Basis aus können nun besser begründete Schlüsse in die Zeit des Frühmittelalters gezogen werden. Die Zusammengehörigkeit der Orte Brenz, Sontheim und Bächingen durch Jahrhunderte bestätigt sich.

Hatten die Grafen von Nellenburg Besitz in Langenau und im unteren Brenztal? Zur älteren Geschichte der Orte Langenau, Brenz, Bächingen und Sontheim an der Brenz. In: JHVD Jg. 93. 1991, S. 254-283.

Wie gelangte Kirchheim unter Teck in den Besitz der Grafen von Nellenburg?

Mit Diplom vom 22. November 1059, ausgestellt in Neuburg an der Donau, verlieh König Heinrich IV. auf Bitten seiner Mutter Agnes dem Grafen Eberhard von Nellenburg wegen seiner treuen Dienste als Eigentum *monetam in villa que vocatur Kiricheim in pago Nechargovve in comitatu Eberhardi comitis*, d.h. die Münze in dem Ort Kirchheim im Neckargau in der Grafschaft des Grafen Eberhard[1]. Graf Eberhard der Selige von Nellenburg († um 1078) war demzufolge Ortsherr in Kirchheim und zugleich Graf im Neckargau. Wie war er in den Besitz Kirchheims gelangt?

Die hundert Jahre, die der Schenkung des Münzrechts durch König Heinrich IV. vorausgingen, sind ein noch dunkles Kapitel in der Geschichte Kirchheims.

Im Jahre 960 war Kirchheim samt der zehntberechtigten Kirche durch einen Ringtausch aus dem Besitz des Königs Konrad von Burgund (937–993) zunächst an Bischof Hartbert von Chur und dann an König Otto I. gelangt, und zwar mit der Begründung, es sei für den König günstig[2]. Es sieht fast so aus, als habe der König beabsichtigt, sich in Innerschwaben eine Machtposition zu schaffen.

Was war mit Kirchheim in den dazwischenliegenden hundert Jahren geschehen? Welchen Rechtscharakter hatte der Ort?

Die bisherige Forschung nahm an, daß das nunmehr in königlichem

---

[1] MG D HIV 60; WUB 1 Nr. 232. – Nach Chr. Fr. *Stälin*: Wirtembergische Geschichte 1 S. 304 handelt es sich um Kirchheim unter Teck. Die Urkunde erweckt in formaler Hinsicht gewisse Bedenken, nicht dagegen ihr Inhalt. Freilich wird die Kirchheimer Münze sonst nicht erwähnt.

[2] MG D OI 209; WUB 1 Nr. 184. – Vgl. Thomas L. *Zotz*: Der Breisgau und das alemannische Herzogtum. Vorträge und Forschungen. Sonderband 15. 1974. S. 31 und S. 64f.

Zur älteren Geschichte von Kirchheim unter Teck

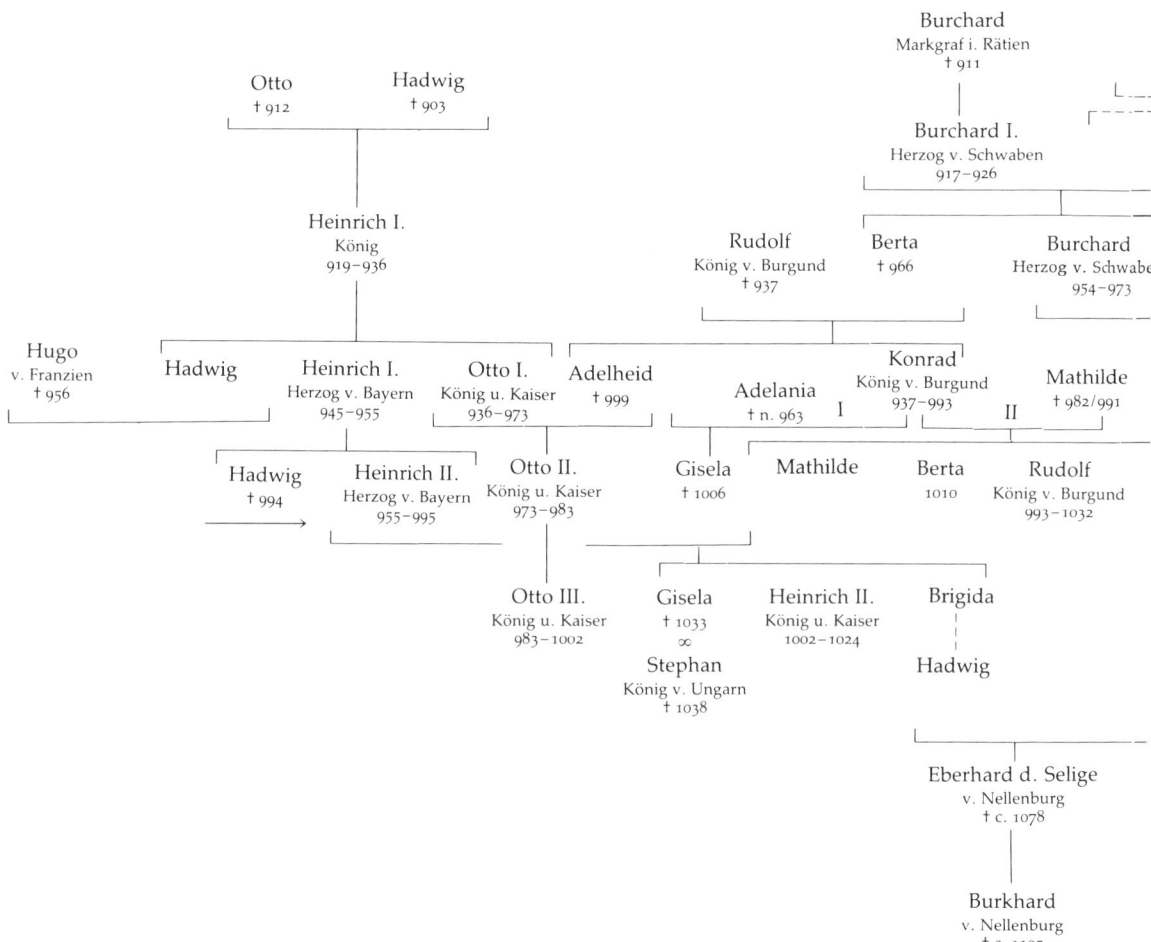

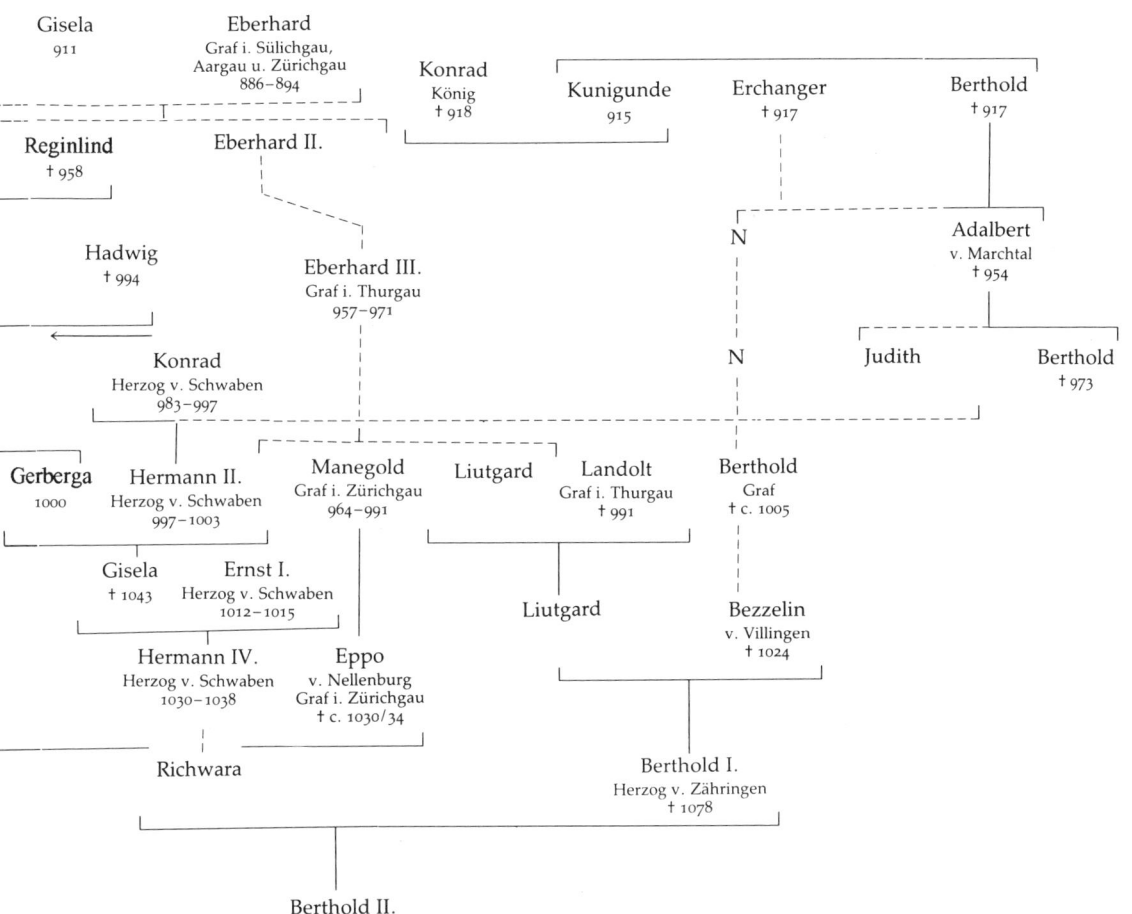

Gisela
911

Eberhard
Graf i. Sülichgau,
Aargau u. Zürichgau
886–894

Konrad
König
† 918

Kunigunde
915

Erchanger
† 917

Berthold
† 917

Reginlind
† 958

Eberhard II.

N

Adalbert
v. Marchtal
† 954

Hadwig
† 994

Eberhard III.
Graf i. Thurgau
957–971

Konrad
Herzog v. Schwaben
983–997

N

Judith

Berthold
† 973

Gerberga
1000

Hermann II.
Herzog v. Schwaben
997–1003

Manegold
Graf i. Zürichgau
964–991

Liutgard

Landolt
Graf i. Thurgau
† 991

Berthold
Graf
† c. 1005

Gisela
† 1043

Ernst I.
Herzog v. Schwaben
1012–1015

Liutgard

Bezzelin
v. Villingen
† 1024

Hermann IV.
Herzog v. Schwaben
1030–1038

Eppo
v. Nellenburg
Graf i. Zürichgau
† c. 1030/34

Richwara

Berthold I.
Herzog v. Zähringen
† 1078

Berthold II.
Herzog v. Zähringen
† 1111

H. Bühler, 1991

Besitz befindliche Kirchheim, das »Reichsgut Kirchheim«, in der ersten Hälfte des 11. Jahrhunderts an die Grafen von Nellenburg gelangt sei – ob durch Kauf, Tausch, Schenkung oder als Lehen blieb dabei offen[3]. Andererseits hielt sie es anscheinend für möglich, daß der Ort auch unter den Nellenburgern im wesentlichen Reichsgut gewesen und erst im Verlauf des 12. Jahrhunderts in den Einflußbereich der Zähringer übergegangen sei[4]. Das klingt recht unbestimmt und befriedigt daher wenig.

Tatsache ist, daß Kirchheim in der Zwischenzeit in keiner Urkunde Erwähnung findet. Die Möglichkeit, daß entsprechende Urkunden verloren gegangen sind, ist zwar nicht auszuschließen, doch läßt sich damit nicht argumentieren. Daß Kirchheim in keiner Urkunde erwähnt wird, kann besagen, daß kein dortiger Besitz etwa an Kirchen verschenkt wurde, so daß das, was im Jahre 960 an Gütern und Rechten unter dem Begriff Kirchheim verstanden wurde, auch 1059 und später noch unverändert dazugehörte. Es kann auch bedeuten, daß Kirchheim als Ganzes in dieser Zeit weder verkauft, noch vertauscht, verschenkt oder verliehen wurde, sondern als gleichsam »ruhender Besitz« unter Personen weitergegeben wurde, die in einem so engen persönlichen Verhältnis zueinander standen, daß kein Fernerstehender Ansprüche geltend machen konnte, was sich möglicherweise in den Quellen niedergeschlagen hätte.

Durch den Tauschvertrag von 960 war Kirchheim in den Besitz König Ottos I. gelangt. Da er dem Bischof von Chur als Äquivalent die *curtis regalis* in Chur sowie das Tal Bergell samt der gräflichen Gerichtsbarkeit und des Zolls – Güter und Rechte des Königs also – überlassen hatte, dürfte Kirchheim tatsächlich Reichsgut oder Königsgut geworden sein. Es wird nach Ottos I. Tod im Jahre 973 auf dessen Sohn Otto II., dann 983 auf den Enkel Otto III. und nach dessen Tod 1002 auf den Vetter Heinrich II. übergegangen sein. Der Übergang aus der Hand des einen Herrschers in die des Nachfolgers war ganz natürlich; er berührte die Rechtsqualität Kirchheims nicht und machte keine Beurkundung erforderlich.

Mit dem Tod Kaiser Heinrichs II. im Jahre 1024 erlosch das liudolfingische oder ottonische Königshaus. Dies war eine Zäsur in der Reichsgeschichte und möglicherweise auch in der Geschichte Kirchheims.

---

[3] Rolf *Götz*: Anfänge Kirchheims in heutiger Sicht. In: Beiträge zur Heimatkunde des Bezirks Kirchheim unter Teck. 23 (1976) S. 9 ff., hier S. 14.

[4] Karin *Peters*: Was besaßen die Zähringer in Kirchheim? In: Beiträge (wie Anm. 3) 27 (1978) S. 21 ff., hier S. 23.

Unter Kaiser Heinrich II. wurde anscheinend nicht konsequent unterschieden zwischen Königsgut, das allein dem jeweils regierenden Herrscher zur Verfügung stand, und Gut, das der König als seinen Privatbesitz betrachtete und vererbte. Das mag letztlich seinen Grund darin gehabt haben, daß sich Heinrich speziell in Schwaben erst eine Machtposition schaffen mußte gegen seinen Thronrivalen Herzog Hermann II. von Schwaben (997–1003), der dort über reiches Hausgut verfügte. So vereinigte Heinrich in seiner Hand Gut verschiedener Herkunft und unterschiedlichen Rechtscharakters. Mit dem Erbe seines Vetters Otto III. war ihm neben Königsgut wie Kirchheim auch Gut zugefallen, das einst Ottos III. Großmutter Adelheid († 999) zugebracht und ihrerseits über ihre Mutter Berta († 966) aus dem Besitz der Burchardinger erhalten hatte. Sodann beanspruchte Heinrich II. das Erbe seiner Vaterschwester Hadwig († 994). Sie war mit Herzog Burchard II. verheiratet gewesen, der ihr burchardingische Güter als Witwengut überlassen hatte. Dieses Erbe hatte zunächst Otto III. angetreten, doch nach dessen Tod reklamierte es Heinrich II. für sich. Schließlich erbte Heinrich II. über seine Mutter Gisela († 1006), der Tochter König Konrads von Burgund († 993) und Enkelin der schon erwähnten Berta, ehemals burchardingische Güter.

Andererseits stattete Heinrich II. das von ihm neugegründete Bistum Bamberg überaus großzügig mit Gütern aus, deren Rechtscharakter nicht immer eindeutig war, so großzügig, daß er die Mißgunst seines Bruders Brun, Bischof von Augsburg, erregte, der anscheinend um sein Erbe fürchtete. Der Chronist Frutolf berichtet, nach der Thronbesteigung König Konrads II. habe Brun danach getrachtet, mit Hilfe des Königs das Bistum Bamberg wieder aufzulösen. Er habe die Königin Gisela, eine Cousine, für seinen Plan gewonnen durch das Versprechen, seine Erbgüter ihrem Sohne Heinrich zuzuwenden[5]. Wie Frutolf ausdrücklich betont, galt das Interesse Bruns und auch Giselas den Gütern, welche Brun nach Erbrecht beanspruchen konnte. Es ist jedoch fraglich, ob sich diese überhaupt eindeutig bestimmen und aussondern ließen aus einer Gütermasse, in der ehemaliges Königsgut und Hausgut verschmolzen waren. Das Beispiel Kirchheim zeigt, daß sich der Rechtscharakter der Güter verwischt hatte.

---

[5] Frutolfs und Ekkehards Chroniken. Übersetzt von Franz-Josef *Schmale* und Irene *Schmale-Ott*. Ausgewählte Quellen zur Deutschen Geschichte des Mittelalters. XV. 1972. S. 56/57. Die Regesten der Bischöfe und des Domkapitels von Bamberg. Bearb. Erich Frhr. *v. Guttenberg*. Veröffentlichungen der Gesellschaft für Fränkische Geschichte. VI. Reihe. 1963. S. 86 f. Nr. 186.

Kirchheim läßt sich jedenfalls nach Heinrichs II. Tod kaum mehr als Königsgut ansprechen. Das Diplom König Heinrichs IV. von 1059 über die Verleihung des Münzrechts enthält keinerlei Hinweis auf etwaige Lehenshoheit des Königs über die *villa* Kirchheim. Das Münzrecht wurde dem Grafen Eberhard zu eigen gegeben, so daß er frei darüber verfügen konnte. So darf Kirchheim selbst als Eigengut Eberhards betrachtet werden.

Rund 50 Jahre danach, um 1105, als Graf Burkhard von Nellenburg, der Sohn Eberhards, gestorben war, erhob Herzog Berthold II. von Zähringen Anspruch auf Kirchheim wie auch auf das benachbarte Nabern, und zwar kraft Erbrechts aufgrund von Verwandtschaft[6]. Die fernere Geschichte Kirchheims zeigt, daß er seinen Anspruch auch durchsetzte. Doch ist nirgends von einer Belehnung Bertholds II. durch den König die Rede, was hätte geschehen müssen, falls Kirchheim ein durch den Tod Burkhards heimgefallenes Reichslehen gewesen wäre. Folglich war Kirchheim Eigengut. Burkhard hatte es bereits von seinem Vater Eberhard geerbt, und kraft Erbrechts ging es nun auf den verwandten Berthold II. über.

Wie aber soll man sich den Übergang von Kaiser Heinrich II. auf Graf Eberhard von Nellenburg vorstellen, nachdem allem Anschein nach weder ein Verkauf noch eine Schenkung oder Belehnung stattgefunden hatte? Da Kirchheim als Eigengut Eberhards von Nellenburg, seines Sohnes Burkhard und danach der Zähringer erscheint, bleibt als wohl einzige Möglichkeit ein privater Erbgang über nahe Verwandte des kinderlosen Heinrich II. Es gilt also zu prüfen, ob etwa eine Verwandtschaft zwischen Eberhard von Nellenburg und Kaiser Heinrich II. bestanden hat.

Eberhard von Nellenburg und seine Gemahlin Ita sind die Stifter der Abtei Allerheiligen in Schaffhausen. Aus der Überlieferung dieses Klosters kennt man die Eltern Eberhards. Sein Vater ist der Thurgaugraf Eppo (†um 1030/34); seine Mutter heißt Hadwig[7].

Eppo darf wohl als Sohn des Grafen Manegold (†991) betrachtet werden, der ein Vertrauter der Kaiserin Adelheid (†999) war, der Großmutter Ottos III. und Großtante Heinrichs II.[8] Adelheid soll persönlich den

---

[6] Hermann *Flamm*: Ein neues Blatt des Rotulus San Petrinus, aus dem Freiburger Staatsarchiv. In: ZGO. NF 28 (1913) S. 72 ff., hier S. 83.

[7] Das Buch der Stifter des Klosters Allerheiligen. Hrsg. Karl *Schib*. 1934. S. 2 f. Vgl. Genealogisches Handbuch zur Schweizer Geschichte. IV. 1980. S. 179 ff. mit Tafel IX.

Leichnam Manegolds zur Bestattung nach dem Dom von Quedlinburg begleitet haben. Dies läßt auf eine Verwandtschaft zwischen beiden schließen. Eine solche dürfte tatsächlich bestanden haben, führte jedoch relativ weit zurück, so daß sich aus ihr kaum ein Anspruch an die Hinterlassenschaft Kaiser Heinrichs II. herleiten ließ.

Aussichtsreicher dürfte sein, einen Weg über Eberhards Mutter Hadwig zu suchen. Sie trug einen Namen, der im Hause der Liudolfinger oder Ottonen sehr geschätzt war. So hießen die Mutter König Heinrichs I. († 936), sodann eine Tochter Heinrichs I., vermählt mit Herzog Hugo von Franzien († 956), sowie die Vaterschwester Kaiser Heinrichs II., die mit Herzog Burchard II. von Schwaben vermählt war.

Die Schaffhauser Annalen berichten, Hadwig sei eine *consobrina*, d.h. eine Base Kaiser Heinrichs II. gewesen[9].

Nach dem »Buch der Stifter« des Klosters Allerheiligen war Hadwig *von kaiserlichem und künichlichem geslechte; si was des hohen kaiser Hainriches swester tochter*[10].

Beide Quellen bezeugen eine nahe Verwandtschaft Hadwigs zu Kaiser Heinrich II. Doch die Forschung mißtraute diesen Nachrichten und ließ sich aus besitzgeschichtlichen Gründen dazu verleiten, eine Verwandtschaft zu Heinrichs Gemahlin Kunigunde zu konstruieren. Da Hadwig den Nellenburgern Besitz im Nahegau zubrachte, aus welchem später das Kloster Pfaffenschwabenheim bei Kreuznach gestiftet wurde, Besitz, der anscheinend aus dem Hause Lützelburg stammte, sah sich Wilhelm Gisi 1885 veranlaßt, Hadwig als Tochter des Grafen Gerhard von Lothringen (1002–1017) und der Eva von Lützelburg, der Schwester von Heinrichs Gemahlin Kunigunde, anzusetzen. Hadwig wurde damit zur Nichte von Heinrichs Gemahlin Kunigunde[11]. Die Ansicht Gisis wurde auch von Karl Schib und noch in jüngster Zeit von Kurt Hils vertreten[12]. Abgesehen davon, daß sie den Aussagen der Quellen widerspricht, ist mehr als fraglich, ob der im Falle Kirchheim und offenbar auch bei Langenau und

---

[8] Eduard *Hlawitschka*: Untersuchungen zu den Thronwechseln in der ersten Hälfte des 11. Jahrhunderts. Vorträge und Forschungen. Sonderband 35. 1987. S. 166 Anm. 237.

[9] Das Kloster Allerheiligen in Schaffhausen. Hrsg. F.L. *Baumann*. In: Quellen zur Schweizer Geschichte. 3. 1883. S. 1 ff., hier S. 158.

[10] Wie Anm. 7 S. 2.

[11] W. *Gisi*: Haduwig, Gemahlin Eppos von Nellenburg. In: Anzeiger für Schweizerische Geschichte. NF 4 (1882–1885) S. 347 ff., hier S. 349 ff.

[12] *Schib* (wie Anm. 7) S. X (Stammbaum). Kurt *Hils*: Die Grafen von Nellenburg im 11. Jahrhundert. Forschungen zur Oberrheinischen Landesgeschichte. XIX. 1967. S. 18.

Brenz an der Brenz vorliegende Erbgang hätte stattfinden können, denn die Tochter der Schwägerin ist üblicherweise nicht erbberechtigt.

Ist die Aussage des »Buchs der Stifter«, daß Hadwig Heinrichs Schwestertochter gewesen sei, als Verwandtschaftsangabe völlig eindeutig, so läßt die Nachricht der Schaffhauser Annalen, daß Hadwig eine *consobrina* Heinrichs gewesen sei, mehrere Möglichkeiten zu. Sie sollen sicherheitshalber geprüft werden. Karl August Eckhardt hat die verschiedenen Möglichkeiten dargelegt[13]. Danach ist *consobrina* zunächst die Tochter der Mutterschwester, allenfalls auch des Mutterbruders. Mutterbruder war König Rudolf III. von Burgund († 1032), der jedoch keine Kinder hatte und somit ausscheidet. Töchter von Mutterschwestern, eigentlich Mutterhalbschwestern, waren die Töchter von Gerberga (vermählt mit Herzog Hermann II. von Schwaben), Berta (Gemahlin Odos von Blois) und Mathilde (vermutlich Gemahlin Eginos von Ostfranken)[14]. Wie schon erwähnt, war Gerbergas Tochter Gisela († 1043) am Erbe Heinrichs II. zwar interessiert, doch die allen Töchtern der Mutterhalbschwestern gemeinsame Abstammung von König Heinrich I. berechtigte erst dann zur Erbfolge, wenn keine näheren Verwandten vorhanden waren. Vor allem aber ist unter ihnen keine Hadwig zu finden. Sie scheiden daher gleichfalls aus.

Consobrina kann sodann die Tochter der Vaterschwester sein. Aus diesem Grund hat K.A. Eckhardt angenommen, Hadwig sei die Tochter von Kaiser Heinrichs Vaterschwester Hadwig († 994) aus der Ehe mit Herzog Burchard II. († 973) gewesen[15]. Doch hatte dieses Paar keine Nachkommen, und somit entfällt auch diese Möglichkeit[16].

Consobrina kann schließlich die Tochter der eigenen Schwester sein, auch jede weibliche Verwandte, die nicht zu den Agnaten gehört, nicht aber eine Verwandte der Frau. Letztere Einschränkung richtet sich gegen die erwähnte These von W. Gisi. Zu »jede weibliche Verwandte, die nicht zu den Agnaten gehört«, ist zu bemerken, daß Hadwig aufgrund ihres Namens wohl zur Sippe der Liudolfinger oder Ottonen gehörte. Dies verengt den in Frage kommenden Personenkreis erheblich. Theoretisch kämen Nachkommen jener Hadwig in Betracht, die mit Hugo von Fran-

---

[13] Karl August *Eckhardt*: Eschwege. Beiträge zur Hessischen Geschichte. 1. 1964. S. 89.
[14] Heinz *Bühler*: Studien zur Geschichte der Grafen von Achalm. In: ZWLG 43 (1984), S. 7 ff., hier S. 38 ff.
[15] Wie Anm. 13 S. 90 ff.
[16] *Hlawitschka* (wie Anm. 8) S. 50 Anm. 152.

zien († 956) vermählt war. Doch ist nicht zu erkennen, daß die Nellenburger in engerer Beziehung zu den Capetingern und ihren Nachkommen gestanden hätten.

So bleibt die Bedeutung »Tochter der eigenen Schwester«. Sie entspricht der Aussage des »Buchs der Stifter«. Beide Quellen haben somit dasselbe Verwandtschaftsverhältnis im Auge. Es ermöglicht den einfachsten Erbgang. Die Lebensdaten, die für Hadwig und ihren Gemahl Eppo zu ermitteln sind, passen dazu[17]. Hadwig ist in diesem Falle nach der Schwester des Großvaters benannt. Hadwig konnte auch Güter der Lützelburger im Nahegau erben, die etwa zur Mitgift der Kaiserin Kunigunde gehört hatten, falls diese, da kinderlos, eine entsprechende Verfügung zugunsten ihrer Nichte traf.

Doch wer war jene Schwester Kaiser Heinrichs II., die Hadwigs Mutter gewesen sein muß? Prinz Isenburg hat Hadwig als Tochter von Heinrichs Schwester Gisela angesetzt, die mit König Stephan dem Heiligen von Ungarn vermählt war[18]. Diese Lösung besticht im ersten Augenblick, denn sie scheint der Aussage des »Buchs der Stifter« zu entsprechen, wonach Hadwig »von kaiserlichem und künichlichem geslechte« war. Doch Scabolcz de Vajay, ein besonderer Kenner der Geschichte Ungarns im Mittelalter, hat sie abgelehnt[19]. So bleibt Heinrichs zweite Schwester Brigida. Von ihr ist nur bekannt, daß sie Nonne in St. Paul in Regensburg und später Äbtissin in Andlau im Elsaß war. Sie könnte, ja müßte kurzfristig verheiratet gewesen sein, und aus dieser Ehe müßte Hadwig stammen. Diese Lösung hat bereits Eduard Hlawitschka erwogen[20].

Fehlt für diesen Ansatz Hadwigs leider der Quellenbeweis, so sprechen dafür wichtige Kriterien:

1) die Aussage des »Buchs der Stifter«, die durch die Schaffhauser Annalen bestätigt wird.

2) der Name Hadwig, der für unmittelbare Zugehörigkeit zum liudolfingisch-ottonischen Sippenkreis zeugt.

3) daß ein Enkel Hadwigs, ein Sohn Eberhards von Nellenburg, den ottonischen Namen Heinrich trug, was darauf schließen läßt, daß er ottonische Ahnen hatte.

[17] Genealogisches Handbuch (wie Anm. 7) S. 187 f.
[18] Stammtafeln zur Geschichte der Europäischen Staaten. Bearb. Wilhelm Karl Prinz *v. Isenburg*. 2. 1960. Tafel 104.
[19] Siehe *Eckhardt* (wie Anm. 13) S. 89 f.
[20] *Hlawitschka* (wie Anm. 8) S. 164 Anm. 227. – Eine angebliche Schwester K. Heinrichs II. namens Gerberga ist nur unsicher überliefert.

4) die Lebensdaten Hadwigs und ihres Gemahls Eppo von Nellenburg[21].

5) der Erbgang Kirchheims wie auch der Güter Langenau und Brenz an der Brenz, der offenbar von keiner Seite angefochten wurde, wogegen Nachkommen Hadwigs noch nach 120 Jahren und später Ansprüche an ehemaligen Besitz Kaiser Heinrichs II. in Sontheim an der Brenz und Mönchsdeggingen im Ries stellten[22].

6) Hans-Peter Köpf ist kürzlich zu ähnlichen Ergebnissen gelangt, was Hadwigs Herkunft betrifft[23].

Die Geschichte Kirchheims nach dem Tode des Grafen Burkhard von Nellenburg († um 1105) scheint klar zu sein: Kirchheim samt dem benachbarten Nabern ging an Herzog Berthold II. von Zähringen († 1111) über, der ein Erbrecht aufgrund von Verwandtschaft geltend gemacht hatte[24]. Diese Verwandtschaft war, soweit zu erkennen ist, freilich nicht die allernächste. Sie lief offenbar über den Thurgaugrafen Eberhard (957–971). Er war der Ururgroßvater sowohl Burkhards von Nellenburg über die Zwischenglieder Manegold († 991), Eppo († um 1030/34), Eberhard († um 1078) als auch Bertholds II. von Zähringen über Liutgard (Gemahlin Landolts † 991), Liutgard (Frau Bezzelins von Villingen † 1024) und Herzog Berthold I. († 1078)[25]. Doch wurde dieser Erbgang anscheinend nicht angefochten. Vermutlich war eine Übereinkunft mit den Miterben erzielt

[21] Wie Anm. 17.

[22] Eine Untersuchung des Verfassers zur Geschichte dieser Orte wird im Jahrbuch des Histor. Vereins Dillingen 93. 1991 erscheinen. – Wohl derselbe Erbgang über Hadwig dürfte vorliegen bei Pliezhausen, Degerschlacht und Butinsulz (abgeg. bei Pliezhausen), welche 1092 im Vermächtnis Werners von Kirchen (bei Ehingen) an Kloster Allerheiligen genannt sind (WUB 1 Nr. 241). Sie dürften ursprünglich Zubehör des benachbarten Kirchheim im Sülichgau (heute Ortsteil von Kirchentellinsfurt) gewesen sein, das K. Heinrich II. 1007 an Bamberg geschenkt hatte (WUB 1 Nr. 208). Werner von Kirchen, der sich auch Graf von Frickingen (bei Überlingen) nannte, ist von Vaterseite ein Nachkomme der Hadwig; seine Eingliederung in die Genealogie der Nellenburger ist jedoch unbestimmt. Hans *Jänichen* hat auf die Burg Mörsberg aufmerksam gemacht, die bei Mittelstadt, jedoch auf Markung Dörnach, abgegangen ist. Sie wurde höchst wahrscheinlich von Adalbert von Mörsberg (bei Winterthur, 1098–ca. 1125) erbaut; er war Vogt von Allerheiligen und gehört dem Hause Nellenburg an (Die Burg Mörsberg bei Mittelstadt. In: Heimatkundl. Blätter für den Kreis Tübingen. 10. Jahrg. Nr. 1 Juni 1959).

[23] Illertissen. Eine schwäbische Residenz. 1990. S. 70ff.

[24] Wie Anm. 6.

[25] Die Ansicht des Verfassers weicht z. T. ab von der des Genealogischen Handbuchs (wie Anm. 7) Tafel IX nach S. 204. Vgl. Paul *Kläui*: Hochmittelalterliche Adelsherrschaften im Zürichgau. Mitteilungen der Antiquarischen Gesellschaft in Zürich. 40. 1960. S. 52.

worden[26]. Kirchheim blieb in zähringischem Besitz und gelangte bei dessen Teilung nach dem Tode Herzog Bertholds IV. 1186 an Adalbert, der sich 1187 erstmals nach seiner wichtigsten Burg »Herzog von Teck« nannte[27].

Nabern war wohl schon lange vor 1105 mit Kirchheim verbunden. Es könnte ebenso wie die nellenburgischen Güter in Berkheim bei Eßlingen und Reichenbach an der Fils, die Burkhard von Nellenburg um 1100 an Kloster Allerheiligen geschenkt hatte[28], zu den *pertinentia legitima* Kirchheims gehört haben, von denen im Tauschvertrag von 960 die Rede ist. Dasselbe gilt wahrscheinlich für die vier Mansen in Billizhausen im Filsgau (abgegangen bei Betzgenriet), welche Kaiser Otto III. im Jahre 998 dem Kloster Einsiedeln schenkte, denn Otto III. muß ja einer der Zwischenbesitzer Kirchheims gewesen sein[29]. Später tauschte Graf Eberhard von Nellenburg († um 1078) die Güter in Billizhausen von Einsiedeln zurück[30].

Man gewinnt den Eindruck, Graf Eberhard habe beabsichtigt, in Verbindung mit der Grafschaft im Neckargau sich um Kirchheim eine gewisse Machtposition aufzubauen. Sein Sohn Burkhard, der selbst kinderlos war und dessen Brüder Eberhard und Heinrich 1075 gefallen waren, gab diesen Plan wieder auf, wie die Schenkungen in Berkheim und Reichenbach an Allerheiligen zeigen.

Aus Kirchheim selbst sind weder zur Zeit der Nellenburger noch unter den Zähringern irgendwelche Vergabungen bekannt. Das beweist wohl, für wie wichtig Kirchheim als zentraler Ort zwischen Neckarknie und Alb angesehen wurde.

---

[26] Mit Burkhard († um 1105) ist das Haus Nellenburg noch nicht erloschen; es lebte noch das Brüderpaar Dietrich von Bürgeln (1092–1108) und Adalbert von Mörsberg (1098 bis ca. 1125). Sie sind Nachkommen der Hadwig, doch ist ihre Einreihung in die Genealogie der Nellenburger unsicher. Näher verwandt zu Burkhard von Nellenburg als Berthold II. von Zähringen waren gewiß die von Stubersheim-Albeck-Elchingen (vgl. Anm. 22). Zwischen Berthold II. und ihnen könnte eine Vereinbarung getroffen worden sein, bei der jede Partei entlegene, im Bereich der anderen Partei liegende Güter abtauschte. Denkbar wäre, daß auf diesem Wege Zähringen bei Altheim (Alb-Donau-Kreis), das aufgrund seines Namens wohl ursprünglich zähringischer Besitz war, an die von Albeck kam.

[27] Irene *Gründer*: Studien zur Geschichte der Herrschaft Teck. Schriften zur südwestdeutschen Landeskunde. 1. 1963. S. 1.

[28] *Baumann* (wie Anm. 9) S. 128.

[29] MG D OIII 710; WUB 4 S. 338 Nachtrag.

[30] Quellenwerk zur Entstehung der Schweizerischen Eidgenossenschaft. Abteilung II: Urbare und Rödel. Band 3. Bearb. Paul *Kläui*. S. 373.

Zur älteren Geschichte Kirchheims

Der früheste Inhaber Kirchheims, der sich urkundlich nachweisen läßt, ist König Konrad von Burgund (937–993) im Jahre 960. Es dürfte kaum bezweifelt werden, daß er das Gut von seiner Mutter Berta († 966) geerbt hatte, der Tochter Herzog Burchards I. (917–926) und der karolingerblütigen Reginlind. Weiter zurück läßt sich die Geschichte Kirchheims nicht eindeutig ermitteln. Berta könnte das Gut vom Vater oder von der Mutter erhalten haben. In letzterem Falle wäre anzunehmen, daß Kirchheim vordem karolingisches Königsgut war. Es wäre dann als ursprünglich alamannisches Herzogsgut zu betrachten, das entweder durch Konfiskation nach 746 oder als Mitgift Hildegards († 783), der Gemahlin Karls d. Gr., an die Karolinger kam. Als frühester Besitzer wäre Herzog Gottfried um 700 namhaft zu machen.

Das Gut könnte auch von Herzog Burchard I. kommen. Schon dessen Vater, Markgraf Burchard von Rätien, der nach dem schwäbischen Herzogtum getrachtet hatte und dabei im Jahre 911 umgekommen war, hatte die Vogtei über die schwäbischen Güter des Klosters Lorsch ausgeübt, die sich im Neckargau um Weilheim und Bissingen massierten[31]. Herzog Burchard I. sodann hatte nach dem Zeugnis Ekkehards IV. von St. Gallen Güter zu Lehen erhalten, die nach der Hinrichtung der sogenannten »Kammerboten« Erchanger und Berthold († 917) beschlagnahmt worden waren[32]. Diese Güter müssen in der Kirchheimer Gegend gelegen haben. Erchanger hatte auf der Diepoldsburg bei Unterlenningen residiert und dort den Bischof Salomo III. von Konstanz eine Zeitlang gefangen gehalten[33]. Die Diepoldsburg lag sicherlich in einer Landschaft, in der die Brüder über reichen Besitz verfügten. Sie wurden dann bei dem Ort *Adinga* enthauptet, den man in Ötlingen westlich Kirchheim sucht. Ihre Schwester Kunigunde, Gemahlin König Konrads I., schenkte im Jahre 915 der

---

[31] Zotz (wie Anm. 2) S. 64.
[32] Zotz (wie Anm. 2) S. 67.
[33] Daß die Thietpoldispurch, in welcher Bischof Salomo III. von Erchanger gefangen gehalten wurde, mit der Diepoldsburg bei Unterlenningen identisch ist, bestätigte Dieter *Mertens*: Gingen an der Fils vor 1075 Jahren. Vortrag am 19. 10. 1990.
[34] WUB 4 S. 332 f. Nachtrag Nr. 26. Württembergische Geschichtsquellen. Hrsg. Dietrich *Schäfer*. 2. 1895. S. 214 f. Nr. 472.
[35] WUB 1 Nr. 136.
[36] Hans *Jänichen*: Die alemannischen Fürsten Nebi und Berthold. In: Schriften des Vereins für Geschichte des Bodensee und seiner Umgebung. 94 (1976) S. 57 ff., hier S. 63.

Abtei Lorsch Gut in Gingen an der Fils. Dazu gehörten nach späteren Aufzeichnungen auch Besitzungen in Grünenberg, Hürbelsbach und Reichartsweiler (in Hohenstaufen aufgegangen) sowie in den abgegangenen Orten Winterswang, Marchbach und Birchwanc[34]. Auch der Stifter des Klosters Wiesensteig 861, Rudolf, wird von vielen Forschern dem Geschlecht der »Kammerboten«, den Alaholfingern oder Bertholden, zugerechnet. Dieses Kloster hatte Besitz in Weilheim, Neidlingen, Bissingen und Nabern[35]. All dies macht sehr wahrscheinlich, daß Kirchheim samt den vermutlich zugehörigen Gütern in Nabern, Billizhausen, Berkheim und Reichenbach aus dem Besitz Erchangers und Bertholds stammte und über Herzog Burchard I. an seine Tochter Berta († 966) kam. Doch auch in diesem Falle geht Kirchheim letztlich wohl auf alamannisches Herzogsgut zurück. Wie Hans Jänichen zeigte, zweigte sich die Sippe der Alaholfinger oder Bertholde mit Hiltburg, einer Tochter Herzog Huochings, die sich mit dem Grafen Berthold von 724 vermählte, vom Herzogshaus Gottfrieds ab[36].

Wie gelangte Kirchheim unter Teck in den Besitz der Grafen von Nellenburg? In: Schriftenreihe des Stadtarchivs Kirchheim unter Teck. B. 13. 1991, S. 7-15.

Wie kommen die frühen Staufer ins Remstal?

Das sogenannte „Stauferjahr" 1977 hat neue Erkenntnisse zur Geschichte der Stauferzeit gebracht. Es wurden u. a. Nachrichten bekannt, die es erlauben, die Genealogie der frühen Staufer zu erweitern. Die Ergebnisse, die zur Frühzeit der Staufer in Schwaben gewonnen wurden, befriedigen jedoch nicht in allen Teilen. So ist die Frage, woher der staufische Frühbesitz im Rems-Fils-Gebiet stammt, noch nicht abschließend beantwortet.

Wenn der Verfasser dieses Thema erneut aufgreift, so ist dies ein Versuch. Er glaubt jedoch, daß einige neu gewonnene Erkenntnisse zu einer Lösung der Frage beitragen könnten.

Die Stifter der Abtei Anhausen sind eine Nebenlinie der Staufer

Diese zunächst überraschende Ansicht hat Hansmartin Decker-Hauff aufgrund einer Notiz im „Roten Buch" des Klosters Lorch, das leider im Zweiten Weltkrieg verschmort ist, im Stauferkatalog mit gewissem Vorbehalt dargelegt[1]. Der Verfasser hatte dagegen zunächst erhebliche Bedenken, und zwar aufgrund der Besitzgeschichte und der Namengebung[2]. Die Stifter Anhausens – Pfalzgraf Manegold d. Ä. (1070–c. 1094) und seine Söhne Pfalzgraf Manegold d. J. (1113), Pfalzgraf Adalbert (1125–1143), Ulrich (1125) und Bischof Walter von Augsburg (1133–1153, † 1154) – tragen keine typischen Staufernamen[3]. Die Bedenken von seiten der Besitzgeschichte können inzwischen unter neuen Gesichtspunkten als ausgeräumt gelten. So ist der Ansicht Decker-Hauffs uneingeschränkt zuzustimmen. Für sie sprechen gewichtige Argumente:

---

[1] Das Staufische Haus. In: Die Zeit der Staufer. Katalog der Ausstellung Stuttgart 1977. Bd. 3. S. 339 ff., hier S. 345. – Wenn im Folgenden der Einfachheit halber von Staufern die Rede ist, so ist damit die Gesamtfamilie von ihren Anfängen an gemeint. Eigentlich ist diese Bezeichnung erst berechtigt, seit der nachmalige Herzog Friedrich I. von Schwaben die Burg auf dem Hohenstaufen um 1070 erbaut hat.

[2] Heinz *Bühler*: Zur Geschichte der frühen Staufer. In: Hohenstaufen. Veröffentlichungen des Geschichts- und Altertumsvereins Göppingen e. V. 10 (1977) S. 1 ff., hier Nachtrag S. 36 f.

[3] Heinz *Bühler*: Schwäbische Pfalzgrafen, frühe Staufer und ihre Sippengenossen. In: Jahrbuch des Historischen Vereins Dillingen 77 (1975) S. 118 ff., hier S. 118–122.

1) Die Pfalzgrafenwürde hat wiederholt zwischen Angehörigen des staufischen Mannesstammes und solchen der Stifterfamilie Anhausens gewechselt. Da ein gewisser Erbanspruch auf das Amt vorausgesetzt werden darf, ist es folgerichtig, wenn dieses im selben Familienverband weitergegeben wurde. Man darf daher die Inhaber des Amts vom frühen 11. Jahrhundert bis gegen die Mitte des 12. Jahrhunderts als Angehörige desselben Mannesstammes betrachten. Danach ging es auf die mit den Staufern verwandten Tübinger über[4].

2) Die Vogtei des Klosters Anhausen fiel nach dem Tode des Pfalzgrafen Adalbert (nach 1143) an die Staufer, und zwar weil sie die nächsten Erben waren. Dasselbe geschah offenbar mit der Herrschaft Lauterburg[5].

3) In Alfdorf bei Lorch läßt sich ältester Stauferbesitz nachweisen: Das um 1060 gegründete Kollegiatstift Lorch hatte dort Rechte. Dort waren aber auch die Stifter Anhausens begütert[6]. Dies spricht für Stammesgemeinschaft der Anhauser Stifter mit den Staufern.

4) Bischof Walter, der letzte der Stifterfamilie Anhausens, übertrug 1151 seine ererbten Güter der Augsburger Domkirche. Placidus Braun, der Augsburger Bistumshistoriker, berichtet 1814 wohl aufgrund alter Überlieferung, daß diese Güter bei Lorch, Schwäbisch Gmünd und in der Nachbarschaft gelegen seien, somit mitten im staufischen Kernland[7]. Hier gilt dasselbe wie für Alfdorf.

5) In Mögglingen und Hermannsfeld, wo die Stifter Anhausens Besitzungen hatten, läßt sich später Gut in den Händen derer von Flochberg, von Rechberg, von Gmünder Bürgern und Gmünder Klöstern nachweisen, das sehr wahrscheinlich von den Staufern herrührt[8]. So hätten wir auch hier ein Nebeneinander von Gütern der Staufer und der Anhauser Stifter, was für Stammesgemeinschaft beider Häuser spricht.

6) In Heubach und Lautern, wo Besitz der Anhauser Stifter zwar nicht ausdrücklich bezeugt ist, aber solcher der Herrschaft Lauterburg nachzuweisen ist, die aus dem Erbe der Anhauser Stifter stammt, finden sich gleichfalls Gmünder Bürger und das Gmünder Spital mit Gütern, die aus staufischer Hand stammen dürften[9].

7) Auf dem Albuch besaßen die Stifter Anhausens einige Weiler, z. B. Irmannsweiler und Lôueswilare (wohl Vorgänger von Hesselschwang bei Bartholomä?), die

---

[4] Heinz *Bühler*: Wie gelangten die Grafen von Tübingen zum schwäbischen Pfalzgrafenamt. In: ZWLG 40 (1981) S. 188ff., hier Tafel nach S. 208.

[5] OAB Aalen S. 284., wo die Jahreszahl 1191 zu berichtigen ist. Der Verfasser der OAB Aalen setzte nämlich die Stifter Anhausens mit den Manegolden von Werd (Donauwörth) gleich, die angeblich 1191 ausgestorben sein sollen, tatsächlich aber um 1147 erloschen sind.

[6] Wie Anm. 15. – WUB 2 S. 26ff. Nr. 318.

[7] Placidus *Braun*: Geschichte der Bischöfe von Augsburg. Bd. 2. 1814. S. 103.

[8] WUB 8 S. 84 Nr. 2755. – Urkunden und Akten der ehemal. Reichsstadt Schwäbisch Gmünd. Bearb. Alfons *Nitsch*. Bd. 1. 1966. Nr. 99, 212, 343, 352, 367, 390, 432, 494, 547, 551, 732. – Das Spitalarchiv zum Heiligen Geist in Schwäbisch Gmünd. Bearb. Adolf *Nitsch*. 1965. Nr. 14, 102, 138.

[9] Spitalarchiv Schwäbisch Gmünd (wie Anm. 8) Nr. 44, 46, 176.

hauptsächlich den Ostteil dieses Landstrichs einnahmen und ursprünglich sicher nach der Lauterburg orientiert waren. Dorthin gehörte auch Laubenhart (= Bartholomä). Doch besaßen die von Rechberg dort das ursprünglich wohl staufische Kirchenpatronat. Die Besitzungen der Anhauser Stifter grenzten unmittelbar an die Güter und Weiden von Gmünder Bürgern im Nordwestteil des Albuchs, die gleichfalls staufisch gewesen sein dürften[10]. So scheint auch dieser Bereich, insbesondere Laubenhart, einst in einer Hand gewesen und dann unter Nächstverwandten, eben den Stiftern Anhausens und den Staufern, geteilt worden zu sein.

8) In Dettingen und Heuchlingen (Kreis Heidenheim) findet sich nebeneinander Besitz des Klosters Lorch (aus staufischer Hand) und der Stifter Anhausens; beide Parteien haben Anteil am Kirchengut[11]. Dies erklärt sich, wenn beide am Erbe gemeinsamer Vorfahren beteiligt waren.

Diese Beispiele mögen genügen. Sie zeigen wohl deutlich, daß Staufer und Stifter Anhausens stammesgleich sind[12].

Wie das „Rote Buch" von Lorch berichtet, waren Pfalzgraf Manegold d. Ä. (1070–c. 1094) und Herzog Friedrich I. von Schwaben (1079–1105) Brüder, und zwar Söhne Friedrichs von Büren (1053)[13]. Ihre Lebensdaten bestätigen dies. Von Herzog Friedrich I., der um 1070 die Burg auf dem Hohenstaufen erbaut hatte, stammen die eigentlichen Staufer ab, während sein Bruder Manegold eine Nebenlinie begründete, die 1154 erlosch.

Wer war der Vorbesitzer der Staufischen Güter im Remstal?

Kann die Stammesgemeinschaft der Staufer und der Stifter Anhausens nunmehr als einigermaßen gesichert gelten, so darf für die weitere Untersuchung der Besitz beider, soweit er im Remstal und angrenzendem Gebiet gelegen ist, als Einheit betrachtet werden. Es stellt sich dann die Frage, wer vor Friedrich von Büren (1053) das mittlere Remstal beherrscht haben könnte.

Der erste Staufer, der sich hier nachweisen läßt, ist der Riesgraf und Pfalzgraf Friedrich (1030–1053), der Vater Friedrichs von Büren. Er darf als der *fundator* des Kollegiatstifts in Lorch (um 1060) gelten[14]. Besitzungen dieses Stifts lassen sich ermitteln in Lorch, Schwäbisch Gmünd, Wäschenbeuren, Waldhausen, Rattenharz,

---

[10] WUB 2 S. 26 ff. Nr. 318. – Urkunden und Akten (wie Anm. 8) Nr. 357, 409. – Spitalarchiv (wie Anm. 8) Nr. 63, 74, 82, 268. – J. N. *Denkinger:* Das Spital des Hl. Geistes in der früheren Reichsstadt Schwäbisch Gmünd. In: Das städtische Hospital zum Hl. Geist in Schwäbisch Gmünd. Hg. A. *Wörner.* 1905. S. 258 Nr. 243, 244.

[11] *Bühler:* Schwäb. Pfalzgrafen (wie Anm. 3) S. 142 f.

[12] Verfasser glaubte vor 15 Jahren, diese Zusammenhänge damit zu erklären, daß er die Gemahlin Manegolds d. Ä., Adelheid, für eine Stauferin hielt (wie Anm. 3 S. 143). Er hat diese Ansicht revidiert.

[13] *Decker-Hauff:* (wie Anm. 1) S. 344 ff. Nr. 14, 17, 21.

[14] Wie Anm. 1 S. 343 Nr. 10.

Pfahlbronn und Alfdorf[15]. Diese Plätze sind ältester Stauferbesitz im Remstal, denn die dortigen Güter und Rechte sind sicher an das Stift gelangt zu einer Zeit, als es die Abtei Lorch noch nicht gab, mithin zwischen 1060 und 1100. Sie dürften unmittelbar vom *fundator* Friedrich stammen. Hat er diese Güter bereits geerbt oder etwa erheiratet? Man steht damit vor der Frage, wem diese Gegend vorher gehörte.

Um die Vorbesitzer zu ermitteln, sei eine Abschweifung in frühere Jahrhunderte erlaubt. Mitten durch das später staufische Kernland verlief der römische Grenzwall, der Limes. Ihm entlang findet sich eine Reihe römischer Kastelle: Welzheim (West- und Ostkastell), Lorch, Schirenhof bei Schwäbisch Gmünd, Böbingen und Aalen. Spätere Machthaber haben offenbar an römische Traditionen angeknüpft und z.B. römische Ortsnamen übernommen: Welzheim und Lorch. Die römischen Kastelle führen später fast regelmäßig die Bezeichnung „Burg":

Murrhardt – Hunnenburg
Welzheim (Ost) – Burg
Schirenhof – Etzelburg
Böbingen – Bürgle.

Diese Bezeichnung dürfte vermutlich nicht nur gewählt worden sein, um eine mehr oder weniger verfallene römische Anlage, die allenfalls als Steinbruch Interesse fand, zu benennen, sondern diese Anlagen werden nach Möglichkeit weiter als Befestigungen und Adelssitze genutzt worden sein. Die Lage des „Bürgle" bei Unterböbingen bot sich dafür geradezu an. In karolingischer Zeit wurde das Gelände der Kastelle sehr wahrscheinlich Königsgut. Dies ist für die Hunnenburg in Murrhardt sogar bezeugt[16].

Das später staufische Kernland um Lorch und Schwäbisch Gmünd ist nur zum Teil Altsiedlungsland. Das Remstal ist eingeengt zwischen Welzheimer Wald und Schurwald. Die meisten Siedlungen entstanden hier wohl erst in der Ausbauzeit. Oberhalb Schwäbisch Gmünd, wo das Land sich weitet, findet sich jedoch eine Gruppe von „-ingen-Orten", deren Namen oder Besitzverhältnisse an die alemannische Herzogsfamilie des frühen 8. Jahrhunderts erinnern: Böbingen (PN Bebo), Iggingen und Heuchlingen (PN Huoching), Mulfingen (Schenkung Huochings 782)[17]. Auf dem Schurwald bei Schlichten ist ein Ort Hochingen (PN Huoching) abgegangen[18]. Diese Orte könnten in karolingischer Zeit Königsgut geworden sein, sei es durch Konfiskation nach 746 oder als Heiratsgut der Hildegard, der Gemahlin Karls d. Gr. Karolingisches Königsgut läßt sich nachweisen in Waiblingen, Murrhardt und Steinheim am

[15] OAB Welzheim S. 182 und 194, S. 250, 259, 260, 212, 150. – Peter *Spranger* und Klaus *Graf*: Schwäbisch Gmünd bis zum Untergang der Staufer. In: Geschichte der Stadt Schwäbisch Gmünd. Hg. Stadtarchiv Schwäbisch Gmünd 1984. S. 78.

[16] WUB 1 S. 87f. Nr. 78.

[17] Siehe Heinz *Bühler*: Studien zur Geschichte der Grafen von Achalm. In: ZWLG 43 (1984) S. 42.

[18] OAB Schorndorf S. 174. – Richard *Haidlen*: Die Anfänge der Schurwaldbesiedlung. In: ZWLG 24 (1965) S. 132ff., hier S. 159f.

Albuch, auch in Zimmern bei Schwäbisch Gmünd[19]. Noch ungeklärt scheint die Frage, ob in Schwäbisch Gmünd für kurze Zeit eine von der Abtei Saint-Denis bei Paris abhängige Zelle bestand; sie wäre am ehesten auf Königsgut gegründet worden[20]. Auch die Dionysius-Kirche in Grunbach weist auf Verbindung zu Saint-Denis, was wiederum auf Königsgut schließen ließe.

Der karolingische Besitz, der im fraglichen Raum nicht unbedeutend gewesen sein kann, gelangte kurz nach 900 zu einem guten Teil in die Verfügungsgewalt der Herzogin Reginlind († c. 960). Er verteilte sich dann auf ihre Nachkommen und Erben aus zwei Ehen.

Um die Jahrtausendwende sind dies aus ihrer ersten Ehe mit Herzog Burchard I. († 926) zunächst Kaiser Heinrich II. (1002–1024); er hatte seine Tante Hadwig († 994) und seinen Vetter Kaiser Otto III. († 1002) beerbt und er erbte direkt über seine Mutter Gisela († 1006); doch läßt er sich in unserem Raum nicht nachweisen. Erben sind ferner die Halbschwestern seiner Mutter Gisela, nämlich Berta (vermählt mit Odo von Blois), Mathilde (vermutlich Gemahlin Eginos, des Stammvaters der Achalmer und Uracher) und Gerberga (verheiratet mit Herzog Hermann II. (997–1003)[21]. Erben aus der zweiten Ehe Reginlinds mit Herzog Hermann I. († 949) sind Herzog Konrad von Schwaben (983–997) bzw. dessen Söhne Herzog Hermann II. und Liutold von Mömpelgard sowie die Tochter Ita, vermählt mit dem Welfen Rudolf von Altdorf[22]. Zu ihren Gütern aus karolingischem Erbe dürften noch andere gekommen sein, sei es durch Heirat oder Landesausbau.

Knapp hundert Jahre später finden wir im westlichen Remstal die Salier als Nachkommen und Erben Herzog Hermanns II. über dessen Tochter Gisela († 1043) in Waiblingen, Winterbach und Beinstein[23] sowie die Wirtemberger als Nachkommen Herzog Hermanns II. über die Tochter Mathilde († 1033) in Beutelsbach[24].

Im östlichen Remstal erscheint nun Essingen im Besitz der Willibirg von Achalm, die das Gut *ex paterna traditione*, also von ihrem Vater Rudolf von Achalm erhalten hatte. Es ist jedoch zu vermuten, daß es eher von der Mutter Adelheid von Wülflingen herrührte, über deren Mitgift Rudolf als ihr Vormund verfügte[25]. Auf Adelheid läßt

---

[19] Waiblingen: MG DK III Nr. 127, 128, 158, 170; MG D L. d. K. Nr. 64.
Murrhardt: WUB 1 87 Nr. 78.
Steinheim und Zimmern: WUB 1 S. 116 Nr. 101.

[20] Peter *Spranger*: Die Zelle Gamundias. In Geschichte der Stadt Schwäbisch Gmünd (wie Anm. 14) S. 42 ff., hier S. 51 f.

[21] Siehe *Bühler*: Studien (wie Anm. 17) Tafel II.

[22] Eduard *Hlawitschka*: Untersuchungen zu den Thronwechseln der ersten Hälfte des 11. Jahrhunderts. Vorgänge und Forschungen. Sonderband 35. 1987. S. 65 ff.

[23] MG D H IV Nr. 325 und 391.

[24] Dieter *Mertens*: Zur frühen Geschichte der Herren von Württemberg. In: ZWLG 49 (1990) S. 11 ff., hier S. 83 f. und Tafel S. 94/95.

[25] Die Zwiefalter Chroniken Ortliebs und Bertholds. Hg. Erich *König* und Karl Otto *Müller*. Schwäbische Chroniken der Stauferzeit. Bd. 2. 1941. S. 30. – Sollte das Gut dennoch von Rudolf v. Achalm stammen, wäre es über seine mutmaßliche Mutter Mathilde von König Konrad von Burgund, † 993, herzuleiten; vgl. dazu Anm. 21.

sich höchst wahrscheinlich auch Besitz im benachbarten Böbingen zurückführen, der um 1130 in der Hand Konrads von Böbingen aus dem Hause Tapfheim-Michelstein erscheint[26]. Die von Tapfheim-Michelstein haben ihre Burg Michelstein bei Sontheim im Stubental (Kreis Heidenheim) vor 1101 auf Gelände erbaut, das gleichfalls von Adelheid stammt[27]. Adelheids Bruder Berengar († 1027) aber ist ein Vorfahr der Herren von Stubersheim und Albeck; die letzteren sind um 1200 Ortsherren in Steinheim am Albuch, dem Nachbarort von Sontheim im Stubental[28]. Sie haben ihren Besitz mit großer Wahrscheinlichkeit von Berengar geerbt.

Die Plätze Essingen, Böbingen und Steinheim mit Michelstein, welche alte Übergänge vom Remstal über den Albuch ins Brenztal beherrschten, gehen damit auf denselben Vorbesitzer zurück, der sie alle um die Jahrtausendwende in der Hand hatte, nämlich Liutold von Mömpelgard, den Vater von Adelheid von Wülflingen und von Berengar († 1027). Auf diesen bzw. den Sohn Berengar geht offenbar auch zurück, was Kuno von Hurningen um 1100 in Oberberken bei Schorndorf, nahe bei dem abgegangenen Ort Hochingen, an Kloster Hirsau schenkte[29].

Eine eingehendere Betrachtung verdient das östliche Remstal mit dem angrenzenden Albuch, also der Raum Böbingen-Mögglingen-Essingen-Lautern mit Lauterburg-Steinheim mit Michelstein. Denn in diesem Bereich ist vor allem auch Besitz der Stifter Anhausens als eines Zweigs der Staufer sowie der Staufer selbst begegnet. Der Besitz der Familie Liutolds von Mömpelgard in Böbingen, Essingen und Steinheim umschließt gleichsam den Besitz der Staufer in Mögglingen, Hermannsfeld, Lautern mit Lauterburg sowie auf dem Albuch um Irmannsweiler. Doch ist staufischer Besitz auch in Böbingen zu erschließen: Er befindet sich später in Händen derer von Roden, deren Burg zur Herrschaft Lauterburg gehörte, derer von Rechberg und Bürgern von Gmünd[30]. Andererseits gibt es in Lautern Güter und Rechte derer von Böbingen und von Schechingen; letztere sind Wappengenossen der Böbinger und somit wohl mit

---

[26] Zwiefalter Chroniken (wie Anm. 25) S. 214. – Zur Genealogie siehe Heinz *Bühler*: Zur Geschichte des Härtsfeldes und Kesseltales im Hohen Mittelalter. In: Jahrbuch des Histor. Vereins Dillingen 92 (1990) (im Druck).

[27] Heinz *Bühler*: Zur frühen Geschichte Heidenheims und vergleichbarer Orte auf der Alb. In: Jahrbuch 1987/88 des Heimat- und Altertumsvereins Heidenheim an der Brenz (1988) S. 51 ff., hier S. 66. – Zur Genealogie siehe *Bühler*. Zur Geschichte des Härtsfelds (wie Anm. 26). Stammtafel.

[28] WUB 2 S. 379 Nr. 548. – Zur Genealogie siehe *Bühler*: Zur frühen Geschichte Heidenheims (wie Anm. 27) S. 56 f. und S. 65. – Aus zeitlichen Gründen dürfte der Vater der Stubersheimer Brüder Adalbert und Berengar von 1092 nicht mit einer Tochter Berengars († 1027), sondern mit einer Enkelin desselben, nämlich einer Tochter der Heilicha, vermählt gewesen sein.

[29] Codex Hirsaugiensis. Hg. E. *Schneider*. In: WGQ 1 (1887) S. 56.

[30] OAB Gmünd S. 442 (betr. Hiltburg Vezerin). – Urkunden und Akten (wie Anm. 8) Nr. 214, 245, 375, 1099, 1114. – Spitalarchiv Schwäbisch Gmünd (wie Anm. 8) Nr. 80, 92, 121, 134, 135, 172, 192.

ihnen stammesgleich. Ihre Güter sind wahrscheinlich auf die Familie Liutolds, insbesondere auf seine Tochter Adelheid von Wülflingen, zurückzuführen[31].

In Steinheim, wo die von Albeck als Nachkommen Berengars († 1027) Ortsherren waren, wird 1463 namhafter Besitz des Stifts Herbrechtingen (Kreis Heidenheim) bekannt. Dieses Stift war von Kaiser Friedrich I. 1171 reformiert und auch dotiert worden. Sehr wahrscheinlich stammen die herbrechtingischen Güter in Steinheim aus staufischer Schenkung[32]. Das dortige Kirchenpatronat war 1209 als Lehen vom Hochstift Augsburg im Besitz der Herren von Albeck[33]. Die augsburgische Lehenshoheit aber beruht sehr wahrscheinlich auf dem Vermächtnis des Bischofs Walter aus der Anhauser Stifterfamilie und geht damit gleichfalls auf die Staufer zurück. Somit ergäbe sich auch in Steinheim ein Nebeneinander von Besitz der Sippe Liutolds von Mömpelgard und der Staufer. Es ließen sich wohl noch weitere interessante Besitzüberschneidungen ermitteln. Doch schon das Dargebotene vermittelt wohl deutlich genug den Eindruck, daß der beiderseitige Besitz, nämlich der Familie Liutolds und der Staufer (einschließlich der Stifter Anhausens), wohl aus einer gemeinsamen Erbmasse stammt.

Die Familie Liutolds muß schon um die Jahrtausendwende in der Gegend begütert gewesen sein. Nichts spricht dafür, daß ihre Angehörigen gerade diesen Besitz erst danach etwa erheiratet hätten. Das heißt, daß sie einige Zeit früher mit der Gegend verbunden waren als der erste Staufer, der sich hier nachweisen läßt, nämlich der Riesgraf und Pfalzgraf Friedrich (1030–1053), der das Stift Lorch gegründet hat. Da er offenbar an der Gütermasse Anteil hat, die schon früher in der Hand der Familie Liutolds war, müßte er mit dieser Familie irgendwie verschwägert gewesen sein.

Die Kinder der Adelheid von Wülflingen aus der Ehe mit Rudolf von Achalm sind zu gut bekannt, als daß sich hier eine Anknüpfungsmöglichkeit für den Staufer böte. Weniger gut kennt man die Nachkommen ihres Bruders Berengar († 1027). Doch hatte er offenbar keinen Sohn. Von seiner Tochter lassen sich mit großer Wahrscheinlichkeit die von Hurningen und die von Stubersheim-Albeck, vielleicht auch die von Metzingen herleiten[34]. Etwa noch eine Tochter anzunehmen, die mit dem Staufer Friedrich vermählt gewesen sein könnte, ist nicht statthaft, da in diesem Fall spätere Heiraten zwischen Nachkommen dieses Friedrich und Nachkommen Berengars verbotene Nahehen gewesen wären. Adelheid von Wülflingen und Berengar hatten noch zwei Brüder. Der eine, Hunfried, war Domherr in Straßburg und seit Ende 1046 Erzbischof von Ravenna († 1051). Der andere namens Otto wird anläßlich einer Schenkung Hunfrieds an die Straßburger Hochkirche 1044 als verstorben erwähnt[35]. Er ist in den vorstehenden Darlegungen noch nicht begegnet. Doch muß auch er in der gleichen Gegend begütert gewesen sein wie seine Geschwister. Er ist wohl um

---

31 Spitalarchiv Schwäbisch Gmünd (wie Anm. 8) Nr. 31, 56. – Wie Anm. 27.
32 HStA. Stgt. H 127 Nr. 60, Fol. 44f. – WUB 2 S. 162f. Nr. 394.
33 WUB 2 S. 378f. Nr. 547.
34 *Bühler*: Zur frühen Geschichte Heidenheims (wie Anm. 27) S. 56f. – Zusatz zu Anm. 28.
35 UB Zürich Bd. 1 Nr. 233.

975–980 geboren und könnte nach der Zeit sehr wohl der Schwiegervater des Staufers Friedrich (1030–1053) sein, der um 1000 geboren wurde.

Daß die Staufer sich weiblicherseits von seinem Sohn Liutolds von Mömpelgard herleiten und damit mit dem Hause Achalm eng verwandt sein könnten, mag ein zunächst überraschendes Ergebnis sein. Und doch ist der Gedanke wohl nicht so abwegig. Aus Urkunden Kaiser Friedrichs I. von 1155 und 1166 geht hervor, daß das Stift Öhningen am Bodensee von Friedrichs *progenitores* gegründet und *hereditario iure* auf ihn gekommen sei[36]. Er hatte also am Erbe der Stifter Öhningens teil. Öhningen aber ist von dem lange Zeit rätselhaften Kuno von Öhningen vor 965 gestiftet worden, den die Forschung jetzt ziemlich einhellig mit Herzog Konrad von Schwaben (983–997) gleichsetzt. Er ist der Vater Liutolds von Mömpelgard und Großvater Ottos († v. 1044)[37]. Man könnte in den Aussagen Kaiser Friedrichs I. die Bestätigung für die Abstammung der Staufer von Otto sehen. Zwar sind auch andere Vorfahren Kaiser Friedrichs I. den zahlreichen Nachkommen Kunos von Öhningen (= Herzog Konrad) zuzurechnen, nämlich Hildegard von Schlettstadt, die Gemahlin Friedrichs von Büren, und Agnes, die Gattin Herzog Friedrichs I. Beide stammen ja von Liutolds Bruder Herzog Hermann II. (997–1003) ab. Ferner Kaiser Friedrichs I. Mutter, die Welfin Judith, die sich von Liutolds Schwester Ita herleitet[38].

Doch dürfte das Öhninger Erbe wohl schon früher angefallen sein. Die Familie Liutolds von Mömpelgard hatte enge Beziehungen zur Straßburger Hochkirche. Liutolds Sohn Hunfried war, wie erwähnt, dort Domherr (1044), ehe er Ende 1046 zum Erzbischof von Ravenna geweiht wurde[39]. Sein Neffe Werner von Achalm, Sohn der Adelheid von Wülflingen, bestieg den Straßburger Bischofsstuhl (1065–1077). Unter seiner Regierung erlangte der Staufer Otto, ein Sohn Friedrichs von Büren, eine Domherrenpfründe in Straßburg und wurde um 1083 Werners Nachfolger nach kurzer Zwischenregierung des Bischofs Thiepald (1078–1082)[40]. Hier dürften verwandtschaftliche Beziehungen im Spiel gewesen sein. Nach Ansicht des Verfassers war der Staufer Otto ein jüngerer Vetter des Bischofs Werner. Eine Verwandtschaft zwischen dem Achalmer Werner und dem Staufer Otto kann aber kaum anders als durch Otto († v. 1044), den Bruder Adelheids von Wülflingen, begründet sein. So dürfte Otto das Öhninger Erbe vermittelt haben. Dies wiederum würde die Abstammung der Staufer von Otto bestätigen.

---

[36] MG DF I Nr. 128 und 519.

[37] Armin *Wolf*: Wer war Kuno „von Öhningen"? In: DA 36 (1980) S. 25 ff. – Hansmartin *Decker-Hauff*: Waiblingen einst. In: Waiblingen. Porträt einer Stadtlandschaft. Hg. Hansmartin *Decker-Hauff* und Ulrich *Gauß*. 1985. S. 7 ff., hier S. 12. – Eduard *Hlawitschka*: Untersuchungen (wie Anm. 22) S. 59 f., S. 67.

[38] *Hlawitschka:* Untersuchungen (wie Anm. 22) S. 99 ff.

[39] Wie Anm. 35.

[40] Wie Anm. 1 S. 346 Nr. 20. – Regesten der Bischöfe von Straßburg. Hg. Hermann *Bloch* und Paul *Wentzcke*. Bd. 1. 1908. S. 280 ff.

Folgerungen

Wenn Otto († 1044) aus der Familie Liutolds von Mömpelgard als Schwiegervater des Staufers Friedrich (1030–1053) betrachtet werden darf, als derjenige, der Vorbesitzer der staufischen Güter im Remstal (einschließlich des Besitzes der Stifter Anhausens) war, entwirrt sich das Besitzgeflecht um Böbingen-Essingen-Lauterburg-Steinheim. Dann war Liutold von Mömpelgard derjenige, der um die Jahrtausendwende diesen Komplex als Ganzes innegehabt hat.

Dann versteht man, wie wenig Kilometer vom staufischen Schorndorf entfernt Kuno von Hurningen, ein Nachkomme von Ottos Bruder Berengar († 1027), Besitz in Oberberken an Hirsau vergeben konnte. Dann wird auch klar, warum in Heidenheim Besitz der Herren von Stubersheim und ihrer Erben, nämlich derer von Hellenstein (Nachkommen Berengars), neben solchem der Stifter Anhausens (Nachkommen Ottos) zu finden ist.[41].

Die Familie Ottos hatte enge Beziehungen zum Elsaß und damit, wie bereits erwähnt, zur Straßburger Hochkirche. Ottos Großvater Herzog Konrad (983–997) und Ottos Vaterbruder, Herzog Hermann II. (997–1003), waren nicht allein Herzöge von Schwaben, sondern auch vom Elsaß[42]. Sie müssen dort reichen Besitz gehabt haben. Von daher erklärt sich die Zubenennung von Ottos Vater Liutold nach Mömpelgard[43]. Auch sein Bruder Hunfried wurde so genannt. Dieser war im Elsaß begütert und trug seinerseits Güter der Straßburger Kirche zu Lehen[44]. Seine Schwester Adelheid von Wülflingen und deren Nachkommen, die von Achalm, besaßen Ebersheim und die Herrschaft Horburg bei Colmar[45]. Man darf annehmen, daß auch Otto über elsäßische Güter verfügte, die über ihn an die Staufer gelangten. Das heißt, daß der staufische Besitz im Elsaß nicht nur und nicht erst durch Hildegard von Schlettstadt, die Gemahlin Friedrichs von Büren, vermittelt wurde. Es wäre wohl möglich, daß der von 1003 bis 1025 bezeugte Sundgaugraf namens Odo-Udo-Otto mit Otto, dem Schwiegervater des Staufers Friedrich (1030–1053), identisch ist. Er war in Bartenheim bei Mülhausen begütert[46].

Durch Otto kamen sein eigener Name und der Name seines Großvaters Konrad ins Stauferhaus. Wir finden diese Namen erstmals unter den Söhnen Friedrichs von

---

[41] *Bühler:* Zur frühen Geschichte Heidenheims (wie Anm. 27) S. 66 ff.

[42] Thomas L. *Zotz:* Der Breisgau und das alemannische Herzogtum. Vorträge und Forschungen. Sonderband 15. 1974. S. 51 mit Anm., S. 117.

[43] Zwiefalter Chroniken (wie Anm. 25) S. 12. – Zotz (wie Anm. 41) S. 128 Anm. 84.

[44] Annales Zwifaltenses. Hg. Eugen *Schneider.* In: WGQ 3 (1889) S. 8. – Wie Anm. 35.

[45] Zwiefalter Chroniken (wie Anm. 25) S. 29 und 152; S. 40.

[46] MG D H II Nr. 57, 69, 80, 499; D K II Nr. 1, 42. – „Jahrzeitbuch" des Liber Heremi. In: Hagen *Keller:* Kloster Einsiedeln im ottonischen Schwaben. Forschungen zur oberrhein. Landesgeschichte 13. 1964. S. 162. – Dem Sundgaugrafen Odo-Udo-Otto folgte 1027 ein Graf Wezilo (MG D K II Nr. 87). Vermutlich war Odo-Udo-Otto vorher, also um 1026, gestorben. Otto aus der Familie Liutolds wird 1044 als verstorben erwähnt (wie Anm. 34), sein Todesjahr könnte schon weiter zurückliegen und damit mit dem Todesjahr Odo-Udo-Ottos in Einklang sein.

Die frühen Staufer und ihre Verwandten.

(auszugsweise)

H. Bühler, 1990.

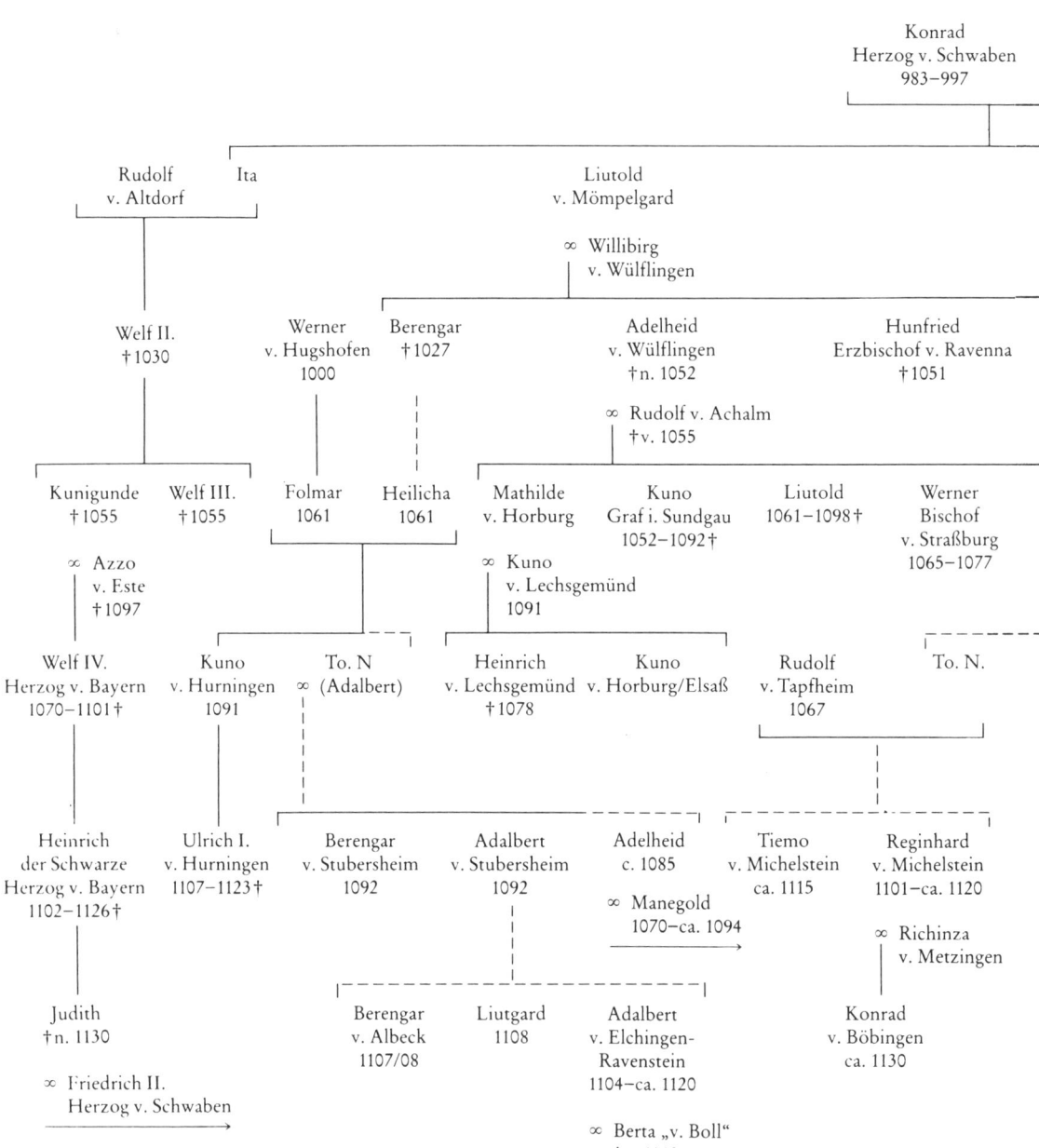

Judith

Konrad
König v. Burgund
937–993

Mathilde
†982/991

Hermann II.
Herzog v. Schwaben
997–1003

Gerberga
1000

Berta
1010

Odo I.
v. Blois
975–996

Walter
Graf im Filsgau
998

Otto
†v. 1044
? Sundgaugraf
1003–1025

To. N

Friedrich
Pfalzgraf (?)
1027

To. N

Friedrich
Herz. v. O'Lothringen
†1026/27

∞

Mathilde
†1033
Konrad
Herz. v. Kärnten
1004–1011†

Gisela
†1043
∞ Konrad II.
König u. Kaiser
1024–1039†

Manegold
Graf i. Duria
1003

Willibirg
∞ Werner III.
v. Grüningen
†1065

To. N

Friedrich
Riesgraf u. Pfalzgraf
1030–1053

To. N

Sophie
v. Lothringen
†1093

∞ Ludwig
v. Mousson
1044–1071

Konrad d. J.
Herz. v. Kärnten
1036–1039

Heinrich III.
König u. Kaiser
1039–1056†

Werner IV.
v. Grüningen
†1121

Walter
†jung

Friedrich
v. Büren
Riesgraf 1053

Manegold
†jung

Hildegard
v. Schlettstadt
†1094

Kuno
ca. 1056

Konrad
v. Beutelsbach-Wirtemberg
†n. 1092

Heinrich IV.
König u. Kaiser
1056–1106†

Manegold
Pfalzgraf
1070–ca. 1094

∞ Adelheid
ca. 1089

Ludwig
Pfalzgraf
1089–1103

Adelheid
1094

Otto
Bischof v.
Straßburg
1083–1100

Konrad
1089–1095

Walter
1089–1095

Friedrich
Herzog v. Schwaben
1079–1105

Agnes
†1043

Manegold
Pfalzgraf 1113
†v. 1125

Adalbert
Pfalzgraf
1125–1143

Ulrich
1125–v. 1143

Walter
Bischof
v. Augsburg
1133–1153
†1154

Guta
Witwe
Manegolds
v. Rohrdorf
←

Berta
„v. Boll"
†v. 1142
←

Konrad III.
König
1138–1152

Friedrich II.
Herzog v. Schwaben
1105–1147

∞ Judith
†n. 1130
←

Büren. Doch schon unter den Geschwistern Friedrichs von Büren finden sich die Namen Walter und Manegold (beide Träger sind jung gestorben)[47]. Wie sind sie in die Familie gekommen?

Der Verfasser hat schon früher vermutet, daß der Name Walter auf den Filsgrafen Walter von 998 zurückgehen dürfte. Dies wird durch eine Nachricht des „Roten Buchs" bestätigt[48]. Die Folgerungen, die der Verfasser daraus zog, sind durch die jetzige Auffassung berichtigt und eingeschränkt. Jetzt stellt sich die Sache wohl folgendermaßen dar: Die Tochter des Filsgrafen Walter dürfte mit Otto, dem Sohn Liutolds, vermählt gewesen sein, und deren Tochter brachte den Namen Walter ins staufische Haus. Bischof Walter von Verona (1037–1055), ein Schwabe, der die Reliquien des hl. Zeno 1052 nach Ulm gebracht und in der dortigen Pfalzkapelle beigesetzt hatte, war dann wohl der Schwager Ottos und damit Bruder der Schwiegermutter Friedrichs (1030–1053). Dieser bekleidete damals das Pfalzgrafenamt und wirkte sicher bei der Transferierung der Reliquien mit, da er für die Pfalz Ulm zuständig war[49]. Die Tochter des Filsgrafen Walter mag ihrem Gemahl Otto Güter um die Fils zugebracht haben, die über ihre Tochter an die Staufer gelangten, darunter vielleicht auch jene Güter in Gosbach, (Unter-)Böhringen, Holzheim und Hürbelsbach, die an die Abtei Anhausen gelangten[50].

Bleibt der Name Manegold, der erstmals bei einem jung verstorbenen Sohn Friedrichs (1030–1053) begegnet und später bei den Stiftern Anhausens wiederkehrt. Naheliegend ist die Annahme, daß Friedrich ein zweites Mal verheiratet war, und zwar mit einer Tochter des Duriagrafen Manegold, eines Hupaldingers, der 1003 in Verbindung mit Langenau bezeugt ist[51]. Auf diese Weise würde sich erklären, wie Pfalzgraf Manegold d. Ä. (1070–c. 1094) die Martinskirche in Langenau erbte, bei der er ein Kloster zu gründen beabsichtigte. Auch Güter in Niederstotzingen und Mergelstetten könnten so in seinen Besitz gelangt sein.

Vielleicht läßt sich jetzt sagen, wer Guta war, die Witwe Manegolds von Rohrdorf, welche Güter in Forst bei Essingen an die Abtei Hirsau schenkte[52]. Manegold d. Ä. von Rohrdorf ist 1092–1116 bezeugt. Er war mit Hiltrud von Kilchberg vermählt, die vor ihm starb[53]. Guta kann somit nur seine zweite Gemahlin gewesen sein. Sie paßt nach der Zeit in die Generation der Kinder des Pfalzgrafen Manegold d. Ä. (1070–c. 1094). Auch ihr Besitz in Forst weist sie der Stifterfamilie Anhausens zu, die dort begütert war. Das Gut Forst war dann ihr Vatererbe.

Damit lassen sich wohl alle Geschlechter in einen Sippenzusammenhang bringen, für die um 1100 Besitz im Raum Böbingen-Essingen-Lauterburg-Steinheim nachzu-

---

[47] Wie Anm. 1 S. 344 Nr. 13 und 15.

[48] *Bühler:* Schwäbische Pfalzgrafen (wie Anm. 3) S. 144. – Wie Anm. 1 S. 344 Nr. 13.

[49] *Bühler* (wie Anm. 48) S. 144.

[50] WUB 2, S. 26 ff. Nr. 318.

[51] MG D H II Nr. 55.

[52] Codex Hirsaugiensis (wie Anm. 29) S. 28.

[53] Zwiefalter Chroniken (wie Anm. 25) S. 256 f., S. 306 und 349.

weisen ist. Bischof Otto der Heilige von Bamberg (1102–1139), der um 1112 die *ecclesia iuxta Albuch*, in welcher seine Eltern Otto und Adelheid bestattet waren, an das Kloster St. Michael in Bamberg schenkte, dürfte gleichfalls hier einzuordnen sein[54]. Leider konnte die Kirche *iuxta Albuch* bis heute nicht lokalisiert werden.

Abschließend sei bemerkt, daß nicht der gesamte staufische Besitz im Remstal notwendig von Otto, dem Sohne Liutolds von Mömpelgard, kommen muß. Die Gemahlin Friedrichs von Büren, Hildegard von Schlettstadt, und die Gattin Herzog Friedrichs I., die Salierin Agnes, waren Miterben Herzog Hermanns II. (997–1003), des Bruders Liutolds, der um die Jahrtausendwende gleichfalls im Remstal begütert war (Waiblingen, Winterbach, Beinstein, Beutelsbach). Durch sie mag noch manches Gut in dieser Gegend an die Staufer gelangt sein.

---

[54] *Bühler:* Zur Geschichte der frühen Staufer (wie Anm. 2) S. 28 f. – Die dort im Anschluß an Ernst Klebel vorgetragene Auffassung wird jedoch von der Lokalforschung mit Nachdruck bestritten (Klaus *Graf:* Beiträge zur Adelsgeschichte des Heubacher Raums. In: Heubach und die Burg Rosenstein. Hg. Stadt Heubach. 1984. S. 76 ff., hier S. 77 ff).

Wie kommen die frühen Staufer ins Remstal? In: ZWLG Jg. 50. 1991, S. 37-49.

Die Montfort'schen Lehen in Brenz und Bächingen

Im Jahrbuch 1991 hat sich Verfasser im Rahmen seines Beitrages „Hatten die Grafen von Nellenburg Besitz in Langenau und im unteren Brenztal?" auch mit den Montfort'schen Lehen in Brenz und Bächingen befaßt. Er meinte, diese auf die Grafen von Werdenberg, die im benachbarten Sontheim begütert waren, und weiter auf die von Albeck und über die Grafen von Nellenburg schließlich auf König Heinrich II. zurückführen zu können, der in Sontheim urkundlich bezeugten Besitz hatte.

Der Verfasser war davon ausgegangen, daß die Lehensrechte eines Geschlechts wie Montfort, das seine Machtbasis im Bodenseegebiet hatte und für das in unserem weiteren Raum sonst keinerlei Besitz nachgewiesen werden kann, wohl nur althergebracht und von den Montfort irgendwie ererbt sein könnten. Nahe lag, eine Verbindung zu den mit den Montfort stammesgleichen Grafen von Werdenberg zu suchen, die gleichzeitig und schon früher in Sontheim Lehensrechte besaßen, welche von der Herrschaft Albeck herrührten und die sich mit ziemlicher Wahrscheinlichkeit über die Nellenburger auf König Heinrich II. zurückführen ließen.[1]

* Dr. Heinz Bühler wollte den vorliegenden Beitrag als Korrektur zu seinem obenerwähnten Aufsatz im Jahrbuch des Historischen Vereins Dillingen a. d. Donau, Jg. 93 (1991), veröffentlichen. Der Aufsatz war in seiner Rohform fertiggestellt, als ihm der Tod die Feder aus der Hand nahm. Die Fußnoten hatte er noch nicht komplett ausgearbeitet, sondern mehr für sich als Gedächtnisstütze notiert, manche Belegstellen wollte er noch nachtragen, es war ihm nicht mehr vergönnt. Der Herausgeber hat nun, soweit es in seinen Möglichkeiten stand, den Beitrag überarbeitet und die Anmerkungen so gut als ihm möglich ergänzt, konnte aber manches nicht verifizieren. Dennoch betrachtet er es als seine Ehrenpflicht, den letzten Willen seines langjährigen Mitarbeiters – und Freundes – nach besten Kräften zu erfüllen. Unvollkommenheiten und Fehler, die sicher zu bemängeln sind, bittet er unter den gegebenen Umständen zu entschuldigen. Dr. Rudolf Poppa

[1] Vgl. Jahrbuch des Historischen Vereins Dillingen, 93. Jg. Dillingen 1991, S. 254–283, künftig zitiert: JHVD 1991.

Die Überlegungen des Verfassers wurden scheinbar gestützt und bestärkt durch Nachrichten Vanottis[2]. (S. 129, 130, Anhang S. 467 ff. und Regest 199 – letzteres unter Berufung auf das Württembergische Staatsarchiv) Sie schienen einen glatten Erbgang von Rudolf II. von Werdenberg-Sargans (1271–1322) zu Hugo XIII. von Montfort (1440–1491) und seinem Bruder Ulrich V. von Montfort (1440–1495) aufzuzeigen, die als früheste Inhaber der Montfort'schen Lehen in Brenz und Bächingen bezeugt sind. Leider beruht dieser vermeintliche Erbgang auf irrigen Voraussetzungen und ist so nicht möglich.[3]

Damit ist die Herleitung der Montfort'schen Lehen von den Grafen von Werdenberg hinfällig, und die daraus für die ältere Geschichte von Brenz und Bächingen gezogenen Folgerungen sind zumindest fraglich geworden. Dies hat sich leider erst nach Drucklegung des Beitrags ergeben. Der Verfasser bedauert dies. Er hat sich erneut mit den Montfort'schen Lehensrechten befaßt und ist nun zu einem anderen Ergebnis gelangt.

Wilhelm V. von Montfort-Tettnang († 1439), der Vater von Hugo XIII. und Ulrich V., die als Inhaber der Lehen in Brenz bezeugt sind, dürfte diese als erster besessen haben, doch hat er sie wohl kaum geerbt. Die Montfort'schen Rechte in Brenz umfaßten das Schloß (auch Feste genannt) mit dem Burgbau, die hohe und niedere Gerichtsbarkeit, Zwing, Bann und die Ehaften (d. h. die Dorfherrschaft) sowie die Mühlstätten der Spindelmühle und der Aumühle bei Sontheim.[4] Die Masse der Bauerngüter in Brenz war Allod. Die Lehen sind erstmals 1447/48 bezeugt.[5] Früher findet sich von ihnen keine Spur, auch keine Spur etwaiger werdenbergischer Rechte, obgleich die Zugehörigkeit der Sontheimer Mühlen zum Montfort'schen Lehen Brenz auffällig ist und zur Fehldeutung beigetragen hat, denn Sontheim war im übrigen werdenbergisch oder doch bis 1349 werdenbergisch gewesen.

---

[2] Johann Nepomuk Vanotti, Geschichte der Grafen von Montford und Werdenberg [künftig zitiert: Vanotti, Montford-Werdenberg], S. 129 u. 130; Anhang S. 167 ff. und Regest 199.

[3] Vgl. Emil Krüger, Die Grafen von Werdenberg-Heiligenberg und von Werdenberg-Sargans, in: Mitteilungen zur vaterländischen Geschichte. Hg. vom Hist. Verein St. Gallen XXII, 1887, S. 109 ff., hier insbes. S. 224–225. – Auf Tafel II (JHVD 93 [1991]) vor S. 283.

[4] Württembergische Regesten von 1301 bis 1500, hg. vom Württembergischen Hauptstaatsarchiv in Stuttgart, Bd. 1 Alt-Württemberg, Teil 1–3 (1916–1940), Reg. 7645 (1493) [künftig zitiert W. Reg.].

[5] W. Reg. 7638; 7639; 7640; 7641.

Nun liegt vom Jahre 1417 ein Gerichtsprivileg König Sigismunds für die Brüder Ulrich und Heinrich von Sontheim als damaligen Ortsherren von Brenz vor.[6] Es besagt, daß Kaiser Karl IV. (er regierte von 1346–1358, wurde 1355 zum Kaiser gekrönt) dem Edlen Ettwen Güssen (muß wohl „Brunen Güssen" heißen) und seinen Erben erlaubt habe, *„ein offen gerichte über böße Leuthe mit Stockh und Galgen zurichten uf sinem aygen und Guete zu Brenz zu haben".* Sigismund bestätigte dieses Privileg seines Vaters und erneuerte es für die Brüder Ulrich und Heinrich von Sontheim. Es ergibt sich daraus, daß zur Zeit Kaiser Karls IV. bzw. Bruns d. Ä. Güß von Brenz († ca. 1361), somit um die Mitte des 14. Jahrhunderts, und offenbar auch noch 1417 zur Zeit der Brüder Ulrich und Heinrich von Sontheim das Gut Brenz *„aygen"* war. Ferner ergibt sich, daß Brun d. Ä. Güß bzw. die Brüder von Sontheim mit der Verleihung von Stock und Galgen die Hochgerichtsbarkeit für Brenz erwarben, und zwar unmittelbar vom König als dem Reichsoberhaupt.

Dagegen erscheint in den Jahren 1447/48 und später die Gerichtsbarkeit, und zwar *„hohe und niedere"*, als Lehen von Montfort.[7] Montfort hatte sich also als Zwischeninstanz eingeschoben zwischen die Ortsherrschaft, welche die Gerichtsbarkeit tatsächlich ausübte, und das Reichsoberhaupt, das ihr die hohe Gerichtsbarkeit verliehen hatte. Die Montfort'sche Lehenshoheit war demzufolge wohl erst nach 1417 begründet worden. Das besagt wohl, daß die Brüder Ulrich und Heinrich von Sontheim die genannten Rechte nach 1417 Montfort zu Lehen aufgetragen haben, und zwar möglicherweise dem Grafen Wilhelm V. von Montfort-Tettnang, der bis 1439 regierte. Im selben Jahr 1439 ist Ulrich von Sontheim letztmals erwähnt. Seine Hälfte an Brenz ging danach – wohl durch Kauf – an die Grafen von Helfenstein über, und diese sind 1447 bereits als Montfort'sche Lehensleute bezeugt.[8] Welche Umstände die von Sontheim bewogen haben, sich den Grafen Wilhelm von Montfort im fernen Tettnang zum Lehensherren zu erwählen, bzw. welchen Nutzen sie sich davon versprachen, ist unbekannt. Noch schwerer zu begreifen sind die Montfort'schen Lehensrechte in Bächingen. Sie lassen sich erstmals 1492 nachweisen, sind aber in Händen derselben Brüder Hugo XII. und Ulrich V. von Montfort, die schon 1447/48 und 1455 für Brenz bezeugt sind.[9]

---

[6] W. Reg. 7637.
[7] Wie Anm. 5.
[8] W. Reg. 7639.
[9] W. Reg. 7653.

Vorbesitzer der Montfortschen Rechte in Bächingen aber waren nicht etwa wenig mächtige Ortsherren aus dem Niederadel, wie die von Sontheim in Brenz, sondern die Herzöge von Baiern-Ingolstadt bzw. seit 1445 Baiern-Landshut, bezeugt in den Jahren 1414 und 1431.[10] Was mag sie bewogen haben, auf ihre Rechte zugunsten der fernen Grafen von Montfort zu verzichten oder sie ihnen zu verkaufen?

Am ehesten denkbar wäre, daß dies unter Ludwig VII. († 1443) oder unter dem söhnelosen Herzog Ludwig VIII. von Ingolstadt geschah, der nur von 1443–1445 regierte. Es ist unwahrscheinlich, daß dies unter Herzog Ludwig IX. dem Reichen von Landshut geschah, der auch über die Ingolstädter Besitzungen verfügte, seit 1450 regierte und 1450 mit dem Kauf der Herrschaft Heidenheim seinen Einfluß im Brenztal erweiterte. Unvorstellbar, daß er in diesem Bereich von seinem ererbten Besitz etwas abgegeben hätte.

Man könnte sich vorstellen, daß Bayern mit dem Verkauf seiner Rechte in Bächingen den Anfang gemacht und die von Sontheim in Brenz sich dadurch zu entsprechenden Schritten ermuntert gesehen hätten. Wenn für Brenz und Bächingen werdenbergische und albeckische Lehenshoheit entfällt, stellt sich die ältere Geschichte dieser Orte anders dar.

Für Bächingen sind schon für 1269/71 baierische Rechte nachweisbar[11], die sich auf die Staufer und letztlich wohl auf die Diepoldinger (Markgrafen von Giengen und Vohburg) zurückführen lassen. Es könnte sich mindestens zum Teil um ehemaliges Zugehör zur „*capella*" in Brenz (975–995) gehandelt haben, das als St. Gallisches Lehen an die Diepoldinger kam, zumal unter den baierischen Gütern 1269/71 sich eine „*curia villicalis*" findet, die vielleicht identisch ist mit dem Fron- oder Widemhof, der später zum Montfort'schen Lehen gehörte.[12] Der baierische Anteil war um 1325 an Heinrich von Staufen verpfändet; König Ludwig der Baier gestattete dem Ulmer Bürger Heinrich Roth, diesen Teil an sich zu lösen.[13]

Wer um 1268 und zuvor Ortsherr war, ist vorerst leider ungewiß.

---

[10] Reinhard H. Seitz, Die Urkunden des Schloßarchivs Bächingen a. d. Brenz. Schwäbische Forschungsgemeinschaft, Urkunden und Regesten 12, 1981, S. 7 [künftig zitiert: Seitz, Schloßarchiv Bächingen].

[11] Monumenta Boica, Bd. XXXVI/1 S. 332 f., künftig zitiert MB.

[12] MB XXXVI/1 S. 332 f. – Seitz, Schloßarchiv Bächingen, S. 68, U 207.

[13] Andreas Felix Oefelius, Rerum Boicarum scriptores nusquam antehac editi quibus vicinarum quoque gentium nec non Germaniae universae historiae ex monumentis genuinis historicis et diplomaticis plurimum illustrantur, Tom. I et II Augsburg 1763, hier: Tom. II, S. 147.

Möglicherweise waren dies die Herren von Gundelfingen. Von ihnen stammt höchstwahrscheinlich Besitz der Herren von Schaumburg, der 1342 beurkundet ist[14], und vielleicht eine Mühle des Klosters Echenbrunn, die 1277 an Kloster Obermedlingen überging.[15]

Die Niederadeligen von Bechenheim, seit 1276 bezeugt und damals schon mit Bürgerrecht in Gundelfingen, erscheinen bis 1300 mehrfach als Zeugen bei Verfügungen der Herren von Gundelfingen und dürfen ursprünglich als deren Dienstleute betrachtet werden.[16]
In Brenz weist die Baugeschichte der Kirche entschieden auf staufische Bauherren.[17] Die Staufer verfügten über das Kirchenpatronat, das später als Reichslehen erscheint.[18] Auf staufischen Besitz weisen auch die Ministerialen von Brenz (1118/35–1235), die aus dem Dienst des Markgrafen von Vohburg in den der Staufer gelangt waren[19], auch die Güssen (seit 1251 in Brenz) waren ursprünglich staufische Ministerialen. Nun ist die Brenzer Kirche die Nachfolgerin jener *„capella ad Prenza“*, welche König Ludwig der Deutsche 875 dem Kloster Faurndau bei Göppingen übertragen hatte und welche 895 an St. Gallen gelangt war *„cum pertinentibus in decimis, mancipiis . . . terris, campis, pratis, pascuis, silvis aquarumque decursibus, . . . molendinis“*.[20] Diese Zugehörden umfaßten offenbar beträchtlich mehr an Besitz, als was zum Widum einer normalen Dorfkirche gehörte, freilich, wohl kaum den ganzen Ort. Die Kirche samt Zugehör dürfte als Lehen von St. Gallen zunächst an die Diepoldinger und dann an die Staufer gelangt sein. Woher stammte der übrige Besitz im Ort? Wie aber verhält es sich mit dem angenommenen Besitz König Heinrichs II. und der Nellenburger?
Was nach Weggabe der *„capella ad Prenza“* an karolingischem Besitz in Brenz übrigblieb, müßte nach 911 an Herzogin Reginlind (†958) gelangt sein. Da nun Brenz, Sontheim und Bächingen pfarrlich durch das ganze Mittelalter miteinander verbunden waren und die Besitzrechte an diesen

---

[14] Besitz Schaumburg ca. 1343.
[15] Mühle 1277 (?).
[16] Zeugnisse der Bechenheimer (Bächinger) (?).
[17] Bodo Cichy, Die Kirche von Brenz, ³1991 S. 61 f. und 72.
[18] W. Reg. 7637; A 602.
[19] Martin Weller, Eine süddeutsche Proscriptionsliste im Staatsarchiv Wolfenbüttel, in: Aus Verfassungs- und Landesgeschichte. Festschrift für Theodor Mayer zum 70. Geburtstag, 2, 1955, S. 105 ff.
[20] WUB I, U 875 und 895.

Orten sich überschneiden (s. Sontheimer Mühle als Zugehörde des Lehens Brenz, sonstige Äcker Besitz der Brenzer Ortsherren in Sontheim)[21], darf angenommen werden, daß sie politisch-herrschaftlich auch nach 911 noch einige Zeit ein gemeinsames Schicksal hatten. Auch läßt der Aufenthalt König Heinrichs II. in Sontheim 1002 vermuten, daß ihm damals nicht allein Sontheim unterstand, sondern, daß er auch in den Nachbarorten bedeutenden Besitz hatte, der zur Versorgung seines Gefolges herangezogen werden konnte. Sollte dies wider Erwarten nicht der Fall gewesen sein, dann müßten damals in Brenz und Bächingen andere Nachkommen und Erben der Herzogin Reginlind begütert gewesen sein.

Besitz Heinrichs II. müßte nach seinem Tode 1024 – wie angenommen – über seine Nichte Hadwig an das Haus Nellenburg gelangt sein, allerdings wohl nicht an jene Enkelin Eberhards des Seligen († ca. 1078), die mit Adalbert von Stubersheim (1092) verheiratet war, sondern eher an deren Vaterbruder Burkhard († ca. 1105). Es ist bekannt, daß sich dessen Güter Kirchheim unter Teck und Nabern aufgrund von Verwandtschaft auf Herzog Bertold II. von Zähringen vererbten.[22] Wenn dies möglich war, könnte sich wohl auch Brenz auf Bertholds II. Schwester Liutgard vererbt haben, die mit dem Markgrafen Diepold von Giengen († 1078) vermählt war, bzw. auf deren Sohn, Markgraf Diepold von Vohburg († 1146). In dessen Diensten stand der Ministeriale Hildebrand von Brenz (1118/34). Diepolds Tochter Adela brachte die Diepoldingischen Güter in Schwaben 1147 an die Staufer. Die hier angesprochene Verwandtschaft der Zähringer zu den Nellenburgern war zwar nicht die allernächste, doch eine besondere Abmachung oder testamentarische Regelung hätte den dargelegten Erbgang wohl ermöglicht. Brenz konnte sich auch auf die Nachkommen der Herzogin Reginlind aus ihrer zweiten Ehe mit Herzog Hermann von Schwaben (926–949) vererben. Das war zunächst die Tochter Ita, vermählt mit Liudolf († 954?), dem Sohn Kaiser Ottos I. aus dessen erster Ehe. Ita und Liudolf hatten eine Tochter Richlind, die sich mit Herzog Konrad von Schwaben (982–997) verheiratete. Einer ihrer Söhne war Herzog Hermann II. (997–1003). Dessen Tochter Gisela († 1043) hatte aus der Ehe mit Herzog Ernst I. (1012–1015) den Sohn Herzog Hermann IV. (1030–1038), dessen Tochter Richwara war die Frau

---

[21] Urkunde von 1447/48.

[22] Heinz Bühler, Wie gelangte Kirchheim unter Teck in den Besitz der Grafen von Nellenburg? In: Stadt Kirchheim unter Teck, Schriftenreihe des Stadtarchivs 13, 1991, S. 7–15.

Herzog Bertholds I. von Zähringen und Mutter der Liutgard, die mit dem Markgrafen Diepold von Giengen († 1078) verheiratet war.[23] Damit mündet dieser Erbgang in denselben Personenkreis wie der oben erwähnte. Er bietet keinerlei Schwierigkeiten und hat daher am meisten für sich. Doch entfällt damit der Weg über Kaiser Heinrich II. zum Hause Nellenburg und über die von Albeck zu Werdenberg.

---

[23] Nachweis des Erbgangs von Reginlind zu Richinza. (Die Angabe der Belegstellen unterblieb.)

Die Montfort'schen Lehen in Brenz und Bächingen. In: JHVD Jg. 94. 1992, S. 67-72.

Zur Geschichte des Albuchs

Der Albuch ist ein Teil der östlichen Kuppenalb. Er wird herkömmlicherweise im Norden begrenzt vom Tal der Rems, im Osten vom Talpaß von Kocher und Brenz, im Süden vom „Kliff", d. h. vom Strand des tertiären Molassemeeres, im Westen vom Tal der Lauter.

Er nimmt sich auf der Karte als ein waldreiches, relativ dünn besiedeltes Gebiet aus. Waldreich und siedlungsfeindlich war der Albuch wegen seiner Bodenverhältnisse seit jeher, doch weist er im frühen und hohen Mittelalter weit mehr Siedlungen auf als heute. Die meisten dieser Siedlungen waren kleine Weiler, aber sie geben Aufschluß über die allmähliche Besiedlung des Gebiets; die überlieferten Besitzverhältnisse lassen Rückschlüsse auf die frühen Herrschaftsverhältnisse zu.

Der Name „Albuch" findet sich erstmals in der Lebensbeschreibung des Bischofs Otto von Bamberg (1102 - 1139), die der Mönch Ebo um die Mitte des 12. Jahrhunderts verfaßt hat.[1] Er wird als „Adelbuch", Wald des Adelsgeschlechts, gedeutet.[2] Ist dies richtig, so fragt es sich, welches Adelsgeschlecht gemeint sein könnte.

I. Der Albuch in römischer Zeit und im frühen Mittelalter

Befaßt man sich mit der Geschichte dieses Raumes seit römischer Zeit, so ist zunächst bemerkenswert, daß er von mehreren römischen Kastellen umgeben war: Böbingen an der Rems, Aalen und Heidenheim. Diese Kastelle waren durch römische Straßen miteinander verbunden: Böbingen — Aalen, Aalen — Heidenheim, Böbingen — Heidenheim und außerdem Urspring — Heidenheim.

Die beiden erstgenannten verliefen nur an seinem Rand; die beiden letzteren durchquerten den Albuch in Richtung Nordwest — Südost bzw. Südwest — Nordost und spielten wahrscheinlich eine wichtige Rolle bei seiner Erschließung.

---

[1] Ebonis vita Ottonis. Lib. I. 17. In: Bibliotheca Rerum Germanicarum. Hg. Philipp Jaffé. Bd. 5. 1869. S. 604.

[2] Lutz Reichardt: Ortsnamenbuch des Kreises Heidenheim. 1987. S. 45 f.

Kastelle und Straßen waren in römischer Zeit Staatsland. Auf den Weiherwiesen (Gemarkung Essingen) wurde in den letzten Jahren römisches Werkzeug, eine römische Bronzemünze und eisenhaltige Schlacke gefunden. Möglicherweise sind dies Hinweise auf Eisenverhüttung in römischer Zeit. Mittels Luftbild wurde dort auch eine kleine kastellartige Anlage festgestellt.[3] Offenbar wurde der Albuch schon in römischer Zeit in bescheidenem Maße genutzt. Es erhebt sich die Frage, was aus dem römischen Staatsland, den Kastellen und Straßen, in nachrömischer Zeit geworden ist?

Man weiß, daß die römischen Straßen in der Regel durch das ganze Mittelalter weiterbenutzt wurden, mitunter als Königsstraße bezeichnet. Die römische Straße Aalen — Heidenheim, die den bequemen Talpaß von Kocher und Brenz benützte, war zu allen Zeiten eine wichtige Nord-Süd-Verbindung. Frühalemannische Siedlungen des späten 3. und 4. Jahrhunderts in Heidenheim (Bereich des Kastells) und bei Sontheim im Stubental stehen eindeutig in Beziehung zu den römischen Straßen. Im Falle Sontheim ist es die Straße Ursprung — Heidenheim. Beide Siedlungen scheinen jedoch mit den späteren Dörfern Heidenheim und Sontheim nicht unmittelbar zusammenzuhängen.[3a] Die römischen Kastelle und ihr Umland wurden in karolingischer Zeit vielfach Königsgut, nachdem sie in der Zwischenzeit zunächst wohl alemannischen Gaufürsten, dann nach 536 den merowingischen Frankenkönigen, nach 639 den alemannischen Herzögen unterstanden hatten. Dies scheint für Lonsee — Ursprung zuzutreffen[4] und dürfte wohl auch für Böbingen, Aalen und Heidenheim gelten.

Der Albuch ist zweifellos von den Rändern her erschlossen und besiedelt worden. Es empfiehlt sich daher, die frühmittelalterlichen Besitz- und Herrschaftsverhältnisse unmittelbar angrenzender Orte zu untersuchen. Da nur wenige urkundliche Nachrichten vorliegen, sollen auch Ortsnamen herangezogen werden, deren Bestimmungsort möglicherweise auf eine historisch faßbare Persönlichkeit hinweist.

Der Name des Ortes (Ober-, Unter-)Böbingen, der neben dem römischen Kastell entstanden ist, enthält den Personennamen (künftig PN) Bebo. So hieß ein Neffe der Königin Hildegard († 783), der Gemahlin Karls d. Gr., die von Mutterseite dem alemannischen Herzogshaus entstammte.[5] Die Vermutung, daß Böbingen nach einem Angehörigen des alemannischen Herzogshauses benannt und somit Herzogsgut gewe-

[3] Leonhard Mack: Bohnerzförderung und -verhüttung auf der östlichen Schwäb. Alb. In: Jahrbuch des Heimat- und Altertumsvereins Heidenheim. 3.Jg. 1989/90. S. 15 ff, hier S.18 ff.

[3a] Dieter Planck: Frühalamannische Funde aus dem Heidenheimer Raum. In: 75 Jahre Heimat- und Altertumsverein Heidenheim 1901-1976. 1976. S.97 ff, hier S. 101 ff und 109 ff. — Rainer Christlein: Die Alamannen. 1978. S. 149 und 166.

[4] Hans Jänichen: Baar und Huntari. In: Grundfragen der Alemannischen Geschichte. Vorträge und Forschungen. Bd. 1. 1955. S.138 ff. — Heinz Bühler: Zur frühen Geschichte Heidenheims und vergleichbarer Orte auf der Alb. In: Jahrbuch des Heimat- und Altertumsvereins Heidenheim. 2.Jg. 1987/88. S.51 ff, hier S. 53 und S.60 f.

[5] Jänichen (wie Anm. 4) Tafel l nach S. 148 — Michael Mitterauer: Karolingische Markgrafen im Südosten. Archiv für österr. Geschichte 123. 1963. S.19 f und S. 25. Vgl.zu den einzelnen Personen Michael Borgolte: Die Grafen Alemanniens in merowingischer und karolingischer Zeit. 1986.

sen sein könnte, findet eine Stütze in dem benachbarten Kastell, das nach 536 merowingisches Königsgut und im 7. Jahrhundert Herzogsgut geworden sein dürfte, ferner darin, daß der knapp vier Kilometer westlich gelegene Ort Zimmern wahrscheinlich identisch ist mit jenem Zimmern, das 839 als karolingisches Königsgut bezeugt ist.[6] Karolingisches Königsgut aber geht in aller Regel auf alemannisches Herzogsgut zurück. So könnte Böbingen ein typisches Beispiel sein für die Abfolge römisches Fiskalgut, merowingisches Königsgut, alemannisches Herzogsgut, karolingisches Königsgut.

Böbingen ist nicht der einzige Ort der Umgebung, für den sich eine ähnliche Abfolge der Herrschaften wahrscheinlich machen läßt. In dem vier Kilometer nördlich gelegenen Mulfingen schenkte im Jahre 782 ein Huoching gemeinsam mit seiner Gattin Erchenswint Gut an die Abtei Lorsch an der Bergstraße.[7] Der Name Huoching ist selten, findet sich jedoch im alemannischen Herzogshaus. So hieß ein Sohn Herzog Gottfrieds († ca. 709); er war der Urgroßvater der Königin Hildegard sowie der Ururgroßvater Bebos, nach welchem Böbingen benannt sein könnte. Aus zeitlichen Gründen kann der Schenker Huoching in Mulfingen jedoch nicht mit jenem Sohn Herzog Gottfrieds identisch sein, doch paßt er in die Generation der Eltern der Königin Hildegard († 783) und könnte somit ein Enkel jenes älteren Huoching sein. Der PN Huoching steckt auch im Namen des Nachbarortes Iggingen, der 854 als Ucchinga belegt ist und Besitz des Klosters Lorsch aufweist.[8] Dieser Besitz könnte auf den Schenker Huoching in Mulfingen zurückgehen und dieser könnte der Namengeber für Ucchinga-Iggingen sein.[9] Der Nachbarort Mulfingens nach Osten heißt Heuchlingen, urkundlich Huchelingen.[10] Der Name enthält den PN Huchilo, die Verkleinerungsform von Huoching. Das Zusammentreffen der Ortsnamen Böbingen, Iggingen und Heuchlingen auf engstem Raum, in der Nachbarschaft eines ehemals römischen Kastells und karolingischen Königsguts, in einem Bereich, in welchem ein Huoching als Gutsherr urkundlich bezeugt ist, muß auffallen und läßt gewisse Schlüsse zu: das römische Kastell Böbingen mit Umland dürfte — wohl über die merowingischen Frankenkönige — an die alemannische Herzogssippe gelangt sein, welche bereits bestehenden oder erst neugegründeten Orten Namen ihrer Angehörigen gab und so ihre Herrschaft dokumentierte. Dieses Herzogsgut mochte infolge Konfiskation nach 746 oder als Heiratsgut der Königin Hildegard, vielleicht auch durch Tausch, zu erheblichen Teilen in den Besitz der Karolinger gelangt sein.

---

[6] WUB 1. S.116. Nr. 101.

[7] Aus dem Codex Laureshamensis. In: Württ. Geschichtsquellen. Bd. 2. Hg. Dietrich Schäfer. 1895. S. 209. Nr.463. — Hans Schnyder: Die Gründung des Klosters Luzern. Histor. Schriften der Universität Freiburg (Schweiz). 5. 1978. S.227 f.

[8] Codex Laureshamensis (wie Anm. 7) S.209. Nr.461.

[9] Schnyder (wie Anm. 7) S.227 f.

[10] WUB 7. S.398 f. Nr.2535.

Der Ortsname Forst bei Essingen läßt auf ein altes königliches Forstgut schließen.[11]
In Hammerstadt nahe dem römischen Kastell Aalen hatte um 800 die Abtei Fulda
Besitz. Der Schenker des Gutes ist nicht bekannt. Doch ist er wohl unter den Vasallen
des karolingischen Frankenkönigs zu suchen, die von ihrer fränkischen Heimat her
Beziehungen zu Fulda hatten. Das verschenkte Gut stammte dann aller Wahrscheinlichkeit nach aus Königsgut und war mit Wissen und Willen des Königs vergeben worden. Im Jahre 839 erwarb Kaiser Ludwig der Fromme eine dortige Hube von Fulda
im Tausch.[12] Dies geschah zum Nutzen beider Parteien — „pro ambarum partium
oportunitate"; das besagt wohl, daß Ludwig der Fromme an dem Gut in Hammerstadt
interessiert war, weil er dort bereits gegütert war und seinen Besitz arrondieren wollte.
Solch königlicher Besitz dürfte in Verbindung stehen mit dem ehemals römischen
Kastell Aalen, das wie Böbingen in karolingischer Zeit Königsgut geworden sein mag.
Auch in der Umgebung Aalens finden sich auffällige Siedlungsnamen: (Wasser-, Ober-)
Alfingen enthält den PN Aholf, verkürzt aus Alaholf. Es könnte nach jenem Alaholf
benannt sein, der vor 776 in Marchtal an der oberen Donau ein Kloster gründete.[13]
Er wäre dann der Schwiegersohn des Grafen Berthold (724), der wohl mit einer Tochter
des Herzogs Huoching vermählt war.[14] Diese Annahme findet eine Stütze darin, daß
ein Nachbarort †Eglo(l)f hieß (bei Röthenberg), benannt nach Egilolf bzw. Agilolf. So
hieß ein Sohn des genannten Alaholf von Marchtal. Dazu paßt ferner der Ortsname
† Wagenweiler (abgegangen zwischen Himmlingen und Simmisweiler), etwa drei Kilometer südöstlich Wasseralfingen. Denn Alaholf von Marchtal (776) hatte einen Urenkel
namens Wago (805 - 820).[15] Nach diesem Wago könnten auch Wagenhofen bei Westhausen und Wagenhofen bei Demmingen auf dem Härtsfeld benannt sein. Daß die
Namen dreier benachbarter Orte PN enthalten, deren historische Träger in engstem
genealogischen Zusammenhang stehen, dürfte kaum Zufall sein. Der Tatbestand
bekommt Gewicht durch die Nähe des Aalener Kastells und das Königsgut in Hammerstadt. Das Kastell mag in die Hände des Herzogshauses gelangt sein, dem die
genannten Personen verwandtschaftlich so verbunden waren, daß sie auf dem Erbwege
herzogliche Güter erwerben konnten, die einst zum Kastellbereich gehört haben
mochten. Ein Teil des Kastellbereichs wurde offenbar Königsgut, wie das Beispiel
Hammerstadt erkennen läßt. Die Güter Alfingen, †Eglo(l)f und †Wagenweiler sind
samt wesentlichen Teilen Aalens später im Besitz der Abtei Ellwangen[16], vielleicht

---

[11] Rudolf Kieß: Wildbänne der Herren von Weinsberg. In: ZWLG 45. 1986. S.137 ff, hier S.152.

[12] Wie Anm. 6.

[13] WUB 1. S.16 f. Nr.17.

[14] Jänichen (wie Anm. 4) Tafel 2 nach S.148. — Derselbe: Die alemannischen Fürsten Nebi und Berthold.
    In: Schriften des Vereins für Geschichte des Bodensees 94. 1976. S.57 ff, hier S.63.

[15] Gerd Tellenbach: Der großfränkische Adel und die Regierung Italiens. In: Studien und Vorarbeiten zur
    Geschichte des großfränkischen und frühdeutschen Adels. Forschungen zur Oberrhein. Landesge-
    schichte 4. 1957. S.40 ff, hier S.52 f. mit Anm. 65.

durch Schenkung eines Angehörigen der Alaholf-Sippe oder auch durch königliche Schenkung, sofern die Alaholf-Sippe vorher mit den Karolingern getauscht hatte. Auch in Unter- und Oberkochen hatte Ellwangen wohl schon sehr früh namhaften Besitz.

In Schnaitheim hatte die Abtei Fulda im frühen 9. Jahrhundert bedeutenden Besitz: 8 1/2 familias, 108 Jauchert Herrenland, 20 abhängige Huben, 45 Schweine, 145 Schafe.[17] Er stammte zum geringeren Teil aus der Schenkung eines Wentilfrid, in dem man einen Vasallen des fränkischen Königs erblicken darf, zum weitaus größeren Teil von Egilolf und seiner Gemahlin Rilint.[18] Der Name Egilolf ist bereits in Verbindung mit dem Ort †Eglo(l)f bei Wasseralfingen begegnet. Der dortige Namengeber wurde vermutungsweise als Sohn Alaholfs von Marchtal angesprochen. Dieser aber war mit Teotperga vermählt. Der Schenker in Schnaitheim kann daher nicht mit ihm personengleich sein. Er gilt vielmehr als Sohn eines Huntolf, ist eine Generation jünger und somit eher ein Neffe des ersteren. Vom Vater Huntolf hatte er reichen Eigenbesitz in Franken, im Tullifeld, Grabfeld, Gossfeld, im Ehegau sowie in Geisenheim im Rheingau, den er um 776/796 an die Abtei Fulda übertrug.[19] Ein Alaholf war dabei Zeuge, was für nahe Verwandtschaft zu Alaholf von Marchtal spricht. Sein Besitz in Franken ebenso wie der Umfang seiner Schenkung in Schnaitheim — der „locus Esnide super fluvium Brenze" samt 30 Manzipien, ein grundherrschaftlich organisierter Gutsverband — weisen ihn in jedem Fall als reiche, hochgestellte Persönlichkeit aus, am ehesten als einen Verwandten der Herzogssippe.

Mit Schnaitheim war Itzelberg kirchlich und damit auch herrschaftlich verbunden. Der Name des Ortes ist 1302 als Utzelenberg überliefert.[20] Der PN Utzilo ist die Diminutivform von Utz bzw. Ulrich. Dieser Name findet sich wiederum im alemannischen Herzogshaus, und zwar bei einem Bruder und einem Neffen der Königin Hildegard († 783). Dies paßt nicht schlecht zu der Begüterung Egilolfs in Schnaitheim. Denn Hildegard und ihre Geschwister stammen von Herzog Huoching ab, und dies dürfte den obigen Darlegungen zufolge auch für Egilolf gelten.[21]

Brenzabwärts von Schnaitheim liegt Heidenheim, in römischer Zeit zunächst Standort einer Reitereinheit von 1000 Mann und nach deren Verlegung nach Aalen möglicherweise Vorort einer „civitas".[22]

---

[16] Otto Hutter: Das Gebiet der Reichsabtei Ellwangen. Darstellungen aus der Württ. Geschichte 12. 1914. S.76, 79 und 106 f.

[17] Aus den Traditiones Fuldenses. In: Württ. Geschichtsquellen. Bd. 2 (wie Anm. 7) S.254 Nr. 80.

[18] Wie Anm. 17 S.250 f. Nr.56 und 63.

[19] Urkundenbuch des Klosters Fulda. Hg. Edmund e. Stengel. Bd. 1. 1958. S.298 f. Nr. 201. — Karl Bosl: Franken um 800. 2. Aufl. 1969 S.70.

[20] Dambacher: Urkundenlese zur Geschichte schwäb. Klöster. 1. Königsbronn. In: ZGO 10. 1859. S.115 ff, hier S.116 ff.

[21] Jänichen: Die alemannischen Fürsten (wie Anm. 14) S.63.

[22] Helmut Weimert: Die römische Vergangenheit Heidenheims und seiner Partnerstädte. Veröffentlichungen des Stadtarchivs Heidenheim a. d. Brz. 7. 1991. S.22.

Dies allein läßt darauf schließen, daß der Ort nach 536 den merowingischen Königen, seit dem 7. Jahrhundert den alemannischen Herzögen und schließlich den Karolingern unterstand. Ein direktes urkundliches Zeugnis hierfür gibt es zwar nicht. Lediglich eine Güterschenkung an Fulda in Heidenheim aus der zweiten Hälfte des 8. Jahrhunderts.[23] Der Schenker Rathpraht war wohl ein karolingischer Vasall, sein „predium" in Heidenheim ihm vom König übertragen. Er könnte personengleich sein mit jenem Rathprath aus dem Saalegau, der über Besitz in Schweben bei Fulda verfügte, wobei ein Huntolf Zeuge war.[24] Huntolf aber heißt offenbar der Vater Egilolfs, der in Schnaitheim schenkte. Es ist daher wohl möglich, daß zwischen Rathprath und Egilolf, den Schenkern in benachbarten Orten, eine engere Beziehung, eventuell Verwandtschaft, bestand.

Weiter brenzabwärts folgt Herbrechtingen, wo Besitz Karls d. Gr. bezeugt ist. Er schenkte 774 die „villa" oder „curtis" Herbrechtingen dem Abt Fulrad von Saint-Denis, der dort auf seinem Eigengut eine „cella", ein Klösterlein, gegründet hatte.[25] Eine Abschrift der betreffenden Urkunde im Kopialbuch der Abtei Saint-Denis aus dem 12. Jahrhundert nennt neben Herbrechtingen auch das benachbarte Bolheim (Bolamen) als Besitz der Abtei aufgrund der Schenkung Karls d. Gr. an Abt Fulrad.[26] Es gibt keinen Grund, an der zeitweiligen Zugehörigkeit Bolheims zu Saint-Denis zu zweifeln. Vielleicht war Bolheim in der Schenkung der „villa" Herbrechtingen im Jahre 774 mit inbegriffen und wurde in der späteren Abschrift der Schenkungsurkunde deshalb eigens aufgeführt, um Eigentumsansprüche an die inzwischen entfremdeten Besitzungen Herbrechtingen und Bolheim detailliert begründen zu können. Die beiden Nachbarorte Herbrechtingen und Bolheim, die anscheinend zunächst auch kirchlich verbunden waren, dürften alemannisches Herzogsgut gewesen sein, das entweder durch Konfiskation nach 746 oder als Mitgift der Königin Hildegard in den Besitz bzw. in die Verfügungsgewalt Karls d. Gr. gelangt war.

In Dettingen, dessen Pfarrsprengel an den von Bolheim und Herbrechtingen grenzte, war die Abtei Fulda begütert. Der fuldische Besitz wird in erster Linie durch eine Bonifatiuspfründe dokumentiert, welche 1339 bezeugt ist.[27] Sehr wahrscheinlich lassen sich auch die Schenkungen eines Erkrich und die von Wolderih und Haltwin im frühen 9. Jahrhundert auf Dettingen (1143 Totingin) beziehen, obgleich die Urkundenabschriften des 12. Jahrhunderts den Namen „Tozcingen (bzw. Tocingen)" aufweisen, was mit Dossingen bei Neresheim gleichgesetzt wird.[28] Für Dettingen spricht jedoch, daß

---

[23] Aus den Traditiones Fuldenses (wie Anm. 17) S.251. Nr.60. — Codex diplomaticus Fuldensis. Hg. E. Fr. J. Dronke. 1850. S.124. Nr.239.

[24] *Fehlt im Manuskript.*

[25] MG. Dipl. Karl d. Gr. Nr.83.

[26] Reg. Imperii 1 Nr.166.

[27] HStA. Stgt. A 471. U. 91.

[28] Aus den Traditiones Fuldenses (wie Anm. 17) S.252. Nr.66 und 71.

beide Traditionen neben „Tocingen" auch Gut in „Gisenbrunnen" nennen. Das weist auf †Gysenbrunn bzw. Gusenbrunnen (1471) bei Dettingen, heute wohl Flur Gänse-brunnen nördlich Heuchlingen. Überdies wird im ältesten Urbar der Abtei Fulda, um 830, „Tozingen" zusammen mit Heidenheim genannt.[29] Dies spricht dafür, daß beide Orte nahe beieinander lagen, und Dettingen liegt weit näher bei Heidenheim als Dos-singen. So dürfte „Tocingen" eine Verschreibung für Totingin/Totingen(=Dettingen) sein, ein Versehen, das einem Abschreiber des 12. Jahrhunderts im fernen Fulda wohl unterlaufen konnte. Das Schenkungsgut Erkrichs wie auch Wolderihs und Haltwins mag wie das Rathprahts in Heidenheim und Wentilfrids in Schnaitheim aus Königsgut stammen, das auf Herzogsgut zurückgeht. Für Herzogsgut mag auch der Name des Nachbarorts Heuchlingen zeugen, das kirchlich Filial von Dettingen und auch herr-schaftlich immer mit Dettingen verbunden war. In diesem Ortsnamen, 1143 als Huchelingen bezeugt[30], steckt der PN Huchilo, der an einen jungen Huoching aus der Herzogssippe erinnert. Der Ort dürfte damit Herzogsgut gewesen sein.

Zum Abschluß des Rundgangs um den Albuch bleibt festzustellen, daß das Umland im 8. Jahrhundert allem Anschein nach noch weitgehend in der Hand der alemanni-schen Herzogssippe war. Die vorwiegend aus Ortsnamen ermittelten Namen von Angehörigen der Herzogssippe fügen sich in ein genealogisches Schema ein, das in Herzog Huoching († ca. 712) seinen Ahnherrn hat. Die Sippe Huochings beherrschte allem Anschein nach weitgehend das Umland des Albuchs. Sie arrangierte sich mit den Karolingern, wofür die Ehe Hildegards mit Karl d. Gr., die 771 geschlossen wurde, Bürgschaft war. Als Mitgift Hildegards, aber wohl auch durch Übereinkunft (Tausch?) mit ihren Verwandten gelangte ein Großteil des Herzogsgutes in die Hand der Karolin-ger. Die Güter um Aalen, die als Besitz des Alaholfs von Marchtal und seiner Familie anzusprechen waren, erscheinen später als ellwangisches Klostergut. Die alemannische Herzogssippe und die Karolinger dürften nach all dem die Träger der Besiedlung des Albuchs gewesen sein.

Von dieser Basis aus kann der Albuch selbst näher betrachtet werden. Der einzig alte Ort ist Steinheim, das Reihengräber des 6. Jahrhunderts aufweist. Er liegt an der Römerstraße Böbingen — Heidenheim. Man ist versucht, Steinheim in einen Siedlungs- und Herrschaftsverband einzuordnen, der seinen Mittelpunkt in Heidenheim (Siedlung südlich des Kastells) hatte und dem auch Bolheim, Schnaitheim und Nattheim angehört haben dürften. Alle diese Orte erweisen sich aufgrund von Reihengräberfun-den als etwa zeitgleich. Ihre Lage zueinander und an den von Heidenheim ausstrahlen-den Straßen läßt deutlich ein System erkennen. Störend wirkt allein, daß die erwähnten Orte nicht ganz einheitlich benannt sind insofern, als zwar Heidenheim, Bolheim und Steinheim echte „-heim-Orte" sind, dies aber für Schnaitheim und Nattheim aufgrund

[29] Traditiones Fuldenses (wie Anm. 17) S.254. Nr.79.
[30] WUB 2. S.26 ff. Nr.318.

der überlieferten frühen Namensformen „Sneiten" (8./9. Jahrhundert) und „Natten"
(1050) in Abrede gestellt wird.[31] Der Siedlungsverband wäre am ehesten der Initiative
des merowingischen Frankenkönigs zuzuschreiben.

Steinheim wurde seinerseits zum Mittelpunkt eines Systems etwas jüngerer „-heim-
Orte" vielleicht des 7. Jahrhunderts, von denen †Ostheim und †Westheim sich anscheinend unmittelbar an den Mutterort anschlossen und später völlig mit ihm verwachsen
sind.[32] Sontheim war etwa 1 1/2 Kilometer nach Süden zum Stubental hin abgesetzt;
†Stockheim und †Scheffheim lagen etwa in derselben Entfernung südwestlich bzw.
südöstlich vom Mutterort. Auch dieses Siedlungssystem ist auf Veranlassung eines
mächtigen Herren entstanden; vielleicht kommt hierfür noch der merowingische Frankenkönig oder aber der alemannische Herzog in Betracht.

Steinheim wird erstmals in einem Urbar der Abtei Fulda aus der Zeit um 830
erwähnt. Das Kloster besaß dort 3 familias, 14 Huben, 10 Liten, Wiesen für 40 Fuder
Heu, 30 Ochsen.[33] Wer diesen Besitz dem Kloster übereignet hat, ist nicht bezeugt,
doch kommt am ehesten der König oder einer seiner Vasallen in Betracht. Neben dem
Besitz Fuldas muß im Ort auch noch namhafter königlicher Besitz vorhanden gewesen
sein. Im Jahre 839 tauschte nämlich Kaiser Ludwig der Fromme (814 - 840), der Sohn
Karls d. Gr. und Hildegards, mit dem Abt von Fulda. Fulda erhielt zehn öde Huben
in Zimmern (bei Böbingen?), die ein Vasall des Kaisers namens Helmerich zu Lehen
hatte. Der Abt gab dafür dem Kaiser bzw. seinem Lehensmann vier Klosterhuben in
Steinheim und eine in Hammerstadt bei Aalen samt drei zugehörigen Männern und
16 Leibeigenen.[34] Der Tausch geschah zum Nutzen beider Parteien — „pro ambarum
partium oportunitate"; d. h. der Kaiser war am Erwerb dieser fuldischen Güter in
Steinheim wie auch in Hammerstadt interessiert, da sie offenbar seinen dortigen Besitz
ergänzten. Es sei dazu bemerkt, daß der Großteil der Güter in Steinheim später in einer
Hand war, nämlich der Herren von Albeck, die — wie zu zeigen sein wird — zu den
Rechtsnachfolgern der Karolinger zu rechnen sind.

Nachdem durch den Tausch von 839 karolingischer Besitz auf dem Albuch bekannt
geworden ist, werden einige weitere Orte des Albuchs interessant, die freilich längst
wieder verschwunden sind: †Geroldsweiler, †Sachsenhart, †Weikersberg und †Utze-
mannsweiler.

†Geroldsweiler lag nordwestlich Steinheim an der Straße, die von Böbingen über
Steinheim nach Heidenheim führt.[35] Der Ort gehörte zu einer Gruppe von Weilern,

---

[31] Reichardt (wie Anm. 4) S.129 und 149 f. — Bühler: Zur frühen Geschichte Heidenheims (wie Anm.
4) S.61.

[32] 1471: „den garten zu Osthaim im marcktrecht (von Steinheim) gelegen"; HStA. Stgt. H 102/39 Bd.1.
Bl.22 r.— 1446: „von ihrem Dorff Westhain, das auch (!) die Marckrecht zu Stainhain stosset"; Chr.
Besold: Documenta Rediviva Monasteriorum Praecipuorum. 1636. S.667 f.

[33] Traditiones Fuldenses (wie Anm. 17) S.254. Nr.81.

[34] Wie Anm. 6.

die im Halbkreis westlich und nordöstlich von Steinheim lagen: †Adelgotzweiler, Gnannenweiler, †Geroldsweiler, †Hitzingsweiler. Sie liegen im Zehntsprengel der Steinheimer Pfarrei und sind aller Wahrscheinlichkeit nach von Steinheim aus angelegt worden. In der nächsten Umgebung Steinheims, wo Besitz Ludwigs des Frommen bezeugt ist, hat der PN Gerold, der in †Geroldsweiler steckt, gewiß Aussagekraft. Er läßt sich unschwer mit einer historischen Persönlichkeit in Verbindung bringen, nämlich mit dem Bayernpräfekten Gerold (†799), dem Schwager Karls d.Gr. und Mutterbruder Ludwigs des Frommen. Gerold stammte wie Karls Gemahlin Hildegard von Mutterseite aus dem alemannischen Herzogshaus. Er war kinderlos, weshalb ihn Ludwig der Fromme beerbte. Auf diese Weise erklärt es sich, daß †Geroldsweiler mit Steinheim die gleiche Geschichte hatte. Es ist durchaus wahrscheinlich, daß Ludwig der Fromme nicht nur †Geroldsweiler, sondern auch seinen Besitz in Steinheim im ganzen oder teilweise von Gerold geerbt hat. Der Name Gerold ist damit ein weiterer Hinweis auf alemannisches Herzogsgut im Bereich des Albuchs, wie auch darauf, daß der Besitz der Karolinger in diesem Bereich auf Herzogsgut zurückzuführen ist. Der Name Gerold bezeugt sodann, daß manche „-weiler-Orte" um Steinheim wohl um die Mitte des 8. Jahrhunderts auf Betreiben der Herzogssippe entstanden sind.

†Sachsenhart wird 1143 als „viculus et nemus" bezeichnet; es war also ein Dörflein auf Rodeland. Seine Lage wird in der Literatur nicht ganz einheitlich angegeben. Doch wird der Ort 1143 in der Reihenfolge nach Heuchlingen, Dettingen und †„Musebrunnen" (Meusenbrunnen östlich Heldenfingen) genannt; er lag demzufolge im südlichen Albuch, und zwar höchst wahrscheinlich im heutigen Staatswald Sachsenhart, westlich des Ugenhofs (früher Ugendorf) bzw. nördlich des Rüblinger Sträßchens, in der Nähe des Sachsenrückwegs.[36] Der heutige Staatswald Sachsenhart geht auf die anhausische Holzmark dieses Namens von 1474 zurück.

Das Bestimmungswort im Ortsnamen †Sachsenhart weist mit ziemlicher Sicherheit auf eine Ansiedlung zwangsverschleppter Sachsen aus den Sachsenkriegen Karls d.Gr. (ca. 772 - 804). Die Ansiedlung erfolgte gewiß auf Königsgut. Daß solches auf der Grundlage alten Herzogsguts in der Umgebung Sachsenharts vorhanden war, mag der Name des nahen Ortes Heuchlingen (PN Huchilo) wie der Besitz der Abtei Fulda in Dettingen bestätigen.

Auf dem östlichen Albuch, nahe bei Itzelberg, dessen Name auf einen Ulrich weist, findet sich der ehemalige Weiler †Weikersberg, 1302 als „Wichartesberge" bezeugt und zweifellos nach einem Wichart benannt. Auch diesem Namen begegnet man in der alemannischen Herzogssippe bei einem Nachkommen Huochings, nämlich bei einem Sohn des Grafen Rupert (†v. 834), der als Enkel von Königin Hildegards Mutterbruder

---

[35] Topograph. Karte 1:25000 Bl. 7226 Oberkochen.
[36] Wie Anm. 30. — Topograph. Karte 1:25000 Bl. 7326 Heidenheim.

Robert I. (770 - 785 oder 800) gilt. Dieser Wichart war Geistlicher und von etwa 850 bis 884 Abt in Luzern. Wichart paßt somit in das bereits gewonnene Bild.[37]

Nördlich von Weikersberg, im Tiefental beim Hubertusbrunnen auf Gemarkung Oberkochen, lag †Utzemannsweiler (1302), später meist Ottmannsweiler genannt.[38] Der PN Utzeman (mit Diminutivsuffix -man) ist von Utzo = Ulrich abgeleitet. Der Name Ulrich findet sich mehrfach in der Herzogssippe, z.B. bei einem Bruder und einem Neffen der Königin Hildegard (vgl. Itzelberg).

Die wenigen urkundlichen Nachrichten über Steinheim wie auch das, was sich den erwähnten Ortsnamen entnehmen läßt, bestätigen, daß auf dem Albuch dieselben Herrschaftsverhältnisse galten wie im Umland. Sie unterstreichen, daß die Erschließung und Besiedlung des Albuchs von seinem Umland aus erfolgt ist.

Mit den genannten Orten ist die Siedlungtätigkeit auf dem Albuch freilich keineswegs erschöpft. Zu den Siedlungen der vorkarolingischen Zeit gehören gewiß die Orte Söhnstetten, Heuchstetten (Hitstetten) und die abgegangenen †Egelstetten(?), †Emerstetten und †Sillenstetten. Sie verdanken ihre Entstehung vielleicht einem Siedlungsvorstoß, der von Gussenstadt, Gerstetten und Heldenfingen ausging. Böhmenkirch und Steinenkirch mögen vom Lautertal her gegründet worden sein. Vom Südrand des Albuchs her dürften die Orte Erpfenhausen, Küpfendorf und Ugendorf besiedelt worden sein. Aufhausen unterhalb Küpfendorf wird von Steinheim bzw. Sontheim im Stubental aus angelegt worden sein.

Etwas jünger ist wohl Laubenhart (1365, heute Bartholomä), das vielleicht von Essingen aus besiedelt wurde.

Kennzeichnend für die höchstgelegenen Teile des Albuchs sind jedoch die vielen „-weiler", die vorwiegend der Karolingerzeit zuzurechnen sind: Irmannsweiler, †Mackmannsweiler, †Wenelenwilare, †Lovueswilare, †Engelboltzweiler, Tauchenweiler, †Hermannsweiler. Noch jünger sind wohl †Spichtsohl, Bibersohl und †Hohensohl, deren Namen auf morastigen Grund deuten, ferner †Erchenbrechtsberg, †Hohenberg, Neuselhalden, die Rodesiedlung Zang und †Kerben. Die Aufzählung erhebt keinen Anspruch auf Vollständigkeit.

Kehrt man zu der Frage zurück, von welchem Geschlecht der Albuch (= Adelbuch) seinen Namen haben könnte, möchte man an das alemannische Herzogshaus denken. Scheint es doch, daß der Grundbesitz später kaum mehr so geschlossen in der Hand eines Geschlechtes war.

[37] Wie Anm. 20. — Schnyder (wie Anm. 7 S. 436 ff und S.471. — Josef Siegwart: Zur Frage des alemannischen Herzogsguts um Zürich. In: Zur Geschichte der Alemannen. Hg. Wolfgang Müller. Wege der Forschung 100. 1975. S.151 ff, hier S. 235.

[38] Wie Anm. 20. — Topograph. Karte 1:25000 Bl. 7226 Oberkochen. — Freundliche Mitteilung von Herrn Dieter Ebert, Königsbronn.

II. Der Albuch im hohen Mittelalter

Für die Zeit von der Mitte des 9. Jahrhunderts bis zum Beginn des 12. Jahrhunderts, für rund 250 Jahre also, liegen für Orte des Albuchs keine unmittelbaren Quellenzeugnisse vor. In dieser Zeit dürften die Güter um Aalen, die anscheinend Besitz der Familie Alaholfs gewesen waren, an die Abtei Ellwangen gelangt sein. Auch sonst ist mit der Möglichkeit zu rechnen, daß Güter durch Schenkung oder Belehnung in fremde Hände kamen, ohne daß dies einen Niederschlag in den Quellen fand. Doch hat es den Anschein, daß die Masse der Güter und insbesondere die noch nicht gerodeten Wälder im Erbgang weitergegeben wurden unter Personen, die Rechtsnachfolger der Karolinger und dadurch untereinander verwandt waren.

1. Die schwäbischen Pfalzgrafen

Mit am frühesten und relativ vollständig wird der Besitz der schwäbischen Pfalzgrafen 1143 in einer Urkunde für ihre Klosterstiftung Anhausen (Stadt Herbrechtingen) erwähnt. Die Urkunde nennt im fraglichen Bereich zunächst die Klosterstätte Anhausen mit †Ratfelden (Rotfelden sö. Dettingen); dann folgen im Anschluß an Güter auf der Ulmer Alb die Orte Heuchlingen mit dem Wald Jungholz (Teil des Sesselhaus nö. Dettingen), Dettingen mit dem Wald Korberholz (Teil des Sesselhaus), †Meusenbrunnen (östl. Heldenfingen), †Sachsenhart, Mergelstetten, Heutenburg und Söhnstetten. Nach Nennung von Orten auf der Geislinger Alb und im Filstal folgen Alfdorf (bei Welzheim), Mögglingen, †Hegeloch (bei Mögglingen), Hermannsfeld, †Sulzbach (bei Mögglingen), Forst, Irmannsweiler, †Erchenbrechtsberg, †Mackmansweiler (bei Irmannsweiler), †Wenelenwilare, †Hohensohl (bei Bibersohl), †Lovueswilare (= Hesselschwang?), †Babenwanc (Wald Banwang östl. Irmannsweiler), †Kerben (westl. Zang), Küpfendorf, †Aufhausen (bei Küpfendorf); Güter im Ries schließen sich an.[39]

Es ist unverkennbar, daß die Güterliste eine geographische Reihenfolge einhält. Sie nennt zunächst Orte am Südrand des Albuchs (Heuchlingen — Söhnstetten), kehrt dann auf einem Umweg zum Nordrand des Albuchs zurück (Mögglingen — Forst) und läßt Orte des inneren Albuchs folgen (Irmannsweiler — Aufhausen).

Der Verfasser hat diese Güterliste des öfteren unter verschiedenen Gesichtspunkten untersucht. Er glaubt sie in der Weise interpretieren zu dürfen, daß es sich bei den Orten an der Südseite des Albuchs, die sich an Orte der Ulmer Alb anschließen und damit einen Zusammenhang mit dem Herrschaftsbereich der Herren von Stubersheim-Albeck erkennen lassen, um die Mitgift bzw. das Erbe der Pfalzgräfin Adelheid (ca. 1085) handelt, der Gemahlin des Pfalzgrafen Manegold d.Ä. (1070 - ca. 1095). Hansmartin Decker-Hauff hat als erster die Pfalzgräfin Adelheid dem Geschlecht der schwä-

---

[39] Wie Anm. 30. — HStA. Stgt. H 102/5 Bd. 1 (Lagerbuch des Klosters Anhausen von 1474).

bischen Adalberte (= Haus Stubersheim) zugeordnet.[40] Dem ist zuzustimmen. Auf dieses Geschlecht wird noch näher einzugehen sein.

Bei den Orten an der Nordseite des Albuchs und im inneren Albuch handelt es sich offenbar um den ererbten Besitz des Pfalzgrafen Manegold (1070 - ca. 1095). Er gruppierte sich vorwiegend um die Feste Lauterburg (1128 bezeugt)[41] als Verwaltungsmittelpunkt. Ihm sind noch die hier nicht erwähnten Orte Heubach, Lautern und Laubenhardt (= Bartholomä) zuzuordnen, die nach späteren Zeugnissen zur Herrschaft Lauterburg gehörten, und wahrscheinlich auch das Kirchenpatronat in Steinheim. Dieses ist 1209 als Lehen des Hochstifts Augsburg bezeugt[42], an welches es am ehesten durch Vermächtnis des Bischofs Walter aus der Pfalzgrafenfamilie (1133 - 1153) gelangt war. Schließlich war auch Moropolis (= Heidenheim) größtenteils pfalzgräflicher Besitz; doch ist nicht eindeutig zu entscheiden, ob es zum Erbe Manegolds gehörte oder von Adelheid eingebracht wurde.[43]

Sowohl für die von Pfalzgräfin Adelheid eingebrachten Güter, die aus der Besitzmasse der Herren von Stubersheim stammen, als auch für die Erbgüter Manegolds ergeben sich höchst interessante Beziehungen zum ehemaligen Herzogs- bzw. Königsgut. So ist Pfalzgräfin Adelheid in †Sachsenhart Rechtsnachfolgerin der Karolinger. Dasselbe trifft wohl in Dettingen zu, wo der ehemalige Besitz der Abtei Fulda auf karolingisches Königsgut schließen läßt; ebenso in Heuchlingen, wo der Ortsname auf Herzogsgut deutet, das in karolingischer Zeit Königsgut geworden sein dürfte. In Moropolis-Heidenheim mit seinem Kastell ist karolingisches Königsgut auf der Grundlage römischen Fiskalguts wie auch wegen der Schenkung Rathprahts an Fulda anzunehmen.

Pfalzgraf Manegold könnte wegen des Steinheimer Kirchenpatronats und wegen Besitzes in Heidenheim gleichfalls Rechtsnachfolger der Karolinger sein. Sein Besitz in Mögglingen ist Böbingen benachbart, dessen Kastell samt Umland Königsgut geworden sein dürfte; sein Gut Forst ist wohl ein ehemals königliches Forstgut[44], zudem Nachbarort zu Hammerstadt, wo karolingisches Königsgut nachgewiesen ist.

Somit darf für die von Stubersheim wie auch für die Pfalzgrafen angenommen werden, daß sie karolingische Ahnen hatten und daher schon früher miteinander verwandt waren.

---

[40] Das Staufische Haus. In: Die Zeit der Staufer. Katalog der Ausstellung Stuttgart 1977. Bd. 3. S.339 ff, hier S.345 Nr.17.

[41] WUB 1. S.376. Nr.293.

[42] WUB 2. S.378 f. Nr.547.

[43] Vita B. Herlucae Virginis. In: Jacobi Gretseri Opera Omnia. T. VI. 1735. p. 164 ff, hier p. 168. — In Heidenheim war Frau Liutgard (aus dem Hause Stubersheim) 1108 begütert (WUB 11. Nachtr. S.449 f); auch für die seit 1150 bezeugten Inhaber der Burg Hellenstein ergeben sich (über den Namen Berengar) Beziehungen zum Hause Stubersheim. Pfalzgräfin Adelheid hatte Besitz im Nachbarort Mergelstetten eingebracht. Das alles würde für Adelheid sprechen. Doch ist nicht auszuschließen, daß Heidenheim zwischen Stubersheimern und Pfalzgrafen geteilt war.

[44] Wie Anm. 11.

2. Das Haus Stubersheim-Albeck und seine Ahnen

Wohl den reichsten Besitz auf dem Albuch neben den Pfalzgrafen hatte die Sippe Stubersheim, der ja — wie erwähnt — auch die Pfalzgräfin Adelheid entstammte.

Es ist nötig, sich zunächst eingehender mit der Herkunft des Hauses Stubersheim zu befassen. Zum einen haben sich im Laufe mehrfacher Beschäftigung mit diesem Geschlecht mancherlei Gesichtspunkte ergeben, wodurch die frühere Auffassung teils bestätigt und erweitert, teils korrigiert wird. Zum andern sind Zusammenhänge zu erörtern, die für die weitere Untersuchung von grundsätzlicher Bedeutung sind. Dabei wird der geographische Rahmen dieser Studie, der Albuch und sein Umland, erheblich ausgeweitet.

Herren von Stubersheim sind erstmals 1092 mit dem Brüderpaar Adalbert und Berengar bezeugt.[45] Ihnen ist höchst wahrscheinlich Adelheid, die Gemahlin des Pfalzgrafen Manegold (1070 - ca. 1095), als Schwester zuzurechnen. Das Geschlecht scheint auf der Geislinger Alb beheimatet zu sein. Es führte den Namen Adalbert als Leitnamen. So dürfte auch der Vater der genannten Geschwister geheißen haben, der um die Mitte des 11. Jahrhunderts lebte. Den Namen Berengar dagegen hat die Mutter eingebracht. Er weist unverkennbar in die Sippe Achalm-Mömpelgard. Im Hause Achalm trug den Namen ein Sohn Rudolfs d.Ä. von Achalm († v. 1055) und der Adelheid von Wülflingen (bei Winterthur, † n. 1052). Er starb jedoch als „parvulus" und wurde in Dettingen bei Urach begraben, später nach Zwiefalten umgebettet.[46] Er hat bestimmt keine Nachkommen hinterlassen. Seinen Namen hatte er offenbar nach einem Bruder der Mutter erhalten namens Berengar, der zu Ostern 1027 in Rom der Kaiserkrönung Konrads II. beigewohnt hatte, aber wenige Tage danach bei einem Tumult ums Leben gekommen war. Kaiser Konrad II. hatte ihn als einen „dilectus et familiaris" hoch geschätzt und er ließ ihn beim Grab Kaiser Ottos II. bestatten.[47]

Mehrere Umstände sprechen dafür, daß die von Stubersheim mütterlicherseits von diesem Berengar abstammen. Er war ein Sohn Liutolds von Mömpelgard und der Willibirg von Wülflingen.[48] Doch zwischen ihm und der Mutter der Stubersheimer Geschwister fehlt ein Zwischenglied (die Verbindung über Heilicha, die vom Verfasser früher erwogen wurde, muß ausscheiden).

Das Haus Achalm-Mömpelgard hatte enge Beziehungen zum Elsaß. Das zeigt schon die Zubenennung des Vaters Liutold nach Mömpelgard im Sundgau. Der Besitz des

[45] WUB 1 S. 296 f. Nr. 241.

[46] Die Zwiefalter Chroniken Ortliebs und Bertholds. Hg. Erich König und Karl Otto Müller. 1941. S. 38.

[47] Wipo c. 16. In: Quellen des 9. und 11. Jahrhunderts. Hg. Werner Trillmich und Rudolf Buchner. Ausgewählte Quellen 11. 1961. S. 570. — Eduard Hlawitschka: Untersuchungen zu den Thronwechseln der ersten Hälfte des 11. Jahrhunderts. Vorträge und Forschungen. Sonderband 35. 1987. S. 104 mit Anm.

[48] Hlawitschka (wie Anm. 47) S. 103 f.

Hauses konzentrierte sich weiterhin um Horburg bei Colmar und in der Gegend von Schlettstadt (Ebersheim und Scherweiler).[49]

Mehrere Angehörige der Familie bekleideten im 11. Jahrhundert nacheinander Grafenämter im Elsaß. Als erster ein Sundgaugraf namens Odo bzw. Udo/Otto, der von 1003 bis 1025 bezeugt ist. Er dürfte höchst wahrscheinlich identisch sein mit dem Sohn Liutolds von Mömpelgard namens Wotto (= Uotto), der 1044 als verstorben erwähnt wird.[50] Sein Amtsnachfolger scheint Wezilo (= Werner) zu sein, der 1027 als Graf im Elsaß bezeugt ist. Die Forschung setzt ihn gleich mit Werner, der angeblich im Jahre 1000 das Kloster Hugshofen im Weilertal (westl. Schlettstadt) gestiftet hat.[51] Seine Familie war in Ebersheim und Scherweiler begütert.[52] Damit ist er zweifellos ein nah Verwandter Liutolds von Mömpelgard. Als im Jahre 1061 Werners Sohn Folmar mit Gattin Heilicha das Kloster Hugshofen der Straßburger Hochkirche übertrugen, waren vier Söhne der Adelheid von Wülflingen, der Tochter Liutolds von Mömpelgard, Zeuge, nämlich Graf Kuno, Liutold, Rudolf und Egino.[53] Dies spricht für nahe Verwandtschaft Werners zu Adelheid von Wülflingen und Liutold von Mömpelgard. Man möchte Werner am ehesten als einen Sohn Liutolds von Mömpelgard betrachten. Dabei stört allein der Umstand, daß Werner das Kloster Hugshofen — falls dessen Gründungsjahr 1000 richtig ist — als sehr junger Mann gegründet hätte, der mit seiner Gattin Himiltrud sicher erst kurz verheiratet war. Denn Willibirg von Wülflingen, die dann seine Mutter wäre — sofern Liutold von Mömpelgard nicht vorher mit einer anderen Frau vermählt war — lebte noch 1044, wenn auch sicherlich als hochbetagte Frau.[54]

Auf diesen Werner folgt als Graf im Sundgau ein Berengar, der 1048 bezeugt ist.[55] Man muß ihn schon der nächstjüngeren Generation zurechnen, ebenso wie seinen Nachfolger Kuno, 1052 - 1064, der sich zweifelsfrei als Kuno von Achalm, Sohn der

[49] Zwiefalter Chroniken (wie Anm. 46) S. 40, 192; S. 28, 152. — Codex Hirsaugiensis. Hg. F. Schneider. In: Württ. Gesch. Qu. ältere Reihe 1. 1887. S. 54.

[50] MG. DH II. Nr. 57, 69, 80, 499; DK II Nr. 1, 42. — UB. der Stadt und Landschaft Zürich 1. S. 125 f. Nr. 233. — Vgl. Franz Vollmer: Die Etichonen. In: Studien und Vorarbeiten (wie Anm. 15) S. 137 ff, hier S. 175 Anm. 290.

[51] MG. DK II. Nr. 87. — Heinrich Witte: Die ältern Hohenzollern und ihre Beziehungen zum Elsaß. 1895. S. 7 ff. — Das Gründungsjahr Hugshofens findet sich allein im Diplom Friedrichs I. Nr. 391, datiert auf 1162. Dieses ist jedoch eine Fälschung wohl aus 13. Jh. Das echte Privileg Innozenz' II. von 1135 (Schoepflin: Alsatia diplomatica I. Nr. 258) kennt kein Gründungsdatum. Somit ist das Gründungsjahr 1000 keineswegs gesichert. Was sich über das Lebensalter des Stifters Werner ermitteln läßt, spricht eher für eine spätere Gründung, etwa 1020-1030.

[52] MG. DFr. I. Nr. 391 von 1162. Okt. 24. (Fälschung). — WUB 2. S. 154 f. Nr. 388.

[53] UB. der Stadt Straßburg. Bearb. Wilhelm Wiegand. 1. 1879. S. 48. Nr. 57.

[54] UB. der Stadt und Landschaft Zürich 1. S. 125 f. Nr. 233. — Vgl. jedoch Anm. 51.

[55] MG. DH III. Nr. 219. — Er wurde offenbar im Kloster Murbach/Elsaß bestattet; s. Alois Schulte: Geschichte der Habsburger. 1887. S. 83 A.1.

Adelheid von Wülflingen, identifizieren läßt.[56] Der Sundgaugraf Berengar (1048) wurde dem Hause Achalm zugerechnet, versuchsweise mit dem gleichnamigen Sohn der Adelheid von Wülflingen gleichgesetzt. Doch dieser ist ja bereits als „parvulus" verstorben und hat bestimmt nie ein Grafenamt bekleidet.[57] Sein Name Berengar spricht jedoch entschieden für Zugehörigkeit zur Sippe Liutolds von Mömpelgard. Ebenso sein Amt als Graf im Sundgau, das er als Nachfolger und Vorgänger von Angehörigen der Sippe Liutolds bekleidete. Dort paßt er am besten als Sohn des 1027 in Rom umgekommenen Berengar, und damit ist er offenbar das gesuchte Zwischenglied zum Hause Stubersheim. Eine Tochter dieses Berengar ist dann die Mutter der Stubersheimer Geschwister von 1092.

Es gilt zu prüfen, ob dieser Ansatz Berengars sich weiter absichern läßt. Im Jahre 1108 schenkte Liutgard aus dem Hause Stubersheim, sehr wahrscheinlich eine Tochter Adalberts von Stubersheim (1092), dem Kloster Blaubeuren mit Erlaubnis ihres (ungenannten) Gemahls ihre Erbgüter auf der Ulmer Alb in Lonsee, Urspring, Haltshausen, Reutti, †Ruenbur sowie zwei Huben in Heidenheim. Spitzenzeugen waren Ulrich I. von Hurningen (1108 - 1123) und Liutgards Bruder Berengar von Albeck (in der Urkundenabschrift irrtümlich „de Grüre" genannt).[58] Ulrich von Hurningen war der Urenkel Werners, der angeblich im Jahre 1000 das Kloster Hugshofen westlich Schlettstadt gestiftet hatte.[59] Seine Gegenwart in Blaubeuren und Zustimmung zur Schenkung Liutgards erklärt sich dann, wenn auch er Ansprüche an die vergabten Güter hatte, d.h. wenn diese von Vorfahren stammten, die er mit Liutgard gemeinsam hatte. Dabei dürfte es sich letztlich um die gemeinsame Abstammung von Liutold von Mömpelgard handeln. Von ihm stammt die Schenkerin Liutgard ab, sofern der Sundgaugraf Berengar (1048), der mutmaßliche Enkel Liutolds, ihr Urgroßvater war. Von ihm stammte Ulrich von Hurningen ab, falls sein Urgroßvater Werner ein Sohn Liutolds war.

Für diese Annahme spricht, daß unter den weiteren Zeugen fünf Elsäßer waren, von denen sich zwei nach Sulzbach westlich Colmar, einer nach Nothalten bei Scherweiler, einer nach Nordhausen bei Erstein (wo die Familie Werners begütert war)[60] und einer nach Laubach bei Wörth benannten. Sie stammen wohl alle aus dem Begüterungsbereich der Sippe Mömpelgard. Daß sie jedoch sämtlich als Gefolgsleute Ulrichs von Hurningen nach Blaubeuren gekommen waren, dessen Familie bedeutende Besitzungen um Schlettstadt hatte, ist wenig wahrscheinlich. Mindestens ein Teil von ihnen

---

[56] MG. DH III. Nr.289; UB der Stadt Straßburg (wie Anm. 53) Nr.57; DH IV. Nr.126.

[57] Vollmer (wie Anm. 50) S.176 Anm. 290. — Vgl. Anm. 46.

[58] WUB 11. Nachtr. S.449 f. — Vgl. Bühler: Zur frühen Geschichte Heidenheims (wie Anm. 4) S.55; siehe dort auch S.52.

[59] Hans Jänichen: Herrschafts- und Territorialverhältnisse um Tübingen und Rottenburg. Schriften zur südwestdeutschen Landeskunde 2. 1964. S.16.

[60] MG. DFr. I. Nr.391 von 1162 Okt. 24. (Fälschung).

stand sicher in enger Beziehung zu Liutgard. Es dürfte sich um Lehensleute Liutgards handeln, die mit deren elsässischen Gütern in Verbindung standen, ihrem Erbe von den mömpelgardischen Ahnen, zu denen jener Berengar (1048) die Verbindung herstellte. Unter diesen Umständen war die Anwesenheit der Elsäßer in Blaubeuren sinnvoll. Liutgard selbst mag im Elsaß gelebt haben, wohin sie durch Heirat gelangt war. Dies würde verständlich machen, wieso ihr Gemahl in Blaubeuren nicht in Erscheinung trat, obwohl er als ihr Vormund die Erlaubnis zur Weggabe der Güter auf der Alb erteilt hatte. Daß Liutgard Blaubeuren damit bedachte, könnte damit zusammenhängen, daß die Gemahlin des Blaubeurer Mitstifters Siboto von Ruck, Adelheid vom Elsaß, eine nahe Verwandte Liutgards war.[61]

Zeigt somit der Vorgang in Blaubeuren, daß sowohl Liutgard als auch Ulrich von Hurningen offenbar Nachkommen Liutolds von Mömpelgard sind, so stützt er die Annahme, daß die Verbindung Liutgards zu Liutold über den Sundgaugrafen Berengar (1048) lief. Er war offenbar der Vater von Liutgards Großmutter.

Es bleibt zu vermerken, daß die von Liutgard vergabten Güter um Lonsee aller Wahrscheinlichkeit nach auf König Arnolf (887 - 899) zurückzuführen sind, der sich im Jahre 888 dort aufgehalten hat, und daß die von Stubersheim somit hier die Rechtsnachfolger der Karolinger sind. Zwischenbesitzer dürfte Liutold von Mömpelgard gewesen sein. An ihn könnte der Ortsname Luizhausen bei Lonsee (1275 Luiteltishusen, 1344 Luitolzhausen) erinnern.[62]

Man könnte einwenden, die Verwandtschaft Ulrichs von Hurningen zu Liutgard über Liutold von Mömpelgard — ein Verhältnis 4:5 — sei zu entfernt, um das Zusammenwirken der beiden in Blaubeuren 1108 zu erklären. Es gibt Anhaltspunkte dafür, daß zwischen beiden wohl noch ein engeres Verwandtschaftsverhältnis bestanden hat. Anhand des Erbgangs der Orte Langenau, Brenz und Sontheim an der Brenz von Kaiser Heinrich II. (1002 - 1024) auf die von Stubersheim-Albeck ließ sich zeigen, daß Adalbert von Stubersheim (1092), der Vater Liutgards, mit einer Dame aus dem Hause Nellenburg verheiratet war, nämlich einer Enkelin Eberhards des Seligen († ca. 1078) und seiner Gemahlin Ita. Sie vermittelte denen von Stubersheim-Albeck außer den genannten Gütern auch solche im schweizerischen Siggental, die unter den Stiftungsgütern der Abtei Elchingen (LK Neu-Ulm) erscheinen.[63] Nun gibt es auffällige Beziehungen zwischen den Häusern Nellenburg und Hurningen. Als im Jahre 1061 Folmar, der Sohn Werners (1000?), die Abtei Hugshofen bei Schlettstadt dem Hochstift Straßburg übertrug, erscheint als erster Zeuge nach dem Hochstiftsvogt Heinrich der

---

[61]   Christian Tubingius: Burrensis Coenobii Annales. Die Chronik des Klosters Blaubeuren. Hg. Gertrud Brösamle. Schriften zur südwestdeutschen Landeskunde 3. 1966. S.34 und 52.

[62]   Bühler: Zur frühen Geschichte Heidenheims (wie Anm. 4) S.53 und 57 f.

[63]   Bühler: Hatten die Grafen von Nellenburg Besitz in Langenau und im unteren Brenztal? In: Jahrbuch des Histor. Vereins Dillingen 93, 1991. S.254 ff, hier S.261 ff.

[64]   Wie Anm. 53.

Graf Eberhard der Selige von Nellenburg († ca. 1078), gefolgt von vier Brüdern aus dem Hause Achalm.[64]

Wie erklärt sich die bevorzugte Zeugenschaft Eberhards des Seligen für Folmar? Zwischen beiden bestand offenbar ein noch engeres Verwandtschaftsverhältnis als zwischen Folmar und den Achalmern.

Ein Parallelfall ergibt sich im Jahre 1091: Graf Burkhard von Nellenburg, der Sohn Eberhards des Seligen, verfügte über die Vogtei des Hausklosters Allerheiligen in Schaffhausen, wobei als zweiter Zeuge Kuno von Hurningen, der Sohn Folmars, erscheint.[65]

Als drittes Beispiel läßt sich die schon bekannte Schenkung Liutgards an Blaubeuren 1108 anführen, bei welcher Ulrich von Hurningen, der Sohn Kunos, als Spitzenzeuge auftrat. Liutgard war ja die Tochter Adalberts von Stubersheim (1092) und einer Nichte Burkhards von Nellenburg bzw. einer Enkelin Eberhards des Seligen und seiner Gattin Ita.

Diese offensichtlich sehr enge Beziehung zwischen den Häusern Hurningen und Nellenburg beruht wohl am ehesten auf Verschwägerung. Zwei Möglichkeiten stehen zur Diskussion:

a) Folmars Gattin Heilicha könnte eine Schwester Eberhards des Seligen sein. In diesem Fall wären jedoch in der Hand der späteren Hurningen Besitztitel zu erwarten, die sich auf die Nellenburger zurückführen lassen. Solche sind nach Kenntnis des Verfassers nicht zu ermitteln.

b) Eberhards des Seligen Gemahlin Ita könnte eine Schwester Folmars sein. Im „Buch der Stifter" des Klosters Allerheiligen ist Itas Herkunft nur recht allgemein beschrieben: „Ita . . . was von den hoechsten graven geslechte, so in tuitzschem lande was".[66] Eduard Hlawitschka hat festgestellt, daß Ita zu den Nachkommen Herzog Konrads von Schwaben (983 - 997) gehört.[67] Dem ist grundsätzlich zuzustimmen, denn von Herzog

[65] Das Kloster Alllerheiligen in Schaffhausen. Hg. F. L. Baumann. In: Quellen zur Schweizer Geschichte 3. 1883. S.17 Nr.4.

[66] Das Buch der Stifter des Klosters Allerheiligen. Hg. Karl Schib. 1934. S.3.

[67] Hlawitschka (wie Anm. 47) S.166.- Er hat (S.167 f) mehrere Möglichkeiten erwogen, Ita an Herzog Konrad (983-997) anzuknüpfen:
a) sie könnte seiner Meinung nach eine Enkelin (oder Urenkelin) des 994 ums Leben gekommenen Grafen Konrad sein, der ein Sohn Herzog Konrads war. Doch ist über etwaige Nachkommen desselben nichts bekannt.
b) sie könnte auch eine Tochter (oder Enkelin) des 1027 ums Leben gekommenen Berengar sein, der über seinen Vater Liutold von Mömpelgard ein Enkel Herzog Konrads war. Doch ist dagegen einzuwenden, daß die Ehe Adalberts von Stubersheim (1092) mit der Enkelin Eberhards d. Sel. und Itas dann eine unzulässige Nahehe im Verhältnis 3:3 gewesen wäre.
c) sie könnte schließlich eine Tochter Welfs II. († 1030) sein, der seinerseits über seine Mutter Ita ein Enkel Herzog Konrads war. In diesem Falle ließen sich eventuell gewisse Beziehungen derer von Albeck zum Stift Rottenbuch (bei Schongau), einer Stiftung Welfs IV. († 1101), erklären. Doch befriedigt auch dieser Vorschlag Hlawitschkas nicht recht. — Vgl. Hans Peter Kööpf, der Ita als Enkelin Herzog Hermanns II., eines Sohnes Herzog Konrads, auffaßt (Illertissen. Eine schwäbische Residenz. 1990. Tafel 2 nach S.222).

Konrad stammt als Sohn u.a. Liutold von Mömpelgard, der im Falle b) der Großvater Itas wäre.

Dieser Fall b), dem der Verfasser entschieden den Vorzug gibt, hat folgendes für sich:

1) er stützt zusätzlich die Auffassung, daß Werner, der Stifter Hugshofens, ein Sohn Liutolds von Mömpelgard war.

2) Liutold hatte eine Schwester Ita, vermählt mit dem Welfen Rudolf von Altdorf, welcher die Tochter Werners (Schwester Folmars) nachbenannt sein konnte.

3) er könnte die Besitzgemeinschaft Liutolds von Achalm (1097) und Burkhards von Nellenburg (1105), eines Sohnes der Ita, in Maienfeld und Fläsch in Graubünden erklären.[67a)]

4) das Verwandtschaftsverhältnis Ulrichs von Hurningen zu Liutgard 1108 wird ein engeres im Verhältnis 3:4.

5) unter den Gütern derer von Stubersheim-Albeck könnten dann auch solche sein, die sich von Werner über Ita und deren Enkelin aus dem Hause Nellenburg herleiten. Der überaus reiche Besitz derer von Stubersheim-Albeck würde auf diese Weise die beste Erklärung finden.

Freilich gilt letzteres nicht für die Güter der Pfalzgräfin Adelheid; denn an der Mitgift der Gemahlin ihres Bruders Adalbert von Stubersheim (1092) hatte sie selbstverständlich keinen Anteil. Dies gilt allenfalls bedingt für den Güterkomplex um Lonsee, an dem — abgesehen von den Rechten Ulrichs von Hurningen — nicht nur die Nachkommen Adalberts von Stubersheim (1092) und seiner nellenburgischen Gemahlin beteiligt waren, sondern auch ein Kleriker Werner und Mechthild von Geislingen, Tochter der Richinza von Spitzenberg (1092).[68)]
Es könnte jedoch gelten für die Besitzverhältnisse im Lautertal nordwestlich Ulm. Dort besaß Ulrich I. von Hurningen (1108 - 1123) die Herrschaft Herrlingen als ererbten Besitz. Sie umfaßte die Burg Herrlingen mit Burgweiler, die Burg Hohenstein, den Weiler Lautern und Güter in Sondernach.[69)] Mittendrin liegt die Marienkirche in Lautern, die von Adalbert von Elchingen-Ravenstein aus dem Hause Stubersheim um 1120 als Stiftungsgut dem Kloster Elchingen übereignet wurde samt zugehörigen Gütern in „Beringen" (verschrieben für Böttingen oder abgegangen westlich Lautern = Flur Böhringer), Bermaringen, Temmenhausen, (Hinter-)Denkental, Westerstetten und Wippingen.[70)]

[67a)] Statt Einzelnachweis siehe Hlawitschka (wie Anm. 47) S. 105 f.

[68)] Tubingius (wie Anm. 61) S.84. — Letztere dürfte von Herzog Hermann II., dem Bruder Liutolds von Mömpelgard, abstammen über dessen Tochter Gisela, vermählt mit Herzog Ernst I. († 1015). Deren Sohn Herzog Hermann IV. († 1038) war wohl der Vater der Richwara, Gemahlin Bertholds I. von Zähringen († 1078), als dessen Tochter Richinza zu gelten hat (vgl. Gerd Wunder: Die ältesten Markgrafen von Baden. In: ZGO 135. 1987. S.107 f).

[69)] Jänichen: Herrschafts- und Territorialverhältnisse (wie Anm. 59) S.22. — Der Alb-Donau-Kreis 1. 1989. S.786.

[70)] WUB 5 S.415 ff. Nachtr. Nr.29.

Sicherlich bildete die Lauterner Kirche mit den Gütern um die Burg Herrlingen ursprünglich eine Einheit. Die Besitzverteilung, die im frühen 12. Jahrhundert erkennbar wird, ist das Ergebnis einer Erbteilung unter Verwandten. Die Ahnen Ulrichs von Hurningen sind bekannt zurück bis zu Werner, dem Stifter Hugshofens. Als dessen Vater darf nun wohl Liutold von Mömpelgard gelten. Auf ihn geht somit der Anteil Ulrichs von Hurningen zurück. Adalbert von Elchingen-Ravenstein ist ein Sohn Adalberts von Stubersheim (1092) und Bruder der Liutgard von 1108. Für seinen Anteil, die Marienkirche in Lautern, sind zwei Erbgänge möglich:

1) von Liutold von Mömpelgard über den Sohn Berengar († 1027) und (mutmaßlichen) Enkel Berengar (1048) zum Gesamthaus Stubersheim.

2) von Liutold zu Werner (1000?) und über dessen (mutmaßliche) Tochter Ita sowie deren nellenburgische Enkelin an den Sohn der letzteren, nämlich Adalbert von Elchingen-Ravenstein.

Der zweiten Möglichkeit mag hier der Vorzug zu geben sein, da andere Zweige des Hauses Stubersheim am Besitzkomplex Herrlingen-Lautern offenbar nicht beteiligt waren.

Interessant düfte sein, daß Liutold von Mömpelgard in jedem Fall als Vorbesitzer in Betracht kommt. Die Gründung der Marienkirche in Lautern wird Kaiser Ludwig dem Frommen (814 - 840) zugeschrieben.[71] Somit wäre Liutold von Mömpelgard hier wie in Lonsee der Rechtsnachfolger der Karolinger. Dies ist für später festzuhalten.

Einige Besitztitel derer von Stubersheim-Albeck dürften die Annahme, daß der Sundgaugraf Berengar (1048) ein Vorfahr derselben sei, bestätigen. Berengar d.Ä. von Stubersheim (1092) schenkte in Metzingen zehn Huben an die Abtei Hirsau.[72] In Metzingen aber besaßen Kuno und Liutold von Achalm die Hälfte des Dorfes und der Kirche und traten diese im Bempflinger Vertrag 1089 ihrem Neffen Werner IV. von Grüningen († 1121) ab.[73] Das achalmische Halbteil stammte wohl von der Mutter Adelheid von Wülflingen. Der stubersheimische Besitz aber müßte von Adelheids Bruder Berengar († 1027) stammen und sodann durch den Sundgaugrafen Berengar (1048) vermittelt sein.[74] Gemeinsamer Vorbesitzer war sodann Liutold von Mömpelgard.

Der Blaubeurer Mönch Berengar, der in Urspring bei Lonsee begütert war, ist wohl identisch mit Berengar d.Ä. von Albeck, dem Bruder der Liutgard (1108). Er schenkte an Blaubeuren Gut in Bernloch auf der Münsinger Alb.[75] In Bernloch aber waren die von Gammertingen-Achalm begütert, Verwandte des Hauses Achalm und Teilerben

---

[71] Der Alb-Donau-Kreis 1. 1989 S.786. — OAB. Blaubeuren S.227 f.

[72] Codex Hirsaugiensis (wie Anm. 49) S.39.

[73] Zwiefalter Chroniken (wie Anm. 46) S.38 f.

[74] Die Möglichkeit eines Erbgangs über Ita und deren nellenburgische Enkelin entfällt, da Berengar d. Ä. von Stubersheim (1092) an der Mitgift seiner Schwägerin keinen Anteil hatte.

[75] Tubingius (wie Anm. 61) S.140. — Bühler: Zur frühen Geschichte Heidenheims (wie Anm. 4) S.55

desselben.[76] Wahrscheinlich ist der Besitz der Gammertinger wieder auf Adelheid von Wülflingen zurückzuführen. Der Besitz Berengars von Albeck (1108) stammte dann am ehesten von Adelheids Bruder Berengar († 1027) und war durch Berengar (1048) vermittelt.

Berengars (von Albeck) gleichnamiger Sohn schenkte Gut in Wilsingen (nö. Gammertingen) an Blaubeuren.[77] Im selben Ort aber gab Graf Liutold von Achalm vier Huben an die Abtei Zwiefalten; ein ritterlicher Dienstmann des Grafen gab eine halbe Hube.[78] Offenbar lagen hier dieselben Besitzverhältnisse vor, wie sie sich für Metzingen ergaben.

So lassen sich die Besitzgemeinschaften derer von Stubersheim-Albeck mit denen von Achalm auf einen gemeinsamen Ahnherrn zurückführen. Dies ist Liutold von Mömpelgard. Bindeglied zwischen ihm bzw. seinem Sohne Berengar († 1027) und dem Gesamthause Stubersheim war allem Anschein nach der Sundgaugraf Berengar (1048). Er darf daher als Großvater von Mutterseite der Stubersheimer Brüder Adalbert und Berengar von 1092 gelten.

Nach diesem recht umfangreich gewordenen Exkurs über das Haus Stubersheim soll dessen Besitz auf dem Albuch erörtert werden.

3. Die Sippe Stubersheim-Albeck und der Albuch

Die von Albeck als ein Zweig der Herren von Stubersheim erscheinen als Inhaber der Ortsherrschaft und der meisten Güter in Steinheim. Der Geistliche Berengar von Albeck und sein Bruder Wittegow gründeten dort auf dem Steinhirt 1190 ein Augustiner-Chorherrenstift, und Wittegows gleichnamiger Sohn verkaufte dem Stift um 100 Mark Silber 1209 das „predium ville que Steinheim dicitur" mit allem Zugehör, behielt sich aber die Vogtei vor.[79] Das Stift ging in der 1303 von König Albrecht gegründeten Zisterzienserabtei Königsbronn auf. Seine ursprüngliche Ausstattung ist nicht beurkundet. Sie läßt sich aber annähernd erschließen anhand der Königsbronnischen Güter in Steinheim und Sontheim im Stubental, die sich nach 1303 nur unwesentlich vermehrten, sowie der Güter in den umliegenden Weilern, welche von Bauern aus Steinheim und Sontheim genutzt wurden. Diese Weiler selbst waren 1463 bzw. 1471, als sie sich lagerbüchlich erfassen ließen, größtenteils abgegangen.[80] Es sind †Stockheim und

[76] OAB Münsingen. 2. Bearb. 1912. S.579. — Zur Verwandtschaft der Grafen von Gammertingen mit dem Hause Achalm vgl. Rolf Götz: Die Geschichte der Burg Hohenstein. In: Burgruine Hohenstein. Hrsg. von der Gemeinde Hohenstein, LK Reutlingen. 1987. S.41 ff, hier Tafel S.65.

[77] Tubingius S.140.

[78] Zwiefalter Chroniken (wie Anm. 46) S.26, 150 und 184.

[79] OAB Ulm. 1836. S.152. — WUB 2. S.379 f. Nr.548.

[80] HStA. Stgt. H 102/39 Bd. 1. Fol 16 v ff und 47 ff. — H 127. Nr.60. Fol. 12 v.

†Scheffheim, ferner Neuselhalden, Gnannenweiler, †Geroldsweiler, Teile von †Hitzingsweiler, Güter in Küpfendorf und dem benachbarten †Aufhausen.

Doch war die Sippe Stubersheim-Albeck auch in Dettingen und Heuchlingen begütert, wo bereits Besitz der Pfalzgräfin Adelheid begegnet ist. Hanspeter Köpf zu verdanken ist die Erkenntnis, daß die Güter und Rechte der Ulmer Patrizierfamilie Krafft in diesen Orten, die 1402 bezeugt sind, über eine Tochter Wittegows von Albeck, des Mitstifters von Steinheim, in deren Besitz gelangt waren.[81] Ferner sprechen alle Umstände dafür, daß die zur Herrschaft Falkenstein (Eselsburger Tal) gehörigen Güter in Dettingen und Heuchlingen sowie in †Rotfelden, †Redern, †Rüblingen, †Sillenstetten und Ugendorf (heute Ugenhof) vom Besitz derer von Stubersheim oder Albeck abgetrennt sind.[81a]

Wie erwähnt, verfügte Frau Liutgard aus dem Hause Stubersheim 1108 über Güter in Heidenheim. Die mit dem Hause Stubersheim wahrscheinlich verschwägerten Herren von Hellenstein (Burg über Heidenheim) mögen einen Teil ihres Besitzes in Heidenheim gleichfalls den Stubersheimern verdanken.

Schließlich stammten von denen von Stubersheim oder Albeck sehr wahrscheinlich die Güter, welche das 1126 gegründete Prämonstratenserstift Roggenburg (Bayrisch-Mittelschwaben) auf dem Albuch besaß, nämlich die Höfe †Hohenberg, †Felgenhof, †Entzenwiese sowie der alte Hohenberg und der Berchtenbühl (alles nw. Steinheim).[82] Sie gelangten alle 1368 an die Abtei Königsbronn.

Mit ihrem Besitz in Steinheim und †Geroldsweiler erweisen sich die von (Stubersheim-)Albeck als Rechtsnachfolger der Karolinger. Wie zu erwarten, ergeben sich Besitzüberschneidungen mit dem Gut der Pfalzgräfin Adelheid in Dettingen, Heuchlingen, †Rotfelden und eventuell in Heidenheim, sowie engste Besitznachbarschaft zwischen †Sachsenhart (Adelheid) einerseits und †Rüblingen, †Sillenstetten, Ugendorf (Stubersheim-Albeck) andererseits. Dies bestätigt, daß die Pfalzgräfin Adelheid tatsächlich aus dem Hause Stubersheim stammt.

---

[81] HStA Stgt. A 602 Nr.9009. — Hans Peter Köpf: Die Herrschaft Brandenburg. In: Au an der Iller. 1987. S.43 ff, hier S.106 und Tafel nach S.84, dazu mündliche Auskunft.

[81a] Hierfür spricht zunächst, daß in Dettingen, Heuchlingen, Jungholz und †Rotfelden auch die Pfalzgräfin Adelheid (ca. 1085) begütert war, die dem Hause Stubersheim entstammt. Der Weiler †Rüblingen scheint schon früh geteilt worden zu sein. Er erscheint teils im Besitz der Herrschaft Falkenstein, die seit etwa 1160 nachzuweisen ist (vgl. Anm. 212), teils im Besitz des Klosters Anhausen. 1474, als der Weiler längst abgegangen war, bewirtschafteten Bauern aus Heldenfingen den anhausischen Anteil, der in mehrere Feldlehen aufgeteilt war und im Lagerbuch bei Heldenfingen verzeichnet wurde (HStA. Stgt. H 102/5 Bd. 1. Fol. 161 v ff). Dies läßt vermuten, daß der anhausische Anteil zusammen mit den übrigen anhausischen Gütern in Heldenfingen erworben wurde, und zwar am ehesten von denen von Ravenstein, den ehemaligen Ortsherren von Heldenfingen. Diese gehen zurück auf Berengar von Stubersheim (1092). Dies wie auch die Begüterung der Pfalzgräfin Adelheid in den Nachbarorten läßt darauf schließen, daß im Hause Stubersheim bereits unter den Geschwistern Berengar und Adalbert (1092) sowie Adelheid (ca. 1085) eine Teilung stattgefunden hat. Der später falkensteinische Anteil an Rüblingen hätte sich dann von Adalbert von Stubersheim (1092) auf dessen Sohn Berengar von Albeck (1108) vererbt und wäre über eine albeckische Tochter an Falkenstein gelangt.

[82] Dambacher: Urkundenlese (wie Anm. 20) S.350 ff.

Ferner ergibt sich Besitzgemeinschaft mit dem Pfalzgrafen Manegold (1070 - ca. 1095) in Küpfendorf mit †Aufhausen sowie höchst wahrscheinlich in Steinheim. Schließlich liegen im Bereich nordwestlich Steinheim den Gütern der Herren von Albeck dicht benachbart, die Weiler Irmannsweiler, †Mackmansweiler, †Wenelenwilare, †Lovueswilare, †Babenwanc, †Hohensohl und andere, die der pfalzgräflichen Herrschaft Lauterburg zuzuordnen sind. Man wird daraus auf eine Ahnengemeinschaft zwischen den Pfalzgrafen und dem Hause Stubersheim-Albeck schließen dürfen, zumal beide Herrschaften auch Rechtsnachfolger der Karolinger sind. Die von Stubersheim-Albeck dürfen bekanntlich als Nachkommen Berengars († 1027) aus dem Hause Mömpelgard betrachtet werden.

4. Adelheid von Wülflingen und ihre Erben

Essingen am Nordrand des Albuchs, knapp sechs Kilometer von Aalen mit seinem Römerkastell entfernt, im Norden, Westen und Südwesten angrenzend an Orte der Herrschaft Lauterburg — Forst, Hermannsfeld, Lauterburg, — erscheint kurz vor 1098 im Besitz Werners IV. von Grüningen († 1121). Er schenkte die „curtis" samt zugehörigen Leibeigenen und Huben der Abtei Hirsau.[83] Das Gut war von seiner Mutter Willibirg von Achalm auf ihn gekommen, die es angeblich aus väterlicher Schenkung — "ex paterna traditione" — besaß, d.h. vom Grafen Rudolf von Achalm († v. 1055). Doch erhoben auch Willibirgs Geschwister Anspruch auf das Gut, nämlich ihr Bruder Liutold von Achalm († 1098), der sich dafür von Hirsau abfinden ließ, und die Schwester Mathilde von Horburg (bei Colmar), vermählt mit Kuno von Lechsgemünd (1091), die offenbar einen Teil Essingens erhielt, der später im Erbgang an die Grafen von Öttingen gelangte.[84]

Fraglich erscheint, ob Graf Rudolf von Achalm das Gut Essingen seinerseits ererbt oder als Mitgift von seiner Gemahlin Adelheid von Wülflingen erhalten und als ihr Vormund darüber verfügt hatte. Für letzteres sprechen wohl die besseren Gründe, denn Adelheid paßt ihrer Herkunft nach eher in den Kreis derer, die im Bereich des Albuchs begütert waren, als ihr Gemahl Rudolf. Darf sie doch als Schwester jenes Berengar (†1027) gelten, auf den sich die von Stubersheim-Albeck zurückführen lassen. In Küpfendorf südlich Steinheim, wo Besitz des Pfalzgrafen Manegold (1070 - ca. 1095) nachweisbar und solcher derer von Albeck zu ermitteln ist, schenkte Landfried von Gönningen (bei Reutlingen) vor 1137 an das Kloster Zwiefalten.[84a] Es ist dies die einzige bekannte Schenkung aus dem Bereich des Albuchs an das relativ weit entfernte Zwiefalten. Sie erklärt sich, wenn der Schenker zu diesem Kloster oder dessen Stiftern eine engere Beziehung hatte. Zwiefalten ist das Hauskloster der Grafen von Achalm.

---

[83]　Codex Hirsaugiensis (wie Anm. 49) S.54.

[84]　Zwiefalter Chroniken (wie Anm. 46) S.30. — Heinz Bühler: Studien zur Geschichte der Grafen von Achalm. In: ZWLG 43. 1984. S.7 ff, hier S.8 f

[84a]　Zwiefalter Chroniken (wie Anm. 46) S.276.

Landfried dürfte ein Lehensmann der Grafen von Achalm gewesen sein. Dafür spricht sein Herkunftsort Gönningen, der im Begüterungsbereich der Grafen von Achalm liegt. Seinen Besitz in Küpfendorf dürfte er von den Grafen von Achalm zu Lehen getragen haben. Diese aber verdankten dortigen Besitz am ehesten Adelheid von Wülflingen aus dem Hause Mömpelgard, der Gemahlin Rudolfs von Achalm († v. 1055), zumal der albeckische Besitz in Küpfendorf sich wohl auf ihren Bruder Berengar († 1027) zurückführen läßt.

Halbwegs zwischen Küpfendorf und Steinheim, dicht bei Sontheim im Stubental, stand die Burg Michelstein (Name 1471 bezeugt, heute „Burstel")[85], nach welcher sich im frühen 12. Jahrhundert ein Tiemo (ca. 1115) und ein Reginhart (1101 - ca. 1120) benannten.[86] Man könnte sie für Brüder halten, doch gibt es gute Gründe dafür, sie eher als Vater und Sohn zu betrachten. Dies ergibt sich daraus, daß Tiemo um 1115 dem Kloster Rottenbuch (bei Schongau) sein „predium" in Schwabmühlhausen überließ „consensu coniugis sue filiorumque suorum" (mit Zustimmung seiner Frau und seiner Söhne bzw. Kinder), wobei Reginhart als Zeuge auftrat. Er könnte einer der „filii" sein, von denen man anderweitig nichts erfährt; andererseits würde Tiemo als Vater Reginharts passen, da in Reginharts Vatergeneration sonst nur der Reichenauer Abt Ulrich (1088 - 1123) bekannt ist, der damit Tiemos Bruder wäre. Der Name des Sohnes Reginhart dürfte dann von Tiemos Gemahlin vermittelt sein, die wohl dem Hause Ursin-Ronsberg entstammte (am ehesten als Tochter Reginharts III. von Ursin-Ronsberg, 1074 - 1099). Auch das Gut Schwabmühlhausen könnte von ihrer Seite stammen, da sie der Vergabung an Rottenbuch zustimmte.

Tiemo, Reginhart und Abt Ulrich gehören dem Geschlecht der Edelfreien von Tapfheim (bei Höchstädt) an, das wohl irgendwie mit den Hupaldingern zusammenhing. Rudolf von Tapfheim, der älteste Vertreter des Geschlechts, bezeugte im Jahre 1067 eine Schenkung Swiggers von Balzhausen in Lamerdingen an St. Peter in Augsburg.[87] Lamerdingen ist der Nachbarort zu Schwabmühlhausen, wo Tiemo von Michelstein begütert war. Demzufolge unterhielt das Geschlecht auch schon früher Beziehungen in den Raum südlich Augsburg.

Die von Tapfheim-Michelstein waren mit den Häusern Albeck, Eberstall, Gundelfingen an der Brenz und Fronhofen (Kesseltal) verwandt und mit denen von Metzingen verschwägert.[88]

Die Lage der Burg Michelstein zwischen Steinheim, das größtenteils denen von

85) HStA Stgt. H 102/39 Bd. 1 Fol.58.

86) Anselm Greinwald: Origines Raitenbuchae. 1797. S.188. — Das Kloster Allerheiligen (wie Anm. 65) S.61 ff. Nr.36, 37, 40, 44, 50.

87) Alfred Schröder: Die älteste Urkunde für St. Peter in Augsburg. In: Zeitschrift des histor. Vereins für Schwaben und Neuburg 50. 1932. S.9 ff, hier S.26 ff.

88) Heinz Bühler: Noch einmal die Herren von Böbingen-Michelstein-Tapfheim. In: ZWLG 44. 1985. S.287 ff.

Albeck gehörte, wo aber anscheinend auch Pfalzgraf Manegold begütert war, und Küpfendorf, wo wiederum die von Albeck, Pfalzgraf Manegold sowie Landfried von Gönningen als achalmischer Vasall Besitz hatten, spricht dafür, daß die von Tapfheim-Michelstein mit denen von Albeck und den Pfalzgrafen gemeinsame Ahnen hatten. Nun geht der Besitz derer von Albeck in Steinheim und Küpfendorf offenbar auf Berengar († 1027) aus dem Hause Mömpelgard zurück; der Besitz Landfrieds von Gönningen in Küpfendorf stammt anscheinend von dessen Schwester Adelheid von Wülflingen. Daher dürfte der Besitz der Tapfheim-Michelsteiner, nämlich die Burgstelle Michelstein samt Zugehör, gleichfalls auf die Sippe Mömpelgard zurückzuführen sein. Hierfür zeugt auch die Vergabung Tiemos von Michelstein an das Stift Rottenbuch. Seine Beziehung zu dieser Stiftung Welfs IV. von Bayern (1070 - 1101) beruht gewiß auf Verwandtschaft, und eine solche war über das Haus Achalm-Mömpelgard gegeben.[89]

Der Verfasser hat sich wiederholt mit denen von Tapfheim-Michelstein befaßt und auf deren Beziehungen zum Hause Achalm hingewiesen, doch ist eine befriedigende Anknüpfung an dieses Haus bisher nicht geglückt. Aus zeitlichen Gründen kommt am ehesten eine Anbindung an eine der achalmischen Töchter Willibirg oder Mathilde in Betracht. Glaubte der Verfasser seither, sie an Willibirg anschließen zu dürfen, so haben sich neuerdings triftige Gründe ergeben, sie eher als Nachkommen der Mathilde zu betrachten, die — wie erwähnt — auch Anteil an Essingen hatte.

Für diesen Ansatz spricht insbesondere die bevorzugte Zeugenschaft derer von Tapfheim — Reginhart mit Bruder Rudolf und Neffen Reinhard — bei Verfügungen derer von Fronhofen (Kesseltal) zugunsten des Augustinerstifts Berchtesgaden um 1140 und 1144.[90] Die von Fronhofen aber sind allem Anschein nach Nachkommen der Mathilde von Horburg.[91] Bei Übergabe Schwabmühlhausens an Rottenbuch.durch Tiemo von Michelstein leistet neben den verwandten Herren von Gundelfingen (Brenz) auch ein Rudprecht „de Lapide" Zeugenschaft; er gehört möglicherweise auf die Burg Stein im Kesseltal (später Diemantstein) und wäre damit ein Verwandter derer von Fronhofen.[92] Auch dies weist eher auf Abstammung derer von Tapfheim-Michelstein von Mathilde von Horburg. In diesem Falle wäre eine (sonst unbekannte) Tochter der Mathilde von Horburg die Mutter Tiemos bzw. die Großmutter Reginharts von Michelstein. Der Übergang der Burg Michelstein an die Grafen von Öttingen vor 1343 ließe

[89] Greinwald: Origines (wie Anm. 86) S.188. — Welf IV. war ein Urenkel der Ita, der Schwester Luitolds von Mömpelgard.

[90] WUB 4 S. 350 ff. Anh. Nr.52 und 54.

[91] Heinz Bühler: Zur Geschichte des Härtsfelds und Kesseltales. In: Jahrb. des Histor. Vereins Dillingen 92. 1990. S.65 ff, hier S.67 ff. — Die Gemahlin Kunos von Magerbein wäre jedoch eher als Enkelin der Mathilde von Horburg anzusetzen. Sie wäre dann möglicherweise eine Schwester Tiemos von Michelstein.

[92] Greinwald (wie Anm. 86) S.188.

sich dann eventuell als Erbgang begreifen, denn die Grafen von Öttingen stammen ab Ludwig III. (1220 - 1279) ebenfalls von Mathilde von Horburg über deren lechsgemündische Nachkommen ab.

Zu Michelstein dürften vorwiegend Güter im nahen Sontheim im Stubental gehört haben, aber vielleicht auch solche in Küpfendorf und Steinheim. Als Sohn Reginharts von Michelstein darf Konrad von Böbingen gelten, der um 1130 gemeinsam mit seiner Mutter Richinza von Metzingen Gut in † Häselbuch (bei Reutlingen) an Kloster Zwiefalten schenkte.[93] Er ist anscheinend personengleich mit Konrad von Tapfheim, der über Gut in Ödenwaldstetten (sw. Münsingen) verfügte.[94]

Ödenwaldstetten liegt im Herrschaftsbereich der Grafen von Achalm. Zwiefalten aber ist das Hauskloster der Grafen von Achalm. Somit ergeben sich für Konrad von Tapfheim-Böbingen recht deutliche Beziehungen zum Hause Achalm. Sie dürften nach dem, was für die Herren von Michelstein ermittelt wurde, über Mathilde von Horburg auf Adelheid von Wülflingen zurückzuführen sein.

Böbingen, wonach Konrad benannt wurde, ist der Kastellort am Ausgang der ehemaligen Römerstraße über den Albuch und somit aller Wahrscheinlichkeit nach ehemaliges karolingisches Königsgut. Der dortige Besitz Konrads wird wie das benachbarte Essingen und wie Michelstein von Adelheid von Wülflingen stammen. Mit Böbingen und Michelstein überwachte die Familie Tapfheim-Michelstein-Böbingen einen wichtigen Albübergang.

Im 14. Jahrhundert erscheinen erneut Herren von Böbingen, von denen sich Konrad (1321 - 1346) und sein Sohn Heinrich (Heinz, 1333 - 1352) meist auch „von Michelstein" nennen.[95] Da für Böbingen und Michelstein vom frühen 12. bis ins 14. Jahrhundert alle Nachrichten fehlen, ist nicht zu beweisen, daß die von Böbingen-Michelstein des 14. Jahrhunderts mit denen des 12. Jahrhunderts zusammenhängen. Freilich gibt es auch keinen stichhaltigen Grund, der dagegen spricht. Wie sollen die von Böbingen-Michelstein des 14. Jahrhunderts gerade mit den Gütern zu tun haben, die ihren teilweise gleichnamigen Vorgängern des 12. Jahrhunderts gehört hatten, wenn sie diese nicht geerbt haben?

Konrad von Böbingen von Michelstein hatte bis 1346 ererbte Rechte — „von erbescheffte wegen" — an ein Gut in Essingen und den Kirchensatz im benachbarten Lautern. Er verzichtete darauf, nachdem Graf Ludwig VI. von Öttingen diese Güter im

---

[93] Zwiefalter Chroniken (wie Anm. 46)S.214. — Vgl. Hans Jänichen: Die schwäbische Verwandtschaft des Abtes Adalbert von Schaffhausen. In: Schaffhauser Beiträge zur vaterländ. Geschichte 35. 1958. S.9 und 11.

[94] Acta s. Petri in Augia. Hg. F. L. Baumann. In: ZGO 29. 1877. S. 43.

[95] HStA. Stgt. I 1-3 Gabelkofer, Genealog. Collectaneen 2. A-K. S 540. — StA. Ludwigsburg B 181. U. 1412. — B 95. U. 404.

Jahr zuvor an das Spital Schwäbisch Gmünd verkauft hatte.[96] Hier konkurrierten anscheinend Erbansprüche Konrads von Böbingen mit Rechten Öttingens, wobei sich der Graf von Öttingen durchsetzte, vielleicht weil er der Mächtigere war.

Essingen war ja achalmisch gewesen und dann teils über Willibirg von Achalm und deren Sohn Werner IV. von Grüningen († 1121) vor 1098 an Kloster Hirsau, teils über Mathilde von Horburg an die von Lechsgemünd und durch Heirat Ludwigs II. von Öttingen (1191 - 1218/25) mit Sophie von Lechsgemünd (ca. 1193 - 1242) an Öttingen gelangt.[96a] Die hirsauischen Rechte hatten auf dem Wege der Vogtei die Staufer an sich gebracht, doch waren sie spätestens 1268 gleichfalls an Öttingen übergegangen. All dies hatte Graf Ludwig V. 1313 dem Abt von Ellwangen zu Lehen aufgetragen.[97] Von diesen Gütern kann im vorliegenden Fall nicht die Rede sein.

Der Kirchensatz in Lautern dürfte ursprünglich Zugehör der Herrschaft Lauterburg gewesen sein[98], die nach Erlöschen der Pfalzgrafenfamilie an die Staufer (siehe unten) und um 1268 gleichfalls an Öttingen fiel. Damit mag das Gut in Essingen verbunden gewesen sein. Die Rechte Öttingens, die 1345 an das Spital Gmünd übergingen, stammten somit allem Anschein nach von der Herrschaft Lauterburg. Die ererbten Ansprüche Konrads von Böbingen, die 1346 erwähnt sind, lassen sich möglicherweise auf den gemeinsamen Ahn der Pfalzgrafen mit denen von Tapfheim-Michelstein-Böbingen zurückführen, was freilich ein sehr weiter Weg wäre, oder man muß annehmen, daß die von Böbingen in staufischer Zeit Teile der Herrschaft Lauterburg zu Lehen genommen haben. In diesem Fall ist der Rechtsstreit mit Öttingen verständlich.

Der Sohn Konrads von Böbingen, Heinz, war bis 1333 im Besitz eines Gutes in Ugendorf (heute Ugenhof).[99] In Ugendorf findet sich sonst Besitz der Herrschaft Falkenstein, welcher vom Gut derer von Stubersheim-Albeck abgeteilt ist und letztlich wohl auf Berengar (†1027) zurückgeht. Auf dessen Sippe müßte auch das Gut des Heinz von

---

96   Urkunden und Akten der ehemal. Reichsstadt Schwäb. Gmünd. Bearb. Alfons Nitsch. 1. 1966. S. 36 f. Nr. 181 und 185.

96a) Die Genealogie der Grafen von Öttingen, wie sie zuletzt E. Grünenwald vorgelegt hat (Das älteste Lehenbuch der Grafschaft Öttingen. Einleitung. 1975. Beilage), ist nach Meinung des Verfassers nicht in Ordnung. Die dort in die ersten beiden Generationen eingereihten Personen sind offenbar auf drei Generationen zu verteilen. Dies ergibt sich aus der Lebenszeit Ludwigs II., der 1142 als noch unmündig bezeugt ist und bis 1218/25 gelebt haben soll. Seine angeblichen Söhne Ludwig III. (1218-1279) und Konrad (1223-ca. 1242) stammen aus der Ehe mit Sophie von Lechsgemünd (ca. 1193-1242). Diese kann kaum vor 1170 geboren sein und die genannten Söhne wohl nicht vor 1190/95 zur Welt gebracht haben. Damals wäre Ludwig II. schon um die 60 Jahre alt gewesen. Das ist kaum glaubhaft. Für Sophie ist ein Gemahl anzunehmen, der gegen 1165 geboren wurde. Dazu paßt am ehesten der ab 1191 bezeugte Ludwig, der damals mit Heinrich VI. in Italien weilte. Der Kreuzfahrer Konrad (1189/90) und der Geistliche Siegfried (1201-1237), der zuletzt Bischof in Bamberg war, dürften seine Brüder gewesen sein. Vater dieser drei war wohl der zuletzt 1188 genannte Ludwig, der identisch sein dürfte mit dem 1142 noch unmündigen Ludwig II. Ludwig II. herkömmlicher Zählung wäre somit in Ludwig II. (1142-1188) und Ludwig IIa (1191-1218/25) zu trennen.

97)   Bühler: Studien (wie Anm. 84) S. 9.

98)   OAB Gmünd. S. 365.

99)   HStA. Stgt. I 1-3 Gabelkofer (wie Anm. 95) S. 540.

Böbingen zurückzuführen sein. Im Nachbarort Küpfendorf, nur 3,5 Kilometer entfernt, ließ sich Besitz der Adelheid von Wülflingen ermitteln, der Schwester Berengars. Sie könnte sehr wohl auch in Ugendorf Besitz gehabt haben, der im Erbgang schließlich an Heinz von Böbingen gelangt wäre.

Wielange die von Böbingen, die sich „von Michelstein" nannten, tatsächlich im Besitz der Burg Michelstein waren, ist nicht ersichtlich. Im 14. Jahrhundert scheint diese Zubenennung nur noch ihre Herkunft oder einen Besitzanspruch ausgedrückt zu haben. Die Burg erscheint nämlich 1343 im Besitz des Grafen Ludwig VI. von Öttingen, der sie dem Hochstift Würzburg zu Lehen auftrug. Auch der Sohn Graf Ludwigs VI. von Öttingen, Albrecht (1344-1357), trug die Burg von Würzburg zu Lehen.[100]

Man könnte vermuten, die von Böbingen des 14. Jahrhunderts seien für Michelstein Lehensleute der Grafen von Öttingen gewesen, wobei die von Böbingen die Burg den Öttingern zu Lehen aufgetragen hätten. Für beide Parteien wäre aber auch ein Erbgang denkbar; er ginge zurück auf Mathilde von Horburg, welche offenbar gemeinsame Ahnfrau der Grafen von Lechsgemünd-Öttingen und der Herren von Tapfheim-Michelstein-Böbingen des 12. Jahrhunderts war. In diesem Fall hätten sich die Grafen von Öttingen wohl aufgrund ihrer mächtigeren Stellung durchgesetzt, ähnlich wie in Lautern.

Wenn sich auch kein Argument beibringen läßt, daß der Zusammenhang derer von Böbingen von Michelstein des 14. Jahrhundert mit denen von Tapfheim-Michelstein-Böbingen des 12. Jahrhunderts mehr sein könnte als eine Möglichkeit, so wird man andererseits einen solchen Zusammenhang nicht rundweg ausschließen können.

Wichtiger ist die Erkenntnis, daß es um 1100 auf dem Albuch und in seinem Umland eine achalmische Besitzkomponente gegeben hat. Sie ist in Essingen direkt bezeugt, in Küpfendorf unschwer, aber auch in Michelstein und Böbingen mit ziemlicher Wahrscheinlichkeit zu erschließen. Allem Anschein nach geht sie auf Adelheid von Wülflingen zurück.

Wie erwähnt, überschneidet sich dieser Besitz in Küpfendorf mit solchem der Herren von Albeck sowie solchem des Pfalzgrafen Manegold. Michelstein mit Sontheim im Stubental ist Steinheim dicht benachbart, wo wiederum die von Albeck und anscheinend auch Pfalzgraf Manegold begütert waren. Essingen wird umrahmt von Orten der pfalzgräflichen Herrschaft Lauterburg und gehörte wohl teilweise selbst zu dieser. Böbingen ist Nachbarort zu Mögglingen und Heubach, die gleichfalls zu Lauterburg gehörten.

So ergibt sich als Zwischenbilanz, daß zwischen den Pfalzgrafen, denen von (Stubersheim-)Albeck und Adelheid von Wülflingen offenbar eine Ahnengemeinschaft

---

[100] Mon. Boica XXXX S. 490 f. Nr. 218. — Das älteste Lehenbuch des Hochstifts Würzburg. Bearb. Hermann Hoffmann. 1. 1972. S. 406. Nr. 4187. — Das Lehenbuch des Fürstbischofs Albrecht von Hohenlohe. Bearb. Hermann Hoffmann. 1. 1982. S. 64. Nr. 544.

bestand. Diese zeichnet sich für zwei der beteiligten Parteien recht deutlich ab, denn Ahnherr derer von Stubersheim-Albeck war offenbar Berengar (†1027), der Bruder Adelheids von Wülflingen. Beider Eltern sind Liutold von Mömpelgard und Willibirg von Wülflingen. Es ist zu vermuten, daß sich auch die Pfalzgrafen irgendwie in diese Sippe einordnen lassen. Denn auch sie haben wie die beiden anderen Parteien Anteil am karolingischen Königsgut.

5. Die Staufer

Auf dem Albuch und in seinem Umland gab es auch beträchtlichen staufischen Besitz. Er läßt sich freilich größtenteils nur auf Umwegen ermitteln über den Besitz derer von Rechberg als ursprünglich staufischen Ministerialen oder über die Güter von Gmünder Bürgern und Klöstern, schließlich auch als Zugehör der (später) staufischen Herrschaften Lauterburg und Herwartstein. Besitz derer von Rechberg, der wohl auf die Staufer zurückgeht, findet sich in Zimmern, Iggingen, Mulfingen, Heuchlingen, Oberböbingen sowie in Bettringen, Bargau, Weiler und Buch; rechbergisch waren die Kirchenpatronate im Mögglingen und Laubenhart (= Bartholomä).[101] Ursprünglich staufisch waren vielleicht auch Güter auf dem westlichen Albuch: Westerfeld, Falkenberg, Zwerenberg, Segeln und Kalenberg. Sie erscheinen teilweise im Besitz des Gmünder Augustinerklosters oder gehörten Gmünder Bürgern.[102] Aus staufischer Hand stammen dürfte, was die Abtei Lorch in Bettringen sowie beim Möhnhof nahe Bartholomä besaß, möglicherweise auch ihr Besitz in Erpfenhausen (bei Gerstetten).[103] Auf anderem Wege jedoch kam Lorch zu seinem reichen Besitz in Bolheim, nämlich über die Kaisertochter Agnes aus dem Hause der Salier.[104] Wohl über die Stauferin Berta, eine Tochter Herzog Friedrichs I. (1079-1105), die mit Adalbert von Elchingen-Ravenstein aus dem Hause Stubersheim (1104-ca.1120) vermählt war, gelangte die Abtei Elchingen (bei Ulm) zu staufischem Gut in Böhmenkirch.[105]

Problematisch ist die Herkunft des Besitzes Gmünder Klöster und Bürger in den

---

[101] Urkunden und Akten Schwäb. Gmünd (wie Anm. 96) Nr. 25, 210, 211, 357, 547, 1099, 1100. — Das Spitalarchiv Schwäb. Gmünd. Bearb. Alfons Nitsch. 1965. Nr. 19. — Hutter: Ellwangen (wie Anm. 16) S. 150.

[102] Spitalarchiv Schwäb. Gmünd (wie Anm. 101) Nr. 63, 74, 82, 268. — Urkunden und Akten Schwäb. Gmünd (wie Anm. 96) Nr. 409. — J. N. Denkinger: Das Hospital des hl. Geistes in der früheren Reichsstadt Schwäb. Gmünd. In: Das städtische Hospital zum hl. Geist in Schwäb. Gmünd. 1905. S. 98 ff, hier S. 258. Nr. 243 und 244.

[103] OAB. Gmünd. S. 307. — WUB 6. S. 70. Nr. 1667.— Gebhard Mehring: Stift Lorch 1911. S. 12. Nr. 34.

[104] Heinz Bühler: Aus der Geschichte der Gemeinde Herbrechtingen. In: Herbrfechtingen 1200 Jahre. 1974. S. 49 ff, hier S. 58 ff.

[105] WUB 5. S. 415 ff. Nachtrag Nr. 29. — Vgl. Walter Ziegler: Das Reichsgut Böhmenkirch. In: Böhmenkirch. Hg. Gemeinde Böhmenkirch. 1990. S. 85 ff, hier S. 87.

Orten Ober- und Unterböbingen, Heubach, Mögglingen, Lautern und Hermannsfeld.[106] Er ist in aller Regel relativ spät bezeugt, selten vor dem 14. Jahrhundert, und
es läßt sich kaum entscheiden, seit wann er in staufischer Hand gewesen ist. In diesen
Orten, die größtenteils zur Herrschaft Lauterburg gehörten, könnten Güter von
Gmünder Klöstern und Bürgern ursprünglich Zugehör dieser Herrschaft gewesen sein.
Diese aber ist nach allem, was sich ermitteln läßt, erst nach dem Erlöschen des pfalzgräflichen Mannesstammes zwischen 1143 und 1146 an die Staufer gelangt (siehe
unten). Zugehör der Herrschaft Lauterburg waren ursprünglich vielleicht auch die
Güter des Stifts Herbrechtingen in Steinheim, die erst 1463 bezeugt sind, in †Hitzings-
weiler und vielleicht in Mergelstetten [107], möglicherweise auch die Güter der Abtei
Lorch in Dettingen und Heuchlingen (1327 bezeugt).[108] Zieht man dies in Betracht,
so dürften in den Orten der Herrschaft Lauterburg Überschneidungen von Gütern, die
man den Staufern zuschreiben möchte, mit solchen der Pfalzgrafen eher auf einem
Nacheinander beruhen als auf einem Nebeneinander.

Dennoch bleiben zwischen staufischem und pfalzgräflichem Besitz mannigfache
Berührungspunkte und unmittelbare Nachbarschaft, insbesondere auf dem Albuch um
Bartholomä. Sie lassen auf gemeinsame Vorbesitzer schließen. Der staufische Besitz,
der in Zimmern, Böbingen, Iggingen und Mulfingen zu erschließen ist, läßt sich mit
einiger Wahrscheinlichkeit über karolingisches Königsgut auf alemannisches Herzogsgut zurückführen. Dies stützt die Annahme einer Ahnengemeinschaft zwischen Staufern und Pfalzgrafen.

Mit dem Erlöschen des pfalzgräflichen Mannesstammes zwischen 1143 und 1145 ging
nicht allein die Herrschaft Lauterburg an die Staufer über, sondern auch die Burg
Moropolis (= Heidenheim) mit Zugehör. Die Herren von Hellenstein, deren Burg bei
Heidenheim mit dem „castellum Moropolis" der Pfalzgrafen sicher nicht identisch ist,
trugen ihre kleine Herrschaft, die wohl nur aus der Burg Hellenstein, dem Burgweiler
und dem Dorf Heidenheim bestand, offenbar größtenteils von den Staufern zu Lehen
und wurden auf diese Weise zu Rechtsnachfolgern der Pfalzgrafen.[109] Die Vogtei des
pfalzgräflichen Hausklosters Anhausen muß damals gleichfalls an die Staufer überge-

---

[106] Unter-, Oberböbingen: OAB. Gmünd S. 442. — Urkunden u. Akten (wie Anm. 96) Nr. 245, 375. —
Spitalarchiv (wie Anm. 101) Nr. 80, 92, 121, 134, 135, 172, 192. Heubach: Spitalarchiv Nr. 44.
Mögglingen: Urkunden u. Akten Nr. 99, 212, 343, 352, 367, 390, 432, 494, 551. — Spitalarchiv Nr. 14,
102, 138, 308.
Lautern: Urkunden u. Akten Nr. 472. — Spitalarchiv Nr. 46, 176.
Hermannsfeld: Urkunden u. Akten Nr. 732.

[107] HStA. Stgt. H 127 Nr. 60. Fol. 44v f, 12v f, 35v ff.

[108] HStA. Stgt. A 471. U. 88. — A 353. Bü. 6 (betrifft lorchischen Besitz in Heuchlingen 1498 und 1553).
— In Dettingen und Heuchlingen gab es noch im frühen 14. Jahrhundert Güter, die zur damals öttingischen Herrschaft Lauterburg gehörten. Sie stammten jedoch letztlich wohl von Pfalzgräfin Adelheid
(ca. 1085).

[109] Bühler: Zur frühen Geschichte Heidenheims (wie Anm. 4) S. 69 f.

gangen sein; anders lassen sich deren Rechte in Langenau, die beim Hoftag von 1150 erkennbar werden, schwerlich erklären.[110]

All dies spricht für eine relativ enge Verwandtschaft zwischen Pfalzgrafen und Staufern. Die letzteren haben ganz offensichtlich die ersteren beerbt. Auf enge Verwandtschaft zwischen beiden Familien wurde schon aufgrund der Tatsache geschlossen, daß das Pfalzgrafenamt, das im frühen 11. Jahrhundert zunächst in staufischer Hand war, danach zwischen Angehörigen der Pfalzgrafenfamilie und des staufischen Mannesstammes gewechselt hat. Auch wenn das Amt grundsätzlich wohl nicht erblich war, so hatten die nächsten Verwandten des Vorgängers doch wohl ein gewisses Anrecht, das nicht mißachtet wurde, sofern nicht triftige Gründe dagegen sprachen.[111]

Auf enge Verwandtschaft weist nicht zuletzt auch, daß Pfalzgraf Manegold d. Ä. (1070-ca. 1095) laut Urkunde von 1143 Güter in Alfdorf bei Welzheim sowie im Ries — in Benzenzimmern, Dürrenzimmern, Laub und Fessenheim — besaß[112], in Gegenden, die zum ältesten und engsten Herrschaftsbereich der Staufer gehörten und offenbar von deren Besitzmasse abgeteilt waren.

Hansmartin Decker-Hauff hat im Katalog der Stauferausstellung 1977 auf eine Nachricht aus dem „Roten Buch" von Lorch aufmerksam gemacht, das leider im Zweiten Weltkrieg verschmort ist. Danach war Pfalzgraf Manegold d. Ä. (1070 - ca. 1095), das Oberhaupt der pfalzgräflichen Familie, ein Sohn des Staufers Friedrich von Büren, der 1053 als Riesgraf bezeugt ist.[113] Aufgrund der vorstehenden Fakten kann dem nur zugestimmt werden. Die Pfalzgrafen waren damit eine Seitenlinie des staufischen Hauses. Dies macht den Übergang der Herrschaften Lauterburg und Moropolis wie der Vogtei Anhausen auf die Staufer um 1143/46 und auch den Wechsel des Pfalzgrafenamtes zwischen Staufern und Pfalzgrafen verständlich.

Nun wird das scheinbare Besitzgewirr auf dem Albuch etwas durchsichtiger. Die Besitzgemeinschaft zwischen Staufern, Pfalzgrafen, Haus Stubersheim-Albeck und Adelheid von Wülflingen vereinfacht sich zu einer solchen zwischen Staufern, Haus Stubersheim-Albeck und Adelheid von Wülflingen. Dabei ist bereits bekannt, daß letztere die Schwester jenes Berengar (†1027) war, auf den sich die von Stubersheim-Albeck zurückführen lassen.

Staufisch war auch die Herrschaft Herwartstein (bei Königsbronn). Sie wird erst spät bezeugt mit Schenken von Herwartstein, die um 1240/45 für den Abt von Ellwangen bürgten.[114] Sie waren offenbar staufische Ministerialen. Später gelangte die Burg Her-

[110] Bühler: Hatten die Grafen von Nellenburg Besitz in Langenau? (wie Anm. 63).

[111] Heinz Bühler: Schwäbische Pfalzgrafen, frühe Staufer und ihre Sippengenossen. In: Jahrb. des Histor. Vereins Dillingen 77. 1975. S. 118 ff, hier S. 119 ff.

[112] WUB 2. S. 26 ff. Nr. 318.

[113] Wie Anm. 40. S. 345.

[114] WUB 5. S. 436. Nachtr. Nr. 49.

wartstein mit Zugehör in den Besitz Elisabeths, der Witwe König Konrads IV. (†1254). Deren Söhne aus ihrer zweiten Ehe mit Meinhard II. von Görz-Tirol erscheinen 1303 als Lehensherren. Doch befanden sich Burg und Herrschaft tatsächlich schon 1287 im Besitz des Grafen Ulrich II. von Helfenstein.[115]

Das Zugehör der Herrschaft wird 1302 beim Verkauf durch Graf Ulrich III. von Helfenstein an König Albrecht bekannt. Es umfaßte im Bereich des Albuchs den Markt Springen (heute Königsbronn), Itzelberg, †Weikersberg, †Hermannsweiler, †Utzemannsweiler, †Spichtensohl und Bibersohl.[116] Auch Zang, das 1302 nicht genannt wird, ist als altes Zugehör zu betrachten (1356 erwähnt). Ferner dürften ursprünglich auch Schnaitheim mit Aufhausen zur Herrschaft Herwartstein gehört haben, sind aber nicht in den Verkauf von 1302 mit eingeschlossen.

Im Bereich der Herrschaft findet sich kaum Fremdbesitz, abgesehen von einer Holzmark bei Zang, dem sogenannten „Gießenholz" (=Güssenholz), die 1372 als Zugehör der (ursprünglich gleichfalls staufischen) Herrschaft Güssenberg (bei Hermaringen) erscheint.[117]

Mit den am weitesten nach Westen auf den Albuch vorgeschobenen Weilern Bibersohl, †Hermannsweiler und Zang tangierte die Herrschaft Herwartstein allerdings die pfalzgräflichen, d. h. staufischen Güter †Hohensohl, Irmannsweiler und †Kerben. Man gewinnt den Eindruck, daß die Herrschaft Herwartstein eine etwas andere Vergangenheit hatte, als die Herrschaften, von denen bisher die Rede war. Sie müßte früher abgeteilt worden sein, zu einer Zeit, als die bisher erörterten Herrschaften noch ein ungeteiltes Ganzes bildeten. Mit den Orten Itzelberg (Utzelenberg), †Utzemannsweiler und †Weikersberg ergeben sich jedoch Beziehungen zum alten Herzogs- bzw. Königsgut. Der Ortsname †Hermannsweiler könnte an einen der Schwabenherzöge des 10. Jahrhunderts erinnern, an Hermann I. (926 - 949) oder Hermann II. (997 - 1003). Die Herrschaft Herwartstein könnte über die Tochter Hermanns II., Gisela († 1043), an die Salier und über die Tochter Kaiser Heinrichs IV., Agnes, an die Staufer gelangt sein.

Zieht man nunmehr Bilanz, so ergibt sich, daß im 11. Jahrhundert am Albuch und seinem Umland im wesentlichen vier Geschlechter Anteil hatten:

1) die Staufer (einschließlich der Pfalzgrafen)
2) das Haus Stubersheim
3) Adelheid von Wülflingen und ihre Nachkommen
4) die Salier.

---

[115] Dambacher: Urkundenlese (wie Anm. 20) S. 122. — Heinz Bühler: Zur Geschichte der Burg Herwartstein. In: Jahrb. des Heimat- und Altertumsvereins Heidenheim. 2. Jahrg. 1987/88. S. 74 ff, hier S. 75. — Vgl. unten Text zu Anm. 197a.

[116] Dambacher: Urkundenlese S. 116 ff.

[117] StA. Ludwigsburg. B 95. U. 410.

Die letzteren lassen sich möglicherweise über die Kaiserin Gisela (†1043) auf Herzog Hermann II. (997 - 1003) und seine Gemahlin Gerberga zurückführen.

†Das Haus Stubersheim geht, wie wiederholt gezeigt, auf Berengar (†1027) zurück. Berengar ist der Bruder Adelheids von Wülflingen († n. 1052). Beider Vater ist Liutold von Mömpelgard. Ihn hat Eduard Hlawitschka als Bruder Herzog Hermanns II. identifiziert. Beider Vater ist damit Herzog Konrad von Schwaben (983 - 997).[118]

Die Staufer scheinen wegen der engen Verzahnung ihres Besitzes mit den Anteilen Berengars (†1027) und Adelheids (†n. 1052) diesen näher zu stehen als den Saliern, die sich auf Hermann II. (997 - 1003) zurückführen lassen. Das besagt wohl, daß sie eng mit der Familie Liutolds von Mömpelgard verbunden waren, letztlich aber von Herzog Konrad (983 - 997) abstammen.

6. Herkunft des staufischen Besitzes

Seit dem Ende der Karolingerzeit bis zu der Zeit, in welcher sich die genannten Geschlechter auf genealogischem Wege fassen lassen, nämlich um die Jahrtausendwende, sind rund hundert Jahre verstrichen. Was ist in der Zwischenzeit mit dem Erbe der Karolinger passiert?

Als Haupterbin der Karolinger gilt in der Forschung die Herzogin Reginlind (†958). Sie war zweimal vermählt, zuerst mit Herzog Burchard I. von Schwaben (917 - 926), danach mit Herzog Hermann I. (926 - 949).

Herzog Burchard I. hatte, soweit bekannt, in Innerschwaben keinen eigenen Besitz. Was sich dort in Händen seiner Nachkommen findet, stammt wohl hauptsächlich von seiner Gattin Reginlind. Doch mag Burchard auch aufgrund seiner Stellung als Herzog Zugriff auf ehemaliges Königsgut gehabt haben. Haupterbe aus der Verbindung Burchards I. mit Reginlind war zu Beginn des zweiten Jahrtausends Kaiser Heinrich II. (1002 - 1024). Er hatte seinen Vetter Kaiser Otto III. (†1002) beerbt. Diesem waren schwäbische Güter über seine Großmutter Adelheid (†999) zugefallen. Sie war eine Enkelin der Reginlind über deren Tochter Berta († n. 962), vermählt mit König Rudolf von Burgund (†937). Otto III. hatte im Jahre 994 auch Hadwig beerbt, die Witwe Herzog Burchards II. (†973), des Sohnes der Reginlind. Dieses Erbe beanspruchte gleichfalls Kaiser Heinrich II., da Hadwig die Schwester seines Vaters war. Schließlich erbte Heinrich II. direkt über seine Mutter Gisela (†1006), die Tochter König Konrads von Burgund (†993), der ein Sohn der Berta († n. 962) und damit Enkel der Reginlind war.

Besitz, den Kaiser Heinrich II. ererbt hatte, läßt sich im unteren Brenztal nachweisen in Brenz, Sontheim an der Brenz und wohl auch in Bächingen, ferner in Mönchsdeggingen im Ries. Dazu erwarb Kaiser Heinrich II. 1003 Besitz in Langenau im Tausch

---

[118] Wie Anm. 47. S. 103 f.

vom Hochstift Freising.[119] Dagegen läßt sich Besitz Heinrichs II. auf dem Albuch und in dessen unmittelbarem Umland nicht nachweisen.

Das Gut, das Reginlind in ihre zweite Ehe mit Herzog Hermann I. (926 - 949) eingebracht hatte, soll E. Hlawitschka zufolge nach dem Tode ihres Enkels Herzog Otto von Schwaben († 982) auf Herzog Konrad (983 - 997) übergegangen sein. Doch sind hier Zweifel angebracht. Denn es fragt sich, ob nicht eher die Gemahlin Herzog Konrads die eigentliche Erbin war.[120] Herzog Konrad hatte zwei Söhne, die ein höheres Alter erreichten, nämlich Herzog Hermann II. (997 - 1003) und Liutold von Mömpelgard. Sie sind bereits bekannt. Von Herzog Hermann II. und dessen Gemahlin Gerberga, die zu den Miterben Reginlinds aus erster Ehe zählte, stammen über die Tochter Gisela († 1043) die salischen Kaiser Heinrich III. († 1056), Heinrich IV. († 1106) und Heinrich V. († 1125) ab. Sie hatten im Remstal Besitz in Waiblingen, Winterbach und Beinstein, den aller Wahrscheinlichkeit nach Gisela eingebracht hatte. Sie hatten im Brenztal Besitz in Herbrechtingen mit Bolheim, vielleicht auch in Hürben sowie in Nattheim.[121] Ein Teil des Albuch, nämlich die spätere Herrschaft Herwartstein, scheint über Gisela an die Salier und über Agnes, die Tochter Heinrichs IV., an die Staufer gelangt zu sein.

Liutold von Mömpelgard war bekanntlich der Vater Adelheids von Wülflingen, die mit dem Grafen Rudolf von Achalm († v. 1055) vermählt war. Ihr darf der achalmische Besitz in Essingen und das Gut Landfrieds von Gönningen in Küpfendorf zugeschrie-

---

[119] Bühler: Hatten die Grafen von Nellenburg Besitz in Langenau? (wie Anm. 63) S. 254, 255 ff, 274 ff u. 280 ff.

[120] Wie Anm. 47. S. 67 und Tafel S. 65. — Der von Hlawitschka angenommene Erbgang von Herzog Otto (†982) auf dessen Vetter(?) Herzog Konrad (983-997) vermag nicht zu überzeugen. Eher dürfte die Gemahlin Herzog Konrads die eigentliche Erbin Herzog Ottos gewesen sein und zugleich die Verbindung ihres Sohnes Herzog Hermanns II. zum ottonischen Königshaus vermittelt haben. Nach dem Tode K. Ottos III. im Jahre 1002 erhob Herzog Hermann II. Anspruch auf den Königsthron. Er konnte dies mit Aussicht auf Erfolg nur tun, wenn er mit dem Königshaus nah verwandt war. Diese Verwandtschaft kann nur durch seine Mutter vermittelt sein; sie muß selbst dem Königshaus angehört haben. Nach Hlawitschka hieß sie Judith, war jedoch anderer Herkunft. Armin Wolf sieht in ihr die aus der „Historia Welforum" (c. 6) bekannte Richlind. Richlind wird dort als Tochter Ottos d. Gr. erwähnt; A. Wolf hält sie mit Hansmartin Decker-Hauff für eine Enkelin Ottos d. Gr., nämlich Tochter des Königssohnes Liudolf (†957) und der Ita, welche aus Reginlinds zweiter Ehe mit Herzog Hermann I. (926-949) stammte. Herzog Konrad hatte eine Tochter Ita (vermählt mit Rudolf von Altdorf) und einen Enkel Otto (Sohn Liutolds von Mömpelgard). Diese Namen bestätigen die Ansicht Wolfs, daß Herzog Konrads Gemahlin aus der Ehe des Königssohnes Liudolf mit Ita, der Tochter Reginlinds, stammt. Richlind war damit die Schwester Herzog Ottos (†982) und vermittelte dessen Erbe ihrem Gemahl bzw. ihren Söhnen, dazu ihrem Sohn Hermann II. die Anwartschaft auf den Königsthron. Als Konsequenz ergibt sich dann freilich, daß Herzog Konrad nicht der Neffe Herzog Hermanns I. (†949) gewesen sein kann, wie Hlawitschka meint, denn in diesem Falle wäre die Ehe Herzog Konrads mit Richlind eine verbotene Nahehe im Verhältnis 2:3. Die Verwandtschaft zwischen Herzog Hermann I. (†949) und Herzog Konrad muß eine entferntere gewesen sein. Eine diskutable Lösung, bei der die Ehe Richlinds mit Herzog Konrad nicht zu beanstanden ist, bietet Donald C. Jackmann: The Konradiner. Studien zur Europäischen Rechtsgeschichte 47. 1990. S. 168 ff und Stammtafel.

[121] MG. SS. V. S. 41 und 237. — MG. DH III. Nr. 251 und 252. — Bühler: Aus der Geschichte der Gde. Herbrechtingen (wie Anm. 104) S. 56 ff.

ben werden. Über ihre Tochter Mathilde von Horburg dürften die von Tapfheim-
Michelstein-Böbingen zu ihrem Besitz in Böbingen und zum Gelände der Burg Michelstein bei Sontheim im Stubental gelangt sein.

Liutold von Mömpelgard war auch der Vater Berengars († 1027), von dem sich die
von Stubersheim-Albeck von Mutterseite herleiten. Ihm verdanken sie die ehemals
karolingischen Güter im Bereich des Albuchs, insbesondere Steinheim mit den umliegenden Weilern, darunter namentlich †Geroldsweiler, sowie Gut in Küpfendorf, ferner
Dettingen und Heuchlingen mit †Sachsenhart.

Mit dem Gut Adelheids von Wülflingen und ihres Bruders Berengar aufs engste verzahnt und vermengt erweist sich das Gut der Pfalzgrafen und Staufer, die jetzt als eine
einzige Familie zu betrachten sind. Sie scheinen, wie erwähnt, Adelheid und Berengar
und damit Liutold von Mömpelgard näher zu stehen als den Nachkommen Herzog
Hermanns II. (997 - 1003). Daher müßten sie wohl auch von Liutold von Mömpelgard
abstammen über einen Sohn oder eine Tochter desselben.

Der erste Staufer, der sich im Remstal nachweisen läßt, mit dem der Albuch aufs engste verbunden war, ist jener Friedrich, der 1030 das Amt des Riesgrafen bekleidete und
1053 Pfalzgraf in Schwaben war. Das „Rote Buch" von Lorch bezeichnet ihn als „fundator", d. h. er ist der Gründer des Kollegiatstifts bei der Marienkirche in Lorch (um
1060).[122] Sein früheres Amt als Riesgraf deutet darauf hin, daß er im Remsgebiet nicht
heimisch war, sondern dort eine gewisse Machtposition erst neu gewonnen hat, was
am ehesten durch Einheirat möglich war. Friedrich dürfte um die Jahrtausendwende
geboren sein. Er könnte nach der Zeit der Schwiegersohn eines Sohnes Liutolds von
Mömpelgard sein. Seine Ehe mit dessen Tochter könnte um 1020/25 geschlossen worden sein.

Liutold hatte tatsächlich noch einen weltlichen Sohn namens Wotto (=Uotto), der
1044 als bereits verstorben erwähnt wird. Er ist höchst wahrscheinlich personengleich
mit dem Sundgaugrafen Odo-Udo-Otto, der von 1003 bis 1025 bezeugt ist.[123] Nachkommen dieses Otto werden zwar in den Quellen nicht erwähnt, doch schließt dies
nicht aus, daß er eine Tochter hatte. Könnte sie nicht die Ahnfrau der Staufer sein, die
ihnen Besitz im Remstal und auf dem Albuch zugebracht hat?

In dieser Richtung gehende Überlegungen sind keineswegs Spekulation. Eine Ehe
zwischen der (Erb-)Tochter Ottos und dem Ries- und Pfalzgrafen Friedrich (1030 -
1053) erklärt die Besitzüberschneidungen auf dem Albuch zwischen den Staufern und
den Nachkommen Berengars († 1027) und der Adelheid von Wülflingen († n. 1052)
auf einleuchtende Weise. Schon im Schlußsatz des Abschnittes 5 war gefolgert worden,
daß die Staufer offenbar von Herzog Konrad (983-997) abstammen, dem Vater Liutolds

---

[122] Hansmartin Decker-Hauff (wie Anm. 40) S. 343. Nr. 10.
[123] Wie Anm. 50. — Paul Kläui (Hochmittelalterliche Adelsherrschaften im Zürichgau. 1960. S. 25 ff)
betrachtet diesen Otto als Stammvater der Herren von Regensberg. Seine Ausführungen vermögen den
Verfasser jedoch nicht zu überzeugen.

von Mömpelgard. Dazu gibt es Hinweise in den Quellen, die als ausdrückliche Bestätigung hierfür gelten mögen.

Man weiß aus Urkunden Kaiser Friedrichs I. von 1155 und 1166, daß Friedrichs Vorfahren (progenitores) das Stift Öhningen am Bodensee gegründet haben und dieses Stift nach Erbrecht (hereditario iure) auf ihn gekommen war.[124] Öhningen aber ist angeblich vor 965 von Kuno von Öhningen gestiftet worden. Dessen Herkunft war lange Zeit rätselhaft; doch im Anschluß an Armin Wolf hat ihn die Forschung inzwischen ziemlich allgemein mit Herzog Konrad von Schwaben (983 - 997) gleichgesetzt.[125] Wie erwähnt, ist Herzog Konrad der Vater Liutolds von Mömpelgard und Großvater jenes Otto († v. 1044), der als Schwiegervater des Riesgrafen und Pfalzgrafen Friedrich (1030 - 1053) angesprochen wurde. Dieser aber ist der Ururgroßvater Kaiser Friedrichs I. Die Öhninger Überlieferung paßt somit trefflich zu vorstehenden Folgerungen.[126]

Durch die Heirat Friedrichs (1030 - 1053) mit der (Erb-)Tochter Ottos dürften die Namen Otto und Konrad ins Stauferhaus gekommen sein, die erstmals unter den Söhnen Friedrichs von Büren (1053) bezeugt sind. Diese Heirat mag für Friedrich Anlaß gewesen sein, den Schwerpunkt seiner Herrschaft vom Ries (Wallerstein?) ins Remstal und damit mehr ins Innere Schwabens zu verlegen. Friedrich wählte offenbar die Burg bei Lorch zu seinem Wohnsitz und bestimmte die Lorcher Marienkirche nach Umwandlung in ein Kollegiatstift zur Grablege seiner Familie. Daher darf vermutet werden, daß Lorch — ein ehemals römischer Kastellort, der in karolingischer Zeit wohl Königsort wurde — schon vordem ein Herrschaftszentrum war. Vielleicht knüpfte Friedrich bewußt an eine Tradition an, die von den Römern zu den Karolingern und über Reginlind zu den schwäbischen Herzögen führte, mit denen er sich durch seine Heirat mit der Enkelin Herzog Konrads (983 - 997) bzw. der Großnichte Herzog Hermanns II. (997 - 1003) verbunden fühlen durfte.

Von Herzog Konrad (983 - 997) stammten auch noch andere Ahnen Kaiser Friedrichs I. ab, nämlich Hildegard von Schlettstadt († 1094), die Gemahlin Friedrichs von Büren (1053). Sie war eine Ururenkelin Herzog Konrads bzw. Urenkelin Herzog Her-

---

[124] MG. DFr. I. Nr. 128 und 519.

[125] Armin Wolf: Wer war Kuno „von Öhningen"? In: DA 36. 1980. S. 25 ff. — Hansmartin Decker-Hauff: Waiblingen einst. In: Waiblingen. Porträt einer Stadtlandschaft. 1985. S. 7 ff, hier S. 12. — Eduard Hlawitschka (wie Anm. 47) S. 59 f und S. 67.

[126] Hansmartin Decker-Hauff hat schon im Katalog der Stauferausstellung 1977 (wie Anm. 40. S. 342 Nr. 4) erwogen, die Staufer an „Kuno von Öhningen" (= Herzog Konrad) anzuschließen, doch sollte dieser Anschluß eine Generation früher erfolgt sein. Dies stieß auf Widerspruch (Hlawitschka, wie Anm. 47. S. 108 ff).
Verfasser war 1975 (wie Anm. 111. S. 144) der Meinung, der Riesgraf und Pfalzgraf Friedrich (1030-1053) sei mit der Erbtochter des Filsgrafen Walter vermählt gewesen, die ihm Güter im Remstal, Filstal und auf der Alb zugebracht habe. Diese Ansicht ist dahingehend zu revidieren, daß die Tochter des Filsgrafen Walter wohl mit Otto (†v.1044) vermählt war. Das würde das Auftreten des Namens Walter unter den Söhnen jenes Friedrich erklären (wie Anm. 40. S. 344) und auch die Herkunft pfalzgräflicher Güter im Filstal (1143 bezeugt, WUB 2. S. 26 ff. Nr. 318).

manns II. (997 - 1003) über dessen Tochter Mathilde. Hildegard könnte gleichfalls Gut im Remsgebiet und im Bereich des Albuchs an die Staufer gebracht haben. Doch kann Hildegards Ehe mit Friedrich von Büren die enge Verzahnung des staufischen Besitzes mit dem der Nachkommen Berengars († 1027) und Adelheids von Wülflingen († n. 1052) ebensowenig befriedigend erklären wie das Auftreten des Ries- und Pfalzgrafen Friedrich (1030 - 1053) im Remstal.

Von Herzog Konrad (983 - 997) stammte auch Agnes ab, die Tochter Kaiser Heinrichs IV., die mit Herzog Friedrich I. von Schwaben (1079 - 1105) vermählt war. Auch sie könnte Güter im Remstal zugebracht haben. Über sie erhielten die Staufer sodann Herbrechtingen mit Bolheim, Nattheim und vielleicht Hürben sowie die spätere Herrschaft Herwartstein. Ist dies richtig, dann war zur Zeit Herzog Konrads (983 - 997) noch so ziemlich der ganze Albuch — abgesehen von den Besitzungen der Abtei Ellwangen — in einer Hand.

7. Probleme um die „ecclesia iuxta Albuch"

Der Name Albuch ist, wie erwähnt, um 1151 - 1159 erstmals überliefert in Ebos Lebensbeschreibung des Bischofs Otto von Bamberg (1102 - 1139), des Pommern-Missionars, der 1189 heilig gesprochen wurde. Otto hatte die „ecclesia iuxta Albuch", in welcher seine Eltern Otto und Adelheid beigesetzt waren, nebst zwei weiteren Kirchen, vielleicht Filialkirchen der erstgenannten, dem 1112 reformierten Kloster Michaelsberg in Bamberg übertragen.[127]

Nicht geklärt ist sowohl die Lage der „ecclesia iuxta Albuch" wie auch die Herkunft des Bischofs Otto bzw. seiner Eltern Otto und Adelheid.

Die Chronisten erwähnen Ottos schwäbische Abstammung und rühmen die vornehme Herkunft seiner Eltern. Der Chronist Herbord sagt, seine Eltern seien dem Stande nach den höchsten Fürsten gleich, fügt jedoch hinzu, daß sie ihnen an Vermögen ungleich gewesen seien (sed opibus impares); sie waren demnach mäßig begütert.[128]

Über Ottos Jugend wußte man in Bamberg offenbar wenig und hatte keine schriftlichen Notizen.[129] Der Bericht Herbords scheint zum Teil legendenhaft und wird daher

---

[127] Wie Anm. 1.

[128] Herbordi Dialogus III. 32. In: Bibliotheca (wie Anm. 1) S. 824.

[129] Johann Looshorn: Der heilige Bischof Otto. In: Geschichte des Bistums Bamberg 2. 1888. S. 6. — Vgl. Jürgen Petersohn: Otto von Bamberg und seine Biographen. In: ZBLG 43. 1980. S. 11 f.

[130] Looshorn (wie Anm. 129) S. 11-14. — Georg Juritsch: Geschichte des Bischofs Otto I. von Bamberg. 1889. S. 10 f. und 16 f. geht darauf nicht ein. — Erich Frh. v. Guttenberg: Otto I. der Heilige. In: Germania Sacra. Abt. 2. Bd. 1. 1937. S. 119 hält Herbord III. 32 und 33 für legendarisch. — Anders Klaus Graf: Beiträge zur Adelsgeschichte des Heubacher Raums. In: Heubach und die Burg Rosenstein. 1984. S. 76 ff, hier S. 77 ff.

von der Forschung recht kritisch bewertet.[130] Dies könnte auch für die Nachricht gelten, daß nach dem frühen Tod der Eltern (des Vaters), als Otto noch in der Ausbildung war, der ältere Bruder Friedrich ihm gegenüber knauserig gewesen sei.[131]

Die Familie hatte Güter auf dem Albuch, auch in der Gegend von Weil der Stadt (†Altheim bei Renningen und Schafhausen)sowie in Ostfranken, ferner mütterliches Erbgut in Thüringen. Die ostfränkischen Güter waren zum Teil wohl erst durch die Vermittlung Ottos als Bischof von Bamberg hinzugekommen.[132]

Die Begüterung im Bereich des Albuchs läßt vermuten, daß ein Elternteil Ottos, und zwar aller Wahrscheinlichkeit nach die Mutter, zu den Nachkommen Herzog Konrads (983 - 997) gehörte. Bedenkt man die bekannte Besitzverteilung auf dem Albuch, kommt man zu dem Schluß, daß sie wohl unter die Nachkommen Liutolds von Mömpelgard einzureihen wäre. In diesem Falle ergäbe sich eine Verwandtschaft zu den Herren von Albeck. Eine solche dürfte tatsächlich bestanden haben. Im Jahre 1147 klagte Bischof Eberhard II. von Bamberg (1146 - 1170), daß Ministerialen seiner Kirche im Ries — sie gehörten zum bambergischen Besitz in Mönchsdeggingen — von Konrad von Rietfeld und Berengar von Albeck (ca. 1120 - 1150) bedrückt würden. Die Beklagten aber behaupteten, jene Ministerialen seien ihnen von den Vorgängern des Bischofs Eberhard zu Lehen übertragen worden.[133] Das ist durchaus glaubhaft. Auch der bambergische Besitz in Sontheim an der Brenz war offenbar als Lehen an die von Albeck gelangt.[134] Die Belehnung aber konnte kaum von einem anderen Vorgänger des Bischofs Eberhard vorgenommen worden sein als von Otto. Er wollte offenbar einen alten Streit bereinigen und Erbansprüche der Albecker befriedigen. Dies mochte ihm im Falle der Verwandtschaft am ehesten gelingen.

Otto muß auch mit dem Staufer Herzog Friedrich I. von Schwaben (1079-1105) zumindest gut bekannt, eher nah verwandt gewesen sein. Schon Looshorn (1888) nahm an, daß Otto durch Vermittlung des Herzogs nach 1080 mit der Königin Judith-Sophie von Ungarn bekannt geworden und als Kaplan in deren Dienst getreten sei. Die Königin war die Schwester Heinrichs IV., mit dessen Tochter Agnes Herzog Friedrich I. vermählt war.[135]

Nun ist der Name eines der Brüder Bischof Ottos, Friedrich (von Mistelbach, Lk. Bayreuth), unter den Teilhabern am Albuch ausschließlich dem Stauferhause vorbehalten, das über eine Ahnfrau offenbar von Liutolds Sohn Otto (†v. 1044) abstammte. Bischof Ottos Mutter wäre damit dem Stauferhaus zuzurechnen. Die erwähnte Verwandtschaft zu denen von Albeck läßt sich damit wohl vereinen. Da Bischof Otto um

---

[131] Wie Anm. 128. S. 825.

[132] Gustav Voit: Der Adel am Obermain. 1969. S. 202.

[133] Karl Friedrich Stumpf: Acta Imperii inedita. 1881. Nr. 406.

[134] Bühler: Hatten die Grafen von Nellenburg Besitz in Langenau? (wie Anm. 63). S. 280 ff.

[135] Looshorn (wie Anm. 129) S. 15.

1060/62 geboren wurde, dürfte seine Mutter um 1045 zur Welt gekommen sein und wäre damit unter die Kinder Friedrichs von Büren (1053) und Hildegards von Schlettstadt einzureihen, d.h. sie wäre eine Schwester Herzog Friedrichs I., und damit träfe die Verwandtschaft Ottos zu ihm als Mutterbruder zu.

In diesem Zusammenhang verdient auch die Begüterung der Familie um Weil der Stadt Interesse. Altheim und Schafhausen liegen in der Nachbarschaft von Malmsheim, das 1188 als staufisch bezeugt ist[136], sowie von Gebersheim, Eltingen und Warmbronn, wo die mit den Staufern blutsverwandten Grafen von Arnstein begütert waren.[137] Die staufischen und arnsteinischen Güter lassen sich mit einiger Wahrscheinlichkeit auf Herzog Hermann II. (997 - 1003) und seine Gemahlin Gerberga als Vorbesitzer zurück-führen. Sie waren somit einst schwäbisches Herzogsgut. Vermutlich gilt dies auch für Altheim und Schafhausen. In diesem Falle wäre eine Verwandtschaft Ottos wiederum zu den Staufern sowie zu den Arnsteinern gegeben. Diese wäre am ehesten über Her-zog Hermanns Tochter Mathilde († 1033) gelaufen, die Gemahlin Herzog Friedrichs von Oberlothringen († 1026/27). Das staufische Malmsheim wie auch die Güter Alt-heim und Schafhausen hätte dann deren Enkelin Hildegard von Schlettstadt († 1094) vermittelt, die Gemahlin Friedrichs von Büren (1053), die nach den oben bereits gewonnenen Erkenntnissen die Mutter von Ottos Mutter Adelheid wäre. Ist dieses Ergebnis auch vage, so läuft es doch wieder darauf hinaus, daß Friedrich von Büren (1053) und Hildegard von Schlettstadt († 1094) die Eltern von Ottos Mutter Adelheid gewesen sein dürften.[138]

Als Bischof gründete Otto um 1123 in Bamberg ein Priorat St. Getreu (s. Fides). Das Fides-Patrozinium ist ungemein selten. Man darf annehmen, daß die wenigen St. Fides-Kirchen in enger Verbindung zueinander bzw. Abhängigkeit voneinander standen. Die Söhne Hildegards von Schlettstadt, nämlich Bischof Otto von Straßburg (1083 - 1100), Herzog Friedrich I. und Konrad, hatten Fides-Reliquien von einer Wallfahrt nach Con-ques in Südfrankreich nach Schlettstadt mitgebracht, wo Hildegard ein von Conques abhängiges Priorat St. Fides gründete. Die Vermutung liegt auf der Hand, daß Bischof Otto als Stifter von St. Getreu in Bamberg in enger persönlicher Beziehung zu Hilde-gard und ihren Kindern stand: Bischof Otto von Straßburg (1083 - 1100), Herzog Friedrich I. — von dessen Beziehung zu Otto schon die Rede war, — dem künftigen Pfalzgrafen Ludwig († ca. 1103), Konrad (1089 - 1095), Walter (1089 - 1095) und Adel-heid († 1094).

Aus diesem Grund haben Ernst Klebel und Emil Kimpen die letztgenannte Adelheid mit Ottos Mutter Adelheid versuchsweise gleichgesetzt, denn die beiden Frauen gehö-

---

[136] Peter Rassow: Der Prinzgemahl. In: Quellen u. Studien zur Verfassungsgeschichte 8, 1. 1950. S. 1 f.

[137] Codex Hirsaugiensis (wie Anm. 49) S. 55.

[138] Heinz Bühler: Wie gelangten die Grafen von Tübingen zum schwäbischen Pfalzgrafenamt? In: ZWLG 40. 1981. S. 188 ff, hier S. 193 f und 196 f.

ren derselben Generation an und müssen etwa um die gleiche Zeit geboren sein.[139] Die Gleichsetzung macht die Übertragung des Fides-Patroziniums nach Bamberg verständlich, denn Bischof Otto war dann der Enkel der Hildegard von Schlettstadt, und sie erklärt den Besitz Ottos auf dem Albuch wie wohl auch den um Weil der Stadt als Erbe seiner staufischen Mutter.

Der gewichtigste Einwand, den man gegen die Gleichsetzung der beiden Frauen erheben könnte, wäre der, daß dem Chronisten Herbord zufolge Ottos Eltern bereits gestorben waren, ehe Otto seine Ausbildung beendet hatte.[140] Das wäre sicher einiges vor 1080 gewesen. Die Stauferin Adelheid aber lebte noch im Sommer 1094. Doch sind auch an dieser Nachricht Herbords Zweifel angebracht. Nach Hansmartin Decker-Hauff wäre der Vater Ottos „etwa gegen 1070 gestorben", was der Nachricht Herbords entspräche, die Mutter dagegen erst „nach Sommer 1094". Auch Decker-Hauff hält Ottos Mutter für die Stauferin und folgt der Ansicht G. Bosserts, wonach sie in einer zweiten Ehe mit Rugger von Bielriet verheiratet gewesen sein soll[141]. Dies ist nach den Forschungen von Gerd Wunder durchaus wahrscheinlich.[142]

Der Verfasser ist sich im klaren, daß von den angeführten Argumenten für Verwandtschaft Ottos zum Stauferhaus kaum eines für sich allein genügd Beweiskraft beanspruchen könnte; da sie sich jedoch gegenseitig ergänzen und stützen, kommt ihnen insgesamt erhebliches Gewicht zu, und zwar umso eher, als sich für keines der sonst am Albuch beteiligten Geschlechter Argumente für nähere Verwandtschaft zur Familie Ottos finden lassen.

Mit einer staufischen Mutter Adelheid aber fügt sich die Familie Ottos bestens ein in die Adelsgesellschaft, die am Albuch teilhatte.

Die „ecclesia iuxta Albuch" suchte G. Bossert in Heubach; die von Bischof Otto mitgeschenkten beiden Kirchen glaubte er in den Heubacher Filialkirchen Oberböbingen und Bargau gefunden zu haben.[143] Tatsächlich scheint von allen alten Pfarrkirchen auf und um den Albuch Heubach am ehesten zu passen. Die auf einem vorspringenden Geländesporn über dem Klotzbach gelegene Kirche, einst durch eine hohe Mauer und zwei flankierende Türme geschützt, erweckt den Eindruck einer Wehrkirche. Der freistehende Kirchturm mit auffallend dicken Mauern könnte eine Wohnburg gewesen

[139] Ernst Klebel: Zur Abstammung der Hohenstaufen. In: ZGO 102. 1954. S. 162. — Emil Kimpen: Zur Königsgenealogie der Karolinger- bis Stauferzeit. In: ZGO 103. 1955. S. 101. — Vgl. J. Petersohn (wie Anm. 129) S. 25 und Ferdinand Geldner: Bischof Otto I. der Heilige von Bamberg. In: Histor. Verein Bamberg. 119. Bericht 1983. S. 59 f.

[140] Herbordi Dialogus III. 32 (wie Anm. 128). S. 824 f.

[141] Wie Anm. 40. S. 345 Nr. 19. — Gustav Bossert: Zur älteren Geschichte des Klosters Komburg. In: Württ. Franken. NF. 3. 1888. S. 1 ff, hier S. 20 f.

[142] Bielriet. In: Württ Franken 71. 1987. S. 273 ff, hier S. 275.

[143] Gustav Bossert: Die Herkunft Bischof Ottos des Heiligen von Bamberg. In: Württ. Vierteljahreshefte 6. 1883. S. 93 ff, hier S. 95 f.

sein.[144] So erweist sich Heubach als alter Herrensitz, die Kirche geeignet als Begräbnisstätte der Orts- und Patronatsherren.

Das Ulrichs-Patrozinium deutet auf Beziehungen der Kirchherren zur Sippe des
Bischofs Ulrich von Augsburg (923 - 973), der 993 heilig gesprochen wurde. Die meisten Ulrichskirchen entstanden in den Jahrzehnten unmittelbar danach. Heubach lag
allem Anschein nach im Besitzbereich Ottos († v. 1044), des Sohnes Liutolds von Mömpelgard, der vorwiegend im Norden des Albuchs begütert war. Seine Güter und damit
Heubach mögen schon seit etwa 1030 in Händen seines Schwiegersohnes gewesen sein,
des Ries- und Pfalzgrafen Friedrich (1030 - 1053). Sofern nicht noch ältere Verbindungen zur Sippe des Bischofs Ulrich bestanden, dürfen solche für diesen Friedrich angenommen werden wegen des Namens Manegold, der sich im Stauferhaus erstmals unter
seinen Söhnen findet und in der pfalzgräflichen Nebenlinie weiter gepflegt wurde.[145]
Er wird wohl auf eine weitere (frühere?) Ehe des Ries- und Pfalzgrafen Friedrich mit
einer Tochter des Duriagrafen Manegold (1003) zurückgehen, der ein Großneffe des
Bischofs Ulrich war.[146] Auf diese Weise erklärt sich das Ulrichs-Patrozinium für Heubach, das im staufischen Herrschaftsbereich lag.

Später lassen sich weder für Heubach noch irgendeine andere Kirche im Bereich des
Albuchs Beziehungen zum Kloster Michaelsberg in Bamberg ermitteln. Das sollte
jedoch nicht verwundern. Das Kloster blieb wohl nicht allzu lange im Besitz der ihm
recht entlegenen Kirche auf dem Albuch, immerhin jedoch wohl solange, als die Biographen des Bischofs Otto, die Mönche Ebo († 1163) und Herbord († 1168), lebten.
Dann wird es eine sich bietende Gelegenheit genutzt haben, sie für ein günstiger gelege-
nes Objekt abzutauschen oder als Lehen zu vergeben. Andererseits dürften die Herren
der Gegend danach getrachtet haben, die zu ihren Gütern passende Kirche auf die eine
oder andere Weise zu erwerben. Herren der Gegend müßten die Staufer gewesen sein,
die seit 1143/46 als Erben der Pfalzgrafen im Besitz der Herrschaft Lauterburg waren,
zu der Heubach gehörte. Als Verwandte Bischof Ottos von Mutterseite konnten sie
eventuell sogar Erbansprüche an die Kirche geltend machen.

Viel später, urkundlich 1257 und 1258, erscheint Walter Hack als Inhaber von Lauterburg. Derselbe wird 1275, als er schon tot war, „Reichsministeriale" genannt.[147] Als
Inhaber von Lauterburg hatte er ehemals staufische Güter in Besitz. Er könnte möglicherweise noch von einem Staufer, etwa von Konrad IV. († 1254), oder einem anderen
Inhaber der Reichsgewalt in der Zeit des Interregnums mit Lauterburg und Zugehör

[144] OAB, Gmünd S. 338. — Gerhard M. Kolb: Heubach und die Burg Rosenstein im Mittelalter. In: Heubach und die Burg Rosenstein. 1984. S. 31 ff, hier S. 34.

[145] Wie Anm. 40. S. 343 f Nr. 10 und Nr. 15 sowie 17.

[146] Heinz Bühler: Wie kommen die frühen Staufer ins Remstal? In: ZWLG 50. 1991. S. 37 ff, hier S. 48.

[147] Die Urkunden des Hochstifts Augsburg. Bearb. Walther E. Vock. 1959. S. 32. Nr. 70. — WUB 5. S.
268 f Nr. 1503. — Die Urkunden der Fürstl. Oettingischen Archive in Wallerstein und Oettingen.
Bearb. Richard Dertsch u. Gustav Wulz. 1959. S. 29. Nr. 71a.

belehnt oder für irgendwelche Dienste belohnt worden sein. Ein Urenkel, Ulrich Hack, wird 1329 als Kirchherr in Heubach genannt.[148] Albrecht Hack, der Enkel Walters (1257/58), und dessen Sohn Ulrich, wohl der eben erwähnte Kirchherr, verkauften 1358 an Kloster Königsbronn die Kirchensätze in Oberböbingen und Heubach jeweils mit Widumhof und Mesneramt, dazu Güter, Mühle, Hirten- und Flurschützenamt in Oberböbingen sowie Zehntrechte in einem weiten Bereich.[149] Über Lauterburg verfügten sie nicht mehr. Dieses war wohl schon 1268 aufgrund eines Erbanspruchs an die Grafen von Öttingen übergegangen. Deren Vögte auf Lauterburg übten jedoch die Vogtei über die Heubacher Heiligenpflege aus und bekundeten damit, daß die Heubacher Kirche ein altes Zugehör von Lauterburg war.[150]

Die Hack sind als Heubacher Patronatsherren offenbar die Rechtsnachfolger der Staufer. Dies scheint ein wichtiges Argument dafür zu sein, daß die „ecclesia iuxta Albuch" tatsächlich in Heubach zu suchen ist. Dieses Ergebnis ergänzt und stützt das, was über die Herkunft des Bischofs Otto ermittelt werden konnte.

8. Die Herrschaft Lauterburg nach 1143/46

Wie mehrfach erwähnt, muß die Herrschaft Lauterburg um 1143/46 an die Staufer übergegangen sein, und zwar im Erbgang.[151] Aus der staufischen Periode liegen nur ganz wenige, zudem höchst unsichere Nachrichten vor. Hermann und Sifrid de Hoebach (Heubach), die im Bruderschaftsverzeichnis der Lorcher Stiftskirche für die Zeit um 1180 - 1220 verzeichnet sind, könnten staufische Ministerialen gewesen sein, die Verwaltungsaufgaben im Bereich der Herrschaft Lauterburg wahrzunehmen hatten.[152] Dasselbe mag für Heledamf de Meggelingen (Mögglingen) gelten, der 1235 auf der Proskriptionsliste der Anhänger König Heinrichs (VII.) zu finden ist, welcher sich gegen seinen Vater Kaiser Friedrich II. aufgelehnt hatte.[153]

Auch der Reichsministeriale Rudolf von Bragewanc (Brackwang bei Iggingen) 1236 könnte mit der Verwaltung der Herrschaft Lauterburg zu tun gehabt haben.[154] Ebenso

---

[148] Urkunden und Akten Schwäb. Gmünd (wie Anm. 96) Nr. 140.

[149] HStA. Stgt. H 602. Nr. 9549.

[150] Denkinger (wie Anm. 102) S. 244 Nr. 155. — Die Inhaber des Heubacher Widumhofs waren „vogtbar und dinstbar uff das schloß Rosenstain" (H 102/39 Bd. 1. Fol. 90 b und 91).

[151] OAB, Aalen S. 284 f. — Wenn dort als Zeitpunkt das Jahr 1191 angegeben wird, hat der Hrsg. die Pfalzgrafen mit den Manegolden von Werd verwechselt, die aber in Wirklichkeit kurz nach 1147 erloschen sind.

[152] Bruderschaftsverzeichnis der Lorcher Stiftskirche. In: Mehring (wie Anm. 103) S. 201.

[153] Martin Wellmer: Eine süddeutsche Proscriptionsliste im Staatsarchiv Wolfenbüttel. In: Aus Verfassungs- und Landesgeschichte. Festschrift zum 70. Geburtstag von Theodor Mayer 2. 1955. S. 119.

[154] WUB 3. S. 366. Nr. 869.

der Freie Marquard von Flochberg, der bis 1278 in Mögglingen begütert war; er selbst nennt sich nach einer der wichtigsten staufischen Burgen am Westrand des Rieses.[155] Auffallen muß, daß sich Lauterburg nicht im Reichssteuerverzeichnis von 1241 findet, wogegen Essingen und Schwäbisch Gmünd verzeichnet sind.[156] Ob Lauterburg in dem relativ hohen Steuerbetrag für Schwäbisch Gmünd — 160 Mark und 12 Mark von den Juden — mit inbegriffen war?

Als Burgherr auf Lauterburg — „nobilis de Luterburc" — erscheint 1257 und 1258 Walter Hack. Derselbe wird 1269 Walter Hako de Welzsteine (Wöllstein bei Abtsgmünd) genannt, doch zeigt sein Siegel die Umschrift „S. WALTHERI. HAGONIS. Domini. DE. LVTERBVRC.".[157] Im Jahre 1275, nach seinem Tod, wird er als „Reichsministeriale" bezeichnet.[158]

Walter Hack muß somit vor Mai 1257 in den Besitz Lauterburgs gelangt sein. Das war die Zeit des Interregnums. Der Staufer König Konrad IV. war 1254 in Italien verstorben. Nicht auszuschließen ist, daß er noch Walter Hack mit Lauterburg betraut hat; doch ist dies wenig wahrscheinlich. Konrads IV. Sohn, der 1252 geborene Konradin, stand als Kind unter der Vormundschaft seines Mutterbruders Herzog Ludwig von Bayern. Der Gegenkönig Wilhelm von Holland war im Januar 1256 in Friesland erschlagen worden. Seine Nachfolger Richard von Cornwall und Alfons von Kastilien waren noch kaum tätig geworden. Da Walter Hack „Reichsministeriale" genannt wurde, dürfte er durch einen Inhaber der Reichsgewalt eingesetzt worden sein. Doch wer war dies?

Um diese Frage möglicherweise zu klären, muß man sich mit der Familie Hack etwas näher befassen. Rudolf Hack, der Vater Walters, erscheint 1215 in Nürnberg im Gefolge Kaiser Friedrichs II. und bezeugt einen Gütertausch zwischen dem Bischof von Regensburg und dem Abt von Ellwangen. Daher mag er schon damals Beziehungen zu Ostschwaben (Ellwangen?) gehabt haben.[159] Im Jahre 1234 findet man ihn in Frankfurt in der Umgebung König Heinrichs (VII.) und 1238 ist er unter dem Namen Rudolf Hacgo von Haheltingen (Hochaltingen) in Wörnitz-Ahausen Zeuge für das dortige Kloster.[160] Im folgenden Jahr 1239 leistet er Zeugenschaft für den Abt von Lorch wegen eines Gutes in Fach bei Untergröningen. Das ist ganz nahe bei Wöllstein, wonach sich der Sohn Walter Hack benannte, als er um 1240/45 für den Abt von Ell-

---

[155] WUB 8. S. 84. Nr. 2755.

[156] Quellensammlung zur Geschichte der Deutschen Reichsverfassung. Bearb. Karl Zeumer. 1913. S. 83 f. Nr. 64.

[157] Wie Anm. 147. — WUB 7. S. 23 ff. Nr. 2064.

[158] Die Urkunden (wie Anm. 147) Nr. 71a.

[159] WUB 3. S. 32 f. Nr. 580.

[160] Historia diplomatica Friderici Secundi. Hg. I. L. A. Huillard-Bréholles. T. 4,2. 1855. S. 639 f. — Oettingische Regesten. Bearb. Georg Grupp. Nr. 68.

wangen bürgte (die Urkunde hat den Namen Welrestein, doch ist dies sicher Verschreibung für Welzstein = Wöllstein).[161]

Im Interregnum scheint Walter Hack mit den Gegnern der Staufer sympathisiert zu haben. So erwirkte er 1249 bei Papst Innozenz IV., dem erklärten Feind der Staufer, in Lyon ein Privileg für Kloster Oberstenfeld.[162] In den Jahren 1257 und 1258 findet man ihn in Dillingen als Siegler bzw. Zeuge von Verfügungen des Grafen Hartmann IV. von Dillingen.[163] Dessen Sohn Adalbert († 1257) wie auch einer der Mitsiegler in Dillingen 1257, Graf Ulrich von Wirtemberg, waren Gegner der Staufer und Hauptstützen Wilhelms von Holland.[164] Im Jahre 1269 leistete Walter Hack, der sich jetzt wieder von „Welzsteine" (Wöllstein) nannte, Bürgschaft, als die Grafen Gottfried von Löwenstein und Hartmann von Grüningen eine Übereinkunft mit der Witwe Bertholds von Blankenstein trafen. Auch Hartmann von Grüningen und Berthold von Blankenstein waren entschiedene Staufergegner.[165] Aus dem Umgang mit solchen Leuten darf wohl geschlossen werden, daß Walter Hack kein Stauferfreund war. Daher ist sehr wohl möglich, daß ihn Wilhelm von Holland (1248 - 1256) oder gar schon Heinrich Raspe (1246 - 1247) wegen seiner Parteinahme belohnt und mit Lauterburg belehnt hat. Auffallenderweise nannte er sich 1269 wieder nach Wöllstein; die Benennung nach Lauterburg findet sich auch bei seinen Nachkommen nie mehr. Er erscheint im Jahre 1270 in Wallerstein und siegelt die Urkunde, mit welcher Graf Ludwig III. von Öttingen und seine Söhne Ludwig V. und Konrad den Ort Kirchheim (Ries) zum Bau einer Zisterzienserabtei schenkten.[166]

Seine Tochter Margarete vermählte sich mit dem öttingischen Ministerialen Gerung vom Stein, was König Rudolf von Habsburg 1275 genehmigte, da Margaretes verstorbener Vater „Reichsministeriale" gewesen war.[167]

Walters Sohn Rudolf Hack von Wöllstein ist zwischen 1281 und 1313 wiederholt in Urkunden der Grafen von Öttingen zu finden, und zwar meist an bevorzugter Stelle.[168] Auch Heinrich von Rosenstein (bei Heubach), ein Niederadeliger aus dem Bereich der Herrschaft Lauterburg, leistet 1282 Zeugenschaft für den Grafen Lud-

---

[161] WUB 3. S. 435. Nr. 932. — WUB 5. S. 436. Nachtr. Nr. 49.

[162] WUB 4. S. 200 f. Nr. 1135 u. 1136.

[163] Wie Anm. 147.

[164] Karl Weller: König Konrad IV. un. die Schwaben. In: Württ. VJH. 6. 1897. S. 113 ff, hier S. 118, 131 (mit A. 2), 132, 144 f.

[165] WUB 7. S. 23 ff Nr. 2064, — Weller (wie Anm. 164) S. 153.

[166] WUB 7. S. 112 f. Nr. 2172.

[167] Die Urkunden (wie Anm. 147) Nr. 71a.

[168] Oetting. Regesten (wie Anm. 160) Nr. 243, 285, 415, 566, 616. — Die Urkunden (wie Anm. 147) Nr. 179, 180, 181,183.

wig V. von Öttingen. Derselbe war bis 1283 Inhaber einer von Öttingen lehenbaren Hube in Lutzingen (bei Höchstädt).[169]

Die Wiederbenennung Walter Hacks nach Wöllstein 1269, das auch um 1240/45 sein Wohnsitz gewesen war, und seine Orientierung hin zu den Grafen von Öttingen hängt offensichtlich zusammen mit dem Tode König Konradins in Neapel 1268. Danach hatte Graf Ludwig III. von Öttingen die staufischen Güter und Rechte im Ries, im Brenztal und um die obere Rems, nämlich die Herrschaft Lauterburg und Essingen, für sich beansprucht aufgrund von Verwandtschaft zu den Staufern. Für Walter Hack dürfte es das klügste gewesen sein, sich auf die Seite Öttingens zu schlagen und einen Vergleich mit Öttingen anzustreben. Dabei mußte er Lauterburg herausgeben, konnte jedoch offenbar andere Teile der alten Herrschaft Lauterburg behalten, wie z. B. Güter in Mögglingen, die 1338 verkauft wurden, und den Kirchensatz in Heubach und Oberböbingen samt Gütern und Rechten in Oberböbingen, die 1358 an Kloster Königsbronn gelangten.[170] Der Heubacher Kirchensatz scheint mit der Burg Rosenstein verbunden gewesen zu sein, nach welcher sich Albert Hack 1338 benannte.[171] Vielleicht trug er diese Burg von Öttingen zu Lehen; später erscheint Rosenstein in öttingischem Besitz.

Die Feste Lauterburg war wohl seit 1268/69 in öttingischer Hand. Dafür spricht, daß Graf Ludwig V. (1263 - 1313) im Jahre 1304 die Eigenschaft eines Gutes in Heuchlingen (Kreis Heidenheim) dem Kloster Anhausen übergab und daß sein Sohn Graf Ludwig VI. 1311 das Patronatsrecht der Kirche in Dettingen samt der Filialkirche in Heuchlingen und einer dortigen Hube demselben Kloster schenkte, sich jedoch ein Vogtrecht vorbehielt. Dieses Vogtrecht war späteren Nachrichten zufolge nach Lauterburg zu entrichten.[172] Auch später noch erscheinen öttingische Vasallen im Besitz von Gütern in Heuchlingen und Dettingen, die offenbar Zugehör der Herrschaft Lauterburg gewesen waren.[173]

Auf Lauterburg saß ein öttingischer Vogt. Für die Jahre 1345 bis 1358 ist Johann Engelhard, auch Hans von Aalen genannt, als solcher bezeugt.[174] Wohl um 1358/59 verpfändete Öttingen die Burgen Lauterburg und Rosenstein samt den Städten Heubach und Aalen an Eberhard den Greiner von Wirtemberg. Nach dessen Niederlage

---

[169] Arcchiv für die Geschichte des Hochstifts Augsburg 6. 1929. S. 743 f. — Die Urkunden des Reichsstiftes Kaisheim. Bearb. Hermann Hoffmann. 1972. Nr. 382.

[170] Urkunden u. Akten Schwäb. Gmünd (wie Anm.96) Nr. 163. — H 602. Nr. 9549. — Vgl Kolb: Heubach (wie Anm. 144) S. 39 f.

[171] Regesta Boica 7. S. 225. — Vgl. Anm. 150.

[172] HStA. Stgt. A 471. U. 171 und 85. — H 602. Nr. 6153.

[173] Ulmisches UB. 2, 1. S. 372. Nr. 385. — HStA. Stgt. A 471. U. 92.

[174] Urkunden u. Akten Schwäb. Gmünd (wie Anm. 96) Nr. 181, 185. — Die Urkunden der Stadt Nördlingen. Bearb. Karl Puchner und Gustav Wulz. Bd. 2. 1956. Nr. 248. — A 471. U. 92. — Spitalarchiv (wie Anm. 101) Nr. 44.

im Reichskrieg 1360 erwarb Kaiser Karl IV. die genannten Burgen und Städte für die böhmische Krone, vertauschte sie aber sofort an das Reich, wogegen er Güter im Egerland und in der Oberpfalz für Böhmen erwarb. Im Jahre 1377 verpfändeten Karl IV. und sein Sohn Wenzel die Burgen und Städte Lauterburg, Rosenstein, Heubach und Aalen wieder dem Grafen Eberhard von Wirtemberg, und da die Pfandsumme nicht eingelöst wurde, blieben Lauterburg, Rosenstein und Heubach bis auf weiteres bei Wirtemberg, wogegen Aalen auf nicht bekannte Weise ans Reich zurückfiel.[175]

9. Zur Geschichte des Albuchs im Spätmittelalter

Ein Teil der späteren Geschichte des Albuchs wurde schon vorweggenommen, als es darum ging, den Besitz der einzelnen Teilhaber am Albuch zu ermitteln. Im Falle der Pfalzgrafen war es vorwiegend der Besitz ihres Klosters Anhausen, der erstmals 1143 verzeichnet ist in einer Urkunde des Bischofs Walter von Augsburg (1133 - 1153), eines Angehörigen der Stifterfamilie.[176] Im Falle der Herren von Albeck ist es zum guten Teil der Besitz ihres im Jahre 1190 gegründeten Augustiner-Chorherrenstifts Steinheim, der ausgesondert werden mußte aus dem Gut des Klosters Königsbronn, wie es im Lagerbuch von 1471 verzeichnet ist.[177]

Im Verlauf des 13. bis 16. Jahrhunderts kam weiterer Besitz an die Klöster, denen schließlich weite Teile des Albuchs gehörten.

Die Abtei Anhausen konnte in den nahe beim Kloster gelegenen Orten Dettingen und Heuchlingen, die untereinander herrschaftlich und kirchlich eng verbunden waren, bis 1430 soviele Güter erwerben, daß ihr schließlich die beiden Orte je zur Hälfte gehörten. Die Grafen von Öttingen als Inhaber von Lauterburg eigneten — wie erwähnt — 1304 ein Gut in Heuchlingen und schenkten 1311 das Patronatsrecht der Kirche in Dettingen mit der Filiale in Heuchlingen sowie ein Gut in Heuchlingen.[178] Eberhard von Kemnat (bei Wassertrüdingen), wohl ein öttingischer Lehensmann, verkaufte 1356 je ein Gütlein in Dettingen und Heuchlingen an Sifrid von Suntheim, der dies noch im selben Jahr dem Kloster schenkte.[179] Auch die Hürger von Hürgenstein, wohl ehemals staufische Ministerialen mit Besitz, der einst den Pfalzgrafen gehört haben dürfte, überließen diesen teils direkt, teils auf Umwegen dem Kloster: Otto Hürger verkaufte an Konrad Schnapper drei Huben und zwei Hofstätten in Dettingen, die

[175] Kolb (wie Anm. 144) S. 44. — Reg. Imperii VIII. Nr. 3270a, 3292, 3294, 3443. — HStA. Stgt. A 602. U. 6112.
[176] WUB 2. S. 26 ff. Nr. 318.
[177] HStA. Stgt. H 102/39. Bd. 1.
[178] HStA. Stgt. A 471. U. 171 und 85.
[179] HStA. Stgt. A 471. U. 92 und 173.

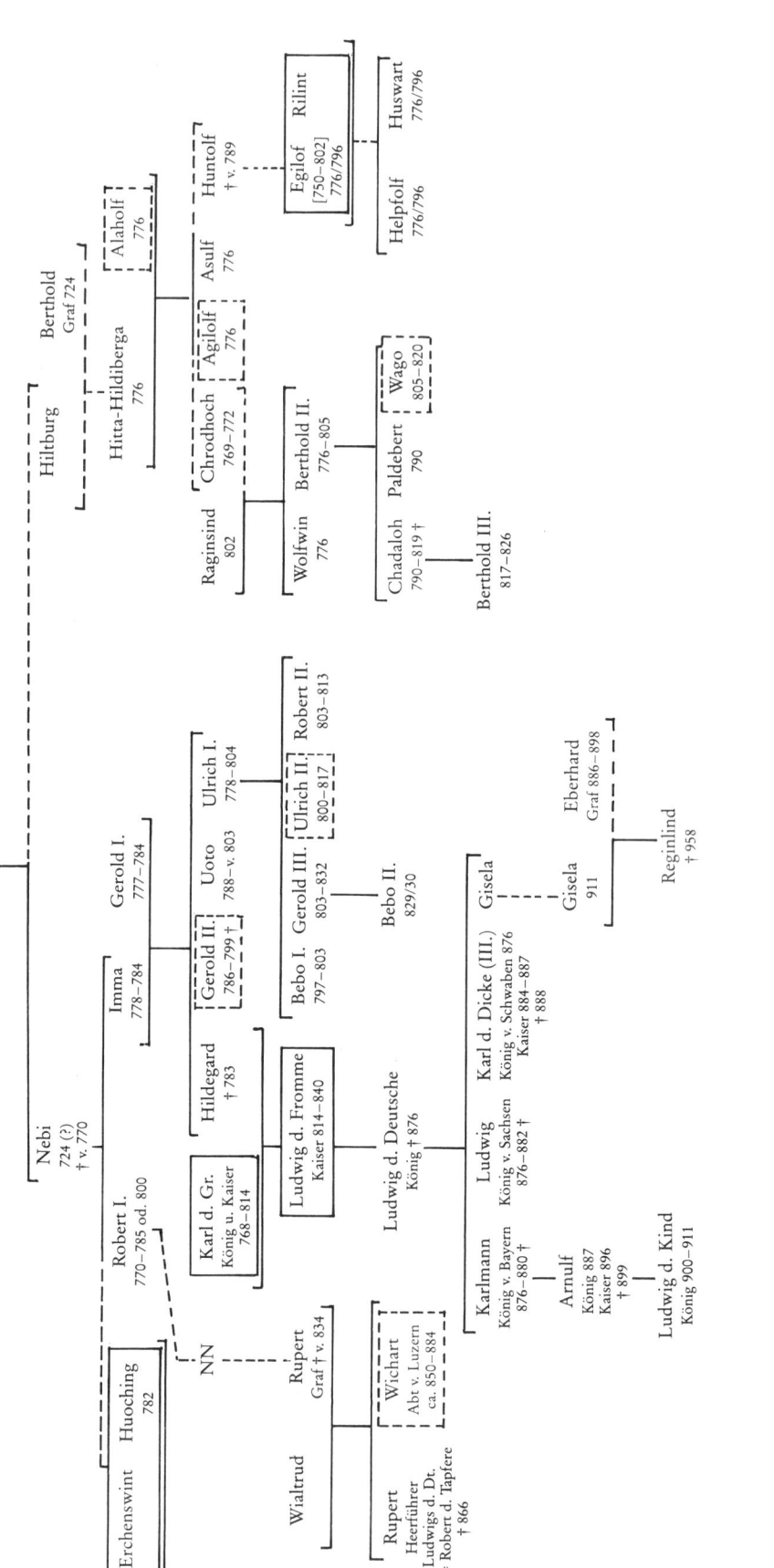

H. Bühler 1991

I. *Zur Geschichte des Albuchs im frühen Mittelalter*
(auszugsweise)

☐ urkundlich bezeugte Grundherren

⌐ ⌐ aus Ortsnamen erschlossene Grundherren

Burchard I.
Hz. v. Schwaben
917–926
I.

Reginlind
† 958

Hermann I.
Hz. v. Schwaben
926–949
II.

Rudolf
König v. Burgund
† 937

Berta
† n. 962

Burchard II.
Hz. v. Schwaben
954–973

Hadwig
† 994

Ita
† 986

Liudolf
Hz. v. Schwaben
949–954
† 957

Heinrich
Hz. v. Bayern
945–955

Otto I.
König u. Kaiser
936–973

Adelheid
999
I.

Konrad
König v. Burgund
937–993
II.

Adelania
† n. 963

Mathilde
† 982/991

Otto
Hz. v. Schwaben
973–982

Richlind

Konrad
Hz. v. Schwaben
983–997

Hadwig
† 994

Heinrich II.
Hz. v. Bayern
955–995

Otto II.
König u. Kaiser
973–983

Gisela
† 1006

Gerberga
1000

Hermann II.
Hz. v. Schwaben
997–1003

Liutold
v. Mömpelgard
⚭ Willibirg v. Wülfingen † n. 1044

Ita

Rudolf
v. Altdorf
(Welfe)

Heinrich II.
König u. Kaiser
1002–1024

Otto III.
König u. Kaiser
983–1002

Friedrich
Hz. v. O'Lothringen
† 1026/27

Mathilde
† 1033

Gisela
† 1043

Konrad II.
König u. Kaiser
1024–1039

Werner
v. Hugshofen
1000?
1027?

Berengar
† 1027

Otto
† v. 1144
Graf i. Sundgau
1003–1025 ?

Hunfried
Erzbischof
v. Ravenna
† 1051

Adelheid
v. Wülfingen
† n. 1052

Rudolf
v. Achalm
† v. 1055

Ludwig
v. Mousson

Sophie
† 1093

Heinrich III.
König u. Kaiser
1039–1056

Eberhard d. Sel.
Graf v. Nellenburg
† ca. 1078

Ita

Folmar
1061

Berengar
Graf i. Sundgau 1048

To. N

Friedrich
Riesgraf 1030
Pfalzgraf 1053

Kuno
Graf i. Sundgau
1052–1092 †

Willibirg
⚭ Werner III.
† 1065

Liutold
1061–1098 †

Werner
Bischof v.
Straßburg
1065–1077

Mathilde
v. Herburg

Kuno
v. Lechsgemünd
1091

Hildegard
v. Schlettstadt
† 1094

Heinrich IV.
König u. Kaiser
1056–1106

Eberhard
† 1075

Kuno
v. Hurningen
1091

To. N [Adalbert]

Hildegard
v. Schlettstadt
† 1094

Friedrich
v. Büren
Riesgraf 1053

Werner IV.
v. Grüningen
1097–1121 †

Rudolf
v. Tapfheim
1067

To. N

Heinrich
v. Lechsgemünd
† 1078

Agnes
† 1143

To. N

Ulrich I.
v. Hurningen
1108–1123

Adalbert
v. Stubersheim
1092

Berengar
v. Stubersheim
1092

Adelheid
ca. 1085

Manegold
Pfalzgraf
1070–ca. 1095

Otto
Bischof v.
Straßburg
1083–1100

Konrad
1089–1095

Ludwig
Pfalzgraf
1089–1103

Walter
1089–1095

Adelheid
1094

Friedrich I.
Hz. v. Schwaben
1079–1105
⚭ Agnes
† 1143

Ulrich
Abt v.
Reichenau
1088–1123

Tieruo
v. Michelstein
ca. 1115

Heinrich
v. Lechsgemünd
† 1142

Reginhard
v. Michelstein
1101–ca. 1126

Volkrat
v. Lechsgemünd
1135–ca. 1145

Eberhard
v. Stubersheim ca. 1110
? = v. Helfenstein ca. 1113

Liutgard
1108

Berengar
v. Albeck
1108

Adalbert
v. Elchingen-Ravenstein
1104–ca. 1120
⚭ Berta
v. Boll † v. 1142

Adalbert
v. Stubersheim
ca. 1130

Berengar
v. Stubersheim
ca. 1130

Manegold
Pfalzgraf
† v. 1125

Adalbert
Pfalzgraf
1125–1143

Walter
Bischof v.
Augsburg
1133–1153
† 1154

Ludwig
v. Westheim
† 1112

Berta
v. Boll
† v. 1143

Konrad III.
König
1138–1152 †

Friedrich II.
Hz. v. Schwaben
1105–1147
⚭ Judith
(Welfin)

Konrad
v. Böbingen-Tapfheim
ca. 1130

Reginhard
v. Tapfheim
ca. 1140–1152

Rudolf
v. Tapfheim
ca. 1140

Eberhard II.
v. Helfenstein
ca. 1150

Witegow
v. Albeck
1127–ca. 1150

Berengar
v. Albeck
ca. 1120–1150

Siboto
v. Albeck
1127–1128

Luitgard
† 1146
⚭ Konrad
v. Wattin
† 1157

Berengar
v. Ravenstein
1154–1157

To. N

Konrad
v. Wallerstein
ca. 1112–1147

Friedrich I.
König u. Kaiser
1152–1190 †

Reginhard
v. Tapfheim
ca. 1140–1144

Diepold
v. Lechsgemünd
1149–1189

Ludwig
Graf v. Helfenstein-Spitzenberg-Sigmaringen
1147–1200

To. N

Witegow
v. Albeck
1163–1190

Berengar
Kanoniker
1190–1219

Albrecht
v. Ravenstein
1189–1192
† v. 1266

Degenhard
v. Hellenstein
1150–1182

Berengar
v. Hellenstein
† v. 1171

Ludwig I.
v. Öttingen
1141–1147

Heinrich VI.
Kaiser
1191–1197

Witegow d. Ä.
v. Albeck
1209–1227

Siboto
v. Albeck
1209–1220

To. N

Eberhard
Graf v. Kirchberg
1181–ca. 1183

Albrecht
v. Ravenstein
1209

Ludwig II.
v. Öttingen (1142)
1156–1188

Friedrich II.
Kaiser
1212–1250

Ulrich I.
Graf v. Helfenstein
1207–1241

Witegow d. J.
v. Albeck
1219–1250

Otto
Graf v. Kirchberg-Brandenburg
1209–1220

To. N

Ulrich I.
Graf v. Helfenstein
1207–1241

Ludwig IIa.
v. Öttingen
1191–1218/25

Sophie
v. Lechsgemünd
ca. 1193–1242

Konrad IV.
König
1254 †

Sophie
ca. 1193–1242

Berthold
v. Lechsgemünd-Graisbach
1193–1238
† ca. 1253

Ulrich II.
Graf v. Helfenstein
1241–1290

Heinrich II.
Markgraf v. Burgau
1241–1293

Adelheid
1267–1280 †

To. N

Kraft
v. Nawe
1237–1246

Ludwig III.
v. Öttingen
1220–1279 †

Konradin
1268 †

der Käufer 1329 zu einer Meß-Stiftung im Kloster verwandte.[180] Ulrich Hürger überließ das Ziegelwerk zu Ringingen (?) bei Dettingen seinem Schwiegersohn Werner von
Suntheim, der es 1338 an Anhausen verkaufte.[181] Derselbe Ulrich Hürger und sein
Sohn Konrad verkauften dorthin 1339 eine Selde in Heuchlingen samt dem Kirchensatz der Sankt-Bonifatius-Pfründe in Dettingen.[182] Auf Umwegen erwarb das Kloster
schließlich 1430 das Burgstall Hürgenstein samt Bauhof und zugehörigen Landgarbäckern.[183] Von der Abtei Lorch hatte Anhausen schon 1327 im Tausch gegen dessen
Güter in Alfdorf bei Welzheim alle lorchischen Besitzungen in Dettingen samt einem
Kirchenpatronat erworben. Womöglich handelt es sich dabei um die sogenannte kleinere Pfründe, von der 1370 die Rede ist.[184] Schließlich erwarb Kloster Anhausen auch
von den Grafen von Helfenstein 1363 ein Gut in Dettingen.[185]

Auch in Heldenfingen kam die Abtei Anhausen vor 1463/1474 zu namhaftem
Besitz, dessen Erwerb sich jedoch nicht im einzelnen belegen läßt.[186]

In Bolheim, dem Nachbarort Anhausens, kaufte das Kloster 1320 von Lorch nahezu
den gesamten Grundbesitz und alle Rechte, nämlich den Fronhof, die Mühle, das
Fischwasser, 15 Huben und das Kirchenpatronat.[187]

Gussenstadt mit allen Rechten einschließlich Kirchensatz wurde dem Kloster 1326
von den Grafen Johann und Ulrich IV. von Helfenstein geschenkt. Nachdem die
Gesamtherrschaft Helfenstein 1356 in die ältere Geislinger und die jüngere Blaubeuren-
Brenztaler Linie geteilt worden war, wiederholte Graf Ulrich d. J., in dessen Herrschaftsbereich Gussenstadt nun lag, 1358 die Schenkung von 1326 und fügte auch Furtheim (bei Mergelstetten) den Hof, das Burgstall und das Fischwasser hinzu, wofür ihm
das Kloster seine Rechte in Irmannsweiler und dem in dessen Nachbarschaft gelegenen
Weilern †Rechenwasser, †Rechenzell, †Fachensohl und †Mackmansweiler überließ.[188]

Mit diesen Erwerbungen hatte Kloster Anhausen seinen endgültigen Besitzstand im
Bereich des Albuchs im wesentlichen erreicht.

Das Augustinerstift Steinheim wurde 1303 dem Zisterzienserkloster Königsbronn
einverleibt, zu dessen Ausstattung im übrigen die Güter der alten Herrschaft Herwartstein dienten, die König Albrecht 1302 erkauft hatte.[189] Das Kloster erwarb später

[180] HStA. Stgt. A 471. U. 89 und 90.

[181] HStA. Stgt. A 471. Bü. 26 (Urkunde beschädigt).

[182] HStA. Stgt. A 471. U. 91.

[183] HStA. Stgt. A 471. U. 207, 208, und 209.

[184] HStA. Stgt. A 471. 88. — Württembergisches aus römischen Archiven. In: Württ. Geschichtsquellen.
Hg. Dietrich Schäfer. Bd. 2. S. 357 ff., hier S. 475.

[185] HStA. Stgt. A 471. U. 93.

[186] HStA. Stgt. H 127. Nr. 60. Fol. 63 ff. — H 102/5 Bd. 1 Fol. 161v ff. — Er stammte wahrscheinlich
von denen von Ravenstein, die bis ins frühe 13. Jh. Ortsherren in Heldenfingen waren.

[187] HStA. Stgt. A 471. U. 65.

[188] HStA. Stgt. A 471. U. 127 und 128.

[189] Dambacher: Urkundenlese (wie Anm. 20) S. 116 ff. — Besold: Documenta (wie Anm. 32) S. 641 ff.

noch zahlreiche einzelne Güter in verschiedenen Orten, insbesondere aber die Hälfte von Oberkochen 1358 von Otto von Kaltenburg (bei Hürben) und seiner Gattin Adelheid von Schwabsberg.[190] Vermutlich hatte Adelheid von Schwabsberg die Güter in Oberkochen in die Ehe gebracht, denn die von Schwabsberg waren Dienstleute der Äbte von Ellwangen, und diese hatten in Oberkochen reichen Besitz. Vom Kloster Roggenburg kaufte der Abt von Königsbronn 1368 den Hof Hohenberg, den alten Hohenberg, den Felgenhof, den Hof Entzenwiese und den Berchtenbühl (alle nordwestlich Steinheim).[191] Das Dorf Söhnstetten, wo Königsbronn zuvor schon das Kirchenpatronat besessen hatte, erwarb Abt Emmeram 1507 von Konrad von Züllenhart, und er arrondierte seinen dortigen Besitz, indem er im folgenden Jahr 1508 tauschweise die Güter der Klöster Anhausen und Herbrechtingen an sich brachte.[192]

Das Stift Herbrechtingen, das 1171 von Kaiser Friedrich I. reformiert worden war, hatte vermutlich noch in staufischer Zeit Güter in Steinheim und † Hitzingsweiler sowie in Mergelstetten erhalten. Sie sind freilich erst 1463 im Lagerbuch der „Herrschaft Heidenheim" nachzuweisen.[193]

Die genannten Klöster gelangten über die Vogtei in Abhängigkeit von weltlichen Machthabern. Das waren seit dem 13. Jahrhundert die Grafen von Helfenstein. Graf Ulrich I. (1207 - 1241) hatte die Herrschaft Ravenstein (bei Steinenkirch) erheiratet, zu der Gerstetten, Gussenstadt, Heuchstetten, Söhnstetten, Steinenkirch und Heldenfingen gehörten.[194] Damit hatten die Helfensteiner auf der Heidenheimer Alb Fuß gefaßt. Graf Ulrich II. (1241 - 1290) eignete sich aus dem Nachlaß seines Schwiegervaters, des Grafen Hartmann IV. von Dillingen († 1258), die Vogtei Herbrechtingen an. Die Vogtei Steinheim gelangte vermutlich über die Gemahlin Ulrichs III. (1273 - 1315), Adelheid von Graisbach († v. 1291), in helfensteinischen Besitz; Adelheid war eine Enkelin der Adelheid von Albeck († 1280). Die seit 1143/46 staufische Vogtei Anhausen mag Graf Ulrich II. aufgrund seiner Parteinahme gegen die Staufer nach 1245 von einem der Gegenkönige Heinrich Raspe (1246 -1247) oder Wilhelm von Holland (1248 - 1256) als Lohn erhalten oder einfach usurpiert haben. Offenbar führte diese dem Abt unerwünschte helfensteinische Vogtherrschaft zu „controversiis" mit den Grafen Ulrich II. und Ulrich III., in welche sich Papst Gregor X. 1274 von Lyon aus einschaltete.[195] König Rudolf von Habsburg bestätigte jedoch 1286 dem Grafen Ulrich

190) Dambacher: Urkundenlese S. 339 ff.

191) Dambacher: Urkundenlese S. 350 ff.

192) HStA. Stgt. Lagerbuch Königsbronn G 1306. Fol. 17 ff, 35 ff und 27 ff.

193) HStA. Stgt. H 127. Nr. 60. Fol.44v ff, 12v und 35vff.

194) Heinz Bühler: Wer war der letzte Ravensteiner? In: Jahrbuch des Heimat- und Altertumsvereins Heidenheim. 3. Jahrg. 1989/90. S. 47 ff, hier S. 51 f.

195) Weller (wie Anm. 164) S. 116 (A.2), 117 (A.2), 118 f, 119 (A.1). — Anton Steichele: Geschichte des Klosters Ahausen an der Brenz. In: Beiträge zur Geschichte des Bistums Augsburg. 1. 1850. S. 192 ff, hier S. 265 Nr. 13.

II. die Vogteien über Herbrechtingen und Anhausen, die künftig als Reichslehen galten.[196]

Zu diesen Vogteien war unter Ulrich II. die Herrschaft Herwartstein gekommen. Die Herzöge von Kärnten, Söhne der Elisabeth von Bayern, die in erster Ehe mit dem Staufer König Konrad IV. († 1254) vermählt war, hatten dort lehensherrliche Rechte, die sicherlich von ihrer Mutter stammten.[197] Dies läßt darauf schließen, daß die Herrschaft Herwartstein Elisabeth als Wittum verschrieben war, und zwar von Konrad IV. Sie war somit staufisches Gut. Ob die helfensteinischen Besitzrechte auf rechtmäßiger Belehnung durch Konrad IV. oder den zweiten Gemahl Elisabeths, Meinhard II. von Görz-Tirol († 1295), beruhten, darf bezweifelt werden. Vermutlich waren sie auf ähnliche Weise erworben worden wie die Vogtei Anhausen[197a] Nachträgliche Belehnung durch die rechtmäßigen Eigentümer mag die Sache formal bereinigt haben. Mit all dem besaßen die Helfensteiner eine beträchtliche Machtstellung im Brenztal und auf dem Albuch.

Zwar mußte Graf Ulrich III. die Vogtei Steinheim samt der Herrschaft Herwartstein 1302 an König Albrecht verkaufen, der damit das Kloster Königsbronn dotierte.[198] Doch König Karl IV. verpfändete 1353 die Vogtei Königsbronn den Grafen von Helfenstein um 600 Mark Silber.[199] Obwohl er die Verpfändung 1361 widerrief, blieben die jeweiligen Inhaber der Herrschaft im Brenztal praktisch Schutzherren des Klosters, wenn auch — gemäß der Ordensregel der Zisterzienser — in lockererer Form als im Falle Herbrechtingen und Anhausenn.

Von Karl IV. erhielten die Grafen von Helfenstein 1351 die ihnen schon von Ludwig dem Bayern verpfändete Reichsburg Hellenstein mit Heidenheim als erbliches Reichslehen.[200]

Neben der bis 1448 helfensteinischen Herrschaft im Brenztal (Herrschaft Heidenheim), die nicht zuletzt wegen der zugehörigen Klostervogteien im Bereich des Albuchs dominierte, konnten sich nur die kleine Herrschaft Lauterburg, von der bereits die Rede war, und bis 1593 auch die Herrschaft Falkenstein (bei Dettingen) behaupten. Die falkensteinischen Güter waren mit denen der Pfalzgräfin Adelheid (ca. 1085) aus dem Hause Stubersheim in Dettingen, Heuchlingen, † Rotfelden und

---

[196] WUB 9. S. 104 ff. Nr. 3576.

[197] Dambacher: Urkundenlese (wie Anm. 20) S. 122. f.

[197a] Dies erklärt wohl, weshalb König Rudolf von Habsburg 1287 die damals helfensteinische Burg Herwartstein belagerte. Sein Sohn Albrecht war seit 1274 mit Elisabeth verheiratet, der Tochter der Elisabeth von Bayern aus ihrer zweiten Ehe mit Meinhard II. von Görz-Tirol. Rudolfs Schwiegertochter hatte offenbar selbst von der Mutter ererbte Ansprüche an die Herrschaft Herwartstein. Für sie wie auch für den König war Graf Ulrich II. von Helfenstein unrechtmäßiger Inhaber der Herrschaft. Deshalb sollte sie ihm weggenommen werden.

[198] Wie Anm. 189.

[199] HStA Stgt. H 51. u 577. — Besold: Documenta (wie Anmm. 32) S. 646 f.

[200] Richard Stein: Heidenheim im Mittelalter. 1918. S. 11 f Nr. 1; s. S. 48 A. 31.

Jungholz eng verzahnt. Daraus ist zu schließen, daß sie vom Besitz derer von Stubersheim-Albeck abgetrennt und wohl einer albeckischen Tochter als Mitgift überlassen worden waren. Um 1160 ist als Inhaber ein Gotebert von Falkenstein erwähnt.[201] Er war Lehensherr Wezels von Merklingen, der über Gut in †Zimmerbuch (? bei Böhringen) verfügte. Rund hundert Jahre später, 1252 und 1258, sind die Brüder Rudolf und Swigger von Falkenstein in Kaisheimer Urkunden bezeugt.[202] Die Erbtochter Adelheid von Falkenstein brachte Burg und Herrschaft ihrem Gemahl Walter II. von Faimingen (1255 - 1272) zu. Von nun an war Falkenstein für rund hundert Jahre mit Faimingen verbunden. Die Tochter Walters II. von Faimingen brachte beides an die Speth. Nach dem Tod Hermann Speths 1339 erbten die vier Töchter seines bereits verstorbenen Sohnes Friedrich. Sie standen unter Vormundschaft Kaiser Ludwigs des Bayern, später des Markgrafen Ludwig von Brandenburg.[203] Wohl über ihn gelangte Faimingen mit Falkenstein um 1355 an die Grafen Ulrich d. Ä. und Ulrich d. J. von Helfenstein. Bei der Teilung der Gesamtherrschaft Helfenstein 1356 fielen beide Herrschaften der jüngeren Linie Helfenstein zu, die das Brenztal beherrschte.[204] Als sich die Tochter Ulrichs da. J. von Helfenstein, Anna, mit Herzog Friedrich von Teck vermählte, erhielt sie Falkenstein als Mitgift. Herzog Friedrich erwirkte bei Karl IV. 1377 das Marktracht für Dettingen.[205] Er verkaufte jedoch die Herrschaft 1390 an Albrecht III. von Rechberg zu Staufeneck.[206] Dessen Enkel Albrecht IV. († 1439) begründete eine eigene Linie, die auf Falkenstein Wohnung nahm. Die Witwe seines Sohnes Veit II., Margarete von Stöffeln, ließ 1478 alle zu Falkenstein gehörigen Güter und Rechte in einem Lagerbuch verzeichnen.[207] Es sind dies die Mühle zu Bindstein (Eselsburger Tal), sieben Höfe in Dettingen (zum Teil mit Gütern zu † Sillenstetten), vier Höfe in Heuchlingen, ein Hof zu † Rotfelden (später in sechs Feldlehen aufgeteilt), zehn Feldlehen genannt „Röderlehen", fünf Jungholz-Lehen, zwei Lehen zu † Rüblingen (dabei Grundstücke zu Ugendorf und Gysenbrunnen) sowie eine stattliche Zahl von Selden.

Die Anlage des Lagerbuchs erklärt sich, wenn man erfährt, daß die Inhaber Falkensteins sich ihrer Rechte gegen die immer weitergehenden Ansprüche der Herrschaft Heidenheim erwehren mußten. Ulrich von Rechberg starb 1567 ohne Nachkommen. Sein Neffe und Erbe Konrad war verschuldet. Er schloß mit Herzog Ludwig von Württemberg als Inhaber der Herrschaft Heidenheim einen Kaufvertrag über Falkenstein ab,

[201] Das Traditionsbuch und das älteste Einkünfte-Verzeichnis des Klosters Ursberg. Hg. A. Schröder. In: Jahres-Bericht des Histor. Vereins Dillingen 7. 1894. S. 19 Nr. 63.

[202] Die Urkunden des Reichsstiftes Kaisheim. Bearb. Hermann Hoffmann. 1972. Nr. 123 und 151.

[203] Georg Rückert: Die Herren von Faimingen und ihr Besitz. In: Jahrbuch des Histor. Vereins Dillingen 21. 1908. S. 46 ff, hier S. 49 ff.

[204] StA. Ludwigsburg. B 95. U 43.

[205] HStA Stgt. A 602. Nr. 9002.

[206] HStA Stgt. A 602. Nr. 9006.

[207] HStA Stgt. A 353. Abschrift in Bü. 54.

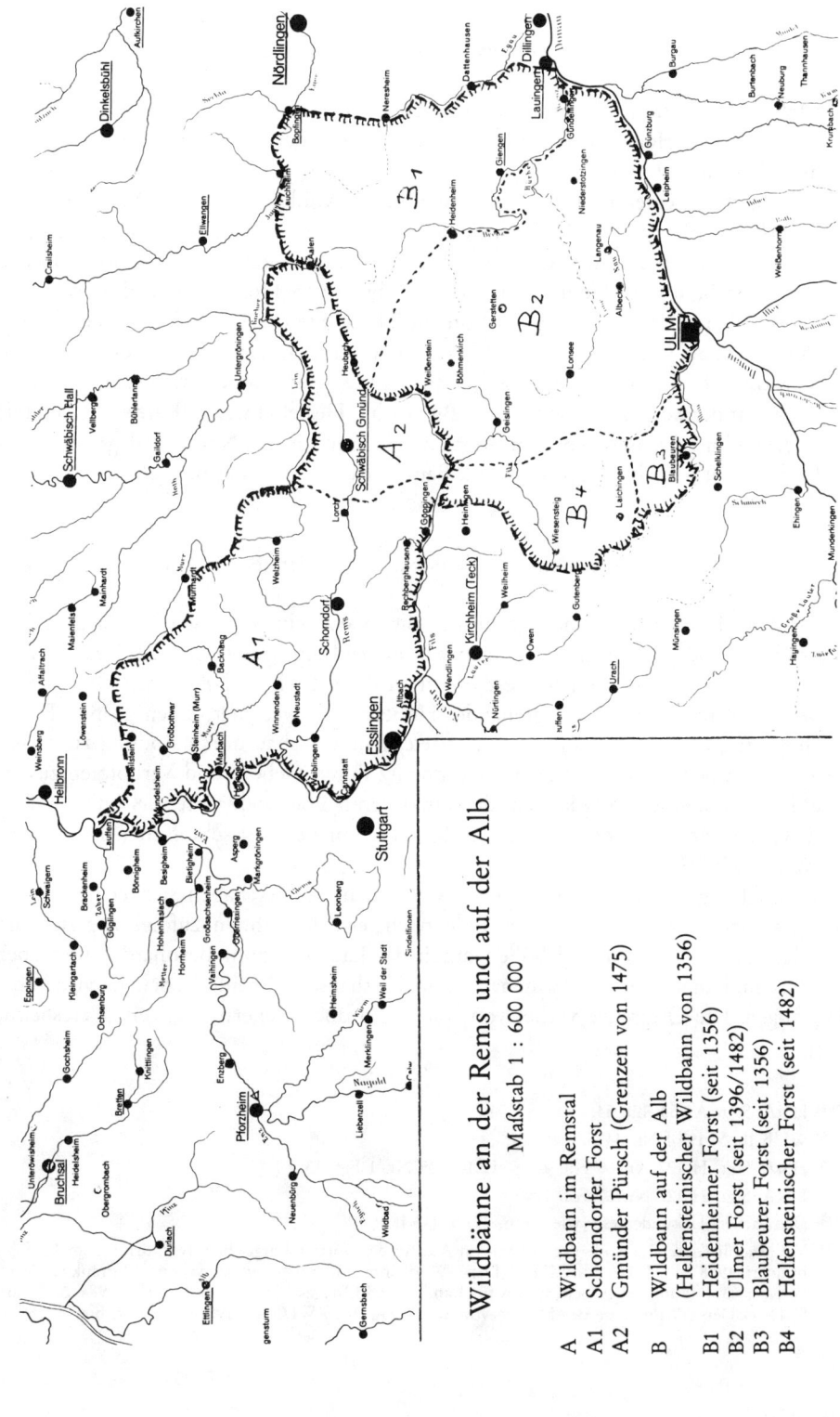

Wildbänne an der Rems und auf der Alb

Maßstab 1 : 600 000

A   Wildbann im Remstal
A1   Schorndorfer Forst
A2   Gmünder Pürsch (Grenzen von 1475)

B   Wildbann auf der Alb
     (Helfensteinischer Wildbann von 1356)

B1   Heidenheimer Forst (seit 1356)
B2   Ulmer Forst (seit 1396/1482)
B3   Blaubeurer Forst (seit 1356)
B4   Helfensteinischer Forst (seit 1482)

der 1593 in Kraft trat.[208] Damit wurde auch Falkenstein der seit 1504 württembergischen Herrschaft Heidenheim einverleibt, und diese beherrschte nunmehr den weitaus größten Teil des Albuchs.

Im Verlauf des späteren Mittelalters, insbesondere wohl infolge der Pest in den Jahren nach 1348, wurden zahlreiche Kleinsiedlungen auf dem Albuch wüst, aber auch größere Orte wie Erpfenhausen (schon vor 1293)[209], Küpfendorf[210], Ugendorf und Zang waren davon betroffen. Mehrere sind im Lagerbuch von 1463 als „mit Holz verwachsen" beschrieben.[211], waren somit schon seit Jahrzehnten verlassen. Vielfach diente das Gelände auch als Weide. Ab der dreißiger Jahre des 16. Jahrhunderts wurde, ausgehend vom Kloster Königsbronn, eine Reihe alter Orte wiederbesiedelt, wie Küpfendorf, Zang, Gnannenweiler, Neuselhalden, Bibersohl, Hesselschwang, Kerben, Ugendorf und Heutenburg (?), andere neu angelegt oder doch mit neuen Namen belegt, wie Geisbühl (bei Sontheim im Stubental) und Baumgarten (bei Königsbronn).

10. Zur Geschichte des Wildbanns (Heidenheimer Forst)

Der Albuch gehörte in seiner Gesamtheit bis 1356 zu einem großen Wildbannbezirk, der sich seit 1302 im Besitz der Grafen von Helfenstein nachweisen läßt, jedoch vielleicht schon ein halbes Jahrhundert früher in ihren Besitz gelangt war.[212]

Der Wildbann war ein übergreifendes Hoheitsrecht, geeignet, einen großen Raum flächenhaft zusammenzufassen. Er gestattete, Landesausbau durch Rodung zu betreiben und auf den eingeschlossenen Fremdbesitz durch Gebote und Verbote einzuwirken. Damit bot er die Möglichkeit, die punktförmig über viele Orte verstreuten Güter und Rechte seines Inhabers zu einem räumlich annähernd geschlossenen Dominium zu vereinigen.[213]

Beschreibungen der Außengrenzen des Wildbannbezirks haben sich erst ab 1448, und zwar zunächst nur für einen Teilbereich, erhalten. Ihnen zufolge zog sich die Nordgrenze von der Fils bei Süßen durch das Lautertal zum Bernhardus und über Rosenstein, Langert, Aalen, Hohenalfingen, Westhausen, Röttingen, Schenkenstein bis Bopfingen. Die Ostgrenze verlief von Bopfingen über Weilermerkingen, Neresheim,

208) HStA. Stgt. A 353. Bü. 54.
209) WUB 10. S. 193 f Nr. 4455.
210) HStA. Stgt. H 127 Nr. 60 Fol. 46. — H 102/39 Nr. 1 Fol. 13 v f.
211) HStA. Stgt. H 127 Nr. 60 Fol. 12v.
212) Dambacher: Urkundenlese (wie Anm. 20) S. 116 ff.
213) Vgl. Rudolf Kieß: Die Rolle der Forsten im Aufbau des württembergischen Territoriums im 15. Jahrhundert. 1958. S. 133, 136 f und 138. — Ders.: Wildbänne und Forsten in Schwaben und Franken. Protokoll der 63. Sitzung des Arbeitskreises für Landes- und Ortsgeschichte vom 25. Febr. 1984. Stuttgart. S. 11. — Ders.: Wildbänne der Herren von Weinsberg. In: ZWLG 45. 1986. S. 137 ff, hier S. 160.

der Egau entlang bis Wittislingen und von dort zur Einmündung der Brenz in die Donau bei Echenbrunn.[214] Die ehemalige Westgrenze verlief späteren Beschreibungen zufolge von Süßen über Schlat zum Albtrauf und diesem entlang zum Reußenstein, dann über Donnstetten zum Hochwang bei Feldstetten, westlich Ennabeuren zum Tiefental und entlang der Ach und Blau in die Donau. Diese bildete die Südgrenze.[215]

In diesem weitgedehnten Wildbannbezirk ist vielleicht ein alter Hoheitsbezirk aufgegangen, der 1125 als „pagus Albae" mit Anhausen an der Brenz nur ganz unbestimmt zu fassen ist.[216] Man wagt es kaum, an eine alte Grafschaft zu denken, denn ein Graf ist für diesen Bereich nicht ausdrücklich bezeugt. Am ehesten kämen die Pfalzgrafen in Betracht, da sie hier begütert und von Amtes wegen für die Pfalz Ulm zuständig waren, die von diesem Bezirk wohl berührt wurde.[217] Sollte dies zutreffen, dann könnte das Erlöschen des Pfalzgrafengeschlechts 1143/46 mit ein Grund gewesen sein, den Bezirk in einen Wildbann umzugestalten. Dann wäre eventuell ein vager Anhaltspunkt gewonnen für die Entstehungszeit des Wildbanns, nämlich die Stauferzeit.

Mit Verwaltungs- und Polizeiaufgaben im Wildbann betraut war wohl ein Ministeriale mit dem Titel „Forestarius" bzw. „Forstmeister". Als ein solcher ist in den Jahren 1209 und 1216 Ulrich von Furtheim bezeugt.[218] Er nannte sich nach einer Burg dicht an der heutigen Markungsgrenze Mergelstettens gegen Bolheim. Sofern die Burgstelle, heute fälschlicherweise Hurwang genannt, auch in alter Zeit zu Mergelstetten gehörte, stammte sie wohl aus dem Erbe der Pfalzgrafen und war 1143/46 staufisch geworden. Falls sie etwa zu Bolheim gehörte, war es Grund, der über die Salierin Agnes an die Staufer gelangt war. Mit dem Auftreten Ulrichs von Furtheim 1209 darf der Wildbann als bestehend betrachtet werden. Ulrich von Furtheim war ein staufischer Ministeriale. Der Wildbann war offenbar vom staufischen König einige Zeit vorher eingerichtet worden.

Als Entstehunszeit könnte man sich etwa die zweite Hälfte der Regierungszeit Kaiser Friedrichs I. Barbarossa (1152 - 1190) vorstellen, somit die Jahre 1170 - 1190. Dafür mag sprechen, daß Kaiser Friedrich I. seit 1167, als mit dem Tod seines Vetters Herzog Friedrichs IV. die jüngere (fränkische) Linie des staufischen Hauses erloschen war, über das gesamte Reichs- und staufische Hausgut verfügen konnte. Das letztere hatte sich in Ostschwaben durch den Anfall des pfalzgräflichen Erbes 1143/46 mit Lauterburg,

[214] StA. Ludwigsburg B 95. U. 133. — Ernst Kreuser: Die württembergischen Wildbänne. In: Jahrbücher für Statistik und Landeskunde Baden-Württemberg 1. 1955. S. 335 ff, hier S. 344.

[215] Inbegriffen sind hier der 1356 abgeteilte Blaubeurer Forst (StA. Ludwigsburg B 95. U. 42 und 43) sowie der Helfensteiner Forst, der 1482 bei Wiesensteig verblieb; siehe Kreuser (wie Anm. 214) S. 345 und 346. — Kieß: Wildbänne der Herren von Weinsberg (wie Anm. 213) S. 163.

[216] WUB 2 S. 26 ff Nr. 318.

[217] Vgl. Max Ernst: Zur älteren Geschichte Ulms. In: Ulm und Oberschwaben 30. 1937. S. 1 ff, hier S. 33 f.

[218] WUB 2 S. 379 ff Nr. 548. — WUB 3 S. 50 ff Nr. 594. — Vgl. Karl Bosl: Die Reichsministerialität der Salier und Staufer. 1950/51. S. 63, 176, 191, 242, 309, 367 und 494.

Moropolis-Heidenheim und Vogtei Anhausen erheblich vermehrt. Dazu war die Mitgift seiner ersten Gemahlin Adela von Vohburg auch nach Trennung der Ehe 1153 in seinem Besitz geblieben. Sie umfaßte Giengen mit Gütern im unteren Brenztal und auf dem Härtsfeld sowie längs der Donau von Gundelfingen bis Höchstädt.[219] Diese Besitzmasse war freilich nicht in sich geschlossen und umfaßte Güter unterschiedlicher Rechtsqualität. Hier war eine umfassende Neuordnung geboten. Vor 1173 wurde der Edelfreie Degenhard von Hellenstein vom Kaiser zum „procurator" über alle Königsgüter in Schwaben gesetzt.[220] Wahrscheinlich unterstanden ihm zeitweilig auch die Güter der 1167 erloschenen jüngeren Linie des Stauferhauses. Ihm waren „officiales" (Amtleute) unterstellt, d.h. Ministerialen, welche jeweils eine Burg oder Stadt mit den zugehörigen Gütern zu verwalten hatten. Man könnte sich die Einrichtung des Wildbanns in diesem Zusammenhang sehr wohl vorstellen.

Doch soll auch ein Nachbarbezirk untersucht werden, in welchem aufgrund günstigerer Quellenlage weitere Erkenntnisse zu erwarten sind, Erkenntnisse, die für die Entstehung noch anderer Wildbänne von Bedeutung sein könnten.

Der Wildbann auf der Alb — wie unser Wildbann nunmehr genannt werden soll — paßte sich im Norden, im Abschnitt zwischen Aalen und Süßen an der Fils, der Grenze der Gmünder Pürsch an. Diese ist erstmals 1434 als „gemeine Pirße genant Muntat" bezeugt in einer Urkunde Kaiser Siegmunds.[221] In ihr konnten die Gmünder Bürger dem Waidwerk nachgehen. Der Pürschbezirk erstreckte sich längs des Albtraufs. Seine Grenze bog bei Süßen nach Norden um, zog am Hohenstaufen östlich vorbei, dann in den Beutenbach und überquerte östlich Lorch die Rems. Sie ist beschrieben in einer Urkunde von 1475, die Kaiser Friedrich III. den Gmündern im Verlauf eines Prozesses mit Wirtemberg erteilt hatte.[222]

Auf dem Grenzabschnitt von Süßen bis zur Rems östlich Lorch stieß die Pürsch an den Schorndorfer Forst. Dieser damals wirtembergische Forst war aus einem größeren Wildbann um die obere Rems hervorgegangen, welcher ursprünglich auch den Bezirk der Pürsch umfaßt hatte.[223] Das besagt, daß der Wildbann auf der Alb ursprünglich direkt an den Wildbann um die obere Rems angrenzte. Dies könnte darauf hindeuten, daß beide Wildbänne annähernd gleichzeitig eingerichtet worden sind.

Mit der Urkunde von 1434 bestätigte Kaiser Siegmund den Gmündern, daß ihre

---

[219] Heinz Bühler: Die Herrschaft Heidenheim. In: 75 Jahre Heimat- und Altertumsverein Heidenheim 1901-1976. S. 121 ff, hier S. 134 ff.

[220] Die Chronik des Propstes Burchard von Ursberg. Hg. Oswald Holder-Egger und Bernhard von Simson. Scriptores Rerum Germanicarum in usum scholarum. 1916 2. S. 93. — Vgl. Hans-Martin Maurer: Der Hohenstaufen. 1977. S. 40 und S. 29.

[221] Nach Kieß: Forsten (wie Anm. 213) S. 25.

[222] Nach Kieß: Wildbänne der Herren von Weinsberg (wie Anm. 213) S. 150 f.

[223] Der Gesamtbezirk wurde von Wirtemberg noch 1498 beansprucht; s. Kieß: Forsten (wie Anm. 213) S. 25.

Stadt im Besitz der Pürsch gewesen sei „alwegen als lang dieselbe stat gestanden ist".[224] War den Gmündern darum zu tun, ihren Anspruch an die Pürsch in möglichst frühe Zeit zurückzudatieren, um ihm Nachdruck zu verleihen, oder beruhte er auf Wahrheit? In letzterem Fall müßte sich das Alter der Pürsch annähernd ermitteln und damit vielleicht auch ein Anhaltspunkt für das Alter des Wildbanns um die obere Rems gewinnen lassen. Denn Gmünd war mit der urkundlichen Erwähnung von Bürgern (cives) schon 1162 eine Stadt. Die Anfänge der Stadtwerdung reichen noch weiter zurück.[225] Folglich müßte Gmünd schon um die Mitte des 12. Jahrhunderts im Besitz der Pürsch gewesen sein, und der Wildbann im Remstal, zu welchem sie ursprünglich gehörte, müßte noch einiges älter sein. Man käme für die Entstehung des Wildbanns möglicherweise in vorstaufische Zeit. Dies ist jedoch wenig wahrscheinlich.

Hans-Martin Maurer hat erkannt, daß die Grenzen der Pürsch, wie sie die Urkunde Kaiser Friedrichs III. von 1475 beschreibt[226], wohl älter sind als die Einrichtung der Wildbänne. Sie entsprechen der Trennungslinie zwischen den Herrschaftsbereichen der beiden Linien des staufischen Hauses. Der Bereich der älteren Linie erstreckte sich westlich und südlich von ihr, der Bereich der jüngeren (fränkischen) Linie nördlich und östlich davon. Sie war in den Jahren nach 1105 zwischen den Brüdern Herzog Friedrich II. (1105 - 1147) und Konrad, dem späteren König Konrad III. (1138 - 1152), vereinbart worden.[227] Die West- und Südgrenze der Pürsch geht somit letztlich zurück auf eine Teilung des staufischen Hausgutes zu einer Zeit, als die Staufer noch nicht zum Königtum gelangt waren.

Bei Einrichtung des Wildbanns im Remstal nahm man keine Rücksicht auf den in Süd-Nord-Richtung von Süßen zur Rems verlaufenden Abschnitt dieser Trennungslinie. Vielmehr faßte man ein größeres Gebiet westlich mit einem kleineren Gebiet östlich von ihr, nämlich den Bereich von Gmünd bis Aalen, zu einem Bezirk zusammen. Das konnte nur ein staufischer König veranlaßt haben.

Aus dieser Maßnahme ist zu folgern, daß der Wildbann im Remstal zu einer Zeit eingerichtet wurde, als die Trennungslinie aus der Zeit nach 1105 ihre praktische Bedeutung verloren hatte. Man könnte vermuten, daß dies unter Kaiser Friedrich I. nach dem Erlöschen der jüngeren Linie des Stauferhauses 1167 der Fall war. In Wirklichkeit aber hob Friedrich I. die Trennung der staufischen Güter nicht auf, sondern verlieh seinen eigenen zunächst noch unmündigen Söhnen den Herzogtitel und stattete Friedrich V. mit den Hausgütern der älteren Linie, Konrad mit den nordostschwäbischen und fränkischen Gütern der jüngeren Linie aus. Erst nachdem Herzog Friedrich V. 1191 auf

---

[224] Wie Anm. 221.

[225] WUB 2. S. 139 f Nr. 378. — Hans-Martin Maurer: König Konrad III. und Schwäbisch Gmünd. In: ZWLG 38. 1979. S. 64 ff, hier S. 75 ff.

[226] Wie Anm. 222.

[227] Maurer: König Konrad III. (wie Anm. 225) S. 72 f.

dem Kreuzzug vor Akkon gestorben war, vereinigte Kaiser Heinrich VI. die Güter beider Linien unter seinem Bruder Konrad.[228] Herzog Konrad wurde 1196 ermordet. Sein
Bruder und Nachfolger Philipp wurde nach dem Tode Kaiser Heinrichs VI. († 1197)
1198 zum König gewählt, sogleich aber in den Kampf mit dem Gegenkönig Otto IV.
aus dem Hause der Welfen verwickelt und schließlich 1208 gleichfalls ermordet. Auf
ihn folgte der Welfe Otto IV. († 1218).

Unter diesen Umständen bleibt wohl nur die Regierungszeit Kaiser Heinrichs VI.
(1191 - 1197) und das Alleinherzogtum seines Bruders Konrad (1191 - 1196) für die Einrichtung des Wildbanns an der oberen Rems. Mit diesem Ergebnis im Einklang steht
das Auftreten Ulrichs von Furtheim als Forstmeister im Wildbann auf der Alb
1209.[229] Das besagt wohl, daß diese beiden Wildbänne, die direkt aneinandergrenzten,
um dieselbe Zeit entstanden sind, nämlich im letzten Jahrzehnt des 12. Jahrhunderts.
Die Nordgrenze des Wildbanns auf der Alb aber reicht bis in die Zeit nach 1105
zurück.

Seit wann aber gab es eine Gmünder Pürsch? Der Übergang des Wildbanns im Remstal (später Schorndorfer Forst) an Wirtemberg um die Mitte des 13. Jahrhunderts[230]
entsprach wohl kaum den Interessen der Gmünder, und sie suchten sich dem Einfluß
Wirtembergs je länger je mehr zu entziehen. Sie erinnerten sich wohl noch einer Zeit,
in welcher das Umland ihrer Stadt nicht zu diesem Wildbann gehört hatte, nämlich
der Zeit vor dessen Einrichtung.

Möglicherweise hatten ihre führenden Geschlechter damals sogar ein Recht auf freie
Jagd im Umkreis der Stadt genossen, auf das sie sich berufen konnten. Auch erinnerten
sie sich wohl der alten Trennungslinie, die das Gebiet ihrer Stadt einst von dem Bereich
geschieden hatte, in welchem nun Wirtemberg maßgebend war, und sie wünschten, daß
sie wieder auflebe. Ihre Erinnerung reichte damit fast in die Zeit zurück, in welcher
ihre Stadt entstanden war.

Die Gmünder mögen Wirtemberg gegenüber ihre tatsächlichen und vielleicht auch
vermeintlichen, auf Gewohnheit beruhenden Rechte konsequent vertreten haben, um
vom Schorndorfer Forst und damit von Wirtemberg unabhängig zu sein. Der Konflikt
scheint sich seit dem frühen 15. Jahrhundert zugespitzt zu haben. Noch um 1417
betrachtete Wirtemberg den Bereich der Pürsch als zum Forst gehörig.[231] Doch
erwirkten die Gmünder 1434 bei Kaiser Siegmund die Anerkennung und Bestätigung
„eine(r) gemeine(n) Pirße genant Muntat umb die stat Gemünde“ und 1475 bei Kaiser
Friedrich III. eine nähere Bestimmung von deren Grenzen.[232] Dabei lebte die alte

---

[228] Maurer: Hohenstaufen (wie Anm. 220) S. 29 f.
[229] WUB 2. S. 379 Nr. 548.
[230] Kieß: Wildbänne der Herren von Weinsberg (wie Anm. 213) S. 153.
[231] Kieß: Forsten (wie Anm. 213) S. 24 f; vgl. S. 9 f.
[232] Wie Anm. 221 und 222.

Trennungslinie aus der Zeit nach 1105 wieder auf als Westgrenze der Pürsch gegen den Schorndorfer Forst. Erst 1502 kam eine Einigung mit Wirtemberg zustande, die praktisch auf einen Verzicht Wirtembergs auf den Bezirk der Pürsch hinauslief, ihm jedoch weiterhin das Geleitsrecht im Remstal bis Aalen zugestand, das ein Zugehör des Wildbanns war.[233]

Man wird nach all dem die Anfänge der Gmünder Pürsch wohl bis in die Mitte des 12. Jahrhunderts zurückführen dürfen.

Der Exkurs über den Wildbann im Remstal und die Pürsch hat erbracht, daß auch der Wildbann auf der Alb wahrscheinlich im letzten Jahrzehnt des 12. Jahrhunderts eingerichtet worden ist. Er soll uns weiterhin beschäftigen.

Man liest in der älteren Literatur, der Wildbann sei von den Grafen von Dillingen bzw. den Dillinger Pfalzgrafen an die Grafen von Helfenstein gekommen.[234] Für die Grafen von Dillingen als Vorbesitzer (bis 1258) findet sich jedoch in den Quellen keine Spur; die Ausdehnung des Wildbanns über ein Gebiet, das im wesentlichen außerhalb des dillingischen Herrschaftsbereichs lag, macht dies ohnehin unwahrscheinlich. Die Pfalzgrafen, die zwar früher als Dillinger angesprochen wurden, tatsächlich aber als eine Seitenlinie der Staufer zu gelten haben, sind bereits um 1143/46 erloschen und von den Staufern beerbt worden, zu einer Zeit, als der Wildbann obigem Ergebnis zufolge noch gar nicht bestanden hat.

Die Grafen von Helfenstein sind, wie erwähnt, erstmals 1302, anläßlich des Verkaufs der Herrschaft Herwartstein an König Albrecht, als Inhaber des Wildbanns und 1358 auch als Besitzer der Burg Furtheim nachzuweisen, wo einst der wohl staufische Forstmeister seinen Sitz gehabt hatte.[235] Allem Anschein nach sind sie dies in unmittelbarer Nachfolge der Staufer.

Für die Helfensteiner war der Wildbann in den beschriebenen Grenzen geradezu ideal und daher begehrenswert. Er schloß nicht nur so ziemlich alle ihre eigenen Güter ein, sondern erstreckte sich weit über ihren Besitzbereich hinaus und kam dadurch ihrer auf Machterweiterung zielenden Territorialpolitik höchst gelegen. Man möchte meinen, das Ausgreifen Graf Ulrich II. von Helfenstein (1241 - 1290) ins Brenztal wie auch nach Blaubeuren (um 1268) sei vom Besitz des Wildbanns in diesen Gegenden vorgezeichnet. Vermutlich war es der Besitz des Wildbanns, der den Grafen Ulrich II. 1286 von seinem „territorium seu dominium" sprechen ließ.[236] Daß ein staufischer König ihm diesen so weitgedehnten Bannbezirk noch verliehen hätte, ist nicht sehr wahrscheinlich. Eher wird man auch hier an Belehnung durch einen der Gegenkönige

[233] Kieß: Forsten wie Anm. 213) S. 25 f.

[234] Kreuser (wie Anm. 214) S. 344. —. OAB Gmünd S. 307 — OAB Aalen S. 289.

[235] Dambacher: Urkundenlese (wie Anm. 20) S. 116 ff (possessiones in locis foresti, in quibus ius venandi aut feras capiendi nobis dinoscitur pertinere). — Zu 1358 siehe HStA. Stgt. A 471. U. 128.

[236] WUB 6. S. 360 Nr. 1967.

denken müssen. Der Wildbann war wohl der Lohn für seine antistaufische Parteinahme.[237] Später galt der Wildbann als Reichslehen.[238]

Bei Teilung der Herrschaft Helfenstein 1356 wurde auch der Wildbann geteilt längs
einer Linie, die von Echenbrunn brenzaufwärts bis Heidenheim und von dort entlang
der Straße nach Zang und über Bartholomä zum Bargauer Kreuz führte. Der sich östlich dieser Linie erstreckende Bezirk ist der spätere Heidenheimer Forst.[239]

Vom westlichen Teil wurde damals für die Herrschaft Blaubeuren ein Bezirk abgetrennt, dessen Nordgrenze der Kleinen Lauter aufwärts bis Treffensbuch, dann durch
das Himpfertal und zwischen Laichingen und Suppingen hindurch zum Hochwang bei
Feldstetten verlief.[240]

Der verbleibende Westteil gehörte der älteren Linie der Grafen von Helfenstein zu
Geislingen. Als diese 1396 den Großteil ihrer Herrschaft an Ulm verkaufte, teilte man
den Wildbann erneut längs einer Linie von Süßen an der Fils über Gingen, Kuchen,
Altenstadt zur Geislinger Steige und der Landstraße, die über Ursprung nach Ulm
führte. Was nordöstlich dieser Linie sich erstreckte, fiel an Ulm. Doch erwarb Ulm im
Jahre 1482 auch den Bezirk östlich der Linie Süßen an der Fils, Grünenberg, (Unter-)
Böhringen, Hausen, Aufhausen, Nellingen, Treffensbuch, Lautertal, und Helfenstein
verblieb nur ein kleiner Wildbann um die obere Fils, der mit Wiesensteig verbunden
war.[241]

Der spätere Heidenheimer Forst, der bei der Teilung von 1356 der jüngeren Linie
der Grafen von Helfenstein zugefallen war, umfaßte nur etwa ein Drittel der Fläche
des ursprünglichen Wildbanns auf der Alb. Er ging in dieser Gestalt als Zugehör der
Herrschaft im Brenztal 1448 an Wirtemberg über, fiel 1450 an Bayern und gelangte
1504 wieder an Wirtemberg. Bis zum Ende der bayerischen Landesherrschaft blieb für
diesen Bezirk die Bezeichnung „Wildbann" üblich, doch findet sich zwischendurch
auch der Begriff „Forst". So ist schon 1302 von den „locis foresti" die Rede, den im
Forst gelegenen Orten; auch 1331, 1426, 1436 spricht man vom Forst[242], gelegentlich
von Forst und Wildbann; unter Wirtemberg nach 1504 heißt es in der Regel Forst, im
Forstlagerbuch von 1557 wohl erstmals „Vorst Haydenhaim".[243] Die den Wildbann
verwaltenden und beaufsichtigenden Beamten werden jedoch immer als Forstmeister
bezeichnet. Schon bekannt ist der wohl staufische Forstmeister Ulrich von Furtheim

[237] Weller (wie Anm. 164) S. 116 (A. 2), 117 (A. 2), 118 f und 119 (A. 1).

[238] StA. Ludwigsburg B 95. U. 133.

[239] StA. Ludwigsburg B 95. U. 42 und 43.

[240] Wie Anm. 239.

[241] H. F. Kerler: Urkunden zur Geschichte der Grafen von Helfenstein. 1840. S. 23 ff Nr. 9. — Ders.:
Geschichte der Grafen von Helfenstein . 1840. S. 122 f.

[242] Vgl. Anm. 235. — HStA. Stgt. A 602. Nr. 8992 und 9015. — Neresheimer Deduktion. 1759. S. 501 f
Nr. 96.

[243] HStA. Stgt. H 107 Forstlagerbuch 40, Einleitung.

(1209 - 1216). Helfensteinische Forstmeister sind 1342 bezeugt, dann 1426 (für die Zeit um 1386) und 1436;[244] bayerische Forstmeister werden seit 1473 erwähnt, im Jahre 1480 sind es zwei und um 1485 sogar drei.[245] Unter Wirtemberg ist jeweils nur ein Forstmeister bekannt.

Im Jahre 1607 erwarb Wirtemberg im Tausch von der Stadt Ulm einen kleinen Forstbezirk westlich Heidenheim. Die Grenze nahm ihren Ausgang an der Kreuzung der Straße Heidenheim — Zang mit der Verbindung Schnaitheim — Steinheim. Sie folgte ein Stück dem Weg nach Steinheim und zog sich dann durchs Untertal bis zur Straßengabelung östlich Steinheim, von dort durchs „Stützthal" (Öschental?) östlich an Küpfendorf vorbei ins Ugental und diesem folgend zum Eisenbrunnen(?), dann nach Dettingen und von dort die Steige hinab zur Mühle Bindstein (Eselsburger Tal).[246]

Mit diesem Tauschvertrag erwarb Wirtemberg von Ulm auch alle Zoll- und Geleitsrechte in der Herrschaft Heidenheim. Auf die Geschichte des Geleits soll kurz eingegangen werden. Im Jahre 1351 versprachen die Grafen Ulrich d.Ä. und Ulrich d.J. von Helfenstein, zwei Vettern und gemeinsame Inhaber der noch ungeteilten Herrschaft Helfenstein und des gesamten Wildbanns, den Augsburger Kaufleuten und anderen Kaufleuten sicheres Geleit durch ihr Gebiet. Ihr Geleit begann in Dillingen und Ulm und reichte bis Göppingen oder umgekehrt.[247] Diese Orte liegen am Süd- bzw. Nordrand des Wildbannbezirks und geben damit zu erkennen, daß das Geleitsrecht der Helfensteiner, ein Regal, mit dem Wildbann zu tun hatte; denn die verbindenden Straßen durchquerten den Wildbann, berührten dabei aber auch Orte, die nicht im Besitz der Geleitsherren waren. Der Verlauf der Geleitsstraße Ulm — Göppingen bedarf keiner Erläuterung. Die Straße Dillingen — Göppingen ist im einzelnen nicht bekannt; sie dürfte Giengen berührt haben und lief dann sicher über Heidenheim und durchs Stubental über die Weißensteiner Steige ins Tal der Lauter und Fils. Daneben dürfte es noch eine Geleitsstraße von Aalen (Ende des wirtembergischen Geleits im Remstal) durch das Tal von Kocher und Brenz gegeben haben.

Bei Teilung der Herrschaft Helfenstein 1356 blieben die Geleitsrechte wie auch die Zölle gemeinsamer Besitz beider Linien des Hauses Helfenstein.[248] Dieser Vereinbarung entgegen verkaufte jedoch die Geislinger Linie ihren halben Anteil samt ihrem Wildbann 1396 an Ulm. Auch die jüngere Blaubeurer oder Heidenheimer Linie verpfändete ihren Anteil zunächst 1442 und verkaufte ihn 1446 gleichfalls an Ulm.[249] Der

[244] HStA. Stgt. A 602. Nr. 9015. — Neresheimer Deduktion (wie Anm. 242) S. 501 f.

[245] HStA. München. Neuburger Kopialbuch 36. Fol. 39. — HStA. Stgt. A 602. Nr. 9040. — A 353. Bü. 80.

[246] Stadtarchiv Ulm. Repertorium über das alte Archiv 1692. A-K. Fol. 441 f.

[247] UB Augsburg 2. S. 39 f Nr. 481.

[248] Wie Anm. 239.

[249] Kerler: Urkunden (wie Anm. 241) S. 23 ff Nr. 9. — StA. Ludwigsburg B 95. Repertorium S. 449 und U. 249.

erwähnte Tauschvertrag von 1607 brachte die damals veräußerten Rechte wieder an die nunmehr wirtembergische Herrschaft Heidenheim.

Die Rechte des Forstinhabers sind im Forstlagerbuch von 1557 ausführlich beschrieben, nämlich: „Unnser genediger Fürst und Herr hat alle hohe Vörstliche Oberkeit in disem Vorst allain, ungeirrt meniglichs, in ruewiger Possession und Inhaben, zugebietten und zuverbietten, denselben zubehagen und zubejagen, ouch darinnen zuverrichten, wass vörstlicher Oberkeit zuesteet".²⁵⁰⁾ Hier erscheint der Forst in erster Linie als Hoheitsbezirk, aber auch als Hege- und Jagdbezirk.

Aufgrund ihres Hoheitsrechts übten die Inhaber Polizeibefugnisse aus, verpflichteten auch die Hintersassen fremder Grundherren zu Jagdfronen sowie zu Abgaben für das Weiden der Schweine im Wald und für das Sammeln von Eicheln und Bucheckern.

Bestraft wurde unerlaubtes Holzschlagen, insbesondere wenn es sich um Zimmerholz oder Holz für gewerbliche Zwecke handelte, ferner das Fällen von Obstbäumen, das Ausgraben oder Versetzen von Grenzmarken sowie die Wilddieberei. Die Heidenheimer beklagten sich 1476 bei einer herzoglich-bayerischen Kommission, daß ihnen der Forstmeister nicht vergönnen wolle, Holz aus der gnädigen Herren Forsten „zu den gebawen und zu der Were und Statt Notturfft" (zu Bauvorhaben und zur Verteidigung und der Stadt dringendem Bedarf) zu verwenden.²⁵¹⁾ Dabei hätten ihrer unausgesprochenen Meinung nach die Maßnahmen der Stadt eigentlich in des Herzogs eigenem Interesse liegen müssen.

Auch wegen der Schweineweide gab es nicht selten Meinungsverschiedenheiten. Zeugen sagten 1426 aus, daß sie sich 40 Jahre und länger erinnern, daß die Leute, die von der Herrschaft Helfenstein und den Forstmeistern die Erlaubnis gehabt, ihre Schweine in den Forst getrieben hätten; sie hätten auf dem Albuch auch Ställe für ihre Schweine gehabt und hätten diese nach Belieben umhergetrieben, auch in der von Woellwarth Hölzer und anderswo im Forst.²⁵²⁾ Die Heidenheimer meinten 1476 „der Schweinlin halben", daß sie ihre Schweine im Herbst in den Wald und in das Geäcker (Eckerich) treiben und davon keinen Forsthaber geben sollten. Sie beklagten sich, daß der Forstmeister verboten habe, der Bürger Geisen in des Herzogs Hölzer zu treiben. Auch betonten sie, daß sie seit jeher das Recht gehabt hätten, aus den Forsten Eicheln aufzulesen, ohne daß die Forstleute sie gehindert hätten.²⁵³⁾

Dazu vermerkt das Lagerbuch von 1526 kategorisch: „Item ...wa ein Fleck bestümpft (bestimmt) würdt, der von seinen Trogschweinen (wurden im Stall gehalten) nichzit geben soll, nitt destminder so er sonst Schwein einnimpt, koufft oder verkoufft, ist er

---

²⁵⁰⁾ Wie Anm. 243, Fol. 12b.
²⁵¹⁾ Stadtarchiv Heidenheim. U. 4.
²⁵²⁾ HStA. Stgt. A 602. Nr. 9015.
²⁵³⁾ Wie Anm. 251.

von denselben das ackergellt (Eckerich) schuldig zugebenn."[254] Edelleute, die im Forstbezirk ansäßig waren, gaben von ihren Trogschweinen nichts.

In bestimmten Orten hatte jedes Haus, in welchem man Rauch hielt, d.h. in welchem
sich eine Feuerstelle befand, jährlich 1 Käse oder 1 Pfennig dafür, 1 Viertel Hafer und
1 Fastnachtshenne als Forstgeld zu entrichten.[255] Dies galt u.a. für Oberkochen, wo
schon Graf Ulrich d.J. von Helfenstein 1358 dem Abt von Königsbronn versichert
hatte, daß er von den Gütern, die der Abt von Otto von Kaltenburg gekauft hatte,
keine anderen Rechte beanspruche „dann ain vorstrecht", wie es von Gewohnheit an
ihn gekommen sei und wie er es auch von den anderen Gütern im Ort habe.[256] Andererseits hatte Graf Ulrich III. 1304 zu Gunsten des Gmünder Spitals auf sein Forstrecht
von dem Hofe Osterbuch (abgegangen bei Aalen) verzichtet.[257] Graf Johann hatte
1331 auf alle Ansprüche „umb die holtzer, die da gehörn zu der Burg Falckenstein
(Eselsburger Tal) von unnsers vorstes rechtes wegen" Verzicht geleistet.[258]

Das Jagdrecht wird bereits 1302 erwähnt, als Graf Ulrich III. von Helfenstein beim
Verkauf der Herrschaft Herwartstein an König Albrecht sich das Jagdrecht (ius
venandi) vorbehielt. Auch ist im selben Kaufvertrag die Rede, daß das zu gründende
Kloster das Recht habe, Güter im Wert bis zu 500 Mark Silber zu erwerben „in locis
foresti, in quibus ius venandi aut feras capiendi nobis dinoscitur pertinere" (in Orten
des Forstes, in welchen uns das Jagdrecht und das Recht, Wild zu fangen, zusteht).[259]

Der Helfensteinische Teilbrief von 1356 bestimmte u.a., wenn einer der Grafen in
seinem Teil des Wildbannes jage, möge er dem Wild, falls es in den andern Teil flieht,
mit seinen Hunden den selben Tag bis in die Nacht nachjagen, dann aber solle er die
Hunde einfangen und aus dem fremden Wildbann abziehen.[260]

Gelegentlich wurde fremden Herren ein Jagdrecht, meist auf Widerruf, eingeräumt,
so 1342 dem Abt Kuno von Ellwangen, der zeitlebens jedes Jahr „jagen soll über lant
und zwen hirtz (Hirsche) vahen in unserm Wildbann zwischen Pfingsten und sant
Michelstag".[261]

Die erwähnten Nachrichten beziehen sich vorwiegend auf den Bereich des Albuchs.
Sie mögen genügen, denn es soll hier keine umfassende Geschichte des Heidenheimer
Forstes gegeben werden.

---

[254] HStA. Stgt. H 101 WLB 577 Bd. 2 (Ordnung und Zirckel der Grenntz des vorsts zu Haydenhaim).
[255] Wie Anm. 254.
[256] Dambacher: Urkundenlese (wie Anm. 20) S. 344 f.
[257] Urkunden u. Akten Schwäb. Gmünd (wie Anm. 96) S. 344 f.
[257] Urkunden u. Akten Schwäb. Gmünd (wie Anm. 96) Nr. 86.
[258] HStA. Stgt. A 602. Nr. 8992.
[259] Wie Anm. 212.
[260] StA. Ludwigsburg. B 95. U. 43.
[261] StA. Ludwigsburg. B 389. U. 316.

Nachbemerkung der Redaktion:
Herr Dr. Bühler starb wenig später nach Abgabe des Manuskripts dieser Arbeit. Von unwesentlichen formalen Einzelheiten abgesehen, ist seine Vorlage hier unverändert wiedergegeben.

Zur Geschichte des Albuchs. In: JHAVH 1991/92. 1992, S. 76-131.

Nachweis der Erstdrucke

Abkürzungen
JHAVH Jahrbuch ... des Heimat- und Altertumsvereins Heidenheim
        (Brenz)
JHVD   Jahrbuch des Historischen Vereins Dillingen (Donau)
ZWLG   Zeitschrift für Württembergische Landesgeschichte

Die Entwicklung der Stadt Heidenheim. In: Schwäbische Heimat.
Jg. 1962, S. 98–105.

Degenhard von Hellenstein. In: Hellenstein-Gymnasium Heidenheim an
der Brenz 1838–1964.

Die Wittislinger Pfründen – ein Schlüssel zur Besitzgeschichte Ostschwabens im Hochmittelalter. In: JHVD Jg. 71. 1969, S. 24–67.

Die Edelherren von Gundelfingen-Hellenstein. Ein Beitrag zur Geschichte des ostschwäbischen Adels im hohen Mittelalter. In: JHVD
Jg. 73. 1971, S. 13–40.

Die »Duria-Orte« Suntheim und Navua. Ein Beitrag zur Geschichte des
»pagus Duria«. In: Das obere Schwaben vom Illertal zum Mindeltal. 8.
Neu-Ulm 1971, S. 1–44.

Woher stammt der Name Gerlenhofen? Königin Hildegard und ihre
Sippe im Ulmer Winkel. In: »Gerilehoua«. Beiträge zur Geschichte
von Gerlenhofen. (Das obere Schwaben vom Illertal zum Mindeltal. 9.)
Neu-Ulm 1973, S. 14–20.

Die Vorfahren des Bischofs Ulrich von Augsburg (923-973). In: JHVD
Jg. 75. 1973, S. 16–45.

Richinza von Spitzenberg und ihr Verwandtenkreis. Ein Beitrag zur
Geschichte der Grafen von Helfenstein. In: Württembergisch Franken.
Bd. 58. 1974 (= Festschrift für Gerd Wunder). S. 303–326.

Aus der Geschichte der Gemeinde Herbrechtingen. In: Herbrechtingen 1200 Jahre. Gerlingen 1974, S. 49–103.

Heidenheim im Mittelalter. Besitzgeschichte, Topographie, Verfassung. (Veröffentlichungen des Stadtarchivs Heidenheim an der Brenz. 1.) Heidenheim 1975.

Schwäbische Pfalzgrafen, frühe Staufer und ihre Sippengenossen. In: JHVD Jg. 77. 1975, S. 118–156.

Die Herrschaft Heidenheim. In: 75 Jahre Heimat- und Altertumsverein Heidenheim 1901 bis 1976. Heidenheim 1976, S. 121–180.

Zur Geschichte der frühen Staufer. Herkunft und sozialer Rang, unbekannte Staufer. In: Hohenstaufen. 10. 1977, S. 1–44.

Die Heimat der Staufer ist das Ries. In: Nordschwaben. Jg. 5. 1977 (= Der Daniel, Jg. 13.), S. 72–77.

Dettingen 600 Jahre Markt. Dettingen am Albuch 1977.

Giengen im Mittelalter – Markgraf Diepold von Giengen und sein Verwandtenkreis. In: 900 Jahre Giengen an der Brenz. Giengen an der Brenz 2. Aufl. 1978, S. 25–46.

Der Kreis Heidenheim – Geschichte bis zum Ende des Alten Reiches. In: Der Kreis Heidenheim. (Heimat und Arbeit.) Stuttgart, Aalen 1979, S. 95–127.

Die Herkunft des Hauses Dillingen. In: Die Grafen von Kyburg. (Schweizer Beiträge zur Kulturgeschichte und Archäologie des Mittelalters. Bd. 8) Olten, Freiburg/Breisgau 1981, S. 9–30.

Die Güssen – ein schwäbisches Niederadelsgeschlecht. In: JHVD Jg. 84. 1982, S. 115–185.

Wie gelangten die Grafen von Tübingen zum schwäbischen Pfalzgrafenamt? Zur Geschichte der Grafen und Pfalzgrafen von Tübingen und verwandter Geschlechter. In: ZWLG Jg. 40. 1981 (= Festschrift für Hansmartin Decker-Hauff zum 65. Geburtstag, Bd. 1.), S. 188–220.

Studien zur Geschichte der Grafen von Achalm und ihrer Verwandten. In: ZWLG Jg. 43. 1984, S. 7–87.

Noch einmal die Herren von Böbingen – Michelstein – Tapfheim. In: ZWLG Jg. 44. 1985, S. 283–293.

Zur Geschichte des Schnaitheimer Schlößleins. In: JHAVH 1985/86. 1986, S. 228–257.

Das Benediktinerkloster Anhausen an der Brenz. In: JHAVH 1985/86. 1986, S. 258–272.

Zur Genealogie der Herren von Gundelfingen an der Brenz. In: JHVD Jg. 89. 1987, S. 51–60.

Die frühen Staufer im Ries. In: Früh- und hochmittelalterlicher Adel in Schwaben und Bayern. (Regio – Forschungen zur schwäbischen Regionalgeschichte. Bd. 1.) Sigmaringendorf 1988, S. 270–294.

Die Fetzer – ein ostschwäbisches Niederadelsgeschlecht. In: JHVD Jg. 90. 1988, S. 237–304.

Zur frühen Geschichte Heidenheims und vergleichbarer Orte auf der Alb. In: JHAVH 1987/88. 1988, S. 51–73.

Zur Geschichte der Burg Herwartstein. In: JHAVH 1987/88. 1988, S. 74–81.

Die Besitzungen des Klosters Elchingen in der Schweiz. In: An Iller und Donau. Nr. 0. Weißenhorn 1989, S. 16–19.

Zur Geschichte des Härtsfeldes und Kesseltals im Hohen Mittelalter. In: JHVD Jg. 92. 1990, S. 64–92.

Wer war der letzte Ravensteiner? In: JHAVH 1989/90. 1990, S. 47 bis 53.

Hatten die Grafen von Nellenburg Besitz in Langenau und im unteren Brenztal? Zur älteren Geschichte der Orte Langenau, Brenz, Bächingen und Sontheim an der Brenz. In: JHVD Jg. 93. 1991, S. 254–283.

Wie gelangte Kirchheim unter Teck in den Besitz der Grafen von Nellenburg? In: Schriftenreihe des Stadtarchivs Kirchheim unter Teck. Bd. 13. 1991, S. 7–15.

Wie kommen die frühen Staufer ins Remstal? In: ZWLG Jg. 50. 1991, S. 37–49.

Die Montfort'schen Lehen in Brenz und Bächingen. In: JHVD Jg. 94. 1992, S. 67–72.

Zur Geschichte des Albuchs. In: JHAVH 1991/92. 1992, S. 76–131.